PANTHÉON LITTÉRAIRE.

LITTÉRATURE FRANÇAISE.

PHILOSOPHIE.

OEUVRES

DE

MICHEL DE MONTAIGNE.

*avec une notice biographique
par J. A. C. Buchon*

IMPRIMÉ
PAR LES PRESSES MÉCANIQUES DE E. DUVERGER,
RUE DE VERNEUIL, N° 4.

A
SIVESTRE
PINHEIRO FERREIRA.

MINISTRE D'ÉTAT DE S. M. T. F.

HOMMAGE

DE LA PROFONDE VÉNÉRATION

ET DE L'AFFECTION DÉVOUÉE

DE SON AMI
J. A. C. BUCHON.

NOTICES BIOGRAPHIQUES.

MICHEL EYQUEM
SEIGNEUR DE MONTAIGNE,

NÉ EN 1533 AU CHATEAU DE MONTAIGNE EN PÉRIGORD. — MORT EN 1592.

La vie de Montaigne, c'est l'histoire de ses idées, et cette histoire se trouve décrite au vif par lui-même dans ses *Essais*. « Tout le monde, dit-il, me reconnaît en mon livre, et mon livre en moi. » Sa vie active ne fut marquée que par un bien petit nombre d'événements. Pendant que toutes les passions religieuses et politiques s'agitaient autour de lui, lui, homme de sens et d'honneur, jugeait avec équité les hommes et les choses, et sans refuser, lorsqu'il en était requis, sa coopération ou ses conseils dans l'intérêt de son pays, il s'était fait une existence heureuse dans l'étude de la philosophie et dans la jouissance des délices de l'amitié. Ainsi ses recherches morales du bien trouvaient dans l'amitié une prompte récompense.

Il naquit le 29 février 1533 au château de Saint-Michel de Montaigne, possession de sa famille. On était alors dans toute l'ardeur des lettres latines, et son père voulut que le latin devînt aussi bien sa langue naturelle que le deviendrait le français. Son précepteur eut ordre de ne parler avec lui qu'en latin, et il ne fut pas jusqu'à sa mère, à sa nourrice et aux femmes de la maison qui reçurent leur contingent de paroles latines pour les faire entendre au jeune disciple. Dès six ans, le jeune Michel parla en effet le latin avec facilité. Envoyé au collège de G..... ne à Bordeaux, il s'....

marquable et qu'une mort précoce vint frapper à l'âge de trente-deux ans, au moment où son mérite commençait à être universellement apprécié. Cette liaison eut une grande influence sur toute la vie de Montaigne. Au milieu de ce spectacle de désordre, son esprit porté au doute sur tout ne pouvait jamais douter de la vertu et de l'honneur après en avoir contemplé un si cher modèle.

Jusque-là Montaigne n'avait encore rien publié. Son premier ouvrage fut un acte d'obéissance filiale. Il entreprit, pour plaire à son père, la traduction de la *Théologie naturelle* de Rémond de Sebon, et publia cette traduction en 1568, en la lui dédiant. Ce ne fut que quelques années après et après la mort de son père, arrivée en 1569, qu'il commença à écrire ses *Essais*. Une phrase de lui nous indique la date précise de la composition d'un de ses chapitres[1]. « Il n'y a, dit-il, justement que quinze jours que j'ai franchi trente-neuf ans. » Il a donc écrit ce morceau le 15 mars 1572, année si odieusement fameuse par les massacres de la Saint-Barthélemy, qui eurent lieu cinq mois après.

Dès l'année 1570 Montaigne avait abandonné le parlement pour l'épée.

Il ne publia qu'en 1580, à Bordeaux, sa première édition des *Essais*. Il sentit cette même année les

même qu'on n'y retrouverait pas les belles pages sur Rome, ce morceau serait encore intéressant comme tableau exact de l'état de l'Europe à cette époque.

Montaigne était à Lucques lorsque ses concitoyens l'honorèrent de leur choix pendant son absence, et l'appelèrent pour succéder, dans les fonctions de maire de Bordeaux, au maréchal de Matignon[1]. Il se hâta de quitter l'Italie et vint à Bordeaux, où il sut justifier par sa bonne administration l'estime de ses concitoyens. Je lis dans les *Mémoires* de de Thou[2] à l'année 1581 :

« M. de Thou tira encore bien des lumières de Michel de Montaigne, alors maire de Bordeaux, homme franc, ennemi de toute contrainte, et qui n'était entré dans aucune cabale, d'ailleurs fort instruit de nos affaires, principalement de celles de la Guienne, sa patrie, qu'il connaissait à fond. »

Quelques pages plus loin, à l'année 1588, de Thou met encore plus en relief l'habileté politique de Montaigne :

« Avant les troubles de Paris, dit-il[3], Michel de Montaigne était venu à la cour; il l'avait suivie à Chartres, à Rouen, et était alors à Blois. Il était des amis particuliers du président de Thou et le pressait tous les jours de songer sérieusement à l'ambassade de Venise, qu'on lui destinait depuis le retour d'André Hurault de Meisse, parent du chancelier. Lui-même avait dessein d'aller à Venise; et, pour l'y engager davantage, il lui promettait de ne le point quitter durant tout le séjour qu'il y ferait. Comme ils s'entretenaient des causes des troubles, Montaigne lui dit : Qu'autrefois il avait servi de médiateur entre le roi de Navarre et le duc de Guise, lorsque ces deux princes étaient à la cour; que ce dernier avait fait toutes les avances, par ses soins, ses services, ses assiduités, pour gagner l'amitié du roi de Navarre; mais qu'ayant reconnu qu'il le jouait, et après toutes ses démarches, n'ayant trouvé en lui qu'un ennemi implacable, qu'il avait eu recours à la guerre, comme à la dernière ressource qui pût défendre l'honneur de sa maison; que l'aigreur de ces deux esprits était le principe d'une guerre qu'on voyait

texte pour se faire suivre par ceux de leur parti; mais la religion ne les touche ni l'un ni l'autre. La crainte d'être abandonné des protestants empêche seule le roi de Navarre de rentrer dans la religion de ses pères, et le duc ne s'éloignerait pas de la confession d'Augsbourg que son oncle Charles, cardinal de Lorraine, lui a fait goûter, s'il pouvait la suivre sans préjudicier à ses intérêts. » Que c'était là le sentiment qu'il avait reconnu dans ces princes, lorsqu'il se mêlait de leurs affaires. »

Montaigne fait lui-même allusion à ces négociations dans ses *Essais*[1].

« En ce peu, dit-il, que j'ay eu à négocier entre nos princes, en ces divisions et subdivisions qui nous déchirent aujourd'huy, j'ay curieusement évité qu'ils se mesprinssent en moy et s'enferrassent en mon masque. »

Il fut lié entre autres avec le vieux Montluc dont il parle d'une manière touchante[2] :

« Il me fesoit, dit-il, surtout valoir le desplaisir et crève-cœur qu'il sentoit de ne s'estre jamais communiqué à son fils ; et sur ceste humeur d'une gravité et grimace paternelle, avoit perdu la commodité de gouster et bien connoistre son fils, et aussi de lui déclarer l'extreme amitié qu'il lui portoit, et le digne jugement qu'il fesoit de sa vertu. »

Montaigne passa les dernières années de sa vie, tantôt à Paris, dont il avoit aimé dès sa jeunesse la vie facile et douce, tantôt dans son château de Montaigne, où il mourut en 1592. Estienne Pasquier qui fut son ami, raconte ainsi ses derniers instants[3].

« Ne pensez pas que sa mort ait esté autre que le général de ses écrits. Il mourut en sa maison de Montaigne, où lui tomba une esquinancie sur la langue, de façon qu'il demeura trois jours entiers, plein d'entendement, sans pouvoir parler ; au moyen de quoi il estoit constraint d'avoir recours à sa plume pour faire entendre ses volontés. Et comme il sentit sa fin approcher, il pria, par un petit bulletin, sa femme de semoncer quelques gentils-hommes siens voisins, afin de prendre congé d'eux. Arrivés qu'ils furent, il fit dire la messe en sa chambre ; et comme le prestre estoit sur l'eslévation du *Corpus Domini*, ce pauvre gentil-homme

De nombreux volumes ont été écrits sur Montaigne. On peut en voir l'indication à la suite de cette notice biographique, dans la *Notice bibliographique* de M. Payen. L'écrivain qui, selon moi, a fait la plus juste appréciation de l'homme et de l'époque, est le savant M. Biot ; son éloge de Montaigne, qui n'a pas été couronné par l'Académie, est aussi bien écrit que bien pensé.

Pour rendre cette édition aussi complète que possible j'y ai ajouté le Voyage en Italie, les lettres et jusqu'aux avis écrits par lui sous la dictée de Catherine de Médicis, et probablement par son inspiration. Les *index* publiés jusqu'ici ne m'ayant pas paru satisfaisants, même celui de l'édition de Desoër, M. Le Mesle a bien voulu se charger d'en rédiger un sur un plan plus philosophique et plus conforme aux idées qui doivent diriger dans la lecture des *Essais de Montaigne*.

J'ai suivi le texte de l'édition en 5 vol. in-8 de M. Lefevre en la revoyant sur celle de Desoër, qui offre parfois de meilleures leçons. La traduction des citations grecques et latines est de M. J. V. Leclerc.

ANNÉES.	AGE.	PRINCIPAUX ÉVÉNEMENTS DE LA VIE DE MONTAIGNE.	ÉVÉNEMENTS CONTEMPORAINS.
1533		Naissance de Montaigne, le 29 février, au château de St. Michel de Montaigne.	
1539	6	Il parle facilement le latin.	
Id.	Id.	On l'envoie au collége de Guienne à Bordeaux.	
1545	12	Il joue les premiers personnages dans les tragédies latines.	
1546	13	Il sort du collége et fait son cours de droit.	
			1547 Avénement d'Henri II.
1554	21	Il est pourvu d'une charge de conseiller au parlement de Bordeaux.	
			1558 Reprise de Calais sur les Anglais.
1559	26	Il se trouve au mois de septembre à Bar-le-Duc avec la cour.	1559 Henri II, dans un édit rendu à Rouen contre les Luthériens les menace de la peine capitale, et défend expressément aux juges de modérer la rigueur de son ordonnance.
			Id. François II, époux de Marie Stuart, succède à Henri II, blessé à mort dans un tournoi.
1560	27	Il suit la cour à Rouen.	1560 Charles IX succède à François II, le 5 décembre.
			1561 Colloque de Poissy.
1563	30	Mort de La Boëtie, le 18 août, à l'âge de 32 ans 9 mois 17 jours.	
			1564 Édit de Charles IX, portant que l'année commencera dorénavant au premier janvier.
1566	33	Montaigne se marie avec Françoise de La Chassaigne, fille d'un conseiller au parlement de Bordeaux.	
1568	35	Il traduit pour son père la Théologie naturelle de Rémond de Sebon.	
1569	36	Mort de son père, qui étoit né en 1490, s'étoit marié en 1528, et avoit eu cinq fils et une fille. Le père de Montaigne avoit trois frères, de l'un desquels, le sieur de Bussaguet, conseiller au parlement de Bordeaux, descendent les Montaigne qui existent encore à Bordeaux.	
1570	37	Montaigne quitte la robe pour l'épée. Il commença probablement ses *Essais* vers cette époque.	
1571	38	Il publie les traductions et les vers latins de La Boëtie, et les dédie au chancelier de l'Hospital, disgracié.	1571 Victoire de Lépante.
1572	39	1) Il y joint le recueil des vers français de La Boëtie, et compose le chapitre XIX du 1er livre des *Essais* : Que *philosopher c'est apprendre à mourir*! Naissance de sa fille Léonore, mariée au comte de Gamache, et de qui descendait, à la sixième génération, le comte de Ségur-La Roquette, propriétaire du château de Montaigne au moment où on y trouva le manuscrit du Voyage de Montaigne.	1572 Saint Barthélemy.
			1574 Henri III succède à Charles IX.
1580	47	Première édition des *Essais*, à Bordeaux. Il conduit, à Soissons, le corps du comte de Gramont, tué au siége de La Fère. Il est atteint de la gravelle, part au mois de septembre pour l'Allemagne et l'Italie, et arrive à Rome le 30 novembre.	1580 Première édition correcte de la *Jérusalem délivrée*, à Florence.
1581	48	Il séjourne près de cinq mois à Rome, où il obtient une bulle de citoyen romain. Pèlerinage à Lorette. Bains de Lucques, où il apprend, le 7 septembre, qu'il vient d'être élu maire de Bordeaux. Retour à Rome, puis en France.	
1582	49	Il va à la cour d'Henri IV pour les affaires des Bordelais.	1582 Réforme du Calendrier par Grégoire XIII.
1584	51	Il est continué dans la charge de maire, qui durait deux ans.	
1586	53	La peste l'oblige à quitter sa maison, dans laquelle il s'était retiré pour y vivre paisible, loin du bruit de la guerre civile qui l'attristait.	
			1587 Mort de Marie Stuart. Bataille de Coutras, gagnée par Henri IV sur le duc de Joyeuse et les catholiques.
1588	55	Il donne à Paris la cinquième édition de ses *Essais*, augmentés d'un troisième livre et de nombreuses additions aux deux premiers. — Il voit pour la première fois Mlle de Gournay qu'il appelle sa fille d'*alliance*. Il se trouve à Blois pendant la tenue des Etats, et y revoit Pasquier et de Thou.	1588 Journées des Barricades.
1589	56	Il fait des additions au chapitre treize du troisième livre des *Essais*.	1589 La Sorbonne déclare nul le serment de fidélité fait à Henri III. Assassinat d'Henri III.
		Il se lie d'amitié avec Pierre Charron.	
1590	57	Il fait de nouvelles additions à ses *Essais*.	
1592	59	Il meurt à Montaigne, le 13 septembre, âgé de 59 ans 7 mois et 11 jours.	

ÉTIENNE DE LA BOËTIE,

NÉ A SARLAT EN 1531, — MORT LE 18 AOUT 1563.

On ne sait que bien peu de chose de La Boëtie. La lettre touchante écrite par Montaigne à son père sur la mort de son ami, et que l'on trouvera dans ce volume, fait assez voir la hauteur de son âme. De Thou en dit aussi quelques mots dans son *Histoire universelle*[1].

« Etienne de La Boëtie, dit-il, à peine âgé de trente-trois ans, conseiller au parlement de Bordeaux, mourut à Sarlat en Périgord, lieu de sa naissance. Il avait un esprit admirable, une érudition vaste et profonde, et une facilité merveilleuse à parler et à écrire; il s'appliqua surtout à la morale et à la politique. Doué d'une prudence rare et au-dessus de son âge, il aurait été capable des plus grandes affaires s'il n'eût pas vécu éloigné de la cour, et si une mort prématurée n'eût pas empêché le public de recueillir les fruits d'un si sublime génie. Nous sommes redevables à Michel de Montaigne, son estimable ami, de ce qu'il n'est pas entièrement mort; il a recueilli et publié plusieurs de ses ouvrages qui font voir la délicatesse, l'élégance et l'étonnante sublimité de ce jeune auteur. Je ne puis omettre son *discours sur la Servitude volontaire* dont j'ai déjà fait l'éloge, et qui fut pris par ceux qui le publièrent en un sens tout-à-fait contraire à celui que son sage et son savant auteur avait en le composant. »

Outre le traité de la *Servitude volontaire*, on a de La Boëtie :

Des traductions de fragments de *Xénophon*, d'*Aristote* et de *Plutarque*;

Des vers latins;

Des vers français publiés, ainsi que les ouvrages précédents, par Montaigne;

Vingt-neuf sonnets publiés dans les *Essais* (liv. I, chap. 28);

Et enfin l'*Historique description du solitaire et sauvage pays de Médoc*, indiquée par les biographes, mais qu'aucun n'a jamais vu. (*Voyez* la notice bibliographique de M. Payen.)

Paris, 20 décembre 1836.

J.-A.-C. BUCHON.

---

[1] Ch. LXXXV.

NOTICE BIBLIOGRAPHIQUE

SUR

MONTAIGNE,

PAR M. J. F. PAYEN, D. M. P.

§ Ier. ÉDITIONS DES ESSAIS.

1580.

1. LES ESSAIS DE MESSIRE MICHEL, SEIGNEUR DE MONTAIGNE, chevalier de l'ordre du roi et gentilhomme ordinaire de sa chambre. Livre premier et second. A *Bourdeaus*, par *S. Millanges*, imprimeur ordinaire du roi M. D. LXXX. 2 vol. in-8°.

Cette édition ne contient que les deux premiers livres; elle est divisée en deux tomes, un pour chaque livre. Chacun d'eux a un titre à part et une table des chapitres.

Le premier volume, imprimé en caractères plus gros que le deuxième, a 496 pages; le second offre une pagination très défectueuse, la dernière page porte le numéro 650. En tête des Essais est une préface qui commence ainsi : *c'est ici un livre de bonne foi, lecteur*. Elle est datée du premier mars 1580.

Cette édition ne porte pas d'épigraphe, quoi qu'en dise M. Vernier. (Voir à 1801.)

Le premier livre se compose de 57 chapitres et le deuxième de 37, ce qui est conforme à toutes les éditions qui suivent. Au vingt-neuvième chapitre du premier livre se trouvent 29 sonnets d'Et. de La Boëtie.

On remarque, en comparant cette édition et les deux suivantes avec celles publiées après la mort de l'auteur, qu'elles renferment fort peu de citations, et que les chapitres sont beaucoup plus courts.

Cette édition est peu commune et recherchée comme originale.

—J. B. Bastide, qui a fait beaucoup d'études sur Montaigne (v. à 1822) et qui se proposait de donner une édition des Essais, à laquelle, d'après M. Beuchot, il a travaillé pendant quarante ans, annonça en 1807, dans la Revue philosophique (deuxième trimestre), sur l'autorité de M. de Cayla, qu'il avait été publié une autre édition des Essais à *Paris* cette même année (1580) in-folio chez *Michel Blageart*, qui n'est pas celle que ce libraire publia en 1640, et M. J. V. Leclerc l'indique sans se livrer à aucune discussion à son occasion. Je n'ai jamais cru à l'existence de cette édition : la plus décisive des raisons qui me la faisaient rejeter est celle tirée du nom de l'imprimeur; puisqu'on voit par le catalogue de Lottin[1] qu'il n'existait point à Paris d'imprimeur du nom de Blageart en 1580, et que Michel ne fut reçu dans la communauté qu'en 1631. Je pensais donc que c'était un exemplaire incomplet ou altéré de 1640, qu'on avait par erreur rapporté à l'année précitée; mais ayant reçu un extrait du catalogue de la bibliothèque de Bordeaux, sur lequel on indique un exemplaire des Essais, Paris 1580, j'ai fait connaître mes doutes à M. Jouannet, conservateur de cet établissement. Ce respectable savant a aussitôt reconnu l'exactitude de ma supposition, et il m'annonce que c'est en effet un exemplaire de 1640, et que l'erreur, qui est fort ancienne, a tenu à ce que le frontispice étant déchiré en partie et la date manquant, le rédacteur du catalogue a mis celle de la préface.

Je suis entré dans ces détails parce qu'on a imprimé que cette édition existait, et que des hommes de lettres, qui se sont beaucoup occupés de Montaigne, dans la nécessité de trouver quatre éditions jusqu'à celle de 1588, et s'appuyant de l'autorité de M. de Cayla, de Bastide et du catalogue de la bibliothèque de Bordeaux, partageaient cette erreur accréditée depuis près de trente ans.

(1) Catalogue chronologique des libraires et des libraires-imprimeurs de Paris, depuis 1470, époque de l'établissement de l'imprimerie dans cette capitale jusqu'en 1788; par A. M. Lottin l'aîné. Paris, J.-R. Lottin de Saint-Germain, 1789. In-8.

NOTICE BIBLIOGRAPHIQUE

1582.

2. *Les mêmes.* — Par messire Michel, seigneur de Montaigne, chevalier de l'ordre du Roi et gentilhomme de sa chambre, maire et gouverneur de Bourdeaus.—*Édition seconde, revue et augmentée. A Bourdeaus par S. Millanges,* imprimeur ordinaire du roi, M. D. LXXXII. in-8°.

Cette édition, plus belle que la première, est en un seul volume. Comme celle-ci, elle ne contient que les deux premiers livres, et elle ne porte pas d'épigraphe. La pagination continue d'un livre à l'autre, et il n'y a pas de frontispice pour le livre 2.

806 pages. Mêmes renseignements qu'à 1580 pour la date de la préface et les sonnets de La Boëtie.

On remarque que cette édition est annoncée comme revue et augmentée. En effet, chacune des éditions qui suivent offre des corrections et des augmentations, et on peut voir par l'exemplaire de Bordeaux, 1588, que Montaigne, quoiqu'il dise: « j'adjouste mais je ne corrige pas », corrigeait souvent, même pour de très légères nuances d'expression, bien qu'il ait écrit: « Que celui qui a hypothéqué au monde son ouvrage n'y a plus de droit. » D'ailleurs, il convient de bonne grâce que ces additions sont « une petite subtilité ambitieuse, afin que l'acheteur ne s'en aille les mains du tout vuides. » (Liv. III, chap. 9.)

1587.

3. *Les mêmes.* Par messire Michel, seigneur de Montaigne, chevalier de l'ordre du Roi et gentilhomme ordinaire de sa chambre, maire et gouverneur de Bourdeaus, reveus et augmentés. A Paris, chez *Jean Richer,* rue St.-Jean-de-Latran, à l'arbre verdoyant, M. D. LXXXVII. in-12.

Mêmes remarques qu'aux précédentes éditions sur la date de la préface et les sonnets de La Boëtie. Coste, et les imprimeurs de 1725, ont donc eu tort de dire, d'après le P. Nicéron, que ces sonnets ne se trouvaient qu'à l'édition de 1588.

1588.

4. *Les mêmes.* Par Michel, seigneur de Montaigne.—*Cinquième édition,* augmentée d'un troisième livre et de six cents additions aux deux premiers. *Paris, Abel L'Angelier,* 1588, in-4°.

Frontispice gravé. La date n'est pas au frontispice; elle est au privilège qui est du 4 juin 1588.

Le nom de Montaigne n'est plus ici suivi de ses titres, et je ferai à cette occasion un rapprochement assez curieux, c'est que parmi les additions nombreuses, faites à cette édition, on trouve la phrase suivante, au sujet de l'ennui que lui causait la nécessité d'écrire une légende de titres et qualités à la suite du nom des personnes auxquelles il adressait des lettres. « Je trouve pareillement de mauvaise « grâce d'en charger le front et inscription des « livres que nous faisons imprimer. » (Liv. I, chap. 39.)

Cette édition n'est paginée qu'au recto, le dernier feuillet porte le numéro 396. La préface est datée du 12 juin 1588; mais c'est la même que celle des précédentes éditions. Les sonnets de La Boëtie se trouvent encore au chapitre 29 du premier livre. Le troisième livre, qui paraît pour la première fois, est composé de 13 chapitres.

Cette édition, qui est la dernière du vivant de Montaigne, est d'une fort belle exécution; le frontispice gravé indique qu'elle est la cinquième. Elle a été donnée par Montaigne lui-même, qui était en ce moment à Paris; ainsi, il faut admettre que quatre éditions l'avaient précédée. On trouvait ce nombre lorsqu'on admettait l'édition de *Paris,* 1580; mais j'ai démontré qu'elle n'a jamais existé. Il aurait donc fallu indiquer deux éditions entre celle de 1582 et celle de 1588, et on a pu remarquer que je n'en ai décrit qu'une; il existe donc, pour cet espace de temps, une lacune que mes recherches n'ont pu combler. Le P. Nicéron dit que la première édition a été suivie de trois autres avant celle de 1588, mais il n'en donne pas les dates, et suivant toute apparence il se fonde seulement sur ce que celle de 1588 porte, *Cinquième édition.*

C'est d'après un exemplaire de cette édition, corrigé et augmenté de la main de Montaigne, que Naigeon a donné l'édition de 1802. M. Bernadau, avocat à Bordeaux, et auteur des Antiquités Bordelaises, le fit connaître par une lettre adressée au journal général de France (novembre 1789). Cet exemplaire resta quelque temps dans la maison de Montaigne, puis d'après M. Bernadau, « il fut *donné aux Feuillans de Bordeaux par madame de Montaigne, par ordre de son mari, qui leur était fort attaché, et dans l'église desquels il avait choisi sa sépulture; c'est donc sans fondement que l'auteur du nouveau Dictionnaire historique prétend qu'on voit dans la bibliothèque de ce couvent un supplément manuscrit des Essais.* » Ce précieux exemplaire passa enfin, lors de la révolution, dans la bibliothèque publique de Bordeaux qui l'a possédé depuis.

J'ai examiné cet exemplaire; il est chargé de corrections et d'additions marginales ou interlinéaires écrites de la main de Montaigne. Au frontispice gravé il a ajouté, *sixième édition,* ce qui se rapporte à celle qu'il projetait, et ce qui fixe positivement le nombre de celles qui ont précédé. Il a ajouté aussi de sa main cette épigraphe, qui est devenue celle de son livre : *viresque acquirit eundo.* Enfin au haut de ce frontispice se trouve un écusson dans lequel il a inscrit son nom. Au recto on trouve l'avis à l'imprimeur, que Naigeon a reproduit, et la recommandation « qu'on mette son nom tout du long sur chaque face, » parce que dans les éditions précédentes on avait mis seulement : « Essais de M. de Monta », au titre courant.

1593.

5. LIVRE DES ESSAIS DE MICHEL, SEIGNEUR DE MONTAIGNE, divisé en deux parties. — *Dernière édition*, augmentée de deux tables très amples des choses plus mémorables contenues en icelle, à *Lyon*, pour *Gabriel Lagrange*, libraire d'Avignon. M.D.XCIII. in-8.

Conformément au titre, cette édition est divisée en deux parties. La première comprend les deux premiers livres, en 830 pages, et elle est précédée du titre copié ci-dessus; la deuxième, formée par le troisième livre, est précédée d'un titre ainsi conçu : LIVRE DES ESSAIS DE MICHEL, SEIGNEUR DE MONTAIGNE, deuxième partie, à Lyon, etc. On trouve à chaque partie une table des chapitres et une table analytique; le titre courant porte : « ESSAIS DE MONTA. » Cette édition, passablement belle, a été imprimée d'après celle de 1588. J'en ai rencontré deux exemplaires, l'un à la bibliothèque publique de Chaumont en Bassigny, l'autre dans celle de M. de Lamennais; dans le 1er qui a sans doute appartenu à quelque couvent, le chapitre entier des vers de Virgile est enlevé. Cette mutilation se rencontre dans un grand nombre d'exemplaires de ces anciennes éditions.

1595.

6. *Les mêmes*. — *Édition nouvelle* trouvée après le décès de l'auteur; revue et augmentée par lui d'un tiers plus qu'aux précédentes impressions. *Paris, Abel L'Angelier*, 1595 in-folio; des exemplaires portent : *Paris, Michel Sonnius*, rue Saint-Jacques, à l'Ecu de Basle; le privilége, au verso du titre, est daté du 15 octobre 1594.

Pas d'épigraphe. — Pas de préface de Montaigne; le chapitre intitulé « Que le goût des biens et des maux, etc. », qui jusque-là était le quatorzième du premier livre, est ici, comme dans toutes les éditions suivantes, le quarantième du même livre.

Cette édition fut donnée par mademoiselle de Gournay[1], d'après un manuscrit revu par Montaigne, et qui lui fut remis par sa veuve. C'était probablement un exemplaire de 1588, annoté comme celui dont il est parlé ci-dessus, puisque mademoiselle de Gournay dit à ce sujet : « Madame de Montaigne me les fit apporter pour être mis au jour, enrichis des traits de sa dernière main. » Un autre exemplaire resta dans la maison de Montaigne, comme le dit mademoiselle de Gournay; c'est celui-là qui fut donné aux Feuillants de Bordeaux. M. Bernadau, dans la lettre citée précédemment, s'est donc trompé en présentant l'exemplaire de Bordeaux comme étant celui qui a servi à mademoiselle de Gournay. On ignore ce qu'est devenu ce dernier qui différait notablement de celui qui a servi à Naigeon; il est probable qu'après l'impression il n'aura pas été conservé.

Cette édition est la seule, avec celle d'*Anvers* sans date, dans laquelle on ne trouve pas de préface de Montaigne; et dans l'édition suivante, mademoiselle de Gournay dit qu'elle avait été égarée lors de l'impression. L'éditeur a fait précéder les ESSAIS d'une préface apologétique qui occupe 18 pages, et qui commence ainsi : « Si vous demandez à quelque artisan quel est César. » On y trouve à la fin quelques mots sur la mort de Montaigne, des détails sur sa famille, enfin l'énumération des soins qu'a apportés mademoiselle de Gournay pour que cette édition fût, « sinon parfaite jusqu'à tel point qu'elle désireroit, si est-ce qu'elle requiert qu'on s'adresse toujours à elle, parce qu'outre cela qu'elle n'est pas si loin de la perfection qu'on soit assuré si les suivantes la pourront approcher d'aussi près, elle est au moins redressée diligemment par un errata (il n'indique que 49 corrections) sauf quelques si légères fautes qu'elles se restituent d'elles-mêmes. » Mademoiselle de Gournay a revu elle-même toutes les épreuves de cette édition, qui est parfaitement et correctement exécutée; c'est à juste titre qu'elle la qualifie dans celle de 1635 de *vieil et bon exemplaire*, et elle reste encore aujourd'hui la principale, pour l'authenticité du texte, et l'une des plus remarquables sous le rapport typographique.

Les 29 sonnets d'Étienne de La Boëtie, qui se trouvaient au chapitre 29 dans les premières éditions, et au chapitre 28 dans celle-ci, sont ici supprimés et remplacés par une note qui a été reproduite textuellement par tous les éditeurs qui n'ont pas inséré les sonnets, mais sans qu'ils aient donné l'explication de cette note, qui est ainsi conçue : *Ces 29 sonnets, d'Et. de La Boëtie qui estoient mis en ce lieu ont été depuis imprimés avec ses œuvres*. Ces sonnets ont-ils été réellement imprimés? Dans ce cas, où le sont-ils? Montaigne, dans l'exemplaire de Bordeaux, a rayé ces vers et il a ajouté simplement *ces vers se voyent ailleurs*, ce qui pouvait se rapporter aux éditions antérieures ; car Montaigne n'avait pu faire imprimer

---

[1] Marie de Jars ou Jards, et non Lejars, comme écrit Montaigne, et d'après lui presque tous les biographes et les éditeurs. Mademoiselle de Gournay dit, dans une Notice sur sa vie, qui fait partie de ses œuvres (in-4. — 1641), que son père, Guillaume de Jars (sieur de Neufvi et de Gournay), tirait son nom et l'origine noble de Jars, dans le département du Cher près de Sancerre.

ces sonnets avec les œuvres de La Boëtie [1] qu'il avait publiés neuf ans auparavant, puisqu'il ne les connaissait pas alors et qu'il venait de les recevoir lorsqu'il les a placés dans la première édition des Essais, en 1580. Il dit à ce sujet à madame de Grammont: « Ce sont 29 sonnets que le sieur Poy-« ferré, homme d'affaire et d'entendement, qui le « connoissoit longtemps avant moi, a retrouvé « par fortune chez lui, parmi quelques autres « papiers, *et me les vient d'envoyer.* » Il n'y a d'autre moyen d'expliquer la note de mademoiselle de

(1) Les œuvres précitées de La Boëtie ont été publiées d'abord en 1571 par les soins de Montaigne, sous ce titre: *La Ménagerie de Xénophon, les Règles de mariage de Plutarque, Lettre de consolation de Plutarque à sa femme,* le tout traduit de grec en françois par feu M. Etienne de La Boëtie, conseiller du roi en sa cour de parlement à Bordeaux, ensemble quelques vers latins et françois, de son invention; *item* un Discours sur la mort dudit seigneur de La Boëtie, par M. de Montaigne. A Paris, Fédéric Morel, in-8. Malgré son titre, ce petit volume ne contient pas de vers français; ces vers ne parurent que l'année suivante (1572) chez le même imprimeur, sous ce titre: *Vers françois de feu M. Etienne de La Boëtie;* ils sont paginés à part, mais on les joignit au volume précédent, dont on réimprima le titre, avec la date 1572, chez *Fédéric Morel*. Il paraît que plus tard on aura retrouvé, du même auteur, la traduction d'un morceau d'Aristote, qu'on imprima en 1600 avec le titre qui suit: *La Mesnagerie d'Aristote et de Xénophon*, c'est-à-dire la manière de bien gouverner une famille; traduite de grec en françois, par feu Etienne de La Boëtie, etc., et mise en lumière avec quelques vers françois et latins dudit La Boëtie, par Michel, sieur de Montaigne. Paris, Claude Morel, in-8; et à cette occasion on réimprima ce qui avait été publié en 1571 et 1572, avec des titres particuliers pour l'*Aristote* et pour les vers français. *Paris, Claude Morel*, 1600. Mais, ce qui est assez surprenant, c'est qu'on a suivi la première édition page pour page et ligne pour ligne, de telle sorte qu'il semble, au premier coup d'œil, qu'il n'y a que les titres de changés. La pagination est la même qu'à la première édition, c'est-à-dire particulière pour chaque partie. Cependant, il est certain que c'est une impression nouvelle, car on trouve au recto des pages 2 et 5 du *Xénophon*, et au verso de la page 4 des vers français, des différences qui le prouvent. Ce volume de La Boëtie ne contient pas les vingt-neuf sonnets; lorsqu'il est complet, il doit être composé ainsi qu'il suit: huit feuillets paginés au recto des *Economiques* d'Aristote, y compris le titre transcrit ci-dessus (les feuillets 2 et 3 mal numérotés), puis cent trente-un feuillets avec titre particulier pour les autres traductions, les vers latins et la lettre de Montaigne; enfin, dix-neuf feuillets pour les vers français, avec un titre à part, portant, comme les précédents, *Claude Morel*, 1600.

Ce petit volume, tel qu'il a été publié en 1572, est assez rare; on le rencontre le plus souvent sans les vers français: il est très rare lorsqu'il est complet.

Pyramus de Candole a compris cette traduction de la Ménagerie dans les éditions qu'il a publiées des Œuvres de Xénophon, traduites en français par plusieurs auteurs (Cologne, 1613, in-fol.; Yverdon, 1619, in-8). Voyez à ce sujet une note curieuse de M. Barbier, au numéro 15255 de son *Dictionnaire des Anonymes*.

Gournay qu'en admettant que, dans l'intervalle de 1588 à 1595 on aurait imprimé quelque ouvrage de La Boëtie, et qu'on y aurait fait entrer ces 29 sonnets. En effet, le P. Lelong et d'après lui MM. Weiss et Beuchot attribuent à cet auteur un ouvrage intitulé: *Historique description du solitaire et sauvage pays du Médoc* (dans le Bourdelois), par feu M. *de La Boëtie*, conseiller, etc.; *Bordeaux. Millanges*, 1593, in-12, Lelong ajoute: « On a joint à cette description quelques vers du même auteur, qui ne se trouvent pas dans l'édition qu'avait donnée de ses œuvres Michel de Montaigne. » Il ne m'a point été possible de vérifier si les sonnets se trouvent dans cet ouvrage; car il est assez rare, s'il existe, pour qu'on ne le rencontre dans aucune des bibliothèques de Paris, et que des bibliographes et des libraires instruits m'aient déclaré n'avoir jamais eu l'occasion de l'examiner.

M. Beuchot, qui n'a jamais vu cette *Historique Description* de La Boëtie, en annonçant dans le journal de la librairie (n° 150, janvier 1836) un ouvrage sur le Médoc, a ajouté une note par laquelle il priait les personnes qui la posséderaient de la lui faire connaître; cette invitation n'a point eu de résultat. M. Jouannet, que j'ai consulté à cette occasion, m'a dit qu'il était moralement sûr que cet ouvrage n'avait jamais été imprimé; et M. Weiss, qui le mentionne dans la Biographie universelle, ne l'a non plus jamais rencontré.

1595.

7. LES ESSAIS DE MICHEL, SEIGNEUR DE MONTAGNE, (sic.) divisez en trois livres contenants un riche et rare thrésor de plusieurs beaux et notables discours couchez en un stile le plus pur et orné qu'il se trouve en nostre siècle, avec deux tables, l'une des chapitres, l'autre des choses plus mémorables contenues en iceux. CIƆ. IƆ. XCV. Pour *François Le Febure de Lyon,* in-12.

La préface de Montaigne est adressée *au lecteur bénévole!* et elle est datée du premier mars 1590. La table analytique est assez détaillée, et à la fin de ces pièces liminaires on a placé un sonnet d'Expilly [1] sur les ESSAIS DU SIEUR DE MONTAGNE. Cette édition, fort incorrecte et très mal exécutée, contient les trois livres des Essais, moins les additions de celle de la même année in-fol. Par conséquent elle est faite d'après celle de 1588; mais elle est beaucoup moins complète qu'elle. Des chapitres entiers ont été supprimés, et dans ceux qui sont conservés il y a une foule de mutilations;

(1) Claude Expilly, conseiller du roi en son conseil d'état, président au parlement de Grenoble. *Voyez* à 1759. Je ne sais comment l'éditeur s'est procuré ce sonnet, car la première édition des poèmes d'Expilly n'a paru que l'année suivante. §

les citations sont altérées, et pour n'en citer qu'un exemple, au « *nec cythara carentem* » qui termine le vers d'Horace qu'on trouve à la fin du troisième livre, on a substitué : «*nec studiis carentem.*» Le chapitre intitulé : « que le goût des biens et des maux, etc. est le quatorzième comme dans les éditions antérieures à celle de mademoiselle de Gournay. Les chap. 29, 35, 41, 42, 54, 55 du premier livre, manquent; le chap. 13 du livre II intitulé : « De juger de la mort d'autrui, » porte pour titre à la table : de juger de la mort, advis; et dans l'ouvrage : divers avis sur le point de la mort. Les chap. 15, 19, 28, 30, 33, 35 de ce livre II, manquent de même que les chap. 4 et 5 du livre III. Le chap. 11, qui par suite de cette suppression se trouve le neuvième est intitulé : « Des opinions, au lieu de l'être : « Des boiteux. »

Cette édition est, sans contredit, la plus mauvaise de toutes celles qui ont été publiées.

1598.

8. *Les mêmes*. — *Édition nouvelle*, prise sur l'exemplaire trouvé après le décès de l'auteur, revue et augmentée d'un tiers plus qu'aux précédentes impressions; *Paris, Abel L'Angelier*, au premier pilier de la grand'salle du Palais. M. D. XCVIII grand in-8°. — Frontispice gravé, portant pour la première fois *viresque acquirit eundo.* 1164 pages. — Même privilége qu'en 1595. Très belle édition.

La préface de Montaigne reparaît ici; elle est datée du premier mars 1580, et elle est suivie d'une note qui dit que cette préface, corrigée de la dernière main de l'auteur, ayant été égarée en la première impression depuis sa mort, a naguère été retrouvée. En effet, elle offre quelques différences avec celles des précédentes éditions.

La préface de mademoiselle de Gournay, qui se trouvait dans l'édition précédente, est supprimée et remplacée par une autre très courte, par laquelle elle se rétracte de cette préface que l'aveuglement de son âge et d'une violente fièvre d'âme lui laissa naguère échapper des mains, lorsqu'après le décès de l'auteur, madame de Montaigne sa femme les lui fit apporter (les Essais) pour être mis au jour, enrichis des traits de sa dernière main.

Cette édition est la première sur laquelle on rencontre une épigraphe; et le *viresque acquirit eundo* qu'elle porte a été inscrit par Montaigne lui-même sur le frontispice gravé de l'exemplaire de 1588, qui est à la bibliothèque de Bordeaux. L'intention de l'auteur était donc que cette citation servît d'épigraphe à son ouvrage; aussi trouve-t-on ce *vires* à toutes les éditions suivantes, sauf deux ou trois exceptions, jusqu'à celle de 1659 exclusivement.

Ce n'est qu'à l'édition de 1635 qu'on voit paraître la devise que Montaigne avait adoptée, le *que sais-je?* avec l'emblème des balances; et dans cette édition on trouve l'épigraphe et la devise, de même que dans plusieurs des suivantes.

Ce *que sais-je?* que Pascal a si sévèrement analysé[1] se lit au chapitre douze du livre II; il caractérise parfaitement la philosophie de Montaigne; il est la conséquence de cette maxime qu'il avait inscrite en grec sur les solives de sa librairie : « Il n'est point de raisonnement auquel on n'oppose un raisonnement contraire. » La devise de Charron : « je ne sais, » exprime la même pensée, mais moins convenablement, par cela même qu'elle est sous une forme affirmative. Celle de Lamothe le Vayer (*de las cosas mas seguras la mas segura es dudar*)[2] qui offre avec les précédentes une frappante analogie, n'est en quelque sorte que la traduction du mot hardi de Pline, cité par Montaigne au chap. 14 du livre II « *Solum certum nihil esse certi.* » Varron était plus orthodoxe dans la forme, bien qu'au fond la pensée fût la même, lorsqu'il écrivait : *Hominis est hæc opinari, Dei scire;* et Fontenelle, quand il disait : *Je suis effrayé de la certitude que je vois maintenant partout,* n'était pas plus *certain* que Montaigne; mais il était plus *réservé* dans l'expression de son doute.

1600.

9. *Les mêmes.* — *Édition nouvelle,* prise sur l'exemplaire trouvé après le décès de l'auteur, revue et augmentée d'un tiers outre les précédentes impressions; *Paris, Abel L'Angelier,* M. D. C. Grand in-8.

Préface et notes, privilége, épigraphe, frontispice gravé, les mêmes qu'en l'édition de 1598. 1166 pages.

Edition moins belle que la précédente, mais encore belle et très bonne.

Le chapitre 21 du livre II est intitulé à la table : «Contre la fainéantise, » comme aux éditions précédentes; dans l'ouvrage il a pour titre : « Contre la fantasie. »

1602.

10. Coste (Avis sur l'édition de 1739) cite une édition de Paris sous cette date, et il la qualifie de belle. Brunet, Fournier, Cailleau, indiquent cette édition que je n'ai pas rencontrée; je l'ai vue indiquée encore dans le catalogue de la première vente de M. Dincourt d'Hangard (par Née de La Rochelle, 1789), sous le n° 332.

---

(1) *Pensées de Pascal*, supplément à la première partie art. XI.

(2) Des choses les plus sûres la plus sûre est de douter.

D'après ces autorités, il est positif que cette édition existe, et les renseignements que donne Coste mettent à même de la décrire de la manière qui suit :

Les mêmes. — *Paris, Abel L'Angelier, 1602.* Belle édition conforme aux deux précédentes, contenant de plus à la fin le sonnet d'Expilly dont il est parlé à l'édition in-12, de 1595. Cette dernière indication prouve sans contestation l'existence de cette édition, différente de celles de 1598 et de 1600, qui n'ont pas le sonnet.

11. *Les mêmes.* — (titre détaillé comme à celle de 1598.) *Leyde, Jean Doreau*, 1602, in-8° (plus petit format que les trois éditions précédentes).

Frontispice imprimé. — *Vires.* — 1132 pages. — Fleurons aux lettres initiales des chapitres. — Les deux préfaces et la petite note à celle de Montaigne, comme aux éditions précédentes; plus une table analytique qui est la première depuis celle de 1595 in-12, et qui est intitulée : « Les pages du sieur de Montaigne, où sont contenues les plus rares remarques de son livre, à savoir les exemples des vertus et des vices, les plus graves sentences, similitudes et comparaisons, avec un recueil des lois anciennes des peuples et nations; plus la vie de l'auteur par remarques principales et précieuses sur son propre livre, le tout en forme de lieux communs. »

Le chapitre 21 du livre II, est intitulé : « Contre la fantaisie. »

12. Il existe une contrefaçon de cette édition, indiquant le même libraire, la même ville et la même date. En comparant la pagination, les fleurons, les fautes, on acquiert la certitude que c'est une composition différente. On distinguera ces deux éditions à la vue du titre; car dans celle qui précède, l'E du mot exemplaire est majuscule : il est italique à celle-ci qui ne vaut pas l'autre.

Cette deuxième édition n'a pas de table analytique.

1604.

13. *Les mêmes.* — *Édition nouvelle,* prise sur l'exemplaire trouvé après le décès de l'auteur, revu et augmenté d'un tiers, outre les précédentes impressions, enrichie de deux tables curieusement exactes et élaborées, *Paris, Abel L'Angelier.* M.D.C.IV. in-8.

Frontispice gravé. — *Vires* — Note de mademoiselle de Gournay à la préface de Montaigne. — Fleurons à la lettre initiale des chapitres. — 1032 pages. — Table analytique, et à la fin une table additionnelle, pour la vie de Montaigne, extraite des Essais. Le chapitre 21 du livre II est intitulé : « Contre la fantaisie. »

Bonne édition, moins belle et moins grande de format que les précédentes, publiées in-8° par le même libraire. Pas de sommaires aux marges, quoi qu'en dise Henri Étienne (v. 1652).

1608.

14. Coste cite une édition sous cette date, et il la qualifie de bonne; je ne l'ai pas rencontrée, mais je crois qu'elle existe, car l'édition de 1611 porte un extrait du privilége accordé en date du 23 mars 1608 à *Charles Sevestre* et *Jean Petitpas,* ce qui confirme l'opinion de Coste. Suivant toute apparence, cette édition est in-8°.

D'après les détails du privilége, cette édition était *enrichie et augmentée, outre les précédentes impressions, de petits sommaires en la marge, des choses plus remarquables, avec une table très ample et la vie de l'auteur;* c'est la première fois que se rencontrent deux de ces additions qu'on retrouve dans les éditions suivantes.

1609.

15. *Les mêmes. Nouvelle édition,* etc. (comme aux précédentes). *Leyde, Jean Doreau,* in-8°. 1609.

Titre imprimé. — *Vires.* — Préface de Montaigne avec la petite note de mademoiselle de Gournay. — Petite préface de cette dernière. — Fleurons aux lettres initiales. — Table analytique intitulée : « Les pages du sieur de Montaigne, etc., » comme à 1602. Le chapitre 21 du livre II a pour titre : « Contre la fainéantise. » 1132 pages. Table non paginée.

1611.

16. *Les mêmes.* — *Édition nouvelle,* enrichie d'annotations en marge, corrigée et augmentée d'un tiers outre les précédentes impressions, avec une table très ample des noms et matières remarquables et signalées, plus la vie de l'auteur, extraite de ses propres écrits. *Paris,* avec privilége du roy (1608). Chez *François Gueffier,* rue Saint-Jean-de-Latran, devant le collége de Cambray. 1611. in-8°.

Frontispice gravé. — *Vires.* — Les deux préfaces. — La petite note de mademoiselle de Gournay est supprimée. — Sommaire discours sur la vie de Michel, seigneur de Montaigne. — Sommaires aux marges. — Indications des auteurs cités (c'est la première fois que cette addition se rencontre, à moins qu'elle n'existe à l'édition de 1608, que je n'ai pas vue) à la fin, extrait du privilége du roy. (Voyez à 1608.) Fleurons aux initiales. — 1130 pages. Table non paginée. — Pour la première fois cette édition est enrichie d'un portrait de Montaigne, gravé par Thomas de Leu, au bas duquel on lit le quatrain suivant :

Voici du grand Montaigne une entière figure :
Le peintre a peint le corps, et toi son bel esprit ;
Le premier par son art égale la nature,
Mais l'autre la surpasse en tout ce qu'il écrit.

Des exemplaires de cette édition sont indiqués chez *Charles Sevestre*, rue Saint-Jacques, devant les Mathurins. La date de l'édition est placée sur ceux-là à l'endroit où, pour les exemplaires de Gueffier, est la date du privilége.

D'autres exemplaires portent : Chez *Jean Petitpas*, rue Saint-Jean-de-Latran, au collége Cambray.

1614.

17. Bien que je n'aie pas rencontré d'édition de 1614, je suis persuadé qu'il doit en exister une sous cette date, et je me fonde sur ce que, 1° à l'édition de 1617, l'avis des imprimeurs dit : « Lecteur, nous te donnons les *Essais*, *reparés de nouveau de la version de leur latin* » ; il y avait donc eu une édition antérieure à 1617 où les citations étaient traduites, et cette traduction ne se trouve dans aucune des éditions qui précèdent ; 2° le privilége de l'édition de 1617 est de 1614 ; il est peu probable qu'on ait attendu 3 ans avant d'en faire usage.

Ce privilége, dont l'extrait se trouve à 1617, est accordé à mademoiselle de Gournay, et elle l'a ensuite cédé à *François Gueffier, Jean Petitpas, Charles Sevestre, Michel Nivelle* et *Claude Rigaud*. C'est donc chez ces libraires que cette édition doit être indiquée. Le format était probablement in-4°, puisque les deux éditions données en 1617 et 1625, par ces mêmes libraires, sont de ce format. Elle doit renfermer les sommaires aux marges, l'indication des auteurs, la vie de Montaigne, et pour la première fois la traduction des citations latines.

1616.

18. *Les mêmes.* — Édition nouvelle, etc. (comme à 1600), à *Cologne*, par *Philippe Albert*, 1616, in-8°.

Petite préface de mademoiselle de Gournay. — Sa note à la préface de Montaigne. — Table analytique, intitulée comme celle de 1602. — Titre imprimé, portant des armes fleurdelisées. — Fleurons aux lettres initiales. — 1132 pages. — Table non paginée. — Le chapitre 21 du livre II est intitulé : « Contre la fainéantise. » — Il y a une table analytique particulière pour la vie de Montaigne. Cette édition ne présente ni l'épigraphe *Vires*, ni les sommaires en marge, ni les indications d'auteurs.

On trouve des exemplaires sur lesquels le mot Cologne est surchargé et illisible, et au-dessus on a imprimé le mot Genève.

1617.

19. *Les mêmes.* — *Édition nouvelle*, enrichie d'annotations en marge, du nom des auteurs cités et de la version du latin d'iceux, corrigée et augmentée, etc. *Paris, Charles Sevestre*, en l'île du Palais, aux Trois Perruques, devant le Cheval de Bronze, 1617, in-4°.

Titre en rouge et en noir. — *Vires* — Portrait de 1611. — Avis des imprimeurs. — Vie de Montaigne. — Grande préface de mademoiselle de Gournay. — En marge, sommaires et indications des auteurs. — Extrait du privilége daté du 28 novembre 1614. — Quatre tables, 1° table des chapitres ; 2° table analytique, intitulée comme celle de Leyde 1602 ; 3° table des noms propres d'hommes, de peuples, d'animaux, de villes, etc. ; 4° table qui indique ce qui a rapport à la vie de Montaigne. — Avis au lecteur par mademoiselle de Gournay, relatif aux traductions de presque toutes les citations latines et grecques, lesquelles sont réunies à la fin du volume dans l'ordre selon lequel elles se présentent dans l'ouvrage. Enfin, copie littérale de l'épitaphe latine gravée sur le tombeau qui a été élevé à Montaigne dans l'église des Feuillants de Bordeaux. Coste a donc eu tort de dire (Avis de l'édition de 1739) que cette épitaphe avait été imprimée pour la première fois dans l'édition de Paris 1725, in-4°.

On voit reparaître dans cette édition, mais modifiée et améliorée, la grande préface que mademoiselle de Gournay avait insérée dans celle de 1595 ; elle commence ainsi : « Si vous demandez au vulgaire quel est César. »

L'avis que mademoiselle de Gournay a placé au-devant des traductions fait connaître qu'elle a été aidée dans ce travail par MM. Bergeron, Martinière et Bignon ; elle motive cette traduction, qu'elle juge superflue, par le désir de l'imprimeur, et elle ajoute : « Je ne présente pas d'excuse d'avoir laissé dormir les passages libertins sous le voile de leur langue étrangère, ni d'avoir tors le nez à quelque mot joyeux de l'un d'entre eux. » (Toutes les éditions antérieures, excepté l'in-12 de 1595 écrivent constamment Montaigne ; dans celui-ci on dit alternativement Montaigne et Montagne.)

J'ai rencontré des exemplaires portant l'indication de : *Paris, Michel Nivelle*, rue Saint-Jacques, aux Signes ; et d'autres avec celle-ci : *Paris*, pour *Claude Rigaud*, libraire, demeurant à Lyon.

Enfin il existe des exemplaires au nom des libraires *Gueffier* et *Petitpas*.

Voyez, pour le mérite de cette édition, celle de 1625.

1617.

20. *Les mêmes.* — (Titre détaillé de 1611) *Rouen, Manassez de Préaulx*, devant le portail des libraires, 1617, in-8°.

Portrait et frontispice gravés de 1611. — *Vires.* Petite préface de mademoiselle de Gournay. La note à celle de Montaigne ne s'y trouve pas. — Sommaires et indications des auteurs en marge. — Fleurons aux initiales. — 1130 pages.

Des exemplaires portent l'indication,de: *Rouen, chez Jean Osmon*, dans la cour du Palais (Bibliothèque particulière à Valenciennes).

1619.

21. *Les mêmes.* — Rouen, chez la *Veuve de Thomas Daré*, devant l'Espérance, in-8. — Frontispice gravé. Portrait. — 1130 pages. — Pas de petite note de mademoiselle de Gournay. — Sommaires aux marges, etc. Édition semblable à celles de 1602,-8,-11,-16,-17.

22. *Les mêmes.* — 1619 in-8. Edition différente de la précédente. — Table analytique. — 1130 pages. — La note de mademoiselle de Gournay ne s'y trouve pas. — Vie de Montaigne. — Sommaires et indication d'auteurs aux marges. L'exemplaire que je possède, et qui est le seul que j'aie rencontré, n'a pas de titre; j'ignore par conséquent le lieu d'impression et le nom du libraire; mais à la fin on lit qu'il a été achevé d'imprimer : « ce dernier jour d'août 1619, à l'imprimerie de *Jean Durand.* » La liste chronologique des libraires et imprimeurs de Paris ne mentionne qu'un seul imprimeur du nom de Durand, mais il porte le prénom de Pierre, il est donc probable que cette édition n'est pas de Paris.

Le catalogue imprimé de la Bibliothèque royale indique sous cette date une édition des Essais chez *J. Doreau* à *Leyde*, mais l'indication correspond à un exemplaire de 1609, qui est effectivement de Doreau; ainsi on doit croire qu'il y a erreur au catalogue, et d'ailleurs la Bibliothèque royale ne possède pas aujourd'hui d'exemplaire de cette date.

(1624. M. Vernier indique une édition de 1624 à Londres, dans laquelle on a, dit-il, recueilli beaucoup de pièces nouvelles. Le même auteur mentionne aussi des éditions de *Paris*, 1625, et *La Haye*, 1627. Ces éditions n'existent pas, et M. Vernier a confondu ces éditions avec celles de 1724, 1725 et 1727. J'ai relevé cette erreur parce que cet auteur fait ensuite reparaître ces éditions à leur véritable époque, ce qui forme un double emploi, et ce qui aurait pu ainsi faire croire à la réalité de leur existence aux dates de 1624,-25,-27.)

1625.

23. *Les mêmes.* — Paris, *Robert Bertauld*, 1625, in-4°.

Des exemplaires portent : *Veuve Remy Dallin*, au mont et image Saint Hilaire ; d'autres : *Charles Hulpeau*, demeurant au bout du Pont Saint-Michel, à l'Image Saint-Jean ; d'autres : *Gilles et Robinot* ; d'autres : *Martin Collet*, tenant sa boutique au Palais, en la galerie des Prisonniers.

Titre imprimé, avec l'épigraphe *Vires.* — Pas de privilége.

Cette édition commence par le même avis des imprimeurs que celle de 1617 avec laquelle elle présente une grande conformité ; elle en diffère en plusieurs points : 1° la grande préface de mademoiselle de Gournay a encore éprouvé quelques modifications, retranchements et additions ; 2° les indications d'auteurs et les sommaires n'existent que jusqu'à la page 96 ; 3° elle ne présente ni les tables, ni le portrait, ni l'épitaphe qui se trouvent à l'édition de 1617. Les traductions sont, comme à cette dernière, rassemblées dans l'ordre dans lequel elles se présentent dans les Essais.

Ces deux éditions sont très peu correctes, et les imprimeurs ont eu raison de terminer leur avis au lecteur, en disant: « Excuse pour ce coup les fautes d'impression, la guerre écartant et troublant les meilleurs ouvriers, apporte toujours quelque désordre aux arts, notamment à ceux des Muses. » Mais celle de 1625 est plus incorrecte encore, et moins complète que celle de 1617, et toutes deux ne présentent d'intérêt qu'à cause de la réapparition de la préface de mademoiselle de Gournay, différente sur chacune d'elles et différente de ce qu'elle se montre en 1595 et de ce qu'elle devait être à l'édition de 1635.

1627.

24. *Les mêmes.* — Rouen, *Robert Valentin*, dans la cour du Palais, 1627, in-8°. Des exemplaires sont indiqués chez *Jacques Calloué*, dans la cour du Palais ; d'autres chez *Guillaume de la Haye*, dans l'Estre Notre-Dame.

Titre gravé. — *Vires.* — Petite préface de mademoiselle de Gournay. — Portrait de 1611.

Sommaires et indication des auteurs aux marges, table analytique, 1130 pages.

Édition conforme à celles de 1602,-9,-11,-16,-17,-19,-36,-49.

J'ai rencontré plusieurs exemplaires de cette édition, sur lesquels, à l'aide d'une surcharge, on avait fait un 9 du 2 à la date, et sur quelques-uns assez habilement pour qu'il fût très difficile de reconnaître 1627 dans le chiffre 1697.

1635.

25. *Les mêmes.* — *Édition nouvelle*, exactement corrigée selon le vrai exemplaire; enrichie à la marge des noms des auteurs cités et de la version de leurs passages, mise à la fin de chaque chapitre, avec la vie de l'auteur ; plus deux tables, l'une des chapitres et l'autre des principales matières.

Paris, *Jean Camusat*, rue Saint-Jacques, à la Toison d'or; MDCXXXV, in-folio.

Des exemplaires portent l'indication de *Toussaint du Bray*, rue Saint-Jacques, aux Espies meurs, et *Pierre Rocolet*, imprimeur ordinaire du Roi, au Palais, en la galerie des Prisonniers, aux Armes de la ville.

D'autres exemplaires portent seulement au frontispice, Paris, M. D CXXXV, avec privilége du roi.

Le premier titre est imprimé en rouge et en noir; après cela vient un titre gravé, au milieu duquel est un portrait de Montaigne; au haut on lit : LES ESSAIS DE MICHEL, SEIGNEUR DE MONTAIGNE, et à droite et à gauche, sur deux banderoles flottantes, d'un côté : *vires acquirit eundo*, et de l'autre : *unum pro cunctis*; au-dessous du portrait les balances et le *Que sais-je?* qui paraissent pour la première fois; au bas l'indication nouvelle de *Paris, Camusat*, 1635; pour les exemplaires de ce libraire et pour ceux des autres, il y a simplement *Paris*, rue St.-Jacques et au Palais. Les exemplaires de Camusat présentent encore à droite et au bas des armes supposées celles de Montaigne, et qui sont inexactes; et au verso de la dernière page du texte le privilége du roi transcrit intégralement, tandis que les exemplaires des autres libraires ne donnent qu'un extrait de cet acte et ne portent pas les armes. Après le privilége, vient la cession qu'en fait mademoiselle de Gournay à Jean Camusat. Cette édition a été donnée par mademoiselle de Gournay, qui l'a dédiée au cardinal de Richelieu, « dont la libéralité l'avoit aidée à la mettre « au jour, les imprimeurs ayant depuis sept ou « huit ans refusé de s'en charger aux conditions « de soins et de fidélité qu'elle exigeoit. » Elle se compose, outre les ESSAIS, d'une dédicace à Richelieu, de la grande préface de mademoiselle de Gournay, de la préface de Montaigne, datée du premier mars 1580, d'un sommaire de la vie de Montaigne, de la version des citations latines placée à la suite de chaque chapitre et d'une table analytique. Il n'y a pas de sommaires aux marges, mais seulement l'indication des auteurs cités [1].

La préface apologétique qui reparaît ici est celle que mademoiselle de Gournay avait d'abord insérée dans l'édition de 1595, puis, rétractée et supprimée en 1598; elle la reproduisit en 1599, dans la troisième édition du *proumenoir* de M. de Montaigne [2], en en retranchant les deux tiers; plus tard (1617); elle la publia de nouveau en tête des ESSAIS après avoir fait un petit nombre de modifications, mais surtout après l'avoir presque doublée d'étendue; elle l'inséra, augmentée encore, dans l'édition des ESSAIS de 1625; enfin, après l'avoir de nouveau augmentée et corrigée, elle la joignit à cette édition. Cette préface n'est pas mauvaise, quoi qu'on en ait dit; il est certain que le style de la première était diffus et d'une boursouflure insupportable; mais celle de 1635 mérite moins de reproche. L'auteur discute sérieusement les objections principales qu'on a adressées aux ESSAIS, et elle y répond le plus souvent d'une manière victorieuse. C'est avec raison que Bayle a dit de cette préface « qu'elle méritait d'être lue »; et Coste, qui, la confondant avec celle de 1595, l'avait exclue de la première édition qu'il a donnée, l'a admise dans la troisième et les suivantes.

Cette édition a été mise sur la même ligne que celle de 1595; quelques bibliographes lui donnent même la préférence, et le savant M. Weiss est de ce nombre. Malgré cette autorité dont je me plais à reconnaître tout le poids, j'oserai exprimer une opinion contraire, et dire que si l'édition de 1635 est supérieure à son aînée par les pièces qui y sont jointes, elle lui est inférieure sous le rapport de l'authenticité du texte, puisque mademoiselle de Gournay est forcée de convenir dans sa préface « qu'elle a été obligée de céder à l'exigence des imprimeurs, et non pas de changer, mais oui bien de rendre seulement moins fréquents en ce livre trois ou quatre mots à travers champ, et de ranger la syntaxe d'autant de clauses : ces mots sans nulle conséquence, comme adverbes ou particules qui leur sembloient un peu revesches au goût de quelques douillets du siècle, et ces clauses sans aucune mutation de sens, mais seulement pour leur ôter certaine dureté ou obscurité qui sembloient naître à l'aventure de quelque ancienne erreur d'impression. » Quel que soit le scrupule que mademoiselle de Gournay a apporté dans ces changements, il est certain qu'ils existent; et quoiqu'elle dise que cette édition est la *sœur germaine* de celle de 1595, cette dernière doit conserver sa prééminence sous le rapport de l'authenticité du texte, comme elle la possède sous le rapport de l'exécution typographique. M. Droz, qui donne la préférence à l'édition de 1635 sur celle de 1595, se fonde sur quelques différences

---

[1] Je ne sais sur quel fondement le *Dictionnaire historique* de Feller (Paris, 1818) dit qu'à la fin de cette édition se trouve le *Promenoir de M. de Montaigne* (petit ouvrage de mademoiselle de Gournay). Cette assertion est complétement erronée.

[2] Troisième édition. Paris, L'Angelier, 1599, in-18. Ce petit volume, peu commun, contient le Proumenoir, quelques poésies et la préface. J'en ai examiné plusieurs exemplaires; tous m'ont offert une lacune dans la pagination. Le dernier feuillet des poésies est numéroté 78, et le premier de la préface est numéroté 111. Mais les lettres qui servent de signatures se suivent; quelques-uns des exemplaires ont des *errata*, d'autres n'en ont pas.

qui existent entre ces deux éditions et sur son goût particulier pour la version la plus moderne. Mais on peut répondre que les changements apportés dans le texte de l'édition de 1635, fussent-ils des améliorations, ne sont pas l'œuvre de Montaigne. Mademoiselle de Gournay n'avait pas eu de matériaux nouveaux depuis 1595, époque à laquelle elle disait qu'elle était chargée de mettre au jour les ESSAIS DE MONTAIGNE, enrichis des traits de sa dernière main.

Quelle que soit mon opinion sur la valeur relative de ces deux éditions, on doit savoir gré à mademoiselle de Gournay des peines infinies qu'elle a prises pour empêcher, comme elle le dit dans sa dédicace, « que les mains impures qui depuis longtemps avoient diffamé ce livre par tant de malheureuses éditions, osassent commettre le sacrilége d'en approcher. »

C'est à cette savante fille que nous devons la première édition complète des ESSAIS ; et les soins qu'elle a apportés aux deux éditions qu'elle en a données lui mériteront toujours la reconnaissance des lecteurs de Montaigne. Pour faire apprécier ce qu'elle appelait *sa religion en cela*, je rapporterai quelques fragments de sa préface et un extrait du privilége du roi. Cette dernière pièce est remarquable, en ce que sa rédaction diffère de celle qu'on rencontre ordinairement dans ces actes, et qu'elle fait connaître le jugement de l'éditeur sur les éditions précédentes, sans exception même pour celles de 1617 et de 1625 auxquelles elle avait indirectement participé.

Voici l'extrait de ce privilége accordé à mademoiselle de Gournay en date du 13 septembre 1633, et qu'elle a ensuite cédé à Camusat le 28 août 1635 :

Louis......... notre chère et bien-amée, la damoiselle de Gournay, nous a fait remontrer que le feu sieur de Montaigne lui ayant, de son vivant, recommandé le soin de son livre des ESSAIS, et depuis son décès, ses plus proches lui ayant donné toute charge de l'impression d'iceux, comme il est notoire, et plusieurs fautes énormes s'étant coulées en la plupart des impressions, en sorte que tout le livre s'en trouve gâté et plein d'omissions et additions apostées, comme l'exposante a fait voir à aucuns de nos amés et féaux conseillers..... Elle a désiré rendre ce devoir au public et à la mémoire dudit défunt sieur de Montaigne, d'empêcher que ce désordre n'arrive plus en l'impression dudit livre, qui est d'importance comme étant un œuvre très excellent et qui fait honneur à la France.......... A ces causes, désirant gratifier ladite exposante et favoriser la bonne intention qu'elle a de conserver ledit œuvre des ESSAIS en la façon qu'il a été composé par l'auteur, sans qu'il y soit changé aucune chose qui puisse le corrompre.......... Faisons très expresses défenses à tous autres imprimeurs et libraires d'entreprendre d'imprimer ledit œuvre, sans le gré et consentement de ladite exposante et sans s'adresser à elle pour prendre avis et aveu de la copie et méthode qu'ils doivent choisir pour faire sur icelle ladite impression, et s'obliger à elle d'y mettre bon ordre, et bons correcteurs pour éviter aux inconvéniens et fautes qui peuvent ruiner ledit livre, offrant aussi ladite exposante de sa part, rendre cet office gratuitement au public et auxdits imprimeurs quand ils l'en requerront, et sans les obliger à aucune charge que de suivre les anciens et meilleurs exemplaires, lesquels elle leur fournira, etc. »

Conformément à la promesse qu'avait faite dans sa préface mademoiselle de Gournay « de répéter encore la recherche des fautes de cette édition, et d'en mettre après un exemplaire en la bibliothèque du roi, corrigé des derniers traits de sa plume, afin que la postérité y puisse avoir recours au besoin, » elle a fait don à la Bibliothèque royale d'un exemplaire qui porte un certain nombre de corrections, et sur lequel elle a écrit en tête *don de mademoiselle de Gournay*[1].

Enfin, mademoiselle de Gournay termine sa préface en disant : « Si quelqu'un accusoit tant de menus soins, comme pointilleux, j'estime au contraire qu'ils ne le peuvent être assez sur l'ouvrage d'un esprit de si haute sagesse que ses fautes pourroient servir d'exemple, si nous permettions qu'il en échappât ici[2]. »

Bien que j'accorde à l'édition de 1595 sur celle de 1635 une préférence dont j'ai fait connaître les motifs, cette dernière n'en est pas moins une des meilleures que nous possédions des ESSAIS ; elle est assez belle d'impression et de papier, quoique sous ces rapports elle soit inférieure à celle de

---

(1) Ces corrections, dont le nombre ne dépasse pas une trentaine, portent exclusivement sur des fautes d'impression autres que celles signalées à *l'errata*. Mademoiselle de Gournay a de plus ajouté, de sa main, en tête de presque toutes les pages, le numéro du chapitre, le chiffre du livre y étant seul indiqué.

(2) A l'occasion de cette édition, donnée par mademoiselle de Gournay, je mentionnerai un petit ouvrage, semi-anonyme, dont elle est auteur, que je n'ai vu nulle part indiqué dans la liste de ses ouvrages, et qui n'est pas compris dans les pièces qui composent les éditions de ses œuvres qui ont paru en 1626, 1634 et 1641. Ce petit ouvrage, inconnu à M Barbier, se compose de cent quatre pages ; il est intitulé : *Bienvenue de monseigneur le duc d'Anjou*, dédiée à la sérénissime république de Venise, son parrain désigné, par mademoiselle de G. *Paris, Bourriquant*, 1608, petit in-12. (Ce duc d'Anjou est Gaston, duc d'Orléans, second fils de Henri IV). J'ai acheté ce volume à la vente de la bibliothèque de Dulaure ; il est porté au numéro 416 du catalogue.

1595, et elle possède sur celle-ci, pour un certain nombre de lecteurs, l'avantage d'offrir la traduction des citations.

Je préfère les exemplaires indiqués chez *Camusat*, parce qu'ils ont en entier le privilége du roi, dont les autres ne donnent qu'un extrait.

1636.

26. *Les mêmes.—Dernière édition*, enrichie d'annotations en marge, corrigée suivant les premières impressions. *Paris, Salomon de la Fosse*, MDCXXXVI, in-8°.

Des exemplaires portent *Pierre Lamy*; d'autres *Guillaume Loyson*, au Palais, en la galerie des Prisonniers, au Nom de Jésus; d'autres *Michel Blageart*.

Titre imprimé en rouge et en noir.— *Vires.* — Préface de Montaigne et petite préface de Gournay. Sommaire de la vie de Montaigne. — Fleurons aux lettres initiales de la plupart des chapitres. — 1130 pages sans la table.

Edition semblable à celle de 1608, 9, 11, etc. Voyez à 1649.

1640.

27. *Les mêmes.—Edition nouvelle*, corrigée suivant les premières impressions de L'Angelier, et augmentée d'annotations en marge de toutes les matières les plus remarquables, avec la vie de l'auteur, *Paris, Michel Blageart*, rue de la Calandre, à la Fleur de Lys, près le Palais, 1640, in-folio.

Titre en rouge et en noir, au centre duquel est le portrait de Montaigne.—Pas le *Vires*.—Pas de préface de Gournay. — Sommaire de la vie. — Table analytique. —750 pages sans la table.— Sommaires aux marges. — Indication d'auteurs. — Pas de traduction des citations. Bonne édition, dont les exemplaires, grand papier, sont très beaux.

On remarquera que le titre porte : « suivant les premières impressions de L'Angelier, » et qu'il y avait alors 5 ans seulement que mademoiselle de Gournay avait donné l'édition dédiée à Richelieu ; ce qui montre qu'on avait remarqué les altérations du texte qu'elle présente, et qu'elles n'étaient pas généralement approuvées.

J'ai retrouvé dans mes notes, sans autres détails, l'indication d'une édition in-folio, 1640. *Paris, Augustin Courbé*, à la Palme ; c'est probablement celle-ci avec un titre différent.

1641.

28. *Les mêmes.—Edition nouvelle*, enrichie d'annotations en marge, corrigée et augmentée d'un tiers, outre les précédentes impressions, avec une table très ample des noms et des matières remarquables et signalées ; plus la vie de l'auteur, extraite de ses propres écrits. *Rouen, chez Jean Berthelin*, dans la court du Palais, 1641, in-8°.

Titre gravé, portant au haut un portrait de Montaigne avec allégories, signé F. Honertüogli. — *Vires.*—Petite préface de Gournay.—Sommaires et indication d'auteurs aux marges.—Petits fleurons aux lettres initiales des chapitres. — 1130 pages.

— Édition pareille à celles de 1608 ; 11, etc. (V. après 1649).

Il y a des exemplaires de cette édition qui sont indiqués à *Rouen, chez Jacques Besongne*, dans la court du Palais, sans date (bibliothèque particulière à Saint-Quentin).

1649.

29. *Les mêmes.—Dernière édition*, enrichie d'annotations en marge, avec une table très ample des matières. *Paris, Michel Blageart*, au bout du Pont Neuf, au coin de la rue Dauphine, 1649, in-8°.

Réimpression de l'édition in-folio du même libraire.— Titre imprimé en rouge et noir, avec l'épigraphe fautivement copiée *utriusque (sic) acquirit eundo.*— Pas de préface de Gournay.—1130 pages. — Vignettes fleurdelisées en tête de la vie et des deux premiers chapitres.— Vignette différente au troisième.—Fleurons aux initiales des chapitres.

30. *Les mêmes.—Édition nouvelle*, etc. (Le reste comme à 1641), à *Envers (sic)* chez *Abraham Maire*, sans date, in-8°.

Titre gravé et portrait comme aux éditions de 1608, 11, etc.— Pas de préface de Montaigne ni de mademoiselle de Gournay. — Sommaires et noms d'auteurs aux marges.—Cette édition est différente des éditions de 1608, 11, etc., auxquelles elle ressemble d'ailleurs beaucoup.

31. J'ai rencontré un exemplaire d'une édition de Montaigne semblable à celles de 1608, 11, 41, 49, etc., et autre que ces éditions ; mais le frontispice manquait et je n'ai pu connaître le lieu d'impression ni le nom du libraire. —1130 pages.— Fleurons aux initiales des chapitres ; les préfaces, le sommaire de vie, les sommaires en marge, la table analytique, sont comme aux éditions précitées ; mais ce qui ne se rencontre à aucune de celles-là et qu'on trouve à celle-ci, c'est une vignette fleurdelisée en tête du livre II, et des vignettes différentes aux deux autres livres, au sommaire de la vie, aux préfaces, etc.

Toutes les éditions qui précèdent, excepté la première, sont en un seul volume ; mais parmi elles il en est plusieurs qui semblent être une succession de réimpression les unes des autres. Le format en est petit in-8° ; le caractère est à peu près le même pour toutes ; la plupart ont le même portrait, le même titre gravé, le même nombre de pages, c'est-à-dire onze cent trente pages ; elles se suivent l'une l'autre page pour page et ligne pour ligne, de telle sorte que le plus grand nombre des pages et des lignes commencent et finissent par le même mot, et le chiffre des pages suit également; il y a plus, c'est que souvent les mêmes fautes se rencontrent, soit qu'elles aient lieu dans le texte ou dans la pagination; quant à ces dernières, lorsque dans une édition elles n'ont pas été suivies pour une page, on est sûr de les retrouver plus loin, de telle sorte qu'après quelques feuillets les deux exemplaires marchent ensemble. Ainsi, aux éditions de 1611 et de 1649, on saute de la page 605 à 608. Les éditions de 1619, 1627 et 1636 ne présentent pas cette lacune, mais on la retrouve à la page 608, où l'on passe brusquement à celle numérotée 611, et ensuite toutes les éditions marchent d'accord. La ressemblance générale qui résulte des circonstances que je viens d'énumérer est telle, qu'au premier coup d'œil on serait tenté d'admettre qu'il n'y a, pour toutes ces dates diverses, que deux ou trois éditions dont les titres seulement sont différents, et il est souvent difficile de trouver quelque particularité qui puisse les différencier les unes des autres. J'ai mis tous mes soins à distinguer ces diverses éditions, et je puis affirmer que celles que j'ai décrites comme étant différentes, le sont bien en effet. Les éditions qui ont entre elles une telle ressemblance sont celles de 1602 (les deux de *Leyde*), 1609, 1611, 1616, 1617 (*Rouen*), 1619 (les deux), 1627, 1636, 1641, 1646, et les deux qui terminent cette série, savoir celle d'*Anvers* et celle dont le titre manque (numéro 31).

Dans ces éditions, les chapitres entiers sont sans un seul *alinéa*, excepté ceux rendus obligatoires par les citations. Le chapitre 2 du livre II, qui dans la plupart des éditions autres que celles-ci, et dans toutes celles qui suivent, est intitulé *Contre la fainéantise*, est ici intitulé *Contre la fantasie*. Ces éditions, dont plusieurs sont assez bien exécutées, ne sont pas très communes; elles sont généralement peu correctes, et cependant elles sont précieuses pour les lecteurs assidus des ESSAIS; car le format in-8° du temps n'étant pas plus grand que nos in-12 d'aujourd'hui, il n'est aucune des éditions de Montaigne qui offre les ESSAIS sous un volume aussi portatif que celles-là.

La meilleure de ces éditions est, sans contredit, celle de 1619, chez Jean Durand (numéro 22); elle est plus correcte que les autres, et assez bien imprimée. Celle de 1627 vient ensuite; puis vient celle de 1611 : les plus mal exécutées de ces éditions sont celles de 1602 (la deuxième, numéro 12), 1636, et surtout 1616.

Je rappelle ici une remarque que j'ai faite antérieurement à l'occasion de l'édition de 1593; c'est que, dans un grand nombre d'exemplaires de ces éditions, le chapitre des vers de Virgile est complétement enlevé. Cette mutilation se voit surtout sur les exemplaires qui ont appartenu à des couvents. Les personnes scrupuleuses auxquelles elle est due auront sans doute pensé, contrairement à l'avis de Montaigne, que son portrait n'aurait pas souffert de n'être pas aussi complet qu'il a voulu qu'il fût; elles auront oublié que l'auteur des Essais leur avait dit, dans la préface, « que s'il eût été parmi ces nations qu'on dit vivre « encore sous la douce liberté des premières lois « de la nature, il s'y fût très volontiers peint « tout entier et tout nu. » Il faut convenir que si, par révérence pour son lecteur, Montaigne ne s'est pas peint tout nu dans ce chapitre, on peut dire au moins qu'il s'y est peint en fort simple déshabillé.

1652.

32. *Les mêmes.*—*Nouvelle édition*, exactement purgée des défauts des précédentes, selon le vrai original, enrichie et augmentée aux marges du nom des auteurs qui y sont cités et de la version de leurs passages, avec des observations très importantes et nécessaires pour le soulagement du lecteur, etc. *Paris, Augustin Courbé*, au Palais, en la galerie des Merciers, à la Palme, 1652, in-folio.

Premier titre, imprimé en rouge et en noir, avec vignette représentant un palmier, et cette legende (faisant allusion au nom du libraire) : *Resurgo curvata*. Deuxième titre, gravé avec portrait, qui est celui de l'édition de 1635, sur lequel le nom de *Camusat* est remplacé par l'indication qui suit : Rue Saint-Jacques et au Palais, 1652; vignette fleurdelisée en tête des trois livres et de la préface de Gournay. Il y a des exemplaires qui portent le nom de *Pierre Rocolet*; d'autres : *veuve Sébastien Huré*, et *Sébastien Huré*, rue Saint-Jacques, au Cœur-Bon. A ces exemplaires, l'emblème du palmier est remplacé par l'arbre des Étienne, avec le *noli altum sapere*.

Cette édition contient, outre les ESSAIS, la grande préface et la dédicace de mademoiselle de Gournay, la préface de Montaigne, un sommaire de sa vie, une table analytique, et elle présente aux marges l'indication des auteurs et la traduction des passages cités, le tout précédé d'un avis de l'imprimeur (*Henri-Étienne*) par lequel il détaille les améliorations qu'il a apportées à cette édition, notamment en plaçant les traductions en regard du texte; c'est en effet la première fois que ce rapprochement a lieu.

Le privilége accordé à Henri Étienne est daté du 3 mai 1651; il est suivi d'une note qui annonce que l'imprimeur a traité de la jouissance de cette édition seulement, avec les libraires *Courbé* et *Le Petit*. Il est probable, d'après cela, qu'il y a des exemplaires qui portent le nom de ce dernier libraire.

Je ferai observer que dans cet avis au lecteur, Henri Étienne dit que, dans les éditions de L'Angelier, « il y avait aux marges, sans aucune version, des observations très utiles et très importantes pour le soulagement du lecteur. » C'est une erreur complète ; aucune des éditions de L'Angelier ne présente de sommaires aux marges. La dernière est celle de 1604, et la première édition sur laquelle on trouve ces sommaires est celle de 1608. Cette édition est bonne.

1657.

33. *Les mêmes.*—*Edition nouvelle* (le reste du titre comme à 1652), avec augmentation de la version française des passages italiens. *Paris, Jean-Baptiste Loyson*, rue Saint-Jacques, près la poste, à la Croix-Rouge. MDCLVII, in-fol., 840 pages. Des exemplaires portent : *Jacques Langlois* et *Emmanuel Langlois;* d'autres : *Pierre Lamy*, au Grand-César; d'autres : *Pierre Rocolet*, imprimeur ordinaire du roi et de la Maison de Ville, au Palais, en la galerie des Prisonniers; d'autres : la veuve *Marin Dupuis*, rue Saint-Jacques, à la Couronne d'Or; d'autres : *Sébastien Huré et Frédéric Léonard* (bibliothèque de Lyon). Premier titre, imprimé en rouge et noir, emblème et légende de Etienne ; deuxième titre, gravé; c'est celui avec portrait, de 1635 et de 1652. Au bas, il est dit seulement : Rue Saint-Jacques et au Palais. Privilége de 1651, suivi d'une note qui fait connaître que *Henri Etienne* a cédé son droit pour cette édition à *Le Petit et Huré.* Il est donc probable qu'il existe des exemplaires au nom du premier de ces libraires, quoique je n'en aie pas rencontré. Cette édition est une réimpression de celle qui précède; elle contient les mêmes pièces qu'elle, et toutes deux se suivent en plusieurs points, à la page et à la ligne; de sorte qu'au premier coup d'œil on croirait que c'est la même, ce qui n'est pas; car, à part un certain nombre de différences, on trouve à la fin du volume : Achevé d'imprimer pour la deuxième fois, le 1er octobre 1657.

1659.

34. *Les mêmes.* — *Nouvelle édition*, enrichie et augmentée aux marges du nom des auteurs qui y sont cités, avec la version des passages grecs, latins et italiens. *Paris, Christophe Journel*, rue Vieille-Bouclerie, au bout du Pont-Saint-Michel, à l'image Saint-Jean; 1659, in-12, 3 vol.

A chaque volume, titre gravé, signé N. de Lar-

messin, avec portrait de Montaigne, et au-dessous les balances et le *Que sais-je?*—Préface de Montaigne.—Dédicace à Richelieu.—Grande préface de Gournay—Vie de Montaigne.—Aux marges existent des sommaires, l'indication des auteurs et la traduction des citations. Chaque volume contient un des livres des ESSAIS, et à chacun d'eux il y a table des chapitres et table des matières. Les sonnets de La Boëtie ne se trouvent pas dans cette édition. Cette édition est la première, depuis celle de 1580, qui soit publiée en plusieurs volumes; elle est assez jolie, mais elle n'est pas irréprochable sous le rapport de la correction du texte.

La préface de Montaigne est intitulée : Avertissement de l'auteur, inséré en toutes les précédentes éditions, ce qui est inexact, puisqu'elle n'existe pas dans celle de 1595 et dans celle d'Anvers.

1659.

35. *Les mêmes.* — *Nouvelle édition*, exactement purgée des défauts des précédentes, selon le vrai original, et enrichie et augmentée aux marges du nom des auteurs qui y sont cités et de la version de leurs passages, avec des observations très importantes et nécessaires pour le soulagement du lecteur; ensemble la Vie de l'auteur, et deux tables, l'une des chapitres, et l'autre des principales [matières, de beaucoup plus ample et plus utile que celle des dernières éditions. *Bruxelles, François Foppens*, libraire et imprimeur, MDCLIX, ou *Amsterdam, Antoine Michiels*, libraire. Le titre, dont la copie est ci-dessus, est imprimé en rouge et en noir; il est précédé, au tome I, d'un frontispice gravé, signé P. Clouwet, au milieu duquel on voit le portrait de Montaigne, avec la Balance et le *Que sais-je?* Au haut il est écrit : LES ESSAIS DE MICHEL, SEIGNEUR DE MONTAIGNE ; et au bas : Nouvelle édition, mis (*sic*) en 3 vol.

En outre des détails que donne le titre, cette édition renferme la dédicace à Richelieu, la grande préface de Gournay et un récit sommaire de la Vie de Montaigne. A la fin de ces pièces liminaires, on trouve deux citations de Juste-Lipse à la louange de Montaigne. On sait que cet auteur apprécia le mérite des ESSAIS dès leur apparition, et malgré la froideur avec laquelle ils furent reçus du public ; aussi mademoiselle de Gournay dit dans sa préface : « C'est un bonheur qu'une si fameuse « et digne main que celle de Justus Lipsius ait ou- « vert par écrit public la porte de la louange aux « Essais. »

Même observation qu'à l'édition qui précède, relativement au titre de la préface de Montaigne. Au tome III est une table analytique générale plus commode par conséquent que les 3 tables (une pour chaque vol.), qui se trouvaient à l'édition de Paris.

Cette édition est recherchée et estimée à cause de la beauté de l'impression. Elle est en tout conforme à la précédente, dont elle paraît n'être que la réimpression; elle est moins correcte, et elle n'a aucun mérite littéraire. Bastien dit avoir trouvé plus de six mille fautes essentielles d'impression, de fausses citations, et des contre-sens sans nombre occasionnés par une ponctuation vicieuse. Il est probable qu'il a été tiré des exemplaires sur différents papiers, car ils varient de 5 pouces 5 lignes à 5 pouces 11 lignes.

Brunet dit à ce sujet, « qu'on n'en recherche plus guère maintenant que les exemplaires très grands de marge », c'est-à-dire ceux qui ont de 5 pouces 8 lignes à 5 pouces 11 lignes. Un exemplaire de 5 pouces 9 lignes a été vendu 90 fr. (A. Martin); 5 pouces 8 lignes, 131 fr. (Firmin Didot); 5 pouces 10 lignes, 150 fr. (Renouard); 5 pouces 11 lignes, 284 fr. Mar. (Bl. Dent. Bérard) (magnifique exemplaire de la plus belle conservation et avec témoins).

Cette édition a été généralement attribuée aux *Elzévirs*. M. Bérard partage cette opinion, qui a été combattue par MM. Charles Nodier et Brunet, et par Bastien; M. Bérard soutient qu'elle a été exécutée dans l'imprimerie de *Jean et de Daniel Elzévir*; il se fonde sur un passage d'une lettre que Desmarest adressait à Chapelain, et dans lequel il le félicite de s'être chargé de recueillir les éloges et les témoignages (*elogia et testimonia*) des auteurs qui ont parlé de Montaigne pour en enrichir *l'édition que les Elzévirs préparent*. M. Bérard ajoute d'ailleurs que les « caractères sont ceux que les Elzévirs employaient ordinairement pour l'impression de leurs livres, et que l'on y trouve les vignettes qu'ils avaient seuls l'habitude d'employer. » M. Charles Nodier a répondu à la première assertion de M. Bérard : que l'absence des *elogia et des testimonia* dans l'édition en question prouve qu'elle n'est pas celle que les Elzévirs avaient projetée; qu'il est probable que ces imprimeurs avaient préparé une édition de Montaigne, mais qu'ils ne l'ont pas publiée; que le format grand in-12 du Montaigne fournit même une présomption nouvelle, puisqu'ils avaient adopté presque exclusivement le format petit in-12, qui est celui du Charron, avec lequel leur Montaigne aurait dû nécessairement faire collection. Enfin M. Charles Nodier est d'avis que cette édition tout imprimée qu'elle soit avec des caractères et des fleurons elzéviriens n'est pas digne des Elzévirs, et à cet égard M. Brunet entre dans quelques détails dont je donnerai seulement la substance. Ce bibliographe établit qu'aucune des éditions qui portent le nom d'un des Elzévirs ne présente identiquement les caractères du Montaigne, tandis que ces mêmes caractères se rencontrent déjà dans l'*Alaric* de Scudéry, bien certainement imprimé à *Bruxelles* par *Fr. Foppens* en 1656; or, ce Foppens, libraire et imprimeur, est le même dont le nom se lit sur les titres d'une partie des exemplaires du Montaigne de 1659, et on remarque que les caractères de ces trois volumes sont un peu usés, et par conséquent moins beaux que dans l'*Alaric*, publié trois ans auparavant. M. Brunet rappelle ensuite que le Montaigne de Foppens est annoncé comme étant de *Bruxelles* dans deux catalogues de Blaeu, imprimés à Amsterdam en 1659 et 1662. Or, comme le rédacteur de ces deux catalogues a eu soin d'y marquer avec une certaine exactitude le nom des villes où ont été imprimés les livres qu'il annonce, même lorsque ces noms ne se lisent pas sur le titre, il faut bien croire que lui, qui écrivait à Amsterdam l'année même que parut le Montaigne, devait savoir à quoi s'en tenir sur le lieu de l'impression.

(Voyez sur cette question l'Essai bibliographique sur les éditions des Elzévirs par M. Bérard, Paris 1822; les Mélanges tirés d'une petite bibliothèque par M. Charles Nodier, Paris 1829; et les Nouvelles recherches bibliographiques de M. Brunet, Paris 1834.)

Je n'ai pas la prétention d'appuyer de mon autorité l'opinion de MM. Charles Nodier et Brunet; mais je suis convaincu que l'édition du Montaigne de Hollande n'a pas été imprimée par les Elzévirs.

1669.

36. *Les mêmes.*—*Édition nouvelle*, etc. (comme à l'édition de Paris 1659). *Paris, Laurent Rondet, Christophe Journel, et Robert Chevillion*; M. D. CLXIX, in-12, 3 volumes.

A chaque volume, titre gravé d'après celui de Paris 1659, et signé Matheus. — Assez jolie édition qui n'est qu'une réimpression de celle de Journel, et qui contient les mêmes pièces; l'une et l'autre sont moins incorrectes que l'édition de Hollande. Même observation qu'à celle-ci relativement à la préface de Montaigne.

37. *Les mêmes.* — *Nouvelle édition* (le reste du titre comme à l'édition de Foppens). *Lyon, André Olyer*, 1669, in-12, 3 volumes.

Des exemplaires portent : *Lyon, Ant. Besson*, rue Tupin, proche l'Empereur. Au premier volume frontispice gravé signé N. Auroux, copié sur celui de l'édition de Foppens; deuxième titre imprimé en rouge et en noir au premier volume, en noir aux deux autres, portant aux exemplaires d'Olyer une vignette où l'on voit une femme qui présente au soleil une sphère surmontée d'une croix; aux exemplaires de *Besson* il n'y a ni vignettes ni date.

Édition en tout conforme à celle de Hollande, 1659.

1724.

38. *Les mêmes.*—*Nouvelle édition*, faite sur les plus anciennes et les plus correctes, augmentée de quelques lettres de l'auteur, et où les passages grecs, latins et italiens sont traduits plus fidèlement et cités plus exactement que dans aucune des éditions précédentes, avec de courtes remarques et de nouveaux indices plus amples et plus utiles que ceux qui avaient paru jusqu'ici; par *Pierre Coste*. Londres, de l'imprimerie de J. Tonson et J. Watts. — 1724, in-4°, 3 vol.

Préface de l'éditeur. — Sommaires aux marges. — Notes nombreuses qui donnent la traduction et l'indication des citations, des détails sur les faits historiques rappelés par Montaigne, la rectification des erreurs qui y sont relatives, enfin, la paraphrase des passages dont le sens est obscur et l'explication des mots hors d'usage. A la fin du troisième volume on trouve, pour la première fois, des lettres de Montaigne au nombre de sept, savoir : les cinq qui se voient dans le volume des traductions par La Boëtie, une sixième adressée à Mademoiselle Paulmier, dont l'original appartenait alors à M. Gerard Van Papenbrock, et une septième extraite de la traduction de la théologie naturelle de R. Sebond; enfin ce volume est terminé par une table analytique. La préface de mademoiselle de Gournay ne se trouve pas dans cette édition. En tête de l'ouvrage on voit un portrait de Montaigne dessiné par Genest et fort bien gravé par Chereau, au bas duquel sont les balances, le *Que sais-je?* et les armes de Montaigne copiées sur l'édition de 1635, c'est-à-dire d'une manière tout-à-fait inexacte.

Coste déclare dans sa préface : qu'on a suivi dans cette édition celle de L'Angelier, 1595, et qu'il ne s'est servi de celles qui ont paru depuis que pour corriger de pures fautes d'impression; il blâme les modifications que, dans des éditions récentes, on a apportées au style de Montaigne; et il dit que s'étant fait une loi de donner le livre des Essais tel que l'auteur l'a laissé, il n'a admis aucune de ces prétendues corrections de langage.

Cette édition est une des plus belles et des meilleures que nous possédions de Montaigne. (Voir à 1725 le jugement de Bastien.)

On doit joindre à cette édition un supplément qui parut à Londres, en 1740 (voyez à 1739) sous ce titre : Supplément aux Essais de Michel, seigneur de Montaigne. *Londres, G. Darres et J. Brindley,* 1740, in-4°.

Des exemplaires de ce dernier ouvrage ont un titre différent, savoir : Mémoires pour servir aux Essais de Michel., etc., *deuxième édition; Londres, G. Darres, C. Du Bosc et J. Brindley,* 1741. Mais c'est la même dont les titres seulement ont été changés.

Ce supplément de 96 pages comprend les additions que fit Coste à l'édition qu'il donna des Essais en 1739. Il se compose : 1° d'un avis des imprimeurs, extrait en grande partie de l'avis de Coste inséré en tête de l'édition de 1739; 2° de la Vie de Montaigne, par le président Bouhier; 3° du parallèle et comparaison d'Epictète et de Montaigne, par Pascal; 4° de la Servitude volontaire, par La Boëtie; 5° du sonnet d'Expilly, inséré déjà dans l'édition de *Lyon*, 1595, et dans celle de *Paris*, 1602; et d'une Note sur Arius et son pape, expression dont Montaigne s'est servi, et dont on ignorait le sens jusqu'à ce que M. Barbeyrac en donnât l'explication.

C'est ce supplément qui est dédié au président Bouhier, et non l'édition de 1725, comme le dit par erreur M. Beuchot à l'article Bouhier de la *Biographie universelle*; d'après le Dictionnaire de Chaudon et Delandine.

1725.

39. *Les mêmes*, donnés sur les plus anciennes et les plus correctes éditions, augmentés de plusieurs lettres de l'auteur et où les passages grecs, latins et italiens sont traduits plus fidèlement, et cités plus exactement que dans aucune des précédentes, avec des notes et de nouvelles tables des matières beaucoup plus utiles que celles qui avaient paru jusqu'ici, par *P. Coste;* nouvelle édition, plus ample et plus correcte que la dernière de Londres. *Paris, par la Société,* MDCCXXV, in-4°, 3 vol., titre rouge et noir, portrait gravé par Chereau, différent de celui de 1724 ; portant les balances avec le *Que sais-je?* et les armes véritables de Montaigne. Cette édition, faite d'après celle de Londres, contient de plus qu'elle : 1° un avis des libraires par lequel on détaille les améliorations qu'elle présente ; 2° la préface de mademoiselle de Gournay, sa dédicace à Richelieu et le sommaire de la Vie de Montaigne, pièces que Coste avait cru devoir supprimer ; 3° les deux épitaphes, l'une en prose latine, l'autre en vers grecs qui se lisent sur le tombeau de Montaigne, et une traduction de la dernière en vers latins ; 4° Les sonnets de La Boëtie qui ne se trouvaient plus dans aucune édition depuis celle de 1588 ; 5° deux lettres de Montaigne ajoutées aux sept données par Coste; 6° de nouvelles notes placées à la fin du troisième volume ; 7° enfin des jugements et critiques de la plupart des auteurs qui ont parlé de Montaigne. Cette dernière addition, qui est la plus importante, n'est pas de Coste, comme on le voit par l'avis des

libraires; elle est probablement l'œuvre des éditeurs qui seront nommés plus loin. On a vu précédemment (1659) que cette idée était énoncée dans la lettre de Desmarest à Chapelain.

L'Avis des libraires dit, au sujet des épitaphes de Montaigne, qu'elles n'avaient pas encore été imprimées; c'est une erreur pour l'une d'elles, car nous avons vu que l'épitaphe latine se lisait à la fin de l'édition de *Paris*, 1617. Il dit encore que les sonnets de La Boëtie ne se trouvent que dans l'édition de L'Angelier, 1588, ce qui est inexact, car ils sont insérés dans les éditions qui avaient précédé celle-là.

Cette édition, comme on le voit, n'a pas été donnée par Coste qui, malgré cela, la comptait au nombre des siennes, et l'estimait plus que celle de 1724. M. Weiss l'attribue à Gueulletle, et M. Barbier, au n° 5850 de son Dictionnaire, dit qu'elle a été dirigée par Gueullette et Jamet l'aîné. J'ai eu l'occasion d'examiner un exemplaire dont parle M. Barbier, et qui a appartenu à M. Jamet le jeune, et j'y ai trouvé la note suivante écrite de sa main; elle montre qu'il n'était pas aussi certain que M. Barbier de la coopération de son frère à la publication de cette édition : « Coste préférait cette édition « à celle de *Londres*, quoiqu'il n'y ait pas présidé « comme à l'autre; on nomme celle-ci le Montaigne « des dames, *je crois* que Gueullette et mon frère « prirent soin de cette édition. »

Une autre note de Jamet le jeune fait connaître qu'il avait le projet de publier une édition de Montaigne et une Vie nouvelle de cet écrivain, conjointement avec M. ***, d'après les notes qui lui avaient été fournies par Montesquieu fils et par l'abbé Bertin, conseiller au parlement de Bordeaux. En effet, l'exemplaire en question est chargé de notes critiques, historiques et littéraires, et on voit par le Discours dont M. de Querlon a fait précéder le VOYAGE DE MONTAIGNE, que Jamet le jeune possédait un grand nombre de renseignements qui le mettaient à même de tenir sa promesse.

Quelle que soit l'opinion de Coste sur cette seconde édition, elle est moins belle et généralement moins recherchée que la première, quoiqu'elle soit aussi bonne et plus complète.

Le supplément de 1740 se joint à cette édition comme à la précédente.

Bastien, qui n'est pas toujours indulgent pour ses prédécesseurs, dit que l'édition de Londres, 1724, et celle de Paris, 1725, outre les défauts de celle de 1659, qui n'ont fait qu'augmenter 1, sont de plus imparfaites par des membres de phrases oubliés ou supprimés, comme dans les chapitres 17 et 21 du second livre. Quoi qu'en dise cet éditeur, les admirateurs de Montaigne conserveront toujours une grande reconnaissance pour les travaux de Coste; ses éditions généralement bonnes, ses notes trop prolixes peut-être, mais exactes, ses traductions ont popularisé les Essais, et les ont rendus accessibles à une classe nombreuse de lecteurs; et je me fais un devoir de rapporter une note de M. Brunet, qui apprécie avec justesse ce qu'on doit à cet estimable et laborieux commentateur : « Aux yeux de bien des gens « Coste a le grand tort d'avoir rajeuni l'orthographe « de Montaigne, quoique par ce moyen il ait faci- « lité la lecture de son auteur; il est certain aussi « que ses éditions sont en général moins exactes « que celles de 1595 et 1635; cependant il y a « donné avec beaucoup plus de soin que le précé- « dent éditeur les noms des auteurs cités, avec une « traduction plus fidèle de leurs passages. Les notes « grammaticales et explicatives qu'il a placées au « bas des pages ne sont pas toutes bonnes, mais il « y en a beaucoup de curieuses, et l'on a peut-être « eu tort de les écarter des éditions modernes. »

1727.

40. *Les mêmes.*—3e *édition de Coste*, Genève ou La Haye, P. Gossé et J. Neaulme 1727, in-12, 5 vol.; édition conforme à la précédente. — Titre rouge et noir, préface de mademoiselle de Gournay. — Jugements et critiques dont on a retranché les articles extraits de Nicolle, Scaliger, Ménage et quelques autres.—Les sonnets de La Boëtie sont aux pièces additionnelles. Coste dit de cette édition qu'elle a quelques avantages sur celle de Paris.

Fournier indique une édition de *Genève*, 1725, en 5 vol., format in-8°. Je crois qu'il y a erreur : Coste, en 1739, rappelle les éditions qu'il a données et n'indique pas celle-là. Ce serait donc une édition autre que les siennes.

1739.

41. *Les mêmes, par P. Coste;* 4e *édition* augmentée de la Vie de Montaigne et de nouvelles notes qui ne se trouvent point dans les 3 dernières éditions publiées en 1724,25, 27. Londres (Trévoux), J. Nourse, 1739, in-12, 6 vol., portrait gravé d'après celui de 1724. Avis de Coste daté de 1738, indépendamment de la préface de 1724, insérée dans les 3 édit. précédentes. Le tome VI contient la Servitude volontaire, la préface de Melle de Gournay, sa dédicace à Richelieu, le sommaire de la Vie de Montaigne, ses lettres, les jugements et critiques, la table analytique. Pour la première fois on trouve la Vie de Montaigne, par le président Bouhier, et la Servitude volontaire. Ce sont ces addi-

---

† (1) On se souvient qu'on dit y avoir trouvé plus de *six mille* fautes.

tions qu'on a imprimées l'année suivante et qui composent le supplément in-4°.

Bonne et belle édition.

Dans l'avis particulier à cette édition, Coste rapporte le sonnet d'Expilly qu'il dit avoir trouvé dans l'édition de Paris 1602 et qui, comme je l'ai dit, avait été antérieurement inséré dans l'édition de *Lyon*, 1595, il ajoute à cette occasion : « l'auteur de ces vers est sans doute le même que Claude Expilly, dont on trouve un éloge historique très intéressant dans le dictionnaire de Moréri »; Coste aurait pu vérifier l'exactitude de cette supposition en compulsant *les poèmes de messire Claude Expilly conseiller du roi en son conseil d'état, président au parlement de Grenoble*, *Grenoble, P. Verdier*, 1624, in-4° : le sonnet en question se trouve à la page 190.

1745.

42. *Les mêmes*, par P. Coste, 5ᵉ *édition*, corrigée et augmentée. *Londres, Nourse*, 1745, 7 vol. in-12.

Edition conforme à la précédente. L'avis de 1739 est ici modifié et daté du 19 mai 1745 ; il fait connaître les corrections que Coste a apportées dans cette édition. Coste dit : « celle-ci sera selon toutes les apparences la dernière que je publierai ; je l'ai revue et corrigée avec tout le soin dont je suis capable. » Il pense qu'à l'aide de ces améliorations les ESSAIS seront dorénavant aussi aisés à entendre que la Princesse de Clèves.

Cette édition est la meilleure de celles qui ont été publiées du vivant de Coste. (Il est mort en 1747.) C'est sur un exemplaire de cette édition que Naigeon avait écrit de sa main un grand nombre de notes marginales ; et ce qui offre souvent un rapprochement curieux, c'est que son frère a également ajouté sur cet exemplaire des notes, qui le plus souvent sont en opposition avec celles de Naigeon. Cet exemplaire appartient aujourd'hui à M. Amaury-Duval.

C'est par erreur que M. Barbier, au nᵒ 2083 de son Diction. des anon., dit que cette édition est en 5 vol.

1754.

43. *Les mêmes*.— *Londres* (Paris), J. *Nourse* et *Vaillant*, 1754, 10 vol. pᵗ in-12; réimpression de l'édition de 1745. Jolie édition dont il y a des exemplaires en papier de Hollande, qui, suivant Brunet, sont assez rares.

1769.

44. *Les mêmes*. *Londres* (Paris), J. *Nourse* et *Vaillant*. 1769, 10 vol. in-12, titre encadré. Edition assez jolie, mais peu correcte; en tout semblable aux précédentes, sauf quelques retranchements dans les jugements et critiques.

1771.

45. *Les mêmes*.— *Londres* (Paris), *Nourse* et *Vaillant*, 1771, 10 vol in-12. Portrait d'après celui de 1725, titre encadré; réimpres. des édit. précéd.

1779.

46. *Les mêmes*.—*Genève*, *Jean-Samuel Cailler*, 1779; 10 vol. in-12. Titre encadré, édition conforme à la précédente, et comme elle peu correcte; contenant de plus l'Éloge de Montaigne, par l'abbé Talbert, chanoine de Besançon. Ce discours a remporté le prix d'éloquence à l'Académie de Bordeaux en 1774, et donne à cette édition un avantage sur les précédentes.

1780.

47. *Les mêmes*.— *Genève*, *Duvillard fils et Nouffer*, 1780 ; 10 vol. pᵗ in-12. Edition d'après celles de Coste, et conforme à celle qui précède.

1781.

48. *Les mêmes*.—(Titre détaillé comme à l'édition de Hollande, 1659.) *Amsterdam* (Lyon), *aux dépens de la Compagnie*, 1781. pᵗ in-8°, 3 vol. Portrait avec le « que sais-je?» les Balances et les Armes. —Dédicace et préface de mademoiselle de Gournay. —Sommaire de la Vie de Montaigne.—Sommaires et traductions aux marges. Table analytique.— —La préface de Montaigne fautivement intitulée, comme celle de 1659. Bonne édition.

1783.

49. *Les mêmes*. — *Paris, Jean-François Bastien* 1783 ; 3 vol. avec portrait dessiné et gravé par Noël Primeau. Cette édition a été imprimée à 600 exemplaires in-8°, dont 50 sur papier de Hollande, et 100 exemplaires in-4° dont 25 papier de Hollande. L'article Montaigne du Dictionnaire de Feller, qui contient beaucoup d'erreurs sur cet auteur, dit, au sujet de cette édition, qu'elle est en 2 vol., et qu'elle a paru en 1782. Dans les exemplaires sur papier de Hollande chaque tome est divisé en 2 vol.; le second est précédé seulement d'un faux titre, et la pagination continue de l'un à l'autre, comme dans les exemplaires en 3 vol.

Cette édition, dédiée « Aux mânes de Michel de Montaigne, » contient le texte seul des *Essais purgé* de notes et de commentaires, comme dit l'éditeur, sans la traduction des citations. Les seules additions sont un Avis du libraire-éditeur, un précis de la vie de Montaigne et une table analytique. En marge existent des sommaires et l'indication des auteurs cités; au chapitre 28 du livre I, on trouve les sonnets de La Boëtie. La préface de Montaigne est intitulée : *Advertissement de l'auteur* inséré dans toutes les précédentes éditions, ce qui n'est pas exact (voy. 1595). Édition bonne et estimée à juste titre pour la correction du texte et l'exactitude de l'orthographe ancienne; elle est beaucoup plus correcte que plusieurs autres du même éditeur, et ce n'est pas sans fondement que Bastien dit dans son avis : « Je peux assurer que je donne le texte le plus pur et le plus correct qui ait paru jusqu'à présent [1]. »

1789.

50. *Les mêmes*, — avec les notes de M. Coste, suivis de son Eloge; *nouvelle édition*, à *Genève* et à *Paris*, chez *Voland*, M. DCC. LXXXIX. — M. DCC. XCIII. 10 vol. in-12.

Les quatre premiers volumes sont de 1789, le cinquième et le sixième volumes de 1790, le septième de 1791, et les trois derniers de 1793. Le premier volume est sur beau papier; aux volumes suivants la qualité décroît, et il est detestable dans les derniers.

Cette édition est généralement fort incorrecte, surtout aux derniers volumes. C'est une réimpression des éditions de Coste; elle contient de plus l'Éloge de Montaigne, par l'abbé Talbert; mais elle n'a pas de table analytique.

1793.

51. *Les mêmes.*— *Paris*, *J.-F. Bastien*, 1793, 3 vol. in-8°. Portrait. Réimpression de l'édition de 1783, du même éditeur; mais inférieure à celle-ci pour l'impression et le papier.

1796.

52. *Les mêmes.* — *Paris*, *Langlois et Gueffier*, 1796, in-8°, 4 vol. Portrait d'après celui de Fiquet.

Les exemplaires tirés sur papier de Hollande sont fort beaux; mais le papier ordinaire est extrêmement mauvais.

Cette édition est faite d'après celles de Bastien,

---

[1] Bastien a raison pour cette fois, mais il avait avancé la même chose en tête de son édition de Boileau (2 vol. in-8, 1805). Il dit à cette occasion « que pour la pureté et l'ordre du texte, on la distinguerait de toutes celles qui ont paru depuis la mort de Boileau. » Cependant, M. Berriat-Saint-Prix, dans ses Notices bibliographiques sur les œuvres de Boileau, numéro 209, dit « que c'est la plus détestable de toutes les éditions dont il ait eu connaissance, » et il en décrit trois cent cinquante-deux !

auxquelles même elle ressemble par le caractère; elle contient exactement les mêmes pièces.

Il y a des exemplaires en papier bleu.

1801.

53. *Les mêmes.* —*Édition nouvelle* où se trouvent les lettres et le Discours de La Boëtie sur la Servitude volontaire, ou le Contr'un, avec les notes de M. Coste. *Paris*, *Louis*, 1801. 10 vol. in-18.— Portrait d'après celui de Fiquet. Pour épigraphe : *Novit se ipsum*. Pas de jugements ni de critiques.

Cette édition est imprimée littéralement d'après celles de Coste. C'est la seule qui porte pour épigraphe : *Novit se ipsum*, ce qui a donné à M. le sénateur Vernier l'étrange idée de dire que cette épigraphe se trouvait à la première édition des ESSAIS (1580), erreur citée sans être rectifiée dans la Biographie universelle.

1802.

54. *Les mêmes.* — Édition stéréotypée d'après le procédé de Firmin Didot.

Paris, *Pierre Didot l'aîné et Firmin Didot*, M. D. CCCII, 4 vol. in-8° et in-12, avec portrait. Même composition, il n'y a de différence que dans le format; il existe des exemplaires in-8° sur papier vélin.

Édition justement estimée pour la correction du texte et l'exactitude de la ponctuation, qui a été surveillée et revue par F. A. Didot l'aîné. Elle contient le texte et la préface de Montaigne, un avertissement de l'éditeur (Naigeon), une copie figurée d'un Avis à l'imprimeur, écrit de la main de Montaigne, sur un exemplaire de 1588 (Voir cette date), les lettres de Montaigne, et la Servitude volontaire de La Boëtie. Les sonnets de La Boëtie sont supprimés, et Naigeon dit : « qu'ils ne méritent pas d'être réimprimés, parce qu'ils ne méritent pas d'être lus. » On trouve au bas des pages la traduction des citations et l'indication des sources, les variantes du texte de cette édition avec celles de 1588 et 1595, des notes de Naigeon et un choix de celles de Coste. Il n'y a ni sommaires en marge, ni table analytique.

Cette édition a eu quatre tirages plus récents, 1811, 1816, 1828, 1833, (voy. ces dates).

L'avis au lecteur n'occupe pas 12 pages, comme le dit M. Brunet, mais seulement deux, puisque c'est la préface de Montaigne. L'avertissement de l'éditeur occupe 3 pages, et la copie figurée un nombre égal; mais on a fait commencer la pagination de ces pièces préliminaires au faux titre, et c'est de la sorte que toutes ensemble elles occupent 12 pages.

Dans un très petit nombre d'exemplaires on

rencontre en outre des pièces indiquées précédemment, un avertissement de Naigeon sur le caractère et la religion de Montaigne, daté du 15 germinal an X. Cet avertissement est fort rare en papier vélin, mais il en existe plusieurs exemplaires sur papier ordinaire. (Ex. papier vélin avec l'avertissement vendu 121 fr. mar. tab. Naigeon, et 150 fr. Bozerian, 90 fr. br. F. Didot. Un exemplaire imprimé sur vélin annoncé comme unique, quoiqu'il en existe au moins deux autres, a été vendu 600 fr. F. Didot. *Brunet*.)

Ce fameux avertissement, fruit d'une imagination ardente et d'un esprit faux et que M. Amaury-Duval n'hésite pas à qualifier de honteux écrit, avait été annoncé dès 1793 dans une des notes que Naigeon ajouta à l'article Pyrrhonisme de Diderot, inséré au tome III de la philosophie ancienne et moderne de l'Encyclopédie. Il fut dès son apparition jugé si mauvais, et il était tellement inopportun à cette époque où paraissait le concordat, que l'auteur se trouva forcé de le supprimer. Il a été reproduit dans l'édition de Desoër, sauf quelques suppressions qui portent sur des déclamations philosophiques, ou sur des discussions relatives aux éditions principales des Essais.

Bibliographiquement parlant, ce commentaire a donné lieu à une singulière succession d'erreurs; ainsi M. Brunet, et d'après lui MM. Peignot et Johanneau, annoncèrent d'abord qu'il avait 73 pages. M. Labouderie releva cette inexactitude et dit que cet avertissement n'avait que 63 pages; dans sa dernière édition, M. Brunet adopta cette correction, qui est pourtant inexacte elle-même. En effet, la dernière page de cette pièce est il est vrai numérotée lxiij; mais la première porte le n° v, de sorte que réellement elle n'a que 59 pages. Ainsi, les pièces liminaires d'un exemplaire complet sont paginées comme il suit: Le faux titre j-ij, le titre iij-iv, l'avertissement de l'éditeur (celui qui se trouve dans tous les exemplaires), v-vij, l'avis à l'imprimeur viij-x, la préface de Montaigne, xj-xij; puis vient l'avertissement supprimé dont la première page porte le n° v, et la dernière le n° lxiij.

Dans les ex. qui contiennent ce dernier avertissement, on a ajouté les pages 177-82 doubles. En voici la raison: dans toutes les éditions des Essais, au chapitre de l'Institution des enfants, Montaigne suppose le cas d'un disciple, *« qui aime mieux ouïr une fable qu'un sage propos, qui au son du tabourin qui arme la jeune ardeur de ses compaignons se destourne à une aultre qui l'appelle au jeu des bastelleurs, etc. et il n'y treuve aultre remède sinon qu'on le mette pastissier dans quelque bonne ville, feust-il fils d'un duc, etc. »* La copie de Bordeaux porte: *« Sinon que de bonne heure son gouverneur l'es-*

trangle s'il est sans témoins, ou qu'on le mette pastissier, etc. » A cette occasion Naigeon avait primitivement ajouté une longue note dans laquelle on rencontre cette phrase: « Ce conseil, il faut l'avouer, a
« quelque chose de sévère et même de dur, comme
« tous les actes de rigueur commandés dans des
« temps difficiles par la loi impérieuse des circons-
« tances et la raison d'état; mais on sent d'autant
« plus la sagesse et la nécessité de cette mesure,
« qu'on a soi-même plus réfléchi, mieux observé, et
« qu'on est plus avancé dans la connaissance de
« l'homme physique et moral. » Et plus loin il dit « qu'il pense que ce passage existait dans la co-
« pie qu'a suivie mademoiselle de Gournay; mais
« qu'elle l'aura supprimé et que trop attentive aux
« opinions, aux préjugés, à la voix de son siècle, ou-
« bliant la postérité, elle n'a pas osé insérer un con-
« seil aussi ferme, mais très éloigné des idées reçues
« alors, et qui ne plaira pas davantage aujourd'hui
« à ces esprits vulgaires, si communs dans tous les
« temps. »

Cette note dut partager le sort de l'avertissement, et Naigeon se décida à la remplacer par une autre de la même étendue, dans laquelle il défend son opinion dans des termes plus mesurés. On a laissé les deux leçons dans les exemplaires complets, et c'est comme cela que les pages 177 à 182 doivent être doubles.

Je suis entré dans ces détails à cause de la rareté des exemplaires en question, et parce qu'il m'a paru curieux de connaître l'opinion au moins très naïve de Naigeon sur ce moyen énergique d'améliorer l'espèce humaine.

Voir sur cet avertissement: les *Annales littéraires et Morales*, in-8°, 5e cahier, an XI. Palissot, *Mém. de littérature*. 1809. Gab. Peignot, *Répertoire des bibliographies spéciales*, 1810. Labouderie, *Christianisme de Montaigne*. Amaury-Duval, dans l'édition de *Chassériau*, 1820.

Cette édition de 1802 est la copie exacte de l'exemplaire de la Bibliothèque de Bordeaux, dont il a été parlé à 1588, et qui diffère en beaucoup d'endroits du texte publié primitivement par mademoiselle de Gournay qu'on avait toujours suivi jusque-là. Naigeon fait honneur à François de Neufchâteau d'avoir découvert cet exemplaire que, suivant lui, la bibliothèque des Feuillants de Bordeaux possédait sans le savoir, et il rapporte cette circonstance à une époque antérieure de quelques années à la révolution. Je ne sais à qui appartient la priorité de la découverte; mais il n'était pas possible qu'on ignorât complètement l'existence de cette copie des Essais, seulement on n'était pas fixé sur son plus ou moins d'importance, puisque d'après M. Bernadau, le *nouveau dictionnaire historique* l'annonçait comme un supplément manuscrit et que M. Bernadau lui-même, en faisant connaître par la voie des journaux ce précieux autographe, le considérait comme celui qui avait servi à mademoiselle de Gournay.

A l'apparition de cette édition, une controverse fort animée s'éleva entre les hommes de lettres pour savoir quelle devait être la leçon préférée. Naigeon se fondant sur un avis à l'imprimeur, écrit de la main de Montaigne au verso du frontispice gravé de l'exemplaire en question, soutenait que c'était bien là celui qui devait servir de copie à la nouvelle édition que l'auteur projetait, et cette opinion est partagée sans restriction par M. Amaury-Duval. Le seul moyen de décider la question, est de comparer les textes, et d'opposer l'une à l'autre, comme l'ont fait MM. Droz, Leclerc et Johanneau, les phrases qui offrent des différences. Or, il résulte manifestement de cette comparaison qu'à part un petit nombre d'exceptions, une diction plus animée, des expressions plus énergiques, des tours de phrase plus hardis se rencontrent dans l'exemplaire de 1595 ; et j'ajouterai que le choix de mademoiselle de Gournay doit être ici pris en considération. On sait qu'elle était allée en Guienne après la mort de Montaigne, et qu'elle s'était chargée de publier les ESSAIS *enrichis des traits de sa dernière main*; peut-être avait-elle reçu quelques instructions de la famille sur la copie qu'elle devait préférer ; mais dans tous les cas elle eut connaissance des deux exemplaires, puisqu'elle appelle en témoignage du soin qu'elle a apporté à l'édition de 1595 *une autre copie qui reste en sa maison*. La vénération qu'elle portait à la mémoire de Montaigne et l'admiration qu'elle professait pour les ESSAIS, ne permettent pas de supposer qu'elle ait négligé de comparer les deux copies avant de choisir l'une d'elles ; et sa préférence, justifiée suivant moi, est une forte présomption en faveur de la version qu'elle a suivie.

Quoi qu'il en soit, l'édition de Naigeon offre un grand intérêt pour les lecteurs de Montaigne, et c'est avec raison que M. J.-V. Leclerc dit à son sujet : « L'exemplaire de Bordeaux n'est pas moins
« précieux pour la critique ; il nous transmet fidè-
« lement, dans les parties manuscrites, l'ortho-
« graphe de l'auteur, que mademoiselle de Gournay
« avait trop peu respectée, et quelques heureuses
« corrections, quelques courtes phrases qui n'a-
« vaient pas été transportées sur l'autre exemplaire.
« Profitons de ces avantages, mais ne défigurons
« pas l'ouvrage de Montaigne, pour le plaisir de
« suivre mot à mot une copie qu'il avait lui-même
« évidemment abandonnée. »

C'est ici le lieu de faire remarquer qu'à la manière dont l'indication de l'édition de 1588 est donnée par Naigeon en tête de l'avis à l'impri-
meur, on pourrait croire qu'elle était la sixième, tandis qu'elle est marquée *cinquième*, et que c'est Montaigne qui avait ajouté le premier de ces chiffres, eu égard à l'édition qu'il projetait.

— Le catalogue de la bibliothèque de M. S. Berard porte au numéro 160 un exemplaire de *Montaigne. Paris, Lefèvre*, 1808, petit in-8. 5 vol. Il y a probablement erreur, et c'est 1818 qui est la date véritable, car je ne connais pas d'édition des ESSAIS publiée par M. Lefevre avant 1818.

1811.

55. *Les mêmes.* — *Paris, P. Didot*, 4 vol. in-12. Nouveau tirage de l'édition de 1802.

1816.

56. *Les mêmes.* — *Paris, Didot et Tournachon*, 4 vol. in-12.
Nouveau tirage de l'édition de 1802.

1818.

57. *Les mêmes.* — nouvelle édition imprimée par Crapelet. *Paris, Lefèvre*, 1818, in-8°. 5 vol. Portrait gravé par Al. Tardieu, d'après Cocaskis. On a tiré cent exemplaires sur grand papier. Cette édition a été publiée par M. Eloi Johanneau ; elle contient, outre les ESSAIS, un avertissement de l'éditeur, un précis de la vie de Montaigne, la dédicace et la préface de mademoiselle de Gournay, les sonnets de La Boëtie, neuf lettres de Montaigne, une notice sur son voyage en Italie par M. Aimé Martin ; un extrait de la traduction faite par Montaigne de la théologie naturelle de Raymond Sebond, par M. Aimé Martin ; la Servitude volontaire de La Boëtie, et une table des matières. Il y a des sommaires aux marges.

La préface de Montaigne présente dans son titre l'inexactitude signalée à 1659.

Belle et bonne édition, qui était certainement à l'époque à laquelle elle parut la plus complète et la plus exacte qu'on eût donné jusqu'alors, et qui est restée une des meilleures.

L'éditeur a ajouté un grand nombre de notes, soit pour indiquer des variantes, soit pour restituer le texte, soit pour expliquer les passages obscurs ; il y a joint un choix des notes de Coste.

A cette occasion, je relèverai une erreur échappée à M. Johanneau, dans une note qu'il a ajoutée à la lettre de Montaigne, sur la mort de La Boëtie.

Notre auteur écrit que, trouvant son ami malade, « il approuva le projet qu'il avait formé de partir pour le Médoc, mais qu'il fut d'avis qu'il n'allât pour ce soir que jusqu'à Germigna, qui n'est qu'à deux lieues de la ville. » Une note dit : *Germignac, non loin de Pons, département de la*

Charente-Inférieure. La lecture de la lettre démontre qu'il y a nécessairement erreur dans cette indication, et la distance eût été grande pour un malade qui quittait Bordeaux dans l'après-midi, car il n'y a pas moins de vingt-cinq lieues de cette ville à Germignac. D'ailleurs La Boëtie allait en Médoc et non en Saintonge. C'est *Germinian* qu'il faut lire ; ce petit village, dont ne parlent pas les dictionnaires géographiques, existe à deux lieues de Bordeaux, entre le Taillant et Saint-Aubin, sur le chemin de Castelnau, et se trouve indiqué sur la carte de Guienne par Belleyme.

58. *Les mêmes*.— *Paris, Lefèvre*, 1818, in-18, 6 volumes. Au titre est un portrait en médaillon, signé C. Hulot.

Réimpression de l'édition in-8°, sauf l'avertissement de M. Johanneau, l'extrait du Voyage et celui de la Théologie Naturelle ; on y trouve les neuf lettres de Montaigne. Même observation pour le titre de la préface qu'à l'in-8°.

59. *Les mêmes*, — (édition publiée par M. de l'Aulnaye et imprimée par Fain). *Paris, Th. Desoër*, 1818, grand in-8°. Un seul volume à deux colonnes. Portrait gravé par Leroux, d'après celui de Fiquet.

Cette édition n'a été tirée qu'à 500 exemplaires ; elle contient, outre les Essais, un avertissement de l'éditeur, l'éloge de Montaigne par M. Jay, des réflexions sur le caractère et sur la religion de Montaigne (extrait de l'avertissement de Naigeon,) la préface de mademoiselle de Gournay, neuf lettres de Montaigne, la Servitude volontaire, un glossaire et une table analytique. Les sonnets de La Boëtie ne s'y trouvent pas. Traduction et indication d'auteurs. Notes non signées, choisies parmi celles de Coste et de Naigeon.

On n'a pas inséré les notes de l'éloge de Montaigne par M. Jay, et par conséquent l'avis de Catherine de Médicis. La dédicace de mademoiselle de Gournay à Richelieu ne se trouve pas non plus à cette édition.

Cette édition est la première, depuis le milieu du XVIIᵉ siècle, qui ait été publiée en un seul volume ; elle est commode sous ce rapport ; elle est d'ailleurs très bien imprimée.

60. *Les mêmes*. — *Paris, Desoër*, 1818, in-18, 4 vol. Même portrait que la précédente édition ; jolie édition, en tout semblable à l'in-8°.

1819.

61. *Les mêmes*. — *Paris et Liége, Desoër*, sans date (1819), in-36, 9 vol. Cette édition est conforme aux deux précédentes ; elle fait partie de la *Bibliothèque portative du Voyageur*.

1820.

62. *Les mêmes*, — publiés d'après l'édition la plus authentique par Amaury-Duval, membre de l'Institut. *Paris, Chasseriau*, 1820 à 1823, in-8°, 6 vol. Portrait par Audouin.

Cette édition fait partie d'une collection des moralistes français que devait publier le même éditeur, et dont il n'a paru que le Montaigne et le Charron.

Vie de Montaigne. Jugements et critiques de quelques auteurs connus ; extrait de l'Éloge de Montaigne, par Villemain ; Notice sur les principales éditions des Essais ; dix Lettres de Montaigne (l'éditeur a ajouté une dixième lettre aux neuf données par Coste) ; extrait de la Théologie naturelle ; la Servitude volontaire ; extrait du journal du Voyage ; Avis de Catherine de Médicis à Charles IX (c'est la seule édition, jusqu'à ce jour, qui contienne cette pièce). Table des matières rédigées par M. A. D. Lourmond. Les sonnets de La Boëtie ont été supprimés ; dans cette édition, on a suivi celle de Naigeon, que l'éditeur a préférée pour les raisons énoncées précédemment. En tête des chapitres on trouve des sommaires qui indiquent les matières principales qui y sont traitées. Cette addition facilite la lecture des Essais, et montre que le désordre qui existe dans cet ouvrage n'est pas aussi grand réellement qu'on serait tenté de le croire au premier coup d'œil [1]. Les notes ne sont pas signées ; elles sont extraites de celles de Coste, de Naigeon, de Johanneau ; M. Amaury-Duval en a joint de nouvelles qui lui sont propres, pour éclaircir les phrases obscures, donner quelques détails historiques, ou indiquer des emprunts faits par des auteurs modernes ; il en a de plus ajouté un certain nombre, choisies parmi celles très nombreuses que Naigeon avait écrites en marge d'un exemplaire qu'il possède aujourd'hui dans sa bibliothèque.

Cette édition a reparu en 1827 avec de nouveaux titres.

Je ferai quelques observations au sujet de la Xᵉ Lettre, qui pour la première fois se trouve jointe aux Essais, et dont le *fac simile* existe à la fin de la Notice sur Montaigne, insérée dans la *Galerie française* (Paris, 1821-23 in-4°, 3 vol.). Je remarque d'abord qu'une note annonce que dans cette copie on a exactement suivi l'orthographe de l'original, *qui se voit à la Bibliothèque du roi.* Cette assertion est inexacte : l'erreur a tenu à ce que la lettre a été copiée, non sur l'original ni même sur le *fac simile*, mais sur une copie qu'on trouve dans les notes de la *Galerie française*, et dans laquelle l'orthographe et les abréviations de la lettre de Montaigne n'ont point été conservées,

---

[1] Je crois très bonne l'idée de ces sommaires ; on verra, à la fin de cette Notice, que je suis d'avis de leur donner plus d'extension.

afin d'en faciliter la lecture. Ainsi Montaigne a écrit *justemant*, *seulemant*, *honorablemant*, *innocammant*, par un *a* à la dernière syllabe, et on a partout mis un *e*; il fait beaucoup d'abréviations. par exemple, dans les mots que je viens de citer, il écrit *mgt* pour *mant*, il écrit *logue* pour *longue*, *mosieur* pour *monsieur*, et la copie n'en a suivi aucune; on verra plus loin que cette observation n'est pas sans importance. Quant à l'existence de l'original de cette lettre au dépôt des manuscrits de la Bibliothèque, j'aurais pu douter de sa réalité, car malgré ma persévérance et les recherches faites avec une extrême complaisance par M. Paris, cette lettre n'a point été retrouvée, et les catalogues n'en font aucune mention; mais M. Gouget, qui s'est occupé avec tant de zèle et de succès de la recherche et de l'imitation des autographes, et qui est auteur des *fac simile* de la *Galerie française*, m'a affirmé avoir *vu, touché et calqué lui-même* la lettre originale qui fait partie d'un volume relié intitulé *Lettres françaises de divers grands hommes*. Elle lui fut indiquée par M. Méon et l'abbé Lépine, qui lui parurent l'avoir nouvellement examinée. Je suis donc convaincu de l'existence de cette pièce sans l'avoir vue, et l'examen du *fac simile* ne me laisse aucun doute sur son authenticité, d'après la connaissance de l'écriture de Montaigne, que m'a donnée l'étude du manuscrit de Bordeaux [1].

---

(1) Une circonstance remarquable c'est que cette Lettre est signée MOTAIGNE (*sic*), et toutes les signatures que j'ai vues de l'auteur des *Essais* sont écrites ainsi; l'N de la première syllabe étant supprimée et remplacée par un trait qui de l'O se porte au sommet de la T. C'est ainsi qu'est signé le titre de l'*Histoire de Pologne*, par Herburt de Fulstin (Paris, 1573, in-4°), que possède M. Aimé-Martin, et l'*achevé de lire* que Montaigne ajoutait quelquefois à ses livres (*voyez* le chap. X du liv. II), et qui se rencontre à celui-ci, présente encore ce nom (pour celui de son château), écrit de la même manière. On trouve cette même signature (sans N à la première syllabe) sur le titre du précieux exemplaire des *C. Julii Cæsaris Commentaria* (Antuerpiæ, 1570, in-8°, avec nombreuses notes marginales et une page entière écrites de la main de Montaigne), que possède M. Parison, de même que sur le *Cento giochi liberali e d'ingegno da innocentio Ringhieri* (Bologna, 1561, in-4°), qu'on voit aussi dans la bibliothèque de ce savant. C'est encore cette même signature qu'on lit sur le *Theod. Bezæ poemata* (Paris, H. Étienne, 1569, in-8°), qui fait partie de la riche collection de M. Renouard, et ce savant bibliographe m'a dit qu'il croyait se rappeler que la signature de Montaigne était ainsi figurée sur deux ouvrages italiens dont l'un et l'autre plus en sa possession, et dont l'autre, qu'il a cité dans le *Catalogue de la bibliothèque d'un amateur*, n'est pas en ce moment dans sa bibliothèque de Paris (*il Catechismo di Bern. Ochino da Siena, in Basilea*, 1561, in-8°). Enfin, M. Guilbert de Pixérécourt possède une signature de Montaigne, qui présente encore cette abréviation.

D'après ces exemples, je crois être en droit de conclure que l'auteur des *Essais* signait toujours MOTAIGNE; et cette opinion me paraît d'autant plus probable, que nous avons vu que la suppression de l'N lui était très familière, et

---

1822.

63. *Les mêmes* — mis *en français moderne*, auxquels on a ajouté le Discours sur l'Esclavage (la Servitude) volontaire, par Étienne de La Boëtie, publiés par A. Galland. *Bruxelles*, *Voglet*, 5 vol. in-8°, avec portrait.

Je n'ai pu me procurer cet ouvrage à Paris; j'ignore en conséquence complétement ce qu'il est.

Ce n'est pas le premier projet qui ait été formé de traduire Montaigne en français moderne; mais c'est la première fois qu'il ait été suivi d'une exécution complète. Dès 1733, un anonyme inséra dans *le Mercure de France* (juin, pag. 1279-1307)

que toutes les fois que cette lettre était suivie d'un T, il la supprimait et la remplaçait par un trait; peut-être agissait-il ainsi pour se distinguer des familles du même nom qui habitaient la Guyenne, et qu'on voit citées dans du Verdier et dom de Vienne; du moins j'ai rencontré un certain nombre de signatures de ces personnages, la Bibliothèque royale en possède du président de Montaigne, tout récemment j'ai examiné chez MM. Debure une Bible qui porte cette signature, et qui n'est pas celle de Michel, et dans toutes la première syllabe est écrite sans abréviation.

C'est ici le lieu de rappeler la lettre datée d'Orléans, 1588, qui parut à la vente que fit, en 1834, le libraire Caillot des livres de madame de Castellane (sous l'anonyme de M***), et qui fut achetée 700 francs par M. G. de P., et puis rendue comme apocryphe à son premier propriétaire. Cette pièce portait pour signature *Motaigne*, ce qui confirme encore l'idée que je viens d'émettre, quelle que soit d'ailleurs l'opinion qu'on ait adoptée sur son authenticité, qu'on aurait pu attaquer par des raisons plus puissantes que celles qu'on a tirées de l'emploi du mot *passeport*, qui s'y rencontre, et qu'on a dit être inconnu du temps de Montaigne, puisque M. Fontaine a cité une lettre du cardinal de Lorraine, antérieure à celle-ci de 20 ans, et dans laquelle cette expression est employée, et qu'elle l'est également dans l'ordonnance de Louis XI sur les postes (1464). Je dois ajouter, au sujet de cette lettre, que M. Parison, qui l'a examinée, est d'avis que c'est une copie figurée (non calquée) d'une lettre authentique qui existe ou a dû exister. *Sub judice lis est*. (Les personnes qui seraient curieuses de connaître les détails des discussions qu'a soulevées cette dernière Lettre, pourront consulter les feuilletons du *Journal de la Librairie* (mai 1834, numéros 19 et 22), le *Journal des Débats* de cette époque? le *Manuel de l'Amateur d'Autographes*, par M. Fontaine (Paris, 1836, in-8°), et la brochure du même bibliographe, sur l'utilité des collections autographiques (Paris, 1834, in-8°).

Je terminerai cette digression par une remarque qui n'est pas sans intérêt: après l'*achevé de lire*, de la main de Montaigne, à la fin de l'*Histoire de Pologne* précitée, lequel est daté de 1578, on voit placé entre parenthèses un chiffre 52, que M. Aimé-Martin a très ingénieusement explique en le rapportant à l'âge qu'avait alors Montaigne. En effet, notre auteur, né le dernier février 1533, n'avait point encore complété sa cinquante-troisième année, bien qu'il en fût très près; il a donc dû se donner cinquante-deux ans. Cette explication, qui paraissait très probable, est mise hors de toute contestation par l'examen que j'ai fait des *Commentaires de César*, cités précédemment, puisque l'*achevé de lire* daté de juillet 1578, est suivi du chiffre 45, qui indique précisément l'âge de Montaigne à cette époque. Ainsi ce philosophe ne se contentait pas d'inscrire à la fin de quelques ouvrages *le jugement qu'il en avait retiré en gros*, comme il dit lui-même, il voulait encore se rappeler l'âge auquel il avait porté ce jugement.

le projet d'une nouvelle édition des Essais de Montaigne, faite dans ce sens. Plus tard, le chevalier de Plassac-Méré sollicitait M. Mitton « d'ôter au style des Essais de Montaigne les défauts de son temps, qui suivant lui ne sont plus supportables dans celui-ci. » Il dit qu'Aristote prit ce soin des OEuvres d'Homère, et que lui-même a essayé ce qu'il conseille, et que la traduction du chapitre *De la Vanité des paroles* ne lui a pas coûté davantage qu'à le copier [1]. Bastide, qui admettait la nécessité de cette version, a employé une grande partie de sa vie à traduire les Essais, et à composer des *Observations grammaticales et critiques sur Montaigne ou à son occasion*. Ces travaux ont été le sujet de communications fréquentes faites par lui à l'Académie de Berlin. On trouve une partie de ses Observations grammaticales dans les Mémoires de cette société. Plusieurs lectures du Montaigne moderne y sont mentionnées, mais on n'en rencontre pas même un échantillon ; le peu qu'on trouve des travaux de Bastide sur Montaigne dans les Mémoires de Berlin, rappelle souvent la trop longue plaisanterie du docteur Mathanasius, et n'est pas de nature à faire regretter beaucoup l'ensemble de ce travail, qui est parmi les manuscrits de la Bibliothèque du roi [2]. M. Champollion, qui en a eu connaissance, m'a dit qu'il n'offrait aucun intérêt, et M. Labouderie en a parlé dans le même sens [3].

La manière dont ont été exécutées jusqu'ici les diverses tentatives de version des Essais, ne donnera pas gain de cause à ceux qui soutiennent

---

(1) Les éditeurs de 1725 rapportent dans les jugements et critiques l'extrait d'une lettre de M. de Plassac Méré à M. de Mitton et ils l'indiquent comme étant la 90e. J'ignore où ils ont trouvé cette lettre, mais je ne l'ai pas rencontrée dans les 2 éditions que j'ai compulsées des lettres de M. le chevalier de Méré, l'une de 1682, l'autre de 1689 (il en existe une 3e que je n'ai pas eu occasion d'examiner), « cet auteur connu d'abord sous le nom de Plassac fut ensuite désigné sous celui de chevalier de Méré. Il appartenait du côté maternel à la maison de Bourbon-Condé ; il était estimé de La Rochefoucauld. Ménage lui dédia ses Observations sur la langue française, le père Bouhours fait son éloge, Pascal le consultait, et Balzac avait de l'estime pour lui. Il était de son temps l'arbitre du bon air ; il donna des leçons de bel-esprit à madame de Maintenon, et on raconte que madame de Lesdiguières lui ayant dit un jour : « Je voudrais avoir de l'esprit ; » il lui répondit : « Laissez-moi faire, madame, et vous en aurez. » (Note manuscrite attribuée au marquis de Paulmy.) Voyez Dreux du Radier, Bibl. historique et critique du Poitou, et les Éloges de quelques auteurs français, par Michault Joly et Bouhier, Dijon 1742, in-8°.

(2) Voy., sur Bastide, une note à la liste des auteurs sur Montaigne.

(3) Ces manuscrits de Bastide sont seulement en dépôt à la Bibliothèque du roi, et à ce titre ils ne peuvent être communiqués. L'auteur les avait légués à cet établissement à la condition qu'on les ferait imprimer. Leur étendue et le peu d'intérêt qu'ils offrent ont déterminé à refuser ce legs.

---

le principe de ces traductions dont la nécessité est au moins douteuse, suivant moi. Bastide prétendait qu'il fallait mettre les Essais à la portée de ceux *qui ont le temps de les lire, mais à qui le loisir manque pour les étudier*. Mais dans ce système il n'y a pas de raison de s'arrêter ; on commencera, comme le veut M. de Plassac, par ôter seulement à Montaigne les défauts de son temps, en lui laissant ceux qui lui sont propres, et de proche en proche on arrivera à exécuter ce que voulait déjà l'anonyme de 1733, qui soutenait que *les Essais ne sont presque plus un livre français*, et que ce vieux langage est *bas et grossier*. « Aussi
« dit-il, en donnant le programme de sa traduc-
« tion, qu'elle sera extrêmement libre ; qu'il re-
« tranchera ce qui lui paraît contraire aux mœurs,
« et ce qui lui paraîtra peu capable de plaire ; quel-
« quefois il prendra le fonds de la pensée, et il
« lui donnera un tour différent de celui dont l'au-
« teur s'est servi ; il abrégera les histoires, et il
« les racontera à sa manière ; au lieu de suivre
« l'auteur dans son désordre, il essaiera de le cor-
« riger jusqu'à un certain point, de mettre un peu
« plus de suite dans ses idées, et de les arranger
« d'une manière, sinon plus naturelle, du moins
« plus raisonnable ; enfin, il poussera la liberté
« jusqu'à ajouter, lorsqu'il croira pouvoir le faire
« agréablement et utilement pour le lecteur. »
On pourrait penser qu'il y a exagération, si ce qui précède n'était une citation textuelle de l'auteur ; et en preuve il donne la traduction faite à sa manière, des chapitres 1, 2 et 4 du livre I, et dans ce dernier il remplace une phrase de Montaigne par six vers de Fontenelle !... Je le demande : où en seraient les Essais de Montaigne après une telle mutilation ? La comparaison avec le vaisseau des Argonautes ne serait-elle pas au-dessous de la réalité ? L'autorité de M. de Plassac n'est pas plus grande en cette occasion que celle de l'anonyme ; et malgré le mérite réel que lui accordent ses contemporains, on peut sans injustice mettre en doute son bon goût en cette circonstance, si on se souvient que le chevalier « trouvait un esprit mal fait dans Caton, et un esprit étroit dans Scipion ; qu'il faisait peu de cas des auteurs anciens, et surtout de Virgile, dont il disait que *l'Énéide* était *ennuyeuse à périr*, qu'il trouvait des choses de *mauvais air* dans Démosthène et dans Cicéron, et qu'Homère le rebutait souvent, etc. »

Sorel, dans la Bibliothèque française, dit, au sujet même de ces essais de traduction : « Puis-
« qu'on n'y saurait rien changer sans les rendre
« tout autre que ce qu'ils sont, il faut les laisser
« dans un état qui leur a déjà acquis tant de répu-
« tation ; et on peut appliquer à Montaigne ce que

disait Racine dans la préface de *Mithridate :* « Je rapporte les paroles de Plutarque telles qu'Amyot les a traduites, car elles ont une grâce, dans le vieux style de ce traducteur, que je ne crois point pouvoir égaler dans notre langue moderne. »

On peut croire que Montaigne n'aurait pas approuvé l'excès de zèle de ses traducteurs, lui qui ordonne aux imprimeurs de suivre toujours l'ancienne orthographe (chap. 10 du liv. III).

Je crois ne pouvoir mieux terminer cette digression qu'en citant un passage dans lequel Naigeon me paraît avoir traité cette question avec infiniment de justesse et de goût, en reproduisant exactement des idées énoncées par Sorel : « Je ne vois qu'un seul moyen de rendre ce livre intelligible pour la plupart des lecteurs ; c'est d'y joindre partout un commentaire presque aussi long que le texte, ou plutôt de le traduire dans la langue élégante, harmonieuse et claire que Voltaire, Buffon, Diderot, d'Alembert et Rousseau ont parlée et écrite. On réussira sans doute à faire des Essais un livre agréable, peut-être même d'une utilité plus générale ; mais je ne crains pas d'assurer que cette espèce de traduction, en la supposant même très exacte, ce qui ne serait pas sans quelques difficultés, ferait très souvent perdre au style de Montaigne une grande partie de sa précision, de son énergie, de sa hardiesse, de ce naturel aisé qui en fait un des principaux charmes, et donnerait à son livre, qu'on ne refera pas plus que celui de Rabelais, un caractère très divers, moins original et beaucoup moins piquant. Le projet de récrire dans notre langue les Essais de Montaigne peut passer comme tant d'autres idées par la tête d'un ignorant ou d'un sot, mais il n'entrera jamais dans celle d'un lecteur judicieux, instruit et d'un goût délicat et sûr. »

On devra consulter, comme exemple de ce qu'on pourrait se permettre à l'égard du langage des Essais, les citations qu'en fait M. Labouderie dans l'ouvrage qu'il a publié sur le Christianisme de Montaigne. Ce savant, à l'aide de quelques changements presque insensibles, et souvent par la seule addition d'un mot entre parenthèse, a rendu parfaitement intelligibles les passages des Essais qu'il a cités. C'est ici le lieu de rappeler que, relativement à l'orthographe de Montaigne, M. Labouderie est d'avis que les variations qu'elle présente dans le même mot employé plusieurs fois et dans les diverses éditions autorisent à ne pas la conserver, et il dit que les raisons alléguées contre cette opinion par les derniers éditeurs n'ont pas changé sa conviction. C'est le système suivi aussi par M. Buchon dans ses éditions de Froissart.

1823.

64. *Les mêmes,* — avec les notes de tous les commentateurs. *Paris, Lefevre* (imprimé par Crapelet), 1823, in-8o.; 5 vol. ; portrait d'après celui de 1818.

Cette édition est une réimpression de celle de 1818, à laquelle elle est en tout conforme, si ce n'est que le titre n'annonce pas d'éditeur spécial, quoi qu'en dise M. Brunet, et qu'on n'y trouve pas l'avertissement que M. Johanneau avait inséré dans l'édition précitée.

Je ferai, à l'occasion de cette édition, une remarque qui sera applicable aux suivantes : c'est qu'on aurait dû, dans toutes les éditions modernes, dire avec *des* notes de tous les commentateurs, et non avec *les* notes, puisqu'il n'y a qu'un choix de chacune, et qu'aucune édition ne donne toutes les notes de tous les commentateurs.

1825.

65. *Les mêmes,* — avec les notes de tous les commentateurs et précédés de l'Éloge de Montaigne, par M. Villemain ; *Paris, Froment,* 1825, in-18, 8 vol. ; portrait d'après celui de Fiquet.

Court avertissement (non signé) de l'éditeur. — Notes de Coste, de Naigeon, d'Amaury-Duval, d'Éloi Johanneau, de Lefèvre. — Éloge par Villemain. Précis de la vie de Montaigne. — Préface de Gournay. — 9 lettres. — Servitude volontaire. — Table analytique. Édition d'après celle de M. Lefèvre.

1826.

66. *Les mêmes,* — avec les notes de tous les commentateurs, édition publiée par J.-V. Leclerc. *Paris, Lefèvre,* , 1826, in-8°, 5 vol. (imprimé par Jules Didot aîné) ; portrait dessiné et gravé par Dupont.

Belle et bonne édition, faisant partie des *classiques français* publiés par le même libraire. Aux notes de Naigeon, de Coste, d'Amaury-Duval, d'Éloi Johanneau, l'éditeur en a joint qui lui sont propres, et d'autres extraites du commentaire de l'avocat général Servan sur les deux premiers livres des Essais.

Avertissement de l'éditeur. Discours sur la vie et les ouvrages de Montaigne. Notes et preuves. Époques de la vie de Montaigne. Famille de Montaigne. Théologie naturelle. La Boëtie. Montaigne à la cour. Château de Montaigne. Voyages de Montaigne. Mademoiselle de Gournay. Mort et tombeau de Montaigne. Détracteurs de Montaigne, admirateurs et imitateurs de Montaigne (ces pièces préliminaires occupent 146 pages). 10 lettres. Extrait de la Théologie naturelle de Raymond Sebond. Notice sur le voyage de Montaigne. Servitude volontaire. Table analytique. Sonnets de La Boëtie. La préface de mademoiselle de Gournay ne fait pas partie de cette édition. Il n'y a pas de sommaires aux marges. Le discours sur la vie de Montaigne est à très peu de chose près celui que M. Leclerc fit imprimer en 1812 sous le titre d'*Eloge de messire Michel, seigneur de Montaigne*. Les notes qui suivent ce discours contiennent des renseignements utiles aux personnes qui veulent lire avec fruit les Essais.

1827.

67. *Les mêmes.* — *Paris, Rapilly*, 1827, in-8°.
Nouveaux titres ajoutés à l'édition de Chasseriau, 1820.

68. *Les mêmes,* — avec les notes de Coste, Naigeon, Amaury-Duval, Eloi Johanneau et autres commentateurs. *Paris, Menard* et *Desenne,* 1827, 10 vol. in-12 et in-18, avec portrait.

Cette édition fait partie de la Bibliothèque française publiée par les mêmes libraires.

Précis de sa vie. — Dédicace à Richelieu. — Grande préface de Gournay. — Sommaires en tête des chapitres. — 9 lettres. — Servitude volontaire. — Pas de table analytique.

1828.

69. *Les mêmes.* — *Paris*, *H. Bossange*, in-8°, 1828, 4 vol.; nouveau tirage de 1802.

70. *Les mêmes,* — édition selon l'orthographe de l'auteur, avec les sommaires analytiques et les notes de tous les commentateurs; précédés de la préface de mademoiselle de Gournay et d'un précis de la vie de Montaigne. *Paris, Tardieu Denesle*, 1828, in-8°, 6 vol.

Les sommaires sont ceux de M. Amaury-Duval. La préface de mademoiselle de Gournay est précédée de sa dédicace à Richelieu. Les sonnets se trouvent dans cette édition. Notes de différents commentateurs sans signatures.

Table analytique à longues lignes.

1830.

71. *Les mêmes.* — (édition compacte), collationnée sur les meilleurs textes. *Paris, Furne, L. Debure,* 1830, un vol. grand in-8°, imprimé à deux colonnes. Des exemplaires de cette même édition portent la date de 1831.

Éloge par Villemain. Notes non signées. 9 lettres. Servitude volontaire. Table analytique. Notes différentes de celle de l'édition de Desoer, quoique Quérard dise que c'est une réimpression de cette édition.

1833.

72. *Les mêmes. Paris, Lebigre et Firmin Didot*, in-8°, 4 vol., portrait.
Nouveau tirage de l'édition de 1802.

1834.

73. *Les mêmes*, avec les notes de tous les commentateurs. *Paris, Lefèvre,* 1834, 1 vol. grand in-8°, imprimé à deux colonnes, orné d'un portrait d'après celui de l'édition de Leclerc. Les sonnets existent.

Édition faite sur celle donnée par M. Leclerc en 1826, et dans laquelle on n'a pas reproduit les pièces préliminaires. Quoique compacte, ce volume est imprimé en gros caractère et est très lisible.

Notes de Coste, Amaury-Duval, Naigeon, Eloi Johanneau, J.-V. Leclerc.

1836.

74. *Les mêmes*, avec les notes de tous les commentateurs. *Paris, Lefèvre*, 1836, in-8°, 2 vol., imprimés à longues lignes, avec portrait d'après celui de 1826.

Le texte des Essais avec les notes, les lettres, la Servitude volontaire, et une table analytique.

75. *Les mêmes* (faisant partie du Panthéon littéraire). Dédicace et notice sur Montaigne par M. Buchon. Notice bibliographique sur Montaigne, par le docteur Payen. — Préface de Mademoiselle de Gournay. — Choix des notes de tous les commentateurs. — Voyage de Montaigne. — 10 lettres de Montaigne. — Avis de Catherine de Médicis à Charles IX. — Servitude volontaire. — Index. — Table des auteurs cités. — Table des matières.

Me sera-t-il permis, en terminant cette notice, de tracer la marche que je voudrais qu'on suivît pour une édition *spéciale* des Essais? François de Neufchâteau, dans son Essai sur les meilleurs ouvrages écrits en prose dans la langue française (Paris, in-8°, 1816), a indiqué ce qui, suivant lui, restait à faire pour donner une édition de Montaigne qui fût capable de satisfaire les hommes de goût.[1] Je hasarderai d'ajouter à ces conseils, et je soumettrai humblement mes idées aux savants annotateurs des éditions modernes.

1° Je pense qu'il faut des notes aux Essais, mais je crois qu'elles doivent seulement être destinées à faciliter l'intelligence du texte, et non point à combattre ou développer les opinions de l'auteur. On devrait donc faire dans ce sens un choix des notes de Coste et de celles de MM. Johanneau, Amaury-Duval, Leclerc, etc. (celle de Servan seraient éliminées). Mais je voudrais surtout des notes *pour commenter Montaigne par lui-même;* lui, *si divers, si ondoyant,* « tantôt sage, tantôt libertin, tantôt vrai, tantôt menteur, chaste, impudique, puis libéral, prodigue et avare, et tout cela selon qu'il se vire. » Ainsi, soit que Montaigne exprime la même opinion en termes différents, ou

---

(1) Il se borne à recommander l'indication des variantes de 1588, 1595 et 1802; un Glossaire, un extrait du Voyage, un extrait de la Théologie naturelle, ce qui a été fait dans les éditions suivantes.

qu'il exprime une opinion opposée à celle qu'il a énoncée ailleurs, ce qu'il fait souvent en employant les mêmes termes [1], je voudrais qu'une citation ou un renvoi mît le lecteur à même de comparer l'auteur de la veille et celui du lendemain [2]; et les essais que j'ai faits de ce genre de notes m'ont convaincu de l'utilité et de l'intérêt qu'elles offriraient.

2° Montaigne déclare qu'il a dissimulé les emprunts qu'il a faits aux auteurs anciens, afin que les critiques donnassent sur son nez des nazardes à Plutarque; il faudrait citer ces passages, et ils sont nombreux. (Une grande partie de ce qu'il dit au sujet de la mort, Auguste et Cinna, etc., sont littéralement traduits de Sénèque, etc.) [3].

3° Un grand nombre d'auteurs modernes se sont emparé des idées de Montaigne, et souvent sans lui en faire honneur. Parmi ces derniers il faut surtout compter Pascal et J.-J. Rousseau. Il serait très intéressant de rapprocher ces passages les uns des autres, et les éditeurs modernes n'ont fait qu'un très petit nombre de ces rapprochements [4].

4° Comparer très exactement les éditions primitives des ESSAIS 1580, 1582, 1587, 1588, 1595, 1635 et 1802; indiquer les additions, les suppressions, les corrections, et rapprocher ces variantes des changements survenus dans la position de Montaigne par son voyage, les événements politiques, sa nomination à la mairie, etc.

5° Remplacer les sommaires de l'édition de M. Amaury-Duval par une analyse assez développée de chaque chapitre. Je suis convaincu que rien ne faciliterait plus la lecture des ESSAIS que celle de cet extrait, faite avant le chapitre qui y correspond; et j'en trouve une preuve dans l'utilité des sommaires précités et de ceux de la traduction de Plutarque par Amyot, quoiqu'à mon avis ils n'aient pas assez d'extension. L'ouvrage de M. Vernier ne me paraît pas avoir atteint ce but.

6° Afin de rendre plus aisée la collation des différentes éditions, on pourrait réunir, à la suite les unes des autres, et dans l'ordre dans lequel elles se présentent ou par ordre alphabétique, toutes les citations qui se rencontrent dans les ESSAIS, en ne rapportant que les deux ou trois premiers mots, et les faisant suivre de l'indication de la page; je puis assurer que cette espèce de table serait très utile, car le meilleur moyen de trouver une phrase dans un chapitre est de se servir de la citation qui la précède et de celle qui la suit.

7° Bien que je sois d'avis que le livre des ESSAIS n'est pas de ceux que des extraits puissent faire connaître, et que je me souvienne que Montaigne a dit: « Tout abrégé d'un bon livre est un sot livre »; je pense qu'il y aurait utilité à résumer en quelque sorte l'ouvrage, en rassemblant un certain nombre des pensées les plus remarquables; de celles qui dans un petit nombre de mots expriment un précepte de morale ou de haute philosophie, ainsi « Toute autre science est dommageable à celui qui n'a la science de la bonté. Les boiteux sont mal propres aux exercices du corps, et aux exercices de l'esprit les âmes boiteuses. Il fallait s'enquérir qui est mieux sçavant, non qui est plus sçavant. Ce qui est hors des gonds de la coutume, on le croit hors des gonds de la raison. » Et tant d'autres! M. Labouderie a donné un certain nombre de pensées détachées à la suite du Christianisme de Montaigne.

8° Une table des matières devrait presque exclusivement se borner aux noms propres d'hommes, de pays, d'animaux, de rivières, etc., et à ce qui regarde l'auteur lui-même, sa personne, son caractère, sa famille.

9° Il serait tout à la fois très intéressant et très instructif de rencontrer à la suite des Essais un extrait fait avec discernement des principaux jugements portés sur cet ouvrage.

10° Enfin un glossaire où chaque définition serait appuyée d'un exemple tiré de Montaigne, ce qui est d'autant plus nécessaire pour cet auteur, qu'il n'est pas rare qu'il emploie des expressions usitées de son temps, en les détournant de leur acception consacrée, et que souvent il crée le mot, ou plutôt il a recours aux locutions de sa province lorsque la langue lui semble ne pas suffire. *Que le gascon y arrive si le français n'y peult aller* (liv. 1er chap. 25).

Ce petit travail a trop peu d'importance pour me fournir l'occasion de remercier toutes les personnes qui ont bien voulu s'y intéresser, je ne puis pourtant me dispenser de reconnaître ce que je dois à l'obligeance extrême avec laquelle MM. Amaury-Duval, Weiss, Beuchot, Jouannet, m'ont donné les renseignements que j'ai réclamés auprès d'eux; et je me fais un plaisir de déclarer que c'est principalement à la complaisance de M. *Richard*, de la Bibliothèque du roi que je dois d'avoir pu compléter cette notice dont les matériaux étaient rassemblés depuis longtemps.

---

[1] Le *but* de notre carrière, c'est la mort, c'est l'objet nécessaire de notre visée. (Liv. I, ch. 19). Mais il m'est avis que c'est bien le *bout*, non pourtant le *but* de la vie. (Liv. III, chap. 12).

[2] Montaigne disait de lui-même : « Moi à [cette heure et moi tantôt, sommes bien deux. »

[3] « J'aimerai quelqu'un qui me sache déplumer » (liv. 2, chap. 10).

[4] Un critique ignorant qui se croit bien habile,
Donnera sur ma joue un soufflet à Virgile.
(And. CHÉNIER).

SUR MONTAIGNE.

Liste chronologique des éditions des Essais.

N°	Année	Lieu	Éditeur	Format, vol.	N°	Année	Lieu	Éditeur	Format, vol.
1.	1580	Bordeaux.	Millanges.	in-8°, 2 vol.	31.	1649		ex. incomplet.	8, 1
2.	1582	Bordeaux.	Millanges.	8, 1	32.	1652	Paris.	Courbé.	in-fol. 1 vol.
3.	1587	Paris.	Richer.	12, 1				Lepetit.	
4.	1588	Paris.	L'Angélier.	4, 1				Loyson.	
5.	1593	Lyon.	Lagrange.	8, 1				Langlois.	
6.	1595	Paris.	L'Angélier. Sonnius.	fol. 1	33.	1657	Paris.	Lamy. Rocolet. Dupuy.	fol. 1
7.	1595	Lyon.	Lefebure.	12, 1				Huré.	
8.	1598	Paris.	L'Angélier.	8, 1					
9.	1600	Paris.	Id.	8, 1	34.	1659	Paris.	Journel.	12, 3
10.	1602	Paris.	Id.	8, 1	35.	1659	Bruxelles. Amsterdam.	Foppens. Michiels.	12, 3
11.	1602	Leyde.	Doreau.	8, 1					
12.	1602	Leyde.	Id.	8, 1	36.	1669	Paris.	Rondet.	12, 3
13.	1604	Paris.	L'Angélier.	8, 1	37.	1669	Lyon.	Olyer. Besson.	12, 3
14.	1608	Paris.	Sevestre. Petitpas.	8, 1	38.	1724	Londres.	Tonson.	4, 3
15.	1609	Leyde.	Doreau.	8, 1	39.	1725	Paris.	la Société.	4, 3
16.	1611	Paris.	Guefflier. Sevestre. Petitpas. Guefflier.	8, 1	40.	1727	Genève. La Haye.	Gosse.	12, 5
17.	1614	Paris.	Petitpas. Sevestre. Nivelle. Rigaud.	4, 1	41.	1739	Londres.	Nourse.	12, 6
					42.	1745	Id.	Id.	12, 7
					43.	1754	Id.	Id.	12, 10
					44.	1769	Id.	Id.	12, 10
18.	1616	Cologne.	Albert. Guefflier. Petitpas.	8, 1	45.	1771	Id.	Id.	12, 10
					46.	1779	Genève.	Cailler.	12, 10
					47.	1780	Id.	Duvillard.	12, 10
19.	1617	Paris.	Sevestre. Nivelle. Rigaud.	4, 1	48.	1781	Amsterdam.	la Compagnie.	12, 10
					49.	1783	Paris.	Bastien.	8, 3
					50.	1789	Id.	Volland.	8, 5
					51.	1793	Id.	Bastien.	12, 10
20.	1616	Rouen.	Osmont. Mann. de Préaulx.	8, 1	52.	1796	Id.	Id.	8, 5
					53.	1801	Id.	Guefflier.	8, 4
21.	1619	Rouen.	Daré.	8, 1	54.	1802	Id.	Didot.	18, 16
22.	1619	"	Jean Durand. Dallin. Hulpeau.	8, 1	55.	1811	Id.	Id.	8, 12, 4
					56.	1816	Id.	Id.	12, 4
					57.	1818	Id.	Lefevre.	12, 4
23.	1625	Paris.	Gilles. Collet. Bertauld.	4, 1	58.	1818	Id.	Id.	8, 5
					59.	1818	Id.	Desoer.	18, 6
					60.	1818	Id.	Id.	8, 1
24.	1627	Rouen.	Valentin. Calloué. Delahaye.	8, 1	61.	1819	Paris. Liège.	Desoer.	18, 4 36, 9
25.	1635	Paris.	Camusat. Dubray. Rocolet.	fol. 1	62.	1820	Paris.	Chasseriau.	8, 6
					63.	1822	Bruxelles.	Voglet.	8, 5
					64.	1823	Paris.	Lefevre.	8, 5
26.	1636	Paris.	Lafosse. Lamy. Loyson. Blageart.	8, 1½	65.	1825	Id.	Froment.	18, 8
					66.	1826	Id.	Lefevre.	8, 5
					67.	1827	Id.	Rapilly.	8, 6
					68.	1827	Id.	Menard.	12, 10
27.	1640	Paris.	Blageart. Courbe.	fol. 1	69.	1828	Id.	Bossange.	8, 4
					70.	1828	Id.	Tardieu D.	8, 6
					71.	1830	Id.	Furne.	8, 4
28.	1641	Rouen.	Berthemin. Besongne.	8, 1	72.	1833	Id.	Lehigre.	8, 1
					73.	1834	Id.	Lefevre.	8, 1
29.	1649	Paris.	Blageart.	8, 1	74.	1836	Id.	Lefevre.	8, 2
30.	"	Envers.	Maire.	8, 1	75.	1836	Id.	Desrez.	8, 1

§ II. EXTRAITS DES ESSAIS DE MONTAIGNE.

1. En tête des extraits, on doit placer l'édition des Essais, donnée à *Genève* par *Goulart*. En effet, on lit dans le *Scaligerana secunda*, à l'article Goulart : « il a fait châtrer les œuvres de Montaigne : *Quæ audacia in scripta aliena ;* » et à l'article Montaigne, Scaliger dit, faisant allusion à Goulart : « Ceux de Genève ont été bien impudents d'en ôter plus d'un tiers. »

2. Réponse à plusieurs injures et railleries écrites contre Michel, seigneur de Montaigne, dans un livre intitulé la Logique, ou l'Art de penser, avec un beau traité de l'éducation des enfants et cinq cents excellents passages, tirés du livre des Essais, pour montrer le mérite de cet auteur (par Guillaume *Béranger*, anonyme), *Rouen, Laurens Maurry*, 1667, in-12.

3. Cet ouvrage a reparu l'année suivante avec le nom de l'auteur au privilége où il est qualifié de Bourgeois de Paris. *Paris, J. Thoury, P. Débats et Augustin Besongne*, 1668, in-12.

Cet ouvrage n'est à proprement parler qu'un extrait des Essais. L'auteur, voulant défendre Montaigne contre les écrivains de Port-Royal, crut ne pouvoir mieux le faire qu'en leur opposant Montaigne même ; il rectifie les *citations inexactes* faites dans la *logique*, en citant le texte des Essais, il rapporte quelques jugements favorables ; il donne une partie du chapitre de l'institution des enfants et termine par 502 pensées extraites des Essais.

Ce volume est aujourd'hui extrêmement rare ; on ne le trouve pas à la Bibliothèque du roi ; il existe à celle de Sainte-Geneviève et à celle de Bordeaux.

4. *L'Esprit des Essais de Michel*, seigneur de Montaigne. *Paris, Charles de Sercy*, 1677, in-12.

Frontispice gravé avec portrait, et le Que Sais-je? titre imprimé.

Les pensées sont extraites chapitre par chapitre, et l'auteur s'est principalement attaché à rassembler les traits d'histoire ; il n'y a qu'un petit nombre de chapitres qui n'ont pas fourni d'extraits. L'ouvrage est précédé d'une préface de l'éditeur, dans laquelle il annonce qu'il a respecté le style et les termes de l'auteur d'une manière si exacte qu'il n'en a changé que ce qui est tout-à-fait inconnu à notre âge.

5. *Pensées de Montaigne*, propres à former l'esprit et les mœurs (recueillies par Artaud). Paris, Anisson, 1700, 1 vol. in-12.

6. *Les mêmes*, seconde édition considérablement augmentée, *Amsterdam. Henri Desbordes* et *Étienne Roger*, 1701, pet. in-12. Frontispice gravé avec portrait, puis titre imprimé.

7. — *Les mêmes*. *Amsterdam*, 1703, *Henri Desbordes* au Kalvestraat, in-12.

8. — *Les mêmes*. *Paris*, nouvelle édition, imprimerie bibliographique, an XIII (1805), in-12.

Ces pensées sont extraites comme dans l'ouvrage précédent, chapitre par chapitre, elles sont précédées d'un avertissement qui commence ainsi : « Il est peu de si mauvais livres, qu'il ne s'y trouve quelque chose de bon, et peu de si bons qu'il ne s'y trouve quelque chose de mauvais. » Et dans lequel l'éditeur déclare : « Qu'il s'est contenté de retrancher ou de changer les mots hors d'usage, et que l'on n'a touché au tour de l'auteur que dans les endroits où cela était indispensable. »

9. *L'Esprit de Montaigne*, ou les Maximes, pensées, jugements et réflexions de cet auteur, rédigés par ordre de matières, (par Pesselier). Berlin (Paris), Etienne de Bourdeaux, 1753, in-12, 2 vol.

10. — *Le même*, nouvelle édition. *Berlin* et *Paris*. *Rozet*, 1767, in-12, 2 vol.

Même édition que le numéro précédent ; il n'y a que les titres de changés.

11. — *Le même*. — *Londres*, 1783, in-18, 2 vol., portrait.

Conformément au titre, ces extraits sont rangés par ordre de matières, et rassemblés en 32 chapitres intitulés diversement, suivant la nature des pensées qui les composent, comme religion, amitié, éducation, voyages, etc. Le 1er de ces chapitres comprend les pensées de Montaigne sur son livre. En tête de l'ouvrage on trouve la préface de Montaigne, puis une préface de l'éditeur; enfin un éloge historique de Montaigne.

12. — *L'Ami des Jeunes Gens*, ou Guide pour les conduire dans la société, leur inspirer l'amour des vertus, les éloigner du vice, etc.; ouvrage dans lequel on a extrait des morceaux de Plutarque, Cicéron, Pline, Quintilien, Montesquieu, *Montaigne*, Fénélon, Buffon, Raynal, etc. *Paris, Deterville* (sans date), 2 vol., pet. in-12, fig. (par Retz, anonyme).

Cet ouvrage est le même que celui qui avait paru antérieurement, en 1790, sous le titre de Guide des Jeunes Gens de l'un et de l'autre sexe, à leur entrée dans le monde, il n'y a que les titres de changés.

13. — *Le Portrait du Sage*, extrait de Confucius, Platon, Zénon, Cicéron, Sénèque, Epictète, Marc Aurèle, Plutarque, *Montaigne*, Bacon, Charron, Fénélon, La Bruyère, Sterne, J.-J. Rousseau, Weiss, etc.; éditeur, Gabriel Peignot, Paris, 1809, in-12 de 48 pages, grand papier vélin fort, tiré à 75 exemplaires tous numérotés, et deux sur papier rose.

C'est un recueil des passages les plus frappants des moralistes, pour engager l'homme à suivre le sentier de la vertu, et pour le convaincre qu'elle est la source du vrai bonheur.

(Note extraite du catalogue des ouvrages tirés à petit nombre, insérée dans le Répertoire des bibliographies spéciales, curieuses et instructives, par Gabriel Peignot, Paris, Renouard, 1810, in-8°).

14. — *L'Esprit de Montaigne*, avec une préface et des notes, par M. Laurentie, *Paris, Méquignon-Havart et Bricon*, 1829, in-18, 1 vol., qui fait partie de la Bibliothèque choisie, publiée sous la direction de M. Laurentie.

Ce volume est extrait non des Essais, mais de l'ouvrage de Pesselier; les pensées y sont rangées dans le même ordre et rassemblées en chapitres qui portent les mêmes titres. Seulement l'éditeur a fait de nombreux retranchements pour atteindre le but qu'il se proposait et qu'il fait connaître en ces termes dans sa notice sur l'esprit de Montaigne : « Nous avons gardé dans ce recueil ce qui a dû être inspiré seulement par le christianisme; le grec du portique a disparu. Ce livre contient, non pas Montaigne échappé des écoles d'Athènes, mais Montaigne français et chrétien. »

§ III. VOYAGES DE MONTAIGNE.

1. *Journal du Voyage* de MICHEL MONTAIGNE en Italie par la Suisse et l'Allemagne, en 1580 et 1581, avec des notes par M. de Querlon, à *Rome* et *Paris*, *Lejay*, 1774, in-4°, beau portrait gravé par Saint-Aubin. Magnifique volume dédié à Buffon. Les notes sont rédigées d'après les renseignements et les matériaux que Jamet jeune avait fournis à de Querlon.

2 et 3. *Le même.* — Mêmes villes, même date; 2 vol. in-12, ou 3 vol. petit in-12. Pas de portrait de Montaigne.

A la fin du siècle dernier, M. Prunis visitant le château de Montaigne trouva dans un grenier le manuscrit de cet ouvrage, petit volume in-folio de 178 pages; le tiers à peu près est écrit de la main d'un domestique qui servait de secrétaire à Montaigne; le reste est de la main de Montaigne lui-même, et la moitié environ de cette partie est en italien; il manque au commencement plusieurs feuillets. M. Prunis fit de la partie italienne une traduction, qui, ainsi que le texte, fut soumise aux corrections d'un antiquaire italien, M. Bartoldi, et M. de Querlon, à la disposition duquel Jamet le jeune avait mis de nombreux matériaux qu'il possédait sur Montaigne, se chargea de cette publication et de la rédaction des notes indispensables en plusieurs points à l'intelligence du texte. J'ignore ce qu'est devenu ce manuscrit, il n'est pas à la Bibliothèque du roi.

§ IV. PORTRAITS DE MONTAIGNE.

On connaît plusieurs PORTRAITS réputés ORIGINAUX de Montaigne.

1. *Fiquet* a gravé un portrait très remarquable, peint en 1578 par Dumoustier.

2. Le Montaigne gravé par Chéreau en 1725 a été fait d'après un portrait qui appartenait alors à M. Beroyer, avocat au Parlement.

3. Celui publié par Delpech est copié sur un portrait qui était depuis longtemps aux Archives et qu'on vient d'enlever tout récemment.

1. Le plus ancien des PORTRAITS GRAVÉS à ma connaissance est celui déjà remarquable placé en tête des éditions de 1611 et 1617, et signé de *Thomas de Leu;* il a de la ressemblance avec celui de Dumoustier.

Ce portrait se retrouve à plusieurs des éditions suivantes, mais quelques-unes n'ont que des copies mal exécutées et non signées.

2. Le père Lelong (Bibliothèque historique) indique vers cette époque un portrait par *Jaspard Isaac.*

3. Le même. Par Desrochers in-4°.

4. L'édition de 1635 présente au milieu du frontispice gravé in-folio, un portrait non signé. Il reparaît aux éditions de 1652 et 1657. Armes inexactes; il y a des exemplaires où les armes n'existent pas.

Il existe une réduction de ce portrait, format in-12, sans signature, qui paraît être du même temps. On serait tenté de considérer le portrait de 1635 comme authentique quand on se souvient que cette édition a été donnée par mademoiselle de Gournay; mais on ne doit pas attacher une grande importance à cette circonstance, puisque au bas de ce frontispice sont des armes données pour celles de Montaigne et qui n'y ressemblent en aucune façon.

5. L'édition de 1640 a un frontispice imprimé, au milieu duquel est un portrait gravé, sans signature.

6. On trouve un portrait au milieu du frontispice gravé in-12 et signé *N. de Larmessin*, à l'édition de Paris 1659.

7. De même à l'édition de Hollande 1659, avec la signature *P. Clouwet.*

8. De même, à l'édition de Paris 1669, avec la signature de *Matheus.*

9. Portrait de petite dimension dans l'ouvrage de *Freher*, 1688. (V. à la liste des auteurs).

10, 11, 12. A l'édition des Essais de 1641, à celle de l'Esprit de Montaigne 1677, et à celle des Pensées 1701 on trouve en tête du titre gravé, un portrait de très petite dimension. Celui de 1641 est signé F. *Honcruogt.*

13. *Le même*, dessiné par *Genest*, gravé par *Chéreau*, in-4°, 1723 (d'après celui de 1635), dans l'édition de Londres 1724. Armes inexactes.

14. *Le même*, gravé par *Chéreau*, in-4°, 1725 (d'après le portrait annoncé comme original et communiqué par M. Berroyer). Armes exactes, à l'édition de Paris, 1725.

15, 16, 17. On a fait trois réductions de ce portrait; l'une in-8° pour l'édition d'Amsterdam, 1781, l'autre in-12 pour une édition de Londres, 1771, une autre in-18 pour l'édition des Pensées, Londres, 1783.

18. *Même*, dessiné par *Jorat* et gravé par *François*, dans la manière du crayon rouge, in-4° dans l'ouvrage de *Saverien.* (Voyez la note des auteurs).

19. *Même*, J. Blanchon, inv. sculps., réduction in-8° du précédent, en noir avec les initiales de François.

20. *Même*, au trait, dans l'ouvrage de Lavater, tome 3. La Haye, 1786, in-fol.

21. *Même*, gravé par Fiquet, in-8°, d'après un portrait peint par Dumoustier en 1578. Ce portrait est un des plus beaux de ceux qui ont été publiés.

22. *Même*, d'après celui-là, non signé, avec encadrement différent; une foudre au-dessus du médaillon, une lampe au-dessous, même dimension, à l'édition de 1796.

23. *Même*, gravé à l'eau-forte, par *A. de Saint-Aubin*, terminé au burin par *Romanet*, in-4°, très beau. Édition in-4° du Voyage.

25. *Même*, gravé par *Voyer* jeune, in-4° (d'après le précédent).

25. *Même*, signé *F. N. et Martinet*, in-8°, d'après celui qui précède.

26. *Même* dessiné et gravé par *Noël Primeau* (d'après les précédents), in-8°, aux éditions de Bastien.

27. *Même*, gravé par *Lebeau*, in-4° (Esnauts et Rapilly.)

28. *Même*, *Marillier* del. *Ponce* sculp., dans l'ouvrage intitulé les *Illustres Français*.

29. *Même*, dessiné et gravé par *F. Bonneville*, in-8° (d'après celui de Saint-Aubin.)

20. *Même*, gravé par *P. M. Alix*, d'après Dumoustier et imprimé en couleur par Béchet, in-fol. ovale, chez Drouhin.

21. *Même*, dessiné par *Cocaskis*, gravé par *Alex. Tardieu*, in-8°, à l'édition de Lefèvre, 1818.

22. *Même*, gravé par *Leroux* d'après Dumoustier, in-8°, à l'édition de Desoer.

23. *Même*, gravé par *P. Audoin*, in-8°, à l'édition de Chasseriau.

24. *Même*, dessiné au trait par *Meysens* (Landon dir.), in-8° (Biogr. Univ. et galerie hist. de Landon).

25. *Même*, dessiné et gravé par *Dupont* sur fond noir, encadrement ovale, à une édition de Lefèvre, in-8°.

26. *Même*, exactement semblable au précédent quant au portrait, mais non encadré, gravé par *Pollet*, à une édition de Lefèvre, in-8°.

27. *Même*, dessiné par *Devéria*, gravé par Fauchery, in-12.

28. *Même*, gravé sur acier par Lefèvre, in-4°, chez Blaisot.

29. *Même*, *Aug. Saint-Aubin*, profil dans un médaillon, in-8°, à l'édition de Naigeon.

30. *Même*, *C. Hulot*, profil dans un médaillon, au titre imprimé de l'édition, in-18, de Lefèvre.

31. *Même*, en tête de la Notice sur Montaigne dans l'Iconographie instructive.

Il existe plusieurs autres portraits de divers formats sans signatures.

Le PORTRAIT EN PIED de Montaigne se voit:

32. Dans la gravure de M. *Forster*, d'après le tableau de Gros représentant Charles-Quint visitant les tombeaux de Saint-Denis. in-fol.

33. Dans la gravure de *Baquoy*, d'après Ducis du Montaigne visitant le Tasse, in-fol.

34. *Même*, *Leroux* sculp., *Devéria* del., in-8°, 1822.

35. *Même*, gravé par *Leroy* d'après Dupont, grand in-8°, 1835, dans la Collection du *Plutarque français*.

36. PORTRAIT LITHOGRAPHIÉ, *Bouillon* del. d'après le buste du Musée des monuments français. In 4°, dans la Galerie Française.

37. *Même*, in-4°, *Gautheret et Weber*.

38. *Même*. in-fol. *P. Indré*.

39. *Même*, in-fol., *Maurin* (d'après celui du Musée des monuments français) chez Delpech.

40. *Même*, réduit du précédent, in-8°.

Cette liste serait moins étendue si M. Debure aîné n'avait eu l'extrême obligeance de me permettre de parcourir la riche collection de portraits qu'il possède.

§ V. CHATEAU DE MONTAIGNE.

Ce château dépend de la commune de Saint-Michel de Montaigne, à 200 ou 300 pas de laquelle il est situé; il est à deux lieues de Castillon, à deux lieues de la Dordogne et de la route de Libourne à Bergerac; il est solidement bâti et il serait susceptible de durer longtemps encore, s'il était entretenu; mais quoique habité, l'état d'abandon dans lequel on voit aujourd'hui le château et surtout la tour de Montaigne doit faire regarder comme peu éloigné le moment où cette intéressante habitation ne comptera plus qu'au nombre des ruines.

Le savant et respectable M. *Jouannet* a inséré dans le *musée d'Aquitaine*, Bordeaux, 1823, in-8°, page 143, une description du château de Montaigne, accompagnée de deux lithographies fort exactes, dont l'une représente le manoir principal et l'autre la tour dite de Montaigne.

En 1783, l'Académie de peinture de Bordeaux a fait dessiner le château de Montaigne. *Thiénon*, dans ses Vues du département de la Gironde (Saint Michel-Montaigne est du département de la Dordogne), a donné une vue assez exacte du château, et l'a accompagnée d'une courte description.

Dans les *Vues de la France* par *Osterwald*, on

trouve aussi un article sur le château de Montaigne, mais la gravure qui l'accompagne est complétement inexacte.

M. *Bernadau*, dans ses *Antiquités Bordelaises*, Bordeaux, Moreau, 1797, in-8° (page 243), a consacré à la maison natale de Montaigne un article dans lequel il prétend établir qu'elle n'était pas située en Périgord.

De *Querlon*, dans une note du discours préliminaire du Voyage, dit aussi quelques mots de cette habitation.

On peut consulter, sur le mausolée de Montaigne et sur l'église du collége où il est placé, les *Antiquités Bordelaises* de M. *Bernadau* cité ci-dessus, page 362, et les *Annales politiques*, littéraires et statistiques de Bordeaux, du même auteur, Bordeaux, Moreau, 1803, in-4°.

§ VI. NOTICE SUR LES ÉCRITS RELATIFS A MONTAIGNE

ET INDICATION DES JUGEMENTS PRINCIPAUX PORTÉS SUR SA PERSONNE ET SON OUVRAGE.

1. *Scævolæ Sammarthani elogiorum* (lib. II).
2. *Thuani, historiarum* (lib. CIV, ad ann. 1592. Edit. Roverianæ, 1630, in-folio, t. 5, pag. 264). Idem *De Vitâ suâ* (lib. III, pag. 52).
3. *Pasquier* (lettre I, liv. XVIII, à M. Pelgé, maître des comptes).
4. *Justi Lipsii epist.* (cent. 1 miscell. epist. 43. cent. 2, epist. 41, 55, 56, 92. — Cent. 1, ad Belgas epist. 15. Cent. 2 ad Belgas epist. 21).
5. *Mademoiselle de Gournay, préface des Essais* de l'édition in-fol., Paris 1595, reproduite avec retranchements à la suite du Proumenoir de M. de Montaigne. Paris, in-12, L'Angelier, 1599. Augmentée et placée ensuite à la tête des Essais de Paris, 1617, in-4°; puis à l'édit. de Paris, 1625, in-4°; enfin, avec de nouvelles modifications à l'édition de Paris, 1635, in-folio.
6. *Balzac, Dissertation* (19 et 20).
7. *Plassac Méré* à M. Mitton; il conseille de traduire Montaigne en français moderne, et il a essayé de mettre ce projet à exécution. (Voyez à l'édition de 1822.)
8. *Rolandi Maresii epist.* (lib. I, epist. 22, Joanni Capellano).
9. *Dominici Baudii iambicorum* (lib. II et in notis).
10. *Jonathan de Saint-Sernin*. Essais et observations sur les essais du seigneur de Montaigne. Londres, Edward Allde, 1626, in-12.
11. *Éloges des Hommes Illustres*, qui depuis un siècle ont fleuri en France dans la profession des lettres, composés par Scevole de Sainte-Marthe, et mis en français par G. Colletet. Paris, Courbé, 1644 (Liv. II. pag. 147).
12. *Gui Patin*, lettre du 12 septembre 1645. (Lettres Choisies. Paris, in-12, n° 6).
13. *Chanet*. Traité de l'esprit de l'homme et de ses fonctions. — Paris, Camusat et Petit, 1649. in-8° (Liv. II. chap. 10, liv. III, chap. 3).
14. *Préface* de la galerie des peintures. — Paris, Sercy, 1663.
15. *Sorel*. Bibliothèque française. — Paris, 1667, in-12 (page 80).
16. *De Silhon*. De l'immortalité de l'âme. — Paris, 1634, in-4°. (Liv. I, disc. 2, liv. II, disc. 6).
17. *Daudiguier*. Traité du vrai et ancien usage des duels (page 88).
18. *Examen* de la manière d'enseigner le latin aux enfants par le seul usage. — Paris, 1668 (page 72).
19. *De Villiers*. Réflexions sur les défauts d'autrui (Chap. de la nature et du vray, t. II).
20. *Béranger*. Réponse aux injures écrites contre Michel, seigneur de Montaigne, etc. (Voyez aux extraits des Essais, n° 2.) — Paris, 1667 et 1668, in-12.

L'auteur rapporte quelques jugements sur les Essais, entre autres, celui d'un illustre prélat et celui de M. L. D.

21. *Journal* des Savants, Août 1677.
22. *Préface* de l'esprit des Essais de Montaigne. — Paris, de Sercy, 1677, in-12. (Voir aux extraits.)
23. *D. Freheri*, med. norib. Theatri virorum eruditione clarorum. Norimbergæ, 1688, in-fol. (Tome III, parag. 4, page 1486); article extrait de Scevole Sainte-Marthe, avec portrait.
24. *Blaise Pascal*. Ses œuvres, La Haye, 1779, in-8°, 5 vol. (*Pensées*, première partie, article 8, n°s 10 et 14, art. 9, n°s 36 et 43, art. 10. n° 7, art. 11 tout entier, intitulé: *d'Epictète et de Montagne*, deuxième partie, art. 17, n° 34. — La comparaison d'Epictète et de Montaigne a été insérée dans l'édition de 1739, puis dans le supplément in-4° des éditions de 1724 et de 1725.)
25. *Mallebranche*. Recherche de la vérité...... (Liv. II, part. 3, chap. 3, et les éclaircissements et chap. 5.)
26. *Nicole*. Essais de morale. (Tome 6. Pensées sur divers sujets de morale, art. 29 : des Plaisirs.)
27. *Ant. Arnauld et Nicole*. La Logique, ou l'Art de penser. — (troisième partie, chap. 19, n° 6).

28. *Leclerc.* Bibliothèque universelle et historique, juin 1691.

29. *La Chetardie*, sous le nom de Moncade, — *Rouen*, 1691. — Réflexion, 161 (*Coste*).

30. *Lafaille* (anonyme). Le portefeuille de M. L. D. F. *Carpentras. Labarre*, 1694, in-12.

31. *Ancillon.* Mélanges critiques de littérature. — Bâle, 1698 (tome II, art. 79).

32. *Dom Bonaventure d'Argonne* sous le nom de Vigneul Marville. Mélanges d'histoire et de littérature. *Rouen*, Maury, 1699, in-12 (tome I, page 133).

33. *La Bruyère.* Caractères, dixième édition. *Paris*, 1699 (page 31).

34. *Lamy.* Démonstration de la sainteté de la religion chrétienne.

35. *Artaud.* Préface des *pensées* de Montaigne. (Voir aux extr. des *Essais*.)

36. *Jacq. Bernard.* Nouvelles de la république des lettres. Avril, 1701.

37. Mémoires pour l'histoire des sciences et des beaux-arts. Mai et juin 1701.

38. *Sacy* (anonyme). Traité de l'amitié. *Paris*, Barbin, 1704 (page 149).

39. *Saint-Évremond.* Édit. d'*Amsterdam*, 1706, in-12. (Œuvres mêlées, tome III, page 58. Mélange curieux, tome I, page 173.)

40. *Menagiana.* Édit. de *Paris*, 1715 (tome III, page 102).

41. *Tessier.* Éloges des hommes illustres. Leyde, 1715, in-12. (Citations de de Thou, réflexions de l'auteur qui rapporte quelques jugements et critiques.)

42. *Bayle.* Dictionnaire. Édit. de 1720 (tome I, page 852, tome IV, page 2986, et 3025). Il est assez remarquable que Bayle n'ait pas consacré d'article spécial à Montaigne. Pareille omission se rencontre dans les dictionnaires de Moreri, de Chaufepié et de Prosper Marchand.

43. *Segraisiana.* Édit. de *Paris*, 1721 (page 143).

44. *Huetiana.* Édit. de *Paris*, 1722 (art. 6, page 14).

45. *Nicéron.* Mémoires pour servir, etc., etc. (tome XVI).

46. *Beeverwyk.* Défense de la médecine contre les calomnies de Montaigne, dans l'ouvrage intitulé: *Éloge de la médecine et de la chirurgie. Paris*, Rebuffé, 1730, in-12 (de la page 30 à la page 121).

47. Catalogue manuscrit de la Bibliothèque du roi, rédigé vers le milieu du siècle dernier. On trouve à la suite de l'indication de diverses éditions des *Essais* une note ainsi conçue : Ouvrage suranné, estimé, goûté dans le monde, moins par ce qu'il a de bon que par ce qu'il a de mauvais.

48. *Mercure de France* 1733. Projet de traduction en français moderne des *Essais* de Montaigne (voyez au n° 63 des éditions des *Essais*).

49. *Crousaz.* Histoire du pyrrhonisme ancien et moderne. *La Haye*, P. de Houdt, 1733, in-fol. (pages 134, 1516).

50. *Bouhier* (le président). La vie de Michel, seigneur de Montaigne (insérée d'abord dans l'édition des *Essais* de 1739, puis successivement dans le *Mercure de France*, octobre 1740; dans le supplément in-4°, publié la même année à Londres; dans les éloges de quelques auteurs français. *Dijon*, Marteret, 1742, in-8°, où elle est intitulée : Mémoires pour servir, etc.; dans l'édition des *Essais* de 1745, et dans les réimpressions suivantes faites d'après Coste).

54. *Scaligerana secunda.* Article Montaigne et article Goulart. (*Voyez* sur les Scaligerana prima et secunda une note curieuse dans le répertoire des bibliographies spéciales de Gabr. Peignot. *Paris*, Renouard, 1810, in-8.)

52. *Montesquieu.* Pensées (sur les modernes).

53. *Pesselier.* Préface de l'esprit de Montaigne et éloge historique de cet auteur. *Paris*, in-12. (Voir aux extraits des *Essais*.)

54. *Marmontel.* Ses œuvres. *Paris*, Verdière, 1825, in-8° (tome I, pages 45, 49, 150, 559; tome IV, pages 465, 479, 482).

55. *P. Coste.* Préface de l'édit. des *Essais* de 1724 et avis sur l'édition de 1739, reproduit avec quelques modications en 1745. (Ces deux pièces ont ensuite été insérées dans les éditions suivantes.)

56. *Voltaire.* Discours à l'Académie. — Lettres philosophiques (lettre XII), préface de l'Écossaise.—Dict. philos. art. Français.—Épître sur l'envie. — Lettre au comte de Tressan du 21 août 1746 (corr. gén., n° 874) Mélanges philosophiques.

57. *J.-J. Rousseau.* Il cite assez souvent Montaigne, plus fréquemment il s'empare de ses idées sans le nommer ; il le réfute au livre IV d'*Émile* et aux *Confessions*, partie deuxième, livre X.

58. *D. J. C. B.* (Dom. Jos. Cajot, bénédictin), les plagiats de M. J.-J. Rousseau sur l'éducation. *La Haye, Paris*, Durand, 1766, in-8° et in-12 (de la page 119 à 159).

59. *Tressan.* Voltaire, dans la lettre précitée au comte de Tressan, fait un grand éloge de l'auteur des *Essais*, et il dit à cette occasion : « Vous ne vous êtes pas assurément trompé sur Montaigne, je vous remercie bien, monsieur, d'avoir pris sa défense. » . . . . « Je conserverai chèrement l'exemplaire que vous m'avez fait l'honneur de m'envoyer, » et M. Biot dit dans son discours sur Montaigne que M. de Tressan a écrit une dissertation sur cet auteur ; cette pièce n'a probablement pas été imprimée, car on ne la trouve pas dans l'édi-

tion des œuvres du comte de Tressan qu'a donnée M. Campenon. *Paris*, Neveu et André, 1822-23, 10 vol. in-8°.

60. *Saverien*. Histoire des philosophes modernes avec leurs portraits gravés dans le goût du crayon, d'après les dessins des plus grands peintres, par M. Saverien, publié par François, graveur. *Paris*, Brunet, 1760, in-4°, 4 vol. (Aux moralistes).

61. Bibliothèques françaises de *Lacroix du Maine* et de *du Verdier* par M. Rigoley de Juvigny; *Paris*, 1772, in-4, 7 vol. (dans ces deux ouvrages il faut chercher à Michel.)

62. *Dom de Vienne*. Dissertation sur la religion de Montaigne. *Bordeaux* et *Paris*, 1773, in-8°. — Éloge historique de Michel de Montaigne et dissertation sur sa religion; *Paris*, 1775, in-8° —Histoire de la ville de Bordeaux; *Bordeaux*, 1771, in-4°, t. I.

63. *de Querlon*. Discours préliminaire du Journal du Voyage de Montaigne.

64. *Talbert*. Eloge de Michel Montaigne qui a remporté le prix d'éloquence à l'Académie de Bordeaux en 1774. (Il se trouve aux éditions des Essais de 1779, 1780, 1789.) Cet éloge est suivi de notes intéressantes.

65. *Deslandes*. Réflexions sur les grands hommes qui sont morts en plaisantant; *Amsterdam*. 1732, in-12. (Il cite Montaigne aux pages 3, 23, 118 et suivantes.) L'idée de cet ouvrage qui est d'une grande pauvreté d'exécution a certainement été fournie à l'auteur par cette phrase de Montaigne qu'il cite dans sa préface : *Si j'estois faiseur de livres je ferois un registre commenté des morts diverses. Qui apprendroit les hommes à mourir, leur apprendroit à vivre.* Le *registre* existait, mais non *commenté*, du vivant même de Montaigne, car Jean Tixier de Ravisi, plus connu sous le nom de *Ravisius Textor*, et qui était mort dès 1524, a donné dans son *Officina vel potius naturæ historia* une longue liste d'un grand nombre de noms d'hommes classés en trente-six chapitres dont chacun comprend une cause particulière de mort; ainsi : De iis qui podagra mortui; de iis qui aquis submersi interierunt; de iis qui in latrinis perierunt; de gaudio et risu mortuis; de iis qui in actu venereo mortui; de iis qui siti ac fame perierunt, etc. *voy.* à l'ouvrage cité, édition de *Bâle*, 1552, in-4, de la page 509 à 596. — Plusieurs autres ouvrages ont été composés dans le même sens. *Valère Maxime* a consacré le chap. XII du livre IX à quelques exemples de morts remarquables (de Mortibus non vulgaribus); on a publié à *Paris*, en 1772, chez Moutard, un ouvrage en 2 vol. in-12, intitulé : Derniers sentiments des plus illustres personnages condamnés à mort, lequel est attribué par M. Barbier aux abbés Sabatier et de Verteuil, et que Sabatier, dans ses articles inédits, attribue à l'abbé *Préfort*. Il a

paru en 1818, à Paris, chez A. Emery, un ouvrage in-8°, sans nom d'auteur, (*Léon Thiessé*) sous ce titre : Les derniers moments des plus grands hommes français condamnés à mort pour délits politiques. — Le professeur Desgenettes a fait paraître en 1833, un ouvrage intitulé : Etudes sur le genre de mort des hommes illustres de Plutarque et des empereurs romains. — On peut rapprocher les ouvrages suivants de ceux qui précèdent, car la mort est au nombre des *accidents* dont on y trouve le récit : ainsi *Boccace* a écrit un livre : De casibus virorum ac fæminarum illustrium, qui a été plusieurs fois traduit en français sous les titres de : la Ruyne des nobles hommes et femmes, *Lyon*, 1483; le livre des cas des nobles hommes et femmes malheureux, *Paris*, 1483 ; des Nobles malheureux, *Paris*, 1494 ; Traités des mésaventures des personnages signalés, *Paris*, 1578, etc. La liste commence à Adam et Eve et s'arrête à Jean de France. On attribue à *Georges Chatelain* l'ouvrage intitulé : le Temple Jehan Boccace de la Ruyne d'aulcuns nobles malheureux fait par *Georges* son imitateur, *Paris*, Galiot Dupré, 1517, in-fol., gothique ; *voy.* l'extrait qu'en donne M. Buchon dans la notice qu'il a placée à la tête de son édition de Georges Chatelain du Panthéon Littéraire. — P. *Boitel de Gaubertin* est auteur d'un ouvrage qui a pour titre : Les Tragiques accidents des hommes illustres depuis le premier siècle jusqu'à présent, 1619 in-12; la liste commence par Abel et finit au chevalier de Guise ; etc.

66. *Ladvocat* (J.B.) Dictionnaire historique et bibliographique portatif (art. consacré à Montaigne).

67. *Chaudon* (L. M.) et *F. A. Delandine*. Nouveau dictionnaire historique (article Montaigne).

68. *Feller* (F. X.) Dictionnaire historique. L'article Montaigne n'est que la répétition de celui du dictionnaire de Chaudon auquel l'auteur a ajouté des réflexions passionnées et des interprétations défavorables; il est fort inexact en ce qui concerne les éditions.

69. Dictionnaire historique et bibliographique portatif, par L. G. P. *Paris, Hocquart*, 1815, in-8°, 4 vol., dont le dernier est composé des portraits; article purement historique sur Montaigne. (On lit à l'article *Peignot* de la Biographie des hommes vivants, que malgré les initiales placées au frontispice de cet ouvrage on a lieu de croire que M. L. Gabr. Peignot n'y a rédigé que la moitié de la lettre A.)

70. *Paulmy* (Mis de). Mélanges tirés d'une grande bibliothèque. Tom. XV, vol. P. de la collection. Tome 12 de la lecture des livres français, suite de la huitième partie. Article étendu consacré à Montaigne et terminé par une liste d'expressions usitées aujourd'hui et qu'on doit à cet auteur, et une autre de celles qu'il a hasardées et qui n'ont pas fait fortune.

71. *Lacombe de Prezel* (anonyme). Dictionnaire de portraits historiques, anecdotes et traits remarquables des hommes illustres. *Paris, Lacombe*, 1768, in-8°. 3 vol. (Article consacré à Montaigne, pag. 651-57 du tom. II).

72. *Sabatier de Castres*. Les trois siècles de notre littérature. Paris, Gueffier, 1772, in-8°, 3 vol. Article Montaigne d'après Ladvocat et Chaudon ; jugement porté d'après Feller.

73. *Bret*. Discours préliminaire des œuvres de Molière.

74. *Titon du Tillet*. Essai sur les honneurs et sur les monuments accordés aux illustres savants pendant la suite des siècles. *Paris*. 1784. in-12 (cité aux pages 366 et 444).

75. *De la Dixmerie*. Éloge analytique et historique de Michel Montaigne, suivi de notes, d'observations sur le caractère de son style et le génie de notre langue, et d'un dialogue entre Montaigne, Bayle et J.-J.-Rousseau. *Amsterdam* et *Paris*, 1781, in-8°.

76. *Ponce*. Les illustres Français, ou Tableaux historiques des grands hommes de la France. Paris, 1790, 1816, in - fol. 56 planches d'après les dessins de Marillier, portrait encadré au milieu du tableau des principaux traits de leur vie, avec l'historique au bas de la même estampe.

77. *Diderot*. Article Pyrrhonisme de l'Encyclopédie ; philosophie ancienne et moderne, 1793, tom. III, pag. 481. — Pensées philosophiques.

78. *La Harpe*. Cours de littérature, édition de Deterville, 1818, in-8° (Introduction au discours sur l'état des lettres en Europe, etc., tom. V, p. 38. — Appendice, ou Nouveaux éclaircissements sur l'histoire ancienne, tom. III, pag. 398. 1re partie, liv. 3, chap. I, sur Plutarque, tom. IV, pag. 304).

79. *Maréchal* (Sylv). Dictionnaire des Athées. (Il a compris Montaigne au nombre des hommes qui figurent dans son ouvrage.)

80. *Moniteur*. Année 1800, n° 7 (7 vendémiaire an IX). Arrêté du préfet du département de la Gironde (*Thibaudeau*) qui décide la translation du corps de Montaigne, de l'église des ci-devant Feuillants à la salle des Monuments, et qui règle le cérémonial qui sera observé.

81. *Moniteur*. Année 1800, n° 9. A l'article des *Fêtes de l'anniversaire de la fondation de la république*, on trouve les détails de ce qui s'est passé lors de la translation annoncée ci-dessus.

82. *P. La Montagne*. Discours prononcé dans la cérémonie de la translation des cendres de Michel Montaigne, 1er vendémiaire an IX. *Bordeaux*, 1801, in-8°. (Le baron Pierre de La Montagne, membre de l'Académie des sciences et belles-lettres de Bordeaux, était alors professeur de belles - lettres à l'école centrale.)

82. *Bastide*. On a vu, à l'occasion de l'édition des *Essais* de 1822, que cet auteur s'était beaucoup occupé de Montaigne ; on trouve dans les Mémoires de l'Académie de Berlin une faible partie de ses travaux philologiques sur les *Essais*. Quoiqu'on lise en tête d'un article : « Essai d'un Montaigne moderné, » il ne s'y trouve rien de sa traduction. Ses observations grammaticales et critiques sur Montaigne ou à son occasion sont insérées dans les volumes publiés à Berlin, in-8°, en 1799, 1800, 1801, qui renferment les travaux des années 1796, 1797, 1798, 1799, 1800. Bastide avait déjà entretenu la même Académie de son Montaigne moderne, dans son discours de réception, en 1792.

84. *Dessessarts* (N. L. M.). Les siècles littéraires de la France. *Paris*, 1801, in-8°, article consacré à Montaigne. Au sixième volume on trouve une addition au nom de Bernadau dans laquelle on annonce un ouvrage de cet auteur qui devait être mis incessamment sous presse sous le titre de : Panthéon d'Aquitaine, ou Hist. biographique des hommes illustres de l'ancienne Guienne, 2 vol. in-4°; j'ignore si cet ouvrage a paru.

85. *Naigeon*. Une note sur Montaigne à l'article Pyrrhonisme de Diderot, les deux avertissements de l'édition de 1802 et les notes de cette édition.

86. *Vernier*. Notices et observations pour préparer et faciliter la lecture des Essais de Montaigne. *Paris, Testu et Delaunay*, 1810, in-8°, 2 vol.

Je doute que cet ouvrage ait atteint le but que se proposait l'auteur, *d'apprendre à lire Montaigne*, j'applaudis à l'intention, mais je ne puis approuver l'exécution, malgré le jugement avantageux qu'ont porté sur cet ouvrage deux hommes qui font autorité, MM. Labouderie et Gence.

En effet, ce sont plus souvent des pensées à l'occasion de Montaigne, que les pensées de Montaigne, qu'on rencontre dans ces notices. L'auteur fait les citations de mémoire, et il en altère même les expressions; ainsi, il dit : « *pense creux*, pour *songe creux*; » il croit citer textuellement les Essais (p. 11. de l'introd.), et ce qu'il cite est de mademoiselle de Gournay. Les noms propres, les dates sont altérés; il dit : « Lejay, pour Jay, Baudin, pour Baudius; 1560 pour l'année de la mort de La Boétie, au lieu de 1561; 1591 pour l'année où Montaigne visitait l'Italie, au lieu de 1581; il intitule la Servitude volontaire, qu'on a désignée aussi par le *Contr'un*, les *Quatre contr'un*; il dit que l'édition originale des Essais porte pour épigraphe : *Novit se ipsum*, ce qui n'est pas; il dit que l'édition de 1635 était la huitième, quand c'était au moins la vingt-cinquième, etc., etc.

Tel qu'il est, cet ouvrage peut être considéré comme un bon livre de morale, mais je doute fort qu'il puisse épargner aucune des difficultés qu'on renntre en lisant les Essais pour les premières fois.

87. *Chénier* (M. J.). Tableau historique de la littérature française. (Chap. II).

88. *Bernadau*. Lettre, en date du 14 juillet 1789, Journal général de France, n° 136; 12 novembre 1789.—*Antiquités Bordelaises*. — *Bordeaux, Moreau*, 1797, in-8°. (Maison natale de Montaigne, p. 243. Manuscrit de Montaigne, p. 367. Mausolée de Montaigne, p. 362.) — Annales politiques, littéraires et statistiques de *Bordeaux*, divisées en cinq parties, formant ensemble un corps complet de recherches chronologiques, pour servir à l'histoire ancienne et moderne de cette ville, depuis sa fondation jusqu'en 1802. — *Bordeaux, Moreau*, 1803, in-4°. La préface mentionne que la cinquième partie renferme un Ana inédit de Montaigne, et fait connaître une particularité relative au cercueil du premier des philosophes français.

89. *Palissot*. Mémoires pour servir à l'histoire de notre littérature. — *Paris, Colas*, 1809, in-8°. Art. Montaigne.)

90. *Bourdic-Viot* (Marie-Henriette Payan de Étang de), connue d'abord sous le nom de marquise d'Antremont, puis de baronne de Bourdic; de l'Académie des Arc., de celle de Nîmes, des musées de Bordeaux, etc. Eloge de Montaigne. — *Paris. Pougens*, an VIII, in-12.

91. *Lemercier* (Népomucène), succédant à Naigeon à l'Académie française. Discours de réception prononcé le 5 sept. 1810 (pages 14, 15).

92. *Villemain*. Eloge de Montaigne. Discours qui a remporté le prix d'éloquence, décerné par la classe de la langue et de la littérature françaises de l'Institut; *Paris, Firmin Didot*, 1812, in-4° et in-8°, 46 p. (Ce discours se trouve aussi dans l'édit. des Essais de Froment.)

93. *Jay*. Tableau littéraire de la France pendant le 18e siècle; *Paris*, 1810, in-8° (pages 8, 81, 83, 3).—Éloge de Montaigne. Discours qui a obtenu accessit, etc.; *Paris, Delaunay*, 1812, in-8°, 98 p. (Dans les notes, M. Jay a inséré les avis donnés par Catherine de Médicis à Charles IX.) Ce discours fait partie (sans les notes) des éditions des ESSAIS de Desoër.

94. *J. Droz*. Eloge de Montaigne. Paris, F. Didot, 1812. La classe de la langue et de la littérature françaises de l'Institut a décerné une médaille à l'auteur de ce discours; in-8°, 38 p.

Depuis cette époque, M. Droz a inséré cet éloge à la suite de l'Essai sur l'Art d'être heureux chaque fois qu'il a donné une nouvelle édition de cet ouvrage; il a ajouté deux notes nouvelles, l'une sur Raymon Sebond, l'autre sur l'édition donnée par Naigeon, et il a modifié les notes anciennes.

95. *Du Roure* (le marquis, anonyme). Éloge de Montaigne. Discours qui a obtenu une mention honorable, etc. *Paris; Fain*, 1812, in-8°, 39 pages.

96. *J. Dutens*. Éloge de Montaigne. Discours qui a obtenu une mention honorable, etc; *Paris, F. Didot et Favre*, 1818, in-8°, 76 pages.

97. *Biot* (de l'Institut, anonyme). Montaigne. Discours qui a obtenu une mention, etc.; *Paris, Michaud*, 1812, in-8°, 68 pages.

Ce discours me paraît être la pièce la plus remarquable qui ait été publiée sur Montaigne. Dominant son sujet, l'auteur apprécie avec une extrême indépendance et une grande supériorité de vues, l'époque où a vécu ce philosophe, ses qualités personnelles, et l'influence qu'ont exercée sur son caractère et sur sa philosophie les opinions et les mœurs de son temps; bien que dans cette dernière partie M. Biot se montre sévère, on peut dire en général que Montaigne n'a jamais été mieux jugé que dans ce travail.

98. *J. V. Leclerc*. Eloge de messire Michel, seigneur de Montaigne, etc.; *Paris, Auguste Delalain*, 1812, in-8°, 176 pages, dont 60 consacrées aux notes. Ce discours a reparu avec de légères modifications à la tête de l'édition des ESSAIS que l'auteur a donnée chez *Lefèvre*, en 1826.

99. *Victorin Fabre*. Eloge de Michel de Montaigne; *Paris, Maradan*, 1812, in-8°; 83 pages.

100. *Vincens* (*Emile*). Eloge de Michel de Montaigne qui n'a pas concouru pour le prix de l'Institut.; *Paris, Fantin*, 1812, in-8°; 112 pages.

101. *F. Guizot*. Annales de l'éducation. *Paris, Lenormant*, t. III. 1812, in-8° (p. 65, 129, 193, 257).

On trouve aux endroits indiqués un exposé des idées de Montaigne sur l'éducation, et une juste appréciation de leur valeur. L'auteur (M. Guizot) présente dans un résumé fort substantiel, la doctrine de Montaigne dans laquelle il trouve beaucoup à louer; on lira avec intérêt le jugement qu'il porte sur le génie et le caractère de ce philosophe.

102. *Mazure* (*F. A. J.*). Eloge de Montaigne; *Angers, Mame*, 1814, in-8°, 51 pages.

103. *François* (de Neufchâteau). Essai sur les meilleurs ouvrages écrits en prose dans la langue française. — *Paris*, 1816, in-8°; brochure sans frontispice. L'auteur indique les additions qui devraient être faites à une bonne édition des Essais; ce sont, suivant lui, les variantes des édit. de 1580 et 1588, un glossaire, un extrait du Voyage et un extrait de Raymon Sebond. On voit que ces améliorations se rencontrent dans les éditions qui ont paru depuis cette époque.

104. *Eloi Johanneau*. Avertissement de l'édition de Lefèvre, 1818, et les notes de cette édition.

105. *Labouderie* (M. l'abbé, anonyme). Le Christianisme de Montaigne, ou Pensées de ce grand homme sur la religion; *Paris, Demonville*, 1819; in-8°.

106. *Amaury-Duval*. Préface de la Collection des Moralistes français (page 9). Vie de Montaigne et notice sur les principales éditions des Essais, à la tête de l'édition de Chasseriau; 1820.

107. *Gence (J. B. M.)*. Article Montaigne, dans la Biographie universelle, tome XXIX, pages 426-41. 1821. L'auteur a fait tirer à part quelques exemplaires de cet article.

108. *Iconographie instructive*. Notice biographique entourant un portrait gravé; une feuille pour chaque article. Format grand in-8. Il y a un article consacré à Montaigne.

109. *Charles Nodier*. Questions de littérature légale, du plagiat, de la supposition d'auteurs, des supercheries qui ont rapport aux livres, deuxième édition; *Paris, Roret*, 1828, in-8°. L'auteur indique un certain nombre des emprunts qu'ont fait à Montaigne, et sans le nommer, Corneille, Voltaire, J.-B. Rousseau, Pascal (pages 7, 41 et suivantes; 159 et suivantes, 206 et suivantes). Mélanges tirés d'une petite bibliothèque. — Paris, 1829 (Discussion à l'occasion de l'édition des Essais attribués aux Elzevirs; pages 6,-9).

110. *Laurentie*. Notice sur l'esprit de Montaigne, en tête de l'ouvrage qu'il a publié sous ce titre en 1829. (Voyez les Extr. des Essais.)

111. *De Peyronnet*. Notice sur Montaigne dans le Plutarque français; Paris, 1834, grand in-8° (datée du château de Ham, sept. 1834).

112. *Encyclopédie méthodique*. Histoire (tome III, 1788), art. *Montaigne* et Encyclopédiana.

113. *Landon*. Galerie historique des hommes les plus célèbres. *Paris*, 1806, in-12 (tome 8).

114. *Le comte de la Platrière*, Galerie universelle, etc. *Paris, Bailly*, 1787, in-4°. Art. Montaigne, de 68 p. avec portrait.

115. *Satgé Bordes*. Jugements sur les meilleurs écrivains anciens et modernes. *Paris*, 1812. In-12 (page 139).

116. *J. A. C. Buchon*. Notice sur *Montaigne*, en tête de l'édition des œuvres de cet auteur dans le *Panthéon littéraire*.

On trouve dans *la Gironde*, Revue de Bordeaux, février 1834, 9e livraison, un article intitulé *Installation de Michel Montaigne, maire de Bordeaux*, et l'éditeur fait précéder ce récit d'une note signée G. ainsi conçue: « Il y a quelques années que des maçons en travaillant à une maison autrefois habitée par Michel de Montaigne, au coin de l'impasse des Minimettes, à Bordeaux, découvrirent sous une poutre un manuscrit renfermé dans une cassette de bois de cyprès. C'était vraisemblablement le journal inédit d'un ancien serviteur de l'auteur des Essais, lequel avait sans doute habité avec lui cette maison, dont la façade gothique a été détruite dernièrement, etc. » M. Aimé Martin, à l'obligeance duquel je dois d'avoir eu connaissance de cette pièce, est convaincu que c'est un pastiche, et je crois qu'il ne peut y avoir aucun doute à cet égard. L'auteur a pris textuellement dans les Essais, les discours et les réflexions qu'il prête à Montaigne dans le cours de cette solennité, et cette circonstance seule suffirait pour démontrer la supercherie.

Cette dernière pièce sert naturellement de transition pour mentionner, en terminant cette notice, quelques ouvrages dans lesquels les auteurs ont pris Montaigne pour leur interprète. Ainsi, dans un discours récemment couronné par l'Institut, *sur le courage civil*, on voit paraître Montaigne comme un des interlocuteurs.

La Dixmerie a fait suivre l'éloge qu'il a donné de Montaigne, d'un dialogue entre ce philosophe, Bayle et J.-J. Rousseau.

Il a paru, en 1823, *Paris, Delaunay*, in-8°, sans nom d'auteur, un volume intitulé *Montaigne aux Champs Élysées*, et qui se compose de huit dialogues en vers dans lesquels on le fait successivement converser avec Démocrite, Rabelais, etc.

Table alphabétique des auteurs mentionnés dans la notice qui précède.

	n°						
Ancillon		Desmarets	31.	La Harpe	8.	Ponce	78.
Arnauld		Dessessarts	27.	La Montagne		De Querlon	82.
Artaud		Diderot	55.	Lamy	77.	Roure (marquis du)	34.
Balzac	6.	Dixmerie		Landon		Rousseau (J. J.)	113.
Bastide	85.	Droz		Laurentie	94.	Sabatier	110.
Baudius	9.	Dutens		Leclerc	96.	Sacy	28.
Bayle	42.	Duval (Amaury)		Leclerc (Joseph Victor)	106.	Saverien	98.
Beeverwyk	46.	Duverdier		Lemercier (Nepom.)	61.	Saint-Evrémond	91.
Béranger	20.	Fabre (Victorin)		Mallebranche	99.	Sainte Marthe (Scevole)	25.
Bernadau	88.	Feller		Maréchal	68.	Satgé Bordes	79. 115.
Bernard Jacques	56.	François de Neufchâteau		Marmontel	103.	Scaliger	54. 51.
Blot	97.	Freher		Mazure	25.	Segrais	102. 33.
Bonaventure d'Argonne	52.	Gence		Menage	107.	Silhon	40.
Bouhier	59.	Gournay		Montesquieu	5.	Sorel	52. 15.
Bourdic-Viot	90.	Guizot		Naigeon	101.	Talbert	88. 81.
Bret	73.	Guy Patin		Niceron	12.	Tessier	45. 81.
Buchon	111.	Huet		Nicole	44.	Thibaudeau	26. 80.
Cajot	58.	Jay		Nodier	93.	Thou (de)	109. 2.
Chanet	43.	Johanneau (Eloi)		Palissot	104.	Titon du Tillet	89. 74.
Chaudon	67.	Jonathan de Saint-Serniu.		Pascal	10.	Tressan	24. 59.
Chenier	87.	Juste Lipse		Pasquier	4.	Vernier	5. 87.
Chetardie	29.	Labouderie		Paulmy	103.	Vienne (Dom de)	70. 32.
Colletet	11.	La Bruyère		Peignot	35.	Villemain	69. 61.
Coste	55.	Lacombe		Pesselier	71.	Villiers	53. 19.
Crousaz	49.	Lacroix du Maine		Peyronnet	61.	Vincens	111. 100.
Daudiguier	17.	Ladvocat		Plassac Méré	66.	Voltaire	7. 56.
Deslandes	65.	Lafaille		Platrière (comte de la)	30. 114		

ESSAIS

DE

MICHEL DE MONTAIGNE.

L'AUCTEUR AU LECTEUR.

C'est icy un livre de bonne foy, lecteur. Il t'advertit dès l'entrée que je ne m'y suis proposé aulcune fin que domestique et privée; je n'y ay eu nulle consideration de ton service ny de ma gloire; mes forces ne sont pas capables d'un tel dessein. Je l'ay voué à la commodité particuliere de mes parents et amis, à ce que m'ayants perdu (ce qu'ils ont à faire bientost) ils y puissent retrouver quelques traicts de mes conditions et humeurs, et que par ce moyen ils nourrissent plus entiere et plus vifve la cognoissance qu'ils ont eue de moy. Si c'eust esté pour rechercher la faveur du monde, je me feusse paré de beautés empruntées : je veulx qu'on m'y veoye en ma façon simple, naturelle et ordinaire, sans estude et artifice; car c'est moy que je peinds. Mes deffauts s'y liront au vif, mes imperfections et ma forme naïfve, autant que la reverence publique me l'a permis. Que si j'eusse esté parmy ces nations qu'on dict vivre encores soubs la doulce liberté des premieres loix de nature, je t'asseure que je m'y feusse très volontiers peinct tout entier et tout nud. Ainsi, lecteur, je suis moy-mesme la matiere de mon livre; ce n'est pas raison que tu employes ton loisir en un subject si frivole et si vain; adieu donc.

De Montaigne, ce 12 de juin 1580.

LIVRE PREMIER.

CHAPITRE PREMIER.

Par divers moyens on arrive à pareille fin.

La plus commune façon d'amollir les cœurs de ceulx qu'on a offensés, lorsqu'ayants la vengeance en main ils nous tiennent à leur mercy, c'est de les esmouvoir par soubmission à commiseration et à pitié; toutesfois la braverie, la constance et la resolution, moyens tout contraires, ont quelquesfois servy à ce mesme effect.

Edouard[1], prince de Galles, celuy qui regenta si long temps nostre Guienne, personnage duquel les conditions et la fortune ont beaucoup de notables parties de grandeur, ayant esté bien fort offensé par les Limosins et prenant leur ville par force, ne peut estre arresté par les cris du peuple et des femmes et enfants abandonnés à la boucherie, luy criants mercy et se jectants à ses pieds, jusqu'à ce que, passant tousjours oultre dans la ville, il apperceut trois gentilshommes françois qui, d'une hardiesse incroyable, soustenoient seuls

---

(1) Que les Anglois nomment communément *the black prince*.

le prince noir, fils d'Édouard III, roi d'Angleterre, et père de l'infortuné Richard II. Le trait cité dans le texte se trouve dans Froissart, vol. I, liv. I, part. II, chap. CCCXX, p. 619 de mon édition, dans le *Panthéon*.

l'effort de son armée victorieuse. La consideration et le respect d'une si notable vertu reboucha premierement la poincte de sa cholere, et commencea par ces trois à faire misericorde à touts les aultres habitants de la ville.

Scanderberch, prince de l'Epire, suyvant un soldat des siens pour le tuer, ce soldat, ayant essayé par toute espèce d'humilités et de supplications de l'appaiser, se resolut à toute extremité de l'attendre l'espée au poing; ceste sienne resolution arresta sus bout la furie de son maistre, qui, pour luy avoir veu prendre un si honnorable party, le receut en grace. C'est exemple pourra souffrir aultre interpretation de ceulx qui n'auront leu la prodigieuse force et vaillance de ce prince là.

L'empereur Conrad troisiesme, ayant assiegé Guelphe, duc de Bavieres¹, ne voulut condescendre à plus doulces conditions, quelques viles et lasches satisfactions qu'on luy offrist, que de permettre seulement aux gentilsfemmes² qui estoient assiegées avecques le duc, de sortir, leur honneur sauve, à pied, avecques ce qu'elles pourroient emporter sur elles. Et elles, d'un cœur magnanime, s'adviserent de charger sur leurs espaules leurs maris, leurs enfants, et le duc mesme. L'empereur print si grand plaisir à veoir la gentillesse de leur courage qu'il en pleura d'ayse et amortit toute ceste aigreur d'inimitié mortelle et capitale qu'il avoit portée à ce duc; et dès lors en avant traicta humainement luy et les siens.

L'un et l'aultre de ces deux moyens m'emporteroit ayséement; car j'ay une merveilleuse lascheté vers la misericorde et mansuetude. Tant y a qu'à mon advis je serois pour me rendre plus naturellement à la compassion qu'à l'estimation; si est la pitié passion vicieuse aux stoïcques; ils veulent qu'on secoure les affligés, mais non pas qu'on flechisse et compatisse avecques eulx. Or ces exemples me semblent plus à propos, d'autant qu'on veoit ces ames, assaillies et essayées par ces deux moyens, en soustenir l'un sans s'esbranler et courber soubs l'aultre. Il se peult dire que, de rompre son cœur à la commiseration, c'est l'effect de la facilité, debonnaireté et mollesse, d'où il advient que les natures plus foibles, comme celles des femmes, des enfants et du vulgaire, y sont plus subjectes; mais ayant eu à desdaing les larmes et les pleurs, de se rendre à la seule reverence de la saincte image de la vertu, que c'est l'effect d'une ame forte et imployable, ayant en affection et en honneur une vigueur masle et obstinée. Toutesfois, ès ames moins genereuses, l'estonnement et l'admiration peuvent faire naistre un pareil effect; tesmoing le peuple thebain, lequel, ayant mis en justice d'accusation capitale ses capitaines pour avoir continué leur charge oultre le temps qui leur avoit esté prescript et preordonné, absolut à toute peine¹ Pelopidas qui plioit soubs le faix de telles objections et n'employoit à se garantir que requestes et supplications; et au contraire Epaminondas, qui veint à raconter magnifiquement les choses par luy faictes et à les reprocher au peuple d'une façon fiere et arrogante, il n'eut pas le cœur de prendre seulement les balotes² en main; et se departit l'assemblée, louant grandement la haultesse du courage de ce personnage³.

Dionysius le vieil, après des longueurs et difficultés extremes, ayant prins la ville de Regge, et en icelles le capitaine Phyton, grand homme de bien, qui l'avoit si obstinéement deffendue, voulut en tirer un tragique exemple de vengeance. Il luy dict premierement comme le jour avant il avoit faict noyer son fils et touts ceulx de sa parenté; à quoy Phyton respondit seulement : « Qu'ils en estoient d'un jour plus heureux que luy. » Après il le feit despouiller et saisir à des bourreaux, et le traisner par la ville en le fouettant très ignominieusement et cruellement, et en oultre le chargeant de felonnes paroles et contumelieuses; mais il eut le courage tousjours constant, sans se perdre; et, d'un visage ferme, alloit au contraire ramentevant⁴ à haulte voix l'honnorable et glorieuse cause de sa mort, pour n'avoir voulu rendre son païs entre les mains d'un tyran, le menaceant d'une prochaine punition des dieux. Dionysius, lisant dans les yeulx de la commune de son armée, que, au lieu de s'animer des bravades

---

(1) En 1140, dans Weinsberg, ville de la Haute-Bavière. C.
(2) Aux femmes de gentilshommes.

(1) Avec beaucoup de peine.
(2) Petites balles ou bulletins employés pour aller aux voix dans les jugements ou les élections.
(3) PLUTARQUE, *Comment on peut se louer soi-même*, chap. 5. C.
(4) Rappelant, remémorant.

de cest ennemy vaincu, au mespris de leur chef et de son triumphe, elle alloit s'amollissant par l'estonnement d'une si rare vertu et marchandoit de se mutiner et mesme d'arracher Phyton d'entre les mains de ses sergeants, feit cesser ce martyre, et à cachettes l'envoya noyer en la mer[1].

Certes c'est un subject merveilleusement vain, divers et ondoyant, que l'homme; il est malaysé d'y fonder jugement constant et uniforme. Voylà Pompeius qui pardonna à toute la ville des Mamertins, contre laquelle il estoit fort animé, en consideration de la vertu et magnanimité du citoyen Zenon[2], qui se chargeoit seul de la faulte publique et ne requeroit aultre grace que d'en porter seul la peine; et l'hoste de Sylla, ayant usé, en la ville de Peruse[3], de semblable vertu, n'y gaigna rien ny pour soy ny pour les aultres.

Et, directement contre mes premiers exemples, le plus hardy des hommes et si gracieux aux vaincus, Alexandre, forceant, après beaucoup de grandes difficultés, la ville de Gaza, rencontra Betis qui y commandoit, de la valeur duquel il avoit pendant ce siege senti des preuves merveilleuses, lors seul, abandonné des siens, ses armes despecées, tout couvert de sang et de playes, combattant encores au milieu de plusieurs Macedoniens qui le chamailloient de toutes parts; et luy dict, tout picqué d'une si chere victoire (car, entre aultres dommages, il avoit receu deux fresches blessures sur sa personne) : « Tu ne mourras pas comme tu as voulu, Betis; fais estat qu'il te fault souffrir toutes les sortes de torments qui se pourront inventer contre un captif. » L'aultre, d'une mine non seulement asseurée, mais rogue et altiere, se teint sans mot dire à ces menaces. Lors Alexandre, voyant son fier et obstiné silence : « A-il flechy un genouil? luy est il eschappé quelque voix suppliante? Vrayement, je vaincqueray ce silence, et si je n'en puis arracher parole, j'en arracheray au moins du gemissement. » Et, tournant sa cholere en rage, commanda qu'on luy perceast les talons, et le feit ainsi traisner tout vif, deschirer et desmembrer au cul d'une charrette[1]. Seroit-ce que la force de courage luy feust si naturelle et commune, que, pour ne l'admirer point, il la respectast moins? ou qu'il l'estimast si proprement sienne, qu'en ceste haulteur il ne peust souffrir de la veoir en un aultre, sans le despit d'une passion envieuse? ou que l'impetuosité naturelle de sa cholere feust incapable d'opposition? De vray, si elle eust receu bride, il est à croire que, en la prinse et desolation de la ville de Thebes, elle l'eust receue, à veoir cruellement mettre au fil de l'espée tant de vaillants hommes perdus et n'ayants plus moyen de deffense publique; car il en feut tué bien six mille, desquels nul ne feut veu ny fuyant, ny demandant mercy; au rebours, cherchants, qui çà, qui là, par les rues, à affronter les ennemis victorieux, les provoquants à les faire mourir d'une mort honnorable. Nul ne feut veu si abbattu de blecéures, qui n'essayast en son dernier souspir de se venger encores, et, atout[2] les armes du desespoir, consoler sa mort en la mort de quelque ennemy. Si ne trouva l'affliction de leur vertu aulcune pitié, et ne suffit la longueur d'un jour à assouvir sa vengeance; ce carnage dura jusques à la derniere goutte de sang espandable, et ne s'arresta qu'aux personnes desarmées, vieillards, femmes et enfants, pour en tirer trente mille esclaves[3].

CHAPITRE II.

De la tristesse.

Je suis des plus exempts de ceste passion et ne l'ayme ny l'estime, quoique le monde ayt entrepris, comme à prix faict, de l'honnorer de faveur particuliere; ils en habillent la sagesse, la vertu, la conscience; sot et vilain ornement! Les Italiens ont plus sortablement baptisé de son nom la malignité[4]; car c'est une qualité tousjours couarde et basse, les Stoïciens en deffendent le sentiment à leur sage.

Mais le conte dict[5] que Psammenitus, roy d'Ægypte, ayant esté desfaict et prins par

---

(1) DIODORE DE SICILE, XIV, 29, traduction d'Amyot. C.

(2) Plutarque le nomme *Sthenon* dans l'*Instruction pour ceux qui manient affaires d'état*, chap. 17; *Sthennius* dans les *Apophtegmes*; et *Sthenis*, de la ville d'Himere, dans la Vie de Pompée, chap. 5. C.

(3) Plutarque, d'où ceci a été tiré, dit *Preneste*, ville du Latium (*Instruction pour ceux qui manient affaires d'état*, chap. 17). Peruse ou Pérouse est dans la Toscane. C.

(1) QUINTE-CURCE, IV, 6.
(2) Avec.
(3) DIODORE DE SICILE, XVII, 4. C.
(4) *Tristezza* signifie souvent malignité, méchanceté.
(5) HÉRODOTE, III, 14. J. V. L. L.

Cambyses, roy de Perse, veoyant passer devant luy sa fille prisonniere habillée en servante, qu'on envoyoit puiser de l'eau, touts ses amis pleurants et lamentants autour de luy, se teint coy, sans mot dire, les yeulx fichés en terre; et veoyant encores tantost qu'on menoit son fils à la mort, se mainteint en ceste mesme contenance; mais qu'ayant apperceu un de ses domestiques[1] conduict entre les captifs, il se meit à battre sa teste et mener un grand dueil extreme.

Cecy se pourroit apparier à ce qu'on veit dernierement d'un prince des nostres, qui, ayant ouy à Trente, où il estoit, nouvelles de la mort de son frere aisné, mais un frere en qui consistoit l'appuy et l'honneur de toute sa maison, et bientost après d'un puisné, sa seconde esperance, et ayant soustenu ces deux charges d'une constance exemplaire; comme quelques jours après, un de ses gents veint à mourir, il se laissa emporter à ce dernier accident, et, quittant sa resolution, s'abandonna au dueil et aux regrets, en maniere qu'aulcuns en prinrent argument qu'il n'avoit esté touché au vif que de ceste derniere secousse; mais, à la verité, ce feut que, estant d'ailleurs plein et comblé de tristesse, la moindre surcharge brisa les barrieres de la patience. Il s'en pourroit, dis-je, autant juger de nostre histoire, n'estoit qu'elle adjouste que, Cambyses s'enquerant à Psammenitus pourquoy, ne s'estant esmeu au malheur de son fils et de sa fille, il portoit si impatiemment celuy d'un de ses amis : « C'est, respondit il, que ce seul dernier desplaisir se peult signifier par larmes, les deux premiers surpassants de bien loing tout moyen de se pouvoir exprimer. »

A l'adventure reviendroit à ce propos l'invention de cest ancien peintre[2], lequel ayant à representer, au sacrifice de Iphigenia, le dueil des assistants selon les degrés de l'interest que chascun apportoit à la mort de ceste belle fille innocente, ayant espuisé les derniers efforts de son art, quand ce veint au pere de la vierge, il le peignit le visage couvert, comme si nulle contenance ne pouvoit rapporter ce degré de dueil. Voylà pourquoy les poëtes feignent ceste miserable mere Niobé, ayant perdu premierement sept fils et puis de suite autant de filles, surchargée de pertes, avoir esté enfin transmuée en rochier,

Diriguisse malis[1],

pour exprimer ceste morne, muette et sourde stupidité qui nous transit lorsque les accidents nous accablent surpassants nostre portée. De vray, l'effort d'un desplaisir, pour estre extreme, doibt estonner toute l'ame et lui empescher la liberté de ses actions; comme il nous advient, à la chaulde alarme d'une bien mauvaise nouvelle, de nous sentir saisis, transis et comme perclus de touts mouvements, de façon que l'ame, se relaschant après aux larmes et aux plainctes, semble se desprendre, se desmesler et se mettre plus au large et à son ayse :

Et via vix tandem voci laxata dolore est[2].

En la guerre que le roy Ferdinand mena contre la veufve du roy Jean de Hongrie[3], autour de Bude, un gendarme feut particulierement remarqué de chascun pour avoir excessifvement bien faict de sa personne en certaine meslée, et, incogneu, haultement loué et plainct, y estant demouré, mais de nul tant que de Raisciac, seigneur allemand, esprins d'une si rare vertu. Le corps estant rapporté, cestuy-cy, d'une commune curiosité, s'approcha pour veoir qui c'estoit; et, les armes ostées au trespassé, il recogneut son fils. Cela augmenta la compassion aux assistants; luy seul, sans rien dire, sans ciller les yeulx, se teint debout, contemplant fixement le corps de son fils, jusques à ce que la vehemence de la tristesse, ayant accablé ses esprits vitaux, le porta roide mort par terre.

---

(1) Domestique ne signifie pas ici serviteur, mais ami de la maison, ami intime, sens qu'on donnoit encore à ce mot sous le règne de Louis XIV. Hérodote dit que cet homme étoit un vieillard qui mangeoit ordinairement à la table du roi : τῶν συμποτέων οἱ ἄνδρα ἀπηλικέστερον. J. V. L.

(2) CICÉRON, *Orator.*, c. 22; PLINE, XXXV, 10; VALÈRE MAXIME, VIII, 11, *ext.* 6; QUINTILIEN, II, 13, etc. J. V. L.

(1) Pétrifiée par la douleur. OVIDE, *Métam.*, VI, 304. Il y a dans le texte d'Ovide : *Diriguitque malis*.

(2) La douleur ouvre enfin le passage à sa voix. VIRG., *Enéid.*, XI, 151.

(3) Ce trait d'histoire est raconté différemment dans l'édition de 1802. Après ces mots, « autour de Bude, » on lit ce qui suit : « Raisciac, capitaine allemand, veoyant rapporter le corps d'un homme de cheval, à qui chascun avoit veu excessifvement bien faire en la meslée, le plaignoit d'une plaincte commune; mais, curieux aveques les aultres de cognoistre qui il estoit, après qu'on l'eut desarmé, trouva que c'estoit son fils; et, parmi les larmes publicques, luy seul se teint, sans espandre ny voix ny pleurs, debout sur ses pieds, les yeux immobiles, le regardant fixement jusques à ce que l'effort de la tristesse, venant à glacer ses esprits vitaux, le porta en cet estat roide mort par terre. »

Chi può dir com' egli arde, è in picciol fuoco[1],

disent les amoureux qui veulent representer une passion insupportable.

> *Misero quod omnes*
> *Eripit sensus mihi: nam, simul te,*
> *Lesbia, adspexi, nihil est super mi*
> *Quod loquar amens:*
> *Lingua sed torpet; tenuis sub artus*
> *Flamma dimanat, sonitu suopte*
> *Tinniunt aures; gemina teguntur*
> *Lumina nocte*[2].

Aussi n'est-ce pas en la vifve et plus cuysante chaleur de l'accès que nous sommes propres à desployer nos plainctes et nos persuasions; l'ame est lors aggravée de profondes pensées et le corps abbattu et languissant d'amour; et de là s'engendre parfois la defaillance fortuite qui surprend les amoureux si hors de saison, et ceste glace qui les saisit, par la force d'une ardeur extreme, au giron mesme de la jouissance. Toutes passions qui se laissent gouster et digerer ne sont que mediocres:

> *Curæ leves loquuntur, ingentes stupent*[3].

La surprinse d'un plaisir inesperé nous estonne de mesme:

> *Ut me conspexit venientem, et Troïa circum*
> *Arma amens vidit, magnis exterrita monstris,*
> *Diriguit visu in medio; calor ossa reliquit;*
> *Labitur, et longo vix tandem tempore fatur*[4].

Oultre la femme romaine qui mourut surprinse d'ayse de veoir son fils revenu de la route de Cannes[5], Sophocles et Denys le Tyran qui tres- passerent d'ayse[1], et Talva[2] qui mourut en Corsegue, lisant les nouvelles des honneurs que le senat de Rome luy avoit decernés, nous tenons, en notre siecle, que le pape Leon dixiesme, ayant esté adverty de la prinse de Milan qu'il avoit extremement souhaitée, entra en tel excès de joye que la fiebvre l'en print et en mourut[3]. Et, pour un plus notable tesmoignage de l'imbecillité humaine, il a esté remarqué par les anciens[4] que Diodorus le dialecticien mourut sur le champ esprins d'une extreme passion de honte pour, en son eschole et en public, ne se pouvoir desvelopper d'un argument qu'on luy avoit faict. Je suis peu en prinse de ces violentes passions; j'ai l'apprehension naturellement dure, et l'encrouste et espessis touts les jours par discours.

CHAPITRE III.

Nos affections s'emportent au delà de nous.

Ceulx qui accusent les hommes d'aller tousjours beants[5] après les choses futures et nous apprennent à nous saisir des biens presents et nous rasseoir en ceulx là, comme n'ayants aulcune prinse sur ce qui est à venir, voire assez moins que nous n'avons sur ce qui est passé, touchent la plus commune des humaines erreurs, s'ils osent appeler erreur chose à quoy nature mesme nous achemine pour le service de la continuation de son ouvrage, nous imprimant, comme assez d'aultres, cette imagination faulse, plus jalouse de nostre action que de nostre science.

Nous ne sommes jamais chez nous; nous sommes toujours au delà; la crainte, le desir, l'esperance, nous eslancent vers l'advenir et nous desrobbent le sentiment et la consideration de ce qui est, pour nous amuser à ce qui sera, voire quand nous ne serons plus. *Calamitosus est animus futuri anxius*[6].

---

(1) C'est aimer peu que de pouvoir dire combien l'on aime. Pétrarque, dernier vers du sonnet 137.

(2) CATULLE, *Carm.*, LI, 3. Ces vers sont une imitation d'une ode de Sapho que Boileau a traduite. Delille a fait quelques changements à cette traduction pour reproduire la forme de l'ode sapphique:

> De veine en veine une subtile flamme
> Court dans mon sein sitôt que je te vois,
> Et, dans le trouble où s'égare mon ame,
> Je demeure sans voix.
> Je n'entends plus, un voile est sur ma vue;
> Je rêve et tombe en de douces langueurs;
> Et sans haleine, inquiete, eperdue,
> Je tremble, je me meurs!

(3) ..... Légères, elles s'expriment; extrêmes, elles se taisent. SÉNÈQUE, *Hipp.*, acte II, scène 3, v. 607.

(4) Dès qu'elle m'aperçoit, dès qu'elle reconnait les armes troyennes, hors d'elle-même, frappée comme d'une vision effrayante, elle demeure immobile; son sang se glace, elle tombe et ce n'est que longtemps après qu'elle parvient à recouvrer la voix. VIRG., *Énéide*, III, 306.

(5) De la déroute de Cannes. PLINE, VII, 54.

(1) PLINE, VII, 53.

(2) Ou mieux Thalna. VALÈRE MAXIME, IX. 12. — Corsegue, l'ile de Corse, du latin *Corsica*.

(3) GUICCIARDINI, *Hist. d'Italie*, liv. XIV, édit. du *Panthéon*. « Le pape Léon fut bien aise de mourir de joye, » dit Martin du Bellay dans ses Mémoires, liv. II. édit. du *Panthéon*.

(4) Pline, VII, 53.

(5) *Béer* avait le sens du mot latin *inhiare*. Ce verbe n'est usité aujourd'hui qu'au participe, *bouche béante*.

(6) Tout esprit inquiet de l'avenir est malheureux. SÉNÈQUE, *Epist.*, 98. — « La prévoyance! la prévoyance qui nous porte sans cesse au-delà de nous et souvent nous place où nous

Ce grand precepte est souvent allegué en Platon : « Fay ton faict, et te cognoy[1]. » Chascun de ces deux membres enveloppe generalement tout nostre debvoir, et semblablement enveloppe son compaignon. Qui auroit à faire son faict verroit que sa premiere leçon, c'est cognoistre ce qu'il est et ce qui luy est propre; et qui se cognoist ne prend plus le faict estrangier pour le sien, s'ayme et se cultive avant toute aultre chose; refuse les occupations superflues et les pensées et propositions inutiles. Comme la folie, quand on luy octroyera ce qu'elle desire, ne sera pas contente, aussi est la sagesse contente de ce qui est present, ne se desplait jamais de soy[2]. Epicurus dispense son sage de la prevoyance et soucy de l'advenir.

Entre les loix qui regardent les trespassés, celle icy me semble autant solide, qui oblige les actions des princes à estre examinées après leur mort[3]. Ils sont compaignons, sinon maistres, des loix; ce que la justice n'a peu sur leurs testes, c'est raison qu'elle le puisse sur leur reputation et biens de leurs successeurs; choses que souvent nous preferons à la vie. C'est une usance qui apporte des commodités singulieres aux nations où elle est observée, et desirable à touts bons princes qui ont à se plaindre de ce qu'on traicte la memoire des meschants comme la leur. Nous debvons la subjection et obeissance egalement à touts roys[4], car elle regarde leur office; mais l'estimation, non plus que l'affection, nous ne la debvons qu'à leur vertu. Donnons à l'ordre politique de les souffrir patiemment, indignes, de celer leurs vices, d'aider de nostre recommendation leurs actions indifferentes pendant que leur auctorité a besoing de nostre appuy; mais nostre commerce finy, ce n'est pas raison de refuser à la justice et à nostre liberté l'expression de nos vrays sentiments, et nomméement de refuser aux bons subjects la gloire d'avoir reveremment et fidellement servy un maistre, les imperfections duquel leur estoient si bien cogneues, frustrant la posterité d'un si utile exemple. Et ceulx qui, par respect de quelque obligation privée, espousent iniquement la memoire d'un prince meslouable, font justice particuliere aux despens de la justice publicque. Titus Livius dict vray « que le langage des hommes nourris soubs la royauté est toujours plein de vaines ostentations et fauls tesmoignages[1], » chascun eslevant indifferemment son roy à l'extreme ligne de valeur et grandeur souveraine. On peult reprouver la magnanimité de ces deux soldats qui respondirent à Neron, à sa barbe, l'un enquis de luy pourquoy il luy vouloit mal : « Je t'aimoy quand tu le valois; mais depuis que tu es devenu parricide, boutefeu, basteleur, cochier, je te hay comme tu merites; » l'aultre pourquoy il le vouloit tuer : « Parce que je ne treuve aultre remede à tes continuels malefices[2]. » Mais les publics et universels tesmoignages qui, après sa mort, ont esté rendus, et le seront à tout jamais à luy et à touts meschants comme luy, de ses tyrannies et vilains deportements, qui de sain entendement les peult reprouver?

Il me desplaist qu'en une si saincte police que la lacedemonienne, se feust meslée une si feincte cerimonie : A la mort des roys, touts les confederés et voisins, et touts les Ilotes, hommes, femmes, pesle-mesle, se descoupoient le front pour tesmoignage de dueil, et disoient en leurs cris et lamentations, que celuy-là, quel qu'il eust été, estoit le meilleur roy de touts les leurs[5]; attribuant au rang le loz qui appartenoit au mérite, et qui appartient au premier merite, au postreme et dernier reng.

Aristote, qui remue toutes choses, s'enquiert, sur le mot de Solon que « Nul avant mourir ne peult estre dict heureux[4] », si celuy-là mesme qui a vescu, et qui est mort à souhait, peult estre dict heureux si sa renommée va mal, si sa posterité est miserable. Pendant que nous nous remuons, nous nous portons par preoccupation où il nous plaist; mais estant hors de l'estre,

---

n'arriverons point, voilà la véritable source de toutes nos misères. » ROUSSEAU, Emile, liv. II.

(1) Τὸ πράττειν καὶ γνῶναι τὰ τε αὑτοῦ καὶ ἑαυτόν. TIMÉE, p. 544, édit. de Lyon, 1590. C.

(2) *Ut stultitia, etsi adepta est quod concupivit, nunquam se tamen satis consecutam putat, sic sapientia semper eo contenta est quod adest, neque eam unquam sui pœnitet.* CIC., Tusc. quæst., V, 18.

(3) DIODORE DE SICILE, I, 6. C.

(4) A moins qu'ils ne commandent le crime; car le vicomte d'Orthès eut le droit de répondre à Charles IX : « Sire, j'ai communiqué le commandement de V. M. à ses fidèles habitants et gens de guerre de la garnison (de Bayonne) ; je n'y ai trouvé que bons citoyens et fermes soldats, mais pas un bourreau. C'est pourquoi eux et moi supplions très humblement V. M. vouloir employer en choses possibles, quelque hasardeuses qu'elles soient, nos bras et vies. » J. V. L.

(1) TITE-LIVE, XXX, 48. C.
(2) TACITE, Annal., XV, 67, 68. c.
(3) HÉRODOTE, VI, 68. J.V.L.
(4) HÉRODOTE, I, 32; ARISTOTE, *Morale à Nicomaque*, I, 10, J. V. L.

nous n'avons aucune communication avecques ce qui est : et seroit meilleur de dire à Solon que jamais homme n'est donc heureux, puisqu'il ne l'est qu'après qu'il n'est plus.

> Quisquam
> Vix radicitus e vita se tollit, et eicit:
> Sed facit esse sui quiddam super inscius ipse...
> Nec removet satis a projecto corpore sese, et
> Vindicat [1].

Bertrand du Glesquin mourut au siege du chasteau de Randon près du Puy en Auvergne[2] : les assiegés, s'estants rendus après, feurent obligés de porter les clefs de la place sur le corps du trespassé. Barthelemy d'Alviane, general de l'armée des Venitiens, estant mort au service de leurs guerres en la Bresse, et son corps ayant esté rapporté à Venise par le Veronois, terre ennemie, la pluspart de ceulx de l'armée estoient d'advis qu'on demandast saufconduict pour le passage à ceulx de Verone : mais Theodore Trivulce y contredict ; et choisit plustost de le passer par vifve force, au hazard du combat : « N'estant convenable, disoit il, que celuy qui en sa vie n'avoit jamais eu peur de ses ennemis estant mort feist demonstration de les craindre[3]. » De vray, en chose voysine, par les loix grecques, celuy qui demandoit à l'ennemy un corps pour l'inhumer, renonceoit à la victoire, et ne luy estoit plus loisible d'en dresser trophée : à celuy qui en estoit requis, c'estoit tiltre de gaing. Ainsi perdit Nicias l'advantage qu'il avoit nettement gaigné sur les Corinthiens ; et, au rebours, Agesilaus asseura celuy qui luy estoit bien doubteusement acquis sur les Bœotiens[4].

Ces traicts se pourroient trouver estranges, s'il n'estoit receu de tout temps non seulement d'estendre le soing de nous au delà ceste vie, mais encores de croire que bien souvent les faveurs celestes nous accompaignent au tumbeau et continuent à nos reliques. De quoy il y a tant d'exemples anciens, laissant à part les nostres, qu'il n'est besoing que je m'y estende. Edouard premier, roy d'Angleterre, ayant essayé aux longues guerres d'entre luy et Robert, roy d'Escosse, combien sa presence donnoit d'advantage à ses affaires, rapportant toujours la victoire de ce qu'il entreprenoit en personne ; mourant[1], obligea son fils, par solennel serment, à ce qu'estant trespassé il feist bouillir son corps pour desprendre sa chair d'avecques les os, laquelle il feist enterrer ; et quant aux os, qu'il les reservast pour les porter avecques luy et en son armée, toutes les fois qu'il luy adviendroit d'avoir guerre contre les Escossois : comme si la destinée avoit fatalement attaché la victoire à ses membres. Jean Zischa[2], qui troubla la Boëme pour la deffense des erreurs de Wiclef, voulut qu'on l'escorchast après sa mort, et de sa peau qu'on feist un tabourin à porter à la guerre contre ses ennemis, estimant que cela ayderait à continuer les advantages qu'il avoit eus aux guerres par luy conduictes contre eulx. Certains Indiens portoient ainsin au combat contre les Espaignols les ossements d'un de leurs capitaines, en consideration de l'heur qu'il avoit eu en vivant : et d'aultres peuples, en ce mesme monde, traisnent à la guerre les corps des vaillants hommes qui sont morts en leurs battailles, pour leur servir de bonne fortune et d'encouragement. Les premiers exemples ne reservent au tumbeau que la reputation acquise par leurs actions passées ; mais ceulx cy y veulent encore mesler la puissance d'agir.

Le faict du capitaine Bayard est de meilleure composition : lequel, se sentant blecé à mort d'une arquebusade dans le corps, conseillé de se retirer de la meslée, respondit qu'il ne commenceroit point sur sa fin à tourner le dos à l'ennemy ; et ayant combattu autant qu'il eut de force, se sentant defaillir et eschapper du cheval, commenda à son maistre d'hostel de le coucher au pied d'un arbre, mais que ce feust en façon qu'il mourust le visage tourné vers l'ennemy, comme il feit[3].

Il me fault adjouster cet aultre exemple aussi

---

(1) On trouve à peine un sage qui s'arrache totalement à la vie. Incertain de l'avenir, l'homme s'imagine qu'une partie de son être luy survit ; il ne peut s'affranchir de ce corps qui périt et qui tombe. LUCRÈCE, III, 890 et 895. Montaigne a fait ici quelques changements au texte de Lucrèce. J. V. L.

(2) Le 13 juillet 1380, au siège de Châteauneuf de Randon ou Randan, situé entre Mende et le Puy. (Voy. sur la mort de Du Guesclin la Collection du Panthéon.)

(3) BRANTÔME, à l'article de Barthelemy d'Alviano, tom. II, p. 219 ; et GUICCIARDINI, que Montaigne a traduit ici fort exactement, liv. XII. C.

(4) PLUTARQUE, Vie de Nicias, c. 2 ; Vie d'Agésilas, c. 6. C.

(1) Le 7 juillet 1307, à l'âge de 69 ans, après en avoir régné 35. (Voy. ANDRÉ DU CHESNE, Hist. d'Angleterre, liv. XIV.) J. V. L.

(2) Ou Ziska, mort en 1424.

(3) Mémoires de MARTIN DU BELLAY, liv. II, édit. du Panthéon.

remarquable, pour ceste consideration, que nul des precedents. L'empereur Maximilian, bisayeul du roy Philippes qui est à present[1], estoit prince doué de tout plein de grandes qualités, et entre aultres d'une beauté de corps singuliere; mais parmy ses humeurs il avoit ceste cy, bien contraire à celle des princes qui, pour despescher les plus importants affaires, font leur throsne de leur chaire percée[2]; c'est qu'il n'eut jamais valet de chambre si privé à qui il permeist de le veoir en sa garderobbe : il se desroboit pour tumber de l'eau, aussi religieux qu'une pucelle à ne descouvrir ny à medecin, ni à qui que ce feust, les parties qu'on a accoustumé de tenir cachées. Moy qui ay la bouche si effrontée, suis pourtant par complexion touché de ceste honte : si ce n'est à une grande suasion de la necessité ou de la volupté, je ne communique gueres aux yeulx de personne les membres et actions que nostre coustume ordonne estre couvertes; j'y souffre plus de contraincts que je n'estime bienseant à un homme, et surtout à un homme de ma profession. Mais luy en veint à telle superstition qu'il ordonna, par paroles expresses de son testament, qu'on luy attachast des calessons quand il seroit mort. Il debvoit adjouster, par codicille, que celuy qui les lui monteroit eust les yeulx bandés. L'ordonnance que Cyrus faict à ses enfants que ny eulx ny aultre ne veoye et touche son corps après que l'ame en sera separée[3], je l'attribue à quelque sienne devotion ; car et son historien et luy, entre leurs grandes qualités, ont semé par tout le cours de leur vie un singulier soing et reverence à la religion.

Ce conte me despleut, qu'un grand me feit d'un mien allié, homme assez cogneu et en paix et en guerre : c'est que, mourant bien vieil en sa court, tormenté de douleurs extremes de la pierre, il amusa toutes ses heures dernieres, avec un soing vehement, à disposer l'honneur et la ceremonie de son enterrement, et somma toute la noblesse qui le visitoit de luy donner parole d'assister à son convoy : à ce prince mesme, qui le veit sur ses derniers traicts, il feit une instante supplication que sa maison feust commandée de s'y trouver, employant plusieurs exemples et raisons à prouver que c'estoit chose qui appartenoit à un homme de sa sorte; et sembla expirer content, ayant retiré ceste promesse et ordonné a son gré la distribution et ordre de sa montre. Je n'ay gueres veu de vanité si perseverante.

Ceste aultre curiosité contraire, en laquelle je n'ay point aussi faulte d'exemple domestique, me semble germaine à ceste cy, d'aller se soignant et passionnant à ce dernier poinct, à regler son convoy à quelque particuliere et inusitée parcimonie, à un serviteur et une lanterne. Je veoy louer ceste humeur, et l'ordonnance de Marcus Æmilius Lepidus, qui deffendit à ses heritiers d'employer pour luy les cerimonies qu'on avoit accoustumé en telles choses[1]. Est ce encores temperance et frugalité d'eviter la despense et la volupté, desquelles l'usage et la cognoissance nous est imperceptible? voylà une aysée reformation et de peu de coust. S'il estoit besoing d'en ordonner, je serois d'advis qu'en celle là, comme en toutes actions de la vie, chascun en rapportast la regle au degré de sa fortune. Et le philosophe Lycon prescrit sagement à ses amis de mettre son corps où ils adviseront pour le mieulx; et quant aux funerailles, de les faire ny superflues ny mechaniques[2]. Je lairray purement la coustume ordonner de ceste cerimonie, et m'en remettray à la discretion des premiers à qui je tumberay en charge. *Totus hic locus est contemnendus in nobis, non negligendus in nostris*[3]. Et est sainctement dict à un sainct : *Curatio funeris, conditio sepulturæ, pompa exsequiarum, magis sunt vivorum solatia, quam subsidia mortuorum*[4]. Pour tant Socrates à Criton, qui sur l'heure de sa fin luy demande comment il veult estre enterré : « Comme vous voudrez[5] », res-

---

(1) Philippe II, roi d'Espagne. J. V. L.

(2) Cette audience est en effet très familière aux princes. On la reprochait à notre célèbre Vendôme et au duc d'Orléans régent. Ce fut en le poursuivant jusque sur sa chaise percée, qu'un de ses courtisans lui fit signer la nomination de son fils à un gouvernement de province; et le régent disait à cette occasion : « Oh! pour celui-là, il ne m'est point sorti de la tête ! » SERVAN.

(3) XÉNOPHON, *Cyropédie*, VIII, 7. C.

(1) TITE-LIVE, *Epitome* du liv. XLVIII. C.

(2) DIOGÈNE LAERCE, V, 74. C.

(3) C'est un soin qu'il faut mépriser pour soi-même et ne pas négliger pour les siens. CICÉRON, *Tuscul. quæst.*, I, 45.

(4) Le soin des funérailles, le choix de la sépulture, la pompe des obsèques, sont moins nécessaires à la tranquillité des morts qu'à la consolation des vivants. SAINT AUGUSTIN, *Cité de Dieu*, I, 12.

(5) Ὅπως ἄν, ἔφη θούλησθε. PLATON, vers la fin du *Phédon*. C.

pond il. Si j'avois à m'en empescher plus avant, je trouveroy plus galant d'imiter ceulx qui entreprennent, vivants et respirants, jouyr de l'ordre et honneur de leur sepulture, et qui se plaisent de veoir en marbre leur morte contenance. Heureux qui sachent resjouyr et gratifier leur sens par l'insensibilité et vivre de leur mort !

A peu[1] que je n'entre en haine irreconciliable contre toute domination populaire, quoyqu'elle me semble la plus naturelle et equitable, quand il me souvient de ceste inhumaine injustice du peuple athenien, de faire mourir sans remission, et sans les vouloir seulement ouyr en leurs deffenses, ces braves capitaines venants de gaigner contre les Lacedemoniens la bataille navale près les isles Argineuses, la plus contestée, la plus forte bataille que les Grecs ayent oncques donnée en mer de leurs forces, parce qu'après la victoire ils avoient suyvi les occasions que la loy de la guerre leur presentoit plustost que de s'arrester à recueillir et inhumer leurs morts. Et rend ceste execution plus odieuse le faict de Diomedon : cestuy cy est l'un des condemnés, homme de notable vertu et militaire et politique, lequel, se tirant avant pour parler, après avoir ouï l'arrest de leur condemnation, et trouvant seulement lors temps de paisible audience, au lieu de s'en servir au bien de sa cause et à descouvrir l'evidente injustice d'une si cruelle conclusion, ne representa qu'un soing de la conservation de ses juges, priant les dieux de tourner ce jugement à leur bien, et, à fin que, par faulte de rendre les vœux que luy et ses compaignons avoient voués en recognoissance d'une illustre fortune, ils n'attirassent l'ire des dieux sur eulx, les advertissant quels vœux c'estoient ; et, sans dire aultre chose et sans marchander, s'achemina de ce pas courageusement au supplice[2].

La fortune, quelques années après, les punit de mesme pain soupe; car Chabrias, capitaine general de leur armée de mer, ayant eu le dessus du combat contre Pollis, admiral de Sparte, en l'isle de Naxe, perdit le fruict tout net et comptant de sa victoire, très important à leurs affaires, pour n'encourir le malheur de cest exemple ; et, pour ne perdre peu de corps morts de ses amis qui flottoient en mer, laissa voguer en sauveté un monde d'ennemis vivants qui depuis leur feirent bien acheter ceste importune superstition[1].

Quæris, quo jaceas, post obitum, loco?
Quo non nata jacent[2].

Cest aultre redonne le sentiment du repos à un corps sans ame :

Neque sepulcrum, quo recipiatur, habeat, portum corporis;
Ubi, remissa humana vita, corpus requiescat a malis[3];

tout ainsi que nature nous faict veoir que plusieurs choses mortes ont encores des relations occultes à la vie; le vin s'altere aux caves, selon aulcunes mutations des saisons de sa vigne; et la chair de venaison change d'estat aux saloirs, et de goust, selon les loix de la chair vifve, à ce qu'on dict.

CHAPITRE IV.

Comme l'ame descharge ses passions sur des objects faulx, quand les vrays luy defaillent.

Un gentilhomme des nostres, merveilleusement subject à la goutte, estant pressé par les medecins de laisser du tout l'usage des viandes salées, avoit accoustumé de respondre plaisamment, que « Sur les efforts et torments du mal, il vouloit avoir à qui s'en prendre ; et que s'escriant et mauldissant tantost le cervelat, tantost la langue de bœuf et le jambon, il s'en sentoit d'autant allegé. » Mais, en bon escient, comme le bras estant haulsé pour frapper il nous deult[4] si le coup ne rencontre et qu'il aille au vent ; aussi que pour rendre une veue plaisante, il ne fault pas qu'elle soit perdue et escartée dans le vague de l'air, ains qu'elle ayt butte pour la soustenir à raisonnable distance :

Ventus ut amittit vires, nisi robore densæ
Occurrant silvæ, spatio diffusus inani[5];

de mesme il semble que l'ame esbranlée et esmue se perde en soy mesme si on ne luy donne prinse ; et fault tousjours luy fournir d'object

---

(1) Peu s'en fault.
(2) DIODORE DE SICILE, XIII, 31, 32 C.

(1) DIODORE DE SICILE, XV, 9. C.
(2) Veux-tu savoir où tu seras après la mort? Où sont les choses à naître. SÉNÈQUE, *Troad.*, Chœur, act. II, v. 30.
(3) Loin de toi pour jamais cette paix des tombeaux,
Où le corps fatigué trouve enfin le repos !
ENNIUS, apud Cic., *Tuscul.*, I. 44. J. V. L.
(4) Il nous fait mal. Deult, du latin *dolet*.
(5) Et comme le vent, si d'épaisses forêts n'irritent sa fureur, perd ses forces dissipées dans le vague de l'air. LUCAIN, III, 362.

où elle s'abbutte et agisse. Plutarque[1] dict, à propos de ceulx qui s'affectionnent aux guenons et petits chiens, que la partie amoureuse qui est en nous, à faulte de prinse legitime, plustost que de demourer en vain, s'en forge ainsin une faulse et frivole. Et nous veoyons que l'ame en ses passions se pipe plustost elle mesme, se dressant un fauls subject et fantastique, voire contre sa propre creance, que de n'agir contre quelque chose. Ainsin emporte les bestes leur rage à s'attaquer à la pierre et au fer qui les a blecées, et à se venger à belles dents sur soy mesme du mal qu'elles sentent:

> Pannonis haud aliter post ictum sævior ursa,
> Cui jaculum parva Libys amentavit habena,
> Se rotat in vulnus, telumque irata receptum
> Impetit, et secum fugientem circuit hastam[2].

Quelles causes n'inventons nous des malheurs qui nous adviennent? à quoy ne nous prenons nous, à tort ou à droict, pour avoir où nous escrimer? Ce ne sont pas ces tresses blondes que tu deschires, ny la blancheur de ceste poictrine que despitée tu bats si cruellement, qui ont perdu d'un malheureux plomb ce frere bien aymé; prens t'en ailleurs. Livius parlant de l'armée romaine en Espaigne, après la perte des deux freres, ses grands capitaines[3], *flere omnes repente, et offensare capita*: c'est un usage commun. Et le philosophe Bion, de ce roy qui de dueil s'arrachoit les poils, feut il pas plaisant? « Cestuy cy pense il que la pelade soulage le dueil[4]? » Qui n'a veu mascher et engloutir les chartes, se gorger d'une balle de dés, pour avoir où se venger de la perte de son argent? Xerxès fouetta la mer, et escrivit un cartel de desfi au mont Athos[5]; et Cyrus amusa toute une armée plusieurs jours à se venger de la riviere de Gyndus, pour la peur qu'il avoit eue en la passant[6]; et Caligula ruina une très belle maison pour le plaisir[7] que sa mere y avoit eu.

(1) Dans la *Vie de Périclès*, au commencement. C.
(2) Ainsi l'ourse, plus terrible après sa blessure, se replie sur sa plaie; furieuse, elle veut mordre le trait qui la déchire et poursuit le fer qui tourne avec elle. LUCAIN, VI, 220.
(3) Publius et Cnéus Scipion. TITE LIVE dit, XXV, 37, que « chacun se mit aussitôt à pleurer et à se frapper la tête. » J. V. L.
(4) CICÉRON, *Tuscul.*, III, 26. C.
(5) HÉRODOTE, VII, 24, 35; PLUTARQUE. *De la Colère*, p. 455. J. V. L.
(6) HÉRODOTE, I, 189; SÉNÈQUE, *de Ira*, III, 21. J. V. L.
(7) Ou peut-être le déplaisir, car elle y avait été renfermée. SÉNÈQUE, *de Ira*, III, 22. C.

Le peuple disoit en ma jeunesse, qu'un roy de nos voysins[1], ayant receu de Dieu une bastonade, jura de s'en venger, ordonnant que de dix ans on ne le priast ny parlast de luy, ny, autant qu'il estoit en son auctorité, qu'on ne creust en luy. Par où on vouloit peindre, non tant la sottise que la gloire naturelle à la nation, dequoy estoit le conte; ce sont vices tousjours conjoincts; mais telles actions tiennent, à la verité, un peu plus encores d'oultrecuidance que de bestise. Augustus Cesar, ayant esté battu de la tempeste sur mer, se print à desfier le dieu Neptunus, et en la pompe des jeux circenses feit oster son image du reng où elle estoit parmy les aultres dieux, pour se venger de luy[2]: en quoy il est encores moins excusable que les precedents, et moins qu'il ne feut depuis, lors qu'ayant perdu une bataille soubs Quintilius Varus, en Allemaigne, il alloit de cholere et de desespoir chocquant sa teste contre la muraille, en s'escriant: « Varus, rends moy mes soldats[3]: » car ceulx-là surpassent toute folie, d'autant que l'impieté y est joincte, qui s'en adressent à Dieu mesme ou à la fortune, comme si elle avoit des aureilles subjectes à nostre batterie; à l'exemple des Thraces, qui, quand il tonne ou esclaire, se mettent à tirer contre le ciel d'une vengeance titanienne, pour renger Dieu à raison à coups de fleches[4]. Or, comme dict cet ancien poëte chez Plutarque[5]:

> Point ne se fault courroucer aux affaires;
> Il ne leur chault de toutes nos choleres.

Mais nous ne dirons jamais assez d'injures au desreglement de notre esprit.

CHAPITRE V.

Si le chef d'une place assiegée doibt sortir pour parlementer.

Lucius Marcius[6], legat des Romains en la guerre contre Perseus, roy de Macedoine, voulant gaigner le temps qu'il luy falloit encores à

(1) Je crois qu'il s'agit ici d'Alphonse XI, roi de Castille, mort en 1350.
(2) SUÉTONE, *Auguste*, c. 16. C.
(3) *Id.*, *ibid.*, c. 23. C.
(4) HÉRODOTE, IV, 94. J. V. L.
(5) Dans son Traité du *Contentement* ou *Repos de l'esprit*, c. 4 de la traduction d'Amyot. C.
(6) TITE LIVE nomme ce lieutenant des Romains *Quintus Marcius*, XLII, 37. Il raconte, chap. 47, comment la ruse de Q. Marcius fut blâmée par quelques membres du sénat. J. V. L.

mettre en poinct son armée, sema des entrejects[1] d'accord, desquels le roy endormy accorda trefve pour quelques jours, fournissant par ce moyen son ennemy d'opportunité et loisir pour s'armer ; d'où le roy encourut sa derniere ruyne. Si est ce que les vieux du senat, memoratifs des mœurs de leurs peres, accuserent ceste practique comme ennemie de leur style ancien, qui feut, disoient ils, combattre de vertu, non de finesse, ny par surprinses et rencontres de nuict, ny par fuittes appostées et recharges inopinées ; n'entreprenants guerre qu'après l'avoir denoncée, et souvent après avoir assigné l'heure et le lieu de la bataille. De ceste conscience ils renvoyerent à Pyrrhus son traistre medecin, et aux Phalisques leur desloyal maistre d'eschole. C'estoient les formes vrayment romaines, non de la grecque subtilité et astuce punique, où le vaincre par force est moins glorieux que par fraude. Le tromper peult servir pour le coup ; mais celuy seul se tient pour surmonté qui sçait l'avoir esté ny par ruse ny de sort, mais par vaillance, de trouppe à trouppe, en une franche et juste guerre. Il appert bien par ce langage de ces bonnes gents, qu'ils n'avoient encores receu ceste belle sentence,

Dolus, an virtus, quis in hoste requirat[2] *?*

Les Achaïens, dict Polybe[3], detestoient toute voye de tromperie en leurs guerres, n'estimants victoire sinon où les courages des ennemis sont abbatus. *Eam vir sanctus et sapiens sciet veram esse victoriam, quæ, salva fide et integra dignitate, parabitur*[4], dict un aultre.

*Vosne velit, an me, regnare hera, quidve ferat, fors,
Virtute experiamur*[5].

Au royaume de Ternate, parmy ces nations que si à pleine bouche nous appellons barbares, la coustume porte qu'ils n'entreprennent guerre sans l'avoir premierement denoncée ; y adjoustants ample declaration des moyens qu'ils ont à y employer, quels, combien d'hommes, quelles munitions, quelles armes offensives et defensives ; mais aussi, cela faict, si leurs ennemis ne cedent et viennent à accord, ils se donnent loy de se servir à leur guerre, sans reproche, de tout ce qui aide à vaincre.

Les anciens Florentins estoient si esloignés de vouloir gaigner advantage sur leurs ennemis par surprinse qu'ils les advertissoient un mois avant que de mettre leur exercite aux champs, par le continuel son de la cloche qu'ils nommoient *Martinella*[1].

Quant à nous, moins superstitieux, qui tenons celuy avoir l'honneur de la guerre qui en a le proufit, et qui, après Lysander, disons que, « où la peau du lyon ne peult suffire, il y fault coudre un loppin de celle du renard[2], » les plus ordinaires occasions de surprinse se tirent de ceste practique ; et n'est heure, disons nous, où un chef doibve avoir plus l'œil au guet, que celle des parlements et traictés d'accord ; et, pour ceste cause, c'est une regle, en la bouche de touts les hommes de guerre de nostre temps, « qu'il ne fault jamais que le gouverneur en une place assiegée sorte luy mesme pour parlementer. » Du temps de nos peres cela feut reproché aux seigneurs de Montmord et de l'Assigni, deffendants Mouson contre le comte de Nansau[3]. Mais aussi, à ce compte, celuy là seroit excusable qui sortiroit en telle façon que la sureté et l'advantage demourast de son costé ; comme feit en la ville de Regge le comte Guy de Rangon (s'il en fault croire du Bellay, car Guicciardin dict que ce feut luy mesme[4]), lors que le seigneur de l'Escut s'en approcha pour parlementer ; car il abandonna de si peu son fort, qu'un trouble s'estant esmeu pendant ce parlement, non seulement monsieur de l'Escut et sa trouppe qui estoit approchée avecques luy se trouva le plus foible, de façon qu'Alexandre Trivulce y feut tué, mais luy mesme feut con-

---

(1) Ou, comme on a mis dans quelques éditions, *interjets*, c'est-à-dire *propositions, ouvertures*. C.

(2) Qu'importe qu'on triomphe ou par force ou par ruse ? VIRG., *En.*, II, 390, trad. de Delille.

(3) L. XIII, c. 4. C.

(4) L'homme sage et vertueux doit savoir que la seule victoire véritable est celle que peuvent avouer la bonne foi et l'honneur. FLORUS, I, 12.

(5) Eprouvons par le courage si c'est à vous ou à moi que la fortune, maîtresse des événements, destine l'empire. ENNIUS apud CIC., *de Officiis*, I, 12.

(1) Du nom de *saint Martin*, dérivé de celui de *Mars*, dieu de la guerre. E. J. — De là, peut-être, le mot de Pierre Capponi, premier secrétaire florentin, qui, déchirant le papier où étaient écrites les conditions que leur faisait présenter Charles VIII, s'écria : « Eh bien ! s'il en est ainsi, vous sonnerez vos trompettes et nous sonnerons nos cloches. » *Voy.* l'*Histoire des Républiques Italiennes*, par M. de Sismondi, tom. XII, pag. 168. J. V. L.

(2) PLUTARQUE, *Vie de Lysander*, c. 4. C.

(3) Pont-à-Mousson contre le comte de Nassau. E. J.

(4) MARTIN DU BELLAY, liv. I ; GUICCIARDINI, liv. XIV, C.

trainct, pour le plus seur, de suyvre le comte, et se jecter, sur sa foy, à l'abri des coups dans la ville[1].

Eumenes, en la ville de Nora, pressé par Antigonus, qui l'assiegeoit, de sortir pour luy parler, alleguant que c'estoit raison qu'il veinst devers luy; attendu qu'il estoit le plus grand et le plus fort, après avoir faict ceste noble response : « Je n'estimeray jamais homme plus grand que moy tant que j'auray mon espée en ma puissance, » n'y consentit qu'Antigonus ne luy eust donné Ptolemeus son propre nepveu en ostage, comme il demandoit[2].

Si est ce qu'encores en y a il qui se sont très bien trouvés de sortir sur la parole de l'assaillant; tesmoing Henry de Vaus, chevalier champenois, lequel estant assiegé dans le chasteau de Courmicy[3] par les Anglois, Barthelemy de Bruwes[4], qui commandoit au siege, ayant par dehors faict sapper la pluspart du chasteau, si qu'il ne restoit que le feu pour accabler les assiegés soubs les ruynes, somma ledit Henry de sortir à parlementer pour son proufit, comme il feit, luy quatriesme; et son evidente ruyne luy ayant esté montrée à l'œil, il s'en sentit singulierement obligé à l'ennemy, à la discretion duquel après qu'il se feut rendu et sa trouppe, le feu estant mis à la mine, les estançons de bois venus à faillir, le chasteau feut emporté de fond en comble[5].

Je me fie ayséement à la foy d'aultruy; mais malayséement le feroy je lors que je donnerois à juger l'avoir plustost faict par desespoir et faulte de cœur que par franchise et fiance de sa loyauté.

(1) On doit, à ce sujet, rappeler le beau trait de lord Peterborough. Tandis qu'il était en pourparler avec le commandant d'une place dont il faisait le siége (Barcelone, en 1705), ses Anglais abusent du moment et surprennent la ville; le commandant espagnol, au bruit extraordinaire qu'il entend, s'écrie qu'il est trahi : « Rassurez-vous, lui dit Peterborough, et fiez-vous à moi; je ne vous demande qu'une heure pour tout remettre en ordre, et je reviens traiter et conclure avec vous. » Il part, entre dans la ville, court à ses troupes, leur parle, leur fait honte, les ramène au dehors, et revient auprès du commandant : « Tout est apaisé, lui dit-il, maintenant achevons de traiter de votre capitulation. » Servan.

(2) Plutarque, Vie d'Eumènes, c. 5. C.

(3) Les anciennes éditions portent toutes Commercy. J.-A.-C. B.

(4) Burghersh, tel qu'il s'écrit aujourd'hui. J.-A.-C. B.

(5) Ce récit est extrait des Chroniques de Froissard, à l'année 1359. Voy. dans mon édition (publiée dans le Panthéon), t. 1, p. 2, ch. CXVIII, p. 425. J.-A.-C. L.

CHAPITRE VI.

L'heure des parlements dangereuse.

Toutesfois je veis dernierement en mon voisinage de Mussidan[1] que ceulx qui en feurent deslogés à force par nostre armée, et aultres de leur party, crioyent comme de trahison de ce que, pendant les entremises d'accord et le traicté se continuant encores, on les avoit surprins et mis en pieces, chose qui eust eu à l'adventure apparence en aultre siecle. Mais, comme je viens de dire, nos façons sont entierement esloignées de ces regles; et ne se doibt attendre fiance des uns aux aultres que le dernier sceau d'obligation n'y soit passé; encores y a il lors assez à faire; et a tousjours esté conseil hasardeux de fier à la licence d'une armée victorieuse l'observation de la foy qu'on a donnée à une ville qui vient de se rendre par doulce et favorable composition, et d'en laisser, sur la chaulde, l'entrée libre aux soldats.

L. Æmilius Regillus, preteur romain, ayant perdu son temps à essayer de prendre la ville de Phocées à force, pour la singuliere prouesse des habitants à se bien deffendre, feit pache avec eulx de les recevoir pour amis du peuple romain et d'y entrer comme en la ville confederée, leur ostant toute crainte d'action hostile; mais y ayant quand et luy introduict son armée pour s'y faire veoir en plus de pompe, il ne feut en sa puissance, quelque effort qu'il y employast, de tenir la bride à ses gents, et veit devant ses yeulx fourrager bonne partie de la ville, les droicts de l'avarice et de la vengeance suppeditant[2] ceulx de son auctorité et de la discipline militaire[3].

Cleomenes disoit que quelque mal qu'on peust faire aux ennemis en guerre, cela estoit par dessus la justice, et non subject à icelle, tant envers les dieux qu'envers les hommes; et ayant faict trefve avec les Argiens pour sept jours, la troisiesme nuict après il les alla charger tout endormis, et les desfeit, alleguant qu'en sa trefve

(1) Ou Mucidan, petite ville du Périgord, dans le voisinage du château de Montaigne. C.

(2) *Suppéditer*, subjuguer, dompter, fouler aux pieds. Cotgrave. — *Suppéditer*, vaincre. Nicot.

(3) Tite Live, XXXVII, 32. C.

il n'avoit pas esté parlé des nuicts; mais les dieux vengerent ceste perfide subtilité[1].

Pendant le parlement, et qu'ils musoient sur leurs seuretés, la ville de Casilinum feut saisie par surprinse[2], et cela pourtant au siecle et des plus justes capitaines et de la plus parfaicte milice romaine; car il n'est pas dict qu'en temps et lieu il ne soit permis de nous prevaloir de la sottise de nos ennemis, comme nous faisons de leur lascheté. Et certes la guerre a naturellement beaucoup de privileges raisonnables au prejudice de la raison; et icy fault la regle *neminem id agere, ut ex alterius prædetur inscitia*[3]: mais je m'estonne de l'estendue que Xenophon[4] leur donne, et par les propos et par divers exploicts de son parfaict empereur; aucteur de merveilleux poids en telles choses, comme grand capitaine et philosophe des premiers disciples de Socrates; et ne consens pas à la mesure de sa dispense en tout et par tout.

Monsieur d'Aubigny assiegeant Capoue, et après y avoir faict une furieuse batterie, le seigneur Fabrice Colonne, capitaine de la ville, ayant commencé à parlementer de dessus un bastion, et ses gents faisants plus molle garde, les nostres s'en emparerent et meirent tout en pieces. Et de plus fresche memoire, à Yvoy[5], le seigneur Julian Rommero, ayant faict ce pas de clerc de sortir pour parlementer avecques monsieur le connestable, trouva au retour sa place saisie. Mais à fin que nous ne nous en allions pas sans revenche, le marquis de Pesquaire assiegeant Genes, où le duc Octavian Fregose commandoit soubs nostre protection, et l'accord entre eulx ayant esté poulsé si avant qu'on le tenoit pour faict, sur le point de la conclusion, les Espaignols, s'estants coulés dedans, en userent comme en une victoire planiere[6]. Et depuis, à Ligny en Barrois, où le comte de Brienne commandoit, l'empereur l'ayant assiegé en personne, et Bertheville, lieutenant du dict comte, estant sorty pour parlementer, pendant le parlement la ville se trouva saisie[1].

*Fù il vincer sempremai laudabil cosa,
Vincasi o per fortuna, o per ingegno*[2],

disent ils; mais le philosophe Chrysippus n'eust pas esté de cest advis; et moy aussi peu; car il disoit que ceulx qui courent à l'envy doibvent bien employer toutes leurs forces à la vistesse, mais il ne leur est pourtant aulcunement loisible de mettre la main sur leur adversaire pour l'arrester, ny de luy tendre la jambe pour le faire cheoir[3]. Et plus genereusement encores ce grand Alexandre à Polypercon, qui luy suadoit de se servir de l'advantage que l'obscurité de la nuict luy donnoit pour assaillir Darius: « Point, dict il, ce n'est pas à moy de chercher des victoires desrobées: *malo me fortunæ pœniteat, quam victoriæ pudeat*[4]. »

*Atque idem fugientem haud est dignatus Oroden
Sternere, nec jacta cæcum dare cuspide vulnus:
Obvius, adversoque occurrit, seque viro vir
Contulit, haud furto melior, sed fortibus armis*[5].

CHAPITRE VII.
Que l'intention juge nos actions.

La mort, dict-on, nous acquitte de toutes nos obligations. J'en sçay qui l'ont prins en diverse façon. Henry septiesme, roy d'Angleterre, feit composition avec dom Philippe, fils de l'empereur Maximilian, ou, pour le confronter plus honnorablement, pere de l'empereur Charles cinquiesme, que le dict Philippe remettroit entre ses mains le duc de Suffolc de la Rose blanche, son ennemy, lequel s'en estoit fuy et retiré au Païs Bas, moyennant qu'il promettoit de n'attenter rien sur la vie dudict duc; toutesfois, venant à mourir, il commanda par son testament à son fils de le faire mourir soubdain après qu'il seroit decedé[6]. Dernierement, en ceste tragedie que le duc d'Albe nous feit veoir à Bruxelles ès

---

(1) PLUTARQUE, *Apophthegmes des Lacédémoniens*, à l'article *Cléomène*. Montaigne copie Amyot. C.

(2) TITE LIVE, XXIV, 19. C.

(3) Que personne ne doit chercher à faire son profit de la sottise d'autrui. CIC., *de Offic.*, III, 17.

(4) Dans sa *Cyropédie*. C.

(5) Yvoy ou Carignan, petite ville de l'ancien Luxembourg français (département des Ardennes), sur la rivière de Chiers, à quatre lieues de Sedan. J. V. L.

(6) *Mémoires* de MARTIN DU BELLAY, liv. II. C.

---

(1) *Mémoires* de GUILLAUME DU BELLAY, liv. IX. C.

(2) Que la victoire soit due au hasard ou à l'habileté, elle est toujours glorieuse. ARIOSTO, cant. XV, v. 1.

(3) CICÉRON, *de Offic.*, III, 10. C.

(4) J'aime mieux avoir à me plaindre de la fortune, qu'à rougir de ma victoire. QUINTE-CURCE, IV, 13.

(5) Le fier Mézence ne daigne pas frapper Orode dans sa fuite, ni lancer un dard que l'œil de son ennemi ne puisse voir partir: il le poursuit, l'atteint, l'attaque de front; ennemi de la ruse, il veut vaincre par la seule valeur. VIRGILE, *Enéide*, X, 732.

(6) *Mémoires* de MARTIN DU BELLAY, liv. I. C.

comtes de Horne et d'Aiguemond[1], il y eut tout plein de choses remarquables ; et, entre aultres, que le comte d'Aiguemond, soubs la foy et asseurance duquel le comte de Horne s'estoit venu rendre au duc d'Albe, requit avec grande instance qu'on le feist mourir le premier, à fin que sa mort l'affranchist de l'obligation qu'il avoit audict comte de Horne. Il semble que la mort n'ayt point deschargé le premier de sa foy donnée, et que le second en estoit quitte, mesme sans mourir. Nous ne pouvons estre tenus au delà de nos forces et de nos moyens ; à ceste cause, parce que les effects et executions ne sont aulcunement en nostre puissance, et qu'il n'y a rien à bon escient en nostre puissance que la volonté ; en celle là se fondent par necessité, et s'establissent toutes les règles du debvoir de l'homme ; par ainsi le comte d'Aiguemond tenant son ame et volonté endebtée à sa promesse, bien que la puissance de l'effectuer ne feust pas en ses mains, estoit sans doubte absouls de son debvoir quand il eust survescu le comte de Horne. Mais le roy d'Angleterre, faillant à sa parole par son intention, ne se peult excuser pour avoir retardé jusques après sa mort l'execution de sa desloyauté ; non plus que le masson de Herodote[2], lequel ayant loyalement conservé durant sa vie le secret des thresors du roy d'Ægypte son maistre, mourant, le descouvrit à ses enfants.

J'ay veu plusieurs de mon temps, convaincus par leur conscience retenir de l'aultruy, se disposer à y satisfaire par leur testament et après leur decès. Ils ne font rien qui vaille, ny de prendre terme à chose si pressante, ny de vouloir restablir une injure avecques si peu de leur ressentiment et interest. Ils doivent du plus leur ; et d'autant qu'ils payent plus poisamment et incommodéement, d'autant en est leur satisfaction plus juste et meritoire : la penitence demande à charger. Ceulx là font encore pis, qui reservent la declaration de quelque haineuse volonté envers le proche, à leur derniere volonté, l'ayant cachée pendant la vie ; et montrent avoir peu de soing du propre honneur, irritants l'offensé à l'encontre de leur memoire, et moins de leur conscience, n'ayants, pour le respect de la mort mesme, sceu faire mourir leur maltalent, et en estendant la vie oultre la leur. Iniques juges, qui remettent à juger alors qu'ils n'ont plus cognoissance de cause. Je me garderay, si je puis, que ma mort die chose que ma vie n'ayt premierement dict, et apertement.

CHAPITRE VIII.

De l'oysifveté.

Comme nous veoyons des terres oysifves, si elles sont grasses et fertiles, foisonner en cent mille sortes d'herbes sauvages et inutiles, et que, pour les tenir en office, il les fault assubjectir et employer à certaines semences pour nostre service ; et comme nous veoyons que les femmes produisent bien toutes seules des amas et pieces de chair informes, mais que pour faire une generation bonne et naturelle, il les fault embesongner d'une autre semence, ainsin est-il des esprits, si on ne les occupe à certain subject qui les bride et contraigne, ils se jectent desreglés, par cy par là, dans le vague champ des imaginations,

Sicut aquæ tremulum labris ubi lumen ahenis,
Sole repercussum, aut radiantis imagine lunæ,
Omnia pervolitat late loca ; jamque sub auras
Erigitur summique ferit laquearia tecti [1] ;

et n'est folie ny resverie qu'ils ne produisent en ceste agitation,

Velut ægri somnia, vanæ
Finguntur species[2].

L'ame qui n'a point de but estably, elle se perd ; car, comme on dict, c'est n'estre en aulcun lieu, que d'estre par tout.

Quisquis ubique habitat, Maxime, nusquam habitat[3].

Dernierement que je me retiray chez moy, deliberé, autant que je pourroy, ne me mesler d'aultre chose que de passer en repos et à part ce peu qui me reste de vie, il me sembloit ne pouvoir faire plus grande faveur à mon esprit

---

(1) Philippe II de Montmorenci-Nivelle, comte de Horn, et Lamoral, comte d'Egmond, décapités le 4 juin 1568. J. V. L.

(2) L'architecte du trésor de Rhampsinite. HÉRODOTE, II, 121. J. V. L.

(1) Ainsi, lorsque dans un vase d'airain une onde agitée réfléchit l'image du soleil ou les pâles rayons de Phébé, la lumière voltige incertaine, monte, descend, et frappe les lambris de ses mobiles reflets. VIRGILE, *Énéide*, VIII, 22.

(2) Se forgeant des chimères qui ressemblent aux songes d'un malade. HORACE, *Art poétique*, v. 7.

(3) MARTIAL, liv. VII, épig. 73. Montaigne a traduit ce vers avant de le citer. C.

que de le laisser en pleine oysifveté s'entretenir soy mesme, et s'arrester et rasseoir en soy, ce que j'esperoy qu'il peust meshuy[1] faire plus ayséement, devenu avecques le temps plus poisant et plus meur ; mais je treuve, comme

Variam semper dant otia mentem[2],

qu'au rebours, faisant le cheval eschappé, il se donne cent fois plus de carriere à soy mesme qu'il n'en prenoit pour aultruy ; et m'enfante tant de chimeres et monstres fantasques les uns sur les aultres, sans ordre et sans propos, que, pour en contempler à mon ayse l'ineptie et l'estrangeté, j'ay commencé de les mettre en roolle, esperant avecques le temps luy en faire honte à luy mesme.

CHAPITRE IX.

Des menteurs.

Il n'est homme à qui il siese si mal de se mesler de parler de memoire, car je n'en recognois quasy trace en moy, et ne pense qu'il y en ayt au monde une aultre si merveilleuse en defaillance. J'ay toutes mes aultres parties viles et communes ; mais, en ceste là, je pense estre singulier et tres rare, et digne de gaigner nom et reputation. Oultre l'inconvenient naturel que j'en souffre (car certes, veu sa necessité, Platon a raison de la nommer une grande et puissante déesse[3]), si en mon païs on veult dire qu'un homme n'a point de sens, ils disent qu'il n'a point de memoire ; et quand je me plains du default de la mienne[4], ils me reprennent et mescroyent, comme si je m'accusois d'estre insensé ; ils ne veoyent pas de chois entre memoire et entendement. C'est bien empirer mon marché ! Mais ils me font tort, car il se veoid par experience, plustost au rebours, que les memoires excellentes se joignent volontiers aux jugements debiles. Ils me font tort aussi en cecy, qui ne sçay rien si bien faire qu'estre amy, que les mesmes paroles qui accusent ma maladie representent l'ingratitude ; on se prend de mon affection à ma memoire, et d'un default naturel on en faict un default de conscience. « Il a oublié, dict-on, ceste priere ou ceste promesse ; il ne se souvient point de ses amis ; il ne s'est point souvenu de dire, ou faire, ou taire cela, pour l'amour de moy. » Certes je puis ayséement oublier, mais de mettre à nonchaloir la charge que mon amy m'a donnée, je ne le fais pas. Qu'on se contente de ma misere sans en faire une espece de malice, et de la malice autant ennemie de mon humeur !

Je me console aulcunement : Premierement, sur ce que c'est un mal duquel principalement j'ay tiré la raison de corriger un mal pire, qui se feust facilement produict en moy, sçavoir est l'ambition, car ceste defaillance est insupportable à qui s'empestre des negociations du monde ; que, comme disent plusieurs pareils exemples du progrès de nature, elle a volontiers fortifié d'aultres facultés en moy à mesure que ceste cy s'est affoiblie, et irois facilement couchant et alanguissant mon esprit et mon jugement sur les traces d'aultruy, sans exercer leurs propres forces, si les inventions et opinions estrangieres m'estoient presentes par le benefice de la memoire ; que mon parler en est plus court, car le magasin de la memoire est volontiers plus fourny de matiere que n'est celuy de l'invention. Si elle m'eust tenu bon, j'eusse assourdi touts mes amis de babil, les subjects esveillants ceste telle quelle faculté que j'ay de les manier et employer, eschauffants et attirants mes discours. C'est pitié ; je l'essaye par la preuve d'aulcuns de mes privés amis ; à mesure que la memoire leur fournit la chose entiere et presente, ils reculent si arriere leur narration, et la chargent de tant de vaines circonstances, que, si le conte est bon, ils en estouffent la bonté ; s'il ne l'est pas, vous estes à mauldire ou l'heur de leur memoire, ou le malheur de leur jugement. Et c'est chose difficile de fermer un propos et de le coupper depuis qu'on est arrouté[4] ; et n'est rien où la force d'un cheval se

---

(1) Désormais ; *meshuy*, pour *mais huy*, du latin *magis hodie*. E. J.

(2) Dans l'oisiveté, l'esprit s'égare en mille pensées diverses. LUCAIN, IV, 704.

(3) PLATON, *Critias*, p. 1109, éd. de Francfort, 1602. J. V. L.

(4) Il s'en plaint encore au chapitre 17 du second livre ; Malebranche et quelques autres l'accusent d'avoir prétendu faussement qu'il n'avait pas de mémoire (*voy.* surtout Baudius, *not. ad Iamb. lib.* II, Leyde, 1607). Ils en donnent pour preuve ses nombreuses citations. Mais, outre qu'elles ne sont pas toujours exactes, et qu'il lui arrive de se contredire, même en ne citant pas, ceux qui ont écrit savent, comme moi, qu'il ne faut pas beaucoup de mémoire pour citer et citer souvent. « A faute de memoire naturelle, dit l'oublieux Montaigne, j'en forge de papier (liv. III, chap. 13) ; » voilà tout le secret. J. V. L.

(4) Mis en route, en chemin, en train. E. J.

cognoisse plus qu'à faire un arrest rond et net. Entre les pertinents mesmes, j'en veoy qui veulent et ne se peuvent desfaire de leur course; ce pendant qu'ils cherchent le poinct de clorre le pas, ils s'en vont balivernant et traisnant comme des hommes qui defaillent de foiblesse. Surtout les vieillards sont dangereux, à qui la souvenance des choses passées demeure, et ont perdu la souvenance de leurs redictes; j'ay veu des recits bien plaisants devenir tres ennuyeux en la bouche d'un seigneur, chacun de l'assistance en ayant esté abbruvé cent fois.

Secondement, qu'il me souvient moins des offenses receues, ainsi que disoit cest ancien [1] : il me fauldroit un protocolle ; comme Darius, pour n'oublier l'offense qu'il avoit receue des Atheniens, faisoit qu'un page, à touts les coups qu'il se mettoit à table, luy veinst rechanter par trois fois à l'aureille : « Sire, souvienne vous des Atheniens [2] ; » d'autre part, les lieux et les livres que je reveoy me rient tousjours d'une fresche nouvelleté.

Ce n'est pas sans raison qu'on dict que qui ne se sent point assez ferme de memoire ne se doibt pas mesler d'estre menteur. Je sçay bien que les grammairiens [3] font difference entre dire mensonge et mentir ; et disent que dire mensonge, c'est dire chose faulse, mais qu'on a prins pour vraye ; et que la definition du mot de mentir en latin, d'où nostre françois est party, porte autant comme aller contre sa conscience; et que, par consequent, cela ne touche que ceulx qui disent contre ce qu'ils sçavent, desquels je parle. Or ceulx icy, ou ils inventent marc et tout, ou ils deguisent et alterent un fond veritable. Lors qu'ils deguisent et changent, à les remettre souvent en ce mesme conte, il est malaysé qu'ils ne se desferrent; parce que la chose, comme elle est, s'estant logée la premiere dans la memoire, et s'y estant empreinte par la voye de la cognoissance et de la science, il est malaysé qu'elle ne se represente à l'imagination, deslogeant la faulseté qui n'y peult avoir le pied si ferme ny si rassis, et que les circonstances du premier apprentissage, se coulants à touts coups dans l'esprit, ne facent perdre le souvenir des pieces rapportées faulses ou abastardies. En ce qu'ils inventent tout à faict, d'autant qu'il n'y a nulle impression contraire qui chocque leur faulseté, ils semblent avoir d'autant moins à craindre de se mescompter. Toutesfois encores cecy, parce que c'est un corps vain et sans prinse, eschappe volontiers à la memoire, si elle n'est bien asseurée. De quoy j'ay souvent veu l'experience, et plaisamment, aux despens de ceulx qui font profession de ne former aultrement leur parole que selon qu'il sert aux affaires qu'ils negocient, et qu'il plaist aux grands à qui ils parlent ; car ces circonstances à quoy ils veulent asservir leur foy et leur conscience, estant subjectes à plusieurs changements, il fault que leur parole se diversifie quand et quand : d'où il advient que de mesme chose ils disent tantost gris, tantost jaune, à tel homme d'une sorte, à tel d'une aultre ; et si par fortune ces hommes rapportent en butin leurs instructions si contraires, que devient ceste belle art ? oultre ce qu'imprudemment ils se desferrent eulx mesmes si souvent ; car quelle memoire leur pourroit suffire à se souvenir de tant de diverses formes qu'ils ont forgées en un mesme subject ? J'ay veu plusieurs de mon temps envier la reputation de ceste belle sorte de prudence, qui ne veoyent pas que si la reputation y est, l'effect n'y peult estre.

En verité le mentir est un mauldict vice : nous ne sommes hommes et ne nous tenons les uns aux aultres que par la parole. Si nous en cognoissions l'horreur et le poids, nous le poursuivrions à feu, plus justement que d'aultres crimes. Je treuve qu'on s'amuse ordinairement à chastier aux enfants des erreurs innocentes très mal à propos, et qu'on les tormente pour des actions temeraires qui n'ont ny impression ny suitte. La menterie seule, et, un peu au dessoubs, l'opiniastreté, me semble estre celles desquelles on debvroit à toute instance combattre la naissance et le progrès : elles croissent quand et eulx; et depuis qu'on a donné ce fauls train à la langue, c'est merveille combien il est impossible de l'en retirer ; par où il advient que nous veoyons des honnestes hommes d'ailleurs y estre subjects et asservis. J'ay un bon garçon de tailleur à qui je n'ouy jamais dire une verité, non pas quand elle s'offre pour luy

---

(1) Cicéron, *pro Ligar.*, c. 12 : « Oblivisci nihil soles, nisi injurias. » J. V. L.

(2) Δέσποτα, μέμνεο τῶν Ἀθηναίων. Hérodote, V, 105. J. V. L.

(3) *Nigidius*, dans Aulu-Gelle, XI, 11, et dans Nonius, V, 80. Montaigne ne fait ici que traduire ce grammairien. J. V. L.

servir utilement. Si, comme la verité, le mensonge n'avoit qu'un visage, nous serions en meilleurs termes; car nous prendrions pour certain l'opposé de ce que diroit le menteur: mais le revers de la verité a cent mille figures et un champ indefiny. Les pythagoriens font le bien certain et finy, le mal infiny et incertain. Mille routes desvoyent du blanc[1], une y va. Certes je ne m'asseure pas que je peusse venir à bout de moy, à guarantir un danger evident et extreme par une effrontée et solenne mensonge. Un ancien pere dict que nous sommes mieulx en la compaignie d'un chien cogneu qu'en celle d'un homme duquel le langage nous est incognu. *Ut externus alieno non sit hominis vice*[2]. Et de combien est le langage faulx moins sociable que le silence !

Le roy François premier se vantoit d'avoir mis au rouet, par ce moyen, Francisque Taverna, ambassadeur de François Sforce, duc de Milan, homme très fameux en science de parlerie. Cestuy cy avoit esté despesché pour excuser son maistre vers sa majesté d'un faict de grande consequence, qui estoit tel. Le roy, pour maintenir tousjours quelques intelligences en Italie, d'où il avoit esté dernierement chassé, mesme au duché de Milan, avoit advisé d'y tenir près du duc un gentilhomme de sa part, ambassadeur par effect, mais par apparence homme privé, qui feist la mine d'y estre pour ses affaires particulieres; d'autant que le duc, qui dependoit beaucoup plus de l'empereur (lors principalement qu'il estoit en traité de mariage avec sa niepce, fille du roy de Danemarc, qui est à present douairiere de Lorraine), ne pouvoit descouvrir avoir aulcune practique et conference avecques nous, sans son grand interest. A ceste commission se trouva propre un gentilhomme milannois, escuyer d'escurie chez le roy, nommé Merveille. Cestuy cy, despesché avecques lettres secrettes de creance et instructions d'ambassadeur, et avecques d'aultres lettres de recommendation envers le duc en faveur de ses affaires particulieres, pour le masque et la montre, feut si long temps auprès du duc qu'il en veint quelque ressentiment à l'empereur, qui donna cause à ce qui s'en suivit après, comme nous pensons:

ce feut que, soubs couleur de quelque meurtre, voylà le duc qui luy fait trencher la teste de belle nuict, et son procès faict en deux jours. Messire Francisque estant venu, prest d'une longue deduction contrefaicte de ceste histoire (car le roy s'en estoit adressé, pour demander raison, à touts les princes de chrestienté et au duc mesme), feut ouy aux affaires du matin; et ayant establiy pour le fondement de sa cause, et dressé à ceste fin plusieurs belles apparences du faict, que son maistre n'avoit jamais prins nostre homme que pour gentilhomme privé et sien subject, qui estoit venu faire ses affaires à Milan et qui n'avoit jamais vescu là soubs aultre visage, desadvouant mesme avoir sceu qu'il feust en estat de la maison du roy, ny cogneu de luy, tant s'en fault qu'il le prinst pour ambassadeur; le roy, à son tour, le pressant de diverses objections et demandes, et le chargeant de toutes parts, l'accula enfin sur le poinct de l'execution faicte de nuict et comme à la desrobée; à quoy le pauvre homme embarrassé respondit, pour faire l'honneste, que, pour le respect de sa majesté, le duc eust esté bien marry que telle execution se feust faicte de jour. Chascun peult penser comme il feut relevé, s'estant si lourdement couppé à l'endroict d'un tel nez que celuy du roy François[1].

Le pape Jule second ayant envoyé un ambassadeur vers le roy d'Angleterre, pour l'animer contre le roy François, l'ambassadeur ayant esté ouy sur sa charge, et le roy d'Angleterre s'estant arresté en sa response aux difficultés qu'il trouvoit à dresser les preparatifs qu'il fauldroit pour combattre un roy sy puissant, et en alleguant quelques raisons, l'ambassadeur repliqua mal à propos qu'il les avoit aussi considerées de sa part et les avoit bien dictes au pape. De ceste parole, si esloingnée de sa proposition, qui estoit de le poulser incontinent à la guerre, le roy d'Angleterre print le premier argument de ce qu'il trouva depuis par effect, que cest ambassadeur, de son intention particuliere, pendoit du costé de France; et, en ayant adverty son maistre, ses biens feurent confisqués, et ne teint à gueres qu'il n'en perdist la vie[2].

---

[1] Détournent du but. E. J.

[2] De sorte que deux hommes de différentes nations ne sont point hommes l'un à l'égard de l'autre. PLINE, *Nat. hist.*, VII, 1.

[1] *Mémoires* de MARTIN DU BELLAY, liv. IV. Ce fait est de l'an 1534. C.

[2] ERASMI Opp. tom. IV, col. 684, C, éd. de Leyde, 1703, in-fol. C.

CHAPITRE X.

Du parler prompt, ou tardif.

<small>Onc ne furent à touts toutes graces données¹ :</small>

aussi veoyons nous qu'au don d'eloquence les uns ont la facilité et la promptitude, et, ce qu'on dict, le boutehors si aisé qu'à chasque bout de champ ils sont prests ; les aultres, plus tardifs, ne parlent jamais rien qu'elaboré et premedité.

Comme on donne des regles aux dames de prendre les jeux et les exercices du corps selon l'advantage de ce qu'elles ont le plus beau, si j'avois à conseiller de mesme en ces deux divers advantages de l'eloquence, de laquelle il semble en nostre siecle que les prescheurs et les advocats fassent principale profession, le tardif seroit mieulx prescheur, ce me semble, et l'aultre, mieux advocat, parce que la charge de cestuy là luy donne autant qu'il luy plaist de loisir pour se preparer ; et puis sa carriere se passe d'un fil et d'une suitte sans interruption, là où les commodités de l'advocat le pressent à toute heure de se mettre en lice ; et les responses improuvues de sa partie adverse le rejectent de son bransle, où il luy fault sur le champ prendre nouveau party. Si est ce qu'à l'entreveue du pape Clement et du roy François à Marseille, il advient, tout au rebours, que monsieur Poyet, homme toute sa vie nourry au barreau, en grande reputation, ayant charge de faire la harangue au pape, et l'ayant de longue main pourpensée, voire, à ce qu'on dict, apportée de Paris toute preste ; le jour mesme qu'elle debvoit estre prononcée, le pape, se craignant qu'on luy teinst propos qui peust offenser les ambassadeurs des aultres princes qui estoient autour de luy, manda au roy l'argument qui lui sembloit estre le plus propre au temps et au lieu, mais de fortune tout aultre que celuy sur lequel monsieur Poyet s'estoit travaillé ; de façon que sa harangue demeuroit inutile, et luy en falloit promptement refaire une aultre : mais s'en sentant incapable, il fallut que monsieur le cardinal du Bellay en prinst la charge¹. La part de l'advocat est plus difficile que celle du prescheur ; et nous trouvons pourtant, ce m'est advis, plus de passables advocats que prescheurs, au moins en France. Il semble que ce soit plus le propre de l'esprit d'avoir son operation prompte et soubdaine, et plus le propre du jugement de l'avoir lente et posée. Mais qui demeure du tout muet, s'il n'a loisir de se preparer, et celuy aussi à qui le loisir ne donne advantage de mieulx dire, sont en pareil degré d'estrangeté.

On recite de Severus Cassius, qu'il disoit mieulx sans y avoir pensé ; qu'il debvoit plus à la fortune qu'à sa diligence ; qu'il luy venoit à proufit d'estre troublé en parlant ; et que ses adversaires craignoyent de le picquer, de peur que la cholere ne luy feist redoubler son eloquence². Je connoy par experience ceste condition de nature, qui ne peult soustenir une vehemente premeditation et laborieuse : si elle ne va gayement et librement, elle ne va rien qui vaille. Nous disons d'aulcuns ouvrages qu'ils puent à l'huyle et à la lampe, pour certaine aspreté et rudesse que le travail imprime en ceulx où il a grande part. Mais oultre cela, la solicitude de bien faire, et ceste contention de l'ame trop bandée et trop tendue à son entreprinse, la rompt et l'empesche ; ainsi qu'il advient à l'eau qui, par force de se presser, de sa violence et abondance ne peult trouver issue en un goulet ouvert. En ceste condition de nature dequoy je parle, il y a quand et quand aussi cela, qu'elle demande à estre non pas esbranlée et picquée par ces passions fortes, comme la cholere de Cassius (car ce mouvement seroit trop aspre), elle veult estre non pas secouée, mais solicitée ; elle veult estre eschauffée et resveillée par les occasions estrangeres, presentes, et fortuites : si elle va toute seule, elle ne faict que traisner et languir ; l'agitation est sa vie et sa grace. Je ne me tiens pas bien en ma possession et disposition : le hazard y a plus de droict que moy ; l'occasion, la compaignie, le bransle mesme de ma voix, tire plus de mon esprit que je n'y treuve lorsque je le sonde et emploie à part moy. Ainsi les paroles en valent mieulx que les escripts, s'il y peult avoir chois où il n'y a point de prix. Cecy m'advient aussi, que je ne me treuve pas

---

<small>(1) Ce vers, qui est du célèbre ami de Montaigne, Etienne de la Boétie, ne se trouve point dans les vingt-neuf sonnets de ce jeune poète, cités au chapitre vingt-huitième de ce premier livre des *Essais*. Il fait partie des *Vers français* publiés par Montaigne en 1572, et il y termine le quatorzième sonnet, fol. 16, verso. J. V. L.</small>

<small>(1) *Mémoires* de MARTIN DU BELLAY, liv. IV et suiv. C.</small>
<small>(2) SÉNÈQUE le rhéteur, *Controvers.*, liv. III, p. 274, édit. de Genève, 1626. C.</small>

où je me cherche; et me treuve plus par rencontre que par inquisition de mon jugement. J'auray eslancé quelque subtilité en escrivant (j'entends bien, mornée[1] pour un aultre, affilée pour moy : laissons toutes ces honnestetés; cela se dict par chascun selon sa force) : je l'ay si bien perdue que je ne sçay ce que j'ay voulu dire; et l'a l'estranger descouverte par fois avant moy. Si je portoy le rasoir partout où cela m'advient, je me desferoy tout. Le rencontre m'en offrira le jour quelque aultre fois, plus apparent que celuy du midy, et me fera estonner de ma hesitation.

CHAPITRE XI.

Des prognostications.

Quant aux oracles, il est certain que, bonne piece[2] avant la venue de Jesus-Christ, ils avoyent commencé à perdre leur credit; car nous veoyons que Ciceron se met en peine de trouver la cause de leur defaillance; et ces mots sont à luy : *Cur isto modo jam oracula Delphis non eduntur, non modo nostrâ œtate, sed jamdiù; ut nihil possit esse contemptius*[3] ? Mais quant aux aultres prognosticques qui se tiroyent de l'anatomie des bestes aux sacrifices, auxquels Platon attribue en partie la constitution naturelle des membres internes d'icelles, du trepignement des poulets, du vol des oyseaux (*Aves quasdam... rerum augurandarum causâ natas esse putamus* [4]), des fouldres, du tournoyement des rivieres (*Multa cernunt aruspices, multa augures provident, multa oraculis declarantur, multa vaticinationibus, multa somniis, multa portentis*[5]), et aultres sur lesquels l'antiquité appuyoit la pluspart des entreprinses tant publicques que privées, nostre religion les a abolies. Et encores qu'il reste entre nous quelques moyens de divination

ès astres, ès esprits, ès figures du corps, ès songes, et ailleurs, notable exemple de la forcenée curiosité de nostre nature, s'amusant à preoccuper les choses futures, comme si elle n'avoit pas assez à faire à digerer les presentes.

Cur hanc tibi, rector Olympi,
Sollicitis visum mortalibus addere curam,
Noscant venturas ut dira per omina clades?

Sit subitum quodcumque paras; sit cæca futuri
Mens hominum fati; liceat sperare timenti[1] :

Ne utile quidem est scire quid futurum sit; miserum est enim, nihil proficientem angi[2]: si est ce qu'elle est de beaucoup moindre auctorité. Voilà pourquoy l'exemple de François, marquis de Sallusses, m'a semblé remarquable : car lieutenant du roy François en son armée delà les monts, infiniment favorisé de nostre court, et obligé au roy du marquisat mesme qui avoit esté confisqué de son frere; au reste ne se presentant occasion de le faire[3], son affection mesme y contredisant, se laissa si fort espouvanter, comme il a esté adveré, aux belles prognostications qu'on faisoit lors courir de touts costés à l'advantage de l'empereur Charles cinquiesme, et à nostre desadvantage (mesme en Italie, où ces folles propheties avoyent trouvé tant de place, qu'à Rome il feut baillé grande somme d'argent au change, pour ceste opinion de nostre ruyne), qu'après s'estre souvent condolu à ses privés des maulx qu'il veoyoit inevitablement preparés à la couronne de France et aux amis qu'il y avoit, se revolta et changea de party; à son grand dommage pourtant, quelque constellation qu'il y eust. Mais il s'y conduisit en homme combattu de diverses passions; car ayant et villes et forces en sa main, l'armée ennemie soubs Antoine de Leve à trois pas de luy, et nous sans souspeçons de son faict, il estoit en luy de faire pis qu'il ne feit; car pour sa trahison nous ne perdismes ni homme ni ville que

---

(1) C'est-à-dire *émoussée*, sans pointe. E. J.

(2) Longtemps, ou, comme on a mis dans quelques éditions, dès longtemps. C'est un italianisme, *un buon pezzo*. Montaigne dit ailleurs *piéça*, qu'on trouve encore dans Chaulieu. J. V. L.

(3) D'où vient que de nos jours, et même depuis longtemps, on ne rend plus de tels oracles? d'où vient que le trepied de Delphes est si méprisé? Cic., *de Divinat.*, II, 57.

(4) Nous croyons qu'il est des oiseaux qui naissent exprès pour servir à l'art des augures. Cic., *de Nat. deor.*, II, 64.

(5) Les aruspices voient quantité de choses; les augures en prévoient aussi un grand nombre; plusieurs événements sont annoncés par les oracles, et plusieurs par les devins, par les songes, par les prodiges. Id., *ibid.*, c. 65.

(1) Pourquoi, souverain maître des dieux, avoir ajouté aux malheurs des humains cette triste inquiétude? pourquoi leur faire connaître par d'affreux présages leurs désastres à venir?... Fais que nos maux arrivent soudain, que l'avenir soit inconnu à l'homme, et qu'il puisse du moins espérer en tremblant! Lucain, II, 4, 14.

(2) On ne gagne rien à savoir ce qui doit nécessairement arriver; car c'est une misère de se tourmenter en vain. Cic., *de Nat. deor.*, III, 6.

(3) C'est-à-dire *de changer de parti*, comme Montaigne le dit plus bas. Quelques éditeurs, choqués de cette longue suspension de sens, ont substitué, *de tourner sa robe*, ce qui signifie *tourner casaque*. C.

Fossan[1], encores après l'avoir longtemps contestée[2].

> *Prudens futuri temporis exitum*
> *Caliginosa nocte premit Deus ;*
> *Ridetque, si mortalis ultrà*
> *Fas trepidat.*
> *. . . . Ille potens sui,*
> *Lætusque deget, cui licet in diem*
> *Dixisse, vixi; cras vel atrâ*
> *Nube polum pater occupato,*
> *Vel sole puro[3].*
>
> *Lætus in præsens animus, quod ultrà est*
> *Oderit curare[4].*

Et ceulx qui croyent ce mot, au contraire[5], le croyent à tort : *Ista sic reciprocantur, ut et, si divinatio sit, dii sint; et, si dii sint, sit divinatio*[6]. Beaucoup plus sagement Pacuvius,

> *Nam istis, qui linguam avium intelligunt,*
> *Plusque ex alieno jecore sapiunt, quam ex suo,*
> *Magis audiendum, quam auscultandum censeo*[7].

Ce tant celebre art de deviner des Toscans nasquit ainsin : Un laboureur, perceant de son coultre profondement la terre, en veit sourdre Tages, demi dieu, d'un visage enfantin, mais de senile prudence; chascun y accourut, et feurent ses paroles et sa science recueillie et conservée à plusieurs siecles, contenant les principes et moyens de cest art[8] : naissance conforme à son progrès. J'aimeroy bien mieulx reigler mes affaires par le sort des dés que par ces songes. Et de vray, en toutes republiques on a tousjours laissé bonne part d'auctorité au sort. Platon, en la police qu'il forge à discretion, lui attribue la decision de plusieurs effects d'importance, et veult, entre aultres choses, que les mariages se facent par sort entre les bons, et donne si grand poids à ceste election fortuite, que les enfants qui en naissent, il ordonne qu'ils soyent nourris au païs; ceulx qui naissent des mauvais en soyent mis hors; toutesfois si quelqu'un de ces bannis venoit, par cas d'adventure, à montrer en croissant quelque bonne espérance de soy, qu'on le puisse rappeller, et exiler aussi celuy d'entre les retenus qui montrera peu d'espérance de son adolescence[1].

J'en veoy qui estudient et glosent leurs almanacs, et nous en alleguent l'auctorité aux choses qui se passent. A tant dire, il fault qu'ils dient et la verité et le mensonge : *quis est enim qui totum diem jaculans non aliquandò collineet*[2]? Je ne les estime de rien mieulx, pour les veoir tumber en quelque rencontre. Ce seroit plus de certitude, s'il y avoit regle et verité à mentir tousjours; joinct que personne ne tient registre de leurs mescomptes, d'autant qu'ils sont ordinaires et infinis; et faict on valoir leurs divinations de ce qu'elles sont rares, incroiables et prodigieuses. Ainsi respondit Diagoras, qui feut surnommé l'athée, estant en la Samothrace, à celuy qui, en luy montrant au temple force vœux et tableaux de ceulx qui avoyent eschappé le nauffrage, lui dict : « Eh bien! vous qui pensez que les dieux mettent à nonchaloir les choses humaines, que dictes vous de tant d'hommes sauvés par leur grace ? » — « Il se faict ainsi, respondit il; ceulx là ne sont pas peincts qui sont demourés noyés, en bien plus grand nombre[3]. »

Cicero dict que le seul Xenophanes colophonien, entre touts les philosophes qui ont advoué les dieux, a essayé de desraciner toute sorte de divination[4]. D'autant est il moins de merveille si nous avons veu, par fois à leur dommage, aulcunes de nos ames principesques s'arrester à ces vanités. Je vouldrois bien avoir recogneu de mes yeulx ces deux merveilles, du livre de Joachim, abbé calabrois, qui predisoit touts les papes futurs, leurs noms et formes, et celuy de Leon l'empereur, qui predisoit les empereurs et patriarches de Grece. Cecy ay je recogneu de mes

---

(1) *Fossano*, en Piémont, près Coni. E. J.
(2) ce fait historique, de l'an 1536, est extrait des *Mémoires* de GUILLAUME DU BELLAY, liv. VI, liv. VIII. C.
(3) C'est par prudence que les dieux couvrent d'une nuit épaisse les événements de l'avenir; ils se rient d'un mortel qui porte ses inquiétudes plus loin qu'il ne doit... Celui-là est maître de lui-même, celui-là est heureux qui peut dire chaque jour : J'ai vécu; que demain Jupiter obscurcisse l'air de tristes nuages ou nous donne un jour serein. HORACE, *Odes*, III, 29, 29 et suiv.
(4) Un esprit satisfait du présent se gardera bien de s'inquiéter de l'avenir. ID., *ibid.*, II, 16, 25.
(5) C'est-à-dire *Et au contraire* ceux qui croient ce mot (qui va suivre) le croient à tort.
(6) Voici leur argument : S'il y a une divination, il y a des dieux; et s'il y a des dieux, il y a une divination. CIC., *de Divin.*, I, 6.
(7) Quant à ceux qui entendent le langage des oiseaux et qui consultent le foie d'un animal plutôt que leur propre raison, je pense qu'il vaut mieux les écouter que les croire. PACUVIUS *apud* CIC., *de Divin.*, I, 57.
(8) CIC., *ibid.*, II, 23. C.

(1) PLATON, *République*, V, 8, etc., éd. de M. Ast, 1814. J. V. L.
(2) Si l'on tire tout le jour, il faut bien que l'on touche quelquefois au but. CIC., *de Divinat.*, II, 59.
(5) CICERON, *de Nat. deor.*, I. 37. C.
(4) ID., *de Divinat.*, I, 3. C.

yeulx, qu'ès confusions publicques, les hommes, estonnés de leur fortune, se vont rejectants, comme à toute superstition, à rechercher au ciel les causes et menaces anciennes de leur malheur; et y sont si estrangement heureux de mon temps, qu'ils m'ont persuadé qu'ainsi que c'est un amusement d'esprits aigus et oysifs, ceulx qui sont duicts à ceste subtilité de les replier et desnouer, seroyent en touts escripts capables de trouver tout ce qu'ils y demandent; mais sur tout leur preste beau jeu le parler obscur, ambigu et fantastique du jargon prophetique, auquel leurs aucteurs ne donnent aulcun sens clair, à fin que la posterité y en puisse appliquer de tels qu'il luy plaira.

Le daimon de Socrates estoit à l'adventure certaine impulsion de volonté, qui se presentoit à luy sans le conseil de son discours [1]; en une ame bien espurée comme la sienne, et preparée par continu exercice de sagesse et de vertu, il est vraysemblable que ces inclinations, quoyque temeraires et indigestes, estoient tousjours importantes et dignes d'estre suyvies. Chascun sent en soy quelque image de telles agitations d'une opinion prompte, vehemente et fortuite; c'est à moy de leur donner quelque auctorité, qui en donne si peu à nostre prudence, et en ay eu de pareillement foibles en raison, et violentes en persuasion ou en dissuasion, qui estoient plus ordinaires à Socrates [2], auxquelles je me suis laissé emporter si utilement et heureusement, qu'elles pourroient estre jugées tenir quelque chose d'inspiration divine.

CHAPITRE XII.

De la constance.

La loy de la resolution et de la constance ne porte pas que nous ne nous debvions couvrir, autant qu'il est en nostre puissance, des maulx et inconvenients qui nous menacent, ny par consequent d'avoir peur qu'ils nous surprennent; au rebours, touts moyens honnestes de se guarantir des maulx, sont non seulement permis, mais louables; et le jeu de la constance se joue principalement à porter de pied ferme les inconvenients où il n'y a point de remede. De maniere qu'il n'y a souplesse de corps ny mouvement aux armes de main, que nous trouvions mauvais, s'il sert à nous guarantir du coup qu'on nous rue.

Plusieurs nations très belliqueuses se servoyent, en leurs faicts d'armes, de la fuyte pour advantage principal, et montroyent le dos à l'ennemy plus dangereusement que leur visage; les Turcs en retiennent quelque chose, et Socrates, en Platon, se mocque de Lachès qui avoit definy la fortitude « Se tenir ferme en son reng contre les ennemis. » Quoy, feit il, seroit ce doncques lascheté de les battre en leur faisant place? et luy allegue Homere, qui loue en Æneas la science de fuir. Et, parce que Lachès, se r'advisant, advoue cest usage aux Scythes et enfin generalement à touts gents de cheval, il luy allegue encores l'exemple des gents de pied lacedemoniens, nation sur toutes duicte à combattre de pied ferme, qui, en la journée de Platées, ne pouvant ouvrir la phalange persienne, s'adviserent de s'escarter et sier[1] arriere, pour, par l'opinion de leur fuyte, faire rompre et dissouldre ceste masse, en les poursuivant; par où ils se donnerent la victoire[2].

Touchant les Scythes, on dict d'eux, quand Darius alla pour les subjuguer, qu'il manda à leur roy force reproches, pour le veoir tousjours reculant devant luy et gauchissant la meslée. A quoy Indathyrses[3], car ainsi se nommoit il, feit response, « Que ce n'estoit pour avoir peur de luy ny d'homme vivant; mais que c'estoit la façon de marcher de sa nation, n'ayant ny terre cultivée, ny ville, ny maison à deffendre, et à craindre que l'ennemy en peust faire proufit : mais s'il avoit si grand' faim d'y mordre, qu'il approchast pour veoir le lieu de leurs anciennes sepultures, et que là il trouveroit à qui parler tout son saoul. »

Toutesfois aux canonades, depuis qu'on leur est planté en butte, comme les occasions de la guerre portent souvent, il est messeant de s'esbranler pour la menace du coup; d'autant que, par sa violence et vitesse, nous le tenons inevitable; et en y a maint un qui, pour avoir haulsé la main, ou baissé la teste, en a, pour le moins, apresté à rire à ses compaignons. Si est ce qu'au voyage que l'empereur Charles cinquiesme feit contre nous en Provence, le

---

[1] *De sa raison.*
(2) Προτρέπει δὲ οὐδέποτε. PLATON, *Théagès.* J. V. L.

(1) Sier, pour se placer, du latin *sedere*. E. J.
(2) PLATON, *Lachès*, pag. 488, édit. de Francfort, 1602. J. V. L.
(3) Ou *Idanthyrse*. HÉRODOTE, IV, 127. J. V. L.

marquis de Guast estant allé recognoistre la ville d'Arles, et s'estant jecté hors du couvert d'un moulin à vent, à la faveur duquel il s'estoit approché, feut apperçu par les seigneurs de Bonneval et seneschal d'Agenois, qui se promenoyent sus le theatre aux arenes : lesquels l'ayant montré au sieur de Villiers, commissaire de l'artillerie, il braqua si à propos une couleuvrine que, sans ce que ledict marquis, veoyant mettre le feu, se lança à quartier, il feut tenu qu'il en avoit dans le corps[1]. Et de mesme quelques années auparavant, Laurent de Medicis, duc d'Urbin, pere de la royne mere du roy[2], assiegeant Mondolphe, place d'Italie, aux terres qu'on nomme du Vicariat, veoyant mettre le feu à une piece qui le regardoit, bien luy servit de faire la cane ; car aultrement le coup, qui ne lui raza que le dessus de la teste, lui donnoit sans doubte dans l'estomach. Pour en dire le vray, je ne croy pas que ces mouvements se feissent avecques discours ; car quel jugement pouvez vous faire de la mire haulte ou basse en chose si soubdaine ? et est bien plus aisé à croire que la fortune favorisa leur frayeur, et que ce seroit moyen une aultre fois aussi bien pour se jecter dans le coup, que pour l'eviter. Je ne me puis deffendre, si le bruit esclatant d'une harquebusade vient à me frapper les aureilles à l'improuveu, en lieu où je ne le deusse pas attendre, que je n'en tressaille : ce que j'ay veu advenir à d'aultres qui valent mieulx que moy.

Ny n'entendent les stoïciens que l'ame de leur sage puisse resister aux premieres visions et fantasies qui luy surviennent ; ains, comme à une subjection naturelle, consentent qu'il cede au grand bruit du ciel ou d'une ruyne, par exemple, jusque à la pasleur et contraction, ainsin aux aultres passions, pourveu que son opinion demeure saulve et entiere, et que l'assiette de son discours n'en souffre atteinte ny alteration quelconque, et qu'il ne preste nul consentement à son effroy et souffrance. De celuy qui n'est pas sage, il en va de mesme en la premiere partie, mais tout aultrement en la seconde ; car l'impression des passions ne demeure pas en luy superficielle, ains va penetrant jusques au siege de sa raison, l'infectant

et la corrompant ; il juge selon icelles, et s'y conforme[1]. Veoyez bien disertement et pleinement l'estat du sage stoïque :

Mens immota manet; lacrymæ volvuntur inanes[1].

Le sage peripateticien ne s'exempte pas des perturbations, mais il les modere.

CHAPITRE XIII.

Cerimonie de l'entreveue des roys.

Il n'est subject si vain qui ne merite un reng en ceste rapsodie. A nos regles communes, ce seroit une notable discourtoisie, et à l'endroict d'un pareil, et plus à l'endroict d'un grand, de faillir à vous trouver chez vous quand il vous auroit adverty d'y debvoir venir : voire, adjoustoit la royne de Navarre Marguerite à ce propos, que c'estoit incivilité à un gentilhomme de partir de sa maison, comme il se faict le plus souvent, pour aller au devant de celuy qui le vient trouver, pour grand qu'il soit, et qu'il est plus respectueux et civil de l'attendre pour le recevoir, ne feust que de peur de faillir sa route ; et qu'il suffit de l'accompaigner à son partement. Pour moy j'oublie souvent l'un et l'aultre de ces vains offices, comme je retranche en ma maison autant que je puis de la cerimonie. Quelqu'un s'en offense, qu'y feroy je ? Il vault mieulx que je l'offense pour une fois que moy touts les jours ; ce seroit une subjection continuelle. A quoy faire fuit on la servitude des courts si on l'entraisne jusques en sa taniere ? C'est aussi une regle commune en toutes assemblées, qu'il touche aux moindres de se trouver les premiers à l'assignation, d'autant qu'il est mieulx deu aux plus apparents de se faire attendre.

Toutesfois, à l'entreveue qui se dressa du pape Clement[3] et du roy François à Marseille, le roy, y ayant ordonné les appresfs necessaires, s'esloingna de la ville, et donna loisir au pape de deux ou trois jours pour son entrée et refreschissement, avant qu'il le veinst trouver. Et de mesme, à l'entrée aussi du pape[4] et de l'empereur à Bouloigne, l'empereur donna

---

(1) *Mémoires* de GUILLAUME DU BELLAY, liv. VII. C.

(2) Catherine de Médicis, mère de François II, de Charles IX et de Henri III, alors régnant. J. V. L.

(1) Toutes ces pensées sont presque traduites d'AULU-GELLE (XIX, 1), qui les avait traduites lui-même du cinquième livre, aujourd'hui perdu, des *Mémoires* d'Arrien *sur Épictète*. J. V. L.

(2) Il pleure, mais son cœur demeure inébranlable.

VIRG., *Enéid.*, IV, 449, trad. de Delille.

(3) Septième du nom, en 1533. C.

(4) Du même pape Clément VII et de Charles-Quint, sur la

moyen au pape d'y estre le premier et y surveint après luy. C'est, disent-ils, une cerimonie ordinaire aux abouchements de tels princes, que le plus grand soit avant les aultres au lieu assigné, voire avant celuy chez qui se faict l'assemblée ; et le prennent de ce biais, que c'est à fin que ceste apparence tesmoigne que c'est le plus grand que les moindres vont trouver, et le recherchent, non pas luy eulx.

Non seulement chasque païs, mais chasque cité, et chasque vacation [1], a sa civilité particuliere. J'y ay esté assez soigneusement dressé en mon enfance, et ay vescu en assez bonne compaignie pour n'ignorer pas les loix de la nostre françoise, et en tiendrois eschole. J'ayme à les ensuivre, mais non pas si couardement que ma vie en demeure contraincte : elles ont quelques formes penibles, lesquelles pourveu qu'on oublie par discretion, non par erreur, on n'en a pas moins de grace. J'ay veu souvent des hommes incivils par trop de civilité, et importuns de courtoisie.

C'est au demourant une très utile science que la science de l'entregent. Elle est, comme la grace et la beauté, conciliatrice des premiers abords de la société et familiarité ; et par consequent nous ouvre la porte à nous instruire par les exemples d'aultruy, et à exploicter et produire nostre exemple, s'il a quelque chose d'instruisant et communicable.

CHAPITRE XIV[2].

On est puny pour s'opiniastrer à une place sans raison.

La vaillance a ses limites comme les aultres vertus, lesquels franchis, on se treuve dans le train du vice : en maniere que par chez elle on se peult rendre à la temerité, obstination et folie, qui n'en sçait bien les bornes malaysées en verité à choisir sur leurs confins. De ceste consideration est née la coustume que nous avons aux guerres, de punir, voire de mort, ceulx qui s'opiniastrent à deffendre une place qui par les regles militaires ne peult estre soustenue. Aultrement soubs l'esperance de l'impunité, il n'y auroit poullier [1] qui n'arrestast une armée.

Monsieur le connestable de Montmorency, au siege de Pavie, ayant esté commis pour passer le Tesin et se loger aux fauxbourgs Sainct-Antoine, estant empesché d'une tour au bout du pont, qui s'opiniastra jusqu'à se faire battre, feit pendre tout ce qui estoit dedans [2] ; et encores depuis, accompaignant monsieur le Dauphin au voyage delà les monts, ayant prins par force le chasteau de Villane, et tout ce qui estoit dedans ayant esté mis en pieces par la furie des soldats, horsmis le capitaine et l'enseigne, il les feit pendre et estrangler pour ceste mesme raison [3] : comme feit aussi le capitaine Martin du Bellay, lors gouverneur de Turin en ceste mesme contrée, le capitaine de Sainct Bony, le reste de ses gents ayant esté massacré à la prinse de la place [4].

Mais d'autant que le jugement de la valeur et foiblesse du lieu se prend par l'estimation et contrepoids des forces qui l'assaillent (car tel s'opiniastreroit justement contre deux couleuvrines qui feroit l'enragé d'attendre trente canons), où se met encores en compte la grandeur du prince conquerant, sa reputation, le respect qu'on luy doibt ; il y a danger qu'on presse un peu la balance de ce costé là : et en advient par ces mesmes termes, que tels ont si grande opinion d'eulx et de leurs moyens que, ne leur semblant raisonnable qu'il y ait rien digne de leur faire teste, ils passent le coulteau partout où ils treuvent resistance, autant que fortune leur dure ; comme il se veoid par les formes de sommation et desfi que les princes d'Orient, et leurs successeurs qui sont encores, ont en usage, fiere, haultaine et pleine d'un commandement barbaresque. Et au quartier par où les Portugalois escornerent les Indes, ils trouverent des estats avecques ceste loy universelle et inviolable, que tout ennemy vaincu par le roy en presence, ou par son lieutenant, est hors de composition de rançon et de mercy.

Ainsi sur tout il se fault garder, qui peult, de

---

fin de l'année 1552. La réflexion suivante est de GUICCIARDINI, liv. XX. C.

(1) *Chaque état, chaque profession.*

(2) Montaigne plaçait ici, dans l'édition de 1588, le chapitre intitulé, *Que le goust des biens et des maulx despend, en bonne partie, de l'opinion que nous en avons.* Il en a fait depuis le quarantième de ce premier livre. J. V. L.

(1) *Poulailler* (bicoque).
(2) *Mémoires* de MARTIN DU BELLAY, liv. II, C.
(3) *Mém.* de GUILLAUME DU BELLAY, liv. VIII, C.
(4) Id., *ibid.*, liv. IX.

tumber entre les mains d'un juge ennemy, victorieux et armé.

CHAPITRE XV.

De la punition de la couardise.

J'ouy aultrefois tenir à un prince et très grand capitaine que pour laschcté de cœur un soldat ne pouvoit estre condemné à mort; luy estant à table faict recit du procès du seigneur de Vervins, qui feut condemné à mort pour avoir rendu Bouloigne[1]. A la verité c'est raison qu'on fasse grande difference entre les faultes qui viennent de nostre foiblesse, et celles qui viennent de nostre malice : car en celles icy nous sommes bandés à nostre escient contre les regles de la raison que nature a empreintes en nous; et en celles là il semble que nous puissions appeller à garant ceste mesme nature, pour nous avoir laissés en telles imperfections et defaillance. De maniere que prou de gents ont pensé qu'on ne se pouvoit prendre à nous que de ce que nous faisons contre nostre conscience : et sur ceste regle est en partie fondée l'opinion de ceulx qui condemnent les punitions capitales aux heretiques et mescreants, et celle qui establit qu'un advocat et un juge ne puissent estre tenus de ce que par ignorance ils ont failly en leur charge.

Mais quant à la couardise, il est certain que la plus commune façon est de la chastier par honte et ignominie; et tient on que ceste regle a esté premierement mise en usage par le legislateur Charondas; et qu'avant luy les loix de Grece punissoient de mort ceulx qui s'en estoient fuys d'une bataille, au lieu qu'il ordonna seulement qu'ils fussent par trois jours assis emmy la place publicque, vestus de robe de femme; esperant encores s'en pouvoir servir, leur ayant faict revenir le courage par ceste honte[2]. *Suffundere malis hominis sanguinem quam effundere*[3]. Il semble aussi que les loix romaines punissoient anciennement de mort ceulx qui avoient fuy : car Ammianus Marcellinus dict que l'empereur Julien condemna dix de ses soldats, qui avoient tourné le dos en une charge contre les Parthes, à estre degradés, et après, à souffrir mort, suyvant, dict il, les loix anciennes[1]. Toutesfois ailleurs, pour une pareille faulte, il en condemne d'aultres seulement à se tenir parmy les prisonniers soubs l'enseigne du bagage. L'aspre chastiement du peuple romain contre les soldats eschapés de Cannes, et, en ceste mesme guerre, contre ceulx qui accompaignerent Cn. Fulvius en sa desfaicte, ne veint pas à la mort[2]. Si est il à craindre que la honte les desespere, et les rende non froids amis seulement, mais ennemis.

Du temps de nos peres[3], le seigneur de Franget, jadis lieutenant de la compaignie de monsieur le mareschal de Chastillon, ayant, par monsieur le mareschal de Chabannes, esté mis gouverneur de Fontarabie au lieu de monsieur du Lude, et l'ayant rendue aux Espaignols, fut condemné à estre degradé de noblesse, et tant luy que sa posterité declaré roturier, taillable, et incapable de porter armes : et feut ceste rude sentence executée à Lyon. Depuis, souffrirent pareille punition touts les gentilhommes qui se trouverent dans Guyse, lors que le comte de Nansau[4] y entra; et aultres encores depuis. Toutesfois, quand il y auroit une si grossiere et apparente ou ignorance ou couardise, qu'elle surpassast toutes les ordinaires, ce seroit raison de la prendre pour suffisante preuve de meschanceté et de malice, et de la chastier pour telle.

CHAPITRE XVI.

Un traict de quelques ambassadeurs.

J'observe en mes voyages ceste pratique, pour apprendre tousjours quelque chose par la communication d'aultruy (qui est une des plus belles escholes qui puisse estre), de ramener toujours ceulx avecques qui je confere, aux propos des choses qu'ils sçavent le mieulx?

---

(1) Au roi d'Angleterre, Henri VIII, qui l'assiégeoit en personne. *Voyez* les *Mémoires* de MARTIN DU BELLAY, liv. X. C.
(2) DIODORE DE SICILE, XII, 4. C.
(3) Songez plutôt à faire rougir le coupable qu'à répandre son sang. TERTULLIEN, *Apologetique*, p. 583, éd. de Paris, 1566.

(1) AMMIEN MARCELLIN, XXIV, 4; et plus bas, XXV, 1. C.
(2) TITE LIVE, XXV, 7, 22; XXVI, 2, 3. J. V. L.
(3) En 1523. Le seigneur de *Franget* est nommé *Fraugct* dans les *Mémoires* de MARTIN DU BELLAY, liv. II. C.
(4) Ou *Nassau*. *Mém*. de GUILLAUME DU BELLAY, année 1536, liv. VII. C.

basti al nocchiero ragionar de' venti,
Al bifolco dei tori ; e le sue piaghe
Conti 'l guerrier, conti 'l pastor gli armenti [1],

car il advient le plus souvent, au contraire, que chascun choisit plustost à discourir du mestier d'un aultre que du sien, estimant que c'est autant de nouvelle reputation acquise : tesmoing le reproche qu'Archidamus feit à Periander, qu'il quittoit la gloire de bon medecin pour acquerir celle de mauvais poëte [2]. Veoyez combien Cesar se desploie largement à nous faire entendre ses inventions à bastir ponts et engins [3] ; et combien, au prix, il va se serrant où il parle des offices de sa profession, de sa vaillance, et conduicte de sa milice : ses exploicts le verifient assez capitaine excellent ; il se veult faire reconnoistre excellent engineur [4], qualité aulcunement estrangiere. Le vieil Dionysius estoit très grand chef de guerre, comme il convenoit à sa fortune ; mais il travailloit à donner principale recommendation de soy par la poësie ; et si n'y sçavoit guere [5]. Un homme de vacation juridique, mené ces jours passés veoir un' estude fournie de toute sorte de livres de son mestier et de tout aultre mestier, n'y trouva nulle occasion de s'entretenir ; mais il s'arresta à gloser rudement et magistralement une barricade logée sur la vis [6] de l'estude, que cent capitaines et soldats recognoissent touts les jours sans remarque et sans offense.

Optat ephippia bos piger, optat arare caballus [7].

Par ce train vous ne faictes jamais rien qui vaille. Ainsin il fault travailler de rejecter tousjours l'architecte, le peintre, le cordonnier, et ainsi du reste, chascun à son gibbier.

Et, à ce propos, à la lecture des histoires, qui est le subject de toutes gents, j'ay accoustumé de considerer qui en sont les escrivains : si ce sont personnes qui ne facent aultre profession que de lettres, j'en apprends principalement le style et le langage ; si ce sont medecins, je les crois plus volontiers en ce qu'ils nous disent de la temperature de l'air, de la santé et complexion des princes, des bleceures et maladies ; si jurisconsultes, il en fault prendre les controverses des droits, les loix, l'establissement des polices, et choses pareilles ; si theologiens, les affaires de l'Eglise, censures ecclesiastiques, dispenses et mariages ; si courtisans, les mœurs et les cerimonies ; si gents de guerre, ce qui est de leur charge, et principalement les deductions des exploicts où ils se sont trouvés en personne ; si ambassadeurs, les menées, intelligences, et practiques, et maniere de les conduire.

A ceste cause, ce que j'eusse passé à un aultre sans m'y arrester, je l'ay poisé et remarqué en l'histoire du seigneur de Langey [1], très entendu en telles choses : c'est qu'après avoir conté ces belles remontrances de l'empereur Charles cinquiesme, faictes au consistoire à Rome, presents l'evesque de Mascon et le seigneur du Velly, nos ambassadeurs, où il avoit meslé plusieurs paroles oultrageuses contre nous, et, entre aultres, que si ses capitaines et soldats n'estoient d'aultre fidelité et suffisance en l'art militaire que ceulx du roy, tout sur l'heure il s'attacheroit la chorde au col pour luy aller demander misericorde (et de cecy il semble qu'il en creust quelque chose, car deux ou trois fois en sa vie, depuis, il luy advient de redire ces mesmes mots) ; aussi qu'il desfia le roy de le combattre en chemise, avecques l'espée et le poignard, dans un batteau : le dict seigneur de Longey, suyvant son histoire, adjouste que lesdicts ambassadeurs, faisants une despeche au roy de ces choses, luy en dissimulerent la plus grande partie, mesme luy celerent les deux articles precedents. Or, j'ay trouvé bien estrange qu'il feust en la puissance d'un ambassadeur

---

(1) Que le pilote se contente de parler des vents, le laboureur de ses taureaux, le guerrier de ses blessures, et le berger de ses troupeaux. *Traduction italienne de Properce*, II, 1, 43. Voici le texte latin :
  Navita de ventis, de tauris narrat arator ;
  Enumerat miles vulnera, pastor oves.

(2) PLUTARQUE, *Apophthegmes des Lacedémoniens*, à l'article *Archidamus, fils d'Agésilas*. C.

(3) *Voyez* surtout la description du pont jeté sur le Rhin, *de Bell. Gall.*, IV, 17. J. V. L.

(4) Montaigne écrit *enginieur* (ingénieur), du mot *engin* dont il se sert souvent. N.

(5) DIODORE DE SICILE, XV, 6. C.

(6) Montaigne, dans l'exemplaire corrigé de sa main, ajoutoit ici *par où il estoit monté*, ce qui explique cette expression *sur la vis* ; on voit alors qu'il s'agit d'un escalier tournant ; mais il a effacé ces mots *par où il estoit monté*, et il a ajouté *de l'estude*. N.

(7) Le bœuf pesant voudroit porter la selle, et le cheval tirer la charrue. HORACE. *Epist.*, I, 14, 43.

(1) MARTIN DU BELLAY, seigneur de Langey, *Mémoires*, liv. V et suiv. C.

de dispenser sur les advertissements qu'il doibt faire à son maistre, mesme de telle consequence, venants de telle personne et dicts en si grand' assemblée : et m'eust semblé l'office du serviteur estre de fidelement representer les choses en leur entier, comme elles sont advenues, à fin que la liberté d'ordonner, juger et choisir, demeurast au maistre; car, de luy alterer ou cacher la verité, de peur qu'il ne la preigne aultrement qu'il ne doibt et que cela ne le poulse à quelque mauvais party, et ce pendant le laisser ignorant de ses affaires, cela m'eust semblé appartenir à celuy qui donne la loy, non à celuy qui la receoit; au curateur et maistre d'eschole, non à celuy qui se doibt penser inferieur, non en auctorité seulement, mais aussi en prudence et bon conseil. Quoy qu'il en soit, je ne vouldrois pas estre servy de ceste façon en mon petit faict.

Nous nous soustrayons si volontiers du commandement, soubs quelque pretexte, et usurpons sur la maistrise; chascun aspire si naturellement à la liberté et auctorité qu'au superieur nulle utilité ne doibt estre si chere, venant de ceulx qui le servent, comme luy doibt estre chere leur simple et naïfve obeïssance. On corrompt l'office du commander quand on y obeit par discretion, non par subjection[1]. Et P. Crassus, celuy que les Romains estimerent cinq fois heureux, lorsqu'il estoit en Asie consul, ayant mandé à un engineur grec de luy faire mener le plus grand des deux masts de navire qu'il avoit veus à Athenes, pour quelque engin de batterie qu'il en vouloit faire, cestuy cy, soubs tiltre de sa science, se donna loy de choisir aultrement, et mena le plus petit, et, selon la raison de son art, le plus commode. Crassus, ayant patiemment ouï ses raisons, luy feit très bien donner le fouet, estimant l'interest de la discipline plus que l'interest de l'ouvrage.

D'aultre part pourtant on pourroit aussi considerer que ceste obeïssance si contraincte n'appartient qu'aux commandements precis et prefix. Les ambassadeurs ont une charge plus libre, qui en plusieurs parties despend souverainement de leur disposition; ils n'executent pas simplement, mais forment aussi et dressent par leur conseil la volonté du maistre. J'ay veu, en mon temps, des personnes de commandement reprins d'avoir plustost obei aux paroles des lettres du roy qu'à l'occasion des affaires qui estoient près d'eulx. Les hommes d'entendement accusent encores aujourd'huy l'usage des roys de Perse de tailler les morceaux si courts à leurs agents et lieutenants qu'aux moindres choses ils eussent à recourir à leur ordonnance ; ce delay, en une si longue estendue de domination, ayant souvent apporté des notables dommages à leurs affaires. Et Crassus, escrivant à un homme du mestier, et luy donnant advis de l'usage auquel il destinoit ce mast, sembloit il pas entrer en conference de sa deliberation et le convier à interposer son decret?

CHAPITRE XVII.

De la peur.

Obstupui, steteruntque comœ, et vox faucibus hæsit[1].

Je ne suis pas bon naturaliste (qu'ils disent), et ne sçais gueres par quels ressorts la peur agit en nous; mais tant y a que c'est une estrange passion : et disent les medecins qu'il n'en est aulcune qui emporte plustost notre jugement hors de sa deue assiette. De vray, j'ay veu beaucoup de gents devenus insensés de peur; et, au plus rassis, il est certain, pendant que son accès dure, qu'elle engendre de terribles eblouissements. Je laisse à part le vulgaire, à qui elle represente tantost les bisayeuls sortis du tumbeau enveloppés en leur suaire, tantost des loups-garous, des lutins et des chimeres; mais parmy les soldats mesmes, où elle debvroit trouver moins de place, combien de fois a elle changé un troupeau de brebis en esquadron de corselets[2]? des roseaux et des cannes en gentsdarmes et lanciers? nos amis en nos ennemis? et la croix blanche à la rouge? Lorsque monsieur de Bourbon print Rome[3], un port' enseigne, qui estoit à la garde du bourg Sainct Pierre, feut saisi de tel effroy à la premiere alarme que par le trou d'une ruyne

---

(1) Pensée traduite d'AULU-GELLE (I, 13), à qui Montaigne emprunte aussi le fait suivant. C.

(1) Je frémis, ma voix meurt, et mes cheveux se dressent.
VIRGILE, trad. par Delille, Æn., II, 774.
(2) Les *corselets* étaient de petites cuirasses que portaient les piquiers dans les régiments des gardes. E. J.
(3) En 1527. *Mém.* de MARTIN DU BELLAY, liv. III. C.

il se jecta, l'enseigne au poing, hors la ville, droict aux ennemis, pensant tirer vers le dedans de la ville; et à peine enfin, voyant la troupe de monsieur de Bourbon se renger pour le soustenir, estimant que ce feust une sortie que ceulx de la ville feissent, il se recogneut, et tournant teste, rentra par ce mesme trou, par lequel il estoit sorty plus de trois cents pas avant en la campaigne. Il n'en advint pas du tout si heureusement à l'enseigne du capitaine Julle, lors que Sainct Paul feut prins sur nous par le comte de Bures et monsieur du Reu; car, estant si fort esperdu de frayeur que de se jecter à tout son enseigne hors de la ville par une canoniere, il feut mis en pieces par les assaillants [1] : et, au mesme siege, feut memorable la peur qui saisit et glaça si fort le cœur d'un gentilhomme qu'il en tumba roide mort par terre, à la bresche, sans aulcune bleceure. Pareille rage poulse par fois toute une multitude : en l'une des rencontres de Germanicus contre les Allemans, deux grosses troupes prinrent d'effroy deux routes opposites : l'une fuyoit d'où l'autre partoit [2]. Tantost elle nous donne des aîles aux talons, comme aux deux premiers; tantost elle nous cloue les pieds et les entrave, comme on lit de l'empereur Theophile, lequel, en une bataille qu'il perdit contre les Agarenes, deveint si estonné et si transi qu'il ne pouvoit prendre party de s'enfuyr, *adeo pavor etiam auxilia formidat* [3]; jusques à ce que Manuel, l'un des principaulx chefs de son armée, l'ayant tirassé et secoué comme pour l'esveiller d'un profond somme, luy dict : « Si vous ne me suyvez, je vous tueray ; car il vault mieulx que vous perdiez la vie, que si, estant prisonnier, vous veniez à perdre l'empire [4]. » Lors exprime elle sa derniere force, quand, pour son service, elle nous rejecte à la vaillance, qu'elle a soustraicte à nostre debvoir et à nostre honneur : en la premiere juste bataille que les Romains perdirent contre Hannibal, soubs le consul Sempronius, une troupe de bien dix mille hommes de pied qui print l'espouvante, ne voyant ailleurs par où faire passage à sa lascheté, s'alla jecter au travers le gros des ennemis, lequel elle percea d'un merveilleux effort, avec grand meurtre des Carthaginois, achetant une honteuse fuyte au mesme prix qu'elle eust eu une glorieuse victoire [1].

C'est de quoy j'ay le plus de peur que la peur : aussi surmonté elle en aigreur touts aultres accidents. Quelle affection peult estre plus aspre et plus juste que celle des amis de Pompeius, qui estoient en son navire, spectateurs de cest horrible massacre ? Si est ce que la peur des voiles ægyptiennes, qui commenceoient à les approcher, l'estouffa de maniere qu'on a remarqué qu'il ne s'amuserent qu'à haster les mariniers de diligenter et de se sauver à coups d'aviron; jusques à ce que, arrivés à Tyr, libres de crainte, ils eurent loy de tourner leur pensée à la perte qu'ils venoient de faire, et lascher la bride aux lamentations et aux larmes que ceste aultre plus forte passion avoit suspendues [2].

Tum pavor sapientiam omnem mihi ex animo expectorat [3].

Ceulx qui auront esté bien frottés en quelque estour [4] de guerre, touts blessés encores et ensanglantés, on les rameine bien lendemein à la charge, mais ceulx qui ont conceu quelque bonne peur des ennemis, vous ne les leur feriez pas seulement regarder en face. Ceulx qui sont en pressante crainte de perdre leur bien, d'estre exilés, d'estre subjugués, vivent en continuelle angoisse, en perdant le boire, le manger et le repos, là où les pauvres, les bannis, les serfs, vivent souvent aussi joyeusement que les aultres. Et tant de gents qui, de l'impatience des poinctures de la peur, se sont pendus, noyés et precipités, nous ont bien apprins qu'elle est encores plus importune et plus insupportable que la mort.

Les Grecs en recognoissent une aultre espece, qui est oultre l'erreur de nostre discours [5], venant, disent ils, sans cause apparente et d'une impulsion celeste : des peuples entiers s'en voyent souvent frappés et des armées entieres. Telle feut celle qui apporta à Carthage

---

(1) *Et cestuy cy je le vey*, dit GUILLAUME DU BELLAY, *Mémoires*, liv. VII. Il fut aussi témoin du fait suivant, *ibid*. C.

(2) TACITE, *Annales*, I, 63. J. V. L.

(3) Tant la peur s'effraie même de ce qui pourrait lui donner du secours. QUINTE-CURCE, III, 11.

(4) ZONARAS, liv. III, pag. 120, éd. de Bâle, 1557. C.

(1) TITE LIVE, XXI, 56. C.
(2) CICÉRON, *Tuscul.*, III, 26. C.
(3) L'effroi, loin de mon cœur, a chassé ma vertu. ENNIUS *ap. Cic. Tuscul.*, IV, 8. J. V. L.
(4) Un *estour*, dit Nicot, c'est un *conflit et combat*. C.
(5) C'est-à-dire qui n'est pas causée par une erreur de notre jugement. C.

une merveilleuse desolation : on n'y oyoit que cris et voix effrayées ; on veoyoit les habitants sortir de leurs maisons comme à l'alarme, et se charger, blecer et entre-tuer les uns les aultres, comme si ce feussent ennemis qui veinssent à occuper leur ville ; tout y estoit en desordre et en fureur, jusques à ce que, par oraisons et sacrifices, ils eussent appaisé l'ire des dieux [1]. Ils nomment cela *terreurs paniques* [2].

CHAPITRE XVIII.

Qu'il ne fault juger de nostre heur qu'après la mort [3].

> *Scilicet ultima semper*
> *Exspectanda dies homini est ; dicique beatus*
> *Antè obitum nemo supremaque funera debet* [4].

Les enfants sçavent le conte du roy Crœsus à ce propos [5], lequel ayant esté prins par Cyrus et condemné à la mort, sur le poinct de l'execution il s'escria : « O Solon ! Solon ! » Cela rapporté à Cyrus, et s'estant enquis que c'estoit à dire, il luy feit entendre qu'il verifioit lors à ses despens l'advertissement qu'aultrefois luy avoit donné Solon : « Que les hommes, quelque beau visage que fortune leur fasse, ne se peuvent appeller heureux jusques à ce qu'on leur ayt veu passer le dernier jour de leur vie, » pour l'incertitude et varieté des choses humaines, qui, d'un bien legier mouvement, se changent d'un estat en aultre tout divers. Et pourtant Agesilaus, à quelqu'un qui disoit heureux le roy de Perse, de ce qu'il estoit venu fort jeune à un si puissant estat : « Ouy, mais, dict il, Priam en tel aage ne feut pas malheureux [6]. » Tanstost, des roys de Macedoine, successeurs de ce grand Alexandre, il s'en faict des menuisiers et greffiers à Rome ; des tyrans de Sicile, des pedantes à Corinthe ; d'un conquerant de la moitié du monde et empereur de tant d'armées, il s'en faict un miserable suppliant des belitres officiers d'un roi d'Ægypte ; tant cousta à ce grand Pompeius la prolongation de cinq ou six mois de vie ! Et du temps de nos peres, ce Ludovic Sforce, dixiesme duc de Milan, soubs qui avoit si longtemps branslé toute l'Italie, on l'a veu mourir prisonnier à Loches [1], mais après y avoir vescu dix ans, qui est le pis de son marché. La plus belle royne [2], veufve du plus grand roy de la chrestienté, vient elle pas de mourir par la main d'un bourreau ? indigne et barbare cruauté ! Et mille tels exemples ; car il semble que, comme les orages et tempestes se picquent contre l'orgueil et haultaineté de nos bastiments, il y ayt aussi là hault des esprits envieux des grandeurs de çà bas ;

> *Usque adeò res humanas vis abdita quædam*
> *Obterit, et pulchros fasces, sævasque secures*
> *Proculcare, ac ludibrio sibi habere videtur* [3] !

et semble que la fortune quelquefois guette à poinct nommé le dernier jour de nostre vie pour montrer sa puissance de renverser en un moment ce qu'elle avoit basty en longues années ; et nous faict crier, après Laberius,

> *Nimirùm hàc die*
> *Una plus vixi mihi, quam vivendum fuit* [4] !

Ainsi se peult prendre avecques raison ce bon advis de Solon ; mais d'autant que c'est un philosophe (à l'endroict desquels les faveurs et disgraces de la fortune ne tiennent reng ny d'heur ny de malheur, et sont les grandeurs et puissances accidents de qualité à peu près indifférente), je treuve vraysemblable qu'il ayt regardé plus avant, et voulu dire que ce mesme bonheur de nostre vie, qui depend de la tranquillité et contentement d'un esprit bien nay, et de la resolution et asseurance d'une ame reglée, ne se doibve jamais attribuer à l'homme, qu'on ne luy ayt veu jouer le dernier acte de sa comedie, et sans doubte le plus difficile. En tout le reste il y peult avoir du masque ; ou ces

---

(1) Diodore de Sicile, XV, 7. C.

(2) Id., *ibid*. Plutarque, *Traité d'Isis et Osiris*, c. 8. C.

(3) Montaigne a déjà dit quelque chose à ce sujet dans le chapitre III de ce premier livre.

(4) . . . . . Nul homme certain d'un bonheur sans retour
Ne peut se croire heureux avant son dernier jour.
Ovide, trad. par Saint-Ange, *Métam.*, III, 135.

(5) Hérodote, I, 86. J. V. L.

(6) Plutarque, *Apophthegmes des Lacédémoniens*. C.

---

(1) En Touraine, sous le règne de Louis XII, qui l'y avait fait enfermer en 1500, C.—dans une cage de fer que j'ai vue en 1788. E. J.

(2) Marie Stuart, reine d'Ecosse et mère de Jacques I, roi d'Angleterre, décapitée au château de Fotheringay, par l'ordre de la reine Elisabeth, le 18 février 1587. Elle avait été mariée trois fois ; la première à François II. N. — Ce passage ne se trouve pas encore dans l'édition de 1588, *fol*. 27. J. V. L.

(3) Tant il est vrai qu'une force secrète se joue des choses humaines, se plaît à briser les haches consulaires et foule aux pieds l'orgueil des faisceaux. Lucrèce, V, 1231.

(4) Ah ! j'ai vécu trop d'un jour ! Macrobe, *Saturnales*, II, 7.

beaux discours de la philosophie ne sont en nous que par contenance, ou les accidents ne nous essayant pas jusques au vif, nous donnent loisir de maintenir tousjours notre visage rassis; mais à ce dernier roolle de la mort et de nous, il n'y a plus que feindre, il fault parler françois, il fault montrer ce qu'il y a de bon et de net dans le fond du pot.

*Nam veræ voces tùm demùm pectore ab imo
Ejiciuntur; et eripitur persona, manet res*[1].

Voylà pourquoy se doibvent à ce dernier traict toucher et esprouver toutes les aultres actions de nostre vie; c'est le maistre jour, c'est le jour juge de touts les aultres; c'est le jour, dict un ancien[2], qui doibt juger de toutes mes années passées. Je remets à la mort l'essay du fruict de mes estudes; nous verrons là si mes discours me partent de la bouche ou du cœur. J'ay veu plusieurs donner par leur mort reputation en bien ou en mal à toute leur vie. Scipion, beau-pere de Pompeius, rabilla en bien mourant la mauvaise opinion qu'on avoit eue de luy jusques alors[3]. Epaminondas, interrogé lequel des trois il estimoit le plus, ou Chabrias, ou Iphicrates, ou soy mesme : « Il nous fault veoir mourir, dict il, avant que d'en pouvoir resouldre[4]. » De vray, on desroberoit beaucoup à celuy là qui le poiseroit sans l'honneur et grandeur de sa fin.

Dieu l'a voulu comme il luy a pleu; mais en mon temps trois les plus exsecrables personnes que je cogneusse en toute abomination de vie, et les plus infames, ont eu des morts reglées, et, en toute circonstance, composées jusques à la perfection. Il est des morts braves et fortunées; je luy ay veu[5] trencher le fil d'un progrès de merveilleux advancement, et dans la fleur de son croist, à quelqu'un d'une fin si pompeuse, qu'à mon advis ses ambitieux et courageux desseings n'avoient rien de si hault que feult leur interruption; il arriva, sans y aller, où il pretendoit, plus grandement et glorieusement que ne portoit son desir et esperance; et devança par sa cheute le pouvoir et le nom dù il aspiroit par sa course[1]. Au jugement de la vie d'aultruy je regarde tousjours comment s'en est porté le bout; et des principaulx estudes de la mienne, c'est qu'il se porte bien, c'est à dire quietement et sourdement.

CHAPITRE XIX.

Que philosopher c'est apprendre à mourir.

Cicero dict que philosopher ce n'est aultre chose que s'apprester à la mort[2]. C'est d'autant que l'estude et la contemplation retirent aulcunement nostre ame hors de nous, et l'embesongnent à part du corps, qui est quelque apprentissage et ressemblance de la mort; ou bien, c'est que toute la sagesse et discours du monde se resoult enfin à ce poinct de nous apprendre à ne craindre point à mourir. De vray, ou la raison se mocque, ou elle ne doibt viser qu'à nostre contentement, et tout son travail tendre en somme à nous faire bien vivre, et à nostre aise, comme dict la Saincte Escriture[3]. Toutes les opinions du monde en sont là, que le plaisir est nostre but, quoyqu'elles en prennent divers moyens; aultrement on les chasseroit d'arrivée, car qui escouteroit celuy qui, pour sa fin, establiroit nostre peine et mesaise ? Les dissentions des sectes philosophiques en ce cas sont verbales; *transcurramus solertissimas nugas*[4]; il y a plus d'opiniastreté et de picoterie qu'il n'appartient à une si saincte profession; mais quelque personnage que l'homme entrepreigne, il joue tousjours le sien parmy.

Quoy qu'ils dient, en la vertu mesme, le dernier but de nostre visée, c'est la volupté. Il me

---

(1) Alors la nécessité nous arrache des paroles sincères; alors le masque tombe et l'homme reste. LUCRÈCE, III, 57.
(2) SÉNÈQUE, *Epist.* 102.
(3) Ib., *Epist.* 24. J. V. L.
(4) PLUTARQUE, *Apophthegmes*. C.
(5) Mademoiselle de Gournay, dans son édition de 1635, p. 41, a refait ainsi cette phrase : « J'en ay veu quelqu'une trencher le fil d'un progrès de merveilleux advancement et dans la fleur de son croist, d'une fin si pompeuse qu'à mon advis les ambitieux et courageux desseings du mourant n'avoient rien de si hault que feut leur interruption. » Ce tour est peut-être un peu moins obscur; mais l'auteur doit-il être corrigé par l'éditeur ? J. V. L.

(1) Montaigne veut sans doute parler ici de son ami Estienne de La Boëtie, à la mort duquel il assista en 1563. *Voyez* à la fin de ce volume la lettre qu'il fit imprimer à Paris en 1571, où il rapporte les particularités les plus remarquables de la maladie et de la mort de cet ami. J. V. L.
(2) *Tota philosophorum vita commentatio mortis est.* Tusc. quæst., I, 34. C'est une traduction du *Phédon* de PLATON : Οὐδὲν ἄλλο ἐπιτηδεύουσιν, ἢ ἀποθνῄσκειν. J. V. L.
(3) *Et cognovi quod non esset melius nisi lætari et facere bene in vitâ suâ.* Eccles., c. III, v. 12.
(4) Ne nous arrêtons pas à ces jeux d'esprit. SÉNÈQUE, *Epist.* 117.

plaist de battre leurs aureilles de ce mot, qui leur est si fort à contrecœur, et s'il signifie quelque supreme plaisir et excessif contentement, il est mieulx deu à l'assistance de la vertu qu'à nulle aultre assistance. Ceste volupté, pour estre plus gaillarde, nerveuse, robuste, virile, n'en est que plus serieusement voluptueuse, et luy debvions donner le nom du plaisir, plus favorable, plus doulx et naturel, non celuy de la vigueur, duquel nous l'avons denommée. Ceste aultre volupté plus basse, si elle meritoit ce beau nom, ce debvoit estre en concurrence, non par privilege; je la treuve moins pure d'incommodités et de traverses, que n'est la vertu; oultre que son goust est plus momentanée, fluide et caducque, elle a ses veilles, ses jeusnes et ses travaulx, et la sueur et le sang, et en oultre particulierement ses passions trenchantes de tant de sortes, et à son costé une satieté si lourde qu'elle equipolle à penitence. Nous avons grand tort d'estimer que ces incommodités luy servent d'aiguillon et de condiment à sa doulceur (comme en nature le contraire se vivifie par son contraire), et de dire, quand nous venons à la vertu, que pareilles suittes et difficultés l'accablent, la rendent austere et inaccessible, là où, beaucoup plus proprement qu'à la volupté, elles anoblissent, aiguisent et rehaulsent le plaisir divin et parfaict qu'elle nous moyenne. Celuy-là est certes bien indigne de son accointance, qui contrepoise son coust à son fruict, et n'en cognoist ny les graces ny l'usage. Ceulx qui nous vont instruisant que sa queste est scabreuse et laborieuse, sa jouissance agreable, que nous disent ils par là, sinon qu'elle est tousjours desagreable? car quel moyen humain arriva jamais à sa jouissance? les plus parfaits se sont bien contentés d'y aspirer et de l'approcher, sans la posseder. Mais ils se trompent, veu que de touts les plaisirs que nous cognoissons, la poursuitte mesme en est plaisante; l'entreprinse se sent de la qualité de la chose qu'elle regarde, car c'est une bonne portion de l'effect, et consubstantielle. L'heur et la beatitude qui reluit en la vertu remplit toutes ses appartenances et advenues, jusques à la premiere entrée et extreme barriere.

Or des principaulx bienfaicts de la vertu est le mespris de la mort; moyen qui fournit nostre vie d'une molle tranquillité, et nous en donne le goust pur et amiable, sans qui toute aultre volupté est esteincte. Voylà pourquoy toutes les regles se rencontrent et conviennent à cest article. Et combien qu'elles nous conduisent aussi toutes d'un commun accord à mespriser la douleur, la pauvreté et aultres accidents à quoy la vie humaine est subjecte, ce n'est pas d'un pareil soing; tant parce que ces accidents ne sont pas de telle necessité (la pluspart des hommes passent leur vie sans gouster de la pauvreté, et tels encores sans sentiment de douleur et de maladie, comme Xenophilus le musicien, qui vescut cent et six ans d'une entiere santé[1]); qu'aussi d'autant qu'au pis aller la mort peult mettre fin, quand il nous plaira, et coupper broche à touts aultres inconvenients. Mais quant à la mort elle est inevitable :

> *Omnes eodem cogimur; omnium*
> *Versatur urna seriùs ociùs*
> *Sors exitura, et nos in æternum*
> *Exsilium impositura cymbæ*[2];

et par consequent, si elle nous faict peur, c'est un subject continuel de torment, et qui ne se peult aulcunement soulager. Il n'est lieu d'où il ne nous vienne; nous pouvons tourner sans cesse la teste çà et là, comme en païs suspect : *quæ, quasi saxum Tantalo, semper impendet*[3]. Nos parlements renvoyent souvent executer les criminels au lieu où le crime est commis : durant le chemin, promenez les par de belles maisons, faictes leur tant de bonne chere qu'il vous plaira,

> *Non Siculæ dapes*
> *Dulcem elaborabunt saporem;*
> *Non avium citharæque cantus*
> *Somnum reducent*[4] :

pensez vous qu'ils s'en puissent resjouir; et que la finale intention de leur voyage, leur estant ordinairement devant les yeulx, ne leur ayt alteré et affadi le goust à toutes ces commodités ?

(1) VALÈRE MAXIME, VIII, 13, *ext.* 3. C.
(2) Nous sommes tous forcés d'arriver au même terme; le sort de chacun de nous s'agite dans l'urne pour en sortir tôt ou tard et nous faire passer de la barque fatale dans un éternel exil. HORACE, *Od.*, II, 3, 25.
(3) Elle est toujours menaçante, comme le rocher de Tantale. Cic., *de Finibus*, I, 18.
(4) Les mets les plus délicieux ne pourront réveiller leur goût; ni les chants des oiseaux, ni les accords de la lyre, ne leur rendront le sommeil. Hon., *Od.* III, 1, 18.

*Audit iter, numeratque dies, spatioque viarum
Metitur vitam; torquetur peste futura* [1].

Le but de nostre carriere c'est la mort; c'est l'objet necessaire de nostre visée : si elle nous effroye, comme est il possible d'aller un pas avant sans fiebvre? Le remede du vulgaire, c'est de n'y penser pas : mais de quelle brutale stupidité luy peult venir un si grossier aveuglement? Il luy fault faire brider l'asne par la queue :

Qui capite ipse suo instituit vestigia retrò [2].

Ce n'est pas de merveille s'il est si souvent prins au piege. On faict peur à nos gents seulement de nommer la mort, et la pluspart s'en seignent comme du nom du diable. Et parce qu'il s'en faict mention aux testaments, ne vous attendez pas qu'ils y mettent la main que le medecin ne leur ayt donné l'extreme sentence : et Dieu sçait lors, entre la douleur et la frayeur, de quel bon jugement ils vous le pastissent.

Parce que ceste syllabe frappoit trop rudement leurs aureilles, et que ceste voix leur sembloit malencontreuse, les Romains avoient appris de l'amollir ou l'estendre en periphrases : au lieu de dire, il est mort : « Il a cessé de vivre, disent-ils, il a vescu [3] : » pourveu que ce soit vie, soit elle passée, ils se consolent. Nous en avons emprunté nostre *feu maistre Jehan*. A l'adventure est ce que, comme on dict, le terme vault l'argent. Je nasquis entre unze heures et midi, le dernier jour de febvrier mille cinq cents trente trois, comme nous comptons à ceste heure, commenceant l'an en janvier [4]. Il n'y a justement que quinze jours que j'ay franchi trente neuf ans : il m'en fault, pour le moins, encores autant [5]. Cependant s'empescher du pensement de chose si esloingnée, ce seroit folie. Mais quoy? les jeunes et les vieux laissent la vie de mesme condition : nul n'en sort aultrement que comme si tout presentement il y entroit; joinct qu'il n'est homme si decrepité, tant qu'il veoid Mathusalem devant, qui ne pense avoir encores vingt ans dans le corps. Davantage, pauvre fol que tu es, qui t'a estably les termes de ta vie? Tu te fondes sur les contes des medecins : regarde plustost l'effect et l'experience. Par le commun train des choses, tu vis pieça [1] par faveur extraordinaire : tu as passé les termes accoustumés de vivre. Et qu'il soit ainsi, compte de tes cognoissants combien il en est mort avant ton aage plus qu'il n'en y a qui l'ayent atteint : et de ceulx mesmes qui ont anobli leur vie par renommée, fais en registre; et j'entreray en gageure d'en trouver plus qui sont morts avant qu'après trente cinq ans. Il est plein de raison et de pieté de prendre exemple de l'humanité mesme de Jesus Christ : or il finit sa vie à trente et trois ans. Le plus grand homme, simplement homme, Alexandre, mourut aussi à ce terme. Combien à la mort de façon de surprinse!

*Quid quisque vitet, nunquam homini satis
Cautum est in horas* [2] :

je laisse à part les fiebvres et les pleuresies : qui eust jamais pensé qu'un duc de Bretaigne deust estre estouffé de la presse, comme feut celuy-là à l'entrée du pape Clement, mon voysin, à Lyon [3]? N'as tu pas veu tuer un de nos roys en se jouant [4]? et un de ses ancestres mourut il pas choqué par un pourceau [5]? Æschylus, menacé de la cheute d'une maison, à beau se tenir à l'airte [6], le voylà assommé d'un toict de tortue qui eschappa des pattes d'un aigle en l'air [7] : l'aultre mourut d'un grain de

---

(1) Il s'inquiète du chemin, il compte les jours et mesure sa vie sur la longueur de la route, tourmenté sans cesse par l'idée du supplice qui l'attend. CLAUDIEN, *in Ruf.*, II, 137.

(2) Puisque dans sa sottise il veut avancer à reculons. LUCRÈCE, IV, 474.

(3) PLUTARQUE, *Vie de Cicéron*, c. 22. J. V. L.

(4) Par une ordonnance de Charles IX, rendue en 1563, le commencement de l'année fut fixé au 1er janvier; auparavant elle commençait à Pâques. En conséquence, le 1er janvier 1563 devint le premier jour de l'an 1564. Le parlement ne se conforma à cette ordonnance que deux ans après, et ne commença l'année le 1er janvier qu'en 1567. A. D.

(5) Montaigne n'obtint pas *ce qu'il lui fallait*, puisqu'il mourut en 1592, dans la soixantième année de son âge. A. D.

(1) Depuis long-temps. C.

(2) L'homme ne peut jamais assez prévoir quel danger le menace à chaque instant. HOR., *Od.*, II, 13, 13.

(3) En 1305, sous le règne de Philippe-le-Bel; ce duc de Bretagne se nommait Jean II. Le pape que Montaigne appelle *son voysin* était Bertrand de Got, archevêque de Bordeaux, qui fut élu pape le 5 juin 1305 et prit le nom de Clément V. A. D.

(4) Henri II, blessé à mort, le 10 juillet 1559, dans un tournoi, par le comte de Montgommery, un de ses capitaines des gardes. C.

(5) Philippe, fils aîné de Louis-le-Gros, et qui avait été couronné du vivant de son père. C.

(6) On écrit aujourd'hui *alerte*; mais les Italiens disent encore *fare all'erta*, être alerte, être au guet, prendre garde à soi. E. J.

(7) VALÈRE MAXIME, IX, 12, *ext.* 2. C.

raisin[1] ; un empereur, de l'esgratignure d'un peigne en se testonnant ; Æmilius Lepidus, pour avoir heurté du pied contre le seuil de son huis[2] ; et Aufidius, pour avoir choqué, en entrant, contre la porte de la chambre du conseil ; et entre les cuisses des femmes, Cornelius Gallus preteur, Tigillinus capitaine du guet à Rome, Ludovic fils de Guy de Gonzague, marquis de Mantoue ; et d'un encores pire exemple Speusippus philosophe platonicien[3], et l'un de nos papes. Le pauvre Bebius, juge, ce pendant qu'il donne delay de huictaine à une partie, le voylà saisi, le sien de vivre estant expiré ; et Caius Julius, medecin, gressant les yeulx d'un patient, voylà la mort qui clost les siens[4] : et s'il m'y fault mesler, un mien frere, le capitaine S. Martin, aagé de vingt et trois ans, qui avoit dejà faict assez bonne preuve de sa valeur, jouant à la paulme, receut un coup d'esteuf qui l'assena un peu au dessus de l'aureille droicte, sans aulcune apparence de contusion ny de blecceure ; il ne s'en assist ny reposa, mais cinq ou six heures après il mourut d'une apoplexie que ce coup luy causa.

Ces exemples si frequents et si ordinaires nous passant devant les yeulx, comme est il possible qu'on se puisse desfaire du pensement de la mort, et qu'à chasque instant il ne nous semble qu'elle nous tienne au collet? Qu'importe il, me direz vous, comment que ce soit, pourveu qu'on ne s'en donne point de peine? Je suis de cest advis : et, en quelque maniere qu'on se puisse mettre à l'abri des coups, feust ce soubs la peau d'un veau, je ne suis pas homme qui y reculast ; car il me suffit de passer à mon ayse, et le meilleur jeu que je me puisse donner je le prends, si peu glorieux au reste et exemplaire que vous voudrez.

Prætulerim... delirus inersque videri,
Dùm mea delectent mala me, vel denique fallant,
Quam sapere, et ringi[5].

Mais c'est folie d'y penser arriver par là. Ils vont, ils viennent, ils trottent, ils dansent ; de mort, nulles nouvelles : tout cela est beau ; mais aussi, quand elle arrive ou à eulx, ou à leurs femmes, enfants et amis, les surprenant en dessoude[1] et à descouvert, quels torments, quels cris, quelle rage et quel desespoir les accable? vistes vous jamais rien si rabbaissé, si changé, si confus? Il y fault prouveoir de meilleure heure : et ceste nonchalance bestiale, quand elle pourroit loger en la teste d'un homme d'entendement, ce que je treuve entierement impossible, vous vend trop cher ses denrées. Si c'estoit ennemy qui se peust eviter, je conseillerois d'emprunter les armes de la couardise : mais puisqu'il ne se peult, puisqu'il vous attrappe fuyant et poltron aussi bien qu'honneste homme,

Nempe et fugacem persequitur virum,
Nec parcit imbellis juventæ
Poplitibus timidoque tergo[2],

et que nulle trempe de cuirasse ne vous couvre,

Ille licet ferro cautus se condat et ære,
Mors tamen inclusum protrahet indè caput[3],

apprenons à le soustenir de pied ferme et à le combattre : et pour commencer à luy oster son plus grand advantage contre nous, prenons voye toute contraire à la commune ; ostons luy l'estrangeté, practiquons le, accoustumons le, n'ayons rien si souvent en la teste que la mort, à touts instants representons la à nostre imagination et en touts visages ; au broncher d'un cheval, à la cheute d'une tuile, à la moindre piqueure d'espingle, remaschons soubdain : « Eh bien! quand ce seroit la mort mesme! » et là-dessus, roidissons nous, et nous efforceons. Parmy les festes et la joye, ayons toujours ce refrain de la souvenance de nostre condition ; et ne nous laissons pas si fort emporter au plaisir que par fois il ne nous repasse en la memoire, en combien de sortes ceste nostre alaigresse est en butte à la mort et de combien de prinses elle la menace. Ainsi faisoient les Ægyptiens, qui, au milieu de leurs festins, et parmy leur meilleure chere, faisoient apporter l'anatomie seche d'un homme, pour servir d'advertissement aux conviés[4].

---

(1) VAL. MAXIME, IX, 12, *ext.* 8. C.
(2) PLINE, *Nat. Hist.*, VII, 33. Les deux exemples suivants se trouvent au même endroit. C.
(3) TERTULLIEN, *Apologétique*, c. 46. C.
(4) Ces deux exemples sont de PLINE, VII, 53. C.
(5) Je consens à passer pour un fou, un impertinent, pourvu que mon erreur me plaise ou que je ne m'en aperçoive pas, plutôt que d'être sage et d'enrager. HORACE, *Epîtres*, II, 2, 126.

(1) D'une manière imprévue.
(2) Il poursuit le fuyard, il frappe sans pitié le lâche qui tourne le dos. HOR., *Od.*, III, 2, 14.
(3) Vous avez beau vous couvrir de fer et d'airain, la mort vous frappera sous votre armure. PROPERCE, III, 18, 25.
(4) HÉRODOTE, II, 78 : Ἐς τοῦτον ὁρέων, πῖνέ τε καὶ τέρπευ· ἔσεαι γὰρ ἀποθανὼν τοιοῦτος. J. V. L.

*Omnem crede diem tibi diluxisse supremum :
Grata superveniet, quæ non sperabitur, hora*[1].

Il est incertain où la mort nous attende; attendons la partout. La premeditation de la mort est premeditation de la liberté; qui a apprins à mourir, il a desapprins à servir; il n'y a rien de mal en la vie pour celuy qui a bien comprins que la privation de la vie n'est pas mal; le sçavoir mourir nous affranchit de toute subjection et contraincte. Paulus Æmilius respondit à celuy que ce miserable roy de Macedoine, son prisonnier, luy envoyoit pour le prier de ne le mener pas en son triomphe : « Qu'il en face la requeste à soy mesme[2]. »

A la verité, en toutes choses, si nature ne preste un peu, il est malaysé que l'art et l'industrie aillent gueres avant. Je suis de moy mesme non melancholique, mais songe-creux ; il n'est rien dequoy je me soye, dès tousjours, plus entretenu que des imaginations de la mort, voire en la saison la plus licentieuse de mon aage,

Jucundum quùm ætas florida ver ageret[3].

Parmy les dames et les jeux, tel me pensoit empesché à digerer, à part moy, quelque jalousie ou l'incertitude de quelque esperance, ce pendant que je m'entretenois de je ne sçais qui, surprins les jours precedents d'une fiebvre chaulde et de sa fin, au partir d'une feste pareille, la teste pleine d'oysiveté, d'amour et de bon temps, comme moy, et qu'autant m'en pendoit à l'aureille :

Jam fuerit, nec post unquam revocare licebit[4] ;

je ne ridois non plus le front de ce pensement là que d'un aultre. Il est impossible que d'arrivée nous ne sentions des picqueures de telles imaginations ; mais en les maniant et repassant au long aller, on les apprivoise sans doubte; aultrement, de ma part, je feusse en continuelle frayeur et frenesie ; car jamais homme ne se desfia tant de sa vie ; jamais homme ne feit moins d'estat de sa durée. Ny la santé que j'ay jouï jusques à present très vigoureuse et peu souvent interrompue, ne m'en alonge l'esperance, ny les maladies ne me l'accourcissent ; à chasque minute il me semble que je m'eschappe et me rechante sans cesse : « Tout ce qui peult estre faict un aultre jour le peult estre aujourd'huy. » De vray, les hazards et dangiers nous approchent peu ou rien de nostre fin ; et si nous pensons combien il en reste, sans cest accident qui semble nous menacer le plus, de millions d'aultres sur nos testes, nous trouverons que, gaillards et fiebvreux, en la mer et en nos maisons, en la battaille et en repos, elle nous est egalement près : *Nemo altero fragilior est*; *nemo in crastinum sui certior*[1]. Ce que j'ay à faire avant mourir, pour l'achever tout loisir me semble court, feust ce d'un' heure.

Quelqu'un, feuilletant l'aultre jour mes tablettes, trouva un memoire de quelque chose que je voulois estre faicte après ma mort ; je luy dis, comme il estoit vray, que n'estant qu'à une lieue de ma maison, et sain et gaillard, je m'estois hasté de l'escrire là, pour ne m'asseurer point d'arriver jusques chez moy. Comme celuy qui continuellement me couve de mes pensées et les couche en moy, je suis à toute heure preparé environ ce que je le puis estre, et ne m'advertira de rien de nouveau la survenance de la mort. Il fault estre tousjours botté et prest à partir, en tant qu'en nous est, et sur tout se garder qu'on n'aye lors affaire qu'à soy ;

*Quid brevi fortes jaculamur ævo
Multa*[2] ?

car nous y aurons assez de besongne sans aultre surcroist. L'un se plainct plus que de la mort, dequoy elle luy rompt le train d'une belle victoire ; l'aultre, qu'il luy fault desloger avant qu'avoir marié sa fille ou contrerooller l'institution de ses enfants ; l'un plainct la compaignie de sa femme, l'aultre de son fils, comme commodités principales de son estre. Je suis pour ceste heure en tel estat, Dieu mercy, que je puis desloger quand il luy plaira, sans regret de chose quelconque. Je me desnoue partout ; mes adieux sont tantost prins de chascun, sauf

---

(1) Imagine-toi que chaque jour est le dernier qui luit pour toi ; tu recevras avec reconnaissance le jour que tu n'espérais plus. HOR., *Epist.*, I, 4, 13.

(2) PLUTARQUE, *Vie de Paul Émile*, c. 17 ; CICÉRON, *Tuscul.*, V, 40. C.

(3) Quand mon âge fleuri roulait son gai printemps. CATULLE, LXVIII, 16.
Ce vers français est de mademoiselle de Gournay ; il mérite d'être conservé pour la fidélité originale de la traduction. J. V. L.

(4) Bientôt le temps présent ne sera plus, et nous ne pourrons le rappeler. LUCRÈCE, III, 928.

(1) Aucun homme n'est plus fragile que les autres, aucun plus assuré du lendemain. SÉNÈQUE, *Epist.* 91.

(2) Pourquoi, dans une vie si courte, former de si vastes projets ? HOR., *Od.*, II, 16, 17.

de moy. Jamais homme ne se prepara à quitter le monde plus purement et pleinement et ne s'en desprint plus universellement que je m'attends de faire. Les plus mortes morts sont les plus saines.

> ..... Miser! o miser! (aiunt) omnia ademit
> Una dies infesta mihi tot præmia vitæ[1] :

et le bastisseur,

> Manent (dict il) opera interrupta, minæque
> Murorum ingentes[2].

Il ne fault rien desseigner de si longue haleine ou au moins avecques telle intention de se passionner pour en veoir la fin. Nous sommes nayz pour agir :

> Quum moriar, medium solvar et inter opus[3] ;

je veux qu'on agisse et qu'on alonge les offices de la vie tant qu'on peult, et que la mort me treuve plantant mes choulx, mais nonchalant d'elle et encores plus de mon jardin imparfaict. J'en veis mourir un qui, estant à l'extremité, se plaignoit incessamment de quoy sa destinée coupoit le fil de l'histoire qu'il avoit en main sur le quinziesme ou seiziesme de nos roys.

> Illud in his rebus non addunt, nec tibi earum
> Jam desiderium rerum super insidet una[4].

Il fault se descharger de ces humeurs vulgaires et nuisibles. Tout ainsi qu'on a planté nos cimetieres joignant les eglises et aux lieux les plus frequentés de la ville, pour accoustumer, disoit Lycurgus[5], le bas populaire, les femmes et les enfants à ne s'effaroucher point de veoir un homme mort, et à fin que ce continuel spectacle d'ossements, de tumbeaux et de convois nous advertisse de nostre condition ;

> Quin etiam exhilarare viris convivia cæde
> Mos olim, et miscere epulis spectacula dira
> Certantum ferro, sæpe et super ipsa cadentum
> Pocula, respersis non parco sanguine mensis[6];

---
(1) O malheureux, malheureux que je suis! disent-ils ; un seul jour, un instant fatal me ravit tous les biens, tous les charmes de la vie! Lucrèce, III, 911.

(2) Je laisserai donc imparfaits ces bâtiments superbes. Enéide, IV, 88. — Il y a dans Virgile, pendent.

(3) Je veux que la mort me surprenne au milieu du travail. Ovide, Amor., II, 10, 36.

(4) Ils n'ajoutent pas que la mort nous ôte le regret de ce que nous quittons. Lucrèce, III, 913.

(5) Plutarque, Vie de Lycurgue, c. 20. C.

(6) C'était jadis la coutume d'égayer les festins par des meurtres et de mettre sous les yeux des convives d'affreux combats de gladiateurs ; souvent ils tombaient parmi les coupes du banquet et inondaient les tables de sang. Silius Italicus, XI, 54.

et comme les Ægyptiens, après leurs festins, faisoient presenter aux assistants une grande image de la mort par un qui leur crioit : « Boy, et t'esjouy ; car, mort, tu seras tel[1] ; » aussi ay je prins en coustume d'avoir, non seulement en l'imagination, mais continuellement la mort en la bouche. Et n'est rien dequoy je m'informe si volontiers que de la mort des hommes, « quelle parole, quel visage, quelle contenance ils y ont eu ; » ny endroict des histoires que je remarque si attentifvement ; il y paroist à la farcissure de mes exemples, et que j'ay en particuliere affection ceste matiere. Si j'estoy faiseur de livres, je feroy un registre commenté des morts diverses. Qui apprendroit les hommes à mourir, leur apprendroit à vivre. Dicearchus en feit un de pareil tiltre, mais d'aultre et moins utile fin[2].

On me dira que l'effect surmonte de si loing la pensée qu'il n'y a si belle escrime qui ne se perde quand on en vient là. Laissez les dire ; le premediter donne sans doubte grand advantage ; et puis, n'est ce rien d'aller au moins jusques là sans alteration et sans fiebvre? Il y a plus ; nature mesme nous preste la main et nous donne courage ; si c'est une mort courte et violente, nous n'avons pas loisir de la craindre ; si elle est aultre, je m'apperceoy qu'à mesure que je m'engage dans la maladie j'entre naturellement en quelque desdaing de la vie. Je treuve que j'ay bien plus à faire à digerer ceste resolution de mourir quand je suis en santé que quand je suis en fiebvre ; d'autant que je ne tiens plus si fort aux commodités de la vie, à raison que je commence à en perdre l'usage et le plaisir, j'en veoy la mort d'une beaucoup moins effroyée. Cela me faict esperer que plus je m'esloingneray de celle là et approcheray de ceste cy, plus aysement j'entreray en composition de leur eschange. Tout ainsi que j'ay essayé, en plusieurs aultres occurrences, ce que dict Cesar[3], que les choses nous paroissent souvent plus grandes de loing que de près ; j'ay treuvé que sain j'avois eu les maladies beaucoup plus en horreur que lors que je les ay senties. L'alaigresse où je suis, le plaisir et la force, me font paroistre l'aultre estat si disproportionné

---
(1) Voyez plus haut, dans une note de ce chapitre, le texte d'Hérodote, II, 78. J. V. L.

(2) Cicéron, de Offic., II, 5. C.

(3) De Bello Gall., VII, 84. C.

à celuy là que par imagination je grossis ces incommodités de la moitié et les conceoy plus poisantes que je ne les treuve quand je les ay sur les espaules. J'espere qu'il m'en adviendra ainsi de la mort.

Veoyons, à ces mutations et declinaisons ordinaires que nous souffrons, comme nature nous desrobe la veue de nostre perte et empirement. Que reste il à un vieillard de la vigueur de sa jeunesse et de sa vie passée?

Heu! senibus vitæ portio quanta manet[1]!

Cesar, à un soldat de sa garde, recreu et cassé, qui veint en la rue luy demander congé de se faire mourir, regardant son maintien descrepite, respondit plaisamment : « Tu penses doncques estre en vie[2]? » Qui y tumberoit tout à un coup, je ne crois pas que nous feussions capables de porter un tel changement ; mais conduicts par sa main, d'une doulce pente et comme insensible, peu à peu, de degré en degré, elle nous roule dans ce miserable estat et nous y apprivoise, si que nous ne sentons aulcune secousse quand la jeunesse meurt en nous, qui est, en essence et en verité, une mort plus dure que n'est la mort entiere d'une vie languissante, et que n'est la mort de la vieillesse ; d'autant que le sault n'est pas si lourd du mal estre au non estre, comme il est d'un estre doulx et fleurissant à un estre penible et douloureux. Le corps courbe et plié a moins de force à soustenir un fais ; aussi à nostre ame ; il la fault dresser et eslever contre l'effort de cest adversaire. Car, comme il est impossible qu'elle se mette en repos pendant qu'elle le craint, si elle s'en asseure aussi, elle se peult vanter (qui est chose comme surpassant l'humaine condition) qu'il est impossible que l'inquietude, le torment et la peur, non le moindre desplaisir, loge en elle :

Non vultus instantis tyranni
Mente quatit solida, neque Auster,
Dux inquieti turbidus Adriæ,
Nec fulminantis magna Jovis manus[3];

elle est rendue maistresse de ses passions et concupiscences ; maistresse de l'indigence, de la honte, de la pauvreté et de toutes aultres injures de fortune. Gaignons cest advantage, qui pourra. C'est icy la vraye et souveraine liberté qui nous donne de quoy faire la figue à la force et à l'injustice et nous mocquer des prisons et des fers :

In manicis et
Compedibus, sævo te sub custode tenebo.
Ipse deus, simul atque volam, me solvet. Opinor,
Hoc sentit : Moriar. Mors ultima linea rerum est[1].

Nostre religion n'a point eu de plus asseuré fondement humain que le mespris de la vie. Non seulement le discours de la raison nous y appelle ; car pourquoy craindrions nous de perdre une chose, laquelle perdue ne peult estre regrettée ? mais aussi, puisque nous sommes menacés de tant de façons de mort, n'y a il pas plus de mal à les craindre toutes qu'à en soustenir une ? Que chault il quand ce soit, puisqu'elle est inevitable ? A celuy qui disoit à Socrates : « Les trente tyrans t'ont condemné à la mort ; — Et nature, eulx, » respondit il[2]. Quelle sottise de nous peiner sur le poinct du passage à l'exemption de toute peine! Comme nostre naissance nous apporta la naissance de toutes choses, aussi fera la mort de toutes choses nostre mort. Parquoy c'est pareille folie de pleurer de ce que d'icy à cent ans nous ne vivrons pas, que de pleurer de ce que nous ne vivions pas il y a cent ans. La mort est origine d'une aultre vie ; ainsi pleurasmes nous, ainsi nous cousta il d'entrer en ceste cy, ainsi nous despouillasmes nous de nostre ancien voile en y entrant. Rien ne peult estre grief qui n'est qu'une fois. Est ce raison de craindre si long temps chose de si brief temps ? Le long temps vivre et le peu de temps vivre est rendu tout un par la mort ; car le long et le court n'est point aux choses qui ne sont plus. Aristote dict qu'il y a des petites bestes sur la riviere Hypanis qui ne vivent qu'un jour ; celle qui meurt à huict heures du matin, elle meurt en jeunesse ; celle qui meurt à cinq heures du soir meurt en

---

(1) Ah ! qu'il reste aux vieillards peu de part en la vie! MAXIMIAN., *vel Pseudo-Gallus*, I, 16.

(2) SÉNÈQUE, *Epist*. 77. C.

(3) Ni le regard cruel d'un tyran, ni l'autan furieux qui bouleverse les mers, rien ne peut ébranler sa constance, non pas même la main terrible, la main foudroyante de Jupiter. HOR., *Od*., III, 3, 3.

(1) Je te chargerai de chaînes aux pieds et aux mains, je te livrerai à un geôlier cruel. — Un dieu me délivrera, dès que je le voudrai. — Ce dieu, je pense, est la mort : la mort est le terme de toutes choses. HOR. *Epist*., I, 16, 76.

(2) Socrate ne fut pas condamné à la mort par les trente tyrans, mais par les Athéniens. Πρὸς τὸν εἰπόντα, Θανατόν σου κατέγνωσαν Ἀθηναῖοι· Κἀκείνων, φησίν, ἡ φύσις : *Quelqu'un ayant dit à Socrate : Les Athéniens t'ont condamné à la mort ; — Et la nature, eux, répondit Socrate.* DIOGÈNE LAERCE, II, 35 ; CIC., *Tuscul.*, I, 40. C.

sa decrepitude[1]. Qui de nous ne se mocque de veoir mettre en consideration d'heur ou de malheur ce moment de durée? Le plus et le moins en la nostre, si nous la comparons à l'eternité ou encores à la durée des montaignes, des rivieres, des estoiles, des arbres et mesme d'aulcuns animaulx, n'est pas moins ridicule[2].

Mais nature nous y force. « Sortez, dict elle, de ce monde, comme vous y estes entrés. Le mesme passage que vous feistes de la mort à la vie, sans passion et sans frayeur, refaictes le de la vie à la mort. Vostre mort est une des pieces de l'ordre de l'univers; c'est une piece de la vie du monde.

Inter se mortales mutua vivunt,
. . . .
Et, quasi cursores, vitaï lampada tradunt[3].

Changeray je pas pour vous ceste belle contexture des choses? C'est la condition de vostre creation; c'est une partie de vous que la mort; vous vous fuyez vous mesmes. Cestuy vôstre estre, que vous jouyssez, est egalement party à la mort et à la vie. Le premier jour de vostre naissance vous achemine à mourir comme à vivre.

Prima, quæ vitam dedit, hora, carpsit L.
Nascentes morimur; finisque ab origine pendet[5].

Tout ce que vous vivez, vous le desrobez à la vie; c'est à ses despens. Le continuel ouvrage de vostre vie, c'est bastir la mort. Vous estes en la mort pendant que vous estes en vie; car vous estes après la mort quand vous n'estes plus en vie; ou, si vous l'aimez mieulx ainsi, vous estes mort après la vie; mais pendant la vie, vous estes mourant, et la mort touche bien plus rudement le mourant que le mort, et plus vifvement et essentiellement. Si vous avez faict vostre proufit de la vie, vous en estes repeu; allez vous en satisfaict.

Cur non ut plenus vitæ conviva recedis[6]*?*

Si vous n'en avez sceu user, si elle vous estoit inutile, que vous chault il de l'avoir perdue? à quoy faire la voulez vous encores?

Cur amplius addere quæris,
Rursùm quod pereat male, et ingratum occidat omne[1]*?*

La vie n'est de soy ny bien ny mal; c'est la place du bien et du mal, selon que vous la leur faictes. Et si vous avez vescu un jour, vous avez tout veu; un jour est egal à touts jours. Il n'y a point d'aultre lumiere ny d'aultre nuict; ce soleil, ceste lune, ces estoiles, ceste disposition, c'est celle mesme que vos ayeuls ont jouye et qui entretiendra vos arriere-nepveux.

Non alium vidére patres, aliumve nepotes
Adspicient[2].

Et au pis aller, la distribution et varieté de touts les actes de ma comedie se parfournit en un an. Si vous avez prins garde au bransle de mes quatre saisons, elles embrassent l'enfance, l'adolescence, la virilité et la vieillesse du monde; il a joué son jeu; il n'y sçait aultre finesse que de recommencer; ce sera tousjours cela mesme.

Versamur ibidem, atque insumus usquè[3]*.*
Atque in se sua per vestigia volvitur annus[4]*.*

Je ne suis pas deliberé de vous forger aultres nouveaux passetemps:

Nam tibi præstereà quod machiner, inveniamque,
Quod placeat, nihil est: eadem sunt omnia semper[5]*.*

Faictes place aux aultres, comme d'aultres vous l'ont faicte. L'equalité est la premiere piece de l'equité. Qui se peult plaindre d'estre comprins où touts sont comprins? Aussi avez vous beau vivre, vous n'en rabbattrez rien du temps que vous avez à estre mort; c'est pour neant; aussi long temps serez vous en cest estat là que vous craignez, comme si vous estiez mort en nourrice :

---

(1) Cicéron, *Tuscul.*, I, 39. C.

(2) Sénèque, *Consol. ad Marciam*, c. 20. J. V. L.

(3) Les mortels se prêtent la vie pour un moment; c'est la course des jeux sacrés, où l'on se passe de main en main le flambeau. Lucrèce, II, 75, 78.

(4) L'heure qui nous a donné la vie, l'a déjà diminuée. Sénèque, *Hercul. fur.*, act. III, chor., v. 874.

(5) Naître, c'est commencer de mourir; le dernier moment de notre vie est la conséquence du premier. Manilius, *Astronomic.*, IV, 16.

(6) Pourquoi ne sortez-vous du festin de la vie comme un convive rassasié? Luc., III, 951.

(1) Pourquoi vouloir multiplier des jours que vous laisseriez perdre de même sans en mieux profiter? Lucrèce, III, 954.

(2) Vos neveux ne verront que ce qu'ont vu vos pères. Manil., I, 529.

(3) L'homme tourne toujours dans le cercle qui l'enferme. Lucrèce, III, 1093.

(4) L'année recommence sans cesse la route qu'elle a parcourue. Virg., *Georgic.*, II, 402.

(5) Je ne puis rien trouver, rien produire de nouveau en votre faveur; ce sont, ce seront toujours les mêmes plaisirs. Lucrèce, III, 957.

*Licet quot vis vivendo vincere secla,
Mors æterna tamen nihilominùs illa manebit* [1].

Et si vous mettray en tel poinct, auquel vous n'aurez aulcun mescontentement;

*In verà nescis nullum fore morte alium te,
Qui possit vivus tibi te lugere peremptum,
Stansque jacentem* [2] ?

ny ne desirerez la vie que vous plaignez tant;

*Nec sibi enim quisquam tùm se, vitamque requirit.
. . . .
Nec desiderium nostri nos afficit ullum* [3].

La mort est moins à craindre que rien, s'il y avoit quelque chose de moins que rien;

*Multo. . . . mortem minùs ad nos esse putandum,
Si minùs esse potest quàm quod nihil esse videmus* [4];

elle ne vous concerne ny mort ny vif; vif, parce que vous estes; mort, parce que vous n'estes plus. Davantage, nul ne meurt avant son heure; ce que vous laissez de temps n'estoit non plus vostre que celuy qui s'est passé avant vostre naissance et ne vous touche non plus.

*Respice enim, quàm nil ad nos anteacta vetustas
Temporis æterni fuerit* [5].

Où que vostre vie finisse, elle y est toute. L'utilité du vivre n'est pas en l'espace; elle est en l'usage; tel a vescu longtemps, qui a peu vescu. Attendez vous y pendant que vous y estes; il gist en vostre volonté, non au nombre des ans, que vous ayez assez vescu. Pensiez vous jamais n'arriver là où vous alliez sans cesse? encores n'y a il chemin qui n'ayt son issue. Et si la compaignie vous peult soulager, le monde ne va il pas mesme train que vous allez?

. . . . . Omnia te, vità perfunctà, sequentur [6].

Tout ne bransle il pas vostre bransle? y a il chose qui ne vieillisse quand et vous? mille hommes, mille animaux et mille aultres creatures meurent en ce mesme instant que vous mourez.

*Nam nox nulla diem, neque noctem aurora sequuta est,
Quæ non audierit mixtos vagitibus ægris
Ploratus, mortis comites et funeris atri* [1].

A quoy faire y reculez vous, si vous ne pouvez tirer arriere? Vous en avez assez veu qui se sont bien trouvés de mourir, eschevant [2] par là des grandes miseres; mais quelqu'un qui s'en soit mal trouvé, en avez vous veu? si est ce grand' simplesse de condemner chose que vous n'avez esprouvée ny par vous, ny par aultre. Pourquoy te plains tu de moy et de la destinée? Te faisons nous tort? Est ce à toy de nous gouverner ou à nous toy? Encores que ton aage ne soit pas achevé, ta vie l'est; un petit homme est homme entier comme un grand; ny les hommes ny leurs vies ne se mesurent à l'aulne. Chiron refusa l'immortalité, informé des conditions d'icelle par le dieu mesme du temps et de la durée, Saturne son pere. Imaginez, de vray, combien seroit une vie perdurable moins supportable à l'homme et plus penible que n'est la vie que je luy ay donnée [3]. Si vous n'aviez la mort, vous me mauldiriez sans cesse de vous en avoir privé; j'y ay à escient meslé quelque peu d'amertume pour vous empescher, veoyant la commodité de son usage, de l'embrasser trop avidement et indiscrettement. Pour vous loger en ceste moderation, ny de fuir la vie, ny de refuir à la mort, que je demande de vous, j'ay temperé l'une et l'aultre entre la douceur et l'aigreur. J'apprins à Thales, le premier de vos sages, que le vivre et le mourir estoit indifferent; par où, à celuy qui luy demanda pourquoy doncques il ne mouroit, il respondit très sagement : *Pource qu'il est indifferent* [4]. L'eau, la terre, l'air et le feu et aultres membres de ce mien bastiment, ne sont non plus instruments de ta vie qu'instruments de ta mort. Pourquoy crains tu ton dernier jour? il ne confere non plus à ta mort que chascun des aultres; le dernier pas ne faict pas la lassi-

---

(1) Vivez autant de siècles que vous voudrez, la mort, après cette longue vie, n'en restera pas moins éternelle. LUCRÈCE, III, 1103.

(2) Ne savez-vous pas que la mort ne laissera pas subsister un autre vous-même, qui puisse, vivant, gémir sur votre trépas et pleurer debout sur votre cadavre? LUCRÈCE, III, 898.

(3) Alors nous ne nous inquiétons ni de la vie ni de nous-mêmes......; alors il ne nous reste aucun regret de l'existence. LUCRÈCE, III, 932, 933.

(4) LUCRÈCE, III, 939. La phrase précédente est la traduction de ces deux vers.

(5) Considérez les siècles sans nombre qui nous ont précédés; ne sont-ils pas pour nous comme s'ils n'avaient jamais été? LUCRÈCE, III, 985.

(6) Los races futures vont vous suivre. LUCRÈCE, III, 981.

(1) Jamais l'aurore, jamais la sombre nuit n'ont visité ce globe sans entendre à la fois et les cris plaintifs de l'enfance au berceau et les sanglots de la douleur éplorée auprès d'un cercueil. LUCRÈCE, *, 579. JC.

(2) *Esquivant, évitant.* E. J.

(3) Si nous étions immortels, nous serions des êtres très misérables...... Si l'on nous offrait l'immortalité sur la terre, qui est-ce qui voudrait accepter ce triste présent? etc. ROUSSEAU, *Émile*, liv. II.

(4) DIOGÈNE LAERCE, I, 35. C.

tude, il la declare. Touts les jours vont à la mort ; le dernier y arrive[1]. » Voy.à les bons advertissements de nostre mere nature.

Or j'ai pensé souvent d'où venoit cela, qu'aux guerres le visage de la mort, soit que nous la veoyions en nous ou en aultruy, nous semble sans comparaison moins effroyable qu'en nos maisons (aultrement ce seroit une armée de medecins et de pleurars); et, elle estant tousjours une, qu'il y ait toutesfois beaucoup plus d'asseurance parmy les gents de village et de basse condition qu'ès aultres. Je crois, à la verité, que ce sont ces mines et appareils effroyables dequoy nous l'entournons qui nous font plus de peur qu'elle: une toute nouvelle forme de vivre; les cris des meres, des femmes et des enfants; la visitation de personnes estonnées et transies; l'assistance d'un grand nombre de valets pasles et esplorés; une chambre sans jour; des cierges allumés; nostre chevet assiegé de medecins et de prescheurs; somme, tout horreur et tout effroy autour de nous; nous voylà desja ensepvelis et enterrés. Les enfants ont peur de leurs amis mesmes quand ils les veoyent masqués; aussi avons nous[2]. Il fault oster le masque aussi bien des choses que des personnes; osté qu'il sera, nous ne trouverons au dessoubs que ceste mesme mort, qu'un valet ou simple chambriere passerent dernierement sans peur. Heureuse la mort qui oste le loisir aux appresis de tel equipage!

CHAPITRE XX.

De la force de l'imagination.

Fortis imaginatio generat casum[3], disent les clercs.

Je suis de ceulx qui sentent très grand effort de l'imagination; chascun en est heurté, mais aulcuns en sont renversés. Son impression me perce, et mon art est de luy eschapper, par faulte de force à luy resister. Je vivroy de la seule assistance de personnes saines et gayes; la veue des angoisses d'aultruy m'angoisse materiellement, et a mon sentiment souvent usurpé le sentiment d'un tiers ; un tousseur continuel irrite mon poulmon et mon gosier; je visite plus mal volontiers les malades auxquels le debvoir m'interesse que ceulx auxquels je m'attends moins et que je considere moins ; je saisis le mal que j'estudie et le couche en moy. Je ne treuve pas estrange qu'elle donne et les fiebvres et la mort à ceulx qui la laissent faire et qui luy applaudissent. Simon Thomas estoit un grand medecin de son temps; il me souvient que, me rencontrant un jour à Toulouse, chez un riche vieillard pulmonique, et traictant avec luy des moyens de sa guerison, il luy dict que c'en estoit l'un de me donner occasion de me plaire en sa compaignie; et que, fichant ses yeux sur la frescheur de mon visage, et sa pensée sur ceste alaigresse et vigueur qui regorgeoit de mon adolescence, et remplissant touts ses sens de cest estat florissant en quoy j'estoy, son habitude s'en pourroit amender ; mais il oublioit à dire que la mienne s'en pourroit empirer aussi. Gallus Vibius banda si bien son ame à comprendre l'essence et les mouvements de la folie, qu'il emporta son jugement hors de son siege, si qu'oncques puis il ne l'y peut remettre, et se pouvoit vanter d'estre devenu fol par sagesse[1]. Il y en a qui de frayeur anticipent la main du bourreau ; et celuy qu'on desbandoit pour luy lire sa grace se trouva roide mort sur l'eschafaud, du seul coup de son imagination. Nous tressuons, nous tremblons, nous paslissons et rougissons aux secousses de nos imaginations; et, renversés dans la plume, sentons nostre corps agité à leur bransle, quelquesfois jusques à en expirer ; et la jeunesse bouillante s'eschauffe si avant en son harnois, toute endormie, qu'elle assouvit en songe ses amoureux desirs:

*Ut, quasi transactis sæpe omnibu' rebu', profundant,
Fluminis ingentes fluctus, vestemque cruentent*[2].

Et encores qu'il ne soit pas nouveau de veoir croistre la nuict des cornes à tel qui ne les avoit pas en se couchant; toutesfois l'evenement de

---

[1] Tout ce discours de la nature est imité de Lucrèce, III, 945, jusqu'à la fin du livre. Ces dernières paroles sont traduites de Sénèque, *Epist.* 120; le traité du même philosophe *de Brevitate vitæ* a fourni aussi à Montaigne quelques imitations. J. V. L.

[2] Cette idée et celle de la phrase suivante appartiennent à Sénèque, *Epist.* 24. C.

[3] « Une imagination forte produit l'événement même, » disent les savants, les gens habiles.

---

[1] Sén. le rhéteur (*Controv.* 9, liv. II), de qui Montaigne doit avoir pris ce fait, ne dit point que Vibius Gallus perdit la raison en tâchant de comprendre l'essence de la folie, mais en s'appliquant, avec trop de contention d'esprit, à en imiter les mouvements. C.

[2] Luc., IV, 1029. Ces deux vers expliquent ce que vient de dire Montaigne avec une liberté qu'on ne pourrait supporter dans notre langue. E. J.

Cippus[1], roy d'Italie, est memorable, lequel pour avoir assisté le jour, avec grande affection, au combat des taureaux, et avoir eu en songe toute la nuict des cornes en la teste, les produisit en son front par la force de l'imagination. La passion donna au fils de Croesus la voix que nature luy avoit refusée[2]. Et Antiochus print la fiebvre par la beauté de Stratonice trop vifvement empreinte en son ame[3]. Pline dict avoir veu Lucius Cossitius de femme changé en homme le jour de ses nopces[4]. Pontanus et d'aultres racontent pareilles metamorphoses advenues en Italie ces siecles passés. Et, par vehement desir de luy et de sa mere,

Vota puer solvit, quæ femina voverat, Iphis[5].

Passant à Vitry le François[6], je peus voir un homme que l'evesque de Soissons avoit nommé Germain en confirmation, lequel touts les habitants de là ont cogneu et veu fille jusques a l'aage de vingt deux ans, nommée Marie. Il estoit à ceste heure là fort barbu et vieil, et point marié. Faisant, dict-il, quelque effort en saultant, ses membres virils se produisirent; et est encores en usage, entre les filles de là, une chanson, par laquelle elles s'entradvertissent de ne point faire de grandes enjambées de peur de devenir garçons, comme Marie Germain. Ce n'est pas tant de merveille que ceste sorte d'accident se rencontre frequent; car, si l'imagination peult en telles choses, elle est si continuellement et si vigoreusement attachée à ce subject que, pour n'avoir si souvent à recheoir en mesme pensée et aspreté de desir, elle a meilleur compte d'incorporer, une fois pour toutes, ceste virile partie aux filles.

Les uns attribuent à la force de l'imagination les cicatrices du roy Dagobert et de sainct François. On dict que les corps s'en enlevent,

(1) PLINE, XI, 58; VAL. MAXIME, V, 6. Cippus, préteur romain, n'était pas *roi d'Italie*; mais les devins avaient prédit qu'il le deviendrait s'il rentrait à Rome: il aima mieux s'exiler. J. V. L.

(2) HÉRODOTE, I, 85. J. V. L.

(3) LUCIEN, *Traité de la Déesse de Syrie.* C.

(4) PLINE, *Hist. nat.*, VII, 4. C.

(5) Iphis paya garçon les vœux qu'il fit pucelle.
 OVIDE, *Mét.*, IX, 793.

(6) Au mois de septembre 1580. Dans le *Voyage de Montaigne*, voyez à la fin de ce volume, il est parlé de Marie Germain, et on y lit ces mots: « Nous ne le sceumes veoir, parce qu'il estoit au village. » Il y est dit aussi que ce fut l'évêque de Châlons, le cardinal de Lenoncourt, qui lui donna le nom de Germain. J. V. L.

telle fois, de leur place; et Celsus recite d'un presbtre qui ravissoit son ame en telle extase que le corps en demouroit longue espace sans respiration et sans sentiment. Sainct Augustin en nomme un aultre[1] à qui il ne falloit que faire ouïr des cris lamentables et plainctifs; soubdain il defailloit, et s'emportoit si vifvement hors de soy qu'on avoit beau le tempester et hurler, et le pincer, et le griller, jusques à ce qu'il feust ressuscité: lors, il disoit avoir ouï des voix, mais comme venants de loing, et s'appercevoit de ses eschauldures et meurtrissures. Et, que ce ne feust une obstination apostée contre son sentiment, cela le montroit, qu'il n'avoit ce pendant ny pouls ny haleine.

Il est vraysemblable que le principal credit des visions, des enchantements et de tels effects extraordinaires, vienne de la puissance de l'imagination, agissant principalement contre les ames du vulgaire, plus molles; on leur a si fort saisi la creance qu'ils pensent veoir ce qu'ils ne veoyent pas.

Je suis encores en ce doubte, que ces plaisantes liaisons[2], dequoy nostre monde se veoid si entravé qu'il ne se parle d'aultre chose, ce sont volontiers des impressions de l'apprehension et de la crainte: car je sçais, par experience, que tel, de qui je puis respondre comme de moy mesme, en qui il ne pouvoit cheoir souspeçon aulcun de foiblesse et aussi peu d'enchantement, ayant ouï faire le conte à un sien compagnon d'une defaillance extraordinaire en quoy il estoit tumbé, sur le poinct qu'il en avoit le moins de besoing, se trouvant en pareille occasion, l'horreur de ce conte luy veint à coup si rudement frapper l'imagination qu'il encourut une fortune pareille; et de là en hors feut subject à y recheoir, ce vilain souvenir de son inconvenient le gourmandant et tyrannisant. Il trouva quelque remede à ceste resverie par une aultre resverie: c'est que advouant luy mesme et preschant avant la main ceste sienne subjection, la contention de son ame se soulageoit sur ce que, apportant ce mal comme attendu, son obligation en amoindrissoit et luy en poisoit moins. Quand il a eu loy, à son chois (sa pensée desbrouillée et desbandée, son corps se trouvant en son deu), de le faire lors pre-

(1) C'est *Restitutus*. *De Civit. Dei*, XIV, 24.

(2) C'est-à-dire *nouements d'éguillettes.* Il y a dans l'édition de 1588, *fol.* 35, ces plaisantes *liaisons des mariages.* C.

mierement tenter, saisir, et surprendre à la cognoissance d'aultruy, il s'est guari tout net. A qui on a esté une fois capable, on n'est plus incapable, sinon par juste foiblesse. Ce malheur n'est à craindre qu'aux entreprinses où nostre ame se treuve oultre mesure tendue de desir et de respect, et notamment où les commodités se rencontrent improuveues et pressantes : on n'a pas moyen de se r'avoir de ce trouble. J'en sçais à qui il a servy d'y apporter le corps mesme, demy rassasié d'ailleurs, pour endormir l'ardeur de ceste fureur, et qui, par l'aage, se treuve moins impuissant de ce qu'il est moins puissant; et tel aultre à qui il a servy aussi qu'un amy l'ayt asseuré d'estre fourni d'une contrebatterie d'enchantements certains à le preserver. Il vault mieulx que je die comment ce feut.

Un comte de très bon lieu, de qui j'estois fort privé, se mariant avecques une belle dame qui avoit esté poursuyvie de tel qui assistoit à la feste, mettoit en grande peine ses amis; et nomméement une vieille dame sa parente, qui presidoit à ces nopces et les faisoit chez elle, craintifve de ces sorcelleries qu'elle me feit entendre. Je la priay de s'en reposer sur moy. J'avoy de fortune en mes coffres certaine petite piece d'or platte, où estoient gravées quelques figures celestes contre le coup du soleil, et pour oster la douleur de teste, la logeant à poinct sur la cousture du test ; et pour l'y tenir elle estoit cousue à un ruban propre à rattacher soubs le menton ; resverie germaine à celle de quoy nous parlons. Jacques Peletier[1], vivant chez moy, m'avoit faict ce present singulier. J'advisay d'en tirer quelque usage, et dis au comte qu'il pourroit courre fortune comme les aultres, ayant là des hommes pour luy en vouloir prester une ; mais que hardiment il s'allast coucher ; que je luy ferois un tour d'amy, et n'espargnerois à son besoing un miracle qui estoit en ma puissance, pourveu que sur son honneur il me promeist de le tenir très fidelement secret : seulement, comme sur la nuict on iroit luy porter le resveillon, s'il luy estoit mal allé, il me feist un tel signe. Il avoit eu l'ame et les aureilles si battues qu'il se trouva

lié du trouble de son imagination, et me feit son signe à l'heure susdicte. Je luy dis lors à l'aureille qu'il se levast, soubs couleur de nous chasser, et prinst en se jouant la robbe de nuict que j'avoy sur moy (nous estions de taille fort voysine), et s'en vestist tant qu'il auroit executé mon ordonnance, qui feut, quand nous serions sortis, qu'il se retirast à tumber de l'eau, dict trois fois telles paroles, et feist tels mouvements; qu'à chascune de ces trois fois il ceignist le ruban que je luy mettois en main, et couchast bien soigneusement la medaille qui y estoit attachée sur ses roignons, la figure en telle posture : cela faict, ayant, à la derniere fois, bien estreinct ce ruban pour qu'il ne se peust ny desnouer ny mouvoir de sa place, qu'en toute asseurance il s'en retournast à son prix faict[1], et n'oubliast de rejecter ma robbe sur son lict, en maniere qu'elle les abriast[2] touts deux. Ces singeries sont le principal de l'effect; nostre pensée ne se pouvant desmesler que moyens si estranges ne viennent de quelque abstruse science : leur inanité leur donne poids et reverence. Somme, il feut certain que mes characteres se trouverent plus veneriens que solaires, plus en action qu'en prohibition. Ce feust une humeur prompte et curieuse qui me convia à tel effect, esloingné de ma nature. Je suis ennemy des actions subtiles et feinctes ; et hay la finesse, en mes mains, non seulement recreative, mais aussi proufitable : si l'action n'est vicieuse, la route l'est.

Amasis, roy d'Ægypte, espousa Laodice, très belle fille grecque : et luy, qui se monstroit gentil compagnon par tout ailleurs, se trouva court à jouir d'elle, et menaça de la tuer, estimant que ce feust quelque sorciere. Comme ès choses qui consistent en fantasie, elle le rejecta à la devotion, et ayant faict ses vœux et promesses à Venus, il se trouva divinement remis dès la premiere nuict d'après ses oblations et sacrifices[3]. Or elles ont tort de nous recueillir de ces contenances mineuses, querelleuses et fuyardes, qui nous esteignent en nous allumant. La bru de Pythagoras[4] disoit que la

---

(1) Médecin célèbre du temps de Montaigne. Il publia divers ouvrages de medecine et quelques poësies assez faibles qui urent imprimées à Paris en 1547. Il mourut en 1582, âgé de 65 ans. *Voyez* Niceron, tom. XXI. A. D.

(1) *A son affaire, à sa besogne.*
(2) *Couvrit.* Vieux mot, remplacé par le mot *abriter.*
(3) HÉRODOTE, II, 181. Hérodote dit que ce fut Laodice ou Ladice qui offrit ces vœux et ces sacrifices à Vénus. C.
(4) Montaigne a voulu parler de Théano, fameuse pythagori-

femme qui couche avecques un homme doibt, avecques sa cotte, laisser quand et quand la honte, et la reprendre avecques sa cotte. L'ame de l'assaillant, troublée de plusieurs diverses alarmes, se pert ayséement : et à qui l'imagination a faict une fois souffrir ceste honte (et elle ne la faict souffrir qu'aux premieres accointances, d'autant qu'elles sont plus ardentes et aspres, et aussi qu'en ceste premiere cognoissance qu'on donne de soy, on craint beaucoup plus de faillir), ayant mal commencé, il entre en fiebvre et despit de cest accident, qui luy dure aux occasions suyvantes.

Les mariés, le temps estant tout leur, ne doibvent ny presser ny taster leur entreprinse, s'ils ne sont prests : et vault mieux faillir indecemment à estrener la couche nuptiale, pleine d'agitation et de fiebvre, attendant une et une autre commodité plus privée et moins alarmée, que de tumber en une perpetuelle misere, pour s'estre estonné et desesperé du premier refus. Avant la possession prinse, le patient se doibt, à saillies et divers temps, legierement essayer et offrir, sans se picquer et opiniastrer à se convaincre definitivement soy mesme. Ceulx qui sçavent leurs membres de nature dociles, qu'ils se soignent seulement de contrepiper leur fantasie.

On a raison de remarquer l'indocile liberté de ce membre, s'ingerant si importunéement lors que nous n'en avons que faire, et defaillant si importunéement lors que nous en avons le plus affaire, et contestant de l'auctorité si imperieusement avecques nostre volonté, refusant avecques tant de fierté et d'obstination nos sollicitations et mentales et manuelles. Si toutesfois, en ce qu'on gourmande sa rebellion, et qu'on en tire preuve de sa condemnation, il m'avoit payé pour plaider sa cause, à l'adventure mettrois je en souspeçon nos aultres membres ses compaignons de luy estre allé dresser, par belle envie de l'importance et doulceur de son usage, ceste querelle apostée, et avoir, par complot, armé le monde à l'encontre de luy, le chargeant malignement, seul, de leur faulte commune : car je vous donne à penser s'il y a une seule des parties de nostre corps qui ne refuse à nostre volonté souvent son operation, et qui souvent ne s'exerce contre nostre volonté. Elles ont chascune des passions propres, qui les esveillent et endorment sans nostre congé. A quant de fois tesmoignent les mouvements forcés de nostre visage les pensées que nous tenions secrettes, et nous trahissent aux assistants ! Ceste mesme cause qui anime ce membre anime aussi, sans nostre sceu, le cœur, le poulmon et le pouls ; la veue d'un objet agreable respandant imperceptiblement en nous la flamme d'une esmotion fiebvreuse. N'y a il que ces muscles et ces veines qui s'eslevent et se couchent sans l'adveu non seulement de nostre volonté, mais aussi de nostre pensée ? nous ne commandons pas à nos cheveux de se herisser et à nostre peau de fremir de desir ou de crainte ; la main se porte souvent où nous ne l'envoyons pas ; la langue se transit, et la voix se fige à son heure ; lors mesme que, n'ayant de quoy frire, nous le luy deffendrions volontiers, l'appetit de manger et de boire ne laisse pas d'esmouvoir les parties qui luy sont subjectes, ny plus ny moins que cest aultre appetit, et nous abandonne de mesme hors de propos, quand bon luy semble ; les utils qui servent à descharger le ventre ont leurs propres dilatations et compressions, oultre et contre nostre advis, comme ceulx cy destinés à descharger les roignons. Et ce que, pour auctoriser la puissance de nostre volonté, sainct Augustin[1] allegue avoir veu quelqu'un qui commandoit à son derriere autant de pets qu'il en vouloit, et que Vives son glossateur encherit d'un aultre exemple de son temps, de pets organisés, suyvants le ton des voix qu'on leur prononceoit, ne suppose non plus pure l'obéissance de ce membre ; car en est il ordinairement de plus indiscret et tumultuaire ? joinct que j'en connois un si turbulent et revesche, qu'il y a quarante ans qu'il tient son maistre à peter d'une haleine et d'une obligation constante et irremittente, et le mene ainsin à la mort. Et pleust à Dieu que je ne le sceusse que par les histoires, combien de fois nostre ventre, par le refus d'un seul pet, nous mene jusques aux portes d'une mort très angoisseuse ! et que l'empereur[2] qui

---

cienne, qui était la femme et non la belle-fille de Pythagore. Telle est la remarque de Coste, d'après Ménage, *ad Diogen. Lacrt.*, tom. II, p. 500, col. 2. On trouve la même pensée dans Hérodote, I, 8. J. V. L.

(1) Voyez *de Civit. Dei*, XIV, 24, et le commentaire de Vivès sur ce passage. C.

(2) Claude, cinquième empereur romain. Mais Suétone (*Claud.*, c. 32) rapporte seulement que Claude avait eu dessein d'autoriser cette liberté par un édit. C.

nous donna liberté de peter par tout nous en eust donné le pouvoir! Mais nostre volonté, pour les droicts de qui nous mettons en avant ce reproche, combien plus vraysemblablement la pouvons nous marquer de rebellion et sedition par son desreglement et desobeïssance? Veult elle toujours ce que nous vouldrions qu'elle voulsist? ne veult elle pas souvent ce que nous luy prohibons de vouloir, et à nostre evident dommage? se laisse elle non plus mener aux conclusions de nostre raison? Enfin, je diroy pour monsieur ma partie, que plaise à considerer qu'en ce faict sa cause estant inseparablement conjoincte à un consort, et indistinctement, on ne s'addresse pourtant qu'à luy, et par les arguments et charges qui ne peuvent appartenir à son dict consort : car l'effect d'iceluy est bien de convier inopportunéement par fois, mais refuser, jamais; et de convier encores tacitement et quietement: partant se veoid l'animosité et illegalité manifeste des accusateurs. Quoy qu'il en soit, protestant que les advocats et juges ont beau quereller et sentencier, nature tirera ce pendant son train; qui n'auroit faict que raison, quand elle auroit doué ce membre de quelque particulier privilege; aucteur du seul ouvrage immortel des mortels : ouvrage divin, selon Socrates; et amour, desir d'immortalité et daimon immortel luy mesme.

Tel, à l'adventure, par cest effect de l'imagination, laisse icy les escrouelles que son compaignon reporte en Espagne. Voylà pourquoy, en telles choses, l'on a accoustumé de demander une ame preparée. Pourquoy practiquent les medecins avant main la creance de leur patient avecques tant de faulses promesses de sa guarison, si ce n'est à fin que l'effect de l'imagination supplée l'imposture de leur apozeme? ils sçavent qu'un des maistres de ce mestier leur a laissé par escript qu'il s'est trouvé des hommes à qui la seule veue de la medecine faisoit l'operation. Et tout ce caprice m'est tumbé presentement en main, sur le conte que me faisoit un domestique apotiquaire de feu mon pere, homme simple et Souysse, nation peu vaine et mensongiere, d'avoir cogneu longtemps un marchand, à Toulouse, maladif et subject à la pierre, qui avoit souvent besoing de clysteres, et se les faisoit diversement ordonner aux medecins selon l'occurrence de son mal; apportés qu'ils estoyent, il n'y avoit rien obmis des formes accoustumées;

souvent il tastoit s'ils estoyent trop chauds; le voylà couché, renversé, et toutes les approches faictes, sauf qu'il ne s'y faisoit aulcune injection. L'apotiquaire retiré après ceste cerimonie, le patient accommodé comme s'il avoit veritablement prins le clystere, il en sentoit pareil effect à ceulx qui les prennent. Et si le medecin n'en trouvoit l'operation suffisante, il lui en donnoit deux ou trois aultres de mesme forme. Mon tesmoing jure que, pour espargner la despense (car il les payoit comme s'il les eust receus), la femme de ce malade ayant quelquesfois essayé d'y faire seulement mettre de l'eau tiede, l'effect en descouvrit la fourbe; et, pour avoir trouvé ceulx là inutiles, qu'il faulsit revenir à la premiere façon.

Une femme, pensant avoir avalé une espingle avecques son pain, crioit et se tormentoit comme ayant une douleur insupportable au gosier, où elle pensoit la sentir arrestée; mais parce qu'il n'y avoit ny enfleure ny alteration par le dehors, un habile homme ayant jugé que ce n'estoit que fantasie et opinion, prinse de quelque morceau de pain qui l'avoit picquée en passant, la feit vomir, et jecta à la desrobée dans ce qu'elle rendit une espingle tortue. Cette femme, cuidant l'avoir rendue, se sentit soubdain deschargée de sa douleur. Je sçay qu'un gentilhomme, ayant traicté chez luy une bonne compaignie, se vanta trois ou quatre jours après, par maniere de jeu (car il n'en estoit rien), de leur avoir faict manger un chat en paste; dequoy une damoiselle de la troupe print telle horreur, qu'en estant tumbée en un grand desvoyement d'estomac et fiebvre, il feut impossible de la sauver. Les bestes mesmes se veoyent, comme nous, subjectes à la force de l'imagination; tesmoings les chiens qui se laissent mourir de dueil de la perte de leurs maistres; nous les veoyons aussi japper et tremousser en songe; hennir les chevaulx et se debattre.

Mais tout cecy se peult rapporter à l'estroicte cousture de l'esprit et du corps s'entrecommuniquants leurs fortunes; c'est aultre chose que l'imagination agisse quelquefois non contre son corps seulement, mais contre le corps d'aultruy. Et tout ainsi qu'un corps rejecte son mal à son voysin, comme il se veoid en la peste, en la verolle et au mal des yeulx, qui se chargent de l'un à l'aultre :

*Dum spectant oculi læsos, læduntur et ipsi ;
Multaque corporibus transitione nocent*[1] ;

pareillement l'imagination, esbranlée avecques vehemence, eslance des traits qui puissent offenser l'object estrangier. L'antiquité a tenu de certaines femmes en Scythie, qu'animées et courroucées contre quelqu'un, elles le tuoient du seul regard. Les tortues et les autruches couvent leurs œufs de la seule veue, signe qu'ils y ont quelque vertu ejaculatrice. Et quant aux sorciers, on les dict avoir des yeulx offensifs et nuisants :

Nescio quis teneros oculus mihi fascinat agnos[2].

Ce sont pour moy mauvais respondants que magiciens. Tant il y a que nous voyons par experience les femmes envoyer, au corps des enfants qu'elles portent au ventre, des marques de leurs fantasies ; tesmoing celle qui engendra le more ; et il fout presenté à Charles, roy de Boheme et empereur, une fille d'auprès de Pise, toute velue et herissée, que sa mere disoit avoir esté ainsi conceue à cause d'une image de sainct Jean-Baptiste pendue en son lict.

Des animaulx il en est de mesme ; tesmoings les brebis de Jacob, et les perdris et lievres que la neige blanchit aux montaignes. On veit dernierement chez moy un chat guestant un oyseau au hault d'un arbre, et, s'estants fichés la veue ferme l'un contre l'aultre quelque espace de temps, l'oyseau s'estre laissé cheoir comme mort entre les pattes du chat, ou enyvré par sa propre imagination, ou attiré par quelque force attractive du chat. Ceulx qui aiment la volerie ont ouï faire le conte du faulconnier, qui, arrestant obstineement sa veue contre un milan en l'air, gageoit, de la seule force de sa veue, le ramener contrebas, et le faisoit, à ce qu'on dict ; car les histoires que j'emprunte, je les renvoye sur la conscience de ceulx de qui je les prens. Les discours sont à moy, et se tiennent par la preuve de la raison, non de l'experience ; chascun y peult joindre ses exemples, et qui n'en a point, qu'il ne laisse pas de croire qu'il en est assez, veu le nombre et varieté des accidents. Si je ne comme[3] bien, qu'un aultre comme pour moy.

Aussi en l'estude que je traicte de nos mœurs et mouvements, les tesmoignages fabuleux, pourveu qu'ils soyent possibles, y servent comme les vrais ; advenu ou non advenu, à Rome ou à Paris, à Jean ou à Pierre, c'est tousjours un tour de l'humaine capacité, duquel je suis utilement advisé par ce recit. Je le veoy, et en fay mon proufit, esgalement en umbre qu'en corps ; et aux diverses leçons qu'ont souvent les histoires, je prens à me servir de celle qui est la plus rare et memorable. Il y a des aucteurs desquels la fin, c'est dire les evenements ; la mienne, si j'y sçavois arriver, seroit dire sur ce qui peult advenir. Il est justement permis aux escholes de supposer des similitudes, quand ils n'en ont point ; je n'en fay pas ainsi pourtant, et surpasse de ce costé là en religion superstitieuse toute foy historiale. Aux exemples que je tire ceans de ce que j'ay leu, ouï, faict ou dict, je me suis deffendu d'oser alterer jusques aux plus legieres et inutiles circonstances ; ma conscience ne falsifie pas un iota ; mon inscience, je ne sçay.

Sur ce propos, j'entre par fois en pensée qu'il puisse assez bien convenir à un theologien, à un philosophe, et telles gents d'exquise et exacte conscience et prudence, d'escrire l'histoire. Comment peuvent ils engager leur foy sur une foy populaire ? comment respondre des pensées de personnes incogneues, et donner pour argent comptant leurs conjectures ? Des actions à divers membres qui se passent en leur presence, ils refuseroient d'en rendre tesmoignage, assermentés par un juge, et n'ont homme si familier des intentions duquel ils entreprennent de pleinement respondre. Je tiens moins hazardeux d'escrire les choses passées que presentes : d'autant que l'escrivain n'a à rendre compte que d'une verité empruntée.

Aulcuns me convient d'escrire les affaires de mon temps, estimants que je les veoy d'une veue moins blecée de passion qu'un aultre, et de plus près, pour l'accès que fortune m'a donné aux chefs de divers partis. Mais ils ne disent pas que pour la gloire de Salluste je n'en prendroy pas la peine ; ennemy juré d'obligation, d'assiduité, de constance ; qu'il n'est rien si con-

---

(1) En regardant des yeux malades, les yeux le deviennent eux-mêmes, et les maux se communiquent souvent d'un corps à l'autre. OVIDE, *de Remedio amoris*, v. 615.

(2) Je ne sais quel malin regard ensorcelle mes tendres agneaux. VIRG., *Eclog.*, III, 103.

(3) J'ai trouvé, dans une des dernières éditions de Montaigne : *Si je ne conte bien, qu'un aultre conte pour moy* ; mais dans toutes les plus anciennes il y a : *Si je ne comme bien, qu'un aultre comme pour moy* ; c'est-à-dire, si j'emploie des exemples qui ne conviennent pas exactement au sujet que je traite, qu'un autre y en substitue de plus convenables. C.

traire à mon style qu'une narration estendue; je me recouppe si souvent à faulte d'haleine; je n'ay ny composition ny explication qui vaille; ignorant, au-delà d'un enfant, des frases et vocables qui servent aux choses plus communes; pourtant ay je prins à dire ce que je scay dire, accommodant la matiere à ma force; si j'en prenois qui me guidast, ma mesure pourroit faillir à la sienne; que, ma liberté estant si libre, j'eusse publié des jugements, à mon gré mesme et selon raison, illegitimes et punissables.

Plutarque nous diroit volontiers, de ce qu'il en a faict, que c'est l'ouvrage d'aultruy que ses exemples soyent en tout et par tout veritables; qu'ils soyent utiles à la posterité, et presentés d'un lustre qui nous esclaire à la vertu, que c'est son ouvrage. Il n'est pas dangereux, comme en une drogue medecinale, en un conte ancien, qu'il soit ainsin ou ainsi.

CHAPITRE XXI.

Le proufit de l'un est dommage de l'aultre.

Demades[1], Athenien, condemna un homme de sa ville qui faisoit mestier de vendre les choses necessaires aux enterrements, soubs tiltre de ce qu'il en demandoit trop de proufit, et que ce proufit ne luy pouvoit venir sans la mort de beaucoup de gents. Ce jugement semble estre mal prins, d'autant qu'il ne se faict aucun proufit qu'au dommage d'aultruy, et qu'à ce compte il fauldroit condemner toute sorte de gaings. Le marchand ne faict bien ses affaires qu'à la desbauche de la jeunesse; le laboureur, à la cherté des bleds; l'architecte, à la ruine des maisons; les officiers de la justice, aux procès et querelles des hommes; l'honneur mesme et practique des ministres de la religion se tire de nostre mort et de nos vices; nul medecin ne prend plaisir à la santé de ses amis mesmes, dit l'ancien comique grec, ny soldat à la paix de sa ville; ainsi du reste. Et qui pis est, que chascun se sonde au dedans, il trouvera que nos souhaits interieurs, pour la pluspart, naissent et se nourrissent aux despens d'aultruy. Ce que considerant, il m'est venu en fantasie, comme nature ne se desment point en cela de sa generale police; car les physiciens tiennent que la naissance, nourrissement et augmentation de chasque chose est l'alteration et corruption d'une aultre:

> *Nam quodcumque suis mutatum finibus exit,*
> *Continuò hoc mors est illius, quod fuit anté*[1].

CHAPITRE XXII.

De la coustume, et de ne changer ayséement une loy receue.

Celuy me semble avoir très bien conceu la force de la coustume, qui premier forgea ce conte[2], qu'une femme de village, ayant apprins de caresser et porter entre ses bras un veau dès l'heure de sa naissance, et continuant tousjours à ce faire, gaigna cela par l'accoustumance, que, tout grand bœuf qu'il estoit, elle le portoit encores; car c'est, à la verité, une violente et traistresse maistresse d'eschole que la coustume. Elle establit en nous, peu à peu, à la desrobée, le pied de son auctorité: mais, par ce doulx et humble commencement, l'ayant rassis et planté avec l'ayde du temps, elle nous descouvre tantost un furieux et tyrannique visage, contre lequel nous n'avons plus la liberté de haulser seulement les yeulx. Nous luy veoyons forcer, touts les coups, les regles de nature: *Usus efficacissimus rerum omnium magister*[3]. J'en croy l'antre de Platon en sa Republique[4]; et les medecins, qui quittent si souvent à son auctorité les raisons de leur art; et ce roy, qui par son moyen rengea son estomach à se nourrir de poison; et la fille qu'Albert recite s'estre accoustumée à vivre d'araignées: et en ce monde des Indes nouvelles, on trouva des grands peuples, et en fort divers climats, qui en vivoient, en faisoient provision et les appastoient, comme aussi des saulterelles, formis, lezards, chauvesouris; et feut un crapaud vendu six escus en une nécessité de vivres; ils les cuisent et apprestent à diverses saulses: il en feut trouvé d'aultres ausquels

---

(1) SÉN., *de Beneficiis*, VI, 38, d'où presque tout ce chapitre a été pris. C.

(1) Un corps ne peut sortir de sa nature sans que ce qu'il était cesse d'être. LUCR. II, 752.

(2) On trouve ce conte dans STOBÉE (*Serm.* XXIX), qui le cite d'après Favorinus. *Voy.* aussi QUINTILIEN, I, 9; PÉTRONE, c. 25, et les *Adages* d'Erasme. J. V. L.

(3) En tout, l'usage est le meilleur maître. PLINE, *Nat. hist.*, XXVI, 2.

(4) PLATON, *République*, VII, 1, édit. d'Alde, t. II, p. 90; édit. d'Henri Etienne, t. II, p. 514, A. Voyez les *Pensées de Platon*, seconde édition, pag. 88. J. V. L.

nos chairs et nos viandes estoient mortelles et venimeuses. *Consuetudinis magna vis est : pernoctant venatores in nive ; in montibus uri se patiuntur ; pugiles, cœstibus contusi, ne ingemiscunt quidem*¹.

Ces exemples estrangiers ne sont pas estranges, si nous considerons, ce que nous essayons ² ordinairement, combien l'accoustumance hebete nos sens. Il ne nous fault pas aller chercher ce qu'on dict des voysins des cataractes du Nil ; et ce que les philosophes estiment de la musique celeste, que les corps de ces cercles, estant solides, polis, et venants à se lescher et frotter l'un à l'autre en roulant, ne peuvent faillir de produire une merveilleuse harmonie, aux coupures et nuances de laquelle se manient les contours et changements des carolles des astres, mais qu'universellement les ouïes des creatures de çà bas, endormies, comme celles des Ægyptiens, par la continuation de ce son, ne le peuvent appercevoir, pour grand qu'il soit ³ : les mareschaux, meulniers, armuriers, ne sçauroient demeurer au bruit qui les frappe, s'il les perceoit comme nous.

Mon collet de fleurs ⁴ sert à mon nez : mais, après que je m'en suis vestu trois jours de suite, il ne sert qu'aux nez assistants. Cecy est plus estrange, que nonobstant des longs intervalles et intermissions, l'accoustumance puisse joindre et establir l'effect de son impression sur nos sens, comme essayent les voysins des clochiers. Je loge chez moy en une tour, où, à la diane et à la retraicte, une fort grosse cloche sonne touts les jours l'*Ave Maria*. Ce tintamarre estonne ma tour mesme : et aux premiers jours me semblant insupportable, en peu de temps m'apprivoise de maniere que je l'oy sans offense, et souvent sans m'en esveiller.

Platon tansa un enfant qui jouoit aux noix. Il luy respondit : « Tu me tanses de peu de chose. — L'accoustumance, repliqua Platon, n'est pas chose de peu ¹. » Je treuve que nos plus grands vices prennent leur ply dès nostre plus tendre enfance, et que nostre principal gouvernement est entre les mains des nourrices. C'est passetemps aux meres de veoir un enfant tordre le col à un poulet et s'esbattre à blecer un chien et un chat : et tel pere est si sot de prendre à bon augure d'une ame martiale quand il veoid son fils gourmer injurieusement un païsan ou un laquay qui ne se deffend point ; et à gentillesse quand il le veoid affiner son compaignon par quelque malicieuse desloyauté et tromperie. Ce sont pourtant les vrayes semences et racines de la cruauté, de la tyrannie, de la trahison : elles se germent là ; et s'elevent après gaillardement, et profitent à force entre les mains de la coustume. Et est une très dangereuse institution d'excuser ces vilaines inclinations par la foiblesse de l'aage et legiereté du subject : premierement, c'est nature qui parle, de qui la voix est lors plus pure et plus naïfve qu'elle est plus graile et plus neufve : secondement, la laideur de la piperie ne despend pas de la difference des escus aux espingles, elle despend de soy. Je treuve bien plus juste de conclure ainsi : « Pourquoy ne tromperoit il aux escus puisqu'il trompe aux espingles ? » que comme ils font : « Ce n'est qu'aux espingles ; il n'auroit garde de le faire aux escus. » Il fault apprendre soigneusement aux enfants de haïr les vices de leur propre contexture, et leur en fault apprendre la naturelle difformité, à ce qu'ils les fuyent non en leur action seulement, mais sur tout en leur cœur ; que la pensée mesme leur en soit odieuse, quelque masque qu'ils portent.

Je sçais bien que pour m'estre duict, en ma puerilité, de marcher tousjours mon grand et plain chemin, et avoir eu à contre cœur de mesler ny tricotterie ny finesse à mes jeux enfantins (comme de vray il fault noter que les jeux des enfants ne sont pas jeux, et les fault juger en eulx comme leurs plus serieuses actions), il n'est passetemps si legier où je n'apporte, du dedans et d'une propension naturelle

---

(1) Rien de plus puissant que l'habitude. Passer les nuits au milieu des neiges, se brûler dans les montagnes au plus ardent soleil, voilà la vie des chasseurs. Ces athlètes qui se meurtrissent à coups de ceste ne poussent pas même un gémissement. Cic., *Tusc. quæst.*, II, 17.

(2) C'est-à-dire, *nous éprouvons*. Montaigne emploie souvent le mot *essayer* dans ce sens-là. *Comme essayent les voysins des clochiers*, dit-il quelques lignes plus bas ; c'est-à-dire, *comme éprouvent les voisins des clochers*. C.

(3) Tout ce passage, depuis l'exemple des *cataractes du Nil*, est imité de Cicéron, *Songe de Scipion*. Voy. les fragments du Traité de la *Republique*, VI, 11. J. V. L.

(4) C'est peut-être ce qu'on nommait *collet de senteur*, espèce de pourpoint de peau parfumée, à petites basques et sans manches. C.

(1) Diog. Laerce, III, 38. Mais Diogène Laerce ne dit pas que la personne que Platon tança fût un enfant et qu'il jouât aux noix. Il dit qu'il jouait au dez ; ce qui rend la réponse de Platon bien plus importante. C.

et sans estude, une extreme contradiction à tromper. Je manie les chartes pour les doubles[1]; et tiens compte, comme pour les doubles doublons, lorsque le gaigner et le perdre, contre ma femme et ma fille, m'est indifferent, comme lorsqu'il va de bon. En tout et par tout, il y a assez de mes yeulx à me tenir en office; il n'y en a point qui me veillent de si près ny que je respecte plus.

Je viens de veoir chez moy un petit homme natif de Nantes, nay sans bras, qui a si bien façonné ses pieds au service que luy debvoient les mains qu'ils en ont, à la verité, à demy oublié leur office naturel. Au demourant, il les nomme ses mains; il trenche, il charge un pistolet et le lasche, il enfile son aiguille, il coud, il escrit, il tire le bonnet, il se peigne, il joue aux chartes et aux dez, et les remue avecques autant de dexterité que sçauroit faire quelqu'aultre ; l'argent que je luy ay donné (car il gaigne sa vie à se faire veoir), il l'a emporté en son pied, comme nous faisons en nostre main. J'en veis un aultre, estant enfant, qui manioit un' espée à deux mains, et un' hallebarde, du ply du col, à faulte de mains; les jectoit en l'air, et les reprenoit; lanceoit une dague ; et faisoit craqueter un fouet aussi bien que charretier de France.

Mais on descouvre bien mieulx ses effects aux estranges impressions qu'elle faict en nos ames, où elle ne treuve pas tant de resistance. Que ne peult elle en nos jugements et en nos creances? y a il opinion si bizarre (je laisse à part la grossiere imposture des religions, dequoy tant de grandes nations et tant de suffisants personnages se sont veus enyvrés; car ceste partie estant hors de nos raisons humaines, il est plus excusable de s'y perdre, à qui n'y est extraordinairement esclairé par faveur divine), mais d'aultres opinions, y en a il de si estranges qu'elle n'aye planté et estably par loix ès regions que bon luy a semblé? et est tr s juste ceste ancienne exclamation : *Non pudet physicum, id est speculatorem venatoremque naturæ, ab animis consuetudine imbutis quærere testimonium veritatis*[2]*!*

(1) Le *double* était une petite monnaie de cuivre qui ne valait qu'un double denier; un *doublon* était une monnaie d'Espagne de la valeur d'une double pistole. E. J.

(2) Quelle honte à un physicien, qui doit poursuivre sans relâche les secrets de la nature, d'alléguer, pour des preuves de

J'estime qu'il ne tumbe en l'imagination humaine aulcune fantasie si forcenée, qui ne rencontre l'exemple de quelque usage publicque, et par consequent que nostre raison n'estaye et ne fonde. Il est des peuples où on tourne le dos à celuy qu'on salue, et ne regarde l'on jamais celuy qu'on veult honnorer. Il en est où, quand le roy crache, la plus favorie des dames de sa court tend la main ; et, en aultre nation, les plus apparents qui sont autour de luy se baissent à terre pour amasser en du linge son ordure. Desrobbons icy la place d'un conte.

Un gentilhomme françois se mouchoit tousjours de sa main, chose très ennemie de nostre usage : deffendant là dessus son faict (et estoit fameux en bons rencontres), il me demanda quel privilege avoit ce sale excrement que nous allassions luy apprestant un beau linge delicat à le recevoir, et puis, qui plus est, à l'empaqueter et serrer soigneusement sur nous: que cela debvoit faire plus de mal au cœur que de le veoir verser où que ce feust, comme nous faisons toutes nos aultres ordures. Je trouvay qu'il ne parloit pas du tout sans raison : et m'avoit la coustume osté l'appercevance de ceste estrangeté, laquelle pourtant nous trouvons si hideuse, quand elle est recitée d'un aultre païs. Les miracles sont selon l'ignorance en quoy nous sommes de la nature, non selon l'estre de la nature ; l'assuefaction endort la veue de nostre jugement : les barbares ne nous sont de rien plus merveilleux que nous sommes à eulx, ny avecques plus d'occasion ; comme chascun advoueroit, si chascun sçavoit, après s'estre promené par ces loingtains exemples, se coucher sur les propres, et les conferer sainement. La raison humaine est une teincture infuse environ de pareil poids à toutes nos opinions et mœurs, de quelque forme qu'elles soyent ; infinie en matiere, infinie en diversité. Je m'en retourne.

Il est des peuples où, sauf sa femme et ses enfants, aulcun ne parle au roy que par sarbatane. En une mesme nation, et les vierges montrent à descouvert leurs parties honteuses, et les mariées les couvrent et cachent soigneusement. A quoy ceste aultre coustume qui est ailleurs a quelque relation; la chasteté n'y est en prix que pour le service du mariage; car les filles

la vérité, ce qui n'est que prévention et coutume! Cic., *de Nat. deor.*, I, 30. — Il y a dans le texte *petere* au lieu de *quærere*.

se peuvent abandonner à leur poste, et, engroissées, se faire avorter par medicaments propres, au veu d'un chascun. Et ailleurs, si c'est un marchand qui se marie, touts les marchands conviés à la nopce couchent avecques l'espousée avant luy; et plus il y en a, plus a elle d'honneur et de recommandation de fermeté et de capacité; si un officier se marie, il en va de mesme; de mesme si c'est un noble; et ainsi des aultres : sauf si c'est un laboureur ou quelqu'un du bas peuple; car lors c'est au seigneur à faire; et si on ne laisse pas d'y recommander estroictement la loyauté pendant le mariage. Il en est où il se veoid des bordeaux publics de masles, voire et des mariages; où les femmes vont à la guerre quand et leurs maris, et ont reng, non au combat seulement, mais aussi au commandement; où non seulement les bagues se portent au nez, aux levres, aux joues, et aux orteils des pieds; mais des verges d'or bien poisantes au travers des tettins et des fesses; où en mangeant on s'essuye les doigts aux cuisses, et à la bourse des genitoires, et à la plante des pieds; où les enfants ne sont pas heritiers, ce sont les freres et nepveux, et ailleurs les nepveux seulement, sauf en la succession du prince; où, pour regler la communauté des biens qui s'y observe, certains magistrats souverains ont charge universelle de la culture des terres et de la distribution des fruicts, selon le besoing d'un chascun; où l'on pleure la mort des enfants et festoye l'on celle des vieillards; où ils couchent en des licts dix ou douze ensemble avec leurs femmes; où les femmes qui perdent leurs maris par mort violente se peuvent remarier, les aultres non; où l'on estime si mal de la condition des femmes que l'on y tue les femelles qui y naissent, et achepte l'on, des voysins, des femmes pour le besoing; où les maris peuvent repudier, sans alleguer aulcune cause; les femmes non, pour cause quelconque; où les maris ont loy de les vendre si elles sont steriles; où ils font cuire le corps du trespassé, et puis piler, jusques à ce qu'il se forme comme en bouillie, laquelle ils meslent à leur vin et la boivent; où la plus desirable sepulture est d'estre mangé des chiens; ailleurs, des oyseaux; où l'on croit que les ames heureuses vivent en toute liberté en des champs plaisants, fournis de toutes commodités, et que ce sont elles qui font cest echo que nous oyons; où ils combattent en l'eau et tirent seurement de leurs arcs en nageant; où, pour signe de subjection, il fault haulser les espaules et baisser la teste, et deschausser ses souliers quand on entre au logis du roy; où les eunuques, qui ont les femmes religieuses en garde, ont encores le nez et les levres à dire[1], pour ne pouvoir estre aymés; et les presbtres se crevent les yeulx pour accointer les dæmons et prendre les oracles; où chascun faict un dieu de ce qu'il luy plaist; le chasseur, d'un lyon ou d'un regnard; le pescheur, de certain poisson; et des idoles de chasque action ou passion humaine; le soleil, la lune, et la terre sont les dieux principaulx; la forme de jurer, c'est toucher la terre regardant le soleil; et y mange l'on la chair et le poisson crud; où le grand serment, c'est jurer le nom de quelque homme trespassé qui a esté en bonne reputation au païs, touchant de la main sa tumbe; où les estrenes annuelles que le roy envoye aux princes ses vassaux, touts les ans, c'est du feu; lequel apporté, tout le vieil feu est esteint; et de ce feu nouveau, le peuple, despendant de ce prince, en doibt venir prendre chascun pour soy, sur peine de crime de leze majesté; où, quand le roy, pour s'adonner du tout à la devotion, se retire de sa charge, ce qui advient souvent, son premier successeur est obligé d'en faire autant, et passe le droict du royaume au troisiesme successeur; où l'on diversifie la forme de la police[2], selon que les affaires semblent le requerir; on depose le roy, quand il semble bon; et luy substitue l'on des anciens à prendre le gouvernail de l'estat; et le laisse l'on par fois aussi ès mains de la commune; où hommes et femmes sont circoncis et pareillement baptisés; où le soldat qui, en un ou divers combats, est arrivé à presenter à son roy sept testes d'ennemis, est faict noble; où l'on vit soubs ceste opinion si rare et insociable de la mortalité des ames; où les femmes s'accouchent sans plaincte et sans effroy; où les femmes, en l'une et l'aultre jambe, portent des greves[3] de cuivre; et, si un pouil les mord, sont tenues par debvoir de magnanimité de le remordre; et n'osent espouser, qu'elles n'ayent offert à leur roy, s'il le veut, leur pucellage; où l'on salue mettant le doigt à terre, et puis le haulsant vers

(1) *De moins.* C'est de là que venait l'ancien mot du palais, titre *adiré*, pièce *adirée*.

(2) *Du gouvernement.*

(3) *Des bottines ou armures de jambes.*

le ciel; où les hommes portent les charges sur la teste, les femmes sur les espaules; elles pissent debout, les hommes accroupis; où ils envoyent de leur sang en signe d'amitié, et encensent, comme les dieux, les hommes qu'ils veulent honnorer; où non seulement jusques au quatriesme degré, mais en aulcun plus eslongné, la parenté n'est soufferte aux mariages; où les enfants sont quatre ans à nourrice, et souvent douze; et là mesme il est estimé mortel de donner à l'enfant à tetter tout le premier jour; où les peres ont charge du chastiment des masles, et les meres, à part, des femelles; et est le chastiment de les fumer pendus par les pieds; où on faict circoncire les femmes; où l'on mange toutes sortes d'herbes sans aultre discretion que de refuser celles qui leur semblent avoir mauvaise senteur; où tout est ouvert, et les maisons, pour belles et riches qu'elles soyent, sans porte, sans fenestre, sans coffre qui ferme; et sont les larrons doublement punis qu'ailleurs; où ils tuent les pouils avec les dents comme les magots, et trouvent horrible de les veoir escacher soubs les ongles; où l'on ne coupe en toute la vie ny poil ny ongle; ailleurs, où l'on ne coupe que les ongles de la droicte, ceulx de la gauche se nourrissent par gentillesse; où ils nourrissent tout le poil du costé droict tant qu'il peult croistre, et tiennent raz le poil de l'aultre costé; et en voysines provinces, celle icy nourrit le poil de devant, celle là le poil de derriere, et rasent l'opposite; où les peres prestent leurs enfants, les maris leurs femmes, à jouyr aux hostes, en payant; où on peult honnestement faire des enfants à sa mere, les peres se mesler à leurs filles et à leurs fils; où aux assemblées des festins ils s'entreprestent, sans distinction de parenté, les enfants les uns aux aultres; icy on vit de chair humaine; là c'est office de pieté de tuer son pere en certain aage; ailleurs les peres ordonnent, des enfants encores au ventre des meres, ceulx qu'ils veulent estre nourris et conservés, et ceulx qu'ils veulent estre abandonnés et tués; ailleurs les vieux maris prestent leurs femmes à la jeunesse pour s'en servir; et ailleurs elles sont communes sans peché; voire, en tel païs, portent pour marque d'honneur autant de belles houppes frangées au bord de leurs robbes qu'elles ont accointé de masles. N'a pas faict la coustume encores une chose publique de femmes à part? leur a elle pas mis les armes à la main? faict dresser des armées et livrer des batailles? Et, ce que toute la philosophie ne peult planter en la teste des plus sages, ne l'apprend elle pas de sa seule ordonnance au plus grossier vulgaire? car nous sçavons des nations entieres où non seulement la mort estoit mesprisée, mais festoyée; où les enfants de sept ans souffroient à estre fouettés jusques à la mort sans changer de visage; où la richesse estoit en tel mespris que le plus chestif citoyen de la ville n'eust daigné baisser le bras pour amasser une bourse d'escus. Et sçavons des regions tres fertiles en toutes façons de vivres, où toutesfois les plus ordinaires mets et les plus savoureux, c'estoient du pain, du nasitort et de l'eau. Feit elle pas encores ce miracle en Cio, qu'il s'y passa sept cents ans sans memoire que femme ny fille y eust faict faulte à son honneur [1]?

Et somme, à ma fantasie, il n'est rien qu'elle ne face ou qu'elle ne puisse; et avecques raison l'appelle Pindarus, à ce qu'on m'a dict, « la royne et emperiere du monde[2]. » Celuy qu'on rencontra battant son père, respondit que c'estoit la coustume de sa maison; que son père avoit ainsi battu son ayeul; son ayeul, son bisayeul; et, montrant son fils: « Cestuy cy me battra quand il sera venu au terme de l'aage où je suis: » et le pere, que le fils tirassoit et sabouloit emmy la rue, luy commanda de s'arrester à certain huis, car luy n'avoit traisné son père que jusques là; que c'estoit la borne des injurieux traictements hereditaires que les enfants avoient en usage de faire aux pères, en leur famille. Par coustume, dit Aristote[3], aussi souvent que par maladie, des femmes s'arrachent le poil, rongent leurs ongles, mangent des charbons et de la terre; et, plus par coustume que par nature, les masles se meslent aux masles.

Les loix de la conscience, que nous disons naistre de nature, naissent de la coustume; chascun, ayant en veneration interne les opinions et mœurs approuvées et receues autour

---

[1] Ces nombreux exemples sont empruntés d'Hérodote, de Xénophon, de Plutarque, de Sextus Empiricus, de Valère Maxime et des ouvrages alors publiés sur l'Amérique et sur l'Asie. J. V. L.

[2] C'est ce que Pindare a dit de la loi, Νόμος πάντων βασιλεύς, Hérodote, III, 38. Mais Hérodote, en citant ces paroles, donne aussi à νόμος le sens de coutume. J. V. L.

[3] *Morale à Nicomaque*, VII, 6. C.

de luy, ne s'en peult desprendre sans remors, ny s'y appliquer sans applaudissement. Quand ceulx de Crete vouloient, au temps passé, mauldire quelqu'un, ils prioient les dieux de l'engager en quelque mauvaise coustume[1]. Mais le principal effect de sa puissance, c'est de nous saisir et empieter de telle sorte qu'à peine soit il en nous de nous r'avoir de sa prinse et de r'entrer en nous, pour discourir et raisonner de ses ordonnances. De vray, parce que nous les humons avec le laict de nostre naissance, et que le visage du monde se presente en cest estat à nostre premiere veue, il semble que nous soyons nayz à la condition de suyvre ce train; et les communes imaginations que nous trouvons en credit autour de nous, et infuses en nostre ame par la semence de nos peres, il semble que ce soyent les generales et naturelles: par où il advient que ce qui est hors les gonds de la coustume, on le croit hors les gonds de la raison; Dieu sçait combien desraisonnablement le plus souvent!

Si, comme nous, qui nous estudions, avons apprins de faire, chascun, qui oid une juste sentence, regardoit incontinent par où elle luy appartient en son propre, chascun trouveroit que ceste cy n'est pas tant un bon mot qu'un bon coup de fouet à la bestise ordinaire de son jugement: mais on reçoit les advis de la verité et ses preceptes comme adressés au peuple, non jamais à soy; et au lieu de les coucher sur ses mœurs, chascun les couche en sa memoire, très sottement et très inutilement. Revenons à l'empire de la coustume.

Les peuples nourris à la liberté, et à se commander eulx mesmes, estiment toute aultre forme de police monstrueuse et contre nature: ceux qui sont duicts à la monarchie en font de mesme; et, quelque facilité que leur preste fortune au changement, lors mesme qu'ils se sont avecques grandes difficultés desfaict de l'importunité d'un maistre, ils courent à en replanter un nouveau avecques pareilles difficultés, pour ne se pouvoir resoudre de prendre en haine la maistrise. C'est par l'entremise de la coustume que chascun est content du lieu où nature l'a planté; et les sauvages d'Escosse n'ont que faire de la Touraine, ny les Scythes de la Thessalie. Darius demandoit à quelques Grecs pour combien ils vouldroient prendre la coustume des Indes, de manger leurs peres trespassés (car c'estoit leur forme, estimants ne leur pouvoir donner plus favorable sepulture que dans eulx mesmes); ils luy respondirent que pour chose du monde ils ne le feroient: mais s'estant aussi essayé de persuader aux Indiens de laisser leur façon et prendre celle de Grece, qui estoit de brusler les corps de leurs peres, il leur feit encores plus d'horreur[1]. Chascun en faict ainsi, d'autant que l'usage nous desrobe le vray visage des choses.

*Nil adeò magnum, nec tam mirabile quidquam
Principio, quod non minuant mirarier omnes
Paullatim*[2].

Aultrefois, ayant à faire valoir quelqu'une de nos observations, et receue avecques resolue auctorité bien loing autour de nous, et ne voulant point, comme il se faict, l'establir seulement par la force des loix et des exemples, mais questant tousjours jusques à son origine, j'y trouvay le fondement si foible qu'à peine que je ne m'en degoustasse moy, qui avois à la confirmer en aultruy. C'est ceste recepte par laquelle Platon entreprend de chasser les desnaturées et preposteres amours de son temps, qu'il estime souveraine et principale, à savoir: que l'opinion publique les condemne, que les poëtes, que chascun en face des mauvais contes; recepte par le moyen de laquelle les plus belles filles n'attirent plus l'amour des peres, ny les freres plus excellents en beauté l'amour des sœurs; les fables mesmes de Thyestes, d'OEdipus, de Macareus, ayant avecques le plaisir de leur chant infus ceste utile creance en la tendre cervelle des enfants[3]. De vray, la pudicité est une belle vertu, et de laquelle l'utilité est assez cogneue; mais de la traicter et faire valoir selon nature, il est autant malaysé comme il est aysé de la faire valoir selon l'usage, les loix et les preceptes. Les premieres et universelles raisons sont de difficile perscrutation; et les passent nos maistres en escumant; ou, en ne les osant pas seulement taster, se jectent d'abordée dans la franchise de la coustume; là ils s'enflent et triumphent à bon

---

(1) Val. Maxime. VII, 2, *ext.* 18. J. V. L.

(1) Hérodote, III, 38. J. V. L.

(2) Il n'est rien de si grand, rien de si admirable au premier abord que peu à peu l'on ne regarde avec moins d'admiration. Lucr., II, 1027.

(3) Platon, *Lois*, VIII, 6, édit. d'Henri Etienne, t. II, p. 838; édit. de M. Ast, p. 310. J. V. L.

compte. Ceulx qui ne se veulent laisser tirer hors ceste originelle source faillent encore plus, et s'obligent à des opinions sauvages; tesmoing Chrysippus[1], qui sema, en tant de lieux de ses escripts, le peu de compte en quoy il tenoit les conjonctions incestueuses, quelles qu'elles feussent.

Qui vouldra se desfaire de ce violent prejudice de la coustume, il trouvera plusieurs choses receues d'une resolution indubitable, qui n'ont appuy qu'en la barbe chenue et rides de l'usage qui les accompaigne : mais ce masque arraché, rapportant les choses à la verité et à la raison, il sentira son jugement comme tout bouleversé, et remis pourtant en bien plus seur estat. Pour exemple, je luy demanderay lors quelle chose peult estre plus estrange que de veoir un peuple obligé à suyvre les loix qu'il n'entendit oncques; attaché en touts ses affaires domestiques, mariages, donations, testaments, ventes et achapts, à des regles qu'il ne peult sçavoir, n'estants escriptes ny publiées en sa langue, et desquelles, par necessité, il luy faille acheter l'interpretation et l'usage : non selon l'ingenieuse opinion d'Isocrates[2], qui conseille à son roy de rendre les traficques et negociations de ses subjects libres, franches et lucratives, et leurs debats et querelles onereuses, chargées de poisants subsides; mais selon une opinion prodigieuse, de mettre en traficque la raison mesme, et donner aux loix cours de marchandises. Je sçay bon gré à la fortune dequoy, comme disent nos historiens, ce feust un gentilhomme gascon et de mon pays, qui le premier s'opposa à Charlemaigne nous voulant donner des loix latines et imperiales.

Qu'est il plus farouche que de veoir une nation où, par legitime coustume, la charge de juger se vende[3], et les jugements soyent payés à purs deniers comptants, et où legitimement la justice soit refusée à qui n'a dequoy la payer; et ayt ceste marchandise si grand credit qu'il se face en une police un quatriesme estat de gents maniants les procès, pour joindre aux trois anciens, de l'eglise, de la noblesse, et du peuple; lequel estat, ayant la charge des loix et souveraine auctorité des biens et des vies, face un corps à part de celuy de la noblesse :

d'où il advienne qu'il y ayt doubles loix, celles de l'honneur et celles de la justice, en plusieurs choses fort contraires; aussi rigoureusement condemnent celles là un dementi souffert comme celles icy un dementi revenché; par le debvoir des armes, celuy là soit degradé d'honneur et de noblesse, qui souffre une injure, et par le debvoir civil, celuy qui s'en venge encoure une peine capitale; qui s'adresse aux loix pour avoir raison d'une offense faicte à son honneur, il se deshonnore, et qui ne s'y adresse, il en est puny et chastié par les loix : et de ces deux pieces si diverses, se rapportants toutesfois à un seul chef, ceulx là ayent la paix, ceulx cy la guerre, en charge; ceulx là ayent le gaing, ceulx cy l'honneur; ceulx là le sçavoir, ceulx cy la vertu; ceulx là la parole, ceulx cy l'action; ceulx là la justice, ceulx cy la vaillance; ceulx là raison, ceulx cy la force; ceulx là la robbe longue, ceulx cy la courte, en partage?

Quant aux choses indifferentes, comme vestements, qui les vouldra ramener à leur vraye fin, qui est le service et commodité du corps, d'où despend leur grace et bienseance originelle, pour les plus fantastiques à mon gré qui se puissent imaginer, je leur donray entre aultres nos bonnets quarrés, ceste longue queue de velous plissé qui pend aux testes de nos femmes avecques son attirail bigarré, et ce vain modele et inutile d'un membre que nous ne pouvons seulement honnestement nommer, duquel toutesfois nous faisons montre et parade en public. Ces considerations ne destournent pourtant pas un homme d'entendement de suyvre le style commun[1]; ains au rebours, il me semble que toutes façons escartées et particulieres partent plustost de folie ou d'affectation ambitieuse que de vraye raison; et que le sage doibt au dedans retirer son ame de la presse, et la tenir en liberté et puissance de juger librement des choses; mais, quant au dehors, qu'il doibt suyvre entierement les façons et formes receues. La societé publicque n'a que faire de nos pensées; mais le demourant, comme nos actions, nostre travail, nos fortunes et nostre vie, il la fault prester et abandonner à son service et aux opinions communes; comme ce bon et grand Socrates refusa de sauver sa vie par la desobeïssance du ma-

---

(1) SEXTUS EMPIRICUS, *Pyrrhon. Hypotyp.*, I, 14. C.
(2) *Disc. à Nicoclès*, édit. d'Henri Etienne, p. 18. C.
(3) Depuis le chancelier Du Prat, sous François Ier.

(1) Dans le chapitre 5 du livre III, Montaigne revient sur ces idées et les développe. A. D.

gistrat, voire d'un magistrat très injuste et très inique ; car c'est la regle des regles, et generale loy des loix, que chascun observe celle du lieu où il est :

Νόμοις ἕπεσθαι τοῖσιν ἐγχωρίοις καλόν [1].

En voicy d'une aultre cuvée. Il y a grand doubte s'il se peult trouver si evident proufit au changement d'une loy receue, telle qu'elle soit, qu'il y a de mal à la remuer ; d'autant qu'une police c'est comme un bastiment de diverses pieces joinctes ensemble d'une telle liaison qu'il est impossible d'en esbranler une que tout le corps ne s'en sente. Le legislateur des Thuriens [2] ordonna que quiconque vouldroit ou abolir une des vieilles loix, ou en establir une nouvelle, se presenteroit au peuple la chorde au col, à fin que, si la nouvelleté n'estoit approuvée d'un chascun, il feust incontinent estranglé ; et celuy de Lacedemone employa sa vie pour tirer de ses citoyens une promesse asseurée de n'enfreindre aulcune de ses ordonnances [3]. L'ephore qui coupa si rudement les deux chordes que Phrynis [4] avoit adjousté à la musique, ne s'esmoie pas si elle en vault mieux, ou si les accords en sont mieulx remplis ; il luy suffit, pour les condemner, que ce soit une alteration de la vieille façon. C'est ce que signifioit ceste espée rouillée de la justice de Marseille [5].

Je suis desgouté de la nouvelleté, quelque visage qu'elle porte ; et ay raison, car j'en ay veu des effets très dommageables ; celle qui nous presse depuis tant d'ans [6], elle n'a pas tout exploicté ; mais on peult dire avec apparence que par accident elle a tout produict et engendré, voire et les maulx et ruynes qui se font depuis, sans elle et contre elle ; c'est à elle à n'en prendre au nez [7] ;

Heu ! patior telis vulnera facta meis [8] !

Ceux qui donnent le bransle à un estat sont volontiers les premiers absorbés en sa ruyne ; le fruict du trouble ne demeure gueres à celui qui l'a esmeu ; il bat et brouille l'eau pour d'aultres pescheurs. La liaison et contexture de ceste monarchie et ce grand bastiment ayant esté desmis et dissoult, notamment sur ses vieux ans, par elle, donne tant qu'on veult d'ouverture et d'entrée à pareilles injures ; la majesté royale s'avalle plus difficilement du sommet au milieu qu'elle ne se precipite du milieu à fond. Mais si les inventeurs sont plus dommageables, les imitateurs sont plus vicieux de se jecter en des exemples desquels ils ont senty et puny l'horreur et le mal ; et s'il y a quelque degré d'honneur, mesme au mal à faire, ceulx cy doibvent aux aultres la gloire de l'invention et le courage du premier effort. Toutes sortes de nouvelles desbauches puisent heureusement, en ceste premiere et feconde source, les images et patrons à troubler nostre police ; on lit en nos loix mesme, faictes pour le remede de ce premier mal, l'apprentissage et l'excuse de toutes sortes de mauvaises entreprinses ; et nous advient ce que Thucydides [1] dict des guerres civiles de son temps, qu'en faveur des vices publicques on les baptisoit de mots nouveaux plus doulx pour leur excuse, abastardissant et amollissant leurs vrays tiltres ; c'est pourtant pour reformer nos consciences et nos creances ! *honesta oratio est* [2]. Mais le meilleur pretexte de nouvelleté est très dangereux : *Adeo nihil motum ex antiquo, probabile est* [3] ! Si me semble il, à le dire franchement, qu'il y a grand amour de soy et presumption d'estimer ses opinions jusques là que, pour les establir, il faille renverser une paix publicque et introduire tant de maulx inevitables, et une si horrible corruption de mœurs que les guerres civiles apportent, et les mutations d'estat en chose de tel poids, et les introduire en son païs propre. Est ce pas malmesnagé d'advancer tant de vices certains et cogneus pour combattre des erreurs contestées et debattables ? est il quelque pire espece de vices que ceulx qui choquent la propre conscience et naturelle cognoissance ? Le senat osa donner en

(1) Il est beau d'obéir aux lois de son pays. *Excerpta ex tragœd. græcis*, Hug. Grotio interpr., 1626, in-4o, p. 937.

(2) Charondas. Diodore de Sicile, XII, 24. C.

(3) Plutarque, *Lycurgue*, c. 22. C.

(4) *Phrynis*, de Mitylène, célèbre joueur de cithare, ajouta en effet deux cordes à cet instrument, qui n'en avait d'abord que sept ; et Aristophane, dans sa comédie *des Nuées*, lui reproche d'avoir substitué des airs mous et efféminés à une musique noble et mâle. E. J.

(5) Val. Maxime, II, 6, 7. C.

(6) *Vingt-cinq ou trente ans*, édit. de 1588, in-4o, fol. 42.

(7) *A mettre tout cela sur son compte*. C.

(8) Ah ! c'est de moi que vient tout le mal que j'endure ! Ovide, *Epist. Phyllidis Demophoonti*, v. 48.

(1) Liv. III, chap. 52. C.

(2) Le prétexte est honnête. Térence, *Andr*., act. I, sc. 1, v. 114.

(3) Tant il est vrai que nous avons toujours tort de changer les institutions de nos pères. Tit. Liv., XXXIV, 54.

payement ceste desfaicte, sur le differend d'entre luy et le peuple, pour le ministre de leur religion, *ad deos id magis quàm ad se pertinere; ipsos visuros ne sacra sua polluantur*[1]; conformement à ce que respondit l'oracle à ceulx de Delphes, en la guerre medoise, craignants l'invasion des Perses; ils demanderent au dieu ce qu'ils avoient à faire des tresors sacrés de son temple, ou les cacher, ou les emporter; il leur respondit qu'ils ne bougeassent rien, qu'ils se souciassent d'eulx; qu'il estoit suffisant pour prouveoir à ce qui luy estoit propre[2].

La religion chrestienne a toutes les marques d'extreme justice et utilité, mais nulle plus apparente que l'exacte recommandation de l'obeïssance du magistrat et manutention des polices. Quel merveilleux exemple nous en a laissé la sapience divine, qui, pour establir le salut du genre humain, et conduire ceste sienne glorieuse victoire contre la mort et le peché, ne l'a voulu faire qu'à la mercy de nostre ordre politique, et a soubmis son progrès, et la conduicte d'un si hault effect et si salutaire, à l'aveuglement et injustice de nos observations et usances, y laissant courir le sang innocent de tant d'esleus ses favoris, et souffrant une longue perte d'années à meurir ce fruict inestimable! Il y a grand à dire entre la cause de celuy qui suyt les formes et les loix de son païs et celuy qui entreprend de les regenter et changer; celuy là allegue pour son excuse la simplicité, l'obeïssance et l'exemple; quoy qu'il face, ce ne peult estre malice; c'est, pour le plus, malheur : *Quis est enim quem non moveat clarissimis monumentis testata consignataque antiquitas*[3]? oultre ce que dict Isocrates[4], que la defectuosité a plus de part à la moderation que n'a l'excès; l'autre est en bien plus rude party; car qui se mesle de choisir et de changer usurpe l'auctorité de juger, et se doibt faire fort de veoir la faulte de ce qu'il chasse et le bien de ce qu'il introduict.

Ceste si vulgaire consideration m'a fermy en mon siege, et tenu ma jeunesse mesme, plus temeraire, en bride, de ne charger mes espaules d'un si lourd faix que de me rendre respondant d'une science de telle importance, et oser en ceste cy ce qu'en sain jugement je ne pourrois oser en la plus facile de celles ausquelles on m'avoit instruict, et ausquelles la temerité de juger est de nul prejudice; me semblant très inique de vouloir soubmettre les constitutions et observances publicques et immobiles à l'instabilité d'une privée fantasie (la raison privée n'a qu'une jurisdiction privée), et entreprendre sur les loix divines ce que nulle police ne supporteroit aux civiles; ausquelles encores que l'humaine raison ayt beaucoup plus de commerce, si sont elles souverainement juges de leurs juges, et l'extreme suffisance sert à expliquer et estendre l'usage qui en est receu, non à le detourner et innover. Si quelquesfois la providence divine a passé par dessus les regles ausquelles elle nous a necessairement astreincts, ce n'est pas pour nous en dispenser : ce sont coups de sa main divine, qu'il nous fault non pas imiter, mais admirer; et exemples extraordinaires, marqués d'un exprès et particulier adveu, du genre des miracles, qu'elle nous offre pour tesmoignage de sa toute puissance, au dessus de nos ordres et de nos forces, qu'il est folie et impieté d'essayer à representer, et que nous ne debvons pas suyvre mais contempler avec estonnement; actes de son personnage, non pas du nostre. Cotta proteste bien opportunement : *Quùm de religione agitur, Ti. Coruncanium, P. Scipionem, P. Scævolam pontifices maximos, non Zenonem, aut Cleanthem, aut Chrysippum sequor*[1]. Dieu le sçache en nostre presente querelle, où il y a cent articles à oster et remettre, grands et profonds articles, combien ils sont qui se puissent vanter d'avoir exactement recogneu les raisons et fondements de l'un et l'aultre party : c'est un nombre, si c'est nombre, qui n'auroit pas grand moyen de nous troubler. Mais toute ceste aultre presse, où va elle? soubs quelle enseigne se jecte elle à quartier? Il advient de la leur comme des aultres medecines foibles et mal appliquées : les humeurs qu'elle vouloit purger en nous, elle les a eschauffées, exasperées et aigries par le conflit; et si nous est demeurée

---

(1) Que cette affaire intéressait les dieux plus qu'eux-mêmes; ces dieux, disaient-ils, sauront bien empêcher la profanation de leur culte. Tit. Liv., X, 6.

(2) Hérodote, VIII, 36. J. V. L.

(3) Qui pourrait ne pas respecter une antiquité qui nous a été conservée et transmise par les plus éclatants témoignages? Cicéron, *de Divin.*, I, 40.

(4) *Disc. à Nicoclès*, pag. 21. C.

(1) En matière de religion, j'écoute Tib. Coruncanius, P. Scipion, P. Scévola, souverains pontifes, et non pas Zénon, Cléanthe ou Chrysippe. Cic., *de Nat. deor.*, III, 2.

dans le corps : elle n'a sceu nous purger par sa foiblesse, et nous a cependant affoiblis; en maniere que nous ne la pouvons vuider non plus, et ne recevons de son operation que des douleurs longues et intestines.

Si est ce que la fortune, reservant tousjours son auctorité au dessus de nos discours, nous presente aulcunesfois la necessité si urgente qu'il est besoing que les loix lui facent quelque place : et, quand on resiste à l'accroissance d'une innovation qui vient par violence à s'introduire, de se tenir en tout et partout en bride et en regle contre ceulx qui ont la clef des champs, ausquels tout cela est loisible qui peult advancer leur desseing, qui n'ont ny loy ny ordre que de suyvre leur advantage, c'est une dangereuse obligation et inegalité.

Aditum nocendi perfido præstat fides[1] :

d'autant que la discipline ordinaire d'un Estat, qui est en sa santé, ne pourvoit pas à ces accidents extraordinaires; elle presuppose un corps qui se tient en ses principaulx membres et offices, et un consentement à son observation et obeïssance. L'aller legitime est un aller froid, poisant et contrainct, et n'est pas pour tenir bon à un aller licencieux et effrené. On sçait qu'il est encores reproché à ces deux grands personnages, Octavius et Caton, aux guerres civiles, l'un de Sylla, l'aultre de Cesar, d'avoir plustost laissé encourir toutes extremités à leur patrie que de la secourir aux despens de ses loix, et que de rien remuer : car, à la verité, en ces dernieres necessités où il n'y a plus que tenir, il seroit à l'adventure plus sagement faict de baisser la teste et prester un peu au coup, que s'aheurtant, oultre la possibilité, à ne rien relascher, donner occasion à la violence de fouler tout aux pieds; et vauldroit mieulx faire vouloir aux loix ce qu'elles peuvent, puis qu'elles ne peuvent ce qu'elles veulent. Ainsi feit celuy qui ordonna qu'elles dormissent vingt et quatre heures[2]; et celuy qui remua pour ceste fois un jour du calendrier; et cest aultre[3] qui du mois de juin feit le second may. Les Lacedemoniens mesmes,

tant religieux observateurs des ordonnances de leur païs, estants pressés de leur loy qui deffendoit d'eslire par deux fois admiral un mesme personnage, et de l'aultre part leurs affaires requerants de toute necessité que Lysander prinst de rechef ceste charge, ils feirent bien un Aracus admiral, mais Lysander surintendant de la marine[1] : et de mesme subtilité, un de leurs ambassadeurs, estant envoyé vers les Atheniens pour obtenir le changement de quelqu'ordonnance, et Pericles luy alleguant qu'il estoit deffendu d'oster le tableau où une loy estoit une fois posée, luy conseilla de le tourner seulement, d'autant que cela n'estoit pas deffendu[2]. C'est ce dequoy Plutarque loue Philopœmen[3], qu'estant nay pour commander, il sçavoit non seulement commander selon les loix, mais aux loix mesmes, quand la necessité publicque le requeroit.

CHAPITRE XXIII.

Divers evenements de mesme conseil.

Jacques Amyot, grand aumosnier de France, me recita un jour ceste histoire à l'honneur d'un prince des nostres (et nostre estoit il à très bonnes enseignes, encores que son origine feust estrangiere[4]), que durant nos premiers troubles, au siege de Rouan, ce prince ayant esté adverty, par la royne mere du roy, d'une entreprinse qu'on faisoit sur sa vie, et instruict particulierement par ses lettres, de celuy qui la debvoit conduire à chef, qui estoit un gentilhomme angevin, ou manceau, frequentant lors ordinairement pour cest effect la maison de ce prince, il ne communiqua à personne cest advertissement : mais se promenant l'endemain au mont Saincte Catherine, d'où se faisoit nostre batterie à Rouan (car c'estoit au temps que nous la tenions assiegée), ayant à ses costés le dit seigneur grand aumosnier et un aultre evesque, il apperceut ce gentilhomme qui luy avoit esté remarqué, et le feit appeler. Comme il feut en sa presence, il luy dict ainsi, le voyant desjà paslir et fremir des alarmes

---

(1) Se fier à un perfide, c'est lui donner moyen de nuire. SÉN., *OEdip.*, act. III, v. 686.

(2) C'est *Agésilas*, dans PLUTARQUE, *Apophthegmes des Lacédémoniens* et *Vie d'Agésilas*. C.

(3) Alexandre-le-Grand. Voy. PLUTARQUE, *Alex.*, c. 5. C.

(1) PLUTARQUE, *Vie de Lysandre*, c. 4. C.

(2) PLUTARQUE, *Vie de Périclès*, c. 18. C.

(3) Dans la *comparaison de T. Q. Flamininus avec Philopœmen*, vers la fin. C.

(4) Le duc de Guise, surnommé *le Balafré*, de la maison de Lorraine. — Au siege de Rouen, en 1562.

de sa conscience : « Monsieur de tel lieu, vous vous doubtez bien de ce que je vous veulx, et vostre visage me le montre. Vous n'avez rien à me cacher ; car je suis instruict de vostre affaire si avant que vous ne feriez qu'empirer vostre marché d'essayer à le couvrir. Vous sçavez bien telle chose et telle (qui estoyent les tenants et aboutissants des plus secrettes pieces de ceste menée) : ne faillez, sur vostre vie, à me confesser la verité de tout ce desseing. » Quand ce pauvre homme se trouva prins et convaincu (car le tout avoit esté descouvert à la roine par l'un des complices), il n'eut qu'à joindre les mains et requerir la grace et misericorde de ce prince, aux pieds duquel il se voulut jecter ; mais il l'en garda, suyvant ainsi son propos [1] : « Venez ça ; vous ay je aultrefois faict desplaisir ? ay je offensé quelqu'un des vostres par haine particuliere ? Il n'y a pas trois semaines que je vous cognoy ; quelle raison vous a peu mouvoir à entreprendre ma mort ? » Le gentilhomme respondit à cela, d'une voix tremblante, que ce n'estoit aulcune occasion particuliere qu'il en eust, mais l'interest de la cause generale de son party, et qu'aulcuns luy avoient persuadé que ce seroit une execution pleine de pieté, d'extirper, en quelque maniere que ce feust, un si puissant ennemy de leur religion. « Or, suyvit ce prince, je vous veulx montrer combien la religion que je tiens est plus doulce que celle dequoy vous faicte profession. La vostre vous a conseillé de me tuer sans m'ouïr, n'ayant receu de moy aulcune offense ; et la mienne me commande que je vous pardonne, tout convaincu que vous estes de m'avoir voulu tuer sans raison. Allez vous en, retirez vous ; que je ne vous veoye plus icy : et, si vous estes sage, prenez doresnavant en vos entreprinses des conseillers plus gents de bien que ceulx là. »

L'empereur Auguste[2], estant en la Gaule, receut certain advertissement d'une conjuration que luy brassoit L. Cinna : il delibera de s'en venger, et manda pour cest effect au lendemain le conseil de ses amis. Mais la nuict d'entre deux, il la passa avecques grande inquietude, considerant qu'il avoit à faire mourir un jeune homme de bonne maison et nepveu du grand Pompeius, et produisoit en se plaignant plusieurs divers discours : « Quoy doncques, disoit il, sera il vray que je demeureray en crainte et en alarme, et que je lairray mon meurtrier se promener ce pendant à son ayse ? S'en ira il quitte, ayant assailly ma teste que j'ay sauvée de tant de guerres civiles, de tant de battailles par mer et par terre, et après avoir estably la paix universelle du monde ? sera il absoult, ayant deliberé non de me meurtrir seulement, mais de me sacrifier ?» car la conjuration estoit faicte de le tuer comme il feroit quelque sacrifice. Après cela, s'estant tenu coy quelque espace de temps, il recommenceoit d'une voix plus forte, et s'en prenoit à soy mesme : « Pourquoy vis tu, s'il importe à tant de gents que tu meures ? n'y aura il point de fin à tes vengeances et à tes cruautés ? Ta vie vault elle que tant de dommage se face pour la conserver ? » Livia, sa femme, le sentant en ces angoisses : « Et les conseils des femmes y seront ils receus ? luy dict elle : fay ce que font les medecins ; quand les receptes accoustumées ne peuvent servir, ils en essayent de contraires. Par severité tu n'as jusques à ceste heure rien proufité ; Lepidus a suyvi Salvidienus ; Murena, Lepidus ; Cæpio, Murena ; Egnatius, Cæpio : commence à experimenter comment te succederont la doulceur et la clemence. Cinna est convaincu ; pardonne luy : de te nuire desormais il ne pourra, et proufitera à ta gloire. » Auguste feut bien ayse d'avoir trouvé un advocat de son humeur ; et, ayant remercié sa femme, et contremandé ses amis qu'il avoit assignés au conseil, commanda qu'on feist venir à luy Cinna tout seul ; et ayant faict sortir tout le monde de sa chambre, et faict donner un siege à Cinna, il luy parla en ceste manière : « En premier lieu, je te demande, Cinna, paisible audience ; n'interromps pas mon parler ; je te donray temps et loisir d'y responder. Tu sçais, Cinna, que t'ayant prins au camp de mes ennemis, non seulement t'estant faict mon ennemy, mais estant nay tel, je te sauvay, je te meis entre mains touts tes biens, et t'ai enfin rendu si accommodé et si aysé que les victorieux sont envieux de la condition du vaincu : l'office du sacerdoce que

---

[1] Tout ceci se trouve dans un livre intitulé *la Fortune de la Cour*, composé par le sieur de Dampmartin, ancien courtisan du règne de Henri III (liv. II, pag. 159). C.

[2] *Voyez* SÉN. dans son traité *de la Clémence*, I, 9, d'où cette histoire a été transportée ici mot pour mot. On connaît l'imitation de Corneille.

tu me demandas, je te l'octroyay, l'ayant refusé à d'aultres, desquels les peres avoyent tousjours combattu avecques moy. T'ayant si fort obligé, tu as entreprins de me tuer. » A quoy Cinna s'estant escrié qu'il estoit bien esloigné d'une si meschante pensée : « Tu ne me tiens pas, Cinna, ce que tu m'avois promis, suyvit Auguste; tu m'avois asseuré que je ne seroy pas interrompu. Ouy, tu as entreprins de me tuer en tel lieu, tel jour, en telle compaignie, et de telle façon. » Et le veoyant transi de ces nouvelles, et en silence, non plus pour tenir le marché de se taire, mais de la presse de sa conscience : « Pourquoy, adjousta il, le fais tu? Est ce pour estre empereur? Vrayement il va bien mal à la chose publique, s'il n'y a que moy qui t'empesche d'arriver à l'empire. Tu ne peulx pas seulement deffendre ta maison, et perdis dernièrement un procès par la faveur d'un simple libertin[1]. Quoy! n'as tu moyen ny pouvoir en aultre chose qu'à entreprendre Cesar? Je le quitte, s'il n'y a que moy qui empesche tes esperances. Penses tu que Paulus, que Fabius, que les Cosseens et Serviliens te souffrent, et une si grande troupe de nobles, non seulement nobles de nom, mais qui, par leur vertu, honorent leur noblesse? » Après plusieurs aultres propos (car il parla à luy plus de deux heures entieres) : « Or va, luy dict il, je te donne, Cinna, la vie à traistre et à parricide, que je te donnay aultrefois à ennemy; que l'amitié commence de ce jourd'huy entre nous; essayons qui de nous deux de meilleure foy, moy t'aye donné ta vie, ou tu l'ayes receue. » Et se despartit d'avecques luy en ceste maniere. Quelque temps après il luy donna le consulat, se plaignant de quoy il ne le luy avoit osé demander: Il l'eut depuis pour fort ami, et feut seul faict par luy heritier de ses biens. Or depuis cest accident, qui advint à Auguste au quarantiesme an de son aage, il n'y eut jamais de conjuration n'y d'entreprinse contre luy, et receut une juste recompense de ceste sienne clemence. Mais il n'en advint pas de mesme au nostre[2]; car sa douceur ne le sceut garantir qu'il ne cheust depuis aux lacs de pareille trahison : tant c'est chose vaine et frivole que l'humaine prudence! et au travers de touts nos projects, de nos conseils et precautions, la fortune maintient tousjours la possession des evenements.

Nous appellons les medecins heureux quand ils arrivent à quelque bonne fin : comme s'il n'y avoit que leur art qui ne se peust maintenir d'elle mesme, et qui eust les fondements trop frailes pour s'appuyer de sa propre force, et comme s'il n'y avoit qu'elle qui aye besoing que la fortune preste la main à ses operations. Je croy d'elle tout le pis ou le mieulx qu'on vouldra : car nous n'avons, dieu mercy! nul commerce ensemble. Je suis rebours des aultres, car je la meprise bien tousjours : mais quand je suis malade, au lieu d'entrer en composition, je commence encores à la haïr et à la craindre; et responds à ceulx qui me pressent de prendre medecine, qu'ils attendent au moins que je sois rendu à mes forces et à ma santé, pour avoir plus de moyen de soustenir l'effort et le hazard de leur breuvage. Je laisse faire nature, et presuppose qu'elle se soit pourveue de dents et de griffes, pour se deffendre des assaults qui luy viennent, et pour maintenir ceste contexture dequoy elle fuit la dissolution. Je crains, au lieu de l'aller secourir, ainsi comme elle est aux prinses bien estroictes et bien jointes avecques la maladie, qu'on secoure son adversaire au lieu d'elle, et qu'on la recharge de nouveaux affaires.

Or, je dy que, non en la medecine seulement, mais en plusieurs arts plus certaines, la fortune y a bonne part : les saillies poetiques qui emportent leur aucteur et le ravissent hors de soy, pourquoy ne les attribuerons nous à son bon heur, puis qu'il confesse luy mesme qu'elles surpassent sa suffisance et ses forces, et les recognoist venir d'ailleurs que de soy, et ne les avoir aulcunement en sa puissance; non plus que les orateurs ne disent avoir en la leur ces mouvements et agitations extraordinaires qui les poulsent au delà de leur desseing! Il en est de mesme en la peincture, qu'il eschappe par fois des traicts de la main du peintre, surpassants sa conception et sa science, qui le tirent luy mesme en admiration, et qui l'estonnent. Mais la fortune montre bien encores plus evi-

---

[1] *Affranchi*, du mot latin *libertus* ou *libertinus*; car ce dernier ne veut pas dire, comme on l'a cru longtemps, *fils d'affranchi*. J. V. L.

[2] Le même duc de Guise, dont Montaigne a parlé au commencement du chapitre. Ce duc, assiégeant Orléans en 1563, fut assassiné par un gentilhomme d'Angoumois, nommé Poltrot. C.

demment la part qu'elle a en touts ces ouvrages, par les graces et beautés qui s'y treuvent non seulement sans l'intention, mais sans la cognoissance mesme de l'ouvrier : un suffisant lecteur descouvre souvent ès esprits d'aultruy des perfections aultres que celles que l'aucteur y a mises et apperceues, et y preste des sens et des visages plus riches.

Quant aux entreprinses militaires, chascun veoid comment la fortune y a bonne part. En nos conseils mesmes et en nos deliberations, il fault certes qu'il y ayt du sort et du bon heur meslé parmy ; car tout ce que nostre sagesse peult, ce n'est pas grand'chose : plus elle est aiguë et vifve, plus elle treuve en soy de foiblesse, et se desfie d'autant plus d'elle mesme. Je suis de l'advis de Sylla[1] ; et quand je me prends garde de près aux plus glorieux exploicts de la guerre, je veoy, ce me semble, que ceulx qui les conduisent n'y employent la deliberation et le conseil que par acquit, et que la meilleure part de l'entreprinse ils l'abandonnent à la fortune ; et, sur la fiance qu'ils ont à son secours, passent à touts les coups au delà des bornes de tout discours. Il survient des alaigresses fortuites et des fureurs estrangieres parmy leurs deliberations, qui les poulsent le plus souvent à prendre le party le moins fondé en apparence, et qui grossissent leur courage au dessus de la raison. D'où il est advenu à plusieurs grands capitaines anciens, pour donner credit à ces conseils temeraires, d'alleguer à leurs gents qu'ils y estoyent conviés par quelque inspiration, par quelque signe prognostique.

Voylà pourquoy, en ceste incertitude et perplexité que nous apporte l'impuissance de veoir et choisir ce qui est le plus commode, pour les difficultés que les divers accidents et circonstances de chaque chose tirent, le plus seur, quand aultre consideration ne nous y convieroit, est, à mon advis, de se rejecter au party où il y a plus d'honnesteté et de justice ; et, puis qu'on est en doubte du plus court chemin, tenir tousjours le droict : comme en ces deux exemples, que je viens de proposer, il n'y a point de doubte qu'il ne feust plus beau et plus genereux à celuy qui avoit receu l'offense de la pardonner, que s'il eust faict aultrement. S'il en est mesadvenu au premier, il ne s'en fault pas prendre à ce sien bon desseing ; et ne sçait on, quand il eust prins le party contraire, s'il eust eschappé à la fin à laquelle son destin l'appelloit ; et si eust perdu la gloire d'une telle humanité.

Il se veoid, dans les histoires, force gents en ceste crainte ; d'où la pluspart ont suyvi le chemin de courir au devant des conjurations qu'on faisoit contre eulx, par vengeance et par supplices ; mais j'en veoy fort peu ausquels ce remede ayt servy ; tesmoing tant d'empereurs romains. Celuy qui se treuve en ce danger ne doibt pas beaucoup esperer ny de sa force ny de sa vigilance : car combien est il mal aysé de se garantir d'un ennemy qui est couvert du visage le plus officieux amy que nous ayons, et de cognoistre les volontés et pensements interieurs de ceulx qui nous assistent ! Il a beau employer des nations estrangieres pour sa garde, et estre tousjours ceinct d'une haye d'hommes armés ; quiconque aura sa vie à mespris se rendra tousjours maistre de celle d'aultruy[1] ; et puis, ce continuel souspeçon qui met le prince en doubte de tout le monde, luy doibt servir d'un merveilleux torment. Pourtant Dion, estant adverty que Callippus espioit les moyens de le faire mourir, n'eut jamais le cœur d'en informer, disant qu'il aymoit mieulx mourir que vivre en ceste misere d'avoir à se garder, non de ses ennemis seulement, mais aussi de ses amis[2] : ce qu'Alexandre representa bien plus vifvement par effect, et plus roidement, quand ayant eu advis, par une lettre de Parmenion, que Philippus, son plus cher medecin, estoit corrompu par l'argent de Darius pour l'empoisonner, en mesme temps qu'il donnoit à lire sa lettre à Philippus, il avala le breuvage qu'il luy avoit presenté[3]. Feut ce pas exprimer ceste resolution que, si ses amis le vouloient tuer, il consentoit qu'ils le peussent faire ? Ce prince est le souverain patron des actes hazardeux ; mais je ne sçay s'il y a traict en sa vie qui ayt plus de fermeté que cestuy cy, ny une beauté illustre par tant de visages.

Ceulx qui preschent aux princes la desfiance

---

(1) « Qui osta l'envie à ses faicts, en louant souvent sa bonne fortune et finalement en se surnommant *Faustus*, etc. » PLUTARQUE, *Comment on peut se louer soi-même*, c. 9, trad. d'Amyot. C.

(1) SÉN., *Epist.* 4. C.
(2) PLUT., *Apophthegmes*. C.
(3) QUINTE-CURCE, III, 6. C.

si attentifve, soubs couleur de leur prescher leur seureté, leur preschent leur ruyne et leur honte : rien de noble ne se faict sans hazard. J'en sçais un de courage très martial de sa complexion, et entreprenant, de qui touts les jours on corrompt la bonne fortune par telles persuasions : « Qu'il se resserre entre les siens ; qu'il n'entende à aulcune reconciliation de ses anciens ennemis; se tienne à part, et ne se commette entre mains plus fortes, quelque promesse qu'on luy face, quelque utilité qu'il y veoye. » J'en sçais un aultre qui a inesperement advancé sa fortune pour avoir prins conseil tout contraire.

La hardiesse, dequoy ils cherchent si avidement la gloire, se represente, quand il est besoing, aussi magnifiquement en pourpoinct qu'en armes, en un cabinet qu'en un camp, le bras pendant que le bras levé.

La prudence si tendre et circonspecte est mortelle ennemie des haultes executions. Scipion sceut, pour practiquer la volonté de Syphax, quittant son armée, et abandonnant l'Espaigne doubteuse encores sous sa nouvelle conqueste, passer en Afrique dans deux simples vaisseaux pour se commettre, en terre ennemie, à la puissance d'un roy barbare, à une foy incogneue, sans obligation, sans ostage, soubs la seule seureté de la grandeur de son propre courage, de son bon heur, et de la promesse de ses haultes esperances[1]. *Habita fides ipsam plerumque fidem obligat*[2]. A une vie ambitieuse et fameuse, il fault, au rebours[3], prester peu et porter la bride courte aux soupspeçons : la crainte et la desfiance attirent l'offense et la convient. Le plus desfiant de nos roys[4] establit ses affaires principalement pour avoir volontairement abandonné et commis sa vie et sa liberté entre les mains de ses ennemis : montrant avoir entière fiance d'eulx, à fin qu'ils la prinssent de luy. A ses legions mutinées et armées contre luy, Cesar opposoit seulement l'auctorité de son visage

et la fierté de ses paroles; et se fioit tant à soy et à sa fortune qu'il ne craignoit point de s'abandonner et commettre à une armée seditieuse et rebelle :

Stetit aggere fultus
Cespitis, intrepidus vultu ; meruitque timeri,
Nil metuens[1].

Mais il est bien vray que ceste forte asseurance ne se peult representer bien entiere et naïfve que par ceulx ausquels l'imagination de la mort, et du pis qui peult advenir après tout, ne donne point d'effroy : car de la presenter tremblante encores, doubteuse et incertaine, pour le service d'une importante reconciliation, ce n'est rien faire qui vaille. C'est un excellent moyen de gaigner le cœur et volonté d'aultruy, de s'y aller soubmettre et fier, pourveu que ce soit librement et sans contraincte d'aulcune necessité, et que ce soit en condition qu'on y porte une fiance pure et nette, le front au moins deschargé de tout scrupule. Je veis, en enfance, un gentilhomme, commandant à une grande ville, empressé à l'esmotion d'un peuple furieux : pour esteindre ce commencement de trouble, il print party de sortir d'un lieu très asseuré où il estoit, et se rendre à ceste tourbe mutine; d'où mal luy print, et y feut miserablement tué. Mais il ne me semble pas que sa faulte feust tant d'estre sorty, ainsi qu'ordinairement on le reproche à sa memoire, comme ce feut d'avoir prins une voye de soubmission et de mollesse, et d'avoir voulu endormir ceste rage plustost en suyvant qu'en guidant, et en requerant plustost qu'en remonstrant ; et estime qu'une gracieuse severité, avecques un commandement militaire plein de securité et de confiance, convenable à son reng et à la dignité de sa charge, luy eust mieulx succedé, au moins avecques plus d'honneur et de bienseance. Il n'est rien moins esperable de ce monstre ainsin agité que l'humanité et la doulceur; il recevra bien plustost la reverence et la craincte. Je luy reprocherois aussi qu'ayant prins une resolution, plustost brave à mon gré que temeraire, de se jecter foible et en pourpoinct emmy ceste mer tempestueuse d'hommes insensés, il la debvoit

---

(1) Tite Live, XXVIII, 17. J. V. L.

(2) La confiance que nous accordons à un autre nous gagne souvent la sienne. Id., XXII, 22.

(3) *Au rebours* se rapporte à ces mots : *La prudence si tendre et circonspecte*, etc. Montaigne aurait dû l'effacer, lorsqu'il eut ajouté, depuis, l'exemple de Scipion. J. V. L.

(4) Louis XI. Voyez les *Mémoires de Comines*, liv. II, c. 5 à 7. L'historien blâme fort cette action de Louis XI, qui, par là, se mit en grand danger. C.

MONTAIGNE.

(1) Il parut sur un tertre de gazon, debout, avec un visage intrépide; il mérita d'être craint en ne craignant pas. Lucain, V, 316.

avaller toute¹, et n'abandonner ce personnage : au lieu qu'il luy adveint, après avoir recogneu le danger de près, de saigner du nez et d'alterer encores depuis ceste contenance desmise² et flatteuse, qu'il avoit entreprinse, en une contenance effroyée : chargeant sa voix et ses yeulx d'estonnement et de penitence ; cherchant à conniller³ et à se desrober, il les enflamma et appella sur soy.

On delibereroit de faire une montre generale de diverses troupes en armes (c'est le lieu des vengeances secrettes, et n'est poinct où en plus grande seureté on les puisse exercer) : il y avoit publicques et notoires apparences qu'il n'y faisoit pas fort bon pour aulcuns, ausquels touchoit la principale et necessaire charge de les recognoistre. Il s'y proposa divers conseils, comme en chose difficile, et qui avoit beaucoup de poids et de suyte. Le mien feut qu'on evitast sur tout de donner aulcun tesmoignage de ce doubte; et qu'on s'y trouvast et meslast parmy les files, la teste droicte et le visage ouvert, et qu'au lieu d'en retrencher aulcune chose (à quoy les aultres opinions visoyent le plus), au contraire l'on solicitast les capitaines d'advertir les soldats de faire leurs salves belles et gaillardes, en l'honneur des assistants, et n'espargner leur pouldre. Cela servit de gratification envers ces troupes suspectes, et engendra dès lors en avant une mutuelle et utile confiance.

La voye qu'y teint Julius Cesar, je treuve que c'est la plus belle qu'on y puisse prendre. Premierement, il essaya par clemence à se faire aymer de ses ennemis mesme, se contentant, aux conjurations qui luy estoient descouvertes, de declarer simplement qu'il en estoit adverty ; cela faict, il print une très noble resolution d'attendre sans effroy et sans solicitude ce qui luy en pourroit advenir, s'abandonnant et s'en remettant à la garde des dieux et de la fortune ; car certainement c'est l'estat où il estoit quand il feut tué.

Un estrangier ayant dict et publié par tout qu'il pourroit instruire Dionysius, tyran de Syracuse, d'un moyen de sentir et descouvrir en toute certitude les parties que ses subjects machineroient contre luy, s'il luy vouloit donner une bonne piece d'argent, Dionysius, en estant adverty, le feit appeller à soy pour s'esclaircir d'un art si necessaire à sa conservation. Cest estrangier luy dict qu'il n'y avoit pas d'aultre art, sinon qu'il luy feist delivrer un talent, et se vantast d'avoir apprins de luy un singulier secret. Dionysius trouva ceste invention bonne et luy feit compter six cents escus¹. Il n'estoit pas vraysemblable qu'il eust donné si grande somme à un homme incogneu qu'en recompense d'un très utile apprentissage ; et servoit ceste reputation à tenir ses ennemis en crainte. Pourtant les princes sagement publient les advis qu'ils reçoivent des menées qu'on dresse contre leur vie, pour faire croire qu'ils sont bien advertis et qu'il ne se peult rien entreprendre dequoy ils ne sentent le vent. Le duc d'Athenes feit plusieurs sottises en l'establissement de sa fresche tyrannie sur Florence ; mais ceste cy la plus notable, qu'ayant receu le premier advis des monopoles² que ce peuple dressoit contre luy, par Matteo di Morozo, complice d'icelles, il le feit mourir pour supprimer cest advertissement, et ne faire sentir qu'aulcun en la ville s'ennuyast de sa domination.

Il me souvient avoir leu aultrefois³ l'histoire de quelque Romain, personnage de dignité, lequel, fuyant la tyrannie du triumvirat, avoit eschappé mille fois les mains de ceulx qui le poursuivoyent par la subtilité de ses inventions. Il adveint un jour qu'une troupe de gents de cheval, qui avoit charge de le prendre, passa tout joignant un hallier où il s'estoit tapy, et faillit de le descouvrir ; mais luy, sur ce poinct là, considerant la peine et les difficultés ausquelles il avoit desjà si longtemps duré, pour se sauver des continuelles et curieuses recherches qu'on faisoit de luy par tout, le peu de plaisir qu'il pouvoit esperer d'une telle vie, et combien il luy valoit mieulx passer une fois le pas que demourer tousjours en ceste transe, luy mesme les r'appella et leur trahit sa cachette, s'abandonnant volontairement à leur cruauté, pour oster eulx et luy d'une plus

---

(1) *Il devait soutenir jusqu'au bout sa première résolution et ne pas abandonner son rôle.*

(2) *Soumise*, du latin *demissus*.

(3) *Conniller*, c'est s'esquiver, chercher à se cacher dans un trou, comme un timide *connil* ou lapin. E. J.

(1) Plut., *Apophthegmes*. C.

(2) *Monopole*, conjuration, conspiration (Nicot). Rabelais a employé ce mot dans le même sens, liv. I, chap. 17. C.

(3) Dans Appien, liv. IV des *Guerres civiles*. J. V. L.

longue peine. D'appeller les mains ennemies, c'est un conseil un peu gaillard : si croy je qu'encores vauldroit il mieulx le prendre que de demourer en la fiebvre continuelle d'un accident qui n'a point de remede. Mais puis que les provisions qu'on y peult apporter sont pleines d'inquietude et d'incertitude, il vault mieulx d'une belle asseurance se preparer à tout ce qui en pourra advenir, et tirer quelque consolation de ce qu'on n'est pas asseuré qu'il advienne.

CHAPITRE XXIV.

Du pedantisme.

Je me suis souvent despité, en mon enfance, de veoir ès comedies italiennes tousjours un pedante pour badin, et le surnom de magister n'avoir gueres plus honorable signification parmy nous : car, leur estant donné en gouvernement, que pouvois je moins faire que d'estre jaloux de leur reputation ? Je cherchoy bien de les excuser par la disconvenance naturelle qu'il y a entre le vulgaire et les personnes rares et excellentes en jugement et en sçavoir, d'autant qu'ils vont un train entierement contraire les uns des aultres; mais en cecy perdois je mon latin, que les plus galants hommes c'estoient ceulx qui les avoient le plus à mespris, tesmoing nostre bon du Bellay :

Mais je hay par sur tout un sçavoir pedantesque,

et est ceste coustume ancienne ; car Plutarque dict[1] que grec et escholier estoient mots de reproche entre les Romains, et de mespris. Depuis, avec l'aage, j'ay trouvé qu'on avoit une grandissime raison, et que *magis magnos clericos non sunt magis magnos sapientes*[2]. Mais d'où il puisse advenir qu'une ame riche de la cognoissance de tant de choses n'en devienne plus vifve et plus esveillée, et qu'un esprit grossier et vulgaire puisse loger en soy, sans

(1) Plut., *Vie de Cicéron*, c. 2 de la trad. d'Amyot. C.

(2) Regnier (*Sat.* 3, dernier vers) traduit ainsi ce proverbe singulier, que Rabelais (*Gargantua*, I, 39) met dans la bouche de frère Jean des Entommeures :

Pardieu ! les plus grands clercs ne sont pas les plus fins.

Frère Jean, le fidèle portrait des moines de ce temps-là, s'excuse ainsi de son ignorance : « Nostre feu abbé disoyt que c'est chose monstrueuse veoir un moyne sçavant. Pardieu ! monsieur mon amy, *magis magnos clericos non sunt magis magnos sapientes.* » Il y a dans ce chapitre quelques autres imitations de Rabelais. J. V. L.

s'amender, les discours et les jugements des plus excellents esprits que le monde ait porté, j'en suis encores en doubte. A recevoir tant de cervelles estrangieres, et si fortes et si grandes, il est necessaire (me disoit une fille, la premiere de nos princesses, parlant de quelqu'un) que la sienne se foule, se contraigne et rapetisse, pour faire place aux aultres : je diroy volontiers que, comme les plantes s'estouffent de trop d'humeur et les lampes de trop d'huile, aussi faict l'action de l'esprit par trop d'estude et de matiere : lequel, occupé et embarrassé d'une grande diversité de choses, perde le moyen de se desmesler, et que ceste charge le tienne courbe et croupy. Mais il en va aultrement ; car nostre ame s'eslargit d'autant plus qu'elle se remplit : et aux exemples des vieux temps, il se veoid, tout au rebours, des suffisants hommes aux maniements des choses publicques, des grands capitaines, et grands conseillers aux affaires d'estat, avoir esté ensemble très sçavants.

Et quant aux philosophes retirés de toute occupation publicque, ils ont esté aussi quelquesfois, à la verité, mesprisés par la liberté comique de leur temps, leurs opinions et façons les rendants ridicules. Les voulez vous faire juges des droicts d'un procès, des actions d'un homme ? ils en sont bien prests ! ils cherchent encores s'il y a vie, s'il y a mouvement, si l'homme est aultre chose qu'un bœuf; que c'est qu'agir et souffrir ; quelles bestes ce sont que loix et justice. Parlent ils du magistrat, ou parlent ils à luy ? c'est d'une liberté irreverente et incivile. Oyent ils louer leur prince ou un roy? c'est un pastre pour eulx, oisif comme un pastre, occupé à pressurer et tondre ses bestes, mais bien plus rudement qu'un pastre. En estimez vous quelqu'un plus grand, pour posseder deux mille arpents de terre ? eulx s'en moquent, accoustumés d'embrasser tout le monde comme leur possession. Vous vantez vous de vostre noblesse, pour compter sept ayeulx riches ? ils vous estiment de peu, ne concevant l'image universelle de nature, et combien chascun de nous a eu de predecesseurs, riches, pauvres, roys, valets, grecs, barbares; et quand vous seriez cinquantiesme descendant de Hercules, ils vous trouvent vain de faire valoir ce present de la fortune. Ainsi les desdaignoit le vulgaire, comme ignorants les premieres choses et communes, et comme presumptueux et insolents[1].

Mais ceste peincture platonique est bien esloingnée de celle qu'il fault à nos hommes. On envioit ceulx là comme estants au dessus de la commune façon, comme mesprisants les actions publicques, comme ayants dressé une vie particuliere et inimitable, reglée à certains discours haultains et hors d'usage : ceulx cy, on les desdaigne comme estants au dessoubs de la commune façon, comme incapables des charges publicques, comme traisnants une vie et des mœurs basses et viles après le vulgaire :

Odi homines ignava opera, philosopha sententia[2].

Quant à ces philosophes, dis je, comme ils estoyent grands en science, ils estoyent encores plus grands en toute action. Et tout ainsi qu'on dict de ce geometrien de Syracuse[3], lequel ayant esté destourné de sa contemplation, pour en mettre quelque chose en practique à la deffense de son païs, qu'il meit soubdain en train des engins espouvantables et des effets surpassants toute creance humaine ; desdaignant toutesfois luy mesme toute ceste sienne manufacture, et pensant en cela avoir corrompu la dignité de son art, de laquelle ses ouvrages n'estoient que l'apprentissage et le jouet ; aussi eulx, si quelquesfois on les a mis à la preuve de l'action, on les a veu voler d'une aile si haulte qu'il paroissoit bien leur cœur et leur ame s'estre merveilleusement grossie et enrichie par l'intelligence des choses. Mais aulcuns, voyants la place du gouvernement politique saisie par des hommes incapables, s'en sont reculés ; et celuy qui demanda à Crates jusques à quand il fauldroit philosopher, en receut ceste response : « Jusques à tant que ce ne soient plus des asniers qui conduisent nos armées[4]. » Heraclitus resigna la royauté à son frere ; et aux Ephesiens, qui luy reprochaient à quoy il passoit son temps à jouer avecques les enfants devant le temple : « Vaut il pas mieulx faire cecy que gouverner les affaires en vostre compaignie[5] ? » D'aultres,

ayants leur imagination logée au dessus de la fortune et du monde, trouverent les sieges de la justice, et les throsnes mesmes des roys, bas et vils ; et refusa Empedocles la royauté que les Agrigentins luy offrirent[1]. Thales accusant quelquesfois le soing du mesnage et de s'enrichir, on luy reprocha que c'estoit à la mode du regnard, pour n'y pouvoir advenir ; il luy print envie, par passetemps, d'en montrer l'experience ; et, ayant pour ce coup ravalé son sçavoir au service du proufit et du gaing, dressa une traficque qui dans un an rapporta telles richesses qu'à peine en toute leur vie les plus experimentés de ce mestier là en pouvoyent faire de pareilles[2]. Ce qu'Aristote recite d'aulcuns, qui appelloyent et celuy là et Anaxagoras, et leurs semblables, sages et non prudents, pour n'avoir assez de soing des choses plus utiles, oultre ce que je ne digere pas bien ceste difference de mots, cela ne sert point d'excuse à mes gents ; et à veoir la basse et necessiteuse fortune dequoy ils se payent, nous aurions plus tost occasion de prononcer touts les deux qu'ils sont et non sages et non prudents.

Je quitte ceste premiere raison, et croy qu'il vault mieulx dire que ce mal vienne de leur mauvaise façon de se prendre aux sciences ; et qu'à la mode dequoy nous sommes instruicts, il n'est pas merveille, ny si les escholiers, ny les maistres, n'en deviennent pas plus habiles, quoy qu'ils s'y facent plus doctes. De vray, le soing de la despense de nos peres ne vise qu'à nous meubler la teste de science ; du jugement et de la vertu, peu de nouvelles. Criez d'un passant à nostre peuple : « O le sçavant homme ! » et d'un aultre : « O le bon homme[3] ! » il ne fauldra pas à destourner les yeulx et son respect vers le premier. Il y fauldroit un tiers crieur : « O les lourdes testes ! » Nous nous enquerons volontiers : « Sçait il du grec ou du latin ? escrit il en vers ou en prose ? » mais s'il est devenu meilleur ou plus advisé, c'estoit le principal, et c'est ce qui demeure derriere. Il falloit s'enquerir qui est mieulx sçavant, non qui est plus sçavant.

Nous ne travaillons qu'à remplir la memoire, et laissons l'entendement et la conscience vuides. Tout ainsi que les oyseaux vont quelquesfois à

---

(1) Tout ce passage, *Et quant aux philosophes*, etc., est traduit assez fidèlement du *Théétète* de PLATON. Voy. les *Pensées de Platon*, pag. 230 de la seconde édition. J. V. L.

(2) Je hais ces hommes incapables d'agir, dont la philosophie est toute en paroles. PACUVIUS *ap.* GELLIUM, XIII, 8.

(3) Archimède. PLUT., *Vie de Marcellus*, c. 6. C.

(4) DIOG. LAERCE, VI, 92. C.

(5) ID., IX, 6, 3. C.

(1) DIOG. LAERCE, *Empédocle*, VIII, 63. C.

(2) ID., *Thalès*, I, 26 ; CIC., *de Divinat.*, I, 49. C.

(3) Imité de SEN., *Epist.* 88. J. V. L.

la queste du grain, et le portent au bec sans le taster pour en faire bechée à leurs petits, ainsi nos pedantes vont pillotants la science dans les livres, et ne la logent qu'au bout de leurs levres, pour la degorger seulement et mettre au vent. C'est merveille combien proprement la sottise se loge sur mon exemple; est ce pas faire de mesme ce que je fais en la plus part de ceste composition? je m'en vois escornifflant, par cy par là, des livres, les sentences qui me plaisent, non pour les garder (car je n'ay point de gardoire), mais pour les transporter en cestuy cy, où, à vray dire, elles ne sont non plus miennes qu'en leur premiere place; nous ne sommes, ce crois je, sçavants que de la science presente, non de la passée, aussi peu que de la future. Mais, qui pis est, leurs escholiers et leurs petits ne s'en nourrissent et alimentent non plus; ains elle passe de main en main pour ceste seule fin d'en faire parade, d'en entretenir aultruy et d'en faire des contes, comme une vaine monnoye inutile à tout aultre usage et emploite qu'à compter et jecter. *Apud alios loqui didicerunt, non ipsi secum*[1]. *Non est loquendum, sed gubernandum*[2]. Nature, pour montrer qu'il n'y a rien de sauvage en ce qu'elle conduict, faict naistre souvent, ès nations moins cultivées par art, des productions d'esprit qui luictent les plus artistes productions. Comme sur mon propos, le proverbe gascon, tiré d'une chalemie, est il delicat, « *Bouha prou bouha, mas à remuda lous dits qu'em?* souffler prou, souffler; mais à remuer les doigts, nous en sommes là. » Nous sçavons dire : « Cicero dict ainsi : Voylà les mœurs de Platon; Ce sont les mots mesmes d'Aristote; » mais nous, que disons nous nous mesmes? que jugeons nous? que faisons nous? Autant en diroit bien un perroquet.

Ceste façon me faict souvenir de ce riche Romain[3] qui avoit esté soigneux, à fort grande despense, de recouvrer des hommes suffisants en tout genre de sciences, qu'il tenoit continuellement autour de luy, à fin que, quand il escheeoit entre ses amis quelque occasion de parler d'une chose ou d'aultre, ils suppleassent en sa place,

et feussent tout prests à luy fournir, qui d'un discours, qui d'un vers d'Homere, chascun selon son gibbier; et pensoit ce sçavoir estre sien, parce qu'il estoit en la teste de ses gents; et comme font aussi ceulx desquels la suffisance loge en leurs sumptueuses librairies. J'en cognois à qui, quand je demande ce qu'il sçait, il me demande un livre pour me le montrer; et n'oseroit me dire qu'il a le derriere galeux, s'il ne va sur le champ estudier, en son lexicon, que c'est que galeux et que c'est que derriere.

Nous prenons en garde les opinions et le sçavoir d'aultruy, et puis c'est tout; il les fault faire nostres. Nous semblons proprement celuy qui, ayant besoing de feu, en iroit querir chez son voysin, et, y en ayant trouvé un beau et grand, s'arresteroit là à se chauffer, sans plus se souvenir d'en rapporter chez soy[1]. Que nous sert il d'avoir la panse pleine de viande si elle ne se digere, si elle ne se transforme en nous, si elle ne nous augmente et fortifie? Pensons nous que Lucullus, que les lettres rendirent et formerent si grand capitaine sans l'experience[2], les eust prinses à nostre mode? Nous nous laissons si fort aller sur les bras d'aultruy, que nous aneantissons nos forces. Me veulx je armer contre la crainte de la mort? c'est aux despens de Seneca. Veulx je tirer de la consolation pour moy ou pour un aultre? je l'emprunte de Cicero. Je l'eusse prinse en moy mesme si on m'y eust exercé. Je n'ayme point ceste suffisance relative et mendiée; quand bien nous pourrions estre sçavants du savoir d'aultruy, au moins sages ne pouvons nous estre que de nostre propre sagesse.

Μισῶ σοφιστήν, ὅστις οὐχ αὑτῷ σοφός.

« Je hay le sage qui n'est pas sage pour soy mesme[3]. » *Ex quo Ennius: Nequidquàm sapere sapientem, qui ipse sibi prodesse non quiret*[4] :

Si cupidus, si
Vanus, et Euganea quantùmvis mollior agna[5].

(1) Ils ont appris à parler aux autres et non pas à eux-mêmes. Cic., *Tusc. Quæst.*, V, 36.
(2) Il ne s'agit pas de parler, mais de conduire le vaisseau. Sén., *Epist.* 108.
(3) Calvisius Sabinus. *Voyez* Sén., *Epist.* 27. C.

(1) On trouve cette comparaison à la fin du traité de Plutarque, intitulé dans Amyot : *Comment il faut ouïr*. C.
(2) Cic., *Acad.*, II, 1. C.
(3) Cette traduction est de Montaigne, qui l'a insérée dans son texte, édition *in-4°* de 1588; mais dans l'édition *in-folio* de 1595 on s'est contenté de citer le vers grec sans y joindre la traduction. C'est un vers d'Euripide, comme nous l'apprend Cicéron, *Epist. famil.*, XIII, 15. N.
(4) Aussi Ennius dit-il : « Vaine est la sagesse, si elle n'est pas utile au sage. » *Apud* Cic. *de Offic.*, III, 15.
(5) S'il est avare, s'il est menteur, s'il est efféminé. Juv., VIII, 14.

Non enim paranda nobis solum, sed fruenda sapientia est [1].

Dionysius [2] se mocquoit des grammairiens qui ont soing de s'enquérir des maulx d'Ulysses, et ignorent les propres; des musiciens qui accordent leurs fleutes, et n'accordent pas leurs mœurs; des orateurs qui estudient à dire justice, non à la faire. Si nostre ame n'en va un meilleur bransle, si nous n'en avons le jugement plus sain, j'aymerois aussi cher que mon escholier eust passé le temps à jouer à la paume : au moins le corps en seroit plus alaigre. Voyez le revenir de là, après quinze ou seize ans employés; il n'est rien si mal propre à mettre en besongne : tout ce que vous y recognoissez davantage, c'est que son latin et son grec l'ont rendu plus sot et plus presumptueux qu'il n'estoit party de la maison. Il en debvoit rapporter l'ame pleine, il ne l'en rapporte que bouffie, et l'a seulement enflée en lieu de la grossir.

Ces maistres ici, comme Platon dict des sophistes leurs germains, sont, de tous les hommes, ceulx qui promettent d'estre les plus utiles aux hommes; et seuls, entre touts les hommes, qui, non seulement n'amendent point ce qu'on leur commet, comme fait un charpentier et un masson, mais l'empirent, et se font payer de l'avoir empiré. Si la loy que Protagoras proposoit à ses disciples estoit suyvie, « ou qu'ils le payassent selon son mot, ou qu'ils jurassent au temple combien ils estimoient le prouffit qu'ils avoient receu de sa discipline, et, selon icelui, satisfissent sa peine [3], » mes paidagogues se trouveroient choués [4], s'estant remis au serment de mon experience. Mon vulgaire périgordin appelle fort plaisamment *Lettre-ferits* ces sçavanteaux, comme si vous disiez *Lettre-ferus*, ausquels les lettres ont donné un coup de marteau, comme on dict. De vray, le plus souvent ils semblent estre ravalés, mesme du sens commun : car le païsan et le cordonnier, vous leur voyez aller simplement et naïfvement leur train, parlant de ce qu'ils sçavent; ceulx cy, pour se vouloir eslever et gendarmer de ce sçavoir, qui nage en la superficie de leur cervelle, vont s'embarrassant et empestrant sans cesse. Il leur eschappe de belles paroles; mais qu'un aultre les accommode : ils cognoissent bien Galien, mais nullement le malade; ils vous ont desjà rempli la teste de loix, et si n'ont encores conceu le nœud de la cause; ils sçavent la théorique de toutes choses; cherchez qui la mette en practique.

J'ay veu chez moy un mien amy, par maniere de passetemps, ayant affaire à un de ceulx cy, contrefaire un jargon de galimatias, propos sans suitte, tissu de pieces rapportées, sauf qu'il estoit souvent entrelardé de mots propres à leur dispute, amuser ainsi tout un jour ce sot à desbattre, pensant tousjours respondre aux objections qu'on lui faisoit; et si estoit homme de lettres et de reputation, et qui avoit une belle robbe.

Vos, o patricius sanguis, quo vivere par est
Occipiti cœco, posticœ occurrite sannœ [1].

Qui regardera de bien près à ce genre de gents, qui s'estend bien loing, il trouvera comme moy que le plus souvent ils ne s'entendent ny aultrui, et qu'ils ont la souvenance assez pleine, mais le jugement entierement creux, sinon que leur nature d'elle mesme le leur ayt aultrement façonné; comme j'ay veu Adrianus Turnebus, qui n'ayant faict aultre profession que de lettres, en laquelle c'estoit, à mon opinion, le plus grand homme qui feust il y a mille ans, n'ayant toutesfois rien de pedantesque que le port de sa robbe; et quelque façon externe qui pouvoit n'estre pas civilisée à la courtisane, qui sont choses de neant, et hay nos gens qui supportent plus malayséement une robbe qu'une ame de travers, et regardent à sa reverence, à son maintien et à ses bottes, quel homme il est; car au dedans c'estoit l'ame la plus polie du monde; je l'ay souvent à mon escient jecté en propos esloingnés de son usage; il y voyoit si clair, d'une apprehension si prompte, d'un jugement si sain, qu'il sembloit qu'il n'eust jamais faict aultre mestier que la guerre et affaires d'estat. Ce sont natures belles et fortes,

---

(1) Car il ne suffit pas d'acquérir la sagesse, il faut en user. CIC., *de Finib.*, I, 1.

(2) Dans toutes les éditions on trouve *Dionysius*; cependant les sages réflexions que Montaigne attribue ici à ce pretendu Dionysius, c'est *Diogène le Cynique* qui les a faites, comme on peut voir dans la Vie de ce philosophe écrite par Diogène Laërce, VI, 27 et 28. C.

(3) PLATON, *Protagoras*, édit. d'Henri Etienne, t. I, p. 328. C.

(4) *Frustrés, déçus de leur espoir.* C.

(1) Nobles patriciens, qui n'avez pas le don de voir ce qui se passe derrière vous, prenez garde que ceux à qui vous tournez le dos ne rient à vos dépens. PERS., I, 61.

Queis arte benignâ
Et meliore luto finxit præcordia Titan [1],

qui se maintiennent au travers d'une mauvaise institution. Or, ce n'est pas assez que notre institution ne nous gaste pas, il fault qu'elle nous change en mieulx.

Il y a aulcuns de nos parlements, quand ils ont à recevoir des officiers, qui les examinent seulement sur la science; les aultres y adjoustent encores l'essay du sens, en leur presentant le jugement de quelque cause. Ceulx cy me semblent avoir un beaucoup meilleur style; et encores que ces deux pièces soyent necessaires et qu'il faille qu'elles s'y treuvent toutes deux, si est ce qu'à la verité celle du sçavoir est moins prisable que celle du jugement; ceste cy se peult passer de l'aultre, et non l'aultre de ceste cy. Car, comme dict ce vers grec,

ἧς οὐδὲν ἡ μάθησις, ἢν μὴ νοῦς παρῇ [2].

« A quoy faire la science, si l'entendement n'y est? » Pleust à Dieu que, pour le bien de nostre justice, ces compaignies là se trouvassent aussi bien fournies d'entendement et de conscience comme elles sont encores de science! *Non vitæ, sed scholæ discimus* [3]. Or, il ne fault pas attacher le sçavoir à l'ame, il l'y fault incorporer; il ne l'en fault pas arrouser, il l'en fault teindre; et, s'il ne la change et meliore son estat imparfaict, certainement il vault beaucoup mieulx le laisser là : c'est un dangereux glaive, et qui empesche et offense son maistre, s'il est en main foible et qui n'en sçache l'usage; *ut fuerit meliùs non didicisse* [4].

A l'adventure est ce la cause que et nous et la theologie ne requerons pas beaucoup de science aux femmes, et que François, duc de Bretaigne, fils de Jean V, comme on luy parla de son mariage avec Isabeau, fille d'Escosse, et qu'on luy adjousta qu'elle avoit esté nourrie simplement et sans aulcune instruction de lettres, respondit « qu'il l'en aymoit mieulx, et qu'une femme estoit assez sçavante quand elle sçavoit mettre difference entre la chemise et le pourpoinct de son mary [1]. »

Aussi ce n'est pas si grande merveille, comme on crie, que nos ancestres n'ayent pas faict grand estat des lettres, et qu'encores aujourd'huy elles ne se treuvent que par rencontre aux principaulx conseils de nos roys; et si ceste fin de s'en enrichir, qui seule nous est aujourd'huy proposée, par le moyen de la jurisprudence, de la medecine, du pedantisme, et de la theologie encores, ne les tenoit en credit, vous les verriez sans doubte aussi marmiteuses qu'elles furent oncques. Quel dommage, si elles ne nous apprennent ny à bien penser ny à bien faire? *Postquàm docti prodierunt, boni desunt* [2]. Toute aultre science est dommageable à celuy qui n'a la science de la bonté.

Mais la raison que je cherchoy tantost seroit elle pas aussi de là, que nostre estude en France n'ayant quasi aultre but que le proufit, moins de ceulx [3] que nature a faict naistre à plus genereux offices que lucratifs, s'adonnants aux lettres, ou si courtement (retirez, avant que d'en avoir prins le goust, à une profession qui n'a rien de commun avecques les livres), il ne reste plus ordinairement, pour s'engager tout à faict à l'estude, que les gents de basse fortune qui y questent des moyens à vivre; et de ces gents là les ames estants, et par nature et par institution domestique et exemple, du plus bas aloy, rapportent faulsement le fruict de la science; car elle n'est pas pour donner jour à l'ame qui n'en a point, ny pour faire veoir un aveugle; son mestier est, non de luy fournir de veue, mais de la luy dresser, de lui regler ses allures, pourveu qu'elle ayt de soy les pieds et les jambes droictes et capables. C'est une bonne drogue que la science; mais nulle drogue n'est assez forte pour se preserver sans alteration et corruption, selon le vice du vase qui l'estuye. Tel a la veue claire, qui ne l'a pas droicte, et, par consequent, veoid le bien et ne le suyt pas; et veoid la science et ne s'en sert pas. La

---

(1) Que Prométhée a formées d'un meilleur limon et douées d'un plus heureux génie. JUVÉN., XIV, 34.

(2) *Apud Stob. tit.* III, *p.* 37, *edit. Aurel Allobrog.* 1609, *in-fol.* Montaigne a traduit ce vers grec immédiatement après l'avoir cité. C.

(3) On ne nous instruit pas pour le monde, mais pour l'école. SÉN., *Epist.* 106.

(4) De sorte qu'il aurait mieux valu n'avoir rien appris. CIC., *Tusc. Quæst.*, II, 4.

(1) Nos pères sur ce point étaient gens bien sensés,
Qui disaient qu'une femme en sait toujours assez
Quand la capacité de son esprit se hausse
A connaître un pourpoint d'avec un haut-de-chausse.
MOLIÈRE, *Femmes savantes*, act. II, sc. VII.

(2) SÉN., *Epist.* 95, trad. ainsi par ROUSSEAU, *Disc. sur les Lettres* : « Depuis que les savants ont commencé à paraître parmi nous, les gens de bien se sont éclipsés. » J.V.L.

(3) *A l'exception de ceux.*

principale ordonnance de Platon en sa Republique, c'est « donner à ses citoyens, selon leur nature, leur charge. » Nature peult tout et faict tout. Les boiteux sont mal propres aux exercices du corps; et aux exercices de l'esprit, les ames boiteuses; les bastardes et vulgaires sont indignes de la philosophie. Quand nous veoyons un homme mal chaussé, nous disons que ce n'est pas merveille s'il est chaussetier; de mesme il semble que l'expérience nous offre souvent un medecin plus mal medeciné, un theologien moins reformé, et coustumierement un sçavant moins suffisant que tout aultre.

Aristo Chius avoit anciennement raison de dire que les philosophes nuisoient aux auditeurs; d'autant que la pluspart des ames ne se treuvent propres à faire leur proufit de telle instruction, qui, si elle ne se met à bien, se met à mal : ἀσώτους *ex Aristippi, acerbos ex Zenonis schola exire*[1].

En ceste belle institution que Xenophon preste aux Perses, nous trouvons qu'ils apprenoient la vertu à leurs enfants, comme les aultres nations font les lettres. Platon dict[2] que le fils aisné, en leur succession royale, estoit ainsi nourry; après sa naissance, on le donnoit, non à des femmes, mais à des eunuches de la premiere auctorité autour des roys, à cause de leur vertu. Ceulx-cy prenoient charge de luy rendre le corps beau et sain, et, après sept ans, le duisoient à monter à cheval et aller à la chasse. Quand il estoit arrivé au quatorziesme, ils le deposoient entre les mains de quatre; le plus sage, le plus juste, le plus temperant, le plus vaillant de la nation : le premier luy apprenoit la religion; le second, à estre tousjours veritable; le tiers, à se rendre maistre des cupidités; le quart, à ne rien craindre.

C'est chose digne de très grande consideration que, en ceste excellente police de Lycurgus, et à la verité monstrueuse par sa perfection, si soingneuse pourtant de la nourriture des enfants comme de sa principale charge, et au giste mesme des muses, il s'y face si peu de mention de la doctrine; comme si ceste genereuse jeunesse, desdaignant tout aultre joug que de la vertu, on luy aye deu fournir, au lieu de nos maistres de science, seulement des maistres de vaillance, prudence et justice; exemple que Platon a suivy en ses loys. La façon de leur discipline, c'estoit leur faire des questions sur le jugement des hommes et de leurs actions; et, s'ils condamnoient et louoient ou ce personnage ou ce faict, il falloit raisonner leur dire; et, par ce moyen, ils aiguisoient ensemble leur entendement et apprenoient le droict. Astyages, en Xenophon[1], demande à Cyrus compte de sa derniere leçon : C'est, dict il, qu'en nostre eschole un grand garçon ayant un petit saye le donna à l'un de ses compaignons de plus petite taille, et luy osta son saye qui estoit plus grand; nostre precepteur m'ayant faict juge de ce differend, je jugeay qu'il falloit laisser les choses en cest estat, et que l'un et l'aultre sembloit estre mieux accommodé en ce poinct; sur quoy il me remontra que j'avois mal faict; car je m'estois arresté à considerer la bienseance et il falloit premierement avoir prouveu à la justice, qui vouloit que nul ne feust forcé en ce qui luy appartenoit; et dict qu'il en feut fouetté, tout ainsi que nous sommes en nos villages, pour avoir oublié le premier aoriste de τύπτω. Mon regent me feroit une belle harangue *in genere demonstrativo*, avant qu'il me persuadast que son eschole vault ceste là. Ils ont voulu couper chemin; et puis qu'il est ainsi que les sciences, lors mesme qu'on les prend de droict fil, ne peuvent que nous enseigner la prudence, la preud'hommie et la resolution, ils ont voulu d'arrivée mettre leurs enfants au propre des effects, et les instruire, non par ouïr dire, mais par l'essay de l'action, en les formant et moulant vifvement, non seulement de preceptes et paroles, mais principalement d'exemples et d'œuvres; à fin que ce ne feust pas une science en leur ame, mais sa complexion et habitude; que ce ne feust pas un acquest, mais une naturelle possession. A ce propos, on demandoit à Agesilaus ce qu'il seroit d'advis que les enfants apprinssent : « Ce qu'ils doibvent faire estants hommes, » respondit il[2]. Ce n'est pas merveille si une telle institution a produict des effects si admirables.

---

(1) Il sortait, disait-il, des débauchés de l'école d'Aristippe et de celle de Zénon des sauvages. Cic., *de Nat. deor.*, III, 31.

(2) Dans le *premier Alcibiade*, p. 32. C.

(1) *Cyropédie*, I, 3. C.

(2) Plut., *Apophthegmes des Lacédémoniens*. Rousseau s'est approprié ce mot dans son *Disc. sur les Lettres* : « Que faut-il donc qu'ils apprennent ? Voilà, certes, une belle question. Qu'ils apprennent ce qu'ils doivent faire étant hommes. » J. V. L.

On alloit, dict on, aux aultres villes de Grece chercher des rhetoriciens, des peintres et des musiciens, mais en Lacedemone des legislateurs, des magistrats, et empereurs d'armée; à Athenes on apprenoit à bien dire, et icy à bien faire; là, à se desmesler d'un argument sophistique, et à rabattre l'imposture des mots captieusement entrelacés; icy, à se desmesler des appats de la volupté, et à rabattre, d'un grand courage, les menaces de la fortune et de la mort; ceulx là s'embesongnoient après les paroles; ceulx cy après les choses; là, c'estoit une continuelle exercitation de la langue; icy, une continuelle exercitation de l'ame. Parquoy il n'est pas estrange si Antipater, leur demandant cinquante enfants pour ostages, ils respondirent, tout au rebours de ce que nous ferions, qu'ils aymoient mieulx donner deux fois autant d'hommes faicts[1], tant ils estimoient la perte de l'education de leur païs. Quant Agesilaus convie Xenophon d'envoyer nourrir ses enfants à Sparte, ce n'est pas pour y apprendre la rhetorique ou dialectique; mais « pour apprendre (ce dict il) la plus belle science qui soit, à sçavoir la science d'obeïr et de commander[2]. »

Il est très plaisant de veoir Socrates, à sa mode, se mocquant de Hippias[3], qui luy recite comment il a gaigné, specialement en certaines petites villettes de la Sicile, bonne somme d'argent à regenter, et qu'à Sparte il n'a gaigné pas un sol; que ce sont gents idiots, qui ne sçavent ny mesurer ny compter, ne font estat ny de grammaire ny de rhythme, s'amusants seulement à sçavoir la suite des roys, establissements et decadences des estats, et tels fatras de contes; et au bout de cela, Socrates, luy faisant advouer par le menu l'excellence de leur forme de gouvernement public, l'heur et vertu de leur vie privée, luy laisse deviner la conclusion de l'inutilité de ses arts.

Les exemples nous apprennent, et en ceste martiale police et en toutes ses semblables, que l'estude des sciences amollit et effemine les courages plus qu'il ne les fermit et aguerrit. Le plus fort estat qui paroisse pour le present au monde est celuy des Turcs, peuples egalement duicts à l'estimation des armes et mespris des lettres. Je treuve Rome plus vaillante avant qu'elle feust sçavante. Les plus belliqueuses nations, en nos jours, sont les plus grossieres et ignorantes; les Scythes, les Parthes, Tamburlan, nous servent à ceste preuve. Quand les Gots ravagerent la Grece, ce qui sauva toutes les librairies d'estre passées au feu, ce feut un d'entre eulx qui sema ceste opinion qu'il falloit laisser ce meuble entier aux ennemis, propre à les destourner de l'exercice militaire et à amuser des occupations sedentaires et oysifves[1]. Quand nostre roy Charles huictieme, quasi sans tirer l'espée du fourreau, se veit maistre du royaume de Naples et d'une bonne partie de la Toscane, les seigneurs de sa suitte attribuerent ceste inesperée facilité de conquestes à ce que les princes et la noblesse d'Italie s'amusoient plus à se rendre ingenieux et sçavants que vigoureux et guerriers[2].

CHAPITRE XXV.

De l'institution des enfants.

A MADAME DIANE DE FOIX, COMTESSE DE GURSON.

Je ne veis jamais pere, pour bossé ou teigneux que feust son fils, qui laissast de l'advouer; non pourtant, s'il n'est du tout enyvré de ceste affection, qu'il ne s'aperçoive de sa defaillance; mais tant y a qu'il est sien: aussi moy, je veoy mieulx que tout aultre que ce ne sont icy que resveries d'homme qui n'a gousté des sciences que la crouste premiere en son enfance, et n'en a retenu qu'un general et informe visage, un peu de chasque chose, et rien du tout, à la françoise. Car, en somme, je sçay qu'il y a une medecine, une jurisprudence, quatre parties en la mathematique, et grossierement ce à quoy elles visent; et à l'adventure encores sçay je la pretention des sciences en general au service de nostre vie; mais d'y enfoncer plus avant, de m'estre rongé les ongles à l'estude d'Aristote, monarque de la doctrine moderne, ou opiniastré après quelque science, je ne l'ay jamais faict; ny n'est art dequoy je sçeusse peindre seulement les premiers lineaments; et n'est enfant des classes moyennes qui

---

(1) PLUT., *Apophthegmes des Lacédémoniens.*
(2) PLUT., *Vie d'Agésilas*, c. 7. C.
(3) PLATON, *Hippias Major*, p, 96, 97. C.

(1) Plusieurs auteurs citent ce fait d'après Philippe Camerarius, *Medit. Hist.*, Cent. III, c. 51, où il cite lui-même J. B. Egnatius. C.
(2) On peut voir sur cette question la Déclamation latine de Lilio Giraldi *adversus litteras et litteratos*, tom. II, pag. 583, éd. de Leyde, 1696; la *Sagesse* de Charron, III, 14, et les célèbres paradoxes de Rousseau. J. V. L.

ne se puisse dire plus sçavant que moy, qui n'ay seulement pas de quoy l'examiner sur sa premiere leçon; et, si l'on m'y force, je suis contrainct assez ineptement d'en tirer quelque matiere de propos universel, sur quoy j'examine son jugement naturel; leçon qui leur est autant incongneue comme à moy la leur.

Je n'ay dressé commerce avecques aulcun livre solide, sinon Plutarque et Seneque, où je puyse comme les Danaïdes, remplissant et versant sans cesse. J'en attache quelque chose à ce papier; à moy, si peu que rien. L'histoire, c'est mon gibbier en matiere de livres, ou la poësie, que j'ayme d'une particuliere inclination : car, comme disoit Cleanthes, tout ainsi que la voix, contraincte dans l'estroict canal d'une trompette, sort plus aiguë et plus forte; ainsi me semble il que la sentence, pressée aux pieds nombreux de la poësie, s'eslance bien plus brusquement, et me fiert[1] d'une plus vifve secousse. Quant aux facultés naturelles qui sont en moy, dequoy c'est icy l'essay, je les sens flechir soubs la charge : mes conceptions et mon jugement ne marche qu'à tastons, chancelant, bronchant et chopant; et quand je suis allé le plus avant que je puis, si ne me suis je aulcunement satisfaict; je veois encores du païs au delà, mais d'une veue trouble et en nuage, que je ne puis desmesler. En entreprenant de parler indifferemment de tout ce qui se presente à ma fantasie, et n'y employant que mes propres et naturels moyens, s'il m'advient, comme il faict souvent, de rencontrer de bonne fortune dans les bons aucteurs ces mesmes lieux que j'ay entreprins de traicter, comme je viens de faire chez Plutarque tout presentement son discours de la force de l'imagination, à me recognoistre, au prix de ces gents là, si foible et si chestif, si poisant et si endormy, je me foys pitié ou desdaing à moy mesme : si me gratifie je de cecy, que mes opinions ont cest honneur de rencontrer souvent aux leurs, et que je voys au moins de loing après, disant que voire[2]; aussi que j'ay cela, que chascun n'a pas, de cognoistre l'extreme difference d'entre eulx et moy; et laisse, ce neantmoins, courir mes inventions ainsi foibles et basses comme je les ai produictes, sans en replastrer et recoudre les defaults que ceste comparaison m'y a descouverts.

Il fault avoir les reins bien fermes pour entreprendre de marcher front à front avecques ces gents là. Les escrivains indiscrets de nostre siecle, qui, parmy leurs ouvrages de neant, vont semant des lieux entiers des anciens aucteurs pour se faire honneur, font le contraire; car ceste infinie dissemblance de lustres rend un visage si pasle, si terni et si laid à ce qui est leur, qu'ils y perdent beaucoup plus qu'ils n'y gaignent.

C'estoient deux contraires fantasies : le philosophe Chrysippus mesloit à ses livres, non les passages seulement, mais des ouvrages entiers d'aultres aucteurs, et en un la Medée d'Euripides; et disoit Apollodorus que, qui en trancheroit ce qu'il y avoit d'estrangier, son papier demeureroit en blanc : Epicurus, au rebours, en trois cents volumes qu'il laissa, n'avoit pas mis une seule allegation[1].

Il m'adveint, l'autre jour, de tumber sur un tel passage[2] : j'avois traisné languissant après des paroles françoises si exsangues, si deschargées et si vuides de matiere et de sens, que ce n'estoit voirement que paroles françoises; au bout d'un long et ennuyeux chemin, je veins à rencontrer une piece haulte, riche et eslevée jusques aux nues. Si j'eusse trouvé la pente doulce et la montée un peu alongée, cela eust esté excusable : c'estoit un precipice si droict et si coupé que, des six premieres paroles, je cogneus que je m'envolois en l'aultre monde; de là je descouvris la fondriere d'où je venois, si basse et si profonde, que je n'eus oncques puis le cœur de m'y ravaller. Si j'estoffois l'un de mes discours de ces riches despouilles, il esclaireroit par trop la bestise des aultres. Reprendre en aultruy mes propres faultes ne me semble non plus incompatible que de reprendre, comme je foys souvent, celles d'aultruy en moy : il les fault accuser par tout et leur oster tout lieu de franchise. Si sçay je combien audacieusement j'entreprends moy mesme, à touts coups, de m'egualer à mes larrecins, d'al-

---

(1) Rousseau, qui a si bien profité de ce chapitre et du précédent, eut à s'applaudir, dans sa jeunesse, d'avoir lu Montaigne, lorsqu'il se souvint que *fiert* veut dire *frappe*, du latin *ferit*, et devint ainsi l'heureux interprete de cette devise de la maison de Solar : *Tel fiert qui ne tue pas* (Confess., Part. I, liv. 3). J. V. L.

(2) *Disant que c'est vrai; oui, vraiment.*

(1) DIOG. LAERCE, *Chrysippe*, VII, 181, 182; *Epicure*, X, 26. C.
(2) Sur un de ces beaux passages des anciens, copiés par les écrivains indiscrets de son siecle. J. V. L.

ler pair à pair quand et eulx, non sans une temeraire esperance que je puisse tromper les yeulx des juges à les discerner ; mais c'est autant par le benefice de mon application, que par le benefice de mon invention et de ma force. Et puis, je ne luicte poinct en gros ces vieux champions là, et corps à corps ; c'est par reprinses, menues et legieres attainctes : je ne m'y abeurte pas ; je ne foys que les taster; et ne voys point tant, comme je marchande d'aller. Si je leur pouvois tenir palot [1], je serois honneste homme ; car je ne les entreprends que par où ils sont les plus roides. De faire ce que j'ay descouvert d'aulcuns, se couvrir des armes d'aultruy jusques à ne montrer pas seulement le bout de ses doigts ; conduire son desseing, comme il est aysé aux sçavants en une matiere commune, soubs les inventions anciennes rappiecées par cy par là : à ceulx qui les veulent cacher et faire propres, c'est premierement injustice et lascheté, que n'ayants rien en leur vaillant par où se produire, ils cherchent à se presenter par une valeur purement estrangiere ; et puis, grande sottise, se contentants par piperie de s'acquerir l'ignorante approbation du vulgaire, se descrier envers les gents d'entendement, qui hochent du nez ceste incrustation empruntée ; desquels seuls la louange a du poids. De ma part il n'est rien que je veuille moins faire : je ne dis les aultres, sinon pour d'autant plus me dire [2]. Cecy ne touche pas les centons, qui se publient pour centons ; et j'en ay veu de très ingenieux en mon temps, entre aultres un, sous le nom de Capilupus [3], oultre les anciens : ce sont des esprits qui se font veoir, et par ailleurs, et par là, comme Lipsius, en ce docte et laborieux tissu de ses Politiques [4].

(1) C'est-à-dire, si je pouvais aller de pair avec eux. C.

(2) C'est-à-dire, je ne cite les autres que pour mieux exprimer ma pensée. Cette explication est en quelque sorte de Montaigne lui-même. Au livre II, ch. 10, on trouve le passage suivant, qui me paraît indiquer clairement le sens de cette phrase, *je ne dis les aultres, sinon pour d'autant plus me dire* : « Qu'on veoye, en ce que j'emprunte, si j'ay sceu choisir de quoy rehaulser ou secourir proprement l'invention, qui vient tousjours de moy ; *je foys dire aux aultres, non à ma teste, mais à ma suitte, ce que je ne puis si bien dire*, par foiblesse de mon langage ou par foiblesse de mon sens. » LEF....

(3) Il y a de nombreux centons de Lelio Capilupi, de ses frères, de leur neveu ; tous ces jeux d'esprit sont presque oubliés. J. V. L.

(4) *Politica, sive civilis doctrinæ libri sex, qui ad principa-*

Quoy qu'il en soit, veulx je dire, et quelles que soient ces inepties, je n'ay pas deliberé de les cacher ; non plus qu'un mien pourtraict chauve et grisonnant où le peintre auroit mis, non un visage parfaict, mais le mien. Car aussi ce sont icy mes humeurs et opinions ; je les donne pour ce qui est en ma creance, non pour ce qui est à croire : je ne vise icy qu'à descouvrir moy mesme, qui seray par adventure aultre demain, si nouvel apprentissage me change. Je n'ay point l'auctorité d'estre creu, ny ne le desire, me sentant trop mal instruict pour instruire aultruy.

Quelqu'un doncques, ayant veu l'article precedent, me disoit chez moy, l'aultre jour, que je me debvois estre un petit estendu sur le discours de l'institution des enfants. Or, madame, si j'avois quelque suffisance en ce subject, je ne pourroy la mieulx employer que d'en faire un present à ce petit homme qui vous menace de faire tantost une belle sortie de chez vous (vous est trop genereuse pour commencer aultrement que par un masle) ; car ayant eu tant de part à la conduicte de vostre mariage, j'ay quelque droict et interest à la grandeur et prosperité de tout ce qui en viendra ; oultre ce que l'ancienne possession que vous avez sur ma servitude m'oblige assez à desirer honneur, bien et advantage à tout ce qui vous touche ; mais à la verité je n'y entends, sinon cela, que la plus grande difficulté et importante de l'humaine science semble estre en cest endroict, où il se traicte de la nourriture et institution des enfants. Tout ainsi qu'en l'agriculture, les façons qui vont avant le planter sont certaines et aysées, et le planter mesme ; mais, depuis que ce qui est planté vient à prendre vie, à l'eslever il y a une grande varieté de façons, et difficulté : pareillement aux hommes [1], il y a peu d'industrie à les planter ; mais depuis qu'ils sont nayz, on se charge d'un soing divers, plein d'embesongnement et de crainte, à les dresser et nourrir. La montre de leurs inclinations est si tendre en ce bas aage et si obscure, les pro-

tum maxime spectant; vaste compilation, publiée pour la première fois à Leyde, en 1589, in-8° et in-4°. Montaigne, d'ailleurs, se montre ici reconnaissant ; car Juste Lipse, qui entretenait avec lui une correspondance épistolaire, lui envoya cet ouvrage, en lui écrivant (*Centur.* II *miscell.*, *Epist.* 62) : *o tui similis mihi lector sit !* Ce livre était dans l'esprit du temps ; car il fut souvent traduit et commenté. J. V. L.

(1) Voyez PLATON, *Théagès*, p. 88, édit. de 1602. C.

messes si incertaines et faulses, qu'il est mal-aysé d'y establir aucun solide jugement. Veoyez Cimon, veoyez Themistocles, et mille autres, combien ils se sont disconvenus à eulx mesmes. Les petits des ours et des chiens montrent leur inclination naturelle ; mais les hommes, se jectants incontinent en des accoustumances, en des opinions, en des loys, se changent ou se desguisent facilement : si est il difficile de forcer les propensions naturelles. D'où il advient que par faulte d'avoir bien choisi leur route, pour neant se travaille on souvent, et employe l'on beaucoup d'aage à dresser des enfants aux choses ausquelles ils ne peuvent prendre pied. Toutesfois en ceste difficulté, mon opinion est de les acheminer tousjours aux meilleures choses et plus proufitables, et qu'on se doibt peu appliquer à ces legieres divinations et prognostiques que nous prenons des mouvements de leur enfance. Platon, en sa Republique, me semble leur donner trop d'auctorité.

Madame, c'est un grand ornement que la science, et un util de merveilleux service, notamment aux personnes eslevées en tel degré de fortune, comme vous estes. A la verité, elle n'a point son vray usage en mains viles et basses : elle est bien plus fiere de prester ses moyens à conduire une guerre, à commander un peuple, à practiquer l'amitié d'un prince ou d'une nation estrangiere, qu'à dresser un argument dialectique, ou à plaider un appel, ou ordonner une masse de pilules. Ainsi, madame, parce que je croy que vous n'oublierez pas ceste partie en l'institution des vostres, vous qui en avez savouré la doulceur, et qui estes d'une race lettrée (car nous avons encores les escripts de ces anciens comtes de Foix, d'où monsieur le comte vostre mary et vous estes descendus, et François monsieur de Candale, vostre oncle, en faict naistre touts les jours d'aultres qui estendront la cognoissance de ceste qualité de vostre famille à plusieurs siecles), je vous veulx dire là dessus une seule fantasie que j'ay, contraire au commun usage : c'est tout ce que je puis conferer à vostre service en cela.

La charge du gouverneur que vous luy donnerez, du chois duquel despend tout l'effect de son institution, elle a plusieurs aultres grandes parties, mais je n'y touche point pour n'y sçavoir rien apporter qui vaille ; et de cest article sur lequel je me mesle de luy donner advis, il m'en croira autant qu'il y verra d'apparence. A un enfant de maison, qui recherche les lettres non pour le gaing (car une fin si abjecte est indigne de la grace et faveur des muses, et puis elle regarde et despend d'aultruy), ny tant pour les commodités externes que pour les siennes propres et pour s'en enrichir et parer au dedans, ayant plustost envie d'en reussir [1] habile homme qu'homme sçavant, je vouldrois aussi qu'on feust soingneux de luy choisir un conducteur qui eust plustost la teste bien faicte que bien pleine, et qu'on y requist touts les deux, mais plus les mœurs et l'entendement que la science ; et qu'il se conduisist en sa charge d'une nouvelle maniere.

On ne cesse de criailler à nos aureilles, comme qui verseroit dans un entonnoir ; et nostre charge ce n'est que redire ce qu'on nous a dict : je vouldrois qu'il corrigeast ceste partie, et que de belle arrivée, selon la portée de l'ame qu'il a en main, il commenceast à la mettre sur la montre, luy faisant gouster les choses, les choisir et discerner d'elle mesme ; quelquefois luy ouvrant chemin, quelquefois le luy faisant ouvrir. Je ne veulx pas qu'il invente et parle seul ; je veulx qu'il escoute son disciple parler à son tour. Socrates, et depuis Arcesilaus, faisoient premierement parler leurs disciples, et puis ils parloient à eulx [2]. *Obest plerùmque iis, qui discere volunt, auctoritas eorum, qui docent*[3]. Il est bon qu'il le face trotter devant luy, pour juger de son train, et juger jusques à quel poinct il se doibt ravaller pour s'accommoder à sa force. A faulte de ceste proportion, nous gastons tout ; et de la sçavoir choisir et s'y conduire bien mesuréement, c'est une des plus ardues besongnes que je sçache ; et est l'effect d'une haulte ame et bien forte sçavoir condescendre à ces allures pueriles et les guider. Je marche plus seur et plus ferme à mont qu'à val.

Ceulx qui, comme nostre usage porte, entreprennent, d'une mesme leçon et pareille mesure de conduicte, regenter plusieurs esprits de si diverses mesures et formes ; ce n'est pas mer-

---

(1) *D'en tirer un habil'homme qu'un homme sçavant*, édit. in-4° de 1588, fol. 55 verso. Montaigne, en changeant depuis la construction, a pris le mot *réussir* dans le sens italien *riuscire*. J. V. L.

(2) Diog. Laerce, IV, 36. C.

(3) L'autorité de ceux qui enseignent nuit souvent à ceux qui veulent apprendre. Cic., *de Natur. deor.*, I, 5.

veille si en tout un peuple d'enfants ils en rencontrent à peine deux ou trois qui rapportent quelque juste fruict de leur discipline. Qu'il ne luy demande pas seulement compte des mots de sa leçon, mais du sens et de la substance; et qu'il juge du proufit qu'il aura faict, non par le tesmoignage de sa memoire, mais de sa vie. Que ce qu'il viendra d'apprendre, il le luy face mettre en cent visages, et accommoder à autant de divers subjects, pour veoir s'il l'a encores bien prins et bien faict sien; prenant l'instruction de son progrès des paidagogismes de Platon[1]. C'est tesmoignage de crudité et indigestion que de regorger la viande comme on l'a avallée : l'estomach n'a pas faict son operation, s'il n'a faict changer la façon et la forme à ce qu'on luy a donné à cuire. Nostre ame ne bransle qu'à credit, liée et contraincte à l'appetit des fantasies d'aultruy, serve et captivée soubs l'auctorité de leur leçon : on nous a tant assubjectis aux chordes que nous n'avons plus de franches allures; nostre vigueur et liberté est esteincte : *nunquàm tutelæ suæ fiunt*[2].

Je veis priveement à Pise un honneste homme, mais si aristotelicien que le plus general de ses dogmes est : « Que la touche et regle de « toutes imaginations solides et de toute ve- « rité, c'est la conformité à la doctrine d'Aris- « tote ; que hors de là ce ne sont que chimeres « et inanité ; qu'il a tout veu et tout dict : » ceste sienne proposition, pour avoir esté un peu trop largement et iniquement interpretée, le meit aultrefois et teint longtemps en grand accessoire[3] à l'inquisition à Rome.

Qu'il luy face tout passer par l'estamine, et ne loge rien en sa teste par simple auctorité et à credit. Les principes d'Aristote ne luy soient principes, non plus que ceulx des stoïciens ou epicuriens : qu'on luy propose ceste diversité de jugements, il choisira, s'il peult ; sinon il en demeurera en doubte[4] :

Che non men che saper, dubbiar m'aggrata[5] ;

car s'il embrasse les opinions de Xenophon et de Platon par son propre discours, ce ne seront plus les leurs, ce seront les siennes : qui suyt un aultre il ne suyt rien, il ne treuve rien, voire il ne cherche rien : *Non sumus sub rege ; sibi quisque se vindicet*[1]. Qu'il sçache qu'il sçait, au moins. Il fault qu'il imboive leurs humeurs, non qu'il apprenne leurs preceptes ; et qu'il oublie hardiment, s'il veult, d'où il les tient, mais qu'il se les sçache approprier. La verité et la raison sont communes à un chascun, et ne sont non plus à qui les a dictes premierement qu'à qui les dict après : ce n'est non plus selon Platon que selon moy, puisque luy et moy l'entendons et veoyons de mesme. Les abeilles pillotent deçà delà les fleurs ; mais elles en font après le miel, qui est tout leur ; ce n'est plus thym, ny marjolaine : ainsi les pieces empruntées d'aultruy, il les transformera et confondra pour faire un ouvrage tout sien, à sçavoir son jugement : son institution, son travail et estude ne vise qu'à le former. Qu'il cele tout ce dequoy il a esté secouru, et ne produise que ce qu'il en a faict. Les pilleurs, les emprunteurs, mettent en parade leurs bastiments, leurs achapts ; non pas ce qu'ils tirent d'aultruy : vous ne veoyez pas les espices d'un homme de parlement ; vous veoyez les alliances qu'il a gaignées, et honneur à ses enfants : nul ne met en compte publicque sa recepte ; chascun y met son acquest.

Le gaing de nostre estude, c'est en estre devenu meilleur et plus sage. C'est, disoit Epicharmus[2], l'entendement qui veoid et qui oyt ; c'est l'entendement qui approfite tout, qui dispose tout, qui agit, qui domine et qui regne ; toutes aultres choses sont aveugles, sourdes et sans ame. Certes, nous le rendons servile et couard, pour ne luy laisser la liberté de rien faire de soy. Qui demanda jamais à son disciple ce qu'il luy semble de la rhetorique et de la grammaire, de telle ou telle sentence de Cicero ? on nous les placque en la memoire toutes empennées, comme des oracles, où les lettres et les syllabes sont de la substance de la chose. Sçavoir par cœur n'est pas sçavoir ; c'est tenir ce qu'on a donné en garde à sa memoire. Ce

---

(1) *Jugeant de ses progrès d'après la méthode pédagogique suivie par Socrate dans les dialogues de Platon.*

(2) Ils sont toujours en tutèle. SEN., *Epist.* 33.

(3) *En grand accident, en grand danger.* C.

(4) Montaigne ajoutait ici, *il n'y a que les fols certains et resolus ;* mais il a rayé ensuite cette addition. N.

(5) Aussi bien que savoir, douter a son mérite. DANTE, *Inferno*, cant. XI, v. 93.

(1) Nous n'avons pas de roi ; que chacun dispose librement de soi-même. SÉN., *Epist.* 33.

(2) Dans les *Stromates* de S. CLÉMENT D'ALEXANDRIE, l. II, et dans PLUT., *de Solertiâ animalium*, p. 961, *ed.* Paris, 1624. C.

qu'on sçait droictement, on en dispose, sans regarder au patron, sans tourner les yeulx vers son livre. Fascheuse suffisance qu'une suffisance pure livresque! Je m'attends qu'elle serve d'ornement, non de fondement; suyvant l'advis de Platon qui dict : « Là fermeté, la foy, la sincerité, estre la vraye philosophie; les aultres sciences, et qui visent ailleurs, n'estre que fard. » Je vouldrois que le Paluël ou Pompée, ces beaux danseurs de mon temps, apprinssent des caprioles à les veoir seulement faire, sans nous bouger de nos places, comme ceulx cy veulent instruire nostre entendement, sans l'esbranler ; ou qu'on nous apprinst à manier un cheval, ou une picque, ou un luth, ou la voix, sans nous y exercer; comme ceulx cy nous veulent apprendre à bien juger et à bien parler sans nous exercer à parler ny à juger. Or, à cest aprentissage, tout ce qui se presente à nos yeulx sert de livre suffisant : la malice d'un page, la sottise d'un valet, un propos de table, ce sont autant de nouvelles matieres.

A ceste cause, le commerce des hommes y est merveilleusement propre, et la visite des païs estrangiers, non pour en rapporter seulement, à la mode de nostre noblesse françoise, combien de pas a *Santa rotonda*[1], ou la richesse des calessons de la signora Livia ; ou, comme d'aultres, combien le visage de Neron, de quelque vieille ruyne de là, est plus long ou plus large que celuy de quelque pareille médaille ; mais pour en rapporter principalement les humeurs de ces nations et leurs façons, et pour frotter et limer nostre cervelle contre celle d'aultruy. Je vouldrois qu'on commenceast à le promener dès sa tendre enfance; et premierement, pour faire d'une pierre deux coups, par les nations voysines où le langage est plus esloingné du nostre, et auquel, si vous ne la formez de bonne heure, la langue ne se peult plier.

Aussi bien est-ce une opinion receue d'un chascun que ce n'est pas raison de nourrir un enfant au giron de ses parents : ceste amour naturelle les attendrit trop et relasche, voire les plus sages ; ils ne sont capables ny de chastier ses faultes, ny de le veoir nourry grossierement comme il fault et hazardeusement ; ils ne le sçauroient souffrir revenir suant et pouldreux de son exercice, boire chauld, boire froid, ny le veoir sur un cheval rebours, ny contre un rude tireur le floret au poing, ou la premiere harquebuse. Car il n'y a remede : qui en veult faire un homme de bien, sans doubte il ne le fault espargner en ceste jeunesse ; et fault souvent chocquer les regles de la medecine :

*Vitamque sub dio, et trepidis agat
In rebus* [1].

Ce n'est pas assez de luy roidir l'ame; il luy fault aussi roidir les muscles : elle est trop pressée, si elle n'est secondée, et a trop à faire de, seule, fournir à deux offices. Je sçais combien ahanne[2] la mienne en compaignie d'un corps si tendre, si sensible, qui se laisse si fort aller sur elle; et apperceois souvent, en ma leçon[3], qu'en leurs esprits mes maistres font valoir, pour magnanimité et force de courage, des exemples qui tiennent volontiers plus de l'espessissure de la peau et dureté des os.

J'ay veu des hommes, des femmes et des enfants ainsi nays, qu'une bastonnade leur est moins qu'à moy une chiquenaude; qui ne remuent ny langue ny sourcil aux coups qu'on leur donne : quand les athletes contrefont les philosophes en patience, c'est plustost vigueur de nerfs que de cœur. Or, l'accoustumance à porter le travail est accoustumance à porter la douleur : *Labor callum obducit dolori*[4]. Il le fault rompre à la peine et aspreté des exercices, pour le dresser à la peine et aspreté de la dislocation, de la cholique, du cautere, et de la geaule aussi et de la torture; car de ces dernieres icy, encores peult il estre en prinse, qui regardent les bons, selon le temps, comme les meschants : nous en sommes à l'espreuve ; quiconque combat les loix, menace les plus gents de bien d'escourgées et de la chorde.

Et puis, l'auctorité du gouverneur, qui doibt estre souveraine sur luy, s'interrompt et s'empesche par la presence des parents : joinct que ce respect que la famille luy porte, la cognoissance des moyens et grandeurs de sa maison,

---

(1) C'est l'ancien *Panthéon*, qu'Agrippa fit bâtir sous le règne d'Auguste. C.

(1) Qu'il n'ait de toit que le ciel, qu'il vive au milieu des alarmes. Hor., *Od.*, II, 3, 5.
(2) *Souffre, fatigue.* C.
(3) *Dans mes lectures.* C.
(4) Le travail nous endurcit à la douleur. Cic., *Tusc. quæst.*, II, 15.

ce ne sont pas, à mon opinion, legieres incommodités en cest aage.

En ceste eschole du commerce des hommes, j'ay souvent remarqué ce vice, qu'au lieu de prendre cognoissance d'aultruy, nous ne travaillons qu'à la donner de nous; et sommes plus en peine de debiter nostre marchandise que d'en acquerir de nouvelle : le silence et la modestie sont qualités très commodes à la conversation. On dressera cest enfant à estre espargnant et menasgier de sa suffisance quand il l'aura acquise, à ne se formaliser point des sottises et fables qui se diront en sa presence : car c'est une incivile importunité de chocquer tout ce qui n'est pas de nostre appetit. Qu'il se contente de se corriger soy mesme, et ne semble pas reprocher à aultruy tout ce qu'il refuse à faire, ny contraster aux mœurs publicques : *Licet sapere sine pompâ, sine invidiâ*[1]. Fuye ces images regenteuses et inciviles, et ceste puerile ambition de vouloir paroistre plus fin, pour estre aultre; et, comme si ce feust marchandise malaysée que reprehensions et nouvelletés, vouloir tirer de là nom de quelque peculiere valeur. Comme il n'affiert qu'aux grands poëtes d'user des licences de l'art, aussi n'est il supportable qu'aux grandes ames et illustres de se privilegier au dessus de la coustume. *Si quid Socrates aut Aristippus contra morem et consuetudinem fecerunt; idem sibi ne arbitretur licere : magnis enim illi et divinis bonis hanc licentiam assequebantur*[2]. On luy apprendra de n'entrer en discours et contestation que là où il verra un champion digne de sa luicte; et, là mesme, à n'employer pas touts les tours qui luy peuvent servir, mais ceulx là seulement qui luy peuvent le plus servir. Qu'on le rende delicat au chois et triage de ses raisons, et aymant la pertinence, et par consequent la briefveté. Qu'on l'instruise sur tout à se rendre et à quitter les armes à la verité tout aussitost qu'il l'appercevra, soit qu'elle naisse ès mains de son adversaire, soit qu'elle naisse en luy mesme par quelque radvisement : car il ne sera pas mis en chaise pour dire un roolle prescript; il n'est engagé à aulcune cause que parce qu'il

l'appreuve; ny ne sera du mestier où se vend à purs deniers comptants la liberté de se pouvoir repentir et recognoistre : *Neque ut omnia, quæ præscripta et imperata sint, defendat, necessitate ullâ cogitur*[1].

Si son gouverneur tient de mon humeur, il luy formera la volonté à estre très loyal serviteur de son prince, et très affectionné, et très courageux; mais il luy refroidira l'envie de s'y attacher aultrement que par un debvoir publicque. Oultre plusieurs aultres inconvenients qui blecent nostre liberté par ces obligations particulieres, le jugement d'un homme gagé et achetté, ou il est moins entier et moins libre, ou il est taché et d'imprudence et d'ingratitude. Un pur courtisan ne peult avoir ny loy ny volonté de dire et penser que favorablement d'un maistre qui, parmi tant de milliers d'aultres subjects, l'a choisi pour le nourrir et eslever de sa main : ceste faveur et utilité corrompent, non sans quelque raison, sa franchise, et l'esblouïssent : pourtant veoid on coustumierement le langage de ces gents là divers à tout aultre langage en un estat, et de peu de foy en telle matiere.

Que sa conscience et sa vertu reluisent en son parler, et n'ayent que la raison pour conduicte. Qu'on luy face entendre que de confesser la faulte qu'il descouvrira en son propre discours, encores qu'elle ne soit apperceue que par luy, c'est un effect de jugement et de sincerité, qui sont les principales parties qu'il cherche; que l'opiniastrer et contester sont qualités communes, plus apparentes aux plus basses ames; que se r'adviser et se corriger, abandonner un mauvais party sur le cours de son ardeur, ce sont qualités rares, fortes et philosophiques. On l'advertira, estant en compaignie, d'avoir les yeulx par tout; car je treuve que les premiers sieges sont communement saisis par les hommes moins capables, et que les grandeurs de fortune ne se treuvent gueres meslées à la suffisance : j'ay veu, cependant qu'on s'entretenoit au hault bout d'une table de la beauté d'une tapisserie ou du goust de la malvoisie, se perdre beaucoup de beaux traicts à l'aultre bout. Il sondera la portée d'un chascun : un bouvier, un masson, un passant, il fault tout mettre en besongne, et emprunter

---

(1) On peut être sage sans éclat, sans orgueil. Sén. *Epist.* 103.
(2) Si Aristippe ou Socrate n'ont pas toujours respecté les coutumes et les mœurs de leur pays, ce serait une erreur de croire que vous puissiez les imiter. Leur mérite transcendant et presque divin autorisait cette liberté. Cic., *de Offic.*, I, 41.

(1) Nulle nécessité ne l'oblige de défendre tout ce qu'on voudrait impérieusement lui prescrire. Cic. *Acad.* II, 3.

chascun selon sa marchandise, car tout sert en mesnage; la sottise mesme et foiblesse d'aultruy luy sera instruction : à contrerooler les graces et façons d'un chascun, il s'engendrera envie des bonnes et mespris des mauvaises.

Qu'on luy mette en fantasie une honneste curiosité de s'enquerir de toutes choses : tout ce qu'il y aura de singulier autour de luy, il le verra; un bastiment, une fontaine, un homme, le lieu d'une bataille ancienne, le passage de Cesar ou de Charlemaigne;

Quæ tellus sit lenta gelu; quæ putris ab æstu;
Ventus in Italiam quis bene vela ferat [1].

Il s'enquerra des mœurs, des moyens et des alliances de ce prince, et de celuy là : ce sont choses très plaisantes à apprendre, et très utiles à sçavoir.

En ceste practique des hommes, j'entends y comprendre, et principalement, ceulx qui ne vivent qu'en la memoire des livres : il practiquera, par le moyen des histoires, ces grandes ames des meilleures siecles. C'est un vain estude, qui veult; mais qui veult aussi, c'est un estude de fruict inestimable, et le seul estude, comme dict Platon[2], que les Lacedemoniens eussent reservé à leur part. Quel proufit ne fera il en ceste part là, à la lecture des vies de nostre Plutarque? Mais que mon guide se souvienne où vise sa charge; et qu'il n'imprime pas tant à son disciple la date de la ruyne de Carthage que les mœurs de Hannibal et de Scipion; ny tant où mourut Marcellus, que pourquoy il feut indigne de son debvoir qu'il mourust là. Qu'il ne luy apprenne pas tant les histoires, qu'à en juger. C'est à mon gré, entre toutes, la matiere à laquelle nos esprits s'appliquent de plus diverse mesure : j'ay leu en Tite Live cent choses que tel n'y a pas leu; Plutarque y en a leu cent, oultre ce que j'y ai sceu lire, et à l'adventure oultre ce que l'aucteur y avoit mis : à d'aulcuns, c'est un pur estude grammairien; à d'aultres, l'anatomie de la philosophie, par laquelle les plus abstruses parties de nostre nature se penetrent. Il y a dans Plutarque beaucoup de discours estendus très dignes d'estre sceus; car, à mon gré, c'est le maistre ouvrier de telle besongne; mais il y en a mille qu'il n'a que touchés simplement : il guigne seulement du doigt par où nous irons, s'il nous plaist; et se contente quelquefois de ne donner qu'une attaincte dans le plus vif d'un propos. Il les fault arracher de là, et mettre en place marchande : comme ce sien mot[1], « Que les habitants d'Asie servoient à un seul, pour ne sçavoir prononcer une seule syllabe, qui est, Non », donna peut estre la matiere et l'occasion à La Boëtie de sa SERVITUDE VOLONTAIRE. Cela mesme de luy veoir trier une legiere action en la vie d'un homme, ou un mot qui semble ne porter pas cela, c'est un discours. C'est dommage que les gents d'entendement ayment tant la briefveté : sans doubte leur reputation en vault mieulx; mais nous en valons moins. Plutarque ayme mieulx que nous le vantions de son jugement que de son sçavoir; il ayme mieulx nous laisser desir de soy que satieté : il sçavoit qu'ès choses bonnes mesme on peult trop dire; et que Alexandridas reprocha justement à celuy qui tenoit aux Ephores des bons propos, mais trop longs : « O estrangier, tu dis ce qu'il fault aultrement qu'il ne fault[2]. » Ceulx qui ont le corps graile, le grossissent d'embourrures; ceulx qui ont la matiere exile l'enflent de paroles.

Il se tire une merveilleuse clarté pour le jugement humain de la frequentation du monde; nous sommes touts contraincts et amoncelés en nous, et avons la veue raccourcie à la longueur de nostre nez. On demandoit à Socrates d'où il estoit; il ne respondit pas d'Athenes, mais du monde[3]; luy qui avoit l'imagination plus pleine et plus estendue, embrassoit l'univers comme sa ville, jectoit ses cognoissances, sa societé et ses affections à tout le genre humain; non pas comme nous, qui ne regardons que soubs nous. Quand les vignes gelent en mon village, mon presbtre en argumente l'ire de Dieu sur la race humaine, et juge que la pepie en tienne desjà les Cannibales. A veoir nos guerres civiles, qui ne crie que ceste machine se bouleverse et que le jour du jugement nous prend au collet? sans s'adviser que plusieurs pires choses se sont veues, et que les dix mille parts du monde ne laissent pas de galler

---

(1) Quelle contrée est engourdie par le froid ou brûlée par le soleil; quel vent propice pousse les vaisseaux en Italie. PROPERCE, IV, 3, 39.

(2) *Hippias Major*, édit. d'Henri Estienne, tom. III, p. 249. C.

(1) Dans son traité *de la Mauvaise honte*, ch. 7 de la traduction d'Amyot. C.

(2) PLUT., *Apophthegmes des Lacédémoniens*. C.

(3) CIC., *Tusc.*, V, 37; PLUT., *de l'Exil*, ch. 4. C.

le bon temps ce pendant ; moy, selon leur licence et impunité, admire de les veoir si doulces et molles. A qui il gresle sur la teste, tout l'hemisphere semble estre en tempeste et orage ; et disoit le Savoïard que « Si ce sot de roy de France eust sceu bien conduire sa fortune, il estoit homme pour devenir maistre d'hostel de son duc ; » son imagination ne concevoit aultre plus eslevée grandeur que celle de son maistre. Nous sommes insensiblement touts en ceste erreur ; erreur de grande suitte et prejudice. Mais qui se presente comme dans un tableau ceste grande image de nostre mere nature en son entiere majesté ; qui lit en son visage une si generale et constante varieté ; qui se remarque là dedans, et non soy, mais tout un royaume, comme un traict d'une poincte tres delicate, celuy là seul estime les choses selon leur juste grandeur.

Ce grand monde, que les uns multiplient encores comme especes soubs un genre, c'est le mirouer où il nous fault regarder, pour nous cognoistre de bon biais. Somme je veulx que ce soit le livre de mon escholier. Tant d'humeurs, de sectes, de jugements, d'opinions, de loix et de coustumes, nous apprennent à juger sainement des nostres, et apprennent nostre jugement à recognoistre son imperfection et sa naturelle foiblesse ; qui n'est pas un legier apprentissage ; tant de remuements d'estat et changements de fortune publicque nous instruisent à ne faire pas grand miracle de la nostre ; tant de noms, tant de victoires et conquestes ensepvelies sous l'oubliance rendent ridicule l'esperance d'eterniser nostre nom par la prinse de dix argoulets et d'un pouiller[1] qui n'est cogneu que de sa cheute ; l'orgueil et la fierté de tant de pompes estrangieres, la majesté si enflée de tant de courts et de grandeurs nous fermit et asseure la veue à soustenir l'esclat des nostres, sans ciller les yeulx ; tant de milliasses d'hommes enterrés avant nous nous encouragent à ne craindre d'aller trouver si bonne compaignie en l'aultre monde ; ainsi du reste. Nostre vie, disoit Pythagoras[2], retire[3] à la grande et populeuse assemblée des jeux olympiques ; les uns s'y exercent le corps pour en acquerir la gloire des jeux ; d'aultres y portent des marchandises à vendre pour le gaing ; il en est, et qui ne sont pas les pires, lesquels n'y cherchent aultre fruict que de regarder comment et pourquoy chasque chose se faict, et estre spectateurs de la vie des aultres hommes, pour en juger et regler la leur.

Aux exemples se pourront proprement assortir touts les plus proufitables discours de la philosophie, à laquelle se doibvent toucher les actions humaines comme à leur regle. On luy dira,

Quid fas optare, quid asper
Utile nummus habet; patriæ carisque propinquis
Quantum elargiri deceat; quem te Deus esse
Jussit, et humaná quá parte locatus es in re;
Quid sumus, aut quidnam victuri gignimur....[1]

que c'est que sçavoir et ignorer, qui doibt estre le but de l'estude ; que c'est que vaillance, temperance et justice ; ce qu'il y a à dire entre l'ambition et l'avarice, la servitude et la subjection, la licence et la liberté ; à quelles marques on cognoit le vray et solide contentement ; jusques où il fault craindre la mort, la douleur et la honte ;

Et quo quemque modo fugiatque feratque laborem[2] ?

quels ressorts nous meuvent, et le moyen de tant de divers bransles en nous ; car il me semble que les premiers discours dequoy on luy doibt abruver l'entendement, ce doibvent estre ceulx qui reglent ses mœurs et son sens, qui luy apprendront à se cognoistre et à sçavoir bien mourir et bien vivre. Entre les arts liberaux, commenceons par l'art qui nous fait libres ; elles[3] servent toutes voirement en quelque maniere à l'instruction de nostre vie et à son usage, comme toutes aultres choses y servent en quelque maniere aussi ; mais choisissons celle qui y sert directement et professoirement. Si nous sçavions restreindre les appartenances de nostre vie à

---

(1) *De dix chétifs soldats et d'un poulailler*. Les argoulets étaient des arquebusiers à cheval ; et comme ils n'étaient pas considérables en comparaison des autres cavaliers, on a dit un *argoulet* pour un homme de néant. MÉNAGE.

(2) CIC., *Tuscul.*, V, 3. ROUSSEAU dans l'*Émile*, liv. IV, paraît transcrire ce passage d'après les *Essais*. J. V. L.

(3) *Retirer à*, ressembler. NICOT.

(1) Ce qu'on peut désirer, à quoi doit servir l'argent, ce qu'on doit faire pour sa patrie et sa famille, ce que Dieu a voulu que l'homme fût sur la terre, et quel rang il lui a assigné dans le monde ; ce que nous sommes, et dans quel dessein il nous a donné l'être. PERS., III, 69.

(2) Et comment nous devons éviter ou supporter les peines. VIRG., *Enéid.* III, 459.

(3) On a déjà vu que Montaigne emploie le mot *art* au féminin ; mais, après avoir dit les *arts liberaux*, il est surprenant qu'il l'ait voulu faire féminin. Il est certain qu'on trouve ici *elles* dans les plus anciennes éditions. La pensée est de SÉN., *Epist.* 88. C.

leurs justes et naturels limites, nous trouverions que la meilleure part des sciences qui sont en usage est hors de nostre usage; et en celles mesmes qui le sont, qu'il y a des estendues et enfonceures très inutiles que nous ferions mieulx de laisser là; et, suyvant l'institution de Socrates[1], borner le cours de nostre estude en icelles où fault l'utilité :

> *Sapere aude,*
> *Incipe : vivendi recte qui prorogat horam,*
> *Rusticus exspectat dùm defluat amnis ; at ille*
> *Labitur, et labetur in omne volubilis œvum*[2].

C'est une grande simplesse d'apprendre à nos enfants,

> *Quid moveant Pisces, animosaque signa Leonis,*
> *Lotus et Hesperiâ quid Capricornus aquâ*[3],

la science des astres et le mouvement de la huictiesme sphere, avant que les leurs propres :

> Τί Πλειάδεσσι κᾴμοί;
> Τί δ'ἀστράσιν Βοώτεω[4];

Anaximenes escrivant à Pythagoras[5] : « De quel sens puis-je m'amuser au secret des estoiles, ayant la mort ou la servitude tousjours presente aux yeulx ? » car lors les roys de Perse preparoient la guerre contre son païs. Chascun doibt dire ainsin : « Estant battu d'ambition, d'avarice, de temerité, de superstition, et ayant au dedans tels aultres ennemis de la vie, iray je songer au bransle du monde ? »

Après qu'on luy aura appris ce qui sert à le faire plus sage et meilleur, on l'entretiendra que c'est que logique, physique, geometrie, rhetorique ; et la science qu'il choisira, ayant desjà le jugement formé, il en viendra bientost à bout. Sa leçon se fera tantost par devis, tantost par livre ; tantost son gouverneur luy fournira de l'aucteur mesme, propre à ceste fin de son institution ; tantost il luy en donnera la moelle et la substance toute maschée ; et si de soy mesme il n'est familier des livres pour y trouver tant de beaux discours qui y sont, pour l'effect de son desseing, on luy pourra joindre quelque homme de lettres qui à chasque besoing fournisse les munitions qu'il fauldra, pour les distribuer et dispenser à son nourrisson. Et que ceste leçon ne soit plus aysée et naturelle que celle de Gaza[1], qui y peult faire doubte ? Ce sont là preceptes espineux et mal plaisants, et des mots vains et descharnés, où il n'y a point de prinse, rien qui vous esveille l'esprit : en ceste cy l'ame treuve où mordre et où se paistre. Ce fruict est plus grand sans comparaison, et si sera plustost meury.

C'est grand cas que les choses en soient là en nostre siecle, que la philosophie soit, jusques aux gents d'entendement, un nom vain et fantastique, qui se treuve de nul usage et de nul prix, par opinion et par effect. Je croy que ces ergotismes en sont cause, qui ont saisi ses avenues. On a grand tort de la peindre inaccessible aux enfants et d'un visage renfrongné, sourcilleux et terrible : qui me l'a masquée de ce faulx visage, pasle et hideux ? Il n'est rien plus gay, plus gaillard, plus enjoué, et à peu que je ne die follastre ; elle ne presche que festes et bon temps : une mine triste et transie montre que ce n'est pas là son giste. Demetrius le grammairien[2] rencontrant, dans le temple de Delphes, une troupe de philosophes assis ensemble, il leur dict : « Ou je me trompe, ou, à vous veoir la contenance si paisible et si gaie, vous n'estes pas en grand discours entre vous. » A quoy l'un d'eux, Haracleon le Mégarien, respondit : « C'est à faire à ceulx qui cherchent si le futur du verbe βάλλω[3] a double λ, ou qui cherchent la derivation des comparatifs χεῖρον et βέλτιον[4], et des superlatifs χείριστον et βέλτιστον[5], qu'il fault rider le front s'en-

---

(1) DIOG. LAËRCE, *Vie de Socrate*, II, 21. C.

(2) Ose être vertueux ; commence : différer de régler sa conduite, c'est imiter la simplicité du voyageur qui, trouvant un fleuve sur son chemin, attend qu'il soit écoulé ; le fleuve coule et coulera éternellement. HOR., *Epist.*, II, 1, 40.

(3) Quelle est l'influence des Poissons, du Lion enflammé, et du Capricorne qui se plonge dans la mer occidentale. PROPERCE, IV, 1, 89.

(4) Que m'importent les Pléiades, ou les étoiles du Bouvier? ANACR., *Od.*, XVII, 10.

(5) DIOG. LAËRCE, II, 4. C.

(1) Savant du quinzième siècle, né à Thessalonique, qui passa en Italie avec plusieurs autres savants de la Grèce. Il est auteur d'une grammaire grecque un peu obscure pour les commençants. C.

(2) PLUT., *des Oracles qui ont cessé*, c. 5. C.

(3) Βάλλω, *lancer*, dont le futur fait βαλῶ. E. J.

(4) C'est-à-dire, qui cherchent d'où dérivent les comparatifs χεῖρον et βέλτιον, *pejus* et *melius*, comparatifs neutres, l'un de χερεύς, *mancus*, et non pas de κακός, *mauvais* ; l'autre vrai positif, qui sert de comparatif à ἀγαθός. E. J.

(5) Χείριστον et βέλτιστον, *pessimum* et *optimum*, superlatifs neutres dérivés des mêmes primitifs. C'est ainsi qu'en latin *pejor* et *pessimus*, *melior* et *optimus*, servent de compara-

tretenant de leur science; mais quant aux discours de la philosophie, ils ont accoustumé d'esgayer et resjouir ceulx qui les traictent, non les renfronger et contrister. »

*Deprendas animi tormenta latentis in œgro
Corpore; deprendas et gaudia : sumit utrumque
Indè habitum facies* [1].

L'ame qui loge la philosophie doibt par sa santé rendre sain encores le corps : elle doibt faire luire jusques au dehors son repos et son aise ; doibt former à son moule le port extérieur, et l'armer, par conséquent, d'une gratieuse fierté, d'un maintien actif et alaigre, et d'une contenance contente et debonnaire. La plus expresse marque de la sagesse, c'est une esjouissance constante ; son estat est, comme des choses au dessus de la lune, tousjours serein : c'est *baroco* et *baralipton*[2] qui rendent leurs supposts ainsi crottés et enfumés ; ce n'est pas elle : ils ne la cognoissent que par ouyr dire. Comment? elle faict estat de sereiner les tempestes de l'ame, et d'apprendre la faim et les fiebvres à rire, non par quelques epicycles imaginaires, mais par raisons naturelles et palpables : elle a pour son but la vertu, qui n'est pas, comme dict l'eschole, plantée à la teste d'un mont coupé, rabotteux et inaccessible : ceulx qui l'ont approchée la tiennent, au rebours, logée dans une belle plaine fertile et florissante, d'où elle veoid bien soubs soy toutes choses ; mais si peult on y arriver, qui en sçait l'addresse, par des routes ombrageuses, gazonnées et doux fleurantes, plaisamment, et d'une pente facile et polie, comme est celle des voultes celestes. Pour n'avoir hanté ceste vertu supreme, belle, triumphante, amoureuse, delicieuse, pareillement et courageuse, ennemie professe et irreconciliable d'aigreur, de desplaisir, de crainte et de contraincte, ayant pour guide nature, fortune et volupté pour compaignes ; ils sont allés selon leur foiblesse feindre ceste sotte image, triste, querelleuse, despite, menaceuse, mineuse, et la placer sur un rochier à l'escart, emmy des ronces; fantosmes à estonner les gents.

Mon gouverneur, qui cognoist debvoir remplir la volonté de son disciple autant ou plus d'affection que de reverence envers la vertu, luy sçaura dire que les poëtes [1] suyvent les humeurs communes, et luy faire toucher au doigt que les dieux ont mis plustost la sueur aux advenues des cabinets de Venus que de Pallas. Et, quand il commencera de se sentir, luy presentant Bradamante ou Angelique[2], pour maistresse à jouyr, et d'une beauté naïfve, active, genereuse, non hommasse, mais virile, au prix d'une beauté molle, affettée, delicate, artificielle ; l'une travestie en garson, coiffée d'un morion luisant, l'aultre vestue en garse[3], coiffée d'un attiffet emperlé ; il jugera masle son amour mesme s'il choisit tout diversement à cest effeminé pasteur de Phrygie.

Il luy fera ceste nouvelle leçon: Que le prix et haulteur de la vraye vertu est en la facilité, utilité et plaisir de son exercice ; si esloingé de difficulté, que les enfants y peuvent comme les hommes, les simples comme les subtils. Le réglement, c'est son util, non pas la force. Socrates, son premier mignon, quitte à escient sa force pour glisser en la naïveté et aysance de son progrès. C'est la mere nourrice des plaisirs humains ; en les rendant justes, elle les rend seurs et purs ; les moderant, elle les tient en haleine et en appetit ; retranchant ceulx qu'elle refuse, elle nous aiguise envers ceulx qu'elle nous laisse ; et nous laisse abondamment touts ceulx que veult nature, et jusques à la satieté, sinon jusques à la lasseté, maternellement ; si d'adventure nous ne voulons dire que le regime qui arreste le beuveur avant l'yvresse, le mangeur avant la crudité, le paillard avant la pelade, soit ennemy de nos plaisirs. Si la fortune commune luy fault, elle luy eschappe[4], ou elle s'en passe, et s'en forge une aultre toute sienne, non plus flottante et roulante. Elle sçait estre riche, et puissante, et sçavante,

---

tifs et de superlatifs, les deux premiers à *malus*, les deux autres à *bonus*, et n'en dérivent pas. E. J.

(1) Les tourments d'un esprit inquiet percent à l'extérieur aussi bien que la joie ; le visage réfléchit ces diverses affections de l'âme. JUV., IX, 18.

(2) Deux termes de l'ancienne logique scolastique :
*Barbara, celarent, darii, ferio, baralipton,
Celantes, dabitis, fapesmo, frisesomorum,
Cesare, camestres, festino, baroco, darapti,
Felapton, disamis, datisi, bocardo, ferison.*
Ces dix-neuf mots factices exprimaient les dix-neuf formes du syllogisme. J. V. L.

(1) Hés., Ἔργ. καὶ ἡμ., v. 287. J. V. L.
(2) Deux héroïnes du poëme de l'Arioste. C.
(3) *En jeune fille.* E. J.
(4) C'est-à-dire, *la vertu se dérobe à l'influence de la fortune commune, ou même elle s'en sépare tout-à-fait, et se forge une autre fortune toute sienne, etc.* LEF....

et coucher en des matelas musqués; elle aime la vie, elle aime la beauté, et la gloire, et la santé; mais son office propre et particulier, c'est sçavoir user de ces biens là regléement, et les sçavoir perdre constamment; office bien plus noble qu'aspre, sans lequel tout cours de vie est desnaturé, turbulent et difforme, et y peult on justement attacher ces escueils, ces halliers, et ces monstres.

Si ce disciple se rencontre de si diverse condition qu'il ayme mieulx ouyr une fable que la narration d'un beau voyage, ou un sage propos, quand il l'entendra; qui, au son du tabourin qui arme la jeune ardeur de ses compaignons, se destourne à un aultre qui l'appelle au jeu des batteleurs; qui, par souhait, ne treuve plus plaisant et plus doulx revenir pouldreux et victorieux d'un combat, que de la paulme ou du bal, avecques le prix de cest exercice; je n'y treuve aultre remede sinon qu'on le mette pastissier dans quelque bonne ville, feust il fils d'un duc; suivant le precepte de Platon : « Qu'il fault colloquer les enfants, non selon les facultés de leur pere, mais selon les facultés de leur ame. »

Puisque la philosophie est celle qui nous instruit à vivre, et que l'enfance y a sa leçon comme les aultres aages, pourquoy ne la luy communique l'on?

Udum et molle lutum est; nunc nunc properandus, et acri Fingendus sine fine rotâ [1].

On nous apprend à vivre quand la vie est passée. Cent escholiers ont prins la verole, avant que d'estre arrivés à leur leçon d'Aristote : De la temperance. Cicero disoit [2] que, quand il vivroit la vie de deux hommes, il ne prendroit pas le loisir d'estudier les poëtes lyriques; et je treuve ces ergotistes plus tristement encores inutiles. Nostre enfant est bien plus pressé; il ne doibt au paidagogisme que les premiers quinze ou seize ans de sa vie; le demourant est deu à l'action. Employons un temps si court aux instructions necessaires. Ce sont abus; ostez toutes ces subtilités espineuses de la dialectique, dequoy nostre vie ne se peult amender; prenez les simples discours de la philosophie, sçachez les choisir et traicter à poinct : ils sont plus aysés à concevoir qu'un conte de Boccace; un enfant en est capable au partir de la nourrice, beaucoup mieulx que d'apprendre à lire ou escrire. La philosophie a des discours pour la naissance des hommes, comme pour la decrepitude.

✝ Je suis de l'advis de Plutarque, qu'Aristote n'amusa pas tant son grand disciple à l'artifice de composer syllogismes, ou aux principes de geometrie, comme à l'instruire des bons preceptes touchant la vaillance, prouesse, la magnanimité et temperance, et l'asseurance de ne rien craindre; et, avecques ceste munition, il l'envoya encores enfant subjuguer l'empire du monde à tout trente mille hommes de pied, quatre mille chevaulx, et quarante deux mille escus seulement. Les aultres arts et sciences, dict il, Alexandre les honoroit bien, et louoit leur excellence et gentillesse; mais, pour plaisir qu'il y prinst, il n'estoit pas facile à se laisser surprendre à l'affection de les vouloir exercer.

Petite hinc, juvenesque senesque,
Finem animo certum, miserisque viatica canis [1].

C'est ce que dict Epicurus au commencement de sa lettre à Meniceus : « Ny le plus jeune refuye à philosopher, ny le plus vieil s'y lasse [2]. » Qui faict aultrement, il semble dire, ou qu'il n'est pas encores saison d'heureusement vivre, ou qu'il n'en est plus saison. Pour tout cecy, je ne veulx pas qu'on emprisonne ce garson, je ne veulx pas qu'on l'abandonne à la cholere et humeur melancholique d'un furieux maistre d'eschole; je ne veulx pas corrompre son esprit à le tenir à la gehenne et au travail, à la mode des aultres, quatorze ou quinze heures par jour, comme un portefaix; ny ne trouverois bon, quand, par quelque complexion solitaire et melancholique, on le verroit adonné d'une application trop indiscrete à l'estude des livres, qu'on la luy nourrist; cela les rend ineptes à la conversation civile, et les destourne de meilleures occupations. Et combien

---

(1) L'argile est encore molle et humide; vite, hâtons-nous, et, sans perdre un instant, façonnons-la sur la roue. PERS., III, 23.

(2) Dans un passage cité par SÉN., *Epist.* 49. M. Mai a placé ce fragment parmi ceux du quatrième livre de la *République*. Voy. notre édition de Cicéron, tom. XXIX, pag. 534. La réflexion suivante est aussi de Sénèque : *Eodem modo dialecticos; tristius inepti sunt.* J. V. L.

(1) Jeunes gens, vieillards, tirez de là de quoi régler votre conduite; faites-vous des provisions pour le triste hiver de la vie. PERS., V, 64.

(2) DIOG. LAERCE, X, 122. C.

ay je veu de mon temps d'hommes abestis par temeraire avidité de science? Carneades s'en trouva si affollé[1] qu'il n'eut plus le loisir de se faire le poil et les ongles. Ny ne veulx gaster ses mœurs genereuses par l'incivilité et barbarie d'aultruy. La sagesse françoise a esté anciennement en proverbe pour une sagesse qui prenoit de bonne heure et n'avoit gueres de tenue. A la verité, nous veoyons encores qu'il n'est rien si gentil que les petits enfants en France; mais ordinairement ils trompent l'esperance qu'on a conceue; et, hommes faicts, on n'y veoid aulcune excellence; j'ay ouy tenir à gents d'entendement que ces colleges où on les envoye, dequoy ils ont foison, les abrutissent ainsin.

Au nostre, un cabinet, un jardin, la table et le lict, la solitude, la compaignie, le matin et le vespre, toutes heures luy seront unes, toutes places luy seront estude; car la philosophie, qui, comme formatrice des jugements et des mœurs, sera sa principale leçon, a ce privilege de se mesler par tout. Isocrates l'orateur estant prié en un festin de parler de son art, chascun treuve qu'il eut raison de respondre : « Il n'est pas maintenant temps de ce que je sçay faire; et ce dequoy il est maintenant temps, je ne le sçay pas faire[2]; » car de presenter des harangues ou des disputes de rhetorique à une compaignie assemblée pour rire et faire bonne chere, ce seroit un meslange de trop mauvais accord; et autant en pourroit on dire de toutes les aultres sciences. Mais, quant à la philosophie, en la partie où elle traicte de l'homme et de ses debvoirs et offices, c'a esté le jugement commun de touts les sages, que, pour la doulceur de sa conversation, elle ne debvoit estre refusée ny aux festins ny aux jeux; et Platon l'ayant invitée à son Convive[3], nous veoyons comme elle entretient l'assistance, d'une façon molle et accommodée au temps et au lieu, quoyque ce soit de ses plus haults discours et plus salutaires.

*Æquè pauperibus prodest, locupletibus æquè ;
Et, neglecta, æquè pueris senibusque nocebit*[4].

(1) Diog. Laerce, IV, 62. C.
(2) Plut., *Symposiaques*, I, 1. C.
(3) Ici *convive* signifie *festin*, *repas*. Amyot employe souvent ce mot en ce sens-là dans sa traduction de Plutarque. C.
(4) Elle est utile aux riches; elle l'est également aux pauvres: jeunes gens, vieillards, ne la négligeront pas sans s'en repentir. Hor., *Epist.*, I, 25.

Ainsi, sans doubte, il choumera moins que les aultres[1]. Mais, comme les pas que nous employons à nous promener dans une galerie, quoyqu'il y en ayt trois fois autant, ne nous lassent pas comme ceulx que nous mettons à quelque chemin desseigné, aussi nostre leçon, se passant comme par rencontre, sans obligation de temps et de lieu, et se meslant à toutes nos actions, se coulera sans se faire sentir; les jeux mesmes et les exercices seront une bonne partie de l'estude; la course, la luicte, la musique, la danse, la chasse, le maniement des chevaulx et des armes. Je veulx que la bienseance exterieure, et l'entregent, et la disposition de la personne, se façonne quand et quand l'ame. Ce n'est pas une ame, ce n'est pas un corps qu'on dresse; c'est un homme: il n'en fault pas faire à deux; et, comme dict Platon[2], il ne fault pas les dresser l'un sans l'autre, mais les conduire egualement, comme une couple de chevaulx attelés à mesme timon; et, à l'ouyr, semble il pas prester plus de temps et plus de solicitude aux exercices du corps, et estimer que l'esprit s'en exerce quand et quand et non au contraire?

Au demourant, ceste institution se doibt conduire par une severe doulceur, non comme il se faict; au lieu de convier les enfants aux lettres, on ne leur presente, à la verité, que horreur et cruauté. Ostez moy la violence et la force; il n'est rien, à mon advis, qui abastardisse et estourdisse si fort une nature bien née. Si vous avez envie qu'il craigne la honte et le chastiement, ne l'y endurcissez pas; endurcissez le à la sueur et au froid, au vent, au soleil, et aux hazards qu'il luy fault mespriser; ostez luy toute mollesse et delicatesse au vestir et coucher, au manger et au boire; accoustumez le à tout; que ce ne soit pas un beau garson et dameret, mais un garson vert et vigoreux. Enfant, homme, vieil, j'ay tousjours creu et jugé de mesme. Mais, entre aultres choses, ceste police de la plus part de nos colleges m'a tousjours despleu; on eust failly, à l'adventure, moins dommageablement, s'inclinant vers l'indulgence. C'est une vraye geaule[3] de jeunesse captive; on la rend

(1) *L'enfant ainsi élevé sera moins désœuvré que les autres.*
(2) Cité par Plutarque, dans le traité *des Moyens de conserver la santé*, vers la fin. C.
(3) *Prison*, de l'italien *gabbia, gabbiola*, cage. Borel, dans son *Thrésor des Recherches gauloises*, etc. C.

desbauchée, l'en punissant avant qu'elle le soit. Arrivez y sur le poinct de leur office[1]; vous n'oyez que cris, et d'enfants suppliciés, et de maistres enyvrés en leur cholere. Quelle maniere pour esveiller l'appetit envers leur leçon, à ces tendres ames et craintifves, de les y guider d'une trongne effroyable, les mains armées de fouets! Inique et pernicieuse forme! joinct, ce que Quintilian[2] en a très bien remarqué, que ceste imperieuse auctorité tire des suittes perilleuses, et nomméement à nostre façon de chastiement. Combien leurs classes seroient plus decemment jonchées de fleurs et de feuillées, que de tronçons d'osier sanglants! J'y ferois pourtraire la Joye, l'Alaigresse, et Flora, et les Graces, comme feit en son eschole le philosophe Speusippus[3]. Où est leur proufit, que là feust aussi leur esbat; on doibt ensucrer les viandes salubres à l'enfant, et enfieller celles qui luy sont nuisibles. C'est merveille combien Platon se montre soingneux, en ses loix, de la gayeté et passetemps de la jeunesse de sa cité; et combien il s'arreste à leurs courses, jeux, chansons, saults et danses, desquelles il dict que l'antiquité a donné la conduicte et le patronnage aux dieux mesmes, Apollon, aux Muses et Minerve; il s'estend à mille preceptes pour ses gymnases; pour les sciences lettrées, il s'y amuse fort peu et semble ne recommender particulierement la poësie que pour la musique.

Toute estrangeté et particularité en nos mœurs et conditions est evitable, comme ennemie de societé. Qui ne s'estonneroit de la complexion de Demophon, maistre d'hostel d'Alexandre, qui suoit à l'umbre et trembloit au soleil[4]? J'en ay veu fuir la senteur des pommes plus que les harquebuzades; d'aultres s'effrayer pour une souris; d'aultres rendre la gorge à veoir de la cresme; d'aultres à veoir brasser un lict de plume; comme Germanicus[5] ne pouvoit souffrir ny la veue ny le chant des coqs. Il y peult avoir, à l'adventure, à cela quelque proprieté occulte; mais on l'esteindroit, à mon advis, qui s'y prendroit de bonne heure. L'institution a gaigné cela sur moy (il est vray que ce n'a point esté sans quelque soing), que, sauf la biere, mon appetit est accommodable indifferemment à toutes choses dequoy on se paist.

Le corps est encores soupple; on le doibt, à ceste cause, plier à toutes façons et coustumes; et, pourveu qu'on puisse tenir l'appetit et la volonté soubs boucle, qu'on rende hardiement un jeune homme commode à toutes nations et compaignies, voire aux desreglements et aux excès, si besoing est. Son exercitation suive l'usage : qu'il puisse faire toutes choses, et n'ayme à faire que les bonnes. Les philosophes mesmes ne treuvent pas louable en Callisthenes d'avoir perdu la bonne grace du grand Alexandre, son maistre, pour n'avoir voulu boire d'autant à luy. Il rira, il follastrera, il se desbauchera avecques son prince. Je veulx qu'en la desbauche mesme il surpasse en vigueur et en fermeté ses compaignons; et qu'il ne laisse à faire le mal ny à faulte de force ny de science, mais à faulte de volonté : *Multùm interest utrùm peccare aliquis nolit an nesciat*[1]. Je pensois faire honneur à un seigneur aussi esloingné de ces desbordements qu'il en soit en France, de m'enquerir à luy en bonne compaignie combien de fois en sa vie il s'estoit enyvré pour la necessité des affaires du roy, en Allemaigne : il le print de ceste façon, et me respondit que c'estoit trois fois, lesquelles il recita. J'en sçay qui, à faulte de ceste faculté, se sont mis en grand' peine, ayants à practiquer ceste nation. J'ay souvent remarqué avecques grande admiration la merveilleuse nature d'Alcibiades[2], de se transformer si ayséement à des façons si diverses, sans interest de sa santé, surpassant tantost la sumptuosité et pompe persienne, tantost l'austerité et frugalité lacedemonienne, autant reformé à Sparte comme voluptueux en Ionie.

Omnis Aristippum decuit color, et status, et res[3] :
tel vouldrois je former mon disciple.

Quem duplici panno patientia velat,
Mirabor, vitæ via si conversa decebit,
Personamque feret non inconcinnus utrâmque[4].

(1) *De leur devoir* (pendant leurs études ou leçons).
(2) *Instit. orat.*, I, 3. C.
(3) Diog. Laerce, IV, 1. C.
(4) Sextus Empiricus, *Pyrrh. Hyp.*, I, 14. C.
(5) Plut., *de l'Envie et de la Haine*, vers le commencement. C.

(1) Il y a une grande différence entre ne vouloir pas et ne savoir pas faire le mal. Sén., *Epist.* 90.
(2) Plut., *Vie d'Alcibiade*, c. 14. C.
(3) Aristippe sut s'accommoder de tout état et toute fortune. Hor., *Epist.* I, 17, 23.
(4) J'admirerai celui qui ne rougit pas de ses haillons, qui change de fortune sans s'étonner, et qui joue les deux rôles avec grâce. Hor., *Epist.*, I, 17, 25. — Montaigne donne à ces

Voicy més leçons : Celuy là y a mieulx proufité qui les faict que qui les sçait. Si vous le veoyez, vous l'oyez ; si vous l'oyez, vous le veoyez. Jà à Dieu ne plaise, dict quelqu'un en Platon [1], que philosopher ce soit apprendre plusieurs choses, et traicter les arts ! *Hanc amplissimam omnium artium benè vivendi disciplinam vitâ magis quàm litteris persecuti sunt* [2] ! Leon, prince des Phliasiens, s'enquerant à Heraclides Ponticus [3] de quelle science, de quel art il faisoit profession : « Je ne sçay, dict il, ny art ny science ; mais je suis philosophe. » On reprochoit à Diogenes, comment, estant ignorant, il se mesloit de la philosophie. « Je m'en mesle, dict il, d'autant mieulx à propos. » Hegesias le prioit de luy lire quelque livre : « Vous estes plaisant, luy respondit il : vous choisissez les figues vrayes et naturelles, non peinctes ; que ne choisissez vous aussi les exercitations naturelles, vrayes et non escriptes [4] ? »

Il ne dira pas tant sa leçon comme il la fera ; il la repetera en ses actions : on verra s'il y a de la prudence en ses entreprinses ; s'il y a de la bonté, de la justice en ses deportements ; s'il a du jugement et de la grace en son parler, de la vigueur en ses maladies, de la modestie en ses jeux, de la temperance en ses voluptés, de l'ordre en son œconomie ; de l'indifference en son goust, soit chair, poisson, vin ou eau : *Qui disciplinam suam non ostentationem scientiæ, sed legem vitæ putet, quique obtemperet ipse sibi et decretis pareat* [5]. Le vray miroüer de nos discours est le cours de nos vies. Zeuxidamus respondit à un qui luy demanda pourquoy les Lacedemoniens ne redigeoient par escript les ordonnances de la prouesse, et ne les donnoient à lire à leurs jeunes gents : « Que c'estoit parce qu'ils les vouloyent accoustumer aux faicts, non pas aux paroles [1]. » Comparez, au bout de quinze ou seize ans, à cestuy cy un de ces latineurs de college, qui aura mis autant de temps à n'apprendre simplement qu'à parler. Le monde n'est que babil ; et ne veis jamais homme qui ne die plustost plus, que moins qu'il ne doibt. Toutesfois la moitié de nostre aage s'en va là : on nous tient quatre ou cinq ans à entendre les mots, et les coudre en clauses [2] ; encores autant à en proportionner un grand corps, estendu en quatre ou cinq parties ; aultres cinq, pour le moins, à les sçavoir briefvement mesler et entrelasser de quelque subtile façon : laissons le à ceulx qui en font profession expresse.

Allant un jour à Orleans, je trouvay dans ceste plaine, au deçà de Clery, deux regents qui venoyent à Bourdeaux, environ à cinquante pas l'un de l'aultre : plus loing derriere eux je veoyois une troupe et un maistre en teste, qui estoit feu monsieur le comte de La Rochefoucault. Un de mes gents s'enquit au premier de ces regents qui estoit ce gentilhomme qui venoit après luy ; luy, qui n'avoit pas veu ce train qui le suyvoit, et qui pensoit qu'on luy parlast de son compaignon, respondit plaisamment : « Il n'est pas gentilhomme, c'est un grammairien ; et je suis logicien. » Or, nous qui cherchons icy, au rebours, de former, non un grammairien ou logicien, mais un gentilhomme, laissons les abuser de leur loisir : nous avons affaire ailleurs. Mais que nostre disciple soit bien pourveu de choses, les paroles ne suyvront que trop ; il les traisnera si elles ne veulent suyvre. J'en oy qui s'excusent de ne se pouvoir exprimer, et font contenance d'avoir la teste pleine de plusieurs belles choses, mais à faulte d'éloquence, ne les pouvoir mettre en evidence : c'est une baye. Sçavez vous, à mon advis, que c'est que cela ? ce sont des ombrages qui leur viennent de quelques conceptions informes, qu'ils ne peuvent desmesler et esclaircir au dedans, ny par consequent produire au dehors ;

---

vers un sens directement opposé à celui que leur donne Horace.

(1) Dans le dialogue intitulé *les Rivaux*, p. 97 et suiv., édit. de Francfort, 1602. J. V. L.

(2) C'est par leurs mœurs plutôt que par leurs études qu'ils se sont dévoués au plus grand de tous les arts, à celui de bien vivre. Cic. *Tusc. quæst.*, IV, 3.

(3) Ce n'est pas Héraclide de Pont, mais Pythagore, qui fit cette réponse à Léon, prince des Phliasiens ; mais c'est d'un livre d'Héraclide, disciple de Platon, que Cicéron a tiré ce fait, comme il nous l'apprend dans ses *Tusculanes*, V, 3, *ut scribit auditor Platonis Ponticus Heraclides*. Platon ne vint au monde que plus de cent ans après Pythagore. C.

(4) Diog. Laerce, VI, 48. C.

(5) Si ce qu'il sait lui sert, non à montrer qu'il sait, mais à régler ses mœurs ; s'il s'obéit à lui-même et agit conformément à ses principes. Cic., *Tusc. quæst.*, II, 4.

(1) Plut., *Apophthegmes des Lacédémoniens*. C.

(2) *En phrases, en périodes*. Ainsi, dans le chap. 30 de ce premier livre : « Un des vieillards.... presche en commun toute la grangée, en se promenant d'un bout à aultre, et redisant une mesme *clause* à plusieurs fois. » J. V. L.

ils ne s'entendent pas encores eulx mesmes ; et veoyez les un peu begayer sur le poinct de l'enfanter, vous jugez que leur travail n'est point à l'accouchement, mais à la conception, et qu'ils ne font que leicher ceste matiere imparfaicte. De ma part, je tiens, et Socrate l'ordonne, que qui a dans l'esprit une vifve imagination et claire, il la produira, soit en bergamasque, soit par mines s'il est muet :

Verbaque prævisam rem non invita sequentur [1] :

Et comme disoit celuy là, aussi poëtiquement en sa prose, *quum res animum occupavêre, verba ambiunt [2] ; et cest aultre, ipsæ res verba rapiunt [3].* Il ne sçait pas ablatif, conjunctif, substantif, ny la grammaire : ne faict [4] pas son laquais, ou une harangiere du Petit Pont ; et si, vous entretiendront tout votre saoul, si vous en avez envie, et se desferreront aussi peu, à l'adventure, aux regles de leur langage que le meilleur maistre ès arts de France. Il ne sçait pas la rethorique, ny, pour avant jeu, capter la benevolence du candide lecteur ; ny ne luy chault de le sçavoir. De vray, toute ceste belle peinture s'efface ayséement par le lustre d'une verité simple et naïfve : ces gentillesses ne servent que pour amuser le vulgaire, incapable de prendre la viande plus massive et plus ferme, comme Afer montre bien clairement chez Tacitus [5]. Les ambassadeurs de Samos estoient venus à Cleomenes, roy de Sparte, preparés d'une belle et longue oraison, pour l'esmouvoir à la guerre contre le tyran Polycrates ; après qu'il les eut bien laissés dire, il leur respondit : « Quant à vostre commencement et exorde, il ne m'en souvient plus, ny par consequent du milieu ; et quant à vostre conclusion, je n'en veulx rien faire [6]. » Voylà une belle response, ce me semble, et des harangueurs bien camus ! Et quoy c'est aultre ? les Atheniens estoient à choisir de deux architectes à conduire une grande fabrique : le premier, plus affetté, se presenta avecques un beau discours premedité sur le subject de ceste besongne, et tiroit le jugement du peuple à sa faveur ; mais l'aultre en trois mots : « Seigneurs Atheniens, ce que cestuy a dict, je le feray [1]. » Au fort de l'eloquence de Cicero, plusieurs en entroient en admiration ; mais Caton n'en faisant que rire : « Nous avons, disoit il, un plaisant consul [2]. » Aille devant ou après, une utile sentence, un beau traict est tousjours de saison ; s'il n'est pas bien pour ce qui va devant, ny pour ce qui vient après, il est bien en soy. Je ne suis pas de ceulx qui pensent la bonne rhythme faire le bon poëme : laissez luy allonger une courte syllabe, s'il veult ; pour cela, non force : si les inventions y rient, si l'esprit et le jugement y ont bien faict leur office, voylà un bon poëte, diray je, mais un mauvais versificateur,

Emunctæ naris, durus componere versus [3].

Qu'on face, dict Horace, perdre à son ouvrage toutes ses coustures et mesures,

Tempora certa modosque et quod priùs ordine verbum est,
Posteriùs facias, præponens ultima primis...
Invenias etiam disjecti membra poetæ [4] :

il ne se dementira point pour cela ; les pieces mesmes en seront belles. C'est ce que respondit Menander, comme on le tansast, approchant le jour auquel il avoit promis une comedie, de quoy il n'y avoit encores mis la main : « Elle est composée et preste ; il ne reste qu'à y adjouster les vers [5] : » [ayant les choses et la matiere disposée en l'ame, il mettoit en peu de compte le demourant. Depuis que Ronsard et du Bellay ont donné credit à nostre poësie françoise, je ne veois si petit apprenti qui n'enfle des mots, qui ne renge les cadences à peu près comme eux : *Plus sonat quàm valet [6].* Pour le vulgaire, il ne feut jamais tant de

---

(1) Ce que l'on conçoit bien s'énonce clairement,
Et les mots, pour le dire, arrivent aisément.
Hor., *Art poét.*, v. 311, imité par Boileau.

(2) Quand les choses ont saisi l'esprit, les mots viennent en foule. Sén. *Controvers.*, III, proœm.

(3) Les choses entraînent les paroles. Cic., *de Finib.*, III, 5.

(4) Toutes les éditions que j'ai pu consulter sont conformes à cette leçon ; mais, comme elle est assez obscure, je proposerais de lire : *Ne le sçait pas son laquais, ou*, etc. C'est du moins ainsi que la phrase doit être entendue. Lef....

(5) Dial. *des Orateurs*, c. 19. Mais il faut lire *Aper* dans le texte de Montaigne. J. V. L.

(6) Plut., *Apophthegmes des Lacédémoniens*. C.

(1) Plut., *Instruction pour ceux qui manient affaires d'état*, chap. 4 d'Amyot. C.

(2) Plut., *Vie de Caton*, c. 6. C.

(3) Ses vers sont négligés ; mais il a de la verve. Hor. *Sat.*, I, 4, 8.

(4) Otez-en le rhythme et la mesure, changez l'ordre des mots ; vous retrouverez le poète dans ses membres dispersés. Hor., *Sat.*, I, 4, 58.

(5) Plut., *Si les Athéniens ont été plus excellens en armes qu'en lettres*, c. 4, trad. d'Amyot. C.

(6) Dans tout cela, plus de son que de sens. Sén. *Epist.* 40.

poëtes; mais, comme il leur a esté bien aysé de representer leurs rhythmes, ils demeurent bien aussi court à imiter les riches descriptions de l'un et les delicates inventions de l'autre.

Voire mais, que fera il[1] si on le presse de la subtilité sophistique de quelque syllogisme? « Le jambon faict boire; le boire desaltere : parquoy le jambon desaltere. » Qu'il s'en mocque : il est plus subtil de s'en mocquer que d'y respondre[2]. Qu'il emprunte d'Aristippus ceste plaisante contrefinesse : « Pourquoy le deslieray je, puisque tout lié il m'empesche[3]? » Quelqu'un proposoit contre Cleanthes des finesses dialectiques, à qui Chrysippus dict : « Joue toy de ces battelages avecques les enfants, et ne destourne à cela les pensées serieuses d'un homme d'aage[4]. » Si ces sottes arguties, *contorta et aculeata sophismata*[5], luy doibvent persuader un mensonge, cela est dangereux; mais si elles demeurent sans effect, et ne l'esmeuvent qu'à rire, je ne veois pas pourquoy il s'en doibve donner garde. Il en est de si sots qu'ils se destournent de leur voye un quart de lieue pour courir après un beau mot : *Aut qui non verba rebus aptant, sed res extrinsecùs arcessunt, quibus verba conveniant*[6] : et l'aultre, *qui, alicuius verbi decore placentis, vocentur ad id quod non proposuerant scribere*[7]. Je tors bien plus volontiers une bonne sentence, pour la coudre sur moy, que je ne destors mon fil pour l'aller querir. Au rebours, c'est aux paroles à servir et à suyvre; et que le gascon y arrive, si le françois n'y peult aller[8]. Je veulx que les choses surmontent, et qu'elles remplissent de façon l'imagination de celuy qui escoute, qu'il n'aye aulcune souvenance des mots. Le parler que j'ayme, c'est un parler simple et naïf, tel sur le papier qu'à la bouche; un parler succulent et nerveux, court et serré; non tant delicat et peigné, comme vehement et brusque :

Hæc demum sapiet dictio, quæ feriet [1];

plustost difficile qu'ennuyeux; esloingné d'affectation; desreglé, descousu et hardy : chasque loppin y fasse son corps; non pedantesque, non fratesque[2], non plaideresque, mais plustost soldatesque, comme Suetone appelle celuy de Julius Cesar[3]; et si ne sens pas bien pourquoy il l'en appelle.

J'ay volontiers imité ceste desbauche qui se veoid en nostre jeunesse au port de leurs vestements; un manteau en escharpe, la cape sur une espaule, un bas mal tendu, qui represente une fierté desdaigneuse de ces parements estrangiers, et nonchalante de l'art; mais je la treuve encore mieulx employée en la forme du parler. Toute affectation, nomméement en la gayeté et liberté françoise, est mesadvenante au courtisan; et en une monarchie, tout gentilhomme doibt estre dressé au port d'un courtisan; parquoy nous faisons bien de gauchir un peu sur le naïf et mesprisant. Je n'ayme point de tissure où les liaisons et les coustures paroissent; tout ainsi qu'en un beau corps il ne fault pas qu'on y puisse compter les os et les veines. *Quæ veritati operam dat oratio incomposita sit et simplex*[4]. *Quis accuratè loquitur, nisi qui vult putidè loqui*[5]? L'éloquence faict injure aux choses, qui nous destourne à soy. Comme aux accoustrements, c'est pusillanimité de se vouloir marquer par quelque façon particuliere et inusitée, de mesme au langage la recherche des phrases nouvelles et

---

(1) C'est-à-dire, *Mais que fera notre jeune élève, si on le presse, etc.* — Montaigne revient à son principal sujet, qu'il semblait avoir entièrement perdu de vue. C.

(2) Sén. *Epist.* 49. C.

(3) Diog. Laerce, II, 70. C.

(4) Diog. Laerce, VII, 183. C.

(5) Ces sophismes entortillés et épineux. Cic., *Acad.*, II, 24.

(6) Ou qui ne choisissent pas les mots pour les choses, mais qui vont chercher, hors du sujet, des choses auxquelles les mots puissent convenir. Quintil., VIII, 3.

(7) Qui, pour ne perdre un mot qui leur plait, s'engagent dans une matière qu'ils n'avaient pas dessein de traiter. Sén., *Epist.* 59.

(8) J.-J. Rousseau a dit aussi quelque part : « Toutes les fois qu'à l'aide d'un solécisme je pourrai me faire mieux entendre, ne pensez pas que j'hésite. » Il s'est bien fait entendre sans avoir besoin de solécismes, et sa phrase est exagérée; mais elle prouve qu'il était aussi peu esclave du purisme que l'écrivain gascon. J. V. L.

(1) Que l'expression frappe, elle plaira. *Epitaphe de Lucain*, citée dans la *Bibliothèque latine de Fabricius*, II, 10. C.

(2) *Non monacal.* Fratesque, de l'italien *fratesco*, adjectif dérivé de *frate*, moine. C.

(3) C'est dans sa Vie, c. 55, au commencement. Mais Montaigne a été trompé par les éditions vulgaires, où on lisait : *Eloquentiâ militari; quâ re aut æquavit, etc.*; au lieu que, dans les dernières et meilleures éditions, on lit aujourd'hui : *Eloquentiâ, militarique re, aut æquavit, etc.* Ainsi, ce qui lui faisait de la peine disparait avec la fausse leçon. C.

(4) La vérité doit parler un langage simple et sans art. Sén., *Epist.* 40.

(5) Quiconque parle avec affectation est sûr de causer du dégoût et de l'ennui. Sén., *Epist.* 75.

des mots peu cogneus vient d'une ambition scholastique et puerile. Peusse je ne me servir que de ceulx qui servent aux hales à Paris! Aristophanes le grammairien n'y entendoit rien, de reprendre en Epicurus la simplicité de ses mots et la fin de son art oratoire, qui estoit perspicuité de langage seulement[1]. L'imitation du parler, par sa facilité, suyt incontinent tout un peuple; l'imitation du juger, de l'inventer, ne va pas si viste. La pluspart des lecteurs, pour avoir trouvé une pareille robbe, pensent très faulsement tenir un pareil corps; la force et les nerfs ne s'empruntent point, les atours et le manteau s'empruntent. La pluspart de ceux qui me hantent parlent de mesme les Essais; mais je ne sçay s'ils pensent de mesme. Les Atheniens, dict Platon[2], ont pour leur part le soing de l'abondance et elegance du parler, les Lacedemoniens, de la briefveté, et ceulx de Crete, de la fecondité des conceptions plus que du langage; ceulx cy sont les meilleurs. Zenon disoit[3] qu'il avoit deux sortes de disciples: les uns qu'ils nommoient φιλολόγους, curieux d'apprendre les choses, qui estoient ses mignons; les aultres λογοφίλους, qui n'avoyent soing que du langage. Ce n'est pas à dire que ce ne soit une belle et bonne chose que le bien dire, mais non pas si bonne qu'on la faict, et suis despit de quoy nostre vie s'embesongne toute à cela. Je vouldrois premierement bien sçavoir ma langue, et celle de mes voysins où j'ay plus ordinaire commerce.

C'est un bel et grand adgencement sans doubte que le grec et le latin, mais on l'achete trop cher. Je diray icy une façon d'en avoir meilleur marché que de coustume, qui a esté essayée en moy mesme; s'en servira qui vouldra. Feu mon pere, ayant faict toutes les recherches qu'homme peult faire parmy les gents sçavants et d'entendement, d'une forme d'institution exquise, feut advisé de cest inconvenient qui estoit en usage; et luy disoit on que ceste longueur que nous mettions à apprendre les langues qui ne leur coustoient rien est la seule cause pourquoy nous ne pouvons arriver à la grandeur d'ame et de cognoissance des anciens Grecs et Romains. Je ne croy pas que ce en soit la seule cause. Tant y a que l'expedient que mon pere y trouva, ce feut qu'en nourrice, et avant le premier desnouement de ma langue, il me donna en charge à un Allemand, qui depuis est mort fameux medecin en France, du tout ignorant de nostre langue, et très bien versé en la latine. Cestuy cy, qu'il avoit faict venir exprés, et qui estoit bien cherement gagé, m'avoit continuellement entre les bras. Il en eut aussi avecques luy deux aultres moindres en sçavoir, pour me suyvre, et soulager le premier: ceulx cy ne m'entretenoient d'aultre langue que latine. Quant au reste de sa maison, c'estoit une regle inviolable que ny luy mesme, ny ma mere, ny valet, ny chambriere, ne parloient en ma compaignie qu'autant de mots de latin que chascun avoit apprins pour jargonner avecques moy. C'est merveille du fruict que chascun y feit: mon pere et ma mere y apprindrent assez de latin pour l'entendre, et en acquirent à suffisance pour s'en servir à la necessité, comme feirent aussi les aultres domestiques qui estoient plus attachés à mon service. Somme, nous nous latinizasmes tant qu'il en regorgea jusques à nos villages tout autour, où il y a encores, et ont prins pied par l'usage, plusieurs appellations latines d'artisans et d'utils. Quant à moy, j'avoy plus de six ans avant que j'entendisse non plus de françois ou de perigordin que d'arabesque; et, sans art, sans livre, sans grammaire ou precepte, sans fouet et sans larmes, j'avois apprins du latin tout aussi pur que mon maistre d'eschole le sçavoit; car je ne le pouvois avoir meslé ny alteré. Si par essay on me vouloit donner un theme, à la mode des colleges, on le donne aux aultres en françois, mais à moy il me le falloit donner en mauvais latin pour le tourner en bon. Et Nicolas Grouchy, qui a escript *de Comitiis Romanorum*[1]; Guillaume Guerente, qui a commenté Aristote; George Buchanan, ce grand poëte escossois; Marc Antoine Muret, que la France et l'Italie recognoissent pour le meilleur orateur du temps, mes precepteurs domestiques, m'ont dict souvent que j'avois ce langage en mon enfance si prest et si à main qu'ils craignoient à m'accoster. Buchanan, que je veis depuis à la suitte de feu monsieur le mareschal de Brissac, me dict qu'il

---

(1) Diog. Laerce, X, 13. C.
(2) *Des Lois*, I, p. 641, édit. d'Estienne, 1578; chap. 11, p. 52, édit. de M. Ast, 1814. J. V. L.
(3) Stobée, *Serm.* 34. C.

(1) Ouvrage estimé, Paris, Vascosan, 1555; reproduit dans le tome Ier des *Antiquités romaines* de Grévius. J. V. L.

estoit après à escrire de l'institution des enfants, et qu'il prenoit l'exemplaire de la mienne ; car il avoit lors en charge ce comte de Brissac que nous avons veu depuis si valeureux et si brave.

Quant au grec, duquel je n'ay quasi du tout point d'intelligence, mon pere desseigna me le faire apprendre par art, mais d'une voye nouvelle, par forme d'esbat et d'exercice ; nous pelotions nos declinaisons à la maniere de ceux qui, par certains jeux de tablier¹, apprennent l'arithmetique et la geometrie. Car entre aultres choses, il avoit esté conseillé de me faire gouster la science et le debvoir par une volonté non forcée, et de mon propre desir, et d'eslever mon ame en toute doulceur et liberté, sans rigueur et contraincte : je dis jusques à telle superstition que, parce qu'aulcuns tiennent que cela trouble la cervelle tendre des enfants de les esveiller le matin en sursault, et de les arracher du sommeil (auquel ils sont plongés beaucoup plus que nous ne sommes) tout à coup et par violence, il me faisoit esveiller par le son de quelque instrument ; et ne feus jamais sans homme qui m'en servist.

Cest exemple suffira pour en juger le reste, et pour recommender aussi et la prudence et l'affection d'un si bon pere, auquel il ne se fault prendre s'il n'a recueilly aulcuns fruicts respondants à une si exquise culture. Deux choses en feurent cause : en premier, le champ sterile et incommode ; car, quoique j'eusse la santé ferme et entiere, et quand et quand un naturel doulx et traictable, j'estoy parmy cela si poisant, mol et endormy qu'on ne me pouvoit arracher de l'oysifveté, non pas pour me faire jouer. Ce que je voyois, je le voyois bien ; et, soubs ceste complexion lourde, nourrissois des imaginations hardies et des opinions au dessus de mon aage. L'esprit, je l'avoy lent, et qui n'alloit qu'autant qu'on le menoit ; l'apprehension tardifve, l'invention lasche ; et, après tout, un incroyable default de memoire. De tout cela, il n'est pas merveille s'il ne sceut rien tirer qui vaille. Secondement, comme ceulx que presse un furieux desir de guarison se laissent aller à toute sorte de conseils, le bon homme, ayant extreme peur de faillir en chose qu'il avoit tant à cœur, se laissa enfin emporter à l'opinion commune, qui suyt tousjours ceulx qui vont devant, comme les grues, et se rengea à la coustume, n'ayant plus autour de luy ceulx qui luy avoient donné ces premieres institutions, qu'il avoit apportées d'Italie ; et m'envoya environ mes six ans au college de Guienne, très florissant pour lors, et le meilleur de France : et là, il n'est possible de rien adjouster au soing qu'il eut, et à me choisir des preceptors de chambre suffisants, et à toutes les aultres circonstances de ma nourriture, en laquelle il reserva plusieurs façons particulieres, contre l'usage des colleges ; mais tant y a que c'estoit tousjours' college. Mon latin s'abastardit incontinent, duquel depuis par desaccoustumance j'ay perdu tout usage ; et ne me servit ceste mienne inaccoustumée institution que de me faire enjamber d'arrivée aux premieres classes ; car, à treize ans que je sortis du college, j'avois achevé mon cours (qu'ils appellent), et, à la verité, sans aulcun fruict que je peusse à present mettre en compte.

Le premier goust que j'eus aux livres, il me veint du plaisir des fables de la Metamorphose d'Ovide ; car environ l'aage de sept ou huict ans, je me desrobois de tout aultre plaisir pour les lire ; d'autant que ceste langue estoit la mienne maternelle et que c'estoit le plus aysé livre que je cogneusse et le plus accommodé à la foiblesse de mon aage, à cause de la matiere ; car des Lancelots du Lac, des Amadis, des Huons de Bordeaux, et tels fatras de livres à quoy l'enfance s'amuse, je n'en cognoissoys pas seulement le nom ny ne foys encores le corps ; tant exacte estoit ma discipline ! Je m'en rendoys plus nonchalant à l'estude de mes aultres leçons prescriptes. Là, il me veint singulierement à propos d'avoir affaire à un homme d'entendement de precepteur qui sceut dextrement conniver à ceste mienne desbauche et aultres pareilles ; car par là j'enfilay tout d'un train Virgile en l'Æneide, et puis Terence, et puis Plaute, et des comedies italiennes, leurré tousjours par la douceur du subject. S'il eust esté si fol de rompre ce train, j'estime que je n'eusse rapporté du college que la haine des livres, comme faict quasi toute nostre noblesse. Il s'y gouverna ingenieusement, faisant semblant de n'en veoir rien ; il

---

(1) *Damier.* On appelait jadis le jeu de dames *jeu de tables*. A. D.

aiguisoit ma faim, ne me laissant qu'à la desrobée gourmander ces livres et me tenant doulcement en office pour les aultres estudes de la regle; car les principales parties que mon pere cherchoit à ceulx à qui il donnoit charge de moy, c'estoit la debonnaireté et facilité de complexion. Aussi n'avoit la mienne aultre vice que langueur et paresse. Le danger n'estoit pas que je feisse mal, mais que je ne feisse rien; nul ne prognostiquoit que je deusse devenir mauvais, mais inutile; on y prevoyoit de la faineantise, non pas de la malice. Je sens qu'il en est advenu de mesme; les plainctes qui me cornent aux aureilles sont telles : il est oysif, froid aux offices d'amitié et de parenté, et aux offices publiques, trop particulier, trop desdaigneux. Les plus injurieux mesme ne disent pas, pourquoy a il prins? pourquoy n'a il payé? mais, pourquoy ne quitte il? pourquoy ne donne il? Je recevrois à faveur qu'on ne desirast en moy que tels effects de supererogation; mais ils sont injustes d'exiger ce que je ne doy pas, plus rigoureusement beaucoup qu'ils n'exigent d'eulx ce qu'ils doibvent. En m'y condamnant, ils effacent la gratification de l'action et la gratitude qui m'en seroit deue; là où le bien faire actif debvroit plus poiser de ma main en consideration de ce que je n'en ay de passif nul qui soit. Je puis d'autant plus librement disposer de ma fortune qu'elle est plus mienne et de moy que je suis plus mien. Toutesfois, si j'estoy grand enlumineur de mes actions, à l'adventure rembarrerois je bien ces reproches, et à quelques uns apprendrois qu'ils ne sont pas si offensés que je ne face pas assez, que de quoy je puisse faire assez plus que je ne foys.

Mon ame ne laissoit pourtant en mesme temps d'avoir à part soy des remuements fermes et des jugements seurs et ouverts autour des objects qu'elle cognoissoit et les digeroit seule sans aulcune communication; et entre aultres choses, je crois à la verité qu'elle eust esté du tout incapable de se rendre à la force et violence. Mettray je en compte ceste faculté de mon enfance? une asseurance de visage et souplesse de voix et de geste à m'appliquer aux roolles que j'entreprenois; car avant l'aage,

Alter ab undecimo tùm me vix ceperat annus [1],

(1) A peine étais-je alors dans ma douzième année. VIRG., *Eclog.*, VIII, 39.

j'ay soustenu [1] les premiers personnages ès tragedies latines de Buchanan, de Guerente et de Muret, qui se representerent en nostre college de Guienne avecques dignité ; en cela, Andreas Goveanus [2], nostre principal, comme en toutes aultres parties de sa charge, feut sans comparaison le plus grand principal de France, et m'en tenoit on maistre ouvrier. C'est un exercice que je ne mesloue point aux jeunes enfants de maison, et ay veu nos princes s'y addonner depuis en personne à l'exemple d'aulcuns des anciens honnestement et louablement ; il estoit loisible mesme d'en faire mestier aux gents d'honneur et en Grece : *Aristoni tragico actori rem aperit : huic et genus et fortuna honesta erant; nec ars, quià nihil tale apud Græcos pudori est, ea deformabat* [3] : car j'ay tousjours accusé d'impertinence ceulx qui condamnent ces esbattements, et d'injustice ceux qui refusent l'entrée de nos bonnes villes aux comediens qui le valent, et envient au peuple ces plaisirs publicques. Les bonnes polices prennent soing d'assembler les citoyens, et les r'allier, comme aux offices serieux de la devotion, aussi aux exercices et jeux; la societé et amitié s'en augmente; et puis on ne leur sçauroit conceder des passe-temps plus reglés que ceulx qui se font en presence d'un chascun, et à la veue mesme du magistrat; et trouveroy raisonnable que le prince, à ses despens, en gratifiast quelquesfois la commune, d'une affection et bonté comme paternelle; et qu'aux villes populeuses il y eust des lieux destinés et disposés pour ces spectacles; quelque divertissement de pires actions et occultes.

Pour revenir à mon propos, il n'y a tel que d'alleicher l'appetit et l'affection : aultrement on ne faict que des asnes chargés de livres; on

(1) Voltaire, dans la préface de *l'Ecossaise*, a transcrit toute la fin de ce chapitre. « Nous ne pouvons, dit-il, mieux finir cette préface que par ce passage de notre compatriote Montaigne sur les spectacles. »

(2) André de Gouvéa, né à Béja, en Portugal, vers la fin du quinzième siècle, fut nommé principal du collége de Guienne, à Bordeaux, en 1534. Il le dirigea pendant treize ans, et ne le quitta que pour l'université de Coïmbre, où il mourut en 1548. Il n'a point laissé d'ouvrage. Aussi le jurisconsulte Antoine de Gouvéa, son frère, est-il beaucoup plus célèbre que lui. J. V. L.

(3) Il découvre son projet à l'acteur tragique Ariston. C'était un homme distingué par sa naissance et sa fortune, et son art ne lui ôtait point l'estime de ses concitoyens; car il n'a rien de honteux chez les Grecs. TITE LIVE, XXIV, 24.

leur donne à coups de fouet en garde leur pochette pleine de science, laquelle pour bien faire il ne fault pas seulement loger chez soy, il la fault espouser[1].

CHAPITRE XXVI.

C'est folie de rapporter le vray et le faulx au jugement de nostre suffisance.

Ce n'est pas à l'adventure sans raison que nous attribuons à simplesse et ignorance la facilité de croire et de se laisser persuader; car il me semble avoir apprins aultrefois que la creance estoit comme une impression qui se faisoit en nostre ame; et à mesure qu'elle se trouvoit plus molle et de moindre resistance, il estoit plus aysé à y empreindre quelque chose. *Ut necesse est lancem in librâ, ponderibus impositis, deprimi, sic animum perspicuis cedere*[2]. D'aptant que l'ame est plus vuide et sans contrepoids, elle se baisse plus facilement soubs la charge de la premiere persuasion; voylà pourquoy les enfants, le vulgaire, les femmes et les malades sont plus subjects à estre menés par les aureilles. Mais aussi, de l'aultre part, c'est une sotte presumption d'aller desdaignant et condamnant pour faulx ce qui ne nous semble pas vraysemblable: qui est un vice ordinaire de ceulx qui pensent avoir quelque suffisance oultre la commune. J'en faisois ainsin aultrefois; et si j'oyoy parler ou des esprits qui reviennent, ou du prognostique des choses futures, des enchantements, des sorcelleries, ou faire quelque aultre conte où je ne peusse pas mordre,

Somnia, terrores magicos, miracula, sagas,
Nocturnos lemures, portentaque Thessala[3],

il me venoit compassion du pauvre peuple abusé de ces folies. Et, à present, je treuve que j'estoy pour le moins autant à plaindre moy mesme; non que l'experience m'aye depuis rien faict veoir au dessus de mes premieres creances, et si n'a pas tenu à ma curiosité; mais la raison m'a instruict que, de condemner ainsi resolument une chose pour faulse et impossible, c'est se donner l'advantage d'avoir dans la teste les bornes et limites de la volonté de Dieu et de la puissance de nostre mere nature; et qu'il n'y a point de plus notable folie au monde, que de les ramener à la mesure de nostre capacité et suffisance. Si nous appellons monstres, ou miracles, ce où nostre raison ne peult aller, combien s'en presente il continuellement à nostre veue? Considerons au travers de quels nuages et comment à tastons on nous mene à la cognoissance de la pluspart des choses qui nous sont entre mains: certes, nous trouverons que c'est plustost accoustumance que science qui nous en oste l'estrangeté;

Jam nemo, fessus saturusque videndi,
Suspicere in cœli dignatur lucida templa[1]:

et que ces choses là, si elles nous estoyent presentées de nouveau, nous les trouverions autant ou plus incroyables qu'aulcunes aultres.

Si nunc primum mortalibus adsint
Ex improviso, ceu sint objecta repente,
Nil magis his rebus poterat mirabile dici,
Aut minus antè quod auderent fore credere gentes[2].

Celuy qui n'avoit jamais veu de riviere, à la premiere qu'il rencontra, il pensa que ce feust l'Ocean; et les choses qui sont a nostre cognoissance les plus grandes, nous les jugeons estre les extresmes que nature face en ce genre:

Scilicet et fluvius qui non est maximus, ei'st
Qui non antè aliquem majorem vidit; et ingens
Arbor, homoque videtur; et omnia de genere omni
Maxima quæ vidit quisque, hæc ingentia fingit[3].

---

(1) Ce chapitre ne saurait être ni trop loué, ni trop lu, ni trop médité. La partie de l'*Émile* où Rousseau traite de l'éducation n'est qu'un long commentaire de ce beau chapitre de Montaigne et de celui qui le précède.... Les seuls conseils véritablement utiles et praticables sur l'éducation des enfants que puisse fournir le livre de Rousseau sont précisément ceux qu'il doit à Montaigne. N.

(2) Comme le poids fait nécessairement pencher la balance, ainsi l'évidence entraîne l'esprit. Cic., *Academ.*, II, 12.

(3) De songes, de visions magiques, de miracles, de sorcières, d'apparitions nocturnes et d'autres prodiges de Thessalie. Hor., *Epist.*, II, 2, 208.

(1) Fatigués et rassasiés du spectacle des cieux, nous ne daignons plus lever les yeux vers ces palais de lumière. Luc., II, 1037. — Montaigne refait le vers de Lucrèce, où l'on trouve, *fessus satiate videndi*. *Satias* est un mot employé aussi par Térence, Plaute, Salluste, et même par Tite Live, XXX, 3. Je crains, au contraire, que *saturus* ne puisse pas se dire pour *satur*, et que l'élève de Gouvéa, de Buchanan, de Muret, n'ait fait un barbarisme. J. V. L.

(2) Si, par une apparition soudaine, ces merveilles frappaient nos regards pour la première fois, que pourrions-nous leur comparer dans la nature? Avant de les avoir vues, nous n'aurions pu rien imaginer de semblable. Luc., II, 1032.

(3) Un fleuve parait grand à qui n'en a pas vu de plus grand

Consuetudine oculorum assuescunt animi, neque admirantur, neque requirunt rationes earum rerum quas semper vident[1]. La nouvelleté des choses nous incite, plus que leur grandeur, à en rechercher les causes. Il fault juger avecques plus de reverence de ceste infinie puissance de nature, et plus de recognoissance de nostre ignorance et foiblesse. Combien y a il de choses peu vraysemblables, tesmoignées par gents dignes de foy, desquelles, si nous ne pouvons estre persuadés, au moins les fault il laisser en suspens? car, de les condamner impossibles, c'est se faire fort, par une temeraire presumption, de sçavoir jusques où va la possibilité. Si l'on entendoit bien la difference qu'il y a entre l'impossible et l'inusité, et entre ce qui est contre l'ordre du cours de nature et contre la commune opinion des hommes, en ne croyant pas temerairement, ny aussi ne descroyant pas facilement, on observeroit la regle de *Rien trop*, commandée par Chilon.

Quand on treuve dans Froissard[2] que le comte de Foix sceut, en Bearn, la defaicte du roy Jean de Castille à Juberoth le lendemain qu'elle feut advenue, et les moyens qu'il en allegue, on s'en peult mocquer; et de ce mesme que nos annales disent que le pape Honorius, le propre jour que le roy Philippe Auguste mourut à Mante, feit faire ses funerailles publicques, et les manda faire par toute l'Italie; car l'auctorité de ces tesmoings n'a pas à l'adventure assez de reng pour nous tenir en bride. Mais quoy! si Plutarque, oultre plusieurs exemples qu'il allegue de l'antiquité, dict sçavoir de certaine science que, du temps de Domitian, la nouvelle de la battaille perdue par Antonius en Allemaigne, à plusieurs journées de là[3], feut publiée à Rome, et semée par tout le monde, le mesme jour qu'elle avoit esté perdue; et si Cesar tient qu'il est souvent advenu que la renommée a devancé l'accident[4], dirons nous pas que ces simples gents là se sont laissés piper après le vulgaire pour n'estre pas clairvoyants comme nous? Est il rien plus delicat, plus net et plus vif que le jugement de Pline, quand il luy plaist de le mettre en jeu? rien plus esloingné de vanité? je laisse à part l'excellence de son sçavoir, duquel je foys moins de compte; en quelle partie de ces deux là le surpassons nous? toutesfois il n'est si petit escholier qui ne le convainque de mensonge, et qui ne luy veuille faire leçon sur le progrès des ouvrages de nature.

Quand nous lisons dans Bouchet les miracles des reliques de sainct Hilaire, passe; son credit n'est pas assez grand pour nous oster la licence d'y contredire; mais de condamner d'un train toutes pareilles histoires me semble singuliere impudence. Ce grand sainct Augustin tesmoigne[1] avoir veu, sur les reliques sainct Gervais et Protaise à Milan, un enfant aveugle recouvrer la veue; une femme, à Carthage, estre guarie d'un cancer par le signe de la croix qu'une femme nouvellement baptisée luy feit; Hesperius, un sien familier, avoir chassé les esprits qui infestoient sa maison avecques un peu de terre du sepulchre de nostre Seigneur; et ceste terre depuis transportée à l'église, un paralytique en avoir esté soubdain guary; une femme en une procession ayant touché à la chasse sainct Estienne, d'un bouquet, et de ce bouquet s'estant frotté les yeulx, avoir recouvré la veue pieça perdue ; et plusieurs aultres miracles où il dict luy mesme avoir assisté; de quoy accuserons nous et luy et deux saincts evesques Aurelius et Maximinus, qu'il appelle pour ses recors[2]? sera ce d'ignorance, simplesse, facilité? ou de malice et imposture? Est il homme en nostre siecle si impudent qui pense leur estre comparable, soit en vertu et pieté, soit en sçavoir, jugement et suffisance? *Qui ut rationem nullam afferrent, ipsa auctoritate me frangerent*[3].

C'est une hardiesse dangereuse et de consequence, oultre l'absurde temerité qu'elle traisne quand et soy, de mespriser ce que nous ne concevons pas; car après que, selon vostre bel entendement, vous avez estably les limites de la verité et de la mensonge, et qu'il se treuve que

---

[1] il en est de meme d'un arbre, d'un homme et de tout autre objet, quand on n'a rien vu de plus grand dans la même espèce. Luc., VI, 674.

(1) Notre esprit, familiarisé avec les objets qui frappent tous les jours notre vue, ne les admire point et ne songe pas à en rechercher les causes. Cic., *de Nat. deor.*, II, 38.

(2) Ce fait est de l'an 1385. C.

(3) A plus de huit cent quarante lieues, dit Plut., *Vie de Paul Emile*. Mais il n'y avait réellement que deux cent cinquante lieues. A. D.

(4) *Nam plerùmque in novitate fama antecedit*. César, *Guerre civile*, III, 36.

---

(1) *De Civit. Dei*, XXII, 8. C.

(2) Témoins. *Recors*, du verbe latin *recordari*, se souvenir. C.

(3) Quand même ils n'apporteraient aucune raison, ils me persuaderaient par leur seule autorité. Cic., *Tusc. quæst.*, I, 21.

vous avez necessairement à croire des choses où il y a encores plus d'estrangeté qu'en ce que vous niez, vous vous estes desjà obligé de les abandonner. Or, ce qui me semble apporter autant de desordre en nos consciences, en ces troubles où nous sommes de la religion, c'est ceste dispensation que les catholiques font de leur creance. Il leur semble faire bien les moderés et les entendus quand ils quittent aux adversaires aulcuns articles de ceulx qui sont en debat ; mais, oultre ce qu'ils ne veoyent pas quel advantage c'est à celuy qui vous charge de commencer à luy ceder et vous tirer arriere, et combien cela l'anime à poursuyvre sa poincte, ces articles là, qu'ils choisissent pour les plus legiers, sont aulcunefois très importants. Ou il fault se soubmettre du tout à l'auctorité de nostre police ecclesiastique, ou du tout s'en dispenser ; ce n'est pas à nous à establir la part que nous luy debvons d'obeïssance. Et davantage, je le puis dire pour l'avoir essayé, ayant aultrefois usé de ceste liberté de mon chois et triage particulier, mettant à nonchaloir certains poincts de l'observance de nostre Eglise qui semblent avoir un visage ou plus vain ou plus estrange, venant à en communiquer aux hommes sçavants, j'ay trouvé que ces choses là ont un fondement massif et très solide, et que ce n'est que bestise et ignorance qui nous faict les recevoir avecques moindre reverence que le reste. Que ne nous souvient il combien nous sentons de contradiction en nostre jugement mesme ! combien de choses nous servoient hier d'articles de foy, qui nous sont fables aujourd'huy ! La gloire et la curiosité sont les fleaux de nostre ame ; ceste cy nous conduict à mettre le nez par tout, et celle là nous deffend de rien laisser irresolu et indecis.

CHAPITRE XXVII.

De l'amitié.

Considerant la conduicte de la besongne d'un peintre que j'ay, il m'a prins envie de l'ensuyvre. Il choisit le plus bel endroict et milieu de chasque paroy pour y loger un tableau eslaboré de toute sa suffisance ; et le vuide tout autour, il le remplit de crotesques, qui sont peinctures fantasques, n'ayants grace qu'en la varieté et estrangeté. Que sont ce icy aussi, à la verité, que crotesques et corps monstrueux, rappiecés de divers membres, sans certaine figure, n'ayants ordre, suitte, ny proportion que fortuite ?

Desinit in piscem mulier formosa superne [1].

Je vay bien jusques à ce second poinct avecques mon peintre ; mais je demeure court en l'aultre et meilleure partie ; car ma suffisance ne va pas si avant que d'oser entreprendre un tableau riche, poly, et formé selon l'art. Je me suis advisé d'en emprunter un d'Estienne de La Boëtie, qui honorera tout le reste de ceste besongne : c'est un discours auquel il donna nom LA SERVITUDE VOLONTAIRE ; mais ceulx qui l'ont ignoré l'ont bien proprement depuis rebaptisé LE CONTRE UN. Il l'escrivit par maniere d'essay en sa premiere jeunesse [2], à l'honneur de la liberté contre les tyrans. Il court pieça ès mains des gents d'entendement, non sans bien grande et meritée recommendation ; car il est gentil et plein ce qu'il est possible. Si y a il bien à dire, que ce ne soit le mieulx qu'il peust faire : et si en l'aage que je l'ay cogneu plus avancé, il eust prins un tel desseing que le mien de mettre par escript ses fantasies, nous verrions plusieurs choses rares, et qui approcheroient bien près de l'honneur de l'antiquité ; car notamment en ceste partie des dons de nature, je n'en cognoy point qui luy soit comparable. Mais il n'est demeuré de luy que ce discours, encores par rencontre, et croy qu'il ne le veit oncques depuis qu'il luy eschappa ; et quelques memoires sur cest edict de janvier [3], fameux par nos guerres civiles, qui trouveront encores ailleurs peut estre leur place. C'est tout ce que j'ay peu recouvrer de ses reliques, moy qu'il laissa, d'une si amoureuse recommendation, la mort entre les dents, par son testament, heritier de sa bibliotheque et de ses papiers, oultre le livret de ses œuvres

(1) La partie supérieure est une belle femme et le reste un poisson. HOR., *Art poétique*, v. 4.

(2) *N'ayant pas atteinct le dix-huitiesme an de son aage*, édit. de 1588, in-4°. A la fin du chapitre, il dit que La Boëtie n'avait alors que seize ans. J. V. L.

(3) Donné en 1562, sous le règne de Charles IX, encore mineur. Cet édit accordait aux huguenots l'exercice public de leur religion. Le parlement refusa d'abord de l'enregistrer, en disant : *Nec possumus, nec debemus* ; mais il y consentit, après deux lettres de jussion. Il y a dans cet édit une espèce de règle de conduite pour les protestants ; et il est dit *qu'ils n'avanceront rien de contraire au concile de Nicée, au symbole, ni au livre de l'Ancien et du Nouveau Testament.*

que j'ay faict mettre en lumiere[1]. Et si suis obligé particulierement à ceste piece, d'autant qu'elle a servy de moyen à nostre premiere accointance; car elle me feut montrée longue espace avant que je l'eusse veu, et me donna la premiere cognoissance de son nom, acheminant ainsi ceste amitié que nous avons nourrie, tant que Dieu a voulu, entre nous, si entiere et si parfaicte que certainement il ne s'en lit gueres de pareilles, et entre nos hommes il ne s'en veoid aulcune trace en usage. Il fault tant de rencontres à la bastir que c'est beaucoup si la fortune y arrive une fois en trois siecles.

Il n'est rien à quoy il semble que nature nous aye plus acheminés qu'à la societé; et dict Aristote[2] que les bons legislateurs ont eu plus de soing de l'amitié que de la justice. Or, le dernier poinct de sa perfection est cestuy cy: car en general toutes celles que la volupté, ou le proufit, le besoing publique ou privé, forge et nourrit, en sont d'autant moins belles et genereuses, et d'autant moins amitiés qu'elles meslent aultre cause et but et fruict en l'amitié qu'elle mesme. Ny ces quatre especes anciennes, naturelle, sociale, hospitaliere, venerienne, particulierement n'y conviennent, ny conjoinctement.

Des enfants aux peres, c'est plustost respect. L'amitié se nourrit de communication, qui ne peult se trouver entre eulx pour la trop grande disparité, et offenseroit à l'adventure les debvoirs de nature: car ny toutes les secrettes pensées des peres ne se peuvent communiquer aux enfants, pour n'y engendrer une messeante privauté; ny les advertissements et corrections, qui est un des premiers offices d'amitié, ne se pourroient exercer des enfants aux peres. Il s'est trouvé des nations où, par usage, les enfants tuoyent leurs peres, et d'aultres où les peres tuoyent leurs enfants, pour eviter l'empeschement qu'ils se peuvent quelquesfois entreporter: et naturellement l'un despend de la ruine de l'aultre. Il s'est trouvé des philosophes desdaignants ceste cousture naturelle: tesmoings Aristippus[3], qui, quand on le pressoit de l'affection qu'il debvoit à ses enfants pour estre sortis de luy, il se meit à cracher, disant que cela en estoit aussi bien sorty; que nous engendrions bien des pouils et des vers: et cet aultre que Plutarque[1] vouloit induire à s'accorder aveecques son frere: « Je n'en fais pas, dict il, plus grand estat pour estre sorti de mesme trou. » C'est, à la vérité, un beau nom et plein de dilection que le nom de *frere*, et à ceste cause en feismes nous, luy et moy, nostre alliance; mais ce meslange de biens, ces partages, et que la richesse de l'un soit la pauvreté de l'aultre, cela destrempe merveilleusement et relasche ceste soudure fraternelle; les freres ayants à conduire le progrès de leur advancement en mesme sentier et mesme train, il est force qu'ils se heurtent et chocquent souvent. Davantage, la correspondance et relation qui engendre ces vrayes et parfaictes amitiés, pourquoy se trouvera elle en ceulx cy? Le pere et le fils peuvent estre de compléxion entierement esloingnée, et les freres aussi: c'est mon fils, c'est mon parent; mais c'est un homme farouche, un meschant, ou un sot. Et puis, à mesure que ce sont amitiés que la loy et l'obligation naturelle nous commende, il y a d'autant moins de nostre choix et liberté volontaire; et nostre liberté volontaire n'a point de production qui soit plus proprement sienne que celle de l'affection et amitié. Ce n'est pas que je n'aye essayé de ce costé là tout ce qui en peult estre, ayant eu le meilleur pere qui feut oncques, et le plus indulgent jusques à son extreme vieillesse; et estant d'une famille fameuse de pere en fils, et exemplaire en ceste partie de la concorde fraternelle:

Et ipse
Notus in fratres animi paterni[2].

D'y comparer l'affection envers les femmes, quoyqu'elle naisse de nostre choix, on ne peult, ny la loger en ce roolle. Son feu, je le confesse,

Neque enim est dea nescia nostri,
Quæ dulcem curis miscet amaritiem[3],

est plus actif, plus cuisant et plus aspre; mais, c'est un feu temeraire et volage, ondoyant et divers, feu de fiebvre, subject à accès et re-

---

[1] A Paris, en 1571, chez Frédéric Morel. C.
[2] *Morale à Nicomaque*, VIII, 1, page 147, édit. de M. Coray, 1822. J. V. L.
[3] Diog. Laerce, II, 81. C.

[1] Plut., *de l'Amitié fraternelle*, c. 4.
[2] Connu moi-même par mon affection paternelle pour mes frères. Hor., *Od.*, II, 2, 6.
[3] Car je ne suis pas inconnu à la déesse qui mêle une douce amertume aux peines de l'amour. Catulle, LXVIII, 17.

mises, et qui ne nous tient qu'à un coing. En l'amitié, c'est une chaleur generale et universelle, temperée, au demourant, et egale; une chaleur constante et rassise, toute doulceur et polissure, qui n'a rien d'aspre et de poignant. Qui plus est, en l'amour, ce n'est qu'un desir forcené après ce qui nous fuit :

> *Come segue la lepre il cacciatore*
> *Al freddo, al caldo, alla montagna, al lito;*
> *Nè più l' estima poi che presa vede;*
> *E sol dietro a chi fugge affretta il piede*[1] :

aussitost qu'il entre aux termes de l'amitié, c'est à dire en la convenance des volontés, il s'esvanouit et s'alanguit; la jouissance le perd, comme ayant la fin corporelle et subjecte à satieté. L'amitié, au rebours, est inouïe à mesure qu'elle est desirée ; ne s'esleve, se nourrit, ny ne prend accroissance qu'en la jouïssance, comme estant spirituelle, et l'ame s'affinant par l'usage. Soubs ceste parfaicte amitié, ces affections volages ont aultrefois trouvé place chez moy, à fin que je ne parle de luy, qui n'en confesse que trop par ses vers : ainsi ces deux passions sont entrées chez moy en cognoissance l'une de l'aultre, mais en comparaison, jamais; la premiere maintenant sa route d'un vol haultain et superbe, et regardant desdaigneusement ceste cy passer ses poinctes bien loing au dessoubs d'elle.

Quant au mariage, oultre ce que c'est un marché qui n'a que l'entrée libre, sa durée estant contraincte et forcée, dependant d'ailleurs que de nostre vouloir, et marché qui ordinairement se faict à aultres fins, il y survient mille fusées estrangieres à desmesler parmy, suffisantes à rompre le fil et troubler le cours d'une vifve affection : là où, en l'amitié, il n'y a affaire ny commerce que d'elle mesme. Joinct qu'à dire vray, la suffisance ordinaire des femmes n'est pas pour respondre à ceste conference et communication, nourrice de ceste saincte cousture; ny leur ame ne semble assez ferme pour soustenir l'estreincte d'un nœud si pressé et si durable. Et certes, sans cela, s'il se pouvoit dresser une telle accointance libre et volontaire, où non seulement les ames eussent ceste entiere jouïssance, mais encores où les corps eussent part à l'alliance, où l'homme feust engagé tout entier, il est certain que l'amitié en seroit plus pleine et plus comble : mais ce sexe, par nul exemple, n'y est encores peu arriver, et, par le commun consentement des escholes anciennes, en est rejecté.

Et ceste aultre licence grecque est justement abhorrée par nos mœurs; laquelle pourtant, pour avoir, selon leur usage, une si necessaire disparité d'aages et difference d'offices entre les amants, ne respondoit non plus assez à la parfaicte union et convenance qu'icy nous demandons : *Quis est enim iste amor amicitiæ ? Cur neque deformem adolescentem quisquam amat, neque formosum senem ?*[1] Car la peincture mesme qu'en faict l'academie ne me desadvouera pas, comme je pense, de dire ainsi de sa part, que ceste premiere fureur inspirée par le fils de Venus au cœur de l'amant sur l'object de la fleur d'une tendre jeunesse, à laquelle ils permettent touts les insolents et passionnés efforts que peult produire une ardeur immoderée, estoit simplement fondée en une beauté externe, faulse image de la generation corporelle; car elle ne se pouvoit fonder en l'esprit, duquel la montre estoit encores cachée, qui n'estoit qu'en sa naissance et avant l'aage de germer ; que si ceste fureur saïsissoit un bas courage, les moyens de sa poursuitte, c'estoient richesses, presents, faveur à l'advancement des dignités, et telle aultre basse marchandise qu'ils reprouvent ; si elle tomboit en un courage plus genereux, les entremises estoient genereuses de mesme, instructions philosophiques, enseignements à reverer la religion, obeyr aux loix, mourir pour le bien de son païs, exemples de vaillance, prudence, justice; s'estudiant l'amant de se rendre acceptable par la bonne grace et beauté de son ame, celle de son corps estant fanée, et esperant, par ceste société mentale, establir un marché plus ferme et durable. Quand ceste poursuitte arrivoit à l'effect en sa saison (car ce qu'ils ne requierent point en l'amant qu'il apportast loysir et discretion en son entreprinse, ils le requierent exactement en l'aimé, d'autant qu'il luy falloit juger d'une beauté interne, de diffi-

---

(1) Tel, à travers les frimas et les chaleurs; à travers les montagnes et les vallées, le chasseur poursuit le lièvre; il ne désire l'atteindre qu'autant qu'il fuit, et n'en fait plus de cas dès qu'il l'atteint. ARIOSTO, cant. X, stanz. 7.

(1) Qu'est-ce, en effet, que cet amour d'amitié? d'où vient qu'il ne s'attache ni à un jeune homme laid ni à un beau vieillard? CIC., *Tusc. quæst.*, IV, 33.

cile cognoissance et abstruse descouverte), lors naissoit en l'aimé le desir d'une conception spirituelle par l'entremise d'une spirituelle beauté. Ceste cy estoit icy principale; la corporelle accidentale et seconde : tout le rebours de l'amant. A ceste cause preferent ils l'aimé, et verifient que les dieux aussi le preferent; et tansent grandement le poëte Æschylus d'avoir en l'amour d'Achilles et de Patroclus donné la part de l'amant à Achilles, qui estoit en la premiere et imberbe verdeur de son adolescence et le plus beau des Grecs. Après ceste communauté generale, la maistresse et plus digne partie d'icelle exerçant ses offices et predominant, ils disent qu'il en provenoit des fruicts très utiles au privé et au public; que c'estoit la force des païs qui en recevoient l'usage, et la principale deffense de l'equité et de la liberté : tesmoings les salutaires amours de Harmodius et d'Aristogiton. Pourtant la nomment ils sacrée et divine; et n'est, à leur compte, que la violence des tyrans et lascheté des peuples qui luy soit adversaire. Enfin, tout ce qu'on peult donner à la faveur de l'academie, c'est dire que c'estoit un amour se terminant en amitié; chose qui ne se rapporte pas mal à la definition stoïque de l'amour : *Amorem conatum esse amicitiæ faciendæ ex pulchritudinis specie*[1].

Je reviens à ma description de façon plus equitable et plus equable. *Omninò amicitiæ, corroboratis jàm confirmatisque et ingeniis, et ætatibus judicandæ sunt*[2]. Au demourant, ce que nous appellons ordinairement amis et amitiés, ce ne sont qu'accointances et familiarités nouées par quelque occasion ou commodité, par le moyen de laquelle nos ames s'entretiennent. En l'amitié de quoy je parle, elles se meslent et confondent l'une en l'aultre d'un meslange si universel qu'elles effacent et ne retrouvent plus la cousture qui les a joinctes. Si on me presse de dire pourquoy je l'aymoys, je sens que cela ne se peult exprimer qu'en respondant : « Parce que c'estoit luy; parce que c'estoit moy. » Il y a, au delà de tout mon discours et de ce que j'en puis dire particulierement, je ne sçay quelle force

inexplicable et fatale, mediatrice de ceste union. Nous nous cherchions avant que de nous estre veus, et par des rapports que nous oyions l'un de l'aultre, qui faisoient en nostre affection plus d'effort que ne porte la raison des rapports; je croys par quelque ordonnance du ciel. Nous nous embrassions par nos noms; et à nostre premiere rencontre, qui feut par hazard en une grande feste et compaignie de ville, nous nous trouvasmes si prins, si cogneus, si obligés entre nous, que rien dès lors ne nous feut si proche que l'un à l'aultre. Il escrivit une satyre latine excellente, qui est publiée[1], par laquelle il excuse et explique la precipitation de nostre intelligence si promptement parvenue à sa perfection. Ayant si peu à durer, et ayant si tard commencé (car nous estions touts deux hommes faicts, et luy plus de quelque année), elle n'avoit point à perdre temps; et n'avoit à se regler au patron des amitiés molles et regulieres, ausquelles il fault tant de precautions de longue et prealable conversation. Ceste cy n'a point d'aultre idée que d'elle mesme, et ne se peult rapporter qu'à soy ; ce n'est pas une speciale consideration, ny deux, ny trois, ny quatre, ny mille; c'est je ne sçay quelle quintessence de tout ce meslange, qui, ayant saisi toute ma volonté, l'amena se plonger et se perdre dans la sienne; qui, ayant saisi toute sa volonté, la mena se plonger et se perdre en la mienne, d'une faim, d'une concurrence pareille ; je dis perdre, à la verité, ne nous reservant rien qui nous feust propre, ny qui feust ou sien ou mien.

Quand Lelius[2], en presence des consuls romains, lesquels, après la condamnation de Tiberius Gracchus, poursuyvoient touts ceulx qui avoient esté de son intelligence, veint à s'enquerir de Caius Blossius (qui estoit le principal de ses amis), combien il eust voulu faire pour luy, et qu'il eust respondu : « Toutes choses; —

---

[1] Dans le recueil déjà cité plus haut, Paris, 1571. Voici quelques-uns des vers dont Montaigne veut parler :

Prudentum bona pars vulgò malè credula nulli
Fidit amicitiæ, nisi quam exploraverit ætas;
Et vario casus luctantem exercuit usu.
At nos jungit amor paullò magis annuus, et qui
Nil tamen ad summum reliqui sibi fecit amorem....
Te, Montane, mihi casus sociavit in omnes
Et natura potens, et amoris gratior illex
Virtus. . . . . J. V. L.

[2] Cic., *de l'Amitié*, c. 11; Plut., *Vie des Gracques*, c. 5; Val. Maxime, IV, 7, 1. J. V. L.

---

[1] L'amour est l'envie d'obtenir l'amitié d'une personne qui nous attire par sa beauté. Cic., *Tusc. quæst.*, IV, 34.
[2] L'amitié ne peut être solide que dans la maturité de l'âge et de l'esprit. Cic., *de Amicit.*, c. 20.

Comment toutes choses? suyvit il : et quoy! s'il t'eust commandé de mettre le feu en nos temples? — Il ne me l'eust jamais commandé, repliqua Blossius. — Mais s'il l'eust faict? adjousta Lelius. — J'y eusse obey, » respondict il. S'il estoit si parfaictement amy de Gracchus, comme disent les histoires, il n'avoit que faire d'offenser les consuls par ceste derniere et hardie confession ; et ne se debvoit despartir de l'asseurance qu'il avoit de la volonté de Gracchus. Mais toutesfois ceulx qui accusent ceste response comme seditieuse n'entendent pas bien ce mystere, et ne presupposent pas, comme il est, qu'il tenoit la volonté de Gracchus en sa manche, et par puissance et par cognoissance ; ils estoient plus amis que citoyens, plus amis qu'amis ou qu'ennemis de leur païs, qu'amis d'ambition et de trouble ; s'estants parfaictement commis l'un à l'aultre, ils tenoient parfaictement les resnes de l'inclination l'un de l'aultre ; et faictes guider cest harnois par la vertu et conducte de la raison, comme aussi est il du tout impossible de l'atteler sans cela, la response de Blossius est telle qu'elle debvoit estre. Si leurs actions se demancherent, ils n'estoient ny amis, selon ma mesure, l'un de l'aultre, ny amis à eulx mesmes. Au demourant, ceste response ne sonne non plus que feroit la mienne à qui s'enquerroit à moy de ceste façon : « Si vostre volonté vous commandoit de tuer vostre fille, la tueriez vous? et que je l'accordasse ; car cela ne porte aulcun tesmoignage de consentement à ce faire, parce que je ne suis point en doubte de ma volonté, et tout aussi peu de celle d'un tel amy. Il n'est pas en la puissance de touts les discours du monde de me desloger de la certitude que j'ay des intentions et jugements du mien ; aulcune de ses actions ne me sçauroit estre presentée, quelque visage qu'elle eust, que je n'en trouvasse incontinent le ressort. Nos ames ont charié si uniement ensemble, elles se sont considerées d'une si ardente affection, et de pareille affection descouvertes jusques au fin fond des entrailles l'une de l'autre, que non seulement je cognoissoys la sienne comme la mienne, mais je me feusse certainement plus volontiers fié à luy de moy qu'à moy.

Qu'on ne me mette pas en ce reng ces aultres amitiés communes ; j'en ay autant de cognoissance qu'un aultre, et des plus parfaictes de leur genre ; mais je ne conseille pas qu'on confonde leurs regles ; on s'y tromperoit. Il fault marcher en ces aultres amitiés la bride à la main, avecques prudence et precaution ; la liaison n'est pas nouée en maniere qu'on n'ait aulcunement à s'en desfier. « Aimez le, disoit Chilon, comme ayant quelque jour à le haïr ; haïssez le comme ayant à l'aimer[1]. » Ce precepte, qui est si abominable en ceste souveraine et maistresse amitié, il est salubre en l'usage des amitiés ordinaires et coustumieres ; à l'endroict desquelles il fault employer le mot qu'Aristote avoit très familier : « O mes amis ! il n'y a nul amy[2]. » En ce noble commerce, les offices et les bienfaicts, nourrissiers des aultres amitiés, ne meritent pas seulement d'estre mis en compte ; ceste confusion si pleine de nos volontés en est cause ; car tout ainsi que l'amitié que je me porte ne reçoit point augmentation pour le secours que je me donne au besoing, quoy que dient les stoïciens, et comme je ne me sçay aulcun gré du service que je me foys, aussi l'union de tels amis estant veritablement parfaicte, elle leur faict perdre le sentiment de tels debvoirs, et haïr et chasser d'entre eulx ces mots de division et de difference, bienfaict, obligation, recognoissance, priere, remerciement, et leurs pareils. Tout estant, par effect, commun entre eulx, volontés, pensements, jugements, biens, femmes, enfants, honneur et vie, et leur convenance n'estant qu'une ame en deux corps, selon la très propre definition d'Aristote[3], ils ne se peuvent prester ny donner rien. Voylà pourquoy les faiseurs de loix, pour honorer le mariage de quelque imaginaire ressemblance de ceste divine liaison, deffendent les donations entre le mary et la femme, voulants inferer par là que tout doibt estre à chascun d'eulx, et qu'ils n'ont rien à diviser et partir ensemble.

Si, en l'amitié de quoy je parle, l'un pouvoit donner à l'aultre, ce seroit celui qui recevroit le bienfaict qui obligeroit son compaignon : car cherchant l'un et l'aultre, plus que

---

(1) D'autres, comme Aristote, *Rhétorique*, II, 13 ; Cic., *de l'Amitié*, c. 16 ; Diog. Laerce, I, 87, attribuent cette maxime à Bias. C'est Aulu-Gelle, I, 3, qui la donne à Chilon. Elle se retrouve dans l'*Ajax* de Sophocle, v. 687, et dans les sentences de Publius Syrus, cité par Aulu-Gelle, XVII, 14. Sacy l'a combattue dans son traité *de l'Amitié*, liv. II, page 62, édit. de 1704. J. V. L.

(2) Diog. Laerce, V, 21 : Ὦ φίλοι, οὐδεὶς φίλος. C.

(3) *Ibid.*, V, 20. C.

toute aultre chose, de s'entre-bienfaire, celuy qui en preste la matiere et l'occasion est celuy là qui faict le liberal, donnant ce contentement à son amy d'effectuer en son endroict ce qu'il desire le plus. Quand le philosophe Diogenes avoit faulte d'argent, il disoit qu'il le redemandoit à ses amis, non qu'il le demandoit[1]. Et pour montrer comment cela se practique par effect, j'en reciteray un ancien exemple singulier[2]. Eudamidas, Corinthien, avoit deux amis, Charixenus, Sicyonien, et Areteus, Corinthien: venant à mourir, estant pauvre, et ses deux amis riches, il feit ainsi son testament : « Je le-
« gue à Areteus de nourrir ma mere, et l'en-
« tretenir en sa vieillesse; à Charixenus, de
« marier ma fille, et luy donner le douaire le
« plus grand qu'il pourra : et au cas que l'un
« d'eulx vienne à defaillir, je substitue en sa
« part celuy qui survivra. » Ceulx qui premiers veirent ce testament s'en moquerent; mais ses heritiers en ayants esté advertis l'accepterent avec un singulier contentement : et l'un d'eulx, Charixenus, estant trespassé cinq jours après, la substitution estant ouverte en faveur d'Areteus, il nourrit curieusement ceste mere; et de cinq talents qu'il avoit en ses biens, il en donna les deux et demy en mariage à une sienne fille unique, et deux et demy pour le mariage de la fille d'Eudamidas, desquelles il feit les nopces en mesme jour.

Cest exemple est bien plein, si une condition en estoit à dire, qui est la multitude d'amis; car ceste parfaicte amitié de quoy je parle est indivisible : chascun se donne si entier à son amy qu'il ne luy reste rien à despartir ailleurs; au rebours, il est marry qu'il ne soit double, triple ou quadruple, et qu'il n'ayt plusieurs ames et plusieurs volontés, pour les conferer toutes à ce subject. Les amitiés communes, on les peult despartir ; on peult aymer en cestuy cy la beauté ; en cest aultre, la facilité de ses mœurs ; en l'aultre, la liberalité ; en celuy là, la paternité ; en cest aultre, la fraternité; ainsi du reste : mais ceste amitié qui possede l'ame et la regente en toute souveraineté, il est impossible qu'elle soit double. Si deux en mesme temps demandoient à estre secourus, auquel courriez vous? S'ils requeroient de vous des offices contraires, quel ordre y trouveriez vous ? Si l'un commettoit à vostre silence chose qui feust utile à l'aultre de sçavoir, comment vous en desmesleriez vous ? L'unique et principale amitié descoust toutes aultres obligations : le secret que j'ai juré ne deceler à un aultre, je le puis sans parjure communiquer à celuy qui n'est pas aultre, c'est moy. C'est un assez grand miracle de se doubler; et n'en cognoissent pas la haulteur ceulx qui parlent de se tripler. Rien n'est extreme qui a son pareil : et qui presupposera que de deux j'en aime autant l'un que l'aultre, et qu'ils s'entr'ayment et m'ayment autant que je les ayme, il multiplie en confrairie la chose la plus une et unie, et de quoy une seule est encores la plus rare à trouver au monde. Le demourant de ceste histoire convient très bien à ce que je disais : car Eudamidas donne pour grace et pour faveur à ses amis de les employer à son besoing ; il les laisse heritiers de ceste sienne liberalité, qui consiste à leur mettre en main les moyens de luy bienfaire : et sans doubte la force de l'amitié se montre bien plus richement en son faict qu'en celuy d'Areteus. Somme, ce sont effects inimaginables à qui n'en a gousté, et qui me font honnorer à merveille la response de ce jeune soldat à Cyrus, s'enquerant à luy pour combien il vouldroit donner un cheval par le moyen duquel il venoit de gaigner le prix de la course, et s'il le vouldroit eschanger à un royaume : « Non certes, sire ; mais bien le lair-
« rois je volontiers pour en acquerir un amy,
« si je trouvois homme digne de telle alliance[1]. »
Il ne disoit pas mal, « si je trouvois ; » car on treuve facilement des hommes propres à une superficielle accointance : mais en ceste cy, en laquelle on negocie du fin fond de son courage, qui ne faict rien de reste, certes il est besoing que touts les ressorts soyent nets et seurs parfaictement.

Aux confederations qui ne tiennent que par un bout, on n'a à pourveoir qu'aux imperfections qui particulierement interessent ce bout là. Il n'importe de quelle religion soit mon medecin et mon advocat ; ceste consideration n'a rien de commun avecques les offices de l'amitié qu'ils me doibvent : et en l'accointance domestique que dressent avecques moy ceulx qui me servent, j'en foys de mesme, et m'enquiers peu d'un laquay s'il est chaste, je cherche s'il

(1) Diog. Laerce, VI, 46. C.

(2) Extrait du *Toxaris* de Lucien, c. 22. J, V. L.

(1) Xénophon, *Cyropedie*, VIII, 3. C.

est diligent; et ne crains pas tant un muletier joueur que imbecille, ny un cuisinier jureur qu'ignorant. Je ne me mesle pas de dire ce qu'il fault faire au monde, d'aultres assez s'en meslent, mais ce que j'y foys.

Mihi sic usus est: tibi, ut opus est facto, face 1.

A la familiarité de la table j'associe le plaisant, non le prudent; au lict, la beauté avant la bonté; en la société du discours, la suffisance, voire sans la preud'hommie : pareillement ailleurs. Tout ainsi que cil qui feut rencontré à chevauchons sur un baston, se jouant avecques ses enfants, pria l'homme qui l'y surprint de n'en rien dire jusques à ce qu'il feust pere luy mesme 2 ; estimant que la passion qui luy naistroit lors en l'ame le rendroit juge equitable d'une telle action : je souhaiterois aussi parler à des gents qui eussent essayé ce que je dis : mais sçachant combien c'est chose esloignée du commun usage qu'une telle amitié, et combien elle est rare, je ne m'attends pas d'en trouver aulcun bon juge; car les discours mesmes que l'antiquité nous a laissé sur ce subject me semblent lasches au prix du sentiment que j'en ay; et, en ce poinct, les effects surpassent les preceptes mesmes de la philosophie.

Nil ego contulerim jucundo sanus amico 3.

L'ancien Menander disoit celuy là heureux qui avoit peu rencontrer seulement l'ombre d'un amy 4 : il avoit certes raison de le dire, mesme s'il en avoit tasté. Car, à la verité, si je compare tout le reste de ma vie, quoyqu'avecques la grace de Dieu je l'aye passée doulce, aysée, et, sauf la perte d'un tel amy, exempte d'affliction poisante, pleine de tranquillité d'esprit, ayant prins en payement mes commodités naturelles et originelles, sans en rechercher d'aultres; si je la compare, dis je, toute aux quatre années qu'il m'a esté donné de jouyr de la doulce compaignie et société de ce personnage, ce n'est que fumée, ce n'est qu'une nuict obscure et ennuyeuse. Depuis le jour que je le perdis,

*Quem semper acerbum,
Semper honoratum (sic di voluistis!) habebo* 5,

je ne foys que traisner languissant; et les plaisirs mesmes qui s'offrent à moy, au lieu de me consoler, me redoublent le regret de sa perte : nous estions à moitié de tout; il me semble que je lui desrobe sa part..

*Nec fas esse ullá me voluptate hic frui
Decrevi, tantisper dùm ille abest meus particeps* 1.

J'étais desjà si faict et accoustumé à estre deuxiesme partout qu'il me semble n'estre plus qu'à demy.

*Illam meæ si partem animæ tulit
Maturior vis, quid moror alterá ?
Nec carus æquè, nec superstes
Integer. Ille dies utramque
Duxit ruinam* 3...

Il n'est action ou imagination où je ne le treuve à dire; comme si eust il bien faict à moy : car de mesme qu'il me surpassoit d'une distance infinie en toute aultre suffisance et vertu, aussi faisoit il au debvoir de l'amitié.

*Quis desiderio sit pudor, aut modus
Tam cari capitis* 3 ?...

*O misero frater adempte mihi!
Omnia tecum una perierunt gaudia nostra,
Quæ tuus in vitá dulcis alebat amor.
Tu mea, tu moriens fregisti commoda, frater;
Tecum una tota est nostra sepulta anima :
Cujus ego interitu tota de mente fugavi
Hæc studia, atque omnes delicias animi.*

*Alloquar? audiero nunquàm tua verba loquentem?
Nunquàm ego te, vitá frater amabilior,
Adspiciam posthàc? At certè semper amabo* 4.

Mais oyons un peu parler ce garson de seize ans.

---

mais, puisque telle a été, grands dieux, votre volonté suprême! VIRG., *Enéid.*, V, 49.

(1) Et je ne pense pas qu'aucun plaisir me soit permis, maintenant que je n'ai plus celui avec qui je devais tout partager. TER., *Heautont.*, act. I, sc. 1, v. 97. Montaigne, comme il le fait souvent, a changé ici plusieurs mots.

(2) Puisqu'un sort cruel m'a ravi trop tôt cette douce moitié de mon âme, qu'ai-je à faire de l'autre moitié séparée de celle qui m'était bien plus chère? Le même jour nous a perdus tous deux. Hor., *Od.*, II, 17, 5.

(3) Puis-je rougir ou cesser de pleurer une tête si chère? Hor., *Od.*, I, 24, 1.

(4) O mon frère! que je suis malheureux de t'avoir perdu! Ta mort a détruit tous nos plaisirs; avec toi s'est évanoui tout le bonheur que me donnait ta douce amitié! avec toi mon âme est tout entière ensevelie! Depuis que tu n'es plus, j'ai dit adieu aux muses, à tout ce qui faisait le charme de ma vie!... Ne pourrai-je donc plus te parler et t'entendre? O toi qui m'étais plus cher que la vie, ô mon frère! ne pourrai-je plus te voir? Ah! du moins je t'aimerai toujours! CATUL., LXVIII, 20; LXV, 9.

---

(1) C'est ainsi que j'en use, faites comme vous l'entendrez. TERENCE, *Heautont.*, act. I, sc. 1, v. 28.

(2) PLUT., *Vie d'Agésilas*, c. 9. C.

(3) Tant que j'aurai ma raison, je ne trouverai rien de comparable à un tendre ami. Hor., *Sat.*, I, 5, 44.

(4) PLUT., *de l'Amitié fraternelle*, c. 3. C.

(5) Jour fatal que je dois pleurer, que je dois honorer à ja-

Parce que j'ai trouvé que cest ouvrage[1] a esté depuis mis en lumière, et à mauvaise fin, par ceux qui cherchent à troubler et changer l'estat de nostre police, sans se soucier s'ils l'amenderont, qu'ils ont meslé à d'aultres escripts de leur farine, je me suis dedict de le loger icy. Et à fin que la memoire de l'aucteur n'en soit interessée en l'endroict de ceulx qui n'ont peu cognoistre de près ses opinions et ses actions, je les advise que ce subject feut traicté par luy en son enfance par maniere d'exercitation seulement, comme subject vulgaire et tracassé en mille endroicts des livres. Je ne foys nul doubte qu'il ne creust ce qu'il escrivoit; car il estoit assez consciencieux pour ne mentir pas mesme en se jouant: et sçay davantage que s'il eust eu à choisir, il eust mieulx aymé estre nay à Venise qu'à Sarlac; et avecques raison. Mais il avoit une aultre maxime souverainement empreincte en son ame, d'obeyr et de se soubmettre très religieusement aux loix sous lesquelles il estoit nay. Il ne feut jamais un meilleur citoyen, ny plus affectionné au repos de son païs, ny plus ennemy des remuements et nouveltés de son temps; il eust bien plustost employé sa suffisance à les esteindre qu'à leur fournir de quoy les esmouvoir davantage: il avoit son esprit moulé au patron d'aultres siecles que ceux cy. Or, en eschange de cest ouvrage serieux, j'en substitueray un aultre[2], produict en ceste mesme saison de son aage, plus gaillard et plus enjoué.

CHAPITRE XXVIII.

Vingt et neuf sonnets d'Estienne de La Boëtie.

A MADAME DE GRAMMONT, COMTESSE DE GUISSEN[3].

Madame, je ne vous offre rien du mien, ou parce qu'il est desjà vostre, ou pour ce que je n'y treuve rien digne de vous; mais j'ay voulu que ces vers, en quelque lieu qu'ils se veissent, portassent vostre nom en teste, pour l'honneur que ce leur sera d'avoir pour guide ceste grande Corisande d'Andoins. Ce present m'a semblé vous estre propre, d'autant qu'il est peu de dames en France qui jugent mieulx et se servent plus à propos que vous de la poësie; et puis, qu'il n'en est point qui la puissent rendre vifve et animée comme vous faictes par ces beaux et riches accords de quoy, parmy un million d'aultres beautés, nature vous a estrenée. Madame, ces vers meritent que vous les cherissiez; car vous serez de mon advis, qu'il n'en est point sorty de Gascoigne qui eussent plus d'invention et de gentillesse, et qui tesmoignent estre sortis d'une plus riche main. Et n'entrez pas en jalousie de quoy vous n'avez que le reste de ce que pieça j'en ay faict imprimer[1] soubs le nom de monsieur de Foix, vostre bon parent: car, certes, ceulx cy ont je ne sçay quoy de plus vif et de plus bouillant; comme il les feit en sa plus verte jeunesse, et eschauffé d'une belle et noble ardeur que je vous diray, madame, un jour à l'aureille. Les aultres furent faicts depuis, comme il estoit à la poursuitte de son mariage, en faveur de sa femme, et sentant desjà je ne sçay quelle froideur maritale. Et moy je suis de ceulx qui tiennent que la poësie ne rid point ailleurs comme elle faict en un subject folastre et desreglé.

d'Andouins, mariée en 1567 à Philibert, comte de Grammont et de Guiche, qui mourut au siège de la Fère en 1580. Andoins ou Andouins était une baronnie du Béarn, à trois lieues de Pau. Le roi de Navarre, depuis Henri IV, aima cette belle veuve et eût même l'intention de l'épouser. Hamilton, dans son épitre au comte de Grammont, dont il a écrit les Mémoires, lui rappelle son illustre aïeule:

Honneur des rives éloignées
Où Corisande vit le jour, etc. J. V. L.

(1) En 1571 et 1572, à Paris.

---

(1) Le traité *de la Servitude volontaire*, imprimé pour la première fois en 1578, dans le troisième tome des *Mémoires de l'état de la France sous Charles IX*. (*Voy.* à la fin de ce volume.) Comme cet ouvrage de La Boëtie a pour second titre *le Contr'un* (traduit par De Thou, *Ant-Henoticon*), Vernier, dans sa *Notice sur les Essais de Montaigne*, t. I, p. 176, l'appelle, sans doute par méprise, *les Quatre contre un*. J. V. L.

(2) Les vingt-neuf sonnets de La Boëtie qui se trouvent dans le chapitre suivant.

(3) Diane, vicomtesse de Louvigny, dite *la belle Corisande*

SONNETS[1].

I.

Pardon, amour, pardon; ô Seigneur! je te voue
Le reste de mes ans, ma voix et mes escripts,
Mes sanglots, mes souspirs, mes larmes et mes cris ;
Rien, rien tenir d'aulcun, que de toy, je n'advoue.

Helas! comment de moy ma fortune se joue!
De toy n'a pas longtemps, amour, je me suis ris.
J'ay failly, je le veoy, je me rends, je suis pris.
J'ay trop gardé mon cœur, or je le desadvoue.

Si j'ay pour le garder retardé ta victoire,
Ne l'en traitte plus mal, plus grande en est ta gloire;
Et si du premier coup tu ne m'as abbattu,

Pense qu'un bon vainqueur, et nay pour estre grand,
Son nouveau prisonnier, quand un coup il se rend,
Il prise et l'ayme mieulx, s'il a bien combattu.

II.

C'est amour, c'est amour, c'est luy seul, je le sens :
Mais le plus vif amour, la poison la plus forte,
A qui oncq pauvre cœur ait ouverte la porte.
Ce cruel n'a pas mis un de ses traicts perçants,

Mais arc, traicts et carquois, et luy tout dans mes sens.
Encor un mois n'a pas que ma franchise est morte,
Que ce venin mortel dans mes veines je porte,
Et desjà j'ay perdu et le cœur et le sens.

Et quoy? si cest amour à mesure croissoit,
Qui en si grand tourment dedans moy se conçoit?
O croistz, si tu peulx croistre, et amende en croissant.

Tu te nourris de pleurs, des pleurs je te promets,
Et pour te refreschir, des souspirs pour jamais :
Mais que le plus grand mal soit au moins en naissant.

III.

C'est faict, mon cœur, quittons la liberté.
Dequoy meshuy serviroit la deffence,
Que d'agrandir et la peine et l'offence?
Plus ne suis fort, ainsi que j'ay esté.

La raison feust un temps de mon costé :
Or, revoltée, elle veut que je pense
Qu'il fault servir et prendre en recompense
Qu'oncq d'un tel nœud nul ne feust arresté.

S'il se fault rendre, alors il est saison,
Quand on n'a plus devers soy la raison.
Je veoy qu'amour, sans que je le deserve,

Sans aulcun droict se vient saisir de moy ;
Et veoy qu'encor il fault à ce grand roy,
Quand il a tort, que la raison luy serve.

(1) Supprimés dans la plupart des éditions qui suivirent celle de 1588; on y a substitué cette note : « Ces vingt-neuf sonnets d'Estienne de La Boëtie, qui estoient mis en ce lieu, ont esté depuis imprimés avec ses œuvres. »

IV.

C'estoit alors, quand, les chaleurs passées,
Le sale Automne aux cuves va foulant
Le raisin gras dessoubs le pied coulant,
Que mes douleurs furent encommencées.

Le paisan bat ses gerbes amassées,
Et aux caveaux ses bouillants muis roulant,
Et des fruitiers son automne croulant,
Se venge lors des peines advancées.

Seroit ce point un presage donné
Que mon espoir est desjà moissonné?
Non, certes, non. Mais pour certain, je pense,

J'auray, si bien à deviner j'entends,
Si l'on peult rien prognostiquer du temps,
Quelque grand fruict de ma longue esperance.

V.

J'ay veu ses yeulx perçants, j'ay veu sa face claire ;
Nul jamais, sans son dam, ne regarde les dieux :
Froid, sans cœur me laissa son œil victorieux,
Tout estourdy du coup de sa forte lumiere.

Comme un surpris de nuict aux champs, quand il esclaire,
Estonné, se pallist, si la fleche des cieulx
Sifflant luy passe contre et luy serre les yeulx ;
Il tremble et veoit transi Jupiter en cholere.

Dy moy, Madame, au vray, dy moy, si tes yeulx verts
Ne sont pas ceulx qu'on dict que l'amour tient couverts?
Tu les avois, je croy, la fois que je t'ay veue ;

Au moins il me souvient qu'il me feust lors advis
Qu'amour, tout à un coup, quand premier je te vis,
Desbanda dessus moy et son arc et sa veue.

VI.

Ce dict maint un de moy, dequoy se plainct il tant,
Perdant ses ans meilleurs en chose si legiere?
Qu'a il tant à crier, si encore il espere?
Et s'il n'espere rien, pourquoy n'est il content?

Quand j'estois libre et sain, j'en disois bien autant.
Mais, certes, celuy là n'a la raison entiere,
Ains a le cœur gasté de quelque rigueur fiere,
S'il se plainct de ma plaincte, et mon mal il n'entend.

Amour tout à un coup de cent douleurs me point,
Et puis l'on m'advertit que je ne crie point.
Si vain je ne suis pas que mon mal s'agrandisse

A force de parler : s'on m'en peult exempter,
Je quitte les sonnets, je quitte le chanter ;
Qui me deffend le deuil, celuy là me guerisse.

VII.

Quant à chanter ton los par fois je m'adventure,
Sans oser ton grand nom dans mes vers exprimer,
Sondant le moins profond de ceste large mer,
Je tremble de m'y perdre et aux rives m'asseure,

Je crains, en louant mal, que je te face injure.
Mais le peuple estonné d'ouïr tant t'estimer,
Ardent de te coguoistre, essaye à te nommer,
Et cherchant ton sainct nom ainsi à l'adventure,

Esblouï n'atteint pas à veoir chose si claire;
Et ne te trouve point ce grossier populaire,
Qui, n'ayant qu'un moyen, ne veoit pas celuy là :

C'est que, s'il peult trier, la comparaison faicte
Des parfaictes du monde, une la plus parfaicte,
Lors, s'il a voix, qu'il crie hardiment : la voylà.

VIII.

Quand viendra ce jour là, que ton nom au vray passe
Par France, dans mes vers? combien et quantesfois
S'en empresse mon cœur, s'en demangent mes doigts?
Souvent dans mes escripts de soy mesme il prend place.

Maugré moy je t'escris, maugré moy je t'efface.
Quand Astrée viendroit, et la foy et le droict,
Alors joyeulx, ton nom au monde se rendroit.
Ores, c'est à ce temps, que cacher il te face,

C'est à ce temps maling une grande vergoigne.
Donc, Madame, tandis tu seras ma Dourdouigne.
Toutesfois laisse moy, laisse moy ton nom mettre;

Aye pitié du temps : si au jour je te mets,
Si le temps ce cognoist, lors je le promets,
Lors il sera doré, s'il le doibt jamais estre.

IX.

O, entre tes beautés, que ta constance est belle!
C'est ce cœur asseuré, ce courage constant,
C'est, parmy tes vertus, ce que l'on prise tant :
Aussi qu'est il plus beau qu'une amitié fidelle?

Or, ne charge donc rien de ta sœur infidelle,
De Vesere¹ ta sœur : elle va s'escartant
Tousjours flottant mal seure en son cours inconstant.
Veoy tu comme à leur gré les vents se jouent d'elle?

Et ne te repens point, pour droict de ton aisnage,
D'avoir desjà choisy la constance en partage.
Mesme race porta l'amitié souveraine

Des bons jumeaux, desquels l'un à l'autre despart
Du ciel et de l'enfer la moitié de sa part;
Et l'amour diffamé de la trop belle Heleine.

X.

Je veois bien, ma Dourdouigne, encor humble tu vas;
De te monstrer Gasconne en France, tu as honte.
Si du ruisseau de Sorgue on fait ores grand conte,
Si a il bien esté quelquesfois aussi bas.

Veoys tu le petit Loir comme il haste le pas?
Comme desjà parmy les plus grands il se conte?

Comme il marche haultain d'une course plus prompte
Tout à costé du Mince, et il ne s'en plainct pas?

Un seul olivier d'Arne, enté au bord de Loire,
Le faict courir plus brave et luy donne sa gloire¹.
Laisse, laisse moy faire, et un jour, ma Dourdouigne,

Si je devine bien, on te cognoistra mieulx ;
Et Garonne, et le Rhone, et ces aultres grands dieux
En auront quelque envie, et possible vergoigne.

XI.

Toy qui oys mes souspirs, ne me sois rigoureux
Si mes larmes à part toutes miennes je verse,
Si mon amour ne suit en sa douleur diverse
Du Florentin transi les regrets langoureux,

Ny de Catulle aussi, le folastre amoureux,
Qui le cœur de sa dame en chatouillant luy perce,
Ny le sçavant amour du migregeois Properce² ;
Ils n'ayment pas pour moy, je n'ayme pas pour eulx.

Qui pourra sur aultruy ses douleurs limiter :
Celuy pourra d'aultruy les plainctes imiter :
Chascun sent son tourment et sait ce qu'il endure ;

Chascun parla d'amour ainsi qu'il l'entendit.
Je dis ce que mon cœur, ce que mon mal me dict.
Que celuy ayme peu qui ayme à la mesure!

XII.

Quoy! qu'est ce? ô vents! ô nues ! ô l'orage!
A poinct nommé, quand d'elle m'approchant,
Les bois, les monts, les baisses vois tranchant,
Sur moy d'aguest vous poussez votre rage.

Ores mon cœur s'embrase davantage.
Allez, allez faire peur au marchand,
Qui dans la mer les thresors va cherchant;
Ce n'est ainsi qu'on m'abbat le courage.

Quand j'oys les vents, leur tempeste et leurs cris,
De leur malice en mon cœur je me ris.
Me pensent ils pour cela faire rendre?

Face le ciel du pire et l'air aussi :
Je veulx, je veulx, et le declaire ainsi,
S'il faut mourir, mourir comme Leandre.

XIII.

Vous qui aymer encore ne sçavez,
Ores m'oyant parler de mon Leandre,
Ou jamais non, vous y debvez apprendre,
Si rien de bon dans le cœur vous avez.

Il oza bien, branlant ses bras lavés,
Armé d'amour, contre l'eau se deffendre,
Qui pour tribut la fille voulut prendre,
Ayant le frere et le mouton sauvés.

---

(1) La *Vézère* est une rivière qui se jette dans la *Dordogne* à Limeuil, à trois lieues de Belvez, en Périgord. On a vu dans le sonnet précédent que La Boëtie adoptait le nom de *Dordogne* pour désigner celle qu'il aimait. J. V. L.

(1) C'est, je crois, une allusion aux *Amours* de Ronsard. J. V. L.
(2) Properce, imitateur des poètes grecs, et surtout de Callimaque et de Philétas. J. V. L.

Un soir, vaincu par les flots rigoureux,
Voyant desjà, ce vaillant amoureux,
Que l'eau maistresse à son plaisir le tourne,

Parlant aux flots, leur jecta ceste voix :
Pardonnez moy maintenant que j'y veoys
Et gardez moy la mort, quand je retourne.

XIV.

O cœur leger! ô courage mal seur!
Penses tu plus que souffrir je te puisse?
O bonté creuze! ô couverte malice,
Traistre beauté, venimeuse doulceur!

Tu estois donc tousjours sœur de ta sœur?
Et moy, trop simple, il falloit que j'en fisse
L'essay sur moy, et que tard j'entendisse
Ton parler double et tes chants de chasseur?

Depuis le jour que j'ay prins à t'aymer,
J'eusse vaincu les vagues de la mer.
Qu'est ce meshuy que je pourrois attendre?

Comment de toy pourrois je estre content?
Qui apprendra ton cœur d'estre constant,
Puis que le mien ne le luy peult apprendre?

XV.

Ce n'est pas moy que l'on abuse ainsi ;
Qu'à quelque enfant ses ruses on employe,
Qui n'a nul goust, qui n'entend rien qu'il oye :
Je sçay aimer, je sçay haïr aussi.

Contente toy de m'avoir jusqu'icy
Fermé les yeulx, il est temps que j'y voye;
Et que meshuy las et honteux je soye
D'avoir mal mis mon temps et mon soucy.

Oserois tu, m'ayant ainsi traicté,
Parler à moy jamais de fermeté?
Tu prends plaisir à ma douleur extreme;

Tu me deffends de sentir mon tourment ;
Et si veulx bien que je meure en t'aymant.
Si je ne sens, comment veulx tu que j'ayme?

XVI.

O l'ay je dict? Hélas! l'ay je songé?
Ou si pour vray j'ai dict blaspheme telle?
S'a fauce langue, il fault que l'honneur d'elle,
De moy, par moy, dessus moy, soit vengé.

Mon cœur chez toy, ô ma dame, est logé :
Là, donne luy quelque geéne nouvelle;
Fais luy souffrir quelque peine cruelle;
Fais, fays luy tout, fors luy donner congé.

Or seras tu (je le sçay) trop humaine,
Et ne pourras longuement veoir ma peine;
Mais un tel faict, fault il qu'il se pardonne?

A tout le moins hault je me desdiray
De mes sonnets et me desmentiray:
Pour ces deux faulx, cinq cents vrays je t'en donne.

MONTAIGNE.

XVII.

Si ma raison en moy s'est peu remettre,
Si recouvrer astheure je me puis,
Si j'ay du sens, si plus homme je suis,
Je t'en mercié, ô bien-heureuse lettre!

Qui m'eust (helas!), qui m'eust sceu recognoistre,
Lors qu'enragé, vaincu de mes ennuys,
En blasphemant ma dame je poursuis?
De loing, honteux, je te vis lors paroistre,

O sainct papier! alors je me revins,
Et devers toy devotement je vins.
Je te donrois un autel pour ce faict,

Qu'on vist les traicts de ceste main divine.
Mais de les veoir aulcun homme n'est digne;
Ny moy aussi, s'elle ne m'en eust faict.

XVIII.

J'estois prest d'encourir pour jamais quelque blasme;
De chôlere eschauffé mon courage brusloit,
Ma fole voix au gré de ma fureur branloit,
Je despitois les dieux et encore ma dame :

Lors qu'elle de loing jette un brevet dans ma flamme;
Je le sentis soubdain comme il me rabilloit,
Qu'aussi tost devant luy ma fureur s'en alloit,
Qu'il me rendoit, vainqueur, en sa place mon ame.

Entre vous, qui de moy ces merveilles oyez,
Que me dictes vous d'elle? et, je vous pri', veoyez,
S'ainsi comme je fais, adorer je la dois?

Quels miracles en moy pensez vous qu'elle face
De son œil tout puissant ou d'un ray de sa face,
Puis qu'en moy firent tant les traces de ses doigts?

XIX.

Je tremblois devant elle et attendois transy,
Pour venger mon forfaict quelque juste sentence,
A moy mesme consent du poids de mon offence,
Lors qu'elle me dict : Va, je te prends à mercy.

Que mon loz desormais par tout soit esclaircy :
Employe là tes ans : et sans plus, meshuy pense
D'enrichir de mon nom par tes vers nostre France;
Couvre de vers ta faulte et paye moy ainsi.

Sus donc, ma plume, il fault, pour jouyr de ma peine,
Courir par sa grandeur d'une plus large veine.
Mais regarde à son œil, qu'il ne nous abandonne.

Sans ses yeulx, nos esprits se mourroient languissants.
Ils nous donnent le cœur, ils nous donnent le sens.
Pour se payer de moy, il faut qu'elle me donne.

XX.

O vous, maudits sonnets, vous qui printes l'audace
De toucher à ma dame! ô malings et pervers,
Des Muses le reproche et honte de mes vers!
Si je vous feis jamais, s'il fault que je me face

Ce tort de confesser vous tenir de ma race,
Lors pour vous les ruisseaux ne furent pas ouverts
D'Apollon le doré, des Muses aux yeulx verts ;
Mais vous receut naissants Tisiphone en leur place.

Si j'ay oncq quelque part à la posterité,
Je veulx que l'un et l'autre en soit desherité.
Et si au feu vengeur dès or je ne vous donne,

C'est pour vous diffamer : vivez chetifs, vivez ;
Vivez aux yeulx de tous, de tout honneur privés ;
Car c'est pour vous punir qu'ores je vous pardonne.

XXI.

N'ayez plus, mes amis, n'ayez plus ceste envie
Que je cesse d'aymer ; laissez moy, obstiné,
Vivre et mourir ainsi, puis qu'il est ordonné :
Mon amour, c'est le fil auquel se tient ma vie.

Ainsi me dict la Fée ; ainsi en OEagrie
Elle feit Meleagre à l'amour destiné,
Et alluma sa souche à l'heure qu'il feust né,
Et dict : Toy, et ce feu, tenez vous compaignie.

Elle le dict ainsi, et la fin ordonnée
Suyvit après le fil de ceste destinée.
La souche (ce dict l'on) au feu feut consommée ;

Et dès lors (grand miracle !), en un mesme moment,
On veid, tout à un coup, du miserable amant
La vie et le tison s'en aller en fumée.

XXII.

Quand tes yeulx conquerants estonné je regarde,
J'y veoy dedans à clair tout mon espoir escript,
J'y veoy dedans amour luy mesme qui me rit,
Et m'y montre mignard le bon heur qu'il me garde.

Mais quand de te parler par fois je me hazarde,
C'est lors que mon espoir desseiché se tarit ;
Et d'advouer jamais ton œil qui me nourrit,
D'un seul mot de faveur, cruelle, tu n'as garde.

Si tes yeulx sont pour moy, or veoy ce que je dis :
Ce sont ceulx là, sans plus, à qui je me rendis.
Mon Dieu, quelle querelle en toy mesme se dresse ;

Si ta bouche et tes yeulx se veulent desmentir !
Mieulx vault, mon doux tourment, mieulx vault les despartir,
Et que je prenne au mot de tes yeulx la promesse.

XXIII.

Ce sont tes yeulx tranchants qui me font le courage :
Je veoy saulter dedans la gaye liberté,
Et mon petit archer, qui mene à son costé
La belle gaillardise et le plaisir volage.

Mais après, la rigueur de ton triste langage
Me montre dans ton cœur la fiere honnesteté ;
Et condamné, je veoy la dure chasteté
Là gravement assise et la vertu sauvage.

Ainsi mon temps divers par ces vagues se passe ;
Ores son œil m'appelle, or sa bouche me chasse.
Helas ! en cest estrif, combien ay je enduré !

Et puis, qu'on pense avoir d'amour quelque asseurance :
Sans cesse nuict et jour à la servir je pense,
Ny encor de mon mal ne puis estre asseuré.

XXIV.

Or, dis je bien, mon esperance est morte ;
Or est ce faict de mon ayse et mon bien.
Mon mal et clair : maintenant je veoy bien,
J'ay espousé la douleur que je porte.

Tout me court sus, rien ne me reconforte,
Tout m'abandonne, et d'elle je n'ay rien,
Sinon tousjours quelque nouveau soustien,
Qui rend ma peine et ma douleur plus forte.

Ce que j'attends, c'est un jour d'obtenir
Quelques souspirs des gents de l'advenir :
Quelqu'un dira dessus moy par pitié :

Sa dame et luy nasquirent destinés,
Egalement de mourir obstinés,
L'un en rigueur et l'aultre en amitié.

XXV.

J'ay tant vescu chetif, en ma langueur,
Qu'or j'ay veu rompre, et suis encor en vie,
Mon esperance avant mes yeulx ravie,
Contre l'escueil de sa fiere rigueur.

Que m'a servy de tant d'ans la longueur ?
Elle n'est pas de ma peine assouvie :
Elle s'en rit, et n'a point d'aultre envie
Que de tenir mon mal en sa vigueur.

Doncques j'auray, mal'heureux en aymant,
Tousjours un cœur, tousjours nouveau tourment.
Je me sens bien que j'en suis hors d'haleine,

Prest à laisser la vie soubs le faix :
Qu'y feroit on, sinon ce que je fais ?
Piqué du mal, je m'obstine en ma peine.

XXVI.

Puis qu'ainsi sont mes dures destinées,
J'en saouleray, si je puis, mon soucy.
Si j'ay du mal, elle le veut aussi :
J'accompliray mes peines ordonnées.

Nymphes des bois, qui avez, estonnées,
De mes douleurs, je croy, quelque mercy,
Qu'en pensez vous ? puis je durer ainsi,
Si à mes maulx trefves ne sont données ?

Or, si quelqu'une à m'escouter s'encline,
Oyez, pour Dieu, ce qu'ores je devine :
Le jour est près que mes forces jà vaines

Ne pourront plus fournir à mon tourment.
C'est mon espoir : si je meurs en aymant,
A donc, je croy, failliray je à mes peines.

XXVII.

Lors que lasse est de me lasser ma peine,
Amour, d'un bien mon mal refreschissant,

Flate au cœur mort ma playe languissant,
Nourrit mon mal et luy faict prendre haleine,

Lors je conceoy quelque esperance vaine:
Mais aussi tost, ce dur tyran, s'il sent
Que mon espoir se renforce en croissant,
Pour l'estouffer cent tourments il m'ameine.

Encor tout frez: lors je me veois blasmant
D'avoir esté rebelle à mon tourment.
Vive le mal, ô dieux! qui me devore!

Vive à son gré mon tourment rigoureux!
O bien-heureux, et bien-heureux encore,
Qui sans relasche est tousjours mal'heureux!

XXVIII.

Si contre amour je n'ay aultre deffence,
Je m'en plaindray, mes vers le mauldiront,
Et après moy les roches rediront
Le tort qu'il faict à ma dure constance.

Puis que de luy j'endure ceste offence,
Au moings tout hault mes rhythmes le diront,
Et nos neveus, alors qu'ils me liront,
En l'oultrageant m'en feront la vengeance.

Ayant perdu tout l'ayse que j'avois,
Ce sera peu que de perdre ma voix.
S'on sçait l'aigreur de mon triste soucy,

Et feust celui qui m'a faict ceste playe,
Il en aura, pour si dur cœur qu'il aye,
Quelque pitié, mais non pas de mercy.

XXIX.

Jà reluisoit la benoiste journée
Que la nature au monde te debvoit,
Quand des thresors qu'elle te reservoit
Sa grande clef te feust abandonnée.

Tu prins la grace à toy seule ordonnée;
Tu pillas tant de beautés qu'elle avoit,
Tant qu'elle, fiere, alors qu'elle te veoit,
En est par fois elle mesme estonnée.

Ta main de prendre enfin se contenta:
Mais la nature encor te presenta,
Pour t'enrichir, ceste terre où nous sommes.

Tu n'en prins rien: mais en toy tu t'en ris,
Te sentant bien en avoir assez pris
Pour estre icy royne du cœur des hommes.

CHAPITRE XXIX.

De la moderation.

Comme si nous avions l'attouchement infect, nous corrompons par nostre maniement les choses qui d'elles mesmes sont belles et bonnes. Nous pouvons saisir la vertu de façon qu'elle en deviendra vicieuse, si nous l'embrassons d'un desir trop aspre et violent. Ceulx qui disent qu'il n'y a jamais d'excès en la vertu, d'autant que ce n'est plus vertu si l'excès y est, se jouent des vertus :

> Insani sapiens nomen ferat, æquus iniqui,
> Ultra quam satis est, virtutem si petat ipsam [1].

C'est une subtile consideration de la philosophie. On peult et trop aimer la vertu et se porter excessivement en une action juste. A ce biais s'accommode la voix divine : « Ne soyez pas plus sages qu'il ne fault; mais soyez sobrement sages [2]. » J'ay veu tel grand [3] blecer la reputation de sa religion pour se montrer religieux oultre tout exemple des hommes de sa sorte. J'ayme des natures temperées et moyennes : l'immoderation vers le bien mesme, si elle ne m'offense, elle m'estonne, et me met en peine de la baptizer. Ny la mere de Pausanias [4], qui donna la premiere instruction, et porta la premiere pierre à la mort de son fils, ny le dictateur Posthumius [5], qui feit mourir le sien, que l'ardeur de jeunesse avoit heureusement poulsé sur les ennemis un peu avant son reng, ne me semble si juste, comme estrange; et n'ayme ny à conseiller ny à suyvre une vertu si sauvage et si chere. L'archer qui oultrepasse le blanc fault, comme celuy qui n'y arrive pas; et les yeulx me troublent à monter à coup vers une grande lumiere, esgalement comme à devaler à l'ombre. Callicles, en Platon [6], dict l'extremité de la philosophie estre dommageable, et conseille de ne s'y enfoncer oultre les bornes du proufit; que prinse avec moderation elle est plaisante et commode; mais qu'en fin elle rend un homme sauvage et vicieux, desdaigneux des religions et loix communes, ennemy de la conversation civile, ennemy des voluptés humaines, incapable de toute administration politique, et de secourir aultruy et de se secourir soy mesme, propre à estre impuneement

---

(1) Le sage n'est plus sage, le juste n'est plus juste, si son amour pour la vertu va trop loin. Hor., *Epist.*, I, 6, 15.

(2) S. Paul, *Ep. aux Romains*, XII, 3.

(3) Il y a apparence que Montaigne veut parler ici de Henri III, roi de France. Sixte V disait au cardinal de Joyeuse : « Il n'y a rien que votre roi n'ait fait et ne fasse pour être moine, ni que je n'aie fait, moi, pour ne l'être point. » C.

(4) Diodore de Sicile, XI, 45; le scholiaste de Thucydide, I, 134; Cornelius Nepos, *Pausanias*, c. 5; Stobée, *Serm.* 38; Tzetzès, *Chiliad.*, XII, 477, etc. J. V. L.

(5) Val. Maxime, II, 7; Diodore de Sicile, XII, 19, tr. d'Amyot; Tite Live, IV, 29, etc. C.

(6) Dans le *Gorgias*. Voyez Aulu-Gelle, X, 22. J. V. L.

souffletté Il dict vray: car, en son excès, elle esclave nostre naturelle franchise, et nous desvoye, par une importune subtilité, du beau et plain chemin que nature nous trace.

L'amitié que nous portons à nos femmes, elle est très legitime : la theologie ne laisse pas de la brider pourtant et de la restreindre. Il me semble avoir leu aultrefois chez sainct Thomas[1], en un endroict où il condamne les mariages des parents ès degrés deffendus, ceste raison parmi les aultres, qu'il y a dangier que l'amitié qu'on porte à une telle femme soit immoderée : car si l'affection maritale s'y treuve entiere et parfaicte comme elle doibt, et qu'on la surcharge encores de celle qu'on doibt à la parentelle, il n'y a point de doubte que ce surcroist n'emporte un tel mary hors les barrieres de la raison.

Les sciences qui reglent les mœurs des hommes, comme la theologie et la philosophie, elles se meslent de tout : il n'est action si privée et secrette qui se desrobe de leur cognoissance et jurisdiction. Bien apprentis sont ceulx qui syndicquent leur liberté : ce sont les femmes qui communicquent tant qu'on veult leurs pieces à garsonner; à medeciner, la honte le deffend. Je veulx donc de leur part apprendre cecy aux maris, s'il s'en treuve encores qui y soient trop acharnés : c'est que les plaisirs mesmes qu'ils ont à l'accointance de leurs femmes sont reprouvés, si la moderation n'y est observée; et qu'il y a de quoy faillir en licence et desbordement en ce subject là comme en un subject illegitime. Ces encherissements deshontés, que la chaleur premiere nous suggere en ce jeu, sont non indecemment seulement, mais dommageablement employés envers nos femmes. Qu'elles apprennent l'impudence au moins d'une aultre main : elles sont tousjours assez esveillées pour nostre besoing. Je ne m'y suis servy que de l'instruction naturelle et simple.

C'est une religieuse liaison et devote que le mariage : voylà pourquoy le plaisir qu'on en tire ce doibt estre un plaisir retenu, serieux, et meslé à quelque severité; ce doibt estre une volupté aulcunement prudente et conscientieuse. Et parceque sa principale fin c'est la generation, il y en a qui mettent en doubte si, lors que nous sommes sans l'esperance de ce fruict, comme quand elles sont hors d'aage ou enceinctes, il est permis d'en rechercher l'embrassement : c'est un homicide à la mode de Platon[1]. Certaines nations, et entre aultres la mahumetane, abominent la conjonction avecques les femmes enceinctes; plusieurs aussi avecques celles qui ont leurs flueurs. Zenobia ne recevoit son mary que pour une charge; et cela faict elle le laissoit courir tout le temps de sa conception, luy donnant lors seulement loy de recommencer[2]: brave et genereux exemple de mariage. C'est de quelque poëte[3] disetteux et affamé de ce deduit que Platon emprunta ceste narration : que Jupiter feit à sa femme une si chaleureuse charge un jour, que, ne pouvant avoir patience qu'elle eust gaignée son lict, il la versa sur le plancher; et par la vehemence du plaisir oublia les resolutions grandes et importantes qu'il venoit de prendre avec les aultres dieux en sa court celeste; se vantant qu'il l'avoit trouvé aussi bon ce coup là que lors que premierement il la depucella à cachette de leurs parents.

Les roys de Perse appelloient leurs femmes à la compaignie de leurs festins; mais quand le vin venoit à les eschauffer en bon escient, et qu'il falloit tout à faict lascher la bride à la volupté, ils les renvoyoient en leur privé, pour ne les faire participantes de leurs appetits immoderés; et faisoient venir en leur lieu des femmes ausquelles ils n'eussent point ceste obligation de respect[4]. Touts plaisirs et toutes gratifications ne sont pas bien logées en toutes sortes de gents. Epaminondas avoit faict emprisonner un garson desbauché; Pelopidas le pria de le mettre en liberté en sa faveur : il l'en refusa et l'accorda à une sienne garse qui aussi l'en pria; disant « que c'estoit une gratification deue à une amie, non à un capitaine[5]. » Sophocles, estant compaignon en la preture avecques Periclès, voyant de cas de fortune passer un beau garson : « O le beau garson que voylà! » dict il à Periclès. « Cela seroit bon à un aultre qu'à un preteur, luy dict Periclès, qui doibt avoir non les mains seulement, mais aussi les yeulx

---

(1) Dans la *Secunda Secundæ*, quæst. 154, art. 9. C.

(1) *Lois*, VIII, pag. 912, éd. de Francfort, 1602. C.
(2) Trébellius Pollion, *Triginta tyrann.*, c. 30. C.
(3) Ce poëte est Homère. Voyez *l'Iliade*, XIV, 294; et Platon, *République*, III, pag. 612, éd. de 1602. Voyez aussi Bayle, à l'article *Junon*, note 1. C.
(4) Plut., *Préceptes de Mariage*, c. 14. C.
(5) Plut., *Instruction pour ceux qui manient affaires d'état*, c. 9, tr. d'Amyot. C.

chastes[1]. » Ælius Verus l'empereur respondit à sa femme, comme elle se plaignoit de quoy il se laissoit aller à l'amour d'aultres femmes, qu'il le faisoit par occasion consciencieuse, d'autant que le mariage estoit un nom d'honneur et dignité, non de folastre et lascive concupiscence[2]. Et nostre histoire ecclesiastique a conservé avecques honneur la memoire de ceste femme qui repudia son mary pour ne vouloir seconder et soustenir ses attouchements trop insolents et desbordés. Il n'est, en somme, aulcune si juste volupté en laquelle l'excès et l'intemperance ne nous soit reprochable.

Mais, à parler en bon escient, est ce pas un miserable animal que l'homme? A peine est il en son pouvoir, par sa condition naturelle, de gouster un seul plaisir entier, et pur, encores se met il en peine de le retrencher par discours : il n'est pas assez chestif, si par art et par estude il n'augmente sa misere :

Fortunæ miseras auximus arte vias[3].

La sagesse humaine faict bien sottement l'ingenieuse de s'exercer à rabattre le nombre et la doulceur des voluptés qui nous appartiennent; comme elle faict favorablement et industrieusement d'employer ses artifices à nous peigner et farder les maulx, et en alleger le sentiment. Si j'eusse esté chef de part, j'eusse prins aultre voye plus naturelle, qui est à dire, vraye, commode et saincte; et me feusse peut-estre rendu assez fort pour la borner : quoique nos medecins spirituels et corporels, comme par complot faict entre eulx, ne treuvent aulcune voye à la guarison, ny remede aux maladies du corps et de l'ame, que par le torment, la douleur et la peine. Les veilles, les jeusnes, les haires, les exils loingtains et solitaires, les prisons perpetuelles, les verges et aultres afflictions, ont esté introduictes pour cela ; mais en telle condition que ce soyent veritablement afflictions, et qu'il y ayt de l'aigreur poignante ; et qu'il n'en advienne point comme à un Gallio[4], lequel ayant esté envoyé en exil en l'isle de Lesbos, on feut adverty à Rome qu'il s'y donnoit du bon temps, et que ce qu'on luy avoit enjoinct pour peine luy tournoit à commodité ; parquoy ils se radviserent de le rappeler près de sa femme et en sa maison, et luy ordonnerent de s'y tenir, pour accommoder leur punition à son ressentiment. Car, à qui le jeusne aiguiseroit la santé et l'alaigresse, à qui le poisson seroit plus appetissant que la chair, ce ne seroit plus recepte salutaire : non plus qu'en l'aultre medecine, les drogues n'ont point d'effect à l'endroict de celuy qui les prend avecques appetit et plaisir ; l'amertume et la difficulté sont circonstances servants à leur operation. Le naturel qui accepteroit la rubarbe comme familiere en corromproit l'usage; il fault que ce soit chose qui blece nostre estomach pour le guarir : et icy fault la regle commune, que les choses se guarissent par leurs contraires ; car le mal y guarit le mal.

Ceste impression se rapporte aulcunement à ceste aultre si ancienne, de penser gratifier au ciel et à la nature par nostre massacre et homicide, qui feut universellement embrassée en toutes religions. Encores du temps de nos peres, Amurat, en la prinse de l'Isthme, immola six cents jeunes hommes grecs à l'ame de son pere, afin que ce sang servist de propitiation à l'expiation des peschés du trespassé. Et en ces nouvelles terres descouvertes en nostre aage pures encores et vierges au prix des nostres, l'usage en est aulcunement receu par tout ; toutes leurs idoles s'abruvent de sang humain, non sans divers exemples d'horrible cruauté : on les brusle vifs, et demy rostis on les retire du brasier pour leur arracher le cœur et les entrailles ; à d'aultres, voire aux femmes, on les escorches vifves, et de leur peau ainsi sanglante en revest on et masque d'aultres. Et non moins d'exemples de constance et resolution : car ces pauvres gents sacrifiables, vieillards, femmes, enfants, vont, quelques jours avant, questants eulx mesmes les aumosnes pour l'offrande de leur sacrifice, et se presentent à la boucherie chantants et dansants avecques les assistants.

Les ambassadeurs du roy de Mexico, faisants entendre à Fernand Cortez la grandeur de leur maistre, après lui avoir dict qu'il avoit trente vassaux, desquels chascun pouvoit assembler cent mille combattants, et qu'il se tenoit en la plus belle et forte ville qui feust soubs le ciel, luy adjousterent qu'il avoit à sacrifier aux

---

(1) Cic., *de Officiis*, I, 40. C.
(2) Spartien, *Verus*, c. 5. J. V. L.
(3) *Prop.* III, 7, 32.
. . . pour avoir desplu à Tibère. Ta-

dieux cinquante mille hommes par an. De vray, ils disent qu'il nourrissoit la guerre avecques certains grands peuples voisins, non seulement pour l'exercice de la jeunesse du païs, mais principalement pour avoir de quoy fournir à ses sacrifices par des prisonniers de guerre. Ailleurs, en certain bourg, pour la bienvenue dudit Cortez, ils sacrifierent cinquante hommes tout à la fois. Je diray encores ce conte : aulcuns de ces peuples, ayants esté battus par luy, envoyerent le recognoistre, et rechercher d'amitié; les messagers luy presenterent trois sortes de presents, en ceste maniere : « Seigneur, voylà cinq esclaves; si tu es un dieu fier qui te paisses de chair et de sang, mange les, et nous t'en amerrons davantage; si tu es un dieu debonnaire, voylà de l'encens et des plumes; si tu es homme, prend les oyseaux et les fruicts que voicy. »

CHAPITRE XXX.

Des cannibales.

Quand le roy Pyrrhus passa en Italie, après qu'il eust recogneu l'ordonnance de l'armée que les Romains luy envoyoient au devant : « Je ne sçay, dict il, quels barbares sont ceulx cy (car les Grecs appelloient ainsi toutes les nations estrangieres), mais la disposition de ceste armée que je veois n'est aulcunement barbare[1]. » Autant en dirent les Grecs de celle que Flaminius feit passer en leur païs[2], et Philippus, voyant d'un tertre l'ordre et distribution du camp romain, en son royaume, soubs Publius Sulpicius Galba[3]. Voylà comment il se fault garder de s'attacher aux opinions vulgaires, et les fault juger par la voye de la raison, non par la voix commune.

J'ay eu longtemps avecques moy un homme qui avoit demeuré dix ou douze ans en cest aultre monde qui a esté descouvert en nostre siecle, en l'endroict où Villegaignon print terre[4], qu'il surnomma *la France antartique*. Ceste descouverte d'un païs infiny semble estre de consideration. Je ne sçay si je me puis respondre que il ne s'en face à l'advenir quelque aultre, tant de personnages plus grands que nous ayants esté trompés en ceste cy. J'ay peur que nous ayons les yeulx plus grands que le ventre, et plus de curiosité que nous n'avons de capacité : nous embrassons tout, mais nous n'estreignons que du vent.

Platon[1] introduict Solon racontant avoir apprins des presbtres de la ville de Saïs, en Ægypte, que jadis et avant le deluge il y avoit une grande isle nommée *Atlantide*, droict à la bouche du destroict de Gibaltar[2], qui tenoit plus de païs que l'Afrique et l'Asie toutes deux ensemble, et que les roys de ceste contrée là, qui ne possedoient pas seulement ceste isle, mais s'estoyent estendus dans la terre ferme si avant qu'ils tenoient de la largeur d'Afrique jusques en Ægypte, et de la longueur de l'Europe jusques en la Toscane, entreprinrent d'enjamber jusque sur l'Asie, et subjuguer toutes les nations qui bordent la mer Mediterranée jusques au golfe de la mer Majour[3]; et pour cest effect, traverserent les Espaignes, la Gaule, l'Italie, jusques en la Grece, où les Atheniens les sousteinrent : mais que quelque temps après et les Atheniens, et eulx, et leur isle, feurent engloutis par le deluge. Il est bien vraysemblable que cest extreme ravage d'eau ayt faict des changements estranges aux habitations de la terre, comme on tient que la mer a retranché la Sicile d'avecques l'Italie;

Hæc loca, vi quondam et vasta convulsa ruina,
. . . .
Dissiluisse ferunt, quum protenus utraque tellus
Una foret[4]. . . . .

Chypre, d'avecques la Surie; l'isle de Negrepont de la terre ferme de la Bœoce; et joinct ailleurs les terres qui estoyent divisées, comblant de limon et de sable les fosses d'entre deux :

Sterilisque diù palus, aptaque remis,
Vicinas urbes alit, et grave sentit aratrum[5].

---

(1) Plut., *Vie de Pyrrhus*, c. 8, tr. d'Amyot. C.
(2) Plut., *Vie de Flaminius*, c. 3. Mais Montaigne altère un peu le récit de l'historien. C.
(3) Tite Live, XXXI, 34. C.
(4) Au Brésil, où il arriva en 1557. Voyez Bayle, au mot *Villegaignon*.

(1) Dans le *Timée*. On trouve la traduction de tout ce récit dans les *Pensées de Platon*, seconde édition, pag. 584. J. V. L.
(2) *Gibraltar*.
(3) La mer Noire.
(4) Autrefois ces terres n'étaient, dit-on, qu'un même continent; par un violent effort, l'onde en fureur les sépara. Virg., *Enéid.*, III, 414 sq.
(5) Un marais longtemps stérile et tra˜ ˜˜mes connait maintenant la charrue et n˜
Hor., *Art poét.*, v. 65.

Mais il n'y a pas grande apparence que ceste isle soit ce monde nouveau que nous venons de descouvrir; car elle touchoit quasi l'Espaigne[2], et ce seroit un effect incroyable d'inondation de l'en avoir reculée comme elle est, de plus de douze cents lieues; oultre ce que les navigations des modernes ont desjà presque descouvert que ce n'est point une isle, ains terre ferme et continente avecques l'Inde orientale d'un costé, et avecques les terres qui sont soubs les deux poles d'aultre part; ou si elle en est separée, que c'est d'un si petit destroict et intervalle qu'elle ne merite pas d'estre nommée isle pour cela.

Il semble qu'il y aye des mouvements, naturels les uns, les aultres fiebvreux, en ces grands corps comme aux nostres. Quand je considere l'impression que ma riviere de Dordoigne faict, de mon temps, vers la rive droicte de sa descente, et qu'en vingt ans elle a tant gaigné, et desrobé le fondement à plusieurs bastiments, je veois bien que c'est une agitation extraordinaire; car si elle feust tousjours allée ce train, ou deut aller à l'advenir, la figure du monde seroit renversée : mais il leur prend des changements; tantost elles s'espandent d'un costé, tantost d'un aultre, tantost elles se contiennent. Je ne parle pas des soubdaines inondations de quoy nous manions les causes. En Medoc, le long de la mer, mon frere, sieur d'Arsac, veoid une sienne terre ensepvelie soubs les sables que la mer vomit devant elle; le faiste d'aulcuns bastiments paroist encores : ses rentes et domaines se sont eschangés en pasquages bien maigres. Les habitants disent que, depuis quelque temps, la mer se poulse si fort vers eulx qu'ils ont perdu quatre lieues de terre. Ces sables sont ses fourriers; et veoyons de grandes montioies d'arene mouvante, qui marchent d'une demie lieue devant elle, et gaignent païs.

L'aultre tesmoignage de l'antiquité auquel on veult rapporter ceste descouverte est dans Aristote, au moins si ce petit livret des Merveilles inouyes est à luy. Il raconte là que certains Carthaginois, s'estants jectés au travers de la mer Atlantique, hors le destroict de Gibaltar, et navigé long-temps, avoient descouvert enfin une grande isle fertile, toute revestue de bois, et arrousée de grandes et profondes rivieres, fort esloingnée de toutes terres fermes; et qu'eulx, et aultres depuis, attirés par la bonté et fertilité du terroir, s'y en allerent avecques leurs femmes et enfants, et commencerent à s'y habituer. Les seigneurs de Carthage, veoyants que leur païs se depeuploit peu à peu, feirent deffense expresse, sur peine de mort, que nul n'eust plus à aller là, et en chasserent ces nouveaux habitants, craignants, à ce qu'on dict, que par succession de temps ils ne veinssent à multiplier tellement, qu'ils les supplantassent eulx mesmes et ruinassent leur estat. Ceste narration d'Aristote n'a non plus d'accord avecques nos terres neufves.

Cest homme que j'avois estoit homme simple et grossier, qui est une condition propre à rendre veritable tesmoignage : car les fines gents remarquent bien plus curieusement et plus de choses; mais ils les glosent; et, pour faire valoir leur interpretation et la persuader, ils ne se peuvent garder d'alterer un peu l'histoire; ils ne vous representent jamais les choses pures, ils les inclinent et masquent selon le visage qu'ils leur ont veu; et, pour donner credit à leur jugement et vous y attirer, prestent volontiers de ce costé là à la matiere, l'allongent et l'amplifient. Ou il faut un homme très fidelle, ou si simple, qu'il n'ayt pas de quoy bastir et donner de la vraysemblance à des inventions faulses, et qui n'ayt rien espousé. Le mien estoit tel, et oultre cela il m'a faict veoir à diverses fois plusieurs matelots et marchands qu'il avait cogneus en ce voyage : ainsi, je me contente de ceste information, sans m'enquerir de ce que les cosmographes en disent. Il nous fauldroit des topographes qui nous feissent narration particuliere des endroicts où ils ont esté : mais pour avoir cest advantage sur nous, d'avoir veu la Palestine, ils veulent jouir du privilege de nous conter nouvelles de tout le demourant du monde. Je vouldrois que chascun escrivist ce qu'il sçait, et autant qu'il en sçait, non en cela seulement, mais en touts aultres subjects : car tel peult avoir quelque particuliere science ou experience de la nature d'une riviere ou d'une fontaine, qui ne sçait au reste que ce que chascun sçait; il entreprendra toutesfois, pour faire courir ce petit loppin,

---

(1) Platon ne dit rien de semblable. On trouve aussi dans les phrases suivantes quelques erreurs géographiques, répandues sans doute par les premiers voyageurs qui parcoururent le Nouveau-Monde. J. V. L.

d'escrire toute la physique. De ce vice sourdent plusieurs grandes incommodités.

Or, je treuve, pour revenir à mon propos, qu'il n'y a rien de barbare et de sauvage en ceste nation, à ce qu'on m'en a rapporté, sinon que chascun appelle *barbarie* ce qui n'est pas de son usage. Comme de vray nous n'avons aultre mire de la verité et de la raison, que l'exemple et idée des opinions et usances du païs où nous sommes : là est tousjours la parfaicte religion, la parfaicte police, parfaict et accomply usage de toutes choses. Ils sont sauvages, de mesme que nous appellons sauvages les fruicts que nature de soy et de son progrès ordinaire a produicts; tandis qu'à la verité, ce sont ceulx que nous avons alterés par nostre artifice, et destournés de l'ordre commun, que nous debvrions appeller plustost sauvages : en ceux là sont vifves et vigoreuses les vrayes et plus utiles et naturelles vertus et proprietés ; lesquelles nous avons abbastardies en ceulx cy, les accommodants au plaisir de nostre goust corrompu; et si pourtant, la saveur mesme et delicatesse se treuve, à nostre goust mesme, excellente, à l'envi des nostres, en divers fruicts de ces contrées là, sans culture. Ce n'est pas raison que l'art gaigne le poinct d'honneur sur nostre grande et puissante mere nature. Nous avons tant rechargé la beauté et richesse de ses ouvrages par nos inventions que nous l'avons du tout estouffée : si est ce que partout où sa pureté reluict, elle faict une merveilleuse honte à nos vaines et frivoles entreprinses [1].

Et veniunt hederæ sponte suâ melius;
Surgit et in solis formosior arbutus antris;
. . . .
Et volucres nulla dulcius arte canunt [2].

Touts nos efforts ne peuvent seulement arriver à representer le nid du moindre oyselet, sa contexture, sa beauté, et l'utilité de son usage; non pas la tissure de la chestifve araignée.

Toutes choses, dict Platon [3], sont produictes ou par la nature, ou par la fortune, ou par l'art : les plus grandes et plus belles, par l'une ou l'aultre des deux premieres; les moindres et imparfaictes, par la derniere.

Ces nations me semblent doncques ainsi barbares pour avoir receu fort peu de façon de l'esprit humain, et estre encores fort voisines de leur naïfveté originelle. Les loix naturelles leur commandent encore, fort peu abbastardies par les nostres; mais c'est en telle pureté qu'il me prend quelquefois desplaisir de quoy la cognoissance n'en soit venue plus tost, du temps qu'il y avoit des hommes qui en eussent sceu mieulx juger que nous : il me desplaist que Lycurgus et Platon ne l'ayent eue; car il me semble que ce que nous voyons par experience en ces nations là surpasse non seulement toutes les peinctures de quoy la poësie a embelly l'aage doré, et toutes ses inventions à feindre une heureuse condition d'hommes, mais encores la conception et le desir mesme de la philosophie : ils n'ont peu imaginer une naïfveté si pure et simple, comme nous la voyons par experience; ny n'ont peu croire que nostre société se peust maintenir avecques si peu d'artifice et de soudeure humaine. C'est une nation, diroy je à Platon, en laquelle il n'y a aulcune espece de traficque, nulle cognoissance de lettres, nulle science de nombres, nul nom de magistrat ny de superiorité politique, nul usage de service, de richesse ou de pauvreté, nuls contracts, nulles successions, nuls partages, nulles occupations qu'oysifves, nul respect de parenté que commun, nuls vestemens, nulle agriculture, nul metal, nul usage de vin ou de bled ; les paroles mesmes qui signifient le mensonge, la trahison, la dissimulation, l'avarice, l'envie, la detraction, le pardon, inouyes. Combien trouveroit il la republique qu'il a imaginée, esloingnée de ceste perfection ! *Viri à diis recentes* [1].

Hos natura modos primùm dedit [2].

Au demourant, ils vivent en une contrée de païs très plaisante et bien temperée, de façon qu'à ce que m'ont dict mes tesmoins, il est rare d'y veoir un homme malade; et m'ont

---

(1) J. J. Rousseau a sans doute puisé dans ces réflexions de Montaigne le célèbre morceau qui commence l'*Emile* : « Tout est bien, sortant des mains de l'Auteur des choses; tout dégénère entre les mains de l'homme, etc. » A. D.

(2) Le lierre aime à croître sans culture ; l'arboisier n'est jamais plus beau que dans les antres solitaires ; le chant des oiseaux est plus doux sans le secours de l'art. PROPERCE, I, 2, 10 sq.

(3) *Lois*, X, pag. 917, éd. de 1602. J. V. L.

(1) Voilà des hommes qui sortent de la main des dieux. SÉN., *Ep.* 90. Cette citation ne se trouve que dans l'exemplaire dont s'est servi Naigeon. Montaigne la supprima peut-être à cause de la suivante. J. V. L.

(2) Telles furent les premières lois de la nature. VIRG., *Géorg.*, II, 20.

asseuré n'en y avoir veu aulcun tremblant, chassieux, esdenté ou courbé de vieillesse. Ils sont assis le long de la mer, et fermés du costé de la terre de grandes et haultes montaignes, ayants entre deux cent lieues ou environ d'estendue en large. Ils ont grande abondance de poisson et de chairs qui n'ont aulcune ressemblance aux nostres et les mangent sans aultre artifice que de les cuire. Le premier qui y mena un cheval, quoy qu'il les eust practiqués à plusieurs aultres voyages, leur feit tant d'horreur en ceste assiette qu'ils le tuerent à coups de traicts avant que le pouvoir recognoistre. Leurs bastiments sont fort longs et capables de deux ou trois cents ames, estoffés d'escorce de grands arbres, tenants à terre par un bout, et se soustenants et appuyants l'un contre l'aultre par le faiste, à la mode d'aulcunes de nos granges, desquelles la couverture pend jusques à terre et sert de flancq. Ils ont du bois si dur qu'ils en coupent, et en font leurs espées et des grils à cuire leur viande. Leurs licts sont d'un tissu de cotton, suspendus contre le toict comme ceulx de nos navires, à chascun le sien; car les femmes couchent à part des maris. Ils se levent avec le soleil et mangent soubdain après s'estre levés pour toute la journée; car ils ne font aultre repas que celuy là. Ils ne boivent pas lors, comme Suidas dict de quelques aultres peuples d'Orient, qui beuvoient hors du manger; ils boivent à plusieurs fois sur jour, et d'autant. Leur bruvage est faict de quelque racine et est de la couleur de nos vins clairets; ils ne le boivent que tiede. Ce bruvage ne se conserve que deux ou trois jours; il a le goust un peu picquant, nullement fumeux, salutaire à l'estomach et laxatif à ceulx qui ne l'ont accoustumé; c'est une boisson très agreable à qui y est duict. Au lieu du pain ils usent d'une certaine matiere blanche comme du coriandre confict : j'en ai tasté; le goust en est doulx et un peu fade. Toute la journée se passe à dancer. Les plus jeunes vont à la chasse des bestes, à tout des arcs. Une partie des femmes s'amusent ce pendant à chauffer leur bruvage, qui est leur principal office. Il y a quelqu'un des vieillards qui, le matin, avant qu'ils se mettent à manger, presche en commun toute la grangée en se promenant d'un bout à aultre, et redisant une mesme clause à plusieurs fois, jusques à ce qu'il ayt achevé le tour; car ce sont bastiments qui ont bien cent pas de longueur. Il ne leur recommende que deux choses, la vaillance contre les ennemis et l'amitié à leurs femmes; et ne faillent jamais de remarquer ceste obligation pour leur refrain, que ce sont elles qui leur maintiennent leur boisson tiede et assaisonnée. Il se veoid en plusieurs lieux, et entre aultres chez moy, la forme de leurs licts, de leurs cordons, de leurs espées et brasselets de bois, de quoy ils couvrent leurs poignets aux combats, et des grandes cannes ouvertes par un bout, par le son desquelles ils soustiennent la cadence en leur dance. Ils sont raz partout et se font le poil beaucoup plus nettement que nous, sans aultre rasoir que de bois ou de pierre. Ils croyent les ames eternelles; et celles qui ont bien merité des dieux estre logées à l'endroict du ciel où le soleil se leve ; les mauldites, du costé de l'occident.

Ils ont je ne sçay quels presbtres et prophetes, qui se presentent bien rarement au peuple, ayants leur demeure aux montaignes. A leur arrivée, il se faict une grande feste et assemblée solennelle de plusieurs villages : chasque grange, comme je l'ai descripte, faict un village, et sont environ à une lieue françoise l'une de l'aultre. Ce prophete parle à eulx en public, les exhortant à la vertu et à leur debvoir; mais toute leur science ethique ne contient que ces deux articles : de la resolution à la guerre et affection à leurs femmes. Cestuy cy leur prognostique les choses à venir et les evenements qu'ils doibvent esperer de leurs entreprinses; les achemine ou destourne de la guerre ; mais c'est par tel si, que où il fault à bien deviner, et s'il leur advient aultrement qu'il ne leur a predict, il est hasché en mille pieces s'ils l'attrapent, et condamné pour faulx prophete. A ceste cause, celuy qui s'est une fois mescompté, on ne le veoid plus.

C'est don de Dieu que la divination : voylà pourquoy ce devroit estre une imposture punissable d'en abuser. Entre les Scythes, quand les devins avoient failly de rencontre, on les couchoit, enforgés de pieds et de mains, sur des charriotes pleines de bruyere, tirées par des bœufs, en quoy on les faisoit brusler[1]. Ceulx qui manient les choses subjectes à la

(1) HÉRODOTE, IV, 69. J. V. L.

conduicte de l'humaine suffisance sont excusables d'y faire ce qu'ils peuvent; mais ces aultres, qui nous viennent pipant des asseurances d'une faculté extraordinaire qui est hors de nostre cognoissance, fault il pas les punir de ce qu'ils ne maintiennent l'effect de leur promesse et de la temerité de leur imposture?

Ils ont leurs guerres contre les nations qui sont au delà de leurs montaignes, plus avant en la terre ferme, ausquelles ils vont touts nuds, n'ayants aultres armes que des arcs ou des espées de bois appointées par un bout, à la mode des langues de nos espieux. C'est chose esmerveillable que de la fermeté de leurs combats, qui ne finissent jamais que par meurtre et effusion de sang; car de routes et d'effroy, ils ne sçavent que c'est. Chascun rapporte pour son trophée la teste de l'ennemy qu'il a tué, et l'attache à l'entrée de son logis. Après avoir longtemps bien traicté leurs prisonniers et de toutes les commodités dont ils se peuvent adviser, celuy qui en est le maistre faict une grande assemblée de ses cognoissants. Il attache une chorde à l'un des bras du prisonnier, par le bout de laquelle il le tient esloigné de quelques pas, de peur d'en estre offensé, et donne au plus cher de ses amis l'aultre bras à tenir de mesme; et eulx deux, en presence de toute l'assemblée, l'assomment à coups d'espée. Cela faict, ils le rostissent et en mangent en commun, et en envoyent des loppins à ceulx de leurs amis qui sont absents. Ce n'est pas, comme on pense, pour s'en nourrir, ainsi que faisoient anciennement les Scythes; c'est pour representer une extreme vengeance: et qu'il soit ainsin, ayants apperceu que les Portugais, qui s'estoient r'alliés à leurs adversaires, usoient d'une aultre sorte de mort contre eulx, quand ils les prenoient, qui estoit de les enterrer jusques à la ceincture, et tirer au demourant du corps force coups de traicts et les pendre après, ils penserent que ces gents icy de l'aultre monde (comme ceulx qui avoient semé la cognoissance de beaucoup de vices parmy leur voisinage, et qui estoient beaucoup plus grands maistres qu'eulx en toute sorte de malice) ne prenoient pas sans occasion ceste sorte de vengeance, et qu'elle debvoit estre plus aigre que la leur, dont ils commencerent de quitter leur façon ancienne pour suyvre ceste cy. Je ne suis pas marry que nous remarqueons l'horreur barbaresque qu'il y a en une telle action; mais oui bien de quoy, jugeants à poinct de leurs faultes, nous soyons si aveugles aux nostres. Je pense qu'il y a plus de barbarie à manger un homme vivant qu'à le manger mort; à deschirer par torments et par gehennes un corps encores plein de sentiment, le faire rostir par le menu, le faire mordre et meurtrir aux chiens et aux pourceaux (comme nous l'avons non seulement leu, mais veu de fresche memoire, non entre des ennemis anciens, mais entre des voisins et concitoyens, et, qui pis est, soubs pretexte de pieté et de religion), que de le rostir et manger après qu'il est trespassé.

Chrysippus et Zenon, chefs de la secte stoïque, ont bien pensé qu'il n'y avoit aulcun mal de se servir de nostre charongne à quoy que ce feust pour nostre besoing, et d'en tirer de la nourriture[1]; comme nos ancestres, estants assiegés par Cesar en la ville d'Alexia, se resolurent de soustenir la faim de ce siege par les corps des vieillards, des femmes et aultres personnes inutiles au combat.

Vascones, ut fama est, alimentis talibus usi
Produxere animas[2].

Et les medecins ne craignent pas de s'en servir à toute sorte d'usage pour nostre santé, soit pour l'appliquer au dedans ou au dehors. Mais il ne se trouva jamais aulcune opinion si desreglée qui excusast la trahison, la desloyauté, la tyrannie, la cruauté, qui sont nos faultes ordinaires. Nous les pouvons donc bien appeller barbares, eu esgard aux regles de la raison; mais non pas eu esgard à nous, qui les surpassons en toute sorte de barbarie. Leur guerre est toute noble et genereuse, et a autant d'excuse et de beauté que ceste maladie humaine en peult recevoir : elle n'a aultre fondement parmy eulx que la seule jalousie de la vertu. Ils ne sont pas en debat de la conqueste de nouvelles terres; car ils jouyssent encores de ceste uberté naturelle qui les fournit, sans travail et sans peine, de toutes choses necessaires, en telle abondance qu'ils n'ont que faire d'agrandir leurs limites. Ils sont en-

---

(1) Diog. Laerce, VII, 188. C.
(2) On dit que les Gascons prolongèrent leur vie en se nourrissant de chair humaine. Juv., *Sat.*, XV, 93.

cores en cest heureux poinct de ne desirer qu'autant que leurs necessités naturelles leur ordonnent : tout ce qui est au delà est superflu pour eulx. Ils s'entr'appellent generalement, ceulx de mesme aage, freres ; enfants, ceulx qui sont au dessoubs ; et les vieillards sont pères à touts les aultres. Ceulx cy laissent à leurs heritiers en commun ceste pleine possession de bien par indivis, sans aultre tiltre que celuy tout pur que nature donne à ses creatures, les produisant au monde. Si leurs voisins passent les montaignes pour les venir assaillir, et qu'ils emportent la victoire sur eulx, l'acquest du victorieux c'est la gloire et l'advantage d'estre demouré maistre en valeur et en vertu, car aultrement ils n'ont que faire des biens des vaincus, et s'en retournent à leur païs où ils n'ont faulte d'aulcune chose necessaire, ny faulte encores de ceste grande partie de sçavoir heureusement jouyr de leur condition et s'en contenter. Autant en font ceulx cy à leur tour ; ils ne demandent à leurs prisonniers aultre rançon que la confession et recognoissance d'estre vaincus ; mais il ne s'en treuve pas un en tout un siecle qui n'ayme mieulx la mort que de relascher, ny par contenance ny de parole, un seul poinct d'une grandeur de courage invincible ; il ne s'en veoid aulcun qui n'ayme mieulx estre tué et mangé que de requerir seulement de ne l'estre pas. Ils les traictent en toute liberté, à fin que la vie leur soit d'autant plus chere ; et les entretiennent communéement des menaces de leur mort future, des torments qu'ils y auront à souffrir, des appresls qu'on dresse pour cest effect, du destrenchement de leurs membres, et du festin qui se fera à leurs despens. Tout cela se faict pour ceste seule fin d'arracher de leur bouche quelque parole molle ou rabaissée, ou de leur donner envie de s'enfuyr, pour gaigner cest advantage de les avoir espouvantés et d'avoir faict force à leur constance. Car aussi, à le bien prendre, c'est en ce seul poinct que consiste la vraye victoire :

*Victoria nulla est
Quam quæ confessos animo quoque subjugat hostes*[1].

Les Hongres, très belliqueux combattants, ne poursuyvoient jadis leur poincte oultre ces termes, d'avoir rendu l'ennemy à leur mercy : car, en ayant arraché ceste confession, ils le laissoient aller sans offense, sans rançon ; sauf, pour le plus, d'en tirer parole de ne s'armer dès lors en avant contre eulx. Assez d'advantages gaignons nous sur nos ennemis, qui sont advantages empruntés, non pas nostres : c'est la qualité d'un portefaix, non de la vertu, d'avoir les bras et les jambes plus roides ; c'est une qualité morte et corporelle que la disposition ; c'est un coup de la fortune de faire broncher nostre ennemy et de luy esblouyr les yeulx par la lumiere du soleil ; c'est un tour d'art et de science, et qui peult tumber en une personne lasche et de neant, d'estre suffisant à l'escrime. L'estimation et le prix d'un homme consiste au cœur et en la volonté : c'est là où gist son vray honneur. La vaillance, c'est la fermeté, non pas des jambes et des bras, mais du courage et de l'ame ; elle ne consiste pas en la valeur de nostre cheval, ny de nos armes, mais en la nostre. Celuy qui tumbe obstiné en son courage, *si succiderit, de genu pugnat*[1] ; qui, pour quelque danger de la mort voisine, ne relasche aulcun poinct de son asseurance ; qui regarde encores, en rendant l'ame, son ennemy d'une veue ferme et desdaigneuse, il est battu ; non pas de nous, mais de la fortune[2] ; il est tué, non pas vaincu ; les plus vaillants sont parfois les plus infortunés. Aussi y a t il des pertes triumphantes à l'envi des victoires. Ny ces quatre victoires sœurs, les plus belles que le soleil aye oncques veu de ses yeulx, de Salamine, de Platée, de Mycale, de Sicile, n'oserent oncques opposer toute leur gloire ensemble à la gloire de la desconfiture du roy Leonidas et des siens au pas des Thermopyles. Qui courut jamais d'une plus glorieuse envie et plus ambitieuse au gaing du combat que le capitaine Ischolas à la perte[3]? qui plus ingenieusement et curieusement s'est asseuré de son salut que luy de sa ruine ? Il estoit commis à deffendre certain passage du Peloponnese contre les Arcadiens : pour quoy faire, se trouvant de tout incapable, veu la nature du lieu et inegalité de forces, et se resolvant que tout ce qui se presenteroit aux en-

---

[1] Il n'y a de véritable victoire que celle qui force l'ennemi à s'avouer vaincu. CLAUDIEN, *De sexto consulatu Honorii*, v. 248.

[1] S'il tombe, il combat à genoux. SEN., *de Providentiâ*, c. 2. Le texte porte, *etiam si cederit*. J. V. L.

[2] SEN., *de Constantiâ sapientis*, c. 6. C.

[3] DIOD. DE SICILE, XV, 64. J. V. L.

nemis auroit de necessité à y demourer ; d'aultre part, estimant indigne et de sa propre vertu et magnanimité, et du nom de lacedemonien, de faillir à sa charge, il print entre ces deux extremités un moyen parti, de telle sorte : les plus jeunes et dispos de sa troupe il les conserva à la tuition et service de leur païs, et les y renvoya ; et avecques ceulx desquels le default estoit moins important, il delibera de soustenir ce pas, et par leur mort en faire achepter aux ennemis l'entrée la plus chere qu'il lui seroit possible, comme il advient ; car estant tantost environné de toutes parts par les Arcadiens, après en avoir faict une grande boucherie, luy et les siens furent touts mis au fil de l'espée. Est il quelque trophée assigné pour les vainqueurs, qui ne soit mieulx deu à ces vaincus ? Le vray vaincre a pour son roole l'estour[1], non pas le salut, et consiste l'honneur de la vertu à combattre, non à battre.

Pour en revenir à nostre histoire, il s'en fault tant que ces prisonniers se rendent pour tout ce qu'on leur faict, qu'au rebours, pendant ces deux ou trois mois qu'on les garde, ils portent une contenance gaye, ils pressent leur maistre de se haster de les mettre en ceste espreuve, ils les desfient, les injurient, leur reprochent leur lascheté et le nombre des battailles perdues contre les leurs. J'ay une chanson faicte par un prisonnier, où il y a ce traict : « Qu'ils viennent hardiment trestouts, et s'assemblent pour disner de luy ; car ils mangeront quant et quant leurs peres et leurs ayeulx qui ont servy d'aliment et de nourriture à son corps : ces muscles, dict il, ceste chair et ces veines, ce sont les vostres, pauvres fols que vous estes ; vous ne recognoissez pas que la substance des membres de vos ancestres s'y tient encores ; savourez les bien, vous y trouverez le goust de vostre propre chair. » Invention qui ne sent aulcunement la barbarie. Ceulx qui les peignent mourants, et qui representent ceste action quand on les assomme, ils peignent le prisonnier crachant au visage de ceulx qui le tuent, et leur faisant la moue. De vray, ils ne cessent jusqu'au dernier souspir de les braver et desfier de parole et contenance. Sans mentir, au prix de nous, voylà des hommes bien sauvages : car ou il fault qu'ils le soient bien à bon escient, ou que nous le soyons ; il y a une merveilleuse distance entre leur forme et la nostre.

Les hommes y ont plusieurs femmes, et en ont d'autant plus grand nombre qu'ils sont en meilleure reputation de vaillance. C'est une beauté remarquable en leurs mariages, que la mesme jalousie que nos femmes ont pour nous empescher de l'amitié et bienveuillance d'aultres femmes, les leurs l'ont toute pareille pour la leur acquerir : estants plus soigneuses de l'honneur de leurs maris que de toute aultre chose, elles cherchent et mettent leur solicitude à avoir le plus de compaignes qu'elles peuvent, d'autant que c'est un tesmoignage de la vertu du mary. Les nostres crieront au miracle : ce ne l'est pas ; c'est une vertu proprement matrimoniale, mais du plus hault estage. Et en la Bible, Lia, Rachel, Sara, et les femmes de Jacob, fournirent leurs belles servantes à leurs maris : et Livia seconda les appetits d'Auguste[1], à son interest : et la femme du roi Dejotarus, Stratonique, presta non seulement à l'usage de son mary une fort belle jeune fille de chambre qui la servoit, mais en nourrit soigneusement les enfants, et leur feit espaule à succeder aux estats de leur pere[2]. Et à fin qu'on ne pense point que tout cecy se face par une simple et servile obligation à leur usance, et par l'impression de l'auctorité de leur ancienne coustume, sans discours et sans jugement, et pour avoir l'ame si stupide que de ne pouvoir prendre aultre party, il fault alleguer quelques traicts de leur suffisance. Oultre celuy que je viens de reciter de l'une de leurs chansons guerrieres, j'en ay une aultre amoureuse, qui commence en ce sens : « Couleuvre, arreste toy ; arreste toy, couleuvre, afin que ma sœur tire sur le patron de ta peincture la façon et l'ouvrage d'un riche cordon que je puisse donner à ma mie : ainsi soit en tout temps ta beauté et ta disposition preferée à touts les aultres serpents. » Ce premier couplet, c'est le refrain de la chanson. Or j'ay assez de commerce avec la poësie pour juger cecy, que non seulement il n'y a rien de barbarie en ceste imagination, mais qu'elle est tout à fait anacreontique. Leur langage, au demourant, c'est un langage doulx,

---

[1] Mêlée, combat.

(1) Suét., *August.*, c. 71. C.
(2) Plut., *Des vertueux faits des femmes*, à l'article *Stratonice*. C.

et qui a le son agreable, retirant aux terminaisons grecques.

Trois d'entre eulx, ignorants combien coustera un jour à leur repos et à leur bonheur la cognoissance des corruptions de deçà, et que de ce commerce naistra leur ruine, comme je presuppose qu'elle soit desjà avancée (bien miserables de s'estre laissés piper au desir de la nouvelleté, et avoir quitté la doulceur de leur ciel pour venir veoir le nostre!), furent à Rouan du temps que le feu roy Charles neufviesme y estoit. Le roy parla à eulx long temps. On leur feit veoir nostre façon, nostre pompe, la forme d'une belle ville; après cela, quelqu'un en demanda leur advis, et voulut sçavoir d'eulx ce qu'ils y avoient trouvé de plus admirable: ils respondirent trois choses, dont j'ay perdu la troisiesme, et en suis bien marry; mais j'en ay encore deux en memoire. Ils dirent qu'ils trouvoient en premier lieu fort estrange que tant de grands hommes portants barbe, forts et armés, qui estoient autour du roy (il est vraysemblable qu'ils parloient des Souisses de sa garde), se soubmissent à obeyr à un enfant, et qu'on ne choisissoit plustost quelqu'un d'entre eulx pour commander. Secondement (ils ont eune façon de langage telle qu'ils nomment les hommes moitié les uns des aultres), qu'ils avoient apperceu qu'il y avoit parmy nous des hommes pleins et gorgés de toutes sortes de commodités, et que leurs moitiés estoient mendians à leurs portes, descharnés de faim et de pauvreté; et trouvoient estrange comment ces moitiés icy necessiteuses pouvoient souffrir une telle injustice, qu'ils ne prinssent les aultres à la gorge ou meissent le feu à leurs maisons.

Je parlay à l'un d'eulx fort longtemps; mais j'avois un truchement qui me suyvoit si mal et qui estoit si empesché à recevoir mes imaginations, par sa bestise, que je n'en peus tirer rien qui vaille. Sur ce que je luy demanday quel fruict il recevoit de la superiorité qu'il avoit parmy les siens (car c'estoit un capitaine, et nos matelots le nommoient roy), il me dict que c'estoit: « Marcher le premier à la guerre. » De combien d'hommes il estoit suyvi? il me montra une espace de lieu pour signifier que c'estoit autant qu'il en pourroit en une telle espace; ce pouvoit estre quatre ou cinq mille hommes. Si hors la guerre toute son auctorité estoit expirée? il dict « Qu'il luy en restoit cela que, quand il visitoit les villages qui despendoient de luy, on luy dressoit des sentiers au travers des hayes de leurs bois, par où il peust passer bien à l'ayse. « Tout cela ne va pas trop mal: mais quoy! ils ne portent point de hault de chausses. »

CHAPITRE XXXI.

Qu'il fault sobrement se mesler de juger des ordonnances divines.

Le vray champ et subject de l'imposture sont les choses incogneues: d'autant que, en premier lieu, l'estrangeté mesme donne credit; et puis, n'estants point subjectes à nos discours ordinaires, elles nous ostent le moyen de les combattre. A ceste cause, dict Platon[1], est il bien plus aysé de satisfaire, parlant de la nature des dieux, que de la nature des hommes, parce que l'ignorance des auditeurs preste une belle et large carriere, et toute liberté au maniement d'une matiere cachée. Il advient de là qu'il n'est rien creu si fermement que ce qu'on sçait le moins; ny gents si asseurés que ceulx qui nous content des fables, comme alchymistes, prognosticqueurs, judiciaires, chiromantiens, medecins, *id genus omne*[2]: ausquels je joindrois volontiers, si j'osois, un tas de gents, interpretes et contreroolleurs ordinaires des desseings de Dieu, faisants estats de trouver les causes de chasque accident, et de veoir dans les secrets de la volonté divine les motifs incomprehensibles de ses œuvres; et, quoyque la varieté et discordance continuelle des evenements les rejecte de coing en coing et d'orient en occident, ils ne laissent de suyvre pourtant leur esteuf[3], et de mesme creon peindre le blanc et le noir.

En une nation indienne, il y a ceste louable observance: quand il leur mesadvient en quelque rencontre ou battaille, ils en demandent publicquement pardon au soleil, qui est leur dieu, comme d'une action injuste; rapportants leur heur ou malheur à la raison divine, et luy soubmettants leur jugement et discours. Suffit à un chrestien croire toutes choses venir de Dieu, les recevoir avec recognoissance de sa divine et inscrutable sapience; pourtant les prendre en bonne part, en quelque visage qu'elles luy

---

(1) Dans le dialogue intitulé *Critias*, p. 107, éd. d'Estienne. C.
(2) Et tous les gens de cette espèce. HOR., *Sat.*, I, 9, 2.
(3) Au propre, *leur balle*; au figuré, *leur jeu*. E. J.

soyent envoyées. Mais je treuve mauvais ce que je veois en usage, de chercher à fermir et appuyer nostre religion par la prosperité de nos entreprinses. Nostre creance a assez d'aultres fondements, sans l'auctoriser par les evenements ; car le peuple accoustumé à ces arguments plausibles et proprement de son goust, il est dangier, quand les evenements viennent à leur tour contraires et desadvantageux, qu'il en esbranle sa foy : comme aux guerres où nous sommes pour la religion, ceulx qui eurent l'advantage à la rencontre de la Rochelabeille[1], faisants grand'feste de cest accident, et se servants de ceste fortune pour certaine approbation de leur party; quand ils viennent après à excuser leurs desfortunes de Montcontour et de Jarnac[2], sur ce que ce sont verges et chastiments paternels, s'ils n'ont un peuple du tout à leur mercy, ils lui font assez ayséement sentir que c'est prendre d'un sac deux moultures, et de mesme bouche souffler le chauld et le froid. Il vauldroit mieulx l'entretenir des vrays fondements de la verité. C'est une belle bataille navale qui s'est gaignée ces mois passés[3] contre les Turcs, soubs la conduicte de dom Joan d'Austria : mais il a bien pleu à Dieu en faire aultresfois veoir d'aultres telles, à nos despens. Somme, il est malaysé de ramener les choses divines à nostre balance, qu'elles n'y souffrent du deschet. Et qui vouldroit rendre raison de ce que Arius, et Leon son pape[4], chefs principaulx de ceste heresie, moururent en divers temps de morts si pareilles et si estranges (car retirez de la dispute, par douleur de ventre, à la garde-robe[5], touts deux y rendirent subitement l'ame), et exaggerer ceste vengeance divine par la circonstance du lieu, y pourroit bien encores adjouster la mort de Heliogabalus, qui feut aussi tué en un retraict[6] : mais quoy! Irenée se treuve engagé en mesme fortune. Dieu nous voulant apprendre que les bons ont aultre chose à esperer, et les mauvais aultre chose à craindre, que les fortunes ou infortunes de ce monde, il les manie et applique selon sa disposition occulte, et nous oste le moyen d'en faire sottement nostre proufit. Et se mocquent ceulx qui s'en veulent prevaloir selon l'humaine raison : ils n'en donnent jamais une touche qu'ils n'en reçoivent deux. Sainct Augustin en faict une belle preuve sur ses adversaires. C'est un conflict qui se decide par les armes de la memoire, plus que par celles de la raison. Il se fault contenter de la lumiere qu'il plaist au soleil nous communiquer par ses rayons; et qui eslevera ses yeulx pour en prendre une plus grande dans son corps mesme, qu'il ne treuve pas estrange, si, pour la peine de son oultrecuidance, il y perd la vüe. *Quis hominum potest scire consilium Dei? aut quis poterit cogitare quid velit Dominus*[1] *?*

CHAPITRE XXXII.

De fuir les voluptés au prix de la vie.

J'avois bien veu convenir en cecy la pluspart des anciennes opinions : qu'il est heure de mourir lors qu'il y a plus de mal que de bien à vivre; et que de conserver nostre vie à nostre torment et incommodité, c'est chocquer les regles mesme de la nature, comme disent ces vieux enseignements :

Ἢ ζῆν ἀλύπως, ἢ θανεῖν εὐδαιμόνως.
Καλὸν τὸ θνήσκειν οἷς ὕβριν τὸ ζῆν φέρει.
Κρεῖσσον τὸ μὴ ζῆν ἐστιν, ἢ ζῆν ἀθλίως[2].

Mais de poulser le mespris de la mort jusques à tel degré, que de l'employer pour se distraire des honneurs, richesses, grandeurs et aultres faveurs et biens que nous appellons de la fortune, comme si la raison n'avoit pas assez à faire à nous persuader de les abandonner, sans y adjouster ceste nouvelle recharge, je ne l'avois vu ny commander ny practiquer, jusques lors que ce passage de Seneca[3] me tumba entre mains, auquel conseillant à Lucilius, per-

---

(1) Grande escarmouche entre les troupes de l'amiral de Coligny et celles du duc d'Anjou, au mois de mai 1569. C.

(2) La bataille de Montcontour gagnée par le duc d'Anjou, en 1569, au mois d'octobre. Ce prince avait gagné celle de Jarnac au mois de mars de la même année. C.

(3) Dans le golfe de Lépante, le 7 octobre 1571. J. V. L.

(4) Voyez SANDIUS, *Nucleus Hist. Eccles.*, II, pag. 110; et les *Centuriateurs de Magdebourg*, cent. IV, c. 10. C.

(5) Athanase, *Epist. ad Serapionem*, et Epiphane, *de Morte Arii*, lib. II, rapportent ainsi la mort d'Arius. C.

(6) *In latrina*, dit Lampride, *Heliogabal.*, c. 17. C.

(1) Quel homme peut connaître les desseins de Dieu, ou imaginer ce que veut le Seigneur? *Sapient.*, IX, 13.

(2) Ou une vie tranquille, ou une mort heureuse. « Il est beau de mourir lorsque la vie est un opprobre. — Il vaut mieux cesser de vivre que de vivre dans le malheur. » — On trouve dans Stobée, *Serm.* 20, des sentences toutes semblables à ces trois-là. C.

(3) *Epist.* 22. C.

sonnage puissant et de grande auctorité autour de l'empereur, de changer ceste vie voluptueuse et pompeuse, et de se retirer de ceste ambition du monde à quelque vie solitaire, tranquille et philosophique; sur quoy Lucilius alleguoit quelques difficultés : « Je suis d'advis, dict il, que tu quittes ceste vie là, où la vie tout à faict : bien te conseille je de suyvre la plus doulce voye, et de destacher plustost que de rompre ce que tu as mal noué; pourveu que, s'il ne se peult aultrement destacher, tu le rompes : il n'y a homme si couard qui n'ayme mieulx tumber une fois que de demourer tousjours en bransle. » J'eusse trouvé ce conseil sortable à la rudesse stoïcque; mais il est plus estrange qu'il soit emprunté d'Epicurus, qui escript à ce propos choses toutes pareilles à Idomeneus. Si est ce que je pense avoir remarqué quelque traict semblable parmy nos gents, mais avec la moderation chrestienne.

Sainct Hilaire, evesque de Poictiers, ce fameux ennemy de l'heresie arienne, estant en Syrie, feut adverty qu'Abra, sa fille unique, qu'il avoit par deça avecques sa mere, estoit poursuyvie en mariage par les plus apparents seigneurs du païs, comme fille très bien nourrie, belle, riche, et en la fleur de son aage : il luy escrivit (comme nous veoyons) qu'elle ostast son affection de touts ces plaisirs et advantages qu'on luy presentoit; qu'il luy avoit trouvé en son voyage un party bien plus grand et plus digne, d'un mary de bien aultre pouvoir et magnificence, qui luy feroit present de robes et de joyaux de prix inestimable. Son desseing estoit de luy faire perdre l'appetit et l'usage des plaisirs mondains pour la joindre toute à Dieu. Mais à cela le plus court et le plus certain moyen luy semblant estre la mort de sa fille, il ne cessa par vœux, prieres et oraisons, de faire requeste à Dieu de l'oster de ce monde, et de l'appeller à soy, comme il advient ; car bientost après son retour elle luy mourut, de quoy il montra une singuliere joie. Cestuy-cy semble encherir sur les aultres, de ce qu'il s'adresse à ce moyen de prime face, lequel ils ne prennent que subsidiairement; et puis, que c'est à l'endroict de sa fille unique. Mais je ne veulx obmettre le bout de ceste histoire, encores qu'il ne soit pas de mon propos. La femme de sainct Hilaire, ayant entendu par luy comme la mort de leur fille s'estoit conduicte par son desseing et volonté, et combien elle avoit plus d'heur d'estre deslogée de ce monde que d'y estre, print une si vifve apprehension de la beatitude eternelle et celeste qu'elle solicita son mary avecques extreme instance d'en faire autant pour elle. Et Dieu, à leurs prieres communes, l'ayant retirée à soy bientost après, ce feut une mort embrassée avecques singulier contentement commun.

CHAPITRE XXXIII.

La fortune[1] se rencontre souvent au train de la raison.

L'inconstance du bransle divers de la fortune faict qu'elle nous doibve presenter toute espece de visages. Y a il action de justice plus expresse que celle cy? le duc de Valentinois[2], ayant resolu d'empoisonner Adrian, cardinal de Cornète, chez qui le pape Alexandre sixiesme son père et luy alloyent souper au Vatican, envoya devant quelques bouteilles de vin empoisonné, et commanda au sommelier qu'il la gardast bien soigneusement : le pape y estant arrivé avant le fils, et ayant demandé à boire, ce sommelier,

(1) Ce mot de *fortune*, employé souvent par Montaigne, et dans des passages même où il aurait pu se servir de celui de *providence*, fut censuré par les docteurs moines qui examinèrent les *Essais*, pendant son séjour à Rome en 1581 (*Voyages*, t. II. p. 35 et 76). Dans les pays d'inquisition, à Rome surtout, il était défendu de dire *fatum* ou *fata*. Un auteur fit imprimer *facta* ; et dans l'Errata il fit mettre *facta*, lisez *fata*. On a eu plus d'une fois recours à ce stratagème pour tromper la cour de Rome; c'est ainsi que le protestant Daniel Heinsius, envoyant dans cette ville un ouvrage où il parle du pape Urbain VIII, l'appela, dans le texte, *Ecclesiæ caput*; et dans l'Errata, *Ecclesiæ Romanæ caput* (BALZAC, Dissert., 26). Il paraît que cette censure des livres n'était pas toujours exercée par des gens fort habiles. La Mothe Le Vayer dit tenir de Naudé même que, dans un ouvrage que celui-ci voulait faire imprimer à Rome, et où se trouvaient ces mots : *Virgo fata est*, l'inquisiteur mit en marge :*Propositio hæretica* ; *nàm non datur fatum* (MENAGIANA). La défense était si sérieuse qu'Addisson dans son voyage d'Italie lut à Florence, à la tête d'un opéra, cette protestation solennelle, dont il ne put s'empêcher de sourire ; PROTESTA, *Le voci, Fato, Deità, Destino, e simili, che perentro questo dramma troverai, son messe per ischerzo poetico, e non per sentimento vero, credendo sempre in tutto quellò, che crede, e comanda santa madre Chiesa*. Montaigne se justifie dans le chapitre LVI de ce premier livre d'avoir employé quelques-uns de ces mots prohibés, *verba indisciplinata*, comme il les appelle : on voit, par les anciennes éditions, qu'il n'a composé cette espèce d'apologie que depuis son retour de Rome. J. V. L.

(2) En 1505, *Historia di Francesco Guicciardini*, l. VI.

qui pensoit ce vin ne luy avoir esté recommendé que pour sa bonté, en servit au pape; et le duc mesme y arrivant sur le poinct de la collation, et se fiant qu'on n'auroit pas touché à sa bouteille, en print à son tour : en maniere que le pere en mourut soubdain; et le fils, après avoir esté longuement tormenté de maladie, feust reservé à un' aultre pire fortune.

Quelquesfois il semble à poinct nommé qu'elle se joue à nous. Le seigneur d'Estrée, lors guidon de monsieur de Vandosme, et le seigneur de Licques, lieutenant de la compagnie du duc d'Ascot, estant touts deux serviteurs de la sœur du sieur de Founguesselles[1], quoyque de divers partis (comme il advient aux voisins de la frontiere), le sieur de Licques l'emporta : mais le mesme jour des nopces, et qui pis est avant le coucher, le marié, ayant envie de rompre un bois en faveur de sa nouvelle espouse, sortit à l'escarmouche près de Sainct-Omer, où le sieur d'Estrée se trouvant le plus fort le feit son prisonnier : et pour faire valoir son advantage, encores fallust il que la damoiselle,

Conjugis ante coacta novi dimittere collum,
Quam veniens una atque altera rursùs hyems
Noctibus in longis avidum saturasset amorem[2],

luy feist elle mesme requeste par courtoisie de luy rendre son prisonnier, comme il feit, la noblesse françoise ne refusant jamais rien aux dames.

Semble il pas que ce soit un sort artiste? Constantin, fils de Helene, fonda l'empire de Constantinople; et tant de siecles après, Constantin, fils de Helene, le finit. Quelquesfois il luy plaist envier sur nos miracles : nous tenons que le roy Clovis assiegeant Angoulesme, les murailles cheurent d'elles mesmes par faveur divine : et Bouchet emprunte de quelqu'aucteur, que le roy Robert assiegeant une ville, et s'estant desrobé du siege pour aller à Orleans solenniser la feste sainct Aignan, comme il estoit en devotion sur certain poinct de la messe, les murailles de la ville assiegée s'en allerent sans aulcun effort en ruine. Elle feit tout à contrepoil en nos guerres de Milan : car le capitaine Rense assiegeant pour nous la ville d'Eronne[3], et ayant faict mettre la mine soubs un grand pan de mur, et le mur en estant brusquement enlevé hors de terre, recheut toutesfois tout empenné si droict dans son fondement que les assiegés n'en vaulsirent pas moins.

Quelquesfois elle faict la medecine : Jason Phereus[1], estant abandonné des medecins pour une aposteme qu'il avoit dans la poictrine, ayant envie de s'en desfaire, au moins par la mort, se jecta dans une battaille à corps perdu dans la presse des ennemis, où il feut blecé à travers le corps si à poinct que son aposteme en creva, et guarit. Surpassa elle pas le peintre Protogenes en la science de son art? cestuy cy[2] ayant parfaict l'image d'un chien las et recreu, à son contentement en toutes les aultres parties, mais ne pouvant representer à son gré l'escume et la bave, despité contre sa besongne, print son esponge, et, comme elle estoit abruvée de diverses peinctures, la jecta contre, pour tout effacer : la fortune porta tout à propos le coup à l'endroict de la bouche du chien, et y parfournit ce à quoi l'art n'avoit pu atteindre. N'adresse elle pas quelquesfois nos conseils et les corrige? Isabelle, royne d'Angleterre, ayant à repasser de Zelande en son royaume[3], avecques une armée, en faveur de son fils contre son mary, estoit perdue, si elle feust arrivée au port qu'elle avoit projecté, y estant attendue par ses ennemis : mais la fortune la jecta contre son vouloir ailleurs, où elle print terre en toute seureté. Et cest ancien qui, ruant la pierre à un chien, en assena et tua sa marastre, eust il pas raison de prononcer ce vers,

Ταυτόματον ἡμῶν καλλίω βουλεύεται[4],

La fortune a meilleur advis que nous?

Icetes[5] avoit practiqué deux soldats pour tuer Timoleon, sejournant à Adrane en la Sicile. Ils prindrent heure sur le poinct qu'il feroit quelque sacrifice; et se meslants parmy la multi-

---

(1) Ou plutôt *Fouquerolles*. MART. DU BEL., *Mémoires*, liv. II.

(2) Contrainte de renoncer aux embrassements de son nouvel époux avant que les longues nuits d'un ou de deux hivers eussent rassasié l'avidité de leur amour. CATULLE, LXVIII, 81.

(3) *Mémoires* de MART. DU BELLAY, liv. II, *Arona*, sur le lac Majeur. C.

(1) Ou mieux, de *Phères*, en Thessalie. PLINE, *Nat. Hist.*, VII, 50. J. V. L.

(2) PLINE, *Nat. Hist.*, XXXV. 10. C.

(3) En 1326. Voyez FROISSART. C.

(4) Ici Montaigne traduit exactement le vers grec qu'il vient de citer. Ce vers est de Ménandre, et il était passé en proverbe. Voyez les commentateurs sur les *Lettres* de Cicéron à *Atticus*, I, 12. C.

(5) Sicilien, né à Syracuse, qui voulait opprimer la liberté de sa patrie, dont Timoléon était le défenseur. PLUT., *Vie de Timoléon*, c. 7. C.

tude, comme ils se guignoyent[1] l'un l'aultre que l'occasion estoit propre à leur besongne, voicy un tiers qui d'un grand coup d'espée en assene l'un par la teste et le rue mort par terre, et s'enfuit. Le compaignon se tenant pour descouvert et perdu recourut à l'autel, requerant franchise, avecques promesse de dire toute la verité. Ainsi qu'il faisoit le conte de la conjuration, voicy le tiers qui avoit esté attrapé, lequel, comme meurtrier, le peuple poulse et saboule au travers la presse, vers Timoleon et les plus apparents de l'assemblée. Là il crie mercy, et dict avoir justement tué l'assassin de son père, vérifiant sur le champ, par des tesmoings que son bon sort luy fournit tout à propos, qu'en la ville des Leontins son pere, de vray, avoit esté tué par celuy sur lequel il s'estoit vengé. On luy ordonna dix mines attiques, pour avoir eu ceste heur, prenant raison de la mort de son pere d'avoir retiré de mort le pere commun des Siciliens. Ceste fortune surpasse en reglement les regles de l'humaine prudence.

Pour la fin, en ce faict icy se descouvre il pas une bien expresse application de sa faveur, de bonté et pieté singulière? Ignatius[2] pere et fils, proscripts par les triumvirs à Rome, se resolurent à ce genereux office de rendre leurs vies entre les mains l'un de l'autre, et en frustrer la cruauté des tyrans; ils se coururent sus, l'espée au poing : elle en dressa les poinctes, et en feit deux coups egualement mortels; et donna à l'honneur d'une si belle amitié qu'ils eussent justement la force de retirer encores des playes leurs bras sanglants et armés, pour s'entr'embrasser en cest estat d'une si forte estreinte que les bourreaux couperent ensemble leurs deux testes, laissants les corps tousjours prins en ce noble nœud, et les playes joinctes, humants amoureusement le sang et les restes de la vie l'une de l'aultre.

CHAPITRE XXXIV.

D'un default de nos polices.

Feu mon pere, homme, pour n'estre aydé que de l'experience et du naturel, d'un jugement bien net, m'a dict aultrefois qu'il avoit desiré mettre en train qu'il y eust ès villes certain lieu designé, auquel ceulx qui auroient besoing de quelque chose se peussent rendre, et faire enregistrer leur affaire à un officier estably pour cest effect, comme : « Je cherche à vendre des perles ; je cherche des perles à vendre ; tel veult compaignie pour aller à Paris ; tel s'enquiert d'un serviteur de telle qualité ; tel d'un maistre ; tel demande un ouvrier ; qui cecy, qui cela, chascun selon son besoing. » Et semble que ce moyen de nous entr'advertir apporteroit non legiere commodité au commerce publicque ; car à touts coups il y a des conditions qui s'entrecherchent, et, pour ne s'entr'entendre, laissent les hommes en extreme necessité.

J'entends, avecques une grande honte de nostre siecle, qu'à nostre veue deux très excellents personnages en sçavoir sont morts en estat de n'avoir pas leur saoul à manger, Lilius Gregorius Giraldus[1] en Italie, et Sebastianus Castalio[2] en Allemaigne; et crois qu'il y a mille hommes qui les eussent appelés avecques très advantageuses conditions, ou secourus où ils estoient, s'ils l'eussent sceu. Le monde n'est pas si generalement corrompu que je ne sçache tel homme qui souhaitteroit, de bien grande affection, que les moyens que les siens luy ont mis en main se peussent employer, tant qu'il plaira à la fortune qu'il en jouisse, à mettre à l'abri de la nécessité les personnages rares et remarquables en quelque espece de valeur, que le malheur combat quelquesfois jusques à l'extremité ; et qui les mettroit pour le moins en tel estat qu'il ne tiendroit qu'à faulte de bons discours, s'ils n'estoient contents.

En la police œconomique, mon pere avoit cest ordre que je sçais louer, mais nullement ensuyvre : c'est qu'oultre le registre des negoces du mesnage où se logent les menus comptes, payements, marchés qui ne requierent la main du notaire, lequel registre un receveur a en charge, il ordonnoit à celuy de ses gents qui luy servoit à escrire, un papier journal à inse-

---

(1) *Se faisaient signe du coin de l'œil.* E. J.
(2) Appien, *Guerres civiles,* IV, p. 969, éd. de 1670. C.

(1) Giglio Gregorio Giraldi, né à Ferrare en 1489, y mourut en 1552. Ses ouvrages, dont les principaux sont l'*Histoire des Dieux* et les dialogues *sur les Poëtes*, ont été recueillis par Jensius dans la belle édition de Leyde, 2 vol. in-fol., 1696. J. V. L.

(2) Sébastien Chasteillon, Dauphinois, né en 1515, mort en 1563. Il est connu surtout par sa version latine de la Bible, où il affecte de ne parler que la langue cicéronienne. Voyez Bayle, au mot *Castalion*. J. V. L.

rer toutes les survenances de quelque remarque, et, jour par jour, les memoires de l'histoire de sa maison ; très plaisantes à veoir quand le temps commence à en effacer la souvenance, et très à propos pour nous oster souvent de peine : quand feut entamée telle besongne, quand achevée ; quels trains y ont passé, combien arresté; nos voyages, nos absences, mariages, morts ; la reception des heureuses ou malencontreuses nouvelles ; changements des serviteurs principaulx ; telles matieres. Usage ancien, que je treuve bon à refreschir, chacun en sa chacusniere : et me treuve un sot d'y avoir failly.

CHAPITRE XXXV.

De l'usage de se vestir.

Ou que je veuille donner, il me fault forcer quelque barriere de la coustume : tant elle a soigneusement bridé toutes nos advenues ! Je devisois, en ceste saison frilleuse, si la façon d'aller tout nud, de ces nations dernierement trouvées, est une façon forcée par la chaulde temperature de l'air, comme nous disons des Indiens et des Mores, ou si c'est l'originelle des hommes. Les gents d'entendement, d'autant que tout ce qui est soubs le ciel, comme dict la saincte parole, est subject à mesmes loix, ont accoustumé en pareilles considérations à celles icy, où il faut distinguer les loix naturelles des controuvées, de recourir à la generale police du monde, où il n'y peult avoir rien de contrefaict. Or, tout estant exactement fourny ailleurs de filet et d'aiguille, pour maintenir son estre, il est mescreable que nous soyons seuls produicts en estat defectueux et indigent, et en estat qui ne puisse maintenir sans secours estrangier. Ainsi je tiens que, comme les plantes, arbres, animaulx, et tout ce qui vit, se treuve naturellement equippé de suffisante couverture pour se deffendre de l'injure du temps,

*Proptereaque fere res omnes aut corio sunt,
Aut seta, aut conchis, aut callo, aut cortice, tectæ*[1],

aussi estions nous : mais, comme ceulx qui esteignent par artificielle lumiere celle du jour,

nous avons esteinct nos propres moyens par les moyens empruntés. Et est aysé à veoir que c'est la coustume qui nous faict impossible ce qui ne l'est pas : car de ces nations qui n'ont aulcune cognoissance de vestements, il s'en treuve d'assise environ soubs mesme ciel que le nostre, et soubs bien plus rude ciel que le nostre ; et puis, la plus delicate partie de nous est celle qui se tient tousjours descouverte, les yeulx, la bouche, le nez, les aureilles ; à nos contadins[1], comme à nos aveulx, la partie pectorale et le ventre. Si nous feussions nays avecques condition de cotillons et de greguesques, il ne fault faire doubte que nature n'eust armé d'une peau plus espesse ce qu'elle eust abandonné à la batterie des saisons, comme elle a faict le bout des doigts et plante des pieds. Pourquoy semble il difficile à croire? en ma façon d'estre vestu, et celle d'un païsan de mon païs, je treuve bien plus de distance qu'il n'y a de sa façon à celle d'un homme qui n'est vestu que de sa peau. Combien d'hommes, et en Turquie surtout, vont nuds par devotion ! Je ne sçais qui demandoit à un de nos gueux, qu'il voyoit en chemise en plein hyver, aussi scarbillat[2] que tel qui se tient emmitonné dans les martes jusques aux aureilles, comme il pouvoit avoir patience. « Et vous, monsieur, respondict il, vous avez bien la face descouverte : or moy, je suis tout face. » Les Italiens content du fol du duc de Florence, ce me semble, que son maistre s'enquerant comment ainsi mal vestu il pouvoit porter le froid, à quoy il estoit bien empesché luy mesme : « Suyvez, dict il, ma recepte de charger sur vous touts vos accoustrements, comme je foys les miens, vous n'en souffrirez non plus que moy. » Le roy Massinissa[3], jusques à l'extreme vieillesse, ne peut estre induict à aller la teste couverte, par froid, orage et pluie qu'il feist ; ce qu'on dict aussi de l'empereur Severus. Aux batailles données entre les Ægyptiens et les Perses, Herodote[4] dict avoir esté remarqué, et par d'aultres et par luy, que de ceulx qui y demeuroient morts, le test estoit sans comparaison plus dur aux Ægyptiens qu'aux Persiens, à raison que ceulx icy portent leurs testes tousjours couver-

---

(1) Et que, pour cette raison, presque tous les êtres sont couverts ou de cuir, ou de poil, ou de coquilles, ou d'écorce, ou de callosités. Lucr., IV, 936.

(1) *Paysans*, de l'italien *contadino*.
(2) *Eveillé*, *de bonne humeur*. C.
(3) Cic., *de Senectute*, c. 10. C.
(4) Liv. III. c. 12. J. V. L.

tes de béguins et puis de turbans; ceulx là, razes dès l'enfance et descouvertes. Et le roy Agesilaus observa jusques à sa decrepitude de porter pareille vesture en hyver qu'en esté[1]. Cesar, dict Suetone[2], marchoit tousjours devant sa troupe, et le plus souvent à pied, la teste descouverte, soit qu'il feist soleil ou qu'il pleust; et autant en dict on de Hannibal,

*Tum vertice nudo
Excipere insanos imbres, cælique ruinam[3].*

Un Venitien, qui s'y est tenu long temps, et qui ne faict que d'en venir, escrit qu'au royaume du Pegu, les aultres parties du corps vestues, les hommes et les femmes vont tousjours les pieds nuds, mesme à cheval, et Platon conseille merveilleusement, pour la santé de tout le corps, de ne donner aux pieds et à la teste aultre couverture que celle que nature y a mise. Celuy que les Polonnois ont choisi pour leur roy[4] après le nostre, qui est à la vérité l'un des plus grands princes de nostre siecle, ne porte jamais gants, ny ne change, pour hyver et temps qu'il face, le mesme bonnet qu'il porte au couvert. Comme je ne puis souffrir d'aller desboutonné et destaché, les laboureurs de mon voisinage se sentiroient entravés de l'estre. Varro[5] tient que quand on ordonna que nous teinssions la teste descouverte en presence des dieux ou du magistrat, on le feit plus pour nostre santé et nous fermir contre les injures du temps que pour compte de la reverence. Et puisque nous sommes sur le froid, et François accoustumés à nous bigarrer (non pas moy, car je ne m'habille guere que de noir ou de blanc, à l'imitation de mon pere), adjoustons d'une aultre piece, que le capitaine Martin du Bellay recite, au voyage de Luxembourg, avoir veu les gelées si aspres[6] que le vin de la munition se coupoit à coups de hache et de congnée, se débitoit aux soldats par poids, et qu'ils l'emportoient dans des paniers: et Ovide,

*Nudaque consistunt, formam servantia testæ,
Vina; nec hausta meri, sed data frusta, bibunt*[1].

Les gelées sont si aspres en l'emboucheure des Palus Mæotides qu'en la mesme place où le lieutenant de Mithritades avoit livré battaille aux ennemis à pied sec et les y avoit desfaicts, l'esté venu il y gaigna contre eulx encores une battaille navale[2]. Les Romains souffrirent grand desadvantage, au combat qu'ils eurent contre les Carthaginois près de Plaisance, de ce qu'ils allerent à la charge le sang figé et les membres contraincts de froid, là où Hannibal avoit faict espandre du feu par tout son ost pour eschauffer ses soldats, et distribuer de l'huyle par les bandes, à fin que s'oignants ils rendissent leurs nerfs plus souples et desgourdis, et encroustassent les pores contre les coups de l'air et du vent gelé qui tiroit lors[3].

La retraicte des Grecs, de Babylone en leurs païs, est fameuse des difficultés et mesayses qu'ils eurent à surmonter: ceste cy en feut, qu'accueillis aux montaignes d'Armenie d'un horrible ravage de neiges, ils en perdirent la cognoissance du païs et des chemins; et, en estants assiegés tout court, feurent un jour et une nuict sans boire et sans manger, la pluspart de leurs bestes mortes, d'entre eulx plusieurs morts, plusieurs aveugles du coup de gresil et lueur de la neige, plusieurs stropiés par les extremités, plusieurs roides, transis et immobiles de froid, ayants encores le sens entier[4].

Alexandre veid une nation en laquelle on enterre les arbres fruictiers en hyver, pour les deffendre de la gelée[5]; et nous en pouvons aussi veoir.

Sur le subject de vestir, le roy de la Mexique changeoit quatre fois par jour d'accoustrements, jamais ne les reiteroit, employant sa desferre[6] à ses continuelles liberalités et recompenses; comme aussi ny pot, ny plat, ny ustensile de sa cuisine et de sa table, ne luy estoient servis à deux fois.

---

(1) PLUT., *Vie d'Agésilas.* J. V. L.

(2) *Vie de César,* c. 58. C.

(3) Qui, tête nue, bravait les torrents du ciel. SILIUS ITALICUS, I, 250.

(4) Etienne Bathory. Et c'est à lui, et non pas à Henri III, qu'il faut rapporter ces paroles, *qui est a la verité l'un des plus grands princes de nostre siecle.* C.

(5) PLINE, *Nat. Hist.,* XXVIII, 6. C.

(6) En 1543, *Mémoires de* MART. DU BELLAY, liv. X. Philippe de Commines, liv. II, c. 14, parle d'un pareil froid arrivé de son temps (en 1469) dans le pays de Liége. C.

(1) Le vin glacé retient la forme du vase qui le renfermait; on ne boit pas le vin liquide, mais on le partage en morceaux. OVIDE, *Trist.,* III, 10, 23.

(2) STRAB., liv. VII.

(3) TITE-LIVE, XX, 54. C.

(4) XÉN., *Expédition de Cyrus,* IV, 5. C.

(5) QUINTE-CURCE, VII, 3. C.

(6) C'est-à-dire *sa défroque* ou *sa depouille.* E. J.

CHAPITRE XXXVI.

Du jeune Caton.

Je n'ay point ceste erreur commune de juger d'un aultre selon que je suis : j'en crois ayséement des choses diverses à moy. Pour me sentir engagé à une forme, je n'y oblige pas le monde, comme chascun faict ; et crois et conçois mille contraires façons de vie ; et, au rebours du commun, reçois plus facilement la différence que la ressemblance en nous. Je descharge tant qu'on veult un aultre estre de mes conditions et principes, et le considere simplement en luy mesme, sans relation, l'estoffant sur son propre modele. Pour n'estre continent, je ne laisse d'advouer sincerement la continence des feuillants et des capucins, et de bien trouver l'air de leur train : je m'insinue par imagination fort bien en leur place, et les aime et les honore d'autant plus qu'ils sont aultres que moy. Je desire singulierement qu'on nous juge chascun à part soy, et qu'on ne me tire en consequence des communs exemples. Ma foiblesse n'altere aulcunement les opinions que je dois avoir de la force et vigueur de ceulx qui le meritent. *Sunt qui nihil suadent, quam quod se imitari posse confidunt*[1]. Rampant au limon de la terre, je ne laisse pas de remarquer jusques dans les nues la haulteur inimitable d'aulcunes ames heroïques. C'est beaucoup pour moy d'avoir le jugement reglé, si les effects ne le peuvent estre, et maintenir au moins ceste maistresse partie exempte de corruption : c'est quelque chose d'avoir la volonté bonne, quand les jambes me faillent. Ce siecle auquel nous vivons, au moins pour nostre climat, est si plombé que, je ne dis pas l'execution, mais l'imagination mesme de la vertu en est à dire : et semble que ce ne soit aultre chose qu'un jargon de college ;

Virtutem verba putant, ut
Lucum ligna[2] ;

quam vereri deberent, etiam si percipere non possent[1] ; c'est un affiquet à pendre en un cabinet, ou au bout de la langue, comme au bout de l'aureille, pour parement. Il ne se recognoist plus d'action vertueuse : celles qui en portent le visage, elles n'en ont pas pourtant l'essence ; car le proufit, la gloire, la crainte, l'accoustumance, et aultres telles causes estrangieres, nous acheminent à les produire. La justice, la vaillance, la debonnaireté que nous exerçons lors, elles peuvent estre ainsi nommées pour la consideration d'aultruy et du visage qu'elles portent en publicque ; mais chez l'ouvrier ce n'est aulcunement vertu, il y a une aultre fin proposée, aultre cause mouvante. Or, la vertu n'advoue rien que ce qui se faict par elle et pour elle seule.

En ceste grande bataille de Potidée[2], que les Grecs soubs Pausanias gaignerent contre Mardonius et les Perses, les victorieux, suyvant leur coustume, venants à partir entre eulx la gloire de l'exploict, attribuerent à la nation spartiate la precellence de valeur en ce combat. Les Spartiates, excellents juges de la vertu, quand ils vindrent à decider à quel particulier de leur nation debvoit demourer l'honneur d'avoir le mieulx faict en ceste journée, trouverent qu'Aristodeme s'estoit le plus courageusement hazardé ; mais pourtant ils ne luy en donnerent point de prix, parce que sa vertu avoit esté incitée du desir de se purger du reproche qu'il avoit encouru au faict des Thermopyles, et d'un appetit de mourir courageusement pour garantir sa honte passée.

Nos jugements sont encores malades, et suyvent la depravation de nos mœurs. Je veois la pluspart des esprits de mon temps faire les ingenieux à obscurcir la gloire des belles et genereuses actions anciennes, leur donnant quelque interpretation vile, et leur controuvant des occasions et des causes vaines : grande subtilité ! Qu'on me donne l'action la plus excellente et pure, je m'en voys y fournir vraysemblablement cinquante vicieuses intentions. Dieu sçait,

---

(1) Il y a des gens qui ne conseillent que ce qu'ils croient pouvoir imiter. — Montaigne paraît citer de mémoire cette phrase de Cicéron, *Orator*, c. 7 : *Nunc tantum quisque laudat, quantum se posse sperat imitari* ; ou plutôt ce passage des *Tusculanes*, II, 1 : *Reperiebantur nonnulli, qui nihil laudarent, nisi quod se imitari posse confiderent.* J. V. L.

(2) Ils croient que la vertu n'est qu'un mot, comme ils ne voient que du bois à brûler dans un bois sacré. HOR., *Epist.*, I, 6, 31.

(1) La vertu qu'ils devraient respecter, quand même ils ne pourraient la comprendre. CIC., *Tusc. Quæst.*, V, 1. Montaigne applique à la vertu ce que Cicéron dit de la philosophie et de ceux qui osent la blâmer. C.

(2) L'auteur a mis par mépris *Potidée* au lieu de *Platées*. Voyez CORNÉLIUS NÉPOS, *Paus.*, c. 1 ; et surtout HÉRODOTE, IX, 70. J. V. L.

à qui les veut estendre, quelle diversité d'images ne souffre notre interne volonté! Ils ne font pas tant malicieusement, que lourdement et grossierement, les ingenieux à tout leur mesdisance.

La mesme peine qu'on prend à detracter de ces grands noms, et la mesme licence, je la prendrois volontiers à leur prester quelque tour d'espaule pour les haulser. Ces rares figures, et triées pour l'exemple du monde par le consentement des sages, je ne me feindrois pas de les recharger d'honneur, autant que mon invention pourroit, en interpretation et favorable circonstance : et il fault croire que les efforts de nostre invention sont loing au dessoubs de leur mérite. C'est l'office des gents de bien de peindre la vertu la plus belle qui se puisse ; et ne nous messieroit pas, quand la passion nous transporteroit à la faveur de si sainctes formes. Ce que ceux cy font au contraire, ils le font, ou par malice, ou par ce vice de ramener leur creance à leur portée, de quoy je viens de parler ; ou, comme je pense plustost, pour n'avoir pas la veue assez forte et assez nette, ny dressée à concevoir la splendeur de la vertu en sa pureté naïfve : comme Plutarque dict que de son temps aulcuns attribuoient la cause de la mort du jeune Caton à la crainte qu'il avoit eue de Cæsar ; de quoy il se picque avecques raison : et peult on juger par là combien ils se feust encores plus offensé de ceulx qui l'ont attribuée à l'ambition. Sottes gents ! Il eust bien faict une belle action, genereuse et juste, plustot avecques ignominie que pour la gloire. Ce personnage là feut veritablement un patron, que nature choisit pour montrer jusques où l'humaine vertu et fermeté pouvoit atteindre.

Mais je ne suis pas icy à mesme pour traicter ce riche argument : je veulx seulement faire luicter ensemble les traicts de cinq poëtes latins sur la louange de Caton, et pour l'interest de Caton, et, par incident, pour le leur aussi. Or, debvra l'enfant bien nourry trouver, au prix des aultres, les deux premiers traisnants ; le troisiesme plus verd, mais qui s'est abbattu par l'extravagance de sa force : il estimera que là il y auroit place à un ou deux degrés d'invention encores pour arriver au quatriesme, sur le poinct duquel il joindra ses mains par admiration : au dernier, premier de quelque espace, mais laquelle espace il jurera ne pouvoir estre remplie par nul esprit humain, il s'estonnera, il se transira.

Voicy merveille : nous avons bien plus de poëtes que de juges et interpretes de poësie ; il est plus aysé de la faire que de la cognoistre. A certaine mesure basse, on la peult juger par les preceptes et par art : mais la bonne, la supreme, la divine, est au dessus des regles et de la raison. Quiconque en discerne la beauté d'une veue ferme et rassise, il ne la veoid pas, non plus que la splendeur d'un esclair : elle ne practique point nostre jugement ; elle le ravit et ravage. La fureur qui espoinçonne celuy qui la sçait penetrer, fiert encores un tiers à la luy ouyr traicter et reciter ; comme l'aimant non seulement attire une aiguille, mais infond encores en icelle sa faculté d'en attirer d'aultres : et il se veoid plus clairement aux theatres que l'inspiration sacrée des Muses, ayant premierement agité le poëte à la cholere, au deuil, à la hayne, et hors de soy, où elles veulent, frappe encores par le poëte l'acteur, et par l'acteur consecutivement tout un peuple ; c'est l'enfileure de nos aiguilles suspendues l'une de l'aultre [1]. Dès ma premiere enfance, la poësie a eu cela de me transpercer et transporter ; mais ce ressentiment bien vif, qui est naturellement en moy, a esté diversement manié par diversité de formes, non tant plus hautes et plus basses (car c'estoient tousjours des plus haultes en chaque espece), comme differentes en couleur : premierement, une fluidité gaye et ingenieuse ; depuis, une subtilité aiguë et relevée ; enfin, une force meure et constante. L'exemple le dira mieux ; Ovide, Lucain, Virgile.

Mais voylà nos gens sur la carriere :

Sit Cato, dum vivit, sane vel Cæsare major [2],

dict l'un ;

Et invictum, devicta morte, Catonem [3],

dict l'aultre ; et l'aultre, parlant des guerres civiles d'entre Cæsar et Pompeius,

---

[1] Toutes ces images sont prises de *l'Ion* de Platon. Voyez les *Pensées* de ce philosophe, p. 162, éd. de 1824. J. V. L.

[2] Que Caton soit pendant sa vie plus grand même que César. MARTIAL, VI, 32.

[3] Et Caton indomptable, ayant dompté la mort. MANILIUS, *Astronom.*, IV, 87.

Victrix causa diis placuit, sed victa Catoni[1];

et le quatriesme, sur les louanges de Cesar :

Et cuncta terrarum subacta,
Præter atrocem animum Catonis[2];

et le maistre du chœur, apres avoir estalé les noms des plus grands Romains en sa peincture, finit en cette maniere,

His dantem jura Catonem[3].

CHAPITRE XXXVII.

Comme nous pleurons et rions d'une mesme chose.

Quand nous rencontrons dans les histoires qu'Antigonus sceut très mauvais gré à son fils de lui avoir presenté la teste du roy Pyrrhus, son ennemy, qui venoit sur l'heure mesme d'estre tué combattant contre luy, et que, l'ayant veue, il se print bien fort à pleurer[4]; et que le duc René de Lorraine plaignit aussi la mort du duc Charles de Bourgoigne qu'il venoit de desfaire[5], et en porta le dueil en son enterrement; et qu'en la bataille d'Auroy[6], que le comte de Montfort gaigna contre Charles de Blois, sa partie pour le duché de Bretaigne, le victorieux, rencontrant le corps de son ennemy trespassé, en mena grand dueil, il ne fault pas s'écrier soubdain :

E cosi avven, che l' animo ciascuna
Sua passion sotto 'l contrario manto
Ricopre, con la vista or' chiara, or' bruna[7].

Quand on presenta à Cæsar la teste de Pompeius, les histoires[8] disent qu'il en destourna sa veue comme d'un vilain et malplaisant spectacle. Il y avoit eu entre eulx une si longue intelligence et societé au maniement des affaires publicques, tant de communauté de fortunes, tant d'offices reciproques et d'alliances, qu'il ne fault pas croire que ceste contenance feust toute faulse et contrefaicte, comme estime cest aultre :

Tutumque putavit
Jam bonus esse socer; lacrymas non sponte cadentes
Effudit, gemitusque expressit pectore lœto[1];

car, bien qu'à la vérité la pluspart de nos actions ne soient que masque et fard, et qu'il puisse quelquesfoys estre vray,

Hæredis fletus sub persona risus est[2],

si est ce qu'au jugement de ces accidents, il fault considerer comme nos ames se treuvent souvent agitées de diverses passions et tout ainsi qu'en nos corps ils disent qu'il y a une assemblée de diverses humeurs, desquelles celle là est maistresse, qui commande le plus ordinairement en nous, selon nos complexions : aussi en nos ames, bien qu'il y ayt divers mouvements qui les agitent, si fault il qu'il y en ayt un à qui le champ demeure; mais ce n'est pas avecques si entier advantage que, pour la volubilité et souplesse de nostre ame, les plus foibles par occasion ne regaignent encores la place, et ne facent une courte charge à leur tour. D'où nous voyons non seulement les enfants qui vont tout naïfvement après la nature pleurer et rire souvent de mesme chose : mais nul d'entre nous ne se peult vanter, quelque voyage qu'il face à son souhait, qu'encores, au despartir de sa famille et de ses amis, il ne se sente frissonner le courage; et si les larmes ne luy en eschappent tout à faict, au moins met il le pied à l'estrier d'un visage morne et contristé. Et quelque gentille flamme qui eschauffe le cœur des filles bien nées, encores les despend on à force du col de leurs meres pour les rendre à leurs espoux, quoy que die ce bon compaignon :

Estne novis nuptis odio Venus? anne parentum
Frustrantur falsis gaudia lacrymulis,
Ubertim thalami quas intra limina fundunt?
Non, ita me diri, vera gemunt, jurerint[3].

---

[1] Les dieux sont pour César, mais Caton suit Pompée. LUCAIN, I, 128.

[2] Tout le monde à ses pieds, hormis le fier Caton. HOR., Od., II, 1, 23.

[3] Et Caton, qui leur dicte des lois. VIRG., Énéid., VIII, 670.

[4] PLUT., Vie de Pyrrhus, vers la fin. C.

[5] Devant Nancy, en 1477. C.

[6] Ou d'Auray, près de Vannes. Cette bataille fut livrée sous Charles V, le 29 septembre 1364. J. V. L.

[7] C'est ainsi que l'âme couvre ses mouvements secrets sous une apparence contraire, triste sous un visage gai, gaie sous un visage triste. PÉTRARQUE, fol. 25 de l'éd. de Gab. Giolito, 1545.

[8] PLUT., Vie de César, c. 13. C.

---

[1] Dès qu'il crut pouvoir sans péril se montrer sensible aux malheurs de son gendre; il répandit quelques larmes forcées et arracha quelques gémissements d'un cœur rempli de joie. LUCAIN, IX, 1037.

[2] Les pleurs d'un héritier sont des ris sous le masque. PUBLIUS SYRUS, apud A. Gellium, XVII, 14.
(Traduction de mademoiselle de Gournay.)

[3] Vénus est-elle odieuse aux nouvelles mariées? ou se jouent-elles de leurs parents par ces feintes larmes qu'elles versent en abondance à l'entrée de la chambre nuptiale? Que je meure si ces larmes sont sincères! CATULLE, LXVI, 15.

Ainsin il n'est pas estrange de plaindre celuy là mort qu'on ne vouldroit aulcunement estre en vie. Quand je tanse avecques mon valet, je tanse du meilleur courage que j'aye; ce sont vrayes et non feinctes imprecations : mais, ceste fumée passée, qu'il ayt besoing de moy, je luy bien feray volontiers, je tourne à l'instant le feuillet. Quand je l'appelle un badin[1], un veau, je n'entreprends pas de luy coudre à jamais ces tiltres, ny ne pense me desdire pour le nommer honneste homme tantost après. Nulle qualité ne nous embrasse purement et universellement. Si ce n'estoit la contenance d'un fol de parler seul, il n'est jour ny heure à peine en laquelle on ne m'ouist gronder en moy mesme et contre moy : « Bran du fat ! » et si n'entends pas que ce soit ma definition. Qui, pour me veoir une mine tantost froide, tantost amoureuse envers ma femme, estime que l'une ou l'autre soit feincte, il est un sot. Neron, prenant congé de sa mere, qu'il envoyoit noyer[2], sentit toutesfois l'esmotion de cest adieu maternel, et en eut horreur et pitié. On dict que la lumière du soleil n'est pas d'une piece continue, mais qu'il nous eslance si dru, sans cesse, nouveaux rayons les uns sur les aultres, que nous n'en pouvons appercevoir l'entre deux :

Largus enim liquidi fons luminis, ætherius sol
Irrigat assidue cœlum candore recenti,
Suppeditatque novo confestim lumine lumen[3].

Ainsin eslance nostre ame ses poinctes diversement et imperceptiblement.

Artabanus surprint Xerxes son nepveu, et le tansa de la soubdaine mutation de sa contenance. Il estoit à considerer la grandeur desmesurée de ses forces au passage de l'Hellespont pour l'entreprinse de la Grece : il luy print premierement un tressaillement d'ayse à veoir tant de milliers d'hommes à son service, et le tesmoigna par l'allaigresse et feste de son visage;

---

(1) Ce mot, du temps de Montaigne, avait, à ce qu'il paraît, la signification de diseur de balivernes, de niaiseries. On a dit *bade* et *badise*, pour baliverne, bêtise. En Sologne et dans la Beauce, on dit encore *bader*, pour dire *des riens*. A. D.

(2) C'est ce que dit Tacite, mais sans l'assurer si positivement que Montaigne : *Nero.... prosequitur abeuntem, arctius oculis et pectori hærens, sive explenda simulatione, seu periturae matris supremus adspectus quamvis ferum animum retinebat. Annal.*, XIV, 4. C.

(3) Le soleil, source féconde de lumière, inonde le ciel d'un éclat sans cesse renaissant et remplace continuellement ses rayons par des rayons nouveaux. LUCR., V, 282.

et tout soubdain, en mesme instant, sa pensée luy suggerant comme tant de vies avoient à desfaillir au plus loing dans un siecle, il renfroigna son front et s'attrista jusques aux larmes[1].

Nous avons poursuyvi avecques resolue volonté la vengeance d'une injure, et ressenti un singulier contentement de la victoire; nous en pleurons pourtant. Ce n'est pas de cela que nous pleurons; il n'y a rien de changé : mais nostre ame regarde la chose d'un autre œil, et se la represente par un aultre visage; car chasque chose a plusieurs biais et plusieurs lustres.

La parenté, les anciennes accointances et amitiés saisissent nostre imagination, et la passionnent pour l'heure, selon leur condition : mais le contour en est si brusque qu'il nous eschappe :

Nil adeo fieri celeri ratione videtur,
Quam si mens fieri proponit, et inchoat ipsa.
Ocius ergo animus, quam res se perciet ulla,
Ante oculos quorum in promptu natura videtur[2] ;

et à ceste cause, voulants de toute ceste suitte continuer un corps, nous nous trompons. Quand Timoleon[3] pleure le meurtre qu'il avoit commis d'une si meure et genereuse deliberation, il ne pleure pas la liberté rendue à sa patrie, il ne pleure pas le tyran; mais il pleure son frere. L'une partie de son debvoir est jouée; laissons lui en jouer l'aultre.

CHAPITRE XXXVIII.

De la Solitude.

Laissons à part ceste longue comparaison de la vie solitaire à l'active : et quant à ce beau mot de quoy se couvre l'ambition et l'avarice, que nous ne sommes pas nayz pour nostre particulier, ains pour le public[4], rapportons nous en hardiment à ceulx qui sont en la danse; et qu'ils se battent la conscience, si au contraire les estats, les charges et ceste tracasserie

---

(1) HÉRODOTE, VII, 45 et 46; PLINE, *Epist.*, III, 7 ; VAL. MAXIME, IX, 13. *ext.* 1. J. V. L.

(2) Rien de si prompt que l'âme quand elle conçoit ou qu'elle agit; elle est plus mobile que tout ce que la nature nous met sous les yeux. LUCR., III, 183. D'autres lisent, *quarum*.

(3) CORNELIUS NEPOS, XX, 1 ; DIODORE, XVI, 65; PLUT., *Timoléon*, etc. J. V. L.

(4) C'est l'éloge que Lucain (II, 383) fait de Caton d'Utique : *Nec sibi, sed toti genitum se credere mundo.* C.

du monde ne se recherche plustost pour tirer du public son proufit particulier. Les mauvais moyens par où on s'y poulse en nostre siecle montrent bien que la fin n'en vault gueres. Respondons à l'ambition que c'est elle mesme qui nous donne goust de la solitude : car, que fuit elle tant que la société ? que cherche elle tant que ses coudées franches ? Il y a de quoy bien et mal faire partout. Toutesfois, si le mot de Bias est vray, que « La pire part, c'est la plus grande [1], » ou ce que dict l'Ecclésiastique, que « De mille il n'en est pas un bon ; »

Rari quippe boni : numero vix sunt totidem quot Thebarum portæ, vel divitis ostia Nili [2],

la contagion est très dangereuse en la presse. Il fault ou imiter les vicieux ou les haïr : touts les deux sont dangereux ; et de leur ressembler, parce qu'ils sont beaucoup, et d'en haïr beaucoup, parce qu'ils sont dissemblables [3]. Et les marchands qui vont en mer ont raison de regarder que ceulx qui se mettent en mesme vaisseau ne soyent dissolus, blasphemateurs, meschants, estimants telle société infortunée. Parquoy Bias plaisamment, à ceulx qui passoient avecques luy le dangier d'une grande tourmente, et appelloient le secours des dieux : « Taisez vous, dict il ; qu'ils ne sentent point que vous soyez icy avecques moy [4]. » Et d'un plus pressant exemple, Albuquerque, vice-roy en l'Inde pour Emmanuel, roy de Portugal, en un extreme peril de fortune de mer, print sur ses espaules un jeune garson, pour ceste seule fin qu'en la societé de leur peril son innocence luy servist de garant et de recommandation envers la faveur divine pour le mettre en sauveté. Ce n'est pas que le sage ne puisse partout vivre content, voire et seul en la foule d'un palais ; mais s'il est à choisir, il en fuira, dict l'eschole, mesme la veue : il portera, s'il est besoing, cela; mais, s'il est en luy, il eslira cecy. Il ne luy semble point suffisamment s'estre defaict des vices, s'il fault encores qu'il conteste avecques ceulx d'aultruy. Charondas chastioit pour mauvais ceulx qui estoient convaincus de hanter mauvaise compaignie [1]. Il n'est rien si dissociable et sociable que l'homme, l'un par son vice, l'aultre par sa nature. Et Antisthenes ne me semble avoir satisfaict à celuy qui luy reprochoit sa conversation avecques les mechants, en disant, que les medecins vivent bien entre les malades [2] : car s'ils servent à la santé des malades, ils deteriorent la leur par la contagion, la veue continuelle et praticque des maladies.

Or la fin, ce crois je, en est toute une, d'en vivre plus à loisir et à son ayse : mais on n'en cherche pas tousjours bien le chemin. Souvent on pense avoir quitté les affaires, on ne les a que changées : il n'y a gueres moins de torment au gouvernement d'une famille que d'un estat entier. Où que l'ame soit empeschée, elle y est toute ; et pour estre les occupations domestiques moins importantes, elles n'en sont pas moins importunes. Davantage, pour nous estre desfaicts de la court et du marché, nous ne sommes pas desfaicts des principaulx torments de nostre vie :

Ratio et prudentia curas,
Non locus effusi late maris arbiter, aufert [3] :

l'ambition, l'avarice, l'irresolution, la peur et les concupiscences ne nous abandonnent point, pour changer de contrée,

Et
Post equitem sedet atra cura [4] ;

elles nous suyvent souvent jusques dans les cloistres et dans les escholes de philosophie ; ny les deserts, ny les rochiers creusés, ny la haire, ni les jeusnes ne nous en desmeslent :

Hæret lateri lethalis arundo [5].

On disoit à Socrates que quelqu'un ne s'estoit aulcunement amendé en son voyage : « Je crois bien, dict il ; il s'estoit emporté avecques soy [6]. »

Quid terras alio calentes
Sole mutamus? Patriæ quis exsul
Se quoque fugit [7] ?

---

(1) Οἱ πλεῖστοι κακοί. Diog. Laerce, *Vie de Bias*, à la fin. J. V. L.

(2) Les gens de bien sont rares ; à peine en pourrait-on compter autant que Thèbes a de portes ou le Nil d'embouchures. Juv., XIII, 26.

(3) Ces réflexions sont fidèlement traduites de Sén., *Epist.* 7. C.

(4) Diog. Laerce, *Vie de Bias*, I, 86. C.

(1) Diodore de Sicile, XII, 4. C.

(2) Diog. Laerce, *Vie d'Antisthène*. C.

(3) Ce qui dissipe les chagrins, ce ne sont pas ces belles solitudes qui dominent l'étendue des mers ; c'est la raison, c'est la sagesse. Hor., *Epist.*, I, 11, 25.

(4) Le chagrin monte en croupe et galope avec nous. Hor., *Od.*, III, 1, 40.

(5) Le trait mortel reste attaché au flanc. Virg., *Enéid.*, IV, 73.

(6) Sén., *Epist.* 104. C.

(7) Pourquoi aller chercher des régions éclairées d'un autre

si on ne se descharge premierement et son ame du faix qui la presse, le remuement la fera fouler davantage : comme en un navire les charges empeschent moins, quand elles sont rassises. Vous faictes plus de mal que de bien au malade de luy faire changer de place : vous ensachez le mal en le remuant; comme les pals s'enfoncent plus avant et s'affermissent en les branslant et secouant. Parquoy ce n'est pas assez de s'estre escarté du peuple; ce n'est pas assez de changer de place : il se fault escarter des conditions populaires qui sont en nous; il se fault sequestrer et r'avoir de soy.

*Rupi jam vincula, dicas :
Nam luctata canis nodum arripit; attamen illi,
Quum fugit, a collo trahitur pars longa catenæ* [1].

Nous emportons nos fers quand et nous. Ce n'est pas une entiere liberté; nous tournons encores la veue vers ce que nous avons laissé; nous en avons la fantaisie pleine :

*Nisi purgatum est pectus, quæ prœlia nobis
Atque pericula tunc ingratis insinuandum?
Quantæ conscindunt hominem cuppedinis acres
Sollicitum curæ? quantique perinde timores?
Quidve superbia, spurcitia, ac petulantia, quantas
Efficiunt clades? quid luxus, desidiesque* [2] *?*

Nostre mal nous tient en l'ame : or, elle ne se peult eschapper à elle mesme;

In culpa est animus, qui se non effugit unquam [3] *;*

ainsi il la fault ramener et retirer en soy : c'est la vraye solitude, et qui se peult jouïr au milieu des villes et des courts des roys; mais elle se jouït plus commodement à part. Or, puisque nous entreprenons de vivre seuls, et de nous passer de compaignie, faisons que nostre contentement despende de nous; desprenons nous de toutes les liaisons qui nous attachent à aultruy; gaignons sur nous de pouvoir à bon escient vivre seuls, et y vivre à nostre ayse.

Stilpon estant eschappé de l'embrasement de sa ville, où il avoit perdu femme, enfants et chevance; Demetrius Poliorcetes, le veoyant en une si grande ruine de sa patrie, le visage non effroyé, luy demanda s'il n'avoit pas eu du dommage; il respondit « que non, et qu'il n'y avoit, Dieu mercy! rien perdu du sien [1]. » C'est ce que le philosophe Antisthenes disoit plaisamment : « que l'homme se debvoit pourveoir de munitions qui flottassent sur l'eau, et peussent à nage eschapper avecques luy du naufrage [2]. » Certes, l'homme d'entendement n'a rien perdu, s'il a soy mesme. Quand la ville de Nole feut ruinée par les Barbares, Paulinus, qui en estoit evesque, y ayant tout perdu, et leur prisonnier, prioit ainsi Dieu : « Seigneur, garde moy de sentir ceste perte; car tu sçais qu'ils n'ont encores rien touché de ce qui est à moy [3]. » Les richesses qui le faisoient riche et les biens qui le faisoient bon estoient encores en leur entier. Voylà que c'est de bien choisir les thresors qui se puissent affranchir de l'injure, et de les cacher en lieu où personne n'aille, et lequel ne puisse estre trahi que par nous mesmes. Il fault avoir femmes, enfants, biens, et sur tout de la santé, qui peult; mais non pas s'y attacher en maniere que nostre heur en despende : il se fault reserver une arriere boutique, toute nostre, toute franche, en laquelle nous establissions nostre vraye liberté et principale retraicte et solitude. En cetse cy fault il prendre nostre ordinaire entretien de nous à nous mesmes, et si privé que nulle accointance ou communication estrangiere y treuve place; discourir et y rire, comme sans femme, sans enfants et sans biens, sans train et sans valets, à fin que quand l'occasion adviendra de leur perte, il ne nous soit pas nouveau de nous en passer. Nous avons en nous une ame contournable en soy mesme; elle se peult faire compaignie; elle a de quoy assaillir et de quoy deffendre, de quoy recevoir et de quoy donner. Ne craignons pas en cette solitude nous croupir d'oysifveté ennuyeuse :

---

soleil? Est-ce assez, pour se fuir soi-même, que de fuir son pays? Hor., *Od.*, II, 16, 18.

(1) J'ai rompu mes fers, direz-vous. Mais le chien qui, après de longs efforts, parvient enfin à s'échapper, traîne souvent une grande partie de son lien. Perse, *Sat.*, V, 158.

(2) Si notre âme n'est point réglée, que de combats intérieurs à soutenir, que de périls à vaincre! De quels soucis, de quelles craintes, de quelles inquiétudes n'est pas déchiré l'homme en proie à ses passions! Quels ravages ne font pas dans son âme l'orgueil, la débauche, l'emportement, le luxe, l'oisiveté! Lucr., V, 44.

(3) Hor., *Epist.*, I, 14, 13. Montaigne traduit fidèlement ce vers avant de le citer. C.

(1) Sén., *Ep.* 9, vers la fin. Plutarque et Diogène Laërce, en racontant ce fait, ne disent point que Stilpon eût perdu sa femme et ses enfants; et probablement ils ont raison. Le stoïcisme de Sénèque a voulu exagérer la résignation du philosophe. Voyez Bayle, remarque F de l'article *Stilpon*. J. V. L.

(2) Diog. Laërce, VI, 6. C.

(3) S. Augustin, *de Civit. Dei*, I, 10. C.

In solis sis tibi turba locis [1].

La vertu se contente de soy, sans disciplines, sans paroles, sans effects. En nos actions accoustumées, de mille il n'en est pas une qui nous regarde. Celuy que tu veois grimpant contremont les ruines de ce mur, furieux et hors de soy, en butte de tant de harquebuzades, et cest aultre tout cicatricé, transi et pasle de faim, deliberé de crever plustost que de luy ouvrir la porte, penses tu qu'ils y soyent pour eulx? pour tel, à l'adventure, qu'ils ne veirent oncques, et qui ne se donne aulcune peine de leur faict, plongé ce pendant en l'oysiveté et aux delices. Cestuy cy, tout pituiteux, chassieux et crasseux, que tu veois sortir après minuict d'un estude, penses tu qu'il cherche parmy les livres comme il se rendra plus homme de bien, plus content et plus sage? nulles nouvelles : il y mourra, ou il apprendra à la posterité la mesure des vers de Plaute et la vraye orthographe d'un mot latin. Qui ne contrechange volontiers la santé, le repos et la vie, à la reputation et à la gloire, la plus inutile, vaine et faulse monnoye qui soit en nostre usage? Nostre mort ne nous faisoit pas assez de peur; chargeons nous encores de celle de nos femmes, de nos enfants et de nos gents : nos affaires ne nous donnoient pas assez de peine; prenons encores, à nous tormenter et rompre la teste, de ceulx de nos voisins et amis.

Vah! quemquamne hominem in animum instituere, aut Parare, quod sit carius, quam ipse est sibi [2]?

La solitude me semble avoir plus d'apparence et de raison à ceulx qui ont donné au monde leur aage plus actif et fleurissant, suyvant l'exemple de Thales. C'est assez vescu pour aultruy; vivons pour nous, au moins ce bout de vie : ramenons à nous et à nostre ayse nos pensées et nos intentions. Ce n'est pas une legiere partie que de faire seurement sa retraicte : elle nous empesche assez, sans y mesler d'aultres entreprinses. Puisque Dieu nous donne loisir de disposer de nostre deslogement, preparons nous y; plions bagage, prenons de bonne heure congé de la compaignie; despestrons nous de ces violentes prinses qui nous engagent ailleurs et esloignent de nous.

Il fault desnouer ces obligations si fortes; et meshuy aymer cecy et cela, mais n'espouser rien que soy : c'est à dire, le reste soit à nous, mais non pas joinct et collé en façon qu'on ne le puisse despendre sans nous escorcher, et arracher ensemble quelque piece du nostre. La plus grande chose du monde, c'est de sçavoir estre à soy. Il est temps de nous desnouer de la société, puisque nous n'y pouvons rien apporter : et qui ne peult prester, qu'il se deffende d'emprunter. Nos forces nous faillent : retirons les, et resserrons en nous. Qui peult renverser et confondre en soy les offices de l'amitié et de la compaignie, qu'il le face. En ceste cheute qui le rend inutile, poisant et importun aux aultres, qu'il se garde d'estre importun à soy mesme, et poisant, et inutile. Qu'il se flatte et caresse, et surtout se regente, respectant et craignant sa raison et sa conscience, si bien qu'il ne puisse sans honte bruncher en leur presence. *Rarum est enim, ut satis se quisque vereatur* [1]. Socrates dict [2] que les jeunes se doibvent faire instruire; les hommes s'exercer à bien faire; les vieils, se retirer de toute occupation civile et militaire, vivants à leur discrétion, sans obligation à certain office. Il y a des complexions plus propres à ces preceptes de la retraicte les unes que les aultres. Celles qui ont l'apprehension molle et lasche, et une affection et volonté delicate, et qui ne s'asservit ny s'employe pas aysement, desquelles je suis et par naturelle condition et par discours, ils se plieront mieulx à ce conseil que les ames actives et occupées qui embrassent tout, et s'engagent par tout, qui se passionnent de toutes choses, qui s'offrent, qui se presentent, et qui se donnent à toutes occasions. Il se fault servir de ces commodités accidentales et hors de nous, en tant qu'elles nous sont plaisantes, mais sans en faire nostre principal fondement; ce ne l'est pas : ny la raison ny la nature ne le veulent. Pourquoy, contre ses loix, asservirons nous nostre contentement à la puissance d'aultruy? D'anticiper aussi les accidents de fortune; se priver des commo-

---

(1) Aux solitaires lieux sois un monde à toi-même. TIBULLE, IV, 13, 12.

(2) Est-il possible qu'un homme aille se mettre en tête d'aimer quelque chose plus que soi-même? TÉRENCE, *Adelph.*, acte I, sc. 1, v. 15.

(1) Il est rare qu'on se respecte assez soi-même. QUINTILIEN, X, 7, 24.

(2) STOBÉE, *Serm.* 41. Montaigne attribue à Socrate cet apophthegme des pythagoriciens, parce qu'il y a avant cette maxime un mot de Socrate. C.

dités qui nous sont en main, comme plusieurs ont faict par devotion, et quelques philosophes par discours; se servir soy mesme, coucher sur la dure, se crever les yeulx, jecter ses richesses emmy la riviere, rechercher la douleur; ceulx là pour, par le torment de ceste vie, en acquerir la beatitude d'une aultre; ceulx cy pour, s'estants logés en la plus basse marche, se mettre en seureté de nouvelle cheute, c'est l'action d'une vertu excessive. Les natures plus roides et plus fortes facent leur cachette mesmes glorieuse et exemplaire :

*Tuta et parvula laudo,
Quum res deficiunt, satis inter vilia fortis :
Verum, ubi quid melius contingit et auctius, idem
Illos sapere, et solos aio bene vivere, quorum
Conspicitur nitidis fundata pecunia villis*[1] :

il y a pour moy assez à faire, sans aller si avant. Il me suffit, soubs la faveur de la fortune, me preparer à sa desfaveur; et me representer, estant à mon ayse, le mal advenir, autant que l'imagination y peult atteindre : tout ainsi que nous nous accoustumons aux joustes et tournois, et contrefaisons la guerre en pleine paix. Je n'estime point Arcesilaus le philosophe moins reformé, pour le sçavoir avoir usé d'utensiles d'or et d'argent, selon que la condition de sa fortune le luy permettoit[2]; et l'estime mieulx de ce qu'il en usoit modereement et liberalement que s'il s'en feust desmis. Je veois jusques à quels limites va la necessité naturelle : et, considerant le pauvre mendiant à ma porte, souvent plus enjoué et plus sain que moy, je me plante en sa place; j'essaye de chausser mon ame à son biais : et, courant ainsi par les aultres exemples, quoyque je pense la mort, la pauvreté, le mespris et la maladie à mes talons, je me resouls ayseement de n'entrer en effroy de ce qu'un moindre que moy prend avecques telle patience; et ne veulx croire que la bassesse de l'entendement puisse plus que la vigueur, ou que les effects du discours ne puissent arriver aux effects de l'accoustumance. Et cognoissant combien ces commodités accessoires tiennent à peu, je ne laisse pas en pleine jouissance de supplier Dieu, pour ma souveraine requeste, qu'il me rende content de moy mesme et des biens qui naissent de moy. Je veois des jeunes hommes gaillards qui portent, nonobstant, dans leurs coffres, une masse de pilules pour s'en servir quand le rheume les pressera, lequel ils craignent d'autant moins qu'ils en pensent avoir le remede en main : ainsi fault il faire; et encores, si on se sent subject à quelque maladie plus forte, se garnir de ces medicaments qui assoupissent et endorment la partie.

L'occupation qu'il fault choisir à une telle vie, ce doibt estre une occupation non penible ny ennuyeuse; aultrement pour neant ferions nous estat d'y estre venus chercher le sejour. Cela despend du goust particulier d'un chascun. Le mien ne s'accommode aulcunement au mesnage : ceulx qui l'aiment, ils s'y doibvent adonner avecques moderation;

Conentur sibi res, non se submittere rebus[1] :

c'est, aultrement, un office servile que la mesnagerie, comme le nomme Salluste[2]. Elle a des parties plus excusables, comme le soing des jardinages, que Xenophon attribue à Cyrus[3] : et se peult trouver un moyen entre ce bas et vil soing, tendu et plein de solicitude, qu'on veoid aux hommes qui s'y plongent du tout, et ceste profonde et extreme nonchalance laissant tout aller à l'abandon, qu'on veoid en d'aultres :

*Democriti pecus edit agellos
Cultaque, dum peregre est animus sine corpore velox*[4].

Mais oyons le conseil que donne le jeune Pline à Cornelius Rufus[5], son amy, sur ce propos de la solitude : « Je te conseille, en ceste pleine et grasse retraicte où tu es, de quitter à tes gents ce bas et abject soing du mesnage, et t'adonner à l'estude des lettres, pour en tirer quelque chose qui soit toute tienne. » Il entend la reputation : d'une pareille humeur à celle de Cicero, qui dict vouloir employer sa solitude et

---

(1) Pour moi, quand je ne puis avoir mieux, je sais me contenter de peu, et je vante la paisible médiocrité ; si mon sort devient meilleur, je dis qu'il n'y a de sages et d'heureux que ceux dont le revenu est fondé sur de belles terres. Hor., *Epist.*, I, 15, 42.

(2) Diog. Laerce, IV, 38. C.

(1) Qu'ils tâchent de se mettre au-dessus des choses plutôt que de s'y assujettir. Hor., *Epist.*, I, 1, 19.

(2) *Catil.*, c. 4, au commencement. C.

(3) Xén., *Economique*, IV, 20 ; Cic., *de la Vieillesse*, c. 17. J. V. L.

(4) Les troupeaux venaient manger les moissons de Démocrite, pendant que son esprit, dégagé de son corps, voyageait dans l'espace. Hor., *Epist.*, I, 12, 12.

(5) Ce n'est pas à *Cornelius Rufus*, mais à *Caninius Rufus*, Pline, *Epist.*, I, 3.

sejour des affaires publicques à s'en acquerir par ses escripts une vie immortelle[1].

Usque adeone
Scire tuum nihil est, nisi te scire hoc sciat alter[2]?

Il semble que ce soit raison, puisqu'on parle de se retirer du monde, qu'on regarde hors de luy. Ceulx cy ne le font qu'à demy: ils dressent bien leur partie, pour quand ils n'y seront plus; mais le fruict de leur desseing, ils prétendent le tirer encores lors du monde, absents, par une ridicule contradiction.

L'imagination de ceulx qui, par devotion, recherchent la solitude, remplissant leur courage de la certitude des promesses divines en l'aultre vie, est bien plus sainement assortie. Ils se proposent Dieu, object infini en bonté et en puissance; l'ame a de quoy y rassasier ses desirs en toute liberté: les afflictions, les douleurs, leur viennent à proufit, employées à l'acquest d'une santé et resjouissance eternelle; la mort, à souhait, passage a un si parfaict estat: l'aspreté de leurs regles est incontinent applanie par l'accoustumance, et les appetits charnels, rebutés et endormis par leur refus; car rien ne les entretient que l'usage et exercice. Ceste seule fin d'une aultre vie heureusement immortelle merite loyalement que nous abandonnions les commodités et doulceurs de ceste vie nostre, et qui peult embraser son ame de l'ardeur de ceste vifve foy et esperance, reellement et constamment, il se bastit en la solitude une vie voluptueuse et delicieuse, au delà de toute aultre sorte de vie.

Ny la fin doncques ny le moyen de ce conseil[3] ne me contente: nous retumbons tousjours de fiebvre en chauld mal. Ceste occupation des livres est aussi penible que toute aultre, et autant ennemie de la santé, qui doibt estre principalement considerée: et ne se fault point laisser endormir au plaisir qu'on y prend; c'est ce mesme plaisir qui perd le mesnager, l'avaricieux, le voluptueux et l'ambitieux. Les sages nous apprennent assez à nous garder de la trahison de nos appetits, et à discerner les vrays plaisirs et entiers des plaisirs meslés et bigarrés de plus de peine; car la pluspart des plaisirs, disent-ils, nous chastouillent et embrassent pour nous estrangler, comme faisoient les larrons que les Ægyptiens appeloient *Philistas*[1]: et si la douleur de teste nous venoit avant l'yvresse, nous nous garderions de trop boire; mais la volupté, pour nous tromper, marche devant et nous cache sa suitte. Les livres sont plaisants; mais si de leur frequentation nous en perdons enfin la gayeté et la santé, nos meilleures pieces, quittons les: je suis de ceulx qui pensent leur fruict ne pouvoir contrepoiser ceste perte. Comme les hommes, qui se sentent de longtemps affoiblis par quelque indisposition, se rengent à la fin à la mercy de la medecine, et se font desseigner par art certaines regles de vivre, pour ne les plus oultrepasser: aussi celuy qui se retire ennuyé et desgousté de la vie commune, doibt former ceste cy aux regles de la raison, l'ordonner et renger par premeditation et discours. Il doibt avoir prins congé de toute espece de travail, quelque visage qu'il porte, et fuir, en general, les passions qui empeschent la tranquillité du corps et de l'ame, et choisir la route qui est plus selon son humeur,

Unusquisque sua noverit ire via[2].

Au mesnage, à l'estude, à la chasse et tout aultre exercice, il fault donner jusques aux derniers limites du plaisir, et garder de s'engager plus avant où la peine commence à se mesler parmy. Il fault reserver d'embesongnement et d'occupation autant seulement qu'il en est besoing pour nous tenir en haleine, et pour nous garantir des incommodités que tire après soy l'aultre extremité d'une lasche oysifveté et assopie. Il y a des sciences steriles et espineuses, et la pluspart forgées pour la presse[3]: il les fault laisser à ceulx qui sont au service du monde. Je n'aime pour moy que des livres ou plaisants et faciles qui me cha-

(1) Cic., *Orator*, c. 43, et dans plusieurs prologues de ses traités philosophiques. J. V. L.

(2) Quoi donc! votre savoir n'est-il rien, si l'on ne sait que vous avez du savoir? Perse, *Sat.*, I, 23.

(3) Le conseil de Pline à Rufus. C.

(1) Ceci est traduit de Sénèque, excepté le mot de *Philetas*, que Montaigne ou ses imprimeurs ont changé mal à propos en *Philistas*. *Latronum more* (dit Sén., *Epist*. 54), *quos* Philetas *Ægyptii vocant, in hoc nos amplectuntur* (voluptates), *ut strangulent*. C. — Ce nom, que les Egyptiens donnaient aux voleurs, vient probablement de φιλητής, *insidiator*; d'où paraissent aussi venir *fallo*, *Philistins*, *filou*, etc. A. D.

(2) Prop., II, 25, 38. Montaigne a traduit ce vers avant de le citer. C.

(3) *Pour le monde, pour la vie publique*. Ainsi, un peu plus bas: « Ceulx cy n'ont que les bras et les jambes hors de la presse. » J. V. L.

touillent, ou ceulx qui me consolent et conseillent à regler ma vie et ma mort :

> *Tacitum silvas inter reptare salubres,*
> *Curantem, quidquid dignum sapiente bonoque est*[1].

Les gents plus sages peuvent se forger un repos tout spirituel, ayant l'ame forte et vigoreuse : moy qui l'ay commune, il fault que j'ayde à me soustenir par les commodités corporelles ; et l'aage m'ayant tantost desrobé celles qui estoient plus à ma fantasie, j'instruis et aiguise mon appetit à celles qui restent plus sortables à ceste aultre saison. Il fault retenir, à tout nos dents et nos griffes, l'usage des plaisirs de la vie, que nos ans nous arrachent des poings les uns apres les aultres :

> *Carpamus dulcia ; nostrum est,*
> *Quod vivis : cinis, et manes, et fabula fies*[2].

Or, quant à la fin que Pline et Cicero nous proposent de la gloire, c'est bien loing de mon compte. La plus contraire humeur à la retraicte, c'est l'ambition : la gloire et le repos sont choses qui ne peuvent loger en mesme giste. A ce que je veois, ceulx cy n'ont que les bras et les jambes hors de la presse ; leur ame, leur intention y demeure engagée plus que jamais :

> *Tun', vetule, auriculis alienis colligis escas*[3] *?*

ils se sont seulement reculés pour mieulx saulter, et pour, d'un plus fort mouvement, faire une plus vifve faulsée dans la troupe[4]. Vous plaist il veoir comme ils tirent court d'un grain ? mettons au contrepoids l'advis de deux philosophes[5], et de deux sectes très differentes, escrivants l'un à Idomeneus, l'aultre à Lucilius, leurs amis, pour du maniement des affaires et des grandeurs les retirer à la solitude. Vous avez, disent ils, vescu nageant et flottant jusques à present ; venez vous en mourir au port. Vous avez donné le reste de vostre vie à la lumiere ; donnez cecy à l'ombre. Il est impossible de quitter les occupations, si vous n'en quittez le fruict : à ceste cause, desfaictes vous de tout soing de nom et de gloire ; il est dangier que la lueur de vos actions passées ne vous esclaire que trop, et vous suyve jusques dans vostre taniere. Quittez avecques les aultres voluptés celle qui vient de l'approbation d'aultruy : et quant à votre science et suffisance, ne vous chaille ; elle ne perdra pas son effect, si vous en valez mieulx vous mesme[1]. Souvienne vous de celuy à qui, comme on demanda à quoy faire il se peinoit si fort en un art qui ne pouvoit venir à la cognoissance de gueres de gents : « J'en ay assez de peu, respondit il ; j'en ay assez d'un, j'en ay assez de pas un. » Il disoit vray. Vous et un compaignon estes assez suffisant theatre l'un à l'aultre, ou vous à vous mesmes ; que le peuple vous soit un, et un vous soit tout le peuple. C'est une lasche ambition de vouloir tirer gloire de son oysifveté et de sa cachette ; il fault faire comme les animaux qui effacent la trace à la porte de leur taniere[2]. Ce n'est plus ce qu'il vous fault chercher, que le monde parle de vous, mais comme il fault que vous parliez à vous mesmes. Retirez vous en vous ; mais preparez vous premierement de vous y recevoir ; ce seroit folie de vous fier à vous mesmes, si vous ne vous sçavez gouverner[3]. Il y a moyen de faillir en la solitude comme en la compaignie. Jusques à ce que vous vous soyez rendu tel devant qui vous n'osiez clocher, et jusques à ce que vous ayez honte et respect de vous mesmes, *obversentur species honestæ animo*[4] ; presentez vous tousjours en l'imagination Caton, Phocion et Aristides, en la presence desquels les fols mesmes cacheroient leurs faultes, et establissez les contrerolleurs de toutes vos intentions ; si elles se detraquent, leur reverence vous remettra en train ; ils vous contiendront en ceste voye de vous contenter de vous mesmes, de n'emprunter rien que de vous, d'arrester et fermer vostre ame en certaines et

---

(1) Me promenant en silence dans les bois, et m'occupant de tout ce qui mérite les soins d'un homme sage et vertueux. Hor., *Epist.*, I, 4, 4.

(2) Jouissons ; les seuls jours que nous donnons au plaisir sont à nous. Tu ne seras bientôt qu'un peu de cendre, une ombre, une fable. Perse, *Sat.*, V. 151.

(3) Vieux radoteur, ne travailles-tu que pour amuser l'oisiveté du peuple ? Perse, *Sat.*, I, 22.

(4) C'est-à-dire, *se jeter plus avant dans la foule. Faulsée* est un vieux mot qui signifie *choc, charge, incursion, irruption.* Voyez le Dictionnaire de Cotgrave. C.

(5) Epicure et Sénèque. Voyez sur cela Sénèque lui-même (*Epist.* 21), qui cite un passage de la lettre d'Epicure à Idoménée, différente de celle que nous a conservée Diogène Laërce. J. V. L.

(1) Sén., *Epist.* 7. C.

(2) Sén., *Epist.* 68. C.

(3) Sén., *Epist.* 25. C.

(4) Remplissez-vous l'esprit d'images nobles et vertueuses. Cic., *Tusc. quæst.*, II, 22.

limitées cogitations où elle se puisse plaire, et, ayant compris et entendu les vrays biens desquels on jouit à mesure qu'on les entend, s'en contenter, sans desir de prolongement de vie, ny de nom. Voylà le conseil de la vraye et naïfve philosophie, non d'une philosophie ostentatrice et parliere, comme est celle des deux premiers[1].

CHAPITRE XXXIX.

Consideration sur Cicero.

Encores un traict à la comparaison de ces couples. Il se tire des escripts de Cicero et de ce Pline, peu retirant à mon advis aux humeurs de son oncle, infinis tesmoignages de nature oultre mesure ambitieuse; entre aultres, qu'ils solicitent, au sceu de tout le monde, les historiens de leur temps de ne les oublier en leurs registres; et la fortune, comme par despit, a faict durer jusques à nous la vanité de ces requestes[2], et pieça faict perdre ces histoires. Mais cecy surpasse toute bassesse de cœur, en personnes de tel rang, d'avoir voulu tirer quelque principale gloire du caquet et de la parlerie, jusques à y employer les lettres privées escriptes à leurs amis; en maniere que aulcunes ayant failly leur saison pour estre envoyées, il les font ce neantmoins publier avecques ceste digne excuse, qu'ils n'ont pas voulu perdre leur travail et veillées. Sied il pas bien à deux consuls romains, souverains magistrats de la chose publicque emperiere du monde, d'employer leur loisir à ordonner et fagotter gentiement une belle missive, pour en tirer la reputation de bien entendre le langage de leur nourrice[3]! Que feroit pis un simple maistre d'eschole qui en gaignast sa vie? Si les gestes de Xenophon et de Cæsar n'eussent de bien loing surpassé leur eloquence, je ne crois pas qu'ils les eussent jamais escripts : ils ont cherché à recommender, non leur dire, mais leur faire. Et si la perfection du bien parler pouvoit apporter quelque gloire sortable à un grand personnage, certainement Scipion et Lælius n'eussent pas resigné l'honneur de leurs comedies et toutes les mignardises et delices du langage latin a un serf africain; car, que cest ouvrage soit leur, sa beauté et son excellence le maintient assez, et Terence l'advoue lui mesme[1]; et me feroit on desplaisir de me desloger de ceste creance.

C'est une espece de moquerie et d'injure de vouloir faire valoir un homme par des qualités mesadvenantes à son reng, quoyqu'elles soyent aultrement louables, et par les qualités aussi qui ne doivent pas estre les siennes principales; comme qui loueroit un roy d'estre bon peintre ou bon architecte, ou encores bien harquebuzier, ou bon coureur de bague. Ces louanges ne font honneur, si elles ne sont presentées en foule et à la suitte de celles qui lui sont propres, à sçavoir de la justice, et de la science de conduire son peuple en paix et en guerre. De ceste façon faict honneur à Cyrus l'agriculture, et à Charlemaigne l'eloquence et cognoissance des bonnes lettres. J'ai veu de mon temps, en plus forts termes, des personnages qui tiroient d'escrire et leurs tiltres et leur vocation, desadvouer leur apprentissage, corrompre leur plume, et affecter l'ignorance de qualité si vulgaire, et que nostre peuple tient ne se rencontrer gueres en mains sçavantes, se recommandants par meilleures qualités. Les compaignons de Demosthenes, en l'ambassade vers Philippus, louoient ce prince d'estre beau, eloquent, et bon beuveur : Demosthenes disoit que c'estoient louanges qui appartenoient mieulx à une femme, à un advocat, à une esponge, qu'à un roy[2].

Imperet bellante prior, jacentem
Lenis in hostem[3].

Ce n'est pas sa profession de sçavoir ou bien chasser ou bien danser :

---

(1) De Pline le jeune et de Cicéron.

(2) Cic., lettre à Luccéius, *Ep. fam.*, V, 12; Pline, lettre à Tacite, VII, 33. C.

(3) Montaigne se trompe fort de croire que les lettres de Cicéron aient été écrites pour le public; Cicéron n'en avait conservé que soixante-dix (*ad Attic.* XVI, 5), et ce fut Tiron qui recueillit toutes les autres. Il suffit de lire surtout les lettres écrites à Atticus, pour être persuadé qu'elles ne s'adressaient qu'à lui. Ce que dit Montaigne n'est vrai que de Pline le jeune. J. V. L.

(1) Il ne l'avoue pas, mais il s'en défend faiblement. Voyez le prologue des *Adelphes*, v. 15. J. V. L.

(2) Plut., *Vie de Démosthènes*, c. 4. C.

(3) Qu'il terrasse l'ennemi qui résiste, qu'il pardonne à l'ennemi terrassé. Hor., *Carm. sæcul.*, v. 51.

*Orabunt causas alii, cœlique meatus
Describent radio, et fulgentia sidera dicent;
Hic regere imperio populos sciat* [1].

Plutarque dict davantage, que de paroistre si excellent en ces parties moins necessaires, c'est produire contre soy le tesmoignage d'avoir mal dispensé son loisir, et l'estude qui debvoit estre employé à choses plus necessaires et utiles. De façon que Philippus, roy de Macedoine, ayant ouï ce grand Alexandre, son fils, chanter en un festin à l'envy des meilleurs musiciens : « N'as tu pas honte, lui dict il, de chanter si bien [2]? » Et à ce mesme Philippus, un musicien contre lequel il debattoit de son art : « Jà à Dieu ne plaise, sire, dict il, qu'il t'advienne jamais tant de mal, que tu entendes ces choses là mieulx que moy [3] ! » Un roi doibt pouvoir respondre comme Iphicrates respondit à l'orateur qui le pressoit, en son invective, de ceste maniere : « Eh bien! qu'es tu, pour faire tant le brave? es tu homme d'armes? es tu archer? es tu picquier? — Je ne suis rien de tout cela; mais je suis celuy qui sait commander à tous ceux là [4]. » Et Antisthenes print pour argument de peu de valeur en Ismenias, de quoy on le vantoit d'estre excellent joueur de fleutes [5].

Je sçais bien, quand j'ois quelqu'un qui s'arreste au langage des *Essais*, que j'aimerois mieulx qu'il s'en teust : ce n'est pas tant eslever les mots, comme desprimer le sens, d'autant plus picquamment que plus obliquement. Si suis je trompé, si gueres d'aultres donnent plus à prendre en la matiere ; et, comment que ce soit, mal ou bien, si nul escrivain l'a semée ny gueres plus materielle, ny au moins plus drue en son papier. Pour en renger davantage, je n'en entasse que les testes : que j'y attache leur suitte, je multiplieray plusieurs fois ce volume. Et combien y ay je espandu d'histoires qui ne disent mot, lesquelles qui vouldra esplucher un peu plus curieusement, en produira infinis Essais. Ny elles, ny mes allegations, ne servent pas tousjours simplement d'exemple, d'auctorité, ou d'ornement ; je ne les regarde pas seulement par l'usage que j'en tire : elles portent souvent, hors de mon propos, la semence d'une matiere plus riche et plus hardie ; et souvent, à gauche, un ton plus delicat, et pour moy qui n'en veulx en ce lieu exprimer davantage, et pour ceulx qui rencontreront mon air.

Retournant à la vertu parliere, je ne treuve pas grand choix entre ne sçavoir dire que mal ou ne sçavoir rien que bien dire : *Non est ornamentum virile concinnitas* [1]. Les sages disent que, pour le regard du sçavoir, il n'est que la philosophie, et pour le regard des effects que la vertu, qui generalement soit propre à touts degrés et touts ordres.

Il y a quelque chose de pareil en ces aultres deux philosophes [2]; car ils promettent aussi eternité aux lettres qu'ils escrivent à leurs amis : mais c'est d'aultre façon, et s'accommodants, pour une bonne fin, à la vanité d'aultruy ; car ils leur mandent que si le soing de se faire cognoistre aux siecles advenir, et de la renommée, les arreste encores au maniement des affaires, et leur faict craindre la solitude et la retraicte où ils les veulent appeler, qu'ils ne s'en donnent plus de peine, d'autant qu'ils ont assez de credit avec la posterité pour leur respondre que, quand ce ne seroit que par les lettres qu'ils leur escrivent, ils rendront leur nom aussi cogneu et fameux que pourroient faire leurs actions publiques [3] ! Et oultre ceste difference, encores ne sont ce pas lettres vuides et descharnées, qui ne se soustiennent que par un delicat choix de mots entassés et rangés à une juste cadence [4], ains farcies et pleines de beaux discours de sapience, par lesquelles on se rend, non plus éloquent, mais plus sage, et qui nous apprennent, non à bien dire, mais à bien faire. Fy de l'eloquence qui nous laisse en-

---

(1) Que d'autres plaident avec éloquence ; que d'autres, armés du compas, mesurent la route des astres ; mais lui, qu'il sache gouverner les empires. Virg., *Énéid.*, VI, 849. Montaigne fait ici quelques changements aux vers de Virgile.

(2) Plut., *Vie de Périclès*, c. 1. C.

(3) Plut., traité intitulé : *Comment on pourra discerner le flatteur d'avec l'ami*, c. 25. C.

(4) Plut., traité *de la Fortune*, vers la fin. C.

(5) Plut., préambule de la *Vie de Périclès*. C.

(1) La symétrie n'est pas un ornement digne d'un homme. Sén., *Epist.* 115.

(2) Epicure et Sénèque. C.

(3) Sén., *Epist.* 21.

(4) Montaigne s'imagine-t-il donc que ce soit là l'unique mérite des *Lettres* de Cicéron qui, au témoignage même de Cornélius Népos, son contemporain, « peuvent en quelque sorte remplacer l'histoire, et qui offrent tant de détails sur les hommes célèbres du temps, sur leurs vertus et leurs vices, sur les révolutions de Rome, qu'elles semblent en révéler tous les secrets? (*Vie d'Atticus*, c. 16.) J. V. L.

vie de soy, non des choses! si ce n'est qu'on die que celle de Cicero, estant en si extreme perfection, se donne corps elle mesme.

J'adjousteray encores un conte que nous lisons de luy à ce propos, pour nous faire toucher au doigt son naturel. Il avoit à orer en publicque, et estoit un peu pressé du temps pour se preparer à son ayse. Eros, l'un de ses serfs, le veint advertir que l'audience estoit remise au lendemain : il en feut si ayse, qu'il luy donna liberté pour ceste bonne nouvelle [1].

Sur ce subject de lettres, je veulx dire ce mot, que c'est un ouvrage auquel mes amis tiennent que je puis quelque chose [2] : et eusse prins plus volontiers ceste forme à publier mes verves, si j'eusse eu à qui parler. Il me falloit, comme je l'ay eu aultrefois, un certain commerce qui m'attirast, qui me soustinst et souslevast ; car de negocier au vent comme d'aultres, je ne sçaurois que de songe ; ny forger des vains noms à entretenir en chose serieuse : ennemy juré de toute espece de falsification. J'eusse esté plus attentif et plus seur, ayant une addresse forte et amie, que regardant les divers visages d'un peuple : et suis deceu s'il ne m'eust mieulx succedé. J'ay naturellement un style comique et privé ; mais c'est d'une forme mienne, inepte aux negociations publicques, comme en toutes façons est mon langage, trop serré, desordonné, coupé, particulier : et ne m'entends pas en lettres cerimonieuses, qui n'ont aultre substance que d'une belle enfileure de paroles courtoises. Je n'ay ny la faculté ny le goust de ces longues offres d'affection et de service ; je n'en crois pas tant, et me desplaist d'en dire gueres oultre ce que j'en crois. C'est bien loing de l'usage present ; car il ne feut jamais si abject et servile prostitution de presentation ; la vie, l'ame, devotion, adoration, serf, esclave, touts ces mots y courent si vulgairement que, quand ils veulent faire sentir une plus expresse volonté et plus respectueuse, ils n'ont plus de maniere pour l'exprimer.

Je hais à mort de sentir le flatteur, qui faict que je me jecte naturellement à un parler sec, rond et crud, qui tire, à qui ne me cognoist d'ailleurs, un peu vers le desdaigneux. J'honore le plus ceulx que j'honore le moins ; et, où mon ame marche d'une grande alaigresse, j'oublie les pas de la contenance ; et m'offre maigrement et fierement à ceulx à qui je suis, et me presente moins à qui je me suis le plus donné ; il me semble qu'ils le doibvent lire en mon cœur, et que l'expression de mes paroles faict tort à ma conception. A bienveigner, à prendre congé, à remercier, à saluer, à presenter mon service, et tels compliments verbeux des loix cerimonieuses de nostre civilité, je ne cognois personne si sottement sterile de langage que moy ; et n'ay jamais esté employé à faire des lettres de faveur et recommandation que celuy pour qui c'estoit n'aye trouvées seches et lasches. Ce sont grands imprimeurs de lettres que les Italiens ; j'en ay, ce crois je, cent divers volumes : celles de Annibale Caro [1] me semblent les meilleures. Si tout le papier que j'ay aultrefois barbouillé pour les dames estoit en nature, lorsque ma main estoit veritablement emportée par ma passion, il s'en trouveroit à l'adventure quelque page digne d'estre communiquée à la jeunesse oysifve, embabouinée de ceste fureur. J'escris mes lettres tousjours en poste, et si precipiteusement que, quoyque je peigne insupportablement mal [2], j'aime mieulx escrire de ma main que d'y en employer une aultre; car je n'en treuve point qui me puisse suyvre, et ne les transcris jamais. J'ay accoustumé les grands qui me cognoissent à y supporter des litures et des trasseures, et un papier sans plieure et sans marge. Celles qui me coustent le plus sont celles qui valent le moins, depuis que je les traisne; c'est signe que je n'y suis pas. Je commence volontiers sans project ; le premier traict produit le second. Les lettres de ce temps sont plus en bordures et prefaces qu'en matiere. Comme j'aime mieulx composer deux lettres que d'en clore et plier une, et resigne tousjours ceste commission à quelque aultre :

---

(1) PLUT., *Apophthegmes*, à l'article *Cicéron*. C.

(2) On trouvera dans cette édition plusieurs lettres de Montaigne ; la plus interessante est celle où il raconte à son père la mort d'Estienne de La Boëtie. J. V. L.

(1) Le célèbre traducteur de l'*Enéide*, né en 1507 à Citta-Nova, dans la marche d'Ancône, mort à Rome en 1566. La première partie de ses *Lettres* parut en 1572, et la seconde en 1574. On les compte parmi les modèles de la prose italienne. J. V. L.

(2) Il ne faut pas trop croire Montaigne lorsqu'il dit *qu'il peignoit insupportablement mal*. J'ai eu longtemps sous les yeux l'exemplaire de ses *Essais* corrigé de sa main, sur lequel a été faite l'édition de Naigeon ; et je puis affirmer que son écriture est très lisible, bien rangée, et, ce qui est remarquable, indique très peu l'extrême vivacité de son caractère. A. D.

de mesme, quand la matiere est achevée, je donnerois volontiers à quelqu'un la charge d'y adjouster ces longues harangues, offres et prieres que nous logeons sur la fin; et desire que quelque usage nous en descharge, comme aussi de les inscrire d'une legende de qualités et tiltres; pour ausquels ne bruncher j'ay maintesfois laissé d'escrire, et notamment à gents de justice et de finance; tant d'innovations d'offices, une si difficile dispensation et ordonnance de divers noms d'honneur, lesquels, estant si cherement achetés, ne peuvent estre eschangés ou oubliés sans offense. Je treuve pareillement de mauvaise grace d'en charger le front et inscription des livres que nous faisons imprimer.

CHAPITRE XL.

Que le goust des biens et des maulx despend en bonne partie de l'opinion que nous en avons.

Les hommes, dict une sentence grecque ancienne [1], sont tormentés par les opinions qu'ils ont des choses, non par les choses mesmes. Il y auroit un grand poinct gaigné pour le soulagement de nostre miserable condition humaine, qui pourroit establir ceste proposition vraye tout partout. Car si les maulx n'ont entrée en nous que par nostre jugement, il semble qu'il soit en nostre pouvoir de les mespriser, ou contourner à bien : si les choses se rendent à nostre mercy, pourquoy n'en chevirons nous, ou ne les accommoderons nous à nostre advantage ? si ce que nous appelons mal et torment n'est ny mal ny torment de soy, ains seulement que nostre fantasie luy donne ceste qualité, il est en nous de la changer; et en ayant le choix, si nul ne nous force, nous sommes estrangement fols de nous bander pour le party qui nous est le plus ennuyeux, et de donner aux maladies, à l'indigence et au mespris un aigre et mauvais goust, si nous le leur pouvons donner bon, et si, la fortune fournissant simplement de matiere, c'est à nous de lui donner la forme. Or, que ce que nous appelons mal ne le soit pas de soy; ou au moins, tel qu'il soit, qu'il depende de nous de luy donner aultre saveur et aultre visage (car tout revient à un), veoyons s'il se peult maintenir.

Si l'estre originel de ces choses que nous craignons avoit credit de se loger en nous de son auctorité, il logeroit pareil et semblable en touts; car les hommes sont touts d'une espece, et, sauf le plus et le moins, se treuvent garnis de pareils utils et instruments pour concevoir et juger : mais la diversité des opinions que nous avons de ces choses là monstre clairement qu'elles n'entrent en nous que par composition; tel à l'adventure les loge chez soy en leur vray estre, mais mille aultres leur donnent un estre nouveau et contraire chez eulx. Nous tenons la mort, la pauvreté et la douleur pour nos principales parties [1] : or, ceste mort, que les uns appellent « des choses horribles la plus horrible, » qui ne sçait que d'aultres la nomment « l'unique port des torments de ceste vie, le souverain bien de nature, seul appuy de nostre liberté, et commune et prompte recepte à touts maulx? » Et comme les uns l'attendent tremblants et effroyés, d'aultres la supportent plus aysément que la vie; celuy là se plaint de sa facilité,

Mors, utinam pavidos vitæ subducere nolles,
Sed virtus te sola daret [2] *!*

Or laissons ces glorieux courages. Theodorus respondict à Lysimachus, menaçant de le tuer : « Tu feras un grand coup, d'arriver à la force d'une cantharide [3]! « La pluspart des philosophes se treuvent avoir ou prevenu par desseing, ou hasté et secouru leur mort. Combien veoid on de personnes populaires, conduictes à la mort, et non à une mort simple, mais meslée de honte et quelquefois de griefs torments, y apporter une telle asseurance, qui par opiniastreté, qui par simplesse naturelle, qu'on n'y apperçoit rien de changé de leur estat ordinaire; establissants leurs affaires domestiques, se recommendants à leurs amis, chantants, preschants et entretenants le peuple, voire y meslants quelquefois des mots pour rire, et beuvants à leurs cognoissants, aussi bien que Socrates ?

Un qu'on menoit au gibet disoit qu'on gardast de passer par telle rue, car il y avoit dan-

---

(1) *Manuel* d'Epict., c. 10. C.

(1) Ou *ennemies*, mot que l'on a substitué dans quelques éditions. C.
(2) O mort! plût aux dieux que tu dédaignasses de frapper les lâches, et que la vertu seule te pût donner! Luc., IV, 580.
(3) *Tusc. quæst.*, V, 40. C.

gier qu'un marchand luy feist mettre la main sur le collet, à cause d'un vieux debte. Un aultre disoit au bourreau, qu'il ne le touchast pas à la gorge, de peur de le faire tressaillir de rire, tant il estoit chatouilleux. L'aultre respondict à son confesseur qui luy promettoit qu'il souperoit ce jour là avecques nostre Seigneur : « Allez vous y en, vous ; car de ma part je jeusne[1]. » Un aultre ayant demandé à boire, et le bourreau ayant beu le premier, dict ne vouloir boire après luy, de peur de prendre la verolle. Chascun a ouï faire le conte du Picard, auquel, estant à l'eschelle, on presente une garse, et que (comme nostre justice permet quelquefois), s'il la vouloit espouser, on luy sauveroit la vie : luy, l'ayant un peu contemplée, et apperceu qu'elle boittoit : « Attache ! attache ! dict il ; elle cloche. » Et on dict de mesme qu'en Dannemarc, un homme condamné à avoir la teste trenchée, estant sur l'eschaffaud, comme on luy presenta une pareille condition, la refusa, parce que la fille qu'on lui offrit avoit les joues avallées et le nez trop poinctu. Un valet, à Toulouse, accusé d'heresie, pour toute raison de sa creance, s'en rapportoit à celle de son maistre, jeune escholier prisonnier avecques luy, et aima mieulx mourir que de se laisser persuader que son maistre peust errer. Nous lisons de ceulx de la ville d'Arras, lors que le roy Louys unziesme la print, qu'il s'en trouva bon nombre parmy le peuple qui se laisserent pendre plustost que de dire : Vive le roy. Et de ces viles ames de bouffons, il s'en est trouvé qui n'ont voulu abandonner leur gaudisserie en la mort mesme. Celuy à qui le bourreau donnoit le bransle s'écria : « Vogue la gallée ! » qui estoit son refrain ordinaire. Et l'aultre qu'on avoit couché, sur le poinct de rendre sa vie, le long du foyer sur une paillasse, à qui le medecin, demandant où le mal le tenoit : « Entre le banc et le feu, » respondict il : et le presbtre, pour luy donner l'extreme onction, cherchant ses pieds qu'il avoit resserrés et contraincts par la maladie : « Vous les trouverez, dict il, au bout de mes jambes. » A l'homme qui l'exhortoit de se recommender à Dieu : « Qui y va ? » demanda il : et l'aultre respondant : « Ce sera tantost vous mesme, s'il luy plaist. — Y fusse je bien demain au soir ? » repliqua il. « Recommendez vous seulement à luy, suyvit l'aultre, vous y serez bientost. — Il vault doncques mieulx, adjousta il, que je lui porte mes recommendations moy mesme. »

Au royaume de Narsingue, encores aujourd'huy, les femmes de leurs presbtres sont vifves ensepvelies avecques le corps de leurs maris : toutes aultres femmes sont bruslées aux funerailles des leurs, non constamment seulement, mais gayement ; à la mort du roy, ses femmes et concubines, ses mignons et touts ses officiers et serviteurs, qui font un peuple, se presentent si alaigrement au feu où son corps est bruslé, qu'ils montrent prendre à grand honneur d'y accompaigner leur maistre. Pendant nos dernieres guerres de Milan, et tant de prinses et rescousses[1], le peuple, impatient de si divers changements de fortune, print telle resolution à la mort, que j'ay ouï dire à mon pere qu'il y veit tenir compte de bien vingt et cinq maistres de maisons qui s'estoient desfaicts eulx mesmes en une semaine ; accident approchant à celuy des Xanthiens, lesquels, assiegés par Brutus, se precipiterent pesle mesle, hommes, femmes et enfants, à un si furieux appetit de mourir, qu'on ne faict rien pour fuyr la mort que ceulx cy ne feissent pour fuyr la vie : de maniere qu'à peine Brutus en peut sauver un bien petit nombre[2].

Toute opinion est assez forte pour se faire espouser au prix de la vie. Le premier article de ce courageux serment que la Grece jura et mainteint en la guerre medoise, ce feut que chascun changeroit plustost la mort à la vie que les loix persiennes aux leurs[3]. Combien veoid on de monde en la guerre des Turcs et des Grecs accepter plustost la mort très aspre que de se descirconcire pour se baptiser ? exemple de quoy nulle sorte de religion n'est incapable.

Les roys de Castille ayants banni de leurs terres les juifs, le roy Jehan de Portugal leur vendit, à huict escus par teste, la retraicte aux

---

(1) C'est le sujet d'une des *Epigrammes* d'Owen, I, 123. A. D.

(1) *De prises et de reprises*. E. J.
(2) Cinquante seulement, qui furent sauvés malgré eux, dit Plutarque, *Vie de Brutus*, c. 8. C.
(3) Ce sont les premières paroles du serment prononcé par les Grecs avant la bataille de Platée. Diod. de Sicile, V, 29 ; Lycurgue, *contre Léocrate*, p. 158 ; Théon, *Progymnasm.*, c. 2, etc. J. V. L.

siennes pour un certain temps, à condition que, iceluy venu, ils auroient à les vuider; et luy promettoit leur fournir de vaisseaux à les trajecter en Afrique. Le jour arrivé, lequel passé il estoit dict que ceulx qui n'auroient obeï demeureroient esclaves, les vaisseaux leur feurent fournis escharcement, et ceulx qui s'y embarquerent, rudement et vilainement traictés par les passagiers, qui, oultre plusieurs aultres indignités, les amuserent sur mer, tantost avant, tantost arriere, jusques à ce qu'ils eussent consommé leurs victuailles, et feussent contraincts d'en acheter d'eulx si cherement et si longuement qu'on ne les meit à bord qu'ils ne feussent du tout mis en chemise. La nouvelle de ceste inhumanité rapportée à ceulx qui estoient en terre, la pluspart se resolurent à la servitude; aulcuns feirent contenance de changer de religion. Emmanuel, successeur de Jehan, venu à la couronne, les meit premierement en liberté; et, changeant d'advis depuis, leur ordonna de sortir de ses païs, assignant trois ports à leur passage. Il esperoit, dict l'evesque Osorius, non mesprisable historien[1] latin de nos siecles, que la faveur de la liberté qu'il leur avoit rendue ayant failli de les convertir au christianisme, la difficulté de se commettre à la volerie des mariniers et d'abandonner un païs où ils estoient habitués avecques grandes richesses, pour s'aller jecter en region incogneüe et estrangiere, les y rameneroit. Mais se voyant descheu de son esperance, et eulx touts deliberés au passage, il retrencha deux des ports qu'il leur avoit promis, à fin que la longueur et incommodité du traject en reduisist aulcuns, où qu'il eust moyen de les amonceler touts à un lieu pour une plus grande commodité de l'execution qu'il avoit donnée; ce feut qu'il ordonna qu'on arrachast d'entre les mains des peres et des meres touts les enfants au dessoubs de quatorze ans pour les transporter, hors de leur veue et conversation, en lieu où ils feussent instruicts à nostre religion[2]. Ils disent que cest effect produisit un horrible spectacle; la naturelle affection d'entre les peres et les enfants, et, de plus, le zele à leur ancienne creance, combattant à l'encontre de ceste violente ordonnance, il y feut veu communement des peres et meres se desfaisants eulx mesmes, et d'un plus rude exemple encores, precipitants, par amour et compassion, leurs jeunes enfants dans des puits, pour fuyr à la loy. Au demourant, le terme qu'il leur avoit prefix expiré, par faulte de moyens, ils se remeirent en servitude. Quelques uns se feirent chrestiens, de la foy desquels ou de leur race, encores aujourd'huy cent ans apres, peu de Portugais s'asseurent, quoyque la coustume et la longueur du temps soyent bien plus fortes conseilleres à telles mutations que toute aultre contraincte.

En la ville de Castelnau Darry, cinquante Albigeois heretiques souffrirent à la fois, d'un courage determiné, d'estre bruslés vifs en un feu, avant desadvouer leurs opinions[1]. *Quoties non modo ductores nostri*, dict Cicero, *sed universi etiam exercitus, ad non dubiam mortem concurrerunt*[2]! J'ay veu quelqu'un de mes intimes amis courre la mort à force, d'une vraye affection, et enracinée en son cœur par divers visages de discours que je ne luy sceus rabattre; et, à la premiere qui s'offrit coeffée d'un lustre d'honneur, s'y precipiter, hors de toute apparence, d'une faim aspre et ardente. Nous avons plusieurs exemples en nostre temps de ceulx, jusques aux enfants, qui, de crainte de quelque legiere incommodité, se sont donnés à la mort. Et à ce propos: « Que ne craindrons nous, dict un ancien[3], si nous craignons ce que la couardise mesme a choisi pour sa retraicte? »

D'enfiler icy un grand roolle de ceulx de touts sexes et conditions, et de toutes sectes, ès siecles plus heureux, qui ont attendu la mort constamment, ou recherché volontairement, et recherché non seulement pour fuyr les maulx de ceste vie, mais aulcuns pour fuyr simplement la satieté de vivre, et d'aultres pour l'esperance d'une meilleure condition ailleurs, je n'aurois jamais faict; et en est le nombre si infini qu'à la verité j'aurois meilleur marché de mettre en compte

---

(1) L'exemplaire de Naigeon porte, *le meilleur historien*. C'est là certainement une phrase que Montaigne a dû corriger. Ici, comme presque partout, l'édition de 1595 est bien préférable. J. V. L.

(2) MARIANA, XXVI, 13, désapprouve hautement ce despotisme sacrilége. C.

(1) Ces mots, *En la ville — opinions*, manquent dans l'exemplaire de Naigeon, où se trouvent beaucoup d'autres lacunes. J. V. L.

(2) Combien de fois n'a-t-on pas vu courir à une mort certaine, non pas nos généraux seulement, mais nos armées entières? CIC., *Tusc. Quæst.*, I, 37.

(3) Le fonds de cette pensée est dans Sénèque, *Epist.* 70. J. V. L.

ceulx qui l'ont crainte: Cecy seulement: Pyrrho le philosophe, se trouvant un jour de grande tormente dans un batteau, montroit à ceulx qu'il veoyoit les plus effrayés autour de luy, et les encourageoit par l'exemple d'un pourceau qui y estoit, nullement soulcieux de cest orage[1]. Oserons nous doncques dire que cest advantage de la raison, de quoy nous faisons tant de feste, et pour le respect duquel nous nous tenons maistres et empereurs du reste des creatures, ayt esté mis en nous pour nostre torment? A quoy faire la cognoissance des choses si nous en devenons plus lasches? si nous en perdons le repos et la tranquillité où nous serions sans cela? et si elle nous rend de pire condition que le pourceau de Pyrrho? L'intelligence qui nous a esté donnée pour nostre plus grand bien, l'employerons nous à nostre ruyne, combattants le desseing de nature et l'universel ordre des choses, qui porte que chascun use de ses utils et moyens pour sa commodité?

Bien, me dira l'on, vostre reigle serve à la mort: mais que direz vous de l'indigence? que direz vous encores de la douleur? que Aristippus, Hieronymus et la pluspart des sages ont estimé le dernier mal; et ceulx qui le nioient de parole le confessoient par effect[2]. Posidonius estant extremement tormenté d'une maladie aiguë et douloureuse, Pompeius le feut veoir, et s'excusa d'avoir prins heure si importune pour l'ouïr deviser de la philosophie: « Jà à Dieu ne plaise, lui dict Posidonius, que la douleur gaigne tant sur moy qu'elle m'empesche d'en discourir! » et se jecta sur ce mesme propos du mespris de la douleur[3]: mais ce pendant elle jouoit son roole, et le pressoit incessamment; à quoy il s'escrioit: « Tu as beau faire, douleur! si ne diray je pas que tu sois mal. » Ce conte, qu'ils font tant valoir, que porte il pour le mespris de la douleur? il ne debat que du mot: et cependant si ces poinctures ne l'esmeuvent, pourquoy en rompt il son propos? pourquoy pense il faire beaucoup de ne l'appeler pas Mal? Icy tout ne consiste pas en l'imagination: nous opinons du reste; c'est icy la certaine science qui joue son roole; nos sens mesmes en sont juges;

(1) DIOG. LAERCE, IX, 68. C.
(2) CIC., Tuscul., II, 13. J. V. L.
(3) Cicéron dit, ibid., c. 25, de hoc ipso, nihil esse bonum, nisi quod honestum esset. La question de la douleur pouvait faire partie de cette thèse du stoïcisme. J. V. L.

Qui nisi sunt veri, ratio quoque falsa sit omnis[1].

Ferons nous accroire à nostre peau que les coups d'estriviere la chastouillent? et à nostre goust que l'aloé soit du vin de Graves? Le pourceau de Pyrrho est icy de nostre escot: il est bien sans effroy à la mort; mais si on le bat, il crie et se tormente. Forcerons nous la generale loy de la nature, qui se veoid en tout ce qui est vivant soubs le ciel de trembler soubs la douleur? les arbres mesmes semblent gemir aux offenses. La mort ne se sent que par le discours, d'autant que c'est le mouvement d'un instant:

Aut fuit, aut veniet; nihil est præsentis in illa;
Morsque minus pœnæ, quam mora mortis, habet[2]:

mille bestes, mille hommes sont plustost morts que menacés. Aussy, ce que nous disons craindre principalement en la mort, c'est la douleur, son avant-coureuse coustumiere. Toutesfois, s'il en fault croire un sainct pere: *Malam mortem non facit, nisi quod sequitur mortem*[3]: et je dirois encores plus vraysemblablement, que ny ce qui va devant, ny ce qui vient après n'est des appartenances de la mort.

Nous nous excusons faulsement: et je treuve par experience que c'est plustost l'impatience de l'imagination de la mort qui nous rend impatients de la douleur, et que nous la sentons doublement griefve de ce qu'elle nous menace de mourir; mais la raison accusant nostre lascheté de craindre chose si soubdaine, si inevitable, si insensible, nous prenons cest aultre pretexte plus excusable. Tous les maux qui n'ont aultre dangier que du mal, nous les disons sans dangier: celuy des dents ou de la goutte, pour grief qu'il soit, d'autant qu'il n'est pas homicide, qui le met en compte de maladie?

Or bien presupposons le, qu'en la mort nous regardons principalement la douleur; comme aussi la pauvreté n'a rien à craindre que cela, qu'elle nous jecte entre ses bras par la soif, la

(1) Et si les sens ne sont vrais, toute raison est fausse. LUCR., IV, 486.
(2) Ou elle a été ou elle sera; il n'y a rien de présent en elle. La mort est moins cruelle que l'attente de la mort. — Le premier de ces deux vers latins est pris d'une satire qu'Estienne de La Boëtie, ami de Montaigne, lui avait adressée, et dont nous avons cité quelque chose dans les notes sur le chapitre XXVII de ce livre. Le second vers est d'Ovide, Epître d'Ariadne à Thésée, v. 82. C.
(3) La mort n'est un mal que par ce qui vient après elle. AUGUST., de Civit. Dei, I, 11.

faim, le froid, le chauld, les veilles qu'elle nous fait souffrir : ainsi n'ayons à faire qu'à la douleur. Je leur donne que ce soit le pire accident de nostre estre; et volontiers, car je suis l'homme du monde qui luy veulx autant de mal et qui la fuys autant, pour jusques à present n'avoir pas eu, Dieu mercy, grand commerce avec elle : mais il est en nous, sinon de l'aneantir, au moins de l'amoindrir par patience; et, quand bien le corps s'en esmouveroit, de maintenir ce neantmoins l'ame et la raison en bonne trempe. Et s'il ne l'estoit, qui auroit mis en credit la vertu, la vaillance, la force, la magnanimité et la resolution? où joueroyent elles leur roole, s'il n'y a plus de douleur à desfier? *Avida est periculi virtus*[1] : s'il ne fault coucher sur la dure, soustenir armé de toutes pieces la chaleur du midy, se paistre d'un cheval et d'un asne, se veoir destailler en pieces et arracher une balle d'entre les os, se souffrir recoudre, cauteriser et sonder, par où s'acquerra l'advantage que nous voulons avoir sur le vulgaire? C'est bien loing de fuyr le mal et la douleur, ce que disent les sages, « que des actions egualement bonnes, celle là est plus souhaitable à faire où il y a plus de peine. » *Non enim hilaritate, nec lascivia, nec risu, aut joco, comite levitatis, sed sæpe etiam tristes firmitate et constantia sunt beati*[2]. Et à ceste cause, il a esté impossible de persuader à nos peres que les conquestes faictes par vifve force au hazard de la guerre ne feussent plus advantageuses que celles qu'on faict en toute seureté par practiques et menées.

Lætius est, quoties magno sibi constat honestum[3].

Davantage, cela nous doibt consoler, que naturellement si la douleur est violente, elle est courte; si elle est longue, elle est legiere : *Si gravis, brevis; si longus, levis*[4]. Tu ne la sentiras gueres longtemps, si tu la sens trop; elle mettra fin à soy ou à toy : l'un et l'aultre revient à un; si tu ne la portes, elle t'emportera. *Memineris maximos morte finiri; parvos multa*

---

habere intervalla requietis; mediocrium nos esse dominos, ut si tolerabiles sint, feramus; sin minus, e vita, quum ea non placeat, tanquam e theatro, exeamus[1]. Ce qui nous faict souffrir avecques tant d'impatience la douleur, c'est de n'estre pas accoustumés de prendre nostre principal contentement en l'ame, de ne nous fonder point assez sur elle, qui est seule et souveraine maistresse de nostre condition. Le corps n'a, sauf le plus et le moins, qu'un train et qu'un pli : elle est variable en toute sorte de formes, et renge à soy, et à son estat quel qu'il soit, les sentiments du corps et touts aultres accidents : pourtant la fault il estudier et enquerir, et esveiller en elle ses ressorts touts puissants. Il n'y a raison, ny prescription, ny force qui vaille contre son inclination et son choix. De tant de milliers de biais qu'elle a en sa disposition, donnons luy en un propre à nostre repos et conservation : nous voylà, non couverts seulement de toute offense, mais gratifiés mesme, et flattés, si bon luy semble, des offenses et des maulx. Elle faict son proufit de tout indifferemment : l'erreur, les songes, luy servent utilement, comme une loyale matiere à nous mettre à garant et en contentement. Il est aysé à veoir que ce qui aiguise en nous la douleur et la volupté, c'est la poincte de notre esprit : les bestes, qui le tiennent soubs boucle, laissent aux corps leurs sentiments libres et naïfs, et par consequent uns, à peu près, en chasque espece, ainsy qu'elles montrent par la semblable application de leurs mouvements. Si nous ne troublions pas en nos membres la jurisdiction qui leur appartient en cela, il est à croire que nous en serions mieulx, et que nature leur a donné un juste et moderé temperament envers la volupté et envers la douleur; et ne peult faillir d'estre juste, estant egual et commun. Mais, puisque nous nous sommes emancipés de ses regles pour nous abandonner à la vagabonde liberté de nos fantasies, au moins aidons nous à les plier du costé le plus agreable. Platon[2] craint nostre engagement aspre à la douleur et à la volupté, d'autant qu'il oblige

---

(1) La vertu est avide de péril. Sén., *de Providentia*, c. 4.

(2) Ce n'est point par la joie et les plaisirs, par les jeux et les ris, compagnie ordinaire de la frivolité, qu'on est heureux; les âmes austères trouvent le bonheur dans la constance et la fermeté. Cic., *de Finib.*, II, 20. 65

(3) La vertu est d'autant plus douce qu'elle nous a plus coûté. Luc., IX, 404.

(4) Cic., *de Finib.*, II, 29.

(1) Souviens-toi que les grandes douleurs se terminent par la mort; que les petites ont plusieurs intervalles de repos, et que nous sommes maîtres des médiocres; ainsi, tant qu'elles seront supportables, nous souffrirons patiemment; si elles ne le sont pas, si la vie nous déplait, nous en sortirons comme d'un théâtre. Cic., *de Finib.*, I, 15.

(2) Dans le *Phédon*, t. I, p. 63. C.

et attache par trop l'ame au corps : moy plustost, au rebours, d'autant qu'il l'en desprend et descloue. Tout ainsi que l'ennemy se rend plus aspre à nostre fuite : aussi s'enorgueillit la douleur à nous veoir trembler soubs elle. Elle se rendra de bien meilleure composition à qui luy fera teste : il se fault opposer et bander contre. En nous acculant et tirant arriere, nous appelons à nous et attirons la ruyne qui nous menace. Comme le corps est plus ferme à la charge en le roidissant, aussi est l'ame.

Mais venons aux exemples, qui sont proprement du gibier des gents foibles de reins comme moi : où nous trouverons qu'il va de la douleur comme des pierres, qui prennent couleur ou plus haulte ou plus morne, selon la feuille où l'on les couche, et qu'elle ne tient qu'autant de place en nous que nous luy en faisons : *Tantum doluerunt quantum doloribus se inseruerunt*[1]. Nous sentons plus un coup de rasoir du chirurgien que dix coups d'espée en la chaleur du combat. Les douleurs de l'enfantement, par les medecins et par Dieu mesme estimées grandes[2], et que nous passons avecques tant de cerimonies, il y a des nations entieres qui n'en font nul compte. Je laisse à part les femmes lacedemoniennes; mais aux souisses, parmy nos gents de pied, quel changement y trouvez vous? sinon que trottant après leurs maris vous leur veoyez aujourd'huy porter au col l'enfant qu'elles avoient hier au ventre : et ces Ægyptiennes contrefaictes, ramassées d'entre nous, vont elles mesmes laver les leurs qui viennent de naistre, et prennent leurs bains en la plus prochaine riviere. Oultre tant de garses qui desrobent touts les jours leurs enfants en la generation comme en la conception, ceste belle et noble femme de Sabinus, patricien romain, pour l'interest d'aultruy, supporta seule, sans secours et sans voix et gemissement, l'enfantement de deux jumeaux[3]. Un simple garsonnet de Lacedemone ayant desrobé un regnard (car ils craignoient encores plus la honte de leur sottise au larrecin que nous ne craignons la peine de nostre malice), et l'ayant mis sous sa cappe, endura plustost qu'il luy eust rongé le ventre que de se descouvrir[1]. Et un aultre, donnant de l'encens à un sacrifice, se laissa brusler jusques à l'os par un charbon tumbé dans sa manche pour ne troubler le mystere[2] : et s'en est veu un grand nombre pour le seul essay de vertu, suyvant leur institution, qui ont souffert en l'aage de sept ans d'estre fouettés jusques à la mort sans alterer leur visage. Et Cicero[3] les a veus se battre à troupes, de poings, de pieds et dents, jusques à s'evanouir, avant que d'advouer estre vaincus. *Nunquam naturam mos vinceret ; est enim ea semper invicta : sed nos umbris, deliciis, otio, languore, desidia animum infecimus ; opinionibus maloque more delinitum mollivimus*[4]. Chascun sçait l'histoire de Scevola qui, s'estant coulé dans le camp ennemy pour en tuer le chef, et ayant failly d'attaincte, pour reprendre son effect d'une plus estrange invention et descharger sa patrie, confessa à Porsenna, qui estoit le roy qu'il vouloit tuer, non seulement son desseing, mais adjousta qu'il y avoit en son camp un grand nombre de Romains complices de son entreprinse, tels que luy : et, pour montrer quel il estoit, s'estant faict apporter un brasier, veit et souffrit griller et rostir son bras jusques à ce que l'ennemy mesme en ayant horreur commanda oster le brasier[5]. Quoy ! celuy qui ne daigna interrompre la lecture de son livre, pendant qu'on l'incisoit[6]? et celuy qui s'obstina à se mocquer et à rire, à l'envy des maulx qu'on luy faisoit[7] ; de façon que la cruauté irritée des bourreaux qui le tenoient, et toutes les inventions des torments redoublés les uns sur les aultres, luy donnerent gaigné? Mais c'estoit un philosophe. Quoy ! un gladiateur de Cesar endura, tousjours riant, qu'on luy sondast et destaillast ses playes : *Quis mediocris gladiator*

---

(1) Autant ils se sont livrés à la douleur, autant a-t-elle eu de prise sur eux. AUGUSTIN, *de Civit. Dei*, I, 10. — Montaigne a détourné le sens de ce passage. C.

(2) *In dolore paries filios*. Genèse, III, 16. J. V. L.

(3) PLUT., traité de *l'amour*, c. 34. C.

(1) PLUT., *Vie de Lycurgue*, c., 14. C.

(2) VAL. MAX., III, 3, *ext.* 1. C'était un jeune Macédonien. J. V. L.

(3) *Tusc. Quæst.*, V, 27. C.

(4) Jamais l'usage ne pourrait vaincre la nature ; elle est invincible ; mais, parmi nous, elle est corrompue par la mollesse, par les délices, par l'oisiveté, par l'indolence ; elle est altérée par des opinions fausses et de mauvaises habitudes. CIC., *Tusc. Quæst.*, V, 27.

(5) TITE-LIVE, II, 12. J. V. L.

(6) SÉN., *Epist.* 78. C.

(7) ID., *ibid.* Si je ne me trompe, il s'agit ici d'Anaxarque, que Nicocréon, tyran de Cypre, fit mettre en pièces sans pouvoir vaincre sa constance. Voyez, dans DIOG. LAERCE, la *Vie d'Anaxarque*, IX, 58 et 59. C.

ingemuit? quis vultum mutavit unquam? Quis non modo stetit, verum etiam decubuit turpiter? Quis, quum decubuisset, ferrum recipere jussus, collum contraxit[1]? Meslons y les femmes. Qui n'a ouï parler à Paris de celle qui se feit escorcher, pour seulement en acquerir le teint plus frais d'une nouvelle peau? Il y en a qui se sont faict arracher des dents vifves et saines, pour en former la voix plus molle et plus grasse, ou pour les renger en meilleur ordre. Combien d'exemples du mespris de la douleur avons nous en ce genre! Que ne peuvent elles, que craignent elles, pour peu qu'il y ayt d'adgencement à esperer en leur beauté?

*Vellere queis cura est albos a stirpe capillos,
Et faciem, dempta pelle, referre novam*[2].

J'en ay veu engloutir du sable, de la cendre, et se travailler à poinct nommé de ruyner leur estomach, pour acquerir les pasles couleurs. Pour faire un corps bien espagnolé, quelle gehenne ne souffrent elles, guindées et cenglées, à tout de grosses coches[3] sur les costés, jusques à la chair vifve? ouy, quelquesfois à en mourir.

Il est ordinaire à beaucoup de nations de nostre temps de se blecer à escient pour donner foy à leur parole : et nostre roy[4] en recite des notables exemples de ce qu'il en a veu en Poloigne, et en l'endroict de luy mesme. Mais oultre ce que je sçais en avoir esté imité en France par aulcuns, quand je veins de ces fameux estats de Blois, j'avois veu peu auparavant une fille, en Picardie, pour tesmoigner la sincerité de ses promesses et aussi sa constance, se donner, du poincon qu'elle portoit en son poil, quatre ou cinq bons coups dans le bras, qui lui faisoit craqueter la peau, et la saignoient bien en bon escient. Les Turcs se font des grandes escarres pour leurs dames, et, à fin que la marque y demeure, ils portent soubdain du feu sur la playe, et l'y tiennent un temps incroyable pour arrester le sang et former la cicatrice; gents qui l'ont veu l'ont escript, et me l'ont juré : mais pour dix aspres[1], il se treuve touts les jours entre eulx personne qui se donnera une bien profonde taillade dans le bras ou dans les cuisses. Je suis bien ayse que les tesmoings nous sont plus à main où nous en avons plus affaire; car la chrestienté nous en fournit à suffisance : et après l'exemple de nostre sainct Guide, il y en a eu force qui, par devotion, ont voulu porter la croix. Nous apprenons, par temoing très digne de foy[2], que le roy sainct Louys porta la haire jusques à ce que, sur sa vieillesse, son confesseur l'en dispensa; et que touts les vendredis il se faisoit battre les espaules, par son presbtre, de cinq chaisnettes de fer, que pour cet effect on portoit emmy ses besongnes de nuict.

Guillaume, nostre dernier duc de Guyenne, pere de ceste Alienor qui transmeit ce duché aux maisons de France et d'Angleterre, porta, les dix ou douze derniers ans de sa vie, continuellement, un corps de cuirasse soubs un habit de religieux, par penitence. Foulques, comte d'Anjou, alla jusques en Jerusalem, pour là se faire fouetter à deux de ses valets, la chorde au col, devant le sepulcre de nostre Seigneur. Mais ne veoid on encores touts les jours au vendredi sainct, en divers lieux, un grand nombre d'hommes et femmes se battre jusques à se dechirer la chair et percer jusques aux os? cela ay je veu souvent, et sans enchantement : et disoit on (car ils vont masqués) qu'il y en avoit qui pour de l'argent entreprenoient en cela de garantir la religion d'aultruy, par un mespris de la douleur d'autant plus grand, que plus peuvent les aiguillons de la devotion que de l'avarice. Q. Maximus enterra son fils consulaire, M. Cato le sien preteur designé, et L. Paulus les siens deux en peu de jours, d'un visage rassis, et ne portant nul tesmoignage de dueil[3]. Je disois, en mes jours, de quelqu'un, en gaussant, qu'il avoit choué[4] la divine justice; car la mort violente de trois grands enfants luy ayant esté envoyée en un

---

(1) Jamais le dernier des gladiateurs a-t-il ou gémi ou changé de visage? Quel art dans sa chute même, pour en dérober la honte aux yeux du public? Renversé enfin aux pieds de son adversaire, tourne-t-il la tête lorsqu'on lui ordonne de recevoir le coup mortel? Cic., *Tusc. Quæst.*, II, 17.

(2) Il s'en trouve qui ont le courage d'arracher leurs cheveux gris et de s'écorcher tout le visage pour se faire une nouvelle peau. Tib., I, 8, 45.

(3) C'est-à-dire des *éclisses*, qui, pressées fortement sur les côtés par des ceintures, y rendaient la chair insensible et aussi dure que la corne ou le cal qui vient aux mains de certains ouvriers. C.

(4) Henri III. Voyez De Thou, *Hist.*, liv. LVIII, ann. 1574. C.

(1) Monnaie turque qui vaut à peu près un sou. E. J.
(2) Le sire de Joinville, dans ses *Mémoires*.
(3) Cic., *Tuscul.*, III, 28. C.
(4) *Désappointé*.

jour pour un aspre coup de verge, comme il est à croire, peu s'en fallut qu'il ne la prinst à faveur et gratification singuliere du ciel. Je n'ensuys pas ces humeurs monstrueuses ; mais j'en ai perdu en nourrice deux ou trois[1], sinon sans regret, au moins sans fascherie : si n'est il gueres d'accident qui touche plus au vif les hommes. Je veois assez d'aultres communes occasions d'affliction, qu'à peine sentirois je si elles me venoient ; et en ay mesprisé, quand elles me sont venues, de celles ausquelles le monde donne une si atroce figure, que je n'oserois m'en vanter au peuple sans rougir : *ex quo intelligitur, non in natura, sed in opinione, esse œgritudinem*[2]. L'opinion est une puissante partie, hardie et sans mesure. Qui rechercha jamais de telle faim la seureté et le repos qu'Alexandre et Cæsar ont faict l'inquietude et les difficultés? Terez, le pere de Sitalcez[3], souloit dire que « Quand il ne faisoit point la guerre, il lui estoit advis qu'il n'y avoit point de différence entre luy et son palefrenier[4]. » Caton, consul, pour s'asseurer d'aulcunes villes en Espagne, ayant seulement interdict aux habitants d'icelles de porter les armes, grand nombre se tuerent : *ferox gens, nullam vitam rati sine armis esse*[5]. Combien en savons-nous qui ont fuy la doulceur d'une vie tranquille en leurs maisons, parmi leurs cognoissants, pour suyvre l'horreur des deserts inhabitables ; et qui se sont jectés à l'abjection, vilité et mespris du monde, et s'y sont pleus jusques à l'affectation ! Le cardinal Borromée[6], qui mourut dernièrement à Milan, au milieu de la desbauche a quoy le convioit et sa noblesse et ses grandes richesses, et l'air de l'Italie, et sa jeunesse, se maintient en une forme de vie austere, que la mesme robbe qui luy servoit en esté luy servoit en hyver ; n'avoit pour son coucher que la paille ; et les heures qui luy restoient des occupations de sa charge, il les passoit estudiant continuellement, planté sur ses genouils, ayant un peu d'eau et de pain à costé de son livre, qui estoit toute la provision de ses repas, et tout le temps qu'il y employoit.

J'en sçais qui, à leur escient, ont tiré et proufit et advancement du cocuage, de quoy le seul nom effroye tant de gents.

Si la veue n'est le plus necessaire de nos sens, il est au moins le plus plaisant ; mais les plus plaisants et utiles de nos membres semblent estre ceulx qui servent à nous engendrer ; toutesfois assez de gents les ont prins en haine mortelle, pour cela seulement qu'ils estoient trop aimables, et les ont rejectés à cause de leur prix ; autant en opina des yeulx celuy qui se les creva. La plus commune et plus saine part des hommes tient à grand heur l'abondance des enfants ; moy et quelques aultres à pareil heur le default, et quand on demande à Thales pourquoy il ne se marie point, il respond qu'il n'aime point à laisser lignée de soy[1].

Que nostre opinion donne prix aux choses, il se veoid par celles en grand nombre ausquelles nous ne regardons pas seulement pour les estimer, ains à nous, et ne considerons ny leurs qualités ny leurs utilités, mais seulement nostre coust à les recouvrer, comme si c'estoit quelque piece de leur substance, et appellons valeur en elles, non ce qu'elles apportent, mais ce que nous y apportons. Sur quoy je m'advise que nous sommes grands mesnagiers de nostre mise ; selon qu'elle poise, elle sert ; de ce mesme qu'elle poise. Nostre opinion ne la laisse jamais courir à fauls fret[2] : l'achat donne tiltre au diamant, et la difficulté à la vertu, et la douleur à la devotion, et l'aspreté à la medecine ; tel[3] pour arriver à la pauvreté, jecta ses escus en ceste mesme mer que tant d'aultres fouillent de toutes parts pour y pescher des richesses. Epicurus dict[4] que l'estre riche n'est pas

---

(1) Cette indifférence est remarquable. *Deux ou trois!* il ne sait pas combien d'enfants il a perdus. J. V. L.

(2) D'où l'on peut voir que l'affliction n'est pas un effet de la nature, mais de l'opinion. Cic., *Tusc.*, III, 28.

(3) Roi de Thrace, dont il est parlé dans Thucydide, II, 95, et dans Diodore de Sicile, XII, 50. J. V. L.

(4) Plut., *Apophthegmes*. C.

(5) Peuple féroce, qui ne croyait pas qu'on pût vivre sans combattre. Tit. Liv., XXXIV, 17.

(6) Archevêque de Milan, honoré par l'Eglise sous le nom de *saint Charles*, né en 1538, mort en 1584. Ses ouvrages ont été recueillis en 5 vol. in-fol., Milan, 1747. J. V. L.

(1) Diogène Laerce, I, 26. Le texte grec présente un double sens. C.

(2) C'est-à-dire *ne laisse jamais courir notre mise* (le prix que nous mettons aux choses) *comme une simple non-valeur*. Le *fret* est le louage d'un navire pour transporter des marchandises d'un port à un autre. *A fauls fret* signifie ici *d'après une trop faible appréciation*. C

(3) Aristippe, dans Diog. Laerce, II, 77, et dans Hor., *Sat.*, II, 3, 100. J. V. L.

(4) Dans Sén., *Epist.*, 17. C.

soulagement, mais changement d'affaires. De vray, ce n'est pas la disette, c'est plustost l'abondance qui produict l'avarice. Je veulx dire mon experience autour de ce subject.

J'ai vescu en trois sortes de conditions depuis estre sorty de l'enfance. Le premier temps, qui a duré près de vingt années, je le passay n'ayant aultres moyens que fortuits, et despendant de l'ordonnance et secours d'aultruy sans estat certain et sans prescription. Ma despense se faisoit d'autant plus alaigrement et avecques moins de soing qu'elle estoit toute en la temerité de la fortune. Je ne feus jamais mieulx. Il ne m'est oncques advenu de trouver la bourse de mes amis close; m'estant enjoinct, au delà de toute aultre necessité, la necessité de ne faillir au terme que j'avois prins à m'acquitter, lequel ils m'ont mille fois alongé, voyant l'effort que je me faisois pour leur satisfaire; en maniere que j'en rendois ma loyauté mesnagiere et aulcunement piperesse. Je sens naturellement quelque volupté à payer, comme si je deschargeois mes espaules d'un ennuyeux poids et de ceste image de servitude; aussi qu'il y a quelque contentement qui me chatouille à faire une action juste et contenter aultruy. J'excepte les payements où il fault venir à marchander et compter; car si je ne treuve à qui en commettre la charge, je les esloingne honteusement et injurieusement, tant que je puis, de peur de ceste altercation, à laquelle et mon humeur et ma forme de parler est du tout incompatible. Il n'est rien que je haïsse comme à marchander; c'est un pur commerce de trichoterie et d'impudence; après une heure de debat et de barguignage, l'un et l'aultre abandonne sa parole et ses serments pour cinq souls d'amendement. Et si empruntois avec desadvantage; car n'ayant point le cœur de requerir en presence, j'en renvoyois le hazard sur le papier qui ne faict gueres d'effort, et qui preste grandement la main au refuser. Je me remettois de la conduicte de mon besoing plus gayement aux astres et plus librement que je n'ay faict depuis à ma providence et à mon sens. La pluspart des mesnagiers estiment horrible de vivre ainsin en incertitude, et ne s'advisent pas, premierement, que la pluspart du monde vit ainsi; combien d'honnestes hommes ont rejecté tout leur certain à l'abandon et le font touts les jours pour chercher le vent de la fa-

veur des roys et de la fortune! Cæsar s'endebta d'un million d'or, oultre son vaillant, pour devenir Cæsar, et combien de marchands commencent leur traficque par la vente de leur metairie, qu'ils envoyent aux Indes,

Tot per impotentia freta[1]*!*

En une si grande siccité de devotion nous avons mille et mille colleges[2] qui la passent commodement, attendants touts les jours de la liberalité du ciel ce qu'il fault à eulx disner. Secondement ils ne s'advisent pas que ceste certitude sur laquelle ils se fondent n'est gueres moins incertaine et hazardeuse que le hazard mesme. Je veois d'aussi près la misere au delà de deux mille escus de rente que si elle estoit tout contre moy; car oultre ce que le sort a de quoy ouvrir cent bresches à la pauvreté au travers de nos richesses, n'y ayant souvent nul moyen entre la supresme et infime fortune,

Fortuna vitrea est : tum, quum splendet, frangitur[3]*,*

et envoyer cul sur poincte toutes nos deffenses et levées, je treuve que, par diverses causes, l'indigence se veoid autant ordinairement logée chez ceulx qui ont des biens, que chez ceulx qui n'en ont point, et qu'à l'adventure est elle aulcunement moins incommode quand elle est seule que quand elle se rencontre en compagnie des richesses. Elles viennent plus de l'ordre que de la recepte : *Faber est suæ quisque fortunæ*[4] : et me semble plus miserable un riche malaysé, necessiteux, affaireux, que celuy qui est simplement pauvre : *In divitiis inopes, quod genus egestatis gravissimum est*[5]. Les plus grands princes et plus riches sont, par pauvreté et disette, poulsés ordinairement à l'extreme necessité; car en est il de plus extreme, que d'en devenir tyrans et injustes usurpateurs des biens de leurs subjects?

Ma seconde forme, ç'a esté d'avoir de l'argent; à quoy m'estant prins, j'en feis bientost des reserves notables, selon ma condition, n'es-

---

(1) A travers tant de mers orageuses. Cat., IV, 18.
(2) *Congrégations, couvents*, etc.
(3) *Ex Mim. Publ. Syri.* Godeau, évêque de Grasse, a traduit ainsi ce vers :
Et comme elle a l'éclat du verre,
Elle en a la fragilité.
Corneille a transporté cette traduction dans *Polyeucte*.
(4) Chacun est l'artisan de sa fortune. Sal., *de Rep. ordin.*, I, 1.
(5) L'indigence au sein des richesses est la plus à plaindre. Sén., *Epist.* 74.

timant pas que ce fust avoir, sinon autant qu'on possede oultre sa despense ordinaire, ny qu'on se puisse fier du bien qui est encores en esperance de recepte pour claire qu'elle soit. Car quoy! disois-je, si j'estois surprins d'un tel ou d'un tel accident? et à la suitte de ces vaines et vicieuses imaginations, j'allois faisant l'ingenieux à pourveoir, par ceste superflue reserve, à touts inconveniens ; et sçavois encores respondre, à celuy qui m'alleguoit que le nombre des inconveniens estoit trop infiny, que si ce n'estoit à touts, c'estoit à aulcuns et plusieurs. Cela ne se passoit pas sans penible solicitude : j'en faisois un secret ; et moy, qui ose tant dire de moy, ne parlois de mon argent qu'en mensonge, comme font les aultres qui s'appauvrissent riches, s'enrichissent pauvres, et dispensent leur conscience de jamais tesmoingner sincerement de ce qu'ils ont; ridicule et honteuse prudence ! Allois-je en voyage? il ne me sembloit estre jamais suffisamment pourveu, et plus je m'estois chargé de monnoye plus aussi je m'estois chargé de crainte, tantost de la seureté des chemins, tantost de la fidelité de ceulx qui conduisoient mon bagage, duquel, comme d'aultres que je cognois, je ne m'asseurois jamais assez si je ne l'avois devant mes yeux. Laissois je ma boiste chez moy? combien de souspeçons et pensemens espineux, et, qui pis est, incommunicables? j'avois tousjours l'esprit de ce costé. Tout compté, il y a plus de peine à garder l'argent qu'à l'acquerir. Si je n'en faisois du tout tant que j'en dis, au moins il me coustoit à m'empescher de le faire. De commodité j'en tirois peu ou rien; pour avoir plus de moyens de despense, elle ne m'en poisoit pas moins ; car, comme disoit Bion[1] : « Autant se fasche le chevelu comme le chauve, qu'on luy arrache le poil : » et depuis que vous estes accoustumé et avez planté vostre fantasie sur certain monceau, il n'est plus à vostre service ; vous n'oseriez l'escorner ; c'est un bastiment qui, comme il vous semble, croulera tout si vous y touchez; il fault que la necessité vous prenne à la gorge pour l'entamer, et auparavant j'engageois mes hardes et vendois un cheval avecques bien moins de contraincte et moins d'envy, que lors je ne faisois bresche à ceste bourse favorie que je tenois à part. Mais le dangier estoit que malayséement peult-on establir bornes certaines à ce desir (elles sont difficiles à trouver ès choses qu'on croit bonnes), et arrester un poinct à l'espargne : on va tousjours grossissant cest amas, et l'augmentant d'un nombre à aultre, jusques à se priver vilainement de la jouissance de ses propres biens, et l'establir toute en la garde et n'en user point. Selon cest espece d'usage, ce sont les plus riches gents du monde ceulx qui ont charge de la garde des portes et murs d'une bonne ville. Tout homme pecunieux est avaricieux, à mon gré. Platon[1] renge ainsi les biens corporels et humains : la santé, la beauté, la force, la richesse ; et la richesse, dict-il, n'est pas aveugle, mais très clairvoyante, quand elle est illuminée par la prudence. Dionysius le fils[2] eut bonne grace : on l'advertit que l'un de ses Syracusains avoit caché dans terre un thresor; il luy manda de le luy apporter; ce qu'il feit, s'en reservant à la desrobbée quelque partie, avec laquelle il s'en alla en une aultre ville, où, ayant perdu cest appetit de thesauriser, il se meit à vivre plus liberalement ; ce qu'entendant, Dionysius luy feit rendre le demourant de son thresor, disant que, puisqu'il avoit apprins à en sçavoir user, il le luy rendoit volontiers.

Je feus quelques années en ce poinct ; je ne sçais quel bon daimon m'en jecta hors très utilement, comme le Syracusain, et m'envoya toute ceste conserve à l'abandon, le plaisir de certain voyage de grande despense[3] ayant mis au pied ceste sotte imagination; par où je suis retumbé à une tierce sorte de vie (je dis ce que j'en sens) certes plus plaisante beaucoup et plus reglée; c'est que je foys courir ma despense quand et quand ma recepte; tantost l'une devance, tantost l'aultre, mais c'est de peu qu'elles s'abandonnent. Je vis du jour à la journée et me contente d'avoir de quoy suffire aux besoings presents et ordinaires ; aux extraordinaires, toutes les provisions du monde n'y sçauroient suffire. Et est folie de s'attendre que fortune elle mesme nous arme jamais suffisamment contre soy : c'est de nos armes

---

(1) Sen., de Tranquillitate animi, c. 8. C.

(1) Des Lois, liv. I, t. I, p. 651. C.
(2) Ou Denys le père, selon Plutarque, dans les Apophthegmes. C.
(3) Il s'agit probablement du voyage d'Italie, en 1580 et 81. J. V. L.

qu'il la fault combattre; les fortuites nous trahiront au bon du faict. Si j'amasse, ce n'est que pour l'esperance de quelque voisine emploite, non pour acheter des terres, de quoy je n'ay que faire, mais pour acheter du plaisir. *Non esse cupidum pecunia est; non esse emacem vectigal est*[1]. Je n'ay ny gueres peur que bien me faille, ny nul desir qu'il augmente: *Divitiarum fructus est in copia; copiam declarat satietas*[2] : et ne me gratifie singulierement que ceste correction me soit arrivée en un aage naturellement enclin à l'avarice, et que je me veoye desfaict de ceste folie si commune aux vieux, et la plus ridicule de toutes les humaines folies.

Feraulez, qui avoit passé par les deux fortunes, et trouvé que l'accroist de chevance n'estoit pas accroist d'appetit au boire, manger, dormir et embrasser sa femme, et qui, d'autre part, sentoit poiser sur ses espaules l'importunité de l'œconomie, ainsi qu'elle faict à moy, delibera de contenter un jeune homme pauvre, son fidele amy, abboyant apres les richesses; et luy feit present de toutes les siennes, grandes et excessives, et de celles encores qu'il estoit en train d'accumuler touts les jours par la liberalité de Cyrus son bon maistre, et par la guerre; moyennant qu'il prinst la charge de l'entretenir et nourrir honnestement comme son hoste et son amy. Ils vescurent ainsi depuis tres heureusement, et egualement contents du changement de leur condition[3].

Voylà un tour que j'imiterois de grand courage, et loue grandement la fortune d'un vieil prelat que je veois s'estre si purement demis de sa bourse, de sa recepte et de sa mise, tantost à un serviteur choisi, tantost à un aultre, qu'il a coulé un long espace d'années autant ignorant ceste sorte d'affaires de son mesnage comme un estrangier. La fiance de la bonté d'aultruy est un non legier tesmoignage de la bonté propre; partant la favorise Dieu volontiers. Et pour son regard, je ne veois point d'ordre de maison ny plus dignement ny plus constamment conduict que le sien. Heureux qui aye reglé à si juste mesure son besoing que ses richesses y puissent suffire sans son soing et empeschement, et sans que leur dispensation ou assemblage interrompe d'aultres occupations qu'il suyt, plus convenables, plus tranquilles, et selon son cœur!

L'aysance donc et l'indigence despendent de l'opinion d'un chascun; et non plus la richesse que la gloire, que la santé, n'ont qu'autant de beauté et de plaisir que leur en preste celuy qui les possede. Chascun est bien ou mal, selon qu'il s'en treuve; non de qui on le croid, mais qui le croid de soy, est content; et en cela seul la creance se donne essence et verité. La fortune ne nous faict ny bien ny mal; elle nous en offre seulement la matiere et la semence; laquelle nostre ame, plus puissante qu'elle, tourne et applique comme il luy plaist; seule cause et maistresse de sa condition heureuse ou malheureuse. Les accessions externes prennent saveur et couleur de l'interne constitution, comme les accoustrements nous eschauffent, non de leur chaleur, mais de la nostre, laquelle ils sont propres à couver et nourrir; qui en abrieroit un corps froid, il en tireroit mesme service pour la froideur; ainsi se conserve la neige et la glace. Certes, tout en la maniere qu'à un faineant l'estude sert de torment, à un yvrongne l'abstinence du vin, la frugalité est supplice aux luxurieux, et l'exercice gehenne à un homme delicat et oysif; ainsin est il du reste. Les choses ne sont pas si douloureuses ny difficiles d'elles mesmes; mais nostre foiblesse et lascheté les faict telles. Pour juger des choses grandes et haultes, il fault une ame de mesme; aultrement nous leur attribuons le vice qui est le nostre; un aviron droict semble courbe en l'eau; il n'importe pas seulement qu'on veoye la chose, mais comment on la veoid[1].

Or sus, pourquoy, de tant de discours qui persuadent diversement les hommes de mespriser la mort et de porter la douleur, n'en trouvons nous quelqu'un qui face pour nous? et de tant d'especes d'imaginations qui l'ont persuadé à aultruy, que chascun n'en applique il à soy une, le plus selon son humeur? S'il ne peult digerer la drogue forte et abster-

---

(1) C'est être riche que de n'être pas avide de richesses; c'est un revenu que n'avoir pas la passion d'acheter. Cic., *Paradox.*, VI, 3.

(2) Le fruit des richesses est dans l'abondance; et la preuve de l'abondance, c'est le contentement. Cic., *Paradox.*, VI, 2.

(3) XÉNOPHON, *Cyropedie*, VIII, 3. C.

(1) Depuis ces mots, *Certes, tout en la maniere*, etc., Montaigne traduit Sén., *Epist.* 81. C.

sive pour desraciner le mal, au moins qu'il la prenne lenitive pour le soulager. *Opinio est quædam effeminata ac levis, nec in dolore magis quam eadem in voluptate: qua quum liquescimus, fluimusque mollitia, apis aculeum sine clamore ferre non possumus... Totum in eo est ut tibi imperes*[1]. Au demourant, on n'eschappe pas à la philosophie pour faire valoir oultre mesure l'aspreté des douleurs et l'humaine foiblesse; car on la contrainct de se rejecter à ces invincibles repliques: « S'il est mauvais de vivre en necessité, au moins de vivre en necessité il n'est aucune necessité[2]: » « Nul n'est mal longtemps qu'à sa faulte. » Qui n'a le cœur de souffrir ny la mort ny la vie, qui ne veult ny resister ny fuyr, que luy feroit-on?

CHAPITRE XLI.

De ne communiquer sa gloire.

De toutes les resveries du monde, la plus receue et plus universelle est le soing de la reputation et de la gloire, que nous espousons jusques à quitter les richesses, le repos, la vie et la santé, qui sont biens effectuels et substantiaux, pour suyvre ceste vaine image et ceste simple voix qui n'a ny corps ny prinse:

La fama, ch' invaghisce a un dolce suono
Voi superbi mortali, e par sì bella,
È un' eco, un sogno, anzi del sogno un' ombra
Ch' ad ogni vento si dilegua e sgombra [3];

et des humeurs desraisonnables des hommes, il semble que les philosophes mesmes se desfacent plus tard et plus envy de ceste cy que de nulle aultre[4]: c'est la plus revesche et opiniastre: *Quia etiam bene proficientes animos tentare non cessat*[5]. Il n'en est gueres de laquelle la raison accuse si clairement la vanité; mais elle a ses racines si vifves en nous que je ne sçais si jamais aulcun s'en est peu nettement descharger. Après que vous avez tout dict et tout creu pour la desadvouer, elle produict contre vostre discours une inclination si intestine que vous avez peu que tenir à l'encontre; car, comme dict Cicero[1], ceulx mesmes qui la combattent, encores veulent ils que les livres qu'ils en escrivent portent au front leur nom, et se veulent rendre glorieux de ce qu'ils ont mesprisé la gloire. Toutes aultres choses tumbent en commerce; nous prestons nos biens et nos vies au besoing de nos amis; mais de communiquer son honneur, et d'estrener aultruy de sa gloire, il ne se veoid gueres.

Catulus Luctatius, en la guerre contre les Cimbres, ayant faict touts ses efforts pour arrester ses soldats qui fuyoient devant les ennemis, se meit luy mesme entre les fuyards, et contrefeit le couard, à fin qu'ils semblassent plustost suyvre leur capitaine que fuyr l'ennemi[2]; c'estoit abandonner sa reputation pour couvrir la honte d'aultruy. Quand Charles cinquiesme passa en Provence l'an mil cinq cent trente sept, on tient que Antoine de Leve, veoyant l'empereur resolu de ce voyage, et l'estimant luy estre merveilleusement glorieux, opinoit toutesfois le contraire et le desconseilloit, à ceste fin que toute la gloire et honneur de ce conseil en feust attribué à son maistre, et qu'il feust dict son bon advis et sa prevoyance avoir esté telle que, contre l'opinion de touts, il eut mis à fin une si belle entreprinse[3]: qui estoit l'honorer à ses despens. Les ambassadeurs thraciens, consolants Archileonide, mere de Brasidas, de la mort de son fils, et le hault louants jusques à dire qu'il n'avoit point laissé son pareil, elle refusa ceste louange privée et particuliere, pour la rendre au public: « Ne me dictes pas cela, repliqua elle; je sçais que la ville de Sparte a plusieurs citoyens plus grands et plus vaillants qu'il n'estoit[4]. » En la battaille de Crecy[5], le prince de Gales, encores fort jeune, avoit l'avant

---

(1) Par la douleur, comme par le plaisir, nos âmes s'amollissent; elles n'ont plus rien de mâle ni de solide, et une piqûre d'abeille nous arrache des cris..... Tout consiste à savoir se commander. Cic., *Tusc. Quæst.*, II, 22.

(2) Sén., *Epist.*, 12. J. V. L.

(3) La renommée, qui, par la douceur de sa voix, enchante les superbes mortels et paraît si ravissante, n'est qu'un écho, un songe, ou plutôt l'ombre d'un songe qui se dissipe et s'évanouit en un moment. Tasso, *Gerus.*, cant. XIV, st. 63.

(4) Cette idée paraît empruntée de Tacite, *Hist.*, IV, 6: *Etiam sapientibus cupido gloriæ novissima exuitur*. C.

(5) Parce qu'elle ne cesse de tenter ceux même qui ont fait des progrès dans la vertu. D. August., *de Civit. Dei*, V, 14.

(1) Dans le plaidoyer *pour Archias*, c. 11; pensée reproduite aussi par Pascal. J. V. L.

(2) Plut., *Vie de Marius*, c. 8. C.

(3) Voyez Guil. du Bellay; et Brantôme, *Vies des Hommes illustres*, à l'article *Antoine de Lève*.

(4) Plut., *Apophthegmes des Lacédémoniens*, à l'article *Brasidas*. C.

(5) Donnée en 1346. Voyez Froissart, vol. 1, c. 30. C.

garde à conduire; le principal effort de la rencontre feut en cest endroict : les seigneurs qui l'accompagnoient, se trouvants en dur party d'armes, manderent au roy Edouard de s'approcher pour les secourir. Il s'enquit de l'estat de son fils ; et luy ayant esté respondu qu'il estoit vivant et à cheval : « Je lui ferois, dict il, tort de luy aller maintenant desrober l'honneur de la victoire de ce combat qu'il a si longtemps soustenu ; quelque hasard qu'il y ayt, elle sera toute sienne ; » et n'y voulut aller ny envoyer, sçachant, s'il y feust allé, qu'on eust dict que tout estoit perdu sans son secours, et qu'on luy eust attribué l'advantage de cest exploict : *Semper enim quod postremum adjectum est, id rem totam videtur traxisse*[1]. Plusieurs estimoient à Rome, et se disoit communement, que les principaulx beaux faicts de Scipion estoient en partie deus à Lælius, qui toutesfois alla tousjours promouvant et secondant la grandeur et gloire de Scipion, sans aulcun soing de la sienne[2]. Et Theopompus, roy de Sparte, à celuy qui luy disoit que la chose publicque demeuroit sur ses pieds, pour autant qu'il sçavoit bien commander : « C'est plustost, dict il, parce que le peuple sçait bien obeïr[3]. »

Comme les femmes qui succedoient aux pairies avoient, nonobstant leur sexe, droict d'assister et opiner aux causes qui appartiennent à la jurisdiction des pairs, aussi les pairs ecclesiastiques, nonobstant leur profession, estoient tenus d'assister nos roys en leurs guerres, non seulement de leurs amis et serviteurs, mais de leur personne. Aussi l'evesque de Beauvais, se trouvant avecques Philippe Auguste en la bataille de Bouvines[4], participoit bien fort courageusement à l'effect; mais il luy sembloit ne debvoir toucher au fruict et gloire de cest exercice sanglant et violent. Il mena de sa main plusieurs des ennemis à raison, ce jour là ; et les donnoit au premier gentilhomme qu'il trouvoit, à esgosiller ou prendre prisonnier, luy en resignant toute l'execution : et le feit ainsi de Guillaume, comte de Salsberi, à messire Jehan de Nesle. D'une pareille subtilité de conscience à ceste aultre, il vouloit bien assommer, mais non pas blecer, et pourtant ne combattoit que de masse. Quelqu'un, en mes jours, estant reproché par le roy d'avoir mis les mains sur un presbtre, le nioit fort et ferme : c'estoit qu'il l'avoit battu et foulé aux pieds.

CHAPITRE XLII.

De l'inequalité qui est entre nous.

Plutarque dict, en quelque lieu[1], qu'il ne treuve point si grande distance de beste à beste comme il treuve d'homme à homme. Il parle de la suffisance de l'ame et qualités internes. A la verité, je treuve si loing d'Epaminondas, comme je l'imagine, jusques à tel que je cognois, je dis capable de sens commun, que j'encherirois volontiers sur Plutarque ; et dirois qu'il y a plus de distance de tel à tel homme qu'il n'y a de tel homme à telle beste ;

Hem ! vir viro quid præstat[2] *?*

et qu'il y a autant de degrés d'esprits qu'il y a d'icy au ciel de brasses, et autant innumerables. Mais, à propos de l'estimation des hommes, c'est merveille que, sauf nous, aulcune chose ne s'estime que par ses propres qualités : nous louons un cheval de ce qu'il est vigoureux et adroict,

Volucrem
Sic laudamus equum, facili cui plurima palma
Fervet, et exsultat rauco victoria circo[3],

non de son harnois ; un levrier de sa vistesse, non de son collier ; un oyseau[4] de son aile, non de ses longes et sonnettes : pourquoy de mesme n'estimons nous un homme par ce qui est sien ? Il a un grand train, un beau palais, tant de credit, tant de rente : tout cela est autour de luy, non en luy. Vous n'achetez pas

---

(1) Car ceux qui arrivent les derniers au combat semblent seuls avoir décidé la victoire. TIT. LIV., XXVII, 45.

(2) PLUT., *Instructions pour ceux qui manient affaires d'Etat*, c. 7. C.

(3) PLUT., *Apophthegmes des Lacédémoniens*, à l'article Theopompus. C.

(4) Donnée en 1214, entre Lille et Tournay.

(1) Dans le traité intitulé: *Que les bêtes brutes usent de la raison*, vers la fin. C.

(2) Ah ! qu'un homme peut être supérieur à un autre homme ! TÉR., *Eunuque*, acte II, sc. 3, v. 1.

(3) On fait cas d'un coursier qui, fier et plein de cœur,
Fait paroitre, en courant, sa bouillante vigueur ;
Qui jamais ne se lasse, et qui, dans la carrière,
S'est couvert mille fois d'une noble poussière.
JUV., VIII, 57, imité par Boileau.

(4) Un oiseau de fauconnerie. E. J.

un chat en poche : si vous marchandez un cheval[1], vous lui ostez ses bardes, vous le voyez nud et à descouvert; ou s'il est couvert, comme on les presentoit anciennement aux princes à vendre, c'est par les parties moins necessaires, à fin que vous ne vous amusiez pas à la beauté de son poil ou largeur de sa croupe, et que vous vous arrestiez principalement à considerer les jambes, les yeulx et le pied, qui sont les membres les plus utiles :

Regibus hic mos est : ubi equos mercantur, opertos
Inspiciunt ; ne, si facies, ut sæpe, decora
Molli fulta pede est, emptorem inducat hiantem,
Quod pulchræ clunes, breve quod caput, ardua cervix[2] :

pourquoy, estimant un homme, l'estimez vous tout enveloppé et empacqueté? Il ne nous faict montre que des parties qui ne sont aulcunement siennes, et nous cache celles par lesquelles seules on peut vrayement juger de son estimation. C'est le prix de l'espée que vous cherchez, non de la gaine : vous n'en donnerez à l'adventure pas un quatrain[3], si vous l'avez despouillée. Il le faut juger par luy mesme, non par ses atours; et, comme dict très plaisamment un ancien[4] : « Sçavez vous pourquoy vous l'estimez grand? vous y comptez la haulteur de ses patins. » La base n'est pas de la statue. Mesurez le sans ses eschasses : qu'il mette à part ses richesses et honneurs; qu'il se presente en chemise. A il le corps propre à ses fonctions, sain et alaigre? Quelle ame a il? est elle belle, capable et heureusement pourveue de toutes ses pieces? est elle riche du sien, ou de l'aultruy? la fortune n'y a elle que veoir? Si les yeulx ouverts elle attend les espées traictes, s'il ne luy chault par où luy sorte la vie, par la bouche ou par le gosier; si elle est rassise, equable et contente : c'est ce qu'il fault veoir, et juger par là les extremes differences qui sont entre nous. Est il

Sapiens, sibique imperiosus ;
Quem neque pauperies, neque mors, neque vincula terrent ;
Responsare cupidinibus, contemnere honores
Fortis ; et in se ipso totus teres atque rotundus,

(1) Sén., *Epist.* 80. C.
(2) Lorsque les princes achètent des chevaux, ils les examinent couverts, de peur que, si le cheval a les pieds mauvais et la tête belle, comme il arrive souvent, l'acheteur ne se laisse séduire en lui voyant une croupe arrondie, une tête effilée et une encolure relevée et hardie. Hor., *Sat.*, I, 2, 86.
(3) Le *quatrain*, selon le Dictionnaire de Trévoux, est une ancienne monnaie qui valait un liard. E. J.
(4) Sén., *Epist.* 76. C.

Externi ne quid valeat per lœve morari ;
In quem manca ruit semper fortuna[1] ?

un tel homme est cinq cents brasses au dessus des royaumes et des duchés; il est luy mesme à soy son empire :

Sapiens... pol ipse fingit fortunam sibi[2] :

Que lui reste il à desirer?

Nonne videmus,
Nil aliud sibi naturam latrare, nisi ut, quoi
Corpore sejunctus dolor absit, mente fruatur
Jucundo sensu, cura semotu' metuque[3] ?

Comparez luy la tourbe de nos hommes, stupide, basse, servile, instable, et continuellement flottante en l'orage des passions diverses qui la poulsent et repoulsent, pendante toute d'aultruy; il y a plus d'esloignement que du ciel à la terre : et toutesfois l'aveuglement de nostre usage est tel que nous en faisons peu ou point d'estat; là où, si nous considerons un paysan et un roy, un noble et un vilain, un magistrat et un homme privé, un riche et un pauvre, il se presente soubdain à nos yeulx une extreme disparité, qui ne sont differents, par maniere de dire, qu'en leurs chausses.

En Thrace, le roy estoit distingué de son peuple d'une plaisante maniere et bien rencherie : il avoit une religion à part, un dieu tout à luy, qu'il n'appartenoit à ses subjects d'adorer, c'estoit Mercure; et luy, desdaignoit[4] les leurs, Mars, Bacchus, Diane. Ce ne sont pourtant que peinctures, qui ne font aulcune dissemblance essentielle : car, comme les joueurs de comedie, vous les voyez sur l'eschafaud faire une mine de duc et d'empereur; mais tantost après les voylà devenus valets et crocheteurs miserables, qui est leur naïfve et originelle condition : aussi

(1) Est-il sage et maitre de lui-même? verrait-il sans peur l'indigence, les fers, la mort? sait-il résister à ses passions, mépriser les honneurs? renfermé tout entier en lui-même, et semblable au globe parfait qu'aucune aspérité n'empêche de rouler, ne laisse-t-il aucune prise à la fortune? Hor., *Sat.*, II, 7, 83.
(2) Le sage est l'artisan de son propre bonheur.
PLAUTE, *Trinummus*, acte II, sc. 2, v. 84.
(3) Ecoutez le cri de la nature. Qu'exige-t-elle de vous? un corps exempt de douleur, une âme libre de terreurs et d'inquiétudes. Lucr., II, 16.
(4) Hérodote dit bien, V, 7, que les rois de Thrace adoraient *Mercure* sur tout autre dieu; qu'ils ne juraient que par lui seul, et se croyaient descendus de lui; mais il ne dit point qu'ils méprisassent Mars, Bacchus et Diane, les seuls dieux de leurs sujets. C.

l'empereur, duquel la pompe vous esblouit en public,

*Scilicet et grandes viridi cum luce smaragdi
Auro includuntur, teriturque thalassina vestis.
Assidue, et Veneris sudorem exercita potat*[1] :

voyez le derriere le rideau; ce n'est rien qu'un homme commun, et, à l'adventure, plus vil que le moindre de ses subjects : *Ille beatus introrsum est; istius bracteata felicitas est*[2]; la couardise, l'irrésolution, l'ambition, le despit et l'envie, l'agitent comme un aultre;

*Non enim gazæ, neque consularis
Summovet lictor miseros tumultus
Mentis, et curas laqueata circum
Tecta volantes*[3] :

et le soing et la crainte le tiennent à la gorge au milieu de ses armées.

*Re veraque metus hominum, curæque sequaces
Nec metuunt sonitus armorum, nec fera tela;
Audacterque inter reges, rerumque potentes
Versantur, neque fulgorem reverentur ab auro*[4].

La fiebvre, la migraine et la goutte l'espargnent elles non plus que nous? Quand la vieillesse luy sera sur les espaules, les archers de sa garde l'en deschargeront ils? quand la frayeur de la mort le transira, se rasseurera il par l'assistance des gentilshommes de sa chambre? quand il sera en jalousie et caprice, nos bonnettades[5] le remettront elles? Ce ciel de lict, tout enflé d'or et de perles, n'a aulcune vertu à rappaiser les tranchées d'une verte cholique.

*Nec calidæ citius decedunt corpore febres,
Textilibus si in picturis, ostroque rubenti
Jactaris, quàm si plebeia in veste cubandum est*[6].

Les flatteurs du grand Alexandre luy faisoyent accroire qu'il estoit fils de Jupiter : un jour estant blecé, regardant escouler le sang de sa playe : « Eh bien! qu'en dites vous? dict il; est ce pas icy un sang vermeil et purement humain? il n'est pas de la trempe de celuy que Homere faict escouler de la playe des dieux[1]. » Hermodorus le poëte avoit faict des vers en l'honneur d'Antigonus, où il l'appelloit fils du soleil : et luy, au contraire : « Celuy, dict il, qui vuide ma chaize percée sçait bien qu'il n'en est rien[2]. » C'est un homme pour touts potages : et si de soy mesme c'est un homme mal nay, l'empire de l'univers ne le sçauroit rabiller.

*Puellæ
Hunc rapiunt; quidquid calcaverit hic, rosa fiat*[3] :

quoy pour cela si c'est une ame grossiere et stupide? La volupté mesme et le bonheur ne se perçoivent point sans vigueur et sans esprit.

*Hæc perinde sunt ut illius animus, qui ea possidet;
Qui uti scit ei bona; illi qui non utitur recte, mala*[4].

Les biens de la fortune, touts tels qu'ils sont, encores faut il avoir le sentiment propre à les savourer. C'est le jouïr, non le posseder, qui nous rend heureux.

*Non domus et fundus, non æris acervus, et auri,
Ægroto domini deduxit corpore febres,
Non animo curas. Valeat possessor oportet,
Qui comportatis rebus bene cogitat uti :
Qui cupit, aut metuit, juvat illum sic domus, aut res,
Ut lippum pictæ tabulæ, fomenta podagram*[5].

Il est un sot, son goust est mousse et hebesté; il n'en jouit non plus qu'un morfondu de la douceur du vin grec, ou qu'un cheval de la richesse du harnois duquel on l'a paré : tout ainsi, comme Platon dict[6], que la santé, la beauté, la force, les richesses, et tout ce qui s'appelle bien, est equalement mal à l'injuste, comme bien au juste; et le mal au rebours. Et puis, où le corps et l'ame sont en mauvais estat,

---

(1) Parce qu'à ses doigts brillent enchâssées dans l'or les emeraudes les plus grandes et du vert le plus éclatant; parce qu'il est toujours paré de riches habits qu'il use dans de honteux plaisirs. Lucr., IV, 1123.

(2) Le bonheur du sage est en lui-même; l'autre n'a qu'un bonheur superficiel. Sén., Epist. 115.

(3) Les trésors entassés, les faisceaux consulaires ne peuvent chasser les cruelles agitations de l'esprit ni les soucis qui voltigent sous les lambris dorés. Hor., Od., II, 16, 9.

(4) Les craintes et les soucis, inséparables de l'homme, ne s'effraient point du fracas des armes; ils se présentent hardiment à la cour des rois; et, sans respect pour le trône, s'asseyent à leurs côtés. Lucr., II, 47.

(5) *Salutations à coups de bonnet.* E. J.

(6) La fièvre ne vous quittera pas plus tôt si vous êtes étendu sur la pourpre ou sur ces tapis tissus à grands frais que si vous êtes couché sur un lit plébéien. Lucr., II, 34.

(1) Plut., *Apophtegmes*, à l'article *Alexandre*. C.

(2) Plut., *ibid.*, à l'article *Antigonus*. C.

(3) Que les jeunes filles se l'enlèvent, que partout les roses naissent sous ses pas. Perse, *Sat.*, II, 38.

(4) Ces choses sont tout ce que leur possesseur les fait être; des biens pour qui sait en user, des maux pour qui en fait un mauvais usage. Tér., *Heautont.*, acte I, sc. 3, v. 21.

(5) Cette maison superbe, ces terres immenses, ces tas d'or et d'argent chassent-ils la fièvre et les soucis du maitre? Pour jouir de ce qu'on possède, il faut être sain de corps et d'esprit. Pour quiconque est tourmenté de crainte ou de désir, toutes ces richesses sont comme des fomentations pour un goutteux, comme des tableaux pour des yeux qui ne peuvent souffrir la lumière. Hor., *Epist.*, I, 2, 47.

(6) *Lois*, II, p. 579. C.

à quoy faire ces commodités externes? veu que la moindre picqueure d'espingle, et passion de l'ame, est suffisante à nous oster le plaisir de la monarchie du monde. A la premiere strette[1] que luy donne la goutte, il a beau estre Sire et Majesté,

Totus et argento conflatus, totus et auro [2],

perd il pas le souvenir de ses palais et de ses grandeurs? s'il est en cholere, sa principaulté le garde elle de rougir, de paslir, de grincer les dents comme un fol? Or, si c'est un habile homme et bien nay, la royauté adjouste peu à son bonheur;

Si ventri bene si lateri est, pedibusque tuis, nil
Divitiæ poterunt regales addere majus [3];

il veoid que ce n'est que biffe[4] et piperie. Ouy, à l'adventure, il sera de l'advis du roy Seleucus, « que qui sçauroit le poids d'un sceptre, ne daigneroit l'amasser quand il le trouveroit à terre[5]; » il le disoit pour les grandes et penibles charges qui touchent un bon roy. Certes, ce n'est pas peu de chose que d'avoir à regler aultruy, puisqu'à regler nous mesmes il se presente tant de difficultés. Quand au commander, qui semble estre si doulx, considerant l'imbecillité du jugement humain, et la difficulté du choix ès choses nouvelles et doubteuses, je suis fort de cest avis, qu'il est bien plus aisé et plus plaisant de suyvre que de guider, et que c'est un grand sejour d'esprit de n'avoir à tenir qu'une voye tracée, et à respondre que de soy :

Ut satius multo jam sit parere quietum,
Quam regere imperio res velle [6].

Joinct que Cyrus disoit qu'il n'appartenoit de commander à homme qui ne vaille mieulx que ceulx à qui il commande. Mais le roy Hieron, en Xenophon[7], dict davantage, qu'en la jouissance des voluptés mesmes, ils sont de pire condition que les privés, d'autant que l'aysance et la facilité leur oste l'aigredoulce poincte que nous y trouvons.

Pinguis amor, nimiumque potens, in tædiæ nobis
Vertitur, et, stomacho dulcis ut esca, nocet [1].

Pensons nous que les enfants de chœur prennent grand plaisir à la musique? la satieté la leur rend plustost ennuyeuse. Les festins, les danses, les mascarades, les tournois, resjouissent ceulx qui ne les voeyent pas souvent et qui ont desiré de les veoir; mais à qui en faict ordinaire, le goust en devient fade et malplaisant : ny les dames ne chatouillent celuy qui en jouït à cœur saoul : qui ne se donne loisir d'avoir soif, ne sçauroit prendre plaisir à boire: les farces des bateleurs nous rejouïssent ; mais aux joueurs elles servent de corvée. Et qu'il soit ainsi, ce sont delices aux princes, c'est leur feste, de se pouvoir quelquesfois travestir et desmettre à la façon de vivre basse et populaire:

Plerumque gratæ principibus vices,
Mundæque parvo sub lare pauperum
Cœnæ, sine aulæis et ostro,
Sollicitam explicuere frontem [2].

Il n'est rien si empeschant, si degousté, que l'abondance. Quel appetit ne se rebuteroit à veoir trois cents femmes à sa mercy, comme les a le Grand-Seigneur en son serrail? Et quel appetit et visage de chasse s'estoit reservé celuy de ses ancestres qui n'alloit jamais aux champs à moins de sept mille faulconniers? Et oultre cela, je crois que ce lustre de grandeur apporte non legieres incommodités à la jouïssance des plaisirs plus doulx ; ils sont trop esclairés et trop en butte : et je ne sçais comment on requiert plus d'eulx de cacher et couvrir leur faulte; car ce qui est à nous indiscretion, à eulx le peuple juge que ce soit tyrannie, mespris et desdaing des loix : et oultre l'inclination au vice, il semble qu'ils adjoustent encore le plaisir de gourmander et soubmettre à leurs pieds les observations publicques. De vray, Platon, en son Gorgias[3], definit tyran celuy qui a licence en

---

(1) C'est-à-dire étreinte. — *Strette* vient de l'italien *stretta*, qui signifie la même chose. C.

(2) Tout couvert d'argent, tout brillant d'or. Tib., I, 2, 70.

(3) Avez-vous l'estomac bon, la poitrine excellente? n'êtes-vous point tourmenté de la goutte? les richesses des rois ne pourraient ajouter à votre bonheur. Hor., *Epist.*, I, 2, 5.

(4) *Trompeuse apparence.* Ce mot, qui vient sans doute de l'italien *beffa*, niche, moquerie, veut dire proprement *une pierre fausse*, selon Nicot. C.

(5) Plut., *Si l'homme sage doit se mêler des affaires d'état*, c. 12. C.

(6) Il vaut mieux obéir tranquillement que de prendre le fardeau des affaires publiques. Lucr., V, 1126.

(7) Dans le traité intitulé : *Hiéron, ou de la condition des Rois*. C.

---

(1) L'amour déplaît s'il est trop bien traité; c'est un aliment agréable dont l'excès devient nuisible. Ovide, *Amor.*, II, 19, 25.

(2) Le changement plaît aux grands : une table propre, sans tapis, sans pourpre, un repas frugal sous le toit du pauvre, leur a souvent déridé le front. Hor., *Od.*, III, 29, 13.

(3) Tome I, p. 469 C, édition d'Estienne. C.

une cité de faire tout ce qui luy plaist : et souvent, à ceste cause, la montre et publication de leur vice blece plus que le vice mesme[1]. Chascun craint à estre espié et contreroollé : ils le sont jusques à leurs contenances et à leurs pensées, tout le peuple estimant avoir droict et interest d'en juger; oultre ce que les taches s'agrandissent selon l'eminence et clarté du lieu où elles sont assises, et qu'un seing et une verrue au front parroissent plus que ne faict ailleurs une balafre. Voilà pourquoy les poëtes feignent les amours de Jupiter conduictes soubs aultre visage que le sien; et de tant de practiques amoureuses qu'ils luy attribuent, il n'en est qu'une seule, ce me semble, où il se treuve en sa grandeur et majesté.

Mais revenons à Hieron : il recite aussi combien il sent d'incommodités en sa royauté, pour ne pouvoir aller et voyager en liberté, estant comme prisonnier dans les limites de son païs; et qu'en toutes ses actions il se treuve enveloppé d'une fascheuse presse. De vray, à veoir les nostres touts seuls à table, assiegés de tant de parleurs et regardants incogneus, j'en ay eu souvent plus de pitié que d'envie. Le roy Alphonse disoit que les asnes estoient en cela de meilleure condition que les roys; leurs maistres les laissent paistre à leur ayse, là où les roys ne peuvent pas obtenir cela de leurs serviteurs. Et ne m'est jamais tumbé en fantasie que ce feust quelque notable commodité, à la vie d'un homme d'entendement, d'avoir une vingtaine de contreroolleurs à sa chaize percée; ny que les services d'un homme qui a dix mille livres de rentes, ou qui a prins Casal ou deffendu Siene, luy soyent plus commodes et acceptables que d'un bon valet et bien experimenté. Les advantages principesques sont quasi advantages imaginaires; chasque degré de fortune a quelque image de principaulté; Cæsar appelle roytelets touts les seigneurs ayants justice en France de son temps[2]. De vray, sauf le nom de *sire*, on va bien avant avecques nos roys. Et veoyez, aux provinces esloingnées de la court, nommons Bretaigne pour exemple, le train, les subjects, les officiers, les occupations, le service et cerimonie d'un seigneur retiré et casanier, nourry entre ses valets; et veoyez aussi le vol de son imagination, il n'est rien plus royal : il oyt parler de son maistre une fois l'an, comme du roi de Perse, et ne le recognoist que par quelque vieux cousinage que son secretaire tient en registre. A la verité, nos loix sont libres assez; et le poids de la souveraineté ne touche un gentilhomme françois à peine deux fois en sa vie. La subjection essentielle et effectuelle ne regarde, d'entre nous, que ceulx qui s'y convient et qui aiment à s'honorer et enrichir par tel service : car qui se veut tapir en son foyer, et sçait conduire sa maison sans querelle et sans procès, il est aussi libre que le duc de Venise. *Paucos servitus, plures servitutem tenent*[1].

Mais sur tout Hieron faict cas de quoy il se veoid privé de toute amitié et société mutuelle, en laquelle consiste le plus parfaict et doulx fruict de la vie humaine. Car quel tesmoignage d'affection et de bonne volonté puis je tirer de celuy qui me doibt, veuille il ou non tout ce qu'il peult? Puis je faire estat de son humble parler et courtoise reverence, veu qu'il n'est pas en luy de me la refuser? L'honneur que nous recevons de ceulx qui nous craignent, ce n'est pas honneur; ces respects se doibvent à la royauté, non à moy.

Maximum hoc regni bonum est,
Quod facta domini cogitur populus sui
Quam ferre, tam laudare[2].

Veois je pas que le meschant, le bon roy, celuy qu'on hait, celuy qu'on aime, autant en a l'un que l'autre? De mesmes apparences, de mesme cerimonie estoit servy mon predecesseur et le sera mon successeur. Si mes subjects ne m'offensent pas, ce n'est tesmoignage d'aulcune bonne affection : pourquoy le prendrois je en

---

(1) *Plusque exemplo quam peccato nocent.* Cic., *de Leg.*, III, 14.

(2) Comme César ne dit rien de semblable des Gaulois, Coste a prétendu, d'après Barbeyrac, que Montaigne, par une inadvertance qu'il a commise encore ailleurs, liv. II, c. 8, avait rapporté ici aux Gaulois ce que César a dit des Germains (*de Bell. Gall.*, VI, 23) : *In pace nullus communis est magistratus; sed principes regionum atque pagorum inter suos jus dicunt, controversiasque minuunt.* Il est possible aussi que Montaigne fasse allusion à ce passage que Cicéron (*Ep. fam.*, VII, 5) nous a conservé d'une lettre de César : *M. Orfium, quem mihi commendas, vel regem Galliæ faciam, vel hunc Leptæ delega.* J. V. L.

(1) Peu d'hommes sont enchaînés à la servitude; un grand nombre s'y enchaînent. Sén., *Epist.* 22.

(2) Le plus grand avantage de la royauté, c'est que les peuples sont obligés non-seulement de souffrir, mais de louer les actions de leurs maîtres. Sén., *Thyest.*, acte II, sc. 1, v. 30.

ceste part là, puisqu'ils ne pourroient quand ils vouldroient? Nul ne me suyt pour l'amitié qui soit entre luy et moy; car il ne s'y sçauroit couldre amitié où il y a si peu de relation et de correspondance : ma haulteur m'a mis hors du commerce des hommes; il y a trop de disparité et de disproportion. Ils me suyvent par contenance et par coustume, ou, plustost que moy, ma fortune, pour en accroistre la leur. Tout ce qu'ils me dient et font, ce n'est que fard, leur liberté estant bridée de toutes parts par la grande puissance que j'ay sur eulx : je ne veois rien autour de moy que couvert et masqué.

Ses courtisans louoient un jour Julian l'empereur de faire bonne justice : « Je m'enorgueillirois volontiers, dict il, de ces louanges, si elles venoient de personnes qui osassent accuser ou meslouer mes actions contraires, quand elles y seroient[1]. » Toutes les vrayes commodités qu'ont les princes leur sont communes avecques les hommes de moyenne fortune (c'est à faire aux dieux de monter des chevaulx aislés et se paistre d'ambrosie) : ils n'ont point d'aultre sommeil et d'aultre appetit que le nostre; leur acier n'est pas de meilleure trempe que celuy de quoy nous nous armons; leur couronne ne les couvre ny du soleil ny de la pluie.

Diocletian, qui en portoit une si reverée et si fortunée, la resigna, pour se retirer au plaisir d'une vie privée; et quelque temps après, la necessité des affaires publicques requerant qu'il reveinst en prendre la charge, il respondit à ceulx qui l'en prioient : « Vous n'entreprendriez pas de me persuader cela si vous aviez veu le bel ordre des arbres que j'ay moy mesme plantés chez moy, et les beaux melons que j'y ai semés[2]. »

A l'advis d'Anacharsis[3], le plus heureux estat d'une police seroit où, toutes aultres choses estants equables, la precedence se mesureroit à la vertu et le rebut au vice.

Quand le roy Pyrrhus entreprenoit de passer en Italie, Cineas, son sage conseiller, luy voulant faire sentir la vanité de son ambition : « Eh bien ! sire, luy demanda il, à quelle fin dressez vous ceste grande entreprinse? — Pour me faire maistre de l'Italie, respondit il soubdain. — Et puis, suyvit Cineas, cela faict? — Je passeray dict l'aultre, en Gaule et en Espaigne. — Et après? — Je m'en iray subjuguer l'Afrique; et enfin, quand j'auray mis le monde en ma subjection, je me reposeray et vivray content et à mon ayse. — Pour dieu! sire, rechargea lors Cineas, dictes moy à quoy il tient que vous ne soyez dès à present, si vous voulez, en cest estat? Pourquoy ne vous logez vous dès ceste heure où vous dictes aspirer, et vous espargnez tant de travail et de hazard, que vous jectez entre deux[1]? »

Nimirum, quia non bene norat quæ esset habendi Finis, et omnino quoad crescat vera voluptas[2].

Je m'en vais clorre ce pas par un verset ancien que je treuve singulierement beau à ce propos : *Mores cuique sui fingunt fortunam[3].*

CHAPITRE XLIII.

Des loix sumptuaires.

La façon de quoy nos loix essayent à regler les folles et vaines despenses des tables et vestements semble estre contraire à sa fin. Le vray moyen, ce seroit d'engendrer aux hommes le mespris de l'or et de la soye, comme de choses vaines et inutiles; et nous leur augmentons l'honneur et le prix, qui est une bien inepte façon pour en desgouster les hommes. Car dire ainsi, qu'il n'y aura que les princes qui mangent du turbot et qui puissent porter du velours et de la tresse d'or, et l'interdire au peuple, qu'est ce aultre chose que mettre en credit ces choses là, et faire croistre l'envie à chascun d'en user? Que les roys quittent hardiment ces marques de grandeur; ils en ont assez d'aultres; tels excès sont plus excusables à tout aultre qu'à un prince. Par l'exemple de plusieurs nations nous pouvons apprendre assez de meilleures façons de nous distinguer exterieurement et nos degrés (ce que j'estime à la verité estre bien requis en un estat), sans nourrir pour cest effect ceste corruption et incommodité si apparente. C'est merveille comme la coustume en ces choses in-

---

(1) Ammien Marcellin, XXII, 10. C.
(2) Aurél. Victor, à l'article *Dioclétien*. C.
(3) Plut., *Banquet des sept Sages*, c. 13. C.

(1) Plut., *Vie de Pyrrhus*, c. 7. On connait l'imitation de Boileau, dans sa première *Epître*.
(2) C'est qu'il ne connaissait pas les bornes qu'on doit mettre à ses désirs; c'est qu'il ignorait jusqu'où va le plaisir véritable. Lucr., V, 1431.
(3) Chacun se fait à soi-même sa destinée. Corn. Nép., *Vie d'Atticus*, c. 11

differentes plante ayséement et soubdain le pied de son auctorité. A peine feusmes nous un an, pour le deuil du roy Henry second, à porter du drap à la court; il est certain que desjà à l'opinion d'un chascun les soyes estoient venues à telle vilité que, si vous en veoyiez quelqu'un vestu, vous en faisiez incontinent quelque homme de ville; elles estoient demeurées en partage aux medecins et aux chirurgiens; et quoiqu'un chascun feust à peu près vestu de mesme, si y avoit il d'ailleurs assez de distinctions apparentes des qualités des hommes. Combien soubdainement viennent en honneur parmy nos armées les pourpoincts crasseux de chamois et de toile; et la polisseure et richesse des vestements, à reproche et à mespris! Que les roys commencent à quitter ces despenses, ce sera faict en un mois, sans edict et sans ordonnance; nous irons touts après. La loy debvroit dire, au rebours, que le cramoisy et l'orfevrerie est deffendue à toute espece de gents, sauf aux basteleurs et aux courtisanes.

De pareille invention corrigea Zeleucus les mœurs corrompues des Locriens[1]. Ses ordonnances estoient telles : Que la femme de condition libre ne puisse mener après elle plus d'une chambriere, sinon lorsqu'elle sera yvre, ny ne puisse sortir hors la ville de nuict, ny porter joyaux d'or à l'entour de sa personne, ny robbe enrichie de broderie, si elle n'est publicque et putain; que, sauf les ruffiens, à homme ne loise porter en son doigt anneau d'or, ny robbe delicate, comme sont celles des draps tissus en la ville de Milet. Et ainsi, par ces exceptions honteuses, il divertissoit ingenieusement ses citoyens des superfluités et delices pernicieuses; c'estoit une très utile maniere d'attirer, par honneur et ambition, les hommes à leur debvoir et à l'obeïssance.

Nos roys peuvent tout en telles reformations externes; leur inclination y sert de loy : *Quidquid principes faciunt præcipere videntur*[2] : le reste de la France prend pour regle la regle de la court. Qu'ils se desplaisent de ceste vilaine chausseure qui montre si à descouvert nos membres occultes; ce lourd grossissement de pourpoinct, qui nous faict touts aultres qu'e nous ne sommes, si incommode à s'armer; ces longues tresses de poil effeminées; cest usage de baiser ce que nous presentons à nos compaignons, et nos mains en les saluant, cerimonie deue aultresfois aux seuls princes ; et qu'un gentilhomme se treuve en lieu de respect sans espée à son costé, tout esbraillé et destaché, comme s'il venoit de la garderobbe; et que, contre la forme de nos peres et la particuliere liberté de la noblesse de ce royaume, nous nous tenons descouverts bien loing autour d'eulx, en quelque lieu qu'ils soyent; et, comme autour d'eulx, autour de cent aultres, tant nous avons de tiercelets et quartelets de roys; et ainsi d'autres pareilles introductions nouvelles et vicieuses : elles se verront incontinent esvanouies et descriées. Ce sont erreurs superficielles, mais pourtant de mauvais pronostique; et sommes advertis que le massif se desment quand nous veoyons fendiller l'enduict et la crouste de nos parois.

Platon, en ses loix[1], n'estime peste au monde plus dommageable à sa cité que de laisser prendre liberté à la jeunesse de changer, en accoustrements, en gestes, en danses, en exercices et en chansons, d'une forme à une aultre; remuant son jugement tantost en ceste assiette, tantost en ceste là; courant après les nouveletés, honorant leurs inventeurs; par où les mœurs se corrompent, et toutes anciennes institutions viennent à desdaing et à mespris. En toutes choses, sauf simplement aux mauvaises, la mutation est à craindre; la mutation des saisons, des vents, des vivres, des humeurs. Et nulles loix ne sont en leur vray credit que celles ausquelles Dieu a donné quelque ancienne durée, de mode que personne ne sçache leur naissance, ny qu'elles ayent jamais esté aultres.

CHAPITRE XLIV.

Du dormir.

La raison nous ordonne bien d'aller tousjours mesme chemin, mais non toutesfois mesme train ; et, ores que[2] le sage ne doibve donner aux passions humaines de se fourvoyer de la droicte carriere, il peult bien, sans interest de son debvoir, leur quitter aussi cela d'en haster ou retarder son pas, et ne se planter comme un

---

(1) Diod. de Sicile, XII, 20. C.
(2) Tout ce que les princes font, il semble qu'ils le commandent. Quint., *Declam.* 3, p. 58, éd. de 1665.

(1) Liv. VII, p. 631. C.
(2) *Quoique le sage ne doive pas permettre aux*, etc. C.

colosse immobile et impassible. Quand la vertu mesme seroit incarnée, je crois que le pouls luy battroit plus fort allant à l'assault qu'allant disner ; veoir il est necessaire qu'elle s'eschauffe et s'esmeuve. A ceste cause, j'ai remarqué pour chose rare de veoir quelquesfois les grands personnages, aux plus haultes entreprinses et importantes affaires, se tenir si entiers en leur assiette, que de n'en accourcir pas seulement leur sommeil. Alexandre le Grand, le jour assigné à ceste furieuse battaille contre Darius, dormit si profondement et si haulte matinée que Parmenion feut contrainct d'entrer en sa chambre, et, approchant de son lict, l'appeller deux ou trois fois par son nom pour l'esveiller, le temps d'aller au combat le pressant[1]. L'empereur Othon ayant resolu de se tuer, ceste mesme nuict, après avoir mis ordre à ses affaires domestiques, partagé son argent à ses serviteurs, et affilé le tranchant d'une espée de quoy il se vouloit donner, n'attendant plus qu'à sçavoir si chascun de ses amis s'estoit retiré en seureté, se print si profondement à dormir que ses valets de chambre l'entendoient ronfler[2]. La mort de cest empereur a beaucoup de choses pareilles à celle du grand Caton, et mesme cecy ; car Caton estant prest à se desfaire, cependant qu'il attendoit qu'on luy rapportast nouvelles si les senateurs qu'il faisoit retirer s'estoient eslargis du port d'Utique, se meit si fort à dormir qu'on l'oyoit souffler de la chambre voisine ; et celuy qu'il avoit envoyé vers le port l'ayant esveillé pour luy dire que la tormente empeschoit les senateurs de faire voile à leur ayse, il y en renvoya encores un aultre, et, se r'enfonçant dans le lict, se remeit encores à sommeiller jusques à ce que ce dernier l'asseura de leur partement[3]. Encores avons nous de quoy le comparer au faict d'Alexandre, en ce grand et dangereux orage qui le menaceoit par la sedition du tribun Metellus, voulant publier le decret du rappel de Pompeius dans la ville avecques son armée, lors de l'esmotion de Catilina ; auquel decret Caton seul resistoit, et en avoient eu Metellus et luy de grosses paroles et grandes menaces au senat : mais c'estoit au lendemain, en la place, qu'il falloit venir à l'exécution, où Metellus, oultre la faveur du peuple et de Cæsar, conspirant lors aux advantages de Pompeius, se debvoit trouver accompaigné de force esclaves estrangiers et escrimeurs à oultrance, et Caton fortifié de sa seule constance ; de sorte que ses parents, ses domestiques et beaucoup de gents de bien en estoient en grand soulcy, et en y eut qui passerent la nuict ensemble sans vouloir reposer, ny boire, ny manger, pour le dangier qu'ils luy veoyoient preparé ; mesme sa femme et ses sœurs ne faisoient que pleurer et se tormenter en sa maison, là où luy, au contraire, reconfortoit tout le monde ; et, après avoir souppé comme de coustume, s'en alla coucher, et dormir de fort profond sommeil jusques au matin, que l'un de ses compaignons au tribunat le veint esveiller pour aller à l'escarmouche[1]. La cognoissance que nous avons de la grandeur de courage de cest homme, par le reste de sa vie, nous peult faire juger, en toute seureté, que cecy luy partoit d'une ame si loing eslevée au dessus de tels accidents qu'il n'en daignoit entrer en cervelle, non plus que d'accidents ordinaires.

En la battaille navale que Augustus gaigna contre Sextus Pompeius en Sicile, sur le poinct d'aller au combat[2], il se trouva pressé d'un si profond sommeil qu'il fallut que ses amis l'esveillassent pour donner le signe de la battaille : cela donna occasion à M. Antonius de luy reprocher, depuis, qu'il n'avoit pas eu le cœur seulement de regarder les yeulx ouverts l'ordonnance de son armée, et de n'avoir osé se presenter aux soldats jusques à ce qu'Agrippa luy veinst annoncer la nouvelle de la victoire qu'il avoit eue sur ses ennemis. Mais quant au jeune Marius, qui feit encores pis, car le jour de sa derniere journée contre Sylla, après avoir ordonné son armée et donné le mot et signe de la battaille, il se coucha dessoubs un arbre à l'ombre pour se reposer, et s'endormit si serré qu'à peine se peut il esveiller de la route et fuitte de ses gents, n'ayant rien veu du combat ; ils disent que ce feut pour estre si extremement aggravé de travail et de faulte de dor-

---

(1) PLUT., *Vie d'Alexandre*, c. 11 de la traduction d'Amyot. Il en fut ainsi de Condé avant la bataille de Rocroi : « Le lendemain, à l'heure marquée, il fallut réveiller d'un profond sommeil cet autre Alexandre. » BOSSUET, *Or. fun. de Condé.* J. V. L.

(2) PLUT., *Vie d'Othon*, c. 8. C.

(3) PLUT., *Vie de Caton d'Utique*, c. 19. C.

(1) PLUT., *Vie de Caton d'Utique*, c. 8. C.

(2) SUÉT., *Vie d'Auguste*, c. 16. C.

mir que nature n'en pouvoit plus[1]. Et à ce propos, les medecins adviseront si le dormir est si necessaire que nostre vie en despende : car nous trouvons bien qu'on feit mourir le roy Perseus de Macedoine, prisonnier à Rome, luy empeschant le sommeil ; mais Pline[2] en allegue qui ont vescu long temps sans dormir. Chez Herodote[3], il y a des nations ausquelles les hommes dorment et veillent par demy années. Et ceulx qui escrivent la vie du sage Epimenides disent qu'il dormit cinquante sept ans de suitte[4].

CHAPITRE XLV.

De la bataille de Dreux.

Il y eut tout plein de rares accidents en nostre bataille de Dreux[5] ; mais ceulx qui ne favorisent pas fort la reputation de M. de Guyse mettent volontiers en avant qu'il ne se peult excuser d'avoir faict alte et temporisé avecques les forces qu'il commandoit, ce pendant qu'on enfonçoit monsieur le connestable, chef de l'armée, avecques l'artillerie, et qu'il valoit mieulx se hazarder, prenant l'ennemy par flanc, que, attendant l'advantage de le veoir en queue, souffrir une si lourde perte. Mais, oultre ce que l'issue en tesmoigna, qui en debattra sans passion me confessera ayséement, à mon advis, que le but et la visée, non seulement d'un capitaine, mais de chasque soldat, doibt regarder la victoire en gros ; et que nulles occurrences particulieres, quelque interest qu'il y ait, ne le doibvent divertir de ce poinct là. Philopœmen[6], en une rencontre de Machanidas, ayant envoyé devant, pour attaquer l'escarmouche, bonne trouppe d'archers et gents de traict, et l'ennemy, après les avoir renversés, s'amusant à les poursuyvre à toute bride, et coulant après sa victoire le long de la bataille où estoit Philopœmen, quoy que ses soldats s'en esmeussent, il ne feut d'advis de bouger de sa place ny de se presenter à l'ennemy pour secourir ses gents ; ains les ayant laissé chasser et mettre en pieces

(1) Plut., *Vie de Sylla*, c. 13. C.
(2) *Nat. Hist.*, VII, 52. C.
(3) Liv. IV, p. 264. Hérodote n'en parle que par ouï-dire et déclare positivement qu'il ne le croit point. C.
(4) Diog. Laerce, I, 109 ; Pline, VII, 52. J. V. L.
(5) Donnée en 1562, sous le règne de Charles IX.
(6) Plut., *Vie de Philopœmen*, c. 6. C.

à sa veue, commencea la charge sur les ennemis au battaillon de leurs gents de pied, lors qu'il les veid tout à fait abandonnés de leurs gents de cheval ; et bien que ce feussent Lacedemoniens, d'autant qu'il les print à l'heure que, pour tenir tout gaigné, ils commencoient à se desordonner, il en veint ayséement à bout ; et, cela faict, se meit à poursuyvre Machanidas. Ce cas est germain à celuy de monsieur de Guyse.

En ceste aspre battaille d'Agesilaus contre les Bœotiens, que Xenophon[1], qui y estoit, dict estre la plus rude qu'il eust oncques veue, Agesilaus refusa l'advantage que fortune luy presentoit, de laisser passer le battaillon des Bœotiens et les charger en queue, quelque certaine victoire qu'il en preveist, estimant qu'il y avoit plus d'art que de vaillance ; et, pour montrer sa prouesse, d'une merveilleuse ardeur de courage choisit plustost de leur donner en teste ; mais aussi feut il bien battu et bien blecé, et contrainct enfin de se desmesler, et prendre le party qu'il avoit refusé au commencement, faisant ouvrir ses gents pour donner passage à ce torrent de Bœotiens ; puis, quand ils feurent passés, prenant garde qu'ils marchoient en desordre comme ceulx qui cuidoient bien estre hors de tout dangier, il les feit suyvre et charger par les flancs ; mais pour cela ne les peult il tourner en fuitte à val de route ; ains se retirerent le petit pas, monstrants toujours les dents, jusques à ce qu'ils se feussent rendus à sauveté.

CHAPITRE XLVI.

Des noms.

Quelque diversité d'herbes qu'il y ait, tout s'enveloppe sous le nom de salade : de mesme, sous la consideration des noms, je m'en voys faire icy une galimafrée de divers articles.

Chasque nation a quelques noms qui se prennent, je ne sçais comment, en mauvaise part : et à nous Jehan, Guillaume[2], Benoist. Item, il semble y avoir, en la genealogie des princes, certains noms fatalement affectés : comme des

(1) Cité par Plut., *Vie d'Agésilas*, p. 605, éd. de 1599. C.
(2) *Guillaume*, dit le Dictionnaire de Trévoux, se disait autrefois par mépris des gens dont on ne faisait pas grand cas. E. J.

Ptolemées à ceulx d'Ægypte, des Henrys en Angleterre, Charles en France, Baudoins en Flandres, et en nostre ancienne Aquitaine des Guillaumes, d'où l'on dict que le nom de Guienne est venu[1], par un froid rencontre, s'il n'en y avoit d'aussi cruds dans Platon mesme.

Item, c'est une chose legiere, mais toutesfois digne de memoire pour son estrangeté, et escripte par tesmoing oculaire, que Henry, duc de Normandie, fils de Henry second, roy d'Angleterre, faisant un festin en France, l'assemblée de la noblesse y feut si grande que, pour passe-temps, s'estant divisée en bandes par la ressemblance des noms, en la premiere troupe, qui feut des Guillaumes, il se trouva cent dix chevaliers assis à table portants ce nom, sans mettre en compte les simples gentilshommes et serviteurs.

Il est autant plaisant de distribuer les tables par les noms des assistants comme il estoit à l'empereur Geta de faire distribuer le service de ses mets par la consideration des premieres lettres du nom des viandes[2] : on servoit celles qui se commenceoient par M : mouton, marcassin, merlus, marsoin; ainsi des aultres.

Item, il se dict qu'il faict bon avoir bon nom, c'est à dire credit et reputation; mais encores, à la verité, est il commode d'avoir un nom beau, et qui ayséement se puisse prononcer et retenir, car les roys et les grands nous en cognoissent plus ayséement et oublient plus mal volontiers; et de ceulx mesmes qui nous servent, nous commandons plus ordinairement et employons ceulx desquels les noms se presentent le plus facilement à la langue. J'ay veu le roy Henry second ne pouvoir nommer à droict un gentilhomme de ce quartier de Gascoigne; et à une fille de la royne, il feut luy mesme d'advis de donner le nom general de la race, parce que celuy de la maison paternelle luy sembla trop divers. Et Socrates estime digne du soing paternel de donner un beau nom aux enfants.

Item, on dict que la fondation de nostre Dame la grand', à Poitiers, print origine de ce qu'un jeune homme desbauché, logé en cest endroict, ayant recouvré une garse, et luy ayant d'arrivée demandé son nom, qui estoit Marie, se sentit si vifvement esprins de religion et de respect de ce nom sacrosainct de la Vierge mère de nostre Sauveur, que non seulement il la chassa soubdain, mais en amenda tout le reste de sa vie; et qu'en consideration de ce miracle, il feut basty, en la place où estoit la maison de ce jeune homme, une chapelle au nom de nostre Dame, et depuis l'eglise que nous y veoyons. Ceste correction voyelle et auriculaire, devotieuse, tira droict à l'ame : ceste aultre suivante, de mesme genre, s'insinua par les sens corporels. Pythagoras, estant en compaignie de jeunes hommes, lesquels il sentit complotter, eschauffés de la feste, d'aller violer une maison pudique, commanda à la menestriere de changer de ton; et, par une musique poisante, severe et spondaïque, enchanta tout doulcement leur ardeur et l'endormit[1].

Item, dira pas la posterité que nostre reformation d'aujourd'huy ayt esté delicate et exacte, de n'avoir pas seulement combattu les erreurs et les vices, et rempli le monde de devotion, d'humilité, d'obeïssance, de paix et de toute espece de vertu, mais d'avoir passé jusques à combattre ces anciens noms de nos baptesmes, Charles, Louys, François, pour peupler le monde de Mathusalem, Ezechiel, Malachie, beaucoup mieux sentants de la foy? Un gentilhomme, mien voisin, estimant les commodités du vieux temps au prix du nostre, n'oublioit pas de mettre en compte la fierté et magnificence des noms de la noblesse de ce temps là, Dom Grumedan, Quedragan, Agesilan; et qu'à les ouïr seulement sonner il se sentoit qu'ils avoient esté bien aultres gents que Pierre, Guillot et Michel.

Item, je sçais bon gré à Jacques Amyot d'avoir laissé, dans le cours d'une oraison françoise, les noms latins touts entiers, sans les bigarrer et changer pour leur donner une cadence françoise. Cela sembloit un peu rude au commencement; mais desjà l'usage, par le credit de son Plutarque, nous en a osté toute l'estrangeté. J'ai souhaité souvent que ceulx qui escrivent les histoires en latin nous laissassent nos noms touts tels qu'ils sont; car, en faisant de Vaudemont, *Vallemontanus*, et les metamorphosant pour les garber à la grecque ou à la romaine, nous ne sçavons où nous en sommes, et en perdons la cognoissance.

---

(1) Le nom de *Guienne* ne vient point de *Guillaume*, mais bien du mot *Aquitania*, l'Aquitaine, dont on a fait d'abord l'*Aquienne*, et ensuite la *Guienne*. A. D.

(2) Spartien, *Geta*, c. 5. J. V. L.

(1) Sextus Empiricus, *adversus Mathem.*, liv. VI, p. 128. C.

Pour clorre nostre compte, c'est un vilain usage, et de très mauvaise consequence en nostre France, d'appeller chascun par le nom de sa terre et seigneurie, et la chose du monde qui faict plus mesler et mescognoistre les races. Un cadet de bonne maison, ayant eu pour son appanage une terre, sous le nom de laquelle il a esté cogneu et honnoré, ne peult honnestement l'abandonner : dix ans après sa mort, la terre s'en va à un estrangier qui en faict de mesme; devinez où nous sommes de la cognoissance de ces hommes. Il ne fault pas aller querir d'aultres exemples que de nostre maison royale, où autant de partages, autant de surnoms : cependant l'originel de la tige nous est eschappé. Il y a tant de liberté en ces mutations, que de mon temps je n'ay veu personne, eslevé par la fortune à quelque grandeur extraordinaire, à qui on n'ayt attaché incontinent des tiltres genealogiques nouveaux et ignorés à son pere, et qu'on n'ayt enté en quelque illustre tige : et, de bonne fortune, les plus obscures familles sont plus idoines à falsification. Combien avons nous de gentilshommes en France qui sont de royale race selon leurs comptes? plus, ce crois je, que d'aultres. Feut il pas dict de bonne grace par un de mes amis? ils estoient plusieurs assemblés pour la querelle d'un seigneur contre un aultre; lequel aultre avoit, à la verité, quelque prerogative de tiltres et d'alliances eslevées au dessus de la commune noblesse. Sur le propos de ceste prerogative, chascun, cherchant à s'égualer à luy, alleguoit, qui une origine, qui une aultre, qui la ressemblance du nom, qui des armes, qui une vieille pancharte domestique; et le moindre se trouvoit arriere fils de quelque roy d'oultremer. Comme ce feut à disner, cestuy cy, au lieu de prendre sa place, se recula en profondes reverences, suppliant l'assistance de l'excuser de ce que, par temerité, il avoit jusques lors vescu avec eulx en compaignon; mais qu'ayant esté nouvellement informé de leurs vieilles qualités, il commenceoit à les honnorer selon leurs degrés, et qu'il ne luy appartenoit pas de se seoir parmy tant de princes. Après sa farce, il leur dict mille injures : « Contentons nous, de par Dieu! de ce de quoy nos peres se sont contentés, et de ce que nous sommes; nous sommes assez, si nous le sçavons bien maintenir : ne desadvouons pas la fortune et condition de nos ayeuls, et ostons ces sottes imaginations, qui ne peuvent faillir à quiconque a l'impudence de les alleguer. »

Les armoiries n'ont de seureté non plus que les surnoms. Je porte d'azur semé de trefles d'or, à une patte de lyon de mesme, armée de gueules, mise en fasce[1]. Quel privilege a ceste figure pour demourer particulierement en ma maison? un gendre la transportera en une aultre famille : quelque chestif acheteur en fera ses premieres armes. Il n'est chose où il se rencontre plus de mutation et de confusion.

Mais ceste consideration me tire par force à un aultre champ. Sondons un peu de près, et, pour Dieu! regardons à quel fondement nous attachons ceste gloire et reputation pour laquelle se boulleverse le monde : où asseons nous ceste renommée que nous allons questant avecques si grand' peine? c'est, en somme, Pierre ou Guillaume qui la porte, prend en garde, et à qui elle touche. O la courageuse faculté que l'esperance, qui, en un subject mortel, et en un moment, va usurpant l'infinité, l'immensité, l'eternité, et remplissant l'indigence de son maistre de la possession de toutes les choses qu'il peult imaginer et desirer, autant qu'elle veult! Nature nous a là donné un plaisant jouet! Et ce Pierre ou Guillaume, qu'est ce qu'une voix pour touts potages, ou trois ou quatre traicts de plume, premierement si aysés à varier, que je demanderois volontiers : A qui touche l'honneur de tant de victoires? à Guesquin, à Glesquin, ou à Gueaquin[2]? Il y auroit bien plus d'apparence icy, qu'en Lucien, que Σ mit T en procès[3]; car,

Præmia[4] :
Non levia aut ludicra petuntur

il y va de bon; il est question laquelle de ces lettres doibt estre payée de tant de sieges, bat-

---

(1) Montaigne, comme on le voit dans le *Journal de ses Voyages*, laissa ses armoiries à Plombières, à Ausbourg et dans plusieurs autres villes ; à Pise, il les fit *blasonner et dorer avec de belles et vives couleurs* ; ensuite il les encadra et les cloua au mur de sa chambre, *sous la condition qu'elles y resteraient*; son hôte, le capitaine Paulino, le lui promit, *et en fit serment*. J. V. L.

(2) Ménage a remarqué qu'on nommait le célèbre *Du Guesclin* de quatorze façons différentes : *Du Guéclin, Du Gayaquin, Du Guesquin, Guesquinius, Guesclinius, Guesquinas*, etc. On peut voir, à ce propos, un récit assez plaisant de Froissart, t. II, l. III, c. LXX, p. 608.

(3) Allusion au *Jugement des Voyelles*, par Lucien. J. V. L.

(4) Il ne s'agit pas ici d'un prix de peu de valeur. VIRG., *Enéide*, XII, 764.

tailles, bleceures, prisons et services faicts à la couronne de France par ce sien fameux connestable.

Nicolas Denisot[1] n'a eu soing que des lettres de son nom et en a changé toute la contexture pour en bastir le conte d'Alsinois, qu'il a estrené de la gloire de sa poesie et peincture. Et l'historien Suetone n'a aymé que le sens du sien ; et en ayant privé Lenis, qui estoit le surnom de son pere[2], a laissé Tranquillus successeur de la reputation de ses escripts. Qui croiroit que le capitaine Bayard n'eust honneur que celuy qu'il a emprunté des faicts de Pierre Terrail? et qu'Antoine Escalin se laisse voler à sa veue tant de navigations et charges par mer et par terre au capitaine Poulin et au baron de La Garde[3]?

Secondement ce sont traicts de plume communs à mille hommes. Combien y a il, en toutes les races, de personnes de mesme nom et surnom ? et en diverses races, siecles et païs, combien ? L'histoire a cogneu trois Socrates, cinq Platons, huict Aristotes, sept Xenophons, vingt Demetrius, vingt Theodores : et pensez combien elle n'en a pas cogneus. Qui empesche mon palefrenier de s'appeller Pompée le grand? Mais, après tout, quels moyens, quels ressorts y a il qui attachent à mon palefrenier trespassé, ou à cest aultre qui eust la teste trenchée en Ægypte, et qui joignent à eulx ceste voix glorifiée et ces traicts de plume ainsin honnorés, à fin qu'ils s'en advantagent?

Id cinerem et manes credis curare sepultos [4] *?*

Quel ressentiment ont les deux compaignons en principale valeur entre les hommes, Epaminondas, de ce glorieux vers qui court tant de siecles pour luy en nos bouches,

Consiliis nostris laus est attrita Laconum [5] ;

et Africanus, de cest aultre

A sole exoriente, supra Mœoti' paludes,
Nemo est qui factis me œquiparare queat [1].

Les survivants se chatouillent de la douleur de ces voix, et par icelles sollicités de jalousie et desir, transmettent inconsidereement par fantasie aux trespassés cestuy leur propre ressentiment ; et, d'une pipeuse esperance, se donnent à croire d'en estre capables à leur tour. Dieu le sçait. Toutesfois,

Ad hæc se
Romanus, Graiusque, et Barbarus induperator
Erexit; causas discriminis atque laboris
Inde habuit : tanto major famæ sitis est, quam
Virtutis [2] *!*

CHAPITRE XLVII.

De l'incertitude de nostre jugement.

C'est bien ce que dict ce vers,

Ἐπέων δὲ πολὺς νομὸς ἔνθα καὶ ἔνθα [3].

« Il y a prou de loy[4] de parler, par tout, et pour et contre. »

Pour exemple :

Vince Hannibal, et non seppe usar poi
Ben la vittoriosa sua ventura [5].

Qui vouldra estre de ce party, et faire valoir avecques nos gents la faulte de n'avoir dernierement poursuivy nostre poincte à Moncontour, ou qui vouldra accuser le roi d'Espaigne[6] de n'avoir sçeu se servir de l'advantage qu'il eust contre nous à Sainct-Quentin, il pourra dire ceste faulte partir d'une ame enyvrée de sa bonne fortune, et d'un courage, lequel, plein et gorgé de ce commencement de bonheur, perd

---

statue d'Epaminondas (PAUSAN., IX, 15.). On y lit *attonsa* et non pas *attrita*, qui traduirait mal ἐπείρατο. J. V. L.

(1) De l'aurore au couchant il n'est point de guerriers
Dont le front soit couvert de si nobles lauriers.
CIC., *Tusc.*, V, 17.

(2) Voilà l'espérance qui enflamma les généraux grecs, romains et barbares ; voilà ce qui leur fit endurer mille travaux, affronter mille dangers : tant il est vrai que l'homme est plus altéré de gloire que de vertu ! JUV., *Sat.*, X, 137.

(3) HOM., *Iliade*, XX, 249.

(4) C'est-à-dire *il y a beaucoup de liberté de parler,* ou *on peut parler à son aise.* E. J.

(5) Annibal vainquit les Romains ; mais il ne sut pas profiter de sa victoire. PETRARCA, *troisième partie des sonnets*, fol. 141, éd. de Gabriel Giolito.

(6) Philippe II, qui battit les Français près de Saint-Quentin, en 1556, le 10 août, fête de saint Laurent. C.

---

(1) Peintre et poète, né au Mans, l'an 1515. Voyez LACROIX DU MAINE et DU VERDIER. C.

(2) SUÉT., *Othon*, c. 10. J. V. L.

(3) Antoine Iscalin (c'était son véritable nom) fut aussi appelé le *capitaine Poulin* et *baron de La Garde.* C'était un officier de fortune, qui se distingua dans la carrière militaire et dans celle des ambassades, sous les règnes de François Ier et de ses successeurs, jusqu'à Charles IX. C.

(4) Croyez-vous que tout cela puisse toucher une froide cendre et des mânes ensevelis? VIRG., *Enéide*, IV, 34.

(5) Sparte devant ma gloire abaissa son orgueil.

Ce vers, traduit du grec par CIC., *Tuscul.*, V, 17, est le premier des quatre vers élégiaques qui furent gravés au bas de la

le goust de l'accroistre, desjà par trop empesché à digerer ce qu'il en a : il en a sa brassée toute comble, il n'en peult saisir davantage ; indigne que la fortune luy aye mis un tel bien entre mains ; car quel proufit en sent il, si neantmoins il donne à son ennemy moyen de se remettre sus ? Quelle esperance peult on avoir qu'il ose une aultre fois attaquer ceulx cy ralliés et remis, et de nouveau armés de despit et de vengeance, qui ne les a osé ou sceu poursuyvre touts rompus et effroyés,

Dum fortuna calet, dum conficit omnia terror [1] ?

Mais enfin, que peult il attendre de mieulx que ce qu'il vient de perdre ? Ce n'est pas comme à l'escrime où le nombre des touches donne gaing ; tant que l'ennemy est en pieds, c'est à recommencer de plus belle ; ce n'est pas victoire, si elle ne met fin à la guerre. En ceste escarmouche où Cesar eut du pire près la ville d'Oricum, il reprochoit aux soldats de Pompeius qu'il eust esté perdu si leur capitaine eust sceu vaincre [2] ; et luy chaussa bien aultrement les esperons quand ce feut à son tour.

Mais pourquoy ne dira on aussi, au contraire, que c'est l'effect d'un esprit precipiteux et insatiable de ne sçavoir mettre fin à sa convoitise ; que c'est abuser des faveurs de Dieu de leur vouloir faire perdre la mesure qu'il leur a prescrite, et que de se rejecter au dangier après la victoire c'est la remettre encores un coup à la mercy de la fortune ; que l'une des plus grandes sagesses en l'art militaire, c'est de ne poulser son ennemy au desespoir ? Sylla et Marius, en la guerre sociale, ayant desfaict les Marses, en voyants encores une troupe de reste qui, par desespoir, se revenoient jecter sur eulx comme bestes furieuses, ne feurent pas d'advis de les attendre. Si l'ardeur de M. de Foix ne l'eust emporté à poursuyvre trop asprement les restes de la victoire de Ravenne, il ne l'eust pas souillée de sa mort : toutesfois encores servit la recente memoire de son exemple à conserver M. d'Anguien de pareil inconvenient à Serisoles. Il faict dangereux assaillir un homme à qui vous avez osté tout aultre moyen d'eschapper que par les armes : car c'est une violente maistresse d'eschole que la necessité : *Gravissimi sunt morsus irritatæ necessitatis* [1].

Vincitur haud gratis, jugulo qui provocat hostem [2].

Voylà pourquoy Pharax empescha le roy de Lacedemone, qui venoit de gaigner la journée contre les Mantinéens, de n'aller affronter mille Argiens qui estoient eschappés entiers de la desconfiture, ains les laisser couler en liberté pour ne venir à essayer la vertu picquée et despitée par le malheur [3]. Clodomire, roy d'Aquitaine, après sa victoire, poursuyvant Gondemar, roy de Bourgoigne, vaincu et fuyant, le força de tourner teste ; mais son opiniastreté luy osta le fruict de sa victoire, car il y mourut.

Pareillement, qui auroit à choisir, ou de tenir ses soldats richement et sumptueusement armés, ou armés seulement pour la necessité, il se presenteroit en faveur du premier party, duquel estoit Sertorius, Philopœmen, Brutus, Cæsar [4], et aultres, que c'est toujours un aiguillon d'honneur et de gloire au soldat de se voir paré, et une occasion de se rendre plus obstiné au combat, ayant à sauver ses armes comme ses biens et heritages ; raison, dict Xenophon [5], pourquoy les Asiatiques menoient en leurs guerres femmes, concubines, avecques leurs joyaux et richesses plus cheres. Mais il s'offriroit aussi, de l'aultre part, qu'on doibt plustost oster au soldat le soing de se conserver que de le luy accroistre ; qu'il craindra par ce moyen doublement à se hazarder : joinct que c'est augmenter à l'ennemy l'envie de la victoire par ces riches despouilles ; et a l'on remarqué que d'aultres fois cela encouragea merveilleusement les Romains à l'encontre des Samnites. Antiochus, montrant à Hannibal l'armée qu'il preparoit contre eulx, pompeuse et magnifique en toute sorte d'equipage, et luy demandant : « Les Romains se contenteront ils de ceste armée ? — S'ils s'en contenteront ? respondict il : vrayment, ouy, pour avares qu'ils soyent [6]. » Lycurgus deffendoit aux siens non seulement la

---

(1) Lorsque la fortune entraîne tout, lorsque tout cède à la terreur. Luc., VII, 734.
(2) Plut., *Vie de César*, c. 11. C.

(1) C'est ce que Montaigne vient de dire en français. Le texte latin est extrait de la *Déclamation* de Porcius Latro, qui se trouve dans quelques éditions de Salluste. C.
(2) Celui qui défie la mort ne la reçoit guère sans la donner. Lucain, IV, 275.
(3) Diod. de Sicile, XII, 25. C.
(4) Suét., *César*, c. 67. C.
(5) *Cyropédie*, IV, 4. C.
(6) Aulu-Gelle, V, 5. C.

somptuosité en leur equipage, mais encores de despouiller leurs ennemis vaincus, voulant, disoit il, que la pauvreté et frugalité reluisist avecques le reste de la battaille[1].

Aux sieges et ailleurs où l'occasion nous approche de l'ennemy, nous donnons volontiers licence aux soldats de le braver, desdaigner et injurier de toutes façons de reproches, et non sans apparence de raison; car ce n'est pas faire peu de leur oster toute esperance de grace et de composition, en leur representant qu'il n'y a plus ordre de l'attendre de celuy qu'ils ont si fort oultragé et qu'il ne reste remede que de la victoire : si est ce qu'il en mesprint à Vitellius[2]; car ayant affaire à Othon, plus foible en valeur de soldats desaccoustumés de longue main du faict de la guerre et amollis par les delices de la ville, il les agassa tant enfin par ses paroles picquantes, leur reprochant leur pusillanimité et le regret des dames et festes qu'ils venoient de laisser à Rome, qu'il leur remeit par ce moyen le cœur au ventre, ce que nuls exhortements n'avoient sceu faire, et les attira luy mesme sur ses bras, où lon ne les pouvoit poulser. Et de vray, quand ce sont injures qui touchent au vif, elles peuvent faire ayséement que celuy qui alloit laschement à la besongne pour la querelle de son roy y aille d'une aultre affection pour la sienne propre.

A considerer de combien d'importance est la conservation d'un chef en une armée, et que la visée de l'ennemy regarde principalement ceste teste à laquelle tiennent toutes les aultres et en despendent, il semble qu'on ne puisse mettre en doubte ce conseil, que nous veoyons avoir esté prins par plusieurs grands chefs, de se travestir et desguiser sur le poinct de la meslée : toutesfois l'inconvenient qu'on encourt par ce moyen n'est pas moindre que celuy qu'on pense fuyr, car le capitaine venant à estre mescogneu des siens, le courage qu'ils prennent de son exemple et de sa presence vient aussi quand et quand à leur faillir, et perdant la veue de ses marques et enseignes accoustumées, ils le jugent, ou mort, ou s'estre desrobé desesperant de l'affaire. Et quant à l'experience, nous luy veoyons favoriser tantost l'un, tantost l'aultre party. L'accident de Pyrrhus, en la battaille qu'il eut contre le consul Levinus en Italie, nous sert à l'un et l'aultre visage; car pour s'estre voulu cacher soubs les armes de Megacles, et luy avoir donné les siennes, il sauva bien sans doubte sa vie, mais aussi il en cuida encourir l'aultre inconvenient de perdre la journée. Alexandre, Cæsar, Lucullus, aimoient à se marquer au combat par des accoustrements et armes riches, de couleur reluisante et particuliere. Agis, Agesilaus, et ce grand Gylippus[1], au rebours, alloient à la guerre obscurement couverts et sans atour imperial.

A la battaille de Pharsale, entre aultres reproches qu'on donne à Pompeius, c'est d'avoir arresté son armée pied coy, attendant l'ennemy : « Pour autant que cela (je desroberay icy les mots mesmes de Plutarque[2], qui valent mieulx que les miens) affoiblit la violence que le courir donne aux premiers coups; et quand et quand oste l'eslancement des combattants les uns contre les aultres, qui a accoustumé de les remplir d'impetuosité et de fureur plus qu'aultre chose, quand ils viennent à s'entrechocquer de roideur, leur augmentent le courage par le cry et la course; et rend la chaleur des soldats, en maniere de dire, refroidie et figée. » Voylà ce qu'il dict pour ce roolle. Mais, si Cæsar eust perdu, qui n'eust peu aussi bien dire qu'au contraire la plus forte et roide assiette est celle en laquelle on se tient planté sans bouger, et que qui est en sa marche arresté, resserrant et espargnant pour le besoing sa force en soy mesme, a grand advantage contre celuy qui est esbranlé, et qui a desjà consommé à la course la moitié de son haleine? oultre ce que l'armée estant un corps de tant de diverses pieces, il est impossible qu'elle s'esmeuve, en ceste furie, d'un mouvement si juste qu'elle n'en altere ou rompe son ordonnance, et que le plus dispos ne soit aux prinses avant que son compaignon le secoure. En ceste vilaine battaille de deux freres persès, Clearchus, Lacedemonien, qui commandoit les Grecs du party de Cyrus, les mena tout bellement à la charge, sans se haster : mais à cinquante pas près, il les meit à la course, esperant, par la briefveté de l'espace, mesna-

---

(1) Plut., *Apophthegmes des Lacédémoniens*, à la fin de ceux de *Lycurgue*. C

(2) Ou plutôt à ses lieutenants, qui commandaient en son absence. Voyez Plut., *Vie d'Othon*, c. 5. C.

(1) Voyez Diod. de Sicile, XIII, 55. C.

(2) C'est-à-dire de son traducteur Amyot, dans la *Vie de Pompée*, c. 19. César blâme aussi Pompée de cette faute, *de Bell. civ.* III, 17. C.

ger et leur ordre et leur haleine; leur donnant cependant l'advantage de l'impetuosité pour leurs personnes et pour leurs armes à traict¹. D'aultres ont reglé ce doubte en leurs armées, de ceste maniere : « Si les ennemis vous courent sus, attendez les de pied coy; s'ils vous attendent de pied coy, courez leur sus². »

Au passage que l'empereur Charles cinquiesme feit en Provence, le roy François feut au propre d'eslire, ou de luy aller au devant en Italie, ou de l'attendre en ses terres ; et bien qu'il considerast combien c'est d'advantage de conserver sa maison pure et nette des troubles de la guerre, à fin qu'entiere en ses forces elle puisse continuellement fournir deniers et secours au besoing; que la necessité des guerres porte à touts les coups de faire le gast, ce qui ne se peult faire bonnement en nos biens propres ; et si, le païsan ne porte pas si doulcement ce ravage de ceulx de son party que de l'ennemy, en maniere qu'il s'en peult ayséement allumer des seditions et des troubles parmy nous; que la licence de desrober et piller, qui ne peult estre permise en son païs, est un grand support aux ennuis de la guerre; et qui n'a aultre esperance de gaing que sa solde, il est malaysé qu'il soit tenu en office, estant à deux pas de sa femme et de sa retraicte; que celuy qui met la nappe tumbe tousjours des despens; qu'il y a plus d'alaigresse à assaillir qu'à deffendre; et que là secousse de la perte d'une battaille dans nos entrailles est si violente qu'il est malaysé qu'elle ne croulle tout le corps, attendu qu'il n'est passion contagieuse comme celle de la peur, ny qui se prenne si aiséement à credit, et qui s'espande plus brusquement; et que les villes qui auront ouï l'esclat de ceste tempeste à leurs portes, qui auront recueilly leurs capitaines et soldats tremblants encores et hors d'haleine, il est dangereux sur la chaulde qu'elles ne se jectent à quelque mauvais party : si est ce³ qu'il choisit de rappeler les forces qu'il avoit delà les monts, et de veoir venir l'ennemy. Car il peut imaginer, au contraire, qu'estant chez luy et entre ses amis, il ne pouvoit faillir d'avoir plinté¹ de toutes commodités; les rivieres, les passages, à sa devotion, luy conduiroient et vivres et deniers en toute seureté, et sans besoing d'escorte; qu'il auroit ses subjects d'autant plus affectionnés qu'ils auroient le danger plus près; qu'ayant tant de villes et de barrieres pour sa seureté, ce seroit à luy de donner loy au combat, selon son opportunité et advantage; et, s'il luy plaisoit de temporiser, qu'à l'abry et à son ayse il pourroit veoir morfondre son ennemy, et se desfaire soy mesme par les difficultés qui le combattroient engagé en une terre contraire, où il n'auroit devant, ny derriere luy, ny à costé, rien qui ne luy feist guerre, ny le moyen de refreschir ou d'eslargir son armée, si les maladies s'y mettoient, ny de loger à couvert ses blecés, nuls deniers, nuls vivres, qu'à poincte de lance, nul loisir de se reposer et prendre haleine, nulle science de lieux ni de païs qui le sceust deffendre d'embusches et surprinses; et, s'il venoit à la perte d'une battaille, aulcun moyen d'en sauver les reliques. Et n'avoit pas faulte d'exemples pour l'un et pour l'aultre party.

Scipion trouva bien meilleur d'aller assaillir les terres de son ennemy en Afrique que de deffendre les siennes, et le combattre en Italie, où il estoit; d'où bien luy print. Mais, au rebours, Hannibal, en ceste mesme guerre, se ruina d'avoir abandonné la conqueste d'un païs estrangier pour aller deffendre le sien. Les Atheniens, ayants laissé l'ennemy en leurs terres pour passer en la Sicile, eurent la fortune contraire: mais Agathocles, roy de Syracuse, l'eut favorable, ayant passé en Afrique, et laissé la guerre chez soy.

Ainsi nous avons bien accoustumé de dire, avecques raison, que les evenements et issues despendent, notamment en la guerre, pour la pluspart, de la fortune; laquelle ne se veult pas renger et assubjectir à nostre discours et prudence, comme disent ces vers:

Et male consultis pretium est ; prudentia fallax.
Nec fortuna probat causas, sequiturque merentes,
Sed vaga per cunctos nullo discrimine fertur.
Scilicet est aliud, quod nos cogatque regatque
Majus, et in proprias ducat mortalia leges ².

---

(1) Voyez XÉN., *Anab.*, I, 8. J. V. L.
(2) PLUT dans les *Préceptes de Mariage*, c. 34. C.
(3) *Quoi qu'il en soit, François I*er *se détermina à rappeler*, etc. Tout ce qui suit, jusqu'à la fin du paragraphe, est tiré presque mot pour mot d'un discours fait en plein conseil par François I*er*, tel qu'on le trouve dans les *Mémoires de* GUIL. DU BELLAY, liv. VI. éd. du *Panthéon*, C.

(1) *Abondance.* —*De plenitas.*
(2) Souvent l'imprudence réussit, et la prudence nous trompe; souvent la fortune ne favorise pas les plus dignes : toujours inconstante, elle voltige çà et là au gré de ses capri-

Mais, à le bien prendre, il semble que nos conseils et deliberations en despendent bien autant; et que la fortune engage en son trouble et incertitude aussi nos discours. « Nous raisonnons hazardeusement et temerairement, dict Timæus en Platon[1], parce que, comme nous, nos discours ont grande participation à la temerité du hazard. »

CHAPITRE XLVIII.

Des destriers.

Me voicy devenu grammairien, moy qui n'apprins jamais langue que par routine, et qui ne sçais encore que c'est d'adjectif, conjunctif et d'ablatif. Il me semble avoir ouï dire que les Romains avoient des chevaux qu'ils appelloient *funales*, ou *dextrarios*[2], qui se menoient à dextre, ou à relais, pour les prendre touts frais au besoing : et de là vient que nous appellons *destriers* les chevaux de service; et nos romans disent ordinairement *adestrer* pour *accompaigner*. Ils appelloient aussi *desultorios equos* des chevaux qui estoient dressés de façon que, courants de toute leur roideur, accouplés coste à coste l'un de l'aultre, sans bride, sans selle, les gentilshommes romains, voire touts armés, au milieu de la course se jectoient et rejectoient de l'un à l'aultre. Les Numides gendarmes menoient en main un second cheval, pour changer au plus chauld de la meslée : *Quibus, desultorum in modum, binos trahentibus equos, inter acerrimam sæpe pugnam in recentem equum, ex fesso, armatis transsultare mos erat : tanta velocitas ipsis, tamque docile equorum genus*[3]. Il se treuve plusieurs chevaux dressés à secourir leur maistre, courir sus à qui leur presente une espée nue, se jecter, des pieds et des dents, sur ceulx qui les attaquent et affrontent; mais il leur advient plus souvent de nuire aux amis qu'aux ennemis; joinct que vous ne les desprenez pas à vostre poste quand ils se sont une fois harpés, et demeurez à la misericorde de leur combat. Il mesprint lourdement à Artybius, general de l'armée de Perse, combattant contre Onesilus, roy de Salamine, de personne à personne, d'estre monté sur un cheval façonné en ceste eschole; car il feut cause de sa mort, le coustillier[1] d'Onesilus l'ayant accueilly d'une faulx entre les deux espaules, comme il s'estoit cabré sur son maistre[2]. Et ce que les Italiens disent, qu'en la bataille de Fornuove le cheval du roy Charles le deschargea, à ruades et pennades, des ennemis qui le pressoient, et qu'il estoit perdu sans cela, ce feut un grand coup de hazard, s'il est vray. Les Mammelus se vantent d'avoir les plus adroicts chevaux de gendarmes du monde; que par nature et par coustume ils sont faicts à cognoistre et distinguer l'ennemy, sur qui il fault qu'ils se ruent de dents et de pieds, selon la voix ou signe qu'on leur faict; et pareillement à relever, de la bouche, les lances et dards emmy la place, et les offrir au maistre selon qu'il le commande. On dict de Cæsar, et aussi du grand Pompeius, que parmy leurs aultres excellentes qualités ils estoient fort bons hommes de cheval : et de Cæsar, qu'en sa jeunesse, monté à dos sur un cheval, et sans bride, il luy faisoit prendre carriere, les mains tournées derriere le dos[3]. Comme nature a voulu faire de ce personnage et d'Alexandre deux miracles en l'art militaire, vous diriez qu'elle s'est aussi efforcée à les armer extraordinairement; car chascun sçait, du cheval d'Alexandre, Bucephal, qu'il avoit la teste retirant à celle d'un taureau; qu'il ne se souffroit monter à personne qu'à son maistre, ne peut estre dressé que par luy mesme, feut honoré après sa mort, et une ville bastie en son nom[4]. Cæsar en avoit aussi un aultre qui avoit les pieds de devant comme un homme, ayant l'ongle coupée en forme de doigts, lequel ne

---

ces. C'est qu'il y a une puissance supérieure qui nous maitrise et qui tient sous sa dépendance toutes les choses mortelles. MANILIUS, IV, 95.

(1) Dans le *Timée*, p. 528. C.

(2) *D'attelage ou de main.* Suétone, *Tibère*, c. 6, et Stace, *Thébaïde*, VI, 461, ont employé *funalis* dans ce sens. Quant à *dextrarius*, c'est un barbarisme, usité seulement dans les auteurs du moyen-âge. Ainsi l'érudition de Montaigne se trouve encore en défaut. J. V. L.

(3) Comme ceux de nos cavaliers qui sautent d'un cheval sur l'autre, les Numides avaient coutume de mener deux chevaux; et, tout armés, dans le fort du combat, ils se jetaient souvent d'un cheval fatigué sur un cheval frais : telle était leur agilité et la docilité de leurs chevaux ! TITE LIVE, XXIII, 29.

(1) Qui portait la *coustille*. *Coustille* était une épée ou long poignard.

(2) HÉROD., V, 111 et 112. J. V. L.

(3) PLUT., *Vie de César*, c. 5. C.

(4) AULU-GELLE, V, 2. J. V. L.

peut estre monté ni dressé que par Cæsar, qui dedia son image apres sa mort à la deesse Venus[1].

Je ne desmonte pas volontiers quand je suis à cheval ; car c'est l'assiette en laquelle je me treuve le mieulx, et sain, et malade. Platon[2] la recommende pour la santé ; aussi dict Pline qu'elle est salutaire à l'estomach et aux joinctures. Poursuyvons doncques, puisque nous y sommes.

On lit en Xenophon[3] la loy deffendant de voyager à pied à homme qui eust cheval. Trogus et Justinus[4] disent que les Parthes avoient accoustumé de faire à cheval, non seulement la guerre, mais aussi touts leurs affaires publicques et privés, marchander, parlementer, s'entretenir et se promener ; et que la plus notable différence des libres et des serfs, parmy eulx, c'est que les uns vont à cheval, les aultres à pied : institution née du roy Cyrus.

Il y a plusieurs exemples en l'histoire romaine (et Suetone le remarque plus particulierement de Cæsar[5]) des capitaines qui commandoient à leurs gents de cheval de mettre pied à terre, quand ils se trouvoient pressés de l'occasion, pour oster aux soldats toute esperance de fuyte, et pour l'advantage qu'ils esperoient en ceste sorte de combat : *Quo, haud dubiè, superat Romanus*[6], dict Tite Live. Si est il que la premiere provision de quoy ils se servoient à brider la rebellion des peuples de nouvelle conqueste, c'estoit leur oster armes et chevaux : pourtant veoyons nous si souvent en Cæsar : *Arma proferri, jumenta produci, obsides dari jubet*[7]. Le Grand-Seigneur ne permet aujourd'huy, ny à chrestien, ny à juif, d'avoir cheval à soy, soubs son empire.

Nos ancestres, et notamment du temps de la guerre des Anglois, ès combats solennels et journées assignées, se mettoient, la pluspart du temps, touts à pied, pour ne se fier à aultre chose qu'à leur force propre et vigueur de leur courage et de leurs membres, de chose si chere que l'honneur et la vie. Vous engagez, quoy qu'en die Chrysanthes en Xenophon[1], vostre valeur et vostre fortune à celle de vostre cheval : ses playes et sa mort tirent la vostre en consequence ; son effroy ou sa fougue vous rendent ou temeraire ou lasche ; s'il a faulte de bouche ou d'esperon, c'est à vostre honneur à en respondre. A ceste cause, je ne treuve pas estrange que ces combats là feussent plus fermes et plus furieux que ceulx qui se font à cheval :

*Cædebant pariter, pariterque ruebant
Victores victique ; neque his fuga nota, neque illis*[2] :

leurs battailles se voyent bien mieulx contestées ; ce ne sont à ceste heure que routes : *Primus clamor atque impetus rem decernit*[3]. Et chose que nous appellons à la societé d'un si grand hazard doibt estre en nostre puissance le plus qu'il se peult ; comme je conseillerois de choisir les armes les plus courtes, et celles de quoy nous nous pouvons le mieulx respondre. Il est bien plus apparent de s'asseurer d'une espée que nous tenons au poing que du boulet qui eschappe de nostre pistole, en laquelle il y a plusieurs pieces, la pouldre, la pierre, le rouet, desquelles la moindre qui vienne à faillir vous fera faillir vostre fortune. On assene peu seurement le coup que l'air vous conduict :

*Et, quo ferre velint, permittere vulnera ventis :
Ensis habet vires ; et gens quæcumque virorum est,
Bella gerit gladiis*[4].

Mais quant à ceste arme là, j'en parleray plus amplement, où je feray comparaison des armes anciennes aux nostres ; et, sauf l'estonnement des aureilles, à quoy desormais chascun est apprivoisé, je crois que c'est une arme de fort peu d'effect, et espere que nous en quitterons un jour l'usage. Celle de quoy les Italiens se servoient, de ject et à feu, estoit plus effroyable : ils nommoient *phalarica* une certaine espece de javeline, armée par le bout d'un fer de

---

(1) Suét., *César*, c. 61. C.
(2) *Lois*, liv. VII, vers le commencement. Le passage de Pline se trouve au liv. XXVIII, c. 4. C.
(3) *Cyropédie*, liv. IV, c. 3. C.
(4) Justin, liv. XLI. C.
(5) Suét., *César*, c. 60. C.
(6) Où, sans aucun doute, les Romains excellent. Tite Live, IX, 22.
(7) Il commande qu'on livre armes, chevaux, otages. *De Bello Gallico*, VII, 11.

(1) *Cyropédie*, IV, 3. C.
(2) Personne ne songeait à fuir ; les vainqueurs, les vaincus avançaient, combattaient, frappaient, mouraient ensemble. Virg., *Énéide*, X, 756.
(3) Les premiers cris et la première charge décident de la victoire. Tit. Liv., XXV, 41.
(4) Lorsqu'on laisse aux vents le soin de diriger ses coups. L'épée est la force du soldat ; toutes les nations guerrières combattent avec l'épée. Luc., VIII, 384.

trois pieds, à fin qu'il peust percer d'oultre en oultre un homme armé, et se lançoit tantost de la main en la campagne, tantost à tout des engeins, pour deffendre les lieux assiegés : la hante, revestue d'estouppe empoixée et huilée, s'enflammoit de sa course ; et, s'attachant au corps ou au bouclier, ostoit tout usage d'armes et de membres. Toutesfois il me semble, que, pour venir au joindre, elle portast aussi empeschement à l'assaillant, et que le champ jonché de ces tronçons bruslants peult produire en la meslée une commune incommodité :

*Magnum stridens contorta phalarica venit,
Fulminis acta modo* [1].

Ils avoient d'aultres moyens, à quoy l'usage les dressoit, et qui nous semblent incroyables par inexperience ; par où ils suppleoient au deffault de nostre pouldre et de nos boulets. Ils dardoient leurs piles de telle roideur que souvent ils en enfiloient deux boucliers et deux hommes armés, et les cousoient. Les coups de leurs fondes n'estoient pas moins certains et loingtains : *Saxis globosis... funda, mare apertum incesentes... coronas modici circuli, magno ex intervallo loci, assueti trajicere, non capita modo hostium vulnerabant, sed quem locum destinassent*[2]. Leurs pieces de batteries representoient, comme l'effect, aussi le tintamarre des nostres : *ad ictus mœnium cum terribili sonitu editos, pavor et trepidatio cepit*[3]. Les Gaulois nos cousins, en Asie, haïssoient ces armes traistresses et volantes, duicts à combattre main à main avecques plus de courage. *Non tam patentibus plagis moventur... ubi latior quàm altior plaga est, etiam gloriosius se pugnare putant : iidem, quum aculeus sagittæ aut glandis abditæ introrsus tenui vulnere in speciem urit... tum, in rabiem et pudorem tam parvæ perimentis pestis versi, prosternunt corpora humi*[4] : peincture bien voisine

(1) Semblable à la foudre, la *phalarique* fendait l'air avec un horrible sifflement. Virg., *Énéide*, IX, 705.

(2) Exercés à lancer sur la mer les cailloux ronds que l'on trouve sur les rivages et à tirer d'une distance considérable dans un cercle de médiocre grandeur, ils blessaient leurs ennemis non-seulement à la tête, mais à telle partie du visage qu'il leur plaisait. Tit. Liv., XXXVIII, 29.

(3) Au retentissement des murailles frappées avec un bruit terrible, le trouble et l'effroi s'empara des assiégés. Tit. Liv., XXXVIII, 5.

(4) La largeur des plaies ne les effraie pas ; lorsque la blessure est plus large que profonde, ils s'en font gloire comme d'une preuve de valeur. Mais lorsque la pointe d'un dard ou

d'une harquebusade. Les dix mille Grecs, en leur longue et fameuse retraicte, rencontrerent une nation qui les endommagea merveilleusement, à coups de grands arcs et forts, et de sagettes si longues qu'à les reprendre à la main on les pouvait rejecter à la mode d'un dard, et perceoient de part en part un bouclier et un homme armé[1]. Les engeins[2] que Dionysius inventa à Syracuse à tirer des gros traicts massifs et des pierres d'horrible grandeur, d'une longue volée et impetuosité, representoient de bien près nos inventions.

Encores ne fault il pas oublier la plaisante assiette qu'avoit sur sa mule un maistre Pierre Pol, docteur en theologie, que Monstrelet recite avoir accoustumé se promener par la ville de Paris, assis de costé comme les femmes. Il dict aussi ailleurs que les Gascons[3] avoient des chevaux terribles, accoustumés de virer en courant ; de quoy les François, Picards, Flamands et Brabançons faisoient grand miracle, « pour n'avoir accoustumé de les veoir ; » ce sont ses mots. Cæsar, parlant de ceulx de Suede[4] : « Aux rencontres qui se font à cheval, dict il[5], ils se jectent souvent à terre pour combattre à pied, ayant accoustumé leurs chevaux de ne bouger ce pendant de la place, ausquels ils recourent promptement s'il en est besoing ; et, selon leur coustume, il n'est rien si vilain et si lasche que d'user de selles et bardelles ; et mesprisent ceulx qui en usent : de maniere que, fort peu en nombre, ils ne craignent pas d'en assaillir plusieurs. » Ce que j'ay admiré aultrefois, de veoir un cheval dressé à

une balle de plomb pénètre fort avant dans les chairs en laissant une ouverture peu apparente, alors, furieux de périr par une atteinte si légère, ils se roulent par terre de rage et de honte. Tit. Liv., XXXVIII, 21.

(1) Xénop., *Anabas.*, V, 2. C.

(2) La *catapulte*, dont Élien attribue l'invention à Denys lui-même, *Var. Hist.*, VI, 12. Diodore de Sicile, XIV, 42, dit simplement que la catapulte fut inventée à Syracuse du temps de Denys-l'Ancien. Pline, VII, 56, prétend que les Syro-Phéniciens s'en servirent les premiers. Voyez Juste Lipse, *Poliorcet.*, III, 2. J. V. L.

(3) Monstrelet, liv. I, c. 66, y joint les *Lombards*. C.

(4) Lisez *de Suève* ou *de Souabe*, peuple d'Allemagne que César nomme expressément *Suevorum gens* (*de Bell. Gall.*, IV, 1). La Suède était inconnue aux Romains du temps de César, ce qu'apparemment Montaigne savait fort bien. *Suède* doit donc être ici une faute d'impression, mais qui se trouve dans toutes les éditions que j'ai pu consulter. C.

(5) *De Bell. Gall.*, IV, 2. Les Bretons avaient un usage semblable, *ibid.*, c. 33, J. V, 1.

se manier à toutes mains avecques une baguette, la bride avallée sur ses aureilles, estoit ordinaire aux Massyliens, qui se servoient de leurs chevaux sans selle et sans bride :

> Et gens, quæ nudo residens Massylia dorso,
> Ora levi flectit, frœnorum nescia, virga¹.

> Et Numidæ infrœni cingunt².

*Equi sine frœnis; deformis ipse cursus, rigida cervice, et extento capite currentium*³.

Le roy Alphonse⁴, celuy qui dressa en Espaigne l'ordre des chevaliers de la Bande ou de l'Escharpe, leur donna, entre aultres regles, de ne monter ny mule ny mulet, sur peine d'un marc d'argent d'amende; comme je viens d'apprendre dans les Lettres de Guevara, desquelles ceulx qui les ont appelées Dorées faisoient jugement bien aultre que celuy que j'en foys⁵. *Le Courtisan*⁶ dict qu'avant son temps c'estoit reproche à un gentilhomme d'en chevaucher. Les Abyssins, au rebours, à mesure qu'ils sont les plus avancés près le Pretteian leur prince, affectent pour la dignité et pompe de monter de grandes mules.

Xenophon⁷ recite que les Assyriens tenoient tousjours leurs chevaux entravés au logis, tant ils estoient fascheux et farouches; et qu'il falloit tant de temps à les destacher et harnacher que, pour que ceste longueur ne leur apportast dommage, s'ils venoient à estre en desordre surprins par les ennemis, ils ne logeoient jamais en camp qui ne feust fossoyé et remparé. Son Cyrus, si grand maitre au faict de chevalerie, mettoit les chevaux de son escot, et ne leur faisoit bailler à manger qu'ils ne l'eussent gaigné par la sueur de quelque exercice. Les Scythes, où la nécessité les pressoit en la guerre, tiroient du sang de leurs chevaux, et s'en abreuvoient et nourrissoient :

> Venit et epoto Sarmata pastus equo¹.

Ceulx de Crete, assiegés par Metellus, se trouverent en telle disette de tout aultre bruvage qu'ils eurent à se servir de l'urine de leurs chevaux².

Pour verifier combien les armées turquesques se conduisent et maintiennent à meilleure raison que les nostres, ils disent qu'oultre ce que les soldats ne boivent que de l'eau et ne mangent que riz et de la chair salée mise en pouldre, de quoi chascun porte aysément sur soy provision pour un mois, ils sçavent aussi vivre du sang de leurs chevaux, comme les Tartares et Moscovites, et le salent.

Ces nouveaux peuples des Indes, quand les Espagnols y arriverent, estimerent, tant des hommes que des chevaux, que ce feussent ou dieux, ou animaux en noblesse au dessus de leur nature : aulcuns, après avoir esté vaincus, venants demander paix et pardon aux hommes, et leur apporter de l'or et des viandes, ne faillirent d'en aller autant offrir aux chevaux, avecques une toute pareille harangue à celle des hommes, prenants leur hennissement pour language de composition et de trefve.

Aux Indes de deçà, c'estoit anciennement le principal et royal honneur de chevaucher un elephant; le second, d'aller en coche traisné à quatre chevaux; le tiers, de monter un chameau; le dernier et plus vil degré, d'estre porté ou charrié par un cheval seul³. Quelqu'un de nostre temps escrit avoir veu, en ce climat là, des païs où on chevauche les bœufs avecques bastines, estriers et brides, et s'estre bien trouvé de leur porture.

Quintus Fabius Maximus Rutilianus⁴, contre les Samnites, voyant que ses gents de cheval, à trois ou quatre charges, avoient failly d'enfoncer le battaillon des ennemis, print ce conseil : qu'ils debridassent leurs chevaux et brochassent⁵ à toute force des esperons; si que, rien ne les pouvant arrester au travers des armes et des hommes renversés, ils ouvrirent le pas à leurs gents de pied, qui parfirent une très sanglante desfaicte. Autant en commanda Quintus Ful-

---

(1) Les Massyliens montent leurs chevaux à nu et les font obéir à une simple verge, qui leur tient lieu de frein. LUCAIN, IV, 682.

(2) Et les Numides conduisant leurs chevaux sans frein. VIRG., Enéide, IV, 41.

(3) Leurs chevaux sans frein ont l'allure désagréable, l'encolure raide et la tête tendue en avant. TIT. LIV., XXXV, 11.

(4) Alphonse XI, roi de Léon et de Castille, mort en 1350, à trente-huit ans.

(5) Voyez Bayle, au mot *Guevara*, note H.

(6) C'est un ouvrage publié en italien par Balthasar Castiglione, en 1528, sous le titre *del Cortegiano*. Le passage cité par Montaigne est au commencement du second livre. C.

(7) *Cyropédie*, III, 3. C.

(1) On y voit le Sarmate qui se nourrit du sang de cheval. MARTIAL, *Spectacul. Lib.*, épigr. 3, v. 4.

(2) VAL. MAXIME, VII, 6, *ext.* 1. C.

(3) ARRIEN, *Hist. Ind.*, c. 17. C.

(4) Ou plutôt *Rullianus*. TIT. LIV., VII, 30. C.

(5) Pi[quassent E. J.

vius Flaccus contre les Celtiberiens : *Id cum majore vi equorum facietis, si effrænatos in hostes equos immittitis; quod sœpè romanos equites cum laude fecisse suâ memoriæ proditum est... Detractisque frænis, bis ultro citroque cum magna strage hostium, infractis omnibus hastis, transcurrerunt*[1].

Le duc de Moscovie debvoit anciennement ceste reverence aux Tartares, quand ils envoyoient vers luy des ambassadeurs, qu'il leur alloit au devant à pied, et leur presentoit un gobeau de laict de jument (bruvage qui leur est en delices); et si, en beuvant, quelque goutte en tumboit sur le crin de leurs chevaux, il estoit tenu de la leicher avec la langue[2]. En Russie, l'armée que l'empereur Bajazet y avoit envoyée feut accablée d'un si horrible ravage de neiges que, pour s'en mettre à couvert et sauver du froid, plusieurs s'adviserent de tuer et eventrer leurs chevaux pour se jecter dedans, et jouir de ceste chaleur vitale. Bajazet, après cest aspre estour où il feut rompu par Tamburlan[3], se sauvoit belle erre[4] sur une jument arabesque, s'il n'eust esté contrainct de la laisser boire son saoul au passage d'un ruisseau; ce qui la rendit si flacque et refroidie qu'il feut bien ayséement après acconsuyvi par ceulx qui le poursuyvoient. On dict bien qu'on les lasche, les laissant pisser; mais le boire, j'eusse plustost estimé qu'il l'eust renforcée.

Crœsus, passant le long de la ville de Sardis, y trouva des pastis où il y avoit grande quantité de serpents, desquels les chevaux de son armée mangeoient de bon appetit; qui feut un mauvais prodige à ses affaires, dict Herodote[5].

Nous appellons un cheval entier, qui a crin et aureille; et ne passent les aultres à la montre[1] : les Lacedemoniens, ayants desfaict les Atheniens en la Sicile, retournants de la victoire en pompe en la ville de Syracuse, entre aultres bravades, feirent tondre les chevaux vaincus, et les menerent ainsin en triumphe[2]. Alexandre combattit une nation, *Dahas*[3] : ils alloient deux à deux armés à cheval à la guerre; mais, en la meslée, l'un descendoit à terre, et combattoient ores à pied, ores à cheval, l'un après l'aultre.

Je n'estime point qu'en suffisance et en grace à cheval, nulle nation nous emporte. Bon homme de cheval, à l'usage de nostre parler, semble plus regarder au courage qu'à l'adresse. Le plus sçavant, le plus seur, le mieulx advenant à mener un cheval à raison, que j'aye cogneu, feut, à mon gré, monsieur de Carnavalet, qui en servoit nostre roy Henry second. J'ay veu homme donner carriere à deux pieds sur sa selle, demonter sa selle, et au retour la relever, reaccommoder, et s'y rasseoir, fuyant tousjours à bride avallée; ayant passé par dessus un bonnet, y tirer par derriere de bons coups de son arc; amasser ce qu'il vouloit, se jectant d'un pied à terre, tenant l'aultre en l'estrier; et aultres pareilles singeries, de quoy il vivoit.

On a veu de mon temps, à Constantinople, deux hommes sur un cheval, lesquels, en sa plus roide course, se rejectoient, à tours[4], à terre, et puis sur la selle : et un qui, seulement des dents, bridoit et enharnachoit son cheval : un aultre qui, entre deux chevaux, un pied sur une selle, l'aultre sur l'aultre, portant un second sur ses bras, picquoit à toute bride; ce second, tout debout sur luy, tirant, en la course, des coups bien certains de son arc : plusieurs qui, les jambes contremont, donnoient carriere, la teste plantée sur leurs selles entre les poinctes des cimeterres attachés au harnois. En mon enfance, le prince de Sulmone, à Naples, maniant un rude cheval de toute sorte de maniements, tenoit soubs ses genouils et soubs ses orteils des reales[5], comme si elles y eussent

---

(1) Pour que leur choc soit plus impétueux, débridez vos chevaux, dit-il ; c'est une manœuvre dont le succès a souvent fait le plus grand honneur à la cavalerie romaine.... A peine l'ordre est-il donné qu'ils débrident leurs chevaux, percent les rangs ennemis, brisent toutes les lances, reviennent sur leurs pas et font un grand carnage. Tit. Liv., XL, 40.

(2) Voyez la *Chronique de Moscovie*, par P. Petreius, Suédois, imprimée en allemand, à Leipsick, en 1620, in-4o, part. II, p. 159. Cette espèce d'esclavage commença vers le milieu du treizième siècle et dura près de deux cent soixante ans. C.

(3) En 1401. *Tamerlan*. C.

(4) *En grande hâte*. Ce mot est singulièrement placé dans une ballade de La Fontaine :

Et je maintiens, comme article de foi,
Qu'en débridant matines à grand'*erre*
Les Augustins sont serviteurs du roi.

(5) Liv. I, c. 78. J. V. L.

---

(1) *Et où n'en admet point d'autres dans les montres ou revues*. Il me semble que les commentateurs n'avaient point compris cette phrase. J. V. L.

(2) Plut., *Vie de Nicias*, c. 10. C.

(3) Montaigne emploie l'accusatif de *Dahæ*, les Dahes. Voyez Quinte-Curce, VII, 7. C.

(4) *Tour à tour*, comme on a mis dans quelques éditions. C.

(5) Sorte de monnaie d'Espagne. E. J.

esté clouées, pour montrer la fermeté de son assiette.

CHAPITRE XLIX.
Des coustumes anciennes.

J'excuserois volontiers, en nostre peuple, de n'avoir aultre patron et regle de perfection que ses propres mœurs et usances; car c'est un commun vice, non du vulgaire seulement, mais quasi de touts hommes, d'avoir leur visée et leur arrest sur le train auquel ils sont nays. Je suis content, quand il verra Fabricius ou Lælius, qu'il leur treuve la contenance et le port barbare, puisqu'ils ne sont ny vestus ny façonnés à nostre mode : mais je me plains de sa particuliere indiscretion de se laisser si fort piper et aveugler à l'auctorité de l'usage present, qu'il soit capable de changer d'opinion et d'advis touts les mois, s'il plaist à la coustume, et qu'il juge si diversement de soy mesme. Quand il portoit le busc de son pourpoinct entre les mammelles, il maintenoit, par vifves raisons, qu'il estoit en son vray lieu : quelques années après, le voilà avalé jusques entre les cuisses; il se mocque de son aultre usage, le treuve inepte et insupportable. La façon de se vestir presente luy faict incontinent condamner l'ancienne, d'une resolution si grande et d'un consentement si universel que vous diriez que c'est quelque espece de manie qui luy tourneboule ainsi l'entendement. Parce que nostre changement est si subit et si prompt en cela que l'invention de touts les tailleurs du monde ne sçauroit fournir assez de nouvelletés, il est force que bien souvent les formes mesprisées reviennent en credit, et celles là mesmes tumbent en mespris tantost après ; et qu'un mesme jugement prenne en l'espace de quinze ou vingt ans deux ou trois, non diverses seulement, mais contraires opinions, d'une inconstance et legiereté incroyable. Il n'y a si fin entre nous qui ne se laisse embabouiner de ceste contradiction, et esblouïr tant les yeulx internes que les externes insensiblement.

Je veulx icy entasser aulcunes façons anciennes que j'ay en memoire, les unes de mesme les nostres, les aultres differentes; à fin qu'ayant en l'imagination ceste continuelle variation des choses humaines, nous en ayons le jugement plus esclaircy et plus ferme.

Ce que nous disons de combattre à l'espée et la cape, il s'usoit encores entre les Romains, ce dict Cæsar : *Sinistras sagis involvunt, gladiosque distringunt*[1]; et remarque dès lors en nostre nation ce vice, qui y est encores, d'arrester les passants que nous rencontrons en chemin[2], et de les forcer de nous dire qui ils sont, et de recevoir à injure et occasion de querelle s'ils refusent de nous respondre.

Aux bains, que les anciens prenoient touts les jours avant le repas, et les prenoient aussi ordinairement que nous faisons de l'eau à laver les mains, ils ne se lavoient du commencement que les bras et les jambes[3]; mais depuis, et d'une coustume qui a duré plusieurs siecles et en la pluspart des nations du monde, ils se lavoient tout nuds d'eau mixtionnée et parfumée, de maniere qu'ils employoient pour tesmoignage de grande simplicité, de se laver d'eau simple. Les plus affettés et delicats se parfumoient tout le corps bien trois ou quatre fois par jour. Ils se faisoient souvent pinceter tout le poil, comme les femmes françoises ont prins en usage, depuis quelque temps, de faire leur front,

Quod pectus, quod crura tibi, quod brachia vellis[4],

quoyqu'ils eussent des oignements propres à cela.

Psilothro nitet, aut acida latet oblita creta[5].

Ils aimoient à se coucher mollement, et alleguent pour preuve de patience de coucher sur les matelats. Ils mangeoient couchés sur des licts, à peu près en mesme assiette que les Turcs de nostre temps.

Inde toro pater Æneas sic orsus ab alto[6].

Et dict on du jeune Caton[7], que depuis la bataille de Pharsale, estant entré en dueil du mauvais estat des affaires publicques, il mangea tousjours assis, prenant un train de vie austere. Ils baisoient les mains aux grands, pour les honnorer et caresser. Et entre les amis, ils

---

(1) Ils s'enveloppent la main gauche de leurs saies et tirent l'épée. CÉSAR, *de Bello civili*, I, 75.

(2) CÉSAR, *de Bello Gallico*, IV, 5. J. V. L.

(3) SÉN., *Epist*. 86. C.

(4) Tu t'épiles la poitrine, les jambes et les bras. MARTIAL, II, 62, 1.

(5) Elle oint sa peau d'onguents dépilatoires ou l'enduit de craie détrempée dans du vinaigre. ID., VI, 93, 9.

(6) Alors, du lit élevé où il était placé, Énée parla ainsi. VIRG., *Énéide*, II, 2.

(7) PLUT., *Caton d'Utique*, c. 15 de la version d'Amyot. C.

s'entrebaisoient, en se saluant, comme font les Venitiens :

Gratatusque darem cum dulcibus oscula verbis[1];

et touchoient aux genouils pour requerir et saluer un grand. Pasiclès le philosophe, frere de Cratès, au lieu de porter la main au genouil, la porta aux genitoires; celuy à qui il s'addressoit l'ayant rudement repoulsé : « Comment, dict il, ceste partie n'est elle pas vostre, aussi bien que l'aultre[2]? » Ils mangeoient comme nous le fruict à l'issue de la table[3]. Ils se torchoient le cul (il faut laisser aux femmes ceste vaine superstition des parolles) avecques une esponge; voylà pourquoy *spongia* est un mot obscœne en latin ; et estoit ceste esponge attachée au bout d'un baston, comme tesmoigne l'histoire de celuy qu'on menoit pour estre presenté aux bestes devant le peuple, qui demanda congé d'aller à ses affaires; et n'ayant aultre moyen de se tuer, il se fourra ce baston et esponge dans le gosier, et s'en estouffa[4]. Ils s'essuyoient le catze de laine parfumée, quand ils en avoient faict :

At tibi nil faciam; sed lota mentula lana[5].

Il y avoit aux carrefours à Rome des vaisseaux et demy-cuves pour y apprester à pisser aux passants :

Pusi sæpe lacum propter, se, ac dolia curta,
Somno devincti, credunt extollere vestem[6].

Ils faisoient collation entre les repas. Et y avoit en esté des vendeurs de neige pour refreschir le vin; et y en avoit qui se servoient de neige en hyver, ne trouvants pas le vin encore lors assez froid. Les grands avoient leurs eschansons et trenchants, et leurs fols, pour leur donner du plaisir. On leur servoit en hyver la viande sur les fouyers qui se portoient sur la table; et avoient des cuisines portatives, comme j'en ay veu, dans lesquelles tout leur service se traisnoit après eulx.

---

(1) Je te baiserais en te félicitant dans les termes les plus touchants. OVIDE, *de Ponto*, IV, 9, 13.
(2) DIOG. LAERCE, VI, 89. C.
(3) *Ab ovo usque ad mala*. HOR., *Sat.*, I, 3, 6. J. V. L.
(4) SÉN., *Epist.* 70. C.
(5) Ce que Montaigne vient de dire nous dispense de traduire ce vers. MARTIAL, II, 58, 11. ?
(6) Les petits enfants endormis croient souvent lever leur robe pour uriner dans les réservoirs publics destinés à cet usage. LUCR., IV, 1024.

Has vobis epulas habete, lauti :
Nos offendimur ambulante cœna[1].

Et en esté, ils faisoient souvent, en leurs salles basses, couler de l'eau fresche et claire dans des canaux au dessoubs d'eux, où il y avoit force poisson en vie, que les assistants choisissoient et prenoient en la main, pour le faire apprester chascun à sa poste[2]. Le poisson a tousjours eu ce privilege, comme il a encores, que les grands se meslent de le savoir apprester; aussi en est le goust beaucoup plus exquis que de la chair, au moins pour moy. Mais en toute sorte de magnificence, desbauche, et d'inventions voluptueuses, de mollesse et de sumptuosité, nous faisons à la verité ce que nous pouvons pour les egualer (car nostre volonté est bien aussi gastée que la leur); mais nostre suffisance n'y peult arriver; nos forces ne sont non plus capables de les joindre en ces parties là vicieuses qu'aux vertueuses; car les unes et les aultres partent d'une vigueur d'esprit qui estoit sans comparaison plus grande en eulx qu'en nous : et les ames, à mesure qu'elles sont moins fortes, elles ont d'autant moins de moyen de faire ny fort bien ny fort mal.

Le hault bout d'entre eulx, c'estoit le milieu. Le devant et derriere n'avoient, en escrivant et parlant, aulcune signification de grandeur, comme il se veoid evidemment par leurs escripts: ils diront Oppius et Cæsar aussi volontiers que Cæsar et Oppius ; et diront moy et toy indifferemment comme toy et moy. Voylà pourquoy j'ay aultrefois remarqué, en la vie de Flaminius de Plutarque françois[3], un endroict où il semble que l'aucteur, parlant de la jalousie de gloire qui estoit entre les Ætoliens et les Romains, pour le gaing d'une bataille qu'ils avoient obtenu en commun, face quelque poids de ce qu'aux chansons grecques on nommoit les Ætoliens avant les Romains, s'il n'y a de l'amphibologie aux mots françois.

Les dames, estant aux estuves, y recevoient quand et quand des hommes; et se servoient,

---

(1) Riches voluptueux, gardez ces mets pour vous; je n'aime pas un souper ambulant. MARTIAL, VII, 48, 4. Voyez aussi Sénèque, *Epist.* 78.
(2) Ou *à son goust*, comme dans la première édition des *Essais* (Bordeaux, 1580) et dans celle de 1587, à Paris, chez J. Richer, laquelle ne contient aussi que deux livres. C.
(3) Chap. 5 de la traduction d'Amyot. C.

la mesme, de leurs valets à les frotter et oindre :

Inguina succinctus nigra tibi servus aluta
Stat, quoties calidis nuda foveris aquis[1].

Elles se saulpouldroient de quelque pouldre pour reprimer les sueurs.

Les anciens Gaulois, dict Sidonius Apollinaris[2], portoient le poil long par le devant, et le derriere de la teste tondu, qui est ceste façon qui vient à estre renouvellée par l'usage efféminé et lasche de ce siecle.

Les Romains payoient ce qui estoit deu aux bateliers, pour leur nolcage, dès l'entrée du bateau, ce que nous faisons après estre rendus à port :

Dum æs exigitur, dum mula ligatur,
Tota abit hora[3].

Les femmes couchoient au lict du costé de la ruelle : voylà pourquoy on appeloit Cæsar *spondam regis Nicomedis*[4]. Ils prenoient haleine en beuvant. Ils baptisoient le vin :

Quis puer ocius
Restinguet ardentis falerni
Pocula prætereuntis lympha[5] ?

Et ces champisses[6] contenances de nos laquais y estoient aussi :

O Jane ! a tergo quem nulla ciconia pinsit,
Nec manus auriculas imitata est mobilis albas,
Nec linguæ, quantum sitiat canis Appula, tantum[7].

Les dames argiennes et romaines[8] portoient le dueil blanc, comme les nostres avoient accoustumé et debvroient continuer de faire, si j'en estois creu. Mais il y a des livres entiers faicts sur cet argument.

(1) Un esclave, ceint d'un tablier de peau noire, se tient debout pour te servir, lorsque tu prends un bain chaud. MARTIAL, VII, 35, 1.

(2) *Carm.* V, v. 239 et suiv. C.

(3) Une heure entière se passe à atteler la mule et à faire payer les passagers. HOR., *Sat.*, I, 5, 13.

(4) La ruelle du roi Nicomède. SUÉT., *César*, c. 49.

(5) Esclaves, hâtez-vous de tempérer l'ardeur de ce vin de Falerne en y mêlant l'eau de cette source qui coule auprès de nous. HOR., *Od.*, II, 11, 18.

(6) *Malignes, goguenardes.* C.

(7) Ô Janus! on n'avait garde de vous faire les cornes, les oreilles d'âne ou de vous tirer la langue; vous aviez deux visages! PERSE, *Sat.*, I, 58.

(8) HÉROD., IV, 2, 6. J. V. L.

CHAPITRE L.

De Democritus et Heraclitus.

Le jugement est un util à tous subjects, et se mesle partout : à ceste cause, aux essais que j'en foys icy, j'y employe toute sorte d'occasion. Si c'est un subject que je n'entende point, à cela mesme je l'essaye, sondant le gué de bien loing ; et puis, le trouvant trop profond pour ma taille, je me tiens à la rive ; et ceste recognoissance de ne pouvoir passer oultre, c'est un traict de son effect, ouy de ceulx dont il se vante le plus. Tantost, à un subject vain et de neant, j'essaye veoir s'il trouvera de quoy luy donner corps, et de quoy l'appuyer et l'estansonner ; tantost je le promene à un subject noble et tracassé, auquel il n'a rien à trouver de soy, le chemin en estant si frayé qu'il ne peult marcher que sur la piste d'aultruy ; là il faict son jeu à eslire la route qui luy semble la meilleure ; et de mille sentiers il dict que cestuy cy ou cestuy là a esté le mieulx choisi. Je prends, de la fortune, le premier argument ; ils me sont également bons, et ne desseigne jamais de les traicter entiers : car je ne veois le tout de rien ; ne font pas ceulx qui nous promettent de nous le faire veoir. De cent membres et visages qu'a chasque chose, j'en prends un tantost à leischer seulement, tantost à efflorer, et parfois à pinser jusqu'à l'os : j'y donne une poincte, non pas le plus largement, mais le plus profondement que je sçais, et aime plus souvent à les saisir par quelque lustre inusité. Je me hazarderois de traicter à fond quelque matiere si je me cognoissois moins, et me trompois en mon impuissance. Semant icy un mot, icy un autre, eschantillons desprins de leur piece, escartés sans desseing, sans promesse, je ne ne suis pas tenu d'en faire bon, ny de m'y tenir moy mesme, sans varier quand il me plaist, et me rendre au doubte et incertitude, et à ma maistresse forme, qui est l'ignorance.

Tout mouvement nous descouvre : ceste mesme ame de Cæsar qui se faict veoir à ordonner et dresser la bataille de Pharsale, elle se faict aussi veoir à dresser des parties oysifves et amoureuses : on juge un cheval, non seulement à le veoir manier sur une carriere, mais encores à luy veoir aller le pas, voire et à le veoir en repos à l'estable.

Entre les functions de l'ame, il en est de basses : qui ne la veoid encores par là n'acheve pas de la cognoistre; et à l'adventure, la remarque l'on mieulx où elle va son pas simple. Les vents des passions la prennent plus en ses haultes assiettes; joinct qu'elle se couche entiere sur chasque matiere, et s'y exerce entiere; et n'en traicte jamais plus d'une à la fois, et la traicte, non selon elle, mais selon soy. Les choses, à part elles, ont peut estre leur poids, mesures et conditions; mais au dedans, en nous, elle les leur taille comme elle l'entend. La mort est effroyable à Cicero, desirable à Caton, indifferente à Socrates. La santé, la conscience, l'auctorité, la science, la richesse, la beauté, et leurs contraires, se despouillent à l'entrée, et receoivent de l'ame nouvelle vesture et de la teincture qu'il luy plaist; brune, claire, verte, obscure, aigre, doulce, profonde, superficielle, et qu'il plaist à chascune d'elles : car elles n'ont pas vérifié en commun leurs styles, regles et formes; chascune est royne en son estat. Parquoy ne prenons plus excuse des externes qualités des choses; c'est à nous à nous en rendre compte. Nostre bien et nostre mal ne tient qu'à nous. Offrons y nos offrandes et nos vœux, non pas à la fortune : elle ne peult rien sur nos mœurs; au rebours, elles l'entraisnent à leur suitte et la moulent à leur forme. Pourquoy ne jugeray je d'Alexandre à table, devisant et beuvant d'autant; ou s'il manioit des eschecs ? quelle chorde de son esprit ne touche et n'employe ce niais et puerile jeu ? je le hais et fuys de ce qu'il n'est pas assez jeu, et qu'il nous esbat trop serieusement, ayant honte d'y fournir l'attention qui suffiroit à quelque bonne chose. Il ne feut pas plus embesongné à dresser son glorieux passage aux Indes, ny cest aultre à desnouer un passage duquel despend le salut du genre humain. Voyez combien nostre ame trouble cest amusement ridicule, si touts ses nerfs ne bandent; combien amplement elle donne loy à chascun en cela de se cognoistre et juger droictement de soy. Je ne me veois et retaste plus universellement en nulle aultre posture : quelle passion ne nous y exerce? la cholere, le despit, la hayne, l'impatience, et une vehemente ambition de vaincre en chose en laquelle il seroit plus excusable de se rendre ambitieux d'estre vaincu ; car la precellence rare, et au-dessus du commun, messied à un homme d'honneur en chose frivole. Ce que je dis en cest exemple se peult dire en touts aultres. Chasque parcelle, chasque occupation de l'homme l'accuse et le montre egualement qu'un aultre.

Democritus et Heraclitus ont esté deux philosophes, desquels le premier, trouvant vaine et ridicule l'humaine condition, ne sortoit en publicque qu'avecques un visage mocqueur et riant; Heraclitus, ayant pitié et compassion de ceste mesme condition nostre, en portoit le visage continuellement triste et les yeulx chargés de larmes :

Alter
Ridebat, quoties a limine moverat unum
Protuleratque pedem ; flebat contrarius alter</i>[1].

J'aime mieulx la premiere humeur, non parce qu'il est plus plaisant de rire que de plorer, mais parce qu'elle est plus desdaigneuse, et qu'elle nous condamne plus que l'aultre ; et il me semble que nous ne pouvons jamais estre assez mesprisés selon nostre merite. La plaincte et la commiseration sont meslées à quelque estimation de la chose qu'on plaind : les choses de quoy on se mocque, on les estime sans prix. Je ne pense point qu'il y ait tant de malheur en nous comme il y a de vanité, ny tant de malice comme de sottise : nous ne sommes pas si pleins de mal comme d'inanité; nous ne sommes pas si miserables comme nous sommes vils. Ainsi Diogenes, qui baguenaudoit à part soy, roulant son tonneau, et hochant du nez le grand Alexandre, nous estimant des mouches ou des vessies pleines de vent, estoit bien juge plus aigre et plus poignant, et par consequent plus juste à mon humeur, que Timon, celuy qui feust surnommé le Haïsseur des hommes : car ce qu'on hait, on le prend à cœur. Cestuy cy nous souhaitoit du mal, estoit passionné du desir de nostre ruine, fuyoit nostre conversation comme dangereuse, de meschants et de nature despravée : l'aultre nous estimoit si peu que nous ne pourrions ny le troubler ny l'alterer par nostre contagion; nous laissoit de compaignie, non pour la crainte, mais pour le desdaing de nostre commerce; il ne nous estimoit capables ny de bien ny de mal faire.

(1) Dès qu'ils avaient mis le pied hors de la maison, l'un riait, l'autre pleurait. Juv., *Sat.*, X, 28.

De mesme marque feut la response de Statilius, auquel Brutus parla pour le joindre à la conspiration contre Cæsar : il trouva l'entreprinse juste, mais il ne trouva pas les hommes dignes pour lesquels on se meist aulcunement en peine[1]; conformément à la discipline de Hegesias, qui disoit : « Le sage ne debvoir rien faire que pour soy, d'autant que seul il est digne pour qui on face[2]; » et à celle de Theodorus : « Que c'est injustice, que le sage se hazarde pour le bien de son pays, et qu'il mette en peril la sagesse pour des fols[3]. » Nostre propre condition est autant ridicule que risible.

CHAPITRE LI.

De la vanité des paroles.

Un rhetoricien du temps passé disoit que son mestier estoit « de choses petites les faire paroistre et trouver grandes. » C'est un cordonnier qui sçait faire de grands souliers à un petit pied[4]. On luy eust faict donner le fouet en Sparte, de faire profession d'un' art piperesse et mensongiere : et crois qu'Archidamus, qui en estoit roy, n'ouït pas sans estonnement la response de Thucydides, auquel il s'enqueroit qui estoit plus fort à la luicte, ou Pericles ou luy : « Cela, feit-il, seroit malaysé à verifier : car, quand je l'ay porté par terre en luictant, il persuade à ceulx qui l'ont veu qu'il n'est pas tumbé, et le gaigne[5]. » Ceulx qui masquent et fardent les femmes font moins de mal; car c'est chose de peu de perte de ne les veoir pas en leur naturel : là où ceulx cy font estat de tromper, non pas nos yeulx, mais nostre jugement, et d'abastardir et corrompre l'essence des choses. Les republiques qui se sont maintenues en un estat reglé et bien policé, comme la cretense ou la cedemonienne, elles n'ont pas faict grand compte d'orateurs[6]. Ariston definit sagement la rhetorique, « Science à persuader le peuple[7] : » Socrates, Platon, « Art de tromper et de flatter[1]. » Et ceulx qui le nient en la generale description le verifient par tout en leurs preceptes. Les mahometans en deffendent l'instruction à leurs enfants pour son inutilité; et les Atheniens, s'appercevants combien son usage, qui avoit tout credit en leur ville, estoit pernicieux, ordonnerent que sa principale partie, qui est esmouvoir les affections, feust ostée, ensemble les exordes et perorations. C'est un util inventé pour manier et agiter une tourbe et une commune desreglée; et est util qui ne s'employe qu'aux estats malades, comme la medecine. En ceulx où le vulgaire, où les ignorants, où touts, ont tout peu, comme celuy d'Athenes, de Rhodes et de Rome, et où les choses ont esté en perpetuelle tempeste, là ont afflué les orateurs. Et, à la verité, il se veoid peu de personnages en ces republiques là qui se soient poulsés en grand credit sans le secours de l'eloquence. Pompeius, Cæsar, Crassus, Lucullus, Lentulus, Metellus, ont prins de là leur grand appuy à se monter à ceste grandeur d'auctorité où ils sont enfin arrivés, et s'en sont aydés plus que des armes, contre l'opinion des meilleurs temps; car L. Volumnius, parlant en publicque en faveur de l'election au consulat faicte des personnes de Q. Fabius et P. Decius : « Ce sont gents nays à la guerre, grands aux effects; au combat du babil, rudes; esprits vrayement consulaires : les subtils, eloquents et sçavants, sont bons pour la ville, preteurs à faire justice, » dict il[2]. L'eloquence à flori le plus à Rome lorsque les affaires ont esté en plus mauvais estat et que l'orage des guerres civiles les agitoit : comme un champ libre et indompté porte les herbes plus gaillardes. Il semble par là que les polices qui despendent d'un monarque en ont moins de besoing que les aultres; car la bestise et facilité qui se treuve en la commune, et qui la rend subjecte à estre maniée et contournée par les aureilles au doulx son de ceste harmonie, sans venir à poiser et cognoistre la verité des choses par la force de raison; ceste facilité, dis-je, ne se treuve pas si aysément en un seul, et est plus ayse de la garantir, par bonne institution et bon conseil, de l'impression de ceste poison. On n'a pas veu sortir de Macedoine ny de Perse aulcun orateur de renom.

---

(1) PLUT., *Vie de M. Brutus*, c. 3. C.

(2) DIOG. LAERCE, II, 95. C.

(3) DIOG. LAERCE, II 95. C.

(4) Ce mot est d'Agésilas. Voyez PLUT., *Apophthegmes des Lacédémoniens*. C.

(5) PLUT., *Vie de Périclès*, c. 5. C.

(6) SEXT. EMPIR., *advers. Mathem.*, l. II, p. 68, édit. de 1621. C.

(7) QUINTIL., II, 16. C.

(1) Dans le *Gorgias*, p. 287, etc. C.

(2) TITE LIVE, X, 22. C.

J'en ay dict ce mot sur le subject d'un Italien que je viens d'entretenir, qui a servy le feu cardinal Caraffe de maistre d'hostel jusques à sa mort. Je lui faisois conter de sa charge : il m'a faict un discours de ceste science de gueule avecques une gravité et contenance magistrale, comme s'il m'eust parlé de quelque grand poinct de theologie : il m'a dechiffré une difference d'appetits; celuy qu'on a à jeun, qu'on a après le second et tiers service; les moyens tantost de luy plaire simplement, tantost de l'esveiller et picquer; la police de ses saulces, premierement en general, et puis particularisant les qualités des ingredients et leurs effects ; les differences des salades selon leur saison, celle qui doibt estre reschauffée, celle qui veult estre servie froide, la façon de les orner et embellir pour les rendre encores plaisantes à la veue. Après cela, il est entré sur l'ordre du service, plein de belles et importantes considerations:

Nec minimo sane discrimine refert,
Quo gestu lepores, et quo gallina secetur[1];

et tout cela enflé de riches et magnifiques paroles, et celles mesme qu'on employe à traicter du gouvernement d'un empire. Il m'est souvenu de mon homme :

Hoc salsum est, hoc adustum est, hoc lautum est parum :
Illud recte; iterum sic memento : sedulo
Moneo, quæ possum, pro mea sapientia.
Postremo, tanquam in speculum, in patinas, Demea,
Inspicere jubeo, et moneo, quid facto usus sit[2].

Si est ce que les Grecs mesme louerent grandement l'ordre et la disposition que Paulus Æmilius observa au festin qu'il leur feit au retour de Macedoine[3]. Mais je ne parle point icy des effects, je parle des mots.

Je ne sçais s'il en advient aux aultres comme à moy; mais je ne me puis garder, quand j'oys nos architectes s'enfler de ces gros mots de pilastres, architraves, corniches, d'ouvrage corinthien et dorique, et semblables de leur jargon, que mon imagination ne se saisisse incontinent du palais d'Apollidon[1] : et, par effect, je treuve que ce sont les chestifves pieces de la porte de ma cuisine.

Oyez dire metonymie, metaphore, allegorie, et aultres tels noms de la grammaire; semble il pas qu'on signifie quelque forme de langage rare et pellegrin[2]? ce sont tiltres qui touchent le babil de vostre chambriere.

C'est une piperie voisine à ceste cy d'appeler les offices de nostre estat par les tiltres superbes des Romains, encores qu'ils n'ayent aulcune ressemblance de charge, et encores moins d'auctorité et de puissance. Et ceste cy aussi, qui servira, à mon advis, un jour de reproche à nostre siecle, d'employer indignement, à qui bon nous semble, les surnoms les plus glorieux de quoy l'ancienneté ayt honnoré un ou deux personnages en plusieurs siecles. Platon a emporté ce surnom de divin par un consentement universel qu'aulcun n'a essayé luy envier : et les Italiens, qui se vantent, et avecques raison, d'avoir communement l'esprit plus esveillé et le discours plus sain que les aultres nations de leur temps, en viennent d'estrener l'Aretin, auquel, sauf une façon de parler bouffie et bouillonnée de poinctes, ingenieuses à la verité, mais recherchées de loing et fantastiques, et oultre l'eloquence enfin, telle qu'elle puisse estre, je ne veois pas qu'il y ait rien au dessus des communs aucteurs de son siecle : tant s'en fault qu'il approche de ceste divinité ancienne. Et le surnom de grand, nous l'attachons à des princes qui n'ont rien au dessus de la grandeur populaire.

CHAPITRE LII.

De la parcimonie des anciens.

Attilius Regulus[3], general de l'armée romaine en Afrique, au milieu de sa gloire et de ses victoires contre les Carthaginois, escrivit à la chose publicque qu'un valet de labourage,

---

(1) Car ce n'est pas une chose indifferente que la maniere dont on s'y prend pour découper un lièvre ou un poulet. Juv., Sat., V, 123.

(2) Cela est trop salé, ceci est brûlé; cela n'est pas d'un goût assez relevé, ceci est fort bien : souvenez-vous de le faire de même une autre fois. Je leur donne les meilleurs avis que je puis, selon mes faibles lumières. Enfin, Déméa, je les exhorte à se mirer dans leur vaisselle, comme dans un miroir, et je les avertis de tout ce qu'ils ont à faire. TÉRENCE, *Adelph.,* acte III, sc. 3, v. 71.

(3) PLUT., *Vie de Paul Émile,* c. 15 de la version d'Amyot. C.

(1) Qui voudra connaitre les merveilles de ce palais, et Apollidon, qui le fit par art de negromance, doit prendre la peine de lire le premier chapitre du second livre d'*Amadis de Gaule,* et le chapitre second du quatrième livre. C.

(2) *Fin, poli, délicat,* de l'italien *pellegrino.*
Nulla di *pellegrino,* o di gentile,
Gli piaceque mai.
Il n'eut jamais de goût pour rien de fin ni de délicat. TASSO, *Gerusal. liberata,* canto IV, stanza 46. C.

(3) VAL. MAXIME, IV, 4, 6. C.

qu'il avoit laissé seul au gouvernement de son bien, qui estoit en tout sept arpents de terre, s'en estoit enfuy, ayant desrobé ses utils à labourer, et demandoit congé pour s'en retourner et y pourveoir, de peur que sa femme et ses enfants n'en eussent à souffrir. Le senat pourveut à commettre un aultre à la conduicte de ses biens et lui feit restablir ce qui lui avoit esté desrobé, et ordonna que sa femme et enfants seroient nourris aux despens du publicque.

Le vieux Caton[1], revenant d'Espagne consul, vendit son cheval de service pour espargner l'argent qu'il eust cousté à le ramener par mer en Italie, et estant au gouvernement de Sardaigne, faisoit ses visitations à pied, n'ayant avecques luy aultre suitte qu'un officier de la chose publicque qui luy portoit sa robbe et un vase à faire des sacrifices; et le plus souvent il portoit sa male luy mesme. Il se vantoit de n'avoir jamais eu robbe qui eust cousté plus de dix escus, ny avoir envoyé au marché plus de dix sols pour un jour; et de ses maisons aux champs, qu'il n'en avoit aulcune qui feust crepie et enduite par dehors.

Scipion Æmilianus[2], après deux triumphes et deux consulats, alla en legation avec sept serviteurs seulement. On tient qu'Homere n'en eut jamais qu'un, Platon trois ; Zenon, le chef de la secte stoïcque, pas un[3]. Il ne feut taxé que cinq sols et demy pour jour à Tiberius Gracchus[4], allant en commission pour la chose publicque, estant lors le premier homme des Romains.

CHAPITRE LIII.

D'un mot de Cæsar.

Si nous nous amusions par fois à nous considerer, et que le temps que nous mettons à controoller aultruy et à cognoistre les choses qui sont hors de nous, que nous l'employissions à nous sonder nous mesmes, nous sentirions ayséement combien toute ceste nostre contexture est bastie de pieces foibles et desfaillantes. N'est ce pas un singulier tesmoignage d'imperfection, ne pouvoir r'asseoir nostre contentement en aulcune chose, et que, par desir mesme et imagination, il seroit hors de nostre puissance de choisir ce qu'il nous fault ? De quoy porte bon tesmoignage ceste grande dispute qui a tousjours esté entre les philosophes pour trouver le souverain bien de l'homme, et qui dure encores, et qui durera eternellement sans resolution et sans accord.

Dum abest quod avemus, id exsuperare videtur
Cætera; post aliud, quum contigit illud, avemus,
Et sitis æqua tenet[1].

Quoy que ce soit qui tumbe en nostre cognoissance et jouissance, nous sentons qu'il ne nous satisfaict pas, et allons beeant après les choses advenir et incogneues, d'autant que les presentes ne nous saoulent point ; non pas, à mon advis, qu'elles n'ayent assez de quoy nous saouler, mais c'est que nous les saisissons d'une prinse malade et desreglée :

Nam quum vidit hic, ad victum quæ flagitat usus,
Omnia jam ferme mortalibus esse parata ;
Divitiis homines, et honore, et laude potentes
Affluere, atque bona natorum excellere fama ;
Nec minus esse domi cuiquam tamen anxia corda,
Atque animum infestis cogi servire querelis :
Intellexit ibi vitium vas efficere ipsum,
Omniaque, illius vitio, corrumpier intus,
Quæ collata foris et commoda quæque venirent[2].

Nostre appetit est irresolu et incertain ; il ne sçait rien tenir ny rien jouïr de bonne façon. L'homme, estimant que ce soit le vice de ces choses qu'il tient, se remplit et se paist d'aultres choses qu'il ne sçait point et qu'il ne cognoist point, où il applique ses desirs et ses esperances, les prend en honneur et reverence, comme dict Cæsar : *Communi fit vitio naturæ, ut invisis, latitantibus atque incognitis rebus magis confidamus, vehementiusque exterreamur*[3].

---

(1) PLUT. *Caton le censeur*, c. 3. C.
(2) VAL. MAXIME, IV, 3, 13. C.
(3) SÉN., *Consol. ad Helviam*, c. 12. C.
(4) PLUT., dans la *Vie des Gracques*, c. 4. Mais ici Montaigne abuse de ce passage, qui ne fait rien à son sujet ; car Plutarque y déclare expressément qu'on ne donna cette petite somme à Tibérius Gracchus *que pour luy faire despit et honte*, comme parle Amyot. C.

(1) Le bien qu'on n'a pas paraît toujours le bien suprême. En jouit-on ? c'est pour soupirer après un autre avec la même ardeur. LUCR., III, 1095.
(2) Épicure considérant que les mortels ont à peu près tout ce qui leur est nécessaire, et que cependant, avec des richesses, des honneurs, de la gloire, et des enfants bien nés, ils n'en sont pas moins en proie à mille chagrins intérieurs, et qu'ils ne peuvent s'empêcher de gémir comme des esclaves dans les fers, comprit que tout le mal vient du vase même, qui, corrompu d'avance, aigrit et altère ce qu'on y verse de plus précieux. LUCR. VI, 9.
(3) Il se faict, par un vice ordinaire de nature, que nous

CHAPITRE LIV.

Des vaines subtilités.

Il est de ces subtilités frivoles et vaines par le moyen desquelles les hommes cherchent quelquefois de la recommandation, comme les poëtes qui font des ouvrages entiers de vers commenceants par une mesme lettre; nous veoyons des œufs, des boules, des ailes, des haches façonnées anciennement par les Grecs avecques la mesure de leurs vers, en les allongeant ou accourcissant en maniere qu'ils viennent à representer telle ou telle figure : telle estoit la science de celuy qui s'amusa à compter en combien de sortes se pouvoient renger les lettres de l'alphabet, et y en trouva ce nombre incroyable qui se veoid dans Plutarque. Je treuve bonne l'opinion de celuy à qui on presenta un homme apprins à jecter de la main un grain de mil avecques telle industrie que, sans faillir, il le passoit tousjours dans le trou d'une aiguille ; et luy demanda l'on apres quelque present pour loyer d'une si rare suffisance ; sur quoy il ordonna bien plaisamment et justement, à mon advis, qu'on feist donner à cest ouvrier deux ou trois minots de mil à fin qu'un si bel art ne demeurast sans exercice[1]. C'est un tesmoignage merveilleux de la foiblesse de nostre jugement, qu'il recommende les choses par la rareté ou nouvelleté, ou encores par la difficulté, si la bonté et utilité n'y sont joinctes.

Nous venons presentement de nous jouer chez moy à qui pourroit trouver plus de choses qui se teinssent par les deux bouts extremes, comme *Sire* ; c'est un tiltre qui se donne à la plus eslevée personne de nostre estat, qui est le roy, et se donne aussi au vulgaire, comme aux marchands, et ne touche point ceulx d'entre deux. Les femmes de qualité, on les nomme dames ; les moyennes, damoiselles ; et dames encores celles de la plus basse marche. Les daiz qu'on estend sur les tables ne sont permis qu'aux maisons des princes et aux tavernes. Democritus disoit[1] que les dieux et les bestes avoient leurs sentiments plus aigus que les hommes, qui sont au moyen estage. Les Romains portoient mesme accoustrement les jours de dueil et les jours de feste. Il est certain que la peur extreme et l'extreme ardeur de courage troublent egualement le ventre et le laschent. Le saubriquet de Tremblant, duquel le douziesme roy de Navarre Sancho feut surnommé, apprend que la hardiesse aussi bien que la peur engendrent du tremoussement aux membres. Ceulx qui armoient, ou luy, ou quelque aultre de pareille nature, à qui la peau frissonnoit, essayerent à le rasseurer, appetissants le dangier auquel il s'alloit jecter : « Vous me cognoissez mal, leur dict il; si ma chair sçavoit jusques où mon courage la portera tantost, elle s'en transiroit tout à plat. » La foiblesse qui nous vient de froideur et desgoustement aux exercices de Venus, elle nous vient aussi d'un appetit trop vehement, et d'une chaleur desreglée. L'extreme froideur et l'extreme chaleur cuisent et rostissent : Aristote dict que les cueux[2] de plomb se fondent et coulent de froid et de la rigueur de l'hyver comme d'une chaleur vehemente[3]. Le desir et la satieté remplissent de douleur les sieges au dessus et au dessoubs de la volupté. La bestise et la sagesse se rencontrent en mesme poinct de sentiment et de resolution à la souffrance des accidents humains. Les sages gourmandent et commandent le mal, et les aultres l'ignorent : ceulx cy sont, par maniere de dire, au deçà des accidents ; les aultres au delà, lesquels, après avoir bien poisé et consideré les qualités, les avoir mesurés et jugés tels qu'ils sont, s'eslancent au dessus par la force d'un vigoreux courage ; ils les desdaignent et foulent aux pieds, ayants une ame forte et solide, contre laquelle les traicts de la fortune venants à donner, il est force qu'ils rejaillissent et s'esmoussent trouvants un corps dans lequel ils ne peuvent faire impression : l'ordinaire et moyenne condition des

---

ayons et plus de fiance et plus de crainte des choses que nous n'avons pas veu, et qui sont cachées et incognues. *De Bello civil.*, II, 4. — C'est Montaigne qui traduit ainsi ce passage dans deux éditions de ses *Essais*, 1580 et 1588. C.

(1) Suivant QUINTILIEN, II, 20, c'est Alexandre qui fit cette réponse ; mais il s'agit de *pois chiches* (*grana ciceris*), et non de *grains de mil*. C.

(1) PLUT., *de Placit. philosoph.*, IV, 10. C.

(2) C'est-à-dire *des masses de plomb*, telles qu'elles sortent de la première fonte. A présent *gueuse*. C.

(3) Ici Montaigne ne rapporte pas exactement la pensée d'Aristote, qui, après avoir dit que l'étain des Celtes se fond plus tôt que le plomb, puisqu'il se fond même dans l'eau, ajoute : « L'étain se fond aussi par le froid, quand il gèle, etc. » *De Mirabil. auscult.*, p. 1154, t. I, éd. de Paris. C.

hommes loge entre ces deux extremités; qui est de ceulx qui apperceoivent les maux, les sentent et ne les peuvent supporter. L'enfance et la decrepitude se rencontrent en imbecillité de cerveau; l'avarice et la profusion en pareil desir d'attirer et d'acquerir.

Il se peult dire, avecques apparence, qu'il y a ignorance abecedaire qui va devant la science; une autre doctorale qui vient après la science, ignorance que la science faict et engendre, tout ainsi comme elle desfaict et destruict la premiere. Des esprits simples, moins curieux et moins instruicts, il s'en faict de bons chrestiens, qui, par une reverence et obeissance, croyent simplement, et se maintiennent soubs les loix. En la moyenne vigueur des esprits et moyenne capacité, s'engendre l'erreur des opinions; ils suyvent l'apparence du premier sens, et ont quelque tiltre d'interpreter à niaiserie et bestise que nous soyons arrestés en l'ancien train, regardants à nous qui n'y sommes pas instruicts par estude. Les grands esprits, plus rassis et clairvoyants, font un aultre genre de biencroyants; lesquels, par longue et religieuse investigation, penetrent une plus profonde et abstruse lumiere ès Escriptures, et sentent le mysterieux et divin secret de nostre police ecclesiastique; pourtant en voyeons nous aulcuns estre arrivés à ce dernier estage par le second, avecques merveilleux fruict et confirmation, comme à l'extreme limite de la chrestienne intelligence, et jouïr de leur victoire avecques consolation, actions de graces, reformation de mœurs et grande modestie. Et en ce reng n'entends je pas loger ces aultres qui, pour se purger du souspeçon de leur erreur passée, et pour nous asseurer d'eulx, se rendent extremes, indiscrets et injustes à la conduite de nostre cause, et la tachent d'infinis reproches de violence. Les païsans simples sont honnestes gents; et honnestes gents les philosophes, ou, selon que nostre temps les nomme, des natures fortes et claires, enrichies d'une large instruction de sciences utiles: les mestis, qui ont desdaigné le premier siege de l'ignorance des lettres, et n'ont peu joindre l'aultre (le cul entre deux selles, desquels je suis et tant d'aultres), sont dangereux, ineptes, importuns; ceulx cy troublent le monde. Pourtant, de ma part, je me recule tant que je puis dans le premier et naturel siege, d'où je me suis pour neant essayé de partir.

La poësie populaire et purement naturelle a des naïfvetés et graces par où elle se compare à la principale beauté de la poësie parfaicte selon l'art; comme il se veoid ès villanelles de Gascoigne, et aux chansons qu'on nous rapporte des nations qui n'ont cognoissance d'aulcune science, ny mesme d'escripture: la poësie mediocre, qui s'arreste entre deux, est desdaignée, sans honneur et sans prix.

Mais parce que, après que le pas a esté ouvert à l'esprit, j'ay trouvé, comme il advient ordinairement, que nous avions prins pour un exercice malaysé et d'un rare subject ce qui ne l'est aulcunement, et qu'après que nostre invention a esté eschauffée elle descouvre un nombre infiny de pareils exemples, je n'en adjousteray que cestuy cy: que si ces Essais estoient dignes qu'on en jugeast, il en pourroit advenir, à mon advis, qu'ils ne plairoient gueres aux esprits communs et vulgaires, ny gueres aux singuliers et excellents; ceulx là n'y entendroient pas assez; ceulx cy y entendroient trop: ils pourroient vivoter en la moyenne region.

CHAPITRE LV.

Des senteurs.

Il se dict d'aulcuns, comme d'Alexandre le Grand[1], que leur sueur espandoit une odeur souefve, par quelque rare et extraordinaire complexion: de quoy Plutarque et aultres recherchent la cause. Mais la commune façon des corps est au contraire; et la meilleure condition qu'ils ayent, c'est d'estre exempts de senteur: la doulceur mesme des haleines plus pures n'a rien de plus parfaict que d'estre sans aulcune odeur qui nous offense, comme sont celles des enfants bien sains. Voylà pourquoi, dict Plaute,

Mulier tum bene olet, ubi nihil olet[2];

« La plus exquise senteur d'une femme, c'est ne sentir rien. » Et les bonnes senteurs estran-

---

(1) PLUT., *Vie d'Alexandre*, c. 1. C.
(2) *Mostell.*, acte I, sc. 3, v. 116. Il y a dans Plaute: *Ecastor! mulier recte olet, ubi nihil olet*. Montaigne a traduit ce vers après l'avoir cité. C.

gieres, on a raison de les tenir pour suspectes à ceulx qui s'en servent, et d'estimer qu'elles soyent employées pour couvrir quelque defaut naturel de ce costé là. D'où naissent ces rencontres des poëtes anciens, c'est puir que sentir bon.

> *Rides nos, Coracine, nil olentes;*
> *Malo, quam bene olere, nil olere*[1].

Et ailleurs,

> *Postume, non bene olet, qui bene semper olet*[2].

J'aime pourtant bien fort à estre entretenu de bonnes senteurs; et hais oultre mesure les mauvaises, que je tire de plus loing que tout aultre:

> *Namque sagacius unus odoror,*
> *Polypus, an gravis hirsutis cubet hircus in alis,*
> *Quàm canis acer, ubi lateat sus*[3].

Les senteurs plus simples et naturelles me semblent plus agreables. Et touche ce poing principalement les dames: en la plus espesse barbarie, les femmes scythes, après s'estre lavées, se saulpoudrent et encroustent tout le corps et le visage de certaine drogue qui naist en leur terroir, odoriferante; et pour approcher les hommes, ayants osté ce fard, elles s'en treuvent et polies et parfumées. Quelque odeur que ce soit, c'est merveille combien elle s'attache à moy, et combien j'ay la peau propre à s'en abruver. Celuy qui se plainct de nature, de quoy elle a laissé l'homme sans instrument à porter les senteurs au nez, a tort; car elles se portent elles mesmes; mais à moy particulierement les moustaches que j'ay pleines m'en servent; si j'en approche mes gants ou mon mouchoir, l'odeur y tiendra tout un jour: elles accusent le lieu d'où je viens. Les estroicts baisers de la jeunesse, savoureux, gloutons et gluants, s'y colloient aultrefois, et s'y tenoient plusieurs heures après. Et si pourtant je me treuve peu subject aux maladies populaires, qui se chargent par la conversation et qui naissent de la contagion de l'air; et me suis sauvé de celles de mon temps, de quoy il y en a eu plusieurs sortes en nos villes et en nos ar-

mées. On lit de Socrates[1] que, n'estant jamais party d'Athènes pendant plusieurs recheutes de peste qui la tormenterent tant de fois, luy seul ne s'en trouva jamais plus mal.

Les medecins pourroient, ce croisje, tirer des odeurs plus d'usage qu'ils ne font; car j'ay souvent apperceu qu'elles me changent, et agissent en mes esprits, selon qu'elles sont: qui me faict approuver ce qu'on dict, que l'invention des encens et parfums aux eglises, si ancienne et si espandue en toutes nations et religions, regarde à cela de nous resjouir, esveiller et purifier le sens, pour nous rendre plus propres à la contemplation.

Je vouldrois bien, pour en juger, avoir eu ma part de l'ouvrage de ces cuisiniers qui sçavent assaisonner les odeurs estrangieres avecques la saveur des viandes; comme on remarqua singulierement au service du roi de Thunes[2], qui de nostre aage print terre à Naples, pour s'aboucher avecques l'empereur Charles. On farcissoit ses viandes de drogues odoriferantes, de telle sumptuosité qu'un paon et deux faisands se trouverent sur ses parties revenir à cent ducats, pour les apprester selon leur maniere; et quand on les despeceoit, non la salle seulement, mais toutes les chambres de son palais et les rues d'autour estoient remplies d'une très souefve vapeur, qui ne s'esvanouissoit pas si soudain.

Le principal soing que j'aye à me loger, c'est de fuyr l'air puant et poisant. Ces belles villes, Vénise et Paris, alterent la faveur que je leur porte, par l'aigre senteur, l'une de son marais, l'autre de sa boue.

CHAPITRE LVI.

Des prieres.

Je propose des fantasies informes et irresolues, comme font ceulx qui publient des questions doubteuses à desbattre aux escholes, non pour establir la verité, mais pour la chercher; et les soubmets au jugement de ceulx à qui il touche de regler, non seulement mes actions et

---

(1) Tu te moques de moi, Coracinus, parce que je ne suis point parfumé; et moi, j'aime mieux ne rien sentir que de sentir bon. MART., VI, 55, 4.

(2) Celui qui sent toujours bon, Postumus, sent mauvais. MART., II, 12, 14.

(3) Mon odorat distingue les mauvaises odeurs plus subtilement qu'un chien d'excellent nez ne reconnait la bauge du sanglier. Hor., *Epod.*, 12, 4.

(1) Diog.-Laerce, II, 25. C.

(2) Muley-Haçan, roi de Tunis, que Montaigne appelle, dans le chapitre VIII du second livre, *Muleasses*. Il prit terre à Naples en 1543; mais il n'y trouva point Charles-Quint, dont il venait implorer une seconde fois l'appui contre ses sujets révoltés. J. V. L.

mes escripts, mais encores mes pensées. Egualement m'en sera acceptable et utile la condamnation comme l'approbation, tenant pour absurde et impie[1] si rien se rencontre, ignoramment ou inadvertamment couché en ceste rapsodie, contraire aux sainctes resolutions et prescriptions de l'Eglise catholique, apostolique et romaine, en laquelle je meurs, et en laquelle je suis nay; et pourtant, me remettant tousjours à l'auctorité de leur censure, qui peult tout sur moy, je me mesle ainsi temerairement à toute sorte de propos, comme icy.

Je ne sçais si je me trompe; mais puisque, par une faveur particuliere de la bonté divine, certaine façon de priere nous a esté prescripte et dictée mot à mot par la bouche de Dieu, il m'a tousjours semblé que nous en debvions avoir l'usage plus ordinaire que nous n'avons; et, si j'en estois creu, à l'entrée et à l'issue de nos tables, à nostre lever et coucher, et à toutes actions particulieres ausquelles on a accoustumé de mesler des prieres, je vouldrois que ce feust le patenostre que les chrestiens y employassent, sinon seulement, au moins tousjours. L'Eglise peult estendre et diversifier les prieres, selon le besoing de nostre instruction; car je sçais bien que c'est tousjours mesme substance et mesme chose; mais on debvoit donner à celle là ce privilege, que le peuple l'eust continuellement en la bouche; car il est certain qu'elle dict tout ce qu'il fault, et qu'elle est très propre à toutes occasions. C'est l'unique priere de quoy je me sers partout, et la repete au lieu d'en changer; d'où il advient que je n'en ay aussi bien en memoire que celle là.

J'avois presentement en la pensée d'où nous venoit cette erreur, de recourir à Dieu en touts nos desseings et entreprinses, et l'appeller à toute sorte de besoing, et en quelque lieu que nostre foiblesse veult de l'aide, sans considerer si l'occasion est juste ou injuste, et de escrier son nom et sa puissance en quelque estat et action que nous soyons, pour vicieuse qu'elle soit. Il est bien nostre seul et unique protecteur,

et peult toutes choses à nous ayder : mais encores qu'il daigne nous honorer de ceste doulce alliance paternelle, il est pourtant autant juste comme il est bon et comme il est puissant; mais il use bien plus souvent de sa justice que de son pouvoir, et nous favorise selon la raison d'icelle, non selon nos demandes.

Platon, en ses loix[1], fait trois sortes d'injurieuses creances des dieux : « Qu'il n'y en aye point; qu'ils ne se meslent pas de nos affaires; qu'ils ne refusent rien à nos vœux, offrandes et sacrifices. » La premiere erreur, selon son advis, ne dura jamais immuable en homme depuis son enfance jusques à sa vieillesse. Les deux suyvantes peuvent souffrir de la constance.

Sa justice et sa puissance sont inseparables : pour neant implorons nous sa force en une mauvaise cause. Il fault avoir l'ame nette, au moins en ce moment auquel nous le prions, et deschargée de passions vicieuses; aultrement nous luy presentons nous mesmes les verges de quoy nous chastier : au lieu de rabiller nostre faulte, nous la redoublons, presentants à celuy à qui nous avons à demander pardon une affection pleine d'irreverence et de haine. Voylà pourquoy je ne loue pas volontiers ceulx que je veois prier Dieu plus souvent et plus ordinairement, si les actions voisines de la priere ne me tesmoignent quelque amendement et reformation,

Si, nocturnus adulter,
Tempora Santonico velas adoperta cucullo [2].

Et l'assiette d'un homme meslant à une vie execrable la dévotion semble estre aulcunement plus condamnable que celle d'un homme conforme à soy, et dissolu partout : pourtant refuse nostre Eglise tous les jours la faveur de son entrée et societé aux mœurs obstinées à quelque insigne malice. Nous prions par usage et par coustume, ou, pour mieulx dire, nous lisons ou prononceons nos prieres; ce n'est enfin que mine, et me desplaist de veoir faire trois signes de croix au Benedicite, autant à Graces (et plus m'en desplaist il de ce que c'est un signe que j'ay en reverence et continuel usage, mesme-

---

(1) Edition de 1802 : « tenant pour exsecrable, s'il se treuve chose dicté par moy, ignoramment ou inadvertamment, contre les sainctes prescriptions de l'Eglise catholique, etc. » — Montaigne fut accusé de son vivant, à cause de ce chapitre, d'être un peu de l'hérésie de Baius; mais l'inquisition n'en sut rien. J. V. L.

(1) Liv. X, au commencement, p. 887, éd. d'Henri Estienne; p. 378, éd. de M. Ast, Leipsick, 1814. Tout ce passage des *Lois* est traduit et commenté dans les *Pensées de Platon*, p. 98 et suiv., seconde édition. J. V. L.

(2) Si, pour assouvir la nuit tes désirs adultères, tu te couvres la tête d'une cape gauloise. Juv., VIII, 144.

ment quand je baaille), et ce pendant, toutes les aultres heures du jour, les veoir occupées à la haine, l'avarice, l'injustice : aux vices leur heure ; son heure à Dieu, comme par compensation et composition. C'est miracle de veoir continuer des actions si diverses, d'une si pareille teneur, qu'il ne s'y sente point d'interruption et d'alteration, aux confins mesme et passage de l'une à l'autre. Quelle prodigieuse conscience se peult donner repos, nourrissant en mesme giste, d'une societé si accordante et si paisible, le crime et le juge ?

Un homme de qui la paillardise sans cesse regente la teste, et qui la juge très odieuse à la vue divine, que dict-il à Dieu quand il luy en parle ? Il se ramene ; mais soubdain il recheoit. Si l'object de la divine justice et sa presence frappoient, comme il dict, et chastioient son ame, pour courte qu'en feust la penitence, la crainte mesme y rejecteroit si souvent sa pensée, qu'incontinent il se verroit maistre de ces vices qui sont habitués et acharnés en luy. Mais quoy[1] ceulx qui couchent une vie entiere sur le fruict et emolument du peché qu'ils sçavent mortel ? combien avons nous de mestiers et vacations receues, de quoy l'essence est vicieuse ? et celuy qui, se confessant à moy, me recitoit avoir, tout un aage, faict profession et les effects d'une religion damnable selon luy, et contradictoire à celle qu'il avait en son cœur, pour ne perdre son credit et l'honneur de ses charges, comment pastissoit il ce discours en son courage ? de quel langage entretiennent ils sur ce subject la justice divine ? Leur repentance consistant en visible et maniable reparation, ils perdent et envers Dieu et envers nous le moyen de l'alleguer : sont-ils si hardis de demander pardon, sans satisfaction et sans repentance ? Je tiens que de ces premiers il en va comme de ceulx ici ; mais l'obstination n'y est pas si aysée à convaincre. Ceste contrarieté et volubilité d'opinion si soubdaine, si violente, qu'ils nous feignent, sent pour moy son miracle : ils nous representent l'estat d'une indigestible agonie.

Que l'imagination me sembloit fantastique de ceulx qui, ces années passées, avoient en usage de reprocher à chascun, en qui il reluisoit quelque clarté d'esprit, professant la religion catholique, que c'estoit à feincte : et tenoient mesme, pour lui faire honneur, quoy qu'il dist par apparence, qu'il ne pouvoit faillir au dedans d'avoir sa creance reformée à leur pied ! Fascheuse maladie, de se croire si fort qu'on se persuade qu'il ne se puisse croire au contraire ! et plus fascheuse encore qu'on se persuade d'un tel esprit qu'il prefere je ne sçais quelle disparité de fortune presente, aux esperances et menaces de la vie eternelle ! Ils m'en peuvent croire : si rien eust deu tenter ma jeunesse, l'ambition du hazard et de la difficulté qui suyvoient ceste recente entreprinse y eust eu bonne part.

Ce n'est pas sans grande raison, ce me semble, que l'Eglise deffend l'usage promiscue, temeraire et indiscret, des sainctes et divines chansons que le Sainct Esprit a dicté en David. Il ne fault mesler Dieu en nos actions qu'avecques reverence et attention pleine d'honneur et de respect : ceste voix est trop divine pour n'avoir aultre usage que d'exercer les poulmons et plaire à nos aureilles ; c'est de la conscience qu'elle doibt estre producte, et non pas de la langue. Ce n'est pas raison qu'on permette qu'un garson de boutique, parmy ses vains et frivoles pensemens, s'en entretienne et s'en joue ; ny n'est certes raison de veoir tracasser, par une salle et par une cuisine, le sainct livre des sacrés mysteres de nostre creance : c'estoient aultrefois mysteres, ce sont à present desduits et esbats. Ce n'est pas en passant, et tumultuairement, qu'il fault manier un estude si serieux et venerable ; ce doibt estre une action destinée et rassise, à laquelle on doibt tousjours adjouster ceste preface de nostre office, *Sursum corda*, et y apporter le corps mesme disposé en contenance qui tesmoigne une particuliere attention et reverence. Ce n'est pas l'estude de tout le monde ; c'est l'estude des personnes qui y sont vouées, que Dieu y appelle ; les meschants, les ignorants s'y empirent : ce n'est pas une histoire à conter ; c'est une histoire à reverer, craindre et adorer. Plaisantes gents, qui pensent l'avoir rendue palpable au peuple, pour l'avoir mise en langage populaire ! Ne tient il qu'aux mots qu'ils n'entendent tout ce qu'ils treuvent par escript ? Diray je plus ? pour l'en approcher de ce peu, ils l'en reculent : l'ignorance pure, et remise toute en aultruy, estoit bien plus salutaire et plus sçavante que n'est ceste science verbale et

---

[1] *Mais que dire de ceux qui fondent leur vie entière sur le fruit*, etc.

vaine, nourrice de presumption et de temerité.

Je crois aussi que la liberté à chascun de dissiper une parole si religieuse et importante, à tant de sortes d'idiomes, a beaucoup plus de danger que d'utilité. Les Juifs, les Mahometans, et quasi tous aultres, ont espousé et reverent le langage auquel originellement leurs mysteres avoient esté conceus; et en est deffendue l'alteration et changement, non sans apparence. Sçavons nous bien qu'en Basque et Bretaigne il y ayt des juges assez pour establir ceste traduction faicte en leur langue? L'Eglise universelle n'a point de jugement plus ardu à faire, et plus solenne. En preschant et parlant, l'interpretation est vague, libre, muable, et d'une parcelle; ainsi ce n'est pas de mesme.

L'un de nos historiens grecs accuse justement son siecle de ce que les secrets de la religion chrestienne estoient espandus emmy la place, ès mains des moindres artisans; que chascun en pouvoit desbattre et dire selon son sens; et que ce nous debvoit estre grande honte, nous qui, par la grace de Dieu, jouïssons des purs mysteres de la pieté, de les laisser profaner en la bouche de personnes ignorantes et populaires, veu que les Gentils interdisoient à Socrates, à Platon, et aux plus sages, de s'enquerir et parler des choses commises aux presbtres de Delphes: dict aussi que les factions des princes, sur le subject de la theologie, sont armées, non de zele, mais de cholere; que le zele tient de la divine raison et justice, se conduisant ordonnéement et moderéement, mais qu'il se change en haine et envie, et produict, au lieu de froment et de raisin, de l'ivroye et des orties, quand il est conduict d'une passion humaine. Et justement aussi, cest aultre, conseillant l'empereur Theodose, disoit les disputes n'endormir pas tant les schismes de l'Eglise que les esveiller et animer les heresies; que pourtant il falloit fuyr toutes contentions et argumentations dialectiques, et se rapporter nuement aux prescriptions et formules de la foy establies par les anciens. Et l'empereur Andronicus[1], ayant rencontré en son palais des principaux hommes aux prinses de parole contre Lapodius, sur un de nos poincts de grande importance, les tansa, jusques à menacer de les jecter en la riviere s'ils continuoient. Les enfants et les femmes, en nos jours, regentent les hommes plus vieux et experimentés sur les loix ecclesiastiques : là où la premiere de celles de Platon[1] leur deffend de s'enquerir seulement de la raison des loix civiles, qui doibvent tenir lieu d'ordonnances divines; et permettant aux vieux d'en communiquer entre eulx, et avecques le magistrat, il adjouste : « Pourveu que ce ne soit pas en presence des jeunes, et personnes profanes. »

Un evesque[2] a laissé par escript qu'en l'aultre bout du monde il y a une isle, que les anciens nommoient Dioscoride, commode en fertilité de toutes sortes d'arbres, fruicts, et salubrité d'air; de laquelle le peuple est chrestien, ayant des eglises et des autels qui ne sont parés que de croix sans aultres images, grand observateur de jeusnes et de festes, exact payeur de dismes aux presbtres, et si chaste que nul d'eulx ne peult cognoistre qu'une femme en sa vie; au demourant, si content de sa fortune qu'au milieu de la mer il ignore l'usage des navires, et si simple que, de la religion qu'il observe si soigneusement, il n'en entend un seul mot : chose incroyable à qui ne sçauroit les païens, si devots idolastres, ne cognoistre de leurs dieux que simplement le nom et la statue. L'ancien commencement de *Menalippe*, tragedie d'Euripides, portoit ainsin,

O Jupiter! car de toy rien sinon
Je ne cognois seulement que le nom[3].

J'ay veu aussy de mon temps faire plaincte d'aulcuns escripts, de ce qu'ils sont purement humains et philosophiques, sans meslange de

---

(1) Andronic Commène. Voyez Nicétas, II, 4, où il n'y a pas un mot de Lapodius. C.

(1) *Lois*, liv. I, p. 569. C.

(2) Osorius, évêque de Silvès en Algarves, auteur du livre intitulé, *de Rebus gestis Emmanuelis regis Lusitaniæ*. Mais c'est du sieur Goulart, son traducteur, et non d'Osorius même, que Montaigne a extrait ce qu'il nous dit ici des habitants de l'île *Dioscoride*: ce qui est si vrai, qu'on n'en trouve rien du tout dans la première édition des *Essais*, publiée en 1580, parce que la traduction de Goulart ne parut qu'en 1581. Lorsque Montaigne dit que les habitants de l'île Dioscoride sont si chastes, *que nul d'eulx ne peult cognoistre qu'une seule femme en sa vie*, il a mal pris le sens de Goulart, qui, conformément au latin d'Osorius, *unam tantum uxorem ducunt*, a dit, ils n'épousent qu'une femme : ce qui ne signifie pas qu'ils n'en épousent qu'une en toute leur vie, mais qu'ils n'en épousent qu'une à la fois, le christianisme dont ils font profession leur défendant la polygamie. Le nom moderne de cette île est *Zocotora*, où l'on retrouve des vestiges de l'ancien nom. C. — Voyez, sur tout ce passage de Montaigne, les observations de Bayle, au mot *Dioscoride*, note B.

(3) Plut., traité *de l'Amour*, c. 12. C.

theologie. Qui diroit au contraire, ce ne seroit pourtant sans quelque raison, que la doctrine divine tient mieulx son reng à part, comme royne et dominatrice; qu'elle doibt estre principale par tout, point suffragante et subsidiaire; et qu'à l'adventure se prendroient les exemples à la grammaire, rhetorique, logique, plus sortablement d'ailleurs que d'une si saincte matiere; comme aussi les arguments des theatres, jeux et spectacles publicques; que les raisons divines se considerent plus venerablement et reveremment seules, et en leur style, qu'appariées aux discours humains; qu'il se veoid plus souvent ceste faulte, que les theologiens escrivent trop humainement, que ceste aultre, que les humanistes escrivent trop peu theologalement; la philosophie, dict saint Chrysostome, est pieça bannie de l'eschole saincte comme servante inutile, et estimée indigne de veoir, seulement en passant de l'entrée, le sacraire des saincts thresors de la doctrine celeste; que le dire humain a ses formes plus basses, et ne se doibt servir de la dignité, majesté, regence du parler divin. Je luy laisse, pour moy, dire *verbis indisciplinatis*[1] fortune, destinee, accident, heur, et malheur, et les dieux, et aultres phrases, selon sa mode. Je propose les fantasies humaines et miennes, simplement comme humaines fantasies, et separéement considerées, non comme arrestées et reglées par l'ordonnance celeste, incapable de doubte et d'altercation; matiere d'opinion, non matiere de foy; ce que je discours selon moy, non ce que je crois selon Dieu; d'une façon laïque, non clericale, mais tousjours très religieuse, comme les enfants proposent leurs essais, instruisables, non instruisants.

Et ne diroit on pas aussi sans apparence que l'ordonnance de ne s'entremettre que bien reserveément d'escrire de la religion, à touts aultres qu'à ceulx qui en font expresse profession, n'auroit pas faulte de quelque image d'utilité et de justice; et à moy avecques, peut estre, de m'en taire. On m'a dict que ceulx mesmes qui ne sont pas des nostres deffendent pourtant entre eulx l'usage du nom de Dieu en leurs propos communs; ils ne veulent pas qu'on s'en serve par une maniere d'interjection ou d'exclamation, ny pour tesmoignage, ny pour comparaison : en quoy je treuve qu'ils ont raison; et en quelque maniere que ce soit que nous appellons Dieu à nostre commerce et societé, il fault que ce soit serieusement et religieusement.

Il y a, ce me semble, en Xenophon un tel discours où il montre que nous debvons plus rarement prier Dieu, d'autant qu'il n'est pas aysé que nous puissions si souvent remettre nostre ame en ceste assiette reglée, reformée et devotieuse, où il fault qu'elle soit pour ce faire : aultrement nos prieres ne sont pas seulement vaines et inutiles, mais vicieuses. « Pardonne nous, disons nous, comme nous pardonnons à ceulx qui nous ont offensés; » que disons nous par là, sinon que nous luy offrons nostre ame exempte de vengeance et de rancune? Toutesfois nous invoquons Dieu et son ayde au complot de nos faultes, et le convions à l'injustice :

Quæ, nisi seductis, nequeas committere divis[1] :

l'avaricieux le prie pour la conservation vaine et superflue de ses thresors; l'ambitieux, pour ses victoires et conduicte de sa fortune; le voleur l'employe à son ayde, pour franchir le hazard et les difficultés qui s'opposent à l'execution de ses meschantes entreprinses, ou le remercie de l'aysance qu'il a trouvé à desgosiller un passant; au pied de la maison qu'ils vont escheller ou petarder, ils font leurs prieres, l'intention et l'esperance pleine de cruauté, de luxure, et d'avarice.

Hoc ipsum, quo tu Jovis aurem impellere tentas,
Dic agedum Staio : Proh Juppiter! o bone, clamet,
Juppiter! At sese non clamet Juppiter ipse[2] ?

La royne de Navarre Marguerite[3] recite d'un jeune prince, et, encores qu'elle ne le nomme pas, sa grandeur l'a rendu cognoissable assez, qu'allant à une assignation amoureuse, et coucher avecques la femme d'un advocat de Paris, son chemin s'addonnant au travers d'une eglise, il ne passoit jamais en ce lieu sainct, allant ou

---

[1] En termes vulgaires et non approuvés. S. AUGUSTIN, *de Civit. Dei*, X, 29. — Voyez plus haut la note premiere sur le chapitre 55. J. V. L.

[1] En demandant des choses qu'on ne peut dire aux dieux qu'en les prenant à part. PERSE, II, 4.

[2] Dis à Staïus ce que tu voudrais obtenir de Jupiter : « Grand Jupiter! s'écriera Staïus, peut-on vous faire de telles demandes? » Et tu crois que Jupiter lui-même ne dira pas comme Staïus? PERSE, II, 21.

[3] Sœur unique de François Ier, et femme de Henri d'Albret, roi de Navarre. C.

retournant de son entreprinse, qu'il ne feist ses prieres et oraisons. Je vous laisse à juger, l'ame pleine de ce beau pensement, à quoy il employoit la faveur divine. Toutesfois elle allegue cela pour un tesmoignage de singuliere devotion[1]. Mais ce n'est pas par ceste preuve seulement qu'on pourroit verifier que les femmes ne sont gueres propres à traicter les matieres de la theologie.

Une vraye priere et une religieuse reconciliation de nous à Dieu, elle ne peult tumber en une ame impure et soubmise lors mesme à la domination de Satan. Celuy qui appelle Dieu à son assistance pendant qu'il est dans le train du vice, il faict comme le coupeur de bourse qui appelleroit la justice à son ayde, ou comme ceulx qui produisent le nom de Dieu en tesmoignage de mensonge.

Tacito mala vota susurro
Concipimus [2].

Il est peu d'hommes qui osassent mettre en evidence les requestes secrettes qu'ils font à Dieu :

Haud cuivis promptum est, murmurque, humilesque susurros
Tollere de templis, et aperto vivere voto [3] :

voylà pourquoy les pythagoriens vouloient qu'elles fussent publicques et ouïes d'un chascun ; à fin qu'on ne le requist de chose indecente et injuste, comme celuy là,

Clare quum dixit, Apollo!
Labra movet, metuens audiri : « *Pulchra Laverna,*
Da mihi fallere, da justum sanctumque videri ;
Noctem peccatis, et fraudibus objice nubem [4]. »

Les dieux punirent griefvement les iniques vœux d'Œdipus en les luy octroyant : il avoit prié que ses enfants vuidassent entre eulx, par armes, la succession de son Estat ; il feut si miserable de se veoir prins au mot. Il ne fault pas demander que toutes choses suyvent nostre volonté, mais qu'elle suyve la prudence.

Il semble, à la verité, que nous nous servons de nos prieres comme d'un jargon, et comme ceulx qui employent les paroles sainctes et divines à des sorcelleries et effects magiciens ; et que nous facions nostre compte que ce soit de la contexture, ou son, ou suitte des mots, ou de nostre contenance, que despende leur effect : car ayants l'ame pleine de concupiscence, non touchée de repentance ny d'aulcune nouvelle reconciliation envers Dieu, nous luy allons presenter ces paroles que la memoire preste à nostre langue, et esperons en tirer une expiation de nos faultes. Il n'est rien si aysé, si doulx et favorable que la loy divine ; elle nous appelle à soy, ainsi faultiers et detestables comme nous sommes ; elle nous tend les bras, et nous reçoit en son giron pour vilains, ords et bourbeux que nous soyons et que nous ayons à estre à l'advenir : mais encores, en recompense, la fault il regarder de bon œil ; encores fault il recevoir ce pardon avec action de graces ; et au moins, pour cest instant que nous nous adressons à elle, avoir l'ame desplaisante de ses faultes, et ennemie des passions qui nous ont poulsé à l'offenser. Ny les dieux, ny les gents de bien, dict Platon [1], n'acceptent le present d'un meschant.

Immunis aram si tetigit manus,
Non sumptuosa blandior hostia,
Mollivit aversos Penates
Farre pio, et saliente mica [2].

CHAPITRE LVII.

De l'aage.

Je ne puis recevoir la façon de quoy nous establissons la durée de nostre vie ; je veois que les sages l'accourcissent bien fort au prix de la commune opinion. « Comment, dict le jeune Caton à ceulx qui le vouloient empescher de se tuer, suis je à ceste heure en aage où l'on me puisse reprocher d'abandonner trop tost la

---

(1) Elle dit cependant qu'il ne s'arrêtait dans l'église qu'à son retour : ce qui nous donne une idée assez naïve de la dévotion de ce prince. Elle ajoute : « Et néantmoins qu'il menast la vie que je vous dis, si estoit il prince craignant et aimant Dieu. » *Journée* III, *Nouvelle* 25, p. 272, éd. de 1515. C.

(2) Nous murmurons à voix basse des prières criminelles. LUCAIN, V, 104.

(3) Il est peu d'hommes qui n'aient pas besoin de prier à voix basse, et qui puissent exprimer tout haut les vœux qu'ils adressent aux dieux. PERSE, II, 6.

(4) Qui, après avoir invoqué Apollon à haute voix, ajoute aussitôt tout bas, en remuant à peine les lèvres : « Belle Laverne, donne-moi les moyens de tromper, et de passer pour un homme de bien ; couvre d'un nuage épais, d'une nuit obscure, mes secrètes friponneries. » HOR. *Epist.*, I, 16, 59.

(1) *Lois*, IV, p. 716, éd. d'Estienne. C.

(2) Que des mains innocentes touchent l'autel ; elles apaisent aussi sûrement les dieux pénates avec un gâteau de fleur de farine et quelques grains de sel, qu'en immolant de riches victimes. HOR., *Od.*, III, 23, 17.

vie? » Si n'avoit il que quarante et huict ans[1]. Il estimoit cest aage là bien meur et bien advancé, considerant combien peu d'hommes y arrivent. Et ceulx qui s'entretiennent de ce que je ne sçais quel cours, qu'ils nomment naturel, promet quelques années au delà, ils le pourroient faire, s'ils avoient privilege qui les exemptast d'un si grand nombre d'accidents ausquels chascun de nous est en bute par une naturelle subjection, qui peuvent interrompre ce cours qu'ils se promettent. Quelle resverie est ce de s'attendre de mourir d'une defaillance de forces que l'extreme vieillesse apporte, et de se proposer ce but à nostre durée, veu que c'est l'espèce de mort la plus rare de toutes et la moins en usage? Nous l'appellons seule naturelle; comme si c'estoit contre nature de veoir un homme se rompre le col d'une chute, s'estouffer d'un naufrage, se laisser surprendre à la peste ou à une pleuresie, et comme si nostre condition ordinaire ne nous presentoit à touts ces inconvenients. Ne nous flattons pas de ces beaux mots; on doibt à l'adventure appeler plustost naturel ce qui est general, commun et universel.

Mourir de vieillesse, c'est une mort rare, singuliere et extraordinaire, et d'autant moins naturelle que les aultres; c'est la derniere et extreme sorte de mourir; plus elle est esloingnée de nous, d'autant elle est moins esperable: c'est bien la borne au delà de laquelle nous n'irons pas, et que la loy de nature a prescript pour n'estre point oultrepassée; mais c'est un si rare privilege de nous faire durer jusques là; c'est une exemption qu'elle donne par faveur particuliere à un seul en l'espace de deux ou trois siecles, le deschargeant des traverses et difficultés qu'elle a jecté entre deux en ceste longue carriere. Par ainsi, mon opinion est de regarder que l'aage auquel nous sommes arrivés, c'est un aage auquel peu de gents arrivent. Puisque d'un train ordinaire les hommes ne viennent pas jusques là, c'est signe que nous sommes bien avant; et puisque nous avons passé les limites accoustumées, qui est la vraye mesure de nostre vie, nous ne debvons esperer d'aller gueres oultre; ayant eschappé tant d'occasions de mourir où nous voyons tresbucher le monde, nous debvons recognoistre qu'une fortune extraordinaire, comme celle là qui nous maintient, et hors de l'usage commun, ne nous doibt gueres durer.

C'est un vice des loix mesmes d'avoir ceste faulse imagination; elles ne veulent pas qu'un homme soit capable du maniement de ses biens qu'il n'ait vingt et cinq ans; et à peine conservera il jusque lors le maniement de sa vie. Auguste retrencha cinq ans des anciennes ordonnances romaines, et declara qu'il suffisoit à ceulx qui prenoient charge de judicature d'avoir trente ans[1]. Servius Tullius dispensa les chevaliers qui avoient passé quarante sept ans des courvées de la guerre[2]; Auguste les remeit à quarante et cinq. De renveoyer les hommes au sejour avant cinquante cinq ou soixante ans, il me semble n'y avoir pas grande apparence. Je serois d'advis qu'on estendist nostre vacation et occupation autant qu'on pourroit pour la commodité publicque; mais je treuve la faulte en l'aultre costé, de ne nous y embesongner pas assez tost. Cestuy cy avoit esté juge universel du monde à dix neuf ans, et veult que pour juger de la place d'une gouttiere on en ayt trente.

Quant à moy, j'estime que nos ames sont desnouées à vingt ans ce qu'elles doibvent estre, et qu'elles promettent tout ce qu'elles pourront: jamais ame qui n'ayt donné en cest aage là arrhe bien evidente de sa force n'en donna depuis la preuve; les qualités et vertus naturelles produisent dans ce terme là, ou jamais, ce qu'elles ont de vigoreux et de beau:

Si l'espine nou picque quand nai,
A pene que picque jamai[3],

disent ils en Dauphiné. De toutes les belles actions humaines qui sont venues à ma cognoissance, de quelque sorte qu'elles soyent, je penserois en avoir plus grande part à nombrer en celles qui ont esté produictes et aux siecles anciens et au nostre, avant l'aage de trente ans que après; ouy, en la vie des mesmes hommes souvent. Ne le puis je pas dire en toute seureté de celles de Hannibal et de Scipion son grand adversaire? la belle moitié de leur vie, ils la vescurent de la gloire acquise en leur jeunesse; grands hommes depuis au prix de touts

---

(1) PLUT., *Vie de Caton d'Utique*, c. 20. C.

(1) SUÉT., *Auguste*, c. 12. C.
(2) AULU-GELLE, X, 28. C.
(3) Si l'épine ne pique point en naissant, à peine piquera-t-elle jamais.

aultres, mais nullement au prix d'eulx-mesmes. Quant à moy, je tiens pour certain que, depuis cest age, et mon esprit et mon corps ont plus diminué qu'augmenté, et plus reculé que advancé. Il est possible qu'à ceulx qui employent bien le temps la science et l'experience croissent avecques la vie; mais la vivacité, la promptitude, la fermeté et aultres parties bien plus nostres, plus importantes et essentielles, se fanissent et s'allanguissent.

Ubi jam validis quassatum est viribus œvi
Corpus, et obtusis ceciderunt viribus artus,
Claudicat ingenium, delirat linguaque, mensque [1].

Tantost c'est le corps qui se rend le premier à la vieillesse, parfois aussi c'est l'ame; et, en ay assez veu qui ont eu la cervelle affoiblie avant l'estomach et les jambes; et, d'autant que c'est un mal peu sensible à qui le souffre et d'une obscure montre, d'autant est il plus dangereux. Pour ce coup, je me plains des loix, non pas de quoy elles nous laissent trop tard à la besongne, mais de quoy elles nous y employent trop tard. Il me semble que, considerant la foiblesse de nostre vie et à combien d'escueils ordinaires et naturels elle est exposée, on n'en devroit pas faire si grande part à la naissance, à l'oysifveté et à l'apprentissage.

LIVRE SECOND.

CHAPITRE PREMIER.

De l'inconstance de nos actions.

Ceulx qui s'exercent à contrerooller les actions humaines ne se treuvent en aulcune partie si empeschés qu'à les rapiecer et mettre à mesme lustre; car elles se contredisent communéement de si estrange façon qu'il semble impossible qu'elles soyent parties de mesme boutique. Le jeune Marius se treuve tantost fils de Mars, tantost fils de Venus [2]: le pape Boniface huictiesme entra dict on en sa charge comme un regnard, s'y porta comme un lion, et mourut comme un chien: et qui croiroit que ce feust Neron, ceste vraye image de cruauté, qui, comme on lui presenta à signer, suyvant le style, la sentence d'un criminel condamné, eust repondu: « Pleust à Dieu que je n'eusse jamais sceu escrire [3]! » tant le cœur luy serroit de condamner un homme à mort! Tout est si plein de tels exemples, voire chascun en peult tant fournir à soy mesme, que je treuve estrange de veoir quelquefois des gents d'entendement se mettre en peine d'assortir ces pieces, veu que l'irresolution me semble le plus commun et apparent vice de nostre nature: tesmoing ce fameux verset de **Publius** le farceur:

Malum consilium est, quod mutari non potest [1].

Il y a quelque apparence de faire jugement d'un homme par les plus communs traicts de sa vie; mais veu la naturelle instabilité de nos mœurs et opinions, il m'a semblé souvent que les bons aucteurs mesmes ont tort de s'opiniastrer à former de nous une constante et solide contexture: ils choisissent un air universel; et, suyvant ceste image, vont rengeant et interpretant toutes les actions d'un personnage; et, s'ils ne les peuvent assez tordre, les renvoyent à la dissimulation. Auguste leur est eschappé; car il se treuve en cest homme une varieté d'actions si apparente, soubdaine et continuelle, tout le cours de sa vie, qu'il s'est faict lascher entier et indecis aux plus hardis juges. Je crois, des hommes, plus malayséement la constance que toute aultre chose, et rien plus ayséement que l'inconstance. Qui en jugeroit en detail et distinctement, piece à piece, rencontreroit plus souvent à dire vray. En toute l'ancienneté, il est malaysé de choisir une douzaine d'hommes qui ayent dressé leur vie à un certain et asseuré train, qui est le principal but de la sagesse: car, pour la comprendre toute en un mot, dict un ancien [2], et pour embrasser en une toutes les regles de nostre vie, « C'est vouloir, et ne vouloir pas, tousjours mesme chose: je ne daignerois, dict il,

---

(1) Lorsque l'effort puissant des années a courbé le corps et usé les ressorts d'une machine épuisée, le jugement chancelle, l'esprit s'obscurcit, la langue bégaie. LUCR., III, 452.

(2) PLUT., *Vie de C. Marius.* C.

(3) *Vellem nescire litteras!* SÉNÈQ., de Clementia, II, 1. C.

(1) C'est un mauvais plan que celui qu'on ne peut changer. *Ex. Publii mimis, apud* A. GELL., XVII, 14.

(2) SÉN., *Epist.* 20. C.

adjouster, pourveu que la volonté soit juste; car, si elle n'est juste, il est impossible qu'elle soit tousjours une. » De vray, j'ai aultrefois apprins que le vice n'est que desreglement et faulte de mesure; et par consequent il est impossible d'y attacher la constance. C'est un mot de Demosthenes[1], dict on, « que le commencement de toute vertu, c'est consultation et deliberation; et la fin et perfection, constance. » Si, par discours, nous entreprenions certaine voye, nous la prendrions la plus belle; mais nul n'y a pensé:

Quod petiit, spernit; repetit, quod nuper omisit;
Æstuat, et vitæ disconvenit ordine toto[2].

Nostre façon ordinaire, c'est d'aller après les inclinations de nostre appetit, à gauche, à dextre, contre mont, contre bas, selon que le vent des occasions nous emporte. Nous ne pensons ce que nous voulons qu'à l'instant que nous le voulons; et changeons comme cest animal qui prend la couleur du lieu où on le couche. Ce que nous avons à ceste heure proposé, nous le changeons tantost; et tantost encores retournons sur nos pas: ce n'est que bransle et inconstance;

Ducimur, ut nervis alienis mobile lignum[3].

Nous n'allons pas, on nous emporte: comme les choses qui flottent, ores doulcement, ores avecques violence, selon que l'eau est ireuse ou bonasse;

Nonne videmus,
Quid sibi quisque velit, nescire, et quærere semper;
Commutare locum, quasi onus deponere possit[4] *?*

chasque jour, nouvelle fantaisie; et se meuvent nos humeurs avecques les mouvements du temps:

Tales sunt hominum mentes, quali pater ipse
Juppiter auctiferas lustravit lumine terras[5].

Nous flottons entre divers advis; nous ne voulons rien librement, rien absoluement, rien constamment[1]. A qui auroit prescript et estably certaines loix et certaine police en sa teste, nous verrions tout partout en sa vie reluire une equalité de mœurs, un ordre et une relation infaillible des unes choses aux aultres (Empedocles[2] remarquoit ceste difformité aux Agrigentins, qu'ils s'abandonnoient aux delices comme s'ils avoient landemein[3] à mourir, et bastissoient comme si jamais ils ne debvoient mourir): le discours en seroit bien aysé à faire; comme il se veoid du jeune Caton: qui en a touché une marche[4], a tout touché; c'est une harmonie de sons très accordants, qui ne se peult desmentir. A nous, au rebours, autant d'actions, autant fault il de jugements particuliers. Le plus seur, à mon opinion, seroit de les rapporter aux circonstances voisines, sans entrer en plus longue recherche et sans en conclure aultre consequence.

Pendant les desbauches de nostre pauvre estat, on me rapporta qu'une fille, de bien près de là où j'estois, s'estoit precipitée du hault d'une fenestre pour eviter la force d'un belitre de soldat, son hoste. Elle ne s'estoit pas tuée à la cheute, et, pour redoubler son entreprinse, s'estoit voulu donner d'un coulteau par la gorge; mais on l'en avoit empeschée, toutesfois après s'y estre bien fort blecée. Elle mesme confessoit que le soldat ne l'avoit encores pressée que de requestes, solicitations et presents, mais qu'elle avoit eu peur qu'enfin il en veinst à la contraincte: et là dessus les paroles, la contenance, et ce sang tesmoing de sa vertu, à la vraye façon d'une aultre Lucrece. Or, j'ai sceu, à la verité, qu'avant et depuis elle avoit esté garse de non si

---

(1) Dans le *Discours funèbre*, attribué à Démosthènes, sur les guerriers morts à Chéronée. C.

(2) Il quitte ce qu'il voulait avoir; il retourne à ce qu'il a quitté; toujours flottant, il se contredit sans cesse lui-même. Hor., *Epist.*, I, 1, 98.

(3) Nous nous laissons conduire comme l'automate suit la corde qui le dirige. Hor., *Sat.*, II, 7, 82.

(4) Ne voyons-nous pas que l'homme cherche toujours, sans savoir ce qu'il désire, et qu'il change sans cesse de place, comme s'il pouvait se délivrer ainsi du fardeau qui l'accable? Lucr., III, 1070.

(5) Les pensers des mortels, et leur deuil, et leur joie, Changent avec les jours que le ciel leur envoie.

Les deux vers du texte conservés par S. Augustin (*Cité de Dieu*, V, 8), ont été traduits par Cicéron de l'*Odyssée*, XVIII, 155. On croit qu'il les avait placés dans ses *Académiques*, en rapportant sur l'âme humaine le sentiment d'Aristote, qui les a cités lui-même dans son traité de l'*Ame*, III, 3.

(1) Phrase traduite de Sénèq., *Epist.* 52. C.

(2) Diog., Laerce, VIII, 85. Elien donne ce mot à Platon. *Var. Hist.*, XII, 29. C.

(3) C'est ainsi que ce mot est écrit dans l'exemplaire corrigé par Montaigne. Il y a apparence que de son temps, et en Gascogne, on disait et on écrivait indifféremment *lendemain*, *landemain*, ou *l'endemain*, au lieu de *le lendemain*, comme on parle aujourd'hui. Voyez ci-dessus, liv. 1, c. 17. N.

(4) C'est-à-dire *celui qui a posé le doigt sur une des touches du clavier les a fait résonner toutes*. On donnait autrefois le nom de *marches* aux touches du clavier des orgues, etc. A. D.

difficile composition, comme dict le conte : « Tout beau et honneste que vous estes, quand vous aurez failly vostre poincte, n'en concluez pas incontinent une chasteté inviolable en vostre maistresse; ce n'est pas à dire que le muletier n'y treuve son heure. »

Antigonus, ayant prins en affection un de ses soldats pour sa vertu et vaillance, commanda à ses medecins de le panser d'une maladie longue et interieure qui l'avoit tormenté longtemps; et s'appercevant, après sa guarison, qu'il alloit beaucoup plus froidement aux affaires, luy demanda qui l'avoit ainsi changé et encouardy. « Vous mesme, sire, luy respondict il, m'ayant deschargé des maulx pour lesquels je ne tenois compte de ma vie[1]. »

Le soldat de Lucullus, ayant esté desvalisé par les ennemis, feit sur eux, pour se revencher, une belle entreprinse : quand il se feut remplumé de sa perte, Lucullus, l'ayant prins en bonne opinion, l'employoit à quelque exploict hazardeux, par toutes les plus belles remontrances de quoy il se pouvoit adviser ;

Verbis, quæ timido quoque possent addere mentem [2] :

« Employez y, respondict il, quelque miserable soldat devalisé ; »

*Quantumvis rusticus, ibit,
Ibit eo, quo vis, qui zonam perdidit, inquit* [3] ;

et refusa resoluement d'y aller. Quand nous lisons que Mahomet, ayant outrageusement rudoyé Chasan, chef de ses janissaires, de ce qu'il veoyoit sa troupe enfoncée par les Hongres, et luy se porter laschement au combat, Chasan alla, pour toute response, se ruer furieusement, seul, en l'estat qu'il estoit, les armes au poing, dans le premier corps des ennemis qui se presenta, où il feut soubdain englouty : ce n'est, à l'adventure, pas tant justification que radvisement, ny tant prouesse naturelle qu'un nouveau despit. Celuy que vous vistes hier si avantureux, ne trouvez pas estrange de le veoir aussi poltron le lendemain ; où la cholere, ou la necessité, ou la compaignie, ou le vin, ou le son d'une trompette, luy avoit mis le cœur au ventre : ce n'est pas un cœur

ainsi formé par discours, ces circonstances le luy ont fermy; ce n'est pas merveille si le voylà devenu aultre par aultres circonstances contraires. Ceste variation et contradiction qui se veoid en nous si souple a faict que aulcuns nous songent deux ames, d'aultres deux puissances, qui nous accompaignent et agitent chascune à sa mode, vers le bien l'une, l'aultre vers le mal, une si brusque diversité ne se pouvant bien assortir à un subject simple.

Non seulement le vent des accidents me remue selon son inclination, mais en oultre je me remue et trouble moy mesme par l'instabilité de ma posture; et qui y regarde primement ne se treuve gueres deux fois en mesme estat. Je donne à mon ame tantost un visage, tantost un aultre, selon le costé où je la couche. Si je parle diversement de moy, c'est que je me regarde diversement; toutes les contrarietés s'y treuvent selon quelque tour et en quelque façon; honteux, insolent; chaste, luxurieux; bavard, taciturne; laborieux, delicat; ingenieux, hebeté; chagrin, debonnaire; menteur, veritable; savant, ignorant; et liberal, et avare, et prodigue : tout cela je le veois en moy aulcunement, selon que je me vire; et quiconque s'estudie bien attentifvement treuve en soy, voire et en son jugement mesme, ceste volubilité et discordance. Je n'ay rien à dire de moy entierement, simplement et solidement, sans confusion et sans meslange, ny en un mot : *distinguo*, est le plus universel membre de ma logique.

Encores que je sois tousjours d'advis de dire du bien le bien, et d'interpreter plustost en bonne part les choses qui le peuvent estre, si est ce que l'estrangeté de nostre condition porte que nous soyons souvent, par le vice mesme, poulsés à bien faire, si le bien faire ne se jugeoit par la seule intention : par quoy un faict courageux ne doibt pas conclure un homme vaillant; celuy qui le seroit bien à poinct, il le seroit tousjours et à toutes occasions. Si c'estoit une habitude de vertu, et non une saillie, elle rendroit un homme pareillement resolu à touts accidents; tel seul qu'en compaignie; tel en champ clos qu'en une bataille; car, quoy qu'on die, il n'y a pas aultre vaillance sur le pavé et aultre au camp; aussi courageusement porteroit il une maladie en son lict qu'une bleceure au camp; et ne craindroit non plus la

---

[1] Plut., *Vie de Pélopidas*, c. 1. C.
[2] En termes capables d'inspirer du courage au plus timide. Hor., *Epist.*, II, 2, 38.
[3] Tout grossier qu'il était, il répondit : « Ira là qui aura perdu sa bourse. » Hor., *ibid.*, v. 39.

mort en sa maison qu'en un assault ; nous ne verrions pas un mesme homme donner dans la bresche d'une brave asseurance, et se tormenter après, comme une femme, de la perte d'un procès ou d'un fils ; quand, estant lasche à l'infamie, il est ferme à la pauvreté ; quand, estant mol contre les razoirs et les barbiers, il se treuve roide contre les espées des adversaires : l'action est louable, non pas l'homme. Plusieurs Grecs, dict Cicero [1], ne peuvent veoir les ennemis, et se treuvent constants aux maladies ; les Cimbres et les Celtiberiens, touts au rebours : *Nihil enim potest esse æquabile quod non a certa ratione proficiscatur* [2]. Il n'est point de vaillance plus extreme en son espece que celle d'Alexandre ; mais elle n'est qu'en espece, ny assez pleine par tout et universelle. Toute incomparable qu'elle est, si a elle encores ses taches : qui faict que nous le veoyons se troubler si esperduement aux plus legiers souspeçons qu'il prend des machinations des siens contre sa vie, et se porter en ceste recherche d'une si vehemente et indiscrette injustice, et d'une crainte qui subvertit sa raison naturelle. La superstition aussi, de quoy il estoit si fort attainct, porte quelque image de pusillanimité ; et l'excès de la penitence qu'il feit du meurtre de Clitus est aussi tesmoignage de l'inequalité de son courage. Nostre faict, ce ne sont que pieces rapportées [3], et voulons acquerir un honneur à faulses enseignes. La vertu ne veult estre suyvie que pour elle mesme ; et si on emprunte parfois son masque pour aultre occasion, elle nous l'arrache aussitost du visage. C'est une vifve et forte teincture, quand l'ame en est une fois abbruvée, et qui ne s'en va qu'elle n'emporte la piece. Voylà pourquoy, pour juger d'un homme, il fault suyvre longuement et curieusement sa trace. Si la constance ne s'y maintient de son seul fondement, *cui vivendi via considerata atque provisa est* [4] ; si la varieté des occurrences luy faict changer de pas (je dis de voye, car le pas s'en peult ou haster, ou appesantir), laissez le courre ; celuy là s'en va avau le vent [1], comme dict la devise de nostre Talebot.

Ce n'est pas merveille, se dict un ancien [2], que le hazard puisse tant sur nous, puisque nous vivons par hazard. A qui n'a dressé en gros sa vie à une certaine fin, il est impossible de disposer les actions particulieres ; il est impossible de renger les pieces à qui n'a une forme du total en sa teste ; à quoy faire la provision des couleurs à qui ne sçait ce qu'il a à peindre ? Aulcun ne faict certain desseing de sa vie, et n'en deliberons qu'à parcelles. L'archer doibt premierement sçavoir où il vise, et puis y accommoder la main, l'arc, la chorde, la flesche, et les mouvements : nos conseils fourvoyent, parce qu'ils n'ont pas d'adresse et de but : nul vent ne faict, pour celuy qui n'a point de port destiné. Je ne suis pas d'advis de ce jugement qu'on feit pour Sophocles [3] de l'avoir argumenté suffisant au maniement des choses domestiques, contre l'accusation de son fils, pour avoir veu l'une de ses tragedies ; ny ne treuve la conjecture des Pariens, envoyés pour reformer les Milesiens, suffisante à la consequence qu'ils en tirerent [4] : visitant l'isle, ils remarquoient les terres mieulx cultivées et maisons champestres mieulx gouvernées ; et, ayants enregistré le nom des maistres d'icelles, comme ils eurent faict l'assemblée des citoyens en la ville, ils nommerent ces maistres là pour nouveaux gouverneurs et magistrats ; jugeants que, soigneux de leurs affaires privées ils le seroient des publicques. Nous sommes touts des lopins, et d'une contexture si informe et diverse que chasque piece, chasque moment faict son jeu ; et se treuve autant de difference de nous à nous mesmes, que

---

(1) *Tusc. Quæst.*, II, 27, C.

(2) Pour avoir une conduite uniforme, il faut partir d'un principe invariable. Cic., *ibid.*

(3) On trouve cette intercalation interlinéaire dans l'exemplaire de l'édition in-4° de 1588, corrigé par Montaigne : *Voluptatem contemnunt ; in dolore sunt molles : gloriam negligunt ; franguntur infamia.* N.

(4) De sorte qu'il suive, sans jamais s'écarter, la route qu'il s'est choisie. Cic., *Paradox.*, V, 1.

(1) Régulièrement, ces mots devraient être écrits ainsi, *à vau le vent*, aussi bien que dans cette expression, *à vau de route*, dont on se sert encore pour signifier une déroute entière, comme si l'ennemi qui est mis en fuite était poussé du haut d'une montagne vers le bas ; ce qui précipiterait sa fuite, et le jetterait dans la dernière confusion. *A vau le vent*, c'est selon le cours du vent, lequel, soufflant sur l'eau, lui donne un cours déterminé, assez semblable à celui d'un torrent, ou d'une rivière qui coule de haut en bas. *A vau, à val*, en bas, comme qui dirait du haut d'une montagne vers la vallée, *a monte ad vallem*. C. — L'ancien mot, *amont* ou *à mont*, qu'on trouvera dans le chapitre suivant, signifie le contraire. J. V. L.

(2) Sén., *Epist.* 71 et 72. C.

(3) Cic., *de Senectute*, c. 7. C.

(4) Hér., V, 29. J. V. L.

de nous à aultruy : *Magnam rem puta unum hominem agere* [1]. Puisque l'ambition peult apprendre aux hommes et la vaillance, et la temperance, et la liberalité, voire et la justice ; puisque l'avarice peult planter au courage d'un garson de boutique, nourri à l'ombre et à l'oysifveté, l'asseurance de se jecter, si loing du foyer domestique, à la mercy des vagues et de Neptune courroucé, dans un fraile bateau, et qu'elle apprend encores la discretion et la prudence, et que Venus mesme fournit de resolution et de hardiesse la jeunesse encores soubs la discipline et la verge, et gendarme le tendre cœur des pucelles au giron de leurs meres :

Hac duce, custodes furtim trangressa jacentes,
Ad juvenem tenebris sola puella venit [2] :

ce n'est pas tour d'entendement rassis de nous juger simplement par nos actions du dehors ; il faut sonder jusqu'au dedans, et veoir par quels ressorts se donne le bransle. Mais d'autant que c'est une hazardeuse et haulte entreprinse, je vouldrois que moins de gents s'en meslassent.

CHAPITRE II.

De l'yvrongnerie.

Le monde n'est que varieté et dissemblance : les vices sont touts pareils, en ce qu'ils sont touts vices ; et de ceste façon l'entendent à l'adventure les stoïciens : mais encores qu'ils soyent egalement vices, ils ne sont pas eguaux vices ; et que celuy qui a franchi de cent pas les limites,

Quos ultra, citraque nequit consistere rectum [3],

ne soit de pire condition que celuy qui n'en est qu'à dix pas, il n'est pas croyable, et que le sacrilege ne soit pire que le larrecin d'un chou de nostre jardin :

Nec vincet ratio hoc, tantumdem ut peccet, idemque,
Qui teneros caules alieni fregerit horti,
Et qui nocturnus divum sacra legerit [4]...

(1) Soyez persuadé qu'il est bien difficile d'être toujours le même homme. SÉNEQ., *Epist.* 120.
(2) Sous la conduite de Vénus, la jeune fille passe furtivement au travers de ses surveillants endormis, et seule, pendant la nuit, va trouver son amant. TIBULLE, III, 1, 75.
(3) Dont on ne peut s'écarter en aucun sens, qu'on ne s'égare du droit chemin. HOR., *Sat.*, I, 1, 107.
(4) On ne prouvera jamais par de bonnes raisons que voler des choux dans un jardin soit un aussi grand crime que de piller un temple. HOR., *Sat.*, I, 3, 115.

Il y a autant en cela de de diversité qu'en aulcune aultre chose. La confusion de l'ordre et mesure des pechés est dangereuse ; les meurtriers, les traistres, les tyrans, y ont trop d'acquest ; ce n'est raison que leur conscience se soulage sur ce que tel aultre ou est oysif, ou est lascif, ou moins assidu à la devotion. Chascun poise sur le peché de son compaignon, et esleve [1] le sien. Les instructeurs mesmes les rengent souvent mal, à mon gré. Comme Socrates disoit que le principal office de la sagesse estoit distinguer les biens et les maulx, nous aultres, chez qui le meilleur est tousjours en vice, debvons dire de mesme de la science de distinguer les vices, sans laquelle bien exacte le vertueux et le meschant demeurent meslés et incogneus.

Or l'yvrongnerie, entre les aultres, me semble un vice grossier et brutal. L'esprit a plus de part ailleurs ; et il y a des vices qui ont je ne sçais quoy de genereux, s'il le fault ainsi dire ; il y en a où la science se mesle, la diligence, la vaillance, la prudence, l'adresse et la finesse : cestuy cy est tout corporel et terrestre. Aussi la plus grossiere nation de celles qui sont aujourd'huy, c'est celle là seule qui le tient en credit. Les aultres vices alterent l'entendement ; cestuy cy le renverse et estonne le corps.

Quum vini vis penetravit...
Consequitur gravitas membrorum, præpediuntur
Crura vacillanti, tardescit lingua, madet mens,
Nant oculi; clamor, singultus, jurgia, gliscunt [2].

Le pire estat de l'homme, c'est où il perd la cognoissance et gouvernement de soy. Et en dict on, entre aultres choses, que, comme le moust, bouillant dans un vaisseau, poulse à mont tout ce qu'il y a dans le fond, aussi le vin faict desbonder les plus intimes secrets à ceux qui en ont prins oultre mesure.

Tu sapientium
Curas, et arcanum jocoso
Consilium retegis Lyæo [3].

(1) *Cherche à rendre le sien plus léger.* Du latin *elevat* ; image prise des deux plateaux d'une balance. J. V. L.
(2) Lorsque l'homme est dompté par la force du vin, ses membres deviennent pesants, sa démarche est incertaine, ses pas chancellent, sa langue s'embarrasse ; son ame semble noyée, et ses yeux flottants ; il pousse d'impurs hoquets, il bégaie des injures. LUCR., III, 475.
(3) Dans tes joyeux transports, ô Bacchus ! le sage se laisse arracher son secret. HOR., *Od.*, III, 21, 14.

Josephe recite[1] qu'il tira le ver du nez à un certain ambassadeur que les ennemis luy avoient envoyé, l'ayant faict boire d'autant. Toutesfois Auguste, s'estant fié à Lucius Piso, qui conquit la Thrace, des plus privés affaires qu'il eust, ne s'en trouva jamais mescompté; ny Tiberius, de Cossus, à qui il se deschargeoit de touts ses conseils; quoyque nous les sçachions avoir esté si fort subjects au vin qu'il en a fallu rapporter souvent du senat et l'un et l'aultre yvre[2],

Hesterno inflatum venas, de more, Lyæo [3].

et commeit on, aussi fidellement qu'à Cassius, buveur d'eau, à Cimber le desseing de tuer Cæsar, quoyqu'il s'enyvrast souvent[4] : d'où il respondit plaisamment : « Que je portasse un tyran! moy, qui ne puis porter le vin! » Nous veoyons nos Allemands, noyés dans le vin, se souvenir de leur quartier, du mot et de leur reng :

Nec facilis victoria de madidis, et Blæsis, atque mero titubantibus [5].

Je n'eusse pas creu d'yvresse si profonde, estouffée et ensepvelie, si je n'eusse leu cecy dans les histoires[6] : qu'Attalus, ayant convié à souper, pour lui faire une notable indignité, ce Pausanias qui, sur ce mesme subject, tua depuis Philippus, roy de Macedoine, roy portant par ses belles qualités tesmoignage de la nourriture qu'il avoit prinse en la maison et compaignie d'Epaminondas, il le feit tant boire qu'il peust abandonner sa beauté, insensiblement, comme le corps d'une putain buissonniere, aux muletiers et nombre d'abjects serviteurs de sa maison ; et ce que m'apprint une dame que j'honnore et prise fort, que près de Bordeaux, vers Castres, où est sa maison, une femme de village, veufve, de chaste reputation, sentant des premiers ombrages de grossesse, disoit à ses voisines qu'elle penseroit estre enceincte si elle avoit un mary ; mais, du jour à la journée croissant l'occasion de ce souspeçon, et enfin jusques à l'evidence, elle en veint là de faire declarer au prosne de son eglise que, qui seroit consent de ce faict, en le advouant, elle promettoit de le luy pardonner, et, s'il le trouvoit bon, de l'espouser : un sien jeune valet de labourage, enhardy de ceste proclamation, declara l'avoir trouvée un jour de feste, ayant bien largement prins son vin, endormie si profondement près de son foyer, et si indecemment, qu'il s'en estoit peu servir sans l'esveiller : ils vivent encores mariés ensemble.

Il est certain que l'antiquité n'a pas fort descrié ce vice, les escripts mesmes de plusieurs philosophes en parlant bien mollement ; et, jusques aux stoïciens, il y en a qui conseillent de se dispenser quelquefois à boire d'autant, et de s'enyvrer, pour relascher l'ame.

Hoc quoque virtutum quondam certamine magnum Socratem palmam promeruisse ferunt [1].

Ce censeur et correcteur des aultres, Caton, a esté reproché de bien boire :

Narratur et prisci Catonis Sæpe mero caluisse virtus [2].

Cyrus, roy tant renommé, allegue, entre ses aultres louanges pour se preferer à son frere Artaxerxes, qu'il sçavoit beaucoup mieulx boire que luy[3]. Et ès nations les mieulx reglées et policées, cest essay de boire d'autant estoit fort en usage. J'ay ouï dire à Silvius, excellent medecin de Paris, que, pour garder que les forces de nostre estomach ne s'apparessent, il est bon, une fois le mois, de les esveiller par cest excès et les picquer, pour les garder de s'engourdir. Et escript on que les Perses, après le vin, consultoient de leurs principaulx affaires[4].

Mon goust et ma complexion est plus ennemie de ce vice que mon discours ; car, oultre ce que je captive ayséement mes creances soubs l'auctorité des opinions anciennes, je le treuve bien un vice lasche et stupide, mais moins malicieux et dommageable que les aultres qui chocquent quasi touts, du plus droict

---

(1) *De Vita sua*, p. 1016. A. C.

(2) Ces deux exemples appartiennent à SÉNÈQUE, *Epist.* 83, d'où Montaigne a tiré plusieurs idées de ce chapitre. C.

(3) Les veines encore enflées du vin qu'il avait bu la veille. VIRG., *Eglog.*, VI, 15. Ce vers est un peu différent dans Virgile. J. V. L.

(4) SÉN., *Epist.* 83. C.

(5) Et, quoique noyés dans le vin, bégayants et chancelants, il n'est pas facile de les vaincre. JUV., XV, 47.

(6) JUSTIN, IX, 6. C.

---

(1) Dans ce noble combat, le grand Socrate remporta, dit-on, la palme. PSEUDO-GALLUS, I, 47.

(2) On raconte aussi du vieux Caton, que le vin réchauffait sa vertu. HOR., *Od.*, III, 21, 11. Voyez J. B. Rousseau, *Od.*, II, 1.

(3) PLUT., *Vie d'Artaxercès*, c. 2. C.

(4) HÉROD., I, 133, et autres auteurs. C.

fil, la société publicque. Et, si nous ne nous pouvons donner du plaisir qu'il ne nous couste quelque chose, comme ils tiennent, je treuve que ce vice couste moins à nostre conscience que les aultres, outre ce qu'il n'est point de difficile apprest, ny malaysé à trouver : consideration non meprisable. Un homme avancé en dignité et en aage, entre trois principales commodités qu'il me disoit luy rester en la vie, comptoit ceste cy ; et où les veult on trouver plus justement qu'entre les naturelles? mais il la prenoit mal : la delicatesse y est à fuyr, et le soigneux triage du vin ; si vous fondez vostre volupté à le boire friand, vous vous obligez à la douleur de le boire aultre. Il fault avoir le goust plus lasche et plus libre : pour estre bon beuveur, il fault un palais moins tendre. Les Allemands boivent quasi egualement de tout vin avecques plaisir; leur fin, c'est l'avaller plus que le gouster. Ils en ont bien meilleur marché ; leur volupté est bien plus plantureuse et plus en main. Secondement, boire à la françoise, à deux repas, et modereement, c'est trop restreindre les faveurs de ce dieu ; il y fault plus de temps et de constance ; les anciens franchissoient des nuicts entieres à cest exercice, et y attachoient souvent les jours ; et si fault dresser son ordinaire plus large et plus ferme. J'ay veu un grand seigneur de mon temps, personnage de haultes entreprinses et fameux succès, qui, sans effort et au train de ses repas communs, ne beuvoit gueres moins de cinq lots de vin[1]; et ne se montroit, au partir de là, que trop sage et advisé aux despens de nos affaires. Le plaisir, duquel nous voulons tenir compte au cours de nostre vie, doit en employer plus d'espace; il fauldroit, comme des garsons de boutique et gents de travail, ne refuser nulle occasion de boire, et avoir ce desir tousjours en teste. Il semble que tous les jours nous raccourcissons l'usage de cestuy cy, et qu'en nos maisons, comme j'ay veu en mon enfance, les desjeusners, les ressiners[2] et les collations feussent plus frequentes et ordinaires qu'à present. Seroit ce qu'en quelque chose nous allassions vers l'amendement? Vrayement non ; mais ce peult estre que nous nous sommes beaucoup plus jettés à la paillardise que nos peres. Ce sont deux occupations qui s'entr'empeschent en leur vigueur : elle a affoibli nostre estomach d'une part ; et d'autre part, la sobrieté sert à nous rendre plus coints[1], plus damerets pour l'exercice de l'amour.

C'est merveille des contes que j'ai ouï faire à mon père de la chasteté de son siecle. C'estoit à lui d'en dire, estant très advenant, et par art et par nature, à l'usage des dames. Il parloit peu et bien ; et si mesloit son langage de quelque ornement de livres vulgaires, sur tout espagnols ; et entre les espagnols, luy estoit ordinaire celuy qu'ils nommoient *Marc Aurele*[2]. Le port, il l'avoit d'une gravité doulce, humble et très modeste; singulier soing de l'honnesteté et decence de sa personne et de ses habits, soit à pied, soit à cheval : monstrueuse foy en ses paroles ; et une conscience et religion, en general, penchant plustost vers la superstition que vers l'aultre bout : pour un homme de petite taille, plein de vigueur, et d'une stature droicte et bien proportionnée ; d'un visage agreable, tirant sur le brun ; adroict et exquis en touts nobles exercices. J'ay veu encore des cannes farcies de plomb, desquelles on dict qu'il exerceoit ses bras pour se preparer à ruer la barre ou la pierre, ou à l'escrime ; et des souliers aux semelles plombées, pour s'alleger au courir et au saulter. Du primsault[3], il a laissé en memoire des petits miracles : je l'ay veu, par de là soixante ans, se mocquer de nos alaigresses[4], se jecter avecques sa robbe fourrée sur un cheval, faire le tour de la table sur son poulce, ne monter gueres en sa chambre, sans s'eslancer trois à quatre degrés à la fois. Sur mon propos, il disoit qu'en toute une province, à peine y avoit il une femme de qualité qui feust mal nommée ; recitoit des estranges privautés, nomméement siennes, avec des honnestes femmes, sans souspeçon quelconque ; et, de soy, juroit

---

(1) Environ dix bouteilles.

(2) Le ressiner, ou plutôt reciner, du latin recœnare, d'après Le Duchat sur Rabelais, c'est le goûter, la collation qu'on fait quelque temps après le dîner. « Il n'est desjeuner que d'escholiers ; dîpner que d'advocats ; ressiner que de vignerons ; souper que de marchands. » RABELAIS, IV, 46. C.

(1) Beau, galant, de comptus.

(2) L'Horloge des Princes, ou le Marc-Aurèle, par Antoine Guevara. Voyez BAYLE, à l'article Guevara. C.

(3) C'est-à-dire du premier saut. Prin, vieux mot qui signifie premier. Ce mot nous est resté dans printemps (primum tempus). De primsault on a fait primsaultier, dont Montaigne se sert ailleurs en parlant de lui-même. C.

(4) De notre agilité. — Alaigre et délibéré, alacer, vegetus. Alaigresse, alaigreté, agilitas, alacritas.

sainctement estre venu vierge à son mariage; et si, c'estoit après avoir eu longue part aux guerres delà les monts, desquelles il nous a laissé un papier journal de sa main, suyvant poinct par poinct ce qui s'y passa et pour le public et pour son privé. Aussi se maria il bien avant en aage, l'an mil cinq cent vingt et huict, qui estoit son trente et troisiesme, sur le chemin de son retour d'Italie. Revenons à nos bouteilles.

Les incommodités de la vieillesse, qui ont besoing de quelque appuy et refreschissement, pourroient m'engendrer avecques raison desir de ceste faculté; car c'est quasi le dernier plaisir que le cours des ans nous desrobbe. La chaleur naturelle, disent les bons compaignons, se prend premierement aux pieds; celle là touche l'enfance: de là elle monte à la moyenne region, où elle se plante long-temps, et y produict, selon moy, les seuls vrays plaisirs de la vie corporelle; les aultres voluptés dorment au prix: sur la fin, à la mode d'une vapeur qui va montant et s'exhalant, elle arrive au gosier, où elle faict sa derniere pose. Je ne puis pourtant entendre comment on vienne à allonger le plaisir de boire oultre la soif, et se forger en l'imagination un appetit artificiel et contre nature: mon estomach n'iroit pas jusques là; il est assez empesché à venir à bout de ce qu'il prend pour son besoing. Ma constitution est ne faire cas du boire que pour la suitte du manger; et bois, à ceste cause, le dernier coup tousjours le plus grand. Et par ce qu'en la vieillesse nous apportons le palais encrassé de rheume, ou alteré par quelque aultre mauvaise constitution, le vin nous semble meilleur, à mesme que nous avons ouvert et lavé nos pores : au moins il ne m'advient gueres que, pour la premiere fois, j'en prenne bien le goust. Anacharsis [1] s'estonnoit que les Grecs beussent, sur la fin du repas, en plus grands verres qu'au commencement: c'estoit, comme je pense, pour la mesme raison que les Allemands le font, qui commencent lors le combat à boire d'autant.

Platon [2] deffend aux enfants de boire vin avant dix huit ans, et avant quarante de s'envvrer; mais à ceulx qui ont passé les quarante, il pardonne de s'y plaire, et de mesler un peu largement en leurs convives l'influence de Dionysus, ce bon dieu qui redonne aux hommes la gayeté et la jeunesse aux vieillards, qui adoucit et amollit les passions de l'ame, comme le fer s'amollit par le feu : et, en ses loix, treuve telles assemblées à boire utiles pourveu qu'il y aye un chef de bande à les contenir et regler; l'yvresse estant, dict il, une bonne espreuve et certaine de la nature d'un chascun, et, quand et quand propre à donner aux personnes d'aagele courage de s'esbaudir en danses et en la musique; choses utiles, et qu'ils n'osent entreprendre en sens rassis : que le vin est capable de fournir à l'ame de la temperance, au corps de la santé. Toutesfois ces restrictions, en partie empruntées des Carthaginois, luy plaisent : qu'on s'en espargne en expedition de guerre [1]; que tout magistrat et tout juge s'en abstienne sur le point d'executer sa charge et de consulter des affaires publicques; qu'on n'y employe le jour, temps deu à d'aultres occupations, ny celle nuict qu'on destine à faire des enfants.

Ils disent que le philosophe Stilpon, aggravé de vieillesse, hasta sa fin à escient par le bruvage de vin pur [2]. Pareille cause, mais non du propre desseing, suffoqua aussi les forces abbattues par l'aage du philosophe Arcesilaus [3].

Mais c'est une vieille et plaisante question, si l'ame du sage seroit pour se rendre à la force du vin,

Si munitæ adhibet vim sapientiæ [4].

A combien de vanité nous poulse ceste bonne opinion que nous avons de nous! La plus reglée ame du monde et la plus parfaicte n'a que trop à faire à se tenir en pieds, et à se garder de s'emporter par terre de sa propre foiblesse: de mille, il n'en est pas une qui soit droicte et rassise un instant de sa vie; et se pourroit mettre en doubte si, selon sa naturelle condition, elle y peult jamais estre : mais d'y joindre la constance, c'est sa derniere perfection; je dis quand rien ne la chocqueroit, ce que mille accidents peuvent faire: Lucrece, ce grand poëte, a beau philosopher et se bander, le voylà rendu insensé par un bruvage amoureux. Pensent ils

---

(1) Diog. Laerce, I, 104. C.
(2) *Lois*, liv. II, p. 581. C.

(1) *Lois*, liv. II, vers la fin. C.
(2) Diog. Laerce, II, 120. C.
(3) Id., IV, 44. C.
(4) Si le vin peut terrasser la sagesse la plus ferme. Hor., *Od.*, III, 28, 4. — C'est ici une parodie plutôt qu'une citation. C.

qu'une apoplexie n'estourdisse aussi bien Socrates qu'un portefaix? Les uns ont oublié leur nom mesme par la force d'une maladie; et une legiere bleceure a renversé le jugement à d'aultres. Tant sage qu'il voudra, mais enfin c'est un homme; qu'est il plus caducque, plus de neant? la sagesse ne force pas nos conditions naturelles:

> Sudores itaque, et pallorem exsistere toto
> Corpore, et infringi linguam, vocemque aboriri,
> Caligare oculos, sonere aures, succidere artus,
> Denique concidere, ex animi terrore, videmus [1] :

il fault qu'il cille les yeux au coup qui le menace; il fault qu'il fremisse planté au bord d'un precipice, comme un enfant; nature ayant voulu se reserver ces legieres marques de son auctorité, inexpugnables à nostre raison et à la vertu stoïque, pour luy apprendre sa mortalité et nostre fadeze[2]: il paslit à la peur, il rougit à la honte, il gemit à la cholique, sinon d'une voix desesperée et esclatante, au moins d'une voix cassée et enrouée:

> Humani a se nihil alienum putet [3].

Les poëtes, qui feignent tout à leur poste, n'osent pas descharger seulement des larmes leurs heros:

> Sic fatur lacrymans, classique immitit habenas[5].

Luy suffise de brider et moderer ses inclinations; car, de les emporter, il n'est pas en luy. Cestuy mesme nostre Plutarque, si parfaict et excellent juge des actions humaines, à veoir Brutus et Torquatus tuer leurs enfants, est entré en doubte si la vertu pouvoit donner jusques là, et si ces personnages n'avoient pas esté plustost agités par quelque aultre passion[5]. Toutes actions hors les bornes ordinaires sont subjectes à sinistre interpretation, d'autant que nostre goust n'advient non plus à ce qui est au dessus de luy qu'à ce qui est au dessoubs.

Laissons cesté aultre secte[1] faisant expresse profession de fierté: mais quand, en la secte mesme estimée la plus molle[2], nous oyons ces vanteries de Metrodorus: *Occupavi te, Fortuna, atque cepi; omnesque aditus tuos interclusi, ut ad me adspirare non posses*[3]; quand Anaxarchus, par l'ordonnance de Nicocreon, tyran de Cypre, couché dans un vaisseau de pierre, et assommé à coups de mail de fer, ne cesse de dire: « Frappez, rompez; ce n'est pas Anaxarchus, c'est son estuy, que vous pilez[4]; » quand nous oyons nos martyrs crier au tyran, au milieu de la flamme: « C'est assez rosti de ce costé là; hache le, mange le, il est cuit; recommence de l'aultre[5]; » quand nous oyons, en Josephe[6], cest enfant tout deschiré de tenailles mordantes, et percé des alesnes d'Antiochus, le desfier encores, criant d'une voix ferme et asseurée: « Tyran, tu perds temps, me voicy tousjours à mon ayse; où est ceste douleur, où sont ces torments de quoy tu me menaceois? n'y sçais tu que cecy? ma constance te donne plus de peine que je n'en sens de ta cruauté: ô lasche belitre! tu te rends, et je me renforce: foys moy plaindre, foys moy flechir, foysmoi rendre si tu peulx; donne courage à tes satellites et à tes bourreaux; les voylà defaillis de cœur, ils n'en peuvent plus; arme les, acharne les: » certes, il fault confesser qu'en ces ames là il y a quelque alteration et quelque fureur, tant saincte soit elle. Quand nous arrivons à ces saillies stoïques: « J'aime mieulx estre furieux que voluptueux; » mot d'Antisthenes, Μανείην μᾶλλον, ἢ ἡσθείην[7]; quand Sextius nous dict qu'il aime mieulx estre enferré de la douleur que de la volupté; quand Epicurus entreprend de se faire mignarder à la goutte; et, refusant le repos et la santé, que de gayeté de cœur il desfie les maulx; et, mesprisant les douleurs moins aspres, desdaignant les luicter et les combattre, qu'il en appelle et

---

(1) Aussi, lorsque l'esprit est frappé de terreur, tout le corps pâlit et se couvre de sueur, la langue bégaie, la voix s'éteint, la vue se trouble, les oreilles tintent, la machine se relâche et s'affaisse. LUCRÈCE, III, 153.

(2) *Notre folie, notre sottise, notre foiblesse.* E. J.

(3) Qu'il ne se croie donc à l'abri d'aucun accident humain. TÉR., *Heautontim.*, acte I. sc. 1, v. 25. — Montaigne détourne ici ce vers de son vrai sens, pour l'adapter à sa pensée. C.

(4) Ainsi parlait Énée, les larmes aux yeux; et sa flotte voguait à pleines voiles. VIRG., *Æn.*, VI, 1.

(5) PLUT., *Vie de Publicola*, c. 5. C.

(1) Celle des stoïciens, ou de Zénon, son fondateur. C.

(2) Celle d'Épicure. C.

(3) Je t'ai prévenue, je t'ai domptée, ô Fortune! J'ai fortifié toutes les avenues par où tu pouvais venir jusqu'à moi. CIC. *Tusc. Quæst.*, V, 9.

(4) DIOG. LAERCE, IX, 58. C.

(5) C'est ce que fait dire Prudence à saint Laurent, livre des *Couronnes*, hymn. 2, v. 401. C.

(6) *De Maccab.*, c. 8. C.

(7) AULU-GELLE, IX, 5; DIOG. LAERCE, VI, 3. — Montaigne a traduit ces mots avant de les citer. C.

desire des fortes, poignantes, et dignes de luy[1];

Spumantemque dari, pecora inter inertia, votis
Optat aprum, aut fulvum descendere monte leonem[2].

qui ne juge que ce sont boutées d'un courage eslancé hors de son giste? Nostre ame ne sçauroit de son siege atteindre si hault; il fault qu'elle le quitte et s'esleve, et que, prenant le frein aux dents, elle emporte et ravisse son homme si loing qu'après il s'estonne luy mesme de son faict : comme aux exploicts de la guerre, la chaleur du combat poulse les soldats genereux souvent à franchir des pas si hazardeux qu'estants revenus à eulx ils en transissent d'estonnement les premiers : comme aussi les poëtes sont esprins souvent d'admiration de leurs propres ouvrages, et ne recognoissent plus la trace par où ils ont passé une si belle carriere; c'est ce qu'on appelle aussi en eulx ardeur et manie. Et comme Platon dict[3], que pour neant heurte à la porte de la poësie un homme rassis : aussi dict Aristote[4], qu'aulcune ame excellente n'est exempte de meslange de folie; et a raison d'appeler folie tout eslancement, tant louable soit il, qui surpasse nostre propre jugement et discours; d'autant que la sagesse est un maniement reglé de nostre ame, et qu'elle conduict avecques mesure et proportion, et s'en respond. Platon[5] argumente ainsi, que la faculté de prophetiser est au dessus de nous; qu'il fault estre hors de nous quand nous la traictons; il fault que nostre prudence soit offusquée ou par le sommeil, ou par quelque maladie, ou enlevée de sa place par un ravissement celeste.

CHAPITRE III.

Coustume de l'isle de Cea.

Si philosopher c'est doubter, comme ils disent, à plus forte raison niaiser et fantastiquer comme je foys, doibt estre doubter; car c'est aux apprentifs à debattre, et au cathedrant de resoudre. Mon cathedrant, c'est l'auctorité de la volonté divine, qui nous regle sans contredict, et qui a son reng au dessus de ces humaines et vaines contestations.

Philippus[1] estant entré à main armée au Peloponnese, quelqu'un disoit à Damindas que les Lacedemoniens auroient beaucoup à souffrir, s'ils ne se remettoient en sa grace : « Eh! poltron! respondict il, que peuvent souffrir ceulx qui ne craignent point la mort? » On demandoit aussi à Agis comment un homme pourroit vivre libre : « Mesprisant, dict il, le mourir. » Ces propositions, et mille pareilles qui se rencontrent à ce propos, sonnent evidemment quelque chose au delà d'attendre patiemment la mort, quand elle nous vient : car il y a en la vie plusieurs accidents pires à souffrir que la mort mesme; tesmoing cest enfant lacedemonien, prins par Antigonus, et vendu pour serf, lequel, pressé par son maistre de s'employer à quelque service abject : « Tu verras, dict il, qui tu as acheté : ce me seroit honte de servir, ayant la liberté si à main; » et, ce disant, se precipita du hault de la maison. Antipater, menaceant asprement les Lacedemoniens, pour les renger à certaine sienne demande : « Si tu nous menaces de pis que la mort, respondirent ils, nous mourrons plus volontiers : » et à Philippus, leur ayant escript qu'il empescheroit toutes leurs entreprinses : « Quoy! nous empescheras tu aussi de mourir? » C'est ce qu'on dict[2], que le sage vit tant qu'il doibt non pas tant qu'il peult; et que le present que nature nous ayt faict le plus favorable, et qui nous oste tout moyen de nous plaindre de nostre condition, c'est de nous avoir laissé la clef des champs : elle n'a ordonné qu'une entrée à la vie, et cent mille yssues. Nous pouvons avoir faulte de terre pour y vivre; mais de terre pour y mourir, nous n'en pouvons avoir faulte, comme respondict Bojocalus aux Romains[3]. Pourquoy te plains tu de ce monde? il ne te tient pas : si tu vis en peine, ta lascheté en est cause. A mourir, il ne reste que le vouloir :

Ubique mors est; optime hoc cavit Deus.
Eripere vitam nemo non homini potest;
At nemo mortem : mille ad hanc aditus patent[4].

---

(1) Sén., *Epist.* 66 et 92; *de Otio sapientis*, c. 32, etc. J. V. L.
(2) Dédaignant ces animaux timides, il voudrait qu'un sanglier écumant vint s'offrir à lui, ou qu'un lion descendît de la montagne. Virg., *Æn.*, IV, 158. Cette application est aussi empruntée de Sén., *Epist.* 64. J. V. L.
(3) Sén., *de Tranquillitate animi*, c. 15, d'après l'*Ion*. J. V. L.
(4) Arist., *Problem.*, sect. 30; Cic. *Tuscul.*, I, 33; Sén., *ibid.* J. V. L.
(5) Dans le *Timée*, p. 545. C. C.

(1) Cet exemple et les quatre suivants sont tirés de Plut., *Apophthegmes des Lacedemoniens.* C.
(2) Sén., *Epist.* 70. C.
(3) Tacite, *Annal.*, XIII, 56 : *Deesse nobis terra, in qua vivamus potest; in qua moriamur non potest.*
(4) Par un effet de sagesse divine, la mort est partout. Cha-

Et ce n'est pas la recepte à une seule maladie[1]; la mort est la recepte à touts maulx; c'est un port très asseuré qui n'est jamais à craindre, et souvent à rechercher. Tout revient à un, que l'homme se donne sa fin ou qu'il la souffre, qu'il courre au devant de son jour ou qu'il l'attende, d'où qu'il vienne c'est tousjours le sien; en quelque lieu que le filet se rompe, il y est tout; c'est le bout de la fusée. La plus volontaire mort, c'est la plus belle. La vie despend de la volonté d'aultruy; la mort, de la nostre. En aulcune chose nous ne debvons tant nous accommoder à nos humeurs qu'en celle là. La reputation ne touche pas une telle entreprinse, c'est folie d'y avoir respect. Le vivre, c'est servir, si la liberté de mourir en est à dire. Le commun train de la guarison se conduict aux despens de la vie; on nous incise, on nous cauterise, on nous destrenche les membres, on nous soustraict l'aliment et le sang; un pas plus oultre, nous voylà guaris tout à faict. Pourquoi n'est la veine du gosier autant à nostre commandement que la mediane[2]? Aux plus fortes maladies les plus forts remedes. Servius le grammairien, ayant la goutte, n'y trouva meilleur conseil que de s'appliquer du poison à tuer ses jambes[3]: qu'elles feussent podagriques à leur poste, pourvu qu'elles feussent insensibles. Dieu nous donne assez de congé quand il nous met en tel estat que le vivre est pire que le mourir. C'est foiblesse de ceder aux maulx, mais c'est folie de les nourrir. Les stoïciens disent[4] que c'est vivre convenablement à nature, pour le sage, de se despartir de la vie, encores qu'il soit en plein heur, s'il le faict opportunement; et au fol de maintenir sa vie, encores qu'il soit miserable, pourvu qu'il soit en la plus grande part des choses qu'ils disent estre selon nature. Comme je n'offense les loix qui sont faictes contre les larrons, quand j'emporte le mien et que je coupe ma bourse; ni des boutefeux, quand je brusle mon bois: aussi ne suis je tenu aux loix faictes contre les meurtriers pour m'estre osté ma vie. Hegesias disoit[1] que, comme la condition de la vie, aussi la condition de la mort debvoit despendre de nostre eslection. Et Diogenes, rencontrant le philosophe Speusippus affligé de longue hydropisie, se faisant porter en lictiere, qui luy escria: « Le bon salut! Diogenes. — A toy point de salut, respondict il, qui souffres le vivre estant en tel estat. » De vray, quelque temps après Speusippus se feit mourir, ennuyé d'une si penible condition de vie[2].

Mais cecy ne s'en va pas sans contraste; car plusieurs tiennent que nous ne pouvons abandonner ceste garnison du monde sans le commandement exprès de celuy qui nous y a mis; et que c'est à Dieu, qui nous a icy envoyés, non pour nous seulement, ouy bien pour sa gloire et service d'aultruy, de nous donner congé quand il luy plaira, non à nous de le prendre; que nous ne sommes pas nays pour nous, ains aussi pour nostre païs. Les loix nous redemandent compte de nous pour leur interest et ont action d'homicide contre nous; aultrement, comme deserteurs de nostre charge, nous sommes punis en l'aultre monde:

Proxima deinde tenent mœsti loca, qui sibi letum
Insontes peperere manu, lucemque perosi
Projecere animas [3] *:*

Il y a bien plus de constance à user la chaisne qui nous tient qu'à la rompre, et plus d'espreuve de fermeté en Regulus qu'en Caton; c'est l'indiscretion et l'impatience qui nous haste le pas. Nuls accidents ne font tourner le dos à la vifve vertu; elle cherche les maulx et la douleur comme son aliment; les menaces des tyrans, les gehennes et les bourreaux l'animent et la vivifient;

Duris ut ilex tonsa bipennibus
Nigræ feraci frondis in Algido,
Per damna, per cædes, ab ipso
Ducit opes, animumque ferro [4] *:*

et comme dit l'aultre:

---

cun peut ôter la vie à l'homme, personne ne peut lui ôter la mort: mille chemins ouverts y conduisent. Sén., *Thebaid.*, acte I, sc. 1, v. 151.

(1) La plupart de ces idées sont de Sén., *Epist.* 69 et 70. C.
(2) *Veine du pli du coude.* E. J.
(3) Pline. *Nat. Hist.*, XXV, 3; Suétone, *de Illustr. Gramm.*, c. 2 et 3. C.
(4) Cic., *de Finibus*, III, 18. C.

(1) Diog. Laerce, II, 94. C.
(2) Diog. Laerce, IV, 3. C.
(3) Plus loin on voit accablés de tristesse les malheureux qui ont tranché, par une mort volontaire, des jours jusque alors innocents, et qui, détestant la lumière, ont rejeté le fardeau de la vie. Virg., *Æn.*, VI, 434.
(4) Tel le chêne, dans les noires forêts de l'Algide, se fortifie sous les coups redoublés de la hache; ses pertes, ses blessures, le fer même qui le frappe, lui donnent une vigueur nouvelle. Hor., *Od.*, IV, 4, 57.

> *Non est, ut putas, virtus, pater,*
> *Timere vitam; sed malis ingentibus*
> *Obstare, nec se vertere, ac retro dare* [1].
>
> *Rebus in adversis facile est contemnere mortem :*
> *Fortius ille facit, qui miser esse potest* [2].

C'est le roole de la couardise, non de la vertu, de s'aller tapir dans un creux, soubs une tumbe massive, pour eviter les coups de la fortune; la vertu ne rompt son chemin ny son train pour orage qu'il fasse :

> *Si fractus illabatur orbis,*
> *Impavidum ferient ruinæ* [3].

Le plus communement, la fuitte d'aultres inconvenients nous poulse à cestuy-cy; voire quelquesfois la fuitte de la mort faict que nous y courons :

> *Hic, rogo, non furor est, ne moriare, mori* [4] ?

comme ceulx qui de peur du precipice s'y lancent eulx mesmes :

> *Multos in summa pericula misit*
> *Venturi timor ipse mali : fortissimus ille est,*
> *Qui promptus metuenda pati, si cominus instent,*
> *Et differre potest* [5].
>
> *Usque adeo, mortis formidine, vitæ*
> *Percipit humanos odium, lucisque videndæ,*
> *Ut sibi consciscant mœrenti pectore letum,*
> *Obliti frontem curarum hunc esse timorem* [6].

Platon, en ses loix [7], ordonne sepulture ignominieuse à celuy qui a privé son plus proche et plus amy, sçavoir est soy mesme, de la vie et du cours des destinées, non contrainct par jugement publicque ny par quelque triste et inevitable accident de la fortune, ny par une honte insupportable, mais par lascheté et foiblesse d'une ame craintifve. Et l'opinion qui desdaigne nostre vie, elle est ridicule; car enfin c'est nostre estre, c'est nostre tout. Les choses qui ont un estre plus noble et plus riche peuvent accuser le nostre; mais c'est contre nature que nous nous mesprisons et mettons nous mesmes à nonchaloir; c'est une maladie particuliere et qui ne se veoid en aulcune aultre creature de se haïr et desdaigner. C'est de pareille vanité que nous desirons estre aultre chose que ce que nous sommes; le fruict d'un tel desir ne nous touche pas, d'autant qu'il se contredict et s'empesche en soy. Celuy qui desire d'estre faict d'un homme ange, il ne faict rien pour luy; il n'en vauldroit de rien mieux; car, n'estant plus, qui se resjouira et ressentira de cest amendement pour luy?

> *Debet enim, misere cui forte, ægreque futurum est,*
> *Ipse quoque esse in eo tum tempore, quum male possit*
> *Accidere* [1].

La securité, l'indolence, l'impassibilité, la privation des maulx de ceste vie, que nous achetons au prix de la mort, ne nous apporte aulcune commodité : pour neant evite la guerre celuy qui ne peult jouir de la paix; et pour neant fuit la peine qui n'a de quoy savourer le repos.

Entre ceulx du premier advis, il y a eu grand doubte sur cecy, quelles occasions sont assez justes pour faire entrer un homme en ce party de se tuer? ils appellent cela εὔλογον ἐξαγωγήν [2]. Car quoy qu'ils dient qu'il fault souvent mourir pour causes legieres, puisque celles qui nous tiennent en vie ne sont gueres fortes, si y fault il quelque mesure. Il y a des humeurs fantastiques et sans discours qui ont poulsé, non des hommes particuliers seulement, mais des peuples à se desfaire; j'en ay allegué par cy devant des exemples; et nous lisons en oultre [3] des vierges milesiennes que, par une conspiration furieuse, elles se pendoient les unes après les aultres; jusques à ce que le magistrat y pourveust, ordonnant que celles qui se trouveroient ainsi pendues feussent traisnées du mesme licol toutes nues par la ville. Quand

---

(1) La vertu, mon père, ne consiste pas, comme vous le pensez, à craindre la vie, mais à ne pas fuir honteusement, à faire face à l'adversité. Sén., *Thebaid.*, acte I, v. 190.

(2) Dans l'adversité, il est facile de mépriser la mort : il a bien plus de courage, celui qui sait être malheureux. Martial, XI, 56, 15.

(3) Que l'univers brisé s'écroule; les ruines le frapperont sans l'effrayer. Hor., *Od.*, III, 3, 7.

(4) Dites-moi, je vous prie, mourir de peur de mourir, n'est-ce pas folie? Mart., II, 80, 2.

(5) La crainte même du péril fait souvent qu'on se hâte de s'y précipiter. L'homme courageux est celui qui brave le danger s'il le faut, et qui l'évite s'il est possible. Luc., VII, 104.

(6) La crainte de la mort inspire souvent aux hommes un tel dégoût de la vie qu'ils tournent contre eux-mêmes des mains desespérées, oubliant que la crainte de la mort était l'unique source de leurs peines. Lucr., III, 79.

(7) Liv. IX, et dans les *Pensées de Platon*, troisième partie, p. 574, seconde édition, J. V. L.

(1) On n'a rien à craindre du malheur, si l'on n'existe plus dans le temps où il pourrait arriver. Lucr., III, 874.

(2) Εὔλογον ἐξαγωγήν, sortie raisonnable. C'était l'expressions des stoïciens. Voyez Diog. Laerce, VIII, 130; et les observations de Ménage, p. 511 et 312. C.

(3) Plut., *des Faits vertueux des Femmes*, à l'article des *Milésiennes*. C.

Threicion[1] presche Cleomenes de se tuer pour le mauvais estat de ses affaires, et, ayant fuy la mort plus honnorable en la bataille qu'il venoit de perdre, d'accepter ceste aultre qui luy est seconde en honneur, et ne donner point de loisir aux victorieux de luy faire souffrir ou une mort ou une vie honteuse; Cleomenes, d'un courage lacedemonien et stoïque, refuse ce conseil comme lasche et effeminé : « C'est une recepte, dict il, qui ne me peult jamais manquer et de laquelle il ne se fault pas servir tant qu'il y a un doigt d'esperance de reste; que le vivre est quelquesfois constance et vaillance; qu'il veult que sa mort mesme serve à son païs, et en veult faire un acte d'honneur et de vertu. » Threicion se creut dès lors et se tua. Cleomenes en feit aussi autant depuis, mais ce feut après avoir essayé le dernier poinct de la fortune. Touts les inconvenients ne valent pas qu'on vueille mourir pour les eviter: et puis, y ayant tant de soubdains changements aux choses humaines, il est malaysé à juger à quel poinct nous sommes justement au bout de nostre esperance :

Sperat et in sæva victus gladiator arena,
Sit licet infesto pollice turba minax [1].

Toutes choses, disoit un mot ancien[3], sont esperables à un homme pendant qu'il vit : « Ouy, mais, respond Seneca, pourquoy auray je plustost en la teste cela, que la fortune peult toutes choses pour celuy qui est vivant, que cecy, que fortune ne peult rien sur celuy qui sçait mourir? » On veoid Josephe[4] engagé en un si apparent dangier et si prochain, tout un peuple s'estant eslevé contre luy, que par discours il n'y pouvoit avoir aulcune ressource; toutesfois estant, comme il dict, conseillé sur ce poinct, par un de ses amis, de se desfaire, bien luy servit de s'opiniastrer encores en l'esperance; car la fortune contourna, oultre toute raison humaine, cest accident, si bien qu'il s'en veid delivré sans aulcun inconvenient. Et Cassius et Brutus, au contraire, acheverent de perdre les reliques de la romaine liberté de laquelle ils estoient protecteurs, par la precipitation et la temerité dequoy ils se tuerent avant le temps et l'occasion. A la journée de Serisolles, monsieur d'Anguien essaya deux fois de se donner de l'espée dans la gorge, desesperé de la fortune du combat qui se porta mal en l'endroict où il estoit; et cuida par precipitation se priver de la jouïssance d'une si belle victoire[1]. J'ay veu cent lievres se sauver sous les dents des levriers. *Aliquis carnifici suo superstes fuit*[2]

Multa dies, variusque labor mutabilis ævi
Rettulit in melius; multos alterna revisens
Lusit, et in solido rursus fortuna locavit[3].

Pline[4] dict qu'il n'y a que trois sortes de maladies pour lesquelles eviter on aye droict de se tuer; la plus aspre de toutes, c'est la pierre à la vessie, quand l'urine en est retenue : Seneque, celles seulement qui esbranlent pour longtemps les offices de l'ame. Pour eviter une pire mort, il y en a qui sont d'advis de la prendre à leur poste. Democritus, chef des Ætoliens, mené prisonnier à Rome, trouva moyen, de nuict, d'eschapper; mais, suyvi par ses gardes, avant que se laisser reprendre, il se donna de l'espée au travers du corps[5]. Antinoüs et Theodotus, leur ville d'Epire reduicte à l'extremité par les Romains, feurent d'advis au peuple de se tuer touts : mais le conseil de se rendre plustost ayant gaigné, ils allerent chercher la mort, se ruants sur les ennemis en intention de frapper, non de se couvrir. L'isle de Goze[6] forcée par les Turcs il y a quelques années, un Sicilien, qui avoit deux belles filles prestes à marier, les tua de sa main, et leur mere après, qui accourut à leur mort : cela faict, sortant en rue avecques une arbaleste et une harquebuse, de deux coups il en tua les deux premiers Turcs qui s'approcherent de sa porte, et puis mettant l'espée au poing,

---

(1) Ou plutôt *Thérycion*; car Plutarque (*Vie d'Agis et de Cléomène*, c. 14) le nomme Θηρυκίων. C.

(2) Renversé sur l'arène, le gladiateur vaincu espère encore, quoique, par le signe ordinaire, le peuple ordonne qu'il meure. PENTADIUS, *de Spe*, ap. Virg. *Catalecta*, ed. Scaligero, p. 223. C.

(3) SÉN., *Epist.* 70. C.

(4) *De Vita sua*, p. 1009. C.

(1) Blaise de Montluc, qui eut beaucoup de part au gain de la bataille, l'assure positivement dans ses *Commentaires*. Cette bataille se donna en 1544. C.

(2) Tel a survécu à son bourreau. SÉN., *Epist.* 13.

(3) Les temps, les événements divers, ont souvent amené des changements heureux; capricieuse dans ses jeux, la fortune abaisse souvent les hommes pour les relever avec plus d'éclat. VIRG., *Æn.*, XI, 425.

(4) PLINE, XXV, 3.—SÉN., *Epist.* 58. C.

(5) TITE LIVE, XXXVII, 46. L'exemple suivant est pris du même historien, XLV, 26. C.

(6) Petite île à l'occident de celle de Malte, dont elle n'est pas fort éloignée. C.

s'alla mesler furieusement, où il feut soubdain enveloppé et mis en pieces, se sauvant ainsi du servage après avoir delivré les siens. Les femmes juifves, après avoir fait circoncir les enfants, s'alloient precipiter quand et eulx, fuyant la cruauté d'Antiochus. On m'a conté qu'un prisonnier de qualité estant en nos conciergeries, ses parents, advertis qu'il seroit certainement condamné, pour eviter la honte de telle mort, aposterent un presbtre pour luy dire que le souverain remede de sa delivrance estoit qu'il se recommandast à tel sainct avec tel et tel vœu, et qu'il feust huit jours sans prendre aulcun aliment, quelque defaillance et foiblesse qu'il sentist en soy. Il l'en creut, et par ce moyen se desfeit, sans y penser, de sa vie et du dangier. Scribonia, conseillant Libo, son nepveu, de se tuer plustost que d'attendre la main de la justice, luy disoit[1] que c'estoit proprement faire l'affaire d'aultruy, que de conserver sa vie pour la remettre entre les mains de ceulx qui la viendroient chercher trois ou quatre jours après; et que c'estoit servir ses ennemis de garder son sang pour leur en faire curée.

Il se lit dans la Bible[2] que Nicanor, persecuteur de la loy de Dieu, ayant envoyé ses satellites pour saisir le bon vieillard Razias, surnommé, pour l'honneur de sa vertu, le pere aux Juifs, comme ce bon homme n'y veid plus d'ordre, sa porte bruslée, ses ennemis prests à le saisir, choisissant de mourir genereusement plustost que de venir entre les mains des meschants, et de se laisser mastiner contre l'honneur de son reng, il se frappa de son espée : mais le coup, pour la haste, n'ayant pas esté bien asséné, il courut se precipiter du hault d'un mur au travers de la troupe, laquelle s'escartant et luy faisant place, il cheut droictement sur la teste : ce neantmoins, se sentant encores quelque reste de vie, il r'alluma son courage, et, s'eslevant en pied, tout ensanglanté et chargé de coups, et faulsant la presse, donna jusques à un certain rochier, coupé et precipiteux, où, n'en pouvant plus, il print par l'une de ses plaies à deux mains ses entrailles, les deschirant et froissant, et les jecta à travers les poursuyvants, appellant sur eulx et attestant la vengeance divine.

Des violences qui se font à la conscience, la plus à eviter, à mon advis, c'est celle qui se faict à la chasteté des femmes, d'autant qu'il y a quelque plaisir corporel naturellement meslé parmy ; et, à ceste cause, le dissentiment n'y peult estre assez entier, et semble que la force soit meslée à quelque volonté. L'histoire ecclesiastique a en reverence plusieurs tels exemples de personnes devotes, qui appellerent la mort à garant contre les oultrages que les tyrans preparoient à leur religion et conscience. Pelagia[1] et Sophronia[2], toutes deux canonisées, celle là se precipita dans la riviere avecques sa mere et ses sœurs, pour eviter la force de quelques soldats ; et ceste cy se tua aussi pour eviter la force de Maxentius l'empereur.

Il nous sera à l'adventure honorable aux siecles advenir, qu'un sçavant aucteur de ce temps, et notamment parisien, se mette en peine de persuader aux dames de nostre siecle de prendre plustost tout aultre party, que d'entrer en l'horrible conseil d'un tel desespoir. Je suis marry qu'il n'a sceu, pour mesler à ses contes, le bon mot que j'apprins à Toulouse d'une femme passée par les mains de quelques soldats : « Dieu soit loué ! disoit-elle, qu'au moins une fois en ma vie je m'en suis saoulée sans péché ! » A la verité ces cruautés ne sont pas dignes de la douceur françoise. Aussi, Dieu mercy, nostre air s'en veoid infiniment purgé depuis ce bon advertissement. Suffit qu'elles dient « Nenny, » en le faisant, suivant la regle du bon Marot[3].

L'histoire est toute pleine de ceulx qui en mille façons ont changé à la mort une vie peineuse. Lucius Aruntius se tua pour, disoit il, fuyr et l'advenir et le passé[4]. Granius Silvanus et Statius Proximus, après estre pardonnés par Neron, se tuerent[5] ; ou pour ne vivre de la grace d'un si meschant homme, ou pour n'estre

---

(1) Sén., *Epist.* 70. C.
(2) *Machabées*, II, 14, v. 37-46. C.

(1) S. Ambroise, *de Virgin.*, III, p. 97, éd. de Paris, 1569. C.
(2) Rufin, *Hist. Ecc.*, VIII, 27 ; Eusèbe, *Hist. Ecc.*, VIII, 14. Mais celui-ci ne la nomme pas, quoique ce soit la même. C.

(3) DE OUI ET NENNY.

Un doulx nenny, avec un doulx sourire,
Est tant honneste ! il vous le fault apprendre.
Quand est d'ouy, si veniez à le dire,
D'avoir trop dict je vouldrois vous reprendre :
Non que je sois ennuyé d'entreprendre
D'avoir le fruict dont le desir me poinct ;
Mais je vouldrois qu'en me le laissant prendre
Vous me disiez : « Non, vous ne l'aurez point. »
MAROT.

(4) Tacite, *Annal.*, VI, 48. C.
(5) Id., *ibid.*, XV, 71.

en peine une aultre fois d'un second pardon, veu sa facilité aux souspeçons et accusations à l'encontre des gents de bien. Spargapizez, fils de la royne Tomyris, prisonnier de guerre de Cyrus, employa à se tuer la premiere faveur que Cyrus luy feit de le faire destacher, n'ayant pretendu aultre fruict de sa liberté que de venger sur soy la honte de sa prinse [1]. Bogez, gouverneur en Eione de la part du roy Xerxes, assiegé par l'armée des Atheniens soubs la conduite de Cimon, refusa la composition de s'en retourner seurement en Asie à tout sa chevance, impatient de survivre à la perte de ce que son maistre luy avoit donné en garde; et, après avoir deffendu jusqu'à l'extremité sa ville, n'y restant plus que mangier, jecta premierement en la riviere de Strymon tout l'or et tout ce de quoy il luy sembla l'ennemy pouvoir faire plus de butin: et puis, ayant ordonné allumer un grand buchier, et d'esgosiller femmes, enfants, concubines et serviteurs, les meit dans le feu, et puis soy mesme.

Ninachetuen, seigneur indois, ayant senty le premier vent de la deliberation du vice roy portugais de le deposseder, sans aulcune cause apparente, de la charge qu'il avoit en Malaca, pour la donner au roi de Campar, print à part soy ceste resolution : il feit dresser un eschafauld plus long que large, appuyé sur des colonnes, royalement tapissé et orné de fleurs et de parfums en abondance ; et puis, s'estant vestu d'une robe de drap d'or, chargée de quantité de pierreries de hault prix, sortit en rue, et par des degrés monta sur l'eschafauld, en un coing duquel il y avoit un buchier de bois aromatiques allumés. Le monde accourut veoir à quelle fin ces preparatifs inaccoustumés : Ninachetuen remontra, d'un visage hardy et mal content, l'obligation que la nation portugaloise luy avoit; combien fidelement il avoit versé en sa charge; qu'ayant si souvent tesmoigné pour aultruy les armes en main que l'honneur luy estoit de beaucoup plus cher que la vie, il n'estoit pas pour en abandonner le soing pour soy mesme; que la fortune luy refusant tout moyen de s'opposer à l'injure qu'on luy vouloit faire, son courage au moins luy ordonnoit de s'en oster le sentiment, et de ne servir de fable au peuple et de triumphe à des personnes qui valoient

moins que luy : ce disant, il se jecta dans le feu.

Sextilia, femme de Scaurus, et Paxea, femme de Labeo, pour encourager leurs maris à eviter les dangiers qui les pressoient, auxquels elles n'avoient part que par l'interest de l'affection conjugale, engagerent volontairement la vie pour leur servir en ceste extreme necessité d'exemple et de compaignie [1]. Ce qu'elles feirent pour leurs maris, Coceius Nerva le feit pour sa patrie, moins utilement, mais de pareil amour : ce grand jurisconsulte, fleurissant en santé, en richesses, en reputation, en credit près de l'empereur, n'eut aultre cause de se tuer que la compassion du miserable estat de la chose publique romaine. Il ne se peult rien adjouster à la delicatesse de la mort de la femme de Fulvius, familier d'Auguste : Auguste, ayant descouvert qu'il avoit esventé un secret important qu'il luy avoit fié, un matin qu'il le vint veoir luy en feit une maigre mine ; il s'en retourne au logis plein de desespoir, et dict tout piteusement à sa femme qu'estant tumbé en ce malheur il estoit resolu de se tuer. Elle, tout franchement : « Tu ne feras que raison, veu qu'ayant assez souvent experimenté l'incontinence de ma langue tu ne t'en es point donné de garde ; mais laisse, que je me tue la premiere. » Et, sans aultrement marchander, se donna d'une espée dans le corps [2]. Vibius Virius, desesperé du salut de sa ville assiegée par les Romains et de leur misericorde, en la derniere deliberation de leur senat, après plusieurs remonstrances employées à ceste fin, conclud que le plus beau estoit d'eschapper à la fortune par leurs propres mains ; les ennemis les auroient en honneur, et Hannibal sentiroit de combien fideles amis il auroit abandonnés : conviant ceulx qui approuveroient son advis d'aller prendre un bon souper qu'on avoit dressé chez luy, où, après avoir faict bonne chere, ils boiroient ensemble de ce qu'on luy presenteroit ; bruvage qui delivrera nos corps des torments, nos ames des injures, nos yeux et nos aureilles du sentiment de tant de vilains maulx que les vaincus ont à souffrir des vainqueurs très cruels et offensés : « J'ai, disoit il, mis ordre qu'il y aura personnes

---

(1) TACITE, Annal., VI, 29. — Cocceius Nerva. ID., VI, 26. C.

(2) PLUT., Du trop parler, c. 9. TACITE, Annal., I, 5, fait un récit un peu different, au sujet de Marcia, femme de Fabius Maximus.

---

(1) HÉR., I, 215. — Bogez, HÉR., VII, 107. J. V. L.

propres à nous jecter dans un buchier au devant de mon huis quand nous serons expirés. » Assez de gents approuverent ceste haulte resolution, peu l'imiterent : vingt et sept senateurs le suyvirent ; et, après avoir essayé d'estouffer dans le vin ceste fascheuse pensée, finirent leur repas par ce mortel mets ; et, s'entre embrassants, après avoir en commun deploré le malheur de leur païs, les uns se retirerent en leurs maisons, les aultres s'arresterent pour estre enterrés dans le feu de Vibius avec luy : et eurent touts la mort si longue, la vapeur du vin ayant occupé les veines et retardant l'effect du poison, qu'aulcuns feurent à une heure près de voir les ennemis dans Capoue, qui feut emportée le lendemein, et d'encourir les miseres qu'ils avoient si cherement fuy[1]. Taurea Jubellius, un aultre citoyen de là[2], le consul Fulvius retournant de ceste honteuse boucherie qu'il avoit faicte de deux cents vingt cinq senateurs, le rappella fierement par son nom, et, l'ayant arresté : « Commande, feit il, qu'on me massacre aussi après tant d'aultres, à fin que tu te puisses vanter d'avoir tué un beaucoup plus vaillant homme que toy. » Fulvius, le desdaignant comme insensé, aussi que sur l'heure il venoit de recevoir lettres de Rome contraires à l'inhumanité de son execution qui luy lioient les mains, Jubellius continua : « Puisque, mon païs prins, mes amis morts et ayant occis de ma main ma femme et mes enfants pour les soustraire à la desolation de ceste ruyne, il m'est interdict de mourir de la mort de mes concitoyens, empruntons de la vertu la vengeance de ceste vie odieuse. ». Et, tirant un glaive qu'il avoit caché, s'en donna au travers la poictrine, tumbant renversé et mourant aux pieds du consul.

Alexandre assiegeoit une ville aux Indes ; ceulx de dedans, se trouvants pressés, se resolurent vigoureusement à le priver du plaisir de ceste victoire, et s'embraiserent universellement touts quand et leur ville, en despit de son humanité : nouvelle guerre ; les ennemis combattoient pour les sauver, eulx pour se perdre, et faisoient pour garantir leur mort toutes les choses qu'on faict pour garantir sa vie[3].

Astapa, ville d'Espagne, se trouvant foible de murs et de deffenses pour soustenir les Romains, les habitants feirent un amas de leurs richesses et meubles en la place ; et, ayants rengé au dessus de ce monceau les femmes et les enfants, et l'ayant entouré de bois et matiere propre à prendre feu soubdainement, et laissé cinquante jeunes hommes d'entre eulx pour l'execution de leur resolution, feirent une sortie où, suyvant leur vœu, à faulte de pouvoir vaincre, ils se feirent touts tuer. Les cinquante, après avoir massacré toute ame vivante esparse par leur ville, et mis le feu en ce monceau, s'y lancerent aussi, finissants leur genereuse liberté en un estat insensible plustost que douloureux et honteux, et montrants aux ennemis que, si fortune l'eust voulu, ils eussent eu aussi bien le courage de leur oster la victoire comme ils avoient eu de la leur rendre et frustratoire et hideuse, voire et mortelle à ceulx qui, amorcés par la lueur de l'or coulant en ceste flamme, s'en estants approchés en bon nombre, y feurent suffoqués et bruslés, le reculer leur estant interdict par la foule qui les suyvoit[1].

Les Abydeens, pressés par Philippus, se resolurent de mesme : mais, estant prins de trop court, le roy, ayant horreur de voir la precipitation temeraire de ceste execution (les thresors et les meubles qu'ils avoient diversement condamnés au feu et au naufrage saisis), retirant ses soldats, leur conceda trois jours à se tuer avecques plus d'ordre et plus à l'aysé ; lesquels ils remplirent de sang et de meurtre au delà de toute hostile cruauté, et ne s'en sauva une seule personne qui eust pouvoir sur soy[2]. Il y a infinis exemples de pareilles conclusions populaires, qui semblent plus aspres d'autant que l'effect en est plus universel : elles le sont moins que separées ; ce que le discours ne feroit en chascun, il le faict en touts, l'ardeur de la societé ravissant les particuliers jugements.

Les condamnés qui attendoient l'execution, du temps de Tibere, perdoient leurs biens et estoient privés de sepulture ; ceulx qui l'anticipoient, en se tuants eulx mesmes, estoient enterrés et pouvoient faire testament[3].

Mais on desire aussi quelquefois la mort pour

---

(1) Tite Live, XXVI, 13-15. C.
(2) De Capoue, ou de la Campanie, *Campanus*, comme dit Tite Live, XXVI, 15. C.
(3) Diodore de Sicile, XVII, 18. C.

(1) Tite Live, XXVIII, 22, 23. C.
(2) Tite Live, XXXI, 17 et 18. C.
(3) Tacite, *Annal.*, VI, 29. C.

l'esperance d'un plus grand bien : « Je desire, dict sainct Paul[1], estre dissoult, pour estre avecques Jesus Christ : » et « Qui me desprendra de ces liens? » Cleombrotus Ambraciota[2], ayant leu le Phædon de Platon, entra en si grand appetit de la vie advenir que, sans aultre occasion, il s'alla precipiter en la mer. Par où il appert combien improprement nous appellons desespoir ceste dissolution volontaire à laquelle la chaleur de l'espoir nous porte souvent, et souvent une tranquille et rassise inclination de jugement. Jacques du Chastel, evesque de Soissons, au voyage d'oultremer que feit sainct Louys, veoyant le roy et toute l'armée en train de revenir en France, laissant les affaires de la religion imparfaictes, print resolution de s'en aller plus tost en paradis; et, ayant dict adieu à ses amis, donna seul, à la vue d'un chascun, dans l'armée des ennemis où il feut mis en pieces. En certain royaume de ces nouvelles terres, au jour d'une solenne procession, auquel l'idole qu'ils adorent est promenée en publicque sur un char de merveilleuse grandeur; oultre ce qu'il se veoid plusieurs se detaillant les morceaux de leur chair vifve à luy offrir, il s'en veoid nombre d'aultres se prosternants emmy la place, qui se font mouldre et briser sous les roues pour en acquerir, après leur mort, veneration de saincteté qui leur est rendue. La mort de cest evesque, les armes au poing, a de la generosité plus, et moins de sentiment, l'ardeur du combat en amusant une partie.

Il y a des polices qui se sont meslées de regler la justice et opportunité des morts volontaires. En nostre Marseille il se gardoit, au temps passé, du venin preparé à tout de la ciguë, aux despens publicques, pour ceulx qui vouldroient haster leurs jours, ayant premierement approuvé aux six cents, qui estoit leur senat, les raisons de leur entreprinse; et n'estoit loisible, aultrement que par congé du magistrat et par occasions legitimes, de mettre la main sur soy. Ceste loy estoit encore ailleurs.

Sextus Pompeius, allant en Asie, passa par l'isle de Cea de Negrepont; il advient, de fortune, pendant qu'il y estoit, comme nous l'apprend l'un de ceulx de sa compaignie[3], qu'une femme de grande auctorité, ayant rendu compte à ses citoyens pourquoy elle estoit resolue de finir sa vie, pria Pompeius d'assister à sa mort pour la rendre plus honnorable; ce qu'il feit; et, ayant longtemps essayé pour neant, à force d'eloquence, qui luy estoit merveilleusement à main, et de persuasion, de la destourner de ce desseing, souffrit enfin qu'elle se contentast. Elle avoit passé quatre vingts dix ans en très heureux estat d'esprit et de corps; mais lors couchée sur son lict mieulx paré que de coustume, et appuyée sur le coude : « Les dieux, dict elle, ô Sextus Pompeius, et plustost ceulx que je laisse que ceulx que je voys trouver, te sçachent gré de quoy tu n'as desdaigné d'estre et conseiller de ma vie et tesmoing de ma mort. De ma part ayant tousjours essayé le favorable visage de fortune, de peur que l'envie de trop vivre ne m'en face veoir un contraire, je m'en voys d'une heureuse fin donner congé aux restes de mon ame, laissant de moy deux filles et une legion de nepveux. » Cela faict, ayant presché et exhorté les siens à l'union et à la paix, leur ayant desparty ses biens et recommendé les dieux domestiques à sa fille aisnée, elle print d'une main asseurée la coupe où estoit le venin, et, ayant faict ses vœux à Mercure et les prieres de la conduire en quelque heureux siege en l'aultre monde, avala brusquement ce mortel bruvage. Or entreteint elle la compaignie du progrès de son operation, et comme les parties de son corps se sentoient saisies de froid l'une après l'aultre, jusques à ce qu'ayant dict enfin qu'il arrivoit au cœur et aux entrailles, elle appella ses filles pour luy faire le dernier office et luy clorre les yeulx.

Pline[1] recite de certaine nation hyperborée qu'en icelle, pour la doulce temperature de l'air, les vies ne se finissent communement que par la propre volonté des habitants; mais qu'estants las et saouls de vivre, ils ont en coustume, au bout d'un long aage, après avoir faict bonne chere, se precipiter en la mer du hault d'un certain rochier destiné à ce service. La douleur[2] et une pire mort me semblent les plus excusables incitations.

---

(1) *Epist. ad Philipp.* c. 1, v. 233. — *Ad Rom.* c. 7, v. 24. C.
(2) Ou d'Ambracie. Voyez Cic., *Tusc. Quæst.*, I, 34. C.
(3) Val. Maxime, II, 6, 8. C.

(1) *Nat. Hist.*, IV, 12. C.
(2) Cic., *Tusc. Quæst.*, II, 27. C.

CHAPITRE IV.

A demain les affaires.

Je donne avecques raison, ce me semble, la palme à Jacques Amyot sur touts nos escrivains françois, non seulement pour la naïfveté et pureté du langage, en quoy il surpasse touts aultres, ny pour la constance d'un si long travail, ny pour la profondeur de son sçavoir, ayant peu developper si heureusement un aucteur si espineux et ferré (car on m'en dira ce qu'on vouldra, je n'entends rien au grec, mais je veois un sens si bien joinct et entretenu par tout en sa traduction, que, ou il a certainement entendu l'imagination vraye de l'aucteur, ou ayant, par longue conversation, planté vifvement dans son ame une generale idée de celle de Plutarque, il ne luy a au moins rien presté qui le desmente ou qui le desdie); mais, sur tout, je luy sçais bon gré d'avoir sceu trier et choisir un livre si digne et si à propos, pour en faire present à son païs. Nous aultres ignorants estions perdus, si ce livre ne nous eust relevé du bourbier; sa mercy, nous osons à cest' heure et parler et escrire; les dames en regentent les maistres d'eschole; c'est nostre breviaire. Si ce bon homme vit, je luy resigne Xenophon, pour en faire autant; c'est une occupation plus aysée et d'autant plus propre à sa vieillesse; et puis, je ne sçais comment il me semble, quoyqu'il se desmesle bien brusquement et nettement d'un mauvais pas, que toutesfois son style est plus chez soy quand il n'est pas pressé et qu'il roule à son ayse.

J'estois à cest' heure sur ce passage où Plutarque[1] dict de soy mesme que Rusticus, assistant à une sienne declamation à Rome, y receut un paquet de la part de l'empereur, et temporisa de l'ouvrir jusques à ce que tout feust faict; en quoy, dict il, toute l'assistance loua singulierement la gravité de ce personnage. De vray, estant sur le propos de la curiosité et de ceste passion avide et gourmande de nouvelles qui nous faict, avecques tant d'indiscretion et d'impatience, abandonner toutes choses pour entretenir un nouveau venu et perdre tout respect et contenance pour crocheter soubdain, où que nous soyons, les lettres qu'on nous apporte, il a eu raison de louer la gravité de Rusticus; et pouvoit encores y joindre la louange de sa civilité et courtoisie, de n'avoir voulu interrompre le cours de sa declamation. Mais je foys doubte qu'on le peust louer de prudence; car recevant à l'improveu lettres, et notamment d'un empereur, il pouvoit bien advenir que le differer à les lire eust esté d'un grand prejudice. Le vice contraire à la curiosité, c'est la nonchalance, vers laquelle je penche evidemment de ma complexion, et en laquelle j'ay veu plusieurs hommes si extremes que, trois ou quatre jours après, on retrouvoit encores en leur pochette les lettres toutes closes qu'on leur avoit envoyées.

Je n'en ouvris jamais, non seulement de celles qu'on m'eust commises, mais de celles mesmes que la fortune m'eust faict passer par les mains; et foys conscience si mes yeulx desrobbent, par mesgarde, quelque cognoissance des lettres d'importance qu'il lit quand je suis à costé d'un grand. Jamais homme ne s'enquit moins et ne fureta moins ès affaires d'aultruy.

Du temps de nos peres, monsieur de Boutieres[1] cuida perdre Turin pour, estant en bonne compaignie à souper, avoir remis à lire un advertissement qu'on luy donnoit des trahisons qui se dressoient contre ceste ville, où il commandoit. Et ce mesme Plutarque[2] m'a apprins que Julius Cæsar se feust sauvé si, allant au senat le jour qu'il y feut tué par les conjurés, il eust lu un memoire qu'on luy presenta; et faict aussi[3] le conte d'Archias, tyran de Thebes, que, le soir avant l'execution de l'entreprinse que Pelopidas avoit faicte de le tuer pour remettre son païs en liberté, il luy feut escript par un aultre Archias, Athenien, de poinct en poinct, ce qu'on luy preparoit; et que ce pacquet luy ayant esté rendu pendant son souper, il remeit à l'ouvrir, disant ce mot, qui depuis passa en proverbe en Grece: « A demain les affaires. »

Un sage homme peult, à mon opinion, pour l'interest d'aultruy, comme pour ne rompre indecemment compaignie, ainsi que Rusticus, ou pour ne discontinuer un aultre affaire d'importance, remettre à entendre ce qu'on luy apporte de nouveau; mais, pour son interest ou plaisir particulier, mesme s'il est homme ayant charge

---

(1) Traité de la Curiosité, c. 14.

(1) Voyez Mém. de G. du Bellay, liv. IX, C.
(2) Dans la Vie de J. César, c. 17. C.
(3) Dans son Traité De l'esprit familier de Socrate, c. 27. C.

publicque, pour ne rompre son disner, voire ny son sommeil, il est inexcusable de le faire. Et anciennement estoit à Rome la place consulaire[1], qu'ils appelloient la plus honnorable à table, pour estre plus à delivre et plus accessible à ceulx qui surviendroient pour entretenir celuy qui y seroit assis; tesmoignage que, pour estre à table, ils ne se despartoient pas de l'entremise d'aultres affaires et survenances. Mais, quand tout est dict, il est malaysé ès actions humaines de donner regle si juste par discours de raison que la fortune n'y maintienne son droict.

CHAPITRE V.

De la conscience.

Voyageant un jour, mon frere sieur de La Brousse et moy, durant nos guerres civiles, nous rencontrasmes un gentilhomme de bonne façon. Il estoit du party contraire au nostre; mais je n'en sçavois rien, car il se contrefaisoit aultre; et le pis de ces guerres, c'est que les chartes sont si meslées, vostre ennemy n'estant distingué d'avecques vous d'aulcune marque apparente, ny de langage, ny de port, nourry en mesmes loix, mœurs et mesme air, qu'il est malaysé d'y eviter confusion et desordre. Cela me faisoit craindre à moy mesme de rencontrer nos troupes en lieu où je ne feusse cogneu, pour n'estre en peine de dire mon nom, et de pis, à l'adventure, comme il m'estoit aultrefois advenu; car en un tel mescompte je perdis et hommes et chevaux, et m'y tua l'on miserablement, entre aultres, un page, gentilhomme italien, que je nourrissois soigneusement, et feut esteincte en luy une très belle enfance et pleine de grande esperance. Mais cestuy cy en avoit une frayeur si esperdue, et je le veoyois si mort, à chasque rencontre d'hommes à cheval et passage de villes qui tenoient pour le roy, que je devinay enfin que c'estoient alarmes que sa conscience luy donnoit. Il sembloit à ce pauvre homme qu'au travers de son masque et des croix de sa casaque, on iroit lire jusques dans son cœur ses secrettes intentions; tant est merveilleux l'effort de la conscience! Elle nous faict trahir, accuser et combattre nous mesmes, et à faulte de tesmoing estrangier elle nous produict contre nous,

Occultum quatiens animo tortore flagellum [1].

Ce conte est en la bouche des enfants: Bessus, Pæonien, reproché d'avoir de gayeté de cœur abbattu un nid de moyneaux, et les avoir tués, disoit avoir eu raison, parce que ces oysillons ne cessoient de l'accuser faulsement du meurtre de son pere. Ce parricide, jusques lors, avoit esté occulte et incogneu: mais les furies vengeresses de la conscience le feirent mettre hors à celuy mesme qui en debvoit porter la penitence[2]. Hesiode corrige le dire de Platon, « que la peine suit de bien près le peché; » car il dict « qu'elle naist en l'instant et quand et quand le peché[3] » Quiconque attend la peine, il la souffre; et quiconque l'a meritée, l'attend[4]. La meschanceté fabrique des torments contre soy:

Malum consilium, consultori pessimum [5] :

comme la mouche guespe picque et offense aultruy, mais plus soy mesme; car elle y perd son aiguillon et sa force pour jamais,

Vitasque in vulnere ponunt [6].

Les cantharides ont en elles quelque partie qui sert contre leur poison de contrepoison, par une contrarieté de nature[7]: aussi à mesme qu'on prend le plaisir au vice, il s'engendre un desplaisir contraire en la conscience, qui nous tormente de plusieurs imaginations penibles, veillants et dormants:

Quippe ubi se multi, per somnia sœpe loquentes,
Aut morbo delirantes, protraxe ferantur,
Et celata diu in medium peccata dedisse [8].

Apollodorus songeoit qu'il se veoyoit escorcher par les Scythes, et puis bouillir dedans une marmitte, et que son cœur murmuroit en disant: « Je te suis cause de touts ces maulx[9]. » Aulcune cachette ne sert aux meschants, disoit

---

(1) Plut., *Propos de table*, I, 3, 2.

(1) Elle nous sert elle-même de bourreau, et nous frappe sans cesse de fouets invisibles. Juvén., XIII, 195.
(2) Plut., *Pourquoi la justice divine*, etc., c. 8. C.
(3) Id., *ibid.*, c. 9. C.
(4) Sén., *Epist.* 105, à la fin. C.
(5) Le mal retombe sur celui qui l'a médité. *Apud* A. Gell., IV, 5.
(6) Et laisse sa vie dans la blessure qu'elle a faite. Virg., *Géor.*, IV, 238.
(7) Plut., *Pourquoi la justice divine*, etc., c. 9. C.
(8) Souvent les coupables se sont accusés eux-mêmes en songe ou dans le délire de la fièvre, et ont révélé des crimes longtemps cachés. Lucr., V, 1157.
(9) Plut., *Pourquoi la justice divine*, etc., c. 9; Polyen, IV, 6, 18. C.

Epicurus, parce qu'ils ne se peuvent asseurer d'estre cachés, la conscience les descouvrant à eulx mesmes[1].

*Prima est hæc ultio, quod se
Indice nemo nocens absolvitur* [2].

Comme elle nous remplit de crainte, aussi faict elle d'asseurance et de confiance; et je puis dire avoir marché en plusieurs hazards d'un pas bien plus ferme, en consideration de la secrette science que j'avois de ma volonté, et innocence de mes desseings:

*Conscia mens ut cuique sua est, ita concipit intra
Pectora pro facto spemque, metumque suo* [3].

Il y en a mille exemples; il suffira d'en alleguer trois de mesme personnage. Scipion, estant un jour accusé devant le peuple romain d'une accusation importante, au lieu de s'excuser ou de flatter ses juges: « Il vous siera bien, leur dict il, de vouloir entreprendre de juger de la teste de celuy par le moyen duquel vous avez l'auctorité de juger de tout le monde[4]! » Et une aultre fois, pour toute responseaux imputations que luy mettoit sus un tribun du peuple, au lieu de plaider sa cause: « Allons, dict il, mes citoyens, allons rendre graces aux dieux de la victoire qu'ils me donnerent contre les Carthaginois en pareil jour que cestuy cy; » et, se mettant à marcher devant, vers le temple, voylà toute l'assemblée et son accusateur mesme à sa suite[5]. Et Petilius ayant esté suscité par Caton pour luy demander compte de l'argent manié en la province d'Antioche, Scipion, estant venu au senat pour cest effect, produisit le livre de raisons, qu'il avait dessoubs sa robbe, et dict que ce livre en contenoit au vray la recepte et la mise; mais, comme on le luy demanda pour le mettre au greffe, il le refusa, disant ne se vouloir pas faire ceste honte à soy mesme; et de ses mains, en la presence du senat, le deschira et meit en pieces[6]. Je ne crois pas qu'une ame cauterisée sceust contrefaire une telle asseurance. Il avoit le cœur trop gros de nature, et accoustumé à trop haulte fortune, dict Tite Live, pour sçavoir estre criminel, et se desmettre à la bassesse de deffendre son innocence.

C'est une dangereuse invention que celle des gehennes, et semble que ce soit plustost un essay de patience que de verité. Et celuy qui les peult souffrir cache la verité, et celuy qui ne les peult souffrir: car, pourquoy la douleur me fera elle plustost confesser ce qui en est qu'elle ne me forcera de dire ce qui n'est pas? Et, au rebours, si celuy qui n'a pas faict ce de quoy on l'accuse est assez patient pour supporter ces torments, pourquoy ne le sera celuy qui l'a faict, un si beau guerdon[1] que de la vie luy estant proposé? Je pense que le fondement de ceste invention vient de la consideration de l'effort de la conscience: car, au coupable, il semble qu'elle ayde à la torture pour luy faire confesser sa faulte, et qu'elle l'affoiblisse; et de l'aultre part, qu'elle fortifie l'innocent contre la torture. Pour dire vray, c'est un moyen plein d'incertitude et de dangier: que ne diroit on, que ne feroit on pour fuyr à si griefves douleurs?

Etiam innocentes cogit mentiri dolor [2]:

d'où il advient que celuy que le juge a gehenné pour ne le faire mourir innocent, il le face mourir et innocent et gehenné. Mille et mille en ont chargé leur teste de fausses confessions, entre lesquels je loge Philotas, considerant les circonstances du procès qu'Alexandre luy feit, et le progrès de sa gehenne[3]. Mais tant y a que c'est, dict on, le moins mal que l'humaine foiblesse aye peu inventer: bien inhumainement pourtant, et bien inutilement, à mon advis.

Plusieurs nations, moins barbares en cela que la grecque et la romaine qui les appellent ainsi, estiment horrible et cruel de tormenter et desrompre un homme de la faulte duquel vous estes encores en doubte. Que peut il mais de vostre ignorance? Estes vous pas injuste, qui, pour ne le tuer sans occasion, luy faictes pis que le tuer? Qu'il soit ainsi, voyez combien de fois il aime mieulx mourir sans raison que de passer par ceste information plus peni-

---

(1) Sén., *Epist.* 97. J. V. L.
(2) Le premier châtiment du coupable, c'est qu'il ne sauroit s'absoudre à son propre tribunal. Juv., *Sat.*, XIII, 2.
(3) Selon le témoignage que l'homme se rend à soi-même, il a le cœur rempli de crainte ou d'espérance. Ovide, *Fast.*, I, 485.
(4) Plut., *Comment on se peult louer soy mesme*, c. 5. C.
(5) Val. Maxime, III, 7, 1. C.
(6) Tite Live, XXXVIII, 54 et 55. C.

(1) *Une si belle récompense que celle*, etc. E. J.
(2) La douleur force à mentir ceux même qui sont innocents. *Sentences de* Publ. Syrus.
(3) Quinte-Curce, VI, 7. C.

ble que le supplice, et qui souvent, par son aspreté, devance le supplice et l'execute. Je ne
sçais d'où je tiens ce conte[1], mais il rapporte
exactement la conscience de nostre justice. Une
femme de village accusoit devant un general
d'armée[2], grand justicier, un soldat pour avoir
arraché à ses petits enfants ce peu de bouillie
qui luy restoit à les substanter, ceste armée
ayant tout ravagé. De preuve, il n'y en avoit
point. Le general, après avoir sommé la femme
de regarder bien à ce qu'elle disoit, d'autant
qu'elle seroit coulpable de son accusation, si
elle mentoit, et elle persistant, il feit ouvrir le
ventre au soldat pour s'esclaircir de la verité
du faict : et la femme se trouva avoir raison.
Condamnation instructive.

CHAPITRE VI.

De l'exercitation.

Il est malaysé que le discours et l'instruction,
encores que nostre creance s'y applique volontiers, soient assez puissantes pour nous acheminer jusques à l'action, si, oultre cela, nous n'exerceons et formons nostre ame par experience au
train auquel nous la voulons renger : aultrement, quand elle sera au propre des effects, elle
s'y trouvera sans doubte empeschée. Voylà
pourquoy, parmy les philosophes, ceulx qui ont
voulu attaindre à quelque plus grande excellence ne se sont pas contentés d'attendre à couvert et en repos les rigueurs de la fortune, de
peur qu'elle ne les surprinst inexperimentés et
nouveaux au combat ; ains ils luy sont allés au
devant, et se sont jectés, à escient, à la preuve
des difficultés : les uns en ont abandonné les
richesses, pour s'exercer à une pauvreté volontaire ; les aultres ont recherché le labeur et une
austerité de vie penible, pour se durcir au mal
et au travail ; d'aultres se sont privés des parties du corps les plus cheres, comme de la veue,
et des membres propres à la generation, de
peur que leur service, trop plaisant et trop mol,
ne relaschast et n'attendrist la fermeté de leur
ame.

Mais à mourir, qui est la plus grande besongne que nous ayons à faire, l'exercitation ne
nous y peult ayder. On se peult, par usage et
par experience, fortifier contre les douleurs, la
honte, l'indigence, et tels aultres accidents :
mais, quant à la mort, nous ne la pouvons essayer qu'une fois ; nous y sommes touts apprentis quand nous y venons.

Il s'est trouvé anciennement des hommes si
excellents mesnagiers du temps qu'ils ont essayé, en la mort mesme, de la gouster et savourer, et ont bandé leur esprit pour veoir que
c'estoit de ce passage ; toutesfois ils ne sont
pas revenus nous en dire des nouvelles :

Nemo expergitus exstat,
Frigida quem semel est vitaï pausa sequuta [1].

Canius Julius[2], noble romain, de vertu et fermeté singuliere, ayant esté condamné à la mort
par ce maraud de Caligula, oultre plusieurs
merveilleuses preuves qu'il donna de sa resolution, comme il estoit sur le poinct de souffrir la
main du bourreau, un philosophe, son amy, luy
demanda : « Eh bien ! Canius ! en quelle demar-
che est à ceste heure vostre ame ? que faict elle ?
en quels pensements estes vous ? — Je pensois,
luy respondict-il, à me tenir prest et bandé de
toute ma force, pour veoir si, en cest instant
de la mort, si court et si brief, je pourray appercevoir quelque deslogement de l'ame, et si
elle aura quelque ressentiment de son yssue ;
pour, si j'en apprends quelque chose, en revenir donner après, si je puis, advertissement à
mes amis. » Cestuy cy philosophe, non seulement jusqu'à la mort, mais en la mort mesme.
Quelle asseurance estoit ce, et quelle fierté de
courage, de vouloir que sa mort luy servist de
leçon, et avoir loisir de penser ailleurs en un si
grand affaire !

Jus hoc animi morientis habebat [3].

Il me semble toutesfois qu'il y a quelque façon
de nous apprivoiser à elle, et de l'essayer aulcunement. Nous en pouvons avoir experience,
sinon entiere et parfaicte, au moins telle qu'elle
ne soit pas inutile, et qui nous rende plus for-
tifiés et asseurés : si nous ne la pouvons joindre, nous la pouvons approcher, nous la pou-

---

(1) Il est dans FROISSART, et c'est là sans doute que Montaigne l'avait lu, quoiqu'il ne s'en souvint plus quand il composa ce chapitre. C.

(2) Bajazet Ier. Voyez FROISSART.

(1) On ne se réveille jamais dès qu'une fois on a senti le froid
repos de la mort. LUCR., III, 942.

(2) Voyez SÉN., *de Tranquillitate animi*, c. 14. C.

(3) Tant il exerçait d'empire sur son ame, à l'heure même
de la mort. LUC., VIII, 636.

vons recognoistre; et si nous ne donnons jusques à son fort, au moins verrons nous et en practiquerons les advenues. Ce n'est pas sans raison qu'on nous faict regarder à nostre sommeil mesme, pour la ressemblance qu'il a de la mort : combien facilement nous passons du veiller au dormir! avecques combien peu d'interest nous perdons la cognoissance de la lumiere et de nous! A l'adventure pourroit sembler inutile et contre nature la faculté du sommeil, qui nous prive de toute action et de tout sentiment, n'estoit que par ce moyen nature nous instruict qu'elle nous a pareillement faicts pour mourir que pour vivre ; et, dès la vie, nous presente l'eternel estat qu'elle nous garde après icelle, pour nous y accoustumer et nous en oster la crainte. Mais ceulx qui sont tumbez par quelque violent accident en defaillance de cœur, et qui y ont perdu touts sentiments, ceulx là, à mon advis, ont esté bien près de veoir son vray et naturel visage : car, quant à l'instant et au poinct du passage, il n'est pas à craindre qu'il porte avecques soy aulcun travail ou desplaisir, d'autant que nous ne pouvons avoir nul sentiment sans loisir; nos souffrances ont besoing de temps, qui est si court et si precipité en la mort, qu'il faut necessairement qu'elle soit insensible [1]. Ce sont les approches que nous avons à craindre, et celles là peuvent tumber en experience.

Plusieurs choses nous semblent plus grandes par imagination que par effect : j'ay passé une bonne partie de mon aage en une parfaicte et entiere santé ; je dis non seulement entiere, mais encores alaigre et bouillante ; cest estat, plein de verdeur et de feste, me faisoit trouver si horrible la consideration des maladies que, quand je suis venu à les experimenter, j'ay trouvé leurs poinctures molles et lasches au prix de ma crainte. Voicy que j'espreuve touts les jours : suis je à couvert chauldement, dans une bonne salle, pendant qu'il se passe une nuict orageuse et tempestueuse, je m'estonne et m'afflige pour ceulx qui sont lors en la campagne : y suis je moy mesme, je ne desire pas seulement d'estre ailleurs. Cela seul, d'estre tousjours enfermé dans une chambre, me sembloit insupportable : je feus incontinent dressé à y estre une semaine et un mois, plein d'esmotion, d'alteration et de foiblesse; et ay trouvé que, lors de ma santé, je plaignois les malades beaucoup plus que je ne me treuve à plaindre moy mesme, quand j'en suis; et que la force de mon apprehension encherissoit près de moitié l'essence et verité de la chose. J'espere qu'il m'en adviendra de mesme de la mort, et qu'elle ne vault pas la peine que je prends à tant d'apprest que je dresse et tant de secours que j'appelle et assemble pour en soutenir l'effort. Mais, à toutes adventures, nous ne pouvons nous donner trop d'advantage.

Pendant nos troisiesmes troubles, ou deuxiesmes (il ne me souvient pas bien de cela), m'estant allé un jour promener à une lieue de chez moy, qui suis assis dans le moïau [1] de tout le trouble des guerres civiles de France, estimant estre en toute seureté, et si voisin de ma retraicte que je n'avois point besoing de meilleur equipage, j'avois prins un cheval bien aysé, mais non gueres ferme. A mon retour, une occasion soubdaine s'estant presentée de m'ayder de ce cheval à un service qui n'estoit pas bien de son usage, un de mes gents, grand et fort, monté sur un puissant roussin qui avoit une bouche desesperée, frais au demourant et vigoreux, pour faire le hardy et devancer ses compaignons, veint à le poulser à toute bride droict dans ma route, et fondre comme un colosse sur le petit homme et petit cheval, et le fouldroyer de sa roideur et de sa pesanteur, nous envoyant l'un et l'aultre les pieds contremont, si que voylà le cheval abbatu et couché tout estourdy ; moy, dix ou douze pas au-delà, estendu à la renverse, le visage tout meurtry et tout escorché, mon espée, que j'avois à la main, à plus de dix pas au-delà, ma ceinture en pieces, n'ayant ny mouvement ny sentiment non plus qu'une souche. C'est le seul esvanouissement que j'aye senty jusques à ceste heure. Ceulx qui estoient avecques moy, après avoir essayé, par touts les moyens qu'ils peurent, de

---

[1] « Une douleur très vive, pour peu qu'elle dure, conduit à l'évanouissement ou à la mort. Nos organes, n'ayant qu'un certain degré de force, ne peuvent résister que pendant un certain temps à un certain degré de douleur ; si elle devient excessive, elle cesse, parce qu'elle est plus forte que le corps, qui, ne pouvant la supporter, peut encore moins la transmettre à l'âme, avec laquelle il ne peut correspondre que quand les organes agissent, etc., etc. » BUFFON. — Il y aurait quelque intérêt à continuer ce parallèle. Buffon s'est rappelé certainement plusieurs idées de ce chapitre des *Essais*. J. V. L.

[1] Le milieu.

me faire revenir, me tenants pour mort, me prindrent entre leurs bras, et m'emportoient avecques beaucoup de difficulté en ma maison, qui estoit loing de là environ un demy lieue françoise. Sur le chemin, et après avoir esté plus de deux grosses heures tenu pour trespassé, je commenceay à me mouvoir et respirer ; car il estoit tumbé si grande abondance de sang dans mon estomach, que, pour l'en descharger, nature eut besoing de ressusciter ses forces. On me dressa sur mes pieds, où je rendis un plein seau de bouillons de sang pur ; et plusieurs fois, par le chemin, il m'en fallut faire de mesme. Par là, je commenceay à reprendre un peu de vie ; mais ce feut par les menus, et par un si long traict de temps que mes premiers sentiments estoient beaucoup plus approchants de la mort que de la vie :

Perchè, dubbiosa ancor del suo ritorno,
Non s'assicura attonita la mente [1].

Ceste recordation, que j'en ay fort empreinte en mon ame, me representant son visage et son idée si près du naturel, me concilie aulcunement à elle. Quand je commenceay à y voir, ce feut d'une veue si trouble, si foible et si morte, que je ne discernois encores rien que la lumiere,

Come quel ch' or apre, or chiude
Gli occhi, mezzo tra'l sonno e l' esser desto [2].

Quand aux functions de l'ame, elles naissoient avecques mesme progrès que celles du corps. Je me veis tout sanglant ; car mon pourpoinct estoit taché partout du sang que j'avois rendu. La premiere pensée qui me veint, ce feut que j'avois une harquebusade en la teste : de vray, en mesme temps, il s'en tiroit plusieurs autour de nous. Il me sembloit que ma vie ne me tenoit plus qu'au bout des levres ; je fermois les yeulx pour ayder, ce me sembloit, à la poulser hors, et prenois plaisir à m'alanguir et à me laisser aller. C'estoit une imagination qui ne faisoit que nager superficiellement en mon ame, aussi tendre et aussi foible que tout le reste, mais à la verité non seulement exempte de desplaisir, ains meslée à ceste doulceur que sentent ceulx qui se laissent glisser au sommeil.

Je crois que c'est ce mesme estat où se treuvent ceulx qu'on veoid deffaillants de foiblesse en l'agonie de la mort ; et tiens que nous les plaignons sans cause, estimants qu'ils soyent agités de griefves douleurs, ou qu'ils ayent l'ame pressée de cogitations penibles. C'a esté tousjours mon advis, contre l'opinion de plusieurs, et mesme d'Estienne de la Boëtie, que ceulx que nous veoyons ainsi renversés et assopis aux approches de leur fin, ou accablés de la longueur du mal, ou par accident d'une apoplexie, ou mal caducque,

Vi morbi sœpe coactus
Ante oculos aliquis nostros, ut fulminis ictu,
Concidit, et spumas agit ; ingemit, et fremit artus ;
Desipit, extentat nervos, torquetur, anhelat,
Inconstanter et in jactando membra fatigat [1],

ou blecés en la teste, que nous oyons rommeller [2] et rendre par fois des soupirs trenchants, quoyque nous en tirons aulcuns signes par où il semble qu'il leur reste encores de la cognoissance, et quelques mouvements que nous leur veoyons faire du corps ; j'ay tousjours pensé, dis je, qu'ils avoient et l'ame et le corps ensepveli et endormi,

Vivit, et est vitæ nescius ipse suæ [3] ;

et ne pouvois croire qu'à un si grand estonnement de membres, et si grande deffaillance des sens, l'ame peust maintenir aulcune force au dedans pour se recognoistre ; et que par ainsin ils n'avoient aulcun discours qui les tormentast, et qui leur peust faire juger et sentir la misere de leur condition ; et que, par consequent, ils n'estoient pas fort à plaindre.

Je n'imagine aulcun estat pour moy si insupportable et horrible que d'avoir l'ame vifve et affligée, sans moyen de se declarer ; comme je dirois de ceulx qu'on envoie au supplice, leur ayant coupé la langue (si ce n'estoit qu'en ceste sorte de mort la plus muette me semble

---

(1) Car l'âme abattue, encore incertaine de son retour, ne peut se raffermir. Torq. Tasso, *Gerus. liberata*, cant. XII, stanz. 74.

(2) Comme un homme qui, moitié endormi et moitié éveillé, tantôt ouvre et tantôt ferme les yeux. Torq. Tasso, *Gerus. liberata*, cant. VIII, stanz. 26.

(1) Souvent un malheureux, attaqué d'un mal subit, tombe tout à coup à vos pieds, comme frappé de la foudre ; sa bouche écume, sa poitrine gémit, ses membres palpitent. Hors de lui, il se raidit, il se débat, il respire à peine ; il se roule et s'agite en tous sens. Lucr., III, 485.

(2) Grommeler.

(3) Il vit, mais sans savoir s'il jouit de la vie.
Ovid., *Trist.*, I, 3, 12.

la mieulx seante, si elle est accompaignée d'un ferme visage et grave); et comme ces miserables prisonniers qui tumbent ès mains des vilains bourreaux soldats de ce temps, desquels ils sont tormentés de toute espece de cruel traictement, pour les contraindre à quelque rançon excessifve et impossible, tenus ce pendant en condition et en lieu où ils n'ont moyen quelconque d'expression et signification de leurs pensées et de leur misere. Les poëtes ont feinct quelques dieux favorables à la delivrance de ceulx qui traisnoient ainsin une mort languissante :

Hunc ego Diti
Sacrum jussa fero, teque isto corpore solvo</i> [1] :</p>

et les voix et responses courtes et descousues qu'on leur arrache quelquesfois, à force de crier autour de leurs aureilles et de les tempester, ou des mouvements qui semblent avoir quelque consentement à ce qu'on leur demande, ce n'est pas tesmoignage qu'ils vivent pourtant, au moins une vie entiere. Il nous advient ainsi sur le begueyement du sommeil, avant qu'il nous ayt du tout saisis, de sentir comme en songe ce qui se faict autour de nous, et suyvre les voix, d'une ouïe trouble et incertaine qui semble ne donner qu'aux bords de l'ame ; et faisons des responses à la suitte des dernieres paroles qu'on nous a dictes, qui ont plus de fortune que de sens.

Or, à present que je l'ay essayé par effect, je ne foys nul doubte que je n'en aye bien jugé jusques à ceste heure : car, premierement, estant tout esvanoui, je me travaillois d'entreouvrir mon pourpoinct à beaux ongles (car j'estois desarmé), et si sçais que je ne sentois en l'imagination rien qui me bleceast : car il y a plusieurs mouvements en nous qui ne partent pas de nostre ordonnance;

Semianimesque micant digiti, ferrumque retractant [2] :

ceulx qui tumbent eslancent ainsi les bras au devant de leur cheute, par une naturelle impulsion qui faict que nos membres se prestent des offices, et ont des agitations à part de nostre discours.

Falciferos memorant currus abscindere membra...
Ut tremere in terra videatur ab artubus id quod
Decidit abscissum; quum mens tamen atque hominis vis,
Mobilitate mali, non quit sentire dolorem</i> [1].

J'avois mon estomach pressé de ce sang caillé : mes mains y couroient d'elles mesmes, comme elles font souvent où il nous demange, contre l'advis de nostre volonté. Il y a plusieurs animaulx, et des hommes mesmes, après qu'ils sont trespassés, ausquels on veoid resserrer et remuer des muscles ; chascun sçait par experience qu'il a des parties qui se branslent, dressent et couchent souvent sans son congé. Or, ces passions, qui ne nous touchent que par l'escorce, ne se peuvent dire nostres : pour les faire nostres, il fault que l'homme y soit engagé tout entier ; et les douleurs que le pied ou la main sentent pendant que nous dormons ne sont pas à nous.

Comme j'approchay de chez moy, où l'alarme de ma cheute avoit desjà couru, et que ceulx de ma famille m'eurent rencontré avecques les cris acccoustumés en telles choses, non seulement je respondois quelque mot à ce qu'on me demandoit, mais encores ils disent que je m'advisay de commander qu'on donnast un cheval à ma femme, que je veoyois s'empestrer et se tracasser dans le chemin, qui est montueux et malaysé. Il semble que ceste consideration deust partir d'une ame esveillée ; si est ce que je n'y estois aulcunement : c'estoient des pensements vains, en nue [2], qui estoient esmeus par les sens des yeulx et des aureilles ; ils ne venoient pas de chez moy. Je ne sçavois pourtant ny d'où je venois ny où j'allois, ny ne pouvois poiser et considerer ce qu'on me demandoit ; ce sont de legiers effects que les sens produisoient d'eulx mesmes, comme d'un usage [3] ; ce que l'ame y prestoit, c'estoit en songe, touchée bien legierement, et comme leichée seulement et arrousée par la molle impression des sens. Ce pendant, mon assiette estoit à la verité très doulce et paisible : je n'avois affliction ny pour aultruy ny pour moy ; c'estoit une langueur et une extreme foiblesse sans aulcune douleur. Je veis ma maison sans la recognois-

---

(1) J'exécute, dit Iris, l'ordre que j'ai reçu : j'enlève cette ame dévouée au dieu des enfers, et je brise ses chaînes mortelles. VIRG., <i>Enéid.</i>, IV, 702.

(2) Les doigts mourants s'agitent et ressaisissent le fer qui leur échappe. VIRG., <i>Enéid.</i>, X, 596.

---

(1) On dit qu'au fort de la mêlée les chars armés de faux coupent les membres avec tant de rapidité qu'on les voit palpitants à terre, avant que la douleur d'un coup si prompt ait pu parvenir jusqu'à l'âme. LUCR., III, 642.

(2) <i>En l'air.</i> C.

(3) <i>Comme par habitude.</i> C.

tre. Quand on m'eut couché, je sentis une infinie douleur à ce repos; car j'avois esté vilainement tirassé par ces pauvres gents, qui avoient prins la peine de me porter sur leurs bras par un long et très mauvais chemin, et s'y estoient lassés deux ou trois fois les uns après les aultres. On me presenta force remedes, de quoy je n'en receus aulcun, tenant pour certain que j'estois blecé à mort par la teste. C'eust esté, sans mentir, une mort bien heureuse; car la foiblesse de mon discours me gardoit d'en rien juger, et celle du corps d'en rien sentir : je me laissois couler si doulcement et d'une façon si molle et si aysée, que je ne sens gueres aultre action moins poisante que celle là estoit. Quand je veins à revivre et à reprendre mes forces,

Ut tandem sensus convaluere mei [1],

qui feut deux ou trois heures après, je me sentis tout d'un train rengager aux douleurs, ayant les membres touts moulus et froissés de ma cheute, et en feus si mal deux ou trois nuicts après que j'en cuiday remourir encores un coup, mais d'une mort plus vifve; et me sens encores de la secousse de ceste froissure. Je ne veulx pas oublier cecy, que la derniere chose en quoy je me peus remettre ce feut la souvenance de cest accident; et me feis redire plusieurs fois où j'allois, d'où je venois, à quelle heure cela m'estoit advenu, avant que de le pouvoir concevoir. Quand à la façon de ma cheute, on me la cachoit en faveur de celuy qui en avoit esté cause, et m'en forgeoit on d'aultre. Mais long temps après, et le lendemain, quand ma memoire veint à sentr'ouvrir, et me representer l'estat où je m'estois trouvé, en l'instant que j'avois apperceu ce cheval fondant sur moy (car je l'avois veu à mes talons, et me teins pour mort; mais ce pensement avoit esté si soubdain, que la peur n'eut pas loisir de s'y engendrer), il me sembla que c'estoit un esclair qui me frappoit l'ame de secousse, et que je revenois de l'aultre monde.

Ce conte d'un evenement si legier est assez vain, n'estoit l'instruction que j'en ay tirée pour moy; car, à la verité, pour s'appriveiser à la mort, je treuve qu'il n'y a que de s'en avoisiner. Or, comme dict Pline [1], chascun est à soy mesme une très bonne discipline, pourveu qu'il ayt la suffisance de s'espier de près. Ce n'est pas icy ma doctrine, c'est mon estude; et n'est pas la leçon d'aultruy, c'est la mienne; et ne me doibt on pourtant sçavoir mauvais gré si je la communique; ce qui me sert peult aussi, par accident, servir à un aultre. Au demourant, je ne gaste rien, je n'use que du mien; et si je foys le fol, c'est à mes despens, et sans l'interest de personne; car c'est en folie qui meurt en moy, qui n'a point de suitte. Nous n'avons nouvelles que de deux ou trois anciens qui ayent battu ce chemin; et si ne pouvons dire si c'est du tout en pareille maniere à ceste cy, n'en cognoissant que les noms. Nul depuis ne s'est jecté sur leur trace. C'est une espineuse entreprinse, et plus qu'il ne semble, de suyvre une allure si vagabonde que celle de nostre esprit, de penetrer les profondeurs opaques de ses replis internes, de choisir et arrester tant de menus airs de ses agitations; et est un amusement nouveau et extraordinaire qui nous retire des occupations communes du monde, ouy, et des plus recommendées. Il y a plusieurs années que je n'ay que moy pour visée à mes pensées, que je ne contreroolle et n'estudie que moy; et si j'estudie aultre chose, c'est pour soubdain le coucher sur moy ou en moy, pour mieulx dire; et ne me semble point faillir, si, comme il se faict des aultres sciences sans comparaison moins utiles, je foys part de ce que j'ay apprins en ceste cy, quoyque je ne me contente gueres du progrès que j'y ay faict. Il n'est description pareille en difficulté à la description de soy mesme, ny certes en utilité : encores se fault il testonner [2], encores se fault il ordonner et renger, pour sortir en place : or, je me pare sans cesse, car je me descris sans cesse. La coustume a faict le parler de soy vicieux, et le prohibe obstinéement, en hayne de la ventance qui semble tousjours estre attachée aux propres tesmoignages : au lieu qu'on doibt moucher l'enfant, cela s'appelle l'enaser,

In vitium ducit culpæ fuga [3];

---

(1) Lorsque enfin mes sens reprirent quelque vigueur. OVID., *Trist.*, I, 3, 14.

(1) *Nat. Hist.*, XXII, 24, C.
(2) *Se friser les cheveux, se parer la tête.... pour se montrer en public.*
(3) Souvent la peur d'un mal nous conduit dans un pire. HOR., *de Arte poet.*, v. 31. (Trad. de Boileau.)

je treuve plus de mal que de bien à ce remede. Mais, quand il seroit vray que ce feust necessairement presumption d'entretenir le peuple de soy, je ne doibs pas, suyvant mon general desseing, refuser une action qui publie ceste maladifve qualité, puisqu'elle est en moy; et ne doibs cacher ceste faulte, que j'ay non seulement en usage, mais en profession. Toutesfois, à dire ce que j'en crois, ceste coustume a tort de condamner le vin parce que plusieurs s'y enyvrent : on ne peult abuser que des choses qui sont bonnes; et crois de ceste regle qu'elle ne regarde que la populaire defaillance. Ce sont brides à veaux, desquelles ny les saincts, que nous oyons si haultement parler d'eulx, ny les philosophes, ny les theologiens, ne se brident; ne foys je moy, quoyque je sois aussi peu l'un que l'aultre. S'ils n'en escrivent à poinct nommé, au moins, quand l'occasion les y porte, ne feignent ils pas de se jecter bien avant sur le trottoir. De quoy traicte Socrates plus largement que de soy ? à quoy achemine il plus souvent les propos de ses disciples, qu'à parler d'eulx, non pas de la leçon de leur livre, mais de l'estre et bransle de leur ame? Nous nous disons religieusement à Dieu et à nostre confesseur, comme nos voisins[1] à tout le peuple. « Mais nous n'en disons, me respondra on, que les accusations. » Nous disons donc tout; car nostre vertu mesme est faultiere et repentable. Mon mestier et mon art, c'est vivre[2] : qui me deffend d'en parler selon mon sens, experience et usage, qu'il ordonne à l'architecte de parler des bastiments, non selon soy, mais selon son voisin, selon la science d'un aultre, non selon la sienne. Si c'est gloire, de soy mesme publier ses valeurs, que ne met Cicero en avant l'eloquence de Hortense, Hortense celle de Cicero ? A l'adventure entendent ils que je tesmoigne de moy par ouvrage et effects, non nuement par des paroles. Je peins principalement mes cogitations, subject informe qui ne peult tumber en production ouvragiere; à toute peine le puis je coucher en ce corps aëré de la voix : des plus sages hommes et des plus devots ont vescu fuyants touts apparents effects. Les effects diroient plus de la fortune que de moy : ils tesmoignent leur roolle, non pas le mien, si ce n'est conjecturalement et incertainement; eschantillons d'une montre particuliere. Je m'estale entier : c'est un skeletos où, d'une veue, les veines, les muscles, les tendons, paroissent, chasque piece en son siege; l'effect de la toux en produisoit une partie, l'effect de la pasleur ou battement de cœur un' aultre, et doubteusement. Ce ne sont mes gestes que j'escris; c'est moy, c'est mon essence.

Je tiens qu'il fault estre prudent à estimer de soy, et pareillement conscientieux à en tesmoigner, soit bas, soit hault, indifferemment. Si je me semblois bon et sage tout à faict, je l'entonnerois à pleine teste. De dire moins de soy qu'il n'y en a, c'est sottise, non modestie; se payer de moins qu'on ne vault, c'est lascheté et pusillanimité, selon Aristote[1] : nulle vertu ne s'ayde de la faulseté; et la verité n'est jamais matiere d'erreur. De dire de soy plus qu'il n'en y a, ce n'est pas tousjours presumption, c'est encores souvent sottise : se complaire oultre mesure de ce qu'on est, en tumber en amour de soy indiscrete est, à mon advis, la substance de ce vice. Le supreme remede à le guarir, c'est faire tout le rebours de ce que ceulx icy ordonnent, qui, en deffendant le parler de soy, deffendent par consequent encores de penser à soy. L'orgueil gist en la pensée; la langue n'y peult avoir qu'une bien legiere part.

De s'amuser à soy, il leur semble que c'est se plaire en soy ; de se hanter et practiquer, que c'est se trop cherir ; mais cet excès naist seulement en ceulx qui ne se tastent que superficiellement; qui se veoyent après leurs affaires; qui appellent resverie et oysifveté, de s'entretenir de soy; et s'estoffer et bastir, faire des chasteaux en Espaigne ; s'estimants chose tierce et estrangiere à eulx mesmes. Si quelqu'un s'enivre de sa science, regardant soubs soy, qu'il tourne les yeulx au dessus, vers les siecles passés, il baissera les cornes, y trouvant tant de milliers d'esprits qui le foulent aux pieds : s'il entre en quelque flatteuse presumption de sa vaillance, qu'il se ramentoive les vies de Scipion, d'Epaminondas, de tant d'armées, de tant de peuples, qui le laissent si

---

(1) *Les protestants*. C.

(2) « Vivre est le métier que je lui veux apprendre. » Rousseau, *Émile*, liv. I.

(1) *Morale à Nicomaque*, IV, 7. C.

loing derriere eulx. Nulle particuliere qualité n'enorgueillira celuy qui mettra quand et quand en compte tant d'imparfaictes et foibles qualités aultres qui sont en luy, et au bout la nihilité de l'humaine condition. Parce que Socrates avoit seul mordu à certes[1] au precepte de son Dieu, « de se cognoistre, » et par cest estude estoit arrivé à se mespriser, il feut estimé seul digne du nom de *sage*. Qui se cognoistra ainsi, qu'il se donne hardiment à cognoistre par sa bouche.

CHAPITRE VII.
Des recompenses d'honneur.

Ceulx qui escrivent la vie d'Auguste Cæsar[2] remarquent cecy en sa discipline militaire, que des dons il estoit merveilleusement liberal envers ceulx qui le meritoient ; mais que des pures recompenses d'honneur, il en estoit bien autant espargnant : si est ce qu'il avoit esté luy mesme gratifié par son oncle de toutes les recompenses militaires avant qu'il eust jamais esté à la guerre. C'a esté une belle invention, et receue en la pluspart des polices du monde, d'establir certaines marques vaines et sans prix pour en honorer et recompenser la vertu, comme sont les couronnes de laurier, de chesne, de meurte[3], la forme de certain vestement, le privilege d'aller en coche par ville, ou de nuict avecques flambeau, quelque assiette particuliere aux assemblées publicques, la prerogative d'aulcuns surnoms et tiltres, certaines marques aux armoiries, et choses semblables, de quoy l'usage a esté diversement receu selon l'opinion des nations, et dure encores.

Nous avons pour nostre part, et plusieurs de nos voisins, les ordres de chevalerie, qui ne sont establis qu'à ceste fin. C'est, à la verité, une bien bonne et proufitable coustume de trouver moyen de recognoistre la valeur des hommes rares et excellents, et de les contenter et satisfaire par des payements qui ne chargent aulcunement le publique, et qui ne coustent rien au prince. Et ce qui a esté tousjours cogneu par experience ancienne, et que nous avons aultrefois aussi peu veoir entre nous, que les gents de qualité avoient plus de jalousie de telles recompenses, que de celles où il y avoit du gaing et du proufit, cela n'est pas sans raison et grande apparence. Si au prix, qui doibt estre simplement d'honneur, on y mesle d'aultres commodités et de la richesse, ce meslange, au lieu d'augmenter l'estimation, la ravale et en retrenche. L'ordre Sainct-Michel, qui a esté si longtemps en credit parmy nous, n'avoit point de plus grande commodité que celle-là, de n'avoir communication d'aulcune aultre commodité : cela faisoit qu'aultrefois il n'y avoit ny charge, ny estat, quel qu'il feust, auquel la noblesse pretendist avecques tant de desir et d'affection qu'elle faisoit à l'ordre, ny qualité qui apportast plus de respect et de grandeur ; la vertu embrassant et aspirant plus volontiers à une recompense purement sienne, plustost glorieuse qu'utile. Car, à la verité, les aultres dons n'ont pas leur usage si digne, d'autant qu'on les employe à toute sorte d'occasions ; par des richesses, on satisfaict le service d'un valet, la diligence d'un courrier, le dancer, le voltiger, le parler, et les plus vils offices qu'on receoive ; voire et le vice s'en paye, la flaterie, le maquerelage, la trahison : ce n'est pas merveille si la vertu receoit et desire moins volontiers ceste sorte de monnoye commune, que celle qui luy est propre et particuliere, toute noble et genereuse. Auguste avoit raison d'estre beaucoup plus mesnagier et espargnant de ceste cy, que de l'aultre ; d'autant que l'honneur est un privilege qui tire sa principale essence de la rareté, et la vertu mesme.

Cui malus est nemo, quis bonus esse potest[1] *?*

On ne remarque pas, pour la recommendation d'un homme, qu'il ayt soing de la nourriture de ses enfants, d'autant que c'est une action commune, quelque juste qu'elle soit ; non plus qu'un grand arbre, où la forest est toute de mesme. Je ne pense pas qu'aulcun citoyen de Sparte se glorifiast de sa vaillance, car c'estoit une vertu populaire en leur nation ; et aussi peu de la fidelité et mespris des richesses. Il n'escheoit pas de recompense à une vertu,

---

(1) *Sincèrement, sérieusement.*
(2) Suétone, *Vie d'Auguste*, c. 25. C.
(3) *Myrte.*

A qui nul ne paraît méchant
Nul ne saurait paraître juste.
MARTIAL, XII, 82.

pour grande qu'elle soit, qui est passée en coustume; et ne sçais avecques, si nous l'appellerions jamais grande, estant commune.

Puis donc que ces loyers d'honneur n'ont aultre prix et estimation que ceste là, que peu de gents en jouissent, il n'est pour les aneantir que d'en faire largesse. Quand il se trouveroit plus d'hommes qu'au temps passé qui meritassent nostre ordre[1], il n'en falloit pas pourtant corrompre l'estimation: et peult ayséement advenir que plus le meritent; car il n'est aulcune des vertus qui s'espande si ayséement que la vaillance militaire. Il y en a une aultre vraye, parfaicte et philosophique, de quoy je ne parle point, et me sers de ce mot selon nostre usage, bien plus grande que ceste cy et plus pleine, qui est une force et asseurance de l'ame, mesprisant egualement toute sorte de contraires accidents, equable, uniforme et constante, de laquelle la nostre n'est qu'un bien petit rayon. L'usage, l'institution, l'exemple, et la coustume, peuvent tout ce qu'elles veulent en l'establissement de celle de quoy je parle, et la rendent ayséement vulgaire, comme il est très aysé à veoir par l'experience que nous en donnent nos guerres civiles: et qui nous pourroit joindre à ceste heure, et acharner à une entreprinse commune tout nostre peuple, nous ferions refleurir nostre ancien nom militaire. Il est bien certain que la recompense de l'ordre ne touchoit pas, au temps passé, seulement la vaillance; elle regardoit plus loing: ce n'a jamais esté le payement d'un valeureux soldat, mais d'un capitaine fameux; la science d'obeïr ne meritoit pas un loyer si honorable. On y requeroit anciennement une expertise bellique plus universelle, et qui embrassast la plus part et les plus grandes parties d'un homme militaire, *Neque enim eædem militares et imperatoriæ artes sunt*[2]; qui feust encore, oultre cela, de condition accommodable à une telle dignité. Mais je dis, quand plus de gents en seroient dignes qu'il ne s'en trouvoit aultrefois, qu'il ne falloit pas pourtant s'en rendre plus liberal; et eust mieulx vallu faillir à n'en estrener pas touts ceulx à qui il estoit deu, que de perdre pour jamais, comme nous venons de faire, l'usage d'une invention si utile. Aulcun homme de cœur ne daigne s'advantager de ce qu'il a de commun avec plusieurs; et ceulx d'aujourd'huy, qui ont moins merité ceste recompense, font plus de contenance de la desdaigner, pour se loger par là au reng de ceulx à qui on faict tort d'espandre indignement et avilir ceste marque qui leur estoit particulierement deue.

Or, de s'attendre, en effaceant et abolissant ceste cy, de pouvoir soubdain remettre en credit et renouveller une semblable coustume, ce n'est pas entreprinse propre à une saison si licencieuse et malade qu'est celle où nous nous trouvons à present: et en adviendra que la derniere[1] encourra, dès sa naissance, les incommodités qui viennent de ruyner l'aultre. Les regles de la dispensation de ce nouvel ordre auroient besoing d'estre extremement tendues et contrainctes, pour luy donner auctorité; et ceste saison tumultuaire n'est pas capable d'une bride courte et reglée: oultre ce qu'avant qu'on luy puisse donner credit, il est besoing qu'on ayt perdu la memoire du premier, et du mespris auquel il est cheu.

Ce lieu pourroit recevoir quelque discours sur la consideration de la vaillance, et difference de ceste vertu aux aultres; mais Plutarque estant souvent retumbé sur ce propos, je me meslerois pour neant de rapporter icy ce qu'il en dict. Cecy est digne d'estre considéré, que nostre nation donne à la *vaillance* le premier degré des vertus, comme son nom montre, qui vient de *valeur*: et qu'à nostre usage, quand nous disons un homme qui vault beaucoup, ou un homme de bien, au style de nostre court et de nostre noblesse, ce n'est à dire aultre chose qu'un vaillant homme, d'une façon pareille à la romaine; car la generale appellation de *vertu* prend chez eulx etymologie de la *force*[2]. La forme propre, et seule, et essencielle, de noblesse en France, c'est la vacation militaire. Il est vraysemblable que la premiere vertu qui se soit faict paroistre entre les hommes, et qui a donné advantage aux uns sur les aultres, c'a esté ceste cy, par laquelle les plus forts et cou-

---

(1) L'ordre de Saint-Michel, institué par une ordonnance de Louis XI, à Amboise, le 1ᵉʳ août 1469. J. V. L.

(2) Car les talents du soldat et ceux du général ne sont pas les mêmes. TIT. LIV., XXV, 19.

(1) L'ordre du Saint-Esprit, institué par Henri III en 1578.

(2) *Virtus*, *vis*. J. J. Rousseau, dans *Emile*, liv. V: « Le mot de *vertu* vient de *force*; la force est la base de toute vertu; la vertu n'appartient qu'à un être foible par sa nature, et fort par sa volonté. » J. V. L.

rageux se sont rendus maistres des plus foibles, et ont acquis reng et reputation particuliere, d'où luy est demeuré cest honneur et dignité de langage ; ou bien, que ces nations, estants très belliqueuses, ont donné le prix à celle des vertus qui leur estoit plus familiere, et le plus digne tiltre : tout ainsi que nostre passion, et ceste fiebvreuse solicitude que nous avons de la chasteté des femmes, faict aussi que une bonne femme, une femme de bien, et femme d'honneur et de vertu, ce ne soit en effect à dire aultre chose pour nous que une femme chaste ; comme si, pour les obliger à ce debvoir, nous mettions à nonchaloir touts les aultres, et leur laschions la bride à toute aultre faulte, pour entrer en composition de leur faire quitter ceste cy.

CHAPITRE VIII.

De l'affection des peres aux enfants,

A MADAME D'ESTISSAC [1]

Madame, si l'estrangeté ne me sauve et la nouvelleté, qui ont accoustumé de donner prix aux choses, je ne sors jamais à mon honneur de ceste sotte entreprinse : mais elle est si fantastique, et a un visage si esloigné de l'usage commun, que cela luy pourra donner passage. C'est une humeur melancholique, et une humeur par consequent très ennemie de ma complexion naturelle, produicte par le chagrin de la solitude en laquelle il y a quelques années que je m'estois jecté, qui m'a mis premierement en teste ceste resverie de me mesler d'escrire. Et puis, me trouvant entierement despourveu et vuide de toute aultre matiere, je me suis presenté moy mesme à moy pour argument et pour subject. C'est le seul livre au monde de son espece, d'un desseing farouche et extravagant. Il n'y a rien aussi en ceste besongne digne d'estre remarqué, que ceste bizarrerie ; car à un subject si vain et si vil, le meilleur ouvrier de l'univers n'eust sceu donner façon qui merite qu'on en face compte. Or, madame, ayant à m'y pourtraire au vif, j'en eusse oublié un traict d'importance, si je n'y eusse representé l'honneur que j'ay tousjours rendu à vos merites : et l'ay voulu dire signamment à la teste de ce chapitre ; d'autant que, parmy vos aultres bonnes qualités, celle de l'amitié que vous avez montrée à vos enfants tient l'un des premiers rengs. Qui sçaura l'aage auquel monsieur d'Estissac, vostre mari, vous laissa veufve, les grands et honorables partis qui vous ont esté offerts autant qu'à dame de France de vostre condition, la constance et fermeté de quoy vous avez soustenu, tant d'années, et au travers de tant d'espineuses difficultés, la charge et conduicte de leurs affaires, qui vous ont agitée par touts les coings de France, et vous tiennent encores assiegée, l'heureux acheminement que vous y avez donné par vostre seule prudence ou bonne fortune ; il dira ayséement, avecques moy, que nous n'avons poinct d'exemple d'affection maternelle en nostre temps plus exprès que le vostre. Je loue Dieu, madame, qu'elle aye esté si bien employée ; car les bonnes esperances que donne de soy monsieur d'Estissac, vostre fils, asseurent assez que, quand il sera en aage, vous en tirerez l'obeïssance et recognoissance d'un très bon enfant. Mais d'autant qu'à cause de sa puerilité il n'a peu remarquer les extremes offices qu'il a receus de vous en si grand nombre, je veulx, si ces escripts viennent un jour à luy tumber en main lors que je n'auray plus ny bouche ny parole qui le puisse dire, qu'il receoive de moy ce tesmoignage en toute verité, qui luy sera encores vifvement tesmoigné par les bons effects de quoy, si Dieu plaist, il se ressentira, qu'il n'est gentilhomme en France qui doibve plus à sa mere, qu'il faict ; et qu'il ne peult donner à l'advenir plus certaine preuve de sa bonté et de sa vertu qu'en vous recognoissant pour telle.

S'il y a quelque loy vrayement naturelle, c'est à dire quelque instinct qui se veoye universellement et perpetuellement empreint aux bestes et en nous (ce qui n'est pas sans controverse), je puis dire, à mon advis, qu'après le soing que chasque animal a de sa conservation et de fuyr ce qui nuit, l'affection que l'engendrant porte à son engeance tient le second lieu en ce reng. Et, parce que nature semble nous l'avoir recommandée, regardant à estendre et faire aller avant les pieces successives de ceste sienne machine, ce n'est pas merveille

[1] Il paraît que le fils de cette dame accompagna Montaigne, en 1580, dans son voyage à Rome. « Le pape, d'un visage courtois, admonesta M. d'Estissac à l'estude et à la vertu. » *Voyages*, t. I. p. 287. J. V. L.

si, à reculons, des enfants aux péres elle n'est pas si grande : joinct ceste aultre consideration aristotelique[1], que celuy qui bien faict à quelqu'un l'aime mieulx qu'il n'en est aimé; et celuy à qui il est deu aime mieux que celuy qui doibt ; et tout ouvrier aime mieulx son ouvrage qu'il n'en seroit aimé si l'ouvrage avoit du sentiment : d'autant que nous avons cher, estre ; et estre consiste en mouvement et action ; parquoy chascun est aulcunement en son ouvrage. Qui bien faict exerce un' action belle et honneste ; qui receoit l'exerce utile seulement. Or, l'utile est de beaucoup moins aimable que l'honneste : l'honneste est stable et permanent, fournissant à celuy qui l'a faict une gratification constante; l'utile se perd et eschappe facilement et n'en est la memoire ny si fresche ny si doulce. Les choses nous sont plus cheres qui nous ont plus cousté ; et le donner est de plus de coust que le prendre.

Puisqu'il a pleu à Dieu nous douer de quelque capacité de discours, à fin que, comme les bestes, nous ne feussions pas servilement assubjectis aux lois communes, ains que nous nous y appliquassions par jugement et liberté volontaire, nous debvons bien prester un peu à la simple auctorité de nature, mais non pas nous laisser tyranniquement emporter à elle ; la seule raison doibt avoir la conduicte de nos inclinations. J'ay, de ma part, le goust estrangement mousse à ces propensions qui sont produictes en nous sans l'ordonnance et entremise de nostre jugement, comme, sur ce subject duquel je parle, je ne puis recevoir ceste passion de quoy on embrasse les enfants à peine encore nays, n'ayants ni mouvement en l'ame, ny forme recognoissable au corps par où ils se puissent rendre aimables, et ne les ay pas souffert volontiers nourrir près de moy. Une vraye affection et bien reglée debvroit naistre et s'augmenter avecques la cognoissance qu'ils nous donnent d'eulx; et lors, s'ils le valent, la propension naturelle marchant quand et quand la raison, les cherir d'une amitié vrayement paternelle ; et en juger de mesme s'ils sont aultres : nous rendants tousjours à la raison, nonobstant la force naturelle. Il en va fort souvent au rebours ; et, le plus communement, nous nous sentons plus esmeus des trespignements, jeux et niaiseries pueriles de nos enfants que nous ne faisons après de leurs actions toutes formées ; comme si nous les avions aimés pour nostre passetemps, ainsi que des guenons, non ainsi que des hommes : et tel fournit bien liberalement de jouets à leur enfance, qui se treuve resserré à la moindre despense qu'il leur fault estants en aage. Voire il semble que la jalousie que nous avons de les veoir paroistre et jouïr du monde quand nous sommes à mesme[1] de le quitter, nous rende plus espargnants et retrains envers eulx : il nous fasche qu'ils nous marchent sur les talons, comme pour nous soliciter de sortir ; et si nous avions à craindre cela, puisque l'ordre des choses porte qu'ils ne peuvent, à dire verité, estre ny vivre qu'aux despens de nostre estre et de nostre vie, nous ne debvions pas nous mesler d'estre peres.

Quant à moy, je treuve que c'est cruauté et injustice de ne les recevoir au partage et societé de nos biens, et compaignons en l'intelligence de nos affaires domestiques quand ils en sont capables, et de ne retrencher et resserrer nos commodités pour prouveoir aux leurs, puisque nous les avons engendrés à cest effect. C'est injustice de veoir qu'un pere vieil, cassé et demy mort jouïsse seul, à un coing du foyer, des biens qui suffiroient à l'advancement et entretien de plusieurs enfants, et qu'il les laisse ce pendant, par faulte de moyens, perdre leurs meilleures années sans se poulser au service publique et cognoissance des hommes. On les jecte au desespoir de chercher par quelque voye, pour injuste quelle soit, à prouveoir à leur besoing : comme j'ay veu, de mon temps, plusieurs jeunes hommes de bonne maison si addonnés au larrecin que nulle correction les en pouvoist destourner. J'en cognois un, bien apparenté, à qui, par la priere d'un sien frere très honneste et brave gentilhomme, je parlay une fois pour cest effect. Il me respondit et confessa tout rondement qu'il avoit esté acheminé à cest' ordure par la rigueur et avarice de son pere ; mais qu'à present il y estoit si accoustumé qu'il ne s'en pouvoit garder. Et lors il venoit d'estre surprins en larrecin des bagues d'une dame au lever de laquelle il s'estoit trouvé

---

[1] ARIST., *Morale à Nicomaque*, IX, 7. C.

[1] *Au moment même, sur le point de le quitter.* — Retrains, resserrés.

avecques beaucoup d'aultres. Il me feit souvenir du conte que j'avois ouï faire d'un aultre gentilhomme, si faict et façonné à ce beau mestier du temps de sa jeunesse que, venant après à estre maistre de ses biens, deliberé d'abandonner ceste traficque, il ne se pouvoit garder pourtant, s'il passoit près d'une boutique où il y eust chose de quoy il eust besoing, de la desrobber, en peine de l'envoyer payer après. Et en ay veu plusieurs si dressés et duits à cela que, parmy leurs compaignons mesmes, ils desrobboient ordinairement des choses qu'ils vouloient rendre. Je suis Gascon, et si n'est vice auquel je m'entende moins : je le hais un peu plus par complexion que je ne l'accuse par discours ; seulement par desir je ne soustrais rien à personne. Ce quartier en est, à la verité, un peu plus descrié que les aultres de la françoise nation : si est ce que nous avons veu de nostre temps, à diverses fois, entre les mains de la justice, des hommes de maison, d'aultres contrées, convaincus de plusieurs horribles voleries. Je crains que de ceste desbauche il s'en faille aulcunement prendre à ce vice des peres.

Et si on me respond ce que feit un jour un seigneur de bon entendement, « qu'il faisoit espargne des richesses, non pour en tirer aultre fruict et usage que pour se faire honorer et rechercher aux siens ; et que l'aage luy ayant osté toutes aultres forces, c'estoit le seul remede qui luy restoit pour se maintenir en auctorité dans sa famille et pour eviter qu'il ne veinst à mespris et desdaing à tout le monde ; » de vray, non la vieillesse seulement, mais toute imbecillité, selon Aristote[1], est promotrice de l'avarice : cela est quelque chose ; mais c'est la medecine à un mal duquel on debvoit eviter la naissance. Un pere est bien miserable qui ne tient l'affection de ses enfants que par le besoing qu'ils ont de son secours, si cela se doibt nommer affection : il fault se rendre respectable par sa vertu et par sa suffisance, et aimable par sa bonté et douceur de ses mœurs ; les cendres mesmes d'une riche matiere, elles ont leur prix ; et les os et reliques des personnes d'honneur, nous avons accoustumé de les tenir en respect et reverence. Nulle vieillesse peult estre si caduque et si rance à un personnage

qui a passé en honneur son aage, qu'elle ne soit venerable, et notamment à ses enfants desquels il fault avoir reglé l'ame à leur debvoir par raison, non par necessité et par le besoing, ny par rudesse et par force :

Et errat longe, mea quidem sententia,
Qui imperium credat esse gravius, aut stabilius,
Vi quod fit, quam illud, quod amicitia adjungitur[1].

J'accuse toute violence en l'education d'une ame tendre qu'on dresse pour l'honneur et la liberté. Il y a je ne sçais quoy de servile en la rigueur et en la contraincte ; et tiens que ce qui ne se peult faire par la raison et par prudence et adresse ne se faict jamais par la force. On m'a ainsi eslevé : ils disent qu'en tout mon premier aage je n'ay tasté des verges qu'à deux coups et bien mollement. J'ay deu la pareille aux enfants que j'ay eu : ils me meurent touts en nourrice ; mais Leonor, une seule fille qui est eschappée à ceste infortune[2], a attainct six ans et plus sans qu'on ayt employé à sa conduicte et pour le chastiement de ses faultes pueriles (l'indulgence de sa mere s'y appliquant ayséement) aultre chose que paroles et bien doulces : et quand mon desir y seroit frustré, il est assez d'aultres causes ausquelles nous prendre sans entrer en reproche avecques ma discipline que je sais estre juste et naturelle. J'eusse esté beaucoup plus religieux encores en cela envers des masles, moins nays à servir et de condition plus libre : j'eusse aymé à leur grossir le cœur d'ingenuité et de franchise. Je n'ay veu aultre effect aux verges sinon de rendre les ames plus lasches ou plus malicieusement opiniastres.

Voulons nous estre aimés de nos enfants ? leur voulons nous oster l'occasion de souhaiter nostre mort (combien que nulle occasion d'un si horrible souhait ne peult estre ny juste ny excusable : *Nullum scelus rationem habet*[3]) ? accommodons leur vie raisonnablement de ce qui est en nostre puissance. Pour cela, il ne nous fauldroit pas marier si jeunes que nostre aage vienne quasi à se confondre avecques le

---

(1) *Morale à Nicomaque*, IV, 3. C.

(1) C'est se tromper fort, à mon avis, que de croire mieux établir son autorité par la force que par l'affection. TÉRENCE, *Adelph.*, acte I, sc. 1, v. 40.

(2) Montaigne parle encore de sa fille au chapitre 5 du troisième livre des *Essais*. Elle fut mariée depuis au vicomte de Gamaches.

(3) Car nul crime n'est fondé en raison. TIT. LIV., XXVIII, 28.

leur ; car cest inconvenient nous jecte à plusieurs grandes difficultés ; je dis specialement à la noblesse, qui est d'une condition oysifve, et qui ne vit, comme on dict, que de ses rentes ; car ailleurs, où la vie est questuaire[1], la pluralité et compaignie des enfants, c'est un adgencement de mesnage, ce sont autant de nouveaux utils et instruments à s'enrichir.

Je me mariay à trente trois ans, et loue l'opinion de trente cinq, qu'on dict estre d'Aristote[2]. Platon ne veult pas qu'on se marie avant les trente[3] ; mais il a raison de se mocquer de ceulx qui font les œuvres de mariage après cinquante cinq, et condamne leur engeance indigne d'aliment et de vie. Thalès y donna les plus vrayes bornes, qui, jeune, respondit à sa mere, le pressant de se marier, « qu'il n'estoit pas temps ; » et, devenu sur l'aage, « qu'il n'estoit plus temps[4]. » Il fault refuser l'opportunité à toute action importune. Les anciens Gaulois[5] estimoient à extreme reproche d'avoir eu accointance de femme avant l'aage de vingt ans, et recommendoient singulierement aux hommes qui se vouloient dresser pour la guerre de conserver bien avant en aage leur pucelage, d'autant que les courages s'amollissent et divertissent par l'accouplage des femmes :

> *Mà or congiunto a giovinetta sposa,*
> *E lieto omai de' figli, era invilito*
> *Ne gli affetti di padre e di marito*[6].

Muleasses, roy de Thunes[7], celuy que l'empereur Charles cinquiesme remeit en ses estats, reprochoit la memoire de Mahomet son pere de sa hantise avecques les femmes, l'appellant brode[8], efféminé, engendreur d'enfants. L'histoire grecque remarque de Iccus, Tarentin, de Crisso, d'Astyllus, de Diopompus et d'aultres[9], que, pour maintenir leurs corps fermes au service de la course des jeux olympiques, de la palestrine[1], et tels exercices, ils se priverent, autant que leur dura ce soing, de toute sorte d'acte venerien. En certaine contrée des Indes espaignolles, on ne permettoit aux hommes de se marier qu'après quarante ans ; et si le permettoit on aux filles à dix ans. Un gentilhomme qui a trente cinq ans, il n'est pas temps qu'il face place à son fils qui en a vingt : il est luy mesme au train de paroistre et aux voyages des guerres, et en la court de son prince ; il a besoing de ses pieces, et en doibt certainement faire part, mais telle part qu'il ne s'oublie pas pour aultruy. Et à celuy là peult servir justement ceste response, que les peres ont ordinairement en la bouche : « Je ne me veulx pas despouiller devant que de m'aller coucher. »

Mais un pere atteré d'années et de maulx, privé, par sa foiblesse et faulte de santé, de la commune societé des hommes, il se faict tort, et aux siens, de couver inutilement un grand tas de richesses. Il est assez en estat, s'il est sage, pour avoir desir de se despouiller, à fin de se coucher, non pas jusques à la chemise, mais jusques à une robbe de nuict bien chaulde : le reste des pompes, de quoy il n'a plus que faire, il doibt en estrener volontiers ceulx à qui par ordonnance naturelle cela doibt appartenir. C'est raison qu'il leur en laisse l'usage, puisque nature l'en prive : aultrement sans doubte il y a de la malice et de l'envie. La plus belle des actions de l'empereur Charles cinquiesme feut celle là, à l'imitation d'aulcuns anciens de son qualibre, d'avoir sceu recognoistre que la raison nous commande assez de nous despouiller quand nos robbes nous chargent et empeschent, et de nous coucher quand les jambes nous faillent ; il resigna ses moyens, grandeur et puissance à son fils, lorsqu'il sentit defaillir en soy la fermeté et la force pour conduire les affaires avecques la gloire qu'il y avoit acquise.

> *Solve senescentem mature sanus equum, ne*
> *Peccet ad extremum ridendus, et ilia ducat*[2].

Ceste faulte, de ne sçavoir recognoistre de bonne heure, et ne sentir l'impuissance et ex-

---

(1) De *quæstuarius*, mercenaire, qui travaille pour vivre.

(2) Aristote, *Politic.*, VII, 16, dit *trente-sept*, et non *trente-cinq*. C.

(3) C'est à la fin du sixième livre de *la République*, où il dit, *depuis trente jusqu'à trente-cinq*. C.

(4) Diog. Laerce, I, 26. C.

(5) Ce que Montaigne attribue ici aux Gaulois, César le dit expressément des Germains, *de Bello Gallico*, VI, 21. C.

(6) Uni à une jeune épouse, il goûtait le bonheur d'être père ; et ces sentiments si doux avoient amolli son courage. Tasso, *Gerusal. liber.*, canto X, stanza 39.

(7) *Muley-Haçan*, roi de Tunis.

(8) *Lâche, efféminé.* — Le père de ce roi de Tunis avait eu, de différentes femmes, trente-quatre enfants.

(9) Plat., *de Legibus*, liv. VIII, p. 647. C.

---

(1) Lutte ou palestre.

(2) Malheureux, laisse en paix ton cheval vieillissant,
De peur que tout à coup, efflanqué, hors d'haleine,
Il ne laisse, en tombant, son maître sur l'arène.
Hor., *Epist.*, I, 1, 8 (imitation de Boileau).

treme alteration que l'aage apporte naturellement et au corps et à l'ame, qui, à mon opinion, est eguale, si l'ame n'en a plus de la moitié, a perdu la reputation de la pluspart des grands hommes du monde. J'ay veu, de mon temps, et cogneu familierement des personnages de grande auctorité, qu'il estoit bien aysé à veoir estre merveilleusement descheus de ceste ancienne suffisance, que je cognoissois par la reputation qu'ils en avoient acquise en leurs meilleurs ans; je les eusse, pour leur honneur, volontiers souhaités retirés en leur maison à leur ayse, et deschargés des occupations publicques et guerrieres, qui n'estoient plus pour leurs espaules. J'ai aultrefois esté privé en la maison d'un gentilhomme veuf et fort vieil, d'une vieillesse toutesfois assez verte; cestuy cy avoit plusieurs filles à marier, et un fils desjà en aage de paroistre; cela chargeoit sa maison de plusieurs despenses et visites estrangieres, à quoy il prenoit peu de plaisir, non seulement pour le soing de l'espargne, mais encores plus pour avoir, à cause de l'aage, prins une forme de vie fort esloingnée de la nostre. Je luy dis un jour, un peu hardiement, comme j'ay accoustumé, qu'il luy sieroit mieulx de nous faire place, et de laisser à son fils sa maison principale (car il n'avoit que celle là de bien logée et accommodée), et se retirer en une sienne terre voisine, où personne n'apporteroit incommodité à son repos, puisqu'il ne pouvoit aultrement eviter nostre importunité, veu la condition de ses enfants. Il m'en creut depuis, et s'en trouva bien.

Ce n'est pas à dire qu'on leur donne, par telle voye, d'obligation de laquelle on ne se puisse plus desdire; je leur lairrois, moy qui suis à mesme de jouer ce roole, la jouïssance de ma maison et de mes biens, mais avecques liberté de m'en repentir, s'ils m'en donnoient occasion; je leur en lairrois l'usage, parce qu'il ne me seroit plus commode; et de l'auctorité des affaires en gros, je m'en reservois autant qu'il me plairoit: ayant tousjours jugé que ce doibt estre un grand contentement à un pere vieil, de mettre luy mesme ses enfants en train du gouvernement de ses affaires, et de pouvoir, pendant sa vie, contrerooller leurs deportements, leur fournissant d'instruction et d'advis suyvant l'experience qu'il en a, et d'acheminer luy mesme l'ancien honneur et ordre de sa maison en la main de ses successeurs, et se respondre par là des esperances qu'il peult prendre de leur conduicte à venir. Et pour cest effect, je ne vouldrois pas fuyr leur compaignie; je vouldrois les esclairer de près, et jouïr selon la condition de mon aage de leur alaigresse et de leurs festes. Si je ne vivois parmy eulx (comme je ne pourrois, sans offenser leur assemblée, par le chagrin de mon aage et la subjection de mes maladies, et sans contraindre aussi et forcer les regles et façons de vivre que j'aurois lors), je vouldrois au moins vivre près d'eulx, en un quartier de ma maison, non pas le plus en parade, mais le plus en commodité. Non comme je veis, il y a quelques années, un doyen de Sainct-Hilaire de Poictiers, rendu à telle solitude par l'incommodité de sa melancholie que, lorsque j'entray en sa chambre, il y avoit vingt et deux ans qu'il n'en estoit sorty un seul pas; et si avoit toutes ses actions libres et aysées, sauf un rheume qui luy tumboit sur l'estomach: à peine une fois la sepmaine vouloit il permettre qu'aulcun entrast pour le veoir; il se tenoit tousjours enfermé par le dedans de sa chambre, seul, sauf qu'un valet luy portoit une fois le jour à manger, qui ne faisoit qu'entrer et sortir: son occupation estoit se promener, et lire quelque livre, car il cognoissoit aulcunement les lettres, obstiné, au demourant, de mourir en ceste desmarche, comme il feit bientost après. J'essayerois, par une doulce conversation, de nourrir en mes enfants une vifve amitié et bienvueillance non feincte en mon endroict, ce qu'on gaigne ayséement en une nature bien née; car si ce sont bestes furieuses comme nostre siecle en produict à milliers, il les fault haïr et fuyr pour telles.

Je veulx mal à ceste coustume d'interdire aux enfants l'appellation paternelle, et leur en enjoindre une estrangiere, comme plus reverentiale, nature n'ayant volontiers pas suffisamment pourveu à nostre auctorité[1]. Nous appellons Dieu tout puissant Pere; et desdaignons que nos enfants nous en appellent; j'ay reformé cest' erreur en ma famille[2]. C'est aussi folie et

---

(1) *Comme si la nature n'avoit pas assez bien pourvu à notre autorité.* C.

(2) Le bon roi Henri IV la reforma aussi dans sa famille : « Car « il ne voulait pas, dit Péréfixe, que ses enfants l'appelassent « *monsieur*, nom qui semble rendre les enfants étrangers à

injustice de priver les enfants qui sont en aage de la familiarité des peres, et vouloir maintenir en leur endroict une morgue austere et desdaigneuse, esperant par là les tenir en crainte et obéissance ; car c'est une farce très inutile qui rend les peres ennuyeux aux enfants, et, qui pis est, ridicules. Ils ont la jeunesse et les forces en la main, et par consequent le vent et la faveur du monde, et receoivent avec mocquerie ces mines fieres et tyranniques d'un homme qui n'a plus de sang ny au cœur ny aux veines ; vrais espovantails de cheneviere. Quand je pourrois me faire craindre, j'aimerois encores mieulx me faire aimer ; il y a tant de sortes de defaults en la vieillesse, tant d'impuissance, elle est si propre au mespris, que le meilleur acquest qu'elle puisse faire, c'est l'affection et amour des siens ; le commandement et la crainte, ce ne sont plus ses armes. J'en ay veu quelqu'un, duquel la jeunesse avoit esté très imperieuse ; quand c'est venu sur l'aage, quoyqu'il le passe sainement ce qui se peult, il frappe, il mord, il jure, le plus tempestatif maistre de France ; il se ronge de soing et de vigilance. Tout cela n'est qu'un bastelage auquel la famille mesme complotte ; du grenier, du cellier, voire et de sa bource, d'aultres ont la meilleure part de l'usage, ce pendant qu'il en a les clefs en sa gibbeciere, plus cherement que ses yeulx. Ce pendant qu'il se contente de l'espargne et chicheté de sa table, tout est en desbauche en divers reduicts de sa maison, en jeu et en despense, et en l'entretien des comptes de sa vaine cholere et pourvoyance. Chascun est en sentinelle contre luy. Si, par fortune, quelque chestif serviteur s'y addonne[1], soubdain il luy est mis en souspeçon, qualité à laquelle la vieillesse mord si volontiers de soy mesme. Quantes fois s'est il vanté à moy de la bride qu'il donnoit aux siens, et exacte obéissance et reverence qu'il en recevoit ; combien il veoyoit clair en ses affaires !

Ille solus nescit omnia[2].

Je ne sçache homme qui peust apporter plus de parties, et naturelles et acquises, propres à conserver la maistrise, qu'il faict ; et si en est descheu comme un enfant ; partant l'ay je choisy, parmy plusieurs telles conditions que je cognois, comme plus exemplaire. Ce seroit matiere à une question scholastique : « s'il est ainsi mieulx ou aultrement. » En presence, toutes choses luy cedent ; et laisse l'on ce vain cours à son auctorité, qu'on ne luy resiste jamais. On le croit, on le craint, on le respecte, tout son saoul. Donne il congé à un valet ? il plie son paquet, le voylà party ; mais hors de devant luy seulement ; les pas de la vieillesse sont si lents, les sens si troublés, qu'il vivra et fera son office en mesme maison, un an, sans estre apperceu. Et quand la saison en est, on faict venir des lettres loingtaines, piteuses, suppliantes, pleines de promesses de mieulx faire ; par où on le remet en grace. Monsieur faict il quelque marché ou quelque despesche qui desplaise ? on la supprime, forgeant tantost après assez de causes pour excuser la faulte d'execution ou de responce. Nulles lettres estrangieres ne luy estants premierement apportées, il ne veoid que celles qui semblent commodes à sa science. Si, par cas, d'adventure il les saisit, ayant en coustume de se reposer sur certaine personne de les luy lire, on y treuve sur le champ ce qu'on veult ; et faict-on, à touts coups, que tel luy demande pardon, qui l'injurie par mesme lettre. Il ne veoid enfin ses affaires que par une image disposée et desseignée[1], et satisfactoire le plus qu'on peult, pour n'esveiller son chagrin et son courroux. J'ay veu, soubs des figures differentes, assez d'œconomies longues, constantes, de tout pareil effect.

Il est tousjours proclive[2] aux femmes de disconvenir à leurs maris ; elles saisissent à deux mains toutes couvertures de leur contraster ; la premiere excuse leur sert de pleniere justification. J'en ay veu une qui desrobboit gros à son mary, pour, disoit elle à son confesseur, faire ses aulmosnes plus grasses. Fiez vous à ceste religieuse dispensation ! Nul maniement leur semble avoir assez de dignité, s'il vient de la concession du mary ; il fault qu'elles l'usurpent, ou finement, ou fierement, et tousjours injurieusement, pour luy donner de la grace et de l'auctorité. Comme en mon propos, quand c'est contre

---

« leur père, et qui marque la servitude et la sujétion, mais « qu'ils l'appelassent *papa*, nom de tendresse et d'amour. » (*Hist. de Henri-le-Grand.*) C.

(1) *S'attache à lui.* C.

(2) Il ignore, seul, tout ce qu'on fait chez lui. Tér., *Adelph.*, acte IV, sc. 2, v. 9.

(1) *Faite à dessein, préparée d'avance.*

(2) *Les femmes ont toujours du penchant à contrarier la volonté de leurs maris.*

un pauvre vieillard, et pour des enfants, lors empoignent elles ce tiltre, et en servent leur passion avecques gloire ; et, comme en un commun servage, monopolent facilement contre sa domination et gouvernement. Si ce sont masles grands et fleurissants, ils subornent aussi incontinent, ou par force ou par faveur, et maistre d'hostel, et receveur, et tout le reste. Ceulx qui n'ont ny femme ny fils tumbent en ce malheur plus difficilement, mais plus cruellement aussi et indignement. Le vieil Caton disoit en son temps que « Autant de valets, autant d'ennemis[1] ; » voyez si, selon la distance de la pureté de son siecle au nostre, il ne nous a pas voulu advertir que femme, fils et valets, autant d'ennemis à nous. Bien sert à la decrepitude de nous fournir le doulx benefice d'inappercevance et d'ignorance, et facilité à nous laisser tromper. Si nous y mordions, que seroit ce de nous, mesme en ce temps où les juges, qui ont à decider nos controverses, sont communement partisans de l'enfance, et interessés ? Au cas que ceste piperie m'eschappe a veoir, au moins ne m'eschappe il pas à veoir que je suis très pipable. Et aura l'on jamais assez dict de quel prix est un amy, à comparaison de ces liaisons civiles ? L'image mesme que j'en veois aux bestes, si pure, avecques quelle religion je la respecte ! Si les aultres me pipent, au moins ne me pipé je pas moy mesme à m'estimer capable de m'en garder, ny à me ronger la cervelle pour m'en rendre ; je me sauve de telles trahisons en mon propre giron, non par une inquiete et tumultuaire curiosité, mais par diversion plustost et resolution. Quand j'oys reciter l'estat de quelqu'un, je ne m'amuse pas à luy ; je tourne incontinent les yeulx à moy, veoir comment j'en suis ; tout ce qui le touche me regarde ; son accident m'advertit et m'esveille de ce costé là. Touts les jours et à toutes heures, nous disons d'un aultre ce que nous dirions plus proprement de nous, si nous sçavions replier, aussi bien qu'estendre, nostre consideration. Et plusieurs aucteurs blecent en ceste maniere la protection de leur cause, courant en avant temerairement à l'encontre de celle qu'ils attaquent, et lanceant à leurs ennemis des traicts propres à leur estre relancés plus advantageusement.

Feu monsieur le mareschal de Montluc, ayant perdu son fils, qui mourut en l'isle de Maderes, brave gentilhomme à la verité et de grande esperance, me faisoit fort valoir, entre ses aultres regrets, le desplaisir et crevecœur qu'il sentoit de ne s'estre jamais communiqué à luy, et, sur ceste humeur d'une gravité et grimace paternelle, avoir perdu la commodité de gouster et bien cognoistre son fils, et aussi de luy declarer l'extreme amitié qu'il luy portoit et le digne jugement qu'il faisoit de sa vertu. « Et ce pauvre garson, disoit il, n'a rien veu de moi qu'une contenance renfrongnée et pleine de mespris ; et a emporté ceste creance que je n'ay sceu ny l'aimer ny l'estimer selon son merite. A qui gardois je à descouvrir ceste singuliere affection que je luy portois dans mon ame ? estoit ce pas luy qui en debvoit avoir tout le plaisir et toute l'obligation ? Je me suis contrainct et gehenné pour maintenir ce vain masque ; et y ay perdu le plaisir de sa conversation, et sa volonté quand et quand, qu'il ne me peult avoir portée aultre que bien froide, n'ayant jamais receu de moy que rudesse, ny senty qu'une façon tyrannique[1]. » Je treuve que ceste plaincte estoit bien prinse et raisonnable : car, comme je sçais par une trop certaine experience, il n'est aulcune si doulce consolation en la perte de nos amis que celle que nous apporte la science de n'avoir rien oublié à leur dire et d'avoir eu avecques eulx une parfaicte et entiere communication. O mon amy[2] ! en vaulx je mieulx d'en avoir le goust ? ou si j'en vaulx moins ? J'en vaulx certes bien mieulx ; son regret me console et m'honore : est ce pas un pieux et plaisant office de ma vie d'en faire à tout jamais les obseques ? est il jouïssance qui vaille ceste privation ?

Je m'ouvre aux miens tant que je puis et leur signifie tres volontiers l'estat de ma volonté et de mon jugement envers eulx, comme envers un chascun : je me haste de me produire et de me presenter ; car je ne veulx pas

(1) « Je ne puis lire qu'avec les larmes aux yeux dans les Essais de Montaigne ce que fit le maréchal de Montluc du regret qu'il a de ne s'être pas communiqué à son fils, et de lui avoir laissé ignorer la tendresse qu'il avoit pour lui. C'est à madame d'Estissac, de l'Amour des pères envers leurs enfants. Mon Dieu, que ce livre est plein de bon sens ! » Madame DE SÉVIGNÉ, Lettre à sa fille. J. V. L.

(2) La Boëtie. Toute cette éloquente apostrophe manque dans l'exemplaire de Naigeon, où l'on trouve à tout moment de semblables lacunes. J. V. L.

(1) SÉN., Epist. 47 ; MACROBE, Saturnal., I, 11, etc. J. V. L.

qu'on s'y mescompte, de quelque part que ce soit. Entre aultres coustumes particulieres qu'avoient nos anciens Gaulois, à ce que dict Cæsar[1], ceste cy en estoit l'une, que les enfants ne se presentoient aux peres ny s'osoient trouver en publicque en leur compaignie que lorsqu'ils commenceoient à porter les armes; comme s'ils eussent voulu dire que lors il estoit aussi saison que les peres les receussent en leur familiarité et accointance.

J'ay veu encores une aultre sorte d'indiscretion en aulcuns peres de mon temps, qui ne se contentent pas d'avoir privé, pendant leur longue vie, leurs enfants de la part qu'ils debvoient avoir naturellement en leurs fortunes, mais laissent encore après eulx à leurs femmes ceste mesme auctorité sur touts leurs biens, et loy d'en disposer à leur fantasie. Et ay cogneu tel seigneur, des premiers officiers de nostre couronne, ayant, par esperance de droict à venir, plus de cinquante mille escus de rente, qui est mort necessiteux et accablé de debtes, aagé de plus de cinquante ans, sa mere, en son extreme decrepitude, jouïssant encores de touts ses biens par l'ordonnance du pere qui avoit de sa part vescu près de quatre vingts ans. Cela ne me semble aulcunement raisonnable. Pourtant treuve je peu d'advancement à un homme de qui les affaires se portent bien d'aller chercher une femme qui le charge d'un grand dot; il n'est point de depte estrangiere qui apporte plus de ruyne aux maisons : mes predecesseurs ont communement suyvi ce conseil bien à propos et moy aussi. Mais ceulx qui nous desconseillent les femmes riches, de peur qu'elles soient moins tractables et recognoissantes, se trompent de faire perdre quelque reelle commodité pour une si frivole conjecture. A une femme desraisonnable, il ne couste non plus de passer par dessus une raison que par dessus une aultre; elles s'aiment le mieulx où elles ont plus de tort : l'injustice les alleiche, comme les bonnes l'honneur de leurs actions vertueuses; et en sont debonnaires d'autant plus qu'elles sont plus riches, comme plus volontiers et glorieusement chastes, de ce qu'elles sont belles.

C'est raison de laisser l'administration des affaires aux meres pendant que les enfants ne sont pas en l'aage, selon les loix, pour en manier la charge; mais le pere les a bien mal nourris s'il ne peult esperer qu'en leur maturité ils auront plus de sagesse et de suffisance que sa femme, veu l'ordinaire foiblesse du sexe. Bien seroit il toutesfois, à la verité, plus contre nature de faire despendre les meres de la discretion de leurs enfants. On leur doibt donner largement de quoy maintenir leur estat, selon la condition de leur maison et de leur aage; d'autant que la necessité et l'indigence est beaucoup plus malseante et malaysée à supporter à elles qu'aux masles : il fault plustot en charger les enfants que la mere.

En general, la plus saine distribution de nos biens, en mourant, me semble estre les laisser distribuer à l'usage du pays : les loix y ont mieulx pensé que nous; et vault mieulx les laisser faillir en leur eslection que de nous hazarder temerairement de faillir en la nostre. Ils ne sont pas proprement nostres, puisque d'une prescription civile, et sans nous, ils sont destinés à certains successeurs. Et encores que nous ayons quelque liberté au delà, je tiens qu'il fault une grande cause, et bien apparente, pour nous faire oster à un ce que sa fortune luy avoit acquis et à quoy la justice commune l'appelloit; et que c'est abuser, contre raison, de ceste liberté d'en servir nos fantasies frivoles et privées. Mon sort m'a faict grace de ne m'avoir presenté des occasions qui me peussent tenter et divertir mon affection de la commune et legitime ordonnance. J'en veois envers qui c'est temps perdu d'employer un long soing de bons offices : un mot receu de mauvais biais efface le merite de dix ans. Heureux qui se treuve à poinct pour leur oindre la volonté sur ce dernier passage! La voisine action l'emporte : non pas les meilleurs et plus frequents offices, mais les plus recents et presents font l'operation. Ce sont gents qui se jouent de leurs testaments comme de pommes ou de verges, à gratifier ou chastier chasque action de ceulx qui y pretendent interest. C'est chose de trop longue suytte et de trop de poids pour estre ainsi promenée à chasque instant, et en laquelle les sages se plantent une fois pour toutes, regardants sur tout à la raison et observance publicque. Nous prenons un peu trop à cœur ces substitutions masculines et proposons une eternité ridicule à nos noms. Nous poisons

---

[1] *De Bell. Gall.*, VI, 18. C.

aussi trop les vaines conjectures de l'advenir, que nous donnent les esprits pueriles. A l'adventure eust on faict injustice de me desplacer de mon reng, pour avoir esté le plus lourd et plombé, le plus long et desgousté en ma leçon, non seulement que touts mes frères, mais que touts les enfants de ma province, soit leçon d'exercice d'esprit, soit leçon d'exercice de corps. C'est folie de faire des triages extraordinaires sur la foy de ces divinations ausquelles nous sommes si souvent trompés. Si on peult blecer ceste regle et corriger les destinées au chois qu'elles ont faict de nos heritiers, on le peult, avecques plus d'apparence, en consideration de quelque remarquable et enorme difformité corporelle, vice constant, inamendable, et, selon nous grands estimateurs de la beauté, d'important prejudice.

Le plaisant dialogue du legislateur de Platon[1] avecques ses citoyens fera honneur à ce passage. « Comment doncques, disent ils, sentants leur fin prochaine, ne pourrons nous point disposer de ce qui est à nous à qui il nous plaira? O dieux! quelle cruauté qu'il ne nous soit loisible, selon que les nostres nous auront servi en nos maladies, en nostre vieillesse, en nos affaires, de leur donner plus ou moins, selon nos fantasies! » A quoy le legislateur respond en ceste maniere : « Mes amis, qui avez sans doubte bientost à mourir, il est malaysé et que vous vous cognoissiez et que vous cognoissiez ce qui est à vous, suivant l'inscription delphique. Moy, qui foys les lois, tiens que ny vous n'estes à vous, ny n'est à vous ce que vous jouïssez. Et vos biens et vous, estes à vostre famille, tant passée que future; mais encores plus sont au publicque et vostre famille et vos biens. Parquoy, de peur que quelque flatteur en vostre vieillesse ou en vostre maladie, ou quelque passion vous solicite mal à propos de faire testament injuste, je vous en garderay; mais, ayant respect et à l'interest universel de la cité et à celuy de vostre famille, j'establiray des loix, et feray sentir, comme de raison, que la commodité particuliere doibt ceder à la commune. Allez vous en doulcement et de bonne voglie[2], où la necessité humaine vous appelle; c'est à moy, qui ne regarde pas l'une chose plus que l'aultre, qui, autant que je puis, me soigne du general, d'avoir soucy de ce que vous laissez. »

Revenant à mon propos, il me semble, en toutes façons, qu'il naist rarement des femmes à qui la maistrise soit deue sur des hommes, sauf la maternelle et naturelle, si ce n'est pour le chastiement de ceulx qui, par quelque humeur fiebvreuse, se sont volontairement soubmis à elles : mais cela ne touche aulcunement les vieilles, de quoy nous parlons icy. C'est l'apparence de ceste consideration qui nous a faict forger et donner pied si volontiers à ceste loy, que nul ne veit oncques, qui prive les femmes de la succession de ceste couronne; et n'est gueres seigneurie au monde où elle ne s'allegue, comme icy, par une vraysemblance de raison qui l'auctorise : mais la fortune luy a donné plus de credit en certains lieux qu'aux aultres. Il est dangereux de laisser à leur jugement la dispensation de nostre succession selon le chois qu'elles feront des enfants, qui est à touts les coups inique et fantastique : car cest appetit desreglé et goust malade qu'elles ont au temps de leurs groisses[1], elles l'ont en l'ame en tout temps. Communement on les veoid s'addonner aux plus foibles et malotrus, ou à ceulx, si elles en ont, qui leur pendent encores au col. Car n'ayant point assez de force de discours pour choisir et embrasser ce qui le vault, elles se laissent plus volontiers aller où les impressions de nature sont plus seules; comme les animaulx qui n'ont cognoissance de leurs petits que pendant qu'ils tiennent à leurs mammelles. Au demourant, il est aysé à veoir, par experience, que ceste affection naturelle, à qui nous donnons tant d'auctorité, a les racines bien foibles : pour un fort legier proufit, nous arrachons touts les jours leurs propres enfants d'entre les bras des meres, et leur faisons prendre les nostres en charge; nous leur faisons abandonner les leurs à quelque chestifve nourrice à qui nous ne voulons pas commettre les nostres, ou à quelque chevre, leur deffendant non seulement de les allaicter, quelque dangier qu'ils en puissent encourir, mais encores d'en avoir aulcun soing, pour s'employer du tout au service des nostres : et veoid on, en la pluspart d'entre elles, s'engendrer bientost, par accoustumance, une af-

---

(1) Traité des Lois, liv. XI, p. 969 et 970, éd. de Francfort, 1602; de Leipsick, 1814, p. 429. J. V. L.
(2) Volonté.

(1) De leurs grossesses. C.

fection bastarde plus vehemente que la naturelle, et plus grande solicitude de la conservation des enfants empruntés que des leurs propres. Et ce que j'ay parlé des chevres, c'est d'autant qu'il est ordinaire, autour de chez moy, de veoir les femmes de village, lorsqu'elles ne peuvent nourrir les enfants de leurs mammelles, appeller des chevres à leur secours : et j'ay à ceste heure deux laquays qui ne tetterent jamais que huict jours laict de femmes. Ces chevres sont incontinent duictes à venir allaicter ces petits enfants, recognoissent leur voix quand ils crient, et y accourent : si on leur en presente un aultre que leur nourrisson, elles le refusent; et l'enfant en faict de mesme d'une aultre chevre. J'en veis un l'aultre jour à qui on osta la sienne, parce que son pere ne l'avoit qu'empruntée d'un sien voisin : il ne peut jamais s'adonner à l'aultre qu'on luy presenta, et mourut, sans doubte de faim. Les bestes alterent et abbastardissent, aussi ayséement que nous, l'affection naturelle. Je crois qu'en ce que recite Herodote[1], de certain destroict de la Libye, il y a souvent du mescompte ; il dict qu'on s'y mesle aux femmes indifferemment, mais que l'enfant, ayant force de marcher, treuve son pere celuy vers lequel, en la presse, la naturelle inclination porte ses premiers pas.

Or, à considerer ceste simple occasion d'aimer nos enfants pour les avoir engendrés, pour laquelle nous les appellons aultres nous mesmes, il semble qu'il y ayt bien une aultre production venant de nous qui ne soit pas de moindre recommendation : car ce que nous engendrons par l'ame, les enfantements de nostre esprit, de nostre courage et suffisance, sont produicts par une plus noble partie que la corporelle, et sont plus nostres ; nous sommes pere et mere ensemble en ceste generation. Ceulx cy nous coustent bien plus cher, et nous apportent plus d'honneur, s'ils ont quelque chose de bon: car la valeur de nos aultres enfants est beaucoup plus leur que nostre, la part que nous y avons est bien legiere; mais de ceulx cy, toute la beauté, toute la grace et prix est nostre. Par ainsin, ils nous representent et nous rapportent bien plus vifvement que les aultres.

Platon[1] adjouste que ce sont icy des enfants immortels qui immortalisent leurs peres, voire et les deïfient, comme Lycurgus, Solon, Minos. Or, les histoires estants pleines d'exemples de ceste amitié commune des peres envers les enfants, il ne m'a pas semblé hors de propos d'en trier aussi quelqu'un de ceste cy. Heliodorus, ce bon evesque de Tricca[2], aima mieulx perdre la dignité, le proufit, la devotion d'une prelature si venerable, que de perdre sa fille, fille qui dure encores bien gentille, mais à l'adventure pourtant un peu trop curieusement et mollement goderonnée[3] pour fille ecclesiastique et sacerdotale, et de trop amoureuse façon. Il y eut un Labienus à Rome, personnage de grande valeur et auctorité, et, entre aultres qualités, excellent en toute sorte de litterature, qui estoit, ce crois je, fils de ce grand Labienus, le premier des capitaines qui furent soubs Cæsar en la guerre des Gaules, et qui depuis, s'estant jecté au party du grand Pompeius, s'y maintient si valeureusement, jusques à ce que Cæsar le desfeit en Espaigne : ce Labienus, de quoy je parle, eut plusieurs envieux de sa vertu, et, comme il est vraysemblable, les courtisans et favoris des empereurs de son temps pour ennemis de sa franchise, et des humeurs paternelles qu'il retenoit encores contre la tyrannie, desquelles il est croyable qu'il avoit teinct ses escripts et ses livres. Ses adversaires poursuivirent devant le magistrat à Rome, et obteindrent de faire condamner plusieurs siens ouvrages, qu'il avoit mis en lumiere, à estre bruslés. Ce feut par luy que commencea ce nouvel exemple de peine, qui depuis feut continué à Rome à plusieurs aultres, de punir de mort les escripts mesmes et les estudes[4]. Il n'y avoit point assez de moyen et matiere de cruauté, si nous n'y meslions des choses que nature a exemptées de tout sentiment et de toute souffrance, comme la reputation et les inventions de nostre esprit, et si nous n'allions communiquer les maulx cor-

---

(1) *Melpomène*, ou liv. IV, c. 180. Hérodote dit que l'on regarde alors comme le père de chaque enfant celui à qui il ressemble le plus, τῷ ἂν εἴκῃ τῶν ἀνδρῶν. L'autre leçon, ἥκῃ, ne peut être admise. J. V. L.

(1) Dans le *Phedre*, éd. d'Estienne, t. III, p. 258. C.

(2) *Tricca*, maintenant *Triccala*, en Thessalie. — *Sa fille*, son histoire amoureuse de *Théagène* et *Chariclée*. Voyez Nicéphore, XII, 34. Bayle, au mot *Héliodore*, combat cette tradition. J. V. L.

(3) *Ajustée, parée.* C.

(4) Passage traduit de Sénèque le rhéteur (*Controv.* V, *init.*), comme presque tout ce récit. Il est fort douteux que ce Labienus ait été fils de l'ancien lieutenant de César. Voyez Vossius, *de Hist. Lat.*, I, 25. J. V. L.

porels aux disciplines et monuments des Muses. Or, Labienus ne peut souffrir ceste perte, ny de survivre à ceste sienne si cherc geniture : il se feit porter et enfermer tout vif dans le monument de ses ancestres; là où il pourveut tout d'un train à se tuer et à s'enterrer ensemble. Il est malaysé de montrer aulcune aultre plus vehemente affection paternelle que celle là. Cassius Severus, homme très eloquent, et son familier, veoyant brusler ses livres, crioit que, par mesme sentence, on le debvoit quand et quand condamner à estre bruslé tout vif; car il portoit et conservoit en sa memoire ce qu'ils contenoient. Pareil accident adveint à Cremutius Cordus, accusé d'avoir en ses livres loué Brutus et Cassius : ce senat vilain, servile et corrompu, et digne d'un pire maistre que Tibere, condamna ses escripts au feu. Il feut content de faire compaignie à leur mort, et se tua par abstinence de manger¹. Le bon Lucanus, estant jugé par ce coquin de Neron, sur les derniers traicts de sa vie, comme la pluspart du sang feut desjà escoulé par les veines des bras qu'il s'estoit faict tailler à son medecin pour mourir, et que la froideur eut saisi les extremités de ses membres, et commencea à s'approcher des parties vitales, la derniere chose qu'il eut en sa memoire, ce feurent aulcuns des vers de son livre de la guerre de Pharsale, qu'il recitoit; et mourut ayant ceste derniere voix en la bouche². Cela qu'estoit ce qu'un tendre et paternel congé qu'il prenoit de ses enfants, representant les adieux et les estroicts embrassements que nous donnons aux nostres en mourant, et un effect de ceste naturelle inclination qui r'appelle en nostre souvenance, en ceste extremité, les choses que nous avons eu les plus cheres pendant nostre vie ?

Pensons nous qu'Epicurus³, qui, en mourant, tormenté, comme il dict, des extremes douleurs de la cholique, avoit toute sa consolation en la beauté de la doctrine qu'il laissoit au monde, eust receu autant de contentement d'un nombre d'enfants bien nays et bien eslevés, s'il en eust eu, comme il faisoit de la production de ses riches escripts ? et que, s'il eust esté au chois de laisser, après luy, un enfant contrefaict et mal nay, ou un livre sot et inepte, il ne choisist plustost, et non luy seulement, mais tout homme de pareille suffisance, d'encourir le premier malheur que l'aultre? Ce seroit à l'adventure impieté en sainct Augustin (pour exemple), si, d'un costé, on luy proposoit d'enterrer ses escripts, de quoy nostre religion receoit un si grand fruict, ou d'enterrer ses enfants, au cas qu'il en eust, s'il n'aimoit mieulx enterrer ses enfants¹. Et je ne sçais si je n'aimerois pas mieulx beaucoup en avoir produict un, parfaictement bien formé, de l'accointance des Muses que de l'accointance de ma femme. A cestuy cy, tel qu'il est, ce que je donne, je le donne purement et irrevocablement, comme on donne aux enfants corporels. Ce peu de bien que je luy ay faict, il n'est plus en ma disposition : il peult sçavoir assez de choses que je ne sçais plus, et tenir de moy ce que je n'ay point retenu, et qu'il fauldroit que, tout ainsi qu'un estrangier, j'empruntasse de luy, si besoing m'en venoit ; si je suis plus sage que luy, il est plus riche que moy. Il est peu d'hommes addonnés à la poësie, qui ne se gratifiassent plus d'estre peres de l'Æneïde que du plus beau garson de Rome, et qui ne souffrissent plus ayséement une perte que l'aultre : car, selon Aristote², de touts ouvriers, le poëte est nomméement le plus amoureux de son ouvrage. Il est malaysé à croire qu'Epaminondas, qui se vantoit de laisser pour toute posterité des filles³ qui feroient un jour honneur à leur pere (c'estoient les deux nobles victoires qu'il avoit gaigné sur les Lacedemoniens), eust volontiers consenti d'eschanger celles là aux plus gor-

---

(1) TACITE, Annales, IV, 34. C.
(2) ID., ibid., XV, 70. C.
(3) DIOG. LAERCE, X, 22 ; CICÉR., de Finibus, II, 30. J. V. L.

(1) On aurait tort, je crois, de prendre au sérieux cette décision singulière, qui révolte la nature, et qui n'est pas dans le caractère de Montaigne : son égoïsme ne va pas jusque-là. Mais trop souvent il a été jugé par des critiques superficiels, qui l'ont pris à la lettre. Supposons que des censeurs de cette force parcourent son troisième livre ; ils voient dans la même page, chapitre 9 : *Les dieux s'ebattent de nous à la pelote, et nous agitent à toutes mains...* Plus bas : *Les astres ont fatalement destiné l'estat de Rome pour exemplaire de ce qu'ils peuvent en ce genre.* Et voilà Montaigne astrologue et polythéiste. J. V. L.

(2) *Morale à Nicomaque*, IX, 7. C.

(3) C'est ainsi que le mot est rapporté par DIODORE DE SICILE, XV, 87; car, selon CORNÉLIUS NÉPOS, dans la *Vie d'Epaminondas*, c. 10, ce grand capitaine ne parle que d'une fille, savoir, la bataille de Leuctres. C.

giases[1] de toute la Grece; ou qu'Alexandre et Cæsar ayent jamais souhaité d'estre privés de la grandeur de leurs glorieux faicts de guerre, pour la commodité d'avoir des enfants et heritiers, quelque parfaicts et accomplis qu'ils peussent estre. Voire je fais grand doubte que Phidias, ou aultre excellent statuaire, aimast autant la conservation et la durée de ses enfants naturels comme il feroit d'une image excellente qu'avecques long travail et estude il auroit parfaicte selon l'art. Et quant à ces passions vicieuses et furieuses qui ont eschauffé quelquesfois les peres à l'amour de leurs filles ou les meres envers leurs fils, encores s'en treuve il de pareilles en ceste aultre sorte de parenté : tesmoing ce que l'on recite de Pygmalion, qui, ayant basty une statue de femme de beauté singuliere, il devint si esperduement esprins de l'amour forcené de ce sien ouvrage qu'il fallut qu'en faveur de sa rage les dieux la luy vivifiassent :

*Tentatum mollescit ebur, positoque rigore
Subsidit digitis* [2].

CHAPITRE IX.

Des armes des Parthes.

C'est une façon vicieuse de la noblesse de nostre temps, et pleine de mollesse, de ne prendre les armes que sur le poinct d'une extreme necessité, et s'en descharger aussi tost qu'il y a tant soit peu d'apparence que le dangier soit esloingné : d'où il survient plusieurs desordres; car, chascun criant et courant à ses armes sur le poinct de la charge, les uns sont à lacer encores leur cuirasse que leurs compaignons sont desjà rompus. Nos peres donnoient leur salade[3], leur lance et leurs gantelets à porter, et n'abandonnoient le reste de leur equipage tant que la courvée duroit. Nos troupes sont à ceste heure toutes troublées et difformées par la confusion du bagage et des valets, qui ne peuvent esloingner leurs maistres à cause de leurs armes. Tite Live, parlant des nostres :

Intolerantissima laboris corpora vix arma humeris gerebant[1]. Plusieurs nations vont encores, et alloient anciennement, à la guerre sans se couvrir, ou se couvroient d'inutiles deffenses :

Tegmina queis capitum, raptus de subere cortex[2].

Alexandre, le plus hazardeux capitaine qui feut jamais, s'armoit fort rarement. Et ceulx d'entre nous qui les mesprisent n'empirent pour cela de gueres leur marché : s'il se veoid quelqu'un tué par le default d'un harnois, il n'en est gueres moindre nombre que l'empeschement des armes a faict perdre, engagés soubs leur pesanteur, ou froissés et rompus, ou par un contrecoup, ou aultrement. Car il semble, à la verité, à veoir le poids des nostres et leur espesseur, que nous ne cherchions qu'à nous deffendre, et en sommes plus chargés que couverts. Nous avons assez à faire à en soutenir le faix, entravés et contraincts, comme si nous n'avions à combattre que du choc de nos armes, et comme si nous n'avions pareille obligation à les deffendre qu'elles ont à nous. Tacitus[3] peinct plaisamment des gents de guerre de nos anciens Gaulois, ainsin armés pour se maintenir seulement, n'ayants moyen ny d'offenser, ny d'estre offensés, ny de se relever abbattus. Lucullus[4], veoyant certains hommes d'armes medois qui faisoient front en l'armée de Tigranes, poisamment et malayséement armés, comme dans une prison de fer, print de là opinion de les desfaire ayséement, et par eulx commencea sa charge et sa victoire. Et à present que nos mousquetaires sont en credit, je crois que l'on trouvera quelque invention de nous emmurer pour nous en garantir et nous faire traisner à la guerre enfermés dans des bastions, comme ceulx que les anciens faisoient porter à leurs elephants.

Ceste humeur est bien esloingnée de celle du jeune Scipion, lequel accusa aigrement ses soldats de ce qu'ils avoient semé des chaussetrapes soubs l'eau[5], à l'endroict du fossé par

---

(1) Aux plus belles, aux plus aimables.

(2) Il touche l'ivoire, et l'ivoire, oubliant sa dureté naturelle, cède et s'amollit sous ses doigts. Ovide, *Métamorph.*, X, 283.

(3) « Du mot italien *celata*, qui signifie *elmo*, casque, armet, les soldats français firent en Italie le mot *salade*. » Volt., *Dict. philos.*, art. *Langues*, sect. 5.

(1) Incapables de souffrir la fatigue, ils avaient peine à porter leurs armes. Tit. Liv., X, 28.

(2) Ils se faisaient des casques avec la molle écorce du liége. Virg., *Æn.*, VII, 742.

(3) *Annales*, III, 43. C.

(4) Plut., *Lucullus*, c. 15. C.

(5) Val. Max., III, 7, 2. Le texte latin dit seulement que l'on proposa ce stratagème à Scipion, et qu'il refusa de s'en servir. J. V. L.

où ceulx d'une ville qu'il assiegeoit pouvoient faire des sorties sur luy, disant que ceulx qui assailloient debvoient penser à entreprendre, non pas à craindre : et craignoit, aveques raison, que ceste provision endormist leur vigilance à se garder. Il dict aussi à un jeune homme qui luy faisoit montre de son beau bouclier : « Il est vrayement beau, mon fils ! mais un soldat romain doibt avoir plus de fiance en sa main dextre qu'en la gauche. »

Or, il n'est que la coustume qui nous rende insupportable la charge de nos armes :

> *L'usbergo in dosso haveano, e l'elmo in testa,*
> *Duo di questi guerrier, dei quali io canto;*
> *Nè notte o dì, dopo ch' entraro in questa*
> *Stanza, gl' haveano mai messi da canto;*
> *Che facile a portar come la vesta*
> *Era lor, perchè in uso l' havean tanto* [1].

L'empereur Caracalla alloit par païs à pied, armé de toutes pieces, conduisant son armée[2]. Les pietons romains portoient non seulement le morion[3], l'espée et l'escu (car, quant aux armes, dict Cicero, ils estoient si accoustumés à les avoir sur le dos qu'elles ne les empeschoient non plus que leurs membres : *Arma enim membra militis esse dicunt*[4]); mais quand et quand encores ce qu'il leur falloit de vivres pour quinze jours, et certaine quantité de paulx[5] pour faire leurs remparts, jusques à soixante livres de poids. Et les soldats de Marius[6], ainsi chargés, marchants en bataille, estoient duicts à faire cinq lieues en cinq heures, et six, s'il y avoit haste. Leur discipline militaire estoit beaucoup plus rude que la nostre ; aussi produisoit elle de bien aultres effects. Le jeune Scipion[7], reformant son armée en Espaigne, ordonna à ses soldats de ne manger que debout, et rien de cuict. Ce traict est merveilleux à ce propos, qu'il feut reproché à un soldat lacedemonien qu'estant à l'expedition d'une guerre on l'avoit veu soubs le couvert d'une maison : ils estoient si durcis à la peine que c'estoit honte d'estre veu soubs un aultre toict que celui du ciel, quelque temps qu'il feist. Nous ne menerions gueres loing nos gents, à ce prix là !

Au demourant, Marcellinus[1], homme nourry aux guerres romaines, remarque curieusement la façon que les Parthes avoient de s'armer, et la remarque d'autant qu'elle estoit esloingnée de la romaine. « Ils avoient, dict il, des armes tissues en maniere de petites plumes, qui n'empeschoient pas le mouvement de leur corps; et si estoient si fortes que nos dards rejaillissoient venants à les heurter. » (Ce sont les escailles de quoy nos ancestres avoient fort accoustumé de se servir.) Et en un aultre lieu[2] : « Ils avoient, dict il, leurs chevaulx forts et roides, couverts de gros cuir ; et eulx estoient armés, de cap à pied, de grosses lames de fer, rengées de tel artifice qu'à l'endroict des joinctures des membres elles prestoient au mouvement. On eust dict que c'estoient des hommes de fer ; car ils avoient des accoustrements de teste si proprement assis, et representants au naturel la forme et parties du visage, qu'il n'y avoit moyen de les assener que par de petits trous ronds qui respondoient à leurs yeux, leur donnant un peu de lumiere, et par des fentes qui estoient à l'endroict des naseaux, par où ils prenoient assez malayséement haleine. »

> *Flexilis inductis animatur lamina membris,*
> *Horribilis visu; credas simulacra moveri*
> *Ferrea, cognatoque viros spirare metallo.*
> *Par vestitus equis : ferrata fronte minantur,*
> *Ferratosque movent, securi vulneris, armos*[3].

Voylà une description qui retire bien fort à l'equipage d'un homme d'armes françois, à tout ses bardes. Plutarque dict que Demetrius feit faire, pour luy et pour Alcimus, le premier homme de guerre qui feust près de luy, à chas-

---

(1) Deux des guerriers que je chante ici avaient la cuirasse sur le dos et le casque en tête : depuis qu'ils étaient dans ce château, ils n'avaient quitté ni jour ni nuit cette double armure, qu'ils portaient aussi aisément que leurs habits, tant ils y étaient accoutumés. ARIOSTO, cant. XII, stanz. 30.

(2) Voyez XIPHILIN, *Vie de Caracalla*. C.

(3) Le *morion* est une sorte de casque semblable à celui qu'on appelait *salade*; mais l'un est à l'usage des soldats de pied, l'autre des chevau-légers. E. J.

(4) Ils disent que les armes du soldat sont ses membres. CIC., *Tusc. Quæst.*, II, 16.—De là, en latin, l'analogie d'*arma*, armes, avec *armus*, épaule, et *armilla*, bracelet. E. J.

(5) *Pieux*, ou *palissades*; au singulier, *pal*, du latin *palus*.

(6) PLUT., *Marius*, c. 4. C.

(7) PLUT., *Apophthegmes*, article du second *Scipion*. C.

(1) AMMIEN MARCELLIN, XXIV, 7. C.

(2) Liv. XXV, c. 1. C.

(3) Leur cuirasse flexible semble recevoir la vie du corps qu'elle enferme ; les yeux étonnés voient marcher des statues de fer : on dirait que le métal est incorporé avec le guerrier qui le porte. Les coursiers ont aussi leur armure : le fer couvre leur front superbe; et leurs flancs, sous un rempart de fer, bravent les traits impuissants. CLAUD., *contre Rufin*, II, 358.

cun un harnois complet du poids de six vingt livres, là où les communs harnois n'en poisoient que soixante [1].

CHAPITRE X.

Des livres.

Je ne foys point de doubte qu'il ne m'advienne souvent de parler de choses qui sont mieulx traictées chez les maistres du mestier, et plus veritablement. C'est icy purement l'essay de mes facultés naturelles, et nullement des acquises : et qui me surprendra d'ignorance, il ne fera rien contre moy ; car à peine respondrois je à aultruy de mes discours, qui ne m'en responds point à moy, ny n'en suis satisfaict. Qui sera en cherché de science, si la pesche où elle se loge ; il n'est rien de quoy je face moins de profession. Ce sont icy mes fantasies, par lesquelles je ne tasche point de donner à cognoistre les choses, mais moy ; elles me seront à l'adventure cogneues un jour, ou l'ont aultrefois esté, selon que la fortune m'a peu porter sur les lieux où elles estoient esclaircies ; mais il ne m'en souvient plus ; et si je suis homme de quelque leçon, je suis homme de nulle retention : ainsi je ne pleuvis [2] aulcune certitude, si ce n'est de faire cognoistre jusques à quel poinct monte, pour ceste heure, la cognoissance que j'en ay. Qu'on ne s'attende pas aux matieres, mais à la façon que j'y donne : qu'on voye, en ce que j'emprunte, si j'ay sceu choisir de quoy rehaulser ou secourir proprement l'invention, qui vient tousjours de moy : car je foys dire aux aultres, non à ma teste, mais à ma suitte, ce que je ne puis si bien dire, tantost par foiblesse de mon langage, tantost par foiblesse de mon sens. Je ne compte pas mes emprunts, je les poise ; et si je les eusse voulu faire valoir par nombre, je m'en feusse chargé deux fois autant : ils sont touts, ou fort peu s'en fault, de noms si fameux et anciens, qu'ils me semblent se nommer assez sans moy. Ès raisons, comparaisons, arguments, si j'en transplante quelqu'un en mon solage [3], et confonds aux miens ; à escient j'en cache l'aucteur, pour tenir en bride la temerité de ces sentences hastifves qui se jectent sur toute sorte d'escripts, notamment jeunes escripts, d'hommes encores vivants, et en vulgaire [1], qui receoit tout le monde à en parler, et qui semble convaincre la conception et le desseing vulgaire de mesme : je veux qu'ils donnent une nazarde à Plutarque sur mon nez, et qu'ils s'eschauldent à injurier Seneque en moy. Il fault musser [2] ma foiblesse soubs ces grands credits. J'aimeray quelqu'un qui me sache deplumer, je dis par clarté de jugement, et par la seule distinction de la force et beauté des propos : car moy, qui, à faulte de memoire, demeure court touts les coups à les trier par cognoissance de nation, sçais très bien cognoistre, à mesurer ma portée, que mon terroir n'est aulcunement capable d'aulcunes fleurs trop riches que j'y treuve semées ; et que touts les fruicts de mon creu ne les sçauroient payer. De cecy suis je tenu de respondre ; si je m'empesche moy mesme ; s'il y a de la vanité et vice en mes discours, que je ne sente point ou que je ne soye capable de sentir en me le representant : car il eschappe souvent des faultes à nos yeulx ; mais la maladie du jugement consiste à ne les pouvoir appercevoir lorsqu'un aultre nous les descouvre. La science et la verité peuvent loger chez nous sans jugement ; et le jugement y peult aussi estre sans elles : voire la recognoissance de l'ignorance est l'un des plus beaux et plus seurs tesmoignages de jugement que je treuve. Je n'ay point d'aultre sergeant de bande, à renger mes pieces, que la fortune : à mesmes que mes resveries se presentent je les entasse ; tantost elles se pressent en foule, tantost elles se traisnent à la file. Je veulx qu'on voye mon pas naturel et ordinaire, ainsi destraqué qu'il est ; je me laisse aller comme je me treuve ; aussi ne sont ce point icy matieres qu'il ne soit pas permis d'ignorer, et d'en parler casuellement et temerairement. Je souhaiterois avoir plus parfaicte intelligence des choses ; mais je ne la veulx pas achepter si cher qu'elle couste. Mon desseing est de passer doulcement, et non laborieusement, ce qui me reste de vie : il n'est rien pourquoy je me veuille rompre la teste, non pas pour la science, de quelque grand prix qu'elle soit.

Je ne cherche aux livres qu'à m'y donner

---

(1) PLUT., *Démétrius*, c. 6. Montaigne change quelque chose au récit de l'historien. C.

(2) *Je ne garantis*. — *Pleuvir*, promettre.

(3) *Sol, terrain, terroir*. E. J.

(1) *En langage vulgaire*. C.

(2) *Cacher*. — *Musser*, *abdere*. NICOT. C.

du plaisir par un honneste amusement : ou si j'estudie, je n'y cherche que la science qui traicte de la cognoissance de moy mesme, et qui m'instruise à bien mourir et à bien vivre :

Has meus ad metas sudet oportet equus[1].

Les difficultés, si j'en rencontre en lisant, je n'en ronge pas mes ongles ; je les laisse là, après leur avoir faict une charge ou deux. Si je m'y plantois, je m'y perdrois, et le temps ; car j'ay un esprit primsaultier[2] ; ce que je ne veois de la premiere charge, je le veois moins en m'y obstinant. Je ne foys rien sans gayeté ; et la continuation et contention trop ferme esblouit mon jugement, l'attriste et le lasse. Ma veue s'y confond et s'y dissipe[3] ; il fault que je la retire, et que je l'y remette à secousses : tout ainsi que pour juger du lustre de l'escarlatte on nous ordonne de passer les yeulx par dessus, en la parcourant à diverses veues, soubdaines reprinses, et reïterées. Si ce livre me fasche, j'en prends un aultre ; et ne m'y addonne qu'aux heures où l'ennuy de rien faire commence à me saisir. Je ne me prends gueres aux nouveaux, pour ce que les anciens me semblent plus pleins et plus roides : ny aux grecs, parce que mon jugement ne sçait pas faire ses besongnes d'une puerile et apprentisse intelligence[4].

Entre les livres simplement plaisants, je treuve, des modernes, le Decameron de Boccace, Rabelais, et les Baisers de Jehan second[5], s'il les fault loger soubs ce tiltre, dignes qu'on

---

(1) C'est vers ce but que doivent tendre mes coursiers. PROP., IV, 1, 70.

(2) *Qui fait ses plus grands efforts du premier coup, de prime saut*, a primo saltu. C.

(3) Montaigne ajoutait ici : *Mon esprit pressé se jecte au rouet* ; mais il a rayé ensuite cette addition. Voyez l'exemplaire corrigé de sa main, p. 169, *verso*. N.

(4) Dans l'édition in-4° de 1588, Montaigne disait ici : *parce que mon jugement ne se satisfait pas d'une moyenne intelligence* ; ce qui peut servir de commentaire à cette nouvelle phrase. Il veut nous apprendre par là qu'il n'avait qu'une médiocre intelligence de la langue grecque. C. — Il déclare positivement (l. II, c. 4) qu'il *n'entendoit rien au grec*, et (l. I, c. 25) qu'il *n'avoit quasi du tout point d'intelligence du grec* ; ce qui ne l'empêche pas d'en citer assez souvent des passages. E. J.

(5) Jean Second était né à La Haye, en 1511 ; il mourut à Tournai, en 1536, n'ayant pas encore vingt-cinq ans. On peut voir sur ce poète la Préface de la nouvelle édition de ses OEuvres, par Bosscha ; *Leyde*, 1821, 2 vol. in-8°. J. V. L.

s'y amuse. Quand aux Amadis, et telles sortes d'escripts, ils n'ont pas eu le credit d'arrester seulement mon enfance. Je diray encores cecy, ou hardiment, ou temerairement, que ceste vieille ame poisante ne se laisse plus chatouiller, non seulement à l'Arioste, mais encores au bon Ovide ; sa facilité et ses inventions, qui m'ont ravi aultrefois, à peine m'entretiennent elles à ceste heure. Je dis librement mon advis de toutes choses, voire et de celles qui surpassent à l'adventure ma suffisance, et que je ne tiens aulcunement estre de ma jurisdiction : ce que j'en opine, c'est aussi pour declarer la mesure de ma veue, non la mesure des choses. Quand je me treuve desgousté de l'Axioche de Platon[1], comme d'un ouvrage sans force, eu esgard à un tel aucteur, mon jugement ne s'en croit pas : il n'est pas si oultrecuidé[2] de s'opposer à l'auctorité de tant d'aultres fameux jugements anciens, qu'il tient ses regents et ses maistres ; et avecques lesquels il est plustost content de faillir ; il s'en prend à soy, et se condamne, ou de s'arrester à l'escorce, ne pouvant penetrer jusques au fonds, ou de regarder la chose par quelque fauls lustre. Il se contente de se garantir seulement du trouble et du desreglement : quant à sa foiblesse, il la recognoist et advoue volontiers. Il pense donner juste interpretation aux apparences que sa conception luy presente ; mais elles sont imbecilles et imparfaictes. La pluspart des fables d'Esope ont plusieurs sens et intelligences : ceulx qui les mythologisent en choisissent quelque visage qui quadre bien à la fable ; mais pour la pluspart, ce n'est que le premier visage et superficiel ; il y en a d'aultres plus vifs, plus essentiels et internes, ausquels ils n'ont sceu penetrer : voylà comme j'en foys.

Mais, pour suivre ma route, il m'a tousjours semblé qu'en la poësie, Virgile, Lucrece, Catulle et Horace tiennent de bien loing le premier reng ; et signamment Virgile en ses Georgiques, que j'estime le plus accomply ouvrage

---

(1) L'*Axiochus* n'est point de Platon, et Diogène Laërce l'avait déjà reconnu. On a longtemps attribué cet ouvrage à Eschine le socratique (voyez l'édition de Jean le Clerc, *Amsterdam*, 1711) ; d'autres l'ont donné à Xénocrate de Chalcédoine. Il est certain que ce dialogue est d'une très haute antiquité. J. V. L.

(2) Ou *il n'est pas si vain*, comme avait mis Montaigne dans l'édition in-4° de 1588. *Oultrecuidé* est de l'édition de 1595. Celle de Naigeon porte, *il n'est pas si sot*. J. V. L.

de la poësie : à comparaison duquel on peult recognoistre ayséement qu'il y a des endroicts de l'Æneïde, ausquels l'aucteur eust donné encores quelque tour de pigne[1], s'il en eust eu loisir; et le cinquiesme livre en l'Æneïde me semble le plus parfaict. J'aime aussi Lucain, et le practique volontiers, non tant pour son style que pour sa valeur propre et verité de ses opinions et jugements. Quant au bon Terence, la mignardise et les graces du langage latin, je le treuve admirable à representer au vif les mouvements de l'ame et la condition de nos mœurs; à toute heure nos actions me rejectent à luy : je ne le puis lire si souvent, que je n'y treuve quelque beauté et grace nouvelle. Ceulx des temps voisins à Virgile se plaignoient de quoy aulcuns luy comparoient Lucrece : je suis d'opinion que c'est à la verité une comparaison ineguale; mais j'ay bien à faire à me r'asseurer en ceste creance, quand je me treuve attaché à quelque beau lieu de ceulx de Lucrece. Sils se picquoient de ceste comparaison, que diroient ils de la bestise et stupidité barbaresque de ceulx qui luy comparent à ceste heure Arioste? et qu'en diroit Arioste luy mesme?

O seclum insipiens et inficetum[2] *!*

J'estime que les anciens avoient encores plus à se plaindre de ceulx qui apparioient Plaute à Terence (cestuy cy sent bien mieulx son gentilhomme.) que Lucrece à Virgile. Pour l'estimation et preference de Terence, faict beaucoup que le pere de l'eloquence romaine l'a si souvent en la bouche, seul de son reng; et la sentence que le premier juge des poëtes romains[3] donne de son compaignon. Il m'est souvent tumbé en fantasie comme, en nostre temps, ceulx qui se meslent de faire des comedies (ainsi que les Italiens qui y sont assez heureux) employent trois ou quatre arguments de celles de Terence ou de Plaute pour en faire une des leurs; ils entassent en une seule comedie cinq ou six contes de Boccace. Ce qui les faict ainsi se charger de matiere, c'est la desfiance qu'ils ont de se pouvoir soustenir de leurs propres graces : il fault qu'ils treuvent un corps où s'appuyer; et n'ayants pas, du leur, assez de quoy nous arrester, ils veulent que le conte nous amuse. Il en va de mon aucteur tout au contraire; les perfections et beautés de sa façon de dire nous font perdre l'appetit de son subject; sa gentillesse et sa mignardise nous retiennent par tout; il est par tout si plaisant,

Liquidus, puroque simillimus amni [1]*,*

et nous remplit tant l'ame de ses graces que nous en oublions celles de sa fable. Ceste mesme consideration me tire plus avant : je veois que les bons et anciens poëtes ont evité l'affectation et la recherche, non seulement des fantastiques eslevations espaignolles et petrarchistes, mais des poinctes mesmes plus doulces et plus retenues, qui sont l'ornement de touts les ouvrages poëtiques des siecles suyvants. Si n'y a il bon juge qui les treuve à dire en ces anciens et qui n'admire plus sans comparaison l'eguale polissure et ceste perpetuelle doulceur et beauté fleurissante des epigrammes de Catulle que touts les aiguillons de quoy Martial aiguise la queue des siens. C'est ceste mesme raison que je disois tantost, comme Martial de soy : *Minus illi ingenio laborandum fuit, in cujus locum materia successerat*[2]. Ces premiers là, sans s'esmouvoir et sans se picquer, se font assez sentir; ils ont de quoy rire par tout, il ne fault pas qu'ils se chatouillent : ceulx cy ont besoing de secours estrangier; à mesure qu'ils ont moins d'esprit il leur fault plus de corps; ils montent à cheval parce qu'ils ne sont assez forts sur leurs jambes : tout ainsi qu'en nos bals, ces hommes de vile condition qui en tiennent eschole, pour ne pouvoir representer le port et la decence de nostre noblesse, cherchent à se recommender par des saults perilleux et aultres mouvements estranges et basteleresques; et les dames ont meilleur marché de leur contenance aux danses où il y a diverses descoupeures et agitations de corps qu'en certaines aultres danses de parade, où elles n'ont simplement qu'à marcher un pas naturel, et representer un port naïf et leur grace ordinaire : et comme j'ay veu aussi les badins excellents, vestus en leur à touts les jours[3] et en une contenance commune, nous donner tout le plaisir

---

(1) Peigne. E. J.
(2) O siècle sans jugement et sans goût! CATULLE, XLIII, 8.
(3) HOR., *Art. poétique*, v. 270. C.

(1) Il coule avec tant d'aisance et de pureté. HOR., *Epist.*, II, 2, 120.
(2) Il n'avait pas de grands efforts à faire; le sujet même lui tenait lieu d'esprit. MART., *Préface du liv.* VIII.
(3) *A leur ordinaire*, édit. in-4° de 1588, p. 471, *verso*. C.

qui se peult tirer de leur art; les apprentifs et qui ne sont de si haulte leçon avoir besoing de s'enfariner le visage, de se travestir, se contrefaire en mouvemens de grimaces sauvages pour nous apprester à rire. Ceste mienne conception se recognoist, mieulx qu'en tout aultre lieu, en la comparaison de l'Æneïde et du Furieux[1]: celuy là on le veoit aller à tire d'aile, d'un vol hault et ferme, suyvant tousjours sa poincte; cestuy cy, voleter et saulteler de conte en conte, comme de branche en branche, ne se fiant à ses aisles que pour une bien courte traverse, et prendre pied à chasque bout de champ, de peur que l'haleine et la force luy faille;

Excursusque breves tentat[2].

Voylà doneques, quant à ceste sorte de subjects, les aucteurs qui me plaisent le plus.

Quant à mon aultre leçon, qui mesle un peu plus de fruict au plaisir, par où j'apprends à renger mes opinions et conditions, les livres qui m'y servent c'est Plutarque, depuis qu'il est françois, et Seneque. Ils ont touts deux ceste notable commodité pour mon humeur, que la science que j'y cherche y est traictée à pieces descousues, qui ne demandent pas l'obligation d'un long travail, de quoy je suis incapable: ainsi sont les opuscules de Plutarque et les epistres de Seneque, qui sont la plus belle partie de leurs escripts et la plus proufitable. Il ne fault pas grande entreprinse pour m'y mettre; et les quitte où il me plaist, car elles n'ont point de suitte et dependance des unes aux aultres. Ces aucteurs se rencontrent en la pluspart des opinions utiles et vrayes; comme aussi leur fortune les feit naistre environ mesme siecle, touts deux precepteurs de deux empereurs romains, touts deux venus de païs estrangier, touts deux riches et puissants. Leur instruction est de la cresme de la philosophie, et presentée d'une simple façon, et pertinente. Plutarque est plus uniforme et constant; Seneque plus ondoyant et divers: cestuy cy se peine, se roidit et se tend pour armer la vertu contre la foiblesse, la crainte et les vicieux appetits; l'aultre semble n'estimer pas tant leurs efforts et desdaigner d'en haster son pas et se mettre sur sa garde: Plutarque a les opinions platoniques, doulces et accommodables à la societé civile; l'aultre les a stoïques et epicuriennes, plus esloingnées de l'usage commun, mais, selon moy, plus commodes en particulier et plus fermes. Il paroist en Seneque qu'il preste un peu à la tyrannie des empereurs de son temps, car je tiens pour certain que c'est d'un jugement forcé qu'il condemne la cause de ces genereux meurtriers de Cesar; Plutarque est libre par tout: Seneque est plein de poinctes et saillies, Plutarque de choses. Celuy là vous eschauffe plus et vous esmeut; cestuy cy vous contente davantage et vous paye mieulx; il nous guide, l'aultre nous poulse.

Quant à Cicero, les ouvrages qui me peuvent servir chez luy à mon desseing, ce sont ceulx qui traictent de la philosophie, specialement morale. Mais, à confesser hardiement la verité (car, puisqu'on a franchi les barrieres de l'impudence, il n'y a plus de bride), sa façon d'escrire me semble ennuyeuse, et toute aultre pareille façon: car ses prefaces, definitions, partitions, etymologies, consument la plus part de son ouvrage; ce qu'il y a de vif et de mouelle est estouffé par ses longueries d'apprets. Si j'ay employé une heure à le lire, qui est beaucoup pour moy, et que je ramentoive ce que j'en ay tiré de suc et de substance, la plus part du temps je n'y treuve que du vent; car il n'est pas encores venu aux arguments qui servent à son propos, et aux raisons qui touchent proprement le nœud que je cherche. Pour moy, qui ne demande qu'à devenir plus sage, non plus sçavant ou eloquent, ces ordonnances logiciennes et aristoteliques ne sont pas à propos; je veulx qu'on commence par le dernier poinct: j'entends assez que c'est que mort et volupté; qu'on ne s'amuse pas à les anatomizer. Je cherche des raisons bonnes et fermes, d'arrivée, qui m'instruisent à en soustenir l'effort; ny les subtilités grammairiennes, ny l'ingenieuse contexture de paroles et d'argumentations, n'y servent. Je veulx des discours qui donnent la premiere charge dans le plus fort du doubte: les siens languissent autour du pot; ils sont bons pour l'eschole, pour le barreau et pour le sermon, où nous avons loisir de sommeiller, et sommes encores, un quart d'heure après, assez à temps pour en retrouver le fil. Il est besoing de parler ainsin aux juges qu'on veult gaigner à tort ou à droict, aux enfants et

---

[1] L'*Orlando furioso* de l'Arioste. C.
[2] Il tente de petites courses. VIRG., *Georg.*, IV, 194.

au vulgaire à qui il fault tout dire, et veoir ce qui portera. Je ne veulx pas qu'on s'employe à me rendre attentif, et qu'on me crie cinquante fois : « Or oyez ! » à la mode de nos heraults : les Romains disoient en leur religion : *Hoc age*, que nous disons en la nostre : *Sursum corda* : ce sont autant de paroles perdues pour moy ; j'y viens tout preparé du logis. Il ne me fault point d'alleichement ny de saulse ; je mange bien la viande toute crue : et au lieu de m'aiguiser l'appetit par ces preparatoires et avant ieux, on me le lasse et affadit. La licence du temps m'excusera elle de ceste sacrilege audace, d'estimer aussi traisnants les dialogismes de Platon mesme, estouffants par trop sa matière ; et de plaindre le temps que met à ces longues interlocutions vaines et preparatoires un homme qui avoit tant de meilleures choses à dire ? Mon ignorance m'excusera mieulx, sur ce que je ne veois rien en la beauté de son langage. Je demande en general les livres qui usent des sciences, non ceulx qui les dressent. Les deux premiers [1], et Pline, et leurs semblables, ils n'ont point de *Hoc age*; il veulent avoir à faire à gents qui s'en soyent advertis eulx mesmes ; ou s'ils en ont, c'est un *Hoc age* substantiel, et qui a son corps à part. Je veois aussi volontiers les epistres *ad Atticum*, non seulement parce qu'elles contiennent une très ample instruction de l'histoire et affaires de son temps, mais beaucoup plus pour y descouvrir ses humeurs privées : car j'ai une singuliere curiosité, comme j'ay dict ailleurs, de cognoistre l'ame et les naifs jugements de mes aucteurs. Il fault bien juger leur suffisance, mais non pas leurs mœurs ny eulx, par ceste montre de leurs escripts qu'ils etalent au theatre du monde. J'ay mille fois regretté que nous ayons perdu le livre que Brutus avoit escript De la vertu : car il faict beau apprendre la theorique de ceulx qui sçavent bien la practique. Mais d'autant que c'est aultre chose le presche que le prescheur, j'aime bien autant veoir Brutus chez Plutarque que chez luy mesme : je choisirois plustost de sçavoir au vray les devis qu'il tenoit en sa tente à quelqu'un de ses privés amis, la veille d'une battaille, que les propos qu'il teint le lendemain à son armée ; et ce qu'il faisoit en son cabinet et en sa chambre que ce qu'il faisoit emmy la place et au senat. Quant à Cicero, je suis du jugement commun, que, hors la science, il n'y avoit pas beaucoup d'excellence en son ame : il estoit bon citoyen, d'une nature debonnaire, comme sont volontiers les hommes gras et gosseurs, tel qu'il estoit ; mais de mollesse et de vanité ambitieuse, il en avoit, sans mentir, beaucoup. Et si ne sçais comment l'excuser d'avoir estimé sa poësie digne d'estre mise en lumière : ce n'est pas grande imperfection que de faire mal des vers ; mais c'est imperfection [1] de n'avoir pas senty combien ils estoient indignes de la gloire de son nom. Quant à son éloquence, elle est du tout hors de comparaison : je crois que jamais homme ne l'egualera. Le jeune Cicero, qui n'a ressemblé son pere que de nom, commandant en Asie, il se trouva un jour en sa table plusieurs estrangiers, et entre aultres Cestius, assis au bas bout, comme on se fourre souvent aux tables ouvertes des grands. Cicero s'informa qui il estoit, à l'un de ses gents, qui luy dict son nom : mais, comme celuy qui songeoit ailleurs et qui oublioit ce qu'on luy respondoit, il le luy redemanda encores, depuis, deux ou trois fois. Le serviteur, pour n'estre plus en peine de luy redire si souvent mesme chose, et pour le luy faire cognoistre par quelque circonstance : « C'est, dict il, ce Cestius, de qui on vous a dict qu'il ne faict pas grand estat de l'eloquence de vostre pere, au prix de la sienne. » Cicero, s'estant soubdain picqué de cela, commanda qu'on empoignast ce pauvre Cestius, et le feit très bien fouetter en sa presence [2]. Voylà un mal courtois hoste ! Entre ceulx mesmes qui ont estimé, toutes choses comptées, ceste sienne eloquence incomparable, il y en a eu qui n'ont pas laissé d'y remarquer des faultes ; comme ce grand Brutus, son amy, disoit que c'estoit une eloquence cassée et esrenée, *fractam et elumbem* [3]. Les orateurs voisins de son siecle reprenoient aussi en luy ce curieux soing de certaine longue cadence au bout de ses clauses, et notoient ces mots *esse videatur*, qu'il y employe si souvent [4]. Pour moy j'aime

---

(1) Plutarque et Sénèque. C.

(1) Texte de Naigeon, *mais c'est à luy faulte de jugement*. Il est évident que Montaigne a voulu, depuis, adoucir les termes. J. V. L.

(2) SÉNÈQ., *Suasor*. 8. C.

(3) Voyez le dialogue *de Oratoribus*, c. 18. C.

(4) *Ibid.*, c. 23. C.

mieulx une cadence qui tumbe plus court, coupée en iambes. Si mesle il par fois bien rudement ses nombres, mais rarement ; j'en ay remarqué ce lieu à mes aureilles : *Ego vero me minus diu senem esse mallem, quam esse senem ante quam essem*[1].)

Les historiens sont ma droicte balle[2] ; car ils sont plaisants et aysez ; et quand et quand l'homme en general, de qui je cherche la cognoissance, y paroist plus vif et plus entier qu'en nul aultre lieu ; la varieté et verité de ses conditions internes, en gros et en detail, la diversité des moyens de son assemblage, et des accidents qui le menacent. Or ceulx qui escrivent les vies, d'autant qu'ils s'amusent plus aux conseils qu'aux evenements, plus à ce qui part du dedans qu'à ce qui arrive au dehors, ceulx là me sont plus propres : voylà pourquoy, en toutes sortes, c'est mon homme que Plutarque. Je suis bien marry que nous n'ayons une douzaine de Laertius, ou qu'il ne soit ou plus estendu, ou plus entendu : car je suis pareillement curieux de cognoistre les fortunes et la vie de ces grands precepteurs du monde, comme de cognoistre la diversité de leurs dogmes et fantasies. En ce genre d'estude des histoires, il fault feuilleter, sans distinction, toutes sortes d'aucteurs et vieils et nouveaux, et barragouins et françois, pour y apprendre les choses de quoy diversement ils traictent. Mais Cæsar singulierement me semble meriter qu'on l'estudie, non pour la science de l'histoire seulement, mais pour luy mesme : tant il y a de perfection et d'excellence par dessus touts les aultres, quoyque Salluste soit du nombre. Certes, je lis cest aucteur avec un peu plus de reverence et de respect qu'on ne lict les humains ouvrages ; tantost le considerant luy mesme par ses actions et le miracle de sa grandeur ; tantost la pureté et inimitable polissure de son langage, qui a surpassé non seulement touts les historiens, comme dict Cicero[1], mais à l'adventure Cicero mesme : avecques tant de sinceritè en ses jugments, parlant de ses ennemis, que, sauf les faulses couleurs de quoy il veult couvrir sa mauvaise cause et l'ordure de sa pestilente ambition, je pense qu'en cela seul on y puisse trouver à redire qu'il a esté trop espargnant à parler de soy ; car tant de grandes choses ne peuvent avoir esté executées par luy qu'il n'y soit allé beaucoup plus du sien qu'il n'y en met.

J'aime les historiens ou fort simples ou excellents. Les simples, qui n'ont point de quoy y mesler quelque chose du leur, et qui n'y apportent que le soing et la diligence de r'amasser tout ce qui vient à leur notice, et d'enregistrer, à la bonne foy, toutes choses sans chois et sans triage, nous laissent le jugement entier pour la cognoissance de la verité : tel est entre aultres, pour exemple, le bon Froissard, qui a marché, en son entreprinse, d'une si franche naïveté qu'ayant faict une faulte il ne craint aulcunement de la recognoistre et corriger en l'endroict où il en a esté adverty, et qui nous represente la diversité mesme des bruits qui couroient, et les differents rapports qu'on luy faisoit : c'est la matiere de l'histoire nue et informe ; chascun en peult faire son proufit autant qu'il a d'entendement. Les bien excellents ont la suffisance de choisir ce qui est digne d'estre sceu, peuvent trier, de deux rapports, celuy qui est plus vraysemblable ; de la condition des princes et de leurs humeurs, ils en concluent les conseils, et leur attribuent les paroles convenables : ils ont raison de prendre l'auctorité de regler nostre creance à la leur ; mais, certes, cela n'appartient à gueres de gents. Ceulx d'entre deux (qui est la plus commune façon) nous gastent tout ; ils veulent nous mascher les morceaux ; ils se donnent loy de juger, et par consequent d'incliner l'histoire à leur fantasie ; car, depuis que le jugement pend d'un costé, on ne se peult garder de contourner et tordre la narration à ce biais[2] : ils entreprennent de choisir les choses dignes d'estre sceues, et nous cachent souvent telle parole, telle action privée, qui nous

---

(1) Pour moi, j'aimerais mieux être vieux moins longtemps que de vieillir avant la vieillesse. Cic., *de Senectute*, c. 10. Voyez quelques observations sur cette critique de Montaigne, *OEuvres complètes de Cicéron*, éd. in-8°, t. XXVIII, p. 91. J. V. L.

(2) Montaigne appelle ici la lecture des historiens, *sa droicte balle*, pour nous apprendre que c'est le plus doux et le plus aisé de ses amusements, par allusion à ce qui arrive à un joueur de paume, qui, lorsque la balle lui vient du côté droit, la renvoie naturellement et sans peine, réduit, lorsqu'elle lui vient du côté opposé, à la chasser d'un coup de revers, qui, pour l'ordinaire, est un coup moins sûr et plus malaisé. — Il y avait dans la première édition : *Les historiens sont le vray gibier de mon estude*. C.

(1) Cicér., *Brutus*, c. 75. J. V. L.

(2) « Les faits changent de forme dans la tête de l'historien ; ils se moulent sur ses intérêts ; ils prennent la teinte de ses préjugés. » Rouss., *Émile*, liv. IV.

instruiroit mieulx; obmettent, pour choses incroyables, celles qu'ils n'entendent pas, et peut estre encores telle chose, pour ne la sçavoir dire en bon latin ou françois. Qu'ils estalent hardiment leur eloquence et leur discours, qu'ils jugent à leur poste, mais qu'ils nous laissent aussi de quoy juger après eulx, et qu'ils n'alterent ny dispensent, par leurs raccourciments et par leur chois, rien sur le corps de la matiere, ains qu'ils nous la r'envoyent pure et entiere en toutes ses dimensions.

Le plus souvent on trie, pour ceste charge, et notamment en ces siecles icy, des personnes d'entre le vulgaire, pour ceste seule consideration de sçavoir bien parler, comme si nous cherchions d'y apprendre la grammaire : et eulx ont raison, n'ayants esté gagés que pour cela, et n'ayants mis en vente que le babil, de ne se soulcier aussi principalement que de ceste partie; ainsin, à force beaux mots, ils nous vont pastissant une belle contexture des bruits qu'ils r'amassent ès carrefours des villes. Les seules bonnes histoires sont celles qui ont esté escriptes par ceulx mesme qui commandoient aux affaires, ou qui estoient participants à les conduire, ou au moins qui ont eu la fortune d'en conduire d'aultres de mesme sorte : telles sont quasi toutes les grecques et romaines ; car plusieurs tesmoings oculaires ayants escript de mesme subject (comme il advenoit en ce temps là, que la grandeur et le sçavoir se rencontroient communement), s'il y a de la faulte, elle doibt estre merveilleusement legiere, et sur un accident fort doubteux. Que peult on esperer d'un medecin traictant de la guerre, ou d'un escholier traictant les desseings des princes? Si nous voulons remarquer la religion que les Romains avoient en cela, il n'en fault que cest exemple : Asinius Pollio trouvoit ès histoires mesme de Cæsar quelque mescompte en quoy il estoit tumbé, pour n'avoir peu jecter les yeulx en touts les endroicts de son armée, et en avoir creu les particuliers qui luy rapportoient souvent des choses non assez verifiées; ou bien pour n'avoir esté assez curieusement adverty par ses lieutenants des choses qu'ils avoient conduictes en son absence [1]. On peult veoir par là si ceste recherche de la verité est delicate, qu'on ne se puisse pas fier d'un combat à la science de celuy qui a commandé, ny aux soldats de ce qui s'est passé près d'eulx, si, à la mode d'une information judiciaire, on ne confronte les tesmoings et receoit les objects sur la preuve des ponctilles de chasque accident [1]. Vrayement la cognoissance que nous avons de nos affaires est bien plus lasche : mais cecy a esté suffisamment traicté par Bodin [2], et selon ma conception.

Pour subvenir un peu à la trahison de ma memoire, et à son default, si extreme qu'il m'est advenu plus d'une fois de reprendre en main des livres comme recents et à moy incogneus, que j'avois leu soigneusement quelques années auparavant, et barbouillé de mes notes, j'ay prins en coustume, depuis quelque temps, d'adjouster au bout de chasque livre (je dis de ceulx desquels je ne me veulx servir qu'une fois) le temps auquel j'ay achevé de le lire, et le jugement que j'en ay retiré en gros, à fin que cela me represente au moins l'air et idée generale que j'avois conceu de l'aucteur en le lisant. Je veulx icy transcrire aulcunes de ces annotations.

Voicy ce que je meis, il y a environ dix ans, en mon Guicciardin (car, quelque langue que parlent mes livres, je leur parle en la mienne): « Il est historiographe diligent, et duquel, à mon advis, autant exactement que de nul aultre, on peult apprendre la verité des affaires de son temps : aussi, en la plus part, en a il esté acteur luy mesme, et en reng honorable. Il n'y a aulcune apparence que par haine, faveur ou vanité, il ayt desguisé les choses; de quoy font foy les libres jugements qu'il donne des grands et notamment de ceulx par lesquels il avoit esté avancé et employé aux charges, comme du pape Clement septiesme. Quant à la partie de quoy il semble se vouloir prevaloir le plus, qui sont ses digressions et discours, il y en a de bons et enrichis de beaux traicts : mais il s'y est trop pleu ; car, pour ne vouloir rien laisser à dire, ayant un subject si plein et ample, et à peu près infiny, il en devient lasche, et sentant un peu le cacquet scholastique. J'ay

---

[1] Suét., *César*, c. 56. C.

[1] *Si l'on ne confronte les témoignages, si l'on ne reçoit les objections, lorsqu'il s'agit de prouver les moindres détails de chaque fait.* J. V. L.

[2] Le célèbre jurisconsulte, dans l'ouvrage qu'il publia en 1566, sous le titre de *Methodus ad facilem historiarum cognitionem.*

aussi remarqué cecy, que de tant d'ames et d'effects qu'il juge, de tant de mouvements et conseils, il n'en rapporte jamais un seul à la vertu, religion et conscience, comme si ces parties là estoient du tout esteinctes au monde; et de toutes les actions, pour belles par apparence qu'elles soient d'elles mesmes, il en rejecte la cause à quelque occasion vicieuse ou à quelque proufit. Il est impossible d'imaginer que, parmy cest infiny nombre d'actions de quoy il juge, il n'y en ayt eu quelqu'une producte par la voye de la raison : nulle corruption peult avoir saisi les hommes si universellement que quelqu'un n'eschappe de la contagion. Cela me faict craindre qu'il y aye un peu de vice de son goust; et peult estre advenu qu'il ayt estimé d'aultruy selon soy[1]. »

En mon Philippe de Comines, il y a cecy : « Vous y trouverez le langage doulx et agreable, d'une naïfve simplicité, la narration pure, et en laquelle la bonne foy de l'aucteur reluit evidemment, exempte de vanité parlant de soy et d'affection et d'envie parlant d'aultruy; ses discours et enhortements accompaignés plus de bon zele et de verité que d'aulcune exquise suffisance; et, tout par tout, de l'auctorité et gravité, representant son homme de bon lieu, et eslevé aux grands affaires. »

Sur les Memoires de monsieur du Bellay[2] : « C'est tousjours plaisir de veoir les choses escriptes par ceulx qui ont essayé comme il les fault conduire; mais il ne se peult nier qu'il ne se descouvre evidemment en ces deux seigneurs icy un grand deschet de la franchise et liberté d'escrire qui reluit ès anciens de leur sorte, comme au sire de Jouinville, domestique de sainct Louys, Eginard, chancelier de Charlemaigne, et, de plus fresche memoire, en Philippe de Comines. C'est icy plustost un plaidoyer pour le roy François contre l'empereur Charles cinquiesme qu'une histoire. Je ne veulx pas croire qu'ils ayent rien changé quant au gros du faict; mais de contourner le jugement des evenements, souvent contre raison, à nostre advantage, et d'obmettre tout ce qu'il y a de chatouilleux en la vie de leur maistre, ils en font mestier; tesmoing les reculements de messieurs de Montmorency et de Biron, qui y sont oubliés; voire le seul nom de madame d'Estampes ne s'y treuve point. On peult couvrir les actions secrettes; mais de taire ce que tout le monde sçait, et les choses qui ont tiré des effects publicques et de telle consequence, c'est un default inexcusable. Somme, pour avoir l'entiere cognoissance du roy François et des choses advenues de son temps, qu'on s'addresse ailleurs, si on m'en croit. Ce qu'on peult faire ici de proufit, c'est par la deduction particuliere des battailles et exploicts de guerre où ces gentilshommes se sont trouvés, quelques paroles et actions privées d'aulcuns princes de leur temps, et les practiques et negociations conduictes par le seigneur de Langeay, où il y a tout plein de choses dignes d'estre sceues, et des discours non vulgaires. »

CHAPITRE XI.

De la cruauté.

Il me semble que la vertu est chose aultre, et plus noble, que les inclinations à la bonté qui naissent en nous. Les ames reglées d'elles mesmes et bien nées, elles suyvent mesme train, et representent en leurs actions mesme visage que les vertueuses; mais la vertu sonne je ne sçais quoy de plus grand et de plus actif que de se laisser, par une heureuse complexion, doulcement et paisiblement conduire à la suitte de la raison. Celuy qui, d'une doulceur et facilité naturelle, mepriseroit les offenses receues, feroit chose très belle et digne de louange; mais celuy qui, picqué et oultré jusques au vif d'une offense, s'armeroit des armes de la raison contre ce furieux appetit de vengeance, et, après un grand conflict, s'en rendroit enfin maistre, feroit sans doubte beaucoup plus. Celuy là feroit bien, et cestuy cy

---

(1) Montaigne avait ajouté à la marge d'un de ses exemplaires : *Très commune et très dangereuse corruption du jugement humain. Mais il a jugé à propos de barrer cette addition.* Voyez la page 176, *recto*, de l'exemplaire qu'il a corrigé. N.

(2) Ces mémoires, publiés par messire *Martin du Bellay*, contiennent dix livres, dont les quatre premiers et les trois derniers sont de *Martin du Bellay*, et les autres de son frère *Guillaume de Langey*, et ont été tirés de sa cinquième Ogdoade, depuis l'an 1536 jusqu'en 1540. Ils sont intitulés : *Mémoires de messire Martin du Bellay, contenant le Discours de plusieurs choses advenues au Royaume de France, depuis l'an 1513 jusqu'au trepas de François Ier*, arrivé en 1547. Voilà pourquoi Montaigne parle de *deux seigneurs du Bellay*, après avoir dit *les Memoires de monsieur du Bellay*. Ces mémoires sont réimprimés dans un des volumes du *Panthéon*.

vertueusement : l'une action se pourroit dire bonté, l'aultre vertu; car il semble que le nom de la vertu presuppose de la difficulté et du contraste, et qu'elle ne peult s'exercer sans partie[1]. C'est à l'adventure pourquoy nous nommons Dieu bon, fort, et liberal et juste; mais nous ne le nommons pas *vertueux*[2]; ses operations sont toutes naïfves et sans effort. Des philosophes, non seulement stoïciens, mais encores epicuriens[3] (et ceste enchere je l'emprunte de l'opinion commune, qui est faulse, quoy que die ce subtil rencontre d'Arcesilaus à celuy qui luy reprochoit que beaucoup de gents passoient de son eschole en l'epicurienne, mais jamais au rebours : « Je crois bien : des coqs il se faict des chappons assez; mais des chappons il ne s'en faict jamais des coqs[4] : » car, à la verité, en fermeté et rigueur d'opinions et de preceptes, la secte epicurienne ne cede aulcunement à la stoïcque; et un stoïcien, recognoissant[5] meilleure foy que ces disputateurs, qui, pour combattre Epicurus et se donner beau jeu, luy font dire ce à quoy il ne pensa jamais, contournants ses paroles à gauche, argumentants par la loy grammairienne aultre sens de sa façon de parler, et aultre creance que celle qu'ils sçavent qu'il avoit en l'ame et en ses mœurs, dict qu'il a laissé d'estre epicurien pour ceste consideration entre aultres, qu'il treuve leur route trop haultaine et inaccessible : *Et ii qui* φιλήδονοι *vocantur sunt* φιλόκαλοι *et* φιλοδίκαιοι, *omnesque virtutes et colunt et retinent*[6]) : des philosophes stoïciens et epicuriens, dis je, il y en a plusieurs qui ont jugé que ce n'estoit pas assez d'avoir l'ame en bonne assiette, bien reglée et bien disposée à la vertu; ce n'estoit pas assez d'avoir nos resolutions et nos discours au dessus de touts les efforts de fortune; mais qu'il falloit encores rechercher les occasions d'en venir à la preuve; ils veulent quester de la douleur, de la necessité et du mespris, pour les combatre et pour tenir leur ame en haleine : *Multum sibi adjicit virtus lacessita*[1]. C'est l'une des raisons pourquoy Epaminondas, qui estoit encores d'une tierce secte[2], refuse des richesses que la fortune luy met en main par une voye très legitime, pour avoir, dict il, à s'escrimer contre la pauvreté, en laquelle extreme il se mainteint tousjours. Socrates s'essayoit, ce me semble, encores plus rudement, conservant pour son exercice la malignité de sa femme, qui est un essay à fer esmoulu. Metellus, ayant, seul de touts les senateurs romains, entrepris, par l'effort de sa vertu, de soustenir la violence de Saturninus, tribun du peuple à Rome, qui vouloit à toute force faire passer une loy injuste en faveur de la commune[3], et ayant encouru par là les peines capitales que Saturninus avoit establies contre les refusants, entretenoit ceulx qui en ceste extremité le conduisoient en la place, de tels propos : que c'estoit chose trop facile et trop lasche que de mal faire; et que de faire bien où il n'y eust point de dangier, c'estoit chose vulgaire; mais de faire bien où il y eust dangier, c'estoit le propre office d'un homme de vertu[4]. Ces paroles de Metellus nous representent bien clairement ce que je voulois verifier, que la vertu refuse la facilité pour compaigne; et que ceste aysée, doulce et penchante voye, par où se conduisent les pas reglés d'une bonne inclination de nature, n'est pas celle de la vraye vertu : elle demande un chemin aspre et espineux; elle veult avoir, ou des difficultés estrangieres à luicter, comme celle de Metellus, par le moyen desquelles fortune se plaist à luy rompre la roideur de sa course, ou des difficultés internes que luy apportent les appetits desordonnés et imperfections de nostre condition.

Je suis venu jusques icy bien à mon ayse : mais, au bout de ce discours, il me tumbe en fantasie que l'ame de Socrates, qui est la plus parfaicte qui soit venue à ma cognoissance, seroit, à mon compte, une ame de peu

---

(1) *Sans partie adverse, sans opposition.* E. J.

(2) « Quoique nous appellions Dieu *bon*, nous ne l'appelons pas *vertueux*, parce qu'il n'a pas besoin d'effort pour bien faire. » Rouss., *Emile*, liv. V.

(3) L'édition de 1635 ajoute ici deux ou trois lignes pour préparer à la longue parenthèse qui suit : ces changements ont été faits sans autorité. J. V. L.

(4) Diog. Laerce, IV, 43. C.

(5) *Montrant*. C.

(6) Car ceux qu'on appelle *amoureux de la volupté* sont en effet *amoureux de l'honnesteté et de la justice*, et ils respectent et pratiquent toutes les vertus. Cic., *Epist. fam.*, XV, 19.

(1) La vertu se perfectionne par les combats. Sénèq., *Epist.* 13.

(2) De la secte pythagoricienne. Voyez Cic., *de Offic.*, I, 44. C.

(3) *Du peuple*, ou *des plébéiens*. E. J.

(4) Plut., *Vie de Marius*, c. 10. C

de recommendation : car je ne puis concevoir en ce personnage aulcun effort de vicieuse concupiscence; au train de sa vertu, je n'y puis imaginer aulcune difficulté ny aulcune contraincte ; je cognois sa raison si puissante et si maistresse chez luy qu'elle n'eust jamais donné moyen à un appetit vicieux seulement de naistre ; à une vertu si eslevée que la sienne je ne puis rien mettre en teste; il me semble la veoir marcher d'un victorieux pas et triumphant, en pompe et à son ayse, sans empeschement ne destourbier¹. Si la vertu ne peult luire que par le combat des appetits contraires, dirons nous doncques qu'elle ne se puisse passer de l'assistance du vice et qu'elle luy doibve cela d'en estre mise en credit et en honneur? que deviendroit aussi ceste brave et genereuse volupté epicurienne, qui faict estat de nourrir mollement en son giron et y faire folastrer la vertu, luy donnant pour ses jouets la honte, les fiebvres, la pauvreté, la mort et les gehennes? Si je presuppose que la vertu parfaicte se cognoist à combattre et porter patiemment la douleur, à soustenir les efforts de la goutte sans s'esbranler de son assiette; si je luy donne pour son object necessaire l'aspreté et la difficulté, que deviendra la vertu qui sera montée à tel poinct que de non seulement mespriser la douleur, mais de s'en esjouir et de se faire chatouiller aux poinctes d'une forte cholique, comme est celle que les epicuriens ont establie et de laquelle plusieurs d'entre eulx nous ont laissé par leurs actions des preuves très certaines²? comme ont bien d'aultres que je treuve avoir surpassé par effect les regles mesmes de leur discipline ; tesmoing le jeune Caton : quand je le veois mourir et se deschirer les entrailles, je ne me puis contenter de croire simplement qu'il eust lors son ame exempte totalement de trouble et d'effroy ; je ne puis croire qu'il se maintient seulement en ceste desmarche que les regles de la secte stoïque luy ordonnoient, rassise, sans esmotion et impassible; il y avoit, ce me semble, en la vertu de cest homme trop de gaillardise et de verdeur pour s'en arrester là : je crois sans doubte qu'il sentit du plaisir et de la volupté en une si noble action, et qu'il s'y agrea plus qu'en aultre de celles de sa vie : *Sic abiit*

*e vita ut causam moriendi nactum se esse gauderet*¹. Je le crois si avant que j'entre en doubte s'il eust voulu que l'occasion d'un si bel exploict luy feust ostée; et, si la bonté qui luy faisoit embrasser les commodités publicques plus que les siennes ne me tenoit en bride, je tumberois ayséement en ceste opinion qu'il sçavoit bon gré à la fortune d'avoir mis sa vertu à une si belle espreuve, et d'avoir favorisé ce brigand² à fouler aux pieds l'ancienne liberté de sa patrie. Il me semble lire en ceste action je ne sçais quelle esjouïssance de son ame et une esmotion de plaisir extraordinaire et d'une volupté virile, lorsqu'elle consideroit la noblesse et haulteur de son entreprinse :

Deliberata morte ferocior 3;

non pas aiguisée par quelque esperance de gloire, comme les jugements populaires et effeminés d'aulcuns hommes ont jugé (car ceste consideration est trop basse pour toucher un cœur si genereux, si haultain et si roide), mais pour la beauté de la chose mesme en soy, laquelle il voyoit bien plus claire et en sa perfection, luy qui en manioit les ressorts, que nous ne pouvons faire. La philosophie m'a faict plaisir de juger qu'une si belle action eust esté indecemment logée en toute aultre vie que celle de Caton, et qu'à la sienne seule il appartenoit de finir ainsi : pourtant ordonna il, selon raison, et à son fils et aux senateurs qui l'accompagnoient, de prouvoir aultrement à leur faict : *Catoni quum incredibilem natura tribuisset gravitatem, eamque ipse perpetua constantia roboravisset, semperque in proposito consilio permansisset, moriendum potius quam tyranni vultus adspiciendus erat*⁴. Toute mort doibt estre de mesme sa vie : nous ne devenons pas aultres pour mourir. J'interprete tousjours la mort par la vie : et si on m'en recite quelqu'une

---

(1) *Ni trouble*, du latin *disturbare*. E. J.
(2) Cic., *de Finibus*, II, 30, etc. J. V. L.

(1) Il sortit de la vie, heureux d'avoir trouvé un motif pour se donner la mort. Cic., *Tusc. Quæst.*, I, 30.
(2) César, que Montaigne admire souvent, est ici mis à sa place, comme auteur du plus grand des crimes. Cicéron l'appelle aussi *perditus latro* (ad Attic., VII, 18). J. V. L.
(3) Plus fière, parce qu'elle avait résolu de mourir. Hor., Od., I, 37, 29. — Ce que le poète a dit de Cléopâtre, Montaigne l'applique à l'âme de Caton. C.
(4) Caton, qui avait reçu de la nature une sévérité inflexible, et qui, toujours inébranlable dans ses principes et ses devoirs, avait fortifié par l'habitude la fermeté de son caractère, Caton dut mourir plutôt que de soutenir l'aspect d'un tyran. Cic., *de Officiis*, I, 31.

forte par apparence, attachée à une vie foible, je tiens qu'elle est produicte de cause foible et sortable à sa vie. L'aisance doncques de ceste mort, et ceste facilité qu'il avoit acquise par la force de son ame, dirons nous qu'elle doibve rabattre quelque chose du lustre de sa vertu? Et qui, de ceulx qui ont la cervelle tant soit peu teincte de la vraye philosophie, peult se contenter d'imaginer Socrates seulement franc de crainte et de passion en l'accident de sa prison, de ses fers et de sa condemnation? et qui ne recognoist en luy non seulement de la fermeté et de la constance (c'estoit son assiette ordinaire que celle là), mais encores je ne sçais quel contentement nouveau, et une alaigresse enjouée en ses propos et façons dernieres? A ce tressaillir, du plaisir qu'il sent à gratter sa jambe après que les fers en furent hors, accuse il pas une pareille douleeur et joye en son ame pour estre desenforgée[1] des incommodités passées et à mesme d'entrer en cognoissance des choses à venir? Caton me pardonnera, s'il luy plaist; sa mort est plus tragique et plus tendue, mais ceste cy est encores, je ne sçais comment, plus belle. Aristippus, à ceulx qui le plaignoient : « Les dieux m'en envoyent une telle! » feit il[2]. On veoit aux ames de ces deux personnages[3] et de leurs imitateurs (car, de semblables, je foys grand doubte qu'il y en ait eu) une si parfaicte habitude à la vertu qu'elle leur est passée en complexion. Ce n'est plus vertu penible, ny des ordonnances de la raison, pour lesquelles maintenir il faille que leur ame se roidisse; c'est l'essence mesme de leur ame, c'est son train naturel et ordinaire ; ils l'ont rendue telle par un long exercice des preceptes de la philosophie, ayants rencontré une belle et riche nature : les passions vicieuses, qui naissent en nous, ne treuvent plus par où faire entrée en eulx ; la force et roideur de leur ame estouffe et esteinct les concupiscences aussitost qu'elles commencent à s'esbranler.

Or qu'il ne soit plus beau, par une haulte et divine resolution, d'empescher la naissance des tentations, et de s'estre formé à la vertu, de maniere que les semences mesmes de vices en soyent desracinées, que d'empescher à vifve force leur progrès, et, s'estant laissé surprendre aux esmotions premieres des passions, s'armer et se bander pour arrester leur course et les vaincre; et que ce second effect ne soit encores plus beau que d'estre simplement garny d'une nature facile et debonnaire, et desgoutée par soy mesme de la desbauche et du vice, je ne pense point qu'il y ait doubte : car ceste tierce et derniere façon, il semble bien qu'elle rende un homme innocent, mais non point vertueux; exempt de mal faire, mais non assez apte à bien faire : joinct que ceste condition est si voisine à l'imperfection et à la foiblesse, que je ne sçais pas bien comment en desmesler les confins et les distinguer; les noms mesmes de bonté et d'innocence sont à ceste cause aulcunement noms de mespris. Je veois que plusieurs vertus, comme la chasteté, sobrieté et temperance, peuvent arriver à nous par defaillance corporelle; la fermeté aux dangiers (si fermeté il la fault appeller), le mespris de la mort, la patience aux infortunes, peuvent venir et se treuvent souvent aux hommes par faulte de bien juger de tels accidents, et ne les concevoir tels qu'ils sont : la faulte d'apprehension et la bestise contrefont ainsi par fois les effects vertueux; comme j'ai veu souvent advenir qu'on a loué des hommes de ce quoy ils meritoient du blasme. Un seigneur italien tenoit une fois ce propos en ma presence, au desadvantage de sa nation : que la subtilité des Italiens et la vivacité de leurs conceptions estoit si grande qu'ils prevoyoient les dangiers et accidents qui leur pouvoient advenir de si loing qu'il ne falloit pas trouver estrange si on les voyoit souvent à la guerre prouveoir à leur seureté, voire avant que d'avoir recogneu le peril ; que nous et les Espaignols, qui n'estions pas si fins, allions plus oultre ; et qu'il nous falloit faire veoir à l'œil et toucher à la main le dangier, avant que de nous en effroyer, et que lors aussi nous n'avions plus de tenue ; mais que les Allemans et les Souysses, plus grossiers et plus lourds, n'avoient le sens de se radviser, à peine lors mesme qu'ils estoient accablés soubs les coups. Ce n'estoit à l'adventure que pour rire. Si est il bien vray qu'au mestier de la guerre les apprentifs se jectent bien souvent aux hazards, d'aultre inconsideration qu'ils ne font après y avoir esté eschaudés :

Haud ignarus... quantum nova gloria in armis,

---

(1) *Degagée.*
(2) Diog. Laerce, II, 76. C
(3) Socrate et Caton. C.

Et præduicc decus, primo certamine, possit [1].

Voylà pourquoy, quand on juge d'une action particuliere, il fault considerer plusieurs circonstances, et l'homme tout entier qui l'a produicte avant la baptizer.

Pour dire un mot de moy mesme, j'ay veu quelquefois mes amis appeler prudence en moy ce qui estoit fortune, et estimer advantage de courage et patience ce qui estoit advantage de jugement et opinion; et m'attribuer un tiltre pour aultre, tantost à mon gaing, tantost à ma perte. Au demourant, il s'en fault tant que je sois arrivé à ce premier et plus parfaict degré d'excellence où de la vertu il se faict une habitude, que du second mesme je n'en ai faict gueres de preuves. Je ne me suis mis en grand effort pour brider les desirs de quoy je me suis trouvé pressé; ma vertu, c'est une vertu ou innocence, pour mieulx dire, accidentale et fortuite. Si je feusse nay d'une complexion plus desreglée, je crains qu'il feust allé piteusement de mon faict; car je n'ay essayé gueres de fermeté en mon ame pour soustenir des passions, si elles eussent esté tant soit peu vehementes : je ne sçais point nourrir des querelles et du desbat chez moy. Ainsi, je ne me puis dire nul grand mercy de quoy je me treuve exempt de plusieurs vices.

Si vitiis mediocribus et mea paucis
Mendosa est natura, alioqui recta ; velut si
Egregio inspersos reprehendas corpore nævos [2] :

je le dois plus à ma fortune qu'à ma raison. Elle m'a faict naistre d'une race fameuse en preud'hommie et d'un très bon pere : je ne sais s'il a escoulé en moy partie de ses humeurs, ou bien si les exemples domestiques et la bonne institution de mon enfance y ont insensiblement aydé, ou si je suis aultrement ainsi nay,

Seu Libra, seu me Scorpius adspicit
Formidolosus, pars violentior
Natalis horæ, seu tyrannus
Hesperiæ Capricornus undæ [3] :

mais tant y a que la pluspart des vices je les ay de moy mesme en horreur. Le mot d'Antisthenes à celuy qui luy demandoit le meilleur apprentissage : « Desapprendre le mal [1], » semble s'arrester à cest' image. Je les ay, dis je, en horreur, d'une opinion si naturelle et si mienne que ce mesme instinct et impression que j'en ay apporté de la nourrice je l'ay conservé sans qu'aulcunes occasions me l'ayent sceu faire alterer ; voire non pas mes discours propres, qui, pour s'estre desbandés en aulcunes choses de la route commune, me licencieroient ayséement à des actions que ceste naturelle inclination me faict haïr. Je diray un monstre, mais je le diray pourtant : je treuve par là en plusieurs choses plus d'arrest et de regle en mes mœurs qu'en mon opinion ; et ma concupiscence moins desbauchée que ma raison. Aristippus establit des opinions si hardies en faveur de la volupté et des richesses qu'il meit en rumeur toute la philosophie à l'encontre de luy ; mais, quant à ses mœurs, Dionysius le tyran luy ayant presenté trois belles garses pour qu'il en feist le chois, il respondit qu'il les choisissoit toutes trois, et qu'il avoit mal prins à Paris d'en preferer une à ses compaignes ; mais, les ayant conduictes à son logis, il les renvoya sans en taster [2]. Son valet se trouvant surchargé en chemin de l'argent qu'il portoit après luy, il luy ordonna qu'il en versast et jectast là ce qui luy faschoit [3]. Et Epicurus, duquel les dogmes sont irreligieux et delicats, se porta en sa vie très devotieusement et laborieusement : il escrit à un sien amy qu'il ne vit que de pain bis et d'eau ; le prie de luy envoyer un peu de fromage pour quand il voudra faire quelque sumptueux repas [4]. Seroit il vray que, pour estre bon tout à faict, il nous le faille estre par occulte, naturelle et universelle proprieté, sans loy, sans raison, sans exemple ? Les desbordements ausquels je me suis trouvé engagé ne sont pas, Dieu mercy, des pires ; je les ay bien condamnés chez moy selon qu'ils le valent, car mon jugement ne s'est pas trouvé infecté par eulx ; au rebours, je les accuse plus rigoureusement en moy qu'en un aultre : mais

---

(1) On sait ce que peut sur un jeune guerrier la soif de la gloire, et la douce espérance d'un premier triomphe. VIRG., *Æn.*, XI, 154.

(2) Si je n'ai que des défauts peu considérables et en petit nombre, comme quelques taches légères qui seraient éparses sur un beau visage. HOR., *Sat.*, I, 6, 65.

(3) Soit que je sois né sous le signe de la Balance, ou sous celui du Scorpion, dont le regard est si terrible au moment de la naissance, ou sous le Capricorne, qui règne sur les mers d'Occident. HOR., *Od.*, II, 17, 17. C.

(1) DIOG. LAERCE, VI, 17. C.
(2) DIOG. LAERCE, II, 67. C.
(3) DIOG. LAERCE, II, 17 ; et HORACE, *Sat.*, II, 3, 100. C.
(4) DIOG. LAERCE, X, 11. C.

c'est tout; car, au demourant, j'y apporte trop peu de resistance et me laisse trop ayséement pencher à l'aultre part de la balance, sauf pour les regler et empescher du meslange d'aultres vices, lesquels s'entretiennent et s'entr'enchaisnent pour la pluspart les uns aux autres, qui ne s'en prend garde; les miens, je les ay retrenchés et contraincts les plus seuls et les plus simples que j'ay peu;

Nec ultra
Errorem foveo [1].

car, quant à l'opinion des stoïciens qui disent, « le sage œuvrer, quand il œuvre, par toutes les vertus ensemble, quoyqu'il y en ayt une plus apparente, selon la nature de l'action; » et à cela leur pourroit servir aulcunement la similitude du corps humain; car l'action de la cholere ne se peult exercer que toutes les humeurs ne nous y aydent, quoyque la cholere predomine : si de là ils veulent tirer pareille consequence que, quand le faultier fault, il fault par touts les vices ensemble, je ne les en crois pas ainsi simplement ou je ne les entends pas; car je sens par effect le contraire : ce sont subtilités aiguës, insubstantielles, ausquelles la philosophie s'arreste par fois. Je suys quelques vices; mais j'en fuys d'aultres aultant que sçauroit faire un sainct. Aussi desadvouent les peripateticiens ceste connexité et cousture indissoluble; et tient Aristote qu'un homme prudent et juste peult estre et intemperant et incontinent. Socrates advouoit à ceulx qui recognoissoient en sa physionomie quelque inclination au vice que c'estoit, à la verité, sa propension naturelle, mais qu'il l'avoit corrigée par discipline[2]: et les familiers du philosophe Stilpo disoient qu'estant nay subject au vin et aux femmes, il s'estoit rendu par estude très abstinent de l'un et de l'aultre[3].

Ce que j'ay de bien, je l'ay, au rebours, par le sort de ma naissance; je ne le tiens ny de loy, ny de precepte ou aultre apprentissage: l'innocence qui est en moy est une innocence niaise; peu de vigueur et point d'art. Je hais, entre aultres vices, cruellement la cruauté, et par nature et par jugement, comme l'extreme de touts les vices; mais c'est jusques à telle mollesse que je ne veois pas esgorger un poulet sans desplaisir, et ois impatiemment gemir un lievre sous les dents de mes chiens, quoyque ce soit un plaisir violent que la chasse. Ceulx qui ont à combattre la volupté usent volontiers de cest argument pour montrer qu'elle est toute vicieuse et desraisonnable, « que lorsqu'elle est en son plus grand effort elle nous maistrise de façon que la raison n'y peult avoir accès[1]; » et alleguent l'experience que nous en sentons en l'accointance des femmes,

Quum jam præsagit gaudia corpus,
Atque in eo est Venus, ut muliebria conserat arva[2]:

où il leur semble que le plaisir nous transporte si fort hors de nous que nostre discours ne sçauroit lors faire son office, tout perclus et ravi en la volupté. Je sçais qu'il en peult aller aultrement, et qu'on arrivera par fois, si on veult, à rejecter l'ame, sur ce mesme instant, à aultres pensements; mais il la fault tendre et roidir d'aguet[3]. Je sçais qu'on peult gourmander l'effort de ce plaisir; et m'y cognois bien: et n'ay point trouvé Venus si imperieuse déesse que plusieurs et plus reformés que moy la tesmoignent. Je ne prends pour miracle, comme faict la royne de Navarre en l'un des contes de son Heptameron (qui est un gentil livre pour son estoffe), ny pour chose d'extreme difficulté, de passer des nuicts entieres, en toute commodité et liberté, avecques une maistresse de longtemps desirée, maintenant la foy qu'on luy aura engagée de se contenter des baisers et simples attouchements. Je crois que l'exemple du plaisir de la chasse y seroit plus propre : comme il y a moins de plaisir, il y a plus de ravissement et de surprinse, par où nostre raison estonnée perd ce loisir de se preparer à l'encontre, lorsqu'après une longue queste la beste vient en sursault à se presenter en lieu où, à l'adventure, nous l'esperions le moins; ceste secousse et l'ardeur de ces huées nous frappe si bien qu'il seroit malaysé à ceulx qui aiment ceste sorte de petite chasse, de retirer sur ce poinct la pensée ailleurs: et les poëtes font Diane victorieuse du brandon et des fleches de Cupidon :

---

(1) Hors de là, je ne suis pas vicieux. Juv., *Sat.*, VIII, 164.
(2) Cic., *Tusc. Quæst.*, IV, 37. C.
(3) Cic., *de Fato*, c. 5. C.

(1) Cic., *de Senect.*, c. 12. J. V. L.
(2) Aux approches du plaisir, au moment où Vénus va féconder son domaine. Lucr., IV, 1099.
(3) *De propos délibéré.*

Quis non malarum, quas amor curas habet,
Hæc inter obliviscitur [1] ?

Pour revenir à mon propos, je me compassionne fort tendrement des afflictions d'aultruy, et pleurerois ayséement par compaignie, si, pour occasion que ce soit, je sçavois pleurer. Il n'est rien qui tente mes larmes que les larmes, non vrayes seulement, mais comment que ce soit, ou feinctes ou peinctes. Les morts, je ne les plains gueres et les envierois plustost; mais je plains bien fort les mourants. Les sauvages ne m'offensent pas tant de rostir et manger les corps des trespassés que ceulx qui les tormentent et persecutent vivants. Les executions mesme de la justice, pour raisonnables qu'elles soient, je ne les puis veoir d'une veue ferme. Quelqu'un ayant à tesmoigner la clemence de Julius Cæsar : « Il estoit, dict il, doulx en ses vengeances : ayant forcé les pirates à se rendre à luy, qui l'avoient auparavant prins prisonnier et mis à rançon, d'aultant qu'il les avoit menacés de les faire mettre en croix, il les y condemna, mais ce feut après les avoir faict estrangler. Philemon, son secretaire, qui l'avoit voulu empoisonner, il ne le punit pas plus aigrement que d'une mort simple. » Sans dire qui est cest aucteur latin [2] qui ose alleguer pour tesmoignage de clemence de seulement tuer ceulx desquels on a esté offensé, il est aysé à deviner qu'il est frappé des vilains et horribles exemples de cruauté que les tyrans romains meirent en usage.

Quant à moy, en la justice mesme, tout ce qui est au delà de la mort simple me semble pure cruauté ; et notamment à nous qui debvrions avoir respect d'envoyer les ames en bon estat ; ce qui ne se peult, les ayant agitées et desesperées par torments insupportables. Ces jours passés, un soldat prisonnier ayant apperceu d'une tour où il estoit que le peuple s'assembloit en la place et que des charpentiers y dressoient leurs ouvrages, creut que c'estoit pour luy ; et, entré en la resolution de se tuer, ne trouva qui l'y peust secourir qu'un vieux clou de charrette rouillé, que la fortune luy offrit : de quoy il se donna premierement deux grands coups autour de la gorge ; mais, veoyant que ce avoit esté sans effect, bientost aprs il s'en donna un tiers dans le ventre où il laissa le clou fiché. Le premier de ses gardes qui entra où il estoit le trouva en cest estat, vivant encores, mais couché et tout affoibly de ses coups. Pour employer le temps avant qu'il defaillist, on se hasta de luy prononcer sa sentence ; laquelle ouïe, et qu'il n'estoit condemné qu'à avoir la teste trenchée, il sembla reprendre un nouveau courage, accepta du vin qu'il avoit refusé, remercia ses juges de la douleur inesperée de leur condemnation ; qu'il avoit prins party d'appeller la mort pour la crainte d'une mort plus aspre et insupportable, ayant conceu opinion, par les appresls qu'il avoit veu faire en la place, qu'on le voulsist tormenter de quelque horrible supplice ; et sembla estre delivré de la mort pour l'avoir changée [1].

Je conseillerois que ces exemples de rigueur, par le moyen desquels on veult tenir le peuple en office, s'exerceassent contre les corps des criminels : car de les veoir priver de sepulture, de les veoir bouillir et mettre à quartiers, cela toucheroit quasi autant le vulgaire que les peines qu'on fait souffrir aux vivants ; quoyque, par effect, ce soit peu ou rien, comme Dieu dict : *Qui corpus occidunt, et postea non habent quod faciant* [2] : et les poëtes font singulierement valoir l'horreur de ceste peincture, et au dessus de la mort :

Heu ! reliquias semiassi regis, denudatis ossibus,
Per terram sanie delibutas fœde divexarier [3] !

Je me rencontrai un jour à Rome, sur le poinct qu'on desfaisoit Catena, un voleur insigne ; on l'estrangla, sans aulcune esmotion de l'assistance ; mais quand on veint à le mettre à quartiers, le bourreau ne donnoit coup que le peuple ne suyvist d'une voix plaintifve et d'une exclamation, comme si chascun eust presté son sentiment à ceste charongne. Il fault exercer

---

(1) Peut-on, au milieu de ces distractions, ne pas oublier les soucis du cruel amour ? Hor., *Epod.*, II, 37. — Dans les premières éditions des *Essais*, Montaigne disait, après cette citation : « C'est ici un fagotage de pieces descousues ; je me suis destourné de ma voye pour dire ce mot de la chasse. »

(2) Suét., *César*, c. 74, C.

(1) Les gens de goût qui voudront comparer ce récit dans l'édition de 1595, p. 277, et dans celle de 1802, t. II, p. 128, ne douteront pas que la première n'ait donné le vrai texte. J. V. L.

(2) Ils tuent le corps, et, après cela, ne peuvent rien faire de plus. S. Luc, c. XII, v. 4.

(3) Ah ! ne leur laissez pas, sur ces champs désolés,
Traîner d'un roi sanglant les os demi-brûlés.
Cic., *Tuscul*, I, 44.

ces inhumains excès contre l'escorce, non contre le vif. Ainsin amollit, en cas aulcunement pareil, Artaxerxès l'aspreté des loix anciennes de Perse, ordonnant que les seigneurs qui avoient failly en leur charge, au lieu qu'on les souloit fouetter, feussent despouillés, et leurs vestements fouettés pour eulx; et, au lieu qu'on leur souloit arracher les cheveux, qu'on leur ostast leur hault chapeau[1] seulement. Les Ægyptiens, si devotieux, estimoient bien satisfaire à la justice divine, luy sacrifiant des pourceaux en figure et representés[2]: invention hardie, de vouloir payer en peincture et en umbrage Dieu, substance si essentielle!

Je vis en une saison en laquelle nous abondons en exemples incroyables de ce vice, par la licence de nos guerres civiles, et ne veoid on rien aux histoires anciennes de plus extreme que ce que nous en essayons touts les jours; mais cela ne m'y a nullement apprivoisé. A peine me pouvois je persuader, avant que je l'eusse veu, qu'il se feust trouvé des ames si farouches, qui, pour le seul plaisir du meurtre, le voulussent commettre, hacher et destrencher les membres d'aultruy, aiguiser leur esprit à inventer des torments inusités et des morts nouvelles, sans inimitié, sans proufit, et pour ceste seule fin de jouir du plaisant spectacle des gestes et mouvements pitoyables, des gemissements et voix lamentables d'un homme mourant en angoisse. Car voylà l'extreme poinct où la cruauté puisse attaindre: *Ut homo hominem, non iratus, non timens, tantum spectaturus, occidat*[3]. De moy, je n'ay pas sceu voir seulement, sans desplaisir, poursuyvre et tuer une beste innocente qui est sans deffense, et de qui nous ne recevons aulcune offense: et, comme il advient communement que le cerf, se sentant hors d'haleine et de force, n'ayant plus aultre remede, se rejecte et rend à nous mesmes qui le poursuyvons, nous demandant mercy par ses larmes,

Questuque, cruentus,
Atque imploranti similis[4]:

ce m'a tousjours semblé un spectacle très desplaisant. Je ne prends gueres beste en vie à qui je ne redonne les champs; Pythagoras les achetoit des pescheurs et des oyseleurs pour en faire autant:

Primoque a cœde ferarum
Incaluisse puto maculatum sanguine ferrum[1].

Les naturels sanguinaires à l'endroict des bestes tesmoignent une propension naturelle à la cruauté. Après qu'on se feut apprivoisé à Rome aux spectacles des meurtres des animaux, on veint aux hommes et aux gladiateurs. Nature a, ce crains je, elle mesme attaché à l'homme quelque instinct à l'inhumanité; nul ne prend son esbat à veoir des bestes s'entrejouer et caresser, et nul ne fault de le prendre à les veoir s'entredeschirer et desmembrer. Et, à fin qu'on ne se mocque de ceste sympathie que j'ay avecques elle, la theologie mesme nous ordonne quelque faveur en leur endroict; et, considerant qu'un mesme maistre nous a logés en ce palais pour son service, et qu'elles sont comme nous de sa famille, elle a raison de nous enjoindre quelque respect et affection envers elles. Pythagoras emprunta la metempsycose des Ægyptiens; mais depuis elle a esté receue par plusieurs nations, et notamment par nos Druydes:

Morte carent animæ; semperque, priore relicta
Sede, novis domibus vivunt, habitantque receptæ[2]:

la religion de nos anciens Gaulois portoit que les ames estant eternelles ne cessoient de se remuer et changer de place d'un corps à un aultre; meslant en oultre à ceste fantasie quelque consideration de la justice divine; car selon les desportements de l'ame, pendant qu'elle avoit esté chez Alexandre, ils disoient que Dieu luy ordonnoit un aultre corps à habiter, plus ou moins penible, et rapportant à sa condition:

Muta ferarum
Cogit vincla pati: truculentos ingerit ursis,
Prædonesque lupis; fallaces vulpibus addit.
. . . .
Atque ubi per varios per mille figuras
Egit, Lethæo purgatos flumine, tandem
Rursus ad humanæ revocat primordia formæ[3]:

---

[1] Leur tiare. PLUT., *Apophthegmes*. C.
[2] HÉR., II, 47. J. V. L.
[3] Que l'homme tue un homme sans colère, sans crainte, pour le seul plaisir de le voir expirer. SÉNÈQ., *Epist.* 90.
[4] Et, sanglant, par ses pleurs semble demander grâce.
VIRG., *Énéid.*, VII, 501.

[1] C'est, je crois, du sang des animaux que le premier glaive a été teint. OVIDE, *Métam.*, XV, 106.
[2] Les ames ne meurent point; mais, après avoir quitté leur premier domicile, elles vont habiter et vivre dans de nouvelles demeures. OVIDE, *Métam.*, XV, 158.
[3] Il emprisonne les ames dans le corps des animaux: le

si elle avoit esté vaillante, ils la logeoient au corps d'un lion ; si voluptueuse, en celuy d'un pourceau ; si lasche, en celuy d'un cerf ou d'un lievre ; si malicieuse, en celuy d'un regnard ; ainsi du reste, jusques à ce que, purifiée par ce chastiment, elle reprenoit le corps de quelque aultre homme :

Ipse ego, nam memini, Trojani tempore belli,
Panthoïdes Euphorbus eram[1].

Quant à ce cousinage là, d'entre nous et les bestes, je n'en foys pas grand recepte : ny de ce aussi que plusieurs nations, et notamment des plus anciennes et plus nobles, ont non seulement receu des bestes à leur societé et compaignie, mais leur ont donné un reng bien loing au dessus d'eulx, les estimant tantost familieres et favories de leur dieux, et les ayant en respect et reverence plus qu'humaine : et d'aultres ne recognoissant aultre Dieu ny aultre divinité qu'elles. *Belluæ a Barbaris propter beneficium consecratæ*[2] :

Crocodilon adorat
Pars hæc ; illa pavet saturam serpentibus ibin :
Effigies sacri hic nitet aurea cercopitheci,
. . . . . hic piscem fluminis, illic
Opida tota canem venerantur[3].

Et l'interpretation mesme que Plutarque[4] donne à ceste erreur, qui est très bien prinse, leur est encores honorable : car il dict que ce n'estoit pas le chat ou le bœuf (pour exemple) que les Ægyptiens adoroient ; mais qu'ils adoroient en ces bestes là quelque image des facultés divines : en ceste cy, la patience et l'utilité ; en ceste là, la vivacité, ou, comme nos voisins les Bourguignons, avecques toute l'Allemaigne, l'impatience de se veoir enfermés ; par où ils representoient la liberté, qu'ils aimoient et adoroient au delà de toute aultre faculté divine ; et ainsi des aultres. Mais quand je rencontre, parmy les opinions plus moderées, les discours qui essayent à montrer la prochaine ressemblance de nous aux animaulx, et combien ils ont de part à nos plus grands privileges, et avecques combien de vraysemblance on nous les apparie, certes, j'en rabats beaucoup de nostre presumption, et me demets volontiers de ceste royauté imaginaire qu'on nous donne sur les aultres creatures.

Quand tout cela en seroit à dire, si y a il un certain respect qui nous attache, et un general debvoir d'humanité, non aux bestes seulement qui ont vie et sentiment, mais aux arbres mesmes et aux plantes. Nous debvons la justice aux hommes, et la grace et la benignité aux aultres creatures qui en peuvent estre capables : il y a quelque commerce entre elles et nous, et quelque obligation mutuelle. Je ne crains point à dire la tendresse de ma nature, si puerile que je ne puis pas bien refuser à mon chien la feste qu'il m'offre hors de saison ou qu'il me demande. Les Turcs ont des aulmosnes et des hospitaulx pour les bestes. Les Romains avoient un soing publicque de la nourriture des oyes[1], par la vigilance desquelles leur Capitole avoit esté sauvé. Les Atheniens ordonnerent que les mules et mulets qui avoient servy au bastiment du temple appellé Hecatompedon feussent libres, et qu'on les laissast paistre par tout sans empeschement[2]. Les Agrigentins avoient en usage commun d'enterrer serieusement les bestes qu'ils avoient eu cheres, comme les chevaulx de quelque rare merite, les chiens et les oyseaux utiles, ou mesme qui avoient servi de passetemps à leurs enfants : et la magnificence qui leur estoit ordinaire en toutes aultres choses paroissoit aussi singulierement à la sumptuosité et nombre de monuments eslevés à ceste fin, qui ont duré en parade plusieurs siecles depuis[3]. Les Ægyptiens enterroient les loups, les ours, les crocodiles, les chiens et les chats, en lieux sacrés, embausmoient leurs corps, et portoient le dueil à leur trespas[4]. Cimon feit

---

cruel habite au sein d'un ours, le ravisseur dans les flancs d'un loup ; le renard est le cachot du fourbe... Soumises, pendant un long cercle d'années, à mille diverses métamorphoses, les âmes sont enfin purifiées dans le fleuve de l'Oubli, et Dieu les rend à leur forme première. CLAUD., *in Rufin.*, II, 482-491.

(1) Moi-même (il m'en souvient encore), du temps de la guerre de Troie, j'étais Euphorbe, fils de Panthée. — C'est Pythagore qui parle ainsi de lui-même, dans OVIDE, *Métam.*, XV, 160.

(2) Les barbares ont divinisé les bêtes, parce qu'ils en recevaient du bien. CIC., *de Nat. deor.*, I, 36.

(3) Les uns adorent le crocodile ; les autres regardent avec une frayeur religieuse un ibis engraissé de serpents : ici, sur les autels, brille la statue d'or d'un singe à longue queue ; là on adore un poisson du Nil, et des villes entieres se prosternent devant un chien. JUV., XV, 2-7.

(4) Dans son Traité *d'Isis et d'Osiris*, c. 39, C.

(1) CIC., *pro Rosc. Am.*, c. 20 ; TITE LIVE, V, 47 ; PLINE, X, 22. J. V. L.

(2) PLUT., *Vie de Caton le Censeur*, c. 3. C.

(3) DIOD. DE SICILE, XIII, 17. C.

(4) HÉR., II, 65, 66, etc. J. V. L.

une sepulture honorable aux juments avec lesquelles il avoit gaigné par trois fois le prix de la course aux jeux olimpiques [1]. L'ancien Xanthippus feit enterrer son chien sur un chef [2], en la coste de la mer qui en a depuis retenu le nom [3]. Et Plutarque faisoit, dict il [4], conscience de vendre et envoyer à la boucherie, pour un legier proufit, un bœuf qui l'avoit long temps servy.

CHAPITRE XII.

Apologie de Raimond Sebond [5].

C'est, à la verité, une très utile et grande partie que la science; ceulx qui la mesprisent tesmoignent assez leur bestise; mais je n'estime pas pourtant sa valeur jusques à ceste mesure extreme qu'aulcuns luy attribuent, comme Herillus le philosophe, qui logeoit en elle le souverain bien, et tenoit qu'il feust en elle de nous rendre sages et contents [6]; ce que je ne crois pas: ny ce que d'aultres ont dict, que la science est mere de toute vertu, et que tout vice est produict par l'ignorance. Si cela est vray, il est subject à une longue interpretation. Ma maison a esté dès longtemps ouverte aux gents de sçavoir, et en est fort cogneue; car mon pere, qui l'a commandée cinquante ans et plus, eschauffé de ceste ardeur nouvelle de quoy le roy François premier embrassa les lettres et les meit en credit, rechercha avecques grand soing et despense l'accointance des hommes doctes, les recevant chez luy comme personnes sainctes et ayants quelque particuliere inspiration de sagesse divine, recueillant leurs sentences et leurs discours comme des oracles et avecques d'autant plus de reverence et de religion qu'il avoit moins de loy d'en juger; car il n'avoit aulcune cognoissance des lettres, non plus que ses predecesseurs. Moy, je les aime bien; mais je ne les adore pas. Entre aultres Pierre Bunel [1], homme de grande reputation de sçavoir en son temps, ayant arresté quelques jours à Montaigne, en la compagnie de mon pere, avecques d'aultres hommes de sa sorte, luy feit present, au desloger, d'un livre qui s'intitule : *Theologia naturalis, sive Liber creaturarum, magistri Raimondi de Sebonde* [2]; et parce que la langue italienne et espaignolle estoient familieres à mon pere, et que ce livre est basty d'un espaignol baragouiné en terminaisons latines, il esperoit qu'avecques bien peu d'ayde il en pourroit faire son proufit, et le luy recommenda comme livre très utile et propre à la saison en laquelle il le luy donna; ce feut lors que les nouvelletés de Luther commenceoient d'entrer en credit et esbranler en beaucoup de lieux nostre ancienne creance : en quoy il avoit un très bon advis, prevoyant bien, par discours de raison, que ce commencement de maladie declineroit ayséement en un execrable atheïsme; car le vulgaire n'ayant pas la faculté de juger des choses par elles-mesmes, se laissant emporter à la fortune et aux apparences, après qu'on luy a mis en main la hardiesse de mespriser et controoller les opinions qu'il avoit eues en extreme reverence, comme sont celles où il va de son salut, et qu'on a mis aulcuns articles de sa religion en doubte et à la balance, il jecte tantost après ayséement en pareille incertitude toutes les aultres pieces de sa creance, qui n'avoient pas chez luy plus d'auctorité ny de fondement que celles qu'on luy a esbranlées, et secoue comme un joug tyrannique toutes les impressions qu'il avoit receues par l'auctorité des loix ou reverence de l'ancien usage,

Nam cupide conculcatur nimis ante metutum [3];

entreprenant dès lors en avant de ne recevoir

---

(1) HER., VI, 103; ÉLIEN, *Hist. des anim.*, XII, 40. J. V. L.
(2) *Sur un cap ou promontoire.* C.
(3) *Cynossema.* PLUT., *Vie de Caton le Censeur*, c. 5. C.
(4) *Ibid.* C.
(5) Appelé aussi Sebon, Sebeyde, Sabonde, ou de Sebonde; né à Barcelone, dans le quatorzième siècle; mort en 1432, à Toulouse, où il professait la médecine et la théologie. Joseph Scaliger disait de cette apologie de Sebond : « Eo omnia faciunt, ut *Magnificat à matines.* » SCALIG. II*ª*.
(6) DIOG. LAERCE, VII, 165. C.

(1) Toulousain, un des plus habiles cicéroniens du seizième siècle, au jugement d'Henri Estienne (*Dedicat. Epist. P. Bunelli*, etc., 1581); né en 1499, mort à Turin en 1546. Il fut précepteur de Pibrac. Voyez son article dans Bayle. J. V. L.
(2) Dans la première édition des *Essais*, et dans celle de 1588, in-4°, il y a simplement ici, *la Theologie naturelle de Raimond Sebond*. L'ouvrage latin du théologien espagnol, publié pour la première fois à Deventer, en 1487, a été souvent réimprimée en France dans le cours du seizième et du dix-septième siècle. Voyez à la fin de ce volume l'extrait qui en a été fait par M. Aimé Martin.
(3) On foule aux pieds avec joie ce qu'on a craint et révéré. LUCR., V, 1139.

rien à quoy il n'ayt interposé son decret et presté particulier consentement.

Or, quelques jours avant sa mort, mon pere, ayant de fortune rencontré ce livre soubs un tas d'aultres papiers abandonnés, me commanda de le luy mettre en françois. Il faict bon traduire les aucteurs comme celuy là, où il n'y a gueres que la matiere à representer ; mais ceulx qui ont donné beaucoup à la grace et à l'elegance du langage, ils sont dangereux à entreprendre, nomméement pour les rapporter à un idiome plus foible. C'estoit une occupation bien estrange et nouvelle pour moy ; mais estant de fortune pour lors de loisir, et ne pouvant rien refuser au commandement du meilleur pere qui feut oncques, j'en veins à bout comme je peus : à quoi il print un singulier plaisir et donna charge qu'on le feist imprimer ; ce qui feut executé après sa mort[1]. Je trouvay belles les imaginations de cest aucteur, la contexture de son ouvrage bien suyvie et son desseing plein de pieté. Parce que beaucoup de gents s'amusent à le lire, et notamment les dames à qui nous debvons plus de service, je me suis trouvé souvent à mesme de les secourir, pour descharger leur livre de deux principales objections qu'on luy faict. Sa fin est hardie et courageuse ; car il entreprend, par raisons humaines et naturelles, d'establir et verifier contre les atheïstes touts les articles de la religion chrestienne : en quoy, à dire la verité, je le treuve si ferme et si heureux que je ne pense point qu'il soit possible de mieux faire en cest argument là ; et je crois que nul ne l'a egualé. Cest ouvrage me semblant trop riche et trop beau pour un aucteur duquel le nom soit si peu cogneu et duquel tout ce que nous sçavons, c'est qu'il estoit Espagnol, faisant profession de medecine à Toulouse il y a environ deux cents ans, je m'enquis aultresfois à Adrianus Turnebus, qui sçavoit toutes choses, que ce pouvoit estre de ce livre : il me respondit qu'il pensoit que ce feust quelque quintessence tirée de sainct Thomas d'Aquin ; car, de vray, cest esprit là, plein d'une erudition infinie et d'une subtilité admirable, estoit seul capable de telles imaginations. Tant y a que, quiconque en soit l'aucteur ou inventeur (et ce n'est pas raison d'oster sans plus grande occasion à Sebond ce titre), c'estoit un très suffisant homme et ayant plusieurs belles parties.

La premiere reprehension qu'on faict de son ouvrage, c'est que les chrestiens se font tort de vouloir appuyer leur creance par des raisons humaines, qui ne se conceoit que par foy et par une inspiration particuliere de la grace divine. En ceste objection, il semble qu'il y ayt quelque zele de pieté ; et, à ceste cause, nous faut il, avecques aultant plus de doulceur et de respect, essayer de satisfaire à ceulx qui la mettent en avant. Ce seroit mieulx la charge d'un homme versé en la theologie, que de moy qui n'y sçais rien ; toutesfois je juge ainsi, qu'à une chose si divine et si haultaine, et surpassant de si loing l'humaine intelligence, comme est ceste verité de laquelle il a pleu à la bonté de Dieu nous esclairer, il est bien besoing qu'il nous preste encore son secours, d'une faveur extraordinaire et privilegiée, pour la pouvoir conceovir et loger en nous ; et ne crois pas que les moyens purement humains en soient aulcunement capables ; et, s'ils l'estoient, tant d'ames rares et excellentes et si abondamment garnies de forces naturelles ès siecles anciens n'eussent pas failly, par leur discours, d'arriver à ceste cognoissance. C'est la foy seule qui embrasse vifvement et certainement les haults mysteres de nostre religion ; mais ce n'est pas à dire que ce ne soit une très belle et très louable entreprinse d'accommoder encores au service de nostre foy les utils naturels et humains que Dieu nous a donnés ; il ne fault pas doubter que ce ne soit l'usage le plus honorable que nous leur sçaurions donner, et qu'il n'est occupation ny desseing plus digne d'un homme chrestien que de viser, par touts ses estudes et pensements, à embellir, estendre et amplifier la verité de sa creance. Nous ne nous contentons point de servir Dieu d'esprit et d'ame, nous luy debvons encores et rendons une reverence corporelle ; nous appliquons nos membres mesmes, et nos mouvements, et les choses externes à l'honorer : il en fault faire de mesme et accompaigner nostre foy de toute la raison qui est en nous ; mais tousjours avecques ceste reservation, de n'estimer pas que ce soit de nous qu'elle despende ny que nos efforts et arguments puissent attaindre à une si supernatu-

---

[1] A Paris, chez Gabriel Buon, en 1569. Montaigne se plaignait ici de *l'infiny nombre de faultes que l'imprimeur y laissa, qui en eust la conduicte luy seul.* (*Essais* de 1580 et de 1588.) L'édition de Paris, 1581, est assez correcte.

relle et divine science. Si elle n'entre chez nous par une infusion extraordinaire, si elle y entre non seulement par discours, mais encores par moyens humains, elle n'y est pas en sa dignité ny en sa splendeur : et certes je crains pourtant que nous ne la jouïssions que par ceste voye. Si nous tenions à Dieu par l'entremise d'une foy vifve ; si nous tenions à Dieu par luy, non par nous ; si nous avions un pied et un fondement divin, les occasions humaines n'auroient pas le pouvoir de nous esbranler comme elles ont ; nostre fort ne seroit pas pour se rendre à une si foible batterie ; l'amour de la nouvelleté, la contraincte des princes, la bonne fortune d'un party, le changement temeraire et fortuite de nos opinions n'auroient pas la force de secouer et alterer nostre croyance ; nous ne la lairrions pas troubler à la mercy d'un nouvel argument et à la persuasion, non pas de toute la rhetorique qui feut oncques ; nous soustiendrions ces flots d'une fermeté inflexible et immobile :

Illisos fluctus rupes ut vasta refundit,
Et varias circum latrantes dissipat undas
Mole sua [1].

Si ce rayon de la divinité nous touchoit aulcunement, il y paroistroit partout ; non seulement nos paroles, mais encores nos operations en porteraient la lueur et le lustre ; tout ce qui partiroit de nous, on le verroit illuminé de ceste noble clarté. Nous debvrions avoir honte qu'ès sectes humaines il ne feut jamais partisan, quelque difficulté et estrangeté que mainteinst sa doctrine, qui n'y conformast aulcunement ses desportements et sa vie : et une si divine et celeste institution ne marque les chrestiens que par la langue! Voulez vous veoir cela? comparez nos mœurs à un mahometan, à un païen ; vous demeurez tousjours au dessoubs : là où, au regard de l'advantage de nostre religion, nous debvrions luire en excellence d'une extreme et incomparable distance ; et debvroit on dire: « Sont ils si justes, si charitables, si bons? ils sont donc chrestiens. » Toutes aultres apparences sont communes à toutes religions ; esperance, confiance, evenements, cerimonies, penitence, martyres : la marque peculiere de nostre verité debvroit estre nostre vertu, comme elle est aussi la plus celeste marque et la plus difficile, et comme c'est la plus digne production de la verité. Pourtant eust raison nostre bon sainct Louys, quand ce roy tartare qui s'estoit faict chrestien desseignoit de venir à Lyon baiser les pieds au pape et y recognoistre la sanctimonie qu'il esperoit trouver en nos mœurs, de l'en destourner instamment, de peur qu'au contraire nostre desbordée façon de vivre ne le desgoustast d'une si saincte creance [1]. Combien que depuis il advient tout diversement à cest aultre, lequel estant allé à Rome pour mesme effect, y voyant la dissolution des prelats et peuple de ce temps là, s'establit d'autant plus fort en nostre religion, considerant combien elle debvoit avoir de force et de divinité à maintenir sa dignité et sa splendeur parmy tant de corruption et en mains si vicieuses. Si nous avions une seule goutte de foy, nous remuerions les montagnes de leur place, dict la saincte parole [2] : nos actions, qui seroient guidées et accompaignées de la Divinité, ne seroient pas simplement humaines ; elles auroient quelque chose de miraculeux comme nostre croyance : *Brevis est institutio vitæ honestæ beatæque, si credas* [3]. Les uns font accroire au monde qu'ils croyent ce qu'ils ne croyent pas ; les aultres, en plus grand nombre, se le font accroire à eulx mesmes, ne sçachants pas penetrer que c'est que croire : et nous trouvons estrange si, aux guerres qui pressent à ceste heure nostre estat, nous voyons flotter les evenements et diversifier d'une maniere commune et ordinaire ; c'est que nous n'y apportons rien que le nostre. La justice, qui est en l'un des partis, elle n'y est que pour ornement et couverture : elle y est bien alleguée, mais elle n'y est ny receue, ny logée, ny espousée : elle y est comme en la bouche de l'advocat, non comme dans le cœur et affection de la partie. Dieu doibt son secours extraordinaire à la foy et à la religion, non pas à nos passions : les hommes y sont conducteurs et s'y servent de la religion ; ce debvroit estre tout le contraire. Sen-

---

[1] Tel, inébranlable sur ses bases profondes, un vaste rocher repousse les flots qui grondent autour de lui, et brise leur rage impuissante. (Vers imités de Virg., Æn., VII, 587, et qui ont été faits par un anonyme à la louange de Ronsard, tom. X des œuvres de ce poète. Paris, 1609, in-12. C.)

[1] Joinv., c. 19, p. 88, 89. C.
[2] *Evang. S. Matth.*, XVII, 19. N.
[3] Crois, et tu connaitras bientôt la route de la vertu et du bonheur. Quint., XII, 11. — Il n'est pas besoin de dire que Montaigne détourne à un autre sens le texte de Quintilien. J. V. L.

tez, si ce n'est par nos mains que nous la menons : à tirer, comme de cire, tant de figures contraires d'une regle si droicte et si ferme. Quand s'est il veu mieulx qu'en France en nos jours? Ceulx qui l'ont prinse à gauche, ceulx qui l'ont prinse à droicte, ceulx qui en disent le noir, ceulx qui en disent le blanc l'employent si pareillement à leurs violentes et ambitieuses entreprinses, s'y conduisent d'un progrès si conforme en desbordement et injustice, qu'ils rendent doubteuse et malaysée à croire la diversité qu'ils pretendent de leurs opinions, en chose de laquelle despend la conduicte et loy de nostre vie : peut on voir partir de mesme eschole et discipline des mœurs plus unies, plus unes? Voyez l'horrible impudence de quoy nous pelotons les raisons divines; et combien irreligieusement nous les avons et rejectées et reprinses, selon que la fortune nous a changé de place en ces orages publicques. Ceste proposition si solenne, « s'il est permis au subject de se rebeller et armer contre son prince pour la deffense de la religion, » souvienne vous en quelles bouches, ceste année passée, l'affirmative d'icelle estoit l'arc boutant d'un party; la negative, de quel aultre party c'estoit l'arc boutant : et oyez à present de quel quartier vient la voix et instruction de l'une et de l'aultre, et si les armes bruyent moins pour ceste cause que pour celle là. Et nous bruslons les gents qui disent qu'il fault faire souffrir à la verité le joug de nostre besoing : et de combien faict la France pis que de le dire[1]? Confessons la verité : qui trieroit de l'armée, mesme legitime, ceulx qui y marchent par le seul zele d'une affection religieuse, et encores ceulx qui regardent seulement la protection des loix de leur païs ou service du prince, il n'en sçauroit bastir une compaignie de gents d'armes complette. D'où vient cela qu'il s'en treuve si peu qui ayent maintenu mesme volonté et mesme progrès en nos mouvements publicques, et que nous les voyons tantost n'aller que le pas, tantost y courir à bride avalée, et mesmes hommes tantost gaster nos affaires par leur violence et aspreté, tantost par leur froideur, mollesse et pesanteur, si ce n'est qu'ils y sont poulsés par des considerations particulieres et casuelles, selon la diversité desquelles ils se remuent?

Je veois cela evidemment, que nous ne prestons volontiers à la devotion que les offices qui flattent nos passions : il n'est point d'hostilité excellente comme la chrestienne : nostre zele faict merveilles, quand il va secondant nostre pente vers la haine, la cruauté, l'ambition, l'avarice, la detraction, la rebellion; à contre poil, vers la bonté, la benignité, la temperance; si, comme par miracle, quelque rare complexion ne l'y porte, il ne va ny de pied, ny d'aile. Nostre religion est faicte pour extirper les vices : elle les couvre, les nourrit, les incite. Il ne fault point faire barbe de foarre à Dieu, comme on dict[1]. Si nous le croyions, je ne dis pas par foy, mais d'une simple croyance; voire (et je le dis à nostre grande confusion) si nous le croyions et cognoissions, comme une aultre histoire, comme l'un de nos compaignons, nous l'aimerions au dessus de toultes aultres choses, pour l'infinie bonté et beauté qui reluict en luy; au moins marcheroit il en mesme reng de nostre affection que les richesses, les plaisirs, la gloire, et nos amis. Le meilleur de nous ne craint point de l'oultrager, comme il craint d'oultrager son voisin, son parent, son maistre. Est il si simple entendement, lequel, ayant d'un costé l'object d'un de nos vicieux plaisirs, et de l'aultre, en pareille cognoissance et persuasion, l'estat d'une gloire immortelle, entrast en bigue[2] de l'un pour l'aultre? et si, nous y renonçons souvent de pur mespris : car quelle envie nous attire au blasphemer, sinon à l'adventure le goust mesme de l'offense? Le philosophe Antisthenes, comme on l'initioit aux mysteres d'Orpheus, le presbtre luy disant que ceulx qui se vouoient à ceste religion avoient à recevoir, après leur mort, des biens eternels et parfaicts : « Pourquoy, si tu le crois, ne meurs tu doncques toy mesme? » luy feit il[3]. Diogenes, plus brusquement, selon sa

---

(1) Bayle cite et commente tout ce passage dans son Dictionnaire, remarque I de l'article *Hotman*.

(1) Vieux proverbe, dont le sens est qu'il ne faut pas se moquer de Dieu. et *lui faire barbe de paille*. On trouve dans Nicot, *faire à Dieu gerbe de foarre*, pour *frauder la dixme, ne baillant que de la paille sans grain*. On disait, du temps de Rabelais, *faire gerbe de feurre*. «Gargántua, dit-il, faisait gerbe de feurre aux dieux.» L. I, c. 11. C.

(2) On lit dans l'édition de 1802, *entrast en troque*, qui veut dire la même chose. *Biguer*, pour *troquer, échanger*, est resté longtemps dans le Dictionnaire de l'Académie. J. V. L.

(3) DIOG. LAERCE, VI, 4. C.

mode, et plus loing de nostre propos, au presbtre qui le preschoit de mesme de se faire de son ordre pour parvenir aux biens de l'aultre monde : « Veulx tu pas que je croye qu'Agesilaus et Epaminondas, si grands hommes, seront miserables ; et que toy, qui n'es qu'un veau, et qui ne fais rien qui vaille, seras bienheureux, parce que tu es presbtre¹? » Ces grandes promesses de la beatitude eternelle, si nous les recevions de pareille auctorité qu'un discours philosophique, nous n'aurions pas la mort en telle horreur que nous avons :

Non jam se moriens dissolvi conquereretur ;
Sed magis ire foras, vestemque relinquere, ut anguis,
Gauderet, prælonga senex aut cornua cervus².

« Je veux estre dissoult, dirions nous, et estre avecques Jesus Christ³. » La force du discours de Platon, de l'immortalité de l'ame, poulsa bien aulcuns de ses disciples à la mort, pour jouïr plus promptement des esperances qu'il leur donnoit⁴.

Tout cela, c'est un signe très evident que nous ne recevons nostre religion qu'à nostre façon, et par nos mains, et non aultrement que comme les aultres religions se receoivent. Nous nous sommes rencontrés au païs où elle estoit en usage ; ou nous regardons son ancienneté, ou l'auctorité des hommes qui l'ont maintenue ; ou craignons les menaces qu'elle attache aux mescreants, ou suyvons ses promesses. Ces considerations là doibvent estre employées à nostre creance, mais comme subsidiaires ; ce sont liaisons humaines : une aultre religion, d'austres tesmoings, pareilles promesses et menaces nous pourroient imprimer, par mesme voye, une creance contraire. Nous sommes chrestiens à mesme tiltre que nous sommes ou Perigordins, ou Allemans. Et ce que dict Plato⁵, qu'il est peu d'hommes si fermes en l'atheïsme qu'un dangier pressant ne ramene à la recognoissance de la divine puissance, ce roolle ne touche point un vrai chrestien ; c'est à faire aux religions mortelles et humaines d'estre receues par une humaine conduicte. Quelle foy doibt ce estre, que la lascheté et la foiblesse de cœur plantent en nous et establissent ? plaisante foy, qui ne croid ce qu'elle croid que pour n'avoir pas le courage de le descroire ! Une vicieuse passion, comme celle de l'inconstance et de l'etonnement, peult elle faire en nostre ame aulcune production reglée ? Ils establissent, dict il¹, par la raison de leur jugement, que ce qui se recite des enfers et des peines futures est feinct : mais l'occasion de l'experimenter s'offrant lorsque la vieillesse ou les maladies les approchent de leur mort, la terreur d'icelle les remplit d'une nouvelle creance, par l'horreur de leur condition à venir. Et, parce que telles impressions rendent les courages craintifs, il deffend, en ses loix², toute instruction de telles menaces, et la persuasion que des dieux il puisse venir à l'homme aulcun mal, sinon pour son plus grand bien, quand il y escheoit, et pour un medicinal effect. Ils recitent de Bion, qu'infect des atheïsmes de Theodorus, il avoit esté longtemps se mocquant des hommes religieux : mais, la mort le surprenant, qu'il se rendit aux plus extremes superstitions : comme si les dieux s'ostoient et se remettoient selon l'affaire de Bion³. Platon, et ces exemples, veulent conclurre que nous sommes ramenés à la creance de Dieu, ou par raison ou par force. L'atheïsme estant une proposition comme desnaturée et monstrueuse, difficile aussi et malaysée d'establir en l'esprit humain, pour insolent et desreglé qu'il puisse estre, il s'en est veu assez, par vanité, et par fierté de concevoir des opinions non vulgaires et reformatrices du monde, en affecter la profession par contenance ; qui, s'ils sont assez fols, ne sont pas assez forts pour l'avoir plantée en leur conscience : pourtant ils ne lairront de joindre leurs mains vers le ciel, si vous leur attachez un bon coup d'espée en la poictrine ; et quand la crainte ou la maladie aura abbattu et appesanti ceste licencieuse ferveur d'humeur volage, ils ne lairront pas de se revenir et se laisser tout discrettement

---

(1) DIOG. LAERCE, VI, 39. C.

(2) Bien loin de gémir de notre dissolution, nous nous en irions avec joie ; nous laisserions notre enveloppe comme le serpent quitte sa dépouille, comme le cerf se défait de son vieux bois. LUCR., III, 612.

(3) S. PAUL, dans son *Épître aux Philipp.*, c. I, v. 23. C.

(4) CIC., *Tusc.*, I, 34 ; CALLIMAQUE, *Epigr.*, 24 ; OVIDE, *in Ibin*, v. 495 ; SAINT AUGUSTIN, *de Civ. Dei*, I, 22. J. V. L.

(5) *Lois*, au commencement du liv. X ; passage déjà cité dans les *Essais*, liv. I, c. 56. J. V. L.

(1) PLAT., *République*, I, page 330. C.

(2) C'est le résultat de ce que dit Platon sur la fin du second livre, et au commencement du troisième de sa *République*. C.

(3) DIOG. LAERCE, IV, 4.

manier aux creances et exemples publicques. Aultre chose est un dogme serieusement digeré ; aultre chose ces impressions superficielles, lesquelles, nées de la desbauche d'un esprit desmanché, vont nageant temerairement et incertainement en la fantasie. Hommes bien miserables et escervelés, qui taschent d'estre pires qu'ils ne peuvent !

L'erreur du paganisme et l'ignorance de nostre saincte verité laissa tumber ceste grande ame de Platon, mais grande d'humaine grandeur seulement, encores en cest aultre voisin abus, « que les enfants et les vieillards se treuvent plus susceptibles de religion : » comme si elle naissoit et tiroit son credit de nostre imbecillité. Le nœud qui debvroit attacher nostre jugement et nostre volonté, qui debvroit estreindre nostre ame et joindre à nostre Createur, ce debvroit estre un nœud prenant ses replis et ses forces, non pas de nos considerations, de nos raisons et passions, mais d'une estreinte divine et supernaturelle, n'ayant qu'une forme, un visage et un lustre qui est l'auctorité de Dieu et sa grace. Or, nostre cœur et nostre ame estant regie et commandée par la foy, c'est raison qu'elle tire au service de son desseing toutes nos aultres pieces, selon leur portée. Aussi n'est il pas croyable que toute ceste machine n'ayt quelques marques empreintes de la main de ce grand architecte, et qu'il n'y ayt quelque image ès choses du monde rapportant aulcunement à l'ouvrier qui les a basties et formées. Il a laissé en ces haults ouvrages le charactere de sa divinité, et ne tient qu'à nostre imbecillité que nous ne le puissions descouvrir : c'est ce qu'il nous dict luy mesme, « que ses operations invisibles il nous les manifeste par les visibles. » Sebond s'est travaillé à ce digne estude, et nous montre comment il n'est piece du monde qui demente son facteur[1]. Ce seroit faire tort à la bonté divine, si l'univers ne consentoit à nostre creance : le ciel, la terre, les elements, nostre corps et nostre ame, toutes choses y conspirent ; il n'est que de trouver le moyen de s'en servir : elles nous instruisent, si nous sommes capables d'entendre ; car ce monde est un temple très sainct, dedans lequel l'homme est introduict pour y contempler des statues, non ouvrées de mortelle main, mais celles que la divine pensée a faict sensibles, le soleil, les estoiles, les eaux et la terre pour nous representer les intelligibles. « Les choses invisibles de Dieu, dict sainct Paul[1], apparoissent par la creation du monde, considerant sa sapience eternelle et sa divinité par ses œuvres. »

Atque adeo faciem cœli non invidet orbi
Ipse Deus, vultusque suos, corpusque recludit
Semper volvendo ; seque ipsum inculcat, et offert :
Ut bene cognosci possit, doceatque videndo
Qualis eat, doceatque suas attendere leges[2].

Or, nos raisons et nos discours humains, c'est comme la matiere lourde et sterile : la grace de Dieu est en la forme ; c'est elle qui y donne la façon et le prix. Tout ainsi que les actions vertueuses de Socrates et de Caton demeurent vaines et inutiles pour n'avoir eu leur fin, et n'avoir regardé l'amour et obeissance du vray createur de toutes choses, et pour avoir ignoré Dieu : ainsin est il de nos imaginations et discours ; ils ont quelque corps, mais une masse informe, sans façon et sans jour, si la foy et grace de Dieu n'y sont joinctes. La foy venant à teindre et illustrer les arguments de Sebond, elle les rend fermes et solides : ils sont capables de servir d'acheminement et de premiere guide à un apprentif, pour le mettre à la voye de ceste cognoissance ; ils le façonnent aulcunement, et rendent capable de la grace de Dieu, par le moyen de laquelle se parfournit et se perfect après nostre creance. Je sçais un homme d'auctorité, nourry aux lettres, qui m'a confessé avoir esté ramené des erreurs de la mescreance par l'entremise des arguments de Sebond. Et quand on les despouillera de cest ornement et du secours et approbation de la foy, et qu'on les prendra pour fantasies pures humaines, pour en combattre ceux qui sont precipités aux espoventables et horribles tenebres de l'irreligion, ils se trouveront encores lors aussi solides et autant fermes que nuls aultres de mesme condition qu'on leur puisse opposer : de façon

---

(1) « Tout ainsi que, par ce peu de lumiere que nous avons la nuit, nous imaginions la lumiere du soleil qui est esloigné de nous ; de mesme, par l'astre du monde que nous cognoissons, nous argumentons l'estre de Dieu qui nous est caché, etc. » R. SEBOND, *Theolog. naturelle*, c. 24, traduction de Montaigne.

(1) *Épître aux Romains*, c. 1, v. 20. G.
(2) Dieu n'envie pas à la terre l'aspect du ciel : en le faisant sans cesse rouler sur nos têtes, il se montre à nous face à face ; il s'offre à nous, il s'imprime en nous ; il veut être clairement connu ; il nous apprend à contempler sa marche et à méditer ses lois. MANIL., IV, 907.

que nous serons sur les termes de dire à nos parties :

Si melius quid habes, arcesse; vel imperium fer[1] :

qu'ils souffrent la force de nos preuves, ou qu'ils nous en facent veoir ailleurs, et sur quelque autre subject, de mieulx tissues et mieulx estoffées. Je me suis, sans y penser, à demy desjà engagé dans la seconde objection à laquelle j'avois proposé de respondre pour Sebond.

Aulcuns disent que ses arguments sont foibles et ineptes à verifier ce qu'il veult, et entreprennent de les chocquer ayséement. Il fault secouer ceux cy un peu plus rudement; car ils sont plus dangereux et plus malicieux que les premiers. On couche volontiers les dicts d'aultruy à la faveur des opinions qu'on a prejugées en soy : à un atheïste touts escripts tirent à l'atheïsme[2]; il infecte de son propre venin la matiere innocente. Ceulx cy ont quelque preoccupation de jugement qui leur rend le goust fade aux raisons de Sebond. Au demourant, il leur semble qu'on leur donne beau jeu, de les mettre en liberté de combattre nostre religion par les armes pures humaines, laquelle ils n'oseroient attaquer en sa majesté pleine d'auctorité et de commandement. Le moyen que je prends pour rabattre ceste frenesie, et qui me semble le plus propre, c'est de froisser et fouler aux pieds l'orgueil et l'humaine fierté ; leur faire sentir l'inanité, la vanité et deneantise de l'homme; leur arracher des poings les chestifves armes de leur raison ; leur faire baisser la teste et mordre la terre soubs l'auctorité et reverence de la majesté divine. C'est à elle seule qu'appartient la science et la sapience; elle seule qui peult estimer de soy quelque chose, et à qui nous desrobbons ce que nous nous comptons et ce que nous nous prisons. Οὐ γὰρ ἐᾷ φρονέειν ὁ Θεὸς μέγα ἄλλον, ἢ ἑωυτόν[3]. Abbattons ce cuider, premier fondement de la tyrannie du maling esprit : *Deus superbis resistit ; humilibus autem dat gratiam*[1]. L'intelligence est en touts les dieux, dict Platon[2], et poinct ou peu aux hommes. Or, c'est cependant beaucoup de consolation à l'homme chrestien, de veoir nos utils mortels et caducques si proprement assortis à nostre foy saincte et divine, que, lorsqu'on les employe aux subjects de leur nature mortels et caducques, ils n'y soient pas appropriés plus uniement ny avec plus de force. Voyons donc si l'homme a en sa puissance d'aultres raisons plus fortes que celles de Sebond ; voire s'il est en luy d'arriver à aulcune certitude par argument et par discours. Car sainct Augustin[3], plaidant contre ces gents icy, a occasion de reprocher leur injustice, en ce qu'ils tiennent faulses les parties de nostre creance que nostre raison fault à establir ; et, pour montrer qu'assez de choses peuvent estre et avoir esté, desquelles nostre discours ne sçauroit fonder la nature et les causes, il leur met en avant certaines experiences cogneues et indubitables ausquelles l'homme confesse ne rien veoir ; et cela faict il, comme toutes aultres choses, d'une curieuse et ingenieuse recherche. Il fault plus faire, et leur apprendre que, pour convaincre la foiblesse de leur raison, il n'est besoing d'aller triant des rares exemples, et qu'elle est si manque et si aveugle qu'il n'y a nulle si claire facilité qui luy soit assez claire ; que l'aysé et le malaysé lui sont un ; que touts subjects egualement, et la nature en general, desadvoue sa jurisdiction et entremise.

Que nous presche la verité, quand elle nous presche de fuyr la mondaine philosophie[4]; quand elle nous inculque si souvent[5] que nostre sagesse n'est que folie devant Dieu; que de toutes les vanités, la plus vaine c'est l'homme; que l'homme, qui presume de son sçavoir, ne sçait pas encores que c'est que sçavoir; et que l'homme, qui n'est rien, s'il pense estre quelque chose, se seduict soy mesme et se trompe? ces sentences du Sainct Esprit expriment si clairement et si vifvement ce que je veulx maintenir, qu'il ne me fauldroit aulcune autre preuve contre des gents qui se rendroient avecques toute soub-

---

(1) Si vous avez quelque chose de meilleur, produisez-le; ou bien soumettez-vous. Hor., *Epist.*, I, 5, 6.

(2) Texte de l'édition de 1802 : « On couche volontiers le sens des escripts d'autruy à la faveur des opinions qu'on a prejugées en soy ; et un atheïste se flatte à ramener touts aucteurs à l'atheïsme, infectant de son propre venin, etc. »

(3) « Car Dieu ne veut pas qu'un autre que lui s'énorgueillisse. » Ainsi parle Artaban à Xerxès, dans HÉRODOTE, VII, 10, L.

(1) Dieu résiste aux superbes, et fait grâce aux humbles. *I^a Epist. S. Petri*, c. v, v. 5.

(2) Dans le *Timée*, tom. III de l'éd. d'Estienne, p. 51. C.

(3) *De Civit. Dei*, XXI, 5. C.

(4) S. PAUL *aux Colossiens*, II, 8. C.

(5) S. PAUL *aux Corinthiens*, I, 3, 19. C.

mission et obeïssance à son auctorité : mais ceulx cy veulent estre fouettés à leurs propres despens, et ne veulent souffrir qu'on combatte leur raison que par elle mesme.

Considerons doncques pour ceste heure l'homme seul, sans secours estrangier, armé seulement de ses armes, et despourveu de la grace et cognoissance divine, qui est tout son honneur, sa force, et le fondement de son estre : voyons combien il a de tenue en ce bel equippage. Qu'il me face entendre, par l'effort de son discours, sur quels fondements il a basty ces grands advantages qu'il pense avoir sur les aultres creatures : qui luy a persuadé que ce bransle admirable de la voulte celeste, la lumiere eternelle de ces flambeaux roulants si fierement sur sa teste, les mouvements espoventables de ceste mer infinie, soyent establis, et se continuent tant de siecles, pour sa commodité et pour son service? Est il possible de rien imaginer si ridicule que ceste miserable et chestifve creature, qui n'est pas seulement maistresse de soy, exposée aux offenses de toutes choses, se die maistresse et emperiere de l'univers, duquel il n'est pas en sa puissance de cognoistre la moindre partie, tant s'en fault de la commander? Et ce privilege qu'il s'attribue d'estre seul en ce grand bastiment qui ayt la suffisance d'en recognoistre la beauté et les pieces, seul qui en puisse rendre graces à l'architecte, et tenir compte de la recepte et mise du monde ; qui luy a scellé ce privilege? Qu'il nous montre lettres de ceste belle et grande charge : ont elles esté octroyées en faveur des sages seulement? elles ne touchent gueres de gents : les fols et les meschants sont ils dignes de faveur si extraordinaire, et, estant la pire piece du monde, d'estre preferés à tout le reste? En croirons nous cestuy là[1]? *Quorum igitur causa quis dixerit effectum esse mundum? Eorum scilicet animantium, quæ ratione utuntur; hi sunt dii et homines, quibus profecto nihil est melius :* nous n'aurons jamais assez baffoué l'impudence de cest accouplage. Mais, pauvret, qu'a il en soy digne d'un tel advantage? A considerer ceste vie incorruptible des corps celestes, leur beauté,

leur grandeur, leur agitation continuée d'une si juste regle;

> *Quum suspicimus magni cœlestia mundi*
> *Templa super, stellisque micantibus æthera fixum,*
> *Et venit in mentem lunæ solisque viarum*[1];

à considerer la domination et puissance que ces corps là ont, non seulement sur nos vies et conditions de nostre fortune,

> *Facta etenim et vitas hominum suspendis ab astris*[2],

mais sur nos inclinations mesmes, nos discours, nos volontés qu'ils regissent, poulsent et agitent à la mercy de leurs influences, selon que nostre raison nous l'apprend et le treuve ;

> *Speculataque longe*
> *Deprendit tacitis dominantia legibus astra,*
> *Et totum alterna mundum ratione moveri,*
> *Fatorumque vices certis discurrere signis*[3];

à veoir que non un homme seul, non un roy, mais les monarchies, les empires, et tout ce bas monde, se meut au bransle des moindres mouvements celestes ;

> *Quantaque quam parvi faciant discrimina motus...*
> *Tantum est hoc regnum, quod regibus imperat ipsis!*[4]

si nostre vertu, nos vices, nostre suffisance et science, et ce mesme discours que nous faisons de la force des astres, et ceste comparaison d'eulx à nous, elle vient, comme juge nostre raison, par leur moyen et de leur faveur ;

> *Furit alter amore,*
> *Et pontum tranare potest, et vertere Trojam :*
> *Alterius sors est scribendis legibus apta.*
> *Ecce patrem nati perimunt, natosque parentes;*
> *Mutuaque armati coeunt in vulnera fratres.*
> *Non nostrum hoc bellum est ; coguntur tanta movere,*
> *Inque suas ferri pœnas, lacerandaque membra.*

> *Hoc quoque fatale est, sic ipsum expendere fatum;*

---

(1) Le stoïcien Balbus, qui, dans Cicéron, *de Nat. deor.*, II, 54, parle ainsi : *Quorum igitur*, etc. « Pour qui dirons-nous « donc que le monde a été fait? C'est sans doute pour les êtres « animés qui ont l'usage de la raison, savoir, les dieux et les « hommes, qui sont les plus parfaits de tous les êtres. »

(1) Quand on contemple au-dessus de sa tête ces immenses voûtes du monde, et les astres dont elles étincellent ; quand on réfléchit sur le cours réglé de la lune et du soleil. LUCRÈCE, V, 1205.

(2) Car la vie et les actions des hommes dépendent de l'influence des astres. MANIL., III, 58.

(3) Elle reconnaît que ces astres que nous voyons si éloignés de nous ont sur l'homme un secret empire; que les mouvements de l'univers sont assujettis à des lois périodiques et que l'enchaînement des destinées est déterminé par des signes certains. MANIL., 1, 60.

(4) Que les plus grands changements sont produits par ces mouvements insensibles, dont l'empire suprême s'étend jusque sur les rois. MANIL., I, 55 ; IV, 93.

(5) L'un, furieux d'amour, brave une mer orageuse pour causer la ruine de Troie, sa patrie. L'autre est destiné, par le sort, à composer des lois. Ici, les fils assassinent leurs pères; là, les pères égorgent leurs fils, et les frères arment contre leurs frè-

si nous tenons de la distribution du ciel ceste part de raison que nous avons, comment nous pourra elle egualer à luy? comment soubmettre à nostre science son essence et ses conditions? Tout ce que nous veoyons en ces corps là nous estonne: *Quæ molitio, quæ ferramenta, qui vectes, quæ machinæ, qui ministri tanti operis fuerunt*[1]? Pourquoy les privons nous et d'ame, et de vie, et de discours? y avons nous recogneu quelque stupidité immobile et insensible, nous qui n'avons aulcun commerce avecques eulx, que d'obeïssance? Dirons nous que nous n'avons veu en nulle aultre creature qu'en l'homme l'usage d'une ame raisonnable? Eh quoy! avons nous veu quelque chose semblable au soleil! laisse il d'estre, parce que nous n'avons rien veu de semblable? et ses mouvements d'estre, parce qu'il n'en est point de pareils? Si ce que nous n'avons pas veu n'est pas, nostre science est merveilleusement raccourcie: *Quæ sunt tantæ animi angustiæ*[2]! Sont ce pas des songes de l'humaine vanité de faire de la lune une terre celeste! y songer des montaignes, des vallées, comme Anaxagoras? y planter des habitations et demeures humaines, et y dresser des colonies pour nostre commodité, comme faict Platon et Plutarque? et de nostre terre, en faire un astre esclairant et lumineux? *Inter cætera mortalitatis incommoda, et hoc est, caligo mentium; nec tantum necessitas errandi, sed errorum amor*[3]. *Corruptibile corpus aggravat animam, et deprimit terrena inhabitatio sensum multa cogitantem*[4].

La presumption est nostre maladie naturelle et originelle. La plus calamiteuse et fraile de toutes les creatures, c'est l'homme, et quand et quand la plus orgueilleuse: elle se sent et se veoid logée icy parmy la bourbe et le fient du monde, attachée et clouée à la pire, plus morte et croupie partie de l'univers, au dernier estage du logis et le plus esloigné de la voulte celeste, avecques les animaulx de la pire condition des trois; et se va plantant par imagination au dessus du cercle de la lune et ramenant le ciel soubs ses pieds. C'est par la vanité de ceste mesme imagination qu'il s'eguale à Dieu, qu'il s'attribue les conditions divines, qu'il se trie soy mesme, et separe de la presse des aultres creatures, taille les parts aux animaulx ses confreres et compaignons, et leur distribue telle portion de facultés et de forces que bon lui semble. Comment cognoist il, par l'effort de son intelligence, les bransles internes et secrets des animaulx? par quelle comparaison d'eulx à nous conclud il la bestise qu'il leur attribue? Quand je me joue à ma chatte, qui sçait si elle passe son temps de moy plus que je ne fois d'elle? nous nous entretenons de singeries reciproques; si j'ay mon heure de commencer ou de refuser, aussi a elle la sienne. Platon, en sa peincture de l'aage doré soubs Saturne[1], compte, entre les principaulx advantages de l'homme de lors, la communication qu'il avoit avecques les bestes, desquelles s'enquerant et s'instruisant, il sçavoit les vrayes qualités et differences de chascune d'icelles; par où il acqueroit une très parfaicte intelligence et prudence, et en conduisoit de bien loing plus heureusement sa vie que nous ne saurions faire. Nous faut il meilleure preuve à juger l'impudence humaine sur le faict des bestes? Ce grand aucteur a opiné qu'en la plus part de la forme corporelle que nature leur a donnée, elle a regardé seulement l'usage des prognostications qu'on en tiroit de son temps. Ce default, qui empesche la communication d'entre elle et nous, pourquoy n'est il aussi bien à nous qu'à elles? c'est à deviner à qui est la faulte de ne nous entendre point; car nous ne les entendons non plus qu'elles nous: par ceste mesme raison, elles nous peuvent estimer bestes, comme nous les en estimons. Ce n'est pas grand'merveille si nous ne les entendons pas: aussi ne faisons nous les Basques et les Troglodytes. Toutesfois aulcuns se sont vantés de les entendre, comme Apollonius Tyaneus[2], Melampus, Tiresias, Thalès, et aultres. Et puis

---

res des mains sacriléges. N'accusons point les hommes de ces crimes; le destin les entraîne et les force à se déchirer, à se punir de leurs propres mains.... Et si je parle ainsi du destin, c'est que le destin l'a voulu. MANILIUS, IV, 79, 118.

(1) Quels instruments, quels leviers, quelles machines, quels ouvriers ont élevé un si vaste édifice? CIC., *de Nat. deor.*, I, 8.

(2) Ah! que les bornes de notre esprit sont étroites! CIC. *de Nat. deor.*, L. 31.

(3) Entre autres maux attachés à la nature humaine, est cet aveuglement de l'âme qui force l'homme à errer, et qui lui fait encore chérir ses erreurs. SÉNÈQUE, *de Ira*, II, 9.

(4) Le corps, sujet à la coruption, appesantit l'âme de l'homme, et cette enveloppe grossière abaisse sa pensée et l'attache à la terre. LIV. *de la Sagesse*, IX, 15; cité par saint Augustin, *de Civ. Dei*, XII, 15.

(1) Dans le *Politique*, t. II, 272. C.

(1) PHILOSTRATE, *Vie d'Apollonius de Tyane*, I, 20.—Melampus, APOLLODORE, I, 9, 11.—Tirésias, ID., III, 6, 7; etc. C.

qu'il est ainsi, comme disent les cosmographes, qu'il y a des nations qui receoivent un chien pour leur roy[1], il faut bien qu'ils donnent certaine interpretation à sa voix et mouvements. Il nous faut remarquer la parité qui est entre nous : nous avons quelque moyenne intelligence de leurs sens; aussi ont les bestes des nostres, environ à mesme mesure : elles nous flattent, nous menacent, et nous requierent ; et nous elles. Au demourant, nous descouvrons bien evidemment qu'entre elles il y a une pleine et entière communication, et qu'elle s'entr'entendent, non seulement celles de mesme espece, mais aussi d'especes diverses :

Et mutæ pecudes, et denique secla ferarum
Dissimiles suerunt voces variasque cière,
Quum metus aut dolor est, aut quum jam gaudia gliscunt[2].

En certain abbayer du chien, le cheval cognoist qu'il y a de la cholere ; de certaine aultre sienne voix, il ne s'effroye point. Aux bestes mesme qui n'ont pas de voix, par la societé d'offices que nous veoyons entre elles, nous argumentons aiséement quelque aultre moyen de communication ; leurs mouvements discourent et traictent :

Non alia longe ratione, atque ipsa videtur
Protrahere ad gestum pueros infantia linguæ[3].

Pourquoy non ? tout aussi bien que nos muets disputent, argumentent et content des histoires par signes ; j'en ay veu de si souples et formés à cela, qu'à la verité il ne leur manquoit rien à la perfection de se sçavoir faire entendre. Les amoureux se courroucent, se reconcilient, se prient, se remercient, s'assignent, et disent enfin toutes choses des yeulx :

E'l silenzio ancor suole
Aver prieghi e parole[4].

Quoy des mains ? nous requerons, nous promettons, appelons, congedions, menaceons, prions, supplions, nions, refusons, interrogeons, admirons, nombrons, confessons, repentons, craignons, vergoignons, doubtons, instruisons,

(1) PLINE, *Nat. Hist.*, VI, 30. C.

(2) Les animaux domestiques et les bêtes féroces font entendre des sons différents, selon que la crainte, la douleur ou la joie agissent en eux. LUCRÈCE, V, 1058.

(3) Ainsi l'impuissance de se faire entendre par des bégaiements force les enfants à recourir aux gestes. LUCRÈCE, V, 1029.

(4) Le silence même a son langage ; il sait prier, il sait se faire entendre. *Aminta del* TASSO, atto II, nel choro, v. 34.

commandons, incitons, encourageons, jurons, tesmoignons, accusons, condamnons, absolvons, injurions, mesprisons, desfions, despitons, flattons, applaudissons, benissons, humilions, mocquons, reconcilions, recommendons, exaltons, festoyons, resjouissons, complaignons, attristons, desconfortons, desesperons, estonnons, escrions, taisons, et quoy non ? d'une variation et multiplication, à l'envy de la langue. De la teste, nous convions, renvoyons, advouons, desadvouons, desmentons, bienveignons, honorons, venerons, desdaignons, demandons, esconduisons, esguayons, lamentons, caressons, tansons, soubmettons, bravons, enhortons, menaceons, asseurons, enquerons. Quoy des sourcils ? quoy des espaules ? Il n'est mouvement qui ne parle, et un langage intelligible sans discipline, et un langage publicque ; qui faict, veoyant la varieté et usage distingué des aultres, que cestuy cy doibt plustost estre jugé le propre de l'humaine nature. Je laisse à part ce que particulierement la necessité en apprend soubdain à ceulx qui en ont besoing ; et les alphabets des doigts, et grammaires en gestes ; et les sciences qui ne s'exercent et ne s'expriment que par iceulx ; et les nations que Pline dict n'avoir point d'aultre langue[1]. Un ambassadeur de la ville d'Abdere, après avoir longuement parlé au roy Agis de Sparte, luy demanda : « Et bien, sire, quelle response veulx tu que je rapporte à nos citoyens ? — Que je t'ay laissé dire tout ce que tu as voulu, et tant que tu as voulu, sans jamais dire mot[2]. » Voilà pas un taire parlier, et bien intelligible ?

Au reste, quelle sorte de nostre suffisance ne recognoissons nous aux operations des animaulx ? Est il police reglée avecques plus d'ordre, diversifiée à plus de charges et d'offices, et plus constamment entretenue que celle des mouches à miel ? ceste disposition d'actions et de vacations si ordonnée, la pouvons nous imaginer se conduire sans discours et sans prudence ?

His quidam signis atque hæc exempla sequuti,
Esse apibus partem divinæ mentis, et haustus
Æthereos, dixere[3].

(1) LIV. VI, c. 30. C.

(2) PLUTARQUE, *Apophthegmes des Lacédémoniens*. C.

(3) Frappés de ces merveilles, des sages ont pensé qu'il avait dans les abeilles une parcelle de la divine intelligence. VIRG., *Georg.*, IV, 219.

Les arondelles, que nous veoyons au retour du printemps fureter touts les coins de nos maisons, cherchent elles sans jugement, et choisissent elles sans discretion, de mille places, celle qui leur est la plus commode à se loger? Et en ceste belle et admirable contexture de leurs bastiments, les oyseaux peuvent ils se servir plustost d'une figure quarrée que de la ronde, d'un angle obtus que d'un angle droit, sans en sçavoir les conditions et les effects? prennent ils tantost de l'eau, tantost de l'argile, sans juger que la dureté s'amollit en l'humectant? planchent ils de mousse leur palais, ou de duvet, sans prevoir que les membres tendres de leurs petits y seront plus mollement et plus à l'ayse? se couvrent ils du vent pluvieux, et plantent leur loge à l'orient, sans cognoistre les conditions differentes de ces vents, et considerer que l'un leur est plus salutaire que l'aultre? Pourquoi espessit l'araignée sa toile en un endroict, et relasche en un aultre, se sert à ceste heure de ceste sorte de nœud, tantost de celle là, si elle n'a et deliberation, et pensement, et conclusion? Nous recognoissons assez, en la pluspart de leurs ouvrages, combien les animaulx ont d'excellence au dessus de nous, et combien nostre art est foible à les imiter; nous veoyons toutesfois aux nostres, plus grossiers, les facultés que nous y employons, et que nostre ame s'y sert de toutes ses forces; pourquoy n'en estimons nous autant d'eulx? pourquoy attribuons nous à je ne sçais quelle inclination naturelle et servile les ouvrages qui surpassent tout ce que nous pouvons par nature et par art? En quoy, sans y penser, nous leur donnons un très grand advantage sur nous, de faire que nature, par une doulceur maternelle, les accompaigne et guide, comme par la main, à toutes les actions et commodités de leur vie; et qu'à nous elle nous abandonne au hazard et à la fortune, et à quester, par art, les choses necessaires à nostre conservation; et nous refuse quand et quand les moyens de pouvoir arriver, par aulcune institution et contention d'esprit, a la suffisance naturelle des bestes; de maniere que leur stupidité brutale surpasse en toutes commodités tout ce que peult nostre divine intelligence. Vrayement, à ce compte, nous aurions bien raison de l'appeler une très injuste marastre; mais il n'en est rien; nostre police n'est pas si difforme et desreglée.

Nature a embrassé universellement toutes ses creatures, et n'en est aulcune qu'elle n'ayt bien pleinement fournie de touts moyens necessaires à la conservation de son estre; car ces plainctes vulgaires que j'ois faire aux hommes (comme la licence de leurs opinions les esleve tantost au dessus des nues, et puis les ravalle aux antipodes), que nous sommes le seul animal abandonné, nud sur la terre nue, lié, garotté, n'ayant de quoy s'armer et couvrir que la despouille d'aultruy; là où toutes les aultres creatures nature les a revestues de coquilles, de gousses, d'escorce, de poil, de laine, de poinctes, de cuir, de bourre, de plume, d'escaille, de toison et de soye, selon le besoing de leur estre; les a armées de griffes, de dents, de cornes, pour assaillir et pour deffendre, et les a elle mesme instruictes à ce qui leur est propre, à nager, à courir, à voler, à chanter; là où l'homme ne sçait ny cheminer, ny parler, ny manger, ny rien que pleurer, sans apprentissage;

*Tum porro puer, ut sævis projectus ab undis
Navita, nudus humi jacet, infans, indignus omni
Vitali auxilio, quum primum in luminis oras
Nixibus ex alvo matris natura profudit,
Vagituque locum lugubri complet; ut æquum est,
Cui tantum in vita restet transire malorum.
At variæ crescunt pecudes, armenta, feræque,
Nec crepitacula eis opus est, nec cuiquam adhibenda est
Almæ nutricis blanda atque infracta loquela;
Nec varias quærunt vestes pro tempore cœli;
Denique non armis opus est, non mœnibus altis,
Queis sua tutentur, quando omnibus omnia large
Tellus ipsa parit, naturaque dædala rerum*[1]:

ces plainctes là sont faulses; il y a en la police du monde une egualité plus grande et une relation plus uniforme. Nostre peau est pourveue, aussi suffisamment que la leur, de fermeté contre les injures du temps; tesmoing plusieurs nations qui n'ont encores gousté aucun usage de vestements; nos anciens Gaulois n'estoient

---

(1) Semblable au nautonnier qu'une affreuse tempête a jeté sur le rivage, l'enfant est étendu à terre, nu, sans parole, dénué de tous les secours de la vie, dès le moment que la nature l'a arraché avec effort du sein maternel, pour lui faire voir la lumière. Il remplit de ses cris plaintifs le lieu de sa naissance; et n'a-t-il pas raison de pleurer l'infortuné à qui il reste tant de maux à souffrir? Au contraire, les animaux domestiques et les bêtes féroces croissent sans peine; ils n'ont besoin ni du hochet bruyant, ni du langage enfantin d'une nourrice caressante; la différence des saisons ne les force pas à changer de vêtements: il ne leur faut ni armes pour défendre leurs biens, ni forteresses pour les mettre à couvert, puisque de son sein fécond la nature leur prodigue ses inépuisables bienfaits. LUCRÈCE, V, 223.

gueres vestus; ne sont pas les Irlandois nos voisins, soubs un ciel si froid; mais nous le jugeons mieulx par nous mesmes; car touts les endroicts de la personne qu'il nous plaist descouvrir au vent et à l'air se treuvent propres à le souffrir, le visage, les pieds, les mains, les jambes, les espaules, la teste, selon que l'usage nous y convie : car s'il y a partie en nous foible, et qui semble debvoir craindre la froidure, ce debvroit estre l'estomach, où se faict la digestion; nos peres le portoient descouvert, et nos dames, ainsi molles et delicates qu'elles sont, elles s'en vont tantost entr'ouvertes jusques au nombril. Les liaisons et emmaillottements des enfants ne sont non plus necessaires; et les meres lacedemoniennes esleveoient les leurs en toute liberté de mouvements de membres, sans les attacher ne plier[1]. Nostre pleurer est commun à la pluspart des aultres animaulx, et n'en est gueres qu'on ne veoye se plaindre et gemir long temps après leur naissance; d'autant que c'est une contenance bien sortable à la foiblesse en quoy ils se sentent. Quant a l'usage du manger, il est, en nous comme en eulx, naturel et sans instruction;

Sentit enim vim quisque suam quam possit abuti[2] :

qui faict doubte qu'un enfant, arrivé à la force de se nourrir, ne sceust quester sa nourriture? et la terre en produict et luy en offre assez pour sa necessité, sans aultre culture et artifice; et si non en tout temps, aussi ne faict elle pas aux bestes, tesmoing les provisions que nous veoyons faire aux fourmis, et aultres, pour les saisons steriles de l'année. Ces nations que nous venons de descouvrir, si abondamment fournies de viande et de bruvage naturel, sans soing et sans façon, nous viennent d'apprendre que le pain n'est pas nostre seule nourriture, et que, sans labourage, nostre mere nature nous avoit munis à planté[3] de tout ce qu'il nous falloit; voire, comme il est vraysemblable, plus plainement et plus richement qu'elle ne faict à present que nous y avons meslé nostre artifice;

*Et tellus nitidas fruges, vinetaque læta
Sponte sua primum mortalibus ipsa creavit;
Ipsa dedit dulces fœtus, et pabula læta;
Quæ nunc vix nostro grandescunt aucta labore,
Conterimusque boves, et vires agricolarum*[1] :

le debordement et desreglement de nostre appetit devanceant toutes les inventions que nous cherchons de l'assouvir.

Quant aux armes, nous en avons plus de naturelles que la pluspart des aultres animaulx, plus de divers mouvements de membres et en tirons plus de services naturellement et sans leçon; ceulx qui sont duits à combattre nuds, on les veoid se jecter aux hazards pareils aux nostres : si quelques bestes nous surpassent en cest advantage, nous en surpassons plusieurs aultres. Et l'industrie de fortifier le corps et le couvrir par moyens acquis, nous l'avons par un instinct et precepte naturel : qu'il soit ainsi, l'elephant aiguise et esmould ses dents, desquelles il se sert à la guerre (car il en a de particulieres pour cest usage, lesquelles il espargne et ne les employe aulcunement à ses aultres services); quand les taureaux vont au combat, ils respandent et jectent la poussiere à l'entour d'eulx; les sangliers affinent leurs deffenses; et l'ichneumon, quand il doibt venir aux prinses avecques le crocodile, munit son corps, l'enduict et le crouste tout à l'entour de limon bien serré et bien paistri, comme d'une cuirasse : pourquoy ne dirons nous qu'il est aussi naturel de nous armer de bois et de fer?

Quant au parler, il est certain que, s'il n'est pas naturel, il n'est pas necessaire. Toutesfois, je crois qu'un enfant qu'on auroit nourri en pleine solitude, esloingné de tout commerce (qui seroit un essay malaysé à faire), auroit quelque espece de parole pour exprimer ses conceptions : et n'est pas croyable que nature nous ayt refusé ce moyen qu'elle a donné à plusieurs aultres animaulx; car qu'est ce aultre chose que parler, ceste faculté que nous leur veoyons de se plaindre, de se resjouir, de s'entr'appeller au secours, se convier à l'amour comme ils font par l'usage de leur voix? Comment ne parleroient elles entr'elles? elles parlent bien à nous et nous à elles : en combien de sortes parlons nous à nos chiens? et ils nous

---

(1) PLUTARQUE, *Vie de Lycurgue*, c. 13. C.
(2) Car chaque animal sent sa force et ses besoins. LUCRÈCE, V, 1032.
(3) Abondamment, dérivé de *plenitas*; ce mot s'est conservé en anglais dans le même sens (*plenty*).

(1) La terre produisit d'elle-même et offrit d'abord aux mortels les humides pâturages, les moissons jaunissantes et les riants vignobles. A peine accorde-t-elle aujourd'hui les trésors de son sein à nos longues fatigues; et nous épuisons les forces des laboureurs et des taureaux. LUCRÈCE, II, 1157.

respondent : d'aultre langage, d'aultres appellations, devisons nous avecques eulx qu'avecques les oyseaux; avecques les pourceaux, les bœufs, les chevaulx; et changeons d'idiome, selon l'espece.

> *Cosi per entro loro schiera bruna*
> *S'ammusa l'una con l'altra formica,*
> *Forse a spiar lor via e lor fortuna* [1].

Il me semble que Lactance[2] attribue aux bestes, non le parler seulement, mais le rire encores. Et la difference de langage qui se veoid entre nous, selon la difference des contrées, elle se treuve aussi aulx animaulx de mesme espece : Aristote[3] allegue à ce propos le chant divers des perdrix, selon la situation des lieux :

> *Variæque volucres*
> *Longe alias alio jaciunt in tempore voces...*
> *Et partim mutant cum tempestatibus una*
> *Raucisonos cantus* [4].

Mais cela est à sçavoir, quel langage parleroit cest enfant : et ce qui s'en dict par divination n'a pas beaucoup d'apparence. Si on m'allegue, contre ceste opinion, que les sourds naturels ne parlent point, je responds que ce n'est pas seulement pour n'avoir peu recevoir l'instruction de la parole par les aureilles, mais plustost pource que le sens de l'ouïe, duquel ils sont privés, se rapporte à celuy du parler et se tiennent ensemble d'une cousture naturelle; en façon que ce que nous parlons, il fault que nous le parlions premierement à nous et que nous le facions sonner au dedans à nos aureilles avant que de l'envoyer aux estrangieres.

J'ay dict tout cecy pour maintenir ceste ressemblance qu'il y a aux choses humaines et pour nous ramener et joindre à la presse : nous ne sommes ny au dessus, ny au dessoubs du reste. Tout ce qui est soubs le ciel, dict le sage, court une loy et fortune pareille ;

> *Indupedita suis fatalibus omnia vinclis* [5] :

il y a quelque difference, il y a des ordres et des degrés ; mais c'est soubs le visage d'une mesme nature :

> *Res... quæque suo ritu procedit; et omnes*
> *Fœdere naturæ certo discrimina servant* [1].

Il fault contraindre l'homme et le renger dans les barrieres de ceste police. Le misérable n'à garde d'enjamber par effect au delà : il est entravé et engagé, il est assubjecty de pareille obligation que les aultres creatures de son ordre, et d'une condition fort moyenne, sans aulcune prerogative, préexcellence vraye et essentielle ; celle qu'il se donne, par opinion et par fantasie, n'a ny corps ny goust. Et s'il est ainsi, que luy seul de touts les animaulx ayt ceste liberté de l'imagination, et ce desreglement de pensées, lui representant ce qui est, ce qui n'est pas et ce qu'il veult, le fauls et le veritable; c'est un advantage qui luy est bien cher vendu et duquel il a bien peu à se glorifier ; car de là naist la source principale des maulx qui le pressent, peché, maladie, irresolution, trouble, desespoir. Je dis donc, pour revenir à mon propos, qu'il n'y a point d'apparence d'estimer que les bestes facent par inclination naturelle et forcée les mesmes choses que nous faisons par nostre choix et industrie : nous debvons conclurre de pareils effects, pareilles facultés; et de plus riches effects, des facultés plus riches ; et confesser, par consequent, que ce mesme discours, ceste mesme voye, que nous tenons à ouvrer, aussi la tiennent les animaulx ou quelque aultre meilleure. Pourquoy imaginons nous en eulx ceste contraincte naturelle, nous qui n'en esprouvons aulcun pareil effect? joinct qu'il est plus honorable d'estre acheminé et obligé à regléement agir par naturelle et inevitable condition, et plus approchant de la divinité, que d'agir regléement par liberté temeraire et fortuite; et plus seur de laisser à nature qu'à nous les resnes de nostre conduicte. La vanité de nostre presumption faict que nous aimons mieulx debvoir à nos forces qu'à sa liberalité nostre suffisance ; et enrichissons les aultres animaulx des biens naturels et les leur renonceons pour nous honorer et ennoblir des biens acquis : par une humeur bien simple, ce me semble; car je priserois bien autant des graces toutes miennes et

---

(1) Ainsi, dans le noir essaim des fourmis, on en voit qui semblent s'aborder et se parler entre elles, peut-être pour épier les desseins et la fortune l'une de l'autre. DANTE, *nel Purg.*, c. XXVI, v. 34.

(2) *Inst. divin.*, III, 10. C.

(3) *Hist. des Animaux*, l. IV, c. 9, vers la fin. C.

(4) Les oiseaux changent de voix, selon les différents temps... Il en est à qui une saison nouvelle inspire un nouveau ramage. LUCR., V, 1077, 1080, 1082, 1083.

(5) Tout est enchaîné par les liens de la destinée. LUCR., V, 874.

(1) Tous les êtres ont leur caractère propre ; tous gardent les différences que les lois de la nature ont établies entre eux. LUCR., V, 921.

naïfves que celles que j'aurois esté mendier et quester de l'apprentissage : il n'est pas en nostre puissance d'acquerir une plus belle recommendation que d'estre favorisé de Dieu et de nature.

Par ainsi, le regnard, de quoy se servent les habitants de la Thrace quand ils veulent entreprendre de passer par dessus la glace de quelque riviere gelée, et le laschent devant eulx pour cest effect, quand nous le verrions au bord de l'eau approcher son aureille bien près de la glace, pour sentir s'il orra d'une longue ou d'une voisine distance bruire l'eau courant au dessoubs, et, selon qu'il treuve par là qu'il y a plus ou moins d'espaisseur en la glace, se reculer ou s'advancer[1], n'aurions nous pas raison de juger qu'il luy passe par la teste ce mesme discours qu'il feroit en la nostre, et que c'est une ratiocination et consequence tirée du sens naturel : « Ce qui faict bruict se remue ; ce qui se remue n'est pas gelé, ce qui n'est pas gelé est liquide ; et ce qui est liquide plie soubs le faix ? » car d'attribuer cela seulement à une vivacité du sens de l'ouïe, sans discours et sans consequence, c'est une chimere et ne peult entrer en nostre imagination. De mesme faut il estimer de tant de sortes de ruses et d'inventions de quoy les bestes se couvrent des entreprinses que nous faisons sur elles.

Et si nous voulons prendre quelque advantage de cela mesme qu'il est en nous de les saisir, de nous en servir et d'en user à nostre volonté, ce n'est que ce mesme advantage que nous avons les uns sur les aultres : nous avons à ceste condition nos esclaves ; et les Climacides[2] estoit ce pas des femmes, en Syrie, qui servoient, couchées à quatre pattes, de marchepied et d'eschelle aux dames à monter en coche ? et la pluspart des personnages libres abandonnent, pour bien legieres commodités, leur vie et leur estre à la puissance d'aultruy : les femmes et concubines des Thraces plaident à qui sera choisie pour estre tuée au tumbeau de son mary[3] : les tyrans ont ils jamais failli de trouver assez d'hommes voués à leur devotion, aulcuns d'eulx adjoustants davantage ceste necessité de les accompaigner à la mort comme en la vie ? des armées entieres se sont ainsin obligées à leurs capitaines[1] : la formule du serment, en ceste rude eschole des escrimeurs à oultrance, portoit ces promesses : « Nous jurons de nous laisser enchaisner, brusler, battre et tuer de glaive, et souffrir tout ce que les gladiateurs legitimes souffrent de leur maistre ; engageant très religieusement et le corps et l'ame à son service[2] : »

*Ure meum, si vis, flamma caput, et pete ferro
Corpus, et intorto verbere terga seca[3] :*

c'estoit une obligation veritable ; et si, il s'en trouvoit dix mille, telle année, qui y entroient et s'y perdoient. Quand les Scythes enterroient leur roy, ils estrangloient sur son corps la plus favorie de ses concubines, son eschanson, escuyer d'escuirie, chambellan, huissier de chambre et cuisinier ; et, en son anniversaire, ils tuoient cinquante chevaulx montés de cinquante pages qu'ils avoient empalés par l'espine du dos jusqu'au gozier, et les laissoient ainsi plantés en parade autour de la tumbe[4]. Les hommes qui nous servent le font à meilleur marché et pour un traictement moins curieux et moins favorable que celuy que nous faisons aux oyseaux, aux chevaulx et aux chiens. A quel soulcy ne nous desmettons nous pas pour leur commodité ? il ne me semble point que les plus abjects serviteurs facent volontiers pour leurs maistres ce que les princes s'honorent de faire pour ces bestes. Diogenes voyant ses parents en peine de le racheter de servitude : « Ils sont fols, disoit il ; c'est celuy qui me traicte et nourrit qui me sert[5]. » Et ceulx qui entretiennent les bestes se doibvent dire plustost les servir qu'en estre servis. Et si elles ont cela de plus genereux que jamais lion ne s'asservit à un aultre lion, ny un cheval à un aultre cheval, par faulte de cœur. Comme nous allons à la chasse des bestes, ainsi vont les tigres et les lions à la chasse des hommes ; et ont un pareil exercice les unes sur les aultres, les chiens sur les lievres, les brochets sur les tenches, les

---

(1) Plut., *de l'Industrie des animaux*, c. 12. C.
(2) Plut., *Comment on peut discerner le flatteur d'avec l'ami*, c. 3. C.
(3) Hér., V, 5 ; Pomp. Mela, II, 2, etc. J. V. L.

(1) Cesar, *de Bell. Gall.*, III, 22. J. V. L.
(2) Petr., *Sat.*, c. 117. C.
(3) Brûle-moi, j'y consens, brûle-moi la tête, perce-moi le corps d'un glaive, et déchire-moi le dos à coups de fouet. Tib., I, 9, 21.
(4) Hér., IV, 71 et 72. J. V. L.
(5) Diog. Laerce, VI, 75. C.

arondelles sur les cigales, les esperviers sur les merles et sur les allouettes :

> *Serpente ciconia pullos*
> *Nutrit, et inventa per devia rura lacerta...*
> *Et leporem aut capream famulæ Jovis et generosæ*
> *In saltu venantur aves* [1].

Nous partons[2] le fruict de nostre chasse avecques nos chiens et oyseaux, comme la peine et l'industrie : et au dessus d'Amphipolis, en Thrace, les chasseurs[3] et les faulcons sauvages partagent justement le butin par moitié; comme le long des Palus Mæotides, si le pescheur ne laisse aux loups, de bonne foy, une part eguale de sa prinse, ils vont incontinent deschirer ses rets. Et comme nous avons une chasse qui se conduict plus par subtilité que par force, comme celle des colliers[4], de nos lignes et de l'hamesson, il s'en veoid aussi de pareilles entre les bestes : Aristote[5] dict que la seche jecte de son col un boyau long comme une ligne, qu'elle estend au loing en le laschant, et le retire à soy quand elle veult : à mesure qu'elle apperceoit quelque petit poisson s'approcher, elle luy laisse mordre le bout de ce boyau estant cachée dans le sable ou dans la vase, et petit à petit le retire jusques à ce que ce petit poisson soit si près d'elle que d'un sault elle puisse l'attraper.

Quant à la force, il n'est animal au monde en butte de tant d'offenses que l'homme : il ne nous fault point une baleine, un elephant et un crocodile, ny tels aultres animaux, desquels un seul est capable de desfaire un grand nombre d'hommes; les pouils sont suffisants pour faire vacquer la dictature de Sylla[6]; c'est le desjeuner d'un petit ver que le cœur et la vie d'un grand et triumphant empereur.

Pourquoy disons nous que c'est à l'homme science et cognoissance, bastie par art et par discours, de discerner les choses utiles à son vivre et au secours de ses maladies de celles qui ne le sont pas; de cognoistre la force de la rhubarbe et du polypode : et, quand nous voyons les chevres de Candie, si elles ont receu un coup de traict, aller, entre un million d'herbes, choisir le dictame pour leur guarison ; et la tortue, quand elle a mangé de la vipere, chercher incontinent de l'origanum pour se purger ; le dragon, fourbir et esclairer ses yeulx avecques du fenoil ; les cigoignes, se donner elles mesmes des clysteres à tout de l'eau de marine; les elephants, arracher non seulement de leurs corps et de leurs compaignons, mais des corps aussi de leurs maistres (tesmoing celuy du roy Porus[1], qu'Alexandre desfeit), les javelots et les dards qu'on leur a jectés au combat, et les arracher si dextrement que nous ne le sçaurions faire avecques si peu de douleur ; pourquoy ne disons nous de mesme que c'est science et prudence ? car d'alleguer, pour les deprimer, que c'est par la seule instruction et maistrise de nature qu'elles le sçavent, ce n'est pas leur oster le tiltre de science et de prudence, c'est la leur attribuer à plus forte raison qu'à nous pour l'honneur d'une si certaine maistresse d'eschole. Chrysippus[2], bien qu'en toutes aultres choses autant desdaigneux juge de la condition des animaulx que nul aultre philosophe, considerant les mouvements du chien qui, se rencontrant en un carrefour à trois chemins, ou à la queste de son maistre qu'il a esgaré, ou à la poursuitte de quelque proye qui fuyt devant luy, va essayant un chemin après l'aultre ; et, après s'estre asseuré des deux et n'y avoir trouvé la trace de ce qu'il cherche, s'eslance dans le troisiesme sans marchander, il est contrainct de confesser qu'en ce chien là un tel discours se passe : « J'ay suyvi jusques à ce carrefour mon maistre à la trace ; il fault necessairement qu'il passe par l'un de ces trois chemins : ce n'est ny par cestuy cy, ny par celuy là : il fault doncques infailliblement qu'il passe par cest aultre : » et que, s'asseurant par ceste conclusion et discours, il ne se sert plus de son sentiment au troisiesme chemin ny ne le sonde plus, ains s'y laisse emporter par la force de la raison. Ce traict, purement dialecticien, et cest usage de propositions divisées et conjoinctes et

---

(1) La cigogne nourrit ses petits de serpents et de lézards qu'elle trouve loin des routes frayées... l'aigle, ministre de Jupiter, chasse dans les forêts le lièvre et le chevreuil. Juv. XIV, 74, 81.

(2) Du verbe *partir*, diviser en plusieurs parts. Ce mot vieilli n'est plus d'usage que dans cette phrase proverbiale : « Ils ont toujours maille à *partir* entre eux. » C.

(3) PLINE, X, 8. C.

(4) Des *collets*, sorte de lacs à prendre des lièvres. C.

(5) PLUT., *de l'Industrie des animaux*, c. 28. C.

(6) Allusion à la maladie pédiculaire, dont Sylla mourut à l'âge de soixante ans.

(1) PLUT., *de l'Industrie des animaux*, c. 13. C.
(2) SEXTUS EMPIRICUS, *Pyrrh. Hypotyp.*, I, 14. C.

de la suffisante enumeration des parties, vault il pas autant que le chien le sçache de soy que de Trapezonce¹?

Si ne sont pas les bestes incapables d'estre encores instruictes à nostre mode : les merles, les corbeaux, les pies, les perroquets nous leur apprenons à parler; et ceste facilité que nous recognoissons à nous fournir leur voix et haleine si souple et si maniable pour la former et l'astreindre à certain nombre de lettres et de syllabes, tesmoigne qu'ils ont un discours au dedans qui les rend ainsi disciplinables et volontaires à apprendre. Chascun est saoul, ce crois je, de veoir tant de sortes de singeries que les basteleurs apprennent à leurs chiens; les danses où ils ne faillent une seule cadence du son qu'ils oyent; plusieurs divers mouvements et saults qu'ils leur font faire par le commandement de leur parole. Mais je remarque avecques plus d'admiration cest effect, qui est toutefois assez vulgaire, des chiens de quoy se servent les aveugles et aux champs et aux villes; je me suis prins garde comme ils s'arrestent à certaines portes d'où ils ont accoustumé de tirer l'aulmosne; comme ils evitent le choc des coches et des charrettes, lors mesme que, pour leur regard, ils ont assez de place pour leur passage; j'en ay veu, le long d'un fossé de ville, laisser un sentier plain et uni et en prendre un pire pour esloigner son maistre du fossé; comment pouvoit on avoir faict concevoir à ce chien que c'estoit sa charge de regarder seulement à la seureté de son maistre et mespriser ses propres commodités pour le servir? Et comment avoit il la cognoissance que tel chemin luy estoit bien assez large qui ne le seroit pas pour un aveugle? Tout cela se peut il comprendre sans ratiocination?

Il ne fault pas oublier ce que Plutarque² dict avoir veu à Rome d'un chien, avecques l'empereur Vespasian le pere, au theatre de Marcellus : ce chien servoit à un basteleur qui jouoit une fiction à plusieurs mines et à plusieurs personnages, et y avoit son roolle. Il falloit, entre aultres choses, qu'il contrefeist pour un temps le mort, pour avoir mangé de certaine drogue : après avoir avalé le pain qu'on feignoit estre ceste drogue, il commença tantost à trembler et bransler, comme s'il eust esté estourdi : finalement, s'estendant et se roidissant, comme mort, il se laissa tirer et traisner d'un lieu à aultre, ainsi que portoit le subject du jeu; et puis, quand il cogneut qu'il estoit temps, il commencea premierement à se remuer tout bellement, ainsi que s'il se feust revenu d'un profond sommeil, et, levant la teste, regarda çà et là, d'une façon qui estonnoit touts les assistants.

Les bœufs qui servoient aux jardins royaux de Suse, pour les arrouser, et tourner certaines grandes roues à puiser de l'eau, ausquelles il y avoit des bacquets attachés (comme il s'en veoid plusieurs en Languedoc), on leur avoit ordonné d'en tirer par jour jusques à cent tours chascun, dont ils estoient si accoustumés à ce nombre qu'il estoit impossible, par aulcune force, de leur en faire tirer un tour davantage; et, ayants faict leur tasche, ils s'arrestoient tout court¹. Nous sommes en l'adolescence avant que nous sçachions compter jusques à cent, et venons de descouvrir des nations qui n'ont aulcune cognoissance des nombres.

Il y a encores plus de discours à instruire aultruy qu'à estre instruict : or, laissant à part ce que Democritus² jugeoit et prouvoit, que la pluspart des arts, les bestes nous les ont apprinses, comme l'araignée à tistre et à coudre, l'arondelle à bastir, le cygne et le rossignol la musique, et plusieurs animaulx, par leur imitation, à faire la medecine : Aristote³ tient que les rossignols instruisent leurs petits à chanter, et y employent du temps et du soing, d'où il advient que ceulx que nous nourrissons en cage, qui n'ont point eu loisir d'aller à l'eschole soubs leurs parents, perdent beaucoup de la grace de leur chant : nous pouvons juger par là qu'il reçoit de l'amendement par discipline et par estude; et, entre les libres mesme, il n'est pas un et pareil, chascun en a prins selon sa capacité; et sur la jalousie de leur apprentissage, ils se debattent, à l'envy, d'une contention si courageuse que, par fois, le vaincu y demeure mort, l'haleine luy faillant plustost que la voix. Les plus jeunes ruminent pensifs,

---

(1) *Georgius Trapezuntius*, que nous appelons *George de Trébizonde*, un de ces savants grecs qui, forcés de quitter l'Orient dans le quinzième siècle, se réfugièrent en Occident où ils firent revivre les lettres. Eugène IV lui confia la direction d'un des collèges de Rome. C.

(2) *De l'Industrie des animaux*, c. 18. C.

(1) PLUTARQUE, *de l'Industrie des animaux*, c. 20. C.
(2) ID., *ibid.*, c. 14. C.
(3) ID., *ibid.*, c. 18. C.

et prennent à imiter certains couplets de chanson ; le disciple escoute la leçon de son precepteur, et en rend compte avecques grand soing ; ils se taisent, l'un tantost, tantost l'aultre ; on oyt corriger les faultes, et sent on aulcunes reprehensions du precepteur[1]. J'ay veu, dict Arrianus[2], aultrefois un elephant ayant à chascune cuisse un cymbale pendu, et un aultre attaché à sa trompe, au son desquels touts les aultres dansoient en rond, s'eslevants et s'inclinants à certaines cadences, selon que l'instrument les guidoit ; et y avoit plaisir à ouïr ceste harmonie. Aux spectacles de Rome, il se veoyoit ordinairement des elephants dressés à se mouvoir et danser, au son de la voix, des danses à plusieurs entrelasseures, coupeures et diverses cadences très difficiles à apprendre[3]. Il s'en est veu qui, en leur privé, rememoroient leur leçon, et s'exerçoient par soing et par estude, pour n'estre tansés et battus de leurs maistres[4].

Mais cest' aultre histoire de la pie, de laquelle nous avons Plutarque mesme pour respondant[5], est estrange. Elle estoit en la boutique d'un barbier, à Rome, et faisoit merveilles de contrefaire avecques la voix tout ce qu'elle oyoit. Un jour, il advient que certaines trompettes s'arresterent à sonner longtemps devant ceste boutique. Depuis cela, et tout le lendemain, voylà ceste pie pensive, muette et melancholique ; de quoy tout le monde estoit esmerveillé ; et pensoit que le son des trompettes l'eust ainsin estourdie et estonnée, et qu'avecques l'ouïe la voix se feust quand et quand esteincte : mais on trouva enfin que c'estoit une estude profonde, et une retraicte en soy mesme, son esprit s'exercitant, et preparant sa voix à representer le son de ces trompettes : de maniere que sa premiere voix ce feut celle là, d'exprimer parfaictement leurs reprinses, leurs poses, et leurs nuances, ayant quitté, par ce nouvel apprentissage, et prins à desdaing tout ce qu'elle sçavoit dire auparavant.

Je ne veulx pas obmettre d'alleguer aussi cest aultre exemple d'un chien que ce mesme Plutarque[1] dict avoir veu (car, quant à l'ordre, je sens bien que je le trouble ; mais je n'en observe non plus à renger ces exemples qu'au reste de toute ma besongne), luy estant dans un navire : ce chien, estant en peine d'avoir l'huile qui estoit dans le fond d'une cruche, où il ne pouvoit arriver de la langue, pour l'estroicte embouchure du vaisseau, alla querir des cailloux, et en meit dans ceste cruche jusques à ce qu'eust faict haulser l'huile plus près du bord, où il la peust atteindre. Cela, qu'est ce, si ce n'est l'effect d'un esprit bien subtil ? On dict que les corbeaux de Barbarie en font de mesme, quand l'eau qu'ils veulent boire est trop basse[2]. Ceste action est aulcunement voisine de ce que recitoit des elephants un roy de leur nation, Juba[3], que quand, par la finesse de ceulx qui les chassent, l'un d'entre eulx se treuve prins dans certaines fosses profondes qu'on leur prepare, et les recouvre l'on de menues brossailles pour les tromper, ses compagnons y apportent en diligence forcé pierres et pieces de bois, à fin que cela l'ayde à s'en mettre hors. Mais cest animal rapporte, en tant d'aultres effects, à l'humaine suffisance, que si je voulois suyvre par le menu ce que l'experience en a apprins, je gaignerois ayséement ce que je maintiens ordinairement, qu'il se treuve plus de difference de tel homme à tel homme que de tel animal à tel homme. Le gouverneur d'un elephant, en une maison privée de Syrie, desrobboit à touts les repas la moitié de la pension qu'on luy avoit ordonnée : un jour le maistre voulut luy mesme le panser, versa dans sa mangeoire la juste mesure d'orge qu'il luy avoit prescripte pour sa nourriture ; l'elephant, regardant de mauvais œil ce gouverneur, separa avecques la trompe et en meit à part la moitié, declarant par là le tort qu'on luy faisoit. Et un aultre, ayant un gouverneur qui mesloit dans sa mangeaille des pierres pour en croistre la mesure, s'approcha du pot où il faisoit cuire sa chair pour son disner, et le luy remplit de cendre[4]. Cela, ce sont des effects particuliers : mais ce que tout le monde a veu, et que tout le

---

(1) Tout ce passage sur le chant des rossignols est extrait de Pline, *Nat. Hist.*, X, 29. J. V. L.

(2) *Hist. Indic.*, c. 14, p. 528, édit. de Gronovius. Il y a ici *Arrius* dans toutes les éditions de Montaigne. Pourquoi ne pas corriger cette faute évidente de ses imprimeurs ou de ses copistes ? J. V. L.

(3) Plutarque, *de l'Industrie des animaux*, c. 12. C.

(4) Id., *ibid.*; Pline, VIII, 3. C.

(5) Plutarque, *ibid.*, c. 18. C.

(1) Plutarque, *de l'Industrie des animaux*. c. 12. C.

(2) Id., *ibid.* C.

(3) Id., *ibid.*, c. 10. C.

(4) Id., *ibid.*, c. 12. C.

monde sçait, qu'en toutes les armées qui se conduisoient du païs de Levant, l'une des plus grandes forces consistoit aux elephants, desquels on tiroit des effects sans comparaison plus grands que nous ne faisons à present de nostre artillerie, qui tient à peu près leur place en une bataille ordonnée (cela est aysé à juger à ceulx qui cognoissent les histoires anciennes);

Siquidem Tyrio servire solebant
Annibali, et nostris ducibus, regique Molosso,
Horum majores, et dorso ferre cohortes,
Partem aliquam belli, et euntem in prœlia turrim [1]:

il falloit bien qu'on se respondist à bon escient de la creance de ces bestes et de leur discours, leur abandonnant la teste d'une bataille, là où le moindre arrest qu'elles eussent sceu faire pour la grandeur et pesanteur de leur corps, le moindre effroy qui leur eust faict tourner la teste sur leurs gents, estoit suffisant pour tout perdre : et s'est veu peu d'exemples où cela soit advenu qu'ils se rejectassent sur leurs troupes, au lieu que nous mesmes nous rejectons les uns sur les aultres et nous rompons. On leur donnoit charge, non d'un mouvement simple, mais de plusieurs diverses parties au combat; comme faisoient aux chiens les Espaignols à la nouvelle conqueste des Indes [2] ausquels ils payoient solde et faisoient partage au butin : et montroient ces animaulx autant d'addresse et de jugement à poursuyvre et arrester leur victoire, à charger ou à reculer, selon les occasions, à distinguer les amis des ennemis comme ils faisoient d'ardeur et d'aspreté.

Nous admirons et poisons mieulx les choses estrangieres que les ordinaires; et sans cela, je ne me feusse pas amusé à ce long registre; car, selon mon opinion, qui contreroolera de près ce que nous veoyons ordinairement ès animaulx qui vivent parmi nous il y a de quoy y trouver des effects autant admirables que ceulx qu'on va recueillant ès pays et siecles estrangiers. C'est une mesme nature qui roule son cours : qui en auroit suffisamment jugé le present estat en pourroit seurement conclure et tout l'advenir et tout le passé. J'ay veu aultrefois parmi nous des hommes amenés par mer de lointains païs, desquels, parce que nous n'entendions aulcunement le language, et que leur façon, au demourant, et leur contenance, et leurs vestements estoient du tout esloingnés des nostres, qui de nous ne les estimoit et sauvages et brutes? qui n'attribuoit à stupidité et à bestise de les voir muets, ignorants la langue françoise, ignorants nos baisemains et nos inclinations serpentées, nostre port et nostre maintien, sur lequel, sans faillir, doibt prendre son patron la nature humaine? Tout ce qui nous semble estrange nous le condamnons et ce que nous n'entendons pas. Il nous advient ainsin au jugement que nous faisons des bestes. Elles ont plusieurs conditions qui se rapportent aux nostres; de celles là, par comparaison, nous pouvons tirer quelque conjecture; mais de ce qu'elles ont particulier, que sçavons nous que c'est? Les chevaulx, les chiens, les bœufs, les brebis, les oyseaux et la pluspart des animaulx qui vivent avecques nous recognoissent nostre voix et se laissent conduire par elle : si faisoit bien encores la muresne de Crassus [1], et venoit à luy quand il l'appelloit; et le font aussi les anguilles qui se treuvent en la fontaine d'Arethuse; et j'ay veu des gardoirs assez où les poissons accourent pour manger à certain cri de ceulx qui les traictent,

Nomen habent, et ad magistri
Vocem quisque sui venit citatus [2]:

nous pouvons juger de cela. Nous pouvons aussi dire que les elephants ont quelque participation de religion [3], d'autant qu'après plusieurs ablutions et purifications on les veoid haulsant leur trompe comme des bras; et, tenant les yeulx fichés vers le soleil levant, se planter longtemps en meditation et contemplation, à certaines heures du jour, de leur propre inclination, sans instruction et sans precepte. Mais, pour ne veoir aulcune telle apparence ès aultres animaulx, nous ne pouvons pourtant establir qu'ils soient sans religion, et ne pouvons prendre en aulcune part ce qui nous est caché; comme nous veoyons quelque chose en ceste action que le philosophe Cleanthes remarqua, parce qu'elle retire aux nostres : il veit [4], dict

---

(1) Les ancêtres de nos éléphants combattaient dans les armées d'Annibal, du roi d'Épire, et des généraux de Rome; ils portaient sur leur dos des cohortes entières, et des tours que l'on voyait s'avancer au milieu des batailles. Juv., XII, 107.

(2) C'est ce que plusieurs peuples avaient fait longtemps auparavant. Voy. Pline, VIII, 40; Élien, Var. Hist., XIV, 46, etc. C.

(1) Plutarque, de l'Industrie des animaux, c. 24. C.

(2) Ils ont un nom; et chacun d'eux vient à la voix du maître qui l'appelle. Martial, IV, 29, 6.

(3) Pline, VIII, 1. C.

(4) Plutarque, de l'Industrie des animaux, c. 12. C.

il, des fourmis partir de leur fourmiliere, portants le corps d'un fourmi[1] mort vers une aultre fourmiliere de laquelle plusieurs aultres fourmis leur veindrent au devant, comme pour parler à eulx; et, après avoir esté ensemble quelque piece, ceulx cy s'en retournerent pour consulter, penser, avecques leurs concitoyens et feirent ainsi deux ou trois voyages pour la difficulté de la capitulation : enfin, ces derniers venus apporterent aux premiers un ver de leur taniere, comme pour la rançon du mort, lequel ver les premiers chargerent sur leur dos et emporterent chez eulx laissant aux aultres le corps du trespassé. Voylà l'interpretation que Cleanthes y donna, tesmoignant par là que celles qui n'ont point de voix ne laissent pas d'avoir pratique et communication mutuelle, de laquelle c'est nostre default que nous ne soyons participants; et nous entremettons, à ceste cause, sottement d'en opiner. Or, elles produisent encore d'aultres effects qui surpassent de bien loing nostre capacité; ausquels il s'en fault tant que nous puissions arriver par imitation que, par imagination mesme, nous ne les pouvons concevoir. Plusieurs tiennent qu'en ceste grande et derniere battaille navale qu'Antonius perdit contre Auguste, sa galere capitainesse feut arrestée au milieu de sa course par ce petit poisson que les Latins nomment *remora*, à cause de ceste sienne proprieté d'arrester toutes sortes de vaisseaux ausquels il s'attache[2]. Et l'empereur Caligula, voguant avecques une grande flotte en la coste de la Romanie, sa seule galere feut arrestée tout court par ce mesme poisson, lequel il feit prendre attaché comme il estoit au bas de son vaisseau, tout despit de quoy un si petit animal pouvoit forcer et la mer et les vents, et la violence de touts ses avirons, pour estre seulement attaché par le bec à sa galere (car c'est un poisson à coquille); et s'estonna encores, non sans grande raison, de ce que, luy estant apporté dans le bateau, il n'avoit plus ceste force qu'il avoit au dehors[3]. Un citoyen de Cyzique acquit jadis la reputation de bon mathematicien pour avoir appris la condition de l'herisson; il a sa taniere ouverte à divers endroits et à divers vents, et, prevoyant le vent advenir, il va boucher le trou du costé de ce vent là : ce que remarquant, ce citoyen apportoit en sa ville certaines predictions du vent qui avoit à tirer[1]. Le cameleon prend la couleur du lieu où il est assis[2]; mais le poulpe se donne luy mesme la couleur qu'il luy plaist, selon les occasions, pour se cacher de ce qu'il craint et attraper ce qu'il cherche : au cameleon, c'est changement de passion; mais au poulpe, c'est changement d'action. Nous avons quelques mutations de couleur à la frayeur, la cholere, la honte et aultres passions, qui alterent le teinct de nostre visage; mais c'est par l'effect de la souffrance, comme au cameleon : il est bien en la jaunisse de nous faire jaunir; mais il n'est pas en la disposition de nostre volonté. Or, ces effects, que nous recognoissons aux aultres animaulx, plus grands que les nostres, tesmoignent en eulx quelque faculté plus excellente qui nous est occulte : comme il est vraysemblable que sont plusieurs aultres de leurs conditions et puissances, desquelles nulles apparences ne viennent jusqu'à nous.

De toutes les predictions du temps passé les plus anciennes et plus certaines estoient celles qui se tiroient du vol des oyseaux[3] : nous n'avons rien de pareil ny de si admirable. Ceste regle, cest ordre du bransler de leur aile, par lequel on tire des consequences des choses a venir, il fault bien qu'il soit conduict par quelque excellent moyen à une si noble operation; car c'est prester à la lettre d'aller attribuant ce grand effect à quelque ordonnance naturelle sans l'intelligence, consentement et discours de qui le produict; et est une opinion evidemment faulse. Qu'il soit ainsi : la torpille a ceste condition, non seulement d'endormir les membres qui la touchent, mais, au travers des filets et de la seine, elle transmet une pesanteur endormie aux mains de ceux qui le remuent et manient; voire, dict on davantage, que si on verse de l'eau dessus on sent ceste passion qui gaigne contremont jusques à la main et endort l'attouchement au travers de l'eau. Ceste force est merveilleuse, mais elle n'est pas inutile à la torpille; elle la sent et s'en sert de maniere que, pour attraper la proie qu'elle queste, on la veoid se tapir sous le limon, à fin que les aul-

---

(1) *Fourmi* était masculin autrefois. C.
(2) PLINE, XXXII, 1. C.
(3) ID., *ibid.* C.

(1) PLUTARQUE, *de l'Industrie des animaux*, c. 15. C.
(2) ID., *ibid.*, c. 28. C.
(3) SEXT. EMPIRIC., *Pyrrh. Hypotyp.*, I, 14. C.

tres poissons, se coulants par dessus, frappés et endormis de ceste sienne froideur, tombent en sa puissance. Les grues, les arondelles et aultres oyseaux passagiers, changeants de demeure selon les saisons de l'an, montrent assez la cognoissance qu'elles ont de leur faculté divinatrice et la mettent en usage. Les chasseurs nous asseurent que, pour choisir d'un nombre de petits chiens celuy qu'on doit conserver pour le meilleur, il ne fault que mettre la mere au propre de le choisir elle mesme ; comme si on les emporte hors de leur giste, le premier qu'elle y rapportera sera tousjours le meilleur, ou bien, si on fait semblant d'entourner de feu leur giste de toutes parts, celuy des petits au secours duquel elle courra premierement : par où il appert qu'elles ont un usage de prognostique que nous n'avons pas, ou qu'elles ont quelque vertu à juger de leurs petits, aultre et plus vifve que la nostre.

La maniere de naistre, d'engendrer, nourrir, agir, mouvoir, vivre et mourir des bestes estant si voisine de la nostre, tout ce que nous retrenchons de leurs causes motrices et que nous adjoustons à nostre condition au dessus de la leur cela ne peult aulcunement partir du discours de nostre raison. Pour reglement de nostre santé, les medecins nous proposent l'exemple du vivre des bestes et leur façon ; car ce mot est de tout temps en la bouche du peuple :

Tenez chaulds les pieds et la teste ;
Au demourant, vivez en beste.

La generation est la principale des actions naturelles ; nous avons quelque disposition de membres qui nous est plus propre à cela : toutesfois ils nous ordonnent de nous renger à l'assiette et disposition brutale, comme plus effectuelle :

More ferarum,
Quadrupedumque magis ritu, plerumque putantur
Concipere uxores : quia sic loca sumere possunt ,
Pectoribus positis, sublatis semina lumbis[1] ;

et rejectent comme nuisibles ces mouvements indiscrets et insolents que les femmes y ont meslé de leur creu ; les ramenant à l'exemple et usage des bestes de leur sexe, plus modeste et rassis :

Nam mulier prohibet se concipere atque repugnat,
Clunibus ipsa viri Venerem si læta retractet,
Atque exossato ciet omni pectore fluctus.
Eicit enim sulci recta regione viaque
Vomerem, atque locis avertit seminis ictum[1].

Si c'est justice de rendre à chascun ce qui luy est deu, les bestes qui servent, aiment et deffendent leurs bienfaicteurs, et qui poursuyvent et oultragent les estrangiers et ceulx qui les offensent, elles representent en cela quelque air de nostre justice, comme aussi en conservant une egalité très equitable en la dispensation de leurs biens à leurs petits. Quant à l'amitié, elles l'ont, sans comparaison, plus vifve et plus constante que non pas les hommes. Hyrcanus[2], le chien du roy Lysimachus, son maistre mort, demeura obstiné sur son lict, sans vouloir boire ne manger ; et le jour qu'on brusla le corps, il print sa course et se jecta dans le feu, où il feut bruslé : comme feit aussi le chien d'un nommé Pyrrhus[3] ; car il ne bougea de dessus le lict de son maistre depuis qu'il feut mort ; et, quand on l'emporta, il se laissa enlever quand et luy, et finalement se lancea dans le buchier où on brusloit le corps de son maistre. Il y a certaines inclinations d'affection qui naissent quelquesfois en nous sans le conseil de la raison, qui viennent d'une temerité fortuite que d'aultres nomment sympathie ; les bestes en sont capables, comme nous veoyons les chevaulx prendre certaine accointance des uns aux aultres, jusques à nous mettre en peine pour les faire vivre et voyager separéement : on les veoid appliquer leur affection à certain poil de leurs compaignons comme à certain visage, et où ils le rencontrent, s'y joindre incontinent avecques feste et demonstration de bienveuillance, et prendre quelque aultre forme à contrecœur et en haine. Les animaulx ont choix, comme nous, en leurs amours, et font quelque triage de leurs femelles ; ils ne sont pas exempts de nos jalousies et d'envies extremes et irreconciliables.

Les cupidités sont ou naturelles et neces-

---

(1) On croit communément que, pour être féconde, l'union des deux époux doit se faire dans l'attitude des quadrupèdes, parce qu'alors la situation horizontale de la poitrine et l'élévation des reins favorisent la direction du fluide générateur. LUCRÈCE, IV, 1261.

(1) Les mouvements lascifs par lesquels la femme excite l'ardeur de son époux sont un obstacle à la fécondation ; ils ôtent le soc du sillon et détournent les germes de leur but. LUCRÈCE, IV, 1266.

(2) PLUTARQUE, *de l'industrie des animaux*, c. 13.

(3) *Id., ibid.*

saires, comme le boire et le manger, ou naturelles et non necessaires, comme l'accointance des femelles; ou elles ne sont ny naturelles ny necessaires; de ceste dernière sorte sont quasi toutes celles des hommes; elles sont toutes superflues et artificielles; car c'est merveille combien peu il fault à nature pour se contenter, combien peu elle nous a laissé à desirer; les apprests de nos cuisines ne touchent pas son ordonnance. Les stoïciens disent qu'un homme auroit de quoy se substanter d'une olive par jour; la delicatesse de nos vins n'est pas de sa leçon, ny la recharge que nous adjoustons aux appetits amoureux:

*Neque illa
Magno prognatum deposcit consule cunnum* [1].

Ces cupidités estrangieres, que l'ignorance du bien et une faulse opinion ont coulées en nous, sont en si grand nombre qu'elles chassent presque toutes les naturelles; ny plus ny moins que si en une cité il y avoit si grand nombre d'estrangiers qu'ils en meissent hors les naturels habitants, ou esteignissent leur auctorité et puissance ancienne, l'usurpant entierement et s'en saisissant. Les animaulx sont beaucoup plus reglés que nous ne sommes, et se contiennent avec plus de moderation soubs les limites que nature nous a prescripts, mais non pas si exactement qu'ils n'ayent encores quelque convenance à nostre desbauche; et tout ainsi comme il s'est trouvé des desirs furieux qui ont poulsé les hommes à l'amour des bestes, elles se treuvent aussi par fois esprinses de nostre amour, et receoivent des affections monstrueuses d'une espèce à aultre; tesmoing l'elephant corrival d'Aristophanes le grammairien, en l'amour d'une jeune bouquetiere en la ville d'Alexandrie, qui ne luy cedoit en rien aux offices d'un poursuyvant bien passionné; car, se promenant par le marché où l'on vendoit des fruicts, il en prenoit avecques sa trompe, et les luy portoit; il ne la perdoit de veue que le moins qu'il luy estoit possible; et luy mettoit quelquesfois la trompe dans le sein par dessoubs son collet, et luy tastoit les tettins [2]. Ils recitent aussi d'un dragon amoureux d'une fille, et d'une oye esprinse de l'amour d'un enfant en la ville d'Asope, et d'un belier serviteur de la menes-

triere Glaucia [1]; et il se veoit tous les jours des magots furieusement esprins de l'amour des femmes. On veoid aussi certains animaulx s'addonner à l'amour des masles de leur sexe. Oppianus [2], et aultres recitent quelques exemples pour montrer la reverence que les bestes, en leurs mariages, portent à la parenté; mais l'experience nous faict bien souvent veoir le contraire:

*Nec habetur turpe juvencæ
Ferre patrem tergo; fit equo sua filia conjux;
Quasque creavit, init pecudes caper; ipsaque cujus
Semine concepta est, ex illo concipit ales* [3].

De subtilité malicieuse, en est il une plus expresse que celle du mulet du philosophe Thalès [4]? lequel passant au travers d'une riviere, chargé de sel, et, de fortune, y estant brunché, si que les sacs qu'il portoit en feurent touts mouillés, s'estant apperceu que le sel, fondu par ce moyen, luy avoit rendu sa charge plus legiere, ne failloit jamais, aussitost qu'il rencontroit quelque ruisseau, de se plonger dedans avecques sa charge, jusques à ce que son maistre, descouvrant sa malice, ordonna qu'on le chargeast de laine; à quoy se trouvant mesconté, il cessa de plus user de ceste finesse. Il y en a plusieurs qui representent naïvement le visage de nostre avarice; car on leur veoid un soing extreme de surprendre tout ce qu'elles peuvent, et de le curieusement cacher, quoyqu'elles n'en tirent point d'usage. Quant à la mesnagerie, elles nous surpassent, non seulement en ceste prevoyance d'amasser et espargner pour le temps à venir, mais elles ont encores beaucoup de parties de la science qui y est necessaire; les fourmis estendent au dehors de l'aire leurs grains et semences pour les esventer, refreschir et seicher, quand ils veoyent qu'ils commencent à se moisir et à sentir le rance, de peur qu'ils ne se corrompent et pourrissent. Mais la caution et prevention dont ils usent à ronger le grain de froment surpasse toute imagination de prudence humaine; parce que le froment ne demeure pas tousjours sec ny sain, ains s'amollit, se resoult, et destrempe

---

(1) La volupté ne lui semble pas plus vive dans les bras de la fille d'un consul. HOR., *Sat.*, I, 2, 69.

(2) PLUTARQUE, *de l'Industrie des animaux*, c. 17. C.

(1) PLUTARQUE, *de l'Industrie des animaux*, c. 17. C.

(2) Poème *de la Chasse*, I, 236. C.

(3) La génisse se livre sans honte à son père; la cavale assouvit les désirs du cheval dont elle est née; le bouc s'unit aux chevres qu'il a engendrées; et l'oiseau féconde l'oiseau à qui il a donné l'être. OVIDE, *Metam.*, X, 325.

(4) PLUTARQUE, *de l'Industrie des animaux*, c. 15; ÉLIEN, *Hist. des anim.*, VII, 42. C.

comme en laict, s'acheminant à germer et produire; de peur qu'il ne devienne semence et perde sa nature et proprieté de magasin pour leur nourriture, ils rongent le bout par où le germe a coustume de sortir.

Quant à la guerre, qui est la plus grande et pompeuse des actions humaines, je sçaurois volontiers si nous nous en voulons servir pour argument de quelque prerogative, ou, au rebours, pour tesmoignage de nostre imbecillité et imperfection; comme de vray, la science de nous entredesfaire et entretuer, de ruyner et perdre nostre propre espece, il semble qu'elle n'a beaucoup de quoy se faire desirer aux bestes qui ne l'ont pas :

> Quando leoni
> Fortior eripuit vitam leo? quo nemore unquam
> Exspiravit aper majoris dentibus apri[1]?

mais elles n'en sont pas universellement exemptes pourtant; tesmoing les furieuses rencontres des mouches à miel, et les entreprinses des princes des deux armées contraires :

> Sæpe duobus
> Regibus incessit magno discordia motu;
> Continuoque animos vulgi et trepidantia bello
> Corda licet longe præsciscere[2].

Je ne vois jamais ceste divine description, qu'il ne m'y semble lire peincte l'ineptie et vanité humaine : car ces mouvements guerriers, qui nous ravissent de leur horreur et espoventement, ceste tempeste de sons et de cris,

> Fulgur ibi ad cœlum se tollit, totaque circum
> Ære renidescit tellus, subterque virum vi
> Excitur pedibus sonitus, clamoreque montes
> Icti rejectant voces ad sidera mundi[3];

ceste effroyable ordonnance de tant de milliers d'hommes armés, tant de fureur, d'ardeur et de courage, il est plaisant à considerer par combien vaines occasions elle est agitée, et par combien legieres occasions esteincte :

(1) Vit-on jamais un lion déchirer un lion plus faible que lui? dans quelle forêt un sanglier a-t-il expiré sous la dent d'un sanglier plus vigoureux? Juv., XV, 160.

(2) Souvent, dans une ruche, il s'élève entre deux rois de sanglantes querelles; dès lors on peut pressentir la fureur des combats dont le peuple est agité. Virg., Georg., IV, 67.

(3) L'acier renvoie ses éclairs au ciel; les campagnes sont colorées par le reflet de l'airain; la terre retentit sous les pas des soldats, et les monts voisins repoussent leurs cris guerriers jusqu'aux voûtes du monde. Lucr., II, 325.

*Paridis propter narratur amorem
Græcia Barbariæ diro collisa duello*[1] :

toute l'Asie se perdit, et se consomma en guerres pour le macquerellage de Paris : l'envie d'un seul homme, un despit, un plaisir, une jalousie domestique, causes qui ne debvroient pas esmouvoir deux harengieres à s'esgratigner, c'est l'ame et le mouvement de tout ce grand trouble. Voulons nous en croire ceulx mesmes qui en sont les principaulx aucteurs et motifs? oyons le plus grand, le plus victorieux empereur, et le plus puissant qui feust oncques, se jouant et mettant en risée très plaisamment et très ingenieusement plusieurs battailles hazardées et par mer et par terre, le sang et la vie de cinq cent mille hommes qui suyvirent sa fortune, et les forces et richesses des deux parties du monde espuisées pour le service de ses entreprinses :

> Quod futuit Glaphyran Antonius, hanc mihi pœnam
> Fulvia constituit, se quoque uti futuam.
> Fulviam ego ut futuam! quid, si me Manius oret
> Pœdicem, faciam? non puto, si sapiam.
> Aut futue, aut pugnemus, ait. Quid, si mihi vita
> Carior est ipsa mentula? signa canant[2].

(J'use en liberté de conscience de mon latin, avecques le congé que vous m'en avez donné[3].) Or, ce grand corps, à tant de visages et de mouvements, qui semble menacer le ciel et la terre;

(1) On raconte qu'une guerre funeste, allumée par l'amour de Paris, précipita les Grecs sur les Barbares. Hor., Epist., I, 2, 6.

(2) Cette épigramme, composée par Auguste, nous a été conservée par Martial, Epig., XI, 21, 3. Voici l'imitation que Fontenelle en a faite dans ses Dialogues des Morts :

> Parce qu'Antoine est charmé de Glaphyre
> Fulvie à ses beaux yeux me veut assujettir.
> Antoine est infidèle. Eh bien donc? Est-ce à dire
> Que des fautes d'Antoine on me fera pâtir?
> Qui? moi! que je serve Fulvie!
> Suffit-il qu'elle en ait envie?
> A ce compte, on verrait se retirer vers moi
> Mille épouses mal satisfaites.
> Aime-moi, me dit-elle, ou combattons. Mais quoi?
> Elle est bien laide! Allons, sonnez, trompettes. C.

(3) On croit que cette longue *Apologie de Sebond* était adressée par l'auteur à la reine Marguerite de France, femme du roi de Navarre (depuis Henri IV), connue par ses poésies et ses mémoires. C'est une tradition des deux derniers siècles, recueillie dans une note manuscrite de M. Jamet, mort en 1778, et qui devait beaucoup de renseignements sur Montaigne au fils de Montesquieu; à l'abbé Bertin, conseiller au parlement de Bordeaux, et grand-vicaire de Périgueux; à Antoine Lancelot, de l'Académie des Inscriptions. J. V. L.

Quam multi Libyco volvuntur marmore fluctus,
Sævus ubi Orion hibernis conditur undis,
Vel quam sole novo densæ torrentur aristæ,
Aut Hermi campo, aut Lyciæ flaventibus arvis;
Scuta sonant, pulsuque pedum tremit excita tellus[1]*:*

ce furieux monstre, à tant de bras et à tant de testes, c'est tousjours l'homme foible, calamiteux et miserable : ce n'est qu'une fourmilliere esmeue et eschauffée ;

It nigrum campis agmen[2] *:*

un souffle de vent contraire, le croassement d'un vol de corbeaux, le fauls pas d'un cheval, le passage fortuite d'un aigle, un songe, une voix, un signe, une brouée[3] matiniere, suffisent à le renverser et porter par terre. Donnez luy seulement d'un rayon de soleil par le visage, le voylà fondu et esvanoui ; qu'on lui esvente seulement un peu de poulsiere aux yeulx, comme aux mouches à miel de nostre poëte, voilà toutes nos enseignes, nos legions, et le grand Pompeius mesme à leur teste, rompu et fracassé ; car ce feut luy, ce me semble[4], que Sertorius battit en Espaigne avecques ces belles armes, qui ont aussi servi à Eumenes contre Antigonus, à Surena contre Crassus :

Hi motus animorum, atque hæc certamina tanta,
Pulveris exigui jactu compressa quiescent[5]*.*

Qu'on descouple mesme de nos mouches après, elles auront et la force et le courage de le dissiper. De fresche memoire, les Portugais assiegeants la ville de Tamly, au territoire de Xiatine, les habitants d'icelle porterent sur la muraille grand' quantité de ruches, de quoy ils sont riches ; et avec du feu chasserent les abeilles si vifvement sur leurs ennemis, qu'ils abandonnerent leur entreprinse, ne pouvants soustenir leurs assaults et piqueures : ainsi demeura la victoire et liberté de leur ville à ce nouveau secours, avecques telle fortune qu'au retour du combat il ne s'en trouva une seule à dire. Les ames des empereurs et des savatiers sont jectées à mesme moule : considerants l'importance des actions des princes, et leur poids, nous nous persuadons qu'elles soient produictes par quelques causes aussi poisantes et importantes ; nous nous trompons : il sont menés et ramenés en leurs mouvements par les mesmes ressorts que nous sommes aux nostres ; la mesme raison qui nous faict tanser avecques un voisin dresse entre les princes une guerre ; la mesme raison qui nous faict fouetter un laquay, tumbant en un roy, luy faict ruyner une province ; ils veulent aussi legierement que nous, mais ils peuvent plus ; pareils appetits agitent un ciron et un elephant.

Quant à la fidelité, il n'est animal au monde traistre au prix de l'homme. Nos histoires racontent la vifve poursuitte que certains chiens ont faict de la mort de leurs maistres. Le roy Pyrrhus, ayant rencontré un chien qui gardoit un homme mort et ayant entendu qu'il y avoit trois jours qu'il faisoit cest office, commanda qu'on enterrast ce corps et mena ce chien quand et luy. Un jour qu'il assistoit aux montres generales de son armée, ce chien, appercevant les meurtriers de son maistre, leur courut sus avec grands abbays et aspreté de courroux, et, par ce premier indice, achemina la vengeance de ce meurtre, qui en feut faicte bientost après par la voye de la justice[1]. Autant en feit le chien du sage Hesiode, ayant convaincu les enfants de Ganyctor, Naupactien, du meurtre commis en la personne de son maistre[2]. Un autre chien, estant à la garde d'un temple à Athenes, ayant apperceu un larron sacrilege qui emportoit les plus beaux joyaux, se meit à abbayer contre luy tant qu'il peut ; mais les marguilliers ne s'estant point esveillés pour cela, il se meit à le suyvre, et, le jour estant venu, se teint un peu plus esloingné de luy, sans le perdre jamais de veue : s'il luy offroit à manger, il n'en vouloit pas ; et, aux aultres passants qu'il rencontroit en son chemin, il leur faisoit

---

(1) Comme les flots innombrables qui roulent en mugissant sur la mer de Libye, quand l'orageux Orion, au retour de l'hiver, se plonge dans les eaux ; ou comme les innombrables épis que dore le soleil de l'été, soit dans les champs de l'Hermus, soit dans la féconde Lycie : les boucliers résonnent, et la terre tremble sous les pas des guerriers. VIRG., VII, 718.

(2) Le noir essaim marche dans la plaine. VIRG., *Énéide*, IV, 404.

(3) Un brouillard, une brume du matin.

(4) Ici Montaigne se defie un peu de sa mémoire, et avec raison ; car ce ne fut pas contre Pompée que Sertorius employa cette ruse, mais contre les *Garacitaniens*, peuple d'Espagne qui habitait dans de profondes cavernes creusées dans le roc, où il était impossible de les forcer. Voyez dans PLUT., la *Vie de Sertorius*, c. 6. C.

(5) Et tout ce fier courroux, tout ce grand mouvement,
Qu'on jette un peu de sable, il cesse en un moment.
Géorg., trad. par Delille, IV, 86.

(1) PLUT., *de l'Industrie des animaux*, c. 12.
(2) PLUT., *de l'Industrie des animaux*, c. 12 ; PAUS., IX, 31 POLL., *Onomastic.*, V, 5, etc. J. V. L.

feste de la queue et prenoit de leurs mains ce qu'ils luy donnoient à manger : si son larron s'arrestoit pour dormir, il s'arrestoit quand et quand au lieu mesme. La nouvelle de ce chien estant venue aux marguilliers de ceste eglise, ils se meirent à le suyvre à la trace, s'enquerants des nouvelles du poil de ce chien, et enfin le rencontrerent en la ville de Cromyon, et le larron aussi, qu'ils ramenerent en la ville d'Athenes où il feut puni : et les juges, en recognoissance de ce bon office, ordonnerent, du publicque, certaine mesure de bled pour nourrir le chien, et aux presbtres d'en avoir soing. Plutarque tesmoigne ceste histoire comme chose très averée et advenue en son siecle[1].

Quant à la gratitude (car il me semble que nous avons besoing de mettre ce mot en credit), ce seul exemple y suffira, qu'Apion[2] recite comme en ayant esté luy mesme spectateur : « Un jour, dict il, qu'on donnoit à Rome, au peuple, le plaisir du combat de plusieurs bestes estranges, et principalement de lions de grandeur inusitée, il y en avoit un entre aultres qui, par son port furieux, par la force et grosseur de ses membres et un rugissement haultain et espovantable, attiroit à soy la veue de toute l'assistance. Entre les aultres esclaves qui feurent presentés au peuple en ce combat des bestes, feut un Androdus, de Dace, qui estoit à un seigneur romain de qualité consulaire. Ce lion, l'ayant apperceu de loing, s'arresta premierement tout court, comme estant entré en admiration, et puis s'approcha tout doulcement, d'une façon molle et paisible, comme pour entrer en recognoissance avecques luy. Cela faict, et s'estant asseuré de ce qu'il cherchoit, il commencea à battre de la queue, à la mode des chiens qui flattent leur maistre, et à baiser et leicher les mains et les cuisses de ce pauvre miserable tout transi d'effroy et hors de soy. Androdus ayant reprins ses esprits par la benignité de ce lion et r'asseuré sa veue pour le considerer et recognoistre ; c'estoit un singulier plaisir de veoir les caresses et les festes

qu'ils s'entrefaisoient l'un à l'aultre. De quoy le peuple ayant eslevé des cris de joie, l'empereur feit appeller cest esclave pour entendre de luy le moyen d'un si estrange evenement. Il luy recita une histoire nouvelle et admirable : « Mon maistre, dict il, estant proconsul en Afrique, je feus contrainct, par la cruauté et rigueur qu'il me tenoit, me faisant journellement battre, me desrobber de luy et m'en fuyr ; et, pour me cacher seurement d'un personnage ayant si grande auctorité en la province, je trouvai mon plus court de gaigner les solitudes et les contrées sablonneuses et inhabitables de ce païs là, resolu, si le moyen de me nourrir venoit à me faillir, de trouver quelque façon de me tuer moy mesme. Le soleil estant extremement aspre sur le midy et les chaleurs insupportables, je m'embatis[1] sur une caverne cachée et inaccessible et me jectai dedans. Bientost après y surveint ce lion, ayant une patte sanglante et blecée, tout plainctif et gemissant des douleurs qu'il y souffroit. A son arrivée, j'eus beaucoup de frayeur ; mais luy, me voyant mussé dans un coing de sa loge, s'approcha tout doulcement de moy, me presentant sa patte offensée et me la montrant comme pour demander secours : je luy ostay lors un grand escot[2] qu'il y avoit, et m'estant un peu apprivoisé à luy, prenant sa playe, en feis sortir l'ordure qui s'y amassoit, l'essuyay et nettoyay le plus proprement que je peus. Luy, se sentant allegé de son mal et soulagé de ceste douleur, se print à reposer et à dormir, ayant tousjours sa patte entre mes mains. De là en hors, luy et moy vesquismes ensemble en ceste caverne, trois ans entiers, de mesmes viandes ; car des bestes qu'il tuoit à sa chasse, il m'en apportoit les meilleurs endroicts, que je faisois cuire au soleil ; à faulte de feu, et m'en nourrissois. A la longue, m'estant ennuyé de ceste vie brutale et sauvage, comme ce lion estoit allé un jour à sa queste accoustumée, je partis de là ; et, à ma troisiesme journée, feus surprins par les soldats qui me menerent d'Afrique en ceste ville à mon maistre, lequel soubdain me condamna à mort et à estre abandonné aux bestes. Or, à ce que je veois, ce lion feut aussi prins bientost après, qui m'a à ceste heure voulu recompenser du bienfaict et guarison qu'il avoit receu de moy. » Voylà

---

[1] Plut., de l'Industrie des animaux. Voyez aussi Elien, de Animal., VII, 48. C.

[2] Dans Aulu-Gelle, V, 14. Sénèque, de Benef., II, 19, semble rappeler le même fait. Quelques éditeurs d'Aulu-Gelle nomment le héros de cette histoire Androclus, ou plutôt Androclès, d'après Elien, Hist. des Anim., VII, 48. Nous suivons, comme Montaigne, les anciennes éditions. J. V. L.

[1] Rencontrai une caverne.
[2] Éclat de bois.

l'histoire qu'Androdus recita à l'empereur, laquelle il feit aussi entendre de main à main au peuple : parquoy, à la requeste de touts, il feut mis en liberté, et absouls de ceste condamnation, et, par ordonnance du peuple, luy feut faict present de ce lion. Nous voyions depuis, dict Apion, Androdus conduisant ce lion à tout une petite lesse, se promenant par les tavernes à Rome, recevoir l'argent qu'on luy donnoit, le lion se laisser couvrir des fleurs qu'on luy jectoict, et chascun dire en les rencontrant : «Voylà le lion, hoste de l'homme ; voylà l'homme, medecin du lion.»

Nous pleurons souvent la perte des bestes que nous aimons ; aussi font elles la nostre :

Post, bellator equus, positis insignibus, Æthon
It lacrymans, guttisque humectat grandibus ora [1].

Comme aulcunes de nos nations ont les femmes en commun, aulcunes à chascun la sienne, cela ne se veoid il pas aussi entre les bestes ; et des mariages mieux gardés que les nostres ? Quant à la société et confederation qu'elles dressent entre elles pour se liguer ensemble et s'entresecourir, il se veoid des bœufs, des porceaux, et aultres animaulx, qu'au cry de celuy que vous offensez toute la troupe accourt à son ayde et se rallie pour sa deffense : l'escare, quand il a avallé l'hameçon du pescheur, ses compaignons s'assemblent en foule autour de luy et rongent la ligne ; et si d'adventure il y en a un qui ayt donné dedans la nasse, les aultres luy baillent la queue par dehors, et luy la serre tant qu'il peult à belles dents ; ils le tirent ainsin au dehors, et l'entraisnent [2]. Les barbiers, quand l'un de leurs compaignons est engagé, mettent la ligne contre leur dos, dressant un' espine qu'ils ont dentelée comme une scie, à l'aide de laquelle ils la scient et coupent [3]. Quant aux particuliers offices que nous tirons l'un de l'autre pour le service de la vie, il s'en veoid plusieurs pareils exemples parmi elles : ils tiennent que la baleine ne marche jamais qu'elle n'ayt au devant d'elle un petit poisson semblable au goujon de mer, qui s'appelle pour cela *la guide* : la baleine le suit, se laissant mener et tourner aussi facilement que le timon faict retourner le navire ; et, en recompense aussi, au lieu que toute aultre chose, soit beste ou vaisseau, qui entre dans l'horrible chaos de la bouche de ce monstre, est incontinent perdu et englouty, ce petit poisson s'y retire en toute seureté et y dort ; et pendant son sommeil la baleine ne bouge : mais aussi tost qu'il sort, elle se met à le suyvre sans cesse ; et si, de fortune, elle l'escarte, elle va errant çà et là, et souvent se froissant contre les rochiers, comme un vaisseau qui n'a point de gouvernail : ce que Plutarque tesmoigne avoir veu en l'isle d'Anticyre [1]. Il y a une pareille societé entre le petit oyseau qu'on nomme le roytelet et le crocodile : le roytelet sert de sentinelle à ce grand animal ; et si l'ichneumon, son ennemy, s'approche pour le combattre, ce petit oyseau, de peur qu'il ne le surprenne endormy, va, de son chant et à coups de bec, l'esveillant et l'advertissant de son dangier : il vit des demeurants de ce monstre, qui le receoit familierement en sa bouche, et luy permet de becqueter dans ses machoueres et entre ses dents, et y recueillir les morceaux de chair qui y sont demeurés ; et, s'il veult fermer la bouche, il l'advertit premierement d'en sortir, en la serrant peu à peu, sans l'estreindre et l'offenser [2]. Ceste coquille qu'on nomme la nacre vit aussi ainsin avecques le pinnotere, qui est un petit animal de la sorte d'un cancre, luy servant d'huissier et de portier, assis à l'ouverture de ceste coquille, qu'il tient continuellement entrebaaillée et ouverte, jusques à ce qu'il y veoye entrer quelque petit poisson propre à leur prinse : car lors il entre dans la nacre, et luy va pinceant la chair vifve, et la contrainct de fermer sa coquille : lors eulx deux ensemble mangent la proye enfermée dans leur fort [3]. En la maniere de vivre des thuns, on y remarque une singuliere science des trois parties de la mathematique : quant à l'astrologie, ils l'enseignent à l'homme, car ils s'arrestent au lieu où le solstice d'hyver les surprend, et n'en bougent jusques à l'equinoxe ensuyvant ; voylà pourquoy Aristote mesme leur concede volontiers ceste science : quant à la geometrie et arithmetique, ils font tousjours leur bande de

---

(1) Ensuite venait, dépouillé de toute parure, Ethon, son cheval de bataille, pleurant et laissant tomber de ses yeux de grosses larmes. VIRG., *Enéide*, XI, 89. — Voyez PLINE, VIII, 42.
(2) PLUT., *de l'Industrie des animaux*, c. 26.
(3) *Ibid.*

(1) PLUT., *de l'Industrie des animaux*, c. 32.
(2) *Ibid.*, c. 32 ; PLINE, VIII, 25 ; ELIEN, *Hist. des anim.*, III, 11 ; VIII, 25 ; X, 47. J. V. L.
(3) PLUT., *de l'Industrie des animaux*, c. 32 ; CIC., *de Nat. deor.*, II, 48. C.

figure cubique, carrée en touts sens, et en dressent un corps de battaillon solide, clos et environné tout à l'entour, à six faces toutes egusles; puis nagent en ceste ordonnance carrée, autant large derriere que devant; de façon que qui en veoid et compte un reng, il peult aiséement nombrer toute la troupe, d'autant que le nombre de la profondeur est egal à la largeur, et la largeur à la longueur[1].

Quant à la magnanimité, il est malaysé de luy donner un visage plus apparent qu'en ce faict du grand chien qui feut envoyé des Indes au roy Alexandre: on luy presenta premierement un cerf pour le combattre, et puis un sanglier, et puis un ours; il n'en feit compte, et ne daigna se remuer de sa place: mais, quand il veid un lion, il se dressa incontinent sur ses pieds, montrant manifestement qu'il declaroit celuy là seul digne d'entrer en combat avecques luy[2]. Touchant la repentance et recognoissance des faultes, on recite d'un elephant, lequel, ayant tué son gouverneur par impetuosité de cholere, en print un dueil si extreme qu'il ne voulut oncques puis manger, et se laissa mourir[3]. Quant à la clemence, on recite d'un tigre, la plus inhumaine beste de toutes, que luy ayant esté baillé un chevreau, il souffrit deux jours la faim avant que de le vouloir offenser, et le troisiesme il brisa la cage où il estoit enfermé, pour aller chercher aultre pasture, ne se voulant prendre au chevreau, son familier et son hoste[4]. Et quant aux droicts de la familiarité et convenance, qui se dresse par la conversation, il nous advient ordinairement d'apprivoiser des chats, des chiens et des lievres ensemble.

Mais ce que l'experience apprend à ceulx qui voyagent par mer, et notamment en la mer de Sicile, de la condition des halcyons, surpasse toute humaine cogitation: de quelle espece d'animaulx a jamais nature tant honoré les couches, la naissance et l'enfantement? car les poëtes disent bien qu'une seule isle de Delos estant auparavant vagante feut affermie pour le service de l'enfantement de Latone; mais Dieu a voulu que toute la mer feust arrestée, afferrmie et applanie, sans vagues, sans vents et sans pluye, ce pendant que l'halcyon faict ses petits, qui est justement environ le solstice, le plus court jour de l'an; et par son privilege, nous avons sept jours et sept nuicts, au fin cœur de l'hyver, que nous pouvons naviguer sans dangier. Leurs femelles ne recognoissent aultre masle que le leur propre; l'assistent toute leur vie, sans jamais l'abandonner: s'il vient à estre debile et cassé, elles le chargent sur leurs epaules, le portent partout, et le servent jusques à la mort. Mais aulcune suffisance n'a encore peu atteindre à la cognoissance de ceste merveilleuse fabrique de quoy l'halcyon compose le nid pour ses petits, ny en deviner la matiere. Plutarque[1], qui en a veu et manié plusieurs, pense que ce soit des arrestes de quelque poisson qu'elle conjoinct et lie ensemble, les entrelaceant, les unes de long, les aultres de travers, et adjoustant des courbes et des arrondissements, tellement qu'enfin elle en forme un vaisseau rond prest à voguer: puis, quand elle a parachevé de le construire, elle le porte au battement du flot marin, là où la mer, le battant tout doulcement, luy enseigne à radouber ce qui n'est pas bien lié, et à mieulx fortifier aux endroicts où elle veoid que sa structure se desmeut et se lasche par les coups de mer: et, au contraire, ce qui est bien joinct, le battement de la mer le vous estreinct et vous le serre, de sorte qu'il ne se peult ny rompre, ny dissouldre, ou endommager à coups de pierre, ny de fer, si ce n'est à toute peine. Et ce qui plus est à admirer, c'est la proportion et figure de la concavité du dedans: car elle est composée et proportionnée de maniere qu'elle ne peult recevoir ny admettre aultre chose que l'oyseau qui l'a bastie; car à toute aultre chose elle est impenetrable, close et fermée, tellement qu'il n'y peult rien entrer, non pas l'eau de la mer seulement. Voylà une description bien claire de ce bastiment, et empruntée de bon lieu: toutesfois il me semble qu'elle ne nous esclaircit pas encores suffisamment la difficulté de ceste architecture. Or, de quelle vanité nous peult il partir, de loger au dessoubs de nous, et d'interpreter desdaigneusement les effects que nous ne pouvons imiter ny comprendre?

Pour suyvre encores un peu plus loing ceste

---

(1) PLUT., *de l'Industrie des animaux*, c. 29, 31; ARIST., *de Animal.*, VIII, 13; ÉLIEN, *de Animal.*, IX, 42. C.

(2) PLUT., *ibid.*, c. 14. C.

(3) ARRIEN, *Hist. Indic.*, c. 14. C.

(4) PLUT., *de l'Industrie des animaux*, c. 19. C.

(1) PLUT., *de l'Industrie des animaux*, c. 34. Voyez aussi PLINE, X, 32; ÉLIEN, *Hist. des anim.*, IX, 17. J. V. L.

egualité et correspondance de nous aux bestes : le privilege, de quoy nostre ame se glorifie, de ramener à sa condition tout ce qu'elle conceoit, de despouiller de qualités mortelles et corporelles tout ce qui vient à elle, de renger les choses qu'elle estime dignes de son accointance, à desvestir et despouiller leurs conditions corruptibles et leur faire laisser à part, comme vestements superflus et viles, l'espesseur, la longueur, la profondeur, le poids, la couleur, l'odeur, l'aspreté, la polisseure, la dureté, la mollesse et touts accidents sensibles pour les accommoder à sa condition immortelle et spirituelle; de maniere que Rome et Paris, que j'ay en l'ame, Paris que j'imagine, je l'imagine et le comprends sans grandeur et sans lieu, sans pierre, sans plastre et sans bois : ce mesme privilege, dis je, semble estre bien evidemment aux bestes; car un cheval accoustumé aux trompettes, aux harquebusades et aux combats, que nous veoyons tremousser et fremir en dormant estendu sur sa licticre, comme s'il estoit en la meslée, il est certain qu'il conceoit en son ame un son de tabourin sans bruict, une armée sans armes et sans corps :

Quippe videbis equos fortes, quum membra jacebunt
In somnis, sudare tamen, spirareque sæpe,
Et quasi de palma summas contendere vires[1] :

ce lievre, qu'un levrier imagine en songe, après lequel nous le veoyons haleter en dormant, alonger la queue, secouer les jarrets et representer parfaictement les mouvements de sa course, c'est un lievre sans poil et sans os :

Venantumque canes in molli sæpe quiete
Jactant crura tamen subito, vocesque repente
Mittunt, et crebras reducunt naribus auras,
Ut vestigia si teneant inventa ferarum :
Expergefactique sequuntur inania sæpe
Cervorum simulacra, fugæ quasi dedita cernant;
Donec discussis redeant erroribus ad se[2] :

les chiens de garde, que nous veoyons souvent gronder en songeant et puis japper tout à faict,

et s'esveiller en sursault, comme s'ils apperceuvoient quelque estrangier arriver ; c'est estrangier que leur ame veoid, c'est un homme spirituel et imperceptible, sans dimension, sans couleur et sans estre :

Consueta domi catulorum blanda propago
Degere, sæpe levem ex oculis volucremque soporem
Discutere, et corpus de terra corripere instant,
Proinde quasi ignotas facies atque ora tuantur[1].

Quant à la beauté du corps, avant passer oultre, il me fauldroit sçavoir si nous sommes d'accord de sa description. Il est vraysemblable que nous ne sçavons gueres que c'est que beauté en nature et en general, puisque à l'humaine et nostre beauté nous donnons tant de formes diverses, de laquelle, s'il y avoit quelque prescription naturelle, nous la recognoistrions en commun, comme la chaleur du feu. Nous en fantasions les formes à nostre poste;

Turpis romano belgicus ore color[2] :

les Indes la peignent noire et basannée, aux levres grosses et enflées, au nez plat et large; et chargent de gros anneaux d'or le cartilage d'entre les nazeaux pour le faire pendre jusqu'à la bouche ; comme aussi la banlevre[3] de gros cercles enrichis de pierreries, si qu'elle leur tumbe sur le menton, et est leur grace de montrer leurs dents jusqu'au dessoubs des racines. Au Peru, les plus grandes aureilles sont les plus belles et les estendent autant qu'ils peuvent par artifice : et un homme d'aujourd'huy dict avoir veu, en une nation orientale, ce soing de les agrandir en tel credit et de les charger de poisants joyaux, qu'à touts coups il passoit son bras vestu au travers d'un trou d'aureille. Il est ailleurs des nations qui noircissent les dents avecques grand soing et ont à mespris de les veoir blanches : ailleurs, ils les teignent de couleur rouge. Non seulement en Basque les femmes se treuvent plus belles la teste rase, mais assez ailleurs, et, qui plus est, en certaines contrées glaciales, comme dict Pline[4]. Les

---

(1) Vous verrez des coursiers, quoique profondément endormis, se baigner de sueur, souffler fréquemment, et tendre tous leurs muscles, comme s'ils disputaient le prix de la course. Lucr., IV, 988.

(2) Souvent, au milieu du sommeil, les chiens de chasse agitent tout à coup les pieds, aboient, et aspirent l'air à plusieurs reprises, comme s'ils étaient sur la trace de la proie : souvent même, en se réveillant, ils continuent de poursuivre les vains simulacres d'un cerf qu'ils s'imaginent voir fuir devant eux, jusqu'à ce que, revenus à eux, ils reconnaissent leur erreur. Lucr., IV, 992.

(1) Souvent le gardien fidèle et caressant qui vit sous nos toits dissipe tout à coup le sommeil léger qui couvrait ses paupières, se dresse avec précipitation sur ses pieds, croyant voir un visage étranger et des traits inconnus. Lucr., IV, 999.
(2) Le teint belgique dépare un visage romain. Properce, II, V, 26. 18
(3) Lèvre inférieure.
(4) Liv. VI, c. 13. C.

Mexicanes comptent entre les beautés la petitesse du front ; et où elles se font le poil par tout le reste du corps elles le nourrissent au front et peuplent par art ; et ont en si grande recommendation la grandeur des tettins qu'elles affectent de pouvoir donner la mammelle a leurs enfants par dessus l'espaule : nous formerions ainsi la laideur. Les Italiens la façonnent grosse et massifve ; les Espaignols, vuidée et estrillée ; et entre nous, l'un la faict blanche, l'aultre brune ; l'un molle et delicate, l'aultre forte et vigoreuse ; qui y demande de la mignardise et de la doulceur, qui de la fierté et majesté. Tout ainsi que la preference en beauté, que Platon attribue à la figure spherique, les epicuriens la donnent à la pyramidale plustost, ou carrée, et ne peuvent avaller un dieu en forme de boule[1]. Mais, quoy qu'il en soit, nature ne nous a non plus privilegiés en cela qu'au demourant sur ses loix communes : et, si nous nous jugeons bien, nous trouverons que s'il est quelques animaulx moins favorisés en cela que nous, il y en a d'aultres, et en grand nombre, qui le sont plus, *a multis animalibus decore vincimur*[2], voire des terrestres nos compatriotes ; car, quant aux marins, laissant la figure qui ne peult tumber en proportion tant elle est aultre en couleur, netteté, polisseure, disposition, nous leur cedons assez ; et non moins, en toutes qualités, aux aërés. Et ceste prerogative que les poëtes font valoir de nostre stature droicte, regardant vers le ciel son origine,

*Pronaque quum spectent animalia cetera terram,
Os homini sublime dedit, celumque tueri
Jussit, et erectos ad sidera tollere vultus*[3],

elle est vrayement poëtique ; car il y a plusieurs bestioles qui ont la veue renversée tout à faict vers le ciel ; et l'encoleure des chameaux et des austruches, je la treuve encores plus relevée et droicte que la nostre. Quels animaulx n'ont la face au hault et ne l'ont devant, et ne regardent vis à vis comme nous, et ne descouvrent, en leur juste posture, autant du ciel et de la terre que l'homme ? et quelles qualités de nostre corporelle constitution[1], en Platon et en Ciceron, ne peuvent servir à mille sortes de bestes ? Celles qui nous retirent le plus, ce sont les plus laides et les plus abjectes de toute la bande ; car, pour l'apparence exterieure et forme du visage, ce sont les magots :

Simia quam similis, turpissima bestia, nobis[2]!

pour le dedans et parties vitales, c'est le porceau. Certes, quand j'imagine l'homme tout nud, ouy en ce sexe qui semble avoir plus de part à la beauté, ses tares, sa subjection naturelle et ses imperfections, je treuve que nous avons eu plus de raison que nul aultre animal de nous couvrir. Nous avons esté excusables d'emprunter à ceulx que nature avoit favorisés en cela plus que nous, pour nous parer de leur beauté et nous cacher sous leur depouille de laine, plume, poil, soye. Remarquons au demourant que nous sommes le seul animal duquel le default offense nos propres compaignons, et seuls qui avons à nous desrobber en nos actions naturelles de nostre espece. Vrayment c'est aussi un effect digne de consideration que les maistres du mestier ordonnent pour remede aux passions amoureuses l'entiere veue et libre du corps qu'on recherche ; et que pour refroidir l'amitié il ne faille que veoir librement ce qu'on aime :

*Ille quod obscænas in aperto corpore partes
Viderat, in cursu qui fuit hæsit amor*[3].

Or, encores que ceste recepte puisse à l'adventure partir d'une humeur un peu delicate et refroidie, si est ce un merveilleux signe de nostre defaillance que l'usage et la cognoissance nous desgouste les uns des aultres. Ce n'est pas tant pudeur qu'art et prudence qui rend nos dames si circonspectes à nous refuser l'entrée de leurs cabinets avant qu'elles soient peinctes et parées pour la montre publicque :

*Nec Veneres nostras hoc fallit ; quo magis ipsæ
Omnia summopere hos vitæ postscenia celant,
Quos retinere volunt, astrictoque esse in amore*[4] :

---

(1) PLAT., *Timée*, page 94. D. CIC., *de Nat. deor.*, I, 10. C.
(2) Plusieurs animaux nous surpassent en beauté. SÉN., *Epist.* 124.
(3) Dieu a courbé les animaux, et attaché leurs regards à la terre ; mais il a donné à l'homme un front sublime, il a voulu qu'il regardat le ciel, et qu'il levat vers les astres sa face majestueuse. OVIDE, *Met.*, I, 84.

(1) Décrites par Platon et par Cicéron : par le premier dans son *Timée*, et par le dernier, dans son traité *de la Nature des dieux*, II, 54, etc. C.
(2) Tout difforme qu'il est, le singe nous ressemble. ENNIUS apud. CIC., *de Nat. deor.*, I, 35.
(3) Tel, pour avoir vu à découvert les plus secretes parties du corps de l'objet aimé, a senti, au milieu des plus vifs transports, s'éteindre sa passion. OVIDE, *de Remed. amor.*, v. 429.
(4) C'est ce que les femmes savent bien ; elles ont grand

là où, en plusieurs animaulx, il n'est rien d'eulx que nous n'aimions et qui ne plaise à nos sens; de façon que de leurs excrements mesme et de leur descharge nous tirons non seulement de la friandise au manger, mais nos plus riches ornements et parfums. Ce discours ne touche que nostre commun ordre et n'est pas si sacrilege d'y vouloir comprendre ces divines, supernaturelles et extraordinaires beautés qu'on veoid par fois reluire entre nous comme des astres soubs un voile corporel et terrestre.

Au demourant, la part mesme que nous faisons aux animaulx des faveurs de nature, par nostre confession, elle leur est bien advantageuse : nous nous attribuons des biens imaginaires et fantastiques, des biens futurs et absents desquels l'humaine capacité ne se peult d'elle mesme respondre, ou des biens que nous nous attribuons faulsement par la licence de nostre opinion, comme la raison, la science et l'honneur; et à eulx nous laissons en partage des biens essentiels, maniables et palpables, la paix, le repos, la securité, l'innocence et la santé : la santé, dis je, le plus beau et le plus riche present que nature nous sache faire. De façon que la philosophie, voire la stoïque[1], ose bien dire que Heraclitus et Pherecides, s'ils eussent peu eschanger leur sagesse avecques la santé, et se delivrer par ce marché, l'un de l'hydropisie, l'aultre de la maladie pediculaire qui le pressoit, ils eussent bien faict. Par où ils donnent encores plus grand prix à la sagesse, la comparant et contrepoisant à la santé qu'ils ne font en ceste aultre proposition qui est aussi des leurs : ils disent que si Circé eust presenté à Ulysses deux bruvages, l'un pour faire devenir un homme de fol sage, l'aultre de sage fol, qu'Ulysses eust deu plustost accepter celuy de la folie que de consentir que Circé eust changé sa figure humaine en celle d'une beste; et disent que la sagesse mesme eust parlé à luy en ceste maniere : « Quitte moy, laisse moy là plustost que de me loger soubs la figure et corps d'un asne. » Comment? ceste grande et divine sapience les philosophes la quittent donc pour ce voile corporel et terrestre? ce n'est doncques plus par la raison, par le discours et par l'ame que nous excellons sur les bestes? c'est par nostre beauté, nostre beau teinct et nostre belle disposition de membres, pour laquelle il nous fault mettre nostre intelligence, nostre prudence et tout le reste à l'abandon. Or, j'accepte ceste naïfve et franche confession : certes, ils ont cogneu que ces parties là, de quoy nous faisons tant de feste, ce n'est que vaine fantasie. Quand les bestes auroient doncques toute la vertu, la science, la sagesse et suffisance stoïque, ce seroient tousjours des bestes; ny ne seroient pourtant comparables à un homme miserable, meschant et insensé. Car enfin tout ce qui n'est pas comme nous sommes n'est rien qui vaille; et Dieu mesme, pour se faire valoir, il fault qu'il y retire, comme nous dirons tantost : par où il appert que ce n'est par vray discours, mais par une fierté folle et opiniastreté que nous nous preferons aux aultres animaulx et nous sequestrons de leur condition et societé.

Mais pour revenir à mon propos, nous avons pour nostre part l'inconstance, l'irresolution, l'incertitude, le dueil, la superstition, la solicitude des choses à venir, voire après nostre vie, l'ambition, l'avarice, la jalousie, l'envie, les appetits desreglés, forcenés et indomptables, la guerre, le mensonge, la desloyauté, la detraction et la curiosité. Certes, nous avons estrangement surpayé ce beau discours de quoy nous nous glorifions, et ceste capacité de juger et cognoistre, si nous l'avons achetée au prix de ce nombre infiny de passions ausquelles nous sommes incessamment en prinse : s'il ne nous plaist de faire encores valoir, comme faict bien Socrates[1], ceste notable prerogative sur les aultres animaulx, que où nature leur a prescript certaines raisons et limites à la volupté venerienne, elle nous en a lasché la bride à toutes heures et occasions. *Ut vinum ægrotis, quia prodest raro, nocet sæpissime, melius est non adhibere omnino, quam, spe dubiæ salutis, in apertam perniciem incurrere : sic haud scio an melius fuerit humano generi motum istum celerem cogitationis, acumen, solertiam, quam rationem vocamus, quoniam pestifera sint multis, admodum paucis salutaria, non dari omnino quam tam munifice et tam large dari*[2]. De quel fruict pouvons

---

soin de cacher ces arrière-scènes de la vie aux amants qu'elles veulent retenir dans leurs chaines. Lucr., IV, 1182.

(1) Plut., *Des communes conceptions contre les stoïques*, c. 8. C.

(1) Xénoph., *Mémoire sur Socrate*, I, 4, 12. C.
(2) Il vaut mieux ne point donner de vin aux malades, parce

nous estimer avoir esté à Varro et Aristote ceste intelligence de tant de choses? les a elle exemptés des incommodités humaines? ont ils esté deschargés des accidents qui pressent un crocheteur? Ont ils tiré de la logique quelque consolation à la goutte? pour avoir sceu comme ceste humeur se loge aux joinctures, l'en ont ils moins sentie? sont ils entrés en composition de la mort, pour sçavoir qu'aulcunes nations s'en resjouissent; et du cocuage, pour sçavoir les femmes estre communes en quelque region? Au rebours, ayants tenu le premier reng en sçavoir, l'un entre les Romains, l'aultre entre les Grecs, et en la saison où la science fleurissoit le plus, nous n'avons pas pourtant appris qu'ils ayent eu aulcune particuliere excellence en leur vie; voire le Grec a assez à faire à se descharger d'aulcunes taches notables en la sienne. A l'on trouvé que la volupté et la santé soyent plus savoureuses à celuy qui sçait l'astrologie et la grammaire?

Illitterati num minus nervi rigent[1]?

et la honte et pauvreté moins importunes?

Scilicet et morbis, et debilitate carebis,
Et luctum et curam effugies, et tempora vitæ
Longa tibi post hæc fato meliore dabuntur[2].

J'ay veu en mon temps cent artisans, cent laboureurs, plus sages et plus heureux que des recteurs de l'Université, et lesquels j'aimerois mieulx ressembler. La doctrine, ce m'est advis, tient reng entre les choses necessaires à la vie, comme la gloire, la noblesse, la dignité, ou pour le plus, comme la beauté, la richesse, et telles aultres qualités qui y servent voirement, mais de loing, et plus par fantasie que par nature. Il ne nous fault guere plus d'offices, de regles et de loix de vivre en nostre communauté, qu'il en fault aux grues et aux fourmis en la leur; et ce neantmoins nous voyons qu'elles s'y conduisent très ordonnéement, sans erudition. Si l'homme estoit sage, il prendroit le vray prix de chasque chose, selon qu'elle seroit la plus utile et propre à sa vie. Qui nous comptera par nos actions et desportements, il s'en trouvera plus grand nombre d'excellents entre les ignorants qu'entre les sçavants : je dis en toute sorte de vertu. La vieille Rome me semble en avoir bien porté de plus grande valeur, et pour la paix et pour la guerre, que ceste Rome sçavante, qui se ruyna soy mesme : quand le demourant seroit tout pareil, au moins la preud'hommie et l'innocence demeureroient du costé de l'ancienne; car elle loge singulierement bien avecques la simplicité. Mais je laisse ce discours, qui me tireroit plus loing que je ne vouldrois suyvre. J'en diray seulement encores cela, que c'est la seule humilité et soubmission qui peult effectuer un homme de bien. Il ne fault pas laisser au jugement de chascun la cognoissance de son debvoir; il le luy fault prescrire, non pas le laisser choisir à son discours : aultrement, selon l'imbecillité et varieté infinie de nos raisons et opinions, nous nous forgerions enfin des debvoirs qui nous mettroient à nous manger les uns les aultres, comme dict Epicurus[1].

La premiere loy que Dieu donna jamais à l'homme ce feut une loy de pure obeïssance; ce feut un commandement nud et simple, où l'homme n'eust rien à cognoistre et à causer, d'autant que l'obeïr est le propre office d'une ame raisonnable, recognoissant un celeste superieur et bienfacteur. De l'obeïr et ceder naist toute aultre vertu, comme du cuider, tout peché. Et au rebours, la premiere tentation qui veint à l'humaine nature de la part du diable, sa premiere poison s'insinua en nous par les promesses qu'il nous feit de science et de cognoissance : *Eritis sicut dii, scientes bonum et malum*[2] : et les sireines, pour piper Ulysse en Homere, et l'attirer en leurs dangereux et ruyneux laqs, luy offrent en don la science[3].

---

qu'en leur donnant ce remède quelquefois utile, mais le plus souvent nuisible, on les exposerait, pour une espérance incertaine, à un véritable danger : de même il vaudrait peut-être mieux, à mon avis, que la nature nous eût refusé cette activité de pensée, cette pénétration, cette industrie, que nous appelons raison, et qu'elle nous a si libéralement accordée, puisque cette noble faculté n'est salutaire qu'à un petit nombre d'hommes, tandis qu'elle est funeste à tous les autres. Cic., *de Nat. deor.*, III, 27.

(1) Un ignorant soutient-il avec moins de vigueur les combats de l'amour? Hon., *Epod.* 8, v. 17.

(2) C'est par-là, sans doute, que vous serez exempt d'infirmités et de maladies; vous ne connaîtrez ni le chagrin ni l'inquiétude; vous jouirez d'une vie longue et plus heureuse. Juv., XIV, 156.

(1) Ou plutôt l'épicurien *Colotès*, comme on peut voir dans le traité que Plutarque a écrit contre lui, c. 27 de la traduction d'Amyot. C.

(2) Vous serez comme des dieux, sachant le bien et le mal. Genès., III, 5.

(3) Hom., *Odyss.*, XII, 188; Cic., *de Fin.*, V, 18. J. V. L.

La peste de l'homme, c'est l'opinion de sçavoir : voylà pourquoy l'ignorance nous est tant recommendée par nostre religion, comme piece propre à la creance et à l'obeïssance : *Cavete ne quis vos decipiat per philosophiam et inanes seductiones, secundum elementa mundi*[1]. En cecy, il y a une generale convenance entre touts les philosophes de toutes sectes, que le souverain bien consiste en la tranquillité de l'ame et du corps : mais où la trouvons nous ?

Ad summum, sapiens uno minor est Jove, dives,
Liber, honoratus, pulcher, rex denique regum;
Præcipue sanus, nisi quum pituita molesta est[2].

Il semble, à la verité, que nature, pour la consolation de nostre estat miserable et chestif, ne nous ayt donné en partage que la presomption ; c'est ce que dict Epictete, « que l'homme n'a rien proprement sien que l'usage de ses opinions[3] : » nous n'avons que du vent et de la fumée en partage. Les dieux ont la santé en essence, dict la philosophie, et la maladie en intelligence : l'homme, au rebours, possede ses biens par fantasie, les maulx en essence. Nous avons eu raison de faire valoir les forces de nostre imagination ; car touts nos biens ne sont qu'en songe. Oyez braver ce pauvre et calamiteux animal : « Il n'est rien, dict Cicero, si doulx que l'occupation des lettres, de ces lettres, dis je, par le moyen desquelles l'infinité des choses, l'immense grandeur de nature, les cieux, en ce monde mesme, et les terres et les mers nous sont découvertes : ce sont celles qui nous ont apprins la religion, la moderation, la grandeur de courage, et qui ont arraché nostre ame des tenebres, pour luy faire veoir toutes choses haultes, basses, premieres, dernieres et moyennes ; ce sont elles qui nous fournissent de quoy bien et heureusement vivre, et nous guident à passer nostre aage sans desplaisir et sans offense [4] : » cestuy cy ne semble il pas parler de la condition de Dieu tout vivant et tout puissant ? Et, quant à l'effect, mille femmelettes ont vescu au village une vie plus equable, plus doulce et plus constante que ne feut la sienne.

Deus ille fuit, deus, inclyte Memmi,
Qui princeps vitæ rationem invenit eam, quæ
Nunc appellatur sapientia; quique per artem
Fluctibus e tantis vitam, tantisque tenebris,
In tam tranquilla et tam clara luce locavit[1] :

voylà des paroles très magnifiques et belles; mais un bien legier accident meit l'entendement de cestuy cy[2] en pire estat que celuy du moindre berger, nonobstant ce dieu precepteur et ceste divine sapience. De mesme impudence est ceste promesse du livre de Democritus : « Je m'en voys parler de toutes choses[3] ; » et ce sot tiltre, qu'Aristote nous preste, de « dieux mortels[4]; » et ce jugement de Chrysippus, que « Dion estoit aussi vertueux que Dieu[5] : » et mon Seneca recognoist, dict il, que « Dieu luy a donné le vivre, mais qu'il a de soy le bien vivre;» conformement à cest aultre, *in virtute vere gloriamur; quod non contingeret, si id donum a deo, non a nobis haberemus*[6] : cecy est aussi de Seneca : « que le sage a la fortitude pareille à Dieu, mais en l'humaine foiblesse ; par où il le surmonte[7]. » Il n'est rien si ordinaire que de rencontrer des traicts de pareille temerité : il n'y a aulcun de nous qui s'offense tant de se veoir apparier à Dieu, comme il faict de se veoir deprimer au reng des aultres animaulx : tant nous sommes plus jaloux de nostre interest que de celuy de nostre Createur !

Mais il fault mettre aux pieds ceste sotte vanité, et secouer vifvement et hardiment les fondements ridicules sur quoy ces faulses opinions se bastissent. Tant qu'il pensera avoir quelque moyen et quelque force de soy, jamais

---

(1) Prenez garde que personne ne vous séduise par la philosophie, et par de vaines et trompeuses subtilités, selon les doctrines du monde. S. Paul, *ad Coloss.*, II, 8.

(2) Le sage ne voit au-dessus de lui que Jupiter ; il est riche, beau, comblé d'honneurs, libre ; il est le roi des rois, et surtout il jouit d'une santé merveilleuse, si ce n'est quand la pituite le tourmente. Hor., *Epist.*, I, 1, 106.

(3) *Manuel*, c. 11. C.

(4) Cic., *Tusc. quæst.*, I, 26. C.

(1) Il fut un dieu, illustre Memmius, oui, il fut un dieu, celui qui le premier trouva cet art de vivre auquel on donne aujourd'hui le nom de sagesse; celui qui, par cet art vraiment divin, a fait succéder le calme et la lumière à l'orage et aux ténèbres. Lucr., V, 8.

(2) De Lucrèce qui, dans les vers précédents, parle si magnifiquement d'Epicure et de sa doctrine ; car un breuvage que lui donna sa femme ou sa maitresse lui troubla si fort la raison que la violence du mal ne lui laissa que quelques intervalles lucides, qu'il employa à composer son poème, et le porta enfin à se tuer lui-même. Chron. d'Eusèbe. C.

(3) Cic., *Acad.*, II, 23.

(4) Cic., *de Fin.*, II, 13.

(5) Plut., *des communes conceptions*, etc., c. 30.

(6) C'est avec raison que nous nous glorifions de notre vertu ; ce qui ne serait point si nous la tenions d'un dieu, et non pas de nous-mêmes. Cic., *de Nat. deor.*, III, 36.

(7) Sén. *Epist.* 53, à la fin. C.

l'homme ne recognoistra ce qu'il doibt à son maistre; il fera tousjours de ses œufs poules, comme on dict: il le fault mettre en chemise. Veoyons quel notable exemple de l'effect de sa philosophie : Posidonius, estant pressé d'une si douloureuse maladie qu'elle luy faisoit tordre les bras et grincer les dents, pensoit bien faire la figue à la douleur pour s'escrier contre elle : « Tu as beau faire, si ne diray je pas que tu sois mal[1]. » Il sent mesme passion que mon laquay; mais il se brave, sur ce qu'il contient au moins sa langue soubs les loix de sa secte ; *re succumbere non oportebat, verbis gloriantem*[2]. Arcesilas estant malade de la goutte, Carneades, qui le veint visiter, s'en retournoit tout fasché; il le rappela, et, luy montrant ses pieds et sa poictrine : « Il n'est rien venu de là icy, » luy dict il[3]. Cestuy cy a un peu meilleure grace ; car il sent avoir du mal, et en vouldroit estre depestré; mais de ce mal pourtant son cœur n'en est pas abattu ny affoibly : l'aultre se tient en sa roideur, plus, ce crains je, verbale qu'essentielle. Et Dionysius Heracleotes, affligé d'une cuison vehemente des yeulx, feut rengé à quitter ces resolutions stoïcques[4]. Mais quand la science feroit par effect ce qu'ils disent d'esmoucer et rabbattre l'aigreur des infortunes qui nous suyvent, que faict elle que ce que faict beaucoup plus purement l'ignorance, et plus evidemment? Le philosophe Pyrrho, courant en mer le hazard d'une grande tourmente, ne presentoit à ceulx qui estoient avecques luy à imiter que la securité d'un porceau qui voyageoit avecques eulx, regardant ceste tempeste sans effroy[5]. La philosophie, au bout de ses preceptes, nous renvoye aux exemples d'un athlete et d'un muletier, ausquels on veoid ordinairement beaucoup moins de ressentiment de mort, de douleur et d'aultres inconvenients, et plus de fermeté, que la science n'en fournit onques à aulcun qui n'y feust nay et preparé de soy mesme par habitude naturelle[6]. Qui faict qu'on incise et taillé les tendres membres d'un enfant, et ceulx d'un cheval, plus ayseement que les nostres, si ce n'est l'ignorance? Combien en a rendu de malades la seule force de l'imagination? Nous en veoyons ordinairement se faire saigner, purger et medeciner, pour guarir des maulx qu'ils ne sentent qu'en leur discours. Lorsque les vrays maulx nous faillent, la science nous preste les siens : ceste couleur et ce teinct vous presagent quelque defluxion catarrheuse; ceste saison chaulde vous menace d'une esmotion fiebvreuse; ceste coupeure de la ligne vitale de vostre main gauche vous advertit de quelque notable et voisine indisposition : et enfin elle s'en addresse tout destroussement[1] à la santé mesme; ceste alaigresse et vigueur de jeunesse ne peult arrester en une assiette; il luy fault desrobber du sang et de la force, de peur qu'elle ne se tourne contre vous mesme. Comparez la vie d'un homme asservy à telles imaginations à celle d'un laboureur se laissant aller après son appetit naturel, mesurant les choses au seul sentiment present, sans science et sans prognostique, qui n'a du mal que lorsqu'il l'a; où l'aultre a souvent la pierre en l'ame avant qu'il l'ayt aux reins : comme s'il n'estoit point assez à temps de souffrir le mal lorsqu'il y sera, il l'anticipe par fantasie, et luy court au devant. Ce que je dis de la medecine se peult tirer par exemple generalement à toute science : de là est venue ceste ancienne opinion des philosophes[2], qui logeoient le souverain bien à la recognoissance de la foiblesse de nostre jugement. Mon ignorance me preste autant d'occasion d'esperance que de crainte ; et n'ayant aultre regle de ma santé que celle des exemples d'aultruy et des evenements que je veois ailleurs en pareille occasion, j'en treuve de toutes sortes, et m'arreste aux comparaisons qui me sont plus favorables. Je receois la santé les bras ouverts, libre, plaine et entiere ; et aiguise mon appetit à la jouir, d'autant plus qu'elle m'est à present moins ordinaire et plus rare : tant s'en fault que je trouble son repos et sa doulceur par l'amertume d'une nouvelle et contraincte forme de vivre. Les bestes nous montrent assez combien l'agitation de nostre esprit nous apporte de maladies : ce qu'on nous dict de ceulx du Bresil, qu'ils ne mouroient que de vieillesse, on l'attribue à la serenité et tranquillité de leur

---

(1) Cic., *Tusc. quæst.*, II, 25. C.

(2) Faisant le brave en paroles, il ne fallait pas succomber en effet. Cic., *Tusc. quæst.*, II, 13.

(3) Cic., *de Fin.*, V, 31.

(4) Cic., *de Fin.*, V, 31 ; *Tusc.*, II, 25. C.

(5) Diog. Laerce, IX, 69. C.

(6) Montaigne ajoutait ici dans l'édition in-4° de 1588, fol. 204 verso : « La cognoissance nous esguise plustost au ressentiment des maulx, qu'elle ne les allege. » J. V. L.

(1) Ouvertement.

(2) Des sceptiques

air; je l'attribue plustost à la tranquillité et serenité de leur ame, deschargée de toute passion, pensée et occupation tendue ou desplaisante; comme gents qui passoient leur vie en une admirable simplicité et ignorance, sans lettres, sans loy, sans roy, sans religion quelconque. Et d'où vient, ce qu'on veoid par experience, que les plus grossiers et plus lourds sont plus fermes et plus desirables aux executions amoureuses ; et que l'amour d'un muletier se rend souvent plus acceptable que celle d'un gallant homme, sinon qu'en cestuy cy l'agitation de l'ame trouble sa force corporelle, la rompt et lasse, comme elle lasse aussi et trouble ordinairement soy mesme? Qui la desmeut, qui la jecte plus coustumierement à la manie, que sa promptitude, sa poincte, son agilité, et enfin sa force propre? de quoy se faict la plus subtile folie, que de la plus subtile sagesse? Comme des grandes amitiés naissent des grandes inimitiés; des santés vigoreuses les mortelles maladies, ainsi des rares et vifves agitations de nos ames les plus excellentes manies et plus destracquées; il n'y a qu'un demi tour de cheville à passer de l'un à l'aultre. Aux actions des hommes insensés nous veoyons combien proprement la folie convient avecques les plus vigoreuses operations de nostre ame. Qui ne sçait combien est imperceptible le voisinage d'entre la folie avecques les gaillardes eslevations d'un esprit libre, et les effects d'une vertu supreme et extraordinaire? Platon dict les melancholiques plus disciplinables et excellents: aussi n'en est il point qui ayent tant de propension à la folie. Infinis esprits se treuvent ruynés par leur propre force et souplesse : quel sault vient de prendre, de sa propre agitation et alaigresse, l'un des plus judicieux, ingenieux, et plus formés à l'air de ceste antique et pure poësie, qu'aultre poëte italien aye jamais esté? n'a il pas de quoy sçavoir gré à ceste sienne vivacité meurtriere? à ceste clarté qui l'a aveuglé? à ceste exacte et tendue apprehension de la raison, qui l'a mis sans raison ? à la curieuse et laborieuse queste des sciences, qui l'a conduict à la bestise? à ceste rare aptitude aux exercices de l'ame, qui l'a rendu sans exercice et sans ame? J'eus plus de despit encores que de compassion, de le veoir à Ferrare en si piteux estat, survivant à soy mesme, mescognoissant et soy et ses ouvrages, lesquels, sans son sceu, et toutefois à sa veue, on a mis en lumiere incorrigés et informes[1].

Voulez vous un homme sain, le voulez vous reglé, et en ferme et seure posture? affublez le de tenebres d'oysiveté et de pesanteur : il nous fault abestir pour nous assagir, et nous esblouir pour nous guider. Et si on me dict que la commodité d'avoir l'appetit froid et mousse aux douleurs et aux maulx tire après soy ceste incommodité de nous rendre aussi, par consequent, moins aigus et friands à la jouïssance des biens et des plaisirs, cela est vray : mais la misere de nostre condition porte que nous n'avons pas tant à jouïr qu'à fuyr, et que l'extreme volupté ne nous touche pas comme une legiere douleur : *Segnius homines bona quam mala sentiunt*[2] : nous ne sentons point l'entiere santé, comme la moindre des maladies ;

Pungit
In cute vix summa violatum plagula corpus;
Quando valere nihil quemquam movet. Hoc juvat unum,
Quod me non torquet latus, aut pes : cetera quisquam
Vix queat aut sanum sese, aut sentire valentem[3].

nostre bien estre, ce n'est que la privation d'estre mal. Voylà pourquoy la secte de philosophie qui a le plus faict valoir la volupté, encores l'a elle rengée à la seule indolence. Le n'avoir point de mal, c'est le plus avoir de bien que l'homme puisse esperer, comme disoit Ennius,

Nimium boni est cui nihil est mali[4];

car ce mesme chatouillement et aiguisement qui se rencontre en certains plaisirs et semble nous enlever au-dessus de la santé simple et de l'indolence, ceste volupté actifve, mouvante,

---

(1) Montaigne vit à Ferrare, en novembre 1580, le célèbre Torquato Tasso, l'auteur de la *Jérusalem délivrée*, enfermé dans l'hôpital Sainte-Anne au mois de mars 1579, et qui n'en sortit qu'au mois de juillet 1586. Quoiqu'il en parle ici avec beaucoup d'intérêt, il n'en dit rien dans le journal de son Voyage en Italie, t. I, p. 228. Il se contente de faire mention d'une effigie de l'Arioste, *un peu plus plein de visage qu'il n'est en ses livres*. J. V. L.

(2) Les hommes sont moins sensibles au plaisir qu'à la douleur. TITE LIVE, XXX, 21.

(3) Nous sentons vivement la piqûre qui nous effleure à peine, et nous ne sommes pas sensibles au plaisir de la santé. L'homme se félicite de n'avoir ni la pleurésie ni la goutte; mais à peine sait-il qu'il est sain et plein de vigueur. *Stephani Boetiani poemata*, au revers de la pag. 115, ligne 11, etc. — Ces vers latins, qu'on a attribués à Ennius, sont tirés d'une satire latine d'Estienne de la Boëtie, dont nous avons cité un passage dans les notes sur le chap. 27 du premier livre. C.;

(4) ENNIUS ap. CIC., *de Finib.*, II, 13.

et je ne sçais comment cuisante et mordante, celle là mesme ne vise qu'à l'indolence, comme à son but. L'appetit qui nous ravit à l'accointance des femmes, il ne cherche qu'à chasser la peine que nous apporte le desir ardent et furieux, et ne demande qu'à l'assouvir et se loger en repos et en l'exemption de ceste fiebvre. Ainsi des aultres. Je dis doncques que si la simplesse nous achemine à n'avoir point de mal, elle nous achemine à un très heureux estat, selon nostre condition. Si ne la fault il point imaginer si plombée qu'elle soit du tout sans sentiment ; car Crantor avoit bien raison de combattre l'indolence d'Epicurus, si on la bastissoit si profonde que l'abord mesme et la naissance des maulx en feust à dire : « Je ne loue point ceste indolence qui n'est ny possible ny desirable. Je suis content de n'estre pas malade ; mais si je le suis, je veulx sçavoir que je le suis, et si on me cauterise ou incise, je le veulx sentir[1]. » De vray, qui desracineroit la cognoissance du mal, il extirperoit quand et quand la cognoissance de la volupté, et enfin aneantiroit l'homme : *Istud nihil dolere non sine magna mercede contingit immanitatis in animo, stuporis in corpore*[2]. Le mal est à l'homme bien à son tour ; ny la douleur ne luy est tousjours à fuyr, ny la volupté tousjours à suyvre.

C'est un très grand advantage pour l'honneur de l'ignorance que la science mesme nous rejecte entre ses bras quand elle se treuve empeschée à nous roidir contre la pesanteur des maulx ; elle est contraincte de venir à ceste composition, de nous lascher la bride et donner congé de nous sauver en son giron, et nous mettre, soubs sa faveur, à l'abri des coups et injures de la fortune ; car que veult elle dire aultre chose quand elle nous presche « De retirer nostre pensée des maulx qui nous tiennent et l'entretenir des voluptés perdues ; de nous servir, pour consolation des maulx presents, de la souvenance des biens passés, et d'appeler à nostre secours un contentement esvanoui pour l'opposer à ce qui presse ? » *Levationes ægritudinum in avocatione a cogitanda molestia, et revocatione ad contemplan-*

das voluptates, ponit[1] ; si ce n'est que où la force luy manque elle veult user de ruse, et donner un tour de souplesse et de jambe où la vigueur du corps et des bras vient à luy faillir ; car non seulement à un philosophe, mais simplement à un homme rassis, quand il sent par effect l'alteration cuisante d'une fiebvre chaulde, quelle monnoye est ce de le payer de la soubvenance de la doulceur du vin grec ? Ce seroit plustost luy empirer son marché :

Che ricordarsi il ben doppia la noia[2].

De mesme condition est cest aultre conseil que la philosophie donne : « De maintenir en la memoire seulement le bonheur passé, et d'en effacer les desplaisirs que nous avons soufferts[3] ; » comme si nous avions en nostre pouvoir la science de l'oubli, et conseil duquel nous valons moins encores un coup.

Suavis laborum est præteritorum memoria[4].

Comment la philosophie, qui me doibt mettre les armes à la main pour combattre la fortune, qui me doibt roidir le courage pour fouler aux pieds toutes les adversités humaines, vient elle à ceste mollesse de me faire conniller par ces destours couards et ridicules ? Car la memoire nous represente, non pas ce que nous choisissons, mais ce qui luy plaist ; voire il n'est rien qui imprime si vifvement quelque chose en nostre souvenance que le desir de l'oublier. C'est une bonne maniere de donner en garde et d'empreindre en nostre ame quelque chose que de la soliciter de la perdre. Et cela est faulx : *Est situm in nobis, ut et adversa quasi perpetua oblivione obruamus, et secunda jucunde et suaviter meminerimus*[5] ; et cecy est vray : *Memini etiam quæ nolo ; oblivisci non possum quæ volo*[6]. Et de qui est ce conseil ?

---

(1) Pour bannir le chagrin, il faut, dit Epicure, écarter toute idée fâcheuse, et se rappeler les idées riantes. Cic., *Tuscul.*, III, 15.

(2) Le souvenir du bien double le mal.

(3) Cic., *Tusc. quæs.*, III, 15. C.

(4) Des maux passés le souvenir est doux.
Eurip., apud Cic., de Finib., II, 52.

(5) Il est en notre puissance d'effacer entièrement nos malheurs de notre mémoire, et de rappeler dans notre esprit l'agréable souvenir de tout ce qui nous est arrivé d'heureux. Cic., de Finib., I, 17.

(6) Je me souviens des choses que je voudrais oublier, et ne puis oublier celles dont je voudrais perdre le souvenir. Cic., de Finib., II, 32.

---

(1) Cic., *Tuscul.*, III, 7.

(2) Cette indolence ne se peut acquérir qu'il n'en coûte cher à l'esprit et au corps ; il faut que l'esprit devienne féroce et le corps léthargique. Cic., *Tuscul.*, III, 6.

de celuy, *qui se unus sapientem profiteri sit ausus*[1];

Qui genus humanum ingenio superavit, et omnes
Præstinxit, stellas exortus uti ætherius sol[2].

De vuider et desmunir la memoire, est ce pas le vray et propre chemin à l'ignorance?

Iners malorum remedium ignorantia est[3].

Nous veoyons plusieurs pareils preceptes par lesquels on nous permet d'emprunter du vulgaire des apparences frivoles où la raison vifve et forte ne peult assez, pourveu qu'elles nous servent de contentement et de consolation. Où ils ne peuvent guarir la playe, ils sont contents de l'endormir et pallier. Je crois qu'ils ne me nieront pas cecy, que s'ils pouvoient adjouster de l'ordre et de la constance en un estat de vie qui se maintcinst en plaisir et en tranquillité par quelque foiblesse et maladie de jugement, qu'ils ne l'acceptassent:

Potare, et spargere flores
Incipiam, patiarque vel inconsultus haberi[4].

Il se trouveroit plusieurs philosophes de l'advis de Lycas; cestuy cy ayant, au demourant, ses mœurs bien reglées, vivant doulcement et paisiblement en sa famille, ne manquant à nul office de son debvoir envers les siens et les estrangiers, se preservant très bien des choses nuisibles, s'estoit, par quelque alteration de sens, imprimé en la cervelle une resverie. C'est qu'il pensoit estre perpetuellement aux theatres à y veoir des passe-temps, des spectacles et des plus belles comedies du monde. Guari qu'il feut, par les medecins, de ceste humeur peccante, à peine qu'il ne les meist en procès pour le restablir en la doulceur de ces imaginations:

Pol! me occidistis, amici,
Non servastis, ait; cui sic extorta voluptas,
Et demptus per vim mentis gratissimus error[5]:

(1) Qui seul entre les hommes a osé se dire sage (Epicure). Cic., *de Fin.*, II, 3.

(2) Qui, par son génie supérieur à tous les hommes, les a tous effacés; comme le soleil, en se levant, éteint tous les feux célestes. Lucr., III, 1056.

(3) Et l'ignorance n'est à nos maux qu'un faible remède. Sén., *Œdipe*, act. III, v. 7.

(4) Au hasard de passer pour fou, je veux boire, je veux répandre des fleurs autour de moi. Hor., *Epist.*, I, 5, 14.

(5) Ah! mes amis, qu'avez-vous fait? En me guérissant, vous m'avez tué! C'est m'ôter tous mes plaisirs que de m'arracher de l'âme cette douce erreur dont j'étais enchanté. Hor., *Epist.*, II, 2, 138.

d'une pareille resverie à celle de Thrasylaus, fils de Pythodorus, qui se faisoit accroire que touts les navires qui relaschoient du port de Pirée et y abordoient ne travailloient que pour son service, se resjouïssant de la bonne fortune de leur navigation, les recueillant avecques joye. Son frere Crito l'ayant faict remettre en son meilleur sens, il regrettoit ceste sorte de condition en laquelle il avoit vescu en liesse et deschargé de tout desplaisir[1]. C'est ce que dict ce vers ancien grec qu' « Il y a beaucoup de commodité à n'estre pas si advisé: »

Ἐν τῷ φρονεῖν γὰρ μηδὲν, ἥδιστος βίος[2].

Et l'Ecclesiaste: « En beaucoup de sagesse, beaucoup de desplaisir; et qui acquiert science s'acquiert du travail et du torment[3]. »

Cela mesme, à quoy la philosophie consent en general, ceste derniere recepte qu'elle ordonne à toute sorte de necessité, qui est de mettre fin à la vie que nous ne pouvons supporter. *Placet? pare. Non placet? quacumque vis, exi... Pungit dolor? Vel fodiat sane. Si nudus es, da jugulum; sin tectus armis Vulcaniis, id est fortitudine, resiste*[4]; et ce mot des Grecs convives qu'ils y appliquent: *Aut bibat, aut abeat*[5], qui sonne plus sortablement en la langue d'un Gascon, qui change volontiers en V le B, qu'en celle de Cicero:

Vivere si recte nescis, decede peritis.
Lusisti satis, edisti satis, atque bibisti;
Tempus abire tibi est, ne potum largius æquo
Rideat, et pulset lasciva decentius ætas[6].

(1) Toute cette histoire est prise d'Athénée, liv. XII, à la fin. Elle est aussi dans Élien, *Var. Hist.*, IV, 25, où l'on trouve *Thrasyllus* au lieu de *Thrasylaus*. C.

(2) Soph. *Ajax*, v. 552. C.

(3) *Ecclesiast.* c. 1, v. 18. C.

(4) Te plait-elle encore? supporte-la. En es-tu las? sors-en par où tu voudras... La douleur te pique? je suppose même qu'elle te déchire. Prête le flanc, si tu es sans défense; mais, si tu es couvert des armes de Vulcain, c'est-à-dire armé de force et de courage, résiste. — Les premières paroles sont un passage altéré de Sénèque, *Epist.* 70: *Placet? vive. Non placet? licet eo reverti, unde venisti*. Le reste est de Cicéron, *Tusc. quæst.*, II, 14. C.

(5) Qu'il boive ou qu'il s'en aille. Cicéron, *Tusc. quæst.*, V, 4.

(6) Si tu ne sais point user de la vie, cède la place à ceux qui le savent; tu as assez folâtré, assez bu, assez mangé, il est temps pour toi de faire retraite. Ne crains-tu pas de t'enivrer, et de devenir la risée et le jouet des jeunes gens à qui la gaîté convient mieux qu'à toi? Hor., *Epist.*, II, 2, 213.

Qu'est ce aultre chose qu'une confession de son impuissance et un renvoy non seulement à l'ignorance pour y estre à couvert, mais à la stupidité mesme, au non sentir et au non estre ?

*Democritum postquam matura vetustas
Admonuit memorem, motus languescere mentis;
Sponte sua letho caput obvius obtulit ipse*[1].

C'est ce que disoit Antisthenes, « qu'il falloit faire provision ou de sens pour entendre ou de licol pour se pendre[2], » et ce que Chrysippus alleguoit sur ce propos du poëte Tyrtæus :

De la vertu, ou de mort approcher[3] :

et Cratès disoit que l'amour se guarissoit par la faim, sinon par le temps, et à qui ces deux moyens ne plairoient, par la hart[4]. » Celuy Sextius, duquel Seneque et Plutarque[5] parlent avecques si grande recommandation, s'estant jecté, toutes choses laissées, à l'estude de la philosophie, delibera de se precipiter en la mer, veoyant le progrès de ses estudes trop tardif et trop long. Il couroit à la mort, au default de la science. Voicy les mots de la loy sur ce subject : « Si d'adventure il survient quelque grand inconvenient qui ne se puisse remedier, le port est prochain, et se peult on sauver, à nage, hors du corps, comme hors d'un esquif qui faict eau ; car c'est la crainte de mourir, non pas le desir de vivre, qui tient le fol attaché au corps. »

Comme la vie se rend par la simplicité plus plaisante, elle s'en rend aussi plus innocente et meilleure, comme je commenceois tantost à dire : « Les simples, dict sainct Paul, et les ignorants s'eslevent et se saisissent du ciel; et nous, à tout nostre sçavoir, nous plongeons aux abismes infernaux. » Je ne m'arreste ny à Valentian[6], ennemy declaré de la science et des lettres, ny à Licinius, touts deux empereurs romains, qui les nommoient le venin et la peste de tout estat politique; ny à Mahumet, qui, comme j'ay entendu, interdict la science à ses hommes : mais l'exemple de ce grand Lycurgus et son auctorité doibt certes avoir grand poids, et la reverence de ceste divine police lacedemonienne, si grande, si admirable et si long temps fleurissante en vertu et en bonheur, sans aulcune institution ny exercice de lettres. Ceulx qui reviennent de ce monde nouveau, qui a esté descouvert du temps de nos peres par les Espaignols, nous peuvent tesmoigner combien ces nations, sans magistrat et sans loy, vivent plus legitimement et plus reglément que les nostres où il y a plus d'officiers et de loix qu'il n'y a d'aultres hommes et qu'il n'y a d'action :

*Di cittatorie piene è di libelli;
D' esamine e di carte di procure,
Hanno le mani e il seno, e gran fastelli
Di chiose, di consigli e di letture :
Per cui le facultà de' poverelli
Non sono mai nelle città sicure;
Hanno dietro e dinanzi, e d' ambi i lati,
Notai, procuratori ed avvocati*[1].

C'estoit ce que disoit un senateur romain des derniers siecles, que leurs predecesseurs avoient l'haleine puante à l'ail et l'estomac musqué de bonne conscience[2]; et qu'au rebours, ceulx de son temps ne sentoient au dehors que le parfum, puants au dedans toutes sortes de vices : c'est à dire, comme je pense, qu'ils avoient beaucoup de sçavoir et de suffisance, et grand' faulte de preud'hommie. L'incivilité, l'ignorance, la simplesse, la rudesse s'accompaignent volontiers de l'innocence; la curiosité, la subtilité, le sçavoir traisnent la malice à leur suitte : l'humilité, la crainte, l'obeïssance, la debonnaireté, qui sont les pieces principales pour la conservation de la societé humaine, demandent une ame vuide, docile et presumant peu de soy. Les chrestiens ont une particuliere cognoissance combien la curiosité est un mal naturel et originel en l'homme : le soing de s'augmenter en sagesse et en science, ce feut la premiere ruyne du genre humain ; c'est la

---

(1) Démocrite, averti par l'âge que les ressorts de son esprit commençaient à s'user, alla lui-même au-devant de la mort. Lucr., III, 1052.

(2) Plut., *Contredits des philosophes stoïques*, c. 14. C.

(3) Id., *ibid*.

(4) Diog. Laërce, VI, 86. C.

(5) Plut., *Comment on pourra apercevoir si on amende*, etc., c. 5 de la version d'Amyot, C. — Sextius le pythagoricien est cité par Sén., Epist. 59, 64, 73, 98, 108; *de Ira*, II, 36 ; III, 36 ; *Nat. quæst*., VII, 32, etc. J. V. L.

(6) *Valens*.

---

(1) Ils ont le sein et les mains pleines d'ajournements, de requêtes, d'informations et de lettres de procuration ; ils marchent chargés de sacs remplis de gloses, de consultations et de procédures. Grâce à eux, le pauvre peuple n'est jamais en sûreté dans les villes ; par devant, par derrière, des deux côtés, il est assiégé d'une foule de notaires, de procureurs et d'avocats. *Orlando furioso*, c. 14 ; stanz. 84.

(2) C'est un passage de Varron, qu'on trouve dans Nonius Marcellus, au mot *Cepe*, p. 201, éd. de Mercier. C.

voye par où il s'est precipité à la damnation eternelle, l'orgueil est sa perte et sa corruption; c'est l'orgueil qui jecte l'homme à quartier des voyes communes, qui luy faict embrasser les nouvelletés et aimer mieulx estre chef d'une troupe errante et desvoyée au sentier de perdition, aimer mieulx estre regent et precepteur d'erreur et de mensonge que d'estre disciple en l'eschole de verité, se laissant mener et conduire par la main d'aultruy à la voye battue et droicturiere. C'est à l'adventure ce que dict ce mot grec ancien, que « la superstition suyt l'orgueil et luy obeït comme à son pere : » ἡ δεισιδαιμονία καθάπερ πατρὶ τῷ τυφῷ πείθεται [1]. O cuider ! combien tu nous empesches !

Après que Socrates feut adverty que le dieu de sagesse luy avoit attribué le nom de sage, il en feut estonné [2]; et, se recherchant et secouant partout, n'y trouvoit aulcun fondement à ceste divine sentence : il en sçavoit de justes, temperants, vaillants, sçavants comme luy et plus eloquents, et plus beaux, et plus utiles au païs. Enfin il se resolut qu'il n'estoit distingué des aultres et n'estoit sage que parce qu'il ne se tenoit pas tel; et que son dieu estimoit bestise singuliere à l'homme l'opinion de science et de sagesse ; et que sa meilleure doctrine estoit la doctrine de l'ignorance et la simplicité sa meilleure sagesse. La saincte Parole declare miserables ceulx d'entre nous qui s'estiment : « Bourbe et cendre, leur dict elle, qu'as tu à te glorifier ? » Et ailleurs : « Dieu a faict l'homme semblable à l'ombre; » de laquelle qui jugera, quand par l'esloingnement de la lumiere elle sera esvanouïe? Ce n'est rien que de nous.

Il s'en fault tant que nos forces conceoivent la haulteur divine, que, des ouvrages de nostre Createur, ceulx là portent mieulx sa marque et sont mieulx siens que nous entendons le moins. C'est aux chrestiens une occasion de croire que, de rencontrer une chose incroyable, elle est d'autant plus selon raison qu'elle est contre l'humaine raison : si elle estoit selon raison, ce ne seroit plus miracle; et si elle estoit selon quelque exemple, ce ne seroit plus chose singuliere. *Melius scitur Deus, nesciendo* [3], dict sainct Augustin: et Tacitus, *Sanctius est ac reverentius de actis deorum credere, quam scire* [1]; et Platon estime qu'il y ait quelque vice d'impieté à trop curieusement s'enquerir et de Dieu, et du monde, et des causes premieres des choses : *Atque illum quidem parentem hujus universitatis invenire, difficile; et quum jam inveneris, indicare in vulgus, nefas* [2], dict Cicero. Nous disons bien puissance, verité, justice : ce sont paroles qui signifient quelque chose de grand; mais ceste chose là, nous ne la veoyons aulcunement ny ne la concevons. Nous disons que Dieu craint, que Dieu se courrouce, que Dieu aime,

Immortalia mortali sermone notantes [3] :

ce sont toutes agitations et esmotions qui ne peuvent loger en Dieu, selon nostre forme, ny nous l'imaginer selon la sienne. C'est à Dieu seul de se cognoistre et interpreter ses ouvrages; et le faict en nostre langue improprement pour s'avaller et descendre à nous qui sommes à terre couchés. «La prudence [4], comment luy peult elle convenir, qui est l'elite entre le bien et le mal, veu que nul mal ne le touche? quoy la raison et l'intelligence, desquelles nous nous servons pour arriver, par les choses obscures, aux apparentes ; veu qu'il n'y a rien d'obscur à Dieu ? la justice, qui distribue à chascun ce qui luy appartient, engendrée pour la societé et communauté des hommes, comment est elle en Dieu? la temperance, comment? qui est la moderation des voluptés corporelles, qui n'ont nulle place en la divinité: la fortitude à porter la douleur, le labeur, les dangiers, luy appartiennent aussi peu ; ces trois choses n'ayants nul accès près de luy : » parquoy Aristote [5] le tient egualement exempt de vertu et de vice: *Neque gratia, neque ira teneri potest; quod quæ talia essent, imbecilla essent omnia* [6].

---

(1) C'est un mot de Socrate, s'il faut en croire Stobée, qui le lui attribue, *Serm.* XXII, p. 189. C.

(2) *Voyez* Plat., *Apologie de Socrate*, p. 360. C.

(3) On connaît mieux ce qu'est la Divinité quand on se soumet à l'ignorer. S. Augustin, *de Ordine*, II, 16.

(1) A l'égard de ce que font les dieux, il est plus respectueux et plus saint de croire que d'approfondir. Tac., *de Mor. German.* c. 34.

(2) Il est difficile de connaître l'auteur de cet univers ; et, si on parvient à le découvrir, il est impossible de le dire à tous. Cic., trad. du *Timée* de Platon, c. 2.

(3) Exprimant des choses divines en termes humains. Lucr. V, 122.

(4) Montaigne transcrit ici un long passage de Cicéron, sans le nommer. Voy. *de Nat. deor.*, III, 15. C.

(5) *Morale à Nicomaque*, VII, 1. C.

(6) Il n'est susceptible ni de haine ni d'amour, parceque ces passions décèlent des êtres faibles. Cic., *de Nat. deor.*, I, 17.

La participation que nous avons à la cognoissance de la verité, quelle qu'elle soit, ce n'est point par nos propres forces que nous l'avons acquise : Dieu nous a assez apprins cela par les tesmoings qu'il a choisis du vulgaire, simples et ignorants, pour nous instruire de ses admirables secrets. Nostre foy, ce n'est pas nostre acquest ; c'est un pur present de la liberalité d'aultruy : ce n'est pas par discours ou par nostre entendement que nous avons receu nostre religion, c'est par auctorité et par commandement estrangier : la foiblesse de nostre jugement nous y ayde plus que la force, et nostre aveuglement plus que nostre clairvoyance ; c'est par l'entremise de nostre ignorance plus que de nostre science que nous sommes scavants de ce divin sçavoir. Ce n'est pas merveille si nos moyens naturels et terrestres ne peuvent concevoir ceste cognoissance supernaturelle et celeste : apportons y seulement du nostre, l'obeïssance et la subjection ; car, comme il est escript : « Je destruiray la sapience des sages et abbattray la prudence des prudents : où est le sage ? où est l'escrivain ? où est le disputateur de ce siecle ? Dieu n'a il pas abesty la sapience de ce monde ? car, puisque le monde n'a point cogneu Dieu par sapience, il luy a pleu, par l'ignorance et simplesse de la prédication, sauver les croyants [1]. »

Si me fault il veoir enfin s'il est en la puissance de l'homme de trouver ce qu'il cherche ; et si ceste queste qu'il y a employée depuis tant de siecles l'a enrichi de quelque nouvelle force et de quelque verité solide. Je crois qu'il me confessera, s'il parle en conscience, que tout l'acquest qu'il a retiré d'une si longue poursuite, c'est d'avoir apprins à recognoistre sa foiblesse. L'ignorance, qui estoit naturellement en nous, nous l'avons, par longue estude, confirmée et averée. Il est advenu aux gents veritablement sçavants ce qui advient aux epics de bled ; ils vont s'eslevant et se haulsant la teste droicte et fiere tant qu'ils sont vuides ; mais quand ils sont pleins et grossis de grains en leur maturité, ils commencent à s'humilier et baisser les cornes [2] : pareillement, les hommes ayant tout essayé, tout sondé, et n'ayant trouvé en cest amas de science et provision de tant de choses diverses rien de massif et ferme et rien que vanité, ils ont renoncé à leur presumption et recogneu leur condition naturelle. C'est ce que Velleius reproche à Cotta et à Cicero, « qu'ils ont apprins de Philo n'avoir rien apprins [1]. » Pherecydes, l'un des sept sages, escrivant à Thalès comme il expiroit : « J'ay, dict il, ordonné aux miens, après qu'ils m'auront enterré, de te porter mes escripts. S'ils contentent et toy et les aultres sages, publie les ; sinon, supprime les : ils ne contiennent nulle certitude qui me satisface à moy mesme ; aussi ne foys je pas profession de sçavoir la verité ny d'y atteindre : j'ouvre les choses plus que je ne les descouvre [2]. » Le plus sage homme qui feut oncques, quand on luy demanda ce qu'il sçavoit, respondit : « qu'il sçavoit cela, qu'il ne sçavoit rien [3]. » Il verifioit ce qu'on dict, que la plus grand' part de ce que nous sçavons est la moindre de celle que nous ignorons ; c'est à dire que ce mesme que nous pensons sçavoir, c'est une piece, et bien petite, de nostre ignorance. Nous sçavons les choses en songe, dict Platon, et les ignorons en verité. *Omnes pene veteres, nihil cognosci, nihil percipi, nihil sciri posse dixerunt ; angustos sensus, imbecilles animos, brevia curricula vitæ* [4]. Cicero mesme, qui debvoit au sçavoir tout son vaillant, Valerius dict que, sur sa vieillesse, il commencea à desestimer les lettres [5] : et, pendant qu'il les traictoit, c'estoit sans obligation d'aulcun party ; suyvant ce qui luy sembloit probable, tantost en l'une secte, tantost en l'aultre, se tenant tousjours soubs la dubitation de l'academie : *Dicendum est, sed ita ut nihil affirmem,*

---

(1) S. Paul, *Epitre aux Corinth.*, I, 1, 19. C.

(2) Similitude prise du traité de Plutarque, Πῶς ἄν τις αἰσθοιτο, etc., c. 10 de la version d'Amyot. L'expression appartient à Montaigne. J. V. L.

(1) Cic., *de Nat. deor.*, I, 17. C.

(2) Cette lettre, vraie ou fausse, est dans Diog. Laerce, I, 122. C.

(3) Mot de Socrate. Cic., *Academ.*, I, 4. Dans l'édition in-4 de 1588, *fol.* 209 *verso, après le plus sage homme qui feut oncques*, Montaigne ajoutait : « (et qui n'eust aultre plus juste occasion d'estre appellé sage que ceste sienne sentence). » J. V. L.

(4) Presque tous les anciens ont dit qu'on ne pouvait rien connaitre, rien comprendre, rien savoir ; que nos sens étaient bornés, notre intelligence faible, et notre vie trop courte. Cic., *Acad.*, I, 12.

(5) La Monnoye pensait avec raison que l'erreur de Montaigne, qui fait dire à Valère Maxime ce qu'il n'a pas dit, venait d'un passage incorrect dans les anciennes éditions de cet auteur, II, 2, 3 ; et Barbeyrac, dans une note citée aussi par Coste, prouvait que ce passage avait déjà trompé Jean de Salisbury (*Policrat.*, VIII, 12), que Montaigne s'est peut-être contenté de traduire. J. V. L.

quæram omnia, dubitans plerumque, et mihi diffidens[1].

J'aurois trop beau jeu si je voulois considerer l'homme en sa commune façon et en gros; et le pourrois faire pourtant par sa regle propre, qui juge la verité, non par le poids des voix, mais par le nombre. Laissons là le peuple,

Qui vigilans stertit,
Mortua cui vita est prope jam, vivo atque videnti[2];

qui ne se sent point, qui ne se juge point, qui laisse la pluspart de ses facultés naturelles oysifves : je veulx prendre l'homme en sa plus haulte assiette. Considerons le en ce petit nombre d'hommes excellens et triés qui, ayants esté doués d'une belle et particuliere force naturelle, l'ont encores roidie et aiguisée par soing, par estude et par art, et l'ont montée au plus hault poinct de sagesse où elle puisse atteindre : ils ont manié leur ame à touts sens et à touts biais, l'ont appuyée et estansonnée de tout le secours estrangier qui luy a esté propre, et enrichie et ornée de tout ce qu'ils ont peu emprunter pour sa commodité du dedans et dehors du monde : c'est en eulx que loge la haulteur extreme de l'humaine nature : ils ont reglé le monde de polices et de loix; ils l'ont instruict par arts et sciences et instruict encores par l'exemple de leurs mœurs admirables. Je ne metfray en compte que ces gents là, leur tesmoignage et leur experience; veoyons jusques où ils sont allés et à quoy ils se sont tenus : les maladies et les defauts que nous trouverons en ce college là, le monde les pourra hardiement bien advouer pour siens.

Quiconque cherche quelque chose, il en vient à ce poinct[3], ou qu'il dict qu'il l'a trouvée, ou qu'elle ne se peult trouver, ou qu'il en est encores en queste. Toute la philosophie est despartie en ces trois genres; son desseing est de chercher la verité, la science et la certitude. Les peripateticiens, epicuriens, stoïciens et aultres, ont pensé l'avoir trouvée; ceulx cy ont establi les sciences que nous avons, et les ont traictées comme notices certaines. Clitomachus, Carneades et les academiciens ont desesperé de leur queste, et jugé que la verité ne se pouvoit concevoir par nos moyens; la fin de ceulx cy, c'est la foiblesse et humaine ignorance; ce party a eu la plus grande suitte et les sectateurs les plus nobles. Pyrrho, et aultres sceptiques ou epechistes, les dogmes de qui plusieurs anciens ont tenu estre tirés de Homere, des sept sages, et d'Archilochus et d'Euripides, et y attachent Zeno, Democritus, Xenophanes, disent qu'ils sont encores en cherche de la verité; ceulx cy jugent que ceulx là qui pensent l'avoir trouvée se trompent infiniment, et qu'il y a encores de la vanité trop hardie en ce second degré qui asseure que les forces humaines ne sont pas capables d'y atteindre; car cela, d'establir la mesure de nostre puissance, de cognoistre et juger la difficulté des choses, c'est une grande et extreme science, de laquelle ils doubtent que l'homme soit capable :

Nil sciri si quis putat, id quoque nescit
An sciri possit quo se nil scire fatetur[1].

L'ignorance qui se sçait, qui se juge, et qui se condamne, ce n'est pas une entiere ignorance; pour l'estre, il fault qu'elle s'ignore soy mesme; de façon que la profession des pyrrhoniens est de bransler, doubter et enquerir, ne s'asseurer de rien, de rien ne se respondre. Des trois actions de l'ame, l'imaginatifve, l'appetitifve, et la consentante, ils en receoivent les deux premieres; la derniere, ils la soustiennent et la maintiennent ambiguë, sans inclination ny approbation d'une part ou d'aultre, tant soit elle legiere. Zenon peignoit de geste son imagination sur ceste partition des facultés de l'ame; la main espandue et ouverte, c'estoit apparence; la main à demy serrée, et les doigts un peu croches, consentement; le poing fermé, comprehension; quand de la main gauche il venoit encores à clorre ce poing plus estroict, science[2]. Or, ceste assiette de leur jugement,

---

(1) Je vais parler, mais sans rien affirmer; je chercherai toujours, je douterai souvent, et je me défierai de moi-même. Cic., *de Divinat.*, II, 3.
(2) Qui dort en veillant, qui est presque mort, quoiqu'il vive et qu'il ait les yeux ouverts. Lucr., III, 1061, 1059.
(3) C'est précisément par là que Sextus Empiricus, d'où Montaigne a tiré bien des choses, commence son livre des *Hypotyposes pyrrhoniennes*. De là il infère, comme Montaigne, qu'il y a trois manières générales de philosopher, l'une *dogmatique*, l'autre *académique*, et l'autre *sceptique* : les uns assurent qu'ils ont trouvé la vérité ; les autres déclarent qu'elle est au-dessus de notre compréhension, et les autres la cherchent encore. C.

(1) Celui qui croit qu'on ne peut rien sçavoir ne sait pas même si on peut rien sçavoir qui lui permette d'avouer qu'il ne sçait rien. Lucr., IV, 470.
(2) Cic., *Academ.*, II, 47. C.

droicte et inflexible, recevant touts objects sans application et consentement, les achemine à leur ataraxie, qui est une condition de vie paisible, rassise, exempte des agitations que nous recevons par l'impression de l'opinion et science que nous pensons avoir des choses; d'où naissent la crainte, l'avarice, l'envie, les desirs immoderés, l'ambition, l'orgueil, la superstition, l'amour de nouvelleté, la rebellion, la desobeïssance, l'opiniastreté, et la pluspart des maulx corporels; voire ils s'exemptent par là de la jalousie de leur discipline; car ils debattent d'une bien molle façon; ils ne craignent point la revenche à leur dispute, quand ils disent que le poisant va contre bas, ils seroient bien marris qu'on les en creust; et cherchent qu'on les contredie, pour engendrer la dubitation et surseance de jugement, qui est leur fin. Ils ne mettent en avant leurs propositions, que pour combattre celles qu'ils pensent que nous ayons en nostre creance. Si vous prenez la leur, ils prendront aussi volontiers la contraire à soustenir; tout leur est un; ils n'y ont aulcun chois. Si vous establissez que la neige soit noire, ils argumentent, au rebours, qu'elle est blanche; si vous dites qu'elle n'est ny l'un ny l'aultre, c'est à eulx à maintenir qu'elle est touts les deux; si, par certain jugement, vous tenez que vous n'en sçavez rien, ils vous maintiendront que vous le sçavez; oui, et si, par un axiome affirmatif, vous asseurez que vous en doubtez, ils vous iront desbattant que vous n'en doubtez pas, ou que vous ne pouvez juger et establir que vous en doubtez. Et, par ceste extremité de doubte, qui se secoue soy mesme, ils se separent et se divisent de plusieurs opinions, de celles mesme qui ont maintenu en plusieurs façons le doubte et l'ignorance. Pourquoy ne leur sera il permis, disent ils, comme il est entre les dogmatistes, à l'un dire vert, à l'aultre jaune, à eux aussi de doubter? est il chose qu'on vous puisse proposer pour l'advouer ou refuser, laquelle il ne soit pas loisible de considerer comme ambiguë? et où les aultres sont portés, ou par la coustume de leur païs, ou par l'institution des parents, ou par rencontre, comme par une tempeste, sans jugement et sans chois, voire le plus souvent avant l'aage de discretion, à telle ou telle opinion, à la secte ou stoïque ou epicurienne, à laquelle ils se treuvent hypothequés, asservis et collés, comme à une prinse qu'ils ne peuvent demordre : *Ad quamcumque disciplinam, velut tempestate, delati, ad eam, tanquam ad saxum, adhærescunt*[1]; pourquoy à ceulx cy ne sera il pareillement concedé de maintenir leur liberté, et considerer les choses sans obligation et servitude? *hoc liberiores et solutiores, quod integra illis est judicandi potestas*[2]. N'est ce pas quelque advantage de se trouver desengagé de la necessité qui bride les aultres? vault il pas mieulx demeurer en suspens que de s'infrasquer[3] en tant d'erreurs que l'humaine fantasie a produictes? vault il pas mieulx suspendre sa persuasion que de se mesler à ces divisions seditieuses et querelleuses? Qu'iray je choisir? « Ce qu'il vous plaira, pourveu que vous choisissiez[4]. » Voylà une sotte response, à laquelle pourtant il semble que tout le dogmatisme arrive, par qui il ne nous est pas permis d'ignorer ce que nous ignorons. Prenez le plus fameux party, jamais il ne sera si seur qu'il ne vous faille, pour le deffendre, attaquer et combattre cent et cent contraires partis; vault il pas mieulx se tenir hors de ceste meslée? Il vous est permis d'espouser, comme vostre honneur et vostre vie, la creance d'Aristote sur l'eternité de l'ame, et desdire et desmentir Platon là dessus; et à eulx il sera interdict d'en doubter? S'il est loisible à Panætius[5] de soustenir son jugement autour des aruspices, songes, oracles, vaticinations, desquelles choses les stoïciens ne doubtent aulcunement, pourquoy un sage n'osera il, en toutes choses, ce que cestuy cy ose en celles qu'il a apprinses de ses maistres, establies du commun consentement de l'eschole, de laquelle il est sectateur et professeur? Si c'est un enfant qui juge, il ne sçait que c'est; si c'est un sçavant, il est preoccupé. Ils se sont reservé un merveilleux advantage au combat, s'estant deschargés du soing de se couvrir; il ne leur importe qu'on les frappe, pourveu qu'ils frappent; et font leurs besongnes de tout; s'ils vainquent, vostre proposition cloche; si vous, la leur; s'ils faillent, ils verifient l'igno-

---

(1) Ils s'attachent à la première secte que leur offre le hasard, comme à un rocher sur lequel la tempête les aurait jetés. Cic., Academ., II, 5.

(2) D'autant plus libres et plus indépendants, qu'ils ont une pleine puissance de juger. Cic., Academ., II, 3.

(3) *S'embarrasser*, de l'italien *infrascare*, couvrir de feuillages, et, par métaphore, *embarrasser*. C.

(4) Cic., Academ., II, 45. J. V. L.

(5) Montaigne continue de traduire Cicéron, Academ., II, 33. C.

rance; si vous faillez, vous la verifiez; s'ils prouvent que rien ne se sçache, il va bien; s'ils ne le sçavent pas prouver, il est bon de mesme : *Ut quum in eadem re paria contrariis in partibus momenta inveniuntur, facilius ab utraque parte assertio sustineatur*[1] : et font estat de trouver bien plus facilement pourquoy une chose soit faulse que non pas qu'elle soit vraye, et ce qui n'est pas que ce qui est, et ce qu'ils ne croyent pas que ce qu'ils croyent. Leurs façons de parler sont : « Je n'establis rien : Il n'est non plus ainsi qu'ainsin, ou que ny l'un ny l'aultre : Je ne le comprends point : Les apparences sont egales partout : La loy de parler, et pour et contre, est pareille : Rien ne semble vray qui ne puisse sembler fauls. » Leur mot sacramental, c'est ἐπέχω, c'est à dire, « je soustiens, je ne bouge : » voylà leurs refrains et aultres de pareille substance. Leur effect, c'est une pure, entiere et très parfaicte surseance et suspension de jugement; ils se servent de leur raison pour enquerir et pour debattre, mais non pas pour arrester et choisir. Quiconque imaginera une perpetuelle confession d'ignorance, un jugement sans pente et sans inclination, à quelque occasion que ce puisse estre, il conceoit le pyrrhonisme. J'exprime ceste fantasie autant que je puis, parce que plusieurs la treuvent difficile à concevoir; et les aucteurs mesmes la representent un peu obscurement et diversement.

Quant aux actions de la vie, ils sont en cela de la commune façon; ils se prestent et accommodent aux inclinations naturelles[2], à l'impulsion et contraincte des passions, aux constitutions des loix et des coustumes, et à la tradition des arts : *Non enim nos Deus ista scire, sed tantummodo uti voluit*[3]. Ils laissent guider à ces choses là leurs actions communes, sans aulcune opination ou jugement : qui faict que je ne puis pas bien assortir à ce discours ce qu'on dict de Pyrrho[4]; ils le peignent stupide et immobile, prenant un train de vie farouche et inassociable, attendant le heurt des charrettes, se presentant aux precipices, refusant de s'accommoder aux loix. Cela est encherir sur sa discipline : il n'a pas voulu se faire pierre ou souche; il a voulu se faire homme vivant, discourant et raisonnant, jouïssant de touts plaisirs et commodités naturelles, et se servant de toutes ses pieces corporelles et spirituelles en regle et droicture : les privileges fantastiques, imaginaires et fauls, que l'homme s'est usurpé de regenter, d'ordonner, d'establir, il les a de bonne foy renoncés et quittés. Si n'est il point de secte[1] qui ne soit contraincte de permettre à son sage de suyvre assez de choses non comprinses, ny perceues, ny consenties, s'il veult vivre; et quand il monte en mer, il suyt ce desseing, ignorant s'il luy sera utile, et se plie à ce que le vaisseau est bon, le pilote experimenté, la saison commode; circonstances probables seulement, après lesquelles il est tenu d'aller, et se laisser remuer aux apparences, pourveu qu'elles n'ayent point d'expresse contrarieté. Il a un corps, il a une ame; les sens le poulsent, l'esprit l'agite, encores qu'il ne treuve point en soy ceste propre et singuliere marque de juger, et qu'il s'apperceoive qu'il ne doibt engager son consentement; attendu qu'il peult estre quelque fauls pareil à ce vray, il ne laisse de conduire les offices de sa vie pleinement et commodement. Combien y a il d'arts qui font profession de consister en la conjecture plus qu'en la science; qui ne decident pas du vray et du fauls, et suyvent seulement ce qu'il semble? Il y a, disent ils, et vray et fauls; et y a en nous de quoy le chercher, mais non pas de quoy l'arrester à la touche. Nous en valons bien mieulx de nous laisser manier, sans inquisition, à l'ordre du monde : une ame garantie de prejugés a un merveilleux advancement vers la tranquillité; gents qui jugent et contreroollent leurs juges ne s'y soubmettent jamais deuement.

Combien, et aux loix de la religion, et aux loix politiques, se treuvent plus dociles et aysés à mener les esprit simples et incurieux, que ces esprits surveillants et paidagogues des causes divines et humaines! Il n'est rien en

---

(1) Afin que, trouvant sur un même sujet des raisons égales pour et contre, il soit plus facile, sur un point ou sur l'autre, de suspendre son jugement. Cic., *Acad.*, I, 12. — Il faut lire dans le texte latin *assensio*, comme tous les critiques en conviennent aujourd'hui. J. V. L.

(2) C'est ce que Sextus Empiricus declare expressément, et en autant de mots. *Pyrrh. Hypot.*, I, 6, p. 11. C.

(3) Car Dieu nous a refusé la connaissance de ces choses, et ne nous en a accordé que l'usage. Cic., *de Divinat.*, 1, 18.

(4) Edition de 1588, *fol.* 212 : « Ce que Laërtius dict de la vie de Pyrrho, et à quoy Lucianus, Aulus Gellius, et aultres, semblent s'incliner : car ils le peignent stupide et immobile, etc. »

(1) L'auteur copie encore Cicéron, *Acad.*, II, 31. C.

l'humaine invention où il y ayt tant de verisimilitude et d'utilité : ceste cy presente l'homme nud et vuide; recognoissant sa foyblesse naturelle; propre a recevoir d'en hault quelque force estrangiere; desgarni d'humaine science, et d'autant plus apte à loger en soy la divine ; aneantissant son jugement pour faire plus de place à la foy ; ny mescreant, ny establissant aulcun dogme contre les observances communes ; humble, obeïssant, disciplinable, studieux, ennemy juré d'heresie, et s'exemptant, par consequent, des vaines et irreligieuses opinions introduictes par les faulses sectes : c'est une charte blanche, preparée à prendre du doigt de Dieu telles formes qu'il luy plaira d'y graver. Plus nous nous renvoyons et commettons à Dieu, et renonçons à nous, mieulx nous en valons. « Accepte, dit l'Ecclesiaste [1], en bonne part, les choses au visage et au goust qu'elles se presentent à toy, du jour à la journée ; le demourant est hors de ta cognoissance. » *Dominus scit cogitationes hominum quoniam vanæ sunt* [2].

Voylà comment, des trois generales sectes de philosophie, les deux font expresse profession de dubitation et d'ignorance ; et en celle des dogmatistes, qui est troisiesme, il est aysé a descouvrir que la pluspart n'ont prins le visage de l'asseurance que pour avoir meilleure mine ; ils n'ont pas tant pensé nous establir quelque certitude que nous montrer jusques où ils estoient allés en ceste chasse de la verité : *Quam docti fingunt magis quam norunt* [3]. Timæus, ayant à instruire Socrates de ce qu'il sçait des dieux, du monde et des hommes, propose d'en parler comme un homme à un homme ; et qu'il suffit, si ses raisons sont probables comme les raisons d'un aultre : car les exactes raisons n'estre en sa main, ny en mortelle main [4]. Ce que l'un de ses sectateurs a ainsin imité : *Ut potero explicabo : nec tamen, ut Pythius Apollo, certa ut sint et fixa quæ dixero; sed, ut homunculus, probabilia conjectura sequens* [5];

et cela sur le discours du mespris de la mort, discours naturel et populaire : ailleurs il l'a traduict sur le propos mesme de Platon : *Si forte, de deorum natura ortuque mundi disserentes, minus id quod habemus in animo consequimur, haud erit mirum : æquum est enim meminisse, et me, qui disseram, hominem esse, et vos, qui judicetis, ut, si probabilia dicentur, nihil ultra requiratis* [1]. Aristote nous entasse ordinairement un grand nombre d'aultres opinions et d'aultres creances, pour y comparer la sienne et nous faire veoir de combien il est allé plus oultre, et combien il approche de plus près la verisimilitude : car la verité ne se juge point par auctorité et tesmoignage d'aultruy ; et pourtant evita religieusement Epicurus d'en alleguer en ses escripts. Cestuy là est le prince des dogmatistes ; et si nous apprenons de luy que le beaucoup sçavoir apporte l'occasion de plus doubter [2] : on le veoid à escient se couvrir souvent d'obscurité si espesse et inextricable qu'on n'y peult rien choisir de son advis ; c'est par effect un pyrrhonisme soubs une forme resolutifve. Oyez la protestation de Cicero, qui nous explique la fantasie d'aultruy par la sienne : *Qui requirunt quid de quaque re ipsi sentiamus curiosius id faciunt quam necesse est... Hæc in philosophia ratio contra omnia disserendi, nullamque rem aperte judicandi, profecta a Socrate, repetita ab Arcesila, confirmata a Carneade, usque ad nostram viget ætatem.... Hi sumus, qui omnibus veris falsa quædam adjuncta esse dicamus, tanta similitudine ut in iis nulla insit certe judicandi et assentiendi nota* [3]. Pourquoy, non Aristote seulement, mais la pluspart des philosophes, ont

---

(1) III, 22 ; V, 17, etc. J. V. L.

(2) Dieu sait que les pensées des hommes ne sont que vanité. Psaume XCIII, v. 11.

(3) Que les savants supposent, plutôt qu'ils ne la connaissent.

(4) PLAT., *Timée*, page 526. C.

(5) Je m'expliquerai comme je pourrai ; mais en m'écoutant, ne croyez pas entendre Apollon sur son trépied, et ne prenez pas ce que je dirai pour des vérités indubitables : faible mortel, je cherche, par des conjectures, à découvrir la vraisemblance. Cic., *Tuscul.*, I, 9.

(1) Si, en discourant sur la nature des dieux et sur l'origine du monde, je ne puis atteindre le but que je me propose, il ne faut pas vous en étonner ; car vous devez vous souvenir que, moi qui parle et vous qui jugez, nous sommes des hommes ; et si je vous donne des probabilités, ne demandez rien de plus. Cic., trad. du *Timée* de Platon, c. 3.

(2) *Qui plura novit, eum majora sequuntur dubia.* Cette pensée n'est point d'Aristote. On l'attribue à Æneas Silvius, qui a été pape sous le nom de Pie II. N.

(3) Ceux qui voudraient savoir ce que nous pensons sur chaque matière poussent trop loin la curiosité... La secte des académiciens, dont le caractère est de tout soumettre à la dispute, sans décider sur rien ; cette secte fondée par Socrate, rétablie par Arcésilas, affermie par Carnéade, a fleuri jusqu'à nos jours... Voici donc notre sentiment : Le faux est partout mêlé avec le vrai, et lui ressemble si fort, qu'il n'y a point de marque certaine pour les distinguer. Cic., *de Nat. deor.*, I, 5.

ils affecté la difficulté, si ce n'est pour faire valoir la vanité du subject et amuser la curiosité de nostre esprit, luy donnant où se paistre, à ronger cest os creux et descharné? Clitomachus affermoit n'avoir jamais sceu, par les escripts de Carneades, entendre de quelle opinion il estoit[1] : pourquoy a evité aux siens Epicurus la facilité ; et Heraclitus en a esté surnommé σκοτεινός [2]. La difficulté est une monnoye que les sçavants employent comme les joueurs de passe passe, pour ne descouvrir l'inanité de leur art, et de laquelle l'humaine bestise se paye ayséement.

Clarus, ob obscuram linguam, magis inter inanes...
Omnia enim stolidi magis admirantur, amantque
Inversis quæ sub verbis latitantia cernunt[3].

Cicero[4] reprend aulcuns de ses amis d'avoir accoustumé de mettre à l'astrologie, au droict, à la dialectique et à la geometrie, plus de temps que ne meritoient ces arts, et que cela les divertissoit des debvoirs de la vie, plus utiles et honnestes. Les philosophes cyrenaïques mesprisoient egalement la physique et la dialectique[5]. Zenon, tout au commencement des livres de la republique, declaroit inutiles toutes les liberales disciplines[6] ; Chrysippus disoit que ce que Platon et Aristote avoient escript de la logique, ils l'avoient escript par jeu et par exercice, et ne pouvoit croire qu'ils eussent parlé à certes d'une si vaine matiere[7] ; Plutarque le dict de la metaphysique ; Epicurus l'eust encores dict de la rhetorique, de la grammaire, poësie, mathematique, et, hors la physique, de toutes les sciences ; et Socrates de toutes aussi, sauf celle seulement qui traicte des mœurs et de la vie. De quelque chose qu'on s'enquist à luy, il ramenoit en premier lieu tousjours l'enquerant à rendre compte des conditions de sa vie presente et passée, lesquelles il examinoit et jugeoit, estimant tout aultre apprentissage

---

[1] Cic., *Academ.*, II, 45. C.
[2] *Ténébreux.* Cic., *de Finib.*, II, 5. J. V. L.
[3] C'est par l'obscurité de son langage qu'Héraclite s'est attiré la vénération des ignorants ; car la sottise n'estime et n'admire que les opinions cachées sous des termes mystérieux. Lucr., I, 640.
[4] *De Offic.*, I, 6. C.
[5] Diog. Laerce, II, 92. C.
[6] Id., VII, 32. C.
[7] Plut., *Contredits des philosophes stoïques*, c. 25. — Ici Montaigne a été trompé par sa mémoire : Chrysippe, dans Plutarque, dit le contraire de ce qu'il lui fait dire. C.

---

subsecutif à celuy là et supernumeraire : *parum mihi placeant eæ litteræ, quæ ad virtutem doctoribus nihil profuerunt*[1]. La pluspart des arts ont esté ainsi mesprisées par le mesme sçavoir ; mais ils n'ont pas pensé qu'il feust hors de propos d'exercer leur esprit ès choses mesmes où il n'y avoit aulcune solidité proufitable.

Au demourant, les uns ont estimé Plato dogmatiste, les aultres dubitateur, les aultres en certaines choses l'un et en certaines choses l'aultre. Le conducteur de ses dialogismes, Socrates, va tousjours demandant et esmouvant la dispute, non jamais l'arrestant, jamais satisfaisant, et dict n'avoir d'aultre science que la science de s'opposer. Homere, leur aucteur, a planté egalement les fondements à toutes les sectes de philosophie pour montrer combien il estoit indifferent par où nous allassions. De Platon nasquirent dix sectes diverses, dict on. Aussi, à mon gré, jamais instruction ne feut titubante et rien asseverante, si la sienne ne l'est.

Socrates disoit[2] que les sages femmes, en prenant ce mestier de faire engendrer les aultres, quittent le mestier d'engendrer, elles ; que luy, par le tiltre de sage homme que les dieux luy ont deferé, s'estoit aussi desfaict, en son amour virile et mentale, de la faculté d'enfanter, se contentant d'ayder et favorir de son secours les engendrants, ouvrir leur nature, graisser leurs conduicts, faciliter l'yssue de leur enfantement, juger d'iceluy, le baptizer, le nourrir, le fortifier, l'emmailloter et circoncire, exerceant et maniant son engein aux perils et fortunes d'aultruy.

Il est ainsi de la pluspart des aucteurs de ce tiers genre, comme les anciens ont remarqué des escripts d'Anaxagoras, Democritus, Parmenides, Xenophanes et aultres. Ils ont une forme d'escrire doubteuse en substance et en desseing, enquerant plustost qu'instruisant, encores qu'ils entresment leur style de cadences dogmatistes. Cela se veoid il pas aussi bien en Seneque et en Plutarque ? Combien disent ils tantost d'un visage, tantost d'un aultre, pour ceulx qui y re-

---

[1] J'estime peu ces arts qui n'ont point servi à rendre vertueux ceux qui les possèdent. Sall., *Discours de Marius, Bell. Jug.*, c. 85. — Il est inutile d'avertir de nouveau que Montaigne altère fort souvent, comme ici, le texte de ses citations. J. V. L.
[2] Dans le *Théætète* de Platon.

gardent de près? Et les reconciliateurs des jurisconsultes devoient premierement les concilier chascun à soy. Platon me semble avoir aimé ceste forme de philosopher par dialogues, à escient, pour loger plus decemment en diverses bouches la diversité et variation de ses propres fantaisies. Diversement traicter les matieres est aussi bien les traicter que conformement et mieulx, à savoir plus copieusement et utilement. Prenons exemple de nous : les arrests font le point extresme du parler dogmatiste et resolutif; si ce que ceulx que nos parlements presentent au peuple les plus exemplaires, propres à nourrir en luy la reverence qu'il doibt à ceste dignité, principalement par la suffisance des personnes qui l'exercent, prennent leur beauté, non de la conclusion qui est à eux quotidienne et qui est commune à tout juge, tant comme de la disceptation et agitation des diverses et contraires ratiocinations que la matiere du droict souffre. Et le plus large champ aux reprehensions des uns philosophes à l'encontre des aultres se tire des contradictions et diversités en quoy chascun d'eulx se treuve empestré, ou par desseing pour montrer la vacillation de l'esprit humain autour de toute matiere, ou forcé ignoramment par la volubilité et incomprehensibilité de toute matiere; que signifie ce refrain : « En un lieu glissant et coulant, suspendons nostre creance; » car, comme dict Euripides,

Les œuvres de Dieu, en diverses
Façons, nous donnent des traverses[1].

semblable à celuy qu'Empedocles semoit souvent en ses livres, comme agité d'une divine fureur et forcé de la verité : « Non, non, nous ne sentons rien, nous ne veoyons rien; toutes choses nous sont occultes; il n'en est aulcune de laquelle nous puissions establir quelle elle est[2], » revenant à ce mot divin : *Cogitationes mortalium timidæ, et incertæ adinventiones nostræ et providentiæ*[3]. Il ne fault pas trouver estrange si gents desesperés de la prinse n'ont pas laissé d'avoir plaisir à la chasse, l'estude estant de soy une occupation plaisante et si plaisante que, parmy les voluptés, les stoïciens deffendent aussi celle qui vient de l'exercitation de l'esprit, y veulent de la bride et treuvent de l'intemperance à trop sçavoir.

Democritus, ayant mangé à sa table des figues qui sentoient le miel, commencea soubdain à chercher en son esprit d'où leur venoit ceste doulceur inusitée, et, pour s'en esclaircir, s'alloit lever de table pour veoir l'assiette du lieu où ces figues avoient esté cueillies. Sa chambriere, ayant entendu la cause de ce remuement, luy dict en riant qu'il ne se peinast plus pour cela; car c'estoit qu'elle les avoit mises en un vaisseau où il y avoit eu du miel. Il se despita de quoy elle luy avoit osté l'occasion de ceste recherche et desrobbé matiere à sa curiosité : « Va, lui dict il, tu m'as faict desplaisir; je ne lairray pourtant d'en chercher la cause comme si elle estoit naturelle[1]; » et volontiers n'eust failly de trouver quelque raison vraye à un effect faulx et supposé. Ceste histoire d'un fameux et grand philosophe nous represente bien clairement ceste passion studieuse qui nous amuse à la poursuyte des choses, de l'acquest desquelles nous sommes desesperés. Plutarque recite un pareil exemple de quelqu'un qui ne vouloit pas estre esclaircy de ce de quoy il estoit en doubte, pour ne perdre le plaisir de le chercher; comme l'aultre, qui ne vouloit pas que son medecin luy ostast l'alteration de la fiebvre, pour ne perdre le plaisir de l'assouvir en beuvant. *Satius est supervacua discere, quam nihil*[2]. Tout ainsi qu'en toute pasture il y a le plaisir souvent seul, et tout ce que nous prenons qui est plaisant n'est pas tousjours nutritif ou sain; pareillement ce que nostre esprit tire de la science ne laisse pas d'estre voluptueux, encores qu'il ne soit ny alimant ny salutaire. Voicy comment ils disent : « La consideration de la nature est une pasture propre à nos esprits; elle nous esleve et enfle, nous faict desdaigner les choses basses et terriennes par la comparaison des superieures et celestes. La recherche mesme des choses occultes et grandes est très plaisante, voire à

---

(1) PLUT., *des Oracles qui ont cessé*, c. 25, traduction d'Amyot. C.

(2) CIC., *Academ.*, II, 5; SEXTUS EMPIRICUS, *Advers. mathem.*, p. 160. C.

(3) Les pensées des hommes sont timides; leur prévoyance et leurs inventions sont incertaines. *Sagesse*, IX, 14.

(1) PLUT. (*Propos de table*, l. I, quest. 10.) fait manger un concombre à Démocrite, τὸν σίκυον, et non pas une figue τὸν σῦκον. Montaigne a suivi la version française d'Amyot, ou le latin de Xylander. C.

(2) Il vaut mieux apprendre des choses inutiles, que de ne rien apprendre. SÉN., *Epist.* 88.

celuy qui n'en acquiert que la reverence et crainte d'en juger. » Ce sont des mots de leur profession[1]. La vaine image de ceste maladifve curiosité se veoid plus expressement encores en cest aultre exemple qu'ils ont par honneur si souvent en la bouche : « Eudoxus souhaitoit et prioit les dieux qu'il peust une fois veoir le soleil de près, comprendre sa forme, sa grandeur et sa beauté, à peine d'en estre bruslé soubdainement[2]. Il veult, au prix de sa vie, acquerir une science de laquelle l'usage et possession luy soit quand et quand ostée, et, pour ceste soubdaine et volage cognoissance, perdre toutes aultres cognoissances qu'il a et qu'il peult acquerir par après.

Je ne me persuade pas ayséement qu'Epicurus, Platon et Pythagoras nous ayent donné pour argent comptant leurs atomes, leurs idées et leurs nombres; ils estoient trop sages pour establir leurs articles de foy de chose si incertaine et si debattable. Mais en ceste obscurité et ignorance du monde chascun de ces grands personnages s'est travaillé d'apporter une telle quelle image de lumiere, et ont promené leur ame à des inventions qui eussent au moins une plaisante et subtile apparence, pourveu que, toute faulse, elle se peust maintenir contre les oppositions contraires. *Unicuique ista pro ingenio finguntur, non ex scientiæ vi*[3].

Un ancien, à qui on reprochoit qu'il faisoit profession de la philosophie, de laquelle pourtant en son jugement il ne tenoit pas grand compte, respondit que « Cela c'estoit vrayement philosopher. » Ils ont voulu considerer tout, balancer tout, et ont trouvé ceste occupation propre à la naturelle curiosité qui est en nous : aulcunes choses ils les ont escriptes pour le besoing de la société publicque, comme leurs religions[4]; et a esté raisonnable, pour ceste consideration, que les communes opinions ils n'ayent voulu les espelucher au vif, aux fins de n'engendrer du trouble en l'obeïssance des loix et coustumes de leur païs.

Platon traicte ce mystere d'un jeu assez descouvert : car, où il escript selon soy il ne prescript rien à certes : quand il faict le legislateur, il emprunte un stile regentant et asseverant, et si y mesle hardiment les plus fantastiques de ses inventions, autant utiles à persuader à la commune que ridicules à persuader à soy mesme; sçachant combien nous sommes propres à recevoir toutes impressions, et, sur toutes, les plus farouches et enormes : et pourtant, en ses loix, il a grand soing qu'on ne chante en publicque que des poësies desquelles les fabuleuses feinctes tendent à quelque utile fin, estant si facile d'imprimer toute sorte de fantosmes en l'esprit humain que c'est injustice de ne le paistre plustost de mensonges profitables que de mensonges ou inutiles ou dommageables; il dict tout destrousséement[1] en sa Republicque[2]: « que, pour le proufit des hommes, il est souvent besoing de les piper. » Il est aysé à distinguer quelques sectes avoir plus suyvi les unes la verité, les aultres l'utilité, par où celles cy ont gaigné credit. C'est la misere de nostre condition, que souvent ce qui se presente à nostre imagination pour le plus vray ne s'y presente pas pour le plus utile à nostre vie : les plus hardies sectes, epicurienne, pyrrhonienne, nouvelle academique, encores sont elles contrainctes de se plier à la loy civile, au bout du compte.

Il y a d'aultres subjects qu'ils ont beluttés[3] qui à gauche, qui à dextre, chascun se travaillant d'y donner quelque visage à tort ou à droict; car, n'ayant rien trouvé de si caché de quoy ils n'ayent voulu parler, il leur est souvent force de forger des conjectures foibles et folles, non qu'ils les prinssent eulx mesmes pour fondement ny pour establir quelque verité, mais pour l'exercice de leur estude : *Non tam id sensisse quod dicerent, quam exercere ingenia materiæ difficultate videntur voluisse*[4]. Et si on ne le prenoit ainsi, comment couvririons

---

(1) Ainsi s'expriment Cicéron, *Academ.*, II, 41; Sén., *Nat. quæst.*, I, proœm., etc. J. V. L.

(2) Plut., *Qu'on ne saurait vivre joyeusement selon la doctrine d'Epicure*, c. 8 de la traduction d'Amyot. Vous trouverez dans Diog. Laerce, l. VIII, segm. 86-91, la *Vie d'Eudoxus*, célèbre philosophe pythagoricien, qui était contemporain de Platon. C.

(3) Ces systèmes sont les fictions du génie de chaque philosophe, plutôt que le résultat de leurs découvertes. M. Senec., *Suasor.* 4.

(4) Ed. de 1588 : « Aulcunes choses ils les ont escriptes pour l'utilité publicque, comme les religions : car il n'est pas deffendu de faire notre profit de la mensonge mesme, s'il est besoing; et a esté raisonnable, etc. »

(1) Tout ouvertement. C.

(2) Liv. V, pag. 459. C.

(3) Blutés, passés au sas, au tamis, au blutoir. E. J.

(4) Ils semblent avoir écrit, moins par suite d'une conviction profonde, que pour exercer leur esprit par la difficulté du sujet.

nous une si grande inconstance, varieté et vanité d'opinions que nous voyons avoir esté produictes par ces ames excellentes et admirables? car, pour exemple, qu'est il plus vain que de vouloir deviner Dieu par nos analogies et conjectures? le regler, et le monde, à nostre caprice et à nos loix? et nous servir, aux despens de la Divinité, de ce petit eschantillon de suffisance qu'il luy a pleu despartir à nostre naturelle condition; et parce que nous ne pouvons estendre nostre veue jusqu'en son glorieux siege, l'avoir ramené çà bas à nostre corruption et à nos miseres?

De toutes les opinions humaines et anciennes touchant la religion, celle là me semble avoir eu plus de vraysemblance et plus d'excuse, qui recognoissoit Dieu comme une puissance incomprehensible, origine et conservatrice de toutes choses, toute bonté, toute perfection, recevant et prenant en bonne part l'honneur et la reverence que les humains luy rendoient, soubs quelque visage, soubs quelque nom et en quelque maniere que ce feust:

Jupiter omnipotens rerum, regumque, deumque Progenitor, genitrixque[1].

Ce zele universellement a esté veu du ciel de bon œil. Toutes polices ont tiré fruict de leur devotion; les hommes, les actions impies ont eu partout les evenements sortables. Les histoires païennes recognoissent de la dignité, ordre, justice et des prodiges et oracles employés à leur proufit et instruction en leurs religions fabuleuses: Dieu par sa misericorde daignant à l'adventure fomenter, par ces benefices temporels, les tendres principes d'une telle quelle brute cognoissance que la raison naturelle leur donnoit de luy au travers des faulses images de leurs songes: Non seulement faulses, mais impies aussi et injurieuses, sont celles que l'homme a forgé de son invention; et de toutes les religions que sainct Paul trouva en credit à Athenes, celle qu'ils avoient dediée à une « divinité cachée et incogneue » luy sembla la plus excusable[2].

Pythagoras adumbra la verité de plus près, jugeant que la cognoissance de ceste cause premiere et estre des estres debvoit estre indefinie, sans prescription, sans declaration; que ce n'estoit aultre chose que l'extreme effort de nostre imagination vers la perfection, chascun en amplifiant l'idée selon sa capacité. Mais si Numa entreprint de conformer à ce projet la devotion de son peuple, l'attacher à une religion purement mentale, sans object prefix et sans meslange materiel, il entreprint chose de nul usage: l'esprit humain ne se sçauroit maintenir vaguant en cest infini de pensées informes; il les luy fault compiler en certaine image à son modele. La majesté divine s'est ainsi, pour nous, aulcunement laissé circonscrire aux limites corporels: ses sacrements supernaturels et celestes ont des signes de nostre terrestre condition; son adoration s'exprime par offices et paroles sensibles: car c'est l'homme qui croit et qui prie. Je laisse à part les aultres arguments qui s'employent à ce subject; mais à peine me feroit on accroire que la veue de nos crucifix et peincture de ce piteux supplice, que les ornements et mouvements cerimonieux de nos eglises, que les voix accommodées à la devotion de nostre pensée et ceste esmotion des sens n'eschauffent l'ame des peuples d'une passion religieuse de très utile effect.

De celles ausquelles on a donné corps, comme la necessité l'a requis parmy ceste cecité universelle, je me feusse, ce me semble, plus volontiers attaché à ceulx qui adorent le soleil,

La lumiere commune,
L'œil du monde; et si Dieu au chef porte des yeulx,
Les rayons du soleil sont ses yeulx radieux,
Qui donnent vie à tous, nous maintiennent et gardent
Et les faicts des humains en ce monde regardent:
Ce beau, ce grand soleil qui nous faict les saisons,
Selon qu'il entre ou sort de ses douze maisons;
Qui remplit l'univers de ses vertus cogneues;
Qui d'un traict de ses yeulx nous dissipe les nues:
L'esprit, l'ame du monde, ardent et flamboyant,
En la course d'un jour tout le ciel tournoyant,
Plein d'immense grandeur, rond, vagabond, et ferme;
Lequel tient dessoubs luy tout le monde pour terme:
En repos, sans repos; oysif, et sans sejour;
Fils aisné de nature, et le père du jour:

d'autant qu'oultre ceste sienne grandeur et beauté, c'est la piece de ceste machine que nous descouvrons la plus esloingnée de nous, et par ce moyen si peu cogneue qu'ils estoient pardonnables d'en entrer en admiration et reverence.

---

(1) Tout puissant Jupiter, père et mère du monde, et des dieux, et des rois. *Valerius Soranus, ap. D. Augustin., de Civit. Dei*, VII, 9 et 11.

(2) *Actes des Apôtres*, XVII, 23.

Thalès[1], qui le premier s'enquit de telle matiere, estima Dieu un esprit qui feit d'eau toutes choses ; Anaximander, que les dieux estoient mourants et naissants à diverses saisons et que c'estoient des mondes infinis en nombre ; Anaximenes, que l'air estoit dieu, qu'il estoit produict et immense, tousjours mouvant. Anaxagoras, le premier, a tenu la description et maniere de toutes choses estre conduicte par la force et raison d'un esprit infini. Alcmæon a donné la divinité au soleil, à la lune, aux astres et à l'ame. Pythagoras a faict dieu un esprit espandu par la nature de toutes choses, d'où nos ames sont desprinses ; Parmenides, un cercle entourant le ciel et maintenant le monde par l'ardeur de la lumiere. Empedocles disoit estre des dieux les quatre natures, desquelles toutes choses sont faictes ; Protagoras, n'avoir rien que dire s'ils sont ou non, ou quels ils sont ; Democritus, tantost que les images et leurs circuitions sont dieux, tantost ceste nature qui eslance ces images ; et puis, nostre science et intelligence. Platon dissipe sa creance à divers visages : il dict, au Timée, le pere du monde ne se pouvoir nommer ; aux Loix, qu'il ne se fault enquerir de son estre ; et ailleurs, en ces mesmes livres, il faict le monde, le ciel, les astres, la terre, et nos ames, dieux ; et receoit, en oultre, ceulx qui ont esté receus par l'ancienne institution en chasque republique. Xenophon rapporte un pareil trouble de la discipline de Socrates ; tantost qu'il ne se fault enquerir de la forme de Dieu ; et puis il luy faict establir que le soleil est dieu, et l'ame dieu ; qu'il n'y en a qu'un ; et puis, qu'il y en a plusieurs. Speusippus, nepveu de Platon, faict Dieu certaine force gouvernant les choses, et qu'elle est animale ; Aristote, asture que c'est l'esprit, asture le monde ; asture il donne un aultre maistre à ce monde, et asture faict dieu l'ardeur du ciel. Xenocrates en faict huict ; les cinq nommés entre les planetes ; le sixiesme, composé de toutes les estoiles fixes, comme de ses membres ; le septiesme et huictiesme, le soleil et la lune. Heraclides Ponticus ne faict que vaguer entre ses advis, et enfin prive Dieu de sentiment et le faict remuant de forme à aultre ; et puis dict que c'est le ciel et la terre. Theophraste se promene de pareille irresolution entre toutes ses fantasies, attribuant l'intendance du monde tantost à l'entendement, tantost au ciel, tantost aux estoiles : Strato, que c'est nature ayant la force d'engendrer, augmenter et diminuer sans forme et sentiment ; Zeno, la loy naturelle, commandant le bien et prohibant le mal, laquelle loy est un animant ; et oste les dieux accoustumés, Jupiter, Juno, Vesta ; Diogenes Apolloniates, que c'est l'aage[1]. Xenophanes faict Dieu rond, voyant, oyant, non respirant, n'ayant rien de commun avecques l'humaine nature. Ariston estime la forme de Dieu incomprenable, le prive de sens et ignore s'il est animant ou aultre chose ; Cleanthes, tantost la raison, tantost le monde, tantost l'ame de nature, tantost la chaleur supreme entourant et enveloppant tout. Perseus, auditeur de Zeno, a tenu qu'on a surnommé dieux ceulx qui avoient apporté quelque notable utilité à l'humaine vie et les choses mesmes proufitables. Chrysippus faisoit un amas confus de toutes les precedentes sentences, et compte, entre mille formes de dieux qu'il faict, les hommes aussi qui sont immortalisés. Diagoras et Theodorus nioient tout sec qu'il y eust des dieux. Epicurus faict les dieux luisants, transparents et perflables[2], logés, comme entre deux forts, entre deux mondes, à couvert des coups, revestus d'une humaine figure et de nos membres, lesquels membres leur sont de nul usage :

Ego deum genus esse semper dixi, et dicam cœlitum ;
Sed eos non curare opinor, quid agat humanum genus[3].

Fiez vous à vostre philosophie ; vantez vous d'avoir trouvé la febve au gasteau, à veoir ce tintamarre de tant de cervelles philosophiques ! Le trouble des formes mondaines a gaigné sur moy, que les diverses mœurs et fantasies aux

---

(1) Cette analyse de la théologie païenne est extraite surtout de Cic., *de Nat. deor.*, I, 10, 11, 12, etc. Il est inutile de multiplier les renvois. J. V. L.

(1) On a essayé en vain de défendre ce texte. Celui de Cic., *de Nat. deor.*, I, 12 : « Aër, quo Diogenes Appolloniates utitur deo, » prouve incontestablement qu'il faut ici *l'air*, au lieu de *l'aage* ; et Coste n'avait pas même besoin de citer encore à l'appui de cette opinion saint Augustin, *de Civ. Dei*, VIII, 2 ; et Bayle, à l'article *Diogène d'Apollonie*. Montaigne lui-même dit plus bas dans ce chapitre : « Ou l'infinité de nature d'Anaximander, ou *l'air* de Diogenes, ou les nombres et symmetries de Pythagoras, etc. » J. V. L.

(2) *Perlucidos et perflabiles*. Cic., *de Divinat.*, II, 17. C.

(3) Il est des dieux, des dieux sans amour, sans courroux, Dont les regards jamais ne s'abaissent sur nous.
J'ai traduit ainsi les deux vers d'Ennius rapportés par Cic., *de Divinat.*, II, 50. J. V. L.

miennes ne me desplaisent pas tant comme elles m'instruisent, ne m'enorgueillissent pas tant comme elles m'humilient en les conferant : et tout aultre chois que celuy qui vient de la main expresse de Dieu me semble chois de peu de prerogative[1]. Les polices du monde ne sont pas moins contraires en ce subject que les escholes : par où nous pouvons apprendre que la fortune mesme n'est pas plus diverse et variable que nostre raison, ny plus aveugle et inconsiderée. Les choses les plus ignorées sont plus propres à estre deifiées : parquoy, de faire de nous des dieux, comme l'ancienneté[2] cela surpasse l'extreme foiblesse de discours. J'eusse encores plustost suyvi ceulx qui adoroient le serpent, le chien et le bœuf, d'autant que leur nature et leur estre nous est moins cogneu, et avons plus de loy d'imaginer ce qu'il nous plaist de ces bestes là, et leur attribuer des facultés extraordinaires : mais d'avoir faict des dieux de nostre condition, de laquelle nous debvons cognoistre l'imperfection, leur avoir attribué le desir, la cholere, les vengeances, les mariages, les generations et les parenteles, l'amour et la jalousie, nos membres et nos os, nos fiebvres et nos plaisirs, nos morts, nos sepultures, il fault que cela soit party d'une merveilleuse yvresse de l'entendement humain ;

Quæ procul usque adeo divino ab numine distant,
Inque deum numero quæ sint indigna videri[3] *;*

Formæ, ætates, vestitus, ornatus noti sunt ; genera, conjugia, cognationes, omniaque traducta ad similitudinem imbecillitatis humanæ : nam et perturbatis animis inducuntur ; accipimus enim deorum cupiditates, ægritudines, iracundias[4] ; comme d'avoir attribué la divinité non seulement à la foy, à la vertu, à l'honneur, concorde, liberté, victoire, pieté, mais aussi à la volupté, fraude, mort, envie, vieillesse, misere, à la peur, à la fiebvre et à la male fortune, et aultres injures de nostre vie fraisle et caducque :

Quid juvat hoc, templis nostros inducere mores ?
O curvæ in terris animæ, et cœlestium inanes[1] *!*

Les Ægyptiens, d'une impudente prudence, deffendoient, sur peine de la hart, que nul eust à dire que Serapis et Isis, leurs dieux, eussent aultresfois esté hommes ; et nul n'ignoroit qu'ils ne l'eussent esté : et leur effigie, representée le doigt sur la bouche, signifioit, dict Varro[2], ceste ordonnance mysterieuse, à leurs presbtres, de taire leur origine mortelle, comme, par raison necessaire, annullant toute leur veneration. Puisque l'homme desiroit tant de s'apparier à Dieu, il eust mieulx faict, dict Cicero[3], de ramener à soy les conditions divines et les attirer çà bas, que d'envoyer là hault sa corruption et sa misere : mais, à le bien prendre, il a faict, en plusieurs façons, et l'un et l'aultre, de pareille vanité d'opinion.

Quand les philosophes espeluchent la hierarchie de leurs dieux, et font les empressés à distinguer leurs alliances, leurs charges et leur puissance, je ne puis pas croire qu'ils parlent à certes. Quand Platon nous deschiffre le vergier de Pluton, et les commodités ou peines corporelles qui nous attendent encores après la ruyne et aneantissement de nos corps, et les accommode au ressentiment que nous avons en ceste vie :

Secreti celant calles, et myrtea circum
Silva tegit ; curæ non ipsa in morte relinquunt[4] *;*

quand Mahumet promet aux siens un paradis tapissé, paré d'or et de pierreries, peuplé de garses d'excellente beauté, de vins et de vivres singuliers, je veois bien que ce sont des mocqueurs qui se plient à nostre bestise, pour nous emmieller et attirer par ces opinions et esperances, convenables à nostre mortel appetit. Si sont aulcuns des nostres tumbés en pareil erreur, se promettants, après la resurrection, une vie

---

(1) L'éd. de 1802 ajoute cette phrase, d'après l'exemplaire de Bordeaux : « Je laisse à part les trains de vie monstrueux et contre nature. »

(2) Ed. de 1588. « Car d'adorer celles de nostre sorte, maladifves, corruptibles et mortelles, comme faisoit toute l'ancienneté, des hommes qu'elle avoit veu vivre et mourir, et agiter de toutes nos passions, cela surpasse, etc. »

(3) Toutes choses qui sont indignes des dieux, et qui n'ont rien de commun avec leur nature. Lucn., V, 123.

(4) On connaît les différentes figures de ces dieux, leur âge, leurs habillements, leurs ornements, leurs généalogies, leurs mariages, leurs alliances ; et on les représente, à tous égards, sur le modèle de l'infirmité humaine, sujets aux mêmes passions, amoureux, chagrins, colères. Cic., *de Nat. deor.*, II, 28.

(1) Pourquoi consacrer dans les temples la corruption de nos mœurs ? O âmes attachées à la terre, et vides de célestes pensées ! Perse, *Sat.*, II, 62 et 61.

(2) Cité par S. Augustin, *de Civit. Dei*, XVIII, 5. C.

(3) *Tusc. quæst.*, I, 26. C.

(4) Ils se cachent dans un bois de myrtes, coupé de sentiers solitaires ; la mort même ne les a pas délivrés de leurs soucis. Virg., *Enéid.*, VI, 443.

terrestre et temporelle, accompaignée de toutes sortes de plaisirs et commodités mondaines. Croyons nous que Platon, luy qui a eu ses conceptions si celestes, et si grande accointance à la divinité, que le surnom luy en est demeuré, ayt estimé que l'homme, ceste pauvre creature, eust rien en luy d'applicable à ceste incomprehensible puissance? et qu'il ayt cru que nos prinses languissantes feussent capables, ny la force de nostre sens assez robuste pour participer à la beatitude ou peine eternelle? Il fauldroit luy dire, de la part de la raison humaine : Si les plaisirs que tu nous promets en l'aultre vie sont de ceux que j'ay sentis çà bas, cela n'a rien de commun avecques l'infinité ; quand touts mes cinq sens de nature seroient combles de liesse, et ceste ame saisie de tout le contentement qu'elle peult desirer et esperer, nous sçavons ce qu'elle peult. Cela, ce ne seroit encores rien ; s'il y a quelque chose du mien, il n'y a rien de divin : si cela n'est aultre que ce qui peult appartenir à ceste nostre condition presente, il ne peult estre mis en compte ; tout contentement des mortels est mortel : la recognoissance de nos parents, de nos enfants et de nos amis, si elle nous peult toucher et chatouiller en l'aultre monde, si nous tenons encores à un tel plaisir, nous sommes dans les commodités terrestres et finies : nous ne pouvons dignement concevoir la grandeur de ces haultes et divines promesses, si nous les pouvons aulcunement concevoir ; pour dignement les imaginer, il les fault imaginer inimaginables, indicibles et incomprehensibles, et parfaictement aultres que celles de nostre miserable experience. OEil ne sçauroit veoir, dict sainct Paul [1], et ne peult monter en cœur d'homme l'heur que Dieu prepare aux siens. Et si, pour nous en rendre capables, on reforme et rechange nostre estre (comme tu dis, Platon, par tes purifications), ce doibt estre d'un si extreme changement et si universel que, par la doctrine physique, ce ne sera plus nous ;

Hector erat tunc quum bello certabat; at ille
Tractus ab Æmonio non erat Hector equo [2] ;

ce sera quelque aultre chose qui recevra ces recompenses :

(1) *Corinth.*, I, 2, 9, d'après Isaïe, LXIV, 4. J. V. L.
(2) C'était Hector qui combattait les armes à la main ; mais le corps qui fut traîné par les chevaux d'Achille, ce n'était plus Hector. Ov., *Trist.*, III, 11, 27.

Quod mutatur... dissolvitur ; interit ergo :
Trajiciuntur enim partes, atque ordine migrant [1].

Car, en la metempsychose de Pythagoras, et changement d'habitation qu'il imaginoit aux ames, pensons nous que le lion, dans lequel est l'ame de Cesar, espouse les passions qui touchoient Cesar, ny que ce soit luy ? si c'estoit encores luy, ceux là auroient raison, qui, combattants cest' opinion contre Platon, lui reprochent que le fils se pourroit trouver à chevaucher sa mere revestue d'un corps de mule, et semblables absurdités. Et pensons nous qu'ès mutations qui se font des corps des animaulx en aultres de mesme espece, les nouveaux venus ne soient aultres que leurs predecesseurs ? Des cendres du phœnix s'engendre, dict on [2], un vers, et puis un aultre phœnix ; ce second phœnix, qui peult imaginer qu'il ne soit aultre que le premier ? Les vers qui font nostre soye, on les veoid comme mourir et asseicher, et de ce mesme corps se produire un papillon, et de là un aultre ver, qu'il seroit ridicule estimer estre encores le premier ; ce qui a cessé une fois d'estre n'est plus :

Nec, si materiam nostram collegerit ætas
Post obitum, rursumque redegerit, ut sita nunc est,
Atque iterum nobis fuerint data lumina vitæ,
Pertineat quidquam tamen ad nos id quoque factum,
Interrupta semel quum sit repetentia nostra [3].

Et quand tu dis ailleurs, Platon, que ce sera la partie spirituelle de l'homme à qui il touchera de jouïr des recompenses de l'aultre vie, tu nous dis chose d'aussi peu d'apparence :

Silicet, avolsus radicibus, ut nequit ullam
Dispicere ipse oculus rem, scorsum corpore toto [4] ;

car, à ce compte, ce ne sera plus l'homme, ny nous, par consequent, à qui touchera ceste jouïssance ; car nous sommes bastis de deux pieces principales essentielles, desquelles la separation c'est la mort et ruyne de nostre estre :

(1) Ce qui est changé se dissout ; donc il périt : en effet, les corps sont séparés par d'autres corps, et l'organisation est détruite. Lucr., III, 756.
(2) Pline, *Nat. Hist.*, X, 2. C.
(3) Et si le temps rassemblait la matière de notre corps, après qu'il a été dissous, de sorte qu'il remit cette matière dans la situation où elle est à présent, et qu'il nous rendît à la vie, tout cela ne serait rien à notre égard, dès que le cours de notre existence a été une fois interrompu. Lucr., III, 859.
(4) De même l'œil arraché de son orbite, et séparé du corps, ne peut voir aucun objet. Lucr., III, 562.

*Inter enim jecta est vital pausa, vageque
Deerrarunt passim motus ab sensibus omnes* [1] ;

nous ne disons pas que l'homme souffre quand les vers luy rongent ses membres de quoy il vivoit, et que la terre les consomme :

*Et nihil hoc ad nos, qui coïtu conjugioque
Corporis atque animæ consistimus uniter apti* [2].

Davantage, sur quel fondement de leur justice peuvent les dieux recognoistre et recompenser à l'homme après sa mort ses actions bonnes et vertueuses, puisque ce sont eulx mesmes qui les ont acheminées et produictes en luy ? Et pourquoy s'offensent ils et vengent sur luy les vicieuses, puisqu'ils l'ont eulx mesmes produict en ceste condition faultiere, et que d'un seul clin de leur volonté ils le peuvent empescher de faillir? Epicurus opposeroit il pas cela à Platon, avecques grand' apparence de l'humaine raison, s'il ne se couvroit souvent par ceste sentence : « Qu'il est impossible d'establir quelque chose de certain de l'immortelle nature par la mortelle? » Elle ne faict que fourvoyer partout, mais specialement quand elle se mesle des choses divines. Qui le sent plus evidemment que nous? car encores que nous luy ayons donné des principes certains et infaillibles, encores que nous esclairions ses pas par la saincte lampe de la verité qu'il a pleu à Dieu nous communiquer, nous veoyons pourtant journellement, pour peu qu'elle se destourne ou escarte de la voye trassée et battue par l'Eglise, comme tout aussitost elle se perd, s'embarrasse et s'entrave, tournoyant et flottant dans ceste mer vaste, trouble et ondoyante des opinions humaines, sans bride et sans but : aussitost qu'elle perd ce grand et commun chemin, elle se va divisant et dissipant en mille routes diverses.

L'homme ne peult estre que ce qu'il est, ny imaginer que selon sa portée. C'est plus grande presumption, dict Plutarque [3], à ceulx qui ne sont qu'hommes, d'entreprendre de parler et discourir des dieux et des demy dieux, que ce n'est à un homme ignorant de musique vouloir juger de ceulx qui chantent, ou à un homme qui ne feut jamais au camp vouloir disputer des armes et de la guerre, en presumant comprendre par quelque legiere conjecture les effects d'un art qui est hors de sa cognoissance. L'ancienneté pensa, ce crois je, faire quelque chose pour la grandeur divine, de l'apparier à l'homme, la vestir de ses facultés et estrener de ses belles humeurs et plus honteuses necessités, luy offrant de nos viandes à manger, de nos danses, mommeries et farces à la resjouïr, de nos vestements à se couvrir, et maisons à loger, la caressant par l'odeur des encens et sons de la musique, festons et bouquets, et, pour l'accommoder à nos vicieuses passions, flattant sa justice d'une inhumaine vengeance, l'esjouïssant de la ruyne et dissipation des choses par elle creées et conservées : comme Tiberius Sempronius [1] qui feit brusler, pour sacrifice à Vulcan, les riches despouilles et armes qu'il avoit gaigné sur les ennemis en la Sardaigne; et Paul Emyle [2], celles de Macedoine, à Mars et à Minerve; et Alexandre [3], arrivé à l'ocean Indique, jecta en mer, en faveur de Thetis, plusieurs grands vases d'or; remplissant en oultre ses autels d'une boucherie, non de bestes innocentes seulement, mais d'hommes aussi, ainsi que plusieurs nations, et entre aultres la nostre, avoient en usage ordinaire; et crois qu'il n'en est aulcune exempte d'en avoir faict essay.

*Sulmone creatos
Quatuor hic juvenes, totidem, quos educat Ufens,
Viventes rapit, inferias quos immolet umbris* [4].

Les Getes [5] se tiennent immortels; et leur mourir n'est que s'acheminer vers leur dieu Zamolxis. De cinq en cinq ans, ils despeschent vers luy quelqu'un d'entre eulx pour le requerir des choses necessaires. Ce deputé est choisi au sort; et la forme de le despescher, après l'avoir de bouche informé de sa charge, est que, de ceulx

---

(1) En effet, dès que le cours de la vie est interrompu, le mouvement abandonne tous les sens et se dissipe. LUCR., III, 872.

(2) Cela ne nous touche pas, puisque nous sommes un tout formé du mariage du corps et de l'âme. LUCR., III, 857.

(3) Dans le traité, *Pourquoi la justice divine diffère quelquefois la punition des maléfices*, c. 4 de la version d'Amyot. C.

(1) TITE LIVE, XLI, 16.

(2) ID., XLV, 55. C.

(3) ARRIEN, VI, 19, et DIODORE DE SICILE, XVII, 104, sont les seuls historiens d'Alexandre qui parlent des *vases d'or jetés dans l'Océan*, mais ils ne disent rien de la *boucherie d'hommes*. C.

(4) Enée saisit quatre jeunes guerriers, fils de Sulmone, et quatre, nourris sur les bords de l'Ufens, pour les immoler vivants aux mânes de Pallas. VIRG., *Enéid.*, X, 517.

(5) HÉRODOT., IV, 94. J. V. L.

qui l'assistent, trois tiennent debout autant de javelines, sur lesquelles les aultres le lancent à force de bras. S'il vient à s'enferrer en lieu mortel et qu'il trespasse soubdain, ce leur est certain argument de faveur divine : s'il en eschappe, ils l'estiment meschant et exsecrable, et en deputent encores un aultre de mesme. Amestris[1], mere de Xerxès, devenue vieille, feit, pour une fois, ensepvelir touts vifs quatorze jouvenceaux des meilleures maisons de Perse, suyvant la religion du païs, pour gratifier à quelque dieu soubterrain. Encores aujourd'huy les idoles de Themixtitan se cimentent du sang des petits enfants : et n'aiment sacrifice que de ces pueriles et pures ames : justice affamée du sang de l'innocence !

Tantùm religio potuit suadere malorum[2] !

Les Carthaginois[3] immoloient leurs propres enfants à Saturne, et qui n'en avoit point en achetoit, estant cependant le pere et la mere tenus d'assister à cest office avecques contenance gaye et contente.

C'estoit une estrange fantasie de vouloir payer la bonté divine de nostre affliction; comme les Lacedemoniens[4], qui mignardoient leur Diane par le bourrellement des jeunes garsons qu'ils faisoient fouetter en sa faveur souvent jusques à la mort : c'estoit une humeur farouche de vouloir gratifier l'architecte de la subversion de son bastiment et de vouloir garantir la peine due aux coulpables par la punition des non coulpables; et que la pauvre Iphigenia, au port d'Aulide, par sa mort et par son immolation, deschargeast envers Dieu l'armée des Grecs des offenses qu'ils avoient commises;

Et casta inceste, nubendi tempore in ipso,
Hostia concideret mactatu mœsta parentis[5] :

et ces deux belles et genereuses ames des deux Decius, pere et fils, pour propitier la faveur des dieux envers les affaires romaines, s'allassent jecter à corps perdu à travers le plus espais des ennemis : *Quæ fuit tanta deorum iniquitas, ut placari populo romano non possent nisi tales viri occidissent*[1]? Joinct que ce n'est pas au criminel de se faire fouetter à sa mesure et à son heure; c'est au juge, qui ne met en compte de chastiment que la peine qu'il ordonne et ne peult attribuer à punition ce qui vient à gré à celuy qui le souffre : la vengeance divine presuppose nostre dissentiment entier pour sa justice et pour nostre peine. Et feut ridicule l'humeur de Polycrates[2], tyran de Samos, lequel, pour interrompre le cours de son continuel bonheur et le compenser, alla jecter en mer le plus cher et precieux joyau qu'il eust, estimant que par ce malheur aposté il satisfaisoit à la revolution et vicissitude de la fortune : et elle, pour se mocquer de son ineptie, feit que ce mesme joyau reveinst encores en ses mains, trouvé au ventre d'un poisson. Et puis, à quel usage les deschirements et desmembrements des Corybantes, des Menades, et, en nos temps, des Mahumetans qui se balafrent le visage, l'estomach, les membres pour gratifier leur prophete : veu que l'offense consiste en la volonté, non en la poictrine, aux yeulx, aux genitoires, en l'embonpoinct, aux espaules et au gosier? *Tantus est perturbatæ mentis, et sedibus suis pulsæ furor, ut sic dii placentur, quemadmodum ne homines quidem sæviunt*[3]. Ceste contexture naturelle regarde, par son usage, non seulement nous, mais aussi le service de Dieu et des aultres hommes; c'est injustice de l'affoler à nostre escient, comme de nous tuer pour quelque pretexte que ce soit : ce semble estre grande lascheté et trahison de mastiner et corrompre les functions du corps, stupides et serves, pour espargner à l'ame la solicitude de les conduire selon raison: *Ubi iratos deos timent, qui sic propitios habere merentur?...In regiæ libidinis voluptatem castrati sunt quidam; sed nemo sibi, ne vir esset, jubente domino, manus intulit*[4]. Ainsi remplissoient ils leur religion de plusieurs mauvais effets:

---

(1) Plut., *de la Superstition*, c. 13; et Hérodot., VII, 114. Amestris était *femme* de Xerxès. C.
(2) Tant la religion a pu conseiller de crimes! Lucr., I, 102.
(3) Plut., *de la Superstition*, c. 13. C.
(4) Id., *Apophthegmes des Lacedemoniens*, vers la fin. C.
(5) Que cette vierge infortunée, au moment destiné à son hymen, expirât sous les coups impitoyables d'un père. Lucr., I, 99.

(1) Comment les dieux étaient-ils si irrités contre le peuple romain qu'ils ne pussent être satisfaits qu'au prix d'un sang si généreux? Cic., *de Nat. deor.*, III, 6.
(2) Hér., III, 41 et 42. J. V. L.
(3) Tel est leur délire, telle est leur fureur, qu'ils pensent apaiser les dieux en surpassant toutes les cruautés des hommes. S. August., *de Civit. Dei*, VI, 10.
(4) De quelles actions pensent-ils que les dieux s'irritent,

*Sœpius olim
Relligio peperit scelerosa atque impia facta* [1].

Or, rien du nostre ne se peult apparier ou rapporter, en quelque façon que ce soit, à la nature divine, qui ne la tache et marque d'autant d'imperfection. Ceste infinie beauté, puissance et bonté, comment peult elle souffrir quelque correspondance et similitude à chose si abjecte que nous sommes, sans un extreme interest et deschet de sa divine grandeur ? *Infirmum Dei fortius est hominibus ; et stultum Dei sapientius est hominibus* [2]. Stilpon le philosophe, interrogé si les dieux s'esjouissent de nos honneurs et sacrifices : « Vous estes indiscret, respondit il [3] ; retirons nous à part si vous voulez parler de cela. » Toutesfois, nous luy prescrivons des bornes, nous tenons sa puissance assiegée par nos raisons (j'appelle raisons nos resveries et nos songes, avecques la dispense de la philosophie qui dict : « Le fol mesme et le meschant forcener par raison ; mais que c'est une raison de particuliere forme »), nous le voulons asservir aux apparences vaines et foibles de nostre entendement, luy qui a faict et nous et nostre cognoissance. Par ce que rien ne se faict de rien, Dieu n'aura sceu bastir le monde sans matiere. Quoi ! Dieu nous a il mis en main les clefs et les derniers ressorts de sa puissance ? s'est il obligé à n'oultrepasser les bornes de nostre science ? Mets le cas, ô homme, que tu ayes peu remarquer icy quelques traces de ses effects ; penses tu qu'il y ayt employé tout ce qu'il a peu et qu'il ayt mis toutes ses formes et toutes ses idées en cest ouvrage ? Tu ne veois que l'ordre et la police de ce petit caveau où tu es logé ; au moins si tu la veois : sa divinité a une jurisdiction infinie au delà ; ceste piece n'est rien au prix du tout :

*Omnia cum cœlo, terraque, marique,
Nil sunt ad summam summai totius omnem* [4] ;

ceux qui croient se les rendre propices par des crimes ?... On a vu des hommes qui ont été faits eunuques pour servir aux plaisirs des rois ; mais jamais esclave ne s'est mutilé lui-même, lorsque son maître lui commandait de ne plus être homme. S. AUGUSTIN, *de Civit. Dei*, VI, 10, d'après Sénèque.

(1) Autrefois la religion a souvent inspiré des actions impies et détestables. LUCR., I, 83.

(2) La faiblesse de Dieu est plus forte que la force des hommes ; sa folie est plus sage que leur sagesse. S. PAUL, *Corinth.*, I, 1, 25.

(3) DIOG. LAERCE, II, 117. C.

(4) Le ciel, la terre et la mer, pris ensemble, ne sont rien, en comparaison de l'immensité du grand tout. LUCR., VI, 679.

c'est une loy municipale que tu allegues, tu ne sçais pas quelle est l'universelle. Attache toy à ce à quoy tu es subject, mais non pas luy ; il n'est pas ton confrere, ou concitoyen, ou compaignon. S'il est aulcunement communiqué à toy, ce n'est pas pour se ravaller à ta petitesse ny pour te donner le contrerolle de son pouvoir : le corps humain ne peult voler aux nues ; c'est pour toy. Le soleil bransle, sans sejour, sa course ordinaire ; les bornes des mers et de la terre ne se peuvent confondre ; l'eau est instable et sans fermeté ; un mur est, sans froissure, impenetrable à un corps solide ; l'homme ne peult conserver sa vie dans les flammes ; il ne peult estre et au ciel, et en la terre, et en mille lieux ensemble corporellement : c'est pour toy qu'il a faict ces regles ; c'est toy qu'elles attachent : il a tesmoigné aux chrestiens qu'il les a toutes franchies quand il luy a pleu. De vray, pourquoy, tout puissant comme il est, auroit il restreinct ses forces à certaine mesure ? en faveur de qui auroit il renoncé son privilege ? Ta raison n'a, en aulcune aultre chose, plus de verisimilitude et de fondement qu'en ce qu'elle te persuade la pluralité des mondes ;

*Terramque, et solem, lunam, mare, cetera quœ sunt,
Non esse unica, sed numero magis innumerali* [1].

les plus fameux esprits du temps passé l'ont creue, et aulcuns des nostres mesmes, forcés par l'apparence de la raison humaine ; d'autant qu'en ce bastiment que nous veoyons il n'y a rien seul et un,

*Quum in summa res nulla sit una,
Unica quœ gignatur, et unica solaque crescat* [2],

et que toutes les especes sont multipliées en quelque nombre ; par où il semble n'estre pas vraysemblable que Dieu ayt faict ce seul ouvrage sans compaignon et que la matiere de ceste forme ayt esté toute espuisée en ce seul individu ;

*Quare etiam atque etiam tales fateare necesse est,
Esse alios alibi congressus materiai,
Qualis hic est, avido complexu quem tenet œther* [3] :

(1) Que la terre, le soleil, la lune, la mer, et tous les êtres, ne sont point uniques, mais en nombre infini. LUCR., II, 1085.

(2) Qu'il n'y a point, dans la nature, d'être unique de son espèce, qui naisse et qui croisse isolé. LUCR., II, 1077.

(3) On ne peut donc s'empêcher de convenir qu'il a dû se faire ailleurs d'autres agrégations de matière, semblables à celle que l'éther embrasse dans son vaste contour. LUCR., II, 1064.

notamment, si c'est un animant, comme ses mouvements le rendent si croyable que Platon l'asseure[1], et plusieurs des nostres, ou le confirment, ou ne l'osent infirmer ; non plus que ceste ancienne opinion que le ciel, les estoiles et aultres membres du monde sont creatures composées de corps et ame, mortelles en consideration de leur composition, mais immortelles par la determination du Createur. Or, s'il y a plusieurs mondes, comme Democritus, Epicurus et presque toute la philosophie a pensé, que savons nous si les principes et les regles de cestuy cy touchent pareillement les aultres ? ils ont, à l'adventure, aultre visage et aultre police. Epicurus[2] les imagine ou semblables ou dissemblables. Nous veoyons en ce monde une infinie difference et varieté pour la seule distance des lieux : ny le bled ny le vin ne se veoid, ni aulcun de nos animaulx en ces nouvelles terres que nos peres ont descouvertes ; tout y est divers : et, au temps passé, veoyez en combien de parties du monde on n'avoit cognoissance ny de Bacchus ny de Cerès. Qui en vouldra croire Pline et Herodote[3], il y a des especes d'hommes, en certains endroicts, qui ont fort peu de ressemblance à la nostre ; et y a des formes mestisses et ambiguës entre l'humaine nature et la brutale : il y a des contrées où les hommes naissent sans teste, portant les yeulx et la bouche en la poictrine ; où ils sont touts androgynes ; où ils marchent de quatre pattes ; où ils n'ont qu'un œil au front et la teste plus semblable à celle d'un chien qu'à la nostre ; où ils sont moitié poisson par embas et vivent en l'eau ; où les femmes accouchent à cinq ans et n'en vivent que huict ; où ils ont la teste si dure et la peau du front que le fer n'y peult mordre et rebouche contre ; où les hommes sont sans barbe ; des nations sans usage et cognoissance de feu ; d'aultres qui rendent le sperme de couleur noire ; quoy, ceulx qui naturellement se changent en loups, en jumens et puis encores en hommes ? et, s'il est ainsi, comme dict Plutarque[4], qu'en quelque endroict des Indes il y ayt des hommes sans bouche, se nourrissant de la senteur de certaines odeurs, combien y a il de nos descriptions faulses ? Il n'est plus risible, ny à l'adventure capable de raison et de société ; l'ordonnance et la cause de nostre bastiment interne seroient, pour la pluspart, hors de propos.

Davantage, combien y a il de choses en nostre cognoissance qui combattent ces belles regles que nous avons taillées et prescriptes à nature ? Et nous entreprendrons d'y attacher Dieu mesme ! Combien de choses appellons nous miraculeuses et contre nature ? cela se faict par chasque homme et par chasque nation, selon la mesure de son ignorance : combien trouvons nous de proprietés occultes et de quintessences ? car « aller selon nature, » pour nous ce n'est qu' « aller selon nostre intelligence, » autant qu'elle peult suyvre et autant que nous y veoyons : ce qui est au delà est monstrueux et desordonné. Or, à ce compte, aux plus advisés et aux plus habiles tout sera donecques monstrueux : car à ceulx là l'humaine raison a persuadé qu'elle n'avoit ny pied ny fondement quelconque, non pas seulement pour asseurer si la neige est blanche, et Anaxagoras la disoit estre noire[1] ; s'il y a quelque chose ou s'il n'y a nulle chose ; s'il y a science ou ignorance, ce que Metrodorus Chius[2] nioit l'homme pouvoir dire ; ou si nous vivons, comme Euripides est en doubte, « si la vie que nous vivons est vie ou si c'est ce que nous appellons mort qui soit vie : »

Τίς δ' οἶδεν εἰ ζῆν τοῦθ', ὃ κέκληται θανεῖν
Τὸ ζῆν δὲ, θνήσκειν ἐστί[3];

et non sans apparence ; car pourquoy prenons nous tiltre d'estre de cest instant qui n'est qu'une éclistre[4] dans le cours infiny d'une nuict eternelle, et une interruption si briefve de nostre perpetuelle et naturelle condition, la mort occupant tout le devant et tout le derriere de ce moment et encores une bonne partie de ce

---

(1) Dans son *Timée*, page 527. C.
(2) Diog. Laerce, X, 85. C.
(3) Les exemples suivants sont tirés du troisième et du quatrième livre d'Hérodote, et des sixième, septième et huitième livres de Pline. Mais la plupart de ces traditions sont revoquées en doute par l'un et l'autre. J. V. L.
(4) Plut., *De la face de la lune*; et Pline, VII, 2. C.

(1) Cic., *Academ.*, II, 23 et 31 ; *Epist. ad Quint. fr.*, II, 15. On peut consulter, sur cette opinion d'Anaxagore, Sextus Empiricus, *Hypotyp. Pyrrhon.*, I, 13 ; Galien, *de Simpl. medicam.*, II, 1 ; Lactance, *Divin. Instit.*, III, 23 ; V, 3, etc. Un Allemand, Voigt, a publié aussi une dissertation *Adversus alborem nivis*. J. V. L.
(2) Cic., *Acad.*, II, 23 ; Sext. Empiricus, p. 146. C.
(3) Plat., *Gorgias*, p. 500 ; Diog. Laerce, IX, 73 ; Sext. Empiricus, *Hypotyp.*, III, 24. C.
(4) *Eclair*. Les anciens textes donnent : *une eloise* ; c'est un mot mal lu.

moment? D'aultres jurent qu'il n'y a point de mouvement[1], que rien ne bouge, comme les suyvants de Melissus; car s'il n'y a rien qu'un, ni ce mouvement spherique ne luy peult servir, ny le mouvement de lieu a aultre, comme Platon preuve : d'aultres, qu'il n'y a ny generation ny corruption en nature. Protagoras[2] dict qu'il n'y a rien en nature que le doubte ; que de toutes choses on peult egualement disputer ; et de cela mesme, si on peult egualement disputer de toutes choses : Nausiphanes[3], que, des choses qui semblent, rien n'est non plus que non est ; qu'il n'y a aultre certain que l'incertitude : Parmenides, que de ce qu'il semble il n'est aulcune chose en general ; qu'il n'est qu'un : Zenon, qu'un mesme n'est pas et qu'il n'y a rien ; si un estoit, il seroit ou en un aultre ou en soy mesme ; s'il est en un aultre, ce sont deux ; s'il est en soy mesme, ce sont encores deux ; le comprenant et le comprins[4]. Selon ces dogmes, la nature des choses n'est qu'un umbre ou faulse ou vaine.

Il m'a tousjours semblé qu'à un homme chrestien ceste sorte de parler est pleine d'indiscretion et d'irreverence : « Dieu ne peult mourir ; Dieu ne se peult desdire ; Dieu ne peult faire cecy ou cela. » Je ne treuve pas bon d'enfermer ainsi la puissance divine soubs les loix de nostre parole : et l'apparence qui s'offre à nous en ces propositions, il la fauldroit representer plus reveremment et plus religieusement.

Nostre parler a ses foiblesses et ses defaults, comme tout le reste : la plus part des occasions des troubles du monde sont grammairiennes ; nos procès ne naissent que du debat de l'interpretation des loix ; et la plus part des guerres, de ceste impuissance de n'avoir sceu clairement exprimer les conventions et traictés d'accord des princes : combien de querelles et combien importantes a produict au monde le doubte du sens de ceste syllabe, *hoc*[5]? Prenons la clause que la logique mesme nous presentera pour la plus claire ; si vous dites : « Il faict beau temps, » et que vous dissiez verité, il fait doncques beau temps. Voylà pas une forme de parler certaine?

encores nous trompera elle : qu'il soit ainsi, suyvons l'exemple ; si vous dictes : « Je ments, » et que vous dissiez vray, vous mentez doncques[1]. L'art, la raison, la force de la conclusion de ceste cy sont pareilles à l'autre ; toutesfois nous voylà embourbés. Je veois les philosophes pyrrhoniens qui ne peuvent exprimer leur generale conception en aulcune maniere de parler ; car il leur fauldroit un nouveau langage : le nostre est tout formé de propositions affirmatifves, qui leur sont du tout ennemies ; de façon que, quand ils disent : « Je doubte, » on les tient incontinent à la gorge, pour leur faire avouer qu'au moins assurent et sçavent ils cela qu'ils doubtent. Ainsin on les a contraincts de se sauver dans ceste comparaison de la medecine, sans laquelle leur humeur seroit inexplicable : quand ils prononcent « J'ignore, » ou « Je doubte, » ils disent que ceste proposition s'emporte elle mesme quand et quand le reste, ny plus ny moins que la rubarbe qui poulse hors les mauvaises humeurs, et s'emporte hors quand et quand elle mesme[2]. Ceste fantasie est plus seurement conceue par interrogation : QUE SÇAY JE ? comme je la porte à la devise d'une balance.

Voyez comme on se prevault de ceste sorte de parler[3], pleine d'irreverence : aux disputes qui sont à present en nostre religion, si vous pressez trop les adversaires, ils vous diront tout destroussement qu' « Il n'est pas en la puissance de Dieu de faire que son corps soit en paradis et en la terre, et en plusieurs lieux ensemble. » Et ce mocqueur ancien[4], comment il en faict son proufit ! « Au moins, dict il, est ce une non legiere consolation à l'homme de ce qu'il veoid Dieu ne pouvoir pas toutes choses : car il ne se peult tuer quand il le vouldroit, qui est la plus grande faveur que nous ayons en nostre condition ; il ne peult faire les mortels immortels, ny revivre les trespassés, ny que celuy qui a vescu n'ayt point vescu, celuy qui

---

(1) DIOG. LAERCE, IX, 24. C.
(2) DIOG. LAERCE, IX, 51 ; SÉN., *Epist.* 90. C.
(3) SÉN., *Epist.* 88. C.
(4) CIC., *Academ.*, II, 37 ; SÉN., *Epist.* 88. C.
(5) Montaigne veut parler ici des controverses des catholiques et des protestants sur la transsubstantiation. A. D.

(1) C'est le sophisme appelé *le Menteur*, ψευδόμενος. CIC., *Acad.*, II, 29 ; AULU-GELLE, XVIII, 2, etc. J. V. L.
(2) DIOG. LAERCE, IX, 76. C.
(3) Dont il est question plus haut, savoir : *Dieu ne peut faire ceci*, ou *cela*. C.
(4) Dans la premiere édition des *Essais*, publiée en 1580, et dans l'édition in-4° de 1588, chez *Abel l'Angelier*, Montaigne avait mis : *Et ce mocqueur de Pline, comment il en faict son proufit !* Mais il a rayé lui-même *de Pline*, et a écrit au-dessus, *antien.* Voyez le passage auquel il fait allusion. PLINE, II, 7. N.

a eu des honneurs ne les ayt point eus; n'ayant aultre droict sur le passé que de l'oubliance : et à fin que ceste societé de l'homme à Dieu s'accouple encores par des exemples plaisants, il ne peult faire que deux fois dix ne soient vingt. » Voylà ce qu'il dict, et qu'un chrestien debvroit eviter de passer par sa bouche : là où, au rebours, il semble que les hommes recherchent ceste folle fierté de langage, pour ramener Dieu à leur mesure :

> *Cras vel atra*
> *Nube polum Pater occupato,*
> *Vel sole puro ; non tamen irritum,*
> *Quodcumque retro est, efficiet, neque*
> *Diffinget, infectumque reddet,*
> *Quod fugiens semel hora vexit* [1].

Quand nous disons que l'infinité des siecles, tant passés qu'à venir, n'est à Dieu qu'un instant ; que sa bonté, sapience, puissance sont mesme chose avecques son essence, nostre parole le dict, nostre intelligence ne l'apprehende point[2]. Et toutesfois nostre oultrecuidance veult faire passer la Divinité par nostre estamine; et de là s'engendrent toutes les resveries et les erreurs desquelles le monde se treuve saisi, ramenant et poisant à sa balance chose si esloingnée de son poids[3]. *Mirum quo procedat improbitas cordis humani, parvulo aliquo invitata successu*[4]. Combien insolemment rebrouent Epicurus les stoïciens, sur ce qu'il tient l'estre veritablement bon et heureux n'appartenir qu'à Dieu, et l'homme sage n'en avoir qu'un umbrage et similitude ! combien temerairement ont ils attaché Dieu à la destinée ! (A la mienne volonté, qu'aulcuns du surnom de chrestiens ne le facent pas encores !) et Thalès, Platon et Pythagoras l'ont asservy à la necessité. Ceste fierté de vouloir descouvrir Dieu par nos yeulx a faict qu'un grand personnage des nostres[1] a attribué à la Divinité une forme corporelle ; et est cause de ce qui nous advient tous les jours d'attribuer à Dieu touts les evenements d'importance, d'une particuliere assignation : parce qu'ils nous poisent, il semble qu'ils lui poisent aussi, et qu'il y regarde plus entier et plus attentif qu'aux evenements qui nous sont legiers, ou d'une suitte ordinaire : *Magna dii curant, parva negligunt*[2] : escoutez son exemple, il vous esclaircira de sa raison : *Nec in regnis quidem reges omnia minima curant*[3] ; comme si à ce roy là c'estoit plus et moins de remuer un empire ou la feuille d'un arbre ; et si sa providence s'exerceoit aultrement, inclinant l'evenement d'une battaille, que le sault d'une pulce. La main de son gouvernement se preste à toutes choses, de pareille teneur, mesme force et mesme ordre ; nostre interest n'y apporte rien ; nos mouvements et nos mesures ne le touchent pas : *Deus ita artifex magnus in magnis, ut minor non sit in parvis*[4]. Nostre arrogance nous remet tousjours en avant ceste blasphemeuse apparition. Parce que nos occupations nous chargent, Straton a estrené les dieux de toute immunité d'offices, comme sont leurs presbtres ; il faict produire et maintenir toutes choses à nature ; et de ses poids et mouvements construit les parties du monde, deschargeant l'humaine nature de la crainte des jugements divins : *Quod beatum æternumque sit, id nec habere negotii quidquam, nec exhibere alteri*[5]. Nature veult qu'en choses pareilles il y aye relation pareille : le nombre doncques infiny des mortels conclud un pareil nombre d'immortels ; les choses infinies qui tuent et ruynent en presupposent autant qui conservent et proufitent. Comme les ames des dieux, sans langue, sans yeulx, sans aureilles, sentent entre elles chascune ce que l'aultre sent, et jugent nos pensées, ainsi les ames des hommes, quand elles

---

(1) Que demain l'air soit couvert de nuages épais, ou que le soleil brille dans un ciel pur ; les dieux ne peuvent faire que ce qui a été n'ait point été, ni détruire ce que le temps rapide a emporté sur ses ailes Hor., *Od.*, III, 29, 45.

(2) Ne le comprend point.

(3) Montaigne, dans tout ce passage, contredit l'auteur qu'il a traduit, et qu'il défend. « L'homme, dit Sebond, est par sa nature, en tant qu'il est homme, la vraye et vive image de Dieu. Tout ainsi que le cachet engrave sa figure dans la cire, ainsi Dieu empreint en l'homme sa semblance, etc. » *Théologie naturelle*, c. 121, traduction de Montaigne. J. V. L.

(4) Il est étonnant jusqu'où se porte l'arrogance du cœur de l'homme, lorsqu'elle est encouragée par le moindre succès. PLINE, *Nat. Hist.*, II, 23.

(1) C'est Tertullien, dans ce passage si souvent cité : *Quis negat Deum esse corpus, etsi Deus spiritus sit ?* N.

(2) Les dieux prennent soin des grandes choses, et négligent les petites. Cic., *de Nat. deor.*, II, 66.

(3) Les rois mêmes n'entrent pas dans les petits détails de l'administration. Cic., *ibid.*, III, 35.

(4) Dieu, qui est si parfait ouvrier dans les grandes choses, ne l'est pas moins dans les petites. S. Augustin, *de Civit. Dei*, XI, 22.

(5) Un être heureux et éternel n'a point de peine, et n'en fait à personne. Cic., *de Nat. deor.*, I, 17.

sont libres et desprinses du corps par le sommeil ou par quelque ravissement, divinent, prognostiquent, et voyent choses qu'elles ne sçauroient veoir meslées aux corps. Les hommes, dict sainct Paul[1], sont devenus fols, pensants estre sages, et ont mué la gloire de Dieu incorruptible en l'image de l'homme corruptible. Voyez un peu ce bastelage des deïfications anciennes : après la grande et superbe pompe de l'enterrement[2], comme le feu venoit à prendre au hault de la pyramide et saisir le lict du trespassé, ils laissoient en mesme temps eschapper un aigle, lequel s'envolant à mont signifioit que l'ame s'en alloit en paradis : nous avons mille medailles, et notamment de ceste honneste femme de Faustine[3], où cest aigle est representé emportant à la chevremorte vers le ciel ces ames deïfiées. C'est pitié que nous nous pipons de nos propres singeries et inventions;

Quod finxere, timent[4] ;

comme les enfants qui s'effroyent de ce mesme visage qu'ils ont barbouillé et noircy à leur compaignon : *Quasi quidquam infelicius sit homine, cui sua figmenta dominantur*[5]. C'est bien loing d'honorer celuy qui nous a faicts que d'honorer celuy que nous avons faict. Auguste eut plus de temples que Jupiter, servis avec autant de religion et creance de miracles. Les Thasiens, en recompense des bienfaicts qu'ils avoient receus d'Agesilaus, lui veinrent dire qu'ils l'avoient canonisé : « Vostre nation, leur dict il[6], a elle ce pouvoir de faire dieu qui bon luy semble ? Faictes en, pour veoir, l'un d'entre vous : et puis, quand j'auray veu comme il s'en sera trouvé, je vous diray grand mercy de vostre offre. » L'homme est bien insensé ! il ne sçauroit forger un ciron et forge des dieux à douzaine ! Oyez Trismegiste[7] louant nostre suffisance : « De toutes les choses admirables, cecy a surmonté l'admiration, que l'homme ayt peu

(1) *Epître aux Romains*, c. I, v. 22, 23.
(2) Tout cela est exactement décrit par HÉRODIEN, l. IV. C.
(3) C'est par ironie que Montaigne l'appelle *honnête femme*. Ses honteuses débauches n'étaient ignorées, dans l'empire, que de Marc-Aurèle, son mari. A. D.
(4) Ils redoutent ce qu'ils ont eux-mêmes inventé. LUCAIN, I, 486.
(5) Quoi de plus malheureux que l'homme esclave des chimères qu'il s'est faites !
(6) PLUT., *Apophthegmes des Lacédémoniens*. C.
(7) *Asclepius dialog.*, ap. L. APULEIUM, ed. Bipont., t. II, p, 306. J. V. L.

trouver la divine nature et la faire. » Voicy des arguments de l'eschole mesme de la philosophie,

*Nosse cui divos et coeli numina soli,
Aut soli nescire, datum*[1] :

« Si Dieu est, il est animal[2] ; s'il est animal, il a sens ; et s'il a sens, il est subject à corruption. S'il est sans corps, il est sans ame, et par consequent sans action; et s'il a corps, il est perissable. » Voylà pas triumphé ! « Nous sommes incapables d'avoir faict le monde : il y a doncques quelque nature plus excellente qui y a mis la main. Ce seroit une sotte arrogance de nous estimer la plus parfaicte chose de cest univers : il y a doncques quelque chose de meilleur; cela c'est Dieu. Quand vous veoyez une riche et pompeuse demeure, encores que vous ne sachiez qui en est le maistre, si ne direz vous qu'elle soit faicte pour des rats : et ceste divine structure que nous veoyons du palais celeste, n'avons nous pas à croire que ce soit le logis de quelque maistre plus grand que nous ne sommes? Le plus haut est il pas tousjours le plus digne? et nous sommes placés au plus bas. Rien sans ame et sans raison ne peult produire un animant capable de raison : le monde nous produict; il a doncques ame et raison. Chasque part de nous est moins que nous : nous sommes part du monde; le monde est donc fourny de sagesse et de raison, et plus abondamment que nous ne sommes. C'est belle chose que d'avoir un grand gouvernement : le gouvernement du monde appartient doncques à quelque heureuse nature. Les astres ne nous font pas de nuisance ; ils sont doncques pleins de bonté. Nous avons besoing de nourriture : aussi ont doncques les dieux, et se paissent des vapeurs de çà bas. Les biens mondains ne sont pas biens à Dieu : ce ne sont doncques pas biens à nous. L'offenser et l'estre offensé sont egalement tesmoignages d'imbecillité : c'est doncques folie de craindre Dieu. Dieu est bon par sa nature ; l'homme par son industrie, qui est plus. La sagesse divine et l'humaine sagesse n'ont aultre distinction, sinon que celle là est eternelle : or, la durée n'est aulcune accession à la

(1) Qui seule peut connaître les dieux et les puissances célestes, ou savoir qu'on ne peut les connaître. LUCAIN, I, 452.
(2) C'est-à-dire *animé*. — Voy. CIC., *de Nat. Deor.*, III, 13, 14. Tous les arguments qui suivent sont extraits aussi du même ouvrage, II, 6, 8, 11, 12, 16, etc. C.

sagesse; par quoy nous voylà compaignons. Nous avons vie, raison et liberté, estimons la bonté, la charité et la justice; ces qualités sont doncques en luy. » Somme, le bastiment et le desbastiment[1], les conditions de la divinité, se forgent par l'homme, selon la relation à soy. Quel patron! et quel modele! Estirons[2], eslevons et grossissons les qualités humaines tant qu'il nous plaira: enfle toy, pauvre homme, et encores, et encores, et encores;

Non, si tu ruperis, inquit[3].

Profecto non Deum, quem cogitare non possunt, sed semet ipsos pro illo cogitantes, non illum, sed se ipsos, non illi, sed sibi comparant[4]. Ès choses naturelles, les effects ne rapportent qu'à demy leurs causes: quoy ceste cy? elle est au dessus de l'ordre de nature; sa condition est trop haultaine, trop esloignée et trop maistresse, pour souffrir que nos conclusions l'attachent et la garottent. Ce n'est point par nous qu'on y arrive, ceste route est trop basse: nous ne sommes non plus près du ciel sur le mont Cenis qu'au fond de la mer; consultez en pour veoir avecques vostre astrolabe. Ils ramenent Dieu jusques à l'accointance charnelle des femmes, à combien de fois, à combien de generations: Paulina, femme de Saturninus, matrone de grande reputation à Rome, pensant coucher avec le dieu Serapis[5], se trouva entre les bras d'un sien amoureux, par le macquerellage des presbtres de ce temple. Varro, le plus subtil et le plus savant aucteur latin, en ses livres de theologie, escript[6] que le sacristain de Hercules, jectant au sort d'une main pour soy, de l'aultre pour Hercules, joua contre luy un soupper et une garse; s'il gaignoit, aux despens des offrandes; s'il perdoit, aux siens: il perdit, paya son soupper et sa garse; son nom feut Laurentine, qui veid de nuict ce dieu entre ses bras, luy disant au surplus que le lendemain le premier qu'elle rencontreroit la payeroit celestement de son salaire: ce feut Taruncius[1], jeune homme riche, qui la mena chez luy, et avecques le temps la laissa heritiere. Elle à son tour, esperant faire chose agreable à ce dieu, laissa heritier le peuple romain: pourquoy on lui attribua des honneurs divins. Comme s'il ne suffisoit pas que, par double estoc[2], Platon feust originellement descendu des dieux, et avoir pour aucteur commun de sa race Neptune, il estoit tenu pour certain à Athenes que Ariston, ayant voulu jouïr de la belle Perictione, n'avoit sceu; et feust adverty en songe par le dieu Apollo de la laisser impollue et intacte jusques à ce qu'elle feust accouchée: c'estoient le pere et mere de Platon[3]. Combien y a il, ès histoires, de pareils cocuages procurés par les dieux contre les pauvres humains? et des maris injurieusement descriés en faveur des enfants? En la religion de Mahumet, il se treuve, par la creance de ce peuple, assez de Merlins, à sçavoir enfants sans pere, spirituels, nays divinement au ventre des pucelles; et portent un nom qui le signifie en leur langue.

Il nous faut noter qu'à chasque chose il n'est rien plus cher et plus estimable que son estre (le lion, l'aigle, le dauphin, ne prisent rien audessus de leur espece); et que chascune rapporte les qualités de toutes aultres choses à ses propres qualités; lesquelles nous pouvons bien estendre et raccourcir, mais c'est tout; car, hors de ce rapport et de ce principe, nostre imagination ne peult aller, ne peult rien diviner aultre, et est impossible qu'elle sorte de là et qu'elle passe au delà: d'où naissent ces anciennes conclusions: « De toutes les formes, « la plus belle est celle de l'homme; Dieu donc- « ques est de ceste forme. Nul ne peult estre « heureux sans vertu; ny la vertu estre sans « raison; et nulle raison loger ailleurs qu'en « l'humaine figure: Dieu est doncques revestu « de l'humaine figure[4]. » *Ita est informatum anticipatumque mentibus nostris, ut homini, quum de Deo cogitet, forma occurrat humana*[5].

---

(1) *Le théisme et l'athéisme, tous ces arguments pour et contre la Divinité, se forgent*, etc. C.

(2) *Etendons, allongeons.* E. J.

(3) Quand tu crèverais, tu n'en approcherais pas. Hon., *Sat.*, II, 3, 19.

(4) Certes les hommes, croyant penser à Dieu, dont ils ne peuvent se former l'idée, ne pensent point à lui, mais à eux-mêmes; ils ne voient qu'eux, et non pas lui; c'est à eux, non à lui-même, qu'ils le comparent. S. Augustin, *de Civit. Dei*, XII, 15.

(5) Ou *Anubis*, selon Josèphe, *Ant. jud.*, XVIII, 4. C.

(6) Dans S. Augustin, *de Civit. Dei*, VI, 7. C.

---

(1) Ou *Tarutius*. Voyez Plut., *Vie de Romulus*, c. 5 de la trad. d'Amyot. C.

(2) *Du côté paternel et maternel.* — *Estoc*, ligne d'extraction.

(3) Diog. Laerce, III, 2; Plut., *Symposiaques*, VIII, 1. C.

(4) Cic., *de Nat. deor.*, I, 18. C.

(5) C'est une habitude et un préjugé de notre esprit que

Pourtant disoit plaisamment Xenophanes[1] que si les animaulx se forgent des dieux, comme il est vraysemblable qu'ils le facent, ils les forgent certainement de mesme eulx, et se glorifient comme nous. Car pourquoy ne dira un oyson ainsi : « Toutes les pieces de l'univers me regardent ; la terre me sert à marcher, le soleil à m'esclairer, les estoiles à m'inspirer leurs influences ; j'ay telle commodité des vents, telle des eaux ; il n'est rien que ceste voulte regarde si favorablement que moy ; je suis le mignon de nature ? Est ce pas l'homme qui me traicte, qui me loge, qui me sert ? c'est pour moy qu'il faict et semer et mouldre ; s'il me mange, aussi faict il bien l'homme son compaignon ; et si foys je moy les vers qui le tuent et qui le mangent. » Autant en diroit une grue[2] ; et plus magnifiquement encores, pour la liberté de son vol, et la possession de ceste belle et haulte region : *Tam blanda conciliatrix, et tam sui est lena ipsa natura*[3] !

Or doncques, par ce mesme train, pour nous sont les destinées, pour nous le monde ; il luict, il tonne pour nous ; et le createur et la creature, tout est pour nous ; c'est le but et le poinct où vise l'université des choses. Regardez le registre que la philosophie a tenu, deux mille ans et plus, des affaires celestes ; les dieux n'ont agi, nont parlé que pour l'homme ; elle ne leur attribue aultre consultation et aultre vacation. Les voylà contre nous en guerre ;

> *Domitosque Herculea manu*
> *Telluris invenes, unde periculum*
> *Fulgens contremuit domus*
> *Saturni veteris*[1].

Les voicy partisans de nos troubles, pour nous rendre la pareille de ce que tant de fois nous sommes partisans des leurs :

> *Neptunus muros, magnoque emota tridenti*
> *Fundamenta quatit, totamque a sedibus urbem*
> *Eruit : hic Juno Scœas sœvissima portas*
> *Prima tenet*[2].

Les Cauniens, pour la jalousie de la domination de leurs dieux propres, prennent armes en dos le jour de leur devotion, et vont courant toute leur banlieue, frappant l'air par cy, par là, à touts leurs glaives, pourchassants ainsin à oultrance, et bannissants les dieux estrangiers de leur territoire[3]. Leurs puissances sont retrenchées selon nostre necessité : qui guarit les chevaulx, qui les hommes, qui la peste, qui la teigne, qui la toux, qui une sorte de gale, qui une aultre ; *adeo minimis etiam rebus prava religio inserit deos*[4] ! qui faict naistre les raisins, qui les aulx ; qui a la charge de la paillardise, qui de la marchandise ; à chasque race d'artisans un dieu ; qui a sa province en orient et sont credit ; qui en ponent :

> *Hic illius arma,*
> *Hic currus fuit*[5].
> *O sancte Apollo, qui umbilicum certum terrarum obtines*[6] !
> *Pallada Cecropidæ, Minoïa Creta Dianam,*
> *Vulcanum tellus Hypsipylea colit,*
> *Junonem Sparte, Pelopeïadesque Mycenæ;*
> *Pinigerum Fauni Mœnalis ora caput ;*
> *Mars Latio venerandus erat*[7] :

---

nous ne pouvons penser à Dieu sans nous le représenter sous une forme humaine. Cic., *ibid.*, I, 27.

(1) Eusèbe, *Prép. évangél.*, XIII, 13. C.

(2) Montaigne se trouve ici de nouveau en contradiction avec celui dont il fait l'apologie. Sebond, dans sa *Théologie naturelle*, s'exprime ainsi, chap. 97, fol. 99, édition de 1581 : « Le ciel te dict (à l'homme) : Je te fournis de lumiere le jour, à fin que tu veilles ; d'ombre la nuict, à fin que tu dormes et reposes : pour ta recreation et commodité je renouvelle les saisons, je te donne la fleurissante doulceur du printemps, la chaleur de l'esté, la fertilité de l'automne, les froideurs de l'hiver... L'air : Je te communique la respiration vitale, et offre à ton obeissance tout le genre de mes oyseaux. L'eau : Je te fournis de quoy boire, de quoy te laver. La terre : Je te soutiens ; tu as de moy le pain de quoy se nourrissent tes forces, le vin de quoy tu esjouis tes esprits, etc., etc. » Montaigne, plusieurs fois encore, semble réfuter plutôt que défendre l'auteur qu'il a traduit. Lorsqu'il intitula ce chapitre *Apologie de Raimond Sebond*, il avait sans doute oublié de le relire ; car on sait qu'il manquait de mémoire. J. V. L.

(3) Tant la nature, adroite et indulgente, porte tous les êtres à s'aimer eux-mêmes ! Cic., *de Nat. deor.*, I, 27.

(1) Les enfants de la terre firent trembler l'auguste palais du vieux Saturne, et tombèrent enfin sur les bras d'Hercule. Hon., *Od.*, II, 12, 6.

(2) Neptune, de son trident redoutable, ébranle les murs de Troie, et renverse de fond en comble cette cité superbe ; plus loin, l'impitoyable Junon occupe les portes Scées. Virg., *Enéid.*, II, 610.

(3) Hén., I, 172. J. V. L.

(4) Tant la superstition aime à placer la Divinité même dans les plus petites choses. Tit. Liv., XXVII, 23.

(5) Là étaient les armes et le char de Junon. *Enéide.*, I, 16.

(6) Vénérable Apollon, qui habitez le centre du monde. Cic., *de Divin.*, II, 56. — Delphes passait pour le nombril ou le centre de la terre, peut-être par un abus du mot δελφίς, *uterus*. Voyez Tit.-Liv., XXXVIII, 48 ; XLI, 23 ; Ovide, *Métam.*, X, 168 ; XV, 630 ; Stace, *Thébaïde*, I, 118, etc. J. V. L.

(7) Athènes adore Pallas, l'île de Minos, Diane ; Lemnos, le dieu du feu. Sparte et Mycène honorent Junon. Pan est le dieu du Ménale, et Mars celui du Latium. Ovide, *Fast.*, III, 81.

qui n'a qu'un bourg ou une famille en sa possession; qui loge seul; qui en compaignie ou volontaire ou nécessaire,

Junctaque sunt magno templa nepotis avo[1] :

il en est de si chestifs et populaires (car le nombre s'en monte jusques à trente six mille[2]), qu'il en fault entasser bien cinq ou six à produire un espic de bled, et en prennent leurs noms divers; trois à une porte, celuy de l'ais, celuy du gond, celuy du seuil; quatre à un enfant, protecteurs de son maillot, de son boire, de son manger, de son tetter: aulcuns certains, aulcuns incertains et doubteux; aulcuns qui n'entrent pas encores en paradis :

*Quos, quoniam cœli nondum dignamur honore,
Quas dedimus, certe terras habitare sinamus*[3] :

il en est de physiciens, de poëtiques, de civils : aulcuns, moyens entre la divine et l'humaine nature, mediateurs, entremetteurs de nous à Dieu; adorés par certain second ordre d'adoration et diminutif; infinis en tiltres et offices; les uns bons, les aultres mauvais : il en est de vieux et cassés, et en est de mortels; car Chrysippus[4] estimoit qu'en la derniere conflagration du monde touts les dieux auroient à finir, sauf Jupiter. L'homme forge mille plaisantes sociétés entre Dieu et luy : est il pas son compatriote?

Jovis incunabula Creten[5].

Voycy l'excuse que nous donnent, sur la consideration de ce subject, Scevola, grand pontife, et Varron, grand theologien en leur temps : « Qu'il est besoing que le peuple ignore beaucoup de choses vrayes et en croye beaucoup de faulses : » *Quum veritatem qua liberetur inquirat, credatur ei expedire quod fallitur*[6]. Les yeulx humains ne peuvent appercevoir les choses que par les formes de leur cognoissance : et ne nous souvient pas quel sault print le misérable Phaëthon pour avoir voulu manier les renes des chevaulx de son père d'une main mortelle? Nostre esprit retumbe en pareille profondeur, se dissipe et se froisse de mesme, par sa temerité. Si vous demandez à la philosophie de quelle matiere est le ciel et le soleil, que vous respondra elle, sinon de fer, ou, avecques Anaxagoras[1] de pierre, ou aultre estoffe de son usage? S'enquiert on à Zenon que c'est que nature? « Un feu, dict-il[2], artiste, propre à engendrer, procedant regléement. » Archimedes, maistre de ceste science qui s'attribue la presseance sur toutes les aultres en verité et certitude : « Le soleil, dict il, est un dieu de fer enflammé. » Voylà pas une belle imagination produicte de la beauté et inevitable necessité des demonstrations geometriques! non pourtant si inevitable et utile que Socrates[3] n'ayt estimé qu'il suffisoit d'en sçavoir jusques à pouvoir arpenter la terre qu'on donnoit et recevoit; et que Polyænus[4], qui en avoit esté fameux et illustre docteur, ne les ayt prinses à mespris, comme pleines de faulseté et de vanité apparente, après qu'il eust gousté les doulx fruicts des jardins poltronesques d'Epicurus. Socrates, en Xenophon[5], sur ce propos d'Anaxagoras, estimé par l'antiquité entendu au dessus de touts aultres ès choses celestes et divines, dict qu'il se troubla du cerveau, comme font touts hommes qui perscrutent immoderéement les cognoissances qui ne sont de leur appartenance : sur ce qu'il faisoit le soleil une pierre ardente, il ne s'advisoit pas qu'une pierre ne luict point au feu; et, qui pis est, qu'elle s'y consomme : en ce qu'il faisoit un du soleil et du feu, que le feu ne noircit pas ceulx qu'il regarde, que nous regardons fixement le feu, que le feu tue les plantes et les herbes. C'est, à l'advis de Socrates, et au mien aussi, le plus

(1) Et le temple du petit-fils est réuni à celui de son divin aïeul. OVIDE, *Fast.*, I, 294.

(2) Montaigne a pris cela dans Hésiode, *Opera et Dies*, vers 252; mais Hésiode n'en compte que trente mille : sur quoi Maxime de Tyr observe qu'Hésiode a fait trop petit le nombre des dieux, vu qu'il y en a une multitude innombrable (*Dissert.* 1). Voyez aussi Varron, dans saint Augustin, *de Civit. Dei*, IV, 31, N.

(3) Puisque nous ne les jugeons pas encore dignes d'être admis dans le ciel, permettons-leur d'habiter les terres que nous leur avons accordées. OVIDE, *Métam.*, I, 194.

(4) PLUT., *Des communes conceptions*, etc., c. 27. C.

(5) L'île de Crète, berceau de Jupiter. OVIDE, *Métam.*, VIII, 99.

(6) Comme il ne cherche la vérité que pour se délivrer du joug, croyons qu'il lui est avantageux d'être trompé. S. AUGUSTIN, *de Civ. Dei*, IV, 31. — Montesquieu, *Politique des Romains dans la religion*, cite l'opinion de Scévola et de Varron presque dans les mêmes termes que Montaigne, et il ajoute : « Saint Augustin dit que Varron avoit découvert par là tout le secret des politiques et des ministres d'état. » J. V. L.

(1) XÉN., *Memor.*, IV, 7, 7; PLUT., *de Plac. philos.*, II, 20. J. V. L.

(2) CIC., *de Nat. deor.*, 22. C.

(3) XÉN., *Mémoires sur Socrate*, IV, 7, 2. C.

(4) CIC., *Acad.*, II, 33. C.

(5) XÉN., *Mémoires sur Socrate*, IV, 7, 6 et 7. C.

sagement jugé du ciel que n'en juger point. Platon, ayant à parler des daimons au Timée[1] : « C'est entreprinse, dict il, qui surpasse nostre portée ; il en fault croire ces anciens, qui se sont dicts engendrés d'eulx : c'est contre raison de refuser foy aux enfants des dieux, encores que leur dire ne soit establi par raisons necessaires ny vraysemblables, puisqu'ils nous respondent de parler de choses domestiques et familieres. »

Veoyons si nous avons quelque peu plus de clarté en la cognoissance des choses humaines et naturelles. N'est ce pas une ridicule entreprinse, à celles ausquelles, par nostre propre confession, nostre science ne peult atteindre, leur aller forgeant un aultre corps, et prestant une forme faulse, de nostre invention ; comme il se veoid au mouvement des planetes, auquel, d'autant que nostre esprit ne peult arriver ny imaginer sa naturelle conduicte, nous leur prestons, du nostre, des ressorts materiels, lourds, et corporels :

Temo aureus, aurea summœ
Curvatura rotœ, radiorum argenteus ordo[2] :

vous diriez que nous avons eu des cochers, des charpentiers et des peintres, qui sont allés dresser là hault des engins à divers mouvements, et renger les rouages et entrelassements des corps celestes bigarrés en couleur, autour du fuseau de la Necessité, selon Platon[3] :

Mundus domus est maxima rerum,
Quam quinque altitonœ fragmine zonœ
Cingunt, per quam limbus pictus bis sex signis
Stellimicantibus, altus in obliquo œthere, lunœ
Bigas acceptat[4] :

ce sont touts songes et fanatiques folies. Que ne plaist il un jour à nature nous ouvrir son sein, et nous faire veoir au propre les moyens et la conduicte de ses mouvements, et y preparer nos yeulx ? ô Dieu ! quels abus, quels mescomptes nous trouverions en nostre pauvre science ! Je suis trompé, si elle tient une seule chose droictement en son poinct : et m'en partiray d'icy plus ignorant toute aultre chose que mon ignorance.

Ay je pas veu, en Platon, ce divin mot, « que nature n'est rien qu'une poësie ainigmatique[1] ? » comme, peultestre, qui diroit une peinture voilée et tenebreuse, entreluisant d'une infinie varieté de fauls jours à exercer nos conjectures : *Latent ista omnia crassis occultata et circumfusa tenebris; ut nulla acies humani ingenii tanta sit quœ penetrare in cœlum, terram intrare possit*[2]. Et certes la philosophie n'est qu'une poësie sophistiquée. D'où tirent ses aucteurs anciens toutes leurs auctorités que des poëtes ? et les premiers feurent poëtes eulx mesmes, et la traicterent en leur art. Platon n'est qu'un poëte descousu : Timon[3] l'appelle, par injure, Grand forgeur de miracles. Toutes les sciences surhumaines s'accoustrent du style poëtique. Tout ainsi que les femmes employent des dents d'yvoire où les leurs naturelles leur manquent, et au lieu de leur vray teinct en forgent un de quelque matiere estrangiere, comme elles font des cuisses de drap et de feutre, et de l'embonpoint de coton, et, au veu et sceu d'un chascun, s'embellissent d'une beauté faulse et empruntée, ainsi faict la science (et nostre droict mesme a, dict on, des fictions legitimes sur lesquelles il fonde la verité de sa justice) ; elle nous donne en payement et presupposition les choses qu'elle mesme nous apprend estre inventées ; car ces epicycles excentriques, concentriques, de quoy l'astrologie s'ayde à conduire le bransle de ses estoiles, elle nous les donne pour le mieulx qu'elle ayt sceu inventer en ce subject : comme aussi, au reste, la philosophie nous presente, non pas ce

---

(1) Pag. 1055, E, éd. de 1602 ; *Pensées de Platon*, éd. de 1824, page 80, et les notes page 469. J. V. L.

(2) Le timon était d'or, les roues de même métal, et les rayons étaient d'argent. Ov., *Métam.*, II, 107.

(3) *République*, X, 12, ou tome II, page 616 de l'éd. d'Estienne ; *Pensées de Platon*, page 122. J. V. L.

(4) Le monde est une maison immense, environnée de cinq zones, et traversée obliquement par une bordure enrichie de douze signes rayonnants d'étoiles, où sont admis le char et les deux coursiers de la lune. — Ces vers sont de VARRON ; et c'est le grammairien Valérius Probus qui les rapporte dans ses notes sur la sixième églogue de Virgile. Mais il y a, dans le premier, *maxima homulli* ; et dans le dernier, *Bigas solisque receptat*. C.

(1) Montaigne a mal pris le sens de Platon, dont voici les propres paroles : Ἔστι τε φύσει ποιητικὴ ἡ ξύμπασα αἰνιγματώδης, *Second Alcibiade*, p. 42, ce qui signifie : « Toute poésie est, de sa nature, énigmatique. » C.

(2) Toutes ces choses sont enveloppées des plus épaisses ténèbres, et il n'y a point d'esprit assez perçant pour pénétrer dans le ciel, ou dans les profondeurs de la terre. Cic., *Acad.*, II, 39.

(3) TIMON le sillographe, cité par DIOG. LAERCE dans la *Vie de Platon*. La phrase suivante, *Toutes les sciences*, etc., manque dans l'exemplaire vanté par les éditeurs de 1802. On donnerait, en ne suivant que cet exemplaire, un fort mauvais texte de Montaigne. J. V. L.

qui est, ou ce qu'elle croit, mais ce qu'elle forge, ayant plus d'apparence et de gentillesse. Platon[1], sur le discours de l'estat de nostre corps, et de celuy des bestes : « Que ce que nous avons dict soit vray, nous en asseurerions, si nous avions sur cela confirmation d'un oracle ; seulement nous asseurons que c'est le plus vray-semblablement que nous ayons sceu dire. »

Ce n'est pas au ciel seulement qu'elle envoye ses cordages, ses engins et ses roues ; considerons un peu ce qu'elle dict de nous mesmes et de nostre contexture : il n'y a pas plus de retrogradation, trepidation, accession, reculement, ravissement, aux astres et corps celestes, qu'ils en ont forgé en ce pauvre petit corps humain. Vrayement ils ont eu par là raison de l'appeller le petit Monde[2], tant ils ont employé de pieces et de visages à le massonner et bastir. Pour accommoder les mouvements qu'ils voyent en l'homme, les diverses functions et facultés que nous sentons en nous, en combien de parties ont ils divisé nostre ame ? en combien de sieges logée ? à combien d'ordres et d'estages ont ils desparty ce pauvre homme, oultre les naturels et perceptibles ? et à combien d'offices et de vacations ? Ils en font une chose publicque imaginaire : c'est un subject qu'ils tiennent et qu'ils manient ; on leur laisse toute puissance de le descoudre, renger, rassembler et estoffer, chascun à sa fantasie : et si ne le possedent pas encores. Non seulement en verité, mais en songe mesme, ils ne le peuvent regler qu'il ne s'y treuve quelque cadence ou quelque son qui eschappe à leur architecture, toute enorme qu'elle est, et rappiecée de mille loppins fauls et fantastiques. Et ce n'est pas raison de les excuser : car, aux peintres, quand ils peignent le ciel, la terre, les mers, les monts, les isles escartées, nous leur condonnons[3] qu'ils nous en rapportent seulement quelque marque legiere, et, comme de choses ignorées, nous contentons d'un tel quel umbrage et feincte ; mais quand ils nous tirent après le naturel, ou aultre subject qui nous est familier et cogneu, nous exigeons d'eulx une parfaicte et exacte representation des lineaments et des couleurs ; et les mesprisons, s'ils y faillent.

Je sçais bon gré à la garse[1] milesienne, qui, voyant le philosophe Thalès s'amuser continuellement à la contemplation de la voulte celeste, et tenir toujours les yeulx elevés contremont, lui meit en son passage quelque chose à le faire bruncher, pour l'advertir qu'il seroit temps d'amuser son pensement aux choses qui estoient dans les nues quand il auroit prouveu à celles qui estoient à ses pieds : elle lui conseilloit certes bien de regarder plustost à soy qu'au ciel ; car, comme dict Democritus, par la bouche de Cicero,

Quod est ante pedes, nemo spectat : cœli scrutantur plagas[2].

Mais nostre condition porte que la cognoissance de ce que nous avons entre mains est aussi esloingnée de nous, et aussi bien au dessus des nues, que celle des astres : comme dict Socrates en Platon[3] que à quiconque se mesle de la philosophie, on peult faire le reproche que faict ceste femme à Thalès, qu'il ne veoid rien de ce qui est devant luy : car tout philosophe ignore ce que faict son voisin ; ouy, et ce qu'il faict lui mesme ; et ignore ce qu'ils sont touts deux, ou bestes, ou hommes.

Ces gents icy, qui treuvent les raisons de Sebond trop foibles, qui n'ignorent rien, qui gouvernent le monde, qui sçavent tout,

Quæ mare compescant causæ, quid temperet annum;
Stellæ sponte sua, jussæve, vagentur et errent;
Quid premat obscurum lunæ, quid proferat orbem;
Quid velit et possit rerum concordia discors[4] :

n'ont ils pas quelquesfois sondé parmy leurs livres les difficultés qui se presentent à cognoistre leur estre propre ? Nous veoyons bien que

---

(1) Dans le *Timée*, éd. d'Estienne, tome III, p. 72. J. V. L.
(2) *Microcosme*.
(3) *Nous leur accordons*, mot pris du latin.

(1) *A la jeune servante*, non pas de Milet, mais de Thrace, Θρᾶττα θεραπαινίς, comme dit Platon dans le *Théétète*, édition d'Estienne, tom I, p. 175. Montaigne imagine aussi qu'elle mit quelque chose sur le passage de Thalès, *pour le faire bruncher* : Platon n'en dit rien. J. V. L.
(2) Sans rien voir sur la terre, on se perd dans les cieux. Le vers latin, imité par La Fontaine, *Fables*, II, 13, n'exprime pas une pensée de Démocrite ; mais il est dirigé par Cicéron contre Démocrite lui-même, *de Divinat.*, II, 13. Les nouveaux fragments de la *République*, I, 18, où ce vers est cité, nous apprennent qu'il est extrait d'une tragédie d'*Iphigénie*. J. V. L.
(3) Dans le même endroit du *Théétète*, éd. d'Estienne, t. I, p. 175 ; *Pensées de Platon*, p. 231. J. V. L.
(4) Ce qui retient la mer dans ses bornes, ce qui règle les saisons ; si les astres ont un mouvement propre, ou sont emportés par une force étrangère ; d'où vient que la lune croît et décroît régulièrement ; et comment la discorde des éléments fait l'harmonie de l'univers. Hor., *Epist.*, I, 12, 16.

le doigt se meut, et que le pied se meut, qu'aulcunes parties se branslent d'elles mesmes, sans nostre congé, et que d'aultres nous les agitons par nostre ordonnance ; que certaine apprehension engendre la rougeur, certaine aultre la pasleur ; telle imagination agit en la rate seulement, telle aultre au cerveau ; l'une nous cause le rire, l'aultre le pleurer ; telle aultre transit et estonne touts nos sens, et arreste le mouvement de nos membres ; à tel object l'estomach se soubleve, à tel aultre quelque partie plus basse ; mais comme une impression spirituelle face une telle faulsée[1] dans un subject massif et solide, et la nature de la liaison et cousture de ces admirables ressorts, jamais homme ne l'a sceu : *Omnia incerta ratione, et in naturæ majestate abdita*[2], dict Pline : et sainct Augustin, *Modus, quo corporibus adhærent spiritus... omnino mirus est, nec comprehendi ab homine potest ; et hoc ipse homo est*[3] ; et si ne le met on pas pourtant en doubte ; car les opinions des hommes sont receues, à la suitte des creances anciennes, par auctorité et credit, comme si c'estoit religion et loix : on receoit comme un jargon ce qui en est communement tenu ; on receoit ceste verité avec tout son bastiment et attelage d'arguments et de preuves, comme un corps ferme et solide qu'on n'esbranle plus, qu'on ne juge plus ; au contraire, chascun, à qui mieulx mieulx, va plastrant et confortant ceste creance receue, de tout ce que peult sa raison, qui est un util souple, contournable, et accommodable à toute figure ; ainsi se remplit le monde, et se confit en fadese et en mensonge. Ce qui faict qu'on ne doubte de gueres de choses, c'est que les communes impressions on ne les essaye jamais ; on n'en sonde point le pied, où gist la faulte et la foiblesse ; on ne debat que sur les branches ; on ne demande pas si cela est vray, mais s'il a esté ainsin ou ainsin entendu ; on ne demande pas si Galen a rien dict qui vaille, mais s'il a dict ainsin ou aultrement. Vrayement c'estoit bien raison que ceste bride et contraincte de la liberté de nos jugements, et ceste tyrannie de nos creances s'estendist jusques aux escholes et aux arts ; le dieu de la science scholastique, c'est Aristote ; c'est religion de debattre de ses ordonnances, comme de celles de Lycurgus à Sparte ; sa doctrine nous sert de loy magistrale, qui est, à l'adventure, autant faulse qu'une aultre. Je ne sçay pas pourquoy je n'acceptasse autant volontiers, ou les idées de Platon, ou les atomes d'Epicurus, ou le plein et le vuide de Leucippus et Democritus, ou l'eau de Thalès, ou l'infinité de nature d'Anaximander, ou l'air de Diogenes[1], ou les nombres et symmetrie de Pythagoras, ou l'infiny de Parmenides, ou l'un de Musæus, ou l'eau et le feu d'Apollodorus, ou les parties similaires d'Anaxagoras, ou la discorde et amitié d'Empedocles, ou le feu de Heraclitus, ou toute aultre opinion de ceste confusion infinie d'advis et de sentences que produict ceste belle raison humaine, par sa certitude et clairvoyance, en tout ce de quoy elle se mesle, que je ferois l'opinion d'Aristote sur ce subject des principes des choses naturelles ; lesquels principes il bastit de trois pieces, matiere, forme et privation. Et qu'est il plus vain que de faire l'inanité mesme cause de la production des choses ? la privation, c'est une negatifve ; de quelle humeur en a il peu faire la cause et origine des choses qui sont ? Cela toutesfois ne s'oseroit esbransler que pour l'exercice de la logique ; on n'y debat rien pour le mettre en doubte, mais pour deffendre l'aucteur de l'eschole des objections estrangieres ; son auctorité, c'est le but au delà duquel il n'est pas permis de s'enquerir.

Il est bien aysé, sur des fondements advoués, de bastir ce qu'on veult ; car, selon la loy et ordonnance de ce commencement, le reste des pieces du bastiment se conduict ayseement sans se desmentir. Par ceste voye, nous trouvons nostre raison bien fondée, et discourons à bouleveue ; car nos maistres preoccupent et gaignent avant main autant de lieu en nostre creance qu'il leur en fault pour conclure après ce qu'ils veulent, à la mode des geometriens, par leurs demandes advouées, le consentement et approbation que nous leur prestons, leur donnant de quoy nous traisner à gauche et à dextre, et nous pirouetter à leur volonté. Quiconque est creu de ses

---

(1) *Trouée.*

(2) Tous ces mystères sont impénétrables à la raison humaine, et restent cachés dans la majesté de la nature. PLINE, II, 37.

(3) La manière dont les esprits sont unis aux corps est tout-à-fait merveilleuse et ne peut être comprise par l'homme ; et cette union est l'homme même. S. AUG., *de Civit. Dei*, XXI, 10.

(1) De Diogène d'Apollonie, SEXT. EMPIRIC., *Pyrrhon. Hypotyp.*, III, 4. C.

presuppositions, il est nostre maistre et nostre dieu ; il prendra le plan de ses fondements si ample et si aysé que par iceulx il nous pourra monter, s'il veult, jusques aux nues. En ceste practique et negociation de science, nous avons prins pour argent comptant le mot de Pythagoras: « Que chasque expert doibt estre creu en son art : » le dialecticien se rapporte au grammairien de la signification des mots ; le rhetoricien emprunte du dialecticien les lieux des arguments ; le poëte du musicien les mesures ; le geometrien de l'arithmeticien les proportions ; les metaphysiciens prennent pour fondement les conjectures de la physique ; car chasque science a ses principes presupposés ; par où le jugement humain est bridé de toutes parts. Si vous venez à choequer ceste barriere en laquelle gist la principale erreur, ils ont incontinent ceste sentence en la bouche : « Qu'il ne fault pas debattre contre ceulx qui nient les principes ; » or n'y peult il avoir des principes aux hommes, si la Divinité ne les leur a revelés ; de tout le demourant, et le commencement, et le milieu, et la fin, ce n'est que songe et fumée. A ceulx qui combattent par presupposition, il leur fault presupposer au contraire le mesme axiome de quoy on debat ; car toute presupposition humaine et toute enunciation a autant d'auctorité que l'aultre, si la raison n'en faict la difference. Ainsin il les fault toutes mettre à la balance, et premierement les generales et celles qui nous tyrannisent. La persuasion de la certitude est un certain tesmoignage de folie et d'incertitude extreme ; et n'est point de plus folles gents ny moins philosophes que les philodoxes[1] de Platon ; il fault sçavoir si le feu est chauld, si la neige est blanche, s'il y a rien de dur ou de mol en nostre cognoissance.

Et quant à ces responces, de quoy il se faict des contes anciens, comme à celuy qui mettoit en doubte la chaleur à qui on dict qu'il se jectast dans le feu, à celuy qui nioit la froideur de la glace qu'il s'en meist dans le sein, elles sont très indignes de la profession philosophique. S'ils nous eussent laissé en nostre estat naturel, recevants les apparences estrangieres selon qu'elles se presentent à nous par nos sens, et nous eussent laissé aller après nos appetits simples et reglés par la condition de nostre naissance, ils auroient raison de parler ainsi : mais c'est d'eulx que nous avons apprins de nous rendre juges du monde ; c'est d'eux que nous tenons ceste fantasie : « Que la raison humaine est contreroolleuse generale de tout ce qui est au dehors et au dedans de la voulte celeste ; qui embrasse tout, qui peult tout, par le moyen de laquelle tout se sçait et cognoist. » Ceste responce seroit bonne parmy les Cannibales, qui jouissent l'heur d'une longue vie, tranquille et paisible, sans les preceptes d'Aristote, et sans la cognoissance du nom de la physique ; ceste responce vauldroit mieulx à l'adventure, et auroit plus de fermeté que toutes celles qu'ils emprunteront de leur raison et de leur invention ; de ceste cy seroient capables avec nous touts les animaulx, et tout ce où le commandement est encores pur et simple de la loy naturelle ; mais eulx, ils y ont renoncé. Il ne fault pas qu'ils me dient : « Il est vray ; car vous le voyez et sentez ainsin ; » il fault qu'ils me dient si ce que je pense sentir je le sens pourtant en effect ; et si je le sens, qu'ils me dient après pourquoy je le sens, et comment, et quoy ; qu'ils me dient le nom, l'origine, les tenants et aboutissants de la chaleur, du froid, les qualités de celuy qui agit et de celuy qui souffre ; ou qu'ils me quittent leur profession, qui est de ne recevoir ny approuver rien que par la voye de la raison ; c'est leur touche à toutes sortes d'essays ; mais, certes, c'est une touche pleine de faulseté, d'erreur, de foiblesse et defaillance.

Par où la voulons nous mieulx esprouver que par elle mesme ? s'il ne la fault croire parlant de soy, à peine sera elle propre à juger des choses estrangieres ; si elle cognoist quelque chose, au moins sera ce son estre et son domicile ; elle est en l'ame, et partie ou effect d'icelle ; car la vraye raison et essentielle, de qui nous desrobbons le nom à faulses enseignes, elle loge dans le sein de Dieu ; c'est là son giste et sa retraicte ; c'est de là où elle part quand il plaist à Dieu nous en faire veoir quelque rayon, comme Pallas saillit de la teste de son pere pour se communiquer au monde.

Or, veoyons ce que l'humaine raison nous a apprins de soy, et de l'ame ; non de l'ame en general, de laquelle quasi toute la philosophie

---

[1] Gens qui se remplissent l'esprit d'opinions dont ils ignorent les fondements, qui s'entêtent de mots, qui n'aiment et ne voient que les apparences des choses. — Cette définition est prise de Platon, qui les a caractérisés très particulièrement à la fin du cinquième livre de sa *République*. C.

rend les corps celestes et les premiers corps participants, ni de celle que Thalès[1] attribuoit aux choses mesmes qu'on tient inanimées, convié par la consideration de l'aimant; mais de celle qui nous appartient, que nous debvons mieulx cognoistre:

Ignoratur enim, quæ sit natura animaï;
Nata sit; an, contra, nascentibus insinuetur;
Et simul intereat nobiscum morte dirempta;
An tenebras Orci visat, vastasque lacunas,
An pecu desaltas divinitus insinuet se[2].

A Cratès et Dicæarchus, qu'il n'y en avoit du tout point, mais que le corps s'esbransloit ainsi d'un mouvement naturel; à Platon[3], que c'estoit une substance se mouvant de soy mesme; à Thalès, une nature sans repos[4]; à Asclepiades, une exercitation des sens; à Hesiodus et Anaximander, chose composée de terre et d'eau; à Parmenides[5], de terre et de feu; à Empedocles[6], de sang;

Sanguineam vomit ille animam[7] :

à Posidonius[8], Cleanthes et Galen[9], une chaleur ou complexion chaleureuse

Igneus est ollis vigor, et cœlestis origo[10]:

à Hippocrates[11], un esprit espandu par le corps; à Varro[12], un air receu par la bouche, eschauffé au poulmon, attrempé au cœur, et espandu par tout le corps; à Zeno[13], la quint'-essence des quatre elements; à Heraclides Ponticus[1], la lumiere; à Xenocrates[2] et aux Egyptiens, un nombre mobile; aux Chaldées, une vertu sans forme determinée;

Habitum quemdam vitalem corporis esse,
Harmoniam Græci quam dicunt[3] :

n'oublions pas Aristote, ce qui naturellement faict mouvoir le corps, qu'il nomme *entelechie*[4], d'une autant froide invention que nulle aultre; car il ne parle ny de l'essence, ny de l'origine, ny de la nature de l'ame, mais en remarque seulement l'effect; Lactance[5], Seneque[6], et la meilleure part entre les dogmatistes, ont confessé que c'estoit chose qu'ils n'entendoient pas; et après tout ce denombrement d'opinions, *harum sententiarum quæ vera sit, Deus aliquis viderit*, dit Cicero[7]. Je cognois par moi, dict sainct Bernard[8], combien Dieu est incomprehensible, puisque les pieces de mon estre propre, je ne les puis comprendre. Heraclitus[9], qui tenoit tout estre plein d'ames et daimons, maintenoit pourtant qu'on ne pouvoit aller tant vers la cognoissance de l'ame qu'on y peust arriver; si profonde estre son essence.

Il n'y a pas moins de dissention ny de debat à la loger. Hippocrates et Hierophilus[10] la mettent au ventricule du cerveau; Democritus et Aristote[11], par tout le corps;

Ut bona sæpe valetudo quum dicitur esse
Corporis, et non est tamen hæc pars ulla valentis[12] :

Epicurus, en l'estomach;

Hic exsultat enim pavor ac metus; hæc loca circum
Lætitiæ mulcent[13]:

---

(1) Diog. Laerce, I, 24.
(2) La nature de l'âme est un problème : nait-elle avec le corps? s'y insinue-t-elle au moment de la naissance? périt-elle avec nous par la dissolution de ses parties? va-t-elle visiter le sombre empire? enfin, les dieux la font-ils passer dans les corps des animaux? On l'ignore. Lucr., I, 113.
(3) Traité des Lois, X, p. 668. C.
(4) Thalès entendait aussi, *et qui se meut de soi-même*, φύσιν ἀεικίνητον ἢ αὐτοκίνητον. Plut., *de Plac. philos.*, IV, 2. Là se trouve ensuite l'opinion du médecin Asclépiade, συγγυμνασίαν τῶν αἰσθήσεων. J. V. L.
(5) Macr., *in Somn. Scip.*, I, 14. C.
(6) Cic., *Tusc.*, I, 9. C.
(7) Il vomit son âme de sang. Virg., *Énéide.*, IX, 349.
(8) Diog. Laerce, VIII, 156. C.
(9) On cite là-dessus le traité de Galien, *Quod animi mores sequantur corporis temperamentum*; mais, Némésius, *de Natura hominis*, c. II, p. 57. éd. d'Oxford, rapporte un passage de Galien où ce médecin déclare qu'il n'ose rien affirmer sur la nature de l'âme; et les notes de cette édition font connaître plusieurs passages qui prouvent clairement la même chose. C.
(10) Les âmes ont la force et la vivacité du feu, et leur origine est céleste. Virg., *Énéide*, VI, 730.
(11) Macr., *in Somn. Scip.*, I, 14. C.
(12) Lact., *de Opif. Dei*, c. 17, n° 5. C.
(13) Montaigne paraît attribuer ici à Zénon l'opinion d'Aristote. Cic., *Tusc.*, I, 10. C.

(1) Stob., *Eclog. phys.*, I, 40. C.
(2) Macr., *in Somn. Scip.*, I, 14. C.
(3) Une certaine habitude vitale, nommée par les grecs harmonie. Lucr., III, 100.
(4) Cic., *Tusc.*, I, 10. C.
(5) De Opif. Dei, c. 17, au commencement. C.
(6) Natur. quæst., VII, 14. C.
(7) Un Dieu seul peut savoir quelle est la vraie. Cic., *Tusc.*, I, 11.
(8) Lib. de Anima, c. 4, p. 1048, éd. de Paris, 1604. C.
(9) Diog. Laerce, IX, 7. C.
(10) Plut., *des Opinions des philos.*, IV, 5. C.
(11) Sext. Emp., adv. Mathem., p. 201. C.
(12) Ainsi l'on dit que la santé appartient à tout le corps, et pourtant elle n'est pas une partie de l'homme en santé. Lucr., III, 103.
(13) C'est là qu'on sent palpiter la crainte et la terreur; c'est là que l'on éprouve les douces émotions du plaisir. Lucr., III 142.

les stoïciens[1], autour et dedans le cœur; Erasistratus[2], joignant la membrane de l'epicrane; Empedocles[3], au sang; comme aussi, Moïse[4], qui feut la cause pourquoy il deffendit de manger le sang des bestes, auquel leur ame est joincte : Galen a pensé que chasque partie du corps ayt son ame; Strato[5] l'a logée entre les deux sourcils : *Qua facie quidem sit animus, aut ubi habitet, ne quærendum quidem est*[6], dict Cicero; je laisse volontiers à cest homme ses mots propres : irois je à l'eloquence alterer son parler? joinct qu'il y a peu d'acquest à desrobber la matiere de ses inventions, elles sont et peu frequentes, et peu roides et peu ignorées. Mais la raison pourquoy Chrysippus l'argumente autour du cœur, comme les aultres de sa secte, n'est pas pour estre oubliée : c'est par ce, dict il[7], que quand nous voulons asseurer quelque chose, nous mettons la main sur l'estomach, et quand nous voulons prononcer ἐγώ, qui signifie moy, nous baissons vers l'estomach la maschouere d'en bas. Ce lieu ne se doibt passer sans remarquer la vanité d'un si grand personnage; car oultre ce que ces considerations sont d'elles mesmes infiniment legieres, la derniere ne preuve qu'aux Grecs qu'ils ayent l'ame en cest endroict là : il n'est jugement humain si tendu qui ne sommeille par fois. Que craignons nous à dire? voylà les stoïciens[8], peres de l'humaine prudence, qui treuvent que l'ame d'un homme accablé sous une ruyne traisne et ahanne long temps à sortir, ne se pouvant desmesler de la charge, comme une souris prinse à la trappelle[9]. Aulcuns tiennent que le monde feut faict pour donner corps, par punition, aux esprits descheus par leur faulte de la pureté en quoy ils avoient esté créés, la premiere creation n'ayant esté qu'incorporelle; et que, selon qu'ils se sont plus ou moins esloingnés de leur spiritualité, on les incorpore plus ou moins alaigrement ou lourdement : de là vient la varieté de tant de matiere créée. Mais l'esprit qui feut, pour sa peine, investi du corps du soleil, debvoit avoir une mesure d'alteration bien rare et particuliere.

Les extremités de nostre perquisition tumbent toutes en esblouïssement; comme dict Plutarque[1] de la teste des histoires, qu'à la mode des chartes, l'orée[2] des terres cogneues est saisie de marets, forets profondes, deserts et lieux inhabitables : voylà pourquoy les plus grossieres et pueriles ravasseries se treuvent plus en ceulx qui traictent les choses plus haultes et plus avant, s'abysmants en leur curiosité et presumption. La fin et le commencement de science se tiennent en pareille bestise : voyez prendre à mont l'essor à Platon en ses nuages poëtiques, voyez chez luy le jargon des dieux; mais à quoy songeoit il, quand il definit l'homme «un animal à deux pieds, sans plumes[3]?» fournissant à ceulx qui avoient envie de se mocquer de luy une plaisante occasion; car, ayants plumé un chapon vif, ils alloient le nommant «l'homme de Platon.»

Et quóy les epicuriens? de quelle simplicité estoient ils allés premierement imaginer que leurs atomes, qu'ils disoient estre des corps ayants quelque poisanteur et un mouvement naturel contre bas, eussent basti le monde : jusques à ce qu'ils feussent advisés par leurs adversaires, que par ceste description il n'estoit pas possible qu'ils se joignissent et se prinssent l'un à l'aultre, leur cheute estant aussi droicte et perpendiculaire et engendrant partout des lignes paralleles? par quoy il feut force qu'ils y adjoutassent depuis un mouvement de costé, fortuite, et qu'ils fournissent encores à leurs atomes des queues courbes et crochues pour les rendre aptes à s'attacher et se coudre : et lors mesme, ceulx qui les poursuyvent de ceste aultre consideration les mettent ils pas en peine? «Si les atomes ont, par sort, formé tant de sortes de figures, pourquoy ne se sont ils jamais rencontrés à faire une maison et un soulier? pourquoy de mesme ne croit on qu'un nombre infini de lettres grecques versées emmy la place seroient pour arriver à la contexture de l'Iliade[4]?»

---

(1) PLUT., *des Opinions des philos.*, IV, 5. C.
(2) ID., *ibid.*
(3) ID., *ibid.*
(4) *Genes.*, IX, 4; *Levitic.*, VII, 26; XVII, 11; *Deuteronom.*, XII, 23, etc. J. V. L.
(5) PLUT., *Opin. des philos.*, IV, 5. C.
(6) Pour la figure de l'âme et le lieu où elle réside, c'est ce qu'il ne faut pas chercher à connaître. CIC., *Tusc.*, I, 28.
(7) GAL., *de Placitis Hippocratis et Platonis*, II, 2. C.
(8) SÉN., *Epist.* 57. C.
(9) De l'italien *trappola*, une souricière. C.

(1) *Vie de Thésée*, préambule. C.
(2) Bord, *extrémité*.
(3) DIOG. LAERCE, IV, 40. C.
(4) CIC., *de Nat. deor.*, II, 37. J.V.L.

« Ce qui est capable de raison, dit Zeno[1], est meilleur que ce qui n'en est point capable : il n'est rien meilleur que le monde ; il est donc capable de raison ? » Cotta[2], par ceste mesme argumentation, faict le monde mathematicien ; et le faict musicien et organiste par ceste aultre argumentation aussi de Zeno : « Le tout est plus que la partie : nous sommes capables de sagesse et sommes partie du monde ; il est doncques sage. » Il se veoid infinis pareils exemples, non d'arguments fauls seulement, mais ineptes, ne se tenants point et accusants leurs aucteurs, non tant d'ignorance que d'imprudence, ès reproches que les philosophes se font les uns aux autres sur les dissentions de leurs opinions et de leurs sectes.

Qui fagotteroit suffisamment un amas des asneries de l'humaine sapience, il diroit merveilles. J'en assemble volontiers, comme une montre, par quelque biais non moins utile à considerer que les opinions saines et moderées. Jugeons par là ce que nous avons à estimer de l'homme, de son sens et de sa raison, puis qu'en ces grands personnages et qui ont porté si hault l'humaine suffisance, il s'y treuve des defauts si apparents et si grossiers.

Moy j'aime mieulx croire qu'ils ont traicté la science casuellement, ainsi qu'un jouet à toutes mains, et se sont esbattus de la raison comme d'un instrument vain et frivole, mettants en avant toutes sortes d'inventions et de fantasies, tantost plus tendues, tantost plus lasches. Ce mesme Platon, qui definit l'homme comme une poule, dict ailleurs[3], après Socrates, « qu'il ne sçait à la verité que c'est que l'homme ; et que c'est l'une des pieces du monde d'autant difficile cognoissance. » Par ceste varieté et instabilité d'opinions, ils nous menent, comme par la main, tacitement à ceste resolution de leur irresolution. Ils font profession de ne presenter pas tousjours leur advis à visage descouvert et apparent ; ils l'ont caché tantost soubs des umbrages fabuleux de la poësie, tantost soubs quelque aultre masque ; car nostre imperfection porte encores cela, que la viande crue n'est pas tousjours propre à nostre estomach ; il la fault asseicher, alterer et corrompre : ils font de mesme ; ils obscurcissent par fois leurs naïfves opinions et jugements et les falsifient pour s'accommoder à l'usage publicque. Ils ne veulent pas faire profession expresse d'ignorance et de l'imbecillité de la raison humaine pour ne faire peur aux enfants : mais ils nous la descouvrent assez soubs l'apparence d'une science trouble et inconstante.

Je conseillois, en Italie, à quelqu'un qui estoit en peine de parler italien, que pourveu qu'il ne cherchast qu'à se faire entendre, sans y vouloir aultrement exceller, qu'il employast seulement les premiers mots qui luy viendroient à la bouche, latins, françois, espaignols ou gascons, et qu'en y adjoustant la terminaison italienne, il ne fauldroit jamais à rencontrer quelque idiome du païs, ou toscan, ou romain, ou venitien, ou piemontois, ou napolitain, et de se joindre à quelqu'une de tant de formes : je dis de mesmes de la philosophie ; elle a tant de visages et de varieté, et a tant dict, que touts nos songes et resveries s'y treuvent ; l'humaine fantaisie ne peult rien concevoir, en bien et en mal, qui n'y soit ; *nihil tam absurde dici potest, quod non dicatur ab aliquo philosophorum*[1]. Et j'en laisse plus librement aller mes caprices au public : d'autant que bien qu'ils soient nays chez moy et sans patron, je sçais qu'ils trouveront leur relation à quelque humeur ancienne et ne fauldra quelqu'un de dire : « Voylà d'où il le print. » Mes mœurs sont naturelles ; je n'ay point appelé à les bastir le secours d'aulcune discipline ; mais toutes imbecilles qu'elles sont, quand l'envie m'a prins de les reciter, et que, pour les faire sortir en public un peu plus decemment, je me suis mis en debvoir de les assister et de discours et d'exemples ; c'a esté merveille à moy mesme de les rencontrer, par cas d'adventure, conformes à tant d'exemples et discours philosophiques. De quel regiment estoit ma vie, je ne l'ay apprins qu'après qu'elle est exploictée et employée : nouvelle figure, un philosophe impremedité et fortuite.

Pour revenir à nostre ame[2], ce que Platon a

---

(1) Cic., *de Nat. deor.*, III, 9. C.

(2) Id., *ibid.*, III, 9 ; II, 12. J. V. L.

(3) Dans le premier *Alcibiade*, page 129, E. C'est Socrate qui, par ses arguments, réduit Alcibiade à le dire. C.

(1) On ne peut rien dire de si absurde, qui n'ait été dit par quelque philosophe. Cic., *de Divinat.*, II, 58.

(2) L'édition de 1588, *fol.* 228, ajoute ici : « (car j'ay choisi ce seul exemple pour le plus commode à tesmoigner nostre foiblesse et vanité) ». L'analyse suivante de la doctrine de Platon est prise de la seconde partie du *Timée*, ou simplement de Diogène Laerce, III, 67. J. V. L.

mis la raison au cerveau, l'ire au cœur et la cupidité au foye, il est vraysemblable que c'a esté plustost une interpretation des mouvements de l'ame qu'une division et separation qu'il en ayt voulu faire, comme d'un corps en plusieurs membres. Et la plus vraysemblable de leurs opinions est que c'est tousjours une ame qui, par sa faculté, ratiocine, se souvient, comprend, juge, desire et exerce toutes ses aultres operations par divers instruments du corps; comme le nocher gouverne son navire selon l'experience qu'il en a, ores tendant ou laschant une chorde, ores haulsant l'antenne ou remuant l'aviron par une seule puissance conduisant divers effects: et qu'elle loge au cerveau; ce qui appert de ce que les bleceures et accidents qui touchent ceste partie offensent incontinent les facultés de l'ame : de là il n'est pas inconvenient qu'elle s'escoule par le reste du corps;

> *Medium non deserit unquam*
> *Cœli Phœbus iter; radiis tamen omnia lustrat* [1];

comme le soleil espand du ciel en hors sa lumiere et ses puissances, et en remplit le monde :

> *Cetera pars animæ, per totum dissita corpus,*
> *Paret, et ad numen mentis momenque movetur* [2].

Aulcuns ont dict qu'il y avoit un ame generale, comme un grand corps duquel toutes les ames particulieres estoient extraictes et s'y en retournoient, se remeslant tousjours à ceste matiere universelle :

> *Deum namque ire per omnes*
> *Terrasque, tractusque maris, cœlumque profundum :*
> *Hinc pecudes, armenta, viros, genus omne ferarum,*
> *Quemque sibi tenues nascentem accessere vitas:*
> *Scilicet huc reddi deinde, ac resoluta referri*
> *Omnia; nec morti esse locum* [3].

d'aultres, qu'elles ne faisoient que s'y rejoindre et r'attacher; d'aultres, qu'elles estoient produictes de la substance divine; d'aultres, par les anges, de feu et d'air : aulcuns, de toute ancienneté; aulcuns, sur l'heure mesme du besoing; aulcuns les font descendre du rond de la lune et y retourner; le commun des anciens croyoit qu'elles sont engendrées de pere en fils d'une pareille maniere et production que toutes aultres choses naturelles, argumentant cela par la ressemblance des enfants aux peres;

> *Instillata patris virtus tibi* [1] :
> *Fortes creantur fortibus, et bonis* [2];

et de ce qu'on veoid escouler des peres aux enfants, non seulement les marques du corps, mais encores une ressemblance d'humeurs, de complexions et inclinations de l'ame :

> *Denique cur acris violentia triste leonum*
> *Seminium sequitur? dolus vulpibus, et fuga cervis*
> *A patribus datur, et patrius pavor incitat artus?*
> . . . .
> *Si non certa suo quia semine, seminioque*
> *Vis animi pariter crescit cum corpore toto* [3]?

que là dessus se fonde la justice divine, punissant aux enfants la faulte des peres; d'autant que la contagion des vices paternels est aulcunement empreinte en l'ame des enfants et que le desreglement de leur volonté les touche [4] : d'advantage, que si les ames venoient d'ailleurs que d'une suitte naturelle et qu'elles eussent esté quelque aultre chose hors du corps, elles auroient recordation de leur estre premier, attendu les naturelles facultés qui luy sont propres, de discourir, raisonner et se souvenir :

> *Si in corpus nascentibus insinuatur,*
> *Cur super anteactam ætatem meminisse nequimus,*
> *Nec vestigia gestarum rerum ulla tenemus* [5]?

car, pour faire valoir la condition de nos ames comme nous voulons, il les fault presupposer toutes sçavantes lorsqu'elles sont en leur simplicité et pureté naturelle : par ainsi elles eus-

---

(1) Le soleil ne s'écarte jamais, dans sa course, du milieu des cieux, et pourtant il éclaire tout de ses rayons. CLAUD., *de sexto consul. Honorii,* v. 411.

(2) L'autre partie de l'ame, répandue par tout le corps, est soumise à l'intelligence, et se meut au gré de cette puissance suprême. LUCR., III, 144.

(3) Dieu remplit, disent-ils, le ciel, la terre et l'onde,
Dieu circule partout, et son âme féconde
A tous les animaux prête un souffle léger;
Aucun ne doit périr, mais tous doivent changer,
Et, retournant aux cieux en globes de lumière,
Vont rejoindre leur être à la masse première.
VIRG., *Géorg.,* IV, 221, trad. de Delille.

(1) La vertu de ton père t'a été transmise avec la vie.
(2) D'un père plein de valeur naît un fils courageux. HOR., *Od.,* IV, 4, 29.
(3) Enfin, pourquoi le lion transmet-il à sa race sa férocité? pourquoi la ruse est-elle héréditaire aux renards; aux cerfs, la fuite et la timidité?... si ce n'est que l'âme ayant, comme le corps, son germe et ses éléments, les qualités de l'âme croissent et se développent en même temps que celles du corps? LUCR., III, 741, 746.
(4) PLUT., *Pourquoi la justice divine,* etc., c. 19. C.
(5) Si l'âme s'insinue dans le corps au moment où il naît, pourquoi ne pouvons-nous nous rappeler notre vie passée? pourquoi ne conservons-nous aucune trace de nos anciennes actions? LUCR., III, 671.

sent esté telles, estants exemptes de la prison corporelle, aussi bien avant que d'y entrer, comme nous esperons qu'elles seront apres qu'elles en seront sorties : et de ce sçavoir, il fauldroit qu'elles se ressouvinssent encores, estant au corps, comme disoit Platon[1], « que ce que nous apprenions n'estoit qu'un ressouvenir de ce que nous avions sceu : » chose que chascun par experience peult maintenir estre faulse ; en premier lieu, d'autant qu'il ne nous ressouvient justement que de ce qu'on nous apprend, et que, si la memoire faisoit purement son office, au moins nous suggereroit elle quelque traict oultre l'apprentissage ; secondement, ce qu'elle sçavoit estant en sa pureté, c'estoit une vraye science, cognoissant les choses comme elles sont par sa divine intelligence : là où icy on luy faict recevoir la mensonge et le vice si on l'en instruict ; en quoy elle ne peult employer sa reminiscence, ceste image et conception n'ayant jamais logé en elle. De dire que la prison corporelle estouffe de maniere ses facultés naïfves, qu'elles y sont toutes esteinctes, cela est premierement contraire à ceste aultre creance, de recognoistre ses forces si grandes et les operations que les hommes en sentent en ceste vie si admirables que d'en avoir conclu ceste divinité et eternité passée, et l'immortalité à venir :

*Nam si tantopere est animi mutata potestas,
Omnis ut actarum exciderit retinentia rerum,
Non, ut opinor, ea ab letho jam longior errat*[2].

En oultre, c'est icy, chez nous, et non ailleurs, que doibvent estre considerées les forces et les effects de l'ame ; tout le reste de ses perfections luy est vain et inutile : c'est de l'estat present que doibt estre payée et recogneue toute son immortalité ; et de la vie de l'homme qu'elle est comptable seulement. Ce seroit injustice de luy avoir retrenché ses moyens et ses puissances ; de l'avoir desarmée, pour, du temps de sa captivité et de sa prison, de sa foiblesse et maladie, du temps où elle auroit esté forcée et contraincte, tirer le jugement et une condemnation de durée infinie et perpetuelle ; et de s'arrester à la consideration d'un temps si court, qui est à l'adventure d'une ou de deux heures, ou au pis aller d'un siecle, qui n'ont non plus de proportion à l'infinité qu'un instant ; pour, de ce moment d'intervalle, ordonner et establir definitifvement de tout son estre : ce seroit une disproportion inique aussi de tirer une recompense eternelle en consequence d'une si courte vie. Platon[1], pour se sauver de cest inconvenient, veult que les payements futurs se limitent à la durée de cent ans relativement à l'humaine durée ; et des nostres assez leur ont donné des bornes temporelles : par ainsin ils jugeoient que sa generation suyvoit la commune condition des choses humaines comme aussi sa vie, par l'opinion d'Epicurus et de Democritus, qui a esté la plus receue : suyvant ces belles apparences, qu'on la voyoit naistre à mesme que le corps en estoit capable ; on veoyoit eslever ses forces comme les corporelles ; on y recognoissoit la foiblesse de son enfance, et, avecques le temps, sa vigueur et sa maturité, et puis sa declination et sa vieillesse, et enfin sa decrepitude :

*Gigni pariter cum corpore, et una
Crescere sentimus, pariterque senescere mentem*[2]:

ils l'appercevoient capable de diverses passions, et agitée de plusieurs mouvements penibles, d'où elle tumboit en lassitude et en douleur ; capable d'alteration et de changement, d'alaigresse, d'assopissement et de langueur ; subjecte à ses maladies et aux offenses, comme l'estomach ou le pied ;

*Mentem sanari, corpus ut ægrum,
Cernimus, et flecti medicina posse videmus*[3];

esblouïe et troublée par la force du vin ; desmeue[4] de son assiette par les vapeurs d'une fiebvre chaulde ; endormie par l'application d'aulcuns medicaments, et reveillée par d'aultres :

*Corpoream naturam animi esse necesse est,
Corporeis quoniam telis ictuque laborat*[5]:

on luy voyoit estonner et renverser toutes ses

---

(1) Dans le *Phédon*, pag. 382. C.

2) Car, si ses facultés sont tellement altérées qu'il ait entièrement perdu le souvenir de tout ce qu'elle a fait, cet état differe bien peu, ce me semble, de celui de la mort. Luc., III, 674.

(1) *République*, X, pag. 615.

(2) Nous sentons qu'elle naît avec le corps, qu'elle croit et vieillit avec lui. Luc., III, 446.

(3) Nous voyons l'esprit se guérir comme un corps malade, et se rétablir par les secours de la medecine. Luc., III, 509.

(4) Déplacée.

(5) Il faut que l'âme soit corporelle, puisque nous la voyons sensible à toutes les impressions des corps. Luc., III, 176.

facultés par la seule morsure d'un chien malade, et ny avoir nulle si grande fermeté de discours, nulle suffisance, nulle vertu, nulle resolution philosophique, nulle contention de ses forces, qui la peust exempter de la subjection de ces accidents; la salive d'un chestif mastin, versée sur la main de Socrates, secouer toute sa sagesse et toutes ses grandes et si reglées imaginations, les aneantir de maniere qu'il ne restast aulcune trace de sa cognoissance premiere,

> *Vis . . . . . . animai*
> *Conturbatur, et . . . . . . divisa scorsum*
> *Disjectatur, eodem illo distracta veneno*[1];

et ce venin ne trouver non plus de resistance en ceste ame qu'en celle d'un enfant de quatre ans: venin capable de faire devenir toute la philosophie, si elle estoit incarnée, furieuse et insensée; si que Caton, qui tordoit le col à la mort mesme et à la fortune, ne peust souffrir la veue d'un mirouer ou de l'eau, accablé d'espovantement et d'effroy, quand il seroit tumbé, par la contagion d'un chien enragé, en la maladie que les medecins nomment hydrophobie:

> *Vis morbi distracta per artus*
> *Turbat agens animam, spumantes æquore salso*
> *Ventorum ut validis fervescunt viribus undæ*[2].

Or, quant à ce poinct, la philosophie a bien armé l'homme, pour la souffrance de touts aultres accidents, ou de patience, ou, si elle couste trop à trouver, d'une desfaicte infaillible, en se desrobbant tout à faict du sentiment: mais ce sont moyens qui servent à une ame estant à soy et en ses forces, capable de discours et de deliberation; non pas à cest inconvenient où, chez un philosophe, une ame devient l'ame d'un fol, troublée, renversée, et perdue: ce que plusieurs occasions produisent, comme une agitation trop vehemente, que, par quelque forte passion, l'ame peult engendrer en soy mesme, ou une bleceure en certain endroict de la personne, ou une exhalation de l'estomach, nous jectant à un esblouïssement et tournoyement de teste.

> *Morbis in corporis avius errat*
> *Sæpe animus; dementit enim, deliraque fatur :*
> *Interdumque gravi lethargo fertur in altum*
> *Æternumque soporem, oculis nutuque cadenti*[1].

Les philosophes n'ont, ce me semble, gueres touché ceste chorde, non plus qu'une aultre de pareille importance: ils ont ce dilemme tousjours en la bouche, pour consoler nostre mortelle condition: « ou l'ame est mortelle, ou immortelle: si mortelle, elle sera sans peine; si immortelle, elle ira en amendant. » Ils ne touchent jamais l'aultre branche; « quoy si elle va en empirant? » et laissent aux poëtes les menaces des peines futures: mais par là ils se donnent un beau jeu. Ce sont deux omissions qui s'offrent à moy souvent en leurs discours. Je reviens à la premiere.

Ceste ame perd l'usage du souverain bien stoïque, si constant et si ferme: il fault que nostre belle sagesse se rende en cest endroict, et quitte les armes. Au demourant, ils consideroient aussi, par la vanité de l'humaine raison que le meslange et societé de deux pieces si diverses, comme est le mortel et l'immortel, est inimaginable:

> *Quippe etenim mortale æterno jungere, et una*
> *Consentire putare, et fungi mutua posse,*
> *Desipere est. Quid enim diversius esse putandum est,*
> *Aut magis inter se disjunctum discrepitansque,*
> *Quam, mortale quod est, immortali atque perenni*
> *Junctum, in concilio sævas tolerare procellas*[2]?

Dadvantage ils sentoient l'ame s'engager en la mort comme le corps :

> *Simul ævo fessa fatiscit*[3]:

ce que, selon Zeno, l'image du sommeil nous montre assez; car il estime « que c'est une defaillance et cheute de l'ame, aussi bien que du corps, » *contrahi animum, et quasi labi putat*

---

(1) L'âme est troublée, bouleversée, brisée par la force de ce poison. Luc., III, 498.

(2) La violence du mal répandue dans les membres trouble l'âme et la tourmente, comme le souffle impétueux des vents fait bouillonner la mer agitée. Luc., III, 491.

(1) Souvent, dans les maladies du corps, la raison s'égare, la démence et le délire paraissent dans les discours; quelquefois une pesante léthargie plonge l'âme dans un assoupissement profond et éternel; les yeux se ferment, la tête s'abat. Luc., III, 464.

(2) Quelle folie d'unir le mortel à l'immortel, de supposer entre eux un mutuel accord, une communauté de fonctions! Qu'y a-t-il de plus différent, de plus distinct et de plus opposé que ces deux substances, l'une périssable, l'autre indestructible, que vous prétendez réunir, pour les exposer ensemble aux plus funestes orages! Luc., III, 801.

(3) Elle succombe avec lui sous le poids des ans. Luc., III, 459.

atque decidere[1] : et, ce qu'on appercevoit en aulcuns, sa force et sa vigueur se maintenir en la fin de la vie, ils le rapportoient à la diversité des maladies; comme on veoid les hommes en ceste extremité, maintenir, qui un sens, qui un aultre, qui l'ouïr, qui le fleurer, sans alteration; et ne se veoid point d'affoiblissement si universel, qu'il n'y reste quelques parties entieres et vigoreuses :

Non alio pacto, quam si, pes quum dolet ægri,
In nullo caput interea sit forte dolore[2].

La veue de nostre jugement se rapporte à la verité, comme faict l'œil du chathuant à la splendeur du soleil, ainsi que dict Aristote[3]. Par où le sçaurions nous mieulx convaincre, que par si grossiers aveuglements en une si apparente lumière? car l'opinion contraire de l'immortalité de l'ame, laquelle Cicero dict avoir esté premierement introduicte, au moins selon le tesmoignage des livres, par Pherecydes Syrius[4], du temps du roy Tullus, d'aultres en attribuent l'invention à Thalès, et aultres à d'aultres; c'est la partie de l'humaine science traictée avecques plus de reservation et de doubte. Les dogmatistes les plus fermes sont contraincts, en cest endroict principalement, de se rejecter à l'abry des umbrages de l'academie. Nul ne sçait ce qu'Aristote a establv de ce subject, non plus que touts les anciens, en general, qui le manient d'une vacillante creance; *Rem gratissimam promittentium magis quam probantium*[5] : il s'est caché soubs le nuage de paroles et sens difficiles et non intelligibles, et a laissé à ses sectateurs autant à debattre sur son jugement que sur la matiere.

Deux choses leur rendoient ceste opinion plausible : l'une, que sans l'immortalité des ames il n'y auroit plus de quoy asseoir les vaines esperances de la gloire, qui est une consideration de merveilleux credit au monde; l'aultre que c'est une très utile impression,

comme dict Platon[1], que les vices, quand ils se desrobberont à la veue obscure et incertaine de l'humaine justice, demeurent tousjours en butte à la divine, qui les poursuyvra, voire après la mort des coupables. Un soing extreme tient l'homme d'alonger son estre : il y a pourveu par toutes ses pieces; et pour la conservation du corps sont les sepultures; pour la conservation du nom, la gloire : il a employé toute son opinion à se rebastir, impatient de sa fortune, et à s'estansonner[2] par ses inventions. L'ame, par son trouble et sa foiblesse, ne se pouvant tenir sur son pied, va questant de toutes parts des consolations, esperances et fondements, en des circonstances estrangieres où elle s'attache et se plante; et pour legiers et fantastiques que son invention les luy forge, s'y repose plus seurement qu'en soy, et plus volontiers. Mais les plus aheurtés à ceste si juste et claire persuasion de l'immortalité de nos esprits, c'est merveille comme ils se sont trouvés courts et impuissants à l'establir par leurs humaines forces : *Somnia sunt non docentis, sed optantis*, disoit un ancien[3]. L'homme peult recognoistre, par ce tesmoignage, qu'il doibt à la fortune et au rencontre la verité qu'il descouvre luy seul; puisque, lors mesme quelle luy est tumbée en main, il n'a pas de quoy la saisir et la maintenir, et que sa raison n'a pas la force de s'en prevaloir. Toutes choses producites par nostre propre discours et suffisance, autant vrayes que faulses, sont subjectes à incertitude et debat. C'est pour le chastiement de nostre fierté, et instruction de nostre misere et incapacité, que Dieu produisit le trouble et la confusion de l'ancienne tour de Babel : tout ce que nous entreprenons sans son assistance, tout ce que nous veoyons sans la lampe de sa grace, ce n'est que vanité et folie; l'essence mesme de la verité, qui est uniforme et constante quand la fortune nous en donne la possession, nous la corrompons et abastardissons par nostre foiblesse. Quelque train que l'homme prenne de soy, Dieu permet qu'il arrive tousjours à ceste mesme confusion, de laquelle il nous represente si vivfvement l'i-

---

(1) Cic., *de Divinat.*, II, 58. C.

(2) Ainsi quelquefois les pieds sont malades sans que la tête ressente aucune douleur. Luc., III, 111.

(3) *Metaphys.*, II, 1. C.

(4) *De Syros.* Cic., *Tuscul.*, I, 16. Il est probable, d'après le passage de Cicéron, qu'il faut lire dans Montaigne, *du temps du roy Tullius*. J. V. L.

(5) C'est la promesse agréable d'un bien dont ils ne nous prouvent guère la certitude. Sen., *Epist.* 102.

(1) *Lois*, X, 13, éd. d'Estienne, tom. II, p. 903, A; *Pensées de Platon*, pag. 110. J. V. L.

(2) Appuyer, étayer.

(3) Ce sont les rêves d'un homme qui désire, mais qui ne prouve pas. Cic., *Academ.*, II, 38.

mage par le juste chastiement de quoy il battit l'oultrecuidance de Nembroth, et aneantit les vaines entreprinses du bastiment de sa pyramide ; *Perdam sapientiam sapientium, et prudentiam prudentium reprobabo*[1]. La diversité d'idiomes et de langues, de quoy il troubla cest ouvrage, qu'est ce aultre chose que ceste infinie et perpetuelle altercation et discordance d'opinions et de raisons, qui accompagne et embrouille le vain bastiment de l'humaine science, et l'embrouille utilement? qui nous tiendroit, si nous avions un grain de cognoissance? Ce sainct m'a faict grand plaisir : *Ipsa veritatis occultatio aut humilitatis exercitatio est, aut elationis attritio*[2]. Jusques à quel point de presumption et d'insolence ne portons nous nostre aveuglement et nostre bestise?

Mais pour reprendre mon propos, c'estoit vrayement bien raison que nous feussions tenus à Dieu seul, et au benefice de sa grace, de la verité d'une si noble creance, puisque de sa seule liberalité nous recevons le fruict de l'immortalité, lequel consiste en la jouïssance de la beatitude eternelle. Confessons ingenuement que Dieu seul nous l'a dict, et la foi ; car leçon n'est ce pas de nature et de nostre raison ; et qui retentera[3] son estre et ses forces, et dedans et dehors, sans ce privilege divin ; qui verra l'homme sans le flatter, il n'y verra ny efficace ny faculté qui sente aultre chose que la mort et la terre. Plus nous donnons et debvons, et rendons à Dieu, nous en faisons d'autant plus chrestiennement. Ce que ce philosophe stoïcien dict tenir du fortuite consentement de la voix populaire, valoit il pas mieulx qu'il le tinst de Dieu? *Quum de animorum æternitate disserimus, non leve momentum apud nos habet consensus hominum aut timentium inferos, aut colentium. Utor hac publica persuasione*[4].

Or, la foiblesse des arguments humains sur ce subject se cognoist singulierement par les fabuleuses circonstances qu'ils ont adjoustées à la suitte de ceste opinion, pour trouver de quelle condition estoit ceste nostre immortalité. Laissons les stoïciens (*usuram nobis largiuntur tanquam cornicibus; diu mansuros aiunt animos; semper, negant*[1]), qui donnent aux ames une vie au delà de ceste cy, mais finie. La plus universelle et plus receue fantasie, et qui dure jusques à nous en divers lieux[2], c'a esté celle de laquelle on faict aucteur Pythagoras ; non qu'il en feust le premier inventeur, mais d'autant qu'elle receut beaucoup de poids et de credit par l'auctorité de son approbation ; c'est que « les ames, au partir de nous, ne faisoient que rouler d'un corps à un aultre, d'un lion à un cheval, d'un cheval à un roy, se promenants ainsi sans cesse de maison en maison ; » et luy disoit se souvenir avoir esté Æthalides[3], depuis Euphorbus, puis après Hermotimus, enfin de Pyrrhus estre passé en Pythagoras ; ayant memoire de soy de deux cents six ans. Adjoustoient aulcuns que ces mesmes ames remontent au ciel par fois, et après en devallent encores :

*O pater, anne aliquas ad cœlum hinc ire putandum est
Sublimes animas, iterumque ad tarda reverti
Corpora? Quæ lucis miseris tam dira cupido*[4]?

Origene les faict aller et venir eternellement du bon au mauvais estat. L'opinion que Varro recite[5] est qu'en quatre cents quarante ans de revolution, elles se rejoignent à leur premier corps; Chrysippus[6], que cela doibt advenir après certain espace de temps incogneu et non limité. Platon[7], qui dict tenir de Pindare et de l'ancienne poësie ceste croyance des infinies vicissitudes de mutation ausquelles l'ame est preparée, n'ayant ny les peines ny les recompenses en l'aultre monde que temporelles, comme sa vie en cestuy cy n'est que temporelle, con-

---

(1) Je confondrai la sagesse des sages, et je réprouverai la prudence des prudents. S. Paul, *Corinth.* I, 1, 19.

(2) Les ténèbres dans lesquelles la vérité se cache exercent l'humilité ou domptent l'orgueil. S. Aug., *de Civit. Dei*, XI, 22.

(3) Du latin *retentare*, éprouver, essayer à plusieurs reprises. Sén., *Epist.* 72 : « Sed diu non retentavi memoriam meam. » J. V. L.

(4) Lorsque nous traitons de l'immortalité de l'âme, nous comptons beaucoup sur le consentement général des hommes qui craignent les dieux infernaux, ou qui les honorent. Je profite de cette persuasion publique. Sén., *Epist.* 117.

(1) Ils prétendent que nos âmes ne vivent que comme les corneilles, longtemps, mais non pas toujours. Cic., *Tusc.*, I, 31.

(2) En Perse, dans l'Indoustan, et ailleurs. C.

(3) Diog. Laerce, VIII, 4, 5. C.

(4) O mon père! est-il vrai que des âmes retournent d'ici sur la terre, et qu'une enveloppe corporelle les appesantit de nouveau? Qui peut inspirer à ces malheureux cet excès d'amour pour la vie? Virg., *Enéid*, VI, 719.

(5) De quelques faiseurs d'horoscope, *genethliaci quidam*. Le passage se trouve dans S. Aug., *de Civit. Dei*, XXII, 28. C.

(6) Lac., *Div. instit.*, VII, 23. C.

(7) Dans le *Ménon*, pag. 16 et 17. C.

clud en elle une singuliere science des affaires du ciel, de l'enfer, et d'icy, où elle a passé, repassé, et sejourné à plusieurs voyages ; matiere à sa reminiscence. Voicy son progres ailleurs[1] : « Qui a bien vescu, il se rejoinct à l'astre auquel il est assigné ; qui mal, il passe en femme ; et, si lors mesme il ne se corrige point, il se rechange en beste de condition convenable à ses mœurs vicieuses ; et ne verra fin à ses punitions qu'il ne soit revenu à sa naïfve constitution, s'estant, par la force de la raison, desfaict dés qualités grossieres, et elementaires qui estoient en luy. » Mais je ne veulx oublier l'objection que font les epicuriens à ceste transmigration de corps en aultre ; elle est plaisante ; ils demandent quel ordre il y auroit si la presse des mourants venoit à estre plus grande que des naissants ? car les ames deslogées de leur giste seroient à se fouler à qui prendroit place la premiere dans ce nouvel estuy ; et demandent aussi à quoy elles passeroient leur temps, cependant qu'elles attendentendroient qu'un logis leur feust appresté ? Ou, au rebours, s'il naissoit plus d'animaulx qu'il n'en mourroit, ils disent que les corps seroient en mauvais party, attendant l'infusion de leur ame ; et en adviendroit qu'aulcuns d'iceulx se mourroient avant que d'avoir esté vivants.

Denique connubia ad veneris, partusque ferarum
Esse animas præsto, deridiculum esse videtur ;
Et spectare immortales mortalia membra
Innumero numero, certareque præproperanter
Inter se, quæ prima potissimaque insinuetur[2].

D'aultres ont arresté l'ame au corps des trespassés, pour en animer les serpents, les vers, et aultres bestes, qu'on dict s'engendrer de la corruption de nos membres, voire et de nos cendres ; d'aultres la divisent en une partie mortelle, et l'aultre immortelle ; aultres la font corporelle, et ce neantmoins immortelle ; aulcuns la font immortelle, sans science et sans cognoissance. Il y en a aussi qui ont estimé que des ames des condamnés il s'en faisoit des diables ; et aulcuns des nostres l'ont ainsi jugé ; comme Plutarque pense qu'il se face des dieux

(1) Dans le *Timée*. Voy. les *Pensées de Platon*, pag. 86. J.V.L.
(2) Il est ridicule de s'imaginer que les âmes se trouvent prêtes au moment précis de l'accouplement des animaux et de leur naissance ; qu'un nombreux essaim de substances immortelles s'empressent autour d'un germe mortel, et que chacune se dispute l'avantage d'être introduite la première. LUCR., III, 777.

de celles qui sont sauvées ; car il est peu de choses que cet aucteur là establisse d'une façon de parler si resolüe qu'il faict ceste cy, maintenant partout ailleurs une maniere dubitatrice et ambiguë. « Il fault estimer, dict-il[1], et croire fermement que les ames des hommes vertueux, selon nature et selon justice divine, deviennent, d'hommes, saincts ; et de saincts, demy dieux ; et de demy dieux, après qu'ils sont parfaictement, comme ès sacrifices de purgation, nettoyés et purifiés, estant delivrés de toute passibilité et de toute mortalité, ils deviennent, non par aulcune ordonnance civile, mais à la verité, et selon raison vraysemblable, dieux entiers et parfaicts, en recevant une fin très heureuse et très glorieuse. » Mais qui le vouldra veoir, luy qui est des plus retenus pourtant et moderés de la bande, s'escarmoucher avecques plus de hardiesse, et nous conter ses miracles sur ce propos, je le renvoye à son discours de la Lune, et du Daimon de Socrates, où, aussi evidemment qu'en nul aultre lieu, il se peult adverer les mysteres de la philosophie avoir beaucoup d'estrangetés communes avecques celles de la poësie ; l'entendement humain se perdant à vouloir sonder et contrerooller toutes choses jusques au bout ; tout ainsi comme, lassés et travaillés de la longue course de nostre vie, nous retumbons en enfantillage. Voylà les belles et certaines instructions que nous tirons de la science humaine sur le subject de nostre ame !

Il n'y a pas moins de temerité en ce qu'elle nous apprend des parties corporelles. Choisissons en un ou deux exemples ; car aultrement nous nous perdrions dans ceste mer trouble et vaste des erreurs medicinales. Sçachons si on s'accorde au moins en cecy, de quelle matiere les hommes se produisent les uns des aultres ; car, quant à leur premiere production, ce n'est pas merveille si, en chose si haulte et ancienne, l'entendement humain se trouble et dissipe. Archelaüs le physicien, duquel Socrates feut le disciple et le mignon, selon Aristoxenus, disoit[2], et les hommes et les animaulx avoir esté faicts d'un limon laicteux, exprimé par la chaleur de la terre ; Pythagoras dict[3] nostre semence es-

(1) *Vie de Romulus*, c. 14, traduction d'Amyot. C.
(2) DIOG. LAERCE, II, 17. C.
(3) PLUT., *des Opinions des philos.*, V, 3. Les citations suivantes sont prises dans le même chapitre. C.

tre l'escume de nostre meilleur sang ; Platon, l'escoulement de la moelle de l'espine du dos ; ce qu'il argumente de ce que cest endroict se sent le premier de la lasseté de la besongne ; Alcmeon, partie de la substance du cerveau ; et qu'il soit ainsi, dict-il, les yeulx troublent à ceulx qui se travaillent oultre mesure à cest exercice ; Democritus, une substance extraicte de toute la masse corporelle ; Epicurus, extraicte de l'ame et du corps ; Aristote, un excrement tiré de l'aliment du sang, le dernier qui s'espand en nos membres ; aultres du sang cuict et digeré par la chaleur des genitoires, ce qu'ils jugent de ce qu'aux extremes efforts on rend des gouttes de pur sang ; en quoy il semble qu'il y ait plus d'apparence, si on peult tirer quelque apparence d'une confusion si infinie. Or, pour mener à effect ceste semence, combien en font ils d'opinions contraires ? Aristote[1] et Democritus tiennent que les femmes n'ont point de sperme, et que ce n'est qu'une sueur qu'elles eslancent par la chaleur du plaisir et du mouvement, et qui ne sert de rien à la generation ; Galen, au contraire, et ses suyvants, que, sans la rencontre des semences, la generation ne se peult faire. Voylà les medecins, les philosophes, les jurisconsultes et les theologiens, aux prinses pesle-mesle avecques nos femmes, sur la dispute : « A quels termes les femmes portent leur fruict ; » et moi je secours, par l'exemple de moy-mesme, ceulx d'entr'eulx qui maintiennent la grossesse d'onze mois[2]. Le monde est basty de ceste experience ; il n'est si simple femmelette qui ne puisse dire son avis sur toutes ces contestations ; et si nous n'en sçaurions estre d'accord.

En voylà assez pour verifier que l'homme n'est non plus instruict de la cognoissance de soy en la partie corporelle qu'en la spirituelle. Nous l'avons proposé luy mesme à soy, et sa raison à sa raison, pour veoir ce qu'elle nous en diroit. Il me semble assez avoir montré combien peu elle s'entend en elle mesme, et qui ne s'entend en soy, en quoy se peult il entendre ? *Quasi vero mensuram ullius rei possit agere, qui sui nes-*

ciat[1]. Vrayement, Protagoras[2] nous en contoit de belles, faisant l'homme la mesure de toutes choses, qui ne sceut jamais seulement la sienne ; si ce n'est luy, sa dignité ne permettra pas qu'aultre creature ayt cest advantage ; or, luy estant en soy si contraire, et l'un jugement subvertissant l'aultre sans cesse, ceste favorable proposition n'estoit qu'une risée, qui nous menoit à conclure, par necessité, la neantise du compas et du compasseur. Quand Thalès[3] estime la cognoissance de l'homme très difficile à l'homme, il luy apprend la cognoissance de toute aultre chose luy estre impossible.

Vous[4], pour qui j'ay prins la peine d'estendre un si long corps, contre ma coustume, ne refuyrez point de maintenir vostre Sebond par la forme ordinaire d'argumenter de quoy vous estes tous les jours instruicte, et exercerez en cela vostre esprit et vostre estude ; car ce dernier tour d'escrime icy, il ne le fault employer que comme un extreme remede ; c'est un coup desesperé, auquel il fault abandonner vos armes, pour faire perdre à vostre adversaire les siennes ; et un tour secret, duquel il se fault servir rarement et reservéement. C'est grande temerité de vous perdre vous mesme pour perdre un aultre ; il ne fault pas vouloir mourir pour se venger, comme feit Gobrias ; car, estant aux prinses bien estroictes avecques un seigneur de Perse, Darius y survenant l'espée au poing, qui craignoit de frapper de peur d'assener Gobrias, il lui cria qu'il donnast hardiment, quand il debvroit donner au travers de touts les deux[5]. J'ay veu reprouver pour injustes des armes et conditions de combat singulier, desesperées, et ausquelles celuy qui les offroit mettoit luy et son compaignon en termes d'une fin à touts deux inevitable. Les Portugais prindrent, en la mer des Indes, certains Turcs prisonniers, lesquels, impatients de leur captivité, se resolurent, et leur succeda, de mettre, et eulx et leurs maistres, et le vaisseau, en cendre, frottant des clous de navire l'un contre l'aultre, tant qu'une estincelle de feu

---

(1) Plutarque, ou l'auteur du traité *des Opinions des philosophes*, V, 5, joint sur cet article Zénon avec Aristote, et dit expressément que Démocrite était de l'opinion contraire. C.

(2) On peut conclure de ce passage que la mère de Montaigne était ou croyait être accouchée de lui au onzième mois de sa grossesse. A. D.

(1) Comme si celui qui ignore sa propre mesure pourrait entreprendre de mesurer quelque autre chose. PLINE, *Nat. Hist.*, II, 1.

(2) SEXTUS EMPIR., *adv. Math.*, pag. 148. C.

(3) DIOG. LAERCE, I, 36. C.

(4) On croit, comme nous l'avons dit plus haut, que Montaigne adressait cette *Apologie de Sebond* à la reine Marguerite de France, femme du roi de Navarre. J. V. L.

(5) HEROD., III, 78. J. V. L.

tumbast dans les caques de pouldre qu'il y avoit dans l'endroict où ils estoient gardés. Nous secouons icy les limites et dernieres closturcs des sciences, ausquelles l'extremité est vicieuse, comme en la vertu. Tenez vous dans la route commune; il ne faict pas bon estre si subtil et si fin. Souvienne vous de ce que dict le proverbe toscan :

Chi troppo s'assottiglia, si scavezza [1].

Je vous conseille, en vos opinions et en vos discours, autant qu'en vos mœurs et en toute aultre chose, la moderation et l'attrempance [2], et la fuyte de la nouvelleté et de l'estrangeté; toutes les voyes extravagantes me faschent. Vous qui, par l'auctorité que vostre grandeur vous apporte et encores plus par les advantages que vous donnent les qualités plus vostres, pouvez, d'un clin d'œil, commander à qui il vous plaist, debviez donner ceste charge à quelqu'un qui feist profession des lettres, qui vous eust bien aultrement appuyé et enrichy ceste fantasie. Toutesfois, en voicy assez pour ce que vous en avez à faire.

Epicurus [3] disoit, des loix, que les pires nous estoient si necessaires, que, sans elles, les hommes s'entremangeroient les uns les aultres; et Platon [4] verifie que, sans loix, nous vivrions comme bestes. Nostre esprit est un util vagabond, dangereux et temeraire; il est malaysé d'y joindre l'ordre et la mesure; et, de mon temps, ceulx qui ont quelque rare excellence au dessus des aultres, et quelque vivacité extraordinaire, nous les voyons quasi touts desbordés en licence d'opinions et de mœurs; c'est miracle s'il s'en rencontre un rassis et sociable. On a raison de donner à l'esprit humain les barrieres les plus contraindes qu'on peult; en l'estude, comme au reste, il luy fault compter et regler ses marches; il luy fault tailler par art les limites de sa chasse. On le bride et garrotte de religions, de loix, de coustumes, de science, de preceptes, de peines et recompenses mortelles et immortelles; encores veoid on que, par sa volubilité et dissolution, il eschappe à toutes ces liaisons; c'est un corps vain, qui n'a par où estre saisi et assené, un corps divers et difforme, auquel on ne peult asseoir nœud ni prinse. Certes, il est peu d'ames, si reglées, si fortes et bien nées, à qui on se puisse fier de leur propre conduicte, et qui puissent, avecques moderation et sans temerité, voguer en la liberté de leurs jugements, au delà des opinions communes; il est plus expedient de les mettre en tutelle. C'est un oultrageux glaive, à son possesseur mesme, que l'esprit, à qui ne sçait s'en armer ordonnéement et discrettement; et n'y a point de beste à qui plus justement il faille donner des orbieres [1], pour tenir sa veue subjecte et contraincte devant ses pas, et la garder d'extravaguer ny çà ny là, hors les ornieres que l'usage et les loix luy tracent; parquoy il vous siera mieulx de vous resserrer dans le train accoustumé, quel qu'il soit, que de jecter vostre vol à ceste licence effrenée [2]. Mais si quelqu'un de ces nouveaux docteurs entreprend de faire l'ingenieux en vostre presence, aux despens de son salut et du vostre, pour vous desfaire de ceste dangereuse peste qui se respand touts les jours en vos courts, ce preservatif, à l'extreme necessité, empeschera que la contagion de ce venin n'offensera ny vous, ny vostre assistance.

La liberté doncques et gaillardise de ces esprits anciens produisoit, en la philosophie et sciences humaines, plusieurs sectes d'opinions differentes, chascun entreprenant de juger et de choisir pour prendre party. Mais à present que les hommes vont touts un train, *qui certis quibusdam destinatisque sententiis addicti et consecrati sunt, ut etiam, quæ non probant, cogantur defendere* [3], et que nous recevons les arts par civile auctorité et ordonnance, si bien que les escholes n'ont qu'un patron et pareille institution et discipline circonscripte, on ne regarde plus ce que les monnoyes poisent et valent, mais chascun à son tour les receoit selon le prix que l'approbation commune et le cours leur donne; on ne plaide pas de l'alloy, mais de l'usage. Ainsi se mettent egalement toutes choses; on receoit la medecine comme la geometrie; et les bastelages, les enchantements, les liaisons, le commerce des esprits des tres-

---

(1) Par trop subtiliser, on s'égare soi-même.
PETR., canz. XI, v. 48, éd. de Venise, 1756.
(2) Modération.
(3) PLUT., contre Colotès, c. 27. J. V. L.
(4) *Lois*, IX, p. 874. C.

(1) Des œillères, des garde-vue. E. J.
(2) Ou, comme dans l'édition in-4o de 1588, fol. 234, «que de jecter vostre jugement à ceste liberté desreglée. »
(3) Qu'ayant épousé certains dogmes dont ils ne peuvent se départir, ils sont forcés d'admettre et de défendre des conséquences qu'ils n'approuvent pas. CIC., *Tusc.*, II, 2.

passés, les prognostications, les domifications[1], et jusques à ceste ridicule poursuitte de la pierre philosophale, tout se met sans contredict. Il ne fault que sçavoir que le lieu de Mars loge au milieu du triangle de la main, celuy de Venus au poulce, et de Mercure au petit doigt; et que quand la mensale[2] coupe le tubercle de l'enseigneur, c'est signe de cruauté; quand elle fault soubs le mitoyen, et que la moyenne naturelle faict un angle avecques la vitale soubs mesme endroict, que c'est signe d'une mort miserable; que si à une femme la naturelle est ouverte et ne ferme point l'angle avecques la vitale, cela denote qu'elle sera mal chaste; je vous appelle vous mesme à tesmoing, si avecques ceste science un homme ne peult passer, avecques reputation et faveur, parmy toutes compaignies.

Theophrastus disoit que l'humaine cognoissance, acheminée par les sens, pouvoit juger des causes des choses jusques à certaine mesure; mais qu'estant arrivée aux causes extremes et premieres, il falloit qu'elle s'arrestast, et qu'elle rebouchast à raison, ou de sa foiblesse, ou de la difficulté des choses. C'est une opinion moyenne et doulce, que nostre suffisance nous peult conduire jusques à la cognoissance d'aulcunes choses, et qu'elle a certaines mesures de puissance, oultre lesquelles c'est temerité de l'employer: ceste opinion est plausible, et introduicte par gents de composition. Mais il est malaysé de donner bornes à nostre esprit; il est curieux et avide, et n'a point occasion de s'arrester plustost à mille pas qu'à cinquante; ayant essayé, par experience, que ce à quoy l'un s'estoit failly, l'aultre y est arrivé, et que ce qui estoit incogneu à un siecle, le siecle suyvant l'a esclaircy, et que les sciences et les arts ne se jectent pas en moule, ains se forment et figurent peu à peu en les maniant et polissant à plusieurs fois, comme les ours façonnent leurs petits en les leschant à loisir; ce que ma force ne peult descouvrir, je ne laisse pas de le sonder et essayer; et en retastant et pestrissant ceste nouvelle matiere, la remuant et l'eschauffant, j'ouvre à celuy qui me suyt quelque facilité, pour en jouir plus à son ayse, et la luy rends plus soupple et plus maniable,

Ut hymettia sole
Cera remollescit, tractataque pollice multas
Vertitur in facies, ipsoque fit utilis usu [1];

autant en fera le second au tiers: qui est cause que la difficulté ne me doibt pas desesperer, ny aussi peu mon impuissance; car ce n'est que la mienne.

L'homme est capable de toutes choses comme d'aulcunes, et s'il advoue, comme dict Theophrastus, l'ignorance des causes premieres et des principes, qu'il me quitte hardiement tout le reste de sa science; si le fondement lui fault, son discours est par terre: le disputer et l'enquerir n'a aultre but et arrest que les principes; si ceste fin n'arreste son cours, il se jecte à une irresolution infinie. *Non potest aliud alio magis minusve comprehendi, quoniam omnium rerum una est definitio comprehendendi* [2]. Or, il est vraysemblable que si l'ame sçavoit quelque chose, elle se sçauroit premierement elle-mesme; et si elle sçavoit quelque chose hors d'elle, ce seroit son corps et son estuy, avant toute aultre chose: si on veoid jusques aujourd'huy les dieux de la medecine se debattre de nostre anatomie,

Mulciber in Trojam, pro Troja stabat Apollo [3];

quand attendons nous qu'ils en soient d'accord? Nous nous sommes plus voisins que ne nous est la blancheur de la neige, ou la pesanteur de la pierre; si l'homme ne se cognoist, comment cognoist il ses functions et ses forces? Il n'est pas, à l'adventure, que quelque notice veritable ne loge chez nous; mais c'est par hazard: et d'autant que, par mesme voye, mesme façon et conduicte, les erreurs se receoivent en nostre ame, elle n'a pas de quoy les distinguer, ny de quoy choisir la verité du mensonge.

Les academiciens recevoient quelque inclination de jugement; et trouvoient trop crud de dire qu'il n'estoit pas plus vraysemblable que la neige feust blanche que noire; et que nous

---

(1) Terme d'astrologie qui signifie partage du ciel en douze maisons, pour dresser un thème céleste ou un horoscope. E. J.

(2) *La mensale* est, en terme de chiromancie, une ligne qui traverse le milieu de la main, depuis l'index jusqu'au petit doigt. E. J.

(1) Comme la cire du mont Hymette s'amollit au soleil, et, prenant sous le doigt qui la presse mille formes différentes, devient plus maniable à mesure qu'elle est maniée. Ov., *Métam.*, X, 284.

(2) Une chose ne peut être plus ou moins comprise qu'une autre: la compréhension est la même pour tout; elle n'a point de degrés. Cic., *Acad.*, II, 41.

(3) Vulcain combattait contre Troie, mais Troie avait pour elle Apollon. Ov., *Trist.*, I, 2, 5.

ne feussions non plus asseurés du mouvement d'une pierre qui part de nostre main que de celuy de la huictiesme sphere : et, pour eviter ceste difficulté et estrangeté, qui ne peult à la verité loger en nostre imagination que malayséement, quoyqu'ils establissent que nous n'estions aulcunement capables de sçavoir, et que la verité est engouffrée dans de profonds abysmes où la veue humaine ne peult penetrer; si advouoient ils aulcunes choses estre plus vraysemblables que les aultres, et recevoient en leur jugement ceste faculté de se pouvoir incliner plustost à une apparence qu'à une aultre, ils luy permettoient ceste propension, luy deffendant toute resolution. L'advis des Pyrrhoniens est plus hardy, et quand et quand plus vraysemblable [1] : car ceste inclination academique, et ceste propension à une proposition plustost qu'à une aultre, qu'est ce aultre chose que la recognoissance de quelque plus apparente verité en ceste cy qu'en celle là ? Si nostre entendement est capable de la forme des lineaments, du port et du visage de la verité, il la verroit entiere, aussi bien que demie, naissante et imperfecte : ceste apparence de verisimilitude, qui les faict prendre plustost à gauche qu'à droicte, augmentez la ; ceste once de verisimilitude qui incline la balance, multipliez la de cent, de mille onces ; il en adviendra enfin que la balance prendra party tout à faict, et arrestera un chois et une verité entiere. Mais comment se laissent ils plier à la vraysemblance s'ils ne cognoissent le vray ? comment cognoissent ils la semblance de ce de quoy ils ne cognoissent pas l'essence ? Ou nous pouvons juger tout à faict, ou tout à faict nous ne le pouvons pas. Si nos facultés intellectuelles et sensibles sont sans fondement et sans pied, si elles ne font que flotter et venter, pour neant laissons nous emporter nostre jugement à aulcune partie de leur operation, quelque apparence qu'elle semble nous presenter ; et la plus seure assiette de nostre entendement, et la plus heureuse, ce seroit celle-là où il se maintiendroit rassis, droict, inflexible, sans bransle et sans agitation: *Inter visa vera, aut falsa, ad animi assensum nihil interest* [2]. Que les choses ne logent pas chez nous en leur forme et en leur essence, et n'y facent leur entrée de leur force propre et auctorité, nous le veoyons assez : parce que, s'il estoit ainsi, nous le recevrions de mesme façon ; le vin seroit tel en la bouche du malade qu'en la bouche du sain ; celuy qui a des crevasses aux doigts, ou qui les a gourds, trouveroit une pareille dureté au bois ou au fer qu'il manie, que faict un aultre : les subjects estrangiers se rendent doncques à nostre mercy ; ils logent chez nous comme il nous plaist. Or, si de nostre part nous recevions quelque chose sans alteration, si les prinses humaines estoient assez capables et fermes pour saisir la verité par nos propres moyens, ces moyens estants communs à touts les hommes, ceste verité se rejecteroit de main en main de l'un à l'aultre ; et au moins se trouveroit il une chose au monde, de tant qu'il y en a, qui se croiroit par les hommes d'un consentement universel : mais ce, qu'il ne se veoid aulcune proposition qui ne soit debattue et controversé entre nous, ou qui ne le puisse estre, montre bien que nostre jugement naturel ne saisit pas bien clairement ce qu'il saisit ; car mon jugement ne le peult faire recevoir au jugement de mon compaignon : qui est signe que je l'ay saisi par quelque aultre moyen que par une naturelle puissance qui soit en moy et en touts les hommes.

Laissons à part ceste infinie confusion d'opinions qui se veoid entre les philosophes mesmes, et ce debat perpetuel et universel en la cognoissance des choses : car cela est presupposé très veritablement, que d'aulcune chose les hommes, je dis les sçavants les mieulx nays, les plus suffisants, ne sont d'accord, non pas que le ciel soit sur nostre teste ; car ceulx qui doubtent de tout doubtent aussi de cela, et ceulx qui nient que nous puissions comprendre aulcune chose disent que nous n'avons pas compris que le ciel soit sur nostre teste : et ces deux opinions sont en nombre sans comparaison les plus fortes.

Oultre ceste diversité et division infinie, par le trouble que nostre jugement nous donne à nous mesmes, et l'incertitude que chascun sent en soy, il est aysé à veoir qu'il a son assiette bien mal asseurée. Combien diversement jugeons nous des choses? combien de fois changeons nous nos fantasies ? Ce que je tiens aujourd'hui et ce que je crois, je le tiens et le crois de toute ma croyance ; touts mes utils et touts mes res-

---

[1] Ou : « beaucoup plus veritable et plus ferme, » comme il y a dans l'édition in-4o de 1588, fol. 235, verso.

[2] Entre les apparences vraies ou fausses, pour l'assentiment de l'esprit il n'y a point de différence. Cic., *Acad.*, II, 28.

sorts empoignent ceste opinion, et m'en respondent sur tout ce qu'ils peuvent ; je ne sçaurois embrasser aulcune verité, ny la conserver avecques plus d'asseurance, que je foys ceste cy ; j'y suis tout entier, j'y suis voirement : mais ne m'est il pas advenu, non une fois, mais cent, mais mille, et touts les jours, d'avoir embrassé quelque autre chose, atout ces mesmes instruments, en ceste mesme condition, que depuis j'ay jugée faulse ? Au moins fault il devenir sage à ses propres despens ! si je me suis trouvé souvent trahy soubs ceste couleur ; si ma touche se treuve ordinairement faulse, et ma balance inegale et injuste, quelle asseurance en puis je prendre à ceste fois plus qu'aux aultres ? n'est ce pas sottise de me laisser tant de fois piper à un guide ? Toutesfois, que la fortune nous remue cinq cents fois de place, qu'elle ne face que vuyder et remplir sans cesse, comme dans un vaisseau, dans nostre creance aultres et aultres opinions; tousjours la presente et la derniere, c'est la certaine et l'infaillible : pour ceste cy il faut abandonner les biens, l'honneur, la vie, et le salut, et tout.

Posterior. . . . . res illa reperta
Perdit et immutat sensus ad pristina quæque [1].

Quoy qu'on nous presche, quoy que nous apprenions, il fauldroit tousjours se souvenir que c'est l'homme qui donne, et l'homme qui reçoit : c'est une mortelle main qui nous le presente, c'est une mortelle main qui l'accepte. Les choses qui nous viennent du ciel ont seules droict et auctorité de persuasion ; seules, marque de verité : laquelle aussi ne voyons nous pas de nos yeulx, ny ne la recevons par nos moyens; ceste saincte et grande image ne pourroit pas [2] en un si chestif domicile, si Dieu pour cest usage ne le prepare, si Dieu ne le reforme et fortifie par sa grace et faveur particuliere et supernaturelle. Au moins debvroit nostre condition faultiere [3] nous faire porter plus moderéement et retenüement en nos changements : il nous debvroit souvenir, quoy que nous recueussions en l'entendement, que nous recevons souvent des choses faulses, et que c'est par ces mesmes utils qui se desmentent et qui se trompent souvent.

Or n'est il pas merveille s'ils se desmentent, estants si aysés à incliner et à tordre par bien legieres occurrences. Il est certain que nostre apprehension, nostre jugement et les facultés de nostre ame, en general, souffrent selon les mouvements et alterations du corps, lesquelles alterations sont continuelles : n'avons nous pas l'esprit plus esveillé, la memoire plus prompte, le discours plus vif en santé qu'en maladie? la joye et la gayeté ne nous font elles pas recevoir les subjects qui se presentent à nostre ame, de tout aultre visage que le chagrin et la melancholie ? Pensez vous que les vers de Catulle ou de Sappho rient à un vieillard avaricieux et rechigné comme à un jeune homme vigoureux et ardent? Cleomenes, fils d'Anaxandridas, estant malade, ses amis luy reprochoient qu'il avoit des humeurs et fantasies nouvelles et non accoustumées : « Je crois bien, repliqua il [1]; aussi ne suis je pas celuy que je suis estant sain : estant aultre, aussi sont aultres mes opinions et fantasies. » En la chicane de nos palais, ce mot est en usage, qui se dict des criminels qui rencontrent les juges en quelque bonne trempe, doulce et debonnaire, *Gaudeat de bona fortuna* [2]; car il est certain que les jugements se rencontrent par fois plus tendus à la condemnation, plus espineux et aspres, tantost plus faciles, aysés et enclins à l'excuse : tel qui rapporte de sa maison la douleur de la goutte, la jalousie ou le larrecin de son valet, ayant toute l'ame teincte et abruvée de cholere, il ne fault pas doubter que son jugement ne s'en altere vers ceste part là. Ce venerable senat d'areopage jugeoit de nuit, de peur que la veue des poursuyvants corrompist sa justice. L'air mesme et la serenité du ciel nous apporte quelque mutation, comme dict ce vers grec en Ciceron,

Tales sunt hominum mentes, quali pater ipse
Juppiter auctifera lustravit lampade terras [3].

(1) La dernière nous dégoûte des premières, et les décrédite dans notre esprit. Lucr., V, 1415.

(2) Montaigne emploie ici ce mot elliptiquement, et peut-être d'après l'usage de son pays et de son temps, pour, *ne pourroit pas tenir*. Nous disons encore, par une ellipse presque semblable : *Il n'en peut plus*. J. V. L.

(3) Texte de 1588; celui de 1595, p. 370, porte *faultive*. J. V. L.

(1) Plut., *Apophthegmes des Lacédémoniens*. Montaigne change la traduction d'Amyot. J. V. L.

(2) Qu'il jouisse de ce bonheur. *Traduction de Montaigne, dans son édition de Bordeaux,* 1580, *pag.* 336, *et dans celle de Paris,* 1588, *fol.* 237, *verso.*

(3) Les pensers des mortels, et leur deuil, et leur joie,
Changent avec les jours que le ciel leur envoie.
Vers traduits par Cic. de l'*Odyssée* d'Homère, XVIII, 135, et que saint Augustin a conservés, *de Civ. Dei,* V, 8. J. V. L.

Ce ne sont pas seulement les fiebvres, les bruvages et les grands accidents qui renversent nostre jugement; les moindres choses du monde le tournevirent : et ne fault pas doubter, encores que nous ne le sentions pas, que si la fiebvre continue peut atterrer nostre ame, que la tierce n'y apporte quelque alteration selon sa mesure et proportion; si l'apoplexie assopit et esteinct tout à faict la veue de nostre intelligence, il ne fault pas doubter que le morfondement ne l'esblouisse : et par consequent, à peine se peult il rencontrer une seule heure en la vie où nostre jugement se treuve en sa deue assiette; nostre corps estant subject à tant de continuelles mutations et estoffé de tant de sortes de ressorts que j'en crois les medecins, combien il est malaysé qu'il n'y en ayt tousjours quelqu'un qui tire de travers.

Au demourant, ceste maladie ne se descouvre pas si ayséement, si elle n'est du tout extreme et irremediable ; d'autant que la raison va tousjours tortue, et boiteuse, et deshanchée, et avecques le mensonge comme avecques la verité : par ainsin, il est malaysé de descouvrir son mescompte et desreglement. J'appelle tousjours raison ceste apparence de discours que chascun forge en soy; ceste raison, de la condition de laquelle il y en peult avoir cent contraires autour d'un mesme subject, c'est un instrument de plomb et de cire, alongeable, ployable et accommodable à touts biais et à toutes mesures ; il ne reste que la suffisance de le sçavoir contourner. Quelque bon desseing qu'ayt un juge, s'il ne s'escoute de près, à quoy peu de gents s'amusent, l'inclination à l'amitié, à la parenté, à la beauté et à la vengeance, et non pas seulement choses si poisantes, mais cest instinct fortuite qui nous faict favoriser une chose plus qu'une aultre, et qui nous donne, sans le congé de la raison, le chois en deux pareils subjects, ou quelque umbrage de pareille vanité, peuvent insinuer insensiblement en son jugement la recommendation ou desfaveur d'une cause et donner pente à la balance.

Moy, qui m'espie de plus près, qui ay les yeulx incessamment tendus sur moy, comme celuy qui n'ay pas fort à faire ailleurs,

Quis sub Arcto
Rex gelidæ metuatur oræ,

Quid Tiridatem terreat, unice
Securus [1],

à peine oserois je dire la vanité et la foiblesse que je treuve chez moy : j'ay le pied si instable et si mal assis, je le treuve si aysé à crouler et si prest au bransle, et ma veue si desreglée, que, à jeun, je me sens aultre qu'après le repas; si ma santé me rid et la clarté d'un beau jour, me voylà honneste homme; si j'ay un cor qui me presse l'orteil, me voylà renfrogné, mal plaisant et inaccessible : un mesme pas de cheval me semble tantost rude, tantost aysé; et mesme chemin, à ceste heure plus court, une aultre fois plus long; et une mesme forme, ores plus, ores moins agreable : maintenant je suis à tout faire, maintenant à rien faire; ce qui m'est plaisir à ceste heure me sera quelquesfois peine. Il se faict mille agitations indiscrettes et casuelles chez moy ; ou l'humeur melancholique me tient, ou la cholerique ; et, de son auctorité privée, à cest' heure le chagrin predomine en moy, à cest' heure l'alaigresse. Quand je prends des livres, j'auray apperceu, en tel passage, des graces excellentes et qui auront feru mon ame; qu'un' aultre fois j'y retumbe, j'ay beau le tourner et virer, j'ay beau le plier et manier, c'est une masse incogneue et informe pour moy. En mes escripts mesmes, je ne retreuve pas tousjours l'air de ma premiere imagination : je ne sçais ce que j'ay voulu dire ; et m'eschaulde souvent à corriger et y mettre un nouveau sens pour avoir perdu le premier qui valoit mieulx. Je ne foys qu'aller et venir : mon jugement ne tire pas tousjours avant ; il flotte, il vague,

Velut minuta magno
Deprensa navis in mari, vesaniente vento [2].

Maintesfois, comme il m'advient de faire volontiers, ayant prins, pour exercice et pour esbat, à maintenir une contraire opinion à la mienne, mon esprit, s'appliquant et tournant de ce costé là, m'y attache si bien que je ne treuve plus la raison de mon premier advis et m'en depars. Je m'entraisne quasi où je penche, comment que ce soit, et m'emporte de mon poids.

(1) Qui ne m'inquiète guère de savoir quel roi fait tout trembler sous l'Ourse glacée, et pourquoi Tiridate est dans les alarmes. HOR., *Od.*, I, 26, 3.

(2) Comme une faible barque surprise, en pleine mer, par la fureur de la tempête. CAT., *Epigr.*, XXV, 12.

Chascun à peu près en diroit autant de soy, s'il se regardoit comme moy: les prescheurs sçavent que l'esmotion qui leur vient en parlant les anime vers la creance; et qu'en cholere nous nous addonnons plus à la deffense de nostre proposition, l'imprimons en nous et l'embrassons avecques plus de vehemence et d'approbation que nous ne faisons estant en nostre sens froid et reposé. Vous recitez simplement une cause à l'advocat: il vous y respond chancellant et doubteux; vous sentez qu'il luy est indifferent de prendre à soustenir l'un ou l'aultre party: l'avez vous bien payé pour y mordre et pour s'en formaliser, commence il d'en estre interessé, y a il eschauffé sa volonté? sa raison et sa science s'y eschauffent quand et quand; voylà une apparente et indubitable verité qui se presente à son entendement; il y descouvre une toute nouvelle lumiere, et le croit à bon escient, et se le persuade ainsi. Voire, je ne sçais si l'ardeur qui naist du despit et de l'obstination à l'encontre de l'impression et violence du magistrat et du dangier, ou l'interest de la reputation, n'ont envoyé tel homme soustenir jusques au feu l'opinion pour laquelle, entre ses amis et en liberté, il n'eust pas voulu s'eschaulder le bout du doigt. Les secousses et esbranlements que nostre ame receoit par les passions corporelles peuvent beaucoup en elle, mais encores plus les siennes propres, ausquelles elle est si fort en prinse qu'il est, à l'adventure, soustenable qu'elle n'a aulcune aultre allure et mouvement que du souffle de ses vents, et que, sans leur agitation, elle resteroit sans action, comme un navire en pleine mer, que les vents abandonnent de leur secours: et qui maintiendroit cela, suyvant le party des peripateticiens, ne nous feroit pas beaucoup de tort, puisqu'il est cogneu que la pluspart des belles actions de l'ame procedent et ont besoing de ceste impulsion des passions; la vaillance, disent ils, ne se peult parfaire sans l'assistance de la cholere; *semper Ajax fortis, fortissimus tamen in furore*[1]; ny ne court on sus aux meschants et aux ennemis assez vigoreusement, si on n'est courroucé; et veulent que l'advocat inspire le courroux aux juges pour en tirer justice.

(1) Ajax fut toujours brave; mais il ne le fut jamais tant que dans sa fureur. Cic., *Tusc.*, IV, 23.

Les cupidités esmeurent Themistocles, esmeurent Demosthenes et ont poulsé les philosophes aux travaux, veillées et peregrinations; nous menent à l'honneur, à la doctrine, à la santé, fins utiles: et ceste lascheté d'ame à souffrir l'ennuy et la fascherie sert à nourrir en la conscience la penitence et la repentance, et à sentir les fleaux de Dieu pour nostre chastiement, et les fleaux de la correction politique: la compassion sert d'aiguillon à la clemence; et la prudence de nous conserver et gouverner est esveillée par nostre craincte: et combien de belles actions par l'ambition? combien par la presumption? aulcune eminente et gaillarde vertu enfin n'est sans quelque agitation desreglée. Seroit ce pas l'une des raisons qui auroit meu les epicuriens à descharger Dieu de tout soing et solicitude de nos affaires, d'autant que les effects mesmes de sa bonté ne se pouvoient exercer envers nous sans esbranler son repos par le moyen des passions, qui sont comme des picqueures et solicitations acheminant l'ame aux actions vertueuses? ou bien ont ils creu aultrement, et les ont prinses comme tempestes qui desbauchent honteusement l'ame de sa tranquillité? *ut maris tranquillitas intelligitur, nulla, ne minima quidem, aura fluctus commovente: sic animi quietus et placatus status cernitur, quum perturbatio nulla est, qua moveri queat*[1].

Quelles differences de sens et de raison, quelle contrarieté d'imaginations nous presente la diversité de nos passions? Quelle asseurance pouvons nous doncques prendre de chose si instable et si mobile, subjecte par sa condition à la maistrise du trouble, n'allant jamais qu'un pas forcé et emprunté? Si nostre jugement est en main à la maladie mesme et à la perturbation; si c'est de la folie et de la temerité qu'il est tenu de recevoir l'impression des choses; quelle seureté pouvons nous attendre de luy?

N'y a il point de hardiesse à la philosophie d'estimer, des hommes, qu'ils produisent leurs plus grands effects et plus approchants la divinité quand ils sont hors d'eulx, et furieux et insensés[2]? nous nous amendons par la priva-

(1) De même que l'on juge du calme de la mer, quand sa surface n'est agitée par aucun souffle de vent; ainsi l'on peut assurer que l'âme est tranquille quand nulle passion ne peut l'émouvoir. Cic., *Tusc.*, V, 6.
(2) Plat., *Phedrus*, p. 244. C.

tion de nostre raison et son assopissement; les deux voyes naturelles pour entrer au cabinet des dieux et y preveoir le cours des destinées sont la fureur et le sommeil[1] : cecy est plaisant à considerer; par la dislocation que les passions apportent à nostre raison, nous devenons vertueux; par son extirpation, que la fureur ou l'image de la mort apporte, nous devenons prophetes et devins. Jamais plus volontiers je ne l'en creus. C'est un pur enthousiasme que la saincte verité a inspiré en l'esprit philosophique, qui luy arrache, contre sa proposition, que l'estat tranquille de nostre ame, l'estat rassis, l'estat plus sain que la philosophie luy puisse acquerir n'est pas son meilleur estat : nostre veillée est plus endormie que le dormir; nostre sagesse moins sage que la folie; nos songes valent mieux que nos discours; la pire place que nous puissions prendre, c'est en nous. Mais pense elle[2] pas que nous ayons l'advisement de remarquer que la voix qui faict l'esprit, quand il est desprins de l'homme, si clairvoyant, si grand, si parfaict et, pendant qu'il est en l'homme, si terrestre, ignorant et tenebreux, c'est une voix partant de l'esprit qui est en l'homme terrestre, ignorant et tenebreux; et, à ceste cause, voix infiable et incroyable?

Je n'ay point grande experience de ces agitations vehementes, estant d'une complexion molle et poisante, desquelles la pluspart surprennent subitement nostre ame sans luy donner loisir de se recognoistre : mais ceste passion, qu'on dict estre producte par l'oysifveté au cœur des jeunes hommes, quoyqu'elle s'achemine avecques loysir et d'un progrès mesuré, elle represente bien evidemment, à ceulx qui ont essayé de s'opposer à son effort, la force de ceste conversion et alteration que nostre jugement souffre. J'ay aultrefoys entreprins de me tenir bandé pour la soustenir et rabattre; car il s'en fault tant que je sois de ceulx qui convient les vices, que je ne les suys pas seulement, s'ils ne m'entraisnent : je la sentois naistre, croistre et s'augmenter en despit de ma resistance; et enfin, tout voyant et vivant, me saisir et posseder de façon que, comme d'une yvresse, l'image des choses me commenceoit à paroistre aultre que de coustume; je veoyois evidemment grossir et croistre les advantages du subject que j'allois desirant et les sentois grandir et enfler par le vent de mon imagination; les difficultés de mon enterprinse s'ayser et se planir; mon discours et ma conscience se tirer arriere : mais, ce feu estant evaporé tout à un instant, comme de la clarté d'un esclair, mon ame reprendre une aultre sorte de veue, aultre estat et aultre jugement; les difficultés de la retraicte me sembler grandes et invincibles, et les mesmes choses de bien aultre goust et visage que la chaleur du desir ne me les avoit presentées; lequel plus veritablement? Pyrrho n'en sçait rien. Nous ne sommes jamais sans maladie : les fiebvres ont leur chauld et leur froid; des effects d'une passion ardente, nous retumbons aux effects d'une passion frileuse : autant que je m'estois jecté en avant je me relance d'autant en arriere :

Qualis ubi alterno procurrens gurgite pontus,
Nunc ruit ad terras, scopulosque superjacit undam
Spumeus, extremamque sinu perfundit arenam;
Nunc rapidus retro, atque œstu revoluta resorbens
Saxa, fugit, littusque vado labente relinquit[1].

Or de la cognoissance de ceste mienne volubilité, j'ay, par accident, engendré en moy quelque constance d'opinion, et n'ay gueres altéré les miennes premieres et naturelles : car, quelque apparence qu'il y ayt en la nouvelleté, je ne change pas ayséement, de peur que j'aye de perdre au change; et puisque je ne suis pas capable de choisir, je prends le choix d'aultruy, et me tiens en l'assiette où Dieu m'a mis : aultrement je ne me sçaurois garder de rouler sans cesse. Ainsi me suis je, par la grace de Dieu, conservé entier, sans agitation et trouble de conscience, aux anciennes creances de nostre religion, au travers de tant de sectes et de divisions que nostre siecle a producte. Les escripts des anciens, je dis les bons escripts, pleins et solides, me tentent et remuent quasi où ils veulent; celuy que j'ois me semble tousjours le plus roide; je les treuve avoir raison chascun à son tour, quoyqu'ils se contrarient : ceste aysance que les bons esprits ont de rendre ce qu'ils veulent vraysemblable, et qu'il

---

(1) Cic., *de Divinat.*, I, 57. C.
(2) *La philosophie.*

(1) Ainsi la mer, dans son double mouvement, tantôt s'élance vers la terre, inonde les rochers d'écume, et va couvrir la grève la plus éloignée; tantôt, retournant sur elle-même, entraîne dans son reflux rapide les pierres qu'elle avait apportées, et, abaissant ses eaux, laisse la plage à découvert.
Virg., *Enéid.*, XI, 624.

n'est rien si estrange à quoy ils n'entreprennent de donner assez de couleur pour tromper une simplicité pareille à la mienne, cela montre evidemment la foiblesse de leur preuve. Le ciel et les estoiles ont branslé trois mille ans; tout le monde l'avoit ainsi creu, jusques à ce que Cleanthes le Samien[1], ou, selon Theophraste, Nicetas Syracusien, s'advisa de maintenir que c'estoit la terre qui se mouvoit, par le cercle oblique du zodiaque tournant à l'entour de son aixieu; et, de nostre temps, Copernicus a si bien fondé ceste doctrine qu'il s'en sert très regléement à toutes les consequences astrologiennes: que prendrons nous de là, sinon qu'il ne nous doibt chaloir lequel ce soit des deux? et qui sçait qu'une tierce opinion, d'icy a mille ans, ne renverse les deux precedentes?

Sic volvenda ætas commutat tempora rerum :
Quod fuit in pretio, fit nullo denique honore;
Porro aliud succedit, et e contemptibus exit,
Inque dies magis appetitur, floretque repertum
Laudibus, et miro est mortales inter honore[2].

Ainsi, quand il se presente à nous quelque doctrine nouvelle, nous avons grande occasion de nous en desfier, et de considerer qu'avant qu'elle feust produicte sa contraire estoit en vogue; et, comme elle a esté renversée par ceste cy, il pourra naistre à l'advenir une tierce invention qui choquera de mesme la seconde. Avant que les principes qu'Aristote a introduicts[3] feussent en credit, d'aultres principes contentoient la raison humaine, comme ceulx cy nous contentent à ceste heure. Quelles lettres ont ceulx cy, quel privilege particulier, que le cours de nostre invention s'arreste à eulx et qu'à eulx appartienne pour tout le temps advenir la possession de nostre creance? ils ne sont non plus exempts du boutehors[4] qu'estoient leurs devanciers. Quand on me presse d'un nouvel argument, c'est à moy à estimer que ce à quoy je ne puis satisfaire, un aultre y satisfera: car de croire toutes les apparences desquelles nous ne pouvons nous desfaire, c'est une grande simplesse; il en adviendroit par là que tout le vulgaire, et nous sommes touts du vulgaire, auroit sa creance contournable comme une girouette; car son ame, estant molle et sans resistance, seroit forcée de recevoir sans cesse aultres et aultres impressions, la derniere effaceant tousjours la trace de la precedente. Celui qui se treuve foible, il doibt respondre, suyvant la practique, qu'il en parlera à son conseil, ou s'en rapporter aux plus sages desquels il a receu son apprentissage. Combien y a il que la medecine est au monde? On dict qu'un nouveau venu, qu'on nomme Paracelse[1], change et renverse tout l'ordre des regles anciennes, et maintient que jusques à ceste heure elle n'a servy qu'à faire mourir les hommes. Je crois qu'il verifiera ayséement cela: mais de mettre ma vie à la preuve de sa nouvelle experience, je treuve que ce ne seroit pas grand' sagesse. Il ne fault pas croire à chascun, dit le precepte, parce que chascun peult dire toutes choses. Un homme de ceste profession de nouvelletés et de reformations physiques me disoit, il n'y a pas longtemps, que touts les anciens s'estoient notoirement mescomptés en la nature et mouvements des vents, ce qu'il me feroit très evidemment toucher à la main, si je voulois l'entendre. Après que j'eus eu un peu de patience à ouïr ses arguments qui avoient tout plein de verisimilitude, « Comment doncques, lui feis je, ceulx qui navigeoient soubs les lois de Theophraste, alloient ils en occident, quand ils tiroient en levant? alloient ils à costé, ou à reculons? » « C'est la fortune, me respondit il: tant y a qu'ils se mescomptoient. » Je luy repliquay lors que j'aimois mieulx suyvre les effects que la raison. Or, ce sont choses qui se choquent souvent: et m'a l'on dict qu'en

---

(1) PLUT., *de la Face de la lune*, c. 4. Mais comme il n'y a point de Cléanthe Samien, et que cette opinion astronomique fut celle d'Aristarque de Samos, Coste propose avec raison d'adopter dans Plutarque la correction faite par Ménage, *ad Diog. Laert.*, VIII, 85. Il aurait dû remarquer aussi que les meilleurs interprètes de Cicéron, *Acad.*, II, 39, lisent *Hicetas* au lieu de *Nicetas.* J. V. L.

(2) Ainsi le temps change le prix des choses; ce qui fut estimé tombe dans le mépris; tandis que l'objet d'un long dédain s'élève, et est estimé à son tour: on le désire de plus en plus, on le vante, on l'admire; et il se place au premier rang dans l'opinion des hommes. Luc.; V, 1275.

(3) «De matière, forme et privation.» Éd. de 1588, fol. 240 verso.

(4) *D'être deboutés, jetés dehors, chassés*.

(1) Fameux alchimiste, né dans le canton de Schwitz en 1493. Appelé en 1526 à une chaire de l'université de Bâle, il commença par brûler publiquement les ouvrages d'Avicenne et de Galien, disant que les cordons de sa chaussure en savaient autant qu'eux. Il fut consulté par Erasme, et méprisé de presque tout le monde; il annonçait la pierre philosophale et il mourut à l'hôpital de Saltzbourg, en 1541. Le recueil volumineux de ses œuvres est un grimoire qu'on ne lit plus. J. V. L.

la geometrie (qui pense avoir gaigné le hault poinct de certitude parmy les sciences), il se treuve des demonstrations inevitables, subvertissant la verité de l'experience; comme Jacques Peletier[1] me disoit chez moy qu'il avoit trouvé deux lignes s'acheminant l'une vers l'aultre pour se joindre, qu'il verifioit toutesfois ne pouvoir jamais, jusques à l'infinité, arriver à se toucher[2]. Et les pyrrhoniens ne se servent de leurs arguments et de leur raison que pour ruyner l'apparence de l'experience; et est merveille jusques où la souplesse de nostre raison les a suyvis à ce desseing de combattre l'evidence des effects; car ils verifient que nous ne nous mouvons pas, que nous ne parlons pas, qu'il n'y a point de poisant ou de chauld, avecques une pareille force d'argumentations que nous verifions les choses plus vraysemblables. Ptolemeus, qui a esté un grand personnage, avoit estably les bornes de nostre monde; touts les philosophes anciens ont pensé en tenir la mesure, sauf quelques isles escartées qui pouvoient eschapper à leur cognoissance; c'eust esté pyrrhoniser, il y a mille ans, que de mettre en doubte la science de la cosmographie, et les opinions qui en estoient receues d'un chascun; c'estoit heresie d'advouer des antipodes; voylà de nostre siecle une grandeur infinie de terre ferme, non pas une isle ou une contrée particuliere, mais une partie eguale, à peu près en grandeur à celle que nous cognoissions, qui vient d'estre descouverte. Les geographes de ce temps ne faillent pas d'asseurer que meshuy tout est trouvé, et que tout est veu;

Nam quod adest præsto, placet, et pollere videtur[5].

Sçavoir mon[4] si Ptolemée s'y est trompé aultresfois, sur les fondements de sa raison, si ce ne seroit pas sottise de me fier maintenant à ce que ceulx cy en disent; et s'ils n'est plus vraysemblable que ce grand corps, que nous appelons le monde, est chose bien aultre que nous ne jugeons.

Platon[1] dict qu'il change de visage a touts sens; que le ciel, les estoiles et le soleil renversent par fois le mouvement que nous y veoyons, changeant l'orient en occident. Les presbtres ægyptiens dirent à Herodote[2], que depuis leur premier roy, de quoy il y avoit onze mille tant d'ans (et de touts leurs roys ils luy feirent veoir les effigies en statues tirées après le vif), le soleil avoit changé quatre fois de route; que la mer et la terre se changent alternatifvement l'une en l'aultre; que la naissance du monde est indeterminée: Aristote, Cicero, de mesme; et quelqu'un d'entre nous, qu'il est de toute eternité, mortel, et renaissant à plusieurs vicissitudes, appellant à tesmoing Salomon et Esaïe; pour eviter ces oppositions, que Dieu a esté quelquesfois createur sans creature; qu'il a esté oysif; qu'il s'est desdict de son oysifveté, mettant la main à cest ouvrage; et qu'il est par consequent subject aux changements. En la plus fameuse des escholes grecques[3], le monde est tenu pour un dieu, faict par un aultre dieu plus grand, et est composé d'un corps, et d'un' ame qui loge en son centre, s'espandant, par nombres de musique, à sa circonference; divin, très heureux, très grand, très sage, eternel; en luy sont d'aultres dieux, la terre, la mer, les astres, qui s'entretiennent d'une harmonieuse et perpetuelle agitation et danse divine, tantost se rencontrants, tantost s'esloingnants; se cachants, montrants; changeants de reng, ores d'avant, et ores derriere. Heraclitus[4] establissoit le monde estre composé par feu; et, par l'ordre des destinées, se debvoir enflammer et resouldre en feu quelque jour, et quelque jour encores renaistre. Et des hommes dict Apuleius: *Sigillatim mortales, cunctim perpetui*[5]. Alexandre[6] escri-

---

(1) Jacques Peletier, mathématicien, poëte et grammairien, naquit au Mans en 1517, et mourut à Paris en 1582. Il mérita de son temps quelque célébrité, et fut lié aussi avec Théodore de Bèze, Ronsard, Saint-Gelais, Fernel, etc. J. V. L.

(2) C'est l'hyperbole et les lignes droites, qui, ne pouvant arriver à se joindre à elle, ont été, pour cela même, nommées *asymptotes*. Voy. les *Coniques d'Apollonius*, liv. II, propos. 1, et la propos. 14, où cet ancien mathématicien a démontré que les asymptotes et l'hyperbole ne peuvent jamais venir à se toucher, quoiqu'elles s'approchent l'une de l'autre à l'infini.

(3) Car on se plaît dans ce qu'on a, et on le croit préférable à tout le reste. LUCR., V, 1411.

(4) C'est-à-dire, *il reste présentement à savoir*.

---

(1) Dans le dialogue intitulé, le *Politique*, p. 269. C.

(2) Hén., II, 142, 143, etc. J. V. L.

(3) Celle de Platon. Voyez le *Timée*. J. V. L.

(4) DIOG. LAERCE, IX, 8, C.

(5) Comme individus ils sont mortels, comme espèce immortels. APUL., *de Deo Socratis*.

(6) Sur cette lettre d'Alexandre, aujourd'hui perdue, on peut consulter saint Augustin, *de Civ. Dei*, VIII, 5; XII, 10; *de Consensu evangelist.*, I, 23; saint Cyprien, *de Vanit. idol.*, c. 21; Minucius Félix, *Octav.*, c. 21; J. A. Fabricius, *Biblioth. Græc.*, II, 10, 17. Le prêtre égyptien dont il était parlé dans

vit à sa mere la narration d'un presbtre ægyptien, tirée de leurs monuments, tesmoignant l'antiquité de ceste nation, infinie, et comprenant la naissance et progrès des aultres pays au vray. Cicero et Diodorus [1] disent, de leur temps, que les Chaldéens tenoient registre de quatre cents mille tant d'ans; Aristote, Pline [2], et aultres, que Zoroastre vivoit six mille ans avant l'aage de Platon. Platon dict [3] que ceulx de la ville de Saïs ont des memoires par escript de huict mille ans, et que la ville d'Athenes feut bastie mille ans avant ladicte ville de Saïs; Epicurus, qu'en mesme temps que les choses sont icy, comme nous les veoyons, elles sont toutes pareilles et en mesme façon en plusieurs aultres mondes; ce qu'il eust dict plus asseuréement s'il eust veu les similitudes et convenances de ce nouveau monde des Indes occidentales avecques le nostre present et passé, en de si estranges exemples.

En verité, considerant ce qui est venu à nostre science du cours de ceste police terrestre, je me suis souvent esmerveillé de veoir, en une très grande distance de lieux et de temps, les rencontres d'un si grand nombre d'opinions populaires, monstrueuses, et des mœurs et creances sauvages, et qui par aulcun biais ne semblent tenir à nostre naturel discours. C'est un grand ouvrier de miracles que l'esprit humain! Mais ceste relation a je ne sçais quoy encores de plus heteroclite: elle se treuve aussi en noms, en accidents et en mille aultres choses: car on y trouva des nations n'ayants, que nous sçachions, jamais ouï nouvelles de nous; où la circoncision estoit en credit [4]; où il y avoit des estats et grandes polices maintenues par des femmes, sans hommes; où nos jeusnes et nostre caresme estoit representé, y adjoustant l'abstinence des femmes: où nos croix estoient en diverses façons en credit; icy on en honoroit les sepultures; on les appliquoit là, et nomméement celle de sainct André, à se deffendre des visions nocturnes, et à les mettre sur les couches des enfants contre les enchantements; ailleurs, ils en rencontrerent une de bois, de grande haulteur, adorée pour dieu de la pluye, et celle là bien fort avant dans la terre ferme : on y trouva une bien expresse image de nos penitenciers; l'usage des mitres, le cœlibat des presbtres, l'art de deviner par les entrailles des animaulx sacrifiés, l'abstinence de toutes sorte de chair et poisson à leur vivre; la façon aux presbtres d'user, en officiant, de langue particuliere et non vulgaire; et ceste fantaisie, que le premier dieu feust chassé par un second, son frere puisné: qu'ils feurent créés avecques toutes commodités, lesquelles on leur a depuis retrenchées pour leur peché, changé leur territoire et empiré leur condition naturelle; qu'aultresfois ils ont esté submergés par l'inondation des eaux celestes; qu'il ne s'en sauva que peu de familles, qui se jecterent dans les haults creux des montaignes, lesquels creux ils boucherent, si que l'eau n'y entra point, ayant enfermé là dedans plusieurs sortes d'animaulx; que, quand ils sentirent la pluye cesser, ils meirent hors des chiens, lesquels estants revenus nets et mouillés, ils jugerent l'eau n'estre encore gueres abbaissée; depuis, en ayant faict sortir d'aultres, et les voyant revenir bourbeux, ils sortirent repeupler le monde, qu'ils trouverent plein seulement de serpents: on rencontra, en quelque endroict, la persuasion du jour du jugement, si qu'ils s'offensoient merveilleusement contre les Espaignols, qui espandoient les os des trespassés en fouillant les richesses des sepultures, disants que ces os ecartés ne se pourroient facilement rejoindre; la traficque par eschange, et non aultre; foires et marchés pour cest effect; des nains et personnes difformes pour l'ornement des tables des princes; l'usage de la faulconnerie selon la nature de leurs oyseaux; subsides tyranniques; délicatesses de jardinages; danses, saults bastelerésques, musique d'instruments, armoiries; jeux de paulme, jeu de dés et de sort auquel ils s'eschauffent souvent jusqu'à s'y jouer eulx mesmes et leur liberté; medecine non aultre que de **charmes; la forme d'escrire par figures; creance**

---

cette lettre se nommait Léon. Le savant Jablonsky, *Prolegom. ad. Panth. Ægypt.*, 15, 16, croit que la lettre même était un ouvrage apocryphe des premiers chrétiens. J. V. L.

(1) Cic., *de Divinat.*, I, 19; Diod., II, 31. C.

(2) *Hist. Hist.*, XXX, 1. C.

(3) Dans son *Timée*, p. 524. C.

(4) Montaigne entasse ici tous ces rapports, tels qu'il les a trouvés dans certaines relations, sans se mettre en peine d'examiner s'ils sont réels, ou uniquement fondés sur l'ignorance et la prévention des Espagnols. On peut voir encore ces prétendus rapports, détaillés à peu près de la même manière que Montaigne nous les donne ici, dans l'*Histoire de la Conquête du Mexique*, écrite par Antonio Solis; dans l'*Histoire des Guerres civiles des Espagnols en Amérique*, extraite du *Commentaire royal* de l'Inca Garcilasso de la Vega. C.

d'un seul premier homme père de touts les peuples; adoration d'un Dieu qui vesquit aultrefois homme en parfaicte virginité, jeusne et penitence, preschant la loy de nature et des cerimonies de la religion, et qui disparut du monde sans mort naturelle; l'opinion des geants; l'usage de s'enyvrer de leurs bruvages et de boire d'autant; ornements religieux peincts d'ossements et testes de morts, surplis, eau benecite, aspergés; femmes et serviteurs, qui se presentent à l'envy à se brusler et enterrer avecques le mary ou maistre trespassé; loy que les aisnés succedent à tout le bien, et n'est reservé aulcune part au puisné, que d'obeïssance; coustume, à la promotion de certain office de grande auctorité, que celuy qui est promeu prend un nouveau nom et quitte le sien; de verser de la chaulx sur le genouil de l'enfant freschement nay, en luy disant : « Tu es venu de pouldre et retourneras en pouldre; » l'art des augures. Ces vains umbrages de nostre religion, qui se voyent en aulcuns de ces exemples, en tesmoignent la dignité et la divinité : non seulement elle s'est aulcunement insinuée en toutes les nations infidelles de deçà par quelque imitation, mais à ces barbares aussi comme par une commune et supernaturelle inspiration; car on y trouva aussi la creance du purgatoire, mais d'une forme nouvelle; ce que nous donnons au feu, ils le donnent au froid, et imaginent les ames et purgées et punies par la rigueur d'une extreme froidure; et m'advertit cet exemple d'une aultre plaisante diversité; car, comme il s'y trouva des peuples qui aimoient à deffubler le bout de leur membre, et en retranchoient la peau à la mahumetane et à la juifve, il s'y en trouva d'aultres qui faisoient si grande conscience de le deffubler qu'à tout des petits cordons ils portoient leur peau bien soigneusement estirée et attachée au dessus, de peur que ce bout ne veist l'air; et de ceste diversité aussi, que, comme nous honorons les roys et les festes en nous parant des plus honnestes vestements que nous ayons, en aulcunes regions, pour montrer toute disparité et soubmission à leur roy, les subjects se presentoient à luy en leurs plus vils habillements, et entrants au palais prennent quelque vieille robe deschirée sur la leur bonne, à ce que tout le lustre et l'ornement soit au maistre. Mais suyvons.

Si nature enserre dans les termes de son progrès ordinaire, comme toutes aultres choses, aussi les creances, les jugements et opinions des hommes; si elles ont leur revolution, leur saison, leur naissance, leur mort, comme les choulx; si le ciel les agite et les roule à sa poste. Quelle magistrale auctorité et permanente leur allons nous attribuant? Si par experience nous touchons à la main[1] que la forme de nostre estre despend de l'air, du climat et du terroir où nous naissons, non seulement le teinct, la taille, la complexion et les contenances, mais encore les facultés de l'ame : *Et plaga cœli non solum ad robur corporum, sed etiam animorum facit*[2], dict Vegece; et que la déesse fondatrice de la ville d'Athenes choisit, à la situer, une temperature de païs qui feist les hommes prudents, comme les presbtres d'Ægypte apprindrent à Solon[3] : *Athenis tenue cœlum; ex quo etiam acutiores putantur Attici : crassum Thebis; itaque pingues Thebani, et valentes*[4]; en maniere que, ainsi que les fruicts naissent divers et les animaulx, les hommes naissent aussi plus et moins belliqueux, justes, temperants et dociles; icy subjects au vin, ailleurs au larrecin ou à la paillardise; icy enclins à la superstition, ailleurs à la mescreance; icy à la liberté, icy à la servitude; capables d'une science ou d'un art, grossiers ou ingenieux, obeïssants ou rebelles, bons ou mauvais, selon que porte l'inclination du lieu où ils sont assis; et prennent nouvelle complexion si on les change de place comme les arbres, qui feust la raison pour laquelle Cyrus ne voulut accorder aux Perses d'abandonner leur païs, aspre et bossu, pour se transporter en un aultre doulx et plain, disant[5] que les terres grasses et molles font les hommes mols, et les fertiles les esprits infertiles. Si nous veoyons tantost fleurir un art, une creance, tantost une aultre, par quelque influence celeste; tel siecle produire telles natures, et in-

---

(1) *Nous maintenons.*

(2) Le climat ne contribue pas seulement à la vigueur du corps, mais aussi à celle de l'esprit. Vég., I, 2.

(3) Platon, *Timée*. Voyez les *Pensées de Platon*, page 394. J. V. L.

(4) L'air d'Athènes est subtil, et l'on croit que c'est ce qui donne aux Athéniens tant de finesse : à Thèbes, l'air est épais; aussi les Thébains ont-ils plus de vigueur que d'esprit. Cic., *de Fato*, c. 4.

(5) Hér., IX, 121. J. V. L.

cliner l'humain genre à tel ou tel ply; les esprits des hommes tantost gaillards, tantost maigres, comme nos champs, que deviennent toutes ces belles prerogatives de quoy nous nous allons flattants? Puisqu'un homme sage se peult mescompter, et cent hommes et plusieurs nations, voire et l'humaine nature selon nous se mescompte plusieurs siecles en cecy ou en cela, quelle seureté avons nous que parfois elle cesse de se mescompter, et qu'en ce siecle elle ne soit en mescompte?

Il me semble, entre aultres tesmoignages de nostre imbecillité, que celuy cy ne merite pas d'estre oublié, que, par desir mesme, l'homme ne sçache trouver ce qu'il luy fault; que, non par jouïssance, mais par imagination et par souhait, nous ne puissions estre d'accord de ce de quoy nous avons besoing pour nous contenter. Laissons à nostre pensée tailler et coudre à son plaisir; elle ne pourra pas seulement desirer ce qui luy est propre, et se satisfaire:

Quid enim ratione timemus,
Aut cupimus? quid tam dextro pede concipis, ut te,
Conatus non pœniteat, votique peracti [1] *?*

C'est pourquoy Socrates ne requeroit les dieux sinon de luy donner ce qu'ils sçavoient lui estre salutaire: et la priere des Lacedemoniens [2], publicque et privée, portoit simplement, les choses bonnes et belles leur estre octroyées, remettant à la discretion de la puissance supresme le triage et chois d'icelles:

Conjugium petimus, partumque uxoris; at illis
Notum, qui pueri, qualisque futura sit uxor? [3] :

et le chrestien supplie Dieu « Que sa volonté soit faicte, » pour ne tumber en l'inconvenient que les poëtes feignent du roy Midas. Il requit les dieux que tout ce qu'il toucheroit se convertist en or: sa priere feut exaucée; son vin feut or, son pain or et la plume de sa couche, et d'or sa chemise et son vestement; de façon qu'il se trouva accablé soubs la jouïssance de son desir, et estrené d'une insupportable commodité: il luy falut desprier ses prieres.

Attonitus novitate mali, divesque, miserque,
Effugere optat opes, et, quæ modo voverat, odit [1].

Disons de moy mesme: Je demandois à la fortune, aultant qu'aultre chose, l'ordre Sainct Michel, estant jeune; car c'estoit lors l'extreme marque d'honneur de la noblesse françoise, et très rare. Elle me l'a plaisamment accordé: au lieu de me monter et haulser de ma place pour y aveindre, elle m'a bien plus gracieusement traicté, elle l'a ravallé et rabaissé jusques à mes espaules et au dessoubs. Cleobis et Biton [2], Trophonius et Agamedes [3], ayant requis, ceulx là leur deesse, ceulx cy leur dieu, d'une recompense digne de leur pieté, eurent la mort pour present: tant les opinions celestes sur ce qu'il nous fault sont diverses aux nostres! Dieu pourroit nous octroyer les richesses, les honneurs, la vie et la santé mesme, quelquefois à nostre dommage; car tout ce qui nous est plaisant ne nous est pas tousjours salutaire. Si, au lieu de la guarison, il nous envoye la mort ou l'empirement de nos maux; *Virga tua et baculus tuus ipsa me consolata sunt* [4], il le faict par les raisons de sa providence, qui regarde bien plus certainement ce qui nous est deu que nous ne pouvons faire; et le debvons prendre en bonne part, comme d'une main très sage et très amie;

Si consilium vis!
Permittes ipsis expendere numinibus, quid
Conveniat nobis, rebusque sit utile nostris...
Carior est illis homo quam sibi [5];

car de les requerir des honneurs, des charges, c'est les requerir qu'ils vous jectent à une bataille, ou au jeu des dés, ou de telle aultre chose de laquelle l'yssue vous est incogneue et le fruict doubteux.

Il n'est point de combat si violent entre les philosophes, et si aspre, que celuy qui se dresse sur la question du souverain bien de l'homme; duquel, par le calcul de Varro [6], nasquirent deux cents quatre vingt huict sectes. *Qui au-*

---

(1) Est-ce la raison qui règle nos craintes et nos désirs? Qui jamais conçut un projet sous des auspices assez favorables pour ne s'être pas repenti de l'entreprise, et même du succès? Juv., *Sat.*, X, 4.

(2) Plat., *second Alcibiade*, p. 42. C.

(3) Nous voulons une épouse, et la voulons féconde; mais ce sont les dieux qui savent quelle sera la mère, quels seront les enfants. Juv., *Sat.*, X, 352.

(1) Etonné d'un mal si nouveau, riche et indigent à la fois, il voudrait échapper à ses richesses et déteste ses vœux imprudents. Ovide, *Métam.*, XI, 128.

(2) Hérod., I, 31. J. V. L.

(3) Plut., *Consolation à Apollonius*, c. 14. C.

(4) Ta verge et ton bâton m'ont consolé. *Psalm.*, XXII, 4.

(5) Croyez-moi, laissons faire aux dieux; ils savent ce qui nous convient, ce qui peut nous être utile; l'homme leur est plus cher qu'il ne l'est à lui-même. Juv., *Sat.*, X, 346.

(6) S. Augustin, *de Civit. Dei*, XIX, 2.

tem de summo bono dissentit, de tota philosophiæ ratione disputat[1].

Tres mihi conviviæ prope dissentire videntur,
Poscentes vario multum diversa palato:
Quid dem? quid non dem? Renuis tu quod jubet alter;
Quod petis, id sane est invisum acidumque duobus[2]:

nature debvroit ainsi respondre à leurs contestations et à leurs debats. Les uns disent nostre bienestre loger en la vertu; d'aultres, en la volupté; d'aultres, au consentir à nature; qui en la science, qui à n'avoir point de douleur, qui à ne se laisser emporter aux apparences; et à ceste fantasie semble retirer cest' aultre de l'ancien Pythagoras,

Nil admirari, prope res est una, Numici,
Solaque, quæ possit facere et servare beatum[3],

qui est la fin de la secte pyrrhonienne: Aristote[4] attribue à magnanimité n'admirer rien: et, disoit Arcesilaüs[5], les soustenements et l'estat droict et inflexible du jugement estre les biens, mais les consentements et applications estre les vices et les maulx; il est vray qu'en ce qu'il l'establissoit par axiome certain, il se despartoit du pyrrhonisme: les pyrrhoniens, quand ils disent que le souverain bien c'est l'*ataraxie*[6], qui est l'immobilité du jugement, ils ne l'entendent pas dire d'une façon affirmative; mais le mesme branslede leur ame, qui leur faict fuyr les precipices, et se mettre à couvert du serein, celuy là mesme leur presente ceste fantasie, et leur en faict refuser une aultre.

Combien je desire que, pendant que je vis, ou quelque aultre, ou Justus Lipsius[7], le plus sçavant homme qui nous reste, d'un esprit très poly et judicieux, vrayement germain à mon Turnebus, eust et la volonté, et la santé, et assez de repos pour ramasser en un registre, selon leurs divisions et leurs classes, sincerement et curieusement autant que nous y pouvons veoir, les opinions de l'ancienne philosophie sur le suject de nostre estre et de nos mœurs, leurs controverses, le credit et suitte des parts, l'application de la vie des aucteurs et sectateurs à leurs preceptes ès accidents memorables et exemplaires: le bel ouvrage et utile que ce seroit!

Au demourant, si c'est de nous que nous tirons le reglement de nos mœurs, à quelle confusion nous rejectons nous? car ce que nostre raison nous y conseille de plus vraysemblable, c'est generalement à chascun d'obeir aux lois de son païs, comme porte l'advis de Socrates, inspiré, dict il, d'un conseil divin; et par là que veult elle dire, sinon que nostre debvoir n'a aultre regle que fortuite? La verité doibt avoir un visage pareil et universel: la droicture et la justice, si l'homme en cognoissoit qui eust corps et veritable essence, il ne l'attacheroit pas à la condition des coustumes de ceste contrée, ou de celle là; ce ne seroit pas de la fantasie des Perses ou des Indes que la vertu prendroit sa forme. Il n'est rien subject à plus continuelle agitation que les loix: depuis que je suis nay, j'ay veu trois et quatre fois rechanger celles des Anglois nos voisins; non seulement en subject politique, qui est celuy qu'on veult dispenser de constance, mais au plus important subject qui puisse estre, à sçavoir de la religion[1]: de quoy j'ay honte et despit, d'autant plus que c'est une nation à laquelle ceulx de mon quartier ont eu aultrefois une si privée accointance qu'il reste encores en ma maison aulcunes traces de nostre ancien cousinage: et chez nous icy, j'ay veu telle chose qui nous estoit capitale devenir legitime; et nous, qui en tenons d'aultres, sommes à mesme, selon l'incertitude de la fortune guerriere, d'estre un jour criminels de leze majesté humaine et divine, nostre justice tumbant à la mercy de l'injustice, et, en l'espace de peu d'années de possession, prenant une essence contraire.

---

(1) Or, dès qu'on ne s'accorde pas sur le souverain bien, on diffère d'opinion sur toute la philosophie. Cic., *de Finib.*, V, 5.

(2) Il me semble voir trois convives de goûts différents: que leur donnerai-je? que ne leur donnerai-je pas? Vous refusez ce qu'un autre demande, et ce que vous voulez déplait aux deux autres. Hor., *Epist.*, II, 2, 61.

(3) Ne rien admirer, Numicius, c'est presque le seul moyen d'assurer son bonheur. Hor., *Epist.*, I, 6, 1.

(4) *Morale à Nicomaque*, IV, 3, p. 72, éd. de M. Coray. J. V. L.

(5) Sextus Empir., *Pyrrh. Hypot.*, I, 33. C.

(6) *Tranquillité parfaite.*

(7) Juste Lipse, savant Belge, qui fut en commerce de lettres avec Montaigne, a rempli du moins une partie de ce vœu dans son grand ouvrage sur le stoïcisme, *Manuductio ad stoicam philosophiam*. Ce travail ne parut qu'en 1604, douze ans après la mort de Montaigne; et il est probable qu'il l'aurait peu satisfait. J. V. L.

(1) En effet, de 1534 à 1558, Montaigne avait pu voir les Anglais, ou plutôt la cour d'Angleterre, changer quatre fois de religion. J. V. L.

Comment pouvoit ce dieu ancien[1] plus clairement accuser en l'humaine cognoissance l'ignorance de l'estre divin, et apprendre aux hommes que leur religion n'estoit qu'une piece de leur invention propre à lier leur societé, qu'en declarant, comme il feit à ceulx qui en recherchoient l'instruction de son trepied, que le vray culte à chascun estoit celuy qu'il trouvoit observé par l'usage du lieu où il estoit? O Dieu! quelle obligation n'avons nous à la benignité de nostre souverain Créateur, pour avoir desniaisé nostre creance de ces vagabondes et arbitraires devotions, et l'avoir logée sur l'eternelle base de sa saincte parole! Que nous dira doncques en ceste necessité la philosophie? « Que nous suyvions les loix de nostre païs : » c'est à dire ceste mer flottante des opinions d'un peuple ou d'un prince, qui me peindront la justice d'autant de couleurs, et la reformeront en autant de visages qu'il y aura en eulx de changements de passion : je ne puis pas avoir le jugement si flexible. Quelle bonté est ce que je veoyois hier en credit, et demain ne l'estre plus; et que le traject d'une riviere faict crime? Quelle verité est ce que ces montaignes bornent, mensonge au monde qui se tient au delà[2]?

Mais ils sont plaisants, quand, pour donner quelque certitude aux loix, ils disent qu'il y en a aulcunes fermes, perpetuelles et immuables, qu'ils nomment naturelles, qui sont empreintes en l'humain genre par la condition de leur propre essence; et de celles là, qui en fait le nombre de trois, qui de quatre, qui plus, qui moins : signe que c'est une marque aussi doubteuse que le reste. Or, ils sont si desfortunés (car comment puis je nommer cela, sinon desfortune, que d'un nombre de loix si infiny il ne s'en rencontre pas au moins une que la fortune et temerité du sort ayt permis estre universellement receue par le consentement de toutes les nations?), ils sont, dis je, si miserables, que, de ces trois ou quatre loix choisies, il n'en y a une seule qui ne soit contredicte et desadvouée, non par une nation, mais par plusieurs. Or, c'est la seule enseigne vraysemblable par laquelle ils puissent argumenter aulcunes loix naturelles, que l'université de l'approbation : car ce que nature nous auroit veritablement ordonné, nous l'ensuyvrions sans doubte d'un commun consentement; et non seulement toute nation, mais tout homme particulier, ressentiroit la force et la violence que luy feroit celuy qui le vouldroit poulser au contraire de ceste loy. Qu'ils m'en montrent, pour veoir, une de ceste condition. Protagoras et Ariston ne donnoient aultre essence à la justice des loix que l'auctorité et opinion du legislateur; et que, cela mis à part, le bon et l'honneste perdoient leurs qualités, et demeuroient des noms vains de choses indifferentes : Thrasymachus, en Platon[1], estime qu'il n'y a point d'aultre droict que la commodité du superieur. Il n'est chose en quoy le monde soit si divers qu'en coustumes et loix : telle chose est icy abominable, qui apporte recommendation ailleurs, comme en Lacedemone la subtilité de desrobber; les mariages entre les proches sont capitalement deffendus entre nous, ils sont ailleurs en honneur :

*Gentes esse feruntur,
In quibus et nato genitrix, et nata parenti
Jungitur, et pietas geminato crescit amore*[2];

le meurtre des enfants, meurtre des peres, communication de femmes, traficque de voleries, licence à toutes sortes de voluptés, il n'est rien en somme si extreme qui ne se treuve receu par l'usage de quelque nation.

Il est croyable qu'il y a des loix naturelles, comme il se veoid ès aultres creatures; mais en nous elles sont perdues, ceste belle raison humaine s'ingerant par tout de maistriser et commander, brouillant et confondant le visage des choses, selon sa vanité et inconstance: *Nihil itaque amplius nostrum est; quod nostrum dico artis est*[3]. Les subjects ont divers lustres et diverses considerations; c'est de là que s'engendre principalement la diversité d'opinions : une nation regarde un subject par un visage, et s'arreste à celuy là; l'aultre par un aultre.

---

[1] Ce dieu, c'est Apollon. *Voyez* Xenophon, *Mémoires sur Socrate*, I, 3, 1.

[2] « Plaisante justice qu'une riviere ou une montagne borne! Vérité au-deçà des Pyrénées, erreur au-delà. » *Pensées de* Pascal.

[1] *De la Republ.*, I, p. 338. C.

[2] Il est, dit-on, des peuples où la mère s'unit à son fils, la fille à son père, et où l'amour resserre les liens sacrés de la nature. Ov., X, 331.

[3] Il ne reste plus rien qui soit véritablement nôtre : ce que j'appelle nôtre n'est qu'une production de l'art.

Il n'est rien si horrible à imaginer que de manger son pere : les peuples qui avoient anciennement ceste coustume[1] la prenoient toutesfois pour tesmoignage de pieté et de bonne affection, cherchants par là à donner à leurs progeniteurs la plus digne et honorable sepulture ; logeants en eulx mesmes et comme en leurs moelles les corps de leurs peres et leurs reliques ; les vivifiant aulcunement et regenerants par la transmutation en leur chair vifve, au moyen de la digestion et du nourrissement : il est aysé à considerer quelle cruauté et abomination c'eust esté à des hommes abruvés et imbus de ceste superstition de jecter la despouille des parents à la corruption de la terre, et nourriture des bestes et des vers.

Lycurgus considera au larrecin la vivacité, diligence, hardiesse et adresse qu'il y a à surprendre quelque chose de son voisin, et l'utilité qui revient au public que chascun en regarde plus curieusement à la conservation de ce qui est sien ; et estima que de ceste double institution à assaillir et à deffendre il s'en tiroit du fruict à la discipline militaire (qui estoit la principale science et vertu à quoy il vouloit duire ceste nation) de plus grande consideration que n'estoit le desordre et l'injustice de se prevaloir de la chose d'aultruy.

Dionysius le tyran offrit à Platon une robbe à la mode de Perse, longue, damasquinée et parfumée ; Platon la refusa, disant qu'estant nay homme il ne se vestiroit pas volontiers de robbe de femme : mais Aristippus l'accepta, avecques ceste response : « Que nul accoustrement ne pouvoit corrompre un chaste courage[2]. » Ses amis tansoient sa lascheté de prendre si peu à cœur que Dionysius luy eust craché au visage : « Les pescheurs, dict il, souffrent bien d'estre baignés des ondes de la mer, depuis la teste jusqu'aux pieds, pour attraper un goujon[3]. » Diogenes lavoit ses choulx, et le voyant passer : « Si tu sçavois vivre de choulx, tu ne ferois pas la cour à un tyran ; » à quoy Aristippus : « Si tu sçavois vivre entre les hommes, tu ne laverois pas des choulx[4]. » Voilà comment la raison fournit d'apparences à divers effects : c'est un pot à deux anses, qu'on peult saisir à gauche et à dextre :

Bellum, o terra hospita, portas :
Bello armantur equi ; bellum hæc armenta minantur.
Sed tamen idem olim curru succedere sueti
Quadrupedes, et frena jugo concordia ferre.
Spes est pacis[1].

On preschoit Solon de n'espandre pour la mort de son fils des larmes impuissantes et inutiles : « Et c'est pour cela, dict il, que plus justement je les espands, qu'elles sont inutiles et impuissantes[2]. » La femme de Socrates rengregeoit son dueil par telle circonstance : Oh ! qu'injustement le font mourir ces meschants juges ? « Aimerois tu doncques mieulx que ce feust justement ? » luy repliqua il[3]. Nous portons les aureilles percées ; les Grecs tenoient cela pour une marque de servitude[4]. Nous nous cachons pour jouir de nos femmes ; les Indiens le font en public[5]. Les Scythes immoloient les estrangiers en leurs temples ; ailleurs les temples servent de franchise[6].

Inde furor vulgi, quod numina vicinorum
Odit quisque locus, quum solos credat habendos
Esse deos, quos ipse colit[7].

J'ay ouï parler d'un juge, lequel, où il rencontroit un aspre conflict entre Bartolus et Baldus[8], et quelque matiere agitée de plusieurs contrarietés, mettoit en marge de son livre, « Question pour l'amy : » c'est à dire que la verité estoit si embrouillée et debattue qu'en pareille cause il pourroit favoriser celle des parties que bon luy sembleroit. Il ne tenoit qu'à

---

(1) Sextus Empir., *Pyrr. Hypot.*, III, 14. C.
(2) Diog. Laerce, II, 78. C.
(3) Id., II, 67. C.
(4) Id., II, 68 ; Hor., *Epist.*, I, 17, 1. C.
Montaigne.

(1) Est-ce donc la guerre que tu nous apportes, ô rive hospitalière ? c'est pour la guerre qu'on arme les coursiers ; c'est la guerre que nous présagent ces fiers animaux. Mais quelquefois aussi on les attèle à un char, et le frein les habitue à marcher ensemble sous le même joug : j'espère encore la paix. Virg., *Énéide*, III, 539.
(2) Diog. Laerce, I, 63. C.
(3) Id., II, 35. C.
(4) Sext. Empir., *Pyrrh. Hypotyp.*, III, 24 ; Plut., *Vie de Cicéron*, c. 26 ; Juv., I, 105, etc. J. V. L.
(5) Sext. Empir., *ibid.*, I, 14 ; III, 24. C.
(6) Id., *ibid.*
(7) Il règne entre certains peuples une haine furieuse, parce que les uns adorent des dieux que les autres détestent, car chacun pense qu'il n'y a de dieux que les siens. Juv., XV, 37.
(8) Deux célèbres jurisconsultes du quatorzième siècle, qui tous deux *se débordèrent en torrent*, dit Pasquier, *en l'explication du droit*. Le premier naquit à Sasso-Ferrato, ville d'Ombrie ; le second, qui fut disciple de Bartole, était de Pérouse. J. V. L.

faulte d'esprit et de suffisance, qu'il ne peust mestre partout, « Question pour l'amy : » les advocats et les juges de nostre temps treuvent à toutes causes assez de biais pour les accommoder où bon leur semble. A une science si infinie, despendant de l'auctorité de tant d'opinions, et d'un subject si arbitraire, il ne peult estre qu'il n'en naisse une confusion extreme de jugements : aussi n'est il gueres si clair procès auquel les advis ne se treuvent divers : ce qu'une compaignie a jugé, l'aultre le juge au contraire, et elle mesme au contraire une aultre fois. De quoy nous veoyons des exemples ordinaires, par ceste licence, qui tache merveilleusement la cerimonieuse auctorité et lustre de nostre justice, de ne s'arrester aux arrests et courir des uns aux aultres juges pour decider d'une mesme cause.

Quant à la liberté des opinions philosophiques touchant le vice et la vertu, c'est chose où il n'est besoing de s'estendre et où il se treuve plusieurs advis qui valent mieulx teus que publiés aux foibles esprits. Arcesilaus disoit[1] n'estre considerable en la paillardise de quel costé et par où on le feust : *Et obscœnas voluptates, si natura requirit, non genere, aut loco, aut ordine, sed forma, ætate, figura, metiendas Epicurus putat.... Ne amores quidem sanctos a sapiente alienos esse arbitrantur.... Quœramus, ad quam usque œtatem juvenes amandi sint*[2]. Ces deux derniers lieux stoïques, et, sur ce propos, le reproche de Dicæarchus à Platon mesme[3], montrent combien la plus saine philosophie souffre de licences esloignées de l'usage commun, et excessifves.

Les loix prennent leur auctorité de la possession et de l'usage; il est dangereux de les ramener à leur naissance : elles grossissent et s'annoblissent en roulant, comme nos rivieres; suyvez les contremont jusques à leur source, ce n'est qu'un petit sourgeon d'eau à peine recognoissable, qui s'enorgueillit ainsin et se fortifie en vieillissant. Veoyez les anciennes considerations qui ont donné le premier bransle à ce fameux torrent, plein de dignité, d'horreur et de reverence; vous les trouverez si legieres et si delicates que ces gents icy, qui poisent tout et le ramenent à la raison, et qui ne receoivent rien par auctorité et à credit, il n'est pas merveille s'ils ont leurs jugements souvent très esloingnés des jugements publicques. Gents qui prennent pour patron l'image premiere de nature, il n'est pas merveille si, en la pluspart de leurs opinions, ils gauchissent la voye commune, comme pour exemple peu d'entre eulx eussent approuvé les conditions contrainctes de nos mariages; et la pluspart ont voulu les femmes communes et sans obligation : ils refusoient nos cerimonies; Chrysippus disoit[1] qu'un philosophe fera une douzaine de culebuttes en public, voire sans hault de chausses, pour une douzaine d'olives; à peine eust il donné advis à Clisthenes de refuser la belle Agariste, sa fille, à Hippoclides[2], pour luy avoir veu faire l'arbre fourché sur une table. Metrocles lascha un peu indiscretement un pet, en disputant, en presence de son eschole, et se tenoit en sa maison caché de honte, jusques à ce que Cratès le feut visiter, et adjoustant à ses consolations et raisons l'exemple de sa liberté, se mettant à peter à l'envy avecques luy, il luy osta ce scrupule, et, de plus, le retira à sa secte stoïque, plus franche, de la secte peripatetique plus civile, laquelle jusques lors il avoit suyvi[3]. Ce que nous appellons honnesteté, de n'oser faire à descouvert ce qui nous est honneste de faire à couvert, ils l'appelloient sottise ; et de faire le fin à taire et desadvouer ce que nature, coustume et nostre desir publient et proclament de nos actions, ils l'estimoient vice : et leur sembloit que c'estoit affoler[4] les mysteres de Venus que de les exposer à la veue du peuple : et que tirer ses jeux hors du rideau, c'estoit les avilir : c'est chose de poids que la honte, la recelation, reservation, circonscription, parties de l'estimation : que la volupté très ingenieuse-

---

(1) Plut., *Règles et Préceptes de santé*, c. 5. Mais le philosophe Arcésilas ne dit cela que pour blâmer également toute sorte de débauche. Il *souloit dire contre les paillards et luxurieux qu'il ne peult chaloir de quel costé on le soit, pour ce qu'il y a* (ajoute Plutarque fidèlement traduit par Amyot) *autant de mal à l'un qu'à l'aultre.* C.

(2) A l'égard des plaisirs obscènes, Épicure pense que, si la nature les demande, il faut moins s'arrêter à la naissance et au rang qu'à l'âge et à la figure. Cic., *Tusc. quæst.*, V, 33. — Les stoïciens ne pensent pas que des amours saintement réglés soient interdits au sage. Cic., *de Finib. bonor. et mal.*, III, 20. — Voyons (*disent les stoïciens*) jusqu'à quel âge on doit aimer les jeunes gens. Sén., *Epist.* 123.

(3) Cic., *Tusc. quæst.*, IV, 34. C.

(1) Plut., *Contredits des philosophes stoïques*, c. 31. C.
(2) Hér., VI, 129. J. V. L.
(3) Diog. Laerce, VI, 94. C.
(4) *Blesser.*

ment faisoit instance, sous le masque de la vertu, de n'estre prostituée au milieu des quarrefours, foulée des pieds et des yeulx de la commune, trouvant à dire la dignité et commodité de ses cabinets accoustumés. De là disent aulcuns que d'oster les bordels publicques c'est non seulement espandre partout la paillardise qui estoit assignée à ce lieu là, mais encore aiguillonner les hommes vagabonds et oisifs à ce vice, par la malaysance :

> *Mœchus es Aufidiæ, qui vir, Scævine, fuisti :*
> *Rivalis fuerat qui tuus, ille vir est.*
> *Cur aliena placet tibi, quæ tua non placet uxor ?*
> *Numquid securus non potes arrigere* [1] *?*

Ceste experience se diversifie en mille exemples :

> *Nullus in urbe fuit tota, qui tangere vellet*
> *Uxorem gratis, Cœciliane, tuam,*
> *Dum licuit : sed nunc, positis custodibus, ingens*
> *Turba fututorum est. Ingeniosus homo es* [2] *.*

On demanda à un philosophe qu'on surprit à mesme, « ce qu'il faisoit : » il respondit tout froidement, « Je plante un homme [3] : » ne rougissant non plus d'estre rencontré en cela que si on l'eust trouvé plantant des aulx.

C'est, comme j'estime, d'une opinion tendre, respectueuse, qu'un grand et religieux aucteur [4] tient ceste action si necessairement obligée à l'occultation et à vergongne qu'en la licence des embrassements cyniques il ne se peult persuader que la besongne en veinst à sa fin, ains qu'elle s'arrestoit à representer des mouvements lascifs seulement, pour maintenir l'impudence de la profession de leur eschole ; et que, pour eslancer ce que la honte avoit contrainct et retiré, il leur estoit encores après besoing de chercher l'umbre. Il n'avoit pas veu assez avant

en leur desbauche, car Diogenes, exerçant en public sa masturbation, faisoit souhait, en presence du peuple assistant, « de pouvoir ainsi saouler son ventre en le frottant. [1] » A ceulx qui luy demandoient pourquoy il ne cherchoit lieu plus commode à manger qu'en pleine rue : « C'est, respondoit il, que j'ay faim en pleine rue [2]. » Les femmes philosophes, qui se mesloient à leur secte, se mesloient aussi à leur personne, en tout lieu, sans discretion ; et Hipparchia ne feust receue en la societé de Cratès, qu'à condition de suyvre en toutes choses les uz et coustumes de sa regle [3]. Ces philosophes icy donnoient extreme prix à la vertu, et refusoient toutes aultres disciplines que la morale, si est ce qu'en toutes actions ils attribuoient la souveraine auctorité à l'eslection de leur sage, et au dessus des loix ; et n'ordonnoient aux voluptés aultre bride que la moderation et la conservation de la liberté d'aultruy.

Heraclitus et Protagoras [4], de ce que le vin semble amer au malade et gracieux au sain, l'aviron tortu dans l'eau et droict à ceulx qui le veoyent hors de là, et de pareilles apparences contraires qui se treuvent aux subjects, argumenterent que touts subjects avoient en eulx les causes de ces apparences, et qu'il y avoit au vin quelque amertume qui se rapportoit au goust du malade ; l'aviron, certaine qualité courbe se rapportant à celuy qui le regarde dans l'eau ; et ainsi de tout le reste ; qui est dire que tout est en toutes choses, et par consequent rien en aulcune ; car rien n'est où tout est.

Ceste opinion me ramentoit l'experience que nous avons, qu'il n'est aulcun sens ny visage, ou droict, ou amer, ou doulx, ou courbe, que l'esprit humain ne treuve aux escripts qu'il entreprend de fouiller ; en la parole la plus nette, pure et parfaicte qui puisse estre, combien de faulseté et de mensonge a l'on faict naistre ? quelle heresie n'y a trouvé des fondements assez et tesmoignages pour entreprendre et pour se maintenir ? C'est pour cela que les aucteurs de telles erreurs ne se veulent jamais despartir de ceste preuve du tesmoignage de l'interpretation des mots. Un personnage de dignité, me

---

(1) Jadis mari d'Aufidia, Scévinus, te voilà son galant, aujourd'hui qu'elle est la femme de ton rival. Elle te déplaisait quand elle était à toi : d'où vient qu'elle te plait depuis qu'elle est à un autre ? es-tu donc impuissant dès que tu n'as rien à craindre ? MART., III, 70.

(2) Dans toute la ville, ô Cécilianus ! il ne s'est trouvé personne qui voulût *gratis* approcher de ta femme, tant qu'on en avait la liberté ; mais, depuis que tu la fais garder, les amants l'assiégent : tu es un homme ingénieux ! MART., I, 74.

(3) Ce conté qu'on fait de Diogène le cynique se débite tous les jours en conversation, et a passé dans plusieurs livres modernes ; mais si l'on en croit Bayle, « Il n'est fondé sur le témoignage d'aucun ancien écrivain. » Voyez son Dictionnaire, art. *Hipparchia*, rem. D, p. 1473, édit. de 1720. C.

(4) S. AUGUSTIN, *de Civit. Dei*, XIV, 20. Le passage latin de ce saint évêque est pour le moins aussi licencieux que le françois de Montaigne. C.

(1) DIOG. LAERCE, VI, 69. C.
(2) ID., VII, 58. C.
(3) ID., VI, 96. C.
(4) SEXT. EMPIR., *Pyrrh. Hypot.*, I, 29 et 32. C.

voulant approuver par auctorité ceste queste de la pierre philosophale où il est tout plongé, m'allegua dernierement cinq ou six passages de la Bible sur lesquels il disoit s'estre premierement fondé pour la descharge de sa conscience (car il est de profession ecclesiastique); et à la verité, l'invention n'en estoit pas seulement plaisante, mais encores bien proprement accommodée à la deffense de ceste belle science.

Par ceste voye se gaigne le credit des fables divinatrices; il n'est prognostiqueur, s'il a ceste auctorité qu'on le daigne feuilleter, et rechercher curieusement touts les plis et lustres de ses paroles, à qui on ne face dire tout ce qu'on vouldra, comme aux Sibylles; il y a tant de moyens d'interpretation qu'il est malaysé que, de biais ou de droict fil, un esprit ingenieux ne rencontre en tout subject quelque air qui luy serve à son poinct; pourtant se treuve un style nubileux et doubteux en si frequent et ancien usage[1]. Que l'aucteur puisse gaigner cela, d'attirer et embesongner à soy la posterité, ce que non seulement la suffisance, mais autant ou plus la faveur fortuite de la matiere peult gaigner; qu'au demourant il se presente, par bestise ou par finesse, un peu obscurement et diversement, ne lui chaille; nombre d'esprits, le beluttants et secouants, en exprimeront quantité de formes, ou selon, ou à costé, ou au contraire, de la sienne, qui luy feront toutes honneur; il se verra enrichy des moyens de ses disciples, comme les regents du landy[2]. C'est ce qui a faict valoir plusieurs choses de neant, qui a mis en credit plusieurs escripts, et les a chargés de toute sorte de matiere qu'on a voulu; une mesme chose recevant mille et mille, et autant qu'il nous plaist d'images et considerations diverses.

Est il possible qu'Homere ayt voulu dire tout ce qu'on luy faict dire, et qu'il se soit presté à tant et si diverses figures, que les theologiens, legislateurs, capitaines, philosophes, toute sorte de gents qui traictent sciences, pour diversement et contrairement qu'ils les traictent, s'appuyent de luy, s'en rapportent à luy? maistre general à touts offices, ouvrages et artisans; general conseiller à toutes entreprinses; quiconque a eu besoin d'oracles et de predictions en y a trouvé pour son faict. Un personnage sçavant, et de mes amis, c'est merveille quels rencontres et combien admirables il y faict naistre en faveur de nostre religion; et ne se peult ayséement despartir de ceste opinion, que ce ne soit le desseing d'Homere; si luy est cest aucteur aussi familier qu'à homme de nostre siecle; et ce qu'il treuve en faveur de la nostre, plusieurs anciennement l'avoient trouvé en faveur des leurs. Voyez demener et agiter Platon; chascun, s'honorant de l'appliquer à soy, le couche du costé qu'il le veult; on le promeine et l'insere à toutes les nouvelles opinions que le monde receoit; et le differente l'on[1] à soy mesme, selon le different cours des choses; l'on faict desadvouer à son sens les mœurs licites en son siecle, d'autant qu'elles sont illicites au nostre; tout cela, vifvement et puissamment, autant qu'est puissant et vif l'esprit de l'interprete. Sur ce mesme fondement qu'avoit Heraclitus[2] et ceste sienne sentence, « Que toutes choses avoient en elles les visages qu'on y trouvoit. » Democritus en tiroit une toute contraire conclusion, c'est « que les subjects n'avoient du tout rien de ce que nous y trouvions; » et, de ce que le miel estoit doulx à l'un et amer à l'aultre, il argumentoit qu'il n'estoit ni doulx ni amer[3]. Les pyrrhoniens diroient qu'ils ne sçavent s'il est doulx ou amer, ou ny l'un ny l'aultre, ou touts les deux; car ceulx cy gaignent tousjours le hault poinct de la dubitation. Les cyrenaiens[4] tenoient que rien n'estoit perceptible par le dehors, et que cela estoit seulement perceptible qui nous touchoit par l'interne attouchement, comme la douleur et la volupté, ne recognoissants ny ton, ny couleur, mais certaines affections seulement qui nous en venoient, et que l'homme n'avoit aultre siege de son jugement. Protagoras estimoit « estre vray à

---

(1) C'est-à-dire *voilà pourquoi le style obscur et équivoque est d'un usage si fréquent et si ancien.*

(2) *Landy* ou *laudit* se prend ici pour le salaire que les écoliers donnaient à leur maitre. Il signifie aussi la foire de Saint-Denis. Voyez MÉNAGE, dans son *Dictionnaire étymologique*. C. — Coste aurait dû ajouter que ce salaire, ou présent du *Landy*, s'appelait ainsi parce qu'il se donnait à l'époque de la fête et de la foire du *Landy* ; que c'est pour cela qu'on traduisait, en latin, *landy* par *minerval*; et qu'on appelait, en terme d'écolier, *frippe-landis*, les écoliers qui frustraient leurs régents de ce présent. E. J.

(1) *Et on le met en opposition avec lui-même*, etc.
(2) SEXT. EMP. *Pyrrh. Hypot.*, I, 29. C.
(3) ID., *adv. Math.*, c. 163. C.
(4) Ou *cyrénaïques*. Voyez CIC., *Académiques*, II. 7. C.

chascun ce qui semble à chascun[1]. » Les epicuriens logent aux sens tout jugement, et en la notice des choses, et en la volupté. Platon[2] a voulu le jugement de la verité et la verité mesme, retirée des opinions et des sens, appartenir à l'esprit et à la cogitation.

Ce propos m'a porté sur la consideration des sens, ausquels gist le plus grand fondement et preuve de nostre ignorance. Tout ce qui se cognoist, il se cognoist sans doubte par la faculté du cognoissant; car, puisque le jugement vient de l'operation de celuy qui juge, c'est raison que ceste operation il la parface par ses moyens et volonté, non par la contraincte d'aultruy, comme il adviendroit si nous cognoissions les choses par la force et selon la loy de leur essence. Or, toute cognoissance s'achemine en nous par les sens; ce sont nos maistres :

Via qua munita fidei
Proxima fert humanum in pectus, templaque mentis[3];

la science commence par eulx et se resoult en eulx. Après tout, nous ne sçaurions non plus qu'une pierre si nous ne sçavions qu'il y a son, odeur, lumiere, saveur, mesure, poids, mollesse, dureté, aspreté, couleur, polisseure, largeur, profondeur; voila le plan et les principes de tout le bastiment de nostre science; et selon aulcuns, science n'est rien aultre chose que sentiment. Quiconque ne peult poulser à contredire les sens, il me tient à la gorge; il ne me sçauroit faire reculer plus arriere; les sens sont le commencement et la fin de l'humaine cognoissance :

Invenies primis ab sensibus esse creatam
Notitiam veri; neque sensus posse refelli...
Quid majore fide porro, quam sensus, haberi
Debet[4] *?*

Qu'on leur attribue le moins qu'on pourra, tousjours fauldra il leur donner cela que, par leur voye et entremise, s'achemine toute nostre instruction. Cicero dict[5] que Chrysippus, ayant essayé de rabbattre de la force des sens et de leur vertu, se representa à soy mesme des arguments au contraire et des oppositions si vehementes qu'il n'y peut satisfaire : sur quoy Carneades, qui maintenoit le contraire party, se vantoit de se servir des armes mesmes et paroles de Chrysippus pour le combattre; et s'escrioit à ceste cause contre luy : « O miserable, ta force t'a perdu[1] ! » Il n'est aulcun absurde, selon nous, plus extreme que de maintenir que le feu n'eschauffe point, que la lumiere n'esclaire point, qu'il n'y a point de pesanteur au fer ny de fermeté, qui sont notices que nous apportent les sens; ny creance ou science en l'homme qui se puisse comparer à celle là en certitude.

La premiere consideration que j'ay sur le subject des sens est que je mets en doubte que l'homme soit pourveu de touts sens naturels. Je veois plusieurs animaulx qui vivent une vie entiere et parfaicte, les uns sans la veue, aultres sans l'ouïe : qui sçait si, à nous aussi, il ne manque pas encores un, deux, trois et plusieurs aultres sens? car, s'il en manque quelqu'un, nostre discours n'en peult descouvrir le default. C'est le privilege des sens d'estre l'extreme borne de nostre appercevance; il n'y a rien au delà d'eulx qui nous puisse servir à les descouvrir, voire ny l'un des sens ne peult descouvrir l'aultre :

An poterunt oculos aures reprehendere? an aures
Tactus? an hunc porro tactum sapor arguet oris?
An confutabunt nares, oculive revincent[2]*?*

ils font trestouts la ligne extreme de nostre faculté :

Seorsum cuique potestas
Divisa est, sua vis cuique est[3].

Il est impossible de faire concevoir à un homme naturellement aveugle qu'il n'y veoid pas; impossible de luy faire desirer la veue et regretter son default : parquoy nous ne debvons prendre aulcune asseurance de ce que nostre ame est contente et satisfaite de ceulx que nous avons; veu qu'elle n'a pas de quoy sentir en cela sa maladie et son imperfection si elle y est. Il est impossible de dire chose à cest aveugle

---

(1) Cic., *Acad.*, II, 46. C.
(2) C'est le résultat de ce que Platon dit au long dans le *Phédon*, p. 66, etc., et dans le *Théétète*, p. 186, etc. C.
(3) Ce sont les voies par lesquelles l'évidence pénètre dans le sanctuaire de l'esprit humain. Lucr., V, 103.
(4) Vous serez convaincu que la connaissance de la vérité nous vient primitivement des sens, et qu'on ne peut en récuser le témoignage... Quel autre guide mérite plus notre confiance? Luc., IV, 479, 483.
(5) *Acadêm.*, II, 27. C.

(1) Plut., *Contredits des philosophes stoïques*, c. 9. C.
(2) L'ouïe pourra-t-elle rectifier la vue, et le toucher l'ouïe? le goût nous préservera-t-il des surprises du tact? l'odorat et la vue pourront-ils le réformer? Lucr., IV, 487.
(3) Chacun d'eux a sa puissance à part et sa force particulière. Id., *ibid.*, v. 490.

par discours, argument ny similitude, qui loge en son imagination aulcune apprehension de lumiere, de couleur et de veue : il n'y a rien plus arriere qui puisse poulser le sens en evidence. Les aveugles nays qu'on veoid desirer à veoir, ce n'est pas pour entendre ce qu'ils demandent : ils ont apprins de nous qu'ils ont à dire quelque chose, qu'ils ont quelque chose à desirer qui est en nous, laquelle ils nomment bien, et ses effects et consequences; mais il ne sçavent pourtant pas que c'est, ny ne l'apprehendent ny près ny loing.

J'ay veu un gentilhomme de bonne maison, aveugle nay, au moins aveugle de tel aage qu'il ne sçait que c'est que de veue : il entend si peu ce qui luy manque qu'il use et se sert comme nous des paroles propres au veoir et les applique d'une mode toute sienne et particuliere. On lui presentoit un enfant, duquel il estoit parrain; l'ayant prins entre ses bras : « Mon Dieu, dict il, le bel enfant! qu'il le faict beau veoir! qu'il a le visage gay! » Il dira, comme l'un d'entre nous : « Ceste salle a une belle veue; il faict clair; il faict beau soleil. » Il y a plus; car, parce que ce sont nos exercices que la chasse, la paulme, la bute[1], et qu'il l'a ouï dire, il s'y affectionne, s'y empesche et croit y avoir la mesme part que nous y avons : il s'y picque et s'y plaist, et ne les reçoit pourtant que par les aureilles. On luy crie que voylà un lievre, quand on est en quelque belle esplanade où il puisse picquer; et puis on luy dict encores que voylà un lievre prins : le voylà aussi fier de sa prinse comme il oit dire aux aultres qu'ils le sont. L'esteuf[2], il le prend à la main gauche et le poulse à tout sa raquette : de la harquebuse, il en tire à l'adventure et se paye de ce que ses gents luy disent qu'il est ou hault ou costier[3].

Que sçait on si le genre humain faict une sottise pareille, à faulte de quelque sens, et que par ce default la pluspart du visage des choses nous soit caché? Que sçait on si les difficultés que nous trouvons en plusieurs ouvrages de nature viennent de là? et si plusieurs effects des animaulx, qui excedent nostre capacité, sont produicts par la faculté de quelque sens que nous ayons à dire[1]? et si aulcuns d'entre eulx ont une vie plus pleine par ce moyen, et plus entiere que la nostre? Nous saisissons la pomme par touts nos sens[2]; nous y trouvons de la rougeur, de la polisseure, de l'odeur et de la doulceur : oultre cela, elle peult avoir d'aultres vertus, comme d'asseicher ou restreindre, ausquelles nous n'avons point de sens qui se puisse rapporter. Les proprietés que nous appelons occultes en plusieurs choses, comme à l'aimant d'attirer le fer, n'est il pas vraysemblable qu'il y a des facultés sensitifves en nature propres à les juger et à les appercevoir, et que le default de telles facultés nous apporte l'ignorance de la vraye essence de telles choses? C'est, à l'adventure, quelque sens particulier qui descouvre aux coqs l'heure du matin et de minuict et les esmeut à chanter; qui apprend aux poules, avant tout usage et experience, de craindre un esparvier et non un'oye ny un paon, plus grandes bestes; qui advertit les poulets de la qualité hostile qui est au chat contre eulx, et à ne se desfier du chien; s'armer contre le miaulement, voix aulcunement flatteuse, non contre l'abbayer, voix aspre et querelleuse; aux frelons, aux fourmis et aux rats de choisir tousjours le meilleur fromage et la meilleure poire avant que d'y avoir tasté; et qui achemine le cerf, l'elephant, le serpent, à la cognoissance de certaine herbe propre à leur guarison. Il n'y a sens qui n'ayt une grande domination et qui n'apporte par son moyen un nombre infiny de cognoissances. Si nous avions à dire l'intelligence des sons, de l'harmonie et de la voix, cela apporteroit une confusion inimaginable à tout le reste de nostre science : car, oultre ce qui est attaché au propre effect de chasque sens, combien d'arguments, de consequences et de conclusions tirons nous aux aultres choses par la comparaison d'un sens à l'aultre? Qu'un homme entendu imagine l'humaine nature produicte originellement sans la veue, et discoure combien d'ignorance et de trouble luy apporteroit un tel default, combien de tenebres et d'aveuglement en nostre ame; on verra par là combien nous importe, à la cognoissance de la verité, la privation d'un

---

(1) *La bute :* Ce mot a signifié. 1° la butte où l'on tire de l'arquebuse; 2° l'exercice même de l'arquebuse ; c'est dans ce dernier sens qu'il est pris ici. E. J.
(2) Balle pour le jeu de paume.
(3) *Qu'il a tiré* haut, *ou à côté du but.* E. J.

(1) *Que nous ayons a regretter, qui nous manque.*
(2) SEXT. EMPIR., *Pyrrh. Hypot.*, I, 14. C.

aultre tel sens ou de deux, ou de trois, si elle est en nous. Nous avons formé une verité par la consultation et concurrence de nos cinq sens : mais à l'adventure falloit il l'accord de huict ou de dix sens et leur contribution pour l'appercevoir certainement et en son essence.

Les sectes qui combattent la science de l'homme, elles la combattent principalement par l'incertitude et foiblesse de nos sens : car, puisque toute cognoissance vient en nous par leur entremise et moyen, s'ils faillent au rapport qu'ils nous font, s'ils corrompent ou alterent ce qu'ils nous charrient du dehors, si la lumiere, qui par eulx s'escoule en nostre ame, est obscurcie au passage, nous n'avons plus que tenir. De ceste extreme difficulté sont nées toutes ces fantasies : « Que chasque subject à en soy tout ce que nous y trouvons ; qu'il n'a rien de ce que nous y pensons trouver : » et celle des epicuriens : « Que le soleil n'est non plus grand que ce que nostre veue le juge : »

Quidquid id est, nihilo fertur majore figura,
Quam nostris oculis quam cernimus esse videtur[1] :

que les apparences qui representent un corps grand à celuy qui en est voisin et plus petit à celuy qui en est esloingné, sont toutes deux vrayes :

Nec tamen hic oculos falli concedimus hilum...
Proinde animi vitium hoc oculis adfingere noli[2] :

et resoluement, qu'il n'y a aulcune tromperie aux sens ; qu'il fault passer à leur mercy et chercher ailleurs des raisons pour excuser la difference et contradiction que nous y trouvons, voire inventer toute aultre mensonge et resverie (ils en viennent jusques là), plustost que d'accuser les sens. » Timagoras[3] juroit que pour presser ou biaiser son œil, il n'avoit jamais apperceu doubler la lumiere de la chandelle, et que ceste semblance venoit du vice de l'opinion, non de l'instrument. De toutes les absurdités la plus absurde, aux epicuriens[4], est desadvouer la force et l'effect des sens :

Proinde, quod in quoque est his visum tempore, verum est
Et, si non poterit ratio dissolvere causam,
Cur ea, quæ fuerint juxtim quadrata, procul sint

(1) Montaigne vient de traduire ces vers. Lucr., V, 577.
(2) Nous ne convenons pas pour cela que les yeux se trompent... Ne leur imputons donc pas les erreurs de l'esprit. Lucr., IV, 380, 387.
(3) Cic., Acad., II, 25. C.
(4) C'est-à-dire *au jugement des epicuriens*. C.

Visa rotunda; tamen præstat rationis egentem
Reddere mendose causas utriusque figuræ,
Quam manibus manifesta suis emittere quæquam,
Et violare fidem primam, et convellere tota
Fundamenta, quibus nixatur vita, salusque :
Non modo enim ratio ruat omnis, vita quoque ipsa
Concidat extemplo, nisi credere sensibus ausis,
Præcipitesque locos vitare, et cetera, quæ sint
In genere hoc fugienda[1].

Ce conseil desesperé et si peu philosophique ne represente aultre chose sinon que l'humaine science ne se peult maintenir que par raison desraisonnable, folle et forcenée ; mais qu'encores vault il mieulx que l'homme, pour se faire valoir, s'en serve et de tout aultre remede tant fantastique soit il, que d'advouer sa necessaire bestise, verité si desadvantageuse. Il ne peult fuyr que les sens ne soyent les souverains maistres de sa cognoissance ; mais ils sont incertains et falsifiables à toutes circonstances ; c'est là où il fault battre à oultrance, et, si les forces justes luy faillent, comme elles font, y employer l'opiniastreté, la temerité, l'impudence. Au cas que ce que disent les epicuriens soit vray, à sçavoir : « Que nous n'avons pas de science, si les apparences des sens sont faulses ; » et que ce que disent les stoïciens soit vray aussi : « Que les apparences des sens sont si faulses qu'elles ne nous peuvent produire aulcune science ; » nous conclurons, aux despens de ces deux grandes sectes dogmatistes, qu'il n'y a point de science.

Quant à l'erreur et incertitude de l'operation des sens, chascun s'en peult fournir autant d'exemples qu'il luy plaira : tant les faultes et tromperies qu'ils nous font sont ordinaires. Au retentir d'un valon, le son d'une trompette semble venir devant nous, qui vient d'une lieue derriere :

Exstantesque procul medio de gurgite montes,
Classibus inter quos liber patet exitus, idem
Apparent, et longe divolsi licet, ingens
Insula conjunctis tamen ex his una videtur...

(1) Les rapports des sens sont vrais en tout temps. Si la raison ne peut expliquer pourquoi les objets qui sont carrés de près paraissent ronds dans l'éloignement, il vaut mieux, au défaut d'une solution vraie, donner une fausse raison de cette double apparence que de laisser échapper l'évidence de ses mains, que de détruire tous les principes de la credibilité, que de ruiner cette base sur laquelle sont fondées notre vie et notre conservation : car ne croyez pas qu'il ne s'agisse que des intérêts de la raison ; la vie elle-même ne se conserve qu'en évitant, sur le rapport des sens, les précipices et les autres objets nuisibles. Lucr., IV, 500.

Et fugere ad puppim colles campique videntur,
Quos agimus præter navim, velisque volamus...
Ubi in medio nobis equus acer obhæsit
Flumine, equi corpus transversum ferre videtur
Vis, et in adversum flumen contrudere raptim[1] :

A manier une balle de harquebuse sous le second doigt, celuy du milieu estant entrelacé par dessus, il fault extremement se contraindre pour advouer qu'il n'y en ait qu'une, tant le sens nous en represente deux. Car que les sens soient maintesfois maistres du discours et le contraignent de recevoir des impressions qu'il sçait et juge estre faulses, il se veoid à touts coups. Je laisse à part celuy de l'attouchement, qui a ses functions plus voisines, plus vifves et substancielles, qui renverse tant de fois, par l'effect de la douleur qu'il apporte au corps, toutes ces belles resolutions stoïques et contrainct de crier au ventre celuy qui a establi en son ame ce dogme avecques toute resolution, « que la cholique, comme toute aultre maladie et douleur, est chose indifferente, n'ayant la force de rien rabbattre du souverain bonheur et felicité en laquelle le sage est logé par sa vertu; » il n'est cœur si mol que le son de nos tabourins et de nos trompettes n'eschauffe, ny si dur que la doulceur de la musique n'esveille et ne chatouille ; ny ame si revesche qui ne se sente touchée de quelque reverence à considerer ceste vastité sombre de nos eglises, la diversité d'ornements et ordre de nos cerimonies et ouïr le son devotieux de nos orgues et l'harmonie si posée et religieuse de nos voix : ceulx mesmes qui y entrent avecques mespris sentent quelque frisson dans le cœur et quelque horreur qui les met en defiance de leur opinion. Quant à moy, je ne m'estime point assez fort pour ouïr en sens rassis des vers d'Horace et de Catulle, chantés d'une voix suffisante par une belle et jeune bouche : et Zenon[2] avoit raison de dire que la voix estoit la fleur de la beauté. On m'a voulu faire accroire qu'un homme, que touts nous aultres François cognoissons, m'avoit imposé, en me recitant des vers qu'il avoit faits, qu'ils n'estoient pas tels sur le papier qu'en l'air, et que mes yeulx en feroient contraire jugement à mes aureilles : tant la prononciation a de credit à donner prix et façon aux ouvrages qui passent à sa mercy! Sur quoy Philoxenus ne feut pas fascheux[1], en ce que, oyant un liseur donner mauvais ton à quelque sienne composition, il se print à fouler aux pieds et casser de la brique qui estoit à luy, disant : « Je romps ce qui est à toy comme tu corromps ce qui est à moy[2]. » A quoy faire, ceulx mesmes qui se sont donné la mort d'une certaine resolution destournoient ils la face pour ne veoir le coup qu'ils se faisoient donner? et ceulx qui, pour leur santé, desirent et commandent qu'on les incise et cauterise, pourquoy ne peuvent ils soustenir la veue des appressts, utils et operation du chirurgien, attendu que la veue ne doibt avoir aulcune participation à ceste douleur? cela, ne sont ce pas propres exemples à verifier l'auctorité que les sens ont sur le discours? Nous avons beau sçavoir que ces tresses sont empruntées d'un page ou d'un laquay; que ceste rougeur est venue d'Espagne et ceste blancheur et polisseure de la mer Oceane, encores fault il que la veue nous force d'en trouver le subject plus aimable et plus agreable contre toute raison; car en cela il n'y a rien du sien.

Auferimur cultu; gemmis, auroque teguntur
Crimina; pars minima est ipsa puella sui.
Sæpe, ubi sit quod ames, inter tam multa requiras :
Decipit hac oculos ægide dives amor[3].

Combien donnent à la force des sens les poëtes qui font Narcisse esperdu de l'amour de son umbre,

Cunctaque miratur, quibus est mirabilis ipse;
Se cupit imprudens; et, qui probat, ipse probatur;
Dumque petit, petitur pariterque accendit, et ardet[4] :

---

(1) Une chaine de montagnes élevées au-dessus de la mer, entre lesquelles des flottes entières trouveraient un libre passage, ne nous paraissent de loin qu'une même masse; et, quoique très distantes l'une de l'autre, elles se réunissent à l'œil sous l'aspect d'une grande île. Les collines et les campagnes que nous côtoyons, en naviguant à pleines voiles, semblent fuir vers la poupe... Si votre coursier s'arrête au milieu d'un fleuve, le cheval vous paraîtra emporté par une force étrangère contre le courant. LUCR., IV, 390, 398, 421.

(2) DIOG. LAERCE, IV, 23. C.

(1) *Ne fut pas blâmable, n'eut pas tort.* E. J.

(2) DIOG. LAERCE, IV, 36. C.

(3) Nous sommes séduits par la parure; l'or et les pierreries cachent les défauts : une jeune fille est la moindre partie de ce qui plaît en elle. Souvent on a peine à trouver ce qu'on aime sous ces riches ornements : c'est l'égide avec laquelle l'amour et l'opulence éblouissent nos yeux. Ov., *de Remed. amor.*, I, 343.

(4) Il admire ce qu'il a lui-même d'admirable. L'insensé ! il se désire lui-même; il est l'objet de ses vœux, de ses louanges, et brûle des feux qu'il a lui-même allumés. Ov., *Metam.*, III, 424.

et l'entendement de Pygmalion si troublé par l'impression de la veue de sa statue d'ivoire qu'il l'aime et la serve pour vifve!

Oscula dat, reddique putat; sequiturque, tenetque,
Et credit tactis digitos insidere membris;
Et metuit, pressos venial ne livor in artus [1].

Qu'on loge un philosophe dans une cage de menus filets de fer clair-semés qui soit suspendue au hault des tours Nostre-Dame de Paris; il verra, par raison evidente, qu'il est impossible qu'il en tumbe; et si ne se sçauroit garder (s'il n'a accoustumé le mestier des couvreurs), que la veue de ceste haulteur extreme ne l'espovante et ne le transisse: car nous avons assez affaire de nous asseurer aux galeries qui sont en nos clochiers, si elles sont façonnées à jour, encores qu'elles soient de pierre; il y en a qui n'en peuvent pas seulement porter la pensée. Qu'on jecte une poultre entre ces deux tours, d'une grosseur telle qu'il nous la fault à nous promener dessus, il n'y a sagesse philosophique de si grande fermeté qui puisse nous donner courage d'y marcher comme nous ferions si elle estoit à terre. J'ay souvent essayé cela en nos montaignes de deçà, et si suis de ceulx qui ne s'effroyent que mediocrement de telles choses que je ne pouvois souffrir la veue de ceste profondeur infinie sans horreur et tremblement de jarrets et de cuisses; encores qu'il s'en fallust bien ma longueur que je ne feusse du tout au bord, et n'eusse sceu cheoir si je ne me feusse porté à escient au danger. J'y remarquay aussi, quelque haulteur qu'il y eust, que pourveu qu'en ceste pente il se presentast un arbre ou bosse de rochier pour soustenir un peu la veue et la diviser, cela nous allege et donne asseurance, comme si c'estoit chose de quoy à la cheute nous peussions recevoir secours; mais que les precipices coupés et unis nous ne les pouvons pas seulement regarder sans tournoyement de teste : *ut despici sine vertigine simul oculorum animique non possit* [2] : qui est une evidente imposture de la veue. Ce feut pourquoy ce beau philosophe [3] se creva les yeulx, pour descharger l'ame de la desbauche qu'elle en recevoit et pouvoir philosopher plus en liberté; mais à ce compte il se debvoit aussi faire estouper les aureilles, que Theophrastus [1] dict estre le plus dangereux instrument que nous ayons pour recevoir des impressions violentes à nous troubler et changer, et se debvoit priver enfin de touts les aultres sens, c'est à dire de son estre et de sa vie; car ils ont touts ceste puissance de commander nostre discours et nostre ame: *Fit etiam sæpe specie quadam, sæpe vocum gravitate et cantibus, ut pellantur animi vehementius; sæpe etiam cura et timore* [2]. Les medecins tiennent qu'il y a certaines complexions qui s'agitent par aulcuns sons et instruments jusques à la fureur. J'en ay veu qui ne pouvoient ouïr ronger un os soubs leur table sans perdre patience; et n'est gueres homme qui ne se trouble à ce bruit aigre et poignant que font les limes en raclant le fer; comme à ouïr mascher près de nous ou ouïr parler quelqu'un qui ayt le passage du gosier ou du nez empesché, plusieurs s'en esmeuvent jusques à la cholere et la haine. Ce fleuteur protocole [3] de Gracchus, qui amollissoit, roidissoit et contournoit la voix de son maistre lorsqu'il haranguoit à Rome, à quoy servoit il si le mouvement et qualité du son n'avoit force à esmouvoir et alterer le jugement des auditeurs ? Vrayement il y a bien de quoy faire si grande feste de la fermeté de ceste belle piece qui se laisse manier et changer au bransle et accident d'un si legier vent!

Ceste mesme piperie que les sens apportent à nostre entendement, ils la receoivent à leur tour; nostre ame par fois s'en revenche de mesme : ils mentent et se trompent à l'envy.

---

(1) Il la couvre de baisers et croit qu'elle y répond; il la saisit, il l'embrasse; il se figure que ses membres cèdent à l'impression de ses doigts, et craint d'y laisser une empreinte livide en les serrant trop vivement. Ov., *Métam.*, X, 256. Il y a dans Ovide, *loquiturque, tenetque.*

(2) De sorte qu'on ne peut regarder en bas que la tête ne tourne et que l'esprit ne se trouble. Tite-Live, XLIV, 6.

(3) Démocrite. Cic., *de Finib, bon. et mal.*, V, 29. Mais Cicéron n'en parle là que comme d'une chose incertaine; et Plutarque, *de la Curiosité*, c. 11, dit positivement que c'est une faussceté. C.

(1) Au rapport de Plut., dans son traité, *Comment il faut ouïr*, c. 2, version d'Amyot. C.

(2) Il arrive souvent que tel spectacle, tel son, tel chant, remuent fortement les esprits; et souvent aussi la douleur et la crainte produisent le même effet. Cic., *de Divinat.*, I, 37.

(3) *Protocole*, dit Vicot, signifie, entre autres choses, celui qui porte le roollet par derrière et à l'espaule d'un qui harangue, ou joue en farces et moralités, pour les redresser et remettre au fil de leur harangue, ou roollet, quand ils varient, ou demeurent court : *posticus summonitor*. C'est ce que nous appelons aujourd'hui *un souffleur*. — Ce que Montaigne dit ici est tiré de Plut., dans le traité, *Comment il faut refrener la colère*, c. 6 de la traduction d'Amyot. C.

Ce que nous veoyons et oïons, agités de cholere, nous ne l'oïons pas tel qu'il est :

Et solem geminum, et duplices se ostendere Thebas [1] :

l'object que nous aimons nous semble plus beau qu'il n'est ;

*Multimodis igitur pravas turpesque videmus
Esse in deliciis, summoque in honore vigere* [2] ;

et plus laid celuy que nous avons à contre-cœur : à un homme ennuyé et affligé, la clarté du jour semble obscurcie et tenebreuse. Nos sens sont non seulement alterés, mais souvent hebestés du tout par les passions de l'ame : combien de choses veoyons nous que nous n'appercevons pas si nous avons nostre esprit empesché ailleurs?

*In rebus quoque apertis noscere possis,
Si non advortas animum, proinde esse quasi omni
Tempore semotæ fuerint, longeque remotæ* [3] :

il semble que l'ame retire au dedans, et amuse les puissances des sens. Par ainsin, et le dedans et le dehors de l'homme est plein de foiblesse et de mensonge.

Ceux qui ont apparié nostre vie à un songe ont eu de la raison, à l'adventure, plus qu'ils ne pensoient. Quand nous songeons, nostre ame vit, agit, exerce toutes ses facultés, ne plus ne moins que quand elle veille; mais si plus mollement et obscurement, non de tant, certes, que la difference y soit comme de la nuict à une clarté vifve; ouy, comme de la nuict à l'umbre : là elle dort, icy elle sommeille; plus et moins, ce sont toujours tenebres, et tenebres cimmeriennes. Nous veillons dormants, et veillants dormons. Je ne vcois pas si clair dans le sommeil; mais quant au veiller, je ne le treuve jamais assez pur et sans nuage : encores le sommeil, en sa profondeur, endort parfois les songes; mais nostre veiller n'est jamais si esveillé qu'il purge et dissipe bien à poinct les resveries, qui sont les songes des veillants, et pires que songes. Nostre raison et nostre ame recevant les fantasies et opinions qui luy naissent en dormant, et auctorisant les actions de nos songes de pareille approbation qu'elle faict celles du jour, pourquoy ne mettons nous en doubte si nostre penser, nostre agir, est pas un aultre songer, et nostre veiller quelque espèce de dormir ?

Si les sens sont nos premiers juges, ce ne sont pas les nostres qu'il fault seuls appeller au conseil; car, en ceste faculté, les animaulx ont autant ou plus de droict que nous : il est certain qu'aulcuns ont l'ouïe plus aiguë que l'homme, d'aultres la veue, d'aultres le sentiment, d'aultres l'attouchement ou le goust. Democritus [1] disoit que les dieux et les bestes avoient les facultés sensitifves beaucoup plus parfaictes que l'homme. Or, entre les effets de leurs sens et les nostres, la difference est extreme : nostre salive nettoie et asseiche nos plaies, elle tue le serpent :

*Tantaque in his rebus distantia ; differitasque est,
Ut quod aliis cibus est, aliis fuat acre venenum.
Sæpe etenim serpens, hominis contacta saliva,
Disperit, ac sese mandendo conficit ipsa* [2] :

quelle qualité donnerons nous à la salive? ou selon nous ou selon le serpent ? par quel des deux sens verifierons nous sa veritable essence que nous cherchons ? Pline [3] dict qu'il y a aux Indes certains lievres marins qui nous sont poison, et nous à eulx, de maniere que du seul attouchement nous les tuons : qui sera veritablement poison, ou l'homme, ou le poisson? à qui en croirons nous, ou au poisson de l'homme, ou à l'homme du poisson ? Quelque qualité d'air infecte l'homme, qui ne nuit point au bœuf; quelque aultre, le bœuf, qui ne nuit point à l'homme : laquelle des deux sera, en verité et en nature, pestilente qualité ? Ceulx qui ont la jaunisse, ils voient toutes choses jaunastres et plus pasles que nous :

*Lurida præterea fiunt, quæcunque tuentur
Arquati* [4] :

ceulx qui ont ceste maladie que les medecins nomment *hyposphagma*, qui est une suffusion de sang soubs la peau, voyent toutes choses

---

(1) Alors on voit (*comme Penthée*) deux soleils et deux Thèbes. VIRG., *Enéide*, IV, 470.

(2) Souvent nous voyons la laideur et la difformité captiver les cœurs et fixer les hommages. LUCR., IV, 1152.

(3) Les corps mêmes les plus exposés à la vue, si l'âme ne s'applique à les observer, sont pour elle comme s'ils en avaient toujours été à une très grande distance. LUCR., IV, 812.

(1) PLUT., *des Opinions des philosophes*, IV, 10. C.

(2) Entre ces effets, il y a une telle différence que ce qui nourrit les uns est pour les autres un poison mortel. Ainsi le serpent, à peine humecté de la salive de l'homme, périt et se devore lui-même. LUCR., IV, 638.

(3) *Nat. Hist.*, XXXII, 1. C.

(4) Tout paraît jaune à ceux qui ont la jaunisse. LUCR., IV, 333.

rouges et sanglantes[1]. Ces humeurs qui changent ainsi les offices de nostre veue, que sçavons nous si elles predominent aux bestes, et leur sont ordinaires? car nous en voyons les unes qui ont les yeulx jaunes comme nos malades de jaunisse, d'aultres qui les ont sanglants de rougeur; à celles là il est vraysemblable que la couleur des objects paroist aultre qu'à nous : quel jugement des deux sera le vray ? car il n'est pas dict que l'essence des choses se rapporte à l'homme seul ; la dureté, la blancheur, la profondeur et l'aigreur, touchent le service et science des animaulx comme la nostre : nature leur en a donné l'usage comme à nous. Quand nous pressons l'œil, les corps que nous regardons, nous les appercevons plus longs et estendus ; plusieurs bestes ont l'œil ainsi pressé : ceste longueur est doncques, à l'adventure, la veritable forme de ce corps, non pas celle que nos yeulx luy donnent en leur assiette ordinaire. Si nous serrons l'œil par dessoubs, les choses nous semblent doubles :

Bina lucernarum flagrantia lumina flammis...
Et duplices hominum facies, et corpora bina[2].

Si nous avons les aureilles empeschées de quelque chose, ou le passage de l'ouïe resserré, nous recevons le son aultre que nous ne faisons ordinairement[3] : les animaulx qui ont les aureilles velues, ou qui n'ont qu'un bien petit trou au lieu de l'aureille, ils n'oyent par consequent pas ce que nous oyons, et recçoivent le son aultre. Nous voyons aux festes et aux theatres, qu'opposant, à la lumiere des flambeaux, une vitre teincte de quelque couleur, tout ce qui est en ce lieu nous appert ou vert, ou jaune, ou violet :

Et volgo faciunt id lutea russaque vela,
Et ferrugina, quum, magnis intenta theatris,
Per malos volgata trabesque, trementia pendent :
Namque ibi consessum caveai subter, et omnem
Scenai speciem, patrum, matrumque, deorumque
Inficiunt, cogunique suo fluitare colore[4] :

(1) SEXTUS EMPIR., *Pyrrh. Hypot.*, I, 14. C.
(2) Nous voyons aux lampes une double lumière; nous voyons les hommes avec deux corps et deux visages. LUCR., IV, 451.
(3) SEXTUS EMPIR., *Pyrrh. Hypot.*, I, 14. C.
(4) C'est l'effet que produisent ces voiles jaunes, rouges et bruns, qui, suspendus à des poutres, couvrent nos théâtres, et flottent au gré de l'air dans leur vaste enceinte : l'éclat de ces voiles se réfléchit sur les spectateurs; la scène en est frappée; les sénateurs, les femmes, les statues des dieux, sont teints d'une lumière mobile. LUCR., IV, 73.

il est vraysemblable que les yeulx des animaulx, que nous veoyons estre de diverse couleur, leur produisent les apparences des corps de mesme leurs yeulx.

Pour le jugement de l'operation des sens, il fauldroit doncques que nous en feussions premierement d'accord avecques les bestes, secondement entre nous mesmes ; ce que nous ne sommes aulcunement, et entrons en debat touts les coups de ce que l'un oit, veoid ou gouste quelque chose aultrement qu'un aultre ; et debattons, autant que d'aultre chose, de la diversité des images que les sens nous rapportent. Aultrement oit et veoid, par la regle ordinaire de nature, et aultrement gouste un enfant qu'un homme de trente ans ; et cestuy cy aultrement qu'un sexagenaire : les sens sont aux uns plus obscurs et plus sombres, aux aultres plus ouverts et plus aigus. Nous recevons les choses aultres et aultres, selon que nous sommes, et qu'il nous semble : or, nostre sembler estant si incertain et controversé, ce n'est plus miracle si on nous dict que nous pouvons advouer que la neige nous apparoist blanche : mais que d'establir si de son essence elle est telle et à la verité, nous ne nous en sçaurions respondre : et ce commencement esbranlé, toute la science du monde s'en va necessairement à vau l'eau. Quoy, que nos sens mesmes s'entr'empeschent l'un l'aultre? une peincture semble eslevée à la veue, au maniement elle semble plate[1] : dirons nous que le musc soit agreable ou non, qui resjouït nostre sentiment, et offense nostre goust ? il y a des herbes et des onguents propres à une partie du corps, qui en blecent une aultre : le miel est plaisant au goust, mal plaisant à la veue[2] : ces bagues qui sont entaillées en forme de plumes, qu'on appelle en devise *pennes sans fin*, il n'y a œil qui en puisse discerner la largeur, et qui se sceust deffendre de ceste piperie que d'un costé elles n'aillent en eslargissant, et s'appointant et estrecissant par l'aultre, mesme quand on les roule autour du doigt; toutesfois au maniement elles vous semblent equables en largeur et partout pareilles. Ces personnes qui, pour ayder leur volupté, se servoient anciennement de mirouers propres à grossir et ag-

(1) SEXT. EMPIR., *Pyrrh. Hypot.*, I, 14.
(2) ID., *ibid.*

grandir l'object qu'ils representent, à fin que les membres qu'ils avoient à employer leur pleussent davantage par ceste accroissance oculaire[1]; auquel des deux sens donnoient ils gaigné, ou à la veue qui leur representoit ces membres gros et grands à souhait, ou à l'attouchement qui les leur presentoit petits et desdaignables? Sont ce nos sens qui prestent au subject ces diverses conditions, et que les subjects n'en aient pourtant qu'une? comme nous voyons du pain que nous mangeons; ce n'est que pain, mais nostre usage en faict des os, du sang, de la chair, des poils, et des ongles;

*Ut cibus in membra atque artus quum diditur omnes,
Disperit, atque aliam naturam sufficit ex se*[2];

l'humeur[3] que succe la racine d'un arbre, elle se faict tronc, feuille et fruict; et l'air n'estant qu'un, il se faict, par l'application à une trompette, divers en mille sortes de sons : sont ce, dis je, nos sens qui façonnent de mesme de diverses qualités ces subjects? ou s'ils les ont telles? et sur ce doubte que pouvons nous resoudre de leur veritable essence? Dadvantage, puisque les accidents des maladies, de la resverie ou du sommeil, nous font paroistre les choses aultres qu'elles ne paroissent aux sains, aux sages, et à ceulx qui veillent, n'est il pas vraysemblable que nostre assiette droicte, et nos humeurs naturelles, ont aussi de quoy donner un estre aux choses, se rapportant à leur condition, et les accommoder à soy, comme font les humeurs desreglées? et nostre santé aussi capable de leur fournir son visage, comme la maladie? pourquoy[4] n'a le temperé quelque forme des objects relatifve à soy, comme l'intemperé; et ne leur imprimera il pareillement son charactère? le degousté charge la fadeur au vin; le sain, la saveur; l'alteré, la friandise. Or, nostre estat accommodant les choses à soy, et les transformant selon soy, nous ne sçavons plus quelles sont les choses en verité; car rien ne vient à nous que falsifié et alteré par nos sens. Où le compas, l'esquarre et la regle sont gauches, toutes les proportions qui s'en tirent, touts les bastiments qui se dressent à leur mesure, sont aussi necessairement manqués et defaillants; l'incertitude de nos sens rend incertain tout ce qu'ils produisent;

*Denique ut in fabrica, si prava est regula prima,
Normaque si fallax rectis regionibus exit,
Et libella aliqua si ex parti claudicat hilum;
Omnia mendose fieri, atque obstipa necessum est,
Prava, cubantia, prona, supina, atque absona tecta;
Jam ruere ut quœdam videantur velle, ruantque
Prodita judiciis fallacibus omnia primis :
Sic igitur ratio tibi rerum prava necesse est,
Falsaque sit, falsis quœcunque ab sensibus orta est*[1].

Au demourant, qui sera propre à juger de ces differences? Comme nous disons, aux debats de la religion, qu'il nous fault un juge non attaché à l'un ny à l'aultre party, exempt de chois et d'affection, ce qui ne se peult parmy les chrestiens : il advient de mesme en cecy; car, s'il est vieil, il ne peult juger du sentiment de la vieillesse, estant luy mesme partie en ce debat; s'il est jeune, de mesme; sain, de mesme; de mesme, malade, dormant, et veillant : il nous fauldroit quelqu'un exempt de toutes ces qualités, à fin que, sans preoccupation de jugement, il jugeast de ces propositions comme à luy indifferentes; et, à ce compte, il nous fauldroit un juge qui ne feust pas.

Pour juger des apparences que nous recevons des subjects, il nous fauldroit un instrument judicatoire; pour verifier cest instrument, il nous y fault de la demonstration; pour verifier la demonstration, un instrument : nous voylà au rouet[2]. Puisque les sens ne peuvent arrester nostre dispute, estants pleins eulx mesmes d'incertitude, il fault que ce soit la raison; aulcune raison ne s'establira sans une aultre raison : nous voylà à reculons jusques à l'infiny. Nostre fantasie ne s'applique pas aux choses estrangieres, ains elle est conceue par l'entremise des sens; et les sens ne comprennent pas

---

(1) Sén., *Nat. quæst.*, I, 16. C.
(2) Comme les aliments qui se filtrent dans nos membres périssent en formant une nouvelle substance Lucr., III, 703.
(3) Sext. Empir., *Pyrrh. Hypot.*, I, 14. C.
(4) Id., *ibid.*

(1) Si, dans la construction d'un édifice, l'architecte se sert d'une règle fausse; si l'équerre s'écarte de la direction perpendiculaire, si le niveau s'éloigne par quelque endroit de sa juste situation, il faut nécessairement que tout le bâtiment soit vicieux, penché, affaissé, sans grâce, sans aplomb, sans proportion; qu'une partie semble prête à s'écrouler, et que tout s'écroule en effet, pour avoir été d'abord mal conduit. De même, si l'on ne peut compter sur le rapport des sens, tous les jugements seront trompeurs et illusoires. Lucr., IV, 514.

(2) C'est-à-dire *au bout de nos inventions*. Je trouve, dans le Dictionnaire de Cotgrave, qu'*être mis au rouet* se dit proprement du lièvre qui, épuisé par une longue course, ne fait plus que tourner autour des chiens. C.

le subject estrangier, ains seulement leurs propres passions : et par ainsi la fantasie et apparence n'est pas du subject, ains seulement de la passion et souffrance du sens ; laquelle passion et subject sont choses diverses : par quoy qui juge par les apparences juge par chose aultre que le subject. Et de dire que les passions des sens rapportent à l'ame la qualité des subjects estrangiers, par ressemblance; comment se peult l'ame et l'entendement asseurer de ceste ressemblance, n'ayant de soy nul commerce avecques les subjects estrangiers? Tout ainsi comme, qui ne cognoist pas Socrates, voyant son pourtraict, ne peult dire qu'il luy ressemble. Or, qui vouldroit toutesfois juger par les apparences; si c'est par toutes, il est impossible ; car elles s'entr'empeschent par leurs contrarietés et discrepances[1], comme nous veoyons par experience : sera ce qu'aulcunes apparences choisies reglent les aultres? il fauldra verifier ceste choisie par une aultre choisie, la seconde par la tierce; et par ainsi ce ne sera jamais faict. Finalement, il n'y a aulcune constante existence, ny de nostre estre, ny de celuy des objects; et nous, et nostre jugement, et toutes choses mortelles, vont coulant et roulant sans cesse : ainsin, il ne se peult establir rien de certain de l'un à l'aultre, et le jugeant et le jugé estants en continuelle mutation et bransle.

Nous n'avons aulcune communication à l'estre, parce que toute humaine nature est tousjours au milieu, entre le naistre et le mourir, ne baillant de soy qu'une obscure apparence et umbre, et une incertaine et debile opinion : et si, de fortune, vous fichez vostre pensée à vouloir prendre son estre, ce sera ne plus ne moins que qui vouldroit empoigner l'eau; car tant plus il serrera et pressera ce qui de sa nature coule par tout, tant plus il perdra ce qu'il vouloit tenir et empoigner. Ainsi, veu que toutes choses sont subjectes à passer d'un changement en aultre, la raison, qui y cherche une reelle subsistance, se treuve deceue, ne pouvant rien apprehender de subsistant et permanent, parce que tout ou vient en estre et n'est pas encores du tout, ou commence à mourir avant qu'il soit nay. Platon[2] disoit que les corps n'avoient jamais existence, ouy bien naissance ; estimant que Homere eust faict l'Ocean pere des dieux, et Thetis la mere, pour nous montrer que toutes choses sont en fluxion, muance[1] et variation perpetuelle ; opinion commune à touts les philosophes avant son temps, comme il dict, sauf le seul Parmenides, qui refusoit mouvement aux choses, de la force duquel il faict grand cas : Pythagoras, que toute matiere est coulante et labile[2] : les stoïciens, qu'il n'y a point de temps present, et que ce que nous appellons present n'est que la joincture et assemblage du futur et du passé : Heraclitus[3], que jamais homme n'estoit deux fois entré en mesme riviere : Epicharmus, que celuy qui a jadis emprunté de l'argent ne le doibt pas maintenant ; et que celuy qui ceste nuict a esté convié à venir ce matin disner vient aujourd'huy non convié, attendu que ce ne sont plus eulx, ils sont devenus aultres :
« et[4], qu'il ne se pouvoit trouver une substance
« mortelle deux fois en mesme estat; car, par
« soubdaineté et legiereté de changement, tan-
« tost elle dissipe; tantost elle rassemble, elle
« vient, et puis s'en va; de façon que ce qui
« commence à naistre ne parvient jamais jus-
« ques à perfection d'estre, pour autant que ce
« naistre n'acheve jamais et jamais n'arreste
« comme estant à bout, ains, depuis la semen-
« ce, va tousjours se changeant et muant d'un
« à aultre ; comme de semence humaine se faict
« premierement, dans le ventre de la mere, un
« fruict sans forme, puis un enfant formé, puis,
« estant hors du ventre, un enfant de mam-
« melle, après il devient garson, puis conse-
« quemment un jouvenceau, après un homme
« faict, puis un homme d'aage, à la fin decre-
« pite vieillard ; de maniere que l'aage et gene-
« ration subsequente va tousjours desfaisant et
« gastant la precedente :

Mutat enim mundi naturam totius œtas,
Ex alioque alius status excipere omnia debet;

(1) *Que toutes choses sont en vicissitude, transformation.*— Fluxion, de *fluere*, couler, s'échapper ; muance, de *mutare*, changer.

(2) *Sujette à changer.*— Labile, de *labilis*, tombant, caduc, fragile.

(3) SÉN., *Epist.*, 58 ; PLUT., dans son traité sur le mot EI, c. 12. C.

(4) Tout ce passage, à l'exception des quatre vers de Lucrèce, est copié mot pour mot du traité de PLUTARQUE sur le mot EI, c. 12, et dans les propres termes d'Amyot. C.

(1) Du latin *discrepantia*, différence, disconvenance, diversité.

(2) Dans le *Théétète*, p. 150. C.

*Nec manet ulla sui similis res : omnia migrant,
Omnia commutat natura, et vertere cogit*[1].

« Et puis, nous aultres sottement craignons une
« espece de mort, là où nous en avons desjà
« passé et en passons tant d'aultres : car, non
« seulement, comme disoit Heraclitus, la mort
« du feu est generation de l'air, et la mort de
« l'air, generation de l'eau; mais encores plus
« manifestement le pouvons nous veoir en nous
« mesmes; la fleur d'aage se meurt et passe
« quand la vieillesse survient, et la jeunesse se
« termine en fleur d'aage d'homme faict, l'en-
« fance en la jeunesse, et le premier aage meurt
« en l'enfance, et le jour d'hier meurt en celuy
« du jour d'huy, et le jour d'huy mourra en ce-
« luy de demain; et n'y a rien qui demeure ne
« qui soit tousjours un; car qu'il soit ainsi, si
« nous demeurons tousjours mesmes et uns,
« comment est ce que nous nous esjouïssons
« maintenant d'une chose et maintenant d'une
« aultre? comment est ce que nous aimons cho-
« ses contraires ou les haïssons, nous les louons
« ou nous les blasmons? comment avons nous
« differentes affections, ne retenants plus le
« mesme sentiment en la mesme pensée? car
« il n'est pas vraysemblable que sans mutation
« nous prenions aultres passions; et ce qui souf-
« fre mutation ne demeure pas un mesme, et
« s'il n'est pas un mesme, il n'est doncques pas
« aussi; ains, quand et l'estre tout un, change
« aussi l'estre simplement, devenant tousjours
« aultre d'un aultre : et par consequent se trom-
« pent et mentent les sens de nature, prenants
« ce qui apparoist pour ce qui est, à faulte de
« bien sçavoir que c'est qui est. Mais qu'est ce
« doncques qui est veritablement? ce qui est
« eternel; c'est à dire, qui n'a jamais eu de
« naissance, ny n'aura jamais fin; à qui le
« temps n'apporte jamais aulcune mutation :
« car c'est chose mobile que le temps, et qui
« apparoist comme en umbre, avecques la ma-
« tiere coulante et fluante, tousjours sans ja-
« mais demeurer stable ny permanente, à qui
« appartiennent ces mots, *devant*, et *après*, et
« *a esté*, ou *sera*, lesquels tout de prime face
« montrent evidemment que ce n'est pas chose
« qui soit; car ce seroit grande sottise, et faul-
« seté toute apparente de dire que cela soit,
« qui n'est pas encores en estre, ou qui desjà
« a cessé d'estre; et quant à ces mots, *present*,
« *instant*, *maintenant*, par lesquels il semble
« que principalement nous soustenons et fon-
« dons l'intelligence du temps, la raison le des-
« couvrant le destruict tout sur le champ; car
« elle le fend incontinent; et le partit en futur
« et en passé, comme le voulant veoir neces-
« sairement desparty en deux. Autant en ad-
« vient il à la nature qui est mesurée comme
« au temps qui la mesure; car il n'y a non plus
« en elle rien qui demeure, ne qui soit subsis-
« tant, ains y sont toutes choses ou nées, ou
« naissantes, ou mourantes. Au moyen de quoy
« ce seroit peché de dire de Dieu, qui est le
« seul qui *est*, que *il feut*, ou *il sera*[1]; car ces
« termes là sont des declinaisons, passages ou
« vicissitudes de ce qui ne peult durer ny de-
« meurer en estre : parquoy il fault conclure
« que Dieu seul est, non point selon aulcune
« mesure du temps, mais selon une eternité im-
« muable et immobile, non mesurée par temps,
« ni subjecte à aulcune declinaison; devant le-
« quel rien n'est, ny ne sera après, ny plus
« nouveau ou plus recent; ains un realement
« estant, qui, par un seul maintenant, emplit
« le tousjours; et n'y a rien qui veritablement
« soit, que luy seul, sans qu'on puisse dire il
« a esté ou il sera, sans commencement et
« sans fin. »

A ceste conclusion si religieuse d'un homme
païen, je veulx joindre seulement ce mot d'un
tesmoing de mesme condition, pour la fin de ce
long et ennuyeux discours, qui me fourniroit
de matiere sans fin : « O la vile chose, dict il[2],
et abjecte que l'homme, s'il ne s'esleve au dessus de l'humanité! » Voylà un bon mot et un
utile desir, mais pareillement absurde : car de
faire la poignée plus grande que le poing, la

---

[1] Le temps change la face entière du monde; un nouvel
ordre de choses succede nécessairement au premier : nul être
ne demeure constamment le même; tout nous atteste les vicissitudes, les révolutions et les métamorphoses continuelles de
la nature. LUCR., V, 826.

[1] Plutarque ne fait ici que transcrire et développer ces paroles du *Timée* : « Nous avons tort de dire, en parlant de l'éternelle essence, elle fut, elle sera; ces formes du temps ne conviennent pas à l'éternité; elle est, voilà son attribut. Notre
passé et notre avenir sont deux mouvements : or l'immuable
ne peut être de la veille ni du lendemain; où ne peut dire qu'il
fut ni qu'il sera; les accidents des créatures sensibles ne sont
pas faits pour lui, et des instants qui se calculent ne sont qu'un
vain simulacre de ce qui est toujours. » Voyez les *Pensées de
Platon*, seconde édition, p. 73. J. V. L.

[2] SEN., *Natur. quæst.*, I, *Præfat.* C.

brassée plus grande que le bras, et d'esperer enjamber plus que de l'estendue de nos jambes, cela est impossible et monstrueux; ny que l'homme se monte au dessus de soy et de l'humanité : car il ne peult veoir que de ses yeulx, ny saisir que de ses prinses. Il s'eslevera, si Dieu luy preste extraordinairement la main; il s'eslevera, abandonnant et renonceant à ses propres moyens, et se laissant haulser et soublever par les moyens purement celestes. C'est à nostre foy chrestienne, non à sa vertu stoïque, de pretendre à ceste divine et miraculeuse metamorphose.

CHAPITRE XIII.

De juger de la mort d'aultruy.

Quand nous jugeons de l'asseurance d'aultruy en la mort, qui est sans doubte la plus remarquable action de la vie humaine, il se fault prendre garde d'une chose : que malayséement on croit estre arrivé à ce poinct. Peu de gens meurent resolus que ce soit leur heure derniere; et n'est endroict où la piperie de l'esperance nous amuse plus : elle ne cesse de corner aux aureilles : « D'aultres ont bien esté plus malades sans mourir; l'affaire n'est pas si desesperée qu'on pense; et, au pis aller, Dieu a bien faict d'aultres miracles. » Et advient cela, de ce que nous faisons trop de cas de nous : il semble que l'université des choses souffre aucunement de nostre aneantissement, et qu'elle soit compassionnée à nostre estat; d'autant que nostre veue alterée se represente les choses abusivement, et nous est advis qu'elles luy faillent à mesure qu'elle leur fault : comme ceulx qui voyagent en mer, à qui les montaignes, les campaignes, les villes, le ciel et la terre, vont mesme bransle et quand et quand eulx :

Provehimur portu, terræque urbesque recedunt[1].

Qui veid jamais vieillesse qui ne louast le temps passé et ne blamast le present, chargeant le monde et les mœurs des hommes de sa misere et de son chagrin?

Jamque caput quassans, grandis suspirat arator...
Et quum tempora temporibus præsentia confert

(1) La terre et les villes reculent à mesure que nous nous éloignons du port. VIRG., *Enéide*, III, 72.

Præteritis, laudat fortunas sæpe parentis,
Et crepat antiquum genus ut pietate repletum[1].

Nous entraisnons tout avecques nous, d'ou il s'ensuit que nous estimons grande chose nostre mort, et qui ne passe pas si ayséement, ny sans solenne consultation des astres : *Tot circa unum caput tumultuantes deos*[2]; et le pensons d'autant plus que plus nous nous prisons : « Comment? tant de science se perdroit elle avecques tant de dommage, sans particulier soulcy des destinées? Un' ame si rare et exemplaire ne couste elle non plus à tuer qu'un' ame populaire et inutile? Ceste vie, qui en couvre tant d'aultres, de qui tant d'aultres vies despendent, qui occupe tant de monde par son usage, remplit tant de places, se desplace elle comme celle qui tient à son simple nœud? » Nul de nous ne pense assez n'estre qu'un[3] : de là viennent ces mots de Cesar à son pilote, plus enflés que la mer qui le menaceoit :

Italiam si, cœlo auctore, recusas,
Me, pete : sola tibi causa hæc est justa timoris,
Vectorem non nosse tuum; perrumpe procellas,
Tutela secure mei[4] :

et ceulx cy,

Credit jam digna pericula Cæsar
Fatis esse suis : Tantusque evertere, dixit,
Me superis labor est, parva quem puppe sedentem
Tam magno petiere mari[5]?

et ceste resverie publicque, que le soleil porta en son front, tout le long d'un an, le deuil de sa mort :

Ille etiam exstincto miseratus Cæsare Romam,
Quum caput obscura nitidum ferrugine texit[6] :

(1) Le vieux laboureur secoue, en soupirant, sa tête chauve; il compare le temps passé avec le présent; il envie le sort de ses pères, et parle sans cesse de la piété des anciens temps. LUCR., II, 1165.
(2) Tant de dieux en mouvement pour la vie d'un seul homme. M. SENEC., *Suasor.*, I, 4.
(3) « Nous tenons à tout, nous nous accrochons à tout; les temps, les lieux, les hommes, les choses, tout ce qui est, tout ce qui sera, importe à chacun de nous : notre individu n'est plus que la moindre partie de nous-mêmes... O homme! resserre ton existence au-dedans de toi. » ROUSSEAU, *Emile*, liv. II. On ne voit pas ici d'imitation directe; mais la pensée est la même. J. V. L.
(4) Au défaut des dieux, vogue sous mes auspices : tu ignores qui tu conduis, et voilà pourquoi tu te troubles. Fort de mon appui, précipite-toi à travers la tempête. LUCAIN, V, 579.
(5) César reconnaît enfin des périls dignes de son courage. Quoi! dit-il, les immortels ont besoin de tant d'efforts pour perdre César! ils attaquent de toute la fureur des mers le frêle esquif où je suis assis! LUCAIN, V, 653.
(6) Le soleil aussi, quant César mourut, prit part au malheur

et mille semblables, de quoy le monde se laisse si ayséement piper, estimant que nos interests alterent le ciel, et que son infinité se formalise de nos menues actions. *Non tanta cœlo societas nobiscum est, ut nostro fato mortalis sit ille quoque siderum fulgor* [1].

Or, de juger la resolution et la constance en celuy qui ne croit pas encores certainement estre au dangier, quoy qu'il y soit, ce n'est pas raison ; et ne suffit pas qu'il soit mort en ceste desmarche, s'il ne s'y estoit mis justement pour cest effect : il advient à la pluspart de roidir leur contenance et leurs paroles pour en acquerir reputation, qu'ils esperent encores jouir vivants. D'autant que j'en ay veu mourir, la fortune a disposé les contenances, non leur desseing ; et de ceulx mesmes qui se sont anciennement donné la mort, il y a bien à choisir si c'est une mort soubdaine, ou mort qui ayt du temps [2]. Ce cruel empereur romain [3] disoit de ses prisonniers, qu'il leur vouloit faire sentir la mort ; et si quelqu'un se desfaisoit en prison : « Celuy là m'est eschappé, » disoit il : il vouloit estendre la mort et la faire sentir par les torments.

Vidimus et toto quamvis in corpore cæso
Nil animæ lethale datum, moremque nefandæ
Durum sævitiæ, pereuntis parcere morti [4].

De vray, ce n'est pas si grand' chose d'establir tout sain et tout rassis de se tuer ; il est bien aysé de faire le mauvais avant que de venir aux prinses : de maniere que le plus efféminé homme du monde, Heliogabalus, parmy ses plus lasches voluptés, desseignoit bien [5] de se faire mourir delicatement, où l'occasion l'en forceroit ; et, à fin que sa mort ne desmentist point le reste de sa vie, avoit faict bastir exprés une tour sumptueuse, le bas et le devant de laquelle estoit planché d'ais enrichis d'or et de pierreries, pour se precipiter ; et aussi faict faire des chordes d'or et de soye cramoisie pour s'estrangler ; et battre une espée d'or pour s'enferrer ; et gardoit du venin dans des vaisseaux d'emeraude et de topaze, pour s'empoisonner, selon que l'envie luy prendroit de choisir de toutes ces laçons de mourir [1] :

Impiger.... et fortis virtute coacta [2].

Toutesfois, quant à cestuy cy, la mollesse de ses apprests rend plus vraysemblable que le nez luy eust saigné, qui l'en eust mis au propre [3]. Mais de ceulx mesmes qui, plus vigoureux, se sont resolus à l'execution, il fault veoir, dis je, si c'a esté d'un coup qui ostast le loisir d'en sentir l'effect ; car c'est à deviner, à veoir escouler la vie peu à peu, le sentiment du corps se meslant à celuy de l'ame, s'offrant le moyen de se repentir, si la constance s'y feust trouvée, et l'obstination en une si dangereuse volonté.

Aux guerres civiles de Cesar, Lucius Domitius, prins en la Brusse [4], s'estant empoisonné, s'en repentit après. Il est advenu de nostre temps que tel resolu de mourir, et de son premier essay n'ayant donné assez avant, la demangeaison de la chair lui repoussant le bras, se rebleça bien fort à deux ou trois fois après, mais ne peut jamais gaigner sur luy d'enfoncer le coup. Pendant qu'on faisoit le procès à Plautius Silvanus, Urgulania, sa mère grand', luy envoya un poignard, duquel n'ayant peu venir à bout de se tuer, il se feit couper les veines à ses gents [5]. Albucilla, du temps de Tibere, s'estant, pour se tuer, frappée trop mollement, donna encores à ses parties moyen de l'emprisonner et faire mourir à leur mode [6]. Autant en feit le capitaine Demosthenes, après sa route

---

de Rome, et couvrit son front d'un voile lugubre. VIRG., *Géorg.* I, 466.

(1) Il n'existe pas une telle alliance entre le ciel et nous qu'à notre mort la lumière des astres doive s'éteindre. PLINE, *Nat. Hist.*, II, 8.

(2) *A observer, à examiner si c'est une mort soudaine, ou qui vienne, pour ainsi dire, à pas comptés.* C.

(3) Le cruel empereur qui vouloit faire sentir la mort à ses prisonniers, c'était Caligula, comme on peut voir dans sa *Vie*, écrite par SUÉTONE, c. 30 ; et c'est Tibère qui dit d'un prisonnier nommé *Carvilius*, qui s'était tué lui-même, qu'il lui était échappé : *Carvilius me evasit.* SUÉT., *Tibère*, c. 61. C.

(4) Nous l'avons vu, ce corps, qui, tout couvert de plaies, n'avait pas encore reçu le coup mortel, et dont on ménageait la vie expirante par un excès inouï de cruauté. LUCAIN, IV, 178.

(5) *Projetait bien.*

---

(1) LAMPR., *Heliogabal.*, c. 33. J. V. L.

(2) Courageux par nécessité. LUCAIN., IV, 798.

(3) *Si on l'eût mis dans ce cas.*

(4) A Corfinium, dans l'Abruzze citérieure, en latin *Aprutium*. Montaigne, dans son *Voyage*, t. II, p. 116, écrit ce mot de la même manière : « J'ouïs la nuict un coup de canon dès la Brusse, au roïaume et au delà de Naples. » On voit aisément d'où vient l'erreur de ceux qui en avaient fait *la Prusse*, comme portent toutes les anciennes éditions des *Essais*. Le fait est pris de PLUT., *Vie de César*, c. 16. J. V. L.

(5) TACITE, *Annal.*, IV, 22. J. V. L.

(6) ID., *ibid.*, VI, 48. J. V. L.

en la Sicile¹ ; et C. Fimbria, s'estant frappé trop foiblement, impetra de son valet de l'achever². Au rebours, Ostorius, lequel, pour ne se pouvoir servir de son bras, desdaigna d'employer celuy de son serviteur à aultre chose qu'à tenir le poignard droict et ferme; et, se donnant le branle, porta luy mesme sa gorge à l'encontre, et la transperceaᵌ. C'est une viande, à la verité, qu'il fault engloutir sans mascher, qui n'a le gosier ferré à glace; et pourtant l'empereur Adrianus feit que son medecin marquast et circonscrivist, en son tettin, justement l'endroict mortel, où celuy eust à viser, à qui il donna la charge de le tuer⁴. Voylà pourquoy Cesar, quand on luy demandoit quelle mort il trouvoit la plus souhaitable: « la moins premeditée, respondit il, et la plus courte⁵. » Si Cesar l'a osé dire, ce ne m'est plus lascheté de le croire. « Une mort courte, dict Pline, est le souverain heur de la vie humaine⁶. » Il leur fasche de la recognoistre. Nul ne se peult dire estre résolu à la mort, qui craint à la marchander, qui ne peult la soustenir les yeulx ouverts: ceulx qu'on veoid aux supplices courir à leur fin, et haster l'exécution et la presser, ils ne le font pas de resolution, ils se veulent oster le temps de la considerer; l'estre mort ne les fasche pas, mais ouy bien le mourir;

Emori nolo, sed me esse mortuum nihili æstimo ⁷.

c'est un degré de fermeté auquel j'ay experimenté que je pourrois arriver, comme ceulx qui se jectent dans les dangiers, ainsi que dans la mer, à yeulx clos.

Il n'y a rien, selon moy, plus illustre en la vie de Socrates, que d'avoir eu trente jours entiers à ruminer le decret de sa mort; de l'avoir digerée tout ce temps là d'une très certaine esperance, sans esmoy, sans alteration, et d'un train d'actions et de paroles ravallé plustost et anonchaly, que tendu et relevé par le poids d'une telle cogitation¹.

Ce Pomponius Atticus à qui Cicero escript, estant malade, feit appeller Agrippa, son gendre, et deux ou trois aultres de ses amis; et leur dict qu'ayant essayé qu'il ne gaignoit rien à se vouloir guarir, et que tout ce qu'il faisoit pour allonger sa vie allongeoit aussi et augmentoit sa douleur, il estoit deliberé de mettre fin à l'un et à l'aultre, les priant de trouver bonne sa deliberation, et, au pis aller, de ne perdre point leur peine à l'en destourner. Or, ayant choisi de se tuer par abstinence, voylà sa maladie guarie par accident; ce remede, qu'il avoit employé pour se desfaire, le remet en santé. Les medecins et ses amis, faisants feste d'un si heureux evenement, et s'en resjouissants avecques luy, se trouverent bien trompés; car il ne leur feut possible pour cela de luy faire changer d'opinion, disant qu'ainsi comme ainsi luy falloit il, un jour, franchir ce pas, et qu'en estant si avant, il se vouloit oster la peine de recommencer un' aultre fois². Cestuy cy, ayant recogneu la mort tout à loisir, non seulement ne se descourage pas au joindre, mais il s'y acharne; car estant satisfaict en ce pourquoy il estoit entré en combat, il se picque par braverie d'en veoir la fin; c'est bien loing au-delà de ne craindre point la mort que de la vouloir taster et savourer.

L'histoire du philosophe Cleanthes est fort pareille: les gengives luy estoient enflées et pourries; les medecins lui conseillerent d'user d'une grande abstinence; ayant jeusné deux jours, il est si bien amendé qu'ils luy declarent sa guarison, et permettent de retourner à son train de vivre accoustumé; luy, au rebours, goustant desjà quelque douceur en ceste defaillance, entreprend de ne se retirer plus en arriere, et franchit le pas qu'il avoit fort advancé³.

Tullius Marcellinus, jeune homme romain, voulant anticiper l'heure de sa destinée, pour se desfaire d'une maladie qui le gourmandoit plus qu'il ne vouloit souffrir, quoyque les medecins luy en promissent guarison certaine, sinon si soubdaine, appella ses amis pour en deliberer; les uns, dit Seneca, luy donnoient le conseil que par lascheté ils eussent prins pour eulx mes-

---

(1) Plut., *Nicias*, c. 10. C.
(2) Appien, *de Bello Mithrid.*, 21, éd. d'Estienne. C.
(3) Tacite, *Annal.*, XVI, 15. J. V. L.
(4) Xiphilin, *Vie d'Adrien*. C.
(5) *In sermone nato... quisnam esset finis vitæ commodissimus, repentinum inopinatumque prætulerat.* Suétone, *J. Cæsar*, c. 87.
(6) *Mortes repentinæ, hoc est summa vitæ felicitas.* Nat. Hist., VII, 53.
(7) Je ne crains pas d'être mort, mais de mourir. Cic. *Tusc. quæst.*, I, 8. C'est la traduction d'un vers d'Épicharme.

(1) Pensée, de *cogitatio*.
(2) Corn. Nepos, *Vie d'Atticus*, c. 22. C.
(3) Diog. Laerce, VIII, 176. C.

mes; les aultres par flatterie, celuy qu'ils pensoient luy debvoir estre plus agreable; mais un stoïcien luy dict ainsi: « Ne te travaille pas, Marcellinus, comme si tu deliberois de chose d'importance; ce n'est pas grand'chose que vivre; tes valets et les bestes vivent; mais c'est grand'chose de mourir honnestement, sagement et constamment. Songe combien il y a que tu foys mesme chose, manger, boire, dormir; boire, dormir, et manger; nous rouons[1] sans cesse en ce cercle. Non seulement les mauvais accidents et insupportables, mais la satieté mesme de vivre donne envie de la mort. » Marcellinus n'avoit besoing d'homme qui le conseillast, mais d'homme qui le secourust; les serviteurs craignoient de s'en mesler; mais ce philosophe leur feit entendre que les domestiques sont souspeçonnés lors seulement qu'il est en doubte si la mort du maistre a esté volontaire : aultrement qu'il seroit d'aussi mauvais exemple de l'empescher, que de le tuer; d'autant que

Invitum qui servat, idem facit occidenti[2].

Après il advertit Marcellinus qu'il ne seroit pas messeant, comme le dessert des tables se donne aux assistants, nos repas faicts, aussi, la vie finie, de distribuer quelque chose à ceulx qui en ont esté les ministres. Or, estoit Marcellinus de courage franc et liberal; il feit despartir quelque somme à ses serviteurs, et les consola. Au reste, il n'y eut besoin de fer ny de sang; il entreprint de s'en aller de ceste vie, non de s'enfuyr, non d'eschapper à la mort, mais de l'essayer. Et pour se donner loisir de la marchander, ayant quitté toute nourriture, le troisiesme jour suyvant, après s'estre fait arrouser d'eau tiede, il defaillit peu à peu, et non sans quelque volupté, à ce qu'il disoit[3].

De vray, ceulx qui ont eu ces defaillances de cœur qui prennent par foiblesse disent n'y sentir aulcune douleur, ains plustost quelque plaisir, comme d'un passage au sommeil et au repos. Voylà des morts estudiées et digerées.

Mais à fin que le seul Caton peust fournir à tout exemple de vertu, il semble que son bon destin lui feist avoir mal en la main dequoy il se donna le coup, à ce qu'il eust loisir d'affronter la mort et de la colleter, renforceant le courage au dangier, au lieu de l'amollir. Et si c'eust esté à moy de le representer en sa plus superbe assiette, c'eust esté deschirant tout ensanglanté ses entrailles, plustost que l'espée au poing, comme feirent les statuaires de son temps; car ce second meurtre feut bien plus furieux que le premier.

CHAPITRE XIV.

Comme nostre esprit s'empesche soy mesme.

C'est une plaisante imagination de concevoir un esprit balancé justement entre deux pareilles envies : car il est indubitable qu'il ne prendra jamais party, d'autant que l'application et le chois porte inegualité de prix; et qui nous logeroit entre la bouteille et le jambon, avecques egual appetit de boire et de manger, il n'y auroit sans doubte remede que de mourir de soif et de faim[1]. Pour pourveoir à cest inconvenient, les stoïciens[2], quand on leur demande d'où vient en nostre ame l'eslection de deux choses indifferentes, et qui faict que d'un grand nombre d'escus nous en prenions plustost l'un que l'aultre, estant touts pareils, et n'y ayant aulcune raison qui nous incline à la preference, respondent que ce mouvement de l'ame est extraordinaire et desreglé, venant en nous d'une impulsion estrangiere, accidentale et fortuite. Il se pourroit dire, ce me semble, plustost, que aulcune chose ne se presente à nous où il n'y ait quelque difference, pour legiere qu'elle soit; et que, ou à la veue ou à l'attouchement, il y a tousjours quelque chois qui nous tente et attire, quoyque ce soit imperceptiblement : pareillement qui presupposera une fiscelle egualement forte par tout, il est impossible de toute impossibilité qu'elle rompe; car par où voulez vous que la faulsée commence? et de rompre par tout ensemble, il n'est pas en nature. Qui joindroit encores à cecy les propositions geometriques qui concluent, par la certitude de leurs demonstrations, le contenu plus grand que le

---

(1) Nous tournons. *Rouer*; c'est tourner comme une roue. E. J.

(2) C'est tuer un homme que de le sauver malgré lui. HoR., *de Art. poet.*, v. 467.

(3) Tout ce récit est emprunté de SÉN., *Epist.* 77. C.

(1) Voyez BAYLE, à l'article Buridan, Rem. C.

(2) PLUTARQUE, dans les *Contredits des philosophes stoïques*, c. 24, G.

contenant, le centre aussi grand que sa circonference, et qui trouvent deux lignes s'approchants sans cesse l'une de l'aultre et ne se pouvants jamais joindre, et la pierre philosophale, et quadrature du cercle, où la raison et l'effect sont si opposites, en tireroit à l'adventure quelque argument pour secourir ce mot hardy de Pline : *solum certum nihil esse certi, et homine nihil miserius, aut superbius*[1].

CHAPITRE XV.

Que nostre desir s'accroist par la malaysance.

Il n'y a raison qui n'en aye une contraire, dict le plus sage party des philosophes. Je remaschois[2] tantost ce beau mot qu'un ancien allegue pour le mespris de la vie : « Nul bien ne nous peult apporter plaisir, ci ce n'est celuy à la perte duquel nous sommes preparés[3] ; » *In æquo est dolor amissæ rei, et timor amittendæ*; voulant gaigner par là que la fruition de la vie ne nous peult estre vrayement plaisante, si nous sommes en crainte de la perdre. Il se pourroit toutesfois dire, au revers, que nous serrons et embrassons ce bien, d'autant plus estroict et avecques plus d'affection que nous le veoyons nous estre moins seur, et craignons qu'il nous soit osté ; car il se sent evidemment, comme le feu se picque à l'assistance du froid, que nostre volonté s'aiguise aussi par le contraste :

Si nunquam Danaen habuisset ahenea turris,
Non esset Danae de Jove facta parens[4] *;*

et qu'il n'est rien naturellement si contraire à nostre goust que la satieté qui vient de l'aysance, ny rien qui l'aiguise tant que la rareté et difficulté : *Omnium rerum voluptas ipso, quo debet fugare, periculo crescit*[5].

Galla, nega; satiatur amor, nisi gaudia torquent[1].

Pour tenir l'amour en haleine, Lycurgue ordonna que les mariés de Lacedemone ne se pourroient practiquer qu'à la desrobée, et que ce seroit pareille honte de les rencontrer couchés ensemble qu'avecques d'aultres[2]. La difficulté des assignations, le dangier des surprinses, la honte du lendemain,

Et languor, et silentium,
.... et latere petitus imo spiritus[3],

c'est ce qui donne poincte à la saulce. Combien de jeux très lascifvement plaisants naissent de l'honneste et vergongneuse maniere de parler des ouvrages de l'amour? La volupté mesme cherche à s'irriter par la douleur ; elle est bien plus sucrée quand elle cuict et quand elle escorche. La courtisane Flora disoit n'avoir jamais couché avecques Pompeius qu'elle ne luy eust faict porter les marques de ses morsures[4].

Quod petiere, premunt arcte, faciuntque dolorem
Corporis, et dentes inlidunt sæpe labellis,...
Et stimuli subsunt, qui instigant lædere id ipsum,
Quodcumque est, rabies unde illæ germina surgunt[5].

Il en va ainsi partout; la difficulté donne prix aux choses: ceulx de la Marque d'Ancone[6] font plus volontiers leurs vœux à saint Jacques[7], et ceulx de Galice à Nostre-Dame de Lorette: on faict au Liege[8] grande feste des bains de Luques ; et, en la Toscane, de ceulx d'Aspa; il ne se veoid gueres de Romains en l'eschole de l'escrime à Rome, qui est pleine de François. Ce grand Caton se trouva, aussi bien que nous, desgousté de sa femme[9], tant qu'elle feut

---

(1) Il n'y a rien de certain que l'incertitude, et rien de plus misérable et plus fier que l'homme. PLIN., *Nat. Hist.*, II, 7. — C'est ainsi que Montaigne traduit ce passage dans sa première édition, *Bourdeaux*, 1580, C.

(2) *Remascher*, au figuré, c'est repasser plusieurs fois dans son esprit. E. J.

(3) SÉN., *Epist.* 4. La phrase suivante est aussi de SÉNÈQUE, *Epist.* 98 : Le chagrin d'avoir perdu une chose, et la crainte de la perdre, affectent également l'esprit.

(4) Si Danaé n'eût pas été renfermée dans une tour d'airain, jamais elle n'eût donné un fils à Jupiter. OVIDE, *Amor.*, II, 19, 27.

(5) Le plaisir, en toutes choses, reçoit un nouvel attrait du péril même qui devrait nous en éloigner. SEN, *de Benefic.*, VII, 9.

(1) Galla, refuse-moi : l'amour se rassasie bientôt, si le plaisir n'est mêlé de tourment. MART., IV, 37.

(2) PLUT., *Vie de Lycurgue*, c. II. J. V. L.

(3) Et la langueur, et le silence, et les soupirs tirés du fond du cœur. HOR., *Epod.*, XI, 9.

(4) PLUT., *Vie de Pompée*, c. 1. C.

(5) Ils serrent avec fureur l'objet de leurs désirs ; ils le blessent, et, d'une dent cruelle, impriment sur ses lèvres des baisers douloureux ; ... ils sont animés par de secrets aiguillons contre l'objet qui allume la fureur de leurs transports. LUCR., IV, 1076.

(6) La *Marche d'Ancône*, en Italie, où est *Notre-Dame de Lorette*. C.

(7) *Saint-Jacques de Compostelle*, en Galice. C.

(8) *A Liège*, ou aux eaux de Spa, près de Liège, appelées ici par Montaigne *les bains d'Aspa*. C.

(9) Marcia, fille de Marcius Philippus. Montaigne ajoute ici quelque chose au récit de Plutarque (*Caton d'Utique*, c. 7) : Il suppose que Caton *la désira quand elle feut à un aultre*, sans

sienne, et la desira quand elle feut à un aultre. J'ay chassé au haras un vieux cheval, duquel, à la senteur des juments, on ne pouvoit venir à bout; la facilité l'a incontinent saoulé envers les siennes; mais envers les estrangieres et la premiere qui passe le long de son pastis, il revient à ses importuns hennissements et à ses chaleurs furieuses, comme devant. Nostre appetit mesprise et oultrepasse ce qui luy est en main, pour courir apres ce qu'il n'a pas:

Transvolat in medio posita, et fugientia captat [1].

Nous deffendre quelque chose, c'est nous en donner envie:

Nisi tu servare puellam
Incipis, incipiet desinere esse mea [2] :

nous l'abandonner tout à faict, c'est nous en engendrer mespris. La faulte et l'abondance retumbent en mesme inconvenient:

Tibi quod superest, mihi quod defit, dolet [3].

Le desir et la jouïssance nous mettent pareillement en peine. La rigueur des maistresses est ennuyeuse; mais l'aysance et la facilité l'est, à vray dire, encore plus: d'autant que le mescontentement et la cholere naissent de l'estimation en quoy nous avons la chose desirée, aiguisent l'amour, et le rechauffent; mais la satieté engendre le desgoust; c'est une passion mousse, hebetée, lasse et endormie.

Si qua volet regnare diu, contemnat amantem [4].
Contemnite, amantes:
Sic hodie veniet, si qua negavit heri [5].

Pourquoy inventa Poppea de masquer les beautés de son visage, que pour les rencherir à ses amants [6]? Pourquoy a l'on voilé jusques au dessoubs des talons ces beautés que chascune desire montrer, que chascun desire voir? Pourquoy couvrent elles de tant d'empeschements les uns sur les aultres les parties où loge principalement nostre desir et le leur? et à quoy servent ces gros bastions, de quoy les nostres viennent d'armer leurs flancs, qu'à leurrer notre appetit [1], et nous attirer à elles en nous esloingnant?

Et fugit ad salices, et se cupit ante videri [2].
Interdum tunica duxit operta moram [3].

A quoy sert l'art de ceste honte virginale, ceste froideur rassise, ceste contenance severe, ceste profession d'ignorance des choses qu'elles scavent mieulx que nous qui les en instruisons, qu'à nous accroistre le desir de vaincre, gourmander et fouler à nostre appetit toute ceste cerimonie et ces obstacles? car il y a non seulement du plaisir, mais de la gloire encores, d'affolir [4] et desbaucher ceste molle doulceur et ceste pudeur enfantine, et de renger à la mercy de nostre ardeur une gravité froide et magistrale; c'est gloire, disent-ils, de triumpher de la modestie, de la chasteté, et de la temperance; et qui desconseille aux dames ces parties là, il les trahit, et soy mesme. Il fault croire que le cœur leur fremit d'effroy, que le son de nos mots blece la pureté de leurs aureilles, qu'elles nous en haïssent, et s'accordent à nostre importunité d'une force forcée. La beauté, toute puissante qu'elle est, n'a pas de quoy se faire savourer sans ceste entremise. Voyez en Italie, où il y a plus de beauté à vendre, et de la plus fine, comme il fault qu'elle cherche d'aultres moyens estrangiers et d'aultres arts pour se rendre agreable; et si, à la verité, quoy qu'elle face, estant venale et publicque, elle demeure foible et languissante; tout ainsi que, mesme en la vertu, de deux effects pareils, nous tenons neanmoins celuy là le plus beau et plus digne auquel il y a plus d'empeschement et de hazard proposé.

C'est un effect de la Providence divine de permettre sa saincte Église estre agitée, comme nous la veoyons, de tant de troubles et d'orages, pour esveiller par ce contraste les ames pies,

---

doute parce qu'il se hâta de la reprendre après la mort d'Hortensius, à qui il l'avait prêtée (*ibid.*, c. 48). César lui en avait fait aussi de vifs reproches dans son *Anti-Caton*. J. V. L.

(1) Il dédaigne ce qui est à sa disposition, et poursuit ce qui fuit. Hor., *Sat.*, I, 2, 108.

(2) Si tu ne fais garder ta maîtresse, elle cessera bientôt d'être à moi. Ovide, *Amor.*, II, 19, 47.

(3) Tu te plains de ton superflu, et moi de mon indigence. Ter., *Phorm.*, act. I, sc. III, v. 9.

(4) Voulez-vous régner longtemps sur votre amant, dédaignez ses prières. Ovide, *Amor.*, II, 19, 33.

(5) Amants, faites les dédaigneux : celle qui vous refusa hier viendra elle-même s'offrir à vous. Prop., II, 14, 19.

(6) *Raru s in publicum egressus; idque velata parte oris, ne satiaret adspectum, vel quia sic decebat.* Tac., *Annal.*, XII, 45.

(1) *Par la difficulté*, comme ajoute l'édition in-4o de 1588, *fol.* 263.

(2) La bergère court se cacher entre les saules, mais auparavant elle veut être aperçue. Virg., *Eclog.*, III, 65.

(3) Souvent elle a opposé sa robe à mes impatients désirs. Prop., II, 15, 6.

(4) Rendre fou.

et les r'avoir de l'oisiveté et du sommeil où les avoit plongées une si longue tranquillité; si nous contrepoisons la perte que nous avons faicte par le nombre de ceulx qui se sont desvoyés, au gaing qui nous vient pour nous estre remis en haleine, resuscité nostre zèle et nos forces à l'occasion de ce combat, je ne sçais si l'utilité ne surmonte point le dommage.

Nous avons pensé attacher plus ferme le nœud de nos mariages pour avoir osté tout moyen de les dissouldre; mais d'autant s'est desprins et relasché le nœud de la volonté et de l'affection, que celuy de la contraincte s'est estrecy; et, au rebours, ce qui teint les mariages, à Rome, si longtemps en honneur et en seureté, feut la liberté de les rompre qui vouldroit; ils gardoient mieulx leurs femmes, d'autant qu'ils les pouvoient perdre; et, en pleine licence de divorces, il se passa cinq cents ans, et plus, avant que nul s'en servist[1].

Quod licet, ingratum est; quod non licet, acrius urit [2].

A ce propos se pourroit joindre l'opinion d'un ancien, que les supplices aiguisent les vices, plustost qu'ils ne les amortissent; qu'ils n'engendrent point le soing de bien faire, c'est l'ouvrage de la raison et de la discipline, mais seulement un soing de n'estre surprins en faisant mal :

Latius excisæ pestis contagia serpunt [3] :

je ne sçais pas qu'elle soit vraye; mais cecy sçais-je par experience, que jamais police ne se trouva reformée par là : l'ordre et reglement des mœurs despend de quelque aultre moyen.

Les histoires grecques[4] font mention des Argippées, voisins de la Scythie, qui vivent sans verge et sans baston à offenser; que non seulement nul n'entreprend d'aller attaquer, mais quiconque s'y peult sauver, il est en franchise, à cause de leur vertu et saincteté de vie; et n'est aulcun si osé d'y toucher; on recourt à eulx pour appoincter les differends qui naissent entre les hommes d'ailleurs. Il y a nation où la closture des jardins et des champs qu'on veult conserver se faict d'un filet de coton, et se treuve bien plus seure et plus ferme que nos fossés et nos hayes : *Furem signata sollicitant... Aperta effractarius præterit*[1].

A l'adventure sert, entre aultres moyens, l'aysance, à couvrir ma maison de la violence de nos guerres civiles; la deffense attire l'entreprinse, et la desfiance l'offense. J'ai affoibly le desseing des soldats, ostant à leur exploict le hazard, et toute matiere de gloire militaire, qui a accoustumé de leur servir de tiltre et d'excuse; ce qui est faict courageusement est tousjours faict honorablement, en temps où la justice est morte. Je leur rends la conqueste de ma maison lasche et traistresse; elle n'est close à personne qui y hurte; il n'y a pour toute prouvision qu'un portier, d'ancien usage et cerimonie, qui ne sert pas tant à deffendre ma porte qu'à l'offrir plus decemment et gracieusement; je n'ay ny garde ny sentinelle que celle que les astres font pour moy. Un gentilhomme a tort de faire montre d'estre en deffense, s'il ne l'est bien à poinct. Qui est ouvert d'un costé l'est par tout; nos peres ne penserent pas à bastir des places frontieres. Les moyens d'assaillir, je dis sans batterie et sans armée, et de surprendre nos maisons, croissent touts les jours au dessus des moyens de se garder; les esprits s'aiguisent generalement de ce costé là; l'invasion touche touts; la deffense non, que les riches. La mienne estoit forte selon le temps qu'elle feut faicte; je n'y ai rien adjousté de ce costé là, et craindrois que sa force se tournast contre moy mesme; joinct qu'un temps paisible requerra qu'on les desfortifie. Il est dangereux de ne les pouvoir regaigner, et est difficile de s'en asseurer, car, en matiere de guerres intestines, vostre valet peult estre du party que vous craignez; et où la religion sert de pretexte, les parentés mesmes deviennent infiables[2] avecques couverture de justice. Les finances publiques n'entretiendront pas nos garnisons domestiques; elles s'y espuiseroient; nous n'avons pas de quoy le faire sans nostre ruyne, ou, plus incommodément et

---

(1) *Repudium inter uxorem et virum, a condita urbe usque ad vigesimum et quingentesimum annum, nullum intercessit.* VAL. MAX., II, 1, 4.

(2) Ce qui est permis n'a aucun attrait pour nous; ce qui est défendu irrite nos désirs. Ov., *Amor.*, II, 19, 3.

(3) Le mal qu'on croyait avoir extirpé gagne et s'étend plus loin. RUT., *Itinerar.*, I, 397. — Le poète parle des Juifs et de leur religion. C.

(4) HÉR., IV, 23. J. V. L.

(1) Les serrures attirent les voleurs; ceux qui brisent les portes n'entrent pas dans les maisons ouvertes. SEN., *Epist.* 68.

(2) *Suspectes.*

injurieusement encores, sans celle du peuple. L'estat de ma perte ne seroit de guere pire. Au demourant, vous y perdez vous; vos amis mesmes s'amusent à accuser vostre invigilance et improvidence[1], plus qu'à vous plaindre, et l'ignorance où nonchalance aux offices de vostre profession. Ce que tant de maisons gardées se sont perdues, ou ceste cy dure, me faict souspeçonner qu'elles se sont perdues de ce qu'elles estoient gardées; cela donne et l'envie et la raison à l'assaillant; toute garde porte visage de guerre. Qui se jectera, si Dieu veult, chez moy; mais tant y a que je ne l'y appelleray pas; c'est la retraicte à me reposer des guerres. J'essaye de soustraire ce coing à la tempeste publicque, comme je fois un aultre coing en mon ame. Nostre guerre a beau changer de formes, se multiplier et diversifier en nouveaux partis, pour moy je ne bouge. Entre tant de maisons armées, moy seul, que je sçache, en France, de ma condition, ay fié purement au ciel la protection de la mienne, et n'en ay jamais osté ny vaisselle d'argent, ny tiltre, ny tapisserie. Je ne veulx ny me craindre, ny me sauver à demy. Si une pleine recognoissance acquiert la faveur divine, elle me durera jusqu'au bout; sinon, j'ay tousjours assez duré pour rendre ma durée remarquable et enregistrable. Comment? il y a bien trente ans.

CHAPITRE XVI.

De la gloire.

Il y a le nom et la chose : le nom, c'est une voix qui remarque et signifie la chose; le nom, ce n'est pas une partie de la chose, ny de la substance; c'est une piece estrangiere joincte à la chose, et hors d'elle.

Dieu, qui est en soy toute plenitude et le comble de toute perfection, il ne peult s'augmenter et accroistre au dedans; mais son nom se peult augmenter et accroistre par la benediction et louange que nous donnons à ses ouvrages exterieurs, laquelle louange, puisque nous ne le pouvons incorporer en luy, d'autant qu'il n'y peult avoir accession de bien, nous l'attribuons à son nom, qui est la piece hors de luy la plus voisine; voilà comment c'est à Dieu seul à qui gloire et honneur appartient : et il n'est rien si esloingné de raison que de nous en mettre en queste pour nous; car, estants indigents et necessiteux au dedans, nostre essence estant imparfaicte, et ayant continuellement besoing d'amelioration, c'est là à quoi nous nous debvons travailler; nous sommes touts creux et vuides; ce n'est pas de vent et de voix que nous avons à nous remplir, il nous fault de la substance plus solide à nous reparer; un homme affamé seroit bien simple de chercher à se pourveoir plutost d'un beau vestement que d'un bon repas; il fault courir au plus pressé. Comme disent nos ordinaires prieres, *Gloria in excelsis Deo, et in terra pax hominibus*[1]. Nous sommes en disette de beauté, santé, sagesse, vertu, et telles parties essentielles; les ornements externes se chercheront, après que nous aurons pourveu aux choses necessaires. La theologie traicte amplement et plus pertinemment ce subject, mais je n'y suis gueres versé.

Chrysippus et Diogenes[2] ont esté les premiers aucteurs, et les plus fermes, du mespris de la gloire; et, entre toutes les voluptés, ils disoient qu'il n'y en avoit point de plus dangereuse, ny plus à fuyr, que celle qui nous vient de l'approbation d'aultruy. De vray, l'experience nous en faict sentir plusieurs trahisons bien dommageables; il n'est chose qui empoisonne tant les princes que la flatterie, ny rien par où les meschants gaignent plus ayséement credit autour d'eulx, ny macquerelage si propre et si ordinaire à corrompre la chasteté des femmes, que de les paistre et entretenir de leurs louanges; le premier enchantement que les sirenes employent à piper Ulysses est de ceste nature :

Deçà vers nous, deçà, ô très louable Ulysse,
Et le plus grand honneur dont la Grece fleurisse[3].

Ces philosophes là disoient que toute la gloire du monde ne meritoit pas qu'un homme d'entendement estendist seulement le doigt pour l'acquerir[4] :

Gloria quantalibet quid erit, si gloria tantum est[5]?

(1) *Imprévoyance.*

(1) Gloire à Dieu dans les cieux, et paix aux hommes sur la terre. S. Luc., *Evang.*, II, 14.
(2) Cic., *de Finib. bon. et mal.*, III, 17. C.
(3) Hom., *Odyssée*, XII, 184. Vers que Cicéron traduit aussi, *de Finib.*, V, 18, ainsi que Louis Racine, *Réflex. sur la Poésie*, chap. VI, art.-4. J. V. L.
(4) Cic., *de Fin.*, III, 17. C.
(5) Que sera la plus grande gloire, si elle n'est que de la gloire? Juv., *Sat.* 7, v. 81.

je dis pour elle seule, car elle tire souvent à sa suitte plusieurs commodités; pour lesquelles elle se peult rendre desirable; elle nous acquiert de la bienvueillance; elle nous rend moins exposés aux injures et offenses d'aultruy, et choses semblables. C'estoit aussi des principaulx dogmes d'Epicurus; car ce precepte de sa secte : CACHE TA VIE, qui deffend aux hommes de s'empescher des charges et negociations publicques, presuppose aussi necessairement qu'on mesprise la gloire, qui est une approbation que le monde faict des actions que nous mettons en evidence[1]. Celuy qui nous ordonne de nous cacher et de n'avoir soing que de nous, et qui ne veult pas que nous soyons connus d'aultruy, il veult encores moins que nous en soyons honorés et glorifiés; aussi conseille il à Idomeneus de ne regler aulcunement ses actions par l'opinion ou reputation commune, si ce n'est pour eviter les aultres incommodités accidentales que le mespris des hommes luy pourroit apporter.

Ces discours là sont infiniment vrays, à mon advis, et raisonnables : mais nous sommes, je ne sçais comment, doubles en nous mesmes, qui faict que ce que nous croyons nous ne le croyons pas, et ne nous pouvons desfaire de ce que nous condamnons. Veoyons les dernieres paroles d'Epicurus, et qu'il dict en mourant : elles sont grandes, et dignes d'un tel philosophe; mais si ont elles quelque marque de la recommendation de son nom, et de ceste humeur qu'il avoit descriée par ses preceptes. Voicy une lettre[2] qu'il dicta un peu avant son dernier soupir :

EPICURUS A HERMACHUS, salut.

« Cependant que je passois l'heureux, et celuy là mesme le dernier jour de ma vie, j'escrivois cecy, accompaigné toutesfois de telle douleur en la vessie et aux intestins qu'il ne peult rien estre adjousté à sa grandeur : mais elle estoit compensée par le plaisir qu'apportoit à mon ame la souvenance de mes inventions et de mes discours. Or toy, comme requiert l'affection que tu as eu dès ton enfance envers moy et la philosophie, embrasse la protection des enfants de Metrodorus. »

Voilà sa lettre. Et ce qui me faict interpreter que ce plaisir, qu'il dict sentir en son ame de ses inventions, regarde aulcunement la reputation qu'il en esperoit acquerir après sa mort, c'est l'ordonnance de son testament, par lequel il veult que « Amynomachus et Timocrates, ses heritiers, fournissent pour la celebration de son jour natal, touts les mois de janvier, les frais que Hermachus ordonneroit, et aussi pour la despense qui se feroit le vingtieme jour de chaque lune, au traictement des philosophes ses familiers, qui s'assembleroient à l'honneur de la memoire de luy et de Metrodorus[1]. »

Carneades a esté chef de l'opinion contraire; et a maintenu que la gloire estoit pour elle mesme desirable[2] : tout ainsi que nous embrassons nos posthumes pour eulx mesmes, n'en ayant aulcune cognoissance ni jouissance. Ceste opinion n'a pas failly d'estre plus communement suyvie, comme sont volontiers celles qui s'accommodent le plus à nos inclinations. Aristote luy donne le premier reng entre les biens externes : Evite, comme deux extremes vicieux, l'immoderation et à la rechercher et à la fuyr[3]. Je crois que si nous avions les livres que Cicero avoit escripts sur ce subject, il nous en conteroit de belles; car cest homme là feut si forcené de ceste passion que, s'il eust osé, il feust, ce crois je, volontiers tumbé en l'excès où tumberent d'aultres, que la vertu mesme n'estoit desirable que pour l'honneur qui se tenoit toujours à sa suitte :

Paulum sepultæ distat inertiæ
Celata virtus[4] :

qui est un' opinion si fausse que je suis despit qu'elle ait jamais peu entrer en l'entendement

---

(1) Voyez le traité de Plutarque : *Si ce mot commun* : Cache ta vie, *est bien dit*.

(2) Traduite fidèlement du latin de Cic., *de Finib.*, II, 30. Dans DIOG. LAERCE, X, 22, cette lettre est adressée à Idoménée, autre disciple du philosophe. Le nom d'*Hermachus* est souvent répété par Diogène Laërce dans le testament d'Epicure. On le trouve encore dans Cicéron, *de Finib.*, II, 51; *Academ.*, II, 30. Mais Villoison (*Anecdot. græc.*, tom. II, p. 159) et Visconti (*Iconograph. gr.*, tom. I, p. 216) ont prouvé, d'après les monuments anciens, et surtout d'après les papyrus d'Herculanum, qu'il vaut mieux lire *Hermarchus*. J. V. L.

(1) CIC., *de Finib.*, II, 31. C.

(2) C'est aux stoïciens que CICÉRON (*ibid.*, III, 17) attribue cette doctrine; mais il ajoute qu'ils ne l'ont admise que parce qu'ils n'ont pu répondre à Carnéade. Montaigne avait donc le droit de l'attribuer à Carnéade lui-même, et Coste n'avait pas ici d'erreur à relever. J. V. L.

(3) ARIST., *Morale à Nicomaque*, II, 7, etc. J. V. L.

(4) La vertu cachée diffère peu de l'obscure oisiveté. HOR., *Od.*, IV, 9, 29.

d'homme qui eust cest honneur de porter le nom de philosophe.

Si cela estoit vray, il ne fauldroit estre vertueux qu'en public; et les operations de l'ame, où est le vray siege de la vertu, nous n'aurions que faire de les tenir en regle et en ordre, sinon autant qu'elles debvroient venir à la cognoissance d'aultruy. N'y va il doncques que de faillir finement et subtilement! « Si tu sçais, dict Carneades[1], un serpent caché en ce lieu auquel, sans y penser, se va seoir celuy de la mort duquel tu esperes proufit, tu foys meschamment si tu ne l'en advertis; et d'autant plus que ton action ne doibt estre cogneue que de toy. » Si nous ne prenons de nous mesmes la loi de bien faire, si l'impunité nous est justice; à combien de sortes de meschancetés avons nous touts les jours à nous abandonner? Ce que Sext. Peduceus feit, de rendre fidelement cela que C. Plotius avoit commis à sa seule science, de ses richesses[2], et ce que j'en ai faict souvent de mesme, je ne le treuve pas tant louable, comme je trouverois exsecrable que nous y eussions failly: et treuve bon et utile à ramentevoir en nos jours l'exemple de P. Sextilius Rufus, que Cicero[3] accuse pour avoir recueilly une heredité contre sa conscience, non seulement, non contre les loix, mais par les loix mesmes; et M. Crassus, et Q. Hortensius[4], lesquels, à cause de leur auctorité et puissance ayant esté, pour certaines quotités, appelés par un estranger à la succession d'un testament fauls, à fin que, par ce moyen, il y establist sa part, se contenterent de n'estre participants de la faulseté, et ne refuserent d'en retirer du fruict; assez couverts, s'ils se tenoient à l'abry des accusateurs, et des tesmoings, et des loix : *Meminerint Deum se habere testem, id est (ut ego arbitror) mentem suam*[5].

La vertu est chose bien vaine et frivole, si elle tire sa recommendation de la gloire : pour neant entreprendrions nous de luy faire tenir son reng à part et la desjoindrions de la fortune; car qu'est il plus fortuite que la reputation? *Profecto fortuna in omni re dominatur: ea res cunctas ex libidine magis quam ex vero celebrat, obscuratque*[1]. De faire que les actions soient cogneues et veues, c'est le pur ouvrage de la fortune; c'est le sort qui nous applique la gloire selon sa temerité. Je l'ay veue fort souvent marcher avant le merite, et souvent oultrepasser le merite d'une longue mesure. Celuy qui premier s'advisa de la ressemblance de l'umbre à la gloire feit mieulx qu'il ne vouloit : ce sont choses excellemment vaines : elle va aussi quelquesfois devant son corps et quelquesfois l'excede de beaucoup en longueur. Ceulx qui apprennent à la noblesse de ne chercher en la vaillance que l'honneur, *quasi non sit honestum quod nobilitatum non sit*[2]; que gaignent ils par là, que de les instruire de ne se hazarder jamais, si on ne les veoid, et de prendre bien garde s'il y a des tesmoings qui puissent rapporter nouvelles de leur valeur : là où il se presente mille occasions de bien faire sans qu'on puisse en estre remarqué? Combien de belles actions particulieres s'ensepvelissent dans la foule d'une bataille? quiconque s'amuse à contrerooller aultruy pendant une telle meslée, il n'y est gueres embesongné et produict contre soy mesme le tesmoignage qu'il rend des desportements de ses compaignons. *Vera et sapiens animi magnitudo, honestum illud, quod maxime natura sequitur, in factis positum, non in gloria, judicat*[3].

Toute la gloire que je pretends de ma vie, c'est de l'avoir vescue tranquille : tranquille, non selon Metrodorus, ou Arcesilaus, ou Aristippus, mais selon moy. Puisque la philosophie n'a sceu trouver aulcune voye pour la tranquilité, qui feust bonne en commun, que chascun la cherche en son particulier.

A qui doibvent Cesar et Alexandre ceste grandeur infinie de leur renommée, qu'à la fortune?

---

(1) *Si scieris, inquit Carneades, aspidem occulte latere uspiam, et velle aliquem imprudentem super eam assidere, cujus mors tibi emolumentum factura sit; improbe feceris nisi monueris ne assideat; sed impune tamen : scisse enim te quis coarguere possit?* Cic., *de Finib.*, II, 18.

(2) Cic., *de Finib.*, II, 18. C.

(3) Id., *ibid.*, II, 17. C.

(4) Id., *de Offic.*, III, 18. C.

(5) Il faut se souvenir qu'on a Dieu pour témoin; et ce témoin, à mon avis, c'est notre propre conscience. Cic., *de Offic.*, III, 10.

(1) Certainement l'empire de la fortune s'étend sur tout : elle rend les uns célèbres, et laisse les autres obscurs, moins selon leur mérite que selon son caprice. Sall., *Bell., Catilin.*, c. 8.

(2) Comme si une action n'était vertueuse que lorsqu'elle a été célèbre. Cic., *de Offic.*, I, 4.

(3) C'est dans les actions vertueuses, et non dans la gloire, qu'une âme véritablement grande place l'honneur, qui est le principal but de notre nature. Cic., *de Offic.*, I, 19.

combien d'hommes a elle esteincts sur le commencement de leur progrès desquels nous n'avons aulcune cognoissance, qui y apportoient mesme courage que le leur, si le malheur de leur sort ne les eust arrestés tout court sur la naissance mesme de leurs entreprinses? Au travers de tant et si extremes dangiers, il ne me souvient point avoir leu que Cesar ayt esté jamais blecé : mille sont morts de moindre perils que le moindre de ceulx qu'il franchit. Infinies belles actions se doibvent perdre sans tesmoignage avant qu'il en vienne une à proufit : on n'est pas tousjours sur le hault d'une breche où à la teste d'une armée, à la veue de son general comme sur un eschaffaud; on est surprins entre la haye et le fossé ; il fault tenter fortune contre un poulailler; il fault denicher quatre chestifs harquebusiers d'une grange ; il fault seul s'escarter de la troupe et entreprendre seul, selon la necessité qui s'offre. Et si on prend garde, on trouvera, à mon advis, qu'il advient par experience que les moins esclatantes occasions sont les plus dangereuses; et qu'aux guerres qui se sont passées de nostre temps il s'est perdu plus de gents de bien aux occasions legieres et peu importantes et à la contestation de quelque bicoque qu'ès lieux dignes et honorables.

Qui tient sa mort pour mal employée, si ce n'est en occasion signalée, au lieu d'illustrer sa mort il obscurcit volontiers sa vie, laissant eschapper ce pendant plusieurs justes occasions de se hazarder; et toutes les justes sont illustres assez, sa conscience les trompettant suffisamment à chascun : *Gloria nostra est testimonium conscientiæ nostræ*[1]. Qui n'est homme de bien que parce qu'on le sçaura et parce qu'on l'en estimera mieulx après l'avoir sceu; qui ne veult bien faire qu'en condition que sa vertu vienne à la cognoissance des hommes, celuy là n'est pas personne de qui on puisse tirer beaucoup de service.

> *Credo che'l resto di quel verno, cose*
> *Facesse degne di tenerne conto;*
> *Ma fur sin da quel tempo si nascose,*
> *Che non è colpa mia s'or non le conto:*
> *Perchè Orlando a far l'opre virtuose,*
> *Più ch'a narrarle poi, sempre era pronto;*
> *Nè mai fu alcuno de'suoi fatti espresso,*
> *Se non quando ebbe i testimoni appresso*[1].

(1) Notre gloire, c'est le témoignage de notre conscience. S. Paul. *Epist. ad Corinth.*, II, 1, 12.

(2) Je crois que, le reste de cet hiver, Roland fit des choses

Il fault aller à la guerre pour son debvoir et en attendre ceste recompense qui ne peult faillir à toutes belles actions pour occultes qu'elles soyent, non pas mesme aux vertueuses pensées ; c'est le contentement qu'une conscience bien reglée receoit en soy de bien faire. Il fault estre vaillant pour soy mesme et pour l'advantage que c'est d'avoir son courage logé en une assiette ferme et asseurée contre les assaults de la fortune :

> *Virtus, repulsæ nescia sordidæ,*
> *Intaminatis fulget honoribus;*
> *Nec sumit, aut ponit secures*
> *Arbitrio popularis auræ*[1].

Ce n'est pas pour la montre que nostre ame doibt jouer son roolle, c'est chez nous, au dedans, où nuls yeulx ne donnent que les nostres : là elle nous couvre de la crainte de la mort, des douleurs et de la honte mesme ; elle nous asseure là de la perte de nos enfants, de nos amis et de nos fortunes; et quand l'opportunité s'y presente, elle nous conduict aussi aux hazards de la guerre, *non emolumento aliquo, sed ipsius honestatis decore*[2]. Ce proufit est bien plus grand et bien plus digne d'estre souhaité et esperé que l'honneur et la gloire, qui n'est aultre chose qu'un favorable jugement qu'on faict de nous.

Il fault trier de toute une nation une douzaine d'hommes pour juger d'un arpent de terre : et le jugement de nos inclinations et de nos actions, la plus difficile matiere et la plus importante qui soit, nous le remettons à la voix de la commune et de la tourbe, mere d'ignorance, d'injustice et d'inconstance. Est ce raison de faire despendre la vie d'un sage du jugement des fols? *An quidquam stultius, quam, quos singulos contemnas, eos aliquid putare esse universos*[3]? Quiconque vise à leur plaire,

tres dignes de sa mémoire; mais jusqu'ici elles ont été si secrètes que ce n'est pas ma faute si je ne les raconte point ; car Roland a toujours été plus prompt à faire de belles actions qu'à les publier; et jamais ses exploits n'ont été divulgués que lorsqu'il en a eu des témoins. ARIOSTE, *Orlando*, cant. XI, stanz. 81.

(1) La véritable vertu brille d'un éclat que rien ne peut ternir; elle ne connait point les refus honteux ; elle ne prend pas, elle ne quitte pas les faisceaux au gré d'un peuple volage. HOR., *Od.*, III, 2, 17.

(2) Non pour notre intérêt personnnel, mais pour l'honneur attaché à la vertu. CIC., *de Finib*, I, 10.

(3) Quoi de plus insensé, que d'estimer réunis ceux que l'on méprise chacun à part? CIC., *Tusc. quæst.*, V, 36.

il n'a jamais faict; c'est une butte qui n'a ny forme ny prinse : *Nil tam inœstimabile est, quam animi multitudinis*[1]. Demetrius[2] disoit plaisamment de la voix du peuple qu'il ne faisoit non plus de recepte de celle qui luy sortoit par en hault que de celle qui luy sortoit par en bas : celuy là dict encores plus : *Ego hoc judico, si quando turpe non sit, tamen non esse non turpe, quum id a multitudine laudetur*[3]. Null' art, nulle soupplesse d'esprit pourroit conduire nos pas à la suitte d'un guide si desvoyé et si desreglé : en ceste confusion venteuse de bruits, de rapports et opinions vulgaires qui nous poulsent, il ne se peult establir aulcune route qui vaille. Ne nous proposons point une fin si flottante et volage : allons constamment après la raison : que l'approbation publicque nous suyve par là si elle veult; et, comme elle despend toute de la fortune, nous n'avons point loy de l'esperer plustost par aultre voye que par celle là. Quand, pour sa droicture, je ne suyvrois le droict chemin, je le suyvrois pour avoir trouvé, par experience, qu'au bout du compte c'est communement le plus heureux et le plus utile : *Dedit hoc providentia hominibus munus, ut honesta magis juvarent*[4]. Le marinier ancien disoit ainsi à Neptune en une grande tempeste : « O dieu, tu me sauveras si tu veulx; si tu veulx, tu me perdras : mais si tiendray je tousjours droict mon timon[5]. » J'ay veu de mon temps mill' hommes soupples, mestis, ambigus et que nul ne doubtoit plus prudents mondains que moy, se perdre où je me suis sauvé :

Risi successu posse carere dolos[1].

Paul Emile, allant en sa glorieuse expedition de Macedoine, advertit surtout le peuple à Rome « de contenir leur langue de ses actions pendant son absence[2]. » Que la licence des jugements est un grand destourbier[3] aux grandes affaires! d'autant que chascun n'a pas la fermeté de Fabius à l'encontre des voix communes contraires et injurieuses, qui aima mieulx laisser demembrer son auctorité aux vaines fantasies des hommes que faire moins bien sa charge avecques favorable reputation et populaire consentement.

Il y a je ne sçais quelle doulceur naturelle à se sentir louer; mais nous luy prestons trop de beaucoup :

Laudari haud metuam, neque enim mihi cornea fibra est;
Sed recti finemque, extremumque esse recuso,
Euge tuum, et belle[4].

Je ne me soulcie pas tant quel je sois chez aultruy comme je me soulcie quel je sois en moy mesme ; je veulx estre riche par moy, non par emprunt[5]. Les estrangiers ne veoyent que les evenements et apparences externes; chascun peult faire bonne mine par le dehors, plein au dedans de fiebvre et d'effroy : ils ne veoyent pas mon cœur, ils ne veoyent que mes contenances. On a raison de descrier l'hypocrisie qui se treuve en la guerre : car qu'est il plus aysé à un homme pratique que de gauchir aux dangiers et de contrefaire le mauvais ayant le cœur plein de mollesse? Il y a tant de moyens d'eviter les occasions de se hazarder en particulier que nous aurons trompé mille fois le monde avant que de nous engager à un

---

(1) Rien de moins appréciable que les jugements de la multitude. Tit. Liv., XXXI, 34. — Le sens et l'origine de cette citation avaient échappé à Coste et aux autres éditeurs. J. V. L.

(2) C'était un philosophe cynique, fameux à Rome sous le règne de Néron. Sénèque, qui en parle comme d'un homme comparable aux plus grands philosophes de l'antiquité (*de Benef.*, VII, 1, 8, 9, etc.), nous a conservé le mot que Montaigne lui donne ici. « *Eleganter*, dit-il, *Demetrius noster solet dicere, eodem loco sibi esse voces imperitorum quo ventre redditos crepitus : Quid enim, inquit, mea refert sursum isti, an deorsum sonent?* » Sén., *Epist.* 91. C.

(3) Et moi, bien qu'une chose ne soit pas honteuse en elle-même, je dis cependant qu'elle semble l'être si elle est louée par la multitude. Cic., *de Finib.*, II. 15.

(4) C'est un bienfait de la providence des dieux que les choses honnêtes sont aussi les plus utiles. Quintil., *Inst. orat.*, I, 12.

(5) Montaigne se plaît ici à paraphraser ces paroles de Sénèque : « *Qui hoc potuit dicere*, Neptune, nunquam hanc navem, nisi rectam, *arti satisfecit.* » *Epist.* 85. Ces mots devenus proverbes, ὀρθὰν τὰν ναῦν, se trouvent aussi dans un ancien écrivain cité par Stobée, *Serm.* 106; dans une lettre de Cicéron *à Quintus son frère*, I, 2, et dans un discours (*Orat. Rhod.*) du rhéteur Aristide. J. V. L.

(1) J'ai ri de voir que la ruse pouvait échouer. Ov., *Hérod.* I, 18. Il y a dans l'original, *Flebam successu*, etc. C.

(2) C'est à la fin de la harangue que Tite Live lui prête, XLIV, 22. C.

(3) *Trouble, obstacle, empêchement*

(4) Je ne hais pas d'être loué, car je ne suis pas de pierre; mais jamais un *Que cela est beau!* ne me paraîtra le terme et le but qu'on doive proposer à la vertu. Perse, *Sat.*, I, 47.

(5) Edition de 1588, *fol.* 267. « Je veulx estre riche de mes propres richesses, non des richesses empruntées. » On voit que Montaigne a rendu la phrase plus concise et plus vive. Mille autres passages encore prouvent qu'il corrigeait sans cesse. J. V. L.

dangereux pas ; et lors mesme, nous y trouvant empestrés, nous sçaurons bien, pour ce coup, couvrir nostre jeu d'un bon visage et d'une parole asseurée, quoyque l'ame nous tremble au dedans; et qui auroit l'usage de l'anneau platonique[1], rendant invisible celuy qui le portoit au doigt, si on luy donnoit le tour vers le plat de la main, assez de gents souvent se cacheroient où il se fault presenter le plus, et se repentiroient d'estre placés en lieu si honorable, auquel la necessité les rend asseurés.

Falsus honor juvat, et mendax infamia terret
Quem, nisi mendosum et mendacem[2]*?*

Voylà comment touts ces jugements, qui se font des apparences externes, sont merveilleusement incertains et doubteux ; et n'est aulcun si asseuré tesmoing comme chascun à soy mesme. En celles là combien avons nous de goujats, compaignons de nostre gloire ? celuy qui se tient ferme dans une trenchée descouverte, que faict il en cela que ne facent devant luy cinquante pauvres pionniers qui luy ouvrent le pas et le couvrent de leur corps pour cinq sols de paye par jour ?

Non, quidquid turbida Roma
Elevet, accedas ; examenque improbum in illa
Castiges trutina : nec te quæsiveris extra[3]*.*

Nous appellons aggrandir nostre nom, l'estendre et semer en plusieurs bouches ; nous voulons qu'il y soit receu en bonne part, et que ceste sienne accroissance luy vienne à prouffit : voilà ce qu'il y peult avoir de plus excusable en ce desseing. Mais l'excès de ceste maladie en va jusques là que plusieurs cherchent de faire parler d'eulx en quelque façon que ce soit : Trogus Pompeius[4] dict de Herostratus, et Titus Livius[1] de Manlius Capitolinus, qu'ils estoient plus desireux de grande que de bonne reputation. Ce vice est ordinaire : nous nous soignons plus qu'on parle de nous que comment on en parle ; et nous est assez que nostre nom coure par la bouche des hommes, en quelque condition qu'il y coure : il semble que l'estre cogneu, ce soit aulcunement avoir sa vie et sa durée en la garde d'aultruy. Moy, je tiens que je ne suis que chez moy ; et de ceste aultre mienne vie, qui loge en la cognoissance de mes amis, à la considerer nue et simplement en soy, je sçais bien que je n'en sens fruict ny jouissance que par la vanité d'une opinion fantastique : et quand je seray mort, je m'en ressentiray encores beaucoup moins ; et si perdray tout net l'usage des vrayes utilités qui accidentalement la suyvent par fois. Je n'auray plus de prinse par où saisir la reputation, ny par où elle puisse me toucher ny arriver à moy ; car de m'attendre que mon nom la receoive, premierement, je n'ay point de nom qui soit assez mien ; de deux que j'ay, l'un est commun à toute ma race, voire encores à d'aultres ; il y a une famille à Paris et à Montpellier qui se surnomme Montaigne, une aultre en Bretaigne et en Xaintonge, De la Montaigne ; le remuement d'une seule syllabe meslera nos fusées de façon que j'auray part à leur gloire, et eulx à l'adventure à ma honte ; et si les miens se sont aultresfois surnommés Eyquem, surnom qui touche encores une maison cogneue en Angleterre : quant à mon aultre nom, il est à quiconque aura envie de le prendre ; ainsi j'honoreray peut estre un crocheteur en ma place. Et puis, quand j'aurois une marque particuliere pour moy, que peult elle marquer quand je n'y suis plus ? peult elle designer et favorir[2] l'inanité ?

Nunc levior cippus non imprimit ossa.
Laudat posteritas, nunc non e manibus illis,
Nunc non e tumulo, fortunaque favilla,
Nascuntur violæ[3] *:*

---

(1) L'anneau de Gygès. PLAT., *République*, II, 3, p. 57, éd. de M. Ast, 1814; *de Offic.*, III, 8, etc. J. V. L.

(2) Qui est flatté des fausses louanges? qui redoute la calomnie? N'est-ce pas celui qui se sent coupable et qui veut tromper? HOR., *Epist.*, I, 16, 39.

(3) Lorsque la tumultueuse Rome déprime quelque chose, il ne faut ni l'en croire, ni entreprendre de redresser sa balance infidèle. Ne cherchez point hors de vous-même ce que vous êtes. PERSE, *Sat.*, I, 5.

(4) Il ne reste de Trogue Pompée qu'un abrégé de son ouvrage, fait par Justin, où ceci ne se trouve point. J'ai appris de M. Barbeyrac qu'apparemment Montaigne s'est brouillé ici, en copiant négligemment ce qu'il avait lu dans J. DE SALISBURY, l. VIII, c. 5, vers la fin, où cet auteur, parlant de ceux qui ont trouvé beau de se rendre fameux par de grands crimes, *qui vel ex sceleribus innotescere magni duxerunt*, allègue l'exemple de Pausanias, qui tua Philippe, roi de Macédoine, *auctore Trogo*, à qui il joint immédiatement après l'exemple d'Hérostrate, tiré non de JUSTIN, comme le premier, mais de VAL.-MAXIME, VIII, 14, *ext.*, 5. C.

(1) *Famæ magnæ malle quam bonæ esse.* TIT. LIV. VI, 11. C.

(2) Favoriser.

(3) Que la postérité me loue : la pierre qui couvre mes os en est-elle plus légère ? mes mânes, mon tombeau, mon bûcher vont-ils pour cela se couronner de fleurs? PERSE, *Sat.*, I, 37. — Ici Montaigne change le sens du latin, et substitue *laudat posteritas* à *laudant convivæ.* E. J,

mais de cecy j'en ay parlé ailleurs. Au demourant, en toute une bataille où dix mill' hommes sont stropiés ou tués, il n'en est pas quinze de quoy l'on parle; il fault que ce soit quelque grandeur bien eminente, ou quelque consequence d'importance que la fortune y ayt joincte, qui face valoir un' action privée, non d'un harquebuzier seulement, mais d'un capitaine : car de tuer un homme, ou deux, ou dix, de se presenter courageusement à la mort, c'est à la verité quelque chose à chascun de nous, car il y va de tout; mais pour le monde, ce sont choses si ordinaires, il s'en veoid tant touts les jours, et en faut tant de pareilles pour produire un effect notable, que nous n'en pouvons attendre aulcune particuliere recommendation;

Casus multis hic cognitus, ac jam Tritus, et e medio fortunæ ductus acervo [1].

De tant de milliasses de vaillants hommes qui sont morts, depuis quinze cents ans en France, les armes à la main, il n'y en a pas cent qui soyent venus à notre cognoissance : la memoire, non des chefs seulement, mais des batailles et victoires, est ensepvelie : les fortunes de plus de la moitié du monde, à faulte de registre, ne bougent de leur place et s'esvanouïssent sans durée. Si j'avois en ma possession les evenements incogneus, j'en penscrois très facilement supplanter les cogneus en toute espece d'exemples. Quoy, que des Romains mesmes et des Grecs, parmy tant d'escrivains et de tesmoings, et tant de rares et nobles exploicts, il en est venu si peu jusques à nous!

Ad nos vix tenuis famæ perlabitur aura [2].

Ce sera beaucoup si, d'icy à cent ans, on se souvient en gros que de nostre temps il y a eu des guerres civiles en France. Les Lacedemoniens sacrifioient aux Muses, entrants en battaille [3], à fin que leurs gestes feussent bien et dignement escripts, estimants que ce feust une faveur divine et non commune que les belles actions trouvassent des tesmoings qui leur sceussent donner vie et memoire. Pensons nous qu'à chasque harquebusade qui nous touche, et à chasque hazard que nous courons, il y ayt soubdain un greffier qui l'enroolle? et cent greffiers oultre cela le pourront escrire, desquels les commentaires ne dureront que trois jours, et ne viendront à la veue de personne. Nous n'avons pas la milliesme partie des escripts anciens; c'est la fortune qui leur donne vie, ou plus courte, ou plus longue, selon sa faveur : et ce que nous en avons, il nous est loisible de doubter si c'est le pire, n'ayant pas veu le demourant. On ne faict pas des histoires de choses de si peu : il fault avoir esté chef à conquerir un empire ou un royaume; il fault avoir gaigné cinquante deux batailles assignées, toujours plus foible en nombre, comme Cesar : dix mille bons compaignons et plusieurs grands capitaines moururent à sa suitte vaillamment et courageusement, desquels les noms n'ont duré qu'autant que leurs femmes et leurs enfants vesquirent :

Quos fama obscura recondit [1].

De ceulx mesmes que nous veoyons bien faire, trois mois ou trois ans après qu'ils y sont demeurés, il ne s'en parle non plus que s'ils n'eussent j'amais esté. Quiconque considerera, avecques juste mesure et proportion, de quelles gents et de quels faicts la gloire se maintient en la memoire des livres, il trouvera qu'il y a, de nostre siecle, fort peu d'actions et fort peu de personnes qui y puissent pretendre nul droict. Combien avons nous veu d'hommes vertueux survivre à leur propre reputation, qui ont veu et souffert esteindre en leur presence l'honneur et la gloire très justement acquise en leurs jeunes ans? Et pour trois ans de ceste vie fantastique et imaginaire, allons nous perdant nostre vraye vie et essentielle, et nous engager à une mort perpetuelle! Les sages se proposent une plus belle et plus juste fin à une si importante entreprinse : *Recte facti fecisse merces est. Officii fructus ipsum officium est* [2]. Il seroit, à l'adventure, excusable à un peintre ou aultre artisan, ou encore à un rhetoricien ou grammairien, de se travailler pour acquerir nom par ses ouvrages; mais les actions de la vertu, elles sont trop nobles d'elles mesmes pour rechercher aultre loyer que de leur propre valeur, et notamment pour la chercher en la vanité des jugements humains.

---

(1) C'est un accident ordinaire, arrivé à mille autres, et pris dans les innombrables chances de la fortune. Juv., *Sat.*, XIII, 9.
(2) A peine un faible bruit nous a transmis leur gloire.
VIRG., *Æneid*, VII, 646.
(3) PLUT., *Apophthegmes des Lacédémoniens*. C.

(1) Et la nuit du passé nous a caché leurs noms.
VIRG., *Æneid.*, V, 302.
(2) La récompense d'une bonne action, c'est de l'avoir faite. SEN., *Epist.* 81.— Le fruit d'un service, c'est le service même.

Si toutesfois ceste faulse opinion sert au public à contenir les hommes en leur debvoir; si le peuple en est esveillé à la vertu; si les princes sont touchés de veoir le monde benir la memoire de Trajan et abominer celle de Neron; si cela les esmeut de veoir le nom de ce grand pendard, aultrefois si effroyable et si redoubté, mauldit et outragé si librement par le premier escholier qui l'entreprend, qu'elle accroisse hardiment, et qu'on la nourrisse entre nous le plus qu'on pourra : et Platon[1], employant toutes choses à rendre ses citoyens vertueux, leur conseille aussi de ne mespriser la bonne reputation et estimation des peuples, et dict que par quelque divine inspiration il advient que les meschants mesmes sçavent souvent, tant de parole que d'opinion, justement distinguer les bons des mauvais. Ce personnage et son paidagogue sont merveilleux et hardis ouvriers à faire joindre les operations et revelations divines tout partout où fault l'humaine force : *Ut tragici poetæ confugiunt ad deum, quum explicare argumenti exitum non possunt*[2] : et pour ceste cause peut estre l'appelloit Timon, en l'injuriant, le grand forgeur de miracles[3]. Puisque les hommes, par leur insuffisance, ne se peuvent assez payer d'une bonne monnoye, qu'on y employe encores la faulse. Ce moyen a esté practiqué par touts les legislateurs; et n'est police où il n'y ayt quelque meslange, ou de vanité cerimonieuse, ou d'opinion mensongiere, qui serve de bride à tenir le peuple en office. C'est pour cela que la pluspart ont leurs origines et commencements fabuleux, et enrichis de mysteres surpernaturels; c'est cela qui a donné credit aux religions bastardes, et les a faictes favoriser aux gents d'entendement; et pour cela que Numa et Sertorius, pour rendre leurs hommes de meilleure creance, les paissoient de ceste sottise, l'un que la nymphe Egeria, l'aultre que sa biche blanche luy apportoit de la part des dieux touts les conseils qu'il prenoit : et l'auctorité que Numa donna à ses lois soubs tiltre du patronage de ceste deesse, Zoroastre, le legislateur des Bactrians et des Perses, la donna aux siennes soubs le nom du dieu Oromazis; Trismegiste des Ægyptiens, de Mercure; Zamolxis des Scythes, de Vesta; Charondas des Chalcides, de Saturne; Minos des Candiots, de Jupiter; Lycurgue des Lacedemoniens, d'Apollo; Dracon et Solon des Atheniens, de Minerve : et toute police a un dieu à sa teste, faulsement les aultres, veritablement celle que Moïse dressa au peuple de Judée sorty d'Ægypte. La religion des Bedoins, comme dict le sire de Jouinville[1], portoit, entre aultres choses, que l'ame de celuy d'entre eulx qui mouroit pour son prince s'en alloit en un aultre corps plus heureux, plus beau, et plus fort que le premier : au moyen de quoy ils en hazardoient beaucoup plus volontiers leur vie;

*In ferrum mens prona viris, animæque capaces
Mortis, et ignavum est rediturœ parcere vitœ*[2].

Voylà une creance très salutaire, toute vaine qu'elle soit. Chasque nation a plusieurs tels exemples chez soy : mais ce subject meriteroit un discours à part.

Pour dire encores un mot sur mon premier propos, je ne conseille non plus aux dames d'appeller honneur leur debvoir : *Ut enim consuetudo loquitur, id solum dicitur honestum quod est populari fama gloriosum*[3]; leur debvoir est le marc, leur honneur n'est que l'escorce : ny ne leur conseille de nous donner ceste excuse en payement de leur refus; car je presuppose que leurs intentions, leur desir et leur volonté, qui sont pieces où l'honneur n'a que veoir, d'autant qu'il n'en paroist rien au dehors, soyent encores plus resglées que les effects :

Quœ, quia non liceat, non facit, illa facit[4].

l'offense et envers Dieu et en la conscience seroit aussi grande de le desirer que de l'effectuer : et puis ce sont actions d'elles mesmes cachées et occultes; il seroit bien aysé qu'elles en desrobbassent quelqu'une à la cognoissance d'aultruy, d'où l'honneur despend, si elles n'avoient aultre respect à leur debvoir, et à l'affec-

---

(1) Dans le douzième livre des *Lois*, p. 950. C.

(2) A l'exemple des poëtes tragiques, qui ont recours à un dieu lorsqu'ils ne savent comment trouver le dénouement de leur pièce. Cic., *de Nat. deor.*, I, 20. C.

(3) Diog. Laerce, *Vie de Platon*, III, 26. C.

---

(1) Dans ses *Mémoires*, c. 58, p. 387. C.

(2) Leur ardeur bravait le fer, leur courage embrassait la mort : c'était une lâcheté de ménager une vie qui devait renaître. Lucain, I, 461.

(3) Dans le langage ordinaire, on appelle honnête ce qui est glorieux dans l'opinion du peuple. Cic., *de Finib.*, II, 15.

(4) Celle-là succombe, qui ne refuse que parce qu'il ne lui est pas permis de succomber. Ov., *Amor.*, III, 4, 4.

tion qu'elles portent à la chasteté pour elle mesme. Toute personne d'honneur choisit de perdre plustost son honneur que de perdre sa conscience.

CHAPITRE XVII.

De la presumption.

Il y a une aultre sorte de gloire, qui est une trop bonne opinion que nous concevons de nostre valeur. C'est un' affection inconsiderée, de quoy nous nous cherissons, qui nous represente à nous mesmes aultres que nous ne sommes : comme la passion amoureuse preste des beautés et des graces au subject qu'elle embrasse, et faict que ceulx qui en sont esprins treuvent, d'un jugement trouble et alteré, ce qu'ils aiment aultre et plus parfaict qu'il n'est.

Je ne veulx pas que, de peur de faillir de ce costé là, un homme se mescognoisse pourtant, ny qu'il pense estre moins que ce qu'il est; le jugement doibt tout par tout maintenir son droict[1] : c'est raison qu'il veoye, en ce subject comme ailleurs, ce que la verité luy presente ; si c'est Cesar, qu'il se treuve hardiement le plus grand capitaine du monde. Nous ne sommes que cerimonie : la cerimonie nous emporte, et laissons la substance des choses : nous nous tenons aux branches et abandonnons le tronc et le corps ; nous avons apprins aux dames de rougir, oyants seulement nommer ce qu'elles ne craignent aulcunement à faire : nous n'osons appeler à droict nos membres, et ne craignons pas de les employer à toutes sortes de desbauches : la cerimonie nous deffend d'exprimer, par paroles, les choses licites et naturelles, et nous l'en croyons; la raison nous deffend de n'en faire point d'illicites et mauvaises, et personne ne l'en croit. Je me treuve icy empestré ès loix de la cerimonie ; car elle ne permet, ny qu'on parle bien de soy, ny qu'on en parle mal : nous la lairrons là pour ce coup.

Ceulx de qui la fortune (bonne ou mauvaise qu'on la doibve appeler) a faict passer la vie en quelque eminent degré, ils peuvent par leurs actions publicques tesmoigner quels ils sont : mais ceulx qu'elle n'a employés qu'en foule, et de qui personne ne parlera si eulx mesmes n'en parlent, ils sont excusables, s'ils prennent la hardiesse de parler d'eulx mesmes envers ceulx qui ont interest de les cognoistre ; à l'exemple de Lucilius,

> *Ille velut fidis arcana sodalibus olim*
> *Credebat libris, neque si male cesserat, usquam*
> *Decurrens alio, neque si bene : quo fit ut omnis*
> *Votiva pateat veluti descripta tabella*
> *Vita senis*[1] ;

celuy là commettoit à son papier ses actions et ses pensées, et s'y peignoit tel qu'il se sentoit estre : *nec id Rutilio et Scauro citra fidem aut obtrectationi fuit*[2].

Il me souvient doncques que, dès ma plus tendre enfance, on remarquoit en moy je ne sçais quel port de corps, et des gestes tesmoignants quelque vaine et sotte fierté. J'en veulx dire premierement cecy, qu'il n'est pas inconvenient[3] d'avoir des conditions et des propensions si propres et si incorporées en nous que nous n'ayons pas moyen de les sentir et recognoistre ; et de telles inclinations naturelles, le corps en retient volontiers quelque ply, sans notre sceu et consentement : c'estoit une certaine affetterie consente de sa beauté[4], qui faisoit un peu pencher la teste d'Alexandre sur un costé, et qui rendoit le parler d'Alcibiades mol et gras ; Julius Cesar[5] se grattoit la teste d'un doigt, qui est la contenance d'un homme remply de pensements penibles ; et Cicero, ce me semble, avoit accoustumé de rincer le nez[6], qui signifie un naturel mocqueur : tels mouvements peuvent arriver imperceptiblement en nous. Il y en a d'autres artificiels, de quoy je ne parle point, comme les salutations et reverences, par où on acquiert, le plus souvent à tort, l'honneur

---

(1) Ed. de 1588, *fol.* 270: *son advantage.*

(1) Qui confiait tous ses secrets à son papier, comme à un ami fidèle ; qu'il en arrivât bien ou mal, jamais il ne chercha d'autres confidents : aussi le voit-on tout entier dans ses ouvrages, comme dans un tableau qu'il aurait voulu consacrer aux dieux. Hor., *Sat.*, II, 1, 30.

(2) Rutilius et Scaurus n'en n'ont été ni moins crus, ni moins estimés (*pour avoir écrit leurs mémoires*). Tacit., *Agricol.*, c. 1.

(3) *Extraordinaire.*

(4) *Convenable à sa beauté*, ou *qui seyoit bien à sa beauté.* E. J.

(5) Plut., *Vie de César*, c. 1, à la fin. On a dit la même chose de Pompée. Sén.; *Controv.* III, 19 ; Plut., *de l'Utilité à retirer de ses ennemis.* c. 6. C.

(6) *De ringere*, selon Ménage, dans son *Dictionnaire étymologique*, où il cite ce passage de Montaigne. Je ne sais si l'on pourrait trouver ailleurs le mot de *rincer*, pour signifier, comme ici, *froncer*, *rider* : il n'est pas, du moins, dans nos vieux dictionnaires. C.

d'estre bien humble et courtois : on peult estre humble, de gloire. Je suis assez prodigue de bonnetades, notamment en esté, et n'en receois jamais sans revenche, de quelque qualité d'hommes que ce soit, s'il n'est à mes gages. Je desirasse d'aulcuns princes que je cognois, qu'ils en feussent plus espargnants et justes dispensateurs : car ainsin indiscretement espandues, elles ne portent plus de coup ; si elles sont sans esgard, elles sont sans effect. Entre les contenances desreglées, n'oublions pas la morgue de l'empereur Constantius[1], qui en public tenoit tousjours la teste droicte, sans la contourner ou fleschir ny çà ny là, non pas seulement pour regarder ceux qui le saluoient à costé ; ayant le corps planté immobile, sans se laisser aller au bransle de son coche, sans oser ny cracher, ny se moucher, ny essuyer le visage devant les gents. Je ne sçais si ces gestes qu'on remarquoit en moy estoient de ceste premiere condition, et si à la verité j'avois quelque occulte propension à ce vice, comme il peult bien estre ; et ne puis pas respondre des bransles du corps : mais quant aux bransles de l'ame, je veux icy confesser ce que j'en sens.

Il y a[2] deux parties en ceste gloire : sçavoir est, de s'estimer trop ; et n'estimer pas assez aultruy. Quant à l'une, il me semble premierement ces considerations debvoir estre mises en compte, que je me sens pressé d'une erreur d'ame qui me desplaist, et comme inique, et encores plus comme importune ; j'essaie à la corriger, mais l'arracher je ne puis : c'est que je diminue du juste prix des choses que je possede, et haulse le prix aux choses d'autant qu'elles sont estrangieres, absentes, et non miennes : ceste humeur s'espand bien loing. Comme la prerogative de l'auctorité faict que les maris regardent les femmes propres d'un vicieux desdaing, et plusieurs peres leurs enfants : ainsi foys je, et entre deux pareils ouvrages poiserois tousjours contre le mien ; non tant que la jalousie de mon advancement et amendement trouble mon jugement, et m'empesche de me satisfaire, comme que, d'elle mesme, la maistrise[3] engendre mespris de ce qu'on tient et regente. Les polices, les mœurs lointaines me flattent, et les langues ; et m'apperceois que le latin me pipe par la faveur de sa dignité, au delà de ce qui luy appartient, comme aux enfants et au vulgaire : l'œconomie, la maison, le cheval de mon voisin, en eguale valeur, vault mieulx que le mien, de ce qu'il n'est pas mien : d'advantage que je suis très ignorant en mon faict, j'admire l'asseurance et promesse que chascun a de soy ; au lieu qu'il n'est quasi rien que je sçache sçavoir, ny que j'ose me respondre pouvoir faire. Je n'ay point mes moyens en proposition et par estat, et n'en suis instruict qu'après l'effect ; autant doubteux de ma force que d'une aultre force. D'où il advient, si je rencontre louablement en une besongne, que je le donne plus à ma fortune qu'à mon industrie ; d'autant que je les desseigne[1] toutes au hazard et en crainte. Pareillement j'ay en general cecy, que de toutes les opinions que l'ancienneté a eues de l'homme en gros, celles que j'embrasse plus volontiers, et ausquelles je m'attache le plus, ce sont celles qui nous mesprisent, avilissent, et aneantissent le plus : la philosophie ne me semble jamais avoir si beau jeu, que quand elle combat nostre presumption et vanité, quand elle recognois de bonne foy son irresolution, sa foiblesse et son ignorance. Il me semble que la mere nourrice des plus faulses opinions, et publicques et particulieres, c'est la trop bonne opinion que l'homme a de soy. Ces gents qui se perchent à chevauchons sur l'epicycle de Mercure, qui veoient si avant dans le ciel, ils m'arrachent les dents : car, en l'estude que je foys, duquel le subject c'est l'homme, trouvant une si extreme varieté de jugements, un si profond labyrinthe de difficultés les unes sur les aultres, tant de diversité et incertitude en l'eschole mesme de la sapience ; vous pouvez penser, puisque ces gents là n'ont peu se resouldre de la cognoissance d'eulx mesmes, et de leur propre condition, qui est continuellement presente à leurs yeulx, qui est dans eulx, puis qu'ils ne sçavent comment bransle ce qu'eulx mesmes font bransler, ny comment nous peindre et deschiffrer les ressorts qu'ils tiennent et manient eulx mesmes, comment je les croirois de la cause du flux et reflux de la riviere du Nil. La curiosité de cognoistre les choses a esté

---

(1) Ammien Marcellin, XXI, 14. — C.
(2) Éd. de 1588, fol. 274 : Il y a, ce me semble.
(3) La possession. C.

(1) J'en forme le dessein, etc. E. J.

donnée aux hommes pour fleau, dict la saincte parole.

Mais pour venir à mon particulier, il est bien difficile, ce me semble, qu'aulcun aultre s'estime moins, voire qu'aulcun aultre m'estime moins, que ce que je m'estime : je me tiens de la commune sorte, sauf en ce que je m'en tiens; coulpable des defectuosités plus basses et populaires, mais non desadvouées, non excusées; et ne me prise seulement que de ce que je sçais mon prix. S'il y a de la gloire, ell' est infuse en moy superficiellement, par la trahison de ma complexion, et n'a point de corps qui comparoisse à la veue de mon jugement; j'en suis arrousé, mais non pas teinct : car, à la verité, quant aux effects de l'esprit, en quelque façon que ce soit, il n'est jamais party de moy chose qui me contentast; et l'approbation d'aultruy ne me paye pas. J'ay le jugement tendre et difficile, et notamment en mon endroict : je me desadvoue sans cesse, et me sens par tout flotter et flechir de foiblesse; je n'ay rien du mien de quoy satisfaire mon jugement. J'ay la veue assez claire et reglée, mais, à l'ouvrer[1], elle se trouble : comme j'essaye plus evidemment en la poësie; je l'aime infiniement, je me cognois assez aux ouvrages d'aultruy; mais je foys, à la verité, l'enfant quand j'y veulx mettre la main : je ne me puis souffrir. On peult faire le sot partout ailleurs, mais non en la poësie;

Mediocribus esse poetis,
Non di, non homines, non concessere columnæ[2].

Pleust à Dieu que ceste sentence se trouvast au front des boutiques de touts nos imprimeurs, pour en deffendre l'entrée à tant de versificateurs !

Verum
Nil securius est malo poeta[3].

Que n'avons nous de tels peuples[4]? Dionysius le pere n'estimoit rien tant de soy que sa poësie : à la saison des jeux olympiques, avecques des chariots surpassants touts aultres en magnificence, il envoya aussi des poëtes et musiciens, pour presenter ses vers, avecques des tentes et pavillons dorés et tapissés royalement. Quand on veint à mettre ses vers en avant, la faveur et excellence de la prononciation attira sur le commencement l'attention du peuple; mais quand par après il veint à poiser l'ineptie de l'ouvrage, il entra premierement en mespris, et continuant d'aigrir son jugement, il se jecta tantost en furie, et courut abattre et deschirer par despit touts ses pavillons : et ce que ses chariots ne feirent non plus rien qui vaille en la course, et que la navire qui rapportoit ses gents faillit la Sicile, et feut par la tempeste poulsée et fracassée contre la coste de Tarente, ce mesme peuple teint pour certain que c'estoit un effect de l'ire des dieux irrités, comme luy, contre ce mauvais poëme[1]; et les mariniers mesmes eschappés du naufrage alloient secondant l'opinion de ce peuple, à laquelle l'oracle qui predit sa mort sembla aussi aulcunement souscrire : il portoit : « que Dionysius seroit près de sa fin, quand il auroit vaincu ceulx qui vauldroient mieux que luy. » Ce qu'il interpreta des Carthaginois qui le surpassoient en puissance; et ayant affaire à eulx, gauchissoit souvent la victoire, et la temperoit, pour n'encourir le sens de ceste prediction : mais il l'entendoit mal : car le dieu marquoit le temps de l'advantage que par faveur et injustice il gaigna à Athenes sur les poëtes tragiques meilleurs que luy, ayant faict jouer à l'envy la sienne intitulée les *Leneïens;* soubdain après laquelle victoire il trespassa, et en partie pour l'excessifve joye qu'il en conceut[2].

Ce que je treuve excusable du mien, ce n'est pas de soy et à la verité, mais c'est à la comparaison d'aultres choses pires, auxquelles je veois qu'on donne credit. Je suis envieux du bonheur de ceulx qui se sçavent resjouir et gratifier en leur besongne; car c'est un moyen aysé de se donner du plaisir, puisqu'on le tire de soy mesme; specialement s'il y a un peu de

---

(1) *Au travail, à l'ouvrage.* E. J.
(2) Tout défend la médiocrité aux poëtes, et les dieux, et les hommes, et les colonnes des portiques où sont affichés leurs ouvrages. Hor., *de Art. poet.*, v. 372.
(3) Mais rien de si confiant qu'un mauvais poëte. Mart., XII, 63, 13.
(4) C'est-à-dire, *des peuples du génie de ceux qui, dans l'assemblée des jeux olympiques, marquèrent si vivement le mépris qu'ils faisaient de la mauvaise poésie du vieux Denys, tyran de Syracuse, et maître de la meilleure partie de la Sicile.* C.

(1) Diod. de Sicile, XIV, 104, éd. de Wesseling. J. V. L.
(2) Diod. de Sicile, XV, 74. Mais il y a ici une erreur singulière. On a pris les *Lénéennes*, fêtes de Bacchus, célébrées par des concours dramatiques, pour le titre de la tragédie, qui s'appelait *la Rançon d'Hector*. Voyez Tzet., *Chiliad.*, V, 178. J. V. L.

fermeté en leur opiniastrise¹. Je sçais un poëte à qui, fort et foible, en foule et en chambre, et le ciel et la terre crient qu'il n'y entend gueres : il n'en rabbat pour tout cela rien de la mesure à quoy il s'est taillé; tousjours recommence, tousjours reconsulte, et tousjours persiste, d'autant plus fort en son advis, et plus roide, qu'il touche à luy seul de le maintenir.

Mes ouvrages, il s'en fault tant qu'ils me rient qu'autant de fois que les retaste, autant de fois je m'en despite :

Quum relego, scripsisse pudet; quia plurima cerno,
Me quoque, qui feci, judice, digna lini².

J'ay tousjours une idée en l'ame et certaine image trouble, qui me presente comme en songe une meilleure forme que celle que j'ay mis en besongne; mais je ne la puis saisir et exploicter : et ceste idée mesme n'est que du moyen estage. Ce que j'argumente par là, que les productions de ces riches et grandes ames du temps passé sont bien loing au delà de l'extreme estendue de mon imagination et souhaict : leurs escripts ne me satisfont pas seulement et me remplissent, mais il m'estonnent et transissent d'admiration; je juge leur beauté, je la vois, sinon jusques au bout, au moins si avant qu'il m'est impossible d'y aspirer. Quoy que j'entreprenne, je doibs un sacrifice aux Graces, comme dict Plutarque de quelqu'un³, pour practiquer leur faveur :

Si quid enim placet,
Si quid dulce hominum sensibus influit,
Debentur lepidis omnia Gratiis⁴.

Elles m'abandonnent par tout; tout est grossier chez moy; il y a faulte de gentillesse et de beauté : je ne sçais faire valoir les choses pour le plus que ce qu'elles valent : ma façon n'ayde rien à la matiere; voilà pourquoy il me la fault forte, qui ayt beaucoup de prinse, et qui luise d'elle mesme. Quand j'en saisis des populaires et plus gayes, c'est pour me suyvre à moy, qui n'ayme point une sagesse cerimonieuse et triste, comme faict le monde; et pour m'esgayer, non

pour esgayer mon style, qui les veult plutost graves et severes : au moins si je doibs nommer style un parler informe et sans regle, un jargon populaire, et un proceder sans definition, sans partition, sans conclusion, trouble, à la guise de celuy d'Amafanius et de Rabirius¹. Je ne sçais ny plaire, ny resjouïr, ny chatouiller : le meilleur conte du monde se seiche entre mes mains et se ternit. Je ne sçais parler qu'en bon escient : et suis du tout desnué de ceste facilité, que je veois en plusieurs de mes compaignons, d'entretenir les premiers venus, et tenir en haleine toute une troupe, ou amuser, sans se lasser, l'aureille d'un prince de toute sorte de propos; la matiere ne leur faillant jamais, pour ceste grace qu'ils ont de sçavoir employer la premiere venue, et l'accommoder à l'humeur et portée de ceulx à qui ils ont affaire. Les princes n'aiment gueres les discours fermes, ny moy à faire des contes. Les raisons premieres et plus aysées, qui sont communement les mieulx prinses, je ne sçais pas les employer; mauvais prescheur de commune : de toute matiere je di volontiers les plus extremes choses que j'en sçais. Cicero estime que, ès traictés de la philosophie, le plus difficile membre soit l'exorde² : s'il est ainsi, je me prends à la conclusion sagement. Si faut il savoir relascher la chorde à toute sorte de tons; et le plus aigu est celuy qui vient le moins souvent en jeu. Il y a pour le moins autant de perfection à relever une chose vuide qu'à en soubtenir une poisante : tantost il fault superficiellement manier les choses, tantost les profonder³. Je sçais bien que la pluspart des hommes se tiennent à ce bas estage, pour ne concevoir les choses que par ceste premiere escorce; mais je sçais aussi que les plus grands maistres, et Xenophon et Platon, on les veoid souvent se relascher à ceste basse façon et populaire de dire et traicter les choses, la soubtenants des graces qui ne leur manquent jamais.

Au demourant, mon langage n'a rien de facile et poly; il est aspre et desdaigneux, ayant ses dispositions libres et desreglées; et me plaist

---

(1) *Entêtement, obstination.*

(2) Quand je les relis, j'en ai honte; car j'y vois bien des choses qui, même aux yeux indulgents de leur auteur, méritent d'être effacées. Ov., *de Ponto*, I, 5, 15.

(3) De Xénocrate, dans les *Préceptes du mariage*, c. 26 de la version d'Amyot. C.

(4) Car tout ce qui plaît, tout ce qui charme les sens des mortels, c'est aux Grâces qu'on en est redevable.

(1) Amafanius et Rabirius, *nulla arte adhibita, de rebus ante oculos positis vulgari sermone disputant; nihil definiunt, nihil partiuntur, nihil apta interrogatione concludunt.* Cic., *Acad.*, I, 2.

(2) *Difficillimum autem est, in omni conquisitione rationis, exordium.* De Universo, c. 2. Cicéron traduit ici le *Timée* de Platon.

(3) *Approfondir.*

ainsi, sinon par mon jugement, par mon inclination : mais je sens bien que par fois je m'y laisse trop aller, et qu'à force de vouloir eviter l'art et l'affectation j'y retumbe d'une aultre part;

Brevis esse laboro,
Obscurus fio[1].

Platon dict[2] que le long ou le court ne sont pas proprietés qui ostent ny qui donnent prix au langage. Quand j'entreprendrois de suyvre cest aultre style equable, uny et ordonné, je n'y sçaurois advenir : et encores que les coupures et cadences de Saluste reviennent plus à mon humeur, si est ce que je treuve Cesar et plus grand et moins aysé à representer; et si mon inclination me porte plus à l'imitation du parler de Seneque, je ne laisse pas d'estimer davantage celuy de Plutarque. Comme à faire[3], à dire aussi, je suys tout simplement ma forme naturelle : d'où c'est, à l'adventure, que je ne puis plus à parler qu'à escrire. Le mouvement et action animent les paroles, notamment à ceulx qui se remuent brusquement, comme je foys, et qui s'eschauffent : le port, le visage, la voix, la robbe, l'assiette, peuvent donner quelque prix aux choses qui d'elles mesmes n'en ont gueres, comme le babil. Messala se plainct, en Tacitus[4] de quelques accoustrements estroicts de son temps, et de la façon des bancs où les orateurs avoient à parler, qui affoiblissoient leur eloquence.

Mon langage françois est alteré, et en la prononciation, et ailleurs, par la barbarie de mon creu : je ne veis jamais homme des contrées de deçà, qui ne sentist bien evidemment son ramage, et qui ne bleccast les aureilles pures françoises. Si n'est ce pas pour estre fort entendu en mon perigordin; car je n'en ay non plus d'usage que de l'allemand, et ne m'en chault gueres; c'est un langage (comme sont autour de moy, d'une bande et d'aultre, le poittevin, xaintongeois, angoumoisin, limosin, auvergnat), brode[1], traisnant, esfoiré : il y a bien au dessus de nous, vers les montaignes, un gascon que je treuve singulierement beau, sec, bref, signifiant, et à la verité un langage masle et militaire plus qu'aultre que j'entende, autant nerveux, puissant et pertinent, comme le françois est gracieux, delicat et abondant.

Quant au latin, qui m'a esté donné pour maternel[2], j'ay perdu par desaccoustumance la promptitude de m'en pouvoir servir à parler; ouy, et à escrire : en quoy aultresfois je me faisois appeler *maistre Jehan*. Voylà combien peu je vaulx de ce costé là.

La beauté est une piece de grande recommendation au commerce des hommes; c'est le premier moyen de conciliation des uns aux aultres, et n'est homme si barbare et si rechigné qui ne se sente aulcunement frappé de sa doulceur. Le corps a une grande part à nostre estre, il y tient un grand reng; ainsi sa structure et composition sont de bien juste consideration. Ceulx qui veulent desprendre nos deux pieces principales, et les sequestrer l'une de l'aultre, ils ont tort : au rebours, il les fault r'accoupler et rejoindre; il fault ordonner à l'ame, non de se tirer à quartier, de s'entretenir à part, de mespriser et abandonner le corps (aussi ne le sçauroit elle faire que par quelque singerie contrefaicte), mais de se r'allier à luy, de l'embrasser, le cherir, lui assister, le contrerooller, le conseiller, le redresser, et ramener quand il fourvoye, l'espouser en somme, et luy servir de mary, à ce que leurs effects ne paroissent pas divers et contraires, ains accordants et uniformes. Les chrestiens ont une particuliere instruction de ceste liaison: car ils sçavent que la justice divine embrasse ceste societé et joincture du corps et de l'ame, jusques à rendre le corps capable des recompenses eternelles, et que Dieu regarde agir tout l'homme, et veult qu'entier il receoive le chastiement ou le loyer, selon ses demerites. La secte peripatetique, de toutes sectes la plus sociable, attribue à la sagesse ce seul soing, de pourveoir et procurer en commun le bien de ces deux parties associées : et montrent les

---

(1) J'évite d'être long et je deviens obscur.
BOIL., d'après HOR., *Art poét*., v. 25.

(2) *République*, X, p. 887. C.

(3) Et non pas *comme à taire*, leçon de la plupart des éditions. Dans celle de 1588, fol. 275, cette idée est ainsi exprimée : *Je suy la forme de dire qui est née avecques moy, simple et naïfve autant que je puis.* L'auteur disait ensuite : *D'où c'est, à l'adventure, que j'ai plus d'avantage à parler qu'à escrire.* On voit que Montaigne, dans ses corrections, cherche toujours une forme de phrase plus concise et plus vive. J. V. L.

(4) Vers la fin du dialogue *de Oratoribus*, que Montaigne, comme on voit, attribue affirmativement à Tacite. Il est difficile de ne pas être de son avis. J. V. L.

(1) *Lâche, languissant*. Brode, en ce sens, est un terme purement gascon. C.

(2) Voyez liv. I des *Essais*, c. 25.

aultres sectes, pour ne s'estre assez attachées à la consideration de ce meslange, s'estre partialisées, ceste cy pour le corps, ceste aultre pour l'ame, d'une pareille erreur; et avoir escarté leur subject, qui est l'homme; et leur guide, qu'ils advouent en general estre nature. La premiere distinction qui ayt esté entre les hommes, et la premiere consideration qui donna les prééminences aux uns sur les aultres, il est vraysemblable que ce feut l'avantage de la beauté :

*Agros divisere atque dedere
Pro facie cujusque, et viribus, ingenioque;
Nam facies multum valuit, viresque vigebant* [1].

Or, je suis d'une taille un peu au dessoubs de la moyenne [2] : ce defaut n'a pas seulement de la laideur, mais encores de l'incommodité, à ceulx mesmement qui ont des commandements et des charges; car l'auctorité que donne une belle presence et majesté corporelle en est à dire. C. Marius ne recevoit pas volontiers des soldats qui n'eussent six pieds de haulteur [3]. *Le Courtisan* [4] a bien raison de vouloir, pour ce gentilhomme qu'il dresse, une taille commune, plutost que toute aultre, et de refuser pour luy toute estrangeté qui le face montrer au doigt. Mais de choisir, s'il fault à ceste mediocrité, qu'il soit plustost au deçà qu'au delà d'icelle, je ne le ferois pas à un homme militaire. Les petits hommes, dict Aristote [5], sont bien jolis, mais non pas beaux; et se cognoist en la grandeur la grand'ame : comme la beauté, en un grand corps et hault : les Ethiopes et les Indiens, dict il [6], elisants leurs roys et magistrats, avoient esgard à la beauté et procerité des personnes. Ils avoient raison; car il y a du respect pour ceulx qui le suyvent, et, pour l'ennemy, de l'effroy, de veoir à la teste d'une troupe marcher un chef de belle et riche taille.

*Ipse inter primos præstanti corpore Turnus
Vertitur, arma tenens, et toto vertice supra est* [7].

Nostre grand roy divin et celeste, duquel toutes les circonstances doibvent estre remarquées avec soing, religion et reverence, n'a pas refusé la recommendation corporelle, *speciosus forma præ filiis hominum* [1] : et Platon [2], avecques la temperance et la fortitude, desire la beauté aux conservateurs de sa republique. C'est un grand despit, qu'on s'addresse à vous parmi vos gents pour vous demander : « Où est monsieur ? » et que vous n'ayez que le reste de la bonnetade qu'on faict à vostre barbier ou à vostre secretaire, comme il advient au pauvre Philopœmen [3] : Estant arrivé le premier de sa troupe en un logis où on l'attendoit, son hostesse, qui ne le cognoissoit pas, et le veoyoit d'assez mauvaise mine, l'employa d'aller un peu ayder à ses femmes à puiser de l'eau, ou attiser du feu, pour le service de Philopœmen; les gentilshommes de sa suitte estants arrivés et l'ayants surprins embesongné à ceste belle vacation, car il n'avoit pas failly d'obeïr au commandement qu'on luy avoit faict, luy demanderent ce qu'il faisoit là : « Je paie, leur respondit il, la peine de ma laideur. » Les aultres beautés sont pour les femmes : la beauté de la taille est la seule beauté des hommes. Où est la petitesse, ny la largeur et rondeur du front, ny la blancheur et doulceur des yeulx, ny la mediocre forme du nez, ny la petitesse de l'aureille et de la bouche, ny l'ordre et la blancheur des dents, ny l'espesseur bien unie d'une barbe brune à escorce de chastaigne, ny le poil relevé, ny la juste rondeur de teste, ny la frescheur du teinct, ny l'air du visage agreable, ny un corps sans senteur, ny la proportion legitime des membres, peuvent faire un bel homme.

J'ay, au demourant, la taille forte et ramassée; le visage, non pas gras, mais plein; la complexion entre le jovial et le melancholique, moyennement sanguine et chaulde,

Unde rigent setis mihi crura, et pectora villis [4];

la santé, forte et alaigre, jusques bien avant en mon aage, rarement troublée par les maladies. J'estois tel, car je ne me considere pas à ceste

---

(1) Le partage des terres fut réglé à proportion de la beauté, de la force et de l'esprit ; car la beauté et la force étaient les premieres distinctions. Lucr., V, 1109.

(2) Montaigne se traitte lui-même de *petit homme*, liv. II, c. 6. Dans son *Voyage* en Italie, tome I, p. 252, il remarque avec un certain plaisir que le grand-duc François-Marie de Médicis était *de sa taille*. J. V. L.

(3) Vég., I, 5.

(4) Livre italien composé par Baltazar Castiglione, sous le titre *del Cortegiano*, c'est-à-dire du Courtisan. C.

(5) *Morale à Nicomaque*, IV, 7. C.

(6) *Politique*, IV, 4. C.

(7) Au premier rang on voit marcher Turnus, les armes à la

main ; sa taille est haute, et il passe de la tête tous ceux qui l'entourent. Virg., Enéide, VII, 783.

(1) Il était le plus beau des fils des hommes. Ps., XLV, 3.

(2) *République*, VII, p. 535. C.

(3) Plut., *Vie de Philopœmen*, c. 1. C.

(4) Aussi ai-je l'estomac, les jambes et les cuisses, hérissés de poils. Mart., II, 36, 5.

heure que je suis engagé dans les avenues de la vieillesse, ayant pieça franchy les quarante ans :

*Minutatim vires et robur adultum
Frangit, et in partem pejorem liquitur ætas*[1] :

ce que je seray doresnavant, ce ne sera plus qu'un demy estre ; ce ne sera plus moy, je m'eschappe touts les jours et me desrobbe à moy :

Singula de nobis anni prædantur euntes[2].

D'addresse et de disposition, je n'en ai point eu ; et si suis fils d'un pere tres dispos, et d'une alaigresse qui lui dura jusques à son extreme vieillesse. Il ne trouva gueres homme de sa condition qui s'egualast à luy en tout exercice de corps ; comme je n'en ai trouvé gueres aulcun qui ne me surmontast, sauf au courir, en quoy j'estois des mediocres. De la musique, ny pour la voix, que j'y ay tres inepte, ny pour les instruments, on ne m'y a jamais sceu rien apprendre. A la danse, à la paulme, à la luicte, je n'y ai peu acquerir qu'une bien fort legiere et vulgaire suffisance ; à nager, à escrimer, à voltiger et à saulter, nulle du tout. Les mains, je les ay si gourdes[3], que je ne sçais pas escrire seulement pour moy ; de façon que, ce que j'ay barbouillé, j'aime mieulx le refaire que de me donner la peine de le demesler, et ne lis gueres mieulx ; je me sens poiser aux escoutants ; aultrement bon clerc. Je ne sçais pas clorre à droict une lettre, ny ne sceus jamais tailler plume, ny trencher à table, qui vaille, ny equipper un cheval de son harnois, ny porter à poing un oyseau et le lascher, ni parler aux chiens, aux oyseaux, aux chevaulx. Mes conditions corporelles sont, en somme, tres bien accordantes à celles de l'ame ; il n'y a rien d'alaigre ; il y a seulement une vigueur pleine et ferme ; je dure bien à la peine, mais j'y dure si je m'y porte moy mesme, et autant que mon desir m'y conduict.

Molliter austerum studio fallente laborem[1] :

aultrement, si je n'y suis alleiché par quelque plaisir, et si j'ay aultre guide que ma pure et libre volonté, je n'y vauls rien, car j'en suis là que, sauf la santé et la vie, il n'est chose pour quoy je veuille ronger mes ongles, et que je veuille achepter au prix du torment d'esprit et de la contraincte :

*Tanti mihi non sit opaci
Omnis arena Tagi, quodque in mare volvitur aurum*[2].

Extremement oysif, extremement libre, et par nature et par art, je presterois aussi volontiers mon sang que mon soing[3]. J'ay une ame libre et toute sienne, accoustumée à se conduire à sa mode ; n'ayant eu, jusques à ceste heure, ny commandant, ny maistre forcé, j'ay marché aussi avant, et le pas qu'il m'a pleu ; cela m'a amolli et rendu inutile au service d'aultruy, et ne m'a faict bon qu'à moy.

Et, pour moy, il n'a esté besoing de forcer ce naturel poisant, paresseux et faineant ; car, m'estant trouvé en tel degré de fortune, dès ma naissance, que j'ay eu occasion de m'y arrester (une occasion pourtant que mille aultres de ma cognoissance eussent prinse pour planche plus tost à se passer à la queste, à l'agitation et inquietude[4]), et en tel degré de sens, que j'ay senty en avoir occasion, je n'ay rien cherché, et n'ay aussi rien prins :

*Non agimur tumidis velis Aquilone secundo,
Non tamen adversis ætatem ducimus Austris;
Viribus, ingenio, specie, virtute, loco, re,
Extremi primorum, extremis usque priores*[5] :

je n'ay eu besoing que de la suffisance de me contenter, qui est toutesfois un reglement d'ame, à le bien prendre, egualement difficile en toute sorte de condition, et que, par usage, nous

---

(1) Insensiblement les forces se perdent, la vigueur s'épuise, et notre être va toujours en déclinant. Lucr., II, 1131.

(2) Les années, dans leur course, nous dérobent sans cesse quelque portion de nous-mêmes. Hor., *Epist.*, II, 2, 55.

(3) *Si pesantes, si maladroites.* Du mot latin *gurdus*, dont le peuple de Rome se servait pour signifier *sot, stupide*, du temps de Quintilien, qui avait ouï dire que ce mot était originairement espagnol (*Inst. Orat.*, 1, 5), nos pères ont formé le mot *gourd, gourde*, dans le sens qui est employé ici par Montaigne. De *gourd* est venu *engourdir*, etc. C.

(1) Car le plaisir qui accompagne le travail en fait oublier la fatigue. Hor., *Sat.*, II, 2, 12.

(2) Non, je ne voudrais point à ce prix-là tout le sable du Tage, avec l'or qu'il porte à l'Océan. Juv., *Sat.*, III, 54.

(3) Montaigne avait d'abord écrit, *je ne treuve rien cherement achepté que ce qui me couste du soing*; mais il a préféré la leçon du texte, et a rayé la première, que je mets ici en note. N.

(4) Toute cette parenthèse manque dans l'exemplaire sur lequel a été faite l'édition de 1802. J. V. L.

(5) Le vent du Nord n'enfle pas mes voiles, il est vrai ; mais l'Auster ne trouble pas ma course paisible. Je suis, en force, en talent, en figure, en vertu, en naissance, en biens, des derniers de la première classe, mais des premiers de la dernière. Hor., *Epist.*, II, 2, 201.

veoyons se trouver plus facilement encores en la disette qu'en l'abondance; d'autant, à l'adventure, que, selon le cours de nos aultres passions, la faim des richesses est plus aiguisée par leur usage que par leur disette, et la vertu de la moderation plus rare que celle de la patience ; et n'ay eu besoing que de jouïr doulcement des biens que Dieu, par sa liberalité, m'avoit mis entre mains. Je n'ay gousté aulcune sorte de travail ennuyeux ; je n'ay eu gueres en maniement que mes affaires, ou, si j'en ay eu, ce a esté en condition de les manier à mon heure et à ma façon, commis par gents qui s'en fioient à moy, et qui ne me pressoient pas, et me cognoissoient; car encores tirent les experts quelque service d'un cheval restif et poulsif.

Mon enfance mesme a esté conduite d'une façon molle et libre, et exempte de subjection rigoureuse. Tout cela m'a formé une complexion delicate et incapable de solicitude ; jusques là que j'aime qu'on me cache mes pertes, et les desordres qui me touchent. Au chapitre de mes mises, je loge ce que ma nonchalance me couste à nourrir et entretenir ;

Hæc nempe supersunt,
Quæ dominum fallunt, quæ prosunt furibus [2] *;*

j'aime à ne sçavoir pas le compte de ce que j'ay, pour sentir moins exactement ma perte; je prie ceulx qui vivent avecques moy, où l'affection leur manque et les bons effects, de me piper et payer de bonnes apparences. A faulte d'avoir assez de fermeté pour souffrir l'importunité des accidents contraires ausquels nous sommes subjects, et pour ne me pouvoir tenir tendu à regler et ordonner les affaires, je nourris, autant que je puis, en moy cest' opinion, m'abandonnant du tout à la fortune, « de prendre toutes choses au pis; et ce pis là, me resoudre à le porter doulcement et patiemment : » c'est à cela seul que je travaille, et le but auquel j'achemine touts mes discours. A un dangier, je ne songe pas tant comment j'en eschapperay que combien peu il importe que j'en eschappe ; quand j'y demeurerois, que seroit-ce ? Ne pouvant regler les evenements, je me regle moy mesme, et m'applique à eulx, s'ils ne s'appliquent à moy. Je n'ay gueres d'art pour sçavoir gauchir la fortune et luy eschapper ou la forcer, et pour dresser et conduire par prudence les choses à mon poinct ; j'ay encores moins de tolerance pour supporter le soing aspre et penible qu'il fault à cela ; et la plus penible assiette pour moy, c'est estre suspens ès choses qui pressent, et agité entre la crainte et l'esperance.

Le deliberer, voire ès choses plus legieres, m'importune, et sens mon esprit plus empesché à souffrir le bransle et les secousses diverses du doubte et de la consultation qu'à se rasseoir et resouldre à quelque party que ce soit, après que la chance est livrée. Peu de passions m'ont troublé le sommeil ; mais, des deliberations, la moindre me le trouble. Tout ainsi que des chemins, j'en evite volontiers les costés pendants et glissants, et me jecte dans le battu le plus boueux et enfondrant, d'où je ne puisse aller plus bas, et y cherche seureté ; aussi j'aime les malheurs touts purs, qui ne m'exercent et tracassent plus après l'incertitude de leur rabillage, et qui du premier sault me poulsent droictement en la souffrance.

Dubia plus torquent mala [1].

Aux evenements, je me porte virilement ; en la conduicte puerilement : l'horreur de la cheute me donne plus de fiebvre que le coup. Le jeu ne vault pas la chandelle : l'avaricieux a plus mauvais compte de sa passion que n'a le pauvre, et le jaloux que le cocu; et y a moins de mal souvent à perdre sa vigne qu'à la plaider. La plus basse marche est la plus ferme ; c'est le siege de la constance ; vous n'y avez besoing que de vous ; elle se fonde là et appuye toute en soy. Cest exemple d'un gentilhomme que plusieurs ont cogneu, a il pas quelque air philosophique ? Il se maria bien avant en l'aage, ayant passé en bon compaignon sa jeunesse, grand diseur, grand gaudisseur[2]. Se souvenant combien la matiere de cornardise luy avoit donné de quoy parler et se mocquer des aultres, pour se mettre à couvert, il espousa une femme qu'il print au lieu où chascun en treuve pour son argent, et dressa avecques elle ses

---

(1) Surplus qui échappe aux yeux du maître, et dont les voleurs s'accommodent. HOR., *Epist.*, I, 6, 45. — Ici Montaigne détourne les paroles d'Horace de leur vrai sens pour les adapter à sa pensée. C.

(1) Ce sont les maux incertains qui me tourmentent le plus. SÉN., *Agamemn.*, act. III, sc. 1, v. 29.

(2) *Grand railleur.* — *Gaudir*, railler, se réjouir aux dépens de quelqu'un.

alliances : « Bonjour, putain ;—Bonjour cocu ;» et n'est chose de quoy plus souvent et ouvertement il entretinst chez luy les survenants que de ce sien desseing; par où il bridoit les occultes cacquets des mocqueurs, et esmousseoit la poincte de ce reproche.

Quant à l'ambition, qui est voisine de la presumption, ou fille plustost, il eust fallu, pour m'advancer, que la fortune me feust venue querir par le poing; car, de me mettre en peine pour un' esperance incertaine, et me soubmettre à toutes les difficultés qui accompaignent ceux qui cherchent à se poulser en credit sur le commencement de leur progrès, je ne l'eusse sceu faire :

Spem pretio non emo [1].

je m'attache à ce que je vois et que je tiens, et ne m'esloigne gueres du port;

Alter remus aquas, alter tibi radat arenas [2] :

et puis, on n'arrive peu à ces advancements qu'en hazardant premierement le sien ; et je suis d'advis que, si ce qu'on a suffit à maintenir la condition en laquelle on est nay et dressé, c'est folie d'en lascher la prinse sur l'incertitude de l'augmenter. Celuy à qui la fortune refuse de quoy planter son pied, et establir un estre tranquille et reposé, il est pardonnable s'il jecte au hazard ce qu'il a, puis qu'ainsi comme ainsi la necessité l'envoye à la queste :

Capienda rebus in malis præceps via est [3] :

et j'excuse plustost un cabdet de mettre sa legitime au vent que celuy à qui l'honneur de la maison est en charge, qu'on ne peult point voir necessiteux que par sa faulte. J'ay bien trouvé le chemin plus court et plus aysé, avecques le conseil de mes bons amis du temps passé, de me desfaire de ce desir, et de me tenir coy ;

Cui sit conditio dulcis sine pulvere palmæ [4] :

jugeant aussi bien sainement de mes forces, qu'elles n'estoient pas capables de grandes choses; et me souvenant de ce mot du feu chancelier Olivier, « que les François semblent des guenons, qui vont grimpant contremont un arbre, de branche en branche, et ne cessent d'aller jusques à ce qu'elles soyent arrivées à la plus haulte branche, et y montrent le cul quand elles y sont [1]. »

Turpe est, quod nequeas, capiti committere pondus,
Et pressum inflexo mox dare terga genu [2] :

Les qualités mesmes qui sont en moy non reprochables, je les trouvois inutiles en ce siecle : la facilité de mes mœurs, on l'eust nommée lascheté et foiblesse; la foy et la conscience s'y feussent trouvées scrupuleuses et superstitieuses; la franchise et la liberté, importune, inconsiderée et temeraire. A quelque chose sert le malheur : il faict bon naistre en un siecle fort depravé; car, par comparaison d'aultruy, vous estes estimé vertueux à bon marché : qui n'est que parricide en nos jours et sacrilege, il est homme de bien et d'honneur :

Nunc, si depositum non inficiatur amicus,
Si reddat veterem cum tota ærugine follem,
Prodigiosa fides, et tuscis digna libellis,
Quæque coronata lustrari debeat agna [3] :

et ne feut jamais temps et lieu où il y eust, pour les princes, loyer plus certain et plus grand proposé à la bonté et à la justice. Le premier qui s'advisera de se poulser en faveur et en credit par ceste voye là, je suis bien deceu si à bon compte il ne devance ses compaignons : la force, la violence, peuvent quelque chose, mais non pas tousjours tout. Les marchands, les juges de village, les artisans, nous les voyons aller à pair de vaillance et science militaire avecques la noblesse ; ils rendent des combats honorables et publicques et privés, ils battent, ils deffendent villes en nos guerres presentes : un prince estouffe sa recommandation emmy ceste presse :

---

[1] Je n'achète pas l'espérance argent comptant. TÉRENCE, *Adelph.*, act. II, sc. 3, v. 11.

[2] Qu'une rame fende les flots, et l'autre les sables du rivage. PROP., III, 3, 23.

[3] Dans le malheur, choisissons les résolutions téméraires. SÉN., *Agamemn.*, act. II, sc. 1, v. 47.

[4] Quelle plus douce condition que celle de vaincre sans avoir combattu ! HOR., *Epist.*, I, 1, 51.

---

[1] Dans l'édition de Lyon, 1595, chez Fr. Lefèvre, on a supprimé ce mot comme injurieux à la nation. Un avocat au parlement de Paris, nommé Gouthières, en latin *Gutherius*, dans son traité *de Jure Manium*, II, 26, attribue cette comparaison, non pas à Olivier, mais à son ami le chancelier Michel L'Hospital. N.

[2] Il est honteux de se charger la tête d'un poids qu'on ne saurait porter, pour plier ensuite, et se soustraire au fardeau. PROP., III, 9, 5.

[3] Maintenant, si ton ami ne nie point ton dépôt, s'il te rend ton vieux sac et ton argent noirci par le temps, c'est un trait de probité digne d'être inscrit dans les livres des pontifes, c'est un prodige qu'il faut expier par le sang d'une brebis. JUV., XIII, 60.

qu'il reluise d'humanité, de verité, de loyauté, de temperance, et surtout de justice; marques rares, incogneues et exilées : c'est la seule volonté des peuples dequoy il peult faire ses affaires; et nulles autres qualités ne peuvent attirer leur volonté comme celles là, leur estants les plus utiles : *Nihil est tam populare quam bonitas*[1].

Par ceste proportion[2], je me feusse trouvé grand et rare; comme je me treuve pygmée et populaire, à la proportion d'aulcuns siecles passés, auxquels il estoit vulgaire, si d'aultres plus fortes qualités n'y concurroient, de veoir un homme moderé en ses vengeances[3], mol au ressentiment des offenses, religieux en l'observance de sa parole, ny double, ny soupple, ny accommodant sa foy à la volonté d'aultruy et aux occasions : plustost lairrois je rompre le col aux affaires, que de tordre[4] ma foy pour leur service. Car, quant à ceste nouvelle vertu de feinctise et dissimulation, qui est à ceste heure si fort en credit, je la hais capitalement; et de touts les vices, je n'en treuve aulcun qui tesmoigné tant de lascheté et bassesse de cœur. C'est une humeur couarde et servile de s'aller desguiser et cacher soubs un masque, et de n'oser se faire veoir tel qu'on est : par là nos hommes se dressent à la perfidie; estants duicts à produire des paroles faulses, ils ne font pas conscience d'y manquer. Un cœur genereux ne doibt point desmentir ses pensées; il se veult faire veoir jusques au dedans; tout y est bon, ou au moins tout y est humain. Aristote[5] estime office de magnanimité haïr et aimer à descouvert; juger, parler avecques toute franchise, et, au prix de la verité, ne faire cas de l'approbation ou reprobation d'aultruy. Appollonius disoit[6] que « c'estoit aux serfs de mentir, et aux libres de dire verité : » c'est la premiere et fondamentale partie de la vertu; il la fault aimer pour elle mesme. Celuy qui dict vray, parce qu'il y est d'ailleurs obligé, et parce qu'il sert[1], et qui ne craint point à dire mensonge quand il n'importe à personne, il n'est pas veritable suffisamment. Mon ame, de sa complexion, refuyt la menterie, et hait mesme à la penser : j'ai un' interne vergongne et un remords picquant, si parfois elle m'eschappe; comme parfois elle m'eschappe, les occasions me surprenant et agitant imprémeditement. Il ne fault pas tousjours dire tout, car ce seroit sottise ; mais ce qu'on dict, il fault qu'il soit tel qu'on le pense; aultrement, c'est mechanceté. Je ne sçais quelle commodité ils attendent de se feindre et contrefaire sans cesse, si ce n'est de n'en estre pas creus lors mesmes qu'ils disent verité[2]; cela peult tromper une fois ou deux les hommes; mais de faire profession de se tenir couvert, et se vanter, comme ont faict aulcuns de nos princes, que « ils jecteroient leur chemise au feu si elle estoit participante de leurs vrayes intentions, » qui est un mot de l'ancien Metellus Macedonicus[3]; et publier, que « qui ne sçait se feindre ne sçait pas regner[4], » c'est tenir advertis ceulx qui ont à les practiquer que ce n'est que piperie et mensonge qu'ils disent : *Quo quis versutior et callidior est, hoc invisior et suspectior, detracta opinione probitatis*[5] : ce seroit une grande simplesse à qui se lairroit amuser ny au visage, ny aux paroles de celuy qui faict estat d'estre toujours aultre au dehors qu'il n'est au dedans, comme faisoit Tibere. Et ne sçais quelle part telles gents peuvent avoir au commerce des hommes, ne produisants rien qui soit receu pour comptant ; qui est deloyal envers la verité l'est aussi envers le mensonge.

Ceux qui, de nostre temps, ont considéré, en l'establissement du debvoir d'un prince, le bien de ses affaires seulement, et l'ont preferé au

---

(1) Rien n'est si populaire que la bonté. Cic., *pro Ligar.*, c. 12.

(2) *Comparaison.*

(3) Ici Montaigne a voulu se caractériser lui-même, quoiqu'il ne le lasse pas d'une manière si directe et si distincte que dans l'édition in-4° de 1588, *fol.* 227, où il dit expressément : *Par ceste proportion j'eusse esté moderé en mes vengeances*, etc.; *j'eusse plus tost laissé rompre le col aux affaires, que de plier ma foy et ma conscience à leur service.* C.

(4) *De plier*, édition in-fol. de 1595, mais effacé par Montaigne dans l'exemplaire qu'il a corrigé. N.

(5) *Morale à Nicomaque*, IV, 8. C.

(6) Phil., p. 409, édit. d'Olearius, 1709. C.

(1) *Parce que cela lui sert, lui est utile.* C.

(2) Un homme très accoutumé à mentir racontait, devant madame Geoffrin, un fait assez singulier. Elle se retourne, et dit, à voix basse, à celui qui était auprès d'elle: « Je parie que cela n'est pas vrai. — Oh! pour cette fois, lui répondit l'homme à qui elle parlait, je suis sûr qu'il ne ment pas. » Alors madame Geoffrin lui repartit vivement: « Si cela est vrai, pourquoi le dit-il? » N.

(3) Aurel. Victor, *de Vir. illustr.*, c. 66. C.

(4) Maxime favorite de Louis XI. C.

(5) Plus un homme est fin et adroit, plus il est odieux et suspect, lorsqu'il vient à perdre la réputation d'homme de bien. Cic., *de Offic.*, II, 9.

soing de sa foy et conscience, diroient quelque chose[1] à un prince de qui la fortune auroit rengé à un tel poinct les affaires que pour tout jamais il les peust establir par un seul manquement et faulte à sa parole; mais il n'en va pas ainsin; on recheoit souvent en pareil marché; on faict plus d'une paix, plus d'un traicté en sa vie. Le gaing qui les convie à la premiere desloyauté, et quasi tousjours il s'en presente, comme à toutes aultres meschancetés; les sacrileges, les meurtres, les rebellions, les trahisons, s'entreprennent pour quelque espece de fruict; mais ce premier gaing apporte infinis dommages suyvants, jectant ce prince hors de tout commerce et de tout moyen de negociation, par l'exemple de ceste infidelité. Soliman, de la race des Ottomans, race peu soigneuse de l'observance des promesses et pactés[2], lorsque, de mon enfance[3], il feit descendre son armée à Otrante, ayant sceu que Mercurin de Gratinare et les habitants de Castro estoient detenus prisonniers après avoir rendu la place, contre ce qui avoit esté capitulé par ses gents avecques eulx, manda qu'on les relaschast; et qu'ayant en main d'aultres grandes entreprinses en ceste contrée là, ceste desloyauté, quoyqu'elle eust quelque apparence d'utilité presente, luy apporteroit pour l'advenir un descri et une desfiance d'infini prejudice.

Or, de moy, j'aime mieulx estre importun et indiscret, que flatteur et dissimulé. J'advoue qu'il se peult mesler quelque poincte de fierté et d'opiniastreté à se tenir ainsin entier et ouvert comme je suis, sans consideration d'aultruy; et me semble que je deviens un peu plus libre où il le fauldroit moins estre, et que je m'eschauffe par l'opposition du respect: il peult estre aussi que je me laisse aller après ma nature, à faulte d'art. Presentant aux grands ceste mesme licence de langue et de contenance que j'apporte de ma maison, je sens combien elle decline vers l'indiscretion et incivilité: mais, oultre ce que je suis ainsi faict, je n'ay pas l'esprit assez souple pour gauchir à une prompte demande, et pour en eschapper par quelque destour, ny pour feindre une verité, ny assez de memoire pour la retenir ainsi feincte, ny certes assez d'asseurance pour la maintenir, et foys le brave par foiblesse; par quoy je m'abandonne à la naïfveté, et à tousjours dire ce que je pense, et par complexion et par desseing, laissant à la fortune d'en conduire l'evenement. Aristippus disoit[1], « le principal fruict qu'il eust tiré de la philosophie, estre qu'il parloit librement et ouvertement à chascun. »

C'est un outil de merveilleux service que la memoire, et sans lequel le jugement faict bien à peine son office; elle me manque du tout[2]. Ce qu'on me veult proposer, il fault que ce soit à parcelles; car de respondre à un propos où il y eust plusieurs divers chefs, il n'est pas en ma puissance: je ne sçaurois recevoir une charge sans tablettes. Et, quand j'ay un propos de consequence à tenir, s'il est de longue haleine, je suis reduict à ceste vile et miserable necessité d'apprendre par cœur, mot à mot, ce que j'ay à dire; aultrement je n'aurois ny façon, ny asseurance, estant en crainte que ma memoire veinst à me faire un mauvais tour. Mais ce moyen m'est non moins difficile; pour apprendre trois vers, il m'y fault trois heures; et puis, en un propre ouvrage, la liberté et auctorité de remuer l'ordre, de changer un mot, variant sans cesse la matiere, la rend plus malaysée à arrester en la memoire de son aucteur[3]. Or, plus je m'en desfie, plus elle se trouble; elle me sert mieulx par rencontre: il fault que je la solicite nonchalamment; car, si je la presse, elle s'estonne, et depuis qu'ell' a commencé à chanceler, plus je la sonde, plus elle s'empestre et embarrasse: elle me sert à son heure, non pas à la mienne.

Cecy que je sens en la memoire, je le sens en plusieurs aultres parties: je fuys le commandement, l'obligation et la contraincte; ce que je foys ayséement et naturellement, si je m'ordonne de le faire par une expresse et prescripte ordonnance, je ne sçais plus le faire.

---

(1) Pur latinisme, *aliquid dicerent*; c'est-à-dire *parleraient avec quelque apparence de raison, donneraient un conseil de quelque utilité*, etc. Le sens de cette tournure, assez fréquente dans les auteurs grecs et latins, a souvent échappé aux meilleurs interprètes. *Voy.* mes notes sur Cic., *de Divinat.*, II, 52, etc. J. V. L.

(2) *Conditions, traités, d'où pactes.*

(3) En 1537. Montaigne avait quatre ans.

(1) Diog. Laerce. II, 68. C.

(2) Montaigne, liv. I, chap. 9, s'est déjà plaint de la faiblesse de sa mémoire. *Voy.* la seconde note du chapitre indiqué. J. V. L.

(3) On lit dans l'édition de 1802: *la rend plus malaysée à concevoir*; ce qui est inintelligible. J. V. L.

Au corps mesme, les membres qui ont quelque liberté et jurisdiction plus particuliere sur eulx me refusent par fois leur obeïssance, quand je les destine et attache à certain poinct et heure de service necessaire : ceste preordonnance contraincte et tyrannique les rebute; ils se croupissent d'effroy ou de despit, et se transissent. Aultresfois, estant en lieu où c'est discourtoisie barbaresque de ne respondre à ceulx qui vous convient à boire, quoy qu'on m'y traictast avec toute liberté, j'essayay de faire le bon compaignon en faveur des dames qui estoyent de la partie, selon l'usage du pays : mais il y eut du plaisir; car ceste menace et preparation d'avoir à m'efforcer oultre ma coustume et mon naturel m'estoupa de maniere le gosier que je ne sceus avaller une seule goutte, et feus privé de boire pour le besoing mesme de mon repas; je me trouvay saoul et desalteré par tant de bruvage que mon imagination avoit preoccupé. Cest effect est plus apparent en ceulx qui ont l'imagination plus vehemente et puissante; mais il est pourtant naturel, et n'est aulcun qui ne s'en ressente aulcunement. On offroit à un excellent archer, condamné à la mort, de luy sauver la vie s'il vouloit faire veoir quelque notable preuve de son art : il refusa de s'en essayer, craignant que la trop grande contention de sa volonté luy feist fourvoyer la main, et qu'au lieu de sauver sa vie il perdist encores la reputation qu'il avoit acquise au tirer de l'arc. Un homme qui pense ailleurs ne fauldra point, à un poulce près, de refaire tousjours un mesme nombre et mesure de pas au lieu où il se promene; mais s'il y est avecques attention de les mesurer et compter, il trouvera que, ce qu'il faisoit par nature et par hazard, il ne le fera pas si exactement par desseing.

Ma librairie, qui est des belles entre les librairies de village, est assise à un coing de ma maison : s'il me tumbe en fantasie chose que j'y vueille aller chercher ou escrire, de peur qu'elle ne m'eschappe en traversant seulement ma cour, il faut que je la donne en garde à quelqu'autre. Si je m'enhardis, en parlant, à me destourner tant soit peu de mon fil, je ne fauls jamais de le perdre : qui faict que je me tiens en mes discours contrainct, sec et resserré. Les gents qui me servent, il fault que je les appelle par le nom de leurs charges ou de leur pays, car il m'est très malaysé de retenir des noms ; je diray bien qu'il a trois syllabes, que le son en est rude, qu'il commence ou termine par telle lettre : et si je durois à vivre long temps, je ne crois pas que je n'oubliasse mon nom propre, comme ont faict d'aultres. Messala Corvinus feut deux ans n'ayant trace aulcune de memoire [1], ce qu'on dict aussi de George Trapezonce [2]. Et pour mon interest, je rumine souvent quelle vie c'estoit que la leur, et si, sans ceste piece, il me restera assez pour me soubtenir avecques quelque aysance ; et y regardant de près, je crains que ce default, s'il est parfaict, perde toutes les functions de l'ame :

Plenus rimarum sum, hac atque illac perfluo [3].

Il m'est advenu plus d'une fois d'oublier le mot du guet, que j'avois trois heures auparavant donné ou receu d'un aultre; et d'oublier où j'avois caché ma bourse, quoy qu'en die Cicero [4] : je m'ayde à perdre ce que je serre particulierement. *Memoria certe non modo philosophiam, sed omnis vitæ usum, omnesque artes, una maxime continet* [5]. C'est le receptacle et l'estuy de la science que la memoire : l'ayant si deffaillante, je n'ay pas fort à me plaindre si je ne sçais gueres. Je sçais en general le nom des arts, et ce de quoy ils traictent; mais rien au delà. Je feuillete les livres, je ne les estudie pas; ce qui m'en demeure, c'est chose que je ne recognois plus estre d'aultruy ; c'est cela seulement de quoy mon jugement a faict son proufit, les discours et les imaginations de quoy il s'est imbu; l'aucteur, le lieu, les mots, et aultres circonstances, je les oublie incontinent : et suis si excellent en l'oubliance, que mes es-

---

(1) PLINE, *Nat. Hist.*, VII, 24, dit absolument que Messala Corvinus oublia son nom. C.

(2) George de Trébizonde, Grec qui vint à Rome sous le pape Eugène IV, y publia une Rhétorique, qui a été réimprimée plusieurs fois, diverses traductions de livres grecs, et nombre d'écrits de controverse. Il mourut vers l'an 1484, dans une extrême vieillesse, après avoir oublié tout ce qu'il avait appris. A. D.

(3) Je suis comme un vase fêlé, je ne puis rien retenir. TÉR., *Eunuch.*, act. 1. sc. 11, v. 25.

(4) *De Senectute*, c. 7. *Nec vero quemquam senem audivi oblitum quo loco thesaurum obruisset.* — C'est-à-dire : Je n'ai jamais ouï dire qu'un vieillard ait oublié l'endroit où il avait caché son trésor. C.

(5) Il est certain que la mémoire renferme non-seulement la philosophie, mais tous les arts, et tout ce qui appartient à l'usage de la vie. CIC., *Acad.*, II, 7.

cripts mesmes et compositions, je ne les oublie pas moins que le reste ; on m'allegue touts les coups à moy mesme, sans que je le sente. Qui vouldroit sçavoir d'où sont les vers et exemples que j'ay icy entassés me mettroit en peine de le luy dire ; si ne les ay mendiés qu'ès portes cogneues et fameuses, ne me contentant pas qu'ils feussent riches, s'ils ne venoient encores de main riche et honorable ; l'auctorité y concurre quand et la raison. Ce n'est par grand' merveille si mon livre suyt la fortune des aultres livres, et si ma memoire desempare ce que j'escris comme ce que je lis, et ce que je donne comme ce que je reçois.

Oultre le default de la memoire, j'en ay d'aultres qui aydent beaucoup à mon ignorance : j'ay l'esprit tardif et mousse, le moindre nuage luy arreste sa poincte, en façon que (pour exemple) je ne luy proposay jamais enigme si aysé qu'il sceust desvelopper ; il n'est si vaine subtilité qui ne m'empesche ; aux jeux où l'esprit a sa part, des echecs, des chartes, des dames et aultres, je n'y comprends que les plus grossiers traicts : l'apprehension, je l'ay lente et embrouillée ; mais ce qu'elle tient une fois, elle le tient bien et l'embrasse bien universellement, estroictement, et profondement, pour le temps qu'elle le tient. J'ay la veue longue, saine et entiere, mais qui se lasse ayséement au travail, et se charge ; à ceste occasion, je ne puis avoir long commerce avecques les livres que par le moyen du service d'aultruy. Le jeune Pline instruira ceulx qui ne l'ont essayé, combien ce retardement est important à ceulx qui s'adonnent à ceste occupation [1].

Il n'est point ame si chestifve et brutale en laquelle on ne veoye reluire quelque faculté particuliere ; il n'y en a point de si ensepvelie qui ne face une saillie par quelque bout ; et comment il advienne qu'une ame, aveugle et endormie à toutes aultres choses, se treuve vifve, claire et excellente à certain particulier effect, il s'en fault enquerir aux maistres. Mais les belles ames, ce sont les ames universelles, ouvertes, et prestes à tout ; si non instruictes, au moins instruisables, ce que je dis pour accuser la mienne ; car, soit par foiblesse ou nonchalance (et de mettre à nonchaloir ce qui est à nos pieds, ce que nous avons entre mains, ce qui regarde de plus près l'usage de la vie, c'est chose bien esloingnée de mon dogme), il n'en est point une si inepte et si ignorante que la mienne de plusieurs telles choses vulgaires, et qui ne se peuvent sans honte ignorer. Il faut que j'en conte quelques exemples.

Je suys nay et nourry aux champs et parmy le labourage ; j'ay des affaires et du mesnage en main depuis que ceulx qui me devanceoient en la possession des biens que je jouis m'ont quitté leur place : or, je ne sçais compter ny à ject [1] ny à plume ; la pluspart de nos monnoyes, je ne les cognois pas ; ny ne sçais la difference d'un grain à l'aultre, ny en la terre ny au grenier si elle n'est par trop apparente ; ny à peine celle d'entre les choux et les laictues de mon jardin : je n'entends pas seulement les noms des premiers utils du mesnage ny les plus grossiers principes de l'agriculture et que les enfants sçavent ; moins aux arts mechaniques, en la trafique et en la cognoissance des marchandises, diversité et nature des fruicts, de vins, de viandes, ny à dresser un oyseau, ny à mediciner un cheval ou un chien ; et, puisqu'il me fault faire la honte toute entiere, il n'y a pas un mois qu'on me surprint ignorant de quoy le levain servoit à faire du pain et que c'estoit que faire cuver du vin. On conjectura anciennement à Athenes une aptitude à la mathematique en celuy à qui on veoyoit ingenieusement adgencer et fagotter une charge de brossailles [2] : vrayement on tireroit de moy une bien contraire conclusion ; car qu'on me donne tout l'apprest d'une cuisine, me voylà à la faim. Par

---

(1) C'est-à-dire de quel prix est pour eux un moment perdu. Montaigne veut parler ici d'une lettre de Pline, V, 3, où rendant compte à un ami de la manière dont Pline l'Ancien, son oncle, employait son temps à l'étude, il remarque entre autres choses, « Qu'un jour un de ses amis, qui assistait avec son oncle « à la lecture d'un livre, ayant arrêté le lecteur pour l'obliger « à répéter quelques mots qu'il avait mal prononcés, Pline lui « dit sur cela : N'aviez-vous pas bien compris la chose ? — Sans « doute, répondit son ami. — Et pourquoi donc, reprit-il, l'a-« vez-vous empêché de continuer ? voilà plus de dix lignes que « nous avons perdues. Tant il était bon ménager du temps. » C.

(1) Avec des jetons. On écrit à présent jet, et ce mot est encore en usage pour signifier calcul. Le jet à la plume, dit Richelet, est plus sûr que celui des jetons. C.

(2) Si Montaigne cite ceci de mémoire, comme il y a grande apparence, il s'est mépris en plaçant le fait à Athènes ; car, selon Diogène Laërce, IX, 53, et Aulu-Gelle, V, 3, ce fut Protagoras, d'Abdère, que Démocrite jugea capable des sciences les plus sublimes en lui voyant agencer artistement des fagots ; et Aulu-Gelle dit même expressément que Protagoras revenait alors d'une campagne voisine d'Abdère. C.

ces traicts de ma confession, on en peult imaginer d'aultres à mes despens. Mais quel que je me fasse cognoistre, pourveu que je me fasse cognoistre tel que je suis, je foys mon effect; et si ne m'excuse pas d'oser mettre par escript des propos si bas et frivoles que ceulx cy, la bassesse du subject m'y contrainct; qu'on accuse si on veult mon project, mais mon progrès non: tant y a que, sans l'advertissement d'aultruy, je vois assez le peu que tout cecy vault et poise et la folie de mon desseing; c'est prou que mon jugement ne se desferre point, duquel ce sont ici les essais.

Nasutus sis usque licet, sis denique nasus,
Quantum noluerit ferre rogatus Atlas,
Et possis ipsum tu deridere Latinum,
Non potes in nugas dicere plura meas,
Ipse ego quam dixi : quid dentem dente juvabit
Rodere? carne opus est, si satur esse velis.
Ne perdas operam : qui se mirantur, in illos
Virus habe ; nos hæc novimus esse nihil [1].

Je ne suis pas obligé à ne dire point de sottises, pourveu que je ne me trompe pas à les cognoistre : et de faillir à mon escient, cela m'est si ordinaire que je ne faulx gueres d'aultre façon; je ne faulx gueres fortuitement. C'est peu de chose de prester à la temerité de mes humeurs les actions ineptes, puisque je ne me puis pas deffendre d'y prester ordinairement les vicieuses.

Je veis un jour, à Barleduc [2], qu'on presentoit au roy François second, pour la recommendation de la memoire de René, roy de Sicile, un pourtraict qu'il avoit luy mesme faict de soy. Pourquoi n'est il loisible de mesme à chascun de se peindre de la plume comme il se peignoit d'un creon? Je ne veulx doncques pas oublier encores ceste cicatrice, bien mal propre à produire en public; c'est l'irresolution : default très incommode a la negociation des affaires du monde. Je ne sçais pas prendre party ès entreprinses doubteuses :

Ne si, ne no, nel cor mi suona intero [1] :

je sais bien soubtenir une opinion, mais non pas la choisir. Parce qu'ès choses humaines, à quelque bande qu'on penche, il se presente force apparences qui nous y confirment (et le philosophe Chrysippus disoit [2] qu'il ne vouloit apprendre, de Zenon et Cleanthes ses maistres, que les dogmes simplement; car quant aux preuves et raisons qu'il en fourniroit assez de luy mesme), de quelque costé que je me tourne, je me fournis tousjours assez de cause et de vraysemblance pour m'y maintenir : ainsi j'arreste chez moy le doubte et la liberté de choisir jusqu'à ce que l'occasion me presse; et lors, à confesser la verité, je jecte le plus souvent la plume au vent, comme on dict, et m'abandonne à la mercy de la fortune; une bien legiere inclination et circonstance m'emporte;

Dum in dubio est animus, paulo momento huc atque
Illuc impellitur [3].

L'incertitude de mon jugement est si egualement balancée en la pluspart des occurrences, que je comprometttrois volontiers à la decision du sort et des dés ; et remarque, avecques grande consideration de nostre foiblesse humaine, les exemples que l'histoire divine mesme nous a laissés de cest usage de remettre à la fortune et au hazard la determination des eslections ès choses doubteuses : *Sors cecidit super Mathiam* [4]. La raison humaine est un glaive double et dangereux; et en la main mesme de Socrates, son plus intime et plus familier amy, voyez à quant de bouts c'est un baston [5] ! Ainsi, je ne suys propre qu'à suyvre et me laisse ayséement emporter à la foule : je ne me fie pas assez en mes forces pour entreprendre de commander ny guider; je suis bien ayse de trouver mes pas tracés par les aultres. S'il fault courre le hazard

---

(1) Soyez le plus fin critique du monde; confondez, par vos plaisanteries, Latinus lui-même : vous ne sauriez jamais dire pis de ces bagatelles que ce que j'en ai dit moi-même. Pourquoi vous tourmenter pour y trouver de quoi mordre ? Attaquez quelque chose de plus solide. Si vous ne voulez pas perdre votre peine, répandez votre venin sur ceux qui s'admirent eux-mêmes; car, pour moi, je sais que tout ceci n'est rien. MART., II, 13. — On se contente ici de faire entendre le sens de l'épigramme : l'affectation bizarre de ce style n'est certainement pas à regretter.

(2) Au mois de septembre 1559. Le roi François II conduisait alors en Lorraine Claude de France, sa sœur, mariée à Charles III, duc de Lorraine. On voit, en effet, dans le *Journal du voyage* de Montaigne, en 1580, à l'article Bar, tom. I, p. 15, qu'il y avoit esté aultresfois. J. V. L.

(1) Le cœur ne me dit ni oui, ni non. PETRARCA, p. 208, édition de Gabr. Giolito, Venise, 1557.

(2) DIOG. LAERCE, VII, 179. C.

(3) Lorsque l'esprit est dans le doute, le moindre poids le fait pencher de l'un ou de l'autre côté. TÉRENCE, Andr., act. I, sc. 6, v. 32.

(4) Le sort tomba sur Mathias. Act. Apost., I, 26.

(5) Combien. C.

d'un chois incertain, j'aime mieulx que ce soit soubs tel qui s'asseure plus de ses opinions et les espouse plus que je ne foys les miennes ausquelles je treuve le fondement et le plant glissant.

Et si ne suis pas trop facile pourtant au change; d'autant que j'apperceois aux opinions contraires une pareille foiblesse: *ipsa consuetudo assentiendi periculosa esse videtur, et lubrica*[1]; notamment aux affaires politiques, il y a un beau champ ouvert au bransle et à la contestation:

Justa pari premitur veluti quum pondere libra
Prona, nec hac plus parte sedet, nec surgit ab illa[2].

Les discours de Machiavel, pour exemple, estoient assez solides pour le subject; si y a il eu grand' aysance à les combattre, et ceulx qui l'ont faict n'ont pas laissé moins de facilité à combattre les leurs: il s'y trouveroit tousjours, à un tel argument, de quoy fournir responses, dupliques, repliques, tripliques, quadrupliques, et ceste infinie contexture de debats que nostre chicane a alongée tant qu'elle a peu en faveur des procès;

Cædimur, et totidem plagis consumimus hostem[3];

les raisons n'y ayant gueres aultre fondement que l'experience, et la diversité des evenements humains nous presentent infinis exemples à toutes sortes de formes. Un sçavant personnage de nostre temps dict qu'en nos almanacs, où ils disent chauld qui voudra dire froid, et au lieu de sec humide, et mettre tousjours le rebours de ce qu'ils prognostiquent, s'il debvoit entrer en gageure de l'evenement de l'un ou l'aultre, qu'il ne se soulcieroit pas quel party il prinst; sauf ès choses où il n'y peult escheoir incertitude, comme de promettre à Noël des chaleurs extremes et à la Sainct Jean des rigueurs de l'hiver: j'en pense de mesme de ces discours politiques; à quelque roolle qu'on vous mette, vous avez aussi beau jeu que vostre compaignon, pourvu que vous ne veniez à chocquer les principes trop grossiers et apparents: et pourtant, selon mon humeur, ès affaires publicques, il n'est aulcun si mauvais train, pourveu qu'il aye de l'aage et de la constance, qui ne vaille mieulx que le changement et le remuement. Nos mœurs sont extremement corrumpues et penchent d'une merveilleuse inclination vers l'empirement; de nos loix et usances, il y en a plusieurs barbares et monstrueuses: toutesfois, pour la difficulté de nous mettre en meilleur estat et le dangier de ce croullement, si je pouvois planter une cheville à nostre roue et l'arrester en ce poinct, je le ferois de bon cœur:

Nunquam adeo fœdis, adeoque pudendis
Utimur exemplis, ut non pejora supersint[1].

Le pis que je treuve en nostre estat, c'est l'instabilité; et que nos loix, non plus que nos vestements, ne peuvent prendre aulcune forme arrestée. Il est bien aysé d'accuser d'imperfection une police, car toutes choses mortelles en sont pleines; il est bien aysé d'engendrer à un peuple le mespris de ses anciennes observances; jamais homme n'entreprint cela qui n'en veinst à bout: mais d'y restablir un meilleur estat en la place de celuy qu'on a ruyné, à cecy plusieurs se sont morfondus de ceulx qui l'avoient entreprins. Je foys peu de part à ma prudence de ma conduicte; je me laisse volontiers mener à l'ordre publicque du monde. Heureux peuple qui faict ce qu'on commande mieulx que ceulx qui commandent, sans se tormenter des causes; qui se laisse mollement rouler après le roulement celeste! L'obeïssance n'est jamais pure ny tranquille en celuy qui raisonne et qui plaide.

Somme, pour revenir à moy, ce seul par où je m'estime quelque chose, c'est ce en quoy jamais homme ne s'estima defaillant: ma recommendation est vulgaire, commune et populaire; car qui a jamais cuidé avoir faulte de sens? ce seroit une proposition qui impliqueroit en soy de la contradiction: c'est une maladie qui n'est jamais où elle se veoid; elle est bien tenace et forte, mais laquelle pourtant le premier rayon de la veue du patient perce et dissipe, comme le regard du soleil un brouillas opaque: s'accuser, ce seroit s'excuser en ce subject là; et se condamner, ce seroit s'absouldre. Il ne feut jamais crocheteur ny femmelette qui ne pensast

---

(1) L'habitude même de donner son assentiment paraît entraîner bien des erreurs et des dangers. Cic., *Acad.*, II, 21.
(2) Ainsi, lorsque les bassins de la balance sont chargés d'un poids égal, elle ne penche ni ne s'élève d'aucun côté. Tibull., IV, 41.
(3) L'ennemi nous bat, et nous le battons à notre tour. Hor., *Epist.*, II, 2, 97.

(1) Citez l'action la plus honteuse, la plus infâme; il en est de pires encore. Juv., VIII, 183.

avoir assez de sens pour sa provision. Nous recognoissons ayséement aux aultres l'advantage du courage, de la force corporelle, de l'experience, de la disposition, de la beauté : mais l'advantage du jugement, nous ne le cedons à personne; et les raisons qui partent du simple discours naturel en aultruy, il nous semble qu'il n'a tenu qu'à regarder de ce costé là que nous ne les ayons trouvées. La science, le style et telles parties que nous veoyons ès ouvrages estrangiers, nous touchons[1] bien ayséement si elles surpassent les nostres : mais les simples productions de l'entendement, chascun pense qu'il estoit en luy de les rencontrer toutes pareilles; et en apperceoit malayséement le poids et la difficulté, si ce n'est, et à peine, en une extreme et incomparable distance; et qui verroit bien à clair la haulteur d'un jugement estrangier, il y arriveroit et y porteroit le sien. Ainsi, c'est une sorte d'exercitation, de laquelle on doibt esperer fort peu de recommendation et de louange, et une maniere de composition de peu de nom. Et puis, pour qui escrivez vous? Les sçavants, à qui appartient la jurisdiction livresque, ne cognoissent aultre prix que de la doctrine, et n'advouent aultre procedé en nos esprits que celuy de l'erudition et de l'art; si vous avez prins l'un des Scipions pour l'aultre, que vous reste il à dire qui vaille? qui ignore Aristote, selon eulx, s'ignore quand et quand soy mesme : les ames communes et populaires ne veoient pas la grace et le poids d'un discours haultain et deslié. Or, ces deux especes occupent le monde. La tierce, à qui vous tumbez en partage, des ames reglées et fortes d'elles mesmes, est si rare que justement elle n'a ny nom ny reng entre nous : c'est à demy temps perdu d'aspirer et de s'efforcer à luy plaire.

On dict communement que le plus juste partage que nature nous ayt faict de ses graces, c'est celuy du sens; car il n'est aulcun qui ne se contente de ce qu'elle luy en a distribué : n'est ce pas raison? qui verroit au delà, il verroit au delà de sa veue. Je pense avoir les opinions bonnes et saines; mais qui n'en croit autant des siennes? L'une des meilleures preuves que j'en aye, c'est le peu d'estime que je foys de moy; car si elles n'eussent esté bien asseurées, elles se feussent ayséement laissé piper à l'affection que je me porte, singuliere, comme celuy qui la ramene quasi toute à moy et qui ne l'espands gueres hors de là : tout ce que les aultres en distribuent à une infinie multitude d'amis et de cognoissants, à leur gloire, à leur grandeur, je le rapporte tout au repos de mon esprit et à moy; ce qui m'en eschappe ailleurs, ce n'est pas proprement de l'ordonnance de mon discours :

Mihi nempe valere et vivere doctus[1].

Or, mes opinions, je les treuve infiniment hardies et constantes à condamner mon insuffisance. De vray, c'est aussi un subject auquel j'exerce mon jugement autant qu'à nul aultre. Le monde regarde tousjours vis à vis : moy, je replie ma veue au dedans; je la plante, je l'amuse là. Chascun regarde devant soy : moy, je regarde dedans moy; je n'ay affaire qu'à moy, je me considere sans cesse, je me contrerroolle, je me gouste. Les aultres vont tousjours ailleurs, s'ils y pensent bien; ils vont tousjours avant;

Nemo in sese tentat descendere[2].

moy, je me roule en moy mesme. Ceste capacité de trier le vray, quelle qu'elle soit en moy, et cest' humeur libre de n'assubjectir ayséement ma creance, je la doibs principalement à moy; car les plus fermes imaginations que j'aye, et generales, sont celles qui, par maniere de dire, nasquirent avecques moy : elles sont naturelles et toutes miennes. Je les produisis crues et simples, d'une production hardie et forte, mais un peu trouble et imparfaicte : depuis, je les ay establies et fortifiées par l'auctorité d'aultruy et par les sains exemples des anciens ausquels je me suis rencontré conforme en jugement; ceux là m'en ont asseuré la prinse et m'en ont donné la jouissance et possession plus claire. La recommendation que chascun cherche de vivacité et promptitude d'esprit, je la pretends du reglement : d'une action esclatante et signalée ou de quelque particuliere suffisance; je la pretends de l'ordre, correspondance et tranquillité d'opinions et de mœurs : *Omnino si quidquam est decorum, nihil est*

---

(1) *Nous sentons*, comme il y a dans l'édition in-4 de 1588, *fol.* 232. J. V. L.

(1) Vivre, me bien porter, voilà ma science. Lucn., V, 959.
(2) Personne ne cherche à descendre en soi même. Perse, IV, 23.

profecto magis, quam æquabilitas universæ vitæ, tum singularum actionum; quam conservare non possis, si, aliorum naturam imitans, omittas tuam[1].

Voylà doncques jusques où je me sens coulpable de ceste premiere partie que je disois estre au vice de la presumption. Pour la seconde, qui consiste à n'estimer point assez aultruy, je ne sçais si je m'en puis si bien excuser; car, quoy qu'il me couste, je delibere de dire ce qui en est. A l'adventure que le commerce continuel que j'ay avecques les humeurs anciennes et l'idée de ces riches ames du temps passé me desgouste et d'aultruy et de moy mesme; ou bien qu'à la verité nous vivons en un siecle qui ne produict les choses que bien mediocres : tant y a que je ne cognois rien digne de grande admiration. Aussi ne cognois je gueres d'hommes avecques telle privauté qu'il fault pour en pouvoir juger; et ceulx ausquels ma condition me mesle plus ordinairement sont, pour la pluspart, gents qui ont peu de soing de la culture de l'ame et ausquels on ne propose, pour toute beatitude, que l'honneur, et pour toute perfection, que la vaillance.

Ce que je veois de beau en aultruy, je le loue et l'estime très volontiers; voire j'encheris souvent sur ce que j'en pense et me permets de mentir jusques là, car je ne sçais point inventer un subject fauls : je tesmoigne volontiers de mes amis, par ce que j'y treuve de louable, et d'un pied de valeur j'en foys volontiers un pied et demy; mais de leur prester les qualités qui n'y sont pas je ne puis, ny les deffendre ouvertement des imperfections qu'ils ont : voire à mes ennemis, je rends nettement ce que je doibs de tesmoignage d'honneur; mon affection se change, mon jugement non, et ne confonds point ma querelle avecques aultres circonstances qui n'en sont pas : et suis tant jaloux de la liberté de mon jugement que malayséement la puis je quitter pour passion que ce soit; je me foys plus d'injure en mentant que je n'en foys à celuy de qui je ments. On remarque ceste louable et genereuse coustume de la nation persienne, qu'ils parloient de leurs mortels ennemis, et à qui ils faisoient guerre à oultrance, honorablement et equitablement, autant que portoit le merite de leur vertu.

Je cognois des hommes assez qui ont diverses parties belles, qui l'esprit, qui le cœur, qui l'adresse, qui la conscience, qui le langage, qui une science, qui un' aultre; mais de grand homme en general, et ayant tant de belles pieces ensemble, ou une en tel degré d'excellence qu'on le doibve admirer ou le comparer à ceulx que nous honorons du temps passé, ma fortune ne m'en a faict veoir nul; et le plus grand que j'aie cogneu au vif, je dis des parties naturelles de l'ame, et le mieulx nay, c'estoient Estienne de la Boëtie; c'estoit vrayement un' ame pleine, et qui montroit un beau visage à tout sens; un' ame à la vieille marque; et qui eust produict de grands effects si sa fortune l'eust voulu, ayant beaucoup adjousté à ce riche naturel par science et estude.

Mais je ne sçais comment il advient, et si advient sans doubte, qu'il se treuve autant de vanité et de foiblesse d'entendement en ceulx qui font profession d'avoir plus de suffisance, qui se meslent de vacations lettrées et de charges qui dependent des livres, qu'en nulle aultre sorte de gents; ou bien parceque l'on requiert et attend plus d'eulx, et qu'on ne peult excuser en eulx les fautes communes; ou bien, que l'opinion du sçavoir leur donne plus de hardiesse de se produire et de se descouvrir trop avant, par où ils se perdent et se trahissent. Comme un artisan tesmoigne bien mieulx sa bestise en une riche matiere qu'il ayt entre ses mains, s'il l'accommode et mesle sottement et contre les regles de son ouvrage, qu'en une matiere vile; et s'offense l'on plus du default en une statue d'or qu'en celle qui est de plastre : ceulx cy en font autant lors qu'ils mettent en avant des choses qui d'elles mesmes, et en leur lieu, seroient bonnes; car ils s'en servent sans discretion, faisants honneur à leur memoire aux despens de leur entendement, et faisants honneur à Cicero, à Galien, à Ulpian, et à sainct Hierosme, pour se rendre eulx ridicules.

Je retumbe volontiers sur ce discours de l'ineptie de nostre institution[1]; elle a eu pour sa fin de nous faire, non bons et sages, mais sça-

---

[1] S'il y a quelque chose de bienséant et d'honorable, c'est, sans contredit, une conduite uniforme et conséquente dans toutes les actions de la vie; ce qui ne peut se trouver dans un homme qui, se dépouillant de son caractère, s'attache à imiter les autres. Cic., *de Offic.*, I, 31.

[1] Voyez surtout liv. I, c. 24.

vants; elle y est arrivée; elle ne nous a pas apprins de suyvre et embrasser la vertu et la prudence, mais elle nous en a imprimé la derivation et l'etymologie; nous sçavons decliner vertu, si nous ne sçavons l'aimer; si nous ne sçavons que c'est que prudence par effect et par experience, nous le sçavons par jargon et par cœur; de nos voisins, nous ne nous contentons pas d'en sçavoir la race, les parentelles et les alliances, nous les voulons avoir pour amis, et dresser avecques eulx quelque conversation et intelligence; toutesfois elle nous a apprins les definitions, les divisions et partitions de la vertu, comme des surnoms et branches d'une genealogie, sans avoir aultre soing de dresser entre nous et elle quelque practique de familiarité et privée accointance; elle nous a choisis, pour nostre apprentissage, non les livres qui ont les opinions plus saines et plus vrayes, mais ceulx qui parlent le meilleur grec et latin, et parmy ses beaux mots nous a faict couler en la fantasie les plus vaines humeurs de l'antiquité.

Une bonne institution, elle change le jugement et les mœurs: comme il advient à Polemon[1], ce jeune homme grec desbauché, qui, estant allé ouïr par rencontre une leçon de Xenocrates, ne remarqua pas seulement l'eloquence et la suffisance du lecteur[2], et n'en rapporta pas seulement en la maison la science de quelque belle matiere, mais un fruict plus apparent et plus solide, qui feut le soubdain changement et amendement de sa premiere vie. Qui a jamais senti un tel effect de nostre discipline?

Faciasne, quod olim
Mutatus Polemon? ponas insignia morbi,
Fasciolas, cubital, focalia; potus ut ille
Dicitur ex collo furtim carpsisse coronas,
Postquam est impransi correptus voce magistri[3]?

La moins desdaignable condition de gents me semble estre celle qui par simplesse tient le dernier reng, et nous offrir un commerce plus reglé: les mœurs et les propos des païsans, je les treuve communement plus ordonnés selon la prescription de la vraye philosophie que ne sont ceulx de nos philosophes: *Plus sapit vulgus, quia tantum, quantum opus est, sapit*[1].

Les plus notables hommes que j'aye jugé par les apparences externes (car, pour les juger à ma mode, il les fauldroit esclairer de plus près), ce ont esté, pour le faict de la guerre et suffisance militaire, le duc de Guyse, qui mourut à Orleans, et le feu mareschal Strozzi; pour gents suffisants et de vertu non commune, Olivier et L'Hospital, chanceliers de France. Il me semble aussi de la poesie qu'elle a eu sa vogue en nostre siecle; nous avons abondance de bons artisans de ce mestier là, Aurat[2], Beze, Buchanan, L'Hospital, Mont-doré[3], Turnebus: quant aux François, je pense qu'ils l'ont montée au plus haut degré où elle sera jamais; et aux parties en quoy Ronsard et du Bellay excellent, je ne les treuve gueres esloignés de la perfection ancienne. Adrianus Turnebus sçavoit plus, et sçavoit mieulx ce qu'il sçavoit, qu'homme qui feust de son siecle, ny loing au delà. Les vies du duc d'Albe, dernier mort, et de nostre connestable de Montmorency, ont esté des vies nobles, et qui ont eu plusieurs rares ressemblances de fortune; mais la beauté et la gloire de la mort de cestuy cy, à la veue de Paris et de son roy, pour leur service, contre ses plus proches, à la teste d'une armée victorieuse par sa conduicte, et d'un coup de main, en si extreme vieillesse, me semble meriter qu'on la loge entre les remarquables evenements de mon temps; comme aussi, la constante bonté, doulceur de

---

(1) Diog. Laerce, IV, 16, *Vie de Polémon*; Val. Maxime, VI, 9, ext. 1; Hor., *Sat.*, II, 3, 253; Suidas, au mot Πολέμων, etc. J. V. L.

(2) Professeur.

(3) Ferez-vous ce que fit autrefois Polémon converti? renoncerez-vous à toutes les marques de votre folie, aux vêtements efféminés, aux ridicules parures, comme ce jeune débauché qui, assistant par hasard aux leçons de l'austère Xénocrate, rougit de lui-même, et jeta à la dérobée ses couronnes et ses fleurs. Hor., *Sat.*, II, 3, 253.

(1) Le vulgaire est plus sage, parce qu'il n'est sage qu'autant qu'il le faut. Lact., *Div. Institut.*, III, 5.

(2) Mort en 1588. On dit plutôt *Daurat*, ou *Dorat*, en latin *Auratus*. Ces formes latines ont mis de la confusion dans les noms propres. Dorat, le poète léger, descendait de ce poète érudit qui avait fait, suivant Joseph Scaliger, plus de cinquante mille vers français, grecs ou latins. J. V. L.

(3) Pierre Mondoré, le moins connu de ceux qui sont nommés ici, fut maître des requêtes et bibliothécaire du roi. L'Hospital en fait mention dans ses poésies latines (pag. 91 et 521, éd. de 1825), et Sainte-Marthe dans ses Éloges. Les rigoristes, qui faisaient un crime à Montaigne d'avoir cité le calviniste Théodore de Bèze, auraient pu lui reprocher aussi ce qu'il dit de Mondoré; car ce savant homme, versé dans la philosophie d'Aristote, et habile mathématicien, fut persécuté vers l'an 1567, et chassé d'Orléans, sa patrie, comme attaché aux nouvelles opinions. Il se retira à Sancerre, dans le Berri, où il mourut en 1571, ce qui fait dire à L'Hospital:

Musæ, vester honos, et gentis gloria nostræ,
Concessit fatis, patria Montaureus exsul.

J. V. L.

mœurs, et facilité consciencieuse de monsieur de la Noue, en une telle injustice de parts armées (vraye eschole de trahison, d'inhumanité et de brigandage), où tousjours il s'est nourry, grand homme de guerre et très experimenté[1].

J'ay prins plaisir à publier, en plusieurs lieux, l'esperance que j'ay de Marie de Gournay le Jars, ma fille d'alliance[2], et certes aimée de moy beaucoup plus que paternellement, et enveloppée en ma retraicte et solitude comme l'une des meilleures parties de mon propre estre; je ne regarde plus qu'elle au monde. Si l'adolescence peult donner presage, ceste ame sera quelque jour capable des plus belles choses, et entre aultres de la perfection de ceste très saincte amitié, où nous ne lisons point que son sexe ayt peu monter encores : la sincerité et la solidité de ses mœurs y sont desjà bastantes[3]; son affection vers moy, plus que surabondante, et telle, en somme, qu'il n'y a rien à souhaiter, sinon que l'apprehension qu'elle a de ma fin, par les cinquante et cinq ans ausquels elle m'a rencontré, la travaillast moins cruellement. Le jugement qu'elle feit des premiers Essais, et femme, et en ce siecle, et si jeune, et seule en son quartier; et la vehemence fameuse dont elle m'aima et me desira longtemps, sur la seule estime qu'elle en print de moy, longtemps avant m'avoir veu, sont des accidents de très digne consideration.

(1) Dans l'édition de 1588, Montaigne ne parlait ici ni de La Noue, le célèbre héros calviniste, dont les *Discours politiques et militaires* furent publiés en 1587, ni de mademoiselle de Gournay, dont l'éloge suit, et qu'il ne vit pour la première fois que pendant le séjour qu'il fit à Paris, en 1588, pour surveiller cette nouvelle édition. Dans celle que donna mademoiselle de Gournay, en 1635, sa modestie lui a fait tronquer toute la fin de ce chapitre, et elle en convient dans les dernieres pages de sa préface. Il faut donc s'en tenir ici, comme partout, à l'édition de 1595, où elle n'avait osé rien changer ni retrancher. Elle se contentait de dire en faisant allusion à ce passage : *Lecteur, n'accuse pas de temerité le favorable jugement qu'il a faict de moy, quand tu considereras, en cest escrit icy, combien je suis loing de le meriter. Lorsqu'il me louoit, je le possedois : moy avec luy, et moy sans luy, sommes absolument deux.* Cette excuse lui suffit alors, et elle ne changea rien. C'était faire comprendre beaucoup mieux ses devoirs d'éditeur. J. V. L.

(2) Sur ce qu'emportent ces mots, *ma fille d'alliance*, voyez l'article *Gournay* dans le Dictionnaire de Bayle, où il est dit, d'après le témoignage de cette demoiselle même, que le jugement qu'elle fit des premiers *Essais* de Montaigne donna lieu à cette sorte d'alliance longtemps avant qu'elle eût vu l'auteur. Née en 1566, elle mourut en 1645. C.

(3) *Suffisantes*, de l'italien *bastare*.

Les aultres vertus ont eu peu ou point de mise en cest aage; mais la vaillance, elle est devenue populaire par nos guerres civiles; et en ceste partie, il se treuve parmy nous des ames fermes jusques à la perfection, et en grand nombre, si que le triage en est impossible à faire.

Voylà tout ce que j'ay cogneu, jusques à ceste heure, d'extraordinaire grandeur et non commune.

CHAPITRE XVIII.

Du desmentir.

Voire mais, on me dira que ce desseing de se servir de soy, pour subject à escrire, seroit excusable à des hommes rares et fameux, qui, par leur reputation, auroient donné quelque desir de leur cognoissance. Il est certain, je l'advoue et sçais bien, que pour veoir un homme de la commune façon, à peine qu'un artisan leve les yeulx de sa besongne, là où, pour veoir un personnage grand et signalé arriver en une ville, les ouvroirs[1] et les boutiques s'abandonnent. Il messied à tout aultre de se faire cognoistre, qu'à celuy qui a de quoy se faire imiter, et duquel la vie et les opinions peuvent servir de patron : Cesar et Xenophon ont eu de quoy fonder et fermir leur narration, en la grandeur de leurs faicts, comme en une base juste et solide : ainsi sont à souhaiter les papiers journaux du grand Alexandre, les commentaires qu'Auguste, Caton, Sylla, Brutus, et aultres avoient laissé de leurs gestes : de telles gents, on aime et estudie les figures, en cuivre mesme et en pierre.

Ceste remontrance est très vraye; mais elle ne me touche que bien peu :

Non recito cuiquam, nisi amicis, idque rogatus;
Non ubivis coramve quibuslibet : in medio qui
Scripta foro recitent, sunt multi, quique lavantes[2].

Je ne dresse pas icy une statue à planter au

(1) Les *ouvroirs* étaient les ateliers où les gens de métier travaillaient, faisaient leur *ouvrage*. C.

(2) Je ne lis pas ceci en tout lieu, ni devant toutes sortes de personnes : je le lis à mes seuls amis, et lorsque j'en suis prié; tandis qu'il est des auteurs qui déclament leurs ouvrages dans les bains et dans les places publiques. Hor., *Sat.*, I, 4, 73. — Au lieu de *coact s*, qui est dans le premier vers d'Horace, Montaigne a mis *rogatus*, qui exprime plus exactement sa pensée. C.

quarrefour d'une ville, ou dans une eglise, ou place publicque :

*Non equidem hoc studeo, bullatis ut mihi nugis
Pagina turgescat.
Secreti loquimur*[1].

c'est pour le coing d'une librairie et pour en amuser un voisin, un parent, un amy, qui aura plaisir à me raccointer[2] et repractiquer en cest' image. Les aultres ont prins cœur de parler d'eulx, pour y avoir trouvé le subject digne et riche; moy, au rebours, pour l'avoir trouvé si sterile et si maigre qu'il n'y peult eschoir soupçon d'ostentation. Je juge volontiers des actions d'aultruy : des miennes, je donne peu à juger, à cause de leur nihilité; je treuve pas tant de bien en moy que je ne le puisse dire sans rougir. Quel contentement me seroit ce d'ouïr ainsi quelqu'un qui me recitast les mœurs, le visage, la contenance, les plus communes paroles et les fortunes de mes ancestres! combien j'y serois attentif! Vrayement cela partiroit d'une mauvaise nature, d'avoir à mespris les pourtraicts mesmes de nos amis et predecesseurs, la forme de leurs vestemens et de leurs armes. J'en conserve l'escriture, le seing, des heures et un' espée peculiere[3] qui leur a servi[4]; et n'ay point chassé de mon cabinet des longues gaules que mon pere portoit ordinairement en la main : *Paterna vestis, et annulus, tanto carior est posteris, quanto erga parentes major affectus*[5]. Si toutesfois ma posterité est d'aultre appetit, j'auray bien de quoy me revencher; car ils ne sçauroient faire moins de compte de moy que j'en feray d'eulx en ce temps là. Tout le commerce que j'ay en cecy avec le publicq, c'est que j'emprunte les utils de son escriture, plus soubdaine et plus aysée : en recompense, j'empescheray peut estre que quelque coing de beurre ne se fonde au marché :

Ne toga cordyllis, ne penula desit olivis[1];
Et laxas scombris sœpe dabo tunicas[2].

Et quand personne ne me lira, ay je perdu mon temps de m'estre entretenu tant d'heures oysifves à des pensements si utiles et agreables? Moulant sur moy ceste figure, il m'a fallu si souvent me testonner et composer pour m'extraire que le patron s'en est fermy et aulcunement formé soy mesme : me peignant pour aultruy, je me suis peinct en moy, de couleurs plus nettes que n'estoient les miennes premieres. Je n'ay pas plus faict mon livre que mon livre m'a faict : livre consubstantiel à son aucteur, d'une occupation propre, membre de ma vie, non d'une occupation et fin tierce et estrangiere, comme touts aultres livres. Ay je perdu mon temps de m'estre rendu compte de moy, si continuellement, si curieusement? car ceulx qui se repassent par fantasie seulement et par langue, quelque heure, ne s'examinent pas si primement[3] ny ne se penetrent, comme celuy qui en faict son estude, son ouvrage et son mestier, qui s'engage à un registre de durée, de toute sa foy, de toute sa force : les plus delicieux plaisirs, si se digerent ils au dedans, fuyent à laisser trace de soy, et fuyent la veue, non seulement du peuple, mais d'un aultre. Combien de fois m'a ceste besongne diverty de cogitations ennuyeuses? et doivent estre comptées pour ennuyeuses toutes les frivoles. Nature nous a estrenés d'une large faculté à nous entretenir à part; et nous y appelle souvent pour nous apprendre que nous devons en partie à la societé, mais en la meilleure partie à nous. Aux fins de renger ma fantasie à resver mesme par quelque ordre et project et la garder de se perdre et extravaguer au vent, il n'est que de donner corps et mettre en registre tant de menues pensées qui se presentent à elles : j'escoute à mes resveries, parce que j'ay à les enroller. Quantesfois, estant mairy de quelque action que la civilité et la raison me prohiboient de reprendre à descouvert, m'en suis je icy des-

---

(1) Mon dessein n'est pas de grossir ce livre de pompeuses bagatelles; je parle comme en tête à tête avec mon lecteur. PERSE, V, 19.
(2) Familiariser.
(3) Particulière, du latin *peculiaris*.
(4) Edit. in-4° de 1588, fol. 285. « Un poignard, un harnois, une espée qui leur a servi, je les conserve pour l'amour d'eulx, autant que je puis, de l'injure du temps. » Montaigne a ajouté, depuis, les *longues gaules* de son père, et la citation de S. Augustin. J. V. L.
(5) L'habit, l'anneau d'un père, sont d'autant plus chers à ses enfants, qu'ils conservent plus d'affection pour lui. S. AUGUSTIN, *de Civit. Dei*. I, 13.

(1) J'empêcherai que les olives et le poisson ne manquent d'enveloppe. MART., XIII, 1, 1.
(2) Souvent je fournirai aux maquereaux des habits où ils seront fort à l'aise. CAT., XCIV, 8.
(3) Exactement.

gorgé, non sans desseing de publicque instruction? et si ces verges poëtiques

> Zon sus l'œil, zon sur le groin,
> Zon sur le dos du sagoin [1],

s'impriment encores mieulx en papier qu'en la chair vifve. Quoy, si je preste un peu plus attentifvement l'aureille aux livres depuis que je guette si j'en pourray fripponner quelque chose dequoy esmailler ou estayer le mien? Je n'ay aulcunement estudié pour faire un livre; mais j'ai aulcunement estudié pour ce que je l'avois faict : si c'est aulcunement estudier qu'effleurer et pincer par la teste ou par les pieds, tantost un aucteur, tantost un aultre, nullement pour former mes opinions; ouy, pour les assister pieça formées, seconder et servir.

Mais à qui croirons nous parlant de soy, en une saison si gastée? veu qu'il en est peu ou point à qui nous puissions croire parlant d'aultruy où il y a moins d'interest à mentir. Le premier traict de la corruption des mœurs, c'est le bannissement de la verité : car, comme disoit Pindare[2], l'estre veritable est le commencement d'une grande vertu et le premier article que Platon demande au gouverneur de sa republique. Nostre verité de maintenant, ce n'est pas ce qui est, mais ce qui se persuade à aultruy : comme nous appellons monnoye, non celle qui est loyale seulement, mais la faulse aussi qui a mise. Nostre nation est de long temps reprochée de ce vice : car Salvianus Massiliensis, qui estoit du temps de l'empereur Valentinian, dict[3] « qu'aux François le mentir et se parjurer n'est pas vice, mais une façon de parler. » Qui vouldroit encherir sur ce tesmoignage, il pourroit dire que ce leur est à present vertu : on s'y forme, on s'y façonne comme à un exercice d'honneur; car la dissimulation est des plus notables qualités de ce siecle.

Ainsi, j'ay souvent consideré d'où pouvoit naistre ceste coustume, que nous observons si religieusement, de nous sentir plus aigrement offensés du reproche de ce vice, qui nous est si ordinaire, que de nul aultre; et que ce soit l'extreme injure qu'on nous puisse faire de parole que de nous reprocher la mensonge. Sur cela, je treuve qu'il est naturel de se deffendre le plus des defauts de quoy nous sommes les plus entachés : il semble qu'en nous ressentants de l'accusation et nous en esmouvants, nous nous deschargeons aulcunement de la coulpe; si nous l'avons par effect, au moins nous la condamnons par apparence. Seroit ce pas aussi que ce reproche semble envelopper la couardise et lascheté de cœur? en est il de plus expresse que se desdire de sa parole? quoy! se desdire de sa propre science? C'est un vilain vice que le mentir, et qu'un ancien[1] peinct bien honteusement, quand il dict que « c'est donner tesmoignage de mespriser Dieu, et quand et quand de craindre les hommes : » il n'est pas possible d'en representer plus richement l'horreur, la vilité et le desreglement; car que peult on imaginer plus vilain que d'estre couard à l'endroict des hommes et brave à l'endroict de Dieu? Nostre intelligence se conduisant par la seule voye de la parole, celuy qui la faulse trahit la societé publicque : c'est le seul util par le moyen duquel se communiquent nos volontés et nos pensées, c'est le truchement de nostre ame; s'il nous fault, nous ne nous tenons plus, nous ne nous entrecognoissons plus; s'il nous trompe, il rompt tout nostre commerce et dissoult toutes les liaisons de nostre police. Certaines nations des nouvelles Indes (on n'a que faire d'en remarquer les noms, ils ne sont plus; car, jusques à l'entier abolissement des noms et ancienne cognoissance des lieux s'est estendue la desolation de ceste conqueste, d'un merveilleux exemple et inouï), offroient à leurs dieux du sang humain, mais non aultre que tiré de leur langue et aureilles, pour expiation du peché de la mensonge, tant ouïe que prononcée. Ce bon compaignon de Grece[2] disoit que les enfants s'amusent par les osselets, les hommes par les paroles.

Quant aux divers usages de nos desmentirs, et les loix de nostre honneur en cela, et les changements qu'elles ont receu, je remets à une aultre fois d'en dire ce que j'en sçais; et apprendray ce pendant, si je puis, en quel temps print commencement ceste coustume de si

---

(1) MAROT, dans son épître intitulée *Fripelippes, valet de Marot, à Sagon.* C.

(2) V. CLÉM. D'ALEXAND., *Strom.*, VI, 10; STOB., *Serm.* XI. C.

(3) *Si pejeret Francus, quid novi faciet, qui perjurium ipsum sermonis genus putat esse, non criminis?* De Gubernat. Dei, I, 14, p. 87, edit. 5 Baluz. C.

(1) PLUT., *Lysandre*, c. 4 de la version d'Amyot. J. V. L.

(2) *Lysandre.* Voyez sa *Vie* dans PLUT., c. 4 de la traduction d'Amyot. C.

exactement poiser et mesurer les paroles et d'y attacher nostre honneur ; car il est aysé à juger qu'elle n'estoit pas anciennement entre les Romains et les Grecs ; et m'a semblé souvent nouveau et estrange de les veoir se desmentir et s'injurier sans entrer pourtant en querelle : les loix de leur debvoir prenoient quelque aultre voye que les nostres. On appelle Cesar tantost voleur, tantost yvrongne[1], à sa barbe: nous veoyons la liberté des invectives qu'ils font les uns contre les aultres, je dis les plus grands chefs de guerre de l'une et l'aultre nation, où les paroles se revenchent seulement par les paroles et ne se tirent à aultre consequence.

CHAPITRE XIX.

De la liberté de conscience.

Il est ordinaire de veoir les bonnes intentions, si elles sont conduictes sans moderation, poulser les hommes à des effects très vicieux. En ce debat, par lequel la France est à present agitée de guerres civiles, le meilleur et le plus sain party est sans doubte celuy qui maintient et la religion et la police ancienne du païs: entre les gents de bien toutesfois qui le suyvent (car je ne parle point de ceulx qui s'en servent de pretexte pour, ou exercer leurs vengeances particulieres, ou fournir à leur avarice, ou suyvre la faveur des princes ; mais de ceulx qui le font par vray zele envers leur religion et saincte affection à maintenir la paix et l'estat de leur patrie), de ceulx cy, dis je, il s'en veoid plusieurs que la passion poulse hors les bornes de la raison et leur faict par fois prendre des conseils injustes, violents et encores temeraires.

Il est certain qu'en ces premiers temps que nostre religion commencea de gaigner auctorité avecques les loix, le zele en arma plusieurs contre toute sorte de livres payens, de quoy les gents de lettres souffrent une merveilleuse perte ; j'estime que ce desordre ayt plus porté de nuisance aux lettres que touts les feux des barbares: Cornelius Tacitus en est un bon tesmoing ; car quoyque l'empereur Tacitus, son parent, en eust peuplé, par ordonnances expresses, toutes les librairies du monde[2], toutesfois un seul exemplaire entier n'a peu eschap per la curieuse recherche de ceulx qui desiroient l'abolir pour cinq ou six vaines clauses contraires à nostre creance.

Ils ont aussi eu cecy, de prester ayséement des louanges faulses à touts les empereurs qui faisoient pour nous et condamner universellemenr toutes les actions de ceulx qui nous estoient adversaires, comme il est aysé à veoir en l'empereur Julian surnommé l'Apostat[1]. C'estoit à la verité un très grand homme et rare, comme celuy qui avoit son ame vifvement teincte des discours de la philosophie, ausquels il faisoit profession de regler toutes ses actions ; et de vray, il n'est aulcune sorte de vertu de quoy il n'ait laissé de très notables exemples : en chasteté (de laquelle le cours de sa vie donne bien clair tesmoignage) ; on lit de luy un pareil traict à celuy d'Alexandre et de Scipion, que de plusieurs très belles captifves il n'en voulut pas seulement veoir une[2] estant en la fleur de son aage ; car il feut tué par les Parthes aagé de trente un ans seulement[3] : quant à la justice, il prenoit luy mesme la peine d'ouïr les parties ; et encores que par curiosité il s'informast à ceulx qui se presentoient à luy de quelle religion ils estoient, toutesfois l'inimitié qu'il portoit à la nostre ne donnoit aulcun contrepoids à la balance : il feit luy mesme plusieurs bonnes loix, et retrancha une grande partie des subsides et impositions que levoient ses predecesseurs[4].

Nous avons deux bons historiens tesmoings oculaires de ses actions : l'un desquels, Marcellinus, reprend aigrement, en divers lieux de son histoire[5], ceste sienne ordonnance par laquelle il deffendit l'eschole et interdict l'enseigner à touts les rhetoriciens et grammairiens chrestiens, et dict qu'il souhaiteroit ceste sienne

---

(1) PLUT., *Pompée*, c. 16; *Caton d'Utique*, c. 7. C.

(2) *Cornelium Tacitum, scriptorem historiæ Augustæ, quod parentem suum eumdem diceret, in omnibus bibliothecis collocari jussit, etc*, VOPISCUS, *in Tacito imp.*, c. 10, J. V. L.

(1) Ce que Montaigne va dire de l'empereur Julien fut blâmé, pendant son séjour à Rome en 1581, par le *Maître du sacré palais* ; mais le censeur, dit-il, *remit à ma conscience de rhabiller ce que je verrois estre de mauvais goust.* (*Voyage*, t. II, p. 35.) Il paraît qu'il n'a rien rhabillé ; et ce chapitre a fourni depuis à Voltaire la plupart des éloges qu'il a faits de Julien. J. V. L.

(2) AMMIEN MARCELLIN, XXIV, 8. C.

(3) ID., XXV, 4. C.

(4) ID., XXII, 10; XXV, 5, 6. C.

(5) ID., XXII, 10, etc. C.

action estre ensepvelie soubs le silence : il est vraysemblable, s'il eust faict quelque chose de plus aigre contre nous, qu'il ne l'eust pas oublié, estant bien affectionné à nostre party. Il nous estoit aspre à la verité, mais non pourtant cruel ennemy ; car nos gents mesmes[1] recitent de luy ceste histoire, que, se pourmenant un jour autour de la ville de Chalcedoine, Maris, evesque du lieu, osa bien l'appeler meschant, traistre à Christ ; et qu'il n'en feit aultre chose, sauf luy respondre : « Va, miserable, pleure la perte de tes yeulx ; » à quoy l'evesque encores repliqua : « Je rends graces à Jesus Christ de m'avoir osté la veue, pour ne veoir ton visage impudent : » affectant[2] en cela, disent ils, une patience philosophique. Tant y a que ce faict là ne se peult pas bien rapporter aux cruautés qu'on le dict avoir exercées contre nous. Il estoit, dit Eutropius[3], « mon aultre tesmoing, ennemy de la chrestienté, mais sans toucher au sang. »

Et, pour revenir à sa justice, il n'est rien qu'on y puisse accuser que les rigueurs de quoy il usa, au commencement de son empire, contre ceulx qui avoient suyvi le party de Constantius, son predecesseur[4]. Quant à sa sobrieté, il vivoit tousjours un vivre soldatesque, et se nourrissoit, en pleine paix, comme celuy qui se preparoit et accoustumoit à l'austerité de la guerre[5]. La vigilance estoit telle en luy qu'il despartoit la nuict à trois ou à quatre parties, dont la moindre estoit celle qu'il donnoit au sommeil ; le reste il l'employoit à visiter luy mesme en personne l'estat de son armée et ses gardes, ou à estudier[6] ; car, entre aultres siennes rares qualités, il estoit très excellent en toute sorte de litterature. On dict d'Alexandre le grand qu'estant couché, de peur que le sommeil ne le desbauchast de ses pensements et de ses estudes, il faisoit mettre un bassin joignant son lict, et tenoit l'une de ses mains au dehors, avecques une boulette de cuivre, à fin que, le dormir le surprenant et relaschant les prinses de ses doigts, ceste boulette, par le bruict de sa cheute dans le bassin, le reveillast : cestuy cy avoit l'ame si tendue à ce qu'il vouloit, et si peu empeschée de fumées, par sa singuliere abstinence, qu'il se passoit bien de cest artifice[1]. Quant à la suffisance militaire, il feut admirable en toutes les parties d'un grand capitaine ; aussi feut il quasi toute sa vie en continuel exercice de guerre, et la pluspart avecques nous, en France, contre les Allemands et Francons : nous n'avons gueres memoire d'homme qui ayt veu plus de hazards, ny qui ayt plus souvent faict preuve de sa personne.

Sa mort a quelque chose de pareil à celle d'Epaminondas ; car il feut frappé d'un traict, et essaya de l'arracher, et l'eust faict, sans ce que le traict estant tranchant il se coupa et affoiblit la main. Il demandoit incessamment qu'on le rapportast en ce mesme estat, en la meslée, pour y encourager ses soldats, lesquels contesterent ceste bataille sans luy très courageusement, jusques à ce que la nuict separa les armées[2]. Il debvoit à la philosophie un singulier mespris en quoy il avoit sa vie et les choses humaines : il avoit ferme creance de l'eternité des ames.

En matiere de religion, il estoit vicieux par tout ; on l'a surnommé l'Apostat, pour avoir abandonné la nostre ; toutesfois ceste opinion me semble plus vraysemblable, qu'il ne l'avoit jamais eue à cœur, mais que, pour l'obeïssance des loix, il s'estoit feinct jusques à ce qu'il teinst l'empire en sa main. Il feut si superstitieux en la sienne que ceulx mesmes qui en estoient, de son temps, s'en mocquoient ; et, disoit on, s'il eust gaigné la victoire contre les Parthes, qu'il eust faict tarir la race des bœufs au monde, pour satisfaire à ses sacrifices[3]. Il estoit aussi embabouiné de la science divinatrice, et donnoit auctorité à toute façon de prognostiques. Il dict, entre aultres choses en mourant, qu'il sçavoit bon gré aux dieux, et les remercioit de quoy ils ne l'avoient pas voulu tuer par surprinse, l'ayant de long temps adverty du lieu et heure de sa fin, ny d'une mort molle ou lasche, mieulx convenable aux personnes oysifves et delicates, ny languissante, longue, et douloureuse ; et qu'ils l'avoient trouvé digne de

---

(1) SOZOMÈNE, *Hist. ecclés.*, V, 4. C.
(2) Ce mot se rapporte à Julien.
(3) Liv. X, c. 8 : *Nimius religionis christianæ insectator, perinde tamen ut cruore abstineret.*
(4) AMMIEN MARCELLIN, XXII, 2. C.
(5) ID., XVI, 2. C.
(6) ID., XVI, 17 ; XXVI, 5.

(1) AMMIEN MARCELLIN, XVI, 2. C.
(2) ID., XXV, 3. C.
(3) ID., XXV, 6. C.

mourir de ceste noble façon, sur le cours de ses victoires, et en la fleur de sa gloire[1]. Il avoit eu une pareille vision à celle de Marcus Brutus, qui premierement le menacea en Gaule, et depuis se representa à luy en Perse, sur le poinct de sa mort[2]. Ce langage qu'on luy faict tenir quand il se sentit frappé : « Tu as vaincu, Nazaréen[3]; » ou, comme d'aultres, « Contente toy, Nazaréen, » à peine eust il esté oublié, s'il eust esté creu par mes tesmoings, qui estants presents en l'armée ont remarqué jusques aux moindres mouvements et paroles de sa fin; non plus que certains aultres miracles qu'on y attache.

Et pour venir au propos de mon theme, il couvoit, dict Marcellinus[4], de long temps en son cœur le paganisme; mais parce que toute son armée estoit de chrestiens, il ne l'osoit descouvrir : enfin, quand il se veit assez fort pour oser publier sa volonté, il feit ouvrir les temples des dieux, et s'essaya par touts moyens de remettre sus l'idolatrie. Pour parvenir à son effect, ayant rencontré, en Constantinople, le peuple descousu, avecques les prelats de l'Eglise chrestienne divisés, les ayant faict venir à luy au palais, il les admonesta instamment d'assopir ces dissentions civiles, et que chascun, sans empeschement et sans crainte, servist à sa religion[5] : ce qu'il sollicitoit avecques grand soing, pour l'esperance que ceste licence augmentcroit les parts et les brigues de la division, et empescheroit le peuple de se reunir, et de se fortifier par consequent contre luy par leur concorde et unanime intelligence; ayant essayé, par la cruauté d'aulcuns chretiens, « qu'il n'y a point de besté au monde tant à craindre à l'homme que l'homme : » voylà ses mots à peu près.

En quoy cela est digne de consideration, que l'empereur Julian se sert, pour attiser le trouble de la dissention civile, de ceste mesme recepte de liberté de conscience que nos roys viennent d'employer pour l'esteindre. On peult dire, d'un costé, que de lascher la bride aux parts d'entretenir leur opinion, c'est espandre et semer la division; c'est prester quasi la main à l'augmenter, n'y ayant aulcune barriere ny coerction des loix qui bride et empesche sa course : mais, d'aultre costé, on diroit aussi que, de lascher la bride aux parts d'entretenir leur opinion, c'est les amollir et relascher par la facilité et par l'aysance, et que c'est esmousser l'aiguillon qui s'affine par la rareté, la nouvelleté et la difficulté; et si crois mieulx, pour l'honneur de la devotion de nos roys, c'est que n'ayants peu ce qu'ils vouloient, ils ont faict semblant de vouloir ce qu'ils pouvoient.

CHAPITRE XX.

Nous ne goustons rien de pur.

La foiblesse de nostre condition faict que les choses, en leur simplicité et pureté naturelle, ne puissent pas tumber en nostre usage : les elements que nous jouïssons sont alterés, et les metaux de mesme; et l'or, il le fault empirer par quelque aultre matiere pour l'accommoder à nostre service : ny la vertu ainsi simple, qu'Ariston et Pyrrho, et encores les stoïciens, faisoient « But de la vie, » n'y a peu servir sans composition; ny la volupté cyrenaïque et aristippique. Des plaisirs et bien que nous avons, il n'en est aulcun exempt de quelque meslange de mal et d'incommodité :

> *Medio de fonte leporum*
> *Surgit amari aliquid, quod in ipsis floribus angat*[1].

Nostre extreme volupté a quelque air de gemissement et de plaincte; diriez vous pas qu'elle se meurt d'angoisse? Voire quand nous en forgeons l'image en son excellence, nous la fardons d'epithetes et qualités maladifves et douloureuses, langueurs, mollesse, foiblesse, deffaillance, *morbidezza* : grand tesmoignage de leur consanguinité et consubstantialité. La profonde joye a plus de severité que de gayeté; l'extreme et plein contentement, plus de rassis que d'enjoué : *Ipsa felicitas, se nisi temperat, premit*[2] : l'ayse nous masche. C'est ce que dict un verset grec ancien, de tel sens : « Les dieux nous ven-

---

(1) Ammien Marcellin, XXV, 4. C.
(2) Id., XX, 5; XXV, 2. C.
(3) Théodoret, *Hist. ecclés.*, III, 20. C.
(4) Ammien Marcellin, XXI, 2. C.
(5) Id., XXII, 5. C.

(1) De la source des plaisirs s'élève je ne sais quelle amertume qui tourmente même sur les fleurs. Lucr., IV, 1130.
(2) La félicité qui ne se modère pas se détruit elle-même. Sén., *Epist.* 74.

dent touts les biens qu'ils nous donnent[1] : » c'est à dire ils ne nous en donnent aulcun pur et parfaict, et que nous n'achetions au prix de quelque mal.

Le travail et le plaisir, très dissemblables de nature, s'associent pourtant de je ne sçais quelle joincture naturelle. Socrates dict[2] que quelque dieu essaya de mettre en masse et confondre la douleur et la volupté; mais que, n'en pouvant sortir, il s'advisa de les accoupler au moins par la queue. Metrodorus disoit[3] qu'en la tristesse il y a quelque alliage de plaisir. Je ne sçais s'il vouloit dire aultre chose ; mais moy, j'imagine bien qu'il y a du desseing, du consentement, et de la complaisance à se nourrir en la melancholie : je dis oultre l'ambition qui s'y peult encores mesler ; il y a quelque umbre de friandise et delicatesse qui nous rit et qui nous flatte au giron mesme de la melancholie[4]. Y a il pas des complexions qui en font leur aliment?

Est quœdam flere voluptas[5] ;

et dict un Attalus en Seneque[6], que la memoire de nos amis perdus nous agrée, comme l'amer, au vin trop vieux,

Minister vetuli, puer, Falerni
Inger' mi calices amariores[7],

(1) Πωλοῦσιν ἡμῖν πάντα τἀγαθ' οἱ θεοί.
Vers d'Épicharme, conservé par Xénophon dans ses *Mémoires sur Socrate*, II, 1, 20. Voiture dit la même chose dans une lettre au comte de Guiche : « Pour l'ordinaire, la fortune nous vend bien chèrement ce qu'on croit qu'elle nous donne. » On connaît les beaux vers de La Fontaine, imités peut-être de Voiture :

Illit, au front de ceux qu'un vain luxe environne,
Que la fortune vend ce qu'on croit qu'elle donne.

Voltaire a dit aussi :
Le bonheur est un bien que nous vend la nature.
J. V. L.
(2) Dans le dialogue de Plat., intitulé *Phédon*, p. 576. C.
(3) Sén., *Epist*. 99 : *Esse aliquam cognatam tristitiæ voluptatem*. C.
(4) La Fontaine, *Psyché*, liv. II :
. . . . Il n'est rien
Qui ne me soit souverain bien,
Jusqu'au sombre plaisir d'un cœur mélancolique.
La Fontaine est peut-être le seul écrivain célèbre du siècle de Louis XIV qui ait conservé à ce mot le sens que lui donne ici Montaigne. Cette acception, au contraire, devint très commune dans le siècle suivant. On oublia que *mélancolique* signifiait *atrabilaire*. J. V. L.
(5) Les larmes ont quelque douceur. Ov., *Trist.*, IV, 3, 27.
(6) Sén., *Epist*. 63. C.
(7) Jeune esclave, toi qui verses le vin vieux de Falerne, verse-m'en du plus amer. Cat., XXVII, 1.

et comme des pommes doulcement aigres. Nature nous descouvre ceste confusion : les peintres tiennent que les mouvements et plis du visage qui servent au pleurer servent aussi au rire : de vray, avant que l'un ou l'aultre soyent acheves d'exprimer, regardez à la conduicte de la peincture, vous estes en doubte vers lequel c'est qu'on va ; et l'extremité du rire se mesle aux larmes : *Nullum sine auctoramento malum est*[1].

Quand j'imagine l'homme assiegé de commodités desirables (mettons le cas que touts ses membres feussent saisis pour tousjours d'un plaisir pareil à celuy de la generation, en son poinct plus excessif), je le sens fondre soubs la charge de son ayse, et le veois du tout incapable de porter une si pure, si constante volupté et si universelle. De vray, il fuyt quand il y est, et se haste naturellement d'en eschapper, comme d'un pas où il ne se peult fermir, où il craint d'enfondrer.

Quand je me confesse à moy religieusement, je treuve que la meilleure bonté que j'aye a quelque teincture vicieuse ; et crains que Platon, en sa plus verte vertu (moy qui en suis autant sincere et loyal estimateur, et des vertus de semblable marque, qu'aultre puisse estre), s'il y eust escouté de près, comme sans doubte il faisoit, il y eust senty quelque ton gauche de mixtion humaine, mais ton obscur, et sensible seulement à soy. L'homme, en tout et partout, n'est que rapiecement et bigarrure. Les loix mesmes de la justice ne peuvent subsister sans quelque meslange d'injustice ; et dict Platon[2] que ceulx là entreprennent de couper la teste de Hydra, qui pretendent oster des loix toutes incommodités et inconveniens. *Omne magnum exemplum habet aliquid ex iniquo, quod contra singulos utilitate publica rependitur*[3], dict Tacitus.

Il est pareillement vray que, pour l'usage de la vie, et service du commerce publicque, il y peult avoir de l'excès en la pureté et perspicacité de nos esprits ; ceste clarté penetrante a trop de subtilité et de curiosité : il les fault ap-

(1) Il n'y a point de mal sans compensation. Sén., *Epist*. 69.
(2) *République*, IV, 5, édition d'Estienne, tom. II, p. 426 ; édition de Francfort, 1602, p. 636 ; édition de Leipsick, 1814, p. 108. Montaigne a légèrement altéré la pensée de Platon. J. V. L.
(3) Dans toute punition sévère, il y a quelque injustice qui atteint les particuliers, mais qui se trouve compensée par l'utilité publique. Tac., *Annal.*, XIV, 44.

pesantir et esmousser pour les rendre plus obeïssants à l'exemple et à la practique, et les espessir et obscurcir pour les proportionner à ceste vie tenebreuse et terrestre : pourtant[1] se treuvent les esprits communs et moins tendus plus propres et plus heureux à conduire affaires ; et les opinions de la philosophie eslevées et exquises se treuvent ineptes à l'exercice. Ceste poinctue vivacité d'ame, et ceste volubilité souple et inquiete, trouble nos negociations. Il fault manier les entreprinses humaines plus grossierement et superficiellement, et en laisser bonne et grande part pour les droicts de la fortune : il n'est pas besoing d'esclairer les affaires si profondement et si subtilement ; on s'y perd, à la consideration de tant de lustres contraires et formes diverses : *Volutantibus res inter se pugnantes, obtorpuerant..... animi*[2].

C'est ce que les anciens disent de Simonides : parce que son imagination luy presentoit, sur la demande que luy avoit faict le roy Hieron[3] (pour à laquelle satisfaire il avoit eu plusieurs jours de pensement) diverses considerations aiguës et subtiles ; doubtant laquelle estoit la plus vraysemblable, il desespera du tout de la verité.

Qui en recherche et embrasse toutes les circonstances et consequences, il empesche son eslection : un engin moyen conduict egualement et suffit aux executions de grand et de petit poids. Regardez que les meilleurs mesnagiers sont ceulx qui nous savent moins dire comme ils le sont ; et que ces suffisants conteurs n'y font le plus souvent rien qui vaille : je sçais un grand diseur et très excellent peintre de toute sorte de mesnage, qui a laissé bien piteusement couler par ses mains cent mille livres de rente :

[1] *C'est pour cela que*, etc.
[2] Considérant en eux-mêmes des choses si opposées, ils en étaient tout étourdis. TITE LIVE, XXXII, 20.
[3] Le roi Hiéron l'avait prié de lui dire ce que c'est que Dieu ; et Simonide lui ayant répondu qu'il avait besoin d'un jour pour examiner cette question, le lendemain il demanda encore deux jours, et chaque fois il doubla le nombre des jours qu'il demandait au roi. Sur quoi Cicéron dit : *Simonidem arbitror... quia multa venirent in mentem acuta atque subtilia, dubitantem quid eorum esset verissimum, desperasse omnem veritatem.* « Je crois que Simonide, après avoir promené son « esprit d'opinions en opinions, les unes plus subtiles que les « autres, et cherché vainement la plus probable, désespéra « enfin de trouver la vérité. » CIC., *de Nat. deor.*, I, 22. C.— On peut consulter, sur la demande de Hiéron et sur la réponse de Simonide, le Dictionnaire de Bayle, article *Simonide*. N.

j'en sçais un autre qui dict, qui consulte, mieulx qu'homme de son conseil, et n'est point au monde une plus belle montre d'ame et de suffisance ; toutesfois, aux effects, ses serviteurs treuvent qu'il est tout aultre, je dis sans mettre le malheur en compte.

CHAPITRE XXI.

Contre la faineantise.

L'empereur Vespasien, estant malade de la maladie dont il mourut, ne laissoit pas de vouloir entendre l'estat de l'empire ; et, dans son lict mesme, depeschoit sans cesse plusieurs affaires de consequence, et son medecin l'en tansant, comme de chose nuisible à sa santé : « Il fault, disoit il, qu'un empereur meure debout[1]. » Voilà un beau mot, à mon gré, et digne d'un grand prince. Adrian, l'empereur, s'en servit depuis à ce mesme propos[2] : et le debvroit on souvent ramentevoir aux roys, pour leur faire sentir que ceste grande charge qu'on leur donne du commandement de tant d'hommes n'est pas une charge oysifve ; et qu'il n'est rien qui puisse si justement desgouster un subject de se mettre en peine et en hazard, pour le service de son prince, que de le veoir appoltrony ce pendant luy mesme à des occupations lasches et vaines, et d'avoir soing de sa conservation, le veoyant si nonchalant de la nostre.

Quand quelqu'un vouldra maintenir qu'il vault mieulx que le prince conduise ses guerres par aultre que par soy, la fortune lui fournira assez d'exemples de ceulx à qui leurs lieutenants ont mis à chef des grandes entreprinses, et de ceulx encores desquels la presence y eust esté plus nuisible qu'utile ; mais nul prince vertueux et courageux ne pourra souffrir qu'on l'entretienne de si honteuses instructions. Soubs couleur de conserver sa teste, comme la statue d'un sainct, à la bonne fortune de son estat, ils le degradent de son office, qui est justement tout en action militaire, et l'en declarent incapable. J'en sçais un[3] qui aimeroit bien mieulx

[1] SUÉTONE, dans la *Vie de Vespasien*, c. 24 *Imperatorem ait stantem mori oportere.* C.
[2] SPARTIEN, *Verus*, c. 6 : *Sanum principem mori debere, non debilem.* J. V. L.
[3] Probablement Henri IV.

estre battu que de dormir pendant qu'on se battroit pour luy, et qui ne veid jamais sans jalousie ses gents mesmes faire quelque chose de grand en son absence. Et Selym premier disoit, avecques grande raison, ce me semble, « que les victoires qui se gaignent sans le maistre ne sont pas completes; » de tant plus volontiers eust il dict que ce maistre debvroit rougir de honte, d'y pretendre part pour son nom, n'y ayant embesongné que sa voix et sa pensée; ny cela mesme, veu qu'en telle besongne les advis et commandements qui apportent l'honneur sont ceulx là seulement qui se donnent sur le champ[1], et au propre de l'affaire. Nul pilote n'exerce son office de pied ferme. Les princes de la race ottomane, la premiere race du monde en fortune guerriere, ont chauldement embrassé ceste opinion; et Bajazet second, avecques son fils, qui s'en despartirent, s'amusants aux sciences et aultres occupations casanieres, donnerent aussi de bien grands soufflets à leur empire : et celuy qui règne à présent, Amurath troisiesme, à leur exemple, commence assez bien de s'en trouver de mesme. Feut ce pas le roy d'Angleterre, Edouard troisiesme, qui dict, de nostre Charles cinquiesme, ce mot : « Il n'y eut oncques roy qui moins s'armast; et si n'y eut oncques roy qui tant me donnast à faire. » Il avoit raison de le trouver estrange, comme un effect du sort plus que de la raison. Et cherchent aultre adherent que moy ceulx qui veulent nombrer, entre les belliqueux et magnanimes conquerants, les roys de Castille et de Portugal, de ce qu'à douze cents lieues de leur oysifve demeure, par l'escorte de leurs facteurs, ils se sont rendus maistres des Indes d'une et d'aultre part, desquelles c'est à sçavoir s'ils auroient seulement le courage d'aller jouir en presence.

L'empereur Julian disoit[2] encores plus, « Qu'un philosophe et un galant homme ne debvoient pas seulement respirer; » c'est à dire ne donner aux necessités corporelles que ce qu'on ne leur peult refuser, tenant tousjours l'ame et le corps embesongnés à choses belles, grandes et vertueuses. Il avoit honte, si en public on le veoyoit cracher ou suer (ce qu'on dict aussi de la jeunesse lacedemonienne, et Xenophon de la persienne[1]), parce qu'il estimoit que l'exercice, le travail continuel, et la sobrieté, debvoient avoir cuict et asseiché toutes ces superfluités. Ce que dict Seneque ne joindra pas mal en cest endroict, que les anciens Romains maintenoient leur jeunesse droicte : « Ils n'apprenoient, dict il[2], rien à leurs enfants qu'ils deussent apprendre assis. »

C'est une genereuse envie de vouloir mourir mesme utilement et virilement; mais l'effect n'en gist pas tant en nostre bonne resolution qu'en nostre bonne fortune : mille ont proposé de vaincre ou de mourir en combattant, qui ont failli à l'un et à l'aultre, les bleceures, les prisons leur traversant ce desseing, et leur prestant une vie forcée; il y a des maladies qui atterrent jusques à nos desirs et nostre cognoissance. Fortune ne debvoit pas seconder la vanité des legions romaines qui s'obligerent, par serment, de mourir ou de vaincre : *Victor, Marce Fabi, revertar ex acie : si fallo, Jovem patrem, Gradivumque Martem, aliosque iratos invoco deos*[3]. Les Portugais disent qu'en certain endroict de leur conqueste des Indes ils rencontrerent des soldats qui s'estoient condamnés, avecques horribles exsecrations, de n'entrer en aulcune composition que de se faire tuer ou demeurer victorieux; et, pour marque de ce vœu, portoient la teste et la barbe rases. Nous avons beau nous hazarder et obstiner, il semble que les coups fuyent ceulx qui s'y presentent trop alaigrement, et n'arrivent volontiers à qui s'y presente trop volontiers et corrompt leur fin. Tel, ne pouvant obtenir de perdre sa vie par les forces adversaires, après avoir tout essayé, a esté contrainct, pour fournir à sa resolution, d'en rapporter l'honneur ou de n'en rapporter pas la vie, se donner soy mesme la mort en la chaleur propre du combat. Il en est d'aultres exemples; mais en voicy un : Philistus, chef de l'armée de mer du jeune Dionysius contre les Syracusains, leur presenta la battaille, qui feut asprement contestée, les forces estants pareilles : en icelle il eut du meilleur au commencement par sa prouesse;

---

(1) Ed. de 1802, *sur la place.*
(2) *Voyez* ZONARAS, vers la fin de l'histoire de Julien. C.

(1) *Cyropédie*, I, 2, 16. C.
(2) SÉNÈQUE, *Epist.* 88. C.
(3) Je retournerai vainqueur du combat, ô Marcus Fabius! Si je manque à mon serment, j'invoque sur moi la colère de Jupiter, de Mars, et des autres dieux. TITE LIVE, II, 45.

mais, les Syracusains se rangeants autour de sa galere pour l'investir, ayant faict grands faicts d'armes de sa personne pour se desvelopper, n'y esperant plus de ressource, s'osta de sa main la vie, qu'il avoit si liberalement abandonnée, et frustratoirement[1], aux mains ennemies[2].

Moley Moluch, roy de Fez, qui vient de gaigner[3], contre Sebastian, roy de Portugal, ceste journée fameuse par la mort de trois roys, et par la transmission de ceste grande couronne à celle de Castille, se trouva griefvement malade dès lors que les Portugais entrerent à main armée en son estat; et alla tousjours depuis en empirant vers la mort, et la prevoyant. Jamais homme ne se servit de soy plus vigoreusement et bravement. Il se trouva foible pour soustenir la pompe cerimonieuse de l'entrée de son camp, qui est, selon leur mode, pleine de magnificence, et chargée de tout plein d'action; et resigna cest honneur à son frere; mais ce feut aussi le seul office de capitaine qu'il resigna; touts les aultres necessaires et utiles, il les feit très laborieusement et exactement, tenant son corps couché, mais son entendement et son courage debout et ferme jusques au dernier souspir, et aulcunement au delà. Il pouvoit miner ses ennemis, indiscretement advancés en ses terres; et luy poisa merveilleusement qu'à faulte d'un peu de vie, et pour n'avoir qui substituer à la conduicte de ceste guerre et aux affaires d'un estat troublé, il eust à chercher la victoire sanglante et hasardeuse, en ayant une aultre pure et nette entre ses mains : toutesfois il mesnagea miraculeusement la durée de sa maladie à faire consumer son ennemy, et l'attirer loing de l'armée de mer et des places maritimes qu'il avoit en la coste d'Afrique, jusques au dernier jour de sa vie, lequel, par desseing, il employa et reserva à ceste grande journée. Il dressa sa battaille en rond, assiegeant de toutes parts l'ost des Portugais; lequel rond venant à se courber et serrer, les empescha non seulement au conflict (qui feut très aspre par la valeur de ce jeune roy assaillant), veu qu'ils avoient à montrer visage à touts sens, mais aussi les empescha à la fuyte après leur roupte; et, trouvants toutes les yssues saisies et closes, ils feurent contraincts de se rejecter à eulx mesmes : *Coacervanturque non solum cœde, sed etiam fuga*[1], et s'amonceller les uns sur les aultres, fournissant aux vainqueurs une très meurtriere victoire et très entiere. Mourant, il se feit porter et tracasser[2] où le besoing l'appelloit, et, coulant le long des files, enhortoit ses capitaines et soldats, les uns après les aultres : mais un coing de sa battaille se laissant enfoncer, on ne le peut tenir qu'il ne montast à cheval l'espée au poing; il s'efforcoit pour s'aller mesler, ses gents l'arrestants, qui par la bride, qui par sa robbe et par ses estriers. Cest effort acheva d'accabler ce peu de vie qui luy restoit : on le recoucha. Luy, se resuscitant comme en sursault de ceste pasmoison, toute aultre faculté luy defaillant pour advertir qu'on teust sa mort, qui estoit le plus necessaire commandement qu'il eust lors à faire, afin de n'engendrer quelque desespoir aux siens par ceste nouvelle, expira tenant le doigt contre sa bouche close, signe ordinaire de faire silence[3]. Qui vescut oncques si longtemps, et si avant en la mort? qui mourut oncques si debout?

L'extreme degré de traicter courageusement la mort, et le plus naturel, c'est la veoir, non seulement sans estonnement, mais sans soing, continuant libre le train de la vie jusques dedans elle, comme Caton, qui s'amusoit à estudier et à dormir, en ayant une violente et sanglante presente en sa teste et en son cœur, et la tenant en sa main.

CHAPITRE XXII.

Des postes.

Je n'ay pas esté des plus foibles en cest exercice, qui est propre à gents de ma taille, ferme

---

(1) Inutilement, de *frustra*.

(2) Plut. *Vie de Dion*, c. 8. — Tout ce long passage, depuis les mots, *Fortune ne debvoit pas*, etc., manque dans l'exemplaire sur lequel a été faite l'édition des *Essais* publiée en 1802 par Naigeon. L'éditeur lui-même en fait l'aveu. J. V. L.

(3) En 1578. Voy. l'*Histoire* du président de Thou, l. LXV, p. 248, éd. de Genève, 1620. C.

(1) Entassés non-seulement par le carnage, mais aussi par la fuite.

(2) *Mener çà et là.*

(3) M. de Thou remarque, liv. LXV, p. 248, qu'on disait que Charles de Bourbon avait fait la même chose en expirant au pied des murailles de Rome, qui, peu après sa mort, fut prise d'assaut par ses troupes. C.

et courte; mais j'en quitte le mestier; il nous essaye[1] trop pour y durer longtemps. Je lisois[2], à ceste heure, que le roy Cyrus, pour recevoir plus facilement nouvelles de touts les costés de son empire, qui estoit d'une fort grande estendue, feit regarder combien un cheval pouvoit faire de chemin en un jour, tout d'une traicte; et, à ceste distance, il establit des hommes qui avoient charge de tenir des chevaulx prests pour en fournir à ceulx qui viendroient vers luy; et disent aulcuns que ceste vistesse d'aller revient à la mesure du vol des grues.

Cesar dict que Lucius Vibullius Rufus, ayant haste de porter un advertissement à Pompeius, s'achemina vers luy jour et nuict, changeant de chevaulx, pour faire diligence[3] : et luy mesme, à ce que dict Suetone[4], faisoit cent milles par jour sur un coche de louage; mais c'estoit un furieux courrier; car, où les rivieres luy trenchoient son chemin, il les franchissoit à la nage, et ne se destournoit du droict pour aller querir un pont ou un gué. Tiberius Nero, allant veoir son frere Drusus malade en Allemaigne, feit deux cents milles en vingt quatre heures, ayant trois coches[5]. En la guerre des Romains contre le roy Antiochus, T. Sempronius Gracchus, dict Tite-Live, *per dispositos equos prope incredibili celeritate ab Amphissa tertio die Pellam pervenit*[6] : et appert, à veoir le lieu, que c'estoient postes assises, non ordonnées freschement pour ceste course.

L'invention de Cecina à r'envoyer des nouvelles à ceulx de sa maison avoit bien plus de promptitude: il emporta quand et soy des arondelles, et les relaschoit vers leurs nids quand il vouloit r'envoyer de ses nouvelles, en les teignant de marque de couleur propre à signifier ce qu'il vouloit, selon qu'il avoit concerté avecques les siens[7].

Au theatre à Rome, les maistres de famille avoient des pigeons dans leur sein, ausquels ils attachoient des lettres, quand ils vouloient mander quelque chose à leurs gents au logis, et estoient dressés à en rapporter response. D. Brutus en usa, assiégé à Mutine[1]; et aultres ailleurs.

Au Peru, ils couroient sur les hommes, qui les chargeoient sur les espaules à tout des portoires, par telle agilité que, tout en courant, les premiers porteurs rejectoient aux seconds leur charge, sans arrester un pas.

J'entends que les Valachi, courriers du Grand Seigneur, font des extremes diligences, d'autant qu'ils ont loy de desmonter le premier passant qu'ils treuvent en leur chemin, en luy donnant leur cheval recreu; et que, pour se garder de lasser, ils se serrent à travers le corps bien estroictement d'une bande large, comme font assez d'aultres. Je n'ay trouvé nul sejour[2] à cest usage.

CHAPITRE XXIII.

Des mauvais moyens employés à bonne fin.

Il se treuve une merveilleuse relation et correspondance en ceste universelle police des ouvrages de nature, qui montre bien qu'elle n'est ny fortuite, ny conduicte par divers maistres. Les maladies et conditions de nos corps se veoient aussi aux estats et polices: les royaumes, les republiques naissent, fleurissent, et fanissent de vieillesse, comme nous. Nous sommes subjects à une repletion d'humeurs, inutile et nuysible; soit de bonnes humeurs (car cela mesme les medecins le craignent; et, parce qu'il n'y a rien de stable chez nous, ils disent que la perfection de santé trop alaigre et vigoreuse, il nous la fault essimer[3] et rabattre par art, de peur que nostre nature, ne se pouvant rasseoir en nulle certaine place, et n'ayant plus où monter pour s'ameliorer, ne se recule en arriere en desordre et trop à coup; ils ordonnent pour cela aux athletes les purgations et les saignées, pour leur soustraire ceste superabondance de santé); soit repletion de mauvaises humeurs, qui est l'ordinaire cause des maladies. De semblable repletion se voient les estats souvent malades, et a l'on accoustumé

---

(1) *Fatigue*. C.
(2) Dans la *Cyropédie* de XÉNOPH., VIII, 6, 9. C.
(3) *De Bello civili*, III, 11 : *mutatis ad celeritatem jumentis*. J. V. L.
(4) *Vie de César*, c. 57. C.
(5) PLINE, *Nat. Hist.*, VII, 20. C.
(6) Se rendit en trois jours d'Amphisse à Pella, sur des chevaux de relais, avec une rapidité presque incroyable. TITE LIVE, XXXVII, 7.
(7) PLINE, *Nat. Hist.*, X, 24. C.

(1) PLINE, *Nat. Hist.*, X, 77.— *Mutine*, ou *Modène*, comme on dit aujourd'hui. C.
(2) *Repos, cessation*.
(3) *Essaimer, tailler comme un essaim, amaigrir, diminuer*. E. J.

d'user de diverses sortes de purgation. Tantost on donne congé à une grande multitude de familles pour en deschargcr le païs, lesquelles vont chercher ailleurs où s'accommoder aux despens d'aultruy : de ceste façon nos anciens Francons, partis du fond d'Allemaigne, veindrent se saisir de la Gaule et en deschasser les premiers habitants ; ainsi se forgea ceste infinie marée[1] d'hommes, qui s'escoula en Italie sous Brennus et aultres ; ainsi les Goths et Vandales, comme aussi les peuples qui possedent à present la Grece, abandonnerent leur naturel païs pour s'aller loger ailleurs plus au large ; et à peine est il deux ou trois coings au monde qui n'ayent senti l'effect d'un tel remuement. Les Romains bastissoient par ce moyen leurs colonies ; car sentants leur ville se grossir oultre mesure, ils la deschargeoient du peuple moins necessaire, et l'envoyoient habiter et cultiver les terres par eulx conquises ; par fois aussi ils ont à escient nourry des guerres avec aulcuns de leurs ennemis, non seulement pour tenir leurs hommes en haleine, de peur que l'oisiveté, mere de corruption, ne leur apportast quelque pire inconvenient,

Hinc
Palimur longœ pacis mala ; sœvior armis
Luxuria incumbit[2] ;

mais aussi pour servir de saignée à leur republique, et esventer un peu la chaleur trop vehemente de leur jeunesse, escourter et esclaircir le branchage de ce tige foisonnant en trop de gaillardise ; à cest effect se sont ils aultrefois servis de la guerre contre les Carthaginois.

Au traité de Bretigny, Edouard troisiesme, roy d'Angleterre, ne voulut comprendre, en ceste paix generale qu'il feit avec nostre roy, le different du duché de Bretaigne, afin qu'il eust où se descharger de ses hommes de guerre, et que ceste foule d'Anglois, dequoy il s'estoit servy aux affaires de deçà, ne se rejectast en Angleterre[3]. Ce feut l'une des raisons pourquoy nostre roy Philippe consentit d'envoyer Jean son fils à la guerre d'oultremer, afin d'emmener quand et luy un grand nombre de jeunesse bouillante qui estoit en sa gendarmerie.

Il y en a plusieurs en ce temps qui discourent de pareille façon, souhaitants que ceste esmotion chaleureuse, qui est parmy nous, se peust deriver à quelque guerre voisine, de peur que ces humeurs peccantes qui dominent pour ceste heure nostre corps, si on ne les escoule ailleurs, maintiennent nostre fiebvre toujours en force, et apportent enfin nostre entiere ruyne : et de vray, une guerre estrangiere est un mal bien plus doulx que la civile. Mais je ne crois pas que Dieu favorisast une si injuste entreprinse, d'offenser et quereller aultruy pour nostre commodité.

Nil mihi tam valde placeat, Rhamnusia virgo,
Quod temere invitis suscipiatur heris[1].

Toutesfois la foiblesse de nostre condition nous poulse souvent à ceste necessité, de nous servir de mauvais moyens pour une bonne fin : Lycurgus, le plus vertueux et parfaict legislateur qui feust oncques, inventa ceste très injuste façon, pour instruire son peuple à la temperance, de faire enyvrer par force les Elotes qui estoient leurs serfs, à fin qu'en les veoyant ainsi perdus et ensepvelis dans le vin les Spartiates prinssent en horreur le desbordement de ce vice[2]. Ceulx là avoient encores plus de tort, qui permettoient anciennement que les criminels, à quelque sorte de mort qu'ils feussent condamnés, feussent dechirés tout vifs par les medecins, pour y veoir au naturel nos parties interieures et en establir plus de certitude en leur art[3] : car, s'il se fault desbaucher, on est plus excusable le faisant pour la santé de l'ame que pour celle du corps ; comme les Romains dressoient le peuple à la vaillance et au mespris des dangiers et de la mort par ces furieux spectacles de gladiateurs et escrimeurs à oultrance

---

(1) *Marée* veut dire ici *foule*. Ce mot ne se trouve point en ce sens-là dans nos vieux dictionnaires. Il répond, en quelque manière, à celui de *flot*, fort usité pour signifier *quantité, multitude*, comme dans ces vers de Boileau :

Cotin, à ses sermons traînant toute la terre,
Fend les *flots* d'auditeurs pour aller à sa chaire.
C.

(2) Nous subissons les maux inséparables d'une trop longue paix ; plus terrible que les armes, le luxe nous a domptés. Juv., VI, 291.

(3) Voyez Froissart, t. I. *Et micalx valoit, dit-il, et plus prou-*
fitable estoit que ces guerroyeurs et pilleurs se retirassent en la duché de Bretaigne (qui est un des gras païs du monde, et bon pour tenir gent d'armes), que qu'ils venissent en Angleterre ; car leur païs en pourroit estre perdu et robé. Ed. du Panthéon.

(1) O puissante Némésis ! puissé-je ne jamais rien désirer si vivement que j'entreprenne de l'avoir malgré les légitimes possesseurs ! Cat., LXVIII, 77.

(2) Plut., *Lycurgue*, c. 24. C.

(3) A. Corn. Celsi *Medicina*, Præfat., pag. 7, édit. Th. J. ab Almeloven, Amst., 1713. C.

qui se combattoient, detailloient et entretuoient en leur presence :

> Quid vesani aliud sibi vult ars impia ludi,
> Quid mortes juvenum, quid sanguine pasta voluptas[1]?

et dura cest usage jusques à Theodosius, l'empereur :

> Arripe dilatam tua, dux, in tempora famam,
> Quodque patris superest, successor laudis habeto...
> Nullus in urbe cadat, cujus sit pœna voluptas...
> Jam solis contenta feris, infamis arena
> Nulla cruentatis homicidia ludat in armis[2].

C'estoit, à la verité, un merveilleux exemple, et de très grand fruict pour l'institution du peuple, de veoir touts les jours en sa presence cent, deux cents, voire mille couples d'hommes, armés les uns contre les aultres, se hacher en pieces, avecques une si extreme fermeté de courage qu'on ne leur veit lascher une parole de foiblesse ou commiseration, jamais tourner le dos, ny faire seulement un mouvement lasche pour gauchir au coup de leur adversaire, ains tendre le col à son espée, et se presenter au coup; il est advenu à plusieurs d'entre eulx, estants blecés à mort de force playes, d'envoyer demander au peuple s'il estoit content de leur debvoir avant que se coucher pour rendre l'esprit sur la place. Il ne falloit pas seulement qu'ils combattissent et mourussent constamment, mais encores alaigrement; en maniere qu'on les hurloit et mauldissoit, si on les veoyoit estriver[3] à recevoir la mort; les filles mesmes les incitoient :

> Consurgit ad ictus,
> Et, quoties victor ferrum jugulo inserit, illa
> Delicias ait esse suas, pectusque jacentis
> Virgo modesta jubet converso pollice rumpi[4].

Les premiers Romains employoient à cest exemple les criminels; mais depuis on y employa des serfs innocents, et des libres mesmes qui se vendoient pour cest effect, jusques à des senateurs et chevaliers romains, et encores des femmes :

> Nunc caput in mortem vendunt, et funus arenæ,
> Atque hostem sibi quisque parat, quum bella quiescunt[1];
>
> Hos inter fremitus novosque lusus...
> Stat sexus rudis insciusque ferri,
> Et pugnas capit improbus viriles[2]:

ce que je trouverois fort estrange et incroyable si nous n'estions accoustumés de veoir touts les jours, en nos guerres, plusieurs milliasses d'hommes estrangiers, engageants, pour de l'argent, leur sang et leur vie à des querelles où ils n'ont aulcun interest.

CHAPITRE XXIV.

De la grandeur romaine.

Je ne veulx dire qu'un mot de cest argument infiny, pour montrer la simplesse de ceulx qui apparient à celle-là les chestives grandeurs de ce temps. Au septiesme livre des Epistres familieres de Cicero (et que les grammairiens en ostent ce surnom de familieres, s'ils veulent; car, à la verité, il n'y est pas fort à propos; et ceulx qui, au lieu de familieres, y ont substitué *ad familiares*, peuvent tirer quelque argument pour eulx de ce que dict Suetone en la vie de César[3], qu'il y avoit un volume de lettres de luy *ad familiares*), il y en a une qui s'adresse à Cesar estant lors en la Gaule, en laquelle Cicero redict ces mots, qui estoient sur la fin d'une aultre lettre que Cesar luy avoit escript: « Quant à Marcus Furius, que tu m'as « recommandé, je le feray roy de Gaule; et si tu « veulx que j'advance quelque autre de tes amis, « envoye le moi[4]. » Il n'estoit pas nouveau à un

---

(1) Autrement, quel seroit le but de l'art insensé des gladiateurs, de ces jeux barbares, de ces fêtes de la mort, de ces plaisirs sanguinaires?

(2) Saisissez, grand prince, une gloire réservée à votre règne; ajoutez à l'héritage de gloire de votre père la seule louange qui vous reste à mériter... Que le sang humain ne coule plus pour le plaisir du peuple... Que l'arène se contente du sang des bêtes, et que des jeux homicides ne souillent plus nos yeux. PRUD., *contre Symmaque*, II, 643.

(3) Résister, témoigner de la répugnance. C.

(4) La vierge modeste se lève à chaque coup; et toutes les fois que le vainqueur égorge son adversaire, elle est charmée, ravie, et, d'un signe fatal, elle ordonne que le vaincu périsse. PRUD., *contre Symmaque*, II, 617.

(1) Maintenant ils vendent leur sang, et pour un prix convenu ils vont mourir sur l'arène : au milieu de la paix, chacun d'eux se fait un ennemi. MANIL., *Astron.*, IV, 225.

(2) Parmi ces frémissements et ces nouveaux plaisirs, un sexe inhabile aux armes descend dans l'arène, et s'exerce avec audace aux jeux des guerriers. STACE, *Sylv.*, I, 6, 51.

(3) SUET., *César*, c. 56. C.

(4) CIC., *Epist. fam.*, VII, 5. On lit ordinairement dans le texte de cette lettre, *M. Orfium*; mais il y a de nombreuses variantes. Quelques interpretes ont regardé l'offre de César comme un badinage : Montaigne la prend au sérieux, et il a peut-être raison. Ne sait-on pas quels étaient ces petits chefs de peuplades, véritables lieutenants de la république, nommés ou protégés par les Romains, et qu'ils appelaient *reguli?* J. V. L.

simple citoyen romain, comme estoit lors Cesar, de disposer des royaumes ; car il osta bien au roy Dejotarus le sien, pour le donner à un gentilhomme de la ville de Pergame, nommé Mithridates¹ ; et ceulx qui escrivent sa vie enregistrent plusieurs royaumes par luy vendus ; et Suetone dict² qu'il tira pour un coup, du roy Ptolemæus, trois millions six cent mill' escus, qui feut bien près de luy vendre le sien.

*Tot Galatœ, tot Pontus eat, tot Lydia nummis*³.

Marcus Antonius disoit⁴ que la grandeur du peuple romain ne se montroit pas tant par ce qu'il prenoit que parce qu'il donnoit ; si en avoit-il, quelque siecle avant Antonius, osté, un entre aultres, d'auctorité si merveilleuse, que, en toute son histoire, je ne sçache marque qui porte plus hault le nom de son credit. Antiochus possedoit toute l'Ægypte, et estoit après à conquerir Cypre et aultres demourants de cest empire. Sur le progrès de ses victoires, C. Popilius arriva à luy de la part du senat ; et, d'abordée, refusa de luy toucher à la main qu'il n'eust premierement leu les lettres qu'il luy apportoit. Le roy les ayant leues, et dict qu'il en delibereroit, Popilius circonscrit la place où il estoit à toute sa baguette, en luy disant : « Rends moy response que je puisse rapporter au senat avant que tu partes de ce cercle. » Antiochus, estonné de la rudesse d'un si pressant commandement, après y avoir un peu songé : « Je feray (dict-il) ce que le senat me commande⁵. » Lors le salua Popilius comme amy du peuple romain. Avoir renoncé à une si grande monarchie et cours d'une si fortunée prosperité, par l'impression de trois traits d'escripture! il eut vrayement raison, comme il feit, d'envoyer depuis dire au senat, par ses ambassadeurs, qu'il avoit receu leur ordonnance de mesme respect que si elle feust venue des dieux immortels⁶.

Touts les royaumes qu'Auguste gaigna par droict de guerre, il les rendit à ceulx qui les avoient perdus, ou en feit present à des estrangiers. Et, sur ce propos, Tacitus, parlant du roy d'Angleterre Cogidunus, nous faict sentir, par un merveilleux traict, ceste infinie puissance : Les Romains, dict-il, avoient accoustumé, de toute ancienneté, de laisser les roys qu'ils avoient surmontés en la possession de leurs royaumes, soubs leur auctorité, « à ce qu'ils eussent des roys mes-
« mes, utils de la servitude : » *Ut haberent instrumenta servitutis et reges*¹. Il est vraysemblable que Solyman, à qui nous avons veu faire liberalité du royaume de Hongrie et aultres estats, regardoit plus à ceste consideration qu'à celle qu'il avoit accoustumé d'alleguer, « qu'il estoit saoul et chargé de tant de monarchies et de dominations que sa vertu ou celle de ses ancestres luy avoient acquis. »

CHAPITRE XXV.

De ne contrefaire le malade.

Il y a un epigramme en Martial, qui est des bons, car il y en a chez luy de toutes sortes, où il recite plaisamment l'histoire de Celius qui, pour fuyr à faire la court à quelques grands à Rome, se trouver à leur lever, les assister et les suyvre, feit la mine d'avoir la goutte ; et, pour rendre son excuse plus vraysemblable, se faisoit oindre les jambes, les avoit enveloppées et contrefaisoit entierement le port et la contenance d'un homme goutteux. Enfin la fortune luy feit ce plaisir de le rendre goutteux tout à faict.

Tantum cura potest, et ars doloris!
Desit fingere Cœlius podagram ².

J'ay veu en quelque lieu d'Appian³, ce me semble, une pareille histoire d'un qui, voulant eschapper aux proscriptions des triumvirs de Rome, pour se desrobber de la cognoissance de ceulx qui le poursuyvoient, se tenant caché et travesti, y adjousta encores ceste invention de contrefaire le borgne : quand il veint à recouvrer un peu plus de liberté et qu'il voulut desfaire l'emplastre qu'il avoit longtemps porté sur son œil, il trouva que sa veue estoit effec-

---

(1) Cic., *de Divin.*, II, 37 : *assecla suo, Pergameno nescio cui*. C.

(2) *Vie de César*, c. 54. C.

(3) A tel prix la Galatie, à tel prix le Pont, à tel prix la Lydie. Claud., *in Eutrop.*, I, 203.

(4) Plut., *Antoine*, c. 8. C.

(5) Tite-Live, XLV, 12. C.

(6) Id., *ibid.*, c. 13.

(1) Tacite, *Agricola*, c. 14. — Montaigne a traduit ce passage avant que de le citer. C.

(2) Voyez ce que c'est que de si bien faire le malade ! Célius n'a plus besoin de feindre qu'il a la goutte. Mart., VII, 59, 8.

(3) *Guerres civiles*, liv. IV, p. 613 de l'édition d'Henri Estienne, p. 985 de celle de Tollius, *Amst.*, 1670. J. V. L.

tuellement perdue sous ce masque. Il est possible que l'action de la veue s'estoit hebetée[1] pour avoir esté si longtemps sans exercice, et que la force visive s'estoit toute rejectée en l'aultre œil; car nous sentons evidemment que l'œil que nous tenons couvert r'envoye à son compaignon quelque partie de son effect, en maniere que celuy qui reste s'en grossit et s'en enfle: comme aussi l'oysifveté, avecques la chaleur des liaisons et des medicaments, avoit bien peu attirer quelque humeur podagrique au goutteux de Martial.

Lisant chez Froissard[2] le vœu d'une troupe de jeunes gentilshommes anglois de porter l'œil gauche bandé jusques à ce qu'ils eussent passé en France et exploicté quelque faict d'armes sur nous, je me suis souvent chatouillé de ce pensement qu'il leur eust prins comme à ces aultres et qu'ils se feussent trouvés touts eborgnés au reveoir des maistresses pour lesquelles ils avoient faict l'entreprinse.

Les meres ont raison de tanser leurs enfants quand ils contrefont les borgnes, les boiteux et les bicles[3], et tels aultres defauts de la personne : car, oultre ce que le corps ainsi tendre en peult recevoir un mauvais ply, je ne sçais comment il semble que la fortune se joue à nous prendre au mot; et j'ay ouï reciter plusieurs exemples de gents devenus malades ayant desseingné de feindre l'estre. De tout temps j'ay apprins de charger ma main, et à cheval et à pied, d'une baguette ou d'un baston, jusques à y chercher de l'elegance et de m'en sejourner d'une contenance affettée: plusieurs m'ont menacé que fortune tourneroit un jour ceste mignardise en necessité. Je me fonde sur ce que je serois tout le premier goutteux de ma race.

Mais alongeons ce chapitre et le bigarrons d'une aultre piece à propos de la cecité. Pline dict[4] d'un qui, songeant estre aveugle en dormant, se le trouva lendemain sans aulcune maladie precedente. La force de l'imagination peult bien ayder à cela, comme j'ay dict ailleurs[5]; et semble que Pline soit de cest advis: mais il est plus vraysemblable que les mouvements que le corps sentoit au dedans, desquels les medecins trouveront, s'ils veulent, la cause, qui luy ostoient la veue, feurent occasion du songe.

Adjoustons encores un'histoire voisine de ce propos, que Seneque recite en l'une de ses lettres : « Tu sçais, dict il, escrivant à Lucilius[1], que Harpasté, la folle de ma femme, est demeurée chez moy pour charge hereditaire; car, de mon goust, je suys ennemy de ces monstres; et, si j'ay envie de rire d'un fol, il ne me le fault chercher gueres loing, je ris[2] de moy mesme. Ceste folle a subitement perdu la veue. Je te recite chose estrange, mais veritable : elle ne sent point qu'elle soit aveugle et presse incessamment son gouverneur de l'emmener[3], parce qu'elle dict que ma maison est obscure. Ce que nous rions en elle, je te prie croire qu'il advient à chascun de nous; nul ne cognoist estre avare, nul convoiteux: encores les aveugles demandent un guide; nous nous fourvoyons de nous mesmes. Je ne suis pas ambitieux, disons nous; mais à Rome on ne peult vivre aultrement: je ne suis pas sumptueux; mais la ville requiert une grande despense: ce n'est pas ma faulte si je suis cholere, si je n'ay encores establi aulcun train asseuré de vie; c'est la faulte de la jeunesse. Ne cherchons pas hors de nous nostre mal, il est chez nous, il est planté en nos entrailles : et cela mesme que nous ne sentons pas estre malades nous rend la guarison plus malaysée. Si nous ne commencçons de bonne heure à nous panser, quand aurons nous pourveu à tant de playes et à tant de maulx? Si avons nous une très doulce medecine que la philosophie; car des aultres, on n'en sent le plaisir qu'après la guarison, ceste cy plaist et guarit ensemble. » Voylà ce que dict Seneque qui m'a emporté hors de mon propos; mais il y a du proufit au change.

CHAPITRE XXVI.

Des poulces.

Tacitus recite[4] que, parmy certains roys barbares, pour faire une obligation asseurée,

---

(1) *Affaiblie.* — C'est une phrase latine. Sénèque le tragique, *Hercul. fur.*, v. 1043 : *Visusque mæror hebetat.*
(2) T. I, édit. du *Panthéon.*
(3) *Louche.*
(4) *Nat. Hist.*, VII, 50. C.
(5) « *Fortis imaginatio generat casum,* disent les clercs. » *Essais,* liv. I, chap. 20. J. V. L.

(1) *Epist.* 50. C.
(2) Éd. de 1588, *je me ris.*
(3) *Ibid., de l'en emmener.*
(4) *Annales,* XII, 47. C.]

leur maniere estoit de joindre estroictement leurs mains droictes l'une à l'aultre et s'entrelacer les poulces : et quand, à force de les presser, le sang en estoit monté au bout, ils les bleceoient de quelque legiere poincte et puis se les entresuceoient.

Les medecins disent [1] que les poulces sont les maistres de la main, et que leur etymologie latine vient de *pollere*[2]. Les Grecs l'appellent ἀντιχείρ, comme qui diroit une aultre main. Et il semble que par fois les Latins les prennent aussi en ce sens de main entiere :

> Sed nec vocibus excitata blandis,
> Molli pollice nec rogata, surgit[3].

C'estoit à Rome une signification de faveur de comprimer et baisser les poulces,

> Fautor utroque tuum laudabit pollice ludum[4].

et de defaveur de les haulser et contourner au dehors :

> Converso pollice vulgi,
> Quemlibet occidunt populariter[5].

Les Romains dispensoient de la guerre ceulx qui estoient blecés au poulce, comme s'ils n'avoient plus la prinse des armes assez ferme. Auguste confisqua les biens à un chevalier romain qui avoit, par malice, coupé les poulces à deux siens jeunes enfants pour les excuser d'aller aux armées[6] ; et avant luy le senat, du temps de la guerre italique, avoit condamné Caius Vatienus à prison perpetuelle et luy avoit confisqué touts ses biens pour s'estre à escient coupé le poulce de la main gauche pour s'exempter de ce voyage[7].

Quelqu'un, dont il ne me souvient point [8],

(1) Ceci semble pris de Macrobe, qui l'a pris à son tour d'Atéius Capito. Voy. les *Saturnales*, VII, 13. C.
(2) Être fort et puissant. C.
(3) Ces deux vers de Martial, XII, 98, 8, sont trop libres pour être traduits.
(4) Il applaudira à tes jeux en baissant les deux pouces. Hor., *Epist.*, I, 18, 66.
(5) Dès que le peuple a tourné le pouce en haut, il faut, pour lui plaire, que les gladiateurs s'égorgent. Juvén., III, 36. — Voyez ci-dessus, chap. 23, la dernière citation de Prudence. J. V. L.
(6) Suét., *Auguste*, c. 24. C.
(7) Val. Maxime, V. 3, 3. — On croit que c'est de là (*a pollice trunco*) que vient le mot de *poltron*. J. V. L.
(8) Philoclès, un des généraux des Athéniens, dans la guerre du Péloponèse. Voy. Plut., *Lysandre*, c. 5 ; Xén., *Hist. Gr.*, II, e*c. J. V. L.

ayant gaigné une battaille navale, feit couper les poulces à ses ennemis vaincus pour leur oster le moyen de combattre et de tirer la rame. Les Atheniens les feirent couper aux Æginetes pour leur oster la preference en l'art de marine[1].

En Lacedemone, le maistre chastioit les enfants en leur mordant le poulce[2].

CHAPITRE XXVII.

Couardise, mere de la cruauté.

J'ay souvent ouï dire que la couardise est mere de la cruauté : et si ay par experience apperceu que ceste aigreur et aspreté de courage malicieux et inhumain s'accompaigne coustumierement de mollesse feminine ; j'en ay veu des plus cruels subjects à pleurer ayséement et pour des causes frivoles. Alexandre, tyran de Pheres, ne pouvoit souffrir d'ouïr au theatre le jeu des tragedies, de peur que ses citoyens ne le veissent gemir aux malheurs de Hecuba et d'Andromache, luy qui, sans pitié, faisoit cruellement meurtrir tant de gents touts les jours[3]. Seroit ce foiblesse d'ame qui les rendist ainsi ployables à toutes extremités? La vaillance, de qui c'est l'effect de s'exercer seulement contre la resistance,

> Nec nisi bellantis gaudet cervice juvenci[4],

s'arreste à veoir[5] l'ennemy à sa mercy ; mais la pusillanimité, pour dire qu'elle est aussi de la feste, n'ayant peu se mesler à ce premier roolle, prend pour sa part le second, du massacre et du sang. Les meurtres des victoires s'exercent ordinairement par le peuple et par les officiers du bagage : et ce qui faict veoir tant de cruautés inouies aux guerres populaires, c'est que ceste canaille de vulgaire s'aguerrit et se gen-

(1) Cic., *de Offic.*, III, 11 ; Val. Maxime, IX, 2, *ext*. 8. — Élien, *Var. Hist.*, II, 9, dit comme Plutarque et Xénophon, que *ce fut pour les mettre hors d'état de manier la lance, sans les rendre incapables de ramer*. J. V. L.
(2) Plut., *Lycurgue*, c. 14. C.
(3) Plut., *Pélopidas*, c. 16. C.
(4) Qui ne se plait à immoler un taureau que lorsqu'il résiste. Claudien, *Epist. ad Hadrianum*, v. 30.
(5) Dès qu'elle voit.

darme[1] à s'ensanglanter jusques aux coudes et deschiquetter un corps à ses pieds, n'ayant ressentiment d'aultre vaillance :

Et lupus, et turpes instant morientibus ursi,
Et quæcumque minor nobilitate fera est[2] :

comme les chiens couards, qui deschirent en la maison et mordent les peaux des bestes sauvages qu'ils n'ont osé attaquer aux champs. Qu'est ce qui faict, en ce temps, nos querelles toutes mortelles; et qu'au lieu que nos peres avoient quelque degré de vengeance, nous commenceons à ceste heure par le dernier; et ne se parle d'arrivée que de tuer? qu'est ce, si ce n'est couardise?

Chascun sent bien qu'il y a plus de braverie et desdaing à battre son ennemy qu'à l'achever, et de le faire bouquer[3] que de le faire mourir; d'advantage, que l'appetit de vengeance s'en assouvit et contente mieulx; car elle ne vise qu'à donner ressentiment de soy: voylà pourquoy nous n'attaquons pas une beste ou une pierre quand elle nous blece, d'autant qu'elles sont incapables de sentir nostre revenche : et de tuer un homme, c'est le mettre à l'abry de nostre offense. Et tout ainsi comme Bias[4] crioit à un meschant homme: « Je sçais que tost ou tard tu en seras puny, mais je crains que je ne le veoye pas; » et plaignoit les Orchomeniens de ce que la penitence que Lyciscus eut de la trahison contre eulx commise venoit en saison qu'il n'y avoit personne de reste de ceulx qui en avoient esté interessés et ausquels debvoit toucher le plaisir de ceste penitence : tout ainsin est à plaindre la vengeance quand celuy envers lequel elle s'employe perd le moyen de la souffrir; car, comme le vengeur y veult veoir pour en tirer du plaisir, il fault que celuy sur lequel il se venge y veoye aussi pour en recevoir du desplaisir et de la repentance. « Il s'en repentira, » disons nous; et, pour luy avoir donné d'une pistolade en la teste, estimons nous qu'il s'en repente? au rebours, si nous nous en prenons garde, nous trouverons qu'il nous faict la moue en tumbant; il ne nous en sçait pas seulement mauvais gré, c'est bien loing de s'en repentir; et luy prestons le plus favorable de touts les offices de la vie, qui est de le faire mourir promptement et insensiblement : nous sommes à conniller[1], à trotter et à fuyr les officiers de la justice qui nous suyvent; et luy est en repos. Le tuer est bon pour eviter l'offense à venir, non pour venger celle qui est faicte : c'est une action plus de crainte que de braverie, de precaution que de courage, de deffense que d'entreprinse. Il est apparent que nous quittons par là et la vraye fin de la vengeance et le soing de nostre reputation : nous craignons, s'il demeure en vie, qu'il nous recharge d'une pareille : ce n'est pas contre luy, c'est pour toy que tu t'en desfais.

Au royaume de Narsingue, cest expedient nous demeureroit inutile : là, non seulement les gents de guerre, mais aussi les artisans desmeslent leurs querelles à coups d'espée. Le roy ne refuse point le camp à qui se veult battre, et assiste, quand ce sont personnes de qualité, estrenant le victorieux d'une chaisne d'or; mais pour laquelle conquerir, le premier à qui il en prend envie peult venir aux armes avec celuy qui la porte; et pour s'estre desfaict d'un combat, il en a plusieurs sur les bras.

Si nous pensions, par vertu, estre tousjours maistre de nostre ennemy et le gourmander à nostre poste, nous serions bien marris qu'il nous eschappast comme il faict en mourant. Nous voulons vaincre, mais plus seurement que honorablement; et cherchons plus la fin que la gloire en nostre querelle.

Asinius Pollio, pour un honneste homme moins excusable, representa une erreur pareille; qui, ayant escript des invectives contre Plancus, attendoit qu'il feust mort pour les publier : c'estoit faire la figue à un aveugle et dire des pouilles à un sourd, et offenser un homme sans sentiment plustost que d'encourir le hazard de son ressentiment. Aussi disoit on pour luy « que ce n'estoit qu'aux lutins de luicter les morts[2]. » Celuy qui attend à veoir trespasser

---

(1) Se mettre en posture d'homme qui veut combattre.

(2) Le loup, et l'ours, et les animaux les moins nobles s'acharnent sur les mourants. OVIDE, *Trist.*, III, 5, 35.

(3) *Obliger à céder.*

(4) PLUT., *des Délais de la justice divine*, c. 2. — Montaigne se trompe en disant que Bias *plaignoit les Orchoméniens;* c'est Patrocle, un des interlocuteurs du dialogue, qui cite cet exemple de la vengeance trop lente des dieux sur le traître Lyciscus. C.

---

(1) Imiter les *connils* ou lapins.

(2) C'est Plancus lui-même qui fit cette réponse : *Nec Plancus illepide, cum mortuis non nisi larvas luctari.* PLINE, dans sa *Préface à Vespasien*, vers la fin. C.

l'aucteur duquel il veult combattre les escripts, que dict il, sinon qu'il est foible et noisif[1]? On disoit à Aristote que quelqu'un avoit medit de luy : « Qu'il face plus, dict il[2], qu'il me fouette, pourveu que je n'y sois pas. »

Nos peres se contentoient de revencher une injure par un desmenti, un desmenti par un coup, et ainsi par ordre; ils estoient assez valeureux pour ne craindre pas leur adversaire vivant et oultragé : nous tremblons de frayeur tant que nous le voyons en pieds; et qu'il soit ainsi, nostre belle practique d'aujourd'huy porte elle pas de poursuyvre à mort aussi bien celuy que nous avons offensé que celuy qui nous a offensés? C'est aussi une espece de lascheté qui a introduict en nos combats singuliers cest usage de nous accompagner de seconds, et tiers, et quarts : c'estoit anciennement des duels ; ce sont à ceste heure rencontres et battailles. La solitude faisoit peur aux premiers qui l'inventerent, *quum in se cuique minimum fiduciæ esset*[3] ; car naturellement quelque compaignie que ce soit apporte confort et soulagement au dangier. On se servoit anciennement de personnes tierces pour garder qu'il ne s'y feist desordre et desloyauté et pour tesmoigner de la fortune du combat : mais depuis qu'on a prins ce train qu'ils s'y engagent eulx mesmes, quiconque y est convié ne peult honnestement s'y tenir comme spectateur, de peur qu'on ne luy attribue que ce soit faulte ou d'affection ou de cœur. Oultre l'injustice d'une telle action et vilenie d'engager à la protection de vostre honneur aultre valeur et force que la vostre, je treuve du desadvantage à un homme de bien, et qui pleinement se fie de soy, d'aller mesler sa fortune à celle d'un second : chascun court assez de hazard pour soy sans le courir encores pour un aultre, et a assez à faire à s'asseurer en sa propre vertu pour la deffense de sa vie sans commettre chose si chere en mains tierces. Car, s'il n'a esté expressement marchandé au contraire, des quatre, c'est une partie liée; si vostre second est à terre, vous en avez deux sus les bras avecques raison : et de dire que c'est supercherie, elle l'est voirement ; comme de charger, bien armé, un homme qui n'a qu'un tronçon d'espée, ou, tout sain, un homme qui est desjà fort blecé; mais si ce sont advantages que vous ayez gaigné en combattant, vous vous en pouvez servir sans reproche. La disparité et inegalité ne se poise et considere que de l'estat en quoy se commence la meslée; du reste prenez vous en à la fortune : et quand vous en aurez, tout seul, trois sur vous, vos deux compaignons s'estant laissé tuer, on ne vous faict non plus de tort que je ferois à la guerre de donner un coup d'espée à l'ennemy que je verrois attaché à l'un des nostres de pareil advantage. La nature de la société porte : où il y a trouppe contre trouppe, comme où nostre duc d'Orleans desfia le roy d'Angleterre Henry, cent contre cent[1]; trois cents contre autant, comme les Argiens contre les Lacedemoniens[2]; trois à trois, comme les Horaciens contre les Curiaciens, que la multitude de chasque part n'est considerée que pour un homme seul : par tout où il y a compaignie le hazard y est confus et meslé.

J'ay interest domestique à ce discours : car mon frere sieur de Matecoulom feut convié, à Rome[3], à seconder un gentilhomme qu'il ne cognoissoit guere, lequel estoit deffendeur, et appellé par un autre. En ce combat, il se trouva de fortune avoir en teste un qui luy estoit plus voisin et plus cognu ; je vouldrois qu'on me feist raison de ces loix d'honneur qui vont si souvent chocquant et troublant celles de la raison. Après s'estre desfaict de son homme[4], veoyant les deux maistres de la querelle en pieds et encore entiers, il alla descharger son compaignon. Que pouvoit il moins? debvoit il se tenir coy, et regarder desfaire, si le sort l'eust ainsi voulu, celuy pour la deffense duquel il estoit là venu? ce qu'il avoit faict jus-

---

(1) *Noisif*, querelleux. NICOT. C.

(2) DIOG. LAERCE, IX, 18. C.

(3) Parce que chacun se defiait de soi-même.

---

(1) *Chroniques de Monstrelet*, vol. I, c. 9, édition du *Panthéon*.

(2) Pour la plaine de Thyrée. HÉROD., I, 82; PAUS., X, 9; ATHÉN., XV, 6, etc. J. V. L.

(3) Montaigne ne parle pas de ce duel dans les notes recueillies sur son voyage en Italie et imprimées en 1774. Matecoulom, ou Mattecoulon, un des cinq frères de Montaigne, l'accompagnait dans ce voyage; et l'on voit, tom. II, p. 518, qu'il profita de son séjour en Italie pour apprendre l'escrime. Mais comme il paraît n'avoir commencé à s'y appliquer d'une manière suivie que vers le milieu du mois d'octobre 1581, il est probable qu'il ne prit part à ce duel qu'après le départ de son frère. J. V. L.

(4) On peut voir tout le détail de cette affaire dans les *Mémoires de Brantôme*, touchant les duels. C.

ques alors ne servoit rien à la besongne : la querelle estoit indecise. La courtoisie que vous pouvez et certes debvez faire à vostre ennemy, quand vous l'avez reduict en mauvais termes et à quelque grand desadvantage, je ne veois pas comment vous la puissiez faire, quand il va de l'interest d'aultruy, où vous n'estes que suyvant, où la dispute n'est pas vostre : il ne pouvoit estre ny juste, ny courtois, au hazard de celuy auquel il s'estoit presté. Aussi feut il delivré des prisons d'Italie par une bien soubdaine et solenne recommendation de nostre roy. Indiscrette nation ! nous ne nous contentons pas de faire sçavoir nos vices et folies au monde, par reputation ; nous allons aux nations estrangieres pour les leur faire veoir en presence ! Mettez trois François aux deserts de Libye, ils ne seront pas un mois ensemble sans se harceler et esgratigner ; vous diriez que ceste peregrination est une partie dressée pour donner aux estrangiers le plaisir de nos tragedies, et le plus souvent à tels qui s'esjouïssent de nos maulx et qui s'en mocquent. Nous allons apprendre en Italie à escrimer, et l'exerceons aux despens de nos vies, avant que de le sçavoir ; si fauldroit il, suivant l'ordre de la discipline, mettre la theorique[1] avant la practique: nous trahissons nostre apprentissage :

*Primitiæ juvenis miseræ, bellique propinqui
Dura rudimenta*[2] !

Je sçais bien que c'est un art utile à sa fin mesme (au duel des deux princes cousins germains, en Espagne, le plus vieil, dict Tite Live[3], par l'addresse des armes et par ruse, surmonta facilement les forces estourdies du plus jeune); et art, comme j'ay cogneu par experience, duquel la cognoissance a grossi le cœur à aulcuns oultre leur mesure naturelle; mais ce n'est pas proprement vertu, puis qu'elle tire son appuy de l'addresse, et qu'elle prend aultre fondement que de soy mesme. L'honneur des combats consiste en la jalousie du courage, non de la science : et pourtant ay je veu quelqu'un de mes amis, renommé pour grand maistre en cest exercice, choisir en ses querelles des armes qui lui ostassent le moyen de cest advantage, et lesquelles despendoient entierement de la fortune et de l'asseurance, afin qu'on n'attribuast sa victoire plustost à son escrime qu'à sa valeur ; et, en mon enfance, la noblesse fuyoit la reputation de bien escrimer comme injurieuse, et se desrobboit pour l'apprendre, comme un mestier de subtilité desrogeant à la vraye et naïfve vertu.

*Non schivar, non parar, non ritirarsi
Voglion costor, nè qui destrezza ha parte;
Non danno i colpi or finti, or pieni, or scarsi :
Toglie l' ira e 'l furor l' uso dell' arte.
Odi le spade orribilmente urtarsi
A mezzo il ferro; il piè d' orma non parte :
Sempre è il piè fermo, e la man sempre in moto;
Nè scende taglio in van, nè punta a voto*[1].

Les buttes, les tournois, les barrieres, l'image des combats guerriers, estoient l'exercice de nos peres : cest aultre exercice est d'autant moins noble qu'il ne regarde qu'une fin privée ; qui nous apprend à nous entreruyner, contre les loix et la justice, et qui, en toute façon, produict tousjours des effects dommageables. Il est bien plus digne et mieulx seant de s'exercer en choses qui asseurent, non qui offensent nostre police, qui regardent la publicque seureté et la gloire commune. Publius Rutilius[2], consul, feut le premier qui instruisit le soldat à manier ses armes par addresse et science, qui conjoingnit l'art à la vertu, non pour l'usage de querelle privée, ce feut pour la guerre et querelles du peuple romain ; escrime populaire et civile : et, oultre l'exemple de Cesar[3], qui ordonna aux siens de tirer principalement au visage des gents d'armes de Pompeius, en la battaille de Pharsale, mille aultres chefs de guerre se sont ainsin advisés d'inventer nouvelle forme d'armes,

---

(1) Nous disons aujourd'hui *théorie*, quoique nous ayons conservé *pratique* : c'est une bizarrerie de l'usage. *Mouillez-vous pour seicher, ou seichez-vous pour mouiller ? Je n'entends point la theorique : la practique, je m'en aide quelque peu.* RABELAIS, l. 1, c. 5. *Les Italiens*, dit Brantôme en parlant des duels, *sont este les premiers fondateurs de ces combats et de leurs poinctilles, et en ont très bien sceu les theoriques et practiques*, p. 179. C.

(2) Tristes épreuves d'un jeune courage ! funeste apprentissage d'une guerre prochaine ! VIRG., *Énéide*, XI, 156.

(3) L. XXVIII, c. 21. C.

(1) Ils ne veulent ni esquiver, ni parer, ni fuir ; l'adresse n'a point de part à leur combat ; leurs coups ne sont point simulés, tantôt directs, tantôt obliques ; la colère, la fureur leur ôte l'usage de l'art. Écoutez l'horrible choc de leurs épées qui se heurtent : leurs pieds sont toujours fermes, toujours immobiles, et leurs mains toujours en mouvement ; de la taille et de la pointe, leurs coups ne sont jamais sans effet. TORQUATO TASSO, *Gerusal. liberata*, c. XII, stanz. 55.

(2) VAL. MAXIM., II, 3, 2. C.

(3) PLUT., *César*, c. 12. C.

nouvelle forme de frapper et de se couvrir, selon le besoing de l'affaire present.

Mais, tout ainsi que Philopœmen[1] condamna la luicte, en quoy il excelloit, d'autant que les preparatifs qu'on employoit à cest exercice estoient divers à ceulx qui appartiennent à la discipline militaire, à laquelle seule il estimoit les gents d'honneur se debvoir amuser, il me semble aussi que ceste addresse à quoy on façonne ses membres, ces destours et mouvements à quoy on dresse la jeunesse en ceste nouvelle eschole, sont non seulement inutiles, mais contraires plustost et dommageables à l'usage du combat militaire; aussi y emploient communement nos gents des armes particulieres, et peculierement destinées à cest usage : et j'ai veu qu'on ne trouvoit gueres bon qu'un gentilhomme, convié à l'espée et au poignard, s'offrist en equipage de gentdarme ; ny qu'un aultre offrist d'y aller avec sa cappe[2] au lieu du poignard. Il est digne de consideration que Lachès, en Platon[3], parlant d'un apprentissage de manier les armes, conforme au nostre, dict n'avoir jamais de ceste eschole veu sortir nul grand homme de guerre, et nomméement des maistres d'icelle : quant à ceulx là nostre experience en dict bien autant. Du reste, au moins pouvons nous tenir que ce sont suffisances de nulle relation et correspondance; et, en l'institution des enfants de sa police, Platon[4] interdict les arts de mener les poings, introduictes par Amycus et Epeius, et de luicter, par Antæus et Cercyo, parce qu'elles ont aultre but que de rendre la jeunesse plus apte au service bellique, et n'y conferent point[5]. Mais je m'en vois un peu bien à gauche de mon theme.

L'empereur Maurice[6], estant adverty, par songes et plusieurs prognostiques, qu'un Phocas, soldat pour lors incogneu, le debvoit tuer, demandoit à son gendre Philippus qui estoit ce Phocas, sa nature, ses conditions et ses mœurs; et comme entre aultres choses Philippus luy dict qu'il estoit lasche et craintif, l'empereur conclud incontinent par là qu'il estoit doncques meurtrier et cruel. Qui rend les tyrans si sanguinaires, c'est le soing de leur seureté, et que leur lasche cœur ne leur fournit d'aultres moyens de s'asseurer qu'en exterminant ceulx qui les peuvent offenser, jusques aux femmes, de peur d'une esgratigneure :

Cuncta ferit, dum cuncta timet[1].

Les premieres cruautés s'exercent pour elles mesmes; de là s'engendre la crainte d'une juste revenche, qui produict après une enfileure de nouvelles cruautés, pour les estouffer les unes par les aultres. Philippus, roy de Macedoine, celuy qui eut tant de fusées à desmesler avecques le peuple romain, agité de l'horreur des meurtres commis par son ordonnance, ne se pouvant resoudre contre tant de familles en divers temps offensées, print party de se saisir de touts les enfants de ceulx qu'il avoit faict tuer, pour, de jour en jour, les perdre l'un après l'autre, et ainsin establir son repos[2].

Les belles matieres siesent bien en quelque place qu'on les seme : moy, qui ay plus de soing du poids et utilité des discours que de leur ordre et suitte, ne doibs pas craindre de loger icy, un peu à l'escart, une très belle histoire. Quand elles sont si riches de leur propre beauté, et se peuvent seules trop soubstenir, je me contente du bout d'un poil pour les joindre à mon propos[3].

Entre les aultres condemnés par Philippus[4], avoit esté un Herodicus, prince des Thessaliens: après luy, il avoit encores depuis faict mourir ses deux gendres, laissants chascun un fils bien petit. Theoxena et Archo estoient les deux veufves. Theoxena ne peut estre induicte à se remarier, en estant fort poursuyvie. Archo espousa Poris, le premier homme d'entre les Æniens, et en eut nombre d'enfants, qu'elle laissa touts en bas aage. Theoxena, espoinçonnée[5] d'une charité maternelle envers ses nepveux, pour les avoir en sa conduicte et protection, espousa Poris. Voicy venir la proclama-

---

(1) Plut., *Philopœmen*, c. 12. C.

(2) *Habit de guerre.*

(3) Dans le dialogue de Platon intitulé *Lachès*, p. 247. C.

(4) *Traité des lois*, liv. VII, p. 630. C.

(5) *Et n'y contribuent point.*

(6) Zonaras et Cédrénus, dans le règne de cet empereur. Mais celui à qui Maurice fit cette question s'appelait *Philippicus* ; et il n'était pas son gendre, mais son beau-frère. C.

(1) Il frappe tout, parce qu'il craint tout. Claudien, *in Eutrop.*, I, 182.

(2) Tite-Live, XL, 3. J. V. L.

(3) Cette phrase manque dans l'exemplaire qui ga servi pour l'édition de 1802. J. V. L.

(4) Toute cette histoire est prise de Tite Live, XL, 4 ; mais Montaigne n'a pas toujours traduit fidèlement son original. C.

(5) *Animée, aiguillonnée, de pungere.*

tion de l'edict du roy. Ceste courageuse mere, se desfiant et de la cruauté de Philippus et de la licence de ses satellites envers ceste belle et tendre jeunesse, osa dire qu'elle les tueroit plustost de ses mains que de les rendre. Poris, effrayé de ceste protestation, luy promet de les desrobber et emporter à Athenes, en la garde d'aulcuns siens hostes fideles. Ils prennent occasion d'une feste annuelle qui se celebroit à Ænie, en l'honneur d'Æneas, et s'y en vont. Ayants assisté le jour aux cerimonies et banquet publicque, la nuict ils s'escoulent dans un vaisseau preparé, pour gaigner païs par mer. Le vent leur feut contraire; et, se trouvants le lendemain à la veue de la terre d'où ils avoient desmaré, feurent suyvis par les gardes des ports. Au joindre[1], Poris s'embesongnant à haster les mariniers pour la fuitte, Theoxena, forcenée d'amour et de vengeance, se rejectant à sa premiere proposition, faict apprest d'armes et de poison, et les presentant à leur veue : « Or sus, mes enfants, la mort est meshuy le seul moyen de vostre deffense et liberté, et sera matiere aux dieux de leur saincte justice; ces espées traictes, ces couppes pleines, vous en ouvrent l'entrée; courage. Et toy, mon fils, qui est plus grand, empoigne ce fer, pour mourir de la mort plus forte[2]. » Ayants d'un costé ceste vigoureuse conseillere, les ennemis de l'aultre à leur gorge, ils coururent de furie chascun à ce qui luy feut le plus à main ; et, demy morts, feurent jectés en la mer. Theoxena, fiere d'avoir si glorieusement pourveu à la seureté de touts ses enfants, accollant chauldement son mary : « Suyvons ces garsons, mon amy; et jouissons de mesme sepulture avecques eulx. » Et, se tenant ainsin embrassés, se precipiterent, de maniere que le vaisseau feut ramené à bord vuide de ses maistres.

Les tyrans, pour faire touts les deux ensemble, et tuer, et faire sentir leur cholere, ont employé toute leur suffisance à trouver moyen d'alonger la mort. Ils veulent que leurs ennemis s'en aillent, mais non pas si viste qu'ils n'ayent loisir de savourer leur vengeance[3]. Là dessus ils sont en grand' peine; car si les torments sont violents, ils sont courts; s'ils sont longs, ils ne sont pas assez douloureux à leur gré : les voilà à dispenser leurs engins. Nous en veoyons mille exemples en l'antiquité; et je ne sçais si, sans y penser, nous ne retenons pas quelque trace de ceste barbarie.

Tout ce qui est au delà de la mort simple me semble pure cruauté[1]. Nostre justice ne peult esperer que celuy que la crainte de mourir, et d'estre descapité ou pendu, ne gardera de faillir, en soit empesché par l'imagination d'un feu languissant, ou des tenailles, ou de la roue. Et je ne sçais ce pendant si nous les jectons au desespoir ; car en quel estat peult estre l'ame d'un homme, attendant vingt quatre heures la mort, brisé sur une roue, ou, à la vieille façon, cloué à une croix? Josephe[2] recite que, pendant les guerres des Romains en Judée, passant où l'on avoit crucifié quelques Juifs, trois jours y avoit, il recogneut trois de ses amis et obtint de les oster de là ; les deux moururent, dict il, l'aultre vescut encores depuis.

Chalcondyle, homme de foy, aux memoires qu'il a laissé des choses advenues de son temps et près de luy[3], recite pour extreme supplice celuy que l'empereur Mechmet practiquoit souvent, de faire trencher les hommes en deux parts par le fauls[4] du corps, à l'endroict du diaphragme, et d'un seul coup de cimeterre : d'où il arrivoit qu'ils mourussent comme de deux morts à la fois; et veoyoit on, dict il, l'une et l'aultre part pleine de vie se demener long temps après, pressée de torment. Je n'estime pas qu'il y eust grande souffrance en ce mouvement : les supplices plus hideux à veoir ne sont pas tousjours les plus forts à souffrir; et treuve plus atroce ce que d'aultres historiens en recitent contre des seigneurs epirotes, qu'il les feit escorcher par le menu, d'une dispensation si malicieusement ordonnée que leur vie dura quinze jours à ceste angoisse.

---

(1) À l'approche. TITE LIVE, XL, 4.
(2) Tite Live ajoute : *Aut hauriae poculum, si segnior mors juvat.* J. V. L.
(3) Allusion au mot de Caligula : « Je veux qu'il se sente mourir. » SUÉT., *Caligul.*, c. 30. J. V. L.

(1) Montaigne exprime la même pensée dans les mêmes termes, liv. II, chap. 11. Dans la censure que les *Essais* eurent à subir pendant le séjour de Montaigne à Rome, on lui reprocha d'avoir estimé cruauté ce qui est au-delà de *mort simple*. (*Voyage*, t. II, p. 36.) Le *frater françois* qui fut chargé de cet examen par le *maestro del sacro palazzo* dut être surtout choqué de voir cette proposition mal sonnante répétée deux fois. J. V. L.
(2) Dans l'*Histoire de sa vie*, sur la fin. C.
(3) *Histoire des Turcs*, l. X, vers le commencement. C.
(4) Le défaut du corps. E. J.

Et ces deux aultres : Crœsus[1], ayant faict prendre un gentilhomme, favori de Pantaleon, son frere, le mena en la boutique d'un foullon, où il le feit gratter et carder à coups de cardes et peignes de ce mestier jusques à ce qu'il en mourut. George Sechel[2], chef de ces païsans de Poloigne, qui, soubs tiltre de la croisade, feirent tant de maulx, desfaict en bataille par le vayvode de Transsylvanie, et prins, feut trois jours attaché nud sur un chevalet, exposé à toutes les manieres de torments que chascun pouvoit apporter contre luy; pendant lequel temps on fit jeusner plusieurs aultres prisonniers. Enfin, luy vivant et veoyant, on abbruva de son sang Lucat, son cher frere, et pour le salut duquel seul il prioit, tirant sur soy toute l'envie[3] de leurs mesfaicts : et feit l'on paistre vingt de ses plus favoris capitaines, deschirants à belles dents sa chair et en engloutissants les morceaux. Le reste du corps et parties du dedans, luy expiré, feurent mises bouillir, qu'on feit manger à d'aultres de sa suitte.

CHAPITRE XXVIII.

Toutes choses ont leur saison.

Ceulx qui apparient Caton le Censeur au jeune Caton, meurtrier de soy mesme, apparient deux belles natures et de formes voisines. Le premier exploicta la sienne à plus de visages, et precelle en exploicts militaires et en utilité de ses vacations publicques; mais la vertu du jeune, oultre ce que c'est blaspheme de luy en apparier null' aultre en vigueur, feut bien plus nette; car qui deschargeroit d'envie et d'ambition celle du censeur, ayant osé chocquer l'honneur de Scipion, en bonté et en toutes parties d'excellence de bien loing plus grand, et que luy, et que tout aultre homme de son siecle?

Ce qu'on dict[4], entre aultres choses, de luy, qu'en son extreme vieillesse il se meit à apprendre la langue grecque, d'un ardent appetit, comme pour assouvir une longue soif, ne me semble pas luy estre fort honnorable: c'est proprement ce que nous disons : « Retumber en enfantillage. » Toutes choses ont leur saison, les bonnes et tout; et je puis dire mon patenostre hors de propos; comme on defera T. Quintius Flaminius de ce qu'estant general d'armée on l'avoit veu à quartier, sur l'heure du conflict, s'amusant à prier Dieu, en une bataille qu'il gaigna[1].

Imponit finem sapiens et rebus honestis[2].

Eudemonidas, veoyant Xenocrates fort vieil s'empresser aux leçons de son eschole : « Quand sçaura cestuy cy, dict il, s'il apprend encores[3] ! » Et Philopœmen, à ceulx qui hault louoient le roy Ptolemæus de ce qu'il durcissoit sa personne touts les jours à l'exercice des armes : « Ce n'est, dict il, pas chose louable à un roy de son aage de s'y exercer; il les debvroit hormais[4] rellément employer[5]. Le jeune doibt faire ses appresls: le vieil en jouir, disent les sages[6]; et le plus grand vice qu'ils remarquent en nous, c'est que nos desirs rajeunissent sans cesse; nous recommenceons tousjours à vivre.

Nostre estude et nostre envie debvroient quelquefois sentir la vieillesse. Nous avons le pied à la fosse; et nos appetits et poursuittes ne font que naistre :

Tu secanda marmora
Locas sub ipsum funus, et, sepulcri
Immemor, struis domos[7].

Le plus long de mes desseings n'a pas un an d'estendue : je ne pense desormais qu'à finir, me desfoys de toutes nouvelles esperances et entreprinses, prends mon dernier de congé touts les lieux que je laisse, et me despossede touts les jours de ce que j'ay : *Olim jam nec perit quidquam mihi, nec acquiritur..... plus superest viatici quam viæ*[8].

---

(1) Hérod., I, 92; Plut., *de la Malignité d'Hérodote*, p. 858. J. V. L.

(2) Vous trouverez ce fait, avec toutes ses circonstances, dans la *Chronique de Carion*, refondue par Mélanchthon et Gaspard Peucer, son gendre, l. IV, p. 700, et dans les *Annales de Silésie*, compilées en latin par Joachim Curcus, p. 253. C.

(3) La haine.

(4) Plut., *Caton le Censeur*, c. 1. C.

---

(1) Plut., *Comparaison de T. Q. Flaminius avec Philopœmen* c. 2. C.

(2) Même dans la vertu, le sage sait s'arrêter. Juv., VI, 444. — Ici Montaigne détourne les paroles de ce poëte du sens qu'elles ont dans l'original, où elles signifient tout autre chose. C.

(3) Plut., *Apophthegmes des Lacédémoniens*.

(4) Désormais.

(5) Plut., *Philopœmen*, c. 12. C.

(6) Sén., *Epist.* 36. J. V. L.

(7) Vous faites tailler des marbres à la veille de mourir; vous bâtissez une maison, et il faudrait songer à un tombeau. Hor. *Od.*, II, 18, 17.

(8) Depuis longtemps je ne perds ni ne gagne;... il me reste

Vixi, et, quem dederat cursum fortuna, peregi[1].

C'est enfin tout le soulagement que je treuve en ma vieillesse, qu'elle amortit en moy plusieurs desirs et soings de quoy la vie est inquietée ; le soing du cours du monde, le soing des richesses, de la grandeur, de la science, de la santé, de moy. Cestuy cy apprend à parler lors qu'il luy fault apprendre à se taire pour jamais. On peult continuer à tout temps l'estude, non pas l'escholage : la sotte chose qu'un vieillard abecedaire[2] !

Diversos diversa juvant ; non omnibus annis Omnia conveniunt[3].

S'il fault estudier, estudions un estude sortable à nostre condition, à fin que nous puissions respondre, comme celuy à qui, quand on demanda à quoy faire ces estudes en sa decrepitude : « A m'en partir meilleur, et plus à mon ayse, » respondict il. Tel estude feut celuy du jeune Caton, sentant sa fin prochaine, qui se rencontra au discours de Platon, de l'eternité de l'ame ; non comme il fault croire, qu'il ne feust de longtemps garny de toute sorte de munitions pour un tel deslogement ; d'asseurance, de volonté ferme et d'instruction, il en avoit plus que Platon n'en a en ses escripts ; sa science et son courage estoient, pour ce regard, au dessus de la philosophie : il print ceste occupation, non pour le service de sa mort ; mais comme celuy qui n'interrompit pas seulement son sommeil en l'importance d'une telle deliberation, il continua aussi sans chois et sans changement ses estudes avec les aultres actions accoustumées de sa vie. La nuict[4] qu'il veint d'estre refusé de la preture, il la passa à jouer ; celle en laquelle il debvoit mourir, il la passa à lire : la perte ou de la vie ou de l'office, tout luy feut un.

plus de provisions que de chemin à faire. SÉN., *Epist.* 77.

(1) J'ai vécu, j'ai fourni la carrière que m'avait donnée la fortune. VIRG. *Énéide,* IV, 653.

(2) Montaigne traduit SÉNÈQUE, *Epist.* 36 : *Turpis et ridicula res est elementarius senex.* J. V. L.

(3) Les hommes aiment des choses diverses : toute chose ne convient pas à tout âge. *Pseudo-*GALLUS, I, 104.

(4) Ces mots, jusqu'à la fin du chapitre, sont traduits de SÉNÈQUE, *Epist.* 71 et 104. C.

CHAPITRE XXIX.

De la vertu.

Je treuve, par experience, qu'il y a bien à dire entre les boutées[1] et saillies de l'ame, où une resolue et constante habitude : et voisbien qu'il n'est rien que nous ne puissions, voire jusques à surpasser la divinité mesme, dict quelqu'un[2], d'autant que c'est plus de se rendre impassible, de soy, que d'estre tel de sa condition originelle ; et jusques à pouvoir joindre à l'imbecillité de l'homme une resolution et asseurance de Dieu ; mais c'est par secousses : et ès vies de ces heros du temps passé, il y a quelquesfois des traicts miraculeux, et qui semblent de bien loing surpasser nos forces naturelles ; mais ce sont traicts, à la verité ; et est dur à croire que de ces conditions ainsin eslevées on en puisse teindre et abbruver l'ame en maniere qu'elles luy deviennent ordinaires et comme naturelles. Il nous escheoit à nous mesmes, qui ne sommes qu'avortons d'hommes, d'eslancer par fois nostre ame, esveillée par les discours ou exemples d'aultruy, bien loing au delà de son ordinaire : mais c'est une espece de passion, qui la poulse et agite, et qui la ravit aulcunement hors de soy ; car, ce tourbillon franchi, nous veoyons que, sans y penser, elle se desbande et relasche d'elle mesme, sinon jusques à la derniere touche, au moins jusques à n'estre plus celle là ; de façon que lors, à toute occasion, pour un oyseau perdu ou un verre cassé, nous nous laissons esmouvoir à peu près comme l'un du vulgaire. Sauf l'ordre, la moderation et la constance, j'estime que toutes choses soient faisables par un homme bien manqué[3] et defaillant en gros. A ceste cause, disent les sages, il fault, pour juger bien à poinct d'un homme, principalement contreroller ses actions communes[4], et le surprendre en son à touts les jours.

Pyrrho, celuy qui bastit de l'ignorance une si plaisante science, essaya, comme touts les

(1) Les élans, les boutades.

(2) SEN., *Epist.* 73 ; et surtout *de Provident.,* c. 5 : *Ferte fortiter ; hoc est, quo Deum antecedatis : ille extra patientiam malorum est, vos supra patientiam.* J. V. L.

(3) *Défectueux, imparfait, faible.* C.

(4) Ou *privées,* comme dans l'édition *in-*4º de 1588, *fol.* 500.

aultres vrayement philosophes, de faire respondre sa vie à sa doctrine. Et, parce qu'il maintenoit la foiblesse du jugement humain estre si extreme que de ne pouvoir prendre party ou inclination, et le vouloit suspendre perpetuellement balancé, regardant et accueillant toutes choses comme indifferentes, on conte [1] qu'il se maintenoit tousjours de mesme façon et visage : s'il avoit commencé un propos, il ne laissoit pas de l'achever, bien que celuy à qui il parloit s'en feust allé ; s'il alloit, il ne rompoit son chemin pour empeschement qui se presentast, conservé des precipices, du heurt des charrettes, et aultres accidents, par ses amis [2] : car, de craindre ou eviter quelque chose, c'eust esté chocquer ses propositions, qui ostoient aux sens mesmes toute eslection et certitude. Quelquesfois il souffrit d'estre incisé et cauterisé, d'une telle constance qu'on ne luy en veit pas seulement ciller les yeulx. C'est quelque chose de ramener l'ame à ces imaginations ; c'est plus d'y joindre les effects ; toutesfois il n'est pas impossible : mais de les joindre avecques telle perseverance et constance, que d'en establir son train ordinaire, certes, en ces entreprinses si esloingnées de l'usage commun, il est quasi incroyable qu'on le puisse. Voylà pourquoy, comme il feut quelquesfois rencontré en sa maison, tansant bien asprement avecques sa sœur, et luy estant reproché de faillir en cela à son indifference : « Quoy, dict il, faut il qu'encores ceste femmelette serve de tesmoignage à mes regles ? » Une aultre fois qu'on le veit se defendre d'un chien : « Il est, dict il, tres difficile de despouiller entierement l'homme, et se fault mettre en debvoir et efforcer de combattre les choses, premierement par les effects, mais au pis aller par la raison et par les discours [3]. »

Il y a environ sept ou huict ans qu'à deux lieues d'icy, un homme de village, qui est encores vivant, ayant la teste de long temps rompue par la jalousie de sa femme, revenant un jour de la besongne, et elle le bienveignant [1] de ses criailleries accoustumées, entra en telle furie que sur le champ, à tout la serpe qu'il tenoit encores en ses mains, s'estant moissonné tout net les pieces qui la mettoient en fiebvre, les luy jecta au nez. Et il se dict qu'un jeune gentilhomme des nostres, amoureux et gaillard, ayant, par sa perseverance, amolli enfin le cœur d'une belle maistresse, desesperé de ce que, sur le poinct de la charge, il s'estoit trouvé mol luy mesme et desfailly, et que

Non viriliter
Iners senile penis extulerat caput[2],

il s'en priva soubdain revenu au logis, et l'envoya, cruelle et sanglante victime, pour la purgation de son offense. Si c'eust esté par discours et religion, comme les presbtres de Cybele, que ne dirions nous d'une si haultaine entreprinse ?

Depuis peu de jours, à Bergerac, à cinq lieues de ma maison, contremont la riviere de Dordoigne, une femme ayant esté tormentée et battue, le soir avant, de son mary, chagrin et fascheux de sa complexion, delibera d'eschapper à sa rudesse au prix de sa vie ; et s'estant, à son lever, accointée de ses voisines comme de coustume, leur laissant couler quelque mot de recommendation de ses affaires, prenant une sienne sœur par la main, la mena avecques elle sur le pont, et, après avoir prins congé d'elle, comme par maniere de jeu, sans montrer aultre changement ou alteration, se precipita du hault en bas en la riviere, où elle se perdit. Ce qu'il y a de plus en cecy, c'est que ce conseil meurit une nuict entiere dans sa teste.

C'est bien aultre chose des femmes indiennes ; car estant leur coustume, aux maris, d'avoir plusieurs femmes, et à la plus chere d'elles de se tuer après son mary, chascune, par le desseing de toute sa vie, vise à gaigner ce poinct et cest advantage sur ses compaignes ; et les bons offices qu'elles rendent à leur mary ne

---

(1) Diog. Laerce, IX, 63. C.

(2) Diog. Laerce, IX, 62. — Montaigne dit positivement ailleurs que ceux qui peignent Pyrrhon « stupide et immobile, prenant un train de vie farouche et inassociable, attendant le « heurt des charrettes, se presentant aux precipices, refusant « de s'accommoder aux lois, » encherissent sur sa doctrine. Pyrrhon, ajoute-t-il, « n'a pas voulu se faire pierre ou souche ; « il a voulu se faire homme vivant, discourant et raisonnant, « jouissant de touts plaisirs et commodités naturelles, etc. » L. II, c. 12. C.

(3) Diog. Laerce, IX, 66. C.

(1) *L'accueillant pour sa bienvenue.* — Bienveigner, *comiter excipere aliquem.* Nicot.

(2) La partie dont il attendait le plus de service n'avait donné aucun signe de vigueur. Tib., *Priap.*, carm. 84. — Montaigne met ici *extulerat* au lieu de *extulit* qui est dans l'original. Ces fragments ou ces *Priapées* ont été recueillis et publiés à la suite du Pétrone *variorum*, édit. de 1669. C.

regardent aultre recompense que d'estre preferées à la compaignie de sa mort.

> ....Ubi mortiferojacta est fax ultima tecto,
> Uxorum fusis stat pia turba comis :
> Et certamen habent lethi, quæ viva sequatur
> Conjugium : pudor est non licuisse mori.
> Ardent victrices, et flammæ pectora præbent,
> Imponuntque suis ora perusta viris[1].

Un homme escrit encores en nos jours avoir veu en ces nations orientales ceste coustume en credit, que non seulement les femmes s'enterrent après leurs maris, mais aussi les esclaves desquelles il a eu jouïssance; ce qui se faict en ceste maniere : Le mary estant trespassé, la veufve peult, si elle veult (mais peu le veulent), demander deux ou trois mois d'espace à disposer de ses affaires. Le jour venu, elle monte à cheval, parée comme à nopces, et d'une contenance gaye, va, dict elle, dormir avecques son espoux, tenant en sa main gauche un mirouer, une flesche en l'aultre; s'estant ainsi promenée en pompe, accompaignée de ses amis et parents et de grand peuple en feste, elle est tantost rendue au lieu publicque destiné à tels spectacles : c'est une grande place, au milieu de laquelle il y a une fosse pleine de bois, et joignant icelle, un lieu relevé de quatre ou cinq marches, sur lequel elle est conduicte, et servie d'un magnifique repas, après lequel elle se met à baller et à chanter, et ordonne, quand bon luy semble, qu'on allume le feu. Cela faict, elle descend, et, prenant par la main le plus proche des parents de son mary, ils vont ensemble à la riviere voisine, où elle se despouille toute nue, et distribue ses joyaux et vestements à ses amis, et se va plongeant dans l'eau, comme pour y laver ses pechés; sortant de là, elle s'enveloppe d'un linge jaune de quatorze brasses de long; et, donnant derechef la main à ce parent de son mary, s'en revont sur la motte, où elle parle au peuple et recommende ses enfants, si elle en a. Entre la fosse et la motte on tire volontiers un rideau, pour leur oster la veue de ceste fornaise ardente, ce qu'aulcunes deffendent, pour tesmoigner plus de courage. Finy qu'elle a de dire, une femme luy presente un vase

(1) Lorsque la torche funèbre est lancée sur le bûcher, on voit à l'entour les épouses échevelées se disputer l'honneur de mourir et de suivre leur époux : survivre est une honte pour elles. Celle qui sort victorieuse de ce combat se précipite dans les flammes, et, d'une bouche ardente, embrasse en mourant son époux qui n'est plus. Prop., III, 13, 17.

plein d'huile à s'oindre la teste et tout le corps, lequel elle jecte dans le feu quand elle en a faict, et en l'instant s'y lance elle mesme. Sur l'heure, le peuple renverse sur elle quantité de busches pour l'empescher de languir, et se change toute leur joye en dueil et tristesse. Si ce sont personnes de moindre estoffe, le corps du mort est porté au lieu où on le veult enterrer, et là mis en son seant, la veufve, à genoux devant luy, l'embrassant estroictement, et se tient en ce poinct pendant qu'on bastit autour d'eulx un mur, qui, venant à se haulser jusques à l'endroict des espaules de la femme, quelqu'un des siens, par le derriere, prenant sa teste, luy tord le col; et rendu qu'elle a l'esprit, le mur est soubdain monté et clos, où ils demeurent ensepvelis.

En ce mesme païs il y avoit quelque chose de pareil en leurs gymnosophistes, car, non par la contrainte d'aultruy, non par l'impetuosité d'un' humeur soubdaine, mais par expresse profession de leur regle, leur façon estoit, à mesure qu'ils avoient attainct certain aage, ou qu'ils se veoyoient menacés par quelque maladie, de se faire dresser un buchier, et au dessus un lict bien paré; et après avoir festoyé joyeusement leurs amis et cognoissants, s'aller planter dans ce lict en telle resolution que, le feu y estant mis, on ne les veist mouvoir ny pieds, ny mains[1]; et ainsi mourut l'un d'eulx, Calanus, en presence de toute l'armée d'Alexandre le Grand[2]. Et n'estoit estimé entre eulx, ny sainct, ny bienheureux, qui ne s'estoit ainsi tué, envoyant son ame purgée et purifiée par le feu, après avoir consommé tout ce qu'il y avoit de mortel et terrestre. Ceste constante premeditation de toute la vie, c'est ce qui faict le miracle.

Parmy nos aultres disputes, celle du *Fatum* s'y est meslée; et, pour attacher les choses advenir et nostre volonté mesmes à certaine et inevitable necessité, on est encores sur cest argument du temps passé : « Puisque Dieu prevoit toutes choses debvoir ainsin advenir, comme il faict sans doubte, il fault doncques qu'elles adviennent ainsin. » A quoy nos maistres respondent : « Que le veoir que quelque chose advienne, comme nous faisons, et Dieu

(1) Quinte-Curce, VIII, 9; Strabon, liv. XV, p. 1015, t. II, édit. d'Amsterdam, 1707. C.
(2) Plut., *Alexandre*, c. 21. C.

de mesmes (car tout luy estant present il veoit plustost qu'il ne preveoit), ce n'est pas le forcer d'advenir ; voire, nous veoyons à cause que les choses adviennent, et les choses n'adviennent pas à cause que nous veoyons ; l'advenement fait la science, non la science l'advenement. Ce que nous veoyons advenir advient ; mais il pouvoit aultrement advenir ; et Dieu, au registre des causes des advenements qu'il a en sa prescience, y a aussi celles qu'on appelle fortuites, et les volontaires qui despendent de la liberté qu'il a donnée à nostre arbitrage, et sçait que nous fauldrons, parce que nous aurons voulu faillir. »

Or, j'ai veu assez de gents encourager leurs troupes de ceste necessité fatale ; car si nostre heure est attachée à certain poinct, ny les harquebusades ennemies, ny nostre hardiesse, ny nostre fuyte et couardise, ne la peuvent advancer ou reculer. Cela est beau à dire ; mais cherchez qui l'effectuera ; et s'il est ainsi qu'une forte et vifve creance tire après soy les actions de mesme, certes ceste foy, de quoy nous remplissons tant la bouche, est merveilleusement legiere en nos siecles, sinon que le mespris qu'elle a des œuvres luy face desdaigner leur compaignie. Tant y a qu'à ce mesme propos le sire de Joinville, tesmoing croyable autant que tout aultre, nous raconte des Bedoins, nation meslée aux Sarrasins, auxquels le roy sainct Louys eut affaire en la terre saincte, qu'ils croyoient si fermement, en leur religion, les jours d'un chascun estre de toute eternité prefix et comptés, d'une preordonnance inevitable, qu'ils alloient à la guerre nuds, sauf un glaive à la turquesque, et le corps seulement couvert d'un linge blanc : et pour leur plus extreme mauldisson, quand ils se courrouceoient aux leurs, ils avoient tousjours en la bouche : « Mauldict sois tu comme celuy qui s'arme de peur de la mort[1] ! » Voylà bien aultre preuve de creance et de foy que la nostre. Et de ce reng est aussi celle que donnerent ces deux religieux de Florence, du temps de nos peres[2] : Estants en quelque controverse de science, ils s'accorderent d'entrer touts deux dans le feu, en presence de tout le peuple, et en la place publique, pour la verification chascun de son party : et en estoient dejà les apprests touts faicts, et la chose justement sur le poinct de l'execution, quand elle feut interrompue par un accident improuveu.

Un jeune seigneur turc, ayant faict un signalé faict d'armes de sa personne, à la veue des deux battailles d'Amurath et de l'Huniade[1], prestes à se donner, enquis par Amurath qui l'avoit, en si grande jeunesse et inexperience (car c'estoit la premiere guerre qu'il eust veu), remply d'une si genereuse vigueur de courage, respondit « qu'il avoit eu pour souverain precepteur de vaillance un lievre ; quelque jour, estant à la chasse, dict il, je descouvris un lievre en forme[2] ; et encores que j'eusse deux excellents levriers à mon costé, si me sembla il, pour ne le faillir point, qu'il valloit mieulx y employer encores mon arc ; car il me faisoit fort beau jeu. Je commenceay à descocher mes fleches, et jusques à quarante qu'il y en avoit en ma trousse, non sans l'assener seulement, mais sans l'esveiller. Après tout, je descouplay mes levriers après, qui n'y peurent non plus. J'apprins par là qu'il avoit esté couvert par sa destinée ; et que ny les traicts ny les glaives ne portent que par le congé de nostre fatalité, laquelle il n'est en nous de reculer ny d'advancer. » Ce conte doibt servir à nous faire veoir en passant combien nostre raison est flexible à toute sorte d'images. Un personnage, grand d'ans, de nom, de dignité et de doctrine, se vantoit à moy d'avoir esté porté à certaine mutation très importante de sa foy par une incitation estrangiere, aussi bizarre, et au reste, si mal concluante que je la trouvois plus forte au revers : luy l'appelloit miracle, et moy aussi, à divers sens. Leurs historiens disent que la persuasion estant populairement semée entre les Turcs de la fatale et impitoyable prescription de leurs jours, ayde apparemment à les asseurer aux dangiers. Et je cognois un grand prince qui en faict heureusement son proufict, soit qu'il la croye, soit qu'il la prenne pour excuse à se hazarder extraordinairement :

---

(1) *Mémoires de Joinville*, c. 30.

(2) Le 7 avril 1498. Voyez l'histoire du fameux Jérôme Savonarole, dans les *Mémoires de Philippe* DE COMMINES, liv. VIII, c. 19 ; GUICCIARDINI, liv. III, vers la fin ; BAYLE, au mot *Savonarola* ; M. SISMONDI, *Républiques italiennes du moyen âge*, c. 98, t. XII, p. 464, etc. J. V. L.

(1) Le célèbre Jean Corvin Huniade, vayvode de Transylvanie, général des armées de Ladislas, roi de Hongrie, et l'un des plus grands capitaines de son siècle. C

(2) *Au gîte*, terme de chasse.

pourveu que fortune ne se lasse trop tost de luy faire espaule !

Il n'est point advenu de nostre memoire un plus admirable effect de resolution que de ces deux qui conspirerent la mort du prince d'Orange[1]. C'est merveille comment on peut eschauffer le second qui l'executa à une entreprinse en laquelle il estoit si mal advenu à son compaignon, y ayant apporté tout ce qu'il pouvoit, et, sur ceste trace et de mesmes armes, aller entreprendre un seigneur, armé d'une si fresche instruction de desfiance, puissant de suitte, d'amis et de force corporelle, en sa salle, parmy ses gardes, en une ville sans devotion. Certes, il y employa une main bien determinée et un courage esmeu d'une vigoreuse passion. Un poignard est plus seur pour assener ; mais d'autant qu'il a besoing de plus de mouvement et de vigueur de bras que n'a un pistolet, son coup est plus subject à estre gauchy ou troublé. Que celuy là ne courust à une mort certaine, je n'y foys pas grand doubte ; car les esperances de quoy on eust sceu l'amuser ne pouvoient loger en entendement rassis, et la conduicte de son exploict montre qu'il n'en avoit pas faulte, non plus que de courage. Les motifs d'une si puissante persuasion peuvent estre divers, car nostre fantasie faict de soy et de nous ce qu'il luy plaist. L'execution qui feut faicte près d'Orleans[2] n'eut rien de pareil ; il y eut plus de hazard que de vigueur ; le coup n'estoit pas à la mort, si la fortune ne l'eust rendu tel ; et l'entreprinse de tirer, estant à cheval, et de loing, et à un qui se mouvoit au bransle de son cheval, feut l'entreprinse d'un homme qui aimoit mieulx faillir son effect que faillir à se sauver. Ce qui suyvit après le montra, car il se transit et s'enyvra de la pensée de si haulte execution, si qu'il perdit entierement son sens et à conduire sa fuicte, et à conduire sa langue en ses responses. Que luy falloit il que recourir à ses amis au travers d'une riviere ? c'est un moyen où je me suis jecté à moindres dangiers, et que j'estime de peu de hazard, quelque largeur qu'ait le passage, pourveu que vostre cheval treuve l'entrée facile, et que vous prevoyiez au delà un bord aysé, selon le cours de l'eau. L'aultre[1], quand on luy prononcea son horrible sentence : « J'y estois preparé, dict il ; je vous estonnerai de ma patience. »

Les Assassins[2], nation despendante de la Phœnicie, sont estimés, entre les mahumetans, d'une souveraine devotion et purcté de mœurs. Ils tiennent que le plus court chemin à gaigner paradis, c'est de tuer quelqu'un de religion contraire. Parquoy on l'a veu souvent entreprendre à un ou deux, en pourpoinct, contre des ennemis puissants, au prix d'une mort certaine, et sans aulcun soing de leur propre dangier. Ainsi feut assassiné (ce mot est emprunté de leur nom) nostre comte Raymon de Tripoli, au milieu de sa ville[3], pendant nos entreprinses de la guerre saincte ; et pareillement Conrad, marquis de Montferrat[4] : les meurtriers conduicts au supplice, touts enflés et fiers d'un si beau chef d'œuvre.

CHAPITRE XXX.

D'un enfant monstrueux.

Ce conte s'en ira tout simple ; car je laisse aux medecins d'en discourir. Je veis avant hier un enfant que deux hommes et une nourrice, qui se disoient estre le pere, l'oncle, et la tante, conduisoient pour tirer quelque soul de le montrer à cause de son estrangeté. Il estoit, en tout le reste, d'une forme commune, et se soubstenoit sur ses pieds, marchoit et gazouilloit, environ comme les aultres de mesme aage ; il n'avoit encores voulu prendre aultre nourriture

---

(1) Le fondateur de la république de Hollande. En 1582, le 18 mars, ce prince fut assassiné d'un coup de pistolet à Anvers, au sortir de table, par un habitant de la Biscaye, nommé Jean de Jaureguy, et guérit de cette blessure ; mais en 1584, le 10 juillet, il fut tué d'un coup de pistolet, dans sa maison à Delft, en Hollande, par Balthazar Gérard, natif de la Franche-Comté. C.

(2) Par Poltrot, qui assassina le duc de Guise, un soir que ce duc s'en retournait à cheval à son logis. *Voyez* les *Mémoires de* BRANTÔME, à l'article de *M. de Guise*, t. III, p. 112, 113, 115. C.

(1) Balthazar Gérard, qui venait de tuer le prince d'Orange par un infâme assassinat. C.

(2) Ou *Assassiniens*, peuples qui habitaient dix à douze villes de la Phénicie. On a publié beaucoup de fables à leur sujet. M. Silvestre de Sacy, dans une savante dissertation, a jeté, tout récemment, beaucoup de jour sur leur histoire. A. D.

(3) En 1151, près de la porte de Tripoli.

(4) A Tyr, le 24 d'avril 1192. Richard Cœur-de-Lion fut soupçonné d'être complice de cet assassinat ; mais il produisit une lettre du Vieux de la Montagne, qui se déclarait l'auteur du crime. J. V. L.

que du tettin de sa nourrice: et ce qu'on essaya en ma presence de luy mettre en la bouche, il le maschoit un peu et le rendoit sans avaller; ses cris sembloient bien avoir quelque chose de particulier; il estoit aagé de quatorze mois justement. Au dessoubs de ses tettins, il estoit prins et collé à un aultre enfant sans teste, et qui avoit le conduict du dos estouppé[1], le reste entier; car il avoit bien l'un bras plus court, mais il luy avoit esté rompu par accident à leur naissance; ils estoient joincts face à face, et comme si un plus petit enfant en vouloit accoller un plus grandelet. La joincture et l'espace par où ils se tenoient n'estoit que de quatre doigts, ou environ, en maniere que si vous retroussiez cest enfant imparfaict, vous voyiez au dessoubs le nombril de l'autre; ainsi la cousture se faisoit entre les tettins et son nombril. Le nombril de l'imparfaict ne se pouvoit veoir, mais ouy bien tout le reste de son ventre; voilà comme ce qui n'estoit pas attaché, comme bras, fessier, cuisses et jambes de cest imparfaict, demouroient pendants et branlants sur l'aultre, et luy pouvoit aller sa longueur jusques à my jambe. La nourrice nous adjoustoit qu'il urinoit par touts les deux endroicts; aussi estoient les membres de cest aultre nourris et vivants, et en mesme poinct que les siens, sauf qu'ils estoient plus petits et menus. Ce double corps, et ces membres divers se rapportants à une seule teste, pourroient bien fournir de favorable prognostique au roy[2], de maintenir sous l'union de ses loix ces parts et pieces diverses de nostre Estat; mais, de peur que l'evenement ne le desmente, il vault mieulx le laisser passer devant; car il n'est que de deviner en choses faictes: *Ut, quum facta sunt, tum ad conjecturam aliqua interpretatione revocentur*[3], comme on dict d'Epimenides, qu'il devinoit à reculons[4].

Je viens de veoir un pastre en Medoc, de trente ans ou environ, qui n'a aulcune montre des parties genitales; il a trois trous par où il rend son eau incessamment; il est barbu, a desir, et recherche l'attouchement des femmes.

Ce que nous appelons monstres ne le sont pas à Dieu, qui veoid en l'immensité de son ouvrage l'infinité des formes qu'il y a comprinses; et est à croire que ceste figure qui nous estonne se rapporte et tient à quelque aultre figure de mesme genre incogneu à l'homme. De sa toute sagesse il ne part rien que bon, et commun, et reglé; mais nous n'en veoyons pas l'assortiement et la relation: *Quod crebro videt non miratur, etiamsi, cur fiat, nescit. Quod ante non vidit, id, si evenerit, ostentum esse censet*[1]. Nous appellons contre nature ce qui advient contre la coustume; rien n'est que selon elle, quel qu'il soit. Que ceste raison universelle et naturelle chasse de nous l'erreur et l'estonnement que la nouvelleté nous apporte.

CHAPITRE XXXI.

De la cholere.

Plutarque est admirable par tout, mais principalement où il juge des actions humaines. On peult veoir les belles choses qu'il dict, en la comparaison de Lycurgus et de Numa, sur le propos de la grande simplesse que ce nous est, d'abandonner les enfants au gouvernement et à la charge de leurs peres. La plus part de nos polices, comme dict Aristote[2], laissent à chacun, en maniere des cyclopes, la conduicte de leurs femmes et de leurs enfants, selon leur folle et indiscrete fantaisie; et quasi les seules lacedemonienne et cretense ont commis aux loix la discipline de l'enfance. Qui ne veoid qu'en un estat tout despend de ceste education et nourriture? et cependant, sans aulcune discretion, on la laisse à la mercy des parents, tant fols et meschants qu'ils soient.

Entre aultres choses, combien de fois m'a il prins envie, passant par nos rues, de dresser une farce pour venger des garsonnets que je veoyois escorcher, assommer et meurtrir à quelque pere ou mere furieux et forcenés de cholere! Vous leur veoyez sortir le feu et la rage des yeulx,

Rabie jecur incendente, feruntur

---

(1) Fermé.
(2) Henri III.
(3) Afin de pouvoir, par quelque interprétation, faire cadrer l'événement avec la conjecture. Cic., *de Divinat.* II, 22.
(4) Aristote (*Rhétorique*, III, 12), dit qu'Epiménide n'exerçait point sa faculté divinatrice sur les choses à venir, mais sur celles qui étaient passées et inconnues. C.

(1) L'homme ne s'étonne pas de ce qu'il voit souvent, quoi qu'il en ignore la cause. Si ce qu'il n'a jamais vu arrive, c'est un prodige pour lui. Cic., *de Divinat*, II, 22.
(2) *Morale à Nicomaque*, X, 9, où se trouve cité le passage d'Homère sur les cyclopes, *Odyssée*, IX, 114. C.

*Præcipites; ut saxa jugis abrupta, quibus mons
Subtrahitur, clivoque latus prudente recedit*[1],

(et, selon Hippocrates, les plus dangereuses maladies sont celles qui desfigurent le visage), atout[2] une voix trenchante et esclatante, souvent contre qui ne faict que sortir de nourrice. Et puis les voylà estropiés, estourdis de coups; et nostre justice qui n'en faict compte, comme si ces esboittements et eslochements[3] n'estoient pas des membres de nostre chose publicque:

*Gratum est, quod patriæ civem populoque dedisti,
Si facis ut patriæ sit idoneus, utilis agris,
Utilis et bellorum et pacis rebus agendis*[4].

Il n'est passion qui esbranle tant la sincerité des jugements que la cholere. Aulcun ne feroit doubte de punir de mort le juge qui, par cholere, auroit condamné son criminel; pourquoy est il non plus permis aux peres et aux pedantes de fouetter les enfants et les chastier estants en cholere? ce n'est plus correction, c'est vengeance. Le chastiement tient lieu de medecine aux enfants; et souffririons nous un medecin qui feust animé et courroucé contre son patient?

Nous mesmes, pour bien faire, ne debvrions jamais mettre la main sur nos serviteurs tandis que la cholere nous dure. Pendant que le pouls nous bat et que nous sentons de l'esmotion, remettons la partie; les choses nous sembleront à la verité aultres quand nous serons r'accoysés[5] et refroidis. C'est la passion qui commande lors, c'est la passion qui parle, ce n'est pas nous; au travers d'elle, les faultes nous apparoissent plus grandes, comme le corps au travers d'un brouillas[6]. Celuy qui a faim use sa viande; mais celuy qui veult user de chastiement n'en doibt avoir faim ny soif. Et puis, les chastiements qui se font avecques poids et discretion se receoivent bien mieux et avecques plus de fruict de celuy qui les souffre; aultrement, il ne pense pas avoir esté justement condamné par un homme agité d'ire et de furie; et allegue, pour sa justification, les mouvements extraordinaires de son maistre, l'inflammation de son visage, les serments inusités, et ceste sienne inquietude et precipitation temeraire:

*Ora tument ira, nigrescunt sanguine venæ,
Lumina Gorgoneo sævius igne micant*[1].

Suetone[2] recite que Caïus Rabirius ayant esté condamné par Cesar, ce qui luy servit le plus envers le peuple, auquel il appela, pour luy faire gaigner sa cause, ce feut l'animosité et l'aspreté que Cesar avoit apporté en ce jugement.

Le dire est aultre chose que le faire; il fault considerer le presche à part, et le prescheur à part. Ceulx là se sont donné beau jeu en nostre temps, qui ont essayé de choquer la verité de nostre Eglise par les vices de ses ministres; elle tire ses tesmoignages d'ailleurs; c'est une sotte façon d'argumenter, et qui rejecteroit toutes choses en confusion; un homme de bonnes mœurs peult avoir des opinions faulses; et un meschant peult prescher verité, voire celuy qui ne la croit pas. C'est sans doubte une belle harmonie, quand le faire et le dire vont ensemble; et je ne veux pas nier que le dire, lors que les actions suyvent, ne soit de plus d'auctorité et efficace; comme disoit Eudamidas[3], oyant un philosophe discourir de la guerre: « Ces propos sont beaux; mais celuy qui les tient n'en est pas croyable, car il n'a pas les aureilles accoustumées au son de la trompette: » et Cleomenes[4], oyant un rhetoricien haranguer de la vaillance, s'en print fort à rire; et, l'aultre s'en scandalisant, il luy dict: « J'en ferois de mesme si c'estoit une arondelle qui en parlast; mais si c'estoit une aigle, je l'orrois volontiers. » J'apperceois, ce me semble, ès escripts des anciens, que celuy qui dict ce qu'il pense l'assene bien plus vifvement que celuy qui se contrefaict. Oyez Cicero parler de l'amour de la liberté; oyez en parler Brutus; les escripts mesmes vous sonnent que cestuy cy estoit homme pour l'acheter au prix de la vie. Que Cicero, pere d'eloquence, traicte du mespris de la mort, que Seneque en traicte aussi;

---

(1) Ils sont emportés par leur rage, comme un rocher qui, tout à coup perdant son point d'appui, se précipite du haut de la montagne où il était suspendu. Juv., VI, 647.

(2) Avec.

(3) Dislocation, d'*exlocare*.

(4) La patrie te sait bon gré de lui avoir donné un nouveau citoyen, pourvu que tu le rendes propre à la servir, soit en labourant la terre, soit dans les camps, soit dans les arts de la paix. Juv., XIV, 70.

(5) Rapaisés, de *coi*, tranquille.

(6) Passage emprunté de Plutarque, *Comment il faut refréner la colère*, c. 11, et dans les propres termes d'Amyot. J.V.L.

(1) Son visage est bouffi de colère, ses veines se gonflent et deviennent noires, ses yeux étincellent d'un feu plus ardent que celui des yeux de la Gorgone. Ovide, *de Arte amandi*, III, 503.

(2) *Vie de César*, c. 12. C.

(3) Plut., *Apophthegmes des Lacédémoniens.* C.

(4) Id., *ibid.*

celuy là traisne languissant, et vous sentez qu'il vous veult resouldre de chose de quoy il n'est pas resolu ; il ne vous donne point de cœur, car luy mesme n'en a point ; l'aultre vous anime et enflamme. Je ne veois jamais aucteur, mesmement de ceulx qui traictent de la vertu et des actions, que je ne recherche curieusement quel il a esté ; car les ephores, à Sparte, voyants un homme dissolu proposer au peuple un advis utile, luy commanderent de se taire, et prierent un homme de bien de s'en attribuer l'invention et le proposer [1].

Les escripts de Plutarque, à les bien savourer, nous le descouvrent assez, et je pense le cognoistre jusques dans l'ame ; si vouldrois je que nous eussions quelques memoires de sa vie. Et me suis jecté en ce discours à quartier, à propos du bon gré que je sens à Aul. Gellius [2] de nous avoir laissé par escript ce conte de ses mœurs, qui revient à mon subject de la cholere. Un sien esclave, mauvais homme et vicieux, mais qui avoit les aureilles aulcunement abbruvées des leçons de philosophie, ayant esté, pour quelque sienne faulte, despouillé par le commandement de Plutarque, pendant qu'on le fouettoit, grondoit au commencement, « que c'estoit sans raison, et qu'il n'avoit rien faict : » mais enfin, se mettant à crier et injurier bien à bon escient son maistre, luy reprochoit « qu'il n'estoit pas philosophe comme il s'en vantoit ; qu'il luy avoit souvent ouï dire qu'il estoit laid de se courroucer, voire qu'il en avoit faict un livre ; et ce que lors, tout plongé en cholere, il le faisoit si cruellement battre, desmentoit entierement ses escripts. » A cela Plutarque, tout froidement et tout rassis ; « Comment, dict il, rustre, à quoy juges tu que je sois à ceste heure courroucé ? mon visage, ma voix, ma couleur, ma parole, te donne elle quelque tesmoignage que je sois esmeu ? Je ne pense avoir ny les yeulx effarouchés, ny le visage troublé, ny un cry effroyable. Rougis je ? escumé je ? m'eschappe il de dire chose de quoy j'aye à me repentir ? tressauls je ? fremis je de courroux ? car, pour te dire, ce sont là les vrais signes de la cholere. » Et puis, se destournant à celuy qui fouettoit : « Continuez, luy dict il, tousjours vostre besongne, pendant que cestuy cy et moy disputons. » Voylà son conte.

Archytus Tarentinus, revenant d'une guerre où il avoit esté capitaine general, trouvant tout plein de mauvais mesnage en sa maison, et ses terres en friche, par le mauvais gouvernement de son receveur, et l'ayant faict appeler : « Va, luy dict il, que, si je n'estois en cholere, je t'estrillerois bien [1] ! » Platon de mesme, s'estant eschauffé contre l'un de ses esclaves, donna à Speusippus charge de le chastier, s'excusant d'y mettre la main luy mesme, sur ce qu'il estoit courroucé [2]. Charillus, Lacedemonien, à un Elote qui se portoit trop insolemment et audacieusement envers luy : « Par les dieux, dict il, si je n'estois courroucé, je te ferois tout à ceste heure mourir [3]. »

C'est une passion qui se plaist en soy et qui se flatte. Combien de fois, nous estants esbranlés sous une faulse cause, si on vient à nous presenter quelque bonne deffense ou excuse, nous despitons nous contre la verité mesme et l'innocence ? J'ay retenu à ce propos un merveilleux exemple de l'antiquité : Piso, personnage partout ailleurs de notable vertu, s'estant esmeu contre un sien soldat, de quoy revenant seul du fourrage il ne luy sçavoit rendre compte où il avoit laissé un sien compagnon, teint pour averé qu'il l'avoit tué et le condamna soubdain à la mort. Ainsi qu'il estoit au gibet, voycy arriver ce compagnon esgaré : toute l'armée en feit grand' feste, et après force caresses et accollades des deux compagnons, le bourreau meine l'un et l'aultre en la presence de Piso, s'attendant bien toute l'assistance que ce luy seroit à luy mesme un grand plaisir. Mais ce feut au rebours : car, par honte et despit, son ardeur, qui estoit encores en son effort, se redoubla, et, d'une subtilité que sa passion luy fournit soubdain, il en feit trois coulpables, parce qu'il en avoit trouvé un innocent, et les feit despescher touts trois : le premier soldat, parce qu'il y avoit arrest contre luy ; le second, qui s'estoit esgaré, parce qu'il estoit cause de la mort de son compaignon ; et le bourreau, pour n'avoir obeï au commandement qu'on luy avoit faict.

Ceulx qui ont à negocier avecques des femmes testues peuvent avoir essayé à quelle rage

---

(1) AULU-GELLE, XVIII, 3.
(2) I, 26. C.

(1) Cic., Tusc. quæst., IV, 36 ; de Republica, I 38 ; VALÈRE, MAXIME, IV, 1, ext. 1 ; LACTANCE, de Ira Dei, c. 18 ; S. AMBROISE, de Offic., I, 21, etc. J. V. L.
(2) SEN., de Ira, III, 12. C.
(3) PLUT., Apophtegmes, C.

on les jecte quand on oppose à leur agitation le silence et la froideur, et qu'on desdaigne de nourrir leur courroux. L'orateur Celius estoit merveilleusement cholere de sa nature : à un qui souppoit en sa compaignie, homme de molle et doulce conversation, et qui, pour ne l'esmouvoir, prenoit party d'approuver tout ce qu'il disoit et d'y consentir, luy, ne pouvant souffrir son chagrin se passer ainsi sans aliment : « Nie moy quelque chose, de par les dieux ! dict il, afin que nous soyons deux [1]. » Elles, de mesmes, ne se courroucent qu'afin qu'on se contrecourrouce, à l'imitation des lois de l'amour. Phocion, à un homme qui luy troubloit son propos en l'injuriant asprement, n'y feit aultre chose que se taire, et luy donner tout loisir d'espuiser sa cholere : cela faict, sans aulcune mention de ce trouble, il recommencea son propos en l'endroict où il l'avoit laissé [2]. Il n'est replique si picquante comme est un tel mespris.

Du plus cholere homme de France (et c'est tousjours imperfection, mais plus excusable à un homme militaire, car en cest exercice il y a certes des parties qui ne s'en peuvent passer), je dis souvent que c'est le plus patient homme que je cognoisse à brider sa cholere : elle l'agite de telle violence et fureur,

*Magno veluti quum flamma sonore
Virgea suggeritur costis undantis aheni,
Exsultantque æstu latices, furit intus aquaï
Fumidus, atque alte spumis exuberat amnis ;
Nec jam se capit unda ; volat vapor ater ad auras* [3] ;

qu'il fault qu'il se contraigne cruellement pour la moderer. Et pour moy, je ne sçache passion pour laquelle couvrir et soubtenir je peusse faire un tel effort : je ne vouldrois pas mettre la sagesse à si hault prix. Je ne regarde pas tant ce qu'il faict que combien il luy couste à ne faire pis.

Un aultre se vantoit à moy du reglement et doulceur de ses mœurs, qui est à la verité singuliere : je luy disois que c'estoit bien quelque chose, notamment à ceulx, comme luy, d'eminente qualité, sur lesquels chascun a les yeulx, de se presenter au monde tousjours bien temperés ; mais que le principal estoit de prouveoir au dedans et à soy mesme, et que ce n'estoit pas à mon gré bien mesnager ses affaires que de se ronger interieurement ; ce que je craignois qu'il feist pour maintenir ce masque et ceste regléc apparence par le dehors.

On incorpore la cholere en la cachant ; comme Diogenes dict à Demosthenes, lequel, de peur d'estre apperceu en une taverne, se reculoit au dedans : « Tant plus tu te recules arriere, tant plus tu y entres [1]. » Je conseille qu'on donne plustost une buffe [2] à la joue de son valet, un peu hors de saison, que de gehenner sa fantasie pour representer ceste sage contenance ; et aimerois mieulx produire mes passions que de les couver à mes despens : elles s'alanguissent en s'esventant et en s'exprimant : il vault mieulx que leur poincte agisse au dehors que de la plier contre nous : *Omnia vitia in aperto leviora sunt : et tunc perniciosissima, quum, simulata sanitate, subsidunt* [3].

J'advertis ceulx qui ont loy de se pouvoir courroucer en ma famille : premierement qu'ils mesnagent leur cholere, et ne l'espandent pas à tout prix, car cela en empesche l'effect et le poids : la criaillerie temeraire et ordinaire passe en usage, et faict que chascun la mesprise ; celle que vous employez contre un serviteur pour son larrecin ne se sent point, d'autant que c'est celle mesme qu'il vous a veu employer cent fois contre luy pour avoir mal reinsé un verre ou mal assis une escabelle : secondement, qu'ils ne se courroucent point en l'air, et regardent que leur reprehension arrive à celuy de qui ils se plaignent ; car ordinairement ils crient avant qu'il soit en leur presence, et durent à crier un siecle après qui est party,

Et secum petulans amentia certat [4] :

ils s'en prennent à leur umbre, et poulsent ceste tempeste en lieu où personne n'en est ny chastié ny interessé que du tintamarre de leur voix, tel qui n'en peult mais. J'accuse pareil-

---

(1) SEN., *de Ira*, III, 8. C.
(2) PLUT., *Instr. pour ceux qui manient les affaires d'état*, c. 10.
(3) Telle, quand sous l'airain où frissonnent les flots,
 Un aride sarment en pétillant s'embrase,
 L'onde frémit, s'agite et bondit dans son vase,
 Et dans l'air exhalant des tourbillons fumeux,
 S'enfle, monte et répand ses bouillons écumeux.
 VIRG., *Énéide*, VII, 462, trad. de Delille.

---

(1) DIOG. LAERCE, VI, 34. C.
(2) *Soufflet.*
(3) Les maladies de l'âme qui se manifestent sont les plus légères : les plus dangereuses sont celles qui se cachent sous l'apparence de la santé. SEN., *Epist.* 56.
(4) L'insensé, ne se possédant pas, combat contre lui-même. CLAUDIEN, *in Eutrop.*, I, 237.

lement aux querelles ceulx qui bravent et se mutinent sans partie[1] ; il fault garder ces rodomontades où elles portent :

Mugitus veluti quum prima in prœlia taurus
Terrificos ciet, atque irasci in cornua tentat,
Arboris obnixus trunco, ventosque lacessit
Ictibus, et sparsa ad pugnam proludit arena[2].

Quand je me courrouce, c'est le plus vifvement mais aussi le plus briefvement et secretement, que je puis : je me perds bien en vistesse et en violence, mais non pas en trouble, si que j'aille jectant à l'abandon et sans chois toutes sortes de paroles injurieuses, et que je ne regarde d'asseoir pertinemment mes poinctes où j'estime qu'elles blecent le plus ; car je n'y employe communement que la langue. Mes valets en ont meilleur marché aux grandes occasions qu'aux petites : les petites me surprennent ; et le malheur veult que depuis que vous estes dans le precipice, il n'importe qui vous ayt donné le bransle, vous allez tousjours jusques au fond ; la cheute se presse, s'esmeut, et se haste d'elle mesme. Aux grandes occasions, cela me paye[3] qu'elles sont si justes, que chascun s'attend d'en veoir naistre une raisonnable cholere ; je me glorifie à tromper leur attente : je me bande et prepare contre celles cy, elles me mettent en cervelle, et menacent de m'emporter bien loing, si je les suyvois ; aiséement je me garde d'y entrer, et suis assez fort, si je l'attends, pour repousser l'impulsion de ceste passion, quelque violente cause qu'elle aye ; mais si elle me preoccupe et saisit une fois, elle m'emporte, quelque vaine cause qu'elle aye. Je marchande ainsin avecques ceulx qui peuvent contester avecques moy : « Quand vous me sentirez esmeu le premier, laissez moy aller à tort ou à droict : j'en feray de mesme à mon tour. » La tempeste ne s'engendre que de la concurrence des choleres, qui se produisent volontiers l'une de l'aultre, et ne naissent pas en un poinct : donnons à chascune sa course, nous voylà tousjours en paix. Utile ordonnance, mais de difficile execution. Par fois m'advient il aussi de representer le courroucé, pour le reglement de ma maison, sans aulcune vraye esmotion. A mesure que l'aage me rend les humeurs plus aigres, j'estudie à m'y opposer ; et feray, si je puis, que je seray d'oresenavant d'autant moins chagrin et difficile que j'auray plus d'excuse et d'inclination à l'estre, quoyque par cy devant je l'aye esté entre ceulx qui le sont le moins.

Encores un mot pour clorre ce pas. Aristote dict[1] que « la cholere sert par fois d'armes à la vertu et à la vaillance. » Cela est vraysemblable : toutesfois ceulx qui y contredisent[2], respondent plaisamment que c'est un arme de nouvel usage, car nous remuons les aultres armes, ceste cy nous remue ; nostre main ne la guide pas, c'est elle qui guide nostre main ; elle nous tient, nous ne la tenons pas.

CHAPITRE XXXII.

Deffense de Seneque et de Plutarque.

La familiarité que j'ay avecques ces personages icy, et l'assistance qu'ils font à ma vieillesse, et à mon livre massonné purement de leurs despouilles, m'oblige à espouser leur honneur.

Quant à Seneque, parmy une milliasse de petits livrets que ceulx de la religion pretendue reformée font courir pour la deffense de leur cause, qui partent parfois de bonne main, et qu'il est grand dommage n'estre embesongnée à meilleur subject, j'en ai veu aultresfois un qui, pour alonger et remplir la similitude qu'il veult trouver du gouvernement de nostre pauvre feu roy Charles neufviesme avecques celuy de Neron, apparie feu monsieur le cardinal de Lorraine avecques Seneque ; leurs fortunes, d'avoir esté touts deux les premiers au gouvernement de leurs princes, et quand et quand leurs mœurs, leurs conditions, et leurs desportements. En quoy, à mon opinion, il faict bien de l'honneur audict seigneur cardinal : car, encores que je sois de ceulx qui estiment autant son esprit, son eloquence, son zele envers sa religion et service de son roy, et sa bonne fortune d'estre nay en un siecle où il

---

(1) *Sans partie adverse.*
(2) Ainsi, brûlant d'amour et frémissant de rage,
D'un taureau furieux le superbe rival,
Quand son naissant courroux prélude au choc fatal,
Lutte contre les vents, s'exerce contre un chêne,
Et sous ses bonds fougueux disperse au loin l'arène.
VIRG., *En.*, XII, 103, trad. de Delille.
(3) *Me satisfait.*

(1) *Morale à Nicomaque*, III, 8. J. V. L.
(2) SÉN., *de Ira*, I, 16. C.

feust si nouveau et si rare, et quand et quand si nécessaire pour le bien publicque, d'avoir un personnage ecclesiastique de telle noblesse et dignité, suffisant et capable de sa charge, si est ce qu'à confesser la verité, je n'estime sa capacité de beaucoup près telle, ny sa vertu si nette et entiere, ny si ferme que celle de Seneque.

Or, ce livre dequoy je parle, pour venir à son but, faict une description de Seneque très injurieuse, ayant emprunté ces reproches de Dion l'historien, duquel je ne crois aulcunement le tesmoignage : car, oultre qu'il est inconstant, qui, après avoir appellé Seneque très sage tantost, et tantost ennemy mortel des vices de Neron, le faict ailleurs avaricieux, usurier, ambitieux, lasche, voluptueux et contrefaisant le philosophe à faulses enseignes, sa vertu paroist si vifve et vigoureuse en ses escripts, et la deffense y est si claire à aulcunes de ces imputations, comme de sa richesse et despense excessifve, que je n'en croirois aulcun tesmoignage au contraire ; et dadvantage, il est bien plus raisonnable de croire en telles choses les historiens romains, que les Grecs et estrangiers : or, Tacitus et les aultres parlent très honnorablement et de sa vie et de sa mort[1], et nous le peignent en toutes choses personnage très excellent et très vertueux ; et je ne veulx alleguer aultre reproche contre le jugement de Dion, que cestuy cy qui est inevitable, c'est qu'il a le sentiment si malade aux affaires romaines, qu'il ose soubtenir la cause de Julius Cesar contre Pompeius, et d'Antonius contre Cicero.

Venons à Plutarque. Jean Bodin[2] est un bon aucteur de nostre temps, et accompaigné de beaucoup plus de jugement que la tourbe des escrivailleurs de son siecle, et merite qu'on le juge et considere : je le treuve un peu hardy en ce passage de sa Methode de l'histoire, où il accuse Plutarque non seulement d'ignorance (sur quoy je l'eusse laissé dire, cela n'estant pas de mon gibier), mais aussi en ce que cest aucteur escript souvent des choses incroyables et entierement fabuleuses : ce sont ses mots. S'il eust dict simplement, les choses aultrement qu'elles ne sont, ce n'estoit pas grande reprehension ; car ce que nous n'avons pas veu, nous le prenons des mains d'aultruy et à credit : et je veois qu'à escient il recite par fois diversement mesme histoire : comme le jugement des trois meilleurs capitaines qui eussent oncques esté, faict par Hannibal, il est aultrement en la vie de Flaminius, aultrement en celle de Pyrrhus. Mais, de le charger d'avoir prins, pour argent comptant des choses incroyables et impossibles, c'est accuser de faulte de jugement le plus judicieux aucteur du monde : et voicy son exemple : « Comme, ce dict il, quand il recite qu'un enfant de Lacedemone se laissa deschirer tout le ventre à un regnardeau qu'il avoit desrobbé et le tenoit caché soubs sa robbe, jusques à mourir plustost que de descouvrir son larrecin[1]. » Je treuve en premier lieu cest exemple mal choisi, d'autant qu'il est bien malaysé de borner les efforts des facultés de l'ame là où des forces corporelles nous avons plus de loy[2] de les limiter et cognoistre : et à ceste cause, si c'eust esté à moy à faire, j'eusse plustost choisi un exemple de ceste seconde sorte ; et il y en a de moins croyables, comme, entre aultres, ce qu'il recite de Pyrrhus, « que, tout blecé qu'il estoit, il donna si grand coup d'espée à un sien ennemy, armé de toutes pieces, qu'il le fendit du hault de la teste jusques au bas, si bien que le corps se partit en deux parts[3]. » En son exemple, je n'y treuve pas grand miracle, ny ne receois l'excuse de quoy il couvre Plutarque, d'avoir adjousté ce mot, « comme on dict, » pour nous advertir et tenir en bride nostre creance ; car, si ce n'est aux choses receues par auctorité et reverence d'ancienneté ou de religion, il n'eust voulu ny recevoir luy mesme, ny nous propo-

---

(1) TACITE, *Annal.*, XIII, 11 ; XIV, 53, 54, 55 ; XV, 60-64. Sénèque est surtout attaqué par l'historien Dion, LXI, 10, 12, 20, etc. Il faut avouer cependant qu'il y a dans Tacite même de terribles imputations contre lui, lorsqu'il le représente (*Annal.*, XIV, 7) demandant à Burrhus s'il faut ordonner aux soldats le meurtre d'Agrippine, *an militi imperanda cædes esset*, et se chargeant ensuite (*ibid.*, c. 11) de l'apologie de ce parricide. On connaît, sur tout ce qui regarde Sénèque, la longue controverse de La Harpe contre Diderot. J. V. L.

(2) Célèbre jurisconsulte d'Angers, qui fut, selon d'Aguesseau, un digne magistrat, un savant auteur, un très bon citoyen. Sa *Méthode de l'histoire*, citée ici par Montaigne, parut en 1566, à Paris, sous ce titre : *Methodus ad facilem historiarum cognitionem*. Les ouvrages de Bodin sont aujourd'hui presque oubliés, même sa *République* et sa *Démonomanie*. Il mourut en 1596, quatre ans après Montaigne. J. V. L.

(1) *Vie de Lycurgue*, c. 14. C.
(2) *Faculté, liberté.*
(3) *Vie de Pyrrhus*, c. 12. C.

ser à croire choses de soy incroyables ; et que ce mot, « comme on dict, » il ne l'employe pas en ce lieu pour cest effect, il est aysé à veoir par ce que luy mesme nous raconte ailleurs, sur ce subject de la patience des enfants lacedemoniens, des exemples advenus de son temps plus mal aysés a persuader : comme celuy que Cicero[1] a tesmoigné avant luy, pour avoir (à ce qu'il dict) esté sur les lieux, que, jusques à leur temps, il se trouvoit des enfants, en ceste preuve de patience en quoy on les essayoit devant l'autel de Diane, qui souffroient d'y estre fouettés jusques à ce que le sang leur couloit par tout, non seulement sans s'escrier, mais encores sans gemir, et aulcuns jusques à y laisser volontairement la vie : et ce que Plutarque aussi recite, avecques cent aultres tesmoings[2], qu'au sacrifice, un charbon ardent s'estant coulé dans la manche d'un enfant lacedemonien ainsi qu'il encensoit, il se laissa brusler tout le bras, jusques à ce que la senteur de la chair cuicte en veint aux assistants. Il n'estoit rien, selon leur coustume, où il leur allast plus de la reputation, ny de quoy ils eussent à souffrir plus de blasme et de honte, que d'estre surprins en larrecin. Je suis si imbu de la grandeur de ces hommes là que non seulement il ne me semble point, comme à Bodin, que son conte soit incroyable, mais que je ne le treuve pas seulement rare et estrange. L'histoire spartaine est pleine de mille plus aspres exemples et plus rares : elle est, à ce prix, toute miracle.

Marcellinus recite[3], sur ce propos du larrecin, que de son temps il ne s'estoit encores peu trouver aulcune sorte de torment qui peust forcer les Ægyptiens, surprins en ce mesfaict qui estoit fort en usage entre eulx, à dire seulement leur nom.

Un païsan espagnol, estant mis à la gehenne, sur les complices de l'homicide du preteur Lucius Piso, crioit au milieu des tourments « Que ses amis ne bougeassent, et l'assistassent en toute seureté ; et qu'il n'estoit pas en la douleur de luy arracher un mot de confession : » et n'en eut on aultre chose pour le premier jour. Le lendemain, ainsi qu'on le ramenoit pour recommencer son torment, s'esbranlant vigoureusement entre les mains de ses gardes, il alla froisser sa teste contre une paroy, et s'y tua[1].

Epicharis, ayant saoulé et lassé la cruauté des satellites de Neron, et soubtenu leur feu, leurs battures, leurs engins, sans aulcune voix de revelation de sa conjuration, tout un jour, rapportée à la gehenne l'endemain, les membres touts brisés, passa un lacet de sa robbe dans l'un bras de sa chaize, à tout un nœud coulant, et y fourrant sa teste s'estrangla du poids de son corps[2]. Ayant le courage d'ainsi mourir, et se desrobber aux premiers torments, semble elle pas à escient avoir presté sa vie à ceste espreuve de sa patience du jour precedent, pour se moquer de ce tyran, et encourager d'aultres à semblable entreprinse contre luy ?

Et qui s'enquerra à nos argoulets[3] des experiences qu'ils ont eues en ces guerres civiles, il se trouvera des effects de patience, d'obstination et d'opiniastreté parmy nos miserables siecles, et en ceste tourbe molle et effeminée encores plus que l'ægyptienne, dignes d'estre comparés à ceulx que nous venons de reciter de la vertu spartaine.

Je sçais qu'il s'est trouvé des simples païsans s'estre laissés griller la plante des pieds, ecraser le bout des doigts à tout le chien d'une pistole, poulser les yeulx sanglants hors de la teste, à force d'avoir le front serré d'une chorde, avant que de s'estre seulement voulu mettre à rençon. J'en ay veu un, laissé pour mort tout nud dans un fossé, ayant le col tout meurtry et enflé d'un licol qui y pendoit encores, avecques lequel on l'avoit tirassé toute la nuit à la queue d'un cheval, le corps percé en cent lieux à coups de dague qu'on luy avoit donnés, non pas pour le tuer, mais pour luy faire de la douleur et de la crainte, qui avait souffert tout cela, et jusques à y avoir perdu parole et sentiment, resolu, à ce qu'il me dict, de mourir plustost de mille morts (comme de vray, quant à sa souffrance, il en avoit passé une toute entiere) avant que rien promettre ; et estoit un des plus riches laboureurs de toute la contrée. Combien en a l'on veu se laisser patiemment brusler et rostir pour des opinions empruntées d'aultruy,

---

[1] *Tusc. quæst.*, II, 14 ; V, 27. C.

[2] VAL. MAXIM., III, 3, *ext*. 1. Mais il attribue ce trait de courage à un enfant macédonien, qui assistait à un sacrifice offert par Alexandre. C.

[3] Liv. XXII, vers la fin du chapitre 16. C.

[1] TAC., *Annal.*, IV, 45. C.

[2] ID., *ibid.*, XV, 57. C.

[3] Simple cavalier, et métaphoriquement homme de néant,

ignorées et incogneues? J'ay cogneu cent et cent femmes, car ils disent que les testes de Gascoigne ont quelque prerogative en cela, que vous eussiez plustost faict mordre dans le fer chauld que de leur faire desmordre une opinion qu'elles eussent conceue en cholere; elles s'exasperent à l'encontre des coups et de la contraincte; et celuy qui forgea le conte de la femme qui, pour aulcune correction de menaces et bastonnades, ne cessoit d'appeler son mary pouilleux, et qui, precipitée dans l'eau, haulsoit encores, en s'estouffant, les mains, et faisoit, au dessus de sa teste, signe de tuer des pouils, forgea un conte duquel en verité touts les jours on veoid l'image expresse en l'opiniastreté des femmes. Et est l'opiniastreté sœur de la constance, au moins en vigueur et fermeté.

Il ne fault pas juger ce qui est possible et ce qui ne l'est pas selon ce qui est croyable et incroyable à nostre sens, comme j'ay dict ailleurs[1]; et est une grande faulte, et en laquelle toutesfois la plus part des hommes tumbent, ce que je ne dis pas pour Bodin, de faire difficulté de croire d'aultruy ce qu'eulx ne sçauroient faire ou ne vouldroient. Il semble à chascun que la maistresse forme de l'humaine nature est en luy; selon elle il fault regler touts les aultres : les allures qui ne se rapportent aux siennes sont feinctes et faulses. Quelle bestiale stupidité! Luy[2] propose l'on quelque chose des actions ou facultés d'un aultre? la premiere chose qu'il appelle à la consultation de son jugement, c'est son exemple : selon qu'il en va chez luy, selon cela va l'ordre du monde. O l'asnerie dangereuse et insupportable! Moy, je considere aulcuns hommes[3] fort loing au dessus de moy, notamment entre les anciens; et, encores que je recognoisse clairement mon impuissance à les suyvre de mille pas, je ne laisse pas de les suyvre à veue, et juger les ressorts qui les haulsent ainsi, desquels j'apperceois aulcunement en moy les semences : comme je fois aussi de l'extreme bassesse des esprits, qui ne m'estonne et que je ne mescrois non plus. Je veois bien le tour que celles là[1] se donnent pour se monter, et admire leur grandeur : et ces eslancements que je treuve très beaux, je les embrasse; et si mes forces n'y vont, au moins mon jugement s'y applique très volontiers.

L'aultre exemple qu'il allegue « des choses incroyables et entierement fabuleuses » dictes par Plutarque, « c'est qu'Agesilaus feut mulcté par les ephores pour avoir attiré à soy seul le cœur et la volonté de ses citoyens[2]. » Je ne sçais quelle marque de faulseté il y treuve : mais tant y a que Plutarque parle là des choses qui luy debvoient estre beaucoup mieulx cogneues qu'à nous; et n'estoit pas nouveau en Grece de veoir les hommes punis et exilés pour cela seul d'agreer trop à leurs citoyens, tesmoing l'ostracisme et le petalisme[3].

Il y a encores en ce mesme lieu un' aultre accusation qui me picque pour Plutarque, où il dict qu'il a bien assorty de bonne foy les Romains aux Romains et les Grecs entre eulx, mais non les Romains aux Grecs; tesmoing, dict il, Demosthenes et Ciceron, Caton et Aristides, Sylla et Lysander, Marcellus et Pelopidas, Pompeius et Agesilaus : estimant qu'il a favorisé les Grecs, de leur avoir donné des compaignons si dispareils. C'est justement attaquer ce que Plutarque a de plus excellent et louable; car en ses comparaisons (qui est la piece plus admirable de ses œuvres, et en laquelle, à mon advis, il s'est autant pleu), la fidelité et sincerité de ses jugements eguale leur profondeur et leur poids : c'est un philosophe qui nous apprend la vertu. Veoyons si nous le pourrons garantir de ce reproche de prevarication et faulseté. Ce que je puis penser avoir donné occasion à ce jugement, c'est ce grand et esclatant lustre des noms romains que nous avons en la teste; il ne nous semble point que Demosthenes puisse eguaier la gloire d'un consul, proconsul

---

(1) Liv. I, chap. 26.

(2) Tout ce passage, y compris ces mots, *O l'asnerie dangereuse et insupportable!* manque dans l'exemplaire de 1588 imparfaitement corrigé par Montaigne, et dont les éditeurs de 1802 se sont servis. J. V. L.

(3) Dans l'édition de 1588, fol. 310, il y avait : *Moy je considere aulcunes de ces ames anciennes, eslevées jusques au ciel au prix de la mienne.*

(1) *Celles-là* se rapporte à *ames anciennes* de la première édition, remplacé depuis par aucuns hommes, sans que Montaigne ait songé à modifier le sens de *celles-là* qui s'y rapporte.

(2) *Vie d'Agésilas*, c. 1. C.

(3) L'*ostracisme* était, à Athènes, une sentence de bannissement politique pour dix ans. Le *pétalisme* était, à Syracuse, ce que l'*ostracisme* était à Athènes, à la réserve qu'il ne durait que cinq ans. E. J.

et preteur de ceste grande republicque : mais, qui considerera la verité de la chose, et les hommes par eulx mesmes, à quoy Plutarque a plus visé, et à balancer leurs mœurs, leurs naturels, leur suffisance que leur fortune, je pense, au rebours de Bodin, que Ciceron et le vieux Caton en doibvent de reste à leurs compaignons. Pour son desseing, j'eusse plustost choisi l'exemple du jeune Caton comparé à Phocion ; car en ce pair il se trouveroit une plus vraysemblable disparité à l'advantage du Romain. Quant à Marcellus, Sylla et Pompeius, je veois bien que leurs exploicts de guerre sont plus enflés, glorieux et pompeux que ceulx des Grecs que Plutarque leur apparie : mais les actions les plus belles et vertueuses, non plus en la guerre qu'ailleurs, ne sont pas tousjours les plus fameuses ; je veois souvent des noms de capitaines estouffés sous la splendeur d'aultres noms de moins de merite : tesmoing Labienus, Ventidius, Telesinus, et plusieurs aultres : et à le prendre par là, si j'avois à me plaindre pour les Grecs, pourrois je pas dire que beaucoup moins est Camillus comparable à Themistocles, les Gracches à Agis et Cleomenes, Numa à Lycurgus ? Mais c'est folie de vouloir juger d'un traiet les choses à tant de visages.

Quand Plutarque les compare, il ne les egale pas pourtant : qui plus disertement et consciencieusement pourroit remarquer leurs differences ? Vient il à parangonner les victoires, les exploicts d'armes, la puissance des armes conduictes par Pompeius, et ses triumphes avecques ceulx d'Agesilaus ? « Je ne crois pas, dict il[1], que Xenophon mesme, s'il estoit vivant, encores qu'on luy ayt concedé d'escrire tout ce qu'il a voulu à l'advantage d'Agesilaus, osast les mettre en comparaison. » Parle il de conferer Lysander à Sylla ? « Il n'y a, dict il[2], point de comparaison, ny en nombre de victoires, ny en hazard de battailles ; car Lysander ne gaigna seulement que deux battailles navales, etc. » Cela, ce n'est rien desrobber aux Romains : pour les avoir simplement presentés aux Grecs, il ne leur peult avoir faict injure, quelque disparité qui y puisse estre : et Plutarque ne les contrepoise pas entiers ; il n'y a en gros aulcune preference ; il apparie les pieces et les circonstances l'une après l'aultre et les juge separéement. Parquoy, si on le vouloit convaincre de faveur, il falloit en espelucher quelque jugement particulier ; ou dire, en general, qu'il auroit failly d'assortir tel Grec à tel Romain, d'autant qu'il y en auroit d'aultres plus correspondants pour les apparier et se rapportants mieulx.

CHAPITRE XXXIII.

L'histoire de Spurina.

La philosophie ne pense pas avoir mal employé ses moyens quand elle a rendu à la raison la souveraine maistrise de nostre ame et l'auctorité de tenir en bride nos appetits ; entre lesquels ceulx qui jugent qu'il n'en y a point de plus violents que ceulx que l'amour engendre ont cela pour leur opinion qu'ils tiennent au corps et à l'ame et que tout homme en est possedé, en maniere que la santé mesme en despend et est la medecine par fois contraincte de leur servir de maquerellage : mais au contraire, on pourroit aussi dire que le meslange du corps y apporte du rabais et de l'affoiblissement ; car tels desirs sont subjects à satieté et capables de remedes materiels.

Plusieurs ayant voulu delivrer leurs ames des alarmes continuelles que leur donnoit cest appetit se sont servis d'incision et destrenchement des parties esmeues et alterées ; d'aultres en ont du tout abattu la force et l'ardeur par frequente application de choses froides, comme de neige et de vinaigre : les haires de de nos ayeulx estoient de cest usage ; c'est une matiere tissue de poil de cheval, dequoy les uns d'entr'eulx faisoient des chemises et d'aultres des ceinctures à gehenner leurs reins. Un prince me disoit, il n'y a pas longtemps, que pendant sa jeunesse, un jour de feste solenne, en la court du roy François premier, où tout le monde estoit paré, il lui print envie de se vestir de la haire, qui est encores chez luy, de monsieur son pere ; mais quelque devotion qu'il eust, qu'il ne sceut avoir la patience d'attendre la nuict pour se despouiller et en feut longtemps malade ; adjoustant qu'il ne pensoit pas qu'il y eust chaleur de jeunesse si aspre que l'usage de ceste recepte ne peust amortir : toutesfois à l'adventure ne les a il pas essayées les plus cuisantes ; car l'experience nous faict

---

(1) Dans la *Comparaison de Pompée avec Agésilas*. C.
(2) Dans la *Comparaison de Sylla avec Lysandre*. C.

veoir qu'une telle esmotion se maintient bien souvent soubs des habits rudes et marmiteux, et que les haires ne rendent pas tousjours heres[1] ceulx qui les portent.

Xenocrates proceda plus rigoureusement; car ses disciples, pour essayer sa continence, luy ayant fourré dans son lict Laïs, ceste belle et fameuse courtisane, toute nue, sauf les armes de sa beauté et folastres appas, ses philtres, sentant qu'en despit de ses discours et de ses regles le corps revesche commenceoit à se mutiner, il se feit brusler les membres qui avoient presté l'aureille à ceste rebellion[2]. Là où les passions qui sont toutes en l'ame, comme l'ambition, l'avarice et aultres, donnent bien plus à faire à la raison, car elle n'y peult estre secourue que de ses propres moyens; ny ne sont ces appetits là capables de satieté, voire ils s'aiguisent et augmentent par la jouissance.

Le seul exemple de Julius Cesar peult suffire à nous montrer la disparité de ces appetits; car jamais homme ne feut plus addonné aux plaisirs amoureux. Le soing curieux qu'il avoit de sa personne en est un tesmoignage, jusques à se servir à cela des moyens les plus lascifs qui feussent lors en usage, comme de se faire pinceter tout le corps et farder de parfums d'une extreme curiosité[3] : et de soy il estoit beau personnage, blanc, de belle et alaigre taille, le visage plein, les yeulx bruns et vifs, s'il en fault croire Suetone ; car les statues qui se voient de luy à Rome ne rapportent pas bien par tout à ceste peinture. Oultre ses femmes, qu'il changea quatre fois, sans compter les amours de son enfance avecques le roy de Bithynie Nicomede, il eut le pucelage de ceste tant renommée royne d'Ægypte Cleopatra, tesmoing le petit Cesarion qui en nasquit[4] : il feit aussi l'amour[5] à Eunoé, royne de Mauritanie, et à Rome, à Postumia, femme de Servius Sulpitius ; à Lollia, de Gabinius ; à Tertulla, de Crassus ; et à Mutia mesme, celle du grand Pompeius, qui feut la cause, disent les historiens romains, pourquoy son mary la repudia, ce que Plutarque confesse avoir ignoré ; et les Curions pere et fils reprocherent depuis à Pompeius, quand il espousa la fille de Cesar, qu'il se faisoit gendre d'un homme qui l'avoit faict cocu, et que luy mesme avoit accoustumé d'appeller Ægisthus : il entreteint, oultre tout ce nombre, Servilia, sœur de Caton et mere de Marcus Brutus, dont chascun tient que proceda ceste grande affection qu'il portoit à Brutus, parce qu'il estoit nay en temps auquel il y avoit apparence qu'il feust yssu de luy. Ainsi j'ay raison, ce me semble, de le prendre pour homme extremement addonné à ceste desbauche et de complexion très amoureuse[1] : mais l'aultre passion de l'ambition, dequoy il estoit aussi infiniment blecé, venant à combattre celle là, elle luy feit incontinent perdre place.

Me ressouvenant, sur ce propos, de Mehemed, celuy qui subjugua Constantinople et apporta la finale extermination du nom grec, je ne sçache point où ces deux passions se treuvent plus egualement balancées ; pareillement indefatigable ruffien et soldat : mais, quand en sa vie elles se presentent en concurrence l'une de l'aultre, l'ardeur querelleuse gourmande tousjours l'amoureuse ardeur ; et ceste cy, encores que ce feust hors sa naturelle saison, ne regaigna pleinement l'auctorité souveraine que quand il se trouva en grande vieillesse incapable de plus soubtenir le faix des guerres.

Ce qu'on recite pour un exemple contraire de Ladislaus, roy de Naples, est remarquable; que, bon capitaine, courageux et ambitieux, il se proposoit, pour fin principale de son ambition, l'execution de sa volupté et jouïssance de quelque rare beauté. Sa mort feust de mesme : ayant rengé, par un siege bien poursuyvi, la ville de Florence si à destroict que les habitants estoient après à composer de sa victoire, il la leur quita, pourveu qu'ils luy livrassent une fille de leur ville, dequoy il avoit ouï parler, de beauté excellente : force feut de la luy accorder, et garantir la publicque ruyne par une injure privée. Elle estoit fille d'un medecin fameux de son temps, lequel, se trouvant engagé en si vilaine necessité, se resolut à une haulte entreprinse. Comme chascun paroit sa fille et l'attournoit d'ornemens, et joyaux qui la peussent rendre agreable à ce nouvel amant, luy

---

(1) *Hommes.*
(2) Diog. Laerce, IV, 7. C.
(3) Suét., *Vie de J. César*, c. 45. C.
(4) Plut., *Vie de César*, c. 15. C.
(5) Suét., *César*, c. 50, 52, etc. C.

(1) Lorsqu'il entra dans Rome sur son char de triomphe, les soldats criaient :

Urbani, servate uxores : mœchum calvum adducimus.
Voyez Suét., *César*, c. 51. J. V. L.

aussi luy donna un moucheoir exquis en senteur et en ouvrage, duquel elle eust à se servir en leurs premieres approches : meuble qu'elles n'y oublient gueres en ces quartiers là. Ce moucheoir, empoisonné selon la capacité de son art, venant à se frotter à ses chairs esmeues et pores ouverts, inspira son venin si promptement, qu'ayant soubdain changé leur sueur chaulde en froide, ils expirerent entre les bras l'un de l'aultre[1].

Je m'en revoys à Cesar. Ses plaisirs ne luy feirent jamais desrobber une seule minute d'heure ny destourner un pas des occasions qui se presentoient pour son aggrandissement : ceste passion regenta en luy si souverainement toutes les aultres et posseda son ame d'une auctorité si pleine qu'elle l'emporta où elle voulut. Certes, j'en suis despit, quand je considere, au demourant, la grandeur de ce personnage et les merveilleuses parties qui estoient en luy ; tant de suffisance en toute sorte de sçavoir qu'il n'y a quasi science en quoy il n'ayt escript[2] : il estoit tel orateur, que plusieurs ont preferé son eloquence à celle de Cicero ; et luy mesme, à mon advis, n'estimoit luy debvoir gueres en ceste partie, et ses deux Anticatons feurent principalement escripts pour contrebalancer le bien dire que Cicero avoit employé en son Caton. Au demourant, feut il jamais ame si vigilante, si active et si patiente de labeur que la sienne ? et, sans doubte, encores estoit elle embellie de plusieurs rares semences de vertu, je dis vifves, naturelles et non contrefaictes : il estoit singulierement sobre, et si peu delicat en son manger qu'Oppius[3] recite qu'un jour luy ayant esté presenté à table, en quelque saulse, de l'huile medecinée au lieu d'huile simple, il en mangea largement pour ne faire honte à son hoste ; une aultre fois, il feit fouetter son boulenger[1] pour luy avoir servy d'aultre pain que celuy du commun. Caton mesme avoit accoustumé de dire de luy que c'estoit le premier homme sobre qui se feust acheminé à la ruyne de son païs[2]. Et quant à ce que ce mesme Caton l'appella un jour yvrongne, cela advint en ceste façon : estants touts deux au senat, où il se parloit du faict de la conjuration de Catilina, de laquelle Cesar estoit souspeçonné, on luy veint apporter de dehors un brevet[3], à cachetes : Caton, estimant que ce feust quelque chose de quoy les conjurés l'advertissent, le somma de le luy donner ; ce que Cesar feut contrainct de faire pour eviter un plus grand souspeçon : c'estoit, de fortune, une lettre amoureuse que Servilia, sœur de Caton, luy escrivoit. Caton l'ayant leue, la luy rejecta en luy disant : « Tien, yvrongne[4]. » Cela, dis je, feut plustost un mot de desdaing et de cholere qu'un exprès reproche de ce vice ; comme souvent nous injurions ceulx qui nous faschent des premieres injures qui nous viennent à la bouche quoyqu'elles ne soyent nullement deues à ceulx à qui nous les attachons : joinct que ce vice que Caton luy reproche est merveilleusement voisin de celuy auquel il avoit surprins Cesar ; car Venus et Bacchus se conviennent volontiers, à ce que dict le proverbe ; mais chez moy Venus est bien plus alaigre accompaignée de la sobrieté.

Les exemples de sa doulceur et de sa clemence envers ceulx qui l'avoient offensés sont infinis ; je dis oultre ceulx qu'il donna pendant le temps que la guerre civile estoit encore en son progrès, desquels il faict luy mesme assez sentir, par ses escripts, qu'il se servoit pour amadouer ses ennemys et leur faire moins craindre sa future domination et sa victoire. Mais si fault il dire que ces exemples là, s'ils ne sont suffisants à nous tesmoigner sa naïfve doulceur[5], ils nous montrent au moins une mer-

---

(1) Pandolfe Collenuccio rapporte ce fait comme un bruit vulgaire, mais douteux, *Hist. Neap.*, l. V, p. 246, 247, éd. de Bâle, 1572. Giannone, *Istor. civil. del reyno di Nap.*, XXIV, 8, adopte une tradition différente. Montaigne a fait aussi des changements et des additions aux circonstances fabuleuses de ce récit. Voyez les auteurs cités par M. de Sismondi, *Hist. des Républiques italiennes*, t. VIII, p. 210. J. V. L.

(2) Suét., dans la *Vie de César*, c. 55 et 56, parle de ses ouvrages de grammaire, d'éloquence, d'histoire ; il cite ses lettres au sénat, à Cicéron, à ses amis ; il y a joint des poëmes, une tragédie d'OEdipe, des recueils d'apophthegmes, qu'Auguste défendit de publier. On lui attribuait aussi des livres *sur les Augures* et une *Cosmographie*, qui peut-être furent seulement composés par ses ordres. J. V. L.

(3) Dans Suét., *César*, c. 53. C.

(1) Dans Suét., *César*, c. 48. — Chez les Romains, tous les artisans étaient des esclaves. E. J.

(2) Id., *ibid.*, c. 53. C.

(3) *Un billet.*

(4) Plut., *Caton d'Utique*, c. 7. C.

(5) Montaigne, liv. II, c. 11 (t. II, p. 479), parle avec plus de justesse de cette prétendue clémence de César. Suétone même, c. 75, compte dans la vie de César quelques actes de cruauté, et il n'a pas tout dit. N'était-ce point, par exemple, une tyrannie que de condamner sans jugement à un exil éternel, et de priver ainsi de tous leurs droits de citoyen, les Plancius, les

veilleuse confiance et grandeur de courage en ce personnage : il luy est advenu souvent de renvoyer des armées toutes entieres à son ennemy après les avoir vaincues, sans daigner seulement les obliger par serment sinon de le favoriser au moins de se contenir sans luy faire la guerre : il a prins trois et quatre fois tels capitaines de Pompeius et autant de fois remis en liberté[1] : Pompeius declaroit ses ennemys touts ceulx qui ne l'accompaignoient à la guerre; et luy, feit proclamer qu'il tenoit pour amis touts ceulx qui ne bougeoient et qui ne s'armoient effectuellement contre luy[2] : A ceulx de ses capitaines qui se desrobboient de luy pour aller prendre aultre condition, il renvoyoit encores les armes, chevaulx et equipages : les villes qu'il avoit prinses par force, il les laissoit en liberté de suyvre tel party qu'il leur plairoit, ne leur donnant aultre garnison que la memoire de sa doulceur et clemence : il deffendit, le jour de sa grande battaille de Pharsale, qu'on ne meist qu'à toute extremité la main sur les citoyens romains[3]. Voylà des traicts bien hazardeux, selon mon jugement : et n'est pas merveille si, aux guerres civiles que nous sentons, ceulx qui combattent comme luy l'estat ancien de leur païs n'en imitent l'exemple ; ce sont moyens extraordinaires et qu'il n'appartient qu'à la fortune de Cesar et à son admirable pourvoyance de heureusement conduire. Quand je considere la grandeur incomparable de ceste ame, j'excuse la victoire de ne s'estre peu despestrer de luy, voire en ceste très injuste et très inique cause.

Pour revenir à sa clemence, nous en avons plusieurs naïfs exemples au temps de sa domination, lorsque, toutes choses estant reduictes en sa main, il n'avoit plus à se feindre. Caius Memmius avoit escript contre luy des oraisons très poignantes ausquelles il avoit bien aigrement respondu; si ne laissa il bientost après d'ayder à le faire consul[4]. Caius Calvus, qui avoit faict plusieurs epigrammes injurieux contre luy, ayant employé de ses amis pour le reconcilier, Cesar se convia luy mesme à luy escrire le premier ; et nostre bon Catulle, qui l'avoit testonné si rudement sous le nom de Mamurra[1], s'en estant venu excuser à luy, il le feit ce jour mesme soupper à sa table[2]. Ayant esté adverty d'aulcuns qui parloient mal de luy, il n'en feit aultre chose que declarer, en une sienne harangue publicque, qu'il en estoit adverty[3]. Il craignoit encores moins ses ennemis qu'il ne les haïssoit : aulcunes conjurations et assemblées qu'on faisoit contre sa vie ayant esté descouvertes, il se contenta de publier, par edit, qu'elles luy estoient cogneues, sans aultrement en poursuyvre les aucteurs[4]. Quant au respect qu'il avoit à ses amis, Caius Oppius voyageant avecques luy et se trouvant mal, il luy quita un seul logis qu'il y avoit et coucha toute la nuict sur la dure et au descouvert[5]. Quant à sa justice, il feit mourir un sien serviteur qu'il aimoit singulierement, pour avoir couché avecques la femme d'un chevalier romain, quoyque personne ne s'en plaignist[6]. Jamais homme n'apporta ny plus de moderation en sa victoire, ny plus de resolution en la fortune contraire.

Mais toutes ces belles inclinations feurent alterées et estouffées par ceste furieuse passion ambitieuse à laquelle il se laissa si fort emporter qu'on peult aysément maintenir qu'elle tenoit le timon et le gouvernail de toutes ses actions : d'un homme liberal, elle en rendit un voleur publicque pour fournir à ceste profusion et largesse, et luy feit dire ce vilain et très injuste mot, que si les plus meschants et perdus hommes du monde luy avoient esté fideles au service de son aggrandissement, il les cheriroit et advanceroit de son pouvoir, aussi bien que les plus gents de bien[7]; l'enyvra d'une vanité si extreme qu'il osoit se vanter, en presence de ses concitoyens, « d'avoir rendu ceste grande republicque romaine un nom sans forme et sans corps ; » et dire « que ses responses debvoient meshuy servir de loix[8]; » et recevoir assis le corps du senat venant vers luy[9] ; et souffrir

---

Nigidius, les Cécina, qui n'avaient d'autre tort que d'avoir défendu le sénat et les lois ? J. V. L.

(1) Cn. Magius, L. Vibullius Rufus, etc. César, de Bell. civ., I, 24; III, 10, etc. J. V. L.
(2) Suét., César, c. 75. C.
(3) Id., ibid.
(4) Id., ibid., c. 73. C.

(1) Cat., Carm. 29. J. V. L.
(2) Suét., César, c. 73. C.
(3) Id., ibid., c. 73. C.
(4) Id., ibid. C.
(5) Id., ibid., c. 72. C.
(6) Id., ibid., c. 48. C.
(7) Id., ibid., c. 72. C.
(8) Id., ibid., c. 77. C.
(9) Id., ibid. c. 78. C.

qu'on l'adoras et qu'on luy feist, en sa presence, des honneurs divins. Somme, ce seul vice, à mon advis, perdit en luy le plus beau et le plus riche naturel qui feut oncques ; et a rendu sa memoire abominable à touts les gents de bien, pour avoir voulu chercher sa gloire de la ruyne de son païs et subversion de la plus puissante et fleurissante chose publicque que le monde verra jamais. Il se pourroit bien, au contraire, trouver plusieurs exemples de grands personnages ausquels la volupté a faict oublier la conduicte de leurs affaires, comme Marcus Antonius, et aultres ; mais où l'amour et l'ambition seroient en eguale balance, et viendroient à se chocquer de forces pareilles, je ne foys aulcun doubte que ceste cy ne gaignast le prix de la maistrise.

Or, pour me remettre sur mes brisées, c'est beaucoup de pouvoir brider nos appetits par le discours de la raison, ou de forcer nos membres, par violence, à se tenir en leur debvoir ; mais, de nous fouetter pour l'interest de nos voisins, de non seulement nous desfaire de ceste doulce passion qui nous chatouille, du plaisir que nous sentons de nous veoir agreables à aultruy, et aimés et recherchés d'un chascun, mais encores de prendre en haine et à contre cœur nos graces qui en sont cause, et condamner nostre beauté, parce que quelqu'aultre s'en eschauffe, je n'en ay veu gueres d'exemples ; cestuy cy en est. Spurina, jeune homme de la Toscane,

*Qualis gemma micat, fulvum quæ dividit aurum,
Aut collo decus, aut capiti ; vel quale per artem
Inclusum buxo, aut Oricia terebintho
Lucet ebur* [1],

estant doué d'une singuliere beauté, et si excessifve que les yeulx plus continents ne pouvoient en souffrir l'esclat continuemment, ne se contentant point de laisser sans secours tant de fiebvre et de feu, qu'il alloit attisant par tout, entra en furieux despit contre soy mesme et contre ces riches presents que nature luy avoit faicts, comme si on se debvoit prendre à eulx de la faulte d'aultruy, et detailla et troubla, à force de playes qu'il se feit à escient, et de cicatrices, la parfaicte proportion et ordonnance que nature avoit si curieusement observée en son visage [1].

Pour en dire mon advis, j'admire telles actions plus que je ne les honore ; ces excès sont ennemis de mes regles. Le desseing en feut beau et consciencieux, mais, à mon advis, un peu manque de prudence : quoy ? si sa laideur servit depuis à en jecter d'aultres au peché de mespris et de haine ; ou d'envie, pour la gloire d'une si rare recommandation ; ou de calomnie, interpretant ceste humeur à une forcenée ambition : y a il quelque forme de laquelle le vice ne tire, s'il veult, occasion à s'exercer en quelque maniere ? Il estoit plus juste, et aussi plus glorieux, qu'il feist de ces dons de Dieu un subject de vertu exemplaire et de reglement.

Ceulx qui se desrobbent aux offices communs, et à ce nombre infini de regles, espineuses à tant de visages, qui lient un homme d'exacte preud'hommie en la vie civile, font, à mon gré, une belle espargne, quelque poincte d'aspreté peculiere qu'ils s'enjoignent ; c'est aulcunement mourir pour fuyr la peine de bien vivre. Ils peuvent avoir aultre prix ; mais le prix de la difficulté, il ne m'a jamais semblé qu'ils l'eussent, ny qu'en malaysance il y aye rien au delà de se tenir droict emmy les flots de la presse du monde, respondant et satisfaisant loyalement à touts les membres de sa charge. Il est à l'adventure plus facile de se passer nettement de tout le sexe que de se maintenir deuement de tout poinct en la compaignie de sa femme ; et a l'on de quoy couler plus incurieusement en la pauvreté qu'en l'abondance justement dispensée : l'usage conduict selon raison à plus d'aspreté que n'a l'abstinence ; la moderation est vertu bien plus affaireuse que n'est la souffrance. Le bien vivre du jeune Scipion a mille façons ; le bien vivre de Diogenes n'en a qu'une : ceste cy surpasse d'autant en innocence les vies ordinaires comme les exquises et accomplies la surpassent en utilité et en force.

CHAPITRE XXXIV.

Observation sur les moyens de faire la guerre, de Julius Cesar.

On recite de plusieurs chefs de guerre, qu'ils

---

(1) Tel, environné d'or, un rubis précieux
D'une jeune beauté relève encor les grâces ;
Tel le brillant ivoire élégamment s'enchâsse
Dans le noir térébinthe et dans le bois doré.
VIRG., *Én.*, X, 134, tr. de Delille.

(1) VAL. MAXIME, IV, 3, *ext.* 1. C.

ont eu certains livres en particuliere recommendation, comme le grand Alexandre, Homere; Scipion Africain, Xenophon; Marcus Brutus, Polybius; Charles cinquiesme, Philippe de Comines; et dict on, de ce temps, que Machiavel est encores ailleurs en credit. Mais le feu mareschal Strozzi[1], qui avoit prins Cesar pour sa part, avoit sans doubte bien mieulx choisi; car, à la verité, ce debvroit estre le breviaire de tout homme de guerre, comme estant le vray et souverain patron de l'art militaire; et Dieu sçait encores de quelle grace et de quelle beauté il a fardé ceste riche matiere, d'une façon de dire si pure, si delicate et si parfaicte, qu'à mon goust il n'y a aulcuns escripts au monde qui puissent estre comparables aux siens en ceste partie.

Je veulx icy enregistrer certains traicts particuliers et rares, sur le faict de ses guerres, qui me sont demeurés en memoire.

Son armée estant en quelque effroy, pour le bruict qui couroit des grandes forces que menoit contre luy le roy Juba, au lieu de rabbattre l'opinion que ses soldats en avoient prinse, et apetisser les moyens de son ennemy, les ayant faict assembler pour les r'asseurer et leur donner courage, il print une voye toute contraire à celle que nous avons accoustumé; car il leur dict qu'ils ne se meissent plus en peine de s'enquerir des forces que menoit l'ennemy, et qu'il en avoit eu bien certain advertissement: et lors il leur en feit le nombre surpassant de beaucoup et la verité et la renommée qui en couroit dans son armée[2]; suyvant ce que conseille Cyrus en Xenophon; d'autant que la tromperie n'est pas de tel interest[3], de trouver les ennemys par effect plus foibles qu'on n'avoit esperé, que de les trouver à la verité bien forts, après les avoir jugés foibles par reputation.

Il accoustumoit sur tout ses soldats à obeïr simplement, sans se mesler de contreroller ou parler des desseings de leur capitaine, lesquels il ne leur communiquoit que sur le poinct de l'execution; et prenoit plaisir, s'ils en avoient descouvert quelque chose, de changer sur le champ d'advis, pour les tromper; et souvent, pour cest effect, ayant assigné un logis en quelque lieu, il passoit oultre, et alongeoit la journée, notamment s'il faisoit mauvais temps et pluvieux[1].

Les Souisses, au commencement de ses guerres de Gaule, ayants envoyé vers luy pour leur donner passage au travers des terres des Romains, estant deliberé de les empescher par force il leur contrefeit toutesfois un bon visage, et print quelques jours de delay à leur faire response, pour se servir de ce loisir à assembler son armée[2]. Ces pauvres gents ne sçavoient pas combien il estoit excellent mesnager du temps; car il redict maintesfois que c'est la plus souveraine partie d'un capitaine que la science de prendre au poinct les occasions, et la diligence, qui est en ses exploicts, à la verité, inouïe et incroyable.

S'il n'estoit pas fort consciencieux, en cela, de prendre advantage sur son ennemy, soubs couleur d'un traicté d'accord, il l'estoit aussi peu en ce qu'il ne requeroit en ses soldats aultre vertu que la vaillance, ny ne punissoit gueres aultres vices que la mutination et la desobeïssance. Souvent, après ses victoires, il leur laschoit la bride à toute licence, les dispensant pour quelque temps des regles de la discipline militaire, adjoustant à cela qu'il avoit des soldats si bien créés, que, touts parfumés et musqués, ils ne laissoient pas d'aller furieusement au combat[3]. De vray, il aimoit qu'ils feussent richement armés, et leur faisoit porter des harnois gravés, dorés et argentés, afin que le soing de la conservation de leurs armes les rendist plus aspres à se deffendre[4]. Parlant à eulx, il les appelloit du nom de compaignons[5], que nous usons encores: ce qu'Auguste, son successeur, reforma, estimant qu'il l'avoit faict pour la necessité de ses affaires, et pour flatter le cœur de ceulx qui ne le suyvoient que volontairement;

Rheni mihi Cæsar in undis
Dux erat : hic socius ; facinus quos inquinat, æquat[6];

mais que ceste façon estoit trop rabbaissée pour la dignité d'un empereur et general d'armée,

---

(1) Pierre Strozzi, Florentin au service de France, tué au siège de Thionville, le 20 juin 1558. J. V. L.
(2) Suet., *César*, c. 66. C.
(3) Édit. de 1588, *fol.* 315, *n'est pas si grande*.

(1) Suet., *César*, c. 65. C.
(2) Cesar, *de Bell. Gall.*, I, 7. N.
(3) Suet., *César*, c. 67. C.
(4) Id., *ibid.* C.
(5) Id., *ibid.* C.
(6) Au passage du Rhin, César était mon général ; il est ici (à Rome) mon compagnon : le crime rend égaux tous ceux qui en sont complices. Luc., V, 289.

et remeit en train de les appeller seulement soldats[1].

A ceste courtoisie, Cesar mesloit toutesfois une grande severité à les reprimer : la neufviesme legion s'estant mutinée auprès de Plaisance, il la cassa avecques ignominie, quoyque Pompeius feust lors encores en pieds, et ne la receut en grace qu'avecques plusieurs supplications : il les rappaisoit plus par auctorité et par audace que par doulceur[2].

Là où il parle de son passage de la riviere du Rhin, vers l'Allemaigne, il dict qu'estimant indigne de l'honneur du peuple romain qu'il passast son armée à navire, il feit dresser un pont, à fin qu'il passast à pied ferme[3]. Ce feut là qu'il bastit ce pont admirable, dequoy il dechiffre particulierement la fabrique; car il ne s'arreste si volontiers en nul endroict de ses faicts qu'à nous representer la subtilité de ses inventions en telle sorte d'ouvrages de main.

J'y ay aussi remarqué cela, qu'il faict grand cas de ses exhortations aux soldats avant le combat : car, où il veult montrer avoir esté surprins ou pressé, il allegue tousjours cela, qu'il n'eust pas seulement loisir de haranguer son armée. Avant ceste grande bataille contre ceulx de Tournay, « Cesar, dict il[4], ayant ordonné du reste, courut soubdainement où la fortune le porta, pour exhorter ses gents; et rencontrant la dixiesme legion, il n'eut loisir de leur dire, sinon qu'ils eussent souvenance de leur vertu accoustumée; qu'il ne s'estonnassent poinct, et soubteinssent hardiement l'effort des adversaires; et parce que l'ennemy estoit desjà approché à un ject de traict, il donna le signe de la bataille; et de là estant passé soubdainement ailleurs pour en encourager d'aultres, il trouva qu'ils estoient desjà aux prinses. » Voilà ce qu'il en dict en ce lieu là. De vray, sa langue luy a faict en plusieurs lieux de bien notables services; et estoit, de son temps mesme, son eloquence militaire en telle recommendation que plusieurs en son armée recueilloient ses harangues; et, par ce moyen, il en feut assemblé des volumes qui ont duré long temps après luy. Son parler avoit des graces particulieres, si que ses familiers,

et entre aultres Auguste, oyant reciter ce qui en avoit esté recueilly, recognoissoit, jusques aux phrases et aux mots, ce qui n'estoit pas du sien[1].

La premiere fois qu'il sortit de Rome avecques charge publicque, il arriva en huict jours à la riviere du Rhone, ayant dans son coche[2], devant luy, un secretaire ou deux qui escrivoient sans cesse; et derriere luy, celuy qui portoit son espée[3]. Et certes, quand on ne feroit qu'aller, à peine pourroit-on atteindre à ceste promptitude dequoy, toujours victorieux, ayant laissé la Gaule, et suyvant Pompeius à Brindes, il subjugua l'Italie en dix huict jours; reveint de Brindes à Rome; de Rome il s'en alla au fin fond de l'Espagne, où il passa[4] des difficultés extremes en la guerre contre Afranius et Petreius, et au long siege de Marseille ; de là il s'en retourna en la Macedoine, battit l'armée romaine à Pharsale; passa de là, suyvant Pompeius, en Ægypte, laquelle il subjugua; d'Ægypte il veint en Syrie, et au païs de Pont, où il combattit Pharnaces ; de là en Afrique, où il desfeit Scipion et Juba ; et rebroussa encores, par l'Italie, en Espagne, où il desfeit les enfants de Pompeius :

Ocyor et cœli flammis, et tigride fœta[5].

Ac veluti montis saxum de vertice præceps
Quum ruit avulsum vento, seu turbidus imber
Proluit, aut annis solvit sublapsa vetustas,
Fertur in abruptum magno mons improbus actu,
Exsultatque solo silvas, armenta, virosque
Involvens secum[6].

Parlant du siege d'Avaricum, il dict[7] que c'estoit sa coustume de se tenir nuict et jour près des ouvriers qu'il avoit en besongne. En toutes entreprinses de consequence, il faisoit

---
(1) Suét., *César*, c. 55. J. V. L.
(2) Edit. de 1588, *sa coche*.
(3) Plut., *César*, c. 12. C.
(4) *Surmonta*. C.
(5) Plus rapide que l'éclair, plus prompt que le tigre à qui on vient d'enlever ses petits. Luc., V, 405.
(6) Ainsi lorsqu'un rocher dont la superbe cime
Dominait le volcan et pendait sur l'abîme,
De son lit, détrempé par les flots pluvieux,
Tout à coup se détache; ou des vents furieux
Quand le bruyant essaim conjure sa ruine,
Ou quand l'âge en silence a miné sa racine,
Du sommet escarpé de ses antiques monts,
Il croule, il tombe, il roule, il s'élance par bonds,
Traîne avec ses débris, bergers, troupeaux, étables.
Virg., *En.*, XII, 684, tr. de Delille.
(7) *De Bello Gallico*, VII, 24. J. V. L.

---
(1) Suét., *Auguste*, c. 25. C.
(2) Suét., *César*, c. 69. C.
(3) Cesar, *de Bell. Gall.*, IV, 17. J. V. L
(4) Id., *ibid.*, II, 21. J. V. L.

tousjours la descouverte luy mesme, et ne passa jamais son armée en lieu qu'il n'eust premierement recogneu ; et, si nous croyons Suetone[1], quand il feit l'entreprinse de trajecter en Angleterre, il feut le premier à sonder le gué.

Il avoit accoustumé de dire qu'il aimoit mieulx la victoire qui se conduisoit par conseil que par force ; et, en la guerre contre Petreius et Afranius, la fortune luy presentant une bien apparente occasion d'advantage, il la refusa, dict-il[2], esperant, avecques un peu plus de longueur, mais moins de hazard, venir à bout de ses ennemis. Il feit aussi là un merveilleux traict, de commander à tout son ost de passer à nage la riviere sans aulcune necessité :

Rapuitque ruens in prœlia miles,
Quod fugiens timuisset iter : mox uda receptis
Membra fovent armis, gelidosque a gurgite, cursu
Restituunt artus[3].

Je le treuve un peu plus retenu et consideré en ses entreprinses qu'Alexandre ; car cestuy cy semble rechercher et courir à force les dangiers, comme un impetueux torrent qui chocque et attaque sans discretion et sans chois tout ce qu'il rencontre ;

Sic tauriformis volvitur Aufidus,
Qui regna Dauni perfluit Appuli,
Dum sævit, horrendamque cultis
Diluviem meditatur agris[4];

aussi estoit il embesongné en la fleur et premiere chaleur de son aage, là où Cesar s'y print estant desjà meur et bien advancé : outre ce qu'Alexandre estoit d'une temperature plus sanguine, cholere et ardente, et s'esmouvoit encores ceste humeur par le vin, duquel Cesar estoit très abstinent.

Mais où les occasions de la necessité se presentoient, et où la chose le requeroit, il ne feut jamais homme faisant meilleur marché de sa personne. Quant à moy, il me semble lire en plusieurs de ses exploicts une certaine resolution de se perdre, pour fuyr la honte d'estre vaincu. En ceste grande bataille qu'il eut contre ceulx de Tournay, il courut se presenter à la teste desennemis, sans bouclier, comme il se trouva, veoyant la poincte de son armée s'esbranler[1] ; ce qui luy est advenu plusieurs aultres fois. Oyant dire que ses gents estoient assiegés, il passa desguisé au travers l'armée ennemie pour les aller fortifier de sa presence[2]. Ayant traversé à Dyrrachium avecques bien petites forces, et veoyant que le reste de son armée, qu'il avoit laissée à conduire à Antonius, tardoit à le suyvre, il entreprint luy seul de repasser la mer, par une très grande tormente[3], et se desrobba pour aller reprendre le reste de ses forces, les ports de delà et toute la mer estant saisie par Pompeius. Et quant aux entreprinses qu'il a faictes à main armée, il y en a plusieurs qui surpassent en hazard tout discours de raison militaire ; car avecques combien foibles moyens entreprint il de subjuguer le royaume d'Ægypte ; et depuis, d'aller attaquer les forces de Scipion et de Juba, de dix parts plus grandes que les siennes ? Ces gents là ont eu je ne sçais quelle plus qu'humaine confiance de leur fortune ; et disoit il qu'il falloit executer, non pas consulter, les haultes entreprinses. Après la bataille de Pharsale, comme il eust envoyé son armée devant en Asie, et passast avecques un seul vaisseau le destroict de l'Hellespont, il rencontra en mer Lucius Cassius, avecques dix gros navires de guerre ; il eut le courage non seulement de l'attendre, mais de tirer droict vers luy, et le sommer de se rendre ; et en veint à bout[4].

Ayant entreprins ce furieux siege d'Alesia, où il y avoit quatre vingt mille hommes de deffense, toute la Gaule s'estant eslevée pour luy courre sus et lever le siege, et dressé une armée de cent neuf mille chevaux[5] et de deux cents quarante mille hommes de pied, quelle hardiesse et maniacle[6] confiance feut ce de n'en vouloir pas abandonner son entreprinse, et se resoudre à deux si grandes difficultés ensemble ? lesquelles toutesfois il soubteint ; et après avoir gaigné

---

(1) Suét., *César*, c. 58. C.
(2) *De Bello civili*, I, 72. J. V. L.
(3) Le soldat saisit, pour voler aux combats, cette route qu'il n'aurait osé prendre dans la fuite : tout mouillé, il se couvre de ses armes, et, dans une course rapide, retrouve la chaleur qu'il avait perdue. Luc., IV, 151.
(4) Ainsi l'Aufide, qui arrose le royaume de l'antique Daunus, roule ses eaux impétueuses, et menace les moissons d'un horrible ravage. Hor., *Od.*, IV, 14, 25.

(1) César, *de Bell. Gall.*, II, 25. J. V. L.
(2) Suét., *César*, c. 58. C.
(3) Suét., *César*, c. 53 ; Plut., *passim* ; Appien, *G. civ.*, II, p. 465 ; Dion, XLI, 46 ; Luc., V, 519, etc. J. V. L.
(4) Suét., *César*, c. 62. C.
(5) César, *de Bello Gallico*, VII, 64. — César dit *huit mille chevaux*, et non *cent neuf mille*. C'est sans doute une erreur du copiste ou de l'imprimeur.
(6) *Furieuse*.

ceste grande battaille contre ceulx de dehors, rengea bientost à sa mercy ceulx qu'il tenoit enfermés. Il en advient autant à Lucullus, au siege de Tigranocerta contre le roy Tigranes; mais d'une condition dispareille, veu la mollesse des ennemis à qui Lucullus avoit à faire.

Je veulx ici remarquer deux rares evenements et extraordinaires, sur le faict de ce siege d'Alesia; l'un que les Gaulois s'assemblants pour venir trouver là Cesar, ayants faict denombrement de toutes leurs forces, resolurent en leur conseil de retrencher une bonne partie de ceste grande multitude, de peur qu'ils n'en tumbassent en confusion[1]. Cest exemple est nouveau, de craindre à estre trop; mais à le bien prendre, il est vraysemblable que le corps d'une armée doibt avoir une grandeur moderée, et reglée à certaines bornes, soit pour la difficulté de la nourrir, soit pour la difficulté de la conduire et tenir en ordre. Au moins seroit il bien aysé à verifier, par exemple, que ces armées monstrueuses en nombre n'ont gueres rien faict qui vaille. Suyvant le dire de Cyrus, en Xenophon, ce n'est pas le nombre des hommes, ains le nombre des bons hommes, qui faict l'advantage; le demourant servant plus de destourbier que de secours. Et Bajazet print le principal fondement à sa resolution de livrer journée à Tamburlan, contre l'advis de tous ses capitaines, sur ce que le nombre innombrable des hommes de son ennemy luy donnoit certaine esperance de confusion. Scanderberch, bon juge et très expert, avoit accoustumé de dire que dix ou douze mille combattants fideles debvoient baster[2] à un suffisant chef de guerre pour garantir sa reputation en toute sorte de besoing militaire. L'aultre poinct, qui semble estre contraire et à l'usage et à la raison de la guerre, c'est que Vercingentorix, qui estoit nommé chef et general de toutes les parties des Gaules revoltées, print party de s'aller enfermer dans Alesia[3]; car celuy qui commande à tout un païs ne se doibt jamais engager, qu'au cas de ceste extremité qu'il y allast de sa derniere place, et qu'il n'y eust rien à esperer qu'en la deffense d'icelle; aultrement il se doibt tenir libre, pour avoir moyens de pourvoir en general à toutes les parties de son gouvernement.

Pour revenir à Cesar, il deveint, avecques le temps, un peu plus tardif et plus considéré, comme tesmoigne son familier Oppius[1]; estimant qu'il ne debvoit ayséement hazarder l'honneur de tant de victoires, lequel une seule desfortune luy pourroit faire perdre. C'est ce que disent les Italiens, quand ils veulent reprocher ceste hardiesse temeraire qui se veoid aux jeunes gents, les nommants necessiteux d'honneur, *bisognosi d'onore;* et qu'estants encores en ceste grande faim et disette de reputation, ils ont raison de la chercher à quelque prix que ce soit, ce que ne doibvent pas faire ceulx qui en ont desjà acquis à suffisance. Il y peult avoir quelque juste moderation en ce desir de gloire, et quelque satieté en cest appetit, comme aux aultres; assez de gents le practiquent ainsi.

Il estoit bien esloingné de ceste religion des anciens Romains, qui ne se vouloient prevaloir en leurs guerres que de la vertu simple et naïfve; mais encores y apportoit il plus de conscience que nous ne ferions à ceste heure, et n'approuvoit pas toutes sortes de moyens pour acquerir la victoire. En la guerre contre Ariovistus, estant à parlementer avecques luy, il y surveint quelque remuement entre les deux armées, qui commencea par la faulte des gents de cheval d'Ariovistus: sur ce tumulte, Cesar se trouva avoir fort grand advantage sur ses ennemis; toutesfois il ne s'en voulust point prevaloir, de peur qu'on luy peust reprocher d'y avoir procedé de mauvaise foy[2].

Il avoit accoustumé de porter un accoustrement riche au combat, et de couleur esclatante, pour se faire remarquer.

Il tenoit la bride plus estroicte à ses soldats, et les tenoit plus de court, estant près des ennemis[3].

Quand les anciens Grecs vouloient accuser quelqu'un d'extreme insuffisance, ils disoient en commun proverbe, « qu'il ne sçavoit ny lire ny nager: » il avoit ceste mesme opinion, que la science de nager estoit très utile à la guerre et en tira plusieurs commodités; s'il avoit à faire diligence, il franchissoit ordinairement à la nage les rivieres qu'il rencontroit; car il aimoit à voyager à pied, comme le grand Alexandre. En Ægypte, ayant esté forcé, pour se sauver,

---

(1) César, *de Bello Gallico*, VII, 71. J. V. L.
(2) Suffire.
(3) César, *de Bello Gallico*, VII, 68. J. V. L.

(1) Suét., *César*, c. 60. C.
(2) César, *de Bello Gallico*, I, 43. J. V. L.
(3) Suét., *César*, c. 65. C

de se mettre dans un petit batteau, et tant de gents s'y estants lancés quand et luy, qu'il estoit en dangier d'aller à fonds, il aima mieulx se jecter en la mer, et gaigna sa flotte à nage, qui estoit plus de deux cents pas au delà, tenant en sa main gauche ses tablettes hors de l'eau, et traisnant à belles dents sa cotte d'armes, afin que l'ennemy n'en jouïst, estant desjà bien advancé sur l'aage[1].

Jamais chef de guerre n'eut tant de creance sur ses soldats : au commencement de ses guerres civiles, les centeniers luy offrirent de souldoyer, chascun sur sa bourse, un homme d'armes ; et les gents de pied, de le servir à leurs despens, ceulx qui estoient plus aysés entreprenants encores à desfrayer les plus necessiteux[2]. Feu monsieur de Chastillon[3] nous feit veoir dernierement un pareil cas en nos guerres civiles ; car les François de son armée fournissoient de leurs bourses au payement des estrangiers qui l'accompaignoient. Il ne se trouveroit gueres d'exemples d'affection si ardente et si preste parmy ceulx qui marchent dans le vieux train, soubs l'ancienne police des loix ; la passion nous commande bien plus vifvement que la raison : il est pourtant advenu en la guerre contre Annibal qu'à l'exemple de la liberalité du peuple romain en la ville, les gents d'armes et capitaines refusent leur paye ; et appelloit on au camp de Marcellus mercenaires ceulx qui en prenoient. Ayant eu du pire auprès de Dyrrachium[4], ses soldats se veindrent d'eulx mesmes offrir à estre chastiés et punis, de façon qu'il eut plus à les consoler qu'à les tanser : une sienne seule cohorte soubteint quatre legions de Pompeius plus de quatre heures, jusques à ce qu'elle feut quasi toute desfaicte à coups de traicts, et se trouva dans la trenchée cent trente mille fleches[5] : un soldat, nommé Scæva, qui commandoit à l'une des entrées, s'y mainteint invincible, ayant un œil crevé, une espaule et une cuisse percées, et son escu faulsé en deux cents trente lieux[6]. Il est advenu à plusieurs de ses soldats, prins prisonniers, d'accepter plustost la mort que de vouloir promettre de prendre aultre party[1] : Granius Petronius prins par Scipion en Afrique, Scipion, après avoir faict mourir ses compaignons, luy manda qu'il luy donnoit la vie, car il estoit homme de reng et questeur : Petronius respondit « que les soldats de Cesar avoient accoustumé de donner la vie aux aultres, non la recevoir ; » et se tua tout soubdain de sa main propre[2].

Il y a infinis exemples de leur fidelité : il ne fault pas oublier le traict de ceulx qui feurent assiegés à Salone, ville partisane pour Cesar contre Pompeius, pour un rare accident qui y adveint. Marcus Octavius les tenoit assiegés ; ceulx de dedans estants reduicts en extreme necessité de toutes choses, en maniere que, pour suppléer au deffault qu'ils avoient d'hommes, la plus part d'entre eulx y estants mort et blecés, ils avoient mis en liberté touts leurs esclaves, et pour le service de leurs engins avoient esté contraincts de couper les cheveux de toutes les femmes à fin d'en faire des chordes, oultre une merveilleuse disette de vivres ; et ce neantmoins, resolus de jamais ne se rendre, après avoir traisné ce siege en grande longueur, d'où Octavius estoit devenu plus nonchalant et moins attentif à son entreprinse, ils choisirent un jour sur le midy, et, comme ils eurent rengé les femmes et les enfants sur leurs murailles pour faire bonne mine, sortirent en telle furie sur les assiegeants qu'ayant enfoncé le premier, le second et tiers corps de garde, le quatriesme, et puis le reste, et, ayant faict du tout abandonner les trenchées, les chasserent jusques dans les navires ; et Octavius mesme se sauva à Dyrrachium, où estoit Pompeius[3]. Je n'ay point memoire pour cest' heure d'avoir veu aulcun aultre exemple, où les assiegés battent en gros les assiegeants et gaignent la maistrise de la campaigne ; ny qu'une sortie ayt tiré en consequence une pure et entiere victoire de battaille.

---

(1) Suét., *César*, c. 64. C.
(2) Id., *ibid.*, c. 68. C.
(3) Gaspard de Coligny II du nom, comte de Coligny, seigneur de Châtillon-sur-Loing, amiral de France, assassiné le 24 août 1572, et une des plus illustres victimes de la Saint-Barthélemy. J. V. L.
(4) Suét., *César*, c. 68. C.
(5) Id., *ibid.* ; César, *de Bello civili*, III, 53. J. V. L.
(6) César, *de Bello civili*, III, 53 ; Florus, IV, 2 ; Val. Max, III, 3, 25 ; Suét., *César*, c. 68. C.

(1) Suét., *César*, c. 68. C.
(2) Plut., *César*, c. 5. C.
(3) César, *de Bello civili*, III, 9. J. V. L.

CHAPITRE XXXV.

De trois bonnes femmes.

Il n'en est pas à douzaines, comme chascun sçait, et notamment aux debvoirs de mariage; car c'est un marché plein de tant d'espineuses circonstances qu'il est malaysé que la volonté d'une femme s'y maintienne entiere long temps; les hommes, quoy qu'ils y soyent avecques un peu meilleure condition, y ont trop affaire. La touche d'un bon mariage, et sa vraye preuve, regarde le temps que la société dure; si elle a esté constamment douce, loyale et commode. En nostre siecle, elles reservent plus communement à estaler leurs bons offices et la vehemence de leur affection envers leurs maris perdus, cherchent au moins lors à donner tesmoignage de leur bonne volonté : tardif tesmoignage et hors de saison ! Elles preuvent plustost par là qu'elles ne les aiment que morts; la vie est pleine de combustion, et le trespas d'amour et de courtoisie. Comme les peres cachent l'affection envers leurs enfants, elles volontiers de mesme cachent la leur envers le mary, pour maintenir un honneste respect. Ce mystere n'est pas de mon goust : elles ont beau s'escheveler et s'esgratigner, je m'en voys à l'aureille d'une femme de chambre et d'un secretaire : « Comment estoient ils ? Comment ont ils vescu ensemble ? » Il me souvient tousjours de ce bon mot : *Jactantius mœrent quæ minus dolent*[1] : leur rechigner est odieux aux vivants, et vain aux morts. Nous dispenserons[2] volontiers qu'on rie apres, pourveu qu'on nous rie pendant la vie. Est ce pas de quoy resusciter de despit, qui m'aura craché au nez pendant que j'estois me vienne frotter les pieds quand je ne suis plus ? S'il y a quelque honneur a pleurer les maris, il n'appartient qu'à celles qui leur ont ri : celles qui ont pleuré en la vie, qu'elles rient en la mort, au dehors comme au dedans. Aussi, ne regardez pas à ces yeulx moites et à ceste piteuse voix; regardez ce port, ce teinct et l'embonpoinct de ces joues soubs ces grands voiles;

c'est par là qu'elle parle françois : il en est peu de qui la santé n'aille en amendant, qualité qui ne sçait pas mentir. Ceste cerimonieuse contenance ne regarde pas tant derriere soy que devant; c'est acquest, plus que payement : en mon enfance, une honneste et très belle dame qui vit encores, veufve d'un prince, avoit je ne sçais quoy plus en sa parure qu'il n'est permis par les loix de nostre veufvage : à ceulx qui le luy reprochoient : « C'est, disoit elle, que je ne practique plus de nouvelles amitiés, et suis hors de volonté de me remarier. »

Pour ne disconvenir du tout à nostre usage, j'ay icy choisi trois femmes qui ont aussi employé l'effort de leur bonté et affection autour la mort de leurs maris : ce sont pourtant exemples un peu aultres, et si pressants qu'ils tirent hardiement la vie en consequence.

Pline le jeune[1] avoit, près d'une sienne maison en Italie, un voisin merveilleusement tormenté de quelques ulceres qui luy estoient survenues ès parties honteuses. Sa femme, le veoyant si longuement languir, le pria de permettre qu'elle veist à loisir et de près l'estat de son mal, et qu'elle luy diroit plus franchement qu'aulcun aultre ce qu'il avoit à en esperer. Après avoir obtenu cela de luy, et l'avoir curieusement consideré, elle trouva qu'il estoit impossible qu'il en peust guarir, et que tout ce qu'il pouvoit attendre c'estoit de traisner fort long temps une vie douloureuse et languissante: si luy conseilla, pour le plus seur et souverain remede, de se tuer; et le trouvant un peu mol à une si rude entreprinse : « Ne pense point, luy dict elle, mon amy, que les douleurs que je te veois souffrir ne me touchent autant qu'à toy, et que pour m'en delivrer je ne me veuille servir moy mesme de ceste medecine que je t'ordonne. Je te veulx accompaigner à la guarison, comme j'ay faict à la maladie : oste ceste crainte, et pense que nous n'aurons que plaisir en ce passage qui nous doibt delivrer de tels torments : nous nous en irons heureusement ensemble. » Cela dict, et ayant rechauffé le courage de son mary, elle resolut qu'ils se precipiteroient en la mer par une fenestre de leur logis qui y respondoit. Et pour maintenir jusques à sa fin ceste loyale et vehemente affection de quoy elle l'avoit embrassé pendant sa vie, elle voulut encores qu'il mourust entre ses

---

[1] Celles qui sont les moins affligées, pleurent avec le plus d'ostentation. TACITE, *Ann.*, II, 77. Il y a dans Tacite : *Periisse Germanicum nulli jactantius mœrent, quam qui maxime lætantur.* C.

[2] *Nous permettrons.*

[1] *Epist.*, VI, 24.

bras; mais de peur qu'ils ne luy faillissent, et que les estreinctes de ses enlacements ne veinssent à se relascher par la cheute et la crainte, elle se feit lier et attacher bien estroictement avecques luy par le fauls¹ du corps; et abandonna ainsi sa vie pour le repos de celle de son mary. Celle là estoit de bas lieu; et parmy telle condition de gents, il n'est pas si nouveau d'y veoir quelque traict de rare bonté:

> *Extrema per illos*
> *Justitia excedens terris vestigia fecit*².

Les aultres deux sont nobles et riches, où les exemples de vertu se logent rarement.

Arria³, femme de Cecina Pætus, personnage consulaire, feut mere d'un' aultre Arria, femme de Trasea Pætus, celuy duquel la vertu feut tant renommée du temps de Neron, et, par le moyen de ce gendre, mere grand' de Fannia; car la ressemblance des noms de ces hommes et femmes, et de leurs fortunes, en a faict mesconter plusieurs. Ceste premiere Arria, Cecina Pætus, son mary, ayant esté prins prisonnier par les gents de l'empereur Claudius, après la desfaicte de Scribonianus, duquel il avoit suyvi le party, supplia ceulx qui l'emmenoient prisonnier à Rome de la recevoir dans leur navire, où elle leur seroit de beaucoup moins de despense et d'incommodité qu'un nombre de personnes qu'il leur fauldroit pour le service de son mary; et qu'elle seule fourniroit à sa chambre, à sa cuisine, et à tous aultres offices. Ils l'en refuserent: et elle, s'estant jectée dans un batteau de pescheur qu'elle loua sur le champ, le suyvit en ceste sorte depuis la Sclavonie. Comme ils feurent à Rome, un jour, en presence de l'empereur, Junia, veufve de Scribonianus, s'estant accostée d'elle familierement pour la societé de leurs fortunes, elle la repoulsa rudement avecques ces paroles: « Moy, dict elle, que je parle à toy, ny que je t'escoute! à toy, au giron de laquelle Sribonianus feut tué! et tu vis encores! » Ces paroles, avecques plusieurs aultres signes, feirent sentir à ses parents qu'elle estoit pour se desfaire elle mesme, impatiente de supporter la fortune de son mary. Et Thrasea, son gendre, la suppliant sur ce propos de ne se vouloir perdre, et luy disant ainsi: « Quoy! si je courois pareille fortune à celle de Cecina, vouldriez vous que ma femme, vostre fille en feist de mesme? — Comment doncques? si je le vouldrois! respondit elle: ouy, ouy, je le vouldrois, si elle avoit vescu aussi longtemps et d'aussi bon accord avecques toy que j'ay faict avecques mon mary. » Ces responses augmentoient le soing qu'on avoit d'elle, et faisoient qu'on regardoit de plus près à ses deportements. Un jour, après avoir dict à ceulx qui la gardoient: « Vous avez beau faire, vous me pouvez bien faire plus mal mourir, mais de me garder de mourir, vous ne sauriez, » s'eslançant furieusement d'une chaire où elle estoit assise, elle s'alla de toute sa force chocquer la teste contre la paroy voisine; duquel coup estant cheute de son long esvanouïe, et fort blecée, après qu'on l'eut à toute peine faicte revenir: « Je vous disois bien, dict elle, que si vous me refusiez quelque façon aysée de me tuer j'en choisirois quelque aultre, pour malaysée qu'elle feust. » La fin d'une si admirable vertu feut telle: son mary Pætus n'ayant pas le cœur assez ferme de soy mesme pour se donner la mort, à laquelle la cruauté de l'empereur le rengeoit, un jour, entre aultres, après avoir premierement employé les discours et enhortements propres au conseil qu'elle luy donnoit à ce faire, elle print le poignard que son mary portoit, et le tenant nud en sa main, pour la conclusion de son exhortation: « Fais ainsi, Pætus, » luy dict elle; et en mesme instant, s'en estant donné un coup mortel dans l'estomach, et puis l'arrachant de sa playe, elle le luy presenta, finissant quand et quand sa vie avecques ceste noble, genereuse et immortelle parole: *Pæte, non dolet*. Elle n'eut loisir que de dire ces trois paroles d'une si belle substance: « Tiens, Pætus, il ne m'a point faict mal: »

> *Casta suo gladium quum traderet Arria Pæto,*
> *Quem de visceribus traxerat ipsa suis:*
> *Si qua fides, vulnus quod feci non dolet, inquit,*
> *Sed quod tu facies, id mihi, Pæte, dolet*¹:

---

(1) Le milieu.
(2) La justice, fuyant nos coupables climats,
Sous le chaume innocent porta ses derniers pas.
VIRG., *Géorg.*, II, 473, trad. de Delille.
(3) Tout ce long récit est extrait d'une lettre de PLINE le Jeune, III, 16. C.

(1) Lorsque la chaste Arria présentait à son cher Pætus le poignard qu'elle venait de retirer de son sein: Pætus, lui dit-elle, crois-moi; le coup que je viens de me donner ne fait point de mal; je ne souffre que de celui que tu vas te donner. MART., I, 14.

il est bien plus vif en son naturel, et d'un sens plus riche ; car et la playe et la mort de son mary et les siennes, tant s'en faut qu'elles luy poisassent, qu'elle en avoit esté la conseillere et promotrice ; mais ayant faict ceste haulte et courageuse entreprinse pour la seule commodité de son mary, elle ne regarde qu'à luy encores au dernier traict de sa vie, et à luy oster la crainte de la suyvre en mourant. Pætus se frappa tout soubdain de ce mesme glaive ; honteux, à mon advis, d'avoir eu besoing d'un si cher et precieux enseignement.

Pompeia Paulina[1], jeune et très noble dame romaine, avoit espousé Seneque en son extreme vieillesse. Neron, son beau disciple, envoya ses satellites vers luy pour luy denoncer l'ordonnance de sa mort ; ce qui se faisoit en ceste maniere : quand les empereurs romains de ce temps avoient condamné quelque homme de qualité, ils luy mandoient par leurs officiers de choisir quelque mort à sa poste, et de la prendre dans tel ou tel delay qu'ils luy faisoient prescrire selon la trempe de leur cholere, tantost plus pressé, tantost plus long, luy donnant terme pour disposer pendant ce temps là de ses affaires, et quelquesfois luy ostant le moyen de ce faire, par la briefveté du temps ; et, si le condamné estrivoit[2] à leur ordonnance, ils menoient des gents propres à l'executer, ou luy coupant les veines des bras et des jambes, ou luy faisant avaller du poison par force ; mais les personnes d'honneur n'attendoient pas ceste necessité, et se servoient de leurs propres medecins et chirurgiens à cest effect. Seneque ouït leur charge d'un visage paisible et asseuré, et après demanda du papier pour faire son testament, ce qui luy ayant esté refusé par le capitaine, il se tourna vers ses amis : « Puisque je ne puis, leur dict il, vous laisser autre chose en recognoissance de ce que je vous doibs, je vous laisse au moins ce que j'ay de plus beau, à sçavoir l'image de mes mœurs et de ma vie, laquelle je vous prie conserver en vostre memoire, à fin qu'en ce faisant vous acqueriez la gloire de sinceres et veritables amis ; » et quand et quand, appaisant tantost l'aigreur de la douleur qu'il leur voyoit souffrir par doulces paroles, tantost roidissant sa voix pour les en tanser : « Où sont, disoit-il, ces beaux preceptes de la philosophie ? que sont devenues les provisions que par tant d'années nous avons faictes contre les accidents de la fortune ? La cruauté de Neron nous estoit elle incogneue ? Que pouvions nous attendre de celuy qui avoit tué sa mere et son frere, sinon qu'il feist encores mourir son gouverneur qui l'a nourry et eslevé ? » Après avoir dict ces paroles en commun, il se destourne à sa femme, et, l'embrassant estroictement, comme par la poisanteur de la douleur elle defailloit de cœur et de forces, la pria de porter un peu plus patiemment cest accident pour l'amour de luy ; et que l'heure estoit venue où il avoit à montrer, non plus par discours et par disputes, mais par effect, le fruict qu'il avoit tiré de ses estudes ; et que sans doubte il embrassoit la mort, non-seulement sans douleur, mais avecques alaigresse : « Parquoy, m'amie, disoit-il, ne la deshonore par tes larmes, à fin qu'il ne semble que tu t'aimes plus que ma reputation ; appaise ta douleur, et te console en la cognoissance que tu as eu de moy et de mes actions, conduisant le reste de ta vie par les honnestes occupations ausquelles tu t'es addonnée. » A quoy Paulina, ayant un peu reprins ses esprits, et reschauffé la magnanimité de son courage, par une très noble affection : « Non, Seneca, respondit-elle, je ne suis pas pour vous laisser sans ma compaignie en telle necessité ; je ne veux pas que vous pensiez que les vertueux exemples de vostre vie ne m'ayent encores apprins à sçavoir bien mourir ; et quand le pourrois-je ny mieulx, ny plus honnestement, ny plus à mon gré qu'avec vous ? ainsi faictes estat que je m'en voys quand et vous. » Lors Seneque, prenant en bonne part une si belle et glorieuse deliberation de sa femme, et pour se delivrer aussi de la crainte de la laisser après sa mort à la mercy et cruauté de ses ennemis : « Je t'avois, Paulina, dict-il, conseillé ce qui servoit à conduire plus heureusement ta vie ; tu aimes doncques mieulx l'honneur de la mort ; vrayement je ne te l'envieray point : la constance et la resolution soyent pareilles à nostre commune fin ; mais la beauté et la gloire soit plus grande de ta part. » Cela faict, on leur coupa en mesme temps les veines des bras ; mais parce que celles de Seneque, resserrées tant par la vieillesse que par son abstinence, donnoient au sang le cours trop long et trop lasche, il commanda qu'on luy coupast encores

---

[1] TACITE, *Ann.*, XV, 61-64. C.
[2] *Luttait contre.*

les veines des cuisses; et, de peur que le torment qu'il en souffroit n'attendrist le cœur de sa femme, et pour se delivrer aussi soy-mesme de l'affliction qu'il portoit de la veoir en si piteux estat, après avoir très amoureusement prins congé d'elle, il la pria de permettre qu'on l'emportast en la chambre voisine, comme on feit. Mais toutes ces incisions estant encores insuffisantes pour le faire mourir, il commande à Statius Anneus, son medecin, de luy donner un bruvage de poison, qui n'eut gueres non plus d'effect; car, par la foiblesse et froideur des membres, elle ne peult arriver jusques au cœur; par ainsin on luy feit en oultre apprester un baing fort chauld; et lors, sentant sa fin prochaine, autant qu'il eut d'haleine, il continua des discours très excellents sur le subject de l'estat où il se trouvoit, que ses secretaires recueillirent tant qu'ils peurent ouïr sa voix; et demeurerent ses paroles dernieres, long temps depuis, en credit et honneur ès mains des hommes (ce nous est une bien fascheuse perte qu'elles ne soient venues jusques à nous). Comme il sentit les derniers traicts de la mort, prenant de l'eau du baing toute sanglante, il en arrousa sa teste, en disant: « Je voue ceste eau à Jupiter le liberateur[1]. » Neron, adverty de tout cecy, craignant que la mort de Paulina, qui estoit des mieulx apparentées dames romaines, et envers laquelle il n'avoit nulles particulieres inimitiés, luy veinst à reproche, renvoya en toute diligence luy faire r'attacher ses playes; ce que ses gents d'elle feirent sans son sceu, estant desjà demy morte et sans aulcun sentiment. Et ce que, contre son desseing, elle vesquit depuis, ce feut très honorablement et comme il appartenoit à sa vertu, montrant, par la couleur blesme de son visage, combien elle avoit escoulé de vie par ses bleceures.

Voylà mes trois contes très veritables, que je treuve aussi plaisants et tragiques que ceulx que nous forgeons à nostre poste pour donner plaisir au commun; et m'estonne que ceulx qui s'addonnent à cela, ne s'advisent de choisir plustost dix mille très belles histoires qui se rencontrent dans les livres, où ils auroient moins de peine et apporteroient plus de plaisir et proufit; et qui en vouldroit bastir un corps entier et s'entretenant, il ne fauldroit qu'il fournist du sien que la liaison, comme la souldure d'un aultre metal; et pourroit entasser par ce moyen force veritables evenements de toutes sortes, les disposant et diversifiant selon que la beauté de l'ouvrage le requerroit, à peu près comme Ovide a cousu et rapiecé sa Metamorphose[1], de ce grand nombre de fables diverses.

En ce dernier couple, cela est encores digne d'estre consideré, que Paulina offre volontiers à quiter la vie pour l'amour de son mary, et que son mary avoit aultrefois quité aussi la mort pour l'amour d'elle. Il n'y a pas pour nous grand contrepoids en ceste eschange; mais, selon son humeur stoïque, je crois qu'il pensoit avoir autant faict pour elle, d'allonger sa vie en sa faveur, comme s'il feust mort pour elle. En l'une des lettres qu'il escript à Lucilius[2], après qu'il luy a faict entendre comme, la fiebvre l'ayant prins à Rome, il monta soubdain en coche pour s'en aller à une sienne maison aux champs, contre l'opinion de sa femme qui le vouloit arrester, et qu'il luy avoit respondu que la fiebvre qu'il avoit, ce n'estoit pas fiebvre du corps, mais du lieu, il suyt ainsin: « Elle me laissa aller, me recommendant fort ma santé. Or, moy qui sçais que je loge sa vie en la mienne, je commence de pourveoir à moy, pour pourveoir à elle; le privilege que ma vieillesse m'avoit donné me rendant plus ferme et plus resolu à plusieurs choses, je le perds quand il me souvient qu'en ce vieillard il y en a une jeune à qui je proufite. Puisque je ne la puis renger à m'aimer plus courageusement, elle me renge à m'aimer moy-mesme plus curieusement; car il faut prester quelque chose aux honnestes affections; et, par fois, encores que les occasions nous pressent au contraire, il fault r'appeler la vie, voire avecques torment; il fault arrester l'ame entre les dents, puisque la loy de vivre, aux gents de bien, ce n'est pas autant qu'il leur plaist, mais autant qu'ils doibvent. Celuy qui n'estime pas tant sa femme ou un sien amy, que d'en alonger sa vie, et qui s'opiniastre à mourir, il est trop delicat et trop

---

(1) *Libare se liquorem illum* Jovi Liberatori. TACITE, *Ann.*, XV, 64. C.

(1) Montaigne ajoutait dans l'édition de 1588, *fol.* 325, *verso*: « Ou comme Arioste a rengé en une suite ce grand nombre de fables diverses. » Il est probable qu'il a supprimé ces mots parce qu'il ne s'agit ici que d'histoires serieuses et graves, et que la plupart de celles de l'Arioste sont comiques. J. V. L.

(2) *Epist.* 104. C.

mol; il faut que l'ame se commande à cela, quand l'utilité des nostres le requiert; il fault par fois nous prester à nos amis, et, quand nous vouldrions mourir pour nous, interrompre nostre desseing pour eulx. C'est tesmoignage de grandeur de courage de retourner en la vie pour la consideration d'aultruy, comme plusieurs excellents personnages ont faict; et est un traict de bonté singuliere, de conserver la vieillesse (de laquelle la commodité la plus grande c'est la nonchalance de sa durée, et un plus courageux et desdaigneux usage de la vie), si on sent que cest office soit doulx, agreable et proufitable à quelqu'un bien affectionné. Et en reçoit-on une très plaisante recompense; car, qu'est-il plus doulx que d'estre si cher à sa femme qu'en sa consideration on en devienne plus cher à soy-mesme? Ainsi ma Paulina m'a chargé, non seulement sa crainte, mais encores la mienne; ce ne m'a pas esté assez de considerer combien resoluement je pourrois mourir, mais j'ay aussi consideré combien irresoluement elle le pourroit souffrir. Je me suis contrainct à vivre, et c'est quelquefois magnanimité que vivre. » Voylà ses mots, excellents comme est son usage.

CHAPITRE XXXVI.

Des plus excellents hommes.

Si on me demandoit le chois de touts les hommes qui sont venus à ma cognoissance, il me semble en trouver trois excellents au dessus de touts les aultres.

L'un Homere : non pas qu'Aristote ou Varro, pour exemple, ne feussent à l'adventure aussi sçavants que luy, ny possible encores qu'en son art mesme Virgile ne luy soit comparable : je le laisse à juger à ceulx qui les cognoissent touts deux. Moy, qui n'en cognois que l'un, puis seulement dire cela, selon ma portée, que je ne crois pas que les Muses mesmes allassent au delà du Romain :

Tale facit carmen docta testudine, quale
Cynthius impositis temperat articulis[1] :

toutesfois, en ce jugement, encores ne fauldroit il pas oublier que c'est principalement d'Homere que Virgile tient sa suffisance; que c'est son guide et maistre d'eschole; et qu'un seul traict de l'Iliade a fourny de corps et de matiere à ceste grande et divine Æneïde. Ce n'est pas ainsi que je compte : j'y mesle plusieurs aultres circonstances qui me rendent ce personnage admirable, quasi au dessus de l'humaine condition; et à la verité je m'estonne souvent que luy, qui a produict et mis en credit au monde plusieurs deïtés par son auctorité, n'a gaigné reng de dieu luy mesme. Estant aveugle, indigent, estant avant que les sciences feussent redigées en regle et observations certaines, il les a tant cogneues que touts ceulx qui se sont meslés depuis d'establir des polices, de conduire guerres, et d'escrire ou de la religion, ou de la philosophie, en quelque secte que ce soit, ou des arts, se sont servis de luy comme d'un maistre très parfaict en la cognoissance de toutes choses, et de ses livres comme d'une pepiniere de toute espece de suffisance :

Qui, quid sit pulchrum, quid turpe, quid utile, quid non,
Plenius ac melius Chrysippo ac Crantore dicit[1] :

et comme dict l'aultre,

A quo, ceu fonte perenni,
Vatum Pieriis ora rigantur aquis[2];

et l'autre,

Adde Heliconiadum comites, quorum unus Homerus
Sceptra potitus[3];

et l'aultre,

Cujusque ex ore profuso
Omnis posteritas latices in carmina duxit,
Amnemque in tenues ausa est deducere rivos,
Unius fœcunda bonis[4].

C'est contre l'ordre de nature qu'il a faict la plus excellente production qui puisse estre; car la naissance ordinaire des choses, elle est imparfaicte; elles s'augmentent, se fortifient par l'accroissance : l'enfance de la poësie et de plusieurs aultres sciences, il l'a rendue meure, parfaicte et accomplie. A ceste cause le peult

---

[1] Il chante sur sa docte lyre des vers pareils à ceux que chante Apollon lui-même. PROP., II, 34, 79.

[1] Il nous dit bien mieux que Crantor et Chrysippe ce qui est honnête et ce qui ne l'est point, ce qu'il faut faire et ce qu'il faut éviter. HOR., *Epist.*, I, 2, 3.

[2] Source intarissable, où les poètes viennent s'enivrer tour à tour des eaux sacrées du Permesse. OVIDE, *Amor.*, III, 9, 25.

[3] Ajoutez-y les compagnons des Muses, parmi lesquels Homère tient le sceptre. LUCR., III, 1050.

[4] Source abondante, dont tous les poètes ont répandu les trésors dans leurs vers; fleuve immense, partagé en mille petits ruisseaux : l'héritage d'un seul homme a enrichi tous les autres. MANIL., II, 8.

on nommer le premier et dernier des poëtes, suyvant ce beau tesmoignage que l'antiquité nous a laissé de luy, « que n'ayant eu nul qu'il peust imiter avant luy, il n'a eu nul apres luy qui le peust imiter[1]. » Ses paroles, selon Aristote[2], sont les seules paroles qui ayent mouvement et action : ce sont les seuls mots substanciels. Alexandre le Grand, ayant rencontré, parmy les despouilles de Darius, un riche coffret, ordonna qu'on le luy reservast pour y loger son Homere[3], disant que c'estoit le meilleur et plus fidele conseiller qu'il eust en ses affaires militaires[4]. » Pour ceste mesme raison, disoit Cleomenes, fils d'Anaxandridas, que « c'estoit le poëte des Lacedemoniens, parce qu'il estoit très bon maistre de la discipline guerriere[5]. » Ceste louange singuliere et particuliere luy est aussi demeurée, au jugement de Plutarque[6], « que c'est le seul aucteur du monde qui n'a jamais saoulé ne desgousté les hommes, se montrant aux lecteurs tousjours tout aultre, et fleurissant tousjours en nouvelle grace. » Ce follastre d'Alcibiades, ayant demandé, à un qui faisoit profession des lettres, un livre d'Homere, luy donna un soufflet, parce qu'il n'en avoit point[7], comme qui trouveroit un de nos presbtres sans breviaire. Xenophanes se plaignoit un jour à Hieron, tyran de Syracuse, de ce qu'il estoit si pauvre qu'il n'avoit dequoy nourrir deux serviteurs : « Et quoy, luy respondit il, Homere, qui estoit beaucoup plus pauvre que toy, en nourrit bien plus de dix mille, tout mort qu'il est[8]. » Que n'estoit ce dire, à Panætius, quand il nommoit Platon « l'Homere des philosophes[9] ? » Oultre cela, quelle gloire se peult comparer à la sienne? il n'est rien qui vive en la bouche des hommes, comme son nom et ses ouvrages; rien si cogneu et si receu que Troye, Helene, et ses guerres, qui ne feurent à l'adventure jamais; nos enfants s'appellent encores des noms qu'il forgea il y a plus de trois mille ans; qui ne cognoist Hector et Achille? Non seulement aulcunes races particulieres, mais la plus part des nations cherchent origine en ses inventions. Mahumet second de ce nom, empereur des Turcs, escrivant à nostre pape Pie second : « Je m'estonne, dict il, comment les Italiens se bandent contre moy, attendu que nous avons nostre origine commune des Troyens, et que j'ay comme eulx interest de venger le sang d'Hector sur les Grecs, lesquels ils vont favorisant contre moy[1]. » N'est ce pas une noble farce, de laquelle les roys, les choses publicques et les empereurs vont jouant leur personnage tant de siecles, et à laquelle tout ce grand univers sert de theatre. Sept villes grecques entrerent en debat du lieu de sa naissance : tant son obscurité mesme luy apporta d'honneur !

Smyrna, Rhodos, Colophon, Salamis, Chios, Argos, Athenæ[2].

L'aultre, Alexandre le Grand; car qui considerera l'aage qu'il commencea ses entreprinses; le peu de moyens aveques lequel il feit un si glorieux desseing; l'auctorité qu'il gaigna en ceste sienne enfance, parmy les plus grands et experimentés capitaines du monde desquels il estoit suyvi; la faveur extraordinaire dequoy fortune embrassa et favorisa tant de siens exploicts hazardeux, et à peu que je ne die temeraires;

*Impellens quidquid sibi summa petenti
Obstaret, gaudensque viam fecisse ruina*[3];

ceste grandeur, d'avoir, à l'aage de trente trois ans, passé victorieux toute la terre habitable, et, en une demie vie, avoir attainct tout l'effort de l'humaine nature, si que vous ne pouvez imaginer sa durée legitime, et la continuation de son accroissement en vertu et en fortune jusques à un juste terme d'aage, que vous n'imaginiez quelque chose au dessus de l'homme;

---

(1) *In quo (Homero) hoc maximum est, quod neque ante illum, quem ille imitaretur, neque post illum, qui cum imitari posset, inventus est.* VELL. PATERC., I, 5.

(2) *Poétique*, c. 24. C.

(3) PLINE, *Nat. Hist.*, VII, C. 29.

(4) PLUT., *Vie d'Alexandre*, c. 2. C.

(5) ID., *Apophthegmes des Lacédémoniens*. C.

(6) Dans son traité *du Trop parler*, c. 5. C.

(7) *Vie d'Alcibiade*, c. 3. C.

(8) PLUT., *Apophthegmes des rois*, article *Hiéron*. C.

(9) CIC., *Tusc. quæst.*, I, 32. C.

(1) « Voyez, dit Bayle en citant ce passage, voyez comment des maux chimériques, forgés par des poëtes, ont servi d'apologie à des maux réels. » *Dict. crit.*, au mot *Acarnanie*, note B. Cette lettre de Mahomet II fut écrite sans doute par quelque Grec renégat, ou plutôt imaginée par quelque historien bel-esprit. J. V. L.

(2) Smyrne, Rhodes, Colophon, Salamine, Chio, Argos, Athènes. C'est la traduction d'un vers grec tout semblable, cité par AULU-GELLE, III, 11. Montaigne a peut-être emprunté le vers latin à Politien qui, dans son poëme en l'honneur de Virgile, intitulé *Manto* (1482), énumère ainsi, d'une manière plus concise que poétique, les sept villes qui se disputaient cette gloire. J. V. L.

(3) Renversant tout ce qui s'opposait à sa grandeur, il aimait à s'ouvrir un chemin à travers les ruines. LUC., I, 149.

d'avoir faict naistre de ses soldats tant de branches royales, laissant après sa mort le monde en partage à quatre successeurs, simples capitaines de son armée, desquels les descendants ont depuis si longtemps duré, maintenants ceste grande possession; tant d'excellentes vertus qui estoient en luy, justice, temperance, liberalité, foy en ses paroles, amour envers les siens, humanité envers les vaincus, car ses mœurs semblent, à la verité, n'avoir aulcun juste reproche, ouy bien aulcunes de ses actions particulieres, rares et extraordinaires; mais il est impossible de conduire si grands mouvements avecques les regles de la justice : telles gents veulent estre jugés en gros par la maistresse fin de leurs actions; la ruyne de Thebes et de Persepolis, le meurtre de Menander et du medecin d'Ephestion, de tant de prisonniers persiens à un coup, d'une troupe de soldats indiens, non sans interest de sa parole; des Cosseïens, jusques aux petits enfants, sont saillies un peu mal excusables[1]; car, quant à Clitus, la faulte en feut amendée oultre son poids, et tesmoigne ceste action, autant que toute aultre, la debonnaireté de sa complexion, et que c'estoit de soy une complexion excellemment formée à la bonté, et a esté ingenieusement dict de luy, « qu'il avoit de la nature ses vertus, de la fortune ses vices[2] : » quant à ce qu'il estoit un peu vanteur, un peu trop impatient d'ouïr mesdire de soy, et quant à ses mangeoires, armes et mors qu'il feit semer aux Indes[3], toutes ces choses me semblent pouvoir estre condonnées à son aage et à l'estrange prosperité de sa fortune. Qui considerera quand et quand tant de vertus militaires, diligence, pourvoyance, patience, discipline, subtilité, magnanimité, resolution, bonheur, en quoy, quand l'auctorité d'Annibal ne nous l'auroit appris, il a esté le premier des hommes; les rares beautés et conditions de sa personne, jusques au miracle; ce port et ce venerable maintien, soubs un visage si jeune, vermeil et flamboyant :

Qualis, ubi Oceani perfusus Lucifer unda,

(1) Voyez sur tous ces faits PLUT., *Vie d'Alexandre*, c. 18 et 22; QUINTE-CURCE, X, 4, 5, etc. C.
(2) QUINTE-CURCE, V, 1. C.
(3) PLUT., *Alexandre*, c. 19; DIODORE DE SICILE, XVII, 95; QUINTE-CURCE, IX, 3; JUSTIN, XII, 8; OROSE, III, 19, etc. J. V. L.

Quem Venus ante alios astrorum diligit ignes,
Extulit os sacrum cœlo, tenebrasque resolvit [1] ;

l'excellence de son sçavoir et capacité, la durée et grandeur de sa gloire, pure, nette, exempte de tache et d'envie, et qu'encores longtemps après sa mort, ce feut une religieuse croyance d'estimer que ses medailles portassent bonheur à ceulx qui les avoient sur eulx[2]; et que plus de rois et de princes ont escript ses gestes qu'aultres historiens n'ont escript les gestes d'aultre roy ou prince que ce soit; et qu'encores à present les Mahumetans, qui mesprisent toutes aultres histoires, receoivent et honorent la sienne seule, par special privilege. Il confessera, tout cela mis ensemble, que j'ay eu raison de le preferer à Cesar mesme, qui seul m'a peu mettre en doubte du chois; et il ne se peult nier qu'il n'y ayt plus du sien en ses exploicts, plus de la fortune en ceulx d'Alexandre. Ils ont eu plusieurs choses eguales; et Cesar, à l'adventure, aulcunes plus grandes; ce feurent deux feux ou deux torrents à ravager le monde par divers endroicts ;

Et velut immissi diversis partibus ignes
Arentem in silvam, et virgulta sonantia lauro;
Aut ubi decursu rapido de montibus altis
Dant sonitum spumosi amnes, et in æquora currunt,
Quisque suum populatus iter [3] :

mais quand l'ambition de Cesar auroit de soy plus de moderation, elle a tant de malheur, ayant rencontré ce vilain subject de la ruyne de son païs et de l'empirement universel du monde, que, toutes pieces ramassées et mises en la balance, je ne puis que je ne penche du costé d'Alexandre.

Le tiers, et le plus excellent, à mon gré, c'est Epaminondas. De gloire, il n'en a pas à beaucoup près tant que d'aultres (aussi n'est-ce pas

(1) Moins rayonnant se montre au céleste lambris
Des astres du matin le plus cher à Cypris,
Lorsque, pur et brillant, il sort du sein de l'onde,
Remonte vers les cieux et rend le jour au monde.
VIRG., *Enéide*, VIII, 589, tr. de Delille.
(2) *Dicuntur juvari in omni actu suo, qui Alexandrum expressum vel auro gestitant, vel argento.* TRÉB. POLL., *Triginta tyrann.*, c. 14. J. V. L.
(3) Comme aux deux bords d'un bois, par les vents enhardie,
La flamme l'embrasant forme un double incendie;
Ou tels que deux torrents, impétueux rivaux,
De deux monts opposés précipitent leurs eaux,
Et parmi les débris se frayent un passage,
Suivent chacun le lit que s'est creusé leur rage.
VIRG., *Enéide*, XII, 521, tr. de Delille.

une piece de la substance de la chose) : de resolution et de vaillance, non pas de celle qui est aiguisée par ambition, mais de celle que la sapience et la raison peuvent planter en une ame bien reglée, il en avoit tout ce qui s'en peult imaginer ; de preuves de ceste sienne vertu, il en a faict autant, à mon advis, qu'Alexandre mesme, et que Cesar ; car encores que ses exploicts de guerre ne soyent ny si frequents ny si enflés, ils ne laissent pas pourtant, à les bien considerer et toutes leurs circonstances, d'estre aussi poisants et roides, et portants autant de tesmoignage de hardiesse et de suffisance militaire. Les Grecs luy ont faict cest honneur, sans contredict, de le nommer le premier homme d'entre eulx[1] ; mais estre le premier de la Grece, c'est facilement estre le prime[2] du monde. Quant à son sçavoir et suffisance, ce jugement ancien nous en est resté, « que jamais homme ne sceut tant, et ne parla si peu que luy[3] ; » car il estoit pythagorique de secte ; et ce qu'il parla, nul ne parla jamais mieulx : excellent orateur et très persuasif. Mais quant à ses mœurs et conscience, il a de bien loing surpassé tous ceulx qui se sont jamais meslés de manier affaires ; car en ceste partie, qui doibt estre principalement considerée, qui seule marque veritablement quels nous sommes, et laquelle je contrepoise seule à toutes les aultres ensemble, il ne cede à aulcun philosophe, non pas à Socrates mesmes : en cestuy-cy l'innocence est une qualité propre, maistresse, constante, uniforme, incorruptible, au parangon de laquelle elle paroist ; en Alexandre, subalterne, incertaine, bigarrée, molle et fortuite.

L'ancienneté jugea qu'à espelucher par le menu tous les aultres grands capitaines il se treuve en chascun quelque speciale qualité qui le rend illustre ; en cestuy-cy seul, c'est une vertu et suffisance pleine partout et pareille, qui, en touts les offices de la vie humaine, ne laisse rien à desirer de soy, soit en occupation publicque ou privée, ou paisible, ou guerriere, soit à vivre, soit à mourir grandement et glorieusement : je ne cognois nulle ny forme, ny fortune d'homme que je regarde avecques tant d'honneur et d'amour.

Il est bien vray que son obstination à la pauvreté, je la treuve aulcunement scrupuleuse, comme elle est peincte par ses meilleurs amis ; et ceste seule action, haulte pourtant et très digne d'admiration, je la sens un peu aigrette, pour, par souhait mesme, en la forme qu'elle estoit en luy, m'en desirer l'imitation.

Le seul Scipion Emilien, qui luy donneroit une fin aussi fiere et magnifique, et la cognoissance des sciences autant profonde et universelle, se pourroit mettre à l'encontre à l'aultre plat de la balance. Oh ! quel desplaisir le temps m'a faict d'oster de nos yeulx, à poinct nommé, des premieres, la couple de vies justement la plus noble qui feust en Plutarque, de ces deux personnages, par le commun consentement du monde, l'un le premier des Grecs, l'aultre des Romains ! Quelle matiere ! quel œuvrier !

Pour un homme non sainct, mais que nous disons galant homme, de mœurs civiles et communes, d'une haulteur moderée, la plus riche vie, que je sçache, à estre vescue entre les vivants, comme on dit, et estoffée de plus de riches parties et desirables, c'est, tout considéré, celle d'Alcibiades, à mon gré.

Mais quant à Epaminondas, pour exemple d'une excessifve bonté, je veulx adjouter icy aulcunes de ses opinions. Le plus doulx contentement qu'il eut en toute sa vie, il tesmoigna que c'estoit le plaisir qu'il avoit donné à son pere et à sa mere de sa victoire de Leuctres[1] ; il couche de beaucoup, preferant leur plaisir au sien si juste et si plein d'une tant glorieuse action. Il ne pensoit pas « qu'il feust loisible, pour recouvrer mesmes la liberté de son païs, de tuer un homme sans cognoissance de cause[2] ; » voylà pourquoy il feut si froid à l'entreprinse de Pelopidas, son compagnon, pour la delivrance de Thebes. Il tenoit aussi « qu'en une bataille il falloit fuir le rencontre d'un amy qui feust au party contraire et l'espargner[3]. » Et son humanité à l'endroict des ennemis mesmes l'ayant

---

(1) Diod. de Sicile, XV, 88 ; Pausan., VIII, 11, etc. C'est aussi le jugement de Cic., de Orator., III, 34 : Epaminondam, haud scio an summum virum unum omnis Græciæ. Tusculan., I, 2 : Epaminondas princeps, meo judicio, Græciæ. Cependant il dit ailleurs, Academ., II, 1, en parlant de Thémistocle : Quem facile Græciæ principem ponimus. Mais ce sont là des formes de style qu'il ne faut pas prendre à la lettre. J. V. L.

(2) Premier.

(3) Plut., de l'Esprit familier de Socrate, c. 23. C.

(1) Plut., dans la Vie de Coriolan, c. 2 ; et dans le traité où il entreprend de prouver : Qu'on ne sauroit vivre joyeusement selon la doctrine d'Epicure, c. 13. C.

(2) Plut., de l'Esprit familier de Socrate, c. 4. C.

(3) Id., ibid., c. 17. C.

mis en souspeçon envers les Bœotiens, de ce qu'après avoir miraculeusement forcé les Lacedemoniens de luy ouvrir le pas, qu'ils avoient entreprins de garder à l'entrée de Morée, près de Corinthe, il s'estoit contenté de leur avoir passé sur le ventre, sans les poursuyvre à toute oultrance, il feut deposé de l'estat de capitaine general, très honorablement pour une telle cause, et pour la honte que ce leur feut d'avoir, par necessité, à le remonter tantost après en son degré, et recognoistre combien despendoit de luy leur gloire et leur salut ; la victoire le suyvant comme son umbre par tout où il guidast, la prosperité de son païs mourut aussi, luy mort, comme elle estoit née avecques luy[1].

CHAPITRE XXXVII.

De la ressemblance des enfants aux peres.

Ce fagotage de tant de diverses pieces se faict en ceste condition, que je n'y mets la main que lors qu'une trop lasche oysiveté me presse, et non ailleurs que chez moy ; ainsin il s'est basty à diverses poses et intervalles, comme les occasions me detiennent ailleurs par fois plusieurs mois[2]. Au demourant, je ne corrige point mes premieres imaginations par les secondes ; ouy, à l'adventure, quelque mot, mais pour diversifier, non pour oster[3]. Je veulx representer le progrès de mes humeurs, et qu'on veoye chaque piece en sa naissance. Je prendrois plaisir d'avoir commencé plus tost, et à recognoistre le train de mes mutations. Un valet qui me servoit à les escrire soubs moy pensa faire un grand butin de m'en desrobber plusieurs pieces choisies à sa poste ; cela me console, qu'il n'y fera pas plus de gaing que j'y ay faict de perte. Je me suis envieilly de sept ou huict ans depuis que je commenceay ; ce n'a pas esté sans quelque nouvel acquest ; j'y ay practiqué la choliquε par la liberalité des ans ; leur commerce et longue conversation ne se passe ayséement sans quelque tel fruict. Je vouldrois bien, de plusieurs aultres presents qu'ils ont à faire à ceulx qui les hantent long temps, qu'ils en eussent choisi quelqu'un qui m'eut esté plus acceptable ; car ils ne m'en eussent sceu faire que j'eusse en plus grande horreur, dès mon enfance ; c'estoit, à poinct nommé, de touts les accidents de la vieillesse celuy que je craignois le plus. J'avois pensé maintesfois, à part moy, que j'allois trop avant, et qu'à faire un si long chemin je ne fauldrois pas de m'engager enfin en quelque malplaisante rencontre ; je sentois et protestois assez qu'il estoit heure de partir et qu'il falloit trencher la vie dans le vif et dans le sain, suyvant la regle des chirurgiens, quand ils ont à couper quelque membre ; qu'à celuy qui ne la rendoit à temps nature avoit accoustumé de faire payer de biens rudes usures. Il s'en falloit tant que j'en feusse prest lors, qu'en dix huict mois ou environ qu'il y a que je suis en ce malplaisant estat, j'ay desjà appris à m'y accommoder ; j'entre desjà en composition de ce vivre choliqueux, j'y treuve dequoy me consoler et dequoy esperer : tant les hommes sont acoquinés à leur estre miserable, qu'il n'est si rude condition qu'ils n'acceptent pour s'y conserver ! Oyez Mæcenas :

> *Debilem facito manu,*
> *Debilem pede, coxa ;*
> *Lubricos quate dentes :*
> *Vita dum superest, bene est*[1] :

et couvroit Tamburlan d'une sotte humanité la cruauté fantastique qu'il exerceoit contre les ladres[2], en faisant mettre à mort autant qu'il en venoit à sa cognoissance, « pour, disoit il, les delivrer de la vie qu'ils vivoient si penible ; » car il n'y avoit nul d'eulx qui n'eust mieulx aimé estre trois fois ladre que de n'estre pas ; et Antisthenes le stoïcien[3], estant fort malade et s'escriant : « Qui me delivrera de ces maulx ? » Diogenes, qui l'estoit venu veoir, luy presentant un couteau : « Cestuy cy, si tu veulx, bientost. — Je ne dis pas de la vie, repliqua il, je dis des maulx. » Les souffrances qui nous touchent sim-

---

(1) Diod. de Sicile, XV, 88 ; Corn. Népos, *Epaminondas*, c. 10 ; Justin, VI, 8, etc. J. V. L.

(2) Ce chapitre, comme plusieurs détails portent à le croire, fut écrit par Montaigne quelque temps après son voyage en Suisse, en Allemagne et en Italie. Montaigne avait été absent de chez lui plus de dix-sept mois. J. V. L.

(3) Cependant, dès les premières pages de ce chapitre, nous citerons en note, d'après l'édition de 1588, un assez long passage que l'auteur supprima depuis. J. V. L.

(1) Vers de Mécène, conservés par Sénèque, *Epist.* 101, et que La Fontaine traduit ainsi, *Fables*, I, 15 :

> Qu'on me rende impotent
> Cul-de-jatte, goutteux, manchot, pourveu qu'en somme
> Je vive ; c'est assez : je suis plus que content.

(2) Les lépreux.

(3) Ou plutôt *le cynique*. Voyez ce trait dans Diog. Laerce, VI, 18, C.

plement par l'ame m'affligent beaucoup moins qu'elles ne font la pluspart des aultres hommes ; partie par jugement, car le monde estime plusieurs choses horribles, ou evitables au prix de la vie, qui me sont à peu près indifferentes ; partie par une complexion stupide et insensible que j'ay aux accidents qui ne donnent à moy de droict fil ; laquelle complexion j'estime l'une des meilleures pieces de ma naturelle condition ; mais les souffrances vrayement essentielles et corporelles, je les gouste bien vifvement. Si est ce pourtant, que, les prevoyant aultrefois d'une veue foible, delicate et amollie par la jouissance de ceste longue et heureuse santé et repos que Dieu m'a presté, la meilleure part de mon aage, je les avois conceues, par imagination, si insupportables qu'à la verité j'en avois plus de peur que je n'y ay trouvé de mal ; par où j'augmente tousjours ceste creance, que la pluspart des facultés de nostre ame, comme nous les employons, troublent plus le repos de la vie qu'elles n'y servent.

Je suis aux prinses avecques la pire de toutes les maladies, la plus soubdaine, la plus douloureuse, la plus mortelle et la plus irremediable ; j'en ay desjà essayé cinq ou six bien longs accès et penibles ; toutesfois, ou je me flatte, ou encores y a il en cest estat dequoy se soubtenir, à qui a l'ame deschargée de la crainte de la mort, et deschargée des menaces, conclusions et consequences dequoy la medecine nous enteste ; mais l'effect mesme de la douleur n'a pas ceste aigreur si aspre et si poignante, qu'un homme rassis en doibve entrer en rage et en desespoir. J'ay au moins ce proufit de la cholique, que, ce que je n'avois encores peu sur moy, pour me concilier du tout et m'accointer à la mort, elle le parfera ; car, d'autant plus elle me pressera et importunera, d'autant moins me sera la mort à craindre. J'avois desjà gaigné cela, de ne tenir à la vie que par la vie seulement ; elle desnouera encores ceste intelligence ; et Dieu veuille qu'enfin, si son aspreté vient à surmonter mes forces, elle ne me rejecte à l'aultre extremité, non moins vicieuse, d'aimer et desirer à mourir !

Summum nec metuas diem, nec optes [1] :

ce sont deux passions à craindre, mais l'une a son remede bien plus prest que l'aultre.

(1) Ne craignez ni ne désirez votre dernier jour. MARTIAL, X, 47.

Au demourant, j'ay tousjours trouvé ce precepte cerimonieux, qui ordonne si rigoureusement et exactement de tenir bonne contenance et un maintien desdaigneux et posé, à la souffrance des maulx. Pourquoy la philosophie, qui ne regarde que le vif et les effects, se va elle amusant à ces apparences externes [1] ? Qu'elle laisse ce soing aux farceurs et maistres de rhetorique, qui font tant d'estat de nos gestes ; qu'elle condamne hardiement au mal ceste lascheté voyelle, si elle n'est ny cordiale, ny stomachale, et preste ces plainctes volontaires au genre des souspirs, sanglots, palpitations, paslissements que nature a mis hors de nostre puissance ; pourveu que le courage soit sans effroy, les paroles sans desespoir, qu'elle se contente ; qu'importe que nous tordions nos bras, pourveu que nous ne tordions nos pensées ? elle nous dresse pour nous, non pour aultruy ; pour estre, non pour sembler ; qu'elle s'arreste à gouverner nostre entendement qu'elle a prins à instruire ; qu'aux efforts de la cholique elle maintienne l'ame capable de se recognoistre, de suyvre son train accoustumé, combattant la douleur et la soubtenant, non se prosternant honteusement à ses pieds ; esmeue et eschauffée du combat, non abbattue et renversée ; capable de commerce, capable d'entretien, et d'aultre occupation, jusques à certaine mesure. En accidents si extremes, c'est

(1) Edition de 1588, fol. 328 verso : « Comme si elle dressoit les hommes aux actes d'une comedie, ou comme s'il estoit en sa jurisdiction d'empescher les mouvements et alterations que nous sommes naturellement contraincts de recevoir. Qu'elle empesche doncques Socrates de rougir d'affection ou de honte, de cligner les yeulx à la menasse d'un coup, de trembler et de suer aux secousses de la fiebvre : la peincture de la poesie, qui est libre et volontaire, n'ose priver des larmes mesmes les personnes qu'elle veult representer accomplies et parfaictes :

E se n'afflige tanto,
Che si morde le man, morde le labbia,
Sparge le guancie di continuo pianto :

elle debvroit laisser ceste charge à ceulx qui font profession de regler nostre maintien et nos mines : qu'elle s'arreste à gouverner nostre entendement, qu'elle a prins à instruire : qu'elle luy ordonne ses pas, et le tienne en bride et office : qu'aux efforts de la cholique, etc. » Nous conservons en note cette longue variante, où l'on voit tout ce que Montaigne a supprimé, et qui, par son étendue, peut donner une idée des travaux successifs de l'auteur sur son ouvrage, et du soin qu'il prenoit de le perfectionner. Il étoit donc moins insouciant du mérite littéraire qu'il ne veut le faire croire, et ce n'est point en se jouant qu'il a donné à son style tant de force, d'originalité, et à la langue françoise tant de richesses nouvelles. J. V. L.

cruauté de requerir de nous une desmarche si composée; si nous avons beau jeu, c'est peu que nous ayons mauvaise mine; si le corps se soulage en se plaignant, qu'il le face; si l'agitation lui plaist, qu'il se tourneboule et tracasse à sa fantaisie; s'il luy semble que le mal s'evapore aulcunement (comme aulcuns medecins disent que cela ayde à la delivrance des femmes enceinctes), pour poulser hors la voix avecques plus grande violence, ou s'il en amuse son torment, qu'il crie tout à faict. Ne commandons point à ceste voix qu'elle aille, mais permettons le luy. Epicurus[1] ne pardonne pas seulement à son sage de crier aux torments, mais il le luy conseille: *Pugiles etiam, quum feriunt, in jactandis cœstibus ingemiscunt, quia profundenda voce omne corpus intenditur, venitque plaga vehementior*[2]. Nous avons assez de travail du mal sans nous travailler à ses regles superflues.

Ce que je dis pour excuser ceulx qu'on veoid ordinairement se tempester aux secousses et assaults de ceste maladie: car pour moy, je l'ay passée jusques à ceste heure avecques un peu meilleure contenance, et me contente de gemir sans brailler; non pourtant que je me mette en peine pour maintenir ceste decence exterieure, car je fois peu de compte d'un tel advantage, je preste en cela au mal autant qu'il veult; mais, ou mes douleurs ne sont pas si excessifves, ou j'y apporte plus de fermeté que le commun. Je me plains, je me despite, quand les aigres poinctures me pressent; mais je n'en viens point au desespoir comme celuy là,

Ejulatu, questu, gemitu, fremitibus
Resonando, multum flebiles voces refert[3] :

je me taste au plus espès du mal; et ay tousjours trouvé que j'estois capable de dire, de penser, de respondre aussi sainement qu'en une aultre heure, mais non si constamment, la douleur me troublant et destournant. Quand on me tient le plus atterré et que les assistants m'espargnent, j'essaye souvent mes forces, et leur entame moy mesme des propos les plus esloingnés de mon estat. Je puis tout par un soubdain effort; mais ostez en la durée. Oh! que n'ay je la faculté de ce songeur de Cicero[1], qui, songeant embrasser une garse, trouva qu'il s'estoit deschargé de sa pierre emmy ses draps! les miennes me desgarsent[2] estrangement. Aux intervalles de ceste douleur excessifve, lorsque mes ureteres[3] languissent sans me ronger, je me remets soubdain en ma forme ordinaire, d'autant que mon ame ne prend aultre alarme que la sensible et corporelle; ce que je doibs certainement au soing que j'ay eu à me preparer par discours à tels accidents :

Laborum
Nulla mihi nova nunc facies inopinave surgit :
Omnia præcepi, atque animo mecum ante peregi[4].

Je suis assayé[5] pourtant un peu bien rudement pour un apprenti, et d'un changement bien soubdain et bien rude, estant cheu tout à coup d'une tres doulce condition de vie et tres heureuse à la plus douloureuse et penible qui se puisse imaginer; car, oultre ce que c'est une maladie bien fort à craindre d'elle mesme, elle faict en moy ses commencements beaucoup plus aspres et difficiles qu'elle n'a accoustumé; les accès me reprennent si souvent que je ne sens quasi plus d'entiere santé. Je maintiens toutesfois, jusques à ceste heure, mon esprit en telle assiette que, pourveu que j'y puisse apporter de la constance, je me treuve en assez meilleure condition de vie que mille aultres, qui n'ont ny fiebvre ny mal que celuy qu'ils se donnent eux mesmes par la faulte de leur discours.

Il est certaine façon d'humilité subtile, qui naist de la presumption, comme ceste cy. Que nous recognoissons nostre ignorance en plusieurs choses, et sommes si courtois d'advouer qu'il y ayt ès ouvrages de nature aulcunes qualités et conditions qui nous sont imperceptibles, et desquelles nostre suffisance ne peult descouvrir les moyens et les causes: par ceste honneste et conscientieuse declaration, nous esperons

---

(1) Diog. Laerce, X, 118. C.

(2) Les lutteurs aussi, tout en frappant leur adversaire, tout en agitant leurs cestes, font entendre quelques gémissements : c'est qu'en poussant un cri tous les nerfs se raidissent, et le coup s'élance et tombe avec plus de fermeté. Cic., *Tusc.*, II, 23.

(3) Qui, par ses pleurs, ses cris, ses longs gémissements,
Répandait dans les airs l'horreur de ses tourments.
Vers du *Philoctète* d'Attius, cités deux fois par Cicéron, *de Finib.*, II, 29; *Tusc.*, II, 14. J. V. L.

(1) Cic., *de Divin.*, II, 69. C.

(2) Je crois que le mot *desgarser*, dont la signification est ici fort aisée à deviner, a été forgé par Montaigne. C.

(3) *Urètre.*

(4) De mon triste avenir ces terribles tableaux,
Ces aspects menaçants ne me sont pas nouveaux.
Cent fois anticipant ma pénible carrière,
J'ai tout prévu.
Virg., *Enéide*, VI, 103, trad. de Delille.

(5) *Mis à l'épreuve.*

gaigner qu'on nous croira aussi de celles que nous dirons entendre. Nous n'avons que faire d'aller trier des miracles et des difficultés estrangieres; il me semble que parmy les choses que nous veoyons ordinairement, il y a des estrangetés si incomprehensibles qu'elles surpassent toute la difficulté des miracles. Quel monstre est ce que ceste goutte de semence, dequoy nous sommes produicts, porte en soy les impressions, non de la forme corporelle seulement, mais des pensements et des inclinations de nos peres? ceste goutte d'eau, où loge elle ce nombre infiny de formes? et comme portent elles ces ressemblances, d'un progrès si temeraire et si desreglé, que l'arriere fils respondra à son bisayeul, le nepveu à l'oncle? En la famille de Lepidus, à Rome, il y en a eu trois, non de suitte, mais par intervalles, qui nasquirent un mesme œil couvert de cartilage[1]. A Thebes il y avoit une race qui portoit dès le ventre de la mere la forme d'un fer de lance, et qui ne le portoit estoit tenu illegitime[2]. Aristote dict qu'en certaine nation où les femmes estoient communes, on assignoit les enfants à leurs peres par la ressemblance[3].

Il est à croire que je doibs à mon pere ceste qualité pierreuse; car il mourut merveilleusement affligé d'une grosse pierre qu'il avoit en la vessie. Il ne s'apperceut de son mal que le soixante septiesme an de son aage; et avant cela il n'en avoit eu aulcune menace ou ressentiment aux reins, aux costés ny ailleurs; et avoit vescu jusques lors en une heureuse santé, et bien peu subjecte à maladie; et dura encores sept ans en ce mal, traisnant une fin de vie bien douloureuse. J'estois nay vingt cinq ans, et plus, avant sa maladie, et durant le cours de son meilleur estat, le troisiesme de ses enfants en reng de naissance. Où se couvoit tant de temps la propension à ce default? et, lorsqu'il estoit si loing du mal, ceste legiere piece de sa substance, dequoy il me bastit, comment en portoit elle pour sa part une si grande impression? et comment encores si couverte, que quarante cinq ans après j'aye commencé à m'en ressentir, seul jusques à ceste heure entre tant de freres et de sœurs, et touts d'une mere? Qui m'esclaircira de ce progrès, je le croiray d'autant d'aultres miracles qu'il vouldra, pourveu que, comme ils font, il ne me donne pas en payement une doctrine beaucoup plus difficile et fantastique que n'est la chose mesme.

Que les medecins excusent un peu ma liberté; car, par ceste mesme infusion et insinuation fatale, j'ay receu la haine et le mespris de leur doctrine; ceste antipathie que j'ay à leur art m'est hereditaire. Mon pere a vescu soixante et quatorze ans, mon ayeul soixante et neuf, mon bisayeul près de quatre vingts, sans avoir gousté aulcune sorte de medecine; et, entre eulx, tout ce qui n'estoit de l'usage ordinaire tenoit lieu de drogue. La medecine se forme par exemples et experience; aussi faict mon opinion. Voylà pas une bien expresse experience, et bien advantageuse? je ne scais s'ils m'en trouveront trois en leurs registres, nays, nourris et trespassés en mesme fouyer, mesme toict, ayants autant vescu par leur conduicte. Il fault qu'ils m'advouent en cela que, si ce n'est la raison, au moins que la fortune est de mon party; or, chez les medecins, fortune vault bien mieulx que la raison. Qu'ils ne me prennent point à ceste heure à leur advantage, qu'ils ne me menacent point, atterré comme je suis; ce seroit supercherie. Aussi, à dire la verité, j'ay assez gaigné sur eulx par mes exemples domestiques, encores qu'ils s'arrestent là. Les choses humaines n'ont pas tant de constance; il y a deux cents ans, il ne s'en fault que dix huict, que cest essay nous dure, car le premier nasquit l'an mil quatre cents deux; c'est vrayement bien raison que ceste experience commence à nous faillir. Qu'ils ne me reprochent point les maulx qui me tiennent à ceste heure à la gorge; d'avoir vescu sain quarante sept ans pour ma part[1], n'est ce pas

---

(1) Pline, *Nat. Hist.*, VII, 12. C.

(2) Plut., dans son traité : *De ceux dont Dieu diffère la punition*, c. 19; mais Plutarque ne dit point qu'on eût jamais tenu pour illégitimes ceux qui, dans cette race, ne portaient pas la figure d'une lance sur leur corps, λόγχης τύπον ἐν τῷ σώματι, puisqu'il remarque expressément que la figure d'une lance n'avait paru de nouveau qu'après un long intervalle de temps, sur le dernier des enfants d'un certain Python, qu'on disait descendre de la race des premiers fondateurs de Thèbes, λεγομένου τοῖς Σπαρτοῖς προσήκειν. C.

(3) C'est ce que raconte Hérod. d'un peuple de Libye, liv. IV, c. 180. J. V. L.

(1) Peut-être faut-il conclure de cette phrase, non que Montaigne écrivit ce chapitre à quarante-sept ans, mais qu'il avait cet âge quand il commença à souffrir sérieusement de la gravelle, dont il avait ressenti les premières atteintes à quarante-cinq. Il n'y aura pas alors de contradiction. Comme il dit lui-même plus haut que c'est depuis dix-huit mois, ou environ, qu'il est *en ce malplaisant estat*, il avait, en écrivant ce chapitre, à peu près quarante-neuf ans. C'était en 1582 ou 83, pendant sa mairie de Bordeaux. J. V. L.

assez? quand ce sera le bout de ma carriere, elle est des plus longues.

Mes ancestres avoient la medecine à contrecœur par quelque inclination occulte et naturelle; car la veue mesme des drogues faisoit horreur à mon pere. Le seigneur de Gaviac, mon oncle paternel, homme d'Eglise, maladif dès sa naissance, et qui feit toutesfois durer ceste vie debile jusques à soixante sept ans, estant tumbé aultrefois en une grosse et vehemente fiebvre continue, il feut ordonné par les medecins qu'on luy declareroit, s'il ne se vouloit ayder (ils appellent secours ce qui le plus souvent est empeschement), qu'il estoit infailliblement mort. Ce bon homme, tout effrayé comme il feut de ceste horrible sentence, si respondit il : « Je suis doncques mort. » Mais Dieu rendit tantost après vain ce prognostique. Le dernier des freres, ils estoient quatre, sieur de Bussaguet, et de bien loing le dernier, se soubmeit seul à cest art, pour le commerce, ce croy je, qu'il avoit avecques les aultres arts, car il estoit conseiller en la cour de parlement; et luy succeda si mal qu'estant, par apparence, de plus forte complexion, il mourut pourtant longtemps avant les aultres, sauf un, le sieur de Sainct Michel.

Il est possible que j'ay receu d'eulx ceste dyspathie[1] naturelle à la medecine : mais s'il n'y eust eu que ceste consideration, j'eusse essayé de la forcer; car toutes ces conditions qui naissent en nous sans raison, elles sont vicieuses; c'est une espece de maladie qu'il fault combattre. Il peult estre que j'y avois ceste propension; mais je l'ay appuyée et fortifiée par les discours, qui m'en ont estably l'opinion que j'en ay : car je hais aussi ceste consideration de refuser la medecine pour l'aigreur de son goust; ce ne seroit ayséement mon humeur, qui treuve la santé digne d'estre rachetée par touts les cauteres et incisions les plus penibles qui se facent : et, suyvant Epicurus[2], les voluptés me semblent à eviter, si elles tirent à leur suitte des douleurs plus grandes, et les douleurs à rechercher, qui tirent à leur suitte des voluptés plus grandes. C'est une precieuse chose que la santé, et la seule qui merite, à la verité, qu'on y employe, non le temps seulement, la sueur, la peine, les biens, mais encores la vie à sa poursuitte; d'autant que sans elle la vie nous vient à estre penible et injurieuse; la volupté, la sagesse, la science et la vertu, sans elle, se ternissent et esvanouïssent : et aux plus fermes et tendus discours que la philosophie nous vueille imprimer au contraire, nous n'avons qu'à opposer l'image de Platon estant frappé du hault mal ou d'une apoplexie, et, en ceste presupposition, le desfier d'appeler à son secours les riches facultés de son ame. Toute voye qui nous meneroit à la santé ne se peult dire, pour moy, ny aspre, ny chere. Mais j'ay quelques autres apparences qui me font estrangement desfier de toute ceste marchandise. Je ne dis pas qu'il n'y en puisse avoir quelque art; qu'il n'y ayt, parmy tant d'ouvrages de nature, des choses propres à la conservation de nostre santé, cela est certain : j'entends bien qu'il y a quelque simple qui humecte, quelque aultre qui asseiche; je sçais, par experience, et que les raiforts produisent des vents, et que les feuilles du sené laschent le ventre; je sçais plusieurs telles experiences, comme je sçais que le mouton me nourrit, et que le vin m'eschauffe; et disoit Solon[1] que le manger estoit, comme les aultres drogues, une medecine contre la maladie de la faim; je ne desadvoue pas l'usage que nous tirons du monde, ny ne doubte de la puissance et uberté de nature, et de son application à nostre besoing; je veois bien que les brochets et les arondes[2] se treuvent bien d'elle : je me desfie des inventions de nostre esprit, de nostre science et art, en faveur duquel nous l'avons abandonnée et ses regles, et auquel nous ne sçavons tenir moderation ny limite. Comme nous appellons justice le pastissage[3] des premieres loys qui nous tumbent en main, et leur dispensation et practique, très inepte souvent et très inique ; et comme ceulx qui s'en mocquent, et qui l'accusent, n'entendent pas pourtant injurier ceste noble vertu, ains condamner seulement l'abus et profanation de ce sacré tiltre : de mesme, en la medecine, j'honore bien ce glorieux nom, sa proposition, sa promesse, si utile au genre

---

(1) Cette aversion. — Le mot dyspathie est emprunté du grec. C.

(2) Cic., Tusc. quæst., V, 33; Diog. Laerce, X, 129. C.

(1) C'est Plut. qui le fait dire à Solon, dans le Banquet des sept Sages, c. 19, version d'Amyot. C.

(2) Hirondelles. C.

(3) Mélange.

humain; mais ce qu'il designe[1], entre nous, je ne l'honore ny l'estime[2].

En premier lieu, l'experience me le faict craindre; car, de ce que j'ay de cognoissance, je ne veois nulle race de gents si tost malade, et si tard guarie, que celle qui est soubs la jurisdiction de la medecine : leur santé mesme est alterée et corrompue par la contraincte des regimes. Les medecins ne se contentent point d'avoir la maladie en gouvernement; ils rendent la santé malade, pour garder qu'on ne puisse en aulcune saison eschapper leur auctorité : d'une santé constante et entiere, n'en tirent ils pas l'argument d'une grande maladie future? J'ay esté assez souvent malade; j'ay trouvé, sans leur secours, mes maladies aussi doulces à supporter (et en ay essayé quasi de toutes les sortes), et aussi courtes qu'à nul aultre; et si n'y ay point meslé l'amertume de leurs ordonnances. La santé, je l'ay libre et entiere, sans regle, et sans autre discipline que de ma coustume et de mon plaisir : tout lieu m'est bon à m'arrester; car il ne me fault aultres commodités, estant malade, que celles qu'il me fault estant sain : Je ne me passionne point d'estre sans medecin, sans apotiquaire et sans secours; dequoy j'en veois la pluspart plus affligés que du mal. Quoy! eulx mesmes nous font ils veoir de l'heur et de la durée, en leur vie, qui nous puisse tesmoigner quelque apparent effect de leur science?

Il n'est nation qui n'ayt esté plusieurs siecles sans la medecine, et les premiers siecles, c'est à dire les meilleurs et les plus heureux; et du monde la dixiesme partie ne s'en sert pas encores à ceste heure; infinies nations ne la cognoissent pas, où l'on vit et plus sainement et plus longuement qu'on ne faict icy; et parmy nous le commun peuple s'en passe heureusement : les Romains avoient esté six cents ans avant que de la recevoir; mais, après l'avoir essayée, ils la chasserent de leur ville, par l'entremise de Caton le censeur, qui montra combien ayséement il s'en pouvoit passer, ayant vescu quatre vingts et cinq ans, et faict vivre sa femme jusqu'à l'extreme vieillesse, non pas sans medecine, mais ouy bien sans medecin[1]; car toute chose qui se treuve salubre à nostre vie, se peult nommer medecine : il entretenoit, ce dict Plutarque[2], sa famille en santé par l'usage, ce me semble, du lievre : comme les Arcades, dict Pline[3], guarissent toutes maladies avecques du laict de vache; et les Libyens, dict Herodote[4], jouissent populairement d'une rare santé, par ceste coustume qu'ils ont, après que leurs enfants ont atteinct quatre ans, de leur cauteriser et brusler les veines du chef et des temples, par où ils coupent chemin, pour leur vie, à toute defluxion de rheume; et les gents de village de ce pays, à touts accidents, n'employent que du vin le plus fort qu'ils peuvent, meslé à force safran et espice : tout cela avecques une fortune pareille.

Et à dire vray, de toute ceste diversité et confusion d'ordonnances, quelle aultre fin et effect après tout y a il, que de vuider le ventre? ce que mille simples domestiques peuvent faire: et si ne sçais si c'est si utilement qu'ils disent, et si nostre nature n'a point besoing de la residence de ses excrements jusques à certaine mesure, comme le vin a de sa lie pour sa conservation; vous veoyez souvent des hommes sains tumber en vomissements ou flux de ventre par accident estrangier, et faire un grand vuidange d'excrements sans besoing aucun precedent, et sans aulcune utilité suyvante,

---

(1) Prescrit.

(2) Montaigne, se trouvant pour sa santé aux bains della Villa, près de Lucques, en 1581, laisse échapper cette exclamation (Voyage, t. II, p. 176): La vaine chose que c'est que la médecine! Tout ce qui suit prouve que ce mot partait du fond de l'âme. Il fut cependant, à la même époque, invité à une consultation importante par de savants médecins, dont le malade était résolu de s'en tenir à sa décision. (Ibid., p. 261.) « J'en riois en moi mesme, dit-il, me ne rideva fra me stesso. » Il ajoute que plus d'une fois les médecins de Rome lui avaient aussi donné ce plaisir. On voit qu'il ne parle pas ici sans expérience et sans réflexion. J. V. L.

(1) Montaigne a fort bien pu assurer, sur l'autorité de Pline, XXIX, 1, que les Romains ne reçurent la médecine que six cents ans après la fondation de Rome, et qu'après en avoir fait l'épreuve, ils condamnèrent cet art et chassèrent les médecins de leur ville; mais, quant à ce qu'il ajoute, qu'ils la chassèrent de leur ville par l'entremise de Caton le Censeur, Pline est si éloigné de l'autoriser, qu'il dit expressément, dans le même chapitre, que les Romains ne bannirent les médecins de Rome que longtemps après la mort de Caton. Plusieurs écrivains modernes ont commis la même faute que Montaigne, comme on peut voir dans le Dictionnaire de Bayle, remarque H de l'article Porcius. C.

(2) Dans la Vie de Caton le Censeur, c. 12. C.

(3) Nat. Hist., XXV, 8. C.

(4) Liv. IV, c. 187. Hippocrate dit à peu près la même chose des Scythes, traité des Airs, des Eaux et des Lieux, p. 335. J. V. L.

voire avecques empirement et dommage. C'est du grand Platon[1] que j'apprins nagueres que, de trois sortes de mouvements qui nous appartiennent, le dernier et le pire est celuy des purgations, que nul homme, s'il n'est fol, ne doibt entreprendre qu'à l'extreme necessité. On va troublant et esveillant le mal, par oppositions contraires ; il fault que ce soit la forme de vivre qui doulcement l'allanguisse et reconduise à sa fin : les violentes harpades[2] de la drogue et du mal sont tousjours à nostre perte, puisque la querelle se desmesle chez nous, et que la drogue est un secours infiable, de sa nature ennemy à nostre santé, et qui n'a accès en nostre estat que par le trouble. Laissons un peu faire : l'ordre qui pourveoid aux pulces et aux taulpes pourveoid aussi aux hommes qui ont la patience pareille, à se laisser gouverner, que les pulces et les taulpes : nous avons beau crier Bihore[3], c'est bien pour nous enrouer, mais non pour l'advancer : c'est un ordre superbe et impiteux ; nostre crainte, nostre desespoir le desgouste et retarde de nostre ayde au lieu de l'y convier ; il doibt au mal son cours, comme à la santé ; de se laisser corrompre en faveur de l'un, au prejudice des droicts de l'aultre, il ne le fera pas, il tumberoit en desordre. Suyvons, de par Dieu ! suyvons : il meine ceulx qui suyvent ; ceulx qui ne le suyvent pas, il les entraisne[4], et leur rage, et leur medecine ensemble. Faictes ordonner une purgation à vostre cervelle ; elle y sera mieulx employée qu'à vostre estomach.

On demandoit à un Lacedemonien qui l'avoit faict vivre sain si long temps : « L'ignorance de la medecine, » respondict il ; et Adrian l'empereur crioit sans cesse, en mourant : « Que la presse des médecins l'avoit tué[5]. » Un mauvais luicteur se feit medecin : « Courage, lui dict Diogenes[1], tu as raison ; tu mettras à ceste heure en terre ceulx qui t'y ont mis aultrefois. » Mais ils ont cest heur, selon Nicoclès[2], que « le soleil esclaire leur succès, et la terre cache leur faulte. » Et oultre cela, ils ont une façon bien advantageuse à se servir de toutes sortes d'evenements ; car, ce que la fortune, ce que la nature ou quelque aultre cause estrangiere (desquelles le nombre est infiny), produict en nous de bon et de salutaire, c'est le privilege de la medecine de se l'attribuer ; touts les heureux succès qui arrivent au patient qui est sous son regime, c'est d'elle qu'il les tient ; les occasions qui m'ont guary moy, et qui guarissent mille aultres qui n'appellent point les medecins à leurs secours, ils les usurpent en leurs subjects[3] ; et quant aux mauvais accidents, ou ils les desadvouent tout à faict, en attribuant la coulpe au patient, par des raisons si vaines, qu'ils n'ont garde de faillir d'en treuver tousjours assez bon nombre de telles : « Il a descouvert son bras, il a ouï le bruit d'un coche,

Rhedarum transitus arcto
Vicorum in flexu[4] ;

on a entr'ouvert sa fenestre ; il s'est couché sur le costé gauche, ou il a passé par sa teste quelque pensement penible ; » somme, une parole, un songe, une œillade leur semble suffisante excuse pour se descharger de faulte ; ou, s'il leur plaist, ils se servent encores de cest empirement et en font leurs affaires, par cest aultre moyen qui ne leur peult jamais faillir : c'est de nous payer, lorsque la maladie se treuve reschauffée par leurs applications, de l'asseurance qu'ils nous donnent qu'elle seroit bien aultrement empirée sans leurs remedes ; celuy qu'ils ont jecté d'un morfondement[5] en une fiebvre quotidienne, il eust eu, sans eulx, la continue. Ils n'ont garde de faire mal leurs besongnes, puisque le dommage leur revient à proufit.

---

(1) Dans le *Timée*, p. 551. C.

(2) Coups de harpon.

(3) *Bihore*, terme dont se servent les charretiers du Languedoc pour hâter leurs chevaux ; je le crois composé des deux mots latins, *via*, et *foras* ou *foris*. E. J.

(4) Imitation de ce vers de Sén., *Epist*. 107 :

Ducunt volentem fata, nolentem trahunt.
J. V. L.

(5) Πολλοὶ ἰατροὶ βασιλέα ἀπώλεσαν. Xiphilin, Epitom. Dion., *Vit. Adriani*. Je tiens cette citation du Dictionnaire de Bayle, à l'article *Hadrien*. — On avait fait la même plainte avant Adrien, comme je l'apprends de Pline, qui cite une épitaphe où l'on fait dire à un mort : *Turba se medicorum perüsse. Nat. Hist.*, XXIX, 1. C.

(1) Diog. Laerce, VI, 62. C.

(2) Le mot de Nicoclès se trouve dans le chapitre 146 de la *Collection des moines Antonius et Maximus*, imprimée à la suite de Stobée. Cette épigramme a été souvent répétée. C.

(3) *Ils s'en font honneur à l'égard de ceux qui se sont mis entre leurs mains*. C.

(4) Le bruit des chars embarrassés au détour des rues étroites. Juv., III, 236.

(5) *Refroidissement*.

Vrayement ils ont raison de requerir du malade une application de creance favorable : il fault qu'elle le soit, à la verité, en bon escient et bien souple, pour s'appliquer à des imaginations si malaysées à croire. Platon disoit bien à propos[1], qu'il n'appartenoit qu'aux medecins de mentir en toute liberté, puisque nostre salut despend de la vanité et faulseté de leurs promesses. Æsope, aucteur de très rare excellence, et duquel peu de gents descouvrent toutes les graces, est plaisant à nous representer ceste auctorité tyrannique qu'ils usurpent sur ces pauvres ames affoiblies et abattues par le mal et la crainte ; car il conte[2] qu'un malade estant interrogé par son medecin quelle operation il sentoit des medicaments qu'il luy avoit donnés : « J'ay fort sué, » respondit il. « Cela est bon ! » dict le medecin. Une aultre fois il luy demanda encores comme il s'estoit porté depuis : « J'ay eu un froid extreme, feit il, et si ay fort tremblé. — Cela est bon ! » suyvit le medecin. A la troisiesme fois, il luy demanda derechef comment il se portoit. « Je me sens, dict il, enfler et bouffir comme d'hydropisie. — Voylà qui va bien ! » adjousta le medecin. L'un de ses domestiques venant, après, à s'enquerir à luy de son estat : « Certes, mon amy, respond il, à force de bien estre, je me meurs. »

Il y avoit en Ægypte une loy plus juste, par laquelle le medecin prenoit son patient en charge, les trois premiers jours, aux perils et fortunes du patient ; mais, les trois jours passés, c'estoit aux siens propres : car quelle raison y a il qu'Æsculapius leur patron ait esté frappé du fouldre pour avoir ramené Hippolytus de mort à vie ;

Nam Pater omnipotens, aliquem indignatus ab umbris
Mortalem infernis ad lumina surgere vitæ,
Ipse repertorem medicinæ talis, et artis,
Fulmine Phœbigenam Stygias detrusit ad undas[3] ;

et ses suyvants soient absouls, qui envoyent tant d'ames de la vie à la mort ? Un medecin vantoit à Nicoclès son art estre de grande auctorité : « Vrayement c'est mon[1], dict Nicoclès, qui peult impunement tuer tant de gents. »

Au demourant, si j'eusse esté de leur conseil, j'eusse rendu ma discipline plus sacrée et mysterieuse : ils avoient assez bien commencé ; mais ils n'ont pas achevé de mesme. C'estoit un bon commencement, d'avoir faict des dieux et des daimons aucteurs de leur science, d'avoir prins un langage à part, une escriture à part ; quoy qu'en sente la philosophie, que c'est folie de conseiller un homme pour son proufit, par maniere non intelligible : *Ut si quis medicus imperet, ut sumat*

Terrigenam, herbigradam, domiportam, sanguine cassam[2].

C'estoit une bonne regle en leur art, et qui accompaigne toutes les arts fantastiques, vaines et supernaturelles, qu'il fault que la foy du patient preoccupe, par bonne esperance et asseurance, leur effect et operation, laquelle regle ils tiennent jusques là que le plus ignorant et grossier medecin ils le treuvent plus propre à celuy qui a fiance en luy que le plus experimenté et incogneu. Le chois mesme de la pluspart de leurs drogues est aulcunement mysterieux et divin. Le pied gauche d'une tortue, l'urine d'un lezard, la fiente d'un elephant, le foye d'une taulpe, du sang tiré soubs l'aile droicte d'un pigeon blanc ; et pour nous aultres choliqueux (tant ils abusent desdaigneusement de nostre misere), des crottes de rat pulverisées, et telles autres singeries qui ont plus le visage d'un enchantement magicien que de science solide. Je laisse à part le nombre impair de leurs pillules, la destination de certains jours et festes de l'année, la distinction des heures à cueillir les herbes de leurs ingredients, et ceste grimace rebarbatifve et prudente de leur port et contenance, de quoy Pline mesme se mocque. Mais ils ont failly, veulx je dire, de ce qu'à ce

---

(1) *De la République*, III, p. 433. C.
(2) Fable 13, *le Malade et le Médecin*. C.
(3) Jupiter indigné que cet art criminel
     Osât aux lois du sort arracher un mortel,
     En plongea l'inventeur dans ce même Cocyte
     Dont le fils d'Apollon affranchit Hippolyte.
                                    VIRG., *Enéide*, VII, 770.

(1) *Mon* sert à afûrmer plus fortement. Cette réponse de Nicoclès se trouve dans le chapitre 146 de la *Collection des moines Antonius et Maximus*, imprimée à la suite de STOBÉE. C.

(2) Comme si un medecin ordonnait à un malade de prendre

Un enfant de la terre, errant sur le gazon,
Privé d'os et de sang, et portant sa maison.

Le vers latin se trouve dans CIC., *de Divinat.*, II, 64 ; et il ajoute : « Au lieu de dire avec tout le monde, *un limaçon,* » c'est-à-dire, peut-être, des bouillons de limaçons. Voyez le recueil de Lilio Giraldi, intitulé : *Ænigmata*, t. II, p. 620 de ses œuvres complètes, Leyde, 1696. J. V. L.

beau commencement ils n'ont adjousté cecy, de rendre leurs assemblées et consultations plus religieuses et secretes : aulcun homme profane n'y debvoit avoir accès, non plus qu'aux secretes cerimonies d'Æsculape ; car il advient de ceste faulte que leur irresolution, la foiblesse de leurs arguments, divinations et fondements, l'aspreté de leurs contestations[1], pleines de haine, de jalousie, et de consideration particuliere, venants à estre descouvertes à un chascun, il fault estre merveilleusement aveugle si on ne se sent bien hazardé entre leurs mains. Qui veid jamais medecin se servir de la recepte de son compaignon sans y retrencher ou adjouster quelque chose ? ils trahissent assez par là leur art, et nous font veoir qu'ils y considerent plus leur reputation, et par consequent leur proufit, que l'interest de leurs patients. Celuy là de leurs docteurs est plus sage qui leur a anciennement prescript qu'un seul se mesle de traicter un malade ; car s'il ne faict rien qui vaille, le reproche à l'art de la medecine n'en sera pas fort grand, pour la faulte d'un homme seul ; et, au rebours, la gloire en sera grande, s'il vient à bien rencontrer : là où, quand ils sont beaucoup, ils descrient à touts les coups le mestier ; d'autant qu'il leur advient de faire plus souvent mal que bien. Ils se debvoient contenter du perpetuel desaccord qui se treuve ès opinions des principaux maistres et aucteurs anciens de ceste science, lequel n'est cogneu que des hommes versés aux livres, sans faire veoir encores au peuple les controverses et inconstances de jugement qu'ils nourrissent et continuent entre eulx.

Voulons nous un exemple de l'ancien debat de la medecine ? Herophilus[2] loge la cause originelle des maladies aux humeurs ; Erasistratus, au sang des arteres ; Asclepiades, aux atomes invisibles s'escoulants en nos pores ; Alcmeon, en l'exsuperance ou default des forces corporelles ; Dioclès, en l'inequalité des elements du corps et en la qualité de l'air que nous respirons ; Strato, en l'abondance, crudité et corruption de l'aliment que nous prenons ; Hippocrates la loge aux esprits. Il y a l'un de leurs amis[3], qu'ils cognoissent mieulx que moy,

qui s'escrie à ce propos : « Que la science la plus importante qui soit en nostre usage, comme celle qui a charge de nostre conservation et santé, c'est, de malheur, la plus incertaine, la plus trouble, et agitée de plus de changements. » Il n'y a pas grand dangier de nous mescompter à la haulteur du soleil, ou en la fraction de quelque supputation astronomique ; mais icy, où il y va de tout nostre estre, ce n'est pas sagesse de nous abandonner à la mercy de l'agitation de tant de vents contraires.

Avant la guerre peloponnesiaque[1], il n'estoit pas grands nouvelles de ceste science. Hippocrates la meit en credit ; tout ce que cestuy-cy avoit establi, Chrysippus le renversa ; depuis, Erasistratus, petit-fils d'Aristote, tout ce que Chrysippus en avoit escript ; après ceulx-cy surveindrent les empiriques, qui prindrent une voye toute diverse des anciens au maniement de cest art ; quand le credit de ces derniers commença à s'envieillir, Herophilus meit en usage une aultre sorte de medecine, qu'Asclepiades veint à combattre et aneantir à son tour ; à leur reng gaignerent auctorité les opinions de Themison, et depuis de Musa ; et encores après, celles de Vectius Valens, medecin fameux par l'intelligence qu'il avoit avec Messalina ; l'empire de la medecine tumba du temps de Neron à Thessalus, qui abolit et condamna tout ce qui en avoit esté tenu jusques à luy ; la doctrine de cestuy-cy feut abattue par Crinas de Marseille, qui apporta de nouveau de regler toutes les operations medecinales aux ephemerides et mouvements des astres, manger, dormir et boire, à l'heure qu'il plairoit à la lune et à Mercure ; son auctorité feut bientost après supplantée par Charinus, medecin de ceste mesme ville de Marseille : cestuy-cy combattoit non seulement la medecine ancienne, mais encores l'usage des bains chaulds, publicque, et tant de siecles auparavant accoustumé ; il faisoit baigner les hommes dans l'eau froide, en hyver mesme, et plongeoit les malades dans l'eau naturelle des ruisseaux. Jusques aux temps de Pline, aucun Romain n'avoit encores daigné exercer la medecine ; elle se faisoit par des estrangiers et Grecs, comme elle se faict entre nous François par des latineurs ; car, comme dict un très

---

(1) Pline, *Nat. Hist.*, XXIX, 1. C.

(2) Celse, préface du 1er livre. On lisait ici dans toutes les anciennes éditions : *Hierophilus*. J. V. L.

(3) Pline, *Nat. Hist.*, XXXI, 1, au commencement. C.

(1) Tous ces détails sur la médecine ancienne sont extraits de Pline. Il suffit de renvoyer une fois au chapitre 1er de son vingt-neuvième livre. C.

grand medecin, nous ne recevons pas aysée-ment la medecine que nous entendons, non plus que la drogue que nous cueillons. Si les nations desquelles nous retirons le gayac, la salseperille¹, et le bois d'esquine², ont des medecins, combien pensons nous, par ceste mesme recommendation de l'estrangeté, la rareté et la cherté, qu'ils facent feste de nos choulx et de nostre persil? car qui oseroit mespriser les choses recherchées de si loing, au hazard d'une si longue peregrination et si perilleuse? Depuis ces anciennes mutations de la medecine, il y en a eu infinies aultres jusques à nous ; et, le plus souvent, mutations entieres et universelles, comme sont celles que produisent, de nostre temps Paracelse, Fioravanti et Argenterius³; car ils ne changent pas seulement une recepte, mais, à ce qu'on me dict, toute la contexture et la police du corps de la medecine, accusants d'ignorance et de piperie ceulx qui en ont faict profession jusques à eulx. Je vous laisse à penser où en est le pauvre patient.

Si encores nous estions asseurés, quand ils se mescomptent, qu'il ne nous nuisist pas, s'il ne nous proufite, ce seroit une bien raisonnable composition de se hazarder d'acquerir du bien, sans se mettre en danger de perte. Æsope faict ce conte⁴, qu'un qui avoit acheté un More esclave, estimant que ceste couleur luy feust venue par accident et mauvais traictement de son premier maistre, le feit medeciner de plusieurs bains et bruvages, avecques grand soing ; il advient que le More n'en amenda aulcunement sa couleur basanée, mais qu'il en perdit entierement sa premiere santé. Combien de fois nous advient-il de veoir les medecins imputants les uns aux aultres la mort de leurs patients? Il me souvient d'une maladie populaire qui feut aux villes de mon voisinage, il y a quelques années, mortelle et très dangereuse; cest orage estant passé, qui avoit emporté un nombre infiny d'hommes, l'un des plus fameux medecins de toute la contrée veint à publier un livret touchant ceste matiere, par lequel il se radvise de ce qu'ils avoyent usé de la saignée, et confesse que c'est l'une des causes principales du dommage qui en estoit advenu. Dadvantage, leurs aucteurs tiennent qu'il n'y a aulcune medecine qui n'ait quelque partie nuisible ; et si celles mesmes qui nous servent nous offensent aulcunement, que doibvent faire celles qu'on nous applique du tout hors de propos? De moy, quand il n'y auroit aultre chose, j'estime qu'à ceulx qui haïssent le goust de la medecine, ce soit un dangereux effort, et de prejudice, de l'aller avaller à une heure si incommode, avecques tant de contrecœur ; et crois que cela essaye¹ merveilleusement le malade en une saison où il a tant besoing de repos ; oultre ce, qu'à considerer les occasions sur quoy ils fondent ordinairement la cause de nos maladies, elles sont si legieres et si delicates que j'argumente par là qu'une bien petite erreur en la dispensation de leurs drogues peult nous apporter beaucoup de nuisance. Or, si le mescompte du medecin est dangereux, il nous va bien mal ; car il est fort malaysé qu'il n'y retumbe souvent ; il a besoing de trop de pieces, considerations et circonstances, pour affuster² justement son desseing ; il fault qu'il cognoisse la complexion du malade, sa temperature, ses humeurs, ses inclinations, ses actions, ses pensements mesmes, et ses imaginations ; il fault qu'il se responde des circonstances externes, de la nature du lieu, condition de l'air et du temps, assiette des planetes et leurs influences ; qu'il sçache, en la maladie, les causes, les signes, les affections, les jours critiques ; en la drogue, le poids, la force, le païs, la figure, l'aage, la dispensation ; et fault que toutes ces pieces il les sçache proportionner et rapporter l'une à l'aultre, pour en engendrer une parfaicte symmetrie ; à quoy s'il fault⁵ tant soit peu, si de tant de ressorts il y en a un tout seul qui tire à gauche, en voylà assez pour nous perdre. Dieu sçait de quelle difficulté est la cognoissance de

---

(1) Aujourd'hui *salseparcille*. C.

(2) *Jonc des Indes*.

(3) Nous avons parlé ailleurs de *Paracelse*. Quant à *Léonard Fioravanti*, c'était un médecin et un alchimiste, ou plutôt un charlatan né à Bologne, assez longtemps célèbre en Italie, et mort en 1588. Il semble qu'il est permis de le juger sur les titres de ses ouvrages : *le Trésor de la vie humaine; l'Abrégé des secrets rationnels concernant la médecine, la chirurgie et l'alchimie; le Miroir de la science universelle*, etc. Le troisième de ces médecins, *Jean Argentier*, homme plus estimable, né à Quiers, ville de Piémont, en 1513, mourut à Turin en 1572. Le recueil de ses œuvres, in-fol., a été publié plusieurs fois. Il se distingua surtout par ses vives attaques contre Galien. J. V. L.

(4) Fable 70, *l'Ethiopien*. C.

(1) *Eprouve*.

(2) *Ajuster*. J. V. L.

(3) *S'il manque*.

la pluspart de ces parties; car, pour exemple, comment trouvera il le signe propre de la maladie, chascune estant capable d'un infiny nombre de signes? combien ont-ils de debats entre eulx et de doubtes sur l'interpretation des urines? aultrement d'où viendroit ceste altercation continuelle que nous veoyons entr'eulx sur la cognoissance du mal? comment excuserions nous ceste faulte où ils tumbent si souvent, de prendre martre pour renard? Aux maulx que j'ay eu, pour peu qu'il y eust de difficulté, je n'en ay jamais trouvé trois d'accord; je remarque plus volontiers les exemples qui me touchent. Dernierement, à Paris, un gentilhomme feut taillé par l'ordonnance des medecins, auquel on ne trouva de pierre non plus à la vessie qu'à la main; et là mesme, un evesque, qui m'estoit fort amy, avoit esté instamment solicité, par la pluspart des medecins qu'il appelloit à son conseil, de se faire tailler; j'aidois moy mesme, soubs la foy d'aultruy, à le luy suader[1]; quand il feust trespassé et qu'il feut ouvert, on trouva qu'il n'avoit mal qu'aux reins. Ils sont moins excusables en ceste maladie, d'autant qu'elle est aulcunement palpable. C'est par là que la chirurgie me semble beaucoup plus certaine, parce qu'elle veoid et manie ce qu'elle faict; il y a moins à conjecturer et à deviner; là où les medecins n'ont point de *speculum matricis* qui leur descouvre nostre cerveau, nostre poulmon et nostre foye.

Les promesses mesmes de la medecine sont incroyables; car, ayant à prouveoir à divers accidents et contraires qui nous pressent souvent ensemble, et qui ont une relation quasi necessaire, comme la chaleur du foye et froideur de l'estomach, ils nous vont persuadant que, de leurs ingredients, cestuy-cy eschauffera l'estomach, cest aultre refreschira le foye; l'un a sa charge d'aller droict aux reins, voire jusques à la vessie, sans estaler ailleurs ses operations, et conservant ses forces et sa vertu, en ce long chemin et plein de destourbiers, jusques au lieu au service duquel il est destiné, par sa proprieté occulte; l'aultre asseichera le cerveau; celuy là humectera le poulmon. De tout cest amas, ayant faict une mixtion de bruvage, n'est-ce pas quelque espece de resverie d'esperer que ces vertus s'aillent divisant et triant de ceste confusion et meslange, pour courir à charges si diverses. Je craindrois infiniment qu'elles perdissent ou eschangeassent leurs etiquettes et troublassent leurs quartiers. Et qui pourroit imaginer qu'en ceste confusion liquide, ces facultés ne se corrompent, confondent et alterent l'une l'aultre? Quoy, que l'execution de ceste ordonnance despend d'un aultre officier, à la foy et mercy duquel nous abandonnons, encores un coup, nostre vie?

Comme nous avons des pourpoinctiers, des chaussetiers pour nous vestir, et en sommes d'aultant mieulx servis que chascun ne se mesle que de son subject et a sa science plus restreincte et plus courte que n'a un tailleur qui embrasse tout; et comme, à nous nourrir, les grands, pour plus de commodité, ont des offices distingués de potagers et de rostisseurs, dequoy un cuisinier, qui prend la charge universelle, ne peult si exquisement venir à bout; de mesme, à nous guarir, les Ægyptiens[1] avoient raison de rejecter ce general mestier de medecin, et descouper ceste profession; à chasque maladie, à chasque partie du corps, son œuvrier; car ceste partie en estoit bien plus proprement et moins confusement traictée, de ce qu'on ne regardoit qu'à elle specialement. Les nostres ne s'advisent pas que qui pourveoid à tout ne pourveoid à rien; que la totale police de ce petit monde leur est indigestible. Ce pendant qu'ils craignent d'arrester le cours d'un dysenterique pour ne luy causer la fiebvre, ils me tuerent un amy qui valoit mieulx que touts tant qu'ils sont[2]. Ils mettent leurs divinations au poids, à l'encontre des maulx presents; et, pour ne guarir le cerveau au prejudice de l'estomach, offensent l'estomach et empirent le cerveau par ces drogues tumultuaires et dissentieuses[3].

Quant à la varieté et foiblesse des raisons de cest' art, elle est plus apparente qu'en aulcun' aultre art. Les choses aperitifves sont utiles à un homme choliqueux, d'autant qu'ouvrant les

---

(1) *Persuader*, comme il y a dans l'édition de 1588, *fol.* 556. Les faits cités ici par Montaigne se sont passés probablement à Paris en 1587 ou 88, pendant le séjour qu'il y fit pour donner cette édition, qu'il revit et corrigea lui-même. J. V. L.

(1) Hérod., II, 84. J. V. L.

(2) Sans doute il veut parler de son ami Estienne de la Boëtie, mort de la dysenterie en 1563. Il est tout simple alors qu'il se rappelle cette perte avec tant d'amertume: les médecins doivent le lui pardonner. J. V. L.

(3) *Discordantes et contraires*. E. J.

passages et les dilatant, elles acheminent ceste matiere gluante de laquelle se bastit la grave[1] et la pierre, et conduisent contrebas ce qui se commence à durcir et amasser aux reins : les choses aperitifves sont dangereuses à un homme choliqueux, d'autant qu'ouvrant les passages et les dilatant elles acheminent vers les reins la matiere propre à bastir la grave, lesquels s'en saisissants volontiers pour ceste propension qu'ils y ont, il est malaysé qu'ils n'en arrestent beaucoup de ce qu'on y aura charrié; dadvantage, si de fortune il s'y rencontre quelque corps un peu plus grosset qu'il ne fault pour passer touts ces destroicts qui restent à franchir pour l'expeller au dehors, ce corps estant esbranlé par ces choses aperitifves, et jecté dans ces canaux estroicts, venant à les boucher, acheminera une certaine mort et très douloureuse. Ils ont une pareille fermeté aux conseils qu'ils nous donnent de nostre regime de vivre : il est bon de tumber souvent de l'eau ; car nous veoyons par experience qu'en la laissant croupir nous lui donnons loisir de se descharger de ses excrements et de sa lie, qui servira de matiere à bastir la pierre en la vessie. Il est bon de ne tumber point souvent de l'eau ; car les poisants excrements qu'elle traisne quand et elle ne s'emporteront point s'il n'y a de la violence, comme on veoid par experience, qu'un torrent qui roule avecques roideur balaye bien plus nettement le lieu où il passe que ne faict le cours d'un ruisseau mol et lasche. Pareillement, il est bon d'avoir souvent affaire aux femmes, car cela ouvre les passages, et achemine la grave et le sable; il est bien aussi mauvais, car cela eschauffe les reins, les lasse et affoiblit. Il est bon de se baigner aux eaux chauldes, parce que cela relasche et amollit les lieux où se croupit le sable et la pierre; mauvais aussi est il, d'autant que ceste application de chaleur externe aide les reins à cuire, durcir et petrifier la matiere qui y est disposée. A ceulx qui sont aux bains, il est plus salubre de manger peu le soir, afin que le bruvage des eaux qu'ils ont à prendre lendemain matin face plus d'operation, rencontrant l'estomach vuide et non empesché ; au rebours, il est meilleur de manger peu au disner, pour ne troubler l'operation de l'eau, qui n'est pas encores parfaicte, et ne charger l'estomach si soubdain après cest aultre travail, et pour laisser l'office de digerer à la nuict, qui le sçait mieulx faire que ne le faict le jour, où le corps et l'esprit sont en perpetuel mouvement et action. Voylà comment ils vont bastelant et baguenaudant à nos despens en touts leurs discours ; et ne me sçauroient fournir proposition à laquelle je n'en rebastisse une contraire de pareille force. Qu'on ne crie donc plus après ceulx qui, en ce trouble, se laissent doulcement conduire à leur appetit et au conseil de nature, et se remettent à la fortune commune.

J'ay veu, par occasion de mes voyages, quasi touts les bains fameux de la chrestienté[1]; et, depuis quelques années, ay commencé à m'en servir : car, en general, j'estime le baigner salubre, et crois que nous encourons non legieres incommodités en nostre santé, pour avoir perdu ceste coustume, qui estoit generalement observée au temps passé quasi en toutes les nations, et est encores en plusieurs, de se laver le corps touts les jours; et ne puis pas imaginer que nous ne vaillions beaucoup moins de tenir ainsi nos membres encroustés, et nos pores estoupés de crasse. Et quant à leur boisson, la fortune a faict premierement qu'elle ne soit aulcunement ennemie de mon goust; secondement elle est naturelle et simple, qui au moins n'est pas dangereuse si elle est vaine, de quoy je prends pour respondant ceste infinité de peuples de toutes sortes et complexions qui s'y assemble ; et, encores que je n'y aye apperceu aucun effect extraordinaire et miraculeux, ains que, m'en informant un peu plus curieusement qu'il ne se faict, j'aye trouvé mal fondés et fauls touts les bruits de telles operations qui se sement en ces lieux là, et qui s'y croyent (comme le monde va se piquant ayséement de ce qu'il desire), toutesfois aussi n'ay je veu gueres de personnes que ces eaux ayent empiré, et ne leur peult on sans malice refuser cela, qu'elles n'esveillent l'appetit, facilitent la digestion, et nous prestent

_____
(1) La *gravelle*.

(1) Plombières, Bade en Suisse, Albano, el San-Pietro, auprès de Padoue; Battaglia, Lucques (*Bagno della Villa*), Pise, Viterbe, etc. Il connaissait aussi les eaux des Pyrénées; et à Epernay, en 1580, le jésuite Maldonat lui avait fait la description des bains de Spa, où il venait d'accompagner M. de Nevers (*Voyage*, t. I, p. 9). On retrouve ici la substance des longues et minutieuses observations que Montaigne avait dictées ou écrites lui-même, en Lorraine, en Suisse, et en Italie. — J. V. L.

quelque nouvelle alaigresse, si on n'y va par trop abattu de forces; ce que je desconseille de faire : elles ne sont pas pour relever une poisante ruyne; elles peuvent appuyer une inclination legiere, ou prouveoir à la menace de quelque alteration. Qui n'y apporte assez d'alaigresse, pour pouvoir jouïr le plaisir des compaignies qui s'y treuvent, et des promenades et exercices à quoy nous convie la beauté des lieux où sont communement assises ces eaux, il perd sans doubte la meilleure piece et plus asseurée de leur effect. A ceste cause, j'ay choisi jusques à ceste heure à m'arrester et à me servir de celles où il y avoit plus d'amœnité de lieu, commodité de logis, de vivres et de compaignies, comme sont en France les bains de Banieres; en la frontiere d'Allemaigne et de Lorraine, ceulx de Plombieres; en Souysse, ceulx de Bade; en la Toscane, ceulx de Lucques et specialement ceulx *della Villa*, desquels j'ay usé plus souvent et à diverses saisons.

Chasque nation a des opinions particulieres touchant leur usage, et des loix et formes de s'en servir, toutes diverses; et, selon mon experience, l'effect quasi pareil : le boire n'est aulcunement receu en Allemaigne; pour toutes maladies, ils se baignent, et sont à grenouiller dans l'eau, quasi d'un soleil à l'aultre; en Italie, quand ils boivent neuf jours, ils s'en baignent pour le moins trente, et communement boivent l'eau mixtionnée d'aultres drogues, pour secourir son operation : on nous ordonne icy de nous promener pour la digerer; Là, on les arreste au lict où ils l'ont prinse, jusques à ce qu'ils l'ayent vuidée, leur eschauffant continuellement l'estomach et les pieds : comme les Allemands ont de particulier de se faire generalement touts corneter et ventouser[1] avecques scarification dans le bain; ainsin ont les Italiens leurs *doccie*[2], qui sont certaines gouttieres de ceste eau chaulde, qu'ils conduisent par des cannes, et vont baignant une heure le matin, et autant l'après disnée, par l'espace d'un mois, ou la teste, ou l'estomach, ou aultre partie du corps à laquelle ils ont affaire. Il y a infinies aultres differences de coustumes en chasque contrée; ou, pour mieulx dire, il n'y a quasi aulcune ressemblance des unes aux aultres. Voylà comment ceste partie de medecine, à laquelle seule je me suis laissé aller, quoyqu'elle soit la moins artificielle, si a elle sa bonne part de la confusion et incertitude qui se veoid partout ailleurs en cest art.

Les poëtes disent tout ce qu'ils veulent avecques plus d'emphase et de grace, tesmoing ces deux epigrammes,

Alcon hesterno signum Jovis attigit : ille,
Quamvis marmoreus, vim patitur medici.
Ecce hodie, jussus transferri ex œde vetusta,
Effertur, quamvis sit deus atque lapis[1] :

et l'aultre,

Lotus nobiscum est, hilaris cœnavit; et idem
Inventus mane est mortuus Andragoras.
Tam subitæ mortis causam, Faustine, requiris?
In somnis medicum viderat Hermocratem[2] :

sur quoy je veulx faire deux contes :

Le baron de Caupene en Chalosse, et moy, avons en commun le droict de patronage d'un benefice qui est de grande estendue, au pied de nos montaignes, qui se nomme *Lahontan*. Il est des habitants de ce coing ce qu'on dict de ceulx de la vallée d'Angrougne : ils avoient une vie à part, les façons, les vestements et les mœurs à part; regis et gouvernés par certaines polices et coustumes particulieres receues de pere en fils, ausquelles ils s'obligeoient, sans aultre contraincte que de la reverence de leur usage. Ce petit estat s'estoit continué de toute ancienneté en une condition si heureuse qu'aulcun

---

(1) *Corneter* et *ventouser*, termes à peu près synonymes. On dit maintenant *ventouser*; et *corneter* est tout-à-fait hors d'usage, quoiqu'on trouve encore dans nos Dictionnaires modernes, *cornet à ventouser*. C. — « Il y avoit force Allemands qui se faisoient *corneter* et seigner. » *Voyage de Montaigne*, t. I, p. 144. Plus haut, p. 58, Montaigne raconte que les baigneurs, à Bade, *se font corneter et seigner si fort, qu'il a vu parfois les deux bains publicques qui sembloient estre de pur sang*. J. V. L.

(2) *Douches*. Montaigne (*Voyage*, t. II, p. 158) en parle ainsi dans sa description des bains *della Villa* : « Il y a aussi certain esgout qu'ils nomment la doccia; ce sont des tuïeaux par lesquels on reçoit l'eau chaulde en diverses parties du corps et notamment à la teste, par des canaulx qui descendent sur vous sans cesse, et vous viennent battre la partie, l'eschauffent, et puis l'eau se receoit par un canal de bois, comme celuy des buandieres, le long duquel elle s'escoule. J. V. L.

(1) Le médecin Alcon toucha hier la statue de Jupiter; et, tout marbre qu'il est, Jupiter a éprouvé la vertu du médecin : aujourd'hui on le tire de son vieux temple; et quoiqu'il soit dieu et pierre, on va l'enterrer. AUSONE, *Epigr.*, 74.

(2) Hier, Andragoras se baigna avec nous, soupa gaiment; et on l'a trouvé mort ce matin. Voulez-vous savoir, Faustinus, quelle est la cause d'une mort si subite? Il avait vu en songe le médecin Hermocrate. MARTIAL, VI, 53.

juge voisin n'avoit esté en peine de s'informer de leur affaire; aulcun advocat employé à leur donner advis, ny estrangier appellé pour esteindre leurs querelles, et n'avoit on jamais veu aulcun de ce destroict[1] à l'aumosne : ils fuyoient les alliances et le commerce de l'aultre monde pour n'alterer la pureté de leur police ; jusques à ce, comme ils recitent, que l'un d'entre eulx, de la memoire de leurs peres, ayant l'ame espoinçonnée d'une noble ambition, alla s'adviser, pour mettre son nom en credit et reputation, de faire l'un de ses enfants maistre Jean ou maistre Pierre, et l'ayant faict instruire à escrire en quelque ville voisine, le rendit enfin un beau notaire de village. Cestuy cy, devenu grand[2], commencea à desdaigner leurs anciennes coustumes, et à leur mettre en teste la pompe des regions de deçà : le premier de ses comperes à qui on escorna une chevre, il luy conseilla d'en demander raison aux juges royaux d'autour de là; et de cestuy cy à un aultre, jusques à ce qu'il eust tout abastardy. A la suite de ceste corruption, ils disent qu'il y en surveint incontinent un' aultre de pire consequence, par le moyen d'un medecin à qui il print envie d'espouser une de leurs filles et de s'habituer parmy eux. Cestuy cy commencea à leur apprendre premierement le nom des fiebvres, des rheumes et des apostumes, la situation du cœur, du foye et des intestins, qui estoit une science jusques lors très esloingnée de leur cognoissance ; et, au lieu de l'ail, de quoy ils avoient apprins à chasser toutes sortes de maulx, pour aspres et extremes qu'ils feussent, il les accoustuma, pour une toux ou pour un morfondement, à prendre les mixtions estrangieres, et commencea à faire traficque non de leur santé seulement, mais aussi de leur mort. Ils jurent que, depuis lors seulement, ils ont apperceu que le serein leur appesantissoit la teste, que le boire, ayant chauld, apportoit nuisance, et que les vents de l'automne estoient plus griefs que ceulx du printemps ; que, depuis l'usage de ceste medecine, ils se treuvent accablés d'une legion de maladies inaccoustumées, et qu'ils apperceoivent un general deschet en leur ancienne vigueur, et leurs vies de moitié raccourcies. Voylà le premier de mes contes.

L'aultre est qu'avant ma subjection graveleuse, oyant faire cas du sang de bouc à plusieurs comme d'une manne celeste envoyée en ces derniers siecles pour la tutelle et conservation de la vie humaine, et en oyant parler à des gents d'entendement comme d'une drogue admirable et d'une operation infaillible, moy, qui ay tousjours pensé estre en bute à touts les accidents qui peuvent toucher tout aultre homme, prins plaisir, en pleine santé, a me prouveoir de ce miracle ; et commanday chez moy qu'on me nourrist un bouc selon la recepte : car il fault que ce soit aux mois les plus chaleureux de l'esté qu'on le retire, et qu'on ne luy donne à manger que des herbes aperitifves et à boire que du vin blanc. Je me rendis de fortune chez moy le jour qu'il debvoit estre tué : on me veint dire que mon cuisinier trouvoit dans la panse deux ou trois grosses boules qui se chocquoient l'une l'aultre parmy sa mangeaille. Je feus curieux de faire apporter toute ceste tripaille en ma presence, et feis ouvrir ceste grosse et large peau. Il en sortit trois gros corps, legiers comme des esponges, de façon qu'il semble qu'ils soient creux; durs, au demourant, par le dessus, et fermes, bigarrés de plusieurs couleurs mortes ; l'un parfaict en rondeur, à la mesure d'une courte boule ; les aultres deux un peu moindres, ausquels l'arrondissement est imparfaict, et semble qu'il s'y acheminast. J'ay trouvé, m'en estant faict enquerir à ceulx qui ont accoustumé d'ouvrir de ces animaulx, que c'est un accident rare et inusité. Il est vraysemblable que ce sont des pierres cousines des nostres; et s'il est ainsi, c'est une esperance bien vaine aux graveleux de tirer leur guarison du sang d'une beste qui s'en alloit elle mesme mourir d'un pareil mal. Car de dire que le sang ne se sent pas de ceste contagion, et n'en altere sa vertu accoustumée, il est plustost à croire qu'il ne s'engendre rien en un corps que par la conspiration et communication de toutes les parties ; la masse agit tout' entiere, quoyque l'une piece y contribue plus que l'aultre, selon la diversité des operations : parquoy il y a grande apparence qu'en toutes les parties de ce bouc il y avoit quelque qualité petrifiante[1]. Ce n'estoit pas tant pour la

---

(1) *District.* E. J.
(2) Édit. de 1588, *fol.* 339 : « devenu monsieur. »

(1) Édit. de 1588, *fol.* 340 : « Et si ceste beste est subjecte à ceste maladie, je treuve qu'elle a esté mal choisie pour nous y servir de medicament. Ce n'estoit, etc. »

crainte de l'advenir, et pour moy, que j'estois curieux de ceste experience : comme c'estoit qu'il advient chez moy, ainsi qu'en plusieurs maisons, que les femmes y font amas de telles menues drogueries pour en secourir le peuple, usant de mesme recepte à cinquante maladies, et de telle recepte qu'elles ne prennent pas pour elles, et si triumphent en bons evenements.

Au demourant, j'honore les medecins, non pas, suyvant le precepte[1], pour la necessité (car à ce passage on en oppose un aultre du prophete reprenant le roy Asa d'avoir eu recours au medecin[2]), mais pour l'amour d'eulx mesmes, en ayant veu beaucoup d'honnestes hommes et dignes d'estre aimés. Ce n'est pas à eulx que j'en veulx, c'est à leur art : et ne leur donne pas grand blasme de faire leur proufit de nostre sottise, car la pluspart du monde faict ainsi ; plusieurs vacations[3], et moindres, et plus dignes que la leur, n'ont fondement et appuy qu'aux abus publicques. Je les appelle en ma compaignie quand je suis malade, s'ils se rencontrent à propos, et demande à en estre entretenu : et les paye comme les aultres. Je leur donne loy de me commander de m'abrier chauldement, si je l'aime mieulx ainsi que d'aultre sorte : ils peuvent choisir d'entre les porreaux et les laictues dequoy il leur plaira que mon bouillon se fasse et m'ordonner le blanc ou le clairet ; et ainsi de toutes aultres choses qui sont indifferentes à mon appetit et usage. J'entends bien que ce n'est rien faire pour eulx, d'autant que l'aigreur et l'estrangeté sont accidents de l'essence propre de la medecine. Lycurgus ordonnoit le vin aux Spartiates malades ; pourquoy? parce qu'ils en haïssoient l'usage, sains : tout ainsi qu'un gentilhomme, mon voisin, s'en sert pour drogue très salutaire à ses fiebvres, parce que de sa nature il en hait mortellement le goust. Combien en veoyons nous d'entre eulx estre de mon humeur? desdaigner la medecine pour leur service et prendre une forme de vie libre et toute contraire à celle qu'ils ordonnent à aultruy? Qu'est cela, si ce n'est abuser tout destrousséement de nostre simplicité? car ils n'ont pas leur vie et leur santé moins chere que nous, et accommoderoient leurs effects à leurs doctrines s'ils n'en cognoissoient eulx mesmes la faulseté.

C'est la crainte de la mort et de la douleur, l'impatience du mal, une furieuse et indiscrete soif de la guarison qui nous aveugle ainsi : c'est pure lascheté qui nous rend nostre croyance si molle et maniable. La plus part pourtant ne croyent pas tant comme ils endurent et laissent faire ; car je les ois se plaindre et en parler comme nous ; mais ils se resolvent enfin : « Que feroy je doncques? » Comme si l'impatience estoit de soy quelque meilleur remede que la patience. Y a il aulcun de ceulx qui se sont laissés aller à ceste miserable subjection qui ne se rende egualement à toutes sortes d'impostures ? qui ne se mette à la mercy de quiconque a ceste impudence de luy donner promesse de sa guarison? Les Babyloniens portoient leurs malades en la place : le medecin, c'estoit le peuple ; chascun des passants ayants, par humanité et civilité, à s'enquerir de leur estat, et, selon son experience, leur donner quelque advis salutaire[1]. Nous n'en faisons gueres aultrement ; il n'est pas une seule femmelette de qui nous n'employons les barbotages[2] et les brevets : et selon mon humeur, si j'avois à en accepter quelqu'une, j'accepterois plus volontiers ceste medecine qu'aulcune aultre ; d'autant qu'au moins il n'y a nul dommage à craindre. Ce qu'Homere[3] et Platon disoient des Ægyptiens qu'ils estoient tous medecins, il se doibt dire de touts peuples : il n'est personne qui ne se vante de quelque recepte et qui ne la hazarde sur son voisin s'il l'en veult croire. J'estois, l'aultre jour, en une compaignie où je ne sçais qui de ma confrairie apporta la nouvelle d'une sorte de pilulles compilées de cent et tant d'ingredients, de compte faict : il s'en esmeut une feste et une consolation singuliere ; car quel rochier soubtiendroit l'effort d'une si nombreuse batterie? J'entends toutefois, par ceulx qui l'essayerent, que la moindre petite grave[4] ne daigna s'en esmouvoir.

Je ne me puis desprendre de ce papier que je

---

(1) *Honora medicum propter necessitatem*. Eccles., XXXVIII, 1.
(2) *Nec in infirmitate sua quæsivit Dominum, sed magis in medicorum arte confisus est*. Paralipomen., II, 16, 12.
(3) *Professions*. E. J.

(1) C'est une loi, dit Hérod., I, 197, sagement établie. Il n'est pas permis, ajoute-t-il, de passer près d'un malade sans lui demander quel est son mal. Voyez aussi Strabon, XVI, p. 1082. J. V. L.
(2) Billets suspendus au cou en forme d'amulettes. E. J.
(3) *Odyssée*, IV, 231 ; Plut., *Que les bêtes brutes usent de la raison*, c. 6 de la traduction d'Amyot. C.
(4) *Gravier*.

n'en dic encores ce mot sur ce qu'ils nous donnent pour respondant de la certitude de leurs drogues l'experience qu'ils ont faicte : la plus part, et, ce crois je, plus des deux tiers des vertus medecinales, consistent en la quinteessence ou proprieté occulte des simples, de laquelle nous ne pouvons avoir aultre instruction que l'usage; car quinteessence n'est aultre chose qu'une qualité de laquelle, par nostre raison, nous ne sçavons trouver la cause. En telles preuves, celles qu'ils disent avoir acquises par l'inspiration de quelque daimon, je suis content de les recevoir (car, quant aux miracles, je n'y touche jamais); ou bien encores les preuves qui se tirent des choses qui, pour aultre consideration, tumbent souvent en nostre usage, comme si, en la laine de quoy nous avons accoustumé de nous vestir, il s'est trouvé, par accident, quelque occulte proprieté dessicatifve qui guarisse les mules au talon, et si au raifort que nous mangeons pour la nourriture il s'est rencontré quelque operation aperitifve : Galen recite qu'il advient à un ladre de recevoir guarison par le moyen du vin qu'il beut, d'autant que de fortune une vipere s'estoit coulée dans le vaisseau. Nous trouvons en cest exemple le moyen et une conduicte vraysemblable à ceste experience, comme aussi en celles ausquelles les medecins disent avoir esté acheminés par l'exemple d'aulcunes bestes : mais en la plus part des aultres experiences à quoy ils disent avoir esté conduicts par la fortune et n'avoir eu aultre guide que le hazard, je treuve le progrès de ceste information incroyable. J'imagine l'homme, regardant autour de luy le nombre infiny des choses, plantes, animaulx, metaulx; je ne sçais par où luy faire commencer son essay : et, quand sa premiere fantasie se jectera sur la corne d'un elan, à quoy il fault prester une creance bien molle et aysée, il se treuve encores autant empesché en sa seconde operation ; il luy est proposé tant de maladies et tant de circonstances qu'avant qu'il soit venu à la certitude de ce poinct où doibt joindre la perfection de son experience, le sens humain y perd son latin ; et avant qu'il ayt trouvé, parmy ceste infinité de choses, que c'est ceste corne; parmy ceste infinité de maladies, l'epilepsie; tant de complexions, au melancholique ; tant de saisons, en hyver ; tant de nations, au François ; tant d'aages, en la vieillesse ; tant de mutations celestes, en la conjonction de Venus et de Saturne ; tant de parties du corps, au doigt : à tout cela, n'estant guidé ny d'argument, ny de conjecture, ny d'exemple, ny d'inspiration divine, ains du seul mouvement de la fortune, il fauldroit que ce feust par une fortune parfaictement artificielle, reglée et methodique. Et puis, quand la guarison feut faicte, comment se peut il asseurer que ce feust que le mal estoit arrivé à sa periode ? ou un effect du hazard ? ou l'operation de quelque aultre chose qu'il eust ou mangé, ou beu, ou touché ce jour là ? ou le merite des prieres de sa mere grand' ? Dadvantage, quand ceste preuve auroit esté parfaicte, combien de fois feut elle reiterée ? et ceste longue chordée de fortunes et de rencontres, r'enfilée pour en conclure une regle ? Quand elle sera conclue, par qui est ce ? De tant de millions, il n'y a que trois hommes qui se meslent d'enregistrer leurs experiences : le sort aura il rencontré à poinct nommé l'un de ceulx cy ? quoy, si un aultre, et si cent aultres ont faict des experiences contraires ? A l'adventure y verrions nous quelque lumiere, si touts les jugements et raisonnements des hommes nous estoient cogneus : mais que trois tesmoings et trois docteurs regentent l'humain genre, ce n'est pas la raison : il fauldroit que l'humaine nature les eust deputés et choisis, et qu'ils feussent declarés nos syndics par expresse procuration.

A MADAME DE DURAS [1].

« Madame, vous me trouvastes sur ce pas dernierement que vous me veinstes veoir. Parce qu'il pourra estre que ces inepties se rencontreront quelquesfois entre vos mains, je veulx aussi qu'elles portent tesmoignage que l'aucteur se sent bien fort honoré de la faveur que vous leur ferez. Vous y recognoistrez ce mesme port et ce mesme air que vous avez veu en sa conversation. Quand j'eusse peu prendre quelque aultre façon que la mienne ordinaire, et quelque aultre forme

---

[1] Marguerite de Gramont, fille d'Antoine vicomte d'Aster, et d'Hélène de Clermont ; veuve de Jean de Durfort, seigneur de Duras, que le roi de Navarre, depuis Henri IV, envoya en 1575 vers le pape Grégoire XIII, et qui fut tué près de Livourne, sans laisser de postérité. Son frère Jacques, mort en 1628, fut le père de Gui-Aldonce de Durfort, marquis de Duras, comte de Rozan, etc., dont le fils, maréchal de France sous Louis XIV, forma la branche des ducs de Lorges, J. V. L.

plus honorable et meilleure, je ne l'eusse pas faict; car je ne veulx rien tirer de ces escripts, sinon qu'ils me representent à vostre memoire au naturel. Ces mesmes conditions et facultés, que vous avez practiquées et recueillies, madame, avecques beaucoup plus d'honneur et de courtoisie qu'elles ne meritent, je les veulx loger, mais sans alteration et changement, en un corps solide qui puisse durer quelques années, ou quelques jours apres moy, où vous les retrouverez, quand il vous plaira vous en refreschir la memoire, sans prendre aultrement la peine de vous en souvenir; aussi ne le valent elles pas : je desire que vous continuez en moy la faveur de vostre amitié, par ces mesmes qualités par le moyen desquelles elle a esté produicte.

« Je ne cherche aulcunement qu'on m'aime et estime mieulx mort que vivant ; l'humeur de Tibere[1] est ridicule, et commune pourtant, qui avoit plus de soing d'estendre sa renommée à l'advenir qu'il n'avoit de se rendre estimable et agreable aux hommes de son temps. Si j'estois de ceulx à qui le monde peult debvoir louange, je l'en quitterois pour la moitié et qu'il me la payast d'advance ; qu'elle se hastast et amoncelast tout autour de moy plus espesse qu'alongée, plus pleine que durable; et qu'elle s'evanouist hardiement quand et ma cognoissance et quand ce doulx son ne touchera plus mes aureilles. Ce seroit une sotte humeur d'aller, à ceste heure que je suis prest d'abandonner le commerce des hommes, me produire à eulx par une nouvelle recommendation. Je ne fois nulle recepte des biens que je n'ay peu employer à l'usage de ma vie. Quel que je soye, je le veulx estre ailleurs qu'en papier : mon art et mon industrie ont esté employés à me faire valoir moy mesme ; mes estudes, à m'apprendre à faire, non pas à escrire. J'ay mis touts mes efforts à former ma vie ; voylà mon mestier et mon ouvrage : je suis moins faiseur de livres que de nulle aultre besongne. J'ay desiré de la suffisance pour le service de mes commodités presentes et essentielles, non pour en faire magasin et reserve à mes heritiers. Qui a de la valeur, si le face cognoistre en ses mœurs, en ses propos ordinaires, à traicter l'amour ou des querelles, au jeu, au lict, à la table, à la con-

duicte de ses affaires et œconomie de sa maison : ceulx que je veois faire de bons livres soubs de meschantes chausses eussent premierement faict leurs chausses s'ils m'en eussent creu : demandez à un Spartiate s'il aime mieulx estre bon rhetoricien que bon soldat ; non pas moy[1], que bon cuisinier, si je n'avois qui m'en servist. Mon Dieu ! madame, que je haïrois une telle recommandation d'estre habile homme par escript et estre un homme de neant et un sot ailleurs ! j'aime mieulx encores estre un sot et icy et là que d'avoir si mal choisi où employer ma valeur. Aussi il s'en fault tant que j'attende à me faire quelque nouvel honneur par ces sottises que je ferai beaucoup si je n'y en perds point de ce peu que j'en avois acquis ; car, oultre ce que ceste peincture morte et muette desrobbera à mon estre naturel, elle ne se rapporte pas à mon meilleur estat, mais beaucoup descheu de ma premiere vigueur et alaigresse, tirant sur le flestri et le rance : je suis sur le fond du vaisseau qui sent tantost le bas et la lie.

« Au demourant, madame, je n'eusse pas osé remuer si hardiment les mysteres de la medecine, attendu le credit que vous et tant d'aultres luy donnez, si je n'y eusse esté acheminé par ses aucteurs mesmes. Je crois qu'ils n'en ont que deux anciens latins, Pline et Celsus : si vous les veoyez quelque jour, vous trouverez qu'ils parlent bien plus rudement à leur art que je ne fois ; je ne fois que la pincer[2], ils l'esgorgent. Pline[3] se mocque entre aultres choses dequoy, quand ils sont au bout de leur chorde[4], ils ont inventé ceste belle desfaicte, de r'envoyer les malades qu'ils ont agités et tourmentés pour neant de leurs drogues et regimes les uns au secours des vœux et miracles, les aultres aux eaux chauldes. (Ne vous courroucez pas, madame ; il ne parle pas de celles de deçà, qui sont soubs la protection de vostre maison et toutes Gramontoises.) Ils ont une tierce sorte de desfaicte pour nous chasser d'auprès d'eulx et se descharger des reproches

---

(1) *Quippe illi non perinde curæ gratia præsentium, quam in posteros ambitio.* TACITE, *Annal.*, VI, 46.

(1) *Pour moi, je n'aimerais même pas mieux être bon rhétoricien que bon cuisinier, si,* etc. J. V. L.

(2) C'est-à-dire, *je ne fais que pincer cette art des médecins :* Montaigne fait presque toujours *art* féminin. C.

(3) PLINE, XXIX, 1. J. V. L.

(4) Ou *de leur latin*, comme dans l'édition in-4º de 1588, fol. 342 *verso*. J. V. L.

que nous leur pouvons faire du peu d'amendement à nos maulx qu'ils ont eu si longtemps en gouvernement qu'il ne leur reste plus aulcune invention à nous amuser, c'est de nous envoyer chercher la bonté de l'air de quelque aultre contrée. Madame, en voylà assez : vous me donnez bien congé de reprendre le fil de mon propos, duquel je m'estois destourné pour vous entretenir. »

Ce feut, ce me semble, Periclès, lequel estant enquis comme il se portoit : « Vous le pouvez, dict il, juger par là, » en montrant des brevets qu'il avoit attachés au col et au bras[1]. Il vouloit inferer qu'il estoit bien malade, puisqu'il en estoit venu jusques là d'avoir recours à choses si vaines et de s'estre laissé equipper en ceste façon. Je ne dis pas que je ne puisse estre emporté un jour à ceste opinion ridicule de remettre ma vie et ma santé à la mercy et gouvernement des medecins ; je pourray tumber en ceste resverie, je ne me puis respondre de ma fermeté future : mais lors aussi, si quelqu'un s'enquiert à moy comment je me porte, je luy pourray dire comme Periclès : « Vous le pouvez juger par là, » montrant ma main chargée de six dragmes d'opiate. Ce sera un bien evident signe d'une maladie violente ; j'auray mon jugement merveilleusement desmanché : si l'impatience et la frayeur gaignent cela sur moy, on en pourra conclure une bien aspre fiebvre en mon ame.

J'ay prins la peine de plaider ceste cause, que j'entends assez mal, pour appuyer un peu et conforter la propension naturelle contre les drogues et practique de nostre medecine, qui s'est derivée en moy par mes ancestres ; à fin que ce ne feust pas seulement une inclination stupide et temeraire, et qu'elle eust un peu plus de forme ; aussi, que ceulx qui me veoyent si ferme contre les exhortements et menaces qu'on me faict quand mes maladies me pressent, ne pensent pas que ce soit simple opiniastreté ; ou qu'il y ayt quelqu'un si fascheux qui juge encores que ce soit quelque aiguillon de gloire : ce seroit un desir bien assené[1] de vouloir tirer honneur d'une action qui m'est commune avecques mon jardinier et mon muletier ! certes, je n'ay point le cœur si enflé ny si venteux qu'un plaisir solide, charnu et moelleux, comme la santé, je l'allasse eschanger pour un plaisir imaginaire, spirituel et aëré : la gloire, voire celle des quatre fils Aymon, est trop cher achetée à un homme de mon humeur, si elle luy couste trois bons accès de cholique. La santé, de par Dieu ! Ceulx qui aiment nostre medecine peuvent avoir aussi leurs considerations bonnes, grandes et fortes ; je ne hais point les fantasies contraires aux miennes : il s'en fault tant que je m'effarouche de veoir de la discordance de mes jugements à ceulx d'aultruy, et que je me rende incompatible à la societé des hommes pour estre d'aultre sens et party que le mien, qu'au rebours (comme c'est la plus generale façon que nature ayt suyvy que la varieté, et plus aux esprits qu'aux corps, d'autant qu'ils sont de substance plus souple et susceptible de formes), je treuve bien plus rare de veoir convenir nos humeurs et nos desseings. Et ne feut jamais au monde deux opinions pareilles, non plus que deux poils ou deux grains : leur plus universelle qualité, c'est la diversité.

---

(1) PLUT., *Vie de Périclès*, c. 24. Ici *brevet* signifie ce que les Latins appelaient *amuletum*, préservatif contre le poison, les enchantements, etc., qu'on attachait au col, au poignet ou autre partie du corps. En se désabusant de la chose, on en a presque perdu le nom. C.

(1) *Sensé*, pris ironiquement.

LIVRE TROISIÈME.

CHAPITRE PREMIER.

De l'utile et de l'honneste.

Personne n'est exempt de dire des fadaises ; le malheur est de les dire curieusement :

Næ iste magno conatu magnas nugas dixerit [1].

Cela ne me touche pas : les miennes m'eschappent aussi nonchalamment qu'elles le valent ; d'où bien leur prend : je les quitterois soubdain, à peu de coust qu'il y eust ; et ne les achette ny ne les vends que ce qu'elles poisent ; je parle au papier, comme je parle au premier que je rencontre. Qu'il soit vray, voicy de quoy.

A qui ne doibt estre la perfidie detestable, puisque Tibere la refusa à si grand interest ? On luy manda d'Allemaigne que, s'il le trouvoit bon, on le desferoit d'Arminius par poison [2] : c'estoit le plus puissant ennemy que les Romains eussent, qui les avoit si vilainement traictés soubs Varus, et qui seul empeschoit l'accroissement de sa domination en ces contrées là. Il feit response « que le peuple romain avoit accoustumé de se venger de ses ennemis par voye ouverte, les armes en main ; non par fraude et en cachette [3] : il quitta l'utile pour l'honneste. C'estoit, me direz vous, un affronteur : je le crois ; ce n'est pas grand miracle à gents de sa profession : mais la confession de la vertu ne porte pas moins en la bouche de celuy qui la hayt ; d'autant que la verité la luy arrache par force, et que s'il ne la veult recevoir en soy, au moins il s'en couvre pour s'en parer.

Nostre bastiment, et public et privé, est plein d'imperfection : mais il n'y a rien d'inutile en nature, non pas l'inutilité mesme ; rien ne s'est ingeré en cest univers qui ne tienne place opportune. Nostre estre est cimenté de qualités maladifves : l'ambition, la jalousie, l'envie, la vengeance, la superstition, le desespoir, logent en nous, d'une si naturelle possession que l'image s'en recognoist aussi aux bestes ; voire et la cruauté, vice si desnaturé ; car, au milieu de la compassion, nous sentons au dedans je ne sçais quelle aigre-doulce poincte de volupté maligne à veoir souffrir aultruy, et les enfants la sentent :

*Suave mari magno, turbantibus æquora ventis,
E terra magnum alterius spectare laborem* [1] :

desquelles qualités qui osteroit les semences en l'homme, destruiroit les fondamentales conditions de nostre vie. De mesme en toute police, il y a des offices necessaires, non seulement abjects, mais encores vicieux : les vices y treuvent leur reng, et s'employent à la cousture de nostre liaison, comme les venins à la conservation de nostre santé. S'ils deviennent excusables, d'autant qu'ils nous font besoing, et que la necessité commune efface leur vraye qualité, il fault laisser jouer ceste partie aux citoyens plus vigoureux et moins craintifs, qui sacrifient leur honneur et leur conscience, comme ces aultres anciens sacrifierent leur vie pour le salut de leur pays ; nous aultres, plus foibles, prenons des roolles et plus aysez et moins hazardeux. Le bien public requiert qu'on trahisse et qu'on mente, et qu'on massacre : resignons ceste commission à gents plus obeïssants et plus souples.

Certes, j'ay eu souvent despit de veoir des juges attirer, par fraude et faulses esperances de faveur ou pardon, le criminel à descouvrir son faict, et y employer la piperie et l'impudence. Il serviroit bien à la justice, et à Platon mesme qui favorise cest usage, de me fournir d'aultres moyens plus selon moy : c'est une justice malicieuse ; et ne l'estime pas moins blecée par soy mesme, que par aultruy. Je respondis, n'y a pas longtemps, qu'à peine [2] trahirois je le prince pour un particulier, qui serois très marry de trahir aulcun particulier

---

[1] Cet homme va me dire avec grande emphase de grandes sottises. TER., *Heaut.*, ac. III, sc. 5, v. 8.

[2] TACITE, *Annal.*, II, 88. C.

[3] *Non fraude, neque occultis, sed palam et armatum, populum romanum hostes suos ulcisci.* TACITE, *Annal.*, II, 88. C.

[1] Il est doux, lorsque les vents bouleversent les mers, de contempler du rivage le péril des vaisseaux battus par la tempête. LUCR., II, 1.

[2] *Avec peine.*

pour le prince: et ne hais pas seulement à piper, mais je hais aussi qu'on se pipe en moy; je ne veulx pas seulement fournir de matiere et d'occasion.

En ce peu que j'ay eu à negocier entre nos princes[1] en ces divisions et subdivisions qui nous deschirent aujourd'huy, j'ay curieusement evité qu'ils se mesprinssent en moy et s'enferrassent en mon masque. Les gents du mestier se tiennent les plus couverts, et se presentent et contrefont les plus moyens et les plus voysins qu'ils peuvent: moy, je m'offre par mes opinions les plus vifves, et par la forme plus mienne: tendre negociateur, et novice, qui aime mieulx faillir à l'affaire, qu'à moy. C'a esté pourtant, jusques à c'este heure, avecques tel heur (car certes fortune y a la principale part), que peu ont passé de main à aultre avecques moins de souspeçon, plus de faveur et de privauté. J'ay une façon ouverte, aysée à s'insinuer, et à se donner credit aux premieres accointances. La naïfveté et la verité pure, en quelque siecle que ce soit, treuvent encores leur opportunité et leur mise. Et puis de ceulx là est la liberté peu suspecte et peu odieuse, qui besongnent sans aulcun leur interest, et peuvent veritablement employer la response de Hyperides aux Atheniens, se plaignants de l'aspreté de son parler: « Messieurs, ne considerez pas si je suis libre ; mais si je le suis sans rien prendre, et sans amender par là mes affaires[2]. » Ma liberté m'a aussi ayséement deschargé du souspeçon de feinctise, par sa vigueur, n'espargnant rien à dire, pour poisant et cuisant qu'il feust (je n'eusse peu dire pis, absent), et en ce qu'elle a une montre apparente de simplesse et de nonchalance. Je ne pretends aultre fruict, en agissant, que d'agir; et n'y attache longues suittes et propositions: chasque action faict particulierement son jeu; porte s'il peult[3].

Au demourant, je ne suis pressé de passion, ou hayneuse, ou amoureuse, envers les grands; ny n'ay ma volonté garrotée d'offense ou d'obligation particuliere. Je regarde nos roys d'une affection simplement legitime et civile, ny esmeue ny desmeue par interest privé, de quoy je me sçais bon gré; la cause generale et juste ne m'attache non plus, que moderéement et sans fiebvre; je ne suis pas subject à ces hypotheques et engagements penetrants et intimes. La cholere et la hayne sont au delà du debvoir de la justice; et sont passions servant seulement à ceulx qui ne tiennent pas assez à leur debvoir par la raison simple: *Utatur motu animi qui uti ratione non potest*[1]. Toutes intentions legitimes et equitables sont d'elles mesme equables et temperées; sinon elles s'alterent en seditieuses et illegitimes: c'est ce qui me faict marcher par tout la teste haulte, le visage et le cœur ouvert. A la verité, et ne craindspoint de l'advouer, je porterois facilement au besoing une chandelle à sainct Michel, l'aultre à son serpent, suyvant le desseing de la vieille : je suyvray le bon party jusques au feu, mais exclusivement si je puis: que Montaigne s'engouffre quand et la ruyne publicque, si besoing est; mais, s'il n'est pas besoing, je sçauray bon gré à la fortune qu'il se sauve; et autant que mon debvoir me donne de chorde, je l'employe à sa conservation. Feut-ce pas Atticus[2], lequel se tenant au juste party, et au party qui perdit, se sauva par sa moderation, en cest universel naufrage du monde, parmy tant de mutations et diversités? aux hommes, comme luy, privés, il est plus aysé ; et en telle sorte de besongne, je treuve qu'on peult justement n'estre pas ambitieux à s'ingerer et convier soy mesme.

De se tenir chancelant et mestis, de tenir son affection immobile et sans inclination, aux troubles de son païs et en une division publicque, je ne le treuve ny beau ny honneste: *Ea non media, sed nulla via est, velut eventum expectantium, quo fortunæ consilia sua applicent*[3]. Cela peult estre permis envers les affaires des voysins: et Gelon[4], tyran de Syracuse, suspendit ainsi son inclination, en la guerre des barbares contre les Grecs, tenant une ambassade à Delphes, avecques des presents,

---

(1) Entre le roi de Navarre, depuis Henri IV, et le duc de Guise, Henri de Lorraine. Voy. J. A. de Thou, *de Vita sua*, III, 9. J. V. L.

(2) Plut., *De la différence du flatteur d'avec l'ami*, c. 24. C.

(3) *Que le coup porte s'il peut.*

(1) Que celui-là s'abandonne aux mouvements de l'âme, qui ne peut suivre la raison. Cic., *Tusc.*, IV, 25.

(2) Corn. Népos, *Vie d'Atticus*, c. 6. C.

(3) Ce n'est pas prendre un chemin mitoyen, c'est n'en prendre aucun; c'est attendre l'événement, afin de passer du côté de la fortune. Tite Live, XXXII, 21. — D'un fait particulier Montaigne a tiré une maxime générale, en changeant un peu les paroles de l'auteur. C.

(4) Hérod., VII, 163. J. V. L.

pour estre en eschauguette¹ à veoir de quel costé tumberoit la fortune, et prendre l'occasion à poinct, pour le concilier au victorieux. Ce seroit une espece de trahison, de le faire aux propres et domestiques affaires, ausquels necessairement il fault prendre party par application de desseing : mais de ne s'embesongner point, à homme qui n'a ny charge ny commandement exprès qui le presse, je le treuve plus excusable (et si ne practique pour moy ceste excuse) qu'aux guerres estrangieres; desquelles pourtant, selon nos loix, ne s'empesche qui ne veult. Toutesfois ceulx encores qui s'y engagent tout à faict le peuvent avecques tel ordre et attrempance², que l'orage debvra couler par dessus leur teste, sans offense. N'avions nous pas raison de l'esperer ainsi du feu evesque d'Orleans, sieur de Morvilliers³? et j'en cognois, entre ceulx qui y ouvrent valeureusement à ceste heure, de mœurs ou si equables, ou si doulces, qu'ils seront pour demeurer debout, quelque injurieuse mutation et cheute que le ciel nous appreste. Je tiens que c'est aux rois proprement de s'animer contre les rois ; et me mocque de ces esprits qui, de gayeté de cœur, se presentent à querelles si disproportionnées : car on ne prend pas querelle particuliere avecques un prince, pour marcher contre luy ouvertement et courageusement pour son honneur et selon son debvoir ; s'il n'aime un tel personnage, il faict mieulx, il l'estime : et notamment la cause des loix, et deffense de l'ancien estat, a tousjours cela que ceulx mesme qui, pour leur desseing particulier, le troublent, en excusent les deffenseurs, s'ils ne les honorent.

Mais il ne faut pas appeler debvoir, comme nous faisons touts les jours, une aigreur et une intestine aspreté qui naist de l'interest et passion privée ; ny courage, une conduicte traistresse et malicieuse ; ils nomment zele leur propension vers la malignité et violence ; ce n'est pas la cause qui les eschauffe, c'est leur interest ; ils attisent la guerre, non parce qu'elle est juste, mais parce que c'est guerre.

Rien n'empesche qu'on ne se puisse comporter commodement entre des hommes qui se sont ennemis, et loyalement ; conduisez vous y d'une sinon par tout eguale affection (car elle peult souffrir differentes mesures), mais au moins temperée, et qui ne vous engage tant à l'un, qu'il puisse tout requerir de vous ; et vous contentez aussi d'une moyenne mesure de leur grace, et de couler en eau trouble, sans y vouloir pescher.

L'aultre maniere de s'offrir de toute sa force à ceulx là et à ceulx cy tient encores moins de la prudence que de la conscience. Celuy envers qui vous en trahissez un, duquel vous estes pareillement bien venu, sçait il pas que de soy vous en faictes autant à son tour ? il vous tient pour un meschant homme ; ce pendant il vous oit, et tire de vous et faict ses affaires de vostre desloyauté ; car les hommes doubles sont utiles en ce qu'ils apportent ; mais il se fault garder qu'ils n'emportent que le moins qu'on peult.

Je ne dis rien à l'un que je ne puisse dire à l'aultre, à son heure, l'accent seulement un peu changé ; et ne rapporte que les choses ou indifferentes, ou cogneues, ou qui servent en commun. Il n'y a point d'utilité pour laquelle je me permette de leur mentir. Ce qui a esté fié à mon silence, je le cele religieusement ; mais je prends à celer le moins que je puis ; c'est une importune garde du secret des princes, à qui n'en a que faire. Je presente volontiers ce marché, qu'ils me fient peu, mais qu'ils se fient hardiement de ce que je leur apporte. J'en ai tousjours plus sceu que je n'ay voulu. Un parler ouvert ouvre un autre parler, et le tire hors, comme faict le vin et l'amour. Philippides¹ respondit sagement, à mon gré, au roy Lysimachus, qui luy disoit : « Que veulx-tu que je te communique de mes biens? — Ce que tu vouldras, pourveu que ce ne soit de tes secrets. » Je veois que chascun se mutine si on luy cache le fonds des affaires ausquels on l'employe, et si on luy en a desrobbé quelque arriere sens ; pour moy, je suis content qu'on ne m'en die non plus qu'on veult que j'en mette en besongne ; et ne desire pas que ma science oultrepasse et

---

(1) *En sentinelle.* C.
(2) *Modération.*
(3) Jean de Morvilliers, évêque d'Orléans, garde des sceaux de France, né à Blois en 1506, mort à Tours en 1577. Négociateur actif, il prit part au traité de Cateau-Cambresis et au concile de Trente. Protégé par les Guises, il se montra toujours contraire à la cause de la réforme, mais ne fut point persécuteur. J. V. L.

(1) Plut., *de la Curiosité*, c. 4. C.

contraigne ma parole. Si je doibs servir d'instrument de tromperie, que ce soit au moins saufve ma conscience ; je ne veulx estre tenu serviteur ny si affectionné, ny si loyal, qu'on me treuve bon à trahir personne ; qui est infidele à soy-mesme l'est excusablement à son maistre. Mais ce sont princes qui n'acceptent pas les hommes à moitié, et mesprisent les services limités et conditionnés. Il n'y a remede ; je leur dis franchement mes bornes ; car esclave, je ne le doibs estre que de la raison, encore n'en puis je bien venir à bout. Et eulx aussi ont tort d'exiger d'un homme libre telle subjection à leur service et telle obligation, que de celuy qu'ils ont faict et acheté, ou duquel la fortune tient particulierement et expressement à la leur. Les loix m'ont osté de grand'peine ; elles m'ont choisi party et donné un maistre ; toute aultre superiorité et obligation doibt estre relatifve à celle là, et retrenchée. Si n'est ce pas à dire, quand mon affection me porteroit aultrement, qu'incontinent j'y portasse la main ; la volonté et les desirs se font loy eulx-mesmes ; les actions ont à la recevoir de l'ordonnance publicque.

Tout ce mien proceder est un peu bien dissonant à nos formes ; ce ne seroit pas pour produire grands effects, ny pour y durer ; l'innocence mesme ne sçauroit, à ceste heure, ny negocier entre nous sans dissimulation, ny marchander sans menterie ; aussi ne sont aucunement de mon gibier les occupations publicques ; ce que ma profession en requiert, je l'y fournis en la forme que je puis la plus privée. Enfant, on m'y plongea jusques aux aureilles, et il succedoit ; si m'en desprins je de belle heure. J'ay souvent depuis evité de m'en mesler, rarement accepté, jamais requis ; tenant le dos tourné à l'ambition, mais, sinon comme les tireurs d'aviron qui s'advancent ainsin à reculons, tellement toutesfois que de ne m'y estre point embarqué, j'en suis moins obligé à ma resolution qu'à ma bonne fortune ; car il y a des voyes, moins ennemies de mon goust, et plus conformes à ma portée, par lesquelles si elle m'eust appellé aultresfois au service publicque et à mon advancement vers le credit du monde, je sçais que j'eusse passé par dessus la raison de mes discours, pour la suyvre. Ceulx qui disent communement, contre ma profession, que, ce que j'appelle franchise, simplesse et naïfveté en mes mœurs, c'est art et finesse, et plustost prudence que bonté, industrie que nature, bon sens que bon heur, me font plus d'honneur qu'ils ne m'en ostent ; mais, certes, ils font ma finesse trop fine ; et qui m'aura suyvi et espié de près, je luy donray gaigné s'il ne confesse qu'il n'y a point de regle en leur eschole qui sceust rapporter ce naturel mouvement, et maintenir une apparence de liberté et de licence si pareille et inflexible, parmi des routes si tortues et diverses, et que toute leur attention et engin ne les y sauroit conduire. La voye de la verité est une et simple ; celle du proufit particulier, et de la commodité des affaires qu'on a en charge, double, inegale et fortuite. J'ay veu souvent en usage ces libertés contrefaictes et artificielles, mais le plus souvent sans succès ; elles sentent volontiers leur asne d'Æsope[1], lequel, par emulation du chien, veint à se jecter tout gayement, à deux pieds, sur les espaules de son maistre ; mais autant que le chien recevoit de caresses, de pareille feste le pauvre asne en receut deux fois autant de bastonnades : *Id maxime quemque decet quod est cujusque suum maxime*[2]. Je ne veulx pas priver la tromperie de son reng, ce seroit mal entendre le monde ; je sçais qu'elle a servy souvent proufitablement, et qu'elle maintient et nourrit la plus part des vacations des hommes. Il y a des vices legitimes, comme plusieurs actions, ou bonnes ou excusables, illegitimes.

La justice en soy, naturelle et universelle, est aultrement reglée et plus noblement que n'est ceste aultre justice speciale, nationale, contraincte au besoing de nos polices : *Veri juris germanæque justitiæ solidam et expressam effigiem nullam tenemus, umbra et imaginibus utimur*[3] ; si que le sage Dandamis[4], oyant reciter les vies de Socrates, Pythagoras, Diogenes, les jugea grands personnages en toute aultre chose, mais trop asservis à la reverence des loix ; pour lesquelles auctoriser et seconder la vraye vertu a beaucoup à se desmettre

---

(1) Fable imitée par La Fontaine, IV, 5. J. V. L.

(2) Ce qui est le plus naturel à chacun, c'est ce qui lui sied le mieux. Cic., *de Offic.*, I, 31.

(3) Nous n'avons point de modèle solide et positif d'un véritable droit et d'une justice parfaite ; nous n'en avons qu'une ombre, qu'une image. Cic., *de Offic.*, III, 17.

(4) C'était un sage Indien, qui vivait du temps d'Alexandre. Voyez Plut., *Vie d'Alexandre*, c. 20 ; et Strab., liv. XV, qui l'appelle *Mandanis*. C.

de sa vigueur originelle ; et non seulement par leur permission plusieurs actions vicieuses ont lieu, mais encores à leur suasion : *ex senatus-consultis plebisquescitisscelera exercentur*[1]. Je suys le langage commun, qui faict difference entre les choses utiles et les honnestes ; si que, d'aulcunes actions naturelles, non seulement utiles, mais necessaires, il les nomme deshonnestes et sales.

Mais continuons nostre exemple de la trahison. Deux pretendants au royaume de Thrace[2] estoient tumbés en debat de leurs droicts ; l'empereur les empescha de venir aux armes, mais l'un d'eulx, soubs couleur de conduire un accord amiable par leur entrevue, ayant assigné son compaignon pour le festoyer en sa maison, le feit emprisonner et tuer. La justice requeroit que les Romains eussent raison de ce forfaict ; la difficulté en empeschoit les voyes ordinaires ; ce qu'ils ne peurent legitimement sans guerre et sans hazard, ils entreprindrent de le faire par trahison ; ce qu'ils ne peurent honnestement, ils le feirent utilement ; à quoy se trouva propre un Pomponius Flaccus. Cestuy cy, soubs feinctes paroles et asseurances, ayant attiré cest homme dans ses rets, au lieu de l'honneur et faveur qu'il luy promettoit, l'envoya pieds et poings liés à Rome. Un traistre y trahit l'aultre, contre l'usage commun ; car ils sont pleins de defiance, et est malaysé de les surprendre par leur art ; tesmoing la poisante experience que nous venons d'en sentir[3].

Sera Pomponius Flaccus qui vouldra, et en est assez qui le vouldront ; quant à moy, et ma parole et ma foy sont, comme le demourant, pieces de ce commun corps ; leur meilleur effect, c'est le service public ; je tiens cela pour presupposé. Mais, comme, si on me commandoit que je prinsse la charge du palais et des plaids, je respondrois : « Je n'y entends rien ; » ou la charge de conducteur de pionniers, je dirois : « Je suis appelé à un roolle plus digne ; » de mesme, qui me vouldroit employer à mentir, à trahir et à me parjurer, pour quelque service notable, non que d'assassiner ou empoisonner, je dirois : « Si j'ay volé ou desrobbé quelqu'un, envoyez-moy plustost en gallere. » Car il est loisible à un homme d'honneur de parler ainsi que feirent les Lacedemoniens[1], ayants esté desfaicts par Antipater, sur le poinct de leurs accords : « Vous nous pouvez commander des charges poisantes et dommageables autant qu'il vous plaira ; mais de honteuses et deshonnestes, vous perdrez vostre temps de nous en commander. » Chascun doibt avoir juré à soy mesme ce que les roys d'Ægypte faisoient solennellement jurer à leurs juges[2], « qu'ils ne se desvoyeroient de leur conscience, pour quelque commandement qu'eulx mesmes leur en feissent. » A telles commissions, il y a note evidente d'ignominie et de condamnation, et qui vous la donne vous accuse ; et vous la donne, si vous l'entendez bien, en charge et en peine. Autant que les affaires publiques s'amendent de vostre exploict, autant s'en empirent les vostres ; vous y faictes d'autant pis que mieulx vous y faictes ; et ne sera pas nouveau, ny à l'adventure sans quelque air de justice, que celuy mesme vous ruyne qui vous aura mis en besongne.

Si la trahison peult estre en quelque cas excusable, lors seulement elle l'est qu'elle s'employe à chastier et trahir la trahison. Il se treuve assez de perfidies, non seulement refusées, mais punies par ceulx en faveur desquels elles avoient esté entreprinses. Qui ne sçait la sentence de Fabricius à l'encontre du medecin de Pyrrhus ?

Mais ceci encores se treuve, que tel l'a commandée, qui par après l'a vengée rigoureusement sur celuy qu'il y avoit employé ; refusant un credit et pouvoir si effréné, et desadvouant un servage et une obeissance si abandonnée et si lasche. Iaropelc[3], duc de Russie, practiqua un gentilhomme de Hongrie pour trahir le roy de Poloigne Boleslaus, en le faisant mourir, ou donnant aux Russiens moyen de luy faire quelque notable dommage. Cestuy cy s'y porta en galant homme ; s'addonna, plus que devant, au service de ce roy, obtenit d'estre de

---

(1) Il est des crimes autorisés par les sénatus-consultes et les plébiscites. Sén., *Epist*. 95.

(2) *Rhescuporis* et *Cotys*: le premier, frère de *Rémétalcès*, dernier roi des Thraces ; et le second, son fils. Ce fut Tibère qui *les empescha de venir aux armes*. Tacite, *Annal.*, II, 65. C.

(3) Montaigne fait allusion à la feinte réconciliation qui eut lieu, en 1588 (l'année même où il faisait imprimer à Paris le troisième livre des *Essais*), entre Catherine de Médicis et Henri, duc de Guise, qui se trompaient l'un l'autre. A. D.

(1) Plut., *Différence entre le flatteur et l'ami*, c. 21. C.

(2) Plut., *Apophthegmes des Rois*, vers le commencement. C.

(3) Voyez Martin Cromer, *de Rebus Polon.*, l. V, p. 131, 132, edit. Basil. 1555. C.

son conseil et de ses plus feaulx. Avecques ces advantages, et choisissant à poinct l'opportunité de l'absence de son maistre, il trahit aux Russiens Visilicie¹, grande et riche cité, qui feut entierement saccagée et arse par eulx, avec occision totale, non seulement des habitants d'icelle de tout sexe et aage, mais de grand nombre de noblesse de là autour, qu'il y avoit assemblé à ces fins. Iaropelc, assouvy de sa vengeance et de son courroux, qui pourtant n'estoit pas sans tiltre (car Boleslaus l'avoit fort offensé, et en pareille conduicte), et saoul du fruict de ceste trahison, venant à en considerer la laideur nue et seule, et la regarder d'une veue saine et non plus troublée par sa passion, la print à un tel remors et contre cœur qu'il en feit crever les yeulx, et couper la langue et les parties honteuses à son executeur.

Antigonus² persuada les soldats Argyraspides de luy trahir Eumenes, leur capitaine general, son adversaire : mais, l'eut il faict tuer après qu'ils le luy eurent livré, il desira luy mesme estre commissaire de la justice divine, pour le chastiement d'un forfaict si detestable; et les consigna entre les mains du gouverneur de la province, luy donnant très exprès commandement de les perdre et mettre à male fin, en quelque maniere que ce feust, tellement que, de ce grand nombre qu'ils estoient, aulcun ne veid oncques puis l'air de Macedoine : mieulx il en avoit esté servy, d'autant le jugea il avoir esté plus meschamment et punissablement.

L'esclave³ qui trahit la cachette de P. Sulpicius, son maistre, feut mis en liberté, suyvant la promesse de la proscription de Sylla; mais, suyvant la promesse de la raison publicque, tout libre, il fut precipité du roc Tarpeïen.

Et nostre roy Clovis, au lieu des armes d'or qu'il leur avoit promis, feit pendre les trois serviteurs de Canacre⁴, après qu'ils luy eurent trahy leur maistre, à quoy il les avoit practiqués.

Ils les font pendre avecques la bourse de leur payement au col : ayant satisfaict à leur seconde foy et speciale, ils satisfont à la generale et premiere.

Mahumet second, se voulant desfaire de son frere, pour la jalousie de la domination, suyvant le style de leur race, y employa l'un de ses officiers, qui le suffoqua, l'engorgeant de quantité d'eau prinse trop à coup : cela faict, il livra, pour l'expiation de ce meurtre, le meurtrier entre les mains de la mere du trespassé, car ils n'estoient freres que de pere : elle, en sa presence, ouvrit à ce meurtrier l'estomach; et, tout chauldement, de ses mains fouillant et arrachant son cœur, le jecta à manger aux chiens¹. Et à ceulx mesmes qui ne valent rien, il est si doulx, ayant tiré l'usage d'une action vicieuse, y pouvoir hormais couldre en toute seureté quelque traict de bonté et de justice, comme par compensation et correction conscientieuse, joinct qu'ils regardent les ministres de tels horribles maleficas comme gents qui les leur reprochent, et cherchent, par leur mort, d'estouffer la cognoissance et tesmoignage de telles menées.

Or, si par fortune on vous en recompense, pour ne frustrer la necessité publicque de cest extreme et desesperé remede, celuy qui le faict ne laisse pas de vous tenir, s'il ne l'est luy mesme, pour un homme mauldit et exsecrable, et vous tient plus traistre que ne faict celuy contre qui vous l'estes; car il touche la malignité de vostre courage, par vos mains, sans desadveu, sans object : mais il vous employe, tout ainsi qu'on faict les hommes perdus aux executions de la haulte justice, charge autant utile, comme elle est peu honneste. Oultre la vilité de telles commissions, il y a de la prostitution de conscience. La fille à Sejanus, ne pouvant estre punie à mort, en certaine forme de jugement à Rome, d'autant qu'elle estoit vierge², feut, pour donner passage aux loix, forcée par le bourreau, avant qu'il l'estranglast : non sa main seulement, mais son ame est esclave à la commodité publicque.

Quand le premier Amurath, pour aigrir la punition contre ses subjects qui avoient donné

---

(1) *Vislicza*, ville de la Haute-Pologne, dans le palatinat de Sandomir. E. J.
(2) Plut., *Vie d'Eumène*, c. 9, à la fin. C.
(3) Val. Maxime, VI, 5, 7. C.
(4) Peut-être *Cararic*. Voy. Greg. de Tours, II, 41. J. V. L.

(1) C'est précisément ce que fit le fameux duc de Valentinois, César Borgia, à l'égard de Remiro d'Orco (chap. 7 du *Prince* de Machiavel). N.
(2) *Quia triumvirali supplicio affici virginem inauditum habebatur, a carnifice, laqueum juxta, compressum.* Tacite, *Annal.*, V, 9, C.

support à la parricide rebellion de son fils contre luy, ordonna que leurs plus proches parents presteroient la main à ceste execution ; je treuve très honneste à aulcuns d'iceulx d'avoir choisi plustost d'estre injustement tenus coulpables du parricide d'un aultre que de servir la justice de leur propre parricide : et où, en quelques bicoques forcées de mon temps, j'ai veu des coquins, pour garantir leur vie, accepter de pendre leurs amis et consorts, je les ai tenus de pire condition que les pendus. On dict[1] que Witolde, prince de Lithuanie, introduisit en ceste nation que le criminel condamné à mort eust luy mesme de sa main à se desfaire ; trouvant estrange qu'un tiers, innocent de la faulte, feust employé et chargé d'un homicide.

Le prince, quand une urgente circonstance, et quelque impetueux et inopiné accident du besoing de son Estat, luy faict gauchir sa parole et sa foy, ou aultrement le jecte hors de son debvoir ordinaire, doibt attribuer ceste necessité à un coup de la verge divine : vice n'est ce pas, car il a quitté sa raison à une plus universelle et puissante raison ; mais, certes, c'est malheur : de maniere qu'à quelqu'un qui me demandoit : « Quel remede ? » « Nul remede, feis je, s'il feut veritablement gehenné[2] entre ces deux extremes ; *Sed videat, ne quæratur latebra perjurio*[3] : il le falloit faire ; mais s'il le feit sans regret, s'il ne luy greva de le faire, c'est signe que sa conscience est en mauvais termes. » Quand il s'en trouveroit quelqu'un de si tendre conscience, à qui nulle guarison ne semblast digne d'un si poisant remede, je ne l'en estimerois pas moins : il ne se sçauroit perdre plus excusablement et decemment. Nous ne pouvons pas tout : ainsi comme ainsi nous fault il souvent, comme à la derniere anchre, remettre la protection de nostre vaisseau à la pure conduicte du ciel. A quelle plus juste necessité se reserve il ? que luy est il moins possible à faire, que ce qu'il ne peult faire qu'aux despens de sa foy et de son honneur ? choses qui, à l'adventure, luy doibvent estre plus cheres que son propre salut, ouy, et que le salut de son peuple. Quand, les bras croisés, il appellera Dieu simplement à son ayde, n'aura il pas à esperer que la divine bonté n'est pour refuser la faveur de sa main extraordinaire à une main pure et juste ? Ce sont dangereux exemples, rares et maladifves exceptions à nos regles naturelles ; il y fault ceder, mais avecques grande moderation et circonspection : aulcune utilité privée n'est digne pour laquelle nous facions cest effort à nostre conscience ; la publicque, bien, lors qu'elle est et très apparente et très importante.

Timoleon se garantit à propos de l'estrangeté de son exploict, par les larmes qu'il rendit, se souvenant que c'estoit d'une main fraternelle qu'il avoit tué le tyran ; et cela pincea justement sa conscience, qu'il eust esté necessité d'acheter l'utilité publicque à tel prix de l'honnesteté de ses mœurs. Le senat mesme, delivré de servitude par son moyen, n'osa rondement decider d'un si hault faict, et deschiré en deux si poisants et contraires visages ; mais, les Syracusains ayant tout à poinct, à l'heure mesme[1], envoyé requerir les Corinthiens de leur protection, et d'un chef digne de restablir leur ville en sa premiere dignité, et nettoyer la Sicile de plusieurs tyranneaux qui l'oppressoient, il y deputa Timoleon, avecques ceste nouvelle desfaicte et declaration : « Que, selon ce qu'il se porteroit bien ou mal en sa charge, leur arrest prendroit party, à la faveur du liberateur de son païs, ou à la desfaveur du meurtrier de son frere. » Ceste fantastique conclusion a quelque excuse, sur le danger de l'exemple et importance d'un faict si divers[2] ; et feirent bien d'en descharger leur jugement, ou de l'appuyer ailleurs et en des considerations tierces. Or, les deportements de Timoleon en ce voyage rendirent bientost sa cause plus claire, tant il s'y porta dignement et vertueusement en toutes façons : et le bonheur qui l'accompagna aux aspretés qu'il eut à vaincre en ceste noble besongne sembla luy estre envoyé par les dieux conspirants et favorables à sa justification.

La fin de cestuy cy est excusable, si aul-

---

(1) CROMER, *de Rebus Poloni.*, lib. XVI, p. 384. C.

(2) Tourmenté.

(3) Mais qu'il se garde bien de chercher un prétexte pour couvrir son parjure. Cic., *de Offic.*, III, 29.

(1) DIOD. DE SICILE, XVI, 65. Plutarque ne dit pas que ce fut tout à poinct, à l'heure mesme, mais vingt ans après, *Vie de Timoléon*, c. 3 de la traduction d'Amyot. Le récit abrégé de Cornélius Népos (*Timol.*, c. 1) n'éclaircit pas beaucoup la question. J. V. L.

(2) Si étrange.

cune le pouvoit estre: mais le proufit de l'augmentation du revenu publicque, qui servit de pretexte au senat romain à ceste orde[1] conclusion que je m'en voys reciter, n'est pas assez fort pour mettre à garant une telle injustice. Certaines cités s'estoient rachetées à prix d'argent, et remises en liberté, avecques l'ordonnance et permission du senat, des mains de L. Sylla: la chose estant tumbée en nouveau jugement, le senat les condamna à estre taillables comme auparavant, et que l'argent qu'elles avoient employé pour se racheter demeureroit perdu pour elles[2]. Les guerres civiles produisent souvent ces vilains exemples, que nous punissons les privés, de ce qu'ils nous ont creu quand nous estions aultres; et un mesme magistrat faict porter la peine de son changement à qui n'en peult mais; le maistre fouette son disciple de docilité, et le guide son aveugle: horrible image de justice!

Il y a des regles en la philosophie et faulses et molles. L'exemple qu'on nous propose, pour faire prevaloir l'utilité privée à la foy donnée, ne receoit pas assez de poids par la circonstance qu'ils y meslent. Des voleurs vous ont prins, ils vous ont remis en liberté, ayant tiré de vous serment du payement de certaine somme. On a tort de dire qu'un homme de bien sera quitte de sa foy sans payer, estant hors de leurs mains. Il n'en est rien: ce que la crainte m'a faict une fois vouloir, je suis tenu de le vouloir encores sans crainte; et, quand elle n'aura forcé que ma langue sans la volonté, encores suis je tenu de faire la maille bonne de ma parole[3]. Pour moi, quand parfois ell' a inconsideremnent devancé ma pensée, j'ay faict conscience de la desadvouer pourtant: aultrement, de degré en degré, nous viendrons à abolir tout le droict qu'un tiers prend de nos promesses et serments: *Quasi vero forti viro vis possit adhiberi*[4]. En cecy seulement a loy l'interest privé de nous excuser de faillir à nostre promesse, si nous avons promis chose meschante et inique de soy; car le droict de la vertu doibt prevaloir le droict de nostre obligation.

J'ay aultrefois logé Epaminondas au premier reng des hommes excellents[1], et ne m'en desdis pas. Jusques où montoit il la consideration de son particulier debvoir? qui ne tua jamais homme qu'il eust vaincu; qui, pour ce bien inestimable de rendre la liberté à son païs, faisoit conscience de tuer un tyran, ou ses complices, sans les formes de la justice[2]; et qui jugeoit meschant homme, quelque bon citoyen qu'il feust, celuy qui, entre les ennemis et en la battaille, n'espargnoit son amy et son hoste. Voylà une ame de riche composition: il marioit aux plus rudes et violentes actions humaines la bonté et l'humanité, voire mesme la plus delicate qui se treuve en l'eschole de la philosophie. Ce courage si gros, enflé, et obstiné contre la douleur, la mort, la pauvreté, estoit ce nature ou art, qui l'eust attendry jusques au poinct d'une si extreme doulceur et debonnaireté de complexion? Horrible de fer et de sang, il va fracassant et rompant une nation invincible contre tout aultre que contre luy seul; et gauchit, au milieu d'une telle meslée, au rencontre de son hoste et de son amy[3]. Vrayement celuy là proprement commandoit bien à la guerre, qui luy faisoit souffrir le mors de la benignité, sur le poinct de sa plus forte chaleur, ainsin enflammée qu'elle estoit, et toute escumeuse de fureur et de meurtres. C'est miracle de pouvoir mesler à telles actions quelque image de justice; mais il n'appartient qu'à la roideur d'Epaminondas d'y pouvoir mesler la doulceur et la facilité des mœurs les plus molles et la pure innocence, et, où l'un[4] dict aux Mamertins « que les statuts n'avoient point de mise envers les hommes armés; » l'aultre[5], au tribun du peuple, « que le temps de la justice et de la guerre estoient deux; » le tiers[6], « que le bruit des armes l'empeschoit d'entendre la voix des loix, » cestuy cy n'estoit pas seulement empesché d'entendre celle de la civilité et pure courtoisie.

---

(1) *Sale, d'où ordure.*
(2) Cic., *de Offic.*, III, 22. C.
(3) *De tenir fermement ma parole.* C.
(4) Comme si la violence pouvait rien sur un homme de cœur. Cic., *de Offic.*, III, 30. — Mais Cicéron parle ici de Régulus, c'est-à-dire de la conduite d'un ennemi à l'égard d'un ennemi légitime, « envers lequel le droit fécial et tous les autres devaient être respectés. » J. V. L.

(1) Livre II, c. 36.
(2) Plut., *de l'Esprit familier de Socrate*, c. 4 et 24. C.
(3) Id., *ibid.*, c. 17. L'expression, si énergique et si neuve, appartient à Montaigne. J. V. L.
(4) *Pompée.* Voyez sa *Vie* dans Plut., c. 3. C.
(5) *César*, dans sa *Vie* par Plut., c. 11. C.
(6) *Marius*, dans sa *Vie* par Plut., c. 10. C.

Avoit il pas emprunté de ses ennemis[1] l'usage de sacrifier aux muses, allant à la guerre, pour destremper, par leur doulceur et gayeté, ceste furie et aspreté martiale ? Ne craignons point, après un si grand precepteur, d'estimer qu'il y a quelque chose illicite contre les ennemis mesmes ; que l'interest commun ne doibt pas tout requerir de touts, contre l'interest privé : *Manente memoria, etiam in dissidio publicorum fœderum, privati juris*[2] ;

> *Et nulla potentia vires*
> *Præstandi, ne quid peccet amicus, habet*[3] ;

et que toutes choses ne sont pas loisibles à un homme de bien, pour le service de son roy, ny de la cause generale et des loix : *Non enim patria præstat omnibus officiis..... et ipsi conducit pios habere cives in parentes*[4]. C'est une instruction propre au temps : nous n'avons que faire de durcir nos courages par ces lames de fer ; c'est assez que nos espaules le soyent ; c'est assez de tremper nos plumes en encre, sans les tremper en sang : si c'est grandeur de courage, et l'effect d'une vertu rare et singuliere, de mespriser l'amitié, les obligations privées, sa parole et la parenté, pour le bien commun et obeïssance du magistrat ; c'est assez vrayement, pour nous en excuser, que c'est une grandeur qui ne peult loger en la grandeur du courage d'Epaminondas.

J'abomine les enhortements enragés de ceste aultre ame desreglée[5],

> *... Dum tela micant, non vos pietatis imago*
> *Ulla, nec adversa conspecti fronte parentes*
> *Commoveant; vultus gladio turbate verendos.*

Ostons aux meschants naturels, et sanguinaires, et traistres, ce pretexte de raison ; laissons là ceste justice enorme et hors de soy, et nous tenons aux plus humaines imitations. Combien peult le temps et l'exemple ! En une rencontre de la guerre civile contre Cinna, un soldat de Pompeius ayant tué, sans y penser, son frere qui estoit au party contraire, se tua sur le champ soy mesme, de honte et de regret[1] ; et quelques années après, en une aultre guerre civile de ce mesme peuple, un soldat, pour avoir tué son frere, demanda recompense à ses capitaines[2].

On argumente mal l'honneur et la beauté d'une action par son utilité, et conclud on mal d'estimer que chascun y soit obligé, et qu'elle soit honneste à chascun, si elle est utile :

> *Omnia non pariter rerum sunt omnibus apta*[3].

Choisissons la plus necessaire et plus utile de l'humaine societé ; ce sera le mariage : si est ce que le conseil des saincts treuve le contraire party plus honneste, et en exclud la plus venerable vacation des hommes, comme nous assignons au haras les bestes qui sont de moindre estime.

CHAPITRE II.

Du repentir.

Les aultres forment l'homme : je le recite ; et represente un particulier, bien mal formé, et lequel, si j'avois à façonner de nouveau, je ferois vrayement bien aultre qu'il n'est : meshuy[4], c'est faict. Or, les traicts de ma peincture ne se fourvoyent poinct, quoyqu'ils se changent et diversifient. Le monde n'est qu'une bransloire perenne[5] ; toutes choses y branslent sans cesse, la terre, les rochiers du Caucase, les pyramides d'Ægypte, et du bransle publicque et du leur ; la constance mesme n'est aultre chose qu'un bransle plus languissant. Je ne puis asseurer mon object ; il va trouble et chancelant,

---

(1) *Les Lacédémoniens.*
(2) Le souvenir du droit particulier subsistant même au milieu des dissensions publiques. TITE LIVE, XXV, 18.
(3) Nulle puissance ne peut autoriser l'infraction des droits de l'amitié. OVIDE, *de Ponto*, I, 7, 37.
(4) Car la patrie ne l'emporte pas sur tous les devoirs ; et il lui importe à elle-même d'avoir des citoyens qui soient pieux envers leurs parents. CIC., *de Offic.*, III, 23. — La première de ces deux phrases est interrogative dans Cicéron, et la réponse est loin d'être aussi décisive qu'on pourrait le croire d'après la citation. J. V. L.
(5) De *Jules César*, qui, en guerre ouverte contre sa patrie, dont il veut opprimer la liberté, s'écrie dans LUCAIN (VII, 320) : «Tant quele glaive brillera, qu'aucun sentiment de pitié ou de tendresse ne vous touche ; que la vue même de vos pères, dans le parti opposé, n'ébranle point vos courages : frappez, défigurez ces faces vénérables. »

(1) *Prælio, quo apud Janiculum adversus Cinnam pugnatum est, Pompeianus miles fratrem suum, dein, cognito facinore, se ipsum interfecit.* TACITE, *Hist.*, III, 51.
(2) *Celeberrimos auctores habeo, tantam victoribus adversus fas nefasque irreverentiam fuisse, ut gregarius eques, occisum a se proxima acie fratrem professus, præmium a ducibus petierit.* TACITE, *Hist.* III, 51.
(3) Toutes choses ne conviennent pas également à tous. PROP., III, 9, 7.
(4) *Aujourd'hui.*
(5) *Perpétuelle.*

d'une yvresse naturelle : je le prends en ce poinct, comme il est en l'instant que je m'amuse à luy : je ne peinds pas l'estre, je peinds le passage ; non un passage d'aage en aultre, ou, comme dict le peuple, de sept en sept ans, mais de jour en jour, de minute en minute : il fault accommoder mon histoire à l'heure ; je pourray tantost changer, non de fortune seulement, mais aussi d'intention. C'est un contreroolle de divers et muables accidents, et d'imaginations irresolues, et, quand il y eschet, contraires ; soit que je sois aultre moy mesme, soit que je saisisse les subjects par aultres circonstances et considerations ; tant y a que je me contredis bien à l'adventure, mais la verité, comme disoit Demades[1], je ne la contredis point. Si mon ame pouvoit prendre pied, je ne m'essaierois pas, je me resouldrois[2] ; elle est tousjours en apprentissage et en espreuve.

Je propose une vie basse et sans lustre, c'est tout un ; on attache aussi bien toute la philosophie morale à une vie populaire et privée qu'à une vie de plus riche estoffe : chasque homme porte la forme entiere de l'humaine condition. Les aucteurs se communiquent au peuple par quelque marque speciale et estrangiere ; moy, le premier, par mon estre universel ; comme Michel de Montaigne, non comme grammairien, ou poëte, ou jurisconsulte. Si le monde se plaind de quoy je parle trop de moy, je me plains de quoy il ne pense seulement pas à soy. Mais est ce raison que, si particulier en usage, je pretende me rendre public en cognoissance ? est il aussi raison que je produise au monde, où la façon et l'art ont tant de credit et de commandement, des effects de nature et cruds et simples, et d'une nature encores bien foiblette ? est ce pas faire une muraille sans pierre, ou chose semblable, que de bastir des livres sans science et sans art ? Les fantasies de la musique sont conduictes par art ; les miennes, par sort. Au moins j'ay cecy selon la discipline, que jamais homme ne traicta subject qu'il entendist ne cogneust mieulx que je fois celuy que j'ay entreprins ; et qu'en celuy là je suis le plus sçavant homme qui vive : secondement, que jamais aulcun ne penetra en sa matiere plus avant, ny en espelucha plus distinctement les membres et suittes, et n'arriva plus exactement et plus plainement à la fin qu'il s'estoit proposé à sa besongne. Pour la parfaire, je n'ay besoing d'y apporter que la fidelité ; celle là y est, la plus sincere et pure qui se treuve. Je dis vray, non pas tout mon saoul, mais autant que je l'ose dire, et l'ose un peu plus en vieillissant ; car il semble que la coustume concede à cest aage plus de liberté de bavasser[1], et d'indiscretion à parler de soy. Il ne peult advenir icy, ce que je veois advenir souvent, que l'artisan et sa besongne se contrarient : un homme de si honneste conversation a il faict un si sot escript ? ou des escripts si sçavants sont ils partis d'un homme de si foible conversation ? Qui a un entretien commun, et ses escripts rares, c'est à dire que sa capacité est en un lieu d'où il l'emprunte, et non en luy. Un personnage sçavant n'est pas sçavant par tout ; mais le suffisant est par tout suffisant, et à ignorer mesme : icy nous allons conformement, et tout d'un train, mon livre et moy. Ailleurs, on peult recommender et accuser l'ouvrage, à part de l'œuvrier : icy, non ; qui touche l'un, touche l'aultre. Celuy qui en jugera sans le cognoistre se fera plus de tort qu'à moy ; celuy qui l'aura cogneu m'a du tout satisfaict. Heureux oultre mon merite si j'ay seulement ceste part à l'approbation publicque, que je face sentir aux gents d'entendement que j'estois capable de faire mon proufit de la science, si j'en eusse eu ; et que je meritois que la memoire me secourust mieulx.

Excusons icy ce que je dis souvent, que je me repens rarement, et que ma conscience se contente de soy, non comme de la conscience d'un ange ou d'un cheval, mais comme de la conscience d'un homme : adjoustant tousjours ce refrain, non un refrain de cerimonie, mais de naïfve et essentielle soubmission, « que je parle enquerant et ignorant, me rapportant de la resolution purement et simplement aux creances communes et legitimes. » Je n'enseigne point, je raconte.

Il n'est vice veritablement vice qui n'offense et qu'un jugement entier n'accuse ; car il a de la laideur et incommodité si apparente, qu'à

---

(1) Montaigne paraphrase ici à sa manière ce que disait cet ancien orateur, selon Plut., dans la *Vie de Démosthène*, c. 3, « Qu'il s'estoit bien contredict à soy mesme assez de fois, selon « les occurrences des affaires ; mais contre le bien de la chose « publicque, jamais. » C.

(2) *Je parlerais avec résolution.*

(1) *Babiller.*

l'adventure ceulx-là ont raison qui disent qu'il est principalement produict pas bestise et ignorance[1] ; tant il est mal aysé d'imaginer qu'on le connoisse sans le haïr ! La malice hume la pluspart de son propre venin, et s'en empoisonne[2]. Le vice laisse, comme un ulcere en la chair, une repentance en l'ame, qui tousjours s'esgratigne et s'ensanglante elle mesme ; car la raison efface les aultres tristesses et douleurs, mais elle engendre celle de la repentance, qui est plus griefve, d'autant qu'elle naist au dedans, comme le froid et le chauld des fiebvres est plus poignant que celuy qui vient du dehors. Je tiens pour vices (mais chascun selon sa mesure) non seulement ceulx que la raison et la nature condamnent, mais ceulx aussi que l'opinion des hommes a forgé, voire faulse et erronée, si les loix et l'usage l'autorise.

Il n'est pareillement bonté qui ne resjouïsse une nature bien née ; il y a, certes, je ne sçais quelle congratulation de bien faire, qui nous resjouït en nous-mesmes, et une fierté genereuse qui accompaigne la bonne conscience ; une ame courageusement vicieuse se peult à l'adventure garnir de securité ; mais de ceste complaisance et satisfaction, elle ne s'en peult fournir. Ce n'est pas un legier plaisir de se sentir preservé de la contagion d'un siecle si gasté, et de dire en soy : « Qui me verroit jusques dans l'ame, encores ne me trouveroit-il coupable, ny de l'affliction et ruyne de personne, ny de vengeance ou d'envie, ny d'offense publicque des loix, ny de nouvelleté et de trouble, ny de faulte à ma parolle ; et, quoy que la licence du temps permist et apprinst à chascun, si n'ay je mis la main ny ès biens, ny en la bourse d'homme françois, et n'ay vescu que sur la mienne, non plus en guerre qu'en paix ; ny ne me suis servy du travail de personne sans loyer. » Ces tesmoignages de la conscience plaisent ; et nous est grand benefice que ceste esjouïssance naturelle, et le seul payement qui jamais ne nous manque.

De fonder la recompense des actions vertueuses sur l'approbation d'aultruy, c'est prendre un trop incertain et trouble fondement, signamment en un siecle corrompu et ignorant, comme cestuy-cy ; la bonne estime du peuple est injurieuse ; à qui vous fiez-vous de veoir ce qui est louable? Dieu me gard d'estre homme de bien selon la description que je veois faire touts les jours, par honneur à chascun de soy : *Quæ fuerant vitia mores sunt*[1]. Tels de mes amis ont par fois entrepris de me chapitrer et mercurialiser[2] à cœur ouvert, ou de leur propre mouvement, ou semons[3] par moy comme d'un office qui, à une ame bien faicte, non en utilité seulement, mais en doulceur aussi, surpasse touts les offices de l'amitié ; je l'ay tousjours accueilly des bras de la courtoisie et recognoissance les plus ouverts ; mais[4], à en parler asture en conscience, j'ay souvent trouvé en leurs reproches et louanges tant de faulse mesure que je n'eusse gueres failly de faillir plustost que de bien faire à leur mode. Nous aultres principalement, qui vivons une vie privée qui n'est en montre qu'à nous, debvons avoir estably un patron au dedans, auquel toucher nos actions[5], et, selon iceluy, nous caresser tantost, tantost nous chastier. J'ay mes loix et ma cour pour juger de moy, et m'y adresse plus qu'ailleurs ; je restreinds bien selon aultruy mes actions, mais je ne les entends que selon moy. Il n'y a que vous qui sçache si vous estes lasche et cruel, ou loyal et devotieux ; les aultres ne vous veoyent point, ils vous devinent par conjectures incertaines ; ils veoyent non tant vostre nature que vostre art ; par ainsi, ne vous tenez pas à leur sentence, tenez-vous à la vostre : *Tuo tibi judicio est utendum... Virtutis et vitiorum grave ipsius conscientiæ pondus est; qua sublata, jacent omnia*[6].

---

(1) *Tout vice est issu d'ânerie*. Ailleurs, liv. II, c. 12, Montaigne dit du même proverbe : « Si cela est vray, cela est subject à une longue interpretation. »

(2) Pensée prise de Sén., *Epist.* 81 : *Quemadmodum Attalus noster dicere solebat, malitia ipsa maximam partem veneni sui bibit*. C.

(1) Les vices d'autrefois sont devenus les mœurs d'aujourd'hui. Sén., *Epist.* 39.

(2) *Censurer.*

(3) *Avertis.*

(4) Montaigne avait d'abord écrit : « Mais je meure s'il n'advenoit qu'imbus de ses faulses opinions du temps ils m'offroient à destourner à honneur leurs reprimandes, et approbations à reprobations. Ce n'estoit pas à moy pourtant de le leur faire sentir, mais de les en remercier et sçavoir gré pour ne pas troubler la faveur d'un si bon office. » Mais il a rayé cette leçon pour y substituer celle qu'on lit ici. N.

(5) *Par lequel nous puissions juger du prix de nos actions.* C.

(6) *Servez-vous de votre propre jugement... Le témoignage intérieur que se rend le vice ou la vertu est d'un grand poids :*

Mais ce qu'on dict, que la repentance suyt de près le peché, ne semble pas regarder le peché qui est en son hault appareil, qui loge en nous comme en son propre domicile ; on peult desadvouer et desdire les vices qui nous surprennent, et vers lesquels les passions nous emportent ; mais ceulx qui, par longue habitude, sont enracinés et anchrés en une volonté forte et vigoreuse, ne sont pas subjects à contradiction. Le repentir n'est qu'une desdicte de nostre volonté et opposition de nos fantasies, qui nous pourmene à touts sens. Il faict desadvouer à celuy-là sa vertu passée et sa continence :

Quæ mens est hodie, cur eadem non puero fuit?
Vel cur his animis incolumes non redeunt genæ [1] *?*

C'est une vie exquise, celle qui se maintient en ordre jusques en son privé. Chascun peult avoir part au bastelage, et representer un honneste personnage en l'eschaffaud[2] ; mais au dedans et en sa poictrine, où tout nous est loisible, où tout est caché, d'y estre réglé, c'est le poinct. Le voysin degré, c'est de l'estre en sa maison, en ses actions ordinaires, desquelles nous n'avons à rendre raison à personne, où il n'y a point d'estude, point d'artifice ; et pourtant[3] Bias, peignant un excellent estat de famille « de laquelle, dict-il, le maistre soit tel au dedans par luy mesme, comme il est au dehors par la crainte de la loy et du dire des hommes ; » et feut une digne parole de Julius Drusus[4] aux ouvriers qui luy offroient, pour trois mille escus, mettre sa maison en tel poinct que ses voysins n'y auroient plus la veue qu'ils y avoient : « Je vous en donneray, dict il, six mille, et faictes que chascun y veoye de toutes parts. » On remarque avecques honneur l'usage d'Agesilaus[1], de prendre, en voyageant, son logis dans les eglises, à fin que le peuple et les dieux mesmes veïssent dans ses actions privées. Tel a esté miraculeux au monde, auquel sa femme et son valet n'ont rien veu non seulement de remarquable ; peu d'hommes ont esté admirés par leurs domestiques[2] ; nul a esté prophete non seulement en sa maison, mais en son païs, dict l'experience des histoires ; de mesme aux choses de neant ; et en ce bas exemple, se veoid l'image des grands. En mon climat de Gascoigne, on tient pour drolerie de me veoir imprimé ; d'autant que la cognoissance qu'on prend de moy s'esloingne de mon giste, j'en vaulx d'autant mieulx ; j'achete les imprimeurs en Guienne, ailleurs ils m'achetent. Sur cest accident se fondent ceulx qui se cachent vivants et presents, pour se mettre en credit trespassés et absents. J'aime mieulx en avoir moins ; et ne me jecte au monde que pour la part que j'en tire ; au partir de là, je l'en quitte. Le peuple reconvoye celuy là, d'un acte publicque, avecques estonnement, jusqu'à sa porte, il laisse avecques sa robe ce roolle ; il en retumbe d'autant plus bas qu'il s'estoit plus hault monté ; au dedans, chez luy, tout est tumultuaire et vil. Quand le reglement s'y trouveroit, il fault un jugement vif et bien trié pour l'appercevoir en ces actions basses et privées ; joinct que l'ordre est une vertu morne et sombre. Gaigner une bresche, conduire une ambassade, regir un peuple, ce sont actions eclatantes ; tanser, rire, vendre, payer, aimer, haïr et converser avecques les siens, et avecques soy mesme, doulcement et justement, ne relascher point, ne se desmentir point, c'est chose plus rare, plus difficile et moins remarquable. Les vies retirées soustiennent par là, quoy qu'on die, des debvoirs autant ou plus aspres et tendus, que ne le font les aultres vies ; et les privés, dict Aristote[3], servent la vertu plus difficilement et

---

ôtez cette conscience, tout le reste ne leur est rien. — Les premiers mots sont tirés des *Tusculanes* de Cic., I, 25 ; et la phrase suivante, du traité *de Natura deorum*, III, 35. C.

(1) Hélas ! que ne pensais-je autrefois comme je pense aujourd'hui ? ou que n'ai-je encore aujourd'hui l'éclat dont brillait ma jeunesse ! Hor., *Od.*, IV, 10, 7. — Horace nous représente ici Ligurinus qui se repentira un jour, suivant lui, de n'avoir point jadis profité des charmes du jeune âge. C.

(2) Théâtre. C.

(3) Et c'est pour cela, d'après ces principes, que Bias, etc. Plut., *Banquet des sept Sages*, c. 14. C.

(4) Ou plutôt, comme dit Velléius Paterculus, *de Marcus Livius Drusus*, fameux tribun du peuple, qui mourut l'an 662 de Rome après avoir allumé en Italie, par son ambition, une dangereuse guerre dont parle Florus, III, 17 et 18. Quant à ce que Montaigne dit ici de *Livius Drusus*, il l'a pris d'un traité de Plutarque, intitulé : *Instruction pour ceux qui manient affaires d'estat*, c. 4, où ce Drusus est appelé *Julius Drusus*, tribun du peuple, Ἰούλιος Δροῦσος ὁ δημαγωγός. Si Montaigne eût consulté Paterculus, II, 15, il aurait pu s'apercevoir de cette petite méprise de Plutarque. L'historien latin raconte aussi ce trait un peu différemment.

(1) Plut., *Vie d'Agésilas*, c. 5 ; d'après Xén., *Éloge d'Agésilas*, V, 7. J. V. L.

(2) « Il faut être bien héros, disait le maréchal de Catinat, pour l'être aux yeux de son valet de chambre. » C.

(3) *Morale à Nicomaque*, X, 7. J. V. L.

haultement que ne font ceulx qui sont en magistrat; nous nous preparons aux occasions eminentes plus par gloire que par conscience. La plus courte façon d'arriver à la gloire, ce seroit faire pour la conscience ce que nous faisons pour la gloire; et la vertu d'Alexandre me semble representer assez moins de vigueur en son theatre, que ne faict celle de Socrate en ceste exercitation basse et obscure. Je conceois ayséement Socrates en la place d'Alexandre; Alexandre en celle de Socrates, je ne puis. Qui demandera à celuy là ce qu'il sçait faire, il respondra : « Subjuguer le monde; » qui le demandera à cestuy cy, il dira : « Mener l'humaine vie conformement à sa naturelle condition[1]; » science bien plus generale, plus poisante, et plus legitime.

Le prix de l'ame ne consiste pas à aller hault, mais ordonnéement; sa grandeur ne s'exerce pas en la grandeur, c'est en la mediocrité. Ainsi que ceulx qui nous jugent et touchent au dedans ne font pas grand' recepte de la lueur de nos actions publiques, et voyent que ce ne sont que filets et poinctes d'eau fine rejaillies d'un fond au demourant limoneux et poisant; en pareil cas, ceulx qui nous jugent par ceste brave apparence du dehors concluent de mesmes de nostre constitution interne; et ne peuvent accoupler des facultés populaires et pareilles aux leurs à ces aultres facultés qui les estonnent, si loing de leur visée. Ainsi donnons nous aux daimons des formes sauvages; et qui non à Tamburlan des sourcils eslevés, des nazeaux ouverts, un visage affreux, et une taille demesurée, comme est la taille de l'imagination qu'il en a conceue par le bruict de son nom? Qui m'eust faict veoir Erasme, aultresfois, il eust esté mal aysé que je n'eusse prins pour adages et apophthegmes tout ce qu'il eust dict à son valet et à son hostesse. Nous imaginons bien plus sortablement un artisan sur sa garderobbe ou sur sa femme qu'un grand president venerable par son maintien et suffisance; il nous semble que de ces haults thrones ils ne s'abaissent pas jusques à vivre. Comme les ames vicieuses sont incitées souvent à bien faire par quelque impulsion estrangiere, aussi sont les vertueuses à faire mal; il les fault doncques juger par leur estat rassis, quand elles sont chez elles, si quelquesfois elles y sont; ou au moins quand elles sont plus voysines du repos, et en leur naïfve assiette.

Les inclinations naturelles s'aydent et fortifient par institution; mais elles ne se changent gueres et surmontent : mille natures, de mon temps, ont eschappé vers la vertu ou vers le vice au travers d'une discipline contraire.

Sic ubi desuetæ silvis in carcere clausæ
Mansuevere feræ, et vultus posuere minaces,
Atque hominem didicere pati, si torrida parvus
Venit in ora cruor, redeunt rabiesque furorque,
Admonitæque tument gustato sanguine fauces;
Fervet, et a trepido vix abstinet ira magistro[1] :

on n'extirpe pas ses qualités originelles, on les couvre, on les cache. Le langage latin m'est comme naturel; je l'entends mieulx que le françois : mais il y a quarante ans que je ne m'en suis du tout point servy à parler ny gueres à escrire. Si est ce qu'à des extremes et soubdaines esmotions, où je suis tumbé deux ou trois fois en ma vie, et l'une, voyant mon pere tout sain, se renverser sur moy pasmé, j'ay tousjours eslancé du fond des entrailles les premieres paroles latines: nature se sourdant et s'exprimant à force à l'encontre d'un si long usage; et cest exemple se dict d'assez d'aultres.

Ceulx qui ont essayé de r'adviser[2] les mœurs du monde, de mon temps, par nouvelles opinions, reforment les vices de l'apparence; ceulx de l'essence, ils les laissent là, s'ils ne les augmentent : l'augmentation y est à craindre; on se sejourne[3] volontiers de tout aultre bienfaire sur ces reformations externes, arbitraires, de moindre coust et de plus grand merite; et satisfaict on à bon marché, par là, les aultres vices naturels, consubstantiels et intestins. Regardez un peu comment s'en porte nostre experience : il n'est personne, s'il s'escoute, qui ne descouvre en soy une forme sienne, une forme maistresse qui luicte contre l'institution et contre la tempeste des passions qui luy sont

---

(1) Montaigne ajoutait ici, *faire au monde ce pour quoi il est au monde*; mais il a rayé depuis cette phrase. N.

(1) Ainsi, quand les bêtes fauves, dans l'ombre de leur prison, oubliant les forêts, semblent s'être adoucies, et que, dépouillant leur orgueil farouche, elles ont appris à souffrir l'empire de l'homme; si, par hasard, un peu de sang vient à toucher leurs lèvres enflammées, leur rage se réveille, leur gosier s'enfle, altéré du sang dont le goût vient d'exciter la soif; elles brûlent de s'en assouvir, et leur cruauté s'abstient à peine de dévorer leur maître pâlissant. LUCAIN, IV, 237.

(2) *Réformer*. C.

(3) *On s'abstient*. C.

contraires. De moy, je ne me sens gueres agiter par secousse ; je me treuve quasi tousjours en ma place, comme font les corps lourds et poisants : si je ne suis chez moy, j'en suis tousjours bien près. Mes desbauches ne m'emportent pas fort loing, il n'y a rien d'extreme et d'estrange ; et si ay des r'advissements sains et vigoreux.

La vraye condamnation, et qui touche la commune façon de nos hommes, c'est que leur retraicte mesme est pleine de corruption et d'ordure ; l'idée de leur amendement, chafourrée[1] ; leur penitence, malade et en coulpe autant à peu près que leur peché : aulcuns, ou pour estre collés au vice d'une attache naturelle, ou par longue accoustumance n'en treuvent plus la laideur : à d'aultres (duquel regiment je suis) le vice poise, mais ils le contrebalancent avecques le plaisir ou aultre occasion ; et le souffrent et s'y prestent, à certain prix, vicieusement pourtant et laschement. Si se pourroit il, à l'adventure, imaginer si esloingnée disproportion de mesure où, avecques justice, le plaisir excuseroit le peché, comme nous disons de l'utilité ; non seulement s'il estoit accidental et hors du peché, comme au larrecin, mais en l'exercice mesme d'iceluy, comme en l'accointance des femmes, où l'incitation est violente, et, dict on, par fois invincible. En la terre d'un mien parent, l'aultre jour que j'estois en Armaignac, je veis un païsan que chascun surnomme le Larron. Il faisoit ainsi le conte de sa vie : qu'estant nay mendiant, et trouvant qu'à gaigner son pain au travail de ses mains il n'arriveroit jamais à se fortifier assez contre l'indigence, il s'advisa de se faire larron : et avoit employé à ce mestier toute sa jeunesse, en seureté, par le moyen de sa force corporelle ; car il moissonnoit et vendangeoit des terres d'aultruy, mais c'estoit au loing et à si gros monceaux qu'il estoit inimaginable qu'un homme en eust tant emporté en une nuict sur ses espaules ; et avoit soing, oultre cela, d'egaler et disperser le dommage qu'il faisoit, si que la foule estoit moins importable à chaque particulier. Il se treuve, à ceste heure en sa vieillesse, riche pour un homme de sa condition, mercy à ceste trafique, de laquelle il se confesse ouvertement. Et pour s'accommoder avecques Dieu de ses acquets, il dict estre tous les jours après à satisfaire, par bienfaicts, aux successeurs de ceulx qu'il a desrobbés ; et, s'il n'achevé (car d'y pourvoir tout à la fois, il ne peult), qu'il en chargera ses heritiers, à la raison de la science qu'il a luy seul du mal qu'il a faict à chascun. Par ceste description, soit vraye ou faulse, cestuy cy regarde le larrecin comme action deshonneste, et le hait, mais moins que l'indigence ; s'en repend bien simplement, mais, en tant qu'elle estoit ainsi contrebalancée et compensée, il ne s'en repent pas. Cela, ce n'est pas ceste habitude qui nous incorpore au vice et y conforme nostre entendement mesme ; ny n'est ce vent impetueux qui va troublant et aveuglant à secousses nostre ame, et nous precipite pour l'heure, jugement et tout, en la puissance du vice.

Je fois coustumierement entier ce que je fois, et marche tout d'une piece ; je n'ay gueres de mouvement qui se cache et desrobbe à ma raison, et qui ne se conduise à peu près par le consentement de toutes mes parties, sans division, sans sedition intestine : mon jugement en a la coulpe ou la louange entiere ; et la coulpe qu'il a une fois, il l'a tousjours ; car quasi dès sa naissance il est un, mesme inclination, mesme route, mesme force : et en matieres d'opinions universelles, dès l'enfance, je me logeay au poinct où j'avois à me tenir. Il y a des pechés impetueux, prompts et subits, laissons les à part : mais en ces aultres pechés à tant de fois reprins, deliberez et consultez, ou pechés de complexion, ou pechés de profession et de vacation, je ne puis pas concevoir qu'ils soient plantés si longtemps en un mesme courage, sans que la raison et la conscience de celuy qui les possede le vueille constamment et l'entende ainsin ; et le repentir qu'il se vante luy en venir à certain instant prescript m'est un peu dur à imaginer et former. Je ne suys pas la secte de Pythagoras, « que les hommes prennent une ame nouvelle quand ils approchent des simulacres des dieux pour recueillir leurs oracles ; » sinon qu'il voulust dire cela mesme, qu'il fault bien qu'elle soit estrangiere, nouvelle et prestée pour le temps : la nostre montrant si peu de signe de purification et netteté condigne à cest office.

Ils font tout à l'opposite des preceptes stoïciens, qui nous ordonnent bien de corriger les

---

[1] Confuse. C.

imperfections et vices que nous recognoissons en nous, mais nous deffendent d'en alterer le repos de nostre ame : ceulx cy nous font accroire qu'ils en ont grande desplaisance et remors au dedans ; mais d'amendement et correction, ny d'interruption, ils ne nous en font rien apparoir. Si n'est ce pas guarison, si on ne se descharge du mal : si la repentance poisoit sur le plat de la balance, elle emporteroit le peché. Je ne treuve aulcune qualité si aysée à contrefaire que la devotion, si on n'y conforme les mœurs et la vie : son essence est abstruse et occulte ; les apparences, faciles et pompeuses.

Quant à moy, je puis desirer en general estre aultre ; je puis condamner et me desplaire de ma forme universelle, et supplier Dieu pour mon entiere reformation et pour l'excuse de ma foiblesse naturelle ; mais cela, je ne le doibs nommer repentir, ce me semble, non plus que desplaisir de n'estre ny ange ny Caton. Mes actions sont reglées et conformes à ce que je suis et à ma condition ; je ne puis faire mieulx : et le repentir ne touche pas proprement les choses qui ne sont pas en nostre force ; ouy bien le regret. J'imagine infinies natures plus haultes et plus reglées que la mienne ; je n'amende pourtant mes facultés : comme ny mon bras ny mon esprit ne deviennent plus vigoreux pour en concevoir un aultre qui le soit. Si l'imaginer et desirer un agir plus noble que le nostre produisoit la repentance du nostre, nous aurions à nous repentir de nos operations plus innocentes, d'autant que nous jugeons bien qu'en la nature plus excellente elles auroient esté conduictes d'une plus grande perfection et dignité ; et vouldrions faire de mesme. Lorsque je consulte des deportements de ma jeunesse avecques ma vieillesse, je treuve que je les ay communement conduicts avecques ordre, selon moy : c'est tout ce que peult ma resistance. Je ne me flatte pas ; à circonstances pareilles je serois tousjours tel : ce n'est pas macheure[1], c'est plustost une teincture universelle qui me tache. Je ne cognois pas de repentance superficielle, moyenne et de cerimonie : il fault qu'elle me touche de toutes parts avant que je la nomme ainsin ; et qu'elle pince mes entrailles et les afflige autant profondement que Dieu me veoid et autant universellement.

Quant aux negoces, il m'est eschappé plusieurs bonnes adventures à faulte d'heureuse conduicte : mes conseils ont pourtant bien choisi, selon les occurrences qu'on leur presentoit ; leur façon est de prendre tousjours le plus facile et seur party. Je treuve qu'en mes deliberations passées j'ay, selon ma regle, sagement procedé pour l'estat du subject qu'on me proposoit, et en ferois autant d'icy à mille ans en pareilles occasions ; je ne regarde pas quel il est à ceste heure, mais quel il estoit quand j'en consultois : la force de tout conseil gist au temps ; les occasions et les matieres roulent et changent sans cesse. J'ay encouru quelques lourdes erreurs en ma vie, et importantes, non par faulte de bon advis, mais par faulte de bonheur. Il y a des parties secretes aux objects qu'on manie, et indivinables, signamment en la nature des hommes ; des conditions muettes, sans montre, incogneues par fois du possesseur mesme, qui se produisent et esveillent par des occasions survenantes : si ma prudence ne les a peu penetrer et profetizer, je ne luy en sçais nul mauvais gré ; sa charge se contient en ses limites : si l'evenement me bat, s'il favorise le party que j'ay refusé, il n'y a remede, je ne m'en prends pas à moy, j'accuse ma fortune, non pas mon ouvrage[1] ; cela ne s'appelle pas repentir.

Phocion avoit donné aux Atheniens certain advis qui ne feut pas suyvi : l'affaire pourtant se passant, contre son opinion, avecques prosperité, quelqu'un luy dict : « Eh bien ! Phocion, es tu content que la chose aille si bien ? — Bien suis je content, feit il[2], qu'il soit advenu cecy ; mais je ne me repents point d'avoir conseillé cela. » Quand mes amis s'addressent à moy pour estre conseillés, je le fois librement et clairement, sans m'arrester, comme faict quasi tout le monde, à ce que, la chose estant hazardeuse, il peult advenir au rebours de mon sens, par où ils ayent à me faire reproche de mon conseil ; dequoy il ne me chault : car ils auront tort ; et je n'ay deu leur refuser cest office.

Je n'ay gueres à me prendre de mes faultes ou infortunes à aultres qu'à moy : car, en effect, je me sers rarement des advis d'aultruy, si ce n'est par honneur de cerimonie ; sauf où j'ay besoing d'instruction, de science ou de la

---

(1) *Meurtrissure.* Ed. in-4º de 1588, fol. 355 : « ce n'est pas tache, c'est plutôt une teincture universelle qui me noircit. »

(1) Ed. de 1588, fol. 353, *verso*, « non pas mon operation. »
(2) Plut., *Apophthegmes* à l'art. *Phocion.* C.

cognoissance du faict. Mais, ès choses où je n'ay à employer que le jugement, les raisons estrangieres peuvent servir à m'appuyer, mais peu à me destourner : je les escoute favorablement et decemment toutes; mais, qu'il m'en souvienne, je n'en ay creu jusqu'à ceste heure que les miennes. Selon moy, ce ne sont que mousches et atomes qui promenent ma volonté : je prise peu mes opinions; mais je prise aussi peu celles des aultres. Fortune me paye dignement : si je ne reçois pas de conseil, j'en donne aussi peu. J'en suis fort peu enquis, mais j'en suis encores moins creu; et ne sache nulle entreprinse publicque ny privée que mon advis aye redressée et ramenée. Ceulx mesme que la fortune y avoit aulcunement attachés se sont laissés plus volontiers manier à toute aultre cervelle qu'à la mienne. Comme cil qui suis bien autant jaloux des droicts de mon repos que des droicts de mon auctorité, je l'aime mieulx ainsi : me laissant là, on faict selon sa profession, qui est de m'establir et contenir tout en moy. Ce m'est plaisir d'estre desinteressé des affaires d'aultruy et desgagé de leur gariement.

En touts affaires, quand ils sont passés, comment que ce soit, j'y ay peu de regret; car ceste imagination me met hors de peine, qu'ils debvoient ainsi passer ; les voylà dans le grand cours de l'univers, et dans l'enchaisneure des causes stoïcques; vostre fantasie n'en peult, par souhait et imagination, remuer un poinct que tout l'ordre des choses ne renverse, et le passé, et l'advenir.

Au demourant, je hais cest accidental repentir que l'aage apporte. Celuy[2] qui disoit anciennement estre obligé aux années dequoy elles l'avoient desfaict de la volupté, avoit aultre opinion que la mienne; je ne sçauray jamais bon gré à l'impuissance, de bien qu'elle me face : *Nec tam aversa unquam videbitur ab opere suo providentia, ut debilitas inter optima inventa sit*[3]. Nos appetits sont rares en la vieillesse; une profonde satieté nous saisit après le coup; en cela, je ne veois rien de conscience; le chagrin et la foiblesse nous impriment une vertu lasche et catarrheuse. Il ne nous fault pas laisser emporter si entiers aux alterations naturelles que d'en abastardir nostre jugement. La jeunesse et le plaisir n'ont pas faict aultrefois que j'aye mescognen le visage du vice en la volupté, ny ne faict, à ceste heure, le desgoust que les ans m'apportent, que je mescognoisse celuy de la volupté au vice; ores[1] que je n'y suis plus, j'en juge comme si j'y estois. Moy, qui la secoue vifvement et attentivement, treuve que ma raison est celle mesme que j'avois en l'aage plus licencieux, sinon, à l'adventure, d'autant qu'elle s'est affoiblie et empirée en vieillissant; et treuve que ce qu'elle refuse de m'enfourner à ce plaisir, en consideration de l'interest de ma santé corporelle, elle ne le feroit, non plus qu'aultrefois, pour la santé spirituelle. Pour la veoir hors de combat, je ne l'estime pas plus valeureuse; mes tentations sont si cassées et mortifiées qu'elles ne valent pas qu'elle s'y oppose; tendant seulement les mains au devant, je les conjure[2]. Qu'on luy remette en presence ceste ancienne concupiscence, je crains qu'elle auroit moins de force à la soubtenir qu'elle n'avoit aultrefois; je ne luy veois rien juger à part soy, que lors elle ne jugeast, ny aulcune nouvelle clarté; parquoy, s'il y a convalescence, c'est une convalescence maleficiée. Miserable sorte de remede, debvoir à la maladie sa santé ! Ce n'est pas à nostre malheur de faire cest office; c'est au bonheur de nostre jugement. On ne me faict rien faire par les offenses et afflictions, que les mauldire; c'est aux gents qui ne s'esveillent qu'à coups de fouet. Ma raison a bien son cours plus delivre[3] en la prosperité; elle est bien plus distraite et occupée à digerer les maulx que les plaisirs; je veois bien plus clair en temps serein; la santé m'advertit, comme plus alaigrement, aussi plus utilement, que la maladie. Je me suis advancé le plus que j'ay peu vers ma reparation et reglement, lors que j'avois à en jouir; je serois honteux et envieux

---

(1) *Garantie.*

(2) Sophocle. Quelqu'un lui ayant demandé si, dans sa vieillesse, il jouissait encore des plaisirs de l'amour, il répondit : « Aux dieux ne plaise ! et c'est de bon cœur que je m'en suis délivré, comme d'un maitre sauvage et furieux. » Cic., *de Sen.*, c. 14. C.

(3) Et la Providence ne sera jamais si ennemie de son ouvrage que la foiblesse puisse être mise au rang des meilleures choses. Quintil., *Inst. orat.*, V, 12.

(1) *A présent que*, etc. C.

(2) Dans l'éd. de 1588, in-4o, fol. 556, il y a *je les esconjure*, c'est-à-dire, *je les prie de se retirer*. Montaigne a mis depuis *conjurer*, comme plus usité, mais en l'employant à peu près dans le même sens. C.

(3) *Plus libre.*

que la misère et l'infortune de ma vieillesse eust à se preferer à mes bonnes années, saines, esveillées, vigoreuses, et qu'on eust à m'estimer, non par où j'ay esté, mais par où j'ay cessé d'estre.

A mon advis, c'est « le vivre heureusement, » non, comme disoit Antisthenes[1], « le mourir heureusement, » qui faict l'humaine felicité. Je ne me suis pas attendu d'attacher monstrueusement la queue d'un philosophe à la teste et au corps d'un homme perdu; ny que ce chetif bout eust à desadvouer et desmentir la plus belle, entiere et longue partie de ma vie; je me veulx presenter et faire veoir par tout uniformement. Si j'avois à revivre, je revivrois comme j'ay vescu[2]; ny je ne plaindts le passé, ny je ne crainds l'advenir; et, si je ne me deceois, il est allé du dedans environ comme du dehors. C'est une des principales obligations que j'aye à ma fortune, que le cours de mon estat corporel ayt esté conduict chasque chose en sa saison; j'en ay veu l'herbe, et les fleurs, et le fruict, et en veois la seicheresse; heureusement, puisque c'est naturellement. Je porte bien doulcement les maulx que j'ay, d'autant qu'ils sont en leur poinct, et qu'ils me font aussi plus favorablement souvenir de la longue felicité de ma vie passée; pareillement, ma sagesse peult bien estre de mesme taille, en l'un et en l'aultre temps; mais elle estoit bien de plus d'exploict et de meilleure grace, verte, gaye, naïfve, qu'elle n'est à present, cassée, grondeuse, laborieuse. Je renonce doncques à ces reformations casuelles et douloureuses. Il fault que Dieu nous touche le courage; il fault que nostre conscience s'amende d'elle mesme par renforcement de nostre raison, non par l'affoiblissement de nos appetits; la volupté n'en est en soy ny pasle ny descoulourée, pour estre apperceue par des yeulx chassieulx et troubles.

On doibt aimer la temperance par elle mesme, et pour le respect de Dieu qui nous l'a ordonnée, et la chasteté; celle que les catarrhes nous prestent, et que je doibs au benefice de ma cholique, ce n'est ny chasteté, ny temperance; on ne peult se vanter de mespriser et combattre la volupté, si on ne la veoid, si on l'ignore, et ses graces, et ses forces, et sa beauté plus attrayante; je cognois l'une et l'aultre, c'est à moy de le dire. Mais il me semble qu'en la vieillesse nos ames sont subjectes à des maladies et imperfections plus importunes qu'en la jeunesse; je le disois estant jeune, lors on me donnoit de mon menton par le nez; je le dis encores à ceste heure, que mon poil gris m'en donne le credit. Nous appellons sagesse la difficulté de nos humeurs, le desgoust des choses presentes; mais, à la verité, nous ne quittons pas tant les vices comme nous les changeons, et, à mon opinion, en pis; oultre une sotte et caducque fierté, un babil ennuyeux, ces humeurs espineuses et inassociables, et la superstition, et un soing ridicule des richesses, lors que l'usage en est perdu, j'y treuve plus d'envie, d'injustice et de malignité; elle nous attache plus de rides en l'esprit qu'au visage[1]; et ne se veoid point d'ames, ou fort rares, qui en vieillissant ne sentent l'aigre et le moisi. L'homme marche entier vers son croist et vers son decroist. A veoir la sagesse de Socrates, et plusieurs circonstances de sa condamnation, j'oserois croire[2] qu'il s'y presta aulcunement luy mesme, par prevarication, à desseing, ayant de si près, aagé de soixante et dix ans, à souffrir l'engourdissement des riches allures de son esprit, et l'esblouissement de sa clarté accoustumée. Quelles metamorphoses luy veois je faire touts les jours en plusieurs de mes cognoissants! C'est une puissante maladie, et qui se coule naturellement et imperceptiblement: il y fault grande provision d'estude et grande precaution, pour eviter les imperfections qu'elle

---

(1) Pour bien écrire encor, j'ai trop longtemps écrit,
Et les rides du front passent jusqu'à l'esprit.
CORN., Épître au roi.

On n'a pas assez remarqué combien les grands écrivains du dix-septième siècle, surtout La Fontaine, Corneille, La Bruyère, avaient étudié Montaigne, et combien l'originalité de son style a pu leur fournir d'expressions et d'images. J. V. L.

(2) Si cette conjecture n'est fondée que sur la sagacité de Montaigne, elle lui fait beaucoup d'honneur; car Xénophon nous dit expressément, dans son *Apologie de Socrate*, qu'en effet Socrate ne se défendit avec tant de hauteur devant ses juges que parce qu'il considéra qu'à son âge il lui serait plus avantageux de mourir que de vivre. C'est sur quoi roule tout le préambule de cette petite pièce, intitulée : Σωκράτους ἀπολογία πρὸς τοὺς δικαστάς, *Apologie de Socrate devant ses juges.* C.

---

(1) DIOG. LAERCE, VI, 5. C.

(2) « Paroles horribles, dit la *Logique* de Port-Royal (III, 20), et qui marquent une extinction entière de tout sentiment de religion, mais qui sont dignes de celui, etc. » Durs controversistes, voulez-vous donc ôter à l'honnête homme la seule récompense qui lui reste quelquefois sur la terre, le témoignage de sa conscience? J. V. L.

nous charge, ou au moins affoiblir leur progrès. Je sens que, nonobstant tous mes retranchements, elle gaigne pied à pied sur moy ; je soubtiens tant que je puis, mais je ne sçais enfin où elle me menera moy mesme. A toutes adventures, je suis content qu'on sache d'où je seray tumbé.

CHAPITRE III.

De trois commerces.

Il ne fault pas se clouer si fort à ses humeurs et complexions ; nostre principale suffisance, c'est sçavoir s'appliquer à divers usages. C'est estre, mais ce n'est pas vivre, que se tenir attaché et obligé par necessité à un seul train ; les plus belles ames sont celles qui ont plus de varieté et de souplesse. Voilà un honorable tesmoignage du vieux Caton : *Huic versatile ingenium sic pariter ad omnia fuit, ut natum ad id unum diceres quodcumque ageret*[1]. Si c'estoit à moy à me dresser à ma mode, il n'est aulcune si bonne façon où je voulusse estre fiché pour ne m'en sçavoir desprendre ; la vie est un mouvement inegual, irregulier et multiforme[2]. Ce n'est pas estre amy de soy, et moins encores maistre, c'est en estre esclave, de se suyvre incessamment, et estre si prins à ses inclinations qu'on n'en puisse fourvoyer, qu'on ne les puisse tordre. Je le dis à ceste heure, pour ne me pouvoir facilement despestrer de l'importunité de mon ame, en ce qu'elle ne sçait communement s'amuser, sinon où elle s'empesche, ny s'employer que bandée et entiere ; pour legier subject qu'on luy donne, elle le grossit volontiers et l'estire[3], jusques au poinct où elle ayt à s'y embesongner de toute sa force : son oysifveté m'est, à ceste cause, une penible occupation, et qui offense ma santé. La plus part des esprits ont besoing de matiere estrangiere pour se desgourdir et exercer ; le mien en a besoing pour se rasseoir plustost et sejourner : *vilia otii negotia discutienda sunt*[4] ; car son plus laborieux et principal estude, c'est s'estudier soy. Les livres sont, pour luy, du genre des occupations qui le desbauchent de son estude ; aux premieres pensées qui luy viennent, il s'agite et faict preuve de sa vigueur à tout sens, exerce son maniement, tantost vers la force, tantost vers l'ordre et la grace, se renge, modere et fortifie. Il a dequoy esveiller ses facultés par luy mesme ; nature luy a donné, comme à touts, assez de matiere sienne pour son utilité, et des subjects propres assez, où inventer et juger.

Le mediter est un puissant estude et plein, à à qui sçait se taster et employer vigoureusement : j'aime mieux forger[1] mon ame, que la meubler. Il n'est point d'occupation ny plus foible, ny plus forte, que celle d'entretenir ses pensées, selon l'ame que c'est ; les plus grandes en font leur vacation, *quibus vivere est cogitare*[2] : aussi nature l'a favorisée de ce privilege, qu'il n'y a rien que nous puissions faire si longtemps, ny action à laquelle nous nous adonnions plus ordinairement et facilement. C'est la besongne des dieux, dict Aristote[3], de laquelle naist et leur beatitude et la nostre.

La lecture me sert specialement à esveiller par divers objets mon discours ; à embesongner mon jugement, non ma memoire. Peu d'entretiens doncques m'arrestent, sans vigueur et sans effort ; il est vray que la gentillesse et la beauté me remplissent et occupent autant, ou plus, que le poids et la profondeur ; et, d'autant que je sommeille en toute aultre communication, que je n'y preste que l'escorce de mon attention, il m'advient souvent en telle sorte de propos abbattus et lasches, propos de contenance, de dire et respondre des songes et bestises indignes d'un enfant et ridicules, ou de me tenir obstiné en silence, plus ineptement encores et incivilement. Ay une façon resveuse qui me retire à moy, et, d'aultre part, une lourde ignorance et puerile de plusieurs choses communes : par ces deux qualités, j'ay gagné qu'on puisse faire, au vray, cinq ou six contes de moy, aussi niais que d'aultre, quel qu'il soit.

Or, suyvant mon propos, ceste complexion difficile me rend delicat à la praticque des hom-

---

(1) Il avait l'esprit si flexible et si propre à tout que, quelque chose qu'il fit, on aurait dit qu'il était né uniquement pour cela. TITE LIVE, XXXIX, 40.

(2) *Variable.*

(3) *L'étend.*

(4) C'est par l'occupation que l'on peut échapper aux vices de l'oisiveté. SEN., *Epist.* 56.

(1) Façonner. C.

(2) Pour lesquelles vivre, c'est penser. CIC., *Tusc. quæst.*, V, 38.

(3) *Morale à Nicomaque*, X, 8, p. 205, éd. de M. Coray, 1822. J. V. L.

més, il me les fault trier sur le volet[1]; et me rend incommode aux actions communes. Nous vivons et negocions avecques le peuple : si sa conversation nous importune, si nous desdaignons à nous appliquer aux ames basses et vulgaires (et les basses et vulgaires sont souvent aussi reglées que les plus desliées, et toute sapience est insipide qui ne s'accommode à l'insipience commune), il ne nous fault plus entremettre ny de nos propres affaires, ny de ceulx d'aultruy ; et les publicques et les privés se desmeslent avec ces gents là. Les moins tendues et plus naturelles allures de nostre ame sont les plus belles; les meilleures occupations, les moins efforcées. Mon Dieu, que la sagesse faict un bon office à ceulx de qui elle renge les desirs à leur puissance ! il n'est point de plus utile science : « Selon qu'on peult[2], » c'estoit le refrein et le mot favory de Socrates; mot de grande substance. Il fault adresser et arrester nos desirs aux choses les plus aysées et voysines. Ne m'est-ce pas une sotte humeur de disconvenir avecques un millier à qui ma fortune me joinct, de qui je ne me puis passer; pour me tenir à un ou deux qui sont hors de mon commerce, ou plustost à un desir fantastique de chose que je ne puis recouvrer ? Mes mœurs molles, ennemies de toute aigreur et aspreté, peuvent ayséement m'avoir deschargé d'envie et d'inimitiés; d'estre aimé, je ne dis, mais de n'estre point haï, jamais homme n'en donna plus d'occasion : mais la froideur de ma conversation m'a desrobbé, avecques raison, la bienvueillance de plusieurs, qui sont excusables de l'interpreter à aultre et pire sens.

Je suis tres capable d'acquerir et maintenir des amitiés rares et exquises; d'autant que je me harpe[3] avecques si grande faim aux accointances qui reviennent à mon goust, je m'y produis, je m'y jecte si avidement, que je ne faulx pas ayséement de m'y attacher, et de faire impression où je donne : j'en ay faict souvent heureuse preuve. Aux amitiés communes, je suis aulcunement sterile et froid; car mon aller n'est pas naturel, s'il n'est à pleine voile : oultre ce, que ma fortune, m'ayant duict et affriandé de jeunesse à une amitié seule et parfaicte, m'a à la verité aulcunement desgousté des aultres, et trop imprimé en la fantasie qu'elle est beste de compaignie, non pas de troupe, comme disoit cest ancien[1]; aussi, que j'ay naturellement peine à me communiquer à demy, et avecques modification, et ceste servile prudence et souspeçonneuse qu'on nous ordonne en la conversation de ces amitiés nombreuses et imparfaictes : et nous l'ordonne l'on principalement en ce temps, qu'il ne se peult parler du monde que dangereusement ou faulsement.

Si veois je bien pourtant que, qui a, comme moy, pour sa fin les commodités de sa vie (je dis les commodités essentielles) doibt fuyr, comme la peste, ces difficultés et delicatesses d'humeur. Je louerois une ame à divers estages, qui sçache et se tendre et se desmonter; qui soit bien par tout où sa fortune la porte; qui puisse deviser avecques son voisin, de son bastiment, de sa chasse et de sa querelle, entretenir avecques plaisir un charpentier et un jardinier. J'envie ceulx qui sçavent s'appriviser au moindre de leur suitte, et dresser de l'entretien en leur propre train : et le conseil de Platon[2] ne me plaist pas, de parler tousjours d'un langage maestral[3] à ses serviteurs, sans jeu, sans familiarité, soit envers les masles, soit envers les femelles; car, oultre ma raison[4], il est inhumain et injuste de faire tant valoir ceste telle quelle prerogative de la fortune; et les polices où il se souffre moins de disparité entre les valets et les maistres me semblent les plus equitables. Les aultres s'estudient à eslancer et guinder leur esprit; moy, à le baisser et coucher : il n'est vicieux qu'en extension.

Narras et genus Æaci,
Et pugnata sacro bella sub Ilio:

---

(1) *Trier sur le volet*, c'est choisir, entre plusieurs choses de la même espèce, celle qui est la plus excellente. Cette expression est fondée sur la coutume qu'ont les jardiniers de répandre leurs graines sur une planche qu'ils nomment *volet*, afin de choisir les meilleures pour semer. C'est ce qui paraît evidemment par un passage de Rabelais, où Panurge, prêt à consulter le théologien *Hippothadée*, le médecin *Rondibilis*, et le philosophe *Trouillogan*, sur le dessein qu'il avait de se marier, leur dit : *Messieurs, il n'est question que d'un mot : me dois-je marier ou non? Si par vous mon double n'est dissolu, je le tiens pour insoluble ; car vous estes tous esleus, choisis et triez chacun respectivement en son estat, comme beaux pois sur le volet.* PANTAGRUEL, III, 30. C.

(2) XÉN., *Mém. sur Socrate*, I, 3, 3. C.

(3) *Je me harponne.*

(1) PLUT., *de la Pluralité d'amis*, c. 2.
(2) Traité *des Lois*, VI, p. 872 D, édit. de Francfort, 1602. C.
(3) *Magistral.* C.
(4) *Outre la raison que je viens d'alléguer* (au commencement du paragraphe).

Quo Chium pretio cadum
Mercemur, quis aquam temperet ignibus,
Quo præbente domum, et quota,
Pelignis caream frigoribus, taces[1].

Ainsi, comme la vaillance lacedemonienne avoit besoing de moderation, et du son doulx et gracieux du jeu des fleutes pour la flatter en la guerre, de peur qu'elle ne se jectast à la temerité et à la furie, là où toutes aultres nations ordinairement employent des sons et des voix aiguës et fortes, qui esmeuvent et qui eschauffent à oultrance le courage des soldats : il me semble de mesme, contre la forme ordinaire, qu'en l'usage de nostre esprit, nous avons, pour la plus part, plus besoing de plomb que d'ailes, de froideur et de repos que d'ardeur et d'agitation. Sur tout, c'est à mon gré bien faire le sot que de faire l'entendu entre ceulx qui ne le sont pas; parler tousjours bandé, *favellar in punta di forchetta*[2]. Il fault se desmettre au train de ceulx avecques qui vous estes, et par fois affecter l'ignorance : mettez à part la force et la subtilité, en l'usage commun; c'est assez d'y reserver l'ordre : traisnez vous au demourant à terre, s'ils veulent.

Les sçavants chopent volontiers à ceste pierre; ils font tousjours parade de leur magistere[3], et sement leurs livres par tout; ils en ont en ce temps entonné si fort les cabinets et aureilles des dames, que si elles n'en ont retenu la substance, au moins elles en ont la mine : à toute sorte de propos et matiere, pour basse et populaire qu'elle soit, elles se servent d'une façon de parler et d'escrire nouvelle et sçavante,

Hoc sermone pavent, hoc iram, gaudia, curas,
Hoc cuncta effundunt animi secreta; quid ultra?
Concumbunt docte[4];

et alleguent Platon et sainct Thomas, aux choses ausquelles le premier rencontré serviroit aussi bien de tesmoing : la doctrine qui ne leur a peu arriver en l'ame leur est demeurée en la langue. Si les biens nées me croient, elles se contenteront de faire valoir leurs propres et naturelles richesses : elles cachent et couvrent leurs beautés soubs des beautés estrangieres : c'est grande simplesse d'estouffer sa clarté, pour luire d'une lumiere empruntée; elles sont enterrées et ensepvelies soubs l'art, *de capsula totæ*[1]. C'est qu'elles ne se cognoissent point assez : le monde n'a rien de plus beau; c'est à elles d'honnorer les arts, et de farder le fard. Que leur fault il, que vivre aimées et honorées? elles n'ont et ne sçavent que trop pour cela : il ne fault qu'esveiller un peu et reschauffer les facultés qui sont en elles. Quand je les veois attachées à la rhetorique, à la judiciaire, à la logique, et semblables drogueries si vaines, et inutiles à leur besoing, j'entre en crainte que les hommes qui le leur conseillent le facent pour avoir loy[2] de les regenter soubs ce tiltre: car quelle aultre excuse leur trouverois je? Baste[3], qu'elles peuvent, sans nous, renger la grace de leurs yeulx à la gayeté, à la severité et à la douleeur, assaisonner un nenny de rudesse, de doubte et de faveur, et qu'elles ne cherchent point d'interprete aux discours qu'on faict pour leur service : avecques ceste science, elles commandent à baguette, et regentent les regents et l'eschole. Si toutesfois il leur fasche de nous ceder en quoy que ce soit, et veulent par curiosité avoir part aux livres, la poësie est un amusement propre à leur besoing : c'est un art folastre et subtil, desguisé, parlier[4], tout en plaisir, tout en montre, comme elles. Elles tireront aussi diverses commodités de l'histoire. En la philosophie, de la part qui sert à la vie, elles prendront les discours qui les dressent à juger de nos humeurs et conditions, à se deffendre de nos trahisons, à regler la temerité de leurs propres desirs, à mesnager leur liberté, allonger les plaisirs de la vie, et à porter humainement l'inconstance d'un serviteur, la rudesse d'un mary, et l'importunité des ans et des rides, et choses semblables. Voylà, pour le plus, la part que je leur assignerois aux sciences.

Il y a des naturels particuliers, retirés et in-

---

(1) Vous nous contez toute la race d'Éacus et tous les combats livrés sous les murs sacrés d'Ilion : mais vous ne nous dites pas combien nous coûtera le vin de Chio; qui doit nous préparer le bain, et dans quelle maison, à quelle heure nous braverons le froid des montagnes d'Abruzze. Hor., *Od.*, III, 19, 5.

(2) Parler un langage précieux, subtil, recherché. C.

(3) Science magistrale.

(4) Crainte, colère, joie, chagrin, tout, jusqu'à leurs plus secrètes passions, est exprimé dans ce style. Que dirai-je, enfin? c'est doctement qu'elles se pâment. Juv., VI, 189.

(1) Elles ne sont que fard et parfum. — C'est un mot de Sénèque, qui l'applique aux petits-maîtres de son temps: *Nosti complures juvenes* (dit-il, *Epist.*, 115), *barba et coma nitidos de capsula totos.* C.

(2) *Loisir.*

(3) *Il suffit.*

(4) *Parleur.*

ternes; ma forme essentielle est propre à la communication et à la production : je suis tout au dehors et en evidence, nay à la societé et à l'amitié. La solitude que j'aime et que je presche, ce n'est principalement que ramener à moy mes affections et mes pensées ; restreindre et resserrer, non mes pas, ains mes desirs et mon soulcy, resignant la solicitude estrangiere, et fuyant mortellement la servitude et l'obligation, et non tant la foule des hommes que la foule des affaires. La solitude locale, à dire verité, m'estend plustost et m'eslargit au dehors; je me jecte aux affaires d'estat et à l'univers plus volontiers quand je suis seul : au Louvre et en la presse, je me resserre et contrains en ma peau; la foule me repoulse à moi, et ne m'entretiens jamais si follement, si licencieusement et particulierement, qu'aux lieux de respect et de prudence cerimonieuse : nos folies ne me font pas rire, ce sont nos sapiences. De ma complexion, je ne suis pas ennemy de l'agitation des courts; j'y ay passé partie de la vie, et suis faict à me porter alaigrement aux grandes compaignies, pourveu que ce soit par intervalles et à mon poinct; mais ceste mollesse de jugement, dequoy je parle, m'attache par force à la solitude. Voire chez moy, au milieu d'une famille peuplée, et maison des plus frequentes, j'y veois des gents assez, mais rarement ceulx avecques qui j'aime à communiquer; et je reserve là, et pour moy, et pour les aultres, une liberté inusitée : il s'y faict trefve de cerimonie, d'assistance et convoyements, et telles aultres ordonnances penibles de nostre courtoisie : oh! la servile et importune usance! Chascun s'y gouverne à sa mode; y entretient qui veult ses pensées : je m'y tiens muet, resveur et enfermé, sans offense de mes hostes.

Les hommes de la societé et familiarité desquels je suis en queste sont ceux qu'on appelle honnestes et habiles hommes : l'image de ceulx icy me desgouste des aultres. C'est, à le bien prendre, de nos formes, la plus rare, et forme qui se doibt principalement à la nature. La fin de ce commerce, c'est simplement la privauté, frequentation et conference, l'exercice des ames, sans aultre fruict. En nos propos, touts subjets me sont eguaux ; il ne me chault qu'il y ayt ny poids ny profondeur; la grace et la pertinence y sont tousjours; tout y est teinct d'un jugement meur et constant, et meslé de bonté,

de franchise, de gayeté et d'amitié. Ce n'est pas au subject des substitutions seulement que nostre esprit montre sa beauté et sa force, et aux affaires des rois; il la montre autant aux confabulations[1] privées : je cognois mes gents au silence mesme et à leur soubrire, et les descouvre mieulx, à l'adventure, à table qu'au conseil : Hippomachus[2] disoit bien qu'il cognoissoit les bons luicteurs à les veoir simplement marcher par une rue. S'il plaist à la doctrine de se mesler à nos devis, elle n'en sera point refusée, non magistrale, imperieuse et importune, comme de coustume, mais suffragante[3] et docile elle mesme; nous n'y cherchons qu'à passer le temps : à l'heure d'estre instruicts et preschés, nous l'irons trouver en son throsne; qu'elle se desmette[4] à nous pour ce coup, s'il luy plaist; car toute utile et desirable qu'elle est, je presuppose qu'encores au besoing nous en pourrions nous bien du tout passer, et faire nostre effect sans elle. Une ame bien née et exercée à la practique des hommes se rend pleinement agreable d'elle mesme : l'art n'est aultre chose que le contreroolle et le registre des productions de telles ames.

C'est aussi pour moy un doulx commerce que celuy des belles et honnestes femmes : *Nam nos quoque oculos eruditos habemus*[5]. Si l'ame n'y a pas tant à jouïr qu'au premier, les sens corporels, qui participent aussi plus à cestuy cy, le ramenent à une proportion voisine de l'aultre; quoique, selon moy, non pas eguale. Mais c'est un commerce où il se fault tenir un peu sur ses gardes, et notamment ceulx en qui le corps peult beaucoup, comme en moy. Je m'y eschaulday en mon enfance, et y souffris toutes les rages que les poëtes disent advenir à ceulx qui s'y laissent aller sans ordre et sans jugement; il est vray que ce coup de fouet m'a servy depuis d'instruction;

Quicumque Argolica de classe Capharea fugit,
Semper ab Euboicis vela retorquet aquis[6].

---

(1) *Entretiens.*
(2) Plut., *Vie de Dion*, c. 1. C.
(3) *Approbatrice.*
(4) *S'abaisse.* C.
(5) Car nous aussi nous avons des yeux qui s'y connaissent. Cic., *Paradox.*, V, 2.
(6) Quiconque s'est sauvé d'entre les rochers de Capharée détourne toujours ses voiles de la mer perfide d'Eubée. Ov., *Trist.*, I, 1, 83.

C'est folie d'y attacher toutes ses pensées, et s'y engager d'une affection furieuse et indiscrette. Mais d'aultre part, de s'y mesler sans amour et sans obligation de volonté, en forme de comediens, pour jouer un roolle commun de l'aage et de la coustume, et n'y mettre du sien que les paroles, c'est, de vray, pourveoir à sa seureté, mais bien laschement, comme celui qui abandonneroit son honneur, ou son proufit, ou son plaisir, de peur du dangier; car il est certain que, d'une telle practique, ceulx qui la dressent n'en peuvent esperer aulcun fruict qui touche ou satisface une belle ame : il fault avoir, en bon escient, desiré ce qu'on veult prendre, en bon escient, plaisir de jouir ; je dis quand injustement fortune favoriseroit leur masque ; ce qui advient souvent, à cause de ce qu'il n'y a aulcune d'elles, pour malotrue qu'elle soit, qui ne pense estre bien aimable, qui ne se recommande par son aage, ou par son poil, ou par son mouvement (car de laides universellement il n'en est non plus que de belles; et les filles brachmanes qui ont faulte d'aultre recommendation, le peuple assemblé à cri publicque pour cest effect, vont en la place, faisant montre de leurs parties matrimoniales, veoir si par là au moins elles ne valent pas d'acquerir un mary) : par consequent il n'en est pas une qui ne se laisse facilement persuader au premier serment qu'on luy faict de la servir. Or, de ceste trahison commune et ordinaire des hommes d'aujourd'huy, il fault qu'il advienne ce que desjà nous montre l'experience; c'est qu'elles se rallient et rejectent à elles mesmes, ou entre elles, pour nous fuyr; ou bien qu'elles se rengent aussi de leur costé à cest exemple que nous leur donnons, qu'elles jouent leur part de la farce, et se prestent à ceste negociation, sans passion, sans soing et sans amour: *Neque affectui suo, aut alieno, obnoxiæ*[1]; estimants, suyvant la persuasion de Lysias en Platon[2], qu'elles se peuvent addonner plus utilement et commodement à nous, d'autant que moins nous les aimons : il en ira comme des comedies, le peuple y aura autant ou plus de plaisir que les comediens. De moy, je ne cognois non plus Venus sans Cupidon qu'une maternité sans engeance : ce sont choses qui s'entreprestent et s'entredoibvent leur essence. Ainsi ceste piperie rejaillit sur celuy qui la faict : il ne luy couste gueres; mais il n'acquiert aussi rien qui vaille. Ceulx qui ont faict Venus deesse ont regardé que sa principale beauté estoit incorporelle et spirituelle; mais celle que ces gents cy cherchent n'est pas seulement humaine, ny mesme brutale. Les bestes ne la veulent si lourde et si terrestre: nous veoyons que l'imagination et le desir les eschauffe souvent et solicite, avant le corps; nous veoyons, en l'un et l'aultre sexe, qu'en la presse elles ont du chois et du triage en leurs affections, et qu'elles ont entre elles des accointances de longue bienvueillance; celles mesmes à qui la vieillesse refuse la force corporelle, fremissent encores, hennissent et tressaillent d'amour; nous les veoyons, avant le faict, pleines d'esperance et d'ardeur; et, quand le corps a joué son jeu, se chatouiller encores de la doulceur de ceste souvenance, et en veoyons qui s'enflent de fierté au partir de là, et qui en produisent des chants de feste et de triumphe, lasses et saoules. Qui n'a qu'à descharger le corps d'une necessité naturelle n'a que faire d'y embesongner aultruy, avecques des appresls si curieux; ce n'est pas viande à une grosse et lourde faim.

Comme celuy qui ne demande point qu'on me tienne pour meilleur que je suis, je diray cecy des erreurs de ma jeunesse. Non seulement pour le dangier qu'il y a de la santé (si n'ay je sceu si bien faire que je n'en aye eu deux attainctes, legieres toutesfois et preambulaires), mais encores par mespris, je ne me suis gueres addonné aux accointances venales et publicques: j'ay voulu aiguiser ce plaisir par la difficulté, par le desir, et par quelque gloire; et aimois la façon de l'empereur Tibere[1], qui se prenoit en ses amours autant par la modestie et noblesse que par aultre qualité; et l'humeur de la courtisane Flora[2], qui ne se prestoit à

---

(1) N'étant maitrisées ni par leur propre passion, ni par celle d'autrui. TAC., *Annal.*, XII, 48.

(2) Selon les principes établis par Lysias au commencement du *Phèdre* de Platon, qui les fait ensuite réfuter par Socrate. C.

(1) *In is modestam pueritiam, in aliis imagines majorum, incitamentum cupidinis habebat.* TACITE, *Annal.*, VI, 1. C.

(2) Montaigne a tiré ce fait d'Antoine de Guevara, de qui Brantôme l'a pris aussi pour l'insérer dans la *Vie des Dames galantes*, t. I, p. 313, etc., où il dit « que la courtisane Flora « étoit de bonne maison et de grande lignée, et qu'elle avoit « cela de meilleur que Laïs, qui s'abandonnoit à tout le « monde comme une bagace et Flora aux grands; si bien « que, sur le seuil de sa porte, elle avoit mis cet écriteau : *Rois,* « *princes, dictateurs, consuls, censeurs, pontifes, questeurs,*

moins que d'un dictateur, ou consul, ou censeur, et prenoit son deduict en la dignité de ses amoureux. Certes, les perles et le brocadel[1] y conferent quelque chose, et les tiltres, et le train.

Au demourant, je faisois grand compte de l'esprit, mais pourveu que le corps n'en feust pas à dire ; car, à respondre en conscience, si l'une ou l'aultre des deux beautés debvoit necessairement y faillir, j'eusse choisi de quitter plustost la spirituelle ; elle a son usage en meilleures choses ; mais au subject de l'amour, subject qui principalement se rapporte à la veue et à l'attouchement, on faict quelque chose sans les graces de l'esprit, rien sans les graces corporelles. C'est le vray advantage des dames, que la beauté ; elle est si leur que la nostre, quoyqu'elle desire des traits un peu aultres, n'est en son poinct que confuse avecques la leur, puerile et imberbe : on dict que chez le grand seigneur, ceulx qui le servent soubs tiltre de beauté, qui sont en nombre infiny, ont leur congé, au plus loing, à vingt et deux ans. Les discours, la prudence et les offices d'amitié se treuvent mieulx chez les hommes : pourtant gouvernent ils les affaires du monde.

Ces deux commerces[2] sont fortuits et despendants d'aultry ; l'un est ennuyeux par sa rareté, l'aultre se flestrit avec l'aage ; ainsin ils n'eussent pas assez prouveu au besoing de ma vie. Celuy des livres, qui est le troisiesme, est bien plus seur et plus à nous ; il cede aux premiers les aultres advantages, mais il a pour sa part la constance et facilité de son service. Cestuy cy costoye tout mon cours et m'assiste par tout ; il me console en la vieillesse et en la solitude ; il me descharge du poids d'une oysifveté ennuyeuse, et me desfaict à toute heure des compagnies qui me faschent ; il esmousse les poinctures de la douleur, si elle n'est du tout extreme et maistresse. Pour me distraire d'une imagination importune, il n'est que de recourir aux livres ; ils me destournent facilement à eulx et me la desrobbent ; et si ne se mutinent point, pour veoir que je ne les recerche qu'au default de ces aultres commodités plus reelles, vifves et naturelles ; ils me receoivent tousjours de mesme visage. Il a bel aller à pied, dict on, qui mene son cheval par la bride ; et nostre Jacques, roy de Naples et de Sicile, qui, beau, jeune et sain, se faisoit porter par païs en civiere, couché sur un meschant oreiller de plume, vestu d'une robbe de drap gris et un bonnet de mesme, suyvi cependant d'une grande pompe royale, lictieres, chevaulx à main de toutes sortes, gentilshommes et officiers, representoit une austerité tendre encores et chancelante ; le malade n'est pas à plaindre, qui a la guarison en sa manche. En l'experience et usage de ceste sentence, qui est très veritable, consiste tout le fruict que je tire des livres ; je ne m'en sers en effect quasi non plus que ceulx qui ne les cognoissent point ; j'en jouïs, comme les avaricieux des tresors, pour sçavoir que j'en jouïray quand il me plaira : mon ame se rassasie et contente de ce droict de possession. Je ne voyage sans livres, ny en paix, ny en guerre : toutesfois il se passera plusieurs jours, et des mois, sans que je les employe ; ce sera bientost, dis je, ou demain, ou quand il me plaira, le temps court et s'en va cependant sans me blecer ; car il ne se peult dire combien je me repose et sejourne en ceste consideration, qu'ils sont à mon costé pour me donner du plaisir à mon heure, et à recognoistre combien ils portent de secours à ma vie. C'est la meilleure munition que j'aye trouvé à cest humain voyage ; et plaints extremement les hommes d'entendement qui l'ont à dire. J'accepte plustost toute aultre sorte d'amusement, pour legier qu'il soit, d'autant que cestuy cy ne me peult faillir.

Chez moy, je me destourne un peu plus souvent à ma librairie, d'où, tout d'une main, je commande à mon mesnage. Je suis sur l'entrée, et veois soubs moy mon jardin, ma bassecourt, ma court, et dans la pluspart des membres de ma maison. Là je feuillette à ceste heure un livre, à ceste heure un aultre, sans ordre et sans desseing, à pieces descousues. Tantost je resve ; tantost j'enregistre et dicte, en me promenant, mes songes que voicy. Elle est au troisiesme estage d'une tour : le premier, c'est ma chapelle ; le second, une chambre et sa suitte, où je me couche souvent, pour estre seul ; au dessus, elle a une grande garderobbe : c'estoit, au temps passé, le lieu plus inutile de ma maison. Je passe là et la plus part des jours de ma vie, et la plus part des heures du jour ; je n'y suis jamais la nuict. A sa suitte est un cabinet assez poly, ca-

---

« ambassadeurs et autres grands seigneurs, entrez, et non « d'autres. » C.

(1) Le brocart.

(2) L'un avec les hommes par une conversation libre et familière, et l'autre avec les femmes par l'amour. C.

pable à recevoir du feu pour l'hyver, très plaisamment percé; et si je ne craignois non plus le soing de la despense, le soing qui me chasse de toute besongne, j'y pourrois facilement couldre à chasque costé une gallerie de cent pas de long et douze de large, à plain pied, ayant trouvé touts les murs montés, pour aultre usage, à la hauteur qu'il me fault. Tout lieu retiré requiert un promenoir; mes pensées dorment si je les assis; mon esprit ne va pas seul, comme si les jambes l'agitent : ceulx qui estudient sans livre en sont touts là. La figure en est ronde, et n'a de plat que ce qu'il faut à ma table et à mon siege; et vient m'offrant, en se courbant, d'une veue, touts mes livres, rengés sur des pulpitres à cinq degrés tout à l'environ. Elle a trois veues de riche et libre prospect[1], et seize pas de vuide en diametre. En hyver, j'y suis moins continuellement ; car ma maison est juchée sur un tertre, comme dict son nom, et n'a point de piece plus esventée que ceste cy, qui me plaist d'estre un peu penible et à l'escart, tant pour le fruict de l'exercice que pour reculer de moy la presse. C'est là mon siege: j'essaye à m'en rendre la domination pure, et à soustraire ce seul coing à la communauté et conjugale, et filiale et civile ; par tout ailleurs je n'ay qu'une auctorité verbale, en essence, confuse, miserable à mon gré, qui n'a chez soy où estre à soy, où se faire particulierement la court, où se cacher! L'ambition paye bien ses gents de les tenir tousjours en montre comme la statue d'un marché: *Magna servitus est magna fortuna*[2]: ils n'ont pas seulement leur retraict pour retraicte. Je n'ay rien jugé de si rude en austerité de vie que nos religieux affectent, que ce que je vois, en quelqu'une de leurs compaignies, avoir pour regle une perpetuelle société de lieu, et assistance nombreuse entre eulx, en quelque action que ce soit; et treuve aulcunement plus supportable d'estre tousjours seul que ne le pouvoir jamais estre.

Si quelqu'un me dict que c'est avilir les muses, de s'en servir seulement de jouet et de passetemps, il ne sçait pas, comme moy, combien vault le plaisir, le jeu et le passetemps: à peine que je ne die toute aultre fin estre ridicule. Je vis du jour à la journée, et, parlant en reverence, ne vis que pour moy: mes desseings se terminent là. J'estudiay jeune pour l'ostentation; depuis, un peu pour m'assagir[1]; à ceste heure pour m'esbattre: jamais pour le quest[2]. Un humeur vaine et despensiere que j'avois après ceste sorte de meuble, non pour en prouvoir seulement mon besoing, mais, de trois pas au delà, pour m'en tapisser et parer, je l'ay pieça abandonnée.

Les livres ont beaucoup de qualités agreables à ceulx qui les sçavent choisir; mais, aulcun bien sans peine; c'est un plaisir qui n'est pas net et pur, non plus que les aultres; il a ses incommodités et bien poisantes: l'ame s'y exerce; mais le corps, duquel je n'ay non plus oublié le soing, demeure ce pendant sans action, s'atterre et s'attriste. Je ne sçache excès plus dommageable pour moy, ny plus à eviter en ceste desclinaison d'aage.

Voylà mes trois occupations favories et particulieres; je ne parle point de celles que je doibs au monde par obligation civile.

CHAPITRE IV.

De la diversion.

J'ay aultrefois esté employé à consoler une dame vrayement affligée; la plus part de leurs deuils sont artificiels et cerimonieux.

Uberibus semper lacrymis, semperque paratis
In statione sua, atque expectantibus illam,
Quo jubeat manare modo[3].

On y procede mal, quand on s'oppose à ceste passion; car l'opposition les picque et les engage plus avant à la tristesse: on exaspere le mal par la jalousie du debat. Nous veoyons, des propos communs, que ce que j'auray dict sans soing, si on vient à me le contester, je m'en formalise, je l'espouse; beaucoup plus ce à quoy j'aurois interest. Et puis, en ce faisant, vous vous presentez à vostre operation d'une entrée rude; là où les premiers accueils du medecin envers son patient doibvent estre gracieux, gays et agreables: et jamais medecin laid et rechigné n'y feit œuvre. Au contraire doncques, il fault ayder

---

(1) *Qui s'etend au loin.*
(2) Une grande fortune est une grande servitude. Sén., *Consol. ad Polybium*, c. 26.

(1) *Me rendre sage.*
(2) *Gain*, du latin *quæstus*. Il y a dans l'édit. de 1588, fol. 562: « jamais pour le gain. » J. V. L.
(5) Une femme a toujours des larmes toutes prêtes qui, au premier ordre, vont couler en abondance, Juv., *Sat.*, VI, 272.

d'arrivée et favoriser leur plaincte, et en tesmoigner quelque approbation et excuse. Par ceste intelligence, vous gaignez credit à passer oultre, et, d'une facile et insensible inclination, vous vous coulez aux discours plus fermes et propres à leur guarison. Moy, qui ne desirois principalement que de piper l'assistance qui avoit les yeulx sur moy, m'advisay de plastrer le mal; aussi me trouve je, par experience, avoir mauvaise main et infructueuse à persuader[1] : ou je presente mes raisons trop poinctues et trop seiches, ou trop brusquement, ou trop nonchalamment. Après que je me feus appliqué un temps à son tourment, je n'essayay pas de le guarir par fortes et vifves raisons, parce que j'en ay faulte, ou que je pensois aultrement faire mieulx mon effect; ny n'allay choisissant les diverses manieres que la philosophie prescript à consoler; que ce qu'on plainct[2] n'est pas mal, comme Cleanthes; que c'est un legier mal, comme les peripateticiens; que se plaindre n'est action ny juste ny louable, comme Chrysippus; ny ceste cy d'Epicurus, plus voisine à mon style, de transferer la pensée des choses fascheuses aux plaisantes; ny faire une charge de tout cest amas, le dispensant par occasion, comme Cicero : mais, declinant tout mollement nos propos, et les gauchissant peu à peu aux subjects plus voysins, et puis un peu plus esloingnés, selon qu'elle se prestoit plus à moy, je luy desrobbay imperceptiblement ceste pensée douloureuse, et la teins en bonne contenance, et du tout r'apaisée, autant que j'y feus. J'usay de diversion. Ceux qui me suyvirent à ce mesme service n'y trouverent aucun amendement; car je n'avois pas porté la coignée aux racines.

A l'adventure ay je touché ailleurs quelque espece de diversions publiques : et l'usage des militaires, dequoy se servit Periclès en la guerre peloponnesiaque[3] et mille aultres ailleurs, pour revoquer de leur païs les forces contraires, est trop frequent aux histoires. Ce feut un ingenieux destour, dequoy le sieur d'Himbercourt sauva et soy et d'autres, en la ville du Liege[4], où le duc de Bourgoigne, qui la tenoit assiegée, l'avoit faict entrer pour executer les convenances de leur reddition accordée. Ce peuple, assemblé de nuict pour y prouveoir, commence à se mutiner contre ces accords passés; et delibererent plusieurs de courre sus aux negociateurs qu'ils tenoient en leur puissance; luy, sentant le vent de la premiere ondée de ces gents qui venoient se ruer en son logis, lascha soubdain vers eulx deux des habitants de la ville (car il y en avoit aulcuns avecques luy), chargés de plus doulces et nouvelles offres à proposer en leur conseil, qu'il avoit forgées sur le champ pour son besoing. Ces deux arresterent la premiere tempeste, ramenants ceste tourbe esmeue en la maison de ville, pour ouïr leur charge et y deliberer. La deliberation feut courte : voicy desbonder un second orage autant animé que l'aultre; et luy, à leur despecher en teste quatre nouveaux et semblables intercesseurs, protestants avoir à leur declarer à ce coup des presentations plus grasses[1], du tout à leur contentement et satisfaction, par où ce peuple feut derechef repoussé dans le conclave. Somme, que, par telle dispensation d'amusements, divertissant leur furie et la dissipant en vaines consultations, il l'endormit enfin et gaigna le jour, qui estoit son principal affaire.

Cest aultre conte est aussi de ce predicament[2] : Atalante, fille de beauté excellente et de merveilleuse disposition, pour se desfaire de la presse de mille poursuyvants qui la demandoient en mariage, leur donna ceste loy, « qu'elle accepteroit celuy qui l'egualeroit à la course, pourveu que ceulx qui y fauldroient en perdissent la vie[3]. » Il s'en trouva assez qui estimerent ce prix digne d'un tel hazard, et qui encourrurent la peine de ce cruel marché. Hippomenes, ayant à faire son essay après les aultres, s'adressa à la deesse tutrice de ceste amoureuse ardeur, l'appellant à son secours; qui, exauceant sa priere, le fournit de trois pommes d'or, et de leur usage. Le champ de la course ouvert, à mesure qu'Hippomenes sent sa maistresse luy presser les talons, il laisse eschapper, comme par inadvertance, l'une de ces pommes; la fille, amusée de sa beauté, ne

---

(1) L'édit. de 1588 ajoute : « quand il y a resistance. »
(2) Cic., *Tusc. quæst.*, III, 31. C.
(3) Plut., *Périclès*, c. 21. J. V. L.
(4) *De Liege.* Voyez les *Mémoires de Philippe de Comines*, l. II, c. 3.

(1) *Des offres plus avantageuses.* E. J.
(2) *De cette catégorie.* On appelle *prédicaments*, en logique, les dix catégories d'Aristote. E. J.
(3) *Præmia veloci conjux, thalamique dabuntur;*
Mors pretium tardis : ea lex certaminis esto.
Ov., *Mét.*, X, 571.

fault point de se destourner pour l'amasser :

> *Obstupuit virgo, nitidique cupidine pomi
> Declinat cursus, aurumque volubile tollit*[1].

Autant en feit il, à son poinct, et de la seconde et de la tierce : jusques à ce que, par ce fourvoyement et divertissement, l'advantage de la course luy demeura. Quand les medecins ne peuvent purger le catharre, ils le divertissent et desvoyent à une aultre partie moins dangereuse : je m'apperceois que c'est aussi la plus ordinaire recepte aux maladies de l'ame; *Abducendus etiam nonnunquam animus est ad alia studia, sollicitudines, curas, negotia; loci denique mutatione, tanquam aegroti non convalescentes sæpe curandus est*[2]; on luy faict peu chocquer les maulx de droit fil ; on ne luy en faict soustenir ny rabattre l'atteincte, on la luy faict decliner et gauchir.

Ceste aultre leçon est trop haulte et trop difficile : c'est à faire à ceulx de la premiere classe de s'arrester purement à la chose, la considerer, la juger : il appartient à un seul Socrates d'accointer la mort d'un visage ordinaire, s'en apprivoiser et s'en jouer; il ne cherche point de consolation hors de la chose; le mourir luy semble accident naturel et indifferent; il fiche là justement sa veue, et s'y resoult, sans regarder ailleurs. Les disciples de Hégésias[3], qui se font mourir de faim, eschauffés des beaux discours de ses leçons[4], et si dru, que le roy Ptolemée luy feit deffendre de plus entretenir son eschole de ces homicides discours; ceulx là ne considerent point la mort en soy; ils ne la jugent point: ce n'est pas là où ils arrestent leur pensée; ils courent, ils visent à un estre nouveau.

Ces pauvres gents qu'on veoid, sur l'eschaffaud, remplis d'une ardente devotion, y occupants touts leurs sens autant qu'ils peuvent, les aureilles aux instructions qu'on leur donne, les yeulx et les mains tendues au ciel, la voix à des prieres haultes, avecques une esmotion aspre et continuelle, font, certes, chose louable et convenable à une telle necessité : on les doibt louer de religion, mais non proprement de constance; ils fuyent la luicte, ils destournent de la mort leur consideration, comme on amuse les enfants pendant qu'on leur veult donner le coup de lancette. J'en ai veu, si par fois leur veue se ravaloit à ces horribles appresls de la mort qui sont autour d'eulx, s'en transir, et rejecter avecques furie ailleurs leur pensée : à ceulx qui passent une profondeur effroyable, on ordonne de clorre ou destourner les yeux.

Subrius Flavius, ayant, par le commandement de Neron, à estre desfaict, et par les mains de Niger, touts deux chefs de guerre, quand on le mena au champ où l'execution debvoit estre faicte, veoyant le trou que Niger avoit faict caver pour le mettre, inegual et mal formé[1] : « Ny cela mesme, dict il, se tournant aux soldats qui y assistoient, n'est selon la discipline militaire : » et, à Niger qui l'exhortoit de tenir la teste ferme : « Frapasses tu seulement aussi ferme ! » et divina bien; car, le bras tremblant à Niger, il la luy coupa à divers coups. Cestuy cy semble bien avoir eu sa pensée droictement et fixement au subject.

Celuy qui meurt en la meslée, les armes à la main, il n'estudie pas lors la mort, il ne la sent, ny ne la considere; l'ardeur du combat l'emporte. Un honneste homme de ma cognoissance estant tumbé, comme il se battoit en estocade, et se sentant daguer à terre par son ennemy de neuf ou dix coups, chascun des assistants luy crioit qu'il pensast à sa conscience; mais il me dict depuis, qu'encores que ces voix luy veinssent aux aureilles, elles ne l'avoient aulcunement touché, et qu'il ne pensa jamais qu'à se descharger[2] et à se venger : il tua son homme en ce mesme combat. Beaucoup feit pour L. Silanus celuy qui luy apporta sa condemnation, de ce qu'ayant ouï sa response, « qu'il estoit bien preparé à mourir, mais non pas de mains scelerées[3], » il se rua sur luy

---

(1) Surprise, charmée de la beauté de cette pomme, elle se détourne de sa course et saisit l'or qui roule à ses pieds. Ov. *Metam.*, X, 666.

(2) Quelquefois il faut détourner l'âme vers d'autres goûts, d'autres soins, d'autres occupations; souvent même il faut essayer de la guérir par le changement de lieu, comme les malades qui ne sauraient autrement recouvrer la santé. Cic., *Tusc. quæst.*, IV, 35.

(3) Cic., *Tusc. quæst.*, I, 34; Val. Maxime, VIII, 9, *ext.* 3. C.

(4) Edit. de 1588, *fol.* 364, « de son oraison. »

---

(1) *Quam (scrobem) Flavius ut humilem et angustam increpans, circumstantibus militibus : Ne hoc quidem, inquit, ex disciplina. Admoniitusque fortiter protendere cervicem: Utinam ait, tu tam fortiter ferias!* Tacit., *Annal.*, XV, 67. C.

(2) Se dégager.

(3) *Animum quidem morti destinatum ait, sed non permittere percussori gloriam ministerii.* Tacite, *Annal.*, XVI, 9. C.

avecques ses soldats pour le forcer, et comme luy, tout desarmé, se deffendoit obstinéement de poings et de pieds, il le feit mourir en ce debat, dissipant en prompte chólere et tumultuaire le sentiment penible d'une mort longue et preparée à quoy il estoit destiné.

Nous pensons tousjours ailleurs: l'esperance d'une meilleure vie nous arreste et appuye, ou l'esperance de la valeur de nos enfants, ou la gloire future de nostre nom, ou la fuyte des maulx de ceste vie, ou la vengeance qui menace ceulx qui nous causent la mort:

> Spero equidem mediis, si quid pia numina possunt,
> Supplicia hausurum scopulis, et nomine Dido
> Sæpe vocaturum...
> Audiam; et hæc manes veniet mihi fama sub imos [1].

Xenophon sacrifioit, couronné, quand on luy veint annoncer la mort de son fils Gryllus en la battaille de Mantinée; au premier sentiment de ceste nouvelle, il jecta sa couronne à terre; mais, par la suitte du propos, entendant la forme d'une mort très valeureuse, il l'amassa, et remeit sur sa teste [2]: Epicurus mesme se console, en sa fin, sur l'eternité et l'utilité de ses escripts [3]: *omnes clari et nobilitati labores fiunt tolerabiles* [4]: et la mesme playe, le mesme travail, ne poise pas, dict Xenophon, à un general d'armée comme à un soldat [5]: Epaminondas print sa mort plus alaigrement, ayant esté informé que la victoire estoit demeurée de son costé [6]: *hæc sunt solatia, hæc fomenta summorum dolorum* [7]: et telles aultres circonstances nous amusent, divertissent et destournent de la consideration de la chose en soy.

(1) S'il est encore un Dieu redoutable aux ingrats,
J'espère que bientôt, pour prix d'un si grand crime,
Brisé contre un écueil, plongé dans un abime,
Tu paîras mes malheurs, perfide! et de Didon
Ta voix, ta voix plaintive invoquera le nom.
. . . . et dans l'empire sombre
Le bruit de tes malheurs viendra charmer mon ombre.
VIRG. *Enéide*, IV, 382, 387.

(2) VAL. MAXIME, IV, 10, *ext*. 2; DIOG. LAERCE, *Vie de Xénophon*; ELIEN, *Hist. div.*, III, 3; STOBÉE, *Disc.* 7 et 106, etc. J. V. L.

(3) Dans sa *Lettre à Hermachus* ou *à Idoménée*. CIC., *de Finib.*, II, 30; DIOG. LAERCE, X, 22. C.

(4) Tous les travaux accompagnés de gloire sont faciles à supporter. CIC., *Tusc. quæst.*, II, 24.

(5) Eosdem labores non esse æque graves imperatori et militi. CIC., *Tusc. quæst.*, II, 26.

(6) CORN. NEPOS, *Vie d'Epaminondas*, c. 9. C.

(7) C'est là ce qui console, ce qui adoucit les plus grandes douleurs. CIC., *Tusc. quæst.*, II, 23.

Voire, les arguments de la philosophie vont à touts coups costoyant et gauchissant la matiere, et à peine essuyant sa crouste: le premier homme de la premiere eschole philosophique et surintendante des aultres, ce grand Zenon, contre la mort: « Nul mal n'est honorable; la mort l'est: elle n'est pas doncques mal [1]; » contre l'yvrongnerie: « Nul ne fie son secret à l'ivrongne: chascun le fie au sage; le sage ne sera donc pas ivrongne [2]. » Cela est ce donner au blanc? J'aime à veoir ces ames principales ne se pouvoir desprendre de nostre consorce [3]; tant parfaicts hommes qu'ils soyent, ce sont tousjours bien lourdement des hommes.

C'est une doulce passion que la vengeance, de grande impression et naturelle: je le veois bien, encore que je n'en aye aulcune experience. Pour en distraire dernierement un jeune prince, je ne luy allois pas disant qu'il falloit prester la joue à celuy qui vous avoit frappé l'aultre, pour le debvoir de charité; ny ne luy allois representer les tragiques evenements que la poësie attribue à ceste passion: je la laissay là; et m'amusay à luy faire gouster la beauté d'une image contraire, l'honneur, la faveur, la bienvueillance qu'il acquerroit par clemence et bonté: je le destournay à l'ambition. Voylà comme l'on en faict.

Si vostre affection en l'amour est trop puissante, dissipez la, disent ils; et disent vray, car je l'ay souvent essayé avec utilité: rompez la à divers desirs, desquels il y en ayt un regent et un maistre, si vous voulez; mais, de peur qu'il ne vous gourmande et tyrannise, affoiblissez le, sejournez le [4], en le divisant et divertissant:

> Quum morosa vago singultiet inguine vena [5],
> Conjicito humorem collectum in corpora quæque [6]:

et pourvoyez y de bonne heure, de peur que vous n'en soyez en peine, s'il vous a une fois saisi;

> Si non prima novis conturbes vulnera plagis,
> Volgivagaque vagus venere ante recentia cures [7].

(1) SÉN., *Epist*. 82. C.

(2) ID., *Epist*. 83.

(3) De notre communauté.

(4) Donnez-lui du repos.

(5) Lorsque vous serez tourmenté par les plus violents désirs. PERSE, *Sat*., VI, 73.

(6) Assouvissez-les sur le premier objet qui s'offrira. LUCR., IV, 1062.

(7) Si vous ne mêlez à ses premiers coups de nouvelles bles-

Ce que j'y treuve à considerer, c'est qu'il la point un peu bien esmeue pour une Venus maritale[1] : en ce sage marché, les appetits ne se treuvent pas si folastres ; ils sont sombres et plus mousses. L'amour hait qu'on se tienne par ailleurs que par luy, et se mesle laschement aux accointances qui sont dressées et entretenues sous aultre tiltre, comme est le mariage : l'alliance, les moyens, y poisent par raison[2], autant ou plus que les graces et la beauté. On ne se marie pas pour soy, quoy qu'on die ; on se marie autant, ou plus, pour sa posterité, pour sa famille ; l'usage et l'interest du mariage touche nostre race bien loing pardelà nous : pourtant me plaist ceste façon, qu'on le conduise plustost par main tierce que par les propres, et par le sens d'aultruy que par le sien : tout cecy, combien à l'opposite des conventions amoureuses ? Aussi est ce une espece d'inceste d'aller employer, à ce parentage venerable et sacré, les efforts et les extravagances de la licence amoureuse, comme il me semble avoir dict ailleurs[3] : il fault, dict Aristote, toucher sa femme prudemment et severement, de peur qu'en la chatouillant trop lascivement le plaisir ne la face sortir hors des gonds de raison. Ce qu'il dict pour la conscience, les medecins le disent pour la santé : « Qu'un plaisir excessivement chauld, voluptueux et assidu, altere la semence et empesche la conception ; » disent d'aultre part : « Qu'à une congression languissante, comme celle là est de sa nature, pour la remplir d'une juste et fertile chaleur, il s'y fault presenter rarement et à notables intervalles, »

Quo rapiat sitiens Venerem, interiusque recondat [1].

Je ne veois point de mariages qui faillent plustost et se troublent que ceulx qui s'acheminent par la beauté et desirs amoureux : il y fault des fondements plus solides et plus constants, et y marcher d'aguet[2], ceste bouillante alaigresse n'y vault rien[3].

Ceulx qui pensent faire honneur au mariage pour y joindre l'amour font, ce me semble, de mesme ceulx qui, pour faire faveur à la vertu, tiennent que la noblesse n'est aultre chose que vertu. Ce sont choses qui ont quelque cousinage ; mais il y a beaucoup de diversité : on n'a que faire de troubler leurs noms et leurs tiltres ; on fait tort à l'une ou à l'aultre de les confondre. La noblesse est une belle qualité, et introduicte avec raison ; mais d'autant que c'est une qualité despendant d'aultruy, et qui peult tumber en un homme vicieux et de neant, elle est en estimation bien loing au dessoubs de la vertu : c'est une vertu, si ce l'est, artificielle et visible ; despendant du temps et de la fortune ; diverse en forme, selon les contrées ; vivante, et mortelle ; sans naissance, non plus que la riviere du Nil ; genealogique et commune ; de suite et de similitude ; tirée par consequence et consequence bien foible. La science, la force, la bonté, la beauté, la richesse, toutes aultres qualités, tumbent en communication et en commerce ; ceste cy se consomme en soy, de nulle emploite au service d'aultruy. On proposoit à l'un de nos roys le chois de deux competiteurs en une mesme charge, desquels l'un estoit gentilhomme, l'aultre ne l'estoit point : il ordonna que, sans respect de ceste qualité, on choisist celuy qui auroit le plus de merite ; mais où la valeur seroit entierement pareille, qu'alors on

---

embrassement. Aussitôt Vulcain sent renaître son ardeur accoutumée ; un feu qu'il connaît le pénètre et court jusque dans la moelle de ses os. Ainsi un éclair brille dans la nuée fendue par le tonnerre, et parcourt de ses rubans de feu les nuages épars dans la région de l'air... Enfin, il donne à son épouse les embrassements qu'elle attend, et couché sur son sein, il s'abandonne tout entier aux charmes d'un paisible sommeil. Virg., *Enéide*, VIII, 387, 392. (Traduction de Bernardin de Saint-Pierre, *Préambule de l'Arcadie*.)

(1) « Mais pour affaiblir ce que ce tableau a de licencieux et de contraire aux mœurs conjugales, le sage Virgile oppose immédiatement après à la déesse de la volupté qui demande à son mari des armes pour son fils naturel, une mère de famille chaste et pauvre, occupée des arts de Minerve pour élever ses petits enfants ; et il applique cette image touchante aux mêmes heures de la nuit, pour présenter un nouveau contraste des différents usages que fait du même temps le vice et la vertu. » BERNARDIN DE SAINT-PIERRE, *ibid*.

(2) *Doivent y entrer en compte*. C.

(3) Liv. I, c. 29, t. II, p. 44.

(1) Afin qu'elle saisisse plus avidement les dons de Vénus et les recèle profondément dans son sein. VIRG., *Géorg*. III, 137.

(2) *En se tenant à l'aguet*.

(3) « En l'accointance et usage de mariage, il fault de la moderation ; c'est une religieuse et devote liaison : voylà pourquoy le plaisir qu'on en tire doibt estre meslé à quelque severité ; une volupté prudente et consciencieuse. Il fault toucher sa femme severement : et pour l'honnesteté, comme dict est, et de peur comme dict Aristote, qu'en la chatouillant trop lascivement, le plaisir ne la face sortir hors des gonds de raison : et pour la santé ; car le plaisir trop chauld et assidu altere la semence et empesche la generation. A fin, d'aultre part, qu'elle ne soit trop languissante, morfondue et sterile, il s'y fault presenter rarement : Selon l'a taillé à trois fois le mois ; mais il ne s'y peult donner loy ny regle certaine. » CHARRON, *de la Sagesse*, III, 12, p. 250, édit. du *Panthéon*.

eust respect à la noblesse: c'estoit justement luy donner son reng. Antigonus[1], à un jeune homme incogneu qui luy demandoit la charge de son pere, homme de valeur, qui venoit de mourir: « Mon amy, feit il, en tels bienfaicts, je ne regarde pas tant la noblesse de mes soldats comme je fois leur prouesse. » De vray, il n'en doibt pas aller comme des officiers des roys de Sparte, trompettes, menestriers, cuisiniers, à qui en leur charge succedoient les enfants, pour ignorants qu'ils feussent, avant les mieulx experimentés du mestier. Ceulx de Calecut font, des nobles, une espece par dessus l'humaine : le mariage leur est interdict, et toute aultre vacation que bellique; de concubines, ils en peuvent avoir leur saoul, et les femmes autant de ruffiens, sans jalousie les uns des aultres : mais c'est un crime capital et irremissible de s'accoupler à personne d'aultre condition que la leur; et se tiennent pollus s'ils en sont seulement touchés en passant, et, comme leur noblesse en estant merveilleusement injuriée et interessée, tuent ceulx qui seulement ont approché un peu trop près d'eulx : de maniere que les ignobles sont tenus de crier en marchant comme les gondoliers de Venise, au contour des rues, pour ne s'entreheurter; et les nobles leur commandent de se jecter au quartier qu'ils veulent : ceulx cy evitent par là ceste ignominie, qu'ils estiment perpetuelle; ceulx là, une mort certaine. Nulle durée de temps, nulle faveur de prince, nul office, ou vertu, ou richesse, peult faire qu'un roturier devienne noble : à quoy ayde ceste coustume, que les mariages sont deffendus de l'un mestier à l'aultre; ne peult une de race courdonniere espouser un charpentier; et sont les parents obligés de dresser les enfants à la vacation des peres, precisement, et non à aultre vacation; par où se maintient la distinction et continuation de leur fortune.

Un bon mariage[2], s'il en est, refuse la conpaignie et conditions de l'amour : il tasche à representer celles de l'amitié. C'est une doulce société de vie, pleine de constance, de fiance, et d'un nombre infiny d'utiles et solides offices, et obligations mutuelles. Aulcune femme qui en savoure le goust,

Optato quam junxit lumine tœda[1],

ne vouldroit tenir lieu de maistresse à son mary : si elle est logée en son affection comme femme, elle y est bien plus honorablement et seurement logée. Quand il fera l'esmeu ailleurs et l'empressé, qu'on luy demande pourtant lors, « à qui il aimeroit mieulx arriver une honte, ou à sa femme ou à sa maistresse? de qui la desfortune l'affligeroit le plus? à qui il desire plus de grandeur? » ces demandes n'ont aulcun doubte en un mariage sain.

Ce qu'il s'en veoid si peu de bons est signe de son prix et de sa valeur. A le bien façonner et à le bien prendre, il n'est point de plus belle piece en nostre société : nous ne nous en pouvons passer, et l'allons avilissant. Il en advient ce qui se void aux cages : les oyseaux qui en sont dehors desesperent d'y entrer, et d'un pareil soing en sortir ceulx qui sont au dedans. Socrates, enquis[2], qui estoit plus commode, prendre ou ne prendre point de femme : « Lequel des deux on face, dict il, on s'en repentira. » C'est une convention à laquelle se rapporte bien à poinct ce qu'on dict, *Homo homini*, ou *deus*, ou *lupus*[3] : il fault la rencontre de beaucoup de qualités à le bastir. Il se treuve en ce temps plus commode aux ames simples et populaires, où les delices, la curiosité et l'oysiveté ne le troublent pas tant : les humeurs desbauchées, comme est la mienne, qui hait toute sorte de liaison et d'obligation, n'y sont pas si propres;

Et mihi dulce magis resoluto vivere collo[4].

De mon desseing[5], j'eusse fuy d'espouser la Sagesse mesme, si elle m'eust voulu : mais, nous avons beau dire, la coustume et l'usage de la vie commune nous emporte; la pluspart de mes actions se conduisent par exemple, non par

(1) Plut., *de la Mauvaise honte*, c. 10. C.

(2) Voy. sur le mariage de la *Sagesse* de Charron, I, 46 : il a beaucoup profité de ce chapitre de Montaigne. J. V. L.

(1) Unie à celui qu'elle aimait. Catulle, *de Coma Beren.*, carm., LXIV, v. 79.

(2) Diog. Laerce., II, 33. C.

(3) L'homme est à l'homme, ou un dieu, ou un loup.—La première sentence, *Homo homini deus*, est du poëte comique Cécilius, qui avait dit, au rapport de *Symmaque, Epist.*, X, 104 : « Homo homini deus, si suum officium sciat. » L'autre proverbe, *Homo homini lupus*, se trouve dans Plaute, *Asinar.*, act. II, sc. IV, v. 88 : « Lupus est homo homini, non homo, quum, qualis sit, non novit. » J. V. L.

(4) Il est plus doux pour moi d'être exempt de ce joug. *Pseudo-Gallus*, I, 61

(5) *De mon propre mouvement*, C.

Qui demandera à celuy là : « Quel interest avez vous à ce siege? — L'interest de l'exemple, dira il, et de l'obeïssance commune du prince : je n'y pretends proufit quelconque; et de gloire, je sçais la petite part qui en peult toucher un particulier comme moy : je n'ay icy ny passion ny querelle. » Voyez le pourtant, le lendemain, tout changé, tout bouillant et rougissant de cholere en son reng de bataille pour l'assault : c'est la lueur de tant d'acier et le feu et tintamarre de nos canons et de nos tambours qui luy ont jecté ceste nouvelle rigueur et hayne dans les veines. Frivole cause! me direz vous. Comment cause? il n'en fault point pour agiter nostre ame; une resverie sans corps et sans subject la regente et l'agite : que je me jecte à faire des chasteaux en Espaigne, mon imagination m'y forge des commodités et des plaisirs desquels mon ame est réellement chatouillée et resjouïe. Combien de fois embrouillons nous nostre esprit de cholere ou de tristesse par telles umbres et nous inserons en des passions fantastiques qui nous alterent et l'ame et le corps! Quelles grimaces estonnées, riardes, confuses, excitent la resverie en nos visages! quelles saillies et agitations de membres et de voix! semble il pas de cest homme seul qu'il aye des visions faulses d'une presse d'aultres hommes avecques qui il negocie ou quelque daimon interne qui le persecute ? Enquerez vous à vous où est l'object de ceste mutation : est il rien, sauf nous, en nature, que l'inanité substante, sur quoy elle puisse? Cambyses[1], pour avoir songé en dormant que son frere debvoit devenir roy de Perse, le feit mourir; un frere qu'il aimoit et duquel il s'estoit tousjours fié : Aristodemus[2], roy des Messeniens, se tua pour une fantasie qu'il print de mauvaise augure de je ne sçais quel hurlement de ses chiens; et le roy Midas[3] en feit autant, troublé et fasché de quelque malplaisant songe qu'il avoit songé. C'est priser sa vie justement ce qu'elle est de l'abandonner pour un songe. Oyez pourtant nostre ame triumpher de la misere du corps, de sa foiblesse, de ce qu'il est en butte à toutes offenses et alterations : vrayement elle a raison d'en parler!

O prima infelix fingenti terra Prometheo!
Ille parum cauti pectoris egit opus.
Corpora disponens, mentem non vidit in arte;
Recta animi primum debuit esse via[1].

CHAPITRE V.

Sur des vers de Virgile.

A mesure que les pensements utiles sont plus pleins et solides, ils sont aussi plus empeschants et plus onereux : le vice, la mort, la pauvreté, les maladies sont subjects graves et qui grevent. Il fault avoir l'ame instruicte des moyens de soubtenir et combattre les maulx, et instruicte des regles de bien vivre et de bien croire ; et souvent l'esveiller et exercer en ceste belle estude : mais à une ame de commune sorte, il fault que ce soit avec relasche et moderation ; elle s'affole d'estre trop continuellement bandée. J'avois besoing, en jeunesse, de m'advertir et solliciter pour me tenir en office ; l'alaigresse et la santé ne conviennent pas tant bien, dict on, avecques ces discours serieux et sages : je suis à present en un aultre estat ; les conditions de la vieillesse ne m'advertissent que trop, m'assagissent et me preschent. De l'excès de la gayeté je suis tumbé en celuy de la severité plus fascheux : par quoy je me laisse à ceste heure aller un peu à la desbauche, par desseing, et emploie quelquefois l'ame à des pensements folastres et jeunes où elle se sejourne. Je ne suis meshuy que trop rassis, trop poisant et trop meur : les ans me font leçon touts les jours de froideur et de temperance. Ce corps fuyt le desreglement et le craind : il est à son tour de guider l'esprit vers la reformation; il regente à son tour et plus rudement et imperieusement ; il ne me laisse pas une heure, ny dormant, ny veillant, chomer d'instructions de mort, de patience et de penitence. Je me deffends de la temperance, comme j'ay faict aultrefois de la volupté : elle me tire trop arriere et jusques à la stupidité. Or, je veulx estre maistre de moy à touts sens : la sagesse a ses excès et n'a pas moins besoing de moderation que la folie. Ainsi, de peur que je ne seiche,

---

(1) Hér., III, 30. J. V. L.
(2) Plut., *de la Superstition*, c. 9. C.
(3) Id., *ibid.* C

(1) O malheureuse argile qui fut d'abord façonnée par Prométhée! qu'il a montré peu de sagesse dans son ouvrage! En formant le corps de l'homme, il n'a pris aucun soin de l'esprit : c'est pourtant par l'esprit qu'il eût dû commencer. Prop., III, 5, 7.

tarissé et m'aggrave de prudence aux intervalles que mes maulx me donnent,

Mens intenta suis ne siet usque malis[1],

je gauchis tout doulcement et desrobbe ma veue de ce ciel orageux et nubileux que j'ay devant moy, lequel, Dieu mercy, je considere bien sans effroy, mais non pas sans contention et sans estude; et me voys amusant en la recordation des jeunesses passées:

*Animus quod perdidit optat,
Atque in præterita se totus imagine versat*[2].

Que l'enfance regarde devant elle; la vieillesse, derriere: estoit ce pas ce que signifioit le double visage de Janus? Les ans m'entraisnent s'ils veulent, mais à reculons! autant que mes yeulx peuvent recognoistre ceste belle saison expirée, je les y destourne à secousses: si elle eschappe de mon sang et de mes veines, au moins n'en veulx je desraciner l'image de la memoire;

*Hoc est,
Vivere bis, vita posse priore frui*[3].

Platon[4] ordonne aux vieillards d'assister aux exercices, danses et jeux de la jeunesse, pour se resjouïr en aultruy de la souplesse et beauté du corps qui n'est plus en eulx, et rappeller en leur souvenance la grace et faveur de cest aage verdissant; et veult qu'en ces esbats ils attribuent l'honneur de la victoire au jeune homme qui aura le plus esbaudi[5] et resjouï, et plus grand nombre d'entre eulx. Je marquois aultrefois les jours poisants et tenebreux comme extraordinaires; ceulx là sont tantost les miens ordinaires: les extraordinaires sont les beaux et sereins; je m'en voys au train de tressaillir comme d'une nouvelle faveur quand aulcune chose ne me deult[6]. Que je me chatouille, je ne puis tantost plus arracher un pauvre rire de ce meschant corps; je ne m'esgaye qu'en fantasie et en songe pour destourner par ruse le chagrin de la vieillesse: mais, certes, il fauldroit aultre remede qu'en songe! Foible luicte de l'art contre la nature! C'est grand' simplesse d'alonger et anticiper, comme chascun faict, les incommodités humaines : j'aime mieulx estre moins longtemps vieil que d'estre vieil avant que de l'estre[1] : jusques aux moindres occasions de plaisir que je puis rencontrer je les empoigne. Je cognois bien, par ouï dire, plusieurs especes de voluptés prudentes, fortes et glorieuses: mais l'opinion ne peult pas assez sur moy pour m'en mettre en appetit; je ne les veulx pas tant magnanimes, magnifiques et fastueuses comme je les veulx doulcereuses, faciles et prestes: *A natura discedimus; populo nos damus, nullius rei bono auctori*[2]. Ma philosophie est en action, en usage naturel et present, peu en fantasie : prinsse je plaisir à jouer aux noisettes et à la toupie!

Non ponebat enim rumores ante salutem[3].

La volupté est qualité peu ambitieuse : elle s'estime assez riche de soy, sans y mesler le prix de la reputation ; et s'aime mieulx à l'umbre. Il fauldroit donner le fouet à un jeune homme qui s'amuseroit à choisir le goust du vin et des saulces : il n'est rien que j'aye moins sceu, et moins prisé ; à ceste heure je l'apprends, j'en ay grand' honte, mais qu'y ferois je? j'ay encores plus de honte et de despit des occasions qui m'y poulsent. C'est à nous à resver et à baguenauder : et à la jeunesse à se tenir sur la reputation et sur le bon bout : elle va vers le monde, vers le credit; nous en venons : *Sibi arma, sibi equos, sibi hastas, sibi clavam, sibi pilam, sibi natationes et cursus habeant; nobis senibus, ex lusionibus multis, talos relinquant et tesseras*[4] : les lois mesmes nous envoyent

---

(1) De peur que mon âme ne soit toujours occupée de ses maux. Ov., *Trist.*, IV, 1, 4.—Il y a dans Ovide, *ne foret*.

(2) Mon esprit soupire après ce qu'il a perdu et se rejette tout entier dans le passé. PETRONE, *Satiric.*, c. 128.

(3) C'est vivre deux fois que de pouvoir jouir de la vie passée. MART., X, 23, 7.

(4) Traité *des Lois*, II, p. 657, vers le commencement. C.

(5) Egayé.

(6) De *douloir*, d'où *douleur*.

(1) C'est mot pour mot ce que dit Cicéron dans son traité *de la Vieillesse*, c. 19 : *Ego vero me minus diu senem esse mallem, quam esse senem antequam essem*. Ici Montaigne copie cette pensée ; et ailleurs, il critique la manière dont Cicéron l'a exprimée. *Voy.* l. II, c. 10, t. II, p. 452. C.

(2) Nous abandonnons la nature ; et nous prenons pour guide le peuple, qui ne sait que nous égarer. SÉN., *Epist.* 99.

(3) A tous les vains caquets préférant mon plaisir. C'est une application au style plaisant d'un vers grave d'Ennius, cité par Cicéron, *de Officiis*, I, 24, où ce poète, parlant de Fabius Maximus, dit qu'il travaillait au bien public sans se mettre en peine de tout ce qu'on publiait à Rome pour décrier sa conduite. C.

(4) Qu'ils gardent pour eux les armes, les chevaux, les javelots, la massue, la paume, la nage et la course ; qu'ils nous laissent, à nous autres vieillards, les dés et les osselets. CIC., *de Senect.*, c. 16.

chastes ensemble; c'est à dire, et chauldes et froides ; car le mariage, que nous disons avoir charge de les empescher de brusler, leur apporte peu de refreschissement, selon nos mœurs. Si elles en prennent un à qui la vigueur de l'aage boult encores, il fera gloire de l'espandre ailleurs ;

> Sit tandem pudor; aut eamus in jus :
> Multis mentula millibus redempta,
> Non est hæc tua, Basse; vendidisti[1] ;

le philosophe Polemon feut justement appelé en justice par sa femme[2], de ce qu'il alloit semant en un champ sterile le fruit deu au champ genital. Si c'est de ces aultres cassés[3], les voylà, en plein mariage, de pire condition que vierges et veufves. Nous les tenons pour bien fournies, parce qu'elles ont un homme auprès d'elles ; comme les Romains teindrent pour violée Clodia Læta[4], Vestale, que Caligula avoit approchée, encores qu'il feust averé qu'il ne l'avoit qu'approchée ; mais, au rebours, on recharge par là leur necessité, d'autant que l'attouchement et la compaignie de quelque masle que ce soit esveille leur chaleur, qui demeureroit plus quiete en la solitude ; et à ceste fin, comme il est vraysemblable, de rendre par ceste circonstance et consideration leur chasteté plus meritoire, Boleslaus[5] et Kinge sa femme, roys de Poloigne, la vouerent d'un commun accord, couchés ensemble, le jour mesme de leurs nopces, et la maintindrent à la barbe des commodités maritales.

Nous les dressons, dès l'enfance, aux entremises de l'amour; leur grace, leur attifeure, leur science, leur parole, toute leur instruction ne regarde qu'à ce but : leurs gouvernantes ne leur impriment aultre chose que le visage de l'amour, ne feust qu'en le leur representant continuellement pour les en desgouster. Ma fille (c'est tout ce que j'ay d'enfants) est en l'aage auquel les lois excusent les plus eschauffées de se marier; elle est d'une complexion tardifve, mince et molle, et a esté par sa mère eslevée de mesme, d'une forme retirée et particuliere, si qu'elle ne commence encores qu'à se desniaiser de la naïfveté de l'enfance : elle lisoit un livre françois devant moy; le mot de *fouteau*[1] s'y rencontra, nom d'un arbre cogneu; la femme qu'ell' a pour sa conduicte l'arresta tout court un peu rudement, et la feit passer par dessus ce mauvais pas. Je la laissay faire, pour ne troubler leurs regles; car je ne m'empesche aulcunement de ce gouvernement; la police feminine a un train mysterieux, il faut le leur quitter ; mais, si je ne me trompe, le commerce de vingt laquays n'eust sceu imprimer en sa fantaisie, de six mois, l'intelligence et usage et toutes les consequences du son de ces syllabes scelerées[2], comme feit ceste bonne vieille par sa reprimande et son interdiction.

> Motus doceri gaudet Ionicos
> Matura virgo, et frangitur artubus
> Jam nunc, et incestos amores
> De tenero meditatur ungui[3].

Qu'elles se dispensent un peu de la cerimonie; qu'elles entrent en liberté de discours : nous ne sommes qu'enfants au prix d'elles en ceste science. Oyez leur representer nos poursuittes et nos entretiens; elles vous font bien cognoistre que nous ne leur apportons rien qu'elles n'ayent sceu et digeré sans nous. Seroit ce, ce que dict Platon, qu'elles ayent esté garsons desbauchés aultrefois? Mon aureille se rencontra un jour en lieu où elle pouvoit desrobber aulcun des discours faicts entre elles sans souspeçons; que ne puis je le dire? Nostre Dame (feis je) ! allons à ceste heure estudier des phrases d'Amadis et des registres de Bocace et de l'Aretin, pour faire les habiles : nous employons vrayement bien nostre temps ! Il n'est ny parole, ny exemple, ny desmarche, qu'elles ne

---

(1) Rougis enfin de ta conduite, ou allons en justice. Tu m'as vendu ce meuble, Bassus ; je l'ai acheté à beaux deniers comptants : il n'est plus à toi. MART., XII, 90, 10.

(2) DIOG. LAERCE, III, 17. C.

(3) *Si les femmes prennent des hommes cassés, vieux.* Dans l'édition de 1588, fol. 574, cette phrase suivait immédiatement les vers de Martial; et alors on en voyait mieux le rapport avec la phrase qui les précède. A. D.

(4) Et la firent enterrer vive, comme le rapporte XIPHILIN, dans l'abrégé de la *Vie de Caligula*. C.

(5) Qui, à cause de cela, fut surnommé *le Pudique,* comme on peut voir dans CROMER, *de Rebus Polon.*, liv. VIII, p. 204. C.

(1) *Hêtre.* E. J.

(2) *Criminelles.* E. J.

(3) Voyez cette beauté sous les yeux de sa mère;
Elle apprend, en naissant, l'art dangereux de plaire,
Et d'irriter en nous de funestes penchants :
Son enfance prévient le temps d'être coupable ;
Le vice trop aimable
Instruit ses premiers ans.

Hor., *Od.*, III, 6, 21. — Cette traduction est de Voltaire, à l'âge de quinze ans. — On lit dans Horace, *et fingitur artubus*.

sçachent mieulx que nos livres; c'est une discipline qui naist dans leurs veines,

Et mentem Venus ipsa dedit [1],

que ces bons maistres d'eschole, nature, jeunesse et santé, leur soufflent continuellement dans l'ame; elles n'ont que faire de l'apprendre; elles l'engendrent :

Nec tantum niveo gavisa est ulla columbo
Compar, vel si quid dicitur improbius,
Oscula mordenti semper decerpere rostro,
Quantum præcipue multivola est mulier [2].

Qui n'eust tenu un peu en bride ceste naturelle violence de leur desir, par la crainte et honneur dequoy on les a pourveues, nous estions diffamés. Tout le mouvement du monde se resoult et rend à cest accouplage [3]; c'est une matiere infuse par tout; c'est un centre où toutes choses regardent. On veoid encores des ordonnances de la vieille et sage Rome, faictes pour le service de l'amour; et les preceptes de Socrates à instruire les courtisanes :

Nec non libelli stoici inter sericos
Jacere pulvillos amant [4] :

Zenon, parmy ses loix, regloit aussi les escarquillements et les secousses du despucelage. De quel sens estoit le livre du philosophe Strato [5], de la conjunction charnelle? et de quoy traictoit Theophraste [6], en ceulx qu'il intitula, l'un l'Amoureux, l'aultre de l'Amour? de quoy Aristippus, au sien des Anciennes delices? que veulent pretendre les descriptions si estendues et vifves en Platon, des amours de son temps plus hardies? et le livre de l'Amoureux, de Demetrius Phalereus [7]? et Clinias, ou l'Amoureux forcé de Heraclide Ponticus [1]? et d'Antisthenes [2], celuy de faire les enfants ou des Nopces; et l'aultre, du Maistre ou de l'Amant? et d'Aristo [3], celuy des Exercices amoureux? de Cleanthes [4], un de l'Amour, l'aultre de l'Art d'aimer? les Dialogues amoureux de Sphæreus [5]? et la Fable de Jupiter et de Juno, de Chrysippus, eshontée au delà de toute souffrance [6]? et ses cinquante epistres si lascifves? Je veux laisser à part les escripts des philosophes qui ont suivy la secte d'Epicurus, protectrice de la volupté. Cinquante deïtés estoient, au temps passé, asservies à cest office [7]; et s'est trouvé nation [8], où, pour endormir la concupiscence de ceulx qui venoient à la devotion, on tenoit aux temples des garses et des garsons à jouir, et estoit acte de cerimonie de s'en servir avant venir à l'office: *Nimirum propter continentiam incontinentia necessaria est; incendium ignibus extinguitur* [9].

En la plus part du monde, ceste partie de nostre corps estoit deïfiée : en mesme province, les uns se l'escorchoient pour en offrir et consacrer un lopin; les aultres offroient et consacroient leur semence : en une aultre, les jeunes hommes se le perceoient publiquement et ouvroient en divers lieux entre chair et cuir, et traversoient, par ces ouvertures, des brochettes, les plus longues et grosses qu'ils pouvoient souffrir; et de ces brochettes faisoient après du feu pour offrande à leurs dieux; estimés peu vigoureux et peu chastes s'ils venoient à s'estonner par la force de ceste cruelle douleur : ailleurs,

---

(1) Vénus même alluma leur transport furieux. VIRG., *Georg.*, III, 267, tr. de Delille.

(2) Jamais colombe, jamais l'oiseau le plus lascif n'a prodigué avec tant d'ardeur et de plaisir ses baisers et ses douces morsures, qu'une femme qui s'abandonne à sa passion. CAT., *Carm.*, LXVI, 125.

(3) « Nature, d'une part, nous poulse avec violence à ceste action, tout le mouvement du monde se resoult et se rend à cest accouplage de masle et de femelle; et, d'aultre part, nous laisse accuser, cacher et rougir pour icelle, comme insolente, deshonneste, etc. » CHARRON, *de la Sagesse*, I, 23, p. 54, edit. du Panthéon.

(4) Souvent ces petits livres qu'on trouve sur les coussins de nos belles sont l'ouvrage des stoiciens. HOR., *Epod.*, VIII, 15.

(5) DIOG. LAERCE, V, 59. C.

(6) ID., V, 43. C.

(7) ID., V, 81. C.

(1) DIOG. LAERCE, V, 87. C.

(2) ID., VI, 15 et 18. C.

(3) ID., VII, 165. C.

(4) ID., VII, 175. C.

(5) ID., VII, 178. C.

(6) *Effrontée au dern point, et plus semblable à des courtisanes infâmes qu'à des dieux*, dit DIOG. LAERCE, VII, 187, 188. C.

(7) Dans l'édition de 1588, fol. 375, cette phrase suit immédiatement celle où l'on trouve quelques lignes plus haut, que Zénon, par ses lois, régloit les escarquillements et les secousses du depucelage. L'addition que Montaigne a faite depuis a rompu la liaison des idées, et l'on ne voit pas d'abord à quoi se rapportent ces mots: A cet office. A. D.

(8) *Babylone*, HÉR., I, 199; STRAB., XVI, p. 1081; JÉR., *ap.* Baruch, VI, 42, 43. — *Cypre*, HÉR., *ibid.*; ATHÉNÉE, XII, p. 516. — *Héliopolis* en Phénicie, EUSÈBE, *Vie de Constantin*, III, 58; SOCRATE, *Hist. ecclésiast.*, I, 18. Sicca *Veneria*, VAL. MAXIME, II, 6, 15, etc. J. V. L.

(9) Parce que l'incontinence est nécessaire pour la continence, et que l'incendie s'éteint par le feu.

marché à un homme de conscience, quand on luy propose quelque difficulté au contrepoids du vice; mais quand on l'enferme entre deux vices, on le met à un rude choix, comme on feit Origene [1], ou qu'il idolastrast, ou qu'il souffrist jouïr charnellement à un grand vilain Æthiopien qu'on luy presenta : il subit la premiere condition ; et vicieusement dict on. Pourtant ne seroient pas sans goust, selon leur erreur, celles qui nous protestent, en ce temps, qu'elles aimeroient mieulx charger leur conscience de dix hommes que d'une messe.

Si c'est indiscretion de publier ainsi ses erreurs, il n'y a pas grand danger qu'elle passe en exemple et usage; car Ariston disoit [2] que les vents que les hommes craignent le plus sont ceulx qui les descouvrent. Il fault rebrasser [3] ce sot haillon qui cache nos mœurs : ils envoyent leur conscience au bordel et tiennent leur contenance en regle; jusques aux traistres et assassins, ils espousent les loix de la cerimonie, et attachent là leur debvoir. Si n'est ce ny à l'injustice de se plaindre de l'incivilité, ny à la malice de l'indiscretion. C'est dommage qu'un meschant homme ne soit encores un sot, et que la decence pallie son vice : ces incrustations n'appartiennent qu'à une bonne et saine paroy, qui merite d'estre conservée, d'estre blanchie.

En faveur des huguenots qui accusent nostre confession auriculaire et privée, je me confesse en public, religieusement et purement : sainct Augustin, Origene et Hippocrates ont publié les erreurs de leurs opinions; moy encores, de mes mœurs. Je suis affamé de me faire cognoistre ; et ne me chault à combien, pourveu que ce soit veritablement; ou, pour mieulx dire, je n'ay faim de rien; mais je fuis mortellement d'estre prins en eschange [4] par ceulx à qui il arrive de cognoistre mon nom. Celuy qui faict tout pour l'honneur et pour la gloire, que pense il gaigner en se produisant au monde en masque, desrobbant son vray estre à la cognoissance du peuple? Louez un bossu de sa belle taille, il le doibt recevoir à injure : si vous estes couard, et qu'on vous honnore pour un vaillant homme, est ce de vous qu'on parle? on vous prend pour un aultre ; j'aimerois aussi cher que celuy là se gratifiast des bonnetades qu'on luy faict, pensant qu'il soit maistre de la troupe, luy qui est des moindres de la suitte. Archelaus, roy de Macedoine, passant par la rue, quelqu'un versa de l'eau sur luy : les assistants disoient qu'il debvoit le punir. « Ouy; mais, dict-il [1], il n'a pas versé l'eau sur moy, mais sur celuy qu'il pensoit que je fusse. » Socrates [2], à celuy qui l'advertissoit qu'on mesdisoit de luy : « Point, dict il ; il n'y a rien en moy de ce qu'ils disent. » Pour moy, qui me loueroit d'estre bon pilote, d'estre bien modeste, ou d'estre bien chaste, je ne luy en debvrois nul grammercy ; et pareillement, qui m'appelleroit traistre, voleur, ou yvrongne, je me tiendrois aussi peu offensé. Ceulx qui se mescognoissent se peuvent paistre de faulses approbations; non pas moy, qui me veois, et qui me recherche jusques aux entrailles, qui sçais bien ce qui m'appartient : il me plaist d'estre moins loué, pourveu que je sois mieulx cogneu ; on me pourroit tenir pour sage, en telle condition de sagesse que je tiens pour sottise. Je m'ennuye que mes Essais servent les dames de meuble commun seulement et de meuble de sale : ce chapitre me fera du cabinet ; j'aime leur commerce un peu privé; le publicque est sans faveur et saveur. Aux adieux, nous eschauffons, oultre l'ordinaire, l'affection envers les choses que nous abandonnons ; je prends l'extreme congé des jeux du monde ; voicy nos dernieres accolades [3].

Mais venons à mon theme. Qu'a faict l'action genitale aux hommes, si naturelle, si necessaire et si juste, pour n'en oser parler sans vergongne, et pour l'exclure des propos serieux et re-

---

(1) Comme on en usa avec Origène, en le réduisant au choix ou d'idolâtrer, ou de se souffrir, etc. C.
(2) Dans PLUT., traité de la Curiosité, c. 3. C.
(3) Retrousser.
(4) D'être pris pour autre que je ne suis. C.

(1) PLUT., Apophthegmes des rois. C.
(2) DIOG. LAERCE, II, 36. C.
(3) « On le reprend de la licence de ses paroles, contre la cerimonie, dont il s'est si bien revengé luy mesme qu'il a deschargé chascun d'en prendre la peine... Nous leur accorderons qu'il soit meschant, exsecrable et damnable, d'oser prester la langue ou l'aureille à l'expression de ce subject ; mais qu'il soit impudique, on leur nye : car, oultre que ce livre prouve fort bien le macquerellage que les loix de la cerimonie prestent à Venus, quels auteurs de pudicité sont ceulx cy, je vous prie, qui vont encherissant si hault la force et la grace des effects de Cupidon que de faire accroire à la jeunesse qu'on n'en peult pas ouïr seulement parler sans transport? S'ils le content à des femmes, n'ont elles pas raison de mettre leur abstinence en garde contre un prescheur qui soubtient qu'on ne peult ouïr seulement parler de la table sans rompre son jeusne? » Mademoiselle de Gournay, préface de l'édition de 1595.

glés? Nous prononceons hardiment, *tuer, desrobber, trahir* ¹ ; et cela, nous n'oserions qu'entre les dents. Est ce à dire que moins nous en exhalons en parole, d'autant nous avons loy d'en grossir la pensée? car il est bon que les mots qui sont le moins en usage, moins escripts, et mieulx teus, sont les mieux sceus et plus generalement cogneus; nul aage, nulles mœurs l'ignorent non plus que le pain : ils s'impriment en chascun, sans estre exprimés, et sans voix et sans figure; et le sexe qui le faict le plus a charge de le taire le plus. Il est bon aussi, que c'est une action que nous avons mis en la franchise du silence, d'où c'est crime de l'arracher, non pas mesme pour l'accuser et juger; ny n'osons la fouetter, qu'en periphrase et peinture. Grand' faveur à un criminel d'estre si exescrable que la justice estime injuste de le toucher et de le veoir, libre et sauvé par le benefice de l'aigreur de sa condamnation. N'en va il pas comme en matiere de livres, qui se rendent d'autant plus venaulx et publicques de ce qu'ils sont supprimés? Je m'en voys, pour moy, prendre au mot l'advis d'Aristote, qui dict ² « l'estre honteux, servir d'ornement à la jeunesse ; mais de reproche à la vieillesse. » Ces vers se preschent en l'eschole ancienne ; eschole à laquelle je me tiens bien plus qu'à la moderne : ses vertus me semblent plus grandes, ses vices moindres :

> Ceulx qui par trop fuyant Venus estrivent,
> Faillent autant que ceulx qui trop la suyvent ⁵.

> Tu, dea, tu rerum naturam sola gubernas,
> Nec sine te quidquam dias in luminis oras
> Exoritur, neque fit lœtum, nec amabile quidquam ⁴.

Je ne sçais qui a peu malmesler ⁵ Pallas et les Muses avecques Venus, et les refroidir envers l'Amour; mais je ne veois aulcunes deités qui s'adviennent mieulx ny qui s'entredoibvent plus. Qui ostera aux Muses les imaginations amoureuses leur desrobbera le plus bel entretien qu'elles ayent et la plus noble matiere de leur ouvrage, et qui fera perdre à l'Amour la communication et service de la poësie l'affoiblira de ses meilleures armes : par ainsin on charge le dieu d'accointance et de bienvueillance, et les deesses protectrices d'humanité et de justice, du vice d'ingratitude et de mescognoissance. Je ne suis pas de si longtemps cassé de l'estat et suitte de ce dieu que je n'aye la memoire informée de ses forces et valeurs ;

Agnosco veteris vestigia flammœ ¹ ;

il y a encores quelque demourant d'esmotion et chaleur après la fiebvre :

Nec mihi deficiat calor hic, hiemantibus annis ² !

Tout asseiché que je suis et appesanty, je sens encores quelques tiedes restes de ceste ardeur passée :

> Qual l' alto Egeo perche Aquilone o Noto
> Cessi, che tutto prima il volse e scosse,
> Non s'accheta egli però ; ma 'l suono e 'l moto
> Ritien dell' onde anco agitate e grosse ³ :

mais, de ce que je m'y entends, les forces et valeur de ce dieu se treuvent plus vifves et plus animées en la peinture de la poësie qu'en leur propre essence,

Et versus digitos habet ⁴ :

elle represente je ne sçais quel air plus amoureux que l'Amour mesme. Venus n'est pas si belle toute nue, et vifve, et haletante, comme elle est icy chez Virgile :

> *Dixerat ; et niveis hinc atque hinc diva lacertis*
> *Cunctantem amplexu molli fovet. Ille repente*
> *Accepit solitam flammam; notusque medullas*
> *Intravit calor, et labefacta per ossa cucurrit :*
> *Non secus atque olim tonitru quum rupta corusco*
> *Ignea rima micans percurrit lumine limbos.*
> *. . . . . Ea verba locutus,*
> *Optatos dedit amplexus ; placidumque petivit*
> *Conjugis infusus gremio per membra soporem* ⁵.

---

(1) *Nos autem ridicule : si dicimus, Ille patrem strangulavit, honorem non præfamur*, etc. Cic., Epist. fam., IX, 22. Voy. toute cette lettre à Pétus, où Cicéron a exposé, sur la liberté du langage, les principes des stoïciens. J. V. L.

(2) Morale à Nicomaque, IV, 9, p. 81 de l'édit. de M. Coray, 1822. J. V. L.

(3) Vers de la traduction d'Amyot, dans le traité de Plut., *Qu'il faut qu'un philosophe converse avec les princes*, c. 5. C.

(4) O Vénus! toi seule tu gouvernes la nature ; sans toi, rien ne s'élève aux rivages célestes du jour; sans toi, rien n'est charmant, rien n'est aimable. Lucr., I, 22.

(5) *Brouiller*. C.

(1) Du feu dont j'ai brûlé je reconnais la trace.
Virg., Énéide, IV, 23.

(2) Heureux si, dans l'hiver de mes ans, ce reste de chaleur ne m'abandonne pas! — Ce vers paraît être d'un moderne.

(3) Ainsi la mer Egée, bouleversée par le Notus ou l'Aquilon, ne s'apaise pas après la tempête; longtemps irritée, elle s'agite et murmure encore. Torq. Tasso, Gerus. liberata, c. XII, st. 63.

(4) Le vers sait chatouiller. Juv., VI, 196.

(5) Elle dit ; et, comme il balance, la déesse passe autour de lui ses bras blancs comme la neige, et le réchauffe d'un doux

Je feus aultrefois touché d'un puissant desplaisir, selon ma complexion; et encores plus juste que puissant : je m'y feusse perdu à l'adventure, si je m'en feusse simplement fié à mes forces. Ayant besoing d'une vehemente diversion pour m'en distraire, je me feis, par art, amoureux, et par estude; à quoy l'aage m'aydoit : l'amour me soulagea et retira du mal qui m'estoit causé par l'amitié. Partout ailleurs, de mesme : une aigre imagination me tient; je treuve plus court que de la dompter la changer; je lui en substitue, si je ne puis une contraire, au moins un' aultre : tousjours la variation soulage, dissoult et dissipe. Si je ne puis la combattre, je luy eschappe; et, en la fuyant, je fourvoye, je ruse : muant de lieu, d'occupation, de compaignie, je me sauve dans la presse d'aultres amusements et pensées où elle perd ma trace et m'esgare[1].

Nature procede ainsi par le benefice de l'inconstance; car le temps, qu'elle nous a donné pour souverain medecin de nos passions, gaigne son effect principalement par là que, fournissant aultres et aultres affaires à nostre imagination, il desmele et corrompt ceste premiere apprehension, pour forte qu'elle soit. Un sage ne veoid guere moins son amy mourant, au bout de vingt et cinq ans qu'au premier an; et, suyvant Epicurus, de rien moins ; car il n'attribuoit aulcun leniment des fascheries, ny à la prevoyance, ny à l'antiquité d'icelles : mais tant d'aultres cogitations traversent ceste cy qu'elle s'alanguit et se lasse enfin.

Pour destourner l'inclination des bruits communs, Alcibiades coupa les aureilles et la queue à son beau chien et le chassa en la place; à fin que donnant ce subject pour babiller au peuple, il laissast en paix ses aultres actions[2]. J'ay veu aussi, pour cest effect de divertir les opinions et conjectures du peuple et desvoyer[3] les parleurs, des femmes couvrir leurs vrayes affections par des affections contrefaictes : mais j'en ay veu telle qui, en se contrefaisant, s'est laissée prendre à bon escient et a quitté la vraye et originelle affection pour la feincte; et appris par elle que ceulx qui se treuvent bien logés sures, et que vous n'effaciez ses premières impressions en laissant errer vos caprices. Lucr., IV, 1067.

(1) Perd de vue.
(2) Plut., Vie d'Alcibiade, c. 4. C.
(3) Mettre hors de la voie. E. J.

sont des sots de consentir à ce masque : les accueils et entretiens publics estants reservés à ce serviteur aposté, croyez qu'il n'est gueres habile s'il ne se met enfin à vostre place et vous envoye en la sienne. Cela c'est proprement tailler et coudre un soulier pour qu'un aultre le chausse.

Peu de chose nous divertit et destourne; car peu de chose nous tient. Nous ne regardons gueres les subjects en gros et seuls ; ce sont des circonstances ou des images menues et superficielles qui nous frappent, et des vaines escorces qui rejaillissent des subjects,

Folliculos ut nunc teretes œstate cicadæ
Linquunt[1] :

Plutarque mesme regrette sa fille par des singeries de son enfance[2] : le souvenir d'un adieu, d'une action, d'une grace particuliere, d'une recommendation derniere nous afflige: la robbe de Cesar troubla toute Rome, ce que sa mort n'avoit pas fait : le son mesme des noms qui nous tintouine aux aureilles : « Mon pauvre maistre! ou, mon grand amy! helas! mon cher pere! ou, ma bonne fille! » Quand ces redictes me pincent et que j'y regarde de près, je treuve que c'est une plaincte grammairienne et voyelle[3]; le mot et le ton me blecent; comme les exclamations des prescheurs esmeuvent leur auditoire souvent plus que ne font leurs raisons, et comme nous frappe la voix piteuse d'une beste qu'on tue pour nostre service; sans que je poise ou penetre ce pendant la vraye essence et massifve de mon subject:

His se stimulis dolor ipse lacessit[4] :

ce sont les fondements de nostre dueil.

L'opiniastreté de mes pierres, specialement en la verge, m'a par fois jecté en longues suppressions d'urines, de trois, de quatre jours, et si avant en la mort, que c'eust esté folie d'esperer de l'eviter, voyre desirer, veu les cruels efforts que cest estat apporte. Oh! que ce bon empereur[5] qui faisoit lier la verge à ses crimi-

(1) Comme ces peaux déliées dont les cigales se dépouillent en été. Lucr., V, 801.
(2) Dans le traité intitulé : *Consolation envoyée à sa femme, sur la mort d'une sienne fille*, c. 1. C.
(3) *Une plainte de mots et de voix ou de sons*. E. J.
(4) C'est par ces traits que la douleur s'aiguillonne et s'irrite. Lucr., II, 42.
(5) *Tibère, Excogitaverat autem inter genera cruciatus, etiam*

nels pour les faire mourir à faute de pisser estoit grand maistre en la science de bourrellerie! Me trouvant là, je considerois par combien legieres causes et objects l'imagination nourrissoit en moy le regret de la vie; de quels atomes se bastissoient en mon ame le poids et la difficulté de ce deslogement: à combien frivoles pensées nous donnions place en un si grand affaire : un chien, un cheval, un livre, un verre, et quoy non? tenoient compte en ma perte; aux aultres, leurs ambitieuses esperances, leur bourse, leur science, non moins sottement à mon gré. Je veois nonchalamment la mort quand je la veois universellement comme fin de la vie. Je la gourmande en bloc : par le menu, elle me pille; les larmes d'un laquays, la dispensation de ma desferre, l'attouchement d'une main cogneue, une consolation commune me desconsole et m'attendrit. Ainsi nous troublent l'ame les plainctes des fables; et les regrets de Didon et d'Ariadne passionnent ceulx mesmes qui ne les croient point, en Virgile et en Catulle. C'est un exemple de nature obstinée et dure n'en sentir aulcune esmotion, comme on recite, pour miracle, de Polemon[1]; mais aussi ne paslit il pas seulement à la morsure d'un chien enragé qui luy emporta le gras de la jambe. Et nulle sagesse ne va si avant de concevoir la cause d'une tristesse si vifve et entiere par jugement qu'elle ne souffre accession par la presence quand les yeulx et les aureilles y ont leur part : parties qui ne peuvent estre agitées que par vains accidents.

Est ce raison que les arts mesmes se servent et facent leur proufit de nostre imbecillité et bestise naturelle? L'orateur, dict la rhetorique, en ceste farce de son plaidoyer, s'esmouvera par le son de sa voix et par ses agitations feinctes, et se lairra piper à la passion qu'il represente; il s'imprimera un vray dueil et essentiel par le moyen de ce bastelage qu'il joue, pour le transmettre aux juges à qui il touche encores moins: comme font ces personnes qu'on loue aux mortuaires pour ayder à la cerimonie du dueil, qui vendent leurs larmes à poids et à mesure, et leur tristesse ; car encores qu'ils s'esbranlent en forme empruntée, toutesfois, en habitant et rengeant la contenance, il est certain qu'ils s'emportent souvent touts entiers, et receoivent en eulx une vraye melancholie. Je feus, entre plusieurs aultres de ses amis, conduire à Soissons le corps de monsieur de Grammont[1], du siege de La Fere où il fut tué ; je consideray que partout où nous passions nous remplissions de lamentations et de pleurs le peuple que nous rencontrions par la seule montre de l'appareil de nostre convoy; car seulement le nom du trespassé n'y estoit pas cogneu. Quintilian[2] dict avoir veu des comediens si fort engagés en un roolle de dueil qu'ils en pleuroient encores au logis : et de soy mesme, qu'ayant prins à esmouvoir quelque passion en aultruy, il l'avoit espousée jusques à se trouver surprins, non seulement de larmes, mais d'une pasleur de visage et port d'homme vrayement accablé de douleur.

En une contrée près de nos montaignes, les femmes font le presbtre Martin[3] : car, comme elles agrandissent le regret du mary perdu par la souvenance des bonnes et agreables conditions qu'il avait, elles font tout d'un train aussi recueil et publient ses imperfections ; comme pour entrer d'elles mesmes en quelque compensation et se divertir de la pitié au desdaing : de bien meilleure grace encores que nous qui, à la perte du premier cogneu, nous picquons à luy prester des louanges nouvelles et faulses, et à le faire tout aultre quand nous l'avons perdu de veue qu'il ne nous sembloit estre quand nous le veoyions; comme si le regret estoit une partie instructive, ou que les larmes, en lavant nostre entendement, l'esclaircissent. Je renonce dès à present aux favorables tesmoignages qu'on me vouldra donner, non parce que j'en seray digne, mais parce que je seray mort.

---

ut larga meri potione per fallaciam oneratos, repente veretris deligatis, fidicularum simul urinæque tormento distenderet. Suet., *Tiber.*, c. 62. C.

(1) Dans sa *Vie*, par Diog. Laerce, IV, 17. C.

(1) Philibert, comte de Gramont et de Guiche, qui avait épousé, en 1567, la belle Corisandre d'Andouins (voy. t. II, p. 24, note 2), et qui fut tué, en 1580, au siège de La Fère, entrepris pour la Ligue par le maréchal de Matignon. C'est après avoir conduit à Soissons la dépouille mortelle du comte que Montaigne partit, au mois de septembre, pour l'Allemagne et l'Italie. Peut-être revint-il d'abord à Paris; car il se trouvait le 5 à Beaumont-sur-Oise (*Voyage*, t. I, p. 5). La place de La Fère fut rendue le 12, après six semaines de siége. J. V. L.

(2) *Inst. orat.*, VI, 2, vers la fin. C.

(3) C'est une expression proverbiale fondée sur le conte d'un prêtre nommé Martin, qui faisait la fonction de prêtre et de clerc en disant la messe. G.

chois : toutesfois je ne my conviay pas proprement, on m'y mena, et y feus porté par des occasions estrangieres ; car non seulement les choses incommodes, mais il n'en est aulcune si laide et vicieuse et evitable, qui ne puisse devenir acceptable par quelque condition et accident : tant l'humaine posture est vaine ! et y feus porté, certes, plus mal preparé lors, et plus rebours, que je ne suis à present, après l'avoir essayé ; et tout licencieux qu'on me tient, j'ay en verité plus severement observé les loix de mariage que je n'avois ny promis ny esperé. Il n'est plus temps de regimber, quand on s'est laissé entraver : il fault prudemment mesnager sa liberté ; mais depuis qu'on s'est soubmis à l'obligation, il s'y fault tenir soubs les lois du debvoir commun, au moins s'en efforcer. Ceulx qui entreprennent ce marché pour s'y porter avec hayne et mespris font injustement et incommodéement : et ceste belle regle, que je veois passer de main en main entre elles, comme un saint oracle,

> Sers ton mary comme ton maistre,
> Et t'en garde comme d'un traistre.

qui est à dire : « porte toy envers luy d'une reverence contraincte, ennemie et desfiante, » cry de guerre et de desfi, est pareillement injurieuse et difficile. Je suis trop mol pour desseing si espineux : a dire vray, je ne suis pas encores arrivé à ceste perfection d'habileté et galantise d'esprit, que de confondre la raison avecques l'injustice, et mettre en risée tout ordre et regle qui n'accorde à mon appetit : pour hair la superstition, je ne me jecte pas incontinent à l'irreligion. Si on ne faict tousjours son debvoir, au moins le fault il tousjours aimer et recognoistre : c'est trahison de se marier sans s'espouser. Passons oultre.

Nostre poëte represente un mariage plein d'accord et de bonne convenance, auquel pourtant il n'y a pas beaucoup de loyauté. A il voulu dire qu'il ne soit pas impossible de se rendre aux efforts de l'amour, et ce neantmoins reserver quelque debvoir envers le mariage ; et qu'on le peult blecer, sans le rompre tout à faict ? tel valet ferre la mule au maistre[1] qu'il ne hayt pas pourtant. La beauté, l'opportunité, la destinée, car la destinée y met aussi la main,

Fatum est in partibus illis
Quas sinus abscondit : nam, si tibi sidera cessent,
Nil faciet longi mensura incognita nervi[1],

l'ont attachée à un estrangier, non pas si entiere peult estre, qu'il ne luy puisse rester quelque liaison par où elle tient encores à son mary. Ce sont deux desseings, qui ont des routes distinguées et non confondues ; une femme se peult rendre à tel personnage que nullement elle ne vouldroit avoir espousé ; je ne dis pas pour les conditions de la fortune, mais pour celles mesme de la personne. Peu de gents ont espousé des amies, qui ne s'en soyent repentis ; et, jusques en l'aultre monde, quel mauvais mesnage a faict Jupiter avecques sa femme, qu'il avoit premierement practiquée et jouïe par amourettes[2] ? c'est ce qu'on dict, Chier dans le panier, pour après le mettre sur sa teste. J'ay veu de mon temps, en quelque bon lieu, guarir honteusement et deshonnestement l'amour par le mariage : les considerations sont trop aultres. Nous aimons, sans nous empescher[3], deux choses diverses et qui se contrarient. Isocrates[4] disoit que la ville d'Athenes plaisoit, à la mode que font les dames qu'on sert par amour : chascun aimoit à s'y venir promener et y passer son temps ; nul ne l'aimoit pour l'espouser, c'est à dire pour s'y habituer et domicilier. J'ay avecques despit veu des maris haïr leurs femmes, de ce, seulement, qu'ils leur font tort : au moins ne les fault il pas moins aimer, pour raison de nostre faulte ; par repentance et compassion au moins, elles nous en doibvent estre plus cheres.

Ce sont fins differentes, et pourtant compatibles, dict-il, en quelque façon. Le mariage a, pour sa part, l'utilité, la justice, l'honneur et la constance ; un plaisir plat, mais plus universel : l'amour se fonde au seul plaisir, et l'a, de vray, plus chastouilleux, plus vif et plus aigu ; un plaisir attizé par la difficulté ; il y fault de la picqueure et de la cuisson : ce n'est plus amour, s'il est sans fleche et sans feu. La liberalité des dames est trop profuse[5] au mariage, et esmousse la poincte de l'affection et du desir ; pour fuyr

---

(1) *Vole son maistre.* — *Ferrer la mule*, c'est profiter sur l'achat qu'on fait pour un autre.

(1) Il y a une fatalité attachée à ces organes que voilent nos habits : car il ne vous servira de rien d'avoir été bien traité de la nature si le malheur vous en veut. Juv., *Sat.*, IX, 52.
(2) Hom., *Illiade*, XIV, 295. J. V. L.
(3) *Sans nous engager.* C.
(4) Elien, *Hist. diverses*, XII, 52. C.
(5) *Prodigue.*

LIVRE III, CHAP. V.

à cest inconvenient, veoyez la peine qu'y prennent en leurs loix Lycurgus et Platon.

Les femmes n'ont pas tort du tout, quand elles refusent les regles de vie qui sont introduictes au monde; d'autant que ce sont les hommes qui les ont faictes sans elles. Il y a naturellement de la brigue et riotte[1] entre elles et nous; le plus estroict consentement que nous ayons avecques elles, encores est il tumultuaire et tempestueux. A l'advis de nostre aucteur, nous les traictons inconsidereement en cecy : après que nous avons cogneu qu'elles sont, sans comparaison, plus capables et ardentes aux effects de l'amour que nous, et que ce presbtre ancien l'a ainsi tesmoigné, qui avoit esté tantost homme, tantost femme,

Venus huic erat utraque nota[2];

et, en oultre, que nous avons appris de leur propre bouche la preuve qu'en feirent aultrefois, en divers siecles, un empereur et une emperiere de Rome, maistres ouvriers et fameux en ceste besongne; luy[3] despucela bien en une nuict dix vierges sarmates ses captifves ; mais elle[4] fournit reellement, en une nuict, à vingt et cinq entreprinses, changeant de compaignie, selon son besoing et son goust,

Adhuc ardens rigidæ tentigine vulvæ,
Et lassata viris, nondum satiata, recessit[5];

et que, sur le differend advenu à Cateloigne[6] entre une femme se plaignant des efforts trop assiduels de son mary, non tant, à mon advis, qu'elle en feust incommodée (car je ne crois les miracles qu'en foy), comme pour retrencher, soubs ce pretexte, et brider, en ce mesme qui est l'action fondamentale du mariage, l'auctorité des maris envers leurs femmes, et pour montrer que leurs hergnes[1] et leur malignité passent oultre la couche nuptiale, et foulent aux pieds les graces et doulceurs mesmes de Venus; à laquelle plaincte le mary respondoit, homme vrayement brutal et desnaturé, qu'aux jours mesme de jeusne il ne s'en sçauroit passer à moins de dix; intervint ce notable arrest de la royne d'Aragon, par lequel, après meure deliberation de conseil, ceste bonne royne, pour donner regle et exemple, à tout temps, de la moderation et modestie requise en un juste mariage, ordonna pour bornes legitimes et necessaires le nombre de six par jour, relaschant et quittant beaucoup du besoing et desir de son sexe, « pour establir, disoit elle, une forme aisée, et par consequent permanente et immuable[2] : » en quoy s'escrient les docteurs : « Quel doibt estre l'appetit et la concupiscence feminine, puisque leur raison, leur reformation et leur vertu se taille à ce prix ! » considerants le divers jugement de nos appetits; car Solon[3], patron de l'eschole legiste, ne taxe qu'à trois fois par mois, pour ne faillir point, ceste hantise conjugale : après avoir creu, dis je, et presché cela[4], nous sommes allés leur donner la continence peculierement en partage, et sur peines dernieres et extremes.

Il n'est passion plus pressante que ceste cy, à laquelle nous voulons qu'elles resistent seules, non simplement comme à un vice de sa mesure, mais comme à l'abomination et exsecration, plus qu'à l'irreligion et au parricide; et nous nous y rendons ce pendant sans coulpe et reproche. Ceulx mesme d'entre nous qui ont essayé d'en venir à bout ont assez advoué quelle difficulté, ou plustost impossibilité il y avoit; usant de remedes materiels, à mater, affoiblir et refroidir le corps : nous, au contraire, les voulons saines, vigoreuses, en bon poinct, bien nourries, et

---

(1) *Querelle.* E. J.

(2) Qui connaissait les plaisirs des deux sexes. Ov., *Métam.*, III, 323. — *Ce presbtre ancien*, c'est Tirésias, dont l'histoire se trouve dans Ovide même; dans la *Bibliothèque d'Apollodore*, III, 7; ANTON. LIBERALIS, *Métamorph.*, 17; TZETZÈS, etc. J. V. L.

(3) Proculus, qui s'en glorifie lui-même dans une lettre à Métianus, en ce termes : *Centum ex Sarmatia virgines cepi. Ex his una nocte decem inivi. Omnes tamen, quod in me erat, mulieres intra dies quindecim reddidi.* Voyez FLAV. VOPISCUS, vers le milieu de la *Vie de Proculus.* C.

(4) Messaline, femme de l'empereur Claude. C.

(5) Brûlante encore de volupté, elle se retira enfin plus fatiguée qu'assouvie. JUV., *Sat.*, VI, 128.

(6) *En Catalogne.* C.

---

(1) *Humeur acariâtre*, d'où *hargneux.* C.

(2) Nicolas Bohier (*Boerius*), jurisconsulte de Montpellier, mort en 1535, raconte ce fait dans ses *Décisions du parlement de Bordeaux*, dont il était président : *Decisiones in senatu Burdegalensi discuss. ac promulgatæ; Decision* 317, n. 9, p. 563 de l'édition de Lyon, 1579. *Unde,* dit-il naïvement, *de potentia viri non tantum mirari oportet, quantum de querela uxoris.* Les *Décisions* de Bohier ont été traduites en français (1611, in-4°) par le fameux Jacques Corbin, nommé dans l'*Art poétique* de Boileau. J. V. L.

(3) PLUT., traité de *l'Amour*, t. II, p. 769, éd. de 1624. C.

(4) Que les femmes sont plus ardentes aux effets de l'amour que nous. C'est ce que Montaigne prétend une quarantaine de lignes plus haut; et l'on ne trouve qu'ici la fin de cette période, dont le sens a été longtemps suspendu. A. D.

au logis[1]. Je ne puis moins, en faveur de ceste chestifve condition où mon aage me poulse, que de luy fournir de jouets et d'amusoires, comme à l'enfance; aussi y retumbons nous: et la sagesse et la folie auront prou à faire à m'estayer et secourir par offices alternatifs, en ceste calamité d'aage;

Misce stultitiam consiliis brevem[2].

Je fuys de mesme les plus legieres poinctures; et celles qui ne m'eussent pas aultrefois esgratigné me transpercent à ceste heure: mon habitude commence de s'appliquer si volontiers au mal! *In fragili corpore odiosa omnis offensio est*[3];

Mensque pati durum sustinet ægra nihil[4].

J'ay esté tousjours chatouilleux et delicat aux offenses; j'y suis plus tendre à ceste heure, et ouvert par tout:

Et minimæ vires frangere quassa valent[5].

Mon jugement m'empesche bien de regimber et gronder contre les inconvenients que nature m'ordonne de souffrir, mais non pas de les sentir: je courrois d'un bout du monde à l'aultre chercher un bon an de tranquillité plaisante et enjouée, moy qui n'ay aultre fin que vivre et me resjouir. La tranquillité sombre et stupide se treuve assez pour moy; mais elle m'endort et enteste: je ne m'en contente pas. S'il y a quelque personne, quelque bonne compaignie aux champs, en la ville, en France, ou ailleurs, ressentante[6], ou voyagere[7], à qui mes humeurs soyent bonnes, de qui les humeurs me soyent bonnes, il n'est que de siffler en paulme, je leur iray fournir des Essays en chair et en os.

Puisque c'est le privilege de l'esprit, de se r'avoir de la vieillesse[8], je luy conseille, autant que je puis, de le faire, qu'il verdisse, qu'il fleurisse ce pendant, s'il peult, comme le guy sur un arbre mort. Je craincts que c'est un traistre; il s'est si estroictement affretté[1] au corps, pour le suyvre en sa necessité: je le flatte à part, je le practique, pour neant; j'ay beau essayer de le destourner de ceste colligeance[2], et luy presenter et Seneque et Catulle, et les dames et les danses royales; si son compaignon a la cholique, il semble qu'il l'ayt aussi: les puissances mesmes qui luy sont particulieres et propres ne se peuvent lors souslever; elles sentent evidemment le morfondu; il n'y a point d'alaigresse en ses productions s'il n'en y a quand et quand au corps.

Nos maistres ont tort de quoy, cherchants les causes des eslancements extraordinaires de nostre esprit, oultre ce qu'ils en attribuent à un ravissement divin, à l'amour, à l'aspreté guerriere, à la poësie, au vin, ils n'en ont donné sa part à la santé; une santé bouillante, vigoreuse, pleine, oysifve, telle qu'aultrefois la verdeur des ans et la securité me la fournissoient par venues[3]: ce feu de gayeté suscite en l'esprit des eclistres[4] vifves et claires, oultre nostre clairté naturelle, et entre les enthousiasmes, les plus gaillards, sinon les plus esperdus[5]. Or bien, ce n'est pas merveille, si un contraire estat affaisse mon esprit, le cloue, et en tire un effect contraire:

Ad nullum consurgit opus, cum corpore languet[6];

et veult encores que je luy sois tenu de quoy il preste, comme il dict, beaucoup moins à ce consentement, que ne porte l'usage ordinaire des hommes. Au moins pendant que nous avons trefve, chassons les maulx et difficultés de nostre commerce;

Dum licet, obducta solvatur fronte senectus[7]:

tetrica sunt amœnanda jocularibus[8]. J'aime une sagesse gaye et civile, et fuys l'aspreté des

---

(1) Cic., *de Senect.*, c. 11. J. V. L.

(2) Mèle à la sagesse un grain de folie. Hor., *Od.*, IV, 12, 27.

(3) Pour un corps débile, la moindre secousse est insupportable. Cic., *de Senect.*, c. 18. — Ce passage montre que, dans Montaigne, le mot de *mal*, qui précède, veut dire *peine, douleur*. C.

(4) Et un esprit malade ne peut rien souffrir d'incommode. Ovide, *de Ponto*, I, 5, 18.

(5) Ce qui est déjà ébranlé se brise au moindre effort. Ov., *Trist.*, III, 11, 22.

(6) *Casanière*.

(7) *Qui aime à voyager*. C.

(8) *D'échapper à la vieillesse*. C.

(1) *Attaché*. C.

(2) *Etroite liaison*, de *colligare*, joindre, lier, nouer ensemble. C.

(3) *D'une venue*, en usage familier; *sans interruption*.

(4) *Eclairs*. C.

(5) *Extravagants*.

(6) Languissant avec le corps, il ne se porte sur aucun objet. *Pseudo-Gallus*, I, 125.

(7) Que la vieillesse se déride, lorsqu'elle le peut encore. Hor., *Epod.*, XIII, 5.

(8) Il est bon d'adoucir par l'enjouement les noirs chagrins de la vie. Sidoine Apollinaire, *Epist.*, I, 9.

mœurs et l'austerité, ayant pour suspecte toute mine rebarbatifve,

Tristemque vultus tetrici arrogantiam[1];
Et habet tristis quoque turba cinœdos[2].

Je crois Platon de bon cœur, qui dict les humeurs faciles ou difficiles estre un grand prejudice à la bonté ou mauvaistié de l'ame. Socrates eut un visage constant, mais serein et riant; non fascheusement constant comme le vieil Crassus, qu'on ne veit jamais rire[3]. La vertu est qualité plaisante et gaye.

Je sçais bien que fort peu de gents rechigneront à la licence de mes escripts, qui n'ayent plus à rechigner à la licence de leur pensée: je me conforme bien à leur courage, mais j'offense leurs yeulx. C'est une humeur bien ordonnée, de pincer[4] les escripts de Platon, et couler ses negociations pretendues avecques Phedon, Dion, Stella[5], Archeanassa! *Non pudeat dicere quod non pudet sentire*[6]. Je hais un esprit hargneux et triste, qui glisse par dessus les plaisirs de sa vie, et s'empoigne et paist aux malheurs; comme les mouches qui ne peuvent tenir contre un corps bien poly et bien lissé, et s'attachent et reposent aux lieux scabreux et raboteux; et comme les ventouses qui ne hument et appetent que le mauvais sang.

Au reste, je me suis ordonné d'oser dire tout ce que j'ose faire; et me desplais des pensées mesmes impubliables: la pire de mes actions et conditions ne me semble pas si laide, comme je treuve laid et lasche de ne l'oser advouer. Chascun est discret en la confession, on le debvroit estre en l'action : la hardiesse de faillir est aulcunement compensée et bridée par la hardiesse de le confesser : qui s'obligeroit à tout dire s'obligeroit à ne rien faire de ce qu'on est contrainct de taire. Dieu veuille que cest excès de ma licence attire nos hommes jusques à la liberté, par dessus ces vertus couardes et mineuses[1], nées de nos imperfections; qu'aux despens de mon immoderation, je les attire jusques au poinct de la raison! Il fault veoir son vice et l'estudier pour le redire : ceulx qui le celent à aultruy le celent ordinairement à eulx mesmes; et ne le tiennent pas pour assez couvert, s'ils le voeyent; ils le soubstrayent et deguisent à leur propre conscience : *quare vitia sua nemo confitetur? quia etiam nunc in illis est; somnium narrare vigilantis est*[2]. Les maulx du corps s'esclaircissent en augmentant; nous trouvons que c'est goutte, ce que nous nommions rheume ou fouleure : les maulx de l'ame s'obscurcissent en leur force, le plus malade les sent le moins; voylà pourquoy il les fault souvent remanier, au jour, d'une main impiteuse, les ouvrir et arracher du creux de nostre poictrine. Comme en matiere de bienfaicts[3], de mesme en matiere de mesfaicts, c'est, par fois, satisfaction que la seule confession. Est il quelque laideur au faillir, qui nous dispense de nous en debvoir confesser? Je souffre peine à me feindre; si que j'evite de prendre les secrets d'aultruy en garde, n'ayant pas bien le cœur de desadvouer ma science : je puis la taire; mais la nier, je ne puis sans effort et desplaisir : pour estre bien secret, il le fault estre par nature, non par obligation. C'est peu, au service des princes, d'estre secret, si on n'est menteur encores. Celuy qui s'enquestoit à Thalès Milesius s'il debvoit solemnellement nier d'avoir paillardé, s'il se feust addressé à moy, je luy eusse respondu qu'il ne le debvoit pas faire; car le mentir me semble encores pire que la paillardise. Thalès luy conseilla tout aultrement[4], et qu'il jurast, pour garantir le plus, par le moins : toutesfois ce conseil n'estoit pas tant eslection de vice que multiplication. Sur quoy disons ce mot en passant, qu'on faict bon

---

(1) Et la tristesse arrogante d'un visage refrogné. — Je ne sais d'où Montaigne a pris ce vers iambique. C.

(2) Parmi ces gens au maintien sévère, il y a des débauchés. MARTIAL, VII, 58, 9.

(3) *Ferunt Crassum, avum Crassi in Parthis interempti, nunquam risisse; ob id Agelastum vocatum.* PLINE, *Nat. Hist.*, VII, 19.

(4) *De critiquer les écrits de Platon et de glisser légèrement sur ses*, etc. E. J.

(5) *Stella* est le mot de la traduction latine; c'est *Aster* qu'il fallait dire. Voy. DIOG. LAERCE, *Vie de Platon*. J. V. L.

(6) N'ayez pas honte de dire tout haut ce que vous n'avez pas honte d'approuver tout bas.

(1) Minaudières.

(2) D'où vient que personne ne confesse ses vices? c'est qu'il en est encore esclave. Il faut être éveillé pour raconter ses songes. SEN., *Epist.* 53.

(3) Bonnes actions.

(4) Montaigne fait dire à Thalès de Milet tout le contraire de ce qu'il a dit; et cela, faute d'avoir entendu Diogène Laërce (I, 36), d'où il doit avoir tiré la réponse qu'il attribue à ce sage : « Un homme qui avait commis adultère, dit Diogène « Laërce, ayant demandé à Thalès s'il devait le nier par ser- « ment, Thalès lui répondit : *Mais le parjure n'est-il pas pire* « *que l'adultère?* »C.

le plus sacré magistrat estoit reveré et recogneu par ces parties là; et, en plusieurs cerimonies, l'effigie en estoit portée en pompe, à l'honneur de diverses divinités; les dames ægyptiennes, en la feste des Bacchanales, en portoient au col un de bois, exquisement formé, grand et poisant, chascune selon sa force; oultre ce que la statue de leur dieu en representoit un qui surpassoit en mesure le reste du corps[1]. Les femmes mariées icy près en forgent, de leur couvrechef, une figure sur leur front, pour se glorifier de la jouïssance qu'elles en ont; et venant à estre veufves, le couchent en arrière et ensepvelissent soubs leur coeffure. Les plus sages matrones, à Rome, estoient honorées d'offrir des fleurs et des couronnes au dieu Priapus; et sur ces parties moins honnestes faisoit on seoir les vierges au temps de leurs nopces[2]. Encores ne sçais je si j'ay veu en mes jours quelque air de pareille devotion. Que vouloit dire ceste ridicule piece de la chaussure de nos peres, qui se veoid encore en nos Souysses? à quoy faire la montre que nous faisons à ceste heure, de nos pieces en forme soubs nos gregues; et, souvent, qui pis est, oultre leur grandeur naturelle, par faulseté et imposture? Il me prend envie de croire que ceste sorte de vestement feut inventée aux meilleurs et plus consciencieux siecles, pour ne piper le monde, pour que chascun rendist en public compte de son faict; les nations plus simples l'ont encores aulcunement rapportant au vray : lors, on instruisoit la science de l'ouvrier, comme il se faict de la mesure du bras ou du pied. Ce bon homme qui, en ma jeunesse, chastra tant de belles et antiques statues en sa grande ville, pour ne corrompre la veue[3], suyvant l'advis de cest aultre ancien bon homme,

Flagitii principum est, nudare inter cives corpora [4] :

se debvoit adviser, comme aux mysteres de la bonne déesse, toute apparence masculine en estoit fort close, que ce n'estoit rien advancer, s'il ne faisoit encores chastrer et chevaulx et asnes, et nature enfin :

*Omne adeo genus in terris, hominumque, ferarumque,
Et genus æquoreum, pecudes, pictæque volucres,
In furias ignemque ruunt* [1].

Les dieux, dict Platon[2], nous ont fourni d'un membre inobedient et tyrannique, qui, comme un animal furieux, entreprend, par la violence de son appetit, de soubmettre tout à soy : de mesme aux femmes le leur, comme un animal glouton et avide, auquel si on refuse aliments en sa saison, il forcene, impatient de delay; et, soufflant sa rage en leur corps, empesche les conduicts, arreste la respiration, causant mille sortes de maulx, jusques à ce qu'ayant humé le fruict de la soif commune, il en ayt largement arrousé et ensemencé le fond de leur matrice.

Or, se debvoit adviser aussi mon legislateur[3], qu'à l'adventure est ce un plus chaste et fructueux usage de leur faire de bonne heure cognoistre le vif, que de le leur laisser deviner selon la liberté et chaleur de leur fantasie : au lieu des parties vrayes, elles en substituent, par desir et par esperance, d'aultres extravagantes au triple, et tel de ma cognoissance s'est perdu pour avoir faict la descouverte des siennes en lieu où il n'estoit encores au propre de les mettre en possession de leur plus serieux usage. Quel dommage ne font ces enormes pourtraicts que les enfants vont semant aux passages et escalliers des maisons royales? de là leur vient un cruel mespris de nostre portée naturelle. Que sçait on, si Platon ordonnant, après d'aultres republiques bien instituées, que les hommes et femmes, vieux, jeunes, se presentent nuds à la vue les uns des aultres, en ses gymnastiques, n'a pas regardé à cela? Les Indiennes, qui veoyent les hommes à crud, ont au moins refroidy le sens de la vue; et, quoy que dient les femmes de ce grand royaume du Pegu, qui, au dessoubs de la ceinture, n'ont à se couvrir qu'un drap fendu par le devant, et si estroict que, quelque cerimonieuse decence qu'elles y cherchent, à chasque pas on les veoid toutes,

---

(1) Hérod., II, 48, dit seulement : Οὐ πολλῷ τέῳ ἔλασσον ἐὸν τοῦ ἄλλου σώματος. C.

(2) Lactance, *Divin. Instit.*, I, 20; S. Augustin, *de Civit. Dei*, VI, 9, etc. J. V. L.

(3) Edit. de 1588, fol. 375 verso: « La veue des dames du païs. »

(4) C'est une cause de dérèglements que d'étaler en public les nudités. Ennius, *apud* Cic., *Tusc. quæst.* IV, 33.

(1) Amour, tout sent tes feux, tout se livre à ta rage,
Tout, et l'homme qui pense, et la brute sauvage,
Et le peuple des eaux, et l'habitant des airs.
Virg., *Géorg.*, III, 244, trad. de Delille.

(2) Vers la fin du *Timée*, d'où a été pris tout ce que Montaigne dit ici jusqu'au paragraphe suivant. C.

(3) Le *bon homme*, c'est-à-dire le pape dont il a précédemment parlé. Le passage que Montaigne a intercalé depuis l'édition de 1588 a fait disparaître la liaison des deux phrases. A. D.

que c'est une invention trouvée aux fins d'attirer les hommes à elles et les retirer des masles, à quoy ceste nation est du tout abandonnée, il se pourroit dire qu'elles y perdent plus qu'elles n'advancent, et qu'une faim entiere est plus aspre que celle qu'on a rassasiée au moins par les yeux : aussi disoit Livia « qu'à une femme de bien, un homme nud n'est non plus qu'une image[1]. » Les Lacedemoniennes, plus vierges femmes que ne sont nos filles, veoyoient touts les jours les jeunes hommes de leur ville despouillés en leurs exercices ; peu exactes elles mesmes à couvrir leurs cuisses en marchant, s'estimants, comme dict Platon[2], assez couvertes de leur vertu sans vertugade. Mais ceulx là, desquels parle sainct Augustin[3], ont donné un merveilleux effort de tentation à la nudité, qui ont mis en doubte si les femmes, au jugement universel, ressusciteront en leur sexe, et non plustost au nostre, pour ne nous tenter encores en ce sainct estat. On les leurre, en somme, et acharne, par touts moyens ; nous eschauffons et incitons leur imagination sans cesse : et puis nous crions au ventre. Confessons le vray, il n'en est gueres d'entre nous qui ne craigne plus la honte qui luy vient des vices de sa femme que des siens ; qui ne se soigne plus (charité esmerveillable !) de la conscience de sa bonne espouse que de la sienne propre ; qui n'aimast mieulx estre voleur et sacrilege, et que sa femme feust meurtriere et heretique, que si elle n'estoit plus chaste que son mary : inique estimation de vices ! Nous et elles sommes capables de mille corruptions plus dommageables et desnaturées, que n'est la lascifveté : mais nous faisons et poisons les vices, non selon nature, mais selon nostre interest ; par où ils prennent tant de formes inegales.

L'aspreté de nos decrets rend l'application des femmes à ce vice plus aspre et vicieuse que ne porte sa condition, et l'engage à des suittes pires que n'est leur cause ; elles offriront volontiers d'aller au palais querir du gain, et, à la guerre, de la reputation, plustost que d'avoir, au milieu de l'oisifveté et des delices, à faire une si difficile garde[1] ; veoyent elles pas qu'il n'est ny marchand, ny procureur, ny soldat, qui ne quitte sa besongne pour courre à ceste aultre, et le crocheteur et le savetier, touts harassés et hallebrenés[2] qu'ils sont de travail et de faim ?

Num tu, quæ ennit dives Achæmenes,
Aut pinguis Phrygiæ Mygdonias opes,
Permutare velis crine Licymniæ,
Plenas aut Arabum domos,
Dum fragrantia detorquet ad oscula
Cervicem, aut facili sævitia negat,
Quæ poscente magis gaudeat eripi,
Interdum rapere occupet[3] *?*

Je ne sais si les exploits de Cesar et d'Alexandre surpassent en rudesse la resolution d'une belle jeune femme, nourrie en nostre façon, à la lumiere et commerce du monde, battue de tant d'exemples contraires, et se maintenant entiere au milieu de mille continuelles et fortes poursuittes. Il n'y a point de faire plus espineux qu'est ce non faire, ny plus actif : je treuve plus aysé de porter une cuirasse toute sa vie qu'un pucelage, et est le vœu de la virginité le plus noble de touts les vœux, comme estant le plus aspre : *Diaboli virtus in lumbis est*[4], dict sainct Jerosme.

Certes, le plus ardu et le plus vigoureux des humains debvoirs, nous l'avons resigné aux dames, et leur en quittons la gloire. Cela leur doibt servir d'un singulier aiguillon à s'y opi-

---

(1) Dion, *Tibère*, p. 112, édit. de Robert Estienne. C. — « Livia, selon l'opinion des sages, parloit en grande et suffisante dame, comme elle estoit, disant qu'à une femme chaste un homme nud n'est non plus qu'une image... N'eust-elle pas aussi volontiers dict, que les femmes qui crient qu'on les viole par les aureilles ou par les yeulx, le feissent à desseing, à fin de pretendre cause d'ignorance de se mal garder par ailleurs ? La plus legitime consideration qu'elles y puissent apporter, c'est de craindre qu'on ne les tente par là : mais elles doivent avoir grande honte de confesser né se sentir de bon or que jusques à la couppelle, etc. » Mademoiselle DE GOURNAY, *Préface de l'édition de 1595.*

(2) Platon ne parle pas des femmes lacédémoniennes, mais des femmes en général. *République*, V, p. 457. C.

(3) *De Civit. Dei*, XXII, 17. C.

MONTAIGNE.

(1) « La continence est une chose très difficile et de très penible garde : il est bien mal aysé de resister du tout à nature ; or, c'est icy qu'elle est plus forte et ardente, etc. » CHARRON, *de la Sagesse*, III, 41.

(2) Terme de fauconnerie : *un faucon halbrené, arraché*, qui a une ou plusieurs plumes brisées.

(3) Les richesses de l'Arabie et de la Phrygie, les trésors d'Achémène pourraient-ils vous payer un seul cheveu de Licymnie, dans ces deux moments où, répondant à vos baisers, elle tourne la tête vers vous ; puis, par un doux caprice, refuse ce qu'elle veut se laisser ravir, et bientôt vous prévient ellemême ? HOR., *Od.*, II, 12, 21.

(4) Car la vertu du diable est aux rognons. S. JEROME, *contre Jovinien*, II, t. II, p. 72, édit. de Bâle, 1537. — Cette traduction est de Montaigne lui-même, à la m--- des exemplaires corrigés de sa main. N.

niastrer; c'est une belle matiere à nous braver et à fouler aux pieds ceste vaine préeminence de valeur et de vertu que nous pretendons sur elles; elles trouveront, si elles s'en prennent garde, qu'elles en seront non seulement tres estimées, mais aussi plus aimées. Un galant homme n'abandonne point sa poursuitte pour estre refusé, pourveu que ce soit un refus de chasteté, non de chois : nous avons beau jurer, et menacer, et nous plaindre, nous mentons, nous les en aimons mieux : il n'est point de pareil leurre que la sagesse non rude et renfrongnée. C'est stupidité et lascheté de s'opiniastrer contre la haine et le mespris ; mais contre une resolution vertueuse et constante, meslée d'une volonté recognoissante, c'est l'exercice d'une ame noble et genereuse. Elles peuvent recognoistre nos services, jusques à certaine mesure, et nous faire sentir honnestement qu'elles ne nous desdaignent pas; car ceste loy qui leur commande de nous abominer, parce que nous les adorons, et nous haïr de ce que nous les aimons, elle est, certes, cruelle, ne feust que de sa difficulté; pourquoy n'orront elles nos offres et nos demandes, autant qu'elles se contiennent soubs le debvoir de la modestie? que va l'on devinant qu'elles sonnent au dedans quelque sens plus libre? Une royne de nostre temps disoit ingenieusement « que de refuser ces abords, c'est tesmoignage de foiblesse et accusation de sa propre facilité; et qu'une dame non tentée ne se pouvoit vanter de sa chasteté. » Les limites de l'honneur ne sont pas retrenchés du tout si court, il a de quoy se relascher; il peult se dispenser[1] aulcunement sans se forfaire[2]; au bout de sa frontiere, il y a quelque estendue, libre, indifferente et neutre. Qui l'a peu chasser et acculer à force, jusques dans son coing et son fort, c'est un malhabile homme s'il n'est satisfaict de sa fortune; le prix de la victoire se considere par la difficulté. Voulez vous sçavoir quelle impression a faict en son cœur vostre servitude et vostre merite? mesurez le à ses mœurs; telle peult donner plus, qui ne donne pas tant. L'obligation du bienfaict se rapporte entierement à la volonté de celuy qui donne; les aultres circonstances qui tumbent au bien faire sont muettes, mortes et casueles; ce peu luy couste plus à donner, qu'à sa compaigne

son tout. Si en quelque chose la rareté sert d'estimation, ce doibt estre en cecy; ne regardez pas combien peu c'est, mais combien peu l'ont; la valeur de la monnoye se change selon le coing et la marque du lieu. Quoy que le despit et l'indiscretion d'aulcuns leur puisse faire dire sur l'excès de leur mescontentement, tousjours la vertu et la verité regaigne son advantage; j'en ay veu, desquelles la reputation a esté longtemps interessée par injure[1], s'estre remise en l'approbation universelle des hommes par leur seule constance, sans soing et sans artifice; chascun se respent et se desment de ce qu'il en a creu; de filles un peu suspectes, elles tiennent le premier reng entre les dames d'honneur. Quelqu'un disoit à Platon : « Tout le monde mesdict de vous. — Laissez les dire, feict il[2], je vivrai de façon que je leur feray changer de langage. » Oultre la crainte de Dieu et le prix d'une gloire si rare, qui les doibt inciter à se conserver, la corruption de ce siecle les y force; et si j'estois en leur place, il n'est rien que je ne feisse plustost que de commettre ma reputation en mains si dangereuses. De mon temps, le plaisir d'en conter (plaisir qui ne doibt gueres en doulceur à celuy mesme de l'effect) n'estoit permis qu'à ceulx qui avoient quelque amy fidele et unique : à present, les entretiens ordinaires des assemblées et des tables, ce sont les vanteries des faveurs reçues et liberalité secrete des dames. Vrayement c'est trop d'abjection et de bassesse de cœur, de laisser ainsi fierement persecuter, paistrir et fourrager ces tendres et mignardes doulceurs, à des personnes ingrates, indiscretes et si volages.

Ceste nostre exasperation immoderée et illegitime contre ce vice naist de la plus vaine et tempesteuse maladie qui afflige les ames humaines, qui est la jalousie.

Quis vetat apposito lumen de lumine sumi ?
Dent licet assidue, nil tamen inde perit[3].

(1) Latinisme, *injuria*, c'est-à-dire, *sine jure*, sans justice.
(2) Ceci est rapporté dans les sentences recueillies par Antonius et Maximus, *Serm.*, 54. C.
(3) Empêche-t-on d'allumer un flambeau à la lumière d'un autre flambeau? Elles ont beau donner, le fond ne diminue jamais. Ov., de *Arte amandi*, III, 93. — Le sens du dernier vers est dans Ovide; pour les paroles, Montaigne les a prises dans les *Catalecta*, d'une épigramme intitulée : *Priapus*, laquelle commence ainsi :

Obscure poteram tibi dicere : Da mihi, quod tu
Des licet assiduè, nil tamen inde perit.

C.

(1) Se donn... liberté. C.
... sans s'affoler. »

Celle là, et l'envie sa sœur, me semblent des plus ineptes de la troupe. De ceste cy, je n'en puis gueres parler : ceste passion, qu'on peinct si forte et si puissante n'a, de sa grace, aulcune addresse¹ en moi. Quant à l'aultre², je la cognois, au moins de veüe. Les bestes en ont ressentiment : le pasteur Chratis³ estant tumbé en l'amour d'une chevre, son bouc, ainsi qu'il dormoit, luy vint par jalousie chocquer la teste de la sienne et la luy escraza. Nous avons monté l'excès de ceste fiebvre à l'exemple d'aulcunes nations barbares ; les mieulx disciplinées en ont esté touchées, c'est raison, mais non pas transportées :

Ense maritali nemo confossus adulter
*Purpureo Stygias sanguine tinxit aquas*⁴ :

Lucullus, Cesar, Pompeius, Antonius, Caton, et d'aultres braves hommes, feurent cocus, et le sceurent sans en exciter tumulte ; il n'y eut, en ce temps là, qu'un sot de Lepidus⁵ qui en mourut d'angoisse.

Ah ! tum te miserum malique fati,
Quem attractis pedibus, patente porta,
*Percurrent raphanique mugilesque*⁶ :

et le dieu de nostre poëte, quand il surprint avecques sa femme l'un de ses compaignons, se contenta de leur en faire honte,

Atque aliquis de dis non tristibus optat
*Sic fieri turpis*⁷ ;

et ne laisse pourtant pas de s'eschauffer des molles caresses qu'elle luy offre, se plaignant qu'elle soit pour cela entrée en desfiance de son affection :

Quid causas petis ex alto ? fiducia cessit
*Quo tibi, diva, mei*⁸ ?

voire, elle luy faict requeste pour un sien bastard,

*Arma rogo genitrix nato*¹,

qui luy est liberalement accordée ; et parle Vulcan d'Æneas avecques honneur,

*Arma acri facienda viro*²,

d'une humanité à la verité plus qu'humaine ; et cest excès de bonté, je consens qu'on le quitte aux dieux :

*Nec divis homines componier æquum est*³,

Quant à la confusion des enfants, oultre ce que les plus graves legislateurs l'ordonnent et l'affectent en toutes leurs republicques, elle ne touche pas les femmes, où ceste passion est, je ne sçais comment, encores mieulx en son siege :

Sæpe etiam Juno, maxima cœlicolum,
*Conjugis in culpa flagravit quotidiana*⁴.

Lorsque la jalousie saisit ces pauvres ames foibles et sans resistance, c'est pitié comme elle les tirasse et tyrannise cruellement ; elle s'y insinue soubs tiltre d'amitié ; mais, depuis qu'elle les possede, les mesmes causes qui servoient de fondement à la bienvueillance servent de fondement de haine capitale. C'est, des maladies d'esprit, celle à qui plus de choses servent d'aliment, et moins de choses de remede : la vertu, la santé, le merite, la reputation du mary, sont les boutefeux de leur maltalent⁵ et de leur rage.

*Nullæ sunt inimicitiæ, nisi amoris, acerbæ*⁶.

Ceste fiebvre laidit et corrompt tout ce qu'elles ont de bel et de bon d'ailleurs ; et d'une femme jalouse, quelque chaste qu'elle soit et mesnagiere, il n'est action qui ne sente à l'aigre et à l'importun ; c'est une agitation enragée qui les rejecte à une extremité du tout contraire à sa cause. Il feut bon⁷ d'un Octavius à Rome. Ayant couché avecques Pontia Postumia, il

---

(1) *Influence.*

(2) *La jalousie.* C.

(3) ÉLIEN, *des Animaux*, XII, 42. C.

(4) Jamais un adultère percé de l'épée d'un mari n'a teint de son sang les eaux du Styx.

(5) Le père du triumvir. *Voyez* PLUT., *Vie de Pompée*, c. 5 de la version d'Amyot. C.

(6) *Infortuné !* si tu es pris sur le fait, tu seras traîné par les pieds hors du logis, et on chargera de ton supplice les surmulets et les raves ! CAT., *Carm.*, XV, 17.¹

(7) Alors un dieu peu austère se mit à dire : « Qu'on m'expose à un tel déshonneur ! » Ov., *Métam.*, IV, 187, d'après l'*Odyssée*, VIII, 339.

(8) A quoi bon tant de détours ? Pourquoi, déesse, ne pas vous fier à votre époux ? VIRG., *Enéide*, VIII, 395.

(1) C'est une mère qui vous demande des armes pour son fils. VIRG., *Enéide*, VIII, 383.

(2) Il s'agit de faire des armes pour un héros. VIRG., *Enéide*, v. 441.

(3) Aussi n'est-il pas juste de comparer les hommes aux dieux. CATULLE, *Carm.*, LXVIII, 141.

(4) Souvent la reine des dieux fut irritée des fautes journalières de son mari. VIRG., *Enéide*, v. 138.

(5) *Mauvaise volonté.*

(6) Il n'y a de haines implacables que celles de l'amour. PROP., II, 8, 3.

(7) C'est ce qui ne fut que trop bien vérifié par un Octavius, etc. TACITE, d'où cette histoire est tirée (*Annal.* XIII, 44), le nomme *Octavius Sagitta.* C.

augmenta son affection par la jouissance, et poursuyvit à toute instance de l'espouser : ne la pouvant persuader, cest amour extreme le precipita aux effects de la plus cruelle et mortelle inimitié; il la tua. Pareillement, les symptomes ordinaires de ceste aultre maladie amoureuse, ce sont haines intestines, monopoles[1], conjurations,

Notumque furens quid femina possit[2],

et une rage qui se ronge d'autant plus qu'elle est contraincte de s'excuser du pretexte de bienvueillance.

Or, le debvoir de chasteté a une grande estendue; est ce la volonté que nous voulons qu'elles brident? c'est une piece bien souple et actifve; elle a beaucoup de promptitude pour la pouvoir arrester; comment? si les songes les engagent par fois si avant, qu'elles ne s'en puissent desdire; il n'est pas en elles ny à l'adventure en la chasteté mesme, puisqu'elle est femelle, de se deffendre des concupiscences et du desirer. Si leur volonté seule nous interesse, où en sommes nous? Imaginez la grand' presse, à qui auroit ce privilege d'estre porté, tout empenné, sans yeux et sans langue, sur le poing de chascune qui l'accepteroit : les femmes scythes[3] crevoient les yeux à touts leurs esclaves et prisonniers de guerre, pour s'en servir plus librement et couvertement. Oh! le furieux advantage que l'opportunité! Qui me demanderoit la premiere partie en l'amour, je respondrois que c'est sçavoir prendre le temps; la seconde de mesme; et encores la tierce : c'est un poinct qui peult tout. J'ay eu faulte de fortune souvent, mais par fois aussi d'entreprinse. Dieu gard' de mal qui peult encores s'en moquer. Il y fault en ce siecle plus de temerité, laquelle nos jeunes gents excusent sous pretexte de chaleur; mais si elles y regardoient de près, elles trouveroient qu'elle vient plustost de mespris. Je craignois superstitieusement d'offenser, et respecte volontiers ce que j'aime; oultre ce qu'en ceste marchandise qui en oste la reverence en efface le lustre, j'aime qu'on y fasse un peu l'enfant, le craintif et le serviteur. Si ce n'est du tout en cecy, j'ay d'ailleurs quelques airs de la sotte honte dequoy parle Plutarque, et en a esté le cours de ma vie blecé et taché diversement; qualité bien mal advenante à ma forme universelle; qu'est-il de nous aussi, que sedition et discrepance? J'ay les yeulx tendres à soubtenir un refus, comme à refuser; et me poise tant de poiser à aultruy, que, ès occasions où le debvoir me force d'essayer la volonté de quelqu'un en chose doubteuse et qui luy couste, je le fois maigrement et envy[1]; mais si c'est pour mon particulier, quoyque die veritablement Homere[2], « qu'à un indigent c'est une sotte vertu que la honte, » j'y commets ordinairement un tiers qui rougisse en ma place, et esconduis ceulx qui m'employent de pareille difficulté; si qu'il m'est advenu par fois d'avoir la volonté de nier que je n'en avois pas la force.

C'est doncques folie d'essayer à brider aux femmes un desir qui leur est si cuisant et si naturel; et quand je les ois se vanter d'avoir leur volonté si vierge et si froide, je me mocque d'elles; elles se reculent trop arriere. Si c'est une vieille esdentée et decrepite, ou une jeune seiche et pulmonique, s'il n'est du tout croyable, au moins elles ont apparence de le dire; mais celles qui se meuvent et qui respirent encores, elles en empirent leur marché, d'autant que les excuses inconsiderées servent d'accusation; comme un gentilhomme de mes voisins, qu'on souspeçonnoit d'impuissance,

Languidior tenera cui pendens sicula beta
Nunquam se mediam sustulit ad tunicam[3],

trois ou quatre jours après ses nopces, alla jurer tout hardiment, pour se justifier, qu'il avoit faict vingt postes la nuict precedente; de quoy on s'est servy depuis à le convaincre de pure ignorance et à le desmarier; oultre que ce n'est rien dire qui vaille; car il n'y a ny continence ny vertu, s'il n'y a de l'effort au contraire[4]. Il est vray, faut il dire, mais je ne suis pas preste

---

(1) *Assemblées factieuses.*
(2) Car on sait jusqu'où va la fureur d'une femme. VIRG. *Enéide*, V, 21. C. G.
(3) HÉROD., IV, 2, dit bien que les Scythes ôtaient la vue à leurs esclaves, mais il ne parle ici ni de leurs femmes, ni du motif qu'on leur suppose. C.

(1) *Malgré soi*, invitus.
(2) *Odyssée*, XVII, 347.
(3) Qui n'avait jamais donné le moindre signe de vigueur. CATULLE, *Carm.*, LXVII, 21. — Nous nous contentons d'indiquer le sens de ces deux vers, trop libres pour être traduits littéralement.
(4) Cette dernière partie de la phrase, depuis le mot *oultre*, se rapporte à ce que Montaigne a dit plus haut des femmes *qui se vantent d'avoir leur volonté vierge et froide*. A. D.

à me rendre : les saints mesme parlent ainsi. S'entend, de celles qui se vantent en bon escient de leur froideur et insensibilité, et qui veulent en estre creues d'un visage serieux ; car, quand c'est d'un visage affecté, où les yeulx desmentent leurs paroles, et du jargon de leur profession qui porte coup à contrepoil, je le treuve bon. Je suis fort serviteur de la naïveté et de la liberté ; mais il n'y a remede : si elle n'est du tout niaise ou enfantine, elle est inepte et messeante aux dames en ce commerce ; elle gauchit incontinent sur l'impudence. Leurs desguisements et leurs figures ne trompent que les sots ; le mentir y est en siege d'honneur ; c'est un destour qui nous conduict à la verité par une faulse porte. Si nous ne pouvons contenir leur imagination, que voulons nous d'elles ? Les effects ? il en est assez qui eschappent à toute communication estrangiere, par lesquels la chasteté peult estre corrompue ;

Illud sæpe facit, quod sine teste facit[1] :

et ceulx que nous craignons le moins sont à l'adventure les plus à craindre ; leurs pechés muets sont les pires :

Offendor mœcha simpliciore minus[2].

Il est des effects qui peuvent perdre sans impudicité leur pudicité ; et, qui plus est, sans leur sceu : *Obstetrix, virginis cujusdam integritatem manu velut explorans, sive malevolentia, sive inscitia, sive casu, dum inspicit, perdidit*[3] : telle a adiré sa virginité pour l'avoir cherchée ; telle, s'en esbattant, l'a tuée. Nous ne sçaurions leur circonscrire precisement les actions que nous leur deffendons ; il fault concevoir nostre loy soubs paroles generales et incertaines ; l'idée mesme que nous forgeons à leur chasteté est ridicule ; car, entre les extremes patrons que j'en aye, c'est Fatua[4], femme de Faunus, qui ne se laissa veoir oncques, puis ses nopces, à masle quelconque ; et la femme de Hieron[5], qui ne sentoit pas son mary punais, estimant que ce fust une qualité commune à touts hommes : il fault qu'elles deviennent insensibles et invisibles pour nous satisfaire.

Or, confessons que le nœud du jugement de ce debvoir gist principalement en la volonté : il y a eu des maris qui ont souffert cest accident, non seulement sans reproche et offense envers leurs femmes, mais avecques singuliere obligation et recommandation de leur vertu ; telle, qui aimoit mieulx son honneur que sa vie, l'a prostitué à l'appetit forcené d'un mortel ennemy, pour sauver la vie à son mary, et a faict pour luy ce qu'elle n'eust aulcunement faict pour soy[1]. Ce n'est pas icy le lieu d'estendre ces exemples ; ils sont trop haults et trop riches pour estre representés en ce lustre ; gardons les à un plus noble siege ; mais pour des exemples de lustre plus vulgaire, est il pas tous les jours des femmes entre nous qui, pour la seule utilité de leurs maris, se prestent et par leur expresse ordonnance et entremise ? et anciennement Phaulius l'Argien[2] offrit la sienne au roy Philippus par ambition ; tout ainsi que par civilité ce Galba[3], qui avoit donné à souper à Mecenas, veoyant que sa femme et lui commenceoient à complotter par œillades et signes, se laissa couler sur son coussin, representant un homme aggravé de sommeil, pour faire espaule à leurs amours, ce qu'il advoua d'assez bonne grace ; car, sur ce poinct, un valet ayant prins la hardiesse de porter la main sur les vases qui estoient sur la table, il lui cria tout franchement : « Comment, coquin, veois tu pas que je ne dors que pour Mecenas ? » Telle a les mœurs desbordées[4], qui a la volonté plus reformée que n'a cest' aultre qui se conduict soubs une apparence reglée. Comme nous en veoyons qui se plaignent d'avoir esté vouées à chasteté, avant l'aage de cognoissance : j'en ay veu aussi se plaindre veritablement d'avoir esté vouée à la desbauche avant l'aage de cognoissance ; le vice des parents en peult estre cause ; ou la force du besoing, qui est un rude conseiller.

---

(1) L'on fait souvent ce qu'on fait sans témoin.
MARTIAL, VII, 62, 6.

(2) Je hais moins une femme qui ne dissimule pas ses vices. MARTIAL, VI, 7, 6.

(3) Ces paroles, qui confirment ce que Montaigne vient de dire, et qu'on ne sauroit traduire ouvertement en français, sont de S. AUGUSTIN, *de Civil. Dei*, I, 18.

(4) VARRON, dans *Lactance*, I, 22. C.

(5) PLUT., dans *les Apophetegmes des anciens rois*, etc.

l'article *Hiéron* ; et dans son traité intitulé : *Comment on pourra recevoir utilité de ses ennemis*, c. 7. C.

(1) Voyez le Dictionnaire de BAYLE, au mot *Acindynus* (*Septimius*), et surtout la Rem. C., où il est plus sévère que Montaigne et même que saint Augustin. J. V. L.

(2) PLUT., traité *de l'Amour*, c. 16. C.

(3) ID., *ibid.* C.

(4) Dans l'édition de 1588, fol. 380, cette phrase suit immédiatement ces mots qu'on a lus plus haut : *Gardons les à un plus noble siege*. A. D.

Aux Indes orientales[1], la chasteté y estant en singuliere recommendation, l'usage pourtant souffroit qu'une femme mariée se peust abandonner à qui luy presentoit un elephant, et cela avecques quelque gloire d'avoir esté estimée à si hault prix. Phedon le philosophe, homme de maison, après la prinse de son païs d'Elide, feit mestier[2] de prostituer, autant qu'elle dura, la beauté de sa jeunesse à qui en voulut, à prix d'argent, pour en vivre. Et Solon feut le premier en la Grece, dict on, qui, par ses loix, donna la liberté aux femmes, aux despens de leur pudicité, de prouveoir au besoing de leur vie : coustume que Herodote[3] dict avoir esté receue avant luy en plusieurs polices. Et puis, quel fruict de ceste penible solicitude ? car, quelque justice qu'il y ayt en ceste passion, encores faudroit il veoir si elle nous charie utilement ; est il quelqu'un qui les pense boucler par son industrie ?

*Pone seram ; cohibe : sed quis custodiet ipsos
Custodes ? cauta est, et ab illis incipit uxor*[4].

quelle commodité ne leur est suffisante en un siecle si sçavant ?

La curiosité est vicieuse par tout ; mais elle est pernicieuse icy : c'est folie de vouloir s'esclaircir d'un mal auquel il n'y a point de medecine qui ne l'empire et le rengrege[5] ; duquel la honte s'augmente et se publie principalement par la jalousie ; duquel la vengeance blece plus nos enfants qu'elle ne nous guarit. Vous asseichez et mourez à la queste d'une si obscure verification. Combien piteusement y sont arrivés ceulx de mon temps qui en sont venus à bout ! Si l'advertisseur n'y presente quand et quand le remede et son secours, c'est un advertissement injurieux, et qui merite mieulx un coup de poignard que ne faict un desmentir. On ne se mocque pas moins de celuy qui est en peine d'y prouveoir que de celuy qui l'ignore. Le charactere de la cornardise est indelebile ; à qui il est une fois attaché, il l'est tousjours ; le chastiement l'exprime plus que la faulte. Il faict beau veoir arracher de l'umbre et du doubte nos malheurs privés, pour les trompetter en des eschaffauds tragiques, et malheurs qui ne pincent que par le rapport ; car bonne femme et bon mariage se dict, non de qui l'est, mais duquel on se taist. Il fault estre ingenieux à eviter ceste ennuyeuse et inutile cognoissance ; et avoient les Romains en coustume, revenants de voyage[1], d'envoyer au devant en la maison faire sçavoir leur arrivée aux femmes, pour ne les surprendre ; et pourtant a introduict certaine nation que le presbtre ouvre le pas à l'espousée, le jour des nopces, pour oster au marié le doubte et la curiosité de cercher en ce premier essay si elle vient à luy vierge ou blecée d'une amour estrangiere.

Mais le monde en parle. Je sçais cent honnestes hommes cocus, honnestement et peu indecemment ; un galant homme en est plainct, non pas desestimé. Faictes que vostre vertu estouffe vostre malheur ; que les gents de bien en mauldissent l'occasion ; que celuy qui vous offense tremble seulement à le penser. Et puis, de qui ne parle on en ce sens, depuis le petit jusques au plus grand ?

*Tot qui legionibus imperitavit,
Et melior quam tu multis fuit, improbe, rebus*[2] :

veois tu qu'on engage en ce reproche tant d'honnestes hommes en ta presence ? pense qu'on ne t'espargne non plus ailleurs. Mais jusques aux dames, elles s'en mocqueront ; et de quoy se mocquent elles en ce temps plus volontiers que d'un mariage paisible et bien composé ? Chascun de vous a fait quelqu'un cocu ; or, nature est toute en pareilles, en compensation et vicissitude. La frequence de cest accident en doibt meshuy avoir moderé l'aigreur ; le voylà tantost passé en coustume.

Miserable passion ! qui a cecy encores, d'estre incommunicable,

---

(1) ARRIEN, *Hist. Ind.*, c. 17. C.

(2) Il n'en fit pas métier, de son bon gré, comme Montaigne semble l'insinuer, mais, étant esclave, son maitre l'y forçait. DIOG. LAERCE, II, 105. *Et, ut quidam scripserunt, a lenone domino puer ad merendum coactus*, dit encore AULU-GELLE, II, 18. C.

(3) HÉRODOTE l'attribue aux Lydiens, I, 94 ; aux Babyloniens, I, 196, etc. J. V. L.

(4) Enferme-la sous clef, donne-lui des gardiens. Mais qui les gardera eux-mêmes ? Ta femme est adroite ; elle commencera par eux. JUV., *Sat.*, VI, 346.

(5) *Réaggrave*. E. J. — CHARRON, en copiant cette phrase (*de la Sagesse*, I, 28), se sert du verbe simple : « Elle engendre une curiosité pernicieuse de se vouloir esclaircir de son mal, auquel il n'y a pas de remède qui ne l'empire et ne l'engrege, etc. » J. V. L.

---

(1) PLUT., *les Demandes des choses romaines*, c. 9. C.

(2) D'un héros, d'un fameux général d'armée, supérieur en tant de choses à un misérable comme toi LUCR., III, 1039, 1041.

Fors etiam nostris invidit questibus aures[1] ;

car à quel amy osez vous fier vos doleances, qui, s'il ne s'en rit, ne s'en serve d'acheminement et d'instruction pour prendre luy mesme sa part à la curée? Les aigreurs comme les doulceurs du mariage se tiennent secrettes par les sages ; et, parmy les aultres importunes conditions qui se treuvent en iceluy, ceste cy, à un homme languagier [2], comme je suis, est des principales, que la coustume rende indecent et nuisible qu'on communique à personne tout ce qu'on en sçait et qu'on en sent [3].

De leur donner mesme conseil à elles, pour les desgouster de la jalousie, ce seroit temps perdu : leur essence est si confite en souspeçon, en vanité et en curiosité, que de les guarir par voye legitime, il ne fault pas l'esperer. Elles s'amendent souvent de cest inconvenient par une forme de santé beaucoup plus à craindre que n'est la maladie mesme ; car, comme il y a des enchantements qui ne sçavent pas oster le mal qu'en le rechargeant à un aultre, elles rejectent ainsi volontiers ceste fiebvre à leurs maris, quand elles la perdent. Toutesfois, à dire vray, je ne sçais si on peult souffrir d'elles pis que la jalousie ; c'est la plus dangereuse de leurs conditions, comme de leurs membres, la teste. Pittacus disoit, « que chascun avoit son default ; que le sien estoit la mauvaise teste de sa femme : hors cela, il s'estimeroit de tout poinct heureux. » C'est un bien poisant inconvenient, duquel un personnage si juste, si sage, si vaillant, sentoit tout l'estat de sa vie alteré : que debvons nous faire, nous aultres hommelets ? Le senat de Marseille eut raison d'interiner sa requeste à celuy qui demandoit permission de se tuer, pour s'exempter de la tempeste de sa femme [4] ; car c'est un mal qui ne s'emporte jamais qu'en emportant la piece, et qui n'a aultre composition qui vaille que la fuyte ou la souffrance, quoyque toutes les deux très difficiles. Celuy là s'y entendoit, ce me semble, qui dict « qu'un bon mariage se dressoit d'une femme aveugle avec un mary sourd. »

Regardons aussi que ceste grande et violente aspreté d'obligation que nous leur enjoignons ne produise deux effects contraires à nostre fin, à sçavoir qu'elle aiguise les poursuyvants, et face les femmes plus faciles à se rendre ; car, quant au premier poinct, montant le prix de la place, nous montons le prix et le desir de la conqueste. Seroit ce pas Venus mesme qui eust ainsi finement haulsé le chevet [1] à sa marchandise par le maquerelage des loix, cognoissant combien c'est un sot deduit, qui ne le feroit valoir par fantasie et par cherté? enfin c'est toute chair de porc, que la saulse diversifie, comme disoit l'hoste de Flaminius [2]. Cupidon est un dieu felon ; il faict son jeu à luicter la devotion et la justice ; c'est sa gloire, que sa puissance chocque tout autre puissance, et que toutes aultres regles cedent aux siennes :

Materiam culpæ prosequiturque suæ [3].

Et quant au second poinct : serions nous pas moins cocus, si nous craignions moins de l'estre, suyvant la complexion des femmes ? car la deffense les incite et convie :

Ubi velis, nolunt ; ubi nolis, volunt ultro [4] :
Concessa pudet ire via [5].

Quelle meilleure interpretation trouverions nous au faict de Messalina? Elle feit au commencement son mary cocu à cachetes, comme il se faict ; mais, conduisant ses parties trop ayséement, par la stupidité qui estoit en luy, elle desdaigna soubdain cest usage ; la voylà à faire l'amour à la descouverte, advouer des serviteurs, les entretenir et les favoriser à la veue d'un chascun ; elle vouloit qu'il s'en ressentist. Cest animal ne se pouvant esveiller

---

(1) Le sort nous envie jusqu'à la consolation de faire entendre nos plaintes. CAT., *Carm.*, LXVII, 170.

(2) Languagier, *homo verbosus, linguax*. NICOT.

(3) Camus, évêque du Belley, répondit à un mari qui le priait d'engager sa femme à mener une vie plus honnête et plus décente : « Tout ce que je pourrais représenter à votre femme serait assez inutile. Le silence de ma part, et surtout de la vôtre, me paraît beaucoup plus sage. Croyez-moi, mon ami, il vaut mieux s'appeler *Cornelius Tacitus* que *Publius Cornelius*. » N.

(4) Montaigne parle ailleurs, liv. II, c. 3, de cette permission accordée par le sénat de Marseille à ceux qui étaient las de la vie, et il en parle évidemment d'après VAL. MAXIME, II, 6, 7 ; mais la petite histoire qu'il fait ici paraît être entièrement de son invention. J. V. L.

(1) Expression usitée du temps de Montaigne, pour dire *renchérir sa marchandise*. C.

(2) TITE LIVE, XXXV, 49. C.

(3) Il cherche incessamment une nouvelle matière à ses excès. OVIDE, *Trist.*, IV, 1, 34.

(4) Voulez-vous, elles ne veulent point ; ne voulez-vous point, elles veulent. TERENCE, *Eunuch.*, act. IV, sc. 8, v. 43.

(5) Elles rougiraient de suivre une route permise. LUC., II, 446.

pour tout cela, et luy rendant ses plaisirs mols et fades par ceste trop lasche facilité par laquelle il sembloit qu'il les auctorisast et legitimast, que feit elle? Femme d'un empereur sain et vivant, et à Rome, au theatre du monde, en plein mydi, en feste et cerimonie publicque et avecques Silius, duquel elle jouissoit longtemps devant, elle se marie un jour que son mary estoit hors de la ville¹. Semble il pas qu'elle s'acheminast à devenir chaste par la nonchalance de son mary? ou qu'elle cherchast un aultre mary qui luy aiguisast l'appetit par sa jalousie, et qui, en luy insistant, l'incitast? Mais la premiere difficulté qu'elle rencontra feut aussi la derniere : ceste beste s'esveilla en sursault; on a souvent pire marché de ces sourdauds endormis; j'ay veu par experience que ceste extreme souffrance, quand elle vient à se desnouer, produict des vengeances plus aspres; car, prenant feu tout à coup, la cholere et la fureur s'emmoncelant en un, esclatte touts ses efforts à la premiere charge,

Irarumque omnes effundit habenas² :

il la feit mourir et grand nombre de ceulx de son intelligence; jusques à tel³ qui n'en pouvoit mais, et qu'elle avoit confié à son lict à coup d'escourgée.

Ce que Virgile dict de Venus et de Vulcan, Lucrece l'avoit dict plus sortablement d'une jouissance desrobbée d'elle et de Mars :

Belli fera mœnera Mavors
Armipotens regit, in gremium qui sæpe tuum se
Rejicit, æterno devinctus vulnere amoris;
. . . .
Pascit amore avidos inhians in te, dea, visus,
Eque tuo pendet resupini spiritus ore :
Hunc tu, diva, tuo recubantem corpore sancto
Circumfusa super, suaveis ex ore loquelas
*Funde*⁴.

Quand je rumine ce *rejicit, pascit, inhians,*

(1) TACITE, *Annal.*, XI, 26, 27, etc. C.
(2) Et lâche la bride à ses transports. VIRG., *Enéide*, XII, 499.
(3) *Mnester*, comedien, et *Traulus Montanus*, chevalier. TACITE, *Annal.*, XI, 36. C.
(4) Souvent ce dieu si fier, vaincu par tes appas,
Dépose sa fierté pour languir dans tes bras;
Sa tête est sur ton sein nonchalamment penchée,
Et l'amour tient son âme à ta bouche attachée;
Ses yeux étincelants errent sur ton beau corps.
. . . .
Parle pour les Romains dans ces moments si doux.
LUCR., I, 33. Trad. de Hesnault.

*molli, fovet, medullas, labefacta, pendet, percurrit*¹, et ceste noble *circumfusa,* mere du gentil *infusus,* j'ay desdaing de ces menues poinctes et allusions verbales qui nasquirent depuis. A ces bonnes gents, il ne falloit d'aiguë et subtile rencontre : leur langage est tout plein et gros d'une vigueur naturelle et constante; ils sont tout epigramme; non la queue seulement, mais la teste, l'estomach et les pieds. Il n'y a rien d'efforcé, rien de traisnant; tout y marche d'une pareille teneur : *Contextus virilis est; non sunt circa flosculos occupati*². Ce n'est pas une eloquence molle et seulement sans offense; elle est nerveuse et solide, qui ne plaist pas tant comme elle remplit et ravit; et ravit le plus les plus forts esprits. Quand je veois ces braves formes de s'expliquer, si vifves, si profondes, je ne dis pas que c'est bien dire, je dis que c'est bien penser. C'est la gaillardise de l'imagination qui esleve et enfle les paroles : *Pectus est quod disertum facit*³ : nos gents appellent jugements, langage; et beaux mots, les pleines conceptions. Ceste peincture est conduicte, non tant par dexterité de la main comme pour avoir l'objet plus vifvement empreinct en l'ame. Gallus parle simplement, parce qu'il conceoit simplement : Horace ne se contente point d'une superficielle expression, elle le trahiroit; il veoid plus clair et plus oultre dans les choses; son esprit crochette et furette tout le magasin des mots et des figures pour se representer; et les luy fault oultre l'ordinaire, comme sa conception est oultre l'ordinaire. Plutarque dict ⁴ qu'il veid le langage latin par les choses : icy de mesme; le sens esclaire et produict les paroles, non plus de vent, ains de chair et d'os; elles signifient plus qu'elles ne disent. Les imbecilles sentent enco-

(1) Tous ces mots, si naturels et si expressifs, se trouvent, les uns dans le passage de Virgile cité plus haut, d'après l'*Enéide*, VIII, 387; et les autres dans ce dernier passage de Lucrèce. C.
(2) Leur discours est un tissu de beautés mâles; ils ne songent pas à l'orner de vaines fleurs. SÉN., *Epist.* 33.
(3) C'est le cœur qui fait l'éloquence. QUINTIL., X, 7.
(4) Dans la *Vie de Démosthènes*, c. 1. « Bien tard, dit-il, estant jà fort avant au decours de mon aage, j'ay commencé à prendre en main livres latins : en quoy il m'est advenu une chose estrange, mais veritable neantmoins; c'est que je n'ay pas tant appris ny tant entendu les choses par les paroles, comme, par quelque usage et cognoissance que j'avois des choses, je suis venu à entendre aulcunement les paroles. » *Version d'Amyot.* C.

res quelque image de cecy; car en Italie je disois ce qu'il me plaisoit, en devis communs; mais aux propos roides, je n'eusse osé me fier à un idiome que je ne pouvois plier ny contourner oultre son allure commune; j'y veulx pouvoir quelque chose du mien.

Le maniement et employte des beaux esprits donne prix à la langue; non pas l'innovant tant, comme la remplissant de plus vigoureux et divers services, l'estirant et ployant; ils n'y apportent point de mots, mais ils enrichissent les leurs, appesantissent et enfoncent leur signification et leur usage, luy apprennent des mouvements inaccoustumés, mais prudemment et ingenieusement. Et combien peu cela soit donné à touts, il se veoid par tant d'escrivains françois de ce siecle; ils sont assez hardis et desdaigneux pour ne suivre pas la route commune; mais faulte d'invention et de discretion les perd; il ne s'y veoid qu'une miserable affectation d'estrangeté, des desguisements froids et absurdes, qui, au lieu d'eslever, abbattent la matiere; pourveu qu'ils se gorgiasent en la nouvelleté, il ne leur chault de l'efficace; pour saisir un nouveau mot, ils quittent l'ordinaire, souvent plus fort et plus nerveux.

En nostre langage je treuve assez d'estoffe, mais un peu faulte de façon; car il n'est rien qu'on ne feist du jargon de nos chasses et de nostre guerre, qui est un genereux terrein à emprunter; et les formes de parler, comme les herbes, s'amendent et fortifient en les transplantant. Je le treuve suffisamment abondant, mais non pas maniant et vigoureux suffisamment; il succombe ordinairement à une puissante conception: si vous allez tendu, vous sentez souvent qu'il languit soubs vous et fleschit; et qu'à son defaut le latin se presente au secours, et le grec à d'aultres. D'aulcuns de ces mots que je viens de trier, nous en appercevons plus malayséement l'energie, d'autant que l'usage et la frequence nous en ont aulcunement avily et rendu vulgaire la grace; comme en nostre commun, il s'y rencontre des phrases excellentes et des metaphores, desquelles la beauté flestrit de vieillesse, et la couleur s'est ternie par un maniement trop ordinaire; mais cela n'oste rien du goust à ceulx qui ont bon nez, ny ne desroge à la gloire de ces anciens aucteurs qui, comme il est vraysemblable, meirent premierement ces mots en ce lustre.

Les sciences traictent les choses trop finement, d'une mode artificielle, et differente à la commune et naturelle. Mon page faict l'amour et l'entend: lisez luy Leon hebreu[1], et Ficin; on parle de luy, de ses pensées et de ses actions, et si n'y entend rien. Je ne recognois pas chez Aristote la plus part de mes mouvements ordinaires; on les a couverts et revestus d'une aultre robbe pour l'usage de l'eschole: Dieu leur doint bien faire! Si j'estois du mestier, je naturaliserois l'art, autant comme ils artialisent la nature[2]. Laissons là Bembo et Equicola[3].

Quand j'escris, je me passe bien de la compaignie et souvenance des livres, de peur qu'ils n'interrompent ma forme; aussi qu'à la verité les bons aucteurs m'abbattent par trop et rompent le courage; je fois volontiers le tour de ce peintre, lequel, ayant miserablement representé des coqs, deffendoit à ses garsons qu'ils ne laissassent venir en sa boutique aulcun coq naturel; et aurois plustost besoing pour me donner un peu de lustre de l'invention du musicien Antigenides, qui, quand il avoit à faire la musique, mettoit ordre que, devant ou après luy, son auditoire feust abbruvé de quelques aultres mauvais chantres. Mais je ne puis plus malayséement desfaire de Plutarque; il est si universel et si plein qu'à toutes occasions et quelque subject extravagant que vous ayez prins, il s'ingere à vostre besongne, et vous tend une main liberale et inespuisable de richesses et d'embellissements. Il m'en faict despit d'estre si fort exposé au pillage de ceulx qui le hantent; je ne le puis si peu raccointer que je n'en tire cuisse ou aile.

---

(1) *Léon hébreu*, ou de Juda, rabbin portugais qui vivait sous Ferdinand le Catholique, et qui a composé un *Dialogue sur l'Amour*. Ce dialogue a été traduit de l'italien en français, et souvent imprimé dans le seizième siècle.

Ficin, qui vivait dans le même temps, traduisit les œuvres de Platon, de Plotin, et composa divers écrits de métaphysique. E. J.

(2) Edition de 1588, fol. 583 verso: « Si j'estois du mestier, je traicterois l'art le plus naturellement que je pourrois. » Ce passage seul prouverait combien les corrections de Montaigne sont quelquefois heureuses. D'une phrase commune il fait une pensée originale et profonde. J. V. L.

(3) *Bembo* (le cardinal) auteur d'un poëme intitulé *gli Asolani*, traduit par Martini sous le titre: *les Assolains de la Nature d'Amour*, Paris, 1547, in-8o. — *Equicola*, théologien et philosophe du seizième siècle, a fait un livre intitulé, *della Natura d'amore*. C'est à tous ces ouvrages que Montaigne fait allusion. E. J.

Pour ce mien desseing, il me vient aussi à propos d'escrire chez moy, en païs sauvage, où personne ne m'ayde ny me releve; où je ne hante communement homme qui entende le latin de son patenostre et de françois un peu moins. Je l'eusse faict meilleur ailleurs, mais l'ouvrage eust esté moins mien; et sa fin principale et perfection, c'est d'estre exactement mien. Je corrigerois bien une erreur accidentale, dequoy je suis plein, ainsi que je cours inadvertemment; mais les imperfections qui sont en moy ordinaires et constantes, ce seroit trahison de les oster. Quand on m'a dict ou que moy mesme me suis dict: « Tu es trop espez en figures: Voylà un mot du creu de Gascoigne: Voylà une phrase dangereuse (je n'en refuis aulcune de celles qui s'usent emmy les rues françoises; ceulx qui veulent combattre l'usage par la grammaire se mocquent): Voylà un discours ignorant; voylà un discours paradoxe; en voylà un trop fol: Tu te joues souvent; on estimera que tu dies à droict ce que tu dis à feincte. — Ouy, fois je; mais je corrige les faultes d'inadvertance, non celles de coustume. Est ce pas ainsi que je parle par tout? me represente je pas vifvement? suffit. J'ai faict ce que j'ay voulu: tout le monde me recognoist en mon livre et mon livre en moy. »

Or, j'ay une condition singeresse et imitatrice; quand je me meslois de faire des vers (et n'en feis jamais que des latins), ils accusoient evidemment le poëte que je venois dernierement de lire; et de mes premiers Essays aulcuns puent un peu l'estrangier: à Paris, je parle un langage aulcunement aultre qu'à Montaigne. Qui que je regarde avecques attention m'imprime facilement quelque chose du sien: ce que je considere, je l'usurpe; une sotte contenance, une desplaisante grimace, une forme de parler ridicule; les vices plus; d'autant qu'ils me poignent, ils s'accrochent à moy et ne s'en vont pas sans secouer. On m'a veu plus souvent jurer par similitude que par complexion; imitation meurtriere, comme celle des singes horribles en grandeur et en force que le roy Alexandre rencontra en certaine contrée des Indes, desquels aultrement il eust esté difficile de venir à bout; mais ils en presterent le moyen par ceste leur inclination à contrefaire tout ce qu'ils veoyoient faire; car, par là, les chasseurs apprindrent de se chausser des souliers à leur veue, avecques force nœuds de liens; de s'affubler d'accoustrements de teste à tout des lacs courants, et oindre par semblant leurs yeulx de glux [1]. Ainsi mettoit imprudemment à mal ces pauvres bestes leur complexion singeresse; ils s'engluoient, s'enchevestroient et garrotoient eulx mesmes. Cest' aultre faculté de representer ingenieusement les gestes et paroles d'un aultre, par desseing, qui apporte souvent plaisir et admiration, n'est en moy non plus qu'en une souche. Quand je jure selon moy, c'est seulement par Dieu! qui est le plus droict de tous les serments. Ils disent que Socrates juroit le chien, Zenon, ceste mesme interjection qui sert asture aux Italiens, *cappari*[2], Pythagoras[3] l'eau et l'air. Je suis si aysé à recevoir sans y penser ces impressions superficielles[4], qu'ayant eu en la bouche, Sire ou Altesse, trois jours de suitte, huict jours après ils m'eschappent pour Excellence ou pour Seigneurie; et ce que j'auray prins à dire en bastelant et en me mocquant, je de diray lendemain serieusement. Pourquoy, à escrire, j'accepte plus envy les arguments battus, de peur que je les traicte aux despens d'aultruy. Tout argument m'est egualement fertile; je les prends sur une mouche, et Dieu vueille que celuy que j'ay icy en main n'ait pas esté prins par le commandement d'une volonté autant volage! Que je commence par celle qu'il me plaira; car les matieres se tiennent toutes enchainées les unes aux aultres.

Mais mon ame me desplaist de ce qu'elle produict ordinairement ses plus profondes resveries, plus folles et qui me plaisent le mieulx, à l'improuveu et lors que je les cherche moins, lesquelles s'esvanouïssent soubdain, n'ayant sur le champ où les attacher; à cheval, à la table, au lict; mais plus à cheval, où sont mes plus larges entretiens. J'ay le parler un peu délicatement jaloux d'attention et de silence; si je

---

(1) Élien, *de Animal.*, XVII, 25; et Strabon, XV, p. 1023. C.

(2) Diog. Laerce, VII, 32. *Cappari*, ou *capparis*, est le nom d'un arbrisseau, du câprier. D'autres juraient par le chou, coutume qui a passé jusqu'à nous, témoin le mot de *vertuchou*, espèce de serment qui veut dire *par la vertu du chou*, et dont bien des gens se servent à tout moment. C.

(3) Diog. Laerce, VIII, 6. C.

(4) Ceci a rapport à ce qu'il a dit plus haut, qu'on *l'a vu plus souvent jurer par similitude que par complexion*. Ces deux phrases se suivaient immédiatement dans l'édition de 1588. A. D.

parle de force, qui m'interrompt, m'arreste. En voyage, la necessité mesme des chemins coupe les propos; oultre ce, que je voyage plus souvent sans compaignie propre à ces entretiens de suitte ; par où je prends tout loisir de m'entretenir moy mesme. Il m'en advient comme de mes songes : en songeant, je les recommande à ma memoire (car je songe volontiers que je songe); mais le lendemain je me represente bien leur couleur comme elle estoit, ou gaye, ou triste, ou estrange, mais, quels ils estoient au reste, plus j'ahanne à le trouver, plus je l'enfonce en l'oubliance. Aussi des discours fortuites qui me tumbent en fantasie, il ne m'en reste en memoire qu'une vaine image, autant seulement qu'il m'en fault pour me faire ronger et despiter après leur queste inutilement.

Or doncques, laissant les livres à part et parlant plus materiellement et simplement, je treuve après tout que l'amour n'est aultre chose que la soif de ceste jouissance en un subject desiré ; ny Venus, aultre chose que le plaisir à descharger ses vases, comme le plaisir que nature nous donne à descharger d'aultres parties; qui devient vicieux ou par immoderation, ou par indiscretion; pour Socrates[1], l'amour est appetit de generation par l'entremise de la beauté. Et, considerant maintefois la ridicule titillation de ce plaisir, les absurdes mouvements escervelez et estourdis dequoy il agite Zenon et Cratippus, ceste rage indiscrette, ce visage enflammé de fureur et de cruauté au plus doux effect de l'amour, et puis ceste morgue grave, severe et ecstatique en une action si folle ; qu'on aye logé peslemesle nos delices et nos ordures ensemble ; et que la supreme volupté aye du transy et du plainctif comme la douleur; je crois qu'il est vray, ce que dict Platon[2], que l'homme a esté faict par les dieux pour leur jouet,

Quænam ista jocandi
Sævitia[3] *!*

et que c'est par mocquerie que nature nous a laissé la plus trouble de nos actions, la plus commune pour nous egualer par là et apparier les fols et les sages, et nous et les bestes. Le plus contemplatif et prudent homme, quand je l'imagine en ceste assiette, je le tiens pour affronteur de faire le prudent et le contemplatif : ce sont les pieds du paon qui abbattent son orgueil.

Ridentem dicere verum
Quid vetat[1] *?*

Ceulx qui, parmy les jeux, refusent les opinions serieuses, font, dict quelqu'un, comme celuy qui craint d'adorer la statue d'un sainct, si elle est sans devantiere. Nous mangeons bien et beuvons comme les bestes; mais ce ne sont pas actions qui empeschent les offices de nostre ame ; en celles là nous gardons nostre advantage sur elles; ceste cy met toute aultre pensée soubs le joug, abrutit et abestit par son imperieuse auctorité toute la theologie et philosophie qui est en Platon, et si ne s'en plainct pas. Par tout ailleurs vous pouvez garder quelque decence; toutes aultres operations souffrent des regles d'honnesteté ; ceste cy ne se peult pas seulement imaginer que vicieuse ou ridicule ; trouvez y pour veoir un proceder sage et discret. Alexandre disoit[2] qu'il se cognoissoit principalement mortel par ceste action et par le dormir. Le sommeil suffoque et supprime les facultés de nostre ame ; la besongne les absorbe et dissipe de mesme ; certes c'est une marque non seulement de nostre corruption originelle, mais aussi de nostre vanité et desformité.

D'un costé nature nous y poulse, ayant attaché à ce desir la plus noble, utile et plaisante de toutes ses fonctions ; et là nous laisse, d'aultre part, accuser et fuyr comme insolente et deshonneste, en rougir et recommender l'abstinence. Sommes nous pas bien brutes de nommer brutale l'operation qui nous faict? Les peuples, ès religions, se sont rencontrez en plusieurs convenances, comme sacrifices, luminaires, encensements, jeusnes, offrandes ; et entre aultres, en la condemnation de ceste action : toutes les opinions y viennent, oultre l'usage si estendu des circoncisions, qui en est une punition. Nous avons à l'adventure raison de nous blasmer de faire une si sotte production

---

(1) Dans le *Banquet* de PLATON. C.
(2) *Lois*, I, 13.; VIII, 10, éd. de M. Ast : Ἄνθρωπον Θεοῦ τι παίγνιον εἶναι. Mot cité par POLYBE, liv. XV ; CLÉM. D'ALEXANDRIE, *Strom.*, VIII, p. 714; SYNÉSIUS, *de Provid.*, II, etc. J. V. L.
(3) Cruelle manière de se jouer ! CLAUDIEN, *in Eutrop.*, I,

(1) Rien n'empêche de dire la vérité en riant. HOR., *Sat.*, I, 1, 24.
(2) PLUT., *Moyens de discerner le flatteur d'avec l'ami*, p. 23. C.

que l'homme; d'appeller l'action honteuse, et honteuses les parties qui y servent (asteure sont les miennes proprement honteuses et peneuses). Les Esseniens, dequoy parle Pline[1], se maintenoient, sans nourrice, sans maillot, plusieurs siecles, de l'abord des estrangiers qui, suyvants ceste belle humeur, se rengeoient continuellement à eulx; ayant toute une nation hazardé de s'exterminer plustost que s'engager à un embrassement feminin, et de perdre la suite des hommes plustost que d'en forger un. Ils disent[2] que Zenon n'eut affaire à femme qu'une fois en sa vie, et que ce feut par civilité, pour ne sembler desdaigner trop obstinéement le sexe. Chascun fuyt à le veoir naistre, chascun court à le veoir mourir; pour le destruire, on cherche un champ spacieux, en pleine lumiere; pour le construire, on se musse dans un creux tenebreux, et le plus contrainct qu'il se peut; c'est le debvoir de se cacher et rougir pour le faire, et c'est gloire, et naissent plusieurs vertus de le sçavoir desfaire; l'un est injure, l'autre est faveur; car Aristote dict que bonifier quelqu'un, c'est le tuer, en certaine phrase de son païs. Les Atheniens[3], pour apparier la desfaveur de ces deux actions, ayants à mundifier l'isle de Delos et se justifier envers Apollo, deffendirent au pourpris d'icelle tout enterrement et tout enfantement ensemble: *Nostri nosmet pœnitet*[4].

Il y a des nations qui se couvrent en mangeant[5]. Je sais une dame, et des plus grandes, qui a ceste mesme opinion, que c'est une contenance desagreable de mascher, qui rabbat beaucoup de leur grace et de leur beauté, et ne se presente pas volontiers en public avecques appetit; et sais un homme qui ne peult souffrir de veoir manger, ni qu'on le veoye, et fuyt toute assistance plus quand il s'emplit que s'il se vuide. En l'empire du Turc, il se veoid grand nombre d'hommes qui, pour exceller sur les aultres, ne se laissent jamais veoir quand ils font leur repas; qui n'en font qu'un la sepmaine; qui se deschiquettent et descouppent la face et les membres; qui ne parlent jamais à personne; gents fanatiques, qui pensent honorer leur nature en se desnaturant; qui se prisent de leur mespris et s'amendent de leur empirement! Quel monstrueux animal, qui se faict horreur à soy mesme, à qui ses plaisirs poisent, qui se tient à malheur! Il y en a qui cachent leur vie,

Exsilioque domos et dulcia limina mutant[1],

et la desrobbent de la veue des aultres hommes; qui evitent la santé et l'alaigresse comme qualités ennemies et dommageables; non seulement plusieurs sectes, mais plusieurs peuples, mauldissent leur naissance et benissent leur mort; il en est où le soleil est abominé, les tenebres adorées. Nous ne sommes ingenieux qu'à nous malmener; c'est le vray gibbier de force de nostre esprit: dangereux util en desreglement!

O miseri! quorum gaudia crimen habent[2].

Hé! pauvre homme! tu as assez d'incommodités necessaires sans les augmenter par ton invention; et es assez miserable de condition sans l'estre par art; tu as des laideurs reelles et essentielles à suffisance, sans en forger d'imaginaires; trouves tu que tu sois trop à l'ayse, si la moitié de ton ayse ne te fasche? trouves tu que tu ayes rempli touts les offices necessaires à quoy nature t'engage, et qu'elle soit manque et oysifve chez toi si tu ne t'obliges à nouveaux offices? Tu ne crains point d'offenser ses loix, universelles et indubitables, et te picques aux tiennes, partisanes et fantastiques; et d'autant plus qu'elles sont particulieres, incertaines et plus contredictes, d'autant plus tu fois là ton effort; les ordonnances positifves de ta paroisse t'occupent et attachent; celles de Dieu et du monde ne te touchent point. Cours un peu par les exemples de ceste consideration; ta vie en est toute.

Les vers de ces deux poëtes[3], traictants ainsi reservéement et discretement de la lascifveté, comme ils font, me semblent la descouvrir et esclairer de plus près. Les dames couvrent leur

---

(1) *Nat. Hist.*, V, 17. C.
(2) Diog. Laerce, VII, 13. C.
(3) Thucydide, III, 104. C.
(4) Nous estimons à vice nostre estre. Térence, *Phormion*, act. I, sc. 3, v. 20. — La traduction est de Montaigne. N.
(5) C'est ce que dit expressément Jean Léon, dans sa *Description de l'Afrique*, t. 1, p. 25, édit. de Lyon, 1556. C.

(1) Et vont vivre et mourir loin du toit paternel.
Virg., *Géorg.*, II, 511.
(2) Malheureux! qui se font un crime de leurs plaisirs. Pseudo-Gallus, I, 180.
(3) De Virgile, sur Vénus et Vulcain; de Lucrèce, sur Vénus et Mars.

sein d'un reseul[1], les presbtres plusieurs choses sacrées, les peintres umbragent leur ouvrage pour luy donner plus de lustre ; et dict on que le coup du soleil et du vent est plus poisant par reflection qu'à droit fil. L'Ægyptien[2] respondit sagement à celui qui lui demandoit : « Que portes tu là caché soubs ton manteau ? — Il est caché soubs mon manteau afin que tu ne sçaches pas que c'est ; » mais il y a certaines aultres choses qu'on cache pour les montrer. Oyez cestuy là, plus ouvert,

Et nudam pressi corpus ad usque meum[3] :

il me semble qu'il me chaponne. Que Martial retrousse Venus à sa poste, il n'arrive pas à la faire paroistre si entiere ; celui qui dict tout, il nous saoule et nous desgouste. Celuy qui craint à s'exprimer nous achemine à en penser plus qu'il n'y en a ; il y a de la trahison en ceste sorte de modestie ; et, notamment, nous entr'ouvrant, comme font ceulx cy[4], une si belle route à l'imagination, et l'action et la peincture doibvent sentir leur larrecin[5].

L'amour des Espaignols et des Italiens, plus respectueuse et craintifve, plus mineuse et couverte, me plaist ; je ne sais qui, anciennement[6], desiroit le gosier allongé comme le col d'une grue, pour savourer plus longtemps ce qu'il avaloit ; ce souhait est mieulx à propos en ceste volupté viste et precipiteuse, mesme à telles natures comme est la mienne, qui suis si vicieux en soubdaineté. Pour arrester sa fuyte et l'estendre en preambules, entre eulx tout sert de faveur et de recompense ; une œuillade, une inclination, une parole, un signe. Qui se pourroit disner de la fumée du rost, feroit-il pas une belle espargne ? C'est une passion qui mesle, à bien peu d'essence solide, beaucoup plus de vanité et resverie fiebvreuse ; il la fault payer et servir de mesme. Apprenons aux dames à se faire valoir, à s'estimer, à nous amuser et à nous piper ; nous faisons nostre charge extreme la premiere, il y a tousjours de l'impetuosité françoise ; faisant filer leurs faveurs et les estalant en detail, chascun, jusques à la vieillesse miserable, y treuve quelque bout de lisiere, selon son vaillant et son merite. Qui n'a jouïssance qu'en la jouïssance, qui ne gaigne que du hault poinct, qui n'aime la chasse qu'en la prinse, il ne luy appartient pas de se mesler à nostre eschole ; plus il y a de marches et degrés, plus il y a de haulteur et d'honneur au dernier siege ; nous nous debvrions plaire d'y estre conduicts, comme il se faict aux palais magnifiques, par divers portiques et passages, longues et plaisantes galeries, et plusieurs destours. Ceste dispensation reviendroit à nostre commodité ; nous y arresterions et nous y aimerions plus longtemps ; sans esperance et sans desir, nous n'allons plus rien qui vaille. Nostre maistrise et entiere possession leur est infiniment à craindre ; depuis qu'elles sont du tout rendues à la mercy de nostre foy et constance, elles sont un peu bien hazardées ; ce sont vertus rares et difficiles ; soubdain qu'elles sont à nous nous ne sommes plus à elles ;

Postquam cupidæ mentis satiata libido est,
Verba nihil metuere, nihil perjuria curant[1] ;

et Thrasonides[2], jeune homme grec, feut si amoureux de son amour, qu'il refusa, ayant gaigné le cœur d'une maistresse, d'en jouir, pour n'amortir, rassasier et allanguir par la jouïssance ceste ardeur inquiete de laquelle il se glorifioit et se paissoit. La cherté donne goust à la viande ; veoyez combien la forme des salutations, qui est particuliere à nostre nation, abastardit par sa facilité la grace des baisers, lesquels Socrates[3] dict estre si puissants et dangereux à voler nos cœurs. C'est une desplaisante coustume, et injurieuse aux dames, d'avoir à prester leurs levres à quiconque a trois valets à sa suitte, pour mal plaisant qu'il soit,

Cujus livida naribus caninis
Dependet glacies, rigetque barba...
Centum occurrere malo culilingis[4] :

---

(1) *Réseau.*
(2) Plut., *de la curiosité*, c. 3. C.
(3) Et je l'ai pressée toute nue contre mon corps. Ovide, *Amor.*, I, 5, 24.
(4) Virgile et Lucrèce.
(5) « Seroit-ce point une invention forgée au cabinet de Vénus, pour donner prix à la besogne, et en faire venir dadvantage l'envie ? C'est, avec un peu d'eau, allumer plus de feu, comme faict le mareschal... Au rebours, une lasche, facile, toute libre et ouverte, permission et commodité affadit, oste le goust et la poincte. » Charr., *de la Sagesse*, I, 22.
(6) Voyez Arist., *Ethic.*, III, 10 ; Athénée, I, 6, etc. J. V. L.

(1) Dès que nous avons satisfait le caprice de notre passion, nous comptons pour rien les promesses et les serments. Cat. *Carm.*, LXIV, 147.
(2) Diog. Laerce, VII, 130. C.
(3) Xenophon, *Mémoires sur Socrate*, I, 3, 11. C.
(4) Martial, VII, 94. Quoique Montaigne ait changé le dernier mot, ce passage ne peut être traduit. *Quædam satius est*

et nous mesmes n'y gaignons gueres; car, comme le monde se veoid party[1], pour trois belles il nous en fault baiser cinquante laides; et à un estomach tendre, comme sont ceulx de mon aage, un mauvais baiser en surpaye un bon.

Ils font les poursuyvants en Italie, et les transis, de celles mesmes qui sont à vendre, et se deffendent ainsi : Qu'il y a des degrés en la jouïssance, et que par services ils veulent obtenir pour eulx celle qui est la plus entiere; elles ne vendent que le corps; la volonté ne peult estre mise en vente, elle est trop libre et trop sienne. Ainsi ceulx cy disent que c'est la volonté qu'ils entreprennent, et ont raison; c'est la volonté qu'il fault servir et practiquer. J'ai horreur d'imaginer mien un corps privé d'affection; et me semble que ceste forceneric est voisine à celle de ce garson, qui alla saillir par amour la belle image de Venus que Praxiteles avoit faicte[2], ou de ce furieux ægyptien, eschauffé après la charongne d'une morte qu'il embaumoit et ensuairoit[3], lequel donna occasion à la loy qui feut faicte depuis en Ægypte, que les corps des belles et jeunes femmes, et de celles de bonne maison, seroient gardés trois jours avant qu'on les meist entre les mains de ceulx qui avoient charge de prouveoir à leur enterrement[4]. Periander feit plus merveilleusement, qui estendit l'affection conjugale (plus reglée et legitime) à la jouïssance de Melissa sa femme trespassée[5]. Ne semble ce pas estre une humeur lunatique de la lune, ne pouvant aultrement jouir de Endymion, son mignon, l'aller endormir pour plusieurs mois et se paistre de la jouïssance d'un garson qui ne se remuoit qu'en songe? Je dis pareillement qu'on aime un corps sans ame ou sans sentiment quand on aime un corps sans son consentement et sans son desir. Toutes jouïssances ne sont pas unes; il y a des jouïssances etiques et languissantes; mille aultres causes que la bienvueillance nous peuvent acquerir cest octroy des dames; ce n'est suffisant tesmoignage

causæ detrimento tacere, quam verecundiæ dicere. M. SÉN., *Controv.*, I, 2. C.

(1) *Partagé.* C.
(2) VAL. MAXIME, VIII, 11, *ext.* 5. C.
(3) *Couvrir d'un suaire.*
(4) HÉR., II, 89. J. V. L.
(5) DIOG. LAERCE, I, 96. C.

d'affection; il y peut escheoir par la trahison, comme ailleurs; elles n'y vont parfois que d'une fesse,

Tanquam thura merumque parent...
Absentem, marmoreamve putes[1] :

J'en sçais qui aiment mieulx prester cela que leur coche, et qui ne se communiquent que par là. Il fault regarder si vostre compaignie leur plaist pour quelque aultre fin encores, ou pour celle là seulement, comme d'un gros garson d'estable; en quel reng, et à quel prix vous y estes logé,

Tibi si datur uni;
Quo lapide illa diem candidiore notet[2].

Quoy, si elle mange vostre pain à la saulse d'une plus agreable imagination?

Te tenet, absentes alios suspirat amores[3].

Comment? avons nous pas veu quelqu'un, en nos jours, s'estre servy de ceste action à l'usage d'une horrible vengeance, pour tuer par là, et empoisonner, comme il feit, une honneste femme?

Ceulx qui cognoissent l'Italie ne trouveront jamais estrange si, pour ce subject, je ne cherche ailleurs des exemples; car ceste nation se peult dire regente du reste du monde en cela. Ils ont plus communement des belles femmes, et moins de laides que nous; mais des rares et excellentes beautés, j'estime que nous allons à pair[4]. Et en juge autant des esprits : de ceulx

(1) Aussi graves que si elles offraient aux dieux le vin et l'encens... Vous diriez qu'elles sont absentes, ou de marbre. MARTIAL, XI, 105, 12; et 59, 8.

(2) Si elle se donne à vous seul, si elle regarde ce jour-là comme heureux. CAT., LXVIII, 147.

(3) Elle vous presse dans ses bras, et soupire pour un ami absent. TIB., I, 6, 35.

(4) Montaigne a probablement extrait ce parallèle de son Journal de voyage, où l'on voit qu'il faisait les mêmes réflexions pendant son séjour à Rome en 1581 : *Quant à la beauté parfaicte et rare, il n'en est*, disait-il, *non plus qu'en France, et sauf en trois ou quatre, il n'y trouvait nulle excellence. Mais communement elles sont plus agreables, et ne s'en veoid point tant de laides qu'en France* (*Voyage*, t. I, p. 519). Vers le même endroit, il parle avec plus d'indulgence de la jalousie italienne : *Par tout où les femmes se laissent veoir en publicque, soit en coche, en feste, ou en theatre, elles sont à part des hommes : toutefois elles ont des danses entrelassées assez librement, où il y a occasion de deviser et de toucher à la main... Les hommes sont fort simplement vestus,... courtois au demourant, et gracieux tout ce qu'il est possible, quoy que die le vulgaire des François, qui ne peuvent appeler gracieux ceulx qui supportent mal ayseement leurs debordements et insolence or-

de la commune façon, ils en ont beaucoup plus, et evidemment ; la brutalité y est sans comparaison plus rare : d'ames singulieres et du plus hault estage, nous ne leur en debvons rien. Si j'avois à estendre ceste similitude, il me sembleroit pouvoir dire de la vaillance, qu'au rebours elle est, au prix d'eulx, populaire chez nous et naturelle ; mais on la veoid par fois en leurs mains si pleine et si vigoureuse qu'elle surpasse touts les plus roides exemples que nous en ayons. Les mariages de ce païs là clochent en cecy : leur coustume donne communement la loy si rude aux femmes, et si serve, que la plus esloingnée accointance avecques l'estrangier leur est autant capitale que la plus voisine. Ceste loy faict que toutes les approches se rendent necessairement substantielles ; et, puisque tout leur revient à mesme compte, elles ont le chois bien aysé : et ont elles brisé ces cloisons, croyez qu'elles font feu : *Luxuria ipsis vinculis, sicut fera bestia, irritata, deinde emissa*[1]. Il leur fault un peu lascher les resnes :

Vidi ego nuper equum, contra sua frena tenacem,
Ore reluctanti fulminis ire modo [2] :

on allanguit le desir de la compaignie, en luy donnant quelque liberté[3]. Nous courons à peu près mesme fortune : ils sont trop extremes en contraincte ; nous, en licence. C'est un bel usage de nostre nation, qu'aux bonnes maisons nos enfants soyent receus, pour y estre nourris et eslevés pages, comme en une eschole de noblesse ; et est discourtoisie, dict on, et injure, d'en refuser un gentilhomme : j'ai apperceu (car autant de maisons, autant de divers styles et formes) que les dames qui ont voulu donner aux filles de leur suitte les regles plus austeres n'y ont pas eu meilleure adventure ; il y fault de la moderation, il fault laisser bonne partie de leur conduicte à leur propre discretion ; car, ainsi comme ainsi, n'y a il discipline

qui les sceust brider de toutes parts. Mais il est bien vray que celle qui est eschappée, bagues saufves, d'un escholage libre, apporte bien plus de fiance de soy, que celle qui sort saine d'une eschole severe et prisonniere.

Nos peres dressoient la contenance de leurs filles à la honte et à la crainte (les courages et les desirs tousjours pareils) ; nous, à l'asseurance : nous n'y entendons rien ; c'est à faire aux Sarmates, qui n'ont loy de coucher avecques homme, que de leurs mains elles n'ayent tué un aultre en guerre[1]. A moy, qui n'y ay droict que par les aureilles, suffit si elles me retiennent pour le conseil, suyvant le privilege de mon aage. Je leur conseille doncques, et à nous aussi, l'abstinence ; mais, si ce siecle en est trop ennemy, au moins la discretion et la modestie ; car, comme dict le conte d'Aristippus[2], parlant à des jeunes gents qui rougissoient de le veoir entrer chez une courtisane : « Le vice est de n'en pas sortir, non pas d'y entrer : » qui ne veult exempter sa conscience, qu'elle exempte son nom ; si le fonds n'en vault gueres, que l'apparence tienne bon.

Je loue la gradation et la longueur en la dispensation de leurs faveurs : Platon montre qu'en toute espece d'amour la facilité et promptitude est interdicte aux tenants. C'est un traict de gourmandise, laquelle il fault qu'elles couvrent de toute leur art, de se rendre ainsi temerairement en gros, et tumultuairement ; se conduisant en leur dispensation ordonnéement et mesuréement, elles pipent bien mieulx nostre desir, et cachent le leur. Qu'elles fuyent tousjours devant nous ; je dis celles mesmes qui ont à se laisser attrapper : elles nous battent mieulx en fuyant, comme les Scythes. De vray, selon la loy que nature leur donne, ce n'est pas proprement à elles de vouloir et desirer ; leur roolle est souffrir, obeïr, consentir : c'est pourquoy nature leur a donné une perpetuelle capacité ; à nous, rare et incertaine : elles ont tousjours leur heure, afin qu'elles soyent tousjours prestes à la nostre, *pati natæ*[3] : et où elle a voulu que nos appetits eussent montre et declaration prominente, elle a faict que les leurs fussent occultes et intestins, et les a fournies de pieces impropres à l'ostenta-

---

dinaire : nous faisons, en toutes façons, ce que nous pouvons pour nous y faire descrier. J. V. L.

(1) La luxure est comme une bête féroce qui s'irrite de ses chaînes, et qui s'échappe avec plus de fureur. Tite Live, XXXIV, 4.

(2) Je vis naguère un cheval qui, rebelle au frein, luttait contre les rênes et s'élançait comme la foudre. Ovide, *Amor.*, III, 4, 13.

(3) Dans l'édition de 1588, *fol.* 388, Montaigne, après cette phrase, ajoutait : « Ayant tant de pieces à mettre en communication, on les achemine à y employer tousjours la derniere, puisque c'est tout d'un prins. »

(1) Hér., IV, 117. C.

(2) Diog. Laerce, *Vie d'Aristippe*, II, 69. C.

(3) Nées pour souffrir. Sén., *Epist.* 95.

tion, et simplement pour la deffensifve. Il fault laisser à la licence amazoniene les traicts pareils à cestuy cy : Alexandre passant par l'Hyrcanie, Thalestris, royne des Amazones, le veint trouver avec trois cents gents d'armes de son sexe, bien montés et bien armés, ayant laissé le demourant d'une grosse armée qui la suyvoit, au delà des voisines montaignes : et luy dict tout hault, et en public : « Que le bruit de ses victoires et de sa valeur l'avoit menée là, pour le veoir, luy offrir ses moyens et sa puissance au secours de ses entreprinses; et que le trouvant si beau, jeune et vigoreux, elle, qui estoit parfaicte en toutes ses qualités, luy conseilloit qu'ils couchassent ensemble, afin qu'il nasquit, de la plus vaillante femme du monde et du plus vaillant homme qui feust lors vivant, quelque chose de grand et de rare pour l'advenir. » Alexandre la remercia du reste; mais, pour donner temps à l'accomplissement de sa derniere demande, il arresta treize jours en ce lieu, lesquels il festoya le plus alaigrement qu'il peut, en faveur d'une si courageuse princesse[1].

[2] Nous sommes, quasi en tout, iniques juges de leurs actions, comme elles sont des nostres : j'advoue la verité, lors qu'elle me nuit, de mesme que si elle me sert. C'est un vilain desreglement qui les poulse si souvent au change, et les empesche de fermir leur affection en quelque subject que ce soit; comme on veoid de ceste déesse à qui l'on donne tant de chângements et d'amis : mais si est il vray que c'est contre la nature de l'amour, s'il n'est violent, et contre la nature de la violence, s'il est constant. Et ceulx qui s'en estonnent, s'en escrient, et cherchent les causes de ceste maladie en elles, comme desnaturée et incroyable, que ne veoyent ils combien souvent ils la receoivent en eulx, sans espovantement et sans miracle? Il seroit à l'adventure plus estrange d'y veoir de l'arrest; ce n'est pas une passion simplement corporelle : si on ne treuve point de bout en l'avarice et en l'ambition, il n'y en a non plus en la paillardise; elle vit encores après la satieté; et ne luy peult on prescrire ny satisfaction constante, ni fin; elle va tousjours oultre sa possession. Et si, l'inconstance leur est à l'adventure aulcunement plus pardonnable qu'à nous : elles peuvent alleguer, comme nous, l'inclination, qui nous est commune, à la varieté et à la nouvelleté; et alleguer secondement, sans nous, qu'elles achetent chat en sac[1]. Jeanne, royne de Naples, feit estrangler Andreosse[2], son premier mary, aux grilles de sa fenestre, avecques un laqs d'or et de soye, tissu de sa main propre; sur ce qu'aux corvées matrimoniales elle ne luy trouvoit ny les parties, ny les efforts assez respondants à l'esperance qu'elle en avoit conceue à veoir sa taille, sa beauté, sa jeunesse et disposition, par où elle avoit esté prinse et abusée. Que[3] l'action a plus d'effort que n'a la souffrance; ainsi, que de leur part tousjours au moins il est pourveu à la necessité, de nostre part il peult advenir aultrement. Platon[4], à ceste cause, establit sagement par ses loix, avant tout mariage, pour decider de son opportunité, que les juges veoyent les garsons qui y pretendent tout fin nuds, et les filles nues jusqu'à la ceincture seulement. En nous essayant[5], elles ne nous treuvent, à l'adventure, pas dignes de leur chois :

> *Experta latus, madidoque simillima loro*
> *Inguina, nec lassa stare coacta manu,*
> *Deserit imbelles thalamos*[6].

Ce n'est pas tout que la volonté charie droict; la foiblesse et l'incapacité rompent legitimement un mariage,

> *Et quærendum aliunde foret nervosius illud,*
> *Quod posset zonam solvere virgineam*[7] :

---

(1) Diod. de Sicile, XVII, 46; Quinte-Curce, VI, 5. C.

(2) Dans l'édition de 1588, *fol. 388 verso*, ce paragraphe suit immédiatement la phrase du précédent, où Montaigne dit que la nature a fourni les femmes de pièces uniquement propres à *la deffensive*. Il a ajouté depuis toute l'histoire de Thalestris. A. D.

(1) On dit aujourd'hui *acheter chat en poche*; et tel est même le texte de l'édition de 1588, *fol. 388 verso*. J. V. L.

(2) André, fils de Charles, roi de Hongrie, et qui fut marié à Jeanne Ire de Naples. Les Italiens l'appelèrent *Andreasso*.

(3) C'est la suite de la phrase qui commence par : *elles peuvent alléguer*. Depuis l'édition de 1588, Montaigne a intercalé l'exemple de Jeanne de Naples, ce qui a rendu la liaison des idées moins sensible. A. D.

(4) Traité *des Lois*, XI, p. 925. C.

(5) Suppléez, *Il peut advenir qu'en nous essayant*, etc. Dans l'édition de 1588, la liaison était facile, parce qu'après ces mots, *Il peult advenir aultrement*, on lisait tout de suite, *En nous essayant*. A. D.

(6) Après avoir tenté, par de longs et vains efforts, d'exciter la vigueur de son époux, elle abandonne une couche impuissante. Mart., VII, 58, 3.

(7) Et il faut chercher ailleurs un époux capable de délier la ceinture virginale. Cat., *Carm.*, LXVII, 27.

pourquoy non? et, selon sa mesure, une intelligence amoureuse plus licencieuse et plus actifve,

Si blando nequeat superesse labori[1].

Mais n'est ce pas grande impudence, d'apporter nos imperfections et foiblesses en lieu où nous desirons plaire et y laisser bonne estime de nous et recommendation? Pour ce peu qu'il m'en fault à ceste heure,

Ad unum
Mollis opus[2],

je ne vouldrois importuner une personne que j'ay à reverer et craindre :

Fuge suspicari,
Cujus undenum trepidavit œtas
Claudere lustrum[3].

Nature se debvoit contenter d'avoir rendu cest aage miserable sans le rendre encores ridicule. Je hais de le veoir, pour un poulce de chestifve vigueur qui l'eschauffe trois fois la sepmaine, s'empresser et se gendarmer de pareille aspreté, comme s'il avoit quelque grande et legitime journée dans le ventre, un vray feu d'estoupe, et admirer sa cuisson, si vifve et fretillante, en un moment si lourdement congelée et esteincte. Cest appetit ne debvroit appartenir qu'à la fleur d'une belle jeunesse; fiez vous y pour veoir à seconder ceste ardeur indefatigable, pleine, constante et magnanime qui est en vous; il vous la lairra vrayement en beau chemin; renvoyez le hardiement plustost vers quelque enfance molle, estonnée et ignorante qui tremble encores soubs la verge et en rougisse :

Indum sanguineo veluti violaverit ostro
Si quis ebur, vel mixta rubent ubi lilia multa
Alba rosa[4].

Qui peult attendre le lendemain, sans mourir de honte, le desdaing de ces beaux yeulx consents de sa lascheté et impertinence,

Et taciti facere tamen convicia vultus[5],

(1) . . . . . . S'il succombe, au plaisir inhabile.
Virg., *Géorg.*, III, 127, trad. de Delille.
(2) Pouvant à peine réussir une fois. Hor., *Epod.*, XII, 15.
(3) Ne craignez rien d'un homme dont le onzième lustre est déjà fermé. Hor., *Od.*, II, 4, 22.
(4) Comme un ivoire éclatant marqué de pourpre, comme des lis mêlés avec des roses. Virg., *Énéide*, XII, 67.
(5) Qu'ils nous reprochent dans leur silence même. Ov., *Amor.*, I, 7, 21.

il n'a jamais senty le contentement et la fierté de les leur avoir battus et ternis par le vigoureux exercice d'une nuict officieuse et actifve. Quand j'en ay veu quelqu'une s'ennuyer de moy, je n'en ay point incontinent accusé sa legereté; j'ay mis en doubte si je n'avois pas raison de m'en prendre à nature plustost. Certes elle m'a traicté illegitimement et incivilement,

Si non longa satis, si non bene mentula crassa :
Nimirum sapiunt, videntque parvam
Matronæ quoque mentulam illibenter[1] ;

et d'une lesion enormissime. Chascune de mes pieces est egalement mienne que toute aultre, et nulle aultre ne me faict plus proprement homme que ceste cy.

Je doibs au public universellement mon pourtraict. La sagesse de ma leçon est en verité, en liberté, en essence toute; desdaignant, au roolle de ses vrays debvoirs, ces petites regles feinctes, usuelles, provinciales; naturelle toute, constante, generale, de laquelle sont filles, mais bastardes, la civilité, la cerimonie. Nous aurons bien les vices de l'apparence quand nous aurons eu ceulx de l'essence; quand nous aurons faict à ceulx icy, nous courrons sus aux aultres si nous trouvons qu'il y faille courir; car il y a dangier que nous fantasions des offices nouveaux pour excuser nostre negligence envers les naturels offices et pour les confondre. Qu'il soit ainsin, il se veoid qu'ès lieux où les faultes sont malefices, les malefices ne sont que faultes; qu'ès nations où les loix de la bienseance sont plus rares et lasches, les loix primitives de la raison commune sont mieulx observées, l'innumerable multitude de tant de debvoirs suffoquant nostre soing, l'allanguissant et dissipant. L'application aux legieres choses nous retire des justes. Oh! que ces hommes superficiels prennent une route facile et plausible au prix de la nostre! Ce sont umbrages de quoy nous nous plastrons et entrepayons; mais nous n'en payons pas, ains en rechargeons nostre debte envers ce grand juge qui trousse nos panneaux et haillons d'autour nos parties honteuses et ne se feind point à

(1) De ces trois vers, le premier est le commencement d'une épigramme des *Veterum Poëtarum Catalecta*, intitulée *Priapus*; les autres sont tirés d'une autre épigramme du même recueil, intitulée *ad Matronas*. Aucun des trois vers ne peut être traduit. C.

nous veoir par tout, jusques à nos intimes et plus secrettes ordures, utile decence de nostre virginale pudeur si elle luy pouvoit interdire ceste descouverte. Enfin, qui desniaiseroit l'homme d'une si scrupuleuse superstition verbale n'apporteroit pas grande perte au monde. Nostre vie est partie en folie, partie en prudence. Qui n'en escript que reveréement et regulierement, il en laisse en arriere plus de la moitié. Je ne m'excuse pas envers moy, et si je le faisois, ce seroit plustost de mes excuses que je m'excuserois que d'aultre mienne faulte ; je m'excuse à certaines humeurs que j'estime plus fortes en nombre que celles qui sont de mon costé. En leur consideration je diray encores cecy (car je desire de contenter chascun, chose pourtant très difficile : *Esse unum hominem accommodatum ad tantam morum ac sermonum ad voluntatum varietatem*[1]) : qu'ils n'ont à se prendre proprement à moy de ce que je fois dire aux auctoritez receuës et approuvées de plusieurs siècles, et que ce n'est pas raison qu'à faulte de rhythme ils me refusent la dispense que mesme des hommes ecclesiastiques, des nostres et des plus cretés, jouïssent en ce siecle. En voicy deux :

Rimula, dispeream, ni monogramma tua est[2].
Un vit d'amy là contente et bien traicte.

Quoy tant d'aultres? J'ayme la modestie, et n'est pas jugement que j'ay choisi ceste sorte de parler scandaleux ; c'est nature qui l'a choisi pour moy. Je ne le loue non plus que toutes formes contraires à l'usage receu ; mais je l'excuse, et, par circonstances tant generales que particulieres, en allege l'accusation.

Suyvons. Pareillement d'où peult venir ceste usurpation d'auctorité souveraine que vous prenez sur celles qui vous favorisent à leurs despens,

Si furtiva dedit nigra munuscula nocte[3],

que vous en investissez incontinent l'interest, la froideur et une auctorité maritale ? C'est une convention libre : que ne vous y prenez vous comme vous les y voulez tenir ? il n'y a point de prescription sur les choses volontaires. C'est contre la forme, mais il est vray pourtant, que j'ay en mon temps conduict ce marché, selon que sa nature peult souffrir, aussi conscientieusement qu'aultre marché et avecques quelque air de justice, et que je ne leur ay tesmoigné de mon affection que ce que j'en sentois, et leur en ay representé naïvement la decadence, la vigueur et la naissance, les accès et les remises ; on n'y va pas tousjours un train. J'ay esté si espargnant à promettre que je pense avoir plus tenu que promis ny deu. Elles y ont trouvé de la fidelité jusques au service de leur inconstance, je dis inconstance advouée et par fois multipliée. Je n'ay jamais rompu avecques elles tant que j'y tenois, ne feust ce que par le bout d'un filet, et, quelques occasions qu'elles m'en ayent donné, n'ay jamais rompu jusques au mespris et à la haine ; car telles privautés, lors mesme qu'on les acquiert par les plus honteuses conventions, encores m'obligent elles à quelque bienvueillance. De cholere et d'impatience un peu indiscrette, sur le poinct de leurs ruses et desfuytes[1], et de nos contestations, je leur en ay faict veoir par fois ; car je suis, de ma complexion, subject à des esmotions brusques qui nuisent souvent à mes marchés, quoyqu'elles soient legieres et courtes. Si elles ont voulu essayer la liberté de mon jugement, je ne me suis pas feinct à leur donner des advis paternels et mordants, et à les pincer où il leur cuisoit. Si je leur ay laissé à se plaindre de moy, c'est plustost d'y avoir trouvé un amour, au prix de l'usage moderne, sottement consciencieux. J'ay observé ma parole és choses de quoy on m'eust aysément dispensé ; elles se rendoient lors par fois avec reputation et soubs des capitulations qu'elles souffroient aysément estre faussées par le vainqueur. J'ay faict caler, soubs l'interest de leur honneur, le plaisir en son plus grand effort plus d'une fois, et où la raison me pressoit les ay armées contre moy, si qu'elles se conduisoient plus seurement et severement par mes regles, quand elles s'y estoyent franche-

---

(1) Qu'un seul homme se conforme à cette grande variété de mœurs, de discours et de volontés. Q. Cic., *de Petit. consul.*, c. 14.

(2) Ce vers est de Théodore de Bèze, et il se trouve dans une épigramme de ses *Juvenilia. Voyez* la page 105, édit. de Lyon, sans date, *in*-16. A l'égard du vers français, cité immediatement après, il est tiré d'un rondeau de Saint-Gelais. *Voyez* ses *OEuvres poétiques*, page 70, édit. de Lyon, 1574, in-12. N.

(3) Si, durant une nuit obscure, elle vous a accordé furtivement quelques faveurs. Cat., *Carm.* LXVIII, 145.

(1) *Faux-fuyants.*

ment remises, qu'elles n'eussent faict par les leurs propres. J'ay, autant que j'ay peu, chargé sur moy seul le hasard de nos assignations pour les en descharger, et ay dressé nos parties tousjours par le plus aspre et inopiné pour estre moins en souspeçon, et en oultre, par mon advis, plus accessible. Ils sont ouverts principalement par les endroicts qu'ils tiennent de soy couverts; les choses moins craintes sont moins deffendues et observées; on peult oser plus ayséement ce que personne ne pense que vous oserez, qui devient facile par sa difficulté. Jamais homme n'eut ses approches plus impertinemment genitales[1]. Ceste voye d'aimer est plus selon la discipline; mais combien elle est ridicule à nos gents et peu effectuelle. Qui le sçait mieulx que moy si ne m'en viendra point le repentir? Je n'y ay plus que perdre :

Me tabula sacer
Votiva paries indicat uvida
Suspendisse potenti
Vestimenta maris deo[2] :

il est à ceste heure temps d'en parler ouvertement. Mais, tout ainsi comme à un aultre, je dirois à l'adventure : « Mon ami, tu resves; l'amour de ton temps a peu de commerce avecques la foy et la preud'hommie. »

Hæc si tu postules
Ratione certa facere, nihilo plus agas,
Quam si des operam, ut cum ratione insanias[3].

Aussi, au rebours, si c'estoit à moy de recommencer, ce seroit certes le mesme train et par mesme progrès, pour infructueux qu'il me peust estre; l'insuffisance et la sottise est louable en une action meslouable; autant que je m'esloigne de leur humeur en cela, je m'approche de la mienne. Au demourant, en ce marché, je ne me laissois pas tout aller; je m'y plaisois, mais je ne m'y oubliois pas. Je reservois en son entier ce peu de sens et de discretion que nature m'a donné pour leur service et

(1) Montaigne avait d'abord ajouté : *Le desseing d'engendrer doibt estre purement legitime*; mais cette addition lui a vraisemblablement paru inutile, et il l'a rayée sur son manuscrit.
(2) Le tableau sacré que j'ai suspendu dans le temple de Neptune déclare à tout le monde que j'ai consacré à ce dieu mes habits tout mouillés encore de mon naufrage. Hor., *Od.*, I, 5, 13.
(3) Prétendre l'assujettir à des règles, c'est vouloir allier la folie avec la raison. Tér., *Eunuch.*, act. I, sc. I, v. 16.

pour le mien; un peu d'esmotion, mais point de resverie. Ma conscience s'y engageoit aussi jusques à la desbauche et dissolution; mais jusques à l'ingratitude, trahison, malignité et cruauté, non. Je n'achetois pas le plaisir de ce vice à tout prix, et me contentois de son propre et simple coust : *Nullum intra se vitium est*[1]. Je hais quasi à pareille mesure une oysiveté croupie et endormie comme un embesongnement espineux et penible; l'un me pince, l'aultre m'assoupit. J'aime autant les bleceures comme les meurtrisseures, et les coups trenchants comme les coups orbes[2]. J'ay trouvé en ce marché, quand j'y estois plus propre, une juste moderation entre ces deux extremités. L'amour est une agitation esveillée, vifve et gaie; je n'en estois ny troublé ny affligé, mais j'en estois eschauffé et encores alteré. Il s'en fault arrester là; elle n'est nuisible qu'aux fols. Un jeune homme demandoit au philosophe Panetius s'il sieroit bien au sage d'estre amoureux. « Laissons là le sage, respondit il[3]; mais toy et moy, qui ne le sommes pas, ne nous engageons point en chose si esmue et violente qui nous esclave à aultruy et nous rende contemptibles à nous. » Il disoit vray qu'il ne fault pas fier chose de soy si precipiteuse à une ame qui n'aye de quoy en soubtenir les venues et de quoy rabatre par effect la parole d'Agesilaüs[4], « que la prudence et l'amour ne peuvent ensemble. » C'est une vaine occupation, il est vray, messeante, honteuse et illegitime; mais, à la conduire en ceste façon, je l'estime salubre, propre à desgourdir un esprit et un corps poisant, et, comme medecin, je l'ordonnerois à un homme de ma forme et condition, autant volontiers qu'aulcune aultre recepte, pour l'esveiller et tenir en force bien avant dans les ans

(1) Nul vice n'est renfermé en lui-même. Sén., Ep. 95. — Il y a, dans Sénèque, *manet* au lieu d'*est*. La Fontaine a dit de même dans la fable des *deux Chiens et l'Ane mort*, l. VIII, fable 25 :

Les vertus devraient être sœurs,
Ainsi que les vices sont frères :
Dès que l'un de ceux-ci s'empare de nos cœurs,
Tous viennent à la file; il ne s'en manque guères.
C.

(2) *Coup qui ne fait que meurtrir*.
(3) Sén., *Epist.* 117. C.
(4) *O qu'il est malaisé*, dit Agésilaüs, *d'aimer et être sage tout ensemble!* Plut., dans la *Vie d'Agésilaüs*, c. 4 de la traduction d'Amyot. C.

et le dilayer[1] des prinses de la vieillesse. Pendant que nous n'en sommes qu'aux fauxbourgs que le pouls bat encores,

> *Dum nova canities, dum prima et recta senectus,*
> *Dum superest Lachesi quod torqueat, et pedibus me*
> *Porto meis, nullo dextram subeunte bacillo*[2];

nous avons besoing d'estre sollicités et chatouillés par quelque agitation mordicante comme est ceste cy. Voyez combien elle a rendu de jeunesse, de vigueur et de gayeté au sage Anacreon, et Socrates, plus vieil que je ne suis, parlant d'un object amoureux : « M'estant, dict il[3], appuyé contre son espaule de la mienne et approché ma teste à la sienne, ainsi que nous regardions ensemble dans un livre, je sentis, sans mentir, soubdain une picqueure dans l'espaule comme de quelque morsure de beste, et feus plus de cinq jours depuis qu'elle me fourmilloit, et m'escoula dans le cœur une demangeaison continuelle. » Un attouchement, et fortuite, et par une espaule, alloit eschauffer et alterer une ame refroidie et esnervée par l'aage et la premiere de toutes les humaines en reformation ! Pourquoy non dea? Socrates estoit homme et ne vouloit ny estre ny sembler aultre chose. La philosophie n'estrive point contre les voluptés naturelles, pourveu que la mesure y soit joincte, et en presche la moderation, non la fuyte. L'effort de sa resistance s'employe contre les estrangieres et bastardes ; elle dict que les appetits du corps ne doibvent pas estre augmentés par l'esprit, et nous advertit ingenieusement de ne vouloir point esveiller nostre faim par la saturité ; de ne vouloir farcir, au lieu de remplir, le ventre ; d'eviter toute jouïssance qui nous met en disette et toute viande et boisson qui nous altere et affame, comme au service de l'amour elle nous ordonne de prendre un object qui satisface simplement au besoing du corps, qui n'esmeuve point l'ame, laquelle n'en doibt pas faire son faict, ains suyvre nuement et assister le corps. Mais ay je pas raison d'estimer que ces preceptes, qui ont pourtant d'ailleurs, selon moy, un peu de rigueur, regardent un corps qui face son office, et qu'à un corps abbattu, comme un estomach prosterné, il est excusable de le rechauffer et soubtenir par art, et, par l'entremise de la fantasie, luy faire revenir l'appetit et l'alaigresse, puisque de soy il l'a perdue?

Pouvons nous pas dire qu'il n'y a rien en nous, pendant ceste prison terrestre, purement ny corporel ny spirituel, et qu'injurieusement nous desmembrons[1] un homme tout vif, et qu'il semble y avoir raison que nous nous portions envers l'usage du plaisir aussi favorablement au moins que nous faisons envers la douleur? Elle[2] estoit (pour exemple) vehemente jusques à la perfection en l'ame des saincts par la penitence ; le corps y avoit naturellement part par le droict de leur colligance et si pouvoit avoir peu de part à la cause. Si ne se sont ils pas contentés qu'il suyvist nuement et assistast l'ame affligée ; ils l'ont affligé luy mesme de peines atroces et propres, à fin qu'à l'envy l'un de l'autre l'ame et le corps plongeassent l'homme dans la douleur, d'autant plus salutaire que plus aspre. En pareil cas, aux plaisirs corporels, est ce pas injustice d'en refroidir l'ame et dire qu'il l'y faille entraisner comme à quelque obligation et necessité contraincte et servile? C'est à elle plustost de les couver et fomenter, de s'y presenter et convier, la charge de regir luy appartenant ; comme c'est aussi à mon advis à elle, aux plaisirs qui luy sont propres, d'en inspirer et infondre[3] au corps tout le ressentiment que porte sa condition, et de s'estudier qu'ils luy soyent doulx et salutaires. Car c'est bien raison, comme ils disent, que le corps ne suyve point ses appetits au dommage de l'esprit ; mais pourquoy n'est ce pas aussi raison que l'esprit ne suyve pas les siens au dommage du corps?

Je n'ay point aultre passion qui me tienne en haleine. Ce que l'avarice, l'ambition, les querelles, les procès, font à l'endroict des aultres qui, comme moy, n'ont point de vacation

---

(1) *Et différer pour lui les prises, les attaques de la vieillesse.* On lit dans l'édition de 1588, fol. 591, *et le retarder des prises de la vieillesse.* J. V. L.

(2) *Pendant que :*
> Mon corps n'est point courbé sous le faix des années ;
> Qu'on ne voit point mes pas sous l'âge chanceler,
> Et qu'il reste à la Parque encor de quoi filer.
>   Juv., *Sat.*, III, 26, trad. de Boileau.

(3) Xén., *Banquet*, IV, 27. C.

(1) Montaigne, sur un des exemplaires corrigés de sa main, avait d'abord écrit *deschirons*; mais, ce qui est remarquable, il l'a rayé pour y substituer *dessirons*. Le regne des deux reines du nom de Médicis a fait changer en *che* beaucoup de syllabes en *ce*. L'édition *in-fol.* de 1595 porte *nous desmembrons*, qu'on trouve aussi dans l'édition *in-4c* de 1588. N.

(2) La *douleur*.

(3) *Infondre*, verser dedans.

assignée, l'amour le feroit plus commodéement; il me rendroit la vigilance, la sobrieté, la grace, le soing de ma personne; rasseureroit ma contenance à ce que les grimaces de la vieillesse, ces grimaces difformes et pitoyables, ne veinssent à la corrompre; me remettroit aux estudes sains et sages par où je me peusse rendre plus estimé et plus aimé, ostant à mon esprit le desespoir de soy et de son usage, et le raccointant à soy; me divertiroit de mille pensées ennuyeuses, de mille chagrins melancholiques que l'oysiveté nous charge en tel aage et le mauvais estat de nostre santé; reschaufferoit, au moins en songe, ce sang que nature abandonne; soubtiendroit le menton et allongeroit un peu les nerfs et la vigueur et alaigresse de la vie à ce pauvre homme qui s'en va le grand train vers sa ruyne. Mais j'entends bien que c'est une commodité fort mal aysée à recouvrer. Par foiblesse et longue experience, nostre goust est devenu plus tendre et plus exquis; nous demandons plus lors que nous apportons moins; nous voulons le plus choisir lors que nous meritons le moins d'estre acceptés. Nous cognoissants tels, nous sommes moins hardis et plus desfiants; rien ne nous peult asseurer d'estre aimés, veu nostre condition et la leur. J'ay honte de me trouver parmy ceste verte et bouillante jeunesse,

Cujus in indomito constantior inguine nervus,
Quam nova collibus arbor inhæret [1]*.*

Qu'irions nous presenter nostre misere parmy ceste alaigresse,

Possint ut juvenes visere fervidi,
Multo non sine risu,
Dilapsam in cineres faccem [2]*?*

Ils ont la force et la raison pour eulx; faisons leur place, nous n'avons plus que tenir; et ce germe de beauté naissante ne se laisse manier à mains si gourdes, et practiquer à moyens purs materiels; car, comme respondit ce philosophe ancien [3] à celuy qui se mocquoit de quoy il n'avoit sceu gaigner la bonne grace d'un tendron qu'il pourchassoit : « Mon amy, le hameçon ne mord pas à du fromage si frais. » Or, c'est un commerce qui a besoing de relation et de correspondance : les aultres plaisirs que nous recevons se peuvent recognoistre par recompenses de nature diverse; mais cestuy cy ne se paye que de mesme espece de monnoye. En verité, en ce deduit, le plaisir que je fois chatouille plus doulcement mon imagination que celuy que je sens; or, cil n'a rien de genereux, qui peult recevoir plaisir où il n'en donne point, c'est une vile ame, qui veult tout debvoir, et qui se plaist de nourrir de la conference [1] avecques les personnes auxquelles il est en charge; il n'y a beauté, ny grace, ny privauté si exquise, qu'un galant homme deust desirer à ce prix. Si elles ne nous peuvent faire du bien que par pitié, j'aime bien mieulx ne vivre point que de vivre d'aulmosne. Je voudrois avoir droict de le leur demander, au style auquel j'ai veu quester en Italie : *Fate ben per voi* [2], ou à la guise que Cyrus enhortoit ses soldats : « Qui s'aymera, si me suyve. » Ralliez vous, me dira l'on, à celles de vostre condition, que la compaignie de mesme fortune vous rendra plus aysees. Oh! la sotte composition et insipide!

Nolo
Barbam vellere mortuo leoni [3]*:*

Xenophon [4] employe pour objection et accusation, à l'encontre de Menon, qu'en son amour il embesongnast des objects passant fleur. Je treuve plus de volupté seulement veoir le juste et doux meslange de deux jeunes beautés, ou à le seulement considerer par fantasie, qu'à faire moy mesme le second d'un meslange triste et informe; je resigne cest appetit fantastique à l'empereur Galba, qui ne s'adonnoit qu'aux chairs dures et vieilles [5], et à ce pauvre miserable [6],

---

(1) Qui toujours est en état de bien faire.
Ce vers de La Fontaine suffit pour faire entrevoir le sens de ce passage d'HORACE (*Epod.*, XII, 19), trop libre pour être traduit. C.

(2) Pour les divertir à nos dépens, en leur montrant un flambeau qui n'est plus que cendre? Hor., *Od.*, IV, 13, 26.

(3) Bion. Voyez DIOG. LAERCE, IV, 67. C.

(1) A entretenir.

(2) *Faites-moi quelque bien pour vous-même.* C'est encore un souvenir que Montaigne extrait de son Journal de voyage (t. II, p. 288) : « *Le nazioni libere* (il parle de la république de Lucques) *non hanno la distinzione delli gradi delle personne come le altre; e, f no alli infimi, hanno non so che di signorile a' lor modi. Domandando l' elemosina, mescolanci sempre qualche parola d'autorità :* Datemi l' elemosina; volete? Datemi l' elemosina; sapete? *Come dice quest' altro in Roma:* Fate bén per voi. »

(3) Je ne veux pas arracher la barbe à un lion mort. MART., X, 90, 9.

(4) *Anabas.*, II, 6, 15. C.

(5) SUÉT., dans la *Vie de Galba*, c. 21. C.

(6) Ovide, qui, accablé de chagrins et d'ennui dans le pays

> *O ego di faciant talem te cernere possim,*
> *Caraque mutatis oscula ferre comis,*
> *Amplectique meis corpus non pingue lacertis!*

et entre les premieres laideurs je compte les beautés artificielles et forcées. Emonez[1], jeune gars de Chio, pensant par des beaux atours acquerir la beauté que nature luy ostoit, se presenta au philosophe Arcesilaüs et luy demanda si un sage se pourroit veoir amoureux : « Ouy dea, respondit l'autre, pourveu que ce ne feust pas d'une beauté parée et sophistiquée comme la tienne. » La laideur d'une vieillesse advouée est moins laide et moins vieille à mon gré qu'un aultre peincte et lissée. Le dirai-je? pourveu qu'on ne m'en prenne à la gorge : l'amour ne me semble proprement et naturellement en sa saison qu'en l'aage voisin de l'enfance,

> *Quem si puellarum insereres choro,*
> *Mire sagaces falleret hospites*
> *Discrimen obscurum, solutis*
> *Crinibus, ambiguoque vultu* [2] :

et la beauté non plus; car, ce qu'Homere l'estend jusques à ce que le menton commence à s'umbrager, Platon mesme l'a remarqué pour rare ; et est notoire la cause pour laquelle si plaisamment le sophiste Bion appelloit les poils folets de l'adolescence, Aristogitons et Harmodiens[3] ; en la virilité, je le treuve desjà aulcunement hors de son siege, non qu'en la vieillesse ;

> *Importunus enim transvolat aridas*
> *Quercus* [4] :

et Marguerite, royne de Navarre, allonge, en femme, bien loing, l'advantage des femmes, ordonnant qu'il est saison, à trente ans, qu'elles changent le tiltre de belles en bonnes. Plus courte possession nous luy donnons sur nostre vie, mieulx nous en valons. Voyez son port : c'est un menton puerile. Qui ne sçait, en son eschole, combien on procede au rebours de tout ordre? l'estude, l'exercitation, l'usage, sont voyes à l'insuffisance ; les novices y regentent : *Amor ordinem nescit* [1]. Certes, sa conduicte a plus de garbe[2] quand elle est meslée d'inadvertence et de trouble ; les faultes, les succès contraires, y donnent poincte et grace ; pourveu qu'elle soit aspre et affamée, il chault peu qu'elle soit prudente ; voyez comme il va chancellant, chopant et follastrant ; on le met aux ceps, quand on le guide par art et sagesse ; et contrainct on sa divine liberté, quand on le soubmet à ces mains barbues et calleuses.

Au demourant, je leur oys souvent peindre ceste intelligence toute spirituelle, et desdaigner de mettre en consideration l'interest que les sens y ont : tout y sert ; mais je puis dire avoir veu souvent que nous avons excusé la foiblesse de leurs esprits en faveur de leurs beautés corporelles ; mais que je n'ay point encores veu qu'en faveur de la beauté de l'esprit, tant rassis et meur soit il, elles vueillent prester la main à un corps qui tumbe tant soit peu en decadence. Que ne prend il envie à quelqu'une de faire ceste noble harde[3] socratique du corps à l'esprit ? achetant, au prix de ses cuisses, une intelligence et generation philosophique et spirituelle, le plus hault prix où elle les puisse monter ? Platon[4] ordonne en ses loix que celuy qui aura faict quelque signalé et utile exploict en la guerre ne puisse estre refusé, durant l'expedition d'icelle, sans respect de sa laideur ou de son aage, de baiser, ou aultre faveur amoureuse de qui il la vueille. Ce qu'il treuve si juste, en recommendation de la valeur militaire, ne le peult il pas estre aussi en recommendation de quelque aultre valeur ? et que ne prend il envie à une de preoccuper, sur ses compaignes, la gloire de cest amour chaste ? chaste, dis je bien,

> *Nam si quando ad prœlia ventum est,*

---

sauvage où il avait été relégué, après avoir dit à sa femme qu'apparemment elle a vieilli par la consideration des maux qu'il endure, s'écrie : « Oh! plût aux dieux que je pusse te voir ! que je pusse baiser tes cheveux blanchis et serrer dans mes bras ton corps amaigri par la douleur! » OVIDE, *ex Ponto*, I, 4, 49. C.

(1) DIOG. LAERCE, IV, 54. C.

(2) Lorsque, les cheveux flottants sur les epaules, un jeune homme, introduit au milieu d'un chœur de jeunes filles, peut tromper les yeux les plus penetrants ; tant ses traits tiennent également de l'un et de l'autre sexe. HOR., *Od.*, II, 5, 21.

(3) Voyez PLUT., au traité de l'Amour, c. 34, pour la raison de ce mot que Montaigne a voulu laisser deviner à ses lecteurs. C.

(4) Car il n'arrête pas son vol sur les chênes arides. HOR., *Od.*, IV, 13, 9.

(1) L'amour ne connaît point l'ordre (la règle). — Ce passage est de saint Jérôme. *Voy.* la fin de sa *Lettre à Chromatius*, t. I, p. 217, édit. de Bâle, 1537. Anacréon avait dit, longtemps auparavant, que Bacchus, aidé de l'amour, *folâtre sans règle*, ἄτακτα παίζει, *Od.*, 50, v. 24. C.

(2) Vivacité gracieuse.

(3) Harder, troquer, changer.

(4) *République*, V, p. 468. C.

*Ut quondam in stipulis magnus sine viribus ignis
Incassum furit*[1] :

les vices qui s'estouffent en la pensée ne sont pas des pires.

Pour finir ce notable commentaire, qui m'est eschappé d'un flux de caquet, flux impetueux par fois et nuisible,

*Ut missum sponsi furtivo munere malum
Procurrit casto virginis e gremio;
Quod miseræ oblitæ molli sub veste locatum,
Dum adventu matris prosilit, excutitur,
Atque illud prono præceps agitur decursu :
Huic manat tristi conscius ore rubor*[2],

je dis que les masles et femelles sont jectés en mesme moule ; sauf l'institution et l'usage, la différence n'y est pas grande. Platon appelle indifféremment les uns et les aultres à la société de touts estudes, exercices, charges et vacations guerrieres et paisibles, en sa republique; et le philosophe Antisthenes ostoit toute distinction entre leur vertu et la nostre[3]. Il est bien plus aysé d'accuser un sexe que d'excuser l'aultre : c'est ce qu'on dict : « Le fourgon se mocque de la paele. »

CHAPITRE VI.

Des coches.

Il est bien aysé à verifier que les grands aucteurs, escrivants des causes, ne se servent pas seulement de celles qu'ils estiment estre vrayes, mais de celles encores qu'ils ne croyent pas, pourveu qu'elles ayent quelque invention et beauté ; ils disent assez veritablement et utilement, s'ils disent ingenieusement. Nous ne pouvons nous asseurer de la maistresse cause ; nous en entassons plusieurs, pour voir si, par rencontre, elle se trouvera en ce nombre,

*Namque unam dicere causam
Non satis est, verum plures, unde una tamen sit*[4].

(1) ..... Car son feu dès l'abord se consume;
Tel le chaume s'éteint au moment qu'il s'allume.
VIRG., *Géorg.*, III, 98, trad. de Delille.

(2) Ainsi tombe en roulant, du chaste sein d'une jeune vierge, une pomme qu'elle a reçue de son amant à la dérobée ; elle oublie qu'elle avait caché ce fruit sous sa robe, et, se levant à l'arrivée de sa mère, elle le laisse échapper : la rougeur de son visage décèle sa honte et son secret. CAT., *Carm.*, LXV, 19.

(3) « La vertu de l'homme et de la femme est la même. » Mot d'Antisthène, rapporté dans sa *Vie* par DIOG. LAERCE, VI, 12. C.

(4) Ce n'est pas assez de nommer une seule cause ; il en faut

Me demandez vous d'où vient ceste coustume de benir ceulx qui esternuent? Nous produisons trois sortes de vents : celuy qui sort par embas est trop sale ; celuy qui sort par la bouche porte quelque reproche de gourmandise ; le troisiesme est l'esternuement ; et parce qu'il vient de la teste et est sans blasme, nous luy faisons cest honneste recueil. Ne vous mocquez pas de ceste subtilité ; elle est, dict on, d'Aristote[1].

Il me semble avoir veu en Plutarque[2] (qui est, de touts les aucteurs que je cognoisse, celuy qui a mieulx meslé l'art à la nature, et le jugement à la science), rendant la cause du soublevement d'estomach qui advient à ceulx qui voyagent en mer, que cela leur arrive de crainte, après avoir trouvé quelque raison par laquelle il prouve que la crainte peult produire un tel effect. Moy, qui y suis fort subject, sçais bien que ceste cause ne me touche pas ; et le sçais, non par argument, mais par necessaire experience. Sans alleguer ce qu'on m'a dict, qu'il en arrive de mesme souvent aux bestes, et specialement aux pourceaux, hors de toute apprehension de dangier ; et ce qu'un mien cognoissant m'a tesmoigné de soy, qu'y estant fort subject, l'envie de vomir lui estoit passée deux ou trois fois, se trouvant pressé de frayeur en grande tormente, comme à cest ancien : *Pejus vexabar, quam ut periculum mihi succurreret*[3]; je n'eus jamais peur sur l'eau, comme je n'ai aussi ailleurs (et s'en est assez souvent offert de justes, si la mort l'est), qui m'ait troublé ou esbloui. Elle naist par fois de faulte de jugement, comme de faulte de cœur. Touts les dangiers que j'ay veu, c'á esté les yeux ouverts, la veue libre, saine et entière ; encores faut-il du courage à craindre. Il me servit aultrefois, au prix d'aultres, pour conduire et tenir en ordre ma fuyte, qu'elle feust, sinon sans crainte, toutesfois sans effroy et sans estonnement; elle estoit esmeuë, mais non pas estourdie ny esperdue. Les grandes ames vont bien plus oultre, et représentent des fuytes, non rassises seulement et sai-

indiquer plusieurs, quoiqu'il n'y en ait qu'une seule véritable. LUCR., VI, 704.

(1) *Problem.*; sect. 33, quæst. 9. C.
(2) Dans le traité intitulé : *les Causes naturelles*, c. 11 de la traduction d'Amyot. C.
(3) J'étais trop malade pour songer au péril. SÉN., *Epist.* 53.

nes, mais fieres; disons celle qu'Alcibiades recite de Socrates, son compagnon d'armes : « Je le trouvay, dict-il[1], après la roupte de « nostre armée, lui et Lachès, des derniers « entre les fuyants; et le consideray tout à « mon ayse, et en seureté; car j'estois sur un « bon cheval, et luy à pied, et avions ainsi « combattu. Je remarquay premierement com- « bien il montroit d'advisement et de resolu- « tion, au prix de Lachès; et puis la braverie « de son marcher, nullement different du sien « ordinaire; sa veue ferme et reglée, conside- « rant et jugeant ce qui se passoit autour de « luy; regardant tantost les uns, tantost les « aultres, amis et ennemis, d'une façon qui « encourageoit les uns, et signifioit aux aultres « qu'il estoit pour vendre bien cher son sang « et sa vie à qui essayeroit de la luy oster; et « se sauverent ainsi, car volontiers on n'atta- « que pas ceulx cy, on court après les effrayés. » Voylà le tesmoignage de ce grand capitaine, qui nous apprend ce que nous essayons touts les jours, qu'il n'est rien qui nous jecte tant aux dangiers, qu'une faim inconsiderée de nous en mettre hors : *Quo timoris minus est, eo minus ferme periculi est*[2]. Nostre peuple a tort de dire : « Celuy là craint la mort, » quand il veult exprimer qu'il y songe et qu'il l'a preveoid. La prevoyance convient egalement à ce qui nous touche en bien et en mal; considerer et juger le danger est aulcunement le rebours de s'en estonner. Je ne me sens pas assez fort pour soubtenir le coup et l'impetuosité de ceste passion de la peur, ny d'aultre plus vehemente; si j'en estois un coup vaincu et atterré, je ne m'en releverois jamais bien entier; qui auroit faict perdre pied à mon ame ne la remettroit jamais droicte en sa place; elle se retaste et recherche trop vifvement et profondement, et pourtant ne lairroit jamais resoudre et consolider la playe qui l'auroit percée. Il m'a bien prins qu'aulcune maladie ne me l'ayt encores desmise; à chasque charge qui me vient, je me presente et oppose en mon hault appareil; ainsi, la premiere qui m'emporteroit me mettroit sans ressource. Je n'en fois point à deux; par quelque endroict que le ravage faulsast ma levée, me voylà ouvert et noyé sans remede. Epicurus dict[1] que le sage ne peult jamais passer à un estat contraire; j'ay quelque opinion de l'envers de ceste sentence, que qui aura esté une fois bien fol ne sera nulle aultre fois bien sage. Dieu me donne le froid selon la robbe, et me donne les passions selon le moyen que j'ay de les soubtenir; nature m'ayant descouvert d'un costé, m'a couvert de l'aultre; m'ayant desarmé de force, m'a armé d'insensibilité, et d'une apprehension reglée ou mousse.

Or, je ne puis souffrir long temps (et les souffrois plus difficilement en jeunesse) ny coche, ny lictiere, ny bateau, et hais toute aultre voicture que de cheval, et en la ville et aux champs; mais je puis souffrir la lictiere moins qu'un coche, et, par mesme raison, plus ayséement une agitation rude sur l'eau, d'où se produict la peur, que le mouvement qui se sent en temps calme. Par ceste legiere secousse que les avirons donnent, desrobbant le vaisseau soubs nous, je me sens brouiller, je ne sçais comment, la teste et l'estomach; comme je ne puis souffrir soubs moy un siege tremblant. Quand la voile ou le cours de l'eau nous emporte egalement, ou qu'on nous toue, ceste agitation unie ne me blece aulcunement; c'est un remuement interrompu qui m'offense, et plus quand il est languissant. Je ne sçaurois aultrement peindre sa forme. Les medecins m'ont ordonné de me presser et cengler d'une serviette le bas du ventre, pour remedier à cest accident; ce que je n'ay point essayé, ayant accoustumé de luicter les defaults qui sont en moy, et les dompter par moy mesme.

Si j'en avois la memoire suffisamment informée, je ne plaindrois mon temps à dire icy l'infinie varieté que les histoires nous presentent de l'usage des coches au service de la guerre; divers, selon les nations, selon les siecles; de grand effect, ce me semble, et necessité; si que c'est merveille que nous en ayons perdu toute cognoissance. J'en diray seulement cecy, que tout freschement, du temps de nos peres, les Hongres les meirent très utilement en besongne contre les Turcs; en chascun y ayant un rondellier[2] et un mousquetaire, et nombre de harquebuses rengées, prestes et chargées, le tout couvert d'une pavesade[3], à la mode

---

(1) Dans PLATON, *Banquet*, p. 1206 de l'edition de Francfort, 1602. C.

(2) Pour l'ordinaire, moins il y a de crainte, moins il y a de danger. TITE LIVE, XII, 5.

(1) DIOG. LAERCE, X, 117. C.
(2) Soldat armé d'une *rondelle* ou *rondache*.
(3) Ou *pavoisade*, de *pavois*.

d'une galliote. Ils faisoient front, à leur bataille, de trois mille tels coches; et, après que le canon avoit joué, les faisoient tirer, et avaller aux ennemis ceste salve avant que de taster le reste, qui n'estoit pas un legier advancement; ou descochoient lesdits coches dans leurs escadrons, pour les rompre et y faire jour; oultre le secours qu'ils en pouvoient prendre, pour flanquer en lieux chatouilleux les troupes marchant à la campagne, ou à couvrir un logis à la haste, et le fortifier. De mon temps, un gentilhomme, en l'une de nos frontieres, impos de sa personne, et ne trouvant cheval capable de son poids, ayant une querelle, marchoit par païs en coche, de mesme ceste peincture, et s'en trouvoit très bien. Mais laissons ces coches guerriers.

Comme si leur neantise n'estoit assez cogneue à meilleures enseignes, les derniers roys de nostre premiere race marchoient par païs en un charriot mené de quatre bœufs[1]. Marc Antoine feut le premier qui se feit mener à Rome, et une garse menestriere[2] quand et luy, par des lions attelés à un coche. Heliogabalus en feit depuis autant, se disant Cybele, la mere des dieux[3]; et aussi par des tigres, contrefaisant le dieu Bacchus; il attela aussi par fois deux cerfs à son coche; et une aultre fois quatre chiens; et encores quatre garses nues, se faisant traisner par elles, en pompe, tout nud. L'empereur Firmus feit mener son coche à des austruches de merveilleuses grandeur, de maniere qu'il sembloit plus voler que rouler[4].

L'estrangeté de ces inventions me met en teste ceste aultre fantasie: que c'est une espece de pusillanimité aux monarques, et un tesmoignage de ne sentir point assez ce qu'ils sont, de travailler à se faire valoir et paroistre par despenses excessifves; ce seroit chose excusable en païs estrangier, mais parmy ses subjects, où il peult tout, il tire de sa dignité le plus extreme degré d'honneur où il puisse arriver; comme à un gentilhomme, il me semble qu'il est superflu de se vestir curieusement en son privé; sa maison, son train, sa cuisine, respondent assez de luy. Le conseil qu'Isocrates[1] donne à son roy ne me semble sans raison: « Qu'il soit splendide en meubles et ustensiles, d'autant que c'est une despense de durée qui passe jusques à ses successeurs; et qu'il fuye toutes magnificences qui s'escoulent incontinent et de l'usage et de la memoire. » J'aimois à me parer quand j'estois cadet, à faulte d'aultre parure, et me seoit bien; il en est sur qui les belles robbes pleurent. Nous avons des contes merveilleux de la frugalité de nos roys autour de leurs personnes, et en leurs dons; grands roys en credit, en valeur, et en fortune. Demosthenes[2] combat à oultrance la loi de sa ville, qui assignoit les deniers publicques aux pompes des jeux et de leurs festes; il veult que leur grandeur se montre en quantité de vaisseaux bien equippés, et bonnes armées bien fournies; et a l'on raison d'accuser[3] Theophrastus qui establit, en son livre des richesses, un advis contraire, et maintient telle nature de despense estre le vray fruict de l'opulence; ce sont plaisirs, dict Aristote[4], qui ne touchent que la plus basse commune; qui s'esvanouissent de la souvenance aussitost qu'on en est rassasié; et desquels nul homme judicieux et grave ne peult faire estime. L'employte[5] me sembleroit bien plus royale, comme plus utile, juste et durable, en ports, en havres, fortifications et murs, et bastiments sumptueux, en eglises, hospitaux, colleges, reformation de rues et chemins; en quoy le pape Gregoire treiziesme lairra sa memoire recommandable à long temps[6];

---

(1) Quatre bœufs attelés, d'un pas tranquille et lent,
    Promenaient dans Paris le monarque indolent,
a dit Boileau dans le chant second du *Lutrin*. Voici les propres expressions d'EGINARD, *Vie de Charlemagne*, en parlant des *rois fainéants* : « Quocumque eundum erat, carpento ibat, quod bobus junctis, et bubulco rustico more agente, trahebatur. Sic ad palatium, sic ad publicum populi sui conventum, qui annuatim ob populi utilitatem celebrabatur, ire, sic domum redire solebat. » L'abbé de Vertot, dans les *Mémoires de l'Académie des Inscriptions*, t. VI (édit. in-12), a entrepris l'apologie de ces rois. J. V. L.

(2) La comédienne Cythéris. PLUT., *Vie d'Antoine*, c. 3; CIC., *Philippic.*, II, 24; PLINE, *Nat. hist.*, VIII, 16, etc. J. V. L.

(3) ÆL. LAMPRIDIUS, *Heliogabal.*, c. 28, 29. J. V. L.

(4) FLAV. VOPISCUS, *Firm.*, c. 6. J. V. L.

(1) *Disc. à Nicoclès*, édit. de Paris, 1621, p. 32. C.

(2) Dans sa IIIe *Olynthienne*. C.

(3) C'est Cicéron qui est l'auteur de cette critique, *de Offic.*, II, 16. C.

(4) ID., *ibid.* C.

(5) *La dépense.* Montaigne continue de reproduire les pensées de CIC., *de Offic.*, II, 17. C.

(6) *Voyage* de Montaigne, t. I, p. 288 : « C'est un très beau vieillard, d'une moyenne taille et droicte, le visage plein de majesté, une longue barbe blanche, aagé lors de plus de quatre vingts ans, le plus sain pour son aage, et vigoureux, qu'il est possible de desirer, sans goutte, sans cholicque, sans mal d'estomach, et sans aulcune subjection; d'une nature doulce, peu se passionnant des affaires du monde; grand bastisseur,

et en quoy nostre royne Catherine[1] tesmoigneroit à longues années sa liberalité naturelle et munificence, si ses moyens suffisoient à son affection ; la fortune m'a faict grand desplaisir d'interrompre la belle structure du pont neuf de nostre grande ville, et m'oster l'espoir, avant mourir, d'en veoir en train le service.

Oultre ce, il semble aux subjects, spectateurs de ces triumphes, qu'on leur faict montre de leurs propres richesses, et qu'on les festoye à leurs despens ; car les peuples presument volontiers des roys, comme nous faisons de nos valets, qu'ils doibvent prendre soing de nous apprester en abondance tout ce qu'il nous fault, mais qu'ils n'y doibvent aulcunement toucher de leur part ; et pourtant l'empereur Galba, ayant prins plaisir à un musicien pendant son souper, se feit porter sa boëte, et luy donna en sa main une poignée d'escus qu'il y pescha, avecques ses paroles : « Ce n'est pas du publicque, c'est du mien[2]. » Tant y a, qu'il advient le plus souvent que le peuple a raison ; et qu'on repaist ses yeulx de ce dequoy il avoit à paistre son ventre.

La liberalité mesme n'est pas bien en son lustre en main souveraine ; les privés y ont plus droict, car, à le prendre exactement, un roy n'a rien proprement sien, il se doibt soy mesme à aultruy ; la jurisdiction ne se donne point en faveur du juridiciant, c'est en faveur du juridicié ; on faict un superieur, non jamais pour son proufit, ains pour le proufit de l'inferieur ; et un medecin pour le malade, non pour soy ; toute magistrature, comme toute art, jecte sa fin hors d'elle : *Nulla ars in se versatur*[3] ; parquoy les gouverneurs de l'enfance des princes, qui se picquent à leur imprimer ceste vertu de largesse, et les preschent de ne sçavoir rien refuser, et n'estimer rien si bien employé que ce qu'ils donneront (instruction que j'ay veu en mon temps fort en credit), ou ils regardent plus à leur proufit qu'à celuy de leur maistre, ou ils entendent mal à qui ils parlent. Il est trop aysé d'imprimer la liberalité en celuy qui a de quoy y fournir autant qu'il veult, aux despens d'aultruy ; et son estimation se reglant, non à la mesure du present, mais à la mesure des moyens de celuy qui l'exerce, elle vient à estre vaine en mains si puissantes ; ils se treuvent prodigues, avant qu'ils soient liberaux ; pourtant elle est peu de recommendation, au prix d'aultres vertus royales, et la seule, comme disoit le tyran Dionysius[1], qui se comporte bien avec la tyrannie mesme. Je luy[2] apprendrois plustost ce verset du laboureur ancien : Τῇ χειρὶ δεῖ σπείρειν, ἀλλὰ μὴ ὅλῳ τῷ θυλάκῳ, « qu'il fault, à qui en veult retirer fruict, semer de la main, non pas verser du sac ; » il fault espandre le grain, non pas le respandre ; et qu'ayant à donner, ou, pour mieulx dire, à payer et rendre à tant de gents selon qu'ils ont deservy, il en doibt estre loyal et advisé dispensateur. Si la liberalité d'un prince est sans discretion et sans mesure, je l'aime mieulx avare.

La vertu royale semble consister le plus en la justice ; et de toutes les parties de la justice, celle là remarque mieulx les roys, qui accompaigne la liberalité ; car ils l'ont particulierement reservée à leur charge, là où, toute aultre justice, ils l'exercent volontiers par l'entremise d'aultry. L'immoderée largesse est un moyen foible à leur acquerir bienvueillance ; car elle rebute plus de gents qu'elle n'en practique : *Quo in plures usus sis, minus in multos uti possis... Quid autem est stultius, quam quod libenter facias, curare ut id diutius facere non possis*[3] ? et, si elle est employée sans respect du merite, faict vergongne à qui la reçoit et se reçoit sans grace. Des tyrans ont esté sacrifiés à la haine du peuple par les mains de ceulx mesme qu'ils avoient iniquement advancés ; telle maniere d'hommes[4] estimans as-

---

et en cela il lairra à Rome et ailleurs un singulier honneur à sa memoire... Il est très magnifique en bastiments publiques et reformation des rues de ceste ville... » Tel est le portrait de Grégoire XIII fait par Montaigne, qui venait de lui baiser les pieds, le 29 de décembre 1580. J. V. L.

(1) C'est Catherine de Médicis, mère de François II, de Charles IX et Henri III.

(2) Plut., *Vie de Galba*, c. 5 de la traduction d'Amyot. J. V. L.

(3) Nul art n'est renfermé en lui-même. Cic., *de Finib. bon. et mal.*, V, 6.

(1) Dans les *Apophthegmes* de Plut. C.

(2) Plut., *Si les Athéniens ont été plus excellents en armes qu'en lettres*, c. 4. Corinne se sert de ce proverbe pour faire sentir à Pindare qu'il avait entassé trop de fables dans une de ses poésies, *lui disant*, dans la traduction d'Amyot, *qu'il fallait semer avec la main et non pas à pleine poche*. C.

(3) On peut d'autant moins l'exercer qu'on l'a déjà plus exercée... Quelle folie de se mettre dans l'impuissance de faire longtemps ce qu'on fait avec plaisir ! Cic., *de Offic.*, II, 15.

(4) Édition de 1588, fol. 396 : « Bouffons, maquereaux, menestriers, et telle racaille d'hommes, estimants, » etc.

seurer la possession des biens indeuement receus, s'ils montrent avoir à mespris et haine celuy duquel ils les tenoient, et se rallient au jugement et opinion commune en cela.

Les subjects d'un prince excessif en dons se rendent excessifs en demandes; ils se taillent, non à la raison, mais à l'exemple. Il y a certes souvent de quoy rougir de nostre impudence; nous sommes surpayés selon justice, quand la récompense eguale nostre service, car n'en debvons nous rien à nos princes d'obligation naturelle? S'il porte nostre despense, il faict trop; c'est assez qu'il l'ayde: le surplus s'appelle bienfaict, lequel ne se peult exiger, car le nom mesme de la liberalité sonne liberté. A nostre mode, ce n'est jamais faict; le receu ne se met plus en compte; on n'aime la liberalité que future; parquoy plus un prince s'espuise en donnant, plus il s'appauvrit[1] d'amis. Comment assouviroit il les envies qui croissent à mesure qu'elles se remplissent? qui a sa pensée à prendre, ne l'a plus à ce qu'il a prins : la convoitise n'a rien si propre que d'estre ingrate.

L'exemple de Cyrus ne duira pas mal en ce lieu, pour servir, aux roys de ce temps, de touche à recognoistre leurs dons bien ou mal employés, et leur faire veoir combien c'est empereur les asseuoit plus heureusement qu'ils ne font, par où ils sont reduicts à faire leurs emprunts, après sur les subjects incogneus et plustost sur ceulx à qui ils ont faict du mal, que sur ceulx à qui ils ont faict du bien, et n'en receoivent aydes où il y aye rien de gratuit que le nom. Crœsus lui reprochoit sa largesse, et calculoit à combien se monteroit son thresor s'il eust eu les mains plus restreinctes. Il eut envie de justifier sa liberalité; et despeschant de toutes parts vers les grands de son Estat qu'il avoit particulierement advancés, pria chascun de le secourir d'autant d'argent qu'il pourroit, à une sienne necessité, et le luy envoyer par declaration. Quand touts ces bordereaux luy furent apportés, chascun de ses amis n'estimant pas que ce feust assez faire que de luy en offrir seulement autant qu'il en avoit receu de sa munificence, y en meslant du sien propre beaucoup, il se trouva que ceste somme se montoit bien plus que ne le disoit l'espargne de Crœsus. Sur quoy Cyrus : « Je ne suis pas moins amoureux des richesses que les aultres princes, et en suis plustost plus mesnagier : vous veoyez à combien peu de mise j'ay acquis le thresor inestimable de tant d'amis, et combien ils me sont plus fideles thresoriers que ne seroient des hommes mercenaires, sans obligation, sans affection; et ma chevance mieulx logée qu'en des coffres appelant sur moy la haine, l'envie et le mespris des aultres princes[1]. »

Les empereurs tiroient excuse à la superfluité de leurs jeux et montres publiques, de ce que leur auctorité despendoit aulcunement (au moins par apparence) de la volonté du peuple romain, lequel avoit de tout temps accoustumé d'estre flatté par telle sorte de spectacles et d'excès. Mais c'estoient particuliers qui avoient nourry ceste coustume de gratifier leurs concitoyens et compaignons, principalement sur leur bourse, par telle profusion et magnificence; elle eut tout aultre goust, quand ce feurent les maistres qui veinrent à l'imiter : *Pecuniarum translatio a justis dominis ad alienos non debet liberalis videri*[2]. Philippus, de ce que son fils essayoit par des presents de gaigner la volonté des Lacedemoniens, l'en tansa par une lettre en ceste maniere : « Quoy! as tu envie que tes subjects te tiennent pour leur boursier, non pour leur roy? Veux tu les practiquer? practique les des bienfaicts de ta vertu, non des bienfaicts de ton coffre[3]. »

C'estoit pourtant une belle chose d'aller faire apporter et planter, en la place des arenes, une grande quantité de gros arbres, touts branchus et touts verts, representants une grande forest ombrageuse, desparties en belle symmetrie; et, le premier jour, jecter là dedans mille austruches, mille cerfs, mille sangliers et mille daims, les abandonnant à piller au peuple; le lendemain faire assommer en sa presence cent gros lions, cent leopards et trois cents ours; et, pour le troisiesme jour, faire combattre à oultrance trois cents paires de gladiateurs, comme feit l'empereur Probus[4]. C'estoit aussi belle chose, à veoir ces grands amphitheatres encroustés de marbre au dehors, labouré d'ouvra-

---

(1) L'edit. de 1588 porte *s'apouvrit*; celle de 1595, *s'appaovrit*.

(1) Xénop., *Cyropédie*, VIII, 9 et suiv. C.
(2) Le don qu'on faict à des estrangers d'un argent qu'on a pris aux légitimes proprietaires ne doit point passer pour liberalité. Cic., *de Offic.*, I, 14.
(3) Cic., *de Offic.*, II, 15.
(4) On peut voir la description de ces jeux dans Vopiscus, *Vie de Probus*, c. 19. J. V. L.

ges et statues, le dedans reluisant de rares enrichissements,

Balteus en gemmis, en illita porticus auro [1] :

tous les costés de ce grand vuide remplis et environnés, depuis le fond jusques au comble, de soixante ou quatre vingts rengs d'eschelons aussi de marbre, couverts de carreaux,

*Exeat, inquit.
Si pudor est, et de pulvino surgat equestri,
Cujus res legi non sufficit* [2] ;

où se peussent renger cent mille hommes assis à leur ayse: et la place du fonds, où les jeux se jouoient, la faire premierement, par art, entr'ouvrir et fendre en crevasses, representant des antres qui vomissoient les bestes destinées au spectacle; et puis secondement l'inonder d'une mer profonde qui charioit force monstres marins, chargée de vaisseaux armés, à representer une bataille navalle; et tiercement, l'aplanir et asseicher de nouveau pour le combat des gladiateurs; et, pour la quatriesme façon, la sabler de vermillon et de storax, au lieu d'arene, pour y dresser un festin solenne à tout ce nombre infiny de peuple, le dernier acte d'un seul jour.

*Quoties nos descendentis arenæ
Vidimus in partes, ruptaque voragine terræ
Emersisse feras, et eisdem sæpe latebris
Aurea cum croceo creverunt arbuta libro !...
Nec solum nobis silvestria cernere monstra
Contigit; æquoreos ego cum certantibus ursis
Spectavi vitulos, et equorum nomine dignum,
Sed deforme pecus* [3].

Quelquesfois on y a faict naistre une haulte montaigne pleine de fruictiers et arbres verdoyants, rendant par son faiste un ruisseau d'eau, comme de la bouche d'une vifve fontaine; quelquesfois on y promena un grand navire, qui s'ouvroit et desprenoit de soy mesme, et, après avoir vomy de son ventre quatre ou cinq cents bestes à combat, se resserroit et s'esvanouïssoit sans ayde; aultresfois, du bas de ceste place, ils faisoient eslancer les surgeons et filets d'eau qui rejaillissoient contremont, et à ceste hauteur infinie, alloient arrousant et embaumant ceste infinie multitude. Pour se couvrir de l'injure du temps, ils faisoient tendre ceste immense capacité, tantost de voiles de pourpre labourés à l'aiguille, tantost de soye d'une ou aultre couleur, et les avanceoient et retiroient en un moment, comme il leur venoit en fantaisie :

*Quamvis non modico caleant spectacula sole,
Vela reducuntur, quum venit Hermogenes* [1].

Les rets aussi qu'on mettoit au devant du peuple, pour le deffendre de la violence de ces bestes eslancées, estoient tissus d'or :

*Auro quoque torta refulgent
Retia* [2].

S'il y a quelque chose qui soit excusable en tels excès, c'est où l'invention et la nouveauté fournit d'admiration, non pas la despense : en ces vanités mesme, nous descouvrons combien ces siecles estoient fertiles d'aultres esprits que ne sont les nostres. Il va de ceste sorte de fertilité, comme il faict de toutes aultres productions de la nature; ce n'est pas à dire qu'elle y ayt lors employé son dernier effort; nous n'allons point, nous rodons plustost et tournevirons çà et là; nous nous promenons sur nos pas. Je craind que nostre cognoissance soit foible en touts sens; nous ne veoyons ny gueres loing, ny gueres arriere; elle embrasse peu et vit peu; courte et en estendue de temps et en estendue de matiere :

*Vixere fortes ante Agamemnona
Multi, sed omnes illacrymabiles
Urgentur, ignotique longa
Nocte* [3].

*Et supera bellum Thebanum, et funera Trojæ,
Multi alias alii quoque res cecinere poetæ* [4] :

---

(1) Vois-tu la ceinture du théâtre ornée de pierres précieuses et le portique tout couvert d'or? CALPURNIUS, *Eclog.*, VII, intitulée : *Templum*, v. 47.

(2) Si vous avez quelque pudeur, quittez, dit-on, les carreaux destinés aux chevaliers, vous qui n'avez pas les biens fixés par la loi. JUV., *Sat.*, III, 153.

(3) Combien de fois n'avons-nous pas vu une partie de l'arène s'abaisser et des bêtes féroces sortir tout à coup d'un abîme d'où s'élevait ensuite un bocage d'arbres dorés !... J'ai vu dans l'amphithéâtre, non-seulement les monstres des forêts, mais aussi des phoques parmi les ours, et le hideux troupeau des chevaux marins. CALPURN., *Eclog.*, VII, 64.

(1) Quoiqu'un soleil brûlant darde ses rayons sur l'amphithéâtre, on retire les voiles dès qu'Hermogène vient à paraître. MART., XII, 29, 15. — Cet Hermogène était un grand voleur. C.

(2) CALPURN., *Eclog.*, VII, 53. Montaigne a traduit ce passage avant de le citer.

(3) Il y a eu des héros avant Agamemnon; mais, ensevelis dans une nuit éternelle, ils ne font point pas aujourd'hui répandre de larmes. HOR., *Carm.*, IV, 9, 25.

(4) Avant la guerre de Thèbes et la ruine de Troie, d'autres

LIVRE III, CHAP. VI.

et la narration de Solon[1] sur ce qu'il avoit apprins des presbtres d'Ægypte, de la longue vie de leur estat et maniere d'apprendre et conserver les histoires estrangieres, ne me semble tesmoignage de refus en ceste consideration. *Si interminatam in omnes partes magnitudinem regionum videremus* et temporum, *in quam se injiciens animus et intendens, ita late longeque peregrinatur, ut nullam oram ultimi videat, in qua possit insistere: in hac immensitate... infinita vis innumerabilium appareret formarum*[2]. Quand tout ce qui est venu, par rapport, du passé jusques à nous, seroit vray et seroit sceu par quelqu'un, ce seroit moins que rien, au prix de ce qui est ignoré. Et de ceste mesme image du monde qui coule pendant que nous y sommes, combien chestive et racourcie est la cognoissance des plus curieux? non seulement des evenements particuliers, que fortune rend souvent exemplaires et poisans, mais de l'estat des grandes polices et nations, il nous en eschappe cent fois plus qu'il n'en vient à nostre science; nous nous escrions du miracle de l'invention de nostre artillerie, de nostre impression; d'aultres hommes, un aultre bout du monde, à la Chine, en jouissoit mille ans auparavant. Si nous veoyions autant du monde comme nous n'en veoyons pas, nous appercevrions, comme il est à croire, une perpetuelle multiplication et vicissitude de formes. Il n'y a rien de seul et de raré, eu esgard à nature, ouy bien eu esgard à nostre cognoissance, qui est un miserable fondement de nos regles, et qui nous represente volontiers une très fausse image des choses. Comme vainement nous concluons aujourd'huy l'inclination et la decrepitude du monde par les arguments que nous tirons de nostre propre foiblesse et decadence:

Jamque adeo est affecta ætas, effœtaque tellus[3] :

poëtes avaient chanté d'autres événements. Lucr., V, 327. — Ces paroles ont un sens différent dans l'original. C.

(1) Dans le *Timée*. Voy. les *Pensées de Platon*, seconde édition, p. 384. J. V. L.

(2) Si nous pouvions voir l'étendue infinie des régions et des siècles, où l'esprit peut à son gré se promener de toutes parts, sans rencontrer un terme qui borne sa vue, nous découvririons une quantité innombrable de formes dans cette immensité. Cic., *de Nat. deor.* I, 20. — *Et temporum* est une addition de Montaigne; et, au lieu de *appareret formarum*, il y a *volitat atomorum*. On voit qu'il s'agit de tout autre chose dans le texte de Cicéron. C.

(3) Les hommes n'ont plus la même vigueur, ni la terre son ancienne fertilité. Lucr., II, 1151.

ainsi vainement concluoit cestuy là[1] sa naissance et jeunesse, par la rigueur qu'il veoyoit aux esprits de son temps, abondants en nouvelletés et inventions de divers arts :

Verum, ut opinor, habet novitatem summa, recensque
Natura est mundi, neque pridem exordia cepit:
Quare etiam quædam nunc artes expoliuntur,
Nunc etiam augescunt; nunc addita navigiis sunt
Multa[2].

Nostre monde vient d'en trouver un aultre (et qui nous respond que c'est le dernier de ses freres, puisque les daimons, les sibylles et nous avons ignoré cestuy cy jusqu'à ceste heure?) non moins grand, plain et membru que luy; toutesfois si nouveau et si enfant, qu'on luy apprend encores son a, b, c ; il n'y a pas cinquante ans qu'il ne sçavoit ny lettres, ny poids, ny mesure, ny vestements, ny bleds, ny vignes; il estoit encores tout nud, au giron, et ne vivoit que des moyens de sa mere nourrice. Si nous concluons bien de nostre fin, et ce poëte de la jeunesse de son siecle, cest aultre monde ne fera qu'entrer en lumiere quand le nostre en sortira : l'univers tumbera en paralysie; l'un membre sera perclus, l'aultre en vigueur. Bien craindr je que nous aurons très fort hasté sa declinaison et sa ruyne par nostre contagion, et que nous luy aurons bien cher vendu nos opinions et nos arts. C'estoit un monde enfant; si ne l'avons nous pas fouetté et soubmis à nostre discipline par l'advantage de nostre valeur et forces naturelles, ny ne l'avons practiqué par nostre justice et bonté, ny subjugué par nostre magnanimité. La plus part de leurs responses et des negociations faictes avecques eulx, tesmoignent qu'ils ne nous debvoient rien en clarté d'esprit naturelle et en pertinence : l'espoventable magnificence des villes de Cusco et de Mexico, et, entre plusieurs choses pareilles, le jardin de ce roy où touts les arbres, les fruicts et toutes les herbes, selon l'ordre et grandeur qu'ils ont[3] en un jardin, estoient excellemment formées en or, comme en son cabinet touts les animaux qui naissoient en son Estat et en ses mers, et la beauté de leurs ouvrages en pierre-

(1) Le poète *Lucrèce*, auteur du vers précédent. C.

(2) La nature n'est pas ancienne, à mon avis ; le monde ne fait que de naître : aussi voyons-nous que plusieurs arts se perfectionnent, et qu'on rend tous les jours celui de la navigation plus complet. Lucr., V, 331.

(3) Edit. de 1588, *qu'ils sont*.

rie, en plume, en cotton, en peincture, montrent qu'ils ne nous cedoient non plus en l'industrie. Mais quant à la devotion, observance des loix, bonté, liberalité, loyauté, franchise, il nous a bien servy de n'en avoir pas tant qu'eulx ; ils se sont perdus par cest advantage et vendus et trahis eulx mesmes.

Quant à la hardiesse et courage, quant à la fermeté, constance, resolution contre les douleurs et la faim et la mort, je ne craindrois pas d'opposer les exemples que je trouverois parmi eulx aux plus fameux exemples anciens que nous ayons aux memoires de nostre monde par deçà ; car pour ceulx qui les ont subjugués, qu'ils ostent les ruses et bastelages dequoy ils se sont servis à les piper, et le juste estonnement qu'apportoit à ces nations là de veoir arriver si inopineément des gents barbus, divers en langage, en religion, en forme et en contenance, d'un endroict du monde si esloigné et où ils n'avoient jamais sceu qu'il y eust habitation quelconque, montés sur des grands monstres incogneus, contre ceulx qui n'avoient non seulement jamais veu de cheval, mais beste quelconque duicte à porter et soubtenir homme ny aultre charge, garnis d'une peau luisante et dure, et d'une arme trenchante et resplendissante contre ceulx qui, pour le miracle de la lueur d'un mirouer ou d'un coulteau, alloient eschangeant une grande richesse en or et en perles, et qui n'avoient ny science, ny matiere par où tout à loysir ils sceussent percer nostre acier ; adjoustez y les fouldres et tonnerres de nos pieces et harquebuses, capables de troubler Cesar mesme, qui l'en eust surprins autant inexperimenté et à ceste heure, contre des peuples nuds, si ce n'est où l'invention estoit arrivée de quelque tissu de cotton, sans aultres armes, pour le plus, d'arcs, pierres, bastons et boucliers de bois ; des peuples surprins, soubs couleur d'amitié et de bonne foy, par la curiosité de veoir des choses estrangieres et incogneues ; ostez, dis je, aux conquerants ceste disparité, vous leur ostez toute l'occasion de tant de victoires. Quand je regarde ceste ardeur indomptable dequoy tant de milliers d'hommes, femmes et enfants se presentent et rejectent à tant de fois aux dangiers inevitables, pour la deffense de leurs dieux et de leur liberté ; ceste genereuse obstination de souffrir toutes extremités et difficultés, et la mort, plus volontiers que de se soubmettre à la domination de ceulx de qui ils ont esté si honteusement abusés, et aulcuns choisissants plustost de se laisser defaillir par faim et par jeusne, estant prins, que d'accepter le vivre des mains de leurs ennemis, si vilement victorieuses ; je prevoois que, à qui les eust attaqués pair à pair et d'armes, et d'experience, et de nombre, il y eust faict aussi dangereux, et plus, qu'en aultre guerre que nous veoyons.

Que n'est tombée soubs Alexandre, ou soubs ces anciens Grecs et Romains, une si noble conqueste, et une si grande mutation et alteration de tant d'empires et de peuples, soubs des mains qui eussent doulcement poly et desfriché ce qu'il y avoit de sauvage, et eussent conforté et promeu les bonnes semences que nature y avoit produict ; meslant non seulement à la culture des terres et ornement des villes les arts de deçà, en tant qu'elles y eussent esté necessaires, mais aussi meslant les vertus grecques et romaines aux originelles du pays ! Quelle reparation eust ce esté, et quel amendement à toute ceste machine, que les premiers exemples et deportements nostres, qui se sont presentés par delà, eussent appellé ces peuples à l'admiration et imitation de la vertu, et eussent dressé entre eulx et nous une fraternelle societé et intelligence ! Combien il eust esté aysé de faire son proufit d'ames si neufves, si affamées d'apprentissage, ayants, pour la pluspart, de si beaux commencements naturels ! Au rebours, nous nous sommes servis de leur ignorance et inexperience, à les plier plus facilement vers la trahison, luxure, avarice, et vers toute sorte d'humanité et de cruauté, à l'exemple et patron de nos mœurs. Qui meit jamais à tel prix le service de la mercadence et de la traficque ? tant de villes rasées, tant de nations exterminées, tant de millions de peuples passés au fil de l'espée, et la plus riche et belle partie du monde bouleversée, pour la negociation des perles et du poivre ? Mechaniques victoires ! Jamais l'ambition, jamais les inimitiés publicques, ne poulseront les hommes les uns contre les aultres à si horribles hostilités et calamités si miserables.

En costoyant la mer à la queste de leurs mines, aulcuns Espaignols prindrent terre en une contrée fertile et plaisante, fort habitée, et feirent à ce peuple leurs remonstrances accoustumées : « Qu'ils estoient gents paisibles, venants de loingtains voyages, envoyés de la part du roy de Castille, le plus grand prince de la terre habitable, auquel le pape, representant Dieu en terre, avoit donné la principauté de toutes les Indes ; que s'ils vouloient luy estre tributaires, ils seroient très benignement traités. » Leur demandoient des vivres pour leur nourriture, et de l'or pour le besoing de quelque medecine ; leur remontroient, au demourant, la creance d'un seul Dieu et la verité de nostre religion, laquelle ils leur conseilloient d'accepter, y adjoustants quelques menaces. La response feut telle : « Que quant à estre paisibles, ils n'en portoient pas la mine s'ils l'estoient ; quant à leur roy, puisqu'il demandoit, il debvoit estre indigent et necessiteux ; et celuy qui luy avoit faict ceste distribution, homme aimant dissention, d'aller donner à un tiers chose qui n'estoit pas sienne, pour le mettre en debat contre les anciens possesseurs ; quant aux vivres, qu'ils leur en fourniroient ; d'or, ils en avoient peu, et que c'estoit chose qu'ils mettoient en null' estime, d'autant qu'elle estoit inutile au service de leur vie, là où tout leur soing regardoit seulement à la passer heureusement et plaisamment ; pourtant ce qu'ils en pourroient trouver, sauf ce qui estoit employé au service de leurs dieux, qu'ils le prinssent hardiement ; quant à un seul Dieu, le discours leur en avoit pleu ; mais qu'ils ne vouloient changer leur religion, s'en estants si utilement servis si long temps, et qu'ils n'avoient accoustumé prendre conseil que de leurs amis et cognoissants ; quant aux menaces, c'estoit signe de faulte de jugement, d'aller menaceant ceulx desquels la nature et les moyens estoient incogneus ; ainsi, qu'ils se despeschassent promptement de vuider leur terre ; car ils n'estoient pas accoustumés de prendre en bonne part les honnestetés et remontrances de gents armés et estrangiers ; aultrement, qu'on feroit d'eulx comme de ces aultres, leur monstrant les testes d'aulcuns hommes justiciés autour de leur ville. » Voylà un exemple de la balbucie de ceste enfance ; mais tant y a, que ny en ce lieu là, ny en plusieurs aultres où les Espaignols ne trouverent les marchandises qu'ils cherchoient, ils ne feirent arrest ny entreprinse, quelque aultre commodité qu'il y eust ; tesmoing mes Cannibales [1].

(1) C'est peut-être une allusion au chapitre des Cannibales.

Des deux les plus puissants monarques de ce monde là, et à l'adventure de cestuy cy, roys de tant de roys, les derniers qu'ils en chasserent, celuy du Peru [1], ayant esté prins en une bataille, et mis à une rençon si excessifve qu'elle surpasse toute creance ; et celle là fidellement payée, et avoir donné, par sa conversation, signe d'un courage franc, liberal et constant, et d'un entendement net et bien composé, il print envie aux vainqueurs, après en avoir tiré un million trois cents vingt cinq mille cinq cents poisants d'or, oultre l'argent et aultres choses qui ne monterent pas moins (si que leurs chevaulx n'alloient plus ferrés que d'or massif), de veoir encores, au prix de quelque desloyauté que ce feust, quel pouvoit estre le reste des thresors de ce roy et jouir librement de ce qu'il avoit resserré. On luy apposta une faulse accusation et preuve, qu'il desseignoit de faire soublever ses provinces pour se remettre en liberté ; sur quoy, par beau jugement de ceulx mesmes qui luy avoient dressé ceste trahison, on le condamna à estre pendu et estranglé publiquement, luy ayant faict racheter le torment d'estre bruslé tout vif par le baptesme qu'on luy donna au supplice mesme ; accident horrible et inouï, qu'il souffrit pourtant sans se desmentir ny de contenance, ny de parole, d'une forme et gravité vrayement royale. Et puis, pour endormir les peuples estonnés et transis de chose si estrange, on contrefeit un grand dueil de sa mort, et lui ordonna on des sumptueuses funerailles.

L'aultre, roi de Mexico [2], ayant long temps deffendu sa ville assiegée, et montré en ce siege tout ce que peult et la souffrance et la perseverance, si oncques prince et peuple le montra, et son malheur l'ayant rendu vif entre les mains des ennemis, avecques capitulation d'estre traicté en roy ; aussi ne leur feit il rien veoir en la prison indigne de ce tiltre ; ne trouvant point après ceste victoire tout l'or qu'ils s'estoient promis, quand ils eurent tout remué et tout fouillé ils se meirent à en chercher des nouvelles par les plus aspres gehennes dequoy ils se peurent adviser sur les pri-

liv. I, c. 50. Montaigne le termine ainsi : « Tout cela ne va pas trop mal ; mais quoy ! ils ne portent point de hault de chausses. »

(1) Atahualpa.
(2) Guatimozin.

sonniers qu'ils tenoient; mais pour n'avoir rien proufité, trouvant des courages plus forts que leur torments, ils en vinrent enfin à telle rage, que, contre leur foy et contre tout droict des gents, ils condamnerent le roy mesme, et l'un des principaulx seigneurs de sa court, à la gehenne en presence l'un de l'aultre. Ce seigneur, se trouvant forcé de la douleur, environné de braziers ardents, tourna sur la fin piteusement sa veue vers son maistre comme pour luy demander mercy de ce qu'il n'en pouvoit plus[1] : le roy, fierement et rigoureusement les yeulx sur luy, pour reproche de sa lascheté et pusillanimité, luy dict seulement ces mots d'une voix rude et ferme : « Et moy, suis je dans un baing? suis je pas plus à mon ayse que toy? » Celuy là soubdain après succomba aux douleurs et mourut sur la place. Le roy, à demy rosty, feut emporté de là, non tant par pitié (car quelle pitié toucha jamais des ames si barbares, qui, pour la doubteuse information de quelque vase d'or à piller, feissent griller devant leurs yeulx un homme, non qu'un roy si grand en fortune et en merite), mais ce feut que sa constance rendoit de plus en plus honteuse leur cruauté. Ils le pendirent depuis, ayant courageusement entreprins de se delivrer, par armes, d'une si longue captivité et subjection, où il feit sa fin digne d'un magnanime prince.

A une aultre fois ils meirent brusler pour un coup, en mesme feu, quatre cents soixante hommes touts vifs; les quatre cents du commun peuple; les soixante, des principaulx seigneurs d'une province, prisonniers de guerre simplement. Nous tenons d'eulx mesmes ces narrations; car ils ne les advouent pas seulement, ils s'en vantent et les preschent[2]. Seroit ce pour tesmoignage de leur justice ou zele envers la religion? certes, ce sont voies trop diverses et ennemies d'une si saincte fin. S'ils se feussent proposé d'estendre nostre foy, ils eussent consideré que ce n'est pas en possession de terres qu'elle s'amplifie, mais en possession d'hommes; et se feussent trop contentés des meurtres que la necessité de la guerre apporte,

sans y mesler indifferemment une boucherie, comme sur des bestes sauvages, universelle, autant que le fer et le feu y ont peu attaindre; n'en ayants conservé, par leur desseing, qu'autant qu'ils en ont voulu faire de miserables esclaves pour l'ouvrage et service de leurs minieres : si que plusieurs des chefs ont esté punis à mort sur les lieux de leur conqueste, par ordonnance des roys de Castille, justement offensés de l'horreur de leurs deportements, et quasi touts desestimés et malvoulus. Dieu a meritoirement permis que ces grands pillages se soient absorbés par la mer en les transportant, ou par les guerres intestines dequoy ils se sont mangés entre eulx; et la plus part s'enterrerent sur les lieux, sans aulcun fruict de leur victoire.

Quant à ce que la recepte, et entre les mains d'un prince mesnagier et prudent[1], respond si peu à l'esperance qu'on en donna à ses predecesseurs, et à ceste premiere abondance de richesses qu'on rencontra à l'abord de ces nouvelles terres (car encores qu'on en retire beaucoup, nous veyons que ce n'est rien, au prix de ce qui s'en debvoit attendre), c'est que l'usage de la monnoye estoit entierement incogneu, et que parconsequent leur or se trouva tout assemblé, n'estant en aultre service que de monstre et de parade, comme un meuble reservé de pere en fils par plusieurs puissants roys qui espuisoient tousjours leurs mines, pour faire ce grand monceau de vases et statues à l'ornement de leurs palais et de leurs temples : au lieu que nostre or est tout en employte et en commerce ; nous le menuisons et alterons en mille formes, l'espandons et dispersons. Imaginons que nos roys amoncelassent ainsi tout l'or qu'ils pourroient trouver en plusieurs siecles, et le gardassent immobile.

Ceulx du royaume de Mexico estoient aulcunement plus civilisés, et plus artistes que n'estoient les aultres nations de là. Aussi jugeoient ils, ainsi que nous, que l'univers feust proche de sa fin; et en preindrent pour signe la desolation que nous y apportasmes. Ils croyoient que l'estre du monde se despart en cinq aages, et en la vie de cinq soleils consecutifs, desquels les quatre avoient desjà fourny leur temps, et que celuy qui leur esclairoit estoit le cin-

---

(1) Dans l'édition in-4° de 1588, fol. 400 verso, Montaigne avait mis, « comme pour lui demander congé de dire ce qu'il en sçavoit, pour se rediimer de ceste peine insupportable : le roy, etc. » C.

(2) Edit. de 1588, *ils les preschet et publi nt.*

(1) Philippe II.

quiesme. Le premier perit avecques toutes les aultres creatures, par universelle inondation d'eaux : le second, par la cheute du ciel sur nous, qui estouffa toute chose vivante ; auquel aage ils assignent les geants, et en feirent veoir aux Espagnols des ossements, à la proportion desquels la stature des hommes revenoit à vingt paulmes de haulteur : le troisiesme, par feu qui embrasa et consuma tout : le quatriesme, par une esmotion d'air et de vent, qui abbattit jusques à plusieurs montaignes ; les hommes n'en moururent point, mais ils feurent changés en magots : quelles impressions ne souffre la lascheté de l'humaine creance ! Après la mort de ce quatriesme soleil, le monde feut vingt cinq ans en perpetuelles tenebres, au quinziesme desquels feut creé un homme et une femme qui refeirent l'humaine race : dix ans après, à certain de leurs jours, le soleil parut nouvellement creé, et commence, depuis, le compte de leurs années par ce jour là : le troisiesme jour de sa creation moururent les dieux anciens ; les nouveaux sont nays depuis, du jour à la journée. Ce qu'ils estiment de la maniere que ce dernier soleil perira, mon aucteur n'en a rien apprins ; mais leur nombre de ce quatriesme changement rencontre à ceste grande conjonction des astres, qui produisit, il y a huict cents tant d'ans, selon que les astrologiens estiment, plusieurs grandes alterations et nouvelletés au monde.

Quant à la pompe et magnificence, par où je suis entré en ce propos, ny Grece, ny Rome, ni Ægypte, ne peult, soit en utilité, ou difficulté, ou noblesse, comparer aulcun de ses ouvrages au chemin qui se veoid au Peru, dressé par les roys du païs, depuis la ville de Quito jusques à celle de Cusco (il y a trois cents lieues) droict, uny, large de vingt cinq pas, pavé, revestu de costé et d'aultre de belles et haultes murailles, et le long d'icelles, par le dedans, deux ruisseaux perennes bordés de beaux arbres qu'ils nomment *molly*. Où ils ont trouvé des montaignes et rochiers, ils les ont taillés et applanis, et comblé les fondrieres de pierre et de chaux. Au chef de chasque journée, il y a de beaux palais, fournis de vivres, de vestemens et d'armes, tant pour les voyageurs, que pour les armées qui ont à y passer. En l'estimation de cest ouvrage, j'ay compté la difficulté, qui est particulierement considerable en ce lieu là : ils ne bastissoient point de moindres pierres que de dix pieds en carré ; ils n'avoient aultre moyen de charier qu'à force de bras, en traisnant leur charge ; et pas seulement l'art d'eschaffaulder, ny sçachants aultre finesse que de haulser autant de terre contre leur bastiment, comme il s'esleve, pour l'oster après.

Retumbons à nos coches. En leur place, et de toute aultre voicture, ils se faisoient porter par les hommes, et sur les espaules. Ce dernier roy du Peru, le jour qu'il feut prins, estoit ainsi porté sur des brancars d'or, et assis dans une chaize d'or, au milieu de sa battaille. Autant qu'on tuoit de ces porteurs pour le faire cheoir à bas (car on le vouloit prendre vif), autant d'aultres, et à l'envy, prenoient la place des morts : de façon qu'on ne le peut oncques abbattre, quelque meurtre qu'on feist de ces gents là, jusqu'à ce qu'un homme de cheval l'alla saisir au corps, et l'avalla[1] par terre.

CHAPITRE VII.

De l'incommodité de la grandeur.

Puisque nous ne la pouvons aveindre, vengeons nous à en mesdire ; si n'est ce pas entierement mesdire de quelque chose d'y treuver des defaults ; il s'en treuve en toutes choses, pour belles et desirables qu'elles soyent. En general elle a cest evident advantage qu'elle se ravalle quand il luy plaist, et qu'à peu près elle a le chois de l'une et l'aultre condition, car on ne tumbe pas de toute haulteur ; il en est plus desquelles on peult descendre sans tomber. Bien me semble il que nous la faisons trop valoir, et trop valoir aussi la resolution de ceulx que nous avons ou veu ou ouï dire l'avoir mesprisée, ou s'en estre desmis de leur propre desseing : son essence n'est pas si evidemment commode qu'on ne la puisse refuser sans miracle. Je treuve l'effort bien difficile à la souffrance des maulx ; mais au contentement d'une mediocre mesure de fortune et fuyte de la grandeur, j'y treuve fort peu d'affaire ; c'est une vertu, ce me semble, où moy, qui ne suis qu'un oyson, arriverois sans beaucoup de contention. Que doivent faire ceulx qui mettroient encores en consideration la gloire qui accompaigne ce refus,

---

(1) *Le mit à val, le renversa.*

auquel il peult escheoir plus d'ambition qu'au desir mesme et jouïssance de la grandeur? d'autant que l'ambition ne se conduict jamais mieulx selon soy que par une voye esgarée et inusitée.

J'aiguise mon courage vers la patience; je l'affoiblis vers le desir: autant ay je à souhaiter qu'un aultre, et laisse à mes souhaits autant de liberté et d'indiscretion; mais pourtant, si ne m'est il jamais advenu de souhaiter ny empire ny royauté, ny l'eminence de ces haultes fortunes et commanderesses; je ne vise pas de ce costé là; je m'aime trop. Quand je pense à croistre, c'est bassement, d'une accroissance contraincte et couarde, proprement pour moy, en resolution, en prudence, en santé, en beauté et en richesse encores; mais ce credit, ceste auctorité si puissante foule mon imagination, et, tout à l'opposite de l'autre[1], m'aimerois à l'adventure mieulx deuxiesme ou à troisiesme à Perigueux que premier à Paris; au moins, sans mentir, mieulx troisiesme à Paris que premier en charge. Je ne veulx ny debattre avecques un huissier de porte, miserable incogneu, ny faire fendre en adoration les presses où je passe. Je suis duict à un estage moyen, comme par mon sort, aussi par mon goust; et ay montré, en la conduicte de ma vie et de mes entreprinses, que j'ay plustost fuy qu'aultrement d'enjamber pardessus le degré de fortune auquel Dieu logea ma naissance: toute constitution naturelle est pareillement juste et aysée. J'ay ainsi l'ame poltronne, que je ne mesure pas la bonne fortune selon sa haulteur; je la mesure selon sa facilité.

Mais si je n'ay point le cœur gros assez, je l'ay à l'equipollent ouvert, et qui m'ordonne de publier hardiment sa foiblesse. Qui me donneroit à conferer la vie de L. Thorius Balbus, galant homme, beau, sçavant, sain, entendu et abondant en toute sorte de commodités et plaisirs, conduisant une vie tranquille et toute sienne, l'ame bien preparée contre la mort, la superstition, les douleurs et aultres encombriers de l'humaine necessité, mourant enfin en bataille les armes en la main pour la deffense de son pays, d'une part; et, d'aultre part, la vie de M. Regulus, ainsi grande et haultaine que chascun la cognoist, et sa fin admirable: l'une sans nom, sans dignité, l'aultre exemplaire et glorieuse à merveilles; j'en dirois certes ce qu'en dict Cicero[1], si je sçavois aussi bien dire que luy. Mais s'il me les falloit coucher sur la mienne, je dirois aussi que la premiere est autant selon ma portée, et selon mon desir que je conforme à ma portée, comme la seconde est loing au delà: qu'à ceste cy je ne puis advenir que par veneration: j'adviendrois volontiers à l'aultre par usage.

Retournons à nostre grandeur temporelle d'où nous sommes partis. Je suis desgousté de maistrise et actifve et passifve. Otanez[2], l'un des sept qui avoient droict de pretendre au royaume de Perse, print un party que j'eusse prins volontiers; c'est qu'il quitta à ses compaignons son droict d'y pouvoir arriver par eslection ou par sort, pourveu que luy et les siens vecussent en cest empire hors de toute subjection et maistrise, sauf celle des loix antiques, et y eussent toute liberté qui ne porteroit prejudice à icelles; impatient de commander comme d'estre commandé.

Le plus aspre et difficile mestier du monde, à mon gré, c'est faire dignement le roy. J'excuse plus de leurs faultes qu'on ne faict communement, en consideration de l'horrible poids de leur charge qui m'estonne; il est difficile de garder mesure à une puissance si desmesurée; si est ce que c'est, envers ceulx mesme qui sont de moins excellente nature, une singuliere incitation à la vertu, d'estre logé en tel lieu où vous ne faciez aulcun bien qui ne soit mis en registre et en compte; et où le moindre bienfaire porte sur tant de gents, et où vostre suffisance, comme celle des prescheurs, s'addresse principalement au peuple, juge peu exact, facile à piper, facile à contenter. Il est peu de choses ausquelles nous puissions donner le jugement sincere, parce qu'il en est peu ausquelles, en quelque façon, nous n'ayons particulier interest. La superiorité et inferiorité, la maistrise et la subjection, sont obligées à une naturelle envie et contestation; il fault qu'elles s'entrepillent perpetuellement. Je ne crois ny l'une ny l'aultre des droicts de sa compaigne; laissons en dire à la raison, qui est inflexible et

---

(1) De *Jules César*. Voyez sa *Vie* par PLUT., c. 5 de la traduction d'Amyot. C.

(1) Cicéron, de qui Montaigne a emprunté ce parallèle entre Thorius et Régulus, donne hautement la préférence à Régulus. *De Finib. bon. et mal.*, II, 20. C.

(2) HÉROD., III, 83. J. V. L.

impossible, quand nous en pourrons finer. Je feuilletois, il n'y a pas un mois, deux livres escossois se combattants sur ce subject : le populaire rend le roy de pire condition qu'un charretier ; le monarchique le loge quelques brasses audessus de Dieu, en puissance et souveraineté.

Or, l'incommodité de la grandeur que j'ay prins icy à remarquer par quelque occasion qui vient de m'en advertir est ceste cy. Il n'est à l'adventure rien plus plaisant au commerce des hommes que les essays que nous faisons les uns contre les aultres, par jalousie d'honneur et de valeur, soit aux exercices du corps ou de l'esprit ; ausquels la grandeur souveraine n'a aulcune vraye part. A la verité, il m'a semblé souvent qu'à force de respect on y traicte les princes desdaigneusement et injurieusement ; car, ce dequoy je m'offensois infiniment en mon enfance, que ceulx qui s'exerçoient avecques moy espargnassent de s'y employer à bon escient, pour me trouver indigne contre qui ils s'efforceassent, c'est ce qu'on veoid leur advenir touts les jours, chascun se trouvant indigne de s'efforcer contre eulx ; si on recognoist qu'ils ayent tant soit peu d'affection à la victoire, il n'est celuy qui ne se traveille à la leur prester, et qui n'aime mieulx trahir sa gloire que d'offenser la leur ; on n'y employe qu'autant d'effort qu'il en fault pour servir à leur honneur. Quelle part ont ils à la meslée, en laquelle chascun est pour eulx ? Il me semble veoir ces paladins du temps passé, se presentants aux joustes et aux combats avecques des corps et des armes faées. Crisson[1], courant contre Alexandre, se feignit en la course : Alexandre l'en tansa ; mais il luy en debvoit faire donner le fouet. Pour ceste consideration, Carneades disoit[2] « que les enfants des princes n'apprennent rien à droict qu'à manier des chevaulx ; d'autant qu'en tout aultre exercice chascun flechit soubs eulx et leur donne gaigné ; mais un cheval, qui n'est ny flateur ny courtisan, verse le fils du roy par terre, comme il feroit le fils d'un crocheteur. »

Homere a esté contrainct de consentir que Venus feust blecée au combat de Troye, une si doulce saincte et si delicate, pour luy donner du courage et de la hardiesse ; qualités qui ne tumbent aucunement en ceulx qui sont exempts de dangier ; on faict courroucer, craindre, fuyr les dieux, s'enjalouser, se douloir et se passionner, pour les honnorer des vertus qui se bastissent entre nous de ces imperfections. Qui ne participe au hazard et difficulté ne peult pretendre interest à l'honneur et plaisir qui suyt les actions hazardeuses. C'est pitié de pouvoir tant qu'il advienne que toutes choses vous cedent ; vostre fortune rejecte trop loing de vous la societé et la compaignie ; elle vous plante trop à l'escart. Ceste aysance et lasche facilité de faire tout baisser soubs soy est ennemie de toute sorte de plaisir : c'est glisser, cela ; ce n'est pas aller : c'est dormir ; ce n'est pas vivre. Concevez l'homme accompaigné d'omnipotence, vous l'abysmez ; il faut qu'il vous demande, par aulmosne, de l'empeschement et de la resistance ; son estre et son bien est en indigence.

Leurs bonnes qualités sont mortes et perdues ; car elles ne se sentent que par comparaison, et on les en met hors ; ils ont peu de cognoissance de la vraye louange, estants battus d'une si continuelle approbation et uniforme. Ont ils affaire au plus sot de leurs subjects ? ils n'ont aulcun moyen de prendre advantage sur luy ; en disant : « C'est pource qu'il est mon roy, » il luy semble avoir assez dict qu'il a presté la main à se laisser vaincre. Ceste qualité estouffe et consomme les aultres qualités vrayes et essentielles, elles sont enfoncées dans la royauté ; et ne leur laisse, à eulx faire valoir, que les actions qui la touchent directement et qui luy servent, les offices de leur charge : c'est tant estre roy qu'il n'est que par là. Ceste lueur estrangiere qui l'environne, le cache et nous le desrobbe, nostre veue s'y rompt et s'y dissipe, estant remplie et arrestée par ceste forte lumiere. Le senat ordonna le prix d'eloquence à Tibere ; il le refusa, n'estimant pas que d'un jugement si peu libre, quand bien il eust esté veritable, il s'en peust ressentir.

Comme on leur cede touts advantages d'honneur, aussi conforte l'on et auctorise les defauts et vices qu'ils ont, non seulement par approbation, mais aussi par imitation. Chascun des suyvants d'Alexandre portoit comme luy la teste à costé[1] ; et les flatteurs de Dionysius

---

[1] Plut., du Contentement ou repos de l'esprit, c. 12 de la traduction d'Amyot. C.

[2] Plut., Comment on pourra discerner le flatteur d'avec l'ami, c. 15. C.

[1] Voy. Plut., de la Différence entre le flatteur et l'ami. c. 8. C.

s'entreheurtoient en sa presence, poulsoient et versoient ce qui se rencontroit à leurs pieds, pour dire qu'ils avoient la veue aussi courte que luy[1]. Les greveures[2] ont aussi par fois servy de recommendation et faveur; j'en ai veu la surdité en affectation; et parce que le maistre haïssoit sa femme, Plutarque[3] a veu les courtisans repudier les leurs qu'ils aimoient; qui plus est, la paillardise s'en est veue en credit, et toute dissolution, comme aussi la desloyauté, les blasphemes, la cruauté, comme l'heresie, comme la superstition, l'irreligion, la mollesse, et pis, si pis il y a; par un exemple encores plus dangereux que celuy des flateurs de Mithridates[4], qui, d'autant que leur maistre pretendoit à l'honneur de bon medecin, luy portoient à inciser et cauteriser leurs membres; car ces aultres souffrent cauteriser leur ame, partie plus delicate et plus noble.

Mais pour achever par où j'ay commencé, Adrian l'empereur debattant avecques le philosophe Favorinus de l'interpretation de quelque mot, Favorinus luy en quita bientost la victoire : ses amis se plaignants à luy : « Vous vous mocquez, feit il[5]; vouldriez vous qu'il ne feust pas plus sçavant que moy, luy qui commande à trente legions? » Auguste escrivit des vers contre Asinius Pollio : « Et moy, dict Pollio[6], je me tais; ce n'est pas sagesse d'escrire à l'envy de celuy qui peult proscrire : » et avoient raison; car Dionysius[7], pour ne pouvoir egaler Philoxenus en la poësie et Platon en discours, en condamna l'un aux carrieres et envoya vendre l'aultre esclave en l'isle d'Ægine.

CHAPITRE VIII.

De l'art de conferer.

C'est un usage de nostre justice d'en condamner aulcuns pour l'advertissement des aultres. De les condamner parce qu'ils ont failly, ce seroit bestise, comme dict Platon[1], car ce qui est faict ne se peult desfaire; mais c'est à fin qu'ils ne faillent plus de mesme, ou qu'on fuye l'exemple de leur faulte : on ne corrige pas celuy qu'on pend; on corrige les aultres par luy. Je fois de mesme; mes erreurs sont tantost naturelles et incorrigibles[2]; mais ce que les honnestes hommes proufitent au public en se faisant imiter, je le proufiteray à l'adventure à me faire eviter ;

Nonne vides Albi ut male vivat filius? utque
Barrus inops, magnum documentum, ne patriam rem
Perdere quis velit[3];

publiant et accusant mes imperfections, quelqu'un apprendra de les craindre. Les parties que j'estime le plus en moy tirent plus d'honneur de m'accuser que de me recommender; voylà pourquoy j'y retumbe, et m'y arreste plus souvent. Mais quand tout est compté, on ne parle jamais de soy, sans perte; les propres condamnations sont tousjours accrues; les louanges, mescrues. Il en peult estre aulcuns de ma complexion, qui m'instruis mieulx par contrarieté que par similitude, et par fuyte que par suyte; à ceste sorte de discipline regardoit le vieux Caton[4], quand il dict « que les sages ont plus à apprendre des fols que les fols des sages; » et cest ancien joueur de lyre, que Pausanias recite avoir accoustumé contraindre ses disciples d'aller ouïr un mauvais sonneur, qui logeoit vis à vis de luy, où ils apprinssent à haïr ses desaccords et faulses mesures; l'horreur de la cruauté me rejecte plus avant en la clemence qu'aulcun patron de clemence ne me sçauroit attirer; un bon escuyer ne redresse pas tant mon assiette comme faict un procureur ou un venitien à cheval; et une mauvaise façon de langage reforme mieulx la mienne que ne faict la bonne. Touts les jours, la sotte contenance d'un aultre m'advertit et m'advise; ce qui poinct touche et esveille

---

(1) PLUT., *de la Différence entre le flatteur et l'ami*, c. 8. C.
(2) *Les hernies*, du mot latin *gravedo*. C.
(3) PLUT., *de la Différence entre le flatteur et l'ami*, c. 8. Montaigne a légèrement altéré le fait dont Plutarque parle en cet endroit. C.
(4) ID., *ibid*.
(5) SPARTIEN, *Vie d'Adrien*, c. 15. J. V. L.
(6) MACROBE, *Saturn.*, II, 4. C.
(7) PLUT., *du Contentement ou repos de l'esprit*, c. 10. Mais la conduite du tyran de Sicile à l'égard de Philoxène et de Pla-

ton est rapportée avec plus d'exactitude par DIOD. XV, 6 et 7; DIOG. LAERCE, III, 18 et 19. J. V. L.

(1) Traité *des Lois*, XI, p. 934. C.
(2) Les éditions de 1595 et de 1635 ajoutent : *et irremediables*; mais ce mot a été effacé par Montaigne dans un des exemplaires qu'il a revus.
(3) Voyez-vous le fils d'Albus? qu'il a de peine à vivre! Voyez-vous la misère de Barrus? exemples qui nous apprennent à ne pas dissiper notre patrimoine. HOR., *Sat.*, I, 4, 109.
(4) Voyez sa *Vie* par PLUT., c. 4. C.

mieulx que ce qui plaist. Ce temps est propre à nous amender à reculons; par disconvenance plus que par convenance, par différence que par accord. Estant peu apprins par les bons exemples, je me sers des mauvais, desquels la leçon est ordinaire[1]; je me suis efforcé de me rendre autant agreable comme j'en veoyois de fascheux, aussi ferme que j'en veoyois de mols, aussi doulx que j'en veoyois d'aspres; aussi bon que j'en veoyois de meschants; mais je me proposois des mesures invincibles.

Le plus fructueux et naturel exercice de nostre esprit, c'est, à mon gré, la conference; j'en treuve l'usage plus doulx que d'aulcune aultre action de nostre vie; et c'est la raison pourquoy, si j'estois asture forcé de choisir, je consentirois plustost, ce crois je, de perdre la veue que l'ouïr ou le parler. Les Atheniens, et encores les Romains, conservoient en grand honneur cest exercice en leurs academies; de nostre temps, les Italiens en retiennent quelques vestiges, à leur grand proufit, comme il se veoid par la comparaison de nos entendements aux leurs. L'estude des livres, c'est un mouvement languissant et foible qui n'eschauffe point; là où la conference apprend et exerce en un coup. Si je confere avecques une ame forte et un roide jousteur, il me presse les flancs, me picque à gauche et à dextre; ses imaginations eslancent les miennes; la jalousie, la gloire, la contention, me poulsent et rehaulsent au dessus de moy mesme; et l'unisson est qualité du tout ennuyeuse en la conference. Mais comme nostre esprit se fortifie par la communication des esprits vigoureux et reglés, il ne se peult dire combien il perd et s'abastardit par le continuel commerce et frequentation que nous avons avecques les esprits bas et maladifs; il n'est contagion qui s'espande comme celle là; je sçais par assez d'experience combien en vault l'aulne. J'aime à contester et à discourir; mais c'est avecques peu d'hommes, et pour moy; car de servir de spectacle aux grands, et faire à l'envy parade de son esprit et de son caquet, je treuve que c'est un mestier très messeant à un homme d'honneur.

(1) Au lieu du développement qui suit, l'auteur, dans l'édition de 1588, fol. 405 verso, disait seulement : « La veue ordinaire de la volerie, de la perfidie, a reglé mes mœurs et contenu. »

La sottise est une mauvaise qualité; mais de ne la pouvoir supporter, et s'en despiter et ronger, comme il m'advient, c'est une aultre sorte de maladie qui ne doibt gueres à la sottise en importunité; et est ce qu'à present je veulx accuser du mien. J'entre en conference et en dispute avecques grande liberté et facilité, d'autant que l'opinion treuve en moy le terrein mal propre à y penetrer et y poulser de haultes racines; nulles propositions m'estonnent, nulle creance me blece, quelque contrarieté qu'elle aye à la mienne; il n'est si frivole et si extravagante fantasie qui ne me semble bien sortable à la production de l'esprit humain. Nous aultres, qui privons nostre jugement du droict de faire des arrests, regardons mollement les opinions diverses; et si nous n'y prestons le jugement, nous y prestons ayseement l'aureille. Où l'un plat est vuide de tout en la balance, je laisse vaciller l'aultre soubs les songes d'une vieille; et me semble estre excusable si j'accepte plustost le nombre impair, le jeudy au prix du vendredy; si je n'aime mieulx douziesme ou quatorziesme que treiziesme à table; si je veois plus volontiers un lievre costoyant que traversant mon chemin, quand je voyage, et donne plustost le pied gauche que le droict à chausser. Toutes telles ravasseries, qui sont en credit autour de nous, meritent au moins qu'on les escoute : pour moy, elles emportent seulement l'inanité, mais elles l'emportent. Encores sont, en poids, les opinions vulgaires et casuelles aultre chose que rien, en nature; et qui ne s'y laisse aller jusques là tumbe à l'adventure au vice de l'opiniastreté, pour eviter celuy de la superstition.

Les contradictions doncques des jugements ne m'offensent ny m'alterent; elles m'esveillent seulement et m'exercent. Nous fuyons la correction : il s'y fauldroit presenter et produire, notamment quand elle vient par forme de conference, non de regence. A chasque opposition, on ne regarde pas si elle est juste; mais, à tort ou à droict, comment on s'en desfera; au lieu d'y tendre les bras, nous y tendons les griffes. Je souffrirois estre rudement heurté par mes amis : « Tu es un sot; tu resves. » J'aime, entre les galants hommes, qu'on s'exprime courageusement; que les mots aillent où va la pensée : il nous fault fortifier l'ouïe et la durcir contre ceste tendreur du son cerimonieux des paroles. J'aime une societé et familiarité forte et virile; une amitié qui se flatte en l'aspreté et vigueur de son commerce, comme l'amour aux morsures et aux esgratigneures sanglantes; elle n'est pas assez vigoureuse et genereuse, si elle n'est querelleuse, si elle est civilisée et artiste, si elle craint le hurt et a ses allures contrainctes : *Neque enim disputari sine reprehensione potest*[1]. Quand on me contracte, on esveille mon attention, non pas ma cholere; je m'advance vers celuy qui me contredict, qui m'instruit : la cause de la verité debvroit estre la cause commune à l'un et à l'aultre. Que repondra il? la passion du courroux luy a desjà frappé le jugement; le trouble s'en est saisi avant la raison. Il seroit utile qu'on passast par gageure la decision de nos disputes; qu'il y eust une marque materielle de nos pertes, à fin que nous en teinssions estat, et que mon valet me peust dire : « Il vous cousta l'année passée cent escus, à vingt fois, d'avoir esté ignorant et opiniastre. » Je festoye et caresse la verité en quelque main que je la treuve, et m'y rends alaigrement, et luy tends mes armes vaincues, de loing que je la veois approcher; et, pourveu qu'on n'y procede point d'une trongne trop imperieusement magistrale, je prends plaisir à estre reprins[2] et m'accommode aux accusateurs, souvent plus par raison de civilité que par raison d'amendement, aimant à gratifier et à nourrir la liberté de m'advertir, par la facilité de ceder; ouy, à mes despens.

Toutesfois il est, certes, malaysé d'y attirer les hommes de mon temps : ils n'ont pas le courage de corriger, parce qu'ils n'ont pas le courage de souffrir à l'estre et parlent tousjours avec dissimulation en presence les uns des aultres. Je prends si grand plaisir d'estre jugé et cogneu qu'il m'est comme indifferent en quelle des deux formes je le sois; mon imagination se contredict elle mesme si souvent et condamne, que ce m'est tout un qu'un aultre le face, veu principalement que je ne donne à sa reprehension que l'auctorité que je veulx ; mais je romps paille avec celuy qui se tient si hault à la main, comme j'en cognois quelqu'un qui plaint son advertissement s'il n'est creu, et prend à injure si on estrive à le suyvre. Ce que Socrates recueilloit, tousjours riant, les contradictions qu'on faisoit à son discours, on pourroit dire que sa force en estoit cause; et que l'advantage ayant à tumber certainement de son costé, il les acceptoit comme matiere de nouvelle victoire; mais nous veoyons, au rebours, qu'il n'est rien qui nous y rende le sentiment si delicat que l'opinion de la préeminence et le desdaing de l'adversaire; et que, par raison, c'est au foible plustost d'accepter de bon gré les oppositions qui le redressent et rabillent. Je cherche, à la verité, plus la frequentation de ceulx qui me gourment que de ceulx qui me craignent; c'est un plaisir fade et nuisible d'avoir affaire à gents qui nous admirent et facent place. Antisthenes[1] commanda à ses enfants « de ne scavoir jamais gré ny grace à homme qui les louast. » Je me sens bien plus fier de la victoire que je gaigne sur moy, quand, en l'ardeur mesme du combat, je me fois plier soubs la force de la raison de mon adversaire, que je ne me sens gré de la victoire que je gaigne sur luy par sa foiblesse; enfin, je receois et advoue toute sorte d'attainctes qui sont de droict fil, pour foibles qu'elles soient; mais je suis par trop impatient de celles qui se donnent sans forme. Il me chault peu de la matiere, et me sont les opinions unes, et la victoire du subject à peu près indifferente. Tout un jour je contesteray paisiblement, si la conduicte du debat se suyt avecques ordre : ce n'est pas tant la force et la subtilité que je demande, comme l'ordre; l'ordre qui se veoid tous les jours aux altercations des bergers et des enfants de boutique, jamais entre nous : s'ils se detracquent, c'est en incivilité; si faisons nous bien; mais leur tumulte et impatience ne les desvoye pas de leur theme, leur propos suyt son cours; s'ils previennent l'un l'aultre, s'ils ne s'attendent pas, au moins ils s'entendent. On respond tousjours trop bien pour moy si on respond à ce que je dis ; mais, quand la dispute est troublée et desreglée, je quite la chose, et m'attache à la forme avecques despit et indiscretion; et me

---

(1) Car il n'y a pas de discussion sans contradiction. Cic., *de Finib. bon et mal.*, I, 8.

(2) Edition de 1802: « Je preste l'espaule aux reprehensions que l'on fait de mes escripts, et les ay souvent changés plus par raison de civilité, etc. » Ce texte, préféré par Naigeon, avait dû être abandonné par Montaigne; car il ne s'agit ici que de la conversation. J. V. L.

(1) Plut., *de la Mauvaise honte*, c. 12. Mais Plutarque parle ici d'un *Antisthénius*, surnommé *Hercule*. C.

jecte à une façon de debattre testue, malicieuse et imperieuse, dequoy j'ay à rougir après. Il est impossible de traicter de bonne foy avecques un sot; mon jugement ne se corrompt pas seulement à la main d'un maistre si impetueux, mais aussi ma conscience.

Nos disputes debvroient estre deffendues et punies comme d'aultres crimes verbaux : quel vice[1] n'esveillent elles et n'amoncellent, tousjours regies et commandées par la cholere? Nous entrons en inimitié, premierement contre les raisons, et puis contre les hommes. Nous n'apprenons à disputer que pour contredire; et chascun contredisant et estant contredict, il en advient que le fruict du disputer, c'est perdre et aneantir la verité. Ainsi Platon, en sa Republique[2], prohibe cest exercice aux esprits ineptes et mal nays. A quoy faire vous mettez vous en voye de quester ce qui est, avecques celuy qui n'a ny pas ny alleure qui vaille? On ne faict point tort au subject quand on le quite pour veoir du moyen de le traicter; je ne dis pas moyen scholastique et artiste, je dis moyen naturel d'un sain entendement. Que sera ce enfin? l'un va en Orient, l'aultre en Occident; ils perdent le principal et l'escartent dans la presse des incidents; au bout d'une heure de tempeste ils ne sçavent ce qu'ils cherchent; l'un est bas, l'aultre haut, l'aultre costier; qui se prend à un mot et une similitude; qui ne sent plus ce qu'on luy oppose, tant il est engagé en sa course et pense à se suyvre, non pas à vous; qui, se trouvant foible de reins, craint tout, refuse tout, mesle dès l'entrée et confond le propos, ou, sur l'effort du debat, se mutine à se taire tout plat, par une ignorance despite, affectant un orgueilleux mespris, ou une sottement modeste fuyte de contention; pourveu que cestuy cy frappe, il ne luy chault combien il se descouvre; l'aultre compte ses mots et les poise pour raisons; celuy là n'y employe que l'advantage de sa voix et de ses poulmons; en voilà un qui conclud contre soy mesme, et cestuy cy qui vous assourdit de prefaces et digressions inutiles; cest aultre s'arme de pures injures[1] et cherche une querelle d'Allemaigne, pour se desfaire de la societé et conference d'un esprit qui presse le sien; ce dernier ne veoid rien en la raison, mais il vous tient assiégé sur la closture dialectique de ses clauses et sur les formules de son art.

Or, qui n'entre en desfiance des sciences, et n'est en doubte s'il s'en peult tirer quelque solide fruict au besoin de la vie, à considerer l'usage que nous en avons? *nihil sanantibus litteris*[2]. Qui a pris de l'entendement en la logique? où sont ses belles promesses? *nec ad melius vivendum, nec ad commodius disserendum*[3]. Veoid on plus de barbouillage au caquet des harengieres qu'aux disputes publicques des hommes de ceste profession? J'aimerois mieux que mon fils apprinst aux tavernes à parler qu'aux escholes de la parlerie. Ayez un maistre ès arts, conferez avecques luy; que ne nous faict il sentir ceste excellence artificielle, et ne ravit les femmes et les ignorants comme nous sommes par l'admiration de la fermeté de ses raisons, de la beauté de son ordre? que ne nous domine il et persuade comme il veult? un homme si advantageux en matiere et en conduicte, pourquoy mesle il à son escrime les injures, l'indiscretion et la rage? Qu'il oste son chapperon, sa robbe et son latin, qu'il ne batte pas nos aureilles d'Aristote tout pur et tout crud : vous le prendrez pour l'un d'entre nous, ou pis. Il me semble de ceste implication et entrelaceure du langage par où ils nous pressent,

---

(1) Depuis ces mots jusqu'à la fin du paragraphe, Montaigne a été cité et transcrit dans l'*Art de penser*, ou *Logique* de Port-Royal, Part. III, chap. 20, sect. 7; seulement on a rajeuni le style et supprimé quelques détails, entre autres le dernier membre de phrase, contre les abus de la dialectique et de ses formules. On ne désigne Montaigne, en le copiant, que par le titre vague d'*auteur célèbre*, et l'on ajoute : « Ce sont les vices ordinaires de nos disputes, qui sont assez ingénieusement représentés par cet écrivain qui, *n'ayant jamais connu les véritables grandeurs de l'homme*, en a assez bien connu les défauts. » MM. de Port-Royal admiraient beaucoup ce chapitre. Mais pourquoi, eux qui nomment toujours Montaigne lorsqu'ils le transcrivent pour le blâmer, ne le nomment-ils pas lorsqu'ils lui empruntent des pensées qu'ils approuvent? J. V. L.

(2) Liv. VII, vers la fin. C.

(1) Montaigne ajoutait ici : « Aimant mieux estre en querelle qu'en dispute, se trouvant plus fort de poings que de raisons, se fiant plus de son poing que de sa langue, ou aimant mieux ceder par le corps que par l'esprit; et cherche, etc. » Mais il a rayé cette addition sur l'exemplaire corrigé, où elle est néanmoins très lisible, n'étant effacée que par un seul trait horizontal. N.

(2) De ces lettres qui ne guérissent de rien. Sen., *Epist.*, 59.

(3) Elle n'enseigne ni à mieux vivre, ni à mieux raisonner. Cic., *de Finib.*, I, 19. — C'est ce qu'Epicure pensait de la dialectique des stoïciens au rapport de Cicéron. C.

qu'il en va comme des joueurs de passepasse; leur soupplesse combat et force nos sens, mais elle n'esbranle aulcunement nostre creance : hors ce bastelage, ils ne font rien qui ne soit commun et vil; pour estre plus sçavants, ils n'en sont pas moins ineptes. J'aime et honnore le sçavoir autant que ceulx qui l'ont; et en son vray usage, c'est le plus noble et puissant acquest des hommes; mais en ceulx là (et il en est un nombre infiny de ce genre) qui en establissent leur fondamentale suffisance et valeur, qui se rapportent de leur entendement à leur memoire, *sub aliena umbra latentes*[1]; et ne peuvent rien que par le livre; je le hais, si je l'ose dire, un peu plus que la bestise. En mon païs, et de mon temps, la doctrine amende assez les bourses, nullement les ames : si elle les rencontre mousses, elle les aggrave et suffoque, masse crue et indigeste; si deliées, elle les purifie volontiers, clarifie et subtilise jusques à l'exinanition. C'est chose de qualité à peu près indifferente; très utile accessoire à une ame bien née, pernicieux à une aultre ame, et dommageable; ou plustost, chose de très precieux usage, qui ne se laisse pas posseder à vil prix : en quelque main c'est un sceptre; en quelque aultre, une marotte.

Mais suyvons. Quelle plus grande victoire attendez vous que d'apprendre à vostre ennemy qu'il ne vous peult combattre? Quand vous gaignez l'advantage de vostre proposition, c'est la verité qui gaigne; quand vous gaignez l'advantage de l'ordre et de la conduicte, c'est vous qui gaignez. Il m'est advis qu'en Platon et en Xenophon Socrates dispute plus en faveur des disputants qu'en faveur de la dispute, et pour instruire Euthydemus et Protagoras de la cognoissance de leur impertinence, plus que de l'impertinence de leur art : il empoigne la premiere matiere, comme celuy qui a une fin plus utile que de l'esclaircir; à sçavoir, esclaircir les esprits qu'il prend à manier et exercer. L'agitation et la chasse est proprement de notre gibbier : nous ne sommes pas excusables de la conduire mal et impertinemment; de faillir à la prinse, c'est aultre chose : car nous sommes nays à quester la verité; il appartient de la posseder à une plus grande puissance; elle n'est pas, comme disoit Democritus, cachée dans le fond des abysmes, mais plustost eslevée en haulteur infinie en la cognoissance divine[1]. Le monde n'est qu'une eschole d'inquisition : ce n'est pas à qui mettra dedans, mais à qui fera les plus belles courses. Autant peult faire le sot celuy qui dict vray, que celuy qui dict faulx; car nous sommes sur la maniere, non sur la matiere, du dire. Mon humeur est de regarder autant à la forme qu'à la substance, autant à l'advocat qu'à la cause, comme Alcibiades ordonnoit qu'on feist; et touts les jours m'amuse à lire en des aucteurs, sans soing de leur science, y cherchant leur façon, non leur subject : tout ainsi que je poursuys la communication de quelque esprit fameux, non afin qu'il m'enseigne, mais afin que je le cognoisse, et que le cognoissant, s'il le vault, je l'imite[2]. Tout homme peult dire veritablement; mais dire ordonnéement, prudemment et suffisamment, peu d'hommes le peuvent : par ainsi la faulseté qui vient d'ignorance ne m'offense point; c'est l'ineptie. J'ay rompu plusieurs marchés qui m'estoient utiles, par l'impertinence de la contestation de ceulx avecques qui je marchandois. Je ne m'esmeus pas une fois l'an des faultes de ceulx sur lesquels j'ay puissance; mais sur le poinct de la bestise et opiniastreté de leurs allegations, excuses et defenses asnieres et brutales, nous sommes touts les jours à nous en prendre à la gorge : ils n'entendent ny ce qui se dict ny pourquoy, et respondent de mesme; c'est pour desesperer. Je ne sens heurter rudement ma teste que par une aultre teste; et entre plustost en composition avecques le vice de mes gents qu'avecques leur temerité, leur importunité et leur sottise : qu'ils facent moins pourveu qu'ils soient capables de faire; vous vivez en esperance d'eschauffer leur volonté : mais d'une

---

(1) Qui se tapissent sous l'umbre estrangiere. Sen., *Epist.* 33. — Cette traduction est de Montaigne, et se trouve à la marge de son exemplaire : il ajoutait même ce que Sénèque dit auparavant, *nunquam auctores, semper interpretes* (jamais auteurs, toujours traducteurs). Mais, et la traduction du premier passage, et le texte du second, sont rayés sur ce même exemplaire. M.

(1) Montaigne traduit Lactance sans le nommer : *Democritus quasi in puteo quodam... veritatem jacere demersam : nimirum stulte ut cetera. Non enim tanquam in puteo demersa est veritas... Sed tanquam in summo montis excelsi vertice, vel potius in cœlo; quod est verissimum. Divin. Instit.*, III, 28. J. V. L.

(2) Ces derniers mots, *et que le cognoissant, s'il le vault, je l'imite*, manquent dans l'exemplaire dont on s'est servi pour l'édition de 1802. J. V. L.

souche, il n'y a ny qu'esperer ny que jouïr qui vaille.

Or quoy, si je prends les choses aultrement qu'elles ne sont? Il peult estre : et pourtant j'accuse mon impatience, et tiens, premierement, qu'elle est egalement vicieuse en celuy qui a droict comme en celuy qui a tort; car c'est tousjours un' aigreur tyrannique, de ne pouvoir souffrir une forme diverse à la sienne; et puis, qu'il n'est, à la verité, point de plus grande fadeze et plus constante que de s'esmouvoir et picquer des fadezes du monde, ny plus heteroclite; car elle nous formalise principalement contre nous : et ce philosophe du temps passé[1] n'eust jamais eu faulte d'occasion à ses pleurs, tant qu'il se feust considéré. Myson[2], l'un des sept sages, d'une humeur timonienne et democritienne, interrogé de quoy il rioit tout seul : « De ce mesme que je ris tout seul, » respondit il. Combien de sottises dis je et responds je touts les jours, selon moy; et volontiers doncques combien plus frequentes, selon aultruy? si je m'en mords les levres, qu'en doibvent faire les aultres? Somme, il fault vivre entre les vivants, et laisser la riviere courre soubs le pont, sans nostre soing, ou, à tout le moins, sans nostre alteration. De vray, pourquoy, sans nous esmouvoir, rencontrons nous quelqu'un qui ayt le corps tortu et mal basty ; et ne pouvons souffrir le rencontre d'un esprit mal rengé sans nous mettre en cholere? ceste vicieuse aspreté tient plus au juge qu'à la faulte. Ayons tousjours en la bouche ce mot de Platon : « Ce que je treuve mal sain, n'est ce pas pour estre moy mesme mal sain? ne suis je pas moy mesme en coulpe? mon advertissement se peult il pas renverser contre moy? » Sage et divin refrain, qui fouette la plus universelle et commune erreur des hommes. Non seulement les reproches que nous faisons les uns aux aultres, mais nos raisons aussi et nos arguments et matieres controverses, sont ordinairement retorquables à nous, et nous enferrons de nos armes : de quoy l'ancienneté m'a laissé assez de graves exemples. Ce feut ingenieusement dict et bien à propos, par celuy qui l'inventa :

Stercus cuique suum bene olet[3].

Nos yeulx ne veoyent rien en derriere : cent fois le jour, nous nous mocquons de nous sur le subject de nostre voysin; et detestons en d'aultres les defaults qui sont en nous plus clairement, et les admirons d'une merveilleuse impudence et inadvertance. Encores hier je feus à mesme de veoir un homme d'entendement et gentil personnage se mocquant, aussi plaisamment que justement, de l'inepte façon d'un aultre qui rompt la teste à tout le monde du registre de ses genealogies et alliances, plus de moitié faulses (ceux là se jectent plus volontiers sur tels sots propos qui ont leurs qualités plus doubteuses et moins seures); et luy, s'il eust reculé sur soy, se feust trouvé non gueres moins intemperant et ennuyeux à semer et faire valoir la prerogative de la race de sa femme. Oh! importune presumption, de laquelle la femme se veoid armée par les mains de son mary mesme! S'il entendoit du latin, il luy fauldroit dire :

Agesis, hæc non insanit satis sua sponte; instiga[1].

Je n'entends pas que nul n'accuse, qui ne soit net (car nul n'accuseroit), voire ny net en mesme sorte de tache : mais j'entends que nostre jugement, chargeant sur un aultre, duquel pour lors il est question, ne nous espargne pas, d'une interne et severe jurisdiction. C'est office de charité, que qui ne peult oster un vice en soy cherche ce neantmoins à l'oster en aultruy, où il peult avoir moins maligne et revesche semence ; ny ne me semble response à propos, à celuy qui m'advertit de ma faulte, dire qu'elle est aussi en luy. Quoy pour cela? tousjours l'advertissement est vray et utile. Si nous avions bon nez, nostre ordure nous debvroit plus puïr, d'autant qu'elle est nostre : et Socrates est d'advis[2] que qui se trouveroit coulpable, et son fils, et un estrangier, de quelque violence et injure, debvroit commencer par soy à se presenter à la condamnation de la justice, et implorer pour se purger le secours de la main du bourreau; secondement pour son fils; et dernierement pour l'estrangier : si ce precepte prend le ton un peu trop hault, au moins se doibt il presenter le premier à la punition de sa propre conscience.

---

(1) Héraclite. Voy. Juv., X, 32. J. V. L.
(2) Diog. Laerce, I, 108. C.
(3) Chacun aime l'odeur de son fumier. *Proverbe latin.*

(1) Courage! elle n'est pas assez folle d'elle-même; irrite encore sa folie. Ter., *Andr.*, act. IV, sc. 2, v. 9.
(2) C'est Platon qui lui fait dire cela dans le *Gorgias*, p. 180, édit. d'Henri Estienne. C.

Les sens sont nos propres et premiers juges, qui n'apperceoivent les choses que par les accidents externes : et n'est pas merveille si, en toutes les pieces du service de nostre société, il y a un si perpetuel et universel meslange de cerimonies et apparences superficielles ; si que la meilleure et plus effectuelle part des polices consiste en cela. C'est tousjours à l'homme que nous avons affaire, duquel la condition est merveilleusement corporelle. Que ceulx qui nous ont voulu bastir, ces années passées, un exercice de religion si contemplatif et immateriel, ne s'estonnent point s'il s'en treuve qui pensent qu'elle feust eschappée et fondue entre leurs doigts, si elle ne tenoit parmy nous comme marque, tiltre, et instrument de division et de part, plus que par soy mesme. Comme en la conference, la gravité, la robbe, et la fortune de celuy qui parle, donnent souvent credit à des propos vains et ineptes : il n'est pas à presumer qu'un monsieur si suivy, si redoubté, n'aye au dedans quelque suffisance aultre que populaire ; et qu'un homme à qui on donne tant de commissions et de charges, si desdaigneux et si morguant, ne soit plus habile que cest aultre qui le salue de si loing, et que personne n'employe. Non seulement les mots, mais aussi les grimaces de ces gents là, se considerent et mettent en compte ; chascun s'appliquant à y donner quelque belle et solide interpretation. S'ils se rabbaissent à la conference commune, et qu'on leur presente aultre chose qu'approbation et reverence, ils vous assomment de l'auctorité de leur experience ; ils ont ouï, ils ont faict : vous estes accablé d'exemples. Je leur dirois volontiers que le fruict de l'experience d'un chirurgien n'est pas l'histoire de ses practiques, et se souvenir qu'il a guary quatre empestés et trois goutteux, s'il ne sçait de cest usage tirer de quoy former son jugement, et ne nous sçait faire sentir qu'il en soit devenu plus sage à l'usage de son art : comme en un concert d'instruments, on n'oyt pas un luth, une espinette, et la fleute ; on oyt une harmonie en globe, l'assemblage et le fruict de tout cest amas. Si les voyages et les charges les ont amendés, c'est à la production de leur entendement de le faire paroistre. Ce n'est pas assez de compter les experiences, il les fault poiser et assortir ; et les fault avoir digerées et alambiquées, pour en tirer les raisons et conclusions qu'elles portent. Il ne feut jamais tant d'historiens ; bon est il tousjours et utile de les ouïr, car ils nous fournissent tout plein de belles instructions et louables du magasin de leur memoire ; grande partie, certes, au secours de la vie : mais nous ne cherchons pas cela pour ceste heure, nous cherchons si ces recitateurs et recueilleurs sont louables eulx mesmes.

Je hais toute sorte de tyrannie, et la parliere, et l'effectuelle : je me bande volontiers contre ces vaines circonstances qui pipent nostre jugement par les sens ; et, me tenant au guet de ces grandeurs extraordinaires, ay trouvé que ce sont, pour le plus, des hommes comme les aultres :

Rarus enim ferme sensus communis in illa Fortuna[1] :

A l'adventure les estime l'on et apperceoit moindres qu'ils ne sont, d'autant qu'ils entreprennent plus, et se montrent plus : ils ne respondent point au faix qu'ils ont prins. Il fault qu'il y ayt plus de vigueur et de pouvoir au porteur qu'en la charge : celuy qui n'a pas remply sa force, il vous laisse deviner s'il a encores de la force au delà, et s'il a esté essayé jusques à son dernier poinct ; celuy qui succombe à sa charge, il descouvre sa mesure et la foiblesse de ses espaules : c'est pourquoy on veoid tant d'ineptes ames entre les sçavantes, et plus que d'aultres ; il s'en feust faict des bons hommes de mesnage, bons marchands, bons artisans ; leur vigueur naturelle estoit taillée à ceste proportion. C'est chose de grand poids que la science, ils fondent dessoubs : pour estaler et distribuer ceste riche et puissante matiere, pour l'employer et s'en ayder, leur engin n'a ny assez de vigueur, ny assez de maniement : elle ne peult qu'en une forte nature ; or elles sont bien rares : et les foibles, dict Socrates[2], corrompent la dignité de la philosophie en la maniant ; elle paroist et inutile et vicieuse, quand elle est mal estuyée. Voylà comment ils se gastent et affolent[3],

*Humani qualis simulatur simius oris,
Quem puer arridens pretioso stamine serum*

[1] Le sens commmun est assez rare dans cette haute fortune. Juv., VIII, 73.
[2] Dans la *République* de PLATON, l. VI, p. 495, t. II, édit. d'Henri Estienne ; édit. de M. Ast, VI, 9, p. 179, etc. J. V. L.
[3] *Se blessent.*

*Velavit, nudasque nates ac terga reliquit,
Ludibrium mensis*[1].

A ceulx pareillement qui nous regissent et commandent, qui tiennent le monde en leur main, ce n'est pas assez d'avoir un entendement commun, de pouvoir ce que nous pouvons; ils sont bien loing au dessoubs de nous, s'ils ne sont bien loing au dessus: comme ils promettent plus, ils doibvent aussi plus.

Et pourtant leur est le silence, non seulement contenance de respect et gravité, mais encores souvent de proufit et de mesnage: car Megabysus, estant allé veoir Appelles en son ouvrouer, feut longtemps sans mot dire, et puis commencea à discourir de ses ouvrages: dont il receut ceste rude reprimande: « Tandis que tu as gardé silence, tu semblois quelque grande chose, à cause de tes chaisnes et de ta pompe; mais maintenant qu'on t'a ouï parler, il n'est pas jusques aux garsons de ma boutique qui ne te mesprisent[2]. » Ces magnifiques atours, ce grand estat, ne luy permettoient point d'estre ignorant d'une ignorance populaire, et de parler impertinemment de la peincture; il debvoit maintenir, muet, ceste externe et presumptifve suffisance. A combien de sottes ames, en mon temps, a servy une mine froide et taciturne de tiltre de prudence et de capacité!

Les dignités, les charges, se donnent necessairement plus par fortune que par merite; et a l'on tort souvent de s'en prendre aux roys: au rebours, c'est merveille qu'ils y ayent tant d'heur, y ayants si peu d'addresse:

Principis est virtus maxima nosse suos[3] :

car la nature ne leur a pas donné la veue qui se puisse estendre à tant de peuples, pour en discerner la precellence, et percer nos poictrines où loge la cognoissance de nostre volonté et de nostre meilleure valeur: il fault qu'ils nous trient par conjecture et à tastons; par la race, les richesses, la doctrine, la voix du peuple; très foibles arguments. Qui pourroit trouver moyen qu'on en peust juger par justice, et choisir les hommes par raison, establiroit, de ce seul traict, une parfaicte forme de police.

« Ouy, mais il a mené à poinct ce grand affaire. » C'est dire quelque chose, mais ce n'est pas assez dire, car ceste sentence est justement receue: « qu'il ne fault pas juger les conseils par les evenements[1]. » Les Carthaginois punissoient les mauvais advis de leurs capitaines, encores qu'ils feussent corrigés par une heureuse issue[2] : et le peuple romain a souvent refusé le triumphe à des grandes et très utiles victoires, parce que la conduicte du chef ne respondoit point à son bonheur. On s'apperçoit ordinairement, aux actions du monde, que la fortune, pour nous apprendre combien elle peult en toutes choses, et qui prend plaisir à rabbastre nostre presumption, n'ayant peu faire les malhabiles sages, elle les faict heureux, à l'envy de la vertu; et se mesle volontiers à favoriser les executions où la trame est plus purement sienne: d'où il se veoid touts les jours que les plus simples d'entre nous mettent à fin de très grandes besongnes et publicques et privées; et, comme Siramnez le Persien[3] respondit à ceulx qui s'estonnoient comment ses affaires succedoient si mal, veu que ses propos estoient si sages: « qu'il estoit seul maistre de ses propos, mais du succès de ses affaires c'estoit la fortune, » ceulx cy peuvent respondre de mesme, mais d'un contraire biais. La pluspart des choses du monde se font par elles mesmes[4];

Fata viam invenient[5];

l'issue auctorise souvent une très inepte conduicte: nostre entremise n'est quasi qu'une routine, et, plus communement, consideration d'usage et d'exemple, que de raison. Estonné de la grandeur de l'affaire, j'ay aultrefois sceu, par ceulx qui l'avoient mené à fin, leurs motifs et leur addresse; je n'y ay trouvé que des ad-

---

(1) Tel ce singe, imitateur de l'homme, qu'un enfant couvre en riant d'un précieux tissu de soie; mais il lui laisse le derrière nu et l'expose ainsi à la risée des convives. CLAUD., *in Eutrop.*, I, 303.

(2) PLUT., *des Moyens de discerner le flatteur d'avec l'ami*, c. 14. ÉLIEN, *Hist. div.*, II, 2, raconte ce trait comme étant de Zeuxis. J. V. L.

(3) Le premier mérite d'un prince est de bien connaître ceux qu'il doit s'attacher. MART., VIII, 15.

(1) *Careat successibus opto,
Quisquis ab eventu facta notanda putat.*
OVIDE, *Héroïd.*, II, 85.

(2) TITE LIVE, XXXVIII, 48. C.

(3) Dans PLUT., au prologue des *Apophthegmes des anciens rois, princes et capitaines.*

(4) *Il mondo si governa da sè stesso*, disait un pape, Urbain VIII, si je ne me trompe. C.

(5) Les destins s'ouvrent la route. VIRG., *En.*, III, 395.

vis vulgaires: et les plus vulgaires et usités sont aussi peult estre les plus seurs et plus commodes à la practique, sinon à la montre. Quoy, si les plus plattes raisons sont les mieulx assises; les plus basses et lasches, et les plus battues, se couchent mieulx aux affaires? Pour conserver l'auctorité du conseil des roys, il n'est pas besoing que les personnes prophanes y participent, et y veoyent plus avant que de la premiere barriere: il se doibt reverer à credit et en bloc, qui en veult nourrir la reputation. Ma consultation esbauche un peu la matiere, et la considere legierement par ses premiers visages: le fort et principal de la besongne, j'ay accoustumé de le resigner au ciel.

Permitte divis cetera[1].

L'heur et le malheur sont, à mon gré, deux souveraines puissances: c'est imprudence d'estimer que l'humaine prudence puisse remplir le roolle de la fortune; et vaine est l'entreprinse de celuy qui presume d'embrasser et causes et consequences, et mener par la main le progrès de son faict; vaine surtout aux deliberations guerrieres. Il ne feut jamais plus de circonspection et prudence militaire, qu'il s'en veoid par fois entre nous; seroit ce qu'on craind de se perdre en chemin, se reservant à la catastrophe de ce jeu? Je dis plus, que nostre sagesse mesme et consultation suyt, pour la pluspart, la conduicte du hazard: ma volonté et mon discours se remue tantost d'un air, tantost d'un aultre; et y a plusieurs de ces mouvements qui se gouvernent sans moy: ma raison a des impulsions et agitations journalieres et casuelles:

Vertuntur species animorum, et pectora motus
Nunc alios, alios, dum nubila ventus agebat,
Concipiunt[2].

Qu'on regarde qui sont les plus puissants aux villes, et qui font mieulx leurs besongnes; on trouvera ordinairement que ce sont les moins habiles: il est advenu aux femmelettes, aux enfants, et aux insensés, de commander des grands estats, à l'egual des plus suffisants princes; et y rencontrent (dict Thucydides[3]) plus ordinairement les grossiers que les subtils: nous attribuons les effects de leur bonne fortune à leur prudence;

Ut quisque fortuna utitur,
Ita præcellet; atque exinde sapere illum omnes dicimus[1]:

parquoy je dis bien, en toutes façons, que les evenements sont maigres tesmoings[2] de nostre prix et capacité.

Or j'estois sur ce poinct qu'il ne fault que veoir un homme eslevé en dignité: quand nous l'aurions cogneu, trois jours devant, homme de peu, il coule insensiblement, en nos opinions, une image de grandeur de suffisance; et nous persuadons que, croissant de train et de credit, il est creu de merite: nous jugeons de luy, non selon sa valeur, mais à la mode des jectons, selon la prerogative de son reng. Que la chance tourne aussi, qu'il retumbe et se mesle à la presse, chascun s'enquiert avecques admiration de la cause qui l'avoit guindé si hault: « Est ce luy? faict on; n'y sçavoit il aultre chose quand il y estoit? Les princes se contentent ils de si peu? Nous estions vrayement en bonnes mains! » C'est chose que j'ay veu souvent de mon temps: voire, et le masque des grandeurs qu'on represente aux comedies nous touche aulcunement et nous pipe. Ce que j'adore moy mesme aux roys, c'est la foule de leurs adorateurs: toute inclination et soubmission leur est deue, sauf celle de l'entendement; ma raison n'est pas duicte à se courber et flechir, ce sont mes genoux. Melanthius, interrogé ce qu'il luy sembloit de la tragedie de Dionysius: Je ne l'ay, dict il[3], point veue, tant elle est offusquée de langage: » aussi la pluspart de ceulx qui jugent les discours des grands debvroient dire: « Je n'ai point entendu son propos, tant il estoit offusqué de gravité, de grandeur et de majesté. Antisthenes[4] suadoit un jour aux Atheniens qu'ils commandassent que leurs asnes feussent aussi bien employés au labourage des terres comme estoient les chevaulx: sur quoy il luy feut respondu que cest animal n'estoit pas nay à un tel service: « C'est tout un, repliqua il; il n'y va que de vostre ordonnance; car les plus igno-

---

(1) Abandonne le reste aux dieux. Hor., *Od.*, I, 9, 9.

(2) La disposition de l'âme varie sans cesse: maintenant une passion l'agite; que le vent change, une autre l'entraînera. Virg., *Géorg.*, I, 420.

(3) III, 37, harangue de Cléon. C.

(1) Un homme ne s'élève qu'à la faveur de la fortune, et dès lors tout le monde vante son habileté. Plaute, *Pseudol.*, II, 3, 13.

(2) Édit. de 1588, *fol.* 411, *verso*, « sont debiles tesmoings. »

(3) Plut., *Comment il faut ouïr*, c. 7. C.

(4) Diog. Laerce, VI, 8. C.

rants et incapables hommes que vous employez aux commandements de vos guerres ne laissent pas d'en devenir incontinent tres dignes, parce que vous les y employez: » à quoy touche l'usage de tant de peuples qui canonizent le roy qu'ils ont faict d'entre eulx, et ne se contentent point de l'honorer s'ils ne l'adorent. Ceulx de Mexico, depuis que les cerimonies de son sacre sont parachevées, n'osent plus le regarder au visage; ains, comme s'ils l'avoient deïfié par sa royauté, entre les serments qu'ils luy font jurer de maintenir leur religion, leurs loix, leurs libertés, d'estre vaillant, juste et debonnaire, il jure aussi de faire marcher le soleil en sa lumiere accoustumée, esgoutter les nuées en temps opportun, courir aux rivieres leurs cours, et faire porter à la terre toutes choses necessaires à son peuple[1].

Je suis divers à ceste façon commune; et me desfie plus de la suffisance quand je la veois accompaignée de grandeur de fortune et de recommendation populaire: il nous fault prendre garde combien c'est de parler à son heure, de choisir son poinct, de rompre le propos ou le changer d'une auctorité magistrale, de se deffendre des oppositions d'aultruy par un mouvement de teste, un soubris ou un silence, devant une assistance qui tremble de reverence et de respect. Un homme de monstrueuse fortune, venant mesler son advis à certain legier propos, qui se demenoit tout laschement en sa table, commencea justement ainsi: « Ce ne peult estre qu'un menteur ou ignorant qui dira aultrement que, etc. » Suyvez ceste poincte philosophique, un poignard à la main.

Voicy un aultre advertissement, duquel je tire grand usage: c'est qu'aux disputes et conferences, touts les mots qui nous semblent bons ne doibvent pas incontinent estre acceptés. La pluspart des hommes sont riches d'une suffisance estrangiere; il peult bien advenir à tel de dire un beau traict, une bonne response et sentence, et la mettre en avant sans en cognoistre la force. Qu'on ne tient pas tout ce qu'on emprunte, à l'adventure se pourra il verifier par moy mesme. Il n'y fault point tousjours ceder[2], quelque verité ou beauté qu'elle ayt; ou il la fault combattre à escient, ou se tirer arriere, soubs couleur de ne l'entendre pas, pour taster de toutes parts comment elle est logée en son aucteur. Il peult advenir que nous nous enferrons, et aydons au coup, oultre sa portée. J'ay aultrefois employé, à la necessité et presse du combat, des revirades qui ont fait faulsé oultre mon desseing et mon esperance: je ne les donnois qu'en nombre, on les recevoit en poids. Tout ainsi comme quand je debats contre un homme vigoureux, je me plais d'anticiper ses conclusions, je luy oste la peine de s'interpreter, j'essaye de prevenir son imagination imparfaicte encores et naissante; l'ordre et la pertinence de son entendement m'advertit et menace de loing; de ces aultres je fois tout le rebours, il ne fault rien entendre que par eulx, ny rien presupposer. S'ils jugent en paroles universelles: « cecy est bon, cela ne l'est pas, » et qu'ils rencontrent; voyez si c'est la fortune qui rencontre pour eulx; qu'ils circonscrivent et restreignent un peu leur sentence, pour quoy c'est, par où c'est. Ces jugements universels, que je veois si ordinaires, ne disent rien; ce sont gents qui saluent tout un peuple en foule et en troupe: ceulx qui en ont vraye cognoissance le saluent et remarquent nomméement et particulierement; mais c'est une hazardeuse entreprinse: d'où j'ay veu, plus souvent que touts les jours, advenir que les esprits foiblement fondés, voulants faire les ingenieux à remarquer en la lecture de quelque ouvrage le poinct de la beauté, arrestent leur admiration d'un si mauvais chois qu'au lieu de nous apprendre l'excellence de l'aucteur, ils nous apprennent leur propre ignorance. Ceste exclamation est seure: « voylà qui est beau! » ayant ouï une entiere page de Virgile, par là se sauvent les fins; mais d'entreprendre à le suyvre par espauletées, et, de jugement exprès et trié, vouloir remarquer par où un bon aucteur se surmonte, poisant les mots, les phrases, les inventions, et ses diverses vertus, l'une après l'aultre: ostez-vous de là. *Videndum est, non modo quid quisque loquatur, sed etiam quid quisque sentiat, atque etiam qua de causa quisque sentiat*[1]. J'oys journellement dire à des

---

[1] Montaigne a tiré ce fait de Lopez de Gomara, dans son *Historia general de las Indias*, liv. II, chap. 77.

[2] Dans l'édition de 1588, *fol.* 412, la phrase que l'on va lire suivait immédiatement celle qui, trois lignes plus haut, finit par *sans en cognoistre la force*. Le sens n'était point interrompu. A. D.

[1] Il faut non-seulement écouter ce que chacun dit, mais examiner encore ce que chacun pense, et pourquoi il le pense. Cic., *de Offic.*, I, 41.

sots des mots non sots; ils disent une bonne chose; sçachons jusques où il la cognoissent, veoyons par où ils la tiennent. Nous les aydons à employer ce beau mot et ceste belle raison qu'ils ne possedent pas, ils ne l'ont qu'en garde; ils l'auront producte à l'adventure et à tastons : nous la leur mettons en credit et en prix. Vous leur prestez la main, à quoy faire? ils ne vous en sçavent nul gré, et en deviennent plus ineptes; ne les secondez pas, laissez les aller; ils manieront ceste matiere comme gents qui ont peur de s'eschaulder : ils n'osent luy changer d'assiette et de jour, ny l'enfoncer; croulez la tant soit peu, elle leur eschappe, ils vous la quitent, toute forte et belle qu'elle est; ce sont belles armes, mais elles sont mal emmanchées. Combien de fois en ay je veu l'experience! Or, si vous venez à les esclaircir et confirmer, ils vous saisissent et desrobbent incontinent cest advantage de vostre interpretation : « C'estoit ce que je voulois dire, voylà justement ma conception; si je ne l'ay ainsin exprimé, ce n'est que faulte de langue. » Soufflez. Il fault employer la malice mesme à corriger ceste fiere bestise. Le dogme d'Hegesias[1] : « qu'il ne fault ny haïr ny accuser, ains instruire, » a de la raison ailleurs; mais icy c'est injustice et inhumanité de secourir et redresser celuy qui n'en a que faire, et qui en vault moins. J'aime à les laisser embourber et empestrer encores plus qu'ils ne sont, et si avant, s'il est possible, qu'enfin ils se recognoissent.

La sottise et desreglement de sens n'est pas chose guarissable par un traict d'advertissement, et nous pouvons proprement dire de ceste reparation ce que Cyrus respond à celuy qui le presse d'enhorter son ost, sur le poinct d'une bataille : « Que les hommes ne se rendent pas courageux et belliqueux sur le champ par une bonne harangue, non plus qu'on ne devient incontinent musicien pour ouïr une bonne chanson[2]. » Ce sont apprentisages qui ont à estre faits avant la main, par longue et constante institution. Nous debvons ce soing aux nostres et ceste assiduité de correction et d'instruction; mais d'aller prescher le premier passant, et regenter l'ignorance ou ineptie du premier rencontré, c'est un usage auquel je veulx grand

mal. Rarement le fois je, aux propos mesme qui se passent avecques moy, et quite plustost tout que de venir à ces instructions reculées et magistrales; mon humeur n'est propre non plus à parler qu'à escrire pour les principiants : mais aux choses qui se disent en commun, ou entre aultres, pour faulses et absurdes que je les juge, je ne me jecte jamais à la traverse, ny de parole ny de signe.

Au demourant, rien ne me despite tant en la sottise que de quoy elle se plaist plus que aulcune raison ne se peult raisonnablement plaire. C'est malheur que la prudence vous deffend de vous satisfaire et fier de vous, et vous renvoye tousjours mal content et craintif; là où l'opiniastreté et la temerité remplissent leurs hostes d'esjouïssance et d'asseurance. C'est aux plus malhabiles de regarder les aultres hommes par dessus l'espaule, s'en retournants tousjours du combat pleins de gloire et d'alaigresse; et, le plus souvent encores, ceste oultrecuidance de langage et gayeté de visage leur donne gaigné, à l'endroict de l'assistance, qui est communement foible et incapable de bien juger et discerner les vrais advantages. L'obstination et ardeur d'opinion est la plus seure preuve de bestise : est il rien certain, resolu, desdaigneux, contemplatif, grave, serieux comme l'asne?

Pouvons nous pas mesler au tiltre de la conference et communication les devis poinctus et coupés que l'alaigresse et la privauté introduict entre les amis, gaussants et gaudissants plaisamment et vifvement les uns les aultres? exercice auquel ma gayeté naturelle me rend assez propre; et s'il n'est aussi serieux et tendu que cest aultre exercice que je viens de dire, il n'est pas moins aigu et ingenieux, ny moins proufitable, comme il sembloit à Lycurgus[1]. Pour mon regard, j'y apporte plus de liberté que d'esprit, et y ay plus d'heur que d'invention : mais je suis parfaict en la souffrance; car j'endure la revenche, non seulement aspre, mais indiscrete aussi, sans alteration : et à la charge qu'on me faict, si je n'ay de quoy repartir brusquement sur le champ, je ne vois pas m'amusant à suyvre ceste poincte, d'une contestation ennuyeuse et lasche, tirant à l'opiniastreté; je la laisse passer, et, baissant joyeusement les aureilles, remets d'en avoir ma raison à quelque

---

(1) Diog. Laerce, II, 95. C.
(2) Xén., Cyrop., III, 3, 25. C.

(1) Plut., Lycurgue, c. 11 de la version d'Amyot. C.

heure meilleure : n'est pas marchand qui tousjours gaigne. La pluspart changent de visage et de voix où la force leur fault ; et, par une importune cholere, au lieu de se venger, accusent leur foiblesse ensemble et leur impatience. En ceste gaillardise, nous pinceons par fois des chordes secretes de nos imperfections, lesquelles, rassis, nous ne pouvons toucher sans offense ; et nous entradvertissons utilement de nos defaults.

Il y a d'aultres jeux de main, indiscrets et aspres, à la françoise, que je hais mortellement ; j'ay la peau tendre et sensible : j'en ay veu, en ma vie, enterrer deux princes de nostre sang royal. Il faict laid se battre en s'esbattant.

Au reste, quand je veulx juger de quelqu'un, je luy demande combien il se contente de soy, jusques où son parler ou son escrit luy plaist. Je veulx eviter ces belles excuses : « Je le feis en me jouant ;

Ablatum mediis opus est incudibus istud[1] ;

je ne feus pas une heure ; je ne l'ay reveu depuis. »Or, dis je, laissons doncques ces pieces ; donnez m'en une qui vous represente bien entier, par laquelle il vous plaise qu'on vous mesure ; et puis, que trouvez vous le plus beau en vostre ouvrage ? est ce ou ceste partie ou ceste cy ? la grace, ou la matiere, ou l'invention, ou le jugement, ou la science ? Car ordinairement je m'apperceois qu'on fault autant à juger de sa propre besongne que de celle d'aultruy, non seulement pour l'affection qu'on y mesle, mais pour n'avoir la suffisance de la cognoistre et distinguer. L'ouvrage de sa propre force et fortune peult seconder l'ouvrier et le devancer oultre son invention et cognoissance. Pour moy, je ne juge la valeur d'aultre besongne plus obscurement que de la mienne, et loge les Essais tantost bas, tantost hault, fort inconstamment et doubteusement. Il y a plusieurs livres utiles, à raison de leurs subjects, desquels l'aucteur ne tire aulcune recommandation, et des bons livres, comme des bons ouvrages, qui font honte à l'ouvrier. J'escriray la façon de nos convives et de nos vestements, et l'escriray de mauvaise grace ; je publieray les edicts de mon temps et les lettres des princes qui passent ès mains publicques ; je feray un abbregé sur un bon livre (et tout abbregé sur un bon livre est un sot abbregé), lequel livre viendra à se perdre, et choses semblables. La posterité retirera utilité singuliere de telles compositions ; moy, quel honneur, si ce n'est de ma bonne fortune ? Bonne part des livres fameux sont de ceste condition.

Quand je leus Philippes de Comines, il y a plusieurs années, très bon aucteur certes, j'y remarquay ce mot pour non vulgaire : « Qu'il se fault bien garder de faire tant de service à son maistre qu'on l'empesche d'en trouver la juste recompense ; » je debvois louer l'invention, non pas luy[1] ; je la rencontray en Tacitus, il n'y a pas long temps : *Beneficia eo usque læta sunt, dum videntur exsolvi posse ; ubi multum antevenere, pro gratia odium redditur*[2] ; et Seneque vigoureusement : *Nam qui putat esse turpe non reddere, non vult esse cui reddat*[3]. et Cicero, d'un biais plus lasche : *Qui se non putat satisfacere, amicus esse nullo modo potest*[4]. Le subject, selon qu'il est, peult faire trouver un homme sçavant et memorieux ; mais, pour juger en luy les parties plus siennes et plus dignes, la force et beauté de son ame, il faut sçavoir ce qui est sien, et ce qui ne l'est point ; et, en ce qui n'est pas sien, combien on luy doibt, en consideration du choix, disposition, ornement et langage qu'il a fourny. Quoy, s'il a emprunté la matiere, et empiré la forme, comme il advient souvent !

Nous aultres, qui avons peu de practique avecques les livres, sommes en ceste peine que, quand nous veoyons quelque belle invention en un poëte nouveau, quelque fort argument en un prescheur, nous n'osons pourtant les en louer que nous n'ayons prins instruction, de quelque sçavant, si ceste piece leur est propre, ou si elle est estrangiere ; jusques lors je me tiens tousjours sur mes gardes[5].

Je viens de courre d'un fil l'histoire de Ta-

---

(1) Cet ouvrage, imparfait encore, a été retiré du métier. Ovide, *Trist.*, 1, 7, 29.

(1) Mais Comines lui-même, III, 12, ne s'attribue pas ce mot ; car il déclare qu'il le tient de *son maistre* (Louis XI), qui lui en allegua son aucteur, et de qui il le tenoit. C.

(2) Les bienfaits sont agréables tant que l'on croit pouvoir s'acquitter ; mais lorsqu'ils deviennent trop grands, loin de les reconnaître, on les paie de haine. Tacite, *Ann.*, IV, 18.

(3) Celui qui trouve honteux de ne pas rendre voudrait qu'il n'y eût plus personne à qui il fût obligé. Sen., *Epist.* 81.

(4) Celui qui ne croit pas être quitte envers vous, ne saurait être votre ami. Q. Cic., *de Petitione consulatus*, c. 9.

(5) Édition de 1588, fol. 414 verso, « sur ma garde. »

citus (ce qui ne m'advient gueres; il y a vingt ans que je ne meis en livre une heure de suite); et l'ay faict à la suasion d'un gentilhomme que la France estime beaucoup, tant pour sa valeur propre que pour une constante forme de suffisance et bonté qui se veoid en plusieurs freres qu'ils sont. Je ne sçache point d'aucteur qui mesle à un registre publicque tant de consideration des mœurs et inclinations particulieres ; et me semble le rebours de ce qu'ils luy semble à luy[1], qu'ayant specialement à suivre les vies des empereurs de son temps, si diverses et extremes en toute sorte de formes, tant de notables actions que nommeement leur cruauté produisit en leurs subjects, il avoit une matiere plus forte et attirante à discourir et à narrer que s'il eust eu à dire des battailles et agitations universelles; si que souvent je le treuve sterile, courant par dessus ces belles morts, comme s'il craignoit nous fascher de leur multitude et longueur. Ceste forme d'histoire est de beaucoup la plus utile; les mouvements publicques despendent plus de la conduicte de la fortune; les privés, de la nostre. C'est plustost un jugement que deduction d'histoire[2]; il y a plus de preceptes que de contes ; ce n'est pas un livre à lire, c'est un livre à estudier et apprendre; il est si plein de sentences qu'il y en a à tort et à droict ; c'est une pepiniere de discours ethiques et politiques, pour la provision et ornement de ceulx qui tiennent quelque reng au maniement du monde. Il plaide tousjours par raisons solides et vigoreuses, d'une façon poinctue et subtile, suyvant le style affecté du siecle; ils aimoient tant à s'enfler qu'où ils ne trouvoyent de la poincte et subtilité aux choses, ils l'empruntoient des paroles. Il ne retire pas mal à l'escrire de Seneque : il me semble plus charnu ; Seneque plus aigu. Son service est plus propre à un estat trouble et malade, comme est le nostre present; vous diriez souvent qu'il nous peinct, et qu'il nous pince.

Ceulx qui doubtent de sa foy s'accusent assez de luy vouloir mal d'ailleurs. Il a les opinions saines, et pend du bon party aux affaires romaines. Je me plains un peu toutesfois de quoy il a jugé de Pompeius plus aigrement que ne porte l'advis des gents de bien qui ont vescu et traicté avecques luy; de l'avoir estimé du tout pareil à Marius et à Sylla, sinon d'autant qu'il estoit plus couvert[1]. On n'a pas exempté d'ambition son intention au gouvernement des affaires, ny de vengeance; et ont craint ses amis mesme que la victoire l'eust emporté oultre les bornes de la raison, mais non pas jusques à une mesure si effrenée; il n'y a rien, en sa vie, qui nous ayt menacé d'une si expresse cruauté et tyrannie. Encores ne faut il pas contrepoiser le souspeçon à l'evidence ; ainsi je ne l'en crois pas. Que ses narrations soient naïfves et droictes, il se pourroit, à l'adventure, argumenter de cecy mesme qu'elles ne s'appliquent pas tousjours exactement aux conclusions de ses jugements, lesquels il suyt selon la pente qu'il y a prinse, souvent oultre la matiere qu'il nous montre, laquelle il n'a daigné incliner d'un seul air. Il n'a pas besoing d'excuse d'avoir approuvé la religion de son temps, selon les loix qui luy commandoient, et ignoré la vraye; cela, c'est son malheur, non pas son default.

J'ay principalement consideré son jugement, et n'en suis pas bien esclaircy par tout; comme ces mots de la lettre que Tibere, vieil et malade, envoyoit au senat[2] : « Que vous escrirai je, messieurs, ou comment vous escrirai je, ou que ne vous escrirai je point, en ce temps? les dieux et les déesses me perdent pirement que je ne me sens touts les jours perir, si je le sçais !» je n'apperçois pas pourquoy il les applique si certainement à un poignant remors qui tormente la conscience de Tibere; au moins lors que j'estois à mesme, je ne le veis point.

Cela m'a semblé aussi un peu lasche, qu'ayant eu à dire qu'il avoit exercé certain honorable magistrat à Rome, il s'aille excusant que ce n'est point par ostentation qu'il l'a dict[3] ; ce traict me semble bas de poil, pour une ame de sa sorte; car le n'oser parler rondement de soy accuse quelque faulte de cœur; un jugement roide et haultain, et qui juge sainement et seurement, il use à toutes mains des propres exemples, ainsi que de chose estrangiere; et tesmoigne franchement de luy, comme de

---

(1) *Annal.*, XVI, 16. J. V. L.
(2) Edition de 1488, *fol.* 414 *verso*, « que narration d'histoire. »

(1) *Histor.*, II, 58. J. V. L.
(2) TACITE, *Annal.*, VI, 6. SUÉT. est du même avis que Tacite sur cette lettre, *Tiber.*, c. 67. J. V. L.
(3) *Annal.*, XI, 11. J. V. L.

chose tierce. Il fault passer par dessus ces regles populaires de la civilité en faveur de la verité et de la liberté. J'ose non seulement parler de moy, mais parler seulement de moy; je fourvoye quand j'escris d'aultre chose, et me desrobbe à mon subject. Je ne m'aime pas si indiscretement, et ne suis si attaché et meslé à moy que je ne me puisse distinguer et considerer à quartier, comme un voysin, comme un arbre; c'est pareillement faillir de ne veoir pas jusques où on vault ou d'en dire plus qu'on n'en veoid. Nous debvons plus d'amour à Dieu qu'à nous, et le cognoissons moins; et si en parlons tout nostre saoul.

Si ses escripts rapportent aulcune chose de ses conditions, c'estoit un grand personnage, droicturier et courageux, non d'une vertu superstitieuse, mais philosophique et genereuse. On le pourra trouver hardy en ses tesmoignages; comme où il tient qu'un soldat portant un faix de bois, ses mains se roidirent de froid et se collerent à sa charge, si qu'elles y demeurerent attachées et mortes, s'estants desparties des bras[1]. J'ay accoustumé, en telles choses, de plier soubs l'auctorité de si grands tesmoings.

Ce qu'il dict aussi que Vespasian, par la faveur du dieu Serapis, guarit en Alexandrie une femme aveugle, en luy oignant les yeulx de sa salive, et je ne sçais quel aultre miracle[2], il le faict par l'exemple et debvoir de touts bons historiens. Ils tiennent registre des evenements d'importance; parmy les accidents publicques sont aussi les bruicts et opinions populaires. C'est leur roolle de reciter les communes creances, non pas de les regler; ceste part touche les theologiens et les philosophes directeurs des consciences; pourtant très sagement ce sien compaignon, et grand homme comme luy: *Equidem plura transcribo quam credo; nam nec affirmare sustineo de quibus dubito, nec subducere quæ accepi*[3]; et l'aultre: *Hæc neque affirmare, neque refellere operæ pretium est...; famæ rerum standum est*[4]. Et escrivant en un siecle auquel la creance des prodiges commenceoit à diminuer, il dict ne vouloir pourtant laisser d'inserer en ses annales et donner pied à chose receue de tant de gents de bien et avecques si grande reverence de l'antiquité; c'est très bien dict. Qu'ils nous rendent l'histoire, plus selon qu'ils reçoivent, que selon qu'ils estiment. Moy qui suis roy de la matiere que je traicte, et qui n'en doibs compte à personne, ne m'en crois pourtant pas du tout; je hazarde souvent des boutades de mon esprit, desquelles je me desfie, et certaines finesses verbales dequoy je secoue les aureilles; mais je les laisse courir à l'adventure. Je veois qu'on s'honnore de pareilles choses; ce n'est pas à moy seul d'en juger. Je me presente debout et couché, le devant et le derriere, à droite et à gauche, et en touts mes naturels plis. Les esprits, voire pareils en force, ne sont pas tousjours pareils en application et en goust.

Voylà ce que la memoire m'en presente en gros, et assez incertainement; touts jugements en gros sont lasches et imparfaicts.

CHAPITRE IX

De la vanité.

Il n'en est, à l'adventure, aulcune plus expresse que d'en escrire si vainement. Ce que la divinité nous a si divinement exprimé[1] debvroit estre soigneusement et continuellement medité par les gents d'entendement. Qui ne veoid que j'ai prins une route par laquelle, sans cesse et sans travail, j'iray autant qu'il y aura d'encre et de papier au monde? Je ne puis tenir registre de ma vie par mes actions; fortune les met trop bas; je le tiens par mes fantasies. Si ay je veu un gentilhomme qui ne communiquoit sa vie que par les operations de son ventre; vous veoyiez chez luy, en montre, un ordre de bassins de sept ou huict jours; c'estoit son estude, ses discours; tout aultre propos luy puoit. Ce sont icy, un peu plus civilement, des excrements d'un vieil esprit, dur tantost, tantost lasche, et toujours indigeste. Et quand seray je à bout de representer une con-

---

(1) *Annal.*, XIII. 35.
(2) *Histor.*, IV, 81. C.
(3) J'en dis plus que je n'en crois; mais, comme je n'ai garde d'assurer les choses dont je doute, aussi ne puis-je pas supprimer celles que j'ai apprises. QUINTE CURCE, IX, 1.
(4) Je ne dois pas me mettre en peine d'affirmer ni de réfuter ces choses...; il faut s'en tenir à la renommée. TITE LIVE, I, *Præfat.*, et VIII, 6.

(1) *Vanitas vanitatum, et omnia vanitas.* Ecclesiast., I, 2.
J. V. L.

tinuelle agitation et mutation de mes pensées, en quelque matiere qu'elles tumbent, puisque Diomedes[1] remplit six mille livres du seul subject de la grammaire? Que doibt produire le babil, puisque le begayement et desnouement de la langue estouffa le monde d'une si horrible charge de volumes! Tant de paroles pour les paroles seules! O Pythagoras, que n'esconjuras tu ceste tempeste! On accusoit un Galba, du temps passé, de ce qu'il vivoit oyseusement; il respondit que « chascun debvoit rendre raison de ses actions, non pas de son sejour[2]. » Il se trompoit; car la justice a cognoissance et animadversion aussi sur ceulx qui choment.

Mais il y debvroit avoir quelque coerction des loix contre les escrivains ineptes et inutiles, comme il y a contre les vagabonds et faineants; on banniroit des mains de nostre peuple, et moy, et cent aultres. Ce n'est pas mocquerie; l'escrivaillerie semble estre quelque symptome d'un siecle desbordé; quand escrivismes nous tant que depuis que nous sommes en trouble? quand les Romains tant, que lors de leur ruyne? Oultre ce que l'affinement des esprits, ce n'en est pas l'assagissement, en une police; cest embesognement oisif naist de ce que chascun se prend laschement à l'office de sa vacation et s'en desbauche. La corruption du siecle se faict par la contribution particuliere de chascun de nous; les uns y conferent la trahison, les aultres l'injustice, l'irreligion, la tyrannie, l'avarice, la cruauté, selon qu'ils sont puissants; les plus foibles y apportent la sottise, la vanité, l'oisifveté; desquels je suis. Il semble que ce soit la saison des choses vaines, quand les dommageables nous pressent; en un temps où le meschamment faire est si commun, de ne faire qu'inutilement il est comme louable. Je me console que je seray des derniers sur qui il fauldra mettre la main; ce pendant qu'on pourvoira aux plus pressants, j'auray loy de m'amender; car il me semble que ce seroit contre raison de poursuyvre les menus inconvenients, quand les grands nous infestent. Et le medecin Philotimus, à un qui luy presentoit le doigt à panser, auquel il recognoissoit au visage et à l'haleine un ulcere aux poulmons : « Mon amy, feit il, ce n'est pas à ceste heure le temps de t'amuser à tes ongles[1]. »

Je veis pourtant sur ce propos, il y a quelques années, qu'un personnage de qui j'ay la memoire en recommendation singuliere, au milieu de nos grands maulx, qu'il n'y avoit ny loy, ny justice, ny magistrat qui feist son office non plus qu'à ceste heure, alla publier je ne sçais quelles chestifves reformations sur les habillements, la cuisine et la chicane. Ce sont amusoires dequoy on paist un peuple malmené pour dire qu'on ne l'a pas du tout mis en oubly. Ces aultres font de mesme qui s'arrestent à deffendre à toute instance des formes de parler, les danses et les jeux, à un peuple abandonné[2] à toute sorte de vices exsecrables. Il n'est pas temps de se laver et descrasser quand on est attainct d'une bonne fiebvre; c'est à faire aux seuls Spartiates de se mettre à se peigner et testonner sur le poinct qu'ils se vont precipiter à quelque extreme hazard de leur vie.

Quant à moy, j'ay ceste aultre pire coustume que, si j'ay un escarpin de travers, je laisse encores de travers et ma chemise et ma cappe; je desdaigne de m'amender à demy. Quand je suis en mauvais estat, je m'acharne au mal; je m'abandonne par desespoir et me laisse aller vers la cheute, et jecte, comme l'on dict, le manche après la coignée; je m'obstine à l'empirement et ne m'estime plus digne de mon soing, ou tout bien, ou tout mal. Ce m'est faveur que la desolation de cest estat se rencontre à la desolation de mon aage. Je souffre plus volontiers que mes maulx en soient rechargés que si mes biens en eussent esté troublés. Les paroles que j'exprime au malheur sont paroles de despit; mon courage se herisse au lieu de s'applatir, et, au rebours des aultres, je me trouve plus devot en la bonne qu'en la mauvaise fortune, suyvant le precepte de Xenophon[3], sinon suyvant sa raison, et fois plus volontiers les doulx yeulx au ciel pour le re-

---

(1) Montaigne paraît prendre ici *Diomède* pour *Didyme*, à qui Sén. (*Epist.* 88) attribue, non pas six mille, mais quatre mille ouvrages. On ne voit pas que le grammairien Diomède, dont il reste des recherches sur la langue et la versification latine, en trois livres, ait été aussi fécond que ce Grec d'Alexandrie. J. V. L.

(2) *Repos.* Mot de l'empereur Galba. Voyez Suét., *Galb.*, c. 9. C.

(1) Plut., *Comment on discerne le flatteur d'avec l'ami*, c. 31. C.

(2) Édition de 1588, « perdu de toute sorte, etc. »

(3) *Cyropédie*, I, 6, 3; passage cité par Plut., *du Contentement ou repos de l'esprit*, c. 1 de la version d'Amyot. J. V. L.

mercier que pour le requerir. J'ay plus de soing d'augmenter la santé quand elle me rit que je n'ay de la remettre quand je l'ay escartée. Les prosperités me servent de discipline et d'instruction, comme aux aultres les adversités et les verges. Comme si la bonne fortune estoit incompatible avecques la bonne conscience, les hommes ne se rendent gents de bien qu'en la mauvaise. Le bonheur m'est un singulier aiguillon à la moderation et modestie : la priere me gaigne, la menace me rebute ; la faveur me ploye, la crainte me roidit.

Parmy les conditions humaines, ceste cy est assez commune de nous plaire plus des choses estrangieres que des nostres et d'aimer le remuement et le changement ;

Ipsa dies ideo nos grato perluit haustu,
Quod permutatis hora recurrit equis [1] :

J'en tiens ma part. Ceulx qui suyvent l'aultre extremité de s'agreer en eulx mesmes, d'estimer ce qu'ils tiennent au dessus du reste et de ne recognoistre aulcune forme plus belle que celle qu'ils voyent, s'ils ne sont plus advisés que nous, ils sont à la verité plus heureux. Je n'envie point leur sagesse, mais ouy leur bonne fortune.

Ceste humeur avide des choses nouvelles et incogneues ayde bien à nourrir en moy le desir de voyager ; mais assez d'aultres circonstances y conferent. Je me destourne volontiers du gouvernement de ma maison. Il y a quelque commodité à commander, feust ce dans une grange, et à estre obeï des siens ; mais c'est un plaisir trop uniforme et languissant, et puis il est par necessité meslé de plusieurs pensements faschieux : tantost l'indigence et l'oppression de vostre peuple, tantost la querelle d'entre vos voysins, tantost l'usurpation qu'ils font sur vous vous afflige ;

Aut verberatæ grandine vineæ,
Fundusque mendax, arbore nunc aquas
Culpante, nunc torrentia agros
Sidera, nunc hiemes iniquas [2].

et qu'à peine en six mois envoyera Dieu une saison dequoy vostre receveur se contente bien à plain, et que si elle sert aux vignes elle ne nuise aux prés ;

Aut nimiis torret fervoribus ætherius sol,
Aut subiti perimunt imbres, gelidæque pruinæ,
Flabraque ventorum violento turbine vexant [1] :

joinct le soulier neuf et bien formé de cest homme du temps passé qui vous blece le pied [2], et que l'estrangier n'entend pas combien il vous couste et combien vous prestez à maintenir l'apparence de cest ordre qu'on veoid en vostre famille, et qu'à l'adventure l'achetez vous trop cher.

Je me suis prins tard au mesnage ; ceulx que nature avoit fait naistre avant moy m'en ont deschargé long temps ; j'avois desja prins un aultre ply plus selon ma complexion. Toutesfois de ce que j'en ay veu c'est une occupation plus empeschante que difficile. Quiconque est capable d'aultre chose le sera bien ayseement de celle là. Si je cherchois à m'enrichir, ceste voye me sembleroit trop longue ; j'eusse servy les roys, traficque plus fertile que toute aultre. Puisque je ne pretends acquerir que la reputation de n'avoir rien acquis, non plus que dissipé, conformement au reste de ma vie, impropre à faire bien et à faire mal qui vaille, et que je ne cherche qu'à passer, je le puis faire, Dieu mercy ! sans grande attention. Au pis aller, courez tousjours, par retranchement de despense, devant la pauvreté ; c'est à quoy je m'attends et de me reformer avant qu'elle m'y force. J'ay establi, au demourant, en mon ame, assez de degrés à me passer de moins que ce que j'ay ; je dis passer avecques contentement : *Non æstimatione census, verum victu atque cultu, terminatur pecuniæ modus* [3]. Mon vray

(1) Ou le soleil brule de ses feux les productions de la terre : ou les pluies soudaines, les gelées piquantes les détruisent ; ou les vents impétueux les emportent dans leurs tourbillons. LUCR., V, 216.

(2) Montaigne, je crois, veut parler ici de sa femme, et il n'en parle jamais qu'à demi mot ; mais l'endroit de PLUTARQUE auquel il fait allusion (*Vie de Paul Emile*, c. 5 de la version d'Amyot), laissera entendre ce qu'il ne dit pas : « Un Romain ayant repudié sa femme, ses amis l'en tanserent en luy demandant : Que trouves tu à redire en elle ? n'est elle pas femme de bien de son corps ? n'est elle pas belle ? ne porte elle pas de beaux enfants ? Et luy, estendant son pied, leur montra son soulier et leur respondit : Ce soulier n'est il pas beau ? n'est il pas bien faict ? n'est il pas tout neuf ? toutesfois il n'y a personne de vous qui sçache où il me blesse le pied. » J. V. L.

(3) Ce n'est point par les revenus de chacun, mais par ses besoins qu'il faut estimer sa fortune. Cic., *Paradox.*, VI, 3.

(1) La lumière même du jour ne nous plait que parce que les heures ont changé de coursiers. *Fragm. de* PÉTR., p. 678.

(2) Tantôt vos vignes sont frappées de la grêle ; tantôt vos terres, trompant votre espérance, accusent ou les pluies, ou les chaleurs trop vives, ou les hivers trop rigoureux. HOR., *Od.*, III, 1, 29.

besoing n'occupe pas si justement tout mon avoir que, sans venir au vif, fortune n'ayt où mordre sur moy. Ma presence, toute ignorante et desdaigneuse qu'elle est, preste grande espaule à mes affaires domestiques. Je m'y employe, mais despiteusement; joinct que j'ay cela chez moy que, pour brusler à part la chandelle par mon bout, l'aultre bout ne s'espargne de rien.

Les voyages ne me blecent que par la despense, qui est grande et oultre mes forces, ayant accoustumé d'y estre avecques equipage non necessaire seulement, mais encores honneste. Il me les en fault faire d'autant plus courts et moins frequents, et n'y employe que l'escume et ma reserve, temporisant et differant selon qu'elle vient. Je ne veux pas que le plaisir du promener corrompe le plaisir du repos; au rebours, j'entends qu'ils se nourrissent et favorisent l'un l'aultre. La fortune m'a aydé en cecy que, puisque ma principale profession en ceste vie estoit de la vivre mollement et plustost laschement qu'affaireusement, elle m'a osté le besoing de multiplier en richesses pour pourveoir à la multitude de mes heritiers. Pour un[1], s'il n'a assez de ce dequoy j'ay eu si plantureusement assez, à son dam, son imprudence ne meritera pas que je luy en desire davantage. Et chascun, selon l'exemple de Phocion[2], pourveoid suffisamment à ses enfants, qui leur pourveoid en tant qu'ils ne luy sont dissemblables. Nullement serois je d'avis du faict de Cratès[3]; il laissa son argent chez un banquier, avecques ceste condition : « Si ses enfants estoient des sots qu'il le leur donnast; s'ils estoient habiles, qu'il le distribuast aux plus sots du peuple; » comme si les sots, pour estre moins capables de s'en passer, estoient plus capables d'user des richesses!

Tant y a que le dommage qui vient de mon absence ne me semble point meriter, pendant que j'auray de quoy le porter, que je refuse d'accepter les occasions qui se presentent de me distraire de ceste assistance penible.

Il y a tousjours quelque piece qui va de travers. Les negoces, tantost d'une maison, tantost d'une aultre, vous tirassent; vous esclairez toutes choses de trop près; vostre perspicacité vous nuit icy comme si faict elle assez ailleurs. Je me desrobbe aux occasions de me fascher et me destourne de la cognoissance des choses qui vont mal, et si ne puis tant faire qu'à toute heure je ne heurte chez moy en quelque rencontre qui me desplaise, et les friponneries qu'on me cache le plus sont celles que je sçais le mieulx; il en est que, pour faire moins mal, il fault ayder soy mesme à cacher. Vaines poinctures, vaines par fois, mais tousjours poinctures. Les plus menus et graisles empeschements sont les plus perceants, et, comme les petites lettres lassent plus les yeulx, aussi nous picquent plus les petits affaires. La tourbe des menus maulx offense plus que la violence d'un, pour grand qu'il soit. A mesure que ces espines domestiques sont drues et desliées, elles nous mordent plus aigu et sans menaces, nous surprenant facilement à l'impourveu[1]. Je ne suis pas philosophe; les maulx me foulent selon qu'ils poisent, et poisent selon la forme comme selon la matiere, et souvent plus. J'en ay plus de perspicacité que le vulgaire si j'y ay plus de patience; enfin, s'ils ne me blecent, ils me pesent. C'est chose tendre que la vie et aysée à troubler. Depuis que j'ay le visage tourné vers le chagrin : *Nemo enim resistit sibi, quum cœperit impelli*[2], pour sotte cause qui m'y ayt porté, j'irrite l'humeur de ce costé là, qui se nourrit après et s'exaspere de son propre bransle, attirant et emmoncellant une matiere sur aultre de quoy se paistre :

Stillicidi casus lapidem cavat[3] :

---

(1) Montaigne n'avait qu'une fille pour héritière. E. J.

(2) Montaigne fait allusion à la réponse que Phocion fit aux envoyés de Philippe, qui, pour l'engager à accepter les présents de ce roi, lui représentaient que ses enfants, étant pauvres, ne pourraient pas soutenir la gloire de leur père. « S'ils me ressemblent, dit-il, mon petit bien de campagne doit suffire à leur fortune, comme il a suffi à la mienne; sinon, je ne veux pas, à mes dépens, nourrir et augmenter leurs dissolutions. » Corn. Nepos, *Phoc.*, c. 1. C.

(3) Diog. Laerce, VI, 88. C.

(1) Après ces mots, on lit dans l'édition de 1588, fol. 418, verso : « Or nous monstre assez Homere combien la surprinse donne d'advantage, qui faict Ulysse pleurant de la mort de son chien et ne pleurant point des pleurs de sa mère : le premier accident, tout legier qu'il estoit, l'emporta, d'autant qu'il en fut inopinement assailly; il soustint le second, plus impetueux, parce qu'il y estoit preparé. Ce sont legieres occasions, qui pourtant troublent la vie : c'est chose tendre que nostre vie, et aysée à blesser. Depuis que, etc. »

(2) La première impulsion reçue, on ne peut plus résister. Sen., *Epist.* 13.

(3) L'eau qui tombe goutte à goutte
Perce le plus dur rocher.

Ces deux vers de Quinault, dans l'opéra d'*Atys*, act. IV, sc. 5, traduisent le demi-vers de Lucr., I, 314. C.

ces ordinaires goutticres me mangent et m'ulcerent. Les inconvenients ordinaires ne sont jamais legiers; ils sont continuels et irreparables, nomméement quand ils naissent des membres du mesnage, continuels et inseparables. Quand je considere mes affaires de loing et en gros, je treuve, soit pour n'en avoir la memoire gueres exacte, qu'ils sont allés jusques à ceste heure en prosperant, oultre mes comptes et mes raisons. J'en retire, ce me semble, plus qu'il n'y en a; leur bonheur me trahit. Mais suis je au dedans de la besongne, veois je marcher toutes ces parcelles,

Tum vero in curas animum diducimus omnes[1] :

mille choses m'y donnent à desirer et craindre. De les abandonner du tout il m'est très facile, de m'y prendre sans m'en peiner très difficile. C'est pitié d'estre en lieu où tout ce que vous veoyez vous embesongne et vous concerne, et me semble jouïr plus gayement les plaisirs d'une maison estrangiere et y apporter le goust plus libre et pur. Diogenes respondit, selon moy, à celuy qui luy demanda quelle sorte de vin il trouvoit le meilleur : « L'estrangier, » feit il[2].

Mon pere aimoit à bastir Montaigne où il estoit nay, et, en toute ceste police d'affaires domestiques, j'aime à me servir de son exemple et de ses regles, et y attacheray mes successeurs autant que je pourray. Si je pouvois mieulx pour luy, je le ferois. Je me glorifie que sa volonté s'exerce encores et agisse par moy. Jà Dieu ne permette que je laisse faillir entre mes mains aulcune image de vie que je puisse rendre à un si bon pere! Ce que je me suis meslé d'achever quelque vieux pan de mur et de renger quelque piece de bastiment mal dolé, c'a esté certes regardant plus à son intention qu'à mon contentement, et accuse ma faineance de n'avoir passé oultre à parfaire les beaux commencemens qu'il a laissés en sa maison, d'autant plus que je suis en grands termes d'en estre le dernier possesseur de ma race et d'y porter la derniere main ; car, quant à mon application particuliere, ny ce plaisir de bastir qu'on dict estre si attrayant, ny la chasse, ny les jardins, ny ces aultres plaisirs de la vie retirée, ne me peuvent beaucoup amuser. C'est chose dequoy je me veulx mal comme de toutes aultres opinions qui me sont incommodes; je ne me soulcie pas tant de les avoir vigoreuses et doctes comme je me soulcie de les avoir aysées et commodes à la vie; elles sont bien assez vrayes et saines si elles sont utiles et agreables. Ceulx qui, m'oyants dire mon insuffisance aux occupations du mesnage, me viennent souffler aux aureilles que c'est desdaing et que je laisse de sçavoir les instruments du labourage, ses saisons, son ordre, comment on faict mes vins, comme on ente, et de sçavoir le nom et la forme des herbes et des fruicts, et l'apprest des viandes dequoy je vis, le nom et le prix des estoffes dequoy je m'habille pour avoir à cœur quelque plus haulte science, ils me font mourir. Cela, c'est sottise[1] et plustost bestise que gloire; je m'aimerois mieulx bon escuyer que bon logicien :

Quin tu aliquid saltem potius, quorum indiget usus,
Viminibus mollique paras detexere junco[2] *?*

Nous empeschons nos pensées du general et des causes et conduictes universelles qui se conduisent très bien sans nous, et laissons en arriere nostre faict, et Michel, qui nous touche encores de plus près que l'homme. Or, j'arreste bien chez moy le plus ordinairement; mais je vouldrois m'y plaire plus qu'ailleurs :

Sit meœ sedes utinam senectœ,
Sit modus lasso maris, et viarum,
Militiœque[3] *!*

je ne sçais si j'en viendray à bout. Je vouldrois qu'au lieu de quelque aultre piece de sa succession mon pere m'eust resigné ceste passionnée amour qu'en ses vieux ans il portoit à son mesnage; il estoit bien heureux de ramener ses desirs à sa fortune et de se sçavoir plaire de ce qu'il avoit. La philosophie politique aura bel accuser la bassesse et sterilité de mon occupation si j'en puis une fois prendre le goust com-

---

(1) Alors mon âme se partage entre mille soucis. Virg., *En.*, V, 720.

(2) Diog. Laerce, VI, 54. C.

(1) Edition de 1588, fol. 419, « Ce n'est pas mespris, c'est sottise. »

(2) Pourquoi ne pas s'occuper plutôt à quelque chose d'utile? à faire des paniers d'osier ou des corbeilles de jonc? Virg., *Eclog.*, II, 71.

(3) Après tant de voyages, de fatigues et de combats, puissé-je, dans ma vieillesse, y trouver un doux repos! Hor., *Od.*, II, 6, 6.

me luy. Je suis de cest advis que la plus honorable vacation est de servir au public et estre utile à beaucoup : *Fructus enim ingenii et virtutis, omnisque præstantiæ, tum maximus capitur, quum in proximum quemque confertur*[1]. Pour mon regard, je m'en despars, partie par conscience (car par où je veois le poids qui touche telles vacations, je veois aussi le peu de moyen que j'ay d'y fournir, et Platon, maistre ouvrier en tout gouvernement politique, ne laissa de s'en abstenir), partie par poltronerie. Je me contente de jouïr le monde sans m'en empresser, de vivre une vie seulement excusable et qui seulement ne poise ny à moy ny à aultruy.

Jamais homme ne se laissa aller plus plainement et plus laschement au soing et gouvernement d'un tiers que je ferois, si j'avois à qui. L'un de mes souhaits, pour ceste heure, ce seroit de trouver un gendre qui sceust appaster commodement mes vieux ans et les endormir; entre les mains de qui je deposasse, en toute souveraineté, la conduicte et usage de mes biens; qu'il en feist ce que j'en fois, et gaignast sur moy ce que j'y gaigne, pourveu qu'il y apportast un courage vrayement recognoissant et amy. Mais quoy? nous vivons en un monde où la loyauté des propres enfants est incogneue.

Qui a la garde de ma bourse en voyage, il l'a pure et sans contrerolle; aussi bien me tromperoit il en comptant : et si ce n'est un diable, je l'oblige à bien faire, par une si abandonnée confiance. *Multi fallere docuerunt dum timent falli, et aliis jus peccandi suspicando fecerunt*[2]. La plus commune seureté que je prends de mes gents, c'est la mescognoissance; je ne presume les vices qu'après que je les ay veus; et m'en fie plus aux jeunes, que j'estime moins gastés par mauvais exemple. J'oys plus volontiers dire, au bout de deux mois, que j'ay despendu quatre cents escus que d'avoir les aureilles battues touts les soirs de trois, cinq, sept; si ay je esté desrobbé aussi peu qu'un aultre, de ceste sorte de larrecin. Il est vray que je preste la main à l'ignorance; je nourris à escient aulcunement trouble et incertaine la science de mon argent; jusques à certaine mesure, je suis content d'en pouvoir doubter. Il fault laisser un peu de place à la desloyauté ou imprudence de vostre valet; s'il nous en reste en gros de quoy faire nostre effect, cest excès de la liberalité de la fortune, laissons le un peu plus courre à sa mercy; la portion du glaneur. Après tout, je ne prise pas tant la foy de mes gents comme je mesprise leur injure. Oh! le vilain et sot estude d'estudier son argent, se plaire à le manier, poiser et recompter! c'est par là que l'avarice faict ses approches.

Depuis dixhuict ans que je gouverne des biens, je n'ay sceu gaigner sur moy de veoir ny tiltres ny mes principaux affaires, qui ont necessairement à passer par ma science et par mon soing. Ce n'est pas un mespris philosophique des choses transitoires et mondaines; je n'ay pas le goust si espuré, et les prise pour le moins ce qu'elles valent; mais certes c'est paresse et negligence inexcusable et puerile. Que ne ferois je plustost que de lire un contract? et plustost que d'aller secouant ces paperasses poudreuses, serf de mes negoces, ou, encores pis, de ceulx d'aultruy, comme font tant de gents à prix d'argent? Je n'ay rien cher que le soulcy et la peine, et ne cherche qu'à m'anonchalir et avachir. J'estois, ce crois je, plus propre à vivre de la fortune d'aultruy, s'il se pouvoit sans obligation et sans servitude; et si ne sçais, à l'examiner de près, si, selon mon humeur et mon sort, ce que j'ay à souffrir des affaires, et des serviteurs et des domestiques, n'a point plus d'abjection, d'importunité et d'aigreur, que n'auroit la suitte d'un homme, nay plus grand que moy, qui me guidast un peu à mon ayse : *Servitus obedientia est fracti animi et abjecti, arbitrio carentis suo*[1]. Cratès feit pis, qui se jecta en la franchise de la pauvreté, pour se desfaire des indignités et cures de la maison. Cela ne ferois je pas; je hais la pauvreté à pair de la douleur; mais ouy bien changer ceste sorte de vie à une aultre moins brave et moins affaireuse.

Absent, je me despouille de touts tels pensements et sentirois moins lors la ruyne d'une

---

[1] Nous ne jouissons jamais mieux des fruits du génie, de la vertu et de toute espèce de supériorité, qu'en les partageant avec ceux qui nous touchent de plus près. Cic., *de Amicit.*, c. 19.

[2] Bien des gens ont eux-mêmes enseigné à les tromper, en craignant d'être trompés : la défiance autorise l'infidélité. Sén., *Epist.* 3.

[1] L'esclavage est la sujétion d'un esprit lâche et faible, qui n'est point maître de sa propre volonté. Cic., *Paradox.*, V, 1.

tour que je ne fois, present, la cheute d'une ardoise. Mon ame se desmesle bien ayséement à part; mais en presence elle souffre, comme celle d'un vigneron; une rene de travers à mon cheval, un bout d'estriviere qui batte ma jambe, me tiendront tout un jour en eschec. J'esleve assez mon courage à l'encontre des inconvenients; les yeux, je ne puis.

Sensus! o superi, sensus[1]*!*

Je suis, chez moy, respondant de tout ce qui va mal. Peu de maistres (je parle de ceulx de moyenne condition, comme est la mienne), et, s'il en est, ils sont plus heureux, se peuvent tant reposer sur un second qu'il ne leur reste bonne part de la charge. Cela oste volontiers quelque chose de ma façon au traictement des survenants, et en ay peu arrester quelqu'un, par adventure, plus par ma cuisine que par ma grace, comme font les fascheux; et oste beaucoup du plaisir que je debvrois prendre chez moy de la visitation et assemblée de mes amis. La plus sotte contenance d'un gentilhomme en sa maison, c'est de le veoir empesché du train de sa police, parler à l'aureille d'un valet, en menacer un aultre des yeulx; elle doibt couler insensiblement et representer un cours ordinaire; et treuve laid qu'on entretienne ses hostes du traitement qu'on leur faict, autant à l'excuser qu'a le vanter. J'aime l'ordre et la netteté,

*Et cantharus et lanx
Ostendunt mihi me*[2],

au prix de l'abondance; et regarde chez moy exactement à la necessité, peu à la parade. Si un valet se bat chez aultruy, si un plat se verse, vous n'en faites que rire : vous dormez, ce pendant que monsieur range avecques son maistre d'hostel son faict pour vostre traictement du lendemain. Je parle selon moy; ne laissant pas, en general, d'estimer combien c'est un doulx amusement, à certaines natures, qu'un mesnage paisible, prospere, conduict par un ordre reglé; et ne voulant attacher à la chose mes propres erreurs et inconvenients, ny desdire Platon, qui estime la plus heureuse occupation à chascun, « faire ses particuliers affaires sans injustice[1]. »

Quand je voyage, je n'ay à penser qu'à moy et à l'employte de mon argent; cela se dispose d'un seul precepte; il est requis trop de parties à amasser; je n'y entends rien. A despendre, je m'y entends un peu et à donner jour à ma despense, qui est de vray son principal usage; mais je m'y attends trop ambitieusement; qui la rend inegale et difforme et en oultre immoderée en l'un et l'aultre visage; si elle paroist, si elle sert, je m'y laisse indiscretement aller, et me resserre autant indiscretement si elle ne luit et si elle ne me rit. Qui que ce soit, ou art, ou nature, qui nous imprime ceste condition de vivre par la relation à aultruy, nous faict beaucoup plus de mal que de bien : nous nous defraudons de nos propres utilités pour former les apparences à l'opinion commune; il ne nous chault pas tant quel soit nostre estre en nous et en effect, comme quel il soit en la cognoissance publique : les biens mesmes de l'esprit et la sagesse nous semblent sans fruict, si elle n'est jouïe que de nous, si elle ne se produict à la veue et approbation estrangiere. Il y en a de qui l'or coule à gros bouillons par des lieux soubterrains, imperceptiblement; d'aultres l'estendent tout en lames et en feuilles; si qu'aux uns les liards valent escus, aux autres le rebours, le monde estimant l'employte et la valeur, selon la montre. Tout soing curieux autour des richesses sent à l'avarice; leur dispensation mesme et la liberalité trop ordonnée et artificielle, elles ne valent pas une advertence et solicitude penible : qui veult faire sa despense juste la faict estroicte et contraincte. La garde ou l'employte sont, de soy, choses indifferentes, et ne prennent couleur de bien ou de mal que selon l'application de nostre volonté[2].

L'aultre cause qui me convie à ces promenades, c'est la disconvenance aux mœurs presen-

---

(1) Les sens! ô dieux! les sens!
(2) J'aime à pouvoir me mirer dans les plats et dans les verres. Hor., *Epist.*, I, 5, 23.

(1) Lettre 9, à *Archytas*, édit. de 1602, p. 1299. J. V. L.
(2) La substance de tous ces aveux de Montaigne, sur son indifférence pour sa fortune, se trouve dans un mot de lui, dont Ménage avait conservé la tradition (*Menagiana*). Montaigne, en son livre de dépense, mettait : *Item, pour mon humeur paresseuse, mille livres.* C'est, du moins, ce qu'il dit lui-même à peu près, liv. II, chap. 17, t. III. p. 405 : « Au chapitre de mes mises, je loge ce que ma nonchalance me couste à nourrir et entretenir. » Si le mot cité par Ménage est vrai, on voit ce que coûtait cette nonchalance, probablement année commune. J. V. L.

tes de nostre estat. Je me consolerois ayséement de ceste corruption pour le regard de l'interest publicque ;

> *Pejoraque sæcula ferri*
> *Temporibus, quorum sceleri non invenit ipsa*
> *Nomen, et a nullo posuit natura metallo* [1] ;

mais pour le mien, non : j'en suis en particulier trop pressé ; car en mon voysinage, nous sommes tantost, par la longue licence de ces guerres civiles, envieillis en une forme d'estat si desbordée,

> *Quippe ubi fas versum atque nefas* [2],

qu'à la verité c'est merveille qu'elle se puisse maintenir :

> *Armati terram exercent, semperque recentes*
> *Convectare juvat prædas, et vivere rapto* [3].

Enfin je veois par nostre exemple que la societé des hommes se tient et se coud à quelque prix que ce soit ; en quelque assiette qu'on les couche, ils s'appilent et se rengent en se remuant et s'entassant ; comme des corps mal unis, qu'on empoche sans ordre, treuvent d'eulx mesmes la façon de se joindre et s'emplacer les uns parmy les aultres, souvent mieulx que l'art ne les eust sceu disposer. Le roy Philippus feit un amas des plus meschants hommes et incorrigibles qu'il peut trouver, et les logea touts en une ville qu'il leur feit bastir, qui en portoit le nom [4] ; j'estime qu'ils dresserent, des vices mesmes, une contexture politique entre eulx, et une commode et juste societé [5]. Je veois, non une action, ou trois, ou cent, mais des mœurs, en usage commun et receu, si farouches, en inhumanité surtout et desloyauté, qui est pour moy la pire espece des vices, que je n'ay point le courage de les concevoir sans horreur ; et les admire quasi autant que je les deteste : l'exercice de ces meschancetés insignes porte marque de vigueur et force d'ame, autant que d'erreur et desreglement. La necessité compose les hommes et les assemble ; ceste cousture fortuite se forme après en loix ; car il en a esté d'aussi sauvages qu'aulcune opinion humaine puisse enfanter, qui toutesfois ont maintenu leurs corps avecques autant de santé et longueur de vie que celles de Platon et Aristote sçauroient faire ; et certes toutes ces descriptions de police, feinctes par art, se treuvent ridicules et ineptes à mettre en practique.

Ces grandes et longues altercations de la meilleure forme de societé et des regles plus commodes à nous attacher, sont altercations propres seulement à l'exercice de nostre esprit ; comme il se treuve ès arts plusieurs subjects qui ont leur essence en l'agitation et en la dispute et n'ont aulcune vie hors de là. Telle peincture de police seroit de mise en un nouveau monde ; mais nous prenons un monde desjà faict et formé à certaines coustumes ; nous ne l'engendrons pas, comme Pyrrha ou comme Cadmus. Par quelque moyen que nous ayons loy de le redresser et renger de nouveau, nous ne pouvons gueres le tordre de son accoustumé ply, que nous ne rompions tout. On demandoit à Solon s'il avoit estably les meilleures loix qu'il avoit peu aux Atheniens : « Ouy bien, respondit il [1], de celles qu'ils eussent receues. » Varro [2] s'excuse de pareil air : « Que s'il avoit tout de nouveau à escrire de la religion, il diroit ce qu'il en croid ; mais, estant desjà receue et formée, il en dira selon l'usage plus que selon nature. »

Non par opinion, mais en verité, l'excellente et meilleure police est, à chascune nation, celle soubs laquelle elle s'est maintenue : sa forme et commodité essentielle despend de l'usage. Nous nous desplaisons volontiers de la condition presente ; mais je tiens pourtant que d'aller desirant le commandement de peu en un estat populaire, ou en la monarchie une aultre espece de gouvernement c'est vice et folie.

---

(1) Je supporterais ce siècle pire que le siècle de fer, dans lequel les noms manquent aux crimes, et que la nature ne peut désigner par un nouveau métal. Juv., *Sat.*, XIII, 28.

(2) Où le juste et l'injuste sont confondus. Virg., *Géorg.*, I, 504.

(3) On laboure tout armé ; on n'aime qu'à vivre de butin et à faire tous les jours de nouveaux brigandages. Virg., *En.*, VII, 748.

(4) Πονηρόπολις, *ville des méchants*. Pline, *Hist. Nat.*, IV, 11 ; Plut., *de la Curiosité*, c. 10 de la version d'Amyot. J. V. L.

(5) «Si j'avais des citoyens à persuader de la nécessité des lois, je leur ferais voir qu'il y en a partout, même au jeu, qui est un commerce de fripons ; même chez les voleurs. *Hanno lor Giove i malandrini ancora.*» Volt., *Lettre à d'Alembert*, 4 mars 1764.

(1) Plut., *Vie de Solon*, c. 9. C.

(2) Dans saint Augustin, *de Civit. Dei*, V, 4. C.

Aime l'estat, tel que tu le vcois estre :
S'il est royal aime la royauté ;
S'il est de peu, ou bien communauté,
Aime l' aussi ; car Dieu t'y a faict naistre.

Ainsi en parloit le bon monsieur de Pibrac que nous venons de perdre[1] ; un esprit si gentil, les opinions si saines, les mœurs si doulces. Ceste perte, et celle qu'en mesme temps nous avons faicte de monsieur de Foix[2], sont pertes importantes à nostre couronne. Je ne sçais s'il reste à la France de quoy substituer une aultre couple pareille à ces deux Gascons, en sincerité et en suffisance, pour le conseil de nos roys. C'estoient ames diversement belles, et certes, selon le siecle, rares et belles, chascune en sa forme ; mais qui les avoit logées en cest aage, si disconvenables et si disproportionnées à nostre corruption et à nos tempestes ?

Rien ne presse un estat que l'innovation ; le changement donne seul forme à l'injustice et à la tyrannie. Quand quelque piece se desmanche, on peult l'estayer ; on peult s'opposer à ce que l'alteration et corruption naturelle à toutes choses ne nous esloingne trop de nos commencements et principes ; mais d'entreprendre à refondre une si grande masse, et à changer les fondements d'un si grand bastiment, c'est à faire à ceulx qui, pour descrasser, effacent, qui veulent amender les defauts particuliers par une confusion universelle, et guarir les maladies par la mort : *Non tam commutandarum, quam evertendarum rerum cupidi*[3]. Le monde est inepte à se guarir ; il est si impatient de ce qui le presse qu'il ne vise qu'à s'en desfaire, sans regarder à quel prix. Nous veoyons, par mille exemples, qu'il se guarit ordinairement à ses despens. La descharge du mal present n'est pas guarison, s'il n'y a, en general, amendement de condition : la fin du chirurgien n'est pas de faire mourir la mauvaise chair ; ce n'est que l'acheminement de sa cure. Il regarde au delà, d'y faire renaistre la naturelle, et rendre la partie à son deu estre. Quiconque propose seulement d'emporter ce qui le masche, il demeure court ; car le bien ne succede pas necessairement au mal ; un aultre mal luy peult succeder, et pire ; comme il advient aux tueurs de Cesar, qui jecterent la chose publicque à tel poinct qu'ils eurent à se repentir de s'en estre meslés. A plusieurs depuis, jusques à nos siecles, il est advenu de mesme ; les François mes contemporanées sçavent bien qu'en dire. Toutes grandes mutations esbranlent l'estat et le desordonnent.

Qui viseroit droict à la guarison, et en consulteroit avant toute œuvre, se refroidiroit volontiers d'y mettre la main. Pacuvius Calavius corrigea le vice de ce proceder, par un exemple insigne. Ses concitoyens estoient mutinés contre leurs magistrats : luy, personnage de grande auctorité en la ville de Capoue, trouva un jour moyen d'enfermer le senat dans le palais, et convoquant le peuple en la place, leur dict « que le jour estoit venu auquel, en pleine liberté, ils pouvoient prendre vengeance des tyrans qui les avoient si long temps oppressés, lesquels il tenoit à sa mercy, seuls et desarmés ; feut d'advis qu'au sort on les tirast hors, l'un après l'aultre, et de chascun on ordonnast particulierement, faisant sur le champ executer ce qui en seroit decreté, pourveu aussi que tout d'un train ils advisassent d'establir quelque homme de bien en la place du condamné, à fin qu'elle ne demeurast vuide d'officier. Ils n'eurent pas plustost ouï le nom d'un senateur qu'il s'esleva un cry de mescontentement universel à l'encontre de luy : « Je veois bien, dict Pacuvius, il fault desmettre cestuy cy ; c'est un meschant : ayons en un bon en change. » Ce feut un prompt silence, tout le monde se trouvant bien empesché au chois. Au premier plus effronté, qui dict le sien, voylà un consentement de voix encores plus grand à refuser celuy là ; cent imperfections et justes causes de le rebuter. Ces humeurs contradictoires s'estant eschauffées, il adveint encores pis du second senateur et du tiers ; autant de discorde à l'eslec-

---

(1) Gui du Faur, seigneur de Pibrac, l'auteur des *Quatrains contenant préceptes et enseignements utiles pour la vie de l'homme*, mourut le 27 de mai 1584, à l'âge de cinquante-cinq ans. Ce *bon monsieur de Pibrac* avait publié en 1573 une *Apologie de la Saint-Barthélemy* ; mais il faut que ses contemporains le lui aient pardonné, car on voit les regrets honorables que Montaigne lui accorde ; et un juge bien plus sévère que lui, l'inflexible Jos. Scaliger, quoique zélé protestant, parlait ainsi de Pibrac (*Scaligerana I* a) : PIBRACIUS, *vir honestissimus, bonus jurisconsultus*, et pour un Gascon, parle bien françois. » J. V. L.

(2) Conseiller du roi en son conseil privé, et qui fut ambassadeur de France à Venise. C'est à lui que Montaigne dédia, en 1570, les vers français de la Boëtie. Voyez la Lettre IX, t. V de cette édition. J. V. L.

(3) Qui cherchent moins à changer le gouvernement qu'à le détruire. CIC., *de Offic.*, II, 1.

tion que de convenance à la desmission. S'estant inutilement lassés à ce trouble, ils commencent qui deçà, qui delà, à se desrobber peu à peu de l'assemblée, rapportant chascun ceste resolution en son ame : « Que le plus vieil et mieulx cogneu mal est tousjours plus supportable que le mal recent et inexperimenté[1]. »

Pour nous veoir bien piteusement agités (car que n'avons nous faict?

>*Eheu! cicatricum et sceleris pudet,*
>*Fratrumque : quid nos dura refugimus*
>*Ætas? quid intactum nefasti*
>*Liquimus? unde manus inventus*
>*Metu deorum continuit? quibus*
>*Pepercit aris*[2] *?*),

je ne vois pas soubdain me resolvant :

>*Ipsa si velit Salus,*
>*Servare prorsus non potest hanc familiam*[3] *:*

nous ne sommes pas pourtant, à l'adventure, à nostre dernier periode. La conservation des estats est chose qui vraisemblablement surpasse nostre intelligence ; c'est, comme dict Platon[4], chose puissante et de difficile dissolution qu'une civile police; elle dure souvent contre des maladies mortelles et intestines, contre l'injure des loix injustes, contre la tyrannie, contre le desbordement et ignorance des magistrats, licence et sedition des peuples. En toutes nos fortunes, nous nous comparons à ce qui est au dessus de nous, et regardons vers ceulx qui sont mieulx; mesurons nous à ce qui est au dessoubs, il n'en est point de si miserable qui ne treuve mille exemples où se consoler. C'est nostre vice, que nous veoyons plus mal volontiers ce qui est dessus nous, que volontiers ce qui est dessoubs. Si disoit Solon[5] « qui dresseroit un tas de touts les maulx ensemble, qu'il n'est aulcun qui ne choisist plustost de remporter avecques soy les maulx qu'il a que de venir à division legitime, avecques touts les aultres hommes, de ce tas de maulx, et en prendre sa quote part. » Nostre police se porte mal : il en a esté pourtant de malades, sans mourir. Les dieux s'esbattent de nous à la pelotte, et nous agitent à toutes mains :

>*Enimverò dii nos homines quasi pilas habent*[1].

Les astres ont fatalement destiné l'estat de Rome pour exemplaire de ce qu'ils peuvent en ce genre : il comprend en soy toutes les formes et adventures qui touchent un estat; tout ce que l'ordre y peult et le trouble, et l'heur et le malheur. Qui se doibt desesperer de sa condition, veoyant les secousses et mouvements de quoy celuy là feut agité, et qu'il supporta? Si l'estendue de la domination est la santé d'un estat (dequoy je ne suis aulcunement d'advis, et me plaist Isocrates qui instruit Nicoclès non d'envier les princes qui ont des dominations larges, mais qui sçavent bien conserver celles qui leur sont escheues[2]), celuy là ne feut jamais si sain, que quand il feut le plus malade. La pire de ses formes luy feut la plus fortunée : à peine recoignoist on l'image d'aulcune police soubs les premiers empereurs; c'est la plus horrible et la plus espesse confusion qu'on puisse concevoir; toutesfois il la supporta et y dura, conservant non pas une monarchie resserrée en ses limites, mais tant de nations si diverses, si esloignées, si mal affectionnées, si desordonnéement commandées et injustement conquises :

>*Nec gentibus ullis*
>*Commodat in populum, terræ pelagique potentem,*
>*Invidiam fortuna suam*[3].

Tout ce qui bransle ne tumbe pas. La contexture d'un si grand corps tient à plus d'un clou; il tient mesme par son antiquité, comme les vieux bastiments ausquels l'aage a desrobbé le pied, sans crouste et sans ciment, qui pourtant vivent et se soubtiennent en leur propre poids,

---

(1) Tout ce récit est emprunté de Tite Live, XXIII, 5, etc. M. Andrieux a composé, sur le même sujet, un conte en vers, intitulé : *Procès du sénat de Capoue*, ou *les Jugements de la multitude*. J. V. L.

(2) Hélas! nos cicatrices, nos guerres parricides nous couvrent de honte! Barbares que nous sommes, quels forfaits avons-nous craint de commettre? où n'avons-nous point porté nos attentats? est-il une chose sainte que n'ait profané notre jeunesse? est-il un autel qu'elle ait respecté? Hor., *Od.*, I, 35, 33.

(3) Non, quand la déesse *Salus* voudrait elle-même sauver cette famille, elle n'en viendrait pas à bout. Tér., *Adelph.*, act. IV, sc. 7, v. 43.

(4) *République*, VIII, 2; édition d'Henri Estienne, t. II, p. 546. J. V. L.

(5) Val. Maxime, VII, 2, *ext.* 2. C.

(1) Paroles de Plaute, dans le prologue des *Captifs*, v. 22, et dont Montaigne rend fort bien le sens avant que de les citer. C.

(2) Isocrate, *Nicoclès*, p. 54. C.

(3) Et la fortune n'a voulu confier à aucune nation le soin de sa haine contre les maîtres du monde. Luc., I, 82.

> *Nec jam validis radicibus hærens,*
> *Pondere tuta suo est*[1].

Dadvantage, ce n'est pas bien procédé de recognoistre seulement le flanc et le fossé pour juger de la seureté d'une place ; il fault veoir par où on y peult venir, en quel estat est l'assaillant : peu de vaisseaux fondent de leur propre poids et sans violence estrangiere. Or tournons les yeux partout ; tout croule autour de nous : en touts les grands estats, soit de chrestienté, soit d'ailleurs, que nous cognoissons, regardez y, vous y trouverez une evidente menace de changement et de ruyne :

> *Et sua sunt illis incommoda, parque per omnes*
> *Tempestas*[2].

Les astrologues ont beau jeu à nous advertir, comme ils le font, de grandes alterations et mutations prochaines ; leurs divinations sont presentes et palpables, il ne fault pas aller au ciel pour cela. Nous n'avons pas seulement à tirer consolation de ceste société universelle de mal et de menace, mais encores quelque esperance pour la durée de nostre estat, d'autant que naturellement rien ne tumbe là où tout tumbe : la maladie universelle est la santé particuliere ; la conformité est qualité ennemie à la dissolution. Pour moy, je n'en entre point au desespoir et me semble y voir des routes à nous sauver :

> *Deus hæc fortasse benigna*
> *Reducet in sedem vice*[3].

Qui sçait si Dieu vouldra qu'il en advienne comme des corps qui se purgent et remettent en meilleur estat par longues et griefves maladies, lesquelles leur rendent une santé plus entiere et plus nette que celle qu'elles leur avoient osté ? Ce qui me poise le plus, c'est qu'à compter les symptomes de nostre mal, j'en veois autant de naturels et de ceulx que le ciel nous envoye et proprement siens, que de ceulx que nostre desreglement et l'imprudence humaine y conferent : il semble que les astres mesmes ordonnent que nous avons assez duré, et oultre les termes ordinaires. Et cecy aussi me poise, que le plus voysin mal qui nous menace, ce n'est pas alteration en la masse entiere et solide, mais sa dissipation et divulsion : l'extreme de nos craintes.

Encores en ces ravasseries icy crainds je la trahison de ma memoire, que, par inadvertence, elle m'aye faict enregistrer une chose deux fois. Je hais à me recognoistre, et ne retaste jamais qu'envy[1] ce qui m'est une fois eschappé. Or, je n'apporte icy rien de nouvel apprentissage ; ce sont imaginations communes : les ayant à l'adventure conçues cent fois, j'ai peur de les avoir desja enroollées. La redicte est partout ennuyeuse, feust ce dans Homere ; mais elle est ruyneuse aux choses qui n'ont qu'une montre superficielle et passagiere. Je me desplais de l'inculcation, voire aux choses utiles, comme en Seneque, et l'usage de son eschole stoïque me desplaist de redire sur chasque matiere, tout au long et au large, les principes et presuppositions qui servent en general et realleguer toujours de nouveau les arguments et raisons communes et universelles.

Ma memoire s'empire cruellement touts les jours :

> *Pocula Lethæos ut si ducentia somnos*
> *Arente, fauce truxerim*[2].

Il fauldra doresnavant (car, Dieu mercy, jusques à ceste heure il n'en est pas advenu de faulte) qu'au lieu que les aultres cherchent temps et occasion de penser à ce qu'ils ont à dire, je fuye à me preparer, de peur de m'attacher à quelque obligation de laquelle j'aye à despendre. L'estre tenu et obligé me fourvoye, et le despendre d'un si foible instrument qu'est ma memoire. Je ne lis jamais ceste histoire que je ne m'en offense d'un ressentiment propre et naturel : Lyncestes[3], accusé de conjuration contre Alexandre, le jour qu'il feut mené en la presence de l'armée, suyvant la coustume, pour estre ouï en ses deffenses, avoit en sa teste une harangue estudiée, de laquelle, tout hesitant et begayant, il prononcea quelques paroles. Comme il se troubloit de plus en plus, ce pendant qu'il luicte avecques sa memoire et qu'il la retaste, le voylà chargé et tué à coups de

---

(1) Il ne tient plus à la terre que par de faibles racines ; son poids seul l'y attache encore. Luc., I, 138. — C'est d'un arbre qu'il s'agit dans Lucain.

(2) Ils ont aussi leurs infirmités, et un pareil orage les menace tous.

(3) Peut-être un dieu, par un retour favorable, nous rendra-t-il notre premier état. Hor., *Epod.*, XIII, 7

(1) *Qu'à regret.*

(2) Comme si, brûlant de soif, j'eusse bu à longs traits au fleuve assoupissant du Léthé. Hor., *Epod.*, XIV, 3.

(3) QUINTE-CURCE, VII, 1. C.

pique par les soldats qui luy estoient plus voysins, le tenants pour convaincu : son estonnement et son silence leur servit de confession; ayant eu en prison tant de loisir de se preparer, ce n'est plus, à leur advis, la memoire qui luy manque, c'est la conscience qui luy bride la langue et luy oste la force. Vrayement c'est bien dict : le lieu estonne, l'assistance, l'exspectation, lors mesme qu'il n'y va que de l'ambition de bien dire; que peult on faire, quand c'est une harangue qui porte la vie en consequence?

Pour moy, cela mesme que je sois lié à ce que j'ay à dire sert à m'en desprendre. Quand je me suis commis et assigné entierement à ma memoire, je prends si fort sur elle que je l'accable; elle s'effraye de sa charge. Autant que je m'en rapporte à elle, je me mets hors de moy jusques à essayer ma contenance, et me suis veu quelque jour en peine de celer la servitude en laquelle j'estois entravé, là où mon desseing est de representer en parlant une profonde nonchalance d'accent et de visage et des mouvements fortuites et impremedités, comme naissants des occasions presentes, aimant aussi cher ne rien dire qui vaille que de montrer estre venu preparé pour bien dire, chose messeante, sur tout à gents de ma profession, et chose de trop grande obligation à qui ne peult beaucoup tenir. L'apprest donne plus à esperer qu'il ne porte : on se met souvent sottement en pourpoinct pour ne saulter pas mieulx qu'en saye[1] : *Nihil est his, qui placere volunt, tam adversarium quam exspectatio*[2]. Ils ont laissé par escript de l'orateur Curio[3] que, quand il proposoit la distribution des pieces de son oraison en trois ou en quatre, ou le nombre de ses arguments ou raisons, il luy advenoit volontiers, ou d'en oublier quelqu'un, ou d'y en adjouster un ou deux de plus. J'ay tousjours bien evité de tumber en cest inconvenient, ayant haï ces promesses et prescriptions non seulement pour la desfiance de ma memoire, mais aussi pour ce que ceste forme retire trop à l'artiste : *Simpliciora militares decent*[4]. Baste,

que je me suis meshuy promis de ne prendre plus la charge de parler en lieu de respect; car, quant à parler en lisant son escript, outre ce qu'il est très inepte, il est de grand desadvantage à ceulx qui, par nature, pouvoient quelque chose en l'action; et de me jecter à la mercy de mon invention presente, encores moins : je l'ay lourde et trouble, qui ne sçauroit fournir aux soubdaines necessités et importantes.

Laisse, lecteur, courir encore ce coup d'essay et ce troisiesme alongeail du reste des pieces de ma peincture. J'adjouste, mais je ne corrige pas[1] : premierement, parce que celuy qui a hypothequé au monde son ouvrage, je treuve apparence qu'il n'y aye plus de droict; qu'il die, s'il peult, mieulx ailleurs, et ne corrompe la besongne qu'il a vendue. De telles gents il ne fauldroit rien acheter qu'après leur mort. Qu'ils y pensent bien avant que de se produire; qui les haste? Mon livre est tousjours un, sauf qu'à mesure qu'on se met à le renouveller, à fin que l'acheteur ne s'en aille les mains du tout vuides, je me donne loy d'y attacher, comme ce n'est qu'une marqueterie mal joincte, quelque embleme[2] supernumeraire; ce ne sont que surpoids qui ne condamnent point la premiere forme, mais donnent quelque prix particulier à chascune des suivantes par une petite subtilité ambitieuse. De là toutesfois il adviendra facilement qu'il s'y mesle quelque transposition de chronologie, mes contes prenants place selon leur opportunité, non tousjours selon leur aage.

Secondement, à cause que, pour mon regard, je crainds de perdre au change; mon entendement ne va pas tousjours avant; il va à

---

(1) *Sagum*, espèce de casaque militaire. C'est la *blouse* gauloise. J. V. L.

(2) Rien de plus contraire à ceulx qui veulent plaire que de faire beaucoup attendre d'eux. Cic., *Acad.*, II, 4.

(3) Cic., *Brutus*, c. 60. C.

(4) La simplicité va bien aux guerriers. Quint., *Inst. Orat.*, XI, 1.

(1) On croirait, à entendre ici Montaigne, qu'il ne corrigeait jamais ses ouvrages. Quand les innombrables variantes des *Essais* ne prouveraient pas le contraire, nous pourrions le réfuter par son propre aveu : « En mes escripts mesmes, dit-il (liv. II, c. 12), je ne retreuve pas tousjours l'air de ma premiere imagination : je ne sçais ce que j'ay voulu dire; et m'eschaulde souvent à corriger et y mettre un nouveau sens, pour avoir perdu le premier qui valoit mieulx. » J. V. L.

(2) Quelque ornement surnuméraire, quelque pièce de rapport; dans le sens grec et latin de ce mot, qui se disait également des figurines adaptées à un vase précieux, *scaphia cum emblematis*, Cic., *in Verr.*, IV, 17, et des pièces d'une mosaïque, *emblema vermiculatum*, Lucil., ap. Cic. *de Orat.*, III, 43; *Brut.*, c. 79. « *Emblema*, aut lithostrotum, » Varron, *de Re rust.*, III, 2, 4. Le mot *emblème* n'a plus de sens en français. J. V. L.

reculons aussi. Je ne me desfie gueres moins de mes fantasies pour estre secondes ou tierces que premieres ou presentes ou passées. Nous nous corrigeons aussi sottement souvent comme nous corrigeons les aultres. Je suis envieilly de nombre d'ans depuis mes premieres publications[1], qui feurent l'an mil cinq cents quatre vingts; mais je fois doubte que je sois assagi d'un poulce. Moy asture, et moy tantost, sommes bien deux; quand meilleur, je n'en puis rien dire. Il feroit bel estre vieil si nous ne marchions que vers l'amendement; c'est un mouvement d'yvrongne, titubant, vertigineux, informe, ou des joncs que l'air manie casuellement selon soy. Antiochus avoit vigoreusement escript en faveur de l'Academie; il print sur ses vieulx ans un aultre parti. Lequel des deux je suyvisse, seroit ce pas tousjours suyvre Antiochus? Après avoir establi le doubte, vouloir establir la certitude des opinions humaines, estoit ce pas establir le doubte, non la certitude, et promettre, qui luy eust donné encores un aage à durer, qu'il estoit tousjours en termes de nouvelle agitation, non tant meilleure qu'aultre?

La faveur publicque m'a donné un peu plus de hardiesse que je n'esperois; mais ce que je craincts le plus, c'est de saouler. J'aimerois mieulx poindre que lasser, comme a faict un sçavant homme de mon temps. La louange est tousjours plaisante, de qui et pour quoy elle vienne. Si fault il, pour s'en agreer justement, estre informé de sa cause. Les imperfections mesme ont leur moyen de se recommender; l'estimation vulgaire et commune se veoid peu heureuse en rencontre, et de mon temps je suis trompé si les pires escripts ne sont ceulx qui ont gaigné le dessus du vent populaire. Certes, je rends graces à des honnestes hommes qui daignent prendre en bonne part mes foibles efforts; il n'est lieu où les faultes de la façon paroissent tant qu'en une matiere qui de soy n'a point de recommandation. Ne te prends point à moy, lecteur, de celles qui se coulent icy par la fantasie ou inadvertence d'aultruy; chasque main, chasque ouvrier y apporte les siennes. Je ne me mesle ny d'orthographe (et ordonne seulement qu'ils suyvent l'ancienne) ny de la punctuation; je suis peu expert en l'un et en l'aultre. Où ils rompent du tout le sens, je m'en donne peu de peine, car au moins ils me deschargent; mais où ils en substituent un fauls, comme ils font si souvent, et me destournent à leur conception, ils me ruynent. Toutesfois, quand la sentence n'est forte à ma mesure, un honneste homme la doibt refuser pour mienne. Qui cognoistra combien je suis peu laborieux, combien je suis faict à ma mode, croira facilement que je redicterois plus volontiers encores autant d'Essais que de m'assujettir à resuyvre ceulx cy pour ceste puerile correction.

Je disois doncques tantost qu'estant planté en la plus profonde miniere de ce nouveau metal, non seulement je suis privé de grande familiarité aveccques gents d'aultres mœurs que les miennes et d'aultres opinions par lesquelles ils tiennent ensemble d'un nœud qui commande[1] tout aultre nœud, mais encores je ne suis pas sans hazard parmy ceulx à qui tout est egualement loisible et desquels la pluspart ne peult meshuy empirer son marché vers nostre justice, d'où naist l'extreme degré de licence. Comptant toutes les particulieres circonstances qui me regardent, je ne treuve homme des nostres à qui la deffense des loix couste et en gaing cessant et en dommage emergeant, disent les clercs, plus qu'à moy; et tels font bien les braves de leur chaleur et aspreté qui font beaucoup moins que moy en juste balance. Comme maison de tout temps libre, de grand abord et officieuse à chascun (car je ne me suis jamais laissé induire d'en faire un util de guerre, laquelle je vois chercher plus volontiers où elle est le plus esloingnée de mon voysinage), ma maison a merité assez d'affection populaire, et seroit bien malaysé de me gourmander sur mon fumier; et j'estime à un merveilleux chef d'œuvre et exemplaire qu'elle soit encores vierge de sang et de sac, soubs un si long orage, tant de changements et agitations voysines; car, à dire vray, il estoit possible, à un homme de ma complexion, d'eschapper à une forme constante et continue, quelle qu'elle feust; mais les invasions et incursions contraires, et alternations et vicissi-

---

[1] Édition de 1582, fol. 425 : « Je suis envieilly de huict ans depuis mes premieres publications ; mais je fois doubte que je sois amendé d'un poulce. »

[1] Édition de 1802, t. IV, p. 92 : « qui suyt à tout aultre nœud. »

tudes de la fortune autour de moy, ont jusqu'à ceste heure plus exasperé qu'amolly l'humeur du pays, et me rechargent de dangiers et difficultés invincibles.

J'eschappe, mais il me desplaist que ce soit plus par fortune, voire et par ma prudence, que par justice, et me desplaist d'estre hors la protection des loix et soubs aultre sauvegarde que la leur. Comme les choses sont, je vis plus qu'à demy de la faveur d'aultruy, qui est une rude obligation. Je ne veulx debvoir ma seureté, ny à la bonté et benignité des grands, qui s'agréent de ma legalité et liberté, ny à la facilité des mœurs de mes predecesseurs et miennes; car quoy si j'estois aultre? Si mes deportements et la franchise de ma conversation obligent mes voysins ou la parenté, c'est cruauté qu'ils s'en puissent acquitter en me laissant vivre et qu'ils puissent dire : « Nous luy condonnons la libre continuation du service divin en la chapelle de sa maison, toutes les eglises d'autour estants par nous desertées, et luy condonnons l'usage de ses biens et sa vie, comme il conserve nos femmes et nos bœufs au besoing. » De longue main chez moy nous avons part à la louange de Lycurgus athenien[1], qui estoit general depositaire et gardien des bourses de ses concitoyens. Or, je tiens qu'il fault vivre par droict et par auctorité, non par recompense ny par grace. Combien de galants hommes ont mieulx aimé perdre la vie que la debvoir! Je fuys à me soubmettre à toute sorte d'obligation, mais sur tout à celle qui m'attache par le debvoir d'honneur. Je ne treuve rien de si cher que ce qui m'est donné, et ce pour quoy ma volonté demeure hypothequée par tiltre de gratitude, et receois plus volontiers les offices qui sont à vendre. Je crois bien : pour ceulx cy je ne donne que de l'argent, pour les aultres je me donne moy mesme.

Le nœud qui me tient par la loy d'honnesteté me semble bien plus pressant et plus poisant que n'est celuy de la contraincte civile; on me garrote plus doulcement par un notaire que par moy. N'est ce pas raison que ma conscience soit beaucoup plus engagée à ce en quoy on s'est simplement fié d'elle? Ailleurs ma foy ne doibt rien, car on ne luy a rien presté; qu'on s'ayde de la fiance et asseurance qu'on a prinse hors de moy. J'aimerois bien plus cher rompre la prison d'une muraille et des loix que de ma parole. Je suis delicat à l'observation de mes promesses jusques à la superstition, et les fois en touts subjects volontiers incertaines et conditionnelles. A celles qui sont de nul poids je donne poids de la jalousie de ma regle; elle me gehenne et charge de son propre interest. Ouy, ès entreprinses toutes miennes et libres, si j'en dict le poinct, il me semble que je me le prescris et que le donner à la science d'aultruy c'est le preordonner à soy; il me semble que je le promets quand je le dis; ainsi j'esvente peu mes propositions. La condamnation que je fois de moy est plus vifve et plus roide que n'est celle des juges, qui ne me prennent que par le visage de l'obligation commune; l'estreincte de ma conscience[1] plus serrée et plus severe. Je suys laschement les debvoirs ausquels on m'entraisneroit si je n'y allois : *Hoc ipsum ita justum est, quod recte fit, si est voluntarium*[2]. Si l'action n'a quelque splendeur de liberté, elle n'a point de grace ny d'honneur :

Quod me jus cogit, vix voluntate impetrent[3] :

Où la necessité me tire, j'aime à lascher la volonté : *Quia quidquid imperio cogitur, exigenti magis quam præstanti acceptum refertur*[4]. J'en sçais qui suyvent cest air jusques à l'injustice, donnent plustost qu'ils ne rendent, prestent plustost qu'ils ne payent, font plus escharsement[5] bien à celuy à qui ils en sont tenus. Je ne vois pas là, mais je touche contre.

J'aime tant à me descharger et desobliger, que j'ay par fois compté à proufit les ingrati-

---

(1) PLUT., *Vies des dix Orateurs, Lycurgue*, c. 1. C.

(1) C'est-à-dire, *l'obligation que ma conscience m'impose.* — Dans l'édition de 1588, où le troisième livre des *Essais* parut pour la première fois, Montaigne avait mis (fol. 426), *l'estreincte que ma conscience me donne est plus serrée et plus severe.* C.

(2) L'action la plus juste n'est juste qu'autant qu'elle est volontaire. CIC., *de Offic.*, I, 9.

(3) Je ne fais guère volontairement les choses ausquelles m'oblige le devoir. TER., *Adelph.*, act. III, sc. 5, v. 44. — Il y a dans Térence, *Quod vos jus cogit, vix voluntate impetret.*

(4) Parce que, dans les choses qu'une autorité supérieure ordonne, on sait plus de gré à celui qui commande qu'à celui qui exécute. VAL. MAXIME, II, 2, 6.

(5) De *scarso*, rare.

tudes, offenses et indignités que j'avois receu de ceulx à qui, ou par nature, ou par accident, j'avois quelque debvoir d'amitié, prenant ceste occasion de leur faulte pour autant d'acquit et descharge de ma debte. Encores que je continue à leur payer les offices apparents de la raison publicque, je treuve grande espargne pourtant à faire par justice ce que je faisois par affection, et à me soulager un peu de l'attention et sollicitude de ma volonté au dedans[1] : *Est prudentis sustinere, ut currum, sic impetum benevolentiæ*[2], laquelle j'ay trop urgente et pressante où je m'addonne, au moins pour un homme qui ne veult estre aulcunement en presse, et me sert ceste mesnagerie de quelque consolation aux imperfections de ceulx qui me touchent. Je suis bien desplaisant qu'ils en vaillent moins, mais tant y a que j'en espargne aussi quelque chose de mon application et engagement envers eux. J'approuve celuy qui aime moins son enfant, d'autant qu'il est ou teigneux, ou bossu, et non seulement quand il est malicieux, mais aussi quand il est malheureux et mal nay (Dieu mesme en a rabbattu cela de son prix et estimation naturelle), pourveu qu'il se porte en ce refroidissement avecques moderation et justice exacte. En moy la proximité n'allege pas les defaults; elle les aggrave plustost.

Après tout, selon que je m'entends en la science du bienfaict et de recognoissance, qui est une subtile science et de grand usage, je ne vois personne plus libre et moins endebté que je ne suis jusques à ceste heure. Ce que je doibs simplement aux obligations communes et naturelles, il n'en est point qui soit plus nettement quite d'ailleurs[3];

Nec sunt mihi nota potentum Munera[4].

Les princes me donnent prou, s'ils ne m'ostent rien, et me font assez de bien, quand ils ne me font point de mal; c'est tout ce que j'en demande. Oh! combien je suis tenu à Dieu de ce qu'il luy a pleu que j'aye receu immediatement de sa grace tout ce que j'ay! qu'il a retenu particulierement à soy toute ma debte! Combien je supplie instamment sa saincte misericorde que jamais je ne doibve un essentiel grammercy à personne! Bien heureuse franchise qui m'a conduict si loing! Qu'ell' acheve! J'essaye à n'avoir exprés besoing de nul[1] : *In me omnis spes est mihi*[2]; c'est chose que chascun peult en soy, mais plus facilement ceulx que Dieu a mis à l'abry des necessités naturelles et urgentes. Il faict bien piteux et hasardeux despendre d'un aultre. Nous mesmes, qui est la plus juste addresse et la plus seure, ne nous sommes pas asseurés. Je n'ay rien mien que moy; et si en est la possession en partie manque et empruntée. Je me cultive, et en courage, qui est le plus fort, et encores en fortune, pour y trouver de quoy me satisfaire, quand ailleurs tout m'abandonneroit. Eleus Hippias[3] ne se fournit pas seulement de science, pour, au giron des muses, se pouvoir joyeusement escarter de toute aultre compaignie au besoing; ny seulement de la cognoissance de la philosophie, pour apprendre à son ame de se contenter d'elle et se passer virilement des commodités qui luy viennent du dehors, quand le sort l'ordonne : il feut si curieux d'apprendre encores à faire sa cuisine et son poil, ses robbes, ses souliers, ses bragues, pour se fonder en soy autant qu'il pourroit et soubstraire au secours estrangier. On jouit bien plus librement et plus gayement des biens empruntés, quand ce n'est pas une jouissance obligée et contraincte par le besoing; et qu'on a, et en sa volonté, et en sa fortune, la force et les moyens de s'en passer. Je me cognois bien, mais il m'est malaysé d'imaginer nulle si pure liberalité de personne envers moy, nulle hospitalité si franche et gratuite, qui ne me semblast disgraciée, tyrannique et teincte de reproche, si la necessité m'y avoit enchevestré. Comme le donner est qualité ambitieuse et prerogative; aussi est l'accepter qualité de soubmission, tesmoing l'injurieux et querelleux refus que Bajazet

---

(1) L'édition de 1588 ajoute, fol. 426, verso, « et de l'obligation interne de mon affection. »

(2) Il est prudent de retenir, comme un char qui s'emporte, le premier essor de l'amitié. Cic., *de Amicit.*, c. 17.

(3) C'est-à-dire, comme il y a dans l'édition de 1588, fol. 427, « d'obligations et bienfaicts estrangers. »

(4) Les présents des grands me sont inconnus. Virg., *En.*, XII, 519.

(1) Ou, comme il y a dans l'édit. in-4° de 1588 (fol. 427), J'essaye à n'avoir necessairement besoing de personne. C.

(2) Toutes mes espérances sont en moi. Térence, *Adelph.*, act. III, sc. 5, v. 9. — Il y a dans le texte, *In te spes omnis, Hegio, nobis sita est.*

(3) Ou plutôt, Hippias d'Elis. Voyez Cic., *de Oratore*, III, 32.

feit des presents que Temir[1] luy envoyoit; et ceulx qu'on offrit, de la part de l'empereur Soliman, à l'empereur de Calicut, le meirent en si grand despit que non seulement illes refusa rudement, disant que ny luy ny ses predecesseurs n'avoient accoustumé de prendre, et que c'estoit leur office de donner, mais, en oultre, feit mettre en un cul de fosse les ambassadeurs envoyés à cest effect. Quand Thetis, dict Aristote[2], flatte Jupiter, quand les Lacedemoniens flattent les Atheniens, ils ne vont pas leur refreschissant la memoire des biens qu'ils leur ont faicts, qui est tousjours odieuse, mais la memoire des bienfaits qu'ils ont receus d'eulx. Ceulx que je veois si familierement employer tout chascun et s'y engager, ne le feroient pas s'ils savouroient comme moy la doulceur d'une pure liberté, et s'ils poisoient, autant que doibt poiser à un sage homme, l'engageure d'une obligation; elle se paye à l'adventure quelquesfois, mais ne se dissoult jamais. Cruel garrotage à qui aime affranchir les coudées de sa liberté en touts sens! Mes cognoissants, et au dessus et au dessoubs de moy, sçavent s'ils en ont jamais veu de moins sollicitant, requerant, suppliant, ny moins chargeant sur aultruy. Si je le suis au delà de tout exemple moderne, ce n'est pas grande merveille, tant de pieces de mes mœurs y contribuant; un peu de fierté naturelle, l'impatience du refus, contraction de mes desirs et desseings, inhabileté à toute sorte d'affaires, et, mes qualités plus favories, l'oysifveté, la franchise : par tout cela, j'ay prins à haine mortelle d'estre tenu ny à aultre, ny par aultre, que moy. J'employe bien vifvement tout ce que je puis à m'en passer, avant que j'employe la beneficence d'un aultre, en quelque ou legiere ou poisante occasion ou besoing que ce soit. Mes amis m'importunent estrangement quand ils me requierent de requerir un tiers; et ne me semble gueres moins de coust desengager celuy qui me doibt, usant de luy, que m'engager envers celuy qui ne me doibt rien. Ceste condition ostée, et cest' aultre, qu'ils ne veuillent de moy chose negocieuse et soulcieuse (car j'ay denoncé à tout soing guerre capitale), je suis commodement facile et prest au besoing de chascun[1]. Mais j'ay encores plus fuy à recevoir que je n'ay cherché à donner; aussi est il bien plus aysé, selon Aristote[2]. Ma fortune m'a peu permis de bien faire à aultruy; et ce peu qu'elle m'en a permis, elle l'a assez maigrement logé. Si elle m'eust faict naistre pour tenir quelque reng entre les hommes, j'eusse esté ambitieux de me faire aimer, non de me faire craindre ou admirer : l'exprimerai je plus insolemment? j'eusse autant regardé au plaire qu'au proufiter. Cyrus, très sagement, et par la bouche d'un très bon capitaine et meilleur philosophe encores[3], estime sa bonté et ses bienfaicts loing au delà de sa vaillance et belliqueuses conquestes; et le premier Scipion, par tout où il se veult faire valoir, poise sa debonnaireté et humaineté au dessus de sa hardiesse et de ses victoires, et à tousjours en la bouche ce glorieux mot : « Qu'il a laissé aux ennemis autant à l'aimer qu'aux amis. » Je veulx doncques dire que, s'il fault ainsi debvoir quelque chose, ce doibt estre à plus legitime tiltre que celuy dequoy je parle, auquel la loy de ceste miserable guerre m'engage; et non d'un si grand debte comme celuy de ma totale conservation : il m'accable.

Je me suis couché mille fois chez moy, imaginant qu'on me trahiroit et assommeroit ceste nuict là; composant avecques la fortune, que ce feust sans effroy et sans langueur, et me suis escrié, après mon patenostre,

Impius hæc tam culta novalia miles habebit[4]!

Quel remede? c'est le lieu de ma naissance et de la plus part de mes ancestres; ils y ont mis leur affection et leur nom. Nous nous durcissons à tout ce que nous accoustumons; et, à

---

(1) *Timur* ou *Tamerlan*. E. J.

(2) Διὸ καὶ τὴν Θέτιν οὐ λέγειν τὰς εὐεργεσίας τῷ Διΐ, οὐδ' οἱ Λάκωνες πρὸς τοὺς Ἀθηναίους, ἀλλ' ἃ πεπόνθεσαν εὖ. Arist., *Morale à Nicomaque*, IV, 3, p. 72 de l'édit. de M. Coray, 1822. Le discours de Thétis à Jupiter se trouve au premier chant de l'*Iliade*, v. 503, et il paraît par le scholiaste de la *Morale* qu'Aristote faisait ensuite allusion au discours des Lacédémoniens, non dans Xénophon, mais dans les *Helléniques* de Callisthène. J. V. L.

(1) L'édition de 1588, fol. 427, après avoir exprimé en quelques mots ce que Montaigne vient de développer, ajoutait : « J'ay très volontiers cherché l'occasion de bien faire, et d'attacher les autres à moy; et me semble qu'il n'est point de plus doulx usage de nos moyens. Mais j'ay encores plus fuy, etc. » Cette phrase aurait dû rester. J. V. L.

(2) *Morale à Nicomaque*, IX, 7, p. 178 de l'édit. de M. Coray, 1822. J. V. L.

(3) Xénoph., *Cyrop.*, VIII, 4, 4. C.

(4) Ces terres, si bien cultivées, seront-elles donc la proie d'un soldat barbare! Virg., *Eclog.*, I, 71.

une miserable condition comme est la nostre, c'a esté un très favorable present de nature que l'accoustumance, qui endort nostre sentiment à la souffrance de plusieurs maulx. Les guerres civiles ont cela de pire que les aultres guerres, de nous mettre chascun en eschauguette[1] en sa propre maison :

> Quam miserum, porta vitam muroque tueri,
> Vixque suæ tutum viribus esse domus[2] !

C'est grande extremité d'estre pressé jusques dans son mesnage et repos domestique. Le lieu où je me tiens[3] est tousjours le premier et le dernier à la batterie de nos troubles, et où la paix n'a jamais son visage entier :

> Tum quoque, quum pax est, trepidant formidine belli[4].
>
> Quoties pacem fortuna lacessit,
> Hac iter est bellis... Melius, fortuna, dedisses
> Orbe sub Eoo sedem, gelidaque sub Arcto,
> Errantesque domos[5].

Je tire par fois le moyen de me fermir contre ces considerations de la nonchalance et lascheté; elles nous menent aussi aulcunement à la resolution. Il m'advient souvent d'imaginer avecques quelque plaisir les dangiers mortels, et les attendre : je me plonge, la teste baissée, stupidement dans la mort[6], sans la considerer et recognoistre, comme dans une profondeur muette et obscure qui m'engloutit d'un sault, et m'estouffe en un instant d'un puissant sommeil plein d'insipidité et indolence. Et en ces morts courtes et violentes, la consequence que j'en prevois me donne plus de consolation que l'effect de trouble. Ils disent, comme la vie n'est pas la meilleure pour estre longue, que la mort est la meilleure pour n'estre pas longue. Je ne m'estrange pas tant de l'estre mort comme j'entre en confidence avecques le mourir. Je m'enveloppe et me tapis en cest orage, qui me doibt aveugler et ravir de furie, d'une charge prompte et insensible. Encores s'il advenoit, comme disent aulcuns jardiniers, que les roses et violettes naissent plus odoriferantes près des aulx et des oignons, d'autant qu'ils succent et tirent à eulx ce qu'il y a de mauvaise odeur en la terre, aussi que ces depravées natures humassent tout le venin de mon air et du climat, et m'en rendissent d'autant meilleur et plus pur, par leur voysinage, que je ne perdisse pas tout ! Cela n'est pas ; mais de cecy il en peult estre quelque chose, que la bonté est plus belle et plus attrayante quand elle est rare ; et que la contrarieté et diversité roidit et resserre en soy le bienfaire, et l'enflamme par la jalousie de l'opposition et par la gloire. Les voleurs, de leur grace, ne m'en veulent pas particulierement ; ne fois je pas moy à eulx : il m'en fauldroit à trop de gents. Pareilles consciences logent soubs diverses sortes de robbes, pareille cruauté, desloyauté, volerie ; et d'autant pire qu'elle est plus lasche, plus seure et plus obscure soubs l'umbre des loix. Je hais moins l'injure professe que traistresse, guerriere que pacifique et juridique. Nostre fiebvre est survenue en un corps qu'elle n'a de gueres empiré : le feu y estoit, la flamme s'y est prinse : le bruit est plus grand ; le mal, de peu. Je responds ordinairement à ceulx qui me demandent raison de mes voyages : « Que je sais bien ce que je fuys, mais non pas ce que je cherche. » Si on me dict que parmy les estrangiers il y peult avoir aussi peu de santé, et que leurs mœurs ne valent pas mieulx que les nostres, je responds premierement qu'il est malaysé,

> Tam multæ scelerum facies[1] !

secondement, que c'est tousjours gaing, de changer un mauvais estat à un estat incertain ; et que les maulx d'aultruy ne nous doibvent pas poindre comme les nostres.

Je ne veulx pas oublier cecy, que je ne me

---

(1) *En vedette.*

(2) Qu'il est triste d'avoir besoin d'une porte et d'une muraille pour protéger sa vie, et d'être à peine en sûreté dans sa propre maison! Ov., *Trist.*, IV, 1, 69.

(3) Édition de 1588, *fol.* 427, *verso*, « Ce malheur me touche plus que nul aultre, pour la condition du lieu où je me tiens, qui est tousjours, etc. »

(4) Même lorsque nous sommes en paix, nous ne cessons de redouter la guerre. Ov., *Trist.*, III, 10, 67.

(5) Toutes les fois que la fortune a rompu la paix, c'est ici le chemin de la guerre... Pourquoi le sort ne nous a-t-il pas fait habiter des cabanes errantes, sous le char brûlant du soleil, ou sous les astres glacés de l'ourse ? Lucain, I, 255 et 256 ; 251.

(6) Les auteurs de la *Logique* de Port-Royal, part. III, c. 20, sect. 6, en citant cette phrase, ne pardonnent pas à Montaigne sa résignation au milieu des *dangers mortels* qui l'environnent. Coste leur reproche avec raison de ne point se mettre assez à la place du malheureux gentilhomme, menacé à tout moment d'être égorgé, *peloté à toutes mains* par les divers partis religieux qui déchiraient la France; aux uns *guelfe*, aux autres *gibelin*. J. V. L.

(1) Tant le crime s'est multiplié parmi nous ! Virgile, *Géorg.*, I, 506.

mutine jamais tant contre la France que je ne regarde Paris de bon œil: elle a mon cœur dès mon enfance; et m'en est advenu comme des choses excellentes; plus j'ay veu, depuis, d'aultres villes belles, plus la beauté de ceste cy peult et gaigne sur mon affection: je l'aime par elle mesme, et plus en son estre seul que rechargée de pompe estrangiere: je l'aime tendrement, jusques à ses verrues et à ses taches: je ne suis François que par ceste grande cité, grande en peuples, grande en felicité de son assiette, mais surtout grande et incomparable en varieté et diversité de commodités, la gloire de la France et l'un des plus nobles ornements du monde. Dieu en chasse loing nos divisions! Entiere et unie, je la treuve deffendue de toute aultre violence: je l'advise, que de touts les partis, le pire sera celuy qui la mettra en discorde; et ne craincls pour elle qu'elle mesme; et craincls pour elle, autant certes que pour aultre piece de cest Estat. Tant qu'elle durera, je n'auray faulte de retraicte où rendre mes abbois; suffisante à me faire perdre le regret de tout' aultre retraicte.

Non parce que Socrates l'a dict, mais parce qu'en verité c'est mon humeur, et à l'adventure non sans quelque excès, j'estime touts les hommes mes compatriotes; et embrasse un Polonois comme un François, postposant ceste liaison nationale à l'universelle et commune. Je ne suis gueres feru de la doulceur d'un air naturel: les cognoissances toutes neufves et toutes miennes me semblent bien valoir ces aultres communes et fortuites cognoissances du voysinage; les amitiés pures de nostre acquest emportent ordinairement celles ausquelles la communication du climat, ou du sang, nous joignent. Nature nous a mis au monde libres et desliés; nous nous emprisonnons en certains destroicts, comme les roys de Perse, qui s'obligeoient de ne boire jamais aultre eau que celle du fleuve de Choaspez[1], renonceoient, par sottise, à leur droict d'usage en toutes les aultres eaux, et asseichoient, pour leur regard, tout le reste du monde. Ce que Socrates feit sur sa fin, d'estimer une sentence d'exil pire qu'une sentence de mort contre soy, je ne seray, à mon advis, jamais ny si cassé,

ny si estroictement habitué en mon païs que je le feisse: ces vies celestes ont assez d'images que j'embrasse par estimation plus que par affection; et en ont aussi de si eslevées et extraordinaires que, par estimation mesme, je ne les puis embrasser, d'autant que je ne les puis concevoir: ceste humeur feut bien tendre à un homme qui jugeoit le monde sa ville; il est vrai qu'il desdaignoit les peregrinations, et n'avoit gueres mis le pied hors le territoire d'Attique. Quoy? qu'il plaignoit l'argent de ses amis à desengager sa vie; et qu'il refusa de sortir de prison par l'entremise d'aultruy, pour ne desobeïr aux loix en un temps qu'elles estoient d'ailleurs si fort corrompues Ces exemples sont de la premiere espece pour moy; de la seconde sont d'aultres que je pourrois trouver en ce mesme personnage: plusieurs de ces rares exemples surpassent la force de mon action, mais aulcuns surpassent encores la force de mon jugement.

Oultre ces raisons, le voyager me semble un exercice proufitable: l'ame y a une continuelle exercitation à remarquer des choses incogneues et nouvelles; et je ne sçache point meilleure eschole, comme j'ay dict souvent, à façonner la vie, que de luy proposer incessamment la diversité de tant d'aultres vies, fantasies et usances, et luy faire gouster une si perpetuelle varieté de formes de nostre nature. Le corps n'y est ny oisif, ny travaillé; et ceste moderée agitation le met en haleine. Je me tiens à cheval sans desmonter, tout choliqueux que je suis, et sans m'y ennuyer, huict et dix heures,

Vires ultra sortemque senectæ [1]:

nulle saison m'est ennemie, que le chauld aspre d'un soleil poignant; car les ombrelles, dequoy, depuis les anciens Romains[2], l'Italie se sert, chargent plus les bras qu'ils ne deschargent la teste. Je vouldrois sçavoir qu'elle industrie c'estoit aux Perses, si anciennement, et en la naissance de la luxure, de se faire du vent frez et des umbrages à leur poste, comme dict Xenophon. J'aime les pluyes et les crottes,

---

(1) PLUT., *de l'Exil*, c. 5; ÉLIEN, *Hist. div.*, XII, 40; PLINE, XXXI, 3, etc. De là, dans TIBULLE, IV, 1, 140: *Regia lympha Choaspes*. J. V. L.

(1) Au-delà des forces et de la santé d'un vieillard. VIRG., *En.*, VI, 114.

(2) MART., XIV, 28, *Umbella*:
Accipe quæ nimios vincant umbracula soles.
Sit licet et ventus, te tua vela tegent.
JUV., IX, 50: *En cui tu viridem umbellam*, etc. J. V. L.

comme les cannes. La mutation d'air et de climat ne me touche point; tout ciel m'est un: je ne suis battu que des alterations internes que je produis en moy; et celles là m'arrivent moins en voyageant. Je suis mal aysé à esbranler; mais estant avoyé, je vois tant qu'on veult: j'estrive autant aux petites entreprinses qu'aux grandes, et à m'equiper pour faire une journée et visiter un voysin, que pour un juste voyage. J'ay apprins à faire mes journées, à l'espaignole, d'une traicte; grandes et raisonnables journées: et aux extremes chaleurs, les passe de nuict, du soleil couchant jusques au levant. L'aultre façon, de repaistre en chemin, en tumulte et haste, pour la disnée, nomméement aux courts jours, est incommode. Mes chevaulx en valent mieulx: jamais cheval ne m'a failly, qui a sceu faire avecques moy la premiere journée. Je les abbreuve partout; et regarde seulement qu'ils aient assez de chemin de reste pour battre leur eau. La paresse à me lever donne loisir à ceulx qui me suyvent de disner à leur ayse, avant partir[1]: pour moy, je ne mange jamais trop tard; l'appetit me vient en mangeant, et point aultrement; je n'ay point de faim qu'à table.

Aulcuns se plaignent de quoy je me suis agreé à continuer cest exercice, marié et vieil. Ils ont tort: il est mieulx temps d'abandonner sa maison quand on l'a mise en train de continuer sans nous; quand on y a laissé de l'ordre qui ne desmente point sa forme passée: c'est bien plus d'imprudence de s'esloigner, laissant en sa maison une garde moins fidele, et qui ayt moins de soing de pourvoir à vostre besoing.

La plus utile et honnorable science et occupation à une mere de famille, c'est la science du mesnage. J'en veois quelqu'une avare; de mesnagieres, fort peu; c'est sa maistresse qualité, et qu'on doibt chercher avant toute aultre, comme le seul douaire qui sert à ruyner ou sauver nos maisons. Qu'on ne m'en parle pas: selon que l'experience m'en a apprins, je requiers d'une femme mariée, au dessus de toute aultre vertu, la vertu œconomique. Je l'en mets au propre, luy laissant par mon absence tout le gouvernement en main. Je veois avecques despit, en plusieurs mesnages, monsieur revenir maussade et tout marmiteux du tracas des affaires, environ midy, que madame est encores après à se coeffer et attifer en son cabinet : c'est à faire aux roynes, encores ne sçais je : il est ridicule et injuste que l'oisifveté de nos femmes soit entretenue de nostre sueur et travail. Il n'adviendra, que je puisse, à personne d'avoir l'usage de ses biens plus liquide que moy, plus quiete et plus quite. Si le mary fournit de matiere, nature mesme veult qu'elles fournissent de forme.

Quant aux debvoirs de l'amitié maritale qu'on pense estre interessés par ceste absence, je ne le crois pas. Au rebours, c'est une intelligence qui se refroidit volontiers par une trop continuelle assistance, et que l'assiduité blece. Toute femme estrangiere nous semble honneste femme: et chascun sent, par experience, que la continuation de se veoir ne peult representer le plaisir que l'on sent à se desprendre et reprendre à secousses. Ces interruptions me remplissent d'une amour recente envers les miens, et me redonnent l'usage de ma maison plus doulx : la vicissitude eschauffe mon appetit vers l'un et puis vers l'aultre party. Je sçais que l'amitié a les bras assez longs pour se tenir et se joindre d'un coing de monde à l'aultre, et specialement ceste cy, où il y a une continuelle communication d'offices, qui en reveillent l'obligation et la souvenance. Les stoïciens disent bien qu'il y a si grande colligance et relation entre les sages, que celuy qui disne en France repaist son compaignon en Ægypte; et qui estend seulement son doigt où que ce soit, touts les sages qui sont sur la terre habitable en sentent ayde[1]. La jouïssance et la possession appartiennent principalement à l'imagination : elle embrasse plus chauldement et plus continuellement ce qu'elle va querir que ce que nous touchons. Comptez vos amusements journaliers: vous trouverez que vous estes lors plus absent de vostre amy, quand il vous est present: son assistance relasche vostre attention, et donne liberté à vostre pensée de s'absenter à toute heure, pour toute occasion. De Rome en hors, je tiens et regente ma maison et les commodités que j'y ai laissé: je

---

(1) Ceci prouve qu'on dinait de bien bonne heure du temps de Montaigne : on dine encore à huit heures du matin dans les campagnes. E. J.

(1) L'exemple du *doigt étendu* se trouve dans PLUTARQUE, *des Communes conceptions contre les stoïques*, c. 18 de la version d'Amyot. Quant au *dîner*, apparemment Montaigne l'a ajouté de son chef. C.

veois croistre mes murailles, mes arbres et mes rentes, et descroistre, à deux doigts près comme quand j'y suis :

Ante oculos errat domus, errat forma locorum [1].

Si nous ne jouïssons que ce que nous touchons, adieu nos escus, quand ils sont en nos coffres; et nos enfants s'ils sont à la chasse. Nous les voulons plus près. Au jardin, est ce loing? à une demy journée? quoy? à dix lieues, est ce loing ou près? Si c'est près, quoy onze, douze, treize? et ainsi pas à pas. Vrayement, celle qui sçaura prescrire à son mary « Le quantiesme pas finit le près, et le quantiesme pas donne commencement au loing, » je suis d'advis qu'elle l'arreste entre deux;

Excludat jurgia finis...
Utor permisso ; caudæque pilos ut equinæ
Paulatim vello, et demo unum, demo etiam unum,
Dum cadat elusus ratione ruentis acervi [2];

et qu'elles appellent hardiment la philosophie à leur secours; à qui quelqu'un pourroit reprocher, puis qu'elle ne veoid ny l'un ny l'aultre bout de la joincture entre le trop et le peu, le long et le court, le legier et le poisant, le près et le loing; puisqu'elle n'en recognoist le commencement ny la fin, qu'elle juge bien incertainement du milieu : *Rerum natura nullam nobis dedit cognitionem finium* [3]. Sont elles pas encores femmes et amies des trespassés, qui ne sont pas au bout de cestuy cy, mais en l'aultre monde? Nous embrassons et ceulx qui ont esté et ceulx qui ne sont point encores, non que les absents. Nous n'avons pas faict marché, en nous mariant, de nous tenir continuellement accoués[4] l'un à l'aultre, comme je ne sçais quels petits animaulx que nous veoyons, ou comme les ensorcelés de Karenty[1], d'une maniere chiennine : et ne doibt une femme avoir les yeulx si gourmandement fichés sur le devant de son mary qu'elle n'en puisse veoir le derriere, où besoing est. Mais ce mot de ce peintre si excellent de leurs humeurs seroit il point de mise en ce lieu, pour representer la cause de leurs plainctes?

Uxor, si cesses, aut te amare cogitat,
Aut tete amari, aut potare, aut animo obsequi :
Et tibi bene esse soli, quum sibi sit male [2] ;

ou bien seroit ce pas que, de soy, l'opposition et contradiction les entretient et nourrit ; et qu'elles s'accommodent assez, pourveu qu'elles vous incommodent?

En la vraye amitié, de laquelle je suis expert, je me donne à mon amy plus que je ne le tire à moy. Je n'aime pas seulement mieulx luy faire bien que s'il m'en faisoit, mais encores qu'il s'en fasse qu'à moy ; il m'en faict lors le plus, quand il s'en faict ; et si l'absence luy est ou plaisante ou utile, elle m'est bien plus doulce que sa presence ; et ce n'est pas proprement absence, quand il y a moyen de s'entr'advertir. J'ay tiré aultrefois usage de nostre esloingnement et commodité : nous remplissions mieulx et estendions la possession de la vie en nous separant ; il vivoit[3], il jouissoit, il veoyoit pour moy et moy pour luy, autant plainement que s'il y eust esté : l'une partie de nous demeuroit oysifve quand nous estions ensemble ; nous nous confondions : la separation du lieu rendoit la conjonction de nos volontés plus riche.

---

(1) J'ai sans cesse devant les yeux ma maison et tous les lieux que j'ai quittés. — C'est un vers d'Ovide (*Trist.*, III, 4, 57) que Montaigne a changé pour l'adapter à son idée. Il y a dans l'édition de Heinsius :

Ante oculos urbisque domus, et forma locorum est.
D'autres éditions portent :
Ante oculos errat domus, urbs, et forma locorum.
On voit que Montaigne avait ici plus qu'ailleurs le droit de changer le texte, ou de choisir entre les leçons. J. V. L.

(2) Convenons d'un terme pour nous accorder : sans cela, je prends ce que vous me donnez ; et comme celui qui arracherait la queue d'un cheval crin à crin, j'ôte une lieue, puis une autre, jusqu'à ce que le nombre marqué disparaisse, et qu'il ne vous reste plus rien. Hor., *Epist.*, II, 1, 38, et 45.

(3) La nature ne nous a point permis de connaître les bornes des choses. Cic., *Acad.*, II, 29.

(4) *Attachés par la queue.*

(1) Ou *Karantia*, ville de l'île de Rugen, dans la mer Baltique. C'est Saxon le grammairien qui nous a conservé l'histoire de ces ensorcelés dans le livre XIV de son *Histoire de Danemark*. Il raconte que les habitants de cette ville, après avoir renoncé au culte de leurs idoles, les craignaient encore, se souvenant de la manière bizarre dont elles les avaient autrefois punis de leurs adultères : *Siquidem mares in ea urbe cum feminis in concubitum adscitis, canum exemplo, cohærere solebant, nec ab ipsis morando divelli poterant. Interdum utrique, perticis e diverso appensi, inusitato nexu ridiculum populo spectaculum præbuere.* Si ce fait était véritable, on ne pourrait guère s'empêcher d'en conclure que le diable était alors beaucoup plus rigide ou plus malin qu'il ne l'est aujourd'hui. C.

(2) Tardez-vous de revenir au logis, votre femme s'imagine que vous en aimez une autre, que vous en êtes aimé, que vous buvez, que vous vous donnez du bon temps; enfin, que vous êtes seul à vous amuser, tandis qu'elle se donne tant de peine. Tér., *Adelph.*, acte I, sc. 1, v. 7.

(3) La Boëtie.

Ceste faim insatiable de la presence corporelle accuse un peu la foiblesse en la jouïssance des ames.

Quant à la vieillesse qu'on m'allegue : au rebours, c'est à la jeunesse à s'asservir aux opinions communes et se contraindre pour aultruy ; elle peult fournir à touts les deux, au peuple et à soy : nous n'avons que trop à faire à nous seuls. A mesure que les commodités naturelles nous faillent, soubstenons nous par les artificielles. C'est injustice d'excuser la jeunesse de suyvre ses plaisirs et deffendre à la vieillesse d'en chercher. Jeune, je couvrois mes passions enjoüées de prudence ; vieil, je desmesle les tristes de desbauche. Si prohibent les loix platoniques [1] de peregriner avant quarante ans ou cinquante pour rendre la peregrination plus utile et instructifve. Je consentirois plus volontiers à cest aultre second article des mesmes loix, qui l'interdict après les soixante.

« Mais en tel aage vous ne reviendrez jamais d'un si long chemin. » Que m'en chault il ? je ne l'entreprends ny pour en revenir ny pour le parfaire : j'entreprends seulement de me bransler, pendant que le bransle me plaist, et me promene pour me promener. Ceulx qui courent un benefice ou un lievre ne courent pas ; ceulx là courent, qui courent aux barres et pour exercer leur course. Mon desseing est divisible par tout ; il n'est pas fondé en grandes esperances ; chasque journée en faict le bout : et le voyage de ma vie se conduict de mesme. J'ay veu pourtant assez de lieux esloingnez, où j'eusse desiré qu'on m'eust arresté. Pourquoy non, si Chrysippus, Cleanthes, Diogenes, Zenon, Antipater, tant d'hommes sages, de la secte plus renfrongnée, abandonnerent bien leur païs [2], sans aulcune occasion de s'en plaindre et seulement pour la jouïssance d'un aultre air ? Certes le plus grand desplaisir de mes peregrinations, c'est que je n'y puisse apporter ceste resolution d'establir ma demeure où je me plairois ; et qu'il me faille tousjours proposer de revenir pour m'accommoder aux humeurs communes.

Si je craignois de mourir en aultre lieu que celuy de ma naissance ; si je pensois mourir moins à mon ayse esloingné des miens ; à peine sortirois je hors de France ; je ne sortirois pas sans effroy hors de ma paroisse ; je sens la mort qui me pince continuellement la gorge ou les reins. Mais je suis aultrement faict ; elle m'est une par tout. Si toutesfois j'avois à choisir, ce seroit, je crois, plustost à cheval que dans un lict, hors de ma maison et loing des miens. Il y a plus de crevecœur que de consolation à prendre congé de ses amis : j'oublie volontiers ce debvoir de nostre entregent ; car des offices de l'amitié, celuy là est le seul desplaisant ; et oublierois ainsi volontiers à dire ce grand et eternel adieu. S'il se tire quelque commodité de ceste assistance, il s'en tire cent incommodités. J'ay veu plusieurs mourants bien piteusement, assiegés de tout ce train ; ceste presse les estouffe. C'est contre le debvoir, et est tesmoignage de peu d'affection et de peu de soing, de vous laisser mourir en repos ; l'un tormente vos yeulx, l'aultre vos aureilles, l'aultre la bouche ; il n'y a sens ny membre qu'on ne vous fracasse. Le cœur vous serre de pitié, d'ouïr les plainctes des amis ; et de despit, à l'adventure, d'ouïr d'aultres plainctes feinctes et masquées. Qui a tousjours eu le goust tendre, affoibly, il l'a encores plus ; il luy fault, en une si grande necessité, une main doulce et accommodée à son sentiment pour le grater justement où il luy cuit, ou qu'on ne le grate point du tout. Si nous avons besoing de sage femme à nous mettre au monde, nous avons bien besoing d'un homme encores plus sage à nous en sortir. Tel, et amy, le fauldroit il acheter bien cherement pour le service d'une telle occasion. Je ne suis point arrivé à ceste vigueur desdaigneuse qui se fortifie en soy mesme, que rien n'ayde ny ne trouble : je suis d'un poinct plus bas ; je cherche à conniller [1] et à me desrobber de ce passage, non par crainte, mais par art. Ce n'est pas mon advis de faire en ceste action preuve ou montre de ma constance. Pour qui ? lors cessera tout le droict et l'interest que j'ay à la reputation. Je me contente d'une mort recueillie en soy, quiete et solitaire, toute mienne, convenable à ma vie retirée et privée ; au rebours de la superstition romaine, où l'on estimoit malheureux celuy qui mouroit sans parler et qui n'avoit ses plus proches à luy clorre les yeulx. J'ay assez affaire à

---

(1) PLAT., *Lois*, liv. XII, p. 950. C.

(2) *Chrysippe* était de Soles ; *Cléanthe*, d'Assos ; *Diogène*, de Babylone ; *Zénon*, de Cittium ; *Antipater*, de Tarse : tous philosophes stoïciens qui passèrent leur vie à Athènes, comme a remarqué Plutarque dans son traité *de l'Exil*, c. 12. C.

(1) *Fuir comme un lapin ou connil.*

me consoler sans avoir à consoler aultruy; assez de pensées en la teste sans que les circonstances m'en apportent de nouvelles, et assez de matiere à m'entretenir sans l'emprunter. Ceste partie n'est pas du roolle de la societé; c'est l'acte à un seul personnage. Vivons et rions entre les nostres; allons mourir et rechigner entre les incogneus; on treuve, en payant, qui vous tourne la teste et qui vous frotte les pieds; qui ne vous presse qu'autant que vous voulez, vous presentant un visage indifferent; vous laissant vous gouverner et plaindre à vostre mode.

Je me desfais touts les jours, par discours, de ceste humeur puerile et inhumaine qui faict que nous desirons d'esmouvoir, par nos maulx, la compassion et le dueil en nos amis: nous faisons valoir nos inconveniens oultre leur mesure pour attirer leurs larmes, et la fermeté que nous louons en chascun à soubstenir sa mauvaise fortune, nous l'accusons et reprochons à nos proches, quand c'est en la nostre: nous ne nous contentons pas qu'ils se ressentent de nos maulx, si encores ils ne s'en affligent. Il fault estendre la joye, mais retrencher autant qu'on peult la tristesse. Qui se faict plaindre sans raison est homme pour n'estre pas plainct quand la raison y sera: c'est pour n'estre jamais plainct que se plaindre tousjours, faisant si souvent le piteux qu'on ne soit pitoyable à personne. Qui se faict mort, vivant, est subject d'estre tenu pour vif, mourant. J'en ay veu prendre la chevre de ce qu'on leur trouvoit le visage frez et le pouls posé; contraindre leur ris, parce qu'il trahissoit leur guarison, et haïr la santé de ce qu'elle n'estoit pas regrettable: qui bien plus est, ce n'estoient pas femmes. Je represente mes maladies, pour le plus, telles qu'elles sont, et evite les paroles de mauvais prognostique et les exclamations composées. Sinon l'alaigresse, au moins la contenance rassise des assistants est propre près d'un sage malade; pour se veoir en un estat contraire, il n'entre point en querelle avecques la santé; il luy plaist de la contempler en aultruy, forte et entiere, et en jouir au moins par compaignie: pour se sentir fondre contrebas, il ne rejecte pas du tout les pensées de la vie, ny ne fuyt les entretiens communs. Je veulx estudier la maladie, quand je suis sain: quand elle y est, elle faict son impression assez reelle sans que mon imagination l'ayde. Nous nous preparons, avant la main, aux voyages que nous entreprenons et y sommes resolus; l'heure qu'il nous fault monter à cheval, nous la donnons à l'assistance et en sa faveur l'estendons.

Je sens ce proufit inesperé de la publication de mes mœurs, qu'elle me sert aulcunement de regle; il me vient par fois quelque consideration de ne trahir l'histoire de ma vie; ceste publicque declaration m'oblige de me tenir en ma route, et à ne desmentir l'image de mes conditions, communement moins desfigurées et contredictes que ne porte la malignité et maladie des jugements d'aujourd'huy. L'uniformité et simplesse de mes mœurs produict bien un visage d'aysée interpretation; mais, parce que la façon en est un peu nouvelle et hors d'usage, elle donne trop beau jeu à la mesdisance. Si est il vray qu'à qui me veult loyalement injurier, il me semble fournir bien suffisamment où mordre en mes imperfections advouées et cogneues, et de quoy s'y saouler sans s'escarmoucher au vent. Si, pour en preoccuper moy mesme l'accusation et la descouverte, il luy semble que je luy esdente sa morsure, c'est raison qu'il prenne son droict vers l'amplification et extension: l'offense a ses droicts oultre la justice; et que les vices dequoy je luy montre des racines chez moy, il les grossisse en arbres; qu'il y employe non seulement ceulx qui me possedent, mais ceulx aussi qui ne font que me menacer, injurieux vices et en qualité et en nombre; qu'il me batte par là. J'embrasserois volontiers l'exemple du philosophe Bion: Antigonus le vouloit picquer sur le subject de son origine: Il luy coupa broche: « Je suis, dict il, fils d'un « serf, boucher, stigmatizé, et d'une putain que « mon pere espousa par la bassesse de sa for- « tune: touts deux furent punis pour quelque « mesfaict. Un orateur m'acheta enfant, me « trouvant beau et advenant, et m'a laissé, « mourant, touts ses biens: lesquels ayant « transporté en ceste ville d'Athenes, je me suis « addonné à la philosophie. Que les historiens « ne s'empeschent à chercher nouvelles de moy; « je leur en diray ce qui en est[1]. » La confession genereuse et libre enerve le reproche et desarme l'injure. Tant y a que, tout compté, il me semble qu'aussi souvent on me loue qu'on

[1] Diog. Laerce, IV, 46.C.

me desprise oultre la raison, comme il me semble aussi que, dès mon enfance, en reng et degré d'honneur, on m'a donné lieu plustost au dessus qu'au dessoubs de ce qui m'appartient. Je me trouverois mieulx en païs auquel ces ordres feussent ou reglés ou mesprisés. Entre les masles, depuis que l'altercation de la prerogative au marcher, ou à se seoir passe trois repliques, elle est incivile. Je ne crainds point de ceder ou preceder uniquement pour fuyr à une si importune contestation, et jamais homme n'a eu envie de presseance, à qui je ne l'aye quitée.

Oultre ce proufit que je tire d'escrire de moy, j'en ay esperé cest autre que, s'il advenoit que mes humeurs plussent et accordassent à quelque honneste homme avant mon trepas, il rechercheroit de nous joindre. Je luy ay donné beaucoup de païs gaigné; car tout ce qu'une longue cognoissance et familiarité luy pourroit avoir acquis en plusieurs années, il l'a veu en trois jours en ce registre, et plus seurement et exactement. Plaisante fantasie! plusieurs choses que je ne vouldrois dire au particulier, je les dis au public, et, sur mes plus secrettes sciences ou pensées, renvoye à une boutique de libraire mes amis plus feaux;

Excutienda damus præcordia[1].

Si, à si bonnes enseignes, je sçavois quelqu'un qui me feust propre, certes je l'irois trouver bien loing; car la doulceur d'une sortable et agreable compaignie ne se peult assez acheter à mon gré. Oh! un amy[2]! Combien est vraye ceste ancienne sentence « que l'usage en est plus necessaire et plus doulx que des elements de l'eau et du feu[3]! »

Pour revenir à mon conte, il n'y a doncques pas beaucoup de mal de mourir loing et à part; si estimons nous à debvoir de nous retirer pour des actions naturelles moins disgraciées que ceste cy et moins hideuses. Mais encores ceulx qui en viennent là de traisner languissants un long espace de vie ne debvroient à l'adventure souhaiter d'empescher de leur misere une grande famille. Pourtant les Indois, en certaine province, estimoient juste de tuer celuy qui seroit tombé en telle necessité; en une aultre de leurs provinces ils l'abandonnoient seul à se sauver comme il pourroit. A qui ne se rendent ils enfin ennuyeux et insupportables? Les offices communs n'en vont point jusques là. Vous apprenez la cruauté par force à vos meilleurs amis, durcissant et femme et enfants, par long usage, à ne sentir et plaindre plus vos maulx. Les souspirs de ma cholique n'apportent plus d'esmoy à personne. Et quand nous tirerions quelque plaisir de leur conversation, ce qui n'advient pas tousjours, pour la disparité des conditions qui produict aysément mespris ou envie envers qui que ce soit, n'est ce pas trop d'en abuser tout un aage? Plus je les verrois se contraindre de bon cœur pour moy, plus je plaindrois leur peine. Nous avons loy de nous appuyer, non pas de nous coucher si lourdement sur aultruy et nous estayer en leur ruyne, comme celuy qui faisoit esgorger des petits enfants pour se servir de leur sang à guarir une sienne maladie, ou cest aultre à qui on fournissoit des jeunes tendrons à couver la nuict ses vieux membres et mesler la doulceur de leur haleine à la sienne aigre et poisante[1]. La decrepitude est qualité solitaire. Je suis sociable jusques à l'excès; si me semble il raisonnable que meshuy je soubstraye de la veue du monde mon importunité et la couve moy seul; que je m'appile et me recueille en ma coque comme les tortues; que j'apprenne à veoir les hommes sans m'y tenir. Je leur ferois oultrage en un pas si pendant; il est temps de tourner le dos à la compaignie.

« Mais en un si long voyage vous serez arresté

---

(1) Nous leur donnons à sonder tous les replis de notre âme. PERSE, V, 22.

(2) C'est la leçon des éditions de 1588 et de 1802. Voici celle de l'édition de 1595: « Si, à si bonnes enseignes, j'eusse sceu quelqu'un qui m'eust esté propre, certes je l'eusse esté trouver bien loing; car la doulceur d'une sortable et agreable compaignie ne se peult assez acheter à mon gré. Eh! qu'est-ce qu'un ami! » Cette correction, qui n'a pu venir que de l'auteur, n'est pas heureuse; et Montaigne sentait lui-même qu'il gâtait quelquefois son livre en le corrigeant: « Je m'eschaulde souvent, dit-il (liv. II, c. 12), à y mettre un nouveau sens, pour avoir perdu le premier qui valoit mieulx. » Le texte de 1802, formé de celui de 1588 et des parties manuscrites de l'exemplaire de Bordeaux, est bien loin d'avoir toujours cet avantage. J. V. L.

(3) CIC., *de Amicit.*, c. 6. J. V. L.

(1) L'édition de 1588, fol. 433, ajoute ici: « Je conseillerois volontiers Venise pour la retraicte d'une telle condition et foiblesse de vie. » Montaigne a supprimé cette phrase qui rompait le fil de ses idées. Naigeon, pour les renouer un peu, avait imaginé de lire: «Je me conseillerois.» J. V. L.

miserablement en un caignard où tout vous manquera. » La plus part des choses necessaires, je les porte quand et moy; et puis nous ne sçaurions eviter la fortune si elle entreprend de nous courre sus. Il ne me fault rien d'extraordinaire quand je suis malade; ce que nature ne peult en moy je ne veulx pas qu'un bolus le face. Tout au commencement de mes fiebvres et des maladies qui m'atterrent, entier encores et voysin de la santé, je me reconcilie à Dieu par les derniers offices chrestiens, et m'en treuve plus libre et deschargé, me semblant en avoir d'autant meilleure raison de la maladie. De notaire et de conseil il m'en fault moins que de medecins. Ce que je n'auray estably de mes affaires tout sain, qu'on ne s'attende point que je le face malade. Ce que je veulx faire pour le service de la mort est tousjours faict; je n'oserois le delayer d'un seul jour[1], et, s'il n'y a rien de faict, c'est à dire ou que le doubte m'en aura retardé le chois (car par fois c'est bien choisir de ne choisir pas), ou que tout à faict je n'auray rien voulu faire.

J'escris mon livre à peu d'hommes et à peu d'années. Si c'eust esté une matiere de durée, il l'eust fallu commettre à un langage plus ferme. Selon la variation continuelle qui a suyvi le nostre jusques à ceste heure, qui peult esperer que sa forme presente soit en usage d'icy à cinquante ans? Il escoule touts les jours de nos mains, et, depuis que je vis, s'est alteré de moitié. Nous disons qu'il est asture parfaict; autant en dict du sien chasque siecle. Je n'ay garde de l'en tenir là tant qu'il fuyra et s'ira difformant comme il faict. C'est aux bons et utiles escripts de le clouer à eulx, et ira son credit selon la fortune de nostre estat. Pourtant ne crains je point d'y inserer plusieurs articles privés qui consument leur usage entre les hommes qui vivent aujourd'huy et qui touchent la particuliere science d'aulcuns, qui y verront plus avant que de la commune intelligence. Je ne veulx pas, après tout, comme je veois souvent agiter la memoire des trepassés, qu'on aille debattant : « Il jugeoit, il vivoit ainsin; il vouloit cecy. S'il eust parlé sur sa fin, il eust dict, il eust donné. Je le cognoissois mieulx que tout aultre. » Or, autant que la bienseance me le permet, je fois icy sentir mes inclinations et affections; mais plus librement et plus volontiers le fois je de bouche à quiconque desire en estre informé. Tant y a qu'en ces memoires, si on y regarde, on trouvera que j'ay tout dict ou tout designé. Ce que je ne puis exprimer, je le montre au doigt;

Verum animo satis hæc vestigia parva sagaci
Sunt, per quæ possis cognoscere cetera tute[1].

Je ne laisse rien à desirer et deviner de moy. Si on doibt s'en entretenir, je veulx que ce soit veritablement et justement. Je reviendrois volontiers de l'aultre monde pour desmentir celuy qui me formeroit aultre que je n'estois, feust ce pour m'honorer. Des vivants mesme je sens qu'on parle tousjours aultrement qu'ils ne sont; et, si à toute force je n'eusse maintenu un amy que j'ay perdu[2], on me l'eust deschiré en mille contraires visages.

Pour achever de dire mes foibles humeurs, j'advoue qu'en voyageant je n'arrive gueres en logis où il ne me passe par la fantasie si j'y pourray estre malade et mourant à mon ayse. Je veulx estre logé en lieu qui me soit bien particulier, non bruit, sans maussade, ou fumeux, ou estouffé. Je cherche à flatter la mort par ces frivoles circonstances, ou, pour mieulx dire, à me descharger de tout aultre empeschement, à fin que je n'aye qu'à m'attendre[3] à elle, qui me poisera volontiers assez sans aultre recharge. Je veulx qu'elle ayt sa part à l'aysance et commodité de ma vie; c'en est un grand lopin et d'importance, et espere meshuy qu'il ne desmentira pas le passé. La mort a des formes plus aysées les unes que les

---

(1) Ce que Montaigne dit ici qu'il n'oserait différer d'un seul jour ce qu'il veut faire pour le service de la mort, il le pensait très sincèrement, comme il paraît par ce qu'il fit un peu avant que de mourir, et dont voici le conte tiré mot pour mot d'un *Commentaire sur la Coutume de Bordeaux*, par Bernard Automne, dans l'article des testaments : « Feu Montaigne, auteur des *Essais*, dit-il, sentant approcher la fin de ses jours, se leva du lit en chemise, prenant sa robe de chambre, ouvrit son cabinet, fit appeler tous ses valets et autres légataires, et leur paya les légats (*legs*) qu'il leur avait laissés dans son testament, prévoyant la difficulté que feraient ses héritiers à payer ses légats. » C.

(1) Mais ces traits si légers suffiront à un esprit pénétrant pour deviner le reste. LUCR., I, 403.

(2) *Etienne de la Boëtie*. Voyez le chapitre *de l'Amitié*, ci-dessus, t. I, c. 27. N.

(3) Latinisme, *attendere*.

aultres et prend diverses qualités selon la fantasie de chascun. Entre les naturelles, celle qui vient d'affoiblissement et appesantissement me semble molle et doulce; entre les violentes, j'imagine plus malayséement un precipice qu'une ruyne qui m'accable, et un coup trenchant d'une espée qu'une harquebusade, et eusse plustost beu le bruvage de Socrates que de me frapper comme Caton; et, quoy que ce soit un[1], si sent mon imagination difference, comme de la mort à la vie, à me jecter dans une fournaise ardente ou dans le canal d'une platte riviere. Tant sottement nostre crainte regarde plus au moyen qu'à l'effect! Ce n'est qu'un instant, mais il est de tel poids que je donnerois volontiers plusieurs jours de ma vie pour le passer à ma mode. Puisque la fantasie d'un chascun treuve du plus et du moins en son aigreur, puisque chascun a quelque chois entre les formes de mourir, essayons un peu plus avant d'en trouver quelqu'une deschargée de tout desplaisir. Pourroit on pas la rendre encores voluptueuse comme les Commourants[2] d'Antonius et de Cleopatra? Je laisse à part les efforts que la philosophie et la religion produisent aspres et exemplaires; mais entre les hommes de peu il s'en est trouvé, comme un Petronius et un Tigellinus à Rome[3], engagés à se donner la mort, qui l'ont comme endormie par la mollesse de leurs appresls; ils l'ont faicte couler et glisser parmi la lascheté de leurs passetemps accoustumés, entre des garses et bons compaignons; nul propos de consolation, nulle mention de testament, nulle affectation ambitieuse de constance, nul discours de leur condition future; parmy les jeux, les festins, faceties, entretiens communs et populaires, et la musique, et des vers amoureux. Ne sçaurions nous imiter ceste resolution en plus honneste contenance? Puisqu'il y a des morts bonnes aux fols, bonnes aux sages, trouvons en qui soient bonnes à ceulx d'entre deux. Mon imagination m'en presente quelque visage facile, et, puisqu'il fault mourir, desirable. Les tyrans romains pensoient donner la vie au criminel à qui ils donnoient le chois de sa mort. Mais Theophraste, philosophe si delicat, si modeste, si sage, a il pas esté forcé par la raison d'oser dire ce vers latinisé par Ciceron:

Vitam regit fortuna, non sapientia[1]?

La fortune ayde à la facilité du marché de ma vie, me l'ayant logée en tel poinct qu'elle ne faict meshuy ny besoing aux miens ny empeschement. C'est une condition que j'eusse acceptée en toutes les saisons de mon aage; mais en ceste occasion de trousser mes bribes et de plier bagage, je prends plus particulierement plaisir à ne leur apporter ny plaisir ny desplaisir en mourant. Elle a, d'un' artiste compensation, faict que ceulx qui peuvent pretendre quelque materiel fruict de ma mort en receoivent d'ailleurs conjoinctement une materielle perte. La mort s'appesantit souvent en nous de ce qu'elle poise aux aultres, et nous interesse de leur interest quasi autant que du nostre et plus et tout[2] par fois.

En ceste commodité de logis que je cherche je n'y mesle pas la pompe et l'amplitude, je la hais plustost, mais certaine propreté simple qui se rencontre plus souvent aux lieux où il y a moins d'art et que nature honore de quelque grace toute sienne. *Non ampliter, sed munditer convivium. Plus salis quam sumptus*[3]. Et puis c'est à faire à ceulx que les affaires entraisnent en plein hyver par les Grisons d'estre surprins en chemin en ceste extremité. Moy, qui le plus souvent voyage pour mon plaisir, ne me guide pas si mal. S'il faict laid à droicte, je prends à gauche; si je me treuve

---

(1) Edit. de 1588, fol. 434, « quoy que l'effect soit un. »

(2) *Commorientes* ; c'était le titre d'une comédie que Plaute avait imité des Συναποθνήσκοντες de Diphile (Tér., *Adelph. prol.*, v. 7). Ici, Montaigne fait allusion à la confrérie des Synapotanoumènes, ou *bande de ceux qui veulent mourir ensemble*, formée par Antoine et Cléopâtre après la bataille d'Actium : s'y enrôler, c'était s'engager à mourir avec eux. «Leurs amis se faisoient enrooler en ceste bande des Commourants, et par ainsi ils estoient tousjours à faire grande chere, pource que chascun à son tour festoyoit la compaignie. » Plut., *Vie d'Antoine*, c. 15. J. V. L.

(3) Tacite, *Ann.*, XVI, 19; *Hist.*, I, 72. C.

(1) Le sort règle nos jours, plutôt que la sagesse. Cic., *Tusc. quæst.*, V, 9.

(2) *Et plus aussi quelquefois.* — *Et tout*, signifie en cet endroit *aussi*. Les paysans d'autour de Paris disent *itou*, qu'on emploie encore dans le burlesque pour imiter leur langage. C.

(3) Un repas où règne la propreté plutôt que l'abondance. Plus d'agrément que de frais. — Ces dernières paroles, *Plus satis, quam sumpus*, sont de Cornélius Népos, dans la *Vie d'Atticus*, c. 13. Pour les autres, *Non ampliter, sed munditer convivium*, Montaigne les a tirées d'un ancien poète cité par Nonius, XI, 19, et les a adaptées à son sujet dans un sens tout contraire à celui qu'elles ont dans l'original. C.

mal propre à monter a cheval; je m'arreste, et faisant ainsi je ne veois à la verité rien qui ne soit aussi plaisant et commode que ma maison. Il est vrai que je treuve la superfluité tousjours superflue et remarque de l'empeschement en la delicatesse mesme et en l'abondance. Ay je laissé quelque chose à veoir derriere moy, j'y retourne; c'est tousjours mon chemin; je ne trace aulcune ligne certaine, ny droicte ny courbe[1]. Ne treuve je point où je vois ce qu'on m'avoit dict (comme il advient souvent que les jugements d'aultruy ne s'accordent pas aux miens, et les ay trouvés le plus souvent fauls), je ne plainds pas ma peine, j'ay appris que ce qu'on disoit n'y est point.

J'ay la complexion du corps libre, et le goust commun autant qu'homme du monde : la diversité des façons d'une nation à aultre ne me touche que par le plaisir de la varieté : chasque usage a sa raison[2]. Soyent des assiettes d'estain, de bois, de terre, bouilly ou rosty, beurre, ou huyle de noix ou d'olive, chaud ou froid, tout m'est un; et si un que, vieillissant, j'accuse ceste genereuse faculté, et aurois besoing que la delicatesse et le choix arrestast l'indiscretion de mon appetit, et par fois soulageast mon estomach. Quand j'ay esté ailleurs qu'en France, et que, pour me faire courtoisie, on m'a demandé si je voulois estre servy à la françoise, je m'en suis mocqué et me suis tousjours jecté aux tables les plus espesses d'estrangiers. J'ay honte de veoir nos hommes enivrés de ceste sotte humeur, de s'effaroucher des formes contraires aux leurs; il leur semble estre hors de leur element quand ils sont hors de leur village; où qu'ils aillent, ils se tiennent à leurs façons et abominent les estrangieres. Retrouvent ils un compatriote en Hongrie, ils fes-

(1) « Nous ne voyageons point tristement assis et comme emprisonnés dans une petite cage bien fermée... On observe le pays; on se détourne à droite, à gauche; on examine tout ce qui flatte; on s'arrête à tous les points de vue. Aperçois-je une rivière? je la côtoie; un bois touffu? je vais sous son ombre... Je n'ai pas besoin de choisir les chemins tout faits, les routes commodes; je passe partout où un homme peut passer... » ROUSSEAU, Emile, liv. V. — Il est inutile de prolonger ce parallèle; nous le recommandons aux gens de goût. J. V. L.

(2) Montaigne dit lui-même, dans le Journal de son voyage en Allemagne et en Italie (t. I, p. 123), qu'il se conforme et renge, en tant qu'en luy est, aux modes du lieu où il se treuve, et qu'il portoit à Augusle (Augsbourg) un bonnet fourré par la ville. J. V. L.

toyent ceste adventure; les voilà à se rallier et à se recoudre ensemble, à condamner tant de mœurs barbares qu'ils veoyent; pourquoy non barbares, puis qu'elles ne sont françoises? Encores sont ce les plus habiles qui les ont recogneües pour en mesdire. La pluspart ne prennent l'aller que pour le venir; ils voyagent couverts et resserrés, d'une prudence taciturne et incommuniquable, se deffendants de la contagion d'un air incogneu. Ce que je dis de ceulx là me ramentoit, en chose semblable, ce que j'ay par fois apperceu en aulcuns de nos jeunes courtisans; ils ne tiennent qu'aux hommes de leur sorte; nous regardent comme gents de l'aultre monde, avecques desdaing ou pitié. Ostez leur les entretiens des mysteres de la court, ils sont hors de leur gibbier; aussi neufs pour nous et mal habiles comme nous sommes à eulx. On dict bien vray, qu'un honneste homme c'est un homme meslé. Au rebours, je peregrine très saoul de nos façons, non pour chercher des Gascons en Sicile, j'en ay assez laissé au logis[1]; je cherche des Grecs plustost, et des Persans; j'accointe ceulx là, je les considere; c'est là où je me preste et où je m'employe; et qui plus est, il me semble que je n'ay rencontré gueres de manieres qui ne vaillent les nostres : je couche de peu; car à peine ay je perdu mes girouettes de vue.

Au demourant, la pluspart des compaignies fortuites que vous rencontrez en chemin ont plus d'incommodité que de plaisir; je ne m'y attache point, mais asteure que la vieillesse me particularise et sequestre aulcunement des formes communes. Vous souffrez pour aultruy, ou aultruy pour vous : l'un et l'aultre inconvenient est poisant, mais le dernier me semble encores plus rude. C'est une rare fortune, mais de soulagement inestimable, d'avoir un honneste homme, d'entendement ferme et de mœurs conformes aux vostres, qui aime à vous suyvre; j'en ay eu faulte extreme en touts mes voyages; mais une telle compaignie, il la fault avoir choisie et acquise dès le logis. Nul plaisir n'a saveur pour moy sans communication; il ne me vient pas seulement une gaillarde pensée en l'ame qu'il ne me fasche de l'avoir pro-

(1) Aussi Montaigne se faschait, comme dit le Journal de son voyage (t. 1, p. 276), de rencontrer à Rome si grand nombre de François qu'il ne trouvoit en la rue quasi personne qui ne le saluoit en sa langue. J. V. L.

duicte seul, et n'ayant à qui l'offrir : *Si cum hac exceptione detur sapientia, ut illam inclusam teneam, nec enuntiem, rejiciam*[1]. L'aultre l'avoit monté d'un ton au dessus : *Si contigerit ea vita sapienti, ut in omnium rerum affluentibus copiis, quamvis omnia, quæ cognitione digna sunt, summo otio secum ipse consideret et contempletur; tamen, si solitudo tanta sit ut hominem videre non possit, excedat e vita*[2]. L'opinion d'Archytas m'agrée, « qu'il feroit desplaisant au ciel mesme et à se promener dans ces grands et divins corps celestes, sans l'assistance d'un compaignon[3]. » Mais il vault mieulx encores estre seul qu'en compaignie ennuyeuse et inepte. Aristippus s'aimoit à vivre estrangier par tout :

Me si fata meis paterentur ducere vitam
Auspiciis[4],

je choisirois à la passer le cul sur la selle,

Visere gestiens,
Qua parte debacchentur ignes,
Qua nebulæ, pluviique rores[5].

« Avez vous pas des passe temps plus aysés? De quoy avez vous faulte? Vostre maison est elle pas en bel air et sain, suffisamment fournie et capable plus que suffisamment? La majesté royale y a peu[6] plus d'une fois en sa pompe. Vostre famille n'en laisse elle pas en reglement plus au dessoubs d'elle qu'elle n'en a au dessus en eminence? Y a il quelque pensée locale qui vous ulcere, extraordinaire, indigestible;

Quæ te nunc coquat et vexet sub pectore fixa?[7]

Où cuidez vous pouvoir estre sans empeschement et sans destourbier? *Nunquam simpliciter fortuna indulget*[1]. Voyez doncques qu'il n'y a que vous qui vous empeschez; et vous vous suyvrez par tout, et vous plaindrez par tout; car il n'y a satisfaction çà bas que pour les ames ou brutales ou divines. Qui n'a du contentement à une si juste occasion, où pense il le trouver? A combien de milliers d'hommes arreste une telle condition que la vostre le but de leurs souhaits? Reformez vous seulement; car en cela vous pouvez tout : là où vous n'avez droict que de patience envers la fortune : *Nulla placida quies est, nisi quam ratio composuit*[2]. »

Je veois la raison de cest advertissement, et la veois très bien; mais on auroit plustost faict, et plus pertinemment, de me dire en un mot : « Soyez sage. » Ceste resolution est oultre la sagesse; c'est son ouvrage et sa production; ainsi faict le medecin qui va criaillant après un pauvre malade languissant, « qu'il se rejouisse » : il luy conseilleroit un peu moins ineptement s'il luy disoit : « Soyez sain. » Pour moy, je ne suis qu'un homme de la commune sorte. C'est un precepte salutaire, certain et d'aysée intelligence : « Contentez vous du vostre, » c'est à dire de la raison ; l'execution pourtant n'en est non plus aux plus sages qu'en moy. C'est une parole populaire, mais elle a une terrible estendue; que ne comprend elle? Toutes choses tumbent en discretion et modification. Je sçais bien qu'à le prendre à la lettre ce plaisir de voyager porte tesmoignage d'inquietude et d'irresolution; aussi sont ce nos maistresses qualités et predominantes. Ouy, je le confesse, je ne veois rien seulement en songe et par souhait, où je me puisse tenir : la seule varieté me paye, et la possession de la diversité, au moins si quelque chose me paye. A voyager, cela mesme me nourrit, que je puis arrester sans interest, et que j'ay où m'en divertir commodement. J'aime la vie privée, parce que c'est par mon choix que je l'aime, non par disconvenance à la vie publicque, qui est à l'adventure autant selon ma complexion; j'en sers plus gaiement mon prince, parce que c'est par libre eslection de mon jugement et de ma

---

(1) Si l'on m'offrait la sagesse, à condition de la tenir renfermée, sans la communiquer à personne, je n'en voudrais pas. Sén., *Epist.* 6.

(2) Si le sage se trouvait dans une solitude absolue, où cependant il jouirait à la fois et de l'abondance de toutes les choses nécessaires, et du loisir de contempler et d'étudier tout ce qui est digne d'être connu, sans doute il renoncerait à la vie. Cic., *de Offic.*, I, 43.

(3) Cic., *de Amicit.*, c. 23. C.

(4) Si le destin me permettait de passer ma vie selon mes désirs. Virg., *En.*, IV, 340.

(5) J'irais voir les regions que le soleil brûle de ses feux; j'irais voir celles où se forment les nuages et les frimas. Hor., III, 3, 54.

(6) On a déjà vu cette ellipse : *y a pu*, c'est-à-dire, *y a pu tenir*, *y a logé*, comme on a mis dans l'édition de 1635. J. V. L.

(7) Qui, attachée à votre âme, vous consume et vous ronge. Ennius, apud Cicer., *de Senectute*, c. 1.

(1) Les faveurs de la fortune ne sont jamais sans mélange. Quinte-Curce, IV, 14.

(2) La véritable tranquillité est celle que nous a donnée la raison. Sén., *Epist.* 56.

raison, sans obligation particuliere ; et que je n'y suis pas rejecté ny contrainct pour estre irrecevable à tout aultre party, et mal voulu ; ainsi du reste. Je hais les morceaux que la necessité me taille ; toute commodité me tiendroit à la gorge, de laquelle seule j'aurois à despendre :

Alter remus aquas, alter mihi radat arenas[1] :

une seule chorde ne m'arreste jamais assez. « Il y a de la vanité, dites vous, en cest amusement. » Mais où non ? et ces beaux preceptes sont vanité, et vanité toute la sagesse : *Dominus novit cogitationes sapientium, quoniam vanæ sunt*[2]. Ces exquises subtilités ne sont propres qu'au presche ; ce sont discours qui nous veulent envoyer touts bastés en l'aultre monde. La vie est un mouvement materiel et corporel, action imparfaite de sa propre essence, et desreglée : je m'employe à la servir selon elle.

Quisque suos patimur manes[3].

Sic est faciendum, ut contra naturam universam nihil contendamus ; ea tamen conservata, propriam sequamur[4]. A quoy faire ces poinctes eslevées de la philosophie, sur lesquelles aulcun estre humain ne se peult rasseoir ? et ces regles, qui excedent nostre usage et nostre force ?

Je veois souvent qu'on nous propose des images de vie, lesquelles, ny le proposant, ny les auditeurs, n'ont aulcune esperance de suyvre, ny, qui plus est, envie. De ce mesme papier où il vient d'escrire l'arrest de condamnation contre un adultere, le juge en desrobbe un lopin pour en faire un poulet à la femme de son compaignon ; celle à qui vous viendrez de vous frotter illicitement criera plus asprement tantost, en vostre presence mesme, à l'encontre d'une pareille faulte de sa compaigne, que ne feroit Porcie[5] ; et tel condamne les hommes à mourir pour des crimes qu'il n'estime point faultes. J'ay veu, en ma jeunesse, un galant homme[1] presenter d'une main, au peuple, des vers excellents et en beauté et en desbordement ; et de l'aultre main, en mesme instant, la plus querelleuse reformation theologienne dequoy le monde se soit desjeuné il y a longtemps. Les hommes vont ainsin : on laisse les loix et preceptes suyvre leur voye ; nous en tenons une aultre, non par desreglement de mœurs seulement, mais par opinion souvent, et par jugement contraire. Sentez[2] lire un discours de philosophie ; l'invention, l'eloquence, la pertinence, frappe incontinent vostre esprit et vous esmeut ; il n'y a rien qui chatouille ou poigne vostre conscience ; ce n'est pas à elle qu'on parle. Est il pas vray ? Si disoit Ariston, « que ny une estuve, ny une leçon n'est d'aulcun fruict, si elle ne nettoye et ne decrasse[3]. » On peult s'arrester à l'escorce, mais c'est après qu'on en a tiré la mouëlle ; comme, après avoir avalé le bon vin d'une belle coupe, nous en considerons les graveures et l'ouvrage. En toutes les chambrées de la philosophie ancienne, cecy se trouvera qu'un mesme ouvrier y publie des regles de temperance, et publie ensemble des escripts d'amour et desbauche ; et Xenophon, au giron de Clinias, escrivit contre la vertu aristipique[4]. Ce n'est pas qu'il y ait une conversion miraculeuse qui les agite à ondées ; mais c'est que Solon se represente tantost soy mesme, tantost en forme de legislateur ; tantost il parle pour la presse, tantost pour soy ; et prend pour soy les regles libres et naturelles, s'asseurant d'une santé ferme et entiere :

Curentur dubii medicis majoribus ægri[5].

Antisthenes[6] permet au sage d'aimer et faire à sa mode ce qu'il treuve estre opportun, sans s'attendre aux loix ; d'autant qu'il a meilleur advis qu'elles et plus de cognoissance de la

---

(1) Je veux toujours frapper l'eau d'une rame, et de l'autre toucher le rivage. Prop., III, 3, 23.

(2) Le Seigneur connait que les pensées des sages ne sont que vanité. *Ps.* 93, v. 11 ; et *Corinth*, I, 3, 20.

(3) Nous avons chacun nos passions. Virg., *En.*, VI, 743.

(4) Nous devons faire en sorte que, sans jamais aller contre les lois de la nature universelle, nous suivions cependant notre propre nature. Cic., *de Offic.*, I, 31.

(5) Fille de Caton d'Utique, qui se donna la mort quand elle eut appris celle de Brutus son mari, après la bataille de Philippes. E. J.

(1) Il s'agit peut-être ici de Théodore de Bèze, le célèbre réformateur, qui publia presque en même temps, vers 1550, ses poésies amoureuses (*Juvenilia*), et son apologie intolérante du jugement et du supplice de Servet. J. V. L.

(2) Italianisme, *Sentite*, écoutez. J. V. L.

(3) Plut., *Comment il faut ouïr*, c. 8. C.

(4) C'est-à-dire, contre la vertu telle que la définissait Aristippe. Ce que Montaigne dit ici est emprunté de Diog. Laerce, liv. II, au commencement de la *Vie de Xenophon*. J. V. L.

(5) Qu'un malade en danger appelle les medecins les plus habiles. Juv., XIII, 124.

(6) Diog. Laerce, VI, 11. C.

vertu. Son disciple Diogenes¹ disoit : « Opposer aux perturbations la raison, à fortune la confidence², aux loix nature. » Pour les estomachs tendres il fault des ordonnances contrainctes et artificielles; les bons estomachs se servent simplement des prescriptions de leur naturel appetit : ainsi font nos medecins, qui mangent le melon et boivent le vin frez, ce pendant qu'ils tiennent leur patient obligé au syrop et à la panade. « Je ne sçais quels livres, disoit la courtisanne Laïs³, quelle sapience, quelle philosophie; mais ces gents là battent aussi souvent à ma porte qu'aulcuns aultres. » D'autant que nostre licence nous porte tousjours au delà de ce qui nous est loisible et permis, on a estrecy, souvent oultre la raison universelle, les preceptes et les loix de nostre vie :

*Nemo satis credit tantum delinquere, quantum Permittas*⁴.

Il seroit à desirer qu'il y eust plus de proportion du commandement à l'obeïssance; et me semble la visée injuste, à laquelle on ne peult atteindre. Il n'est si homme de bien qu'il mette à l'examen des loix toutes ses actions et pensées, qui ne soit pendable dix fois en sa vie; voire tel qu'il seroit très grand dommage et très injuste de punir et de perdre :

*Ole, quid ad te,
De cute quid faciat ille, vel illa sua* ⁵ ?

et tel pourroit n'offenser point les loix, qui n'en meriteroit point la louange d'homme de vertu, et que la philosophie feroit très justement fouetter, tant ceste relation est trouble et inegale ! Nous n'avons garde d'estre gents de bien selon Dieu; nous ne le sçaurions estre selon nous : l'humaine sagesse n'arriva jamais aux debvoirs qu'elle s'estoit elle mesme prescripts; et, si elle y estoit arrivée, elle s'en prescriroit d'aultres au delà, où elle aspirast tousjours et prestendist : tant nostre estat est ennemy de consistance ! L'homme s'ordonne à soy mesme d'estre necessairement en faulte; il n'est gueres fin de tailler son obligation à la raison d'un aultre estre que le sien; à qui prescript il ce qu'il s'attend que personne ne face? luy est il injuste de ne faire point ce qu'il luy est impossible de faire ? Les loix qui nous condamnent à ne pouvoir pas nous accusent elles mesmes de ce que nous ne pouvons pas.

Au pis aller, ceste difforme liberté de se presenter à deux endroicts, et les actions d'une façon, les discours de l'aultre, soit loisible à ceulx qui disent les choses; mais elle ne le peult estre à ceulx qui se disent eulx mesmes, comme je fois; il fault que j'aille de la plume comme des pieds. La vie commune doibt avoir conference aux aultres vies : la vertu de Caton estoit vigoureuse oultre la raison de son siecle; et à un homme qui se mesloit de gouverner les aultres, destiné au service commun, il se pourroit dire que c'estoit une justice, sinon injuste, au moins vaine et hors de saison¹. Mes mœurs mesmes, qui ne disconviennent de celles qui courent, à peine de la largeur d'un poulce, me rendent pourtant aulcunement farouche à mon aage, et inassociable. Je ne sçais pas si je me treuve degousté sans raison du monde que je hante; mais je sais bien que ce seroit sans raison si je me plaignois qu'il feust degousté de moy, puisque je le suis de luy. La vertu assignée aux affaires du monde est une vertu à plusieurs plis, encoigneures et coudes, pour s'appliquer et joindre à l'humaine foiblesse; meslée et artificielle, non droicte, nette, constante, ny purement innocente. Les annales reprochent jusques à ceste heure à quelqu'un de nos roys de s'estre trop simplement laissé aller aux consciencieuses persuasions de son confesseur; les affaires d'estat ont des preceptes plus hardis;

*Exeat aula,
Qui vult esse pius* ².

J'ai aultrefois essayé d'employer au service des maniements publicques les opinions et re-

---

(1) Diog. Laerce, VI, 38. C.

(2) *Le courage, la résolution*.

(3) Après avoir cherché inutilement la source de ce beau conte, j'ai appris de M. Barbeyrac que, selon toutes les apparences, Montaigne n'a ici d'autre garant que le menteur Antoine de Guevara, *Epîtres dorées*, liv. I, p. 263 de la vieille traduction française. C.

(4) L'homme ne croit jamais avoir atteint le terme prescrit à ses passions. Juv., XIV, 233.

(5) Que t'importe, Olus, de quelle manière celui-ci ou celle-là dispose de sa personne? Martial, VII, 9, 1.

(1) Ciceron lui reproche aussi quelquefois de parler comme s'il opinait dans la république de Platon, et non dans la lie de Romulus : *Dicit enim tanquàm in Platonis* πολιτείᾳ, *non tanquam in Romuli fœce, sententiam*. Epist. ad. Attic., II, 1. J. V. L.

(2) Quitte la cour, si tu veux être juste. Lucain, VIII, 493.

gles de vivre, ainsi rudes, neufves, impolies ou impolues, comme je les ay nées chez moy, ou rapportées de mon institution, et desquelles je me sers, sinon si commodement, au moins seurement en particulier ; une vertu scholastique et novice ; je les y ay trouvées ineptes et dangereuses. Celuy qui va en la presse, il fault qu'il gauchisse, qu'il serre ses coudes, qu'il recule ou qu'il advance, voire qu'il quite le droict chemin selon ce qu'il rencontre ; qu'il vive non tant selon soy que selon aultruy, non selon ce qu'il se propose, mais selon ce qu'on luy propose, selon le temps, selon les hommes, selon les affaires. Platon dict[1] qui eschappe, brayes nettes, du maniement du monde, c'est par miracle qu'il en eschappe ; et dict aussi que, quand il ordonne son philosophe chef d'une police, il n'entend pas le dire d'une police corrompue, comme celle d'Athenes, et encores bien moins comme la nostre, envers lesquelles la sagesse mesme perdroit son latin ; et une bonne herbe, transplantée en solage fort divers à sa condition, se conforme bien plustost à iceluy qu'elle ne le reforme à soy. Je sens que si j'avois à me dresser tout à faict à telles occupations, il m'y fauldroit beaucoup de changement et de rabillage. Quand je pourrois cela sur moy (et pourquoy ne le pourrois je avecques le temps et le soing ?), je ne le vouldrois pas. De ce peu que je me suis essayé en ceste vacation, je me suis d'autant desgousté : je me sens fumer en l'ame, par fois, aulcunes tentations vers l'ambition ; mais je me bande et obstine au contraire :

At tu, Catulle, obstinatus obdura[2].

On ne m'y appelle gueres et je m'y convie aussi peu : la liberté et l'oisifveté, qui sont mes maistresses qualités, sont qualités diametralement contraires à ce mestier là. Nous ne sçavons pas distinguer les facultés des hommes ; elles ont des divisions et bornes malaysées à choisir et delicates : de conclure, par la suffisance d'une vie particuliere, quelque suffisance à l'usage publicque, c'est mal conclu : tel se conduict bien, qui ne conduict pas bien les aultres, et faict des Essais qui ne scauroit faire des effects : tel dresse bien un siege qui dresseroit mal une battaille, et discourt bien en privé qui harangueroit mal un peuple ou un prince : voire à l'adventure est ce plustost tesmoignage à celuy qui peult l'un de ne pouvoir point l'aultre qu'aultrement. Je treuve que les esprits haults ne sont de gueres moins aptes aux choses basses. Estoit il à croire que Socrates[1] eust appresté aux Atheniens matiere de rire à ses despens pour n'avoir oncques sceu compter les suffrages de sa tribu et en faire rapport au conseil ? certes la veneration en quoy j'ay les perfections de ce personnage merite que sa fortune fournisse, à l'excuse de mes principales imperfections, un si magnifique exemple. Nostre suffisance est detaillée à menues pieces : la mienne n'a point de latitude, et si est chetifve en nombre. Saturninus[2], à ceulx qui luy avoient deferé tout commandement : « Compaignons, dict il, vous avez perdu un bon capitaine pour en faire un mauvais general d'armée. »

Qui se vante, en un temps malade comme cestuy cy, d'employer au service du monde une vertu naïfve et sincere, ou il ne la cognoist pas, les opinions se corrompants avecques les mœurs (de vray, oyez la leur peindre, oyez la pluspart se glorifier de leurs deportements, et former leurs regles ; au lieu de peindre la vertu, ils peignent l'injustice toute pure et le vice, et la presentent ainsi faulse à l'institution des princes) : ou, s'il la cognoist, il se vante à tort, et, quoy qu'il die, faict mille choses dequoy sa conscience l'accuse. Je croirois volontiers Seneca de l'experience qu'il en feit en pareille occasion, pourveu qu'il m'en voulust parler à cœur ouvert. La plus honorable marque de bonté, en une telle necessité, c'est recognoistre librement sa faulte et celle d'aultruy ; appuyer, et retarder de sa puissance, l'inclination vers le mal ; suyvre envy ceste pente ; mieulx esperer et mieulx desirer. J'appercois, en ces demembrements de la France et divisions où nous sommes tumbés, chascun se travailler à deffendre sa cause, mais jusques aux meilleurs, avecques desguisement et mensonge : qui en escriroit rondement en escriroit temerairement et vicieusement. Le plus juste party,

---

(1) *République*, l. VI, quelques pages après le commencement. C.

(2) Ferme, Catulle ; tiens bon jusqu'à la fin. CATULLE, *Carm.*, VIII, 19.

(1) Dans le *Gorgias* de Platon, p. 473. C.

(2) Un des trente tyrans qui s'éleverent du temps de l'empereur Gallien. Voici ses paroles, dans le texte de TRÉBELLIUS POLLION, *Trig. tyrann.*, c. 23 : *Commilitones bonum ducem perdidistis, et malum principem fecistis.* C.

si est ce encores le membre d'un corps vermoulu et verreux ; mais, d'un tel corps, le membre moins malade s'appelle sain, et à bon droict, d'autant que nos qualités n'ont tiltre qu'en la comparaison : l'innocence civile se mesure selon les lieux et saisons. J'aimerois bien à veoir en Xenophon une telle louange d'Agesilaus[1] : estant prié par un prince voysin, avecques lequel il avoit aultrefois esté en guerre, de le laisser passer en ses terres, il l'octroya, lui donnant passage à travers le Peloponnese ; et non seulement ne l'emprisonna ou empoisonna, le tenant à sa mercy, mais l'accueillit courtoisement, suivant l'obligation de sa promesse, sans luy faire offense. A ces humeurs là, ce ne seroit rien dire ; ailleurs et en aultre temps, il se fera compte de la franchise et magnanimité d'une telle action. Ces babouins[2] capettes[3] s'en feussent mocqués, si peu retire l'innocence spartaine à la françoise. Nous ne laissons pas d'avoir des hommes vertueux ; mais c'est selon nous. Qui à ses mœurs establies en reglement au dessus de son siecle, ou qu'il torde et esmousse ses regles, ou, ce que je luy conseille plustost, qu'il se retire à quartier et ne se mesle point de nous : qu'y gaigneroit il ?

Egregium sanctumque virum si cerno, bimembri
Hoc monstrum puero, et miranti jam sub aratro
Piscibus inventis, et fœtœ comparo mulœ[4].

On peult regretter les meilleurs temps, mais non pas fuyr aux presents : on peult desirer aultres magistrats, mais il fault, ce nonobstant,

(1) Montaigne aurait pu l'y voir, *Histoire grecque*, IV, 1 ; *Éloge d'Agésilas*, III, 4. Seulement il ne s'agit point du *passage à travers le Péloponèse*, mais d'une entrevue dans le camp d'Agésilas. J. V. L.

(2) Enfant.

(3) *Capette* signifie proprement un écolier du collége de Montaigu à Paris. En 1480, Jean Standonchi, de Malines, docteur de Sorbonne, fit une fondation pour entretenir dans ce collége quatre-vingt-quatre écoliers, en mémoire des douze *apôtres* et des soixante-douze *disciples*. Ces écoliers furent nommés *capettes*, à cause des petits manteaux qu'ils portaient, nommés *capes* ; et, comme on les traitait fort durement, tant à l'égard de la table que de la discipline, c'étaient ordinairement de si pauvres génies que le mot de *capette* fut employé pour désigner un écolier du caractère le plus méprisable, un sot, un impertinent écolier. Montaigne traite ici de *capettes*, de *babouins capettes*, la plupart des hommes de son siecle, qui n'auraient rien compris à la magnanimité d'Agésilas. C.

(4) Aperçois-je un homme intègre et vertueux, je suis aussi surpris que si je voyais un enfant à deux têtes, une mule féconde ou des poissons trouvés en labourant la terre. Juv., XIII, 64.

obeïr à ceulx icy ; et à l'adventure y a il plus de recommendation d'obeir aux mauvais qu'aux bons. Autant que l'image des lois receues et anciennes de monarchie reluira en quelque coing, m'y voylà planté : si elles viennent par malheur à se contredire et empescher entre elles, et produire deux parts de choix doubteux et difficile, mon eslection sera volontiers d'eschapper et me desrobber à ceste tempeste ; nature m'y pourra prester cependant la main, ou les hazards de la guerre. Entre Cesar et Pompeius, je me feusse franchement declaré : mais entre ces trois voleurs[1] qui veinrent depuis, ou il eust fallu se cacher ou suivre le vent : ce que j'estime loisible quand la raison ne guide plus.

Quo diversus abis[2] ?

Ceste farcissure est un peu hors de mon theme : je m'esgare ; mais plustost par licence que par mesgarde : mes fantasies se suyvent, mais par fois c'est de loing ; et se regardent, mais d'une veue oblique. J'ay passé les yeulx sur tel dialogue de Platon[3], miparty d'une fantastique bigarrure ; le devant à l'amour, tout le bas à la rhetorique : ils ne craignent point ces muances, et ont une merveilleuse grace à se laisser ainsi rouler au vent, ou à le sembler. Les noms de mes chapitres n'en embrassent pas tousjours la matiere ; souvent ils la denotent seulement par quelque marque : comme ces aultres tiltres, l'Andrie, l'Eunuche[4] ; ou ceulx cy, Sylla, Cicero, Torquatus. J'aime l'allure poëtique, à saults et à gambades : c'est un art, comme dict Platon, legiere, volage, demoniacle[5]. Il est des ouvrages en Plutarque où il oublie son theme ; où le propos de son argument ne se treuve que par incident, tout estouffé en matiere estrangiere : voyez ces allures au Daimon de Socrates[6]. O Dieu ! que ces gaillardes escapades, que ceste variation a de beauté ; et plus lors, que plus elle retire au

(1) Octave, Marc-Antoine et Lepidus. C.

(2) Où vas-tu t'égarer ? Virg., Én., V, 166.

(3) Le *Phèdre*. C.

(4) *L'Andrienne*, *l'Eunuque*, deux comédies de Térence. E. J.

(5) *Démoniaque*, ou plutôt *divine*, δαιμονική. Montaigne traduit ici l'*Ion* de Platon, qui dit en parlant du poëte : Κοῦφον γὰρ χρῆμα ποιητής ἐστι, καὶ πτηνὸν, καὶ ἱερόν. J. V. L.

(6) Traité de Plutarque qui porte ce titre. C.

nonchalant et fortuite! C'est l'indiligent lecteur qui perd mon subject, non pas moy: il s'en trouvera tousjours en un coing quelque mot qui ne laisse pas d'estre bastant, quoyqu'il soit serré. Je vois au change, indiscrettement et tumultuairement: mon style et mon esprit vont vagabondant de mesme. Il fault avoir un peu de folie, qui ne veult avoir plus de sottise, disent et les preceptes de nos maistres, et encores plus leurs exemples. Mille poëtes traisnent et languissent à la prosaïque: mais la meilleure prose ancienne, et je la seme ceans indifferemment pour vers, reluit par tout de la vigueur et hardiesse poëtique, et represente quelque air de sa fureur. Il luy fault, certes, quiter la maistrise et preéminence en la parlerie. Le poëte, dict Platon[1], assis sur le trepied des Muses, verse, de furie, tout ce qui luy vient en la bouche, comme la gargouille d'une fontaine, sans le ruminer et poiser, et luy eschappe des choses de diverse couleur, de contraire substance, et d'un cours rompu: luy mesme est tout poëtique; et la vieille theologie est toute poësie, disent les sçavants; et la premiere philosophie, c'est l'originel langage des dieux. J'entends que la matiere se distingue soy mesme: elle montre assez où elle se change, où elle conclud, où elle commence, où elle se reprend, sans l'entrelacer de paroles de liaison et de cousture, introduictes pour le service des aureilles foibles ou nonchalantes, et sans me gloser moy mesme. Qui est celuy qui n'aime mieulx n'estre pas leu, que de l'estre en dormant ou en fuyant? *Nihil est tam utile quod in transitu prosit*[2]. Si prendre des livres estoit les apprendre, et si les veoir estoit les regarder, et les parcourir les saisir, j'aurois tort de me faire du tout si ignorant que je dis. Puisque je ne puis arrester l'attention du lecteur par le poids, *manco male*; s'il advient que je l'arreste par mon embrouilleure. « Voire mais, il se repentira par après de s'y estre amusé. » C'est mon ; mais il s'y sera tousjours amusé. Et puis, il est des humeurs comme cela, à qui l'intelligence porte desdaing; qui m'en estimeront mieulx de ce qu'ils ne sçauront ce que je dis: ils concluront la profondeur de mon sens par l'obscurité; laquelle, à parler en bon escient, je hais bien fort, et l'eviterois, si je me sçavois eviter. Aristote se vante en quelque lieu[1] de l'affecter: vicieuse affectation! parce que la coupure si frequente des chapitres, dequoy j'usois au commencement, m'a semblé rompre l'attention avant qu'elle soit née, et la dissouldre, desdaignant s'y coucher pour si peu et s'y recueillir, je me suis mis à les faire plus longs, qui requierent de la proposition et du loisir assigné. En telle occupation, à qui on ne veult donner une seule heure, on ne veult rien donner: et ne faict on rien pour celuy pour qui on ne faict qu'aultre chose faisant. Joinct qu'à l'adventure ay je quelque obligation particuliere à ne dire qu'à demy, à dire confusement, à dire discordamment. Je veulx doncques mal à ceste raison troublefeste, et ces projects extravagants qui travaillent la vie, et ces opinions si fines, si elles ont de la verité; je la treuve trop chere et trop incommode. Au rebours, je m'employe à faire valoir la vanité mesme et l'asnerie, si elle m'apporte du plaisir; et me laisse aller après mes inclinations naturelles, sans les contrerooller de si près.

J'ay veu ailleurs des maisons ruynées, et des statues, et du ciel, et de la terre: ce sont tousjours des hommes. Tout cela est vray; et si pourtant ne sçaurois revoir si souvent le tumbeau de ceste ville[2], si grande et si puissante, que je ne l'admire et revere. Le soin des morts nous est en recommendation : or, j'ay esté nourry, dès mon enfance, avec ceulx icy; j'ay eu cognoissance des affaires de Rome long temps avant que je l'aye eue de ceulx de ma maison: je sçavois le Capitole et son plan avant que je sceusse le Louvre, et le Tibre avant la Seine. J'ai eu plus en teste les conditions et fortunes de Lucullus, Metellus et Scipion, que je n'ay d'aulcuns hommes des nostres; ils sont trespassés, si est bien mon pere aussi entierement qu'eulx, et s'est esloigné de moy et de la vie, autant en dix-huit ans, que ceulx là ont faict en seize cents; duquel pourtant je ne laisse pas d'embrasser et prac-

---

(1) *Lois*, VI, p. 719. C.
(2) Il n'y a rien de si utile qu'il puisse être utile en passant. Sén., *Epist*. 2.

(1) *Voyez* Aulu-Gelle, XX, 5; et Plut., *Vie d'Alexandre*, c. 2. C.
(2) De Rome. Voyez, parmi les extraits du *Voyage* de Montaigne, une très belle peinture de l'impression que fit sur lui l'aspect de cette ville dont les barbares paraissent avoir ensepvely la ruyne mesme. J. V. L.

tiquer la memoire, l'amitié et societé d'une parfaicte union et très vifve. Voire, de mon humeur, je me rends plus officieux envers les trespassez : ils ne s'aydent plus; ils en requierent, ce me semble, d'autant plus mon ayde. La gratitude est là justement en son lustre; le bienfaict est moins richement assigné, où il y a retrogradation et reflexion. Arcesilaus[1], visitant Ctesibius malade, et le trouvant en pauvre estat, luy fourra tout bellement soubs le chevet du lict de l'argent qu'il luy donnoit; et en le luy celant luy donnoit en oultre quittance de luy en sçavoir gré. Ceulx qui ont merité de moy de l'amitié et de la recognoissance ne les ont jamais perdues pour ny estre plus; je les ay mieulx payés, et plus soigneusement, absents et ignorants : je parle plus affectueusement de mes amis quand il n'y a plus de moyen qu'ils le sçachent. Or, j'ay attaqué cent querelles pour la deffense de Pompeius, et pour la cause de Brutus; ceste accointance dure encores entre nous : les choses presentes mesmes, nous ne les tenons que par la fantasie. Me trouvant inutile à ce siecle, je me rejecte à cest aultre; et en suis si embabouïné, que l'estat de ceste vieille Rome, libre, juste et florissante (car je n'en aime ny la naissance, ny la vieillesse), m'interesse et me passionne : par quoy je ne sçaurois reveoir si souvent l'assiette de leurs rues et de leurs maisons, et ces ruynes profondes jusques aux antipodes, que je ne m'y amuse. Est ce par nature, ou par erreur de fantasie, que la veue des places que nous sçavons avoir esté hantées et habitées par personnes desquelles la memoire est en recommendation, nous esmeut aulcunement plus qu'ouïr le recit de leurs faicts, ou lire leurs escripts? *Tanta vis admonitionis inest in locis!... Et id quidem in hac urbe infinitum; quacumque enim ingredimur, in aliquam historiam vestigium ponimus*[2]. Il me plaist de considerer leur visage, leur port, et leurs vestements : je remasche ces grands noms entre les dents, et les fois retentir à mes aureilles : *ego illos veneror, et tantis nominibus semper assurgo*[1]. Des choses qui sont en quelque partie grandes et admirables, j'en admire les parties mesmes communes : je les veisse volontiers deviser, promener et souper. Ce seroit ingratitude de mespriser les reliques et images de tant d'honnestes hommes et si valeureux, lesquels j'ay veu vivre et mourir, et qui nous donnent tant de bonnes instructions par leur exemple, si nous les sçavions suyvre.

Et puis, ceste mesme Rome que nous veoyons merite qu'on l'aime : confederée de si longtemps, et par tant de tiltres, à nostre couronne; seule ville commune et universelle : le magistrat souverain qui y commande est recogneu pareillement ailleurs : c'est la ville metropolitaine de toutes les nations chrestiennes; l'Espaignol et le François, chascun y est chez soy; pour estre des princes de cest estat, il ne fault qu'estre de chrestienté, où qu'elle soit. Il n'est lieu çà bas que le ciel ayt embrassé avecques telle influence de faveur, et telle constance; sa ruyne mesme est glorieuse et enflée :

Laudandis pretiosior ruinis[2] :

encores retient elle au tumbeau des marques et images d'empire; *ut palam sit, uno in loco gaudentis opus esse naturæ*[3]. Quelqu'un se blasmeroit et se mutineroit en soy mesme, de se sentir chatouiller d'un si vain plaisir : nos humeurs ne sont pas trop vaines, qui sont plaisantes; quelles qu'elles soient qui contentent constamment un homme capable de sens commun, je ne sçaurois avoir le cœur de le plaindre.

Je doibs beaucoup à la fortune, de quoy jusques à ceste heure elle n'a rien faict, contre moy d'oultrageux, au moins au delà de ma portée. Seroit ce pas sa façon, de laisser en paix ceulx de qui elle n'est point importunée?

*Quanto quisque sibi plura negaverit,
A dis plura feret : nil cupientium
Nudus castra peto...
Multa petentibus
Desunt multa*[4].

___

(1) Diog. Laerce, IV, 17. C.
(2) Tant les lieux sont propres à réveiller en nous des souvenirs!... Il n'est rien dans cette ville qui n'avertisse la pensée; et partout où l'on met le pied, on marche pour ainsi dire sur quelque histoire mémorable. Cic., *de Finib. bon. et mal.*, V, 1 et 2.

(1) J'honore ces grands hommes, et ne prononce jamais leurs noms qu'avec respect. Sén., *Epist.* 64.
(2) Plus précieuse par ses belles ruines. Sid. Apoll., *Carm.* XXIII, *Narbo*, v. 62.
(3) On dirait qu'ici surtout la nature a pris un singulier plaisir à son ouvrage. Pline, *Nat. Hist.*, III, 5.
(4) Plus nous nous refusons, plus les dieux nous accordent. Tout pauvre que je suis, je me jette dans le parti de ceux qui ne désirent rien... Quiconque a beaucoup de désirs manque de beaucoup de choses. Hor., *Od.*, III, 16, 21 et 42.

Si elle continue, elle me renvoyera très content et satisfaict :

> *Nihil supra*
> *Deos lacesso*[1].

Mais gare le heurt! il en est mille qui rompent au port. Je me console ayséement de ce qui adviendra icy quand je n'y seray plus; les choses presentes m'embesongnent assez :

> *Fortunæ cetera mando*[2] :

aussi n'ay je point ceste forte liaison qu'on dict attacher les hommes à l'advenir par les enfants qui portent leur nom et leur honneur, et en doibs desirer à l'adventure d'autant moins s'ils sont si desirables. Je ne tiens que trop au monde et à ceste vie par moy mesme ; je me contente d'estre en prinse de la fortune par les circonstances proprement necessaires à mon estre sans luy alonger par ailleurs sa jurisdiction sur moy, et n'ay jamais estimé qu'estre sans enfants feust un default qui deust rendre la vie moins complete et moins contente. La vacation sterile a bien aussi ses incommodités. Les enfants sont du nombre des choses qui n'ont pas fort dequoy estre desirées, notamment à ceste heure qu'il seroit si difficile de les rendre bons : *Bona jam nec nasci licet, ita corrupta sunt semina*[3], et si ont justement dequoy estre regrettées, à qui les perd après les avoir acquises.

Celuy qui me laissa ma maison en charge pronostiquoit que je la deusse ruyner, regardant à mon humeur si peu casaniere. Il se trompa. Me voycy comme j'y entray, sinon un peu mieulx, sans office pourtant et sans benefice.

Au demourant, si la fortune ne m'a faict aulcune offense violente et extraordinaire, aussi n'a elle pas de grace. Tout ce qu'il y a de ses dons chez nous, il y est avant moy et au delà de cent ans. Je n'ay particulierement aulcun bien essentiel et solide que je doibve à sa liberalité. Elle m'a faict quelques faveurs venteuses, honnoraires et titulaires, sans substance, et me les a aussi, à la verité, non pas accordées, mais offertes, Dieu sçait, à moy qui suis tout materiel, qui ne me paye que de la realité, encores bien massifve, et qui, si je l'osois confesser, ne trouverois l'avarice gueres moins excusable que l'ambition, ny la douleur moins evitable que la honte, ny la santé moins desirable que la doctrine, ou la richesse que la noblesse.

Parmy ses faveurs vaines, je n'en ay point qui plaise tant à ceste niaise humeur qui s'en paist chez moy qu'une bulle authentique de bourgeoisie romaine, qui me feut octroyée dernierement que j'y estois[1], pompeuse en sceaux et lettres dorées, et octroyée avecques toute gracieuse liberalité. Et parce qu'elles se donnent en divers style plus ou moins favorable, et qu'avant que j'en eusse veu j'eusse esté bien ayse qu'on m'en eust montré un formulaire, je veulx, pour satisfaire à quelqu'un s'il s'en treuve malade de pareille curiosité à la mienne, la transcrire icy en sa forme :

Quod[2] Horatius Maximus, Martius Cecius, Alexander Mutus, almæ urbis conservatores, de III[mo] viro Michaele Montano, equite sancti Michaelis, et a cubiculo regis christianissimi, romana civitate donando, ad senatum retulerunt; S. P. Q. R. de ea re ita fieri censuit.

Quum, veteri more et instituto, cupide illi sem-

---

(1) Je ne demande rien de plus aux dieux. Hor., *Od.*, II, 18, 11.

(2) Je laisse le reste à la fortune. Ov., *Metam.*, II, 140.

(3) Il ne peut plus rien naître de bon, tant les germes sont corrompus.

(1) En 1581. Montaigne ne dissimule pas, dans son *Voyage en Italie*, tom. II, p. 31, combien il ambitionnait cette faveur : « Je recherchay partant, et emploïay touts mes cinq sens de nature pour obtenir le tiltre de citoyen romain, ne feust ce que pour l'ancien honneur et religieuse memoire de son auctorité. J'y trouvay de la difficulté. Toutesfois je la surmontay, n'y ayant emploïé nulle faveur, voire ny la science seulement d'aucun François. L'auctorité du pape (Grégoire XIII) y fut emploïée par le moïen de Philippe Musotti, son maggior-domo, qui m'avoit prins en singuliere amitié, et s'y pena fort ; et m'en feut despesché lettres, 3e *id. martii* 1581, qui me feurent rendues le 5 d'avril très authentiques, en la mesme forme et faveur de paroles que les avoit eues le seigneur Giacomo Buon-Compagno, duc de Sero, fils du pape. C'est un tiltre vain ; tant y a que j'ay receu beaucoup de plaisir de l'avoir obtenu. » On remarquera dans cette piece bizarre, à travers le protocole de la chancellerie de Rome moderne, quelques formules des anciens sénatus-consultes. J. V. L.

(2) Traduction de la bulle de bourgeoisie romaine. « Sur le rapport fait au sénat par Orazio Massimi, Marzo Cecio, Alessandro Muti, conservateurs de la ville de Rome, touchant le droit de cité romaine à accorder à l'illustrissime Michel de Montaigne, chevalier de l'ordre de Saint-Michel, et gentilhomme ordinaire de la chambre du roi très chrétien, le sénat et le peuple romain a décrété :

Considérant que, par un antique usage, ceux-là ont toujours été adoptés parmi nous avec ardeur et empressement, qui, distingués en vertu et en noblesse, avaient servi et hoper studioseque suscepti sint, qui virtute ac nobilitate præstantes, magno reipublicæ nostræ usui atque ornamento fuissent, vel esse aliquando possent : Nos, majorum nostrorum exemplo atque auctoritate permoti, præclaram hanc consuetudinem nobis imitandam ac servandam fore censemus. Quamobrem quum Ill.mus Michael Montanus, eques sancti Michaelis, et a cubiculo regis christianissimi, romani nominis studiosissimus, et familiæ laude atque splendore, et propriis virtutum meritis dignissimus sit, qui summo senatus populique romani judicio ac studio in Romanam civitatem adsciscatur; placere senatui P. Q. R., Ill.mum Michaelem Montanum, rebus omnibus ornatissimum, atque huic inclyto populo carissimum, ipsum posterosque in romanam civitatem adscribi, ornarique omnibus et præmiis et honoribus, quibus illi fruuntur, qui cives patriciique romani nati, aut jure optimo facti sunt. In quo censere senatum P. Q. R., se non tam illi jus civitatis largiri, quam debitum tribuere, neque magis beneficium dare, quam ab ipso accipere, qui, hoc civitatis munere accipiendo, singulari civitatem ipsam ornamento atque honore effecerit. Quam quidem S. C. auctoritatem iidem conservatores per senatus P. Q. R. scribas in acta referri, atque in Capitolii curia servari, privilegiumque hujusmodi fieri, solitoque urbis sigillo communiri curarunt. Anno ab urbe condita cxɔ ccc xxxi; post Christum natum m d lxxxi, iii idus martii.

HORATIUS FUSCUS, *sacri S. P. Q. R. scriba.*

VINCENT. MARTHOLUS, *sacri S. P. Q. R. scriba.*

N'estant bourgeois d'aulcune ville, je suis bien ayse de l'estre de la plus noble qui feut et qui sera oncques. Si les aultres se regardoient attentifvement comme je fois, ils se trouveroient, comme je fois, pleins d'inanité et de fadeze. De m'en desfaire, je ne puis sans me desfaire moy mesme. Nous en sommes tout confits tant les uns que les aultres ; mais ceulx qui ne le sentent en ont un peu meilleur compte, encores ne sçais je.

Ceste opinion et usance commune de regarder ailleurs qu'à nous a bien pourveu à nostre affaire. C'est un object plein de mescontentement; nous n'y veoyons que misere et vanité. Pour ne nous desconforter, nature a rejecté bien à propos l'action de nostre veue au dehors. Nous allons en avant à vau l'eau ; mais de rebrousser vers nous nostre course, c'est un mouvement penible. La mer se brouille et s'empesche ainsi quand elle est repoulsée à soy. Regardez, dict chascun, les bransles du ciel; regardez au public, à la querelle de cestuy là, au pouls d'un tel, au testament de cest aultre ; somme regardez tousjours, hault ou bas, ou à costé, ou devant, ou derriere vous. C'estoit un commandement paradoxe que nous faisoit anciennement ce dieu à Delphes : Regardez dans vous, recognoissez vous, tenez vous à vous ; vostre esprit et vostre volonté qui se consomme ailleurs, ramenez la en soy. Vous vous escoulez, vous vous respandez; appilez vous, soubstenez vous. On vous trahit, on vous dissipe, on vous desrobbe à vous. Veois tu pas que ce monde tient toutes ses veues contraínctes au dedans et ses yeulx ouverts à se contempler soy mesme? C'est tousjours vanité pour toy dedans et dehors; mais elle est moins vanité quand elle est moins estendue. Sauf toy, ô homme, disoit ce dieu, chasque chose s'estudie la premiere, et a, selon son besoing, des limites à ses travaulx et desirs. Il n'en est une seule si vuide et necessiteuse que toy, qui embrasses l'univers. Tu es le scrutateur sans cognoissance, le magistrat sans jurisdiction, et, après tout, le badin de la farce.

noré notre république, où pouvaient le faire un jour : Nous, pleins de respect pour l'exemple et l'autorité de nos ancêtres, nous croyons devoir imiter et conserver cette louable coutume. A ces causes, l'illustrissime Michel de Montaigne, chevalier de l'ordre de Saint-Michel, et gentilhomme ordinaire de la chambre du roi très chrétien, fort zélé pour le nom romain, étant, par le rang et l'éclat de sa famille et par ses qualités personnelles, très digne d'être admis au droit de cité romaine par le suprême jugement et les suffrages du sénat et du peuple romain ; il a plu au sénat et au peuple romain que l'illustrissime Michel de Montaigne, orné de tous les genres de mérite, et très cher à ce noble peuple, fût inscrit comme citoyen romain, tant pour lui que pour sa postérité, et appelé à jouir de tous les honneurs et avantages réservés à ceux qui sont nés citoyens et patriciens de Rome, ou le sont devenus au meilleur titre. En quoi le sénat et le peuple romain pense qu'il accorde moins un droit qu'il ne paie une dette, et que c'est moins un service qu'il rend qu'un service qu'il reçoit de celui qui, en acceptant ce droit de cité, honore et illustre la cité même. Les conservateurs ont fait transcrire ce sénatus-consulte par les secrétaires du sénat et du peuple romain, pour être déposé dans les archives du Capitole, et en ont fait dresser cet acte, muni du sceau ordinaire de la ville. L'an de la fondation de Rome 2331, et de la naissance de J.-C. 1581, le 13 de mars.

ORAZIO FOSCO, secrétaire du sacré sénat et du peuple romain.

VINCENTE MARTOLI, secrétaire du sacré sénat et du peuple romain. »

CHAPITRE X.

De mesnager sa volonté.

Au prix du commun des hommes, peu de choses me touchent, ou, pour mieulx dire, me tiennent ; car c'est raison qu'elles touchent, pourveu qu'elles ne nous possedent. J'ay grand soing d'augmenter, par estude et par discours, ce privilege d'insensibilité qui est naturellement bien advancé en moy. J'espouse et me passionne par consequent de peu de choses. J'ay la veue claire, mais je l'attache à peu d'objects; le sens delicat et mol; mais l'apprehension et l'application, je l'ay dure et sourde. Je m'engage difficilement ; autant que je puis je m'employe tout à moy, et, en ce subject mesme, je briderois pourtant et soubstiendrois volontiers mon affection qu'elle ne s'y plonge trop entiere, puisque c'est un subject que je possede à la mercy d'aultruy et sur lequel la fortune a plus de droict qui je n'ay ; de maniere que, jusques à la santé que j'estime tant, il me seroit besoing de ne la pas desirer et m'y addonner si furieusement que j'en treuve les maladies importables. On se doibt moderer entre la haine et la douleur et l'amour de la volupté, et ordonne Platon[1] une moyenne route de vie entre les deux. Mais aux affections qui me distrayent de moy et attachent ailleurs, à celles là certes m'oppose je de toute ma force. Mon opinion est qu'il se fault prester à aultruy et ne se donner qu'à soy mesme. Si ma volonté se trouvoit aysée à s'hypothequer et à s'appliquer, je n'y durerois pas ; je suis trop tendre et par nature et par usage :

Fugax rerum, securaque in otia natus[2].

Les debats contestés et opiniastrés qui donneroient enfin advantage à mon adversaire, l'yssue qui rendroit honteuse ma chaulde poursuitte, me rongeroit à l'adventure bien cruellement. Si je mordois à mesme comme font les aultres, mon ame n'auroit jamais la force de porter les alarmes et esmotions qui suyvent ceulx qui embrassent tant ; elle seroit incontinent disloquée par ceste agitation intestine. Si quelquesfois on m'a poulsé au maniement d'affaires estrangieres, j'ay promis de les prendre en main, non pas au poulmon et au foye; de m'en charger, non de les incorporer; de m'en soigner, ouy ; de m'en passionner, nullement. J'y regarde, mais je ne les couve point. J'ay assez à faire à disposer et renger la presse domestique que j'ay dans mes entrailles et dans mes veines sans y loger et me fouler d'une presse estrangiere, et suis assez interessé de mes affaires essenciels, propres et naturels, sans en convier d'aultres forains[1]. Ceulx qui sçavent combien ils se doibvent et de combien d'offices ils sont obligés à eulx treuvent que nature leur a donné ceste commission pleine assez et nullement oysifve : « Tu as bien largement affaire chez toy, ne t'esloingne pas. »

Les hommes se donnent à louage ; leurs facultés ne sont pas pour eulx, elles sont pour ceulx à qui ils s'asservissent ; leurs locataires sont chez eulx, ce ne sont pas eulx. Ceste humeur commune ne me plaist pas. Il fault mesnager la liberté de nostre ame et ne l'hypothequer qu'aux occasions justes, lesquelles sont en bien petit nombre si nous jugeons sainement. Voyez les gents apprins à se laisser emporter et saisir ; ils le font par tout, aux petites choses comme aux grandes, à ce qui ne les touche point comme à ce qui les touche ; ils s'ingerent indifferemment où il y a de la besongne et de l'obligation, et sont sans vie quand ils sont sans agitation tumultuaire : *In negotiis sunt, negotii causa*[2] ; ils ne cherchent la besongne que pour embesongnement. Ce n'est pas qu'ils veuillent aller tant comme c'est qu'ils ne se peuvent tenir, ne plus ne moins qu'une pierre esbranlée en sa cheute qui ne s'arreste jusqu'à tant qu'elle se couche. L'occupation est, à certaine maniere de gents, marque de suffisance et de dignité ; leur esprit cherche son repos au bransle comme les enfants au berceau ; ils se peuvent dire autant serviables à leurs amis comme importuns à eulx mesmes. Personne[3] ne distribue son argent à aultruy, chascun y distribue son temps et sa vie. Il n'est rien dequoy nous soyons

---

(1) *Des Lois*, VII, p. 793. C.
(2) Ennemi des affaires, et né pour la tranquillité et le repos. OVIDE, *Trist.*, III, 2, 9.

(1) *Etrangères*.
(2) SÉN., *Epist.* 22. Montaigne traduit ces mots après les avoir cités.
(3) Toute cette période est empruntée de SÉN., *de Brevitate vitæ*, c. 3.

si prodigues que de ces choses là, desquelles seules l'avarice nous seroit utile et louable. Je prends une complexion toute diverse; je me tiens sur moy et communement desire mollement ce que je desire, et desire peu, m'occupe et embesongne de mesme, rarement et tranquillement. Tout ce qu'ils veulent et conduisent, ils le font de toute leur volonté et vehemence. Il y a tant de mauvais pas que, pour le plus seur, il fault un peu legierement et superficiellement couler ce monde et le glisser, non pas l'enfoncer. La volupté mesme est douloureuse en sa profondeur :

*Incedis per ignes
Suppositos cineri doloso* [1].

Messieurs de Bordeaux m'esleurent maire de leur ville estant esloigné de France [2] et encores plus esloigné d'un tel pensement. Je m'en excusay; mais on m'apprint que j'avois tort, le commandement du roy s'y interposant aussi. C'est une charge qui doibt sembler d'autant plus belle qu'elle n'a ny loyer ny gaing aultre que l'honneur de son execution. Elle dure deux ans; mais elle peult estre continuée par seconde eslection, ce qui advient très rarement. Elle le feut à moy [3], et ne l'avoit esté que deux fois auparavant, quelques années y avoit, à monsieur de Lanssac, et freschement à monsieur de Biron, mareschal de France, en la place duquel je succeday, et laissay la mienne à monsieur de Matignon, aussi mareschal de France. Glorieux de si noble assistance,

Uterque bonus pacis bellique minister [4].

(1) Vous marchez sur un feu couvert d'une cendre perfide. Hor., *Od.*, II, 1, 7.

(2) Lorsqu'il était à Venise, dit M. de Thou, *dum Venetiis esset* (liv. civ). C'est une erreur : nous voyons par le Journal du voyage de Montaigne en Italie, publié en 1774, qu'il était alors aux bains *della Villa*, près de Lucques. Il parle ainsi, t. II, p. 448, de la nouvelle qu'il en reçut le jeudi matin, 7 septembre 1581 : « *Quella istessa mattina, mi diedero nelle mani per la via di Roma lettere del signor du Tausin, scritte in Bordea al 2 d'Agosto, per le quali m'avvisa ch' il giorno innanzi, d'un pubblico consentimento, io era suto (stato) creato governatore di quella città; e mi confortava d'accettare questo carico per l'amor di quella patria.* » C'est un des détails importants que cette relation nous permet aujourd'hui de rectifier. J. V. L.

(3) Il semble qu'on peut conclure de là qu'on fut satisfait de son administration. Balzac (*Dissertat.* 19, p. 661) a insinué le contraire sans en donner aucune preuve. C.

(4) Tous deux habiles politiques et braves guerriers, Virg., *Én.*, XI, 658.

La fortune voulut part à ma promotion par ceste particuliere circonstance qu'elle y meit du sien, non vaine du tout. Car Alexandre desdaigna les ambassadeurs corinthiens qui luy offroyent la bourgeoisie de leur ville; mais quand ils veinrent à luy deduire comme Bacchus et Hercules estoient aussi en ce registre, il les en remercia gracieusement [1].

A mon arrivée, je me deschiffray fidelement et consciencieusement tout tel que je me sens estre, sans memoire, sans vigilance, sans experience et sans vigueur, sans haine aussi, sans ambition, sans avarice et sans violence. A ce qu'ils feussent informés et instruicts de ce qu'ils avoient à attendre de mon service, et parce que la cognoissance de feu mon pere les avoit seule incités à cela et l'honneur de sa memoire, je leur adjoustay bien clairement que je serois très marry que chose quelconque feist autant d'impression en ma volonté comme avoient faict aultrefois en la sienne leurs affaires et leur ville pendant qu'il l'avoit en gouvernement en ce lieu mesme auquel ils m'avoyent appellé. Il me souvenoit de l'avoir veu vieil en mon enfance, l'ame cruellement agitée de ceste tracasserie publicque, oubliant le doulx air de sa maison où la foiblesse des ans l'avoit attaché long temps avant, et son mesnage et sa santé, et mesprisant certes sa vie qu'il y cuida perdre, engagé pour eulx à des longs et penibles voyages. Il estoit tel, et luy partoit ceste humeur d'une grande bonté de nature. Il ne feut jamais ame plus charitable et populaire. Ce train que je loue en aultruy, je n'aime point à le suyvre, et ne suis pas sans excuse.

Il avoit ouï dire qu'il se falloit oublier pour le prochain; que le particulier ne venoit en aulcune consideration au prix du general. La pluspart des regles et preceptes du monde prennent ce train, de nous poulser hors de nous et chasser en la place, à l'usage de la société publicque : ils ont pensé faire un bel effect de nous destourner et distraire de nous, presupposants que nous n'y teinssions que trop et d'une attache trop naturelle, et n'ont espargné rien à dire pour ceste fin; car il n'est pas nou-

(1) Sén., *de Benef.*, I, 13 ; et Plut., au commencement de son traité *des Trois formes de gouvernement*, en racontant ce fait, ne parlent point de Bacchus. Plutarque nomme les *Mégariens* au lieu des *Corinthiens*. C.

veau aux sages de prescher les choses comme elles servent, non comme elles sont. La verité a ses empeschements, incommodités et incompatibilités avecques nous : il nous fault souvent tromper, à fin que nous ne nous trompions, et ciller[1] nostre veue, estourdir nostre entendement, pour les redresser et amender : *Imperiti enim judicant, et qui frequenter in hoc ipsum fallendi sunt, ne errent*[2]. Quand ils nous ordonnent d'aymer, avant nous, trois, quatre et cinquante degrés de choses, ils representent l'art des archers, qui, pour arriver au poinct, vont prenant leur visée grande espace au dessus de la bute : pour dresser un bois courbe, on le recourbe au rebours.

J'estime qu'au temple de Pallas, comme nous veoyons en toutes aultres religions, il y avoit des mysteres apparents, pour estre montrés au peuple, et d'autres mysteres plus secrets et plus haults, pour estre montrés seulement à ceulx qui en estoient profez : il est vraysemblable qu'en ceulx-cy se treuve le vray poinct de l'amitié que chascun se doibt ; non une amitié faulse qui nous faict embrasser la gloire, la science, la richesse, et telles choses d'une affection principale et immoderée, comme membres de nostre estre, ny une amitié molle et indiscrette, en laquelle il advient ce qui se veoid au lierre, qu'il corrompt et ruyne la paroy qu'il accole ; mais une amitié salutaire et reglée, egualement utile et plaisante. Qui en sçait les debvoirs et les exerce, il est vrayment du cabinet des Muses, il a attainct le sommet de la sagesse humaine et de nostre bonheur : cestuy cy, sachant exactement ce qu'il se doibt, treuve dans son roolle qu'il doibt appliquer à soy l'usage des aultres hommes et du monde, et, pour ce faire, contribuer à la societé publicque les debvoirs et offices qui le touchent. Qui ne vit aulcunement à aultruy ne vit gueres à soy : *Qui sibi amicus est, scito hunc amicum omnibus esse*[3]. La principale charge que nous ayons, c'est à chascun sa conduicte, et est ce pourquoy nous sommes icy. Comme qui oublieroit de bien et sainctement vivre, et penseroit estre quite de son debvoir en y acheminant et dressant les aultres, ce seroit un sot ; tout de mesme qui abandonne en son propre le sainement et gayement vivre pour en servir aultruy, prend à mon gré un mauvais et desnaturé party.

Je ne veulx pas qu'on refuse aux charges qu'on prend l'attention, les pas, les paroles et la sueur, et le sang au besoing :

Non ipse pro caris amicis,
Aut patria, timidus perire[1] :

mais c'est par emprunt et accidentallement ; l'esprit se tenant tousjours en repos et en santé, non pas sans action, mais sans vexation, sans passion. L'agir simplement luy couste si peu qu'en dormant mesme il agit ; mais il luy fault donner le bransle avecques discretion ; car le corps reccoit les charges qu'on luy met sus, justement selon qu'elles sont, l'esprit les estend et les appesantit souvent à ses despens, leur donnant la mesure que bon luy semble. On faict pareilles choses avecques divers efforts et differente contention de volonté : l'un va bien sans l'aultre ; car combien de gents se hazardent touts les jours aux guerres, de quoy il ne leur chault, et se pressent aux dangiers des battailles, desquelles la perte ne leur troublera pas le voysin sommeil ? tel en sa maison, hors de ce dangier qu'il n'oseroit avoir regardé, est plus passionné de l'yssue de ceste guerre, et en a l'ame plus travaillée que n'a le soldat qui y employe son sang et sa vie. J'ai peu me mesler des charges publicques, sans me despartir de moy de la largeur d'une ongle, et me donner à aultruy sans m'oster à moy. Ceste aspreté et violence de desirs empesche plus qu'elle ne sert à la conduicte de ce qu'on entreprend[2], nous remplit d'impatience envers les evenements ou contraires ou tardifs, et d'aigreur et de souspeçon envers ceulx avecques qui nous negocions. Nous ne conduisons jamais bien la chose de laquelle nous sommes possedés et conduicts :

Male cuncta ministrat
Impetus[3].

---

(1) *Fermer*, on n'a conservé que le composé, *dessiller* les yeux.

(2) Ce sont des ignorants qui jugent, et il faut souvent les tromper pour les empêcher de tomber dans l'erreur. QUINTIL., *Inst. orat.*, II, 17.

(3) Sachez que celui qui est l'ami de soi-même l'est aussi de tous les autres. SÉN., *Epist.* 6.

(1) Tout prêt moi-même à mourir pour mes amis ou pour ma patrie. HOR., *Od.*, IV, 9, 51.

(2) *Omnis fere cupiditas ipsa sibi in id, in quod properat, opponitur.* SÉN., *de Ira*, I, 12.

(3) La passion n'est jamais un bon guide. STACE, *Thébaïde*, X, 704.

Celuy qui n'y employe que son jugement et son addresse, il y procede plus gayement ; il feint, il ploye, il differe tout à son ayse, selon le besoing des occasions ; il fault d'attaincte, sans torment et sans affliction, prest et entier pour une nouvelle entreprinse ; il marche tousjours la bride à la main. En celuy qui est enyvré de ceste intention violente et tyrannique, on veoid par necessité beaucoup d'imprudence et d'injustice : l'impetuosité de son desir l'emporte ; ce sont mouvements temeraires, et, si fortune n'y preste beaucoup, de peu de fruit. La philosophie veult qu'au chastiement des offenses receues nous en distrayons la cholere, non à fin que la vengeance en soit moindre, ains au rebours, à fin qu'elle en soit d'autant mieulx assenée et plus poissante, à quoy il luy semble que ceste impetuosité porte empeschement. Non seulement la cholere trouble, mais, de soy, elle lasse aussi les bras de ceulx qui chastient ; ce feu estourdit et consomme leur force : comme en la precipitation, *festinatio tarda est*[1], la hastivité se donne elle mesme la jambe, s'entrave et s'arreste : *Ipsa se velocitas implicat*[2]. Pour exemple, selon ce que j'en veois par usage ordinaire, l'avarice n'a point de plus grand destourbier que soy mesme ; plus elle est tendue et vigoreuse, moins elle en est fertile ; communement elle attrape plus promptement les richesses, masquée d'une image de liberalité.

Un gentilhomme, très homme de bien et mon amy, cuida brouiller la santé de sa teste par une trop passionnée attention et affection aux affaires d'un prince, son maistre : lequel maistre[3] s'est ainsi peinct soy mesmes à moy, « Qu'il veoid le poids des accidents comme un aultre ; mais qu'à ceulx qui n'ont point de remede, il se resoult soubdain à la souffrance ; aux aultres, après y avoir ordonné les provisions necessaires, ce qu'il peult faire promptement par la vivacité de son esprit, il attend en repos ce qui s'en peult ensuivre. » De vray, je l'ay veu à mesme, maintenant une grande nonchalance et liberté d'actions et de visage au travers de bien grands affaires et bien espineux ; je le treuve plus grand et plus capable en une mauvaise qu'en une bonne fortune ; ses pertes luy sont plus glorieuses que ses victoires, et son dueil que son triumphe.

Considerez qu'aux actions mesmes qui sont vaines et frivoles, au jeu des eschecs, de la paulme et semblables, cest engagement aspre et ardent d'un desir impetueux jecte incontinent l'esprit et les membres à l'indiscretion et au desordre ; on s'esblouit, on s'embarrasse soy mesme : celuy qui se porte plus moderéement envers le gaing et la perte, il est tousjours chez soy ; moins il se picque et passionne au jeu, il le conduict d'autant plus advantageusement et seurement.

Nous empeschons, au demourant, la prinse et la serre de l'ame, à lui donner tant de choses à saisir : les unes, il les lui fault seulement presenter, les aultres attacher, les aultres incorporer : elle peult veoir et sentir toutes choses, mais elle ne se doibt paistre que de soy, et doibt estre instruicte de ce qui la touche proprement, et qui proprement est de son avoir et de sa substance. Les lois de nature nous apprennent ce que justement il nous fault. Après que les sages nous ont dict que, selon elle, personne n'est indigent, et que chascun l'est selon l'opinion[1], ils distinguent ainsi subtilement les desirs qui viennent d'elle de ceulx qui viennent du desreglement de nostre fantasie : ceulx desquels on veoid le bout sont siens ; ceulx qui fuyent devant nous, et desquels nous ne pouvons joindre la fin, sont nostres : la pauvreté des biens est aysée à guarir ; la pauvreté de l'ame, impossible :

Nam si, quod satis est homini, id satis esse potesset,
Hoc sat erat ; nunc, quum hoc non est, qui credimu' porro
Divitias ullas animum mi explere potesse[2] *?*

Socrates, veoyant porter en pompe par sa ville grande quantité de richesses, joyaux et meubles de prix : « Combien de choses, dict il, je ne desire point[3] ! » Metrodorus vivoit du poids de douze onces par jour ; Epicurus, à moins[4] ;

---

(1) La précipitation retarde plus qu'elle n'avance. QUINTE-CURCE, IX, 9, 12.

(2) SÉN., *Epist.* 44. Ces paroles terminent l'épître. Montaigne, qui les donne un peu autrement qu'elles ne sont dans Sénèque, les traduit exactement avant que de les citer. C.

(3) Probablement le roi de Navarre, depuis Henri IV.

(1) *Si ad naturam vives, nunquam eris pauper ; si ad opinionem, nunquam dives. Exiguum natura desiderat, opinio immensum,* etc. SÉN., *Epist.* 16.

(2) Si l'homme se contentait de ce qui lui suffit, je serais assez riche ; mais, comme il n'en est rien, les plus grandes richesses pourront-elles jamais remplir mes vœux ? LUCIL., *lib.* 5, *apud Nonium Marcellum,* V, § 98.

(3) *Quam multa non desidero !* CIC., *Tusc.,* V, 32, C,

(4) SÉN., *Epist.* 18. C,

Metrocles dormoit en hyver avecques les moutons; en esté, aux cloistres des eglises[1]: *Sufficit ad id natura, quod poscit*[2]. Cleanthes vivoit de ses mains, et se vantoit que Cleanthes, s'il vouloit, nourriroit encores un aultre Cleanthes[3].

Si ce que nature exactement et originellement nous demande pour la conservation de nostre estre est trop peu (comme de vray combien ce l'est, et combien à bon compte nostre vie se peult maintenir, il ne se doibt exprimer mieulx que par ceste consideration : que c'est si peu qu'il eschappe la prinse et le choc de la fortune par sa petitesse), dispensons nous de quelque chose plus oultre; appelons encores nature, l'usage et condition de chascun de nous; taxons nous, traictons nous à ceste mesure; estendons nos appartenances et nos comptes jusques là; car jusques là il me semble bien que nous avons quelque excuse. L'accoustumance est une seconde nature[4], et non moins puissante. Ce qui manque à ma coustume, je tiens qu'il me manque; et j'aymerois presque egualement qu'on m'ostast la vie, que si on me l'essimoit[5] et retrenchoit bien loing de l'estat auquel je l'ay vescue si longtemps. Je ne suis plus en termes d'un grand changement, ni de me jecter à un nouveau train et inusité, non pas mesme vers l'augmentation. Il n'est plus temps de devenir aultre; et comme je plaindrois quelque grande adventure qui me tumbast à ceste heure entre mains, de ce qu'elle ne seroit venue en temps que j'en peusse jouir :

Quo mihi fortuna, si non conceditur uti[6] ?

je me plaindrois de mesme de quelque acquest interne[7]. Il vault quasi mieulx jamais, que si tard, devenir honneste homme, et bien entendu à vivre lorsqu'on n'a plus de vie. Moy, qui m'en vois, resignerois facilement à quelqu'un qui veinst ce que j'apprends de prudence pour le commerce du monde : moustarde après disner. Je n'ay que faire du bien duquel je ne puis rien faire : à quoy la science, à qui n'a plus de teste? C'est injure et desfaveur de fortune de nous offrir des presents qui nous remplissent d'un juste despit de nous avoir failly en leur saison. Ne me guidez plus, je ne puis plus aller. De tant de membres qu'a la suffisance, la patience nous suffit. Donnez la capacité d'un excellent dessus au chantre qui a les poulmons pourris, et d'eloquence à l'eremite relegué aux deserts d'Arabie. Il ne fault point d'art à la cheute : la fin se treuve, de soy, au bout de chasque besongne. Mon monde est failly, ma forme expirée : je suis tout du passé et suis tenu de l'auctoriser et d'y conformer mon yssue. Je veulx dire cecy par maniere d'exemple, que l'eclipsement nouveau des dix jours du pape[1] m'ont prins si bas que je ne m'en puis bonnement accoustrer; je suis des années ausquelles nous comptions aultrement. Un si ancien et long usage me vendique[2] et rappelle à soy; je suis contrainct d'estre un peu heretique par là : incapable de nouvelleté, mesme correctifve. Mon imagination, en despit de mes dents, se jecte tousjours dix jours plus avant ou plus arriere, et grommelle à mes aureilles : « Ceste regle touche ceulx qui ont à estre. » Si la santé mesme si sucrée vient à me retrouver par boutades, c'est pour me donner regret plustost que possession de soy : je n'ay plus où la retirer. Le temps me laisse : sans luy rien ne se possede. Oh! que je ferois peu d'estat de ces grandes dignités eslectifves que je veois au monde, qui ne se donnent qu'aux hommes prests à partir, ausquelles on ne regarde pas tience contre la mort et la vieillesse. A quoy faire une nouvelle science de vie à telle declinaison, et une nouvelle industrie à me conduire en ceste voie où je n'ay plus que trois pas à marcher? Apprenez veoir la rhetorique à un homme relegué aux deserts d'Arabie. Il ne fault point d'art à la cheute. Somme, je suis après à achever cet homme, etc. »

---

(1) PLUT., *Que le vice rend l'homme matheureux*, c. 4. C.

(2) La nature pourvoit à ce qu'elle exige. SÉN., *Epist.* 90.

(3) C'est Zénon qui disait cela de Cléanthe, son disciple. Voyez DIOG. LAERCE, VII, 169. C.

(4) Au sujet de cette pensée, qu'on trouve aussi, je crois, parmi celles de Pascal, *L'habitude est une seconde nature*, Fontenelle disait qu'il voudrait bien savoir quelle était la première. N.

(5) *On me l'amaigrissait*, etc. *Essimer* est proprement un terme de fauconnerie. On dit *essimer* un faucon, c'est-à-dire lui ôter de sa graisse. C.

(6) A quoi me servent les biens, si je ne puis en user? HOR., *Epist.* I, 5, 12.

(7) Dans l'édition de 1588, *fol.* 446, verso, Montaigne disait : « Je ne me referme pareillement guere en sagesse pour l'usage et commerce du monde, sans regret que cet amendement me soit arrivé si tard que je n'aye plus loisir d'en user. Je n'ay doresenavant besoing d'aultre suffisance que de pa-

(1) Grégoire XIII, qui, en 1582, fit réformer le calendrier par Louis Lilio, Pierre Chacon, et surtout Christophe Clavius. En France, on passa subitement du 9 au 20 de décembre 1582. Montaigne parlera encore de cette réforme au commencement du chapitre suivant. J. V. L.

(2) *Vendiquer*. Le composé *revendiquer* est seul resté.

tant combien deuement on les exercera, que combien peu longuement on les exercera; dès l'entrée on vise à l'yssue. Somme, me voicy après d'achever cest homme, non d'en refaire un aultre. Par long usage, ceste forme m'est passée en substance et fortune en nature.

Je dis doncques que chascun d'entre nous foiblets est excusable d'estimer sien ce qui est comprins soubs ceste mesure; mais aussi, au delà de ces limites, ce n'est plus que confusion : c'est la plus large estendue que nous puissions octroyer à nos droicts. Plus nous amplifions nostre besoing et possession, d'autant plus nous engageons nous aux coups de la fortune et des adversités[1]. La carriere de nos desirs doibt estre circonscripte et restreincte à un court limite des commodités les plus proches et contiguës; et doibt en oultre leur course se manier, non en ligne droicte qui face bout ailleurs, mais en rond duquel les deux poinctes se tiennent et terminent en nous par un brief contour. Les actions qui se conduisent sans ceste reflexion (s'entend voysine reflexion et essencielle), comme sont celles des avaricieux, des ambitieux et tant d'aultres qui courent de poincte, desquels la course les emporte tousjours devant eulx, ce sont actions erronées et maladifves.

La pluspart de nos vacations sont farcesques : *Mundus universus exercet histrioniam*[2]. Il fault jouer deuement nostre roolle, mais comme roolle d'un personnage emprunté : du masque et de l'apparence, il n'en fault pas faire une essence réelle, ny de l'estrangier le propre : nous ne sçavons pas distinguer la peau de la chemise ; c'est assez de s'enfariner le visage sans s'enfariner la poictrine. J'en veois qui se transforment et se transsubstancient en autant de nouvelles figures et de nouveaux estres qu'ils entreprennent de charges, et qui se prelatent jusques au foye et aux intestins, et entraisnent leur office jusques en leur garderobbe; je ne puis leur apprendre à distinguer les bonnetades qui les regardent de celles qui regardent leur commission, ou leur suitte, ou leur mulle : *Tantum se fortunæ permittunt, etiam ut naturam dediscant*[1]; ils enflent et grossissent leur ame et leur discours naturel, selon la haulteur de leur siege magistral. Le maire et Montaigne ont tousjours esté deux, d'une separation bien claire. Pour estre advocat ou financier, il n'en fault pas mescognoistre la fourbe qu'il y a en telles vacations; un honneste homme n'est pas comptable du vice ou sottise de son mestier, et ne doibt pourtant en refuser l'exercice ; c'est l'usage de son païs, et il y a du proufit ; il fault vivre du monde, et s'en prevaloir[2], tel qu'on le treuve. Mais le jugement d'un empereur doibt estre au dessus de son empire, et le veoir et considerer comme accident estrangier; et luy, doibt sçavoir jouïr de soy à part, et se communiquer comme Jacques et Pierre, au moins à soy mesme.

Je ne sçais pas m'engager si profondement et si entier; quand ma volonté me donne à un party, ce n'est pas d'une si violente obligation que mon entendement s'en infecte. Aux presents brouillis de cest estat[3], mon interest ne m'a faict mescognoistre ny les qualités louables en nos adversaires, ny celles qui sont reprochables en ceulx que j'ay suyvis. Ils adorent tout ce qui est de leur costé : moy je n'excuse pas seulement la pluspart des choses qui sont du mien : un bon ouvrage ne perd pas ses graces pour plaider contre moy. Hors le nœud du debat, je me suis maintenu en equanimité et pure indifference : *Neque extra necessitates belli præcipuum odium gero*[4] : de quoy je me gratifie d'autant que je veois communement faillir au contraire : *Utatur motu animi, qui uti ratione non potest*[5]. Ceulx qui allongent leur cholere et leur haine au delà des affaires, comme faict la pluspart, montrent qu'elle leur part d'ailleurs et de cause particuliere : tout ainsi comme, à qui estant guary de son ulcere

---

(1) « L'homme tient par ses vœux à mille choses : plus il augmente ses attachements, plus il multiplie ses peines. » ROUSSEAU, *Émile*, liv. V. Sénèque a souvent exprimé la même pensée. J. V. L.

(2) Tout le monde joue la comédie. — C'est un fragment de PÉTR., conservé par Jean de Sarisbery, *Policratic.*, III, 8, où on lit, *totus mundus exercet histrionem*, ou *histrioniam*. C

(1) Ils s'abandonnent tellement à leur fortune qu'ils en oublient leur nature même. QUINTE-CURCE, III, 2, 18.

(2) Edition de 1588, fol. 447, verso, « et s'en paistre. »

(3) Edition de 1588, « aux dissentions présentes de cest estat. »

(4) Et hors les nécessités de la guerre, je ne veux aucun mal à l'ennemi.

(5) Que celui-là s'abandonne à la passion, qui ne peut suivre la raison. CIC., *Tuscul.*, IV, 25. — Passage déjà cité vers le commencement du premier chapitre de ce livre, et peut-être supprimé ici; car il ne se trouve pas dans l'édition de 1595. J. V. L.

la fiebvre demeure encores, montre qu'elle avoit un aultre principe plus caché. C'est qu'ils n'en ont point à la cause en commun, et en tant qu'elle blece l'interest de touts et de l'estat ; mais luy en veulent seulement en ce qu'elle leur masche[1] en privé : voilà pourquoy ils s'en picquent de passion particuliere, et au delà de la justice et de la raison publicque : *Non tam omnia universi, quam ea quæ ad quemque pertinerent, singuli carpebant*[2]. Je veulx que l'advantage soit pour nous; mais je ne forcene point s'il ne l'est. Je me prends fermement au plus sain des partis; mais je n'affecte pas qu'on me remarque specialement ennemy des aultres et oultre la raison generale. J'accuse merveilleusement ceste vicieuse forme d'opiner : « Il est de la ligue ; car il admire la grace de monsieur de Guise. L'activité du roy de Navarre l'estonne : il est huguenot. Il treuve cecy à dire aux mœurs du roy : il est seditieux en son cœur; » et ne conceday pas au magistrat mesme qu'il eust raison de condamner un livre pour avoir logé entre les meilleurs poëtes de ce siecle un heretique[3]. N'oserions nous dire d'un voleur qu'il a belle greve[4]? Fault il, si elle est putain, qu'elle soit aussi punaise? Aux siecles plus sages, revoqua on le superbe tiltre de Capitolinus, qu'on avoit auparavant donné à Marcus Manlius, comme conservateur de la religion et liberté publicque? estouffa on la memoire de sa liberalité et de ses faicts d'armes et recompenses militaires octroyées à sa vertu, parce qu'il affecta depuis la royauté, au prejudice des loix de son païs? S'ils ont prins en haine un advocat, lendemain il leur devient ineloquent. J'ay touché ailleurs le zele qui poulse des gents de bien à semblables faultes. Pour moi, je sçais bien dire : « Il faict meschamment cela et vertueusement cecy. » De mesme, aux prognostiques ou evenements sinistres des affaires, ils veulent que chascun, en son party, soit aveugle ou hebeté ; que nostre persuasion et jugement serve, non à la verité, mais au project de nostre desir. Je fauldrois plustost vers l'aultre extremité, tant je crains que mon desir me suborne; joinct, que je me desfie un peu tendrement des choses que je souhaitte.

J'ay veu de mon temps merveilles en l'indiscrette et prodigieuse facilité des peuples à se laisser mener et manier la creance et l'esperance, où il a pleu et servy à leurs chefs, par dessus cent mescomptes les uns sur les aultres, par dessus les phantosmes et les songes. Je ne m'estonne plus de ceulx que les singeries d'Apollonius et de Mahumet embufflerent[1]. Leur sens et entendement est entierement estouffé en leur passion : leur discretion n'a plus d'aultre chois que ce qui leur rit et qui conforte leur cause. J'avois remarqué souverainement cela au premier de nos partis fiebvreux : cest aultre, qui est nay depuis, en l'imitant, le surmonte : par où je m'advise que c'est une qualité inseparable des erreurs populaires ; après la premiere qui part, les opinions s'entrepoulsent, suyvant le vent, comme les flots ; on n'est pas du corps, si on s'en peult desdire, si on ne vague le train commun. Mais, certes, on faict tort aux partis justes, quand on les veult secourir de fourbes ; j'y ay tousjours contredict : ce moyen ne porte qu'envers les testes malades ; envers les saines, il y a des voyes plus seures, et non seulement plus honnestes, à maintenir les courages et excuser les accidents contraires.

Le ciel n'a point veu un si poisant desaccord que celuy de Cesar et de Pompeius, ny ne verra pour l'advenir ; toutesfois il me semble recognoistre en ces belles ames une grande moderation de l'un envers l'aultre ; c'estoit une jalousie d'honneur et de commandement, qui ne les emporta pas à haine furieuse et indiscrette ; sans malignité et sans detraction, en leurs plus aigres exploicts, je descouvre quelque demourant de respect et de bienvueillance ; et juge ainsi que, s'il leur eust esté possible, chascun d'eulx eust desiré de faire son affaire sans la ruyne de son compaignon, plustost qu'avec-

---

(1) *Blesse, meurtrit.*

(2) Ils ne s'accordaient pas tous à blâmer toutes choses, mais chacun d'eux censurait ce qui les intéressait personnellement. TITE LIVE, XXXIV, 36.

(3) Théodore de Bèze, loué dans les *Essais* (liv. II, chap. 17) ; car je ne doute pas que Montaigne ne veuille parler ici de son livre, et de l'examen que le *Maître du sacré palais* en fit faire à Rome par un *frater françois*, comme il le dit lui-même dans son *Voyage en Italie*, tom. II, pag. 55. Il fut obligé de convenir qu'il avait *nommé*, en effet, *des poëtes hérétiques*, *n'estimant pas que ce feust erreur*. J. V. L.

(4) *Jambe.*

(1) *Embuffler* quelqu'un, c'est le mener par le nez, comme un buffle.

ques sa ruyne. Combien aultrement il en va de Marius et de Sylla! prenez y garde.

Il ne fault pas se precipiter si esperduement après nos affections et interests. Comme, estant jeune, je m'opposois au progrès de l'amour que je sentois trop advancer sur moy, et m'estudiois qu'il ne me feust pas si agreable qu'il veinst à me forcer enfin et captiver du tout à sa mercy, j'en use de mesme à toutes aultres occasions, où ma volonté se prend avecques trop d'appetit; je me penche à l'opposite de son inclination, comme je la veois se plonger et enyvrer de son vin : je fuys à nourrir son plaisir si avant que je ne l'en puisse plus r'avoir sans perte sanglante. Les ames qui, par stupidité, ne veoyent les choses qu'à demi, jouissent de cest heur, que les nuisibles les blecent moins : c'est une ladrerie spirituelle qui a quelque air de santé, et telle santé que la philosophie ne mesprise pas du tout; mais pourtant ce n'est pas raison de la nommer sagesse, ce que nous faisons souvent. Et de ceste maniere se mocqua quelqu'un anciennement de Diogenes qui alloit embrassant en plein hyver, tout nud, une image de neige pour l'essay de sa patience; celuy là le rencontrant en ceste desmarche : « As tu grand froid à ceste heure? » luy dict il. « Du tout point, » respond Diogenes. « Or, suyvit l'aultre, que penses tu donc faire de difficile et d'exemplaire à te tenir là[1]? » Pour mesurer la constance, il fault necessairement sçavoir la souffrance.

Mais les ames qui auront à veoir les evenements contraires et les injures de la fortune en leur profondeur et aspreté, qui auront à les poiser et gouster selon leur aigreur naturelle et leur charge, qu'elles employent leur art à se garder d'en enfiler les causes, et en destournent les advenues; que feit le roy Cotys? il paya liberalement la belle et riche vaisselle qu'on luy avoit presentée; mais parce qu'elle estoit singulierement fragile, il la cassa incontinent luy mesme, pour s'oster de bonne heure une si aysée matiere de courroux contre ses serviteurs[2]. Pareillement, j'ay volontiers evité de n'avoir mes affaires confus, et n'ay cherché que mes biens feussent contigus à mes proches et ceulx à qui j'ay à me joindre d'une estroicte amitié,

(1) DIOG. LAERCE, VI, 23; PLUT., *Apophthegmes des Lacédémoniens.* C.

(2) PLUT., *Apophthegmes des rois.* C.

d'où naissent ordinairement matieres d'alienation et dissociation. J'aymois aultresfois les jeux hazardeux des chartes et dez : je m'en suis desfaict il y a longtemps, pour cela seulement que, quelque bonne mine que je feisse en ma perte, je ne laissois pas d'en avoir, au dedans, de la picqueure. Un homme d'honneur, qui doibt sentir un desmentir et une offense jusques au cœur, qui n'est pour prendre une mauvaise excuse en payement et consolation de sa perte, qu'il evite le progrès des affaires doubteux et des altercations contentieuses. Je fuys les complexions tristes et les hommes hargneux, comme les empestés; et aux propos que je ne puis traicter sans interest et sans esmotion, je ne m'y mesle, si le debvoir ne m'y force : *Melius non incipient quam desinent*[1]. La plus seure façon est doncques se preparer avant les occasions.

Je sçais bien qu'aulcuns sages ont prins aultre voye, et n'ont pas craint de se harper et engager jusques au vif à plusieurs objects : ces gents là s'asseurent de leur force, soubs laquelle ils se mettent à couvert en toute sorte de succès ennemis, faisant luicter les maulx par la vigueur de la patience :

Velut rupes, vastum quæ prodit in æquor,
Obvia ventorum furiis, expostaque ponto,
Vim cunctam atque minas perfert cœlique marisque,
Ipsa immota manens[2].

N'attaquons pas ces exemples; nous n'y arriverions point. Ils s'obstinent à veoir resoluement, et sans se troubler, la ruyne de leur païs, qui possedoit et commandoit toute leur volonté : pour nos ames communes, il y a trop d'effort et trop de rudesse à cela. Caton en abandonna la plus noble vie qui feut oncques : à nous aultres petits il fault fuyr l'orage de plus loing; il fault pourveoir au sentiment, non à la patience, et eschever aux coups que nous ne saurions parer. Zenon, voyant approcher Chremonides, jeune homme qu'il aymoit, pour se seoir auprès de luy, se leva soubdain; et Cleanthes luy en

(1) Il est plus facile de ne pas commencer que de s'arrêter. SÉN., *Epist.* 72. — L'auteur lui-même, quelques pages plus bas, traduit bien plus vivement cette pensée : « De combien il est plus aysé de n'y entrer pas, que d'en sortir! » J. V. L.

(2) Tel un rocher s'avance dans la vaste mer, exposé à la furie des vents et des flots, et, bravant les menaces et les efforts du ciel et de la mer conjurés, demeure lui-même inébranlable. VIRG., *Énéide,* X, 693.

demandant la raison : «J'entends, dict il, que les medecins ordonnent le repos principalement, et deffendent l'esmotion à toutes tumeurs[1].» Socrates ne dict point : « Ne vous rendez pas aux attraicts de la beauté; soustenez la, efforcez vous au contraire[2]. Fuyez la, faict il, courez hors de sa veue et de son rencontre, comme d'une poison puissante qui s'eslance et frappe de loing[3]. » Et son bon disciple[4], feignant ou recitant, mais à mon advis, recitant plustost que feignant, les rares perfections de ce grand Cyrus, le faict desfiant de ses forces à porter les attraicts de la divine beauté de ceste illustre Panthée, sa captifve, et en commettant la visite et garde à un aultre qui eust moins de liberté que luy. Et le sainct Esprit, de mesme : *Ne nos inducas in tentationem*[5] : nous ne prions pas que nostre raison ne soit combattue et surmontée par la concupiscence; mais qu'elle n'en soit pas seulement essayée : que nous ne soyons conduicts en estat où nous ayons seulement à souffrir les approches, solicitations et tentations du peché, et supplions nostre Seigneur de maintenir nostre conscience tranquille, plainement et parfaictement delivrée du commerce du mal.

Ceulx qui disent avoir raison de leur passion vindicatifve, ou de quelqu'aultre espece de passion penible, disent souvent vray comme les choses sont, mais non pas comme elles feurent; ils parlent à nous, lorsque les causes de leur erreur sont nourries et advancées par eulx mesmes : mais reculez plus arriere, rappellez ces causes à leur principe; là vous les prendrez sans vert. Veulent ils que leur faulte soit moindre, pour estre plus vieille; et que d'un injuste commencement la suite soit juste? Qui desirera du bien à son païs comme moy, sans s'en ulcerer ou maigrir, il sera desplaisant, mais non pas transi, de le veoir menaceant ou sa ruyne, ou une durée non moins ruyneuse : pauvre vaisseau, que les flots, les vents, et le pilote, tirassent à si contraires desseings!

*In tam diversa, magister,
Ventus, et unda, trahunt*[1].

Qui ne bée point après la faveur des princes, comme après chose dequoy il ne se sçauroit passer, ne se picque pas beaucoup de la froideur de leur recueil et de leur visage, ni de l'inconstance de leur volonté. Qui ne couve point ses enfants ou ses honneurs d'une propension esclave ne laisse pas de vivre commodement après leur perte. Qui faict bien principalement pour sa propre satisfaction ne s'altere gueres pour veoir les hommes juger de ses actions contre son merite. Un quart d'once de patience prouveoit à tels inconvenients. Je me treuve bien de ceste recepte, me rachetant des commencements, au meilleur compte que je puis, et me sens avoir eschappé par son moyen beaucoup de travail et de difficultés. Avecques bien peu d'effort j'arreste ce premier bransle de mes esmotions, et abandonne le subject qui me commence à poiser, et avant qu'il m'emporte. Qui n'arreste le partir n'a garde d'arrester la course : qui ne sçait leur fermer la porte ne les chassera pas entrées : qui ne peult venir à bout du commencement ne viendra pas à bout de la fin; ny n'en soubstiendra la cheute, qui n'en a peu soubstenir l'esbranslement : *Etenim ipsæ se impellunt, ubi semel a ratione discessum est; ipsaque sibi imbecillitas indulget, in altumque provehitur imprudens, nec reperit locum consistendi*[2]. Je sens à temps les petits vents qui me viennent taster et bruire au dedans, avant-coureurs de la tempeste[3] :

*Ceu flamina prima
Quum deprensa fremunt silvis, et cæca volutant
Murmura, venturos nautis prodentia ventos*[4] :

---

(1) Diog. Laerce, VII, 17. C.

(2) L'auteur ajoutait dans l'edition de 1588, fol. 448 verso : « Il n'espere point que la jeunesse en puisse venir à bout. »

(3) Xén., *Mémoire sur Socrate*, I, 3, 13. C.

(4) Xén., dans sa *Cyropédie*, I, 3, 3, etc. C.

(5) Ne nous induisez pas en tentation. Matth., c. 6, v. 13. Montaigne paraphrase ce passage après l'avoir cité.

(1) Montaigne a traduit ces mots latins avant que de les citer. Je ne sais d'où il les a pris. Dans une des dernières éditions des *Essais*, on les donne à Buchanan, mais sans renvoyer à aucun ouvrage de ce poète écossais. C.

(2) Car, du moment qu'on a quitté le sentier de la raison, les passions se poussent, s'avancent d'elles-mêmes; la faiblesse humaine trouve du plaisir à ne point résister ; et insensiblement on se voit en pleine mer le jouet des flots. Cic., *Tusc., quæst.*, IV, 18.

(3) Naigeon, d'après les notes manuscrites de Montaigne, ajoutait ici dans l'édition de 1802 ces mots qu'il supposait de Sén. : *Animus, multo antequam opprimatur, quatitur* (l'âme est ébranlée longtemps avant que d'être abattue). Cette citation nuisait à la liaison du texte avec la suivante; et, depuis, l'auteur lui-même l'aura sans doute effacée. J. V. L.

(4) Ainsi lorsque le vent, faible encore, s'agite dans les forêts, il frémit, et par un sourd murmure, annonce aux nautonniers la tempête prochaine. Virg., *Enéide*, X, 97.

A combien de fois me suis je faict une bien evidente injustice, pour fuyr le hasard de la recevoir encores pire des juges, après un siecle d'ennuys et d'ordes et viles praticques, plus ennemies de mon naturel que n'est la gehenne et le feu ? *Convenit a litibus, quantum licet, et nescio an paulo plus etiam, quam licet, abhorrentem esse : est enim non modo liberale, paululum nonnunquam de suo jure decedere, sed interdum etiam fructuosum* [1]. Si nous estions bien sages, nous nous debvrions resjouir et vanter, ainsi que j'ouïs un jour bien naïfvement un enfant de grande maison faire feste à chascun, de quoy sa mere venoit de perdre son procès comme sa toux, sa fiebvre, et aultre chose d'importune garde. Les faveurs mesmes que la fortune pouvoit m'avoir donné, parentés et accointances envers ceulx qui ont souveraine auctorité en ces choses là, j'ai beaucoup faict, selon ma conscience, de fuyr instamment de les employer au prejudice d'aultruy, et de ne monter, par dessus leur droicte valeur, mes droicts. Enfin j'ay tant faict par mes journées (à la bonne heure le puis-je dire!) que me voicy encores vierge de procès, qui n'ont pas laissé de se convier plusieurs fois à mon service par bien juste tiltre, s'il m'eust pleu d'y entendre, et vierge de querelles ; j'ay, sans offense de poids, passifve ou active, escoulé tantost une longue vie, et sans avoir ouï pis que mon nom ; rare grace du ciel !

Nos plus grandes agitations ont des ressorts et causes ridicules; combien encourut de ruyne nostre dernier duc de Bourgoigne, pour la querelle d'une charretée de peaux de mouton [2], et l'engraveure d'un cachet feut ce pas la premiere et maistresse cause du plus horrible croulement que ceste machine [3] aye oncques souffert ? car Pompeius et Cesar ce ne sont que les rejectons et la suitte des deux aultres ; et j'ay veu de mon temps les plus sages testes de ce royaume assemblées avecques grande cerimonie et publicque despense, pour des traictés et accords desquels la vraye decision despendoit cependant en toute souveraineté des devis du cabinet des dames, et inclination de quelque femmelette. Les poëtes ont bien entendu cela, qui ont mis, pour une pomme, la Grece et l'Asie à feu et à sang. Regardez pour quoy celuy là s'en va courre fortune de son honneur et de sa vie, atout son espée et son poignard ; qu'il vous die d'où vient la source de ce debat ; il ne le peult faire sans rougir, tant l'occasion en est vaine et frivole !

A l'enfourner, il n'y va que d'un peu d'advisement ; mais depuis que vous estes embarqué, toutes les chordes tirent ; il y faict besoing de grandes provisions bien plus difficiles et importantes. De combien il est plus aysé de n'y entrer pas que d'en sortir ! Or, il fault proceder au rebours du roseau, qui produict une longue tige et droicte, de la premiere venue ; mais après, comme s'il estoit allanguy et mis hors d'haleine, il vient à faire des nœuds frequents et espès, comme des pauses qui montrent qu'il n'a plus ceste premiere vigueur et constance : il fault plustost commencer bellement et froidement, et garder son haleine et ses vigoureux eslans au fort et perfection de la besongne. Nous guidons les affaires en leurs commencements et les tenons à nostre mercy ; mais, par après, quand ils sont esbranlés, ce sont eulx qui nous guident et emportent, et avons à les suyvre.

Pourtant n'est ce pas à dire que ce conseil m'ayt deschargé de toute difficulté, et que je n'aye eu de la peine souvent à gourmer et brider mes passions ; elles ne se gouvernent pas tousjours selon la mesure des occasions, et ont leurs entrées mesmes souvent aspres et violentes. Tant y a qu'il s'en tire une belle campagne et du fruict, sauf pour ceulx qui, au bien faire, ne se contentent de nul fruict, si la reputation en est à dire ; car, à la verité, un tel effect n'est en compte qu'à chascun en soy ; vous en estes plus content, mais non plus estimé, vous estant reformé avant que d'estre en danse et que la matiere feust en veue. Toutesfois aussi, non en cecy seulement, mais en touts aultres debvoirs de la vie, la route de ceulx qui visent à l'honneur est bien diverse à celle que tiennent ceulx qui se proposent l'ordre et la raison. J'en treuve qui se mettent inconsiderément et furieusement en lice, et s'alentissent en la course

---

(1) On doit faire, pour éviter les procès, tout ce qui dépend de soi, et peut-être même un peu plus ; car il est non-seulement honnête, mais quelquefois utile de relâcher un peu de ses droits. Cic., *de Offic.*, II, 18.

(2) On peut voir, sur cela, les *Mémoires de Philippe de Comines*, l. V, c. 1. C.

(3) La république romaine ébranlée par la rivalité et les guerres civiles de Marius et de Sylla. *Voyez* Plut., dans la *Vie de Marius*, c. 3 de la version d'Amyot. C.

Comme Plutarque[1] dict que ceulx qui, par le vice de la mauvaise honte, sont mols et faciles à accorder quoy qu'on leur demande, sont faciles après à faillir de parole et à se desdire, pareillement qui entre legierement en querelle, est subject d'en sortir aussi legierement. Ceste mesme difficulté qui me garde de l'entamer m'inciteroit d'y tenir ferme, quand je serois esbranlé et eschauffé. C'est une mauvaise façon : depuis qu'on y est il faut aller ou crever. « Entreprenez froidement, disoit Bias[2], mais poursuivez ardemment. » De faulte de prudence on retumbe en faulte de cœur, qui est encores moins supportable.

La pluspart des accords de nos querelles du jour d'hui sont honteux et menteurs : nous ne cherchons qu'à sauver les apparences, et trahissons ce pendant et desadvouons nos vrayes intentions ; nous plastrons le faict. Nous sçavons comment nous l'avons dict et en quel sens, et les assistants le sçavent, et nos amis à qui nous avons voulu faire sentir nostre advantage ; c'est aux despens de nostre franchise et de l'honneur de nostre courage que nous desadvouons nostre pensée et cherchons des connilieres[3] en la faulseté pour nous accorder ; nous nous desmentons nous mesmes pour sauver un desmentir que nous avons donné à un aultre. Il ne fault pas regarder si vostre action ou vostre parole peult avoir aultre interpretation ; c'est vostre vraye et sincere interpretation qu'il fault meshuy maintenir, quoy qu'il vous couste. On parle à vostre vertu et à vostre conscience ; ce ne sont parties à mettre en masque : laissons ces vils moyens et ces expedients à la chicane du palais. Les excuses et reparations que je vois faire touts les jours pour purger l'indiscretion me semblent plus laides que l'indiscretion mesme. Il vauldroit mieulx l'offenser encores un coup que de s'offenser soy mesme en faisant telle amende à son adversaire. Vous l'avez bravé, esmeu de cholere, et vous l'allez rappaiser et flatter en vostre froid et meilleur sens ; ainsi vous vous soubmettez plus que vous ne vous estiez advancé. Je ne treuve aulcun dire si vicieux à un gentilhomme comme le desdire me semble luy estre honteux, quand c'est un desdire qu'on luy arrache par auctorité ; d'autant que l'opiniastreté luy est plus excusable que la pusillanimité. Les passions me sont autant aysées à eviter comme elles me sont difficiles à moderer : *Exscinduntur facilius animo quam temperantur*[1]. Qui ne peult atteindre à ceste noble impassibilité stoïque, qu'il se sauve au giron de ceste mienne stupidité populaire : ce que ceulx là faisoyent par vertu, je me duis à le faire par complexion. La moyenne region loge les tempestes ; les deux extremes des hommes philosophes et des hommes ruraux concurrent en tranquillité et en bonheur :

> *Felix, qui potuit rerum cognoscere causas,*
> *Atque metus omnes et inexorabile fatum*
> *Subjecit pedibus, strepitumque Acherontis avari !*
> *Fortunatus et ille, deos qui novit agrestes,*
> *Panaque, Silvanumque senem, Nymphasque sorores*[2] *!*

De toutes choses les naissances sont foibles et tendres ; pourtant fault il avoir les yeulx ouverts aux commencements ; car comme lors, en sa petitesse, on n'en descouvre pas le dangier ; quand il est accreu, on n'en descouvre plus le remede. J'eusse rencontré un million de traverses touts les jours plus malaysées à digerer, au cours de l'ambition, qu'il ne m'a esté malaysé d'arrester l'inclination naturelle qui m'y portoit :

> *Jure perhorrui*
> *Late conspicuum tollere verticem*[3].

Toutes actions publiques sont subjectes à incertaines et diverses interpretations ; car trop de testes en jugent. Aulcuns disent de ceste mienne occupation de ville[4] (et je suis content

---

(1) Dans son traité, *De la mauvaise honte*, ch. 8 de la version d'Amyot. C.

(2) Diog. Laerce, I, 87. C.

(3) *Des subterfuges, des échappatoires*, comme un *connil* ou lapin. — *Conniller*, c'est chercher des échappatoires.

(1) On les arrache plus ayséement de l'ame qu'on ne les bride. — Cette traduction est de Montaigne : elle se trouve sur l'exemplaire corrigé de sa main ; mais il l'a effacée. N.

(2) Heureux le sage instruit des lois de l'univers,
Dont l'âme inébranlable affronte les revers,
Qui regarde en pitié les fables du Ténare,
Et s'endort au vain bruit de l'Achéron avare !
Mais trop heureux aussi qui suit les douces lois
Et du dieu des troupeaux, et des nymphes des bois !
Virg., *Géorg.*, II, 490, trad. par Delille.

(3) C'est avec raison que j'ai toujours craint d'élever la tête et d'attirer les regards. Hor., *Od.*, III, 16, 18.

(4) Il veut parler de sa mairie de Bordeaux, à laquelle il fut élu en 1581. pendant son séjour en Italie, et que lui conférèrent deux fois de suite les suffrages de ses concitoyens. On peut voir ce qu'il en a déjà dit au commencement de ce chapitre. J. V. L.

d'en parler un mot, non qu'elle le vaille, mais pour servir de montre de mes mœurs en telles choses), que je m'y suis porté en homme qui s'esmeut trop laschement, et d'une affection languissante; et ils ne sont pas du tout esloingnés d'apparence. J'essaye à tenir mon ame et mes pensées en repos : *Quum semper natura, tum etiam ætate jam quietus*[1]; et si elles se desbauchent parfois à quelque impression rude et penetrante, c'est, à la verité, sans mon conseil. De ceste langueur naturelle on ne doibt pourtant tirer aulcune preuve d'impuissance (car faulte de soing, et faulte de sens, ce sont deux choses), et moins, de mescognoissance et d'ingratitude envers ce peuple, qui employa touts les plus extremes moyens qu'il eust en ses mains à me gratifier, et avant m'avoir cogneu, et après, et feit bien plus pour moy en me redonnant ma charge qu'en me la donnant premierement. Je luy veulx tout le bien qui se peult; et certes, si l'occasion y eust esté, il n'est rien que j'eusse espargné pour son service. Je me suis esbranlé pour luy comme je fois pour moy. C'est un bon peuple, guerrier et genereux, capable pourtant d'obeïssance et discipline, et de servir à quelque bon usage, s'il est bien guidé. Ils disent aussi ceste mienne vacation s'estre passée sans marque et sans trace. Il est bon! on accuse ma cessation en un temps où quasi tout le monde estoit convaincu de trop faire. J'ay un air trepignant où la volonté me charrie[2]; mais ceste poincte est ennemye de perseverance. Qui se vouldra servir de moy, selon moy, qu'il me donne des affaires où il fasse besoing de vigueur et de liberté, qui ayent une conduicte droicte et courte, et encores hazardeuse; j'y pourray quelque chose : s'il la fault longue, subtile, laborieuse, artificielle et tortue, il fera mieulx de s'addresser à quelque aultre. Toutes charges importantes ne sont pas difficiles : j'estois preparé à m'embesongner plus rudement un peu, s'il en eust esté grand besoing; car il est en mon pouvoir de faire quelque chose plus que je ne fois et que je n'ayme à faire. Je ne laissay, que je sçache, aulcun mouvement que le debvoir requist en bon escient de moy. J'ay facilement oublié ceulx que l'ambition mesle au debvoir et couvre de son tiltre; ce sont ceulx qui le plus souvent remplissent les yeulx et les aureilles, et contentent les hommes : non pas la chose, mais l'apparence les paye; s'ils n'oyent du bruict, il leur semble qu'on dorme. Mes humeurs sont contradictoires aux humeurs bruyantes; j'arresterois bien un trouble sans me troubler, et chastierois un desordre sans alteration ; ay je besoing de cholere et d'inflammation? je l'emprunte et m'en masque. Mes mœurs sont mousses, plustost fades qu'aspres. Je n'accuse pas un magistrat qui dorme, pourveu que ceulx qui sont soubs sa main dorment quand et luy : les loix dorment de mesme. Pour moy, je loue une vie glissante, sombre et muette, *neque submissam et abjectam, neque se efferentem*[1] : ma fortune le veult ainsi. Je suis nay d'une famille qui a coulé sans esclat et sans tumulte, et, de longue memoire, particulierement ambitieuse de preud'hommie.

Nos hommes sont si formés à l'agitation et ostentation, que la bonté, la moderation, l'equabilité, la constance, et telles qualités quietes et obscures, ne se sentent plus : les corps raboteux se sentent; les polis se manient imperceptiblement; la maladie se sent; la santé, peu ou point : ny les choses qui nous oignent au prix de celles qui nous poignent. C'est agir pour sa reputation et proufit particulier, non pour le bien, de remettre à faire en la place ce qu'on peult faire en la chambre du conseil, et en plein midy ce qu'on eust faict la nuict precedente; et d'estre jaloux de faire soy mesme ce que son compaignon faict aussi bien : ainsi faisoyent aulcuns chirurgiens de Grece les operations de leur art sur des eschaffauds à la vue des passants, pour en acquerir plus de practique et de chalandise. Ils jugent que les bons reglements ne se peuvent entendre qu'au son de la trompette. L'ambition n'est pas un vice de petits compaignons, et de tels efforts que les nostres. On disoit à Alexandre : « Vostre pere vous lairra une grande domination, aysée et pacifique; » ce garson estoit envieux des vic-

---

[1] Toujours tranquille de ma nature, et plus encore à présent par un effet de l'âge. Q. Cic., *de Petit. Consulat.*, c. 2.

[2] C'est-à-dire *partout où la volonté m'entraîne, je suis vif, ardent, empressé.* Dans l'édition in-4º de 1588, fol. 451, il y avait : « J'ay un agir esmeu, où la volonté me tire. » On voit que Montaigne a trouvé ces expressions trop faibles pour sa pensée. J. V. L.

[1] Egalement éloignée de la bassesse et d'un insolent orgueil. Cic., *de Offic.*, I, 34.

toires de son père et de la justice de son gouvernement; il n'eust pas voulu jouïr l'empire du monde mollement et paisiblement[1]. Alcibiades, en Platon, aime mieulx mourir jeune, beau, riche, noble, sçavant, tout cela par excellence, que de s'arrester en l'estat de ceste condition[2]; ceste maladie est, à l'adventure, excusable en une ame si forte et si plaine. Quand ces ametes[3] naines et chestifves s'en vont embabouïnant[4], et pensent espandre leur nom, pour avoir jugé à droict une affaire, ou continué l'ordre des gardes d'une porte de ville, ils en montrent d'autant plus le cul qu'ils esperent en haulser la teste. Ce menu bien faire n'a ne corps ne vie; il va s'esvanouïssant en la premiere bouche, et ne se promene que d'un carrefour de rue à l'aultre. Entretenez en hardiement vostre fils et vostre valet, comme cest ancien qui, n'ayant aultre auditeur de ses louanges, et consent de sa valeur, se bravoit avecques sa chambriere, en s'escriant : « O Perrete, le galant et suffisant homme de maistre que tu as! » Entretenez vous en vous mesme, au pis aller; comme un conseiller de ma cognoissance, ayant desgorgé une battelée de paragraphes, d'une extreme contention, et pareille ineptie, s'estant retiré de la chambre du conseil au pissoir du palais, feut ouï mormotant entre les dents, tout consciencieusement : » *Non nobis, Domine, non nobis, sed nomini tuo da gloriam*[5]. » Qui ne peult d'ailleurs, si se paye de sa bourse.

La renommée ne se prostitue pas à si vil compte; les actions rares et exemplaires à qui elle est deue ne souffriroient pas la compaignie de ceste foule innumerable de petites actions journalieres. Le marbre eslevera vos tiltres tant qu'il vous plaira pour avoir faict rapetasser un pan de mur ou descrotter un ruisseau publicque, mais non pas les hommes qui ont du sens. Le bruict ne suyt pas toute bonté si la difficulté et estrangeté n'y est joincte; voire ny la simple estimation n'est deue à nulle action qui naist de la vertu selon les stoïciens, et ne veulent qu'on sçache seulement gré à celuy qui, par temperance, s'abstient d'une vieille chassieuse. Ceulx qui ont cogneu les admirables qualités de Scipion l'Africain refusent la gloire que Panætius luy attribue d'avoir esté abstinent de dons, comme gloire non tant sienne comme de son siecle[1]. Nous avons les voluptés sortables à nostre fortune; n'usurpons pas celles de la grandeur. Les nostres sont plus naturelles et d'autant plus solides et seures qu'elles sont plus basses. Puisque ce n'est par conscience, au moins par ambition, refusons l'ambition; desdaignons ceste faim de renommée et d'honneur basse et belistresse[2] qui nous le faict coquiner[3] de toute sorte de gents (*quæ est ista laus, quæ possit e macello peti*[4]?) par moyens abjects et à quelque vil prix que ce soit. C'est deshonneur d'estre ainsin honnoré. Apprenons à n'estre non plus avides que nous sommes capables de gloire. De s'enfler de toute action utile et innocente, c'est à faire à gents à qui elle est extraordinaire et rare; ils la veulent mettre pour le prix qu'elle leur couste. A mesure qu'un bon effect est plus esclatant, je rabbats de sa bonté le souspeçon en quoy j'entre qu'il soit produict plus pour estre esclatant que pour estre bon; estalé, il est à demy vendu. Ces actions là ont bien plus de grace qui eschappent de la main de l'ouvrier nonchalamment et sans bruict, et que quelque honneste homme choisit après et r'esleve de l'umbre pour les poulser en lumiere à cause d'elles mesmes : *Mihi quidem laudabiliora videntur omnia, quæ sine venditatione, et sine populo teste fiunt*[5], dict le plus glorieux homme du monde.

---

(1) Apparemment Montaigne fait allusion ici à ce que Plutarque a remarqué dans la *Vie d'Alexandre*, que « toutes les fois « qu'il venoit nouvelles que Philippe avoit pris aucune ville « de renom, ou gagné quelque grosse bataille, Alexandre « n'estoit point fort joyeux de l'entendre; ains disoit à ses « egaux en aage : *Mon pere prendra tout, enfants, et ne me* « *laissera rien de beau ni de magnifique à faire et à conquerir* « *avec vous*. » Ch. 2 de la traduction d'Amyot. C.

(2) C'est ce que Socrate lui reproche dans le Ier *Alcibiade*, une ou deux pages après le commencement. C.

(3) *Petite âme*. COTGRAVE.

(4) *S'embarrassant*.

(5) Non point à nous, Seigneur, non point à nous, mais à ton nom la gloire en soit donnée, *Ps.* 113, v.

---

(1) Cic., *de Offic.*, II, 22.

(2) *Gueuse, mendiante*. On a dit longtemps, *les quatre ordres de bélitres*, pour *les quatre ordres mendiants*, les jacobins, les cordeliers, les augustins et les carmes. J. V. L.

(3) *Mendier*.

(4) Quelle est cette gloire qu'on peut trouver au marché ? Cic., *de Finib. bon. et mal.*, II, 15.

(5) Pour moi, je trouve bien plus digne d'éloge ce qui se fait sans ostentation et loin des yeux du peuple. Cic., *Tusc. quæst.*, II, c. 26.

Je n'avois qu'à conserver et durer, qui sont effects sourds et insensibles. L'innovation est de grand lustre ; mais elle est interdicte en ce temps où nous sommes pressés et n'avons à nous deffendre que des nouvelletés. L'abstinence de faire est souvent aussi genereuse que le faire ; mais elle est moins au jour[1], et ce peu que je vaulx est quasi tout de ceste espece. En somme, les occasions en ceste charge ont suivy ma complexion, de quoy je leur sçais très bon gré. Est il quelqu'un qui desire estre malade pour veoir son medecin en besongne ? et fauldroit il pas fouetter le medecin qui nous desireroit la peste pour mettre son art en practique ? Je n'ay point eu cest' humeur inique et assez commune de desirer que le trouble et la maladie des affaires de ceste cité rehaulsast et honorast mon gouvernement ; j'ay presté de bon cœur l'espaule à leur aysance et facilité. Qui ne me vouldra sçavoir gré de l'ordre, de la doulce et muette tranquillité qui a accompagné ma conduicte, au moins ne peult il me priver de la part qui m'en appartient par le tiltre de ma bonne fortune. Et je suis ainsi faict que j'ayme autant estre heureux que sage et debvoir mes succès purement à la grace de Dieu qu'à l'entremise de mon operation. J'avois assez disertement publié au monde mon insuffisance en tels maniements publicques. J'ay encores pis que l'insuffisance ; c'est qu'elle ne me desplaist gueres et que je ne cherche gueres à la guarir, veu le train de vie que j'ay desseigné. Je ne me suis, en ceste entremise, non plus satisfaict à moy mesme ; mais à peu près j'en suis arrivé à ce que je m'en estois promis, et si ay de beaucoup surmonté ce que j'en avois promis à ceulx à qui j'avois à faire ; car je promets volontiers un peu moins de ce que je puis et de ce que j'espere tenir. Je m'asseure n'y avoir laissé ny offense ny haine ; d'y laisser regret et desir de moy, je sçais à tout le moins bien cela que je ne l'ay pas fort affecté :

Mene huic confidere monstro!
Mene salis placidi vultum, fluctusque quietos
Ignorare[2] *!*

(1) Moins en lumière.
(2) Moi! que je me fie à ce monstre! que je me repose sur le calme apparent de cette mer perfide! Virg., *En.*, V, 849.

CHAPITRE XI.

Des boiteux.

Il y a deux ou trois ans qu'on accourcit l'an de dix jours en France[1]. Combien de changements doibvent suyvre ceste reformation ! Ce feut proprement remuer le ciel et la terre à la fois. Ce neantmoins il n'est rien qui bouge de sa place ; mes voysins treuvent l'heure de leurs semences, de leur recolte, l'opportunité de leurs negoces, les jours nuisibles et propices au mesme poinct justement où ils les avoient assignés de tout temps. Ny l'erreur ne se sentoit en nostre usage, ny l'amendement ne s'y sent. Tant il y a d'incertitude par tout! tant nostre appercevance est grossiere, obscure et obtuse ! On dict que ce reglement se pouvoit conduire d'une façon moins incommode, soubstrayant, à l'exemple d'Auguste, pour quelques années, le jour du bissexte, qui, ainsi comme ainsin, est un jour d'empeschement et de trouble, jusques à ce qu'on feust arrivé à satisfaire exactement ce debte, ce que mesme on n'a pas faict par ceste correction, et demeurons encores en arrerages de quelques jours ; et si, par mesme moyen, on pouvoit pourveoir à l'advenir, ordonnant qu'après la revolution de tel ou tel nombre d'années, ce jour extraordinaire seroit tousjours eclipsé, si que nostre mescompte ne pourroit d'ores en avant exceder vingt et quatre heures. Nous n'avons aultre compte du temps que les ans ; il y a tant de siecles que le monde s'en sert, et si c'est une mesure que nous n'avons encores achevé d'arrester et telle que nous doubtons touts les jours quelle forme les aultres nations luy ont diversement donné et quel en estoit l'usage. Quoy ! ce que disent aulcuns que les cieulx se compriment vers nous en vieillissant et nous jectent en incertitude des heures mesme et des

(1) En 1582, le pape Grégoire XIII, ayant remarqué que l'erreur de onze minutes qui se trouvait dans l'*année julienne* avait produit dix jours en plus, fit retrancher ces dix jours de l'année 1582 ; et, au lieu du 5 octobre de cette année, on compta le 15. C'est ce qui fait appeler depuis cette manière de compter les années *année grégorienne*, et le calendrier qui suit ce comput *calendrier grégorien*, ou du nouveau style ; tandis qu'on appelle *calendrier du vieux style* le calendrier julien, suivi encore par les Russes et par quelques autres peuples du rit grec. *Voy.* plus haut, p. 568. E. J.

jours et des mois? ce que dict Plutarque[1] qu'encores de son temps l'astrologie n'avoit sceu borner le mouvement de la lune. Nous voylà bien accommodés pour tenir registre des choses passées!

Je resvassois presentement, comme je fois souvent, sur ce : Combien l'humaine raison est un instrument libre et vague. Je veois ordinairement que les hommes, aux faicts qu'on leur propose, s'amusent plus volontiers à en chercher la raison qu'à en chercher la verité. Ils passent par dessus les presuppositions, mais ils examinent curieusement les consequences; ils laissent les choses et courent aux causes. Plaisants causeurs! La cognoissance des causes touche seulement celuy qui a la conduicte des choses, non à nous qui n'en avons que la souffrance et qui en avons l'usage parfaictement plein et accompli selon nostre besoing sans en penetrer l'origine et l'essence; ny le vin n'en est plus plaisant à celuy qui en sçait les facultés premieres. Au contraire, et le corps et l'ame interrompent et alterent le droict qu'ils ont de l'usage du monde et d'eulx mesmes, y meslant l'opinion de science. Les effects nous touchent, mais les moyens nullement. Le determiner et le distribuer appartient à la maistrise et à la regence, comme à la subjection et apprentissage l'accepter. Reprenons nostre coustume. Ils commencent ordinairement ainsi : « Comment est ce que cela se faict? » « Mais se faict il? » fauldroit il dire. Nostre discours[2] est capable d'estoffer cent aultres mondes et d'en trouver les principes et la contexture; il ne luy fault ny matiere ny baze. Laissez le courre; il bastit aussi bien sur le vuide que sur le plein et de l'inanité que de matiere ;

Dare pondus idonea fumo[3].

Je treuve quasi par tout qu'il fauldroit dire : « Il n'en est rien, » et employerois souvent ceste response; mais je n'ose, car ils crient que c'est une desfaicte produicte de foiblesse d'esprit et d'ignorance, et me fault ordinairement basteler[4] par compaignie à traicter des subjects et contes frivoles que je mescrois entierement. Joinct qu'à la verité il est un peu rude et querelleux de nier tout sec une proposition de faict, et peu de gents faillent, notamment aux choses malaysées à persuader, d'affermer qu'ils l'ont veue, ou d'alleguer des tesmoings desquels l'auctorité arreste nostre contradiction. Suyvant cest usage, nous sçavons les fondements et les moyens de mille choses qui ne feurent onques, et s'escarmouche le monde en mille questions desquelles et le pour et le contre est fauls : *Ita finitima sunt falsa veris... ut in præcipitem locum non debeat se sapiens committere*[1].

La verité et le mensonge ont leurs visages conformes; le port, le goust et les allures pareilles. Nous les regardons de mesme œil. Je treuve que nous ne sommes pas seulement lasches à nous deffendre de la piperie, mais que nous cherchons et convions à nous y enferrer. Nous aymons à nous embrouiller en la vanité, comme conforme à nostre estre.

J'ay veu la naissance de plusieurs miracles de mon temps. Encores qu'ils s'estouffent en naissant, nous ne laissons pas de preveoir le train qu'ils eussent prins s'ils eussent vescu leur aage; car il n'est que de trouver le bout du fil, on en desvide tant qu'on veult, et y a plus loing de rien à la plus petite chose du monde, qu'il n'y a de celle là jusques à la plus grande. Or, les premiers qui sont abbruvés de ce commencement d'estrangeté, venants à semer leur histoire, sentent, par les oppositions qu'on leur faict, où loge la difficulté de la persuasion, et vont calfeutrant cest endroict de quelque piece faulse[2]. Oultre ce que, *insita hominibus libidine alendi de industria rumores*[3], nous fai-

---

[1] *Questions romaines*, c. 24. C.
[2] *Notre raisonnement.*
[3] Tout prêt à donner du poids à la fumée. PERSE, V, 20.
[4] *Faire le bateleur.*

---

[1] Le faux approche si fort du vrai... que le sage ne doit pas s'engager dans un défilé si périlleux. CIC., *Acad.*, II, 21.
[2] « Que d'erreurs monstrueuses accréditées par la science même qui aurait dû les détruire! On commence par une fausse charte, par un diplôme supposé; on le montre en secret à quelques personnes intéressées à le faire valoir; sa réputation s'établit avant même qu'il soit connu. Commence-t-il à percer ; les honnêtes gens, les esprits sensés se récrient contre l'imposture : on les fait taire; on rectifie une erreur, on déguise habilement un mensonge; on corrompt le sens du texte par des commentaires. Ecoutons Montaigne, il dira bien mieux que moi : « *Les premiers qui sont abbruvés de ce commencement d'estrangeté, etc.*» Qui veut apprendre à douter doit lire ce chapitre entier de Montaigne, le moins méthodique des philosophes, mais le plus sage et le plus aimable.» VOLT., *Mélanges historiques*, t. XVII.
[3] Par la passion qui porte naturellement les hommes à donner cours à des bruits incertains. TITE LIVE, XXVIII, 24.

sons naturellement conscience de rendre ce qu'on nous a presté sans quelque usure et accession de nostre creu. L'erreur particuliere faict premierement l'erreur publicque, et à son tour après, l'erreur publicque faict l'erreur particuliere[1]. Ainsi va tout ce bastiment, s'estoffant et formant de main en main, de maniere que le plus esloingné tesmoing en est mieulx instruict que le plus voysin, et le dernier informé mieulx persuadé que le premier. C'est un progrès naturel; car quiconque croit quelque chose estime que c'est ouvrage de charité de la persuader à un aultre, et pour ce faire ne craind point d'adjouster de son invention autant qu'il veoid estre necessaire en son conte pour suppleer à la resistance et au default qu'il pense estre en la conception d'aultruy. Moy mesme, qui fois singuliere conscience de mentir et qui ne me soulcie gueres de donner creance et auctorité à ce que je dis, m'apperceois toutesfois, aux propos que j'ay en main, qu'estant eschauffé, ou par la resistance d'un aultre, ou par la propre chaleur de ma narration, je grossis et enfle mon subject par voix, mouvements, vigueur et force de paroles, et encores par extension et amplification, non sans interest de la verité naïfve ; mais je le fois en condition pourtant qu'au premier qui me ramene et qui me demande la verité nue et crue, je quite soubdain mon effort et la luy donne sans exageration, sans emphase et remplissage. La parole naïfve et bruyante, comme est la mienne ordinaire, s'emporte volontiers à l'hyperbole. Il n'est rien à quoy communement les hommes soyent plus tendus qu'à donner voye à leurs opinions. Où le moyen ordinaire nous fault, nous y adjoustons le commandement, la force, le fer et le feu. Il y a du malheur d'en estre là que la meilleure touche de la verité ce soit la multitude des croyants en une presse où les fols surpassent de tant les sages en nombre : *Quasi vero quidquam sit tam valde, quam nihil sapere, vulgare*[2]. *Sanitatis patrocinium est insanientium turba*[3]. C'est chose difficile de resouldre son jugement contre les opinions communes. La premiere persuasion, prinse du subject mesme, saisit les simples; de là elle s'espand aux habiles soubs l'auctorité du nombre et antiquité des tesmoignages. Pour moy, de ce que je n'en croirois pas un, je n'en croirois pas cent uns, et ne juge pas les opinions par les ans.

Il y a peu de temps que l'un de nos princes, en qui la goutte avoit perdu un beau naturel et une alaigre composition, se laissa si fort persuader au rapport qu'on faisoit des merveilleuses operations d'un presbtre qui, par la voye des paroles et des gestes, guarissoit toutes maladies, qu'il feit un long voyage pour l'aller trouver, et, par la force de son apprehension, persuada et endormit ses jambes pour quelques heures, si qu'il en tira du service qu'elles avoient desapprins luy faire il y avoit long temps. Si la fortune eust laissé emmonceler cinq ou six telles adventures, elles estoient capables de mettre ce miracle en nature. On trouva depuis tant de simplesse et si peu d'art en l'architecte de tels ouvrages qu'on le jugea indigne d'aulcun chastiement. Comme si feroit on de la pluspart de telles choses qui les recognoistroit en leur giste : *Miramur ex intervallo fallentia*[1]. Nostre veue represente ainsi souvent de loing des images estranges qui s'esvanouïssent en s'approchant : *Nunquam ad liquidum fama perducitur*[2].

C'est merveille de combien vains commencements et frivoles causes naissent ordinairement si fameuses impressions! Cela mesme en empesche l'information; car, pendant qu'on cherche des causes et des fins fortes et poisantes et dignes d'un si grand nom, on perd les vrayes ; elles eschappent de nostre veue par leur petitesse, et, à la verité, il est requis un bien prudent, attentif et subtil inquisiteur en telles recherches, indifferent et non preoccupé. Jusques à ceste heure touts ces miracles et evenements estranges se cachent devant moy. Je n'ay veu monstre et miracle au monde plus exprès que moy mesme. On s'apprivoise à toute estrangeté par l'usage et le temps ; mais plus je me hante et me cognois, plus ma dif-

---

(1) *Et quum singulorum error publicum fecerit, singulorum errorem facit publicus.* Sén., Epist. 81.

(2) Comme s'il n'y avait rien de si commun que de mal juger des choses. Cic., *de Divinat.*, II, 39.

(3) Belle autorité pour la sagesse qu'une multitude de fous ! S. August., *de Civit. Dei*, VI, 10.

(1) Nous admirons les choses qui trompent par leur éloignement. Sén., Epist. 118.

(2) Jamais la renommée ne se réduit à la vérité. Quinte-Curce, IX, 2.

formité m'estonne, moins je m'entends en moy.

Le principal droict d'avancer et produire tels accidents est reservé à la fortune. Passant avant hier dans un village, à deux lieues de ma maison, je trouvay la place encores toute chaulde d'un miracle qui venoit d'y faillir, par lequel le voysinage avoit esté amusé plusieurs mois; et commencoient les provinces voysines de s'en esmouvoir, et y accourir à grosses trouppes de toutes qualités. Un jeune homme du lieu s'estoit joué à contrefaire, une nuict, en sa maison, la voix d'un esprit, sans penser à aultre finesse qu'à jouïr d'un badinage present: cela luy ayant un peu mieulx succedé qu'il n'esperoit, pour estendre sa farce à plus de ressorts, il y associa une fille de village, du tout[1] stupide et niaise; et feurent trois enfin, de mesme aage et pareille suffisance: et de presches domestiques en feirent des presches publiques, se cachants soubs l'autel de l'eglise, ne parlants que de nuict, et deffendant d'y apporter aulcune lumiere. De paroles qui tendoient à la conversion du monde, et menace du jour du jugement (car ce sont subjects soubs l'auctorité et reverence desquels l'imposture se tapit plus ayséement), ils veinrent à quelques visions et mouvements si niais et si ridicules, qu'à peine y a il rien si grossier au jeu des petits enfants. Si toutesfois la fortune y eust voulu prester un peu de faveur, qui sçait jusques où se feust accreu ce bastelage? Ces pauvres diables sont à ceste heure en prison: et porteront volontiers la peine de la sottise commune, et ne sçais si quelque juge se vengera sur eulx de la sienne. On veoid clair en ceste cy, qui est descouverte; mais en plusieurs choses de pareille qualité, surpassant nostre cognoissance, je suis d'advis que nous soubstenions nostre jugement, aussi bien à rejecter qu'à recevoir.

Il s'engendre beaucoup d'abus au monde, ou, pour le dire plus hardiment, touts les abus du monde s'engendrent de ce qu'on nous apprend à craindre de faire profession de nostre ignorance, et que nous sommes tenus d'accepter tout ce que nous ne pouvons refuter: nous parlons de toutes choses par preceptes et resolution. Le style, à Rome, portoit que cela mesme qu'un tesmoing deposoit pour l'avoir vu de ses yeulx, et ce qu'un juge ordonnoit de sa plus certaine science, estoit conceu en ceste forme de parler: « Il me semble[1]. » On me faict haïr les choses vraysemblables, quand on me les plante pour infaillibles: j'aime ces mots, qui amollissent et moderent la temerité de nos propositions: « A l'adventure, Aulcunement, Quelque, On dict, Je pense, » et semblables: et si j'eusse eu à dresser des enfants, je leur eusse tant mis en la bouche ceste façon de respondre enquestante, non resolutifve: « Qu'est ce à dire? Je ne l'entends pas, Il pourroit estre, Est il vray? » qu'ils eussent plustost gardé la forme d'apprentis à soixante ans que de representer les docteurs à dix ans, comme ils font. Qui veult guarir de l'ignorance, il fault la confesser.

Iris est fille de Thaumantis[2]: l'admiration est fondement de toute philosophie; l'inquisition, le progrès; l'ignorance, le bout. Voire dea, il y a quelque ignorance forte et genereuse, qui ne doibt rien en honneur et en courage à la science: ignorance pour laquelle concevoir il n'y a pas moins de science qu'à concevoir la science. Je veis en mon enfance un procès que Corras[3], conseiller de Thoulouse, feit imprimer, d'un accident estrange, de deux hommes qui se presentoient l'un pour l'aultre. Il me souvient (et ne me souvient aussi d'aultre chose) qu'il me sembla avoir rendu l'imposture de celuy qu'il jugea coulpable, si merveilleuse et excedant de si loing nostre cognoissance et la sienne, qui estoit juge, que je trou-

---

[1] Tout-à-fait.

(1) Cic., Acad., II, 47. J. V. L.

(2) C'est-à-dire de l'admiration (θαῦμα θαύματος). « Est enim pulcher (l'arc-en-ciel ou Iris), et ob eam causam, quia speciem habet admirabilem, Thaumante dicitur esse natus. » Cic., de Nat. deor., III, 20. On voit qu'il faudrait lire dans Montaigne, non pas Thaumantis, mais Thaumas. J. V. L.

(3) Ou plutôt Coras, savant jurisconsulte, né à Toulouse en 1515. Longtemps persécuté comme calviniste, malgré la protection du chancelier L'Hospital qui admirait ses talents, il finit par être assassiné à la conciergerie de Toulouse avec trois cents autres prisonniers, le 4 d'octobre 1572, peu de temps après la Saint-Barthélemy: on le revêtit ensuite de sa robe de conseiller, avec deux de ses collègues massacrés comme lui, et on les pendit à l'orme du palais. Les œuvres de Jean Coras ont été recueillies en deux vol. in-fol., Lyon, 1556 et 58; Wittemberg, 1603; et sa vie a été écrite en latin par Jacques Coras le poète, qui était de la même famille. La cause célèbre dont Montaigne parle ici est celle du faux Martin Guerre, sur laquelle le jurisconsulte de Toulouse avait publié un commentaire imprimé à Paris en 1565. J. V. L.

vay beaucoup de hardiesse en l'arrest qui l'avoit condamné à estre pendu. Recevons quelque forme d'arrest qui die, « La cour ny entend rien : » plus librement et ingenuement que ne feirent les Areopagites, lesquels se trouvants pressés d'une cause qu'ils ne pouvoient desvelopper, ordonnerent que les parties en viendroient à cent ans [1].

Les sorcieres de mon voysinage courent hazard de leur vie, sur l'advis de chasque nouvel aucteur qui vient donner corps à leurs songes. Pour accommoder les exemples que la divine parole nous offre de telles choses, très certains et irrefragables exemples, et les attacher à nos evenements modernes, puisque nous n'en veoyons ny les causes ny les moyens, il y fault aultre engin [2] que le nostre : il appartient, à l'adventure, à ce seul tres puissant tesmoignage de nous dire, « Cestuy cy en est, et celle là ; et non cest aultre. » Dieu en doibt estre creu, c'est vrayement bien raison ; mais non pourtant un d'entre nous, qui s'estonne de sa propre narration (et necessairement il s'en estonne s'il n'est hors du sens), soit qu'il l'employe au faict d'aultruy, soit qu'il l'employe contre soy mesme.

Je suis lourd, et me tiens un peu au massif et au vraysemblable, evitant les reproches anciens : *Majorem fidem homines adhibent iis quæ non intelligunt. — Cupidine humani ingenii, libentius obscura creduntur* [3]. Je vois bien qu'on se courrouce ; et me deffend on d'en doubter sur peine d'injures execrables : nouvelle façon de persuader ! Pour Dieu mercy, ma creance ne se manie pas à coups de poing. Qu'ils gourmandent ceulx qui accusent de faulseté leur opinion ; je ne l'accuse que de difficulté et de hardiesse, et condamne l'affirmation opposite, egualement avecques eulx, sinon si imperieusement. Qui establit son discours par braverie et commandement, montre que la raison y est foible. Pour une altercation verbale et scholastique, qu'ils ayent autant d'apparence que leurs contradicteurs ; *videantur sane, non affirmentur modo* [1] : mais en la consequence effectuelle qu'ils en tirent, ceulx cy ont bien de l'advantage. A tuer les gents, il fault une clarté lumineuse et nette ; et est nostre vie trop reelle et essencielle, pour garantir ces accidents supernaturels et fantastiques.

Quant aux drogues et poisons, je les mets hors de mon compte ; ce sont homicides, et de la pire espece : toutesfois, en cela mesme on dict qu'il ne fault pas tousjours s'arrester à la propre confession de ces gents icy ; car on leur a veu par fois s'accuser d'avoir tué des personnes qu'on trouvoit saines et vivantes. En ces aultres accusations extravagantes, je dirois volontiers que c'est bien assez qu'un homme, quelque recommendation qu'il aye, soit creu de ce qui est humain : de ce qui est hors de sa conception et d'un effect supernaturel, il en doibt estre creu lors seulement qu'une approbation supernaturelle l'a auctorisé. Ce privilege qu'il a pleu à Dieu donner à aulcuns de nos tesmoignages, ne doibt pas estre avily et communiqué legierement. J'ay les aureilles battues de mille tels contes. « Trois le veirent un tel jour, en levant : Trois le veirent lendemain, en occident : à telle heure, tel lieu, ainsi vestu : » certes, je ne m'en croirois pas moy mesme. Combien treuve je plus naturel et plus vraysemblable que deux hommes mentent, que je fois qu'un homme, en douze heures, passe, quand et les vents, d'orient en occident : combien plus naturel, que nostre entendement soit emporté de sa place par la volubilité de nostre esprit detraqué, que cela, qu'un de nous soit envolé sur un balay au long du tuyau de sa cheminée, en chair et en os, par un esprit estrangier ! Ne cherchons pas des illusions du dehors et incognenes, nous qui sommes perpetuellement agités d'illusions domestiques et nostres. Il me semble qu'on est pardonnable de mescroire une merveille, autant au moins qu'on peult en destourner et elider la verification par voye non merveilleuse ; et suys l'advis de S. Augustin : « Qu'il vault mieulx pencher vers le doubte que vers l'asseurance, ès choses de difficile preuve et dangereuse creance. »

Il y a quelque années que je passay par les

---

(1) *Voyez* VAL. MAXIME, VIII, 1 ; et AULU-GELLE, XII, 7. C.

(2) *Esprit.* E. J.

(3) Les hommes ajoutent plus de foi à ce qu'ils n'entendent point. — L'esprit humain est porté à croire plus volontiers les choses obscures. TACITE, *Hist.*, I, 22. — De ces deux passages, le second seul est de Tacite, et Coste a eu tort de les confondre et d'attribuer toute cette citation à ce grand historien qui certes n'auroit jamais écrit la premiere phrase, dont le style ne ressemble pas au sien. N.

(1) Pourvu qu'on propose ces faits comme vraisemblables, et qu'on ne les affirme pas. Cic., *Acad.*, II, 27.

terres d'un prince souverain, lequel en ma faveur, et pour rabbattre mon incredulité, me feit ceste grace de me faire veoir en sa presence, en lieu particulier, dix ou douze prisonniers de ce genre, et une vieille entre aultres, vrayement bien sorciere en laideur et deformité, très fameuse de longue main en ceste profession. Je veis et preuves et libres confessions, et je ne sçais quelle marque insensible sur ceste miserable vieille, et m'enquis, et parlay tout mon saoul, y apportant la plus saine attention que je peusse; et ne suis pas homme qui me laisse gueres garotter le jugement par preoccupation. Enfin, et en conscience, je leur eusse plustost ordonné de l'ellebore que de la ciguë : *Captisque res magis mentibus, quam consceleratis, similis visa*[1] : la justice a ses propres corrections pour telles maladies. Quant aux oppositions et arguments que des honnestes hommes m'ont faict, et là et souvent ailleurs, je n'en ay point senty qui m'attachent, et qui ne souffrent solution tousjours plus vraysemblable que leurs conclusions. Bien est vray que les preuves et raisons qui se fondent sur l'experience et sur le faict, celles là, je ne les desnoue point; aussi n'ont elles point de bout : je les trenche souvent comme Alexandre son nœud. Après tout, c'est mettre ses conjectures à bien hault prix, que d'en faire cuire un homme tout vif.

On recite par divers exemples (et Præstantius de son pere[2]) que assopy et endormy bien plus lourdement que d'un parfaict sommeil, il fantasia estre jument, et servir de sommier à des soldats : et ce qu'il fantasioit il l'estoit[3]. Si les sorciers songent ainsi materiellement, si les songes par fois se peuvent ainsin incorporer en effects, encores ne crois je pas que nostre volonté en feust tenue à la justice : ce que je dis, comme celuy qui n'est pas juge ny conseiller des roys, ny s'en estime de bien loing digne, ains homme du commun nay et voué à l'obeïssance de la raison publicque et en ses faicts et en ses dicts. Qui mettroit mes resveries en compte, au prejudice de la plus chestifve loy de son village, ou opinion, ou coustume, il se feroit grand tort et encores autant à moy ; car en ce que je dis, je ne pleuvis[1] aultre certitude sinon que c'est ce que lors j'en avois en la pensée, pensée tumultuaire et vacillante. C'est par maniere de devis : *Nec me pudet ut istos, fateri nescire quod nesciam*[2] : je ne serois pas si hardy à parler s'il m'appartenoit d'en estre creu ; et feut ce que je respondis à un grand qui se plaignoit de l'aspreté et contention de mes enhortements. Vous sentant bandé et preparé d'une part, je vous propose l'aultre, de tout le soing que je puis pour esclaircir vostre jugement, non pour l'obliger. Dieu tient vos courages et vous fournira de chois. Je ne suis pas si presumptueux de desirer seulement que mes opinions donnassent pente à chose de telle importance : ma fortune ne les a pas dressées à si puissantes et si eslevées conclusions. Certes, j'ay non seulement des complexions en grand nombre, mais aussi des opinions assez, desquelles je degousterois volontiers mon fils, si j'en avois. Quoy, si les plus vrayes ne sont pas tousjours les plus commodes à l'homme? tant il est de sauvage composition !

A propos, ou hors de propos, il n'importe ; on dict en Italie, en commun proverbe, que celuy là ne cognoist pas Venus en sa parfaicte doulceur, qui n'a couché avecques la boiteuse. La fortune ou quelque particulier accident ont mis, il y a long temps, ce mot en la bouche du peuple : et se dict des masles comme des femelles ; car la royne des Amazones respondit au Scythe qui la convioit à l'amour, ἄριστα χωλὸς οἰφεῖ[3], le boiteux le faict le mieulx. En ceste republicque feminine, pour fuyr la domination des masles, elles les stropioient dès l'enfance, bras, jambes et aultres membres qui leur donnoient advantage sur elles, et se servoient d'eulx à ce seulement à quoy nous nous servons d'elles par deça. J'eusse dict que le mouvement detraqué de la boiteuse apportast quelque plaisir nouveau à la be-

---

(1) Je ne garantis. C.

(2) Et je n'ai pas honte, comme eux, d'avouer que j'ignore ce que je ne sais point. Cic.,*Tusc. quæst.*, I, 25.

(3) Montaigne traduit ce passage grec après l'avoir cité. Erasme, dans ses *Adages*, n'a pas oublié le proverbe, *Claudus optime virum agit*;-- mais il ne dit point d'où il l'a pris. On le trouve dans le *Scholiaste* de THÉOCRITE, sur l'idylle 4, n. 62 ; et dans MICHEL APOSTOLIUS, *Proverb. centur.* 4, num. 43. C. — C'est sans doute d'après cette opinion que les anciens ont fait du boiteux Vulcain l'époux de Vénus. E. J.

---

(1) Il me sembla qu'il y avait en cela plus de folie que de crime. TITE LIVE, VIII, 18.

(2) Voyez la *Cité de Dieu* de S. AUGUSTIN, XVIII, 18. C.

(3) *Quod ita, ut narravit, factum fuisse compertum est.* S. AUGUSTIN, *Cité de Dieu*, XVIII, 18.

songne, et quelque poincte de doulceur à ceulx qui l'essayent ; mais je viens d'apprendre que mesme la philosophie ancienne en a decidé[1] : elle dict que les jambes et cuisses des boiteuses ne recevant, à cause de leur imperfection, l'aliment qui leur est deu, il en advient que les parties genitales, qui sont au dessus, sont plus plaines, plus nourries et vigoreuses ; ou bien que ce default empeschant l'exercice, ceulx qui en sont entaschés dissipent moins leurs forces, et en viennent plus entiers aux jeux de Venus : qui est aussi la raison pour quoy les Grecs descrioient les tisserandes d'estre plus chauldes que les aultres femmes, à cause du mestier sedentaire qu'elles font, sans grand exercice du corps. De quoy ne pouvons nous raisonner à ce prix là ? De celles icy je pourrois aussi dire que ce tremoussement, que leur ouvrage leur donne ainsin assises, les esveille et sollicite, comme faict les dames le croulement et tremblement de leurs coches.

Ces exemples servent ils pas à ce que je disois au commencement : que nos raisons anticipent souvent l'effect et ont l'estendue de leur jurisdiction si infinie qu'elles jugent et s'exercent en l'inanité mesme et au non estre ? Oultre la flexibilité de nostre invention à forger des raisons à toutes sortes de songes, nostre imagination se treuve pareillement facile à recevoir des impressions de la faulseté, par bien frivoles apparences ; car, par la seule auctorité de l'usage ancien et publicque de ce mot, je me suis aultresfois faict accroire avoir receu plus de plaisir d'une femme, de ce qu'elle n'estoit pas droicte, et mis cela en recepte de ses graces.

Torquato Tasso, en la comparaison qu'il faict de la France à l'Italie[2], dict avoir remarqué cela, que nous avons les jambes plus grailes que les gentilshommes italiens, et en attribue la cause à ce que nous sommes continuellement à cheval ; qui est celle mesme de laquelle Suetone tire une toute contraire conclusion ; car il dict, au rebours, que Germanicus avoit grossi les siennes par continuation de ce mesme exercice[1]. Il n'est rien si souple et erratique que nostre entendement ; c'est le soulier de Theramenes[2], bon à touts pieds ; et il est double et divers ; et les matieres, doubles et diverses. « Donne moy une dragme d'argent, disoit un philosophe cynique à Antigonus. — Ce n'est pas present de roy, respondit il. — Donne moy doncques un talent. — Ce n'est pas present pour cynique[3]. »

,Seu plures calor ille vias et cæca relaxat
Spiramenta, novus veniat qua succus in herbas :
Seu durat magis, et venas astringit hiantes ;
Ne tenues pluviæ, rapidve potentia solis
Acrior, aut Boreæ penetrabile frigus adurat[4].

Ogni medaglia ha il suo riverso[5]. Voylà pourquoi Climotachus disoit anciennement que Carneades avoit surmonté les labeurs d'Hercules, pour avoir arraché des hommes le consentement, c'est à dire l'opinion et la temerité de juger[6]. Ceste fantasie de Carneades, si vigoreuse, nasquit à mon advis anciennement de l'impudence de ceulx qui font profession de sçavoir et de leur oultrecuidance desmesurée. On meit Æsope en vente avecques deux aultres esclaves ; l'acheteur s'enquit du premier ce qu'il sçavoit faire ; celuy là, pour se faire valoir, respondit monts et merveilles, qu'il sçavoit et cecy et cela : le deuxiesme en respondit de soy autant ou plus ; quand ce feut à Æsope, et qu'on luy eut aussi demandé ce qu'il sçavoit faire : « Rien, dict il, car ceulx cy ont tout preoccupé ; ils sçavent tout[7]. » Ainsin il est advenu en l'eschole de la philosophie ; la fierté de ceulx qui attribuoient à l'esprit humain la capacité de toutes choses causa en d'aultres, par despit et par emulation, ceste opinion, qu'il n'est capable d'aulcune chose : les uns tiennent

---

(1) Aristote, *Problèmes*, sect. 10, probl. 26.

(2) « I nobili francesi, in universale, hanno le gambe assai sottili rispetto al rimanente del corpo : mà di ciò per avventura la cagione non si deve riferire alla qualità del cielo, mà alla maniera dell' esercizio ; perciochè cavalcando quasi continuamente, esercitano poco le parti inferiori, si che la natura non vi trasmette molto di nodrimento, etc. » *Paragone dell' Italia alla Francia*, p. 11. *Nella parte prima delle Rime e Prose del sig.* Torq. Tasso, *in Ferrara*, an. 1585. C.

(1) Suét., *Caligula*, c. 3. C.
(2) *Voyez* Érasme, sur le proverbe *Theramenis cothurnus* auquel Montaigne fait allusion. C.
(3) Sén., *de Benef.*, II, 17. C.
(4) Souvent, dit Virgile, il est bon de mettre le feu dans un champ sterile et de brûler les restes de la paille :

Soit qu'en la (*la terre*) dilatant par sa chaleur active,
Il ouvre des chemins à la sève captive ;
Soit qu'enfin resserrant les pores trop ouverts,
D'un sol que fatiguait l'inclemence des airs,
Aux froides eaux du ciel, au souffle de Borée,
Au soleil dévorant, il en ferme l'entrée.

Virg., *Géorg.*, I, 89, trad. par Delille.
(5) Toute médaille a son revers. *Proverbe italien.*
(6) Cic., *Acad.*, II, 34. C.
(7) Planude, *Vie d'Ésope*. J. V. L.

en l'ignorance ceste mesme extremité que les aultres tiennent en la science, à fin qu'on ne puisse nier que l'homme ne soit immoderé par tout, et qu'il n'a point d'arrest que celuy de la necessité et impuissance d'aller oultre.

CHAPITRE XII.

De la physionomie.

Quasi toutes les opinions que nous avons sont prinses par auctorité et à credit ; il n'y a point de mal ; nous ne sçaurions pirement choisir que par nous en un siecle si foible. Ceste image des discours de Socrates que ses amis nous ont laissée, nous ne l'approuvons que par la reverence de l'approbation publicque ; ce n'est pas par nostre cognoissance ; ils ne sont pas selon nostre usage ; s'il naissoit, à ceste heure, quelque chose de pareil, il est peu d'hommes qui le prisassent. Nous n'appercevons les graces que poinctues, bouffies et enflées d'artifice ; celles qui coulent soubs la naïveté et la simplicité eschappent ayséement à une veue grossiere comme est la nostre ; elles ont une beauté delicate et cachée ; il fault la veue nette et bien purgée pour descouvrir ceste secrette lumiere. Est pas la naïveté, selon nous, germaine à la sottise, et qualité de reproche ? Socrates faict mouvoir son ame d'un mouvement naturel et commun ; ainsi dict un paisan, ainsi dict une femme : il n'a jamais en la bouche que cochers, menuisiers, saveliers et massons ; ce sont inductions et similitudes tirées des plus vulgaires et cogneues actions des hommes ; chascun l'entend. Soubs une si vile forme, nous n'eussions jamais choisi la noblesse et splendeur de ces conceptions admirables, nous qui estimons plates et basses toutes celles que la doctrine ne r'esleve, qui n'appercevons la richesse qu'en montre et en pompe. Nostre monde n'est formé qu'à l'ostentation ; les hommes ne s'enflent que de vent, et se manient à bonds comme les balons. Cestuy cy ne se propose point des vaines fantasies ; sa fin feut nous fournir de choses et de preceptes qui réellement et plus joinctement servent à la vie ;

Servare modum, finemque tenere,
Naturamque sequi [1].

(1) Régler ses actions, garder la loi du devoir, suivre la nature. Luc., parlant de Caton, II, 381.

Il feut aussi tousjours un et pareil [1], et se monta, non par boutades, mais par complexion, au dernier poinct de vigueur ; ou, pour mieulx dire, il ne monta rien, mais ravalla plustost et ramena à son poinct originel et naturel, et luy soubmeit la vigueur, les aspretés et les difficultés ; car, en Caton, on veoid bien à clair que c'est une allure tendue bien loing au dessus des communes ; aux braves exploicts de sa vie, et en sa mort, on le sent tousjours monté sur ses grands chevaulx ; cestuy cy ralle à terre [2], et, d'un pas mol et ordinaire, traicte les plus utiles discours, et se conduict, et à la mort, et aux plus espineuses traverses qui se puissent presenter au train de la vie humaine.

Il est bien advenu que le plus digne homme d'estre cogneu et d'estre presenté au monde pour exemple, ce soit celuy duquel nous ayons plus certaine cognoissance ; il a esté esclairé par les plus clairvoyants hommes qui feurent oncques ; les tesmoings que nous avons de luy sont admirables en fidelité et en suffisance [3]. C'est grand cas d'avoir peu donner tel ordre aux pures imaginations d'un enfant, que, sans les alterer ou estirer, il en ayt produict les plus beaux effects de nostre ame ; il ne la represente ny eslevée ny riche ; il ne la represente que saine, mais certes d'une bien alaigre et nette santé. Par ces vulgaires ressorts et naturels, par ces fantasies ordinaires et communes, sans s'esmouvoir et sans se piquer, il dressa non seulement les plus reglées, mais les plus haultes et vigoreuses creances, actions et mœurs qui feurent oncques. C'est luy qui ramena du ciel, où elle perdoit son temps, la sagesse humaine, pour la rendre à l'homme, où est sa plus juste et laborieuse besongne [4]. Veoyez le plaider devant ses juges ; veoyez par quelles raisons il esveille son courage aux hazards de la guerre ; quels arguments fortifient sa patience contre la calomnie, la tyrannie, la mort, et contre la teste de sa femme ; il n'y a rien d'emprunté de l'art et des sciences ; les plus simples y recognoissent leurs moyens et leur force ; il n'est possible d'aller plus arriere et plus bas. Il a

(1) Cic., de Offic., I, 26.
(2) Selon Cotgrave, raller à terre, c'est courir vite, et raser la terre, comme font certains oiseaux. C.
(3) L'edition de 1588 ajoute, fol. 460, « soit pour juger, soit pour rapporter. »
(4) Cic., Academ., I, 4, fait développer par Varron ce caractère moral de la philosophie de Socrate. J. V. L.

faict grand'faveur à l'humaine nature de montrer combien elle peult d'elle mesme.

Nous sommes chascun plus riches que nous ne pensons; mais on nous dresse à l'emprunt et à la queste; on nous duict à nous servir plus de l'aultruy que du nostre. En aulcune chose l'homme ne sçait s'arrester au poinct de son besoing; de volupté, de richesse, de puissance, il en embrasse plus qu'il n'en peult estreindre; son avidité est incapable de moderation. Je treuve qu'en curiosité de sçavoir il en est de mesme; il se taille de la besongne bien plus qu'il n'en peult faire et bien plus qu'il n'en a affaire, estendant l'utilité du sçavoir autant qu'est sa matiere : *Ut omnium rerum, sic litterarum quoque, intemperantia laboramus*[1]; et Tacitus a raison de louer la mere d'Agricola d'avoir bride en son fils un appetit trop bouillant de science[2].

C'est un bien, à le regarder d'yeulx fermes, qui a, comme les aultres biens des hommes, beaucoup de vanité et foiblesse propre et naturelle, et d'un cher coust. L'acquisition en est bien plus hazardeuse que de toute aultre viande ou boisson; car, ailleurs, ce que nous avons acheté, nous l'emportons au logis, en quelque vaisseau; et là nous avons loy d'en examiner la valeur, combien et à quelle heure nous en prendrons; mais les sciences, nous ne les pouvons, d'arrivée, mettre en aultre vaisseau qu'en nostre ame; nous les avallons en les achetant, et sortons du marché ou infects desjà, ou amendés; il y en a qui ne font que nous empescher et charger au lieu de nourrir; et telles encores qui, soubs tiltre de nous guarir, nous empoisonnent. J'ay prins plaisir de veoir, en quelque lieu, des hommes, par devotion, faire vœu d'ignorance, comme de chasteté, de pauvreté, de penitence : c'est aussi chastrer nos appetits desordonnés, d'esmousser ceste cupidité qui nous espoinçonne à l'estude des livres, et priver l'ame de ceste complaisance voluptueuse qui nous chatouille par l'opinion de science; et est richement accomplir le vœu de pauvreté d'y joindre encores celle de l'esprit. Il ne nous fault gueres de doctrines pour vivre à nostre ayse; et Socrates nous apprend qu'elle est en nous, et la maniere de l'y trouver et de s'en ayder. Toute ceste nostre suffisance, qui est au delà de la naturelle, est à peu près vaine et superflue; c'est beaucoup si elle ne nous charge et trouble plus qu'elle ne nous sert : *Paucis opus est litteris ad mentem bonam*[1] : ce sont des excès fiebvreux de nostre esprit, instrument brouillon et inquiete. Recueillez vous; vous trouverez en vous les arguments de la nature contre la mort, vrays, et les plus propres à vous servir à la necessité; ce sont ceulx qui font mourir un païsan, et des peuples entiers, aussi constamment qu'un philosophe. Feusse je mort moins alaigrement avant qu'avoir veu les Tusculanes? j'estime que non; et, quand je me treuve au propre, je sens que ma langue s'est enrichie; mon courage, de peu; il est comme nature le forgea, et se targue pour le conflict, non que d'une marche naturelle et commune : les livres m'ont servy non tant d'instruction que d'exercitation. Quoy, si la science, essayant de nous armer de nouvelles deffenses contre les inconvenients naturels, nous a plus imprimé en la fantasie leur grandeur et leur poids qu'elle n'a ses raisons et subtilités à nous en couvrir? Ce sont voirement subtilités, par où elle nous esveille souvent bien vainement; les aucteurs mesmes plus serrés et plus sages, veoyez, autour d'un bon argument, combien ils en sement d'aultres legiers, et, qui y regarde de près, incorporels; ce ne sont qu'arguties verbales, qui nous trompent; mais d'autant que ce peult estre utilement, je ne les veulx pas aultrement espelucher; il y en a ceans assez de ceste condition, en divers lieux, ou par emprunt, ou par imitation. Si se fault il prendre un peu garde de n'appeller pas force ce qui n'est que gentillesse, et ce qui n'est qu'aigu, solide, ou bon ce qui n'est que beau : *Quæ magis gustata quam potata delectant*[2]; tout ce qui plaist ne paist pas, *ubi non ingenii, sed animi negotium agitur*[3].

A veoir les efforts que Seneque se donne pour se preparer contre la mort; à le veoir suer d'hahan pour se roidir et pour s'asseurer, et

---

(1) Nous ne mettons pas plus de moderation dans l'étude des lettres que dans tout le reste. Sén., *Epist.* 106.

(2) ...*Ni prudentia matris incensum ac flagrantem animum coercuisset.* Tac., *Vie d'Agricola*, c. 4.

(1) On n'a pas besoin de savoir beaucoup pour être sage. Sén., *Epist.* 106.

(2) Choses qui plaisent plus au goût, qu'à l'estomac. Cic. *Tusc. quæst.* V, 5.

(3) Lorsqu'il s'agit de l'âme, et non de l'esprit. Sén., *Epist.* 75.

se debattre si longtemps en ceste perche, j'eusse esbranlé sa reputation, s'il ne l'eust, en mourant, très vaillamment maintenue. Son agitation si ardente, si frequente, montre qu'il estoit chauld et impestueux lui mesme (*Magnus animus remissius loquitur, et securius... non est alius ingenio, alius animo color* [1], il le fault convaincre à ses despens); et montre aulcunement qu'il estoit pressé de son adversaire. La façon de Plutarque, d'autant qu'elle est plus desdaigneuse et plus destendue, elle est, selon moy, d'autant plus virile et persuasifve : je croirois ayséement que son ame avoit les mouvements plus asseurés et plus reglés. L'un, plus aigu, nous picque et eslance en sursault, touche plus l'esprit; l'aultre, plus solide, nous informe, establit et conforte constamment, touche plus l'entendement. Celuy là ravit nostre jugement; cestuy cy le gaigne. J'ay veu pareillement d'aultres escripts, encores plus reverés, qui, en la peincture du combat qu'ils soubstiennent contre les aiguillons de la chair, les representent si cuisants, si puissants et invincibles, que nous mesmes, qui sommes de la voierie du peuple, avons autant à admirer l'estrangeté et vigueur incogneue de leur tentation que leur resistance.

A quoy faire nous allons nous gendarmant par ces efforts de la science? Regardons à terre : les pauvres gents que nous y veoyons espandus, la teste penchante après leur besongne, qui ne sçavent ny Aristote ny Caton, ny exemple ny precepte, de ceulx là tire nature touts les jours des effects de constance et de patience plus purs et plus roides que ne sont ceulx que nous estudions si curieusement en l'eschole. Combien en veois je ordinairement qui mescognoissent la pauvreté; combien qui desirent la mort, ou qui la passent sans alarme et sans affliction? Celuy là qui fouit mon jardin, il a, ce matin, enterré son pere ou son fils. Les noms mesmes, dequoy ils appellent les maladies, en addoulcissent et amollissent l'aspreté : la phthisie, c'est la toux pour eulx; la dysenterie, devoyement d'estomach; un pleuresis, c'est un morfondement; et, selon qu'ils les nomment doulcement, ils les supportent aussi; elles sont bien griefves quand elles rompent leur travail ordinaire; ils ne s'allictent que pour mourir : *Simplex illa et aperta virtus in obscuram et solertem scientiam versa est* [1].

J'escrivois cecy environ le temps qu'une forte charge de nos troubles se croupit plusieurs mois, de tout son poids, droict sur moy : j'avois, d'une part, les ennemis à ma porte; d'aultre part, les picoreurs, pires ennemis : *Non armis, sed vitiis certatur* [2]; et essayois toute sorte d'injures militaires à la fois :

*Hostis adest dextra lævaque a parte timendus,
Vicinoque malo terret utrumque latus* [3].

Monstrueuse guerre! les aultres agissent au dehors; ceste cy encores contre soy, se ronge et se desfaict par son propre venin. Elle est de nature si maligne et ruyneuse qu'elle se ruyne quand et quand le reste, et se deschire et despece de rage. Nous la veoyons plus souvent se dissouldre par elle mesme que par disette d'aulcune chose necessaire ou par la force ennemie. Toute discipline la fuyt; elle vient guarir la sedition et en est pleine; veult chastier la desobeïssance et en montre l'exemple; et, employée à la deffense des loix, faict sa part de rebellion à l'encontre des siennes propres. Où en sommes nous? nostre medecine porte infection!

*Nostre mal s'empoisonne,
Du secours qu'on luy donne*

Exsuperat magis, ægrescitque medendo [4].
*Omnia fanda, nefanda, malo permista furore,
Justificam nobis mentem avertere deorum* [5].

En ces maladies populaires, on peult distinguer, sur le commencement, les sains des malades; mais quand elles viennent à durer, comme la nostre, tout le corps s'en sent, et la teste et les talons : aulcune partie n'est exempte de corruption; car il n'est air qui se hume si gouluement, qui s'espande et penetre, comme faict la licence. Nos armées ne se lient et tiennent plus que par ciment estrangier : des François on ne

---

(1) Une âme forte s'exprime d'une manière plus calme, plus tranquille... L'esprit a la même teinte que l'âme. Sén., *Epist.* 113, 114.

(1) Cette vertu simple et naïve a été changée en une science subtile et obscure. Sén., *Epist.* 95.

(2) Ce n'est pas par les armes que l'on combat, mais par les crimes.

(3) A droite, à gauche, un ennemi redoutable me presse; des deux côtés je dois craindre. Ov., *de Ponto*, I, 3, 57.

(4) Les remèdes ne font qu'aigrir le mal. Virgile, *Enéide*, XII, 46.

(5) Le juste, l'injuste, confondus par nos coupables fureurs, ont détourné de nous la protection des dieux. Cat., *de Nuptiis Pelei et Thetidos*, v. 405.

sçait plus faire un corps d'armée constant et reglé. Quelle honte! il n'y a qu'autant de discipline que nous en font veoir des soldats empruntés! Quant à nous, nous nous conduisons à discretion, et non pas du chef[1], chascun selon la sienne ; il a plus à faire au dedans qu'au dehors : c'est au commandant de suyvre, courtizer et plier, à luy seul d'obeïr ; tout le reste est libre et dissolu. Il me plaist de veoir combien il y a de lascheté et de pusillanimité en l'ambition ; par combien d'abjection et de servitude il luy fault arriver à son but : mais cecy me desplaist il, de veoir des natures debonnaires et capables de justice se corrompre touts les jours au maniement et commandement de ceste confusion. La longue souffrance engendre la coustume ; la coustume, le consentement et l'imitation. Nous avions assez d'ames mal nées, sans gaster les bonnes et genereuses ; si que, si nous continuons, il restera malayséement à qui fier la santé de cest Estat, au cas que fortune nous la redonne :

Hunc saltem everso juvenem succurrere seclo
Ne prohibete[2] !

Qu'est devenu cest ancien precepte? que les soldats ont plus à craindre leur chef que l'ennemy[3] : et ce merveilleux exemple? qu'un pommier s'estant trouvé enfermé dans le pourpris du camp de l'armée romaine, elle feut veue lendemain en desloger, laissant au possesseur le compte entier de ses pommes, meures et delicieuses[4]. J'aymerois bien que nostre jeunesse, au lieu du temps qu'elle employe à des perigrinations moins utiles et apprentissages moins honnorables, elle le meist, moitié à veoir de la guerre sur mer, soubs quelque bon capitaine commandeur de Rhodes ; moitié à recognoistre la discipline des armées turkesques ; car elle a beaucoup de differences et d'advantages sur la nostre : cecy en est que nos soldats deviennent plus licencieux aux expeditions ; là, plus retenus et craintifs ; car les offenses ou larrecins sur le menu peuple, qui se punissent de bastonnades en la paix, sont capitales en la guerre ; pour un œuf prins sans payer, ce sont, de compte prefix, cinquante coups de baston ; pour toute aultre chose tant legiere soit elle, non necessaire à la nourriture, on les empale ou decapite sans deport. Je me suis estonné, en l'histoire de Selim, le plus cruel conquerant qui feut oncques, veoir que, lors qu'il subjugua l'Ægypte, les beaux jardins d'autour de la ville de Damas, touts ouverts et en terre de conqueste, son armée campant sur le lieu mesme, feurent laissez vierges des mains des soldats, parce qu'ils n'avoient pas eu le signe de piller[1].

Mais est il quelque mal en une police qui vaille estre combattu par une drogue si mortelle? non pas, disoit Favonius[2], l'usurpation de la possession tyrannique d'une respublique. Platon[3], de mesme, ne consent pas qu'on face violence au repos de son pays pour le guarir et n'accepte pas l'amendement qui trouble et hazarde tout, et qui couste le sang et ruyne des citoyens ; establissant l'office d'un homme de bien, en ce cas, de laisser tout là ; seulement prier Dieu qu'il y porte sa main extraordinaire : et semble sçavoir mauvais gré à Dion, son grand amy, d'y avoir un peu aultrement procedé. J'estois Platonicien de ce costé là, avant que je sceusse qu'il y eust de Platon au monde. Et si ce personnage doibt purement estre refusé de nostre consorce, luy qui, par la sincerité de sa conscience, merita envers la faveur divine de penetrer si avant en la chrestienne lumiere, au travers des tenebres publicques du monde de son temps, je ne pense pas qu'il nous siese bien de nous laisser instruire à un païen combien c'est d'impieté de n'attendre de Dieu

---

(1) *Non à la discrétion du chef, mais chacun selon la sienne. Ce chef a plus à faire au dedans qu'au dehors : c'est le commandant qui seul est obligé de suivre les soldats, de leur faire la cour, de s'accommoder à leurs fantaisies, de leur obéir : à tout autre égard, il n'y a que licence et dissolution dans nos armées.*

(2) *N'empêchez pas, du moins, que ce jeune héros ne soutienne l'Etat sur le penchant de sa ruine!* VIRG., *Georg.*, I, 500. — Si je ne me trompe, Montaigne veut parler ici de Henri de Bourbon, roi de Navarre, qui devenu roi de France, après la mort de Henri III, non-seulement sauva l'Etat qu'il avait soutenu pendant la vie de ce prince, mais le rendit plus florissant et plus redoutable qu'il n'avait été depuis longtemps. C.

(3) VAL. MAXIME, II, 7, *ext.* 2. C.

(4) C'est ce que rapporte FRONTIN, au sujet de l'armée de M. Scaurus, *Stratag.*, IV, 3, 13. C.

(1) L'édition de 1802, d'après le manuscrit de Bordeaux : « Les admirables jardins qui sont autour de la ville de Damas, en abondance de delicatesse, resterent vierges des mains de ses soldats ; touts ouverts et non clos comme ils sont. » Il est évident que ce texte a été abandonné, et que l'auteur a revu et fortifié, depuis, une phrase si faible et si embarrassée. Nous suivons l'édition de 1595. J. V. L.

(2) PLUT., *Vie de Marcus Brutus*, c. 3. C.

(3) *Epist.* 7, *à Perdiccas.* C.

nul secours simplement sien et sans nostre cooperation. Je doubte souvent si, entre tant de gents qui se meslent de telle besongne, nul s'est rencontré d'entendement si imbecille, à qui on aye en bon escient persuadé qu'il alloit vers la reformation par la derniere des difformations; qu'il tiroit vers son salut par les plus expresses causes que nous ayons de très certaine damnation ; que renversant la police, le magistrat et les loix, en la tutelle desquelles Dieu l'a colloqué, desmembrant sa mere et en donnant à ronger les pieces à ses anciens ennemis, remplissant de haines parricides les courages fraternels, appellant à son ayde les diables et les furies, il puisse apporter secours à la sacrosaincte douleeur et justice de la loy divine. L'ambition, l'avarice, la cruauté, la vengeance, n'ont point assez de propre et naturelle impetuosité ; amorçons les et les attisons par le glorieux tiltre de justice et devotion. Il ne se peult imaginer un pire estat des choses, qu'où la meschanceté vient à estre legitime, et prendre avecques le congé du magistrat le manteau de la vertu : *Nihil in speciem fallacius quam prava religio ubi deorum numen prætenditur sceleribus* [1]. L'extreme espece d'injustice, selon Platon, c'est que ce qui est injuste soit tenu pour juste [2].

Le peuple y souffrit bien largement lors, non les dommages presents seulement,

Undique totis
Usque adeo turbatur agris [3],

mais les futurs aussi : les vivants y eurent à patir ; si eurent ceulx qui n'estoient encores nays : on le pilla, et moy par consequent, jusques à l'esperance, luy ravissant tout ce qu'il avoit à s'apprester à vivre pour longues années :

Quæ nequeunt secum ferre aut abducere, perdunt;
Et cremat insontes turba scelesta casas.
Muris nulla fides, squalent populatibus agri [4].

(1) Rien de plus trompeur que la superstition, qui couvre ses crimes de l'interêt des dieux. TITE LIVE, XXXIX, 16.
(2) Ἐσχάτη γὰρ ἀδικία, δοκεῖν δίκαιον εἶναι, μὴ ὄντα. PLATON, *République*, II, 4; *Pensées de Platon*, seconde édition, p. 234. J. V. L.
(3) Tant sont affreux les désordres qui règnent dans nos campagnes! VIRG., *Eclog.*, 1, 11.
(4) Ils détruisent ce qu'ils ne peuvent emporter ou emmener, et, dans leur fureur barbare, ils brûlent jusqu'aux chaumières. Nulle sureté dans les villes ; les champs sont en proie aux plus affreux ravages. — Les deux premiers vers sont d'O-

Oultre ceste secousse j'en souffris d'aultres; j'encourus les inconvenients que la moderation apporte en telles maladies ; je feus pelaudé à toutes mains; au gibelin, j'estois guelphe; au guelphe, gibelin : quelqu'un de mes poëtes dict bien cela, mais je ne sçais où c'est. La situation de ma maison et l'accointance des hommes de mon voysinage me presentoient d'un visage, ma vie et mes actions d'un aultre. Il ne s'en faisoit point des accusations formées, car il n'y avoit où mordre ; je ne desempare jamais les loix, et qui m'eust recherché m'en eust deu de reste : c'estoient suspicions muettes qui couroient soubs main, ausquelles il n'y a jamais faulte d'apparence, en un meslange si confus, non plus que d'esprits ou envieux ou ineptes. J'ayde ordinairement aux presumptions injurieuses que la fortune seme contre moy, par une façon que j'ay, dès tousjours, de fuyr à me justifier, excuser et interpreter; estimant que c'est mettre ma conscience en compromis de plaider pour elle : *perspicuitas enim argumentatione elevatur* [1] : et, comme si chascun veoyoit en moy aussi clair que je fois, au lieu de me tirer arriere de l'accusation, je m'y advance et la rencheris plustost par une confession ironique et mocqueuse, si je ne m'en tais tout à plat, comme de chose indigne de response. Mais ceulx qui le prennent pour une trop haultaine confiance ne m'en veulent gueres moins de mal que ceulx qui le prennent pour foiblesse d'une cause indeffensible ; nomméement les grands, envers lesquels faulte de soubmission est l'extreme faulte, rudes à toute justice qui se cognoist, qui se sent, non desmise, humble et suppliante : j'ai souvent heurté à ce pilier. Tant y a que, de ce qui m'advient lors, un ambitieux s'en feust pendu; si eust faict un avaricieux. Je n'ay soing quelconque d'acquerir;

Sit mihi quod nunc est etiam minus, et mihi vivam
Quod superest ævi, si quid superesse volent di [2] :

mais les pertes qui me viennent par l'injure d'aultruy, soit larrecin, soit violence, me pin-

VIDE, *Trist.*, III, 10, 65. Le troisième, dont personne jusqu'ici, n'avait indiqué la source, est de CLAUDIEN, *in Eutrop.*, I, 244. J. V. L.
(1) Car la dispute affaiblit l'évidence. Cic., *de Nat. deor.*, III, 4.
(2) Que je conserve le peu que j'ai, et même moins, s'il le faut ; que j'emploie pour moi-même les jours qui me restent, si les dieux m'en accordent encore. HOR., *Epist.*, I, 18, 107.

cent environ comme un homme malade et gehenné d'avarice. L'offense a sans mesure plus d'aigreur que n'a la perte. Mille diverses sortes de maulx accoururent à moy à la file : je les eusse plus gaillardement soufferts à la foule.

Je pensay desjà entre mes amis à qui je pourrois commettre une veillesse necessiteuse et disgraciée : après avoir rodé les yeulx par tout, je me trouvay en pourpoinct[1]. Pour se laisser tumber à plomb et de si hault, il faut que ce soit entre les bras d'une affection solide, vigoureuse et fortunée ; elles sont rares s'il y en a. Enfin, je cogneus que le plus seur estoit de me fier à moy mesme de moy et de ma necessité ; et, s'il m'advenoit d'estre froidement en la grace de la fortune, que je me recommendasse de plus fort à la mienne, m'attachasse, regardasse de plus près à moy. En toutes choses les hommes se jectent aux appuis estrangiers, pour espargner les propres, seuls certains et seuls puissants, qui sçait s'en armer : chascun court ailleurs et à l'advenir d'autant que nul n'est arrivé à soy. Et me resolus que c'estoient utiles inconvenients, d'autant, premierement, qu'il fault advertir à coups de fouet les mauvais disciples, quand la raison n'y peult assez ; comme, par le feu et violence des coings, nous ramenons un bois tortu à sa droicture. Je me presche, il y a si longtemps, de me tenir à moy, et separer des choses estrangieres : toutefois, je tourne encores tousjours les yeulx à costé ; l'inclination, un mot favorable d'un grand, un bon visage me tente : Dieu sçait s'il en est cherté en ce temps et quel sens il porte ! j'ois encores, sans rider le front, les subornements qu'on me faict pour me tirer en place marchande ; et m'en deffends si mollement qu'il semble que je souffrisse plus volontiers d'en estre vaincu. Or, à un esprit si indocile, il fault des bastonnades ; et fault rebattre et resserrer à bons coups de mail ce vaisseau qui se desprend, se descoust, qui s'eschappe et desrobbe

de soi. Secondement, que cest accident me servoit d'exercitation pour me preparer à pis ; si moy, qui, et par le benefice de la fortune et par la condition de mes mœurs, esperois estre des derniers, venois à estre, des premiers, attrappé de ceste tempeste ; m'instruisant de bonne heure à contraindre ma vie et la renger pour un nouvel estat. La vraye liberté c'est pouvoir toute chose sur soy : *Potentissimus est qui se habet in potestate*[1]. En un temps ordinaire et tranquille, on se prepare à des accidents moderés et communs ; mais en ceste confusion où nous sommes depuis trente ans, tout homme françois, soit en particulier, soit en general, se veoid à chasque heure sur le poinct de l'entier renversement de sa fortune ; d'autant fault il tenir son courage fourny de provisions plus fortes et vigoureuses. Sçachons gré au sort de nous avoir faict vivre en un siecle non mol, languissant ny oysif : tel qui ne l'eust esté par aultre moyen se rendra fameux par son malheur. Comme je ne lis gueres ès histoires ces confusions des aultres estats, que je n'aye regret de ne les avoir peu mieulx considerer, present, ainsi faict ma curiosité que je m'aggrée aulcunement de veoir de mes yeulx ce notable spectacle de nostre mort publicque, ses symptomes et sa forme ; et, puis que je ne la saurois retarder, je suis content d'estre destiné à y assister et m'en instruire. Si cherchons nous avidement de recognoistre, en umbre mesme et en la fable des theatres, la montre des jeux tragiques de l'humaine fortune ; ce n'est pas sans compassion de ce que nous oyons ; mais nous nous plaisons d'esveiller nostre desplaisir, par la rareté de ces pitoyables evenements. Rien ne chatouille qui ne pince. Et les bons historiens fuyent, comme un' eau dormante et mer morte, des narrations calmes pour regaigner les seditions, les guerres, où ils sçavent que nous les appellons.

Je doubte si je puis assez honnestement advouer à combien vil prix du repos et tranquillité de ma vie, je l'ay plus de moitié passée en la ruyne de mon païs. Je me donne un peu trop bon marché de patience, ès accidents qui ne me saisissent au propre ; et, pour me plaindre à moy, regarde non tant ce qu'on m'oste que ce

---

(1) *Je me trouvai presque nu, avec mon seul pourpoint*, c'est-à-dire *dépouillé de mon bien*. C'est dans ce sens, selon le dictionnaire de Trévoux, qu'on dit *mettre un homme en pourpoint*. Ce sens ne paraîtra point douteux, si l'on se rappelle le quatrain attribué à Charles IX :

> Le roy François ne faillit point
> Lorsqu'il predit que ceulx de Guise
> Mettroient ses enfants en pourpoint,
> Et tous ses subjets en chemise.

(1) Le plus puissant est celui qui est le maître de lui-même. Sén., *Epist.* 90.

qui me reste de sauve, et dedans et dehors. Il y a de la consolation à eschever tantost l'un, tantost l'aultre, des maulx qui nous guignent de suitte, et assenent ailleurs autour de nous : aussi, qu'en matiere d'interests publicques, à mesure que mon affection est plus universellement espandue, elle en est plus foible; joinct qu'il est vray, à demy, *tantum ex publicis malis sentimus, quantum ad privatas res pertinet*[1]; et que la santé d'où nous partismes estoit telle qu'elle soulage elle mesme le regret que nous en debvrions avoir. C'estoit santé, mais non qu'à la comparaison de la maladie qui l'a suyvie ; nous ne sommes cheus de gueres hault : la corruption et le brigandage qui est en dignité et en office me semble le moins supportable ; on nous vole moins injurieusement dans un bois qu'en lieu de seureté. C'estoit une joincture universelle de membres gastés en particulier, à l'envy les uns des aultres, et la pluspart d'ulceres envieillis, qui ne recevoient plus ny ne demandoient guarison.

Ce croulement doncques m'anima certes plus qu'il ne m'atterra, à l'aide de ma conscience, qui se portoit non paisiblement seulement, mais fierement, et ne trouvois en quoy me plaindre de moy. Aussi, comme Dieu n'envoye jamais non plus les maulx que les biens touts purs aux hommes, ma santé teint bon ce temps là, oultre son ordinaire ; et, ainsi que sans elle je ne puis rien, il est peu de choses que je ne puisse avecques elle. Elle me donna moyen d'esveiller toutes mes provisions et de porter la main au devant de la playe qui eust passé volontiers plus oultre, et esprouvay en ma patience que j'avois quelque tenue contre la fortune, et qu'à me faire perdre mes arçons il fallait un grand heurt. Je ne le dis pas pour l'irriter à me faire une charge plus vigoreuse : je suis son serviteur ; je luy tend les mains[2] : pour Dieu, qu'elle se contente ! Si je sens ses assauts ? si fais. Comme ceulx que la tristesse accable et possede se laissent pourtant par intervalle tastonner à quelque plaisir, et leur eschappe un soubsrire ; je puis aussi assez sur moy pour rendre mon estat ordinaire paisible et deschargé d'ennuyeuse imagination ; mais je me laisse pourtant, à boutade, surprendre des morsures de ces mal plaisantes pensées, qui me battent pendant que je m'arme pour les chasser ou pour les luicter.

Voicy un aultre rengregement de mal qui m'arriva à la suitte du reste. Et dehors et dedans ma maison, je feus accueilly d'une peste, vehemente au prix de toute aultre ; car, comme les corps sains sont subjects à plus griefves maladies, d'autant qu'ils ne peuvent estre forcés que par celles là, aussi mon air très salubre, où, d'aulcune memoire, la contagion, bien que voysine, n'avoit sceu prendre pied, venant à s'empoisonner, produisit des effets estranges :

Mista senum et juvenum densantur funera ; nullum
Sæva caput Proserpina fugit[1] :

j'eus à souffrir ceste plaisante condition, que la veue de ma maison m'estoit effroyable ; tout ce qui y estoit estoit sans garde et à l'abandon de qui en avoit envye. Moi, qui suis si hospitalier, feus en très penible queste de retraicte pour ma famille ; une famille esgarée, faisant peur à ses amis et à soy mesme, et horreur où qu'elle cherchast à se placer : ayant à changer de demeure, soubdain qu'un de la troupe commenceoit à se douloir du bout du doigt ; toutes maladies sont alors prinses pour peste, on ne se donne pas le loysir de les recognoistre. Et c'est le bon, que, selon les regles de l'art, à tout dangier qu'on approche, il fault estre quarante jours en transe de ce mal, l'imagination vous exerceant ce pendant à sa mode, et enfiebvrant vostre santé mesme. Tout cela m'eust beaucoup moins touché, si je n'eusse eu à me ressentir de la peine d'aultruy, et servir six mois miserablement de guide à ceste caravane ; car je porte en moi mes preservatifs, qui sont resolution et souffrance. L'apprehension ne me presse gueres, laquelle on craint particulierement en ce mal ; et si, estant seul, je l'eusse voulu prendre, c'eust esté une fuyte bien plus gaillarde et plus esloingnée : c'est une mort qui ne me semble des pires ; elle est communement courte, d'estourdissement, sans douleur, consolée par la condition publicque, sans cerimonie, sans dueil, sans presse. Mais, quant

---

(1) Nous ne sentons des maux publics que ce qui nous touche. TITE LIVE, XXX, 44.

(2) *Cedo et manum tollo.* CIC., *fragm. Consolat.* ap. Lactant., II, 28. J. V. L.

(1) Jeunes gens, vieillards, tout s'entasse pêle-mêle dans le tombeau ; nulle tête n'échappe à l'inexorable Proserpine. HOR., *Od.*, I, 28, 19.

au monde des environs, la centiesme partie des ames ne se peut sauver :

> *Videas desertaque regna*
> *Pastorum, et longe saltus lateque vacantes* [1].

En ce lieu, mon meilleur revenu est manuel : ce que cent hommes travailloient pour moy choma pour longtemps.

Or lors; quel exemple de resolution ne veismes nous en la simplicité de tout ce peuple! Generalement, chascun renonceoit au soing de la vie : les raisins demeurerent suspendus aux vignes, le bien principal du païs ; touts indifferemment se preparants et attendants la mort, à ce soir, ou au lendemain, d'un visage et d'une voix si peu effroyée qu'il sembloit qu'ils eussent compromis à ceste necessité, et que ce feust une condamnation universelle et inevitable. Elle est tousjours telle : mais à combien peu tient la resolution au mourir? la distance et difference de quelques heures, la seule consideration de la compaignie, nous en rend l'apprehension diverse [2]. Veoyez ceulx cy : pour ce qu'ils meurent en mesme mois, enfants, jeunes, vieillards, ils ne s'estonnent plus, ils ne se pleurent plus. J'en veis qui craignoient de demeurer derriere, comme en une horrible solitude, et n'y cogneus communement aultre soing que des sepultures ; il leur faschoit de veoir les corps espars emmy les champs, à la mercy des bestes, qui y peuplerent incontinent. Comment les fantasies humaines se descoupent! les Neorites, nation qu'Alexandre subjugua, jectent les corps des morts au plus profond de leurs bois, pour y estre mangés, seule sepulture estimée entre eulx heureuse [3]. Tel, sain, faisoit desjà sa fosse ; d'aultres s'y couchoient encores vivants, et un manœuvre des miens, avecques ses mains et ses pieds, attira sur soy la terre en mourant. Estoit ce pas s'abrier pour s'endormir plus à son ayse, d'une entreprinse en haulteur aucunement pareille à celle des soldats romains qu'on trouva, après la journée de Cannes, la teste plongée dans des trous qu'ils avoient faicts et comblés de leurs mains en s'y suffoquant [4]? Somme,

toute une nation feut incontinent, par usage, logée en une marche qui ne cede en roideur à aulcune resolution estudiée et consultée.

La pluspart des instructions de la science à nous encourager ont plus de montre que de force, et plus d'ornement que de fruict. Nous avons abandonné nature et luy voulons apprendre sa leçon ; elle qui nous menoit si heureusement et si seurement ; et cependant les traces de son instruction et ce peu qui, par le benefice de l'ignorance, reste de son image empreint en la vie de ceste tourbe rustique d'hommes impolis, la science est contraincte de l'aller touts les jours empruntant pour en faire patron, à ses disciples, de constance, d'innocence et de tranquillité. Il faict beau veoir que ceulx cy, pleins de tant de belles cognoissances, ayent à imiter ceste sotte simplicité, et l'imiter aux premieres actions de la vertu ; et que nostre sapience apprenne des bestes mesmes les plus utiles enseignements aux plus grandes et necessaires parties de nostre vie, comme il nous fault vivre et mourir, mesnager nos biens, aymer et eslever nos enfants, entretenir justice, singulier tesmoignage de l'humaine maladie ; et que ceste raison, qui se manie à nostre poste, trouvant tousjours quelque diversité et nouvelleté, ne laisse chez nous aulcune trace apparente de la nature, et en ont faict des hommes comme les parfumiers de l'huile ; ils l'ont sophistiquée de tant d'argumentations et de discours appelés du dehors qu'elle en est devenue variable et particuliere à chascun, et a perdu son propre visage, constant et universel, et nous fault en chercher tesmoignage des bestes, non subject à faveur, corruption, ny à diversité d'opinions : car il est bien vray qu'elles mesmes ne vont pas tousjours exactement dans la route de nature ; mais ce qu'elles en desvoyent, c'est si peu que vous en appercevez tousjours l'orniere : tout ainsi que les chevaulx qu'on mene en main font bien des bonds et des escapades, mais c'est à la longueur de leurs longes, et suyvent ce neantmoins toujours les pas de celuy qui les guide, et comme l'oyseau prend son vol, mais soubs la bride de sa filière [1]. *Exsilia, tormenta, bella, morbos, naufragia medi-*

---

[1] Vous auriez vu les campagnes et les bois changés en de vastes déserts. VIRG., *Georg.*, III, 476.

[2] Ou *le goust tout divers*, comme dans l'édition de 1588, *fol.* 464.

[3] DIOD. DE SICILE, XVII, 105. C.

[4] TITE LIVE, XXII, 51. C.

[1] En terme de fauconnerie, on appelle *filière* une ficelle d'environ dix toises que l'on tient attachée aux pieds de l'oiseau pendant qu'on le réclame, jusqu'à ce qu'il soit assuré.

tare.... *ut nullo sis malo tiro*[1] : à quoy nous sert ceste curiosité de preoccuper touts les inconvenients de l'humaine nature, et nous preparer avecques tánt de peine à l'encontre de ceulx mesmes qui n'ont à l'adventure point à nous toucher? *Parem passis tristitiam facit, pati posse*[2]; non seulement le coup, mais le vent et le pet nous frappe[3] : ou, comme les plus fiebvreux, car certes c'est fiebvre, aller dès à ceste heure vous faire donner le fouet, parce qu'il peult advenir que fortune vous le fera souffrir un jour; et prendre vostre robbe fourrée dès la Sainct Jean, parce que vous en aurez besoing à Noël? Jectez vous en l'experience de touts les maulx qui vous peuvent arriver, nomméement des plus extremes; esprouvez vous là, disent-ils; asseurez vous là. Au rebours, le plus facile et plus naturel seroit en descharger mesme sa pensée : ils ne viendront pas assez tost; leur vray estre ne nous dure pas assez, il fault que nostre esprit les estende et alonge, et qu'avant la main il les incorpore en soy et s'en entretienne, comme s'ils ne poisoient pas raisonnablement à nos sens. « Ils poiseront assez quand ils y seront, dict un des maistres, non de quelque tendre secte, mais de la plus dure[4] ; cependant favorise toi, crois ce que tu aymes le mieulx : que te sert il d'aller recueillant et prevenant ta malefortune, et de perdre le present par la crainte du futur, et estre, dès ceste heure, miserable, parce que tu le doibs estre avecques le temps? » Ce sont ses mots. La science nous faict volutiers un bon office de nous instruire bien exactement des dimensions des maulx,

Curis acuens mortalia corda![5]

ce seroit dommage si partie de leur grandeur eschappoit à nostre sentiment et cognoissance!

Il est certain qu'à la pluspart la preparation à la mort a donné plus de torment que n'a faict la souffrance. Il feut jadis veritablement dict,

et par un bien judicieux aucteur : *Minus afficit sensus fatigatio quam cogitatio*[1]. Le sentiment de la mort presente nous anime parfois, de soy mesme, d'une prompte resolution de ne plus eviter chose du tout inevitable. Plusieurs gladiateurs se sont veus, au temps passé, après avoir couardement combattu, avaller courageusement la mort, offrants leur gosier au fer de l'ennemy et le conviants. La veue de la mort à venir a besoin d'une fermeté lente et difficile par consequent à fournir. Si vous ne sçavez pas mourir, ne vous chaille ; nature vous en informera sur le champ, pleinement et suffisamment ; elle fera exactement ceste besongne pour vous, n'en empeschez vostre soing :

Incertam frustra, mortales, funeris horam
Quæritis, et qua sit mors aditura via.

Pœna minor, certam subito perferre ruinam;
Quod timeas, gravius sustinuisse diu[2].

Nous troublons la vie par le soing de la mort et la mort par le soing de la vie ; l'une nous ennuye, l'aultre nous effraye. Ce n'est pas contre la mort que nous nous preparons, c'est chose trop momentanée; un quart d'heure de passion sans consequence, sans nuisance, ne merite pas des preceptes particuliers. A dire vray, nous nous preparons contre les preparations de la mort. La philosophie nous ordonne d'avoir la mort tousjours devant les yeulx, de la preveoir et considerer avant le temps, et nous donne après les regles et les precautions pour prouveoir à ce que ceste prevoyance et ceste pensée ne nous blece. Ainsi font les medecins qui nous jectent aux maladies afin qu'ils ayent où employer leurs drogues et leur art. Si nous n'avons sceu vivre, c'est injustice[3] de nous apprendre à mourir et difformer la fin de son total; si nous avons sceu vivre constamment et tranquillement, nous sçaurons mourir de mesme. Ils s'en van-

---

(1) Méditez souvent l'exil, la torture, les guerres, les maladies, les naufrages,... afin que nul malheur ne vous trouve novice. Sén., *Epist.* 91, 107.
(2) Il est aussi pénible de craindre un mal que de l'avoir souffert. Sén., *Epist.* 74.
(3) *Non ad ictum tantum exagitamur, sed ad crepitum.* Id., *ibid.*
(4) Sén., *Epist.* 13 et 98. C.
(5) Éclairant les mortels par une triste prévoyance. Virg., *Géorg.*, I, 123.

(1) La souffrance du mal frappe moins nos sens que l'imagination. Quintil., *Inst. Orat.*, I, 12.
(2) En vain, mortels, vous cherchez à connaître d'avance votre dernière heure et le chemin par lequel la mort ira jusqu'à vous... Il est moins douloureux de supporter un moment le coup qui nous écrase que de souffrir longtemps le supplice de la crainte. — Les deux premiers vers sont de Prop., II, 27, 1, où on lit : *At vos incertam.* J'ignore la source des deux autres. N.
(3) *C'est à tort qu'on veut nous apprendre à mourir, et donner à notre vie une fin qui ne soit pas conforme à son ensemble.* J. V. L.

teront tant qu'il leur plaira : *Tota philosophorum vita commentatio mortis est*[1]; mais il m'est advis que c'est bien le bout, non pourtant le but, de la vie ; c'est sa fin, son extremité, non pourtant son object. Elle doibt estre elle mesme à soy sa visée, son desseing ; son droict estude est se regler, se conduire, se souffrir. Au nombre de plusieurs aultres offices, que comprend le general et principal chapitre de Sçavoir vivre, est cest article de Sçavoir mourir, et des plus legiers, si nostre crainte ne luy donnoit poids.

A les juger par l'utilité et par la verité naïfve, les leçons de la simplicité ne cedent gueres à celles que nous presche la doctrine ; au contraire. Les hommes sont divers en sentiment et en force : il les fault mener à leur bien selon eulx et par routes diverses.

Quo me cumque rapit tempestas, deferor hospes[2].

Je ne veis jamais païsan de mes voysins entrer en cogitation de quelle contenance et asseurance il passeroit ceste heure derniere : nature luy apprend à ne songer à la mort que quand il se meurt, et lors, il y a meilleure grace qu'Aristote, lequel la mort presse doublement, et par elle, et par une si longue premeditation. Pourtant feut ce l'opinion de Cesar que la moins premeditée mort estoit la plus heureuse et plus deschargée[3] : *Plus dolet quam necesse est, qui ante dolet quam necesse est*[4]. L'aigreur de ceste imagination naist de nostre curiosité. Nous nous empeschons tousjours ainsi, voulants devancer et regenter les prescriptions naturelles. Ce n'est qu'aux docteurs d'en disner plus mal, touts sains, et se renfrongner de l'image de la mort. Le commun n'a besoing ny de remede ny de consolation qu'au heurt et au coup, et n'en considere qu'autant justement qu'il en souffre. Est ce pas ce que nous disons que la stupidité et faulte d'apprehension du vulgaire luy donne ceste patience aux maulx presents[5] et ceste profonde nonchalance des sinistres accidents futurs; que leur ame, pour estre plus crasse et obtuse, est moins penetrable et agitable? Pour Dieu! s'il est ainsi, tenons d'oresenavant eschole de bestise ; c'est l'extreme fruict que les sciences nous promettent, auquel ceste cy conduict si doulcement ses disciples.

Nous n'aurons pas faulte de bons regents interpretes de la simplicité naturelle. Socrates en sera l'un ; car, de ce qu'il m'en souvient, il parle environ en ce sens aux juges qui deliberent de sa vie[1] : « J'ay peur, messieurs, si je vous prie de ne me faire mourir, que je m'enferre en la delation de mes accusateurs, qui est. Que je fois plus l'entendu que les aultres, comme ayant quelque cognoissance plus cachée des choses qui sont au dessus et au dessoubs de nous. Je sçais que je n'ay frequenté ny recogneu la mort, ny n'ay veu personne qui ayt essayé ses qualités pour m'en instruire. Ceulx qui la craignent presupposent la cognoistre; quant à moy, je ne sçais ny quelle elle est ny quel il faict en l'aultre monde. A l'adventure est la mort chose indifferente, à l'adventure desirable. Il est à croire pourtant, si c'est une transmigration d'une place à aultre, qu'il y a de l'amendement d'aller vivre avecques tant de grands personnages trespassés et d'estre exempt d'avoir plus affaire à juges iniques et corrompus. Si c'est un aneantissement de nostre estre, c'est encores amendement d'entrer en une longue et paisible nuict; nous ne sentons rien de plus doulx en la vie qu'un repos et sommeil tranquille et profond sans songes. Les choses que je sçais estre mauvaises, comme d'offenser son prochain et desobeïr au superieur, soit Dieu, soit homme, je les evite soigneusement : celles desquelles je ne sçais si elles sont bonnes ou mauvaises, je ne le sçaurois craindre. Si je m'en vois mourir et vous laisse en vie, les dieux seuls voyent à qui, de vous ou de moy, il en ira mieulx. Par quoy, pour mon regard, vous en ordonnerez comme il vous plaira. Mais, selon ma façon de conseiller les choses justes et utiles, je dis bien que, pour vostre conscience, vous ferez mieulx de m'eslargir si vous ne veoyez plus avant que moy en ma cause ; et, jugeant selon mes ac-

---

(1) Toute la vie des philosophes est une méditation de la mort. Cic., *Tusc. quœst.*, I, 30.

(2) Je cède au flot qui m'emporte, et j'aborde où je me trouve. Hor., *Epist.*, I, 1, 15.

(3) *Et la plus légère.* Voyez Suét., *César*, c. 87. J. V. L.

(4) Celui qui s'afflige d'avance, s'afflige trop. Sén., *Epist.* 98.

(5) Édition de 1588, fol. 465 verso : « Est ce pas ce que nous disons, que la stupidité, faulte d'apprehension, et bestise du vulgaire, lui donne ceste patience aux maulx, plus grande que nous n'avons, et cette profonde nonchalance, etc. »

(1) Tout ceci est extrait de l'*Apologie de Socrate*, dans Platon, ch. 17, 26, 32, etc. Cicéron traduit quelques-unes de ces paroles, *Tusc.*, I, 41. J. V. L.

tions passées et publicques et privées, selon mes intentions et selon le proufit que tirent touts les jours de ma conversation tant de nos citoyens et jeunes et vieux, et le fruict que je vous fois à touts, vous ne pouvez deuement vous descharger envers mon merite qu'en ordonnant que je sois nourry, attendu ma pauvreté, au Prytanée, aux despens publicques, ce que souvent je vous ay veu, à moindre raison, octroyer à d'aultres. Ne prenez pas à obstination ou desdaing que, suyvant la coustume, je n'aille vous suppliant et esmouvant à commiseration. J'ay des amis et des parents, n'estant, comme dict Homere[1], engendré ny de bois ny de pierre non plus que les aultres, capables de se presenter avecques des larmes et le dueil ; et ay trois enfants esplorés de quoy vous tirer à pitié ; mais je ferois honte à nostre ville, en l'aage que je suis et en telle reputation de sagesse que m'en voicy en prevention, de m'aller desmettre[2] à si lasches contenances. Que diroit-on des aultres Atheniens? J'ay tousjours admonesté ceulx qui m'ont ouï parler de ne racheter leur vie par une action deshonneste, et aux guerres de mon païs, à Amphipolis, à Potidée, à Delie et aultres où je me suis trouvé, j'ay montré par effects combien j'estois loing de garantir ma seureté par ma honte. Dadvantage, j'interresserois vostre debvoir et vous convierois à choses laides ; car ce n'est pas à mes prieres de vous persuader, c'est aux raisons pures et solides de la justice. Vous avez juré aux dieux d'ainsi vous maintenir : il sembleroit que je vous voulsisse souspeçonner et recriminer de ne croire pas qu'il y en aye; et moy mesme tesmoignerois contre moy de ne croire point en eulx comme je doibs, me desfiant de leur conduicte et ne remettant purement en leurs mains mon affaire. Je m'y fie du tout et tiens pour certain qu'ils feront en cecy selon qu'il sera plus propre à vous et à moy. Les gents de bien, ny vivants, ny morts, n'ont aulcunement à se craindre des dieux. »

Voylà pas un playdoyer puerile[3], d'une haulteur inimaginable, veritable, franc et juste, au delà de tout exemple, et employé en quelle necessité? Vrayement ce feut raison qu'il le preferast à celuy que ce grand orateur Lysias avoit mis par escript pour luy[1], excellemment façonné au style judiciaire, mais indigne d'un si noble criminel. Eust on ouï de la bouche de Socrates une voix suppliante? ceste superbe vertu eust elle calé[2] au plus fort de sa montre? et sa riche et puissante nature eust elle commis à l'art sa deffense, et, en son plus hault essay, renoncé à la verité et naïfveté, ornements de son parler, pour se parer du fard des figures et feinctes d'un' oraison apprinse? Il feit très sagement et selon luy de ne corrompre point une teneur de vie incorruptible[3] et une si saincte image de l'humaine forme pour alonger d'un an sa decrepitude et trahir l'immortelle memoire de ceste fin glorieuse. Il debvoit sa vie, non pas à soy, mais à l'exemple du monde. Seroit ce pas dommage publique qu'il l'eust achevée d'un' oisifve et obscure façon? Certes, une si nonchalante et molle consideration de sa mort meritoit que la posterité la considerast d'autant plus pour luy, ce qu'elle feit; et il n'y a rien en la justice si juste que ce que la fortune ordonna pour sa recommendation ; car les Atheniens eurent en telle abomination ceulx qui en avoient esté cause qu'on les fuyoit comme personnes excommuniées. On tenoit pollu tout ce à quoy ils avoient touché; personne à l'estuve ne lavoit avecques eulx, personne ne les saluoit ny accointoit ; si qu'enfin, ne pouvant plus porter ceste haine publicque, ils se pendirent eulx mesmes[4].

Si quelqu'un estime que, parmy tant d'aultres exemples que j'avois à choisir pour le service de mon propos, ès dicts de Socrates, j'aye mal trié cestuy cy, et qu'il juge ce discours estre eslevé au dessus des opinions communes, je l'ay faict à escient; car je juge aultrement, et tiens que c'est un discours, en reng et en naïfveté, bien plus arriere et plus bas que les opi-

---

(1) *Odyssée*, XIX, 163. J. V. L.

(2) *Soumettre, abaisser.* E. J.

(3) C'est-à-dire, *d'une securité enfantine*, comme le dit ensuite Montaigne, *et representant la pure et premiere impression et ignorance de nature.* On lit dans l'exemplaire de Bordeaux : *Voylà pas un playdoyer sec et sain, mais quand et*

quand naïf et bas, d'une haulteur inimaginable, etc. Montaigne aura sans doute changé ces mots, qui exprimaient mal sa pensée. J. V. L.

(1) Cic., *de Orat.*, I, 54. J. V. L.

(2) *Se fût-elle abaissée.* E. J.

(3) *Tenor vitæ per omnia consonans.* Sén., *Epist.* 31.

(4) Ces dernières phrases sont copiées d'un traité de Plutarque intitulé, *de l'Envie et de la Haine*, c. 3 de la version d'Amyot. C.

nions communes. Il represente, en une hardiesse inartificielle et securité enfantine, la pure et premiere impression et ignorance de nature; car il est croyable que nous avons naturellement crainte de la douleur, mais non de la mort à cause d'elle. C'est une partie de nostre estre non moins essentielle que le vivre. A quoy faire nous en auroit nature engendré la haine et l'horreur, veu qu'elle luy tient reng de très grande utilité, pour nourrir la succession et vicissitude de ses ouvrages? et qu'en ceste republicque universelle elle sert plus de naissance et d'augmentation que de perte ou ruyne?

Sic rerum summa novatur [1].
Mille animas una necata dedit [2],

la defaillance d'une vie est le passage à mille aultres vies. Nature a empreint aux bestes le soing d'elles et de leur conservation; elles vont jusques là de craindre leur empirement, de se heurter et blecer que nous les enchevestrions et battions, accidents subjects à leur sens et experience; mais que nous les tuyons, elles ne le peuvent craindre ny n'ont la faculté d'imaginer et conclure la mort. Si dict on encores qu'on les veoid non seulement la souffrir gayement (la pluspart des chevaulx hennissent en mourant, les cygnes la chantent), mais de plus la recherchent à leur besoing, comme portent plusieurs exemples des elephants.

Oultre ce, la façon d'argumenter de laquelle se sert icy Socrates est elle pas admirable egualement en simplicité et en vehemence? Vrayement il est bien plus aysé de parler comme Aristote et vivre comme Cesar qu'il n'est aysé de parler et vivre comme Socrates. Là loge l'extreme degré de perfection et de difficulté; l'art n'y peult joindre. Or, nos facultés ne sont pas ainsi dressées. Nous ne les essayons ny ne les cognoissons; nous nous investissons de celles d'aultruy et laissons chomer les nostres: comme quelqu'un pourroit dire de moy, que j'ay seulement faict icy un amas de fleurs estrangieres, n'y ayant fourny du mien que le filet à les lier.

Certes, j'ay donné à l'opinion publicque que ces parements empruntés m'accompaignent; mais je n'entends pas qu'ils me couvrent et qu'ils me cachent: c'est le rebours de mon desseing, qui ne veulx faire montre que du mien et de ce qui est mien par nature; et si je m'en feusse cru, à tout hasard j'eusse parlé tout fin seul. Je m'en charge de plus fort touts les jours[1], oultre ma proposition et ma forme premiere, sur la fantasie du siecle et par oisiveté. S'il me messied à moy, comme je le crois, n'importe; il peult estre utile à quelque aultre. Tel allegue Platon et Homere qui ne les veid onques; et moy ay prins des lieux assez, ailleurs qu'en leur source. Sans peine et sans suffisance, ayant mille volumes de livres autour de moy en ce lieu où j'escris, j'empruteray presentement, s'il me plaist, d'une douzaine de tels ravaudeurs, gents que je ne feuillette gueres, de quoy esmailler le traicté de la Physionomie. Il ne fault que l'epitre liminaire d'un Allemand pour me farcir d'allegations. Et nous allons quester par là une friande gloire à piper le sot monde! Ces pastissages de lieux communs, dequoy tant de gents mesnagent leur estude, ne servent gueres qu'à subjects communs, et servent à nous montrer, non à nous conduire: ridicule fruict de la science que Socrates exagite[2] si plaisamment contre Euthydemus. J'ay veu faire des livres de choses ny jamais estudiées ny entendues, l'aucteur commettant à divers de ses amis sçavants la recherche de ceste cy et de ceste aultre matiere à le bastir, se contentant, pour sa part, d'en avoir projecté le desseing et lié par son industrie ce fagot de provisions incogneues: au moins est sien l'encre et le papier. Cela, c'est en conscience acheter ou emprunter un livre, non pas le faire; c'est apprendre aux hommes, non qu'on sçait faire un livre, mais, ce dequoy ils pouvoient estre en doubte, qu'on ne le sçait pas faire. Un president se vantoit, où j'estois, d'avoir amoncelé deux cents tant de lieux estrangiers en un sien arrest presidental.

---

(1) Ainsi la nature se renouvelle. Luc., II, 74.
(2) Ovide, *Fastes*, I, 380. Montaigne traduit ce passage après l'avoir cité.

(1) En effet, la première édition des *Essais* (Bordeaux, 1580) a fort peu de citations. Elles sont plus nombreuses dans celle de Paris, 1588. Mais cette multitude de textes anciens qui embarrassent quelquefois l'ouvrage de Montaigne, ne date que de l'édition posthume de 1595 : il en avait fait, pendant les quatre dernières années de sa vie, un amusement de son *oisiveté*. J. V. L.

(2) *Critique*; c'est le mot latin *exagitat*. Cicéron dit aussi (*Orat.*, c. 13), en parlant des dialogues de Socrate contre les sophistes : « Plato *exagitator* omnium rhetorum. » J. V. L.

En le preschant il effaceoit la gloire qu'on luy en donnoit : pusillanime et absurde vanterie, à mon gré, pour un tel subject et telle personne ! Je fois le contraire, et, parmy tant d'emprunts, je suis bien ayse d'en pouvoir desrobber quelqu'un, le desguisant et difformant à nouveau service. Au hazard que je laisse dire que c'est par faulte d'avoir entendu son naturel usage, je luy donne quelque particuliere addresse de ma main, à ce qu'il en soit d'autant moins purement estrangier. Ceulx cy mettent leurs larrecins en parade et en compte ; aussi ont ils plus de credit aux loix que moy[1]. Nous aultres naturalistes estimons qu'il y ayt grande et incomparable preference de l'honneur de l'invention à l'honneur de l'allegation.

Si j'eusse voulu parler par science, j'eusse parlé plus tost ; j'eusse escript du temps plus voysin de mes estudes, que j'avois plus d'esprit et de memoire, et me feusse plus fié à la vigueur de cest aage là qu'à cestuy cy, si j'eusse voulu faire mestier d'escrire. Et quoy, si ceste faveur gracieuse que la fortune m'a nagueres offerte par l'entremise de cest ouvrage, m'eust peu rencontrer en telle saison, au lieu de celle cy, où elle est egualement desirable à posseder et preste à perdre[2] ? Deux de mes cognoissants, grands hommes en ceste faculté, ont perdu par moitié, à mon advis, d'avoir refusé de se mettre au jour à quarante ans, pour attendre les soixante. La maturité a ses defaults comme la verdeur, et pires ; et autant est la vieillesse incommode à ceste nature de besongne qu'à tout aultre : quiconque met sa decrepitude soubs la presse faict folie, s'il espere en espreindre des humeurs qui ne sentent le disgracié, le resveur et l'assopy ; nostre esprit se constipe et s'espaissit en vieillissant. Je dis pompeusement et opulemment l'ignorance, et dis la science maigrement et piteusement ; accessoirement ceste cy et accidentalement, celle là expressement et principalement : et ne traicte à poinct nommé de rien, que du rien ; ny d'aulcune science que de celle de l'inscience. J'ay choisi le temps où ma vie, que j'ay à peindre, je l'ay toute devant moy ; ce qui en reste tient plus de la mort : et de ma mort seulement si je la rencontrois babillarde, comme font d'aultres, donrois je encores volontiers advis au peuple, en deslogeant.

Socrates a esté un exemplaire parfaict en toutes grandes qualités. J'ay despit qu'il eust rencontré un corps et un visage si disgraciés, comme ils disent, et si disconvenable à la beauté de son ame, luy si amoureux et si affolé de la beauté : nature luy feit injustice. Il n'est rien plus vraysemblable que la conformité et relation du corps à l'esprit : *Ipsi animi magni refert quali in corpore locati sint ; multa enim e corpore exsistunt quæ acuant mentem, multa quæ obtundant*[1] : cettuy cy parle d'une laideur desnaturée et difformité de membres ; mais nous appelons laideur aussi, une mesadvenance au premier regard, qui loge principalement au visage, et nous desgouste par bien legieres causes, par le teint, une tache, une rude contenance, par quelque cause souvent inexplicable, en des membres pourtant bien ordonnés et entiers. La laideur qui revestoit un' ame très belle en La Boëtie estoit de ce predicament : ceste laideur superficielle, qui est toutesfois la plus imperieuse, est de moindre prejudice à l'estat de l'esprit, et a peu de certitude en l'opinion des hommes. L'aultre, qui d'un plus propre nom s'appelle difformité, plus substancielle, porte plus volontiers coup jusques au dedans : non pas tout soulier de cuir bien lissé, mais tout soulier bien formé, montre l'interieure forme du pied[2]. Comme Socrates disoit de la sienne[3]

---

(1) Édition de 1588, fol. 467 : « Aussi ont ils plus de credit avec les loix que moy. » Vient ensuite ce passage supprimé : « Comme ceulx qui desrobent les chevaulx, je leurs peinds le crin et la queue, et par fois je les esborgne : si le premier maistre s'en servoit à bestes d'amble, je les mets au trot ; et au bast, s'ils servoient à la selle. »

(2) Dans l'exemplaire qui a servi pour l'édition de 1802, Montaigne avait écrit de sa main : « Dadvantage, telle faveur gracieuse que la fortune peult m'avoir offerte par l'entremise de cest ouvrage eust lors rencontré une plus propre saison. » L'édition de 1595 a ici, comme presque partout, plus d'élégance et d'originalité. L'auteur veut peut-être parler, en cet endroit, des sentiments que la lecture de son livre avoit inspirés pour lui à mademoiselle de Gournay. J. V. L.

(1) Il importe beaucoup dans quel corps l'âme soit logée ; car plusieurs qualités corporelles servent à aiguiser l'esprit, et plusieurs autres à l'émousser. Cic., *Tusc. quæst.*, I, 33.

(2) Les longs développements ajoutés ici par Montaigne lui ont fait supprimer cette phrase, qu'on lit, avant la suivante, dans l'édition de 1588, fol. 467 : « Il n'est pas à croire que cette dissonance advienne sans quelque accident, qui a interrompu le cours ordinaire : comme il disoit de sa laideur, etc. »

(3) Dans l'édition de 1588, on lit *de sa laideur*. On a mis, dans les suivantes, *de la sienne*, paroles moins distinctes, et dont le rapport ne se présente pas aisément à l'esprit. C. — La cor-

qu'elle en accusoit justement autant en son ame, s'il ne l'eust corrigée par institution¹. Mais, en le disant, je tiens qu'il se mocquoit, suyvant son usage ; et jamais ame si excellente ne se feit elle mesme.

Je ne puis dire assez souvent combien j'estime la beauté qualité puissante et advantageuse : il l'appelloit une courte tyrannie, et Platon le privilege de la nature. Nous n'en avons point qui la surpasse en credit : elle tient le premier reng au commerce des hommes ; elle se presente au devant, seduict et preoccupe nostre jugement, avecques grande auctorité et merveilleuse impression. Phryné perdoit sa cause entre les mains d'un excellent advocat, si, ouvrant sa robbe, elle n'eust corrompu ses juges par l'esclat de sa beauté ². Et je treuve que Cyrus, Alexandre, Cesar, ces trois maistres du monde, ne l'ont pas oubliée à faire leurs grands affaires, non a pas le premier Scipion. Un mesme mot embrasse en grec le bel et le bon³ : et le sainct Esprit appelle souvent bons ceulx qu'il veult dire beaux. Je maintiendrois volontiers le reng des biens, selon que portoit la chanson que Platon dict⁴ avoir esté triviale, prinse de quelque ancien poëte ; « la santé, la beauté, la richesse. » Aristote dict⁵, Aux beaux appartenir le droict de commander ; et, quand il en est de qui la beauté approche celle des images des dieux, que la veneration leur est pareillement deue : à celuy qui luy demandoit pourquoy plus longtemps et plus souvent on hantoit les beaux : « Ceste demande, feit il⁶, n'appartient à estre faicte que par un aveugle. » La pluspart, et les plus grands philosophes, payerent leur eschollage et acquirent la sagesse par l'entremise et faveur de leur beauté. Non seulement aux hommes qui me servent, mais aux bestes aussi, je la considere à deux doigts près de la bonté.

Si me semble il que ce traict et façon de visage, et ces lineaments, par lesquels on argumente aulcunes complexions internes et nos fortunes à venir, est chose qui ne loge pas bien directement et simplement soubs le chapitre de beauté et de laideur : non plus que toute bonne odeur et serenité d'air n'en promet pas la santé ; ny toute espesseur et puanteur l'infection, en temps pestilent. Ceulx qui accusent les dames de contredire leur beauté par leurs mœurs ne rencontrent pas tousjours : car en une face qui ne sera pas trop bien composée, il peult loger quelque air de probité et de fiance ; comme, au rebours, j'ay leu parfois, entre deux beaux yeulx, des menaces d'une nature maligne et dangereuse. Il y a des physionomies favorables, et, en une presse d'ennemis victorieux, vous choisirez incontinent parmy des hommes incogneus l'un plustost que l'aultre, à qui vous rendre et fier vostre vie et non proprement par la consideration de la beauté.

C'est une foible garantie que la mine ; toutesfois elle a quelque consideration, et si j'avois a les fouetter, ce seroit plus rudement les meschants qui desmentent et trahissent les promesses que nature leur avoit plantées au front ; je punirois plus aigrement la malice en une apparence debonnaire. Il semble qu'il y ayt aulcuns visages heureux, d'aultres malencontreux : et crois qu'il y a quelque art à distinguer les visages debonnaires des niais, les severes des rudes, les malicieux des chagrins, les desdaigneux des melancholiques, et telles aultres qualités voysines. Il y a des beautés, non fieres seulement, mais aigres ; il y en a d'aultres doulces et encores au delà fades ; d'en prognostiquer les adventures futures, ce sont matieres que je laisse indecises.

J'ay prins, comme j'ay dict ailleurs, bien simplement et cruement, pour mon regard, ce precepte ancien : que « Nous ne sçaurions faillir à suyvre nature : » que le souverain precepte, c'est de « se conformer à elle. » Je n'ay pas corrigé, comme Socrates, par la force de la raison, mes complexions naturelles, et n'ay aulcunement troublé par art mon inclination : je me laisse aller comme je suis venu : je ne combats rien ; mes deux maistresses pieces vivent, de leur grace, en paix et bon accord ; mais le laict de ma nourrice a esté, Dieu merci ! mediocrement sain et temperé. Diray je cecy en

---

rection dont Coste se plaint ici est de Montaigne ; il a rayé sur l'exemplaire corrigé de sa main *sa laideur*, et il 'a écrit audessus *la sienne*: c'est donc évidemment la vraie leçon. N.

(1) Cic., *Tusc. quæst.*, IV, 37 ; *de Fato*, c. 5. C.

(2) Sext. Empir., *advers. Mathemat.*, II, 65 ; Quint., II, 15. Athénée, au contraire, XIII, p. 590, fait honneur de cette idée à l'avocat lui-même, l'orateur Hyperide. C.

(3) Καλὸς καγαθός, d'où nous est venu *bel et bon*, qui est encore d'usage en français, mais dans le style familier. C.

(4) Dans le *Gorgias*, p. 509. C.

(5) *Politique*, I, 3. C.

(6) Diog. Laerce, V, 20. C.

passant? que je veois tenir en plus de prix qu'elle ne vault, qui est seule quasi en usage entre nous, certaine image de preud'hommie scholastique, serve des preceptes, contraincte soubs l'esperance et la crainte. Je l'ayme telle que les loix et religions non facent, mais parfacent et auctorisent; qui se sente de quoy se soubstenir sans ayde; née en nous de ses propres racines, par la semence de la raison universelle, empreinte en tout homme non desnaturé. Ceste raison, qui redresse Socrates de son vicieux ply, le rend obeïssant aux hommes et aux dieux qui commandent en sa ville, courageux en sa mort, non parce que son ame est immortelle, mais parce qu'il est mortel. Ruineuse instruction à toute police, et bien plus dommageable qu'ingenieuse et subtile, qui persuade aux peuples la religieuse creance suffire seule, et sans les mœurs, à contenter la divine justice! l'usage nous faict veoir une distinction enorme entre la devotion, et la conscience.

J'aý une apparence[1] favorable, et en forme et en interpretation;

Quid dixi, habere me? Imo habui, Chreme[2] :

Heu! tantum attriti corporis ossa vides[3] :

et qui faict une contraire montre à celle de Socrates. Il m'est souvent advenu que sur le simple credit de ma presence et de mon air, des personnes qui n'avoient aulcune cognoissance de moy s'y sont grandement fiées, soit pour leurs propres affaires, soit pour les miennes; et en ay tiré, ès païs estrangiers, des faveurs singulieres et rares. Mais ces deux experiences valent, à l'adventure, que je les recite particulierement. Un quidam delibera de surprendre ma maison et moy : son art feut d'arriver seul à ma porte, et d'en presser un peu instamment l'entrée. Je le cognoissois de nom, et avois occasion de me fier de luy comme de mon voysin et aulcunement mon allié; je luy feis ouvrir comme je fois à chascun. Le voicy tout effroyé, son cheval hors d'haleine, fort harassé. Il m'entreteint de ceste fable: « Qu'il venoit d'estre rencontré à une demie lieue de là par un sien ennemy, lequel je cognoissois aussi, et avois ouï parler de leur querelle; que cest ennemy luy avoit merveilleusement chaussé les esperons; et qu'ayant esté surprins en desarroy et plus foible en nombre, il s'estoit jecté à ma porte à sauveté; qu'il estoit en grand' peine de ses gents, lesquels il disoit tenir pour morts ou prins. » J'essayay tout naïfvement de le conforter, asseurer et refreschir. Tantost après, voylà quatre ou cinq de ses soldats qui se presentent, en mesme contenance et effroy pour entrer; et puis d'aultres, et d'aultres, encores après, bien equippés et bien armés, jusques à vingt cinq ou trente, feignants avoir leur ennemy aux talons. Ce mystere commenceoit à taster mon souspeçon: je n'ignorois pas en quel siecle je vivois, combien ma maison pouvoit estre enviée, et avois plusieurs exemples d'aultres de ma cognoissance[1], à qui il estoit mesadvenu de mesme. Tant y a que, trouvant qu'il n'y avoit point d'acquest d'avoir commencé à faire plaisir, si je n'achevois, et ne pouvant me desfaire sans tout rompre, je me laissay aller au party le plus naturel et le plus simple, comme je fois tousjours, commandant qu'ils entrassent. Aussi à la verité, je suis peu desfiant et souspeçonneux de ma nature; je penche volontiers vers l'excuse et l'interpretation plus doulce; je prends les hommes selon le commun ordre, et ne crois pas ces inclinations perverses et desnaturées, si je n'y suis forcé par grand tesmoignage, non plus que les monstres et miracles: et suis homme, en oultre, qui me commets volontiers à la fortune et me laisse aller à corps perdu entre ses bras; dequoy jusques à ceste heure, j'ai eu plus d'occasion de me louer que de me plaindre, et l'ay trouvée et plus advisée et plus amie de mes affaires que je ne suis. Il y a quelques actions en ma vie desquelles on peult justement nommer la conduicte difficile, ou, qui vouldra, prudente: de celles là mesmes, posez que la tierce partie soit du mien, certes les deux tierces sont richement à elle. Nous faillons, ce me semble, en ce que nous ne nous fions pas assez au ciel de nous, et pretendons plus de nostre conduicte, qu'il ne nous appartient; pour-

---

(1) Edition de 1588, fol. 408 : « J'ay un visage. » Edition de 1802 : « J'ay un port. »

(2) Qu'ai-je dit, j'ai? je devais dire, j'avois. Tér., *Heaut.*, act. 1, sc. 1, v. 42.

(3) Hélas! vous ne verrez plus en moi que le squelette d'un corps affaibli. — Je ne sais d'où Montaigne a tiré ce vers. C.

(1) Edition de 1588, fol. 408, verso : « Et nonobstant ce vain intervalle de guerre, auquel lors nous estions, j'avois plusieurs exemples d'aultres maisons de ma cognoissance, auxquelles, etc. »

tant se fourvoyent si souvent nos desseings : il est envieux de l'estendue que nous attribuons aux droicts de l'humaine prudence, au prejudice des siens, et nous les raccourcit d'autant plus que nous les amplifions. Ceulx cy se teinrent à cheval, en ma court ; le chef avecques moy dans ma salle, qui n'avoit voulu qu'on establast son cheval, disant avoir à se retirer incontinant qu'il auroit eu nouvelles de ses hommes. Il se veid maistre de son entreprinse, et n'y restoit sur ce poinct que l'execution. Souvent depuis il a dict, car il ne craignoit pas de faire ce conte, que mon visage et ma franchise luy avoient arraché la trahison des poings. Il remonta à cheval, ses gents ayants continuellement les yeulx sur luy, pour veoir quel signe il leur donneroit, bien estonnés de le veoir sortir, et abandonner son advantage.

Une aultre fois, me fiant à je ne sçais quelle trefve qui venoit d'estre publiée en nos armées, je m'acheminay à un voyage, par païs estrangement chatouilleux. Je ne feus pas si tost esventé, que voylà trois ou quatre cavalcades de divers lieux pour m'attraper : l'une me joignit à la troisiesme journée, où je feus chargé par quinze ou vingt gentilshommes masqués suivis d'une ondée d'argoulets[1]. Me voylà prins et rendu, retiré dans l'espès d'une forest voysine, desmonté, devalizé, mes coffres fouillés ma boite prinse, chevaulx et esquipage desparti à nouveaux maistres. Nous feusmes longtemps à contester dans ce hallier, sur le faict de ma rançon, qu'ils me tailloient si haulte, qu'il paroissoit bien que je ne leur estois gueres cogneu. Ils entrerent en grande contestation de ma vie. De vray, il y avoit plusieurs circonstances qui me menaceoient du dangier où j'en estois.

Tunc animis opus, Ænea, tunc pectore firmo[2].

Je me mainteins tousjours, sur le tiltre de ma trefve, à leur quitter seulement le gaing qu'ils avoient faict de ma despouille, qui n'estoit pas à mespriser, sans promesse d'aultre rançon. Après deux ou trois heures que nous eusmes esté là, et qu'ils m'eurent faict monter sur un cheval qui n'avoit garde de leur eschapper, et commis ma conduicte particuliere à quinze ou vingt arquebuziers, et dispersé mes gents à d'aultres, ayant ordonné qu'on nous menast prisonniers diverses routes, et moy desjà acheminé à deux ou trois harquebuzades de là,

Jam prece Pollucis, jam Castoris implorata[1] :

voicy une soubdaine et très inopinée mutation qui leur print. Je veis revenir à moy le chef, avecques paroles plus doulces : se mettant en peine de rechercher en la trouppe mes hardes escartées, et me les faisant rendre, selon qu'il s'en pouvoit recouvrer jusques à ma boite. Le meilleur present qu'ils me feirent, ce feut enfin ma liberté : le reste ne me touchoit gueres en ce temps là. La vraye cause d'un changement si nouveau, et de ce r'advisement sans aulcune impulsion apparente, et d'un repentir si miraculeux, en tel temps, en une entreprinse pourpensée et deliberée, et devenue juste par l'usage (car d'arrivée je leur confessay ouvertement le party duquel j'estois, et le chemin que je tenois), certes je ne sçais pas bien encores quelle elle est. Le plus apparent qui se demasqua, et me feit cognoistre son nom, me redict lors plusieurs fois que je debvois ceste delivrance à mon visage, liberté et fermeté de mes paroles, qui me rendoient indigne d'une telle mesadventure, et me demanda asseurance d'une pareille. Il est possible que la bonté divine se voulut servir de ce vain instrument pour ma conservation : elle me deffendit encores l'endemain d'aultres pires embusches, desquelles ceulx cy mesmes m'avoient adverty. Le dernier est encores en pieds pour en faire le conte ; le premier feut tué il n'y a pas long temps.

Si mon visage ne respondoit pour moy, si on ne lisoit en mes yeulx et en ma voix la simplicité de mon intention, je n'eusse pas duré sans querelle et sans offense, si long temps, avecques ceste indiscrette liberté de dire à tort et à droict ce qui me vient en fantasie, et juger temerairement des choses. Ceste façon peult paroistre avecques raison incivile et mal accommodée à nostre usage ; mais oultrageuse et malicieuse, je n'ay veu personne qui l'en

---

(1) *Arquebusiers,* comme il les nomme plus bas. E. J.
(2) C'est alors qu'il fallut montrer du courage et de la fermeté. Virg., *Enéide*, VI, 261.

(1) Lorsque j'avais imploré déjà le secours de Castor et de Pollux, (pour parler avec Cat., *Carm.*, LXVI, 65 ; ou comme Montaigne l'aurait pu dire en sa langue, *après m'estre voué à tous les saints du Paradis.* C.

ayt jugée, ny qui se soit picqué de ma liberté, s'il la receue de ma bouche : les paroles redictes ont, comme aultre son, aultre sens. Aussi ne hais je personne ; et suis si lasche à offenser que, pour le service de la raison mesme, je ne le puis faire ; et lorsque l'occasion m'a convié aux condemnations criminelles, j'ay plustost manqué à la justice : *Ut magis peccari nolim quam satis animi ad vindicanda peccata habeam*[1]. On reprochoit dict on, à Aristote, d'avoir esté trop misericordieux envers un meschant homme : « J'ay esté, de vray dict il[2], misericordieux envers l'homme, non envers la meschanceté. » Les jugements ordinaires s'exasperent à la punition, par l'horreur du mesfaict : cela mesme refroidit le mien ; l'horreur du premier meurtre m'en faict craindre un second ; et la laideur de la premiere cruauté m'en faict abhorrer toute imitation. A moy, qui ne suis qu'escuyer de trefles[3], peult toucher ce qu'on disoit de Charillus, roy de Sparte : « Il ne sçauroit estre bon, puisqu'il n'est pas mauvais aux meschants : » ou bien ainsi, car Plutarque le presente en ces deux sortes, comme mille aultres choses, diversement et contrairement : « Il fault bien qu'il soit bon, puisqu'il l'est aux meschants mesmes[4]. » De mesme qu'aux actions legitimes, je me fasche de m'y employer quand c'est envers ceulx qui s'en desplaisent ; aussi, à dire verité, aux illegitimes, je ne fois pas assez de conscience de m'y employer, quand c'est envers ceulx qui y consentent.

CHAPITRE XIII.

De l'experience.

Il n'est desir plus naturel que le desir de cognoissance. Nous essayons touts les moyens qui nous y peuvent mener ; quand la raison nous fault, nous y employons l'experience,

Per varios usus artem experientia fecit,
Exemplo monstrante viam[1],

qui est un moyen de beaucoup plus foible et plus vil ; mais la verité est chose si grande, que nous ne debvons desdaigner aulcune entremise qui nous y conduise. La raison a tant de formes, que nous ne sçavons à laquelle nous prendre : l'experience n'en a pas moins ; la consequence que nous voulons tirer de la conference des evenements est mal seure, d'autant qu'ils sont tousjours dissemblables. Il n'est aulcune qualité si universelle, en ceste image des choses, que la diversité et varieté. Et les Grecs et les Latins, et nous, pour le plus exprès exemple de similitude, nous servons de celuy des œufs : toutesfois il s'est trouvé des hommes, et notamment un en Delphes, qui recognoissoit des marques de difference entre les œufs, si qu'il n'en prenoit jamais l'un pour l'aultre ; et y ayant plusieurs poules, sçavoit juger de laquelle estoit l'œuf[2]. La dissimilitude s'ingere d'elle mesme en nos ouvrages : nul art peult arriver à la similitude ; ny Perrozet, ny aultre, ne peult si soigneusement polir et blanchir l'envers de ses chartes qu'aulcuns joueurs ne les distinguent, à les veoir seulement couler par les mains d'un aultre. La ressemblance ne faict pas tant un, comme la difference faict aultre. Nature s'est obligée à ne rien faire aultre, qui ne feust dissemblable.

Pourtant, l'opinion de celuy là ne me plaist gueres, qui pensoit, par la multitude des loix, brider l'auctorité des juges, en leur taillant leurs morceaux : il ne sentoit point qu'il y a autant de liberté et d'estendue à l'interpretation des loix qu'à leur façon : et ceulx là se moquent, qui pensent appetisser nos desbats et les arrester, en nous rappellant à l'expresse parole de la Bible ; d'autant que nostre esprit ne treuve pas le champ moins spacieux à contrerooller le sens d'aultruy qu'à representer le sien, et comme s'il y avoit moins d'animosité et

---

(1) Je voudrais qu'on n'eût pas commis de fautes ; mais je n'ai pas le courage de punir celles qui sont commises. TITE LIVE, XXIX, 21.

(2) DIOG. LAERCE, V, 17. C.

(3) Édition de 1588, *fol.* 470 : « qui ne suis que valet de trefles. »

(4) De ces deux mots cités par PLUT., l'un se trouve dans son traité *sur la Différence entre le flatteur et l'ami*, c. 10 ; de *l'Envie et de la Haine*, c. 5 ; l'autre dans la *Vie de Lycurgue*, c. 4. C.

(1) C'est par différentes épreuves que l'expérience a produit l'art ; l'exemple d'autrui nous a montré la route. MANIL., I, 59.

(2) Cicéron, d'où Montaigne doit avoir tiré cet exemple, dit qu'il s'est trouvé à Délos plusieurs personnes qui, nourrissant un grand nombre de poules pour le profit, avaient accoutumé de dire, en voyant un œuf, laquelle de ces poules l'avait pondu. *Academ.*, II, 18. C.

d'aspreté à gloser qu'à inventer. Nous veoyons combien il se trompoit ; car nous avons en France plus de loix que tout le reste du monde ensemble, et plus qu'il n'en fauldroit à regler touts les mondes d'Epicurus : *Ut olim flagitiis, si nunc legibus laboramus*[1] : et si avons tant laissé à opiner et decider à nos juges qu'il ne feut jamais liberté si puissante et si licencieuse. Qu'ont gaigné nos legislateurs à choisir cent mille especes et faicts particuliers, et y attacher cent mille loix ? ce nombre n'a aulcune proportion avecques l'infinie diversité des actions humaines ; la multiplication de nos inventions n'arrivera pas à la variation des exemples : adjoustez y en cent fois autant ; il n'adviendra pas pourtant que, des evenements à venir, il s'en treuve aulcun qui, en tout ce grand nombre de milliers d'evenements choisis et enregistrés, en rencontre un auquel il se puisse joindre et apparier si exactement qu'il n'y reste quelque circonstance et diversité qui requière diverse consideration de jugement. Il y a peu de relation de nos actions, qui sont en perpetuelle mutation avecques les loix fixes et immobiles : les plus desirables, ce sont les plus rares, plus simples et generales ; et encores crois je qu'il vauldroit mieulx n'en avoir point du tout que de les avoir en tel nombre que nous avons.

Nature les donne tousjours plus heureuses que ne sont celles que nous nous donnons : tesmoing la peincture de l'aage doré des poëtes, et l'estat où nous veoyons vivre les nations qui n'en ont point d'aultres ; en voylà qui, pour touts juges, employent en leurs causes le premier passant qui voyage le long de leurs montaignes[2] ; et ces aultres eslisent, le jour du marché, quelqu'un d'entr'eux, qui, sur le champ, decide touts leurs procès. Quel dangier y auroit il que les plus sages vuidassent ainsi les nostres, selon les occurrences et à l'œil, sans obligation d'exemple et de consequence ?

A chasque pied son soulier. Le roy Ferdinand, envoyant des colonies aux Indes, prouvent sagement qu'on n'y menast aulcuns escholiers de la jurisprudence, de crainte que les procès ne peuplassent en ce nouveau monde, comme estant science, de sa nature, generatrice d'altercation et division : jugeant avecques Platon[1] que « C'est une mauvaise provision du païs, que jurisconsultes et medecins. »

Pourquoy est ce que nostre langage commun, si aysé à tout aultre usage, devient obscur et non intelligible en contract et testament, et que celuy qui s'exprime si clairement, quoy qu'il die et escrive, ne treuve en cela aulcune maniere de se declarer qui ne tumbe en doubte et contradiction ? si ce n'est que les princes de cest art, s'appliquants d'une peculiere attention à trier des mots solennes et former des clauses artistes, ont tant poisé chasque syllabe, espeluché si primement chasque espece de cousture que les voylà enfrasqués[2] et embrouillés en l'infinité des figures, et si menues partitions qu'elles ne peuvent plus tumber soubs aulcun reglement et prescription, ny aulcune certaine intelligence : *Confusum est quidquid usque in pulverem sectum est*[3]. Qui a veu des enfants, essayants de renger à certain nombre une masse d'argent vif ; plus ils le pressent et petrissent, et s'estudient à le contraindre à leur loy, plus ils irritent la liberté de ce genereux metal ; il fuyt à leur art, et se va menuisant et esparpillant au delà de tout compte : c'est de mesme ; car en subdivisant ces subtilités, on apprend aux hommes d'accroistre les doubtes ; on nous met en train d'estendre et diversifier les difficultés, on les alonge, on les disperse. En semant les questions et les retaillant, on faict fructifier et foisonner le monde en incertitude et en querelle ; comme la terre se rend fertile, plus elle est esmiée et profondement remuée : *Difficultatem facit doctrina*[4]. Nous doubtions sur Ulpian et redoubtons encores sur Bartolus et Baldus. Il falloit effacer la trace de ceste di-

---

(1) On souffre autant des lois, qu'on souffrait autrefois des crimes. TACITE, *Annal.*, III, 25.

(2) C'était un usage presque général dans les républiques de Lombardie, au XIIIe siècle, de confier à des juges étrangers l'administration de la justice. Coste pense que l'auteur veut surtout parler ici de la petite république de Saint-Marin, enclavée dans les Etats du Pape, qui n'a de pays qu'une montagne, et qui choisit toujours pour juge un étranger. Lorsque j'y étais, en 1827, c'était un avocat de Césène qui remplissait les fonctions de juge. J. V. L.

(1) *République*, liv. III, p. 621. C.

(2) *Embarrassés*. De l'italien *infrascarsi*, s'embarrasser dans les branches des arbres.

(3) Tout ce qui est divisé jusqu'à n'être que poussière, devient confus. SÉN., *Epist.* 89.

(4) C'est la doctrine qui produit les difficultés. QUINTIL., *Inst. orat.*, X, 3. — Montaigne cite bien les propres paroles de Quintilien, mais dans un sens tout différent de celui qu'elles ont dans cet auteur. C.

versité innumerable d'opinions, non point s'en parer et en entester la posterité. Je ne sçais qu'en dire; mais il se sent par experience que tant d'interpretations dissipent la verité et la rompent. Aristote a escript pour estre entendu; s'il ne l'a peu, moins le fera un moins habile et un tiers que celuy qui traicte sa propre imagination. Nous ouvrons la matiere et l'espandons en la destrempant; d'un subject nous en faisons mille, et retumbons, en multipliant et subdivisant, à l'infinité des atomes d'Epicurus. Jamais deux hommes ne jugerent pareillement de mesme chose; et est impossible de veoir deux opinions semblables exactement, non seulement en divers hommes, mais en mesme homme à diverses heures. Ordinairement je treuve à doubter en ce que le commentaire n'a daigné toucher; je brunche plus volontiers en païs plat, comme certains chevaulx que je cognois, qui choppent plus souvent en chemin uny.

Qui ne diroit que les gloses augmentent les doubtes et l'ignorance, puisqu'il ne se veoid aulcun livre, soit humain, soit divin, sur qui le monde s'embesongne, duquel l'interpretation face tarir la difficulté? le centiesme commentaire le renvoye à son suyvant, plus espineux et plus scabreux que le premier ne l'avoit trouvé: quand est il convenu entre nous, « Ce livre en a assez, il n'y a meshuy plus que dire?» Cecy se veoid mieulx en la chicane: on donne auctorité de loy à infinis docteurs, infinis arrests et à autant d'interpretations; trouvons nous pourtant quelque fin au besoing d'interpreter? s'y veoid il quelque progrès et advancement vers la tranquillité? nous fault il moins d'advocats et de juges que lors que ceste masse de droict estoit encores en sa premiere enfance? Au contraire, nous obscurcissons et ensepvelissons l'intelligence; nous ne la descouvrons plus qu'à la mercy de tant de clostures et barrieres. Les hommes mescognoissent la maladie naturelle de leur esprit: il ne faict que fureter et quester, et va sans cesse tournoyant, bastissant et s'empestrant en sa besongne, comme nos vers à soye, et s'y estouffe; *mus in pice*[1]: il pense remarquer de loing je ne sçais quelle apparence de clarté et verité imaginaire; mais, pendant qu'il y court, tant de difficultés luy traversent la voye, d'empeschements et de nouvelles questes, qu'elles l'esgarent et l'enyvrent: non gueres aultrement qu'il advient aux chiens d'Esope, lesquels descouvrants quelque apparence de corps mort flotter en mer et ne le pouvants approcher, entreprindrent de boire ceste eau, d'asseicher le passage et s'y estoufferent. A quoy se rencontre ce qu'un Crates[1] disoit des escripts de Heraclitus, « qu'ils avoient besoing d'un lecteur bon nageur, » à fin que la profondeur et poids de sa doctrine ne l'engloutist et suffoquast. Ce n'est rien que foiblesse particuliere, qui nous faict contenter de ce que d'aultres ou que nous mesmes avons trouvé en ceste chasse de cognoissance; un plus habile ne s'en contentera pas: il y a tousjours place pour un suyvant, ouy et pour nous mesmes et route par ailleurs. Il n'y a point de fin en nos inquisitions; nostre fin en l'aultre monde. C'est signe de raccourcissement d'esprit quand il se contente, ou signe de lasseté. Nul esprit genereux ne s'arreste en soy; il pretend tousjours et va oultre ses forces; il a des eslans au delà de ses effects: s'il ne s'advance, et ne se presse, et ne s'accule, et ne se chocque et tournevire, il n'est vif qu'à demy; ses poursuites sont sans terme et sans forme; son aliment, c'est admiration, chasse, ambiguité: ce que declaroit assez Apollo, parlant tousjours à nous doublement, obscurement et obliquement; ne nous repaissant pas, mais nous amusant et embesongnant. C'est un mouvement irregulier, perpetuel, sans patron et sans but; ses inventions s'eschauffent, se suyvent et s'entreproduisent l'une l'autre:

> Ainsi veoid on, en un ruisseau coulant,
> Sans fin l'une eau après l'aultre roulant;
> Et tout de reng, d'un eternel conduict,
> L'une suyt l'aultre, et l'une l'aultre fuyt.
> Par ceste cy celle là est poulsée,
> Et ceste cy par l'aultre est devancée:
> Tousjours l'eau va dans l'eau; et toujours est ce
> Mesme ruisseau, et tousjours eau diverse[2].

---

(1) Μῦς ἐν πίσσῃ, proverbe grec et latin. C'est une souris dans la poix, qui s'englue d'autant plus qu'elle se donne plus de mouvement pour se dépêtrer. C.

(1) Ou plutôt *Socrates*, comme l'auteur avait probablement écrit. *Voy.* Diog. Laerce, II, 22; Suidas, au mot Δηλίου κολυμβητοῦ. C.

(2) Ces vers qui sont d'Estienne de La Boëtie, et dont les deux derniers ne riment pas, se trouvent dans une pièce adressée à Marguerite de Carle, à l'occasion d'une traduction en vers français des plaintes de l'héroïne Bradamante, dans l'*Orlando furioso*, chant 32; traduction que La Boëtie fit à

Il y a plus affaire à interpreter les interpretations qu'à interpreter les choses, et plus de livres sur les livres que sur aultre subject; nous ne faisons que nous entregloser. Tout formille de commentaires: d'aucteurs, il en est grand' cherté. Le principal et plus fameux sçavoir de nos siecles, est ce pas sçavoir entendre les sçavants? est ce pas la fin commune et derniere de touts estudes? Nos opinions s'entent les unes sur les aultres; la premiere sert de tige à la seconde, la seconde à la tierce: nous eschellons ainsi de degré en degré; et advient de là que le plus hault monté a souvent plus d'honneur que de merite, car il n'est monté que d'un grain[1] sur les espaules du penultieme.

Combien souvent, et sottement à l'adventure, ay je estendu mon livre à parler de soy? Sottement, quand ce ne seroit que pour ceste raison qu'il me debvoit soubvenir de ce que je dis des aultres qui en font de mesme, « que ces œillades si frequentes à leur ouvrage tesmoignent que le cœur leur frissonne de son amour, et les rudoyements mesmes desdaigneux dequoy ils le battent, que ce ne sont que mignardises et afféteries d'une faveur maternelle, » suyvant Aristote[2], à qui et se priser et se mespriser naissent souvent de pareil air d'arrogance; car mon excuse « que je doibs avoir en cela plus de liberté que les aultres, d'autant qu'à poinct nommé j'escris de moy et de mes escripts comme de mes aultres actions; que mon theme se renverse en soy; » je ne sçais si chascun la prendra.

J'ay veu en Allemaigne que Luther a laissé autant de divisions et d'altercations sur le doubte de ses opinions et plus qu'il n'en esmeut sur les Escriptures sainctes. Nostre contestation est verbale. Je demande que c'est que nature, volupté, cercle et substitution; la question est de paroles et se paye de mesme. Une pierre, c'est un corps; mais qui presseroit: « Et corps, qu'est-ce? — Substance. — Et substance, quoy? » ainsi de suitte, acculeroit enfin le respondant au bout de son calepin. On eschange un mot pour un aultre mot et souvent plus incogneu. Je sçais mieulx que c'est

qu'homme que je ne sçais que c'est animal ou mortel ou raisonnable. Pour satisfaire à un doubte, ils m'en donnent trois; c'est la teste d'Hydra. Socrates demandoit à Menon « que c'estoit que vertu. — Il y a, dict Menon[1], vertu d'homme et de femme, de magistrat et d'homme privé, d'enfant et de vieillard. — Voicy qui va bien, s'escria Socrates; nous estions en cherche d'une vertu; tu nous en apportes un exaim. » Nous communiquons une question; on nous en redonne une ruchée. Comme nul evenement et nulle forme ressemble entierement à une aultre, aussi ne differe l'une de l'aultre entierement, ingenieux meslange de nature. Si nos faces n'estoient semblables, on ne sçauroit discerner l'homme de la beste; si elles n'estoient dissemblables, on ne sçauroit discerner l'homme de l'homme. Toutes choses se tiennent par quelque similitude, tout exemple cloche, et la relation qui se tire de l'experience est tousjours desfaillante et imparfaicte. On joinct toutesfois les comparaisons par quelque bout; ainsi servent les loix et s'assortissent ainsin à chascun de nos affaires par quelque interpretation destournée, contraincte et biaise.

Puisque les loix ethiques[2] qui regardent le debvoir particulier de chascun en soy sont si difficiles à dresser, comme nous veoyons qu'elles sont, ce n'est pas merveille si celles qui gouvernent tant de particuliers le sont dadvantage. Considerez la forme de ceste justice qui nous regit; c'est un vray tesmoignage de l'humaine imbecillité. Tant il y a de contradiction et d'erreur! Ce que nous trouvons faveur et rigueur en la justice, et y en trouvons tant que je ne sçais si l'entredeux s'y treuve si souvent, ce sont parties maladifves et membres injustes du corps mesme et essence de la justice. Des païsans viennent de m'advertir en haste qu'ils ont laissé presentement, en une forest qui est à moy, un homme meurtry de cent coups, qui respire encores et qui leur a demandé de l'eau par pitié et du secours pour le

---

la prière de cette Marguerite de Carle, qui fut ensuite sa femme. C.

(1) C'est-à-dire *d'un grain de blé*, métaphore tirée de l'argument nommé *sorite*, de σωρός, tas de blé. J. V. L.

(2) *Morale à Nicomaque*, IV, 13. C.

(1) Dans toutes mes éditions de Montaigne, il y a *Memnon*, au lieu de *Menon*, personnage d'un dialogue de Platon, intitulé : *Menon*, où se trouve précisément (p. 409) ce que Montaigne fait dire ici à Menon et à Socrate. C. — Cette faute se trouve aussi dans l'exemplaire corrigé de la propre main de Montaigne; mais ce n'est par la seule qu'il ait laissé subsister dans cet exemplaire. N.

(2) *Morales*. C.

soublever; disent qu'ils n'ont osé l'approcher et s'en sont fuys de peur que les gents de la justice ne les y attrapassent, et, comme il se faict de ceulx qu'on rencontre près d'un homme tué, ils n'eussent à rendre compte de cest accident à leur totale ruyne, n'ayants ny suffisance ny argent pour deffendre leur innocence. Que leur eusse je dict? il est certain que cest office d'humanité les eust mis en peine.

Combien avons nous descouvert d'innocents avoir esté punis, je dis sans la coulpe des juges, et combien en y a il eu que nous n'avons pas descouverts? Cecy est advenu de mon temps. Certains sont condamnés à la mort pour un homicide; l'arrest, sinon prononcé, au moins conclu et arresté. Sur ce poinct, les juges sont advertis, par les officiers d'une cour subalterne voysine, qu'ils tiennent quelques prisonniers, lesquels advouent disertement cest homicide et apportent à tout ce faict une lumiere indubitable. On delibere si pourtant on doibt interrompre et differer l'execution de l'arrest donné contre les premiers; on considere la nouvelleté de l'exemple et sa consequence pour accrocher les jugements; que la condemnation est juridiquement passée, les juges privés de repentance. Somme, ces pauvres diables sont consacrés aux formules de la justice. Philippus ou quelque autre[1] prouveut à un pareil inconvenient en ceste maniere. Il avoit condamné en grosses amendes un homme envers un aultre par un jugement resolu. La verité se descouvrant quelque temps après, il se trouva qu'il avoit iniquement jugé. D'un costé estoit la raison de la cause, de l'aultre costé la raison des formes judiciaires. Il satisfeit aulcunement à toutes les deux, laissant en son estat la sentence, et recompensant, de sa bourse, l'interest du condamné. Mais il avoit affaire à un accident reparable: les miens feurent pendus irreparablement. Combien ay je veu de condemnations plus crimineuses que le crime!

Tout cecy me faict souvenir de ces anciennes opinions[1]: « Qu'il est force de faire tort en detail qui veult faire droict en gros, et injustice en petites choses qui veult venir à chef de faire justice ès grandes; que l'humaine justice est formée au modele de la medecine, selon laquelle tout ce qui est utile est aussi juste et honneste. Et de ce que tiennent les stoïciens que nature mesme procede contre justice en la pluspart de ses ouvrages, et de ce que tiennent aussi les cyrenaïques qu'il n'y a rien juste de soy[2]; que les coustumes et loix forment la justice; et les theodoriens qui treuvent juste au sage le larrecin, le sacrilege, toute sorte de paillardise, s'il cognoist qu'il lui soit proufitable[3]. » Il n'y a remede; j'en suis là, comme Alcibiades[4], que je ne me representeray jamais, que je puisse, à homme qui decide de ma teste, où mon honneur et ma vie despende de l'industrie et soing de mon procureur plus que de mon innocence. Je me hazarderois à une telle justice, qui me recogneust du bien faict comme du mal faict, où j'eusse autant à esperer qu'à craindre: l'indemnité n'est pas monnoye suffisante à un homme qui faict mieulx que de ne faillir point[5]. Nostre justice ne nous presente que l'une de ses mains, et encores la gauche; quiconque il soit, il en sort avecques perte.

En la Chine, duquel royaume la police et les arts, sans commerce et cognoissance des nostres, surpassent nos exemples en plusieurs parties d'excellence, et duquel l'histoire m'apprend combien le monde est plus ample et plus divers, que ny les anciens ny nous ne penetrons, les officiers deputés par le prince pour visiter l'estat de ses provinces, comme ils punissent ceulx qui malversent en leur charge, ils remunerent aussi, de pure liberalité, ceulx qui s'y sont bien portés oultre la commune sorte et oultre la necessité de leur debvoir. On s'y presente, non pour se garantir seulement, mais

---

(1) C'est bien exactement Philippe, roi de Macedoine, comme on le voit dans les *Apophthegmes* de Plutarque. Mais Montaigne a un peu changé les circonstances; car, dans Plutarque, celui que Philippe avait condamné, ayant aperçu que, tandis qu'il plaidait sa cause, ce prince sommeillait, il en appela aussitôt: *Et à qui?* dit Philippe avec indignation. — *A Philippe éveillé.* Reproche piquant, qui fit que le roi, venant à réfléchir sur sa sentence, en reconnut l'injustice, qu'il répara lui-même de son argent. C.

(1) PLUT., *Instruction pour ceux qui manient affaires d'Estat*, chap. 21. C.

(2) DIOG. LAERCE, II, 92. C.

(3) ID., I, 99. C.

(4) Qui disait qu'en pareil cas il ne se fierait pas à sa propre mère. PLUT., dans la *Vie d'Alcibiade*, c. 23, version d'Amyot. C.

(5) Edition de 1588, fol. 474: « à un homme qui n'est pas seulement exempt de mal faire, mais qui faict mieulx que les aultres. »

pour y acquerir; ny simplement pour estre payé, mais pour y estre estrené.

Nul juge n'a encores, Dieu merci! parlé à moy comme juge pour quelque cause que ce soit, ou mienne ou tierce, ou criminelle ou civile; nulle prison m'a receu, non pas seulement pour m'y promener; l'imagination m'en rend la veue, mesme du dehors, desplaisante. Je suis si affady après la liberté que, qui me deffendroit l'accès de quelque coing des Indes, j'en vivrois aulcunement plus mal à mon ayse; et tant que je trouveray terre ou air ouvert ailleurs, je ne croupiray en lieu où il me faille cacher. Mon Dieu! que mal pourrois je souffrir la condition où je veois tant de gents cloués à un quartier de ce royaume, privés de l'entrée des villes principales et des courts et de l'usage des chemins publicques pour avoir querellé nos loix! Si celles que je sers me menaceoient seulement le bout du doigt, je m'en irois incontinent en trouver d'aultres où que ce feust. Toute ma petite prudence, en ces guerres civiles où nous sommes, s'employe à ce qu'elles n'interrompent ma liberté d'aller et venir.

Or, les loix se maintiennent en credit, non parce qu'elles sont justes, mais parce qu'elles sont loix : c'est le fondement mystique de leur auctorité; elles n'en ont point d'aultre qui bien leur sert. Elles sont souvent faictes par des sots; plus souvent par des gents qui, en haine d'egalité, ont faulte d'equité; mais tousjours par des hommes aucteurs vains et irresolus. Il n'est rien si lourdement et largement faultier que les loix, ny si ordinairement. Quiconque leur obeït parce qu'elles sont justes ne leur obeït pas justement par où il doibt. Les nostres françoises prestent aulcunement la main, par leur desreglement et deformité, au desordre et corruption qui se veoid en leur dispensation et execution. Le commandement est si trouble et inconstant qu'il excuse aulcunement et la desobeïssance et le vice de l'interpretation, de l'administration et de l'observation. Quel que soit doncques le fruict que nous pouvons avoir de l'experience, à peine servira beaucoup à nostre institution celle que nous tirons des exemples estrangiers, si nous faisons si mal nostre proufit de celle que nous avons de nous mesmes, qui nous est plus familiere, et, certes, suffisante à nous instruire de ce qu'il nous fault.

Je m'estudie plus qu'aultre subject; c'est ma metaphysique, c'est ma physique.

Qua Deus hanc mundi temperet arte domum;
Qua venit exoriens, qua deficit, unde coactis
Cornibus in plenum menstrua luna redit;
Unde salo superant venti, quid flamine captet
Eurus, et in nubes unde perennis aqua;
Sit ventura dies, mundi quæ subruat arces,

Quærite, quos agitat mundi labor [1].

En ceste université, je me laisse ignoramment et negligemment manier à la loy generale du monde. Je la sçauray assez quand je la sentiray; ma science ne luy peult faire changer de route. Elle ne se diversifiera pas pour moy; c'est folie de l'esperer et plus grand' folie de s'en mettre en peine, puisqu'elle est necessairement semblable, publicque et commune. La bonté et capacité du gouverneur nous doibt, à pur et à plein, descharger du soing de gouvernement. Les inquisitions et contemplations philosophiques ne servent que d'aliment à nostre curiosité. Les philosophes, avecques grand' raison, nous renvoyent aux regles de nature; mais elles n'ont que faire de si sublime cognoissance. Ils les falsifient et nous presentent son visage peinct, trop haut en couleur et trop sophistiqué, d'où naissent tant de divers pourtraicts d'un subject si uniforme. Comme elle nous a fourny de pieds à marcher, aussi a elle de prudence à nous guider en la vie, prudence non tant ingenieuse, robuste et pompeuse comme celle de leur invention, mais à l'advenant facile, quiete et salutaire, et qui faict très bien ce que l'aultre dict en celuy qui a l'heur de sçavoir l'employer naïvement et ordonnéement, c'est à dire naturellement. Le plus simplement se commettre à nature, c'est s'y commettre le plus sagement. Oh! que c'est un doulx et mol chevet et sain que l'ignorance et l'incuriosité à reposer une teste bien faicte [2]!

(1) Par quel art Dieu gouverne le monde; par quelle route la lune s'élève et se retire; comment, réunissant son double croissant, elle répare ses pertes chaque mois; d'où partent les vents qui règnent sur la mer; quels sont les effets de celui du midi; quelles eaux produisent incessamment les nuages; s'il doit venir un jour qui détruise le monde... Sondez ces mystères, vous qu'agite le soin de connaître la nature. — Les six premiers vers sont de PROP., III, 5, 26; le second passage est de LUCAIN, I, 417. C.

(2) « Il est une précieuse ignorance, trésor d'une âme pure, qui met toute sa félicité à se replier sur elle-même. » ROUSSEAU, *Disc. sur les Lettres*.

J'aymerois mieulx m'entendre bien en moy qu'en Ciceron[1]. De l'experience que j'ay de moy, je treuve assez de quoy me faire sage si j'estois bon escholier : qui remet en sa memoire l'excès de sa cholere passée, et jusques où ceste fiebvre l'emporta, veoid la laideur de ceste passion mieulx que dans Aristote et en conceoit une haine plus juste ; qui se souvient des maulx qu'il a courus, de ceulx qui l'ont menacé, des legieres occasions qui l'ont remué d'un estat à aultre, se prepare par là aux mutations futures et à la recognoissance de sa condition. La vie de Cesar n'a point plus d'exemple que la nostre pour nous ; et emperiere, et populaire, c'est tousjours une vie que touts accidents humains regardent. Escoutons y seulement ; nous nous disons tout ce dequoy nous avons principalement besoing ; qui se souvient de s'estre tant et tant de fois mescompté de son propre jugement, est il pas un sot de n'en entrer pour jamais en desfiance ? Quand je me treuve convaincu, par la raison d'aultruy, d'une opinion faulse, je n'apprends pas tant ce qu'il m'a dict de nouveau et ceste ignorance particuliere, ce seroit peu d'acquest, comme en general j'apprends ma debileté et la trahison de mon entendement, d'où je tire la reformation de toute la masse. En toutes mes aultres erreurs, je fois de mesme ; et sens de ceste regle grande utilité à la vie ; je ne regarde pas l'espece et l'individu comme une pierre où j'aye brunché ; j'apprends à craindre mon allure par tout, et m'attends à la regler. D'apprendre qu'on a dict ou faict une sottise, ce n'est rien que cela ; il fault apprendre qu'on n'est qu'un sot, instruction bien plus ample et importante. Les fauls pas que ma memoire m'a faict si souvent, lors mesme qu'elle s'asseure le plus de soy, ne se sont pas inutilement perdus ; elle a beau me jurer à ceste heure et m'asseurer, je secoue les aureilles ; la premiere opposition qu'on faict à son tesmoignage me met en suspens, et n'oserois me fier d'elle en chose de poids, ny la garantir sur le faict d'aultruy ; et n'estoit que ce que je fois par faulte de memoire, les aultres le font encores plus souvent par faulte de foy, je prendrois tousjours, en chose de faict, la verité de la bouche d'un aultre plustost que de la mienne. Si chascun espioit de près les effects et circonstances des passions qui le regentent, comme j'ay faict de celles à qui j'estois tumbé en partage, il les verroit venir, et rallentiroit un peu leur impetuosité et leur course ; elles ne nous saultent pas tousjours au collet d'un prinsault ; il y a de la menace et des degrés :

Fluctus uti primo cœpit quum albescere vento,
Paulatim sese tollit mare, et altius undas
Erigit, inde imo consurgit ad æthera fundo[1].

Le jugement tient chez moy un siege magistral, au moins il s'en efforce soigneusement ; il laisse mes appetits aller leur train, et la haine et l'amitié, voire et celle que je me porte à moy mesme, sans s'en alterer et corrompre ; s'il ne peult reformer les aultres parties selon soy, au moins ne se laisse il pas difformer à elles ; il faict son jeu à part.

L'advertissement à chascun « de se cognoistre, » doibt estre d'un important effect, puisque ce dieu de science et de lumiere[2] le feit planter au front de son temple, comme comprenant tout ce qu'il avoit à nous conseiller. Platon dict aussi que prudence n'est aultre chose que l'execution de ceste ordonnance, et Socrates le verifie par le menu en Xenophon. Les difficultés et l'obscurité ne s'apperceoivent en chascune science que par ceulx qui y ont entrée ; car encores fault il quelque degré d'intelligence à pouvoir remarquer qu'on ignore ; et fault poulser à une porte pour sçavoir qu'elle nous est close, d'où naist ceste platonique subtilité[3], que « Ny ceulx qui sçavent n'ont à s'enquerir, d'autant qu'ils sçavent ; ny ceulx qui ne sçavent, d'autant que pour s'enquerir il fault sçavoir de quoy on s'enquiert. » Ainsin en ceste cy « de se cognoistre soy mesme, » ce que chascun se veoid si resolu et satisfaict, ce que chascun y pense estre suffisamment entendu, signifie que chascun n'y entend rien du tout, comme Socrates apprend à Euthydeme[4]. Moy, qui ne fois aultre profession, y treuve une profondeur et varieté si infinie que mon appren-

---

(1) L'édition de 1588, fol. 474 verso, porte qu'en Platon.

(1) Ainsi l'on voit, au premier souffle des vents, la mer blanchir, s'enfler peu à peu, soulever ses ondes, et bientôt, du fond des abîmes, porter ses vagues jusqu'aux nues. *Enéide*, VII, 528.

(2) Apollon. Sur le frontispice de son temple, à Delphes, on lisait la fameuse maxime, Γνῶθι σεαυτόν, *Nosce te ipsum*. J. V. L.

(3) PLATON, *Menon*, p. 80. C.

(4) XÉNOPH., *Mémoires sur Socrate*, IV, 2, 24. J. V. L.

tissage n'a aultre fruict que de me faire sentir combien il me reste à apprendre. A ma foiblesse, si souvent recogneue, je doibs l'inclination que j'ay à la modestie, à l'obeïssance des creances qui me sont prescrites, à une constante froideur et moderation d'opinions, et la haine de ceste arrogance importune et querelleuse se croyant et fiant toute à soy, ennemie capitale de discipline et de verité. Oyez les regenter ; les premieres sottises qu'ils mettent en avant, c'est au style qu'on establit les religions et les loix[1] : *Nihil est turpius, quam cognitioni et perceptioni assertionem que approbationem præcurrere*[2]. Aristarchus disoit[3] qu'anciennement à peine se trouva il sept sages au monde ; et que, de son temps, à peine se trouvoit il sept ignorants : aurions nous pas plus de raison que luy de le dire en nostre temps ? L'affirmation et l'opiniastreté sont signes exprès de bestise. Cestuy cy aura donné du nez à terre cent fois pour un jour ; le voylà sur ses ergots, aussi resolu et entier que devant ; vous diriez qu'on lui a infus, depuis, quelque nouvelle ame et vigueur d'entendement, et qu'il luy advient comme à cest ancien fils de la terre, qui reprenoit nouvelle fermeté et se renforceoit par sa cheute ;

*Cui quum tetigere parentem,
Jam defecta vigent renovato robore membra* [4] :

ce testu indocile pense il pas reprendre un nouvel esprit pour reprendre une nouvelle dispute ? C'est par mon experience que j'accuse l'humaine ignorance, qui est, à mon advis, le plus seur party de l'eschole du monde. Ceulx qui ne la veulent conclure en eulx, par un si vain exemple que le mien, ou que le leur, qu'ils la recognoissent par Socrates, le maistre des maistres ; car le philosophe Antisthenes, à ses disciples : « Allons, disoit il[5], vous et moy ouïr Socrates : là je seray disciple avecques vous ; » et, soubs-tenant ce dogme de sa secte stoïque : « que la vertu suffisoit à rendre une vie pleinement heureuse, et n'ayant besoing de chose quelconque, » « Sinon de la force de Socrates, » adjoustoit il.

Ceste longue attention que j'employe à me considerer me dresse à juger aussi passablement des aultres, et est peu de choses dequoy je parle plus heureusement et excusablement : il m'advient souvent de veoir et distinguer plus exactement les conditions de mes amis qu'ils ne font eulx mesmes ; j'en ay estonné quelqu'un par la pertinence de ma description et l'ay adverty de soy. Pour m'estre, dès mon enfance, dressé à mirer ma vie dans celle d'aultruy, j'ay acquis une complexion studieuse en cela ; et, quand j'y pense, je laisse eschapper autour de moy peu de choses qui y servent, contenances, humeurs, discours. J'estudie tout : ce qu'il me fault fuyr, ce qu'il me fault suyvre. Ainsin à mes amis je descouvre, par leurs productions, leurs inclinations internes ; non pour renger ceste infinie varieté d'actions, si diverses et si descoupées, à certains genres et chapitres, et distribuer distinctement mes partages et divisions en classes et regions cogneues ;

*Sed neque quam multæ species, et nomina quæ sint,
Est numerus* [1].

Les sçavants parlent et denotent leurs fantasies plus specifiquement et par le menu ; moy, qui n'y veois d'autant que l'usage m'en informe, sans regle, presente generalement les miennes, et à tastons ; comme en cecy, je prononce ma sentence par articles descousus, ainsi que de chose qui ne se peult dire à la fois et en bloc : la relation et la conformité ne se treuvent point en telles ames que les nostres, basses et communes. La sagesse est un bastiment solide et entier, dont chasque piece tient son reng et porte sa marque : *Sola sapientia in se tota conversa est*[2]. Je laisse aux artistes, et ne sçais s'ils en viennent à bout en chose si meslée, si menue et fortuite, de renger en bande ceste infinie diversité de visages, et arrester nostre inconstance et la mettre par ordre. Non seulement je treuve malaysé d'attacher nos actions les unes aux aultres ; mais, chascune à part

---

(1) *C'est avec le style, avec le langage d'un prophète ou d'un législateur.* J. V. L.

(2) Rien n'est plus honteux que de faire marcher l'assertion et la décision avant la perception et la connaissance. Cic., *Acad.*, I, 12.

(3) Dans Plut., *de l'Amour fraternel*, c. 1. C.

(4) Antée, dont les forces épuisées se renouvelaient dès qu'il avait touché sa mère. Luc., IV, 599.

(5) Diog. Laerce, VI, 2. Au lieu de cet éloge de Socrate par Antisthènes, on lisait seulement dans l'édition de 1580, fol. 476 : « Qu'ils la recognoissent par Socrates, le plus sage qui feut oncques, au tesmoignage des dieux et des hommes. »

(1) Car on n'en saurait dire tous les noms, ni désigner toutes les espèces. Virg., *Géorg.*, II, 103, où Virgile parle de toutes les espèces de raisins, qu'on ne saurait nommer ni compter. C.

(2) Il n'y a que la sagesse qui soit toute renfermée en elle-même. Cic., *de Finib. bon. et mal.*, III, 7.

soy, je treuve malaysé de la designer proprement par quelque qualité principale, tant elles sont doubles et bigarrées à divers lustres. Ce qu'on remarque pour rare au roy de Macedoine, Perseus[1] : « Que son esprit, ne s'attachant à aucune condition, alloit errant par tout genre de vie, et representant des mœurs si essorées et vagabondes qu'il n'estoit cogneu ny de luy ny d'aultres quel homme ce feut, » me semble à peu près convenir à tout le monde; et, par dessus touts, j'ay veu quelque aultre, de sa taille, à qui ceste conclusion s'appliqueroit plus proprement encores, ce crois je[2] : nulle assiette moyenne; s'emportant tousjours de l'un à l'aultre extreme par occasions indivinables; nulle espece de train sans traverse et contrarieté merveilleuse; nulle faculté simple, si que le plus vraysemblablement qu'on en pourra feindre un jour, ce sera qu'il affectoit et estudioit de se rendre cogneu par estre mecognoissable. Il faict besoing d'aureilles bien fortes pour s'ouïr franchement juger; et, parce qu'il en est peu qui le puissent souffrir sans morsure, ceulx qui se hazardent de l'entreprendre envers nous nous montrent un singulier effect d'amitié; car c'est aymer sainement d'entreprendre à blecer et offenser pour proufiter. Je treuve rude de juger celuy là, en qui les mauvaises qualités surpassent les bonnes : Platon ordonne trois parties à qui veult examiner l'ame d'un aultre, Science, Bienvueillance, Hardiesse[3].

Quelquesfois on me demandoit à quoy j'eusse pensé estre bon, qui se feust advisé de se servir de moy pendant que j'en avois l'aage;

Dum melior vires sanguis dabat, æmula necdum
Temporibus geminis canebat sparsa senectus [4] :

A rien, dis-je! Et m'excuse volontiers de ne sçavoir faire chose qui m'esclave à aultruy. Mais j'eusse dict ses verités à mon maistre, et eusse contrerollé ses mœurs s'il eust voulu ; non en gros, par leçons scholastiques que je ne sçais point, et n'en veois naistre aulcune vraye reformation en ceulx qui les sçavent, mais les observant pas à pas, en toute opportunité et en jugeant à l'œil, piece à piece, simplement et naturellement, luy faisant veoir quel il est en l'opinion commune, m'opposant à ses flatteurs. Il n'y a nul de nous qui ne valust moins que les roys, s'il estoit ainsi continuellement corrompu, comme ils sont, de ceste canaille de gents; comment, si Alexandre, ce grand roy et philosophe ne s'en peut deffendre? J'eusse eu assez de fidelité, de jugement et de liberté pour cela. Ce seroit un office sans nom, aultrement il perdroit son effect et sa grace, et est un roolle qui ne peult indifferemment appartenir à touts, car la verité mesme n'a pas ce privilege d'estre employée à toute heure et en toute sorte; son usage, tout noble qu'il est, a ses circonscriptions et limites. Il advient souvent, comme le monde est, qu'on la lasche à l'aureille du prince, non seulement sans fruict, mais dommageablement et encores injustement, et ne me fera l'on pas accroire qu'une saincte remontrance ne puisse estre appliquée vicieusement, et que l'interest de la substance ne doibve souvent ceder à l'interest de la forme.

Je vouldrois à ce metier un homme content de sa fortune,

Quod sit, esse velit; nihilque malit [1],

et n'ay de moyenne fortune, d'autant que, d'une part, il n'auroit point de crainte de toucher vifvement et profondement le cœur du maistre, pour ne perdre par là le cours de son advancement ; et, d'aultre part, pour estre d'une condition moyenne, il auroit plus aysée communication à toutes sortes de gents. Je le vouldrois à un homme seul ; car respandre le privilege de ceste liberté et privauté à plusieurs engendreroit une nuisible irreverence; ouy, et de celuy là je requerrois surtout la fidelité du silence.

Un roi n'est pas à croire quand il se vante de sa constance à attendre le rencontre de l'ennemy pour sa gloire; si, pour son proufit et amendement, il ne peult souffrir la liberté des paroles d'un amy, qui n'ont aultre effort que de luy pincer l'ouïe, le reste de leur effect estant en sa main. Or, il n'est aulcune condition d'hommes qui ayt si grand besoing, que

---

(1) C'est le caractère que lui donne Tite Live, XLJ, 20 : *Nulli fortunæ, dit-il, adhærebat animus, per omnia genera vitæ errans; uti nec sibi, nec aliis, quinam homo esset, satis constaret*. C.

(2) L'auteur veut parler de lui-même.

(3) Platon, *Gorg.*, éd. de Francfort, 1602, p. 352. C.

(4) Lorsqu'un sang plus vif bouillait dans mes veines, et que la vieillesse jalouse n'avait pas encore blanchi ma tête. Virg., *Enéide*, V, 415.

(1) Qui voulût être ce qu'il est, et rien de plus. Martial, X, 47, 12.

ceulx là, de vrays et libres advertissements : ils soubstiennent une vie publicque et ont à agréer à l'opinion de tant de spectateurs que, comme on a accoustumé de leur taire tout ce qui les divertit de leur route, ils se treuvent, sans le sentir, engagés en la haine et detestation de leurs peuples, pour des occasions souvent qu'ils eussent peu eviter, à nul interest de leurs plaisirs mesme, qui les en eust advisés et redressés à temps. Communement leurs favoris regardent à soy plus qu'au maistre : et il leur va de bon ; d'autant qu'à la verité la pluspart des offices de la vraye amitié sont, envers le souverain, en un rude et perilleux essay[1], de manière qu'il y faict besoing, non seulement de beaucoup d'affection et de franchise, mais encores de courage.

Enfin, toute ceste fricassée que je barbouille ici n'est qu'un registre des essais de ma vie, qui est, pour l'interne santé, exemplaire assez à prendre l'instruction à contrepoil : mais quant à la santé corporelle, personne ne peult fournir d'experience plus utile que moy, qui la presente pure, nullement corrompue et alterée par art et par opination. L'experience est proprement sur son fumier au subject de la medecine, où la raison luy quitte toute la place : Tibere disoit que quiconque avoit vescu vingt ans se debvoit respondre des choses qui luy estoient nuisibles et salutaires, et se sçavoir conduire sans medecine[2], et le pouvoit avoir apprins de Socrates, lequel, conseillant à ses disciples soigneusement, et comme un très principal estude, l'estude de leur santé, adjoustait qu'il estoit malaysé qu'un homme d'entendement, prenant garde à ses exercices, à son boire et à son manger, ne discernast mieulx que tout medecin ce qui luy estoit bon ou mauvais[3]. Si faict la medecine profession d'avoir toujours l'experience pour touche de son operation : ainsi Platon avoit raison de dire que, pour estre vray medecin, il seroit necessaire que celuy qui l'entreprendroit eust passé par toutes les maladies qu'il veult guarir, et par touts les accidents et circonstances de quoy il doit juger[1]. C'est raison qu'ils prennent la verole s'ils la veulent sçavoir panser. Vrayement je m'en fierois à celuy là, car les aultres nous guident, comme celuy qui peint les mers, les escueils et les ports, estant assis sur sa table, et y faict promener le modele d'une navire en toute seureté ; jectez le à l'effect, il ne sçait par où s'y prendre. Ils font telle description de nos maulx, que faict un trompette de ville qui crie un cheval ou un chien perdu ; tel poil, telle haulteur, telle aureille ; mais presentez le luy, il ne le cognoist pas pourtant. Pour Dieu ! que la medecine me face un jour quelque bon et perceptible secours, veoir comme je crieray de bonne foy,

Tandem efficaci do manus scientiæ[2] !

Les arts qui promettent de nous tenir le corps en santé et l'ame en santé nous promettent beaucoup ; mais aussi n'en est point qui tiennent moins ce qu'elles promettent. Et, en nostre temps, ceulx qui font profession de ces arts entre nous en montrent moins les effects que touts aultres hommes : on peult dire d'eulx, pour le plus, qu'ils vendent les drogues medecinales, mais qu'ils soient medecins, cela ne peult on dire[3]. J'ai assez vescu pour mettre en compte l'usage qui m'a conduict si loing ; pour qui en vouldra gouster, j'en ay faict l'essay, son eschanson. En voicy quelques articles, comme la souvenance me les fournira : je n'ay point de façon qui ne soit allée variant selon les accidents, mais j'enregistre celles que j'ai bien plus souvent veu en train, qui ont eu plus de possession en moy jusqu'asteure.

Ma forme de vie est pareille en maladie comme en santé ; mesmes lits, mesmes heures, mesmes viandes me servent, et mesme bruvage ; je n'y adjoute du tout rien, que la moderation du plus ou du moins, selon ma force et appetit. Ma santé, c'est maintenir sans destourbier mon estat accoustumé. Je veois que la maladie m'en desloge d'un costé ; si je crois les medecins, ils m'en destourneront de l'aultre, et, par fortune et par art, me voylà hors de ma route. Je ne crois rien plus certainement que

---

(1) *Nam suadere principi, quod oporteat, multi laboris.* TACITE, *Hist.*, I, 15.

(2) Montaigne semble avoir eu dans l'esprit ce passage de TACITE (*Annal.*, VI, 46), où l'historien dit de Tibère : *Solitusque eludere medicorum artes, atque eos, qui post tricesimum ætatis annum, ad internoscenda corporis suo utilia, vel noxia, alieni consilii indigerent.* Voyez aussi SUÉT., *Vie de Tibère*, c. 68, et PLUT., *Préceptes de santé*, c. 23.

(3) XÉN., *Mémoires sur Socrate*, IV, 7, 9. J. V. L.

(1) PLAT., *République*, liv. III, p. 408. C.

(2) Enfin je reconnais un art dont je vois les effets. HOR., *Epod.* XVII, 1.

(3) L'édition de 1588 ajoute, *fol.* 478 : « à les veoir, et ceulx qui se gouvernent par eulx. »

cecy : que je ne sçaurois estre offensé par l'usage des choses que j'ai si longtemps accoustumées. C'est à la coustume de donner forme à nostre vie, telle qu'il lui plaist : elle peult tout en cela ; c'est le bruvage de Circé, qui diversifie nostre nature comme bon luy semble. Combien de nations, et à trois pas de nous, estiment ridicule la crainte du serein qui nous blece si apparemment ! et nos bateliers et nos païsans s'en moquent. Vous faictes malade un Allemand de le coucher sur un matelas, comme un Italien sur la plume, et un Français sans rideau et sans feu. L'estomach d'un Espagnol ne dure pas à nostre forme de manger, ny le nostre à boire à la Souysse. Un Allemand me feit plaisir, à Auguste[1], de combattre l'incommodité de nos fouyers, par ce mesme argument de quoy nous nous servons ordinairement condamner leurs poesles ; car, à la verité ceste chaleur croupie, et puis la senteur de ceste matiere reschauffée, de quoy ils sont composés enteste la pluspart de ceulx qui n'y sont pas experimentés ; moy, non, mais au demourant, estant ceste chaleur égale, constante et universelle, sans lueur, sans fumée, sans le vent que l'ouverture de nos cheminées nous apporte, elle a bien par ailleurs de quoy se comparer à la nostre. Que n'imitons nous l'architecture romaine ? car on dict qu'anciennement le feu ne se faisoit en leurs maisons que par le dehors et au pied d'icelles ; d'où s'inspiroit la chaleur à tout le logis par les tuyaux practiqués dans l'espez du mur, lesquels alloient embrassant les lieux qui en debvoient estre eschauffés : ce que j'ay veu clairement signifié, je ne sais où, en Seneque[2]. Cestuy cy, m'oyant louer les commodités et beautés de sa ville, qui le merite certes, commencea à me plaindre de quoy j'avois à m'en esloigner ; et des premiers inconveniens qu'il m'allegua, ce feut la poisanteur de teste que m'apporteroient les cheminées ailleurs. Il avoit ouï faire ceste plaincte à quelqu'un, et nous l'attachoit, estant privé par l'usage de l'appercevoir chez luy. Toute chaleur qui vient du feu m'affoiblit et m'appesantit ; si disoit Evenus que le meilleur condiment[1] de la vie estoit le feu ; je prends plustost toute aultre façon d'eschapper au froid.

Nous craignons les vins au bas[2] ; en Portugal, ceste fumée est en delices, et est le bruvage des princes. En somme, chasque nation a plusieurs coustumes et usances qui sont non seulement incogneues, mais farouches et miraculeuses à quelque aultre nation. Que ferons nous à ce peuple qui ne faict recepte que de tesmoignages imprimés, qui ne croid les hommes s'ils ne sont en livre, ny la verité si elle n'est d'aage competent ? Nous mettons en dignité nos sottises, quand nous les mettons en moule, il y a bien pour luy aultre poids de dire : « Je l'ay leu, » que si vous dites : « Je l'ay ouï dire. » Mais moy, qui ne mescrois non plus la bouche que la main des hommes, et qui sçais qu'on escript autant indiscretement qu'on parle, et qui estime ce siecle comme un aultre passé, j'allegue aussi volontiers un mien amy que Aulugelle et que Macrobe, et ce que j'ay veu que ce qu'ils ont escript : et comme ils tiennent de la vertu qu'elle n'est pas plus grande pour estre plus longue, j'estime de mesme de la verité que, pour estre plus vieille, elle n'est pas plus sage. Je dis souvent que c'est pure sottise, qui nous faict courir après les exemples estrangiers et scholastiques : leur fertilité est pareille, à ceste heure, à celle du temps d'Homere et de Platon. Mais n'est ce pas que nous cherchons plus l'honneur de l'allégation, que la verité du discours ? comme si c'estoit plus[3], d'emprunter de la boutique de Vascosan ou de Plantin nos preuves que de ce qui se veoid en nostre village ; ou bien certes que nous n'avons pas l'esprit d'espelucher et faire valoir ce qui se passe devant nous, et le juger assez vifvement pour le tirer en exemple ; car si nous disons que l'auctorité nous manque pour donner foy à nostre tesmoignage, nous le disons hors de propos ; d'autant qu'à mon advis, des plus ordinaires choses et plus communes et cog-

---

(1) A Augsbourg, *Augusta Vindelicorum*. Montaigne (*Voyage*, t. I, p. 114) passa par cette ville en allant en Italie, dans le mois d'octobre 1580. Il ne parle point dans son Journal de cet entretien avec un Allemand sur les poëles et les cheminées. J. V. L.

(2) *Quædam nostra demum prodisse memoria scimus, ut... impressos parietibus tubos, per quos circumfunderetur calor, qui ima simul et summa foveret æqualiter.* Epist. 90.

(1) *Assaisonnement.* — Le mot d'Evenus se trouve dans PLUT., *Questions platoniques*, c. 8. C.

(2) On dit que le vin est *au bas*, quand le tonneau est presque vide.

(3) Edition de 1588, fol. 479 : « Comme s'il estoit plus noble. »

neues, si nous sçavions trouver leur jour, se peuvent former les plus grands miracles de nature, et les plus merveilleux exemples, notamment sur le subject des actions humaines.

Or, sur mon subject, laissant les exemples que je sçais par les livres, et ce que dict Aristote[1] d'Andron, Argien, qu'il traversoit sans boire les arides sablons de la Libye ; un gentilhomme, qui s'est acquitté dignement de plusieurs charges, disoit, où j'estois, qu'il estoit allé de Madrid[2] à Lisbonne, en plein esté, sans boire. Il se porte vigoreusement pour son aage, et n'a rien d'extraordinaire en l'usage de sa vie, que cecy, d'estre deux ou trois mois, voire un an, ce m'a il dict, sans boire. Il sent de l'alteration ; mais il la laisse passer, et tient que c'est un appetit qui s'alanguit ayséement de soy mesme, et boit plus par caprice que pour le besoing ou pour le plaisir.

En voicy d'un aultre : il n'y a pas longtemps que je rencontray l'un des plus sçavants hommes de France, entre ceulx de non mediocre fortune, estudiant au coing d'une salle qu'on luy avoit rembarré de tapisserie, et autour de luy, un tabut[3] de ses valets, plein de licence. Il me dict, et Seneque quasi autant de soy[4], qu'il faisoit son profit de ce tintamarre ; comme si, battu de ce bruit, il se ramenast et resserrast plus en soy pour la contemplation, et que ceste tempeste de voix repercutast ses pensées au dedans. Estant escholier à Padoue, il eut son estude si longtemps logé à la batterie des coches et du tumulte de la place, qu'il se forma non seulement au mespris, mais à l'usage du bruit, pour le service de ses estudes. Socrates respondit à Alcibiades, s'estonnant comme il pouvoit porter le continuel tintamarre de la teste de sa femme, « comme ceulx qui sont accoustumés à l'ordinaire bruit des roues à puiser l'eau[5]. » Je suis bien au contraire ; j'ay l'esprit tendre et facile à prendre l'essor ; quand il est empesché à part soy, le moindre bourdonnement de mouche l'assassine.

Seneque, en sa jeunesse, ayant mordu chauldement à l'exemple de Sextius, de ne manger chose qui eust prins mort, s'en passoit dans un an, avecques plaisir, comme il dict[1] ; et s'en desporta, seulement pour n'estre souspeçonné d'emprunter ceste regle d'aulcunes religions nouvelles qui la semoyent ; il print, quand et quand, des préceptes d'Attalus, de ne se coucher plus sur des loudiers[2] qui enfondrent ; et employa jusqu'à la vieillesse ceulx qui ne cedent point au corps. Ce que l'usage de son temps luy faict compter à rudesse, le nostre nous le faict tenir à mollesse.

Regardez la difference du vivre de mes valets à bras à la mienne ; les Scythes et les Indes n'ont rien plus esloigné de ma force et de ma forme. Je sçais avoir retiré de l'aulmosne des enfants pour m'en servir, qui bientost après m'on quité, et ma cuisine et leur livrée, seulement pour se rendre à leur premiere vie : et en trouvay un, amassant depuis des moules, emmy la voierie, pour son disner, que par priere, ny par menace, je ne sceus distraire de la saveur et doulceur qu'il trouvoit en l'indigence. Les gueux ont leurs magnificences et leurs voluptés comme les riches, et, dict on, leurs dignités et ordres politiques. Ce sont effects de l'accoustumance ; elle nous peult duire, non seulement à telle forme qu'il luy plaist (pourtant, disent les sages[3], nous fault il planter à la meilleure, qu'elle nous facilitera incontinent), mais aussi au changement et à la variation, qui est le plus noble et le plus utile de ses apprentissages. La meilleure de mes complexions corporelles, c'est d'estre flexible et peu opiniastre ; j'ay des inclinations plus propres et ordinaires, et plus agreables que d'aultres ; mais avecques bien peu d'effort je m'en destourne, et me coulé ayséement à la façon contraire. Un jeune homme doibt troubler ses regles, pour esveiller sa vigueur, la garder de moisir et s'apoltronnir ; et n'est train de vie si sot et si debile que celuy qui se conduict par ordonnance et discipline ;

---

(1) Diog. Laerce, dans la *Vie de Pyrrhon*, IV, 81. On peut voir les propres paroles d'Aristote dans les observations de Ménage sur cet endroit de Diogène Laërce, p. 434. C.

(2) Editions de 1588 et de 1595, « de Madrid. »

(3) *Vacarme*.

(4) Dans sa *Lettre* 56. C.

(5) Diog. Laerce, II, 36. C.

(1) Sén., *Epist.* 108. C.

(2) *Sur des couvertures ou matelas qui foncent ou s'enfoncent.* — *Lodier* (formé probablement du latin *lodix*), couverture de lit cotonnée et piquée.

(3) *Pythagore*, dans Stobée, *Serm.* 29. Voici comment la maxime est rapportée par Plut., qui l'attribue aux pythagoriciens : « Choisy la voye qui est la meilleure ; l'accoustumance te la rendra agreable et plaisante. » *De l'Exil*, c. 7 de la traduction d'Amyot. C.

> *Ad primum lapidem vectari quum placet, hora*
> *Sumitur ex libro; si prurit frictus ocelli*
> *Angulus, inspecta genesi, collyria quærit*[1] :

il se rejectera souvent aux excès mesme, s'il m'en croit : aultrement, la moindre desbauche le ruyne; il se rend incommode et desagreable en conversation. La plus contraire qualité à un honneste homme, c'est la delicatesse et obligation à certaine façon particuliere, et elle est particuliere si elle n'est ployable et souple. Il y a de la honte de laisser à faire par impuissance, ou de n'oser, ce qu'on veoid faire à ses compaignons; que telles gents gardent leur cuisine. Par tout ailleurs il est indecent ; mais à un homme de guerre il est vicieux et insupportable; lequel, comme disoit Philopœmen[2], se doibt accoustumer à toute diversité et inegualité de vie.

Quoyque j'aye esté dressé, autant qu'on a peu, à la liberté et à l'indifference, si est ce que par nonchalance m'estant, en vieillissant, plus arresté sur certaines formes (mon aage est hors d'institution, et n'a desormais dequoy regarder ailleurs qu'à se maintenir), la coustume a desjà, sans y penser, imprimé si bien en moy son charactere en certaines choses que j'appelle exces de m'en despartir ; et, sans m'essayer, ne puis ny dormir sur jour, ny faire collation entre les repas, ny desjeuner, n'y m'aller coucher sans grand intervalle, comme de trois bonnes heures, après le souper, ny faire des enfants qu'avant le sommeil, ny les faire debout, ny porter ma sueur, ny m'abbruver d'eau pure ou de vin pur, ny me tenir nue teste long-temps, ny me faire tondre après disner ; et me passerois autant malaiséement de mes gants que de ma chemise, et de me laver à l'issue de table et à mon lever, et de ciel et rideaux à mon lict, comme de choses bien necessaires. Je disnerois sans nappe : mais, à l'allemande, sans serviette blanche, très incommodement ; je les souille plus qu'eulx et les Italiens ne font, et m'ayde peu de cuiller et de fourchette. Je plainds qu'on n'aye suyvi un train que j'ay veu commencer, à l'exemple des roys;

qu'on nous changeast de serviette selon les services, comme d'assiette. Nous tenons de ce laborieux soldat, Marius, que, vieillissant, il devint delicat en son boire, et ne le prenoit qu'en une sienne couppe particuliere[1]; moy je me laisse aller de mesme à certaine forme de verres[2], et ne bois pas volontiers en verre commun ; non plus que d'une main commune, tout metal m'y desplaist au prix d'une matiere claire et transparente ; que mes yeulx y tastent aussi, selon leur capacité. Je doibs plusieurs telles mollesses à l'usage. Nature m'a aussi, d'aultre part, apporté les siennes ; comme de ne soubstenir plus deux pleins repas en un jour sans surcharger mon estomach ; ny l'abstinence pure de l'un des repas sans me remplir de vents, assicher ma bouche, estonner mon appetit ; de m'offenser d'un long serein ; car, depuis quelques années, aux courvées de la guerre, quand toute la nuict y court, comme il advient communement, après cinq ou six heures l'estomach me commence à troubler, avecques vehemente douleur de teste ; et n'arrive point au jour sans vomir. Comme les aultres s'en vont desjeusner, je m'en vois dormir ; et, au partir de là, aussi gay qu'auparavant. J'avois tousjours appris que le serein ne s'espandoit qu'à la naissance de la nuict : mais, hantant ces années passées familierement, et longtemps, un seigneur imbu de ceste creance, que le serein est plus aspre et dangereux sur l'inclination du soleil une heure ou deux avant son coucher, lequel il evite soigneusement, et mesprise celuy de la nuict ; il a cuidé m'imprimer, non tant son discours[1], que son sentiment. Quoy, que le doubte mesme, et l'inquisition, frappe nostre imagination, et nous change ? Ceulx qui cedent tout à coup à ces pentes attirent l'entiere ruyne sur eulx ; et plainds plusieurs gentilshommes qui, par la sottise de leurs medecins, se sont mis en chartre touts jeunes et entiers ; encores vauldroit il mieulx souffrir un rheume que de perdre pour jamais, par desaccoustumance, le commerce de la vie commune, en action de si grand usage. Fascheuse

---

(1) Veut-il se faire porter à un mille, l'heure du départ est prise dans son livre d'astrologie; l'œil lui démange-t-il pour se l'être frotté, point de remède avant d'avoir consulté son horoscope. Juv., VI, 576.

(2) Ou plutôt, *comme on disoit à Philopœmen. Voyez* sa vie dans Plut., c. 1 de la trad. d'Amyot. C.

(1) Plut., *Comment il fault refrener la cholere*, c. 15. C.
(2) On lit dans l'édition de 1588, *fol.* 480, *verso*: « Les tasses me desplaisent, et l'argent, au prix du verre, et d'estre servy à boire d'une main inaccoustumée et *jestrangiere*, et en verre commun; et me laisse aller au choix de certaine forme de verres. Je doibs plusieurs telles mollesses, etc. »

science, qui nous descric les plus doulces heures du jour ! Estendons nostre possession jusques aux derniers moyens; le plus souvent on s'y durcit en s'opiniastrant, et corrige l'on sa complexion, comme feit Cesar le haut mal, à force de le mespriser et corrompre[1]. On se doibt addonner aux meilleures regles, mais non pas s'y asservir ; si ce n'est à celles, s'il y en a quelqu'une, ausquelles l'obligation et servitude soit utile.

Et les roys et les philosophes fientent, et les dames aussi : les vies publicques se doibvent à la cerimonie[2] ; la mienne, obscure et privée, jouit de toute dispense naturelle ; soldat et gascon sont qualités aussi un peu subjectes à l'indiscretion ; par quoy je diray cecy de ceste action, qu'il est besoing de la renvoyer à certaines heures prescriptes et nocturnes, et s'y forcer par coustume et assubjectir, comme j'ay faict ; mais non s'assubjectir, comme j'ay faict en vieillissant, au soing de particuliere commodité de lieu et de siege pour ce service, et le rendre empeschant par longueur et mollesse ; toutesfois, aux plus sales offices, est il pas aucunement excusable de requerir plus de soing et de netteté ? *Natura homo mundum et elegans animal est*[3]. De toutes les actions naturelles, c'est celle que je souffre plus mal volontiers m'estre interrompue. J'ay veu beaucoup de gents de guerre incommodés du desreglement de leur ventre; tandis que le mien et moy ne nous faillons jamais au poinct de nostre assignation, qui est au sault du lict, si quelque violente occupation ou maladie ne nous trouble.

Je ne juge doncques poinct, comme je disois, où les malades se puissent mettre mieulx en seureté qu'en se tenant coy dans le train de vie où ils se sont eslevés et nouris ; le changement, quel qu'il soit, estonne et blece. Allez croire que les chastaignes nuisent à un Perigourdin ou à un Lucquois, et le laict et le formage aux gents de la montagne. On leur va ordonnant une non seulement nouvelle, mais contraire forme de vie ; mutation qu'un sain ne pourroit souffrir. Ordonnez de l'eau à un Breton de soixante dix ans ; enfermez dans une estuve un homme de marine ; deffendez le promener à un laquay basque ; ils les privent de mouvement, et enfin d'air et de lumiere.

An vivere tanti est?
Cogimur a suetis animum suspendere rebus,
Atque, ut vivamus, vivere desinimus...
Hos superesse reor, quibus et spirabilis aer,
Et lux, qua regimur, redditur ipsa gravis[1] *?*

S'ils ne font aultre bien, ils font au moins cecy qu'ils preparent de bonne heure les patients à la mort, leur sappant peu à peu et retrenchant l'usage de la vie.

Et sain et malade, je me suis volontiers laissé aller aux appetits qui me pressoient. Je donne grande auctorité à mes desirs et propensions ; je n'ayme point à guarir le mal par le mal ; je hais les remedes qui importunent plus que la maladie. D'estre subject à la cholique, et subject à m'abstenir du plaisir de manger des huistres, ce sont deux maulx pour un ; le mal nous pince d'un costé, la regle de l'aultre. Puisqu'on est au hazard de se mescompter, hazardons nous plustost à la suitte du plaisir. Le monde faict au rebours, et ne pense rien utile qui ne soit penible ; la facilité luy est suspecte. Mon appetit, en plusieurs choses, s'est assez heureusement accommodé par soy mesme, et rengé à la santé de mon estomach ; l'acrimonie et la poincte des saulses m'aggréerent estant jeune ; mon estomach s'en ennuyant depuis, le goust l'a incontinent suyvi ; le vin nuit aux malades ; c'est la premiere chose dequoy ma bouche se desgouste, et d'un desgoust invincible. Quoy que je receoive desagreablement me nuit, et rien ne me nuit que je face avecques faim et alaigresse. Je n'ay jamais receu nuisance d'action qui m'eust esté bien plaisante ; et si ay fait ceder à mon plaisir, bien largement, toute conclusion medecinale ; et me suis, jeune,

Quem circumcursans huc atque huc sæpe Cupido
Fulgebat crocina splendidus in tunica[2]*,*

---

(1) *Voyez* sa vie dans PLUT., c. 5 de la version d'Amyot. C.

(2) Édition de 1588, fol. 481 : « Les aultres ont pour leur part la discretion et la suffisance, moy, l'ingenuité et la liberté : les vies publicques, etc. »

(3) L'homme est, de sa nature, un animal propre et délicat. SÉN., *Epist.* 92.

(1) La vie est-elle d'un si grand prix ?... On nous oblige à nous priver des choses auxquelles nous sommes accoutumés, et, pour prolonger notre vie, nous cessons de vivre... En effet, mettrai-je au nombre des vivants ceux à qui l'on rend incommode l'air qu'ils respirent et la lumière qui les éclaire ? PSEUDO-GALL., *Eleg.*, I, 155, 247. — On n'y trouve point ces mots : *An vivere tanti est?*

(2) Lorsque l'Amour, couvert d'une robe éclatante, voltigeait sans cesse autour de moi. CATULLE, *Carm.*, LXVI, 133.

presté, autant licencieusement et inconsiderément qu'aultre, au desir qui me tenoit saisi ;

Et militavi non sine gloria[1] *;*

plus toutes fois en continuation et en durée qu'en saillie :

Sex me vix memini sustinuisse vices[2].

Il y a du malheur, certes, et du miracle à confesser en quelle foiblesse d'ans je me rencontray premierement en sa subjection. Ce feut bien rencontre; car ce feut long temps avant l'aage de chois et de cognoissance. Il ne me souvient point de moy de si loing; et peult on marier ma fortune à celle de Quartilla[3], qui n'avoit point memoire de son fillage?

Inde tragus, celeresque pili, mirandaque matri Barba meæ[4].

Les medecins ployent, ordinairement avecques utilité, leurs regles à la violence des envies aspres qui surviennent aux malades. Ce grand desir ne se peult imaginer si estrangier et vicieux que nature ne s'y applique. Et puis combien est ce de contenter la fantasie? A mon opinion, ceste piece là importe de tout, au moins au de là de toute aultre. Les plus griefs et ordinaires maulx sont ceulx que la fantasie nous charge. Ce mot espaignol me plaist à plusieurs visages : *Defienda me Dios de my*[5]. Je plaindls, estant malade, de quoy je n'ay quelque desir qui me donne ce contentement de l'assouvir; à peine m'en destourneroit la medecine. Autant en fois je sain, je ne veois gueres plus qu'esperer et vouloir. C'est pitié d'estre alanguy et affoibly jusques au souhaiter.

L'art de medecine n'est pas si resolue que nous soyons sans auctorité, quoy que nous facions; elle change selon les climats et selon les lunes, selon Fernel et selon l'Escale[6]. Si vostre medecin ne treuve bon que vous dormez, que vous usez de vin ou de telle viande, ne vous chaille; je vous en trouveray un aultre qui ne sera pas de son advis. La diversité des arguments et opinions medecinales embrasse toute sorte de formes. Je veis un miserable malade crever et se pasmer d'alteration pour se guarir, et estre mocqué depuis par un aultre medecin, condamnant ce conseil comme nuisible. Avoit il pas bien employé sa peine? Il est mort freschement de la pierre un homme de ce mestier qui s'estoit servy d'extreme abstinence à combattre son mal. Ses compaignons disent qu'au rebours ce jeusne l'avoit asseiché et luy avoit cuict le sable dans les roignons.

J'ay apperceu qu'aux bleceures et aux maladies le parler m'esmeut et me nuit autant que desordre que je face. La voix me couste et me lasse, car je l'ay haulte et efforcée; si que, quand je suis venu à entretenir l'aureille des grands d'affaires de poids, je les ay mis souvent en soing de moderer ma voix.

Ce conte merite de me divertir. Quelqu'un[1], en certaine eschole grecque, parloit hault comme moy; le maistre des cerimonies luy manda qu'il parlast plus bas. « Qu'il m'envoye, feit il, le ton auquel il veult que je parle. » L'autre luy repliqua « qu'il prinst son ton des aureilles de celuy à qui il parloit. » C'estoit bien dict, pourveu qu'il s'entende. « Parlez selon ce que vous avez à faire à vostre auditeur; » car si c'est à dire : « Suffise qu'il vous oye, ou reglez vous par luy, » je ne treuve pas que ce feust raison. Le ton et mouvement de la voix a quelque expression et signification de mon sens; c'est à moy à le conduire pour me representer. Il y a voix pour instruire, voix pour flater ou pour tanser; je veulx que ma voix non seule-

---

(1) Et j'ai mérité quelque gloire dans ce genre de combat. HOR., *Od.*, III, 26, 2.

(2) Je me souviens d'avoir à peine remporté six victoires. Ov., *Amor.*, III, 7, 26. Ovide même se vante de quelque chose de plus. Nous permettra-t-on de renvoyer au conte de La Fontaine intitulé : *le Berceau*, v. 246? Ce que Pinucio dit là, Montaigne déclare qu'à peine il croit avoir jamais pu l'assurer pour son propre compte. C.

(3) Qui dit dans Pétrone, c. 25 : *Junonem meam iratam habeam, si unquam me meminerim virginem fuisse!* C.

(4) Aussi eus-je bientôt du poil sous l'aisselle, et ma barbe précoce étonna ma mère. MART., XI, 22, 7.

(5) Que Dieu me défende de moi-même!

(6) *Fernel,* médecin de Henri II, célèbre praticien, né en 1497, mort en 1558. — *L'Escale*, plus connu sous le nom de J. C. Scaliger, un des plus grands érudits de ce siècle. Il n'était pas permis alors d'être savant sans donner à son nom un air latin ou grec. *Turnebus* avait nom Tournebu ; *Budæus*, Budé ; *Philander*, Filandrier ; *Hortibonus* ou *Hortusbonus*, Casaubon ; *Melanchthon* (μέλαινα χθών), Schwartzerde, etc. Sans-Malice, medecin de François 1er, se fit appeler en grec *Akakia* (ἀκακία). Plus tard, Van der Beken s'appela *Torrentius* ; Voorbroek, *Perizonius*, etc. Sous Louis XIV, deux jésuites changèrent leur nom, qui leur semblait ridicule : le père Annat se nommait le P. Canard (*Anas*), et le P. Commire, le P. Commère. J. V. L.

(1) C'était *Carnéade.* Voyez la Vie de ce philosophe dans DIOG. LAERCE, IV, 63. C.

ment arrive à luy, mais à l'adventure qu'elle le frappe et qu'elle le perce. Quand je mastine mon laquay d'un ton aigre et poignant, il seroit bon qu'il veinst à me dire : « Mon maistre, parlez plus doulx, je vous oys bien. » *Est quædam vox ad auditum accommodata, non magnitudine, sed proprietate*[1]. La parole est moitié à celuy qui parle, moitié à celuy qui l'escoute ; cestuy cy se doibt preparer à la recevoir selon le bransle qu'elle prend, comme entre ceulx qui jouent à la paulme, celuy qui soubstient se desmarche[2] et s'appreste selon qu'il veoid remuer celuy qui luy jecte le coup et selon la forme du coup.

L'experience m'a encores appris cecy, que nous nous perdons d'impatience. Les maulx ont leur vie et leurs bornes, leurs maladies et leur santé. La constitution des maladies est formée au patron de la constitution des animaulx ; elles ont leur fortune limitée dès leur naissance et leurs jours. Qui essaye de les abbreger imperieusement par force au travers de leur course, il les alonge et multiplie, et les harcelle au lieu de les appaiser. Je suis de l'advis de Crantor, « Qu'il ne fault ny obstineement s'opposer aux maulx et à l'estourdie, ny leur succomber de mollesse ; mais qu'il leur fault ceder naturellement, selon leur condition et la nostre. » On doibt donner passage aux maladies, et je treuve qu'elles arrestent moins chez moy qui les laisse faire, et en ay perdu de celles qu'on estime plus opiniastres et tenaces de leur propre decadence, sans ayde et sans art et contre ses regles. Laissons faire un peu à nature ; elle entend mieulx ses affaires que nous. « Mais un tel en mourut. » Si ferez vous, sinon de ce mal là, d'un aultre ; et combien n'ont pas laissé d'en mourir ayant trois medecins à leur cul[3]? L'exemple est un mirouer vague, universel et à tout sens. Si c'est une medecine voluptueuse, acceptez la ; c'est tousjours autant de bien present. Je ne m'arresteray ny au nom ny à la couleur, si elle est delicieuse et appetissante ; le plaisir est des principales especes du proufit. J'ay laissé envieillir et mourir en moy,

de mort naturelle, des rheumes, defluxions goutteuses, relaxation, battements de cœur, micraines et aultres accidents que j'ay perdus quand je m'estois à demy formé à les nourrir. On les conjure mieulx par courtoisie que par braverie. Il fault souffrir doulcement les loix de nostre condition : nous sommes pour vieillir, pour affoiblir, pour estre malades en despit de toute medecine. C'est la premiere leçon que les Mexicains font à leurs enfants quand, au partir du ventre des meres, ils les vont saluant ainsin : « Enfant, tu es venu au monde pour endurer ; endure, souffre et tais toy. » C'est injustice de se douloir qu'il soit advenu à quelqu'un ce qui peult advenir à chascun : *Indignare, si quid in te inique proprie constitutum est*[1].

Veoyez un vieillard qui demande à Dieu qu'il luy maintienne sa santé entiere et vigoreuse, c'est à dire qu'il le remette en jeunesse :

Stulte, quid hæc frustra votis puerilibus optas[2]?

n'est ce pas folie? sa condition ne le porte pas. La goutte, la gravelle, l'indigestion, sont symptomes des longues années, comme des longs voyages la chaleur, les pluyes et les vents. Platon[3] ne croit pas qu'Æsculape se meist en peine de prouveoir, par regimes, à faire durer la vie en un corps gasté et imbecille, inutile à son pays, inutile à sa vacation et à produire des enfants sains et robustes, et ne treuve pas ce soing convenable à la justice et prudence divine qui doibt conduire toutes choses à utilité. Mon bon homme, c'est faict : on ne vous sçauroit redresser ; on vous plastrera pour le plus et estansonnera un peu, et alongera l'on de quelque heure vostre misere :

Non secus instantem cupiens fulcire ruinam,
Diversis contra nititur objicibus ;
Donec certa dies, omni compage soluta,
Ipsum cum rebus subruat auxilium[4] :

Il fault apprendre à souffrir ce qu'on ne peult eviter. Nostre vie est composée, comme l'har-

---

(1) Il y a une sorte de voix qui est faite pour l'oreille, non pas tant par son étendue que par sa propriété. QUINTIL., XI, 3.

(2) *Se retire en arrière.*

(3) L'édition de 1588, fol. 483, dit plus honnêtement, *à leur costé.*

(1) Plains-toi, si l'on t'impose à toi seul une injuste loi. SÉN., Epist. 91.

(2) Insensé ! à quoi bon ces vœux puérils, qui ne sauraien être accomplis ? OVIDE, *Trist.*, III, 8, 11.

(3) *République*, liv. III, p. 425. C.

(4) Ainsi celui qui veut soutenir un bâtiment l'étaie dans les endroits où il menace ruine ; mais enfin toute la charpente se désunit, et les étais tombent avec l'édifice. PSEUDO-GALLUS, I, 171.

monie du monde, de choses contraires, aussi de divers tons, doulx et aspres, aigus et plats, mols et graves. Le musicien qui n'en aymeroit que les uns, que vouldroit il dire? Il fault qu'il s'en sçache servir en commun et les mesler, et nous aussi les biens et les maulx qui sont consubstanciels à nostre vie. Nostre estre ne peult sans ce meslange et y est l'une bande non moins necessaire que l'aultre. D'essayer à regimber contre la necessité naturelle, c'est representer la folie de Ctesiphon[1], qui entreprenoit de faire à coups de pied avecques sa mule.

Je consulte peu des alterations que je sens; car ces gents icy sont advantageux quand ils vous tiennent à leur misericorde. Ils vous gourmandent les aureilles de leurs prognostiques, et, me surprenant aultresfois affoibly du mal, m'ont injurieusement traicté de leurs dogmes et trongne magistrale, me menaceant, tantost de grandes douleurs, tantost de mort prochaine. Je n'en estois abbattu ny deslogé de ma place; mais j'en estois heurté et poulsé. Si mon jugement n'en est ny changé ny troublé, au moins il en estoit empesché; c'est tousjours agitation et combat.

Or, je traicte mon imagination le plus doulcement que je puis, et la deschargerois, si je pouvois, de toute peine et contestation. Il la fault secourir et flater, et piper qui peult. Mon esprit est propre à cest office; il n'a point faulte d'apparences par tout. S'il persuadoit comme il presche, il me secourroit heureusement. Vous en plaist il un exemple? Il dict « que c'est pour mon mieulx que j'ay la gravelle; que les bastiments de mon aage ont naturellement à souffrir quelque gouttiere. Il est temps qu'ils commencent à se lascher et desmentir. C'est une commune necessité, et n'eust on pas faict pour moy un nouveau miracle? Je paye par là le loyer deu à la vieillesse et ne sçaurois en avoir meilleur compte. Que la compaignie me doibt consoler, estant tumbé en l'accident le plus ordinaire des hommes de mon temps. J'en veois par tout d'affligés de mesme nature de mal, et m'en est la societé honnorable, d'autant qu'il se prend plus volontiers aux grands; son essence a de la noblesse et de la dignité. Que des hommes qui en sont frappés, il en est peu de quittes à meilleure raison, et si il leur couste la peine d'un fascheux regime et la prinse ennuyeuse et quotidienne des drogues medecinales, là où je le doibs purement à ma bonne fortune; car quelques bouillons communs de l'eryngium[1] et herbe du turc, que deux ou trois fois j'ay avallés en faveur des dames qui, plus gracieusement que mon mal n'est aigre, m'en offroient la moitié du leur, m'ont semblé egualement faciles à prendre et inutiles en operation. Ils ont à payer mille vœux à Æsculape et autant d'escus à leur medecin de la profluvion[2] de sable aysée et abondante que je reçois souvent par le benefice de nature. La decence mesme de ma contenance en compaignie n'en est pas troublée, et porte mon eau dix heures et aussi long temps qu'un sain. La crainte de ce mal, faict il, t'effrayoit aultresfois quand il t'estoit incogneu; les cris et le desespoir de ceulx qui l'aigrissent par leur impatience t'en engendroient l'horreur. C'est un mal qui te bat les membres par lesquels tu as le plus failly. Tu es homme de conscience,

Quœ venit indigne pœna, dolenda venit[3] :

regarde ce chastiement; il est bien doulx au prix d'aultres et d'une faveur paternelle. Regarde sa tardifveté; il n'incommode et occupe que la saison de ta vie qui, ainsi comme ainsin, est meshuy perdue et sterile, ayant faict place à la licence et plaisirs de ta jeunesse comme par composition. La crainte et pitié que le peuple a de ce mal te sert de matiere de gloire, qualité de laquelle, si tu as le jugement purgé et en as guary ton discours, tes amis pourtant en recognoissent encores quelque teincture en ta complexion. Il y a plaisir à ouïr dire de soy : Voylà bien de la force, voylà bien de la patience. On te veoid suer d'ahan, paslir, rougir, trembler, vomir jusques au sang, souffrir des contractions et convulsions estranges, desgoutter par fois de grosses larmes des yeulx, rendre les urines espesses, noires et effroyables ou les avoir arrestées par quelque pierre espineuse et herissée qui te poinct et es-

---

(1) Certain escrimeur, dont Plutarque rapporte cela dans le traité, *Comment il fault refrener la cholere*, c. 8 de la version d'Amyot. C.

(1) *Panicot*, ou *chardon roland*.—Herbe du turc, turquette, nom vulgaire de la herniaire, *herniaria glabra*.

(2) *Pour un escoulement de sable aisé et abondant*, etc. *Profluvion* est purement latin, *profluvium sanguinis*, flux de sang. C.

(3) Le mal qu'on n'a pas mérité est le seul dont on ait droit de se plaindre. Ov., *Heroïd.*, V, 8.

corche cruellement le col de la verge, entretenant ce pendant les assistants d'une contenance commune, bouffonnant à pauses[1] avecques tes gents, tenant ta partie en un discours tendu, excusant de parole ta douleur et rabbattant de ta souffrance. Te souvient il de ces gents du temps passé qui recherchoient les maulx avecques si grand'faim pour tenir leur vertu en haleine et en exercice? Mets le cas que nature te porte et te poulse à ceste glorieuse eschole en laquelle tu ne feusses jamais entré de ton gré. Si tu me dis que c'est un mal dangereux et mortel, quels aultres ne le sont? car c'est une piperie medecinale d'en excepter aulcuns qu'ils disent n'aller point de droict fil à la mort. Qu'importe s'ils y vont par accident ou s'ils glissent et gauchissent ayséement vers la voye qui nous y mene? Mais tu ne meurs pas de ce que tu es malade, tu meurs de ce que tu es vivant. La mort te tue bien sans le secours de la maladie, et à d'aulcuns les maladies ont esloingné la mort qui ont plus vescu de ce qu'il leur sembloit s'en aller mourants. Joinct qu'il est, comme des playes, aussi des maladies medecinales et salutaires. La cholique est souvent non moins vivace que vous. Il se veoid des hommes ausquels elle a continué depuis leur enfance jusques à leur extreme vieillesse, et, s'ils ne luy eussent failly de compaignie, elle estoit pour les assister plus oultre. Vous la tuez plus souvent qu'elle ne vous tue. Et quand elle te presenteroit l'image de la mort voysine, seroit ce pas un bon office, à un homme de tel aage, de le ramener aux cogitations de sa fin? Et qui pis est, tu n'as plus pour quoy guarir. Ainsi comme ainsin, au premier jour la commune necessité t'appelle. Considere combien artificiellement et doulcement elle te desgouste de la vie et desprend du monde, non te forcent d'une subjection tyrannique, comme tant d'aultres maulx que tu veois aux vieillards qui les tiennent continuellement entravés et sans relasche de foiblesses et douleurs, mais par advertissements et instructions reprinses à intervalles, entremeslant des longues pauses de repos comme pour te donner moyen de mediter et repeter sa leçon à ton ayse. Pour te donner moyen de juger sainement et prendre party en homme de cœur, elle te presente l'estat de ta condition entiere et en bien et en mal, et en mesme jour une vie très alaigre tantost, tantost insupportable. Si tu n'accolles la mort, au moins tu luy touches en paulme une fois le mois. Par où tu as de plus à esperer qu'elle t'attrappera un jour sans menace, et qu'estant si souvent conduict jusques au port, te fiant d'estre encores aux termes accoustumés, on t'aura et ta fiancé passé l'eau un matin inopinéement. On n'a point à se plaindre des maladies qui partagent loyalement le temps avecques la santé. »

Je suis obligé à la fortune de quoy elle m'assault si souvent de mesme sorte d'armes : elle m'y façonne et m'y dresse par usage, m'y durcit et habitue : je sçais à peu près meshui en quoy j'en doibs estre quite. A faulte de memoire naturelle, j'en forge de papier, et comme quelque nouveau symptome survient à mon mal, je l'escris, d'où il advient que asture, estant quasi passé par toute sorte d'exemples, si quelque estonnement me menace, feuilletant ces petits brevets descousus, comme des feuilles sibyllines, je ne faulx plus de trouver où me consoler de quelque prognostique favorable en mon experience passée[1]. Me sert aussi l'accoustumance à mieux esperer pour l'advenir : car la conduicte de ce vuidange ayant continué si longtemps, il est à croire que nature ne changera point ce train, et n'en adviendra aultre pire accident que celuy que je sens. En oultre la condition de ceste maladie n'est point mal advenante à ma complexion prompte et soubdaine : quand elle m'assault mollement, elle me faict peur, car c'est pour long temps ; mais naturellement, elle a des excès vigoreux et gaillards, elle me secoue à oultrance pour un jour ou deux. Mes reins ont duré un aage sans alteration ; il y en a tantost un aultre qu'ils ont changé d'estat : les maulx ont leur periode comme les biens ; à l'adventure est cest accident à sa fin. L'aage affoiblit la chaleur de mon estomach ; sa digestion en estant moins

---

(1) *Plaisantant, riant de temps en temps.* Il y a dans l'édition de 1588, fol. 484, verso, « raillant à pauses avec les dames. »

(1) C'est le recueil de ces *petits brevets* qui compose en partie le Journal du Voyage de Montaigne en Italie, publié en 1774 : l'histoire de sa gravelle devait, en effet, y tenir une grande place, puisqu'il était surtout allé prendre les eaux minérales de Lorraine, de Suisse et de Toscane, et qu'il lui importait de se rendre compte du bien ou du mal qu'elles pouvaient lui faire. On s'aperçoit aisément qu'il n'écrivait ou ne dictait ces notes que pour lui. J. V. L.

parfaicte, il renvoye ceste matiere crue à mes reins : pourquoy ne pourra estre, à certaine revolution, affoibli pareillement la chaleur de mes reins, si bien qu'ils ne puissent plus petrifier mon flegme, et nature s'acheminer à prendre quelque aultre voye de purgation? Les ans m'ont evidemment faict tarir aulcuns rheumes; pourquoy non ces excrements qui fournissent de matiere à la grave? mais est il rien doulx au prix de ceste soubdaine mutation, quand, d'une douleur extreme, je viens, par le vuidange de ma pierre, à recouvrer comme d'un esclair la belle lumiere de la santé, si libre et si pleine, comme il advient en nos soubdaines et plus aspres choliques? Y a il rien en ceste douleur soufferte, qu'on puisse contrepoiser au plaisir d'un si prompt amendement? De combien la santé me semble plus belle après la maladie, si voysine et si contiguë que je les puis recognoistre, en presence l'une de l'aultre en leur plus hault appareil ; où elles se mettent à l'envy comme pour se faire teste et contrecarre[1]! Tout ainsi que les stoïciens disent que les vices sont utilement introduicts pour donner prix et faire espaule à la vertu[2] : nous pouvons dire, avecques meilleure raison, et conjecture moins hardie, que nature nous a presté la douleur pour l'honneur et service de la volupté et indolence. Lorsque Socrates, après qu'on l'eut deschargé de ses fers, sentit la friandise de ceste demangeaison que leur pesanteur avoit causé en ses jambes, il se resjouit à considerer l'estroicte alliance de la douleur à la volupté; comme elles sont associées d'une liaison necessaire, si qu'à tours elles se suyvent et s'entr'engendrent; et s'escrioit au bon Esope qu'il deust avoir prins de ceste consideration un corps propre à une belle fable[3].

Le pis que je veoye aux aultres maladies, c'est qu'elles ne sont pas si griefves en leur effect comme elles sont en leur yssue : on est un an à se r'avoir, tousjours plein de foiblesse et de crainte. Il y a tant de hazard et tant de degrés à se reconduire à sauveté que ce n'est jamais faict : avant qu'on vous aye deffublé d'un couvre-chef et puis d'une calote; avant qu'on vous aye rendu l'usage de l'air, et du vin, et de vostre femme, et des melons, c'est grand cas si vous n'estes recheu en quelque nouvelle misere. Ceste cy a ce privilege, qu'elle s'emporte tout net : là où les aultres laissent tousjours quelque impression et alteration qui rend le corps susceptible de nouveau mal, et se prestent la main les uns aux aultres. Ceulx là sont excusables, qui se contentent de leur possession sur nous sans l'estendre et sans introduire leur sequelle; mais courtois et gracieux sont ceulx de qui le passage nous apporte quelque utile consequence. Depuis ma cholique, je me treuve deschargé d'aultres accidents, plus ce me semble que je n'estois auparavant, et n'ay point eu de fiebvre depuis ; j'argumente que les vomissements extremes et frequents que je souffre me purgent : et d'aultre costé, mes desgoustements, et les jeusnes estranges que je passe, digerent mes humeurs peccantes; et nature vuide, en ces pierres, ce qu'elle a de superflu et nuisible. Qu'on ne me die point que c'est une medecine trop cher vendue : car quoy, tant de puants bruvages, cauteres, incisions, suées, setons, dietes, et tant de formes de guarir, qui nous apportent souvent la mort, pour ne pouvoir soubstenir leur violence et importunité? Par ainsi, quand je suis attainct, je le prends à medecine; quand je suis exempt, je le prends à constante et entiere delivrance.

Voicy encores une faveur de mon mal particuliere : c'est qu'à peu près il faict son jeu à part, et me laisse faire le mien, ou il ne tient qu'à faulte de courage; en sa plus grande esmotion je l'ay tenu dix heures à cheval. Souffrez seulement, vous n'avez que faire d'aultre regime; jouez, disnez, courez, faictes cecy, et faictes encores cela, si vous pouvez; vostre desbauche y servira plus qu'elle y nuira : dictes en autant à un verolé, à un goutteux, à un hernieux. Les aultres maladies ont des obligations plus universelles, gehennent bien aultrement nos actions, troublent tout nostre ordre, et engagent à leur consideration tout l'estat de la vie : ceste cy ne faict que pincer la peau ; elle vous laisse l'entendement et la volonté en vostre disposition, et la langue, et les pieds, et les mains; elle vous esveille plustost qu'elle ne vous assopit. L'ame est frappée de l'ardeur d'une fiebvre et atterrée d'une epilepsie, et disloquée par une aspre micraine, et enfin estonnée par toutes les

---

(1) *Opposition.*

(2) Ce sentiment est expressément combattu par PLUT., dans le traité *des Communes conceptions contre les Stoïques*, c. 10 et suiv. C.

(3) PLATON, *Phédon*, p. 60. C.

maladies qui blecent la masse et les plus nobles parties : icy on ne l'attaque point ; s'il luy va mal, à sa coulpe ; elle se trahit elle mesme, s'abandonne et se desmonte. Il n'y a que les fols qui se laissent persuader que ce corps dur et massif qui se cuict en nos roignons se puisse dissouldre par bruvages : par quoy, depuis qu'il est esbranlé, il n'est que de luy donner passage ; aussi bien le prendra il.

Je remarque encores ceste particuliere commodité, que c'est un mal auquel nous avons peu à deviner : nous sommes dispensés du trouble auquel les aultres maulx nous jectent par l'incertitude de leurs causes, et conditions, et progrès ; trouble infiniment penible : nous n'avons que faire de consultations et interpretations doctorales ; les sens nous montrent que c'est et où c'est.

Par tels arguments, et forts et foibles, comme Cicero[1] le mal de sa vieillesse, j'essaye d'endormir et amuser mon imagination et graisser ses playes. Si elles s'empirent demain, demain nous y pourvoyrons d'aultres eschappatoires. Qu'il soit vray : voicy, depuis le nouveau, que les plus legiers mouvements espreignent le pur sang de mes reins ; quoy pour cela ? je ne laisse de me mouvoir comme devant et picquer après mes chiens, d'une juvenile ardeur et insolente, et treuve que j'ay grand' raison d'un si important accident, qui ne me couste qu'une sourde poisanteur et alteration en ceste partie ; c'est quelque grosse pierre qui foule et consomme la substance de mes roignons et ma vie, que je vuide peu à peu, non sans quelque naturelle doulceur, comme un excrement hormais superflu et empeschant. Or, sens je quelque chose qui croule ? ne vous attendez pas que j'aille m'amusant à recognoistre mon pouls et mes urines, pour y prendre quelque prevoyance ennuyeuse : je seray assez à temps à sentir le mal, sans l'alonger par le mal de la peur. Qui craint de souffrir, il souffre desjà de ce qu'il craint. Joinct que la dubitation et ignorance de ceulx qui se meslent d'expliquer les ressorts de nature et ses internes progrès, et tant de faulx prognostiques de leur art, nous doibt faire cognoistre qu'elle a ses moyens infiniment incogneus : il y a grande incertitude, varieté et obscurité, de ce qu'elle nous promet ou menace. Sauf la vieillesse qui est un signe indubitable de l'approche de la mort, de touts les aultres accidents, je veois peu de signes de l'advenir sur quoy nous ayons à fonder nostre divination. Je ne me juge que par vray sentiment, non par discours. A quoy faire ? puisque je n'y veulx apporter que l'attente et la patience. Voulez vous sçavoir combien je gaigne à cela ? regardez ceulx qui font aultrement et qui despendent de tant de diverses persuasions et conseils ; combien souvent l'imagination les presse sans le corps. J'ay maintesfois prins plaisir, estant en seureté et delivré de ces accidents dangereux, de les communiquer aux medecins, comme naissants lors en moy : je souffrois l'arrest de leurs horribles conclusions, bien à mon ayse ; et en demeurois de tant plus obligé à Dieu de sa grace, et mieulx instruict de la vanité de cest art.

Il n'est rien qu'on doibve tant recommander à la jeunesse que l'activité et la vigilance : nostre vie n'est que mouvement. Je m'esbranle difficilement, et suis tardif par tout ; à me lever, à me coucher, et à mes repas : c'est matin pour moy que sept heures, et où je gouverne je ne disne ny avant onze ni ne soupe qu'après six heures. J'ay aultresfois attribué la cause des fiebvres et maladies où je suis tumbé, à la pesanteur et assopissement que le long sommeil m'avoit apporté, et me suis tousjours repenty de me r'endormir le matin. Platon veult plus de mal à l'excès du dormir qu'à l'excès du boire[1]. J'ayme à coucher dur et seul, voire sans femme, à la royale ; un peu bien couvert. On ne bassine jamais mon lict ; mais depuis la vieillesse, on me donne, quand j'en ay besoing, des draps à eschauffer les pieds et l'estomach. On trouvoit à redire au grand Scipion, d'estre dormart[2] ; non, à mon advis, pour aultre raison, sinon qu'il faschoit aux hommes qu'en luy seul il n'y eust aucune chose à redire. Si j'ay quelque curiosité en mon traictement, c'est plustost au coucher qu'à aultre chose ; mais je cede et m'accommode en general, autant que tout aultre, à la necessité. Le dormir a occupé une grande partie de ma vie, et le continue en-

---

[1] Tâche d'adoucir et d'amuser le mal de sa vieillesse (dans son livre de Senectute) ; j'essaye d'endormir, etc. C.

[1] DIOG. LAERCE, Vie de Platon, III, 59 ; et Platon lui-même Lois, VII, 13, p. 892. J. V. L.

[2] PLUT., Qu'il est requis qu'un prince soit savant, c. 6, à la fin. C.

cores en cest aage huict ou neuf heures d'une haleine. Je me retire avecques utilité de ceste propension paresseuse; et en vaulx evidemment mieulx. Je sens un peu le coup de la mutation; mais c'est faict en trois jours. Et n'en veois gueres qui vive à moins, quand il est besoing, et qui s'exerce plus constamment, ny à qui les corvées poisent moins. Mon corps est capable d'une agitation ferme, mais non pas vehemente et soubdaine. Je fuys meshuy les exercices violents et qui me menent à la sueur; mes membres se lassent avant qu'ils s'eschauffent. Je me tiens debout, tout le long d'un jour, et ne m'ennuye point à me promener; mais sur le pavé, depuis mon premier aage, je n'ay aymé d'aller qu'à cheval; à pied je me crotte jusques aux fesses; et les petites gents sont subjects, par ces rues, à estre chocqués et coudoyés, à faulte d'apparence : et ay aymé à me reposer, soit couché, soit assis, les jambes autant ou plus haultes que le siege.

Il n'est occupation plaisante comme la militaire : occupation et noble en execution (car la plus forte, genereuse et superbe de toutes les vertus est la vaillance), et noble en sa cause : il n'est point d'utilité, ny plus juste, ny plus universelle, que la protection du repos et grandeur de son païs. La compaignie de tant d'hommes vous plaist, nobles, jeunes, actifs; la veu ordinaire de tant de spectacles tragiques, la liberté de ceste conversation sans art, et une façon de vie masle et sans cerimonie, la varieté de mille actions diverses, ceste courageuse harmonie de la musique guerriere qui vous entretient et eschauffe et les aureilles et l'ame; l'honneur de cest exercice, son aspreté mesme et sa difficulté, que Platon estime si peu, qu'en sa republique il en faict part aux femmes et aux enfants : vous vous conviez aux roolles et hazards particuliers, selon que vous jugez de leur esclat et de leur importance; soldat volontaire; et veoyez quand la vie mesme y est excusablement employée,

Pulchrumque mori succurrit in armis[1].

De craindre les hazards communs qui regardent une si grande presse; de n'oser ce que tant de sortes d'ames osent, et tout un peuple, c'est à faire à un cœur mol et bas oultre mesure : la compaignie asseure jusques aux enfants. Si d'aultres vous surpassent en science, en grace, en force, en fortune, vous avez des causes tierces à qui vous en prendre; mais de leur ceder en fermeté d'ame, vous n'avez à vous en prendre qu'à vous. La mort est plus abjecte, plus languissante et penible dans un lict qu'en un combat : les fiebvres et les catarrhes autant douloureux et mortels qu'une harquebuzade. Qui seroit faict à porter valeureusement les accidents de la vie commune n'auroit point à grossir son courage pour se rendre gendarme. *Vivere, mi Lucili, militare est*[1].

Il ne me souvient point de m'estre jamais veu galleux : si est la graterie, des gratifications de nature les plus doulces, et autant à main; mais ell' a la penitence trop importunement voysine. Je l'exerce plus aux aureilles, que j'ay au dedans pruantes[2], par secousses.

Je suis nay de touts les sens, entiers quasi à la perfection. Mon estomach est commodement bon, comme est ma teste; et, le plus souvent, se maintiennent au travers de mes fiebvres, et aussi mon haleine. J'ay oultrepassé l'aage[3] auquel des nations, non sans occasion, avoient prescript une si juste fin à la vie, qu'elles ne permettoient point qu'on l'excedast; si ay je encores des remises, quoyqu'inconstantes et courtes, si nettes, qu'il y a peu à dire de la santé et indolence de ma jeunesse. Je ne parle pas de la vigueur et alaigresse : ce n'est pas raison qu'elle me suyve hors ses limites;

*Non hoc amplius est liminis, aut aquæ
Cœlestis, patiens latus*[4].

Mon visage me descouvre incontinent, et mes yeulx : touts mes changements commencent par là, et un peu plus aigres qu'ils ne sont en effect; je fois souvent pitié à mes amis, avant que j'en sente la cause. Mon mirouer ne m'estonne pas; car, en la jeunesse mesme, il m'est

---

(1) Qu'il est beau de mourir les armes à la main!
VIRG., *En.*, II, 317.

(1) Vivre, mon cher Lucilius, c'est faire la guerre. SÉN., *Epist.* 96.

(2) Sujettes à des démangeaisons.

(3) Montaigne avait mis d'abord, comme on le voit dans l'exemplaire de Bordeaux : « J'ai oultrepassé tantost de six ans le cinquantiesme, auquel des nations, etc. » Cette phrase, écrite une année seulement après l'édition de 1588, n'a pu rester; car l'auteur n'a cessé de revoir et d'augmenter son livre jusqu'à sa mort, en 1592. J. V. L.

(4) Je n'ai plus la force de rester la nuit devant la porte d'une maîtresse, à souffrir le froid ou la pluie. HOR., *Od.*, III, 10. 19.

advenu, plus d'une fois, de chausser ainsin un teinct et un port trouble et de mauvais prognostique, sans grand accident; en maniere que les medecins, qui ne trouvoient au dedans cause qui respondist à ceste alteration externe, l'attribuoient à l'esprit, et à quelque passion secrete qui me rongeast au dedans : ils se trompoient. Si le corps se gouvernoit autant selon moy, que faict l'ame, nous marcherions un peu plus à nostre ayse : je l'avois lors, non seulement exempte de trouble, mais encores pleine de satisfaction et de feste, comme elle est le plus ordinairement, moitié de sa complexion, moitié de son desseing :

Nec vitiant artus ægræ contagia mentis [1].

Je tiens que ceste sienne temperature a relevé maintesfois le corps de ses cheutes : il est souvent abbattu; que si elle n'est enjouée, elle est au moins en estat tranquille et reposé. J'eus la fiebvre quarte quatre ou cinq mois, qui m'avoit tout desvisagé; l'esprit alla tousjours non paisiblement [2], mais plaisamment. Si la douleur est hors de moy, l'affoiblissement et la langueur ne m'attristent gueres : je veois plusieurs defaillances corporelles, qui font horreur seulement à nommer, que je craindrois moins que mille passions et agitations d'esprit que je veois en usage. Je prends party de ne plus courre; c'est assez que je me traisne : ny ne me plainds de la decadence naturelle qui me tient;

Quis tumidum guttur miratur in Alpibus [3].

non plus que je ne regrette que ma durée ne soit aussi longue et entiere que celle d'un chesne.

Je n'ay point à me plaindre de mon imagination : j'ay eu peu de pensées en ma vie qui m'ayent seulement interrompu le cours de mon sommeil, si elles n'ont esté du desir, qui m'esveillast sans m'affliger. Je songe peu souvent; et lors, c'est des choses fantastiques et des chimeres, produictes communement de pensées plaisantes, plustost ridicules que tristes : et tiens qu'il est vray que les songes sont loyaux interpretes de nos inclinations; mais il y a de l'art à les assortir et entendre :

*Res, quæ in vita usurpant homines, cogitant, curant, vident,
Quæque agunt vigilantes, agitantque, ea si cui in somno accidunt,
Minus mirandum est* [1].

Platon dict dadvantage que c'est l'office de la prudence d'en tirer des instructions divinatrices pour l'advenir [2] : je ne veois rien à cela, sinon les merveilleuses experiences que Socrates, Xenophon, Aristote, en recitent, personnages d'auctorité irreprochable. Les histoires disent [3] que les Atlantes ne songent jamais; qui ne mangent aussi rien qui aye prins mort : ce que j'adjouste, d'autant que c'est à l'adventure l'occasion pour quoy ils ne songent point; car Pythagoras ordonnoit certaine preparation de nourriture, pour faire les songes à propos [4]. Les miens sont tendres, et ne m'apportent aulcune agitation de corps, ny expression de voix. J'ay veu plusieurs de mon temps en estre merveilleusement agités : Theon le philosophe se promenoit en songeant, et le valet de Pericles sur les tuiles mesmes et faiste de la maison [5].

Je ne choisis gueres à table, et me prends à la premiere chose et plus voysine; et me remue mal volontiers d'un goust à un aultre. La presse des plats et des services me desplaist autant qu'aultre presse : je me contente ayséement de peu de mets; et hais l'opinion de Favorinus [6], qu'en un festin il fault qu'on vous desrobbe la viande où vous prenez appetit, et qu'on vous en substitue tousjours une nouvelle; et que c'est un miserable souper, si on n'a saoulé les assistants de cropions de divers oyseaux; et que le seul bequefigue merite qu'on le mange entier. J'use familierement de viandes salées : si ayme je mieulx le pain sans sel; et mon bou-

---

(1) Jamais les troubles de mon esprit n'ont influé sur mon corps. OVIDE, *Trist.*, III, 8, 25.

(2) Edition de 1588, *fol.* 488 : « Non paisiblement seulement, mais, etc. »

(3) S'étonne-t-on de voir des goîtres dans les Alpes ? JUV., XIII, 162.

(1) En effet, il n'est pas surprenant que les hommes retrouvent en songe les choses qui les occupent dans la vie et qu'ils méditent, qu'ils voient, qu'ils font lorsqu'ils sont éveillés. CIC., *de Divinat.*, I, 22. — Les vers latins sont pris d'une tragédie d'Attius, intitulée : *Brutus*. C'est un devin qui parle ici à Tarquin-le-Superbe, un des premiers personnages de la pièce. Il ne reste que quelques fragments des ouvrages de cet ancien poëte tragique. C.

(2) PLATON, *Timée*, p. 71. C.

(3) HÉROD., IV, 184; POMPONIUS MÉLA, I, 8. J. V. L.

(4) CIC., *de Divinat.*, II, 58. C.

(5) DIOG. LAERCE, *Vie de Pyrrhon*, IX, 82. C.

(6) Ce que Montaigne appelle l'opinion de Favorinus, c'est ce que Favorinus condamne directement. *Voy.* AULU-GELLE. *Noct. attic.*, XV, 8. C.

langer chez moy n'en sert pas d'aultre pour ma table, contre l'usage du païs. On a eu, en mon enfance, principalement à corriger le refus que je faisois des choses que communement on aime le mieulx en cest aage, sucres, confitures, pieces de four. Mon gouverneur combattit ceste hayne de viandes delicates, comme une espece de delicatesse; aussi n'est elle aultre chose que difficulté de goust, où qu'il s'applique. Qui oste à un enfant certaine particuliere et obstinée affection au pain bis, et au lard, ou à l'ail, il luy oste la friandise. Il en est qui font les laborieux et les patients, pour regretter le bœuf et le jambon, parmy les perdris: ils ont bon temps; c'est la delicatesse des delicats; c'est le goust d'une molle fortune, qui s'affadit aux choses ordinaires et accoustumées : *Per quæ luxuria divitiarum tædio ludit*[1]. Laisser à faire bonne chere de ce qu'un aultre la faict, avoir un soing curieux de son traictement, c'est l'essence de ce vice :

Si modica cœnare times olus omne patella[2].

Il y a bien vrayement ceste difference, qu'il vault mieulx obliger son desir aux choses plus aysées à recouvrer; mais c'est tousjours vice de s'obliger : j'appellois aultresfois delicat, un mien parent qui avoit desapprins, en nos galeres, à se servir de nos licts, et se despouiller pour se coucher.

Si j'avois des enfants masles, je leur desirasse volontiers ma fortune. Le bon pere que Dieu me donna, qui n'a de moy que la recognoissance de sa bonté, mais certes bien gaillarde, m'envoya, dès le berceau, nourrir à un pauvre village des siens, et m'y teint autant que je feus en nourrice, et encores au delà, me dressant à la plus basse et commune façon de vivre : *magna pars libertatis est bene moratus venter*[3]. Ne prenez jamais, et donnez encores moins à vos femmes, la charge de leur nourriture; laissez les former à la fortune, soubs des loix populaires et naturelles; laissez à la coustume, de les dresser à la frugalité et à l'austerité : qu'ils ayent plustost à descendre de l'as-

preté qu'à monter vers elle. Son humeur visoit encores à une aultre fin de me r'allier avecques le peuple et ceste condition d'hommes qui a besoing de nostre ayde; et estimoit que je feusse tenu de regarder plustost vers celuy qui me tend les bras que vers celuy qui me tourne le dos : et feut ceste raison, pour quoy aussi il me donna à tenir, sur les fonts, à des personnes de la plus abjecte fortune, pour m'y obliger et attacher.

Son desseing n'a pas du tout mal succedé : je m'addonne volontiers aux petits, soit pource qu'il y a plus de gloire, soit par naturelle compassion, qui peult infiniement en moy. Le party que je condamneray en nos guerres, je le condamneray plus asprement, fleurissant et prospere : il sera pour me concilier aulcunement à soy quand je le verray miserable et accablé[1]. Combien volontiers je considere la belle humeur de Chelonis, fille et femme de roys de Sparte[2]! Pendant que Cleombrotus, son mary, aux desordres de sa ville, eut advantage sur Leonidas son pere, elle feit la bonne fille, et se r'allia avecques son pere, en son exil, en sa misere; s'opposant au victorieux. La chance veint elle à tourner? la voylà changée de vouloir avecques la fortune, se rangeant courageusement à son mary, lequel elle suyvit par tout où sa ruyne le porta; n'ayant, ce me semble, aultre choix que de se jecter au party où elle faisoit le plus de besoing, et où elle se montroit plus pitoyable. Je me laisse plus naturellement aller après l'exemple de Flaminius[3], qui se prestoit à ceulx qui avoient besoing de luy, plus qu'à ceulx qui luy pouvoient bien faire, que je ne fois à celuy de Pyrrhus[4], propre à s'abaisser soubs les grands et à s'enorgueillir sur les petits.

Les longues tables m'ennuyent et me nuisent : car, soit pour m'y estre accoustumé enfant, à faulte de meilleure contenance, je mange autant que j'y suis. Pourtant chez moy, quoyqu'elle soit des courtes, je m'y mets vo-

---

(1) Ce sont les caprices du luxe qui voudrait échapper à l'ennui des richesses. Sén., *Epist.* 18.

(2) Si tu ne sais pas te contenter d'un plat de légumes pour ton souper, Hor., *Epist.* 1, 5, 2.

(3) C'est une partie de la liberté que de savoir régler son estomac. Sén., *Epist.* 123

(1) Variante de l'édition de 1588, *fol.* 489, *verso : «* Je condamne en nos troubles la cause de l'un des partis, mais plus quand elle fleurit et qu'elle prospère; elle m'a par fois aulcunement concilié à soy, pour la voir miserable et accablée. »

(2) Plut., dans la *Vie d'Agis et de Cléomène*, c. 5 de la traduction d'Amyot. C.

(3) Dans sa *Vie*, par Plut., c. 1. C.

(4) Dans sa *Vie*, par le même, c. 2. C.

lontiers un peu après les aultres, sur la forme d'Auguste [1] : mais je ne l'imite pas, en ce qu'il en sortoit aussi avant les aultres ; au rebours, j'ayme à me reposer longtemps après, et en ouïr conter, pourveu que je ne m'y mesle point ; car je me lasse et me blece de parler l'estomach plein, autant comme je treuve l'exercice de crier et contester, avant le repas, très salubre et plaisant.

Les anciens Grecs et Romains avoient meilleure raison que nous, assignants à la nourriture, qui est une action principale de la vie, si aultre extraordinaire occupation ne les en divertissoit plusieurs heures, et la meilleure partie de la nuict ; mangeants et beuvants moins hastifvement que nous, qui passons en poste toutes nos actions ; et estendants ce plaisir naturel à plus de loisir et d'usage, y entresemants divers offices de conversation, utiles et agreables.

Ceulx qui doibvent avoir soing de moy, pourroient à bon marché [2] me desrobber ce qu'ils pensent m'estre nuisible ; car en telles choses, je ne desire jamais, ny ne treuve à dire ce que je ne veois pas : mais aussi, de celles qui se presentent, ils perdent leur temps de m'en prescher l'abstinence ; si que, quand je veulx jeusner, il me fault mettre à part des soupeurs, et qu'on me presente justement autant qu'il est besoing pour une reglée collation ; car si je me mets à table, j'oublie ma resolution. Quand j'ordonne qu'on change d'apprest à quelque viande, mes gents sçavent que c'est à dire que mon appetit est allanguy, et que je ny toucheray point.

En toutes celles qui le peuvent souffrir, je les ayme peu cuictes ; et les ayme fort mortifiées, et jusques à l'alteration de la senteur, en plusieurs. Il n'y a que la dureté qui generalement me fasche (de toute aultre qualité, je suis aussi nonchalant et souffrant qu'homme que j'aye cogneu) ; si que, contre l'humeur commune, entre les poissons mesme il m'advient d'en trouver et de trop frais et de trop fermes : ce n'est pas la faulte de mes dents, que j'ay eu tousjours bonnes jusques à l'excellence, et que l'aage ne commence de menacer qu'à ceste heure ; j'ay appris, dès l'enfance, à les frotter de ma serviette, et le matin, et à l'entrée et yssue de la table. Dieu faict grace à ceulx à qui il soubstraict la vie par le menu : c'est le seul benefice de la vieillesse ; la derniere mort en sera d'autant moins pleine et nuisible, elle ne tuera plus qu'un demy ou un quart d'homme. Voylà une dent qui me vient de cheoir, sans douleur, sans effort ; c'estoit le terme naturel de sa durée : et ceste partie de mon estre, et plusieurs aultres sont desjà mortes, aultres demy mortes, des plus actifves, et qui tenoient le premier reng pendant la vigueur de mon aage. C'est ainsi que je fonds, et eschappe à moy. Quelle bestise sera ce à mon entendement de sentir le sault de ceste cheute, desjà si advancée, comme si elle estoit entiere ? Je ne l'espere pas. A la verité, je reçois une principale consolation aux pensées de ma mort, qu'elle soit des justes et naturelles ; et que meshuy je ne puisse en cela requerir ny esperer, de la destinée, faveur qu'illegitime. Les hommes se font accroire qu'ils ont eu aultresfois, comme la stature, la vie aussi plus grande ; mais ils se trompent : et Solon, qui est de ces vieux temps là, en taille pourtant l'extreme durée à soixante dix ans [1]. Moy, qui ay tant adoré, et si universellement, cest ἄριστον μέτρον [2] du temps passé, et qui ay tant prins pour la plus parfaicte la moyenne mesure, pretendray je une desmesurée et prodigieuse vieillesse ? Tout ce qui vient au revers du cours de nature, peult estre fascheux ; mais ce qui vient selon elle, doibt estre tousjours plaisant : *Omnia quæ secundum naturam fiunt, sunt habenda in bonis* [3] : par ainsi, dict Platon [4], la mort que les playes ou maladies apportent, soit violente ; mais celle qui nous surprend, la vieillesse nous y conduisant, est de toutes la plus legiere, et aulcunement delicieuse. *Vitam adolescentibus vis aufert, senibus maturitas* [5]. La mort se mesle et confond par tout à nostre vie : le declin preoccupe son heure, et s'ingere au cours de nostre advancement mesme. J'ay

---

(1) Suét., *Vie d'Auguste*, c. 74. C.
(2) Edit. de 1588, fol. 489, verso, « ont bon marché de, etc. »

(1) Dans Hérod., I, 32. C.
(2) Cette *excellente médiocrité*, si recommandée autrefois, et en particulier par Cléobule, un des sept sages de la Grèce, comme on peut voir dans Diog. Laerce, I, 93. C.
(3) Tout ce qui se fait selon la nature doit être compté pour un bien. Cic., *de Senect.*, c. 19.
(4) Dans le *Timée*, p. 81. C.
(5) La mort des jeunes gens est une mort violente ; les vieillards meurent de maturité. Cic., *de Senect.*, c. 19.

des pourtraicts de ma forme de vingt et cinq, et de trente cinq ans; je les compare aveques celuy d'asteure[1] : combien de fois ce n'est plus moy ! combien est mon image presente plus esloingnée de celles là, que de celle de mon trespas ! C'est trop abusé de nature, de la tracasser si loing, qu'elle soit contraincte de nous quiter, et abandonner nostre conduicte, nos yeulx, nos dents, nos jambes et le reste, à la mercy d'un secours estrangier et mendié; et nous resigner entre les mains de l'art, lasse de nous suyvre.

Je ne suis excessifvement desireux ny de salades, ny de fruicts, sauf les melons : mon pere haïssoit toute sorte de saulses; je les ayme toutes. Le trop manger m'empesche; mais par sa qualité, je n'ay encores cognoissance bien certaine, qu'aulcune viande me nuise; comme aussi je ne remarque ny lune pleine ny basse, ny l'automne du printemps. Il y a des mouvements en nous, inconstants et incogneus; car des raiforts, par exemple, je les ay trouvés premierement commodes; depuis, fascheux; à present, de rechef commodes. En plusieurs choses je sens mon estomach et mon appetit aller ainsi diversifiant; j'ay rechangé du blanc au clairet, et puis du clairet au blanc[2].

Je suis friand de poisson et fois mes jours gras des maigres, et mes festes des jours de jeusne; je crois, ce qu'aulcuns disent, qu'il est de plus aysée digestion que la chair. Comme je fois conscience de manger de la viande le jour de poisson, aussi faict mon goust de mesler le poisson à la chair; ceste diversité me semble trop esloingnée.

Dès ma jeunesse, je desrobbois par fois quelque repas; ou, à fin d'aiguiser mon appetit au lendemain (car, comme Epicurus jeusnoit et faisoit des repas maigres pour accoustumer sa volupté à se passer de l'abondance[1], moy, au rebours, pour dresser ma volupté à faire mieulx son proufit et se servir plus alaigrement de l'abondance); ou je jeusnois pour conserver ma vigueur au service de quelque action de corps ou d'esprit; car et l'un et l'autre s'apparesse cruellement en moy par la repletion; et, sur tout, je hais ce sot accouplage d'une déesse si saine et si alaigre aveques ce petit dieu indigeste et roteur, tout bouffi de la fumée de sa liqueur; ou pour guarir mon estomach malade; ou pour estre sans compaignie propre; car je dis, comme ce mesme Epicurus[2], qu'il ne fault pas tant regarder ce qu'on mange qu'aveques qui on mange; et loue Chilon de n'avoir voulu promettre de se trouver au festin de Periander avant que d'estre informé qui estoient les aultres conviés[3] : il n'est point de si doulx apprest pour moy, ny de saulse si appetissante, que celle qui se tire de la societé. Je crois qu'il est plus sain de manger plus bellement et moins et de manger plus souvent; mais je veulx faire valoir l'appetit et la faim; je n'aurois nul plaisir à traisner, à la medecinale, trois ou quatre chestifs repas par jour, ainsi contraincts; qui m'asseurcroit que le goust ouvert que j'ay ce matin je le retrouvasse encores à souper? Prenons, sur tous les vieillards, le premier temps opportun qui nous vient : laissons aux faiseurs d'almanachs les esperances et les prognostiques. L'extreme fruict de ma santé, c'est la volupté : tenons nous à la premiere, presente et cogneue. J'esvite la constance en ces loix de jeusne; qui veult qu'une forme luy serve, fuye à la continuer; nous nous y durcissons; nos forces s'y endorment; six mois après, vous y aurez si bien accoquiné vostre estomach que vostre proufit ce ne sera que d'avoir perdu la liberté d'en user aultrement sans dommage.

Je ne porte les jambes et les cuisses non plus couvertes en hyver qu'en esté; un bas de soye tout simple. Je me suis laissé aller, pour le se-

---

(1) Orthographe et prononciation gasconnes, au lieu d'à cette heure. C. — Dans l'exemplaire corrigé par Montaigne, on trouve très souvent ce mot écrit précisément comme les Gascons le prononcent, *asture*; et souvent aussi Montaigne écrit *asteure*, comme ici. J'ai suivi l'une et l'autre orthographe, qui sont toutes deux de Montaigne. N.

(2) Il paraît même que, sur ces graves questions, Montaigne voulait bien s'en remettre aux médecins pour les consulter sur quelque chose. Liv. II, chap. 37, : « Ils peuvent choisir, d'entre les poreaux et les laictues, de quoy il leur plaira que mon bouillon se face, et m'ordonner le blanc ou le clairet. » Ces petits détails ont semblé puérils à des juges sévères : « La grande fadaise de Montaigne, qui a écrit qu'il aimait mieux le vin blanc ! M. Du Puy disait : *Que diable a-t-on à faire de savoir ce qu'il aime?* » SCALIGERANA II*. L'apostrophe est vive; mais il faut dire, pour l'honneur de Jos. Scaliger, qu'il ajoute aussitôt : « Ceux de Geneve ont été bien impudents d'en oter plus d'un tiers. » Il eût donc été fâché de perdre quelques-unes de ces *fadaises*; et, quoique sa gravité s'en étonne, il veut qu'il n'y manque rien. J. V. L.

(1) SÉN., *Epist.* 18. J. V. L.
(2) ID., *ibid.*
(3) PLUT., *Banquet des sept Sages*, c. 3. C.

cours de mes rheumes, à tenir la teste plus chaulde, et le ventre pour ma cholique; mes maulx s'y habituerent en peu de jours, et desdaignerent mes ordinaires provisions; j'estois monté d'une coëffe à un couvrechef, et d'un bonnet à un chapeau double; les embourreures de mon pourpoinct ne me servent plus que de garbe[1] : ce n'est rien, si je n'y adjouste une peau de lievre ou de vautour, une calotte à ma teste. Suyvez ceste gradation, vous irez beau train. Je n'en feray rien et me desdirois volontiers du commencement que j'y ay donné, si j'osois. Tumbez vous en quelque inconvenient nouveau? ceste reformation ne vous sert plus; vous y estes accoustumé : cherchez en une aultre. Ainsi se ruynent ceulx qui se laissent empestrer à des regimes contraincts et s'y astreignent superstitieusement; il leur en fault encores, et encores après, d'aultres au delà; ce n'est jamais faict.

Pour nos occupations et le plaisir, il est beaucoup plus commode, comme faisoient les anciens, de perdre le disner et remettre à faire bonne chere à l'heure de la retraicte et du repos, sans rompre le jour; ainsi le faisois je aultresfois. Pour la santé, je treuve depuis par experience, au contraire, qu'il vault mieulx disner, et que la digestion se faict mieulx en veillant. Je ne suis gueres subject à estre alteré, ny sain, ny malade; j'ay bien volontiers lors la bouche seiche, mais sans soif; et communement je ne bois que du desir qui m'en vient en mangeant et bien avant dans le repas. Je bois assez bien pour un homme de commune façon; en esté, et en un repas appetissant, je n'oultrepasse poinct seulement les limites d'Auguste[2], qui ne beuvoit que trois fois precisement; mais, pour n'offenser la regle de Democritus, qui deffendoit de s'arrester à quatre, comme à un nombre mal fortuné[3], je coule, à un besoing, jusques à cinq : trois demy settiers, environ; car les petits verres sont les miens favoris, et me plaist de les vuider, ce que d'aultres evitent comme chose mal seante. Je trempe mon vin plus souvent à moitié, par fois au tiers d'eau; et quand je suis en ma maison, d'un ancien usage que son medecin ordonnoit à mon pere et à soy, on mesle celuy qu'il me fault, dès la sommelerie, deux ou trois heures avant qu'on serve. Ils disent que Cranaus[1], roy des Atheniens, feut inventeur de cest usage de tremper le vin d'eau; utilement ou non, j'en ay veu debattre. J'estime plus decent et plus sain que les enfants n'en usent qu'après seize ou dix huict ans. La forme de vivre plus usitée et commune est la plus belle : toute particularité m'y semble à eviter; et haïrois autant un Allemand qui meist de l'eau au vin qu'un François qui le boiroit pur. L'usage publicque donne loy à telles choses.

Je crains un air empesché et fuys mortellement la fumée; la premiere reparation où je courus chez moy, ce feut aux cheminées et aux retraits, vice commun des vieux bastiments, et insupportable; et, entre les difficultés de la guerre, je compte ces espesses poussieres, dans lesquelles on nous tient enterrés au chauld tout le long d'une journée. J'ay la respiration libre et aysée; et se passent mes morfondements le plus souvent sans offense du poulmon et sans toux.

L'aspreté de l'esté m'est plus ennemie que celle de l'hyver; car, oultre l'incommodité de la chaleur, moins remediable que celle du froid, et oultre le coup que les rayons du soleil donnent à la teste, mes yeux s'offensent de toute lueur esclatante; je ne sçaurois à ceste heure disner assis vis à vis d'un feu ardent et lumineux.

Pour amortir la blancheur du papier, au temps que j'avois plus accoustumé de lire, je couchois sur mon livre une piece de verre et m'en trouvois fort soulagé. J'ignore, jusques à present[2], l'usage des lunettes, et veois aussi loing que je feis oncques et que tout aultre; il est vray que, sur le declin du jour, je commence à sentir du trouble et de la foiblesse à lire; dequoy l'exercice a tousjours travaillé mes yeulx, mais sur tout nocturne. Voylà un pas en arriere, à toute peine sensible : je reculeray

---

(1) Ou de *galbe*, comme on lit dans l'édition de 1595. L'un et l'autre signifiaient : *montre, bonne grâce, apparence.*

(2) *Voyez sa Vie*, par SUÉT., c. 77. C.

(3) Ceci est tiré de PLINE, *Hist. nat.*, XXVIII, 6; mais Montaigne a mis *Democritus* au lieu de *Demetrius*, qui est dans l'original. Il est probable qu'il n'a fait que copier Erasme, qui lit aussi *Democritus* dans cette citation de Pline, *Adages*, chiliad. II, cent. 3, art. 1. C.

(1) Selon ATHÉNÉE, II, 2, ce n'est pas *Cranaus*, mais *Amphictyon*, son successeur, qui fut l'inventeur de cet usage. C.

(2) *A cinquante-quatre ans*, édit. de 1588, fol. 492; mais rayé par Montaigne. N.

d'un aultre; du second au tiers, du tiers au quart, si coyement qu'il me fauldra estre aveugle formé avant que je sente la decadence et vieillesse de ma veue; tant les Parques destordent artificiellement nostre vie! Si suis je en doubte que mon ouïe marchande à s'espessir; et verrez que je l'auray demy perdue que je m'en prendray encores à la voix de ceulx qui parlent à moy : il fault bien bander l'ame pour luy faire sentir comme elle s'escoule.

Mon marcher est prompt et ferme; et ne sçais lequel des deux, ou l'esprit ou le corps, j'ay arresté plus malayséement en mesme poinct. Le prescheur est bien de mes amis, qui oblige mon attention tout un sermon. Aux lieux de cerimonie, où chascun est si bandé en contenance, où j'ay veu les dames tenir leurs yeulx mesmes si certains, je ne suis jamais venu à bout que quelque piece des miennes n'extravague tousjours; encores que j'y sois assis, j'y suis peu rassis[1]. Comme la chambriere du philosophe Chrysippus disoit de son maistre qu'il n'estoit yvre que par les jambes[2]; car il avoit ceste coustume de les remuer, en quelque assiette qu'il feust; et elle le disoit lorsque, le vin esmouvant ses compaignons, luy n'en sentoit aulcune alteration; on a pu dire aussi, dès mon enfance, que j'avois de la folie aux pieds, ou de l'argent vif, tant j'y ay de remuement et d'inconstance naturelle, en quelque lieu que je les place.

C'est indecence, oultre ce qu'il nuict à la santé, voire et au plaisir, de manger gouluement comme je fois ; je mords souvent ma langue, par fois mes doigts, de hastifveté. Diogenes, rencontrant un enfant qui mangeoit ainsin, en donna un soufflet à son precepteur[3]. Il y avoit des hommes à Rome qui enseignoient à mascher comme à marcher de bonne grace. J'en perds le loisir de parler, qui est un si doulx assaisonnement des tables, pourveu que ce soyent des propos de mesme, plaisants et courts.

Il y a de la jalousie et envie entre nos plaisirs; ils se chocquent et empeschent l'un l'aultre : Alcibiades, homme bien entendu à faire bonne chere, chassoit la musique mesme des tables, pour qu'elle ne troublast la doulceur des devis, par la raison que Platon[1] luy preste : « Que c'est un usage d'hommes populaires d'appeller des joueurs d'instruments et des chantres aux festins, à faulte de bons discours et agreables entretiens, dequoy les gents d'entendement sçavent s'entrefestoyer. » Varro[2] demande cecy au convive : « L'assemblée de personnes belles de presence et agreables de conversation, qui ne soyent ny muets ny bavards; netteté et delicatesse aux vivres et aux lieux, et le temps serein. » Ce n'est pas une feste peu artificielle et peu voluptueuse qu'un bon traictement de table : ny les grands chefs de guerre, ny les grands philosophes n'en ont desdaigné l'usage et la science. Mon imagination en a donné trois en garde à ma memoire, que la fortune me rendit de souveraine doulceur, en divers temps de mon aage plus fleurissant : mon estat present m'en forclost, car chascun pour soy y fournit de grace principale, et de saveur, selon la bonne trempe de corps et d'ame en quoy lors il se treuve. Moy, qui ne manie que terre à terre, hais ceste inhumaine sapience qui nous veult rendre desdaigneux et ennemi de la culture du corps; j'estime pareille injustice prendre à contrecœur les voluptés naturelles que de les prendre à cœur. Xerxès estoit un fat, qui, enveloppé en toutes les voluptés humaines, alloit proposer prix à qui lui en trouveroit d'aultres[3]; mais non gueres moins fat est celui qui retrenche celles que nature lui a trouvées. Il ne les fault ny suyvre ny fuyr; il les fault recevoir. Je les receois un peu plus grassement et gracieusement, et me laisse plus volontiers aller vers une pente naturelle. Nous n'avons que faire d'exagerer leur inanité; elle se faict assez sentir et se produict assez : mercy à nostre esprit, maladif, rabat joye, qui nous desgouste d'elles comme de soy mesme; il traicte et soy et tout ce qu'il receoit, tantost avant, tantost arriere, selon son estre insatiable, vagabond et versatile :

Sincerum est nisi vas, quodcunque infundis, acescit[4].

---

(1) L'édition de 1588, *fol.* 492, ajoute : « et pour la gesticulation, ne me trouvé guere sans baguette à la main, soit à cheval ou à pied. »

(2) Diog. Laerce, VII, 183. C.

(3) Plut., *Que la vertu se peut enseigner*, c. 2. C.

(1) Dans le dialogue intitulé : *Protagoras*, p. 347. C.

(2) Dans Aulu-Gelle, XIII, 11. C.

(3) Cic., *Tusc. quæst.*, V, 7. C.

(4) Si le vase n'est pas net, tout ce que vous y versez s'aigrit. Hor., *Epist.*, I, 2, 54.

Moy, qui me vante d'embrasser si curieusement les commoditez de la vie et si particulierement, n'y treuve, quand j'y regarde ainsi finement, à peu près que du vent. Mais quoy? nous sommes partout du vent : et le vent encores, plus sagement que nous, s'aime à bruire, à s'agitter, et se contente en ses propres offices sans desirer la stabilité, la solidité, qualités non siennes.

Les plaisirs purs de l'imagination, ainsi que les desplaisirs, disent aulcuns, sont les plus grands, comme l'exprimoit la balance de Critolaüs[1]. Ce n'est pas merveille; elle les compose à sa poste et se les taille en plein drap : j'en veois touts les jours des exemples insignes, et, à l'adventure, desirables. Mais moy, d'une condition mixte, grossier, ne puis mordre si à faict à ce seul object si simple que je ne me laisse tout lourdement aller aux plaisirs presents de la loy humaine et generale, intellectuellement sensibles, sensiblement intellectuels. Les philosophes cyrenaïques tiennent que, comme les douleurs, aussi les plaisirs corporels soyent plus puissants, et comme doubles, et comme plus justes[2]. Il en est, comme dict Aristote[3], qui, d'une farouche stupidité, en sont desgoustés : j'en cognois d'aultres qui, par ambition, le font. Que ne renoncent ils encores au respirer? que ne vivent ils du leur? et ne refusent la lumiere de ce qu'elle est gratuite, ne leur coustant ny invention ny vigueur? Que Mars, ou Pallas, ou Mercure les substantent pour veoir, au lieu de Venus, de Cerès et de Bacchus[4]. Chercheront ils pas la quadrature du cercle juchés sur leurs femmes? Je hais qu'on nous ordonne d'avoir l'esprit aux nues pendant que nous avons le corps à table : je ne veulx pas que l'esprit s'y cloue, ny qu'il s'y veautre; mais je veulx qu'il s'y applique; qu'il s'y seye, non qu'il s'y couche. Aristippus ne deffendoit que le corps, comme si nous n'avions pas d'ame; Zenon n'embrassoit que l'ame, comme si nous n'avions pas de corps : touts deux vicieusement. Pythagoras, disent ils, a suyvi une philosophie toute en contemplation; Socrates, toute en mœurs et en action : Platon en a trouvé le temperament entre les deux. Mais ils le disent, pour en conter. Et le vray temperament se treuve en Socrates; et Platon est bien plus socratique que pythagorique, et luy sied mieulx. Quand je danse, je danse; quand je dors, je dors : voire, et quand je me promene solitairement en un beau verger, si mes pensées se sont entretenues des occurrences estrangieres quelque partie du temps; quelque aultre partie, je les ramene à la promenade, au verger, à la doulceur de ceste solitude et à moy.

Nature a maternellement observé cela, que les actions qu'elle nous a enjoinctes pour nostre besoing nous feussent aussi voluptueuses; et nous y convie, non seulement par la raison, mais aussi par l'appetit : c'est injustice de corrompre ses regles. Quand je veois et Cesar et Alexandre, au plus espès de sa grande besongne, jouir si plainement des plaisirs humains et corporels[1], je ne dis pas que ce soit relascher son ame; je dis que c'est la roidir, soubmettant par vigueur de courage à l'usage de la vie ordinaire ces violentes occupations et laborieuses pensées : sages, s'ils eussent creu que c'estoit la leur ordinaire vacation; ceste cy, l'extraordinaire[2]. Nous sommes de grands fols! « Il a passé sa vie en oysifveté, » disons nous : « Je n'ay rien faict d'aujourd'huy. » Quoy! avez vous pas vescu? c'est non seulement la fondamentale, mais la plus illustre de vos occupations. « Si on m'eust mis au propre des grands maniements, j'eusse montré ce que je sçavois faire. » Avez vous sceu mediter et manier vostre vie? vous avez faict la plus grande besongne de toutes : pour se montrer et exploicter, nature n'a que faire de fortune; elle

---

(1) Je crois que Montaigne applique ici la *balance de Critolaüs* à un usage fort différent de celui qu'en faisait ce philosophe. Voyez ce qu'en dit Cic., *Tusc. quæst.*, V, 17. C.

(2) Diog. Laerce, II, 90. J. V. L.

(3) *Morale à Nicomaque*, II, 7. J. V. L.

(4) Edition de 1588, fol. 492, verso : « Ces humeurs vanteuses se peuvent forger quelque contentement; car, que ne peult sur nous la fantasie? Mais de sagesse, elles n'en tiennent tache. Je hais qu'on nous ordonne, etc. »

(1) Telle est la leçon de toutes les éditions de Montaigne; mais on lit dans les additions manuscrites de l'exemplaire de Bordeaux : « . . . . . . Jouir si plainement des plaisirs naturels, et par conséquent necessaires et justes, etc. » L'auteur n'a probablement renoncé depuis à cette phrase que pour éviter les censures. Peut-être aussi a-t-il reconnu qu'il avait tort de regarder comme *necessaires et justes* les excès d'Alexandre et de César. J. V. L.

(2) Montaigne avait d'abord écrit : *leur legitime vacation; ceste cy, la bastarde :* mais il a rayé ces mots dans l'exemplaire corrigé de sa main. N.

se montre egualement en touts estages, et derriere, comme sans rideau. Avez vous sceu composer vos mœurs? vous avez bien plus faict que celuy qui a composé des livres : avez vous sceu prendre du repos? vous avez plus faict que celuy qui a prins des empires et des villes[1].

Le grand et glorieux chef d'œuvre de l'homme, c'est vivre à propos : toutes aultres choses, regner, thesauriser, bastir, n'en sont qu'appendicules et adminicules, pour le plus. Je prends plaisir de veoir un general d'armée, au pied d'une breche qu'il veult tantost attaquer, se prestant tout entier, et delivré, à son disner, au devis entre ses amis; et Brutus, ayant le ciel et la terre conspirés à l'encontre de luy et de la liberté romaine, desrobber à ses rondes quelque heure de nuict, pour lire et breveter[2] Polybe en toute securité. C'est aux petites ames, ensepvelies du poids des affaires, de ne s'en sçavoir purement desmesler, de ne les sçavoir et laisser et reprendre :

O fortes, pejoraque passi
Mecum sæpe viri! nunc vino pellite curas :
Cras ingens iterabimus æquor[3].

Soit par gausserie, soit à certes, que le vin theologal et sorbonique est passé en proverbe, et leurs festins, je treuve que c'est raison qu'ils en disnent d'autant plus commodement et plaisamment qu'ils ont utilement et serieusement employé la matinée à l'exercice de leur eschole : la conscience d'avoir bien dispensé les aultres heures est un juste et savoureux condiment des tables. Ainsin ont vescu les sages : et ceste inimitable contention à la vertu, qui nous estonne en l'un et l'aultre Caton, ceste humeur severe jusques à l'importunité s'est ainsin mollement soubmise et pleue aux loix de l'humaine condition, et de Venus et de Bacchus; suyvant les preceptes de leur secte, qui demandent le sage parfaict, autant expert et entendu à l'usage des voluptés naturelles qu'en tout aultre debvoir de la vie : *Cui cor sapiat, ei et sapiat palatus*[1].

Le relaschement et facilité honnore, ce semble, à merveilles, et sied mieulx à une ame forte et genereuse : Epaminondas n'estimoit pas que de se mesler à la danse des garsons de sa ville, de chanter, de sonner[2], et s'y embesongner avecques attention, feust chose qui derogeast à l'honneur de ses glorieuses victoires et à la parfaicte reformation de mœurs qui estoit en luy. Et parmy tant d'admirables actions de Scipion l'ayeul, personnage digne de l'opinion d'une geniture celeste[3], il n'est rien qui luy donne plus de grace que de le veoir nonchalamment et puerillement baguenaudant à amasser et choisir des coquilles[4], et jouer à Cornichon va devant[5], le long de la marine, avecques Lælius; et, s'il faisoit mauvais temps, s'amusant et se chatouillant à representer par escript, en comedies[6], les plus populaires et basses actions des hommes[7]; et, la teste pleine de ceste merveilleuse entreprinse d'Annibal et d'Afrique, visitant les escholes en Sicile, et se trouvant aux leçons de la philosophie, jusques à en avoir armé les dents de l'aveugle envie de

---

(1) Cette phrase seule suffirait pour prouver la supériorité de l'édition de 1595 sur les notes marginales dont s'est servi Naigeon. La voici, telle qu'il l'a donnée dans son édition de 1802 : « Composer vos mœurs est votre office, non pas composer des livres; et gaigner, non pas des battailles et provinces, mais l'ordre et tranquillité à vostre conduicte. » Ce style, si embarrassé et si traînant, avait besoin d'être corrigé. J. V. L.

(2) C'est-à-dire *en composer un abrégé ou sommaire*, comme a dit Plut., dans la *Vie de Marcus Brutus*, c. 4 de la traduction d'Amyot. C.

(3) Braves amis, qui avez souvent partagé avec moi de plus rudes épreuves, noyons nos soucis dans le vin : demain nous parcourrons encore les vastes mers. Hor., *Od.*, I, 7, 30.

(1) Qu'il ait le palais délicat, aussi bien que le jugement. Cic., *de Finib. bon. et mal.*, II, 8.

(2) De l'italien *suonare*, jouer des instruments. *Voyez* Corn. Nepos, *Epaminondas*, c. 2.

(3) *Voy.* Aule-Gelle, VII, 1. J. V. L.

(4) Cic., *de Orat.*, II, 6. Mais il s'agit du second Scipion, et non pas du premier. Dans l'édition de 1588, fol. 493, Montaigne ne s'y était pas trompé; il disait : « Et parmy tant d'admirables actions du jeune Scipion, tout compté le premier homme des Romains, il n'est rien qui luy donne, etc. » J. V. L.

(5) Sorte de jeu, selon le Dictionnaire de Trévoux, à qui ira plus vite en ramassant quelque chose. Je ne sais si c'est bien là le jeu qu'entend ici Montaigne : ne serait-ce pas plutôt celui de l'espèce de sabot, que les enfants appellent la *corniche*, ou plutôt celui des *ricochets*, puisqu'il paraît que Scipion s'amusait à jouer aux ricochets le long de la mer avec ses enfants? E. J.

(6) Ces comédies sont celles de Térence, auxquelles Scipion et Lélius eurent beaucoup de part, s'il en faut croire Suét. dans la vie de ce poëte : de quoi Montaigne était si fortement persuadé qu'il dit expressément : « Et me ferait on desplaisir de me desloger de ceste creance. » *Voy.* liv. I, c. 39. C. — Nouvelle erreur historique de Montaigne : c'est le second Scipion, et non *Scipion l'aïeul*, qui fut soupçonné d'avoir eu quelque part aux comédies de Térence. J. V. L.

(7) Parenthèse de l'édition de 1588, fol. 493, *verso*: « (Je suis extresmement despit, de quoy le plus beau couple de vies qui fut dans Putarque, de ces deux grands hommes, se rencontre des premiers à estre perdu.) »

ses ennemis à Rome[1] : ny chose plus remarquable en Socrates, que ce que, tout vieil, il treuve le temps de se faire instruire à baller[2] et jouer des instruments ; et le tient pour bien employé. Cestuy cy s'est veu en ecstase, debout, un jour entier et une nuict, en presence de toute l'armée grecque, surprins et ravy par quelque profonde pensée : il s'est veu le premier, parmy tant de vaillants hommes de l'armée, courir au secours d'Alcibiades accablé des ennemis, le couvrir de son corps et le descharger de la presse à vifve force d'armes ; en la bataille Delienne, relever et sauver Xenophon renversé de son cheval : et emmy tout le peuple d'Athenes, oultré, comme luy, d'un si indigne spectacle, se presenter le premier à recourir[3] Theramenes, que les trente tyrans faisoient mener à la mort par leurs satellites ; et ne desista ceste hardie entreprinse qu'à la remontrance de Theramenes mesme, quoyqu'il ne feust suyvi que de deux en tout : il s'est veu recherché par une beauté de laquelle il estoit esprins, maintenir au besoin une severe abstinence : il s'est veu continuellement marcher à la guerre, et fouler la glace les pieds nuds ; porter mesme robbe en hyver et en esté ; surmonter touts ses compaignons en patience de travail ; ne manger point aultrement en festin qu'en son ordinaire : il s'est veu vingt et sept ans, de pareil visage, porter la faim, la pauvreté, l'indocilité de ses enfants, les griffes de sa femme, et enfin la calomnie, la tyrannie, la prison, les fers et le venin : mais cest homme là estoit il convié de boire à lut[4], par debvoir de civilité ? c'estoit aussi celuy de l'armée à qui en demeuroit l'advantage ; et ne refusoit ny à jouer aux noisettes avecques les enfants, ny à courir avecques eulx sur un cheval de bois et y avoir bonne grace ; car toutes actions, dict la philosophie, siéent egualement bien et honorent egualement le sage. On a de quoy, et ne doibt on jamais se lasser de presenter l'image de ce personnage à touts patrons et formes de perfection. Il est fort peu d'exemples de vie pleins et purs : et faict on tort à nostre instruction de nous en proposer touts les jours d'imbecilles et manques,

à peine bons à un seul ply, qui nous tirent arriere plustost ; corrupteurs plustost que correcteurs. Le peuple se trompe : on va bien plus facilement par les bouts, où l'extremité sert de borne, d'arrest et de guide, que par la voye du milieu large et ouverte ; et selon l'art que selon nature ; mais bien moins noblement aussi et moins recommendablement.

La grandeur de l'ame n'est pas tant tirer à mont et tirer avant comme sçavoir se renger et circonscrire : elle tient pour grand tout ce qui est assez ; et montre sa haulteur à aimer mieulx les choses moyennes que les eminentes. Il n'est rien si beau et legitime que de faire bien l'homme et deuement ; ny science si ardue que de bien et naturellement sçavoir vivre ceste vie ; et de nos maladies la plus sauvage, c'est mespriser nostre estre.

Qui veult escarter son ame le face hardiement s'il peult, lorsque le corps se portera mal, pour la descharger de ceste contagion : Ailleurs, au contraire, qu'elle l'assiste et favorise, et ne refuse point de participer à ses naturels plaisirs et de s'y complaire conjugalement ; y apportant, si elle est plus sage, la moderation, de peur que, par indiscretion, ils ne se confondent avecques le desplaisir. L'intemperance est peste de la volupté : et la temperance n'est pas son fleau, c'est son assaisonnement : Eudoxus, qui en establissoit le souverain bien, et ses compaignons ; qui la monterent à si hault prix, la savourerent en sa plus gracieuse doulceur, par le moyen de la temperance, qui feut en eulx singuliere et exemplaire[1].

J'ordonne à mon ame de regarder et la douleur et la volupté de veue pareillement reglée : *Eodem enim vitio est effusio animi in lætitia, quo in dolore contractio*[2], et pareillement ferme ; mais gayement l'une, l'aultre severement, et selon ce qu'elle y peult apporter, autant soigneuse d'en estreindre l'une que d'estendre l'aultre. Le veoir sainement les biens tire après soy le veoir sainement les maulx ; et la douleur a quelque chose de non evitable en son tendre commencement, et la volupté quel-

---

(1) *Voyez* les discours de Q. Fabius contre le premier Scipion. Tite Live, XXIX, 19. J. V. L.

(2) *A danser.* Voy. le Banquet de Xén., II, 16. C.

(3) *Pour secourir.* Ce fait, et tous ceux qui l'accompagnent, sont assez connus par Xenophon et Platon. — (4) *Bien boire.*

(1) Diog. Laerce, VIII, 88. Arist. dit positivement qu'Eudoxe se distinguait par une temperance extraordinaire : διαφερόντως ἐδόκει σώφρων εἶναι, *Morale à Nicomaque*, X, 2. C. — (2) Le cœur dilaté par l'excès de la joie n'est pas moins hors de son état naturel que lorsqu'il est resserré par la douleur. Cic., *Tusc. quæst.*, IV, 31.

que chose d'evitable en sa fin excessifve. Platon[1] les accouple et veult que ce soit pareillement l'office de la fortitude combattre à l'encontre de la douleur et à l'encontre des immoderées et charmeresses blandices de la volupté : ce sont deux fontaines, ausquelles qui puise, d'où, quand, et combien il fault, soit cité, soit homme, soit beste, il est bien heureux. La premiere, il la fault prendre par medecine et par necessité, plus escharsement[2] ; l'aultre par soif, mais non jusqu'à l'yvresse. La douleur, la volupté, l'amour, la haine, sont les premieres choses que sent un enfant : si la raison survenant elles s'appliquent à elle, cela c'est vertu.

J'ay un dictionnaire tout à part moy : je passe le temps, quand il est mauvais et incommode ; quand il est bon, je ne le veulx pas passer, je le retaste, je m'y tiens[3] : il fault courir le mauvais et se rasseoir au bon. Ceste phrase ordinaire de « Passe temps, » et de « Passer le temps, » represente l'usage de ces prudentes gents, qui ne pensent point avoir meilleur compte de leur vie que de la couler et eschapper, de la passer, gauchir, et autant qu'il est en eulx, ignorer et fuyr, comme chose de qualité ennuyeuse et desdaignable : mais je la cognois aultre, et la treuve et prisable et commode, voire en son dernier decours, où je la tiens ; et nous l'a nature mise en main, garnie de telles circonstances et si favorables que nous n'avons à nous plaindre qu'à nous si elle nous presse et si elle nous eschappe inutilement : *Stulti vita ingrata est, trepida est, tota in futurum fertur*[4]. Je me compose pourtant à la perdre sans regret ; mais comme perdable de sa condition, non comme moleste et importune : aussi ne sied il proprement bien de ne se desplaire pas à mourir, qu'à ceulx qui se plaisent à vivre. Il y a du mesnage à la jouir : je la jouïs au double des aultres ; car la mesure, en la jouïssance, despend du plus ou moins d'application que nous y prestons. Principalement à ceste heure que j'apperceois la mienne si briefve en temps, je la veulx estendre en poids, je veulx arrester la promptitude de sa fuyte par la promptitude de ma saisie, et par la vigueur de l'usage, compenser la hastifveté de son escoulement : à mesure que la possession du vivre est plus courte, il me la fault rendre plus profonde et plus pleine.

Les aultres sentent la douceur d'un contentement et de la prosperité ; je la sens ainsi qu'eulx, mais ce n'est pas en passant et glissant : si la fault il estudier, savourer et ruminer, pour en rendre graces condignes à celuy qui nous l'octroye. Ils jouïssent les aultres plaisirs, comme ils font celuy du sommeil sans le cognoistre. A celle fin que le dormir mesme ne m'eschappast ainsi stupidement, j'ay aultresfois trouvé bon qu'on me le troublast, à fin que je l'entreveisse. Je consulte d'un contentement avecques moy, je ne l'escume pas, je le sonde ; et plie ma raison à le recueillir, devenue chagrine et desgoustée. Me treuve je en quelque assiette tranquille ? y a il quelque volupté qui me chatouille ? je ne la laisse pas fripponner aux sens : j'y associe mon ame ; non pas pour s'y engager, mais pour s'y agréer ; non pas pour s'y perdre, mais pour s'y trouver ; et l'employe, de sa part, à se mirer dans ce prospere estat, à en poiser et estimer le bonheur et l'amplifier : elle mesure combien c'est qu'elle doibt à Dieu d'estre en repos de sa conscience et d'aultres passions intestines ; d'avoir le corps en sa disposition naturelle, jouïssant ordonnéement et competemment des functions molles et flatteuses, par lesquelles il luy plaist compenser de sa grace les douleurs dequoy sa justice nous bat à son tour ; combien luy vault d'estre logée en tel poinct que, où qu'elle jecte sa veue, le ciel est calme autour d'elle ; nul desir, nulle crainte ou doubte qui luy trouble l'air ; aulcune difficulté passée, presente, future, par dessus laquelle son imagination ne passe sans offense. Ceste consideration prend grand lustre de la comparaison des conditions differentes ; ainsi, je me propose en mille visages ceulx que la fortune ou que leur propre erreur emporte et tempeste, et encores ceulx cy, plus près de moy, qui receoivent si laschement et incurieusement leur bonne fortune : ce sont gents qui passent voirement leur temps ; ils oultrepassent le present et ce qu'ils possedent pour servir à l'esperance et pour des umbrages et vaines images que la fantasie leur met au devant,

---

[1] *Lois*, liv. I, p. 636. C.
[2] *Plus chichement* ; de l'italien *scarso*, ménager, économe, avare.
[3] *Je le gouste, je m'y arreste*, édition de 1588, fol. 494.
[4] La vie de l'insensé est désagréable, inquiète ; sans cesse elle se précipite dans l'avenir. SEN., *Epist.* 15.

*Morte obita quales fama est volitare figuras,
Aut quæ sopitos deludunt somnia sensus* [1] :

lesquelles hastent et alongent leur fuyte à mesme qu'on les suit. Le fruict et but de leur poursuitte, c'est poursuyvre, comme Alexandre disoit que la fin de son travail c'estoit travailler [2] :

Nil actum credens, quum quid superesset agendum [3].

Pour moy doncques j'ayme la vie et la cultive, telle qu'il a pleu à Dieu nous l'octroyer. Je ne vois pas desirant qu'elle eust à dire la necessité de boire et de manger, et me sembleroit faillir, non moins excusablement, de desirer qu'elle l'eust double : *Sapiens divitiarum naturalium quæsitor acerrimus* [4] ; ny que nous nous substantassions, mettant seulement en la bouche un peu de ceste drogue par laquelle Epimenides se privoit d'appetit et se maintenoit [5] ; ny qu'on produisist stupidement des enfants par les doigts ou par les talons, ains, parlant en reverence, que plustost encores on les produisist voluptueusement par les doigts et par les talons ; ny que le corps feust sans desir et sans chatouillement : ce sont plaintes ingrates et iniques. J'accepte de bon cœur et recognoissant ce que nature a faict pour moy ; et m'en agrée et m'en loue. On faict tort à ce grand et tout puissant donneur, de refuser son don l'annuller et desfigurer : tout bon, il a faict tout bon : *Omnia quæ secundum naturam sunt æstimatione digna sunt* [6].

Des opinions de la philosophie, j'embrasse plus volontiers celles qui sont les plus solides, c'est à dire les plus humaines et nostres ; mes discours sont, conformement à mes mœurs, bas et humbles ; elle fait bien l'enfant à mon gré, quand elle se met sur ses ergots pour nous prescher : Que c'est une farouche alliance de marier le divin avecques le terrestre, le raisonnable avecques le desraisonnable, le severe à l'indulgent, l'honneste au deshonneste : que la volupté est qualité brutale, indigne que le sage la gouste ; que le seul plaisir qu'il tire de la jouissance d'une belle et jeune espouse, c'est le plaisir de sa conscience de faire une action selon l'ordre, comme de chausser ses bottes pour une utile chevauchée. N'eussent ses suyvants non plus de droict et de nerfs et de suc au despucelage de leurs femmes qu'en a sa leçon !

Ce n'est pas ce que dict Socrates, son precepteur et le nostre : il prise comme il doibt la volupté corporelle ; mais il prefere celle de l'esprit, comme ayant plus de force, de constance, de facilité, de varieté, de dignité. Ceste cy ne va nullement seule, selon luy (il n'est pas si fantastique), mais seulement premiere ; pour luy, la temperance est moderatrice, non adversaire, des voluptés. Nature est un doulx guide, mais non pas plus doulx que prudent et juste : *Intrandum est in rerum naturam, et penitus quid ea postulet pervidendum* [1]. Je queste partout sa piste : nous l'avons confondue de traces artificielles ; et ce souverain bien academique et peripatetique, qui est « vivre selon icelle, » devient, à ceste cause, difficile à borner et expliquer ; et celuy des stoïciens, voysin à celuy là, qui est « consentir à nature. » Est ce pas erreur d'estimer aulcunes actions moins dignes de ce qu'elles sont necessaires ? Si ne m'osteront ils pas de la teste que ce ne soit un très convenable mariage du plaisir avecques la necessité, avecques laquelle, dict un ancien, les dieux complottent tousjours. A quoy faire desmembrons nous en divorce un bastiment tissu d'une si jointe et fraternelle correspondance ? au rebours, renouons le par mutuels offices : que l'esprit esveille et vivifie la pesanteur du corps, le corps arreste la legereté de l'esprit et la fixe : *Qui, velut summum bonum, laudat animæ naturam, et, tanquam malum, naturam carnis accusat, profecto et animam carnaliter appetit, et carnem carnaliter fugit; quoniam id vanitate sentit humana, non veritate divina* [2]. Il n'y a piece indigne de nostre soing,

---

(1) Semblables à ces fantômes qui voltigent autour des tombeaux, à ces vains songes qui trompent nos sens endormis. VIRG., *En.*, X, 641.

(2) ARRIEN, *de Exped. Alex.*, V, 26. C.

(3) Croyant n'avoir rien fait, tant qu'il lui reste encore quelque chose à faire. LUC., II, 657.

(4) Le sage recherche avec avidité les richesses naturelles. SEN., *Epist.* 119.

(5) DIOG. LAERCE, I, 114. C.

(6) Tout ce qui est selon la nature est digne d'estime. CIC., *de Finib. bon. et mal.*, III, 6, où l'on trouve ce sens, non les paroles expresses comme elles sont rapportées par Montaigne. C.

(1) Il faut pénétrer la nature des choses et voir exactement ce qu'elle exige. CIC., *de Finib. bon et mal.*, V, 16.

(2) Certainement, quiconque exalte l'âme comme le souverain bien, et condamne le corps comme une chose mauvaise, embrasse et chérit l'âme d'une manière charnelle et fuit charnellement la chair ; parce qu'il ne forme point ce jugement par

en ce present que Dieu nous a faict; nous en debvons compte jusques à un poil: et n'est pas une commission par acquit, à l'homme, de conduire l'homme selon sa condition; elle est expresse, naïfve et très principale, et nous l'a le Createur donnée serieusement et severement. L'auctorité peult seule envers les communs entendements et poise plus en langage peregrin[1]; rechargeons en ce lieu: *Stultitiæ proprium quis non dixerit ignave et contumaciter facere quæ facienda sunt, et alio corpus impellere, alio animum; distrahique inter diversissimos motus*[2]?

Or sus, pour veoir, faictes vous dire un jour les amusements et imaginations que celuy là met en sa teste, et pour lesquelles il destourne sa pensée d'un bon repas, et plaind l'heure qu'il employe à se nourrir: vous trouverez qu'il n'y a rien si fade, en touts les mets de vostre table, que ce bel entretien de son ame (le plus souvent il nous vauldroit mieulx dormir tout à fait que de veiller à ce à quoy nous veillons); et trouverez que son discours et intentions ne valent pas vostre capirotade[3]. Quand ce seroient les ravissements d'Archimedes mesme, que seroit ce? Je ne touche pas icy et ne mesle point à ceste marmaille d'hommes que nous sommes, et à ceste vanité de desirs et cogitations qui nous divertissent, ces ames venerables eslevées par ardeur de devotion et religion à une constante et consciencieuse meditation des choses divines; lesquelles, preoccupant par l'effort d'une vifve et vehemente esperance l'usage de la nourriture eternelle, but final et dernier arrest des chrestiens desirs, seul plaisir constant, incorruptible, desdaignent de s'attendre[4] à nos necessiteuses commodités, fluides et ambiguës, et resignent facilement au corps le soing et l'usage de la pasture sensuelle et temporelle: c'est un estude privilegié. Entre nous, ce sont choses que j'ay tousjours veues de singulier accord, les opinions supercelestes et les mœurs soubterraines.

Esope, ce grand homme, veid son maistre qui pissoit en se promenant: «Quoy doncques! feit il[1], nous fauldra il chier en courant?» Mesnageons le temps, encores nous en reste il beaucoup d'oysif et mal employé: nostre esprit n'a volontiers pas assez d'aultres heures à faire ses besongnes, sans se desassocier du corps en ce peu d'espace qu'il luy fault pour sa necessité. Ils veulent se mettre hors d'eulx et eschapper à l'homme; c'est folie: au lieu de se transformer en anges ils se transforment en bestes; au lieu de se haulser, ils s'abbattent. Ces humeurs transcendentes m'effrayent, comme les lieux haultains et inaccessibles; et rien ne m'est fascheux à digerer en la vie de Socrates que ses ecstases et ses daimoneries, rien si humain en Platon que ce pour quoy ils disent qu'on l'appelle divin; et de nos sciences celles là me semblent plus terrestres et basses qui sont le plus hault montées, et je ne treuve rien si humble et si mortel en la vie d'Alexandre que ses fantasies autour de son immortalisation[2]. Philotas le mordit plaisamment par sa response: il estoit conjouï avecques luy, par lettre, de l'oracle de Jupiter Hammon qui l'avoit logé entre les dieux: «Pour « ta consideration, j'en suis bien ayse, mais il « y a de quoy plaindre les hommes qui auront « à vivre avecques un homme et luy obeïr, « lequel oultrepasse et ne se contente de la me- « sure d'un homme[3]: »

Dis te minorem quod geris, imperas[4].

La gentille inscription dequoy les Atheniens honnorerent la venue de Pompeius en leur ville se conforme à mon sens:

D'autant es tu Dieu comme
Tu te recognois homme[5].

---

vérité divine, mais par vanité humaine. S. AUGUSTIN, *de Civit. Dei*, XIV, 5, où ce saint père en veut proprement aux manichéens, qui regardaient la chair et le corps comme une production du mauvais principe. C.

(1) *Et a plus de poids dans un langage étranger*, comme est le latin dont Montaigne va se servir.

(2) N'est-ce pas le propre de la folie, de faire avec lâcheté et murmure ce qu'on est forcé de faire; de pousser le corps d'un côté, et l'âme de l'autre; de se partager entre des mouvements contraires? SEN., *Epist.* 74.

(3) Ou *capilotade*, comme on parle aujourd'hui. Les Italiens et les Espagnols disent *capirotada*; et Rabelais, *cabirotade*, liv. IV, c. 59.

(4) *De prêter leur attention*, attendere. On lit dans l'édit. de 1635, p. 867, *de s'appliquer*, correction de mademoiselle de Gournay.

(1) *Vie d'Esop*, par PLANUDE, édition de Paris, 1623, p. 23.

(2) Edition de 1588, fol. 495, verso, «de sa déification.»

(3) QUINTE-CURCE, VI, 9. C.

(4) C'est en te soumettant aux dieux que tu règnes sur le monde. HOR., *Od.*, III, 6, 5.

(5) Dans la *Vie de Pompée*, par PLUT., c. 7 de la traduction d'Amyot. C.

C'est une absolue perfection et comme divine « de sçavoir jouïr loyalement de son estre. » Nous cherchons d'aultres conditions pour n'entendre l'usage des nostres, et sortons hors de nous pour ne sçavoir quel il y faict. Si avons nous beau monter sur des eschasses; car, sur des eschasses, encores fault il marcher de nos jambes, et au plus eslevé throsne du monde, si ne sommes nous assis que sur nostre cul. Les plus belles vies sont à mon gré celles qui se rengent au modele commun et humain avecques ordre, mais sans miracle, sans extravagance. Or, la vieillesse a un peu besoing d'es- tre traictée plus tendrement[1]. Recommandons la à ce dieu protecteur de santé et de sagesse, mais gaye et sociale :

Frui paratis et valido mihi,
Latoe, dones, et, precor, integra
Cum mente ; nec turpem senectam
Degere, nec cithara carentem[2].

(1) Edition de 1588, *fol.* 496, « Plus doulcement et plus délicatement. »

(2) Ce que je te demande, ô fils de Latone! c'est de me laisser jouir du fruit de mes peines; de me donner une santé constante, un esprit toujours sain; de me préserver d'une vieillesse étrangère au doux chant des Muses. Hor., *Od.*, I, 31, 17.

FIN DES ESSAIS.

VOYAGES DE MONTAIGNE

EN ALLEMAGNE ET EN ITALIE[1],

EN 1580 ET 1581.

Monsieur de Montaigne[2] depescha monsieur de Mattecoulon[3] en poste avec ledit escuyer, pour visiter ledit conte[4] et trouva que ses playes n'estoient pas mortelles. Audit Beaumont[5], M. d'Estissac[6] se mesla à la trope pour faire mesme voyage, accompaigné d'un gentil'home, d'un valet de chambre, d'un mullet, et à pied d'un muletier et deux lacquais, qui revenoit à nostre equipage pour faire à moitié la despense. Le lundy cinquieme de septembre 1580, nous partismes dudit Beaumont après disner et vinsmes tout d'une trete souper à

Meaux, qui est une petite ville, belle, assise sur la riviere de Marne. Elle est de trois pieces ; la ville et le fauxbourg sont en deça de la riviere vers Paris. Audela des ponts il y a un autre grand lieu qu'on nomme le marché, entourné de la riviere et d'un très beau fossé tout autour, où il y a grande multitude d'habitants et de maisons. Ce lieu estoit autrefois très bien fortifié de grandes et fortes murailles et tours ; mais en nos seconds troubles huguenots, parce que la pluspart des habitants de ce lieu estoit de ce party, on fit demolir toutes ces fortifications. Cest endroit de la ville soutint l'effort des Anglois, le reste estant tout perdu ; et en recompense touts les habitants dudit lieu sont encore exempts de la taille et autres impositions. Ils monstrent sur la riviere de Marne une isle longue de deux ou trois cent pas qu'ils disent avoir esté un cavalier jetté dans l'eau par les Anglois pour battre ledit lieu du marché avec leurs engins, qui s'est ainsi fermy avecq' le temps. Au fauxbourg, nous vismes l'abbaïe de saint Faron qui est un très vieux bastiment où ils montrent l'habitation d'Ogier le Danois et sa sale. Il y a un ancien refectoire, atout[1] de grandes et longues tables de pierre d'une grandeur inusitée, au milieu duquel sourdoit, avant nos guerres civiles, une vive fontaine qui servoit à leur repas. La pluspart des religieux sont encore gentil'homes. Il y a entre autres choses une très vielle tumbe et honnorable, où il y a l'effigie de deux chevaliers estandus en pierre d'une grandeur extraordinaire. Ils tiennent que c'est le corps de Ogier le Danois et quelqu'autre de ces paladins[2]. Il

---

(1) Nous avons suivi, pour le texte et pour l'orthographe du Voyage de Montaigne, l'édition de Querlon ; quant à la partie du Voyage écrite en italien, nous n'en avons donné que la traduction. Les notes sont de Querlon.

(2) Il manque deux pages du manuscrit formant le premier feuillet, qui paraît avoir été déchiré fort anciennement, puisque le livre a été trouvé en cet état. Cette première partie a été écrite par le secrétaire de Montaigne sous sa dictée.

(3) C'était le frère de Montaigne. *Essais*, l. II, c. 37. « Mon « frere, sieur de *Mattecoulon*, fut convié à Rome à seconder « un gentilhomme qu'il ne connoissoit guere, lequel estoit dé- « fendeur et appelé par un autre. En ce combat, il se trouva « de fortune avoir en teste un qui luy étoit plus voisin et plus « cogneu. Après s'estre desfaict de son homme, voyant les « deux maistres de la querelle en pieds encore et entiers, il « alla descharger son compaignon...... Il fut délivré des prisons « d'Italie par une bien soudaine et solemnelle recommandation « de nôtre roi. » Ce duel se fit vraisemblablement dans le voyage dont il s'agit.

(4) On ne sait point quel est le comte que Montaigne envoya visiter, ni l'accident qui causa ses blessures.

(5) Beaumont-sur-Oise.

(6) C'était le fils de la dame d'*Estissac*, à qui est adressé, dans le second livre des *Essais*, le chapitre intitulé : *De l'Affection des pères aux enfants*.

---

(1) Avec.

(2) Le P. Mabillon, dans ses *Actes des Saints de l'Ordre de saint Benoît*, t. V, soutient cette tradition fabuleuse avec un sérieux peu digne de son érudition. Quelle apparence qu'Oger le Danois, mort l'an 800 à la bataille de Roncevaux, avec Roland et Olivier, neveux de Charlemagne, eût été porté de si loin pour être inhumé à Saint-Faron ! Dom Mabillon lève cette difficulté par une fable éminemment monacale. Mais il y aurait plus d'apparence à substituer, avec *Pierre Janvier*, à Oger le Danois un autre Oger de Charmoutré ou Charmontray, qui donna tout son bien au monastère de Saint-Faron, en 1035, si le fait était mieux prouvé. Dans un vieux nécrologe de l'abbaye

n'y a ni inscription ni nulles armoiries ; seulement il y a ce mot latin, qu'un abbé y a fait mettre il y a environ cent ans : que ce sont deux heros inconnus qui sont là enterrés. Parmy leur thresor ils montrent des ossements de ces chevaliers. L'os du bras depuis l'espaule jusques au coude est environ de la longueur du bras entier d'un homme des nostres, de la mesure commune, et un peu plus long que celui de M. de Montaigne. Ils monstrent aussi deux de leurs espées qui sont environ de la longueur d'une de nos espées à deux mains ; et sont fort detaillées de coups par le tranchant.

Audit lieu de Meaux M. de Montaigne fut visiter le thresorier de l'eglise sainct Estienne[1] nommé Juste Terrelle, home connu entre les sçavants de France, petit home vieux de soixante ans, qui a voïagé en Egypte et Jerusalem et demeuré sept ans en Constantinople, qui lui montra sa librairie et singularités de son jardin. Nous n'y vismes rien si rare qu'un arbre de buys espandant ses branches en rond, si espois et tondu par art, qu'il semble que ce soit une boule très polie et très massive de la hauteur d'un homme.

De Meaux, où nous disnames le matin, nous vinsmes coucher à

Charly, sept lieues. Le landemein, qui fut jeudy matin, vinsmes disner à

Dormans, sept lieues. Le lendemein, qui fut jeudi matin, vinsmes disner à

Esprenei[2], cinq lieues ; où estant arrivés, MM. d'Estissac et de Montaigne s'en allarent à la messe, comme c'estoit leur coutume, en l'eglise Nostre Dame ; et parce que ledit seigneur de Montaigne avoit veu autrefois, et lorsque M. le mareschal de Strossi fut tué au siege de Téonville[3], qu'on avoit apporté son corps en laditte eglise, il s'enquit de sa sepulture, et trouva qu'il y estoit enterré sans aucune montre ny de pierre, ny d'armoirie, ny d'epitaphe, vis à vis du grand autel. Et nous fut dit que la reine l'avoit ainsi faict enterrer sans pompe et ceremonie, parce que c'estoit la volonté dudit mareschal. L'evesque de Renes, de la maison des Hanequins[4] à Paris, faisoit lors l'office en laditte eglise de laquelle il est abbé : car c'estoit aussi le jour de la feste de N. Dame de septembre. M. de Montaigne accosta en laditte eglise, après la messe, M. Maldonat[1], jhesuite duquel le nom est fort fameux à cause de son erudition en theologie et philosophie, et eurent plusieurs propos de sçavoir ensamble lors et l'après dinée, au logis du dit sieur de Montaigne où ledit Maldonat le veint trouver. Et entre autres choses, parce qu'il venoit des beings d'Aspa[2] qui sont au Liege[3], où il avoit esté avec M. de Nevers, il lui conta que c'estoient des eaus extremement froides, et qu'on tenoit là que, les plus froides qu'on les pouvoit prendre c'estoit le meilleur. Elles sont si froides que aucuns qui en boivent en entrent en frisson et en horreur ; mais bientost après on en sent une grande douleur en l'estomach. Il en prenoit pour sa part cent onces ; car il y a des gens qui fournissent des verres qui portent leur mesure selon la volonté d'un chacun. Elles se boivent non seulement à jeun, mais encore après les repas. Les operations qu'il recita sont pareilles aux eaux de Guascogne. Quant à lui, il disoit en avoir remarqué la force pour le mal qu'elles ne lui avoient pas faict, en ayant beu plusieurs fois tout suant et tout esmeu. Il a veu par experience que grenouilles et autres petites bestes qu'on y jette se meurent incontinent ; et dit qu'un mouchouer[4] qu'on mettra au dessus d'un verre plein de ladite eau, se jaunira incontinent. On en boit quinze jours où trois semaines pour le moins. C'est un lieu auquel on est très bien accommodé et logé, propre contre toute obstruction et gravelle. Toutefois ny M. de Nevers ny lui n'en estoient devenus guieres plus sains. Il avoit avec lui un maistre d'hostel de Nevers ; et donnarent à M. de Montaigne un cartel imprimé sur le sujet du different qui est entre MM. de Montpansier et de Nevers[5], affin qu'il en fut instruit et en peut instruire les gentil'hommes qui s'en enquerroient. Nous partimes de là le vendredi matin et vinsmes à

---

de Saint-Faron, on lit à la date du 1 mars : *Gibelina, soror Ogerii le Danois, conversa.*

(1) C'est l'ancienne cathédrale, depuis mise aussi sous l'invocation de la Vierge.

(2) Épernay en Champagne. — (3) Thionville. — (4) Hennequins, famille de robe, ancienne.

(1) C'est le célèbre Jean Maldonado, jésuite espagnol très savant, dont on a d'excellents commentaires sur les Évangiles ; mort en 1583 à Rome, où il avait été apelé par le Pape Grégoire XIII. (2) De Spa. — (3) Au pays de Liége. — (4) Mouchoir.

(5) La dispute entre le duc de Montpensier et le duc de Nevers (1584) était sur la *Baillée des Roses* au Parlement. Il fut ordonné que le duc de Montpensier, qui réunissait la qualité de prince du sang à celle de pair, les baillerait le premier,

Chaalons[1], sept lieues ; et y logeasmes à la Couronne qui est un beau logis, et y sert-on en vesselle d'argent ; et la pluspart des lits et couvertes sont de soie. Les communs battimens de toute ceste contrée sont de croye[2], coupée à petites pieces quarrées, de demi pied ou environ, et d'autres de terre en gason, de mesme forme. Le lendemein nous en partismes après disner, et vinsmes coucher à

Vitry le François, sept lieues. C'est une petite ville assise sur la riviere de Marne, battie depuis trente cinq ou quarente ans, au lieu de l'autre Vitry qui fut bruslé. Ell'a encore sa premiere forme bien proportionnée et plaisante, et son milieu est une grand place quarrée des plus belles de France. Nous apprismes là trois histoires mémorables. L'une que madame la douairiere de Guise de Bourbon[3], aagée de quatre vingt sept ans, estoit encor' vivante, et faisant encor un quart de lieue de son pied. L'autre, que depuis peu de jours il avoit esté pendu à un lieu nommé Montirandet[4], voisin de là, pour telle occasion. Sept ou huit filles d'autour de Chaumont en Bassigni complottarent, il y a quelques années, de se vestir en masles et continuer ainsi leur vie par le monde. Entre les autres, l'une vint en ce lieu de Vitry sous le nom de Mary, guaignant sa vie à estre tisseran, jeune homme bien conditionné et qui se rendoit à un chacun amy. Il fiancea audit Vitry une femme, qui est encore vivante ; mais pour quelque desacord qui survint entre eux, leur marché ne passa plus outre. Depuis estant allé audit Montirandet, guaignant tousjours sa vie audit mestier, il devint amoureux d'une fame laquelle il avoit espousée, et vescut quatre ou cinq mois avecque elle avec son contentement, à ce qu'on dit ; mais ayant esté reconnu par quelc'un dudit Chaumont, et la chose mise en avant à la justisse, elle avoit esté condamnée à estre pendue : ce qu'elle disoit aymer mieux souffrir que de se remettre en estat de fille. Et fut pendue pour des inventions illicites à supplir[5] au defaut de son sexe. L'autre histoire, c'est d'un homme encore vivant nommé Germain, de basse condition, sans nul mestier ni office, qui a esté fille jusques en l'aage de vingt deux ans, et remarquée d'autant qu'elle avoit un peu plus de poil autour du menton que les autres filles ; et l'appeloit-on Marie la barbue. Un jour faisant un effort à un sault, ses outils virils se produisirent, et le cardinal de Lenoncourt, évesque pour lors de Chalons, lui donna nom Germain[1]. Il ne s'est pas marié pourtant ; il a une grand' barbe fort espoisse. Nous ne le sceumes voir, parce qu'il estoit au vilage. Il y a encore en ceste ville une chanson ordinaire en la bouche des filles, où elles s'entr'advertissent de ne faire plus de grandes enjambées, de peur de devenir masles, comme Marie Germain. Ils disent qu'Ambroise Paré a mis ce conte dans son livre de chirurgie, qui est très certin, et ainsi tesmoingné à M. de Montaigne par les plus apparens officiers de la ville. Delà nous partismes dimenche matin après desjeuné, et vinsmes d'une trete à

Bar, neuf lieues, où M. de Montaigne avoit esté autresfois, et n'y trouva de remarquable de nouveau que la despense estrange qu'un particulier prestre et doyen de là a employé et continue tous les jours en ouvrages publiques. Il se nomme Gilles de Treves ; il a bati la plus sumptueuse chapelle de marbre, de peintures et d'ornemens qui soit en France, et a bati et tantost achevé de mubler la plus belle maison de la ville qui soit aussi en France ; de la structure la mieux compassée, étoffée, et la plus labourée d'ouvrages et d'anrichissemans, et la plus logeable : de quoy il veut faire un colliege. Et est après à le dorer et mettre en trein à ses despens. De Bar, où nous disnames le lundi matin, nous nous en vinsmes coucher à

Mannese, quatre lieus, petit village où M. de Montaigne fut arresté, à cause de sa colicque, qui fut aussi cause qu'il laissa le dessein qu'il avoit aussi faict de voir Toul, Metz, Nancy, Jouinville et St. Disier, comme il avoit déliberé, qui sont villes épandues autour de cette route, pour gaigner les beings de Plombieres en diligence. De Mannese nous partismes mardi au matin et vinsmes disner à

Vaucouleur, une lieue de là ; et passasmes le

---

quoique M. de Nevers fût plus ancien pair que lui. Voyez l'Abrégé chronologique du Pr. Henault, édit. de 1768, in-8°, t. I, p. 177 et 178. — (1) Sur Marne. — (2) Craye.

(3) Cette princesse était Antoinette de Bourbon, veuve de Claude de Lorraine, premier duc de Guise, mort en 1550. Le jacobin Doré en parle comme d'une sainte.

(4) Montier-en-Der. — (5) A suppléer.

(1) Cette histoire est rapportée dans les Essais de Montaigne, liv. I, c. 20.

long de la riviere de Meuse, dans un village nommé

Donremy, sur Meuse, à trois lieues dudit Vaucouleur, d'où estoit nativfe cette fameuse pucelle d'Orleans, qui se nommoit Jane d'Acq[1] ou d'Arcis. Ses descendants furent annoblis par faveur du roi ; et nous monstrarent les armes que le roi leur donna, qui sont d'azur à un'espée droite couronnée et poignée d'or, et deux fleurs de lis d'or au costé de ladite espée ; dequoy un receveur de Vaucouleur donna un escusson peint à M. de Caselis. Le devant de la maisonnette où elle naquit est toute peinte de ses gestes ; mais l'aage en a fort corrompu la peinture Il y a aussi un arbre le long d'une vigne qu'on nomme l'Arbre de la Pucelle, qui n'a nulle autre chose à remarquer. Nous vinsmes ce soir coucher à

Neufchasteau, cinq lieues, où en l'église des Cordeliers il y a force tumbes, anciennes de trois ou quatre cens ans, de la noblesse du pais[2] ; desqueles toutes les inscriptions sont en ce langage: « Cy git tel, qui fut mors lors que li milliaires courroit, per mil deux cens etc. » M. de Montaigne vit leur librairie où il y a force livres, mais rien de rare, et un puits qui se puise à fort grands seaus, en roullant avec les pieds un plachié de bois qui est appuyé sus un pivot, auquel tient une piece de bois ronde à laquelle la corde du puits est attachée. Il en avoit veu ailleurs de pareils. Joignant le puits, il y a un grand vaisseau de pierre, eslevé au dessus de la marselle[3] de cinq ou six pieds, où le seau se monte ; et sans qu'un tiers s'en mesle, l'eau se renverse dans ledit vaisseau, et en ravalle quand il est vuide. Ce vaisseau est de telle hauteur que par icelui, avec des canaus de plomb, l'eau du puits se conduit à leur réfectoire et cuisine et boulangerie, et rejaillit par des corps de pierre eslevés en forme de fonteines naturelles.

De Neufchasteau où nous desjeunasmes le matin, nous vinsmes souper à

Mirecourt, six lieues, belle petite ville où M. de Montaigne ouyt nouvelles de M. et madame de Bourbon, qui en sont fort voisins. Et lendemain matin, après desjuner, alla voir à un quart de lieue de là, à quartier de son chemin, les religieuses de Poussay. Ce sont religions de quoi il y en a plusieurs en ces contrées-là[1] establies pour l'institution des filles de bonne maison. Elles y ont chacune un bénéfice, pour s'en entretenir, de cent, deux cens ou trois cens escus, qui pire, qui meilleur, et une habitation particuliere où elles vivent chacune à part soi. Les filles en nourrice y sont reçues. Il n'y a nulle obligation de virginité, si ce n'est aus officieres, comme abbesse, prieure et autres. Elles sont vestues en toute liberté, comme autres damoiselles, sauf un voile blanc sus la tête, et en l'église, pendant l'office, un grand manteau qu'elles laissent en leur siege au cœur. Les compagnies y sont reçues en toute liberté chez les religieuses particulieres qu'on y va rechercher, soit pour les poursuivre à espouser ou à autre occasion. Celles qui s'en vont peuvent resigner et vendre leur bénéfice à qui elles veullent, pourveu qu'elle soit de condition requise ; car il y a des seigneurs du païs qui ont ceste charge formée, et s'y obligent par serment, de tesmoigner de la race des filles qu'on y présente. Il n'est pas inconvenient qu'une seule religieuse ait trois ou quatre bénéfices. Elles font au demeurant le service divin comme ailleurs. La plus grand part y finissent leurs jours et ne veullent changer de condition. Delà nous vinsmes souper à

Espiné[2], cinq lieues. C'est une belle petite ville sur la riviere de la Moselle, où l'entrée nous fut refusée, d'autant que nous avions passé à Neufchasteau, où la peste avoit été il n'y a pas long-temps. Lendemain matin nous vinsmes disner à

Plommieres[3], quatre lieues. Depuis Bar-le-Duc les lieues reprennent la mesure de Guascogne et vont s'allongeant vers l'Allemagne, jusques à les doubler et tripler enfin. Nous y entrasmes le vendredy 16e de septembre 1580, à deux heures après midi. Ce lieu est assis aux

---

(1) D'Arc.

(2) Entre autres, plusieurs tombeaux de seigneurs de la maison du Châtelet. (Voyez l'Histoire généalogique de la maison du Châtelet de dom Calmet). Il est rapporté dans les Observations de l'abbé Desfontaines, lettre 467, t. 32, qu'un du Châtelet voulut y être enterré tout debout, dans le creux d'un pilier, disant que jamais vilain ne passeroit sur son ventre.

(3) Mardelle.

(1) Remiremont, Epinal, Poussai, Bouxieres. Le dicton de Lorraine sur ces quatre chapitres est: Les Dames de Remiremont ; les Caignes-de-chambre d'Epinal ; les Servantes de Poussai, et les Vachères de Bouxières. Cependant ces chapitres exigeaient à peu près les mêmes preuves.

(2) Espinal ou Epinal.

(3) Plombières. Voyez l'Histoire des eaux de Plombières, par dom Calmet.

confins de la Lorreine et de l'Allemagne, dans une fondriere, entre plusieurs collines haultes et coupées qui le serrent de tous costés. Au fond de ceste vallée naissent plusieurs fonteines tant froides naturelles que chaudes. L'eau chaude n'a nulle senteur ny goust, et est chaude tout ce qui s'en peut souffrir au boire, de façon que M. de Montaigne estoit contraint de la remuer de verre à autre. Il y en a deux seulement de quoi on boit. Celle qui tourne le cul à l'orient et qui produit le being qu'ils appellent le Being de la Reine laisse en la bouche quelque goust doux comme de regalisse, sans autre deboire, si ce n'est que, si on s'en prent garde fort attentivement, il sembloit à M. de Montaigne qu'elle rapportoit je ne sçay quel goust de fer. L'autre qui sourd du pied de la montagne opposite, de quoi M. de Montaigne ne but qu'un seul jour, a un peu d'aspreté, et y peut-on decouvrir la saveur de l'alun. La façon du païs, c'est seulement de se beingner deux ou trois fois le jour. Aucuns prennent leur repas au being, où ils se font communement ventouser et scarifier, et ne s'en servent qu'après s'estre purgés. S'ils boivent, c'est un verre ou deux dans le being. Ils treuvoient estrange la façon de M. de Montaigne, qui, sans médecine précédente, en beuvoit neuf verres, qui revenoient environ à un pot, tous les matins à sept heures, disnoit à midy, et les jours qu'il se beingnoit, qui estoit de deux jours l'un, c'estoit sur les quatre heures, n'arrestant au being qu'environ une heure. Et ce jour-là il se passoit volontiers de soupper. Nous vismes des hommes guéris d'ulceres, et d'autres de rougeurs par le corps. La coustume est d'y estre pour le moins un mois. Ils y louent beaucoup plus la seison du printemps en may. Ils ne s'en servent guiere après le mois d'aoust, pour la froideur du climat; mais nous y trouvasmes encore de la compaignie, à cause que la secheresse et les chaleurs avoient esté plus grandes et plus longues que de coustume. Entre autres, M. de Montaigne contracta amitié et familiarité avec le seigneur d'Andelot, de la Franche-Conté, duquel le pere estoit grand escuyer de l'empereur Charle cinquiesme et lui premier mareschal de camp de l'armée de don Jouan d'Austria[1]; et fut celui qui demeura gou-

verneur de Saint-Quintin lorsque nous la perdismes. Il avoit un endroit de sa barbe tout blanc et un costé de sourcil; et recita à M. de Montaigne que ce changement lui estoit venu en un instant, un jour estant chez lui plein d'ennui pour la mort d'un sien frere que le duc d'Albe avoit faict mourir comme complice des contes d'Eguemont[1] et de Hornes, qu'il tenoit sa teste appuyée sur sa main par cest endroit, de façon que les assistans penserent que ce fut de la farine qui lui fut de fortune tombée là. Il a depuis demeuré en ceste façon[2]. Ce being avoit autrefois esté fréquenté par les Allemans seulement; mais depuis quelques ans ceux de la Franche-Conté et plusieurs François y arrivent à grand foule. Il y a plusieurs beings, mais il y en a un grand et principal basti en forme ovale d'un antienne structure. Il a trente-cinq pas de long et quinze de large. L'eau chaude sourd par le dessoubs à plusieurs surgeons, et y faict-on par le dessus escouler de l'eau froide pour moderer le being selon la volonté de ceux qui s'en servent. Les places y sont distribuées par les costés avec des barres suspendues à la mode de nos équiries; et jette-on des ais par le dessus pour eviter le soleil et la pluye. Il y a tout autour des beings trois ou quatre degrés de marches de pierre à la mode d'un théatre où ceux qui se beingnent peuvent estre assis ou appuyés. On y observe une singuliere modestie; et si est indecent aux hommes de s'y mettre autrement que tous nuds, sauf un petit braict, et les fames sauf une chemise. Nous logeames à l'Ange, qui est le meilleur logis, d'autant qu'il respond aux deux beings. Tout le logis, où il y avoit plusieurs chambres, ne coustoit que quinze solds par jour. Les hostes fournissent partout du bois pour le marché; mais le païs en est si plein

(1) D'Egmont.
(2) « Ludovic Sforce, surnommé le More, parce qu'il était
« basané, près de se rendre maître de Milan, se vit tout à
« coup abandonné par les Suisses qu'il avait dans ses troupes,
« à la vue de l'armée du roi (Louis XII), commandée par Louis
« de la Trémouille; et s'etant déguisé en soldat pour se sauver,
« il fut reconnu et envoyé au roi, qui était à Lyon, et qui
« le fit mettre dans un cachot, sans le voir. On rapporte que
« ce malheureux prince, se ressouvenant à quel point il avait
« offensé le roi, fut saisi d'une si forte apprehension de la mort,
« que la nuit même, son poil, qui étoit fort noir, en devint tout
« blanc; de sorte que le lendemain ses gardes le méconnu-
« rent et s'imaginèrent que c'était un autre homme. » *Abrégé
de Mézéray.*

(1) Jean d'Autriche, fils naturel de Charles-Quint.

qu'il ne couste qu'à coupper. Les hostesses y font fort bien la cuisine. Au temps de grand presse ce logis eut cousté un escu le jour, qui est bon marché ; la nourriture des chevaus à sept sols ; tout autre sorte de despense à bonne et pareille raison. Les logis n'y sont pas pompeus, mais fort commodes ; car ils font, par le service de force galeries, qu'il n'y a nulle sujection d'une chambre à l'autre. Le vin et le pain y sont mauvais. C'est une bonne nation, libre, sensée, officieuse. Toutes les loix du païs sont religieusement observées. Tous les ans ils refreschissent dans un tableau audevant du grand being, en langage allemand et en langage françois, les lois cy-dessoubs escrites :

Claude de Rynach, chevalier, seigneur de Saint Balesmont, Montureulz en Ferrette, Lendacourt, etc., conseillier et chambellan de nostre souverain seigneur monseigneur le duc, etc., et son bally de Vosges :

« Sçavoir faisons que, pour le repos asseuré « et tranquillité de plusieurs dames et autres « personnages notables affluans de plusieurs « regions et païs en ces beings de Plommieres, « avons, suivant l'intention de Son Altesse, sta- « tué et ordonné, statuons et ordonnons ce qui « suit :

« Sçavoir est que l'antienne discipline de « correction pour les fautes legieres demeurera « ès mains des Allemands comme d'antienneté, « ausquels est enjoint faire observer les céré- « monies, status et polices desquelles ils ont « usé pour la decoration desdits beings et pu- « nition des fautes qui seront commises par « ceus de leurs nations, sans exception de per- « sonnes, par forme de rançon, et sans user « d'aucuns blasphemes et autres propos irre- « verens contre l'eglise catholique et traditions « d'icelles.

« Inhibition est faite à toutes personnes, de « quelle qualité, condition, region et province « qu'ils soient, le provoquer de propos inju- « rieus et tendans à querelle, porter armes « esdits beings, donner desmenty ny mettre la « main aux armes, à peine d'estre punys « griefvement comme infracteurs de sauve- « guarde, rebelles et desobéissans à Son Al- « tesse.

« Aussi à toutes filles prostituées et impudi- « ques d'entrer ausdits beings ny d'en appro- « cher de cinq cens pas, à peine du fuet ès « quatre carres[1] desdits beings ; et sur les hos- « tes qui les auront receues ou recelées, d'em- « prisonnemant de leurs personnes et d'amande « arbitraire.

« Soubs mesme peinne est defendu à tous, « user envers les dames, damoiselles et autres « fames et filles, estans ausdits beings, d'au- « cuns propos lascifs ou impudiques, faire au- « cuns attouchemens deshonnestes, entrer ni « sortir desdits beings irreveremment contre « l'honnesteté publique.

« Et parceque, par le benefice desdits beings, « Dieu et nature nous procurent plusieurs gue- « risons et soulagemens, et qu'il est requis une « honneste mundicité et pureté pour obvier à « plusieurs contagions et infections qui s'y « pourroient engendrer, est ordonné expressé- « ment au maistre desdits beings prendre soin- « gneuse garde et visiter les corps de ceux qui « y entreront, tant de jour que de nuit, les fai- « sant contenir en modestie et silence pendant « la nuit, sans bruit, scandale ni derision. Que « si aucun personnage ne lui est à ce faire « obéissant, il en face prompte delation au « magistrat pour en faire punition exemplei- « remant.

« Au surplus, est prohibé et defendu à tou- « tes personnes venans de lieus contagieus, de « se présenter ny approcher de ce lieu de Plom- « mieres, à peine de la vie, enjoignant bien « expressemant aus mayeurs et gens de justice « d'y prendre soigneuse garde, et à tous habi- « tans dudit lieu de nous donner billets conte- « nans les noms et surnoms et residence des « personnes qu'ils auront receues et logées, à « peine de l'emprisonnemant de leurs per- « sonnes.

« Toutes lesquelles ordonnances cy dessus « declarées ont esté ce jour d'hui publiées aude- « vant du grand being dudit Plommieres, et co- « pies d'icelles fichées, tant en langue françoise « qu'allemande, au lieu plus proche et plus ap- « parent du grand being, et signé de nous, « bally de Vosges. Donné audit Plommieres le « 4e jour du mois de mai l'an de grace Notre « Seigneur mil cinq cens... »

Le nom du Bailly.

(1) Du fouet aux quatre coins.

Nous arrestames audit lieu depuis ledit jour 18e jusques au 27e de septembre. M. de Montaigne beut onze matinées de ladite eau, neuf verres huit jours et sept verres trois jours, et se beigna cinq fois[1]. Il trouva l'eau aysée à boire et la rendoit tous-jours avant disner. Il n'y connut nul autre effect que d'uriner. L'appetit, il l'eut bon; le sommeil, le ventre, rien de son état ordinaire ne s'empira par ceste potion. Le sixieme jour il eut la colique très vehemente et plus que les siennes ordineres, et l'eut au costé droit, où il n'avoit jamais senty de doleur qu'une bien legiere à Arsac, sans opération. Ceste ci lui dura quatre heures; et sentit evidemment en l'operation l'ecoulement de la pierre par les ureteres et bas du ventre. Les deux premiers jours il rendit deux petites pierres qui estoient de dans la vessie, et depuis par fois du sable. Mais il partit desdits beings, estimant avoir encore en la vessie la pierre de la susdite colique, et autres petites desquelles il pensoit avoir senty la descente. Il juge l'effect de ces eaus et leur qualité pour son regard fort pareilles à celle de la fontaine haute de Banieres, où est le being. Quant au being, il le trouve de très douce temperature; et de vray les enfans de six mois et d'un an sont ordinairement à grenouiller dedans. Il suoit fort et doucement. Il me commanda, à la faveur de son hostesse, selon l'humeur de la nation, de laisser un escusson de ses armes en bois qu'un pintre dudit lieu fit pour un escu; et le fit l'hostesse curieusement attacher à la muraille par le dehors[2]. Ledit jour 27e jour de septembre, après disner, nous partimes et passames un païs montaigneus qui retentissoit partout soubs les pieds de nos chevaux, comme si nous marchions sur une voute, et sembloit que ce feussent des tabourins qui tabourassent autour de nous; et vinsmes coucher à

Remiremont, deux lieues, belle petite ville et bon logis à la Licorne; car toutes les villes de Lorrene (c'est la derniere) ont les hostelleries autant commodes et le tretemant aussi bon qu'en nul endroit de France. Là est ceste abbaïe de relligieuses si fameuse, de la condition de celles que j'ay dittes de Poussai. Elles pretendent, contre M. de Lorrene, la souveraineté et principauté de ceste ville[1]. MM. d'Estissac et de Montaigne les furent voir soudain après être arrivés; et visitarent plusieurs logis particuliers qui sont très beaus et très bien meublés. Leur abbesse estoit morte, de la maison de d'Inteville, et estoit-on après la creation d'une autre, à quoi pretendoit la sœur du conte de Salmes. Ils furent voir la doïene, qui est de la maison de Lutre[2], qui avoit faict cest honneur à M. de Montaigne d'envoyer le visiter aux beings de Plommieres, et envoïer des artichaus, perdris et un barril de vin. Ils apprindrent là que certeins villages voisins leur doivent de rente deux bassins de nege tous les jours de le Pentecouste, et, à faute de ce, une charrette atteléé de quatre beufs blancs. Ils disent que ceste rante de nege ne leur manque jamais, si est qu'en la saison que nous y passames les chaleurs y estoient aussi grandes qu'elles soient en nulle saison en Guascogne. Elles n'ont qu'un voile blanc sur la teste et audessus un petit loppin de crêpe. Les robes, elles les portent noires de telle estoffe et façon qu'il leur plaist pendant qu'elles sont sur les lieux; ailleurs de couleur; les cotillons à leur poste, et escarpins et patins; coeffées au dessus de leur voile comme les autres. Il leur faut estre nobles de quatre races du costé de pere et de mere. Ils prindrent congé d'elles dès le soir. Lendemain au point du jour nous partimes de là. Comme nous estions à cheval, la doïenne envoïa un gentil'homme vers M. de Montaigne, le priant d'aller vers elle, ce qu'il fit. Cela nous arresta une heure. La compagnie de ces dames lui dona procuration de leurs affaires à Rome. Au partir de là, nous suivimes longtemps un très beau et très plaisant vallon, coustoiant la riviere de Moselle, et vinsmes disner à

Bossan, quatre lieués, petit meschant village, le dernier du langage françois, où MM.

---

(1) Montaigne était devenu fort sujet à la colique néphrétique et à la gravelle, *par la liberalité des ans*, comme il dit, *Essais*, liv. II, c. 37. Il regardait le bain comme très salubre.

(2) Les armes de Montaigne étaient d'azur semé de trèfles d'or à une *patte de lion* de même, armée de gueule mise en fasce. *Essais*, liv. I, c. 46.

(1) L'abbesse se qualifiait: *N... par la grâce de Dieu, humble abbesse et souveraine de Remiremont, princesse du Saint-Empire*; mais ces qualités fastueuses furent interdites aux abbesses de ce Chapitre par un arrêt de la Cour souveraine et Parlement de Lorraine, du 19 avril 1738. Voyez le *Code Stanislas*, t. I. — (2) Ludre.

(3) Bussang, Bussan. On y a découvert depuis des eaux minérales qui ont de la vogue. Le médecin J. Le Maire, en a fait un *Essai analytique* imprimé à Remiremont en 1350, in-12.

d'Estissac et de Montaigne, revetus de souguenies de toile qu'on leur préta, allarent voir des mines d'argent que M. de Lorrene a là, bien deux mille pas dans le creus d'une montaigne. Après disner nous suivimes par les montaignes, où on nous monstra, entre autres choses, sur des rochers inaccessibles, les aires où se prennent les autours (et ne coutent là que trois testons du païs), et la source de la Moselle; et vinsmes soupper à

Tane[1], quatre lieues, premiere ville d'Allemaigne, sujette à l'empereur, très belle. Lendemein au matin, trouvames une belle et grande plene, flanquée à main gauche de coutaus pleins de vigne, les plus belles et les mieux cultivées, et en telle estandue que les Guascons qui estoient là disoint n'en avoir jamais veu tant de suite. Les vandanges se faisoint lors : nous vinsmes disner à

Melhouse[2], deux lieues, une belle petite ville de Souisse, quanton de Basle. M. de Montaigne y alla voir l'église; car ils n'y sont pas catholiques. Il la trouva, comme en tout le païs, en bonne forme; car il n'y a casi rien de changé, sauf les autels et les images qui en sont à dire, sans difformité. Il print un plesir infini à voir la liberté et bonne police de ceste nation, et son hoste du Reisin[3] revenir du conseil de ladite ville, et d'un palais magnifique et tout doré, où il avoit présidé, pour servir ses hostes à table; et un homme sans suite et sans authorité, qui leur servoit à boire, avoit mené quatre enseignes de gens de pied contre le service du roy, sous le Casemir[4], en France, et estre pansionnere du roy à trois cens escus par an, il y a plus de vint ans. Lequel seigneur lui recita à table, sans ambition et affectation, sa condition et sa vie : lui dit, entre autres choses, qu'ils ne font nulle difficulté, pour leur religion, de servir le roy contre les huguenots mesmes; ce que plusieurs autres nous redirent en nostre chemin, et qu'à nostre siege de la Fere il y en avoit plus de cinquante de leur ville; qu'ils epousent indifferemment les fames de nostre religion au prestre et ne les contreignent de changer. Delà après disné nous suivimes un païs beau, plein, très fertile, garny de plusieurs beaus villages et hostelleries, et nous rendismes à coucher à

Basle, trois lieues; belle ville de la grandeur de Blois ou environ, de deux pieces; car le Rein traverse par le milieu sous un grand et très large pont de bois. La seigneurie fit cest honneur à MM. d'Estissac et de Montaigne que de leur envoyer par l'un de leurs officiers de leur vin, avec une longue harangue qu'on leur fit estant à table, à laquelle M. de Montaigne respondit fort long-temps, estans descouvers les uns et les autres, en presence de plusieurs Allemans et François qui estoint au poisle avecques eus. L'hoste leur servit de truchement. Les vins y sont fort bons. Nous y vismes de singulier la maison d'un medecin nommé Felix Platerus[1], la plus pinte et enrichie de mignardise à la françoise qu'il est possible de voir; laquelle ledit medecin a batie fort grande, ample et sumptueuse. Entre autres choses, il dresse un livre de simples qui est des-ja fort avancé; et au lieu que les autres font pindre les herbes selon leurs coleurs, lui a trouvé l'art de les coler toutes naturelles si propremant sur le papier, que les moindres feuilles et fibres y apparoissent, come elles sont; et il feuillette son livre, sans que rien en eschappe; et monstra des simples qui y estoint collés y avoit plus de vint ans. Nous vismes aussi et chez luy et en l'escole publique des anatomies entieres d'homes mors qui se soutiennent. Ils ont cela que leur horloge dans la ville, non pas aux fauxbours, sone tousjours les heures d'une heure avant le temps. S'il sone dix heures, ce n'est à dire que neuf; parce, disent-ils, qu'autrefois une tele faulte de leur horloge fortuite preserva leur ville d'une entreprise qu'on y avoit faite. Basilée s'appelle non du mot grec, mais parceque *base* signifie *passage* en Allemant. Nous y vismes force gens de sçavoir, come *Grineus*[2], et celui qui a faict le *Theatrum*[3], et ledit me-

---

Douze ans auparavant, François-Joseph Payen, médecin, avait publié à Besançon ses *Quæstiones medicæ circa acidulas Bussanas*, dédiées au roi Stanislas, duc de Lorraine. — (1) Thann. — (2) Mulhouse. — (3) C'est-à-dire, dont l'enseigne était un *raisin*.

(4) Jean Casimir, fils de Louis, électeur et comte palatin, qui amena des troupes d'Allemagne aux huguenots de France, sous Charles IX, en 1567.

(1) On a de ce médecin suisse un assez grand nombre d'ouvrages.

(2) Simon Grinæus, dont on a un éloge de la médecine en latin, *Encomion medicinæ*, imprimé à Bâle en 1592, et une édition des *Traités* d'Aphrodisée et de Damascène sur les fièvres.

(3) Est-ce le *Theatrum vitæ humanæ*, le *Theatrum anatomicum*, etc. ? Il y a tant d'ouvrages sous ce titre.

decin (Platerus), et François Hottoman[1]. Ces deux derniers vindrent souppèr avec messieurs, lendemein qu'ils furent arrivés. M. de Montaigne jugea qu'ils estoint mal d'accord de leur religion par les reponses qu'il en receut : les uns se disans zuingliens, les autres calvinistes, et les autres martinistes[2]; et si fut averty que plusieurs couvoint encore la religion romene dans leur cœur. La forme de donner le sacrement, c'est en la bouche communément; toutefois tend la main qui veut, et n'osent les ministres remuer ceste corde de ces différences de religions. Le dehors est plein d'images et les tumbeaus antiens entiers, où il y a prieres pour les ames des trepassés; les orgues, les cloches et les crois des clochiers, et toute sorte d'images aus verrieres y sont en leur entier, et les bancs et sieges du cœur. Ils mettent les fons batismaus à l'antien lieu du grand autel et font bastir à la teste de la nef un autre autel. L'église des Chartreus, qui est un très beau bastimant, est conservée et entretenue curieusement; les ornemans mesmes y sont et les meubles, ce qu'ils alleguent pour tesmoigner leur fidelité, estant obligés à cela par la foy qu'ils donnarent lors de leur accord. L'évesque du lieu, qui leur est fort ennemi, est logé hors de la ville en son diocese, et le maintient pour leur cene; celui de Basle est d'un très beau plan.

La pluspart du reste, en la campaigne, en la religion antienne, jouit de bien 50,000 liv. de la ville; et se continue l'élection de l'évesque. Plusieurs se pleinsirent à M. de Montaigne de la dissolution des fames et yvrognerie des habitans. Nous y vismes tailler un petit enfant d'un pauvr'home pour la rupture[3], qui fut treté bien rudement par le chirurgien. Nous y vismes une très belle libreirie publique sur la riviere et en très belle assiette. Nous y fusmes tout le lendemain, et le jour après y disnames et prinsmes le chemin le long du Rhin deux lieues ou environ, et puis le laissames sur la main gauche, suivant un païs bien fertile et assés plein. Ils ont une infinie abondance de fonteines en toute ceste contrée; il n'est village ny carrefour où il n'y en aye de très belles; ils disent qu'il y en a plus de trois cens à Basle de conte faict. Ils sont si accoustumés aux galeries, mesmes vers la Lorreine, qu'en toutes les maisons ils laissent, entre les fenestres des chambres hautes, des portes qui respondent en la rue, attendant d'y faire quelque jour des galeries. En toute ceste contrée, depuis Espiné[1], il n'est si petite maison de village qui ne soit vitrée, et les bons logis en reçoivent un grand ornemant, et en dedans et au dehors, pour en estre fort accommodées, et d'une vitre ouvrée en plusieurs façons. Ils y ont aussi foison de fer et de bons ouvriers de ceste matiere; ils nous surpassent de beaucoup, et en outre il n'y a si petite église où il n'y ait un horloge et quadran magnifiques. Ils sont aussi excellens en tuilleries, de façon que les couvertures des maisons sont fort embellies de bigarrures de tuillerie plombée en divers ouvrages, et le pavé de leurs chambres; et il n'est rien plus délicat que leurs poiles qui sont de potterie. Ils se servent fort de sapin et ont de très-bons artisans de charpenterie; car leur futaille est toute labourée et la pluspart vernie et pinte. Ils sont sumptueux en poiles, c'est à dire en sales communes à faire le repas. En chaque sale, qui est très-bien meublée d'ailleurs, il y aura volontiers cinq ou six tables équipées de bancqs, là où tous les hostes disnent ensemble, chaque trope en sa table. Les moindres logis ont deux ou trois telles salles très-belles; elles sont persées et richement vitrées. Mais il paroist bien qu'ils ont plus de souyn de leurs disners que du demeurant; car les chambres sont bien aussi chetifves. Il n'y a jamais de rideaus aux licts, et tousjours trois ou quatre licts tous joignans l'un à l'autre, en une chambre; nulle cheminée, et ne se chauffe-t'on qu'en commun et aus poiles; car ailleurs nulles nouvelles de feu; et treuvent fort mauvais qu'on aille en leurs cuisines. Estans très-mal propre au service des chambres; car bien heureux qui peut avoir un linceul blanc; et le chevet, à leur mode, n'est jamais couvert de linceul; et n'ont guiere autre coverte que d'une coite[2], et cela bien sale; ils sont toutefois excellens cuisiniers, notamment du poisson. Ils n'ont nulle defense du serein ou

---

(1) C'est François Hotman, jurisconsulte célèbre, que ses écoliers sauvèrent du massacre de la Saint-Barthélemy, et qui se retira d'abord à Genève, puis à Bâle où il mourut en 1590. Il passe pour l'auteur d'une brochure célèbre contre la maison de Lorraine: elle est intitulée : *Au Tigre*. Voyez les Mémoires de Regnier de La Planche, dans le *Panthéon*. J.-A. C. B. — (2) C'est-à-dire luthériens, de Martin Luther. — (3) Ou la hernie ombilicale.

(1) Epinal. — (2) Espèce de couverture en édredon.

du vent que la vitre simple, qui n'est nullement couverte de bois; et ont leurs maisons fort percées et cleres, soit en leurs poiles, soit en leurs chambres; et eus ne ferment guiere les vitres, mesmes la nuit. Leur service de table est fort different du nostre. Ils ne se servent jamais d'eau à leur vin et ont quasi raison; car leurs vins sont si petits que nos gentilshommes les trouvoint encore plus foibles que ceux de Guascongne fort baptisés, et si ne laissent pas d'estre bien delicats. Ils font disner les valets à la table des maistres, ou à une table voisine quant et quant eus; car il ne faut qu'un valet à servir une grande table, d'autant que chacun ayant son gobelet ou tasse d'argent en droit sa place, celuy qui sert se prend garde de remplir ce gobelet aussitost qu'il est vuide, sans le bouger de sa place, y versant du vin de loin atout[1] un vaisseau d'estain ou de bois qui a un long bec; et, quant à la viande, ils ne servent que deux ou trois plats au coupon. Ils meslent diverses viandes ensamble bien apprestées et d'une distribution bien esloingnée de la nostre, et les servent par fois les uns sur les autres, par le moyen de certains instrumens de fer qui ont des longues jambes. Sur cest instrument il y a un plat et audessoubs un autre. Leurs tables sont fort larges et rondes, et carrées, si qu'il est mal aysé d'y porter les plats. Ce valet dessert ayséemant ces plats tout d'un coup, et on sert autres deux, jusques à six ou sept tels changemens; car un plat ne se sert jamais que l'autre ne soit hors; et quant aux assiettes, comme ils veulent servir le fruict, ils servent au milieu de la sale, après que la viande est ostée, un panier de clisse[2] ou un grand plat de bois peint, dans lequel panier le plus apparent jete le premier son assiette et puis les autres; car en cela on observe fort le rang d'honneur. Le panier, ce valet l'emporte ayséemant, et puis sert tout le fruit en deux plats, comme le reste, pesle mesle; et y mestent volontiers des rifors[3], comme des poires cuites parmi le rosti. Entre autres choses, ils font grand honneur aux escrevisses et en servent un plat tousjours couvert par priviliege, et se les entre-presentent; ce qu'ils ne font guiere d'autre viande. Tout ce païs en est pourtant plein et s'en sert à tous les jours, mais ils l'ont en délices. Ils ne donnent point à laver à l'issue et à l'entrée; chacun en va prendre à une petite eguiere attachée à un coin de la sale, comme chez nos moines. La pluspart servent des assiettes de bois, voire et des pots de bois et vesseaux à pisser, et cela net et blanc ce qu'il est possible. Autres sur les assiettes de bois y en ajoutent d'étain jusques au dernier service du fruit, où il n'y en a jamais que de bois. Ils ne servent le bois que par coustume; car là mesme où ils le servent ils donnent des gobelets d'argent à boire, et en ont une quantité infinie. Ils netoyent et fourbissent exactement leurs meubles de bois, jusques aus planchers des chambres. Leurs licts sont eslevés si hauts que communéemant on y monte par degrés, et quasi par-tout des petits licts audessoubs des grands. Com'ils sont fort excellans ouvriers de fer, quasi toutes leurs broches se turnent par ressorts ou par moyen des poids, comme les horloges, ou bien par certenes voiles de bois de sapin larges et legieres qu'ils logent dans le tuïau de leurs cheminées, qui roulent d'une grande vitesse au vent de la fumée et de la vapeur du feu, et font aler le rost mollemant et longuemant; car ils assechissent[1] un peu trop leur viande. Ces moulins à vent ne servent qu'aus grandes hostelleries où il y a grand feu, comme à Bade. Le mouvement en est très uni et très constant. La pluspart des cheminées, depuis la Lorrenne, ne sont pas à nostre mode; ils eslevent des foyers au milieu ou au couin d'une cuisine, et amployent quasi toute la largeur de ceste cuisine au tuïau de la cheminée; c'est une grande ouverture de la largeur de sept ou huit pas en carré qui se va aboutissant jusques au haut du logis; cela leur donne espace de loger en un andret leur grande voile, qui chez nous occuperoit tant de place en nos tuïeaus que le passage de la fumée en seroit empesché. Les moindres repas sont de trois ou quatre heures pour la longueur de ces services; et à la verité ils mangent aussi beaucoup moins hativement que nous et plus seinement. Ils ont grande abondance de toutes sortes de vivres de cher et de poisson, et couvrent fort sumptueusement ces tables, au moins la nostre. Le vendredy on ne servit à personne de la cher; et ce jour là ils disent qu'ils n'en mangent pouint

---

(1) Avec. — (2) D'osier. — (3) Raifort ou refort, radis, grosse rave.

(1) Dessèchent.

volantiers. La charté pareille qu'en France autour de Paris. Les chevaus ont plus d'avoine d'ordinere qu'ils n'en peuvent manger. Nous vinsmes coucher à

Hornès, quatre lieues. Un petit village de la duché d'Austriche. Lendemein, qui estoit dimenche, nous y ouymes la messe. Et y remerquay cela que les fames tiennent tous le costé gauche de l'église et les homes le droit, sans se mesler. Elles ont plusieurs ordres de bancs de travers les uns après les autres, de la hauteur pour se seoir. Là elles se mettent de genous et non à terre, et sont par consequent come droites; les homes ont outre cela davant eus des bois de travers pour s'appuyer; et ne se mettent non plus à genous que sur les siéges qui sont devant eux. Au lieu que nous joignons les mains pour prier Dieu à l'eslevation, il les escartent l'une de l'autre toutes ouvertes, et les tiennent ainsi eslevées à ce que le prestre monstre la paix. Ils présentarent à MM. d'Estissac et de Montaigne le troisiesme banc des homes; et les autres au dessus d'eux furent après sesis par les homes de moindre apparence, come aussi du costé des fames. Il nous sambloit qu'aus premiers rangs ce n'estoit pas le plus honorable. Le truchement et guide que nous avions pris à Basle, messagier juré de la ville, vint à la messe avec nous, et montroit à sa façon y estre avec une grande devotion et grand desir. Après disner, nous passames la riviere d'Arat à Broug[1], petite ville de MM. de Berne, et delà vinsmes voir une abbaïe[2] que la reine Catherine de Hongrie donna aus seigneurs de Berne l'an 1524, où sont enterrés Leopold, archiduc d'Austriche, et grand nombre de gentilshommes qui furent desfaits avec lui par les Souisses l'an 1386. Leurs armes et noms y sont encore escris, et leurs despouilles maintenues curieusemant. M. de Montaigne parla là à un seigneur de Berne qui y commande, et leur fit tout monstrer. En ceste abbaïe il y a des miches de pain toutes prestes et de la souppe pour les passants qui en demandent; et jamais n'en y a nul refusé, de l'institution de l'abbaïe. De là nous passames à un bac qui se conduit avec une polie de fer attachée à une corde haute qui traverse la riviere de Réix[1] qui vient du lac de Lucerne, et nous rendismes à

Bade, quatre lieues, petite ville et un bourg à part où sont les beings. C'est une ville catholique sous la protection des huit cantons de Souisse, en laquelle il s'est faict plusieurs grandes assemblées de princes. Nous ne logeames pas en la ville, mais audit bourg qui est tout au bas de la montaigne, le long d'une riviere, ou un torrent plustost nommé Limacq[2], qui vient du lac de Zuric. Il y a deux ou trois beings publicques decouvers, de quoi il n'y a que les pauvres gens qui se servent. Les autres, en fort grand nombre, sont enclos dans les maisons; et les divise l'on et depart en plusieurs petites cellules particulières, closes et ouvertes, qu'on loue avec les chambres, lesdites cellules les plus délicates et mieux accommodées qu'il est possible, y attirant des veines d'eau chaude pour chacun being. Les logis très magnifiques. En celui où nous logeames, il s'est veu pour un jour trois cens bouches à nourrir. Il y avoit encore grand compaignie, quand nous y estions, et bien cent septante licts qui servoint aus hostes qui y estoient. Il y a dix-sept poiles et onze cuisines, et en un logis voisin du nostre, cinquante chambres meublées. Les murailles des logis sont toutes revestues d'escussons des gentilshommes qui y ont logé. La ville est au bas, audessus de la croupe, petite et très belle come elles sont quasi toutes en ceste contrée. Car outre ce qu'ils font leurs rues plus larges et ouvertes que les nostres, les places plus amples, et tant de fenestrages richemant vitrés par tout, ils ont telle coutume de peindre quasi toutes les maisons par le dehors; et les chargent de devises, qui rendent un très plesant prospect: outre ce que il n'y a nulle ville où il n'y coule plusieurs ruisseaus de fonteines, qui sont eslevées richemant par les carrefours, ou en bois ou en pierre. Cela faict parétre leurs villes beaucoup plus belles que les françoises. L'eau des beings rend un odeur de soufre à la mode d'Aiguescaudes[3] et autres. La chaleur en est moderée come de Barbotan[4] ou Aigues-caudes, et les beings à ceste cause fort dous et plesans. Qui aura à conduire les dames qui se veuillent bein-

---

(1) L'Aar à Brug.
(2) C'est la célèbre abbaye de Mouri. Voyez la *Vie de dom Calmet*, liv. I, p. 110 et 114, 1702; et son *Diarium helveticum*, Itinéraire suisse.

(1) La Reuss. — (2) La Limath. — (3) Eaux thermales sur la montagne d'Ossau en Béarn. — (4) Eaux thermales dans le comté d'Armagnac.

gner avec respect et delicatesse, il les peut mener là, car elles sont aussi seules au being, qui samble un très riche cabinet, cler, vitré, tout autour revestu de lambris peint et plancher très propremant, atout¹ des siéges et des petites tables pour lire ou jouer si on veut, estant dans le being. Celui qui se beingne, vuide et reçoit autant d'eau qu'il lui plaict; et a-t-on les chambres voisines chacune de son being, les proumenoers beaus le long de la riviere, outre les artificiels d'aucunes galeries. Ces beings sont assis en un vallon commandé par les costés de hautes montaignes, mais toutefois pour la pluspart fertiles et cultivées. L'eau au boire est un peu fade et molle, come une eau battue, et quant au goust elle sent au soufre; elle a je ne sçay quelle picure de salure². Son usage à ceus du païs est principalement pour ce being, dans lequel ils se font corneter³ et seigner si fort que j'ay veu les deux beings publicques parfois qui estoint de pur sang. Ceus qui en boivent à leur coustume, c'est un verre ou deux pour le plus. On y arrête ordinairement cinq ou six sepmaines, et quasi tout le long de l'esté ils sont frequentés. Nulle autre nation ne s'en ayde, ou fort peu, que l'Allemande; et ils y viennent à fort grandes foules. L'usage en est fort antien, et duquel Tacitus faict mantion⁴. Il⁵ en chercha tant qu'il peut la maitresse source et n'en peut rien apprendre; mais de ce qu'il samble, elles sont toutes fort basses et au niveau quasi de la riviere. Elle est moins nette que les autres eaus que nous avons veu ailleurs, et charrie en la puisant certenes petites filandres fort menues. Elle n'a point ces petites etincelures qu'on voit briller dans les autres eaus souffrées, quand on les reçoit dans le verre, et come dit le seigneur Maldonat qu'ont celles de Spa. M. de Montaigne en beut lendemein que nous fumes arrivés, qui fut lundi matin, sept petits verres qui revenoient à une grosse chopine de sa maison; lendemein cinq grands verres qui revenoint à dix de ces petits, et pouvoint faire une pinte. Ce mesme mardy, à l'heure de neuf heures du matin, pendant que les autres disnoint, il se mit dans le being, et y sua depuis en estre sorty bien fort dans le lit. Il n'y arresta qu'une demy heure; car ceux du païs qui y sont tout le long du jour à jouer ou à boire, ne sont dans l'eau que jusqu'aus reins; lui s'y tenoit engagé jusques au col, estendu le long de son being. Et ce jour partit du being un seigneur souisse, fort bon serviteur de nostre couronne, qui avoit fort entretenu M. de Montaigne tout le jour precedent des affaires du païs du Souisse, et lui monstra une lettre que l'ambassadeur de France¹, fils du président du Harlay (Achille) luy escrivoit de Solurre², où il se tient, luy recommandant le service du roy pendant son absence, estant mandé par la reine³ de l'aller trouver à Lion, et de s'opposer aus desseins d'Espagne et de Savoie. Le duc de Savoie qui venoit de deceder⁴, avoit faict alliance il y avoit un an ou deux avec aucuns cantons: à quoy le roy avoit ouvertement resisté, allegant que lui estant des-jà obligés, ils ne pouvoint recevoir nulles nouvelles obligations sans son interest; ce que aucuns des cantons avoint gousté, mesme par le moyen dudit seigneur souisse, et avoint refusé ceste alliance. Ils reçoivent à la verité le nom du roy, en tous ces quartiers là, avec reverence et amitié, et nous y font toutes les courtoysies qu'il est possible. Les Espaignols y sont mal. Le trein de ce Souisse estoit quatre chevaus. Son fils, qui est des-jà pensionnere du roy, come le pere, sur l'un; un valet sur l'autre; l'une fille grande et belle sur un autre, avec une housse de drap et planchette à la françoise, une malle en croppe et un porte-bonnet à l'arçon, sans aucune fame avec elle; et si estoint à deux grandes journées de leur retrete, qui est une ville où ledit sieur est gouverneur. Le bon homme sur le quatriesme. Les vestemans ordinaires des fames me samblent aussi propres que les nostres, mesme l'acoustremant de teste, qui est un bonnet à la cognarde ayant un rebras par derriere, et par devant, sur le front un petit avancemant: cela est anrichi tout autour de flocs de soye ou de bords de forrures; le poil naturel pand par derriere tout cordonné. Si vous leur ostez ce

---

(1) Avec. — (2) C'est-à-dire, est acidulée, piquante. — (3) Ventouser.
(4) Histoire, liv. I, n° 67. *Locus amœno salubrium aquarum usu frequens.*
(5) Cet *il* s'applique à Montaigne, l'auteur du *Voyage*, et auquel la phrase revient sans transition.

(1) Harlai de Sanci, ami de Henri IV, alors roi de Navarre.
(2) Soleuré.
(3) Il faut entendre la reine-mère, Catherine de Médicis; la reine, femme d'Henri III, qui vivait alors, Louise de Lorraine, que l'on nommait la *Reine Vierge*, ne se mêlait point des affaires d'Etat.
(4) Emmanuel-Philibert, mort le 30 août 1580.

bonnet par jeu, car il ne tient non plus que les nostres, elles ne s'en offencent pas, et voiez leurs testes tout à nud. Les plus jeunes, au lieu de bonnet, portent des guirlandes sulemant sur la teste. Elles n'ont pas grandes differences de vestemens pour distinguer leurs conditions. On les salue en baisant la main et offrant à toucher la leur. Autrement, si en passant vous leur faites des bonnetades et inclinations, la pluspart se tiennent plantées sans aucun mouvement; et est leur façon antiene. Aucunes baissent un peu la teste pour vous resaluer. Ce sont communement belles fames, grandes et blanches. C'est une très bonne nation, mesme à ceux qui se conforment à eux. M. de Montaigne, pour essayer tout à faict la diversité des mœurs et façons, se laissoit partout servir à la mode de chaque païs, quelque difficulté qu'il y trouvast. Toutefois en Souisse il disoit qu'il n'en souffroit nulle, que de n'avoir à table qu'un petit drapeau d'un demy pied pour serviette; et le mesme drapeau, les Souisses ne le deplient pas sulement en leur disner, et si ont force sauces et plusieurs diversité de potages; mais ils servent tousjours autant de cueillieres de bois manchées d'argent, come il y a d'homes; et jamais Souisse n'est sans cousteau, duquel ils prennent toutes choses; et ne mettent guiere la main au plat. Quasi toutes leurs villes portent, au dessus des armes particulières de la ville, celles de l'empereur et de la maison d'Austriche; aussi la pluspart ont esté demanbrées dudit archiduché par les mauvais mesnagiers de ceste maison. Ils disent là que tous ceus de ceste maison d'Austriche, sauf le roy catholique, sont réduits à grande povreté, mesmemant l'empereur qui est en peu d'estimation en Allemaigne. L'eau que M. de Montaigne avoit beu le mardy luy avoit fait trois selles et s'estoit toute vuidée avant mydy. Le mercredy matin, il en print mesme mesure que le jour precedent. Il treuve que, quand il se faict suer au being, le lendemein il faict beaucoup moins d'urines et ne rend pas l'eau qu'il a beu, ce qu'il essaya aussi à Plommieres. Car l'eau qu'il prant lendemein, il la rend colorée et en rend fort peu, par où il juge qu'elle se tourne en aliment soudein, soit que l'évacuation de la sueur precedente le face, ou le jûne; car lors qu'il se baignoit il ne faisoit qu'un repas. Cela fut cause qu'il ne se beigna qu'une fois. Le mercredy, son hoste acheta force poissons; ledict seigneur s'enqueroit pourquoy c'estoit. Il luy fust respondu que la plus part dudit lieu de Bade mangeoient poissons le mercredy par religion : ce qui luy confirma ce qu'il avoit ouï dire, que ceus qui tiennent là la religion catholique y sont beaucoup plus tandus et devotieux par la circonstance de l'opinion contrere. Il discouroit ainsi : « Que « quand la confusion et le meslange se faict « dans mesmes villes et se seme en une mesme « police, cela relasche les affections des hom- « mes, la mixtion se coulant jusques aus indi- « vidus, com'il advient en Auspourg et villes « imperiales; mais quand une ville n'a qu'une « police (car les villes de Souisse ont chacune « leurs lois à part et leur gouvernement chacune « à part-soy, ny ne dependent en matiere de « leur police les unes des autres; leur conjunc- « tion et colligance, ce n'est qu'en certenes con- « ditions generales), les villes qui font une « cité à part et un corps civil à part entier à « tous les mambres, elles ont de quoy se forti- « fier et se meintenir; elles se fermissent sans « doubte, et se resserrent et se rejouingnent « par la secousse de la contagion voisine. » Nous nous applicames incontinent à la chaleur de leurs poiles, et est nul des nostres qui s'en offençast. Car depuis qu'on a avalé une certene odeur d'air qui vous frappe en entrant, le demurant c'est une chaleur douce et eguale. M. de Montaigne, qui couchoit dans un poile, s'en louoit fort, et de santir toute la nuict une tiedeur d'air plaisante et moderée. Au moins on ne s'y brusle ny le visage ny les botes, et est on quitte des fumées de France. Aussi là où nous prenons nos robes de chambre chaudes et fourrées entrant au logis, eus au rebours se mettent en pourpoint et se tiennent la teste descouverte au poile, et s'habillent chaudement pour se remettre à l'air. Le jeudy il beut de mesme; son eau fit operation et par devant et par derriere; et vuidoit du sable non en grande quantité; et même il les trouva plus actives que autres qu'il eust essayées, soit la force de l'eau, ou que son corps fust ainsi disposé; et si en beuvoit moins qu'il n'avoit faict de nulles autres, et ne les rendoit point si crues comme les autres. Ce jeudy il parla à un ministre de Zurich et natif de là, qui arriva là; et trouva que leur religion premiere estoit zuingluienne :

de laquelle ce ministre lui disoit qu'ils estoint approchés de la calvinienne, qui estoit un peu plus douce. Et interrogé de la prédestination, lui respondit qu'ils tenoint le moyen entre Genesve et Auguste (Augsbourg), mais qu'ils n'empeschoint[1] pas leur peuple de ceste dispute. De son particulier jugement, il inclinoit plus à l'extreme de Zuingle ; et là haut louoit, come celle qui estoit plus approchante de la premiere chrestienté. Le vendredy après desjuné, à sept heures du matin, septiesme jour d'octobre, nous partimes de Bade ; et avant partir, M. de Montaigne beut encore la mesure desdites eaus : ainsy il beut cinq fois. Sur le doubte de leur opération, en laquelle il treuve autant d'occasion de bien esperer qu'en nulles autres, soit pour le breuvage, soit pour le being, il conseilleroit autant volontiers ces beings que nuls autres qu'il eust veus jusques lors, d'autant qu'il y a non seulement tant d'aysance et de commodité du lieu et du logis, si propre, si bien party selon la part que chacun en veut, sans subjection ny ampeschement d'une chambre à autre, qu'il y a des pars pour les petits particuliers et autres pour les grands beings, galeries, cuisines, cabinets, chapelles à part pour un trein. Et au logis voisin du nostre, qui se nomme la Cour de la ville, et le nostre la Cour de derriere, ce sont maisons publiques appertenantes à la seigneurie des cantons, et se tiennent par locateres. Il y a audit logis voisin encore quelques cheminées à la françoise. Les maistresses chambres ont toutes des poiles. L'exaction du payement est un peu tyrannique, come en toutes nations, et notamment en la nostre, envers les estrangiers. Quatre chambres garnies de neuf licts, desquelles les deux avoint poiles et un being, nous coustarent un escu par jour chacun des maistres ; et des serviteurs, quatre bats, c'est à dire neuf solds, et un peu plus pour chaque ; les chevaux six bats, qui sont environ quatorze solds par jour ; mais oultre cela ils y adjoustarent plusieurs friponneries, contre leur coustume. Ils font gardes en leurs villes et aux beings mesmes, qui n'est qu'un village. Il y a toutes les nuicts deux sentinelles qui rondent[2] autour des maisons, non tant pour se garder des ennemis que de peur du feu ou autre remuement. Quand les heures sonnent, l'un d'eux est tenu de crier à haute voix et pleine teste à l'autre, et lui demander quelle heure il est ; à quoi l'autre respond de mesme voix nouvelles de l'heure, et adjouste qu'il face bon guet. Les fames y font les buées[1] à descouvert et en lieu publicque, dressant près des eaux un petit fouier de bois où elles font chauffer leur eau ; et les font meilleures, et fourbissent aussi beaucoup mieux la vaisselle qu'en nos hostelleries de France. Aux hostelleries, chaque chamberiere a sa charge et chaque valet. C'est un mal'heur que, quelque diligence qu'on fasse, il n'est possible que des gens du païs, si on n'en rencontre de plus habiles que le vulgaire, qu'un estrangier soit informé des choses notables de chaque lieu ; et ne sçavent ce que vous leur demandez. Je le dis à propos de ce que nous avions esté là cinq jours avec toute la curiosité que nous pouvions, et n'avions ouï parler de ce que nous trouvâmes à l'issue de la ville : une pierre de la hauteur d'un home, qui sembloit estre la piece de quelque pilier, sans façon ny ouvrage, plantée à un couin de maison pour paroitre sur le passage du grand chemin, où il y a une inscription latine que je n'eus moyen de transcrire ; mais c'est une simple dedicace aux empereurs Nerva et Trajan. Nous vinsmes passer le Rhin à la ville de Keyserstoul[2], qui est des alliées des Souisses, et catholique ; et delà suivismes ladite riviere par un très beau plat païs, jusqu'à ce que nous rencontrâmes des saults, où elle se rompt contre des rochers, qu'ils appellent les catharactes, comme celles du Nil. C'est que, audessoubs de Schaffouse, le Rhin rencontre un fond plein de gros rochiers, où il se rompt ; et audessoubs, dans ces mesmes rochiers, il rencontre une pante d'environ deux piques de haut, où il faict un grand sault, escumant et bruiant estrangement. Cela arreste le cours des basteaus et interrompt la navigation de ladite riviere. Nous vinsmes souper d'une trete à Schaffouse, quatre lieues, ville capitale de l'un des cantons des Souisses de la religion que j'ay sus dict, de ceux de Zurich. Partant de Bade, nous laissames Zurich à main droite où M. de Montaigne estoit deliberé d'aller, n'en estant qu'à deux lieues ; mais on lui rapporta que la peste y estoit. A Schaffouse, nous ne

---

(1) N'embarrassaient. — (2) Font la ronde.

(1) La lessive. — (2) Ville du comté de Bade.

vismes rien de rare. Ils y font faire une citadelle qui sera assez belle. Il y a une butte à tirer de l'arbalestre et une place pour ce service, la plus belle, grande et accommodée d'ombrage, de sièges, de galeries et de logis qu'il est possible; et y en a une pareille à l'hacquebute[1]. Il y a des moulins d'eau à sier bois, comme nous en avions veu plusieurs ailleurs, et à broyer du lin et à piller[2] du mil. Il y a aussi un abre[3] de la façon duquel nous en avions veu d'autres, mesme à Bade; mais non pas de pareille grandeur. Des premieres branches, et plus basses, ils se servent à faire le planchier d'une galerie ronde qui a vint pas de diametre; ces branches, ils les replient contremont et leur font embrasser le rond de ceste galerie, et se hausser à-mont autant qu'elles peuvent. Ils tondent après l'abre et le gardent de jetter[4] jusques à la hauteur qu'ils veulent donner à ceste galerie, qui est environ de dix pieds. Ils prennent là les autres branches qui viennent à l'abre, lesquelles ils couchent sur certennes clisses pour faire la couverture du cabinet; et depuis les couchent en bas pour les faire joindre à celles qui montent contre-mont et remplissent de verdure tout ce vuide. Ils retondent encor après cela l'abre jusques à sa teste, où ils y laissent espandre ses branches en liberté. Cela rend une très belle forme et est un très bel abre. Outre cela, ils ont faict sourdre à son pied un cours de fontene qui se verse audessus du planchier de ceste galerie. M. de Montaigne visita les bourguemaistres de la ville qui, pour le gratifier, avecques autres officiers publiques[5] vindrent soupper à nostre logis, et y firent presenter du vin à M. d'Estissac et à lui. Ce ne fut sans plusieurs haranguës cerimonieuses d'une part et d'autres. Le principal bourguemaistre estoit gentil'homme et nourri page chez feu M. d'Orleans[6], qui avoit desja tout oblié son françois. Ce canton fait profession d'estre fort nostre, et en a donné ce tesmoingnage recent, d'avoir refusé à nostre faveur la confederation que feu M. de Savoie recherchoit avec les cantons, de quoy j'ay faict cy dessus mention. Le samedy 8e d'octobre, nous partismes au matin à huit heures, après desjuné, de Schaffouse, où il y a très bon logis à la Couronne. Un homme sçavant du païs entretint M. de Montaigne, et entre autres choses, de ce que les habitans de ceste ville ne soint, à la vérité, guiere affectionnés à nostre cour; de maniere que toutes les deliberations où il s'estoit trouvé touchant la cónfédération avec le roy, la plus grande partie du peuple estoit toujours d'avis de la rompre : mais que, par les menées d'aucuns riches, cela se conduisoit autrement. Nous vismes au partir un engin de fer que nous avions veu aussi ailleurs, par lequel on souleve les grosses pierres, sans s'y servir de la force des hommes pour charger les charretes. Nous passames le long du Rhin, que nous avions à nostre mein droite, jusqu'à Stain[1], petite ville alliée des cantons, de mesme religion que Schaffouse. Si est ce qu'en chemin il y avoit force croix de pierre, où nous repassames le Rhin sur un autre pont de bois ; et coutoyant la rive, l'aïant à nostre main gauche, passames le long d'une autre petite ville[2], aussi des alliées des cantons catholiques. Le Rhin s'espánd là en une merveilleuse largeur, comme est nostre Garonne vant Blaye; et puis se resserre jusques à

Constance, quatre lieues, où nous arrivames sur les quatre heures. C'est une ville de la grandeur de Chalons, apertenant à l'archiduc d'Austriche, et catholique. Parce qu'elle a esté autrefois, et depuis trente ans, possédée par les luthériens, d'où l'empereur Charles V les deslogea par force, les eglises s'en sentent encores aus images. L'evesque, qui est gentilhomme du païs et cardinal, demeurant à Rome, en tire bien quarante mille escus de revenu. Il y a des chanoinies, en l'eglise Nostre Dame, qui valent mille cinq cens florins et sont à des gentilshommes. Nous en vismes un à cheval, venant de dehors, vestu licentieusement comme un homme de guerre; aussi dit-on qu'il y a force lutheriens dans la ville. Nous montasmes au clochier, qui est fort haut, et y trouvasmes un homme attaché pour santinelle, qui n'en part jamais, quelque occasion qu'il y ait, et y est enfermé. Ils dressent sur le bord du Rhin un grand batiment couvert, de cinquante pas de long et quarante de large ou environ; ils mettront là douze ou quinze grandes roues, par le moyen desquels ils esleveront sans cesse grande quantité d'eau sur un planchié qui

---

(1) L'arquebuse. — (2) Piler. — (3) Arbre. — (4) Pousser. — (5) Publics. — (6) Charles, frère cadet d'Henri II, d'abord duc d'Angoulème, puis d'Orléans, mort le 9 septembre 1545.

(1) Stein. — (2) Steckborn.

sera un estage audessus, et autres roues de fer en pareil nombre; car les basses sont de bois, et releveront de mesme de ce planchié à un autre audessus. C'est'eau, qui estant montée à ceste hauteur, qui est environ de cinquante piés, se degorgera par un grand et large canal artificiel, et se conduira dans leur ville pour y faire moudre plusieurs moulins. L'artisan qui conduisoit ceste maison, seulement pour sa main, avoit cinq mille sept cens florins, et fourni outre cela de vin. Tout au fons de l'eau, ils font un planchier ferme tout au tour, pour rompre, disent-ils, le cours de l'eau, et affin que dans cest estuy elle s'endorme, affin qu'elle s'y puisse puiser plus ayséement. Ils dressent aussi des engeins par le moyen desquels on puisse hausser et baisser tout ce rouage, selon que l'eau vient à estre haulte ou basse. Le Rhin n'a pas là ce nom : car à la teste de la ville il s'estand en forme de lac, qui a bien quatre lieues d'Allemaigne de large, et cinq ou six de long. Ils ont une belle terrasse, qui reguarde ce grand lac en pouinte, où ils recueillent les marchandises; et à cinquante pas de ce lac, une belle maisonnette où ils tiennent continuellement une santinelle; et y ont attaché une cheine par laquelle ils ferment le pas de l'antrée du pont, ayant rangé force pals[1] qui enferment de deux costés ceste espace de lac, dans lequel espace se logent les bateaus et se chargent. En l'eglise Nostre Dame, il y a un conduit qui, audessus du Rhin, se va rendre au fauxbourg de la ville. Nous reconnumes que nous perdions le païs de Souisse, à ce que, un peu avant que d'arriver à la ville, nous vismes plusieurs maisons de gentil'homes; car il ne s'en voit guieres en Souisse. Mais quant aus maisons privées, elles sont, et aus villes et aus champs, par la route que nous avons tenu, sans comparaison plus belles qu'en France; et n'ont faute que d'ardoises; et notamment les hosteleries, et meilleur traitemant; car ce qu'ils ont à dire pour nostre service, ce n'est pas par indigence, on le connoit assez au reste de leur equipage; et n'en est point où chacun ne boive en grands vaisseaus d'argent, la pluspart dorés et labourés[2], mais ils sont à dire par coustume. C'est un païs très fertile, notamment de vins. Pour revenir à Constance, nous fumes mal logés à l'Aigle, et y receumes de l'hoste un trait de la liberté et fierté barbare almanesque sur la querelle de l'un de nos homes de pied avec nostre guide de Basle. Et parce que la chose en vint jusques aux juges, ausquels il s'alla pleindre, le prevost du lieu, qui est un gentilhome italien qui est là habitué et marié, et a droit de bourgeoisie il y a longtemps, respondit à M. de Montaigne, sur ce qu'on l'enqueroit si les domestiques serviteurs dudit seigneur seroint crus en tesmoingnage pour nous : il respondit que oui, pourveu qu'il leur donnast congé; mais que soudain après il les pourroit reprendre à son service. C'estoit une subtilité remarquable. Lendemein, qui fut dimenche, à cause de ce desordre, nous arrestames jusques après disner, et changeames de logis, au Brochet, où nous fumes fort bien. Le fils du capiténe de la ville, qui a esté nourri page chez M. de Meru[1], accompaigna tousjours messieurs à leurs repas et ailleurs; si ne sçavoit-il nul mot de françois. Les services de leurs tables se changent souvent. On leur donna là, et souvent depuis, après la nappe levée, d'autres nouveaus services parmy les verres de vin : le premier, des *canaules*, que les Guascons appellent; après, du pain d'espice; et pour le tiers, un pain blanc, tandre, coupé à taillades, se tenant pourtant entier; dans les descoupures, il y a force espices et force sel jetté parmy, et audessus aussi de la croute du pain. Ceste contrée est extremement pleine de ladreries, et en sont les chemins tout pleins. Les gens de village servent au des-juner de leurs gens de travail des fouaces[2] fort plattes, où il y a du fenouil, et audessus de la fouasse des petits lopins de lard hachés fort menus et des gosses d'ail. Parmi les Allemands, pour honorer un home, ils gaignent tous-jours son costé gauche, en quelque assiete qu'il soit; et prennent à offense de se mettre à son costé droit, disant que pour déferer à un home il faut lui laisser le costé droit libre pour mettre la main aux armes. Le dimenche après disner nous partimes de Constance; et après avoir passé le lac à une lieue de la ville[3], nous en vinsmes coucher à

Smardorff[4], deux lieues, qui est une petite

---

(1) Pilotis. — (2) Travaillés.

(1) Charles de Montmorenci, depuis duc d'Anville, et amiral de France, fils du connétable Anne de Montmorenci.

(2) Fouaces, espèce de galettes. — (3) Devant Morsburg. — (4) Markdorf.

ville catholique, à l'enseigne de Coulogne[1], et logeames à la poste qui y est assise pour le passage d'Italie en Alemaigne, pour l'empereur. Là, comme en plusieurs autres lieus, ils remplissent les paillasses de feuilles de certein arbre[2] qui sert mieus que la paille et dure plus longtemps. C'est une ville entournée d'un gran païs de vignes, où il croit de très-bons vins. Le lundy 10 d'octobre, nous partismes après desjuner : car M. de Montaigne fut convié par le beau jour de changer de dessein d'aller à Ravesbourg[3] ce jour-là, et se destourna d'une journée pour aller à Linde[4]. M. de Montaigne ne des-junoit jamais; mais on lui apportoit une pièce de pain sec qu'il mangeoit en chemin; et estoit par fois eidé des reisins qu'il trouvoit, les vendanges se faisant encores en ce païs-la, le païs estant plein de vignes. Et mesmes autour de Linde, ils les soulevent de terre en treilles, et y laissent force belles routes pleines de verdure, qui sont très-belles. Nous passames une ville nommée Bouchorn[5], qui est impériale et catholique, sur la rive du lac de Constance ; en laquelle ville toutes les marchandises d'Oulme[6], de Nuremberg et d'ailleurs se rendent en charrois, et prennent delà la route du Rhin par le lac. Nous arrivasmes sur les trois heures après midy à

Linde[7], trois lieues, petite ville assise à cent pas avant dans le lac, lesquels cent pas on passe sur un pont de pierre : il n'y a que ceste entrée, tout le reste de la ville estant entourné de ce lac. Il a bien une lieue de large, et au delà du lac naissent les montaignes des Grisons. Ce lac et toutes les rivieres de là autour sont basses en hiver, et grosses en esté, à cause des neges fondues. En tout ce païs les fames couvrent leur teste de chapeaus ou bonnets de fourrure, come nos calotes; le dessus, de quelque fourrure plus honeste, come de gris; et ne couste un tel bonnet que trois testons ; et le dedans d'eigneaus[8]. La fenestre qui est au devant de nos calotes, elles la portent en derriere, par où paroit tout leur poil tressé. Elles sont aussi volantiers chaussées de botines ou rouges ou blanches, qui ne leur siesent pas mal. Il y a exercice de deux religions. Nous fumes voir l'eglise catholique bastie l'an 866, où toutes choses sont en leur entier ; et vismes aussi l'eglise de quoi les ministres se servent. Toutes les villes impériales ont liberté de deux religions, catholique et luthériene. Selon la volanté des habitans, ils s'appliquent plus ou moins à cele qu'ils favorisent. A Linde il n'y a que deux ou trois catholiques, à ce que le prestre[1] dit à M. de Montaigne. Les prestres ne laissent pas d'avoir leur revenu libre et de faire leur office, comme aussi des noneins qu'il y a. Ledit sieur de Montaigne parla aussi au ministre, de qui il n'apprint pas grand chose, sauf la haine ordineire contre Zuingle et Calvin. On tient qu'à la vérité il est peu de villes qui n'ayent quelque chose de particulier en leur créance ; et sous l'autorité de Martin[2] qu'ils reçoivent pour chef, ils dressent plusieurs disputes sur l'interprétation du sens ès escrits de Martin. Nous lojames à la Couronne, qui est un beau logis. Au lambris du poile il y avoit une forme de cage de mesme le lambris, à loger grand nombre d'oiseaus ; ell' avoit des allées suspendues et accommodées de fil d'aréchal, qui servoient d'espace aus oiseaus, d'un bout à l'autre du poile. Ils ne sont meublés ny fustés[3] que de sapin qui est l'arbre le plus ordinere de leurs forests; mais ils le peignent, vernissent et nettoyent curieusemant, et ont mesmes des vergettes de poil de quoi ils épousset ent leurs bancs et tables. Ils ont grande abondance de chous-cabus[4], qu'ils hachent menus tout[5] un instrumant exprès ; et ainsi baché, en mettent grande quantité dans des cuves atout du sel[6], de quoi ils font des potages tout l'hiver. Là M. de Montaigne esséia à se faire couvrir un lict d'un coîte, come c'est leur coutume ; et se loua fort de cest usage, trouvant que c'estoit une couverture et chaude et legiere. On n'a à son avis à se plaindre que du coucher pour les homes délicats ; mais qui porteroit un materas[7] qu'ils ne connoissent pas là,

---

(1) Cologne.— (2) Des feuilles de maïs. — (3) Ravenspurg. — (4) Lindau.— (5) Buckhorn, appelée aussi Friedrichshafen. — (6) D'Ulm.— (7) Lindau. —(8) De laine d'agneau.

(1) C'est-à-dire, le curé. Dans ses *Essais*, Montaigne appelle le curé de son village *mon prestre*. Jadis le prêtre ou curé était presque toujours le commensal ou domestique du seigneur et le *gérant de son domestique*. Le concile de Trente releva et ennoblit cette profession presque dégradée. *Voyez* Rabelais, liv. IV, c. 13, 14 et 15. — (2) Luther. — (3) Boisés.

(4) Le chou-cabus est fort estimé en Suisse et en Savoie. Le Père Menestrier parle d'une famille noble de ces contrées qui a pour armoiries un chou-cabus au naturel en champ d'argent, et pour devise, en contrepetterie : *Tout n'est qu'abus*.

(5) Avec.

(6) C'est ce que les Allemands nomment *saur-crout*, en français *surcroute*, et par corruption *choucroute*.— (7) Matelas.

et un pavillon dans ses coffres, il ny trouveroit rien à dire : car quant au tretement de table, ils sont si abondans en vivres, et diversifient leur service en tant de sortes de potages, de sauces, de salades, come hors de nostre usage. Ils nous ont présenté des potages faicts de couins[1] ; d'autres de pommes cuites taillées à ruelles sur la souppe, et des salades de chouscabus. Ils font aussi des brouets, sans pein, de diverses sortes, come de ris, où chacun pesche en commun (car il n'y a nul service particulier), et cela d'un si bon goust aus bons logis que à pene nos cuisines de la noblesse francèse lui sembloient comparables; et y en a peu qui ayent des sales si parées. Ils ont grande abondance de bon poisson qu'ils mêlent au service de chair; ils y desdeingnent les truites et n'en mangent que le foye; ils ont force gibier, bécasses, levreaux, qu'ils acoutrent d'une façon fort esloingnée de la nostre, mais aussi bonne au moins. Nous ne vismes jamais des vivres si tendres com'ils les servent communéemant. Ils meslent des prunes cuites, des tartes de poires et de pommes au service de la viande, et mettent tantost le rosti le premier et le potage à la fin, tantost au rebours. Leur fruict, ce ne sont que poires, pommes qu'ils ont fort bonnes, noix et formage. Parmi la viande, ils servent un instrumant d'arjant ou d'estein, à quatre logettes, où ils mettent diverses sortes d'episseries pilées; et ont du cumin, ou un grein semblable, qui est piquant et chaut, qu'ils meslent à leur pein; et leur pein est la pluspart faict avec du fenouil. Après le repas, ils remetent sur la table des verres pleins et y font deux ou trois services de plusieurs choses qui esmeuvent l'altération. M. de Montaigne trouvoit à dire trois choses en son voïage : l'une qu'il n'eust mené un cuisinier pour l'instruire de leurs façons et en pouvoir un jour faire voir la preuve chez lui; l'autre qu'il n'avoit mené un valet allemand ou n'avoit cherché la compagnie de quelque gentilhomme du païs (car de vivre à la mercy d'un bélitre de guide, il y santoit une grande incommodité); la tierce qu'avant faire le voyage, il n'avoit veu les livres qui le pouvoint avertir des choses rares et remarquables de chaque lieu, ou n'avoit un Munster[2] ou quelque autre dans ses coffres[1]. Il mesloit à la vérité à son jugement un peu de passion du mepris de son païs, qu'il avoit à haine et contrecœur pour autres considérations; mais tant y a qu'il préferoit les commodités de ce païs-là sans compareson aux francèses, et s'y conforma jusqu'à y boire le vin sans eau. Quant à boire à l'envi, il n'y fût jamais convié que de courtoisie, et ne l'entreprit jamais. La cherté en la haute Allemaigne est plus grande qu'en France; car à nostre conte[2] l'home et cheval despanse pour le moins par jour un escu au soleil. Les hostes content en premier lieu le repas à quatre, cinq ou six bats pour table d'hoste. Ils font un autre article de tout ce qu'on boit avant et après ces deux repas et les moindres colations, de façon que les Alemans partent communéemant le matin du logis sans boire. Les services qui se font après le repas et le vin qui s'y emploïe, en quoi va pour eus la principale despance, ils en font un conte avec les colations. À la vérité, à voir la profusion de leurs services et notammant du vin, là-mesmes où il est extremement cher et apporté de païs loingtain, je treuve leur cherté excusable. Ils vont euxmesmes conviant les serviteurs à boire et leur font tenir table deux ou trois heures. Leur vin se sert dans des vaisseaus come grandes cruches, et est un crime de voir un gobelet vuide qu'ils ne remplissent soudein, et jamais de l'eau, non pas à ceus mesmes qui en demandent; s'ils ne sont bien respectés. Ils content après l'avoine des chevaus et puis l'estable[3], qui comprend aussi le foin. Ils ont cela de bon qu'ils demandent quasi du premier mot ce qu'il leur faut, et ne guaigne-t-on guiere à marchander. Ils sont glorieux, choleres et yvrognes; mais ils ne sont, disoit M. de Montaigne, ny trahistres[4] ny voleurs. Nous partimes delà après des-jeuner et nous randimes sur les deux heures après midi à

Vanguen[5], deux lieues, où l'inconvéniant du coffre, qui se blessoit, nous arresta par force. Et fumes contreins de louer une charrete pour le lendemein, à trois escus par jour; le charretier qui avoit quatre chevaus, se nourrissant

---

(1) Coings.
(2) C'est-à-dire la Cosmographie de *Sébastien Munster*, surnommé *le Strabon de l'Allemagne*.

(1) Il est étonnant, en effet, que Montaigne, connaissant si bien le prix des voyages, eût négligé les deux derniers moyens.
(2) Compte.—(3) L'écurie.—(4) Traîtres.
(5) Wangen.

de là[1]. C'est une petite ville impériale qui n'a jamais voulu recevoir compagnie d'autre religion que catholique, en laquelle se font les faulx, si fameuses qu'on les envoïe vendre jusques en Lorrene. Il en partit lendemein, qui fut le mercredy au matin 12 d'octobre, et tourne tout court vers Trante[2] par le chemein le plus droit et ordinere, et nous en vinsmes disner à

Isne[3], deux lieues, petite ville impériale et très plesammant disposée. M. de Montaigne, come estoit sa coustume, alla soudein trouver un docteur théologien de ceste ville, pour prendre langue, lequel docteur disna avec eux. Il trouva que tout le peuple estoit lutérien, et vit l'église lutériene qui a usurpé, comme les autres qu'ils tiennent ès villes impériales, des églises catholiques. Entr'autres propos qu'ils eurent ensemble sur le sacrement, M. de Montaigne s'avisa qu'aucuns calvinistes l'avoient averty en chemein que les Lutériens mesloient aux antiennes opinions de Martin plusieurs erreurs estranges, come l'ubiquisme, maintenant le corps de Jésus-Christ estre partout com'en l'hostie; par où ils tomboient en mesme inconvéniant de Zuingle, quoi que ce fût par diverses voies : l'un par trop espargner la présance du corps, l'autre par la trop prodiguer (car à ce conte le sacrement n'avoit nul privilege sur le corps de l'Eglise, ou assemblée de trois homes de bien); et que leurs principaux argumans estoient : 1° que la divinité estoit inséparable du corps, parquoi, la divinité estant partout, que le corps l'estoit aussi. Secondement, que Jésus-Christ devant estre tousjours à la dextre du pere, il estoit partout, d'autant que la dextre de Dieu, qui est la puissance, est partout[4]. Ce docteur nioit fort de parolle ceste imputation, et s'en défendoit come d'une calomnie; mais par effect, il semble à M. de Montaigne qu'il ne s'en couvroit guere bien. Il fit compagnie à M. de Montaigne à aler visiter un monastere très beau et sumptueux, où la messe se disoit; et y entra et assista sans tirer le bonnet, jusques à ce que MM. d'Estissac et de Montaigne eussent faict leurs oraisons. Ils alarent voir dans une cave de l'abbaïe une pierre longue et ronde, sans autre ouvrage, arrachée, come il semble, d'un pilier, où en lettres latines fort lisibles ceste inscriptions est : « que les empereurs Pertinax et Antoninus ont refaict les chemins et les ponts, à onze mille pas de Campidonum, « qui est Kempten, où nous alames coucher. Ceste pierre pouvoit estre là comme sur le chemin du rabillage; car ils tiennent que ladite ville d'Isne n'est pas fort antienne. Toutefois ayant reconnu les avenues dudit Kempten d'une part et d'autre, outre qu'il n'y a nul pont, nous ne pouvions reconnetre nul rabillage digne de tels ouvriers. Il y a bien quelques montagnes antrecoupées, mais ce n'est rien de grande manufacture.

Kempten, trois lieues, une ville grande come Sainte-Foy[1], très belle et peuplée et richement logée[2]. Nous fumes à l'Ours, qui est un très beau logis. On nous y servit de grands tasses d'arjant de plus de sortes (qui n'ont usage que d'ornemant, fort labourées et semées d'armoiries de divers seigneurs) qu'il ne s'en tient en guiere de bones maisons. Là se tesmoigna ce que disoit ailleurs M. de Montaigne : que ce qu'ils oblient du nostre c'est qu'ils le méprisent; car aïant grand'foison de vesselle d'estain, escurée com' à Montaigne, ils ne servirent que des assiettes de bois, très-polies à la vérité et très-belles. Sur les sieges en tout ce païs, ils servent des cussins[3] pour se seoir, et la plupart de leurs planchiers lambrissés sont voutés com' en demy croissant, ce qui leur donne une belle grace. Quant au linge de quoy nous nous pleignions au commencement, onques[4] puis nous n'en eumes faute; et pour mon maistre[5] je n'ay jamais failli à en avoir pour lui en faire des rideaus au lict. Et si une serviette ne lui suffisoit, on lui en changeoit à plusieurs fois. En ceste ville, il y a tel marchand qui faict traficque de cent mille florins de toiles. M. de Montaigne, au partir de Constance, fût alé à ce canton de Souisse, d'où viennent les toiles à toute la crestienté[6], sans ce que, pour revenir à Linde, il y avoit pour quatre ou cinq heures de traject du lac. Ceste ville est lutherienne, et ce qu'il y a d'estrange, c'est que, com' à Isne,

---

(1) Sur cette somme. — (2) Trente. — (3) Isni.
(4) Il faut être théologien pour vouloir expliquer ce galimathias. Montaigne l'expose comme il l'entend.

(1) *Sainte-Foi*, petite ville de l'Agénois sur la Dordogne. Montaigne l'emploie souvent pour terme de comparaison, parce qu'elle lui était familière. La terre et le château de Montaigne, situés aussi sur la Dordogne, sont dans le voisinage de cette ville. — (2) Située. — (3) Coussins. — (4) Jamais.
(5) On voit que le secrétaire de nos voyageurs était un domestique de Montaigne, et apparemment son valet de chambre.
(6) Saint-Gall.

là aussi l'église catholique y est servie très-solennellement : car le lendemein, qui fut jeudy matin, un jour ouvrier, la messe se disoit en l'abbaye hors la ville, com'elle se dict à Nostre Dame de Paris le jour de Pasques, avec musique et orgues, où il n'y avoit que les religieus. Le peuple, au dehors des villes impériales, n'a pas eu ceste liberté de changer de religion. Ceus-là vont les festes à ce service. C'est une très belle abbaïe. L'abbé la tient en titre de principauté, et lui vaut cinquante mille florins de rante. Il est de la maison d'Estain[1]. Tous les religieux sont de nécessité jantishomes. Hildegarde, fame de Charlemaigne, la fonda en 783, et y est enterrée et tenue pour sainte ; ses os ont été déterrés d'une cave où ils étoient pour être enlevés[2] en une chasse. Le mesme jeudy matin, M. de Montaigne ala à l'église des lutériens, pareille aus autres de leur secte et huguenotes, sauf qu'à l'endret de l'autel, qui est à la teste de la nef, il y a quelques bancs de bois qui ont des accoudoirs audessus, afin que ceux qui reçoivent leur cène, se puissent mettre à genous, com'ils font. Il y rencontra deux ministres vieus, dont l'un preschoit en alemant à une assistance non guiere grande. Quand il eut achevé, on chanta un psalme en alemant, d'un chant un peu esloigné du nostre. A chaque verset il y avoit des orgues qui y ont esté mises freschement, très-belles, qui respondoient en musique ; autant de fois que le prescheur nomoit Jésus-Christ, et lui et le peuple tiroient le bonnet. Après le sermon, l'autre ministre s'alla mettre contre cet autel le visage tourné vers le peuple, aïant un livre à la mein, à qui s'ala presenter une jeune fame, la teste nue et les poils[3] espars, qui fit là une petite reverance à la mode du païs, et s'arresta là seule debout. Tantost après un garson, qui estoit un artisan, atout[4] une espée au costé, vint aussi se presenter et mettre à costé de ceste fame. Le ministre leur dict à tous deux quelques mots à l'oreille, et puis commanda que chacun dit le pate-nostre, et après se mit à lire dans un livre. C'estoient certenes regles pour les jans qui se marient ; et les fit toucher à la mein l'un de l'autre, sans se baiser. Cela faict, il s'en vint, et M. de Montaigne le print ; ils devisarent long-tamps ensamble ; il mena ledit sieur en sa maison et étude, belle et bien accommodée ; il se nome Johannes Tilianus, Augustanus[1]. Ledit sieur[2] demandoit une confession nouvelle, que les luteriens ont faite, où tous les docteurs et princes qui la soutiennent sont signés, mais elle n'est pas en latin. Com'ils sortoint de l'eglise, les violons et tabourins sortoint de l'autre costé qui conduisoint les mariés. A la demande qu'on lui fit, s'ils permettoint les danses ; il respondit : « Pourquoi non ? » A cela[3] : pourquoi aux vitres et en ce nouveau batiment d'orgues ils avoint fait peindre Jesus-Christ et force images ? — que ils ne défandoint pas les images pour avertir les homes, pourveu que l'on ne les adorast pas. A ce : pourquoi donq ils avoint osté les images antiennes des églises ? — que ce n'estoient pas eus, mais que leurs bons disciples les Zuingliens, incités du malin esprit, y estoint passés avant eus, qui avoint fait ce ravage, come plusieurs autres : qui est ceste mesme response que d'autres de ceste profession avoint faict audit sieur ; mesme le docteur d'Isne, à qui, quand il demanda s'il haïssoit la figure et l'effigie de la croix, il s'écria soudein : « Comant scrois-je si athéiste de haïr ceste figure si heureuse et glorieuse aus chrestiens ! » que c'estoit des opinions diaboliques. Celui-là mesme dict tout détrousséemant en dinant : qu'il aimeroit mieux ouïr çant messes, que de participer à la cène de Calvin. Audict lieu on nous servit des lièvres blancs. La ville est assise sur la riviere d'Isler[4] ; nous y disnames ledit jeudy, et nous en vinmes par un chemin montueus et stérile, coucher à

Frienten, quatre lieues, petit village catholique, comme tout le reste de ceste contrée, qui est à l'archiduc d'Austriche. J'avois oblié de dire sur l'article de Linde-qu'à l'antrée de la ville il y a un grand mur qui tesmoingne une grande antiquité, où je n'aperceu rien d'escrit. J'antan que son nom en alemant signifie Vieille Muraille, qu'on m'a dict venir de là. Le vendredy au matin, quoique ce fût un bien chetif logis, nous n'y laissasmes pas d'y trouver force vivres. Leur coustume est de ne chauffer jamais ny leurs linceuls pour se coucher, ny leurs vestemans pour se lever ; et s'offencent si on alume

---

(1) De Stein. — (2) Elevés, placés. — (3) Les cheveux. (4) Avec.

(1) D'Augsbourg. — (2) Montaigne. — (3) A cette autre question. (4) L'Iller.

du feu en leur cuisine pour cest effet, ou si on s'y sert de celui qui y est; et est l'une des plus grandes querelles que nous eussions par les logis. Là, mesmes au milieu des montagnes et des forets, où dix mille pieds de sapin ne coustent pas cinquante sols, ils ne vouloient permettre non plus qu'ailleurs que nous fissions du feu. Vendredy matin nous en partimes et reprimes à gauche le chemin plus dous, abandonnant le santier des montaignes qui est le droit vers Trante[1], M. de Montaigne estant d'avis de faire le detour de quelques journées pour voir certaines belles villes d'Allemaigne, et se repantant de quoi, à Vanguen, il avoit quitté le dessein d'y aller, qui estoit le sien premier, et avoit pris cest'autre route. En chemin nous rencontrames, come nous avions faict ailleurs en plusieurs lieux, des moulins à eau, qui ne reçoivent l'eau que par une goutiere de bois qui prand l'eau au pied de quelque haussure, et puis eslevée bien haut hors de terre et appuyée, vient degorger sa course, par une pante fort drette qu'on lui donne, au bout de ceste gouttiere, et vinsmes disner à

Friessen, une lieue. C'est une petite ville catholique appartenante à l'évesque d'Auguste[2]. Nous y trouvasmes force gens du trein de l'archiduc d'Austriche qui estoit en un chasteau voisin de là avec le duc de Baviere. Nous mismes là sur la riviere de Lech les coffres, et moi avec d'autres, pour les conduire à Augsbourg sur un floton qu'ils noment; ce sont des pieces de bois jointes ensamble qui s'estandent quand on est à port[3]. Il y a là une abbaïe; on y montra à messieurs un calice et un'estole qu'on tient en reliquere d'un seint qu'ils noment Magnus, qu'ils disent avoir esté fils du roi d'Escosse et disciple de Colombanus[4]. En faveur de ce Magnus, Pepin fonda ce monastere et l'en fit premier abbé, et y a ce mot escrit au haut de la nef, et au-dessus dudict mot des notes de musique pour lui donner le son : *Comperta virtute beati Magni fama, Pipinus princeps locum quem sanctus incoluit regia largitate donavit*[5]. Charlemagne l'enrichit depuis, comme il est aussi escrit audict monastere. Apres disner, vinsmes les uns et les autres coucher à

Chonguen, quatre lieues, petite ville du duc de Baviere, et par conséquent exactement catholique; car ce prince, plus que nul autre en Allemaigne, a maintenu son ressort pur de contagion et s'y opiniastre. C'est un bon logis à l'Estoile, et de nouvelle cérimonie; on y ranjea les salieres en une table carrée de couin en couin et les chandeliers aux autres couins, et en fit-on une croix Saint André. Ils ne servent jamais d'œufs, au moins jusques lors, si ce n'est durs, coupés à quartiers dans des salades qu'ils y ont fort bones et des herbes fort fresches; ils servent du vin nouveau communéement soudein après qu'il est faict; ils battent les bleds dans les granges à mesure qu'ils en ont besoin, et battent le bled du gros bout du fléau. Le samedy alames disner à

Lanspergs[1], quatre lieues, petite ville au duc de Baviere, assise sur ladite riviere de Lech, très belle pour sa grandeur, ville, fauxbourg et chateau. Nous y arrivasmes un jour de marché, où il y avoit un grand nombre de peuple, et au milieu d'une fort grande place une fontaine qui élance par cent tuiaus l'eau à une pique de hauteur et l'esparpille d'une façon très artificielle, où on contourne les tuiaus là où l'on veut. Il y a une très belle église. Et à la ville et au fauxbourg qui sont contre-mont, une droite coline, com'est aussi le chasteau. M. de Montaigne y alla trouver un colliege de jésuites qui y sont fort bien accomodés d'un bastiment tout neuf, et sont après bastir une belle église. M. de Montaigne les entretint selon le loisir qu'il en eut. Le comte de Helfestein commande au chasteau. Si quelqu'un songe autre religion que la romene, il faut qu'il se taise. A la porte qui sépare la ville du fauxbourg, il y a une grande inscription latine de l'an 1552, où ils disent en ces mots que *senatus populusque*[2] de ceste ville ont basti ce monumant à la mémoire de Guillaume et de Louys, frères, ducs *utriusque Boïariæ*[3]. Il y a force autres devises en ce lieu mesme, come ceste cy : *Horridum militem esse decet, nec auro cœlatum, sed animo et ferro fretum*[4]; et à la teste, *cavea stultorum mundus*[5]. Et en un autre andret fort apparent

---

(1) Trente.—(2) Augsbourg.—(3) Sorte de radeau.—(4) Saint Colomban.

(5) « Le roi Pepin ayant appris par la renommée les grandes « vertus du bienheureux *Magnus*, a doté, par ses liberalités « royales, le lieu que le saint habitoit. »

(1) Landsberg.—(2) Le sénat et le peuple.—(3) Des deux Bavières.—(4) « Il faut qu'un soldat néglige la parure et les ornements, qu'il ne compte que sur son courage et sur son épée. »
(5) « Le monde n'est qu'une cage de fous. »

des mots extraits de quelque historien latin, de la victoire que le consul Marcellus perdit contre un roi de cete nastion : *Carolami Boïorumque regis cum Marcello Cos. pugna qua eum vicit,* etc.[1]. Il y a plusieurs autres bones devises latines aux portes privées. Ils repeingnent souvent leurs viles, ce qui leur donne un visage tout fleurissant, et à leurs églises. Et com'à point nomé à la faveur de nostre passage, depuis trois ou quatre ans elles estoient quasi toutes renouvelées où nous fusmes ; car ils mettent les dates de leur ouvrage. L'horologe de ceste, come d'autres plusieurs de ce païs-là, sone tous les quarts d'heure ; et dict-on que celui de Nuremberch sone les minutes. Nous en somes partis après disner, par une longue pleine de pascage fort unie, come la pleine de la Bausse, et nous rendismes à

Augsbourg, quatre lieues, qui est estimée la plus belle ville d'Allemaigne, come Strasbourg la plus forte. Le premier apprest étrange, et qui montre leur propreté, ce fut de trouver à nostre arrivée les degrés de la vis[2] de nostre logis tout couvert de linges, par dessus lesquels il nous falloit marcher, pour ne salir les marches de leur vis qu'on venoit de laver et fourbir[3], come ils font tous les samedis. Nous n'avons jamais aperceu d'araignée, ny de fange en leur logis ; en aucuns il y a des rideaux pour estandre au devant de leurs vitres, qui veut. Il ne se trouve guiere de tables aus chambres, si ce n'est celes qu'ils attachent au pié de chaque lict, qui pandent là atout[4] des gons, et se haussent et baissent, come on veut. Les pieds des licts sont élevés de deux où trois pieds au dessus du corps du lict, et souvent au niveau du chevet ; le bois en est fort beau et labouré ; mais nostre noyer surpasse de beaucoup leur sapin. Ils servoint là aussi les assietes d'estein très luisantes, au dessous de celles de bois par dedein ; ils metent souvent contre la paroy, à côté des licts, du linge et des rideaus, pour qu'on ne salisse leur muraille en crachant. Les Alemans sont fort amoureux d'armoiries ; car en tous les logis, il en est une miliasse que les passans jantils-homes du païs y laissent par

les parois, et toutes leurs vitres en sont fournies. L'ordre du service y change souvent ; ici les ecrevisses furent servies les premieres, qui partout ailleurs se servoint avant l'issue, et d'une grandeur estrange. En plusieurs hosteleries, des grandes, ils servent tout à couvert. Ce qui fait si fort reluire leurs vitres, c'est qu'ils n'ont point de fenestres attachées à nostre mode, et que leurs chassis se remuent quand ils veulent, et fourbissent leurs verrieres fort souvent. M. de Montaigne, le lendemein qui estoit dimenche matin, fut voir plusieurs eglises, et aux catholicques qui sont en grand nombre, y trouva partout le service fort bien faict. Il y en a six luteriennes et seize ministres ; les deux dés six sont usurpées des églises catolicques, les quatre sont basties par eux. Il en vit une ce matin, qui samble une grand'salle de colliege : ny images, ny orgues, ny crois. La muraille chargée de force escris en alemant, des passages de la bible ; deux cheses, l'une pour le ministre, et lors il y en avoit un qui preschoit, et au dessous une autre où est celui qui achemine[1] le chant des psalmes. A chaque verset ils attendent que celui là donne le ton au suivant ; ils chantent pesle mesle, qui veut, et couvert qui veut. Après cela un ministre qui estoit dans la presse, s'en alla à l'autel, où il leut force oresons dans un livre, et à certenes oresons, le peuple se levoit et joingnoit les meins, et au nom de Jésus-Christ faisoit des grandes reverences. Après qu'il eut achevé de lire descouvert, il avoit sur l'autel une serviette, une eguiere[2] et un scaucier[3] où il y avoit de l'eau ; une fame suivie de douze autres fames lui presenta un enfant emmailloté, le visage découvert. Le ministre atout ses doigts print trois fois de l'eau dans ce saucier, et les vint lançant sur le visage de l'enfant et disant certenes paroles. Ce faict, deux homes s'approcherent et chacun d'eus mit deus doigts de la mein droite sur cest enfant : le ministre parla à eus, et ce fut faict. M. de Montaigne parla à ce ministre en sortant. Ils ne touchent à nul revenu des églises, le Senat en public les païe ; il y avoit beaucoup plus de presse en ceste eglise seule qu'en deux ou trois catholiques. Nous ne vismes nulle belle fame ; leurs

---

[1] « Combat de Carolame (ou Carloman) et du roi des Boïens avec le consul Marcellus, où ce dernier fut défait. » Nous laissons à deviner quel était ce consul Marcellus ! Le dernier des fastes consulaires est de l'an de J.-C. 341.
[2] De l'escalier.—[3] Nettoyer.—[4] Avec.

[1] Entonne, commence.—[2] Aiguiere.—[3] Une saucière.—[5] Avec.

vestemans sont fort differans les uns des autres. Entre les homes il est mal-aisé de distinguer les nobles, d'autant que toute façon de jans portent leurs bonnets de velours, et tous des espées au costé. Nous estions logés à l'enseigne d'un arbre nomé *linde*[1] au païs, joignant le palais des Foulcres[2]. L'un de ceste race mourant quelques années y a, laissa deux millions d'escus de France vaillant à ses héritiers; et ces héritiers, pour prier pour son ame, donnarent aus jesuites qui sont là trente mille florins contans, de quoy ils se sont très bien accommodés. Ladite maison des Foulcres est couverte de cuivre. En general les maisons sont beaucoup plus belles, grandes et hautes qu'en nulle ville de France, les rues beaucoup plus larges; il l'estime[3] de la grandeur d'Orleans[4]. Après disner, nous fumes voir escrimer en une sale publicque où il y avoit une grand'presse; et païet-on à l'antrée, com'aus bâteleurs, et outre cela les sieges des bancs. Ils y tirarent au pouignard, à l'espée à deus mains, au bâton à deus bouts, et au braquemart[5]; nous vimes après des jeus de pris à l'arbaleste et à l'arc, en lieu encore plus magnifique que à Schaffouse. De là à une porte de la ville par où nous estions entrés, nous vimes que sous le pont où nous estions passés, il coule un grand canal d'eau qui vient du dehors de la ville, et est conduit sur un pont de bois au dessous de celui sur lequel on marche, et au dessus de la riviere qui court par le fossé de la ville. Ce canal d'eau va bransler certenes roues en grand nombre qui remuent plusieurs pompes, et haussent par deux canaus de plomb l'eau d'une fontene qui est en cest endroit fort basse, en haut d'une tour, cinquante pieds de haut pour le moins. Là elle se verse dans un grand vaisseau de pierre, et de ce vaisseau par plusieurs canaus se ravale en bas, et de-là se distribue par la ville qui est par ce seul moyen toute peuplée de fontenes. Les particuliers qui en veulent un doit pour eus, il leur est permis, en donnant à la ville dix florins de rente ou deux cents florins une fois païés. Il y a quarante ans qu'ils se sont ambellis de ce riche ouvrage. Les mariages des catholiques aus lutériens se font ordinerement, et le plus desireus subit les lois de l'autre; il y a mille tels mariages: nostre hoste estoit catholique, sa fame Luterienne. Ils nettoïent les verres atout[1] une espoussette de poil ammenchée au bout d'un baston; ils disent qu'il s'y treuve de très baus chevaus à quarente ou cinquante escus. Le corps de la ville fit cest honneur à messieurs d'Estissac et de Montaigne de leur envoïer presanter, à leur souper, quatorze grands vesseaus pleins de leur vin, qui leur fut offert par sept serjans vestus de livrées, et un honorable officier de ville qu'ils convierent à souper: car c'est la coustume et aus porteurs on faict donner quelque chose; ce fut un escu qu'ils leur firent donner. L'officier qui souppa avec eus dict à M. de Montaigne, qu'ils estoint trois en la ville ayant charge d'ainsi gratifier les estrangers qui avoint quelque qualité, et qui estoint en ceste cause en souin de sçavoir leurs qualités, pour, suivant cela, observer les cerimonies qui leur sont dues: ils donnent plus de vins aus uns que aus autres. A un duc, l'un des Bourguemaistres en vient presanter: ils nous prindrent pour barons et chevaliers. M. de Montaigne, pour aucunes raisons, avoit voulu qu'on s'y contrefit, et qu'on ne dict pas leurs conditions; et se promena seul tout le long du jour par la ville[2]; il croit que cela mesme servit à les faire honorer davantage. C'est un honeur que toutes les villes d'Allemaigne leur ont faict. Quand il passa par l'église Nostre-Dame, ayant un froit extrême, (car les frois commencèrent à les picquer au partir de Kempten, et avoint eu jusques lors la plus heureuse seson qu'il est possible), il avoit sans y penser, le mouchoir au nés, estimant aussi qu'einsi seul et très mal ac' commodé, nul ne se prendroit garde de lui. Quand ils furent plus apprivoisés avec lui, ils lui dirent que les gens de l'église avoint trouvé ceste contenance estrange. Enfin il encourut le vice qu'il fuioit le plus, de se rendre remercable par quelque façon ennemie du goust de ceux qui le voioient; car en tant qu'en lui est il se conforme et range aus modes du lieu où il se treuve; et portoit à Auguste[3] un bonnet

---

(1) Tilleul. — (2) Les Fugger, négociants d'Allemagne, qui prêtèrent des sommes très considérables à Charles-Quint pendant les guerres de religion, et furent élevés au rang de comtes de l'empire puis de princes souverains.

(3) Montaigne. — (4) La ville d'Augsbourg. — (5) Épée courte et large.

(1) Avec. — (2) On reconnaît bien là Montaigne : c'était aussi l'humeur d'Horace : *Quæcumque libido est, incedo solus*, etc., lib. I, sat. 6. — (3) Augsbourg.

fourré par la ville. Ils disent à Auguste, qu'ils sont exempts non des souris, mais des gros rats, de quoy le reste de l'Allemaigne est infecté, et là dessus content force miracle, attribuant ce privilege à l'un de leurs évesques qui est là en terre ; et de la terre de sa tumbe, qu'ils vendent à petits lopins comme une noisette, ils disent qu'on peut chasser ceste vermine, en quelque région qu'on la porte[1]. Le lundi nous fumes voir en l'eglise Nostre-Dame la pompe des noces d'une riche fille de la ville et lede, avec un facteur des Foulcres, Vénitian : nous ny vimes nulle belle fame. Les Foulcres qui sont plusieurs, et tous très riches, tiennent les principaux rengs de ceste ville là. Nous vismes aussi deus sales en leur maison: l'une haute, grande, pavée de marbre ; l'autre basse, riche de médailles antiques et modernes, avec une chambrette au bout. Ce sont des plus riches pieces que j'aye jamais veues. Nous vismes aussi la danse de cest' assemblée : ce ne furent qu'Alemandes : ils les rompent à chaque bout de champ, et ramenent seoir les dames qui sont assises en des bancs qui sont par les costés de la sale, à deus rangs couverts de drap rouge : eus ne se meslent pas à elles. Après avoir fait une petite pose, ils les vont reprendre : ils baisent leurs mains ; les dames les reçoivent sans baiser les leurs ; et puis leur metant la mein sous l'aisselle, les embrassent et joignent les joues par le costé, et les dames leur metent la main droite sur l'espaule. Ils dansent et les entretiennent, tout découvers, et non richement vestus. Nous vismes d'autres maisons de cés Foulcres en autres endrets de la ville, qui leur est tenue de tant de despances qu'ils amploient à l'embellir : ce sont maisons de pleisir pour l'esté. En une nous vismes un horologe qui se remue au mouvement de l'eau qui lui sert de contre-pois. Là même deus grands gardoirs de poissons[2], couvers, de vint pas en caré, pleins de poisson par tout les quatre costés de chaque gardoir. Il y a plusieurs petits tuiaus, les uns droits, les autres courbés contre-mont : par tous ces tuiaus, l'eau se verse très plesamant dans ces gardoirs, les uns envoiant l'eau de droit fil, les autres s'élançant à la hauteur d'une picque. Entre ces deux gardoirs, il y a place de dix pas de large planchée d'ais ; il y a force petites pouintes d'airain qui ne se voient pas. Cependant que les dames sont amusées à voir jouer ce poisson, on ne faict que lacher quelque ressort : soudein toutes ces pouintes élancent de l'eau menue et roide jusques à la teste d'un home, et remplissent les cotillions des dames et leurs cuisses de ceste frecheur. En un autre endroict où il y a un tuiau de fontene plesante, pendant que vous la regardez, qui veut, vous ouvre le passage à des petits tuiaus imperceptibles qui vous jettent de cent lieues l'eau au visage à petits filets, et là il y a ce mot latin : *Quæsisti nugas, nugis gaudeto repertis*[1]. Il y a aussi une voliere de vint pas en carré, de douze ou quinze pieds de haut, fermée partout d'areschal bien noué et entrelassé ; au dedans dix ou douze sapins, et une fontene : tout cela est plein d'oiseaus. Nous y vismes des pigeons de Polongne, qu'ils appellent d'Inde, que j'ai veu ailleurs : ils sont gros, et ont le bec comme une perdris. Nous vismes aussi le mesnage d'un jardinier, qui prevoyant l'orage des froidures, avoit transporté en une petite logette couverte, force artichaus, chous, létues, epinars, cicorée et autres herbes qu'il avoit ceuillées, come pour les manger sur le champ ; et leur mettant le pied dans certene terre, esperoit les conserver bones et freches deux ou trois mois. Et de vray, lors il avoit çant artichaus nullement fletris, et si les avoit ceuillis il y avoit plus de six sepmenes. Nous vismes aussi un instrumant de plomb courbe, ouvert de deus costés et percé. Si, l'ayant une fois rempli d'eau, tenant les deus trous en haut, on vient tout soudein et dextrement à le renverser, si[2] que l'un bout boit dans un vesseau plein d'eau, l'autre dégoutte au dehors : ayant acheminé cest escoulement, il avient pour eviter le vuide, que l'eau ramplit tousjours le canal et dégoutte sans cesse[3]. Les armes des Foulcres, c'est un escu mi-party : à gauche, une flur de lis d'azur

---

(1) Voyez l'*Histoire des rats*, de Sigrais. *Rattapolis*, Paris, 1737; la *Lettre critique* de l'abbé** (des Fontaines) sur cette Hist. et la Rep. de l'Aut., 1738; les mémoires pour servir de supplément à l'*Hist. des rats*, par l'auteur de l'*Europe illustré*, 1753-1754 ; et surtout pour ce qui concerne les rats allemands, voyez la *Cosmographie* de Sébast. Munster, liv. IV, pag. ou colon. 1785 et suiv. ; et les Rats danois, ou l'*Histoire des rats tombés du ciel*, d'Olaüs Wormius, 1653, *Hafniæ*.

(2) Viviers.

---

(1) « Vous cherchiez des amusements, jouissez de ceux-ci. »
— (2) De manière, de façon que.
(3) C'est le siphon.

en champ d'or; à drete une flur de lis d'or à champ d'azur, que l'empereur Charles V leur a données en les anoblissant. Nous alames voir des jans qui conduisoient de Venise au duc de Saxe deux autruches; le masle est le plus noir et a le col rouge, la femelle plus grisarde, et pondoit force œufs. Ils les menoint à pied, et disent que leurs bestes se lassoint moins qu'eus et leur echapoient tous les coups[1]; mais ils les tiennent atachés par un colier qui les sangle par les reins au dessus des cuisses, et à un autre au dessus des espaules, qui entoure tout leur corps, et ont des longues laisses par où ils les arrestent ou contournent à leur poste[2]. Le mardy, par une singuliere courtoisie des seigneurs de la ville, nous fumes voir une fausse porte[3] qui est en ladite ville, par laquelle on reçoit à toutes heures de la nuict quiconque y veut entrer soit à pied, soit à cheval, pourveu qu'il dise son nom, et à qui il a son adresse dans la ville, ou le nom de l'hostellerie qu'il cherche. Deus hommes fideles, gagés de la ville, president à cet entrée. Les gens de cheval païent deux bats pour entrer, et les gens de pied un. La porte qui respont au dehors, est une porte revestue de fer : à costé, il y a une piece de fer qui tient à une cheine, laquelle piece de fer on tire. Ceste cheine, par un fort long chemein et force détours, respond à la chambre de l'un de ces portiers, qui est fort haute, et bat une clochette. Le portier en chemise, par certein engin qu'il retire et avance, ouvre ceste premiere porte à plus de cent bons pas de sa chambre. Celui qui est entré se trouve dans un pont de quarante pas ou environ, tout couvert, qui est au dessus du fossé de la ville; le long de ce pont est un canal de bois, le long duquel se meuvent les engins qui vont ouvrir ceste premiere porte, laquelle tout soudein est renfermée sur ceus qui sont entrés. Quand ce pont est passé, on se trouve dans une petite place où on parle à ce premier portier, et dict-on son nom et son adresse. Cela oui, cestui-ci, atout[4] une clochette, avertit son compaignon qui est logé un etage au dessous en ce portal, où il y a grand logis; cestui-ci avec un ressort, qui est en une galerie joignant sa chambre, ouvre en premier lieu une petite barriere de fer, et après, avec une grande roue, hausse le pont levis, sans que de tous ces mouvemans on en puisse rien apercevoir : car ils se conduisent par les pois du mur et des portes, et soudein tout cela se referme avec un grand tintamarre. Après le pont, il s'ouvre une grand'-porte, fort espesse, qui est de bois et renforcée de plusieurs grandes lames de fer. L'estrangier se trouve en une salle, et ne voit en tout son chemin nul à qui parler. Après qu'il est là enfermé, on vient à lui ouvrir une autre pareille porte; il entre dans une seconde salle où il y a de la lumiere : là il treuve un vesseau d'airain qui pend en bas par une cheine; il met là l'argent qu'il doit pour son passage. Cet arjant se monte à mont par le portier : s'il n'est contant, il le laisse là trenper jusques au lendemein; s'il est satisfait, selon la coustume, il lui ouvre de mesme façon encore une grosse porte pareille aus autres, qui se clot soudein qu'il est passé, et le voilà dans la ville. C'est une des plus artificielles choses qui se puisse voir. La Reine d'Angleterre[1] a envoïé un ambassadeur exprès pour prier la seigneurie de descouvrir l'usage de ces engins : ils disent qu'ils l'en refusarent. Sous ce portal, il y a une grande cave à loger cinq cens chevaus à couvert pour recevoir secours, ou envoyer à la guerre sans le sceu du commun de la ville. Au partir de là, nous alames voir l'eglise de Sainte-Croix qui est fort belle. Ils font là grand feste du miracle qui avint il y a près de cent ans, qu'une fame n'aïant voulu avaler le corps de Nostre Seigneur, et l'ayant osté de sa bouche et mis dans une bisote enveloppé de cire, se confessa; et trouva-t-on le tout changé en cher[2]. A quoy ils alleguent force tesmoingnages; et est ce miracle escrit en plusieurs lieus en latin et en alemant. Ils montrent sous du cristal ceste cire, et puis un petit lopin de rougeur de cher. Ceste église est couverte de cuivre, come la maison des Foulcres; et n'est pas là cela fort rare. L'église des Luteriens est tout joignant ceste-cy; com' aussy ailleurs, ils sont logés et se sont bastis, come dans les cloitres des églises catholiques. A la porte de ceste église, ils ont mis l'image de Nostre Dame tenant Jesus-Christ, avec autres saints et des enfants, et ce mot : *Sinite parvulos venire ad me*, etc.[3]. Il y avoit en nostre

---

(1) A tout moment, continuellement. — (2) A leur gré. — (3) Une poterne. — (4) Avec.

(1) Élisabeth. — (2) Chair.

(3) Laissez approcher de moi les petits enfants. *Luc.*, c. 18, v. 16.

logis un engin de pieces de fer qui tomboint jusques au fons d'un puis fort profond à deux endrets, et puis par le haut un garçon branslant un certein instrument, en faisant hausser et caisser, deux ou trois pieds de haut, ces pieces de fer, elles alloint batant et pressant l'eau au fons de ce puis l'une après l'autre; et poussant de leurs bombes l'eau, la contreignant de rejaillir par un canal de plomb qui la rand aus cuisines et partout où on en a besoin. Ils ont un blanchisseur gagé à repasser tout soudein ce qu'on a noirci en leurs parois. On y servoit des pastés et petits et grans, dans des vesseaus de terre de la coleur et entierement de la forme d'une croute de pasté. Il se passe peu de repas où on ne vous presente des dragées et boîtes de confitures; le pein le plus excellant qu'il est possible; les vins bons, qui en ceste nation sont plus souvent blancs; il n'en croit pas autour d'Augsbourg, et les font venir de cinq ou six journées de là. De cant florins que les hostes amploïent en vin, la republique en demande soixante, et moitié moins d'un autre home privé qui n'en achete que pour sa provision. Ils ont encore en plusieurs lieus la coutume de mettre des parfums aus chambres et aus poiles. La ville estoit premierement toute Zuinglienne, Depuis, les catholiques y estant rapelés, les Luteriens preindrent l'autre place; ils sont asteure[1] plus de catholiques en autorité, et beaucoup moins en nombre. M. de Montaigne y visita aussi les jesuites, et y en trouva de bien scavans. Mercredy matin 19 d'octobre, nous y desjeunasmes. M. de Montaigne se plaignoit fort de partir, estant à une journée du Danube sans le voir, et la ville d'Oulm[2], où il passe, et d'un bein à une demie journée au delà qui se nome Sourbronne[3]. C'est un being, en plat païs, d'eau freche qu'on échauffe pour s'en servir à boire ou à beigner: ell'a quelque picqure au goust qui la rand agréable à boire, propre aus maus de teste et d'estomach; un being fameux et où on est très magnifiquement logé par loges fort bien accommodées, come à Bade, à ce qu'on nous dict: mais le tamps de l'hyver se avançoit fort, et puis ce chemin estoit tout au rebours du nostre, et eût falu revenir encore sur nos pas à Auguste: et M. de Montaigne fuïoit fort de repasser mesme chemin. Je laissai un escusson des armes de M. de Montaigne au devant de la porte du poile où il estoit logé, qui estoit fort bien peint, et me cota[1] deux escus au peintre, et vint solds au menusier[2]. Elle est beignée de la riviere de Lech, *Lycus*. Nous passames un très-beau païs et fertile de bleds et vismes[3] coucher à

Brong[4], cinq lieues, gros village en très belle assiete, en la duché de Bavieres, catholicque. Nous en partîmes lendemein qui fut jeudy 20 d'octobre, et après avoir continué une grand' pleine de bled (car ceste contrée n'a point de vins), et puis une prairie autant que la veue se peut étandre, vismes disner à

Munic, quatre lieues, grande ville environ come Bourdeaus, principale du duché de Bavieres, où ils ont[5] leur maistresse demure sur la riviere d'Yser, *Ister*. Elle a un beau chasteau et les plus belles écuries que j'aye jamais veues en France ny Italie, voutées, à loger deux cens chevaux. C'est une ville fort catholicque, peuplée, belle et marchande. Depuis une journée au dessus d'Auguste, on peut faire estat, pour la despense, à quatre livres par jour, home et cheval, et quarante solds home de pied, pour le moins. Nous y trouvames des rideaus en nos chambres et pouint de ciels[6], et toutes choses au demourant fort propres. Ils netoïent leurs planchiers atout[7] de la sieure de bois qu'ils font bouillir. On hache partout en ce païs là des raves et naveaus, avec méme souin et presse com'on bat les bleds; sept ou huict hommes ayant en chaque mein des grands couteaus y battent avec mesure dans des vesseaus, come nos treuils: cela sert, come leurs chous cabus, à metre saler pour l'hyver. Ils ramplissent de ces deus fruits là, non pas leurs jardins, mais leurs terres aus chans, et en font mestives[8]. Le duc qui y est à present a epousé la sur[9] de M. de Lorraine[10], et en a deux enfans males grandets et une fille. Ils sont deux freres en mesme ville; ils estoint[11] allés à la chasse, et dames et tout, le jour que nous y fûmes. Le vendredy matin nous en partimes, et au travers des forets dudit duc, vismes un nombre infiny de bestes rousses[12] à tropeaus, come moutons, et vinmes d'une trete à

Kinief, chetif petit village, six lieues, en la-

---

(1) A cette heure. — (2) Ulm. — (3) Peut-être Heilbron.

(1) Coûta. — (2) Pour la bordure ou le cadre. — (3) Vînmes. — (4) Bruck. (5) Les Electeurs de Bavière. — (6) Ciels de lit. — (7) Avec. — (8) Récoltes. — (9) Sœur. — (10) Charles II ou Charles III. — (11) Et leur suite. — (12) Fauves.

dite duché. Les jesuites, qui gouvernent fort en ceste contrée, ont mis un grand mouvement, et qui les fait haïr du peuple, pour avoir faict forcer les prestres de chasser leurs concubines, sous grandes peines; et à les en veoir pleindre, il samble qu'antiennemant cela leur fust si toleré qu'ils en usoint comme de chose legitime; et sont encor après à faire là-dessus des remonstrances à leur duc. Ce sont là les premiers œufs qu'on nous eût servy en Allemaigne en jour de poisson, ou autremant, sinon en des salades, à quartiers. Aussi on nous y servi des gobelets de bois à douilles[1] et cercles, parmi plusieurs d'arjant. La damoiselle[2] d'une meson de janti'home, qui estoit en ce village, envoïa de son vin à M. de Montaigne. Le samedy bon matin, nous en partimes; et après avoir rancontré à nostre mein droite la riviere Yser, et un grand lac au pied des mons de Baviere[3], et avoir monté une petite montaigne d'une heure de chemin, au haut de laquelle il y a une inscription qui porte qu'un duc de Baviere avoit faict percer le rochier il y a cent ans ou environ, nous nous engoufframes tout à faict dans le vantre des Alpes, par un chemin aysé, commode et amusémant[4] entretenu, le beau temps et serein nous y aydant. A la descente de ceste petite montaigne, nous rencontrames un très-beau lac d'une lieue de Guascogne de longueur et autant de largeur, tout entourné de très-hautes et inaccessibles montaignes; et suivant toujours ceste route, au bas des mons, rancontrions par fois de petites pleines de preries très-plesantes, où il y a des demeurs[5]; et vinsmes coucher à

Mitevol[6], petit village au duc de Baviere, assez bien logé,[7] le long de la riviere d'Yser. On nous y servit les premieres chataignes que on nous avoit servi en Allemaigne, et toutes crues. Il y a là une étuve en l'hostellerie où les passants ont accoutumé de se faire suer, pour un bats et demy. J'y allai[8] cependant que messieurs soupoint. Il y avoit force Allemans qui s'y faisoint corneter[9] et seigner. Lendemein dimanche matin, 23 d'octobre, nous continuames ce santier entre les mons, et rencontrames sur icelui une porte et une meson qui ferme le passage. C'est l'antrée du païs de Tirol, qui appartient à l'archiduc d'Austriche: nous vinsmes disner à

Sefeldenc[1], petit village et abbaïe, trois lieues, plesante assiette; l'église y est assez belle, fameuse d'un tel miracle. En 1384, un quidam, qui est nommé ès tenans et aboutissans, ne se voulant contanter, le jour de Pasques, de l'hostie commune, demande la grande[2], et l'ayant en la bouche, la terre s'entrouvrit sous lui, où il fut englouty jusques au col; et s'ampouigna[3] au couin de l'autel; le prestre lui osta cette ostie de la bouche. Ils montrent encore le trou, couvert d'une grille de fer, et l'autel qui a receu l'impression des doigts de cest home, et l'hostie qui est toute rougeastre, comme des gouttes de sang. Nous y trouvames aussi un escrit recent, en latin, d'un Tyrolien qui, ayant avalé quelques jours auparavant un morceau de cher qui lui etoit arrêté au gosier, et ne le pouvant avaler ni randre par trois jours, se voua et vint en ceste église où il fut soudein guery. Au partir de là, nous trouvames en ce haut où nous estions, aucuns beaus vilages; et puis estans devalés une descente de demie heure, rencontrames au pied d'icelle une belle bourgade bien logée, et au dessus, sur un rochier coupé et qui samble inaccessible, un beau chasteau qui comande le chemin de ceste descente, qui est étroit et entaillé dans le roc; il n'y a de longueur[4] un peu moins qu'il n'en faut à une charrete commune, come il est bien[5] d'ailleurs en plusieurs lieus entre ces montagnes; en maniere que les charretiers qui s'y ambarquent ont accoutumé de retenir les charretes communes d'un pied pour le moins. Delà nous trouvames un vallon d'une grande longueur, au travers duquel passe la riviere d'Inn, qui se va randre à Vienne dans le Danube. On l'appelle en latin *Ænus*. Il y a cinq ou six journées par eau d'Inspruc[6] jusques à Vienne. Ce vallon sambloit à M. de Montaigne representer le plus agreable païsage qu'il eust jamais veu; tantôt se reserrant, les montaignes venant à se presser, et puis s'eslargissant

---

(1) Douves. — (2) C'est-à-dire, la dame, la femme d'un gentilhomme. — (3) Tegernsée.
(4) Agréablement.
(5) Maisons. — (6) Mittewald. — (7) Situé, assis. — (8) Le secrétaire de Montaigne. — (9) Ventouser.

(1) Seefeld.
(2) Apparemment celle qui était exposée sur l'autel, dans le suspensoir ou dans le soleil, et peut-être celle du célébrant. La chronique ou légende dit qu'il la prit de force.
(3) C'est-à-dire s'accrocha: ce qui donna le temps au prêtre de rattraper l'hostie. — (4) Ou plutôt de largeur. — (5) C'est-à-dire, comme on en trouve ailleurs. — (6) Innsbruck.

asteure¹, de nostre costé, qui estions à mein gauche de la riviere, et gaignant du païs à cultiver et à labourer dans la pante mesme des mons qui n'estoint pas si droits; tantost de l'autre part; et puis decouvrant des pleines à deux ou trois etages l'une sur l'autre, et tout plein de beles meisons de jantil'homes et des églises; et tout cela enfermé et emmuré de tous cotés de mons d'une hauteur infinie. Sur nostre costé nous decouvrimes dans une montagne de rochiers un crucifix, en un lieu où il est impossible que nul home soit alé sans artifice de quelques cordes, par où il se soit devalé d'en haut. Ils disent que l'empereur Maximilien, aïeul de Charles V, alant à la chasse, se perdit en ceste montaigne, et pour tesmoignage du dangier qu'il avoit echappé, fit planter ceste image. Ceste histoire est aussi peinte en la ville d'Auguste, en la salle qui sert aus tireurs d'arbalestes. Nous nous rendismes au soir à

Insprug, trois lieues, ville principale du comté de Tirol, *Ænopontum* en latin. Là se tient Fernand², archiduc d'Austriche; une très belle petite ville et très bien bastie dans le fond de ce vallon, pleine de fonteines et de ruisseaus, qui est une commodité fort ordinere aus villes que nous avons veu en Allemaigne et Souisse. Les meisons sont quasi toutes batties en forme de terrasse. Nous logeames à la Rose, très bon logis; on nous y servit des assietes d'estein. Quant aus servietes à la françèse, nous en avions des-jà eu quelques journées auparavant. Autour des licts il y avoit des rideaux en aucuns; et pour monstrer l'humeur de la nation, ils estoint beaus et riches, d'une certene forme de toile, coupée et ouverte en ouvrages, courts au demeurant et etroits, some³ de nul usage pour cé à quoy nous nous en servons, et un petit ciel de trois doigts de large, a tout force houpes. On me donna pour M. de Montaigne des linceuls où il y avoit tout au tour quatre doigts de riche ouvrage de passemant blanc. Come en la pluspart des autres villes d'Allemaigne, il y a toute la nuict des jans qui crient les heures qui ont soné, parmi les rues. Partout où nous avons esté ils ont ceste coutume de servir du poisson parmi la cher; mais non pourtant au contrere, aus jours de poisson, mesler de la cher, au moins à nous. Le lundy nous en partismes costoïant ladite riviere d'Inn à notre mein gauche, le long de ceste belle pleine. Nous alames disner à

Hala¹, deux lieues, et fimes ce voïage seulemant pour la voir. C'est une petite ville come Insprug, de la grandeur de Libourne ou environ, sur ladite riviere, que nous repassames sur un pont. C'est delà où se tire le sel qui fournit à toute l'Allemaigne; et s'en faict toutes les sepmeines neuf çans peins à un escu la piece. Ces peins sont de l'epesseur d'un demy muy et quasi de ceste forme; car le vaisseau qui leur sert de moule est de ceste sorte. Cela appartient à l'archiduc; mais la despense en est fort grande. Pour le service de ce sel, je vis là plus de bois ensamble que je n'en vis jamais ailleurs; car sous plusieurs grandes poiles de lames de fer, grandes de trente bon pas en rond, ils font bouillir cest' eau salée, qui vient là de plus de deux grandes lieues, de l'une des montaignes voisines, de quoy se faict leur sel. Il y a plusieurs belles églises, et notamment celles des jesuites, que M. de Montaigne visita, et en fit autant à Insprug; d'autres² qui sont magnifiquement logés et accommodés. Après disner revismes encore ce costé de riviere, d'autant qu'une belle maison où l'archiduc Fernand d'Austriche se tient est en cest endroit, auquel M. de Montaigne vouloit baiser les meins. Et y estoit passé au matin; mais il l'avoit trouvé empesché au conseil, à ce que lui dit un certein comte. Après disner nous y repassames et le trouvames dans un jardin; au moins nous pansames l'avoir entreveu. Si est-ce que ceus qui alarent vers lui pour lui dire que messieurs estoint là et l'occasion, rapportarent qu'il les prioit de l'excuser; mais que le lendemein il seroit plus en commodité; que toutefois, s'ils avoint besouin de sa faveur, ils le fissent entendre à un certein comte milanois. Ceste fredur³, joint qu'on ne leur permit pas seulemant de voir le chasteau, offença un peu M. de Montaigne; et come il s'en plaignoit ce mesme jour à un officier de la maison, il lui fust respondu que ledit prince avoit respondu qu'il ne voïoit pas volontiers les François et que la maison de France estoit ennemie de la sienne. Nous revinmes à

---

(1) A cette heure.— (2) Ou Ferdinand.—(3) En somme, enfin.

(1) Hall sur l'Inn.—(2) Religieux.

(3) Froideur. Ce mot est écrit suivant la prononciation gasconne; on en trouvera beaucoup d'autres écrits de même.

Insproug, deux lieues. Là nous vismes en une église dix-huit effigies de bronze très belles des princes et princesses de la maison d'Austriche. Nous allasmes aussi assister à une partie du souper du cardinal d'Austriche et du marquis de Burgaut, enfants dudit archiduc et d'une concubine, de la ville d'Auguste, fille d'un marchand, de laquelle ayant eu ces deux fils et non autres, il l'espousa pour les legitimer ; et ceste mesme année ladite fame est trespassée. Toute la cour en porte encore le dueil. Leur service fut à peu-près come de nos princes ; la salle estoit tendue et le dais et les chèses de drap noir. Le cardinal est l'ainé, et crois qu'il n'a pas vingt ans. Le marquis ne boit que du bouchet[1], et le cardinal du vin fort meslé[2]. Ils n'ont point de nef[3], mais sont à demourant, et le service des viandes à nostre mode. Quand ils viennent à se seoir, c'est un peu loing de table, et on la leur approche toute chargée de vivres, le cardinal audessus ; car le dessus est tousjours le costé droit. Nous vismes en ce palais des jeux de paulme et un jardin assez beau. Cest archiduc est grand bastisseur et deviseur de telles commodités. Nous vismes chez lui dix ou douze pieces de campaigne, portant come un gros œuf d'oïe, montées sur roues, le plus dorées et enrichies qu'il est possible, et les pieces mesmes toutes dorées ; elles ne sont que de bois, mais la bouche est couverte d'une lame de fer et tout le dedans doublé de mesme lame ; un seul home en peut porter une au col, et leur faict tirer non pas si souvent, mais quasi aussi grands coups que de fonte. Nous vismes en son chasteau, aus champs, deus beufs d'une grandeur inusitée, tout gris, à la tête blanche, que M. de Ferrare lui a donné ; car ledit duc de Ferrare a espousé une de ses seurs, celui de Florance l'autre, celui de Mantoue une autre. Il en avoit trois à Hala, qu'on nomoit les trois Reines ; car aus filles de l'empereur on done ces titres là, come on en appelle d'autres contesses ou duchesses, à cause de leurs terres ; et leur donne-t-on le surnom des royaumes que jouit[4] l'empereur. Des trois, les deux sont mortes ; la troisiesme y est encore que M. de Montaigne ne fut[5] voir ; elle est renfermée come religieuse ; et a là recueilli et establi les jesuites. Ils tiennent là, que ledit archiduc ne peut pas laisser ses biens à ses enfants et qu'ils retournent aus successeurs de l'empire ; mais ils ne nous surent faire entendre la cause, et ce qu'ils disent de la fame, d'autant qu'elle n'estoit point de lignée convenable, puis qu'il l'épousa, chacun tient qu'elle estoit légitime, et les enfants il n'y a pas d'apparence ; tant y a qu'il faict grand amas d'escus pour avoir de quoy leur donner. Le mardy nous partismes au matin et reprismes nostre chemin, traversant cesteplaine et suivant le santier des montaignes. À une lieue du logis montames une petite montaigne d'une heure de hauteur, par un chemin aysé. A mein gauche nous avions la veue de plusieurs autres montaignes, qui, pour avoir l'inclination plus étendue et plus molle, sont ramplies de villages, d'églises, et la pluspart cultivées jusques à la cime, très plesantes à voir pour la diversité et varieté des sites. Les mons de mein droite étoint un peu plus sauvages et n'y avoit qu'en des endroits rares où il y eût habitation. Nous passames plusieurs ruisseaus ou torrans, aiant les cours divers ; et sur nostre chemin, tant au haut qu'au pied de nos montaignes, trouvames force gros bourgs et villages et plusieurs belles hostelleries, et entr'autres choses deus chasteaus et mesons de jantils-homes sur nostre mein gauche. Environ quatre lieues d'Insbroug, à nostre mein droite, sur un chemein fort étroit, nous rencontrames un tableau de bronze richement labouré, ataché à un rochier avec ceste inscription latine : « Que l'empereur « Charles cinquiesme revenant d'Espaigne et « d'Italie, de recevoir la couronne imperiale, « et Ferdinand, roi de Honguerie et de Boheme, « son frere, venant de Pannonie, s'entre-cher- « chans, après avoir esté huit ans sans se voir, « se rencontrarent en cest endroit, l'an 1530, et « que Ferdinand ordonna qu'on y fit ce mé- « moire, » où ils sont représantés s'embrassant l'un l'autre. Un peu après, passant audessous d'un portal qui enferme le chemin, nous y trouvames des vers latins faisant mantion du passage dudict empereur et logis en ce lieu là, ayant prins le roi de France[1] et Rome[2]. M. de Montaigne disoit s'agréer fort en ce détroit,

---

(1) Hipocras fait avec de l'eau, du sucre et de la cannelle.
(2) D'eau.
(3) Étui ou boite où se met le couvert des princes et des rois. — (4) possède. — (5) put.

(1) François Ier fait prisonnier à Pavie.
(2) Rome fut prise par le connétable de Bourbon, que Cellini prétend avoir tué.

pour la diversité des objects qui se presantoint, et n'y trouvions incommodité que de la plus espesse et insupportable poussiere que nous eussions jamais santy, qui nous accompaigna en cest entre-deus des montaignes. Dix heures après M. de Montaigne disoit que c'estoit là l'une de ses tretes. Il est vrai que sa coustume est, soit qu'il aye à arrester en chemin ou non, de faire manger l'avoine à ses chevaus avant partir du matin au logis. Nous arrivames, et lui, tousjours à jun, de grand nuict à

Sterzinguen, sept lieues. Petite ville dudit comté de Tirol, assés jolie, audessus de laquelle, à un quart de lieue, il y a un beau chasteau neuf. On nous servit là les peins tout en rond, sur la table, jouins l'un à l'autre. En toute l'Allemaigne, la moustarde se sert liquide et est du goust de la moustarde blanche de France. Le vinaigre est blanc partout. Il ne croit pas du vin en ces montaignes, oui bien du bled en quasi assez grand'abondance pour les habitans ; mais on y boit de très bons vins blancs. Il y a une extreme sureté en tous ces passages, et sont extrememant fréquentés de marchands, voituriers et charretiers. Nous y eusmes, au lieu du froid de quoy on decrie ce passage, une chaleur quasi insupportable. Les fames de ceste contrée portent des bonnets de drap tout pareils à nos toques, et leurs poils tressés et pandans comme ailleurs[1]. M. de Montaigne, rancontrant une jeune belle garse[2] en un'église, lui demanda si elle ne sçavoit pas parler latin, la prenant pour un escolier. Il y avoit là des rideaus aus licts qui estoint de grosse toile teinte en rouge, mi-partie par le travers de quatre en quatre dois, l'une partie estant de toile pleine, l'autre les filets tirés. Nous n'avons trouvé nulle chambre ny salle, en tout notre voyage d'Allemaigne, qui ne fût lambrissée, estant les planchiers fort bas. M. de Montaigne eut ceste nuict la colicque deus ou trois heures, bien serré, à ce qu'il dit le lendemein ; et ce lendemein à son lever fit une pierre de moienne grosseur, qui se brisa aysémeant. Elle estoit jaunastre par le dehors, et brisée, au dedans plus blanchastre. Il s'estoit morfondu le jour auparavant et se trouvoit mal. Il n'avoit eu la colicque depuis celles de Plommieres[1]. Cete-ci lui osta une partie du soupçon en quoy il estoit, que il lui etoit tombé audit Plommieres plus de sable en la vessie qu'il n'en avoit randu, et creignoit qu'il s'y fust arresté là quelque matiere qui se print et colast ; mais voiant qu'il avoit rendu ceste ci, il trouve raisonnable de crère qu'elle se fût attaché aus autres, s'il y en eust eu. Dès le chemin il se pleignoit de ses reins, qui fut cause, dict-il, qu'il alongea cete trete, estimant estre plus soulagé à cheval qu'il n'eût esté ailleurs. Il apella en ceste ville le maistre d'école, pour l'entretenir de son latin ; mais c'estoit un sot de qui il ne put tirer nulle instruction des choses du païs. Lendemein, après desjuner, qui fut mercredy 26 d'octobre, nous partimes de là par une plaine de la longueur d'un demy quart de lieu, ayant la rivière de Aïsoc[2] à nostre costé droit. Ceste pleine nous dura environ deus lieues, et audessus des montaignes voisines[3], plusieurs lieus cultivés et habités et souvent entiers[4], dont nous ne pouvions diviner les avenues. Il y a sur ce chemin quatre ou cinq chasteaus. Nous passames après la riviere sur un pont de bois, et la suivimes de l'autre costé. Nous trouvames plusieurs pioniers qui acoutroint les chemins, sulemant parce qu'ils estoint pierreux, environ[5] come en Perigort. Nous montames après, au travers d'un portal de pierre, sur un haut, où nous trouvames une pleine d'une lieue ou environ ; et en decouvrions, de là la[6] riviere, une autre de pareille hauteur ; mais toutes deus steriles et pierreuses. Ce qui restoit le long de la riviere au dessous de nous, c'est de très belles preries. Nous vinmes souper d'une trete à

Brixe[7], quatre lieues, très belle petite ville, au travers de laquelle passe cete riviere[8], sous un pont de bois : c'est un évesché. Nous y vismes deus très belles eglises, et fumes logés à l'Aigle, beau logis. Sa pleine n'est guiere large ; mais les montaignes d'autour, mesmes sur nostre mein gauche, s'estendent si mollement qu'elles se laissent testonner et peigner jusques aus oreilles. Tout se voit ramply de clochiers et de villages bien haut dans la montaigne, et

---

(1) Les cheveux tressés et avec les tresses tombantes, comme dans plusieurs parties de la Suisse.
(2) On nommait autrefois ainsi les jeunes filles, sans y attacher rien d'injurieux : *garce* est le féminin de gars et garçon.

(1) Plombières. — (2) Eisak. — (3) Suppléez *nous voyons*. — (4) Plains, unis. — (5) A peu près.
(6) Au-dela de. — (7) Brixen.
— (8) L'Eisak.

près de la ville, plusieurs belles maisons très plesammant basties et assises. M. de Montaigne disoit : « Qu'il s'etoit toute sa vie mesfié du ju- « gemant d'autruy sur le discours des commo- « dités des païs estrangiers, chacun ne sçachant « gouster que selon l'ordonnance de sa cous- « tume et de l'usage de son village ; et avoit « faict fort peu d'estat des avertissemans que « les voiageurs lui donnoint : mais en ce lieu, « il s'esmerveilloit encore plus de leur bestise, « aïant, et notamant en ce voïage, ouï dire que « l'entredeus des Alpes en cest endroit estoit plein « de difficultés, les meurs des homes estranges, « chemins inaccessibles, logis sauvages, l'air « insuportable. Quant à l'air, il remercioit Dieu « de l'avoir trouvé si dous, car il inclinoit plus- « tost sur trop de chaud que de froid ; et en « tout ce voïage, jusques lors, n'avions eu que « trois jours de froid, et de pluïe environ une « heure ; mais que du demourant s'il avoit à « promener sa fille, qui n'a que huit ans [1], il « l'aimeroit autant en ce chemin qu'en une « allée de son jardin ; et quant aus logis, il ne « vit jamais contrée où ils fussent si drus semés « et si beaus, aïant tous-jours logé dans belles « villes bien fournies de vivres, de vins, et à « meilleure raison qu'ailleurs ». Il y avoit là une façon de tourner la broche qui estoit d'un engin à plusieurs roues, où montoit à force une corde autour d'un gros vesseau de fer. Elle, venant à se debander, on arrestoit son reculement, en maniere que ce mouvement duroit près d'une heure, et lors il le failloit remonter : quant au vent de la fumée, nous en avions veu plusieurs. Ils ont si grande abondance de fer qu'outre ce que toutes les fenestres sont grillées et de diverses façons, leurs portes, mesmes les contre-fenestres sont couvertes de lames de fer. Nous retrouvames là des vignes, de quoy nous avions perdu la veue avant Auguste [2]. Icy autour, la pluspart des maisons sont voutées à tous les etages ; et ce qu'on ne scait pas faire en France, de se servir de tuile creux à couvrir des pantes fort etroites, ils le font en Allemaigne, voire et des clochiers. Leur tuile est plus petit et plus creux, et en aucuns lieus platré sur la jointure. Nous partimes de Brixe

(1) Léonor, fille unique de Montaigne. Il fait son éloge, *Essais*, liv. II, c. 8 ; et liv. III, c. 5. Voyez aussi les *Lettres* de Pasquier, liv. XVIII, lett. 1.
(2) Augsbourg.

lendemein matin, et rencontrames ceste mesme valée fort ouverte, et les cousteaux la pluspart du chemin enrichis de plusieurs belles maisons. Aïant la riviere d'Eysoc sur notre mein gauche, passames au travers une petite villette, où il y a plusieurs artisans de toutes sortes, nommée Clause[1]: de là vinsmes disner à

Colman[2], trois lieues, petit village où l'archiduc a une maison de pleisir. Là on nous servit des gobelets de terre peinte parmy ceus d'argant, et y lavoit-on les verres avec du sel blanc ; et le premier service fut d'une poile bien nette, qu'ils mirent sur la table a tout [3] un petit instrumant de fer, pour l'appuyer et lui hausser la quë[4]. Dans ceste poile, il y avoit des œufs pochés au burre. Au partir de là, le chemin nous serra un peu, et aucuns rochiers nous pressoint de façon que le chemin se trouvoit estroit pour nous et la rivierre, ensamble nous estions en dangier de nous chocquer, si on n'avoit mis entr'elle et les passans une barriere de muraille, qui dure en divers endroits plus d'une lieue d'Allemaigne. Quoyque la pluspart des montaignes qui nous touchoint là soint des rochiers sauvages, les uns massifs, les autres crevassés et enterompus par l'ecoulemant des torrans, et autres escailleus qui envoyent au bas pieces infinies d'une étrange grandeur, je crois qu'il y faict dangereux en tems de grande tourmente, come ailleurs. Nous avons aussi veu des forets entieres de sapins, arrachées de leur pied et amportans avec leur cheute des petites montaignes de terre, tenant à leurs racines. Si est-ce que le païs est si peuplé, qu'audessus de ces premieres montaignes nous en voyions d'autres plus hautes cultivées et logées[5], et avons aprins qu'il y a audessus des grandes et belles pleines qui fournissent de bled aus villes d'audessous, et des très riches laboureurs et des belles meisons. Nous passames la riviere sur un pont de bois, de quoy il y en a plusieurs, et la mismes à nostre mein gauche. Nous descouvrimes, entr'autres, un chasteau à une hauteur de montaigne la plus eminente et inaccessible qui se presentast à nostre veue, qu'on dict être un baron du païs, qui s'y tient et qui a là haut un beau païs et belles chasses. Audelà de toutes ces montaignes, il y en a tous-jours une bor-

(1) Klausen. — (2) Kollmann. — (3) Avec. — (4) Queue. (5) Habitées.

dure des Alpes : celles-là, on les laisse en paix. Et brident l'issue de ce detroit, de façon qu'il faut tous-jours revenir à nostre canal et ressortir par l'un des bouts. L'archiduc tire de ce comté de Tirol, duquel tout le revenu consiste en ces montaignes, trois çans mille florins par an ; et a mieus de quoi de là, que du reste de tout son bien. Nous passames encore un coup la riviere sur un pont de pierre, et nous rendismes de bonne heure à

Bostan[1], quatre lieues, ville de la grandeur de Libourne, sur ladite riviere, assez mal plesante au pris des autres d'Allemaigne ; de façon que M. de Montaigne s'ecria « qu'il connoissoit bien « qu'il commançoit à quiter l'Allemaigne : » les rues plus estroites, et point de belle place publicque. Il y restoit encore fontaines, ruisseaus, peintures, et verrières. Il y a là si grande abondance de vins qu'ils en fournissent toute l'Allemaigne. Le meilleur pein du monde se mange le long de ces montaignes. Nous y vismes l'eglise qui est des belles. Entre autres, il y a des orgues de bois ; elles sont hautes, près le crucifix, devant le grand autel ; et si [2] celui qui les sone se tient plus de douze pieds plus bas au pied du pilier où elles sont attachées ; et les soufflets sont au-delà le mur de l'eglise, plus de quinze pas derriere l'organiste, et lui fournissent leur vent par dessous terre. L'ouverture où est cete ville n'est guiere plus grande que ce qu'il lui faut pour se loger ; mais les montaignes mesmes sur notre mein droite, estendent un peu leur vantre et l'alongent. De ce lieu M. de Montaigne escrivit à François Hottoman, qu'il avoit veu à Basle : « Qu'il avoit pris si grand plesir à la vi-« sitation d'Allemaigne, qu'il l'abandonnoit à « grand regret, quoyque ce fût en Italie qu'il « aloit ; que les etrangiers avoint à y souffrir « come ailleurs de l'exaction des hostes, mais « qu'il pensoit que cela se pourroit corriger [3], « qui ne seroit pas à la mercy des guides et « truchemans qui les vandent et participent à « ce profit. Tout le demourant [4] lui sembloit « plein de commodité et de courtoisie, et sur-« tout de justice et de sûreté ». Nous partimes de Botzan le vendredy bon matin, et vinmes donner une mesure d'avoine et desjûner à

Brounsol[5], deux lieues, petit village audessus duquel la riviere d'Eysock, qui nous avoit conduit jusques là, se vient mesler à celle d'Adisse[1], qui court jusqu'à la mer Adriatique, et court large et paisible, non plus à la mode de celles que nous avions rencontré parmy ces montaignes, audessus bruiantes et furieuses. Aussi ceste pleine, jusques à Trante, commance de s'alargir un peu, et les monteignes à baisser un peu les cornes en quelques endrets ; si est-ce qu'elles sont moins fertiles par leurs flancs que les précédentes. Il y a quelques marets en ce vallon qui serrent le chemin, le reste très aysé et quasi tous-jours dans le fons et plein. Au partir de Brounsol, à deux lieues, nous rencontrames un gros bourg [2] où il y avoit fort grande affluence de peuple à cause d'une foire. Delà un autre village bien basti, nomé Solorme[3], où l'archiduc a un petit chateau, à nostre mein gauche, en étrange assiette, à la teste d'un rochier. Nous en vinsmes coucher à

Trante, cinq lieues, ville un peu plus grande que Aagen[4], non guieres plesante, et ayant du tout perdu les graces des villes d'Allemaigne : les rues la pluspart etroites et tortues. Environ deux lieues avant que d'y arriver, nous estions entrés au langage italien. Ceste ville est mypartie en ces deux langues ; et y a un quartier de ville et eglise qu'on nome des Allemans, et un precheur de leur langue. Quant aus nouvelles religions, il ne s'en parle plus depuis Auguste[5]. Elle est assise sur cete riviere d'Adisse[6]. Nous y vismes le dome, qui samble estre un batimant fort antique ; et bien près de là, il y a une tour quarrée, qui tesmoingne une grande antiquité. Nous vismes l'eglise nouvelle, Notre Dame, où se tenoit [7] notre concile. Il y a en ceste eglise des orgues qu'un home privé y a donnees, d'une beauté excellente, soublevées en un batiment de mabre[8], ouvré et labouré de plusieurs excellentes statues, et notamment de certins petits enfans qui chantent[9]. Ceste eglise fut batie, com'elle dict, par Bernardus Clesius, Cardinalis, l'an 1520, qui estoit evesque de ceste ville et natif de ce mesme lieu. C'estoit une ville libre et sous la charge et empire de

---

(1) Bautzen.—(2) Et aussi.—(3) Sousentendu : par celui, par le voyageur qui, etc.—(4) Tout le reste...—(5) Branzol.

(1) L'Adige.— (2) Neumarkt.— (3) Salurn.
(4) Agen, capitale de l'Agénois, dans la Gascogne, patrie de Joseph Scaliger.—(5) Augsbourg.—(6) D'Adige.
(7) C'est-à-dire, où s'etait tenu le dernier concile œcuménique, qui dura près de dix-huit ans, et ne finit qu'en 1563.
(8) Marbre. Le peuple dit encore *mâbre*, et *âbre*, pour arbre.
(9) Des automates à la Vaucanson ou à la Richard.

l'evesque. Depuis, à une nécessité de guerre contre les Vénitiens, ils apelarent le comte de Tirol à leurs secours, en récompense de quoy il a retenu certaine authorité et droit sur leur ville. L'évesque et luy contestent, mais l'evesque jouit, qui est pour le presant le cardinal Madruccio. M. de Montaigne disoit, « qu'il « avoit remerqué des citoyens qui ont obligé « les villes de leurs naissances, en chemin, les « Foulcres à Auguste, ausquels est deu la « pluspart de l'ambellissement de cete ville, « car ils ont ramply de leurs palais tous les car-« refours, et les eglises de plusieurs ouvrages, « et [1] ce cardinal Clesius : car outre ceste eglise « et plusieurs rues qu'il redressa à ses despans, « il fit un très beau batimant au chasteau de la « ville ». Ce n'est pas au debors grand chose, mais audedans c'est le mieus meublé et peint et enrichi et plus logeable qu'il est possible de voir. Tous les lambris dans le fons ont force riches peintures et devises; la bosse fort dorée et labourée ; le planchier de certene terre, durcie et peinte come mabre [2], en partie accommodé à nostre mode, en partie à l'allemande, avec des poiles. Il y en a un entr'autres faict de terre brunie airein, faict à plusieurs grands personnages, qui reçoivent le feu en leurs mambres, et un ou deus d'iceus près d'un mur, rendent l'eau qui vient de la fontene de la court fort basse audessous : c'est une belle piece. Nous y vismes aussi, parmy les autres peintures du planchier, un triomphe nocturne aux flambeaus [3], que M. de Montaigne admira fort. Il y a deux ou trois chambres rondes ; en l'une, il y a une inscription [4], que « ce Clesius, l'an 1530, « estant envoyé, au coronnement de l'empereur « Charles V qui fut faict par le pape Clemant « VII, le jour de Sainct Mathias, ambassa-« dur de la part de Ferdinand, roi de Hongrie « et Boëme, comte de Tirol, frère dudit empe-« reur, lui estant evesque de Trante, il fut faict « cardinal » ; et a faict mettre autour de la chambre et pendre contre le mur les armes et noms des jantilshomes qui l'accompagnarent à ce voïage, environ cinquante, tous vassaus de cest evesché, et comtes ou barons. Il y a aussi une trappe en l'une des dites chambres, par où il pouvoit se couler en la ville, sans ses portes. Il y a aussi deux riches cheminées. C'estoit un bon cardinal. Les Foulcres ont bati, mais pour le service de leur postérité ; celui-ci pour le public : car il y a laissé ce chasteau meublé de mieux de çant mille escus de meubles, qui y sont encore, aus evesques successeurs ; et en la bourse publicque des évesques suivans, çant cinquante mille talers [1] en arjant contant, de quoy jouissent sans interest du principal ; et si ont laissé son eglise Nostre-Dame imparfaicte, et lui assez chetisvement enterré. Il y a entr'autres choses plusieurs tableaus au naturel et force Cartes. Les évesques suivans ne se servent d'autres meubles en ce chateau, et en a pour les deus sesons d'hiver et d'esté, et ne se peuvent aliener. Nous somes asture [2] aux milles d'Italie, desquels cinq milles reviennent à un mille d'Allemaigne ; et on conte vingt-quatre heures faict, partout, sans les mi partir [3]. Nous logeames à la Rose, bon logis. Nous partimes de Trante, samedy après disner, et suivimes un pareil chemin dans cete vallée eslargie et flanquée de hautes montaignes inhabitées, aiant laditte riviere d'Adisse [4] à nostre mein droite. Nous y passames un chasteau de l'archiduc, qui couvre le chemin, come nous avons trouvé ailleurs plusieurs pareilles clostures qui tiennent les chemins sujects et fermés ; et arrivames, qu'il estoit desjà fort tard (et n'avions encore jusques lors tasté de serein, tant nous conduisions regléement nostre voïage) à

Rovere [5], quinze milles, ville appartenant audict archiduc. Nous retrouvames là, quant au logis, nos formes ; et y trouvames à dire, non-sulement la neteté des chambres et meubles d'Allemaigne et leurs vitres, mais encore leurs poiles ; à quoi M. de Montaigne trouvoit beau-

---

(1) Ou thalers, monnaie d'argent d'Allemagne. Le thaler, de Prusse vaut quatre francs quatre-vingt centimes d'argent de France.

(2) A cette heure.

(3) Ceci mérite une explication, et c'est M. de la Lande, de l'Académie des Sciences, qui nous la fournira ; la matière est bien du ressort d'un astronome, qui, de plus, a voyagé dans le pays. Voici ce qu'on lit dans la préface du *Voyage d'un Français en Italie, dans les années 1765 et 1766*, ouvrage de M. de la Lande : « Les Italiens comptent vingt-quatre heures « de suite, depuis un soir jusqu'à l'autre. La vingt-quatrième « heure sonne une demi-heure après le coucher du soleil, « c'est-à-dire, à la nuit tombante, et lorsqu'on commence à ne « pouvoir lire qu'avec peine. Si la nuit dure dix heures et le « jour quatorze, on dit que le soleil se lève à dix heures, et qu'il « est midi à dix-sept heures. » —(4) O'Adige.—(5) Roveredo.

---

(1) Ainsi que.—(2) En stuc ou marbre factice.
(3) Vraisemblablement une fête de nuit.
(4) Portant.

coup plus d'aisance qu'aus cheminées. Quant aus vivres, les écrevisses nous y faillirent ; ce que M. de Montaigne remerquoit, pour grand'merveille, leur en avoir esté servi tous les repas depuis Plommieres, et près de deux cans lieues de païs. Ils mangent là, et le long de ces montaignes, fort ordinairement des escargots[1] beaucoup plus grands et gras qu'en France, et non de si bon goust. Ils y mangent aussi des truffes qu'ils pelent et puis les metent à petites leches à l'huile et au vinaigre, qui ne sont pas mauvaises. A Trante on en servit qui estoint gardées un an. De nouveau, et pour le gouet de M. de Montaigne, nous y trouvames force oranges, citrons et olives. Aus licts, des rideaus découpés, soit de toile ou de cadis, à grandes bandes, et rataches de louin à louin[2]. M. de Montaigne regrettoit aussi ces licts qui se mettent pour couverture en Allemaigne[3]. Ce ne sont pas licts tels que les notres, mais de duvet fort délicat, enfermé dans de la futene bien blanche, aus bons logis. Ceus de dessous en Allemaigne mesme ne sont pas de ceste façon, et ne s'en peut-on servir à couverture sans incommodité. Je croy à la vérité que, s'il eut été sul avec les siens, il fut allé plustot à Cracovie ou vers la Grèce par terre, que de prendre le tour vers l'Italie ; mais le plesir qu'il prenoit à visiter les païs inconnus, lequel il trouvoit si dous que d'en oublier la foiblesse de son aage et de sa santé, il ne le pouvoit imprimer à nul de la troupe, chacun ne demandant que la retrete. Là où il avoit accoutumé de dire « qu'après avoir passé une nuict inquiette, quand au matin il venoit à se souvenir qu'il avoit à voir ou une ville ou une nouvelle contrée, il se levoit avec desir et allegresse. » Je ne le vis jamais las ny moins se pleingnant de ses doleurs, ayant l'esperit, et par chemin et en logis, si tandu à ce qu'il rancontroit et recherchant toutes occasions d'entretenir les etrangiers, que je crois que cela amusoit son mal. Quand on se pleingnoit à luy de ce que il conduisoit souvent la troupe par chemins divers et contrées, revenant souvent bien près d'où il étoit party (ce qu'il faisoit, ou recevant l'advertissement de quelque chose digne de voir, ou changant d'avis selon les occasions), il respondoit : « qu'il n'aloit, quant à luy, en nul lieu que là où il se trouvoit, et qu'il ne pouvoit faillir ny tordre sa voïe, n'aïant nul project que de se promener par des lieus inconnus ; et pourveu qu'on ne le vit pas retumber sur mesme voie et revoir deus fois mesme lieu, qu'il ne faisoit nulle faute à son dessein. Et quant à Rome, où les autres visoint, il la desiroit d'autant moins voir que les autres lieus, qu'elle estoit connue d'un chacun et qu'il n'avoit[4] laquais qui ne leur peust[2] dire nouvelles de Florence et de Ferrare. » Il disoit aussi : « qu'il lui sambloit estre à mesmes[3] ceus qui lisent quelque fort plesant conte, d'où il leur prent creinte qu'il vieigne bientost à finir, ou un beau livre ; lui de mesme prenoit si grand plesir à voïager qu'il haïssoit le voisinage du lieu où il se deust reposer, et proposoit plusieurs desseins de voïager à son eise, s'il pouvoit se randre seul. » Le dimanche au matin, aïant envie de reconnoitre le lac de Garde, qui est fameus en ce païs là et d'où il vient fort excellant poisson, il loua trois chevaus pour lui et les seigneurs de Caselis et de Mattecoulon, à vingt B.[4] la piece ; et M. d'Estissac en loua deus autres pour lui et le sieur du Hautoy[5], et, sans aucun serviteur, laissant leurs chevaus en ce logis (à Rovere) pour ce jour, ils s'en allarent disner à

Torbolé[6], huict milles, petit village de la jurisdiction de Tirol. Il est assis à la teste de ce grand lac. A l'autre costé de ceste teste, il y a une villette et un chasteau nomé la Riva, là où ils se firent porter sur le lac, qui est cinq milles aler et autant à revenir ; et firent ce chemin avec cinq tireux en trois heures ou environ. Ils ne virent rien audit la Riva que une tour qui samble estre fort antienne, et, par rancontre, le seigneur du lieu, qui est le seigneur Hortimato Madruccio, frère du cardinal, pour cest heure évesque de Trante. Le prospect du lac contre bas est infini, car il a trente cinq milles de long. La largeur et tout ce qu'ils en pouvoint decouvrir n'estoit que desdits cinq

---

(1) C'est une espèce de gros limaçon ; on en mange en Bourgogne et surtout dans le Morvant. — (2) C'est-à-dire festonnés.
(3) Des édredons qu'il nomme *coites*.

(1) Qu'il n'y avait. — (2) Pût. — (3) Comme ceux, etc. — (4) Bats
(5) On voit ici la compagnie de Montaigne augmentée de deux maîtres ; mais il y a bien de l'apparence qu'ils étaient partis tous ensemble. Le premier feuillet du manuscrit qui manque nous aurait peut-être donné quelques lumières sur la personne de M. *de Caselis*. On verra plus bas ce M. de Caselis les quitter à Padoue. M. du Hautoi était un gentilhomme lorrain.
(6) Terbole, à l'extrémité septentrionale du lac de Garda.

milles. Ceste teste est au comté de Tirol, mais tout le bas d'une part et d'autre, à la seigneurie de Venise, où il y a force beles eglises et tout plein de beaus parcs d'oliviers, orangiers et autres tels fruitiers. C'est un lac suject à une extreme et furieuse agitation quand il y a orage. L'environ du lac ce sont montaignes plus rechignées et seches que nulles autres du chemin que nous eussions vues, à ce que lesdits sieurs raportoint; ajoutant qu'au partir de Rovere ils avoint passé la riviere d'Adisse[1] et laissé à mein gauche le chemin de Verone, et estoint antrés en un fons où ils avoint trouvé un fort long village et une petite vilette; que c'estoit le plus aspre chemin qu'ils eussent veu, et le prospect le plus farouche, à cause de ces montaignes qui ampeschoient ce chemin. Au partir de Torbolé revindrent souper à

Rovere, huit milles. Là ils mirent leurs bahus sur de ces zattes[2], qu'on appelloit flottes en Allemaigne, pour les conduire à Verone sur laditte riviere d'Adisse, pour un fleurin[3], et j'eus la charge landemein de ceste conduite. On nous y servit à soupper des œufs pochés pour le premier service, et un brochet, parmi grand foison de toute espèce de cher. Landemein, qui fut lundy matin, ils en partirent grand matin; et suivant ceste valée assés peuplée, mais guieres fertile et flanquée de hauts monts esceuilleus[4] et secs, ils vindrent disner à

Bourguet, quinze milles, qui est encore du comté de Tirol; ce comté est fort grand. A ce conte[5], M. de Montaigne s'informant si c'estoit autre chose que ceste vallée que nous avions passée, et le haut des montaignes qui s'estoient presantées à nous, il lui fut respondu : « qu'il y « avoit plusieurs tels entre-deus de montaignes « aussi grands et fertiles, et autres belles villes, « et que c'estoit comm'une robe que nous ne « voyons que plissée; mais que si elle estoit « espanduc ce seroit un fort grand pays que le « Tyrol. » Nous avions tousjours la riviere à nostre mein droite. Delà, partant après disner, suivimes mesme sorte de chemin jusques à Chiusa, qui est un petit fort que les Vénitiens ont gaigné, dans le creus d'un rocher sur ceste riviere d'Adisse, du long duquel nous descendismes par une pente roide de roc massif, où les chevaus assurent mal-ayséemant leurs pas, et au travers dudict fort, où l'Estat de Venise, dans la juridiction duquel nous étions antrés un ou deux milles après estre sortis du Bourguet, entretient vingt-cinq soldats. Ils vinrent coucher à

Volarne, douze milles, petit village et misérable logis, comme sont tous ceus de ce chemin jusques à Verone. Là, du chasteau du lieu, une damoiselle, fille, seur du seigneur absant, envoya du vin à M. de Montaigne. Landemein matin ils perdirent du tout les montaignes à mein droite, et laissaient louin à costé de leur mein gauche des collines qui s'entre-tenoint. Ils suivirent long-temps une plene stérile, et puis approchant de ladite riviere, un peu meilleure et fertile de vignes juchées sur des arbres, come elles sont en ce païs là; et arrivarent le jour de Tousseints, avant la messe, à

Verone, douze milles, ville de la grandeur de Poitiers, et ayant cinsin[1] une cloture[2] vaste sur ladite riviere d'Adisse qui la traverse, et sur laquelle ell'a trois ponts. Je m'y randis aussi avec mes bahus. Sans les boletes de la Sanità[3], que ils avoint prinses à Trante et confirmées à Rovere, ils ne fussent pas antrés en la ville, et si[4] n'estoit nul bruit de dangier de peste; mais c'est par coutume, ou pour friponner quelque quatrin qu'elles coutent. Nous fûmes voir le dome où il (Montaigne) trouvoit la contenance des homes étrange, un tel jour, à la grand messe; ils devisoint au chœur mesmes de l'eglise, couverts, debout, le dos tourné vers l'autel, et ne faisant contenance de panser au service que lors de l'elevation. Il y avoit des orgues et des violons qui les accompagnoint à la messe. Nous vismes aussi d'autres eglises, où il n'y avoit rien de singulier, ny, entre autres choses, en ornemant et beauté des fames. Ils furent, entre autres, en l'eglise Saint-George, où les Allemans ont force tesmoignages d'y avoir esté, et plusieurs ecussons. Il y a, entre autres, une inscription, portant que certains jantilshomes allemans, aiant accompagné l'empereur Maximilian à prandre Verone sur les Venitians, ont là mis je ne sçay quel ouvrage sur un autel. Il (Montaigne) remerquoit cela, que ceste seigneurie maintient en sa ville les tesmoingnages de

---

(1) D'Adige. — (2) Radeaux. — (3) Florin. — (4) Remplis de précipices, d'écueils. — (5) Compte.

(1) De même. — (2) Un quai. — (3) Bulletins de santé. — (4) Et cependant.

ses pertes; come aussi elle meintient en son entier les braves sepultures des pauvres seigneurs de l'Escale [1]. Il est vray que nostre hoste du Chevalet, qui est un très bon logis, où nous fumes superfluemant tretés, où vimes au contre d'un quart plus qu'en France [2], jouit pour sa race de l'une de ces tumbes. Nous y vismes le chasteau, où ils [3] furent conduits par tout par le lieutenant du castellan [4]. La seigneurie y entretient soixante soldats; plus, à ce qu'on lui [5] dit là mesmes, contre ceus de la ville, que contre les etrangiers. Nous vîmes aussi une religion [6] de moines, qui se noment jésuates de Saint Jerosme. Ils ne sont pas prestres ni ne disent la messe ou preschent, et sont la pluspart ignorans; et font estat d'estre excellans distillateurs d'eaus nafes [7] et pareilles eaux. Et là et ailleurs ils sont vestus de blanc, et petites berretes [8] blanches, une robe enfumée [9] par dessus; force beaus jeunes hommes. Leur eglise fort bien accommodée, et leur refectoere, où leur table estoit des-jà couverte pour souper. Ils virent là certenes vieilles masures très antienes du temps des Romeins, qu'ils disent avoir esté un amphitheatre [10], et les raprisent [11] avec autres pieces qui se découvrent audessous. Au retour delà, nous trouvames qu'ils nous avoint parfumé leurs coitres et nous firent antrer en un cabinet plein de fioles; et de vesseaus de terre, et nous y parfumarent. Ce que nous y vismes de plus beau et qu'il [12] disoit estre le plus beau batimant qu'il eut veu en sa vie, ce fut un lieu qu'ils appellent l'Arena [13]. C'est un amphitéatre en ovale, qui se voit quasi tout entier, tous les sieges, toutes les vôtes [14] et circonferance, sauf la plus extreme de dehors: somme qu'il y en a assez de reste pour decouvrir au vif la forme et service de ces batimans. La seigneurie [1] y fait employer quelques amandes [2] des criminels, et en refaict quelque lopin; mais c'est bien louin de ce qu'il faudroit à la remettre en son antier; et doute fort que toute la ville vaille ce rabillage [3]. Il est en forme ovale; il y a quarante-trois degrés de rangs, d'un pied ou plus de haut chacun, et environ six cens pas de rondeur en son haut [4]. Les jantilshommes du païs s'en servent encore pour y courre aux joutes et autres plesirs publiques [5]. Nous vismes aussi les Juifs, et il (Montaigne) fut en leur sinagogue et les entretint fort de leurs cerimonies. Il y a des places bien belles et beaus marchés. Du chasteau, qui est haut, nous decouvrions dans la pleine Mantoue qui est à vint milles à mein droite de nostre chemin. Ils n'ont pas faute d'inscriptions; car il n'y a rabillage de petite goutiere où ils ne facent mettre, et en la ville et sur les chemins, le nom du Podestà [6], et de l'artisan. Ils ont de commun avec les Allemans qu'ils ont tous des armoiries, tant marchans qu'autres; et en Allemaigne, non les villes sulement, mais la pluspart des bourgs ont certenes armes propres. Nous partimes de Verone, et vismes, en sortant, l'eglise de Nostre-Dame des miracles, qui est fameuse de plusieurs accidens étranges, en consideration desquels on la rebastit de neuf, d'une très belle figure ronde. Les clochiers de là sont couvers en plusieurs lieus de brique couchée de travers. Nous passames une longue pleine de diverse façon, tantost fertile, tantost autre, ayant les montagnes bien louin à nostre mein gauche, et aucunes à droite, et vinsmes, d'une trete souper à

Vincenza, trante milles. C'est une grande ville, un peu moins que Verone, où y a tout plein de palais de noblesse. Nous y vismes lendemain plusieurs eglises, et la foire qui y tenoit lors; en une grande place, plusieurs boutiques qui se batissent de bois sur le champ pour cest effet. Nous y vismes aussi des jesuates qui y

---

(1) Les Scaliger prétendaient en descendre par compensation.

(2) C'est-à-dire, où nous vécûmes plus chèrement d'un quart qu'en France.

(3) Montaigne et sa compagnie.

(4) C'est-à-dire, du gouverneur ou commandant du château.—(5) A Montaigne.—(6) Couvent, monastère.

(7) Eau de naffe. C'est une liqueur faite avec de la fleur de citron.

(8) Barrettes, calottes, tocques. On écrit aussi *birette*. La barrette des cardinaux est une des principales pièces de leur costume.—(9) De brun foncé.

(10) Vraisemblablement ils disaient mal; car quelle apparence qu'il y eût deux amphithéatres à Vérone! On va voir le véritable.—(11) Les raccomodent.—(12) Montaigne.

(13) Le fameux amphithéatre de Vérone, dont Scipion Maffei a publié le plan gravé par ses soins.—(14) Voûtes.

(1) De Venise.—(2) Amendes.

(3) Ce rabillage a été fait. Le théâtre est presque entièrement découvert; et c'est le plus bel ornement de Vérone.

(4) *Voyez*, ce beau monument, la *Description historique de l'Italie*, de M. l'abbé Richard, et surtout l'ouvrage de M. Valéry; et le *Voyage d'Italie*, de M. de la Lande, t. VIII, p. 324.—(5) Publics.

(6) Podestat, premier magistrat de robe et d'epée, dans les villes de l'Etat de Venise.

ont un beau monastere; et vismes leur boutique d'eaus, de quoy ils font boutique et vente publicque; et en eusmes deus[1] de senteur pour un escu : car ils en font des medecinales pour toutes maladies. Leur fondateur est P. Urb. S. Jan Colombini, jantilhome sienois, qui le fonda l'an 1367. Le cardinal de Pelneo est pour ceste heure leur protecteur. Ils n'ont des monasteres qu'en Italie, et y en ont trante. Ils ont une très belle habitation. Ils se foitent[2], disent-ils, tous les jours : chacun a ses chenettes en sa place de leur oratoire, où ils prient Dieu sans vois[3], et y sont ensamble à certeines heures. Les vins vieus failloint déjà lors, qui me metoit en peine à cause de sa colique[4], de boire ces vins troubles, autrement bons toutefois. Ceux d'Allemaigne se faisoient regretter, quoy qu'ils soint pour la pluspart aromatisés, et ayent diverses santeurs qu'ils prennent à friandis, mesmes de la sauge; et l'apelent vin de sauge, qui n'est pas mauvais, quand on y est accoutumé ; car il est au demûrant bon et genereus. Delà nous partimes jûdy après disner, et par un chemin très uni, large, droit, fossoyé de deus pars, et un peu relevé, aïant de toutes pars un terroir très fertile, les montaignes come de coutume, de louin à nostre veuë, vinmes coucher à

Padoue, dix-huit milles. Les hostelleries n'ont nulle compareson en nulle sorte de tretement à ceux[5] d'Allemaigne. Il est vrai qu'ils sont moins chers d'un tiers et approchent fort du pouint[6] de France. Elle est bien fort vaste, et à mon avis a sa cloture de la grandeur de Bordeaus pour le moins. Les rues estroites et ledes, fort peu peuplées, peu de belles maisons; son assiette fort plesante dans une pleine descouverte bien louin tout au tour. Nous y fusmes tout le lendemain et vismes les escoles d'escrime, du bal, de monter à cheval, où il y avoit plus de çant jantilshomes françois; ce que M. de Montaigne contoit[6] à grand incommodité pour les jeunes hommes de nostre païs qui y vont, d'autant que ceste société les acoustume aus meurs et langage de leur nation, et leur oste le moïen d'acquerir des connoissances étrangieres. L'eglise Saint-Anthoine lui samble belle; la voute n'est pas d'un tenant, mais de plusieurs enfonçures en dome. Il y a beaucoup de rares sculptures de marbre et de bronse. Il y regarda de bon œil le visage du cardinal Bembo[1] qui montre la douceur de ses mœurs et je ne sçay quoy de la jantillesse de son esprit. Il y a une salle, la plus grande, sans pilliers, que j'aie jamais veue où se tient leur justice[2]; et à l'un bout est la teste de Titus Livius[3] maigre, raportant un home studieus et malancholicq, antien ouvrage auquel il ne reste[4] que la parole. Son épitaphe aussi y est, lequel ayant trouvé, ils l'ont ainsi élevé pour s'en faire honneur, et avecque raison. Paulus le jurisconsulte[5] y est aussi sur la porte de ce palais; mais il (Montaigne) juge que ce soit ouvrage recent. La maison qui est au lieu des antienes Arènes n'est pas indigne d'estre veue et son jardin. Les escoliers[6] y vivent à bonne raison à sept escus pour mois le mestre et six le valet, aus plus honnestes pansions. Nous en partimes le samedy bien matin et par une très belle levée le long de la rivière, aïant à nos costés des pleines très fertiles de bleds et fort ombragées d'arbres, entre-semés par ordre dans les champs où se tiennent leurs vignes, et le chemin fourny de tout plein de belles mesons de plesance et entre autres d'une maison de ceus de la race Contarene[7], à la porte de laquelle il y a une inscription que le roy y logea revenant de Poloigne[8]. Nous nous rendismes à la

Chaffousine[9], vingt milles, où nous disnames. Ce n'est qu'une hostellerie où l'on se met sur l'eau pour se rendre à Venise. Là abordent tous les bateaux le long de ceste riviere, avec des engeins et des polies que deux chevaux tournent à la mode de ceux qui tournent les meules d'huile. On emporte ces barques atout[10] des roues qu'on leur met au dessous, par dessus un planchier de bois pour les jetter dans le canal

---

(1) Fioles. — (2) Fouettent. — (3) Sans chanter. — (4) De Montaigne. — (5) A celles. — (6) Du prix ou taux. — (6) Comptait.

(1) Le fameux Bembo, l'un des plus beaux-esprits du seizième siècle, bon poète latin, célèbre surtout par son purisme.

(2) Sur cette magnifique salle d'audience (la plus grande qu'il y ait au monde), voyez les *voyages d'Italie*, de MM. Richard et de la Lande.

(3) Tite Live, l'historien latin.

(4) Il ne manque.

(5) C'est Julius Paulus, né à Padoue, qui fut successivement préteur, consul et préfet du prétoire après Ulpien. Le Code est rempli de ses décisions, et il a écrit huit livres du Digeste.

(6) C'est-à-dire les étudiants de l'Académie.

(7) C'est-à-dire, Contarini, ancienne et noble maison vénitienne. — (8) Henri III, lors régnant. — (9) Fusino. — (10) Avec.

qui se va rendre en la mer¹ où Venise est assise. Nous y disnames, et nous estans mis dans une gondole, vismes ² souper à

Venise, cinq milles. Lendemein, qui fut dimenche matin, M. de Montaigne vit M. de Ferrier³ ambassadeur du roi, qui lui fit fort bonne chere, le mena à la messe et le retint à disner avec lui. Le lundy M. d'Estissac et lui y disnarent encores. Entre autres discours dudict ambassadeur, celui-là lui⁴ sembla estrange : qu'il n'avoit commerce avecq nul home de la ville, et que c'estoit un humeur de jans si soupçonneuse que, si un de leurs jantishommes avoit parlé deux fois à lui, ils le tienderoint pour suspect; et aussi cela que la ville de Venise valoit quinze çans mille escus de rante à la signeurie. Au demeurant les raretés de ceste ville sont assez connues. Il (Montaigne) disoit l'avoir trouvée autre qu'il ne l'avoit imaginée et un peu moins admirable ; il la reconnut ⁵ et toutes ses particularités avec extreme diligence. La police, la situation, l'arsenal, la place de Saint-Marc et la presse des peuples etrangiers, lui samblarent les choses plus remerquables. Le lundy à souper, 6 de novembre, la signora Veronica Franca⁶, janti fame venitiane, envoïa vers lui pour lui presenter un petit livre de lettres qu'elle a composé; il fit donner deux escus audit home⁷. Le mardy après disner il eut la colicque qui lui dura deus ou trois heures, non pas des plus extrémes à le voir, et avant souper il rendit deux grosses pierres l'une après l'autre. Il n'y trouva pas ceste fameuse beauté qu'on attribue aus dames de Venise, et si ⁸ vid les plus nobles de celles qui en font traficque ⁹; mais cela lui sembla autant admirable que nulle autre chose, d'en voir un tel nombre, comme de cent cinquante ou environ, faisant une dépense en meubles et vestemans de princesses; n'ayant autre fons à se maintenir que de ceste traficque¹ ; et plusieurs de la noblesse de là, mesme avoir des courtisanes à leurs despens, au veu et sceu d'un chacun. Il louoit pour son service une gondole pour jour et nuict, à deux livres, qui sont environ dix-sept solds, sans faire nulle despense au barquerol. Les vivres y sont chers come à Paris; mais c'est la ville du monde où on vit à meilleur conte², d'autant que la suite des valets nous y est du tout inutile, chacun y allant tout seul, et la despense des vestemans de mesme; et puis, qu'il n'y faut nul cheval. Le samedy, dousiesme de novembre, nous en partimes au matin et vismes³ à

La Chaffousine⁴, cinq milles; où nous nous mîmes homes et bagage dans une barque pour deus escus. Il (Montaigne) a accoutumé creindre l'eau ; mais ayant opinion que c'est le sul⁵ mouvemant qui offence son estomac, voulant assaïer si le mouvement de ceste riviere qui est eguable⁶ et uniforme, attendu que des chevaux tirent ce bateau, l'offenceroit, il l'essaïa et trouva qu'il n'y avoit eu nul mal. Il faut passer deux ou trois portes⁷ dans ceste riviere, qui se ferment et ouvrent aus passans. Nous vinmes coucher par eau à

Padoue, vingt milles. M. de Caselis laissa là sa compagnie et s'y arresta en pansion pour sept escus par mois, bien logé et treté. Il eust peu avoir un lacquais pour cinq escus; et si, ce sont des plus hautes pansions où il y avoit bonne compagnie, et notamment le sieur de Millau, fils de M. de Salignac. Ils n'ont communément point de valets, et seulement un garçon du logis, ou des fames, qui les servent; chacune une chambre fort propre: le feu de leur chambre et la chandele, ils se le fournissent. Le tretement, comme nous vismes, fort bon ; on y vit à très grande raison⁸, qui est à mon avis la raison que plusieurs etrangers s'y retirent, de ceux mesmes qui n'y sont plus escoliers. Ce n'est pas la coutume d'y aller à cheval

---

(1) Adriatique. — (2) Vinmes.

(3) « Ce vieillard, qui a passé cinquante-sept ans, à ce qu'il « dit, jouit d'un eage sain et enjoué; ses façons et ses discours « ont je ne sçais quoi de scholastique, peu de vivacité et de « pointe ; ses opinions panchent fort évidamment, en matière « de nos affaires, vers les innovations calviniennes. » Note du manuscrit de la propre main de Montaigne. — (4) A Montaigue.

(5) La parcourut et examina.

(6) Quelques années auparavant on avait imprimé à Venise des Lettres galantes de Célia, dame romaine; mais nous n'avons aucune idée de l'ouvrage de Veronica Franca.

(7) Au commissionnaire ou porteur.

(8) Et si, cependant.

(9) Trafic. On sait combien étaient fameuses autrefois les courtisanes de Venise, qui faisaient payer bien cher le seul plaisir de quelques moments d'entretien, et dont les moindres faveurs avaient un prix fixé.

(1) Ce trafic. — (2) Compte.

(3) Vinmes, ou, plus exactement, revinmes.

(4) Fusino. — (5) Seul. — (6) Egal.

(7) Ou écluses.

(8) A très bon marché.

par la ville ny guiere suivy [1]. En Allemaigne je remarquois que chacun porte espée au costé, jusques aux manœuvres; aus terres de ceste seigneurie, tout au rebours, personne n'en porte. Dimenche après disner, 13 de novembre, nous en partimes pour voir des beings qu'il y avoit sur la main droite. Il (Montaigne) tira droit à Abano. C'est un petit village près du pied des montaignes, au dessus duquel, trois ou quatre cens pas, il y a lieu un peu soublevé, pierreux. Ce haut, qui est fort spacieus, a plusieurs surjons de fontenes chaudes et bouillantes qui sortent du rochier; elles sont trop chaudes entour leur source pour s'y beigner et encore plus pour en boire. La trace autour de leur cours est toute grise, comme de la cendre bruslée; elles laissent force excremans [2], qui sont en forme d'eponges dures; le goust en est peu salé et souffreux. Toute la contrée est enfumée; car les ruisseaux qui escoulent par-ci par-là dans la pleine emportent bien louin cete chaleur et la santur [3]. Il y a là deus ou trois maisonnetes assez mal accommodées pour les malades, dans lesqueles on derive des canals de ces eaus pour en faire des beins aus meisons. Non sulement il y a de la fumée où est l'eau, mais le rochier mesmes fume par toutes ses crevasses et jointures et rand chaleur partout, en maniere qu'ils en ont percé aucuns endroits où un home se peut coucher, et de ceste exhalation se mettre en sueur; ce qui se faict soubdeinement. Il (Montaigne) mit de ceste eau en la bouche, après qu'elle fut fort reposée pour perdre sa chaleur excessive; il leur [4] trouva le goust plus salé qu'autre chose. Plus à mein droite nous decouvrions l'abbaïe de Praïe, qui est fort fameuse pour sa beauté, richesse et courtoisie à recevoir et treter les etrangiers. Il (Montaigne) n'y voulut pas aler, faisant état que toute ceste contrée et notamment Venise, il avoit à la revoir à loisir; et n'estimoit rien ceste [5] visite ; et ce qui lui avoit fait entreprandre, c'estoit la faim extreme de voir ceste ville. Il disoit qu'il n'eust sceu arrester ny à Rome, ny ailleurs en Italie en repos, sans avoir reconnu Venise; et pour cest effaict se seroit detourné de son chemin. Il a laissé à Padoue, sur cest esperance, à un maistre François Bourges,

françois, les œuvres du cardinal Cusan [1], qu'il avoit acheté à Venise. De Abano, nous passames à un lieu nommé Sainct-Pietro, lieu bas: et avions toujours les montaignes à nostre main droite fort voisines. C'est un païs de preries et pascages qui est de mesmes tout enfumé en divers lieus de ces eaus chaudes, les unes brulantes, les autres tiedes, autres froides; le goust un peu plus mort et mousse [2] que les autres, moins de sentur de souffre, et, quasi point du tout, un peu de salure. Nous y trouvames quelques traces d'antiques bastimans. Il y a deux ou trois chetifves maisonnettes autour pour la retraite des malades; mais, à la vérité, tout cela est fort sauvage; et ne serois d'avis d'y envoïer mes amis. Ils disent que c'est la seigneurie qui n'a pas grand soin de cela, et creint l'abord des seigneurs etrangiers. Ces derniers beings lui firent resouvenir, disoit-il, de ceus de Preissac près d'Ax [3]. La trace de ces eaus est toute rougeastre. Et mit [4] sur sa langue de la boue; il n'y trouva nul goust; il croit qu'elles soint plus ferrées. De là nous passames le long d'une très belle maison d'un jantilhome de Padoue, où estoit M. le cardinal d'Este [5], malade des goutes, il y avoit plus de deux mois, pour la commodité des beins et plus pour le voisinage des dames de Venise; et tout jouingnant de là vinmes coucher à

Bataille [6], huit milles, petit village sur le canal Del Fraichine [7], qui n'ayant pas de profondeur, deux ou trois pieds par fois, conduit pourtant des batteaus fort étranges. Nous fumes là servis de plats de terre et assietes de bois à faute d'estein; autremant assez passablemant. Le lundy matin je m'en partis devant avec le mulet. Ils [8] alarent voir des beings qui sont à cinq cens pas de là, par la levée le long de ce canal; il n'y a, à ce qu'il (Montaigne) rapportoit, qu'une maison sur le being avec dix ou douze chambres. En may et en avril, ils disent qu'il y va assez de jans, mais la pluspart logent audit bourg ou à ce chateau du seigneur Pic, où logeoit M. le cardinal d'Este. L'eau des beings

---

(1) Par des valets. — (2) Sédiments, scories. — (3) Senteur, odeur. — (4) Lui. — (5) Présente.

(1) Nicolas de Cusa. Tous ses ouvrages de théologie et de mathématiques furent imprimés à Bâle, en 1565, en trois volumes in-folio, et peut-être est-ce cette collection que Montaigne avait achetée.

(2) Insipide, moins acidulé. — (3) De Dax, ou mieux d'Acqs, en Gascogne. — (4) Montaigne. — (5) Louis d'Est, frère du duc de Ferrare, Alphonse II. — (6) Bataglia. — (7) Freschine.

(8) Montaigne et ses compagnons de voyage.

descend d'une petite crope[1] de montaigne et coule par des canals en ladite maison et au dessous; ils n'en boivent point et boivent plustost de celle de S. Pierre qu'ils envoïent querir. Elle (l'eau) descend de ceste mesme croupe par des canaux tout voisins de l'eau-douce et bonne; selon qu'elle prand plus longue ou courte course, elle est plus ou moins chaude. Il fut pour voir la source jusques au haut; ils ne la lui surent montrer et le païerent[2] qu'elle venoit sous[3] terre. Il lui trouve à la bouche peu de goust, come à celle de S. Pierre, peu de santur de souffre, peu de salure; il pense que qui en boiroit en recevroit mesme effaict que de celes de S. Pierre. La trace qu'elle faict par ses conduits est rouge. Il y a en ceste maison des beins et d'autres lieus où il degoute sulemant de l'eau, sous laquelle on présante le mambre malade[4]; on lui dict que communément c'est le front pour les maus de teste. Ils ont aussi en quelques endrets de ces canals faict de petites logettes de pierres où on s'enferme, et puis ouvrant le souspirail de ce canal, la fumée et la chaleur font incontinant fort suer; ce sont étuves seches, de quoy ils en ont de plusieurs façons. Le principal usage est de la fange[5]; elle se prand dans un grand being qui est audessous de la maison, au descouvert, atout[6] un instrumant dans quoy on la mise pour la porter au logis qui est tout voisin. Là ils ont plusieurs instrumans de bois propres aus jambes, aus bras, cuisses et autres parties pour y coucher et enfermer lesdits mambres, ayant rampli ce vesseau de bois tout de cete fange; laquelle on renouvelle selon le besouin. Ceste boue est noire comme cele de Barbotan, mais non si graneleuse et plus grasse, chaude d'une moïene chaleur et qui n'a quasi point de santur[7]. Tous ces beings-là n'ont pas grande commodité si ce n'est le voisinage de Venise; tout y est grossier et maussade. Ils partirent[8] de Bataille après des-juner et suivirent ce canal qu'on nomme le canal à deus chemins, qui sont élevés d'une part et d'autre. En cest endroit on a fait des routes[1] par le dehors de la hauteur desdicts chemins sur lesquelles les voyageurs passent; les routes par le dedans se vont baissant jusques au niveau du fonds de ce canal; là il se faict un pont de pierre qui jouint ces deux routes, sur lequel pont coule ce canal par le dessus d'une voute à l'autre. Sur ce canal, il y a un pont fort haut, soubs lequel passent les basteaux qui suivent le canal et audessus ceus qui veulent traverser ce canal. Il y a un autre gros ruisseau tout au fond de la pleine qui vient des montaignes duquel le cours traverse le canal. Pour le conduire, sans interrompre ce canal, a esté fait ce pont de pierre sur lequel court le canal, et au-dessous duquel court ce ruisseau et le tranche sur un planchier revestu de bois par les flancs, en maniere que ce ruisseau est capable de porter basteaus; il aroit[2] assez de place et en largeur et en hauteur. Et puis sur le canal d'autres basteaus y passant continuellemant et sur la voute du plus haut des pons, des coches. Il y avoit trois routes l'une sur l'autre.[3] De là, tenant tousjours ce canal à mein droite, nous couteïames[4] une vilete nommée Montselisse[5], basse, mais de laquelle la closture va jusques au haut d'une montaigne, et enferme un vieus chateau qui appertenoit aus antiens seigneurs de ceste ville, ce ne sont asteuré[6] que ruines. Et laissant là les montaignes à droite, suivismes le chemin à gauche, relevé, beau, plain[7] et qui doit estre en la saison plein d'ombrages; à nos costés des pleines très fertiles, aïant, suivant l'usage du païs, parmy leurs champs de bleds, force abres rangés par ordre d'où pandent leurs vignes. Les beufs fort grands et de couleur gris, sont là si ordinaires que je ne trouvai plus estrange ce que j'avois remarqué de ceux de l'archiduc Fernand. Nous nous rancontrames sur une levée; et des deus parts des marests qui ont de largeur plus de quinze milles et autant que la veue se peut estandre. Ce sont autrefois esté[8] des grands estangs, mais la seigneurie s'est essaïé de les asséchér pour en tirer du labou-

---

(1) Croupe.—(2) De cette raison.—(3) De dessous.

(4) C'est-à-dire, où l'on prend la douche. Voyez les *Essais*, liv. II, c. 37.

(5) C'est ce qu'on nomme *boues* en médecine : d'où le mot *borbeux*, *bourboneux*, *fangeux*, et le nom de *Bourbon*, *Bourbone*; Trippault, p. 50, Orléans, 1580.

(6) Avec.—(7) D'odeur.—(8) Montaigne et sa compagnie.

(1) Des chaussées.—(2) Aurait.

(3) Toute cette description n'est pas fort claire. Ces ponts, ces voûtes, ces routes, ces coches, ces canaux, ce ruisseau qui vient les traverser l'embrouillent un peu; mais avec un peu d'attention on s'en tire et l'on conçoit à peu près la chose.

(4) Côtoyames.—(5) Mont-celese.—(6) A cette heure.—(7) A plani, plat.—(8) C'étaient autrefois.

rage en quelques endrets, ils en sont venus à bout, mais fort peu. C'est à présant une infinie etandue de païs boueus, sterile et plein de cannes[1]. Ils y ont plus perdu que gagné à lui vouloir faire changer de forme. Nous passames la riviere d'Adisse[2], sur nostre mein droite, sur un pont planté sur deus petits bateaus capables de quinse ou vint chevaus, coulant le long d'une corde attachée à plus de cinq cens pas de là dans l'eau, et, pour la soutenir en l'air, il y a plusieurs petits bateaus jetés entre deux, qui atout[3] des fourchettes soutienent ceste longue-corde. De là nous vinmes coucher à

Rovigo, vint et cinq milles, petite vilete appertenant encore à ladite seigneurie[4]. Nous logeames au dehors. Ils commencèrent à nous y servir du sel en masse, duquel on en prend come du sucre. Il n'y a point moindre foison de viandes qu'en France, quoyqu'on aïe acoustumé de dire; et de ce qu'ils ne lardent pouint leur rosti, toutesfois ne lui oste guiere de saveur. Leurs chambres, à faute de vitres et closture des fenestres, moins propres qu'en France; les liets sont mieux faicts, plus unis, atout[5] force de materas[6]; mais ils n'ont guiere que des petits pavillons mal tissus, et sont fort espargnants de linsuls[7] blancs. Qui iroit sul ou à petit trein n'en auroit pouint. La cherté come en France, ou un peu plus. C'est là la ville de la naissance de ce bon *Célius*, qui s'en surnomma *Rodoginus*[8]. Elle est bien jolie, et y a une très belle place; la riviere d'Adisse passe au milieu. Mardy au matin, 15 de novembre, nous partismes de là, et après avoir faict un long chemin sur la chaussée, comme celle de Blois, et traversé la riviere d'Adisse, que nous rencontrames à nostre mein droite, et après celle du Pô, que nous trouvames à la gauche, sur des pons pareils au jour precedent, sauf que sur ce planchier il y a une loge[9] qui s'y tient, dans laquelle on paie les tribus[10] en passant, suivant l'ordonnance qu'ils ont là imprimée et prescripte; et au milieu du passage arrestent leur bateau tout court, pour conter[11] et se faire payer avant que d'aborder. Après estre descendus dans une pleine basse, où il samble qu'en temps bien pluvieus le chemin seroit inaccessible, nous nous rendismes d'une trete, au soir, à

Ferrare, vint milles. Là, pour leur foy et bollette[1], on nous arresta longtemps à la porte, et ainsi à tous[2]. La ville est grande come Tours, assise en un païs fort plein[3]; force palais; la pluspart des rues larges et droites; fort peuplée. Le mercredy au matin, MM. d'Estissac et de Montaigne alarent baiser les meins au duc[4]. On lui fit entendre leur dessein: il envoya un seigneur de sa cour les recueillir et mener en son cabinet, où il estoit avec deus ou trois. Nous passames au travers de plusieurs chambres closes où il y avoit plusieurs jantilshomes bien vestus. On nous fit tous entrer. Nous le trouvames debout contre une table, qui les attendoit. Il mit la mein au bonnet quand ils entrarent, et se tint toujours descouvert tant que M. de Montaigne parla à luy, qui fut assez longtemps. Il luy demanda premicremant s'il entendait la langue[5]? et luy ayant esté respondu que ouy, il leur dit en italien très eloquent, qu'il voyoit très volantiers les jantilshommes de ceste nation, estant serviteur du roy tres crestien et très obligé. Ils eurent quelques autres propos ensamble et puis se retirarent, le seigneur duc ne s'étant jamais couvert. Nous vismes en un'église[6] l'effigie de l'Arioste[7], un peu plus plein de visage qu'il n'est en ses livres[8]; il mourut aagé de cinquante neuf ans, le 6 de juing 1533. Ils y servent le fruit sur des assiettes. Les rues sont toutes pavées de briques. Les portiques, qui sont continuels à Padoue et servent d'une grande commodité pour se promener en tout temps et à couvert sans crotes, y sont à dire[9]. A Venise les rues pavées de mesme matiere, et si pandant[10] que il n'y a jamais de boue. J'avoy oblié à dire de

---

(1) De joncs, de roseaux. — (2) D'Adige. — (3) Avec. — (4) De Venise. — (5) Avec. — (6) Matelas. — (7) De draps.

(8) Ludovicus-Cœlius, dit *Rodiginus*, savant professeur de Padoue, maître de Jules-César Scaliger, et connu principalement par ses *Antiquæ Lectiones*, mort en 1525. — (9) Ou patache fixée. — (10) Les droits de péage. — (11) Compter.

(1) Pour les passeports et billets de santé. — (2) Les autres endroits. — (3) Plain, uni.

(4) Alphonse d'Est, deuxième du nom, duc de Ferrare, de Modène et de Reggio, mort sans postérité le 27 octobre 1597. Il était fils unique d'Hercule II, mort en 1558, et de René de France, fille cadette du roi Louis XII, bienfaitrice de Clément Marot, de Lion Jamet et de François Rabelais.

(5) Italienne. — (6) Dans celle des bénédictins.

(7) C'est-à-dire, son buste en marbre blanc qui est sur son tombeau.

(8) C'est-à-dire, dans son portrait mis à la tête de ses œuvres, dans les anciennes éditions d'Italie.

(9) Manquent à Ferrare. — (10) En talus ou pente.

Venise, que, le jour que nous en partimes, nous trouvames sur nostre chemin plusieurs barques aïant tout leur vantre chargé d'eau douce : la charge du bateau vaut un escu randue à Venise, et s'en sert-on à boire ou à teindre les draps. Estant à Chaffoufines, nous vimes comment atout des chevaus, qui font incessamment tourner une roue, il se puise de l'eau d'un ruisseau et se verse dans un canal, duquel canal lesdits bateaus la reçoivent, se presentans audessous. Nous fumes tout ce jour-là à Ferrare, et y vismes plusieurs belles églises, jardins et maisons privées, et tout ce qu'on dit estre remerquable, entre autres, aux jésuates, un pied de rosier qui porte fleur tous les mois de l'an ; et lors mesmes[2] s'y en trouva une, qui fut donnée à M. de Montaigne. Nous vismes aussi le bucentaure que le duc avoit faict faire pour sa nouvelle fame[3], qui est belle et trop jeune pour lui, à l'envie de celuy de Venise, pour la conduire sur la riviere du Pô. Nous vismes aussi l'arsenal du duc, où il y a une piece[4] longue de trente-cinq pans[5], qui porte un pied de diametre. Les vins nouveaus troubles que nous beuvions, et l'eau tout ainsi trouble qu'elle vient de la riviere, luy[6] faisoient peur pour sa colicque. A toutes les portes des chambres de l'hostellerie, il y a escrit : *Ricordati della bolleta*[7]. Soudein qu'on est arrivé, il faut envoyer son nom au magistrat, et le nombre d'homes[8], qui mande qu'on les loge, autremant on ne les loge pas. Le jeudy matin nous en partimes et suivimes un païs plein[9] et très fertile, difficile aux jans de pied en temps de fange, d'autant que le païs de Lombardie est fort gras, et puis, les chemins estant fermés de fossés de tous costés, ils n'ont de quoy se garantir de la boue à cartier : de maniere que plusieurs du païs marchent atout[1] ces petites echasses d'un demy pied de haut. Nous nous rendismes au soir, d'une trete, à

Boulongne[2], trante milles, grande et belle ville, plus grande et puplée de beaucoup que Ferrare. Au logis où nous logeames, le seigneur de Montluc y estoit arrivé une heure avant, venant de France, et s'arresta en ladite ville pour l'escole des armes et des chevaus. Le vendredy nous vismes tirer des armes le Vénitian qui se vante d'avoir trouvé des inventions nouvelles en cest art là, qui commandent à toutes les autres[3] ; comme de vray, sa mode de tirer est en beaucoup de choses differante des communes[4]. Le meilleur de ses escoliers estoit un jeune home de Bordeaus, nomé Binet. Nous y vismes un clochier carré, antien, de tele structure qu'il est tout pandant[5] et samble menasser sa ruine. Nous y vismes aussi les escoles des sciences, qui est le plus beau batiment que j'aye jamais veu pour ce service[6]. Le samedy après disner nous vismes des comediens, de quoy il (Montaigne) se contenta fort, et y print, ou de quelque autre cause, une doleur de teste qu'il n'avoit senti il y avoit plusieurs ans ; et si, en ce tamps là, il disoit se trouver en un indolance de ses reins plus pure qu'il n'avoit accoustumé il y avoit longtamps, et jouissoit d'un benefice de vantre tel qu'au retour de Bannieres : sa doleur de teste luy passa[7] la nuict. C'est une ville toute enrichie de beaus et larges portiques et d'un fort grand nombre de beaus palais. On vit comme à Padoue, et à très bonne raison ; mais la ville un peu moins paisible pour les parts[8] antienes qui sont entre des parties d'aucunes races[9] de la ville, desqueles l'une a pour soy les Francès de tout tamps, l'autre les Espaignols qui sont là en grand nombre. En la place, il y a une très belle fontene[10]. Le dimanche, il (Montaigne) avoit dé-

---

(1) Fusino.—(2) Au mois de novembre 1580.

(3) Marguerite de Gonzague, fille de Guillaume, duc de Mantoue.

(4) C'est-à-dire, une coulevrine, espèce de canon, qui étant plus long que les pièces ordinaires, chasse beaucoup plus loin. Le diamètre de son calibre est d'environ cinq pouces, et son boulet de seize livres. On le nomme aussi *passe-mur*, *pélican*, *ribaudequin*. La couleuvrine de Nancy était célèbre ; elle avait vingt cinq pieds de long.

(5) Pans. Le pan de France était de neuf pouces deux lignes, comme la palme de Gènes.

(6) A Montaigne.

(7) Souvenez-vous du billet de ville ou de santé.

(8) De sa suite ou compagnie.—(9) Uni.

(1) Avec.—(2) Bologne.—(3) C'est-à-dire, les surpassent, les effacent.

(4) L'Italie a été longtemps en réputation pour l'art des armes ; les plus anciens livres d'escrime que nous connaissions sont Italiens.

(5) Ou panché. C'est la tour appelée *Garisenda*, dont le surplomb est effrayant.

(6) C'est ce qu'on nomme *le scuole*, bâties par Vignole.

(7) Se dissipa pendant la nuit.

(8) Les divisions. — (9) Maisons ou familles.—(10) Celle du géant.

libéré de prandre son chemin à gauche vers Imola, la Marche d'Ancône et Lorette, pour jouindre[1] à Rome; mais un Alemant luy dict qu'il avoit esté volé des bannis[2] sur le duché de Spolete. Ensin[3] il print à droite vers Florence. Nous nous jettames soudin dans un chemin aspre et païs montueux, et vinsmes coucher à

Loyan[4], sese milles, petit village assez mal commode. Il n'y a en ce village que deux hosteleries qui sont fameuses entre toutes celles d'Italie, de[5] la trahison qui se faict aus passans, de les paistre de belles promesses de toute sorte de commodités avant qu'ils mettent pied à terre, et s'en mocquer quand ils les tiennent à leur mercy : de quoy il y a des proverbes publiques[6]. Nous en partismes bon matin lendemein, et suivismes jusques au soir un chemin qui à la verité est le premier de nostre voïage qui se peut nommer incommode et farouche, et parmi les montaignes plus difficiles qu'en nulle autre part de ce voïage : nous vismes[7] coucher à

Scarperie[8], vingt et quattre milles, petite villeté de la Toscane, où il se vend force estuis et ciseaus, et semblable marchandise. Il (Montaigne) avoit là tous les plesirs qu'il est possible, au debat des hostes. Ils ont ceste coustume d'envoïer audevant des etrangers sept ou huit lieues, les éconjurer de prandre leur logis. Vous trouverez souvent l'hoste mesme à cheval, et en divers lieus plusieurs homes bien vestus qui vous guetent; et tout le long du chemin, lui qui les vouloit amuser, se faisoit plaisamment entretenir des diverses offres que chacun lui faisoit, et il n'est rien qu'ils ne promettent[9]. Il y en eut un qui lui offrit en pur don un lievre, s'il vouloit seulemant visiter sa maison. Leur dispute et leur contestation s'arreste aux portes des villes, et n'osent plus dire mot. Ils ont cela en general de vous offrir un guide à cheval à leurs despans, pour vous guider et porter partie de vostre bagage jusques au logis où vous allez; ce qu'ils font toujours, et païent leur despense. Je ne sçay s'ils y sont obligés par quelque ordonnance à cause du dangier des chemins. Nous avions faict le marché de ce que nous avions à païer et à recevoir à Loïan, dès Boulongne. Pressés par les jans de l'hoste où nous logeames et ailleurs, il envoïoit quelqu'un de nous autres visiter tous les logis, et vivres et vins, et santir les conditions, avant que descendre de cheval, et acceptoit la meilleure; mais il est impossible de capituler si bien qu'on échape à leur tromperie : car ou ils vous font manquer le bois, la chandelle, le linge, ou le fouin que vous avez oublié à spécifier. Ceste route est pleine de passans; car c'est le grand chemin et ordinere à Rome. Je fus là averty d'une sotise que j'avois faite[1], ayant oblié à voir, à dix milles deça[2] Loïan, à deus milles du chemin, le haut d'une montaigne, d'où, en tamps pluvieus et orageus et de nuict, on voit sortir de la flâme d'une extrême hauteur[3], et disoit le rapporteur qu'à grandes secousses il s'en regorge par fois des petites pièces de monnoie, qui a quelque figure. Il eût fallu voir que c'étoit que tout cela. Nous partimes lendemein matin de Scarperia, ayant notre hoste pour guide, et passames un beau chemin entre plusieurs collines peuplées et cultivées. Nous détournames en chemin sur la mein droite environ deus milles, pour voir un palais que le duc de Florence y a basti depuis douse ans, où il amploïe tous ses cinq sens de nature pour l'ambellir. Il samble qu'exprès il aïe choisy un' assiete incommode, stérile et montueuse, voire et sans fontenes, pour avoir cest honneur de les aler querir à cinq milles de là, et son sable et chaus, à autres cinq milles. C'est un lieu, là, où il n'y a rien de plein[4]. On a la veue de plusieurs collines, qui est la forme universelle de ceste contrée. La maison s'apelle Pratellino[5]. Le bastimant y est méprisable à le voir de louin, mais de près il est très beau, mais non des plus beaus de nostre France. Ils disent qu'il y a six vints chambres mublées; nous en vismes dix ou douse des plus beles. Les meubles sont jolis, mais non magnifiques. Il y a de miraculeus une grotte à plusieurs

---

(1) C'est évidemment Montaigne qui parle.
(2) Au-dessous de.
(3) Ce doit être le singulier volcan de Pietra Mala, sur la route de Florence, et à huit lieues de Bologne, décrit par M. de la Lande, dans son *Voyage d'Italie*, t. II, p. 134.
(4) *Planum*, d'uni.
(5) Pratolino, à deux lieues de Florence, bâtie, selon M. de Lalande, en 1575, par le grand duc François, filsde Côme Ier. Voyez son *Voyage d'Italie*, t. II, p. 456.

---

(1) Parvenir, arriver.—(2) Brigands qui infestent les grands chemins.—(3) En conséquence, ainsi.—(4) Loïano.—(5) Par la trahison.—(6) Ou des dictons populaires.—(7) Vinmes. (8) Scarperia.—(9) *Anche ragazze e ragazzi*.

demures¹ et pieces : ceste partie surpasse tout ce que nous ayons jamais veu ailleurs. Elle est encroutée² et formée partout de certene matiere qu'ils disent estre apportée de quelques montagnes, et l'ont cousue a-tout³ des clous imperceptiblemant. Il y a non-sulemant de la musicque et harmonie qui se faict par le mouvemant de l'eau, mais encore le mouvemant de plusieurs statues et portes à divers actes, que l'eau esbranle, plusieurs animaus qui s'y plongent pour boire, et choses samblables. A un sul mouvemant, toute la grotte est pleine d'eau, tous les sieges vous rejaillisent⁴ l'eau aus fesses; et, fuiant de la grotte, montant contremont les eschaliers du chateau, il sort de deux en deux degrés de cest eschalier, qui veut donner ce plesir, mille filets d'eau qui vous vont baignant jusques au haut du logis. La beauté et richesse de ce lieu ne se peut représenter par le menu. Audessous du chasteau, il y a, entre autres choses, une allée large de cinquante pieds, et longue de cinq cens pas ou environ, qu'on a rendue quasi égale, à grande despanse. Par les deus costés il y a des longs et très beaus acoudouers de pierre de taille de cinq ou de dix en dix pas; le long de ces acoudouers, il y a des surjons de fontenes dans la muraille, de façon que ce ne sont que pouintes de fontenes tout le long de l'allée. Au fons, il y a une belle fontene qui se verse dans un grand timbre⁵ par le conduit d'une statue de marbre, qui est une fame faisant la buée⁶. Ell' esprint une nape de marbre blanc, du degout de laquelle sort cest' eau, et au-dessous il y a un autre vesseau, où il samble que ce soit de l'eau qui bouille, à faire buée⁷. Il y a aussi une table de mabre en une salle du chasteau en laquelle il y a six places, à chacune desqueles on souleve de ce marbre un couvercle atout⁸ un anneau, audessous duquel il y a un vesseau qui se tient à ladite table. Dans chacun desdits six vesseaus, il sourd un tret de vive fontene, pour y refreschir chacun son verre, et au milieu un grand à mettre la bouteille. Nous y vismes aussi des trous fort larges dans terre, où on conserve une grande quantité de nège toute l'année, et la couche l'on sur une lettiere¹ de herbe de genet, et puis tout cela est recouvert bien haut, en forme de piramide, de glu², comme une petite grange³. Il y a mille gardoirs⁴. Et se bastit le corps d'un geant, qui a trois coudées de largeur à l'ouverture d'un euil; le demurant proportionné de mesmes, par où se versera une fontene en grand abondance. Il y a mille gardoirs et estancs⁵, et tout cela tiré de deux fontenes par infinis canals de terre. Dans une très belle et grande voliere, nous vismes des petits oiseaus, comme chardoneretes, qui ont à la cuë⁶ deus longues plumes, come celles d'un grand chappon. Il y a aussi une singuliere etuve. Nous y arrestames deux ou trois heures, et puis reprimes nostre chemin et nous rendimes par le haut de certenes colines, à

Florence, dix sept milles, ville moindre que Ferrare en grandeur, assise dans une plene, entournée de mille montaignettes fort cultivées. La riviere d'Arne⁷ passe au travers et se trajette atout⁸ des pons. Nous ne trouvasmes nuls fossés autour des murailles. Il (Montaigne) fit ce jour là deus pierres et force sable, sans en avoir eu autre resantiment que d'une legiere dolur au bas du vantre. Le mesme jour nous y vismes l'écurie du grand duc, fort grande, voutée, où il n'y avoit pas beaucoup de chevaus de prix : aussi n'y estoit-il pas ce jour-là. Nous vismes là un mouton de fort etrange forme; aussi un chameau, des lions, des ours, et un animal de la grandeur d'un fort grand mastin de la forme d'un chat, tout martelé⁹ de blanc et noir, qu'ils noment un tigre. Nous vismes l'église Sainct-Laurent, où pandent encore les enseignes que nous perdismes sous le mareschal Strozzi, en la Toscane¹⁰. Il y a en cest' eglise plusieurs pieces en plate peinture et très belles statues excellentes, de l'ouvrage de

---

(1) Demeures, ou niches.—(2) Revêtue incrustée.—(3) Avec.— (4) Font rejaillir.—(5) Bassin.—(6) La lessive.

(7) On voyait à peu près le même mécanisme d'automates agissants par l'effet de l'eau, dans le fameux Rocher zophonosique, exécuté au palais de Lunéville par le feu roi Stanislas, duc de Lorraine. *Journal de Trévoux*, janv. 1752, art. IV.

(8) Avec.

(1) Litière, lit.

(2) Gleu ou chaume. — (3) Telles sont à peu près nos glacières.—(4) Réservoirs, regards.

(5) Réservoirs, étangs, bassins, pièces d'eau.—(6) Queue. — (7) L'Arno.—(8) Se passe ou traverse avec.—(9) Marqué, tavelé.

(10) A la bataille de Marciano, qu'il perdit le 2 août 1554, contre le marquis de Marignan, et où il fut blessé de deux coups de feu. Pierre Strozzi n'était point encore maréchal de France, mais il le fut dans la même année, sous Henri II. *Voyez* Brantôme.

Michel Ange. Nous y vismes le dome, qui est une très grande eglise, et le clochier tout revestu de marbre blanc et noir : c'est l'une des beles choses du monde et plus somptueuses. M. de Montaigne disoit jusques lors n'avoir jamais veu nation où il y eust si peu de beles fames que l'Italiene. Les logis, il les trouvoit beaucoup moins commodes qu'en France et Allemaigne; car les viandes n'y sont ny en si grande abondance à moitié qu'en Allemaigne, ny si bien appretées. On y sert sans larder et en l'un et en l'autre lieu; mais en Allemaigne elles sont beaucoup mieus assesonnées, et diversité de sauces et de potages. Les logis en Italie de beaucoup pires; nulles salles; les fenétres grandes et toutes ouvertes, sauf un grand contrevant de bois qui vous chasse le jour, si vous en voulez chasser le soleil ou le vent : ce qu'il trouvoit bien plus insupportable et irremédiable que la faute des rideaux d'Allemaigne. Ils n'y ont aussi que de petites cahutes atout[1] des chetifs pavillons, un, pour le plus, en chaque chambre, atout une carriole[2] au dessous; et qui haïroit à coucher dur s'y trouveroit bien ampesché. Egale ou plus grande faute de linge. Les vins communéemant pires; et à ceux qui en haïssent une douceur lâche[3], en ceste seson insupportables. La cherté, à la vérité, un peu moindre. On tient que Florence soit la plus chere ville d'Italie. J'avoy fait marché[4] avant que mon maistre arrivât à l'hostelerie de l'Ange, à sept reales[5] pour home et cheval par jour, et quatre reales pour home de pied. Le mesme jour nous vismes un palais du duc, où il prant plesir à besoingner luimesmes, à contrefaire des pierres orientales et à labourer[6] le cristal : car il est prince souingneus un peu de l'archemie[7] et des ars méchaniques, et surtout grand architecte. Lendemein M. de Montaigne monta le premier au haut du dome, où il se voit une boule d'airin doré qui sambe d'embas de la grandeur d'une bale, et quand on y est, elle se treuve capable de quarante homes[1]. Il vit là que le mabre de quoy ceste eglise est encroutée, mesme le noir, comance deja en beaucoup de lieus à se demantir, et se fent[2] à la gelée et au soleil, mesmes le noir; car cest ouvrage est tout diversifié et labouré[3], ce qui lui fit creindre que ce marbre ne fût pas fort naturel. Il y voulsit[4] voir les maisons des Strozzes[5] et des Gondis[6], où ils ont encore de leurs parens. Nous vismes aussi le palais du duc, où Cosimo[7] son pere a faict peindre la prinse de Siene[8] et nostre bataille perdue[9] : si est-ce qu'en divers lieux de ceste ville, et notammant audit palais aus antienes murailles, les fleurs de lis tiennent le premier rang d'honneur[10]. MM. d'Estissac et de Montaigne furent au disner du grand duc : car là on l'appelle ainsi[11]. Sa fame[12] estoit assise au lieu d'honneur; le duc audessous; audessous du duc, la belle seur de la duchesse; audessous de ceste-cy, le frere de la duchesse, mary de ceste-cy. Ceste duchesse est belle à l'opinion italienne, un visage agréable et imprieux[13], le corsage gros, et de tetins à leur souhait. Elle lui sambla bien avoir la suffisance d'avoir angeolé[14] ce prince, et de le tenir à sa dévotion long-tamps. Le duc est un gros home noir, de ma taille[15], de gros membres, le visage et contenance pleine de courtoisie, passant tous-jours descouvert au travers de la presse de ses jans, qui est belle. Il a le port sein[16], et d'un homme

(1) C'est-à-dire, de les contenir. Phrase latine : *Capax quadrag. virorum.*

(2) Se gerce ou lézarde.—(3) Travaillé, sculpté.—(4) Il voulut y voir (à Florence).—(5) Ou Strozzi.

(6) Les derniers ont passé en France avec les deux reines de la maison de Médicis.

(7) Côme Ier.

(8) Cette place, défendue par Blaise de Montluc, ne se rendit qu'après un siége de dix mois, en 1554.

(9) En la même année.

(10) A cause de l'alliance faite entre la maison de France et celle de Médicis.

(11) Comme on l'appelle encore.

(12) C'était la seconde femme du grand duc François-Marie, lors régnant, appelée *Bbianca-Capello*, vénitienne, qui avait été sa maîtresse pendant son premier mariage avec Jeanne d'Autriche, fille de l'empereur Ferdinand Ier. François-Marie fut le père de Marie de Médicis, seconde femme de Henri IV.

(13) Impérieux, imposant.

(14) On écrit *enjoller*.

(15) Montaigne, Essais, liv. II, c. 17, dit que sa taille, *un peu au-dessous de la moyenne*, était *forte et ramassée*. Il se traite même de *petit homme*, c. 6 du même liv. II, etc. C'est ainsi que le représente la belle estampe de Thomas le Leu, gravée en 1607.—(16) L'air sain.

---

(1) Avec.—(2) Lit à roulettes.—(3) Fade, doucereuse.

(4) Cette circonstance est du secrétaire ou scribe de Montaigne.

(5) Le réal, monnaie espagnole, vaut aujourd'hui cinq sous de France. La domination espagnole en avait introduit l'usage en Italie.

(6) A travailler le cristal, c'est-à-dire, à faire des compositions de pierres et de cristaux factices.—(7) L'alchimie.

de quarante ans. De l'autre costé de la table estoient le cardinal [1], et un autre june de dix-huit ans [2], les deux freres du duc. On porte à boire à ce duc et à sa fame dans un bassin, où il y a un verre plein de vin descouvert, et une bouteille [3] de verre pleine d'eau; ils prennent le verre de vin et en versent dans le bassin autant qu'il leur semble, et puis le ramplissent d'eau eus-mesmes, et rasséent [4] le verre dans le bassin que leur tient l'échanson. Il metoit assez d'eau; elle quasi point. Le vice des Allemans de se servir de verres grans outre mesure est icy au rebours, de les avoir extraordinairement petits. Je ne sçay pourquoy ceste ville soit [5] surnommée belle par priviliege; elle l'est, mais sans aucune excellence sur Boulogne, et peu sur Ferrare, et sans compareson au dessous de Venise. Il faict à la vérité beau decouvrir de ce clochier l'infinie multitude de maisons qui ramplissent les collines tout au tour à bien deus ou trois lieues à la ronde, et ceste pleine [6] où elle est assise qui samble en longur [7] avoir l'étendue de deus lieues : car il samble qu'elles se touchent, tant elles sont dru semées. La ville est pavée de pieces de pierre plate sans façon et sans ordre. L'après-disnée eus quatre jantils-hommes [8], et un guide, prindrent la poste pour aller voir un lieu du duc qu'on nome *Castello* [9]. La maison n'a rien qui vaille; mais il y a diverses pieces de jardinage, le tout assis sur la pante d'une colline, en maniere que les allées droites sont toutes en pante, douce toutefois et aisée; les transverses [10] sont droites et unies. Il s'y voit là plusieurs bresseaux [11] tissus et couvers fort espès de tous abres odoriferans, come cedres, cyprès, orangiers, citronniers, et d'oliviers, les branches si jouintes et entrelassées qu'il est aisé à voir que le soleil n'y sauroit trouver antrée en sa plus grande force, et des tailles de cyprès, et de ces autres abres disposés en ordre si voisins l'un de l'autre qu'il n'y a place à y passer que pour trois ou quatre. Il y a un grand gardoir [12], entre les autres, au milieu duquel on voit un rochier contrefaict au naturel, et samble qu'il soit tout glacé au-dessus, par le moïen de ceste matiere de quoi le duc a couvert ses grottes à Pratellino [1], et au-dessus du roc une grande medale [2] de cuivre, representant un home fort vieil, chenu, assis sur son cul, ses bras croisés, de la barbe, du front et poil duquel coule sans cesse de l'eau goutte à goutte de toutes pars, représentant la sueur et les larmes, et n'a la fontene autre conduit que celui-là. Ailleurs ils virent, par très plesante expérience, ce que j'ai remarqué cy-dessus : car se promenant par le jardin, et en regardant les singularités, le jardinier les aïant pour cest effect laissé de compagnie, come ils furent en certin endroit à contempler certenes figures de marbre, il sourdit sous leurs pieds et entre leurs jambes, par infinis petits trous, des trets d'eau si menus qu'ils étoient quasi invisibles, et représentans souverenement bien le dégout [3] d'une petite pluïe, de quoy ils furent tout arrosés, par le moïen de quelque ressort souterrin que le jardinier remuoit à plus de deus cans pas de là, avec tel art que de là en hors [4], il faisoit hausser et baisser ces élancemans d'eau come il lui pleisoit, les courbant et mouvant à la mesure qu'il vouloit : ce mesme jeu est là en plusieurs lieux. Ils virent aussi la maistresse fontene qui sort par le canal de deus fort grandes effigies de bronze, dont la plus basse prant l'autre entre les bras, et l'étrint de toute sa force [5]; l'autre demy pasmé, la teste ranversée, samble randre par force par la bouche cest' eau, et l'élance de tele roideur que outre la hauteur de ces figures, qui est pour le moins de vint pieds, le tret de l'eau monte à trante-sept brasses au delà [6]. Il y a aussi un cabinet entre les branches d'un abre tous-jours vert, mais bien plus riche que nul autre qu'ils eussent veu : car il est tout etoffé des branches vifves et vertes de l'arbre [7], et tout-partout ce cabinet est si fermé de ceste verdure qu'il n'y a nulle veue qu'au travers de quelques ouvertures qu'il faut praticquer, fai-

---

(1) Le cardinal de Médicis, depuis grand-duc, sous le nom de Ferdinand Ier.

(2) C'était apparemment un des deux fils que Côme, père du grand-duc régnant et du cardinal, avait eu de Camille Marelli, que le pape Pie V l'obligea d'épouser.

(3) Ou carafe.—(4) Remettent, ou posent.—(5) Est.

(6) Plaine.—(7) Longueur.—(8) Montaigne et sa compagnie.

(9) Petite maison de Plaisance.—(10) Transversales.—(11) Berceaux.—(12) Réservoir ou bassin, pièce d'eau.

(1) Pratolino. — (2) Ou grand médaillon. — (3) Le distillement, *stillicidium*. — (4) En dehors.—(5) Statues, figures. C'est Hercule et Antée.

(6) Ce qui ferait une élévation de deux cents vingt-deux pieds, à raison de six pieds la brasse.

(7) Si ce n'était pas un arbre étranger, c'était peut-être un *chêne vert*.

sant escarter les branches çà et là ; et au milieu, par un cours[1] qu'on ne peut deviner, monte un surjon d'eau jusques dans ce cabinet au travers et milieu d'une petite table de mabre. Là se fait aussi la musicque d'eau, mais ils ne la peurent ouïr ; car il étoit tard à jans qui avoient à revenir en la ville. Ils y virent aussi le timbre[2] des armes du duc tout au haut d'un portal, très bien formées de quelques branches d'abres nourris et entretenus en leur force naturelle par des fibres qu'on ne peut guiere bien choisir. Ils y furent en la seison la plus ennemie des jardins[3], qui les randit encore plus emerveillés. Il y a aussi là une belle grotte, où il se voit toute sorte d'animaus representés au naturel, randant qui[4] par bec, qui par l'asle, qui par l'onglé ou l'oreille ou le naseau, l'eau de ces fontenes. J'obliois qu'au palais de ce prince, en l'une des salles, il se voit la figure d'un animal à quatre pieds, relevé en bronse sur un pilier représanté au naturel, d'une forme étrange, le devant tout écaillé, et sur l'eschine je ne sçay quelle forme de mambre, comme des cornes. Ils disent qu'il fut trouvé dans une caverne de montaigne de ce païs, et mené[5] vif il y a quelques années. Nous vismes aussi le palais où est née la reine mere[6]. Il (Montaigne) vousit[7], pour essayer toutes les commodités de ceste ville, comme il faisoit des autres, voir des chambres à louer, et la condition des pansions ; il n'y trouva rien qui vaille. On n'y trouve à louer des chambres qu'aus hosteleries, à ce qu'on lui dit ; et çeles qu'il vit étoient mal propres et plus cheres qu'à Paris beaucoup, et qu'à Venise mesme ; et la pansion chetifve, à plus de douze escus par mois pour maistre. Il n'y a aussi nul exercice qui vaille, ny d'armes ny de chevaus ou de lettres[8]. L'estein est rare en toute ceste contrée ; et n'y sert-on qu'en vesselle de ceste terre-peinte, assez mal propre. Judy au matin, 24e de novembre, nous en partismes, et trouvames un païs médiocremant fertile, fort peuplé d'habitations et cultivé partout, le chemin bossu et pierreus ; et nous randimes fort tard, d'une trete qui est fort longue, à

Sienne, trente deus milles, quatre postes ; ils les font de huit milles plus longues qu'ordinairement les nostres. Le vandredy il (Montaigne) la reconnut curieusemant, notamant pour le respect de nos guerres[1]. C'est une ville inégale, plantée sur un dos de colline où est assise la meilleure part des rues ; ses deus pantes sont par degrés ramplies de diverses rues, et aucunes vont encore serelevant contre-mont en autres haussures[2]. Elle est du nombre des belles d'Italie, mais non du premier ordre, ni de la grandeur de Florance : son visage[3] la tesmoigne fort antienne. Elle a grand foison de fontenes, desqueles la pluspart des privés[4] desrobent des veines, pour leur service particulier. Ils y ont des bonnes caves et fresches. Le dome, qui ne cede guiere à celui de Florance, est revestu dedans et dehors quasi partout, de ce mabre ci : ce sont des pieces carrées de mabre les unes espesses d'un pied, autres moins de quoi ils encroutent[5], come d'un lambris, ces batimans faicts de bricques, qui est l'ordinere matiere de ceste nation. La plus bele piece de la ville, c'est la place-ronde, d'une très-bele grandeur, et alant de toutes parts se courbant vers le palais qui faict l'un des visages[6] de ceste rondur, et moins courbe que le demurant. Vis-à-vis du palais, au plus haut de la place, il y a une très belle fontene, qui par plusieurs canals, ramplit un grand vesseau où chacun puise d'une très-belle eau. Plusieurs rues viennent fondre[7] en ceste place par des pavés tissus en degrés. Il y a tout plein de rues, et nombre très-antiennes : la principale est cele de Piccolomini, de celle-là[8], de Tolomei, Colombini, et encore de Cerretani[9]. Nous vismes des tesmoingnages de trois ou quatre cans ans. Les armes de la ville qui se voient sur plusieurs piliers, c'est la Louve[10] qui a pandus à ses tetins Romulus et Remus. Le duc de Florance trete courtoisement les grands, qui nous favorisarent, et il a près de sa personne Silvio Piccolomini, le plus suffisant jantilhome de nostre tamps à toute sorte de science, et

---

(1) Par des tuyaux cachés ou masqués. — (2) L'écusson de Médicis. — (3) Vers la fin de novembre. — (4) Les uns par le bec, les autres par, etc. — (5) Amené.

(6) Catherine de Médicis. C'est le palais *Pitti*.

(7) Voulut. On dit encore parmi le peuple de quelques provinces, *voulsit*.

(8) Il ne faut pas perdre de vue l'époque du voyage, 1580 : les choses ont bien changé.

(1) Sous Henri II. — (2) En différentes gradations. — (3) Son aspect. — (4) Des particuliers.

(5) On dit *incruster*, revêtir. — (6) Façades. — (7) Aboutir, ou tomber. — (8) Et après celle-là.

(9) Familles nobles et anciennes de Sienne. — (10) Romaine.

d'exercice d'armes, comme celui qui a principalement à se garder de ses propres sujects. Il abandonne à ses villes le soin de les fortifier, et s'atache à des citadelles qui sont munitionnées et guardées avec toute despance et diligeance, et avec tel supçon qu'on ne permet qu'à fort peu de jans d'en aprocher. Les fames portent des chapeaus en leurs testes, la pluspart. Nous en vismes qui les ostoint par honeur, comme les homes, à l'endret de l'élévation de la messe. Nous étions logés à la Couronne, assez bien, mais tousjours sans vitres et sans chassis. M. de Montaigne estant enquis du concierge de Pratellino, come il étoit estonné de la beauté de ce lieu, après les louanges, il accusa fort la ledeur des portes et fenestres : de grandes tables de sapin, sans forme et ouvrage, et des serrures grossieres et ineptes come celes de nos villages : et puis la couverture de tuiles creus[1] ; et disoit, s'il n'y avoit moyen ny d'ardoise, ni de plomb ou airain, qu'on devoit au moins avoir caché ces tuiles par la forme du batiment : ce que le concierge dit qu'il le rediroit à son maistre. Le duc laisse encore en estre[2] les antiennes marques et devises de cete ville, qui sonent partout Liberté ; si est-ce que les tumbes et épitaphes des François qui sont morts, ils les ont emportées de leurs places et cachées en certein lieu de la ville, sous coleur de quelque réformation du batimant et forme de leur église. Le samedy 26 après disner nous suivismes un pareil visage de païs et vinmes souper à

Buoncouvent[3], douze milles, Castello de la Toscane : ils appellent einsin[4] des villages fermés qui pour leur petitesse ne méritent point le nom de ville. Dimenche bien matin nous en partimes et parce que M. de Montaigne desira de voir Montalcin[5] pour l'accoountance que les François y ont eu, il se destourna de son chemin à mein droite, et avec MM. d'Estissac, de Mattecoulon et du Hautoi, ala audict Montalcin, qu'ils disent estre une ville mal-bastie de la grandeur de Saint-Emilion[6], assise sur une montaigne des plus hautes de toute la contrée, toutesfois accessible. Ils rencontrarent que la grand'messe se disoit, qu'ils ouïrent. Il y a, à un bout, un chasteau où le duc tient ses garnisons ; mais à son avis (de Montaigne) tout cela n'est guiere fort, estant le dict lieu commandé d'une part par une autre montaigne voisine de çant pas aus terres de ce duc. On meintient la mémoire des François en si grande affection qu'on ne leur en faict guiere souvenir que les larmes ne leur en viennent aux yeux, la guerre mesme leur semblant plus douce, avec quelque forme de liberté, que la paix qu'ils jouissent sous la tyrannie. Là M. de Montaigne s'informant s'il ny avoit point quelque sepulchres des François ; on lui respondit qu'il y en avoit plusieurs en l'église S. Augustin ; mais que par le commandemant du duc on les avoit ensevelis[1]. Le chemin de ceste journée fut montueus et pierreux, et nous randit au soir à

La Paille[2], vint-trois milles. Petit village de cinq ou six maisons au pied de plusieurs montaignes steriles, et mal plaisantes. Nous reprimes nostre chemein lendemein bon matin le long d'une fondiere fort pierreuse, où nous passames et repassames çant fois un torrant qui coule tout le long. Nous rencontrames un grand pont[3] bastie par ce pape Gregoire[4], où finissent les terres du duc de Florance ; et entrames en celes de l'église. Nous rencontrames Acquapendente, qui est une petite ville[5] ; et se nomme je crois einsein[6] à cause d'un torrant, qui tout joignant de-là se précipite par des rochiers en la pleine. Delà nous passames S. Laurenzo[7] qui est un Castello[8], et par Bolseno[9], qui l'est aussi, tournoïant autour du lac qui se nome Bolseno, long de trante milles et large de dix milles, au milieu duquel se voit deus rochiers comme des isles, dans lesquels on dict estre des monasteres[10]. Nous nous rendismes d'une trete par ce chemin montueus et sterile à

Montefiascon[11], vint six milles. Villette assise à la teste de l'une des plus hautes montai-

---

(1) Creuses.—(2) Laisse subsister.

(3) Buonconvento.

(4) Ainsi.—(5) Mont-Alcino.—(6) Petite ville du département de la Gironde.

(1) Cachés, enfouis.— (2) La Paglia.

(3) Longtemps en ruine, selon M. l'abbé Richard, t. III, p. 337 de la *Description de l'Italie*.

(4) Grégoire XIII, régnant alors.

(5) Devenue plus considérable depuis que le pape Innocent X y a transféré le siége épiscopal de Castro, en 1647.

(6) Ainsi.

(7) Saint-Laurent-des-Grottes.—(8) Un petit fort.

(9) C'est une ville ; mais presque entièrement ruinée, selon M. l'abbé Richard, t. III, p. 341.

(10) Dans l'île qui est au levant, nommée *Martana*.

(11) Montefiascone.

gnes de toute la contrée. Elle est petite, et monstre avoir beaucoup d'antienneté. Nous en partimes matin, et vinmes à traverser une bele pleine et fertile, où nous trouvames Viterbo, qui avoit une partie de son assiette couchée sur une croupe de montaigne. C'est une belle ville, de la grandeur de Sanlis[1]. Nous y remarcames beaucoup de belles maisons, grande foison d'ouvriers, belles rues et plesantes; en trois endroits d'icelle, trois très-beles fontenes. Il (Montaigne) s'y fut arresté pour la beauté du lieu, mais son mulet qui aloit devant etoit desja passé outre. Nous commenceames là à monter une haute coste de montaigne, au pied de laquelle, en deçà, est un petit lac qu'ils nomment de Vico. Là, par un bien plesant vallon entourné de petites collines où il y a force bois, commodité un peu rare en ces contrées-là, et de ce lac, nous nous vinmes randre de bonne heure à

Rossiglione[2], dix-neuf milles. Petite ville et chasteau au duc de Parme, comme aussi il se treuve sur ces routes plusieurs maisons et terres appartenants à la case[3] Farnèse. Les logis de ce chemin sont des meilleurs, d'autant que c'est le grand chemin ordinaire de la poste. Ils prennent cinq juilles[4] pour cheval à course et à louer, deus milles pour poste; et à ceste mesme reison, si vous les voulez pour deux ou trois postes ou plusieurs journées, sans que vous vous mettez en nul souin du cheval: car de lieu en lieu les hostes prennent charge des chevaus de leurs compaignons; voire, si le vostre vous faut, ils font marché que vous en puissiez reprandre un autre ailleurs sur vostre chemin. Nous vismes par experience qu'à Siène, à un Flamant qui estoit en nostre compaignie, inconnu, estrangier, tout sul, on fia un cheval de louage pour le mener à Rome, sauf qu'avant partir, on païe le louage; mais au demeurant le cheval est à vostre mercy, et sous votre foi que vous le metrez où vous promettez. M. de Montaigne se louoit de leur coustume de disner et de souper tard, selon son humeur: car on n'y disne aux bones maisons qu'à deus heures après midy, et soupe à neuf heures; de façon que, où nous trouvasmes des comédiants, ils ne commencent à jouer qu'à six heures, aux torches[5], et y sont deus ou trois heures, et après on va souper. Il (Montaigne) disoit que c'estoit un bon païs pour les paresseux, car on s'y leve fort tard. Nous en partimes lendemein trois heures avant le jour, tant il avoit envie de voir le pavé de Rome. il trouva que le serin donnoit autant de peine à son estomac le matin que le soir, ou bien peu moins, et s'en trouva mal jusqu'au jour, quoique la nuit fust sereine. A quinse milles nous découvrismes la ville de Rome, et puis la reperdismes pour longtemps. Il y a quelques villages en chemin et hostelleries. Nous rencontrames aucunes contrées de chemins relevés et pavés d'un fort grand pavé, qui sembloit à voir quelque chose d'antien, et plus près de la ville, quelques masures évidemmant très-antiques, et quelques pierres que les papes y ont fait relever pour l'honneur de l'antiquité. La plus part des ruines sont de briques, tesmoins les termes de Diocletian, et d'une brique petite et simple, comme la nostre, non de ceste grandeur et espessur qui se voit aus antiquités et ruines antiennes en France et ailleurs. Rome ne nous faisoit pas grand'monstre à la reconnoistre de ce chemin. Nous avions louin sur nostre mein gauche, l'Apennin, le prospect du païs mal plaisant, bossé[1], plein de profondes fandasses, incapable dy recevoir nulle conduite de gents de guerre en ordonnance: le terroir nud sans arbres, une bonne partie stérile, le païs fort ouvert tout autour, et plus de dix milles à la ronde, et quasi tout de ceste sorte, fort peu peuplé de maisons. Par là nous arrivames sur les vint heures[2], le dernier jour de novembre, feste de Saint André, à la porte del Popolo, et à

Rome, trante milles. On nous y fit des difficultés, comme ailleurs, pour la peste de Gennes. Nous vinmes loger à l'Ours où nous arrestames encore lendemein, et le deuxieme jour de décembre primes des chambres de louage chez un Espaignol, vis-à-vis de Santa Lucia della Tinta[5]. Nous y estions bien accommodés de trois belles chambres, salle, garde manger, escuirie, cuisine, à vint escus par mois: sur quoi l'hoste fournit de cuisinier et de feu à la cuisine. Les logis y sont communéemant meu-

---

(1) Senlis.—(2) Ronciglione—(3) A la maison. — (4) Jules, petite monnaie d'argent.—(5) Aux lumières.

(1) Montueux.— (2) C'est-à-dire, dans l'après dinée.
(3) Ancienne église ainsi nommée, parce que c'était anciennement le quartier des teinturiers, selon Vincent Rossi. Elle avait été réparée dans cette année même 1580.

blés un peû mieus qu'à Paris, d'autant qu'ils ont grand foison de cuir doré, de quoi les logis qui sont de quelque pris sont tapissés. Nous en pusmes avoir un à mesme pris que du nostre, au Vase d'Or, assez près de là, mublé de drap d'or et de soie, come celui des rois; mais outre ce que les chambres y estoint sujettes [1], M. de Montaigne estima que ceste magnificence estoit non-sulement inutile, mais encore pénible pour la conservation de ces meubles, chaque lict estant du pris de quatre ou cinq cans escus. Au nostre, nous avions faict marché d'estre servis de linge à peu près come en France; de quoi, selon la coustume du païs, ils sont un peu plus espargneus. M. de Montaigne se faschoit d'y trouver si grand nombre de François qu'il ne trouvoit en la rue quasi personne qui ne le saluoit en sa langue. Il trouva nouveau le visage [2] d'une si grande court et si pressée de prélats et gens d'église, et lui sembla plus puplée d'homes riches, et coches, et chevaus de beaucoup, que nulle autre qu'il eust jamais veue. Il disoit que la forme des rues en plusieurs choses, et notamment pour la multitude des homes, lui representoit plus Paris que nulle autre où il eust jamais été. La ville est, d'à-ceste-heure, toute plantée le long de la riviere du Tibre deçà et delà. Le quartier montueus, qui estoit le siege de la vieille ville, et où il faisoit tous les jours mille proumenades et visites, est scisi [3] de quelques églises et aucunes maisons rares et jardins des cardinaus. Il jugeoit par bien claires apparences, que la forme de ces montaignes et des pantes estoit du tout changé de l'antienne par la hauteur des ruines; et tenoit pour certin qu'en plusieurs endroits nous marchions sur le feste des maisons toutes entieres. Il est aisé à juger, par l'arc de Severe [4], que nous somes à plus de deus picques au dessus de l'antien planchier; et de vrai, quasi partout, on marche sur la teste des vieus murs que la pluye et les coches [5] decouvrent. Il combattoit ceus qui lui comparoint la liberté de Rome à celle de Venise, principalement par ces argumens: que les maisons mesmes y étoint si peu sûres que ceux qui y apportoint des moïens un peu largement estoint ordineremant conseillés de donner leur bourse en garde aus banquiers de la ville, pour ne trouver leur coffre crocheté, ce qui estoit avenu à plusieurs : *Item*, que l'aller de nuit n'estoit guiere bien assuré : *Item*, que ce premier mois, de décembre, le général des cordeliers fut demis soudenemant de sa charge et enfermé, pour, en son sermon, où estoit le pape et les cardinaus, avoir accusé l'oisiveté et pompes des prelats de l'Eglise, sans en particulariser autre chose, et se servir sulemant, avec quelque aspreté de voix, de lieus communs et vulgaires sur ce propos : *Item*, que ses coffres [1] avoint esté visités à l'entrée de la ville pour la doane, et fouillés jusques aus plus petites pieces de ses hardes, là où en la pluspart des autres villes d'Italie, ces officiers se contentoint qu'on les leur eust simplement presanté : Qu'outre cela on lui avoit pris tous les livres qu'on y avoit trouvé pour les visiter [2], à quoi il y avoit tant de longur [3] qu'un homme qui auroit autre chose à faire les pouvoit bien tenir pour perdus; joing que les regles y estoint si extraordineres que les heures de Nostre-Dame, parce qu'elles estoint de Paris, non de Rome, leur estoint suspectes, et les livres d'aucuns docteurs d'Allemaigne contre les hérétiques, parce qu'en les combatants ils faisoint mantion de leurs erreurs. A ce propos il louoit fort sa fortune, de quoi n'estant aucunemant adverty que cela lui deust arriver, et estant passé au travers de l'Allemaigne, veu sa curiosité, il ne s'y trouva nul livre défandu. Toutefois aucuns seigneurs de là lui disoint, quand il s'en fust trouvé, qu'il en fust été quitte pour la perte des livres. Douze ou quinze jours après nostre arrivée, il se trouva mal, et pour une inusitée défluxion de ses reins qui le menassoit de quelque ulcere, il se depucela [4], par l'ordonnance d'un medecin françois du cardinal de Rambouillet, aydé de la dextérité de son appoticaire, à prendre un jour de la casse à gros morceaus au bout d'un cousteau trampé premierement un peu dans l'eau, qu'il avala fort ayséemant, et en fit deus ou trois selles. Landemein il prent de la terebentine de Venise, qui vient, disent-ils, des montaignes de Tirol, deus gros morceaus enveloppés dans un oblie [5],

---

(1) Assujettissantes; ou trop dépendantes les unes des autres.
(2) L'aspect. — (3) Coupé, de *scissus*.
(4) De Septime Sévère, au pied du Capitole. — (5) Les carrosses et voitures.

(1) Ceux de Montaigne.
(2) Entre autre ses *Essais*, dont les deux premiers livres venaient d'être imprimés à Bordeaux. — (3) Longueurs.
(4) C'est-à-dire, se détermina pour la première fois.
(5) Une oublie, ou pain à cacheter.

sur un culier d'argent, arrosé d'une ou deus goutes de certin sirop de bon goust; il n'en sentit autre effaict que l'odur de l'urine à la violette de mars. Après cela il print à trois fois, mais non tout de suite, certene sorte de breuvage qui avoit justemant le goust et couleur de l'amande[1] : aussi lui disoit son medecin, que ce n'estoit autre chose; toutefois il panse qu'il y avoit des quatre-semances-froides. Il n'y avoit rien en ceste derniere prise de malaysé et extraordinaire, que l'heure du matin : tout cela trois heures avant le repas. Il ne santit non plus à quoi lui servit cest almandé, car la mesme disposition lui dura encore après; et eut depuis une forte colicque, le vint et troisieme decembre, de quoi il se mit au lit environ midy; et y fut jusques au soir, qu'il randit force sable, et après une grosse pierre dure, longue et unie, qui arresta cinq ou six heures au passage de la verge. Tout ce temps, depuis ses beings, il avoit un grand benefice de ventre, par le moyen duquel il pansoit estre défandu de plusieurs pires accidans. Il déroboit[2] lors plusieurs repas, tantost à disner, tantost à souper. Le jour du Noel, nous fumes ouïr la messe du Pape à Saint-Pierre, où il eut place commode pour voir toutes les cerimonies à son ayse. Il y a plusieurs formes[3] particulieres : l'évangile et l'épistre s'y disent premieremant en latin et secondement en grec, comme il se faict encore le jour de Pasques et le jour de Saint-Pierre. Le pape donna à communier à plusieurs autres; et officioint avec lui à ce service les cardinaus Farnese, Medicis, Caraffa et Gonzaga. Il y a un certin instrumant à boire le calisse[4], pour prouvoir[5] la surté du poison. Il lui sembla nouveau; et en ceste messe et autres, que le pape et cardinaus et autres prelats y sont assis, et, quasi tout le long de la messe, couverts, devisans et parlans ensamble. Ces ceremonies samblent estre plus magnifiques que devotieuses. Au demourant il lui sambloit qu'il n'y avoit nulle particularité en la beauté des fames, digne de ceste préexcellance que la réputation donne à ceste ville sur toutes les autres du monde; et au demurant que, comme à Paris, la beauté plus singuliere se trouvoit entre les meins de celles qui la mettent en vante. L^e 29 de decembre, M. d'Abein[1], qui estoit lors ambassadur, jantil home studieus et fort amy de longue mein de M. de Montaigne, fut d'advis qu'il baisast les pieds au pape. M. d'Estissac et lui se mirent dans le coche[2] dudict ambassadur. Quand il[3] fut en son audiense, il les fit appeller par le camerier du pape. Ils trouverent le pape, et avecques lui l'ambassadur tout sul, qui est la façon; il a près de lui une clochette qu'il sonne, quand il veut que quelc'un veingne à lui. L'ambassadur assis à sa mein gauche descouvert; car le pape ne tire jamais le bonnet à qui que ce soit, ny nul ambassadur n'est près de lui la teste couverte. M. d'Estissac entra le premier, et après lui M. de Montaigne, et puis M. de Mattecoulon, et M. du Hautoi. Après un pas ou deux dans la chambre, au couin de laquelle ledit pape est assis, ceus qui antrent, qui qu'ils soient, mettent un genouil à terre, et atendent que le pape leur donne la benediction, ce qu'il faict; après cela ils se relevent et s'acheminent jusques environ la mi-chambre[4]. Il est vrai que la pluspart ne vont pas à lui de droit fil, tranchant le travers de la chambre, eins[5] gauchissant un peu le long du mur, pour donner, après le tour, tout droit à lui. Estant à ce mi chemin, ils se remettent encor un coup sur un genouil, et reçoivent la seconde benediction. Cela faict, ils vont vers lui jusques à un tapis velu, estandu à ses pieds, sept ou huit pieds plus avant. Au bord de ce tapis ils se mettent à deux genous. Là l'ambassadur qui les presantoit se mit sur un genouil à terre, et retroussa la robe du pape sur son pied droit, où il y a une pantoufle rouge, atout[6] une croix blanche audessus. Ceus qui sont à genous se tiennent en ceste assiete jusques à son pied, et se panchent à terre, pour le baiser. M. de Montaigne disoit qu'il avoit haussé un peu le bout de son pied. Ils se firent place l'un à l'autre, pour baiser, se tirant à quartier, tousjours en ce pouint. L'ambassadur, cela faict, recouvrit le pied du pape, et, se relevant sur son siege, il lui dit ce qu'il lui sambla pour la recommandation de M. d'Estissac et de M. de Montaigne. Le pape, d'un visage courtois, ad-

---

(1) D'un amandé.—(2) Esquivait.—(3) Façons, manières.
(4) C'est un chalumeau d'or.
(5) Pourvoir, *providere*, se précautionner contre le poison. L'essai avait déjà été fait par le Préguste.

(1) D'Elbène.
(2) C'était la voiture de ce temps-là. Henri IV disait *sa coche*, et non son carrosse.—(3) L'ambassadeur.—(4) A la moitié de la chambre.—(5) Mais.—(6) Avec.

monesta M. d'Estissac à l'estude et à la vertu, et M. de Montaigne de continuer à la devotion qu'il avoit tousjours portée à l'Eglise et service du roi très-chrestien, et qu'il les serviroit volantiers où il pourroit : ce sont services de frases italiennes. Eus[1] ne lui dirent mot ; eins[2] aiant là receu une autre benediction, avant se relever, qui est signe du congé, reprindrent le mesme chemin. Cela se faict selon l'opinion d'un chacun : toutefois le plus commun est de se sier[3] en arriere à reculons, ou au moins de se retirer de costé, de maniere qu'on reguarde tous-jours le pape au visage. Au mi-chemin come en allant, ils se remirent sur un genou, et eurent une autre benediction, et à la porte, encore sur un genou, la derniere benediction. Le langage du pape est italien, santant son ramage boulognois[4], qui est le pire idiome d'Italie; et puis de sa nature il a la parole mal aysée. Au demourant, c'est un très beau vieillard, d'une moyenne taille et droite, le visage plein de majesté, une longue barbe blanche, eagé lors de plus de quatre-vins ans, le plus sein[5] pour cest aage et vigoureus qu'il est possible de desirer, sans goute, sans colicque, sans mal d'estomach, et sans aucune subjection : d'une nature douce, peu se passionant des affaires du monde, grand bastissur ; et en cela il lairra à Rome et ailleurs un singulier honneur à sa memoire ; grand aumonier, je dis hors de toute mesure[6]. Entre autres tesmoignages de cela, [il n'est nulle fille à marier à laquelle il n'eide pour la loger, si elle est de bas-lieu ; et conte-l'on[7] en cela sa libéralité pour arjant contant[8].] Outre cela, il a basti des collieges pour les Grecs, pour les Anglois, Escossois, François, pour les Allemands, et pour les Polacs[9], qu'il a dotés de plus de dix mille escus chacun de rante à perpétuité, outre la despanse infinie des bastimans. Il l'a faict pour appeler à l'eglise les enfans de ces nations-là, corrompues de mauvaises opinions contre l'église ; et là les enfans sont logés, nourris, habillés, instruicts et accommodés de toutes choses, sans qu'il y aille un quatrin[1] du leur, à quoy que ce soit. Les charges publiques penibles, il les rejette volantiers sur les espaules d'autrui, fuïant à se donner peine. Il preste tant d'audiences qu'on veut. Ses responses sont courtes et resolues, et perd-on temps de lui combatre sa response par nouveaus argumans. En ce qu'il juge juste, il se croit ; et pour son fils mesme[2], qu'il eime furieusemant, il ne s'ebranle pas contre ceste siene justice. Il avanse ses parans [mais sans aucun interest des droits de l'église qu'il conserve inviolablemant. Il est très-magnifique en bastimans publiques[3] et réformation des rues de ceste ville[4]] ; et à la vérité, a une vie et des mœurs ausquels il n'y a rien de fort extraordinere ny en l'une ny en l'autre part, toutefois inclinant beaucoup plus sur le "bon[5]." Le dernier de decembre eux deus[6] disnarent chez M. le cardinal de Sans[7], qui observe plus des cerimonies romeines que nul autre François. Les *benedicite* et les *grâces* fort longues y furent dites par deus chapelins, s'antre-respondans l'un l'autre à la façon de l'office de l'eglise. Pandant son disné, on lisoit en italien une perifrase[8] de l'Evangile du jour. Ils lavarent avec lui et avant et après le repas. On sert à chacun une serviette pour s'essuïer ; et devant ceus à qui on veut faire un honneur particulier, qui tient le siege à costé ou vis-à-vis du maistre, on sert des grans quarrés d'argent qui portent leur saliere, de mesme façon que ceus qu'on sert en France aus grans. Audessus de cela il y a une serviette pliée en quatre ; sur ceste serviette le pein, le cousteau, la forchette, et le culier. Audessus de tout cela une autre serviette, de laquelle il se faut servir et laisser le demeurant en l'estat qu'il est : car après que vous estes à table, on vous sert, à costé de ce quarré, une assiette d'arjant ou de terre, de laquelle vous vous servez. De tout ce qui se sert

---

(1) Montaigne et ses amis.
(2) Mais. — (3) De se tenir.
(4) Le pape, qui était Grégoire XIII (*Hugues Buoncompagno*) était en effet de Bologne : c'est à lui qu'on doit la réformation du Calendrier romain. — (5) Sain.
(6) On faisait monter ses aumônes à deux millions d'écus d'or. — (7) Compte-t-on.
(8) Ce qui est enfermé entre deux crochets est ajouté en marge de la main de Montaigne.
(9) Les Polonais. On écrit *Polaques*, et ce nom vient de la Polaquie, qui est le palatinat de Bielsko.

(1) La plus petite des monnaies, qui vaut quatre deniers, *quatrino*: comme on dirait en France un liard.
(2) Jacques Buoncompagno, qu'il avait eu avant d'entrer dans les ordres. — (3) Publics.
(4) Ceci est encore ajouté de la main de Montaigne.
(5) Ajouté par Montaigne.
(6) MM. d'Estissac et Montaigne. — (7) De Sens. — (8) *Paraphrase*, explication.

à table, le tranchant[1] en donne sur des assietes à ceus qui sont assis en ce rang-là, qui ne metent point la mein au plat, et ne met-on guiere la mein au plat du mestre. On servit aussi à M. de Montaigne, comme on faisoit ordinerement chez M. l'ambassadeur, quand il y mangeoit, à boire en ceste façon : c'est qu'on lui presantoit un bassin d'arjant, sur lequel il y avoit un verre avec du vin et une petite bouteille de la mesure de celle où on met de l'ancre pleine d'eau. Il prend le verre de la mein droite, et de la gauche ceste bouteille, et verse autant qu'il lui plaît d'eau dans son verre, et puis remet ceste bouteille dans le bassin. Quand il boit, celui qui sert lui presante ledit bassin au-dessous du menton, et lui remet après son verre dans ledit bassin. Ceste cerimonie ne se faict qu'à un ou deus pour le plus au dessous du maistre. La table fut levée soudein après les grâces, et les chaises arrangées tout de suite le long d'un costé de la salle, où M. le cardinal les fit soir après lui. Il y survint deus homes d'église, bien vestus, atout[2] je ne sçay quels instrumans dans la mein, qui se mirent à genouil devant lui, et lui firent entendre je ne sçay quel service qui se faisoit en quelque église. Il ne leur dit du tout rien ; mais comme ils se relevarent après avoir parlé et s'en alloint, il leur tira un peu le bonnet. Un peu après il les mena[3] dans son coche à la salle du Consistoire, où les cardinaus s'assemblarent pour aller à vespres. Le pape y survint et s'y revestit pour aller aussi à vespres. Les cardinaus ne se mirent point à genou à sa benediction, comme faict le peuple, mais la receurent avec une grande inclination de la teste.

Le troisiesme jour de janvier 1581, le pape passa devant nostre fenestre. Marchoint devant lui environ deus cans chevaus de personnes de sa court de l'une et de l'autre robbe. Auprès de lui estoit le cardinal de Medicis qui l'entretenoit couvert et le menoit disner chez lui. Le pape avoit un chapeau rouge, son accoustrement blanc et capuchon de velours rouge, comme de coustume, monté sur une hacquenée blanche, harnachée de velours rouge, franges et passemant d'or. Il monte à cheval sans secours d'escuyer, et si[4], court son 81e an.

De quinse en quinse pas il donnoit sa benediction. Après lui marchoient trois cardinaus et puis environ cant homes d'armes, la lance sur la cuisse, armés de toutes pieces, sauf la teste. Il y avoit aussi une autre hacquenée de mesme parure, un mulet; un beau coursier blanc et une lettiere[1] qui le suivoint, et deus porte-manteaus qui avoint à l'arson de la selle des valises. Ce mesme jour M. de Montaigne print de la terebentine, sans autre occasion sinon qu'il estoit morfondu, et fit force sable après.

L'onsiesme de janvier, au matin, comme M. de Montaigne sortoit du logis à cheval pour aller *in Banchi*, il rencontra qu'on sortoit de prison Catena, un fameus voleur et capitaine des banis, qui avoit tenu en creinte toute l'Italie et duquel il se contoit des murtres enormes, et notammant de deus capucins ausquels il avoit faict renier Dieu, prometant sur ceste condition leur sauver la vie, et les avoir massacrés après cela, sans aucune occasion ny de commodité[2] ny de vanjance. Il s'arresta pour voir ce spectacle. Outre la forme de France, ils font marcher devant le criminel un grand crucifix couvert d'un rideau noir, et à pied un grand nombre d'homes vestus et masqués de toile, qu'on dict estre des jantis homes et autres apparans de Rome, qui se vouent à ce service de accompaigner les criminels qu'on mene au supplice et les cors[3] des trespassés, et en font une confrerie. Il y en a deus de ceus là, ou moines, ainsi vestus et couverts, qui assistent le criminel sur la charrette et le preschent, et l'un d'eus lui presante continuellemant sur le visage et lui faict baiser sans cesse un tableau où est l'image de Nostre Seigneur ; cela faict que on ne puisse pas voir le visage du criminel par la rue. A la potance, qui est une poutre entre deux appuis, on lui tenoit tous-jours cette image contre le visage jusques à ce qu'il fut élancé[4]. Il fit une mort commune, sans mouvemant et sans parole ; estoit home noir, de trente ans ou environ. Après qu'il fut estranglé on le detrancha en quatre cartiers. Ils ne font guiere mourir les homes que d'une mort simple et exercent leur rudesse après la mort[5].

---

(1) L'écuyer tranchant, ou l'officier qui coupe les viandes.
(2) Avec.—(3) L'ambassadeur et Montaigne.—(4) Cependant il.

(1) Litière.
(2) D'avantages pour lui.—(3) Corps.
(4) Jeté hors de l'échelle et suspendu.
(5) L'usage des supplices les plus terribles était moins gé-

M. de Montaigne y remerqua ce qu'il a dict ailleurs[1], combien le peuple s'effraïe des rigurs qui s'exercent sur les cors mors; car le peuple, qui n'avoit pas santi de le voir estrangler, à chaque coup qu'on donnoit pour le hacher, s'écrioit d'une voix piteuse. Soudein qu'ils sont morts, un ou plusieurs jésuites ou autres se mettent sur quelque lieu hault[2], et crient au peuple, qui deçà, qui delà, et le preschent pour lui faire gouster cest exemple. Nous remarquions en Italie, et notamment à Rome, qu'il n'y a quasi point de cloches pour le service de l'église, et moins à Rome qu'au moindre village de France; aussi qu'il n'y a pouint d'images, si elles ne sont faites de peu de jours[3]. Plusieurs antiennes églises n'en ont pas une.

Le quatorziesme jour de janvier il (Montaigne) reprint encore de la terebentine sans aucun effet apparent. Ce mesme jour je vis[4] desfaire[5] deus freres, antiens serviteurs du secrétaire du Castellan[6], qui l'avoint tué[7] quelques jours auparavant de nuict en la ville, dedans le palais mesme dudict seigneur Jacomo Buoncompagno, fils du pape. On les tenailla, puis coupa le poing devant le dict palais, et l'ayant coupé, on leur fict mettre sur la playe des chappons qu'on tua et entr'ouvrit soudenemant. Ils furent desfaicts sur un échauffaut et assommés a tout[8] une grosse massue de bois et puis soudein égorgés[9]; c'est un supplice qu'on dict par fois usité à Rome; d'autres tenoint qu'on l'avoit accommodé au mesfaict, d'autant qu'ils avoint einsi tué leur maistre.

Quant à la grandeur de Rome, M. de Montaigne disoit « que l'espace qu'environnent les « murs, qui est plus des deux tiers vuide, com- « prenant la vieille et la neufve Rome, pourroit « égaler la cloture qu'on fairoit autour de Paris, « y enfermant tous les faubourgs de bout à bout; « mais si on conte[10] la grandur par nombre et « presse de maisons et habitations, il panse que « Rome n'arrive pas à un tiers près de la gran- « dur de Paris; en nombre et grandur de places « publiques et beauté de rues, et beauté de « maisons, Rome l'amporte de beaucoup. »

Il trouvoit aussi la froidur de l'hyver fort approchante de celle de Guascogne. Il y eut des gelées fortes autour de Noel, et des vans frois insupportablement. Il est vray que lors mesme il y tonne, gresle et esclaire souvent. Les palais ont force suite de mambres[1] les uns après les autres; vous enfilez trois et quatre salles avant que vous soyez à la maistresse. En certains lieus où M. de Montaigne disna en cérimonie, les buffets ne sont pas où on disne, mais en un'autre premiere salle, et va-t-on vous y querir à boire quand vous en demandez; et là est en parade la veselle d'arjant.

Judy, vint-sixieme de janvier, M. de Montaigne étant allé voir le mont *Janiculum*[2], delà le Tibre, et considerer les singularités de ce lieu là, entre autres une grande ruine d'un vieus mur[2] avenue deus jours auparavant, et contempler le sit[3] de toutes les parties de Rome, qui ne se voit de nul autre lieu si cleremant, et delà estant descendu au Vatican pour y voir les statues enfermées aux niches de Belveder, et la belle galerie que le pape dresse des peintures de toutes les parties de l'Italie, qui est bien près de sa fin, il perdit sa bourse et ce qui estoit dedans; et estima que ce fût que, en donnant l'aumone à deus ou trois fois[4], le temps estant fort pluvieus et mal plesant, au lieu de remettre sa bourse en sa pochette, il l'eût fourrée dans les découpures de sa chausse. Touts ces jours là il ne s'amusa qu'à estudier Rome. Au commencemant il avoit pris un guide françois; mais celui-là, par quelque humeur fantastique, s'étant rebuté, il se pica[5], par son propre estude, de venir à bout de ceste science, aidé de diverses cartes et livres qu'il se faisoit lire le soir, et le jour alloit sur les lieus mettre en pratique son apprensistage; si[6] que en peu de jours il eust ayséemant reguidé son guide.

Il disoit « qu'on ne voïoit rien de Rome que « le ciel sous lequel elle avoit esté assise et le

---

néral en France et dans le reste de l'Europe. La révolution française l'a aboli.

(1) Dans ses *Essais*.—(2) Sur un tréteau ou sur un tonneau couvert d'un tapis. Cela se pratique encore.

(3) Les églises de Rome n'étaient point encore ornées de cette multitude de tableaux, de statues et de bas-reliefs, dont tous les arts de dessin, depuis leur renouvellement, se sont empressés comme à l'envi de les enrichir.

(4) Ici parle le secrétaire de Montaigne.

(5) Exécuter.—(6) Du gouverneur de Rome.—(7) Ledit secrétaire.—(8) Avec.—(9) C'est-à-dire qu'ils furent *mazzolati*.

(10) Compte.

(1) De corps de bâtiments, ailes ou pavillons.

(2) Janicule.—(3) Le site.

(4) Montaigne, au sujet de l'aumône, dit que les quêteurs, dont on est assailli à Rome, ont tous ce plaisant refrain: *fate ben per voi*. Essais, l. III, c. 5.—(5) Piqua.—(6) Tellement.

« plan de son gîte; que ceste science qu'il en
« avoit estoit une science abstraite et contem-
« plative, de laquelle il n'y avoit rien qui tum-
« bast sous les sens; que ceux qui disoint qu'on
« y voyoit au moins les ruines de Rome en di-
« soient trop; car les ruines d'une si espouvan-
« table machine rapporteroint plus d'honneur
« et de reverence à sa mémoire; ce n'estoit
« rien que son sepulcre. Le monde, ennemi de
« sa longue domination, avoit premierement
« brisé et fracassé toutes les pieces de ce corps
« admirable; et, parce qu'encore tout mort,
« ranversé et défiguré, il lui faisoit horreur, il
« en avoit enseveli la ruine mesme; que ces
« petites montres de sa ruine qui paressent en-
« cores au dessus de la biere, c'estoit la for-
« tune qui les avoit conservées pour le tesmoi-
« gnage de ceste grandeur infinie que tant de
« siècles, tant de fus[1], la conjuration du monde
« reiterées à tant de fois à sa ruine, n'avoint
« peu universelemant esteindre; mais estoit
« vraisamblable que ces mambres desvisagés[2]
« qui en restoint, c'estoint les moins dignes, et
« que la furie des ennemis de ceste gloire im-
« mortelle les avoit portés premierement à rui-
« ner ce qu'il y avoit de plus beau et de plus di-
« gne; que les bastimans de ceste Rome bas-
« tarde qu'on aloit asteure[3] atachant à ces
« masures, quoi qu'ils eussent de quoi ravir en
« admiration nos siecles presans, lui faisoint
« resouvenir propremant des nids que les moi-
« neaus et les corneilles vont suspandant en
« France aus voutes et parois des eglises que
« les Huguenots viennent d'y démolir. Encore
« craignoit-il à voir l'espace qu'occupe ce tum-
« beau qu'on ne le reconnût pas tout, et que la
« sépulture ne fût elle mesme pour la pluspart
« ensevelie; que cela, de voir une si chetifve
« descharge, comme de morceaus de tuiles et
« pots cassés, estre antiennemant arrivé à un
« morceau de grandur si excessive qu'il egale
« en hauteur et largeur plusieurs naturelles
« montaignes[4] (car il le comparoit en hauteur
« à la moté de Gurson[5] et l'estimoit double en
« largeur), c'estoit une expresse ordonnance
« des destinées, pour faire santir au monde leur
« conspiration à la gloire et préeminence de
« ceste ville, par un si nouveau et extraodinere

(1) De feux.—(2) Ces parties défigurées.—(3) A cette heure.
(4) Il forme ce qu'on nomme aujourd'hui le Mont-Testacé :
Monte Testaceo.—(5) En Périgord.

« tesmoignage de sa grandur. Il disoit ne pou-
« voir aiséemant faire convenir, veu le peu
« d'espace et de lieu que tiennent aucuns de ces
« sept mons, et notammant les plus fameus,
« comme le Capitolin et le Palatin, qu'il y ran-
« jast un si grand nombre d'édifices. A voir su-
« lemant ce qui reste du tample de la paix[1], le
« logis du *Forum Romanum*[2], duquel on voit
« encore la chute toute vifve, comme d'une
« grande montaigne, dissipée en plusieurs hor-
« ribles rochiers, il ne samble que deus tels ba-
« timans peussent tenir en toute l'espace du
« mont du Capitole, où il y avoit bien 25 ou
« 30 tamples, outre plusieurs maisons privées.
« Mais, à la vérité, plusieurs conjectures qu'on
« prent de la peinture de ceste ville antienne
« n'ont guiere de verisimilitude[3], son plant
« mesme estant infinimant changé de forme;
« aucuns de ces vallons estans comblés, voire
« dans les lieus les plus bas qui y fussent;
« comme, pour exemple, au lieu du *Velabrum*[4],
« qui pour sa bassesse recevoit l'esgout de la
« ville et avoit un lac, s'est tant eslevé des
« mons de la hauteur des autres mons naturels
« qui sont autour delà; ce qui se faisoit par le
« tas et monceau des ruines de ces grands bas-
« timans; et le *monte Savello* n'est autre chose
« que la ruine d'une partie du teatre de Mar-
« cellus. Il croioit[5] qu'un antien Romain ne
« sauroit reconnoistre l'assiette de sa ville
« quand il la verroit. Il est souvent avenu
« qu'après avoir fouillé bien avant en terre on
« ne venoit qu'à rencontrer la teste d'une fort
« haute coulonne qui estoit encor en pieds au
« dessous. On n'y cherche point d'autres fon-
« demens aus maisons que de vieilles masures
« ou voutes, comme il s'en voit au dessous de
« toutes les caves, ny encore l'appuy du fonde-
« ment antien ny d'un mur qui soit en son as-
« siette; mais sur les brisures mesmes des vieus
« bastimans, comme la fortune[6] les a logés[7],
« en se dissipant, ils ont[8] planté le pied de

(1) Bâti par l'empereur Vespasien, après avoir terminé la guerre des Juifs, près de l'arc de Titus, son fils.
(2) De la grande place de Rome.
(3) De vraisemblance.
(4) Le *Velabrum*, ainsi nommé du verbe latin *vehere*, transporter, parce qu'on passoit de là, selon Varron, dans de petits bateaux, un marais pour aller au Mont-Aventin : il terminait le Mont-Palatin au nord.
(5) (Par toutes ces considérations topographiques.)
(6) Le hazard.—(7) Placés.—(8) Pendant leur dégradation.

« leurs palais nouveaus, comme sur des gros
« loppins de rochiers, fermes et assurés. Il est
« aysé à voir que plusieurs rues sont à plus de
« trante pieds profond au dessous de celles d'à-
« ceste-heure. »

Le 28 de janvier, il (Montaigne) eut la colique qui ne l'empescha de nulle de ses actions ordinères, et fit une pierre assez grossette et d'autres moindres. Le trantiesme, il fut voir la plus antienne cerimonie de religion qui soit parmy les homes, et la considera fort attentivemant et avec grande commodité : c'est la circoncision des Juifs. Il avoit des-jà veu une autrefois leur synagogue, un jour de samedy le matin, et leurs prières, où ils chantent désordonnéemant [1], comme en l'église calvinienne, certenes leçons de la bible en hebreu accommodées au temps. Ils ont les cadences de son pareilles, mais un désaccord extreme, pour la confusion de tant de vois de toute sorte d'aages : car les enfants, jusques au plus petit aage sont de la partie, et tous indifféremmant entendent l'hebreu. Ils n'apportent non plus d'attention en leurs prieres que nous faisons aus nostres, devisant parmy cela d'autres affaires, et n'apportant pas beaucoup de reverence à leurs mysteres. Ils lavent les mains à l'entrée, et en ce lieu là ce leur est execration de tirer le bonnet ; mais baissent la teste et le genous où leur dévotion l'ordonne. Ils portent sur les espaules ou sur la teste certains linges, où il y a des franges attachées : le tout seroit trop long à déduire. L'après disnée tour à tour leurs docteurs font leçon sur le passage de la bible de ce jour là, le faisant en Italien. Après la leçon, quelque autre docteur assistant, choisit quelc'un des auditeurs, et par fois deus ou trois de suite, pour argumenter contre celui qui vient de lire, sur ce qu'il a dict. Celui que nous ouïmes, lui sembla [2] avoir beaucoup d'éloquence et beaucoup d'esprit en son argumentation. Mais, quant à la circoncision, elle se faict aus maisons privées, en la chambre du logis de l'enfant, la plus commode et la plus clere. Là où il fut, parce que le logis estoit incommode, la cerimonie se fit à l'entrée de la porte. Ils donnent aus enfants un parein et une mareine comme nous : le pere nomme l'enfant. Ils les circonscient le huitiesme jour de sa naissance. Le parein s'assit sur une table et met un oreiller sur son giron : la mareine lui porte là l'enfant et puis s'en va. L'enfant est enveloppé à nostre mode ; le parein le développe par le bas, et lors les assistants et celui qui doit faire l'opération, commancent trestous à chanter, et accompaignent de chansons toute ceste action qui dure un petit quart d'heure. Le ministre peut estre autre que rabbi [1] ; et quiconque ce soit d'entre eus, chacun desire estre appelé à cet office, parce qu'ils tiennent que c'est une grande benediction d'y estre souvent employé : voire ils achettent d'y estre conviés, offrant qui un vestemant, qui quelque autre commodité à l'enfant ; et tiennent que celui qui en a circoncy jusques à certain nombre qu'ils sçavent, estant mort, a ce privilege que les parties de la bouche ne sont jamais mangées des vers. Sur la table où est assis ce parein, il y a quant et quant un grand apprest de tous les utils [2] qu'il faut à ceste operation. Outre cela, un homme tient en ses meins une fiolle pleine de vin et un verre. Il y a aussi un brazier à terre, auquel brazier ce ministre chauffe premieremant ses meins, et puis trouvant cest enfant tout destroussé, comme le parein le tient sur son giron la teste devers soy, il lui prant son mambre, et retire à soy la peau qui est au dessus, d'une mein, poussant de l'autre la gland [3] et le mambre audedans. Au bout de ceste peau qu'il tient vers laditte gland, il met un instrumant d'arjant qui arreste là ceste peau, et empesche que, la tranchant, il ne vienne à offenser la gland et la chair. Après cela, d'un couteau il tranche ceste peau, laquelle on enterre soudein dans de la terre qui est là dans un bassin parmy les autres apprests de ce mystere. Après cela le ministre vient à belles ongles, à froisser encor quelque autre petite pellicule qui est sur ceste gland et la deschire à force, et la pousse en arriere au-delà de la gland. Il samble qu'il y ait beaucoup d'effort en cela et de dolur [4] ; toute fois ils n'y trouvent nul dangier, et en est tousjours la plaie guerie en quatre ou cinq jours. Le cry de l'enfant est pareil aus nostres qu'on baptise. Soudein que ceste gland est ainsi descouverte,

(1) Commé des forcenés, à tue-tête.—(2) A Montaigne.

(1) Rabbin.—(2) Outils.
(3) Nous disons *le*; mais Montaigne conserve ordinairement en français le genre des mots latins, comme celui de *glans*, qui est féminin.—(4) Douleur.

on offre hastivemant du vin au ministre qui en met un peu à la bouche, et s'en va ainsi sucer la gland de cet enfant, toute sanglante, et rand le sang qu'il en a retiré, et incontinant reprent autant de vin jusques à trois fois. Cela faict on lui offre dans un petit cornet de papier, d'une poudre rouge qu'ils disent estre du sang de dragon[1], de quoy il sale et couvre la playe; et puis enveloppe bien propremant le mambre de cest enfant atout[2] des linges taillés tout exprès. Cela faict, on lui donne un verre plein de vin, lequel vin, par quelques oreisons qu'il faict, ils disent qu'il benit. Il en prant une gorgée, et puis y trampant le doigt en porte par trois fois atout le doigt quelque goutte à sucer en la bouche de l'enfant; et ce verre après, en ce mesme estat, on l'envoye à la mere et aux fames qui sont en quelque autre endroit du logis, pour boire ce qui reste de vin. Outre cela, un tiers prant un instrumant d'argent, rond comme un esteuf, qui se tient à une longue queue, lequel instrumant est percé de petits trous comme nos cassolettes, et le porte au nés premierement du ministre, et puis de l'enfant, et puis du parein : ils présuposent que ce sont des odeurs pour fortifier et éclaircir les esprits à la dévotion. Il a toujours[3] cependant la bouche toute sanglante. Le 8, et depuis encore le 12, il eut (Montaigne) un ombrage de colicque et fict des pierres sans grand doleur.

Le quaresme prenant qui se fit à Rome cest' année là fut plus licentieus[4], par la permission du pape, qu'il n'avoit esté plusieurs années auparavant : nous trouvions pourtant que ce n'estoit pas grand' chose. Le long du Cours[5] qui est une longue rue de Rome, qui a son nom pour cela, on faict courir à l'envi, tantost quatre ou cinq enfants, tantost des Juifs, tantost des vieillards tout nuds, d'un bout de rue à autre. Vous n'y avez nul plesir que de les voir passer devant l'endret où vous estes. Autant en font ils des chevaus, sur quoi il y a des petits enfants qui les chassent à coups de fouet, et des ânes et des buffles poussés atout[6] des éguillons par des jans de cheval. A toutes les coursés il y a un pris proposé qu'ils appellent *el palo* : ce sont des pieces de velours ou de drap.

Les jantils homes, en certein endret de la rue où les dames ont plus de veue[1], courent sur des beaus chevaus la quintaine[2], et y ont bonne grâce : car il n'est rien que ceste noblesse sache si communéement bien faire que les exercices de cheval. L'eschaffaut que M. de Montaigne fit faire leur cousta trois escus. Il estoit aussi assis en un très-beau endret de la rue. Ce jour-là toutes les belles janti-fames de Rome s'y virent à loisir : car en Italie elles ne se masquent pas comme en France[3], et se monstrent tout à descouvert. Quant à la beauté parfaite et rare, il n'est disoit-il, non plus qu'en France, et sauf en trois ou quatre, il n'y trouvoit nulle excellence : mais communéement elles sont plus agréables, et ne s'en voit point tant de ledes qu'en France. La teste, elles l'ont sans compareson plus avantageusement accommodée, et le bas audessous de la ceinture. Le cors est mieus en France : car icy elles ont l'endret de la ceinture trop lâche, et le portent comme nos fames enceintes; leur contenance a plus de majesté, de mollesse, et de douceur. Il n'y a nulle compareson de la richesse de leurs vetemans aus nostres : tout est plein de perles et de pierreries. Partout où elles se laissent voir en public, soit en coche, en feste ou en theatre, elles sont à part des homes : toutefois elles ont des danses entrelassées assez libremant, où il y a occasion de deviser et de toucher à la mein. Les homes sont fort simplemant vestus, à quelque occasion que ce soit, de noir et de sarge de Florence; et parce qu'ils sont un peu plus bruns que nous, je ne say comment ils n'ont pas la façon[4] de duc, de contes et de marquis, comme ils sont, vu qu'ils ont l'apparence un peu vile : courtois au demurant, et gracieus tout ce qu'il est possible, quoique die le vulgaire des François, qui ne peuvent appeller gracieus ceus qui supportent mal-ayséemant leurs débordemans et insolence ordi-

---

(1) Substance résineuse qui découle d'un arbre et dont il y a quatre espèces. — (2) Avec. — (3) Le circonciseur.
(4) C'est-à-dire, moins gêné sur les divertissemens que l'on y tolère. — (5) Corso. (6) Avec.

(1) Où ils peuvent être mieux vus des dames.
(2) Ancien exercice de manège.
(3) L'usage familier du masque fut introduit d'abord, à ce que nous croyons, à la cour de Catherine de Médicis, et de là parmi les femmes de la bourgeoisie, qui ne sortaient guère que masquées, soit pour aller à la promenade, soit pour faire leurs visites, etc. Il a duré longtemps en France; il subsistait encore, même assez avant sous le règne de Louis XIV. On appelait ce masque, qui était de velours noir, un *loup*, un *cachelaid*.
(4) De se titrer, comme en France, de duc, etc.

nere. Nous faisons en toutes façons, ce que nous pouvons pour nous y faire décrier. Toutefois ils ont une antienne affection ou reverance à la France, qui y faict estre fort respectés et biens venus ceus qui meritent tant soit peu de l'estre et qui sulemant se contiennent sans les offenser.

Le jour du jeudy-gras, il (Montaigne) entra au festin du Castellan [1]. Il y avoit un fort grand apprêt, et notammant un amphiteatre très-artificiellemant et richemant disposé pour le combat de la barriere qui fut fait de nuict avant souuper, dans une grange quarrée, avec un retranchemant par le milieu, en forme ovale. Entre autres singularités, le pavé y fut peint en un instant de divers ouvrages en rouge, aiant premieremant enduit le planchier de quelque plastre ou chaus, et puis couchant sur ce blanc une piece de parchemin ou de cuir, façonnée à piece levée des ouvrages qu'on y vouloit ; et puis atout [2] une epousette [3] teinte de rouge, on passoit par dessus ceste piece et imprimoit-on au travers des ouvertures, ce qu'on vouloit, sur le pavé, et si soudeinemant, qu'en deus heures la nef d'une église en seroit peinte. Au souper, les dames sont servies de leurs maris qui sont debout autour d'elles et leur donnent à boire et ce qu'elles demandent. On y servit force volaille rostie, revestue de sa plume naturelle come vifve ; des chapons cuits tout entiers dans des bouteilles de verres ; force lievres, connils [4], et oiseaus vifs emplumés en paste ; des plientes de linges [5] admirables. La table des dames, qui estoit de quatre plats, se levoit en pieces ; et au dessous de celle-là il s'en trouva un'autre toute servie et couverte de confitures [6].

Ils ne font nulles masquarades pour se visiter. Ils en font à peu de frais pour se promener en publicq, ou bien pour dresser des parties à courre la bague. Il y en eut deus belles et riches compagnies de ceste façon le jour du lundy-gras, à courre la quintaine : surtout ils nous surpassent en abondance de très-beaus chevaus [7].

(1) Du gouverneur de Rome, fils du Pape.—(2) Avec.
(3) Une brosse ou gros pinceau.— (4) Lapins. (5) Le linge de table admirablement plié.
(6) On voyait une pareille table mouvante, au château de Lunéville, du temps du duc Léopold.
(7) Chevaux barbes ou napolitains, vulgairement dits, au-

(Ici finit la narration, ou plutôt l'écriture sous dictée du secrétaire de Montaigne. C'est donc ce dernier, qui, prenant la plume, continue de sa main jusqu'à la fin du voyage.)

Aïant doné congé à celui de mes jans qui conduisoit ceste bele besouigne [1], et la voïant si avancée, quelque incommodité que ce me soit, il faut que je la continue moi-mesme.

Le 16 fevrier, revenant de la station, je rencontray en une petite chapelle, un pretre revestu, abesouigné à guerir un spiritato [2] : c'estoit un home melancholique et come transi. On le tenoit à genous devant l'autel, aïant au col je ne sçai quel drap par où on le tenoit ataché. Le prestre lisoit en sa presance force oresons et exorcismes, commandant au diable de laisser ce cors, et les lisoit dans son breviaire. Après cela il detournoit son propos au patiant, tantost parlant à lui, tantost parlant au diable en sa personne, et lors l'injuriant, le battant à grans coups de pouin, lui crachant au visage. Le patiant repondoit à ses demandes quelques reponses ineptes : tantost pour soi, disant come il santoit les mouvemans de son mal ; tantost pour le diable, combien il craignoit Dieu et combien ces exorcismes agissoint contre lui. Après cela qui dura longtemps, le prestre pour son dernier effort se retira à l'autel et print la custode [3] de la mein gauche, où estoit le *corpus Domini* ; en l'autre mein tenant une bougie alumée, la teste renversée contre bas, si [4] qu'il la faisoit fondre et consumer [5], prononçant cependant des oresons, et au bout des paroles de menasse et de rigur contre le diable, d'une vois la plus haute et magistrale qu'il pouvoit. Come la premiere chandele vint à défaillir près de ses doits, il en print un'autre, et puis une seconde, et puis la tierce. Cela faict, il remit sa custode, c'est à dire le vesseau transparant où estoit le *corpus Domini*, et vint retrouver le patiant, parlant lors à lui come à un home ; le

trefois, en Italie et en France : *Chevaux du royne*, par excellence, c'est-à-dire, du royaume de Naples. Voyez Bayle, Réponse aux questions d'un Provincial, t. I, c. 15, p. 102, 104, première édition, 1704.

(1) C'est ici Montaigne qui parle.
(2) Un possédé.
(3) Le saint-ciboire.
(4) De façon, de manière.
(5) Consumer.

fit détacher et le randit aus siens pour le ramener au logis. Il nous dict que ce diable là estoit de la pire forme[1], opiniatre et qui couteroit bien à chasser. Et à dix ou douze jantil'homes qui estions là, fit plusieurs contes de ceste sciance et des experiances ordineres qu'il en avoit, et notamment que, le jour avant, il avoit deschargé une fame d'un gros diable, qui, en sortant, poussa hors ceste fame par la bouche des clous, des epingles et une touffe de son poil. Et parce qu'on lui respondit qu'elle n'estoit pas encore du tout rassise, il dit que c'estoit une autre sorte d'esperit plus legier et moins malfaisant, qui s'y etoit remis ce matin-là ; mais que ce janre, car il en sçait les noms, les divisions et plus particulieres distinctions, estoit aisé à esconjurer. Je n'en vis que cela. Mon home ne faisoit autre mine que de grinser les dents et tordre la bouche, quand on lui presentoit le *corpus Domini;* et remachoit par fois ce mot, *si fata volent*[2] ; car il estoit notere et scavoit un peu de latin.

Le premier jour de mars, je fus à la station de S. Sixte[3]. A l'autel principal, le prestre qui disoit la messe etoit audelà de l'autel, le visage tourné vers le peuple : derriere-luy il n'y avoit personne. Le pape y vint ce mesme jour, car il avoit quelques jours auparavant faict remuer de[4] ceste Eglise les noncins[5] qui y etoint, pour estre ce lieu là un peu trop escartées, et y avoit faict accommoder tous les povres qui mandioint par la ville, et d'un très bel ordre. Les cardinaus donarent chascun vint escus pour acheminer ce trein ; et fut faict des ausmones extremes par autres particuliers. Le pape dota cest hospital de 500 escus par mois. Il y a à Rome force particulieres devotions et confreries, où il se voit plusieurs grans tesmoignages de pieté. Le commun me samble moins devotieus qu'aus bones villes de France, plus serimonieux bien : car en ceste part là ils sont extremes. J'ecris ici en liberté de conscience. En voici deus examples. Un quidam estant avecques une courtisane, et couché sur un lit et parmi la liberté de ceste pratique-là, voila sur les 24 heures[6] l'*Ave Maria* soner : elle se jeta tout soudein du lit à terre, et se mit à genous pour y faire sa priere. Estant avecques un'autre, voilà la bone mere (car notamment les jeunes ont des vieilles gouvernantes, de quoi elles font des meres ou des tantes,) qui vient hurter à la porte, et avecques cholere et furie arrache du col de ceste jeune fille un lacet qu'elle avoit, où il pandoit une petite Nostre-Dame, pour ne la contaminer de l'ordure de son peché : la jeune sentit un'extreme contrition d'avoir oblié de se l'oster du col, comme elle l'avoit acostumé.

L'ambassadur du Moscovite vint aussi ce jour-là à ceste station, vestu d'un manteau escarlatte, et soutane de drap d'or, le chapeau en forme de bonnet de nuit de drap d'or fourré, et au dessous une calote de tolle d'arjant. C'est le deusieme ambassadur de Moscovie qui soit venu vers le pape. L'autre fut du tamps du pape Pol[1] 3e. On tenoit là que sa charge portoit d'emouvoir le pape à s'interposer à la guerre que le roy de Poloingne faisoit à son maistre, alleguant que c'estoit à luy à soutenir le premier effort du Turc ; et si son voisin l'affoiblissoit, qu'il demeureroit incapable à l'autre guerre, qui seroit une grand fenestre ouverte au Turc pour venir à nous, offrant encore se reduire en quelque difference de rellision qu'il avoit avecq l'Eglise romaine. Il fut logé chez le Castellan[2], come avoit été l'autre du tamps du pape Pol, et nourri aus despans du pape. Il fit grand instance de ne baiser pas les pieds du pape, mais sulemant la mein droite, et ne se vousit[3] randre qu'il ne lui fut tesmoingné que l'ampereur mesme estoit sujet à cete serimonie : car l'exemple des roys ne luy suffisoit pas. Il ne savoit parler nulle langue que la siene, et estoit venu sans truchemant. Il n'avoit que trois ou quatre homes de trein, et disoit estre passé avecq grand dangier travesti au travers de la Poloingne. Sa nation est si ignorante des affaires deça qu'il apporta à Venise des lettres de son maistre adressantes au grand gouverneur de la seignerie de Venise. Interrogé du sans de ceste inscription, il repondit, qu'ils pansoint que Venise fust de la dition[4] du pape, et qu'il y envoiat des gouverneurs, come à Bouloingne et ailleurs. Dieu sache de quel gout ces magnifi-

---

(1) Ou espèce.—(2) « Si les destinées l'ordonnent. »— (3) C'est-à-dire, à l'église qui est sous l'invocation du saint pape Sixte II.—(4) Déloger.— (5) C'étaient des religieuses dominicaines, qui furent transférées ailleurs.— (6) Vers les sept heures du soir.

(1) Paul III.—(2) Le gouverneur de Rome.—(3) Voulut.— (4) De la domination.

ques receurent cest'ignorance. Il fit des presans et là et au pape, de subelines[1] et renars noirs, qui est une fourrure encores plus rare et riche.

Le 6 de mars, je fus voir la librerie du Vatican, qui est en cinq ou six salles tout de suite. Il y a un grand nombre de livres attachés sur plusieurs rangs de pupitres ; il y en a aussi dans des coffres, qui me furent tous ouverts ; force livres escris à la mein[2], et notamment un Seneque et les Opuscules de Plutarche. J'y vis de remercable la statue du bon Aristide atout[3] une belle teste chauve, la barbe espesse, grand front, le regard plein de douceur et de magesté : son nom est escrit en sa base très antique; un livre de China[4], le characrere sauvage, les feuilles de certene matiere beaucoup plus tendre et pellucide[5] que notre papier ; et parce que elle ne peut souffrir la teinture de l'ancre, il n'est escrit que d'un coté de la feuille, et les feuilles sont toutes doubles et pliées par le bout de dehors où elles se tienent. Ils tienent que c'est la membrane[6] de quelque arbre. J'y vis aussi un lopin de l'antien papirus[7], où il y avoit des characteres inconnus : c'est un écorce d'arbre. J'y vis le breviaire de S. Grégoire[8] escrit à mein[9] : il ne porte nul tesmoignage de l'année, mais ils tienent que mein en mein il est venu de lui. C'est un Missal[10] à peu-près comme le nostre ; et fut aporté au dernier Concile de Trante pour servir de tesmoingnage de l'année, à nos serimonies. J'y vis un livre de S. Thomas d'Aquin, où il y a des corrections de la mein du propre aucheur, qui ecrivoit mal, une petite lettre pire que la mienne. *Item* une Bible imprimée en parchemin, de celes que Plantein vient de faire en quatre langues[11], laquelle le roy Philippes a envoïée à ce pape, come il dict en l'inscription de la reliure ; l'original du livre que le roy d'Anglerre[1] composa contre Luter, lequel il envoïa, il y a environ cinquante ans[2], au pape Leon dixiesme, soubscrit de sa propre mein, avec ce beau distiche latin, aussi de sa mein :

Anglorum rex Henricus, Leo decime, mittit
Hoc opus, et fidei testem et amicitiœ[3].

Je leus les prefaces, l'une au pape, l'autre au lecteur[4] : il s'excuse sur ses occupations guerrieres et faute de suffisance ; c'est un langage latin bon scholastique. Je la vis (la Bibliotheque) sans nulle difficulté ; chacun la voit einsin[5] et en extrait ce qu'il veut ; et est ouverte quasi tous les matins ; et j'y fus conduit partout et convié par un jantilhome d'en user quand je voudrois. M. notre ambassadur s'en partoit en mesme tamps sans l'avoir veue, et se plaignoit de ce qu'on lui vouloit faire faire la cour au cardinal Charlet, maistre de ceste librerie pour cela ; et n'avoit, disoit-il, jamès peu avoir le moïens de voir ce Seneque escrit à la mein, ce qu'il desiroit infinimant. La fortune m'y porta, comme je tenois sur ce tesmoingnage la chose desesperée. Toutes choses sont einsin[6] aisées à certeins biais, et inaccessibles par autres. L'occasion et l'importunité ont leurs priviléges, et offrent souvant au peuple ce qu'elles refusent aux roys. La curiosité s'ampesche[7] souvant elle-mesme, come faict aussi la grandur et la puissance. J'y vis aussi un Virgile ecrit à mein, d'une lettre infinimant grosse et de ce caractere long et etroit que nous voïons ici aus inscriptions du tamps des ampereurs, come environ le siecle de Constantin, qui ont quelque façon gothique et ont perdu ceste proportion carrée qui est aux vieilles escritures latines. Ce Virgile me confirma, en ce que j'ai tousjours jugé, que les premiers vers qu'on met en Æneide sont empruntés[8] :

---

(1) De martes zibelines.—(2) Ou force manuscrits.—(3) Avec.

(4) Un livre chinois, peut-être de ceux appelés *King*. Voyez du Halde.

(5) C'est-à-dire, plus mince et plus lisse que notre papier le plus fin. C'est le papier d'écorce, formé de la pellicule la plus proche du bois dans les arbres. Voyez Papillon, t. I, c. I ; et Gérard Meerman.—(6) Ou l'écorce.

(7) Ou papier d'Egypte, composé des filaments de la plante de ce nom.

(8) Est-ce de saint Grégoire, dit le Grand, ou de Grégoire II, qui est aussi révéré comme un saint ?—(9) A la main.

(10) Missel.

(11) Appelées *Polyglottes*. C'est la Bible Polyglotte, dite de Philippe II, imprimée par Christophe Plantin, à Anvers, 1569, en huit volumes in-folio.

(1) Henri VIII.—(2) Ce pape était mort en 1521.

(3) « Henri, roi d'Angleterre, envoie cet ouvrage à Léon X, « comme un témoin de sa foi et un gage de son amitié. » Les gens de lettres remarqueront bien la faute de quantité qui gâte un peu ce distique (*decime*) ; mais Montaigne n'y regardait pas de si près, et puis les poëtes couronnés ont bien des priviléges. Peut-être aussi faut-il lire *maxime*.

(4) Lecteur.—(5) Ainsi.—(6) Ainsi.—(7) Se nuit à elle-même.

(8) Ce sont les quatre premiers vers qui commencent par celui-ci :

Ille ego qui quondam fragili modulatus avenâ, etc.

Sans déférer, plus que de raison, à l'autorité de ce manuscrit, malgré Scaliger, Masvicius, Desfontaines, etc., nous pensons

ce livre ne les a pas. Il y a des Actes des apostres escrits en très belles lettres d'or grecque, aussi vifve et recente que si c'estoit aujoud'hui. Ceste lettre est massive[1] et a un cors solide et eslevé sur le papier, de façon que si vous passez la mein pardessus, vous y santez de l'espessur. Je crois que nous avons perdu l'usage de ceste escriture.

Le 13 de mars, un vieil patriarche d'Antioche, Arabe, très bien versé en cinq ou six langues de celes de delà, et n'aïant nulle connoissance de la grecque et autres nostres, avecq qui j'avois pris beaucoup de familiarités, me fit present d'une certene mixtion pour le secours de ma gravelle, et m'en prescrivit l'usage par escrit. Il me l'enferma dans un petit pot de terre, et me dict que je la pouvois conserver dix et vint ans; et en esperoit tel fruit que de la premiere prinse je serois tout à fait gueri de mon mal. Afin que si je perdois son escrit, je le retreuve ici, il faut prendre ceste drogue, s'en alant coucher, aïant legieremant soupé, de la grosseur de deus pois, la mesler à de l'eau tiède; l'aïant froissé sous les dois et laissant un jour vuide entre deux, en prandre par cinq fois.

Disnant un jour à Rome avec nostre ambassadur, où estoit Muret et autres scavans, je me mis sur le propos de la traduction française de Plutarche[2], et contre ceus qui l'estimoint beaucoup moins que je ne fais, je meintenois au moins cela : « Que où le traducteur a failli « le vrai sans de Plutarche, il y en a substitué « un autre vraisemblable et s'entretenant bien « aus choses suivantes et precedentes. » Pour me montrer qu'en cela mesme je lui donnois trop, il fut produit deus passages, l'un duquel ils attribuent l'animadversation[3] au fils de M. Mangot, avocat de Paris, qui venoit de partir de Rome, en la vie de Solon, environ sur le milieu, où il dict que Solon se vantoit d'avoir affranchi l'Attique, et d'avoir osté les bornes qui faisoint les separations des héritages. Il a failli, car ce mot grec signifie certenes marques qui se mettoint sur les terres qui estoint engagées et obligées[4], afin que les acheturs fussent avertis de ceste hypotheque. Ce qu'il a substitué des limites n'a point de sens accommodable, car ce seroit faire les terres non libres, mais communes. Le latin d'Estiene[1] s'est aproché plus près du vrai. Le secont, tout sur la fin du Treté de la nourriture des enfans : « D'ob- « server, dict-il, ces regles, cela se peut plus- « tost souhaiter que conseiller. » Le grec, disent-ils, sone[2] : « cela est plus desirable qu'esperable, » et est une forme de proverbe qui se treuve ailleurs. Au lieu de ce sens cler et aisé, celui que le traducter y a substitué est mol et estrange; parquoy recevant leurs presuppositions du sens propre de la langue, j'avouai de bone foi leur conclusion.

Les églises sont à Rome moins belles qu'en la pluspart des bones villes d'Italie, et en general, en Italie et en Allemaigne, communéemant moins belles qu'en France[3]. A Saint Pierre, il se voit à l'entrée de la nouvelle église des enseignes pandues pour trophées : leur escrit porte, que ce sont enseignes gaignées par le roy sur les Huguenots[4]; il ne spécifie pas où et quant[5]. Auprès de la chapelle Gregoriane, où il se voit un nombre infini de veux attachés à la muraille, il y a entr'autres un petit tableau assez chetif et mal peint de la bataille de Moncontour[6]. En la salle audevant la chapelle S. Sixte ou en la paroi, il y a plusieurs peintures des accidens memorables qui touchent le S. Siege, comme la bataille de Jean d'Austria[7], navale. Il y a la representation de ce pape, qui foule aus pieds la teste de cest amperur qui venoit pour lui demander pardon et les lui baiser[8], non pas les paroles dictes selon l'histoire par l'un et par l'autre[9] : Il y a aussi deus

(1) De Henri Estienne.—(2) Porte à la lettre.
(3) Les Français qui voyagent en Italie ne trouvent plus cela.
(4) Chacun sait l'influence que la cour de Rome avait sur nos guerres de religion et sur les deux Ligues.
(5) Quand.
(6) Ville du Poitou, près de laquelle l'armée des Huguenots, commandée par l'amiral de Coligny, fut battue par l'armée du roi Charles IX, le 3 octobre 1569.
(7) Don Juan d'Autriche qui, à la bataille donnée dans le golfe de Lépante, sur les côtes de la Livonie, l'an 1571, défit entièrement la flotte des Turcs. Ce tableau, suivant les relations modernes, ne subsiste plus là; mais le même sujet est peint dans la grande salle du Vatican, et de la main de Georges Vasari, à ce qu'on prétend.
(8) Cet empereur est Frédéric, surnommé *Barberousse*, qui fut obligé de venir recevoir l'absolution du pape Alexandre III, à Venise, l'an 1177.
(9) Ces paroles sont : *Super aspidem et basiliscum ambulabis*,

---

comme Montaigne; mais ce n'est pas ici le lieu d'entrer dans cette discussion.
(1) A du relief.
(2) De Plutarque, par Amyot. La première édition est de Paris, Vascosan, 1567, 1574, 13 vol. in-8°.—(3) L'observation est critique. — (4) Aliénées, chargées de cens.

endrets où la blessure de M. l'amiral de Chatillon est peinte et sa mort bien authentiquemant.

Le 15 de mars, M. de Monluc me vint trouver à la pointe du jour, pour executer le dessein que nous avions faict le jour avant d'aler voir Ostia. Nous passames le Tibre sur le pont Nostre-Dame et sortismes par la porte del Porto, qu'ils nomoint enticnemant *Portuensis* : delà nous suivimes un chemin inegal et mediocrement fertile de vin et de bleds ; et au bout d'environ huit milles, venant à rejoundre le Tibre, descendismes en une grande pleine de preries et pascages, au bout de laquelle estoit assise une grande ville, de quoi il se voit là plusieurs belles grandes ruines qui abordent au lac de Trajan, et qui est un regorgement de la mer Tyrrhene[1], dans lequel se venoint randre les navires ; mais la mer n'y done plus que bien peu, et encore moins à un autre lac qui est un peu audessus du lieu, qu'on nomoit l'Arc de Claudius. Nous pouvions disner là avecq le cardinal de Peruse[2] qui y estoit, et il n'est à la vérité rien si courtois que ces seigneurs-là et leurs servituurs. Et me manda ledict sieur cardinal, par l'un de mes jans qui passa soudein par là, qu'il avoit à se pleindre de moi ; et ce mesme valet fut mené boire en la sommellerie dudict cardinal, qui ne avoit nulle amitié ny conoissance de moi, et n'usoit en cela que d'une hospitalité ordinere à tous etrangiers qui ont quelque façon ; mais je creignois que le jour nous faillit à faire le tour que je voulois faire, aïant fort allongé mon chemin pour voir ces deus rives du Tibre. Entrâmes en l'Isle sacrée, grande d'environ une grande lieue de Gascoingne, pleine de pascages. Il y a quelques ruines et colonnes de mabre, come il y en a plusieurs en ce lieu de Porto[3], où estoit ceste vieille ville de Trajan ; et en fait le pape[4] desenterrer tous les jours et porter à Rome. Quand nous eusmes traversé cest'isle, nous rancontrames le Tibre à passer, de quoi nous n'avions nulle commodité pour le regard des chevaus, et estions à mesme de retourner sur nos pas ; mais de fortune voilà arriver à la rive les sieurs du Bellai, baron de Chasai, de Marivau et autres. Sur quoi je passai l'eau ; et vins faire troque avec ces jantilshomes qu'ils prinsent nos chevaus et nous les leurs. Einsin[1] ils retournarent à Rome par le chemin que nous estions venus, et nous par le leur qui estoit le droit d'Ostia.

Ostia, quinse milles, est assise le long de l'antien canal du Tibre ; car il l'a un peu changé et s'en esloingne tous les jours. Nous dejunasmes sur le pouin[2] à une petite taverne. Audelà nous vismes la Rocca, qui est une petite place assez forte où il ne se fait nulle garde. Les papes, et notamment celui-ci, ont faict en ceste coste de mer dresser des grosses tours ou védettes, environ de mille en mille, pour prouvoir[3] à la descente que les Turcs[4] y faisoint souvant, mesme en tamps de vandanges ; et y prenoient betail et hommes. De ces tours, a tout[5] un coup de canon, ils s'entravertissent les uns les autres d'une si grande soudeineté que l'alarme en est soudein volée à Rome. Autour d'Ostia sont les salins, d'où toutes les terres de l'Église sont proveues[6] ; c'est une grande plene de marets où la mer se desgorge. Ce chemin d'Ostia à Rome, qui est *via Ostiensis*, a tout plein de grandes merques[7] de son antienne beauté, force levées, plusieurs ruines d'aqueducs, et quasi tout le chemin semé de grandes ruines, et plus de deux parts dudict chemin encore pavé de ce gros cartier noir, de quoi ils planchoint[8] leurs chemins. A voir ceste rive du Tibre, on tient aiséement pour la vraïe ceste opinion : que d'une part et d'autre tout estoit garni d'habitations de Rome jusques à Ostie. Entr'autres ruines, nous rencontrasmes environ à mi chemin sur nostre mein gauche une très bele sepulture d'un prætur[9] romein, de quoi l'inscription s'y voit encore entiere. Les ruines de Rome ne se voient pour la pluspart que par le massif et espais du bastimant. Ils faisoint de grosses murailles de brique, et puis ils les encroutoint[10] ou de lames de marbre ou d'autre pierre blanche,

---

et conculcabis leonem et draconem. Psal. 90, v. 13. Le tableau n'est plus à Saint-Pierre ; mais le sujet est représenté dans la salle du Vatican.

(1) De Toscane. — (2) Perugia.

(3) Village, reste d'une ville ancienne, située à un quart de lieue d'Ostie, suivant M. l'abbé Richard, et à une lieue, suivant M. de Lalande, bâtie par l'empereur Claude, et réparée par Trajan, qui l'avait fort embellie. — (4) Grégoire III.

(1) De cette manière, ainsi. — (2) C'est-à-dire tout debout, à la hâte — (3) Providere, s'opposer. — (4) Les corsaires.

(5) Avec. — (6) Pourvues. — (7) De vestiges, de restes. — (8) Pavaient. — (9) Préteur. — (10) Incrustaient.

ou de certein cimant[1] ou de gros carreau enduit par dessus. Ceste croute, quasi partout, a esté ruinée par les ans, sur laquelle estoint les inscriptions, par où nous avons perdu la pluspart de la connoissance de teles choses. L'escrit se voit, où le bastiment estoit formé de quelque muraille de taille espoisse et massive. Les avenues de Rome, quasi partout, se voient pour la pluspart incultes et steriles, soit par le défaut de terroir, ou, ce que je treuve plus vraisamblable, que ceste ville n'a guiere de manœuvres et homes qui vivent du travail de leurs meins. En chemin je trouvai, quand j'y vins, plusieurs troupes d'homes de villages qui venoint des Grisons et de la Savoie, gaigner quelque chose en la saison du labourage des vignes et de leurs jardins; et me dirent que tous les ans c'estoit leur rante. C'est une ville toute cour et toute noblesse; chacun prant sa part de l'oisifveté ecclesiastique. Il n'est nulle rue marchande, ou moins qu'en petite ville; ce ne sont que palais et jardins. Il ne se voit nulle rue de la Harpe ou de St. Denis; il me samble tousjours estre dans la rue de Seine, ou sur le cai[2] des Augustins à Paris. La ville ne change guiere de forme pour un jour ouvrier ou jour de feste. Tout le caresme il se fait des stations; il n'y a pas moins de presse un jour ouvrier qu'un autre; ce ne sont en ce temps que coches, prélats et dames. Nous revinsmes coucher à

Rome, quinze milles. Le 16 mars il me print envie d'aler essaïer les etuves de Rome; et fus à celles de St. Marc, qu'on estime des plus nobles; j'y fus treté d'une moïenne façon, sul[3] pourtant et avec tout le respect qu'ils peuvent. L'usage y est d'y mener des amies, qui veut, qui y sont frotées avec vous par les garçons. J'y appris que de chaus vifve et orpimant démeslé atout[4] de la lessifve, deus part de chaus et la tierce d'orpimant[5], se faict ceste drogue et ongant de quoi on faict tumber le poil, l'aïant appliqué un petit demi quart d'heure. Le 17, j'eus ma cholique cinq ou six heures supportable, et randis quelque tamps après une grosse pierre come un gros pinon[6] et de ceste forme. Lors nous avions des roses à Rome et des artichaus; mais pour moi je n'y trouvois nulle chaleur extraordinere, vestu et couvert come chez moi. On y a moins de poisson qu'en France; notamment leurs brochets ne valent du tout rien et les laisse-t-on au peuple. Ils ont rarement des soles et des truites, des barbehaus[1] fort bons et beaucoup plus grans qu'à Bourdeaus, mais chers. Les daurades[2] y sont en grand pris, et les mulets plus grands que les nostres et un peu plus fermes. L'huile y est si excellante que ceste picure qui m'en demure au gosier, quand j'en ai beaucoup mangé, je ne l'ai nullement ici. On y mange des resins frès tout le long de l'an; et jusques à cest'heure il s'en treuve de très-bons pandus aus treilles. Leur mouton ne vaut rien et est en peu d'estime. Le 18, l'ambassadur de Portugal fit l'obédiance au pape du royaume du Portugal pour le roi Philippes[3], ce mesme ambassadur qui estoit ici pour le roi trespassé[4] et pour les États contrarians au roy Philippes[5]. Je rancontrai au retour de Saint Pierre un home qui m'avisa plesamment de deus choses: que les Portugais foisoint leur obédiance la semmene de la Passion, et puis que ce mesme jour la station estoit à Saint Jean *Porta Latina*, en laquelle église certains Portugais, quelques années y a, estoint entrés en une étrange confrerie. Ils s'espousoint masle à masle à la messe, avec mesmes scrimonies que nous faisons nos mariages; faisoint leur pasques ensemble; lisoint ce mesme évangile des nopces, et puis couchoint et habitoint ensemble[6]. Les esprits romeins disoint que, parce qu'en l'autre conjonction de masle et femelle, cete seule circonstance la rand legitime, que ce soit en mariage, il avoit semblé à ces fines jans que cest'autre action deviendroit parcillement juste, qui l'auroit autorisée de scrimonies et misteres de l'Église. Il fut brûlé huit ou neuf Portugais de ceste belle secte. Je vis la pompe espagnole[7]. On fit une salve de canons au chasteau St. Ange et au palais[8], et

---

(1) Comme la *pozzolane*. ?
(2) Quai.—(3) Seul. Montaigne écrivait comme il prononçait.
(4) Avec.
(5) C'est la composition des épilatoires les plus usités.
(6) Pignon.

(1) *Barbeaux*, nommés à Bordeaux *surmulets*.—(2) Dorades.
(3) Philippe II, fils de Charles V.
(4) Don Henri, cardinal de Portugal, mort le 31 janvier 1580. Après sa mort Philippe II s'empara du Portugal.
(5) Les états du Portugal.
(6) Les gens d'esprit à Rome.
(7) C'est-à-dire la cérémonie de l'obédience pour le royaume de Portugal.—(8) Du Vatican.

fut l'ambassadur conduit par les trompettes et tambours et archiers du pape. Je n'entrai pas audedans voir la harangue et la serimonie. L'ambassadur du Moscovite, qui estoit à une fenestre parée pour voir ceste pompe, dict qu'il avoit été convié à voir une grande assemblée; mais qu'en sa nation, quand on parle de troupes de chevaus, c'est tousjours vint et cinq ou trante mille; et se moqua de tout cest apprest, à ce que me dict celui mesmes qui estoit commis à l'antretenir par truchemant. Le dimanche des Rameaus, je trouvai à vespres en un' église un enfant assis au costé de l'autel sur une chese, vestu d'une grande robe de taffetas bleu, neuve, la teste nue, aveq une courone de branches d'olivier, tenant à la mein une torche de cire blanche alumée. C'estoit un garçon de 15 ans ou environ, qui, par ordonnance du pape, avoit esté ce jour là délivré des prisons, qui avoit tué un autre garçon. Il se voit à St. Jean de Latran du marbre transparent[1]. Lendemein le pape fit les sept eglises[2]. Il avoit des botes du costé de la cher, et sur chaque pied une croix de cuir plus blanc. Il mene tousjours un cheval d'Espagne, une hacquenée et un mulet, et une lettiere[3], tout de mesme parure; ce jour là le cheval en estoit à dire[4]. Son escuyer avoit deus ou trois peres d'esperons dorés en la mein et l'attendoit au bas de l'eschelle Saint Pierre; il les refusa et demanda sa lettiere, en laquele il y avoit deus chapeaus rouges quasi de mesme façon, pendans attachés à des clous. Ce jour au soir me furent randus mes Essais, chastiés selon l'opinion des docteurs moines. Le *Maestro del Sacro palasso*[5] n'en avoit peu juger que par le rapport d'aucun frater[6] françois, n'entendant nullemant nostre langue; et se contantoit tant des excuses que je faisois sur chaque article d'animadversion que lui avoit laissé ce François, qu'il remit à ma consciance de rabiller ce que je verrois estre de mauvès gout. Je le suppliai, au rebours, qu'il suivît l'opinion de celui qui l'avoit jugé, avouant en aucunes choses, come d'avoir usé de mot de fortune, d'avoir nommé[1] des poëtes hæretiques, d'avoir excusé Julian[2], et l'animadversion sur ce que celui qui prioit devoit estre exempt de viticuse inclination pour ce tamps; *item*, d'estimer cruauté ce qui est audelà de mort simple; *item*, qu'il falloit nourrir un enfant à tout faire, et autres teles choses: que c'estoit mon opinion, et que c'estoit choses que j'avois mises, n'estimant que ce fussent erreurs; à d'autres niant que le correctur eust entendu ma conception. Ledict *Maestro*, qui est un habil'home, m'excusoit fort et me vouloit faire santir qu'il n'estoit pas fort de l'avis de ceste reformation, et pledoit fort ingénieusemant pour moi en ma presance contre un autre qui me combattoit, italien aussi. Ils me retindrent le livre des histoires de Souisses[3] traduit en François, pour ce sulemant que le traductur est hæretique, duquel le nom n'est pourtant pas exprimé; mais c'est merveille combien ils connoissent les homes de nos contrées; et le bon[4], ils me dirent que la préface estoit condamnée. Ce mesme jour en l'église Saint Jean de Latran, au lieu des pœnitenciers ordineres qui se voient faire cet office en la pluspart des églises, monseignur le cardinal St. Sixte estoit assis à un couin et donoit sur la teste de une baguette longue qu'il avoit en la mein aus passans et aus dames aussi; mais d'un visage souriant et plus courtois, selon leur grandur et beauté. Le mercredi de la semaine sainte je fis les sept églises[5] aveq M. de Foix, avant disner, et y mismes environ cinq heures. Je ne sçai pourquoi aucuns se scandalisent de voir libremant accuser le vice de quelque particulier prelat, quand il est connu et publicq; car ce jour là, et à S. Jean de Latran, et à l'église Ste. Croix en Jerusalem, je vis l'histoire, escrite au long en lieu très-apparant, du pape Silvestre second[6], qui est la plus injurieuse qui se puisse imaginer.

---

(1) Apparemment de l'albâtre, ou quelque autre espèce de marbre peu coloré.

(2) C'est-à-dire la station des sept églises.

(3) *Littière*. On a dit lectière et lettière, du latin *lectica*.

(4) Manquait à la procession, à la marche.

(5) *Palazzo*, le maître du sacré palais.

(6) Moine. Les Italiens disent *frate*, ou par abréviation, *fra*, comme *fra Paolo*, *fra Pietro*, etc.

(1) Cité.

(2) L'empereur Julien, dit l'Apostat. Voyez, dans les *Essais de Montaigne*, liv. II, c. 19, l'apologie et même l'éloge de cet empereur, d'où les admirateurs de Julien l'ont tous pris, se gardant bien de citer la source.

(3) De Simler.

(4) C'est-à-dire ce qu'il y a de plus singulier.

(5) La visite des sept églises.

(6) Silvestre II Auvergnat, auparavant nommé Gerbert, et successivement archevêque de Reims et de Ravenne, introinisé le 2 avril 999, mourut le 11 mai 1003. Il avait remplacé Jean XV, dit Jean Bis, ou l'*Intrus*, déposé par l'empereur

Le tour de la ville, que j'ai fait plusieurs fois du costé de la terre, depuis la porte del Popolo jusques à la porte Sant Paulo, se peut faire en trois bones heures ou quatre, alant en trousse et le pas; ce qui est delà la riviere se faict en une heure et demie pour le plus. Entr'autres plesirs que Rome me fournissoit en caresme, c'étoint les sermons. Il y avoit d'excellans precheurs, come ce rabi renié[1] qui preche les Juifs le samedi après dîner, en la Trinité[2]. Il y a tousjours soixante Juifs qui sont tenus de s'y trouver. Cestui[3] estoit un fort fameus docteur parmi eus; et[4] par leurs argumans, mesmes leurs rabis, et le texte de la Bible combat leur creance. En ceste science et des langues qui servent à cela, il est admirable. Il y avoit un autre precheur qui prechoit au pape et aus cardinaus, nomé Padre Toledo (en profondeur de sçavoir, en pertinance et disposition, c'est un home très rare); un autre très éloquent et populere, qui prechoit aux jesuistes, non sans beaucoup de suffisance parmi son excellance de langage; les deux derniers sont jesuites. C'est merveille combien de part ce colliege tient en la chretianté; et croi qu'il ne fut jamais confrerie et cors parmi nous qui tint un tel ranc, ny qui produisit enfin des effaicts tels que fairont ceus ici, si leurs desseins continuent. Ils possedent tantost toute la chretianté. C'est une pepiniere de grans homes en toute sorte de grandur. C'est celui de nos mambres qui menasse le plus les hérétiques de nostre tamps. Le mot d'un precheur fut que nous faisions les Astrolabes de nos coches[5]. Le plus commun exercice des Romeins, c'est se promener par les rues; et ordinerement l'entreprinse de sortir du logis se faict pour aler sulement de rue en rue sans avoir ou s'arrester[6];

et y a des rues plus particulierement destinées à ce service. A dire vrai, le plus grand fruit qui s'en retire, c'est de voir les dames aux fenetres, et notamment les courtisanes, qui se montrent à leurs jalousies, avecques un art si traitresse[1] que je me suis souvant esmerveillé come elles piquent ainsi nostre veue; et souvant estant descendu de cheval sur le champ et obtenu d'estre ouvert[2], je admirois cela, de combien elles se montroint plus beles qu'elles n'estoint. Elles sçavent se presanter par ce qu'elles ont de plus agréable; elles vous presanteront sulemant le haut du visage, ou le bas ou le costé, se couvrent ou se montrent, si qu'il ne s'en voit une sule lede à la fenêtre. Chacun est là à faire des bonetades[3] et des salutations profondes, et à recevoir quelque cuillade en passant. Le fruit d'y avoir couché la nuit pour un ecu ou pour quatre, c'est de leur faire ainsi landemein la court en publiq. Il s'y voit aussi quelques dames de qualité, mais d'autre façon, bien aisée à discerner. A cheval on voit mieus; mais c'est affaire ou aus chetifs come moi, ou aus jeunes homes montés sur des chevaus de service qui[4] manient.

Les persones de grade[5] ne vont qu'en coche, et les plus licentieus[6], pour avoir plus de veue contremont[7], ont le dessus du coche entr'ouvert à clairvoises[8]; c'est ce que vouloit dire le precheur de ces astrolabes. Le jeudy saint au matin le pape en pontificat[9] se met sur le premier portique de S. Pierre, au second etage, assisté des cardinaux, tenant, lui, un flambeau à la mein. Là, d'un costé, un chanoine de St. Pierre lit à haute vois une bulle latine où sont excommuniés une infinie sorte de jans, entre autres les huguenots, sous ce propre mot, et tous les princes qui détiennent quelque chose des terres de l'Église; auquel article les cardinaus de Medicis et Caraffe, qui etoint joignant le pape, se rioint bien fort. Ceste lecture dure

---

Othon, qui l'avait fait traiter comme le fut depuis Abélard. Silvestre II était fort versé dans les mathématiques et l'astrologie, ce qui le fit passer pour sorcier. Ce pape a tâché d'exprimer dans un seul vers latin, qui montre bien le goût du siècle où il écrivait, les trois sièges qu'il occupa:

Scandit ob R. Gerbertus in R. post papa regens R.

On lui a mal à propos attribué l'invention des horloges, sur un passage de Ditmar, mal interprété. Voyez *Gallia Christiana*, t. X.

(1) C'est-à-dire rabbin converti, devenu chrétien.
(2) C'est la *Trinité-du-Mont*, l'un des quartiers de Rome.
(3) Ce rabbin prédicateur.
(4) Et qui.
(5) C'est-à-dire que nous faisions un instrument à observer, ou un observatoire de nos voitures.
(6) Horace semble indiquer cet usage, liv. I, sat. 9.

(1) C'est-à-dire traître, perfide, attirant: expression gasconne familière à Montaigne et à Brantôme.
(2) Ayant obtenu qu'on m'ouvrit.
(3) Des saluts en se découvrant la tête, en ôtant le bonnet ou la barrette.
(4) Qu'ils manient, font piaffer et caracoler.
(5) D'un certain rang, de distinction.
(6) Les plus beaux galants ou les jeunes gens les plus dissipés.
(7) Pour mieux voir en haut, aux fenêtres.
(8) Claires-voies—(9) En habit pontifical.

une bone heure et demie; car à chaque article que ce chanoine lit en latin, de l'autre costé le cardinal Gonsague, aussi descouvert, en lisoit autant en Italien. Après cela le pape jeta ceste torche alumée contre bas au peuple, et par jeu ou autremant le cardinal Gonsague un' autre; car il y en avoit trois alumées. Cela choit sur le peuple; il se faict en bas tout le trouble du monde qui ara¹ un lopin de ceste torche; et s'y bat on bien rudèmant à coup de pouin et de baston. Pandant que cete condamnation se lit il y a aussi une grande piece de taffetas noir qui pant sur l'acoudoir dudict portique, devant le pape. L'excommunication faite, on trousse ce tapis noir, et s'en descouvre un autre d'autre colur²; le pape lors donc ses benedictions publiques. Ces jours se montre la Veronique³ qui est un visage ouvrageus et de colur sombre et obscure, dans un carré come un grand miroir; il se montre aveq grand serimonie du haut d'un popitre⁴ qui a cinq ou six pas de large. Le prestre qui le tient a les meins revestues de gans rouges, et y a deus ou trois autres prestres qui le soutienent. Il ne se voit rien aveq si grande reverance, le peuple prosterné à terre, la pluspart les larmes aus yeux, aveq de ces⁵ cris de commiseration. Une fame, qu'on disoit estre *spiritata*⁶, se tampestoit voïant ceste figure, crioit, tandoit et tordoit les bras. Ces prestres, se promenans autour de ce popitre, la vont presentant au peuple, tantost ici, tantost là; et à chaque mouvemant, ceus à qui on la presante s'escrient. On y monstre aussi en mesme tamps et mesme serimonie, le fer de lance⁷, dans une bouteille de cristal. Plusieurs fois ce jour se faict ceste montre, aveq un assamblée de peuple si infinie que jusques bien louin au dehors de l'église, autant que la vue peut arriver à ce popitre, c'est une extreme presse d'homes et de fames; c'est une vraie cour papale; la pompe de Rome et sa principale grandur est en apparences de devotion. Il faict beau voir l'ardur d'un peuple si infini à la religion ces jours-là; ils ont çant confreries et plus, et n'est guiere

home de qualité qui ne soit ataché à quelc'une; il n'y en a aucunes pour les étrangiers. Nos roys sont de cele du Gonsanon¹. Ces sociétés particulieres ont plusieurs actes de communication religieuse, qui s'exercent principalement le caresme; mais ce jour-ici ils se promenent en troupes, vestus de toile; chacune compaignie a sa façon, qui blanche, rouge, bleue, verte, noire, la pluspart les visages couvers. La plus noble chose et magnifique que j'aie vue, ny ici ny ailleurs, ce fut l'incroiable nombre du peuple espars ce jour là par la ville aus devotions, et notammant en ces compaignies; car, outre un grand nombre d'autres que nous avions veu le jour et qui estoint venues à S. Pierre, come la nuit commença ceste ville sambloit estre tout en feu; ces compaignies marchant par ordre vers S. Pierre, chacun portant un flambeau, et quasi tous de cire blanche. Je croi que il passa devant moi douse milles torches pour le moins; car depuis huit heures du soir jusqu'à minuit, la rue fut tousjours plene de ceste pompe, conduite d'un si bon ordre et si mesuré qu'encore que ce fussent diverses troupes et parties de divers lieus, il ne s'y vit jamès de breche ou interruption; chaque cors aiant un grand cheur de musique, chantant tousjours en alant, et au milieu des rancs une file des Pœnitanciers qui se foitent atout² des cordes; de quoi il y en avoit cinq çans pour le moins, l'eschine toute escorchée et ensanglantée d'une piteuse façon. C'est un enigme que je n'entans pas bien encores; mais ils sont tous meurtris et cruellement blessés, et se tourmentent et batent incessamment. Si est-ce qu'à voir leur contenance, l'assurance de leurs pas, la fermeté de leurs paroles, (car j'en ouis parler plusieurs), et leur visage (car plusieurs estoint descouvers par la rue), il ne paroissoit pas sulemant qu'ils fussent en action penible, voire ny serieuse, et si y en avoit de junes de douse ou trese ans. Tout contre moi, il y en avoit un fort june et qui avoit le visage agréable; une june fame pleignoit de le voir einsin³ blesser. Il se tourna vers nous et lui dit en riant: *Basta, disse che fo questo per li lui peccati, non per li miei*⁴. Non sulemant ils ne montrent nulle destresse ou force à ceste

---

(1) Aura.—(2) Couleur.—(3) *Verum Icon*, la Sainte-Face.
(4) Pulpitre ou pupitre.—(5) Avec des.
(6) Possédée ou obsédée.
(7) De la lance dont Jésus-Christ eut le côté percé par le soldat Longin ou *Longis*, qui en devint aveugle, se convertit et fut martyrisé. Voyez les *Bollandistes*, au 15 mars. Il y a plusieurs exemplaires de cette relique en différents autres lieux.

(1) Au moins est-il bien sûr qu'Henri III, lors régnant, en était.—(2) Se fouettent avec.—(3) Ainsi.
(4) *Bon! dites-lui que je fais cela pour ses péchés, non pour les miens*. L'italien de Montaigne n'est jamais fort correct.

action; mais ils le font avec allegresse, ou pour le moins avec tele nonchalance que vous les voiez s'entretenir d'autres choses, rire, criailler en la rue, courir, sauter, come il se faict à une si grand presse où les rancs se troublent. Il y a des homes parmi eus qui portent du vin qu'ils leur presantent à boire ; aucuns en prennent une gorgée. On leur done aussi de la dragée ; et plus souvant ceus qui portent ce vin en metent en la bouche, et puis le soufflent et en mouillent le bout de leurs foits[1], qui sont de corde, et se caillent et colent du sang, en maniere que, pour le demesler, il les faut mouiller ; à aucuns ils sufflent ce mesme vin sur leurs plaies. A voir leurs souliers et chausses, il parest bien que ce sont persones de fort peu et qui se vandent pour ce service, au moins la pluspart. On me dict bien qu'on greffoit leurs espaules de quelque chose ; mais j'y ai veu la plaie si vive, et l'offrande si longue, qu'il n'y a nul medicament qui en sceust oster le santimant ; et puis ceus qui le louent, à quoi faire, si ce n'estoit qu'une singerie ? Ceste pompe a plusieurs autres particularités. Come ils arrivoint à S. Pierre, ils n'y faisoint autre chose, sinon qu'on leur venoit à montrer *el Viso Santo*[2], et puis ressortoint et faisoint place aus autres. Les dames sont ce jour là en grande liberté ; car toute la nuit les rues en sont pleines, et vont quasi toutes à pied. Toutefois, à la vérité, il samble que la ville soit reformée, notamment en ceste desbauche. Toutes cuillades et apparances amoureuses cessent. Le plus beau sepulchre[3], c'est celui de Santa Rotunda[4], à cause des lumineres. Entr'autres choses, il y a un grand nombre de lampes roulant et tournoïant sans cesse de haut en bas. La veille de Pasques je vis à S. Jean de Latran les chefs S. Pol et S. Pierre qu'on y montre, qui ont encore leur charnure, teint et barbe, come s'ils vivoint : S. Pierre, un visage blanc un peu longuet, le teint vermeil et tirant sur le sanguin, une barbe grise fourchue, la teste couverte d'une mitre papale ; S. Paul, noir, le visage large et plus gras, la teste plus grosse, la barbe grise, espaisse. Ils sont en haut dans un lieu exprès. La façon de les montrer, c'est qu'on apele le peuple au son des cloches, et que à secousses, on devale contre bas un rideau au derriere duquel sont ces testes, à costé l'une de l'autre. On les laisse voir le tamps de dire un *Ave Maria*, et soudein on remonte ce rideau ; après on le ravale de mesmes, et cela jusques à trois fois ; on refaict ceste montre quatre ou cinq fois le jour. Le lieu est élevé de la hautur d'une pique, et puis de grosses grilles de fer, au travers lesqueles on voit. On alume autour par le dehors plusieurs cierges ; mais il est mal aisé de discerner bien cleremant toutes les particularités ; je les vis à deus ou trois fois. La polissure de ces faces avoit quelque ressamblance à nos masques.

Le mercredi après Pasques, M. Maldonat[1] qui estoit lors à Rome, s'enquerant à moi de l'opinion que j'avois des mœurs de ceste ville, et notamment en la religion, il trouva son jugemant du tout conforme au mien : que le menu puple estoit, sans comparesom, plus devot en France qu'ici ; mais les riches, et notamment courtisans, un peu moins. Il me dict davantage qu'à ceus qui lui allegoint que la France estoit toute perdue de heresie, et notammant aus Espaignols, de quoi il y en a grand nombre en son collige, il maintenoit qu'il y avoit plus d'homes vraimant religieus, en la sule ville de Paris, qu'en toute l'Espaigne ensamble.

Ils font tirer leurs basteaus à la corde, contremont la rivière du Tibre, par trois ou quatre paires de buffles. Je ne sçai come les autres se trouvent de l'air de Rome ; moi je le trouvois très plesant et sein. Le sieur de Vielart[2] disoit y avoir perdu sa subjection à la migrene : qui estoit aider l'opinion du peuple, qu'il est très contrere aus pieds et commode à la teste. Je n'ai rien si enemi à ma santé, que l'ennui et oisifveté : là, j'avois tousjours quelque occupation, sinon si plesante que j'usse peu desirer, au moins suffisante à me desennuïer : comme à visiter les antiquités, les vignes, qui sont des jardins et lieus de plesir, de beauté singuliere, et là où j'ai appris combien l'art se pouvoit

---

[1] Fouets.—[2] La Sainte-Face.—[3] Ou Paradis.
[4] C'est-à-dire de l'église de Sainte-Marie et des Martyrs, dite *la Rotonde*. C'est le fameux *Panthéon*, bâti par Agrippa, que le pape Boniface IV obtint de l'empereur Phocas, qu'il convertit en une église, et consacra à la Sainte Vierge après y avoir fait transporter les reliques d'un très grand nombre de martyrs, tirées des cimetières de Rome. On prétend qu'il y en vait vingt-huit chariots chargés.

[1] C'est le fameux Maldonat, jésuite, qu'il avait rencontré à Epernay.—[2] Vialart.

servir bien à pouint d'un lieu bossu, montueus et inégal; car eus ils en tirent des graces inimitables à nos lieus pleins [1], et se prævalent très artificielement de ceste diversité. Entre les plus beles sont celes des cardinaus d'Este, à Monte-Cavallo; Farnese, al Palatino [2]; Ursino, Sforza, Medicis; cele du pape Jule; cele de Madama [3]; les jardins de Farnèse et du cardinal Riario à Transtevere [4]; de Cesio, *fuora della porta del popolo* [5]. Ce sont beautés ouvertes à quiconque s'en veut servir, et à quoi que ce soit, fut-ce à y dormir et en compaigne [6], si les maistres n'y sont, qui n'aiment guiere [7]? ou [8] aller ouïr des sermons, de quoi il y en a en tout tamps, ou des disputes de théologie; ou encore par fois, quelque fame des publiques, où j'ai trouvé cest incommodité qu'elles vandent aussi cher la simple conversation (qui estoit ce que j'y cherchois, pour les ouïr deviser et participer à leurs subtilités), et en sont autant espargnantes que de la négociation entière. Tous ces amusemans m'embesouignoint assez: de melancholie, qui est ma mort, et de chagrin, je n'en avois nul'occasion, ny dedans ny hors la maison. C'est cinsin [9] une plesante demure. Et puis argumantez par-là, si j'eusse gouté Rome plus privémant, combien elle m'eût agréé; car, en vérité, quoique j'y aye employé d'art et de souin, je ne l'ai connue que par son visage publique [10], et qu'elle offre au plus chétif étranger. Le dernier de mars j'eus un accès de choliqué qui me dura toute la nuit, assez supportable; elle m'emeut le ventre, avec des tranchées, et me donna un' acrimonie d'urine outre l'accoutumée. J'en randis du gros sable et deus pierres. Le dimanche de Quasimodo je vis sérimonie de l'aumosne des pucelles. Le pape a, outre sa pompe ordinere, vint cinq chevaus qu'on mene davant lui [11], parés et houssés de drap d'or, fort richemant accommodés, et dix ou douze mulets, troussés de velours cramoisi, tout cela conduit par ses estaffiers à pied: sa lettiere couverte de velours cramoisi. Au davant de lui, quatre homes à cheval portoint, au bout de certeins batons, couverts de velours rouge et dorés par le pouignet et par les bous; quatre chapeaus rouges: lui estoit sur sa mule. Les cardinaus qui le suivoint estoint aussi sur leurs mules, parés de leurs vestemans pontificaus les cuhes [1] de leurs robes estoient attachées atout [2] un'eguillette à la tetiere de leurs mules. Les pucelles estoint en nombre çant et sept; elles sont chacune accompaignée d'une vieille parante. Après la messe elles sortirent de l'église et firent une procession. Au retour de là, l'une après l'autre passant au cueur [3] de l'église de la Minerve, où se faict ceste sérimonie, baisoint les pieds au pape, et lui leur aïant doné la benediction, done à chacune, de sa mein, une bourse de damas blanc, dans laquelle il y a une cedule [4]. Il s'entant qu'aïant trouvé mari elles vont querir leur aumosne, qui est trante-cinq escus pour teste, outre une robe blanche qu'elles ont chacune ce jour là, qui vaut cinq escus. Elles ont le visage couvert d'un linge, et n'ont d'ouvert que l'endret de la veue.

Je disois des commodités de Rome, entre autres, que c'est la plus commune ville du monde, et où l'etrangeté et différance de nation se considere le moins; car de sa nature c'est une ville rappiecée d'etrangiers; chacun y est come chez soi. Son prince ambrasse toute la chretianté de son authorité; sa principale jurisdiction oblige [5] les etrangiers en leurs maisons, come ici, à son élection [6] propre; et de tous les princes et grans de sa cour, la consideration de l'origine n'a nul pois. La liberté de la police de Venise, et utilité de la trafique [7] la peuple d'étrangiers; mais ils y sont come chez autrui pourtant. Ici ils sont en leurs propres offices et biens et charges; car c'est le siége des personnes ecclésiastiques. Il se voit autant ou plus d'étrangiers à Venise (car l'affluance d'étrangiers qui se voit en France, en Allemagne ou ailleurs, ne vient point à ceste compareson), mais de resséans [8] et domiciliés beaucoup moins. Le menu peuple ne s'effarouche non plus de nostre façon de vestemans, ou espagnole ou tudesque, que de la leur pro-

---

(1) Plains, unis, plats. — (2) Le palais Farnèse au Mont-Palatin.
(3) La vigne Madame, ainsi nommée pour avoir appartenu à Marguerite, duchesse de Parme. — (4) Au quartier d'au-delà du Tibre appelé ainsi. — (5) Hors de la porte du Peuple.
(6) C'est-à-dire même en la compagnie d'une femme.
(7) Ce qu'ils n'aiment guère. — (8) Ou si l'on veut aller, etc.
(9) Ainsi. — (10) Par son extérieur. — (11) Devant.

(1) Les queues, d'où sont [provenus les] offices de *gentilshommes-caudataires*. — (2) Avec. — (3) Chœur.
(4) Une ordonnance pour aller toucher leur dot. — (5) Soumet, assujettit. — (6) A sa volonté. — (7) Du commerce. — (8) Résidants à demeure.

pre, et ne voit-on guiere de belitre qui ne nous demande l'aumosne en nostre langue[1].

Je recherchai pourtant et employai tous mes cinq sans de nature pour obtenir le titre de citoyen romain, ne fut-ce que pour l'antien honur et religieuse memoire de son authorité. J'y trouvai de la difficulté ; toutefois je la surmontai, n'y ayant amploïé nulle faveur, voire ny la sciance sulement d'aucun François. L'authorité du pape y fut amploiée par le moïen de Philippo Mussotti, son maggior-domo[2], qui m'avoit pris en singuliere amitié et s'y pena fort. Et m'en fut depeché lettres[3] 3° *id. martii* 1581,

(1) Montaigne, *Essais*, liv. III, c. 5, observe que ces belîtres ou mendiants se servent de cette impertinente expression en tendant la main : *Fate ben per voi.* — (2) Majordome. — (3) Le 13 mars.

(2) Ces lettres sont rapportées en latin, dans le troisième livre des *Essais*, c. 9, et en voici la traduction :

« Sur le rapport fait au sénat par Horacio Massimi, Marzo Cecio et Alexandre Muto ou Mut, conservateurs de la ville de Rome, concernant le droit de cité demandé par illustrissime personne Michel de Montaigne, chevalier de l'ordre de Saint-Michel, et gentilhomme ordinaire de la chambre du roi, le sénat et le peuple romain a fait ainsi droit sur cette demande :

« Vu que, par un usage et un établissement anciens, les personnages distingués par leur mérite et par leur noblesse, propres à procurer quelque lustre et quelque avantage à notre république, ou à le devenir un jour, ont toujours été adoptés parmi nous avec amitié et empressement : Nous, sur l'exemple et l'autorité de nos pères, nous croyons devoir imiter et suivre cette louable coutume. A ces causes, l'illustrissime Michel de Montaigne, chevalier de l'ordre de Saint-Michel, et gentilhomme ordinaire de la chambre du roi, fort zélé pour le nom romain, étant lui-même, par la considération et par l'éclat de sa famille, ainsi que par ses qualités personnelles, très digne d'être admis au droit de cité romaine, par les suffrages et le jugement souverain du sénat et du peuple romain ; il a plu audit sénat et peuple romain d'adopter et d'inscrire parmi les citoyens de Rome l'illustrissime Michel de Montaigne, qui joint à toutes les qualités dont il est pourvu l'affection de ce peuple respectable, et ce, tant pour lui que pour sa postérité ; et de le décorer de tous les honneurs et avantages dont jouissent ceux qui sont nés citoyens et patriciens de Rome, ou qui le sont devenus aux meilleurs titres. En quoi le sénat et le peuple romain aime à penser que ce n'est pas tant le droit de cité qu'il lui accorde qu'une justice qu'il lui rend (ou une dette qu'il lui paie), et que ce n'est pas plus un bienfait qu'il répand sur lui qu'un bienfait qu'il reçoit lui-même, puisque le seigneur de Montaigne, en recevant le droit de cité, lui fait un honneur singulier et lui ajoute un nouvel ornement. Et pour donner plus d'autorité à ce sénatus-consulte, les mêmes conservateurs l'ont fait enregistrer par les secrétaires ou greffiers du sénat et du peuple romain, et déposer dans la cour du Capitole. Ils en ont fait dresser cet acte, et y ont fait apposer le sceau ordinaire de la ville. Donné l'an de la fondation de Rome CXOCCCXXXI, et de la naissance de Jésus-Christ 1581,

qui me furent randues le 5 d'avril très autantiques, en la mesme forme et faveur de paroles que les avoit eues le seigneur Jacomo Buon-Compagnon, duc de Sero, fils du pape. C'est un titre vein ; tant-y-a que j'ai receu beaucoup de plesir de l'avoir obtenu.

Le 3 d'avril je partis de Rome bon matin, par la porte S. Lorenzo Tiburtina[1]. Je fis un chemin assez plein, et pour la pluspart fertile de bleds, et à la mode de toutes les avenues de Rome, peu habité. Je passai la riviere del Teverone, qui est l'antien Anio, premierement au pont de Mammolo[2] ; secondement au pont Lucan[3] qui retient encore son antien nom. En ce pont, il y a quelques inscriptions antiques, et la principale fort lisable[4]. Il y a aussi deus ou trois sepultures romeines le long de ce chemin. Il n'y a pas autres traces d'antiquités et fort peu de grand pavé antien, et est la *Via Tiburtina*[5]. Je me randis à disner à

Tivoli, quinse milles. C'est l'antien Tiburtum[6] couché aux racines des monts, s'etandant la ville le long de la premiere pante assez roide, qui rant son assiete et ses vues très riches ; car elle comande une pleine infinie de toutes parts et ceste grand Rome. Son prospect est vers la mer et ha derriere soi les monts. Ceste riviere du Teverone la lave ; et près de là prant un merveilleus saut[7], descendant des montaignes et se cachant dans un trou de rochier, cinq ou six çans pas, et puis se rendant à la pleine où elle se joue fort diversemant et se va joindre au Tibre un peu au dessus de la ville. Là se voit ce fameus palais et jardin du cardinal de Ferrare : c'est une très bele piece, mais imparfaite en plusieurs parties, et l'ouvrage ne s'en continue plus par le cardinal presant. J'y considerai toutes choses fort particulierement ; j'essaïerois de le peindre ici, mais il y a des livres et peintures publiques de ce sujet. Ce rejallissement[8] d'un infinité de surjons d'eau bridés et eslancés par un sul ressort qu'on peut remuer de fort

« le 13 mars. » *Signé* Horacio et Vincent Martoli, secrétaires du sénat et du peuple romain.

(1) Qui conduit à Tivoli.

(2) Ainsi nommé par corruption de *Mammeo*, parce que ce pont fut rétabli par Mamméa, mère de l'empereur Alexandre Sévère. *Voyages* de M. de Lalande, t. V, p. 336. — (3) Lucano.

(4) Ou lisible.

(5) La voie Tiburtine ou le chemin de Tivoli.

(6) Il fallait dire *Tibur*, c'est le nom appellatif latin, non *Tiburtum*. — (7) C'est la cascade de Tivoli.

(8) Rejaillissement.

louin, je l'avoi veu ailleurs en mon voïage et à Florance et à Auguste¹, come il a esté dict ci-dessus. La musique des orgues, qui est une vraïe musique et d'orgues natureles, sonans tousjours toutefois une mesme chose, se faict par le moïen de l'eau qui tumbe aveq grand violance dans une cave ronde, voutée, et agite l'air qui y est, et le contreint de gaigner pour sortir les tuyaus des orgues et lui fournir de vent. Un autre eau poussant une roue atout² certeines dents, faict battre par certein ordre le clavier des orgues ; on y oit aussi le son de trompetes contrefaict. Ailleurs on oit le chant des oiseaux, qui sont des petites flutes de bronse qu'on voit aus regales ; et randent le son pareil à ces petits pots de terre pleins d'eau que les petits enfans souflent par le bec, cela par artifice pareil aus orgues ; et puis par autres ressorts on fait remuer un hibou, qui, se presantant sur le haut de la roche, faict soudein cesser ceste harmonie, les oiseaus estant effraïés de sa presance, et puis leur faict encore place : cela se conduit einsin³ alternativement tant qu'on veut. Ailleurs il sort come un bruit de coups de canon ; ailleurs un bruit plus dru et menu, come des harquebusades ; cela se faict par une chute d'eau soudeine dans des canaus ; et l'air, se travaillant en mesme tamps d'en sortir, enjandre ce bruit. De toutes ces invantions ou pareilles, sur ces mesmes raisons de nature, j'en ai veu ailleurs. Il y a des estancs ou des gardoirs⁴, aveq une marge de pierre tout au tour, avec force piliers de pierre de taille haus, audessus de cest accoudoir, esloignés de quatre pas environ l'un de l'autre. A la teste de ces piliers sort de l'eau aveq grand force, non pas contremont, mais vers l'estanc. Les bouches étant einsi tournées vers le dedans et regardant l'une l'autre, jetent l'eau et l'esperpillent dans cest estanc avec tele violence que ces verges d'eau vienent à s'entrebatre et rancontrer en l'air, et produisent dans l'estanc une pluïe espesse et continuelle. Le soleil tumbant là-dessus enjandre, et au fons de cest estanc et en l'air, et tout autour de ce lieu, l'arc du ciel si naturel et si apparent qu'il n'y a rien à dire de celui que nous voïons au ciel. Je n'avois pas veu ailleurs cela. Sous le palais, il y a des grans crus¹, faits par art, et soupiraus qui randent une vapur froide et refrechissent infiniment tout le bas du logis; ceste partie n'est pas toutefois parfaicte. J'y vis aussi plusieurs excellantes statues, et notamment une nymphe dormante, une morte et une Pallas celeste, l'Adonis qui est chez l'évéque d'Aquino, la Louve de bronse et l'Enfant qui s'arrache l'espine du Capitole, le Laocoon et l'Antinoüs de Belvedere, la Comedie du Capitole, le Satyre de la vigne du cardinal Sforça et de la nouvelle besouigne², le Moïse, en la sepulture de S. Pietro *in vincula*³, la belle fame qui est aus pieds du pape Pol tiers⁴ en la nouvelle église de S. Pierre⁵. Ce sont les statues qui m'ont le plus agréé à Rome. Pratolino est faict justemant à l'envi de ce lieu. En richesse et beauté des grottes, Florence surpasse infiniment ; en abondance d'eau, Ferrare ; en diversité de jeus et de mouvemans plesans tirés de l'eau, ils sont pareils : si le Florantin n'a quelque peu plus de mignardise en la disposition et ordre de tout le cors du lieu, Ferrare en statues antiques et en palais ; Florance en assiete du lieu, beauté du prospect, surpasse infiniment Ferrare ; et dirois en toute faveur de nature, s'il n'avoit ce malhéur extreme que toutes ses eaus, sauf la fontene qui est au petit jardin tout en haut et qui se voit en l'une des salles du palais, ce n'est qu'eau du Teveron, duquel il a desrobé une branche, et lui a donné un canal à part pour son service. Si c'etoit eau clere et bone à boire, come elle est au contraire trouble et lede, ce lieu seroit incomparable, et notamment sa grande fontene qui est la plus belle manufacture⁶ et plus belle à voir avec ses despendances que null' autre chose ny de ce jardin ny d'ailleurs. A Pratoline, au contrere, ce qu'il y a d'eau est de fontene et tirée de fort louin. Parce que le Teveron descent des montaignes beaucoup plus hautes, les habitants de ce lieu s'en servent pri-

---

(1) Augsbourg.—(2) Avec.—(3) Ainsi.—(4) Eaux plates, bassins.

(1) Creux.—(2) C'est-à-dire de la main d'un artiste nouveau, de Michel-Ange.
(3) Saint-Pierre-aux-Liens. Cette sépulture est le tombeau du pape Jules II, orné de plusieurs figures, et entre autres d'une statue de Moïse, qui est un chef-d'œuvre.
(4) Paul III. Cette belle femme est une figure de la Justice en marbre, de Guillaume della Porta. Elle était presque nue ; mais depuis l'indiscrétion d'un Espagnol, dont l'imagination était trop vive, on en a drapé une partie en bronze. *Voyages de M. L. t. III, p. 101.* — (5) C'est Saint-Pierre-du-Vatican.—
(6) C'est-à-dire construction de ce genre.

vés come ils veulent, et l'example de plusieurs [1] rant moins esmerveillable cest ouvrage du cardinal. J'en partis landemein après disner, et passai à cete grande ruine à mein droite du chemin de nostre retour qu'ils disent contenir six milles et estre une ville, come ils disent être, le *prœdium* [2] d'Adrian l'ampereur. Il y a sur ce chemin de Tivoli à Rome un ruisseau d'eau souffreuse qui le tranche [3]. Les bors du canal sont tout blanchis de souffre, et rand un odur à plus d'une demie lieue de là; on ne s'en sert pas de la [4] medecine. En ce ruisseau se treuvent certeins petits corps bastis de l'escume de ceste eau, ressamblans si proprement à nostre dragée qu'il est peu d'homes qui ne s'y trompent; et les habitans de Tivoli en font de toutes sortes de ceste mesme matiere, de quoi j'en achetai deus boîtes 7 sous. 6 d. Il y a quelques antiquités en la ville de Tivoli, comme deus termes qui portent une forme très antique, et le reste d'un tample où il y a encore plusieurs piliers entiers; lequel tample ils disent avoir esté le tample de leur antiene Sybille. Toutefois sur la cornice [5] de cest' église on voit encore cinq ou six grosses lettres qui n'estoient pas continuées; car la suite du mur est encore entiere. Je ne sçais pas si au davant il y en avoit, car cela est rompu; mais en ce qui se voit, il n'y a que ce: *Ellius* [6] *L. F.* Je ne sçais ce que ce peut estre. Nous nous randimes au soir à Rome, quinse milles; et fis tout ce retour en coche sans aucun ennuis contre ma coustume. Ils ont un' observation ici beaucoup plus curieuse qu'ailleurs; car ils font differance aus rues, aus cartiers de la ville, voire aux departemens de leurs maisons pour respect de la santé, et en font tel estat qu'ils changent de habitation aus sesons; et de ceus mesmes qui les louent, qui [7] tient deus ou trois palais de louage à fort grand despance pour se remuer aux sesons, selon l'ordonance de leurs medecins. Le 15 d'avril, je fus prandre congé du maistre *del Sacro Pallazzo* et de son compaignon, qui me priarent « ne me servir point de « la censure de mon livre [8], en laquelle autres « François les avoint avertis qu'il y avoit plu-« sieurs sotises; qu'ils honoroint et mon intention et affection envers l'Eglise et ma suffi-« sance; et estimoint tant de ma franchise et « conscience qu'ils remetoint à moi-mesmes de « retrancher en mon livre, quand je le voudrois « réimprimer, ce que j'y trouverois trop licen-« tieus et entr' autres choses les mots de for-« tune. » Il me sambla les laisser fort contans de moi. Et pour s'excuser de ce qu'ils avoint einsi curieusement veu mon livre, et condamné en quelques choses, m'allegarent plusieurs livres de nostre tamps de cardinaus et religieus de très bone réputation, censurés pour quelques teles imperfections, qui ne touchoint nulement la reputation de l'authur ny de l'œuvre en gros; me priarent d'eider à l'Église par mon éloquance (ce sont leurs mots de courtoisie), et de faire demure en ceste ville paisible et hors de trouble avecques eus. Ce sont personnes de grande authorité et cardinalables [1].

Nous mangions des articlaus, des fèves, des pois, environ le mi-mars. En avril, il est jour à leurs dix heures [2], et crois aus plus longs jours, à neuf [3]. En ce tamps là, je prins entr'autres connoissance à un Polonois, le plus privé ami qu'eût le cardinal Hosius [4], lequel me fit presant de deus exemplaires du livret qu'il a faict de sa mort et les corrigea de sa mein. Les douceurs de la demure de ceste ville s'estoint de plus de moitié augmentées en la praticant; je ne goutai jamais air plus tamperé pour moi ny plus commode à ma complexion. Le 18 de avril, j'alai voir le dedans du palais du S.or Jan George Cesarin, où il y a infinies rares anticailles et notamment les vraies testes de Zenon, Possidonius, Euripides et Carneades, come portent leurs inscriptions græques très antienes [5]. Il a aussi les portrets des plus belles dames romeines vivantes et de la seignora Clælia-Fascia Farnèse, sa fame, qui est sinon la plus agreable, sans compareson la plus eimable fame

---

(1) Particuliers.—(2) La maison de plaisance.—(3) Le coupe ou traverse.

(4) C'est-à-dire dans la médecine.—(5) Corniche.—(6) Cerellius.—(7) Tel.

(8) C'est-à-dire n'y avoir aucun égard.

(1) En état d'être cardinaux, comme on dit *cardinal papable*.

(2) C'est-à-dire environ à quatre heures et demie ou cinq heures du matin.

(3) Environ à trois heures du matin.

(4) Cardinal polonais, qui fit l'ouverture du concile de Trente en qualité de légat du pape Pie IV. Grégoire XIII le fit pénitencier de l'Eglise romaine, et il mourut à Rome en 1579. Ainsi sa mort était récente.

(5) La plupart de ces têtes doivent être maintenant au Capitole.

qui fût pour lors à Rome, ny que je sçache ailleurs. Celui ci dict estre de la race des Cœsar, et porte par son droit le gonfalon de la noblesse romeine; il est riche et a en ses armes la colonne avec l'ours qui y est attaché et au dessus de la colonne un'egle eploiée[1].

C'est une grande beauté de Rome que les vignes et jardins, et leur seson est fort en esté.

Le mercredy 19 d'avril, je partis de Rome aprèsdisner, et fumes conduits jusques au pont de Mole[2] par MM. de Marmoutiés[3] de la Trimouille, du Bellay et autres jantils homes. Aïant passé ce pont, nous tournames à mein droite, laissant à mein gauche le grand chemin de Viterbe par lequel nous estions venus à Rome, et à mein droite le Tibre et les monts. Nous suivimes un chemin decouvert et inégal, peu fertile et pouint habité; passâmes le lieu qu'on nome *prima porta*, qui est la premiere porte à sept milles de Rome; et disent aucuns que les murs antiens de Rome aloint jusques là, ce que je ne treuve nullement vraisamblable. Le long de ce chemin, qui est l'antiene *via Flaminia*[4], il y a quelques antiquités inconnues et rares; et vinmes coucher à

Castel-Novo, sese milles, petit castelet qui est de la case[5] Colonne, enseveli entre des montaignétes en un sit qui me representoit fort les avenues fertiles de nos montagnes Pirenées sur la route d'Aigues-Caudes. Landemain 20 d'avril, nous suivimes ce mesme païs montueus, mais très plesant, fertile et fort habité, et vinmes arriver à un fons le long du Tibre à

Borguet[6], petit castelet apartenant au duc Octavio Farnèse. Nous en partimes après disner, et après avoir suivi un très plesant vallon entre ces collines, passames le Tibre à Corde[7], où il se voit encore des grosses piles de pierre, reliques du pont qu'Auguste y avoit faict faire

pour atacher[1] le païs des Sabins, qui est celui vers lequel nous passames, aveq celui des Falisques, qui est de l'autre part. Nous rencontrames après Otricoli, petite villette apartenant au cardinal di Perruggi[2] Au davant de ceste ville, il se voit en une belle assiete des ruines grandes et importantes; le païs montueus et infinimant plesant presante un prospect de region toute bossée, mais très fertile partout et fort puplée. Sur ce chemin, se rencontre un escrit[3], où le pape[4] dict avoir faict et dressé ce chemin, qu'il nomme *Via Boncompaignon*[5], de son nom. C'est usage de mettre einsi par escrit et laisser tesmouignage de tels ouvrages, qui se voit en Italie et Allemaigne, est un fort bon eguillon; et tel qui ne se soucie pas du publiq sera acheminé, par cest' esperance de reputation de faire quelque chose de bon. De vrai, ce chemin estoit plus la pluspart mal aisé, et à-presant on l'a randu accessible aus coches mesmes jusques à Lorette. Nous vinmes coucher à

Narni, dix milles, *Narnia* en latin, petite ville de l'Eglise, assise sur le haut d'un rochier, au pied duquel roule la lriviere Negra[6], *Nar* en latin; et d'une part ladite ville regarde une très plesante plene où ladicte riviere se joue et s'enveloppe estrangemant. Il y a en la place une très belle fontene. Je vis le dôme, et y remarcai cela que la tapisserie qui y est a les escrits et rimes françoises de nostre langage antien. Je ne sceus aprendre d'où cela venoit[7]; bien aprins je du peuple qu'ils ont de tout tamps grand'inclination à nostre faveur. Ladicte tapisserie est figurée de la Passion, et tient tout l'un costé de la nef. Parceque Pline dict qu'en ce lieu là se treuve certeine terre qui s'amollit par la chaleur et se seche par les pluies, je m'en enquis aus habitans, qui n'en sçavent rien. Ils ont, à un mille près de là des eaus fredes qui font mesme effaict des nostres chaudes; les malades s'en servent, mais elles sont peu fameuses. Le logis, selon la forme d'Italie, est des bons, si est-ce que nous n'y avions pouint de chandelle, eins[8] par tout de la lumiere à huile. Le 21, bon matin, nous descendimes en une très plesante valée où court ladicte riviere Negra, laquele ri-

---

(1) En voici le blason par Vulson : d'or, à un *ours* de sable amuselé d'argent, et lié par une *chaîne* de même à une *colonne* d'azur, surmontée d'un *aigle* de sable, becqué et membré de gueules. Cimier, un aigle de sable. Supports, deux aigles de même. De cette maison Cézarini est sorti un cardinal l'an 1513, contre lequel parut cette pasquinade tirée de son écu :

*Redde aquilam Imperio, Columnis redde columnam,
Ursam Ursis : remanet sola catena tibi.*

Le duc de Calvilanova (Jean Césarini), baron romain, fut chevalier des ordres sous Louis XIII.

(2) Ponte-Mole. — (3) C'est Noirmoutier. — (4) Voie Flaminienne — (5) Ou maison. — (6) Borghetto. — (7) Orta.

(1) Joindre. — (2) De Peruggia. — (3) Une inscription latine. — (4) Toujours Grégoire XIII. — (5) Voie ou chemin de Bouncompagnon. — (6) Nera. — (7) Vraisemblablement des Français, que les guerres d'Italie y firent passer sous Charles VIII, Louis XII et François Ier. — (8) Mais.

viere nous passames sur un pont aus portes de Terni que nous traversames, et sur la place vismes une colonne fort antique qui est encore sur ses pieds. Je n'y aperçus nulle inscription, mais à costé il y a la statue d'un lion relevée, audessous de laquelle il y a en vieilies lettres une dédicace à Neptune, et encore ledict Neptunus insculpé[1] en marbe atout[2] son equipage. En ceste mesme place il y a une inscription, qu'ils ont relevée en lieu eminant, à un A. Pompeius A. F. Les habitans de ceste ville, qui se nome Interamnia, pour la riviere de Negra qui la presse d'un costé et un autre ruisseau par l'autre, ont erigé une statue pour les services qu'il a faict à ce peuple; la statue n'y est pas, mais je jugeai la vieillesse de cest escrit, par la forme d'escrire en diptonge[3] periculeis[4] et mots samblables. C'est une belle villete, en singulierement plesante assiete. A son cul, d'où nous venions, ell'a la pleine très fertile de ceste valée, et au delà les costeaus les plus cultivés, habités; et, entr'autres choses, pleins de tant d'oliviers, qu'il n'est rien de plus beau à voir, atandu que, parmi ces couteaus, il y a quelquefois des montaignes bien hautes qui se voient jusques sur la sime labourées et fertiles de toutes sortes de fruis. J'avois bien fort ma cholique, qui m'avoit tenu 24 heures, et estoit lors sur son dernier effort; je ne lessai pourtant de m'agréer de la beauté de ce lieu là. Delà nous nous engajames un peu plus avant en l'Appennin, et trouvames que c'est à la verité une belle grande et noble reparation que de ce nouveau chemin que le pape y a dressé, et de grande despanse et commodité. Le peuple voisin a esté constreint à le bastir; mais il ne se pleint pas tant de cela que sans aucune recompanse où il s'est trouvé des terres labourables vergiers et choses samblables. On n'a rien espargné pour ceste esplanade. Nous vismes à nostre mein droite une teste de colline plesante, sesie[6] d'une petite villete. Le peuple la nome Colle Scipoli[7] : ils disent que c'est antienemant Castrum Scipionis. Les autres montaignes sont plus hautes, seches et pierreuses, entre lesquelles et la route d'un torrant d'hyver, nous nous randismes à

Spoleto[8], dix-huit milles, ville fameuse et commode, assise parmi ces montaignes et au bas. Nous fumes constreins d'y montrer nostre bollette[1], non pour la peste, qui n'estoit lors en nulle part d'Italie, mais pour la creinte en quoi ils sont d'un Petrino, leur citoïen, qui est le plus noble[2] bani volur d'Italie, et duquel il y a plus de fameus exploits, duquel ils creignent et les villes d'alentour d'être surpris. Ceste contrée est semée de plusieurs tavernes; et où il n'y a pouint d'habitation, ils font des ramées[3] où il y a des tables couvertes et des eufs cuits et du fromage et du vin. Ils n'y ont pouint de burre et servent tout fricassé de huille. Au partir de là, ce mesme jour après disner, nous nous trouvasmes dans la vallée de Spoleto, qui est la plus bele pleine entre les montaïgnes qu'il est possible de voir, large de deus grandes lieues de Gascoingne. Nous descouvrions plusieurs habitations sur les croupes voisines. Le chemin de ceste pleine est de la suite de chemin que je viens de dire du Pape, droit à la ligne, come une cariere faicte à poste[4]. Nous laissâmes force villes d'une part et d'autre, entr'autres sur la mein droite la ville de Terni. Servius dict sur Virgile, que c'est *Olivi favæque musticæ*, de quoi il parle liv. VII. Autres le nient et argumantent au contrere. Tant-y-a que c'est une ville pratiquée sur une haute montaigne, et d'un endret étandue tout le long de sa pante jusques à mi montaigne. C'est une très-plesante assiete, que ceste montaigne chargée d'oliviers tout au tour. Par ce chemin là nouveau, et redressé depuis trois ans, qui est le plus beau qui se puisse voir, nous nous randismes au soir à

Foligni[5], douze milles, ville belle, assise sur ceste pleine qui me represanta à l'arrivée le plan de Sainte-Foi[6], quoiqu'il soit beaucoup plus riche et la ville beaucoup plus bele et peuplée sans compareson. Il y a une petite riviere ou ruisseau qui se nome Topino. Cete vile s'apelloit antiennement Fulignium, autres[7] Fulcinia, bastie au lieu de Forum Flaminium. Les hosteleries de ceste route, ou la pluspart, sont comparables aux françoises, sauf que les chevaus n'y treuvent guiere que du foin à manger. Ils servent le poisson mariné et n'en ont guiere de frais. Ils servent des fèves crues par toute

---

(1) Sculpté en bas-relief.—(2) Avec son char et son trident.—(3) Diphtongue.—(4) Pour *periculis*.—(5) Narni. (6) Occupée par. (7) Colliscipoli.—(8) Spolette.

(1) Billet de santé.—(2) Célèbre ou fameux. (3) Treilles ou salles-vertes. —(4) Exprès.— (5) Foligno. (6) Sainte-Foi en Périgord, près du château de Montaigne. Voyez ci-dessus, art. *Kempten*. (7) Et selon d'autres.

l'Italie, et des pois et des amandes vertes, et ne font guiere cuire les artichaux. Leurs aires[1] sont pavés de carreau. Ils atachent leurs beufs par le muffle, atout[2] un fer qui leur perce l'entre-deus des naseaus come des buffles. Les mulets de bagage, de quoi ils ont foison et fort beaus, n'ont leurs pieds de devant ferrés à nostre mode, eins[3] d'un fer ront, s'entretenant tout autour du pied, et plus grand que le pied. On y rancontre en divers lieus les moines qui donent l'eau benite aus passans, et en atandent l'aumosne, et plusieurs enfans qui demandent l'aumosne, promettant de dire toute leur disene de pati-nostres, qu'ils montrent en leurs meins, pour celui qui la leur aura baillée. Les vins n'y sont guiere bons. L'andemain matin, aïant laissé ceste bele pleine, nous nous rejetasmes au chemin de la montaigne, où nous retrouvions force beles pleines, tantost à la teste, tantost au pied du mont. Mais sur le comancemant de ceste matinée, nous eusmes quelque tamps un très bel object de mille diverses collines, revestues de toutes pars de très beaus ombrages de toute sorte de fruitiers et des plus beaus bleds qu'il est possible, souvant en lieu si coupé et præcipitus[4], que c'estoit miracle que sulemant les chevaus puissent avoir accès; les plus beaus vallons, un nombre infini de ruisseaus, tant de maisons et villages par-ci par-là, qu'il me resouvenoit des avenues de Florance, sauf que ici il n'y a nul palais ny maisons d'apparance; et là le terrein est sec et sterile pour la pluspart, là-où[5] en ces collines il n'y a pas un pousse de terre inutile. Il est vrai que la seson du printamps les favorisoit souvant. Bien louin au-dessus de nos testes, nous voions[6] un beau vilage, et sous nos pieds, come aus Antipodes, un autre, aïant chacun plusieurs commodités et diverses: cela mesme n'y done pas mauvès lustre, que parmi ces montaignes si fertiles l'Apennin montre ses testes refrongnées et inaccessibles, d'où on voit rouller plusieurs torrans, qui aïant perdu ceste première furie se randent là tost après dans ces valons des ruisseaus très plesans et très dous. Parmi ces bosses[7], on descouvre et au haut et au bas plusieurs riches pleines, grandes par fois à perdre de veue par certein biais du prospect. Il ne me samble pas que nulle peinture puisse representer un si riche païsage. De-là nous trouvions le visage de nostre chemin, tantost d'une façon, tantost d'un autre, mais tousjours la voïe très aisée; et nous randismes à disner à

La Muccia, vingt milles, petite vilote assise sur le fluve de Chiento. Delà nous suivismes un chemin bas et aisé au travers ces mons; et parceque j'avoi doné un soufflet à nostre vetturin[1], qui est un grand excès selon l'usage du païs, temouin le vetturin qui tua le prince de Tresignano, ne me voyant plus suivre audict vetturin, et en estant tout à part moi un peu en humur[2] qu'il fit des informations ou autres choses, je m'arrestai contre mon dessein (qui estoit d'aler à Tolentino) à souper à

Val-chimara, huit milles, petit village, et la poste, sur ladicte riviere de Chiento. Le dimanche lendemein nous suivismes tousjours ce valon entre des montaignes cultivées et fertiles jusques à Tolentino, petite villete au travers de laquelle nous passames et rancontrames après le païs qui s'aplanissoit, et n'avions plus à nos flancs que des petites cropes[3] fort accessibles, rapportant[4] ceste contrée fort à l'Agenois, où il est le plus beau le long de la Garonne; sauf que, comme en Souisse, il ne s'y voit nul chasteau ou maison de gentilhomme, mais plusieurs villages ou villes sur les costeaus. Tout cela fut, suivant le Chiento, un très beau chemin, et sur la fin, pavé de brique, par où nous nous randismes à disner à

Macerata, dix-huit milles, belle ville de la grandur de Libourne, assise sur un haut en forme approchant du ront, et se haussant de toutes parts egalemant vers son vantre. Il n'y a pas beaucoup de bastimans beaus. J'y remarcai un palais de pierre de taille, tout taillé par le dehors en pouinte de diamans, carrée, come le palais du cardinal d'Este à Ferrare[5]; ceste forme de constructure[6] est plesante à la veue. L'antrée de ceste ville, c'est une porte neufve, où il y a d'escrit: *Porta Boncompaigno*, en lettres d'or; c'est de la suite des chemins que ce pape a redressés; c'est ici le siege

---

(1) Ou planchers.—(2) Avec.—(3) Mais.—(4) *Précipiteux*, escarpé.

(5) Au lieu que.—(6) Voyions.—(7) Hauteurs, montagnes.

(1) Voiturier.—(2) C'est-à-dire inquiet.—(3) Croupes, collines, buttes, monticules.

(4) Faisant ressembler.

(5) Le palais du Luxembourg peut donner une idée de cette architecture en *bossage*.

(6) On dit maintenant structure et construction.

du legat pour le païs de la Marque[1]. On vous presente en ces routes la cuisson du cru, quand ils offrent leurs vins; car ils en font cuir et bouillir jusques au dechet de la moitié pour le randre meillur. Nous santions bien que nous estions au chemin de Lorette, tant les chemins estoint pleins d'alans et venans; et plusieurs, non homes particuliers sulemant, mais compaignies de personnes riches faisans le voïage à pied, vestus en pelerins, et aucunes avec un'enseigne et puis un crucifix qui marchoit davant, et eus vestus d'une livrée. Après disner, nous suivismes un païs commun, tranchant[2] tantost des pleines et aucunes rivieres, et puis aucunes collines aisées, mais le tout très fertile, et le chemin pour la pluspart pavé de carreau couché de pointe[3]. Nous passames la ville de Recanati, qui est une longue ville assise en un haut, et etandue suivant les plis et contours de sa colline, et nous randismes au soir à

Lorette, quinze milles. C'est un petit village clos de murailles et fortifié pour[4] l'incursion des Turcs, assis sur un plant un peu relevé, regardant une très-bele pleine, et de bien près la mer Adriatique ou golfe de Venise; si qu'ils disent que, quant[5] il fait beau, ils descouvrent au delà du golphe les montaignes de l'Esclavonie; c'est enfin une très bele assiette. Il n'y a quasi autres habitans que ceus du service de ceste devotion, come hostes plusieurs (et si les logis y sont assez mal propres), et plusieurs marchans, sçavoir est, vandurs[6] de cire, d'images, de pate-nostres, *agnus Dei*, de *Salvators* et de teles danrées, de quoi ils ont un grand nombre de beles boutiques et richemant fournies. J'y lessai près de 50 bons escus pour ma part. Les prestres, jans d'Église et colliege de jesuites, tout cela est rassemblé en un grand palais qui n'est pas antien, où loge aussi un gouvernur, home d'église, à qui on s'adressse pour toutes choses, sous l'autorité du legat et du pape. Le lieu de la devotion, c'est une petite maisonete fort vieille et chetifve, bastie de brique, plus longue que large[7]. A sa teste on a faict un moïen[8], lequel moïen a à chaque costé une porte de fer; à l'entredus une grille de fer; tout cela grossier, vieil et sans aucun appareil de richesse. Ceste grile tient la largeur d'une porte à l'autre; au travers d'icelle, on voit jusques au bout de ceste logette; et ce bout, qui est environ la cinquiesme partie de la grandur de ceste logette qu'on renferme, c'est le lieu de la principale relligion[1]. Là se voit, au haut du mur, l'image Nostre Dame, faite, disent-ils, de bois; tout le reste est si fort paré de vœux[2] riches de tant de lieus et princes, qu'il n'y a jusques à terre pas un pousse vuide, et qui ne soit couvert de quelque lame d'or ou d'arjant. J'y peus trouver à toute peine place, et avec beaucoup de faveur, pour y loger un tableau[3] dans lequel il y a quatre figures d'arjant attachées: cele de Nostre Dame, la miéne, cele de ma fame, cele de ma fille. Au pied de la miéne, il y a insculpé[4] sur l'arjant: *Michael Montanus, Gallus Vasco, Eques Regii Ordinis* 1581[5]; à cele de ma fame: *Franscica Cassaniana uxor*[6]; à cele de ma fille, *Leonora Montana filia unica*[7]; et sont toutes de ranc à genous dans ce tableau, et la Nostre-Dame au haut au devant. Il y a un'autre antrée en ceste chapelle que par les deus portes de quoi j'ai parlé, laquelle antrée respont au dehors. Entrant donc par en là ceste chapelle, mon tableau est logé à mein gauche contre la porte qui est à ce couin, et je l'y ai laissé très curieusemant ataché et cloué. J'y avois faict mettre une chenette et un aneau d'arjant, pour par icelui le pandre à quelque clou; mais ils aimarent mieus l'attacher tout à faict. En ce petit lieu est la cheminée de ceste logette, laquelle vous voiez en retroussant certeins vieus pansiles[8] qui la couvrent. Il est permis à peu d'y entrer, voire par l'escriteau de devant la porte, qui est de metal très richemant labouré, et encore y a-t-il une grille de fer audavant ceste porte; la defance y est que, sans le congé du gouvernur, nul n'y entre. Entr'autres choses, pour la rareté, on y avoit laissé parmi d'autres presans riches le cierge qu'un Turc frechemant y avoit envoié[9], s'estant

---

(1) La Marche d'Ancône.—(2) Traversant.—(3) Ou comme on dit, *posé de champ*.—(4) C'est-à-dire contre.—(5) Quand

(6) Vendeurs.—(7) On la nomme la *Santa-Casa*.

(8) Nous n'avons pu deviner ce que Montaigne appelle un *moyen*. Est-ce un mur de face ou une espèce de portail?

(1) Ou dévotion.—(2) D'*ex-voto*.—(3) Cadre.—(4) Gravé, ciselé.

(5) « Michel de Montaigne, Français et Gascon, chevalier de l'ordre du roi, 1581. »

(6) « Françoise de la Chassaigne, sa femme. »

(7) « Léonor de Montaigne, leur fille unique. »

(8) Rideaux, *pensilia*, *panni pensiles*.

(9) Sur le vœu d'un Turc à la sainte Vierge, voyez le *Para-

voué à ceste Nostre-Dame, estant en quelque extreme necessité et se voulant eider de toutes sortes de cordes. L'autre part de ceste casette¹, et la plus grande sert de chapelle, qui n'a nulle lumiere de jour et a son autel audessous de la grille contre ce moïen duquel j'ay parlé. En ceste chapelle il n'y a nul ornemant, ny banc, ny accoudoir, ny peinture ou tapisserie au mur; car de soi-mesmes il sert de reliquere. On n'y peut porter nulle espée ny armes, et n'y a nul ordre ny respect de grandur. Nous fismes en ceste chapelle-là nos Pasques, ce qui ne se permet pas à tous; car il y a lieu destiné pour cest effaict, à cause de la grand'presse d'homes qui ordineremant y communient. Il y a tant de ceus qui vont à toutes heures en ceste chapelle qu'il faut de bon'heure mettre ordre qu'on y face place. Un jésuite allemant m'y dit la messe et dona à communier. Il est défendu au peuple de rien esgratigner de ce mur; et s'il étoit permis d'en amporter, il n'y en auroit pas pour trois jours. Ce lieu est plein d'infinis miracles, de quoi je me raporte aus livres; mais il y en a plusieurs et fort recens de ce qui est mésavenu à ceux qui par devotion avoint amporté quelque chose de ce bastimant, voire par la permission du pape; et un petit lopin de brique qui en avoit été osté lors du concile de Trante y a esté rapporté. Ceste casete est recouverte et appuyée par le dehors en carré du plus riche bastimant, le plus labouré² et du plus beau mabre qui se peut voir, et se voit peu de pieces plus rares et excellantes. Tout autour et au dessus de ce carré, est une bele grande église, force beles chapelles tout autour, tumbeaus, et entr'autres celui du cardinal d'Amboise que M. le cardinal d'Armaignac y a mis. Ce petit carré est come le cœur³ des autres églises; toutefois il y a un cœur, mais c'est dans une encoingnure. Toute ceste grande église est couverte⁴ de tableaus, peintures et histoires. Nous y vismes plusieurs riches ornemans, et m'étonai qu'il ne s'y en voïoit encore plus, veu le nom fameus si antienemant de ceste église. Je crois qu'ils refondent les choses antienes et s'en servent à autres usages. Ils estiment les aumones en arjant monoïé à dix mille escus⁵. Il y a là plus d'apparance de relligion qu'en nul autre lieu que j'aïe veu. Ce qui s'y pert, je dis de l'arjant ou autre chose digne, non d'estre relevée sulemant, mais desrobée pour les jans de ce mestier, celui qui le treuve le met en certein lieu publique¹ et destiné à cela; et le reprant là quiconque le veut reprandre, sans connoissance de cause². Il y avoit, quand j'y estois, plusieurs teles choses, pate-nostres, mouchoirs, bourses sans aveu, qui etoint au premier occupant. Ce que vous achetez pour le service de l'Église et pour y laisser, nul artisan ne veut rien de sa façon, pour, disent ils, avoir part à la grace; vous ne païez que l'arjant ou le bois, d'aumosne et de liberalité bien, mais en verité ils le refusent: les jans d'église, les plus officieus qu'il est possible à toutes choses; pour la confesse, pour la communion, et pour telle autre chose ils ne prenent rien. Il est ordinere de doner à qui vous voudrez d'entre eus de l'arjant pour le distribuer aux pauvres en vostre nom, quand vous serez parti. Come j'estois en ce sacrere³, voilà arriver un homme qui offre au premier prestre rancontré une coupe d'arjant en disant en avoir fait veu; et parceque il l'avoit faict de la despanse⁴ de douze escus, à quoi le calice ne revenoit pas, il paya soudein le surplus audict prestre, qui pledoit du païemant et de la monnoïe⁵, come de chose due très exactemant, pour eider à la parfaicte et consciantieuse execution de sa promesse; cela faict, il fit entrer cest home en ce sacrere, offrit lui-mesmes ce calice à Nostre-Dame et y faire une courte oreson, et l'arjant le jeta au tronc commun. Ces examples, il les voient tous les jours et y sont assez nonchalans. A peine est reçu à doner qui veut, au moins c'est faveur d'estre accepté. J'y arrestai lundi, mardi et mercredi matin; après la messe, j'en⁶ partimes. Mais, pour dire un mot de l'experience de ce lieu où je me plus fort, il y avoit en mesme tamps là Michel Marteau⁷, seigneur de la Chapelle, Parisien, june

---

dis ouvert du P. Paul de Barri, J. c. 9, dévotion 4, p. 231 de la seizième édition. Lyon, 1658.

(1) Petite maison. — (2) Travaillé. — (3) Chœur. — (4) Tapissée, remplie. — (5) Par an.

(1) Public. — (2) Sans s'informer qui l'y a mis. — (3) Dans ce lieu saint, de *sacrarium*.

(4) C'est-à-dire du prix.

(5) Cherchait à lui prouver combien l'offre de cette coupe et le surplus de son prix était payé en argent.

(6) Nous en.

(7) Ce nom de *Marteau* ne se trouve point dans une *Nomenclature alphabetique des nobles de Paris et des provinces voisines*, d'environ 15000 noms, manuscrit de la fin du seizième siècle. Ce jeune homme miraculé était peut-être fils de quelque

homme très riche, aveq grand trein. Je me fis fort particulierement et curieusement reciter et à[1] lui et aucuns de sa suite, l'evenement de la guerison d'une jambe qu'il disoit avoir eue de ce lieu ; il n'est possible de mieus ny plus exactement former l'effaict d'un miracle. Tous les chirurgiens de Paris et d'Italie s'y étoint faillis. Il y avoit despandu[2] plus de trois mille escus ; son genou enflé, inutile et très dolureus, il y avoit plus de trois ans, plus mal, plus rouge, enflammé et enflé, jusques à lui doner la fievre ; en ce mesme instant, tous autres médicamans et secours abandonés, il y avoit plusieurs jours ; dormant, tout à coup, il songe qu'il est gueri et lui samble voir un escler ; il s'eveille, crie qu'il est gueri, apele ses jans, se leve, se promene, ce qu'il n'avoit faict onques puis son mal ; son genou désenfle, la peau fletrie tout autour du genou et come morte, lui alla tousjours despuis en amendant, sans null'autre sorte d'eide. Et lors il estoit en cet etat d'entiere guerison, estant revenu à Lorette ; car c'estoit d'un autre voïage d'un mois ou deus auparavant qu'il estoit gueri et avoit esté ce pendant à Rome aveq nous[3]. De sa bouche et de tous les siens, il ne s'en peut tirer pour certein que cela. Le miracle du transport de ceste maisonete, qu'ils tienent estre celle-là propre où en Nasaret nasquit Jesus-Christ, et son remuement premierement en Esclavonie, et depuis près d'ici et enfin ici, est attaché[4] à de grosses tables de mabre en l'église le long des pilliers, en langage italien, esclavon, françois, alemant, espagnol. Il y a au cœur[5] un'enseigne[6] de nos rois pandue, et non les armes d'autre roy. Ils disent qu'ils y voïent souvant les Esclavons à grans tropes venir à ceste devotion, aveq des cris d'aussi loin qu'ils descouvrent l'église de la mer en hors, et puiss ur lieus tant[7] de protestations et promesses à Nostre-Dame, pour retourner à eus[8] ; tant de regrets de lui avoir doné occasion de les abandoner que c'est merveille. Je m'informai que de Lorette il se peut aler le long de la marine en huit petites journées à Naples, voiage que je desire de faire. Il faut passer à Pescare[1] et à la cità de Chiete, où il y a un procaccio[2] qui part tous les dimanches pour Naples. Je offris à plusieurs prestres de l'arjant ; la pluspart s'obstina à le refuser ; et ceus qui en acceptarent, ce fut à toutes les difficultés du monde. Ils tienent là et gardent leur grein dans des caves, sous la rue. Ce fut le 25 d'avril que j'offris mon veu. A venir de Rome à Lorette, auquel chemin nous fumes quatre jours et demi, il me couta six eseus de monnoïe, qui sont cinquante sols piece pour cheval, et celui qui nous louoit les chevaus les nourrissoit et nous. Ce marché est incommode, d'autant qu'ils hastent vos journées, à cause de la despance qu'ils font, et puis vous font treter[3] le plus escharsemant[4] qu'ils peuvent. Le 26, j'allai voir le port à trois milles delà, qui est beau, et y a un fort qui despant de la communauté di Ricanate[5]. Don Luca-Giovanni, beneficiale[6] et Giovanni-Gregorio da Calli, custode de la Secrestia[7], me donnarent leurs noms, affin que, si j'avois affaire d'eus pour moi ou pour autrui, je leur escrivisse ; ceus-là me firent force courtoisies. Le premier comande à ceste petite chapelle et ne vousit[8] rien prandre de moi. Je leur suis obligé des effaicts et courtoisies qu'ils m'ont faictes de parole. Ledict mercredi, après disner je suivis un païs fertile, descouvert et d'une forme meslée[9], et me randis à souper à Ancona, quinze milles. C'est la maitresse ville de la Marque[10] : la Marque estoit aus Latins *Picænum*[11]. Elle est fort peuplée et notamment de Grecs, Turs, et Esclavons, fort marchande, bien bastie, costoïée de deus grandes butes qui se jetent dans la mer, en l'une desqueles est un grand fort par où nous arrivasmes. En l'autre, qui est fort voisin, il y a un' église entre ces deus butes, et sur les pendants d'icelles, tant d'une part que d'autre, est plantée ceste ville : mais le principal est assis au fons du vallon et le long de la mer où est un très-beau port, où il se voit encores un grand arc à l'ho-

---

homme nouveau, riche maltôtier de ce temps-là ; car Paris en foisonnait déjà, suivant Montand, et *la Chasse-aux-Larrons*. L'abbé Lebœuf n'en fait non plus aucune mention dans la notice des quatre villages du nom de *la Chapelle*, que comprend son *Histoire de la ville et du diocèse de Paris*.

(1) C'est-à-dire par lui et par aucuns.—(2) Dépensé.
(3) C'est-à-dire pendant que nous y étions. — (4) Inscrit, gravé.—(5) Chœur.—(6) L'écusson de France.
(7) Suppléez : Ils ont, ils témoignent.
(8) Se convertir, ou de coquins devenir honnêtes gens.]

(1) Pescaro.
(2) Un voiturier.—(3) Aux repas.—(4) Mesquinement.
(5) Recanati.
(6) Bénéficier.—(7) Gardien de la sacristie.—(8) Ne voulut.
(9) Varié de sites.—(10) De la Marche d'Ancône.—(11) Le Picentin.

nûr de l'emperur Trajan, de sa fame et de sa seur[1]. Ils disent que souvant en huit, dix, ou douze heures on trajecte[2] en Esclavonie. Je croi que pour six escus ou un peu plus, j'eusse treuvé une barque qui m'eust mené à Venise. Je donai 33 pistolets[3] pour le louage de huit chevaus jusques à Luques, qui sont environ huit journées. Doit le vetturin nourrir les chevaus, et au cas que j'y sois quatre ou cinq jours plus que de huit, j'ai les chevaus, sans autre chose que de payer les despans des chevaus, et garçons. Ceste contrée est pleine de chiens couchans excellans, et pour six escus il s'y en trouveroit à vandre. Il ne fut jamais tant mangé de cailles, mais bien maigres. J'arrestai le 27 jusques après disner, pour voir la beauté et assiete de ceste ville : à St. Creaco[4], qui est l'église de l'une des deus butes, il y a plus de reliques de nom, qu'en église du monde, lesqueles nous furent monstrées. Nous averasmes[5] que les cailles passent deçà de la Sclavonie à grand foison, et que toutes les nuits ont tand des rets au bord de deçà et les apele-t-on atout[5] ceste leur voix contrefaicte[6] et les rapele-t-on du haut de l'air où elles sont sur leur passage ; et disent que sur le mois de septambre elles repassent la mer en Sclavonie. J'ouis la nuit un coup de canon dès la Brusse[7], au roiaume et audelà de Naples. Il y a de lieue en lieue une tour ; la premiere qui descouvre une fuste[8] de corsere, faict signal atout[9] du feu à la seconde vedette, d'une tel vitesse qu'ils ont trouvé qu'en une heure du bout de l'Italie l'avertissemant court jusques à Venise. Ancone s'apeloit ensin[10] antienemant du mot grec[11], pour l'encoignure que la mer faict en ce lieu ; car ses deus cornes s'avancent et font un pli enfoncé, où est la ville couverte par le davant de ces deus testes et de la mer, et encore par derriere d'une haute bute, où autrefois il y avoit un fort. Il y a encore une église grecque, et sur la porte, en une vieille pierre, quelques lettres que je pense sclavones. Les fames sont

ici communemant beles, et plusieurs homes honestes et bons artisants. Après disner, nous suivismes la rive de la mer qui est plus douce et aisée que la nostre de l'Ocean, et cultivée jusques tout joignant de l'eau, et vinmes coucher à Senigaglia[1], vint milles, bele petite ville, assise en une très-bele pleine tout joignant la mer ; et y faict un beau port, car une riviere descendant des monts la lave d'un costé. Ils en font un canal garni et revestu de gros pans[2] d'une part et d'autre, là où les basteaus se metent à l'abri ; et en est l'entrée close. Je n'y vis nulle antiquité ; aussi logeames nous hors la ville, en une belle hostelerie qui est la seule de ce lieu. On l'apeloit antiennement Senogalia, de nos ancetres qui s'y plantarent, quand Camillus les eut batus ; elle est de la juridiction du duc d'Urbin. Je ne m'y trouvois guiere bien. Le jour que je partis de Rome, M. d'Ossat[3] se promenant aveq moi, je vousis[4] saluer un autre jantilhome : ce fut d'une tele indiscretion[5], que de mon pousse droit j'allai blecer le coin de mon euil droit, si que le sang en sortit soudein, et y ai eu longtemps une rougeur extreme ; lors elle se guerissoit : *Erat tunc dolorad unguem sinistrum*[6]. J'oblios à dire qu'à Ancone en l'église de St. Creaco[7], il y a une tumbe basse d'une *Antonia Rocamoro patre, matre Valetta, Galla, Aquitana, Paciocco Urbinati, Lusitano nupta*[8], qui est enterrée depuis dix ou douze ans. Nous en partismes bon matin, et suivismes la marine par un très-plesant chemin joignant nostre disnée ; nous passames la riviere Metro[9], *Metaurus*, sur un grand pont de bois, et disnames à

Fano, quinze milles, petite ville en une bele et très fertile pleine, joignant la mer, assez mal bastie, bien close. Nous y fusmes très bien

---

(1) Voyez-en la description dans M. de Lalande, t. VII, p. 386 ; et dans M. l'abbé R., t. VI, p. 485 et suivantes.

(2) On passe.

(3) Ou demi-pistoles.

(4) C'est apparemment une corruption de *san Ciriaco*, saint Cyriaque, cathédrale d'Ancône.

(5) Reconnûmes, ou apprimes avec certitude.

(6) Avec. — (7) L'Abruzze. — (8) Un navire ou bâtiment de corsaire. — (9) Avec. — (10) Ainsi. — (11) Ἀγκών, coude.

(1) Sinigaglia. — (2) De murs.

(3) C'est l'habile négociateur, qui fut depuis cardinal. Son extraction était demeurée inconnue jusqu'au temps de Malherbe, *quelque diligence qu'on eût apportée à la chercher*, dit-il dans ses lettres.

(4) Voulsis, voulus. — (5) C'est-à-dire étourderie ou vivacité.

(6) « La douleur avait passé à la gauche. »

(7) De saint Cyriaque.

(8) « D'une Antoinette, Roccamoro du côté de son père, Valette du côté de sa mère, Française et Gasconne ; mariée à Paciocco d'Urbain, originaire portugais. » La famille Valette de Parisot (appelée mal à propos de La Valette), qui est languedocienne et gasconne, a donné à l'ordre de Malte, en 1557, un grand-maitre qui régna environ onze ans.

(9) Le Metauro.

tretés de pein, de vin et de poisson ; le logis n'y vaut guiere. Ell'a cela sur les autres villes de ceste coste, come Senigaglia, Pesaro et autres, qu'elle a abondance d'eaus douces, plusieurs fontenes publicques et puis particulieres, là ou les autres ont à chercher leur eau jusques à la montaigne. Nous y vismes un grand arc antien[1], où il y a un'inscription sous le nom d'Auguste, *qui muros dederat*. Elle s'apelloit *fanum*, et estoit *fanum fortunæ*[2]. Quasi en toute l'Italie, on tamise la farine atout[3] des roues, où un boulanger fait plus de besoingne en un'heure que nous en quatre. Il se treuve quasi à toutes les hosteleries, des rimeurs qui font sur le champ des rimes accommodées aus assistants[4]. Les instrumants sont en toutes les boutiques jusques aux ravaudurs[5] des carrefours des rues. Ceste ville est fameuse sur toutes celes d'Italie : de belles fames nous n'en vismes nulle, que très-ledes ; et à moi qui m'en enquis à un honeste-home de la ville, il me dit que le siecle en estoit passé. On paie en ceste route environ dix sous pour table, vint sous par jour pour home ; le cheval, pour le louage et despants, environ 30 sous : sont 50 sous. Ceste ville est de l'Eglise[6]. Nous laissames sur ceste mesme voïe de la marine, à voir un peu plus outre, Pesaro qui est une bele ville et digne d'estre veue, et puis Rimini, et puis cet' antiene Ravenne ; et notamment à Pesaro, un beau bastimant et d'estrange assiete que faict faire le duc d'Urbin, à ce qu'on m'a dict : c'est le chemin de Venise contre bas. Nous laissames la marine, et primes à mein gauche, suivant une large pleine au travers de laquele passe Metaurus[7]. On descouvre partout d'une part et d'autre des très beaus couteaus[8] ; et ne retire pas mal le visage de cete contrée[9] à la pleine de Blaignac à Castillon[10]. En ceste pleine de l'autre part de cete riviere fut donée la bataille de[11] *Salinator et Claudius-Nero*[12], contre Asdrubal où il fut tué[1]. A l'antrée des montaignes qui se rancontrent au bout de ceste pleine tout sur l'antrée, se treuve

Fossumbrune[2], quinze milles, apartenant au duc d'Urbin : ville assise contre la pante d'une montaigne, aïant sur le bas une ou deus beles rues fort droites, egales et bien logées[3] ; toutefois ils disent que ceus de Fano sont beaucoup plus riches qu'eus. Là il y a sur la place un gros piédestal de mabre aveq une fort grande inscription qui est du tamps de Trajan, à l'honur d'un particulier habitant de ce lieu, et un'autre contre le mur qui ne porte nulle enseigne du tamps. C'estoit antienemant *Forum Sempronii ;* mais ils tienent que leur premiere ville estoit plus avant vers la pleine, et que les ruines y sont encores en bien plus bele assiete. Ceste vile a un pont de pierre pour passer le Metaurus vers Rome, *per viam Flaminiam*[4]. Parce que j'y arrivai de bon heure, (car les milles sont petites et nos journées n'estoint que de sept ou huit hures à chevaucher), je parlai à plusieurs honestes jans qui me contarent ce qu'ils savoint de leur ville et environs. Nous vismes là un jardin du cardinal d'Urbin, et force pieds de vigne entés d'autre vigne. J'entretins un bon bome faisur[5] de livres, nomé Vincentius Castellani qui est de là. J'en partis landemein matin, et après trois milles de chemin, je me jetai à gauche et passai sur un pont la Cardiana, le fluve[6] qui se mesle à Metaurus et fis trois milles le long de aucunes montaignes et rochiers sauvages, par un chemin etroit et un peu mal aisé, au bout duquel nous vismes un passage de bien 50 pas de long, qui a esté pratiqué au travers de l'un de ces haus rochiers. Et parceque c'est une grande besouingne, Auguste, qui y mit la mein le premier, il y avoit un inscription en son nom, que le tamps a effacée ; et s'en voit encores un'autre à l'autre bout, à l'honur de Vespasien. Autour delà il se voit tout plein de grans ouvrages des bastimans du fons de l'eau, qui est d'une extreme hautur ; au dessous du chemin, des rochiers coupés et aplanis d'une espessur infinie ; et le long de tout ce chemin, qui est *via Flaminia*, par où on va à Rome, des traces de leur gros

---

(1) C'est l'arc de triomphe de Constantin, dont on ne voit plus que les ruines.

(2) C'était le temple de la Fortune.—(3) Avec.

(4) On les nomme improvisateurs.

(5) Ravaudeurs, ou revaudeurs.—(6) Appartient à l'État ecclésiastique.—(7) Le Metauro.—(8) Côteaux.

(9) C'est-à-dire et cette contrée ne ressemble pas mal à...

(10) Dans le Périgord, non loin de la Dordogne.

(11) Livius.

(12) Tous deux consuls.

---

(1) Asdrubal.—(2) Fossombrone.—(3) Situées. — (4) Par la voie Flaminienne.

(5) Faiseur.

(6) Le fleuve ou la rivière qui se jette dans le Metauro.

pavé qui est enterré pour la pluspart, et leur chemin qui avoit 40 pieds de large n'en a plus quatre. Je m'estois détourné pour voir cela ; et repassai sur mes pas, pour reprandre mon chemin que je suivis par le bas d'aucunes montaignes accessibles et fertiles. Sur la fin de nostre trete, nous comançames à monter et à descendre, et vinmes à

Urbin, seize milles[1], ville de peu d'excellence, sur le haut d'une montaigne de moïene hautur, mais se couchant de toutes parts selon les pantes du lieu, de façon qu'elle n'a rien d'esgal, et partout il y a à monter et descendre. Le marché y estoit, car c'estoit sammedi. Nous y vismes le palais qui est fort fameus pour sa beauté : c'est une grand'masse, car elle prant jusques au pied du mont. La veue s'estand à mille autres montaignes voisines, et n'a pas beaucoup de grace. Come tout ce bastiment n'a rien de fort agreable ny dedans ny autour n'aïant qu'un petit jardinet de 25 pas ou environ, ils disent qu'il y a autant de chambres que de jours en l'an ; de vrai, il y en a fort grand nombre et à la mode de Tivoli et autres palais d'Italie. Vous voiez au travers d'une porte, souvant 20 autres portes qui se suivent d'un sans[1], et autant par l'autre sans, ou plus. Il y avoit quelque chose d'antien, mais le principal fut basti en 1476, par Frederic Maria de la Rovere, qui ha leans[2] plusieurs titres et grandurs de ses charges et exploits de guerre ; de quoi ses murailles sont fort chargées, et d'une inscription qui dict que c'est la plus bele maison du monde. Ell'est de brique, toute faicte à voute, sans aucun planchier, come la pluspart des bastimants d'Italie. Cestui-ci[3] est son arriere neveu[4]. C'est une race de bons princes et qui sont eimés de leurs sujets[5]. Ils sont de pere en fis tous jans de lettres, et ont en ce palais une bele librairie ; la clef ne se treuva pas. Ils ont l'inclination espaignole. Les armes du roy d'Espagne se voient en ranc de faveur, et l'ordre d'Engleterre et de la Toison, et rien du nostre. Ils produisent eus-mesmes en peinture le premier duc d'Urbin, june home qui fut tué par ses sujets pour son injustice : il n'estoit pas de ceste race. Celui-ci a épousé la sur[1] de M. de Ferrare, plus vieille que lui de dix ans. Ils sont mal ensamble et separés, rien que pour la jalousie d'elle, à ce qu'ils disent. Ensin[2], outre l'eage qui est de 45 ans, ils ont peu d'esperance d'enfants, qui rejetera, disent-ils, ceste duché à l'Eglise ; et en sont en peine. Je vis là l'effigie au naturel de Picus Mirandula[3] : un visage blanc, très-beau, sans barbe, de la façon de 17 ou 18 ans, le nez longuet, les yeus dous, le visage maigrelet, le poil blon[4], qui lui bat jusques sur les espaules, et un estrange acoutremant. Ils ont en beaucoup de lieus d'Italie ceste façon de faire des vis[5], voire fort droites et etroites, qu'à cheval vous pouvez monter à la sime ; cela est aussi ici avec du carreau mis de pouinte[6]. C'est un lieu, disent-ils froit ; et le duc faict ordinere[7] d'y estre sulemant l'esté. Pour prouvoir à cela[8], en deus de leurs chambres il s'y voit d'autres chambres carrées en un couin, fermées de toutes pars, sauf quelque vitre qui reçoit le jour de la chambre ; au dedans de ces retranchemants est le lit du maistre. Après disner je me destournai encores de cinq milles, pour voir un lieu que le peuple de tout tamps apele sepulchro d'Asdrubale[9], sur une colline fort haute et droite qu'ils noment *Monte deci*. Il y a là quatre ou cinq mechantes maisonetes et une eglisete[10], et se voit aussi un bâstimant de grosse brique ou carreau, rond de 25 pas ou environ, et haut de 25 pieds. Tout autour il y a des acoudoirs de mesme brique de trois en trois pas. Je ne sçai comant les massons apelent ces pieces, qu'ils font pour soutenir come des becs[11]. On monta audessus, car il n'y a null'entrée par le bas. On y trouva une voute, rien dedans, nulle pierre de taille, rien d'escrit ; les habitans disent qu'il y avoit un mabre, où il y avoit quelques marques, mais que de notre eage il a esté pris[12]. D'où ce nom[13] lui aïe esté mis, je ne

---

(1) Sens.—(2) Qui a ici.—(3) Le prince régnant.
(4) De Frédéric-Marie de la Rovère.
(5) Il y a quelques exceptions à faire pour les deux papes qu'elle a donnés, pour Sixte IV et Jules II, son neveu.

(1) Sœur.—(2) Ainsi.—(3) Du fameux Pic de la Mirandole.
(4) Les cheveux.—(5) Des escaliers.—(6) De champ.
(7) Est dans l'usage.
(8) Pour pourvoir au froid.
(9) Le tombeau d'Asdrubal. Ce général carthaginois, frère d'Annibal, eut son armée taillée en pièces sur les bords du Métauro, par le consul Livius et par son collègue Claudius Néro, qui s'étaient joints ; il fut tué dans le combat.
(10) Petite église, chapelle.
(11) Éperons, arcs-boutants.—(12) Enlevé.—(13) De tombeau d'Asdrubal.

sçai, et je ne croi guiere que ce soit vraïment ce qu'ils disent. Bien est il certein qu'il[1] fut deffaict et tué assez près de là. Nous suivismes après un chemin fort montueus, et qui devint fangeus pour une sule heure qu'il avoit pleu, et repassames Metaurus à gué, comme ce n'est qu'un torrant qui ne porte pouint de bateau lequel nous avions passé une autrefois depuis le disnée, et nous randismes sur la fin de la journée, par un chemin bas et aisé, à

Castel Durante, quinze milles, villete assise en la pleine, le long de Metaurus, apartenant au duc d'Urbin. Le peuple y faisoit fus[2] de joïe et feste de la naissance d'un fils masle, à la princesse de Besigna, sur[3] de leur duc. Nos vetturins déselent leurs chevaus à mesure qu'ils les débrident en quelqu'estat qu'ils soint, et les font boire sans aucune distinction. Nous bevions ici des vins sophistiqués, et à Urbin, pour les adoucir....[4]. Le dimanche matin nous vinmes le long d'une pleine assez fertile et les couteaus d'autour, et repassames premierement une petite bele ville, S. Angelo apartenant audit duc, le long de Metaurus, aïant des avenues fort beles. Nous y trouvasmes en la ville des petites reines[5] du mi-careme, parce que c'estoit la veille du premier jour de mai. De-là, suivant ceste pleine, nous traversames encores une autre villete de mesme juridiction nomée Marcatello, et par un chemin qui comançoit déjà à santir la montaigne de l'Apennin, vinmes diner à

Borgo-a-Pasci, dix milles, petit village et chetif logis pour une soupée, sur l'encouigneure des mons. Après disner nous suivismes premieremant une petite route sauvage et pierreuse, et puis vinmes à monter un haut mont de deus milles de pante; le chemin escailleus et ennuïeus: mais non effroïable ny dangereus, les prœcipices n'estant pas coupés si droit que la vueë n'aïe où se soutenir. Nous suivismes le Metaurus jusques à son gite[6], qui est en mont; einsi nous avons veu sa naissance et sa fin, l'aïant veu tumber en la mer à Senogaglia[7]. A la descente de ce mont, il se presantoit à nous une très belle et grande pleine, dans laquele court le Tibre qui n'est qu'à huit milles ou environ de sa naissance, et d'autres monts audelà: prospect representant assez celui qui s'offre en la Limaigne d'Auvergne, à ceus qui descendent de Puy de Domme à Clermont. Sur le haut de nostre mont se finit la juridiction du duc d'Urbin, et comance cele du duc de Florence et cele du pape à mein gauche. Nous vinmes souper à

Borgo S. Sopolchro, treize milles; petite ville en ceste pleine, n'aiant nulle singularité, audict duc de Florence; nous en partimes le premier jour de may. A un mille de ceste ville, passames sur un pont de pierre la riviere du Tibre, qui a encores là ses eaus cleres et belles, qui est signe que ceste coulur[1] sale et rousse, *flavum Tiberim*[2] qu'on lui voit à Rome, se prant du meslange de quelqu'autre riviere. Nous traversames ceste pleine de quatre milles, et à la premiere colline trouvames une villete à la teste. Plusieurs filles et là et ailleurs sur le chemin, se metoint au devant de nous, et nous saisissoint les brides des chevaus, et là en chantant certeine chanson pour cest effaict, demandoint quelque liberalité pour la feste du jour. De ceste colline, nous nous ravalames en une fondiere fort pierreuse, qui nous dura longtamps le long du canal d'un torrant; et puis eusmes à monter une montaigne sterile et fort pierreuse, de trois milles à monter et descendre, d'où nous descouvrimes une autre grande pleine dans laquele nous passames la riviere de Chiasso, sur un pont de pierre, et après la riviere d'Arno, sur un fort grand et beau pont de pierre, au deçà duquel nous logeames à

Ponte Boriano, petite maisonnete, dix-huit milles. Mauvès logis, come sont les trois prœcedants, et la pluspart de ceste route. Ce seroit grand folie de mener par ici des bons chevaus, car il n'y a pouint de fouin. Après disner, nous suivismes une longue pleine toute fendue de horribles crevasses que les eaus y font d'une estrange façon, et croi qu'il y faict bien led[3] en hiver; mais aussi est-on après à rabiller le chemin. Nous laissames sur nostre mein gauche, bien près de la disnée, la ville d'Arrezo, dans ceste mesme pleine, à deus milles de nous ou environ. Il samble toutesfois que son assiete soit un peu relevée. Nous passames sur un beau

---

(1) Asdrubal.—(2) Feux.—(3) Sœur.—(4) Il manque ici quelque chose.

(5) Des grenouilles de la mi-carême.—(6) A sa source.

(7) A Senigaglia.

(1) Couleur.—(2) Horat., *Od*., 2, l.'I.—(3) Laid.

pont de pierre et de grande hautur[1] la riviere de Ambra[2], et nous randismes à souper à

Lavenelle, dix milles. L'hostellerie est au-deçà dudict village d'un mille ou environs et est fameuse; aussi la tient-on la meilleure de Thoscane et a-t-on raison; car à la raison des hosteleries d'Italie, elle est des meilleures. On en faict si grand feste, qu'on dict que la noblesse du païs s'y assamble souvant, come chez le More à Paris, ou Guillot à Amians. Ils y servent des assietes d'estein, qui est une grande rarité[3]. C'est une maison sule[4], en très bele assiete d'une pleine qui a la source d'une fonteine à son service. Nous en partimes au matin, et suivismes un très beau chemin et droit en ceste pleine, et y passames au travers quatre villetes ou bourgs fermés, Mantenarca, S. Giovanni, Fligine et Anchisa[5], et vinmes disner à

Pian della Fonte, douze milles. Assez mauvès logis, où est aussi une fonteine, un peu au dessus ledit bourg d'Anchisa, assis au val d'Arno, de quoi parle Petrarca, lequel on tient naï[6] dudict lieu Anchisa[7], au moins d'une maison voisine d'un mille de laquelle on ne treuve plus les ruines que bien chetifves; toutefois ils en remerquent la place. On semoit là lors des melons parmi les autres qui y etoint dejà semés, et les esperoit-on recueillir en aoust. Ceste matinée j'eus une pesanteur de teste et trouble de veue come de mes antienes migrenes, que je n'avois santi il y avoit dix ans. Ceste valée où nous passames a esté autrefois toute en marès[8]; et tient Livius[9] que Annibal fut contreint de les passer sur un elefant, et pour la mauvese seson y perdit un euil[10]. C'est de vrai un lieu fort plat et bas et fort sujet au court de l'Arne. Là je ne vousis[11] pas disner et m'en repantis; car cela m'eût cidé à vomir, qui est ma plus prompte guerison : autremant je porte ceste poisantur de teste un jour et deus, còme il m'avint lors. Nous trouvions ce chemin plein du peuple du païs, portant diverses sortes de vivres à Florance. Nous arrivasmes à

Florance, douze milles, par l'un des quatre pons de pierre qui y sont sur l'Arno. Landemein, après avoir ouï la messe, nous en partimes; et biaisant un peu le droit chemin, allames pour voir Castello, de quoi j'ai parlé ailleurs; mais parceque les filles du duc y estoint, et sur ceste mesme heure aloint par le jardin ouïr la messe, on nous pria de vouloir atandre, ce que je ne vousis[1] pas faire. Nous rancontrions en chemin force prossessions; la baniere va devant, les fames après, la pluspart fort belles, atout[2] des chapeaus de paille, qui se font plus excellans en ceste contrée qu'en lieu du monde, et bien vestues pour fames de village, les mules et escarpins blancs. Après les fames, marche le curé, et après lui les masles[3]. Nous avions veu le jour avant une prossession de moines, qui avoint quasi tous de ces chapeaus de paille. Nous suivismes une très bele pleine fort large; et à dire le vrai, je fus quasi contreint de confesser que ny Orleans, ny Paris, mesmes et leurs environs, ne sont accompaignés d'un si grand nombre de maisons et villages, et si louin que Florance : quant à beles maisons et palais, cela est hors de doubte. Le long de ceste route, nous nous randismes à disner à

Prato, petite ville, dix milles, audict duc, assise sur la riviere de Bisanzo, laquelle nous passames sur un pont de pierre à la porte de ladicte ville. Il n'est nulle region si bien accommodée, entr'autres choses de pons, et si bien estoffés; aussi le long des chemins partout on rancontre des grosses pierres de taille, sur lesqueles est escrit ce que chaque contrée doit rabiller de chemin, et en respondre. Nous vismes là au palais dudict lieu les armes et nom du Legat du Prat[4], qu'ils disent être oriunde[5] de là. Sur la porte de ce palais est une grande statue coronée, tenant le monde en sa mein, et

---

(1) Hauteur.

(2) Petite rivière célébrée par Politien, dans son beau poème sur Homère, qui a pour titre *Ambra*.

(3) Ainsi l'étain, chez les particuliers et dans l'usage ordinaire, était luxe en 1581.

(4) Seule. — (5) Ancisa. — (6) Né.

(7) Les père et mère de Pétrarque avaient leurs biens à Ancisa, dans la vallée d'Arno, et ils y demeurèrent environ six ans, pendant leur exil de Florence; mais François Pétrarque était né à Arezzo, suivant Beccatelli, auteur d'une *Vie de ce poète*, mise à la tête de ses œuvres, dans la belle édition de Venise de 1756.

(8) Marais.

(9) Tite-Live, *Hist.*, liv. XXII, c. 2. — (10) Œil. — (11) Voulus.

(1) Voulus. — (2) Avec. — (3) Les hommes.

(4) Antoine du Prat, chancelier de France, puis, après avoir possédé successivement plusieurs évêchés, archevêque de Sens, cardinal et légat *à latere* en France. On lui attribue la *Vénalité des charges de judicature*, établie par Louis XII, et le fameux concordat entre François Ier et Léon X.

(5) Originaire.

à ses pieds [1], *Rex Robertus* [2]. Ils disent là que ceste ville ā été autresfois à nous; les flurs de lis y sont partout : mais la ville de soi [3], porte de gueules semé de flurs de lis d'or. Le dome y est beau et enrichi de beaucoup de mabre blanc et noir. Au partir de là, nous prismes un'autre traverse de bien quatre milles de detour, pour aler al Poggio, maison de quoi ils font grand feste, apartenant au duc, assis sur le fluve Umbrone; la forme de ce bastimant est le modele de Pratolino. C'est merveille qu'en si petite masse il y puisse tenir çant [4] très belles chambres. J'y vis, entr'autres choses, des lits grand nombre de très bele etoffe, et [5] de nul pris : ce sont de ces petites etoffes bigarrées, qui ne sont que de leine fort fine, et il les doublent de tafetas à quatre fils de mesme colur [6] de l'estoffe. Nous y vismes le cabinet de distilloir [7] du duc et son ouvroir du tour, et autres instrumans : car il est grand mechanique [8]. Delà, par un chemin très droit et le païs extremement fertile, le chemin clos d'arbres rataché de vignes, qui faict la haie, chose de grande beauté, nous nous randismes à souper à

Pistoie, quatorze milles; grande ville sur la riviere d'Umbrone; les rues fort larges, pavées come Florance, Prato, Lucques, et autres, de grandes plaques de pierre fort larges. J'obliois à dire que des salles de Poggio on voit Florance, Prato et Pistoïa, de la table : le duc etoit lors à Pratolino. Audict Pistoïe, il y a fort peu de peuple; les eglises belles, et plusieurs belles maisons [9]. Je m'enquis de la vante des chapeaus de paille, qu'on fit 15 s. Il me samble qu'ils vaudroient bien autant de frans [10] en France. Auprès de ceste ville et en son territoire, fut anciennement desfaict Catilina [11]. Il y a à Poggio, de la tapisserie represantant toute sorte de chasses, je remercai entr'autres une pante [1] de la chasse des autruches, qu'ils font suivre à gens de cheval, et enferrer à tout [2] des javelots. Les Latins apelent Pistoïa, Pistorium [3]; elle est au duc de Florance. Ils disent que les brigues antienes des maisons de Cancellieri et Pansadissi, qui ont été autrefois, l'ont einsi randue come inhabitée, de manière qu'ils ne content que huit mille ames en tout; et Lucques qui n'est pas plus grande, fait vint et cinq mille habitans et plus. Messer Tadeo Rospiglioni [4], qui avoit eu de Rome lettre de recommandation en ma faveur, de Giovanni Franchini, me pria à disner le landemain, et tous les autres qui estions de compaignie. Le palais fort paré, le service un peu faroche [5] pour l'ordre des mets; peu de valets; le vin servi encores après le repas, come en Allemaigne. Nous vismes les eglises : à l'élevation, on y sonnoit en la maitresse eglise les trompettes. Il y avoit parmi les enfans de cueurs [6] des prestres revestus, qui sonnoint de saquebutes. Ceste povre [7] ville se paie de la liberté perdue sur ceste veine image de sa forme antienc. Ils ont neuf premiers [8] et un gonfalonier qu'ils elisent de deus en deus mois. Ceus-ci ont en charge la police, sont nourris du duc, com'ils étoint antienemant du publiq, logés au palais, et n'en sortent jamais guiere que tous ensemble, y estant perpetuelemant enfermés. Le gonfalonier marche devant le potesta que le duc y envoie, lequel potesta en effaict a toute puissance; et ne salue ledict gonfalonier personne, contrefaisant une petite roïauté imaginere. J'avois pitié de les voir se paitre de ceste singerie, et cependant le Grand-Duc a accreu les subsides des dix pars sur les antiens. La pluspart des grands jardins d'Italie nourissent l'herbe aus maistresses allées et la fauchent. Environ ce tamps-là comançoit à murir les serises; et sur le chemin de Pistoïe à Luques, nous trouvions des jans de village qui nous presentoient des bouquets de freses à vandre. Nous en partismes

(1) Est écrit.
(2) Quel est ce roi Robert? Est-ce le fils de Hugues Capet, Robert le dévot, roi de France? On ne lit point qu'il ait été en Italie. Est-ce Robert Ier, son fils, chef de la première branche royale des ducs de Bourgogne? QUERLON.
(3) C'est-à-dire mais la ville a pour armoiries, de gueules semé de fleurs de lys d'or, ou *semé de France*.
(4) Cent.—(5) Et; c'est-à-dire mais.
(6) Couleur.
(7) C'est-à-dire le laboratoire, pourvu d'alambics et de fourneaux à distiller.
(8) Mécanicien.
(9) Les Italiens la nomment Pistoye la bien bâtie. (10) De francs.
(11) Le combat se donna dans une plaine, bordée à gauche par des montagnes, et à droite par un roc escarpé. Catilina fut non-seulement défait, mais périt lui-même; il fut trouvé percé de coups, expirant sur un monceau de morts, et le visage encore animé de toute sa férocité naturelle : *Ferociamque animi quam habuerat vivus, in vultu retinens*, dit Salluste.

(1) Tenture.—(2) Avec.—(3) Et Pistoria.
(4) C'est Rospigliosi; le pape Clément IX, Toscan, était de cette famille.
(5) Farouche ou étrange, bizarre.—(6) Chœur.—(7) Pauvre.—(8) Magistrats.

jeudi, jour de l'Ascension, après disner, et suivismes premierement un tamps ceste pleine, et puis un chemin un peu montueus, et après une très-belle et large pleine. Parmi les champs de bled, ils ont force abres bien rangés, et ces arbres couvers et ratachés de vigne de l'un à l'autre : ces champs samblent estre des jardins. Les montaignes qui se voient en ceste route sont fort couvertes d'abres, et principalement d'oliviers, chataigniers, et muriers pour leurs vers à soie. Dans ceste pleine se rancontre

Lucques, vint milles; ville d'un tiers plus petite que Bourdeaus, libre, sauf que pour sa foiblesse elle s'est jettée sous la protection de l'amperur et maison d'Austriche. Elle est bien close et flanquée; les foscés peu enfoncés, où il court un petit canal d'eaus, et pleins d'herbes vertes, plats et larges par le fons. Tout au tour du mur, sur le terre-plein de dedans, il y a deus ou trois rancs d'abres plantés qui servent d'ombrage, et disent-ils de fascines à la nécessité [1]. Par le dehors vous ne voyez qu'une forest qui cache les maisons. Ils font tousjours garde de trois cens soldats etrangers. La ville fort peuplée, et notammant d'artisans de soie; les rues étroites, mais belles, et quasi partout des belles et grandes maisons. Ils passent au travers un petit canal de la riviere Cerchio; ils bastissent un palais de cent trente mille escus de despanse, qui est bien avansé. Ils disent avoir six vins mille ames de sujets, sans la ville. Ils ont quelques chastelets [2], mais nulle ville en leur subjection. Leurs jantilshommes et jans de guerre font tous estat de marchandises. Les Buonvisi y sont les plus riches. Les estrangiers n'y entrent que par une porte où il y a une grosse garde. C'est l'une des plus plesantes assietes de ville que je vis jamais, environné de deus grans lieus de pleine, belle par excellance au plus estroit, et puis de belles montaignes et collines, où pour la plus-part ils se sont logés aus champs. Les vins y sont mediocremant bons; la cherté à vint sols par jour; les hosteleries à la mode du païs, assez chetives. Je receus force courtoisies de plusieurs particuliers, et vins et fruits et offres d'arjant. J'y fus vandredi, sammedi et en partie le dimanche après le disner, pour autrui, non pas pour moi qui estois à jun. Les collines les plus voisines de la ville sont garnies de tout plein de maisons plesantes, fort espais; la plus part du chemin fut par un chemin bas, assez aisé, entre des montaignes quasi toutes fort ombragées et habitables partout le long de la riviere de Cerchio. Nous passames plusieurs villages et deus fort gros bourgs, Reci et Borgo, et audeçà ladicte riviere que nous avions à nostre mein droite, sur un pont de hautur [1] inusitée, ambrassant d'un sur-arceau une grande largeur de ladicte riviere, et de ceste façon de pons nous en vismes trois ou quatre. Nous vinmes sur les deus heures après midi au

Bein [2] della Villa, seize milles. C'est un païs tout montueus. Audavant du bein, le long de la riviere, il y a une pleine de trois ou quatre çans pas, audessus de laquele le bein est relevé le long de la coste d'une montaigne médiocre, et relevé environ come la fonteine de Banieres, où l'on boit près de la ville. Le site où est le bein a quelque chose de plein, où sont trante ou quarante maisons très-bien accommodées pour ce service; les chambres jolies, toutes particulieres, et libres qui veut, à tout [3] un retret [4], et ont un'entrée pour s'entreatacher [5], et un autre pour se particulariser. Je les reconnus quasi toutes avant que de faire marché, et m'arestai à la plus belle, notammant pour le prospect [6] qui regarde (au moins la chambre que je choisis) tout ce petit fons, et la riviere de la Lima, et les montaignes qui couvrent ledict fons, toutes bien cultivées et vertes jusques à la cime, peuplées de chataigniers et oliviers, et ailleurs de vignes qu'ils plantent autour des montaignes, et les enceignent [7] en forme de cercles et de degrés. Le bort du degré vers le dehors un peu relevé, c'est vigne; l'enfonceure de ce degré, c'est bled. De ma chambre j'avois toute la nuit bien doucement le bruit de ceste riviere. Entre ces maisons est une place à se proumener, ouverte d'un costé en forme de terrasse, par laquele vous regardez ce petit plein sous l'allée d'une treille publique, et voiez le long de la riviere dans ce petit plein, à deux cens pas, sous vous, un beau petit village qui sert aussi à ces beins, quand il y a presse. La pluspart des maisons neufves; un beau chemin pour y aler, et une belle place audict village. La pluspart des

---

(1) Au besoin.—(2) Petits châteaux.

(1) Hauteur. — (2) Ou Bagno.— (3) Avec.—(4) Une garderobe ou lieu privé.
(5) Pour communiquer.—(6) La vue. —(7) Les disposent circulairement.

habitans de ce lieu se tienent là l'hiver, et y ont leurs boutiques, notammant d'apotiquererie; car quasi tous sont apotiqueres. Mon hoste se nome le capitene Paulini, et en est un. Il me dona une salle, trois chambres, une cuisine et encore un'apant[1] pour nos jans, et là dedans huit lits, dans les deus desquels il y avoit pavillon; fournissoit de sel, serviete le jour, à trois jours une nape, tous utansiles de fer à la cuisine, et chandeliers, pour unse escus, qui sont quelques sous plus que dix pistolets[2], pour quinze jours. Les pots, les plats, assietes qui sont de terre, nous les achetions, et verres et couteaus; la viande s'y treuve autant qu'on veut, veau et chevreau; non guiere autre chose. A chaque logis on offre de vous faire la despanse; et croi qu'à vint sous par home on l'aroit[3] par jour; et si vous la voulez faire, vous trouvez en chaque logis quelque home ou fame capable de faire la cuisine. Le vin n'y est guiere bon; mais qui veut, en faict porter ou de Pescia ou de Lucques. J'arrivai là le premier, sauf deus jantilhomes bolonois qui n'avoint pas grand trein. Einsi j'eus à choisir et, à ce qu'ils disent, meilleur marché que je n'eusse eu en la presse, qu'ils disent y estre fort grande; mais leur usage est de ne comancer qu'en juin, et y durer jusques en septembre, car en octobre ils le quitent; et s'y fait des assamblées souvant pour la sule recreation; ce qui se faict plustost, come nous en trouvasmes qui s'en retournoient y aïant deja esté un mois, ou en octobre, est extraordinere. Il y a en ce lieu une maison beaucoup plus magnifique que les autres des sieurs de Buonvisi, et certes fort belle; ils la noment le Palais. Elle a une fontene belle et vive dans la salle, et plusieurs autres commodités. Elle me fut offerte, au moins un appartement de quatre chambres que je voulois, et tout, si j'en eusse eu besoin. Les quatre chambres meublées come dessus, ils me les eussent laissées pour vint escus du païs pour quinse jonrs; j'en vousis[4] doner un escu par jour pour la consideration du tamps et pris qui change. Mon hoste n'est obligé à nostre marché que pour le mois de may; il le faudra refaire si j'y veus plus arrester. Il y a ici de quoi boire et aussi de quoi se beigner. Un bein couvert, vouté et assez obscur, large come la moitié de ma salle de Montaigne. Il y a aussi certein esgout qu'ils nomment la doccia[1]; ce sont des tuïaux par lesquels on reçoit l'eau chaude en diverses parties du cors et notamment à la teste, par des canaus qui descendent sur vous sans cesse et vous vienent battre la partie, l'eschauffent, et puis l'eau se reçoit par un canal de bois, come celui des buandieres, le long duquel elle s'écoule. Il y a un autre bein vouté de mesme et obscur, pour les fames: le tout[2] d'une fonteine de laquelle on boit, assez plaisamment assise, dans une enfonceure où il faut descendre quelques degrés.

Le lundi huit de mai au matin, je pris à grande difficulté de la casse que mon hoste me præsenta, non pas de la grace[3] de celui de Rome, et la prit de mes meins. Je disnai deus heures après et ne pus achever mon disner; son operation me fit randre ce que j'en avois pris, et me fit vomir encores despuis. J'en fis trois ou quatre selles avec grand dolur de vantre, à cause de sa vantuosité, qui me tourmanta près de vint-quatre heures, et me suis promis de n'en prandre plus. J'eimerois mieus un accès de cholique, aïant mon vantre einsin[4] esmeu, mon goust alteré, et ma santé troublée de ceste casse: car j'estois venu là en bon estat, en maniere que le dimanche après souper, qui estoit le sul repas que j'eusse faict ce jour, j'alai fort alegremant voir le bein de Corsena, qui est à un bon demi mille de là, à l'autre visage[5] de ceste mesme montaigne, qu'il faut monter et devaler après, environ à mesme hautur que les beins de deça. Cest autre bein est plus fameus pour le bein et la doccia; car le nostre n'a nul service receu communéemant[6], ny par les medecins ny par l'usage, que le boire, et dict-on que l'autre est plus antienement conu. Toutefois pour avoir ceste vieillesse qui va jusques aus siecles des Romeins, il n'y a nulle trace d'antiquité ny en l'un ny en l'autre. Il y a là trois ou quatre grans beins voutés, sauf un trou sur le milieu de la voute, com'un soupirail; ils sont obscurs et mal plaisans. Il y a un'autre fonteine chaude à deus ou trois çans pas de là, un

---

(1) Appentis.—(2) Environ cinquante francs.—(3) L'aurait.
(4) Voulus.

(1) La douche.—(2) Provenant.
(3) Avec la politesse et l'intelligence de l'apothicaire de Rome.
(4) Ainsi.—(5) Face.
(6) C'est-à-dire n'est pas communement ordonné par les médecins, ni fréquenté par les malades.

peu plus haut en ce mesme mont, qui se nome de Saint Jan; et là on y a faict une loge à trois beins, aussi couverts; nulle maison voisine, mais il y a de quoi y loger un materas [1] pour y reposer quelque heure du jour. A Corsena, on ne boit du tout pouint. Au demurant, ils diversifient l'operation de ses caus qui refreche [2], qui eschauffe, qui pour telle maladie, qui pour telle autre, et là-dessus mille miracles; mais en somme, il n'y a nulle sorte de mal qui n'y treuve sa guerison. Il y a un beau logis à plusieurs chambres, et une vintene d'autres non guiere beaus. Il n'y a nulle compareson en cela de leur commodité à la nostre, ny de la beauté de la veue, quoiqu'ils aient nostre riviere à leurs pieds et que leur veue s'estande plus longue dans un vallon, et si [3] sont beaucoup plus chers. Plusieurs boivent ici, et puis se vont beigner là. Pour cest'heure Corsena a la reputation. Le mardi, 9 de mai 1581, bon matin, avant le soleil levé, j'alai boire du surjon mesme de notre fonteine chaude. En beus sept verres tout de suite, qui tienent trois livres et demie : ils mesurent einsi. Je croi que ce seroit à douze [4] nostre carton. C'est un'eau chaude fort modereement, come celle d'Aigues-Caudes ou Barbotan, aïant moins de gout et saveur que nulle autre que j'aie jamais beu. Je n'y peus [5] apercevoir que sa tiedur et un peu de douceur. Pour ce jour elle ne me fit null'operation, et si fus cinq heures despuis boire jusques au disner, et n'en randis une sule goute. Aucuns disoint que j'en avois pris trop peu, car là ils en ordenent un fiasque [6], sont deus boccals [7], qui sont huit livres, sese ou dix et sept verres des miens. Moi je pense qu'elle me trouva si vuide à-cause de ma medecine, qu'elle trouva place à me servir d'aliment [8]. Ce mesme jour je fus visité d'un jantil home boulonois, colonel de douse çans homes de pied, aus gages de ceste seigneurie, qui se tient à quatre milles des beins. Et me vint faire plusieurs offres, et fut avec moi environ deus heures ; comanda à mon hoste et autres du lieu de me favoriser de leur puissance. Ceste seigneurie a ceste regle de se servir d'officiers estrangiers, et dispose son peuple aus vilages par nombre; et selon la contrée, leur done un colonel à leur comander, qui a plus grande, qui moindre charge. Les colonels sont païés ; les capitaines, qui sont des habitans du païs, ne le sont qu'en guerre, et comandent aus compaignies particulieres lors du besouin. Mon colonel avoit sèse escus par mois de gages et n'a charge que se tenir prest. Ils vivent plus sous regle [1] en ces beins ici qu'aus nostres, et junent fort notamment du boire. Je m'y trouvois mieus logés qu'en nuls autres beins, fut-ce à Banieres. Le sit [2] du païs est bien aussi beau à Banieres, mais en nuls autres beins ; les lieus à se baigner à Bade surpassent en magnificence et commodité tous les autres de beaucoup; le logis de Bade comparable à tout autre, sauf le prospet [3] d'icy. Mercredi bon matin, je rebeus de cest'eau, et estant en grand peine du peu d'operation que j'en avois senti le jour avant; car j'avoi bien faict une selle soudein après l'avoir prise, mais je rendois [4] cela à la medecine du jour præcedant, n'aïant faict pas une goute d'eau qui retirast à celle du bein. J'en prins le mercredi, sept verres mesurés à la livre, qui fut pour le moins double de ce que j'en avois pris l'autre jour, et crois que je n'en ai jamais tant pris en un coup. J'en santis un grand desir de suer, auquel je ne vousis [6] nullemant eider, aïant souvant ouï dire que ce n'estoit pas l'effaict qui me faloit; et come le jour me contins en ma chambre, tantost me promenant, tantost en repos. L'eau s'achemina plus par le derriere, et me fit faire plusieurs selles lasches et cleres, sans aucun effort. Je tien qu'il me fit mal de prandre ceste purgation de casse, car l'eau trouvant nature acheminée par le derrière et provoquée, suivit ce trein-la ; là où je l'eusse, à-cause de mes reins, plus desirée par le devant; et suis d'opinion, au premier bein que je pranderai, de sulemant me preparer avec quelque june [7] le jour avant. Aussi crois-je que cest'eau soit fort lasche et de peu d'operation, et par conse-

---

(1) Matelas, c'est-à-dire un lit de camp.
(2) Soit pour rafraichir, soit pour réchauffer, soit, etc.
(3) Et cependant.
(4) A douze livres.
(5) Pus.
(6) *Una fiasca*, grande bouteille de verre plate. — (7) Ou bocaux.
(8) C'est l'effet que font quelques médecines dans certaines dispositions; ce qui peut porter dans le sang un mauvais levain, mais est encore moins dangereux que les superpurgations. QUERLON.

(1) Observent plus de régime.—(2) Site, *situs*.—(3) Prospect.
(4) J'attribuais.
(5) Eût aucun rapport.—(6) Ne voulus.—(7) Jeûne, ou diète.

quant sûre et pouint de hasard, les aprantis et delicats y seront bons. On les prant pour refreschir le foïe et oster les rougeurs de visage; ce que je remerque curieusemant pour le service que je dois à une très vertueuse dame de France. De l'eau de Saint Jan, on s'en sert fort aus fars[1], car ell'est extrememant huileuse. Je voïois qu'on en amportoit à pleins barrils aus païs estrangiers, et de cele que je beuvois encore plus, à force asnes et mulets, pour Reggio, la Lombardie, pour le boire. Aucuns la prenent ici dans le lit, et leur principal ordre est de tenir l'estomac et les pieds chaus, et ne se branler[2] guieres. Les voisins la font porter à trois ou quatre milles à leurs maisons. Pour montrer qu'elle n'est pas fort apéritive, ils ont en usage de faire aporter de l'eau d'un bein près de Pistoïe, qui a le goust acre et est très chaude en son nid[3]; et en tienent les apotiqueres d'ici, pour en boire avant celle d'ici, un verre, et tienent qu'elle achemine ceste ci, etant active et apéritive. Le segond jour je rendis de l'eau blanche, mais non sans altération de colur[4], com'ailleurs, et fis force sable; mais il estoit acheminé par la casse, car j'en rendois beaucoup le jour de la casse. J'appris là un accidant memorable. Un habitant du lieu, soldat qui vit encore, nomé Giuseppe, et comande à l'une des galeres des Genevois[5] en forçat, de qui je vis plusieurs parans proches, estant à la guerre sur mer, fut pris par les Turcs. Pour se mettre en liberté, il se fit Turc, (et de ceste condition il y en a plusieurs, et notammant des montaignes voisines de ce lieu, encore vivans,) fut circuncis, se maria là. Estant venu piller ceste coste, il s'eloingna tant de sa retrete que le voilà, aveq quelques autres Turcs, attrapé par le peuple qui s'estoit soublevé. Il s'avise soudein de dire qu'il s'estoit venu randre à esciant[6], qu'il estoit chrétien, fut mis en liberté quelques jours après, vint en ce lieu et en la maison qui est vis-à-vis de cele où je loge: il entre, il rencontre sa mere. Elle lui demande rudement qui il etoit, ce qu'il vouloit, car il avoit encore ses vestemans de matelot, et estoit estrange de le voir là. Enfin il se faict conètre, car il estoit perdu despuis dix à douze ans, embrasse sa mere. Elle aïant faict un cri, tumbé toute esperdue, et est jusques au landemein qu'on n'y conessoit quasi pouint de vie, et en estoint les medecins du tout desesperés. Elle se revint enfin et ne vescut guiere depuis, jugeant chascun que ceste secousse lui accoursit[1] la vie. Nostre Giuseppe fut festoïé d'un checun, receu en l'église à abjurer son erreur, receut le sacremant[2] de l'evesque de Lucques, et plusieurs autres serimonies : mais ce n'estoit que baïes[3]. Il estoit Turc dans son cueur, et pour s'y en retourner, se desrobe d'ici, va à Venise, se remesle aus Turcs, reprenant son voïage. Le voilà retumbé entre nos meins, et parce que c'est un home de force inusitée et soldat fort entandu en la marine, les Genevois[4] le gardent encore et s'en servent, bien attaché et garroté. Ceste nation a force soldats qui sont tous enregistrés, des habitans du païs, pour le service de la seignerie. Les colonels n'ont autre charge que de les exercer souvant, faire tirer, escarmoucher, et teles choses, et sont tous du païs. Ils n'ont nuls gages, mais ils peuvent porter armes, mailles[5], harquebouses, et ce qui leur plait; et puis ne peuvent estre sesis au cors pour aucun debte, et à la guerre reçoivent païe. Parmi eus sont les capitenes, anseignes, sarjans. Il n'y a que le colonel qui doit estre de nécessité estrangier et païé. Le colonel del Borgo, celui qui m'estoit venu visiter le jour avant, m'envoïa dudict lieu (qui est à quatre milles du bein) un home avec sèse citrons et sèse artichaus. La douceur et foiblesse de cest'eau s'argumante encore de ce qu'elle se tourne et facilement en alimant; car elle se teint et se cuit soudein, et ne done pouint ces pouintures des autres à l'appetit[6] d'uriner, come je vis par mon experiance et d'autres en mesme tamps. Encore que je fusse plesammant et très-commodemant logé et à l'envi de mon logis de Rome, si n'avois-je ny chassis ny cheminée, et encore moins vitres en ma chambre. Cela montre qu'ils n'ont pas en Italie les orages si frequans que nous, car cela, de n'avoir autres fenetres que de bois quasi en toutes les maisons, ce seroit une incommodité insupportable : outre ce, j'estois couché très-bien. Leurs lits, ce sont petits mechans treteaus sur les-

(1) Fards ou pommades pour le tein. — (2) Faire peu d'exercice, ne se bouger.
(3) A sa source, à la fontaine. — (4) Couleur. — (5) C'est-à-dire Génois. — (6) De bon gré.

(1) Abrégea. — (2) La communion. — (3) Tromperies. — (4) Génois.
(5) Cottes de mailles, ou cuirasses.
(6) Quand on veut uriner.

quels ils jettent des esses[1], selon la longur et largeur du lit; là dessus une paillasse, un materas[2], et vous voilà logé très bien, si vous avez un pavillon. Et pour faire que vos traiteaus et esses ne paroissent, trois remedes : l'un d'avoir des bandes, de mesme que le pavillon, comme j'avois à Rome ; l'autre, que vostre pavillon soit assez long pour pandre jusques à terre et couvrir tout, ce qui est le meillur ; le tiers, que la couverte qui se ratache par les couins avec des boutons, pande jusques à terre, qui soit de quelque legere étoffe, come de futeine blanche, aïant audessous une autre couverte pour le chaut. Au moins j'aprans pour mon trein cest'épargne pour tout le commun de chez moi, et n'ai que faire de chalits. On y est fort bien, et puis c'est une recette contre les punèses. Le mesme jour, après disner, je me beignai, contre les règles de ceste contrée, où on dict que l'une operation ampesche l'autre ; et les veulent distinguer : boire tout de suite, et puis beigner tout de suite. Ils boivent huit jours et beignent trante, boire en ce bein et beigner en l'autre. Le bein est très dous et plesant ; j'y fus demi heure, et ne m'esmeut qu'un peu de sueur : c'etoit sur l'heure de souper. Je me cochai[3] au partir delà, et soupai d'une salade de citron sucrée, sans boire ; car ce jour je ne beus pas une livre[4]. Et croi qui eût tout conté[5] jusques au landemein, que j'avois randu par ce moïen à peu près l'eau que j'avois prise. C'est une sotte costume de conter ce qu'on pisse[6]. Je ne me trouvois pas mal, eins[7] gaillard, comme aus autres beins, et si estois en grand peine de voir que mon eau ne se randoit pas, et à l'advanture m'en estoit-il autant advenu ailleurs. Mais ici de cela ils font un accidant mortel, et, dès le premier jour, si vous faillez à rendre les deus pars au moins, ils vous conseillent d'abandonner le boire ou prandre medecine. Moi, si je juge bien de ces eaus, elles ne sont ny pour nuire beaucoup, ny pour servir : ce n'est que lâcheté et foiblesse, et est à craindre qu'elles eschauffent plus les reins qu'elles ne les purgent ; et crois qu'il me faut des eaus plus chaudes et aperitives. Le jeudi matin j'en rebus cinq livres, cregnant d'en estre mal servi et ne les vuider. Elles me firent faire une selle, uriner fort peu. Et ce mesme matin escrivant à M. Ossat[1], je tumbe en un pancemant si penible de M. de la Boétie[2], et y fus si longtamps sans me raviser que cela me fit grand mal. Le lit de cest'eau est tout rouge et rouillé, et le canal par où elle passe : cela, meslé à son insipidité, me faict crère qu'il y a bien du fer, et qu'elle resserre. Je ne randis le jeudi, en cinq heures, que j'atandis à disner, que la cinquiesme partie de ce que j'avois beu. La vaine chose que c'est que la medecine[3]. Je disois par rencontre ! que me repantois de m'estre tant purgé, que cela faisoit que l'eau me trouvant vuide, servoit d'alimans et s'arrestoit. Je viens de voir un medecin imprimé[4], parlant de ces eaus, nommé Donati, qui dit qu'il conseille de peu disner et mieux souper. Comme je continuai à boire, je crois que ma conjecture lui sert. Son compaignon Franciotti est au contrere, comme en plusieurs autres choses. Je santois ce jour là quelques poisanteurs de reins que je creignois que les eaus mesmes me causassent, et qu'elles s'y croupissent : si est-ce qu'à conter tout ce que je rendois en 24 heures, j'arrivois à mon point à peu près, atandu le peu que je beuvois aus repas. Vandredi je ne beus pas ; et au lieu de boire m'alai beigner un matin et m'y laver la teste, contre l'opinion commune du lieu. C'est un usage du païs d'eider leur eau par quelque drogue meslée, come du sucre candi, ou manne, ou plus forte medecine, encore qu'ils meslent au premier verre de leur eau et le plus ordinerement de l'eau *del Testuccio*, que je tâtai : elle est salée. J'ai quelque soupçon que les apotiqueres, au lieu de l'envoïer querir près de Pistoïe où ils disent qu'elle est, sophistiquent quelque eau naturelle, car je lui trouvai la saveur extraordinaire, outre la salure. Ils la font rechauffer et en boivent au comancement un, deus ou trois verres. J'en ai veu boire en ma presance, sans

---

(1) Des tringles, ou des barres de bois.—(2) Matelas. (3) Couchai.—(4) D'eau.—(5) Compté.

(6) Nous ne demandons point grace pour tous ces détails, qui ne sont ni ragoûtants, ni curieux ; on les pardonnera si l'on veut à Montaigne ; mais on voit qu'ils entraient si bien dans son genre d'égoïsme qu'il en a semé ses *Essais*. Nous ne pouvions donc les supprimer sans altérer le compte qu'il se rend à lui-même.—(7) Mais,

(1) Le même qui fut depuis cardinal et négociateur célèbre.
(2) Etienne de la Boëtie, l'ami le plus intime et le plus chéri de Montaigne, auteur du discours intitulé : *De la servitude volontaire.* Voyez son éloge dans les *Essais*, l. II, c. 17.
(3) On a déjà vu par les *Essais* de Montaigne qu'il était rempli de préjugés contre la médecine et les médecins.
(4) C'est-à-dire dont on a un ouvrage imprimé sur ces eaux,

aucun effaict. Autres mettent du sel dans l'eau au premier et second verre ou plus. Ils y estiment la sueur quasi mortelle et le dormir, aïant beu. Je santois grand action de cest'eau vers la sueur.

La fin du Voyage de Montaigne est écrite en langue italienne; nous n'en donnons que la traduction.

Essayons de parler un peu cette autre langue[1], me trouvant surtout dans cette contrée où il me paroît qu'on parle le langage le plus pur de la Toscane, particulièrement parmi ceux du païs qui ne l'ont point corrompue par le mélange des patois voisins. Le samedi matin de bonne heure, j'allai prendre les eaux de Barnabé; c'est une des fontaines de cette montagne, et l'on est étonné de la quantité d'eaux chaudes et froides qu'on y voit. La montagne n'est point trop élevée, et peut avoir trois milles de circuit. On n'y boit que de l'eau de notre fontaine principale, et de cette autre qui n'est en vogue que depuis peu d'années. Un lépreux nommé *Barnabé*, ayant essayé des eaux et des bains de toutes les autres fontaines, se détermina pour celle-ci, s'y abandonna et fut guéri. C'est sa guérison qui a fait la réputation de cette eau. Il n'y a point de maisons à l'entour, excepté seulement une petite loge couverte, et des siéges de pierre autour du canal, qui étant de fer, quoique placé là récemment, est déjà presque tout rongé en dessous. On dit que c'est la force de l'eau qui le détruit, ce qui est fort vraisemblable. Cette eau est un peu plus chaude que l'autre, et selon l'opinion commune, plus pesante encore et plus violente; elle sent un peu plus le souffre, mais néantmoins foiblement. L'endroit où elle tombe est teint d'une couleur de cendre comme les nôtres, mais peu sensible; elle est éloignée de mon logis de près d'un mille, en tournant au pied de la montagne, et située beaucoup plus bas que toutes les autres eaux chaudes. Sa distance de la rivière est d'environ une ou deux piques. J'en pris cinq livres avec quelque malaise, parce que ce matin je ne me portois pas trop bien. Le jour d'auparavant j'avois fait une promenade d'environ trois milles après mon diner, pendant la chaleur, et je sentis après le souper un peu plus fortement l'effet de cette eau. Je commençai à la digérer dans l'espace d'une demi-heure. Je fis un grand détour d'environ deux milles, pour m'en retourner au logis. Je ne sais si cet exercice extraordinaire me fit grand bien; car les autres jours je m'en retournois tout de suite à ma chambre, afin que l'air du matin ne pût me refroidir, les maisons n'étant point à trente pas de la fontaine. La première eau que je rendis fut naturelle, avec beaucoup de sable : les autres étoient blanches et crues. J'eus beaucoup de vents. Quand j'eus rendu à peu près la troisième livre, mon urine commençoit à prendre une couleur rouge; avant le disner j'en avois évacué plus de la moitié. En faisant le tour de la montagne de toutes parts, je trouvai plusieurs sources chaudes. Les paysans disent de plus qu'on y voit pendant l'hiver, en divers endroits, des évaporations qui prouvent qu'il y en a beaucoup d'autres. Elles me paroissent à moi comme chaudes et en quelque façon sans odeur, sans saveur, sans fumée, en comparaison des nôtres. Je vis à Corsenne un autre endroit beaucoup plus bas que les bains, où sont en quantité d'autres petits canaux plus commodes que les autres. Ils disent ici qu'il y a plusieurs fontaines, au nombre de huit ou dix, qui forment ces canaux. A la tête de chacun est inscrit un nom différent, qui annonce leurs divers effets : comme la *Savoureuse*, la *Douce*, l'*Amoureuse*, la *Couronne* ou la *Couronnée*, la *Désespérée*, etc. A la vérité il y a certains canaux plus chauds les uns que les autres.

Les montagnes des environs sont presque toutes fertiles en bled et en vignes, au lieu qu'il n'y avait, il y a cinquante ans, que des bois et des chataignes On voit encore un petit nombre de montagnes pelées et dont la cime est couverte de neige, mais elles sont assez éloignées de là. Le peuple mange *du pain de bois* : c'est ainsi qu'ils nomment, par forme de proverbe, le pain de chataigne, qui est leur principale récolte, et il est fait comme celui qu'on nomme en France *pain d'épice*. Je n'ai jamais tant vu de serpents et de crapauds. Les enfans n'osent même assez souvent aller cueillir les fraises dont il y a grande abondance sur la

---

[1] L'italienne. La traduction de la partie italienne du *Voyage de Montaigne* est de M. de Querlon. Le style italien de Montaigne est fort peu élégant; mais il a préféré sans doute écrire dans cette langue à cause des nombreux détails de sa cure médicale qu'il y suit pas à pas. Cet ouvrage, d'ailleurs, n'était qu'une sorte de *memorandum* uniquement destiné pour lui.

montagne et dans les buissons, de peur des serpents.

Plusieurs buveurs d'eau, à chaque verre, prennent trois ou quatre grains de corriande pour chasser les vents. Le dimanche de Pasques, 14 de mai, je pris cinq livres et plus de l'eau de Barnabé, parce que mon verre en contenoit plus d'une livre. Ils donnent ici le nom de *Pâques* aux quatre principales fêtes de l'année. Je rendis beaucoup de sable la première fois ; et avant qu'il fût deux heures, j'avois évacué plus des deux tiers de l'eau, suivant que je l'avois prise, avec l'envie d'uriner et avec les dispositions que j'apportois ordinairement aux autres bains. Elle me tenoit le ventre libre, et passoit très bien. La livre d'Italie n'est que de douze onces.

On vit ici à très bon marché. La livre de veau, très bon et très tendre, coûte environ trois sols de France. Il y a beaucoup de truites, mais de petite espèce. On y voit de bons ouvriers en parasols, et l'on en porte de cette fabrique partout. Toute cette contrée est montueuse et l'on y voit peu de chemins unis ; cependant il s'en trouve de fort agréables, et jusqu'aux petites rues de la montagne, la plupart sont pavées. Je donnai après dîner un bal de paysannes, et j'y dansai moi-même pour ne pas paroître trop réservé. Dans certains lieux de l'Italie, comme en Toscane et dans le duché d'Urbin, les femmes font la révérence à la françoise, en pliant les genoux. Près du canal de la fontaine la plus voisine du bourg est un marbre carré, qu'on y a posé il y a précisément cent dix ans, le premier jour de mai, et sur lequel les propriétés de cette fontaine sont inscrites et gravées. Je ne rapporte point l'inscription, parce qu'elle se trouve dans plusieurs livres imprimés où il est parlé des bains de Luques. A tous les bains, on trouve de petites horloges [1] pour l'usage commun ; j'en avois toujours deux sur ma table qu'on m'avoit prêtées. Le soir je ne mangeai que trois tranches de pain rôties avec du beurre et du sucre, sans boire. Le lundi, comme je jugeai que cette eau avoit assez ouvert la voie, je repris de celle de la fontaine ordinaire, et j'en avalai cinq livres ; elle ne me provoqua point de sueur, comme elle faisoit ordinairement. La première fois que j'urinois, je rendois du sable qui paroissoit être en effet des fragmens de pierre. Cette eau me sembloit presque froide en comparaison de celle de Barnabé, quoique celle-ci ait une chaleur fort modérée et bien éloignée de celle des eaux de Plombières et de Bagnières. Elle fit un bon effet des deux côtés ; ainsi je fus heureux de ne pas croire ces médecins qui ordonnent d'abandonner la boisson, lorsqu'elle ne réussit pas dès le premier jour. Le mardi 16 de mai, comme c'est l'usage du pays, usage conforme à mon goût, je discontinuai de boire, et je restai plus d'une heure dans le bain sous la source même, parce qu'ailleurs l'eau me paroissoit trop froide. Enfin, comme je sentois toujours des vents dans le bas-ventre et dans les intestins, quoique sans douleur et sans qu'il y en eût dans mon estomac, j'appréhendai que l'eau n'en fût particulièrement la cause, et je discontinuai d'en boire. Mais je me plaisois si fort dans le bain que je m'y serois endormi volontiers. Il ne me fit pas suer, mais il me tint le corps libre ; je m'essuyai bien, et je gardai le lit quelque temps.

Tous les mois on fait la revue des soldats de chaque vicariat. Mon colonel, de qui je recevois des politesses infinies, fit la sienne. Il y avoit deux cens piquiers et arquebusiers ; il les fit manœuvrer les uns contre les autres, et, pour des paysans ils entendent assez bien les évolutions : mais son principal emploi est de les tenir en bon ordre et de leur enseigner la discipline militaire. Le peuple est ici divisé en deux partis, l'un françois et l'autre espagnol. Cette division fait naître souvent des querelles sérieuses ; elle éclate même en public. Les hommes et les femmes de notre parti portent des touffes de fleurs sur l'oreille droite, avec le bonnet et des flocons de cheveux, ou telles choses semblables ; dans le parti des Espagnols, ils les portent de l'autre côté. Ici les paysans et leurs femmes sont habillés comme les gentilshommes. On ne voit point de paysanne qui ne porte des souliers blancs, de beaux bas de fil et un tablier d'armoisin [1] de couleur. Elles dansent et font fort bien les cabrioles et le moulinet. Quand on dit le *prince*, dans cette seigneurie, on entend le conseil des cent vingt. Le colonel

---

[1] Ce sont des horloges de sable, à l'usage des buveurs d'eau.

[1] Etoffe de soie fort légère.

ne peut prendre une femme sans la permission du prince, et il ne l'obtient qu'avec beaucoup de peine, parce qu'on ne veut pas qu'il se fasse des amis et des parens dans le pays. Il ne peut encore y acquérir aucune possession. Aucun soldat ne peut quitter le pays sans congé. Il y en a beaucoup que la pauvreté force de mendier sur ces montagnes, et de ce qu'ils amassent ils achètent leurs armes.

Le mercredi j'allai au bain, et j'y restai plus d'une heure; j'y suai un peu et je me baignai la tête. On voit bien là que l'usage des poêles d'Allemagne est très commode dans l'hiver pour chauffer les habits et tout ce qu'on veut; car notre maître de bains, en mettant quelques charbons sur une pelle de fer propre à tenir de la braise, et l'élevant un peu avec une brique, pour que l'air qu'il reçoit par ce moyen puisse nourrir le feu, fait chauffer très bien, très promptement, les hardes, et plus commodément que nous pourrions faire à notre feu. Cette pelle est faite comme un de nos bassins.

On appelle ici toutes les jeunes filles à marier *petites* ou *fillettes*; et les garçons qui n'ont point encore de barbe, *enfans*.

Le jeudi je fus un peu plus soigneux, et je pris le bain plus à mon aise; j'y suai un peu, et je me mis la tête sous le *surgeon*[1]. Je sentois que le bain m'affoiblissoit un peu, avec quelque pesanteur aux reins; cependant je rendois du sable et assez de flegmes, comme lorsque je prenois les eaux. D'ailleurs je trouvois que ces eaux me faisoient le même effet qu'en les buvant. Je continuai le vendredi. On voyoit tous les jours charger une grande quantité d'eau de cette fontaine et de celle de Corsène destinée pour divers endroits d'Italie. Il me sembloit que ces bains m'éclaircissoient le teint. J'étois toujours sujet aux mêmes vents dans le bas-ventre, mais sans douleur; c'est apparemment ce qui me faisoit rendre dans mes urines beaucoup d'écume, et de petites bulles qui ne s'évanouissoient qu'au bout de quelque temps. Quelquefois il s'y trouvoit aussi des poils noirs[2], mais en petite quantité, et je me rappelle qu'autrefois j'en rendois beaucoup. Ordinairement mes urines étoient troubles et chargées d'une matière gasse ou comme huileuse. Les gens du pays ne sont pas à beaucoup près aussi carnaciers que nous : on n'y vend que de la viande ordinaire, et à peine en sçavent-ils le prix. Un très beau levreau dans cette saison me fut vendu au premier mot six sols de France. On ne chasse point et on n'apporte point de gibier, parce que personne ne l'acheteroit.

Le samedi, parce qu'il faisoit très mauvais temps et un vent si fort qu'on sentoit bien dans les chambres le défaut de contrevents et de vitres, je m'abstins de me baigner et de boire. Je voyois un grand effet de ces eaux, en ce que mon frère[1], qui ne se rappeloit pas d'avoir jamais rendu du sable naturellement ni dans d'autres bains où il en avoit bu avec moi, en rendoit cependant ici en grande quantité. Le dimanche matin je me baignai le corps, non la tête. L'aprèsdînée je donnai un bal avec des prix publics, comme on a coutume de faire à ces bains, et je fus bien aise de faire cette galanterie au commencement de l'année. Cinq ou six jours auparavant j'avois fait publier la fête dans tous les lieux voisins: la veille je fis particulièrement inviter, tant au bal qu'au souper qui devoit le suivre, tous les gentilshommes et les dames qui se trouvoient aux deux bains, et j'envoyai à Lucques pour les prix. L'usage est qu'on en donne plusieurs, pour ne pas paroître favoriser une femme seule préférablement aux autres; pour éviter même toute jalousie, tout soupçon, il y a toujours huit ou dix prix pour les femmes, et deux ou trois pour les hommes. Je fus sollicité par beaucoup de personnes qui me prioient de ne point oublier, l'une elle-même, l'autre sa nièce, une autre sa fille. Quelques jours auparavant, M. Jean da Vincenzo Saminiati, mon ami particulier, m'envoya de Lucques, comme je le lui avois demandé par une lettre, une ceinture de cuir et un bonnet de drap noir pour les hommes; et pour les femmes deux tabliers de taffetas, l'un vert et l'autre violet (car il est bon de sçavoir qu'il y a toujours quelques prix plus considérables pour pouvoir favoriser une ou deux femmes à son choix); deux autres tabliers d'étamine, quatre cartons d'épingles, quatre paires d'escarpins, dont je donnai une paire à une jolie fille hors du bal; une paire de mules, à

---

[1] Ou la source. — [2] Etait-ce donc quelque bezoard qui se décomposait? QUERLON.

[1] M. de Mattecoulon. On a vu qu'il l'avait laissé à Rome; il était donc venu le rejoindre?

laquelle j'ajoutai une paire d'escarpins ne faisant qu'un prix des deux ; trois coiffes de gaze[1] trois tresses qui faisoient trois prix et quatre petits colliers de perles : ce qui faisoit dix-neuf prix pour les femmes. Le tout me revenoit à un peu plus de six écus. J'eus après cela cinq fiffres que je nourris pendant tout le jour et je leur donnai un écu pour eux tous : en quoi je fus heureux, parce qu'on ne les a pas à si bon marché. On attache ces prix à un cercle fort orné de tous côtés; et ils sont exposés à la vue de tout le monde.

Nous commençâmes le bal sur la place avec les femmes du voisinage, et je craignois d'abord que nous ne restassions seuls ; mais il vint bientôt grande compagnie de toutes parts, et particulièrement plusieurs gentilshommes et dames de la Seigneurie, que je reçus et entretins de mon mieux, en sorte qu'ils me parurent assez contens de moi. Comme il faisoit un peu chaud, nous allâmes à la salle du palais de Buonvisi, qui étoit très propre pour le bal. Le jour commençant à baisser, vers les 22 heures[2] je m'adressai aux dames les plus distinguées, et je leur dis que n'ayant ni le talent, ni la hardiesse d'apprécier toutes les beautés, les graces et les gentillesses que je voyois dans ces jeunes filles, je les priois de s'en charger elles-mêmes, et de distribuer les prix à la troupe selon le mérite. Nous fûmes quelque temps sur la cérémonie, parce qu'elles refusoient ce délicat emploi, prenant cela pour pure honnêteté de ma part. Enfin, je leur proposai cette condition, que si elles vouloient m'admettre dans leur conseil j'en donnerois mon avis. En effet j'allois choisissant des yeux, tantôt l'une, tantôt l'autre, et j'avois toujours égard à la beauté, à la gentillesse : d'où je leur faisois observer que l'agrément d'un bal ne dépendoit pas seulement du mouvement des pieds, mais encore de la contenance, de l'air, de la bonne façon et de la grace de toute la personne. Les présens furent ainsi distribués, aux unes plus, aux autres moins, convenablement. La distributrice les offroit de ma part aux danseuses ; et moi au contraire je lui en renvoyois toute l'obligation. Tout se passa de cette manière avec beaucoup d'ordre et 'règle de' si ce n'est qu'une de ces demoiselles refusa le prix qu'on lui présentoit, et me fit prier de le donner pour l'amour d'elle à une autre : ce que je ne jugeai point à propos de faire, parce que celle-ci n'étoit pas des plus aimables. Pour la distribution de ces prix, on appeloit celles qui s'étoient distinguées ; chacune, sortant de sa place à tour de rôle, venoit trouver la dame et moi qui étions assis tout près l'un de l'autre. Je présentois le prix qui me sembloit convenable, après l'avoir baisé, à cette dame, qui le prenant de ma main, le donnoit à ces jeunes filles, et leur disoit, toujours d'un air agréable : « C'est monsieur qui vous fait ce beau présent; remerciez-le. — Point du tout ; vous en avez l'obligation à cette dame qui vous a jugé digne, entre tant d'autres, de cette petite récompense. Je suis seulement fâché qu'il ne soit pas plus digne de telle ou telle de vos qualités; » ce que je disois suivant ce qu'elles étoient. On fit tout de suite la même chose pour les hommes. Je ne comprends point ici les gentilshommes et les dames, quoiqu'ils eussent pris part à la danse. C'est véritablement un spectacle agréable et rare pour nous autres François de voir des paysannes si gentilles, mises comme des dames, danser aussi bien, et le disputer aux meilleures danseuses, si ce n'est qu'elles dansent autrement. J'invitai tout le monde à souper, parce qu'en Italie les festins ne sont autre chose qu'un de nos repas bien légers de France. J'en fus quitte pour plusieurs pièces de veau et quelques couples de poulets. J'eus à souper le colonel de ce vicariat, M. François Gambarini, gentilhomme bolonois, mon ami, avec un gentilhomme françois, et non d'autres. Mais je fis mettre à table Divizia, pauvre paysanne qui demeure à deux milles des bains. Cette femme, ainsi que son mari, vit du travail de ses mains. Elle est laide, âgée de trente-sept ans, avec un goître à la gorge, et ne sait ni lire ni écrire. Mais comme dès sa tendre jeunesse il y avoit dans la maison de son père un de ses oncles qui lisoit toujours en sa présence l'Arioste et quelques autres poètes, son esprit s'est trouvé tellement propre à la poésie que non-seulement elle fait des vers avec une promptitude extraordinaire[1], mais encore y

---

(1) Ou d'autre étoffe transparente comme le verre, *di cristallo*.

(2) C'est-à-dire suivant notre façon de compter, vers les sept heures du soir.

(1) C'était ce que les Italiens nomment une *improvisatrice*.

fait entrer les fables anciennes, les noms des dieux, des pays, des sciences et des hommes illustres, comme si elle avoit fait un cours d'études réglé. Elle avoit fait beaucoup de vers pour moi. Ce ne sont à la vérité que des vers et des rimes, mais d'un style élégant et aisé. Il y eut à ce bal plus de cent personnes étrangères, quoique le temps n'y fût guères propre, parce qu'alors on recueilloit la grande et principale récolte de toute l'année. Car dans ce temps les gens du pays travailloient, sans avoir égard aux fêtes, à cueillir soir et matin des feuilles de mûrier pour leurs vers-à-soie, et toutes les jeunes filles sont occupées de ce travail.

Le lundi matin j'allai au bain un peu plus tard qu'à l'ordinaire, parce que je me fis tondre et raser; je me baignai la tête et je reçus la douche pendant plus d'un quart d'heure sous la grande source.

A mon bal il y eut entre autres le vicaire du lieu qui juge les causes. C'est ainsi qu'on appelle un magistrat de semestre que la Seigneurie envoye à chaque vicariat, pour juger les causes civiles en première instance, et il connoit de toutes celles qui n'excèdent pas une petite somme fixée. Il y a un autre officier pour les causes criminelles. Je fis entendre à celui-ci: qu'il me paroissoit à propos que la Seigneurie mît ici quelque règle, ce qui seroit très facile, et je lui suggérai même les moyens qui me sembloient les plus convenables. C'étoit que tous les marchands, qui viennent en grand nombre prendre de ces eaux pour les porter dans toute l'Italie, fussent munis d'une attestation de la quantité d'eaux dont ils sont chargés, ce qui les empêcheroit d'y commettre aucune fraude comme j'en avois fait l'expérience de la manière que voici. Un de ces muletiers vint trouver mon hôte qui n'est qu'un particulier, et le pria de lui donner une attestation par écrit qu'il portait vingt-quatre charges de cette eau, tandis qu'il n'en avoit que quatre. L'hôte refusa d'abord d'attester une pareille fausseté; mais le muletier répondit que dans quatre ou six jours il reviendroit chercher les vingt autres charges; ce qu'il ne fit pas, comme je le dis au vicaire. Celui-ci reçut très bien mon avis, mais il insista tant qu'il put pour savoir le nom du muletier, quelle étoit sa figure, quels chevaux il avoit, et je ne voulus jamais lui faire connoî-tre ni l'un ni l'autre. Je lui dis encore que je voulois commencer à établir dans ce lieu la coutume observée dans les bains les plus fameux de l'Europe, où les personnes de quelque rang laissent leurs armes pour témoigner l'obligation qu'ils sont à ces eaux; il m'en remercia beaucoup pour la Seigneurie. On commençoit alors en quelques endroits à couper le foin. Le mardi je restai deux heures au bain, et je pris la douche sur la tête pendant un peu plus d'un quart d'heure.

Il vint ce même jour aux bains un marchand de Crémone établi à Rome; il avoit plusieurs infirmités extraordinaires, cependant il parloit et alloit toujours; il étoit même à ce qu'on voyoit content de vivre et gai. Sa principale maladie étoit à la tête; il l'avoit si foible qu'il disoit avoir perdu la mémoire au point, qu'après avoir mangé, il ne pouvoit jamais se rappeler ce qui lui avoit eté servi à table. S'il sortoit de sa maison pour aller à quelque affaire, il falloit qu'il y revînt dix fois pour demander où il devoit aller. A peine pouvoit-il finir le *pater*. De la fin de cette prière, il revenoit cent fois au commencement, ne s'apercevant jamais à la fin d'avoir commencé, ni en recommençant qu'il eût fini. Il avoit été sourd, aveugle et avoit eu de grands maux; il sentoit une si grande chaleur aux reins qu'il étoit obligé de porter toujours une ceinture de plomb. Depuis plusieurs années il vivoit sous la discipline des médecins, dont il observoit religieusement le régime. Il étoit assez plaisant de voir les différentes ordonnances des médecins de divers endroits d'Italie, toutes contraires les unes aux autres, surtout sur le fait de ces bains et des douches. De vingt consultations, il n'y en avoit pas deux d'accord entre elles; elles se condamnoient presque toutes l'une l'autre et s'accusoient d'homicide. Cet homme étoit sujet à un accident étrange causé par les vents dont il étoit plein; ils lui sortoient des oreilles avec tant de furie que souvent ils l'empêchoient de dormir, et quand il bâilloit il sentoit tout à coup sortir des vents impétueux par cette voie. Il disoit que le meilleur remède qu'il y eût pour se rendre le ventre libre étoit de mettre dans sa bouche quatre grains de coriandre confits un peu gros; puis, après les avoir un peu détrempés et lubrifiés avec sa salive, d'en faire un suppositoire, et que l'effet en étoit aussi prompt que sensible. Ce même homme est le premier à qui j'ai vu de ces grands chapeaux faits de plumes de paon, couverts d'un léger taffetas à l'ouverture de la tête. Le sien étoit haut d'une palme (environ six à sept pouces) et fort ample; la coiffe au dedans étoit d'armoisine et proportionnée à la grosseur de la tête pour que le soleil ne pût pénétrer; les ailes avoient à peu près un pied et demi de largeur, pour tenir lieu de nos parasols, qui à la vérité ne sont pas commodes à porter à cheval.

Comme je me suis autrefois repenti de n'avoir pas écrit plus particulièrement sur les autres bains, ce qui auroit pu me servir de règle et d'exemple pour tous ceux que j'aurois vus dans la suite, je veux cette fois m'étendre et me mettre au large sur cette matière. Le mercredi, je me rendis au bain; je sentis de la chaleur dans le corps et j'eus une sueur extraordinaire avec un peu de foiblesse. J'éprouvai de la sécheresse et de l'âpreté dans la bouche; et à la sortie du bain il me prit je ne sais quel étourdissement, comme il m'en arrivoit dans tous les autres, à cause de la chaleur de l'eau, à Plombières, à Bagnières, à Preissac, etc., mais non aux eaux de Barbotan, ni même à celles-ci, excepté ce mercredi-là; soit que j'y fusse allé de bien meilleure heure que les autres jours, et n'ayant pas encore déchargé mon corps, soit que je trouvasse l'eau beaucoup plus chaude qu'à l'ordinaire; j'y restai une heure et demie, et je pris la douche sur la tête, environ pendant un quart d'heure. C'étoit bien aller contre la règle ordinaire que de prendre la douche dans le bain, puisque l'usage est de prendre séparément l'un après l'autre; puis de la prendre à ces eaux, tandis qu'on va communément aux douches de l'autre bain où on le prend à telle ou telle source, les uns à la première, d'autres à la seconde, d'autres à la troisième, suivant l'ordonnance des médecins: comme aussi de boire, de me baigner et de boire encore sans distinguer les jours de boisson et les jours de bain, comme font les autres qui boivent et prennent après cela le bain certains jours de suite; de ne point observer encore une certaine durée de temps, pendant que les autres boivent dix jours tout au plus, et se baignent au moins pendant vingt-cinq, de la main à la main ou de main en main [1]; enfin de me baigner une seule fois le jour, tandis qu'on se baigne toujours deux fois, et de rester fort peu de temps à la douche, au lieu qu'on y demeure toujours du moins une heure le matin et autant le soir. Quant à l'usage qui s'y pratique généralement de se faire raser le sommet de la tête, et de mettre sur la tonsure un petit morceau d'étoffe ou de drap de laine qu'on assujettit avec des filets ou des bandelettes, ma tête lisse [2] n'en avoit pas besoin.

Dans la même matinée j'eus la visite du vicaire et des principaux gentilshommes de la Seigneurie qui venoient justement des autres bains où ils logeoient. Le vicaire raconta entre autres choses un accident singulier qui lui étoit arrivé, il y a quelques années, par la piqûre d'un scarabée qu'il reçut à l'endroit le plus charnu du pouce; cette piqûre le mit en tel état qu'il pensa mourir de défaillance. Il fut ensuite réduit à une telle extrémité qu'il fut cinq mois au lit sans pouvoir se remuer, étant continuellement sur les reins; et cette posture les échauffa si fort qu'il s'y forma la gravelle, dont il souffrit beaucoup pendant plus d'un an, ainsi que de la colique. Enfin son père, qui étoit gouverneur de Velitri [3], lui envoya une certaine pierre verte qu'il avoit eue par le moyen d'un religieux qui avoit été dans l'Inde; et pendant tout le temps qu'il porta cette pierre, il ne sentit jamais ni douleur ni gravelle. Il se trouvoit en cet état depuis deux ans. Quant à l'effet local de la piqûre, le doigt et presque toute la main lui étoient restés comme perclus; le bras étoit tellement affoibli que tous les ans il venoit aux bains de Corsène pour faire donner la douche à ce bras, ainsi qu'à sa main, comme il la prenoit alors.

Le peuple est ici fort pauvre; ils mangeoient dans ce temps des mûres vertes qu'ils cueilloient sur les arbres, en les dépouillant de leurs feuilles pour les vers-à-soie.

Comme le marché du loyer de la maison que j'occupois étoit demeuré incertain pour le mois de juin, je voulus m'en éclaircir avec l'hôte. Cet homme, voyant combien j'étois sollicité de tous ses voisins, et surtout du proprié-

---

(1) C'est-à-dire : soit tous les jours, soit de deux jours l'un.
(2) C'est-à-dire chauve ou pelée
(3) Ou Velétri, ville de la campagne de Rome.

taire du palais Bonvisi qui me l'avoit offert pour un écu d'or par jour, prit le parti de me la laisser tant que je voudrois à raison de vingt-cinq écus d'or par mois, à commencer au premier de juin, et jusqu'à ce terme le premier marché continuoit. L'envie, dans ce lieu-là, les haines cachées et mortelles, règnent parmi les habitans, quoiqu'ils soient tous à peu près parens; car une femme me disoit un jour ce proverbe : « Quiconque veut que sa femme devienne féconde, qu'il l'envoye à ce bain, et se garde bien d'y aller. » Ce qui me plaisoit beaucoup, entr'autres choses, dans la maison où j'étois, c'étoit de pouvoir aller du bain au lit par un chemin uni, et en traversant une cour de trente pas. Je voyois avec peine les mûriers dépouillés de leurs feuilles, ce qui me représentoit l'hiver au milieu de l'été. Le sable que je rendois continuellement par les urines me paroissoit plus raboteux que de coutume, et me causoit tous les jours je ne sçais quels désagréables picotemens.

On voyoit tous les jours ici porter de toutes parts différents échantillons de vins dans de petits flacons pour que les étrangers qui s'y trouvoient en envoyassent chercher; mais il y en avoit très peu de bons. Les vins blancs étoient légers, mais aigres et cruds ou plutôt grossiers, âpres et durs, si l'on n'avoit la précaution de faire venir de Lucques ou de Pescia, du Trévisan appelé *Trebbiano*, vin blanc assez mûr et cependant peu délicat.

Le jeudi, jour de la Fête-Dieu, je pris un bain tempéré pendant plus d'une heure; j'y suai très peu et j'en sortis sans aucune altération. Je me fis donner la douche sur la tête pendant un demi quart d'heure, et quand j'eus regagné mon lit, je m'endormis profondément. Je trouvois plus de plaisir à me baigner et à prendre la douche qu'à toute autre chose. Je sentois aux mains et aux autres parties du corps quelques démangeaisons; mais je m'aperçus qu'il y avoit parmi les habitans beaucoup de galeux et que les enfans étoient sujets à ces croûtes de lait qu'on nomme achores. Ici, comme ailleurs, les gens du pays méprisent ce que nous recherchons avec tant de difficulté; j'en ai vu beaucoup qui n'avoient jamais goûté de ces eaux et qui n'en faisoient point de cas. Cependant il y a peu de vieillards. Avec les flegmes que je rendois continuellement par les urines, se trouvoit du sable enveloppé qui s'y tenoit suspendu. Lorsque je recevois la douche sur le bas-ventre, je croyois éprouver cet effet du bain qu'il me faisoit sortir des vents. L'enflure que j'avois quelquefois dans certaines parties du corps diminuoit alors à vue d'œil ; d'où je conclus que ce gonflement est causé par les vents qui s'y renferment. Le vendredi, je me baignai à l'ordinaire et je pris un peu plus longtemps la douche sur la tête. La quantité extraordinaire de sable que je rendois continuellement me faisoit soupçonner qu'il venoit des reins où il étoit enfermé, car en pressant et pétrissant ce sable on en eût fait une grosse pelote ; ce qui prouve qu'il provenoit plutôt de là que de l'eau qui l'y auroit produit et fait sortir immédiatement. Le samedi je me baignai pendant deux heures, et je pris la douche plus d'un quart d'heure. Le dimanche je me reposai. Le même jour un gentilhomme nous donna un bal. Le défaut d'horloges, qui manquent ici et dans la plus grande partie de l'Italie, me paroissoit fort incommode. Il y a dans la maison du bain une vierge, avec cette inscription en vers :

« Faites, Vierge sainte, par votre pouvoir, que quiconque entrera
« dans ce bain en sorte sain de corps et d'esprit ¹. »

On ne peut trop louer la beauté et l'utilité de la méthode qu'ils ont de cultiver les montagnes jusqu'à la cime, en y faisant en forme d'escaliers de grands degrés circulaires tout autour, et fortifiant le haut de ces degrés, tantôt avec des pierres, tantôt avec d'autres revêtemens lorsque la terre n'est pas assez ferme par elle-même. Le terre-plain de cet escalier, selon qu'il se trouve ou plus large ou plus étroit, est rempli de grain ; et son extrémité vers le vallon, c'est-à-dire la circonférence ou le tour, est entourée de vignes ; enfin, partout où l'on ne peut trouver ni faire un terrain uni, comme vers la cime, tout est mis en vignes.

Au bal du gentilhomme bolonois, une femme se mit à danser avec un vase plein d'eau sur la tête et le tenant toujours ferme et droit, elle fit beaucoup de mouvemens d'une grande hardiesse.

Les médecins étoient étonnés de voir la plupart de nos François boire le matin et puis se

(1) *Auspicio fac, Diva, tuo quicunque lavacrum ingreditur, sospes ac bonus hinc abeat.*

baigner le même jour. Le lundi matin je restai pendant deux heures au bain; mais je ne pris pas la douche, parce que j'eus la fantaisie de boire trois livres d'eau, qui m'émurent un peu. Je me baignois là les yeux tous les matins, en les tenant ouverts dans l'eau; ce qui ne me fit ni bien ni mal. Je crois que je me débarrassai de mes trois livres d'eau dans le bain, car j'urinai beaucoup; je suai même un peu plus qu'à l'ordinaire et je fis quelque autre évacuation. Comme les jours précédens je m'étois sentis plus resserré que de coutume, j'avois pris, suivant la recette marquée ci-dessus, trois grains de coriandre confits qui m'avoient fait rendre beaucoup de vents, dont j'étois tout plein, et peu d'autres choses. Mais, quoique je me purgeasse admirablement les reins, je ne laissois pas d'y sentir des picotemens que j'attribuois plutôt aux ventosités qu'à toute autre cause. Le mardi je restai deux heures au bain; je me tins une demiheure sous la douche et je ne bus point. Le mercredi je fus dans le bain une heure et demie, et je pris la douche environ pendant une demiheure.

Jusqu'à présent, à dire le vrai, par le peu de communication et de familiarité que j'avois avec ces gens-là, je n'avois guères bien soutenu la réputation d'esprit et d'habileté qu'on m'a faite; on ne m'avoit vu aucune faculté extraordinaire pour qu'on dût s'émerveiller de moi et faire tant de cas de mes petits avantages. Cependant, ce même jour, quelques médecins ayant à faire une consultation importante pour un jeune seigneur, M. Paul de Cesis (neveu du cardinal de ce nom), qui étoit à ces bains, ils vinrent me prier, de sa part, de vouloir bien entendre leurs avis et leur délibération, parce qu'il étoit résolu de se tenir entièrement à ma décision. J'en riois alors en moi-même; mais il m'est arrivé plus d'une fois pareille chose ici et à Rome.

J'éprouvois encore quelquefois des éblouissemens dans les yeux, quand je m'appliquois ou à lire ou à regarder fixement quelque objet lumineux. Ce qui m'inquiétoit, c'étoit de voir que cette incommodité continuoit depuis le jour que la migraine me prit près de Florence. Je sentois une pesanteur de tête sur le front, sans douleur, et mes yeux se couvroient de certains nuages qui ne me rendoient pas la vue courte, mais qui la troubloient quelquefois, je ne sais comment.

Depuis, la migraine y étoit retombée deux ou trois fois, et dans ces derniers jours elle s'y arrêtoit davantage, me laissant d'ailleurs assez libre dans mes actions; mais elle me reprenoit tous les jours depuis que j'avois pris la douche sur la tête, et je commençois à avoir les yeux voilés comme autrefois, sans douleur ni inflammation; il en étoit ainsi de mon mal de tête, que je n'avois pas senti depuis dix ans, jusqu'au jour que cette migraine me prit. Or, craignant encore que la douche ne m'affoiblît la tête, je ne voulus point la prendre.

Le jeudi je me baignai seulement une heure.

Le vendredi, le samedi et le dimanche, je ne fis aucun remède, tant par la même crainte que parce que je me trouvois moins dispos, rendant toujours quantité de sable. Ma tête d'ailleurs toujours de même ne se rétablissoit point dans son bon état; à certaines heures je sentois une altération qu'augmentoit encore le travail de l'imagination.

Le lundi matin je bus en 13 verres six livres et demie d'eau de la fontaine ordinaire; je rendis environ trois livres d'eau blanche et crue avant le dîner, et le reste peu à peu. Quoique mon mal de tête ne fût ni continuel ni fort violent, il me rendoit le teint assez mauvais. Cependant je ne sentois ni incommodité ni foiblesse, comme j'en avois anciennement éprouvé quelquefois; mais j'avois seulement les yeux chargés et la vue un peu trouble. Ce jour, on commença dans la pleine à couper le seigle.

Le mardi, au point du jour, j'allai à la fontaine de Barnabé et je bus six livres d'eau en six verres. Il tomboit une petite pluie, je suai un peu. Cette boisson m'émut le corps et me lava bien les intestins: c'est pourquoi je ne puis juger delà ce que j'en avois rendu. J'urinai peu, mais dans deux heures j'avois repris ma couleur naturelle.

On trouve ici une pension pour six écus d'or ou environ par mois; on a une chambre particulière, avec toutes les commodités que l'on veut, et le valet passe par-dessus le marché. Quand on n'a pas de valet on est servi par l'hôte en beaucoup de choses et nourri convenablement.

Avant la fin du jour naturel j'avois rendu toute l'eau, et plus que je n'en avois bu dans toutes les boissons que j'avois prises. Je ne bus qu'une petite fois une demi-livre d'eau à mon repas et je soupai peu.

Le mercredi, qui fut pluvieux, je pris de l'eau ordinaire sept livres en sept fois ; je la rendis avec ce que j'avois bu de plus.

Le jeudi j'en pris neuf livres, c'est-à-dire sept d'une première séance ; et puis quand je commençai à la rendre, j'en envoyai chercher deux autres livres. Je la rendis de tous côtés et je bus très peu à mon repas.

Le vendredi et le samedi je fis la même chose. Le dimanche je me tins tranquille.

Le lundi je pris sept livres d'eau en sept verres. Je rendois toujours du sable, mais un peu moins que quand je prenois le bain ; ce que je voyois arriver à plusieurs autres dans le même temps. Ce même jour je sentis au bas-ventre une douleur semblable à celle qu'on éprouve en rendant des pierres, et il m'en sortit effectivement une petite.

Le mardi j'en rendis une autre, et je puis presque assurer que je me suis aperçu que cette eau a la force de les briser, parce que je sentois la grosseur de quelques-unes lorsqu'elles descendoient, et qu'ensuite je les rendois par petits morceaux. Ce mardi, je bus huit livres d'eau en huit fois.

Si Calvin avoit su qu'ici les freres prêcheurs[1] se nommoient ministres, il n'est pas douteux qu'il eût donné un autre nom aux siens.

Le mercredi je pris huit livres d'eau en huit verres. J'en rendois presque toujours en trois heures jusqu'à la moitié, crue et dans sa couleur naturelle, puis environ une demi-livre rousse et teinte ; le reste après le repas et pendant la nuit.

Or, comme cette saison attiroit beaucoup de monde au bain, suivant les exemples que j'avois devant moi et l'avis des médecins même, particulièrement de M. Donato, qui avoit écrit sur ces eaux, je n'avois pas fait une grande faute en prenant dans ce bain la douche sur la tête ; car ils sont encore ici dans l'usage de se faire donner la douche sur l'estomac, par le moyen d'un long tuyau qu'on attache d'un bout au surgeon de l'eau, et de l'autre au corps plongé dans le bain, comme d'ordinaire autre fois on prenoit la douche sur la tête, de cette même eau, et le jour qu'on la prenoit on se baignoit aussi. Moi donc,

(1) C'est-à-dire leurs supérieurs.

pour avoir mêlé la douche et le bain, ou pour avoir pris immédiatement l'eau à la source et non au tuyau, je ne pouvois pas avoir fait une si grande faute. Ai-je manqué seulement en ce que je n'ai pas continué ? Cette idée, dont jusqu'à présent j'ai été frappé, pourroit bien avoir mis en mouvement ces humeurs, dont avec le temps j'aurois été délivré. Le même (M. Donato) trouvoit bon qu'on bût et qu'on se baignât le même jour ; d'où je me repens de n'en avoir pas eu la hardiesse, comme j'en avois eu la volonté, et de n'avoir pas bu la matinée dans le bain, en observant quelque intervalle entre les deux procédés. Ce médecin louoit aussi beaucoup les eaux de Barnabé ; mais avec tous les beaux raisonnemens de la médecine, on ne voyoit pas l'effet de ces eaux sur plusieurs autres personnes qui n'étoient pas sujettes à rendre du sable, comme je continuois toujours d'en voir dans mes urines ; ce que je dis parce que je ne puis me résoudre à croire que ce sable fût produit par lesdites eaux.

Le jeudi matin, pour avoir la première place, je me rendis au bain avant le jour, et j'y bus une heure sans me baigner la tête. Je crois que cette circonstance, jointe à ce que je dormis ensuite dans mon lit, me rendit malade ; j'eus la bouche sèche et altérée avec une telle chaleur que le soir en me couchant je bus deux grands verres de la même eau rafraîchie, qui ne me causa point d'autre changement.

Le vendredi je me reposai. Le ministre franciscain (c'est ainsi qu'on nomme le Provincial), homme de mérite, savant et poli, qui étoit au bain avec plusieurs autres religieux de différens ordres, m'envoya en présent de très bon vin, des massepains et autres friandises.

Le samedi je ne fis aucun remède et j'allai dîner à Menallio, grand et beau village situé à la cime d'une de ces montagnes dont j'ai parlé. J'y portai du poisson et je fus reçu chez un soldat, qui, après avoir beaucoup voyagé en France et ailleurs, s'est marié et enrichi en Flandre. Il s'appelle M. Santo. Il y a là une belle église, et parmi les habitans un très grand nombre de soldats, dont la plupart ont aussi beaucoup voyagé. Ils sont fort divisés entr'eux pour l'Espagne et la France. Je mis, sans y prendre garde, une fleur à mon oreille gauche ; ceux du parti françois s'en trouvèrent offensés.

Après mon dîner je montai au fort qui est un lieu fortifié de hautes murailles pareillement à la cime du mont qui est très escarpé, mais bien cultivé partout; car ici, sur les lieux les plus sauvages, sur les rochers et les précipices, enfin sur les crevasses de la montagne, on trouve non-seulement des vignes et du blé, mais encore des prairies, tandis que dans la plaine ils n'ont pas de foin. Je descendis ensuite tout droit par un autre côté de la montagne.

Le dimanche matin je me rendis au bain avec plusieurs autres gentilshommes et j'y restai une demi-heure. Je reçus de M. Louis Pinitesi, en présent, une charge de très beaux fruits, et entre autres des figues, les premières qui eussent encore paru dans le bain, avec douze flacons d'excellent vin. Dans le même temps, le ministre franciscain m'envoya une si grande quantité de fruits que je pus en faire à mon tour des libéralités aux habitans.

Après le dîner il y eut un bal où s'étoient rassemblées plusieurs dames très bien mises, mais d'une beauté très commune, quoiqu'elles fussent des plus belles de Lucques.

Le soir, M. Louis Ferrari de Crémone, dont j'étois fort connu, m'envoya des boîtes de coings très bons et bien parfumés, des citrons d'une espèce rare et des oranges d'une grosseur extraordinaire.

La nuit suivante, un peu avant le jour, il me prit une crampe au mollet de la jambe droite avec de très-fortes douleurs qui n'étoient pas continues, mais intermittentes. Cette incommodité dura une demi-heure. Il n'y avoit pas long-temps que j'en avois eu une pareille, mais elle passa dans un instant.

Le lundi j'allai au bain, et je tins pendant une heure mon estomac sous le jet de la source; je sentois toujours à la jambe un petit picotement.

C'étoit précisément l'heure où l'on commençoit à sentir le chaud; les cigales n'étoient pas plus incommodes qu'en France, et jusqu'à présent les saisons me paroissent être encore plus fraîches que chez moi.

On ne voit pas chez les nations libres la même distinction de rangs, de personnes, que chez les autres peuples; ici les plus petits ont je ne sais quoi de seigneurial à leur manière; jusqu'en demandant l'aumône, ils mêlent toujours quelque parole d'autorité, comme : « Faites-moi l'aumône, voulez-vous? » ou : « donnez-moi l'aumône, entendez-vous? » Le mot à Rome est d'ordinaire : « Faites-moi quelque bien pour vous-même. »

Le mardi je restai dans le bain une heure.

Le mercredi, 21 juin, de bonne heure, je partis de la ville, et en prenant congé de la compagnie des hommes et des dames qui s'y trouvoient, j'en reçus toutes les marques d'amitié que je pouvois désirer. Je vins par des montagnes escarpées, cependant agréables et couvertes, à

Pescia, douze milles, petit château situé sur le fleuve Pescia, dans le territoire de Florence, où se trouvent de belles maisons, des chemins bien ouverts, et les vins fameux de Trebbiano, vignoble assis au milieu d'un plant d'oliviers très épais. Les habitans sont fort affectionnés à la France, et c'est pour cela, disent-ils, que leur ville porte pour armes un dauphin.

Après dîner nous rencontrâmes une belle plaine fort peuplée, où l'on voit beaucoup de châteaux et de maisons. Je m'étois proposé de voir le mont Catino, où est l'eau chaude et salée du Tettuccio; mais je l'oubliai par distraction; je le laissai à main droite, éloigné d'un mille de mon chemin, environ à sept milles de Pescia, et je ne m'aperçus de mon oubli que quand je fus presque arrivé à

Pistoie, onze milles. J'allai loger hors de la ville, et là je reçus la visite du fils de M. Ruspiglioni, qui ne voyage en Italie qu'avec des chevaux de voiturin, en quoi il n'entend pas bien ses intérêts; car il me paroît plus commode de changer de chevaux de lieu en lieu que de se mettre pour un long voyage entre les mains des voiturins.

De Pistoie à Florence, distance de vingt milles, les chevaux ne coûtent que quatre jules.

De là, passant par la petite ville de Prato, je vins dîner à Castello, dans une auberge située vis-à-vis le palais du grand-duc. Nous allâmes après dîner examiner plus attentivement son jardin, et j'éprouvai là ce qui m'est arrivé en beaucoup d'autres occasions, que l'imagination va toujours plus loin que la réalité. Je l'avois vu pendant l'hiver nu et dépouillé; je m'étois donc représenté sa beauté future, dans une plus douce saison, beaucoup au-dessus de ce qu'elle me parut alors en effet.

De Prato à Castello, dix-sept milles. Après dîner je vins à

Florence, trois milles. Le vendredi je vis les processions publiques et le grand-duc en voiture. Entre autres somptuosités, on voyoit un char en forme de théâtre doré par-dessus, sur lequel étoient quatre petits enfans et un moine, ou un homme habillé en moine, avec une barbe postiche qui représentoit Saint François d'Assise debout, et tenant les mains comme il les a dans ses tableaux[1], avec une couronne sur le capuchon. Il y avoit d'autres enfans de la ville armés, et l'un d'eux représentoit saint Georges. Il vint sur la place à sa rencontre un grand dragon fort lourdement appuyé sur des hommes qui le portoient, et jetant avec bruit du feu par la gueule.

L'enfant le frappoit tantôt de l'épée, tantôt de la lance, et il finit par l'égorger. Je reçus ici beaucoup d'honnêtetés d'un Gondi qui fait sa résidence à Lyon; il m'envoya de très bons vins, comme du Trebbiano.

Il faisoit une chaleur dont les habitans eux-mêmes étoient étonnés.

Le matin, à la pointe du jour, j'eus la colique au côté droit et je souffris l'espace d'environ trois heures. Je mangeai ce jour-là le premier melon. Dès le commencement de juin, on mangeoit à Florence des citrouilles et des amandes.

Vers le 23, on fit la course des chars dans une grande et belle place carrée plus longue que large, et entourée de tous côtés de belles maisons. A chaque extrémité de la longueur, on avoit dressé un obélisque ou une aiguille de bois carrée, et de l'une à l'autre étoit attachée une longue corde pour qu'on ne pût traverser la place; plusieurs hommes même se mirent encore en travers, pour empêcher de passer par-dessus la corde. Les balcons étoient remplis de dames, et le grand-duc avec la duchesse et sa cour étoit dans un palais. Le peuple étoit répandu le long de la place et sur des espèces d'échafauds où j'étois aussi: on voyoit courir à l'envi cinq chars vides. Ils prirent tous place au hasard, ou après avoir tiré au sort à côté d'un des obélisques. Plusieurs disoient que le plus éloigné avoit de l'avantage pour faire plus commodément le tour de la lice. Les chars partirent au son des trompettes[1]. Le troisième circuit autour de l'obélisque, où se dirige la course, est celui qui donne la victoire. Le char du grand-duc conserva l'avantage jusqu'au troisième tour; mais celui de Strozzi qui l'avoit toujours suivi de plus près, ayant redoublé de vitesse, et courant à bride abattue en se resserrant à propos, mit la victoire en balance. Je m'aperçus que le peuple rompit le silence en voyant Strozzi s'approcher, et qu'il lui applaudissoit à grands cris de toutes ses forces à la vue même du prince. Ensuite, quand il fut question de faire juger la contestation par certains gentilshommes arbitres ordinaires des courses, ceux du parti de Strozzi s'en étant remis au jugement de l'assemblée, il s'éleva tout à coup du milieu de la foule un suffrage unanime et un cri public en faveur de Strozzi, qui enfin remporta le prix; mais à tort, à ce qu'il me semble. La valeur du prix étoit de cent écus. Ce spectacle me fit plus de plaisir qu'aucun de ceux que j'eusse vus en Italie, par la ressemblance que j'y trouvois avec les courses antiques.

Comme ce jour étoit la veille de Saint-Jean, on entoura le comble de l'église cathédrale de deux ou trois rangs de lampions, ou de pots à feu, et delà s'élançoient en l'air des fusées volantes. On dit pourtant qu'on n'est pas dans l'usage en Italie comme en France, de faire des feux le jour de Saint-Jean.

Mais le samedi, jour où tomboit cette fête, qui est la plus solennelle et la plus grande fête de Florence, puisque ce jour-là tout se montre en public, jusqu'aux jeunes filles, parmi lesquelles je ne vis point beaucoup de beautés, dès le matin, le grand-duc parut à la place du palais sur un échafaud dressé le long du bâtiment, dont les murs étoient couverts de très riches tapis. Il étoit sous un dais avec le nonce du pape que l'on voyoit à côté de lui, à sa gauche, et avec l'ambassadeur de Ferrare, beaucoup plus éloigné de lui. Là passèrent devant lui toutes ses terres et tous ses châteaux dans l'ordre où les proclamoit un[2] héraut. Pour Sienne, par exemple, il se présenta un jeune homme vêtu de velours blanc et noir, portant

---

(1) C'est-à-dire croisées sur sa poitrine, mais ouvertes et laissant voir ses stygmates.

(1) Voilà les jeux olympiques en petit.
(2) Singulière revue, mais intéressante pour le souverain et le peuple de ce temps-là!

à la main un grand vase d'argent, et la figure de la louve de Sienne. Il en fit ainsi l'offrande au duc, avec un petit compliment. Lorsque celui-ci eut fini, il vint encore à la file, à mesure qu'on les appeloit par leurs noms, plusieurs estaffiers mal vêtus, montés sur de très mauvais chevaux ou sur des mules, et portant les uns une coupe d'argent, les autres un drapeau déchiré. Ceux-ci, qui étoient en grand nombre, passoient le long des rues, sans faire aucun mouvement, sans décence, sans la moindre gravité et plutôt même avec un air de plaisanterie que de cérémonie sérieuse. C'étoient les représentans des châteaux et lieux particuliers dépendans de l'Etat de Sienne. On renouvelle tous les ans cet appareil qui est de pure forme.

Il passa ensuite un char et une grande pyramide carrée faite de bois, qui portoit des enfans rangés tout autour sur des gradins et vêtus les uns d'une façon, les autres d'une autre, en anges et en saints. Au sommet de cette pyramide, qui égaloit en hauteur les plus hautes maisons, étoit un saint Jean, c'est-à-dire un homme travesti en saint Jean, attaché à une barre de fer. Les officiers et particulièrement ceux de la monnoie étoient à la suite de ce char.

La marche étoit fermée par un autre char sur lequel étoient des jeunes gens qui portoient trois prix pour les diverses courses. A côté d'eux étoient les chevaux barbes qui devoient courir ce jour-là, et les valets qui devoient les monter avec les enseignes de leurs maîtres qui sont des premiers seigneurs du pays. Les chevaux étoient petits, mais beaux.

La chaleur alors ne paroissoit pas plus forte qu'en France. Cependant, pour l'éviter dans ces chambres d'auberges, j'étois forcé la nuit de dormir sur la table de la salle, où je faisois mettre des matelas et des draps, et cela faute de pouvoir trouver un logement commode; car cette ville n'est pas bonne pour les étrangers. J'usois encore de cet expédient pour éviter les punaises, dont tous les lits sont fort infectés.

Il n'y a pas beaucoup de poisson à Florence. Les truites et les autres poissons qu'on y mange viennent de dehors, encore sont-ils marinés. Je vis apporter de la part du grand-duc à Jean Mariano, Milanois qui logeoit dans la même hôtellerie que moi, un présent de vin, de pain, de fruits et de poisson; mais ces poissons étoient en vie, petits et renfermés dans des cuvettes de terre.

Tout le jour j'avois la bouche aride et sèche, avec une altération, non de soif mais provenant d'une chaleur interne, telle que j'en ai sentie autrefois dans nos temps chauds. Je ne mangeois que du fruit et de la salade avec du sucre, et malgré ce régime je ne me portois pas bien.

Les amusements que l'on prend le soir en France, après le souper, précèdent ici ce repas. Dans les plus longs jours, on y soupe souvent la nuit, et le jour commence entre sept et huit heures du matin.

Ce jour, dans l'après-dînée, on fit les courses des Barbes. Le cheval du cardinal de Médicis remporta le prix. Il étoit de la valeur de 200 écus. Ce spectacle n'est pas fort agréable, parce que dans la rue vous ne voyez que passer rapidement des chevaux en furie.

Le dimanche je vis le palais Pitti, et entre autres choses une mule en marbre qui est la statue d'une mule encore vivante, à laquelle on a accordé cet honneur pour les longs services qu'elle a rendus à voiturer ce qui étoit nécessaire pour ce bâtiment[1]: c'est ce que disent au moins les vers latins qu'on y lit. Nous vîmes dans le palais cette chimere antique qui a entre les épaules une tête naissante avec des cornes et des oreilles, et le corps d'un petit lion.

Le samedi précédent, le palais du grand-duc étoit ouvert et rempli de paysans pour qui rien n'étoit fermé, et l'on dansoit de tous côtés dans la grande salle. Le concours de cette sorte de gens est, à ce qu'il me semble, une image de la liberté perdue, qui se renouvelle ainsi tous les ans à la principale fête de la ville.

Le lundi j'allai dîner chez le seigneur Silvio Picolomini, homme fort distingué par son mérite, et surtout par son habileté dans l'escrime ou l'art des armes. Il y avoit bonne compagnie de gentilshommes, et l'on s'y entretint de différentes matières. Le seigneur Picolomini fait très peu de cas de la manière d'es-

---

(1) Les Grecs élevaient aussi quelquefois des statues aux chevaux qui s'étaient signalés à la course des chars aux jeux olympiques. Les Italiens, et surtout ceux de Florence, avaient encore dans ce temps-là l'esprit un peu grec.

crimer des plus célèbres maîtres italiens, tels que le Vénitien, le Bolonois, le Patinostrato [1] et autres; il n'estime en ce genre qu'un de ses élèves établi à Brescia où il enseigne cet art à quelques gentilshommes. Il dit que, dans la manière dont on montre ordinairement à faire des armes, il n'y a ni règle ni méthode. Il condamne particulièrement l'usage de pousser l'épée en avant, et de la mettre au pouvoir de l'ennemi; puis, la botte portée, de redonner un autre assaut et de rester en arrêt. Il soutient qu'il est totalement différent de ce que font ceux qui se battent, comme l'expérience le fait voir. Il étoit sur le point de faire imprimer un ouvrage sur cette matière. Quant au fait de la guerre, il méprise fort l'artillerie; et tout ce qu'il nous dit sur cela me plut beaucoup. Il estime ce que Machiavel a écrit sur ce sujet, et il adopte ses opinions. Il prétend que pour les fortifications, le plus habile et le plus excellent ingénieur qu'il y ait est actuellement à Florence au service du grand duc [2].

On est ici dans l'habitude de mettre de la neige dans les verres avec le vin. J'en mettois peu, parce que je ne me portois pas trop bien, ayant souvent des maux de reins, et rendant toujours une quantité incroyable de sable; outre cela, je ne pouvois recouvrer ma tête et la remettre en son premier état. J'éprouvois des étourdissements, et je ne sais quelle pesanteur sur les yeux, le front, les joues, les dents, le nez et tout le visage. Il me vient dans l'idée que ces douleurs étoient causées par les vins blancs doux et fumeux du pays, parce que la première fois que la migraine me reprit, tout échauffé que j'étois déjà, tant par le voyage que par la saison, j'avois bu grande quantité de Trebbiano, mais si doux, qu'il n'étanchoit pas ma soif

Après tout, je n'ai pu m'empêcher d'avouer que c'est avec raison que Florence est nommée la belle.

[1] C'étaient apparemment les plus célèbres maîtres d'armes de ce temps-là. Il est certain que nous tenons des Italiens les deux arts les plus opposés, celui de tuer un homme de bonne grâce et l'art utile de la cuisine.

[2] Il y a dans le texte en abrégé serenissimo. Ce titre convenait d'autant plus à François de Médicis, alors régnant, que Côme, son père, avait été confirmé duc et souverain de Florence par l'empereur Charles V, en 1558, et qu'en 1569 il avait reçu des mains du pape Pie V la couronne royale; outre que François de Médicis avait encore obtenu de l'empereur Maximilien II, l'an 1576, le nom de grand-duc.

Ce jour jallai, seulement pour me distraire, voir les dames qui se laissent voir à qui veut [1]. Je vis les plus fameuses, mais rien de rare. Elles sont séquestrées dans un quartier particulier de la ville, et leurs logements vilains, misérables, n'ont rien qui ressemble à ceux des courtisanes romaines ou vénitiennes, non plus qu'elles-mêmes ne leur ressemblent pour la beauté, les agrémens, le maintien. Si quelqu'une d'entre elles veut demeurer hors de ces limites, il faut que ce soit bien peu de chose, et qu'elle fasse quelque métier pour cacher cela.

Je vis les boutiques des fileurs de soie qui se servent de certains dévidoirs, par le moyen desquels une seule femme, en les faisant tourner, fait d'un seul mouvement tordre et tourner à la fois 500 fuseaux.

Le mardi matin je rendis une petite pierre rousse.

Le mercredi je vis la maison de plaisance du grand-duc. Ce qui m'y frappa le plus, c'est une roche en forme de pyramide construite et composée de toutes sortes de minéraux naturels, c'est-à-dire d'un morceau de chacun, raccordés ensemble. Cette roche jetoit de l'eau qui faisoit mouvoir au dedans de la grotte plusieurs corps, tels que des moulins à eau et à vent, de petites cloches d'église, des soldats en sentinelle, des animaux, des chasses, et mille choses semblables.

Le jeudi je ne me souciai pas de voir une autre course de chevaux. J'allai l'après-dînée à Pratolino, que je revis dans un grand détail. Le concierge du palais m'ayant prié de lui dire mon sentiment sur les beautés de ce lieu et sur celles de Tivoli, je lui dis ce que j'en pensois, en comparant les lieux, non en général, mais partie par partie, et considérant leurs divers avantages: ce qui rendoit respectivement tantôt l'un, tantôt l'autre supérieur.

Le vendredi j'achetai, à la librairie des Juntes [2], un paquet d'onze comédies et quelques autres livres. J'y vis le testament de Bocace imprimé avec certains discours fait sur le Décameron.

On voit par ce testament à quelle étonnante pauvreté, à quelle misère étoit réduit ce

[1] C'est des courtisanes qu'il s'agit.
[2] Fameux imprimeurs de Florence, dont les éditions sont encore recherchées.

grand homme. Il ne laisse à ses parentes et à ses sœurs que des draps et quelques pièces de son lit ; ses livres à un certain religieux, à condition de les communiquer à quiconque dont il en sera requis ; il met en compte jusqu'aux ustensiles et aux meubles les plus vils ; enfin il ordonne des messes et sa sépulture. On a imprimé ce testament tel qu'il a été trouvé sur un vieux parchemin bien délabré.

Comme les courtisanes romaines et vénitiennes se tiennent aux fenêtres pour attirer leurs amans, celles de Florence se montrent aux portes de leurs maisons, et elles y restent au guet aux heures commodes. Là vous les voyez, avec plus ou moins de compagnie, discourir et chanter dans la rue au milieu des cercles.

Le dimanche 2 juillet, je partis de Florence après dîner, et après avoir passé l'Arno sur un pont, nous le laissâmes à main droite, en suivant toutefois son cours. Nous traversâmes de belles plaines fertiles, où sont les plus célèbres melonières de Toscane. Les bons melons ne sont mûrs que vers le 15 de juillet, et l'endroit particulier où se trouvent les meilleurs se nomme Legnaia : Florence en est à trois milles.

La route que nous fîmes ensuite étoit pour la plus grande partie unie, fertile et très peuplée partout de maisons, de petits châteaux, de villages presque continus.

Nous traversâmes, entre autres, une jolie terre appelée Empoli, nom dans le son duquel il y a je ne sais quoi d'antique. Le site en est très agréable. Je n'y reconnus aucunes traces d'antiquité, si ce n'est, près du grand chemin, un pont en ruines qui en a quelque air.

Je fus ici frappé de trois choses : 1º de voir tout le peuple de ce canton occupé, même le dimanche, les uns à battre le blé ou à le ranger, les autres à coudre, à filer, etc ; 2º de voir ces paysans un luth à la main, et de leur côté les bergères, ayant l'Arioste dans la mémoire : mais c'est ce qu'on voit dans toute l'Italie ; 3º de leur voir laisser le grain coupé dans les champs pendant dix et quinze jours ou plus, sans crainte des voisins.

Vers la fin du jour nous arrivâmes à

Scala, vingt milles. Il n'y a qu'une seule hôtellerie, mais fort bonne. Je ne soupai pas, et je dormis peu à cause d'un grand mal de dents qui me prit du côté droit. Cette douleur, je la sentois souvent avec mon mal de tête ; mais c'étoit en mangeant qu'elle me faisoit le plus souffrir, ne pouvant rien mettre dans ma bouche sans éprouver une très grande douleur.

Le lundi matin, 3 juillet, nous suivîmes un chemin uni le long de l'Arno, et nous le trouvâmes terminé par une belle plaine couverte de blés. Vers le midi nous arrivâmes à

Pise, vingt milles, ville qui appartient au duc de Florence. Elle est située dans la plaine sur l'Arno qui la traverse par le milieu, et qui, se jetant dans la mer à six milles de là amène à Pise plusieurs espèces de bâtimens.

C'étoit le temps où les écoles cessoient, comme c'est la coutume pendant les trois mois de la grande chaleur.

Nous y rencontrâmes une très bonne troupe de comédiens appelés les Desiosi.

Comme l'auberge où j'étois ne me plaisoit pas, je louai une maison où il y avoit quatre chambres et une salle. L'hôte se chargeoit de faire la cuisine et de fournir les meubles. La maison étoit belle et j'avois le tout pour huit écus par mois. Quant à ce qu'il s'étoit obligé de fournir pour le service de table, comme nappes et serviettes, c'étoit peu de chose, attendu qu'en Italie on ne change de serviettes qu'en changeant de nappes, et que la nappe n'est changée que deux fois la semaine. Nous laissions faire à nos valets leur propre dépense eux-mêmes, et nous mangions à l'auberge à quatre jules par jour.

La maison étoit dans une très belle situation, avec une agréable vue sur le canal que forme l'Arno en traversant la campagne.

Ce canal est fort large et long de plus de cinq cens pas, un peu incliné et comme replié sur lui-même ; ce qui fait un aspect charmant, en ce que par le moyen de cette courbure, on en decouvre plus aisément les deux bouts, avec trois ponts qui traversent le fleuve toujours couvert de navires et de marchandises. Les deux bords de ce canal sont revêtus de beaux quais, comme celui des Augustins de Paris. Il y a deux côtés de rues larges, et le long de ces rues un rang de maisons parmi lesquelles étoit la nôtre.

Le mercredi 5 juillet, je vis la cathédrale où fut autrefois le palais de l'empereur Adrien. Il y a un nombre infini de colonnes de différens marbres, ainsi que de forme et de travail différens, et de très belles portes de métal. Cette église est ornée de diverses dépouilles de la Grèce et de l'Egypte, et bâtie d'anciennes ruines, où l'on voit diverses inscriptions, dont les unes se trouvent à rebours, les autres à demi tronquées; et en certains endroits des caractères inconnus, que l'on prétend être d'anciens caractères étrusques.

Je vis le clocher bâti d'une façon extraordinaire, incliné de sept brasses comme celui de Bologne et autres, et entouré de tous côtés de pilastres et de corridors ouverts.

Je vis encore l'église de Saint-Jean, qui est aussi très riche par les ouvrages de sculpture et de peinture qu'on y voit.

Il y a entre autres un pupitre de marbre, avec grand nombre de figures d'une telle beauté que ce Laurent qui tua, dit-on, le duc Alexandre, enleva les têtes de quelques-unes, et en fit présent à la reine[1]. La forme de cette église ressemble à celle de la Rotonde de Rome.

Le fils naturel de ce duc Alexandre fait ici sa résidence. Il est vieux, à ce que j'ai vu. Il vit commodément des bienfaits du duc, et ne s'embarrasse point d'autre chose. Il y a de très beaux endroits pour la chasse et pour la pêche, et ce sont là ses occupations.

Pour les saintes reliques, les ouvrages rares, les marbres précieux et les pierres d'une grandeur et d'un travail admirables, on en trouve ici tout autant que dans aucune autre ville d'Italie.

Je vis avec beaucoup de plaisir le bâtiment du cimetière, qu'on appelle *Campo-Santo;* il est d'une grandeur extraordinaire, long de trois cens pas, large de cent et carré; le corridor qui règne autour a quarante pieds de largeur, est couvert de plomb et pavé de marbre. Les murs sont couverts d'anciennes peintures, parmi lesquelles il y en a d'un Gondi de Florence, tige de la maison de ce nom.

Les nobles de la ville avoient leurs tombeaux sous ce corridor; on y voit encore les noms et les armes d'environ quatre cens familles, dont il en reste à peine quatre, échappées des guerres et des ruines de cette ancienne ville, qui d'ailleurs est peuplée, mais habitée par des étrangers. De ces familles nobles, dont il y a plusieurs marquis, comtes et autres seigneurs, une partie est répandue en différens endroits de la chrétienté, où elles ont passé successivement.

Au milieu de cet édifice est un endroit découvert où l'on continue d'inhumer les morts. On assure ici généralement que les corps qu'on y dépose se gonflent tellement dans l'espace de huit heures, qu'on voit sensiblement s'élever la terre; que huit heures après ils diminuent et s'affaissent; qu'enfin dans huit autres heures les chairs se consument, de manière qu'avant que les vingt-quatre heures soient passées il ne reste plus que les os tout nus. Ce phénomène est semblable à celui du cimetière de Rome, où, si l'on met le corps d'un Romain, la terre le repousse aussitôt. Cet endroit est pavé de marbre comme le corridor. On a mis par-dessus le marbre de la terre à la hauteur d'une ou de deux brasses, et l'on dit que cette terre fut apportée de Jérusalem dans l'expédition que les Pisans y firent avec une grande armée. Avec la permission de l'évêque, on prend un peu de cette terre qu'on répand dans les autres sépulcres, par la persuasion où l'on est que les corps s'y consumeront plus promptement : ce qui paroît d'autant plus vraisemblable, que dans le cimetière de la ville on ne voit presque point d'ossemens, et qu'il n'y a pas d'endroit où l'on puisse les ramasser et les renfermer, comme on fait dans d'autres villes.

Les montagnes voisines produisent de très beau marbre, et il y a dans la ville beaucoup d'excellens ouvriers pour le travailler. Ils faisoient alors pour le roi de Fez en Barbarie[1] un très riche ouvrage ; c'étoient les ornemens d'un théâtre dont ils exécutoient le dessin, et qui devoit être décoré de cinquante colonnes de marbre d'une très grande hauteur.

On voit en beaucoup d'endroits de cette ville les armes de France, et une colonne que le roi Charles VIII a donnée à la cathédrale. Dans une maison de Pise, sur le mur du côté de la rue, ce même prince est représenté, d'après nature, à genoux devant une vierge qui semble lui donner des conseils. L'inscription porte que, ce monarque soupant dans cette maison, il lui vint par hasard dans l'esprit de

---

(1) C'est apparemment Catherine de Médicis que veut désigner Montaigne.

(1) Pour Muley Amet, qui depuis la bataille d'Alcaçar, si funeste à Sébastien, roi de Portugal, ainsi qu'au roi de Fez lui-même, succéda à son frère en 1578, et régna jusqu'à l'an 1605.

rendre aux Pisans leur ancienne liberté : en quoi, dit-elle, il surpassa la grandeur d'Alexandre. On lit ici parmi les titres de ce prince, *roi de Jérusalem, de Sicile,* etc. Les mots qui sont relatifs à cette circonstance de la liberté rendue aux Pisans ont été barbouillés exprès, et sont à moitié biffés et effacés. D'autres maisons particulières sont encore décorées des mêmes armes (de France), pour indiquer la noblesse que le roi leur donna.

Il n'y a pas ici beaucoup de restes d'anciens édifices ni d'antiquités, si ce n'est une belle ruine en briques à l'endroit où fut le palais de Néron, dont le nom lui est resté, et une église de Saint-Michel qui fut autrefois un temple de Mars.

Le jeudi, fête de Saint-Pierre[1], on me dit qu'anciennement l'évêque de Pise alloit en procession à l'église de Saint-Pierre, à quatre milles hors de la ville, et delà sur le bord de la mer, qu'il y jettoit un anneau, et l'épousoit solennellement ; mais cette ville avoit alors une marine très puissante. Maintenant il n'y a[2] qu'un maître d'école tout seul, tandis que les prêtres vont en procession à l'église, où il y a de grandes indulgences. La bulle du pape qui est d'environ 400 ans, dit, sur la foi d'un livre qui en a plus de 1200[3], que cette église fut bâtie par saint Pierre, et que saint Clément[4] faisant l'office sur une table de marbre, il tomba sur cette table trois gouttes de sang du nez du saint pape. Il semble que ces gouttes n'y soient imprimées que depuis trois jours. Les Génois rompirent autrefois cette table pour emporter une de ces gouttes de sang ; ce qui fit que les Pisans ôtèrent de l'église le reste de la table et la portèrent dans leur ville. Mais tous les ans on l'y rapporte en procession le jour de Saint-Pierre, et le peuple y va toute la nuit dans des barques.

Le vendredi, 7 juillet, de bonne heure j'allai voir les *cassines* ou fermes de Pierre de Médicis éloignées de la terre de deux milles. Ce seigneur a là des biens immenses qu'il fait valoir par lui-même, en y mettant tous les cinq ans de nouveaux laboureurs qui prennent la moitié des fruits. Le terrain est très fertile en grains, et il y a des pâturages, où l'on tient toutes sortes d'animaux. Je descendis de cheval pour voir les particularités de la maison. Il y a grand nombre de personnes occupées à faire des crèmes, du beurre, des fromages, avec tous les ustensiles nécessaires à ce genre d'économie.

De là, suivant la plaine, j'arrivai sur les bords de la mer Tyrrhénienne[1], où d'un côté je découvrois à main droite Ereci, et de l'autre, encore de plus près, Livourne, château situé sur la mer. De là se découvre bien l'île de Gorgone, plus loin celle de Capraja[2], et plus loin encore la Corse[3]. Je tournai à main gauche le long du bord de la mer, et nous le suivîmes jusqu'à l'embouchure de l'Arno, dont l'entrée est fort difficile aux vaisseaux, parce que plusieurs petites rivières qui se jettent ensemble dans l'Arno charrient de la terre et de la boue qui s'y arrêtent, et font élever l'embouchure en l'embarrassant. J'y achetai du poisson que j'envoyai aux comédiennes de Pise. Le long de ce fleuve on voit plusieurs buissons de Tamaris[4]. Le samedi j'achetai un petit baril de ce bois, six jules ; j'y fis mettre des cercles d'argent, et je donnai trois écus à l'orfèvre. J'achetai de plus une canne d'Inde, pour m'appuyer en marchant, six jules ; un petit vase et un gobelet de noix d'Inde[5] qui fait le même effet pour la rate et la gravelle que le tamaris, huit jules.

L'artiste, homme habile et renommé pour la fabrique des instrumens de mathématique, m'apprit que tous les arbres ont intérieurement autant de cercles et de tours qu'ils ont d'années. Il me le fit voir à toutes les espèces de bois qu'il avoit dans sa boutique ; car il est menuisier. La partie du bois tournée vers le septentrion ou

---

[1] C'est-à-dire le jour de l'Octave.

[2] A la mer.

[3] On doit regretter que Montaigne n'ait pas été plus curieux de prendre au moins une note exacte d'un monument du troisième ou quatrième siècle de l'Eglise, et même de la bulle du Pape.

[4] Son successeur.

---

[1] De Toscane.

[2] Caprée, île célèbre par le séjour et par les débauches de l'empereur Tibère qui y mourut.

[3] Anciennement *Corsica*, qui est encore son nom italien et latin.

[4] Ou tamarisc, arbrisseau commun en Italie, qui quelquefois forme un arbre de la grosseur du coignassier. On attribue à son bois, dont on fait des tasses, des gobelets et d'autres vaisseaux, une vertu désopilative. *Dictionn. d'hist. nat.* de Bomare.

[5] Apparemment de coco.

le nord est plus étroite, a les cercles plus serrés et plus épais que l'autre; ainsi quelque bois qu'on lui porte, il se vante de pouvoir juger quel âge avoit l'arbre, et dans quelle situation il étoit.

Dans ce temps-là précisément, j'avois je ne sais quel embarras à la tête qui m'incommodoit toujours de quelque façon, avec une constipation telle que je n'avois point le ventre libre sans art ou sans le secours de quelques drogues, secours assez foibles. Les reins d'ailleurs selon les circonstances.

L'air de cette ville (de Pise) passoit il y a quelque temps pour être malsain; mais depuis que le duc Côme a fait dessécher les marais d'alentour, il est bon. Il étoit auparavant si mauvais que, quand on vouloit reléguer quelqu'un et le faire mourir, on l'exiloit à Pise, où dans peu de jours c'étoit fait de lui.

Il n'y a point ici de perdrix, malgré les soins que les princes toscans se sont donnés pour en avoir.

J'eus plusieurs fois à mon logis la visite de Jérôme Borro, médecin, docteur de la Sapience, et je l'allai voir à mon tour. Le 14 juillet, il me fit présent de son livre *Du flux et reflux de la mer*, qu'il a écrit en langue vulgaire, et me fit voir un autre livre de sa façon écrit en latin sur les maladies du corps.

Ce même jour, près de ma maison, vingt-un esclaves turcs s'échappèrent de l'arsenal, et se sauvèrent sur une frégate toute agréée que le seigneur Alexandre de Piombino avoit laissée dans le port, tandis qu'il étoit à la pêche.

A l'exception de l'Arno et de la beauté du canal qu'il forme en traversant la ville, comme aussi des églises, des ruines anciennes, et des travaux particuliers, Pise a peu d'élégance et d'agrément. Elle est déserte en quelque sorte, et tant par cette solitude que par la forme des édifices, par sa grandeur et par la largeur de ses rues, elle ressemble beaucoup à Pistoie. Un des plus grands défauts qu'elle ait est la mauvaise qualité de ses eaux qui ont toutes un goût de marécage.

Les habitants sont très pauvres, et n'en sont pas moins fiers ni moins intraitables, et peu polis envers les étrangers, particulièrement pour les François, depuis la mort d'un de leurs evêques, Pierre-Paul de Bourbon, qui se disoit de la maison de nos princes, et dont la famille subsiste encore.

Cet evêque aimoit si fort notre nation, et il étoit si libéral, qu'il avoit ordonné que, dès qu'il arriveroit un François, il lui fût amené chez lui. Ce bon prélat a laissé aux Pisans un souvenir très honorable de sa bonne vie et de sa libéralité. Il n'y a que cinq ou six ans qu'il est mort.

Le 17 juillet, je me mis avec vingt-cinq autres à jouer à un écu par tête, à la *Riffa*[1], quelques nippes d'un des comédiens de la ville, nommé Fargnocola. On tire à ce jeu d'abord à qui jouera le premier, puis le second, et ainsi de suite jusqu'au dernier : c'est l'ordre qu'on suit. Mais comme on avoit plusieurs choses à jouer, on fit ensuite deux conditions égales : celui qui faisoit le plus de points gagnoit d'une part, et celui qui en faisoit le moins gagnoit de l'autre. Le sort m'échut à jouer le second.

Le 18, il s'éleva une grande contestation à l'église de Saint-François entre les prêtres de la cathédrale et les religieux. La veille un gentilhomme de Pise avoit été enterré dans ladite église. Les prêtres y vinrent avec leurs ornemens et tout ce qu'il falloit pour dire la messe. Ils alléguoient leur privilége et la coutume observée de tout temps. Les religieux disoient au contraire que c'étoit à eux, et non point à d'autres, à dire la messe dans leur église. Un prêtre s'approchant du grand autel voulut en empoigner la table; un religieux s'efforça de lui faire lâcher prise; mais le vicaire qui desservoit l'église des prêtres lui donna un soufflet. Les hostilités commencèrent alors des deux côtés; et de main en main, l'affaire en vint aux coups de poing, aux coups de bâton, de chandeliers, de flambeaux, et de pareilles armes; tout fut mis usage. Le résultat de la querelle fut qu'aucun des combattans ne dit la messe; mais elle causa un grand scandale. J'y allai aussitôt que le bruit en fut répandu, et le tout me fut raconté.

Le 22, au point du jour, trois corsaires turcs abordèrent au rivage voisin, et emmenèrent prisonniers quinze ou vingt pêcheurs et pauvres bergers.

Le 25 j'allai voir chez lui le fameux Cor-

---

(1) Nous ignorons quel est ce jeu; mais il paraît que c'est un jeu de dés, et peut-être la rafle (*zara*), que Montaigne italianise à sa mode.

nacchico, médecin et lecteur de Pise[1]. Cet homme vit à sa manière, qui est bien opposée aux règles de son art. Il dort aussitôt qu'il a dîné, boit cent fois le jour, etc. Il me montra des vers de sa façon, en patois pisan, assez agréables. Il ne fait pas grand cás des bains qui sont dans le voisinage de Pise, mais bien de ceux de Bagnacqua, qui en sont à la distance de seize milles. Ces bains sont, à son avis, merveilleux pour les maladies du foie (et il m'en raconta bien des prodiges), ainsi que pour la pierre et pour la colique; mais avant d'en user il conseille de boire des eaux *della Villa*. Il est convaincu (me disoit-il) qu'à l'exception de la saignée, la médecine n'est rien en comparaison des bains pour quiconque sait les employer à propos. Il me dit de plus qu'aux bains del Bagnacqua les logemens étoient très bons, et qu'on y étoit commodément et à son aise.

Le 26 je rendis le matin des urines troubles et plus noires que j'en eusse jamais rendu, avec une petite pierre; mais pour cela la douleur que j'avois ressentie pendant l'espace d'environ vingt heures, au-dessous du nombril ne s'apaisa point; cependant elle étoit supportable, n'intéressant pas les reins ni le flanc. Quelque temps après, je rendis encore une autre petite pierre, et la douleur s'apaisa.

Le jeudi 27 nous partîmes de bonne heure de Pise, moi fort satisfait en particulier des courtoisies et des politesses que j'y avois reçues de MM. Vintavinti, Laurent, Conti, Sanminiato (ce dernier, qui loge chez M. le chevalier Camille Gaëtani, m'offrit son frère pour m'accompagner en France), Borro et autres, tant artisans que marchands, avec lesquels j'avois lié connoissance. Je suis assuré que l'argent ne m'eût pas même manqué si j'en avois eu besoin, quoique cette ville passe pour être impolie et que les habitans soient altiers; mais, de quelque façon que ce soit, les hommes polis communiquent leur politesse aux autres.

On trouve abondamment ici des logemens, des noisettes et des champignons. Nous fûmes long-temps à traverser la plaine et nous rencontrâmes au pied d'un monticule ce qu'on nomme les bains de Pise. Il y en a plusieurs, avec une inscription en marbre que je ne pus pas bien lire : ce sont des vers latins rimés, qui font foi de la vertu de ces eaux. La date est de 1300, à ce que j'ai pu deviner.

Le plus grand et le plus honnête de ces bains est carré, avec un des côtés en dehors et très bien disposé; ses escaliers sont de marbre. Il a trente pas de longueur de chaque côté, et l'on voit dans un coin la source de la fontaine. J'en bus pour pouvoir en juger; je la trouvai sans goût, sans aucune odeur. Je sentois seulement un peu d'âcreté sur la langue; la chaleur en étoit fort médiocre et elle étoit aisée à boire.

Je m'aperçus à la source qu'il y avoit dans l'eau de ces corpuscules ou atomes blancs qui me déplaisoient aux bains de Bade, et que j'imaginois être des immondices venant du dehors. Maintenant je pense qu'ils proviennent de quelque qualité des mines, d'autant plus qu'ils sont plus épais du côté de la source où l'eau prend naissance, et où par conséquent elle doit être plus pure et plus nette, comme j'en fis clairement l'expérience. Ce lieu-ci d'ailleurs est désert et les logemens y sont mauvais. Les eaux sont presque abandonnées, et ceux qui en font quelque usage partent le matin de Pise, qui n'en est qu'à quatre milles, et reviennent chez eux le même jour.

Le grand bain est découvert et c'est le seul qui porte quelque marque d'antiquité; aussi l'appelle-t-on le bain de Néron. On tient communément que cet empereur fit conduire cette eau jusques dans son palais de Pise, par le moyen de plusieurs aqueducs.

Il y a un autre bain couvert d'un travail médiocre, qui est à l'usage du peuple : l'eau en est très pure. On dit qu'il est bon pour le foie et pour les pustules qui proviennent de la chaleur de ce viscère. On y boit la même quantité d'eau qu'aux autres bains; on se promène après avoir bu et l'on satisfait aux besoins de la nature de quelque façon qu'elle veuille opérer, ou par les sueurs ou par d'autres voies. Dès que j'eus grimpé cette montagne, nous jouîmes d'une des plus belles vues du monde, en considérant cette grande plaine, la mer, les îles, Livourne et Pise. Après l'avoir descendue nous reprîmes la plaine sur laquelle est située

Lucques, dix milles. Ce matin je rendis une autre pierre beaucoup plus grosse, et qui paroissoit évidemment avoir été détachée d'un

---

[1] Il a donné son nom à *la poudre cornachine*, ou *de tribus*, dont il est l'inventeur, et ceci nous en donne à peu près l'époque.

autre corps apparemment plus considérable : Dieu le sait, sa volonté soit faite. Nous étions à l'auberge à Lucques sur le même pied qu'à Pise, savoir chaque jour à quatre jules par maître et trois jules par valet.

Le 28, comme forcé par les offres les plus polies de M. Louis Pinitesi, je pris dans sa maison un appartement bas, fort frais, très décent, et composé de cinq chambres avec une salle et une cuisine. J'y avois tous les meubles nécessaires et fort propres, fort honnêtes à la manière italienne, qui dans beaucoup de choses non-seulement égale la manière françoise, mais l'emporte encore sur elle. Il faut convenir que c'est un grand ornement dans les bâtimens d'Italie que ces voûtes hautes, larges et belles, qui donnent à l'entrée des maisons de la noblesse et de l'agrément, parce que tout le bas est construit de la même manière avec des portes hautes et larges. Les gentilshommes de Lucques mangent dans l'été sous ces espèces de porches à la vue de tous ceux qui passent par les rues.

A dire vrai, j'ai toujours été non-seulement bien, mais même agréablement logé dans tous les lieux où je me suis arrêté en Italie, excepté à Florence (où je ne sortis pas de l'auberge, malgré les incommodités qu'on y souffre, surtout quand il fait chaud) et à Venise, où nous étions logés dans une maison trop publique et assez malpropre, parce que nous ne devions pas y rester longtemps. Ma chambre ici (à Lucques) étoit écartée ; rien ne me manquoit ; je n'avois aucun embarras, nulle sorte d'incommodité. Les politesses même sont fatigantes et parfois ennuyeuses, mais j'étois rarement visité par les habitans. Je dormois, j'étudiois quand je voulois ; et lorsque la fantaisie me prenoit de sortir, je trouvois partout compagnie de femmes et d'hommes avec qui je pouvois converser et me distraire pendant quelques heures du jour ; puis les boutiques, les églises, les places et le changement de lieu, tout cela me fournissoit assez de moyens de satisfaire ma curiosité.

Parmi ces dissipations, mon esprit étoit aussi tranquille que le comportoient mes infirmités et les approches de la vieillesse [1] ; et très peu d'occasions se présentoient de dehors pour le troubler. Je sentois seulement un peu le défaut de compagnie telle que je l'aurois désirée, étant forcé de jouir seul et sans communication des plaisirs que je goûtois.

Les Lucquois jouent supérieurement au ballon et l'on en voit souvent de belles parties. Il n'est pas d'usage, ou c'est une chose assez rare parmi eux, que les hommes aillent dans les rues à cheval, encore moins en voiture ; les dames y vont sur des mules, accompagnées d'un laquais à pied. Les étrangers ont beaucoup de peine à trouver des maisons à louer ; car il y en vient très peu, et la ville est d'ailleurs fort peuplée. On me demanda 70 écus de loyer par mois d'un logement ordinaire avec quatre chambres meublées, salle et cuisine. On ne sauroit jouir de la compagnie des Lucquois, parce que, jusqu'aux enfans, ils sont continuellement occupés de leurs affaires et de la fabrique des étoffes dont ils font commerce. Ainsi c'est un séjour un peu ennuyeux et désagréable pour les étrangers.

Le 10 août nous sortîmes de la ville pour nous aller promener avec plusieurs gentilshommes de Lucques qui m'avoient prêté des chevaux. Je vis des maisons de plaisance fort jolies aux environs de la ville, à trois ou quatre milles de distance, avec des portiques et des galeries qui les rendent fort gaies. Il y a entre autres une grande galerie toute voûtée en dedans, couverte de ceps et de branches de vignes qui sont plantés à l'entour et appuyés sur quelques soutiens. La treille est vive et naturelle.

Mon mal de tête me laissoit quelquefois tranquille pendant cinq à six jours et plus, mais je ne pouvois la remettre parfaitement.

Il me vint en fantaisie d'étudier la langue toscane et de l'apprendre par principes ; j'y mettois assez de temps et de soins, mais j'y faisois peu de progrès.

On éprouva dans cette saison une chaleur beaucoup plus vive qu'on n'en sentoit communément.

Le 12 j'allai voir hors de Lucques la maison de campagne de M. Benoît Buonvisi, que je trouvai d'une beauté médiocre. J'y vis entre autres la forme de certains bosquets qu'ils font sur des lieux élevés. Dans un espace d'environ cinquante pas, ils plantent divers arbres de l'espèce de ceux qui restent verts toute l'année. Ils

---

[1] Montaigne n'était alors que dans sa quarante-huitième année.

entourent ce lieu de petits fossés et pratiquent au dedans de petites allées couvertes. Au milieu du bosquet est un endroit pour le chasseur qui, dans certains temps de l'année, comme vers le mois de novembre, muni d'un sifflet d'argent et de quelques grives prises exprès pour cet usage et bien attachées, après avoir disposé de tous côtés plusieurs appeaux avec de la glu, peut prendre dans une matinée deux cents grives. Cela ne se fait que dans un certain canton près de la ville.

Le dimanche 13 je partis de Lucques, après avoir donné ordre qu'on offrît à M. Louis Pinitesi quinze écus pour l'appartement qu'il m'avoit cédé dans sa maison (ce qui revenoit à un écu par jour); il en fut très content.

Nous allâmes voir ce jour-là plusieurs maisons de campagne appartenant à des gentilshommes de Lucques; elles sont jolies, agréables, enfin elles ont leurs beautés. L'eau y est abondante, mais artificielle, c'est-à-dire ni naturelle, ni vive ou continuelle.

Il est étonnant de voir si peu de fontaines dans un pays si montueux.

Les eaux dont ils se servent, ils les tirent des ruisseaux; et pour l'ornement ils les érigent en fontaines avec des vases, des grottes et autres travaux à cet usage. Nous vînmes le soir souper à une maison de campagne de M. Louis, avec M. Horace son fils, qui nous accompagnoit toujours. Il nous reçut fort bien et nous donna un très bon souper sous une grande galerie fort fraîche et ouverte de tous côtés. Il nous fit ensuite coucher séparément dans de bonnes chambres, où nous eûmes des draps de lin très blancs et d'une grande propreté, tels que nous en avions eus à Lucques dans la maison de son père.

Lundi, de bonne heure, nous partîmes de là, et chemin faisant, sans descendre de cheval, nous nous arrêtâmes à la maison de campagne de l'évêque qui y étoit. Nous fûmes très bien reçus par ses gens et même invités à y dîner; mais nous allâmes dîner aux

Bains della Villa, 15 milles. J'y reçus de tout le monde le meilleur accueil et des caresses infinies. Il sembloit en vérité que je fusse de retour chez moi. Je logeai encore dans la même chambre que j'avois louée ci-devant vingt écus par mois, au même prix et aux mêmes conditions.

Le mardi 15 août, j'allai de bon matin me baigner; je restai un peu moins d'une heure dans le bain, et je le retrouvai plus froid que chaud. Il ne me provoqua point de sueur. J'arrivai à ces bains non-seulement en bonne santé, mais je puis dire encore fort allègre de toute façon. Après m'être baigné, je rendis des urines troubles; le soir, ayant marché quelque temps par des chemins montueux et difficiles, elles furent tout-à-fait sanguinolentes, et quand je fus couché, je sentis je ne sais quel embarras dans les reins.

Le 16 je continuai le bain, et pour être seul à l'écart je choisis celui des femmes, où je n'avois pas encore été. Il me parut trop chaud, soit qu'il le fût réellement, soit qu'ayant déjà les pores ouverts par le bain que j'avois pris la veille, je fusse plus prompt à m'échauffer; cependant j'y restai plus d'une heure. Je suai médiocrement; les urines étoient naturelles, point de sable. Après dîner, les urines revinrent encore troubles et rousses, et vers le coucher du soleil elles étoient sanguinolentes.

Le 17 je trouvai le même bain plus tempéré. Je suai très peu; les urines étoient un peu troubles avec un peu de sable; j'avois le teint d'un jaune pâle.

Le 18 je restai deux heures encore au même bain. Je sentis aux reins je ne sais quelle pesanteur; mon ventre étoit aussi libre qu'il le falloit. Dès le premier jour j'avois éprouvé beaucoup de vents et de borborigmes; ce que je crois sans peine être un effet particulier de ces eaux, parce que la première fois que je pris les bains je m'aperçus sensiblement que les mêmes vents étoient produits de cette manière.

Le 19 j'allai au bain un peu plus tard pour donner le temps à une dame de Lucques de se baigner avant moi, parce que c'est une règle assez raisonnable observée ici que les femmes jouissent à leur aise de leur bain; aussi j'y restai deux heures.

Ma tête pendant plusieurs jours s'étoit maintenue en très bon état; il lui survint un peu de pesanteur. Mes urines étoient toujours troubles, mais en diverses façons, et elles charrioient beaucoup de sable. Je m'apercevois aussi de je ne sais quels mouvemens aux reins; et si je pense juste en ceci, c'est une des principales propriétés de ces bains. Non-seulement ils dilatent et ouvrent les passages et les conduits, mais encore ils poussent la matière, la dissipent et la font disparoître. Je jetois du sable qui paroissoit n'être autre chose que des pierres brisées, récemment désunies.

La nuit je sentis au côté gauche un commencement de colique assez fort et même poignant, qui me tourmenta pendant un bon espace de temps, et ne fit pas néanmoins les progrès ordinaires; car le mal ne s'étendit point jusqu'au bas-ventre, et il finit de façon à me faire croire que c'étoient des vents.

Le 20, je fus deux heures au bain. Les vents me causèrent pendant tout le jour de grandes incommodités au bas-ventre. Je rendois toujours des urines troubles, rousses, épaisses, avec un peu de sable. La tête me faisoit mal, et j'allois du ventre plus que de coutume.

On n'observe pas ici les fêtes avec la même religion que nous, ni même le dimanche; on voit les femmes faire la plus grande partie de leur travail après dîner.

Le 21, je continuai mon bain, après lequel j'avois les reins fort douloureux : mes urines étoient abondantes et troubles, et je rendois toujours un peu de sable. Je jugeois que les vents étoient la cause des douleurs que j'éprouvois alors dans les reins, parce qu'ils se faisoient sentir de tous côtés. Ces urines si troubles me faisoient pressentir la descente de quelque grosse pierre : je ne devinai que trop bien. Après avoir le matin écrit cette partie de mon journal, aussitôt que j'eus dîné, je sentis de vives douleurs de colique; et pour me tenir plus alerte il s'y joignit, à la joue gauche, un mal de dents très aigu, que je n'avois point encore éprouvé. Ne pouvant supporter tant de malaise, deux ou trois heures après je me mis au lit, ce qui fit bientôt cesser la douleur de ma joue.

Cependant, comme la colique continuoit de me déchirer, et qu'aux mouvements flatueux qui tantôt d'un côté, tantôt d'un autre, occupoient successivement diverses parties de mon corps, je sentois enfin que c'étoient plutôt des vents que des pierres, je fus forcé de demander un lavement. Il me fut donné sur le soir, très bien préparé avec de l'huile, de la camomille et de l'anis, le tout ordonné seulement par l'apothicaire. Le capitaine Paulino me l'administra lui-même avec beaucoup d'adresse ; car quand il sentoit que les vents repoussoient, il s'arrêtoit et retiroit la seringue à lui; puis il reprenoit doucement et continuoit de façon que je pris le remède tout entier sans aucun dégoût. Il n'eut pas besoin de me recommander de le garder tant que je pourrois, puisque je ne fus pressé par aucune envie. Je le gardai donc jusqu'à trois heures, et ensuite je m'avisai de moi-même de le rendre. Etant hors du lit je pris avec beaucoup de peine un peu de massepain et quatre gouttes de vin. Sur cela je me remis au lit, et après un léger sommeil il me prit envie d'aller à la selle; j'y fus quatre fois jusques au jour, y ayant toujours quelque partie du lavement qui n'étoit pas rendu.

Le lendemain matin, je me trouvai fort soulagé, parce qu'il m'avoit fait sortir beaucoup de vents. J'étois fort fatigué, mais sans aucune douleur. Je mangeai un peu à dîner, sans nul appétit; je bus aussi sans goût, quoique je me sentisse altéré. Après dîner, la douleur me reprit encore une fois à la joue gauche, et me fit beaucoup souffrir, depuis le dîner jusqu'au souper. Comme j'étois bien convaincu que mes vents ne venoient que du bain, je l'abandonnai, et je dormis bien toute la nuit.

Le jour suivant, à mon reveil, je me trouvai las et chagrin, la bouche sèche avec des aigreurs et un mauvais goût, l'haleine comme si j'avois eu la fièvre. Je ne sentois aucun mal, mais je continuais de rendre des urines extraordinaires et fort troubles.

Enfin, le 24 au matin, je poussai une pierre qui s'arrêta au passage. Je restai depuis ce moment jusqu'à dîner sans uriner, quoique j'en eusse grande envie. Alors je rendis ma pierre non sans douleur et sans effusion de sang avant et après l'éjection. Elle étoit de la grandeur et longueur d'une petite pomme ou noix de pin, mais grosse d'un côté comme une fève, et elle avoit exactement la forme du membre masculin. Ce fut un grand bonheur pour moi d'avoir pu la faire sortir. Je n'en ai jamais rendu de comparable en grosseur à celle-ci; je n'avois que trop bien jugé, par la qualité de mes urines, ce qui en devoit arriver. Je verrai quelles en seront les suites.

Il y auroit trop de foiblesse et de lâcheté de ma part, si, certain de me retrouver toujours dans le cas de périr de cette manière, et la mort s'approchant d'ailleurs à tous les instans, je ne faisois pas mes efforts, avant d'en être là, pour pouvoir la supporter sans peine quand le moment sera venu. Car enfin la raison nous recommande de recevoir joyeusement le bien qu'il plaît à Dieu de nous envoyer. Or, le seul remède, la seule règle et l'unique science, pour éviter tous les maux qui assiégent l'homme de toutes parts et à toute heure, quels qu'ils soient, c'est de se résoudre à les souffrir humainement, ou à les terminer courageusement et promptement.

Le 25 août l'urine reprit sa couleur, et je me retrouvai dans le même état qu'auparavant. Outre cela je souffrois souvent tant le jour que la nuit de la joue gauche ; mais cette douleur étoit passagère et je me rappelois qu'elle m'avoit autrefois causé chez moi beaucoup d'incommodité.

Le 26 au matin je fus deux heures au bain.

Le 27 après dîner, je fus cruellement tourmenté d'un mal de dents très vif, tellement que j'envoyai chercher le médecin. Le docteur ayant tout examiné, vu principalement que la douleur s'était apaisée en sa présence, jugea que cette espèce de fluxion n'avoit pas de corps[1] ou n'en avoit que fort peu ; mais que c'étoient des vents mêlés de quelque humeur qui montoient de l'estomac à la tête et me causoient ce malaise ; ce qui me paroissoit d'autant plus vraisemblable, que j'avois éprouvé de pareilles douleurs en d'autres parties de mon corps.

Le lundi 28 août, j'allai de bon matin boire des eaux de la fontaine de Barnabé, et j'en bus sept livres quatre onces, à douze onces la livre. Elles me procurèrent une selle, et j'en rendis un peu moins de la moitié avant dîner. J'éprouvois sensiblement que cette eau me faisoit monter à la tête des vapeurs qui l'appesantissoient.

Le mardi 29, je bus de la fontaine ordinaire neuf verres, contenant chacun une livre moins une once, et la tête aussitôt me fit mal. Il est vrai, pour dire ce qui en est, que d'elle-même elle étoit en mauvais état, et qu'elle n'avoit jamais été bien libre depuis le premier bain, quoique sa pesanteur se fît sentir plus rarement et différemment, mes yeux, un mois auparavant, ne s'étant point affoiblis et n'ayant point éprouvé d'éblouissement. Je souffrois par derrière, mais jamais je n'avois mal à la tête que

la douleur ne s'étendît à la joue gauche qu'elle embrassoit toute entière, jusqu'aux dents même les plus basses, enfin à l'oreille et à une partie du nez. La douleur passoit vite, mais d'ordinaire elle étoit aiguë ; et elle me reprenoit souvent le jour et la nuit. Tel étoit alors l'état de ma tête.

Je crois que les fumées de cette eau, soit en buvant, soit en se baignant (quoique plus d'une façon que de l'autre) sont fort nuisibles à la tête, et l'on peut dire avec assurance encore plus à l'estomac. C'est pourquoi l'on est ici dans l'usage de prendre quelques médecines pour prévenir cet inconvénient.

Je rendis dans le cours d'une journée jusqu'à la suivante, à une livre près, toute l'eau que j'avois bue, en comptant celle que je buvois à table, mais qui étoit bien peu de chose, puisqu'elle n'alloit pas à une livre par jour. Dans l'après-dînée, vers le coucher du soleil, j'allai au bain ; j'y restai trois quarts d'heure, et le mercredi je suai un peu.

Le 30 août, je bus deux verres, à neuf onces le verre ; ce qui fit dix-huit onces, et j'en rendis la moitié avant dîner.

Le jeudi je m'abstins de boire et j'allai le matin à cheval voir Controne, village fort peuplé sur ces montagnes. Il y avoit plusieurs plaines belles et fertiles, et des pâturages sur la cime. Ce village a plusieurs petites campagnes, et des maisons commodes bâties de pierres, dont les toits sont aussi couverts de pierre en plateaux. Je fis un grand circuit autour de ces montagnes avant de retourner au logis.

Je n'étois pas content de la façon dont j'avois rendu les dernières eaux que j'avois prises ; c'est pourquoi il me vint dans l'idée de renoncer à en boire. Ce qui me déplaisoit en cela, c'est que je ne trouvois pas mon compte les jours de boisson, en comparant ce que j'urinois avec ce que je buvois. Il falloit, la dernière fois que je bus, qu'il fût encore resté dans mon corps plus de trois verres de l'eau du bain, outre qu'il m'étoit survenu un resserrement que je pouvois regarder comme une vraie constipation, par rapport à mon état ordinaire.

Le vendredi premier septembre 1581, je me baignai une heure le matin ; il me prit dans le bain un peu de sueur, et je rendis en urinant une grande quantité de sable rouge. Lorsque je buvois, je n'en rendois pas ou bien peu. J'avois la tête à l'ordinaire, c'est-à-dire en mauvais

---

[1] C'est-à-dire de cause matérielle et locale.

état. Je commençois à me trouver incommodé de ces bains ; en sorte que, si j'eusse reçu de France les nouvelles que j'attendois depuis quatre mois sans en recevoir, je fusse parti sur-le-champ, et j'aurois préféré d'aller finir la cure de l'automne à quelques autres bains que ce fût.

En tournant mes pas du côté de Rome, je trouvois à peu de distance de la grande route les bains de Bagnacqua, de Sienne et de Viterbe ; du côté de Venise ceux de Bologne et de Padoue.

A Pise, je fis blasonner et dorer mes armes, avec de belles et vives couleurs, le tout pour un écu et demi de France ; ensuite, comme elles étoient peintes sur toile, je les fis encadrer au bain ; et je fis clouer, avec beaucoup de soin, le tableau au mur de la chambre que j'occupois, sous cette condition, qu'elles devoient être censées données à la chambre, non au capitaine Paulino, quoiqu'il fût le maître du logis, et attachées à cette chambre, quelque chose qui pût arriver dans la suite. Le capitaine me le promit et en fit serment.

Le dimanche 3, j'allai au bain, et j'y restai un peu plus d'une heure. Je sentis beaucoup de vents, mais sans douleurs.

La nuit et le matin du lundi 4, je fus cruellement tourmenté de la douleur des dents ; je soupçonnai dès lors qu'elle provenoit de quelque dent gâtée. Je mâchois le matin du mastic sans éprouver aucun soulagement. L'altération que me causoit cette douleur aiguë faisoit encore que j'étois constipé, et c'étoit pour cela que je n'osois me remettre à boire des eaux ; ainsi je faisois très peu de remèdes. Cette douleur, vers le temps du dîner, et trois ou quatre heures après, me laissa tranquille ; mais sur les vingt heures[1], elle me reprit avec tant de violence, et aux deux joues, que je ne pouvois me tenir sur mes pieds. La force du mal me donnoit des envies de vomir. Tantôt j'étois tout en sueur, et tantôt je frissonnois. Comme je sentois du mal partout, cela me fit croire que la douleur ne provenoit pas d'une dent gâtée. Car quoique le fort du mal fût au côté gauche, il étoit quelquefois encore très violent aux deux tempes et au menton, et s'étendoit jusqu'aux épaules, au gosier, même de tous côtés : en sorte

[1] Environ à six heures du soir.

que je passai la plus cruelle nuit que je me souvienne d'avoir passé de ma vie : c'étoit une vraie rage et une fureur.

J'envoyai chercher la nuit même un apothicaire qui me donna de l'eau-de-vie pour la tenir du côté où je souffrois le plus, ce qui me soulagea beaucoup. Dès l'instant que je l'eus dans la bouche, toute la douleur cessa ; mais aussitôt que l'eau-de-vie étoit imbibée, le mal reprenoit. Ainsi j'avois continuellement le verre à la bouche ; mais je ne pouvois y garder la liqueur, parce qu'aussitôt que j'étois tranquille la lassitude me provoquoit au sommeil, et en dormant il m'en tomboit toujours dans le gosier quelques gouttes qui m'obligeoient de la rejeter sur-le-champ. La douleur me quitta vers la pointe du jour.

Le mardi matin tous les gentilshommes qui étoient au bain vinrent me voir dans mon lit. Je me fis appliquer à la tempe gauche, sur le pouls même, un petit emplâtre de mastic, et ce jour-là je souffris peu. La nuit on me mit des étoupes chaudes sur la joue et au côté gauche de la tête. Je dormis sans douleur, mais d'un sommeil agité.

Le mercredi j'avois encore quelque ressentiment de mal, tant aux dents qu'à l'œil gauche ; je dormis sans douleur, mais d'un sommeil agité. En urinant je rendois du sable, mais non pas en aussi grande quantité que la première fois que je fus ici, et quelquefois il ressembloit à de petits grains de millet roussâtre.

Le jeudi matin, 7 de septembre, je fus pendant une heure au grand bain.

Dans la même matinée on m'apporta par la voie de Rome des lettres de M. Tausin, écrites de Bordeaux le 2 août, par lesquelles il m'apprenoit que le jour précédent j'avois été élu d'un consentement unanime maire de Bordeaux, et il m'invitoit à accepter cet emploi pour l'amour de ma patrie.

Le dimanche, 10 septembre, je me baignai le matin pendant une heure au bain des femmes, et comme il étoit un peu chaud j'y suai un peu.

Après dîner j'allai tout seul à cheval voir quelques autres endroits du voisinage, et particulièrement une petite campagne qu'on nomme Gragnaiola, située au sommet d'une des plus hautes montagnes du canton. En passant sur la cime des monts je découvrois les plus riches, les plus fertiles et les plus agréables collines que l'on puisse voir.

Comme je m'entretenois avec quelques gens du lieu, je demandai à un vieillard fort âgé s'ils usoient de nos bains; il me répondit qu'il leur arrivoit la même chose qu'à ceux qui, pour être trop voisins de Notre-Dame de Lorette, y vont rarement en pèlerinage; qu'on ne voyoit donc guères opérer les bains qu'en faveur des étrangers et de personnes qui venoient de loin. Il ajouta qu'il s'apercevoit avec chagrin depuis quelques années que ces bains étoient plus nuisibles que salutaires à ceux qui les prenoient; ce qui provenoit de ce qu'autrefois il n'y avoit pas dans le pays un seul apothicaire, et qu'on y voyoit rarement même des médecins, au lieu qu'à présent c'est tout le contraire. Ces gens-là, plus pour leur profit que pour le bien des malades, ont répandu cette opinion : que les bains ne faisoient aucun effet à ceux qui non-seulement ne prenoient pas quelques médecines avant et après l'usage des eaux, mais même n'avoient pas grand soin de se médicamenter en les prenant; en sorte qu'ils (les médecins) ne consentoient pas aisément qu'on les prît pures et sans ce mélange; aussi l'effet le plus évident qui s'ensuivoit, selon lui, c'est qu'à ces bains il mouroit plus de monde qu'il n'en guérissoit; d'où il tenoit pour assuré qu'ils ne tarderoient pas à tomber dans le plus grand discrédit et à être totalement méprisés.

Le lundi 11 septembre je rendis le matin beaucoup de sable, presque tout en forme de grains de millet ronds, fermes, rouges à la surface et gris en dedans.

Le 12 septembre 1581 nous partimes des bains della Villa le matin de bonne heure et nous allâmes dîner à

Lucques, quatorze milles; on commençoit à y vendanger. La fête de Sainte-Croix est une des principales fêtes de la ville; on donne alors pendant huit jours à ceux qui sont absens pour dettes la liberté de venir chez eux vacquer librement à cette dévotion.

Je n'ai point trouvé en Italie un seul bon barbier pour me raser et me faire les cheveux.

Le mercredi au soir nous allâmes entendre vêpres au Dôme[1], où il y avoit un concours de toute la ville et des processions. Le Volto Santo[1] étoit découvert. Cette image est en grande vénération parmi les Lucquois, parce qu'elle est très ancienne et illustrée par quantité de miracles; c'est exprès pour elle que le dôme a été bâti, et même la petite chapelle où est gardée cette relique est au milieu de cette grande église, mais assez mal placée et contre toutes les règles de l'architecture. Quand les vêpres furent dites, toute la pompe passa dans une autre église qui étoit autrefois le dôme.

Le jeudi j'entendis la messe dans le chœur du dôme où étoient tous les officiers de la Seigneurie. A Lucques on aime beaucoup la musique; on y voit peu d'hommes et de femmes qui ne la sachent point, et communément ils chantent tous; cependant ils ont très peu de bonnes voix. On chanta cette messe à force de poumons et ce ne fut pas grand' chose. Ils avoient construit exprès un grand autel fort haut, en bois et papier, couvert d'images, de grands chandeliers et de beaucoup de vases d'argent rangés comme un buffet, c'est-à-dire un bassin au milieu et quatre plats autour. L'autel étoit garni de cette manière depuis le pied jusqu'au haut, ce qui faisoit un assez bel effet.

Toutes les fois que l'évêque dit la messe, comme il fit ce jour-là, à l'instant qu'il entonne le *Gloria in excelsis*, on met le feu à un tas d'étoupes, que l'on attache à une grille de fer suspendue pour cet usage au milieu de l'église.

La saison dans ce pays là étoit déjà fort refroidie et humide.

Le vendredi, 15 septembre, il me survint comme un flux d'urine, c'est-à-dire j'urinois presque deux fois plus que je n'avois pris de boisson; s'il m'étoit resté dans le corps quelque partie de l'eau du bain, je crois qu'elle sortit.

Le samedi matin je rendis sans aucune peine une petite pierre rude au toucher; je l'avois un peu sentie pendant la nuit au bas du ventre.

Le dimanche, 18 septembre, se fit le changement des gonfaloniers de la ville[2]; j'allai voir cette cérémonie au palais. On travaille ici

---

(1) C'est la cathédrale.

(1) La Sainte-Face. C'est un crucifix de bois de cèdre, très ancien. *Voyages* de M. de Lalande, t. II, p. 542.

(2) Ou plus exactement l'élection du gonfalonier de la république, qui change tous les deux mois.

presque sans aucun égard pour le dimanche, et il y a beaucoup de boutiques ouvertes.

Le mercredi, 20 septembre, après-dîner, je partis de Lucques après avoir fait emballer dans deux caisses plusieurs choses pour les envoyer en France.

Nous suivîmes un chemin uni, mais par un pays stérile comme les Landes de Gascogne. Nous passâmes sur un pont bâti par le duc Cosme, un grand ruisseau où sont les moulins à fer[1] du grand-duc, avec un beau bâtiment. Il y a encore trois pêcheries ou lieux séparés en forme d'étangs qui sont renfermés et dont le fond est pavé de briques, où l'on entretient une grande quantité d'anguilles que l'on voit aisément par le peu d'eau qui s'y trouve. Nous passâmes l'Arno à Fusecchio et nous arrivâmes le soir à

Scala, vingt milles. J'en partis au point du jour. Je passai par un beau chemin ressemblant à une plaine. Le pays est entrecoupé de petites montagnes très fertiles, comme celles de France.

Nous traversâmes Castel Fiorentino, petit bourg enfermé de murailles, et ensuite à pied tout près de là, Certaldo, beau château situé sur une colline, patrie de Bocace. De là nous allâmes dîner à

Poggibonzi, dix-huit milles, petite terre, d'où nous nous rendîmes à souper à

Sienne, douze milles. Je trouvai que le froid dans cette saison étoit plus sensible en Italie qu'en France.

La place de Sienne est la plus belle qu'on voie dans aucune ville d'Italie. On y dit tous les jours la messe en public à un autel, vers lequel les maisons et les boutiques sont tournées de façon que le peuple et les artisans peuvent l'entendre sans quitter leur travail ni sortir de leur place. Au moment de l'élévation on sonne une trompette pour avertir le public.

Dimanche, 23 septembre, après-dîner, nous partîmes de Sienne, et après avoir marché par un chemin aisé, quoique parfois inégal, parce que le pays est semé de collines fertiles et de montagnes qui ne sont point escarpées, nous arrivâmes à

San-Chirico, petit château à vingt milles. Nous logeâmes hors des murs. Le cheval qui portoit nos bagages étant tombé dans un petit ruisseau que nous passâmes à gué,

(1) Ou les forges.

toutes mes hardes, et surtout mes livres furent gâtés; il fallut du temps pour les sécher. Nous laissâmes sur les collines voisines, à main gauche, Monte-Pulciano, Monte-Cello et Castiglioncello.

Le lundi, de bonne heure, j'allai voir un bain éloigné de deux milles et nommé Vignone, du nom d'un petit château qui est tout près. Le bain est situé dans un endroit un peu haut, au pied duquel passe la rivière d'Urcia. Il y a dans ce lieu environ une douzaine de petites maisons peu commodes et désagréables qui l'entourent, et le tout paroît fort chétif. Là est un grand étang entouré de murailles et de degrés d'où l'on voit bouillonner au milieu plusieurs jets de cette eau chaude, qui n'a pas la moindre odeur de soufre, élève peu de fumée, laisse un sédiment roussâtre et paroît être plus ferrugineuse que d'aucune autre qualité; mais on n'en boit pas. La longueur de cet étang est de 60 pas et sa largeur de 25. Il y a tout autour quatre ou cinq endroits séparés et couverts où l'on se baigne ordinairement; ce bain est tenu assez proprement.

On ne boit point de ses eaux, mais bien de celles de Saint-Cassien, qui ont plus de réputation; elles sont près de San-Chirico, à dix-huit milles du côté de Rome, à la gauche de la grande route.

En considérant la délicatesse de ces vases de terre qui semblent de la porcelaine[1], tant ils sont blancs et propres, je les trouvois à si bon marché qu'ils me paroissent véritablement d'un usage plus agréable pour le service de table que l'étain de France, et surtout celui qu'on sert dans les auberges, qui est fort sale.

Tous ces jours-ci le mal de tête, dont je croyois être entièrement délivré, s'étoit fait un peu sentir. J'éprouvois comme auparavant aux yeux, au front, à toutes les parties antérieures de la tête, une certaine pesanteur, un affoiblissement et un trouble qui m'inquiétoient. Le mardi nous vînmes dîner à

La Paglia, treize milles, et coucher à

San-Lorenzo : chétives auberges. On commençoit à vendanger dans ce pays-là.

Le mercredi matin il survint une dispute entre nos gens et les voiturins de Sienne, qui,

(1) Montaigne veut apparemment parler de la faïence, qui n'était pas encore fort connue hors de l'Italie dans ce temps-là.

voyant que le voyage etoit plus long que de coutume, fâchés d'être obligés de payer la dépense des chevaux, ne vouloient pas payer celle de cette soirée. La dispute s'échauffa au point que je fus obligé d'aller parler au maire qui me donna gain de cause après m'avoir entendu, et fit mettre en prison les voiturins. J'alléguois que la cause du retard venoit de la chute du cheval de bagage, qui tombant dans l'eau avoit gâté la plus grande partie de mes hardes.

Près du grand chemin, à quelque pas de distance à main droite, environ à six milles de Monte-Fiascone, est un bain situé dans une très grande plaine. Ce bain, à trois ou quatre milles de la montagne la plus voisine, forme un petit lac, à l'un des bouts duquel on voit une très grosse source jeter une eau qui bouillonne avec force et est presque brûlante. Cette eau sent beaucoup le soufre ; elle jette une écume et des féces blanches. A l'un des deux côtés de cette source est un conduit qui amène l'eau à deux bains situés dans une maison voisine. Cette maison qui est isolée a plusieurs petites chambres assez mauvaises, et je ne crois pas qu'elle soit fort fréquentée. On boit de cette eau pendant sept jours dix livres chaque fois ; mais il faut la laisser refroidir pour en diminuer la chaleur, comme on fait au bain de Preissac, et l'on s'y baigne tout autant. Cette maison, ainsi que le bain, est du domaine d'une certaine église ; elle est affermée cinquante écus ; mais, outre le profit des malades qui s'y rendent au printemps, celui qui tient cette maison à loyer vend une certaine boue qu'on tire du lac et dont usent les bons chrétiens, en la délayant avec de l'huile pour la guérison de la gale, et pour celle des brebis et des chiens, en la délayant avec de l'eau. Cette boue en nature et brute se vend douze jules, et en boules sèches sept quatrins. Nous y trouvâmes beaucoup de chiens du cardinal Farnèse qu'on y avoit menés pour les faire baigner. Environ à trois milles de là nous arrivâmes à

Viterbe, seize milles. Le jour étoit si avancé qu'il fallut faire un seul repas du dîner et du souper. J'étois fort enroué, et je sentois du froid. J'avois dormi tout habillé sur une table à San-Lorenzo, à cause des punaises, ce qui ne m'étoit encore arrivé qu'à Florence et dans cet endroit. Je mangeai ici d'une espèce de glands qu'on nomme *gensole* : l'Italie en produit beaucoup, et ils ne sont pas mauvais. Il y a encore tant d'étourneaux que vous en avez un pour deux liards.

Le jeudi 26 septembre au matin j'allai voir quelques autres bains de ce pays situés dans la plaine, et assez éloignés de la montagne. On voit d'abord en deux différens endroits des bâtimens où étoient, il n'y a pas long-temps, des bains qu'on a laissé perdre par négligence ; le terrain toutefois exhale une mauvaise odeur. Il y a de plus une maisonnette dans laquelle est une petite source d'eau chaude qui forme un petit lac, pour se baigner. Cette eau n'a point d'odeur, mais un goût insipide ; elle est médiocrement chaude. Je jugeai qu'il y avoit beaucoup de fer ; mais on n'en boit pas. Plus loin est encore un édifice qu'on appelle le palais du pape, parce qu'on prétend qu'il a été bâti ou réparé par le pape Nicolas[1]. Au bas de ce palais et dans un terrain fort enfoncé, il y a trois jets différens d'eau chaude, de l'un desquels on use en boisson. L'eau n'en est que d'une chaleur médiocre et tempérée : elle n'a point de mauvaise odeur ; on y sent seulement au goût une petite pointe, où je crois que le nitre domine. J'y étois allé dans l'intention d'en boire pendant trois jours. On boit là tout comme ailleurs par rapport à la quantité, on se promene ensuite, et l'on se trouve bien de transpirer.

Ces eaux sont en grande réputation ; elles sont transportées par charge dans toute l'Italie. Le médecin[2] qui a fait un *Traité général de tous les bains d'Italie* préfère les eaux de celui-ci, pour la boisson, à tous les autres. On leur attribue spécialement une grande vertu pour les maux de reins ; on les boit ordinairement au mois de mai. Je ne tirai pas un bon augure de la lecture d'un écrit qu'on voit sur le mur, et qui contient les invectives d'un malade contre les médecins qui l'avoient envoyé à ces eaux, dont il se trouvoit beaucoup plus mal qu'auparavant. Je n'augurai pas bien non plus de ce que le maître des bains disoit que la saison étoit trop avancée, et me sollicitoit froidement à en boire.

Il n'y a qu'un logis, mais il est grand, commode et décent, éloigné de Viterbe d'un mille et demi ; je m'y rendis à pied. Il renferme trois ou quatre bains qui produisent différens effets,

---

(1) Apparemment Nicolas V.
(2) Donati ou Donato.

et de plus un endroit pour la douche. Ces eaux forment une écume très blanche qui se fixe aisément, qui reste aussi ferme que la glace, et produit une croûte dure sur l'eau. Tout l'endroit est couvert et comme incrusté de cette écume blanche. Mettez-y un morceau de toile; dans le moment vous le voyez chargé de cette écume et ferme comme s'il étoit gelé. Cette écume sert à nettoyer les dents; elle se vend et se transporte hors du pays. En la mâchant, on ne sent qu'un goût de terre et de sable. On dit que c'est la matière *première* du marbre, qui pourroit bien se pétrifier aussi dans les reins. Cependant on assure qu'elle ne laisse aucun sédiment dans les flacons où elle se met, et qu'elle s'y conserve claire et très pure. Je crois qu'on en peut boire tant qu'on veut, et que la pointe qu'on y sent ne la rend qu'agréable à boire.

De là en m'en retournant je repassai dans cette plaine qui est très longue, et dont la largeur est de huit milles, pour voir l'endroit où les habitans de Viterbe (parmi lesquels il n'y a pas un seul gentilhomme, parce qu'ils sont tous laboureurs et marchands) ramassent les lins et les chanvres qui font la matière de leurs fabriques, auxquelles les hommes seuls travaillent, sans employer aucunes femmes. Il y avoit un grand nombre de ces ouvriers autour d'un certain lac où l'eau, dans toute saison, est également chaude et bouillante. Ils disent que ce lac n'a point de fond, et ils en dérivent de l'eau pour former d'autres petits lacs tièdes, où ils mettent rouir le chanvre et le lin.

Au retour de ce petit voyage, que je fis à pied en allant et à cheval en revenant, je rendis à la maison une petite pierre rousse et dure, de la grosseur d'un gros grain de froment; je l'avois un peu sentie la veille descendre chez moi vers le bas-ventre, mais elle s'étoit arrêtée au passage. Pour faciliter la sortie de ces sortes de pierres, on fait bien d'arrêter le conduit de l'urine et de le comprimer quelques instants, ce qui lui donne ensuite un peu de ressort pour l'expulser. C'est une recette que m'apprit M. de Langon à Arsaci.

Le samedi, fête de Saint-Michel, après-dîner, j'allai voir *la madona di Quercio*, à une demi-lieue de la ville. On y va par un grand chemin très beau, droit, égal, garni d'arbres d'un bout jusqu'à l'autre, enfin fait avec beaucoup de soin par les ordres du pape Farnèse. L'église est belle, remplie de monumens religieux, et d'un nombre infini de tableaux votifs. On lit dans une inscription latine, qu'il y a environ cent ans qu'un homme étant attaqué par des voleurs, et à demi mort de frayeur, se réfugia sous un chêne où étoit cette image de la Vierge, et que lui ayant fait sa prière il devint miraculeusement invisible à ces voleurs, et fut ainsi délivré d'un péril évident. Ce miracle fit naître une dévotion particulière pour cette Vierge; on bâtit autour du chêne cette église qui est très belle. On y voit encore le tronc du chêne coupé par le pied, et la partie supérieure, sur laquelle est posée l'image, est appliquée au mur, et dépouillée des branches qu'on a coupées tout autour.

Le samedi, dernier septembre, je partis de bon matin de Viterbe, et je pris la route de Bagnaia. C'est un endroit appartenant au cardinal Gambara[1] qui est fort orné, et surtout si bien pourvu de fontaines, qu'en cette partie il paroit, non-seulement égaler, mais surpasser même Pratolino et Tivoli. Il y a d'abord une fontaine d'eau vive, ce que n'a pas Tivoli, et très abondante, ce qui n'est pas à Pratolino; de façon qu'elle suffit à une infinité de distributions sous différens dessins. Le même, M. Thomas de Sienne, qui a conduit l'ouvrage de Tivoli[2], conduit encore celui-ci qui n'est pas achevé. Ainsi ajoutant toujours de nouvelles inventions aux anciennes, il a mis dans cette dernière construction beaucoup plus d'art, de beautés et d'agrément. Parmi les différentes pièces qui la décorent, on voit une pyramide fort élevée qui jette de l'eau de plusieurs manières différentes : celle-ci monte, celle-là descend. Autour de la pyramide sont quatre petits lacs, beaux, clairs, purs et remplis d'eau. Au milieu de chacun est une gondole de pierre, montée par deux arquebusiers, qui, après avoir pompé l'eau, la lancent avec leurs arbalètes contre la pyramide, et par un trompette qui tire aussi de l'eau. On se promène autour de ces lacs et de la pyramide par de très belles allées, où l'on trouve des appuis de pierre[3] d'un fort beau travail. Il y a d'autres parties

---

(1) Alors évêque de Viterbe. Il se nommait Jean-François.

(2) La construction de la cascade.

(3) Ou peut-être des bancs de pierre.

qui plurent encore davantage à quelques autres spectateurs. Le palais est petit, mais d'une structure agréable. Autant que je puis m'y connoître, cet endroit certainement l'emporte de beaucoup sur bien d'autres, par l'usage et l'emploi des eaux. Le cardinal n'y étoit pas ; mais comme il est François dans le cœur, ses gens nous firent toutes les politesses et les amitiés qu'on peut désirer.

De-là, en suivant le droit chemin, nous passâmes à Caprarola, palais du cardinal Farnèse, dont on parle beaucoup en Italie. En effet, je n'en ai vu aucun dans ce beau pays qui lui soit comparable. Il est entouré d'un grand fossé, taillé dans le tuf ; le haut du bâtiment est en forme de terrasse[1], de sorte qu'on n'en voit point la couverture. Sa figure est un peu pentagonale, et il paroît à la vue un grand carré parfait. Sa forme intérieure est exactement circulaire ; il règne autour de larges corridors tous voûtés, et chargés partout de peintures. Toutes les chambres sont carrées. Le bâtiment est très grand, les salles fort belles, et entre autres il y a un salon admirable, dont le plafond (car tout l'édifice est voûté) représente un globe céleste avec toutes les figures dont on le compose. Sur le mur du salon tout autour est peint le globe terrestre, avec toutes ses régions, ce qui forme une cosmographie complète. Ces peintures, qui sont très riches, couvrent entièrement les murailles. Ailleurs sont représentées en divers tableaux les actions du pape Paul III et de la maison Farnèse. Les personnes y sont peintes si au naturel que ceux qui les ont vues reconnoissent au premier coup d'œil, dans leurs portraits, notre connétable[2], la reine-mere[3], ses enfans, Charles IX, Henri III, le duc d'Alençon, la reine de Navarre[4] et le roi François II, l'aîné de tous, ainsi que Henri II[5], Pierre Strozzi[6] et autres. On voit dans une même salle aux deux bouts deux bustes, savoir d'un côté, et à l'endroit le plus honorable, celui du roi Henri II, avec une inscription au-dessous où il est nommé le conservateur de la maison Farnèse ; à l'autre bout, celui du roi Philippe II, roi d'Espagne, dont l'inscription porte : « Pour les bienfaits en grand nombre re-çus de lui. » Au dehors, il est aussi beaucoup de belles choses dignes d'être vues, et entre autres, une grotte d'où l'eau, s'élançant avec art dans un petit lac, représente à la vue et à l'ouïe la chute d'une pluie naturelle. Cette grotte est située dans un lieu désert et sauvage, et l'on est obligé de tirer l'eau de ses fontaines à une distance de huit milles, qui s'étend jusqu'à Viterbe.

De là, par un chemin égal et une grande plaine, nous parvînmes à des prairies fort étendues, au milieu desquelles, en certains endroits secs et dépouillés d'herbes, on voit bouillonner des sources d'eau froide, assez pures, mais tellement imprégnées de soufre que de fort loin on en sent l'odeur. Nous allâmes coucher à

Monte-Rossi[1], vingt-trois milles ; et le dimanche premier octobre à

Rome, vingt-deux milles. On éprouvoit alors un très grand froid et un vent glacial de nord. Le lundi et quelques jours après je sentis des crudités dans mon estomac, ce qui me fit prendre le parti de faire quelques repas tout seul, pour manger moins. Cependant j'avois le ventre libre, j'étois assez dispos de toute ma personne, excepté de la tête, qui n'étoit point entièrement rétablie.

Le jour que j'arrivai à Rome, on me remit des lettres des jurats de Bordeaux qui m'écrivoient fort poliment au sujet de l'élection qu'ils avoient faite de moi pour maire de leur ville, et me prioient avec instance de me rendre auprès d'eux.

« Le dimanche 8 octobre 1581, j'allai voir aux Termes de Dioclétien à Monte-Cavallo, un Italien qui, ayant été longtemps esclave en Turquie, y avoit appris mille choses très rares dans l'art du manége[2]. Cet homme, par exemple, courant à toute bride, se tenoit droit sur la selle, et lançoit avec force un dard, puis tout d'un coup il se mettoit en selle. Ensuite, au milieu d'une course rapide, appuyé seulement d'une main sur l'arçon de la selle, il descendoit de cheval touchant à terre du pied droit, et ayant le gauche dans l'étrier ; et plusieurs fois on le voyoit ainsi descendre et remonter alternativement. Il faisoit plusieurs tours semblables sur la selle, en courant toujours. Il tiroit d'un arc à la turque devant et derrière, avec

---

(1) En plate-forme.—(2) Anne de Montmorency.—(3) Catherine de Médicis.

(4) Marguerite, première femme d'Henri IV.—(5) Mari de Catherine de Médicis.—(6) Maréchal de France en 1558.

(1) Monte-Rosso.

(2) Montaigne en parle dans ses *Essais*, liv. I, c. 48.

une grande dextérité. Quelquefois appuyant sa tête et une épaule sur le col du cheval, et se tenant sur ses pieds, il le laissoit courir à discrétion. Il jetoit en l'air une masse qu'il tenoit dans sa main et la rattrapoit à la course. Enfin, étant debout sur la selle et tenant de la main droite une lance, il donnoit dans un gant et l'enfiloit, comme quand on court la bague. Il faisoit encore à pied tourner autour de son col devant et derrière une pique qu'il avoit d'abord fortement poussée avec la main.

Le 10 octobre, après dîner, l'ambassadeur de France[1] m'envoya un estafier me dire de sa part que, si je voulois, il viendroit me prendre dans sa voiture pour aller ensemble voir les meubles du cardinal Orsino, que l'on vendoit parce qu'il étoit mort dans cet été même à Naples, et qu'il avoit fait héritière de ses grands biens une sienne nièce qui n'étoit encore qu'un enfant. Parmi les choses rares que j'y vis, il y avoit une couverture de lit de taffetas, fourrée de plumes de cygnes. On voit à Sienne beaucoup de ces peaux de cygnes conservées entières avec la plume et toutes préparées ; on ne m'en demandoit qu'un écu et demi. Elles sont de la grandeur d'une peau de mouton, et une seule suffiroit pour en faire une pareille couverture. Je vis encore un œuf d'autruche ciselé tout autour et très bien peint ; plus un petit coffre carré pour mettre des bijoux, et il y en avoit quelques-uns. Mais comme ce coffre étoit fort artistement rangé, et qu'il y avoit des gobelets de cristal, en l'ouvrant il paroissoit qu'il fût de tous côtés, tant pardessous que pardessus, beaucoup plus large et plus profond, et qu'il y eût dix fois plus de joyaux qu'il n'en renfermoit, une même chose se répétant plusieurs fois par la réflexion des cristaux qu'on n'apercevoit pas même aisément.

Le jeudi 12 octobre le cardinal de Sens me mena seul en voiture avec lui, pour voir l'église de Saint-Jean et Saint-Paul ; il en est titulaire et supérieur, ainsi que de ces religieux qui distillent les eaux de senteur dont nous avons parlé plus haut. Cette église est située sur le mont Celius, situation qui semble avoir été choisie à dessein ; car elle est toute voûtée en dessous, avec de grands corridors et des salles souterraines. On prétend que c'étoit là le Forum ou la place d'Hostilius. Les jardins et les vignes de ces religieux sont en très belle vue ; on découvre de là l'ancienne Rome. Le lieu par sa hauteur est escarpé, profond, isolé et presque inaccessible de toutes parts. Ce même jour j'expédiai une malle bien garnie pour être transportée à Milan. Les voiturins mettent ordinairement vingt jours pour s'y rendre. La malle pesoit en tout 150 livres, et on paie deux bajoques par livre ce qui revient à deux sols de France. J'avois dedans plusieurs choses de prix, surtout un magnifique chapelet d'*Agnus Dei*, le plus beau qu'il y eût à Rome. Il avoit été fait exprès pour l'ambassadeur de l'impératrice, et un de ses gentilshommes l'avoit fait bénir par le pape.

Le dimanche 15 octobre, je partis de grand matin de Rome. J'y laissai mon frère en lui donnant 43 écus d'or, avec lesquels il comptoit y rester et s'exercer pendant cinq mois à faire des armes[1]. Avant mon départ de Rome, il avoit loué une jolie chambre pour 20 jules par mois. MM. d'Estissac, de Montbaron, de Chase, Morens et plusieurs autres m'accompagnèrent jusqu'à la première poste. Si même je ne m'étois pas hâté, parce je voulois éviter cette peine à ces gentilshommes, plusieurs d'entre eux étoient encore tout prêts à me suivre et avoient déjà loué des chevaux. Tels étoient MM. du Bellay, d'Ambres, d'Allègre et autres. Je vins coucher à

Ronciglione, trente milles. J'avois loué les chevaux jusques à Lucques, chacun à raison de 20 jules, et le voiturier étoit chargé d'en payer la dépense.

Le lundi matin je fus étonné de sentir un froid si aigu qu'il me sembloit n'en avoir jamais souffert de pareil, et de voir que dans ce canton les vendanges et la récolte du vin n'étoient pas encore achevées. Je vins dîner à Viterbe où je pris mes fourrures et tous mes accoutremens d'hiver. De là je vins dîner à

San-Lorenzo, vingt-neuf milles ; et de ce bourg j'allai coucher à

San-Chirico, trente-deux milles. Tous ces chemins avoient été raccommodés cette année même par ordre du duc de Toscane, et c'est un ouvrage fort beau, très utile pour le public.

---

[1] M. d'Elbène.

[1] C'est apparemment depuis le départ de Montaigne, et pendant ce séjour à Rome, que le sieur de Mattecoulon fit sa partie dans le fameux duel dont on a parlé.

Dieu l'en récompense ; car ces routes, auparavant très mauvaises sont, maintenant très commodes et fort dégagées, à peu près comme les rues d'une ville. Il étoit étonnant de voir le nombre prodigieux de personnes qui alloient à Rome. Les chevaux de voiture pour y aller étoient hors de prix ; mais pour le retour, on les laissoit presque pour rien. Près de Sienne (et cela se voit en beaucoup d'autres endroits) il y a un pont double, c'est-à-dire un pont sur lequel passe le canal d'une autre rivière[1]. Nous arrivâmes le soir à

Sienne, vingt milles. Je souffris cette nuit pendant deux heures de la colique, et je crus sentir la chute d'une pierre. Le jeudi de bonne heure, Guillaume Félix, médecin juif, vint me trouver ; il discourut beaucoup sur le régime que je devois observer par rapport à mon mal de reins et au sable que je rendois. Je partis à l'instant de Sienne ; la colique me reprit et me dura trois ou quatre heures. Au bout de ce temps, je m'aperçus, à la douleur violente que je sentois au bas-ventre et à toutes ses dépendances, que la pierre étoit tombée. Je vins souper à

Ponte-alce[2] vingt-huit milles. Je rendis une pierre plus grosse qu'un grain de millet avec un peu de sable, mais sans douleur ni difficulté au passage. J'en partis le vendredi matin, et en chemin je m'arrêtai à

« Altopascio, seize milles. J'y restai une heure pour faire manger l'avoine aux chevaux. Je rendis encore là, sans beaucoup de peine et avec quantité de sable, une pierre longue, partie dure et partie molle, plus grosse qu'un gros grain de froment. Nous rencontrâmes en chemin plusieurs paysans, dont les uns cueilloient des feuilles de vignes qu'ils gardent pour en donner à manger pendant l'hiver à leurs bestiaux ; les autres ramassoient de la fougère pour leur laitage. Nous vînmes coucher à

Lucques, huit milles. Je reçus encore la visite de gentilshommes et de quelques artisans. Le samedi 21 octobre au matin, je poussai dehors une autre pierre qui s'arrêta quelque temps dans le canal, mais qui sortit ensuite sans difficulté ni douleur. Celle-ci étoit à peu près ronde, dure, massive, rude, blanche en dedans, rousse en dessus, et beaucoup plus grosse qu'un grain ; je faisois cependant toujours du sable. On voit par là que la nature se soulage souvent d'elle-même ; car je sentois sortir tout cela comme un écoulement naturel. Dieu soit loué de ce que ces pierres sortent ainsi sans douleur bien vive et sans troubler mes actions[1].

Dès que j'eus mangé un raisin (car dans ce voyage je mangeois le matin très peu, même presque rien), je partis de Lucques sans attendre quelques gentilshommes qui se disposoient à m'accompagner. J'eus un fort beau chemin, souvent très uni. J'avois à ma droite de petites montagnes couvertes d'une infinité d'oliviers, à gauche des marais, et plus loin la mer.

Je vis dans un endroit de l'Etat de Lucques une machine à demi ruinée par la négligence du gouvernement ; ce qui fait un grand tort aux campagnes d'alentour. Cette machine étoit faite pour dessécher les marais et les rendre fertiles. On avoit creusé un grand fossé, à la tête duquel étoient trois roues qu'un ruisseau d'eau vive roulant du haut de la montagne faisoit mouvoir continuellement en se précipitant sur elles. Ces roues ainsi mises en mouvement puisoient d'une part l'eau du fossé, avec les augets qui y étoient attachés, de l'autre la versoient dans un canal pratiqué pour cet effet plus haut et de tous côtés entouré de murs, lequel portoit cette eau dans la mer. C'étoit ainsi que se desséchoit tout le pays d'alentour.

Je passai au milieu de Pietra-Santa, château du duc de Florence, fort grand, et où il y a beaucoup de maisons, mais peu de gens pour les habiter, parce que l'air est, dit-on, mauvais, qu'on ne peut pas y demeurer, et que la plupart des habitans y meurent ou languissent. De là nous vînmes à

Massa di Carrara, vingt-deux milles, bourg appartenant au prince de Massa de la maison de Cibo. On voit sur une petite montagne un beau château à mi-côte entouré de bonnes murailles, au-dessous duquel, et tout autour sont les chemins et les maisons. Plus bas, hors desdites murailles, est le bourg qui s'étend dans la plaine ; il est de même bien enclos de murs. L'endroit est beau ; de beaux chemins et de jolies maisons qui sont peintes. J'étois forcé de

---

(1) Tel est le pont du Gard dans le Bas-Languedoc, ouvrage des Romains.—(2) Pontalce.

(1) Sans me déranger.

boire ici des vins nouveaux ; car on n'en boit pas d'autres dans le pays. Ils ont le secret de les éclaircir avec des copeaux de bois et des blancs d'œufs, de manière qu'ils lui donnent la couleur du vin vieux ; mais ils ont je ne sais quel goût qui n'est pas naturel.

Le dimanche 22 octobre, je suivis un chemin fort uni, ayant toujours à main gauche la mer de Toscane à la distance d'une portée de fusil. Dans cette route, nous vîmes, entre la mer et nous, des ruines peu considérables que les habitans disent avoir été autrefois une grande ville nommée Luna.

De là nous vînmes à Sarrezana, terre de la seigneurie de Gênes. On y voit les armes de la république, qui sont un saint Georges à cheval ; elle y tient une garnison suisse. Le duc de Florence en étoit autrefois possesseur, et si le prince de Massa n'étoit pas entre deux pour les séparer, il n'est pas douteux que Pietra-Santa et Sarrezana, frontières de l'un et de l'autre Etats, ne fussent continuellement aux mains.

Au départ de Sarrezana, où nous fûmes forcés de payer quatre jules par cheval pour une poste, il se faisoit de grandes salves d'artillerie pour le passage de don Jean de Médicis, frère naturel du duc de Florence, qui revenoit de Gênes, où il avoit été de la part de son frère voir l'impératrice[1], comme elle avoit été visitée de plusieurs autres princes d'Italie. Celui qui fit le plus de bruit par sa magnificence ce fut le duc de Ferrare ; il alla à Padoue au-devant de cette princesse avec quatre cents carrosses. Il avoit demandé à la seigneurie de Venise la permission de passer par leurs terres avec six cents chevaux, et ils avoient répondu qu'ils accordoient le passage, mais avec un plus petit nombre. Le duc fit donc mettre tous ses gens en carrosse, et les mena tous de cette manière ; le nombre des chevaux fut seulement diminué. Je rencontrai le prince (Jean de Médicis) en chemin. C'est un jeune homme bien fait de sa personne : il étoit accompagné de vingt hommes bien mis, mais montés sur des chevaux de voiture ; ce qui en Italie ne déshonore personne, pas même les princes. Après avoir passé Sarrezana, nous laissâmes à gauche le chemin de Gênes.

Là, pour aller à Milan, il n'y a pas grande différence de passer par Gênes ou par la même route ; c'est la même chose. Je désirois voir Gênes et l'impératrice qui y étoit. Ce qui m'en détourna, c'est que pour y aller il y a deux routes, l'une à trois journées de Sarrezana qui a quarante milles de chemin très mauvais et très montueux, rempli de pierres, de précipices, d'auberges assez mauvaises et fort peu fréquentées ; l'autre route est par Lerice, qui est éloignée de trois milles de Sarrezana. On s'y embarque et en douze heures on est à Gênes. Or moi qui ne pouvois supporter l'eau par la foiblesse de mon estomac, et qui ne craignois pas tant les incommodités de cette route que de ne pas trouver de logement, par la grande foule d'étrangers qui étoient à Gênes ; qui de plus avois entendu dire que les chemins de Gênes à Milan n'étoient pas trop sûrs, mais infestés de voleurs ; enfin qui n'étois plus occupé que de mon retour en France, je pris le parti de laisser là Gênes, et je pris ma route à droite entre plusieurs montagnes. Nous suivîmes toujours le bas du vallon le long du fleuve Magra, que nous avions à main gauche. Ainsi, passant tantôt par l'Etat de Gênes, tantôt par celui de Florence, tantôt par celui de la maison Malespina, mais toujours par un chemin praticable et commode, à l'exception de quelques mauvais pas, nous vînmes coucher à

Ponte-mole, trente milles. C'est une ville longue, fort peuplée d'anciens édifices qui ne sont pas merveilleux. Il y a beaucoup de ruines. On prétend qu'elle se nommoit anciennement Appua ; elle est actuellement dépendante de l'Etat de Milan et elle appartenoit récemment aux Fiesques. La première chose qu'on me servit à table fut du fromage, tel qu'il se fait vers Milan et dans les environs de Plaisance, puis de très bonnes olives sans noyau, assaisonnées avec de l'huile et du vinaigre en façon de salade et à la mode de Gênes. La ville est située entre des montagnes et à leur pied. On servoit pour laver les mains un bassin plein d'eau posé sur un petit banc, et il falloit que chacun se lavât les mains avec la même eau.

J'en partis le lundi matin 23, et au sortir du logis je montai l'Apennin, dont le passage n'est ni difficile ni dangereux, malgré sa hauteur. Nous passâmes tout le jour à monter et à descendre des montagnes, la plupart sauvages et peu fertiles, d'où nous vînmes coucher à

---

[1] Marie, fille de l'empereur Charles-Quint, veuve de Maximilien II.

Fornouc, dans l'état du comte de Saint-Seconde, trente milles. Je fus bien content quand je me vis délivré des mains de ces fripons de montagnards, qui rançonnent impitoyablement les voyageurs sur la dépense de la table et sur celle des chevaux. On me servit à table différents ragoûts à la moutarde, fort bons; il y en avoit un, entre autres, fait avec des coings. Je trouvai ici grande disette de chevaux de voiture. Vous êtes entre les mains d'une nation sans règle et sans foi à l'égard des étrangers. On paye ordinairement deux jules par cheval chaque poste; on en exigeoit ici de moi trois, quatre et cinq par poste, de façon que tous les jours il m'en coûtoit plus d'un écu pour le louage d'un cheval; encore me comptoit-on deux postes où il n'y en avoit qu'une.

J'étois en cet endroit éloigné de Parme de deux postes, et de Parme à Plaisance la distance est la même que de Fornoue à la dernière, de sorte que je n'allongeois que de deux postes; mais je ne voulus pas y aller pour ne pas déranger mon retour, ayant abandonné tout autre dessein. Cet endroit est une petite campagne de six ou sept maisonnettes, située dans une plaine le long du Taro; je crois que c'est le nom de la rivière qui l'arrose. Le mardi matin nous la suivîmes long-temps, et nous vînmes dîner à

Borgo-San-Doni[1], douze milles, petit château que le duc de Parme commence à faire entourer de belles murailles flanquées. On me servit à table de la moutarde composée de miel et d'orange coupée par morceaux, en façon de cotignac à demi cuit.

De là laissant Crémone à droite, et à même distance que Plaisance, nous suivîmes un très beau chemin dans un pays où l'on ne voit, tant que la vue peut s'étendre à l'horizon, aucune montagne ni même aucune inégalité, et dont le terrain est très fertile. Nous changions de chevaux de poste en poste; je fis les deux dernières au galop pour essayer la force de mes reins, et je n'en fus pas fatigué; mon urine étoit dans son état naturel.

Près de Plaisance il y a deux grandes colonnes placées aux deux côtés du chemin à droite et à gauche, et laissant entre elles un espace d'environ quarante pas. Sur la base de ces colonnes est une inscription latine, portant défense de bâtir entre elles, et de planter ni arbres ni vignes. Je ne sais si l'on veut par là conserver seulement la largeur du chemin, ou laisser la plaine découverte telle qu'on la voit effectivement depuis ces colonnes jusqu'à la ville, qui n'en est éloignée que d'un demi-mille. Nous allâmes coucher à

Plaisance, vingt milles, ville fort grande. Comme j'y arrivai bien avant la nuit, j'en fis le tour de tous côtés pendant trois heures. Les rues sont fangeuses et non pavées; les maisons petites. Sur la place, qui fait principalement sa grandeur, est le palais de justice, avec les prisons; c'est là que se rassemblent tous les citoyens. Les environs sont garnis de boutiques de peu de valeur.

Je vis le château qui est entre les mains du roi Philippe[1]. Sa garnison est composée de trois cens soldats espagnols mal payés, à ce qu'ils me dirent eux-mêmes. On sonne la diane matin et soir pendant une heure, avec les instrumens que nous appelons hautbois et eux fiffres. Il y a là-dedans beaucoup de monde, et de belles pièces d'artillerie. Le duc de Parme[2], qui étoit alors dans la ville, ne va jamais dans le château que tient le roi d'Espagne; il a son logement à part dans la citadelle qui est un autre château situé ailleurs. Enfin je n'y vis rien de remarquable, sinon le nouveau bâtiment de Saint-Augustin que le roi Philippe a fait construire à la place d'une autre église de Saint-Augustin, dont il s'est servi pour la construction de ce château, en retenant une partie de ses revenus. L'église, qui est très bien commencée, n'est pas encore finie; mais la maison conventuelle, ou le logement des religieux, qui sont au nombre de soixante-dix, et les cloîtres qui sont doubles, sont entièrement achevés. Cet édifice, par la beauté des corridors, des dortoirs, des différentes usines et d'autres pièces, me paroît le plus somptueux et le plus magnifique bâtiment pour le service d'une église que je me souvienne d'avoir vu en aucun autre endroit. On met ici le sel en bloc sur la table, et le fromage se sert de même en masse sans plat.

Le duc de Parme attendoit à Plaisance

---

(1) Borgo San-Donnino.

(1) Philippe II. Il le tint jusqu'en 1885, temps où la garnison espagnole en sortit, comme on le voit par l'*Apologie du Sénateur Cola*.

(2) Octave Farnèse.

l'arrivée du fils aîné de l'archiduc d'Autriche, jeune prince que je vis à Insprug[1], et l'on disoit qu'il alloit à Rome pour se faire couronner roi des Romains. On vous présente encore ici l'eau pour la mêler avec le vin, avec une grande cuiller de laiton. Le fromage qu'on y mange ressemble à celui qui se vend dans tout le Plaisantin. Plaisance est précisément à moitié chemin de Rome à Lyon. Pour aller droit à Milan, je devois aller coucher à

Marignan, distance de trente milles, d'où il y en a dix jusqu'à Milan : j'allongeai mon voyage de dix milles pour voir Pavie. Le mercredi 25 octobre je partis de bonne heure, et je suivis un beau chemin dans lequel je rendis une petite pierre molle et beaucoup de sable. Nous traversâmes un petit château appartenant au comte Santafiore. Au bout du chemin nous passâmes le Pô sur un pont volant établi sur deux barques avec une petite cabane, et que l'on conduit avec une longue corde appuyée en divers endroits sur des batelets rangés dans le fleuve, les uns vis-à-vis des autres. Près de là, le Tésin mêle ses eaux à celles du Pô. Nous arrivâmes de bonne heure à

Pavie, trente milles. Je me hâtai d'aller voir les principaux monumens de cette ville : le pont sur le Tésin, l'église cathédrale et celles des carmes, de Saint-Thomas, de Saint-Augustin. Dans la dernière est le riche tombeau du saint évêque en marbre blanc et orné de plusieurs statues. Dans une des places de la ville, on voit une colonne de briques sur laquelle est une statue qui paroît faite d'après la statue équestre d'Antonin-le-Pieux[2] qu'on voit devant le Capitole à Rome. Celle-ci, plus petite, ne sauroit être comparée à l'original; mais ce qui m'embarrassa, c'est qu'au cheval de la statue de Pavie il y a des étriers et une selle avec des arçons devant et derrière, tandis que celui de Rome n'en a pas. Je suis donc ici de l'opinion des savans, qui regardent les étriers et les selles, au moins tels que ceux-ci, comme une invention moderne. Quelque sculpteur ignorant peut-être a cru que ces ornemens manquoient au cheval. Je vis encore les premiers ouvrages du bâtiment que le cardinal Borromée faisoit faire pour l'usage des étudians.

La ville est grande, passablement belle, bien peuplée et remplie d'artisans de toute espèce. Il y a peu de belles maisons, et celle même où l'impératrice a logé dernièrement est peu de chose. Dans les armes de France que je vis, les lys sont effacés; enfin il n'y a rien de rare. On a dans ces cantons-ci les chevaux à deux jules par poste. La meilleure auberge où j'eusse logé depuis Rome jusqu'ici, étoit la poste de Plaisance, et je la crois la meilleure d'Italie, depuis Vérone; mais la plus mauvaise hôtellerie que j'aye trouvé dans ce voyage est le Faucon de Pavie. On paye ici et à Milan le bois à part, et les lits manquent de matelas.

Je partis de Pavie le jeudi 26 octobre; je pris à main droite à la distance d'un demi-mille du chemin direct, pour voir la plaine où l'on dit que l'armée du roi François I, fut défaite par Charles-Quint[1], ainsi que pour voir la Chartreuse, qui passe avec raison pour une très belle église. La façade de l'entrée est toute de marbre, richement travaillée, d'un travail infini et d'un aspect imposant. On y voit un devant d'autel d'ivoire, où sont représentés en relief l'Ancien et le Nouveau Testament et le tombeau de Jean Galéas Visconti, fondateur de cette église, en marbre. On admire ensuite le chœur, les ornemens du maître-autel et le cloître, qui est d'une grandeur extraordinaire et d'une rare beauté. La maison est très vaste; et à voir la grandeur et la quantité des divers bâtimens qui la composent, à voir encore le nombre infini de domestiques, de chevaux, de voitures, d'ouvriers et d'artisans qu'elle renferme, elle semble représenter la cour d'un très grand prince. On y travaille continuellement avec des dépenses incroyables qui se font sur les revenus de la maison. Cette Chartreuse est située au milieu d'une très belle prairie. De là nous vînmes à

Milan, vingt milles. C'est la ville d'Italie la plus peuplée. Elle est grande, remplie de toutes sortes d'artisans et de marchands. Elle ressemble assez à Paris et a beaucoup de rapport avec les villes de France. On n'y trouve point les beaux palais de Rome, de Naples, de

---

(1) Innsbrück.

(2) Marc-Aurèle. On ne sait si la statue de Pavie représente cet empereur, ou Lucius Verus. Son visage, en tout cas, est ici plus long que dans la statue de Rome. Du reste, cette statue équestre est un mélange de l'antiquité et du moderne.

(1) A la bataille de Pavie, qui se donna le 24 février, jour de Saint-Mathieu, en 1525.

Gênes, de Florence; mais elle l'emporte en grandeur sur les villes, et le concours des étrangers n'y est pas moindre qu'à Venise. Le vendredi, 27 octobre, j'allai voir les dehors du château, et j'en fis presque entièrement le tour. C'est un édifice très grand et admirablement fortifié. La garnison est composée de sept cents Espagnols au moins et très bien munie d'artillerie. On y fait encore des réparations de tous côtés. Je m'arrêtai là pendant le jour à cause d'une abondante pluie qui survint. Jusqu'alors, le temps, le chemin, tout nous avoit été favorable. Le samedi 28 octobre au matin, je partis de Milan par un beau chemin, très uni; quoiqu'il plût continuellement, et que tous les chemins fussent couverts d'eau, il n'y avoit point de boue, parce que le pays est sablonneux. Je vins dîner à

Buffalora, dix-huit milles. Nous passâmes là le Naviglio sur un pont. Le canal est étroit, mais tellement profond qu'il transporte à Milan de grosses barques. Un peu plus en-deçà nous passâmes en bateau le Tésin, et vînmes coucher à

Novarre, vingt-huit milles, petite ville, peu agréable, située dans une plaine [1]. Elle est entourée de vignes et de bosquets; le terrain en est fertile. Nous en partîmes le matin, et nous nous arrêtâmes le temps qu'il fallut pour faire manger nos chevaux à

Verceil, dix milles, ville du Piémont au duc de Savoie [2], située encore dans une plaine, le long de la Sesia, rivière que nous passâmes en bateau. Le duc a fait construire en ce lieu à force de mains, et très promptement, une jolie forteresse, autant que j'en ai pu juger par les ouvrages de dehors [3]; ce qui a causé de la jalousie aux Espagnols qui sont dans le voisinage. De là nous traversâmes deux châteaux, Saint-Germain et Saint-Jacques [4], et suivant toujours une belle plaine, fertile principalement en noyers, car dans ce pays il n'y a point d'oliviers, ni d'autre huile que de l'huile de noix, nous allâmes coucher à

Livorno, vingt milles, petit village assez garni de maisons [1]. Nous en partîmes le lundi de bonne heure, par un chemin très uni; nous vînmes dîner à

Chivas, dix milles. Après avoir passé plusieurs rivières et ruisseaux, tantôt en bateau, tantôt à pied, nous arrivâmes à

Turin, dix milles, où nous aurions pu facilement être rendus avant le dîner. C'est une petite ville, située en un lieu fort aquatique, qui n'est pas trop bien bâtie, ni fort agréable, quoiqu'elle soit traversée par un ruisseau qui en emporte les immondices [2]. Je donnai à Turin cinq écus et demi par cheval, pour le service de six journées jusqu'à Lyon: leur dépense sur le compte des maîtres. On parle ici communément françois et tous les gens du pays paroissent fort affectionnés pour la France. La langue vulgaire n'a presque de la langue italienne que la prononciation, et n'est au fond composée que de nos propres mots. Nous en partîmes le mardi, dernier octobre, et par un long chemin, mais toujours uni, nous vînmes dîner à

Saint Ambroise, deux postes. De là, suivant une plaine étroite entre les montagnes, nous allâmes coucher à

Suze, deux postes. C'est un petit château peuplée de beaucoup de maisons [3]. J'y ressentis, pendant mon séjour, au genou droit, une grande douleur qui me tenoit depuis quelques jours et alloit toujours en augmentant. Les hô-

---

(1) Sous la maison de Savoie, qui la posséda quelque temps, elle s'est fort embellie.

(2) Alors Charles-Emmanuel Ier.

(3) Muratori, dans les *Annales d'Ytalie*, à l'an 1555, temps où régnait Emmanuel-Philibert, père de Charles-Emmanuel, fait mention de cette citadelle. Elle fut démantelée par les Français en 1705; et selon M. de Lalande, *Voyage d'Italie* t. I, p. 101.

(4) En langue espagnole San Jago.

(1) Village près de Chivasso.

(2) Turin est bien changé depuis près de deux siècles. Par les soins, la magnificence et le goût de ses souverains; par l'industrie, l'émulation et l'activité de ses habitants, c'est maintenant une très belle ville, où règnent la propreté, la salubrité, toutes les commodités de la vie. Elle est enfin devenue de fait ce qu'elle était anciennement de nom, une ville *auguste*, digne d'être le séjour de ses rois: *Augusta Taurinorum*. « La ville, dit M. de Lalande, t. I, p. 56, est divisée en cent « quarante-quatre îles ou petits quartiers, dont le nom est « écrit sur les angles de chacun. La plus grande partie de ces « quartiers sont carrés; ce qui contribue à la distribution ré- « gulière de Turin, à la beauté et l'alignement de ses rues; à « l'étendue des différents points de vue et à l'agrément géné- « ral de la ville. » Querlon écrivait cette note en 1774; et depuis cette époque elle a été considérablement embellie pendant l'occupation française et pendant la paix.

(3) Voyez la *Description de l'Italie*, par M. l'abbé Richard, t. I, p. 25 et suiv.; les *Lettres sur l'Italie*, de madame du Bocage, et surtout l'excellent ouvrage de M. Valéry, manuel indispensable à tous les voyageurs en Italie.

telleries y sont meilleures qu'aux autres endroits d'Italie : bon vin, mauvais pain, beaucoup à manger. Les aubergistes sont polis, ainsi que dans toute la Savoie. Le jour de la Toussaint, après avoir entendu la messe j'en partis et vins à

Novalèse, une poste. Je pris là huit marrons[1] pour me faire porter en chaise jusqu'au haut du mont Cenis, et me faire ramasser[2] de l'autre côté.

Montaigne continue son journal en françois.

Ici on parle francés; einsi je quite ce langage estrangier, duquel je me sers bien facilemant, mais bien mal assuréemant, n'aïant eu loisir, pour estre tousjours en cumpagnie de François, de faire nul apprentissage qui vaille. Je passai la montée du mont Senis[3] moitié à cheval, moitié sur une chese[4] portée par quatre hommes, et autres quatre qui les refraichissoint[5]. Ils me portoint sur leurs épaules[6]. La montée est de deus heures, pierreuse et mal aisée à chevaus qui n'y sont acostumés, mais autremant sans hasard et difficulté : car la montaigne se haussant tousjours en son espessur, vous n'y voyez nul prœcipice ni dangier que de broncher. Sous vous, au-dessus du mont, il y a une plaine de deus lieues, plusieurs maisonetes, lacs et fonteines, et la poste : point d'abres; oui bien de l'herbe et des prés qui servent en la douce saison. Lors tout étoit couvert de nege. La descente est d'une lieue, coupée et droite, où je me fis ramasser à mes mesmes marrons; et de tout leur service à huit, je donai deus escus. Toutefois le sul ramasser ne coute qu'un teston[7] ; c'est un plesant badinage mais sans hasard aucun et sans grand esperit : nous disnâmes à

Lanebourg[8], deus postes, qui est un village au pied de la montaigne où est la Savoie; et vinmes coucher à deus lieues, à un petit vilage. Partout là il y a force truites, et vins vieus et nouveaux excellants. De là nous vinmes, par un chemin montueus et pierreus, disner à

Saint Michel, cinq lieues, village où est la poste. De là vinsmes au giste bien tard et bien mouillés à

La Chambre, cinq lieues, petite ville d'où tirent leur titre les marquis de la Chambre. Le vandredi, 3 de novambre, vinmes disner à

Aiguebelle, quatre lieues, bourg fermé et au giste à

Mont-Mellian, quatre lieues, ville et fort, lequel tient le dessus d'une petite croupe qui s'éleve au milieu de la plaine entre ces hautes montaignes; assise ladicte ville au-dessous du dict fort, sur la riviere d'Isère qui passe à Grenoble, à sept lieues dudict lieu. Je santois là évidammant l'excellance des huiles d'Italie : car celes de deçà commançoint à me faire mal à l'estomac, là où les autres jamais ne me revenoint à la bouche. Vinsmes disner à

Chamberi, deux lieues, ville principale de Savoie, petite, belle et marchande, plantée entre les mons, mais en un lieu où ils se reculent fort et font une bien grande plaine. De là nous vînmes passer le mont du Chat, haut, roide et pierreus, mais nullemant dangereus ou mal aisé, au pied duquel se siet[1] un grand lac[2], et le long d'icelui un château nomé Bordeau, où se font des espées de grand bruit[3] ; et au giste à

Hyene[4], quatre lieues, petit bourg. Le dimanche matin nous passâmes le Rosne que nous avions à nostre mein droite, après avoir passé sur icelui un petit fort que le duc de Savoie y a basti entre des rochers qui se serrent bien fort ; et le long de l'un d'iceux y a un petit chemin étroit au bout duquel est ledict fort, non guère différant de Chiusa que les Vénitiens ont planté au bout des montaignes du Tirol. De là continuant tousjours le fond entre les montaignes, vinmes d'une treie à

Saint Rambert, sept lieues, petite vilete audict vallon. La pluspart des villes de Savoie ont un ruisseau qui les lave par le milieu ; et les deux costés jusques audict ruisseau où sont les rues, sont couverts de grans otevans[5], en maniere que vous y estes à couvert et à sec en

---

(1) C'est le nom qu'on donne à ces porteurs, et qu'ils ont encore à Lyon.

(2) C'est faire descendre sur la neige les voyageurs dans des traineaux le long des montagnes. Le traineau qui sert à cet usage se nomme une *ramasse*.

(3) Mont-Cenis.—(4) Une litiere.—(5) Qui les relayaient.

(6) On y va aujourd'hui en voiture sur une belle route.

(7) Cette monnaie, qui fut fabriquée sous Louis XII, a valu depuis dix sols parisis jusqu'à quatre deniers. Le cours en était défendu par Henri III, dès l'an 1575.

(8) Lannlabourg.

(1) *Sedet*, s'étend.—(2) Le lac du Bourget.

(3) D'une grande réputation.—(4) Yenne.—(5) Auvents.

tout tamps ; il est vrai que les boutiques en sont plus obscures. Le lundi six de novembre, nous partismes au matin de Saint-Rambert, auquel lieu le sieur Francesco Cenami, banquier de Lyon, qui y étoit retiré pour la peste m'envoïa de son vin et son neveu aveq plusieurs très honnestes compliments. Je partis de là lundi matin, et après estre enfin sorti tout-à-faict des montaignes, comançai d'antrer aus plaines à la francèse. Là je passai en bateau le riviere d'Ain, au pont de Chesai, et m'en vins d'une trete à

Morestel, six lieues, petite ville de grand passage appartenante à monsieur de Savoie, et la derniere des sienes. Le mardi après dîner, je prins la poste et vins coucher à

Lyon, deux postes, trois lieues. La ville me pleut beaucoup à la voir. Le vandredi j'achetai de Joseph de la Sone[1], trois courtaus[2] neufs par le billot[3] deux cens escus; et le jour avant avois acheté de Malesieu[4] un cheval de pas de cinquante escus, et un autre courteau trente trois. Le samedi jour de Saint-Martin, j'eus au matin grand mal d'estomac, et me tins au lit jusques après midi qu'il me print un flux de ventre ; je ne disnai point et soupai fort peu. Le dimanche douze de novembre, le sieur Alberto Giachinotti, Florentin, qui me fit plusieurs autres courtoisies, me dona à diner en sa maison, et m'offrit à prester de l'argent, n'aïant eu conoissance de moi que lors. Le mercredi 15 de novembre 1581, je partis de Lyon après disner, et par un chemin montueux vins coucher à

Bordelière, cinq lieues, village où il n'y a que deux maisons. De là le judi matin fîmes un beau chemin plein, et sur le milieu d'icelui près de Fur[5], petite vilette, passâmes à bateau la riviere de Loire, et nous rendismes d'une trete à

L'hospital, huit lieues, petit bourg clos. De là, vandredi matin, suivismes un chemin montueus, en tamps aspre de nèges et d'un vant cruel où nous venions[6], et nous randismes à

Tiers[1], six lieus ; petite ville sur la riviere d'Allier, fort marchande, bien bastie et peuplée. Ils font principalement trafiq de papier, et sont renommés d'ouvrages de couteaus et cartes à jouer. Elle est également distante de Lyon, de Saint-Flour, de Moulins et du Puy. Plus je m'aprochois de chez moi, plus la longur du chemin me sembloit ennuïeuse. Et de vrai, au conte des journées, je n'avois esté à mi chemin de Rome à ma maison, qu'à Chamberi pour le plus. Ceste vile[3] est des terres de la maison de[4].... apartenant à M. de Montpansier. J'y fus voir les cartes chez Palmier[5]. Il y a autant d'ouvriers et de façon à cela qu'à une autre bone besoingne. Les cartes ne se vandent qu'un sol les comunes, et les fines deux carolus[6]. Samedi nous suivismes la plaine de la Limaigne grasse, et après avoir passé à bateau la Doare et puis l'Allier, vinmes coucher au

Pont du Chateau, quatre lieues. La peste a fort persécuté ce lieu-là ; et en ouis plusieurs histoires notables. La maison du seigneur qui est le manoir paternel du vicomte de Canillac, fut brûlée ainsi qu'on la vouloit purifier atout[7] du feu. Ledict sieur envoïa vers moi un de ses jans, aveq plusieurs offres verbales, et me fit prier d'escrire à M. de Foix pour la recommandation de son fils qu'il venoit d'envoïer à Rome. Le dimanche 19 de novembre, je vins disner à

Clermont, deux lieues, et y arrestai en faveur de mes jeunes chevaux. Lundi 20, je partis au matin, et sur le haut du Pui de Doume[8], randis une pierre assez grande, de forme large et plate, qui estoit au passage depuis le matin, et l'avois santie le jour auparavant ; et come elle vousit[9] choir en la vessie, la santis aussi un peu aus reins. Elle n'étoit ni molle ni dure. Je passai à Pongibaut, où j'alai saluer en passant madame de la Fayette et fus une demie-heure

---

(1) Marchand de chevaux de cette époque.

(2) Bidets, chevaux de moindre taille auxquels on a coupé la queue.

(3) Terme de manége et de maréchallerie.

(4) Autre marchand de chevaux, dont descendait Nicolas Malezieu, de l'Académie française, chancelier de Dombes.

(5) Feurs.

(6) Que nous avions en face.

(1) Thiers.

(2) Compte.

(3) De Thiers.

(4) Lacune donnée ainsi dans le manuscrit suivi par Querlon, et dans l'édition qu'il en a donnée.

(5) Fabricant d'alors.

(6) Monnaie marquée d'un K du nom du roi Charles VIII, et nommée karolus, laquelle valait dix deniers.

(7) Avec.

(8) Le Puy de Dôme, la plus haute montagne d'Auvergne.

(9) Voulut.

en sa salle. Ceste maison n'a pas tant de beauté que de nom; l'assiete en est leide plustost qu'autrement; le jardin petit, quarré, où les allées sont relevées de bien 4 ou 5 pieds : les carreaus sont en fons[1] où il y a force fruitiers et peu d'herbes, les costés desdicts carreaus einsi[2] enfoncés, revetus de pierre de taille. Il faisoit tant de nège, et le tamps si aspre de vant froit, qu'on ne voïoit rien du païs. Je vins coucher à

Pont-à-Mur, sept lieues, petit village. Monsieur et madame du Lude étoint à deus lieues de là. Je vins landemein coucher à

Pont-Sarrant, petit village, six lieues. Ce chemin est garni de chetifves hostelleries jusques à Limoges, où toutes fois il n'y a faute de vins passables. Il n'y passe que muletiers et messagiers qui courent à Lyon. Ma teste n'estoit pas bien; et si les orages et vans fredureus et pluies y nuisent, je lui en donois son soul en ces routes-là où ils disent l'hiver estre plus aspre qu'en lieu de France. Le mercredi 22 de novembre, de fort mauvais tamps, je partis delà, et aïant passé le long de Feletin[3], petite ville qui samble estre bien bastie, située en un fons tout entourné[4] de haus costaus, et estoit encore demi déserte pour la peste passée, je vins coucher à

(1) Plus bas que les allées.—(2) Ainsi.—(3) Feuilletin.
(4) Entouré ou environné.

Chastein, cinq lieues, petit méchant village. Je beus là du vin nouveau et non purifié, à faute du vin vieus. Le jeudi 23, aïant tousjours ma teste en cest estat, et le tamps rude, je vins coucher à

Saublac, cinq lieues, petit village qui est à monsieur de Lausun. De là je m'en vins coucher lendemain à

Limoges, six lieues, où j'arrestai tout le samedi ; et y achetai un mulet quatre vingt dix escus-sol; et païai pour charge de mulet, de Lyon là, cinq escus, aïant esté trompé en cela de 4 livres ; car toutes les autres charges ne coutarent que trois escus et deus tiers d'escu. De Limoges à Bordeaus, on paie un escu pour çant. Le dimanche 26 de novembre, je partis après disner de Limoges et vins coucher aus

Cars, cinq lieues, où il n'y avoit que madame des Cars. Le lundi vins coucher à

Tivie, six lieues. Le mardi coucher à

Perigus[1], cinq lieues. Le mercredi coucher à

Mauriac, cinq lieues. Le jeudi jour de Saint-André, dernier novembre, coucher à

Montaigne, sept lieues : d'où j'estois partis le 22 de juin 1580, pour aller à La Fere. Par einsin[2] avoit duré mon voyage 17 mois 8 jours.

(1) Périgueux.
(2) Ainsi.

CORRESPONDANCE
DE MICHEL DE MONTAIGNE.

I.

LETTRE DE MICHEL DE MONTAIGNE A SON PÈRE[1].

A MONSEIGNEUR MONSEIGNEUR DE MONTAIGNE[2].

..... Quant à ses dernieres paroles, sans doubte si homme en doibt rendre bon compte, c'est moy, tant parce que, du long de sa maladie, il parloit aussi volontiers à moy qu'à nul aultre, que aussi pource que, pour la singuliere et fraternelle amitié que nous nous estions entreportée, j'avois très certaine cognoissance des intentions, jugements et volontés qu'il avoit eus durant sa vie, autant sans doubte qu'homme peult avoir d'un aultre. Et parce que je les sçavois estre haultes, vertueuses, pleines de très certaine resolution, et, quand tout est dict, admirables, je preveoyois bien que si la maladie luy laissoit le moyen de se pouvoir exprimer, qu'il ne luy eschapperoit rien, en une telle necessité, qui ne feust grand et plein de bon exemple; ainsi, je m'en prenois le plus garde que je pouvois. Il est vray, monseigneur, comme j'ay la memoire fort courte, et desbauchée encores par le trouble que mon esprit avoit à souffrir d'une si lourde perte et si importante, qu'il est impossible que je n'aye oublié beaucoup de choses que je vouldrois estre sceues; mais celles desquelles il m'est souvenu, je les vous manderay le plus au vray qu'il me sera possible; car, pour le representer ainsi fierement arresté en sa brave desmarche, pour vous faire veoir ce courage invincible dans un corps atterré et assommé par les furieux efforts de la mort et de la douleur, je confesse qu'il y fauldroit un beaucoup meilleur style que le mien; parce qu'encores que durant sa vie, quand il parloit de choses graves et importantes, il en parloit de telle sorte qu'il estoit malaysé de les si bien escrire, si est ce qu'à ce coup il sembloit que son esprit et sa langue s'efforceassent à l'envy, comme pour luy faire leur dernier service; car sans doubte je ne le veis jamais plein ny de tant et de si belles imaginations, ny de tant d'eloquence, comme il a esté le long de ceste maladie. Au reste, monseigneur, si vous trouvez que j'aye voulu mettre en compte ses propos plus legiers et ordinaires, je l'ay faict à escient; car estant dicts en ce temps là, et au plus fort d'une si grande besongne, c'est un singulier tesmoignage d'un ame pleine de repos, de tranquillité et d'asseurance.

---

[1] On trouvera cette pièce, ainsi que plusieurs des lettres suivantes, dans un petit livre publié par Montaigne lui-même, environ neuf ans avant la première édition de ses *Essais*, qui parut à Bordeaux en 1580. Ce petit livre in-8o, maintenant assez rare, fut imprimé *avec privilége*, à Paris, chez Federic Morel (l'ancien), rue Saint-Jean-de-Beauvais, au *Franc-Meurier*, 1571 (d'autres frontispices ont la date de 1572); il est composé de 151 fol., et intitulé: *La Mesnagerie de Xenophon; les Règles de Mariage, de Plutarque; Lettre de consolation de Plutarque à sa femme; le tout traduit de grec en françois par feu M. Estienne de La Boëtie, conseiller du roy en sa court de parlement à Bordeaux: ensemble quelques vers latins et françois de son invention: Item, un Discours sur la mort dudit seigneur de La Boëtie, par M. de Montaigne.* Le privilége est du 18 octobre 1570. Les *vers françois* annoncés dans ce titre n'ont été publiés par Montaigne, chez le même imprimeur, qu'en 1572, in-8o de 19 fol. Les traductions ont reparu en 1600, chez Claude Morel, rue Saint-Jacques, à la Fontaine, sans être réimprimées, mais avec un nouveau frontispice; on y a joint, au commencement, la *Mesnagerie* d'Aristote (ou les *Economiques*) de la traduction du même La Boëtie, en 8 fol., et à la fin, le recueil de ses *Vers françois*. J. V. L.

[2] « Extraict d'une lettre que monsieur le conseiller de Montaigne escript à monseigneur de Montaigne son père, contenant quelques particularités qu'il remarqua en la maladie et mort de feu M. de La Boëtie. » *La Mesnagerie de Xenophon*, etc., fol. 121. — La Boëtie, conseiller au parlement de Bordeaux, né à Sarlat en Périgord, le 1er novembre 1530, mourut à Germignac près Bordeaux le 18 août 1563, âgé de trente-deux ans, neuf mois et dix-sept jours. Cette lettre de Montaigne à son père, écrite certainement vers le même temps, est donc la plus ancienne de toutes. L'ordre chronologique, dans la disposition des dix lettres qui restent de Montaigne, est adopté ici pour la première fois. J. V. L.

Comme je revenois du palais, le lundy neufviesme d'aoust 1563, je l'envoyay convier à disner chez moy. Il me manda qu'il me mercioit ; qu'il se trouvoit un peu mal et que je luy ferois plaisir si je voulois estre une heure avecques luy, avant qu'il partist pour aller en Medoc. Je l'allay trouver bientost après disner ; il estoit couché vestu, et montroit desjà je ne sçais quel changement en son visage. Il me dist que c'estoit un flux de ventre avecques des trenchées, qu'il avoit prins le jour avant, jouant en pourpoinct soubs une robbe de soye, avecques monsieur d'Escars, et que le froid luy avoit souvent faict sentir semblables accidents. Je trouvay bon qu'il continuast l'entreprinse qu'il avoit pieça faicte de s'en aller ; mais qu'il n'allast pour ce soir que jusques à Germignan, qui n'est qu'à deux lieues de la ville. Cela faisois-je pour le lieu où il estoit logé, tout avoysiné de maisons infectes de peste, de laquelle il avoit quelque apprehension, comme revenant de Perigord et d'Agenois, où il avoit laissé tout empesté ; et puis, pour semblable maladie que la sienne, je m'estois aultres-fois très bien trouvé de monter à cheval. Ainsin il s'en partit, et madamoiselle de la Boëtie sa femme, et monsieur de Bouillhonnas son oncle, avecques luy.

Le lendemain, de bien bon matin, voycy venir un de ses gents, à moy, de la part de madamoiselle de la Boëtie, qui me mandoit qu'il s'estoit fort mal trouvé la nuict d'une forte dysenterie. Elle envoyoit querir un medecin et un apotiquaire, et me prioit d'y aller, comme je feis l'après disnée.

A mon arrivée, il sembla qu'il feust tout esjouï de me veoir ; et, comme je voulois prendre congé de luy pour m'en revenir, et luy promisse de le revenir le lendemain, il me pria, avecques plus d'affection et d'instance qu'il n'avoit jamais faict d'aultre, que je feusse le plus que je pourrois avecques luy. Cela me toucha aulcunement. Ce néantmoins je m'en allois, quand madamoiselle de la Boëtie, qui pressentoit desjà je ne sçais quel malheur, me pria, les larmes à l'œil, que je ne bougeasse pour ce soir. Ainsin elle m'arresta ; dequoy il se resjouït avecques moy. Le lendemain, je m'en reveins ; et le jeudy, le feus retrouver. Son mal alloit en empirant ; son flux de sang et ses tranchées, qui l'affoiblissoient encores plus, croissoient d'heure à aultre.

Le vendredy, je le laissay encores ; et le samedy je le feus reveoir desjà fort abbattu. Il me dict lors que sa maladie estoit un peu contagieuse, et, oultre cela, qu'elle estoit mal plaisante et melancholique ; qu'il cognoissoit très bien mon naturel, et me prioit de n'estre avecques luy que par boutées, mais le plus souvent que je pourrois. Je ne l'abandonnay plus. Jusques au dimanche, il ne m'avoit tenu nul propos de ce qu'il jugeoit de son estre, et ne parlions que de particulieres occurrences de sa maladie, et de ce que les anciens medecins en avoient dict ; d'affaires publicques bien peu, car je l'en trouvay tout desgousté dès le premier jour. Mais le dimanche, il eust une grand' foiblesse : et comme il feut revenu à soy, il dict qu'il luy avoit semblé estre en une confusion de toutes choses, et n'avoir rien veu qu'une espesse nue et brouillart obscur dans lequel tout estoit pesle-mesle et sans ordre ; toutesfois qu'il n'avoit eu nul desplaisir à tout cest accident. « La mort n'a rien de pire que cela, luy dis je lors, mon frere. — Mais n'a rien de si mauvais, » me respondit-il.

Depuis lors, parce que dès le commencement de son mal il n'avoit prins nul sommeil, et que, nonobstant touts les remedes, il alloit tousjours en empirant, de sorte qu'on y avoit desja employé certains bruvages desquels on ne se sert qu'aux dernieres extremités, il commencea à desesperer entierement de sa guarison ; ce qu'il me communiqua. Ce mesme jour, parce qu'il feut trouvé bon, je luy dis : « Qu'il me sieroit mal, pour l'extreme amitié que je luy portois, si je ne me soulciois que, comme en sa santé on avoit veu toutes ses actions pleines de prudence et de bon conseil autant qu'à homme du monde, qu'il les continuast encores en sa maladie ; et que, si Dieu vouloit qu'il empirast, je serois très marry qu'à faulte d'advisement il eust laissé nul de ses affaires domestiques descousu, tant pour le dommage que ses parents y pourroient souffrir, que pour l'interest de sa reputation : » ce qu'il print de moy de très bon visage ; et, après s'estre resolu des difficultés qui le tenoient suspens en cela, il me pria d'appeler son oncle et sa femme, seuls, pour leur faire entendre ce qu'il avoit deliberé quant à son testament. Je luy dis qu'il les estonneroit. « Non, non, me dict il, je les consoleray ; et leur donneray beaucoup meilleure esperance de ma santé que je ne l'ay moy mesme. » Et puis, il me demanda si les foiblesses qu'il avoit eues ne nous avoient pas un peu estonnés. « Cela n'est rien, luy feis je, mon frere, ce sont accidents ordinaires à telles maladies. — Vrayement non ce n'est rien, mon frere, me respondit-il, quand bien il en adviendroit ce que vous en craindriez le plus. — A vous ne seroit-ce que heur, luy repliquay je ; mais le dommage seroit à moy, qui perdrois la compaignie d'un si grand, si sage et si certain amy, et tel que je serois asseuré de n'en trouver jamais de semblable. — Il pourroit bien estre, mon frere, adjousta-il ; et vous asseure que ce qui me faict avoir quelque soing que j'ay de ma guarison, et n'aller si courant au passage que j'ay desjà franchy à demy, c'est la consideration de vostre perte, et de çe pauvre homme et de ceste pauvre femme (parlant de son oncle et de sa femme), que j'ayme touts deux uniquement, et qui porteront bien impatiemment, j'en suis asseuré, la perte qu'ils feront en moy, qui de vray est bien grande pour vous et pour eulx. J'ay aussi respect au desplaisir qu'auront beaucoup de gens de bien qui m'ont aymé et estimé pendant ma vie, desquels, certes, je le confesse, si c'estoit à moy à faire, je serois content de ne perdre encores la conversation. Et si je m'en vois, mon frere, je vous prie, vous qui les cognoissez, de leur rendre tesmoignage de la bonne volonté que je leur ay portée jusques à ce dernier terme de ma vie. Et puis, mon frere, par adventure, n'estois-je point nay si inutile que je n'eusse moyen de faire service à la chose publicque. Mais, quoy qu'il en soit, je suis prest à partir, quand il plaira à Dieu, estant tout asseuré que je jouïray de l'ayse que vous me predites. Et quant à vous, mon amy, je vous cognois si sage, que quelque interest que vous y ayez, si vous conformerez vous volontiers et patiemment à tout ce qu'il plaira à sa saincte majesté d'ordonner de moy. Et vous supplie vous prendre garde que le deuil de ma perte ne poulse ce bon homme et ceste bonne femme hors des gonds de la raison. » Il me demanda lors comme ils s'y comportoient desjà. Je luy dis que assez bien pour l'importance de la chose. « Ouy, suyvit-il, à ceste heure qu'ils ont encore un peu d'esperance ; mais si je la leur ay une fois toute ostée, mon frere, vous serez bien empesché à les contenir. » Suyvant ce respect, tant qu'il vescut depuis, il leur cacha tousjours l'opinion certaine qu'il avoit de sa mort, et me prioit bien fort d'en user de mesme. Quand il les veoyoit auprès de luy, il contrefaisoit la chere plus gaye, et les paissoit de belles esperances.

Sur ce poinct, je le laissay pour les aller appeller. Ils composerent leur visage le mieulx qu'ils peurent, pour un temps. Et après nous estre assis autour de son lict, nous quatre seuls, il dict ainsi d'un visage posé et comme tout esjouy :

« Mon oncle, ma femme, je vous asseure sur ma foy que nulle nouvelle attaincte de ma maladie, ou opinion mauvaise que j'aye de ma guarison, ne m'a mis en fantasie de vous faire appeller pour vous dire ce que j'entreprends ; car je me porte, Dieu mercy, très bien et plein de bonne esperance ; mais, ayant de longue main appris, tant par longue experience que par longue estude, le peu d'asseurance qu'il y a à l'instabilité et inconstance des choses humaines, et mesme en nostre vie que nous tenons si chere, qui n'est toutesfois que fumée et chose de neant, et considerant aussi que, puisque je suis malade, je me suis d'autant approché du danger de la mort, j'ay deliberé de mettre quelque ordre à mes affaires domestiques, après en avoir eu vostre advis premierement. »

En puis addressant son propos à son oncle : « Mon bon oncle, dict-il, si j'avois à vous rendre à ceste heure compte des grandes obligations que je vous ay, je n'aurois eu pieçà fait : il me suffit que, jusques à present, où que j'aye esté, et à quiconque j'en aye parlé, j'aye tousjours dict que tout ce que un très sage, très bon et très liberal pere pouvoit faire pour son fils, tout cela avez vous faict pour moy, soit pour le soing qu'il a fallu à m'instruire aux bonnes lettres, soit lorsqu'il vous a pleu me poulser aux estats[1] ; de sorte que tout le cours de ma vie a esté plein de grands et recommendables offices d'amitié vostre envers moy. Somme : quoy que j'aye, je le tiens de vous, je l'advoue de vous, je vous en suis redevable, vous estes mon vray pere : ainsi, comme fils de famille, je n'ay nulle puissance de disposer de rien, s'il ne vous plaist de m'en donner congé. »

---

(1) *Aux emplois publics* ; car, comme dit Montaigne dans sa lettre au chancelier de L'Hospital, son ami « estoit eslevé aux dignités de son quartier, qu'on estime des grandes. » C.

Lors il se teut, et attendit que les soupirs et les sanglots eussent donné loysir à son oncle de luy respondre « qu'il trouvoit tousjours très bon tout ce qu'il luy plairoit. » Lors ayant à le faire son heritier, il le supplia de prendre de luy le bien qui estoit sien.

Et puis destournant sa parole à sa femme : « Ma semblance, dict-il (ainsi l'appelloit il souvent pour quelque ancienne alliance qui estoit entre eulx), ayant esté joinct à vous du nœud du mariage, qui est l'un des plus respectables et inviolables que Dieu nous ait ordonné çà bas pour l'entretien de la société humaine, je vous ay aymée, cherie et estimée autant qu'il m'a esté possible, et suis tout asseuré que vous m'avez rendu reciproque affection, que je ne sçaurois assez recognoistre. Je vous prie de prendre de la part de mes biens ce que je vous donne, et vous en contenter, encores que je sache bien que c'est bien peu au prix de vos merites. »

Et puis tournant son propos à moy : « Mon frere, dict il, que j'ayme si cherement et que j'avois choisy parmi tant d'hommes pour renouveller avecques vous ceste vertueuse et sincere amitié, de laquelle l'usage est, par les vices, dès si longtemps esloingné d'entre nous qu'il n'en reste que quelques vieilles traces en la memoire de l'antiquité, je vous supplie, pour signal de mon affection envers vous, vouloir estre successeur de ma bibliotheque et de mes livres que je vous donne ; present bien petit, mais qui part de bon cœur et qui vous est convenable pour l'affection que vous avez aux lettres. Ce vous sera μνημόσυνον, *tui sodalis*[1]. »

Et puis, parlant à touts trois generalement, loua Dieu de quoy, en une si extreme necessité, il se trouvoit accompaigné de toutes les plus cheres personnes qu'il eust en ce monde ; et qu'il luy sembloit très beau à veoir une assemblée de quatre si accordants et si unis d'amitié, faisant, disoit il, estat que nous nous entr'aymions unanimement les uns pour l'amour des aultres. Et nous ayant recommandé les uns aux aultres, il suyvit ainsin : « Ayant mis ordre à mes biens, encores me faut-il penser à ma conscience. Je suis chrestien, je suis catholique ; tel ay vescu, tel suis je deliberé de clorre ma vie. Qu'on me face venir un prebstre ; car je ne veulx faillir à ce dernier debvoir d'un chrestien. »

Sur ce poinct il finit son propos, lequel il avoit continué avecques telle asseurance de visage, telle force de parole et de voix, que, là où je l'avois trouvé lorsque j'entray en sa chambre, foible, traisnant lentement les mots les uns après les aultres, ayant le pouls abbatu comme de fiebvre lente et tirant à la mort, le visage pasle et tout meurtry, il sembloit lors qu'il veinst, comme par miracle, de reprendre quelque nouvelle vigueur, le teinct plus vermeil et pouls plus fort, de sorte que je luy feis taster le mien pour les comparer ensemble. Sur l'heure j'eus le cœur si serré que je ne sceus rien luy respondre ; mais, deux ou trois heures après, tant pour luy continuer ceste grandeur de courage que aussi parce que je souhaitois, pour la jalousie que j'ay eue toute ma vie de sa gloire et de son honneur, qu'il y eust plus de tesmoings de tant et si belles preuves de magnanimité, y ayant plus grande compaignie en sa chambre, je luy dis que j'avois rougi de honte de quoy le courage m'avoit failly à ouïr ce que luy, qui estoit engagé dans ce mal, avoit eu courage de me dire : que jusques lors j'avois pensé que Dieu ne nous donnast gueres si grand advantage sur les accidents humains, et croyois malaysément ce que quelquefois j'en lisois parmy les histoires ; mais qu'en ayant senti une telle preuve, je louois Dieu de quoy ce avoit esté en une personne de qui je feusse tant aymé et que j'aymasse si cherement ; et que cela me serviroit d'exemple pour jouer ce mesme roole à mon tour.

Il m'interrompit pour me prier d'en user ainsin, et de monstrer, par effect, que les discours que nous avions tenus ensemble pendant nostre santé, nous ne les portions pas seulement en la bouche, mais engravés bien avant au cœur et en l'ame, pour les mettre en execution aux premieres occasions qui s'offriroient, adjoustant que c'estoit la vraye practique de nos estudes et de la philosophie. Et me prenant par la main : « Mon frere, mon amy, me dict il, je t'asseure que j'ay faict assez de choses, ce me semble, en ma vie, avecques autant de peine et difficulté que je fois ceste cy. Et quand tout est dict, il y a fort longtemps que j'y estois preparé et que j'en sçavois ma leçon toute par cœur ; mais n'est-ce pas assez vescu jusques

---

[1] Un souvenir de votre ami.

à l'aage auquel je suis? j'estois prest à entrer à mon trente troisiesme an. Dieu m'a faict ceste grace que tout ce que j'ay passé jusques à ceste heure de ma vie a esté plein de santé et de bonheur; pour l'inconstance des choses humaines cela ne pouvoit gueres plus durer; il estoit meshuy temps de se mettre aux affaires et de veoir mille choses malplaisantes, comme l'incommodité de la vieillesse, de laquelle je suis quite par ce moyen. Et puis il est vraysemblable que j'ay vescu jusques à ceste heure avecques plus de simplicité et moins de malice, que je n'eusse, par adventure, faict, si Dieu m'eust laissé vivre jusqu'à ce que le soing de m'enrichir et accommoder mes affaires me feust entré dans la teste. Quant à moy, je suis certain, je m'en vois trouver Dieu et le sejour des bienheureux. » Or, parce que je montrois, mesme au visage, l'impatience que j'avois à l'ouïr : « Comment, mon frere! me dict-il, me voulez-vous faire peur? Si je l'avois, à qui seroit-ce de me l'oster, qu'à vous? »

Sur le soir, parce que le notaire surveint, qu'on avoit mandé pour recevoir son testament, je le luy feis mettre par escript, et puis je luy feus dire, s'il ne vouloit pas signer : « Non pas signer, dict-il! je le veulx faire moy mesme; mais je vouldrois, mon frere, qu'on me donnast un peu de loysir; car je me treuve extremement travaillé et si affoibly que je n'en puis quasi plus. » Je me meis à changer de propos; mais il se reprit soubdain, et me dict qu'il ne falloit pas grand loysir à mourir; et me pria de sçavoir si le notaire avoit la main bien legiere; car il n'arresteroit gueres à dicter. J'appellay le notaire; et sur le champ il dicta si vite son testament qu'on estoit bien empesché à le suyvre; et, ayant achevé, il me pria de luy lire, et parlant à moy : « Voilà, dict-il, le soing d'une belle chose que nos richesses! *Sunt hæc quæ hominibus vocantur bona*[1] *!* » Après que le testament eust esté signé, comme sa chambre estoit pleine de gents, il me demanda s'il luy feroit mal de parler; je luy dis que non, mais que ce feust tout doulcement.

Lors il feit appeller mademoiselle de Saint Quentin, sa niepce, et parla ainsin à elle : « Ma niepce, m'amie, il m'a semblé, de puis que je t'ay cogneue, avoir veu reluire en toi des traicts de très bonne nature; mais ces derniers offices que tu fais avecques si bonne affection et telle diligence à ma presente necessité, me promettent beaucoup de toy; et vrayement je t'en suis obligé et t'en mercie très affectueusement. Au reste, pour me descharger, je t'advertis d'estre premierement devote envers Dieu; car c'est sans doubte la principale partie de nostre debvoir, et sans laquelle nulle aultre action ne peult estre ny bonne ny belle; et celle là y estant bien à bon escient, elle traisne après soy par necessité toutes aultres actions de vertu. Après Dieu il te fault aymer ton pere et ta mere, mesme ta mere ma sœur, que j'estime des meilleures et plus sages femmes du monde, et te prie de prendre d'elle l'exemple de ta vie. Ne te laisse point emporter aux plaisirs; fuy comme peste ces folles privautés que tu veois les femmes avoir quelquefois avec les hommes; car, encores que sur le commencement elles n'ayent rien de mauvais, toutefois petit à petit elles corrompent l'esprit et le conduisent à l'oysifveté, et de là dans le vilain bourbier du vice. Crois moy; la plus seure garde de la chasteté à une fille, c'est la severité. Je te prie et veulx qu'il te souvienne de moy, pour avoir souvent devant les yeulx l'amitié que je t'ay portée; non pas pour te plaindre et pour te douloir de ma perte, et cela deffends-je à tous mes amis tant que je puis, attendu qu'il sembleroit qu'ils feussent envieux du bien duquel, mercy à ma mort! je me verray bientost jouïssant! Et t'asseure, ma fille, que si Dieu me donnoit à ceste heure à choisir, ou de retourner à vivre encores, ou d'achever le voyage que j'ai commencé, je serois bien empesché au chois. Adieu, ma niepce, m'amie. »

Il feit après appeler mademoiselle d'Arsat, sa belle-fille, et luy dict : « Ma fille, vous n'avez pas grand besoing à mes advertissements, ayant une telle mere, que j'ay trouvée si sage, si bien conforme à mes conditions et volontés, ne m'ayant jamais faict nulle faute; vous serez très bien instruicte d'une telle maistresse d'eschole. Et ne trouvez point estrange, si moy, qui ne vous touche d'aulcune parenté, me soulcie et me mesle de vous; car, estant fille d'une personne qui m'est si proche, il est impossible que tout ce qui vous concerne ne me touche aussi; et pourtant ay je tousjours eu tout le soing des affaires de monsieur d'Arsat vostre

---

(1) Voilà ce que les hommes appellent des biens!

pere, comme des miennes propres, et, par adventure, ne vous nuira il pas à vostre advancement d'avoir esté ma belle fille. Vous avez de la richesse et de la beauté assez ; vous estes damoiselle de bon lieu ; il ne vous reste que d'y adjouster les biens de l'esprit, ce que je vous prie vouloir faire. Je ne vous deffends pas le vice, qui est tant detestable aux femmes ; car je ne veulx pas penser seulement qu'il vous puisse tumber en l'entendement, voire je crois que le nom mesme vous en est horrible. Adieu, ma belle fille. »

Toute la chambre estoit pleine de cris et de larmes, qui n'interrompoient toutesfois nullement le train de ses discours, qui feurent longuets. Mais, après tout cela, il commanda qu'on feist sortir tout le monde, sauf sa garnison ; ainsi nomma-il les filles qui le servoient. Et puis appellant mon frere de Beauregard : « Monsieur de Beauregard, luy dict-il, je vous mercie bien fort de la peine que vous prenez pour moy. Vous voulez bien que je vous descouvre quelque chose que j'ay sur le cœur à vous dire. » De quoy quand mon frere luy eut donné asseurance, il suyvit ainsi : « Je vous jure que, de touts ceulx qui se sont mis à la reformation de l'Eglise, je n'ay jamais pensé qu'il y en ayt eu un seul qui s'y soit mis avecques meilleur zele, plus entiere, sincere et simple affection que vous ; et crois certainement que les seuls vices de nos prelats, qui ont sans doubte besoing d'une grande correction, et quelques imperfections que le cours du temps a apporté en nostre Eglise, vous ont incité à cela. Je ne vous en veulx, pour ceste heure, desmouvoir ; car aussi ne prie-je pas volontiers personne de faire quoy que ce soit contre sa conscience ; mais je vous veulx bien advertir qu'ayant respect à la bonne reputation qu'a acquis la maison de laquelle vous estes, par une continuelle concorde, maison que j'ay autant chere que maison du monde (mon Dieu, quelle case, de laquelle il n'est jamais sorty acte que d'homme de bien !), ayant respect à la volonté de vostre pere, ce bon pere à qui vous debvez tant, de vostre bon oncle : à vos freres (vous, fuyez ces extremités), ne soyez point si apre et si violent ; accommodez vous à eulx ; ne faites point de bande et de corps à part ; joignez vous ensemble. Vous veoyez combien de ruynes ces dissentions ont apporté en ce royaume ; et vous respond qu'elles en apporteront de bien plus grandes ; et, comme vous estes sage et bon, gardez de mettre ces inconvenients parmy vostre famille, de peur de luy faire perdre la gloire et le bonheur duquel elle a jouï jusques à ceste heure. Prenez en bonne part, monsieur de Beauregard, ce que je vous en dis, et pour un certain tesmoignage de l'amitié que je vous porte ; car pour cest effet me suis-je reservé, jusques à ceste heure, à vous le dire ; et, à l'adventure, vous le disant en l'estat auquel vous me veoyez, vous donnerez plus de poids et d'auctorité à mes paroles. » Mon frere le remercia bien fort.

Le lundy matin il estoit si mal qu'il avoit quité toute esperance de la vie, de sorte que dès lors qu'il me veit il m'appella tout piteusement et me dict : « Mon frere, n'avez vous pas de compassion de tant de tourments que je souffre ? ne veoyez vous pas meshuy que tout le secours que vous me faites ne sert que d'alongement à ma peine ? » Bientôt après il s'esvanouit, de sorte qu'on le cuida abandonner pour trespassé ; enfin on le réveilla à force de vinaigre et de vin. Mais il ne veit de fort long temps après : et nous oyant crier autour de luy, il nous dict : « Mon Dieu ! qui me tourmente tant ? Pourquoy m'oste-l'on de ce grand et plaisant repos auquel je suis ? Laissez moy, je vous prie. » Et puis m'oyant, il me dict : « Et vous aussi, mon frere, vous ne voulez doncques pas que je guarisse ! Oh ! quel aysé vous me faites perdre ! » Enfin, s'estant encores plus remis, il demanda un peu de vin ; et puis, s'en estant bien trouvé, me dict que c'estoit la meilleure liqueur du monde. « Non est deà, fois-je pour le mettre en propos ; c'est l'eau. — C'est mon, repliqua-il, ὕδωρ ἄριστον[1]. Il avoit desjà toutes les extremités, jusques au visage, glacées de froid, avecques une sueur mortelle qui luy couloit tout le long du corps ; et n'y pouvoit-on quasi plus trouver nulle recognoissance de pouls.

Ce matin il se confessa à son prebstre ; mais parce que le prebstre n'avoit apporté tout ce qu'il luy falloit, il ne luy peut dire la messe ; mais le mardy matin monsieur de la Boëtie le demanda, pour l'ayder, dict-il, à faire son dernier office chrestien ; ainsin, il ouït la messe

---

[1] « L'eau est la meilleure des choses. » Ces deux mots grecs sont de PINDARE, qui commence par là sa premiere *Olympique*. C.

et feit ses pasques; et comme le prebstre prenoit congé de luy il luy dict : « Mon pere spirituel, je vous supplie humblement, et vous et ceulx qui sont soubs vostre charge, priez Dieu pour moy. Soit qu'il soit ordonné, par les très sacrés thresors des desseings de Dieu, que je finisse à ceste heure mes jours, qu'il ayt pitié de mon ame, et me pardonne mes pechés, qui sont infinis, comme il n'est pas possible que si vile et si basse creature que moy aye peu executer les commandements d'un si hault et si puissant maistre; ou, s'il luy semble que je face encores besoing par deçà, et qu'il veuille me reserver à quelque aultre heure, suppliez le qu'il finisse bientost en moy les angoisses que je souffre, et qu'il me face la grace de guider d'oresnavant mes pas à la suyte de sa volonté et de me rendre meilleur que je n'ay esté. » Sur ce poinct il s'arresta un peu pour prendre haleine; et, veoyant que le prebstre s'en alloit, il le rappella et lui dict : « Encores veulx-je dire cecy en vostre presence; je proteste que comme j'ay esté baptisé, ay vescu, ainsi veulx-je mourir soubs la foy et religion que Moïse planta premierement en Ægypte, que les peres receurent depuis en Judée; et qui, de main en main, par succession de temps, a esté apportée en France. » Il sembla à le veoir qu'il eust parlé encores plus long temps, s'il eust peu; mais il finit, priant son oncle et moy de prier Dieu pour luy : « Car ce sont, dict-il, les meilleurs offices que les chrestiens puissent faire les uns pour les aultres. » Il s'estoit, en parlant, descouvert une espaule, et pria son oncle la recouvrir, encores qu'il eust un valet plus près de luy, et puis me regardant : *Ingenui est*, dict-il, *cui multum debeas, ei plurimum velle debere*[1].

Monsieur de Belot le veint veoir aprez midy, et il luy dict, luy presentant sa main : « Monsieur, mon bon amy; j'estois icy à mesme pour payer ma debte; mais j'ay trouvé un bon crediteur qui me l'a remise. » Un peu après, comme il se resveilloit en sursault : « Bien ! bien ! qu'elle vienne quand elle vouldra, je l'attends, gaillard et de pied coy : » mots qu'il redict deux ou trois fois en sa maladie. Et puis, comme on luy entre-ouvroit la bouche par force pour le faire avaller : *An vivere tanti est*[1] *!* dict-il, tournant son propos à monsieur de Belot.

Sur le soir, il commencea bien à bon escient à tirer aux traicts de la mort : et comme je soupois, il me feit appeler, n'ayant plus que l'image et que l'umbre d'un homme, et comme il disoit luy mesme, *non homo, sed species hominis;* et me dict, à toutes peines : « Mon frere, mon amy, plust à Dieu que je veisse les effects des imaginations que je viens d'avoir ! » Après avoir attendu quelque temps, qu'il ne parloit plus, et qu'il tiroit des soupirs trenchants pour s'en efforcer, car dès lors la langue commenceoit fort à luy denier son office : « Quelles sont elles, mon frere ? lui dis-je. — Grandes, grandes, me respondit il. — Il ne feut jamais, suyvis-je, que je n'eusse cest honneur que de communiquer à toutes celles qui vous venoient à l'entendement; voulez-vous pas que j'en jouïsse encores ? — C'est mon deà ! respondit-il; mais, mon frere, je ne puis : elles sont admirables, infinies, et indicibles. » Nous en demeurasmes là, car il n'en pouvoit plus. De sorte qu'un peu auparavant il avoit voulu parler à sa femme, et luy avoit dict, d'un visage le plus gay qu'il le pouvoit contrefaire, qu'il avoit à luy dire un conte. Et sembla qu'il s'efforceast pour parler : mais la force luy defaillant, il demande un peu de vin pour la luy rendre. Ce fut pour neant; car il esvanouït soubdain, et feut longtemps sans veoir.

Estant desjà bien voysin de sa mort, et oyant les pleurs de madamoiselle de la Boëtie, il l'appella, et luy dict ainsi : « Ma semblance, vous vous tormentez avant le temps : voulez-vous pas avoir pitié de moi ? Prenez courage. Certes je porte plus la moitié de peine, pour le mal que je vous veois souffrir que pour le mien; et avecques raison, parce que les maulx que nous sentons en nous, ce n'est pas nous proprement qui les sentons, mais certains sens que Dieu a mis en nous. Mais ce que nous sentons pour les aultres, c'est par certain jugement et par discours de raison que nous le sentons. Mais je m'en vois. » Cela, disoit il, parce que le cœur luy failloit. Or, ayant eu peur d'avoir estonné sa femme, il se reprint et dist : « Je m'en vois dormir : bon soir ma femme; allez vous en. » Voylà le dernier congé qu'il print d'elle.

Après qu'elle feut partie : « Mon frere, me

---

(1) Il est d'un cœur noble de vouloir devoir encore plus à celui à qui il doit beaucoup. Cic., *Epist. fam.*, II, 6. J. V. L.

(1) La vie vaut-elle tout cela ?

dict-il, tenez-vous auprès de moy, s'il vous plaist. » Et puis, ou sentant les poinctes de la mort plus pressantes et poignantes, ou bien la force de quelque medicament chauld qu'on luy avoit faict avaller, il print une voix plus esclatante et plus forte, et donnoit des tours dans son lict avecques tout plein de violence : de sorte que toute la compaignie commencea à avoir quelque esperance, parce que jusques lors la seule foiblesse nous l'avoit faict perdre. Lors, entre aultres choses, il se print à me prier et reprier, avecques une extreme affection, de luy donner une place ; de sorte que j'eus peur que son jugement feust esbranlé : mesme que luy ayant bien doulcement remonstré qu'il se laissoit emporter au mal, et que ces mots n'estoient pas d'homme bien rassis, il ne se rendit point au premier coup, et redoubla encores plus fort : « Mon frere ! mon frere ! me refusez vous doncques une place ? » Jusques à ce qu'il me contraignit de le convaincre par raison, et de luy dire que, puisqu'il respiroit et parloit, et qu'il avoit corps, il avoit par consequent son lieu. « Voire, voire ! me respondit-il lors, j'en ay ; mais ce n'est pas celuy qu'il me faut : et puis, quand tout est dict, je n'ay plus d'estre. — Dieu vous en donnera un meilleur bientost, luy feisje. — Y feusse-je desjà, mon frere ! me respondit-il ; il y a trois jours que j'ahanne pour partir. » Estant sur ces destresses, il m'appella souvent pour s'informer seulement si j'estois près de luy. Enfin, il se meit un peu à reposer, qui nous confirma encores plus en nostre bonne esperance, de maniere que sortant de sa chambre je m'en resjouis avecques madamoiselle de la Boëtie. Mais une heure après, ou environ, me nommant une fois ou deux, et puis tirant à soy un grand souspir, il rendit l'ame, sur les trois heures du mercredy matin dixhuitiesme d'aoust, l'an mil cinq cent soixante trois, après avoir vescu trente deux ans, neuf mois et dixsept jours.

II.

AUTRE LETTRE A SON PÈRE[1].

A MONSEIGNEUR MONSEIGNEUR DE MONTAIGNE.

Monseigneur, suyvant la charge que vous me donnastes l'année passée chez vous à Montaigne, j'ay taillé et dressé de ma main, à Raimond Sebond, ce grand theologien et philosophe espaignol, un accoustrement à la françoise, et l'ay devestu, autant qu'il a esté en moy, de ce port farouche et maintien barbaresque que vous luy veites premierement : de maniere qu'à mon opinion il a meshui assez de façon et d'entregent pour se presenter en toute bonne compaignie. Il pourra bien estre que les personnes delicates et curieuses y remarqueront quelque traict et ply de Gascongne : mais ce leur sera d'autant plus de honte, d'avoir, par leur nonchalance, laissé prendre sur eulx cest advantage à un homme de tout poinct nouveau et aprenty en telle besongne. Or, monseigneur, c'est raison que soubs vostre nom il se poulse en credit et mette en lumiere, puisqu'il vous doibt tout ce qu'il a d'amendement et de reformation. Toutesfois je veois bien que, s'il vous plaist de compter avecques luy, ce sera vous qui luy debvrez beaucoup de reste ; car, en eschange de ses excellents et très religieux discours, de ses haultaines conceptions et comme divines, il se trouvera que vous n'y aurez apporté de vostre part que des mots et du langage ; marchandise si vulgaire et si vile que, qui plus en a, n'en vault, à l'adventure, que moins.

Monseigneur, je supplie Dieu qu'il vous doint très longue et très heureuse vie. De Paris, ce 18 de juin 1568.

Vostre très humble et très obeissant fils,
MICHEL DE MONTAIGNE.

III[1]

A MONSIEUR DE LANSAC[2].

Chevalier de l'ordre du roy, conseiller de son conseil privé, sur-intendant de ses finances, et capitaine de cent gentilshommes de sa maison.

Monsieur, je vous envoye la Mesnagerie de

---

(1) Cette lettre de Montaigne à son père se trouve au-devant de la *Théologie naturelle* de Raimond Sebond, « traduicte nouvellement en françois par messire Michel, seigneur de Montaigne, chevalier de l'ordre du roy et gentilhomme ordinaire de sa chambre ; » Paris, chez Gabriel Buon, 1569. Le père de Montaigne, mort cette année même, ne put voir cette traduction imprimée. Il y a d'autres éditions. Paris, chez Michel Sonnius, 1581 ; Rouen, chez Romain de Beauvais, 1603 ; Tournon, 1605 ; Rouen, chez Jean de La Mère, 1641, etc. *Voyez* le chap. 12 du second livre des *Essais*. J. V. L.

(1) Lettre qui se trouve au-devant de la *Mesnagerie de Xenophon* et des autres traductions de La Boëtie, imprimées chez Federic Morel, en 1571, fol. 2. Cette dédicace doit être de l'an 1570, comme toutes celles qui sont comprises dans ce volume et qui portent une date précise. *Voy.* notre première note sur ces lettres. J. V. L.

(2) Louis de Saint-Gelais, seigneur de Lansac, nommé con-

Xenophon mise en françois par feu monsieur de la Boëtie : present qui m'a semblé vous estre propre, tant pour estre party premierement, comme vous savez, de la main d'un gentilhomme de marque[1], très grand homme de guerre et de paix, que pour avoir prins sa seconde façon de ce personnage[2] que je sçais avoir esté aymé et estimé de vous pendant sa vie. Cela vous servira tousjours d'aiguillon à continuer envers son nom et sa memoire vostre bonne opinion et volonté. Et hardiment, monsieur, ne craignez pas de les accroistre de quelque chose : car ne l'ayant gousté que par les tesmoignages publics qu'il avoit donnés de soy, c'est à moy à vous respondre : qu'il avoit tant de degrés de suffisance au-delà, que vous estes bien loing de l'avoir cogneu tout entier. Il m'a faict cest honneur, vivant, que je mets au compte de la meilleure fortune des miennes, de dresser avecques moy une cousture d'amitié si estroicte et si joincte qu'il n'y a eu biais, mouvement, ny ressort en son ame, que je n'aye peu considerer et juger, au moins si ma veue n'a quelquefois tiré court. Or, sans mentir, il estoit à tout prendre, si près du miracle, que pour, me jectant hors des barrieres de la vraysemblance, ne me faire mescroire du tout, il est force, parlant de luy, que je me resserre et restreigne au dessoubs de ce que j'en sçais. Et pour ce coup, monsieur, je me contenteray seulement de vous supplier, pour l'honneur et reverence que vous devez à la verité, de tesmoigner et croire que nostre Guyenne n'a eu garde de voir rien pareil à luy parmi les hommes de sa robbe. Soubs l'esperance doncques que vous luy rendrez cela qui luy est très justement deu, et pour le refreschir en vostre memoire, je vous donne ce livre, qui tout d'un train aussi vous respondra de ma part que, sans l'expresse deffense que m'en faict mon insuffisance, je vous presenterois autant volontiers quelque chose du mien, en recognoissance des obligations que je vous doibs, et de l'ancienne faveur et amitié que vous avez portée à ceulx de nostre maison. Mais, monsieur, à faulte de meilleure monnoye, je vous offre en payement une très asseurée volonté de vous faire humble service.

Monsieur, je supplie Dieu qu'il vous maintienne en sa garde.

Vostre obeïssant serviteur,

MICHEL DE MONTAIGNE.

IV[1].

A MONSIEUR DE MESMES[2].

Seigneur de Roissy et de Mallassize, conseiller du roy en son privé conseil.

Monsieur, c'est une des plus notables folies que les hommes facent, d'employer la force de leur entendement à ruyner et chocquer les opinions communes et receues qui nous portent de la satisfaction et du contentement ; car là où tout ce qui est soubs le ciel employe les moyens et les utils que nature luy a mis en main (comme de vray c'en est l'usage) pour l'adgencement et commodité de son estre, ceulx cy, pour sembler d'un esprit plus gaillard et plus esveillé, qui ne reçoit et qui ne loge rien que mille fois touché et balancé au plus subtil de la raison, vont esbranlant leurs ames d'une assiette paisible et reposée, pour, après une longue queste, la remplir, en somme, de doubte, d'inquietude et de fiebvre. Ce n'est pas sans raison que l'enfance et la simplicité ont esté tant recommandées par la verité mesme. De ma part, j'ayme mieulx estre plus à mon ayse, et

---

...seiller d'état par Charles IX, ou plutôt par la reine-mère Catherine de Médicis, au mois de mai 1568. J. V. L.

(1). Xénophon. Le titre de gentilhomme que lui donne Montaigne pourrait le faire méconnaitre. Peut-être l'aurait-il désigné plus honorablement s'il l'eût nommé tout simplement un citoyen d'Athènes. C.

(2) D'Estienne de La Boëtie.

(1) Imprimée au-devant des *Règles de Mariage*, de PLUT., dans le volume cité plus haut, fol. 71. J. V. L.

(2) Henri de Mesmes, seigneur de Roissi et de Malassise, conseiller d'état, chancelier du royaume de Navarre, etc., né à Paris, en 1532, d'une famille originaire de Béarn, se distingua sous Henri II, Charles IX et Henri III par ses talents administratifs et politiques : il fut chargé, cette année même (août 1570), de la paix avec les protestants ; et comme Armand de Biron, son collègue dans les négociations de Saint-Germain, était boiteux, cette paix fut appelée *boiteuse et mal assise*. Le massacre de la Saint-Barthélemi ne tarda pas à prouver qu'on disait vrai. De Mesmes se montra toujours le protecteur et l'ami des savants ; il accueillit Pibrac, Daurat, Turnèbe, Passerat ; lui-même il prit part au travail de Lambin sur Cicéron, qui lui fut dédié. Rollin, dans son *Traité des Études*, liv. I, c. 2, art. 1, cite de lui des *Mémoires* manuscrits, que le premier président de Mesmes lui avait communiqués, et qui ont été publiés depuis. On y voit qu'au sortir du collège, Henri de Mesmes *récita Homère par cœur d'un bout à l'autre*. J. V. L.

moins habile; plus content, et moins entendu. Voylà pourquoy, monsieur, quoyque des fines gens se mocquent du soing que nous avons de ce qui se passera icy après nous, comme nostre ame, logée ailleurs, n'ayant plus à se ressentir des choses de ça bas, j'estime toutesfois que ce soit une grande consolation à la foiblesse et briefveté de ceste vie, de croire qu'elle se puisse fermir et alonger par la reputation et par la renommée; et embrasse très volontiers une si plaisante et favorable opinion engendrée originellement en nous, sans m'enquerir curieusement ny comment, ny pourquoy. De maniere que, ayant aymé, plus que toute aultre chose, feu monsieur de la Boëtie, le plus grand homme, à mon advis, de nostre siecle, je penserois lourdement faillir à mon debvoir, si, à mon escient, je laissois esvanouir et perdre un si riche nom que le sien, et une memoire si digne de recommendation, et si je ne m'essayois, par ces parties là, de le ressusciter et remettre en vie. Je crois qu'il le sent aulcunement, et que ces miens offices le touchent et rejouissent; de vray, il se loge encores chez moy si entier et si vif que je ne le puis croire ny si lourdement enterré, ny si entierement esloingné de nostre commerce. Or, monsieur, parce que chasque nouvelle cognoissance que je donne de luy et de son nom, c'est autant de multiplication de ce sien second vivre, et d'advantage que son nom s'ennoblit et s'honnore du lieu qui le receoit, c'est à moy à faire, non seulement de l'espandre le plus qu'il me sera possible, mais encores de le donner en garde à personnes d'honneur et de vertu; parmy lesquelles vous tenez tel reng, que, pour vous donner occasion de recueillir ce nouvel hoste et de lui faire bonne chere, j'ay esté d'advis de vous presenter ce petit ouvrage, non pour le service que vous en puissiez tirer, sachant bien que, à practiquer Plutarque et ses compaignons, vous n'avez que faire de truchement; mais il est possible que madame de Roissy[1], y veoyant l'ordre de son mesnage et de vostre bon accord representé au vif, sera très ayse de sentir la bonté de son inclination naturelle avoir non seulement attainct, mais surmonté ce que les plus sages philosophes ont peu imaginer du debvoir et des loix du mariage. Et en toute façon, ce me sera tousjours honneur de pouvoir faire chose qui revienne à plaisir à vous ou aux vostres, pour l'obligation que j'ay de vous faire service.

Monsieur, je supplie Dieu qu'il vous doint très heureuse et longue vie. De Montaigne, ce 30 avril 1570.

Vostre très humble serviteur,

MICHEL DE MONTAIGNE.

V[1].

A MONSIEUR DE L'HOSPITAL,

Chancelier de France.

Monseigneur, j'ay opinion que vous aultres, à qui la fortune et la raison ont mis en main le gouvernement des affaires du monde, ne cherchez rien plus curieusement que par où vous puissiez arriver à la cognoissance des hommes de vos charges; car à peine il est nulle communauté si chetifve qui n'aye en soy des hommes assez pour fournir commodement à chascun de ses offices, pourveu que le departement et le triage s'en peust justement faire; et ce poinct là gaigné, il ne resteroit rien pour arriver à la parfaicte composition d'un Estat. Or, à mesure que cela est le plus souhaitable, il est aussi plus difficile, veu que ny vos yeulx ne se peuvent estendre loing que de trier et choisir parmy une si grande multitude et si espandue, ny ne peuvent entrer jusques au fond des cœurs pour y veoir les intentions et la conscience, pieces principales à considerer. De maniere qu'il n'a esté nulle chose publique si bien establie

---

(1) Jeanne Hennequin, fille d'Houdart Hennequin, seigneur de Boinville, maître des comptes, mort en 1557, était cousine au troisième degré de Henri de Mesmes; il l'avait épousée par dispense le 3 juin 1552. Il en eut deux enfants, Jean-Jacques de Mesmes, créé comte d'Avaux en 1638, et Judith de Mesmes, qui épousa Jacques Barillon, seigneur de Manci, conseiller au parlement, etc. J. V. L.

(1) Imprimée dans le même recueil, au-devant des *Poemata* d'Estienne de La Boëtie, fol. 100. — Michel L'Hospital s'était alors exilé lui-même à sa terre de Vignay, pour ne pas être témoin des vengeances criminelles tramées par la cour de Charles IX contre les protestants, et que ne put prévenir sa courageuse opposition. Il avait dit, en remettant les sceaux à Pierre Brulart, secrétaire des commandements de Catherine de Médicis: « Les affaires de ce temps sont trop corrompues pour que je puisse encore m'en mêler. » Il était naturel de dédier des *vers latins* à L'Hospital, un des premiers poètes latins de son siècle; mais l'époque de cette dédicace est honorable pour Montaigne. J. V. L.

en laquelle nous ne remarquions souvent la faulte de ce despartement et de ce chois ; et en celles où l'ignorance et la malice, le fard, les faveurs, les brigues et la violence commandent, si quelque eslection se veoit faicte meritoirement et par ordre, nous le debvons sans doubte à la fortune, qui, par l'inconstance de son bransle divers, s'est pour ce coup rencontrée au train de la raison.

Monsieur, ceste consideration m'a souvent consolé, sçachant M. Estienne de La Boëtie, l'un des plus propres et necessaires hommes aux premieres charges de la France, avoir tout du long de sa vie croupy, mesprisé, ès cendres de son fouyer domestique, au grand interest de nostre bien commun ; car, quant au sien particulier, je vous advise, monsieur, qu'il estoit si abondamment garny des biens et des thresors qui desfient la fortune, que jamais homme n'a vescu plus satisfaict ny plus content. Je sçais bien qu'il estoit eslevé aux dignités de son quartier, qu'on estime des grandes ; et sçais davantage que jamais homme n'y apporta plus de suffisance, et que, en l'aage de trente deux ans qu'il mourut, il avoit acquis plus de vraye reputation en ce reng là que nul autre avant luy : mais tant il y a que ce n'est pas raison de laisser en l'estat de soldat un digne capitaine, ny d'employer aux charges moyennes ceulx qui feroient bien encores les premieres. A la verité, ses forces feurent mal mesnagées et trop espargnées ; de façon que, au-delà de sa charge, il luy restoit beaucoup de grandes parties oysifves et inutiles, desquelles la chose publicque eust pu tirer du service et luy de la gloire.

Or, monsieur, puisqu'il a esté si nonchalant de se poulser soy mesme en lumiere, comme, de malheur, la vertu et l'ambition ne logent gueres ensemble, et qu'il a esté d'un siecle si grossier ou si plein d'envie, qu'il n'y a peu nulment estre aydé par le tesmoignage d'aultruy, je souhaite merveilleusement que, au moins après luy, sa mémoire, à qui seule meshuy je doibs les offices de nostre amitié, receive le loyer de sa valeur, et qu'elle se loge en la recommendation des personnes d'honneur et de vertu. A ceste cause m'a-il prins envie de le mettre au jour et de le présenter, monsieur, par ce peu de vers latins qui nous restent de luy[1]. Tout au rebours du masson, qui met le plus beau de son bastiment vers la rue, et du marchand qui faict montre et parement du plus riche eschantillon de sa marchandise, ce qui estoit en luy le plus recommendable, le vray suc et moelle de sa valeur l'ont suivy, et ne nous en est demeuré que l'écorce et les feuilles. Qui pourroit faire veoir les reglés bransles de son ame, sa pieté, sa vertu, sa justice, la vivacité de son esprit, le poids et la santé de son jugement, la haulteur de ses conceptions si loing eslevées au dessus du vulgaire, son sçavoir, les graces compaignes ordinaires de ses actions, la tendre amour qu'il portoit à sa miserable patrie, et sa haine capitale et jurée contre tout vice, mais principalement contre ceste vilaine traficque qui se couve sous l'honorable tiltre de justice, engendreroit certainement à toutes gents de bien une singuliere affection envers luy, meslée d'un merveilleux regret de sa perte. Mais, monsieur, il s'en fault tant que je puisse cela, que du fruict mesme de ses estudes il n'avoit encores jamais pensé d'en laisser nul tesmoignage à la posterité ; et ne nous en est demeuré que ce que, par maniere de passe-temps, il escrivoit quelquefois.

Quoy que ce soit, je vous supplie, monsieur, le recevoir de bon visage ; et comme nostre jugement argumente maintesfois d'une chose legiere une bien grande, et que les jeux mesmes des grands personnages rapportent aux clairvoyants quelque marque honorable du lieu d'où ils partent, monter, par ce sien ouvrage, à la cognoissance de luy mesme, et en aymer et embrasser par consequent le nom et la memoire. En quoy, monsieur, vous ne me ferez que rendre la pareille à l'opinion résolue qu'il avoit de vostre vertu ; et si accomplirez ce qu'il a infiniment souhaité pendant sa vie ; car il n'estoit homme du monde en la cognoissance et amitié duquel il se feust plus volontiers veu logé que en la vostre. Mais si quelqu'un se scandalise de quoy si hardiment j'use des choses d'aultruy, je l'advise qu'il ne feut jamais rien plus exactement dict ne escript, aux escholes des philosophes, du droict et des debvoirs de la saincte amitié, que ce que ce personnage et

---

[1] Plusieurs de ces poésies latines sont adressées à Montaigne.

taigne lui-même ; à Belot, leur ami commun ; à Jos. de la Chassagne, beau-père de l'auteur des *Essais* ; à Marguerite de Carle, femme de La Boëtie ; au célèbre Jul. César Scaliger, etc. Il y a dans la plupart quelques fautes, mais de l'esprit et de la facilité. J. V. L.

moy en avons practiqué ensemble. Au reste, monsieur, ce legier present, pour mesnager d'une pierre deux coups, servira aussi, s'il vous plaist, à vous tesmoigner l'honneur et reverence que je porte à vostre suffisance et qualités singulieres qui sont en vous; car, quant aux estrangieres et fortuites, ce n'est pas de mon goust de les mettre en ligne de compte.

Monsieur, je supplie Dieu qu'il vous doint très heureuse et longue vie. De Montaigne, ce 30 avril 1570.

Vostre humble et obeïssant serviteur,

MICHEL DE MONTAIGNE.

VI.

AVERTISSEMENT AU LECTEUR [1].

Lecteur, tu me doibs tout ce dont tu jouis de feu M. Estienne de la Boëtie; car je t'advise que, quant à luy, il n'y a rien qu'il eust jamais esperé de te faire veoir, voire ny qu'il estimast digne de porter son nom en public. Mais moy, qui ne suis pas si hault à la main, n'ayant trouvé aultre chose dans sa librairie, qu'il me laissa par son testament, encores n'ay je pas voulu qu'il se perdist : et, de ce peu de jugement que j'ay, j'espere que tu trouveras que les plus habiles hommes de nostre siecle font souvent feste de moindre chose que cela. J'entend de ceulx qui l'ont practiqué plus jeune (car nostre accointance ne print commencement qu'environ six ans avant sa mort), qu'il avoit faict force aultres vers latins et françois, comme soubs le nom de Gironde, et en ay ouï reciter des riches lopins, mesme celui qui a escript les Antiquités de Bourges[2], en allegue que je recognois; mais je ne sçais que tout cela est devenu, non plus que ses poëmes grecs. Et, à la verité, à mesure que chaque saillie luy venoit à la teste, il s'en deschargeoit sur le premier papier qui luy tumboit en main, sans aultre soing de le conserver. Assure toy que j'y ay faict ce que j'ay peu, et que depuis sept ans que nous l'avons perdu, je n'ay peu recouvrer que ce que tu en veois, sauf un discours de la servitude volontaire, et quelques memoires de nos troubles sur l'edict de janvier 1562. Mais quant à ces deux dernieres pieces, je leur treuve la façon trop delicate et mignarde pour les abandonner au grossier et pesant air d'une si mal plaisante saison. A Dieu. De Paris, ce dixiesme d'aoust 1570.

VII [1].

A MONSIEUR DE FOIX,

Conseiller du roy en son conseil privé, et ambassadeur de Sa Majesté près la seigneurie de Venise.

Monsieur, estant à mesme de vous recommender, et à la posterité, la memoire de feu Estienne de la Boëtie, tant pour son extreme valeur, que pour la singuliere affection qu'il me portoit, il m'est tumbé en fantaisie combien c'estoit une indiscretion de grande consequence et digne de la coercion de nos loix, d'aller, comme il se faict ordinairement, desrobbant à la vertu la gloire, sa fidelle compaigne, pour en estrener, sans chois et sans jugement, le premier venu, selon nos interests particuliers : veu que les deux resnes principales qui nous guident et tiennent en office sont la peine et la recompense, qui ne nous touchent proprement, et comme hommes, que par l'honneur et la honte, d'autant que celles icy donnent droictement à l'ame et ne se goustent que par les sentiments interieurs et plus nostres, là où les bestes mesmes se veoyent aulcunement capables de toute aultre recompense et peine corporelle. En oultre, il est bon à veoir que la coustume de louer la vertu, mesme de ceulx qui ne sont plus, ne vise pas à eulx, ains qu'elle faict estat d'aiguillonner par ce moyen les vivants à les imiter : comme les derniers chastiements sont employés par la justice, plus pour l'exemple, que pour l'interest de ceulx qui les souffrent. Or, le louer et le meslouer s'entre-res-

---

(1) Imprimé à la suite de la lettre à M. de Lansac, et qui sert de préface aux diverses traductions de La Boëtie, édition de Paris, 1571. C.

(2) Chaumeau publia son *Histoire* du Berry en 1566; quatre ans avant la date de cette lettre.

(1) Imprimée au-devant des *Vers françois* d'Estienne de la Boëtie, édit. de Paris, 1572. Ce recueil, qui n'est composé que de 19 fol., renferme : une épître à Marguerite de Carle, femme de La Boëtie, sur *la traduction des plaintes de Bradamant au trente-troisième chant de Loys Arioste*; cette traduction, en huit pages; une assez longue *Chanson*, en tercets; vingt-cinq *Sonnets*, différents des vingt-neuf que Montaigne adressa plus tard à madame de Grammont, *Essais*, liv. I, c. 28. J. V. L.

pondants de si pareille consequence, il est malaysé à sauver : que nos loix deffendent offenser la reputation d'aultruy, et ce neantmoins permettent de l'ennoblir sans merite. Ceste pernicieuse licence de jecter ainsin, à nostre poste, au vent les louanges d'un chacun, a esté aultresfois diversement restreincte ailleurs ; voire, à l'adventure ayda-elle jadis à mettre la poësie en la male-grace des sages. Quoy qu'il en soit, au moins ne se sçauroit on couvrir, que le vice du mentir n'y apparoisse toujours, très messeant à un homme bien nay, quelque visage qu'on luy donne.

Quant à ce personnage de qui je vous parle, monsieur, il m'envoye bien loing de ces termes ; car le dangier n'est pas que je luy en oste ; et son malheur porte que, comme il m'a fourny, autant qu'homme puisse, de très justes et très apparentes occasions de louange, j'ay bien aussi peu de moyen et de suffisance pour la luy rendre ; je dis moy, à qui seul il s'est communiqué jusques au vif, et qui puis responder d'un million de graces, de perfections et de vertus qui moisirent oysifves au giron d'une si belle ame, mercy à l'ingratitude de sa fortune. Car, la nature des choses ayant, je ne sçais comment, permis que la verité, pour belle et acceptable qu'elle soit d'elle mesme, si ne l'embrassons nous qu'infuse et insinuée en nostre créance par les utils de la persuasion, je me treuve si fort desgarny, et de credit pour auctoriser mon simple tesmoignage, et d'eloquence pour l'enrichir et le faire valoir, qu'à peu a-il tenu que je n'aye quité là tout ce soing, ne me restant pas seulement du sien par où dignement je puisse presenter au monde au moins son esprit et son sçavoir.

De vray, monsieur, ayant esté surprins de sa destinée en la fleur de son aage, et dans le train d'une très heureuse et très vigoureuse santé, il n'avoit pensé à rien moins qu'à mettre au jour des ouvrages qui deussent tesmoigner à la posterité quel il estoit en cela ; et à l'adventure estoit-il assez brave, quand il y eust pensé, pour n'en estre pas fort curieux. Mais enfin j'ay prins party qu'il seroit bien plus excusable à luy d'avoir ensepvely avecques soy tant de rares faveurs du ciel, qu'il ne seroit à moy d'ensepvelir encores la cognoissance qu'il m'en avoit donnée. Et, pourtant, ayant curieusement recueilly tout ce que j'ay trouvé d'entier parmy ses brouillarts et papiers espars çà et là, le jouet du vent et de ses estudes, il m'a semblé bon, quoy que ce feust, de le distribuer et de le despartir en autant de pieces que j'ay peu, pour de là prendre occasion de recommender sa memoire à d'autant plus de gents, choisissant les plus apparentes et dignes personnes de ma cognoissance, et desquelles le tesmoignage luy puisse estre le plus honnorable, comme vous, monsieur, qui de vous mesme pouvez avoir eu quelque cognoissance de luy pendant sa vie, mais certes bien legiere pour en discourir la grandeur de son entiere valeur. La posterité le croira, si bon luy semble ; mais je luy jure, sur tout ce que j'ay de conscience, l'avoir sceu et veu tel, tout consideré, qu'à peine par souhait et imagination pouvois-je monter au delà, tant s'en fault que le je luy donne beaucoup de compaignons.

Je vous supplie très humblement, monsieur, non seulement prendre la generale protection de son nom, mais encores de ces dix ou douze vers françois, qui se jectent, comme par necessité, à l'abry de vostre faveur. Car je ne vous celeray pas que la publication n'en ayt esté differée après le reste de ses œuvres, soubs couleur de ce que, par delà[1], on ne les trouvoit pas assez limés pour estre mis en lumiere. Vous verrez, monsieur, ce qui en est ; et parce qu'il semble que ce jugement regarde l'interest de tout ce quartier icy, d'où ils pensent qu'il ne puisse rien partir en vulgaire qui ne sente le sauvage et la barbarie, c'est proprement vostre charge, qui, au reng de la premiere maison de Guyenne, receu de vos ancestres, avez adjousté du vostre le premier reng encores en toute façon de suffisance, maintenir non seulement par vostre exemple, mais aussi par l'auctorité de vostre tesmoignage, qu'il n'en va pas toujours ainsin. Et ores que le faire soit plus naturel aux Gascons que le dire, si est-ce qu'ils s'arment quelquefois autant de la langue que du bras, et de l'esprit que du cœur. De ma part,

---

(1) *A Paris*, où Montaigne faisait imprimer alors, chez F. Morel, les œuvres posthumes de La Boëtie. Il avait fait sans doute un court voyage de Paris en Périgord, pour recueillir plus complettement les *Vers français* de son amy ; car cette lettre du 1er de septembre 1570 est datée de son château de Montaigne, tandis que l'Avertissement au lecteur, du 10 août, et la lettre à sa femme, du 10 septembre, sont datées de Paris. J. V. L.

monsieur, ce n'est pas mon gibbier de juger de telles choses, mais j'ay ouï dire à personnes qui s'entendent en sçavoir : que ces vers sont non seulement dignes de se presenter en place marchande; mais davantage, qui s'arrestera à la beauté et richesse des inventions : qu'ils sont, pour le subject, autant charnus, pleins et moelleux, qu'il s'en soit encores veu en nostre langue. Naturellement chasque ouvrier se sent plus roide en certaine partie de son art, et les plus heureux sont ceulx qui se sont empoignés à la plus noble; car toutes pieces egualement necessaires au bastiment d'un corps ne sont pas pourtant egualement prisables. La mignardise du langage, la doulceur et la polissure reluisent, à l'adventure, plus en quelques aultres; mais en gentillesse d'imaginations, en nombre de saillies, poinctes et traicts, je ne pense point que nuls aultres leur passent devant : et si fauldroit-il encores venir en composition de ce que ce n'estoit ny son occupation, ny son estude, et qu'à peine au bout de chasque an mettoit-il une fois la main à la plume, tesmoing ce peu qu'il nous en reste de toute sa vie. Car vous veoyez, monsieur, vert et sec, tout ce qui m'en est venu entre mains, sans chois et sans triage, en maniere qu'il y en a de ceulx mesmes de son enfance. Somme, il semble qu'il ne s'en meslast, que pour dire qu'il estoit capable de tout faire; car, au reste, mille et mille fois, voire en ses propos ordinaires, avons-nous veu partir de luy choses plus dignes d'estre sceues, plus dignes d'estre admirées.

Voylà, monsieur, ce que la raison et l'affection, joinctes ensemble par un rare rencontre, me commandent vous dire de ce grand homme de bien; et, si la privauté que j'ay prinse de m'en addresser à vous, et de vous en entretenir si longuement, vous offense, il vous souviendra, s'il vous plaist, que le principal effect de la grandeur et de l'eminence, c'est de vous jecter en bute à l'importunité et embesongnement des affaires d'aultruy. Sur ce, après vous avoir presenté ma très humble affection à vostre service, je supplie Dieu vous donner, monsieur, très heureuse et longue vie. De Montaigne, ce premier de septembre mil cinq cents soixante et dix.

Votre obeïssant serviteur,

MICHEL DE MONTAIGNE.

VIII[1].

A MADAMOISELLE DE MONTAIGNE,

MA FEMME.

Ma femme, vous entendez bien que ce n'est pas le tour d'un galant homme, aux regles de ce temps icy, de vous courtiser et caresser encores; car ils disent qu'un habile homme peult bien prendre femme, mais que de l'espouser c'est à faire à un sot. Laissons les dire : je me tiens, de ma part, à la simple façon du vieil aage; aussi en porté-je tantost le poil : et, de vray, la nouvelleté couste si cher jusqu'à ceste heure à ce pauvre estat (et si, je ne sçais si nous en sommes à la derniere enchere), qu'en tout et par tout j'en quitte le party. Vivons, ma femme, vous et moy, à la vieille françoise. Or, il vous peult souvenir comme feu monsieur de la Boëtie, ce mien cher frere et compaignon inviolable, me donna mourant ses papiers et ses livres, qui m'ont esté depuis le plus favory meuble des miens. Je ne veulx pas chichement en user moy seul, ny ne merite qu'ils ne servent qu'à moy; à ceste cause, il m'a prins envie d'en faire part à mes amis. Et parce que je n'en ay, ce crois je, nul plus privé que vous, je vous envoye la lettre consolatoire de Plutarque à sa femme, traduicte par luy en françois; bien marry de quoy la fortune vous a rendu ce present si propre, et que, n'ayant enfant qu'une fille longuement attendue, au bout de quatre ans de nostre mariage, il a fallu que vous l'ayez perdue dans le deuxiesme an de sa vie. Mais je laisse à Plutarque la charge de vous consoler, et de vous advertir de vostre debvoir en cela, vous priant le croire pour l'amour de moy; car il vous descouvrira mes intentions, et ce qui se peult alleguer en cela, beaucoup mieulx que je ne ferois moy mesme. Sur ce, ma femme, je me recommende bien fort à vostre bonne grace, et prie Dieu qu'il vous maintienne en sa garde. De Paris, ce 10 septembre 1570.

Vostre bon mary,

MICHEL DE MONTAIGNE.

(1) Imprimée au-devant de la *Lettre de consolation de Plutarque à sa femme*, dans le recueil déjà cité, fol. 89.

IX[1].

A MONSIEUR DUPUY[2].

Conseiller du roy en sa cour et parlement de Paris.

Monsieur, l'action du sieur de Verres prisonnier, qui m'est très bien cognue, merite qu'à son jugement vous aportiez vostre doulceur naturelle, si en cause du monde vous la pouvez justement aporter. Il a faict chose non seulement excusable selon les lois militeres de ce siecle, mais necessere, et, comme nous jugeons, louable; il l'a faict sans doubte fort pressé et envis[3]. Le reste du cours de sa vie n'a rien de reprochable. Je vous supplie, monsieur, y employer vostre attention; vous trouverez l'air de ce faict tel que je vous le represente, qui est poursuivi par une voye plus malicieuse que n'est l'acte mesme. Si cela y peult aussi servir, je vous veulx dire que c'est un homme nourri en ma maison, aparenté de plusieurs honnestes familles, et sur tout qui a tousjours vescu honnorablement et innocemment, qui m'est fort ami. En le sauvant, vous me chargez d'une extreme obligation. Je vous supplie très humblement l'avoir pour recommandé, et après vous avoir baisé les mains, prie Dieu vous donner, monsieur, longue et heureuse vie. Du Castera, ce 23 d'avril.

Vostre affectionné serviteur,
MICHEL DE MONTAIGNE.

X[1].

A MADEMOISELLE PAULMIER[2].

Mademoiselle, mes amis sçavent que, dès l'heure que je vous eus veue, je vous destinay un de mes livres : car je sentis que vous leur aviez faict beaucoup d'honneur. Mais la courtoisie de monsieur Paulmier m'oste le moyen de vous le donner, m'ayant obligé depuis à beaucoup plus que ne vault mon livre. Vous l'accepterez, s'il vous plaist, comme estant vostre avant que je le deusse; et me ferez ceste grace de l'aymer, ou pour l'amour de luy, ou pour l'amour de moy; et je garderai entiere la debte que j'ay envers monsieur Paulmier, pour m'en revencher, si je puis d'ailleurs, par quelque service.

---

(1) Cette lettre n'a été insérée jusqu'ici dans aucune des éditions de Montaigne. L'original existe dans la Bibliothèque royale de Paris, et c'est la seule qu'elle possède de notre philosophe. Dans la copie, on a suivi son orthographe. A. D. Les conservateurs de la Bibliothèque royale ont bien voulu à ma demande et à celle de M. Payen, faire les recherches les plus scrupuleuses pour retrouver la lettre indiquée ici par M. Auvray Duval, comme prise dans leur dépôt, mais on n'a pu en retrouver la trace; voyez à la suite de ma notice, ce que dit M. Payen à ce sujet.

(2) Il s'agit probablement de Claude Dupuy, né à Paris en 1545, et un des quatorze juges envoyés dans la Guienne, d'après le traité de Fleix, en 1580. C'est peut-être dans cette circonstance que Montaigne lui adressa cette lettre de recommandation. J. V. L.

(3) Malgré lui, *invitus*.

(1) L'original, écrit de la propre main de Montaigne, est à présent dans la bibliothèque d'un savant magistrat, ancien président des échevins d'Amsterdam, M. Gérard Van Papenbroeck, qui a plus de mille lettres de la propre main des plus savants hommes de l'Europe, depuis deux siècles. M. Pierre Morin, fils de M. Etienne Morin, mort ministre et professeur d'hébreu à Amsterdam, m'a procuré une copie très exacte de cette lettre, au bas de laquelle il a trouvé ces mots, écrits par M. Van Papenbrock : *Est manus Michaelis de Montaigne, scripsit 1588*; c'est ici la main de Michel de Montaigne, qui a écrit cette lettre en 1588. C.

(2) Cette demoiselle, née en 1554, se nommait Marguerite de Chaumont. Elle fut mariée en 1574 avec Julien Le Paulmier, et mourut en 1599. Jean Le Paulmier, fils aîné de Julien Le Paulmier, et frère du fameux Grantemesnil, était père d'Hélène Le Paulmier, femme d'Etienne Morin, dont il a été fait mention dans la note précédente. C.

AVIS DICTÉS PAR CATHERINE DE MÉDICIS

A CHARLES IX,

PEU DE TEMPS APRÈS SA MAJORITÉ[1].

« Monsieur mon fils, vous ayant déjà envoyé ce que j'ai pensé vous satisfaire à ce que me dites, avant que d'aller à *Gaillon*, il m'a semblé qu'il restoit encore ce que j'estime aussi nécessaire pour vous faire obéir à tout vostre royaume, et reconnoître combien désirez le revoir en l'estat auquel il a esté par le passé durant les règnes des rois mes seigneurs vos père et grand-père. Pour y parvenir, j'ai pensé qu'il n'y a rien qui vous serve tant que de voir qu'aimiez les choses réglées et ordonnées, et tellement policées que l'on connoisse les désordres qui ont esté jusques ici par la minorité du roi vostre frère, qui empeschoit que l'on ne pouvoit faire ce que l'on désiroit. Cela vous a tant déplu que, incontinent qu'avez eu le moyen d'y remédier et de tout régler, par la paix que Dieu vous a donnée, que n'avez perdu une seule heure de temps à rétablir toutes choses selon leur ordre et la raison, surtout aux choses de l'église et qui concernent nostre religion. Laquelle pour conserver, et par bonne vie et exemple tascher de remettre tout à icelle, comme par la justice conserver les bons et nettoyer le royaume des mauvais, et recouvrer par là vostre autorité et obéissance entière, encore que tout cela serve, et soit le principal pilier et fondement de toutes choses, si est-ce que je cuide que, vous voyant reglé en vostre personne et façon de vivre, et vostre cour remise avec l'honneur et police que j'y ai vus autrefois; que cela sera un exemple partout vostre royaume, et une connoissance à un chacun du désir et volonté qu'avez de remettre toutes choses selon Dieu et la raison. Et afin qu'en effet cela soit connu d'un chacun, je désirerois que preniez une heure certaine de vous lever, et pour contenter nostre noblesse, faire comme faisoit feu roi vostre père; car, quand il prenoit chemise, et que les habillemens entroient, tous les princes, seigneurs, capitaines, chevaliers de l'ordre, gentilshommes de la chambre, maitres-d'hostel, gentilshommes, servans entroient lors; et il parloit à eux et le voyoient, ce qui les contentoit beaucoup.

« Cela fait, s'en alloit à ses affaires; et tous sortoient, hormis ceux qui en estoient, et les quatre secrétaires. Si faisiez de même, cela les contenteroit fort, pour estre accoutumés de tout temps aux rois vos père et grand-père.

« Après cela, que donnassiez une heure ou deux à ouïr les dépesches et affaires, qui sans vostre présence ne se peuvent dépescher; et ne passer les dix heures pour aller à la messe. Que tous les princes et seigneurs vous accompagnent; et non comme je vous vois aller, que n'avez que vos archers; et au sortir de la messe, dîner s'il est tard, ou sinon, vous promener pour vostre santé; et ne passiez onze heures que ne dîniez; et après dîner, pour le moins deux fois la semaine donner audience, qui est une chose qui contente infiniment vos sujets, et après vous retirer; et venir, chez moi ou chez la reine, afin que l'on connoisse une façon de cour, qui est chose qui plaît infiniment aux François. Ayant demeuré demi-heure ou une heure en public, vous retirer ou à vostre étude, ou en privé, où bon vous semblera; et sur les trois heures après midi, vous alliez vous promener à pied ou à cheval, afin de vous montrer et contenter la noblesse; et passiez vostre temps avec ceste jeunesse à quelque exercice honneste, sinon tous les jours, au moins deux ou trois fois la semaine : cela les contentera tous beau-

---

[1] Ces conseils furent écrits par Montaigne, sous la dictée de Catherine, ainsi qu'on le lit dans le *Post-scriptum*; mais on y reconnaît tout ce que Montaigne lui-même a inséré dans son *Livre sur les devoirs des souverains*.

coup, l'ayant ainsi accoutumé du temps du roi vostre père qui les aimoit infiniment ; après cela souper avec vostre famille, et l'après-soupée, deux fois la semaine, tenir la salle de bal, car j'ai ouï dire au roi vostre grand-père : « Qu'il falloit, pour vivre en repos avec les François et qu'ils aimassent leur roi, les tenir joyeux et occupés à quelque exercice.» Pour cest effet, il faut combattre à cheval, à pied, avec la lance. Au temps passé, les garnisons de gendarmes estoient par les provinces, où la noblesse d'alentour s'exerçoit à courre la bague ou tout autre exercice honneste ; et outre qu'ils servoient pour la sûreté du pays ils contenoient les esprits de pis faire.

« Or, pour retourner à la police de la cour, du temps du roi vostre grand-père, il n'y eut homme si hardi d'oser dire dans sa cour injure à autre ; car s'il eût esté ouï, il eust esté mené au prévost de l'hôtel. Les capitaines de ses gardes se promenoient ordinairement par les salles et dans la cour, et quand l'après-dînée le roi estoit retiré en sa chambre, chez la reine, ou chez les dames, les archers se tenoient aux salles parmi les degrés et dans la cour pour empescher que les pages et laquais ne jouassent et ne tinssent les berlans qu'ils tiennent ordinairement dans le chasteau où vous êtes logé, avec blasphesmes et juremens, chose exécrable, et devez renouveler les anciennes ordonnances et les vostres mesmes, en faisant faire punition bien exemplaire, afin que chacun s'en abstienne. Aussi les suisses se promenoient à la cour ; et le prévost de l'hôtel avec ses archers dans la basse cour et parmi les cabarets et lieux publics, pour voir ce qui s'y fait et empescher les choses mauvaises, et pour punir ceux qui avoient délinqué. Les portiers ne laissoient entrer personne dans la cour ou chasteau, si ce n'estoit les enfans du roi, les frères et sœurs, en coche, à cheval, en litière. Les princes et princesses descendoient dessous la porte ; les autres hors la porte. Tous les soirs, depuis que la nuit venoit, le grand-maistre avoit commandé au maistre-d'hôtel de faire allumer des flambeaux par toutes les salles et passages ; et aux quatre coins de la cour et degrés des fallots ; et jamais la porte du chasteau n'estoit ouverte que le roi ne fust éveillé ; et n'y entroit ni sortoit personne, quel qu'il fût ; comme aussi au soir, dès que le roi estoit couché, on fermoit les portes, et on mettoit les clefs sous le chevet de son lit. Au matin, quand on alloit couvrir pour son dîner, le gentilhomme qui tranchoit devant lui alloit quérir le couvert, et portoit en sa main la nef et les couteaux avec lesquels il devoit trancher ; devant lui, l'huissier de salle ; et après, les officiers pour couvrir ; comme aussi, quand on alloit à la viande, le maistre-d'hostel y alloit en personne et le panetier ; et après eux, c'estoient enfans d'honneur et pages, sans valetaille ni autre que l'écuyer de cuisine ; et cela estoit plus sûr et plus honorable.

« L'après-dînée et l'après-soupée, quand le roi demandoit sa collation, un gentilhomme de la chambre l'alloit quérir ; et, s'il n'y en avoit point, un gentilhomme servant qui portoit en sa main la coupe ; et après lui venoient les officiers de la paneterie et échansonnerie. Aussi en la chambre n'entroit jamais personne quand on faisoit son lit ; et, si le grand chambellan ou premier gentilhomme de la chambre n'estoit à le voir faire, y assistoit un des principaux gentilshommes de ladite chambre ; et, au soir, le roi se deshabilloit en la présence de ceux qui au matin estoient entrés lorsqu'on portoit les habillemens.

« Je vous ai bien voulu mettre tout ceci de la façon que je l'ai vu tenir aux rois vos père et grand-père, pour les avoir vus tous aimés et honorés de leurs sujets ; et en estoient si contents, que pour le désir que j'ai de vous voir de mesme, j'ai pensé que je ne vous pouvois donner meilleur conseil que de vous régir comme eux.

« Monsieur mon fils, après vous avoir parlé de la police de la cour, et de ce qu'il faut faire pour rétablir tous vos ordres en vostre royaume, il me semble qu'une des choses la plus nécessaire pour vous faire aimer de vos sujets, c'est qu'ils connoissent qu'en toutes choses avez soin d'eux, autant de ceux qui sont près de vostre personne que de ceux qui en sont loin. Je dis ceci parce que vous avez vu comme les malins, avec leur méchanceté, ont fait entendre partout que vous ne vous souciez de leur considération, aussi que vous n'aviez agréable de les voir ; et cela est procédé des mauvais offices et menteries dont se sont aidés ceux qui, pour vous faire haïr, ont pensé s'establir et s'accroître ; et que, pour la multitude des affaires et négligence de ceux à qui faisiez les commandements, bien souvent les dépesches nécessaires, au lieu d'estre diligemment répandues, ne l'ont pas esté; au contraire, ont demeuré quelquefois un mois ou six semaines ; qui estoit cause que, voyant telle négligence, on pensoit estre vrai ce que disoient ces malins. Voilà ce qui me fait vous supplier que dorénavant vous n'omettiez un seul jour, prenant l'heure de vostre commodité, que ne voyez toutes les dépesches, de quelque part qu'elles viennent, et que preniez la peine d'ouïr celles qui vous sont envoyées. Si ce sont choses de quoi le conseil puisse vous soulager, les y envoyer, et faire un amendement au chancelier pour jamais, que toutes les choses qui concernent les affaires de vostre Etat, qu'avant que les maistres des requestes entrent au conseil, qu'il aie à donner une heure pour les dépesches; et après faire entrer les maistres des requestes et faire suivre le conseil pour les parties.

« C'est la forme que, durant les rois mes seigneurs vos père et grand-père, tenoit monsieur le connétable et ceux qui assistoient audit conseil. Les autres choses qui ne dépendent que de vostre volonté, après, comme dessus est dit, les avoir entendues, commander les dépesches et réponses selon vostre volonté, aux secrétaires. Le lendemain, avant que rien voir de nouveau, vous les faire lire, et commander qu'elles soient envoyées sans délai. Ce faisant, n'en viendra d'inconvénient à vos affaires. Vos sujets connoîtront le soin qu'avez d'eux ; cela les fera plus diligents et soigneux; et connoîtront davantage combien vous voulez conserver vostre Etat, et le soin que prenez de vos affaires. Quand il viendra, soit de ceux qui ont charge de vous, ou d'autres des provinces pour vous voir, il faut que vous preniez la peine de parler à eux; leur demander de leurs charges; et, s'ils n'en ont point, du lieu d'où ils viennent. Qu'ils connoissent que vous voulez savoir ce qui se fait parmi vostre royaume; et leur faire bonne chère, et non pas parler une fois à eux ; mais, quand les trouverez en vostre chambre ou ailleurs, leur dire toujours quelque mot.

« C'est comme j'ai vu faire aux rois vos père et grand-père, jusqu'à leur demander, quand ils ne savaient ce de quoi les entretenir, de leur ménage, afin de parler à eux et de leur faire connoître qu'ils avoient bien agréable de les voir.

« En ce faisant les menteuses inventions qu'on a trouvées pour vous déguiser à vos sujets seront connues de tous; en serez mieux aimé et honoré d'eux ; car, retournant à leur pays, feront entendre la vérité, si bien que ceux qui vous ont aidé à nuire seront connus pour méchants, comme ils sont. Aussi je vous dirai que, du temps du roi Louis douziesme vostre aïeul, qu'il avoit une façon que je désirerois infiniment que vous voulussiez prendre pour vous oster toutes les importunités et presses de la cour, et pour faire connoître à tous qu'il n'y a que vous qui donnez les biens et honneurs; vous en serez mieux servi et avec plus de faveur. Il avoit ordinairement en sa poche le nom de ceux qui avoient charge de lui, fust-ce près ou loin, grands et petits, comme de toutes qualités; comme aussi il avoit un autre rôle où estoient écrits tous les offices, bénéfices et autres choses qu'il pouvoit donner. Il avoit fait commandement à un ou deux des principaux officiers en chaque province que, quelque chose qui vaquast ou avînt de confiscations, aubaines, amendes et autres choses pareilles, nul ne fust averti que premièrement ceux à qui il en avoit donné la charge, ne l'en avertissent par lettres expresses qui ne tombassent ès mains des secrétaires ni autres que de lui-même. Lors, il prenoit son rôle et regardoit selon la valeur qu'il voyoit par icelui ce qu'on lui demandoit ; et selon le rôle qu'il avoit dans sa poche, il donnoit à celui que bon lui sembloit, et lui en faisoit faire la dépesche lui-mesme sans qu'il en sust rien ; il l'envoyoit à celui à qui il le donnoit. » Et si de fortune quelqu'un en estant averti, le lui venoit demander, il le refusoit ; car jamais à ceux qui demandoient il ne donnoit ; afin de leur oster la façon de l'importuner. Ceux qui le servoient sans laisser leurs charges, sans le venir presser à la cour, et dépenser plus que ne vaut le don bien souvent, il les récompensoit des services qu'ils lui faisoient.

« Aussi estoit-il le roi le mieux servi, à ce que j'ai ouï dire, qui fust jamais; car ils ne reconnoissoient que lui; et ne faisoit-on la cour à personne, estant le plus aimé qui fût jamais. Et prie Dieu qu'en fassiez de même ; car tant qu'en ferez autrement aux places ou autres inventions, croyez qu'on n'en tiendra pas le don de vous seul, car j'en ai ouï parler où je suis.

« Je ne veux pas oublier à vous dire une

chose que faisoit le roi vostre grand'père, et qui lui conservoit toutes les provinces à sa dévotion. Il avoit le nom de tous ceux qui estoient de maison dans les provinces, et autres qui avoient autorité parmi la noblesse, et du clergé, des villes et du peuple, pour les contenter et qu'ils tinssent la main à ce que tout fust à sa dévotion, et pour estre averti de tout ce qui se remuoit dedans lesdites provinces, soit en général ou en particulier, parmi les maisons privées ou villes, ou parmi le clergé. Il mettoit peine d'en contenter parmi toutes les provinces une douzaine, ou plus ou moins de ceux qui ont plus de moyen dans le pays, ainsi que j'ai dit ci-dessus. Aux uns il donnoit des compagnies de gendarmes, aux autres, quand il vaquoit quelque bénéfice dans le même pays, il leur en donnoit, comme aussi des capitaines des places de la province, et des officiers de judicature, selon et à chacun sa qualité. Cela les contentoit de telle façon qu'il ne s'y remuoit rien, fust-ce au clergé ou au reste de la province, tant de la noblesse que des villes et du peuple, qu'il ne le sust. En estant averti, il y remédioit selon que son service le portoit, et de si bonne heure qu'il empeschoit qu'il n'avînt jamais rien contre son autorité ni obéissance qu'on lui devoit porter. Je pense que c'est le remède dont vous pourrez user pour vous faire aisément et promptement bien obéir, et oster et rompre toutes autres ligues, accountances et menées ; et remettre toutes chosess ous votre autorité et puissance seule.

« J'ai oublié un autre point qui est bien nécessaire, et cela se fera aisément si vous le trouvez bon : c'est qu'en toutes les principales villes de vostre royaume vous y gagniez trois ou quatre des principaux bourgeois, et qui ont le plus de pouvoir en la ville, et autant de principaux marchands qui aient bon crédit parmi leurs concitoyens, les favorisant par bienfaits et autres moyens, sans que le reste s'en aperçoive et puisse dire que vous rompiez leurs priviléges, tellement qu'il ne se fasse et dise rien au corps de ville, ni par les maisons particulières dont ne soyez averti ; et que, quand ils viendront à faire leurs élections pour leurs magistrats particuliers, selon leurs priviléges, que ceux-ci par leurs amis et pratiques fassent toujours élire ceux qui seront à vous entièrement ; qui sera cause que jamais ville n'aura autre volonté. Et n'aurez point de peine à vous y faire obéir ; car, en un seul mot, vous le serez toujours en ce faisant.

« Monsieur mon fils, vous en prendrez la franchise de quoi je le vous envoie, et le bon chemin. Ne trouverez mauvais que je l'aie fait écrire à Montaigne, car c'est afin que le puissiez mieux lire. C'est comment nos prédécesseurs faisoient.

« CATHERINE. »

DE LA SERVITUDE VOLONTAIRE,

OU

LE CONTR'UN;

PAR

ESTIENNE DE LA BOETIE[1].

D'avoir plusieurs seigneurs aulcun bien je ne veoy :
Qu'un, sans plus, soit le maistre, et qu'un seul soit le roy [2].

ce dict Ulysse en Homère, parlant en public. S'il n'eust dict, sinon

D'avoir plusieurs seigneurs aucun bien je ne veoy,

cela estoit tant bien dict que rien plus : mais, au lieu que, pour parler avec raison, il falloit dire : que la domination de plusieurs ne pouvoit estre bonne, puisque la puissance d'un seul, dèslors qu'il prend ce tiltre de maistre, est dure et desraisonnable, il est allé adjouster tout au rebours,

Qu'un, sans plus, soit le maistre, et qu'un seul soit le roy,

Toutesfois, à l'adventure, il fault excuser Ulysse, auquel possible lors il estoit besoing d'user de ce langage et de s'en servir pour appaiser la revolte de l'armée, conformant, je crois, son propos plus au temps qu'à la vérité. Mais, à parler à bon escient, c'est un extreme malheur d'estre subject à un maistre duquel on ne peult estre jamais asseuré qu'il soit bon, puis qu'il est tousjours en sa puissance d'estre mauvais quand il vouldra : et d'avoir plusieurs maistres, c'est autant que d'avoir autant de fois à estre extrememement malheureux. Si ne veulx-je pas pour ceste heure debattre ceste question tant pourmenée, à sçavoir « si les aultres façons de republicques sont meilleures que la monarchie : » A quoy si je voulois venir, encores vouldrois-je sçavoir, avant que mettre en doubte quel reng la monarchie doibt avoir entre les republicques, si elle y en doibt avoir aulcun ; pource qu'il est malaysé de croire qu'il y ait rien de public en ce gouvernement, où tout est à un. Mais ceste question est reservée pour un aultre temps, et demanderoit bien son traicté à part, ou plustost amenroit quand et soy toutes les disputes politiques.

Pour ce coup, je ne vouldrois sinon entendre, s'il est possible, et comme il se peult faire que tant d'hommes, tant de bourgs, tant de villes, tant de nations, endurent quelquesfois un tyran seul, qui n'a puissance que celle qu'on

---

[1] (1) Montaigne avait d'abord voulu faire entrer dans ses *Essais*, liv. I, c. 27, le célèbre traité de son ami sur la *Servitude volontaire*, et depuis l'édition de 1745, il en est inséparable. Ce discours fut d'abord publié dans les *Mémoires de l'estat de France sous Charles IX*, Midelbourg, 1578, in-8º, t. III, fol. 85, verso ; et on l'a reproduit à Paris en 1789, mis en nouveau français, à la suite du discours de Marius, dans Salluste, *Jug.*, c. 85, traduit dans les mêmes intentions. Sur ce traité, composé par La Boëtie à 16 ans, c'est-à-dire en 1543, on peut voir le chap. 27 du premier livre des *Essais*.

Les autres œuvres de La Boëtie sont des traductions de divers traités de Xénophon, d'Aristote et de Plutarque, dont nous avons donné le titre dans la première note sur les *Lettres* de Montaigne, et qui sont suivies de quelques poésies latines ; les vingt-neuf sonnets transcrits dans les *Essais*, liv. I, c. 28, les *Vers françois* publiés par Montaigne à Paris, en 1572 ; enfin, l'*Historique description du solitaire et sauvage païs de Médoc*, 1593, in-12, à laquelle on a joint quelques vers que son ami n'avait point publiés. Il avait composé aussi, comme Montaigne nous l'apprend, des Mémoires sur l'édit de janvier 1562, lesquels sont probablement restés manuscrits. J. V. L.

(2) Οὐκ ἀγαθὸν πολυκοιρανίη· εἷς κοίρανος ἔστω,
Εἷς βασιλεύς.

HOMÈRE, *Iliade*, II, 204.

luy donne; qui n'a pouvoir de leur nuire, sinon de tant qu'ils ont vouloir de l'endurer; qui ne sçauroit leur faire mal aulcun, sinon lorsqu'ils ayment mieulx le souffrir que luy contredire[1]. Grand'chose, certes, et toutesfois si commune qu'il s'en fault de tant plus douloir et moins esbahir, de veoir un million de millions d'hommes servir miserablement, ayants le col soubs le joug, non pas constraincts par une plus grande force, mais aulcunement (ce me semble) enchantés et charmés par le seul nom d'UN, duquel ils ne doibvent ny craindre la puissance, puis qu'il est seul, ny aymer les qualités, puis qu'il est, en leur endroict, inhumain et sauvage. La foiblesse d'entre nous hommes est telle : il fault souvent que nous obeïssions à la force; il est besoing de temporiser; on ne peult pas toujours estre le plus fort. Doncques, si une nation est constraincte par la force de la guerre de servir à un, comme la cité d'Athenes aux trente tyrans, il ne se fault pas esbahir qu'elle serve, mais se plaindre de l'accident; ou bien plus tost ne s'esbahir, ny ne s'en plaindre, mais porter le mal patiemment, et se reserver à l'advenir à meilleure fortune.

Nostre nature est ainsi, que les communs debvoirs de l'amitié emportent une bonne partie du cours de nostre vie : il est raisonnable d'aymer la vertu, d'estimer les beaux faicts, de cognoistre le bien d'où l'on l'a receu, et diminuer souvent de nostre ayse pour augmenter l'honneur et advantage de celuy qu'on ayme, et qui le merite. Ainsi doncques, si les habitants d'un païs ont trouvé quelque grand personnage qui leur ayt monstré par espreuve une grande prevoyance pour les garder, grande hardiesse pour les deffendre, un grand soing pour les gouverner. Si, de là en avant, ils s'apprivoisent de luy obéir, et s'en fier tant que luy donner quelques advantages, je ne sçais si ce seroit sagesse, de tant qu'on l'oste de là où il faisoit bien, pour l'advancer en lieu où il pourra mal-faire; mais certes, si ne pourroit-il faillir, d'y avoir de la bonté, de ne craindre point mal de celuy duquel on n'a receu que bien.

Mais, ô bon Dieu! que peult estre cela? comment dirons-nous que cela s'appelle? quel malheur est cestuy-là? ou quel vice? ou plustost quel malheureux vice? veoir un nombre infiny, non pas obeïr, mais servir; non pas estre gouvernés, mais tyrannisés; n'ayants ny biens, ny parents, ny enfants, ny leur vie mesme qui soit à eulx! souffrir les pilleries, les paillardises, les cruautés, non pas d'une armée, non pas d'un camp barbare contre lequel il fauldroit despendre son sang et sa vie devant; mais d'un seul! non pas d'un Hercules, ne d'un Samson, mais d'un seul hommeau[1], et le plus souvent du plus lasche et femenin de la nation; non pas accoustumé à la pouldre des battailles, mais encores à grande peine au sable des tournois; non pas qui puisse par force commander aux hommes, mais tout empesché de servir vilement à la moindre femmelette! Appellerons-nous cela laschet́é? dirons-nous que ceulx là qui servent soyent couards et recreus? Si deux, si trois, si quatre ne se deffendent d'un, cela est estrange, mais toutesfois possible; bien pourra-l-on dire lors, à bon droict, que c'est faulte de cœur; mais si cent, si mille endurent d'un seul, ne dira-on pas qu'ils ne veulent point, non qu'ils n'osent pas, se prendre à luy, et que c'est non couardise, mais plustost mespris et desdaing? Si l'on veoid, non pas cent, non pas mille hommes, mais cent païs, mille villes, un million d'hommes, n'assaillir pas un seul, duquel le mieux traité de touts en reçoit ce mal d'estre serf et esclave, comment pourrons-nous nommer cela? est-ce laschet́é?

Or, il y a en touts vices naturellement quelque borne, oultre laquelle ils ne peuvent passer : deux peuvent craindre un, et possible dix; mais mille, mais un million, mais mille villes, si elles ne se deffendent d'un, cela n'est pas couardise, elle ne va pas jusques là; non plus que la vaillance ne s'estend pas qu'un seul eschelle une forteresse, qu'il assaille une armée, qu'il conquiere un royaume. Doncques quel monstre de vice est cecy, qui ne merite pas encores le nom de couardise? qui ne treuve de nom assez vilain, que nature desadvoue avoir faict, et la langue refuse de le nommer?

Qu'on mette d'un costé cinquante mille hommes en armes; d'un aultre, autant; qu'on les renge en battaille; qu'ils viennent à se joindre,

---

[1] « Ce mot de PLUT., *De la mauvaise honte*, c. 7, que les habitants d'Asie servoient à un seul, pour ne savoir prononcer une seule syllabe, qui est : NON, donna peut estre la matiere et l'occasion à La Boëtie de sa SERVITUDE VOLONTAIRE. » *Essais* de Montaigne, I, 25.

[1] Petit homme.

les uns libres combattants pour leur franchise, les aultres pour la leur oster : auxquels promettra-on par conjecture la victoire? lesquels pensera-on qui plus gaillardement iront au combat? ou ceulx qui esperent pour guerdon[1] de leur peine l'entretenement de leur liberté, ou ceulx qui ne peuvent attendre loyer des coups qu'ils donnent ou qu'ils reçoivent, que la servitude d'aultruy? Les uns ont tousjours devant leurs yeulx le bonheur de leur vie passée, l'attente de pareil ayse à l'advenir; il ne leur souvient pas tant de ce qu'ils endurent ce peu de temps que dure une battaille, comme de ce qu'il conviendra à jamais endurer à eulx, à leurs enfants et à toute la postérité. Les aultres n'ont rien qui les enhardisse, qu'une petite pointe de convoitise qui se rebrouche soubdain contre le dangier, et qui ne peult estre si ardente qu'elle ne se doive et semble esteindre par la moindre goutte de sang qui sorte de leurs playes. Aux battailles tant renommées de Miltiade, de Léonide, de Themistocles, qui ont esté données deux mille ans a, et vivent encores aujourd'huy aussi fresches en la memoire des livres et des hommes, comme si c'eust esté l'autre hier qu'elles feurent données en Grece, pour le bien de Grece et pour l'exemple de tout le monde; qu'est-ce qu'on pense qui donna à ce petit nombre de gents comme estoient les Grecs, non le pouvoir, mais le cœur de soubstenir la force de tant de navires que la mer mesme en estoit changée; de desfaire tant de nations, qui estoient en si grand nombre que l'escadron des Grecs n'eust pas fourny, s'il eust fallu, des capitaines aux armées des ennemis? sinon qu'il semble qu'en ces glorieux jours-là ce n'estoit pas tant la battaille des Grecs contre les Perses, comme la victoire de la liberté sur la domination, et de la franchise sur la convoitise.

C'est chose estrange d'ouïr parler de la vaillance que la liberté met dans le cœur de ceulx qui la deffendent; mais ce qui se faict en touts païs, par touts les hommes, touts les jours, qu'un homme seul mastine cent mille villes et les prive de leur liberté, qui le croiroit, s'il ne faisoit que l'ouïr dire et non le veoir? et, s'il ne se veoyoit qu'en païs estranges et loingtaines terres, et qu'on le dist, qui ne penseroit que cela feust plustost feinct et controuvé, que non pas veritable? Encores ce seul tyran, il n'est pas besoing de le combattre; il n'est pas besoing de s'en deffendre; il est de soy mesme desfaict, mais que[1] le païs ne consente à la servitude : il ne fault pas luy rien oster, mais ne luy donner rien; il n'est point besoing que le païs se mette en peine de faire rien pour soy, mais qu'il ne se mette pas en peine de faire rien contre soy. Ce sont doncques les peuples mesmes qui se laissent, ou plustost se font gourmander, puis qu'en cessant de servir ils en seroient quites. C'est le peuple qui s'asservit, qui se coupe la gorge, qui, ayant le chois d'estre subject ou d'estre libre, quitte sa franchise et prend le joug, qui consent à son mal ou plustost le pourchasse. S'il luy coustoit quelque chose de recouvrer sa liberté, je ne l'en presserois point, combien que ce soit ce que l'homme doibt avoir plus cher que de se remettre en son droict naturel, et, par maniere de dire, de beste revenir homme. Mais encores je ne desire pas en luy si grande hardiesse; je ne luy permets point qu'il ayme mieulx une je sais quelle seureté de vivre à son ayse. Quoy! si, pour avoir la liberté il ne luy fault que la desirer, s'il n'a besoing que d'un simple vouloir, se trouvera-il nation au monde qui l'estime trop chere, la pouvant gaigner d'un seul souhait, et qui plaigne sa volonté à recouvrer le bien lequel on debvroit racheter au prix de son sang, et lequel perdu, touts les gents d'honneur doibvent estimer la vie deplaisante et la mort salutaire? Certes, tout ainsi comme le feu d'une petite estincelle devient grand et toujours se renforce, et plus il treuve de bois et plus est prest d'en brusler, et, sans qu'on y mette de l'eau pour l'esteindre, seulement en n'y mettant plus de bois, n'ayant plus que consumer, il se consume soy mesme, et devient sans forme aulcune et n'est plus feu : pareillement les tyrans, plus ils pillent, plus ils exigent, plus ils ruynent et détruisent, plus on leur baille, plus on les sert, d'autant plus ils se fortifient, deviennent toujours plus forts et plus frès pour anéantir et destruire tout; et si on ne leur baille rien, si on ne leur obéit point, sans combattre, sans frapper, ils demeurent nuds et desfaicts, et ne sont plus rien, sinon que comme la racine,

---

(1) Récompense.

(1) *Pourvu que.* « En homme sage, dit PHILIPPE DE COMMINES, liv. I, c. 12, sert bien en une compaignie de prince, mais qu'on le veuille croire; et ne se pourroit trop acheter. » C.

n'ayant plus d'humeur et aliment, devient une branche seiche et morte.

Les hardis, pour acquérir le bien qu'ils demandent, ne craignent point le dangier ; les advisés ne refusent point la peine ; les lasches et engourdis ne sçavent ny endurer le mal, ny recouvrer le bien ; ils s'arrestent en cela de le souhaiter ; et la vertu d'y pretendre leur est ostée par leur lascheté ; le desir de l'avoir leur demeure par la nature. Ce desir, ceste volonté, est commune aux sages et aux indiscrets, aux courageux et aux couards, pour souhaiter toutes choses qui, estant acquises, les rendroient heureux et contents. Une seule en est à dire, en laquelle je ne sçais comme nature default aux hommes pour la desirer; c'est la liberté, qui est toutesfois un bien si grand et si plaisant, que, elle perdue, touts les maulx viennent à la file, et les biens mesmes qui demeurent après elle perdent entierement leur goust et leur saveur, corrompus par la servitude. La seule liberté, les hommes ne la desirent point, non pas pour aultre raison, ce me semble, sinon pource que, s'ils la desiroient, ils l'auroient, comme s'ils refusoient faire ce bel acquest, seulement parce qu'il est trop aysé.

Pauvres gents et miserables, peuples insensés, nations opiniastres en vostre mal, et aveugles en vostre bien, vous vous laissez emporter devant vous le plus beau et le plus clair de vostre revenu, piller vos champs, voler vos maisons, et les despouiller des meubles anciens et paternels ! vous vivez de sorte que vous pouvez dire que rien n'est à vous ; et sembleroit que meshui ce vous seroit grand heur de tenir à moitié vos biens, vos familles et vos vies. Et tout ce degast, ce malheur, ceste ruyne, vous vient, non pas des ennemis, mais bien certes de l'ennemy et de celuy que vous faictes si grand qu'il est, pour lequel vous allez si courageusement à la guerre, duquel vous ne refusez point de presenter à la mort vos personnes. Celuy qui vous maistrise tant n'a que deux yeulx, n'a que deux mains, n'a qu'un corps, et n'a aultre chose que ce qu'a le moindre homme du grand nombre infiny de vos villes ; sinon, qu'il a plus que vous touts : c'est l'advantage que vous luy faictes pour vous destruire. D'où a-il prins tant d'yeulx ? d'où vous espie-il, si vous ne les luy donnez ? Comment a-il tant de mains pour vous frapper, s'il ne les prend de vous ? Les pieds dont il foule vos cités, d'où les a-il, s'ils ne sont des vostres ? Comment a-il aulcun pouvoir sur vous, que par vous aultres mesmes ? Comment vous oseroit-il courir sus, s'il n'avoit intelligence avecques vous ? Que vous pourroit-il faire, si vous n'estiez receleurs du larron qui vous pille, complices du meurtrier qui vous tue, et traistres de vous mesmes ? Vous semez vos fruits, à fin qu'il en face le degast ; vous meublez et remplissez vos maisons, pour fournir à ses voleries ; vous nourrissez vos filles, à fin qu'il ayt de quoy saouler sa luxure ; vous nourrissez vos enfants, à fin qu'il les mene, pour le mieulx qu'il face, en ses guerres, qu'il les mene à la boucherie, qu'il les face les ministres de ses convoitises, les exécuteurs de ses vengeances ; vous rompez à la peine vos personnes, à fin qu'il se puisse mignarder en ses delices, et se veautrer dans les sales et vilains plaisirs ; vous vous affoiblissez, à fin de le faire plus fort et roide à vous tenir plus courte la bride. Et de tant d'indignités, que les bestes mesmes ou ne sentiroient point ou n'endurcroient point, vous pouvez vous en delivrer, si vous essayez, non pas de vous en delivrer, mais seulement de le vouloir faire. Soyez resolus de ne servir plus ; et vous voylà libres. Je ne veulx pas que vous le poulsiez ny le branliez, mais seulement ne le soubstenez plus ; et vous le verrez, comme un grand colosse à qui on a desrobbé la base, de son poids mesme fondre en bas et se rompre.

Mais, certes, les medecins conseillent bien de ne mettre pas la main aux playes incurables, et je ne fais pas sagement de vouloir en cecy conseiller le peuple qui a perdu, long temps y a, toute cognoissance, et duquel, puis qu'il ne sent plus son mal, cela seul montre assez que sa maladie est mortelle. Cherchons doncques par conjectures, si nous en pouvons trouver, comment s'est ainsi si avant enracinée ceste opiniastre volonté de servir, qu'il semble maintenant que l'amour mesme de la liberté ne soit pas si naturelle.

Premierement, cela est, comme je crois, hors de nostre doubte que, si nous vivions avecques les droicts que nature nous a donnés et les enseignemens qu'elle nous apprend, nous serions naturellement obeissants aux parents, subjects à la raison, et serfs de personne. De l'obéissance que chascun, sans aultre advertissement que de son naturel, porte à ses pere et mere, touts les hommes en sont tesmoings, chacun en soy et pour soy. De la raison, si elle naist avecques nous ou non, qui est une question debattue au fond par les academiques et touchée par toute l'eschole des philosophes, pour ceste heure je ne penserois point faillir en croyant : qu'il y a en nostre ame quelque naturelle semence de raison, qui, entretenue par bon conseil et coustume, fleurit en vertu, et au contraire, souvent ne pouvant durer contre les vices survenus, estouffée s'avorte. Mais, certes, s'il y a rien de clair et d'apparent en la nature, et en quoy il ne soit pas permis de faire l'aveugle, c'est cela: que nature, le ministre de Dieu et la gouvernante des hommes, nous a touts faicts de mesme forme, et, comme il semble, à mesme moule, à fin de nous entrecognoistre touts pour compaignons, ou plustost freres. Et si, faisant les partages des presents qu'elle nous donnoit, elle a faict quelques advantages de son bien, soit au corps ou à l'esprit, aux uns plus qu'aux aultres, si n'a-elle pourtant entendu nous mettre en ce monde comme dans un camp clos, et n'a pas envoyé icy bas les plus forts et plus advisés comme des brigands armés dans une forest, pour y gourmander les plus foibles. Mais plustost fault-il croire que, faisant ainsin aux uns les parts plus grandes, et aux aultres plus petites, elle vouloit faire place à la fraternelle affection, à fin qu'elle eust où s'employer, ayants les uns puissance de donner ayde, et les aultres besoing d'en recevoir. Puis doncques que ceste bonne mere nous a donné à touts toute la terre pour demeure, nous a touts logés aulcunement en une mesme maison, nous a touts figurés en mesme paste, à fin que chascun se peust mirer et quasi recognoistre l'un dans l'aultre ; si elle nous a à touts en commun donné ce grand present de la voix et de la parole pour nous accointer et fraterniser dadvantage, et faire, par la commune et mutuelle declaration de nos pensées, une communion de nos volontés, et si elle a tasché par touts moyens de serrer et estreindre plus fort le nœud de nostre alliance et societé, si elle a monstré, en toutes choses, qu'elle ne vouloit tant nous faire touts unis, que touts uns, il ne fault pas faire doubte que nous ne soyons touts naturellement libres puis que nous sommes touts compaignons. Et ne peult tumber en l'entendement de personne que nature ayt mis aulcuns en servitude, nous ayant touts mis en compaignie.

Mais, à la verité, c'est bien pour neant de debattre si la liberté est naturelle, puis qu'on ne peult tenir aulcun en servitude sans luy faire tort, et qu'il n'y a rien au monde si contraire à la nature (estant toute raisonnable), que l'injure. Reste doncques de dire que la liberté est naturelle, et, par mesme moyen, à mon advis, que nous ne sommes pas seulement nays en possession de nostre franchise, mais aussi avecques affection de la deffendre. Or, si d'adventure nous faisons quelque doubte en cela, et sommes tant abbastardis que ne puissions recognoistre nos biens ny semblablement nos naïfves affections, il fauldra que je vous face l'honneur qui vous appartient, et que je monte, par maniere de dire, les bestes brutes en chaire, pour vous enseigner vostre nature et condition. Les bestes (se m'aid' Dieu !), si les hommes ne font trop les sourds, leur crient: VIVE LIBERTÉ. Plusieurs y en a d'entr'elles qui meurent sitost qu'elles sont prinses, comme le poisson qui perd la vie aussitost que l'eau. Pareillement celles-là quitent la lumiere, et ne veulent point survivre à leur naturelle franchise. Si les animaulx avoient entre eulx leurs rengs et prééminences, ils feroient, à mon advis, de liberté leur noblesse. Les aultres, des plus grandes jusques aux plus petites, lors qu'on les prend, font si grande resistance d'ongles, de cornes, de pieds, de bec, qu'elles declarent assez combien elles tiennent cher ce qu'elles perdent ; puis, estants prinses, nous donnent tant de signes apparents de la cognoissance qu'elles ont de leur malheur, qu'il est bel à veoir, que d'ores en là ce leur est plus languir que vivre, et qu'elles continuent leur vie, plus pour plaindre leur ayse perdu, que pour se plaire en servitude. Que veult dire aultre chose l'elephant qui, s'estant deffendu jusques à n'en pouvoir plus, n'y veoyant plus d'ordre, estant sur le poinct d'estre prins, il enfonce ses maschoires et casse ses dents contre les arbres? sinon, que le grand desir qu'il a de demeurer libre, comme il est nay, luy faict de l'esprit, et l'advise de marchander avecques les chasseurs, si, pour le pris de ses dents, il en sera quite, et s'il sera receu à bailler son yvoire, et payer ceste rançon, pour sa liberté ? Nous appastons le cheval dès lors qu'il est nay, pour l'apprivoiser à servir ; et si ne le savons-nous tant flater, que quand ce vient à le domter, il ne morde le frein, qu'il ne rue contre l'esperon, comme, ce semble, pour monstrer à la nature, et tesmoigner au moins par là, que s'il sert, ce n'est pas de son gré, mais par nostre constraincte. Que fault il doncques dire ?

Mesmes les bœufs sous le poids du joug geignent,
Et les oyseaulx dans la cage se plaignent,

comme j'ay dict ailleurs aultrefois, passant le temps à nos rimes françoises : car je ne craindrois point, escrivant à toy, ô Longa, mesler de mes vers, desquels je ne lis jamais, que, pour le semblant que tu fais de t'en contenter, tu ne m'en faces glorieux. Ainsi doncques, puis que toutes choses qui ont sentiment, dès lors qu'elles l'ont, sentent le mal de la subjection et courent après la liberté ; puis que les bestes, qui encore sont faictes pour le service de l'homme, ne se peuvent accoustumer à servir qu'avecques protestation d'un désir contraire, quel malencontre a esté cela ? qui a peu tant desnaturer l'homme, seul nay, de vray, pour vivre franchement, de luy faire perdre la souvenance de son premier estre et le desir de le reprendre ?

Il y a trois sortes de tyrans ; je parle des meschants princes : les uns ont le royaume par l'eslection du peuple ; les aultres, par la force des armes ; les aultres, par la succession de leur race. Ceulx qui l'ont acquis par le droict de la guerre, ils s'y portent ainsi, qu'on cognoist bien qu'ils sont, comme on dict, en terre de conqueste. Ceulx qui naissent roys ne sont pas communement gueres meilleurs ; ains estants nays et nourris dans le sang de la tyrannie, tirent avecques le laict la nature du tyran, et font estat des peuples qui sont soubs eulx comme de leurs serfs hereditaires ; et, selon la complexion en laquelle ils sont plus enclins, avares ou prodigues, tels qu'ils sont, ils font du royaume comme de leur heritage. Celuy à qui le peuple a donné l'estat, debvroit estre, ce me semble, plus supportable ; et le seroit, comme je crois, n'estoit que dès lors qu'il se veoid eslevé par dessus les aultres en ce lieu, flaté par je ne sçais quoy que l'on appelle la grandeur, il delibere de n'en bouger point. Communement celuy là faict estat, de la puissance que le peuple luy a baillée, de la rendre à ses enfants. Or, dès lors que ceulx là ont prins ceste opinion, c'est chose estrange de combien ils passent, en toutes sortes de vices et mesme en la cruauté, les aultres tyrans ; ils ne veoyent aultre moyen, pour asseurer la nouvelle tyrannie, que d'estendre fort la servitude, et estranger [1] tant les subjects de la liberté, encores que la memoire en soit fresche, qu'ils la leur puissent faire perdre. Ainsi, pour en dire la verité, je veois bien qu'il y a entre eulx quelque difference ; mais de chois, je n'en veois point ; et, estants les moyens de venir aux regnes divers, toujours la façon de regner est quasi semblable : les esleus, comme s'ils avoient prins des taureaux à domter, les traictent ainsi ; les conquerants pensent en avoir droict, comme de leur proye ; les successeurs, d'en faire ainsi que de leurs naturels esclaves.

Mais à propos, si d'adventure il naissoit aujourd'hui quelques gents, touts neufs, non accoustumés à la subjection, ny affriandés à la liberté, et qu'ils ne sceussent que c'est ny de l'une ny de l'aultre, ny à grand' peine des noms, si on leur presentoit, ou d'estre subjects, ou vivre en liberté, à quoy s'accorderoient-ils ? Il ne fault pas faire difficulté qu'ils n'aymassent trop mieulx obéir seulement à la raison, que servir à un homme ; sinon possible que ce feussent ceulx d'Israël qui, sans contraincte ny sans aulcun besoing se feirent un tyran : duquel peuple je ne lis jamais l'histoire, que je n'en aye trop grand despit, quasi jusques à devenir inhumain pour me resjouir de tant de maulx qui leur en adveinrent. Mais certes tous les hommes, tant qu'ils ont quelque chose d'homme, devant qu'ils se laissent assubjectir il fault l'un des deux, ou qu'ils soient constraincts, ou deceus : constraincts par les armes estrangieres, comme Sparte et Athenes par les forces d'Alexandre, ou par les factions, ainsi que la seigneurie d'Athenes estoit devant venue entre les mains de Pisistrat. Par tromperie perdent-ils souvent la liberté ; et, en ce, ils ne sont pas si souvent seduicts par aultruy comme ils sont trompés par eulx mesmes : ainsi le peuple de Syracuse, la maistresse ville de Sicile, qui s'appelle aujourd'huy Saragosse [2], estant pressé par les guerres, inconsiderément

---

(1) Éloigner.
(2) Syracuse.

ne mettant ordre qu'au dangier, esleva Denys, le premier; et luy donna charge de la conduicte de l'armée; et ne se donna garde qu'elle l'eust faict si grand, que ceste bonne piece là, revenant victorieux, comme s'il n'eust pas vaincu ses ennemis mais ses citoyens, se feit de capitaine roy, et de roy tyran.

Il n'est pas croyable, comme le peuple, dès lors qu'il est assubjecty, tumbe soubdain en un tel et si profond oubly de sa franchise, qu'il n'est pas possible qu'il s'esveille pour la r'avoir, servant si franchement et tant volontiers, qu'on diroit, à le veoir, qu'il a non pas perdu sa liberté, mais sa servitude. Il est vray qu'au commencement l'on sert constrainct et vaincu par la force: mais ceulx qui viennent après, n'ayants jamais veu la liberté et ne sachants que c'est, servent sans regret, et font volontiers ce que leurs devanciers avoient faict par constraincte. C'est cela, que les hommes naissent soubs le joug, et puis, nourris et eslevés dans le servage, sans regarder plus avant, se contentants de vivre comme ils sont nays, et ne pensants point avoir d'aultre droict ny aultre bien que ce qu'ils ont trouvé, ils prennent pour leur nature l'estat de leur naissance. Et toutesfois il n'est point d'heritier si prodigue et nonchalant, qui quelquesfois ne passe les yeulx dans ses registres, pour entendre s'il jouit de tous les droits de sa succession, ou si l'on n'a rien entreprins sur luy ou son predecesseur. Mais certes la coustume, qui a en toutes choses grand pouvoir sur nous, n'a en aulcun endroict si grande vertu qu'en cecy, de nous enseigner à servir, et (comme l'on dict que Mithridate se feit ordinaire à boire le poison) pour nous apprendre à avaller et ne trouver pas amer le venin de la servitude.

L'on ne peult pas nier que la nature n'ayt en nous bonne part pour nous tirer là où elle veult, et nous faire dire ou bien ou mal nays: mais si fault-il confesser qu'elle a en nous moins de pouvoir que la coustume; pource que le naturel, pour bon qu'il soit, se perd s'il n'est entretenu; et la nourriture nous faict tousjours de sa façon, comment que ce soit, malgré la nature. Les semences de bien que la nature met en nous sont si menues et glissantes, qu'elles n'endurent pas le moindre heurt de la nourriture contraire; elles ne s'entretiennent pas plus ayséement qu'elles s'abastardissent, se fondent, et viennent en rien: ne plus ne moins que les fruictiers, qui ont bien touts quelque naturel à part, lequel ils gardent bien si on le laisse venir, mais ils le laissent aussitost pour porter d'aultres fruits estrangiers et non les leurs, selon qu'on les ente. Les herbes ont chascune leur proprieté, leur naturel et singularité; mais toutesfois le gel, le temps, le terrouer ou la main du jardinier, ou adjoustent, ou diminuent beaucoup de leur vertu : la plante qu'on a veue en un endroict, on est ailleurs empesché de la recognoistre. Qui verroit les Venitiens, une poignée de gents vivants si librement que le plus meschant d'entre eux ne vouldroit pas estre roy, et touts ainsi nays et nourris qu'ils ne cognoissent point d'aultre ambition, sinon à qui mieulx advisera à soigneusement entretenir leur liberté : ainsin apprins et faits dès le berceau, ils ne prendroient point tout le reste des felicités de la terre, pour perdre le moindre poinct de leur franchise. Qui aura veu, dis je, ces personnages là, et au partir de là s'en ira aux terres de celuy que nous appellons le Grand-Seigneur, veoyant là des gents qui ne veulent estre nays que pour le servir, et qui pour le maintenir abandonnent leur vie, penseroit-il que les aultres et ceux là eussent mesme naturel, ou plustost s'il n'estimeroit pas que, sortant d'une cité d'hommes, il est entré dans un parc de bestes? Lycurgue[1], le policeur de Sparte, ayant nourry, ce dict-on, deux chiens touts deux freres, touts deux allaictés de mesme laict, l'un engraissé à la cuisine, l'aultre accoustumé par les champs au son de la trompe et du huchet[2], voulant monstrer au peuple lacedemonien que les hommes sont tels que leur nourriture les faict, meit les deux chiens en plein marché, et entre eulx une soupe et un lievre; l'un courut au plat, et l'aultre au lievre : « Toutesfois, ce dict-il, si sont-ils freres. » Doncques celuy là, avecques ses loix et sa police, nourrit et feit si bien les Lacedemoniens, que chascun d'eulx eust eu plus cher de mourir de mille morts, que de recognoistre aultre seigneur que la loy et le roy.

(1) NICOLAS DE DAMAS, *Fragm. hist.*, c. 15; PLUT., *de l'Education des enfants*, c. 2 de la traduction d'Amyot. J. V. L.

(2) *Du cor.* « *Huchet*, dit Nicot, c'est un cornet dont on huche, on appelle les chiens, et dont les postillons usent ordinairement. » C.

Je prends plaisir de ramentevoir un propos que teinrent jadis les favoris de Xerxes, le grand roy de Perse, touchant les Spartiates. Quand Xerxes faisoit les appareils de sa grande armée pour conquerir la Grece, il envoya ses ambassadeurs par les cités gregeoises, demander de l'eau et de la terre : c'estoit la façon que les Perses avoient de sommer les villes. A Sparte ny à Athenes n'envoya-il point, pource que de ceulx que Daire[1] son pere y avoit envoyés pour faire pareille demande, les Spartiates et les Atheniens en avoient jecté les uns dans les fossés, les aultres ils avoient faict saulter dedans un puits, leur disants qu'ils prinssent là hardiement de l'eau et de la terre, pour porter à leur prince : ces gents ne pouvoient souffrir que, de la moindre parole seulement, on touchast à leur liberté. Pour en avoir ainsin usé, les Spartiates cognerent qu'ils avoient encouru la haine des dieux mesmes, specialement de Talthybie, dieu des heraulds : ils s'adviserent d'envoyer à Xerxes, pour les appaiser, deux de leurs citoyens, pour se presenter à luy, qu'il feist d'eulx à sa guise, et se payast de là pour les ambassadeurs qu'ils avoient tués à son pere. Deux Spartiates, l'un nommé Sperte[2], l'aultre Bulis, s'offrirent de leur gré pour aller faire ce paiement. Ils y allerent ; et en chemin ils arriverent au palais d'un Perse que on appeloit Gidarne[3], qui estoit lieutenant du roy en toutes les villes d'Asie qui sont sur les costes de la mer. Il les recueillit fort honnorablement ; et, après plusieurs propos, tumbant de l'un en l'aultre, il leur demanda pour quoy ils refusoient tant l'amitié du roy : « Croyez, dict-il, Spartiates, et cog« noissez par moy comment le roy sçait honno« rer ceulx qui le valent, et pensez que si vous « estiez à luy, et qu'il vous eust cogneus, il n'y « a celuy d'entre vous qui ne feust seigneur d'une « ville de Grece. » — « En cecy, Gidarne, tu ne « nous sçaurois donner bon conseil, dirent les « Lacedemoniens, pource que le bien que tu « nous promets, tu l'as essayé ; mais celuy « dont nous jouïssons, tu ne sçais que c'est :

« tu as esprouvé la faveur du roy ; mais la li« berté, quel goust elle a, combien elle est « doulce, tu n'en sçais rien. Or, si tu en avois « tasté toy mesme, tu nous conseillerois de la « deffendre, non pas avecques la lance et l'escu, « mais avecques les dents et les ongles. » Le seul Spartiate disoit ce qu'il falloit dire : mais certes l'un et l'aultre disoient comme ils avoient esté nourris ; car il ne se pouvoit faire que le Perse eust regret à la liberté, ne l'ayant jamais eues ; ny que le Lacedemonien endurast la subjection, ayant gousté la franchise.

Caton l'utican[1], estant encores enfant et soubs la verge, alloit et venoit souvent chez Sylla le dictateur, tant pource qu'à raison du lieu et maison dont il estoit on ne luy fermoit jamais les portes, qu'aussi ils estoient proches parents. Il avoit tousjours son maistre quand il y alloit, comme avoient accoustumé les enfants de bonne part. Il s'apperceut que dans l'hostel de Sylla, en sa presence ou par son commandemant, on emprisonnoit les uns, on condamnoit les aultres ; l'un estoit banny, l'aultre estranglé ; l'un demandoit le confisc d'un citoyen, et l'aultre la teste : en somme, tout y alloit, non comme chez un officier de la ville, mais comme chez un tyran du peuple : et c'estoit, non pas un parquet de justice, mais une caverne de tyrannie. Ce noble enfant dict à son maistre : « Que ne me donnez vous un poignard ? « je le cacheray soubs ma robbe : j'entre souvent « dans la chambre de Sylla avant qu'il soit levé : « j'ay le bras assez fort pour en depescher la vil« le. » Voylà vrayement une parole appartenante à Caton : c'estoit un commencement de ce personnage, digne de sa mort. Et, neantmoins qu'on ne die ne son nom ne son pays, qu'on conte seulement le faict tel qu'il est, la chose mesme parlera et jugera-on à belle adventure qu'il estoit Romain et nay dans Rome, mais dans la vraye Rome et lorsqu'elle estoit libre.

A quel propos tout cecy ? non pas certes que j'estime que le pays et le terrouer parfacent rien ; car en toutes contrées, en tout air, est contraire la subjection, et plaisant d'estre libre, mais parce que je suis d'advis qu'on ayt pitié de ceulx qui, en naissant, se sont trouvés le joug

---

(1) Ou, comme nous disons aujourd'hui, *Darius*, roi des Perses, fils d'Hystaspe, le premier de ce nom. *Voyez* HÉROD., liv. VII, p. 421, 422, édition de Gronovius. C.

(2) Ou plutôt *Sperthiès*, Σπερθίης, comme le nomme HÉROD., liv. VII, p. 421. C.

(3) Ou plutôt *Hydarnes* Ὑδάρνης, HÉROD., p. 422. C.

(1) PLUT., *Vie de Caton d'Utique*, c. 1 de la traduction d'Amyot. C.

au col, et que, ou bien on les excuse, ou bien qu'on leur pardonne, si n'ayants jamais veu seulement l'umbre de la liberté, et n'en estants point advertis, ils ne s'apperceoivent du mal que ce leur est d'estre esclaves. S'il y a quelque pays (comme dict Homere des Cimmeriens), où le soleil se monstre aultrement qu'à nous, et après leur avoir esclairé six mois continuels, il les laisse sommeillants dans l'obscurité sans les venir reveoir de l'aultre demie annee, ceulx qui naistroient pendant ceste longue nuict, s'ils n'avoient ouy parler de la clarté, s'esbahiroit-on, si, n'ayants point veu de jour, ils s'accoustumoient aux tenebres où ils sont nays, sans desirer la lumiere? On ne plaind jamais ce qu'on n'a jamais eu, et le regret ne vient point, sinon après le plaisir; et tousjours est avec la cognoissance du bien le souvenir de la joye passée. Le naturel de l'homme est bien d'estre franc, et de le vouloir estre; mais aussi sa nature est telle, que naturellement il tient le ply que la nourriture luy donne.

Disons doncques: ainsi qu'à l'homme toutes choses luy sont naturelles, à quoy il se nourrit et accoustume, mais seulement luy est naïf, à quoy sa nature simple et non alterée l'appelle: ainsi la premiere raison de la servitude volontaire, c'est la coustume, comme des plus braves courtaults, qui au commencement mordent le frein, et puis après s'en jouent, et là où nagueres ils ruoient contre la selle, ils se portent maintenant dans le harnois, et touts fiers se gorgiassent sous la barde; ils disent qu'ils ont esté tousjours subjects, que leurs peres ont ainsi vescu; ils pensent qu'ils sont tenus d'endurer le mors, et se le font accroire par exemple, et fondent eulx mesmes sur la longueur, la possession de ceulx qui les tyrannisent. Mais, pour vray, les ans ne donnent jamais droict de malfaire, ains aggrandissent l'injure. Tousjours en demeure-il quelques-uns, mieulx nays que les aultres, qui sentent le poids du joug, et ne peuvent tenir de le crouler[1], qui ne s'apprivoisent jamais de la subjection, et qui tousjours, comme Ulysse, qui, par mer et par terre, cherchoit de veoir la fumée de sa case, ne sçavent garder d'adviser à leurs naturels privileges, et de se souvenir des predecesseurs et de leur premier estre. Ce sont volontiers ceulx là qui, ayants l'entendement net et l'esprit clairvoyant, ne se contentent pas, comme le gros populas[1], de regarder ce qui est devant leurs pieds, s'ils n'advisent et derriere et devant, et ne ramenent encores les choses passées, pour juger de celles du temps advenir, et pour mesurer les presentes. Ce sont ceulx qui ayants la teste d'eulx mesmes bien faicte, l'ont encores par l'estude et le sçavoir. Ceulx-là, quand la liberté seroit entierement perdue et toute hors du monde, l'imaginant et la sentant en leur esprit, et encores la savourant, la servitude ne leur est jamais de goust, pour si bien qu'on l'accoustre.

Le Grand Turc s'est bien advisé de cela, que les livres et la doctrine donnent plus que toute aultre chose aux hommes le sens de se recognoistre et de haïr la tyrannie : j'entends qu'il n'a en ses terres gueres de plus sçavants qu'il n'en demande. Or, communéement, le bon zele et affection de ceulx qui ont gardé malgré le temps la dévotion à la franchise, pour si grand nombre qu'il y en ayt, en demeure sans effect pour ne s'entrecognoistre point: la liberté leur est toute ostée, soubs le tyran, de faire et de parler, et quasi de penser; ils demeurent tout singuliers en leurs fantasies. Et pourtant Momus ne se mocqua pas trop, quand il trouva cela à redire en l'homme que Vulcain avoit faict, de quoy il ne luy avoit mis une petite fenestre au cœur, afin que par là l'on peust veoir ses pensées[2]. L'on a voulu dire que Brute et Cassie, lors qu'ils feirent l'entreprinse de la delivrance de Rome, ou plustost de tout le monde, ne voulurent point que Ciceron, ce grand zelateur du bien publicque, s'il en feust jamais, feust de la partie, et estimerent son cœur trop foible pour un faict si hault: ils se fioient bien de sa volonté, mais ils ne s'asseuroient point de son courage. Et toutesfois, qui vouldra discourir les faicts du temps passé et les annales anciennes, il s'en trouvera peu ou point de ceulx qui, veoyants leur pays mal mené et en mauvaises mains, ayants entreprins d'une bonne intention de le delivrer, qu'ils n'en soient venus à bout, et que la liberté, pour se faire apparoistre, ne se soit elle mesme

---

[1] Et ne peuvent s'empêcher de le secouer.

[1] Ce mot, assez expressif, ne se trouve dans aucun de nos vieux dictionnaires. C.

[2] LUCIEN, Hermotime, le Choix des sectes ; ÉRASME, sur le proverbe, Momo satisfacere, etc. J. V. L.

faict espaule. Harmode, Aristogiton, Thrasybule, Brute le vieux, Valere et Dion, comme ils ont vertueusement pensé, l'executerent heureusement : en tel cas, quasi jamais à bon vouloir ne default la fortune. Brute le jeune et Cassie osterent bien heureusement la servitude ; mais en ramenant la liberté, ils moururent ; non pas misérablement, car quel blasme seroit-ce de dire qu'il y ayt rien eu de miserable en ces gents là, ny en leur mort ny en leur vie ? mais certes au grand dommage et perpetuel malheur et entiere ruyne de la republicque ; laquelle certes feut, comme il me semble enterrée avecques eulx. Les aultres entreprinses, qui ont esté faictes depuis contre les aultres empereurs romains, n'estoient que des conjurations de gents ambitieux, lesquels ne sont pas à plaindre des inconvenients qui leur sont advenus, estant bel à veoir qu'ils desiroient, non pas d'oster, mais de ruyner la couronne, pretendants chasser le tyran et retenir la tyrannie. A ceulx là je ne vouldrois pas mesme qu'il leur en feust bien succedé ; et suis content qu'ils ayent monstré par leur exemple, qu'il ne fault pas abuser du sainct nom de la liberté pour faire mauvaise entreprinse.

Mais pour revenir à mon propos, lequel j'avois quasi perdu, la premiere raison pour quoy les hommes servent volontiers, est ce qu'ils naissent serfs et sont nourris tels. De ceste cy en vient une aultre : que ayséement les gens deviennent, soubs les tyrans, lasches et effeminés : dont je sçais merveilleusement bon gré à Hippocrates, le grand pere de la medecine, qui s'en est prins garde, et l'a ainsi dict en l'un de ses livres qu'il intitule « Des maladies[1]. » Ce personnage avoit certes le cœur en bon lieu, et le monstra bien, alors que le grand roy le voulut attirer près de luy à force d'offres et grands presents, et luy respondit franchement qu'il feroit grand' conscience de se mesler de guarir les Barbares qui vouloient tuer les Grecs, et de rien servir par son art à luy qui entreprenoit d'asservir la Grece. La lettre qu'il luy envoya se veoid encores aujourd'huy parmy ses aultres œuvres, et tesmoignera pour jamais de son bon cœur et de sa noble nature[1]. Or, il est doncques certain qu'avecques la liberté tout à un coup se perd la vaillance. Les gents subjects n'ont point d'alaigresse au combat ny d'aspreté ; ils vont au dangier comme attachés et tout engourdis, et par maniere d'acquit ; et ne sentent point bouillir dans le cœur l'ardeur de la franchise qui faict mepriser le peril, et donne envie d'acheter, par une belle mort entre ses compaignons, l'honneur de la gloire. Entre les gents libres, c'est à l'envy, à qui mieulx mieulx, chascun pour le bien commun, chascun pour soy, là où ils s'attendent d'avoir toute leur part au mal de la desfaicte ou au bien de la victoire ; mais les gents assubjectis, oultre ce courage guerrier, ils perdent encores en toutes aultres choses la vivacité, et ont le cœur bas et mol, et sont incapables de toutes choses grandes. Les tyrans cognoissent bien cela : et veoyants que ils prennent ce ply, pour les faire mieulx avachir[2], encores leur y aydent-ils.

Xenophon, historien grave, et du premier reng entre les Grecs, a faict un livret[3], auquel il faict parler Simonide avecques Hieron, le roy de Syracuses, des miseres du tyran. Ce livret est plein de bonnes et graves remonstrances, et qui ont aussi bonne grace, à mon advis, qu'il est possible. Que pleust à Dieu que touts les tyrans qui ont jamais esté l'eussent mis devant les yeulx et s'en feussent servis de mirouer ! je ne puis pas croire qu'ils n'eussent recogneu leurs verrues, et eu quelque honte de leurs taches. En ce traicté il conte la peine en quoy sont les tyrans, qui sont constraincts, faisants mal à touts, se craindre de touts. Entre aultres choses il dict cela : que les mauvais roys se servent d'estrangiers à la guerre, et les souldoient, ne s'osants fier de mettre à leurs gents, ausquels ils ont faict tort, les armes en la main.

---

(1) Ce n'est point dans le traité des *Maladies* allégué par La Boëtie, mais dans un autre intitulé : περὶ ἀέρων, ὑδάτων, τόπων, où Hippocrate dit, § 41, « que les plus belliqueux des d'Asie, Grecs ou Barbares, sont ceux qui, n'étant pas [gouvern]és despotiquement, vivent sous les lois qu'ils s'imposent [eux]-mêmes ; et que là où les hommes vivent sous des [autres ?], ils sont nécessairement timides. » On trouve [ces] pensées plus particulièrement détaillées dans le [chapitre] 40 du même ouvrage.

(1) *Voyez* à la fin des œuvres d'Hippocrate la lettre d'Artaxerxe à Hystanes, celle d'Hystanes à Hippocrate, et la réponse d'Hippocrate, d'où sont tirés tous les détails de cet exemple. C. — (2) *Avachir*, devenir lâche comme une vache. — (3) Intitulé : Ἱέρων, ἢ Τυραννικός, *Hiéron ou Portrait de la condition des rois*. Voyez dans la collection du Panthéon le volume qui renferme les œuvres complètes de Thucydide et de Xénophon.

Il y a eu de bons roys qui ont bien eu à leur solde des nations estranges, comme des François mesmes, et plus encores d'aultres fois qu'aujourd'huy, mais à une aultre intention : pour garder les leurs, n'estimants rien de dommage de l'argent pour espargner les hommes. C'est ce que disoit Scipion (ce crois-je) le grand Afriquain, qu'il aimeroit mieulx avoir sauvé la vie à un citoyen que desfaict cent ennemis. Mais, certes, cela est bien asseuré, que le tyran ne pense jamais que sa puissance luy soit asseurée, sinon quand il est venu à ce poinct qu'il n'a soubs luy homme qui vaille. Doncques à bon droict luy dira-on cela que Thrason, en Terence, se vante avoir reproché au maistre des elephants,

> Pour cela si brave vous estes,
> Que vous avez charge des bestes [1].

Mais ceste ruse des tyrans, d'abestir leurs subjects, ne se peult cognoistre plus clairement que parce que Cyrus feit aux Lydiens. Après qu'il se feut emparé de Sardes, la maistresse ville de Lydie, et qu'il eut prins à mercy Cresus, ce tant riche roy, et l'eut emmené captif quand et soy, on luy apporta les nouvelles que les Sardins s'estoient revoltés; il les eut bientost reduicts soubs sa main ; mais ne voulant pas mettre à sac une tant belle ville, ny estre tousjours en peine d'y tenir une armée pour la garder, il s'advisa d'un expedient pour s'en asseurer. Il y establit des bordeaux, des tavernes et jeux publicques ; et feit publier ceste ordonnance : que les habitants eussent à en faire estat [2]. Il se trouva si bien de ceste garnison qu'il ne luy fallut jamais depuis tirer un coup d'espée contre les Lydiens. Ces pauvres gents miserables s'amuserent à inventer toutes sortes de jeux, si bien que les Latins en ont tiré leur mot ; et ce que nous appellons *passe-temps*, ils l'appellent ludi, comme s'ils vouloient dire Lydi [3]. Touts les tyrans n'ont pas ainsi déclaré si exprès qu'ils voulussent effeminer leurs hommes ; mais, pour vray, ce que celuy là ordonna formellement et en effect, soubs main ils l'ont pourchassé la pluspart. A la verité, c'est le naturel du menu populaire, duquel le nombre est tousjours plus grand dans les villes. Il est soupçonneux à l'endroict de celuy qui l'ayme, et simple envers celuy qui le trompe. Ne pensez pas qu'il y ayt nul oyseau qui se prenne mieulx à la pipée, ny poisson aulcun qui, pour la friandise, s'accroche plustost dans le haim, que touts les peuples s'alleichent vistement à la servitude, pour la moindre plume qu'on leur passe, comme on dict, devant la bouche ; et est chose merveilleuse qu'ils se laissent aller ainsi tost, mais seulement qu'on les chatouille. Les theatres, les jeux, les farces, les spectacles, les gladiateurs, les bestes estranges, les medailles, les tableaux et aultres telles drogueries estoient aux peuples anciens les appasts de la servitude, le prix de leur liberté, les utils de la tyrannie. Ce moyen, ceste practique, ces alleichements avoient les anciens tyrans pour endormir leurs anciens subjects soubs le joug. Ainsi les peuples, assottés, trouvants beaulx ces passe-temps, amusés d'un vain plaisir qui leur passoit devant les yeulx, s'accoustumoient à servir aussi niaisement, mais plus mal que les petits enfants qui, pour voir les luisants images de livres illuminés, apprennent à lire. Les Romains tyrans s'adviserent encores d'un aultre poinct : de festoyer souvent les dixaines publicques, abusant ceste canaille comme il falloit, qui se laisse aller, plus qu'à toute chose, au plaisir de la bouche : le plus entendu de touts n'eust pas quitté son escuelle de soupe pour recouvrer la liberté de la republicque de Platon. Les tyrans faisoient largesse du quart de bled, du sextier de vin, du sesterce ; et lors c'estoit pitié d'ouïr crier VIVE LE ROY ! Les lourdauts n'advisoient pas qu'ils ne faisoient que recouvrer partie du leur, et que cela mesme qu'ils recouvroient, le tyran ne le leur eust peu donner, si, devant, il ne l'avoit osté à eulx mesmes. Tel eust amassé aujourd'hui le sesterce, tel se feust gorgé au festin publicque, en benissant Tibere et Neron de leur belle liberalité, qui, le lendemain, estant contrainct d'abandonner ses biens à l'avarice, ses enfants à la luxure, son sang mesme à la cruauté de ces magnifiques empereurs, ne disoit mot non plus qu'une pierre, et ne se remuoit non plus qu'une souche. Tousjours le populas a eu cela : il est, au plaisir qu'il ne peult honnestement recevoir, tout ouvert et dissolu : et, au tort et à la douleur qu'il ne peult hon

---

[1] Eone es ferox, quia habes imperium in belluas?
Tér., *Ennuch.*, act. III, sc. 1, v. 25.

[2] Hérod., liv. I, p. 65, édition de Gronovius. C.

[3] Les jeux scéniques passèrent des Lydiens aux Etrusques, et des Etrusques aux Romains. Tite Live, VII, 2 ; Denys d'Halicarnasse, II, 97, etc. J. V. L.

nestement souffrir, insensible. Je ne veois pas maintenant personne qui, oyant parler de Neron, ne tremble mesme au sur nom dece vilain monstre, de ceste orde et sale beste. On peult bien dire qu'après sa mort, aussi vilaine que sa vie, le noble peuple romain en receut tel desplaisir, se souvenant de ses jeux et festins qu'il feut sur le poinct d'en porter le dueil; ainsi l'a escript Corneille Tacite[1], auteur bon, et grave des plus, et certes croyable. Ce qu'on ne trouvera pas estrange, si l'on considere ce que ce peuple là mesme avoit faict à la mort de Jules Cesar, qui donna congé aux loix et à la liberté; auquel personnage ils n'y ont, ce me semble, trouvé rien qui valust, que son humanité; laquelle, quoyqu'on la preschast tant, feut plus dommageable que la plus grande cruauté du plus sauvage tyran qui feust oncques, pource que, à la verité, ce feut ceste venimeuse doulceur qui, envers le peuple romain, sucra la servitude. Mais après sa mort, ce peuple là[2], qui avoit encores à la bouche ses banquets, en l'esprit la souvenance de ses prodigalités, pour luy faire ses honneurs et le mettre en cendres, amonceloit, à l'envy, les bancs de la place; et puis esleva une colonne, comme au pere du peuple (ainsi portoit le chapiteau); et luy feit plus d'honneur, tout mort qu'il estoit, qu'il n'en debvoit faire à homme du monde, si ce n'estoit, possible, à ceulx qui l'avoient tué. Ils n'oublierent pas cela aussi les empereurs romains, de prendre communement le tiltre de tribun du peuple, tant pource que cest office estoit tenu pour sainct et sacré, que aussi qu'il estoit estably pour la deffense et protection du peuple, et soubs la faveur de l'Estat. Par ce moyen ils s'asseuroient que ce peuple se fieroit plus d'eulx; comme s'il debvoit encourir le nom, et non pas sentir les effects.

Au contraire aujourd'huy ne font pas beaucoup mieulx ceulx qui ne font mal aulcun, mesme de consequence, qu'ils ne facent passer, devant, quelque joly propos du bien commun et soulagement publique. Car vous sçavez bien, ô Longa, le formulaire duquel en quelques endroicts ils pourroient user assez finement; mais en la pluspart, certes, il n'y peult avoir assez de finesse, là où il y a tant d'impudence.

Les roys d'Assyrie, et encores après eulx de Mede, ne se presentoient en public que le plus tard qu'ils pouvoient, pour mettre en doubte ce populas s'ils estoient en quelque chose plus qu'hommes, et laisser en ceste resverie les gents qui font volontiers les imaginatifs aux choses de quoy ils ne peuvent juger de veue. Ainsi tant de nations, qui feurent assez longtemps soubs cest empire assyrien, avecques ce mystere s'accoustumerent à servir; et servoient plus volontiers, pour ne sçavoir quel maistre ils avoient, ny à grand' peine s'ils en avoient; et craignoient touts, à credit, un que personne n'avoit veu. Les premiers roys d'Egypte ne se monstroient gueres qu'ils ne portassent tantost une branche, tantost du feu sur la teste; et se masquoient ainsin, et faisoient les basteleurs; et, en ce faisant, par l'estrangeté de la chose ils donnoient à leurs subjects quelque reverence et admiration: où, aux gents qui n'eussent esté ou trop sots ou trop asservis, ils n'eussent appresté, ce m'est advis, sinon passe-temps et risée. C'est pitié d'ouïr parler de combien de choses les tyrans du passé faisoient leur proufit pour fonder leur tyrannie, de combien de petits moyens ils se servoient grandement, ayant trouvé ce populas faict à leur poste; auquel ils ne sçavoient tendre filet qu'il ne s'y veinst prendre; duquel ils ont eu toujours si bon marché de tromper, qu'ils ne l'assujettissoient jamais tant, que lorsqu'ils s'en mocquoient le plus.

Que diray je d'une aultre belle bourde que les peuples anciens prinrent pour argent comptant? ils creurent fermement que le gros doigt d'un pied de Pyrrhus, roy des Epirotes, faisoit miracles, et guarissoit les malades de la rate[1]. Ils enrichirent encores mieulx le conte: que ce doigt, après qu'on eut bruslé tout le corps mort, s'estoit trouvé entre les cendres, s'estant sauvé, maugré le feu. Tousjours ainsi le peuple s'est[2] faict luy mesme les mensonges, pour, puis après, les croire. Prou de gents l'ont ainsin escript, mais de façon qu'il est bel à veoir qu'ils ont amassé cela des bruits des

---

(1) *Plebs sordida, et circo ac theatris sueta, simul deterrimi servorum, aut qui, adesis bonis, per dedecus Neronis alebantur, incesti.* TACITE, *Hist.*, I, 4.

(2) SUÉT. *César*, ch. 84, 85. C.

(1) Tout ce qu'on dit ici de Pyrrhus est rapporté dans sa vie par PLUT., c. 2, de la traduction d'Amyot. C.

(2) *Le peuple sot faict*, etc. — Cette leçon est une correction manuscrite qu'on trouve, avec plusieurs autres, à la marge de l'exemplaire de la Bibliothèque royale. N.

villes et du vilain parler du populaire. Vespasian, revenant d'Assyrie, et passant par Alexandrie pour aller à Rome s'emparer de l'empire, feit merveilles [1] : il redressoit les boyteux ; il rendoit clairvoyants les aveugles; et tout plein d'aultres belles choses, auxquelles, qui ne pouvoit veoir la faulte qu'il y avoit, il estoit, à mon advis, plus aveugle que ceulx qu'il guarissoit. Les tyrans mesmes trouvoient fort estrange que les hommes peussent endurer un homme leur faisant mal. Ils vouloient fort se mettre la religion devant, pour garde corps, et, s'il estoit possible, empruntoient quelque eschantillon de divinité, pour le soubstien de leur meschante vie. Doncques Salmonée, si l'on croid à la sibylle de Virgile et son enfer, pour s'estre ainsi mocqué des gents et avoir voulu faire du Jupiter, en rend maintenant compte, où elle le veid en l'arriere enfer,

> Souffrant cruels torments, pour vouloir imiter
> Les tonnerres du ciel, et feux de Jupiter.
> Dessus quatre coursiers il s'en alloit, branslant
> (Haut monté) dans son poing un grand flambeau bruslant,
> Par les peuples gregeois et dans le plein marché,
> En faisant sa bravad' ; mais il entreprenoit
> Sur l'honneur qui, sans plus, aux dieux appartenoit :
> L'insensé, avec l'orage et fouldre inimitable
> Contrefaisoit (d'airain, et d'un cours effroyable
> De chevaux cornepieds) du Pere tout puissant :
> Lequel, bientost après, ce grand mal punissant,
> Lancea, non un flambeau, non pas une lumiere
> D'une torche de cire, avecques sa fumiere,
> Mais par le rude coup d'une horrible tempeste,
> Il le porta çà bas, les pieds par dessus teste. [2]

Si celuy qui ne faisoit que le sot est à ceste heure si bien traicté là bas, je crois que ceulx qui ont abusé de la religion pour estre meschants s'y trouveront encores à meilleures enseignes.

Les nostres semerent en France je ne sçais quoy de tel : des crapauds, des fleurs de lis, l'ampoule, l'oriflan ; ce que de ma part, comment qu'il en soit, je ne veulx pas encores mescroire, puis que nous et nos ancestres n'avons eu aulcune occasion de l'avoir mescreu, ayants tousjours des roys si bons en la paix, si vaillants en la guerre, que, encores qu'ils naissent roys, si semble-il qu'ils ont esté non pas faicts comme les aultres par la nature, mais choisis par le Dieu tout puissant, devant que naistre, pour le gouvernement et la garde de ce royaume.

Encores quand cela n'y seroit pas, si ne voudrois-je pas entrer en lice pour debattre la verité de nos histoires, ny l'espelucher si privement, pour ne tollir ce bel estat, où se pourra fort escrimer nostre poesie françoise, maintenant non pas accoustrée, mais, comme il semble, faicte toute à neuf, par nostre Ronsard, nostre Baïf, nostre du Bellay ; qui en cela advancent bien tant nostre langue, que j'ose esperer que bientost les Grecs ni les Latins n'auront gueres, pour ce regard, devant nous, sinon possible que le droict d'ainesse. Et certes je ferois grand tort à nostre rhythme (car j'use volontiers de ce mot, et il ne me desplaist), pource qu'encores que plusieurs l'eussent rendue mechanique, toutesfois je veois assez de gents qui sont à mesme pour la r'anoblir, et luy rendre son premier honneur ; mais je luy ferois, dis-je, grand tort de luy oster maintenant ces beaux contes du roy Clovis, auxquels desjà je veois, ce me semble, combien plaisamment, combien à son eyse, s'y esgayera la veine de nostre Ronsard, en sa Franciade. J'entends sa portée ; je cognois l'esprit aigu, je sçais la grace de l'homme : il fera ses besongnes de l'oriflan, aussi bien que les Romains de leurs anciles, et des boucliers du ciel en bas jectés, ce dict Virgile [1] : il mesnagera nostre ampoule aussi bien que les Atheniens leur panier d'Erisichthone [2] : il se parlera de nos armes encores dans la tour de Minerve. Certes je serois oultrageux de vouloir desmentir nos livres, et de courir ainsi sur les terres de nos poetes. Mais pour revenir d'où je ne sçais comment j'avois destourné le fil de mon propos : a-il jamais esté que les tyrans, pour s'asseurer, n'ayent tousjours tasché d'accoustumer le peuple envers eulx, non pas seulement à l'obeïssance et servitude, mais encores à devotion ? Doncques ce que j'ay dict jusques icy, qui apprend les gents à servir volontiers, ne sert gueres aux tyrans que pour le menu et grossier populaire.

Mais maintenant je viens, à mon advis, à un poinct, lequel est le secret et le ressourd de la domination, le soubstien et fondement de la ty-

---

(1) Suét., dans la *Vie de Vespasien*, c. 7. C.
(2) Virg., *Enéide*, VI, 5585. C.

(1) Et lapsa ancilia cœlo.
Virg., *Enéide*, VIII, 664. C.
(2) Il y a dans Suidas Ἐριχθονίου βασιλεύοντος, sous le règne d'Erichthonius ; et il s'agit des corbeilles des Panathénées. Il faut lire peut-être dans La Boëtie, *leur panier d'Erichthone*.
J. V. L.

rannie. Qui pense que les hallebardes des gardes, l'assiette du guet garde les tyrans, à mon jugement, se trompe fort: ils s'en aydent, comme je crois, plus pour la formalité et espoventail, que pour fiance qu'ils y ayent. Les archers gardent d'entrer dans les palais les mal-habiles qui n'ont nul moyen, non pas les bien armés qui peuvent faire quelque entreprinse. Certes, des empereurs romains il est aysé à compter qu'il n'y en a pas eu tant qui ayent eschappé quelque dangier par le secours de leurs archers, comme de ceulx là qui ont esté tué par leurs gardes. Ce ne sont pas les bandes de gents à cheval, ce ne sont pas les compaignies de gents à pied, ce ne sont pas les armes, qui deffendent le tyran; mais, on ne le croira pas du premier coup, toutesfois il est vray, ce sont tousjours quatre ou cinq qui maintiennent le tyran, quatre ou cinq qui luy tiennent le païs tout en servage. Tousjours il a esté que cinq ou six ont eu l'aureille du tyran et s'y sont approchés d'eulx mesmes, ou bien ont esté appelés par luy, pour estre les complices de ses cruautés, les compaignons de ses plaisirs, maquereaux de ses voluptés, et communs au bien de ses pilleries. Ces six adressent si bien leur chef, qu'il fault, pour la société, qu'il soit meschant, non pas seulement de ses meschancetés, mais encores des leurs. Ces six ont six cents, qui proufitent soubs eulx et font de leurs six cents cé que les six font au tyran. Ces six cents tiennent soubs eulx six mille, qu'ils ont eslevés en estat, auxquels ils ont faict donner ou le gouvernement des provinces, ou le maniement des deniers, à fin qu'ils tiennent la main à leur avarice et cruauté, et qu'ils l'executent quand il sera temps, et facent tant de mal d'ailleurs, que ils ne puissent durer que soubs leur umbre, ny s'exempter que par leur moyen des loix et de la peine. Grande est la suite qui vient après de cela. Et qui vouldra s'amuser à devuider ce filet, il verra que, non pas les six mille, mais les cent mille, les millions, par ceste chorde, se tiennent au tyran, s'aydant d'icelle; comme, en Homere, Jupiter qui se vante, s'il tire la chaisne, d'amener vers soy touts les dieux. Delà venoit la creue du senat soubs Jule, l'establissement de nouveaux estats, eslection d'offices ; non pas certes, à bien prendre, reformation de la justice, mais nouveaux soubstiens de la tyrannie. En somme, l'on en vient là, par les faveurs, par les gaings ou regaings que l'on a avecques les tyrans, qu'il se treuve quasi autant de gents auxquels la tyrannie semble estre proufitable, comme de ceulx à qui la liberté seroit agreable. Tout ainsi que les medecins disent qu'à nostre corps, s'il y a quelque chose de gasté, dès lors qu'en aultre endroict il s'y bouge rien [1], il se vient aussi tost rendre vers ceste partie vereuse : pareillement, dès lors qu'un roi s'est declaré tyran, tout le mauvais, toute la lie du royaume, je ne dis pas un tas de larroneaux et d'essaurillés[2], qui ne peuvent gueres faire mal ny bien en une république, mais ceulx qui sont taxés d'une ardente ambition et d'une notable avarice, s'amassent autour de luy et le soubstiennent, pour avoir part au butin, et estre, soubs le grand tyran, tyranneaux eulx mesmes. Ainsi font les grands voleurs et les fameux coursaires : les uns descouvrent le païs, les aultres chevalent [3] les voyageurs ; les uns sont en embusche, les aultres au guet ; les uns massacrent, les aultres despouillent ; et encores qu'il y ayt entre eulx des préeminences, et que les uns ne soyent que valets, et les aultres les chefs de l'assemblée, si n'en y a-il à la fin pas un qui ne se sente du principal butin, au moins de la recherche. On dict bien que les pirates ciliciens ne s'assemblerent pas seulement en si grand nombre, qu'il fallust envoyer contre eulx Pompée le grand, mais encores tirerent à leur alliance plusieurs belles villes et grandes cités, aux havres desquelles ils se mettoient en grande seureté, revenants des courses ; et pour recompense leur bailloient quelque proufit du recelement de leurs pilleries.

Ainsi le tyran asservit les subjects, les uns par le moyen des aultres, et est gardé par ceulx desquels, s'ils valoient rien, il se debvroit garder ; mais comme on dict, pour fendre le bois il se faict des coings du bois mesme ; voylà ses archers, voylà ses gardes, voylà ses hallebardiers. Il n'est pas qu'eulx mesmes ne souffrent quelquefois de luy ; mais ces perdus, ces abandonnés de Dieu et des hommes, sont contents

---

(1) *Il s'y fait quelque fermentation, quelque tumeur.* — De bouge. C.

(2) Privés de leurs oreilles.

(3) *Poursuivent les voyageurs pour les détrousser.* — *Chevaler* un homme comme on *chevale* les perdrix ; *capturer*. Nicot.

d'endurer du mal, pour en faire, non pas à celuy qui leur en faict, mais à ceulx qui endurent comme eulx, et qui n'en peuvent mais. Et toutesfois, veoyant ces gents là, qui naquettent[1] le tyran, pour faire leurs besongnes de sa tyrannie et de la servitude du peuple, il me prend souvent esbahissement de leur meschanceté, et quelquefois quelque pitié de leur grande sottise. Car, à dire vray, qu'est-ce aultre chose de s'approcher du tyran, sinon que de se tirer plus arriere de leur liberté, et, par maniere de dire, serrer à deux mains et embrasser la servitude? Qu'ils mettent un petit à part leur ambition, qu'ils se deschargent un peu de leur avarice ; et puis, qu'ils se regardent eulx mesmes, qu'ils se recognoissent, et ils verront clairement que les villageois, les païsans, lesquels, tant qu'ils peuvent, ils foullent aux pieds, et en font pis que des forceats ou esclaves ; ils verront, dis-je, que ceulx là, ainsi mal menés, sont toutesfois, au prix d'eulx, fortunés et aulcunement libres. Le laboureur et l'artisan, pour tant qu'ils soyent asservis, en sont quites, en faisant ce qu'on leur dict : mais le tyran veoid les aultres qui sont près de luy, coquinants et mendiants sa faveur ; il ne fault pas seulement qu'ils facent ce qu'il dict, mais qu'ils pensent ce qu'il veult, et souvent, pour luy satisfaire, qu'ils previennent encores ses pensées. Ce n'est pas tout à eulx de luy obeïr, il fault encores luy complaire ; il fault qu'ils se rompent, qu'ils se tormentent, qu'ils se tuent à travailler en ses affaires, et puis, qu'ils se plaisent de son plaisir, qu'ils laissent leur goust pour le sien, qu'ils forcent leur complexion, qu'ils despouillent leur naturel ; il fault qu'ils prennent garde à ses paroles, à sa voix, à ses signes, à ses yeulx ; qu'ils n'ayent ny yeulx, ny pieds, ny mains, que tout ne soit au guet pour espier ses volontés et pour descouvrir ses pensées. Cela est-ce vivre heureusement? cela s'appelle-il vivre ? est-il au monde rien si insupportable que cela, je ne dis pas à un homme bien nay, mais seulement à un qui ayt le sens commun, ou, sans plus, la face d'un homme ? Quelle condition est plus miserable, nant d'aultruy son ayse, sa liberté, son corps et sa vie?

Mais ils veulent servir pour gaigner des biens ; comme s'ils pouvoient rien gaigner qui feust à eulx, puis que ils ne peuvent pas dire d'eulx qu'ils soyent eulx mesmes. Et, comme si aulcun pouvoit rien avoir de propre soubs un tyran, ils veulent faire que les biens soyent à eulx, et ne se souviennent pas que ce sont eulx qui luy donnent la force pour oster tout à touts, et ne laisser rien qu'on puisse dire estre à personne. Ils veoyent que rien ne rend les hommes subjects à sa cruauté que les biens ; qu'il n'y a aulcun crime envers luy digne de mort, que le de quoy ; qu'il n'ayme que les richesses ; ne defaict que les riches qui se viennent presenter comme devant le boucher, pour s'y offrir ainsi pleins et refaicts, et luy en faire envie. Ces favoris ne se doibvent pas tant souvenir de ceulx qui ont gaigné autour des tyrans beaucoup de biens et la vie ; il ne leur doibt pas venir en l'esprit combien d'aultres y ont gaigné de richesses, mais combien peu ceulx là les ont gardées. Qu'on descouvre toutes les anciennes histoires ; qu'on regarde toutes celles de nostre souvenance ; et on verra tout à plein combien est grand le nombre de ceulx qui ayants gaigné par mauvais moyens l'aureille des princes, et ayants ou employé leur mauvaistié ou abusé de leur simplesse, à la fin par ceulx là mesmes ont esté aneantis ; et autant qu'ils avoient trouvé de facilité pour les eslever, autant puis après y ont-ils trouvé d'inconstance pour les y conserver. Certainement, en si grand nombre de gents qui ont esté jamais près des mauvais rois, il en est peu, ou comme point, qui n'ayent essayé quelquefois en eulx mesmes la cruauté du tyran qu'ils avoient devant attisée contre les aultres. Le plus souvent s'estant enrichis soubs umbre de sa faveur, des despouilles d'aultruy, ils ont eulx mesmes enrichi les aultres de leur despouille.

Les gents de bien mesme, si quelquesfois il s'en treuve quelqu'un aymé du tyran, tant soyent-ils avant en sa grace, tant reluise en eulx la vertu et integrité qui, voire aux plus mes-

Burre, un Trazée[1], ceste tierce[2] de gents de bien, desquels mesme les deux leur mauvaise fortune les approcha d'un tyran, et leur meit en main le maniement de ses affaires; touts deux estimés de luy et cheris, et encores l'un l'avoit nourri, et avoit pour gages de son amitié la nourriture de son enfance; mais ces trois là sont suffisants tesmoings par leur cruelle mort, combien il y a peu de fiance en la faveur des mauvais maistres. Et, à la verité, quelle amitié peult-on esperer en celuy qui a bien le cœur si dur de haïr son royaume qui ne faict que de lui obeïr, et lequel, pour ne se sçavoir pas encores trop aymer, s'appauvrit luy mesme, et destruit son empire ?

Or, si l'on veult dire que ceulx là pour avoir bien vescu sont tumbés en ces inconvenients, qu'on regarde hardiement autour de celuy là mesme[3], et on verra que ceulx qui veinrent en sa grace, et s'y maintinrent par meschanceté, ne feurent pas de plus longue durée. Qui a ouï parler d'amour si abandonnée, d'affection si opiniastre ? qui a jamais leu d'homme si obstinéement acharné envers Poppée ? or feut-elle après empoisonnée par luy mesmes. Agrippine, sa mère, avoit tué son mari Claude pour luy faire place en l'empire; pour l'obliger, elle n'avoit jamais faict difficulté de rien faire ni de souffrir : doncques son fils mesme, son nourrisson, son empereur faict de sa main, après l'avoir souvent faillie, luy osta la vie. Et n'y eut lors personne qui ne dist qu'elle avoit fort bien merité ceste punition, si c'eust esté par les mains de quelque aultre que de celuy qui la luy avoit baillée. Qui feut oncques plus aysé à manier, plus simple, pour le dire mieux, plus vray niais que Claude l'empereur ? qui feut oncques plus coeffé de femme que luy de Messaline ! Il la meit enfin entre les mains du bourreau. La simplesse demeure toujours aux tyrans, s'ils en ont, à ne sçavoir bien faire. Mais je ne sçais comment à la fin, pour user de cruauté, mesme envers ceulx qui leur sont près, si peu qu'ils ayent d'esprit, cela même s'esveille. Assez commun est le beau mot de cestuy là[4], qui veoyant la gorge descouverte de sa femme, qu'il aimoit le plus, et sans laquelle il sembloit qu'il n'eust sceu vivre, il la caressa de ceste belle parole, « Ce beau col sera tantost coupé, si je le commande. » Voylà pour quoy la pluspart des tyrans anciens estoient communement tués par leurs favoris, qui, ayants cogneu la nature de la tyrannie, ne se pouvoient tant asseurer de la volonté du tyran, comme ils se defioient de sa puissance. Ainsi feut tué Domitian par Estienne[1]; Commode, par une de ses amies mesme[2]; Antonin, par Macrin[3], et de mesme quasi touts les aultres.

C'est cela, que certainement le tyran n'est jamais aimé, ny n'aime. L'amitié, c'est un nom sacré, c'est une chose saincte; elle ne se met jamais qu'entre gents de bien, ne se prend que par une mutuelle estime; elle s'entretient, non tant par un bienfaict que par la bonne vie. Ce qui rend un ami asseuré de l'aultre, c'est la cognoissance qu'il a de son integrité : les respondants qu'il en a, c'est son bon naturel, la foy et la constance. Il n'y peult avoir d'amitié là où est la cruauté, là où est la desloyauté, là où est l'injustice. Entre les meschants, quand ils s'assemblent, c'est un complot, non pas compaignie; ils ne s'entretiennent pas, mais ils s'entre-craignent; ils ne sont pas amis, mais ils sont complices.

Or, quand bien cela n'empescheroit point, encores seroit-il mal aysé de trouver en un tyran une amour asseurée, parce qu'estant au dessus de touts, et n'ayant point de compaignon, il est desjà au-delà des bornes de l'amitié, qui a son gibier en l'equité, qui ne veult jamais clocher, ains est toujours eguale. Voylà pour quoy il y a bien (ce dict-on) entre les voleurs quelque foy au partage du butin, pour ce qu'ils sont pairs et compaignons, et que s'ils ne s'entr'aiment, au moins ils s'entre-craignent, et ne veulent pas en se desunissant rendre la force moindre; mais du tyran, ceulx qui sont les favoris ne peuvent jamais avoir aulcune asseurance, de tant qu'il a apprins d'eulx mesmes qu'il peult tout, et qu'il n'y a ny droict ny debvoir aulcun qui l'oblige; faisant son estat de compter sa volonté pour raison, et n'avoir compaignon aulcun, mais d'estre de tout maistre. Doncques n'est-ce pas grand'pitié, que veoyant tant d'exemples apparents, veoyant le dangier si present, personne ne se veuille

---

(1) Un *Burrhus*, un *Thraséas.* C.—(2) Cette trinité.
(3) De *Néron.*—(4) De *Caligula.*

(1) Suet., dans la *Vie de Domitien*, c. 17.
(2) Qui se nommait *Marcia.* Hérodien, liv. I.
(3) Antonin Caracalla, qu'un centurion nommé Martial tua d'un coup de poignard, à l'instigation de Macrin.

faire sage aux despens d'aultruy? et que, de tant de gents qui s'approchent si volontiers des tyrans, il n'y en ayt pas un qui ayt l'advisement et la hardiesse de leur dire ce que dict (comme porte le conte) le renard au lion qui faisoit le malade : « Je t'irois voir de bon cœur dans ta tasniere ; mais je veois assez de traces de bestes qui vont en avant vers toy ; mais en arriere qui reviennent, je n'en veois pas une ? »

Ces miserables veoyent reluire les thresors du tyran, et regardent tout estonnés les rayons de sa braverie ; et, alleichés de ceste clarté, ils s'approchent, et ne veoyent pas qu'ils se mettent dans la flamme qui ne peult faillir à les consumer : ainsi le satyre indiscret (comme disent les fables), veoyant esclairer le feu trouvé par le sage Promethée, le trouva si beau, qu'il l'alla baiser, et se brusler[1] : ainsi le papillon, qui, esperant jouir de quelque plaisir, se met dans le feu pource qu'il reluit, il esprouve l'aultre vertu, cela qui brusle, ce dict le poëte toscan. Mais encores, mettons que ces mignons eschappent les mains de celuy qu'ils servent ; ils ne se saulvent jamais du roy qui vient après : s'il est bon, il fault rendre compte, et recognoistre au moins lors la raison : s'il est mauvais et pareil à leur maistre, il ne sera pas qu'il n'ayt aussi bien ses favoris, lesquels communement ne sont pas contents d'avoir à leur tour la place des aultres, s'ils n'ont encores le plus souvent et les biens et la vie. Se peult-il doncques faire qu'il se trouve aulcun, qui, en si grand peril, avecques si peu d'asseurance, veuille prendre ceste malheureuse place, de servir en si grand' peine un si dangereux maistre ? Quelle peine, quel martyre est-ce! vray Dieu! estre nuict et jour après pour songer pour plaire à un, et neantmoins se craindre de luy, plus que d'homme du monde ; avoir tousjours l'œil au guet, l'aureille aux escoutes, pour espier d'où viendra le coup, pour descouvrir les embusches, pour sentir la mine de ses compaignons, pour adviser qui le trahit, rire à chascun, se craindre de touts, n'avoir aulcun ny ennemy ouvert, ny amy asseuré, ayant tousjours le visage riant et le cœur transy, ne pouvoir estre joyeux, et n'oser estre triste!

Mais c'est plaisir de considerer, qu'est ce qui leur revient de ce grand torment, et le bien qu'ils peuvent attendre de leur peine et de ceste miserable vie. Volontiers le peuple, du mal qu'il souffre, n'en accuse pas le tyran, mais ceulx qui le gouvernent : ceulx là, les peuples, les nations, tout le monde à l'envy, jusques aux laboureurs ; ils savent leurs noms, ils deschiffrent leurs vices, ils amassent sur eulx mille oultrages, mille vilenies, mille mauldissons ; toutes leurs oraisons, touts leurs vœux sont contre ceulx là ; touts les malheurs, toutes les pestes, toutes les famines, ils les leur reprochent ; et si quelquesfois ils leur font par apparence quelque honneur, lors mesme il les maugréent en leur cœur, et les ont en horreur plus estrange que les bestes sauvages. Voylà la gloire, voylà l'honneur qu'ils receoivent de leur service, les gents, desquels quand chascun auroit une piece de leurs corps, ils ne seroient pas encores, ce semble, satisfaicts, ny à demy saoulés de leur peine. Mais certes, encores après qu'ils sont morts, ceulx qui viennent après ne sont jamais si paresseux, que le nom de ces mange-peuples ne soit noircy de l'encre de mille plumes, et leur reputation deschirée dans mille livres, et les os mesmes, par maniere de dire, traisnés par la posterité, les punissant, encores après la mort, de leur meschante vie.

Apprenons doncques quelquefois, apprenons à bien faire : levons les yeulx vers le ciel, ou bien pour nostre honneur, ou pour l'amour de la mesme vertu, à Dieu tout puissant, asseuré tesmoing de nos faicts, et juste juge de nos faultes. De ma part, je pense bien, et ne suis pas trompé, puis qu'il n'est rien si contraire à Dieu, tout liberal et debonnaire, que la tyrannie, qu'il reserve bien là bas à part pour les tyrans et leurs complices quelque peine particuliere.

---

[1] Ceci est pris d'un traité de Plut., intitulé : *Comment on pourra recevoir utilité de ses ennemis*, c. 2.

TABLE ANALYTIQUE
ET RAISONNÉE
DES PRINCIPALES MATIÈRES CONTENUES DANS LES ESSAIS DE MONTAIGNE.

A.

Abondance nous ôte le goût des choses, page 144.
Abrégé d'un bon livre est un sot abrégé, 527.
Absence a ses avantages et ses plaisirs, 547.
Académiciens. Leur système est moins hardi, et à quelques égards moins vraisemblable que celui des Pyrrhoniens, 309.
Accointances domestiques. Il ne faut y rechercher que ce qui nous y touche personnellement, 92.
Acte de la génération. Pourquoi n'osons-nous en parler sans honte, et l'excluons-nous des discours sérieux? 472.
Actions. Nous sommes naturellement portés à interpréter défavorablement les grandes actions, 116, 185. — Inconstance de nos actions, 177. — Avant de juger une action, il faut considérer les circonstances, et examiner quel est l'homme qui l'a faite, 229.
Affaires. Il est souvent dangereux de les remettre, 194.
Affections. Nos affections s'emportent au-delà de nous, 5. — Après le soin de sa propre conservation, l'instinct le plus fort chez l'animal, bête ou homme, c'est l'affection pour les êtres qui lui doivent l'existence, 205; celle que lui rendent ces derniers est toujours plus faible; par quelle raison, 205, 206.
Age. Différents devoirs de l'homme, d'après Socrate, aux trois différents âges de la vie, 122. — Age où l'homme est tout ce qu'il doit être à l'avenir, 176. — Age le plus ordinaire des belles actions, *ibid.* — Age du mariage, 208.
Aisance et indigence dépendent de l'opinion, 139.
Amans. Leur impuissance momentanée, par excès d'amour, 5.
Amasser. La manie d'amasser n'a point de bornes, 138.
Ambassadeurs ne doivent rien laisser ignorer à leurs princes, 26.
Ambition veut ses coudées franches, 120. — Incompatible avec le goût de la retraite, 125. — Son pouvoir sur nous plus fort que celui de l'amour, 404.
Ame (l') a besoin, dans ses passions, de trouver à quoi s'en prendre, fût-ce, même sciemment, à un faux objet, fût-ce à un objet inanimé, 10. — S'égare quand elle n'a pas un but fixe, 14. — Toujours agitée quand elle craint la mort, toujours calme quand elle ne la craint point, 35. — L'âme et le corps doivent être dressés ensemble, 77. — L'âme est souvent agitée de divers mouvements; c'est ordinairement le plus fort qui l'emporte, mais quelquefois l'un des plus faibles a pour un instant l'avantage, 118. — Elle se fait connaître dans ses moindres fonctions aussi bien et peut-être mieux que dans ses fonctions les plus importantes, 164. — Les choses sont pour elle ce qu'elle les fait, *ibid.* — Dans toute âme de premier ordre il y a un mélange de folie, 186. — Diversité d'opinions sur sa nature, 297; sur son siége, 297 et 298; l'opinion la plus raisonnable sur ces deux points, 300. — Diversité d'opinions sur son origine, *ibid.* — Ses facultés, eu égard à son union avec le corps, 301. — Son immortalité, 302 et suiv. — Opinions diverses sur son état futur, 304 et suiv. — Il vaut mieux forger son âme que la meubler, 436.
Amt. L'usage en est plus nécessaire et plus doux que celui de l'eau et du feu, 551. — La mémoire de nos amis perdus nous rée comme l'amer au vin trop vieux, 574.

Amitié est le dernier degré de perfection de la société, 88. — Quatre espèces d'amitié qui n'en méritent pas proprement le nom, *ibid.* et suiv. — Elle ne peut exister qu'entre égaux, 88. — On ne saurait lui comparer l'amour, *ibid.* — S'entretient et s'accroît par la jouissance, 89. — Caractère de la véritable amitié, 90. — Différence de l'amitié parfaite avec les amitiés ordinaires, 91 et suiv. — La vraie amitié est indivisible, 92.
Amour. Son empire est souvent plus dur que celui de la sagesse, 75. — Moyens indiqués par Cratès pour en guérir, 269. — Combien cette passion a de puissance, 513. — Point de désirs plus violents que les siens, 403. — Divers expédients employés pour s'affranchir de ses appétits, *ibid.* et suiv. — A pour objet l'agréable, et le mariage l'utile, 476. — N'est que la soif de la jouissance en un sujet désiré, 491. — Il est aussi difficile de condamner les amours illicites en se fondant sur les lois de la nature, que facile en se fondant sur les lois humaines, 49. — Amour socratique, 89 et suiv.
Anes. En quoi leur sort est plus heureux que celui des rois, 145. — Ane d'Esope, qui veut caresser son maître à la manière du chien, 442.
Animaux. Voyez *Bêtes*.
Apologie de Raimond Sebond, 234.
Apparences. Il s'en trouve à l'appui de toutes les opinions, 303.
Approbation publique. La vertu sait s'en passer, 348.
Argent. Soucis qu'il peut causer, 138. — Le soin de le garder plus pénible que celui de l'acquérir, *ibid.* — Etudier son argent, vilaine et sotte étude par où commence l'avarice, 534.
Armoiries n'offrent pas plus de certitude que les surnoms, 131.
Ataraxie. Définition de ce mot, 273. — Comment les Pyrrhoniens entendent que l'ataraxie est le souverain bien, 319.
Athéisme. Système monstrueux et dénaturé, qui tient rarement contre la souffrance ou le danger, 238 et suiv.
Avarice. C'est moins la pénurie que l'abondance qui la produit, 137. — Rien ne nuit à ses fins plus qu'elle-même, 367.
Aveugle. Un aveugle-né ne saurait comprendre qu'il n'y a pas, ne saurait désirer la vue, 325. — Homme devenu aveugle en rêvant qu'il l'était, 382. — Folle qui, devenue aveugle, se croyait seulement dans l'obscurité, *ibid.*
Avocat, comparé au prédicateur, 18; bien que son art présente plus de difficultés que celui de ce dernier, on voit plus d'avocats que de prédicateurs passables, *ibid.* — C'est quelquefois sa propre passion qui persuade l'avocat de la bonté de sa cause, 312.

B.

Babel. Rien qui mieux que la confusion de Babel représente celle de nos idées, 305 et suiv.
Baisers. Comment avilis, 493.
Barbarie. Chacun appelle ainsi ce qui n'est pas de son usage, 104.
Bataille. Si dans une bataille il faut attendre l'ennemi, ou l'aller attaquer, 154 et suiv.
Beauté. Les femmes, dans l'intérêt de la leur, sont capables de se soumettre aux plus grandes souffrances, 135. — Indéfi-

sable, 260.—Son empire sur nous, 554, 597.—Véritable avantage des femmes, 461.—Est d'un grand prix ; est le second des biens, 597.

Bêtes sont assujetties comme nous au pouvoir de l'imagination, 42. — Qui est cruel à leur égard l'est envers ses semblables, 232. — Le culte que leur rendaient les anciens était purement symbolique, 253. — Elles se communiquent leurs idées aussi bien que nous, 243. — Nous sont supérieures en beaucoup de choses, 244, 254. — Ont un langage, 245 et suiv.— Leur intelligence est admirable, 254. — Ont plusieurs conditions qui se rapportent aux nôtres, ibid. — La plupart de celles qui vivent avec nous reconnaissent notre voix et y obéissent, ibid. — Il y a plus de force et de constance dans leurs affections que dans les nôtres, 255 ; comme dans les nôtres, il y a du choix, 255, 460. — Énumération de leurs différentes qualités, 256 et suiv. — N'ont point idée de la mort, 595.

Bêtise produit parfois le même effet que le courage, 228.

Bible n'est pas une histoire à conter, mais une histoire à révérer, craindre et adorer, 172.—Ses traductions en tant de sortes d'idiomes ont beaucoup plus de danger que d'utilité, 173.

Bibliothèque. Ce qui empêcha les Goths de brûler celles de la Grèce, 65. — Situation et forme de la bibliothèque de Montaigne, 461 et suiv.

Bien, certain et fini ; mal, infini et incertain, selon les Pythagoriciens, 17.—Les hommes ont en essence les maux, que les dieux ont en intelligence, et en intelligence les biens, que les dieux ont en essence, 264.—Le bien n'est pour l'homme que l'absence du mal, 266.—Diversité d'opinions sur le souverain bien, 318 et suiv.

Bienfaiteur, aime plus son obligé qu'il n'est aimé de lui, 206.

Biens. Nos biens, pour être considérables, n'en sont pas plus assurés, 157. — On rencontre aussi souvent l'indigence chez ceux qui ont des biens que chez ceux qui n'en ont point, ibid.—Le plus sage, en mourant, est d'abandonner la distribution de nos biens aux lois de notre pays, 212.

BOËTIE (Etienne de la). Eloge de son traité de la Servitude volontaire, ou le Contr'un, 87. — Etroite amitié qui se forma entre lui et Montaigne, 88 et suiv. — Vingt-neuf sonnets de lui, 93 et suiv. — Son éloge, 566.

Boire est le dernier plaisir que nous enlève la vieillesse, 184.

Boiteux sont mal propres aux exercices du corps, et aux exercices de l'esprit les âmes boiteuses, 64.—Passent pour être plus propres que d'autres aux plaisirs de l'amour ; diverses raisons qui peuvent appuyer cette opinion, 582 et suiv.

Bonheur. Ce n'est que sur sa mort qu'on peut juger si un homme a les qualités essentielles au vrai bonheur, 28 et suiv.—Voyez Heureux.

Bonté. Voyez Conscience.

Bordels publics. Leur suppression serait nuisible aux mœurs, 525.

Borgne. Homme devenu borgne en feignant de l'être, 584 et suiv.

Braverie (bravoure). Celle que montre le vaincu apaise quelquefois la colère du vainqueur, 4.—Le sort semble la favoriser dans le danger, 376.

Brièveté plaît aux gens d'entendement ; pourquoi, 72.

C.

Causes. Nous ne saurions atteindre à la connaissance des causes premières, 308. — Les hommes laissent les choses et courent aux causes, 578.—La connaissance des causes touche seulement celui qui a la conduite des choses (Dieu), ibid.

Chair humaine. Les stoïciens permettaient d'en manger, 106.

Chaleur naturelle. Ses différents sièges selon les différents âges de l'homme, 484.

Changement est à craindre en toutes choses, sauf simplement aux mauvaises, 147.—Dans les institutions politiques, donne réel forme à l'injustice et à la tyrannie, 557.

Chasse est commune aux hommes et aux animaux, 247 et suiv.

Chasteté, la plus difficile des vertus imposées aux femmes, 484.

Châtiment doit tenir lieu de médecine à qui le reçoit, et non de vengeance à qui l'inflige, 596.

Chef d'une place assiégée, s'il doit sortir pour parlementer, 10 et suiv. — D'une armée, s'il doit être déguisé pendant la bataille, 154.

Choix. Comment déterminé entre deux choses de pareil prix, 538.

Choses qui se tiennent par les deux bouts extrêmes, 468 et suiv.—Dans l'ordre moral non plus que dans l'ordre physique, nulle chose n'est propre à notre usage en sa simplicité et pureté naturelle, 373 et suiv.—Toutes choses ont leur saison, 559 et suiv.

Chrétiens. Pourquoi, dans leurs guerres de religion, Dieu ne semble pas favoriser un parti plus que l'autre, 256. — Leur zèle intéressé, injuste et plein de fureur, 257. — Point d'inimitiés aussi violentes, point de guerres aussi cruelles que les leurs, ibid. — Ils sont chrétiens à même titre qu'ils sont ou Périgourdins ou Allemands, 258.

Cimetières. Pourquoi ont été placés auprès des églises et dans les lieux les plus fréquentés des villes, 54.

Civilité. Les règles en varient selon les différents pays, les différentes villes, et même selon les différentes classes de la société, 23.—Trop de civilité est importunité, et parfois incivilité, ibid. — Avantages d'une civilité bien entendue, ibid.

Cocuage. Nous en avons plus de honte que de nos propres vices. —Plusieurs grands hommes l'ont supporté patiemment, 485.—Est quelquefois pour le mari un sujet de gratitude envers la femme, 485. — Il y a folie égale à le craindre et à vouloir vérifier ses craintes, puisque c'est un mal qu'il est impossible de prévenir et que les remèdes ne font qu'empirer, 486.—Un galant homme en est plaint, non pas mésestimé, ibid. — Serait moins répandu s'il était moins redouté, 487.

Colère. C'est la passion qui égare le plus le jugement, 596. — On ne doit châtier personne dans la colère, ibid.—La colère se plaît en soi et se flatte, 597. — Elle devient rage chez les femmes quand on y oppose le silence et la froideur, ibid. — On l'incorpore en la cachant, 598.—Sa fréquence nuit à son effet, ibid.—Si, comme le dit Aristote, la colère sert parfois d'arme à la vertu et à la vaillance, cette arme a cela de particulier que c'est elle qui nous tient, nous remue et nous guide, 599.

Collèges. Vraies geôles de jeunesse captive, 77.

Comédiens. Préjugés contre eux absurdes, 84. — Leur profession utile, ibid.—Comédiens qui éprouvaient momentanément les passions de leurs rôles, 467.

Comédies. Les auteurs du temps de Montaigne n'ont pas assez de talent pour oser traiter des sujets simples, 220.

Commander, plus difficile que d'obéir, 144.—A qui il appartient de commander, ibid.

Conférence (conversation) est l'exercice le plus fructueux et le plus naturel de l'esprit, 517. — Plus profitable que l'étude des livres, ibid.—Il faut savoir y supporter la contradiction, ibid.

Confession. Les Essais sont une confession publique, 472.

Confiance gagne les cœurs, quand elle est unie à la fermeté, 57.

Conjurations sont rarement prévenues ou réprimées par les moyens violents, 56.

Connaissances. Le désir d'en acquérir est un des plus naturels à l'homme, 600.

Conscience. Ses lois, que nous disons naître de nature, naissent de la coutume, 48.—Elle nous porte quelquefois à nous trahir nous-mêmes, 195.—Une bonne conscience réjouit une nature bien née, 195.

Consolation. Quelle est la plus douce lors de la perte de nos amis, 211.

Constance. En quoi elle consiste, 21.

Continence. L'injustice des hommes l'impose aux femmes comme un devoir sacré, bien qu'ils se soient affranchis, quant à eux, de la pratique de cette vertu, 478. — Il n'y a point de faire plus épineux qu'est ce non-faire, 484.

Contr'un, ou traité de la Servitude volontaire, par La Bo-

Éloge de cet ouvrage, 87. — Sa lecture fut l'origine de l'amitié de Montaigne pour l'auteur, 88.
Cornardise. Son caractère est indélébile, 486.
Corruption des mœurs se fait par la contribution particulière de chacun, 530.
Couardise. La plus commune façon est de la châtier par honte et ignominie, 24. — Elle est mère de la cruauté, 585.
Cour (la). Le reste de la France prend pour règle sa règle, 14".
Coutume établit son autorité sur nous peu à peu et à la dérobée, 49. — Point d'idée absurde qu'on ne puisse justifier par l'exemple de quelque coutume, *ibid.* — Il n'est rien que la coutume ne fasse ou ne puisse faire, *ibid.* — Beaucoup de choses généralement admises n'ont d'autre fondement que la coutume, 50. — Chaque peuple approuve ou condamne les coutumes des autres selon les rapports ou les différences qu'elles lui offrent avec les siennes; et des siennes propres, la présente lui semble toujours la meilleure, 161. — L'homme n'a d'autres idées de droiture et de justice que celles qu'il reçoit de la coutume.
Créance. Notre créance a assez d'autres fondements, sans l'autoriser par les événements, 110.
Crédulité est comme une impression qui se fait plus facilement dans les âmes molles; voilà pourquoi on la trouve surtout chez les enfants, dans le vulgaire, chez les femmes et chez les malades, 85.
Croyants se rencontrent plus particulièrement ou parmi les esprits simples ou parmi les esprits supérieurs, 169. — S'il leur est permis d'appuyer leur foi par des raisons humaines, 235. — C'est pour eux la plus belle occasion de croire que de rencontrer une chose incroyable, 270.
Cruauté est le plus grand des vices, 250. — Même dans les exécutions des criminels, tout ce qui est au-delà de la mort simple n'est que cruauté, 251. — L'homme est naturellement enclin à la cruauté, 252. — Elle provient de lâcheté, 585.
Cupidités. Ou elles sont naturelles et nécessaires, ou elles sont naturelles et non nécessaires, ou elles ne sont ni naturelles ni nécessaires; de cette dernière sorte sont quasi toutes celles des hommes, 255.
Curiosité. Il faut inspirer aux jeunes gens une honnête curiosité, 72. — La curiosité a été donnée aux hommes pour fléau, 331.

D.

Dédire (le). Aucun dire n'est si vicieux comme le dédire est honteux, quand il est arraché par autorité, 574.
Défauts. Il s'en trouve en toutes choses, pour belles et désirables qu'elles soient, 513. — Nous détestons en d'autres ceux qui sont en nous plus clairement, 521.
Défendre quelque chose, c'est en donner envie, 340.
Défiance attire l'offense et la convie, 57.
Désir s'accroît par la malaisance, 259 et suiv.
Dévotion. L'assiette d'un homme le mêlant à une vie exécrable semble être aucunement plus condamnable que celle d'un homme conforme à soi et dissolu partout, 171.
Dialectique. Ses subtilités épineuses ne servent point à amender notre vie, 76.
Dieu. Que nos vues soient bonnes ou mauvaises, nous l'appelons également à notre aide: c'est une erreur, 171. — Son nom ne doit point être mêlé dans les propos communs, *ibid.* — Nous ne devons le prier que rarement, *ibid.* — Nous craignons moins de lui déplaire qu'à un voisin, un parent, un supérieur, 238. — C'est à tort que nous lui donnons nos passions et nos vertus, 270. — La plus sage définition que les anciens aient faite de Dieu, 279. — Opinions diverses sur la divinité, 280. — Ses voies sont impénétrables, 285. — Sa prétendue impuissance en certaines choses, 287. — Nous ne saurions forger un ciron, et forgeons des dieux à douzaines, 289. — Arguments pour et contre la divinité, *ibid.* — Dieu sait mieux que nous ce qu'il nous faut, 318.
Dire (le). C'est une belle harmonie quand le faire et le dire vont ensemble, 596.
Dispute. Quand elle prend des formes acerbes, il n'est point de vice qu'elle ne puisse éveiller, 519. — Ordinairement dans la dispute, nous nous irritons d'abord contre les objections, ensuite contre celui qui les fait, *ibid.* — Ne consiste trop souvent qu'en contradictions mutuelles, et étouffe la vérité, *ibid.* — Fait perdre de vue l'objet principal, *ibid.* — Divers caractères de disputeurs, *ibid.*, et suiv.
Diversion (de la). 462.
Divines (choses). Il faut sobrement se mêler d'en juger, 109. — Sont le vrai champ et sujet de l'imposture, *ibid.*
Doctrine. Quand s'en présente à nous quelque nouvelle, nous avons grande occasion de nous en défier, 514.
Douleur. Ne peut raisonnablement se nier, 152. — S'amoindrit par la patience, 155. — Violente, elle est courte; longue, elle est légère, *ibid.* — Elle semble moins âpre à qui sait se raidir contre elle, 154. — Une passion vive la fait supporter courageusement, *ibid.* — Douleur et volupté accouplées par la queue, 574. — La philosophie doit permettre de s'en plaindre, pourvu que ce soit sans faiblesse, 425.
Duels. C'est une espèce de lâcheté qui y a introduit l'usage des seconds, 585. — Inconvénients de cet usage, *ibid.*

E.

Écrivaillerie semble être quelque symptôme d'un siècle débordé, 550.
Éducation. La plus grande difficulté et importance de l'humaine science semble être en cet endroit, 67.
Éloquence fait injure aux choses quand elle nous détourne à soi, 81. — Plus puissante dans les républiques que dans les monarchies, 165.
Empereur (un) est quelquefois plus vil que le moindre de ses sujets, 143. — Les maux physiques ou moraux ne l'épargnent pas plus que nous, *ibid.* — Ses plaisirs sont moins vifs que ceux des particuliers, 144. — Ses actions, sa contenance et jusqu'à ses pensées sont contrôlées par tout le monde, *ibid.* — Ne peut avoir d'amis, 145. — Son âme et celle des savetiers sont jetées au même moule, 256. — Doit mourir debout, 375. — Doit commander ses armées en personne, *ibid.* — Voyez *Princes*, *Rois*.
Enfants. Il est difficile de juger de ce qu'ils seront hommes, 67, 215. — Leur éducation ne doit point avoir lieu sous les yeux de leurs parents, 70. — Avec la force de l'âme faut leur donner celle du corps, qui ajoute beauté celle-là, 73. — Il faut les rendre modestes, réservés, diligents, 71; accessibles à la vérité, sous quelqu'elle se présente à eux, *ibid.*; en faire non des moines mais de fidèles sujets, *ibid.*; leur inspirer de la sincérité avec les autres et avec eux-mêmes, *ibid.*; les habituer à l'observer, *ibid.*; leur apprendre à discerner le mérite, le parti, pour leur instruction, des défauts mêmes d'autrui, 72; faire naître en eux le désir de connaître, *ibid.*; en enseignant l'histoire, s'appliquer plutôt à former leur jugement qu'à enrichir leur mémoire, *ibid.*; ne leur faire étudier que les sciences qui peuvent leur être utiles, 73. — On direction on doit donner à leurs idées quand leurs sens se sur le point de s'éveiller, 75. — On doit user envers eux d'une sévère douceur, 77, 207. — Il faut chercher à détruire en eux les aversions naturelles, et rendre leurs corps propres à tous les genres de vie, même aux excès, 78. — Qu'ils soient bien pourvus de choses, et non de mots, 79. — Qu'ils sachent mépriser les sophismes, et non y répondre, 81. — Notre tendresse pour nos enfants, qui semblerait devoir s'augmenter en même temps que leur âge, décroît ordinairement, au contraire, à mesure qu'ils grandissent, 206. — Il serait prudent et juste de les initier à la connaissance de nos affaires, et de les faire participer à la jouissance de nos biens, quand ils ont atteint l'âge d'homme, 208. — Il est absurde de leur interdire l'appellation paternelle, et de garder avec eux une morgue austère et dédaigneuse, 209.
Ennemi. Il ne faut point pousser son ennemi au désespoir, 155. — Tuer notre ennemi, c'est prévenir le mal qu'il peut nous faire, ce n'est point nous venger du mal qu'il nous a fait, 585.

Entendement. C'est l'entendement qui voit et qui vit, qui approfite tout, qui dispose tout, qui agit, qui domine et qui règne, 69. — Nous le rendons servile et couard, pour ne lui laisser la liberté de rien faire de soi, *ibid.* — On ne peut l'instruire sans l'ébranler, 70.
Escrime. Art utile à sa fin, mais peu noble par sa fin, 386.
Esprit. S'il n'est occupé, l'imagination l'égare, 14. — Ses opérations sont promptes, et celles du jugement lentes, 18. — Trop de sollicitude de bien faire l'en empêche, *ibid.* — L'agitation est sa vie et sa grâce, *ibid.* — Ses productions sont nos enfants à plus juste titre que nos autres enfants, nous en sommes à la fois pères et mères, 214. — Il a besoin d'ordre et de mesure, 307. — Son état est subordonné à celui du corps, 310. — Son affinement n'est pas son assagissement, 330. — Les esprits élevés ne sont guère plus propres aux choses vulgaires que les esprits vulgaires aux choses élevées, 558.
États sont sujets aux mêmes maladies que le corps humain. 378.
Être. Il n'y a aucune constante existence ni de notre être ni de celui des objets, 333. — Nous n'avons aucune communication à l'être, *ibid.*
Étude. On peut continuer à tout temps l'étude, non pas l'écolage, 390. — Étude qui convient à la vieillesse, *ibid.*
Excès. Celui même du bien est vicieux, 99.
Exemples. Les mauvais peuvent être aussi profitables que les bons, 516 et suiv.
Expérience (de l'), 600 et suiv. — Elle est proprement sur son fumier au sujet de la médecine, où la raison lui quitte toute la place, 609.

F.

Faiblesse mérite une indulgence qu'on doit refuser à malice, 24.
Faire (le). C'est une belle harmonie quand le faire et le dire vont ensemble, 396.
Fatalisme (réflexions sur le système du), 592 et suiv.
Fautes. C'est raison qu'on fasse grande différence entre celles qui viennent de notre faiblesse et celles qui viennent de notre malice, 24.
Feintise est le vice qui témoigne le plus de lâcheté et de bassesse de cœur, 339.
[Félicité] humaine consiste à vivre et non à mourir heureusement, 455.
[Femmes] sont plus accessibles que nous à la pitié, 2. — La [femme] qui se couche avec un homme doit mettre de côté [l'amour] avec la cotte, sauf à reprendre celle-là en même [temps] que celle-ci, 41. — Les femmes sont incapables d'une [vraie] amitié, 89. — Point de souffrances qu'elles ne sup[porten]t courageusement dans l'intérêt de leur beauté, 135. — [Ce] qu'on entend généralement par femme de bien, 203. — [Les] femmes sont d'autant plus douces qu'elles sont plus [riches], et d'autant plus chastes qu'elles sont plus belles, [2]12. — Pourquoi elles sont exclues du trône en France, 213. — Ces goûts dépravés auxquels leur palais est sujet dans les temps de leurs grossesses, leur âme y est sujette dans tous les temps, 215. — Ne doivent point appeler honneur leur devoir, 349. — Ne se courroucent qu'afin qu'on se contre-courrouce, 398. — Rien ne leur messied plus que le pédantisme, 458. — La plupart de leurs deuils sont artificiels et cérémonieux, 462. — La jalousie est chez elles une passion terrible, 483. — Les trois bonnes femmes, 413.
Flatterie met à la mode les vices, les défauts et les infirmités des princes, 543 et suiv.
Foi. Il est permis de l'appuyer par des raisons humaines, 253.
Folie humaine comparée à la sagesse, 6.
Fortune. Elle contribue beaucoup aux succès de plus d'un art, 55. — Se trouve souvent d'accord avec la raison, 111. — Son inconstance, *ibid.* — Elle semble quelquefois se jouer de nous, 112. — Quelquefois elle se plaît à renchérir sur nos miracles, *ibid.* — Quelquefois elle fait la médecine, *ibid.* — Elle nous fait quelquefois agir dans notre intérêt malgré

nous, ou sans intention de notre part, *ibid.* — D'elle dépendent la plupart des événements, particulièrement dans la guerre, 156.
Fouet, punition dont l'unique effet est de rendre les âmes des enfants plus lâches ou plus malicieusement opiniâtres, 207.
Frères. Pourquoi ont rarement de l'affection les uns pour les autres, 88.

G.

Gehenne (torture) semble être plutôt un essai de patience que de vérité, 196.
Génération. Il faut y procéder de la même manière que les bêtes, 255. — Opinions diverses sur la génération de l'homme, 305 et suiv.
Gloire. La gloire et le repos ne peuvent loger en même gîte, 125. — L'amour de la gloire est de toutes les rêveries du monde la plus universelle, 140; il peut néanmoins avoir son utilité, 348; c'est peut-être la passion que nous arrachons le plus difficilement de notre cœur, 140; nous allons jusqu'à nous faire gloire du mépris de la gloire, *ibid.* — Nous sommes plus avares de notre gloire que de nos biens et de notre vie, *ibid.* — A Dieu seul appartient gloire et honneur, 342. — Dangers de la gloire; ses avantages, *ibid.* — Elle dépend de la fortune, et, chose aussi vaine que l'ombre, souvent, ainsi que l'ombre excède le corps, elle marche avant le mérite, souvent elle l'outrepasse de beaucoup, 344.
Gloire (vanité). La gloire et la curiosité sont les fléaux de notre âme, 87.
Gloses (commentaires) augmentent les doutes et l'ignorance, 602.
GOURNAY LE JARS (mademoiselle de). Son éloge, 368.
Gouvernement. Voy. *Police.*
Grammairiens. Leur jargon ambitieux, 166.
Grandeur. Son principal avantage, 513. — Nous nous formons à la fois une idée trop belle et de la grandeur et du mépris de la grandeur, *ibid.* — Ses inconvénients, 144, 545.
Grands. Tous les genres de mérite ne leur conviennent pas, 126. — On exige d'eux qu'ils cachent leurs fautes avec plus de soin que les autres hommes, 144. — Leurs enfants n'apprennent bien qu'à manier des chevaux ; par quelle raison, 515.
Guerre religieuse est suscitée, non par le zèle, mais par la [colè]re, 175. — Civile, agit contre soi, 586.
[Gueu]x ont leurs magnificences et leurs voluptés comme les [ri]ches, 611.

H.

Habits. Voyez *Vêtements.*
Habitude. Voyez *Coutume.*
Hasard. Rien de noble ne se fait sans hasard, 57. — Le hasard peut beaucoup sur nous, 180.
Heureux. Nul, avant sa mort, ne peut être dit heureux, 6, 28.
Histoire. Il ne convient ni à un théologien ni à un philosophe d'écrire l'histoire, 43. — C'est dans l'histoire, et particulièrement dans les biographies, qu'on apprend le mieux à connaître l'homme en général, 223. — Confrontation des diverses histoires sur les mêmes faits, travail fort utile, 224 et suiv.
Historiens. Les ouvrages de chacun d'eux doivent être étudiés selon la profession qu'il a exercée, 93. — Les plus estimables sont ou les historiens fort simples, ou les historiens excellents, 223. — Les seuls bons sont ceux qui ont pris une part importante aux faits dont ils nous entretiennent, ou à des faits de même nature, soit comme hommes d'état, soit comme hommes de guerre, 224. — Jugements sur divers historiens, *ibid.* et suiv.
Homme (l') est un sujet merveilleusement vain, divers et ondoyant, 3. — Corrompt tout ce qu'il touche, 93. — Leur

et rit d'une même chose, 118. — Il y a plus de distance de tel à tel homme, que de tel homme à telle bête, 141.—Chaque homme ne devrait être estimé que par ce qui est sien, *ib*. — Toute action est propre à le faire connaître, 163. — Il est plus vil que misérable, 164. — Toute sa contexture est bâtie de pièces faibles et défaillantes, 167. — Son appétit est irrésolu et incertain, *ibid*. — Les contradictions qui se remarquent en lui ont fait penser aux uns qu'il a deux âmes, aux autres qu'il est alternativement dirigé par deux puissances ennemies, 179. — Il ne doit pas être jugé seulement sur ses actions; il doit l'être encore sur leurs motifs, 181. — Dépourvu de secours étrangers et de la grâce divine, il n'a aucune supériorité sur les autres créatures, 241. — Il est le plus misérable, le plus frêle et le plus orgueilleux des êtres, 242. — C'est injustement que, malgré son orgueil, il se plaint de la nature, 244. — Son sort n'est ni meilleur ni pire que celui des autres animaux, 246. — Dieu l'a fait semblable à l'ombre, 270. — La plus grande part de ce qu'il sait est la moindre de celle qu'il ignore, 271. — Le défier est le comble de la démence, 281. — Il rapporte tout à lui dans l'univers, 291. — Il prend mille soins pour allonger son être, 303. — Opinions diverses sur son origine et sur sa formation, 303. — Sa nature parfois s'épure momentanément dans le délire ou dans le sommeil, 313. — Il ne saurait, sans l'assistance divine, s'élever au-dessus de l'humanité, 333. —Nul ne pense assez n'être qu'un, *ib*.—L'homme, en tout et partout, n'est que rapiècement et bigarrure, 374. — Chacun fuit à le voir naître, chacun court à le voir mourir, 491. — Il n'est homme de bien qui, à juger d'après les lois toutes ses actions et toutes ses pensées, ne soit pendable dix fois en sa vie, 557.

Honneur. Ses lois, chez les Français, se trouvent sur plusieurs points en contradiction avec celles de la justice, 50. — Ç'a été une heureuse invention que celle des récompenses d'honneur, qui, sans charger l'Etat, ont un excellent effet sur les particuliers, et sont plus recherchées que les récompenses lucratives, 203.

I.

Ignorance. Il y en a une abécédaire et une doctorale, 168. — L'ignorance nous est recommandée par notre religion comme propre à la foi, 264. — Nous rend plus capables que la science de supporter courageusement les maux de la vie, 265. — C'est un doux et mou chevet que l'ignorance et l'incuriosité, à reposer une tête bien faite, 603.

Imagination. Sa puissance, 38. — Chez les femmes enceintes, elle agit sur le fœtus, 43.

Immodération, vers le bien même, est blâmable, 99.

Immortalité serait insupportable à l'homme, 123. — L'immortalité de l'âme est le point sur lequel les anciens se sont exprimés avec le plus de réserve et de doute, 303 ; c'est un dogme favorable à l'amour de la gloire, utile, mais difficile à prouver, *ibid*.

Imposture. Son vrai champ et sujet sont les choses inconnues, 109.

Inconstance est naturelle à l'homme, 177.

Incrédulité est souvent présomption, 85.

Instituteur doit avoir plutôt la tête bien faite que bien pleine, 68. — Doit faire trotter devant lui son élève pour juger de son train, *ibid.*; et savoir condescendre à ses allures en les guidant, *ibid*. — Doit lui demander compte, non pas seulement des mots, mais encore du sens et de la substance de sa leçon; et prendre tous les moyens de lui rendre propres et siennes les connaissances qu'il lui donne, 69. — Doit lui faire tout passer par l'étamine, et ne lui rien faire admettre sur l'autorité d'autrui, *ibid*. — Doit, dans certains cas, le laisser douter, *ibid*. — Doit viser avant tout à lui former l'entendement, *ibid*. moins par doctrine que par exercice, 70. — Doit lui raidir à la fois et l'âme et les muscles, *ibid*.

Intempérance est peste de la volupté, 629.

Intention juge nos actions. 13. — Bonnes intentions, exécutées sans modération, nous poussent ordinairement à des actions condamnables, 371.

Interprétation. Il y a plus à faire à interpréter les interprétations qu'à interpréter les choses, 603.

Inutile. Rien ne l'est dans la nature, pas même l'inutilité, 439.

Invraisemblance. C'est une sotte et téméraire présomption que d'en toujours conclure impossibilité, 86.

Ivrognerie est un vice grossier et brutal, mais moins condamnable que les autres, 181. — Son objet est d'avaler plutôt que de goûter, 183. — L'ivrognerie et la paillardise se nuisent mutuellement, *ibid*. — C'est le dernier plaisir que nous enlève la vieillesse, 184.

J.

Jalousie est la plus vaine et tempestueuse maladie de l'âme, 482. — Est une passion terrible chez les femmes, 483.

Jeux et Exercices publics sont utiles, 84.

Joie excessive peut tuer, 5.—Constante, est la plus expresse marque de la sagesse, 75.

Jugement est un outil à tous sujets, et se mêle partout, 163. — Croire qu'on en manque, ce serait prouver qu'on n'en manque point; mais personne ne croit en manquer, personne même ne croit en avoir moins que qui que ce soit, 364.

Jugements humains consistent trop souvent à juger des autres d'après soi, 146. — Leur incertitude, 152.

Justice vénale est une monstruosité, 50.

L.

Laideur. Il y en a deux espèces, 596.

Langage. Pourquoi le langage commun à tout le monde devient obscur et inintelligible dans les contrats et les testaments, 601.

Leçon. Ni une étuve ni une leçon n'est d'aucun fruit, si elle ne nettoie et ne décrasse, 556.

Lettres. Qui ne cherche dans leur étude qu'un profit pécuniaire n'en retire aucun profit intellectuel, 63.

Liaisons sociales. Il faut savoir s'en passer, 121.

Libéralité n'est pas bien en son lustre en main souveraine, 506.

Liberté. La vraie, c'est pouvoir toute chose sur soi, 589.

Livres sans science et sans art, muraille sans pierre, 448. — Avantages qu'on retire de leur commerce, 461 ; inconvénients qui y sont attachés, 462.

Lois. Celles de l'honneur, chez les Français, se trouvent sur plusieurs points en contradiction avec celles de la justice, 50. — Il est fort douteux qu'il y ait autant d'avantages à espérer que de dangers à craindre du changement d'une loi, quelle qu'elle soit, 51. — Les lois somptuaires sont contraires au résultat qu'on s'en promet, 146.—Les pires lois nous sont si nécessaires, que sans les lois les hommes s'entre-mangeraient les uns les autres, 307. — L'une des maximes qui semblent les plus raisonnables, c'est que chacun doit obéir aux lois de son pays, et pourtant non-seulement d'un pays à l'autre, mais encore d'une époque à l'autre dans le même pays, le juste ainsi que l'injuste diffèrent du tout au tout, 519, 520.—Il n'est point de lois naturelles et immuables, 520. —Les lois prennent leur autorité de la possession et de l'usage; et il est dangereux de les ramener à leur naissance, 522. — Il y a autant de liberté et d'étendue à leur interprétation qu'à leur façon, 600. — Elles se maintiennent en crédit, non parce qu'elles sont justes, mais parce qu'elles sont lois, 603. — Il n'est rien si lourdement et largement fautier que les lois, ni si ordinairement, *ibid*.

Louange, sorte de moquerie et d'injure quand elle porte sur des qualités déplacées dans la personne louée, ou qui du moins ne doivent point constituer son principal mérite, 196. —Il est naturel de l'aimer, mais nous l'aimons trop, 340. — Elle ne devrait nous flatter que quand nous qu'elle est juste, 541.

M.

Mal n'a le plus souvent entrée en nous que par notre jugement, 129. — Les sages le gourmandent et commandent, et les autres l'ignorent, 168. — Les hommes ont en essence les maux, que les dieux ont en intelligence, et en intelligence les biens, que les dieux ont en essence, 264. — Insensibilité au mal supposerait insensibilité au bien, 267. — Le plus vieil et mieux connu mal est toujours plus supportable que mal récent et inexpérimenté, 558.

Maladies. Il n'y a que trois maladies, selon Pline, et un genre de maladie, selon Sénèque, auxquelles il soit permis de se soustraire par la mort, 189. — Sont plus redoutées que redoutables, 198. — Les États sont sujets aux mêmes maladies que le corps humain, 378. — Diversité d'opinions des anciens sur l'origine des maladies, 429.

Malice (méchanceté) doit être punie avec une sévérité que ne mérite point faiblesse, 24.

Mari. S'il fournit de matière, nature même veut que la femme fournisse de forme, 547.

Mariage est un marché qui n'a que l'entrée de libre, 89. — Pourquoi est rarement heureux, *ibid.* — Pourquoi défendu entre proches parents, 100. — Le plaisir qu'on en tire doit être aucunement prudent et consciencieux , *ibid.* — Âge propre au mariage, 208. — C'est un nœud qui se relâche d'autant plus qu'on l'a serré davantage, 341. — A pour objet l'utile, et l'amour l'agréable, 476. — Un bon mariage serait celui d'une femme aveugle avec un mari sourd, 487.

Mariés (nouveaux) ne doivent ni presser ni tâter leur entreprise s'ils ne sont prêts, 41.

Maturité d'âge, dans un auteur, a ses défauts comme la verdeur, et pires, 596.

Méchanceté fabrique des tourments contre soi, 195.

Médecine doit beaucoup de ses succès à la fortune , 55. — Diatribe contre la médecine, 424. — Instabilité de ses principes, 429. — Nous ne nous fions pas plus à la médecine que nous comprenons qu'à la drogue que nous cueillons, 430. — En médecine, la raison quitte la place à l'expérience, 609.

Médecins. Pourquoi ils promettent toujours aux malades de les guérir, 42. — Leurs dangereuses erreurs et leur ridicule charlatanisme, 428. — Absurdité de leurs explications sur les prétendus effets de leurs médicaments, 431.

Méditer. Il n'est point d'occupation ni plus faible ni plus forte ; les plus grandes âmes en font leur vacation ; il n'y a rien que nous puissions faire si long-temps, ni action à laquelle nous nous adonnions plus ordinairement et facilement, 456.

Mélancolie. Il y a quelque ombre de friandise et délicatesse qui nous rit et qui nous flatte au giron même de la mélancolie, 574.

Membre viril. Son indocilité, 41 ; celle des autres membres n'est pas moindre, *ibid.*

Mémoire. Platon a raison de la nommer une grande et puissante déesse, 15. — Les Gascons la confondent avec l'entendement, *ibid.*; et pourtant les mémoires excellentes , au contraire, se joignent assez ordinairement aux jugements débiles, *ibid.* — Défaut de mémoire peut passer dans l'esprit de nos amis pour défaut d'affection, *ibid.*; est contraire à l'ambition , *ibid.*; nous rend plus nécessaire l'exercice de nos facultés intellectuelles, *ibid.*; nous oblige à la concision; nous empêche d'être vindicatifs, 16; doit, dans notre intérêt, nous empêcher d'être menteurs, *ibid.* — La mémoire est le réceptacle et l'étui de la science, 561.

Ménage. Les soins du ménage sont serviles; il faut n'y apporter ni trop de sollicitude ni trop de négligence, 125; c'est une occupation plus déplaisante que difficile ; 551 ; c'est la plus utile et la plus honorable à laquelle puisse se livrer une mère de famille, 547.

Mensonge est un vice odieux, 16. — On devrait en combattre sans relâche chez les enfants la naissance et le progrès, *ib.* — [Une] fois qu'on en a pris l'habitude, il est impossible [de s'en défaire], *ibid.* — A la différence de la vérité, qui n'a qu'un visage, le mensonge en a cent mille, 17. — La vérité et le mensonge ont leurs visages conformes, 578.

Menteurs. Il leur est difficile de toujours parler dans le même sens, 16.

Mérite des personnes ou des choses ne doit point être jugé sur l'événement, 525.

Métempsycose. Objections contre ce système, 282. — C'est la rêverie philosophique qui a obtenu le plus de succès, 304. — Pythagore l'adopta, mais ne l'inventa point, *ibid.*

Modération est vertu bien plus affaireuse que n'est la souffrance, 407.

Modes. Les nouvelles font aussitôt condamner les anciennes, 161. — Elles tombent en mépris et reviennent en crédit alternativement, *ibid.*

Modestie est qualité très commode à la conversation ; et qui convient surtout aux jeunes gens, 71.

Monde était la patricide Socrate, 72. — Doit être le livre de la jeunesse, 73. — Est un animal, d'après Platon, 286. — Est probablement chose bien autre que nous ne jugeons, *ibid.* — Change de visage à tous sens, d'après Platon, 315. — Opinions diverses sur sa nature et sur ses révolutions, 315, 512.

Monstres. Ce que nous appelons ainsi ne l'est pas à Dieu, 395.

MONTAIGNE (MICHEL-EYQUEM, seigneur de), né le 28 février 1533, mort le 13 septembre 1592. — Quelle fin il s'est proposé en écrivant, 1. — Il est naturellement porté à la commisération, 2; inaccessible à la tristesse, 3. — Sorte de pudeur qui lui est naturelle, 8. — Il n'a point de mémoire, 15, 560. — L'idée de la mort lui est plus pénible en santé que dans la maladie, 34. — Il a une grande activité d'imagination, 38. — Toute subtilité, toute feinte, toute finesse, toute tromperie lui répugnent, quelque profitables, quelque amusantes, quelque innocentes qu'elles puissent être d'ailleurs, 40, 45 ; il ne peut même pas souffrir qu'on se trompe sur son compte, 439. — Il est moins propre que qui que ce soit à écrire l'histoire, 43. — À son mépris pour la médecine viennent se joindre, quand il est malade, la haine et la crainte, 55. — Il n'a reçu qu'une instruction superficielle, 65. — Les œuvres de Plutarque et celles de Sénèque sont les seuls ouvrages solides qui lui soient familiers; il y puise sans relâche, 66 ; en fait d'écrivains graves, ces deux philosophes sont ses auteurs favoris, 66, 221. — Quelle méthode inusitée adopta son père pour lui faire apprendre le latin, 82. — De quelle manière son père le faisait éveiller dans son enfance, 83. — Enfant, sa paresse était telle, qu'elle résistait même à l'attrait du jeu, *ibid.* — Bien qu'il eût un jugement sain et des idées au-dessus de son âge, ses facultés intellectuelles ne se sont développées que lentement, *ibid.* — C'est à la lecture des *Métamorphoses d'Ovide*, qu'il comprenait dès l'âge de sept ans, que commença son goût pour les livres , *ibid.* — Il n'a jamais lu aucun roman, *ibid.*, 219. — Au collège, il jouait avec beaucoup de succès la tragédie latine, 84. — Origine de son amitié pour La Boétie, 87; combien cette amitié avait de force, 90. — Il ne partage point cette erreur commune de juger d'un autre d'après soi, 116. — Il n'aime que les livres agréables et faciles, ou ceux qui le consolent et lui apprennent à régler sa vie et sa mort, 124, 219. — Ses amis vantent son style épistolaire, 128; ce qu'il pense de son style en général, *ibid.*; il ne s'entend ni ne se plaît à faire des lettres cérémonieuses, *ibid.*; il écrit toutes ses lettres très rapidement, *ibid.*; celles qui lui coûtent le plus sont celles qui valent le moins, *ibid.* — Beaucoup de choses qui sont des sujets d'affliction pour les autres hommes n'en sont point pour lui, 156. — Quel est le premier genre de vie qu'il a mené, 157; quel est le second, *ibid.*; quel est le troisième auquel il a fini par se fixer, *ibid.* — Il éprouve une sorte de volupté à payer ce qu'il doit, *ibid.* — Il lui est très pénible de marchander, *ibid.* — Description de ses armoiries, 181. — Jugement qu'il porte sur ses *Essais*, 169. — Les odeurs les plus simples et les plus naturelles sont celles qui lui plaisent davantage, 170; toute espèce d'odeur s'attache facilement à lui; et ses moustaches en particulier les conservent longtemps, *ibid.* — Portrait de son père, 185. — Il n'étudie que lui-même, 201. — Il considère son livre comme l'essai de ses facultés naturelles, et non de ses facultés acquises, 218. — Il ne compte pas les emprunts qu'il fait aux autres auteurs, il les pèse, *ibid.*; pourquoi ne les indique pas toujours comme emprunts, *ibid.* — Ses Essais ne sont composés que de ses rêveries, qu'il y entasse au hasard à mesure qu'elles se présentent, *ibid.* — Son intention est de passer doucement, et non laborieusement, ce qui lui reste de vie, *ibid.* — Il a un esprit *primsaultier*, ce qu'il ne comprend pas d'abord, il le comprend encore moins en s'y obstinant, 219. — Il préfère les auteurs de l'antiquité aux modernes, *ibid.*; quels sont ceux des modernes qui lui semblent le plus agréables, *ibid.*; l'Arioste n'ont plus guère de charme pour lui, *ibid.*; quels sont, parmi les anciens, ses poètes de prédilection, *ibid.* — Il ne doit guère qu'au hasard de sa complexion ce qu'il a pu montrer de sagesse; il ne se sent point un grand empire sur lui-même, 229. — Il a naturellement en horreur la plupart des vices, *ibid.*; et particulièrement la cruauté, 230. — Il remarque, sur plusieurs points, plus de témérité dans ses idées que dans ses mœurs, et sa concupiscence est moins débauchée que sa raison, 229. — C'est pour son père, et par son ordre, qu'il a traduit en français la *Théologie naturelle* de Raimond Sebond, 234. — Sa devise, 287. — Instabilité de ses idées, de ses sensations et de ses sentiments, 311. — Comment, dans les guerres civiles, il a su faire respecter son habitation, 341. — Suite de détails sur sa personne, considérée tant au moral qu'au physique, Chap. 17 du liv. 2. — L'antipathie pour la médecine est héréditaire dans sa famille, 424. — Il n'a point l'ambition d'être jugé plus favorablement après sa mort qu'il ne l'aura été de son vivant, 437. — Dans les affaires, il s'offre toujours par ses opinions les plus vives et par la forme la plus sienne, 440. — Il n'a pour les grands ni haine ni affection passionnée, *ibid.* — Les occupations publiques ne sont aucunement de son gibier, 442. — Il achète les imprimeurs en Guienne, ailleurs ils l'achètent, 450. — Il entend mieux le latin que le français, 451. — Il se conforme rarement aux conseils qu'on lui donne, et en donne plus rarement encore, 453. — Il a une façon rêveuse qui le retire à lui, et d'autre part une lourde et puérile ignorance de plusieurs choses communes, 456. — Il est très capable d'acquérir et conserver des amitiés rares et exquises; peu propre aux amitiés vulgaires, 457. — Il n'est pas ennemi de l'agitation des cours, 459. — Il recherche les hommes honnêtes et habiles, *ibid.*; c'est aussi pour lui un doux commerce que celui des belles et honnêtes femmes, *ibid.*; l'amour le fit beaucoup souffrir dans sa jeunesse, *ibid.*; il n'a jamais guère fréquenté les femmes publiques, 460; bien que faisant grand cas de l'esprit, il était, en amour, moins sensible à ses agréments qu'aux charmes du corps, 461. — Ses pensées dorment s'il les assied, 462. — Il lui est arrivé d'avoir recours à l'amour pour faire diversion à un violent chagrin causé par l'amitié, 466. — Il a toujours été chatouilleux et sensible aux offenses, mais il le devient encore davantage en vieillissant, 470. — Il aime une sagesse douce et gaie, et fuit l'âpreté des mœurs, *ibid.* — Il s'est imposé la loi d'oser dire tout ce qu'il ose faire, 471. — Son mariage fut la suite de circonstances indépendantes de lui, 476. — Il n'a garde de s'immiscer dans la police féminine, 478. — Il y a en lui une certaine prédisposition singeresse et imitatrice, 490. — Il hait à peu près également une lourde oisiveté et un travail pénible, 499. — Il est inaccessible à la peur, 503. — Il ne peut supporter longtemps d'autre moyen de transport que le cheval, 504. — Il aime à vivre dans la médiocrité, 514. — Il ne perd point son temps à relever les sottises qu'on dit devant lui, 526. — Il aime les conversations enjouées et vives, auxquelles sa gaîté naturelle le rend assez propre, et il entend très bien la raillerie, mais il déteste les jeux de main, 527. — Son procédé pour prendre la mesure exacte de la capacité de telle ou telle personne en tel ou tel genre, *ibid.* — Il aime les voyages, 532; pourquoi, *ibid.*, 545. — Il ne présume les vices qu'après les avoir vus, 534. — Sa négligence dans l'administration de sa fortune, *ibid.* — Il hait la pauvreté à l'égal de la douleur, *ibid.* — Il n'entend rien à amasser, 535. — Il aime pas à se retirer, et ce n'est qu'à contre-cœur qu'il se corrige, 539. — Se fait une loi de tenir religieusement ses moindres promesses, 542. — Il lui serait excessivement pénible de tenir quelque chose de la libéralité de quelqu'un, 545. — Paris est sa ville de prédilection, 546. — Il considère tous les hommes comme ses compatriotes, *ibid.* — Il aimerait mieux mourir à cheval que dans un lit et parmi des étrangers qu'au milieu des siens, 549. — Il se conforme sans peine aux usages des pays où il se trouve, 554. — Il aime à écrire par sauts et gambades, 559. — Son admiration pour la ville de Rome, 566. — Grâce à la conduite qu'il a toujours su tenir, il est encore vierge de procès et de querelles, bien quelles occasions ne lui aient pas manqué, 573. — Pourquoi il n'a pas commencé plus tôt à écrire, 596. — Si l'on ne sait point mauvais gré de la liberté de ses discours, c'est qu'en lui tout témoigne de l'innocence de ses intentions, 599. — Jamais juge n'a eu avec lui aucune relation comme juge, pour quelque cause que ce soit, 608. — Malade, il ne change point son genre de vie, 609. — Habitudes et manies qu'il a contractées, 612. — Il parle haut, 614. — Son père voulut que sa première enfance s'écoulât parmi des paysans, et qu'il fût tenu sur les fonts de baptême par de pauvres gens; pourquoi, 622. — Il s'adonne volontiers aux petits, *ibid.*; et aux malheureux, *ibid.* — Les longs repas lui sont désagréables et nuisibles; pourquoi, *ibid.* — Il craint plus les grandes chaleurs que les grands froids, 625. — Il ne fait point usage de lunettes, *ibid.* — Il aime la vie, et la cultive telle qu'il a plu à Dieu nous l'octroyer, 631. — Des opinions de la philosophie, il embrasse plus volontiers les plus solides, c'est-à-dire les plus conformes la nature humaine, *ibid.*

Mort. Si elle nous acquitte de nos obligations, 13. — Est le but de notre carrière, 31. — A maintes façons de surprise, *ibid.* — Ce n'est point ennemi qui se puisse éviter, 33; il faut apprendre à soutenir son choc de pied ferme, *ibid.* — Les plus mortes morts sont les plus saines, 34. — La mort est origine d'une autre vie, 36. — Son aspect nous semble moins effrayant à la guerre qu'au logis, 38. — Les uns attendent en tremblant, les autres la supportent plus aisément que la vie, *ibid.* — La mort de vieillesse est la plus rare de toutes, 176; et pourtant c'est la seule que nous ayons la sottise d'appeler naturelle, *ibid.* — La mort est la recette à tous maux, 187. — Nous ne la pouvons essayer qu'une fois, 197. — On se persuade difficilement être arrivé à ce point, 335. — Quelle est la plus souhaitable selon César, 337, 593. — Il y a plus de cœur-cœur que de consolation à mourir au milieu des siens, 549. — La mort est bien le bout, non pourtant le but de la vie, *ibid.*

Mortifications. Nos médecins spirituels et corporels semblent s'être entendus pour les opposer, comme uniques remèdes, aux maladies de l'âme et du corps, 101. — Religieuses ou philosophiques sont l'action d'une vertu excessive, 125.

Moyens. Par divers moyens on arrive à pareille fin, 1. — Mauvais moyens employés à bonne fin, 378 et suiv.

Muses. Pourquoi ce n'est point les avilir que de s'en servir seulement comme de jouet et de passe-temps, 402.

N.

Naissance. La naissance, nourrissement et augmentation de chaque chose est l'altération et corruption d'une autre, 44.

Nature. Ce n'est pas raison que l'art gagne le point d'honneur sur la nature, 104. — Toutes choses, dit Platon, sont produites ou par la nature, ou par la fortune, ou par l'art, *ibid.* — Il n'est aucune créature que nature n'ait bien pleinement fournie de tous moyens nécessaires à la conservation de son être, 244. — Il n'y a rien d'inutile en nature, pas même l'inutilité, 439. — Nature est un guide doux, prudent et juste, 631.

Nécessité est une violente maîtresse d'école, 453.

Noblesse est une qualité dépendant d'autrui; est en estimation bien loin au-dessous de la vertu, 474.

Noms. Chaque nation en a quelques-uns qui se prennent en mauvaise part, 149. — Il semble qu'il y ait, en la généalogie des princes, certains noms fatalement affectés, *ibid.* — Il est avantageux d'avoir un nom beau et facile à prononcer, comme à retenir, 150. — C'est un tort de franciser les noms latins ou de latiniser les noms français, *ibid*. — Application des noms de terres aux personnes, usage vicieux; cause de confusion dans les races, 151. — Différence entre le nom et la chose, 342. — Dieu ne peut être agrandi, mais son nom peut l'être par la bénédiction et la louange, *ibid*.

Nonchalance est le vice contraire à la curiosité, 194.

Nourrices mercenaires. On voit en la plupart d'entre elles s'engendrer pour les enfants empruntés une affection bâtarde plus véhémente que la naturelle, 215.

Nouveautés sont dangereuses en législation, 51; dans les usages et les modes, 145; en fait de doctrines, 514.

O.

Obéissance, due également à tous rois, mais l'estime et l'affection à leur vertu seulement, 6.

Oisiveté de l'esprit y fait naître maintes chimères, 14, 15.

Omnipotence abimerait l'homme, 515.

Opiniâtreté est sœur de la constance, au moins en vigueur et fermeté, 402.—Est signe exprès de bêtise, 526, 607.

Opinions. Il ne faut point adopter sans examen les opinions vulgaires, 102. — Les opinions que nous avons des choses nous tourmentent plus que les choses mêmes, 129.—La diversité des opinions prouve que les choses ne sont que ce que nous les faisons, *ibid*.—Toute opinion est assez forte pour se faire épouser au prix de la vie, 130.—Notre opinion donne prix aux choses, 156.—Non-seulement entre les différents hommes, mais chez le même homme, les opinions varient à l'infini, 309.—Toutes opinions politiques peuvent être également soutenues, 564.

Orgueil git en la pensée bien plus qu'en la langue, 202. — Est la perte et la corruption du genre humain, 270.

P.

Parlementer. Si le chef d'une place assiégée doit sortir pour parlementer, 10; c'est pendant qu'il parlemente qu'il doit montrer le plus de vigilance, 11; l'heure où l'on parlemente est une heure dangereuse, 12.

Parler. Ordinairement on aime mieux parler du métier d'un autre que du sien, 25.

Parler (le) tardif convient mieux aux prédicateurs, le prompt aux avocats, 18. — Quel est le parler le plus agréable, 81.

Paroles. Vanité des paroles, 165. — La parole la plus précise peut être interprétée de différentes manières, . — La parole est moitié à celui qui parle, moitié à celui qui l'écoute, 615.

Passions. Celles qui se laissent goûter et digérer ne sont que médiocres, 5. — Elles déterminent nos jugements, 312. — Dénaturent les objets à nos yeux, 528.

Pédants, méprises de tous temps par les honnêtes gens, 59. — Ne logent la science qu'au bout de leurs lèvres, 61. — Empirent ce qu'on leur commet, et se font payer de l'avoir empiré, 62. — Ne s'entendent pas plus eux-mêmes qu'ils n'entendent autrui, *ibid*. — Ont la mémoire assez pleine, mais le jugement entièrement creux, *ibid*.

Peine. Quiconque attend la peine il la souffre, et quiconque l'a méritée l'attend, 193.

Pères. Leur affection pour leurs enfants plus grande que celle de leurs enfants pour eux, 216. — Ressemblances inexplicables de leurs enfants avec eux, tant au moral qu'au physique, 424.

Peuple. Le plus souvent on repaît ses yeux de ce de quoi il avait à paître son ventre, 506.

Peur engendre de terribles éblouissements, 26.

Philosopher, c'est apprendre à mourir, 29. — C'est douter, 186.

Philosophes. Les philosophes anciens paraissaient ridicules au vulgaire, 59. — La plupart étaient plutôt pyrrhoniens que dogmatistes, 275. — Nous donnent souvent des conjectures pour des vérités, 278. — Diversité de leurs opinions sur la Divinité, 280; sur la nature des choses, 286; sur le soleil, 292; sur l'âme, 296. — Ils obscurcissent et falsifient parfois leurs véritables opinions, pour s'accommoder à l'usage public, 299. — Il n'est aucune de nos rêveries que nous ne puissions appuyer sur l'autorité d'un philosophe, *ibid*.

Philosophie. On a grand tort de la peindre comme inaccessible aux enfants, 74, 76; il n'est rien de plus gai, 74.—Elle a ce privilège de se mêler partout, 77.—Elle ne devrait être refusée ni aux festins ni aux jeux, *ibid*. — son extrémité est domageable, 99. — La philosophie est une poésie sophistiquée. — Nous avons dans la philosophie une très douce médecine, qui nous apporte à la fois plaisir et guérison, 582. — L'admiration est le fondement de toute philosophie, l'inquisition le progrès, l'ignorance le bout, 580.

Pitié est passion vicieuse aux stoïques, 2.

Plaisir inespéré nous saisit, 5. — La plupart des plaisirs nous chatouillent et embrassent pour nous étrangler, 124.— Le travail et le plaisir, très dissemblables de nature, s'associent pourtant d'une certaine jointure naturelle, 374.— Plaisir vénérien excessif altère la semence, 474.

Pleurer. Comme nous pleurons et rions d'une même chose, 118.

Poésie. Quand elle est excellente, elle est au-dessus des règles et de la raison, 117. — Offre aux femmes un genre de lecture qui leur convient, 458.— Est la vieille théologie, 569.

Police (gouvernement) est comme un bâtiment de diverses pièces jointes ensemble; une seule ébranlée, tout le corps s'en sent, 51. — La meilleure est pour chaque nation celle sous laquelle elle s'est maintenue, 556.

Possible. Il ne faut pas juger ce qui l'est et ce qui ne l'est pas selon ce qui est croyable et incroyable à notre sens, 492.

Précellence (supériorité) messied à un homme d'honneur en choses frivoles, 164.

Prédicateur, comparé à l'avocat, 18; bien que son art présente moins de difficultés que celui de ce dernier, on voit moins de prédicateurs que d'avocats passables, *ibid*.

Présomption. Sa définition, 550.—A deux parties, 551.— Est la mère nourrice des plus fausses opinions, *ibid*.

Prières. Quelle est celle que les chrétiens devraient avoir continuellement à la bouche, 171.—Nous ne les lisons ou prononçons que par usage et par coutume, *ibid*. — Devraient être faites plus rarement; pourquoi, 174. — Abus que nous en faisons, *ibid*. — Pourquoi les pythagoriciens voulaient qu'elles fussent publiques et entendues de tout le monde, 175.

Princes. C'est un usage d'une grande sagesse que celui d'examiner leurs actions après leur mort, 6. — Ils sont menés et ramenés en leurs mouvements par les mêmes ressorts que nous dans les nôtres, 256.—Ils veulent aussi légèrement que nous, mais ils peuvent plus, *ibid*.— Ils nous font assez de bien quand ils ne nous font point de mal, 545.—Voyez *Empereurs*, *Rois*.

Principes des choses naturelles, suivant Aristote.

Profit. Il ne s'en fait aucun qu'au dommage d'autrui.

Prognostication, notable exemple de la force et curiosité de notre nature, 49.—Amusement d'esprits oisifs et oisifs, 51.

Promesses doivent être religieusement accomplies, 446, 542; seul cas où elles ne doivent point l'être, 446.

Prudence trop circonspecte est mortelle ennemie des hautes exécutions, 57.—Ce que c'est suivant Platon, 606.

Pudeur irrite les désirs, 540.

Pyrrhonisme. Sa définition, 272 — Contredit indifféremment toutes les opinions, *ibid*. — Idée fausse qu'on se forme de l'auteur de ce système, 274.— Est plus hardi, et, à quelques égards, plus vraisemblable que le système des académiciens, 509.

Q.

Qualités maladives. Notre être en est cimenté, 459.

Querelles. Quelquefois les plus terribles ont de bien petites causes, et les plus petites des effets bien terribles, 575.

R.

Raison humaine est une très mauvaise pierre de touche, 296; un instrument ployable à toutes mesures, 314; un glaive à deux tranchants, 363.

Récompenses éternelles. L'intelligence humaine ne saurait s'en former une idée, 282; ni en concevoir les motifs, non plus que ceux des peines, 283.

Religion. La religion chrétienne recommande expressément l'obéissance au gouvernement établi, 52. — La religion n'est point la véritable cause, mais seulement le prétexte des guerres de religion, 236. — S'il est vrai que chacun doive considérer comme la meilleure celle du lieu qu'il habite, 320.

Renommée ne se prostitue pas à vil compte, 576.

Repentance. Le vice laisse, comme un ulcère en la chair, une repentance en l'âme, 449. — La raison efface les autres chagrins, mais elle engendre celui de la repentance, ibid.

Repos et gloire ne peuvent loger en même gîte, 125.

Réputation. Rien de plus fortuit, 344. — Nous sommes plus désireux de grande que de bonne réputation, 347.

Rêveries sont les songes des veillants, et pires que songes, 330.

Rhétorique, science à persuader le peuple, 165; art de tromper et de flatter, ibid.; outil qui ne s'emploie qu'aux états malades, comme la médecine, ibid.

Richesse n'est pas soulagement, mais changement d'affaires; produit l'avarice, 136. — Ne vaut pas une advertance et sollicitude pénible, 535.

Rois. Nous devons obéissance à tous, nous ne devons qu'aux bons notre affection et notre estime, 6. — Le langage des hommes qui vivent sous eux est toujours vaniteux et dépourvu de sincérité, ibid. — Sont des comédiens, 142. — Sont quelquefois plus vils que le moindre de leurs sujets, ibid. — Ni la maladie, ni la vieillesse, ni la mort ne les épargnent plus que nous, 143. — Leurs âmes et celles des saveliers sont jetées au même moule, 256. — Ils doivent mourir debout, 375. — Ils n'ont rien proprement à eux, 506. — Leur métier, fait dignement, est le plus âpre et le plus difficile du monde, 314. — Ils ont besoin, plus que tous les autres hommes, de vrais et libres avertissements, 608. — Voyez *Empereur*, *Princes*.

S.

Sage (le) est toujours content du présent, 6. — Au librement des choses, mais au dehors suit les mes reçues, 50. — Est citoyen du monde, 72. — des jugements qu'on porte sur lui, 348.

Sagesse fut ramenée du ciel par Socrate, 584. timent solide et entier dont chaque pièce et porte sa marque, 607.

Santé est le plus beau et le plus riche présent q sache faire, 262. — La sérénité de l'âme contribu à la santé, 265.

Satiété produit dégoût, 339.

Savoir. Savoir par cœur n'est pas savoir, 69. — L'opinion de savoir est la peste de l'homme, 264.

Savoir (le) est plus estimé des hommes que la sagesse et la vertu, 60. — Nous ne sommes à en faire autre chose que parade, 61. — Nous nous bornons à prendre en garde celui d'autrui, mais il le faudrait faire notre, ibid.

ence. L'étude des sciences amollit et efféminé les courages lus qu'elle ne les fermit et aguerrit, 65. — La science n'a oint son vrai visage en mains viles et basses, 65. — Il faut avoir se l'approprier, 69. — La meilleure part des sciences qui sont en usage est hors de notre usage, 74; nous ferions bien de ne cultiver que celles qui peuvent nous être utiles, ibid. — La science n'est point un préservatif contre les maux physiques ou moraux, 87. — Elle n'est que vanité, 271. — Beaucoup des philosophes de l'antiquité l'ont méprisée, 276. — Chaque science a ses principes présupposés, par où le jugement humain est bridé de toutes parts, 296. — Il n'est point vrai que la science soit un souvenir, 300. — Science n'est autre chose que sentiment, 325. — L'humaine science ne se peut maintenir que par raison déraisonnable, 327.

Secret. C'est une importune garde que celle du secret des princes, à qui n'en a que faire, 441.

Semence. Celle de quoi nous sommes produits porte en soi les impressions, non de la forme corporelle seulement, mais des pensements et des inclinations de nos pères, 424.

Sens (les). La philosophie ne s'en rapporte pas à leur témoignage, 296. — Sont le commencement et la fin de l'humaine connaissance, 325. — Il est douteux que l'homme soit pourvu de tous sens naturels, ibid. — Ils sont incertains, et falsifiables à toutes circonstances, 327. — Les dieux et les bêtes les ont beaucoup plus parfaits que l'homme, 330. — Leurs jugements diffèrent selon nos dispositions physiques ou morales, 331. — Souvent ils se contrarient l'un l'autre, ibid. — Ils sont nos propres et premiers juges, 522.

Sérénité est la plus expresse marque de la sagesse, 75.

Signes peuvent exprimer les idées aussi bien que les mots, 243.

Silence est aux grands, non-seulement contenance de respect et gravité, mais encore souvent de profit et de ménage, 523.

Société. Celle des méchants est infortunée, 120. — Être toujours en société est chose insupportable, 462.

Solitude. Quelle est la vraie solitude, 421. — Pour pouvoir vivre dans la solitude, il faut apprendre à y vivre, ibid. — Elle convient surtout à ceux qui ont mené une vie active, 422; et dans la vieillesse, ibid.; et aux personnes qui remplissent leur courage de la certitude des promesses divines en l'autre vie, 424; pour celles-ci, elle est voluptueuse, ibid. — La plus contraire humeur à la solitude, c'est l'ambition, 425.

Sorciers. On devrait plutôt leur ordonner de l'ellébore que de la ciguë, 582.

Sottise n'est pas chose guérissable par un trait d'avertissement, 526. — Se plaît plus qu'aucune raison ne se peut raisonnablement plaire, ibid.

Soumission est la plus commune façon d'amollir les cœurs de ceux qu'on a offensés, 1.

Sourds. Pourquoi les sourds de naissance ne parlent point, 246.

Suicide. Quelquefois la fuite de la mort fait que nous y courons, 128. — Il est particulier à l'homme, ibid.

Supplices. Jamais police ne se trouva réformée par là, 341.

T.

n'est pas le fléau de la volupté, c'est son ascétit, 629.

ure nous l'a donné pour souverain médecin de ons, 466. — Savoir prendre le temps est la première en l'amour, 484.

s paniques, 27.

ogie tient mieux son rang à part, comme reine et dominatrice; doit être principale partout, point subsidiaire, 174. — La philosophie en est bannie comme servante inutile et indigne, ibid. — La vieille théologie est toute poésie, 560.

Trahison. Si quelquefois elle peut être excusable, ce n'est que lorsqu'elle s'emploie à punir la trahison, 443. — Tel l'a commandée qui la venge, 444.

Travail. Le travail et le plaisir, très dissemblables de nature, s'associent pourtant d'une certaine jointure naturelle, 574.

Tristesse. Il faut étendre la joie, mais retrancher autant qu'on peut la tristesse, 550.

Troubles politiques. Ceux qui les excitent battent et brouillent l'eau pour d'autres pêcheurs, 81.

Tyran. Comment défini par Platon, 144.

U.

Un. Nul de nous ne pense assez n'être qu'un, 335.

V.

Vacation. La plus honorable est de servir au public et être utile à beaucoup, 534.

Vaillance a ses limites comme les autres vertus, 25. — C'est la fermeté, non pas des jambes et des bras, mais du courage et de l'âme, 107. — Etymologie de ce mot, 204.

Valets. Autant de valets, autant d'ennemis, 211.

Variété. Il n'est aucune qualité si universelle, 600.

Veiller. Notre veiller est peut-être quelque espèce de dormir, 330.

Vengeance exercée par testament est une des plus condamnables, 14.

Vérité. Les péripatéticiens, épicuriens et stoïciens pensaient l'avoir trouvée, les académiciens la jugeaient introuvable, les pyrrhoniens la cherchaient toujours, 372. — Elle trouve toujours son opportunité, 440. — Elle a ses empêchements, incommodités et incompatibilités avec nous, 566. — La vérité et le mensonge ont leurs visages conformes, 578. — Voyez *Mensonge*.

Vertu. Se rendre à la seule révérence de sa sainte image, après avoir méprisé les larmes et les prières, c'est l'effet d'une âme forte, 2. — En la vertu même, le dernier but de notre visée, c'est la volupté, 29. — Est indigne de son accoutumance qui contrepèse son coût et son fruit, 30. — Les plus parfaits se sont contentés d'y aspirer et de s'en approcher sans la posséder, *ibid.* — La béatitude qui reluit en la vertu remplit toutes ses appartenances et avenues, *ibid.* — De ses principaux bienfaits est le mépris de la mort, *ibid.* — On doit inspirer aux enfants autant ou plus d'affection que de révérence envers la vertu, 75. — Le règlement c'est de son outil, non pas la force, *ibid.* — Définition de la vertu, *ibid.* et suiv. — Est chose autre et plus noble que la bonté, 225. — Refuse la facilité pour compagne, 226. — Est désirable pour elle-même, non pour l'honneur qui se tient toujours à sa suite, 343. — Est qualité plaisante et gaie, 471.

Vêtements. Le sage se conforme pour les siens à la mode existante, 50.

Vices. Nos plus grands vices prennent leur pli de notre plus tendre enfance, 45. — Il faut apprendre aux enfants à les fuir, non en leurs actions seulement, mais surtout en leur cœur, *ibid.* — Ils ne nous abandonnent point pour changer de contrée, 120. — Vice n'est que dérèglement et faute de mesure, 178. — Les vices sont tous pareils en ce qu'ils sont tous vices, mais, également vices, ils ne sont pas égaux vices, 181. — Ils sont employés utilement, dans toute police, comme les venins dans la médecine, 439. — Le vice laisse, comme un ulcère en la chair, une repentance en l'âme, qui toujours s'égratigne et s'ensanglante elle-même, 449.

Vie. Notre religion n'a point eu de plus assuré fondement humain que le mépris de la vie, 35. — Vie longue, vie courte, c'est tout un par la mort, *ibid.* — Le continuel ouvrage de notre vie, c'est bâtir la mort, 36. — La vie n'est de soi ni bien ni mal, c'est la place du bien et du mal, selon que vous la leur faites, *ibid.* — Où que votre vie finisse, elle y est toute, 57. — L'utilité de la vie n'est pas en l'espace, elle est en l'usage, *ibid.* — Une vie perdurable serait plus pénible à l'homme que n'est celle qui lui a été donnée par la nature, *ibid.* — Pythagoras comparait la vie à l'assemblée des jeux olympiques, 73. — Le vrai miroir de nos discours est le cours de nos vies, 79. — Les sages accourcissent bien fort la durée de nos vies au prix de la commune opinion, 175.

Vieillards. La souvenance des choses passées leur demeure, et ils ont perdu la souvenance de leurs redites, 16. — Doivent se retirer des affaires, 208, 389. — Le meilleur acquit qu'ils puissent faire, c'est l'affection et amour des leurs, 210.

Vin. Fait déborder les plus intimes secrets à ceux qui en ont pris outre mesure, 181.

Virginité. Est le vœu de la virginité le plus noble de tous les vœux, comme étant le plus âpre, 481.

Visages. Il semble qu'il y ait aucuns visages heureux, d'autres malencontreux, 597.

Volupté est moins pure d'incommodités et de traverses que n'est la vertu, 30. — On doit fuir les voluptés au prix de la vie, selon Épicure, Sénèque et Saint-Hilaire, 110 et suiv. — La volupté, pour nous tromper, marche devant et nous cache sa suite, 124. — La volupté est qualité peu ambitieuse, 469. — Dans l'amour la volupté est vite et précipiteuse, 493.

Voyages sont très utiles aux jeunes gens, 70. — Ne nous guérissent point de nos vices, 120 et suiv. — Sont, en général, un exercice profitable, 546.

Vrai (le). C'est folie de rapporter le vrai et le faux au jugement de notre suffisance, 85.

Z.

Zèle religieux, dirigé par les passions humaines, ne produit des maux, 175, 371.

TABLE DES AUTEURS

CITÉS DANS CE VOLUME.

Ammien Marcellin, pages 24, 146, 217, 351, 371, 372, 373, 401.
Anacréon, 74.
Antonio Salis, 316.
Antoninus Liberalis, 477.
Apollodore, 242.
Appien, 58, 113, 337, 381, 410.
Apulée, 289, 315.
Arioste, 13, 75, 89, 217, 219, 221, 266, 269, 345, 416.
Aristophane, 51.
Aristote, 6, 48, 88, 91, 168, 178, 186, 202, 206, 207, 208, 215, 259, 270, 275, 305, 315, 319, 343, 353, 389, 395, 599, 418, 450, 456, 473, 493, 544, 585, 605, 627, 629.
Arrien, 22, 159, 250, 259, 283, 486, 631.
Alcius Capito, 383.
Athanase, 110.
Athénée, 268, 585, 625.
Attius, 423.
Aulu-Gelle, 16, 22, 26, 91, 99, 153, 156, 176, 177, 185, 257, 274, 287, 362, 397, 486, 581, 621, 626, 628.
Aurelius-Victor, 146, 359.
Ausone, 433.
Bèze (Théodore de), 498.
Bible, 190, 263, 268, 275, 298, 318, 355, 454, 455.
Boccace, 219, 220.
Boëtie (Etienne de La), 18, 94, 132, 266, 602.
Brantôme, 7, 140, 385, 394, 460.
Callimaque, 258.
Calpurnius, 508.
Camérarius, 65.
Carion, 389.
Catulle, 5, 35, 88, 93, 112, 118, 137, 219, 220, 311, 309, 374, 379, 406, 473, 479, 483, 484, 487, 492, 494, 496, 505, 558, 589, 599, 615.
Cédrénus, 387.
César, 13, 34, 86, 157, 159, 161, 167, 208, 212, 235, 247, 378, 406, 408, 409, 410, 441, 442.
Chalcondyle, 388.
Charron, 65, 474.
Chasteillon, 113.
Cicéron, 4, 6, 8, 10, 11, 13, 16, 19, 20, 27, 29, 30, 33, 54, 55, 56, 45, 46, 52, 60, 61, 62, 63, 64, 68, 70, 71, 73, 79, 80, 84, 85, 89, 90, 91, 101, 114, 116, 124, 125, 126, 127, 129, 131, 132, 133, 134, 135, 136, 139, 140, 145, 152, 178, 180, 185, 187, 193, 215, 217, 221, 223, 225, 226, 227, 230, 231, 233, 238, 241, 242, 258, 261, 262, 263, 264, 265, 267, 268, 270, 271, 272, 273, 274, 275, 276, 277, 278, 280, 281, 284, 286, 287, 288, 289, 290, 291, 292, 293, 297, 298, 299, 303, 304, 307, 308, 309, 310, 312, 313, 314, 315, 316, 317, 319, 322, 324, 325, 327, 329, 337, 342, 343, 344, 345, 346, 349, 355, 359, 360, 361, 364, 366, 378, 380, 381, 385, 395, 397, 401, 418, 423, 425, 428, 440, 442, 443, 446, 447, 450, 454, 456, 459, 463, 464, 465, 469, 470, 473, 505, 506, 507, 509, 519, 525, 527, 551, 554, 557, 540, 542, 543, 548, 551, 555, 556, 556, 537, 561, 567, 569, 572, 575, 575, 576, 578, 579, 580, 581, 582, 583, 584, 585, 588, 590, 593, 594, 595, 596, 597, 600, 607, 619, 621, 623, 626, 627, 628, 629, 631.
Claudien, 31, 41, 107, 217, 252, 300, 381, 383, 387, 392, 491, 525, 588.
Clément d'Alexandrie, 69, 370.

Comines, 57, 115, 225, 393.
Cornelius Celsus, 379, 429.
Cornelius Nepos, 99, 116, 119, 127, 146, 215, 337, 421, 440, 465, 532, 553, 628.
Cromer (Martin), 443, 445, 478.
Dampmartin, 54.
Dante, 69, 246.
Démosthène, 178, 505.
Diodore de Sicile, 5, 6, 9, 24, 25, 26, 51, 99, 107, 119, 120, 130, 136, 147, 154, 158, 192, 215, 253, 283, 352, 419, 420, 421, 445, 496, 591.
Diogène Laërce, 8, 35, 27, 41, 45, 60, 66, 68, 74, 76, 77, 78, 79, 81, 82, 88, 91, 92, 106, 120, 121, 123, 125, 132, 134, 136, 149, 162, 163, 170, 178, 184, 185, 187, 188, 208, 215, 219, 226, 258, 259, 234, 237, 238, 247, 265, 269, 274, 276, 278, 285, 286, 287, 290, 295, 297, 298, 299, 304, 305, 306, 314, 315, 321, 329, 325, 328, 357, 345, 349, 366, 362, 363, 367, 589, 591, 598, 404, 421, 423, 425, 427, 455, 465, 467, 474, 472, 475, 478, 479, 486, 490, 492, 493, 494, 495, 501, 502, 504, 516, 521, 524, 526, 552, 555, 550, 555, 556, 557, 561, 568, 571, 572, 574, 597, 600, 602, 604, 607, 611, 614, 619, 621, 625, 626, 627, 629, 631.
Dion, 400, 410.
Dubellay (Guillaume), 13, 20, 22, 23, 24, 27, 140, 155, 194, 225.
Dubellay (Martin), 5, 7, 11, 13, 17, 18, 23, 24, 25, 26, 112, 113, 225.
Duchesne (André), 7.
Eginard, 225.
Elien, 158, 178, 254, 251, 254, 257, 258, 259, 268, 383, 468, 476, 485, 490.
Ennius, 9, 61, 251, 260, 280, 489.
Epictète, 129, 264.
Epiphane, 110.
Erasme, 17, 585.
Eschine-le-Socratique, 219.
Esope, 219, 428, 439, 442.
Euripide, 61, 207.
Eusèbe, 190, 264, 261.
Eutropius, 372.
Fabricius, 515.
Florus, 11, 412.
Froissart, 1, 12, 112, 140, 151, 197, 223, 579.
Frontin, 587.
Galien, 286, 298, 366.
Garcilasse de la Vega, 318.
Gaspard Peucer, 389.
Giannone, 405.
Giraldi, 65, 115.
Goulhières, 558.
Gournay (mademoiselle de), 55, 118, 508, 632.
Grégoire de Tours, 444.
Grévius, 82.
Gronchy, 82.
Guicciardini, 5, 7, 11, 25, 224, 393.
Isocrate, 50, 52, 505, 558.
Jablonsky, 510.
Jean-Léon, 492.
Jean-Second, 219.
Joinville, 155, 225, 256, 549, 595.
Josèphe, 182, 185, 189, 290, 388.
Juste-Lipse, 148, 319.
Justin, 157, 182, 347, 419, 421.
Juvénal, 61, 65, 75, 106, 120, 141, 152, 164, 166, 171, 182, 195, 196, 250, 253, 248, 251, 255, 263, 318, 321, 349, 548, 356, 358, 579, 585, 589, 596, 427, 458, 462, 473, 476, 477, 480, 560, 598, 522, 556, 556, 559, 612, 621.

Hérodien, 289.
Hérodote, 3, 4, 6, 40, 14, 39, 40, 41, 48, 49, 52, 91, 112, 149, 156, 160, 163, 214, 252, 253, 254, 240, 286, 291, 306, 315, 317, 383, 389, 424, 426, 451, 480, 484, 486, 495, 514.
Hésiode, 75, 292.
Hippias, major, 72.
Homère, 100, 162, 255, 310, 476, 484, 694.
Horace, 14, 20, 23, 30, 51, 74, 77, 78, 80, 85, 87, 88, 109, 110, 118, 120, 125, 126, 136, 142, 143, 144, 152, 16, 178, 179, 181, 182, 184, 187, 208, 219, 223, 227, 229, 234, 240, 263, 264, 268, 269, 290, 309, 311, 319, 321, 333, 339, 345, 347, 350, 352, 354, 356, 366, 367, 368, 385, 389, 410, 458, 470, 478, 479, 481, 492, 502, 510, 524, 531, 553, 555, 556, 561, 562, 565, 566, 568, 590, 593, 609, 614, 620, 623, 632, 635.
Lactance, 246, 286, 297, 304, 387, 480.
Lambride, 110.
Lamonnoye, 271.
Lanoue, 568.
Lampridius, 505.
Lucain, 9, 10, 15, 19, 37, 118, 119, 135, 155, 157, 159, 175, 220, 349, 408, 409, 410, 418, 453, 437, 559, 557, 584, 605, 607, 631.
Lucien, 59, 62, 134, 274.
Lucrèce, 7, 28, 29, 34, 35, 44, 46, 49, 85, 86, 114, 137, 145, 146, 162, 167, 177, 188, 199, 207, 210, 234, 238, 241, 244, 253, 260, 261, 267, 276, 281, 287, 301, 302, 305, 527, 328, 330, 331, 336, 366, 378, 417, 488, 505, 508, 695.
Lycurgue, 130.
Macrobe, 28, 211, 297, 3.
Manilius, 56, 417, 156, 25, 600.
Marguerite de Navarre, 174.
Mariana, 131.
Marot, 190, 370.
Martial, 14, 117, 133, 161, 162, 165, 170, 188, 265, 280, 251, 253, 315, 539, 354, 355, 536, 589, 381, 393, 414, 422, 453, 469, 471, 478, 485, 493, 494, 496, 501, 508, 546, 557, 608, 614.
Maximien, 69.
Mélanchton, 389.
Ménandre, 112.
Minucius Félix, 315.
Monstrelet, 158, 585.
Moutluc, 189.
Némésius, 297.
Nicéron, 40.
Nicétas, 173.
Nonius, 16, 209.
Nycéphore, 214.
Ovide, 4, 23, 34, 39, 45, 51, 115, 132, 144, 162, 196, 199, 201, 216, 218, 232, 233, 238, 251, 261, 282, 291, 292, 351, 516, 526, 529, 530, 330.

TABLE DES AUTEURS CITÉS.

384, 396, 417, 447, 459, 463, 464, 477, 482, 483, 487, 493, 495, 525, 527, 545, 548, 562, 564, 595, 614, 615, 616, 621.

256, 385, 420.

76, 121, 124, 125, 143, 163, 346, 347, 365, 369, 465.

31, 169, 314.

32.

20, 21, 29, 44, 49, 60, 62, 72, 82, 99, 100, 102, 103, 133, 158, 163, 164, 147, 171, 173, 175, 178, 184, 8, 213, 214, 219, 258, 240, 70, 275, 276, 278, 286, 295, 297, 299, 301, 303, 304, 305, 315, 316, 317, 318, 320, 325, 47, 340, 353, 365, 374, 388, 427, 469, 480, 481, 482, 496, 504, 525, 538, 549, 558, 560, 564, 3, 583, 597, 601, 1006, 608, 609, 18, 619, 624, 625, 626, 629, 630. 6, 142, 169, 220, 324, 338. 5, 17, 32, 39, 44, 112, 115, 123, 0, 149, 157, 158, 187, 193, 201, 0, 243, 248, 250, 251, 252, 258, 0, 282, 286, 287, 288, 295, 306, 30, 336, 357, 359, 361, 362, 378, 84, 418, 424, 426, 429, 437, 471, 5, 536, 561, 625.

Sénèque, 2, 3, 7, 10, 11, 12, 13, 25, 28, 31, 33, 34, 48, 51, 53, 56, 58, 59, 60, 64, 65, 69, 72, 74, 77, 78, 79, 80, 86, 90, 93, 100, 102, 108, 112, 115, 118, 9, 121, 125, 127, 128, 130, 134, 136, 139, 141, 143, 144, 146, 148, 149, 153, 154, 156, 160, 161, 162, 165, 166, 167, 168, 9, 173, 176, 177, 179, 182, 185, 186, 188, 190, 194, 195, 196, 216, 217, 218, 222, 226, 232, 233, 234, 243, 245, 247, 249, 250, 251, 252, 253, 254, 256, 258, 259, 262, 264, 269, 271, 276, 284, 286, 289, 290, 292, 297, 307, 310, 314, 318, 321, 30, 335, 336, 337, 338, 339, 355, 570, 571, 577, 379, 6, 397, 591, 592, 396, 395, 401, 403, 405, 424, 425, 430, 433, 443, 444, 446, 450, 466, 468, 472, 473, 486, 488, 491, 493, 16, 514, 515, 516, 518, 56, 542, 555, 556, 568, 600, 604, 607, 609, 610, 616, 618, 619, 622, 624.

5, 118, 152, 307, 363. — 195. Pomponius Méla, 247, 621. Porcius Latro, 183.

Proculus, 477.
Properce, 25, 32, 72, 74, 101, 104, 124, 219, 261, 340, 358, 392, 417, 447, 468, 483, 586, 592, 605.
Prudence, 380, 383.
Pseudo-Gallus, 482, 390, 470, 473, 492, 613, 615. (Maximien)
Publius Syrus, 91, 118, 137, 196.
Quinte-Curce, 3, 13, 27, 59, 115, 160, 196, 392, 419, 496, 529, 539, 555, 567, 579, 632.
Quintilien, 4, 44, 78, 81, 122, 147, 165, 168, 235, 346, 454, 488, 540, 566, 592, 597, 601, 615.
Rabelais, 58, 49, 183, 219, 237, 386, 437, 632.
Ronsard, 236.
Rufin, 190.
Rutilius, 341.
Saint Ambroise, 190, 397.
Saint Augustin, 8, 39, 41, 86, 121, 132, 134, 140, 174, 178, 238, 240, 242, 270, 279, 280, 281, 284, 288, 290, 292, 295, 304, 310, 315, 318, 323, 369, 480, 481, 485, 579, 582, 631.
Saint Cyprien, 313.
Saint Bernard, 297.
Saint Jérôme, 366, 481.
Saint Luc, 231, 342.
Saint Matthieu, 236.
Saint Paul, 99, 193, 258, 240, 264, 271, 282, 285, 289, 304, 345.
Saint Pierre, 240.
Saint Thomas, 100.
Salluste, 85, 125, 137, 223, 276, 344.
Sandius, 110.
Salvianus Massiliensis, 370.
Scévola, 292.
Sebond, 234, 239, 288, 291.
Sénèque, 5, 9, 10, 29, 33, 35, 36, 38, 44, 53, 54, 56, 60, 61, 63, 69, 71, 73, 76, 78, 80, 81, 104, 107, 110, 120, 121, 124, 125, 127, 131, 133, 134, 136, 137, 138, 139, 140, 142, 143, 145, 161, 162, 167, 177, 178, 180, 181, 182, 186, 187, 188, 189, 190, 193, 196, 197, 213, 221, 222, 236, 232, 242, 257, 264, 268, 269, 277, 278, 287, 297, 298, 303, 304, 322, 332, 333, 334, 335, 338, 339, 341, 346, 348, 350, 357, 358, 373, 374, 376, 382, 389, 390, 397, 398, 399, 400, 413, 415, 416, 427, 442, 448, 456, 458, 462, 465, 471, 488, 494, 495, 499, 503, 519, 520, 527, 534, 555, 560, 561, 564, 565, 566, 567, 571, 579, 585, 586, 586, 589, 592, 595, 594, 601, 611, 613, 615, 620, 622, 624, 630, 631, 632.
Sénèque-le-Rhéteur, 18, 38, 214.
Servan, 8, 12.
Silius Italicus, 34, 115.
Sextius, 239.
Sextus Empiricus, 48, 50, 78, 150, 165, 248, 252, 272, 274, 277, 286, 295, 297, 306, 319, 321, 323, 324, 326, 331, 332, 397.
Sidoine Apollinaire, 165, 476, 561.
Sophocle, 91, 268.
Sozomène, 372.
Spartien, 101, 150, 375, 516.
Stace, 150, 291, 388, 566.

Stobée, 44, 63, 82, 99, 110, 122, 270, 297, 346, 463, 611.
Strabon, 115, 392, 435, 442, 490.
Suétone, 10, 41, 81, 108, 115, 148, 152, 155, 156, 157, 163, 176, 187, 203, 224, 231, 336, 337, 375, 380, 583, 388, 396, 404, 405, 406, 408, 409, 410, 411, 412, 466, 501, 530, 583, 595, 609, 623, 625, 628.
Suidas, 367, 602.
Tacite, 6, 27, 101, 119, 140, 186, 190, 191, 192, 215, 216, 270, 336, 337, 340, 350, 354, 374, 381, 382, 400, 401, 415, 416, 437, 439, 443, 444, 447, 469, 464, 483, 488, 527, 528, 553, 581, 585, 601, 609.
Tasse, 140, 166, 199, 208, 243, 268, 386, 473, 513.
Térence, 51, 85, 93, 122, 126, 141, 143, 166, 183, 207, 210, 220, 340, 358, 361, 363, 439, 487, 492, 499, 538, 542, 543, 548, 598.
Tertullien, 24, 32, 288.
Théodoret, 373.
Théon, 130.
Thucydide, 51, 136, 492, 524.
Tibulle, 122, 135, 144, 181, 247, 364, 391, 494.
Tite-Live, 6, 8, 10, 12, 13, 24, 27, 31, 52, 57, 84, 99, 102, 115, 134, 136, 141, 156, 157, 158, 159, 160, 163, 189, 192, 196, 204, 207, 216, 233, 266, 283, 291, 329, 346, 347, 373, 376, 378, 381, 386, 587, 388, 440, 447, 456, 487, 495, 504, 523, 529, 570, 578, 582, 588, 590, 591, 600, 608, 629.
Tebellius Pollion, 100, 419.
Tzetzès, 99, 552, 477.
Ulpien, 366.
Valère Maxime, 4, 5, 30, 51, 52, 59, 48, 49, 51, 90, 99, 119, 134, 159, 166, 167, 193, 196, 216, 271, 341, 347, 367, 383, 386, 397, 401, 407, 412, 444, 464, 465, 494, 538, 542, 581, 587.
Varron, 292, 295, 485.
Végèce, 317, 335.
Velleius Paterculus, 418, 450.
Virgile, 4, 5, 11, 13, 14, 22, 26, 34, 36, 43, 73, 84, 93, 102, 104, 118, 120, 127, 151, 152, 157, 158, 159, 161, 182, 185, 186, 187, 193, 200, 216, 219, 220, 224, 229, 232, 235, 245, 255, 256, 258, 281, 282, 291, 295, 297, 300, 304, 313, 321, 330, 333, 336, 340, 348, 353, 386, 390, 398, 399, 407, 409, 414, 419, 423, 428, 463, 475, 474, 479, 480, 483, 484, 488, 492, 497, 513, 524, 535, 536, 543, 544, 545, 555, 556, 559, 563, 571, 572, 574, 577, 585, 586, 587, 588, 591, 592, 599, 600, 601, 608, 620, 631.
Vopiscus, 571, 505.
Vossius, 214.
Xénocrate, 219.
Xénophon, 8, 43, 64, 92, 115, 125, 139, 144, 153, 155, 157, 158, 159, 162, 292, 320, 374, 376, 378, 383, 457, 493, 500, 507, 526, 544, 572, 606, 619, 620.
Xiphilin, 217, 357, 427, 478.
Zonaras, 27, 376, 387.

www.ingramcontent.com/pod-product-compliance
Lightning Source LLC
Chambersburg PA
CBHW070858300426
44113CB00008B/888